las palabras inglesas más útiles claramente indicadas (Oxford 3000™) ——————

advise 0₋ /əd'vaız/ *vt, vi* **1** aconsejar, recomendar: *to advise sb to do sth* aconsejar a algn que haga algo ◊ *You would be well advised to…* Sería prudente… **2** asesorar **adviser** (*tb* advisor) *n* consejero, -a; asesor, -ora **advisory** *adj* consultivo

notas sobre funciones comunicativas ——————

🔎 **Advising somebody**
Dar consejo a alguien
● *If I were you, I'd wait.* Si yo fuera tú, esperaría.
● *I think you should see a doctor.* Creo que deberías ver a un médico.
● *Why don't you get some expert help?* ¿Por qué no pides opinión a un experto?

¡Necesito entender las palabras para poder utilizarlas!

amoeba (*USA tb* ameba) /ə'mi:bə/ *n* (*pl* **amoebas/ amebas**, **amoebae/amebae** /-bi:/) (*Biol*) ameba

otras formas posibles de escribir una palabra ——————

detox /'di:tɒks/ *n* (*coloq*) **1** limpieza del organismo **2** (*tb* detoxification /di:ˌtɒksɪfɪ'keɪʃn/) desintoxicación

pronunciación y acento ——————

diplomacy /dɪ'pləʊməsi/ *n* diplomacia **diplomat** /'dɪpləmæt/ *n* diplomático, -a **diplomatic** /ˌdɪplə'mætɪk/ *adj* diplomático **diplomatically** /-kli/ *adv* diplomáticamente, con diplomacia

foster /'fɒstə(r)/ *verbo, adjetivo*
▸ *vt* **1** fomentar **2** acoger en una familia
▸ *adj* adoptivo: *foster parents* padres adoptivos ◊ *foster family/home* casa de acogida

ejemplos que te ayudarán a ver cómo se utiliza la palabra ——————

textspeak /'tekstspi:k/ *n* [*incontable*] (*coloq*) lenguaje utilizado en los mensajes de texto

notas de vocabulario para que aprendas otras palabras relacionadas con la que vas a utilizar ——————

🔎 Con el auge de los mensajes de texto y la comunicación por internet, se ha popularizado en el inglés escrito el fenómeno de abreviar expresiones utilizando las iniciales de cada palabra, por ejemplo **asap** (= as soon as possible), **BRB** (= be right back), **LOL** (= laugh out loud), **OMG** (= oh my God), etc. Estas abreviaturas son conocidas como **textspeak**, y su uso es muy común en los mensajes escritos. No es habitual utilizar estas expresiones en la comunicación oral.

devolution /ˌdi:və'lu:ʃn; *USA* ˌdev-/ *n* **1** descentralización **2** (*de poderes*) delegación

notas culturales que te explican detalles interesantes y prácticos sobre las costumbres británicas y americanas ——————

🔎 En el Reino Unido **devolution** se refiere a la transferencia de poderes a través de la cual se han establecido parlamentos o asambleas en Escocia, Gales e Irlanda del Norte.

palabras que se utilizan en situaciones determinadas, por ejemplo, en un contexto informal ——————

re'ality check *n* (*coloq*) hecho o momento que le devuelve a uno a la realidad

■ DICCIONARIO ■■■■■■■■■■

OXFORD POCKET ·
para estudiantes de inglés

Español–Inglés | Inglés–Español

OXFORD
UNIVERSITY PRESS

OXFORD
UNIVERSITY PRESS

Great Clarendon Street, Oxford, OX2 6DP, United Kingdom

Oxford University Press is a department of the University
of Oxford. It furthers the University's objective of excellence
in research, scholarship, and education by publishing worldwide.
Oxford is a registered trade mark of Oxford University Press in
the UK and in certain other countries

© Oxford University Press 2018

Database right Oxford University Press (maker)

First published 1995

Fifth edition 2018
2023
10 9 8

ISBN: 978 0 19 421169 7   (Book)
ISBN: 978 0 19 421168 0   (Pack)
ISBN: 978 0 19 421171 0   (App in pack)

Typeset by Data Standards Limited

Printed in China

This book is printed on paper from certified and well-managed sources

ACKNOWLEDGEMENTS

Fifth edition edited by: Mark Temple, assisted by Ainara Solana and José
Martín Galera

We would like to thank the following for permission to reproduce photographs:
BananaStock; Corbis; Corel; Digital Vision; Getty Images; Hemera
Technologies; Ingram; Punchstock; Rubberball; Shutterstock; Stockbyte;
Tetra Images LLC/Photolibrary Group Ltd.

Illustrations by: Julian Baker, Martin Cox, David Eaton, John Haslam,
Margaret Heath, Karen Hiscock, Phil Longford, Nigel Paige, Martin Shovel,
Paul Thomas, Harry Venning, Michael Woods, Hardlines.

Índice

TEST SOBRE EL DICCIONARIO

Para que veas que el *Diccionario Oxford Pocket* te puede ayudar a aprender inglés, te proponemos un pequeño test que puedes realizar consultando el diccionario. Las palabras en azul te indican la entrada o sección en la que encontrarás la respuesta.

Español-Inglés

A menudo, una palabra tiene muchas traducciones. El *Oxford Pocket* te ayuda a encontrar la palabra que tú buscas dando un sentido aproximado entre paréntesis cuando hay más de una traducción.

1 ¿Cómo dirías en inglés: "Tengo que arreglar mi cuarto"?
2 Quiero jugar al ping-pong y necesito buscar las palas. Propongo a mi amigo inglés: 'Let's get the spades!'. No me entiende. ¿Qué debería decir?

También te damos información sobre cómo se usan las palabras en inglés, sobre todo cuando su uso es diferente al español.
Corrige las siguientes frases:

3 Mali is a country in development. (desarrollo)
4 She gave me a good advice. (consejo)

Para encontrar la traducción adecuada, también es importante saber elegir una palabra apropiada según el contexto sea formal o informal.
¿Cómo traducirías las siguientes frases?

5 (a un amigo) Voy a saludar a Juan.
6 (en un cajero automático) Introduzca su tarjeta.

Para que te expreses bien en inglés, es importante que sepas qué preposición sigue al verbo. Esto lo mostramos entre paréntesis al lado de la traducción.
Completa estas frases:

7 A Sonia le flipan los caballos. Sonia is mad _____ horses.

8 Nos disfrazamos todos de pirata. We all dressed up _____ pirates.

También aprenderás a utilizar expresiones típicas inglesas.

9 Busca una forma coloquial de decir buenos días.
10 Busca dos formas de decir de acuerdo.

Las ilustraciones y las páginas a color te ayudarán a aprender palabras de una misma categoría y a entender las diferencias entre expresiones y palabras inglesas que son muy similares. Encontrarás una explicación ilustrada junto a las entradas que a veces provocan confusión.

11 En Gran Bretaña hay dos formas de decir patatas fritas, ¿cuáles son y cuál es la diferencia?
12 Ve a las páginas a color y mira la página de Leisure. Averigua cómo se dice senderismo.

En el centro del diccionario encontrarás las hojas de estudio donde te ayudamos a aprender más sobre el inglés.

13 Mira la página In town. ¿Cómo se pregunta donde está la oficina de turismo?
14 Ve a la página The human body en la Sección de Bilingüismo. ¿Cómo se llama el hueso en la parte superior de la pierna?
15 Ve a la página False friends. ¿La palabra inglesa carpet significa "carpeta"?
16 Mira la página I can talk about clothes. Busca tres adjetivos para describir estilos de vestir.

Inglés-Español

El *Oxford Pocket* te ayudará a ampliar tu vocabulario. En él encontrarás las palabras más usadas por los ingleses, incluidas las más actuales.

1 Si entregas un trabajo del que estás muy orgulloso y te ponen un 10, ¿cómo te sentirías: knackered, gutted o chuffed?

2 ¿Cuál de estas personas se dedica a dar consejo - lollipop lady, agony aunt o house husband?

También podrás buscar expresiones corrientes y *phrasal verbs*.

3 Si alguien te dice: 'I lost my temper yesterday', ¿le recomendarías que fuera a objetos perdidos?

4 ¿Qué tienen en común estas expresiones: give sb a ring, hold the line, put sb through y hang up?

Entender la cultura de cada país ayuda a aprender el idioma. Por eso, en este diccionario te mostramos algunos elementos importantes de la cultura inglesa y americana.

5 ¿Qué son los bank holidays? ¿En qué día suelen caer?

6 ¿Qué quiere decir stars and stripes?

Y también te indicamos cuando una palabra se usa solamente en Estados Unidos o en Gran Bretaña.

7 Si alguien dice 'My niece has bangs', ¿la persona que habla es inglesa o americana?

8 ¿Dónde se le llama a la tele 'the box'?

El *Oxford Pocket* te ayudará con la gramática y la ortografía inglesas. Podrás usar el diccionario para asegurarte de cómo se escriben las formas irregulares del plural, del participio pasado, etc.

9 ¿Cuál es el plural de cranberry?

10 ¿Cuál es la forma ing (gerundio) del verbo chat?

También encontrarás información que te ayudará a entender la gramática de las palabras. ¿Verdadero o falso?

11 Yet solo se usa en frases afirmativas.

12 Bubblegum es contable.

Te indicamos además la pronunciación de las palabras inglesas y los símbolos fonéticos aparecen a pie de página. No olvides que puedes escuchar la pronunciación de las palabras inglesas en le app del *Oxford Pocket*.

13 Fíjate en la pronunciación de I'll, aisle y isle, ¿qué notas?

14 ¿Qué letras no se pronuncian en las palabras wrist y salmon?

15 Imagínate que le quieres dar esta dirección de email a una amiga inglesa: pablo.reyes@indie.es ¿Cómo la leerías?

Respuestas
Español-Inglés 1 I have to tidy (up) my room. 2 Let's get the bats! 3 Mali is a developing country. 4 She gave me good advice. 5 I'm going to say hello to Juan. 6 Insert your card. 7 about 8 as 9 morning! 10 all right o OK 11 Crisps o chips. **Crisps** son de bolsa. 12 hiking 13 Could you tell me the way to the tourist office? 14 femur 15 No. Significa "moqueta" o "alfombra". 16 smart, casual, stylish

Inglés-Español 1 chuffed 2 agony aunt 3 no 4 Todas tienen que ver con el teléfono. 5 Días festivos. Suelen caer en lunes. 6 la bandera de Estados Unidos 7 americana 8 en Gran Bretaña 9 cranberries 10 chatting 11 falso 12 falso 13 Todas se pronuncian igual. 14 W y L 15 Pablo dot Reyes at indie dot e s

PRONUNCIACIÓN

Hay palabras que tienen más de una pronunciación posible. En el *Oxford Pocket* encontrarás las más comunes, ordenadas por su frecuencia de uso:

either /ˈaɪðə(r), ˈiːðə(r)/

Si la pronunciación de la palabra cambia mucho en inglés americano, te lo indicamos mediante la abreviatura *USA:*

bath /bɑːθ; *USA* bæθ/

/ˈ/ indica el acento principal de la palabra:

money /ˈmʌni/ lleva el acento en la primera sílaba
lagoon /ləˈguːn/ lleva el acento en la segunda sílaba

/ˌ/ indica el acento secundario de la palabra:

pronunciation /prəˌnʌnsiˈeɪʃn/ lleva el acento secundario en la segunda sílaba /nʌn/ y el principal en la sílaba /ˈeɪ/

También mostramos la acentuación en las palabras compuestas y las palabras con guion:

ˌNative Aˈmerican
ˌself-ˈhelp

(r) En inglés británico no se pronuncia la **r** final, salvo que la palabra siguiente empiece por vocal.

La **r** no se pronuncia en la frase *His car broke down*, pero sí en *His car is brand new*. ¿Cómo aclaramos esta dificultad? Añadiendo una **r** entre paréntesis en la transcripción fonética:

car /kɑː(r)/

Formas tónicas y átonas

Algunas palabras de uso frecuente (**an, are, as, was**, etc.) tienen dos pronunciaciones posibles, una tónica y otra átona. De las dos, la forma átona es más común.

La preposición **from**, por ejemplo, normalmente se pronuncia /frəm/ en frases como:

He comes from Mexico.

Si aparece al final de la oración, en cambio, o si se le quiere dar un énfasis especial, se utiliza la pronunciación tónica /frɒm/, como en el caso de:

The ˌpresent's not ˈfrom John, it's ˈfor him.

Palabras derivadas

En muchas ocasiones, la pronunciación de una palabra derivada es la suma de la pronunciación de sus elementos. En estos casos, no damos la transcripción fonética, ya que es predecible:

conscious	= consciously
/ˈkɒnʃəs/	/ˈkɒnʃəs+li/

Pero a veces el acento de la palabra cambia al añadirle las desinencias, y en estos casos sí te mostramos la pronunciación:

acid	= acidity
/ˈæsɪd/	/əˈsɪdəti/

En el caso de las palabras derivadas terminadas en **-tion**, la norma de que el acento recaiga sobre la penúltima sílaba se cumple con regularidad, y por lo tanto no indicamos la pronunciación:

alter	= alteration
/ˈɔːltə(r)/	/ˌɔːltəˈreɪʃn/

Símbolos fonéticos

Vocales y diptongos

iː	**see** /siː/		ɜː	**fur** /fɜː(r)/
i	**happy** /ˈhæpi/		ə	**ago** /əˈgəʊ/
ɪ	**sit** /sɪt/		eɪ	**pay** /peɪ/
e	**ten** /ten/		aɪ	**five** /faɪv/
æ	**hat** /hæt/		əʊ	**home** /həʊm/
ɑː	**arm** /ɑːm/		aʊ	**now** /naʊ/
ɒ	**got** /gɒt/		ɔɪ	**join** /dʒɔɪn/
ɔː	**saw** /sɔː/		ɪə	**near** /nɪə(r)/
ʊ	**put** /pʊt/		eə	**hair** /heə(r)/
uː	**too** /tuː/		ʊə	**pure** /pjʊə(r)/
ʌ	**cup** /kʌp/		ɒ̃	**en suite** /ɒ̃ ˈswiːt/
u	**situation** /ˌsɪtʃuˈeɪʃn/			

Consonantes

p	**pen** /pen/		s	**so** /səʊ/
b	**bad** /bæd/		z	**zoo** /zuː/
t	**tea** /tiː/		ʃ	**she** /ʃiː/
d	**did** /dɪd/		ʒ	**vision** /ˈvɪʒn/
k	**cat** /kæt/		h	**how** /haʊ/
g	**got** /gɒt/		m	**man** /mæn/
tʃ	**chin** /tʃɪn/		n	**no** /nəʊ/
dʒ	**June** /dʒuːn/		ŋ	**sing** /sɪŋ/
f	**fall** /fɔːl/		l	**leg** /leg/
v	**van** /væn/		r	**red** /red/
θ	**thin** /θɪn/		j	**yes** /jes/
ð	**then** /ðen/		w	**woman** /ˈwʊmən/

A a

a *prep*
- **dirección** to: *Van a Sevilla.* They are going to Seville. ◇ *¿Te vas a casa?* Are you going home? ◇ *Se acercó a mí.* She came up to me.
- **posición** on: *a la izquierda* on the left ◇ *a este lado* on this side ◇ *Estaban sentados a la mesa.* They were sitting at the table.
- **distancia** *a diez kilómetros de aquí* ten kilometres from here
- **tiempo 1** (*hora, edad*) at: *a las doce* at twelve o'clock ◇ *a los sesenta años* at (the age of) sixty ◇ *Estamos a dos de enero.* It's the second of January. **2** (*después de*): *al año de su llegada* a year after his arrival ◇ *Volvieron a las cuatro horas.* They came back four hours later.
- **indicando finalidad** to: *¿Cuándo vienen a arreglar la lavadora?* When are they coming to mend the washing machine? ◇ *Me agaché a recogerlo.* I bent down to pick it up.
- **indicando modo o manera** *ir a pie* to go on foot ◇ *Hazlo a tu manera.* Do it your way. ◇ *vestir a lo hippy* to dress like a hippy
- **complemento directo** *No conozco a tu hermano.* I don't know your brother. ◇ *Llama al camarero.* Call the waiter over.
- **complemento indirecto 1** to: *Dáselo a tu hermano.* Give it to your brother. **2** (*para*) for: *Le compré una bicicleta a mi hija.* I bought a bicycle for my daughter. **3** (*de*) from: *Le compré los patines a un amigo.* I bought the skates from a friend.
- **otras construcciones 1** (*medida, reparto*) at: *Tocan a tres por persona.* It works out at three each. ◇ *Iban a 60 kilómetros por hora.* They were going at 60 kilometres an hour. **2** (*tarifa*) a, per (*más formal*): *mil casos al año* a thousand cases a year **3** (*precio*): *Están a seis euros el kilo.* They cost six euros a kilo. **4** (*Dep*): *Ganaron tres a cero.* They won three nil. ◇ *Empataron a dos.* They drew two all. **5** (*en órdenes*): *¡A trabajar!* Let's do some work! ◇ *Sal a buscarla.* Go out and look for her. *Ver tb* AL **LOC** **¡a (por) él, ella, etc!** get him, her, etc! ◆ **a qué...** I bet... : *—¡A qué te cojo! —¡A que no!* 'I bet I can catch you!' 'I bet you can't!' ◆ **¿a qué...?** what... for?: *¿A qué fuiste?* What did you go for?

abadía *nf* abbey [*pl* abbeys]

abajo *adv* **1** (*posición*) below: *desde ~* from below **2** (*dirección*) down: *calle/escaleras ~* down the street/stairs **3** (*en un edificio*) downstairs: *el vecino de ~* the man who lives downstairs ◇ *Hay otro baño ~.* There is another toilet downstairs.
▸ **¡abajo!** *interj* down with...: *¡Abajo el terrorismo!* Down with terrorism! **LOC** **echar abajo** (*edificio*) to knock *sth* down ◆ **el de abajo** the bottom one ◆ **hacia abajo** downwards ◆ **más abajo 1** (*más lejos*) further down: *en esta misma calle, más ~* further down this street **2** (*en sentido vertical*) lower down: *Pon el cuadro más ~.* Put the picture lower down. **3** (*en un texto*) below: *Ver explicación más ~.* See explanation below. ◆ **venirse abajo 1** (*edificio*) to collapse **2** (*persona*) to go to pieces: *Perdió el empleo y se vino ~.* He lost his job and went completely to pieces. *Ver tb* AHÍ, ALLÁ, ALLÍ, ARRIBA, BOCA, CABEZA, CALLE, CUESTA, PARTE¹, RÍO

abalanzarse *vp* **1** **~ sobre** to pounce on *sb/sth*: *Me abalancé sobre mi adversario.* I pounced on my opponent. **2** **~ hacia** to rush towards *sb/sth*: *El público se abalanzó hacia la puerta.* The crowd rushed towards the door.

abandonado, -a *adj* **1** abandoned: *un coche ~* an abandoned car **2** (*edificio*) derelict *Ver tb* ABANDONAR

abandonar *vt* **1** to abandon: *~ a una criatura/un animal* to abandon a child/an animal ◇ *~ un proyecto* to abandon a project **2** (*lugar*) to leave: *~ la sala* to leave the room **3** (*Informát*) to quit
▸ *vi* **1** (*desistir*) to give up: *No abandones.* Don't give up. **2** (*Dep*) to withdraw: *El corredor abandonó en la última vuelta.* The athlete withdrew on the final lap.

abanicar(se) *vt, vp* to fan (yourself)

abanico *nm* **1** fan **2** (*gama*) range: *un amplio ~ de opciones* a wide range of options

abarrotado, -a *adj* packed: *~ de gente* packed with people *Ver tb* ABARROTAR

abarrotar *vt* to fill *sth* to overflowing: *El público abarrotaba la sala.* The audience filled the hall to overflowing.

abastecer *vt* to supply *sb* (*with sth*): *La granja abastece de huevos a todo el pueblo.* The farm supplies the whole village with eggs.
▸ **abastecerse** *vp* **abastecerse de** to stock up on *sth*: *~se de harina* to stock up on flour

abastecimiento *nm* **1** (*acción*) supplying: *¿Quién se encarga del ~ de las tropas?* Who is in charge of supplying the troops? **2** (*suministro*) supply: *controlar el ~ de agua* to regulate the water supply

abasto *nm* **LOC** **no dar abasto** *No doy ~ con todo este trabajo.* I can't cope with all this work. ◇ *No damos ~ para contestar todas estas cartas.* We just can't answer all these letters.

abatible *adj* **1** (*reclinable*) reclining: *asientos ~s* reclining seats **2** (*plegable*) folding

abdicar *vt, vi* **~ (en)** to abdicate (in favour of *sb*): *Abdicó (la corona) en su hermano.* He abdicated in favour of his brother.

abdomen *nm* abdomen

abdominal *adj* abdominal
  ▸**abdominales** *nm* **1** (*músculos*) stomach/abdominal muscles **2** (*ejercicios*) sit-ups: *hacer ~es* to do sit-ups

abecedario *nm* alphabet

abedul *nm* birch (tree)

abeja *nf* bee **LOC** **abeja obrera** worker bee ♦ **abeja reina** queen bee

abejorro *nm* bumblebee

abertura *nf* **1** (*hueco*) gap **2** (*grieta*) crack

abeto *nm* fir (tree)

abierto, -a *adj* **1** open: *Deja la puerta abierta.* Leave the door open. ◇ *~ al público* open to the public ◇ *El caso sigue ~.* The case is still open. **2** (*grifo*) running: *dejar un grifo ~* to leave a tap running **3** (*cremallera*) undone: *Llevas la braguera abierta.* Your flies are undone. **4** (*persona*) sociable **LOC** *Ver* BOCA, JORNADA, TELEVISIÓN; *Ver tb* ABRIR

abismo *nm* **1** (*Geog*) abyss **2** (*diferencia*) gulf: *el ~ entre ricos y pobres* the gulf between rich and poor

ablandar(se) *vt, vp* to soften: *El calor ha ablandado la mantequilla.* The heat has softened the butter.

ablusado, -a *adj* loose-fitting

abobado, -a *adj* (*distraído*): *Está como ~.* He's in a world of his own.

abofetear *vt* to slap

abogacía *nf* legal profession: *ejercer/practicar la ~* to practise law

abogado, -a *nm-nf* lawyer

🔎 **Lawyer** es un término general que comprende los distintos tipos de abogado tanto en Gran Bretaña como en Estados Unidos. En Gran Bretaña se distingue entre **barrister**, que puede actuar en todos los tribunales, y **solicitor** que puede intervenir únicamente en tribunales inferiores y normalmente se encarga de preparar los documentos legales y de asesorar a los clientes.
En Estados Unidos se emplea la palabra **attorney** para referirse a los diferentes tipos de abogado: **criminal attorney, tax attorney**, etc.

LOC **abogado defensor** defence counsel ♦ **abogado del diablo** devil's advocate

abolición *nf* abolition

abolir *vt* to abolish

abolladura *nf* dent: *Mi coche tiene bastantes ~s.* There are quite a few dents in my car.

abollar *vt* to dent: *Me has abollado el coche.* You've dented my car.

abonar *vt* (*tierra*) to fertilize
  ▸**abonar(se)** *vt, vp* **abonar(se) a 1** (*publicación, servicio*) to take out a subscription to *sth* **2** (*espectáculo*) to buy a season ticket for *sth*

abono *nm* **1** (*fertilizante*) fertilizer **2** (*pago*) payment: *mediante el ~ de una cantidad* on payment of a certain amount **3** (*espectáculo, transporte*) season ticket: *sacar/comprar un ~* to buy a season ticket

abordaje *nm* (*barco*) boarding

abordar *vt* **1** (*barco*) to board **2** (*asunto, problema*) to approach

aborigen *nmf* native

aborrecer *vt* (*detestar*) to detest *sth/sb/doing sth*

abortar *vi* **1** (*espontáneamente*) to have a miscarriage **2** (*voluntariamente*) to have an abortion
  ▸*vt, vi* (*Informát*) to abort

aborto *nm* **1** (*espontáneo*) miscarriage: *sufrir un ~* to have a miscarriage **2** (*provocado*) abortion

abotonar *vt* to button *sth* (up): *La abotoné la camisa.* I buttoned up his shirt.

abovedado, -a *adj* vaulted

abrasador, -ora *adj* burning

abrasar *vt* to burn
  ▸*vi* **1** to be boiling hot: *Ten cuidado con la sopa que abrasa.* Be careful, the soup is boiling hot. **2** (*sol*) to beat down
  ▸**abrasarse** *vp* (*al sol*) to get sunburnt: *Ponte una camiseta, te vas a ~.* Put on a T-shirt or you'll get sunburnt.

abrasivo, -a *adj, nm* abrasive

abrazar *vt* to hug, to embrace (*formal*): *Abrazó a sus hijos.* She hugged her children. ◇ *Abrázame.* Give me a hug.

abrazo *nm* hug, embrace (*formal*) **LOC** **un abrazo/un fuerte abrazo** love/lots of love: *Dales un ~ a tus padres.* Give my love to your parents. ◇ *Os mando un fuerte ~.* Lots of love.

abrebotellas *nm* bottle opener

abrecartas *nm* paper knife [*pl* knives]

abrelatas *nm* tin opener, can opener (*USA*)

abreviación *nf* shortening

abreviar *vt* (*palabra*) to abbreviate
▶ *vi* (*ahorrar tiempo*) to save time **LOC** ¡**abrevia!** hurry up!

abreviatura *nf* abbreviation (*of/for sth*)

abridor *nm* opener

abrigado, -a *adj* **1** (*lugar*) sheltered **2** (*persona*): *bien* ~ warmly dressed ◇ *Vas demasiado* ~. You're wearing too many clothes. *Ver tb* ABRIGAR

abrigar *vt* **1** (*prenda*) to keep *sb* warm: *Esa bufanda te abrigará.* This scarf will keep you warm. **2** (*arropar*) to wrap *sb* up, to bundle *sb* up (*USA*): *Abriga bien a la niña.* Wrap the baby up warmly.
▶ *vi* to be warm: *Esta chaqueta abriga mucho.* This jacket is very warm.
▶ **abrigarse** *vp* to wrap up, to bundle up (*USA*): *Abrígate, hace mucho frío.* Wrap up warm, it's very cold outside.

abrigo *nm* coat: *Ponte el* ~. Put your coat on. **LOC** **al abrigo de** sheltered from *sth*: *al* ~ *de la lluvia* sheltered from the rain ◆ **de abrigo** warm: *ropa de* ~ warm clothes

abril *nm* April (*abrev* Apr.) ➲ *Ver ejemplos en* ENERO

abrir *vt* **1** to open: *No abras la ventana.* Don't open the window. ◇ ~ *fuego* to open fire **2** (*grifo, gas*) to turn *sth* on **3** (*túnel*) to bore **4** (*agujero, camino*) to make
▶ *vi* (*abrir la puerta*) to open up: *¡Abre!* Open up!
▶ **abrirse** *vp* **1** to open: *De repente se abrió la puerta.* Suddenly the door opened. **2** (*tierra*) to crack **3** (*marcharse*) to be off: *¿Nos abrimos?* Let's go. **LOC** **abrirse camino en la vida** to get on in life ◆ **abrirse la cabeza** to split your head open ◆ **abrir (un) expediente** to take proceedings (*against sb*) ◆ **en un abrir y cerrar de ojos** in a flash ◆ **no abrir el pico/la boca** not to say a word: *No abrió la boca en toda la tarde.* He didn't say a word all afternoon. *Ver tb* PASO

abrochar(se) *vt, vp* **1** to do *sth* up: *Abróchate el abrigo.* Do your coat up. **2** (*broche, cinturón*) to fasten

abrumador, -ora *adj* overwhelming: *una responsabilidad* ~*a* an overwhelming responsibility

abrupto, -a *adj* (*terreno*) rugged

absentismo *nm* absenteeism **LOC** **absentismo escolar** truancy

absolución *nf* **1** (*Jur*) acquittal **2** (*Relig*) absolution

absolutamente *adv* **1** absolutely **2** (*con palabras negativas*): ~ *nada* nothing at all ◇ *No se deja influir* ~ *por nadie.* He won't be influenced by anyone.

absoluto, -a *adj* absolute: *conseguir la mayoría absoluta* to obtain an absolute majority **LOC** **en absoluto** (not) at all: —*¿Te importa?* —*En* ~. 'Do you mind?' 'Not at all.' ◇ *No ha cambiado en* ~. He hasn't changed at all.

absolver *vt* **1** (*Jur*) to acquit *sb* (*of sth*): *El juez absolvió al acusado.* The defendant was acquitted. **2** (*Relig*) to absolve *sb* (*from/of sth*)

absorbente *adj* **1** (*material*) absorbent **2** (*trabajo, libro*) absorbing

absorber *vt* **1** to absorb: ~ *un líquido/olor* to absorb a liquid/smell **2** (*tiempo*) to take *sth* up: *El trabajo absorbe todo mi tiempo.* Work takes up all my time.

abstención *nf* abstention

abstenerse *vp* ~ (**de**) to abstain (from *sth*): ~ *de beber/del tabaco* to abstain from drinking/smoking ◇ *El diputado se abstuvo.* The MP abstained.

abstinencia *nf* abstinence **LOC** *Ver* SÍNDROME

abstracto, -a *adj* abstract

abstraído, -a *adj* (*preocupado*) preoccupied

absurdo, -a *adj* absurd

abuchear *vt* to boo

abuelo, -a *nm-nf* **1** (*masc*) grandfather, grandad (*coloq*) **2** (*fem*) grandmother, granny [*pl* grannies] (*coloq*) **3** **abuelos** grandparents: *en casa de mis* ~*s* at my grandparents'

abuhardillado, -a *adj* *un piso/dormitorio* ~ an attic flat/bedroom

abultar *vi* to take up room: *Esta caja abulta demasiado.* This box takes up far too much room. ◇ *¿Abulta mucho?* Does it take up much room?

aburrido, -a *adj* **1** (*que aburre*) boring: *un discurso* ~ a boring speech ◇ *No seas tan* ~. Don't be so boring. **2** (*que siente aburrimiento*) bored: *Estoy* ~. I'm bored ➲ *Ver nota en* BORING
▶ *nm-nf* bore: *Eres un* ~. You're a bore. *Ver tb* ABURRIR

aburrimiento *nm* boredom: *Como de puro* ~. I eat from sheer boredom. **LOC** ¡**qué aburrimiento de...!** what a boring...: *¡Qué* ~ *de película!* What a boring film! *Ver tb* MORIR(SE)

aburrir *vt* **1** to bore: *Espero no estar aburriéndote.* I hope I'm not boring you. ◇ *Me aburre este programa.* This programme is boring. **2** (*hartar*): *Me aburrís con vuestras quejas.* I'm sick of your moaning.
▶ **aburrirse** *vp* to get bored (*with sb/sth/of doing sth*) **LOC** **aburrirse como una ostra** to be bored stiff

abusar *vi* ~ (**de**) **1** to abuse *sb/sth*: *No abuses de su confianza.* Don't abuse his trust. ◇ *Declaró* *que abusaron de ella.* She claims to have been abused. **2** *(aprovecharse de)* to take advantage (of *sb/sth*) LOC **abusar del alcohol, tabaco, etc.** to drink, smoke, etc. too much

abuso *nm* abuse: *sufrir ~s* to suffer abuse LOC **abuso del alcohol, tabaco, etc.** excessive drinking, smoking, etc. ◆ **abuso de menores/sexual** child/sexual abuse *[incontable]* ◆ **ser un abuso** *¡Es un ~!* That's outrageous!

acá *adv Ven ~.* Come here. ◇ *Ponlo más (para) ~.* Bring it nearer. LOC **de acá para allá** *Llevo todo el día de ~ para allá.* I've been running around all day. ◇ *He andado de ~ para allá buscándote.* I've been looking for you everywhere.

acabado, -a *adj una palabra acabada en "d"* a word ending in 'd' ◇ ~ *en punta* coming to a point *Ver tb* ACABAR

acabar *vt* to finish: *Aún no he acabado el artículo.* I haven't finished the article yet.
▸ *vi* **1** ~ **(en)** to end (in *sth*): *La función acaba a las tres.* The show ends at three. ◇ *¿En qué acaba, en "d" o en "z"?* What does it end in, 'd' or 'z'? **2** ~ **de hacer algo** *(terminar de)* to finish doing sth: *Tengo que ~ de lavar el coche.* I must finish washing the car. **3** ~ **de hacer algo** *(hace poco)* to have just done sth: *Acabo de verle.* I've just seen him. **4** ~ **(en/por)** *(con el tiempo)* to end up: *Ese vaso acabará por romperse.* That glass will end up broken. ◇ ~ *en la ruina/arruinado* to end up ruined ◇ *Acabé cediendo.* I ended up giving in. **5** ~ **con algn** to be the death of sb: *Vas a ~ conmigo.* You'll be the death of me. **6** ~ **con algo** to put an end to sth: ~ *con la injusticia* to put an end to injustice
▸ **acabarse** *vp* to run out (of *sth*): *Se nos ha acabado el café.* We've run out of coffee. LOC **acabar mal** *Esto tiene que ~ mal.* No good can come of this. ◇ *Ese chico acabará mal.* That boy will come to no good. ◆ **¡se acabó!** that's it!

acabose *nm* LOC **ser el acabose** to be the limit

academia *nf* **1** *(escuela)* school: ~ *de idiomas* language school **2** *(militar, sociedad)* academy *[pl academies]*: *la Real Academia* the Spanish Academy

académico, -a *adj* academic: *curso/expediente* ~ academic year/record

acampada *nf* LOC **ir de acampada** to go camping

acampanado, -a *adj* flared

acampar *vi* to camp

acantilado *nm* cliff

acariciar *vt* **1** *(persona)* to caress **2** *(animal)* to stroke, to pet *(USA)*

acaso *adv* **1** *(quizás)* perhaps **2** *(en preguntas)*: *¿Acaso dije yo eso?* Did I say that? LOC **por si acaso** (just) in case

acatar *vt (leyes, órdenes)* to obey

acatarrarse *vp* to catch a cold

acceder *vi* **1** ~ **(a)** *(estar de acuerdo)* to agree (to *sth/to do sth*) **2** ~ **(a)** *(institución)* to be admitted (to *sth*): *Las mujeres podrán* ~ *al ejército.* Women will be admitted to the army. **3** ~ **a** *(Informát)* to access *sth*: ~ *a un programa* to access a program

accesible *adj* accessible *(to sb)*

acceso *nm* **1** access: *tener* ~ *a internet* to have Internet access ◇ ~ *a la cámara blindada* access to the strongroom ◇ *la puerta de* ~ *a la cocina* the door into the kitchen **2** *(ingreso, vía de entrada)* entrance: ~ *a la universidad* university entrance ◇ *Hay cuatro ~s al palacio.* There are four entrances to the palace. **3** ~ **de** *(ataque)* fit: *Le dan ~s de tos.* He has coughing fits.

accesorio *nm* accessory *[pl accessories]*

accidentado, -a *adj* **1** *(terreno)* rugged **2** *(difícil)* difficult: *un viaje* ~ a difficult journey
▸ *nm-nf* casualty *[pl casualties]*

accidental *adj* accidental: *muerte* ~ accidental death

accidente *nm* **1** accident: ~ *de tráfico* road accident ◇ *sufrir un* ~ to have an accident **2** *(Geog)* (geographical) feature LOC **accidente aéreo/de coche** plane/car crash

acción *nf* **1** action: *entrar en* ~ to go into action ◇ ~ *criminal/legal* criminal/legal action **2** *(obra)* deed *(formal)*: *una buena/mala* ~ a good/bad deed **3** *(Fin)* share

accionar *vt* to work

accionista *nmf* shareholder

acebo *nm* **1** *(hoja)* holly **2** *(árbol)* holly bush

acechar *vt, vi* to lie in wait (for *sb/sth*): *El enemigo acechaba en la oscuridad.* The enemy lay in wait in the darkness.

acecho *nm* LOC **estar al acecho** to lie in wait (for *sb/sth*)

aceite *nm* oil: ~ *de girasol/oliva* sunflower/olive oil LOC *Ver* BALSA, UNTAR

aceituna *nf* olive: ~*s rellenas/sin hueso* stuffed/pitted olives

aceleración *nf* acceleration

acelerador *nm* accelerator, gas pedal *(USA)*

acelerar *vt, vi* to accelerate: *Acelera, que se cala.* Accelerate or you'll stall. LOC **acelerar el paso** to walk faster

acelerón *nm* LOC **dar un acelerón** *(en un vehículo)* to put your foot down

acelga *nf* (Swiss) chard *[incontable]*: ~*s con besamel* chard in white sauce

acento *nm* accent: *con ~ en la última sílaba* with an accent on the last syllable ◊ *hablar con ~ extranjero* to speak with a foreign accent **LOC** **pegársele a algn un acento** to pick up an accent

acentuar *vt* **1** *(poner tilde)* to put an accent on *sth*: *Acentúa las siguientes palabras.* Put the accents on the following words. **2** *(resaltar, agravar)* to accentuate
▸ **acentuarse** *vp* *(llevar tilde)* to have an accent: *Se acentúa en la segunda sílaba.* It's got an accent on the second syllable.

acepción *nf* meaning

aceptable *adj* acceptable *(to sb)*

aceptar *vt* **1** *(admitir)* to accept: *Por favor acepta este pequeño regalo.* Please accept this small gift. **2** *(acceder)* to agree *to do sth*: *Aceptó marcharse.* He agreed to leave.

acera *nf* pavement, sidewalk *(USA)*

acerca *adv* **LOC** **acerca de** about

acercar *vt* **1** *(aproximar)* to bring *sth* closer *(to sb/sth)*: *Acercó la boca al micrófono.* He moved closer to the microphone. **2** *(dar)* to pass: *Acércame ese cuchillo.* Can you pass me the knife, please. **3** *(en vehículo)* to give *sb* a lift: *Me acercaron a casa/a la estación.* They gave me a lift home/to the station.
▸ **acercarse** *vp* **acercarse (a)** to get closer (to *sb/sth*), to approach *(sb/sth)* *(más formal)*: *Se acerca mi cumpleaños.* My birthday is getting closer. ◊ *Acércate a mí.* Come closer to me.

acero *nm* steel: *~ inoxidable* stainless steel

acertado, -a *adj* **1** *(correcto)* right: *la respuesta acertada* the right answer **2** *(inteligente)* clever: *una idea acertada* a clever idea *Ver tb* ACERTAR

acertante *nmf* winner

acertar *vt* to guess: *~ la respuesta* to guess the right answer
▸ *vi* **1** *~ **(en/con)*** *(al elegir)* to get *sth* right **2** *(al obrar)* to be right *to do sth*: *Hemos acertado al negarnos.* We were right to refuse. **3** *~ **(a/en)*** *(al disparar)* to hit *sth*: *~ en el blanco* to hit the target

acertijo *nm* riddle

achaque *nm* ailment: *los ~s de la edad* old people's ailments

achatar *vt* to flatten
▸ **achatarse** *vp* to get flattened

achicar *vt* **1** *(empequeñecer)* to make *sth* smaller **2** *(agua)* to bail *sth* out

achicharrar *vt* **1** *(quemar)* to burn **2** *(calor)* to scorch
▸ **achicharrarse** *vp* **1** *(quemarse)* to get burnt **2** *(pasar calor)* to roast: *Busquemos una sombra, que me estoy achicharrando.* Let's look for some shade — I'm roasting.

¡achís! *interj* atishoo

🔎 La persona que estornuda suele disculparse con **excuse me!** La gente a su alrededor puede decir **bless you!**, aunque muchas veces no se dice nada.

achuchar *vt* **1** *(abrazar)* to hug **2** *(estrujar)* to crush

achuchón *nm* **1** *(enfermedad)* turn: *Le ha dado otro ~.* He's had another turn. **2** *(abrazo)* hug

acidez *nf* acidity **LOC** **acidez de estómago** heartburn

ácido, -a *adj* *(sabor)* sharp
▸ *nm* acid **LOC** *Ver* LLUVIA

acierto *nm* **1** *(respuesta correcta)* correct answer **2** *(buena idea)* good idea: *Ha sido un ~ venir.* It was a good idea to come.

aclamar *vt* to acclaim

aclarar *vt* **1** *(explicar)* to clarify: *¿Puedes ~ este punto?* Can you clarify this point? **2** *(enjuagar)* to rinse **3** *(color)* to lighten
▸ *vi, v imp* *(cielo)* to clear up
▸ **aclararse** *vp* *(entender)* to understand: *A ver si me aclaro.* Let's see if I can understand this. **LOC** **¡a ver si te aclaras!** make up your mind!

acné *nm* acne

acobardar *vt* to intimidate
▸ **acobardarse** *vp* **acobardarse (ante/por)** to feel intimidated (by *sb/sth*)

acogedor, -ora *adj* *(lugar)* cosy

acoger *vt* **1** *(invitado, idea, noticia)* to welcome: *Me acogió con una sonrisa.* He welcomed me with a smile. ◊ *Acogió la propuesta con entusiasmo.* He welcomed the proposal. **2** *(refugiado, huérfano)* to take *sb* in

acomodado, -a *adj* *(con dinero)* well off ➔ *Ver nota en* WELL BEHAVED; *Ver tb* ACOMODARSE

acomodador, -ora *nm-nf* **1** *(masc)* usher **2** *(fem)* usherette

acomodarse *vp* **1** *(instalarse)* to settle down: *Se acomodó en el sofá.* He settled down on the sofa. **2** *~ a* *(adaptarse)* to adjust to *sth*

acompañar *vt* **1** to go with *sb/sth*, to accompany *(formal)*: *el catálogo que acompaña la exposición* the catalogue which accompanies the exhibition ◊ *Voy de paseo. ¿Me acompañas?* I'm going for a walk. Are you coming (with me)? **2** *(Mús)* to accompany *sb* *(on sth)*: *Su hermana lo acompañaba al piano.* His sister accompanied him on the piano. **LOC** **le acompaño en el sentimiento** please accept my condolences

acomplejarse *vp* to get a complex

acondicionado, -a *adj* **LOC** *Ver* AIRE

acondicionador *nm* *(de pelo)* conditioner

aconsejable *adj* advisable

aconsejar *vt* to advise *sb to do sth*: *Te aconsejo que aceptes ese trabajo.* I advise you to accept the job. ◊ —*¿Lo compro?* —*No te lo aconsejo.* 'Shall I buy it?' 'I wouldn't advise you to.' ◊ *Te aconsejo el más caro.* I advise you to get the more expensive one.

acontecimiento *nm* event: *Fue todo un ~.* It was quite an event. **LOC** *Ver* ADELANTAR

acoplarse *vp* ~ **(a)** to fit in (with *sb/sth*): *Trataremos de acoplarnos a vuestro horario.* We'll try to fit in with your timetable.

acordar *vt* to agree *to do sth*: *Acordamos volver al trabajo.* We agreed to return to work.
  ▸**acordarse** *vp* **1 acordarse (de algo/de hacer algo)** to remember (sth/to do sth): *No me acuerdo de su nombre.* I can't remember his name. ◊ *Acuérdate de echar la carta.* Remember to post the letter. **2 acordarse de haber hecho algo** to remember doing sth: *Me acuerdo de haberlo visto.* I remember seeing it. ➋*Ver nota en* REMEMBER **LOC** **¡te acordarás!** (*amenaza*) you'll regret it!

acorde *nm* (*Mús*) chord

acordeón *nm* accordion

acordonar *vt* (*lugar*) to cordon *sth* off

acorralar *vt* (*persona*) to corner

acortar *vt* to shorten
  ▸**acortarse** *vp* to get shorter

acosador, -ora *nm-nf* **1** (*que intimida*) bully [*pl* bullies] **2** (*sexual*) molester **3** (*que persigue*) stalker

acosar *vt* **1** (*intimidar*) to bully **2** (*perseguir*) to stalk **3** (*sexualmente*) to (sexually) harass **4** (*periodistas, etc.*) to hound

acoso *nm* **LOC** **acoso escolar** bullying ◆ **acoso laboral** harassment in the workplace ◆ **acoso sexual** sexual harassment

acostado, -a *adj* **LOC** **estar acostado 1** (*tumbado*) to be lying down **2** (*en la cama*) to be in bed *Ver tb* ACOSTAR

acostar *vt* to put *sb* to bed: *Tuvimos que ~le.* We had to put him to bed.
  ▸ **acostarse** *vp* **1** (*ir a la cama*) to go to bed: *Deberías ~te temprano hoy.* You should go to bed early today. ◊ *Es hora de ~se.* It's time for bed. **2** (*tumbarse*) to lie down ➋*Ver nota en* LIE¹ **LOC** **acostarse con algn** to sleep with sb

acostumbrado, -a *adj* **LOC** **estar acostumbrado a** to be used to *sb/sth/doing sth*: *Está ~ a levantarse pronto.* He's used to getting up early. *Ver tb* ACOSTUMBRARSE

acostumbrarse *vp* ~ **(a)** to get used to *sb/sth/doing sth*: *Al final me acostumbré.* I got used to it in the end. ◊ *Tendrás que acostumbrarte a*

madrugar. You'll have to get used to getting up early.

acreedor, -ora *nm-nf* creditor **LOC** **hacerse acreedor de** to prove yourself worthy of *sth*

acribillar *vt* **1** to riddle: *~ a algn a balazos* to riddle sb with bullets **2** (*mosquitos*) to bite *sb* to death

acrobacia *nf* acrobatics [*pl*]: *realizar ~s* to perform acrobatics

acróbata *nmf* acrobat

acrobático, -a *adj* **LOC** *Ver* PARACAIDISMO, VUELO

acta *nf* **1** (*reunión*) minutes [*pl*]: *constar en ~* to appear in the minutes **2** (*exámenes*) list of examination results

actitud *nf* attitude (*to/towards sb/sth*)

activar *vt* **1** (*poner en marcha*) to activate: *~ un mecanismo* to activate a mechanism **2** (*acelerar*) to accelerate

actividad *nf* activity [*pl* activities]

activismo *nm* (political) activism

activista *nmf* activist

activo, -a *adj* active

acto *nm* **1** (*acción, Teat*) act: *un ~ violento* an act of violence ◊ *una obra en cuatro ~s* a four-act play **2** (*ceremonia*) ceremony [*pl* ceremonies]: *el ~ de clausura* the closing ceremony **LOC** **acto seguido** immediately afterwards ◆ **en el acto** straightaway: *Me levanté en el ~.* I stood up straightaway.

actor *nm* actor **LOC** *Ver* PRINCIPAL

actriz *nf* actress, actor ➋*Ver nota en* ACTRESS **LOC** *Ver* PRINCIPAL

actuación *nf* performance

actual *adj* **1** (*de ahora*) current: *el estado ~ de las obras* the current state of the building work **2** (*moderno*) present-day: *La ciencia ~ se enfrenta a problemas éticos.* Present-day science faces ethical problems. ◊ *en el momento ~* at the present moment

🔎 La palabra inglesa **actual** significa *exacto, verdadero*: *What's the actual date of the wedding?* ¿Cuál es la fecha exacta de la boda?

actualidad *nf* present situation: *la ~ de nuestro país* the present situation in our country **LOC** **de actualidad** topical: *estar de ~* to be topical ◊ *asuntos/temas de ~* topical issues

actualización *nf* update **LOC** *Ver* CURSO

actualizar *vt* **1** (*poner al día*) to update **2** (*mejorar*) to upgrade

actualmente *adv* (*ahora*) at the moment

🔎 La palabra inglesa **actually** significa *en realidad, de hecho*: *It was actually quite cheap.* En realidad fue bastante barato. ⊃ *Ver nota en*

actuar *vi* **1** *(artista)* to perform **2** ~ **de** to act as *sth*: ~ *de intermediario* to act as an intermediary

acuarela *nf* watercolour `LOC` *Ver* PINTAR

acuario *nm* aquarium [*pl* aquariums/aquaria]
▸ *nm, nmf* (*tb* **Acuario**) *(Astrol)* Aquarius: *Mi hermana es ~.* My sister is (an) Aquarius. ◇ *nacido ~* born under Aquarius

acuático, -a *adj* **1** *(Biol)* aquatic **2** *(Dep)* water: *deportes ~s* water sports `LOC` *Ver* ESQUÍ, MOTO, PARQUE, TOBOGÁN

acudir *vi* **1** *(ir/venir)* to go/come: ~ *en ayuda de algn* to go/come to sb's rescue ◇ *Los recuerdos acudían a mi memoria.* Memories came flooding back. ⊃ *Ver nota en* IR **2** ~ **a** *(recurrir)* to turn to *sb*: *No sé a quién ~.* I don't know who to turn to.

acueducto *nm* aqueduct

acuerdo *nm* agreement: *llegar a un ~* to reach an agreement `LOC` **¡de acuerdo!** all right, OK *(coloq)* ♦ **estar de acuerdo** to agree *(with sb) (about/on sth)*: *En eso estoy de ~ con él.* I agree with him about that. ♦ **ponerse de acuerdo** to agree *(to do sth)*: *Se pusieron de ~ para ir juntos.* They agreed to go together.

acumular(se) *vt, vp* to accumulate

acunar *vt* to rock

acupuntura *nf* acupuncture

acurrucarse *vp* to curl up

acusación *nf* accusation: *hacer una ~ contra algn* to make an accusation against sb

acusado, -a *nm-nf* accused: *los ~s* the accused

acusar *vt* **1** to accuse *sb (of sth/doing sth)* **2** *(Jur)* to charge *sb (with sth/doing sth)*: ~ *a algn de asesinato* to charge sb with murder **3** *(mostrar)* to show signs of *sth*: ~ *el cansancio* to show signs of tiredness

acusica *nmf* (*tb* **acusón, -ona** *nm-nf*) sneak

acústica *nf* acoustics [*pl*]: *La ~ de este local no es muy buena.* The acoustics in this hall aren't very good.

adaptar *vt* to adapt: ~ *una novela para el teatro* to adapt a novel for the stage
▸ **adaptarse** *vp* **1** *(aclimatarse)* to adapt *(to sth)*: ~*se a los cambios* to adapt to change **2** *(ajustarse)* to fit: *Se adapta perfectamente al cuerpo.* It fits the body perfectly.

adecuado, -a *adj* **1** right: *No es el momento ~.* This isn't the right time. ◇ *No encuentran a la persona adecuada para el puesto.* They can't find the right person for the job. **2** *(con artículo indeterminado)* suitable: *un traje ~ para la ocasión* a suitable dress for the occasion

A

adelantado, -a *adj* **1** *(aventajado, avanzado)* advanced: *Este niño está muy ~ para su edad.* This child is very advanced for his age. ◇ *Es una obra muy adelantada para su época.* It's a very advanced work for its time. **2** *(que se ha hecho mucho)*: *Llevo la tesis muy adelantada.* I'm getting on very well with my thesis. **3** *(en comparaciones)* ahead: *Vamos muy ~s con respecto a los de la otra clase.* We're way ahead of the other class. **4** *(reloj)* fast: *Llevas el reloj cinco minutos ~.* Your watch is five minutes fast. `LOC` **por adelantado** in advance *Ver tb* ADELANTAR

adelantar *vt* **1** *(vehículo)* to overtake, to pass *(USA)*: *El camión me adelantó en la curva.* The lorry overtook me on the bend. **2** *(acontecimiento, fecha)* to bring *sth* forward: *Quieren ~ el examen una semana.* They want to bring the exam forward a week. **3** *(reloj)* to put *sth* forward: *No te olvides de ~ el reloj una hora.* Don't forget to put your watch forward an hour. **4** *(objeto)* to move *sth* forward: *Adelanté un peón.* I moved a pawn forward. **5** *(conseguir)* to achieve: *¿Qué adelantamos con reñir?* What do we achieve by arguing?
▸ *vi (reloj)* to gain
▸ **adelantarse** *vp* **1** *(ir delante, Dep)* to go ahead: *Me adelanté para comprar las entradas.* I went (on) ahead to buy the tickets. ◇ *El Athletic se adelantó (en el marcador) en el minuto 44.* Athletic went ahead in the 44th minute. **2 adelantarse a algn** *(anticiparse)*: *Iba a responder yo pero, como siempre, él se me adelantó.* I was about to answer, but, as always, he beat me to it. **3** *(reloj)* to gain: *Este reloj se adelanta.* This clock gains. **4** *(estación, cosecha)* to come early: *Este año se ha adelantado la primavera.* Spring is early this year. `LOC` **adelantarse a los acontecimientos** to jump the gun

adelante *adv* forward: *un paso ~* a step forward
▸ **¡adelante!** *interj* **1** *(entre)* come in! **2** *(siga)* carry on! `LOC` **hacia/para adelante** forwards ♦ **más adelante 1** *(en el espacio)* further on **2** *(en el tiempo)* later *Ver tb* AHORA, HOY, SEGUIR

adelanto *nm* **1** advance: *los ~s de la medicina* advances in medicine ◇ *Pedí un ~.* I asked for an advance. **2** *(tiempo)*: *En España llevamos una hora de ~.* We're an hour ahead in Spain. ◇ *Llegaron con diez minutos de ~.* They arrived ten minutes early.

adelgazamiento *nm* slimming: *una clínica de ~* a slimming clinic ◇ *seguir un régimen de ~* to be on a diet

adelgazar *vi* to lose weight
▸ *vt* ~ *tres kilos* to lose three kilos

además adv **1** (también) also: Se le acusa ~ de estafa. He's also accused of fraud. ⊃ Ver nota en TAMBIÉN **2** (lo que es más) (and) what's more: Además, no creo que vengan. What's more, I don't think they'll come. **LOC** **además de** as well as

adentro adv inside: Está muy ~. It's right inside. **LOC** **más adentro** further in ♦ **para mis adentros** to myself, yourself, etc.: Se reía para sus ~s. He laughed to himself. Ver tb MAR, TIERRA

adhesivo, -a adj adhesive
▸ nm (pegatina) sticker **LOC** Ver CINTA

adicción nf addiction (to sth): ~ a las drogas drug addiction

adictivo, -a adj addictive

adicto, -a adj addicted (to sth)
▸ nm-nf addict

adiestrar vt to train sb/sth (as/in sth)

¡adiós! interj **1** (despedida) goodbye, bye (coloq) **2** (saludo) hello **LOC** **decir adiós con la mano** to wave goodbye (to sb/sth)

adivinanza nf riddle

adivinar vt to guess: Adivina lo que traigo. Guess what I've got. **LOC** Ver PENSAMIENTO

adivino, -a nm-nf fortune teller

adjetivo nm adjective

adjuntar vt **1** (Informát) to attach: ~ un archivo to attach a file **2** (en una carta) to enclose: Les adjunto mi currículo. I enclose my CV.

administración nf administration: la ~ de la justicia the administration of justice **LOC** **administración de lotería** lottery agency [pl agencies] Ver tb CONSEJO

administrador, -ora nm-nf administrator

administrar vt **1** (gestionar) to run, to manage (más formal): ~ un negocio to run a business **2** (dar) to administer sth (to sb): ~ justicia/un medicamento to administer justice/a medicine
▸ **administrarse** vp (dinero) to manage your money

administrativo, -a adj administrative
▸ nm-nf administrative assistant

admirable adj admirable

admiración nf (signo de puntuación) exclamation mark, exclamation point (USA) ⊃ Ver pág 395

admirador, -ora nm-nf admirer

admirar vt **1** (apreciar) to admire: ~ el paisaje to admire the scenery **2** (asombrar) to amaze: Me admira tu sabiduría. Your knowledge amazes me.

admitir vt **1** (culpa, error) to admit: Admito que ha sido culpa mía. I admit (that) it was my fault. **2** (dejar entrar) to admit sb/sth (to/into sth): Me han admitido en el colegio. I've been admitted to the school. **3** (aceptar) to accept: No admito excusas. I won't accept any excuses. **LOC** **no se admite(n)...** No se admiten perros. No dogs. ◊ No se admite a menores de 18 años. No entry to under-18s. ◊ No se admiten tarjetas de crédito. We do not accept credit cards.

ADN nm DNA

adolescencia nf adolescence

adolescente adj teenage
▸ nmf teenager, adolescent (más formal)

adonde adv where

adónde adv where: ¿Adónde vais? Where are you going?

adoptar vt to adopt

adoptivo, -a adj **1** adopted: hijo/país ~ adopted child/country **2** (padres) adoptive

adoquín nm paving stone

adorar vt to adore

adormecerse vp to doze off

adormecido, -a adj sleepy Ver tb ADORMECERSE

adornar vt to decorate, to adorn (formal)

adorno nm **1** (decoración) decoration: ~s de Navidad Christmas decorations **2** (objeto) ornament

adosado nm semi-detached house, duplex (USA) ⊃ Ver nota en CASA

adquirir vt **1** to acquire: ~ riqueza/fama to acquire wealth/fame **2** (comprar) to buy **LOC** Ver HÁBITO, IMPORTANCIA

adrede adv on purpose

ADSL nm (Informát) broadband

aduana nf (oficina) customs [pl]: Pasamos la ~. We went through customs.

adulterio nm adultery

adulto, -a adj, nm-nf adult: las personas adultas adults

adverbio nm adverb

adversario, -a nm-nf adversary [pl adversaries]

advertencia nf **1** (aviso) warning: Es mi última ~. That's my last warning. **2** (consejo) advice [incontable]: Siempre hago caso de las ~s de mi padre. I always take my father's advice.

advertir vt **1** (avisar) to warn sb (about/of sth): Les advertí del peligro. I warned them of the danger. **2** (decir) to tell: Ya te lo había advertido. I told you so! ◊ Te advierto que a mí me da lo mismo. I can tell you it really doesn't matter to me.

aéreo, -a adj **1** air: tráfico ~ air traffic **2** (vista, fotografía) aerial **LOC** Ver ACCIDENTE, BASE,

COMPAÑÍA, CONTROLADOR, FUERZA, LÍNEA, PUENTE, VÍA

aeróbic nm aerobics [incontable]

aeronave nf aircraft [pl aircraft] **LOC aeronave espacial** spacecraft [pl spacecraft]

aeropuerto nm airport: Vamos a ir a buscarles al ~. We're going to meet them at the airport.

afectar vt to affect: El golpe le afectó el oído. The blow affected his hearing. ◇ Su muerte me afectó mucho. I was deeply affected by his death.

afecto nm affection **LOC tener/tomar afecto** to be/become fond of sb/sth: Le tengo mucho ~. I'm very fond of him.

afeitar(se) vt, vp **1** to shave: ~ la cabeza to shave your head ◇ ¿Te has afeitado hoy? Have you had a shave today? **2** (barba, bigote) to shave sth off: Se afeitó el bigote. He shaved his moustache off. **LOC crema/gel de afeitar** shaving cream/gel ◆ **cuchilla/hoja de afeitar** razor blade Ver tb BROCHA, MAQUINILLA

afeminado, -a adj effeminate

aferrarse vp ~ (a) to cling to sb/sth: ~ a una idea to cling to an idea

afición nf **1** ~ (a/por) interest (in sth): Ahora hay menos ~ por la lectura. Nowadays there's less interest in reading. **2** (pasatiempo) hobby [pl hobbies]: Su ~ es la fotografía. Her hobby is photography. **LOC por afición** as a hobby

aficionado, -a adj **1** (entusiasta) keen on sth: Soy muy ~ al ciclismo. I'm very keen on cycling. **2** (amateur) amateur: una compañía de actores ~s an amateur theatre company
▶ nm-nf **1** (de deportes, música pop) fan: un ~ al fútbol a football fan **2** (de cine, música clásica, teatro) lover: un ~ a la ópera an opera lover **3** (amateur) amateur: No tocan mal para ser ~s. They don't play badly for amateurs. Ver tb AFICIONARSE

aficionarse vp ~ a to become keen on sth/ doing sth: Se ha aficionado al ajedrez. She's become very keen on chess.

afilado, -a adj sharp Ver tb AFILAR

afilar vt to sharpen

afiliarse vp ~ (a) to join: Decidí afiliarme al partido. I decided to join the party.

afinar vt (instrumento musical) to tune **LOC afinar la puntería** to take better aim

afirmar vt to state, to say (más coloq): Afirmó sentirse preocupado. He said that he was worried. **LOC afirmar con la cabeza** to nod (your head)

afirmativo, -a adj affirmative

aflojar vt to loosen: Le aflojé la corbata. I loosened his tie.

▸ **aflojarse** vp **1** to loosen: Me aflojé el cinturón. I loosened my belt. **2** (tornillo, nudo) to come loose: Se ha aflojado el nudo. The knot has come loose.

afluente nm tributary [pl tributaries]

afónico, -a adj **LOC estar afónico** to have lost your voice ◆ **quedarse afónico** to lose your voice

afortunadamente adv luckily, fortunately (más formal)

afortunado, -a adj lucky, fortunate (más formal)

África nf Africa

africano, -a adj, nm-nf African

afrontar vt to face up to sth: ~ la realidad to face up to reality

afuera adv outside: Vámonos ~. Let's go outside.
▸ **afueras** nf outskirts: Viven en las ~s de Roma. They live on the outskirts of Rome.

agachar vt to lower: ~ la cabeza to lower your head
▸ **agacharse** vp to bend down **LOC ¡agáchate!/ ¡agachaos!** duck!

agarrado, -a adj (tacaño) mean, cheap (USA) **LOC** Ver BAILAR; Ver tb AGARRAR

agarrar vt **1** (asir) to grab: Me agarró del brazo. He grabbed me by the arm. **2** (sujetar) to hold: Agarra esto para que no se caiga. Hold this and don't let it fall. **3** (pillar) to catch: Si lo agarro lo mato. If I catch him, I'll kill him. ◇ ~ una pulmonía to catch pneumonia
▸ **agarrarse** vp **1** to hold on: ¡Agárrate bien! Hold on tight! **2 agarrarse a** to hold onto sth/sb: ¡Agárrate bien a la cuerda! Hold onto the rope! **LOC agarrarse (como) a un clavo ardiendo** to desperately cling to sb/sth: Se agarra a su familia como a un clavo ardiendo. She desperately clings on to her family. ◇ Está tan desesperado que se agarraría a un clavo ardiendo. He's so desperate he'd do anything. Ver tb CABREO, CASTAÑA, TORO

agazaparse vp to crouch (down)

agencia nf **1** agency [pl agencies] **2** (sucursal) branch **LOC agencia de viajes** travel agent's ◆ **agencia inmobiliaria** estate agent's ➔ Ver nota en CARNICERÍA

agenda nf (libreta) diary [pl diaries], datebook (USA) ❶ La palabra inglesa **agenda** significa orden del día. **LOC agenda (de teléfonos/direcciones)** address book

agente nmf **1** (representante, espía) agent: ~ secreto secret agent **2** (policía) police officer ➔ Ver nota en POLICÍA **LOC agente inmobiliario** estate agent, Realtor (USA)

ágil adj (persona) agile

agilidad nf agility

agitado, -a adj **1** (vida, día) hectic **2** (mar) rough Ver tb AGITAR

agitar vt **1** (botella) to shake: *Agítese antes de usar.* Shake (well) before using. **2** (pañuelo, brazos) to wave **3** (alas) to flap

agnóstico, -a adj, nm-nf agnostic

agobiante adj **1** (ambiente) oppressive: *Hace un calor ~.* It's oppressively hot. **2** (lleno de gente) congested: *El metro en hora punta es muy ~.* The underground is very congested during rush hour. **3** (persona) annoying

agobiar vt **1** (exigencias, problemas) to overwhelm **2** (meter prisa) to rush: *No me agobies.* Don't rush me.
▸ **agobiarse** vp to get worked up (*about sth*)

agobio nm **1** (calor): *¡Qué ~! Abre un poco la ventana.* It's stifling in here! Open the window a bit. **2** (preocupación) worry [pl worries]: *Para entonces estaré con el ~ de los exámenes.* I'll be worrying about the exams by then.

agonía nf agony [pl agonies]
▸ **agonías** nmf misery [pl miseries]: *Eres una verdadera ~s.* You're a real misery.

agonizar vi to be dying

agosto nm August (abrev Aug.) ⊃ Ver ejemplos en ENERO **LOC** **hacer el/su agosto** to make a fortune

agotado, -a adj **1** (cansado) worn out, exhausted (más formal) **2** (existencias) sold out **3** (libros) out of print Ver tb AGOTAR

agotador, -ora adj exhausting

agotar vt **1** (cansar) to wear sb out, to exhaust (más formal): *Los niños me agotan.* The children wear me out. **2** (existencias, reservas) to use sth up: *Hemos agotado las existencias.* We've used up all our supplies. **3** (tema) to exhaust: *~ un tema* to exhaust a subject
▸ **agotarse** vp **1** (gastarse) to run out: *Se me está agotando la paciencia.* My patience is running out. **2** (libro, entradas) to sell out **3** (cansarse) to wear yourself out

agraciado, -a adj **1** (físico) attractive **2** (número) winning

agradable adj pleasant **LOC** **agradable a la vista/al oído** pleasing to the eye/ear

agradar vi to like sb/sth/doing sth: *No me agrada discutir.* I don't like arguing. **LOC** **intentar/querer agradar** to try to please sb: *Intenta ~ a todo el mundo.* He tries to please everyone.

agradecer vt **1** (dar las gracias) to thank sb (*for sth/doing sth*): *Agradezco mucho que hayáis venido.* Thank you very much for coming. **2** (quedar agradecido) to be grateful to sb (for sth/

doing sth): *Te lo agradezco mucho.* I'm very grateful to you.

agradecido, -a adj grateful: *Le quedo muy ~.* I am very grateful to you. Ver tb AGRADECER

agradecimiento nm gratitude: *Deberías mostrar tu ~.* You should show your gratitude. ◇ *unas palabras de ~* a few words of thanks

agrandar vt to enlarge

agrario, -a adj **1** (sector, productos) agricultural: *subvenciones agrarias* agricultural subsidies **2** (ley, reforma) agrarian

agravar vt to make sth worse
▸ **agravarse** vp to get worse

agredir vt to attack

agregar vt to add sth (to sth)

agresión nf **1** aggression: *un pacto de no ~* a non-aggression pact **2** (ataque) assault (on sb/sth)

agresivo, -a adj aggressive

agresor, -ora nm-nf attacker

agrícola adj agricultural **LOC** Ver EXPLOTACIÓN, FAENA, LABOR, PRODUCTO

agricultor, -ora nm-nf farmer

agricultura nf agriculture, farming (más coloq): *~ ecológica/biológica* organic farming

agridulce adj sweet and sour

agrietar(se) vt, vp **1** to crack **2** (piel) to chap

agrio, -a adj (leche, vino, carácter) sour

agrónomo, -a adj agricultural **LOC** Ver INGENIERO, PERITO

agrupar vt to put sb/sth in a group
▸ **agruparse** vp to get into groups: *~se de tres en tres* to get into groups of three

agua nf water **LOC** **agua corriente** running water ◆ **agua del grifo** tap water ◆ **agua dulce/salada** fresh/salt water: *peces de ~ salada* saltwater fish ◆ **agua mineral con/sin gas** sparkling/still mineral water ◆ **agua oxigenada** hydrogen peroxide ◆ **aguas subterráneas** groundwater [incontable] Ver tb AHOGAR, BAILAR, BOLSA, CLARO, CUELLO, GOTA, HUEVO, MOLINO, MOTO, TROMBA

aguacate nm avocado [pl avocados]

aguacero nm (heavy) shower

aguafiestas nmf spoilsport

aguanieve nf sleet

aguantar vt **1** to put up with sb/sth: *Tendrás que ~ el dolor.* You'll have to put up with the pain.

🔎 Cuando la frase es negativa se utiliza **to stand**: *No aguanto este calor.* I can't stand this heat. ◇ *No les aguanto.* I can't stand them. ◇ *¡No hay quien te aguante!* You're unbearable!

2 (*peso*) to take: *El puente no aguantó el peso del camión.* The bridge couldn't take the weight of the lorry.
▸ *vi* **1** (*durar*) to last: *La alfombra aguantará otro año.* The carpet will last another year. **2** (*esperar*) to hold on: *Aguanta, que ya casi hemos llegado.* Hold on, we're nearly there. **3** (*resistir*) to hold: *Esta estantería no aguantará.* This shelf won't hold.
▸ **aguantarse** *vp* to put up with it: *Si no te gusta, te aguantas.* If you don't like it, you'll just have to put up with it! ◇ *Yo también tengo hambre, pero me aguanto.* I'm hungry as well, but I put up with it. **LOC** **aguantar la respiración** to hold your breath

aguante *nm* **1** (*físico*) stamina: *Tienen muy poco ~.* They have very little stamina. **2** (*paciencia*) patience: *¡Tienes un ~!* You're so patient!

aguardiente *nm* eau de vie

aguarrás *nm* white spirit

agudo, -a *adj* **1** (*dolor, sentidos, inteligencia*) sharp: *un dolor ~* a sharp pain **2** (*enfermedad, ángulo*) acute: *apendicitis aguda* acute appendicitis **3** (*sonido, voz*) high-pitched **4** (*gracioso*) witty: *un comentario ~* a witty remark **5** (*palabra*): *Es una palabra aguda.* The accent is on the final syllable.
▸ **agudos** *nm* (*Mús*) treble [*incontable*]: *No se oyen bien los ~s.* You can't hear the treble very well.

aguijón *nm* (*de insecto*) sting: *clavar el ~* to sting

águila *nf* eagle

aguinaldo *nm* **1** (*dinero*) Christmas box **2** (*cesta*) Christmas hamper

aguja *nf* **1** (*costura, medicina*) needle: *enhebrar una ~* to thread a needle ◇ *~ hipodérmica* hypodermic needle **2** (*de reloj*) hand **LOC** *Ver* BUSCAR

agujero *nm* hole: *hacer un ~* to make a hole **LOC** **agujero negro** black hole

agujetas *nf* **LOC** **tener agujetas** to be stiff: *Tengo ~ en las piernas.* My legs are stiff.

ahí *adv* there: *Ahí van.* There they go. ◇ *Ahí lo tienes.* There it is. ◇ *¡Ponte ~!* Stand over there! **LOC** **ahí abajo/arriba** down/up there: *¿Están mis libros ~ abajo?* Are my books down there? ◆ **ahí dentro/fuera** in/out there: *Ahí fuera hace un frío que pela.* It's freezing cold out there. ◆ **¡ahí va!** (*cógelo*) catch! ◆ **por ahí 1** (*lugar determinado*) over there **2** (*lugar no determinado*): *He estado por ~.* I've been out. ◇ *ir por ~ a dar una vuelta* to go out for a walk *Ver tb* MISMO

ahijado, -a *nm-nf* **1** (*masc*) godson **2** (*fem*) goddaughter **3 ahijados** godchildren

ahogar *vt* **1** (*asfixiar*) to suffocate: *El humo me ahogaba.* The smoke was suffocating me. **2** (*en agua*) to drown
▸ **ahogarse** *vp* **1** (*asfixiarse*) to suffocate: *Por poco se ahogan con el humo del incendio.* They nearly suffocated in the smoke from the fire. **2** (*en agua*) to drown **3** (*respirar mal*) to be unable to breathe: *Cuando me da el ataque de asma, me ahogo.* When I have an asthma attack, I can't breathe. **4** (*al atragantarse*) to choke: *Casi me ahogo con esa espina.* I almost choked on that bone. **LOC** **ahogarse en un vaso de agua** to get worked up over nothing

ahora *adv* now: *¿Qué voy a hacer ~?* What am I going to do now? ◇ *Ahora voy.* I'm coming. **LOC** **ahora mismo 1** (*en este momento*) right now: *Ahora mismo no puedo.* I can't do it right now. **2** (*enseguida*) straightaway: *Ahora mismo te lo doy.* I'll give it to you straightaway. ◆ **de ahora en adelante** from now on ◆ **hasta ahora** up until now ◆ **¡hasta ahora!** (*despedida*) see you soon!

ahorcado *nm* (*juego*) hangman: *jugar al ~* to play hangman

ahorcar(se) *vt, vp* to hang (yourself)

🔎 En el sentido de "ahorcar" el verbo **hang** es regular y por lo tanto forma el pasado añadiendo **-ed**.

ahorrador, -ora *adj* thrifty
▸ *nm-nf* saver **LOC** **ser poco ahorrador** to not be very good at saving

ahorrar *vt, vi* to save: *~ tiempo/dinero* to save time/money

ahorro *nm* saving: *mis ~s de toda la vida* my life savings **LOC** **cartilla/libreta de ahorro(s)** savings book *Ver tb* CAJA

ahumado, -a *adj* smoked: *salmón ~* smoked salmon *Ver tb* AHUMAR

ahumar *vt* **1** (*alimentos*) to smoke **2** (*habitación*) to fill *sth* with smoke
▸ **ahumarse** *vp* (*llenarse de humo*) to fill with smoke

ahuyentar *vt* to frighten *sb/sth* away

aire *nm* **1** air: *~ puro* fresh air **2** (*viento*) wind: *Hace mucho ~.* It's very windy. **LOC** **aire acondicionado** air conditioning ◆ **al aire** *con el pecho al ~* bare-chested ◇ *un vestido con la espalda al ~* a backless dress ◆ **al aire libre** in the open air: *un concierto al ~ libre* an open-air concert ◆ **a mi aire** *Le gusta estar a su ~.* He likes to do his own thing. ◇ *Prefiero hacerlo a mi ~.* I'd prefer to do it my way. ◆ **darse aires de superioridad** to put on airs ◆ **escopeta/pistola de aire comprimido** air gun ◆ **saltar/volar por los aires** to blow up ◆ **tomar el aire** to get a breath of fresh air *Ver tb* BOMBA, EJÉRCITO

airear *vt* to air
▸ **airearse** *vp* to get some fresh air

aislado, -a *adj* isolated: *casos ~s* isolated cases *Ver tb* AISLAR

aislante *adj* insulating
▸ *nm* insulator **LOC** *Ver* CINTA

aislar *vt* **1** (*separar*) to isolate *sb/sth* (*from sb/sth*): *~ a un enfermo* to isolate a patient **2** (*incomunicar*) to cut *sb/sth* off (*from sb/sth*): *Las inundaciones aislaron la aldea.* The village was cut off by the floods. **3** (*con material aislante*) to insulate

ajedrez *nm* **1** (*juego*) chess **2** (*tablero y piezas*) chess set **LOC** *Ver* TABLERO

ajeno, -a *adj* **1** (*de otro*) someone else's: *en casa ajena* in someone else's house **2** (*de otros*) other people's: *meterse en los problemas ~s* to interfere in other people's lives

ajetreado, -a *adj* **1** (*persona*) busy **2** (*día*) hectic

ajo *nm* garlic **LOC** *Ver* CABEZA, DIENTE

ajustado, -a *adj* (*ropa*) tight: *un vestido muy ~* a tight-fitting dress *Ver tb* AJUSTAR

ajustar *vt* **1** (*regular*) to adjust: *~ los frenos* to adjust the brakes **2** (*apretar*) to tighten: *~ un tornillo* to tighten a screw
▸ *vi* to fit: *La puerta no ajusta.* The door doesn't fit.
▸ **ajustarse** *vp* **ajustarse (a) 1** (*acomodar*) to fit in (with *sth*); to adapt (to *sth*) (*más formal*): *Es lo que mejor se ajusta a nuestras necesidades.* It's what fits in best with our needs. **2** (*ropa, zapato*) to fit: *El zapato se ajusta perfectamente al pie.* The shoe fits the foot perfectly. **LOC ajustarle las cuentas a algn** to settle scores with sb

ajuste *nm* **1** adjustment: *el ~ de los frenos* the adjustment of the brakes **2 ajustes** (*Informát*) settings **LOC ajuste de cuentas** settling of scores

al *prep* **+ infinitivo 1** (*después de*) when: *Se echaron a reír al verme.* They burst out laughing when they saw me. **2** (*simultaneidad*) as: *Lo vi al salir.* I saw him as I was leaving. *Ver tb* A

ala *nf* **1** wing: *las ~s de un avión* the wings of a plane ◊ *el ~ conservadora del partido* the conservative wing of the party **2** (*sombrero*) brim: *un sombrero de ~ ancha* a wide-brimmed hat
▸ *nmf* (*Dep*) winger **LOC ala delta 1** (*aparato*) hang-glider **2** (*deporte*) hang-gliding

alabanza *nf* praise [*incontable*]: *Se deshicieron en ~s hacia ti.* They were full of praise for you.

alabar *vt* to praise *sb/sth* (*for sth*): *Le alabaron por su valentía.* They praised him for his courage.

alacrán *nm* scorpion

alambrada *nf* wire fence

alambre *nm* wire

álamo *nm* poplar

ala-pívot *nmf* power forward

alarde *nm* **LOC hacer alarde de** to show off about *sth*

alardear *vi* **~ (de)** to boast (about/of *sth*)

alargado, -a *adj* long *Ver tb* ALARGAR

alargar *vt* **1** (*extender*) to extend: *~ una carretera* to extend a road **2** (*prenda*) to lengthen **3** (*duración*) to prolong: *~ la guerra* to prolong the war **4** (*estirar, brazo, mano*) to stretch *sth* out
▸ **alargarse** *vp* **1** to get longer: *Los días se van alargando.* The days are getting longer. **2** (*prolongarse demasiado*) to drag on: *La reunión se alargó hasta las dos.* The meeting dragged on till two. **3** (*hablando, explicando*) to go on for too long

alarma *nf* alarm: *dar la (voz de) ~* to raise the alarm ◊ *Saltó la ~.* The alarm went off. ◊ *Fue solo una falsa ~.* It was just a false alarm. ◊ *poner la ~* to set the alarm **LOC alarma antirrobo 1** burglar alarm **2** (*coche*) car alarm ◆ **alarma de incendios** fire alarm

alarmante *adj* alarming

alarmarse *vp* **~ (por)** to be alarmed (at/by *sth*)

alba *nf* dawn: *al ~* at dawn

albahaca *nf* basil

albañil, -a *nm-nf* builder, construction worker (*USA*)

albaricoque *nm* apricot

albergar *vt* to house
▸ **albergarse** *vp* to shelter

albergue *nm* **1** (*residencia*) hostel: *un ~ juvenil* a youth hostel **2** (*refugio*) refuge

albóndiga *nf* meatball

albornoz *nm* bathrobe

alborotado, -a *adj* **1** (*excitado*) in a state of excitement: *Los ánimos están ~s.* Feelings are running high. **2** (*con confusión*) in confusion: *La gente corría alborotada.* People were running around in confusion. *Ver tb* ALBOROTAR

alborotar *vt* **1** (*desordenar*) to mess *sth* up: *El viento me alborotó el pelo.* The wind messed up my hair. **2** (*revolucionar*) to stir *sb* up: *~ al resto de la clase* to stir up the rest of the class
▸ *vi* (*armar jaleo*) to make a racket
▸ **alborotarse** *vp* to get excited (about/at/by *sth*)

alboroto *nm* **1** (*jaleo*) racket: *¿A qué viene tanto ~?* What's all the racket about? **2** (*disturbio*) disturbance: *El ~ hizo que viniera la policía.* The disturbance led the police to intervene.

álbum *nm* album: *un ~ de fotos* a photograph album ◊ *el último ~ de Ed Sheeran* Ed Sheeran's new album

alcachofa *nf* artichoke

alcalde, -esa *nm-nf* mayor

alcance *nm* **1** reach: *fuera de tu ~* out of your reach **2** *(arma, emisora, telescopio)* range: *misiles de medio ~* medium-range missiles **LOC** **al alcance de la mano** within reach: *Tenían el premio al ~ de la mano.* The prize was within reach.

alcanfor *nm* **LOC** *Ver* BOLA

alcantarilla *nf* sewer

alcantarillado *nm* sewage system

alcanzar *vt* **1** *(llegar a)* to reach: *~ un acuerdo* to reach an agreement **2** *(conseguir)* to achieve: *~ los objetivos* to achieve your objectives **3** *(pillar)* to catch *sb* up: *No pude ~los.* I couldn't catch them up. ◊ *Ve saliendo, ya te alcanzaré.* You go on — I'll catch you up.
▸ *vi* **1** *(ser suficiente)* to be enough: *La comida no alcanzará para todos.* There won't be enough food for everyone. **2** *(llegar)* to reach: *No alcanzo.* I can't reach.

alcaparra *nf* caper

alcohol *nm* alcohol **LOC** **sin alcohol** non-alcoholic *Ver tb* CERVEZA

alcoholemia *nf* blood alcohol level **LOC** **hacer el control/la prueba de alcoholemia** to breathalyse *sb*

alcohólico, -a *adj, nm-nf* alcoholic

alcoholímetro *nm* breathalyser

alcoholismo *nm* alcoholism

aldea *nf* small village **LOC** **la aldea global** the global village

aldeano, -a *nm-nf* villager

alegar *vt* **1** to claim: *Alegan no tener dinero.* They claim not to have any money. **2** *(razones, motivos)* to cite: *Alegó motivos personales.* He cited personal reasons.

alegrar *vt* **1** *(hacer feliz)* to make *sb* happy: *La carta me alegró mucho.* The letter made me very happy. **2** *(animar)* **(a)** *(persona)* to cheer *sb* up: *Nuestra visita le alegró mucho.* Our visit really cheered him up. **(b)** *(fiesta)* to liven *sth* up: *La orquesta alegró la fiesta.* The band livened up the party. **3** *(casa, lugar)* to brighten *sth* up
▸ **alegrarse** *vp* **1** alegrarse (de/por) to be pleased (about *sth/to do sth*): *Me alegro de saberlo.* I am pleased to hear it. **2** alegrarse por algn to be delighted for sb: *Me alegro por vosotros.* I'm delighted for you. **3** *(cara, ojos)* to light up: *Se le alegró la cara.* His face lit up.

alegre *adj* **1** *(feliz)* happy **2** *(de buen humor)* cheerful: *Tiene un carácter ~.* He's a cheerful person. **3** *(música, espectáculo)* lively **4** *(color, habitación)* bright

alegría *nf* joy: *gritar/saltar de ~* to shout/jump for joy **LOC** **¡qué/vaya alegría!** great! *Ver tb* CABER, GRITAR

alejamiento *nm* **LOC** *Ver* ORDEN²

alejar *vt* **1** *(retirar)* to move *sb/sth* away *(from sb/sth)*: *Debes ~lo de la ventana.* You should move it away from the window. **2** *(distanciar)* to distance *sb/sth* *(from sb/sth)*: *El desacuerdo nos alejó de mis padres.* The disagreement distanced us from my parents.
▸ **alejarse** *vp* **alejarse (de)** **1** *(apartarse)* to move away *(from sb/sth)*: *~se de un objetivo* to move away from a goal ◊ *No os alejéis mucho.* Don't go too far away. **2** *(camino)* to leave

alemán, -ana *adj, nm-nf, nm* German: *los alemanes* the Germans ◊ *hablar ~* to speak German **LOC** *Ver* PASTOR

Alemania *nf* Germany

alérgeno *nm* allergen

alergia *nf* allergy [*pl* allergies]: *Tengo ~ al marisco.* I'm allergic to shellfish. **LOC** **alergia al polen** hay fever

alérgico, -a *adj* allergic

alero *nm* *(tejado)* eaves [*pl*]
▸ *nmf* *(Baloncesto)* forward

alerta *nf* alert: *en estado de ~* on the alert ◊ *Dieron la (voz de) ~.* They sounded the alert.
▸ *adj* alert *(to sth)*

alertar *vt* to alert *sb* *(to sth)*: *Nos alertaron del riesgo.* They alerted us to the risk.

aleta *nf* **1** *(pez)* fin **2** *(buceador, foca)* flipper **3** *(vehículo)* wing

alevines *nm* *(Dep)* under 11s

alfabético, -a *adj* alphabetical

alfabeto *nm* alphabet

alfarería *nf* pottery

alféizar *nm* *(ventana)* windowsill

alfil *nm* bishop

alfiler *nm* pin

alfombra *nf* **1** *(grande)* carpet **2** *(más pequeña)* rug

alfombrilla *nf* **1** mat **2** *(felpudo)* doormat **3** *(para ratón)* mouse mat, mouse pad *(USA)*

alga *nf* **1** *(de agua dulce)* weed [*incontable*]: *El estanque está lleno de ~s.* The pond is full of weed. **2** *(de agua salada)* seaweed [*incontable*]

álgebra *nf* algebra

algo *pron* something, anything ❶ La diferencia entre **something** y **anything** es la misma que hay entre **some** y **any.** ➔ *Ver nota en* SOME
▸ *adv* **1** + adjetivo rather: *~ tímido* rather shy ➔ *Ver nota en* FAIRLY **2** + verbo a bit: *Mi hija me ayuda ~.* My daughter helps me a bit.

A

LOC ¿**algo más?** (*tienda*) anything else? ◆ **en algo** in any way: *Si en ~ puedo ayudarles…* If I can help you in any way… ◆ **o algo así** or something like that ◆ **por algo será** there must be a reason

algodón *nm* **1** (*planta, fibra*) cotton **2** (*Med*) cotton wool [*incontable*], (absorbent) cotton [*incontable*] (*USA*): *Me tapé los oídos con algodones.* I put cotton wool in my ears. **LOC** **algodón dulce/de azúcar** candyfloss, cotton candy (*USA*) ◆ **entre algodones** (*con muchos cuidados*) wrapped in cotton wool

alguien *pron* someone, somebody; anyone, anybody: *¿Crees que vendrá ~?* Do you think anyone will come? ❶ La diferencia entre **someone** y **anyone** es la misma que hay entre **some** y **any**. ➲ *Ver nota en* SOME

🔎 **Someone** y **anyone** llevan el verbo en singular, pero sin embargo suelen ir seguidos de **they, them** y **their**, que son formas plurales: *Alguien se ha dejado el abrigo.* Someone has left their coat behind.

algún *adj Ver* ALGUNO

alguno, -a *adj* **1** some, any: *Te he comprado ~s libros para que te entretengas.* I've bought you some books to pass the time. ◇ *¿Hay algún problema?* Are there any problems? ➲ *Ver nota en* SOME **2** (*con número*) several: *~s centenares de personas* several hundred people **3** (*uno que otro*) the occasional: *Habrá algún chubasco débil.* There will be the occasional light shower. ▸ *pron Algunos de vosotros sois muy rápidos.* Some of you are very quick. ◇ *Seguro que ha sido ~ de vosotros.* It must have been one of you. ◇ *Algunos protestaron.* Some (people) protested. **LOC** **alguna cosa** something, anything ❶ La diferencia entre **something** y **anything** es la misma que hay entre **some** y **any**. ➲ *Ver nota en* SOME ◆ **algunas veces** sometimes ◆ **alguna vez** ever: *¿Has estado allí alguna vez?* Have you ever been there? ◆ **algún día** some day ◆ **en algún lugar/lado/sitio/en alguna parte** somewhere, anywhere: *Lo he visto en alguna parte.* I've seen it somewhere. ◇ *¿Lo has visto en alguna parte?* Have you seen it anywhere? ❶ La diferencia entre **somewhere** y **anywhere** es la misma que hay entre **some** y **any**. ➲ *Ver nota en* SOME; *Ver tb* ASPECTO

aliado, -a *adj* allied
▸ *nm-nf* ally [*pl* allies] *Ver tb* ALIARSE

alianza *nf* **1** (*unión*) alliance: *una ~ entre cinco partidos* an alliance between five parties **2** (*anillo*) wedding ring

aliarse *vp* ~ **(con/contra)** to form an alliance (with/against *sb/sth*)

alicates *nm* pliers: *Necesito unos ~.* I need a pair of pliers. ➲ *Ver nota en* PAIR

aliento *nm* breath: *tener mal ~* to have bad breath **LOC** **sin aliento** out of breath: *Vengo sin ~.* I'm out of breath.

alijo *nm* haul: *un ~ de 500 kg de hachís* a haul of 500 kg of hashish

alimaña *nf* vermin [*incontable*]

alimentación *nf* **1** (*acción*) feeding **2** (*dieta*) diet: *una ~ equilibrada* a balanced diet **3** (*comida*) food: *una tienda de ~* a food store

alimentar *vt* to feed *sb/sth* (*on/with sth*): *~ a los caballos con heno* to feed the horses (on) hay
▸ *vi* to be nourishing: *Alimenta mucho.* It's very nourishing.
▸ **alimentarse** *vp* **alimentarse de** to live on *sth*

alimentario, -a *adj* **1** (*relativo a la comida*) food: *la industria alimentaria* the food industry ◇ *alergias alimentarias* food allergies **2** (*hábitos*) eating: *trastornos ~s* eating disorders **LOC** *Ver* KILÓMETRO

alimenticio, -a *adj* **1** food: *productos ~s* foodstuffs ◇ *la cadena alimenticia* the food chain ◇ *hábitos ~s* eating habits **2** (*que alimenta*) nutritious: *Los plátanos son muy ~s.* Bananas are very nutritious. ◇ *valor ~* nutritional value

alimento *nm* **1** (*comida*) food: *~s enlatados* tinned food(s) **2** (*valor nutritivo*): *Las lentejas tienen mucho ~.* Lentils are very nourishing.

alineación *nf* (*Dep*) line-up

alinear *vt* **1** (*poner en hilera*) to line *sb/sth* up **2** (*Dep*) to field

aliñar *vt* **1** to dress *sth* (*with sth*): *~ una ensalada* to dress a salad **2** (*carne, etc.*) to season *sth* (*with sth*)

alisar *vt* to smooth

alistarse *vp* ~ **(en)** to enlist (in *sth*)

aliviar *vt* to relieve: *~ el dolor* to relieve pain ◇ *El masaje me alivió un poco.* The massage made me feel a bit better.

alivio *nm* relief: *¡Qué ~!* What a relief! ◇ *Ha sido un ~ para todos.* It came as a relief to everyone.

allá *adv* **1** (*lugar*) (over) there: *Déjalo ~.* Leave it (over) there. ◇ *de Cuenca para ~* from Cuenca on **2** ~ **en/por…** (*tiempo*) back in…: *~ por los años 90* back in the 90s **LOC** **allá abajo/arriba** down/up there ◆ **allá dentro/fuera** in/out there ◆ **allá tú** it's your, his, etc. problem ◆ **¡allá voy!** here I come! ◆ **el más allá** the afterlife ◆ **más allá 1** (*más lejos*) further on: *seis kilómetros más ~* six kilometres further on **2** (*hacia un lado*) further over: *correr la mesa más ~* to push the table further over ◆ **más allá de** beyond: *más ~ del río* beyond the river *Ver tb* ACÁ

allanar *vt (suelo)* to level

allí *adv* there: *Tengo un amigo ~.* I have a friend there. ◊ *¡Allí están!* There they are! ◊ *a 30 kilómetros de ~* 30 kilometres from there ◊ *una chica que pasaba por ~* a girl who was passing by `LOC` **allí abajo/arriba** down/up there ♦ **allí dentro/fuera** in/out there ♦ **es allí donde…** that's where…: *Es ~ donde me caí.* That's where I fell. *Ver tb* MISMO

alma *nf* **1** soul: *No había ni un ~.* There wasn't a soul. **2** *(carácter, mente)* spirit: *un ~ noble* a noble spirit `LOC` **con toda mi alma** *Te quiero con toda mi ~.* I love you with all my heart. ◊ *correr/estudiar con toda su ~* to run as fast as you can/to study as hard as you can

almacén *nm* **1** *(edificio)* warehouse **2** *(habitación)* storeroom `LOC` *Ver* GRANDE

almacenar *vt* to store

almeja *nf* clam

almendra *nf* almond

almendro *nm* almond (tree)

almíbar *nm* syrup

almirante *nmf* admiral

almohada *nf* pillow `LOC` *Ver* CONSULTAR

almohadilla *nf* **1** *(símbolo)* hash sign, pound sign *(USA)* **2** *(en Twitter, etc.)* hashtag `LOC` *Ver* TECLA

almorzar *vi (a media mañana)* to have a snack ▸ *vt* to have mid-morning

almuerzo *nm (a media mañana)* mid-morning snack ➔ *Ver nota en* DINNER

alocado, -a *adj (precipitado, imprudente)* rash: *una decisión alocada* a rash decision

alojamiento *nm* accommodation *[incontable]* `LOC` **dar/proporcionar alojamiento 1** *(cobrando)* to provide *sb* with accommodation **2** *(sin cobrar)* to put *sb* up

alojar *vt* **1** to accommodate: *El hotel puede ~ a 200 personas.* The hotel can accommodate 200 people. **2** *(sin cobrar)* to put *sb* up: *Tras el incendio nos alojaron en un colegio.* After the fire, they put us up in a school. ▸ **alojarse** *vp* to stay: *Nos alojamos en un hotel.* We stayed in a hotel.

alpinismo *nm* mountaineering: *hacer ~* to go mountaineering

alpino, -a *adj* **1** *(de los Alpes)* Alpine **2** *(esquí)* downhill

alpiste *nm* birdseed

alquilar *vt*
● **referido a la persona que coge algo en alquiler** to hire, to rent

🔎 **Hire** se emplea para un plazo breve de tiempo, como en el caso de un coche o disfraz: *Alquiló un traje para la boda.* He hired a suit for the wedding. ◊ *Te compensa alquilar un coche.* It's worth hiring a car.
Rent implica periodos más largos, por ejemplo cuando alquilamos una casa o una habitación: *¿Cuánto me costaría alquilar un piso de dos habitaciones?* How much would it cost me to rent a two-bedroomed flat?

● **referido a la persona que deja algo en alquiler** to hire *sth* (out), to rent *sth* (out), to let *sth* (out)

🔎 **Hire sth (out)** se emplea para un plazo breve de tiempo: *Viven de alquilar caballos a los turistas.* They make their living hiring (out) horses to tourists.
Rent sth (out) se refiere a periodos largos de tiempo y se suele utilizar para referirnos a objetos, casas o habitaciones: *Alquilan habitaciones a estudiantes.* They rent (out) rooms to students. ◊ *una empresa que alquila electrodomésticos* a company that rents out household appliances.
Let sth (out) se refiere solo a casas o habitaciones: *En nuestro edificio se alquila un piso.* There's a flat to let in our block.

alquiler *nm* **1** *(acción de alquilar)* hire: *una compañía de ~ de coches* a car hire company **2** *(precio)* **(a)** *(coche, traje, etc.)* hire charge: *Han subido los precios de ~ de coches.* Car hire charges have risen. **(b)** *(casa, habitación)* rent: *¿Has pagado el ~?* Have you paid the rent? `LOC` *Ver* COCHE, MADRE

alquitrán *nm* tar

alrededor *adv* **1** *~ (de)* *(en torno a)* around: *las personas a mi ~* the people around me **2** *~ de* *(aproximadamente)* about: *Llegaremos ~ de las diez.* We'll get there at about ten. ▸ **alrededores** *nm (ciudad)* outskirts `LOC` *Ver* GIRAR, VUELTA

alta *nf* `LOC` **dar de/el alta a algn** to discharge sb (from hospital) ♦ **darse de alta** to register

altar *nm* altar

altavoz *nm* **1** *(Radio, TV, ordenador, etc.)* speaker **2** *(en lugares públicos)* loudspeaker: *Lo anunciaron por los altavoces.* They announced it over the loudspeakers.

alterar *vt* to alter ▸ **alterarse** *vp* **1** *(ponerse nervioso)* to get nervous: *¡No te alteres!* Keep calm! **2** *(enfadarse)* to get angry `LOC` **alterar el orden público** to cause a breach of the peace

alternar *vt, vi* to alternate ▸ *vi (con gente)* to socialize

alternativa *nf* ~ **(a)** alternative (to *sth*): *Es nuestra única ~.* This is our only alternative.

alternativo, -a *adj* alternative: *teatro ~* alternative theatre

alterno, -a *adj* alternate: *en días ~s* on alternate days

altibajos *nm* (*cambios*) ups and downs: *Todos tenemos ~.* We all have our ups and downs.

altitud *nf* height, altitude (*más formal*): *a 3000 metros de ~* at an altitude of 3 000 metres

alto, -a *adj* **1** tall, high

> 🔎 **Tall** se usa para referirnos a personas, árboles y edificios que suelen ser estrechos además de altos: *el edificio más alto del mundo* the tallest building in the world ◊ *una niña muy alta* a tall girl. **High** se utiliza mucho con sustantivos abstractos: *altos niveles de contaminación* high levels of pollution ◊ *altos tipos de interés* high interest rates. También se usa para referirnos a la altura sobre el nivel del mar: *La Paz es la capital más alta del mundo.* La Paz is the highest capital in the world.
> Los antónimos de **tall** son **short** y **small**, y el antónimo de **high** es **low**. Las dos palabras tienen en común el sustantivo **height**, *altura*.

2 (*mando, funcionario*) high-ranking **3** (*clase social, región*) upper: *el ~ Ebro* the upper Ebro **4** (*sonido, voz*) loud: *No pongas la música tan alta.* Don't play your music so loud.
▸ *adv* **1** (*posición*) high: *Ese cuadro está muy ~.* That picture is too high up. **2** (*hablar, tocar*) loudly
▸ *nm* height: *Tiene tres metros de ~.* It is three metres high.
▸ *¡alto!* *interj* stop! LOC **alta fidelidad** hi-fi ◆ **alta mar** the high seas [*pl*]: *El barco estaba en alta mar.* The ship was on the high seas. ◆ **alto el fuego** ceasefire ◆ **pasar por alto** to overlook *Ver tb* CLASE, CUELLO, DEFINICIÓN, HABLAR, POTENCIA, TREN

altura *nf* height: *caerse desde una ~ de tres metros* to fall from a height of three metres LOC **a estas alturas** at this stage ◆ **a la altura de…** *una cicatriz a la ~ del codo* a scar near the elbow ◆ **altura máxima** (*puente, túnel, etc.*) maximum headroom ◆ **de gran/poca altura** high/low ◆ **tener dos, etc. metros de altura** (*cosa*) to be two, etc. metres high *Ver tb* SALTO

alubia *nf* bean

alucinación *nf* hallucination

alucinante *adj* (*sorprendente*) amazing

alucinar *vi* **1** (*delirar*) to hallucinate **2** (*sorprenderse*): *Alucinábamos con sus comentarios.* We were amazed at his remarks.

alucine *nm* *¡Qué ~!* Amazing!

alud *nm* avalanche

aludido, -a *adj* LOC **darse por aludido** *No se dieron por ~s.* They didn't take the hint. ◊ *Enseguida te das por ~.* You always take things personally.

alumbrado *nm* lighting

alumbrar *vt* to light *sth* (up): *Una gran lámpara alumbra la sala.* The room is lit by a huge lamp.
▸ *vi* to give off light: *Esa bombilla alumbra mucho.* That bulb gives off a lot of light. ◊ *Alumbra debajo de la cama.* Shine a light under the bed.

aluminio *nm* aluminium, aluminum (*USA*) LOC *Ver* PAPEL

alumnado *nm* students [*pl*]: *El ~ ha organizado una fiesta de fin de curso.* The students have organized an end of year party.

alumno, -a *nm-nf* student, pupil

> 🔎 **Student** es la palabra más general, y se refiere a la persona que estudia en una universidad o una escuela: *una excursión para los alumnos de segundo de ESO* an outing for Year 9 students. La palabra **pupil** ya casi no se usa para alumnos de Secundaria, aunque se sigue usando para alumnos de Primaria. En Primaria y Educación Infantil también se usa mucho la palabra **child** [*pl* **children**].

LOC *Ver* ASOCIACIÓN

alzar *vt* to raise: *~ el telón* to raise the curtain
▸ **alzarse** *vp* **alzarse (contra)** to rebel (against *sb/sth*): *Los militares se alzaron contra el gobierno.* The military rebelled against the government.

ama *nf Ver* AMO LOC **ama de casa** housewife [*pl* housewives] ◆ **ama de llaves** housekeeper

amable *adj* ~ **(con)** kind (to *sb*): *Gracias, es usted muy ~.* Thank you, that's very kind of you. ◊ *Deberías ser ~ con ella.* You should be kind to her. LOC **si es tan amable (de…)** if you would be so kind (as to…): *Si es tan ~ de cerrar la puerta.* If you would be so kind as to close the door.

amaestrar *vt* to train LOC **sin amaestrar** untrained

amamantar *vt* **1** (*persona*) to breastfeed, to nurse (*USA*) **2** (*animal*) to suckle

amanecer *nm* **1** (*alba*) dawn: *Nos levantamos al ~.* We got up at dawn. **2** (*salida del sol*) sunrise: *contemplar el ~* to watch the sunrise

▸*v imp* to get light: *Estaba amaneciendo.* It was getting light. ◊ *Amaneció soleado.* It was sunny in the morning.

▸*vi* (*despertarse*) to wake up: *Amanecí con dolor de cabeza.* I woke up with a headache.

amanerado, -a *adj* **1** (*rebuscado*) affected **2** (*afeminado*) effeminate

amante *adj* loving: *~ padre y esposo* loving husband and father ◊ *~ de la música* music-loving

▸*nmf* lover

amañar *vt* (*Dep, Pol*) to fix

amaño *nm* **LOC** **amaño de partidos** (*Dep*) match-fixing [*incontable*]

amapola *nf* poppy [*pl* poppies]

amar *vt* to love

amargado, -a *adj* bitter: *estar ~ por algo* to be bitter about sth

▸*nm-nf* misery [*pl* miseries] (*coloq*): *Son un par de ~s.* They're a couple of miseries. *Ver tb* AMARGAR

amargar *vt* **1** (*persona*) to make *sb* bitter **2** (*ocasión*) to ruin: *Eso nos amargó las vacaciones.* That ruined our holiday.

▸**amargarse** *vp* to get upset: *No te amargues (la vida) por eso.* Don't get upset over something like that. **LOC** **amargarle la vida a algn** to make sb's life a misery

amargo, -a *adj* bitter

amarillento, -a *adj* yellowish

amarillo, -a *adj* **1** (*color*) yellow: *Es de color ~.* It's yellow. ◊ *Yo iba de ~.* I was wearing yellow. ◊ *pintar algo de ~* to paint sth yellow ◊ *el chico de la camisa amarilla* the boy in the yellow shirt **2** (*semáforo*) amber

▸*nm* yellow: *No me gusta el ~.* I don't like yellow. **LOC** ➔ *Ver* PÁGINA, PRENSA

amarra *nf* (*Náut*) mooring rope **LOC** *Ver* SOLTAR

amarrar *vt* **1** to tie *sb/sth* (up): *Le amarraron con cuerdas.* They tied him up with rope. ◊ *Amarró al perro a la verja.* He tied the dog to the fence. **2** (*Náut*) to moor

amasar *vt* **1** (*Cocina*) to knead **2** (*fortuna*) to accumulate

amateur *adj, nmf* amateur

amazona *nf* horsewoman [*pl* -women]

ámbar *nm* amber

ambición *nf* ambition

ambicioso, -a *adj* ambitious

ambientación *nf* (*película, obra de teatro*) setting

ambientador *nm* air freshener

ambiental *adj* **1** (*del medioambiente*) environmental **2** (*del aire*) atmospheric: *condiciones ~es* atmospheric conditions **LOC** *Ver* MÚSICA

ambientar *vt* (*novela, película*) to set *sth* in…

ambiente *nm* **1** atmosphere: *un ~ contaminado* a polluted atmosphere ◊ *El local tiene buen ~.* The place has a good atmosphere. ◊ *No hay ~ en la calle.* The streets are dead. **2** (*entorno*) environment: *El ~ familiar nos influye.* Our family environment has a big influence on us. **LOC** **estar en su ambiente** to be in your element ◆ **no estar en su ambiente** to be like a fish out of water *Ver tb* TEMPERATURA

ambiguo, -a *adj* ambiguous

ambos, -as *pron* both (of us, you, them): *Me llevo bien con ~.* I get on well with both of them. ◊ *A ~ nos gusta viajar.* Both of us like travelling./We both like travelling.

ambulancia *nf* ambulance

ambulante *adj* travelling: *un circo ~* a travelling circus **LOC** *Ver* VENDEDOR

ambulatorio *nm* health centre

amén *nm* amen

amenaza *nf* threat **LOC** **amenaza de bomba** bomb scare

amenazador, -ora (*tb* **amenazante**) *adj* threatening

amenazar *vt, vi* to threaten: *Amenazaron con acudir a los tribunales.* They threatened to take them to court. ◊ *Le han amenazado de muerte.* They've threatened to kill him. ◊ *Me amenazó con una navaja.* He threatened me with a knife.

▸*v imp Amenaza lluvia.* It looks like (it's going to) rain.

ameno, -a *adj* **1** (*libro, película*) entertaining: *una novela muy amena* a very entertaining novel **2** (*conversación, velada, etc.*) pleasant

América *nf* America ❶ Las palabras **America** y **American** en inglés suelen referirse a Estados Unidos.

americana *nf* jacket

americano, -a *adj, nm-nf* American **LOC** *Ver* CAFÉ

ametralladora *nf* machine gun

amígdala *nf* tonsil: *Me operaron de las ~s.* I had my tonsils out.

amigo, -a *adj* **1** (*mano*) helping **2** (*país, voz*) friendly

▸*nm-nf* friend: *mi mejor ~* my best friend ◊ *Es íntimo ~ mío.* He's a very close friend of mine. **LOC** **hacerse amigo (de algn)** to make friends (with sb) ◆ **ser (muy) amigo (de algn)** to be (good) friends (with sb): *Soy muy ~ suyo.* We're good friends.

amiguismo *nm* favouritism

amistad *nf* **1** (*relación*) friendship: *romper una ~* to end a friendship **2 amistades** friends: *Tiene*

A

~es influyentes. He's got friends in high places. **LOC** **entablar/hacer amistad** to become friends

amistoso, -a *adj* friendly **LOC** *Ver* PARTIDO

amnesia *nf* amnesia

amnistía *nf* amnesty [*pl* amnesties]

amo, -a *nm-nf* owner

amodorrarse *vp* (*adormilarse*) to get drowsy

amoniaco (*tb* **amoníaco**) *nm* ammonia

amontonar *vt* **1** (*apilar*) to pile *sth* up **2** (*acumular*) to accumulate: *~ trastos* to accumulate junk
▸ **amontonarse** *vp* **1** to pile up: *Se me amontonó el trabajo*. My work piled up. **2** (*apiñarse*) to cram (*into…*): *Se amontonaron en el coche*. They crammed into the car.

amor *nm* love: *una canción/historia de ~* a love song/story ◊ *el ~ de mi vida* the love of my life ◊ *Le miró con ~*. She looked at him lovingly. **LOC** **amor platónico** platonic love ♦ **amor propio** pride ♦ **hacer el amor (a/con)** to make love (to/with *sb*) ♦ **¡por (el) amor de Dios!** for God's sake!

amoratado, -a *adj* **1** (*de frío*) blue **2** (*con cardenales*) black and blue: *Tenía todo el cuerpo ~*. His whole body was black and blue. **3** (*ojo*) black

amordazar *vt* to gag

amorío *nm* (love) affair

amoroso, -a *adj* **1** (*relativo al amor*) love: *vida/carta amorosa* love life/letter **2** (*cariñoso*) loving **LOC** *Ver* DESENGAÑO

amortiguador *nm* shock absorber

amotinarse *vp* **1** (*preso, masas*) to riot **2** (*Náut, Mil*) to mutiny

AMPA *nf* parents' association

amparar *vt* to protect *sb/sth* (*against/from sth*): *La ley nos ampara contra los abusos*. The law protects us from abuse.
▸ **ampararse** *vp* **1** **ampararse en** (*apoyarse*) to seek the protection of *sb/sth*: *Se amparó en su familia*. He sought the protection of his family. **2** **ampararse (de)** (*refugiarse*) to shelter (from *sth*): *~se de una tormenta* to shelter from a storm

amparo *nm* **1** (*protección*) protection **2** (*apoyo*) support **LOC** **al amparo de** under the protection of *sth/sb*

ampliación *nf* **1** (*número, cantidad*) increase: *una ~ de plantilla* an increase in staff **2** (*local, negocio, información*) expansion: *la ~ del aeropuerto* the expansion of the airport **3** (*plazo, acuerdo*) extension **4** (*Fot, fotocopia*) enlargement

ampliar *vt* **1** (*número, cantidad*) to increase: *La revista amplió su difusión*. The magazine increased its circulation. **2** (*negocio, imperio*) to expand **3** (*local, plazo*) to extend: *~ el local/plazo*

de matrícula to extend the premises/registration period **4** (*Fot, fotocopia*) to enlarge

amplificador *nm* amplifier, amp (*coloq*)

amplio, -a *adj* **1** (*grande*) large: *una amplia mayoría* a large majority ◊ *un ~ ventanal* a large window **2** (*espacioso*) spacious: *un piso ~* a spacious flat **3** (*gama, margen*) wide: *una amplia gama de productos* a wide range of goods **4** (*ropa*) loose-fitting **5** (*sonrisa, sentido*) broad: *en el sentido ~ de la palabra* in the broad sense of the word

ampolla *nf* (*en la piel*) blister

amueblar *vt* to furnish **LOC** **sin amueblar** unfurnished

amuermado, -a *adj* **1** (*aburrido*) bored **2** (*con sueño*) half asleep: *Después de comer me quedo como ~*. I feel half asleep after eating.

amuleto *nm* amulet **LOC** **amuleto de la suerte** good-luck charm

amurallado, -a *adj* walled

analfabeto, -a *adj, nm-nf* illiterate: *ser un ~* to be illiterate ◊ *la población analfabeta* the number of people unable to read or write

analgésico *nm* painkiller

análisis *nm* analysis [*pl* analyses] **LOC** **análisis de sangre/orina** blood/urine test

analizar *vt* to analyse

anarquía *nf* anarchy

anarquismo *nm* anarchism

anarquista *adj, nmf* anarchist ➲ *Ver nota en* CATÓLICO

anatomía *nf* anatomy [*pl* anatomies]

ancho, -a *adj* **1** (*de gran anchura*) wide: *el ~ mar* the wide sea **2** (*ropa*) baggy: *un jersey ~* a baggy jumper ◊ *La cintura me queda ancha*. The waist is too big. **3** (*sonrisa, hombros, espalda*) broad: *Es muy ~ de espaldas*. He's got broad shoulders. ➲ *Ver nota en* BROAD
▸ *nm* width: *¿Cuánto mide de ~?* How wide is it? ◊ *Tiene dos metros de ~*. It is two metres wide. **LOC** **a mis anchas 1** (*como en casa*) at home: *Ponte a tus anchas*. Make yourself at home. **2** (*con libertad*) quite happily: *Aquí los niños pueden jugar a sus anchas*. The children can play here quite happily. ♦ **ancho de banda** (*Internet*) bandwidth ♦ **quedarse tan ancho** not be at all bothered *Ver tb* BANDA

anchoa *nf* anchovy [*pl* anchovies]

anchura *nf* (*medida*) width: *No tiene suficiente ~*. It isn't wide enough.

anciano, -a *adj* elderly
▸ *nm-nf* elderly man/woman [*pl* men/women]: *los ~s* the elderly ➲ *Ver nota en* AGED **LOC** *Ver* RESIDENCIA

ancla *nf* anchor LOC **echar el ancla/anclas** to drop anchor *Ver tb* LEVAR

andamio *nm* scaffolding [*incontable*]: *Hay ~s por todas partes.* There's scaffolding everywhere.

andar *vi* **1** (*caminar*) to walk: *Vine andando.* I walked here.

🔎 En inglés existen varias maneras de decir *andar*. La palabra más general es **walk**. Todos los demás verbos tienen algún matiz que los distingue. A continuación tienes una lista de algunos de ellos:

creep= deslizarse sigilosamente
pace= pasearse con inquietud
plod= caminar pesadamente
stagger= andar tambaleándose
stride= andar a grandes zancadas
stroll= pasearse de manera relajada.

Así, por ejemplo, se puede decir: *I crept upstairs, trying not to wake my parents.* ◇ *She paced up and down the corridor.* ◇ *We plodded on through the rain and mud.* ◇ *We strolled along the beach.*

2 (*funcionar*) to work: *Este reloj no anda.* This clock's not working. **3** (*estar*) to be: *¿Quién anda ahí?* Who's there? ◇ *~ ocupado/deprimido* to be busy/depressed ◇ *¿Qué andas buscando?* What are you looking for? **4** ~ **por** (*años, cantidad*) to be about/around *sth*: *Debe ~ por los 50 años.* He must be about 50. ◇ *El precio anda por los 100 euros.* The price is around 100 euros.

▸ **andarse** *vp* **andarse con**: *No te andes con bromas.* Stop fooling around. ◇ *Habrá que ~se con cuidado.* We'll have to be careful.

▸ **andares** *nm* walk [*v sing*]: *Le reconocí por sus ~es.* I recognized him by his walk. LOC **¡anda! 1** come on!: *¡Anda, no exageres!* Come on, don't exaggerate! ◇ *¡Anda, déjame en paz!* Come on, leave me alone! **2** (*sorpresa*) hey!: *¡Anda, si está lloviendo!* Hey, it's raining! ❶ Para otras expresiones con **andar**, véanse las entradas del sustantivo, adjetivo, etc., p. ej. **andarse con rodeos** en RODEO.

andén *nm* platform

andrajoso, -a *adj* ragged
▸*nm-nf* scruff

anécdota *nf* anecdote: *contar una ~* to tell an anecdote

anemia *nf* anaemia LOC **tener anemia** to be anaemic

anémico, -a *adj* anaemic

anestesia *nf* anaesthetic: *Me pusieron ~ general/local.* They gave me a general/local anaesthetic.

anestesiar *vt* to anaesthetize

anestesista *nmf* anaesthetist

anfibio, -a *adj* amphibious
▸*nm* amphibian

anfiteatro *nm* (*romano*) amphitheatre

anfitrión, -ona *nm-nf* **1** (*masc*) host **2** (*fem*) hostess

ángel *nm* angel: *~ de la guarda* guardian angel LOC *Ver* SOÑAR

anginas *nf* tonsillitis [*incontable*]

anglicano, -a *adj, nm-nf* Anglican

anglosajón, -ona *adj* **1** (*Hist*) Anglo-Saxon **2** (*de habla inglesa*) English-speaking: *la cultura anglosajona* the culture of the English-speaking world

anguila *nf* eel

angula *nf* baby eel

ángulo *nm* angle: *~ recto/agudo/obtuso* right/acute/obtuse angle ◇ *Yo veo las cosas desde otro ~.* I see things from a different angle.

angustia *nf* anguish: *Gritó con tremenda ~.* He cried out in anguish.

angustiado, -a *adj* anxious: *Esperaba ~.* I waited anxiously. *Ver tb* ANGUSTIAR

angustiar *vt* to worry: *Me angustian los exámenes.* I'm worried about my exams.
▸**angustiarse** *vp* **angustiarse (por) 1** (*inquietarse*) to worry (about *sb/sth*): *No debes ~te cada vez que llegan tarde.* You mustn't worry every time they're late. **2** (*apenarse*) to get upset (about *sth*)

anidar *vi* (*aves*) to nest

anilla *nf* ring

anillo *nm* ring LOC **venir como anillo al dedo** to be just right

animado, -a *adj* **1** (*divertido*) lively: *La fiesta estuvo muy animada.* It was a very lively party. **2** ~ **(a)** (*dispuesto*) keen (*to do sth*): *Yo estoy ~ a ir.* I'm keen to go. LOC *Ver* DIBUJO; *Ver tb* ANIMAR

animal *adj, nm* animal: *~ doméstico/salvaje* domestic/wild animal ◇ *el reino ~* the animal kingdom

animar *vt* **1** (*persona*) to cheer *sb* up: *Animé a mi hermana y dejó de llorar.* I cheered my sister up and she stopped crying. **2** (*conversación, partido*) to liven *sth* up **3** (*apoyar*) to cheer *sb* on: *~ a un equipo* to cheer a team on
▸ **animarse** *vp* **1** (*sentir alegría*) to cheer up: *¡Anímate hombre!* Cheer up! **2** (*decidirse*) to decide (*to do sth*): *A lo mejor me animo a ir.* I may decide to go. LOC **animar a algn a que haga algo** to encourage sb to do sth: *Yo les animo a que hagan más deporte.* I'm encouraging them to do more sport.

anime

A

anime nm anime

ánimo nm spirits [pl]: *Estábamos bajos de ~.* Our spirits were low.
▸ ¡ánimo! interj cheer up! 𝐋𝐎𝐂 sin ánimo de lucro non-profit

aniversario nm anniversary [pl anniversaries]: *su ~ de boda* their wedding anniversary

ano nm anus [pl anuses]

anoche adv last night

anochecer v imp to get dark: *En invierno anochece temprano.* In winter it gets dark early.
▸ nm dusk: *al ~* at dusk 𝐋𝐎𝐂 antes/después del anochecer before/after dark

anónimo, -a adj anonymous
▸ nm (*carta*) anonymous letter 𝐋𝐎𝐂 Ver SOCIEDAD

anorak nm anorak

anorexia nf anorexia

anoréxico, -a adj anorexic

anormal adj abnormal: *un comportamiento ~* abnormal behaviour

anotar vt to note sth down: *Anoté la dirección.* I noted down the address.
▸ anotarse vp (*triunfo*) to score: *El equipo se anotó su primera victoria.* The team scored its first victory.

ansia nf 1 ~ (de) longing (for sth): *~ de cambio* a longing for change 2 ~ (por) desire (for sth/to do sth): *~ por mejorar* a desire to improve

ansiedad nf anxiety [pl anxieties]

antártico, -a adj, nm (the) Antarctic 𝐋𝐎𝐂 Ver CÍRCULO

Antártida nf Antarctica

ante[1] prep 1 (*delante de*) before: *~ las cámaras* before the cameras ◇ *comparecer ~ el juez* to appear before the judge 2 (*enfrentado con*) in the face of sth: *~ las dificultades* in the face of adversity 𝐋𝐎𝐂 ante todo above all

ante[2] nm (*piel*) suede

anteanoche adv the night before last

anteayer adv the day before yesterday

antebrazo nm forearm

antecedente nm 1 (*precedente*) precedent: *No hay ningún ~ de este caso.* This case is unprecedented. 2 **antecedentes** (*policiales*) criminal record: *No tiene ~s.* He doesn't have a criminal record.

antelación nf 𝐋𝐎𝐂 con antelación in advance: *con dos años de ~* two years in advance

antemano adv 𝐋𝐎𝐂 de antemano in advance

antena nf 1 (*Radio, TV*) aerial, antenna [pl antennas] (*USA*) 2 (*Zool*) antenna [pl antennae]

𝐋𝐎𝐂 antena parabólica satellite dish ◆ en antena on the air: *El programa lleva poco tiempo en ~.* The programme hasn't been on the air for long.

antepasado, -a nm-nf ancestor

anteponer vt (*poner delante*) to put sth before sth: *~ la obligación a la diversión* to put duty before pleasure

anterior adj previous

antes adv 1 (*previamente*) before: *Ya lo habíamos discutido ~.* We had discussed it before. ➲ Ver nota en AGO 2 (*más temprano*) earlier: *Los lunes cerramos ~.* We close earlier on Mondays. 𝐋𝐎𝐂 antes de before sth/doing sth: *~ de Navidad* before Christmas ◇ *~ de ir a la cama* before going to bed ◆ antes que nada 1 (*indicando orden*) first of all: *Antes que nada voy a beber un vaso de agua.* First of all I'm going to have a glass of water. 2 (*indicando preferencia*) above all: *Trabaja de periodista pero se siente, ~ que nada, poeta.* She works as a journalist, but she sees herself as a poet above all. ◆ de antes previous: *en el trabajo de ~* in my previous job ◆ lo antes posible as soon as possible Ver tb CONSUMIR, CUANTO

antiadherente adj non-stick

antibala (tb **antibalas**) adj bulletproof 𝐋𝐎𝐂 Ver CHALECO

antibiótico nm antibiotic

anticaspa adj anti-dandruff

anticipación nf 𝐋𝐎𝐂 con anticipación in advance: *reservar entradas con ~* to book tickets in advance

anticipado, -a adj 𝐋𝐎𝐂 por anticipado in advance Ver tb JUBILACIÓN◆ Ver tb ANTICIPAR

anticipar vt 1 (*adelantar*) to bring sth forward: *Anticipamos la boda.* We brought the wedding forward. 2 (*dinero*) to advance sth (*to sb*): *Me anticipó el dinero.* He advanced me the money. 3 (*sueldo, alquiler*) to pay sth in advance

anticipo nm (*dinero*) advance: *He pedido un ~ del sueldo.* I've asked for an advance on my salary.

anticlímax nm anticlimax

anticonceptivo, -a adj, nm contraceptive: *métodos ~s* contraceptive methods

anticuado, -a adj, nm-nf old-fashioned: *Esta camisa se ha quedado anticuada.* This shirt's old-fashioned. ◇ *ser un ~* to be old-fashioned

anticuario nm (*tienda*) antique shop

anticuerpo nm antibody [pl antibodies]

antidisturbios adj riot: *policía ~* riot police

antidopaje (tb **antidoping**) adj 𝐋𝐎𝐂 control/prueba antidopaje drug test: *Dio positivo en la prueba ~.* He tested positive.

antídoto *nm* ~ **(de/contra)** antidote (to *sth*)

antidroga *adj* anti-drug: *organizar una campaña* ~ to organize an anti-drug campaign

antifaz *nm* mask

antigás *adj* LOC *Ver* MÁSCARA

antiguamente *adv* in the olden days

antigüedad *nf* **1** (*cualidad*) age: *la* ~ *de las viviendas* the age of the houses **2** (*en trabajo*) seniority **3** (*época*) antiquity **4** (*objeto*) antique: *tienda de* ~*es* antique shop

antiguo, -a *adj* **1** (*viejo*) old: *la parte antigua de la ciudad* the old part of town **2** (*objetos valiosos*) antique: *muebles* ~*s* antique furniture **3** (*Hist*) ancient: *la Grecia antigua* ancient Greece **4** (*anterior*) former: *la antigua Yugoslavia* former Yugoslavia LOC *Ver* CASCO, CHAPADO

antipático, -a *adj* unpleasant, nasty (*más coloq*)

antirrobo *adj* anti-theft: *sistema* ~ anti-theft device LOC *Ver* ALARMA

antiterrorista *adj* anti-terrorist

antivirus *adj* antivirus
▶ *nm* antivirus protection [*incontable*]: *Hay que tener un* ~ *actualizado.* You must have up-to-date antivirus protection.

antojarse *vp* *Iré cuando se me antoje.* I'll go when I feel like it. ◊ *Al niño se le antojó un robot.* The child took a fancy to a robot.

antojo *nm* **1** (*capricho*) whim **2** (*en la piel*) birthmark LOC **tener antojo de** to have a craving for *sth* ◆ **tener antojos** to have cravings: *Algunas embarazadas tienen* ~*s.* Some pregnant women have cravings.

antónimo, -a *adj, nm* opposite: *¿Cuál es el* ~ *de alto?* What's the opposite of tall? ◊ *Alto y bajo son* ~*s.* Tall and short are opposites.

antorcha *nf* torch: *la* ~ *olímpica* the Olympic torch

antro *nm* (*local*) dive

antropología *nf* anthropology

anual *adj* annual

anualmente *adv* annually

anulación *nf* **1** (*pedido, documento, compromiso*) cancellation: *la* ~ *del contrato* the cancellation of the contract **2** (*matrimonio*) annulment

anular¹ *vt* **1** (*cancelar*) to cancel: *Tendremos que* ~ *la cita.* We'll have to cancel the appointment. **2** (*matrimonio*) to annul **3** (*gol, tanto*) to disallow **4** (*votación*) to declare *sth* invalid

anular² *nm* (*dedo*) ring finger

anunciar *vt* **1** (*informar*) to announce: *Anunciaron el resultado por los altavoces.* They announced the result over the loudspeakers. **2** (*hacer publicidad*) to advertise

▶ **anunciarse** *vp* **anunciarse (en…)** (*hacer publicidad*) to advertise (in…)

anuncio *nm* **1** (*prensa, Radio, TV*) advertisement, ad (*coloq*) **2** (*cartel*) poster **3** (*declaración*) announcement LOC **anuncios por palabras** classified advertisements *Ver tb* LUMINOSO, TABLÓN

anzuelo *nm* hook LOC *Ver* MORDER(SE)

añadir *vt* to add LOC *Ver* IMPUESTO

añicos *nm* LOC **hacerse añicos** to shatter

año *nm* year: *todo el* ~ all year (round) ◊ *todos los* ~*s* every year ◊ ~ *académico/escolar* academic/school year LOC **año bisiesto** leap year ◆ **año luz** light year ◆ **año nuevo** New Year ◆ **de dos, etc. años** *una mujer de treinta* ~*s* a woman of thirty/a thirty-year-old woman ◊ *A Miguel, de 12* ~*s, le gusta el cine.* Miguel, aged 12, likes films. ◆ **los años 50, 60, etc.** the 50s, 60s, etc. ◆ **quitarse años** to lie about your age ◆ **tener dos, etc. años** to be two, etc. (years old): *Tengo diez* ~*s.* I'm ten (years old). ◊ *¿Cuántos* ~*s tienes?* How old are you? ➔ *Ver nota en* OLD ◆ **un año sí y otro no** every other year *Ver tb* CURSO

añorar *vt* (*echar de menos*) to miss

apaciguar *vt* to appease
▶ **apaciguarse** *vp* to calm down: *cuando se hayan apaciguado los ánimos* once everyone has calmed down

apagado, -a *adj* **1** (*persona*) listless **2** (*color*) dull **3** (*volcán*) extinct LOC **estar apagado 1** (*luz, aparato*) to be off **2** (*fuego*) to be out *Ver tb* APAGAR

apagar *vt* **1** (*fuego, cigarro*) to put *sth* out **2** (*vela, cerilla*) to blow *sth* out **3** (*luz, aparato*) to switch *sth* off
▶ **apagarse** *vp* to go out: *Se apagó la vela.* The candle went out.

apagón *nm* power cut

apañarse *vp* (*arreglarse*) to manage: *Se apaña bien con el ordenador.* He uses the computer without any problems. LOC **apañárselas** (*arreglarse*) to manage: *Ya me las apañaré.* I'll manage.

aparador *nm* sideboard, buffet (*USA*)

aparato *nm* **1** (*máquina*) machine: *¿Cómo funciona este* ~? How does this machine work? **2** (*electrodoméstico*) appliance **3** (*Radio, TV*) set **4** (*Anat*) system: *el* ~ *digestivo* the digestive system **5** (*para los dientes*) brace: *Me tienen que poner* ~. I've got to wear a brace. **6** (*Gimnasia*) apparatus [*incontable*]

aparatoso, -a *adj* spectacular

aparcamiento *nm* **1** (*parking*) car park, parking lot (*USA*) **2** (*plaza*) parking space: *No encuentro* ~. I can't find a parking space.

aparcar vt, vi to park: *¿Dónde has aparcado?* Where did you park? LOC **aparcar en doble fila** to double-park

aparecer vi **1** (*dejarse ver*) to appear: *Aparece mucho en la televisión.* He appears a lot on TV. **2** (*ser hallado*) to turn up: *Perdí las gafas pero al final aparecieron.* I lost my glasses but they turned up eventually. **3** (*figurar*) to be: *Mi e-mail no aparece en la web.* My email isn't on the website. **4** (*llegar*) to show up: *A eso de las diez apareció Ana.* Ana showed up around ten.
▸**aparecerse** vp **aparecerse (a/ante)** to appear (to sb)

aparejador, -ora nm-nf quantity surveyor

aparentar vt **1** (*fingir*) to pretend: *Tuve que ~ alegría.* I had to pretend I was happy. **2** (*edad*) to look: *Aparenta unos 50 años.* He looks about 50.
▸vi to show off

aparente adj apparent: *sin un motivo ~* for no apparent reason

aparentemente adv apparently

aparición nf **1** (*hallazgo*) appearance **2** (*Relig*) vision **3** (*fantasma*) apparition LOC **hacer (su) aparición** to appear

apariencia nf appearance LOC Ver GUARDAR

apartado, -a adj remote
▸nm (*parte de un texto*) section LOC **apartado de correos** PO box Ver tb APARTAR

apartamento nm flat, apartment (*USA*)

apartar vt **1** (*obstáculo*) to move sth (out of the way) **2** (*alejar*) to separate sb/sth *from* sb/sth: *Sus padres le apartaron de sus amigos.* His parents separated him from his friends.
▸**apartarse** vp to move (over): *Apártate, que estorbas.* Move (over), you're in the way. LOC **apartar la vista** to look away

aparte adv **1** (*a un lado*) aside: *Pondré estos papeles ~.* I'll put these documents aside. **2** (*separadamente*) separately: *Esto lo pago ~.* I'll pay for this separately.
▸adj **1** (*diferente*) apart: *un mundo ~* a world apart **2** (*separado*) separate: *Hazme una cuenta ~ para estas cosas.* Give me a separate bill for these items. LOC **aparte de 1** (*excepto*) apart from sb/sth: *Aparte de eso no pasó nada.* Apart from that nothing happened. **2** (*además de*) as well as: *Aparte de bonito, parece práctico.* It's practical as well as pretty. Ver tb CASO, PUNTO

aparthotel nm aparthotel

apasionado, -a adj passionate
▸nm-nf **~ de/por** lover of sth: *los ~s de la ópera* opera lovers Ver tb APASIONAR

apasionante adj exciting

apasionar vi to love sth/doing sth: *Me apasiona el jazz.* I love jazz.
▸**apasionarse** vp **apasionarse con/por** to be crazy about sb/sth

apedrear vt to stone

apego nm **~ (a/por)** affection (for sb/sth) LOC **tenerle apego a algn/algo** to be very attached to sb/sth

apelación nf appeal

apelar vi to appeal: *Han apelado a nuestra generosidad.* They have appealed to our generosity. ◇ *Apelaron contra la sentencia.* They appealed against the sentence.

apellidarse vp *¿Cómo te apellidas?* What's your surname? ◇ *Se apellidan Morán.* Their surname is Morán.

apellido nm surname ⊃Ver nota en SURNAME LOC Ver NOMBRE

apenado, -a adj **~ (por)** sad (about sth) Ver tb APENAR

apenar vt to make sb sad: *Me apena pensar que no volveré a verte.* It makes me sad to think I'll never see you again.
▸**apenarse** vp **apenarse (por)** to be upset (about sth)

apenas adv **1** (*casi no*) hardly: *Apenas había cola.* There was hardly any queue. ◇ *Apenas dijeron nada.* They hardly said anything. **2** (*casi nunca*) hardly ever: *Ahora ~ les vemos.* We hardly ever see them now. ⊃Ver nota en ALWAYS **3** (*escasamente*) barely: *hace ~ un año* barely a year ago
▸conj (*en cuanto*) as soon as: *Apenas llegó se dio cuenta de lo que había pasado.* As soon as he arrived, he realized what had happened.

apéndice nm appendix [*pl* appendices]

apendicitis nf appendicitis [*incontable*]

aperitivo nm **1** (*bebida*) aperitif **2** (*tapa*) appetizer

apertura nf **1** opening: *la ceremonia de ~* the opening ceremony **2** (*comienzo*) beginning: *la ~ del curso* the beginning of the academic year

apestar vi **~ (a)** to stink (of sth): *Apestas a vino.* You stink of wine. LOC Ver OLER

apetecer vi to fancy sth/doing sth: *¿Te apetece un café?* Do you fancy a coffee?

apetito nm appetite: *El paseo te abrirá el ~.* The walk will give you an appetite. ◇ *tener buen ~* to have a good appetite

apetitoso, -a adj appetizing

apiadarse vp **~ de** to take pity on sb

apicultura nf beekeeping

apilar vt to stack

apiñarse vp to crowd (together)

apio nm celery

apisonadora *nf* steamroller

aplastante *adj* overwhelming: *ganar por mayoría ~* to win by an overwhelming majority

aplastar *vt* **1** (*cosa hueca, persona, derrotar*) to crush: *~ una caja/un coche* to crush a box/a car ◊ *~ una rebelión* to crush a rebellion **2** (*cosa blanda, insecto*) to squash

aplaudir *vi* to clap, to applaud (*más formal*): *El público aplaudió al final de la actuación.* The audience clapped at the end of the performance.
▸ *vt* to applaud: *Aplaudieron al cantante.* They applauded the singer.

aplauso *nm* applause [*incontable*]: *grandes ~s* loud applause

aplazar *vt* **1** to put *sth* off, to postpone (*más formal*) **2** (*pago*) to defer

aplicable *adj* ~ **(a)** applicable (to *sb/sth*)

aplicación *nf* **1** application **2** (*Informát*) app

aplicado, -a *adj* **1** (*persona*) hard-working **2** (*ciencia, etc.*) applied: *matemática aplicada* applied mathematics *Ver tb* APLICAR

aplicar *vt* to apply *sth* (*to sth*): *Aplique la crema sobre la zona afectada.* Apply the cream to the affected area. ◊ *~ una regla* to apply a rule ◊ *Vamos a ~ los conocimientos aprendidos.* Let's apply what we've learnt.
▸ **aplicarse** *vp* **aplicarse (a/en)** to apply yourself (to *sth*): *~se a una tarea* to apply yourself to a task

apoderarse *vp* ~ **de** to take: *Se apoderaron de las joyas.* They took the jewels.

apodo *nm* nickname

apología *nf* ~ **de** defence of *sb/sth*

aporrear *vt* **1** (*puerta*) to bang on *sth* **2** (*piano*) to bang away on *sth*

aportación *nf* ~ **(a/para)** contribution (to *sth*)

aportar *vt* to contribute: *~ una idea interesante* to contribute an interesting idea

aposta *adv* on purpose

apostar *vt, vi* ~ **(por)** (*juego*) to bet (on *sb/sth*): *~ por un caballo* to bet on a horse
▸ *vi* ~ **por** (*elegir*) to go for *sth*: *Han apostado por una solución negociada.* They have gone for a negotiated settlement.
▸ **apostarse** *vp* to bet: *Me apuesto lo que quieras a que no vienen.* I bet anything you like they won't come. ◊ *¿Qué te apuestas?* What do you bet?

apóstol *nm* apostle

apoyado, -a *adj* ~ **en/sobre/contra 1** (*recostado*) leaning against *sth*: *~ contra la pared* leaning against the wall **2** (*descansando*) resting on/against *sth*: *Tenía la cabeza apoyada en el res-*paldo. I was resting my head on the back of the chair. *Ver tb* APOYAR

apoyar *vt* **1** (*defender*) to support: *~ una huelga/a un compañero* to support a strike/colleague **2** (*recostar*) to lean *sth* on/against *sth*: *No lo apoyes contra la pared.* Don't lean it against the wall. **3** (*descansar*) to rest *sth* on/against *sth*: *Apoya la cabeza en mi hombro.* Lean your head on my shoulder.
▸ **apoyarse** *vp* **1** (*recostarse*) to lean *on/against sth*: *~se en un bastón/contra una pared* to lean on a stick/against a wall **2** (*recibir ayuda*) to get support *from sb/sth*: *Se apoya mucho en su hermana.* She gets a lot of support from her sister.

apoyo *nm* support: *una manifestación de ~ a la huelga* a demonstration in support of the strike

apreciar *vt* **1** (*cosa*) to value: *Aprecio el trabajo bien hecho.* I value a job well done. **2** (*persona*) to think highly of *sb*: *Te aprecian mucho.* They think very highly of you. **3** (*percibir*) to see: *Se aprecia una gran diferencia.* You can see a great difference.

aprecio *nm* regard (*for sb/sth*) **LOC** **tenerle mucho aprecio a algn** to be very fond of sb

aprender *vt, vi* to learn: *~ francés* to learn French ◊ *Deberías ~ a escuchar a los demás.* You should learn to listen to other people. ◊ *Quiero ~ a conducir.* I want to learn to drive.
▸ **aprenderse** *vp* to learn: *~se tres capítulos* to learn three chapters ◊ *~se algo de memoria* to learn sth by heart

aprendiz, -iza *nm-nf* apprentice: *~ de peluquero* apprentice hairdresser

aprendizaje *nm* learning: *el ~ de un idioma* learning a language ◊ *problemas de ~* learning difficulties

apresurarse *vp* ~ **a** to hasten *to do sth*: *Me apresuré a darles las gracias.* I hastened to thank them. **LOC** **¡apresúrate!** hurry up!

apretado, -a *adj* **1** (*ajustado*) tight **2** (*gente*) squashed together *Ver tb* APRETAR

apretar *vt* **1** (*botón, pedal*) to press **2** (*tuerca, tapa, nudo*) to tighten **3** (*estrujar*) to squeeze **4** (*gatillo*) to pull **5** (*exigir*) to be strict with *sb*
▸ *vi* **1** (*ropa*) to be too tight (*for sb*): *El pantalón me aprieta.* These trousers are too tight (for me). **2** (*zapatos*) to pinch
▸ **apretarse** *vp* **apretarse (contra)** to squeeze up (against *sth*) **LOC** **apretarse el cinturón** to tighten your belt

aprieto *nm* **LOC** **estar en aprietos/un aprieto** to be in a fix ◆ **poner en un aprieto** to put *sb* in a tight spot

aprisa *adv* fast

A

▸ **¡aprisa!** *interj* hurry up!

aprobación *nf* approval **LOC** **dar aprobación** to give your consent (*to sth*)

aprobado *nm* (*Educ*) pass: *Saqué dos ~s.* I got two passes. ➔ *Ver nota en pág 401*

aprobar *vt, vi* (*examen, ley*) to pass: *Aprobé a la primera.* I passed first time. ◇ *No he aprobado ni una asignatura.* I haven't passed a single subject.
▸ *vt* (*aceptar*) to approve of *sb/sth*: *No apruebo su comportamiento.* I don't approve of their behaviour.

apropiado, -a *adj* appropriate *Ver tb* APROPIARSE

apropiarse *vp* ~ **de** to take: *Niegan haberse apropiado del dinero.* They deny taking the money.

aprovechado, -a *adj* (*espacio*): *El espacio está muy bien ~ aquí.* They've made really good use of space here.
▸ *adj, nm-nf* (*interesado*) sponger: *Tu novio me parece un poco ~.* I think your boyfriend's a bit of a sponger. *Ver tb* APROVECHAR

aprovechar *vt* **1** (*utilizar*) to use: *Aproveché la masa que sobraba para hacer una pizza.* I used the leftover dough to make a pizza. **2** (*espacio, tiempo, dinero*) to make the most of *sth*: *~ bien el tiempo* to make the most of your time **3** (*recursos naturales*) to exploit: *~ la energía solar* to exploit solar energy **4** (*oportunidad*) to take advantage of *sb/sth*: *Aproveché el viaje para visitar a mi hermano.* I took advantage of the journey to visit my brother.
▸ *vi Aprovecha ahora que no está el jefe.* Seize the chance now that the boss isn't here.
▸ **aprovecharse** *vp* **aprovecharse (de)** to take advantage (of *sb/sth*)

aproximadamente *adv* more or less, approximately (*más formal*)

aproximado, -a *adj* approximate **LOC** *Ver* CÁLCULO; *Ver tb* APROXIMARSE

aproximarse *vp* to get closer (*to sb/sth*), to approach: *Se aproximan los exámenes.* The exams are getting closer.

aptitud *nf* **1** aptitude (*for sth/doing sth*): *prueba de ~* aptitude test **2 aptitudes** gift [*v sing*]: *tener ~es musicales* to have a gift for music

apto, -a *adj* suitable (*for sth/to do sth*): *No son ~s para este trabajo.* They're not suitable for this job.

apuesta *nf* bet: *hacer una ~* to make a bet

apuntar *vt* **1** (*anotar*) to note *sth* down: *Voy a ~ la dirección.* I'm going to note down the address. **2** (*inscribir*) to put *sb's* name down

▸ *vt, vi* to aim (*sth*) (*at sb/sth*): *Me apuntó con la pistola.* He aimed his gun at me. ◇ *Apunté demasiado alto.* I aimed too high. ❶ La palabra inglesa **appoint** significa *nombrar*.
▸ **apuntarse** *vp* **1** (*inscribirse*) to put your name down (*for sth*), to enrol (*for sth*) (*más formal*): *Me he apuntado a un curso de judo.* I've enrolled for judo lessons. **2** (*Dep, triunfo*) to score: *El equipo se apuntó una gran victoria.* The team scored a great victory. **3** (*participar*): *Si vais a la playa, me apunto.* If you're going to the beach, I'll come along. ◇ *Siempre se apunta a todo.* She always joins in with everything. **LOC** **apuntarse al paro** to sign on

apunte *nm* note: *coger/tomar ~s* to take notes

apuñalar *vt* to stab

apuro *nm* **1** (*aprieto*) fix: *Eso nos sacaría del ~.* It would get us out of this fix. **2 apuros** trouble [*incontable*]: *un alpinista en ~s* a climber in trouble **3** (*vergüenza*) embarrassment: *¡Qué ~!* How embarrassing!

aquel, aquella *adj* that [*pl* those]
▸ *pron* **1** (*cosa*) that one [*pl* those (ones)]: *Este coche es mío y ~ de Pedro.* This car's mine and that one is Pedro's. ◇ *Prefiero aquellos.* I prefer those (ones). **2** (*persona*): *Aquel es mi amigo.* That's my friend. ◇ *¿Conoces a aquellos?* Do you know those people? **LOC** *Ver* ENTONCES

aquello *pron* *¿Ves ~ de allí?* Can you see that thing over there? ◇ *No te imaginas lo que fue ~.* You can't imagine what it was like. ◇ *~ de tu jefe* that business with your boss **LOC** **aquello que…** what…: *Recuerda ~ que tu abuela siempre decía.* Remember what your granny always used to say.

aquí *adv* **1** (*lugar*) here: *Ya están ~.* They're here. ◇ *Es ~ mismo.* It's right here. **2** (*ahora*) now: *de ~ en adelante* from now on ◇ *Hasta ~ todo va bien.* So far everything's fine. **3** (*presentaciones*) this is: *Aquí mi hermano, ~ un amigo.* This is my brother, this is a friend. **LOC** **(por) aquí cerca** near here ◆ **por aquí (por favor)** this way (please) *Ver tb* MISMO, TIRO

árabe *adj* **1** Arab: *el mundo ~* the Arab world **2** (*Arquit, Liter*) Arabic
▸ *nmf* Arab: *los ~s* the Arabs
▸ *nm* (*lengua*) Arabic

arábigo, -a *adj* **LOC** *Ver* NUMERACIÓN, NÚMERO

arado *nm* plough

arancel *nm* tariff

arándano *nm* blueberry [*pl* blueberries]

arandela *nf* **1** (*aro*) metal ring **2** (*para un tornillo*) washer

araña *nf* spider

arañar(se) *vt, vp* to scratch (yourself): *Me he arañado los brazos cogiendo moras.* I scratched my arms picking blackberries.

arañazo *nm* scratch

arar *vt* to plough

arbitrar *vt* **1** (*Dep*) to referee, to umpire ➲ *Ver nota en* ÁRBITRO **2** (*mediar*) to mediate

arbitrario, -a *adj* arbitrary

árbitro, -a *nm-nf* referee, umpire

🔎 La traducción depende del deporte. En la mayor parte de los casos (fútbol, baloncesto, etc.), se dice **referee**, pero en algunos deportes (p. ej. tenis, béisbol) se usa **umpire**.

árbol *nm* tree: ~ *frutal* fruit tree **LOC** **árbol genealógico** family tree

arboleda *nf* grove

arbusto *nm* bush

arcada *nf* (*soportales*) arcade **LOC** **dar arcadas** to retch: *Me daban ~s.* I was retching.

arcén *nm* **1** (*autopista*) hard shoulder, breakdown lane (*USA*) **2** (*carretera*) verge

archipiélago *nm* archipelago [*pl* archipelagoes]

archivador *nm* **1** (*mueble*) filing cabinet **2** (*carpeta*) file

archivar *vt* **1** (*clasificar*) to file **2** (*Informát*) to store: ~ *datos* to store data **3** (*asunto*) to shelve

archivo *nm* **1** (*Informát, policía*) file: *guardar/crear un* ~ to save/create a file **2** (*Hist*) archive (s) [*gen pl*]: *un ~ histórico* historical archives

arcilla *nf* clay

arco *nm* **1** (*Arquit*) arch **2** (*Geom*) arc: *un ~ de 36°* a 36°arc **3** (*Dep, violín*) bow: *el ~ y las flechas* bow and arrows **LOC** **arco iris** rainbow: *¡Mira!, ha salido el ~ iris.* Look! There's a rainbow. *Ver tb* TIRO

arcón *nm* large chest

arder *vi* **1** (*quemarse*) to burn **2** (*estar muy caliente*) to be boiling hot: *La sopa está ardiendo.* The soup is boiling hot. **LOC** **estar que arde** (*persona*) to be furious: *Tu padre está que arde.* Your father is furious. *Ver tb* AGARRAR

ardiente *adj* **LOC** *Ver* CAPILLA

ardilla *nf* squirrel

ardor *nm* (*entusiasmo*) enthusiasm **LOC** **ardor de estómago** heartburn

área *nf* area: *el ~ de un rectángulo* the area of a rectangle **LOC** **área de servicio** service area

arena *nf* sand: *jugar en la* ~ to play in the sand **LOC** **arenas movedizas** quicksands *Ver tb* BANCO, CASTILLO

arenque *nm* herring

Argelia *nf* Algeria

argelino, -a *adj, nm-nf* Algerian

Argentina *nf* Argentina

argentino, -a *adj, nm-nf* Argentinian

argolla *nf* ring

argot *nm* **1** (*lenguaje coloquial*) slang **2** (*lenguaje profesional*) jargon

argumento *nm* **1** (*razón*) argument: *los ~s a favor y en contra* the arguments for and against **2** (*Cine, Liter*) plot

árido, -a *adj* (*terreno, tema*) dry

aries (*tb* **Aries**) *nm, nmf* Aries ➲ *Ver ejemplos en* ACUARIO

arisco, -a *adj* unfriendly

arista *nf* (*Geom*) edge

aristocracia *nf* aristocracy [*v sing o pl*]

aristócrata *nmf* aristocrat

aritmética *nf* arithmetic

arma *nf* weapon: *~s nucleares/químicas* nuclear/chemical weapons ◊ *Nuestra mejor ~ es el silencio.* Silence is our best weapon. ❶ En algunos contextos, se dice **arms**: *un traficante/fabricante de armas* an arms dealer/manufacturer. **LOC** **arma blanca** knife ◆ **arma de doble filo** double-edged sword ◆ **arma de fuego** firearm ◆ **arma homicida** murder weapon *Ver tb* ESCUDO

armada *nf* navy [*v sing o pl*] [*pl* navies]: *tres buques de la* ~ three navy ships

armadura *nf* armour [*incontable*]: *una* ~ a suit of armour

armamento *nm* arms [*pl*]: *el control de* ~ arms control **LOC** *Ver* CARRERA

armar *vt* **1** (*entregar armas*) to arm *sb* (*with sth*): *Armaron a los soldados con fusiles.* They armed the soldiers with guns. **2** (*mueble, etc.*) to assemble **LOC** **armarse de paciencia** to be patient ◆ **armarse de valor** to pluck up courage ◆ **armarse un lío** to get confused: *Siempre se arma un lío con las calles.* He's always getting the streets confused. ◆ **armar (un) cirio/jaleo/lío** to make a racket ◆ **armar una bronca/un escándalo/un número** to make a scene *Ver tb* RUIDO

armario *nm* **1** (*de cocina, etc.*) cupboard **2** (*para ropa*) wardrobe, closet (*USA*) **LOC** **salir del armario** to come out of the closet

armisticio *nm* armistice

armonía *nf* harmony [*pl* harmonies]

armónica *nf* mouth organ, harmonica (*más formal*)

arnés *nm* (*tb* **arneses**) harness [*v sing*]

aro *nm* **1** ring: *los ~s olímpicos* the Olympic rings **2** (*Gimnasia*) hoop **3 aros** hoop earrings

aroma *nm* aroma

aromaterapia *nf* aromatherapy

aromático, -a *adj* aromatic

arpa *nf* harp

arqueología *nf* archaeology

arqueólogo, -a *nm-nf* archaeologist

arquitecto, -a *nm-nf* architect

arquitectura *nf* architecture

arrabal *nm* **1 arrabales** (*afueras*) outskirts **2** (*barrio pobre*) poor area

arraigado, -a *adj* deep-rooted: *una costumbre muy arraigada* a deep-rooted custom *Ver tb* ARRAIGAR(SE)

arraigar(se) *vi, vp* to take root

arrancar *vt* **1** (*sacar*) to pull *sth* out: *~ un clavo* to pull a nail out **2** (*planta*) to pull *sth* up: *~ los hierbajos* to pull the weeds up **3** (*página*) to tear *sth* out **4** (*quitar*) to pull *sth* off: *~ la etiqueta de una camisa* to pull the label off a shirt
▸ *vt, vi* (*motor*) to start

arranque *nm* **1** (*motor*): *Tengo problemas con el ~.* I've got problems starting the car. **2** (*persona*) go: *una persona de poco ~* a person with very little go **3 ~ de (a)** (*emoción negativa*) fit: *un ~ de celos/ira* a fit of jealousy/anger **(b)** (*emoción positiva*) burst: *un ~ de valentía/optimismo* a burst of courage/optimism

arrasar *vt* to destroy: *El incendio arrasó varios edificios.* The fire destroyed several buildings.
▸ *vi* (*ganar*) to win hands down: *El equipo local arrasó.* The home team won hands down.

arrastrar *vt* **1** (*por el suelo*) to drag: *No arrastres los pies.* Don't drag your feet. **2** (*problema, deuda, asignatura*): *Todavía arrastro el catarro.* I haven't got over my cold yet. ◊ *Todavía arrastro la física de primero.* I still haven't passed my first year physics exam.
▸ **arrastrarse** *vp* **1** (*gatear*) to crawl: *~se por el suelo* to crawl along the floor **2 arrastrarse (ante)** (*humillarse*) to grovel (to *sb*)

arrecife *nm* reef

arreglado, -a *adj* **1** (*persona*) dressed up: *¿Dónde vas tan arreglada?* Where are you off to all dressed up? ◊ *una señora muy arreglada* a smartly dressed woman **2** (*ordenado*) tidy, neat (*USA*) **3** (*asunto*) sorted: *Ya está ~ el problema.* The problem's sorted now. *Ver tb* ARREGLAR

arreglar *vt* **1** (*reparar*) to mend: *Van a venir a ~ la lavadora.* They're coming to mend the washing machine. **2** (*hacer obras*) to do *sth* up: *Estamos arreglando el cuarto de baño.* We're doing up the bathroom. **3** (*ordenar*) to tidy *sth* (up), to clean *sth* up (*USA*) **4** (*asunto, problema*) to

sort: *No te preocupes que yo lo arreglaré.* Don't worry, I'll sort it.
▸ **arreglarse** *vp* **1** (*acicalarse*) to get ready **2** (*mejorar*) to get better, to improve (*más formal*): *Si se arregla la situación económica…* If the economic situation improves… **3** (*salir bien*) to work out: *Al final todo se arregló.* It all worked out in the end. **4** (*apañarse*) to manage: *Hay poca comida pero ya nos arreglaremos.* There's not much food but we'll manage. **LOC arreglárselas** to manage

arreglo *nm* **1** (*reparación*) repair: *hacer ~s* to do repairs **2** (*acuerdo*) agreement **LOC no tiene arreglo 1** (*objeto*) it can't be mended **2** (*problema*) it can't be solved **3** (*persona*) he/she is a hopeless case

arrendar *vt* **1** (*ceder*) to rent *sth* out: *Arrendaron su casa de la playa el verano pasado.* They rented out their seaside home last summer. **2** (*tomar*) to rent: *Arrendé un apartamento en Santander.* I rented an apartment in Santander. ➔ *Ver nota en* ALQUILAR

arrepentido, -a *adj* **LOC estar arrepentido (de)** to be sorry (for/about *sth*) ➔ *Ver nota en* SORRY; *Ver tb* ARREPENTIRSE

arrepentimiento *nm* **1** (*pesar*) regret **2** (*Relig*) repentance

arrepentirse *vp* **~ (de) 1** (*lamentar*) to regret (*sth/doing sth*): *Me arrepiento de habérselo prestado.* I regret lending it to him. **2** (*pecado*) to repent (of *sth*)

arrestar *vt* **1** (*detener*) to arrest **2** (*encarcelar*) to imprison

arresto *nm* **1** (*detención*) arrest **2** (*prisión*) imprisonment: *10 días de ~* 10 days' imprisonment

arriar *vt* to lower: *~ (la) bandera* to lower the flag

arriba *adv* **1** up: *aquel castillo allá ~* that castle up there ◊ *Íbamos andando cuesta ~.* We were walking up the hill. ◊ *de cintura para ~* from the waist up **2** (*piso*) upstairs: *Viven ~.* They live upstairs. ◊ *los vecinos de ~* our upstairs neighbours
▸ **¡arriba!** *interj* come on: *¡Arriba el Athletic!* Come on Athletic! **LOC arriba del todo** at the very top ◆ **de arriba abajo 1** up and down: *Me miró de ~ abajo.* He looked me up and down. **2** (*completamente*): *cambiar algo de ~ abajo* to change sth completely ◆ **hacia arriba** upwards ◆ **más arriba 1** (*más lejos*) further up: *Está en esta misma calle, más ~.* It's further up this street. **2** (*en sentido vertical*) higher up: *Pon el cuadro más ~.* Put the picture higher up. **3** (*en un texto*) above *Ver tb* AHÍ, ALLÁ, ALLÍ, BOCA, CALLE, CUESTA, MANO, PARTE[1], PATA, RÍO

arriesgado, -a adj **1** (peligroso) risky **2** (audaz) daring Ver tb ARRIESGAR

arriesgar vt to risk: ~ la salud/el dinero/la vida to risk your health/money/life
▸ **arriesgarse** vp to take a risk/risks: Yo que tú, no me arriesgaría. If I were you, I wouldn't risk it. **LOC** Ver PELLEJO

arrimar vt to bring sth closer (to sth): Arrima la silla a la estufa. Bring your chair closer to the stove.
▸ **arrimarse** vp **arrimarse (a)** to go/come near (sth): No te arrimes a esa puerta, está recién pintada. Don't go near that door. It's just been painted. ➔ Ver nota en IR

arrinconar vt **1** (cosa) to discard **2** (marginar) to exclude **3** (acorralar) to corner

arroba nf (Informát) at

🔎 El símbolo @ se lee at: juan@rednet.es se lee "juan at rednet dot e s" /dɑːt iː es/.

arrodillarse vp to kneel (down)

arrogante adj arrogant

arrojar vt **1** (peatón) to run sb over: Lo arrolló un coche. A car ran him over. **2** (viento, agua) to carry sth away: El viento arrolló el tejado. The wind carried the roof away. **3** (vencer) to thrash, to whip (USA): ~ al equipo contrario to thrash the opposing team

arrojar vt to throw: ~ piedras a la policía to throw stones at the police

arrollar vt **1** (peatón) to run sb over: Lo arrolló un coche. A car ran him over. **2** (viento, agua) to carry sth away: El viento arrolló el tejado. The wind carried the roof away. **3** (vencer) to thrash, to whip (USA): ~ al equipo contrario to thrash the opposing team

arropar(se) vt, vp to wrap (sb) up, to bundle (sb) up (USA): Arrópate bien. Wrap up warm.

arroyo nm stream

arroz nm rice **LOC** **arroz a la cubana** rice with fried egg and banana with tomato sauce ◆ **arroz con leche** rice pudding

arrozal nm rice field

arruga nf **1** (piel) wrinkle **2** (papel, ropa) crease

arrugar(se) vt, vp **1** (piel) to wrinkle **2** (ropa) to crease: Esta falda se arruga enseguida. This skirt creases very easily. **3** (papel) to crumple sth (up): Dóblalo bien para que no se arrugue. Fold it properly so that it doesn't get crumpled.

arruinar vt to ruin: La tormenta ha arruinado las cosechas. The storm has ruined the crops.
▸ **arruinarse** vp (Fin) to go bankrupt

arte nm **1** art: una obra de ~ a work of art **2** (habilidad) skill (at sth/doing sth): Tienes ~ para pintar. You show great skill at painting. **LOC** **arte dramático** drama ◆ **artes marciales** martial arts ◆ **artes plásticas** plastic arts ◆ **como por arte de magia** as if by magic Ver tb BELLO

artefacto nm (dispositivo) device: un ~ explosivo an explosive device

arteria nf (Anat) artery [pl arteries]

artesanal adj **1** craft: un taller ~ a craft workshop ◇ cervezas ~es craft beers **2** (productos alimenticios) handmade: quesos de fabricación ~ handmade cheeses

artesanía nf **1** (productos) handicrafts [pl]: la ~ mexicana Mexican handicrafts **2** (técnica) craftsmanship **LOC** **de artesanía** handmade

artesano, -a nm-nf craftsman/woman [pl -men/-women]

ártico, -a adj, nm (the) Arctic **LOC** Ver CÍRCULO

articulación nf **1** (Anat, Mec) joint **2** (pronunciación) articulation

artículo nm **1** (Period, Gram, Jur) article: un ~ sobre Francia an article about France **2** **artículos** (productos) goods: ~s de viaje/para el hogar travel/household goods **LOC** **artículo definido/indefinido** definite/indefinite article

artificial adj artificial **LOC** Ver FECUNDACIÓN, FUEGO, RESPIRACIÓN

artillería nf artillery

artista nmf **1** (creador, cantante, etc.) artist **2** (actor) actor, actress ➔ Ver nota en ACTRESS

arzobispo, -a nm-nf archbishop

as nm **1** (naipe) ace: el as de corazones the ace of hearts ➔ Ver nota en BARAJA **2** (persona): un as del ciclismo a top cyclist

asa nf handle ➔ Ver dibujo en HANDLE

asado, -a adj, nm roast: cordero ~ roast lamb Ver tb ASAR

asalariado, -a nm-nf wage earner

asaltante nmf **1** (agresor) attacker **2** (ladrón) raider

asaltar vt **1** (establecimiento) to raid: Dos tipos asaltaron el banco. Two men raided the bank. **2** (persona) to mug: Le asaltó un enmascarado. He was mugged by a masked man. **3** (Mil) to attack: Los terroristas asaltaron la embajada. The terrorists attacked the embassy.

asalto nm **1** ~ (a) (a un establecimiento) raid (on sth): un ~ a una joyería a raid on a jeweller's **2** ~ (a) (a una persona, Mil) attack (on sb/sth) **3** (Boxeo) round

asamblea nf **1** (reunión) meeting **2** (parlamento) assembly [pl assemblies]

asar vt **1** (carne) to roast **2** (pescado, patata entera, frutas) to bake **3** (a la parrilla) to barbecue
▸ **asarse** vp to roast: Me estoy asando vivo. I'm roasting alive.

ascendente nm (Astrol) ascendant

ascender vt to promote sb (to sth): Lo ascendieron a capitán. He was promoted to captain.
▸ vi **1** (elevarse) to go up, to rise (más formal): Los precios siguen ascendiendo. Prices are still

rising. **2** (*montañismo*) to climb (up) *sth* **3** (*trabajador*) to be promoted (*to sth*)

ascenso *nm* **1** (*temperatura, precios*) rise: *Habrá un ~ de las temperaturas.* There will be a rise in temperatures. **2** (*montaña*) ascent **3** (*de un empleado, de un equipo*) promotion

ascensor *nm* lift, elevator (*USA*): *llamar al ~* to call the lift

asco *nm* LOC **dar asco** to make you sick: *Este trabajo da ~.* This job makes me sick. ◊ *Los caracoles me dan ~.* I can't stand snails. ◆ **estar hecho un asco 1** (*sitio*) to be filthy **2** (*sentirse mal*) to feel awful **3** (*tener mal aspecto*) to look awful ◆ **hacer ascos** to turn your nose up (*at sth*) ◆ **¡qué asco! 1** (*qué repugnante*) how revolting! **2** (*qué fastidio*) what a pain! ◆ **¡qué asco de…! ¡Qué ~ de tiempo!** What dreadful weather! *Ver tb* CARA

ascua *nf* LOC **estar en ascuas** to be on tenterhooks

aseado, -a *adj* **1** (*persona*) clean **2** (*lugar*) tidy, neat (*USA*) *Ver tb* ASEARSE

asearse *vp* **1** (*lavarse*) to have a wash **2** (*arreglarse*) to tidy yourself up

asegurar *vt* **1** (*garantizar*) to ensure: *~ que todo funcione* to ensure that everything works **2** (*afirmar*) to assure: *Asegura que no los vio.* She assures us she didn't see them. **3** (*con una compañía de seguros*) to insure *sb/sth* (*against sth*): *Quiero ~ el coche contra incendio y robo.* I want to insure my car against fire and theft.
▸**asegurarse** *vp* (*comprobar*) to make sure (*of sth/that…*): *Asegúrate de cerrar las ventanas.* Please make sure you close the windows.

asentir *vi* LOC **asentir con la cabeza** to nod

aseo *nm* **1** (*limpieza*) cleanliness: *el ~ de las habitaciones* cleaning the rooms **2** (*cuarto de baño*) toilet, bathroom (*USA*) ➔ *Ver nota en* TOILET LOC **aseo personal** personal hygiene *Ver tb* BOLSA

asesinar *vt* to murder: *Parece que le asesinaron.* It seems he was murdered.

🔎 Existe también el verbo **assassinate** y los sustantivos **assassination** (*asesinato*) y **assassin** (*asesino*), pero solo se utilizan cuando nos referimos a un personaje importante: *¿Quién asesinó al ministro?* Who assassinated the minister? ◊ *Hubo un intento de asesinato contra el Presidente.* There was an assassination attempt on the President. ◊ *un asesino a sueldo* a hired assassin.

asesinato *nm* murder: *cometer un ~* to commit (a) murder ➔ *Ver nota en* ASESINAR

asesino, -a *nm-nf* murderer ➔ *Ver nota en* ASESINAR

▸*adj* (*mirada*) murderous

asesor, -ora *nm-nf* adviser

asfaltar *vt* to tarmac, to asphalt (*USA*): *Han asfaltado la carretera.* They've tarmacked the road.

asfalto *nm* Tarmac, asphalt (*USA*)

asfixia *nf* suffocation

asfixiar *vt* **1** (*con humo, gas*) to suffocate **2** (*con una almohada, etc.*) to smother
▸**asfixiarse** *vp* to suffocate

así *adv, adj* **1** (*de este modo, como este*) like this: *Sujétalo ~.* Hold it like this. **2** (*de ese modo, como ese*) like that: *Quiero un coche ~.* I want a car like that. ◊ *Con gente ~ da gusto trabajar.* It's nice working with people like that. ◊ *Yo soy ~.* That's the way I am. LOC **así, así** (*regular*) so-so ◆ **así de grande, gordo, etc.** this big, fat, etc. ◆ **así que** so: *No llegaban, ~ que me fui.* They didn't come so I left. ◊ *¡Así que os mudáis!* So you're moving, are you? ◆ **¡así se habla/hace!** well said/done! ◆ **o así** or so: *unos doce o ~* about twelve or so ◆ **y así sucesivamente** and so on (and so forth) *Ver tb* ALGO

Asia *nf* Asia

asiático, -a *adj, nm-nf* Asian ➔ *Ver nota en* ASIAN

asiento *nm* seat

asignar *vt* to assign

asignatura *nf* subject: *He suspendido dos ~s.* I've failed two subjects. LOC **asignatura optativa/troncal** (*Educ*) optional/core subject ◆ **asignatura pendiente** (*Educ*) resit: *Tengo tres ~s pendientes.* I've got to do three resits.

asilo *nm* **1** (*residencia*) home **2** (*Pol*) asylum: *conceder/pedir ~ político* to grant/seek political asylum

asimilar *vt* to assimilate

asistencia *nf* **1** (*presencia*) attendance **2** (*a enfermos*) care: *~ médica/sanitaria* medical/health care **3** (*Dep*) assist LOC *Ver* FALTA

asistente, -a *nm-nf* **1** *~ (a)* present (*at sth*): *entre los ~s a la reunión* among those present at the meeting **2** (*ayudante*) assistant
▸ **asistenta** *nf* (*limpiadora*) cleaner LOC **asistente social** social worker

asistir *vi ~ (a)* (*acudir*) to attend: *~ a una clase/una reunión* to attend a lesson/meeting
▸ *vt* (*médico*) to treat: *¿Qué médico te asistió?* Which doctor treated you? ❶ La palabra inglesa **assist** significa *ayudar* y es bastante formal.

asma *nf* asthma

asmático, -a *adj, nm-nf* asthmatic

asno, -a *nm-nf* ass

asociación *nf* association LOC **asociación de consumidores** consumers' association ◆ **asocia-**

ción de madres y padres de alumnos (*abrev* **AMPA**) parents' association

asociar *vt* to associate *sb/sth* (*with sb/sth*): ~ *el calor a las vacaciones* to associate good weather with the holidays
▸ **asociarse** *vp* to form a partnership (*to do sth*)

asomar *vt* ~ *la cabeza por la ventana* to put your head out of the window ◇ ~ *la cabeza por la puerta* to put your head round the door
▸ **asomarse** *vp* *Me asomé a la ventana para verlo mejor.* I put my head out of the window to get a better look. ◇ *Asómate al balcón.* Come out onto the balcony.

asombrarse *vp* to be amazed (*at/by sth*): *Se asombraron al vernos.* They were amazed to see us. ◇ *Me asombré del desorden.* I was amazed by the mess.

asombro *nm* amazement: *mirar con* ~ to look in amazement ◇ *poner cara de* ~ to look amazed

aspa *nf* (*molino*) sail

aspecto *nm* **1** (*apariencia*) look: *¿Qué* ~ *tiene tu hermano?* What does your brother look like? ◇ *¿Qué tal* ~ *tiene la comida?* Does the food look OK? **2** (*faceta*) aspect: *el* ~ *jurídico* the legal aspect **LOC** **en algunos/ciertos aspectos** in some ways ◆ **en ese/este aspecto** in that/this respect ◆ **tener aspecto (de)** to look: *Tienes* ~ *(de) cansado.* You look tired. ◆ **tener buen/mal aspecto** to look good/not to look good: *Tu abuela no tiene muy buen* ~. Your granny doesn't look too good.

aspereza *nf* **LOC** *Ver* LIMAR

Asperger *n* **LOC** *Ver* SÍNDROME

áspero, -a *adj* rough

aspiradora *nf* (*tb* **aspirador** *nm*) Hoover, vacuum cleaner (*más formal*): *pasar la* ~ to hoover/vacuum

aspirante *nmf* ~ **(a)** candidate (for *sth*): *los* ~*s al puesto* the candidates for the job

aspirar *vt* **1** (*respirar*) to breathe *sth* in **2** (*máquina*) to suck *sth* up
▸ *vi* ~ **a** to aspire to *sth*: ~ *a ganar un sueldo decente* to aspire to a decent salary

aspirina *nf* aspirin: *tomarse una* ~ to take an aspirin

asqueroso, -a *adj* **1** (*sucio*) filthy **2** (*repugnante*) disgusting

asta *nf* **1** (*bandera*) flagpole **2** (*toro*) horn **LOC** *Ver* MEDIO

asterisco *nm* asterisk **LOC** *Ver* TECLA

astilla *nf* splinter **LOC** *Ver* TAL

astillero *nm* shipyard

astro *nm* star

astrología *nf* astrology

astrólogo, -a *nm-nf* astrologer

astronauta *nmf* astronaut

astronomía *nf* astronomy

astrónomo, -a *nm-nf* astronomer

astucia *nf* **1** (*habilidad*) shrewdness: *tener mucha* ~ to be very shrewd **2** (*malicia*) cunning

astuto, -a *adj* **1** (*hábil*) shrewd: *un hombre muy* ~ a very shrewd man **2** (*malicioso*) cunning: *Elaboraron un plan* ~. They devised a cunning plan.

asunto *nm* **1** (*tema*) matter: *un* ~ *de interés general* a matter of general interest **2** (*Pol*) affair **LOC** **no es asunto mío** it's none of my, your, etc. business *Ver tb* DESCUBRIR, MINISTERIO, MINISTRO

asustar *vt* to scare, to frighten (*más formal*): *Me asustó el perro.* The dog frightened me. ◇ *¿Te asusta la oscuridad?* Are you scared of the dark?
▸ **asustarse** *vp* to be scared, to be frightened (*más formal*): *Te asustas por nada.* You're frightened of everything.

atacar *vt* to attack

atajar *vi* to take a short cut: *Podemos* ~ *por aquí.* We can take a short cut through here.

atajo *nm* shortcut: *coger un* ~ to take a shortcut

ataque *nm* **1** ~ **(a/contra)** attack (on *sb/sth*): *un* ~ *al corazón* a heart attack **2** (*risa, tos*) fit: *Le dio un* ~ *de tos.* He had a coughing fit. **LOC** **ataque de nervios** nervous breakdown *Ver tb* CARDIACO

atar *vt* to tie *sb/sth* (up): *Nos ataron las manos.* They tied our hands. ◇ *Ata bien el paquete.* Tie the parcel securely.
▸ **atar(se)** *vt, vp* to do *sth* up: *No puedo* ~*me los zapatos.* I can't do my shoes up.

atardecer *nm* dusk: *al* ~ at dusk

atareado, -a *adj* busy

atascar *vt* to block *sth* (up)
▸ **atascarse** *vp* **1** to get stuck: *El ascensor se atascó entre dos pisos.* The lift got stuck between two floors. ◇ *Siempre me atasco en esa palabra.* I always get stuck on that word. **2** (*conducto*) to get blocked **3** (*mecanismo*) to jam

atasco *nm* (*coches*) traffic jam

ataúd *nm* coffin, casket (*USA*)

atención *nf* attention
▸ **¡atención!** *interj* attention! **LOC** **atención al cliente** customer service ◆ **con atención** attentively ◆ **poner/prestar atención** to pay attention (*to sb/sth*) *Ver tb* CENTRO, HORARIO, LLAMAR, TRASTORNO

atender *vt* **1** (*recibir*) to see: *Tienen que* ~ *a muchas personas.* They have to see lots of people. **2** (*en una tienda*) to serve: *¿Le atienden?* Are you

being served? **3** (*tarea, problema, solicitud*) to deal with *sth*: *Solo atendemos casos urgentes.* We only deal with emergencies. **4** (*contestar*) to answer: ~ *llamadas/al teléfono* to answer calls/the phone
▸*vi* to pay attention (*to sb/sth*): *No atienden a lo que dice el profesor.* They don't pay any attention to what the teacher says.

atenerse *vp* ~ **a 1** (*reglas, órdenes*) to abide by *sth*: *Nos atendremos a las normas.* We'll abide by the rules. **2** (*consecuencias*) to face: *Ateneos a las consecuencias.* You'll have to face the consequences. ᴸᴼᶜ **(no) saber a qué atenerse** (not) to know what to expect

atentado *nm* **1** (*ataque*) attack (*on sb/sth*): *un ~ terrorista contra un cuartel del ejército* a terrorist attack on an army barracks ◊ *Hubo muchos muertos en el último ~.* Many people were killed in the recent attack. **2** (*intento de asesinato*) attempt on *sb's* life: *un ~ contra dos parlamentarios* an attempt on the lives of two MPs

atentamente *adv* (*fórmula de despedida*) Yours faithfully, Yours sincerely

🔎 Recuerda que **Yours faithfully** (en Estados Unidos **Yours truly**) se utiliza cuando has empezado la carta con un saludo como *Dear Sir, Dear Madam*, etc. Si has empezado con *Dear Mr Jones, Dear Mrs Smith*, etc., debes despedirte utilizando **Yours sincerely (Sincerely (yours))** en Estados Unidos).

atentar *vi* ~ **contra 1** (*persona*) to make an attempt on *sb's* life: *Atentaron contra el juez.* They made an attempt on the judge's life. **2** (*edificio, coche, etc.*) to attack

atento, -a *adj* **1** (*prestando atención*) attentive: *Escuchaban ~s.* They listened attentively. **2** (*amable*) kind ᴸᴼᶜ **estar atento a algo 1** (*mirar*) to watch out for sth: *estar ~ a la llegada del tren* to watch out for the train **2** (*prestar atención*) to pay attention to sth

ateo, -a *nm-nf* atheist: *ser ~* to be an atheist

aterrador, -ora *adj* terrifying

aterrizaje *nm* landing ᴸᴼᶜ **aterrizaje forzoso/de emergencia** emergency landing *Ver tb* TREN

aterrizar *vi* to land: *Aterrizaremos en Gatwick.* We shall be landing at Gatwick.

aterrorizar *vt* **1** (*dar miedo*) to terrify: *Me aterrorizaba que pudieran tirar la puerta.* I was terrified they might knock the door down. **2** (*con violencia*) to terrorize: *Esos matones aterrorizan a los vecinos.* Those thugs terrorize the neighbourhood.

atiborrarse *vp* ~ **(de)** to stuff yourself (with *sth*): *Nos atiborramos de pasteles.* We stuffed ourselves with cakes.

ático *nm* **1** (*último piso*) top-floor flat **2** (*desván*) attic

atizar *vt* (*fuego*) to poke ᴸᴼᶜ **atizar un golpe** to hit *sb/sth*

atlántico, -a *adj* Atlantic
▸**el Atlántico** *nm* the Atlantic (Ocean)

atlas *nm* atlas

atleta *nmf* athlete

atlético, -a *adj* athletic

atletismo *nm* athletics [*incontable*], track and field (*USA*)

atmósfera *nf* atmosphere: ~ *cargada/de malestar* stuffy/uneasy atmosphere

atómico, -a *adj* atomic

átomo *nm* atom

atontado, -a *adj* **1** (*distraído*): *Está como ~.* He's in a world of his own. **2** (*por droga, medicamento*) groggy: *Después de la anestesia te quedas un poco ~.* You'll feel a bit groggy after the anaesthetic. **3** (*por un golpe*) stunned
▸*nm-nf* idiot *Ver tb* ATONTAR

atontar *vt* **1** (*aturdir*) to make *sb* drowsy **2** (*volver tonto*) to dull your senses: *Esas revistas te atontan.* Magazines like those dull your senses.

atormentar *vt* to torment

atornillar *vt* to screw *sth* down/in/on: ~ *la última pieza* to screw on the last bit

atracador, -ora *nm-nf* **1** (*banco, tienda, tren*) robber **2** (*en la calle*) mugger

atracar *vt* (*banco, tienda*) to hold *sth* up: ~ *una sucursal de un banco* to hold up a branch of a bank **2** (*en la calle*) to mug: *Me han atracado en el metro.* I was mugged on the Underground.
▸*vt, vi* (*barco*) to dock

atracción *nf* attraction: *una ~ turística* a tourist attraction ◊ *sentir ~ por algn* to be attracted to *sb* ᴸᴼᶜ *Ver* PARQUE

atraco *nm* **1** (*robo*) hold-up: *Cometieron un ~ en una joyería.* They held up a jeweller's shop. **2** (*en la calle*) mugging ᴸᴼᶜ *Ver* MANO

atracón *nm* ᴸᴼᶜ **darse un atracón** to stuff yourself full (*of sth*)

atractivo, -a *adj* attractive
▸*nm* **1** (*cosa que atrae*) attraction: *uno de los ~s de la ciudad* one of the city's attractions **2** (*interés*) appeal [*incontable*]: *Tiene poco ~ para los inversores.* It holds little appeal for investors. **3** (*persona*) charm

atraer *vt* **1** to attract: ~ *a los turistas* to attract tourists ◊ *Me atraen los hombres mediterráneos.* I'm attracted to Mediterranean men. **2** (*idea*) to appeal to *sb*

atragantarse *vp* **1** ~ **(con)** to choke (on *sth*): *Me atraganté con una espina.* I choked on a bone. **2** *(objeto)* to get stuck in *sb's* throat: *Se le atragantó un hueso de aceituna.* An olive stone got stuck in his throat.

atrancarse *vp* **1** *(tubería)* to get blocked **2** *(mecanismo, persona)* to get stuck

atrapado, -a *adj* **LOC** **estar/quedarse atrapado** to be trapped *Ver tb* ATRAPAR

atrapar *vt* to catch

atrás *adv* back: *Vamos a ponernos más ~.* Let's sit further back. ◇ *Siempre se sientan ~.* They always sit at the back. **LOC** **de atrás** *el asiento/ las filas de ~* the back seat/rows ◆ **dejar atrás** to leave *sb/sth* behind ◆ **echarse/volverse atrás** *(desdecirse)* to go back on your word ◆ **hacia/para atrás** backwards: *andar hacia ~* to walk backwards *Ver tb* CUENTA, MARCHA, PARTE[1]

atrasado, -a *adj* **1** *(publicación, sueldo)* back: *los números ~s de una revista* the back numbers of a magazine **2** *(país, región)* backward **3** *(reloj)* slow: *Tu reloj va ~.* Your watch is slow. **LOC** **tener trabajo, etc. atrasado** to be behind with your work, etc. *Ver tb* ATRASAR

atrasar *vt* **1** *(aplazar)* to put *sth* off, to postpone *(más formal)*: *Tuvieron que ~ la reunión una semana.* They had to postpone the meeting for a week. **2** *(reloj)* to put *sth* back: *~ el reloj una hora* to put the clock back an hour
▸ **atrasar(se)** *vi, vp (reloj)* to be slow: *(Se) atrasa cinco minutos.* It's five minutes slow.

atraso *nm* **1** *(demora)* delay **2** *(subdesarrollo)* backwardness

atravesar *vt* **1** *(cruzar)* to cross: *~ la frontera* to cross the border **2** *(perforar, experimentar)* to go through *sth*: *La bala le atravesó el corazón.* The bullet went through his heart. ◇ *Atraviesan una grave crisis.* They're going through a serious crisis.
▸ **atravesarse** *vp* **1** *(en el camino)* to block *sb's* path: *Se nos atravesó un elefante.* An elephant blocked our path. **2** *(en la garganta)* to get *sth* stuck in your throat: *Se me atravesó una espina.* I got a bone stuck in my throat.

atreverse *vp* ~ **(a)** to dare *(do sth)*: *No me atrevo a pedirle dinero.* I daren't ask him for money. ◇ *¿Cómo te atreves?* How dare you? ⮑ *Ver nota en* DARE

atrevido, -a *adj* **1** daring: *una blusa/decisión atrevida* a daring blouse/decision **2** *(insolente)* cheeky, sassy *(USA) Ver tb* ATREVERSE

atributo *nm* attribute

atril *nm (música)* music stand

atropellado, -a *adj (por un vehículo)*: *Murió ~.* He was run over by a car and died. *Ver tb* ATROPELLAR

atropellar *vt* to run *sb* over: *Me atropelló un coche.* I was run over by a car.

ATS *nmf* (assistant) nurse

atufar *vt* to make *sth* stink *(of sth)*
▸ *vi* ~ **(a)** to stink (of *sth*)

atún *nm* tuna

audaz *adj* bold

audición *nf* **1** *(oído)* hearing: *perder ~* to lose your hearing **2** *(prueba)* audition

audiencia *nf* audience: *el programa de mayor ~* the programme with the largest audience ◇ *el índice de ~* audience share

audiovisual *adj* audiovisual: *materiales ~es* audiovisual materials

auditorio *nm* **1** *(edificio)* concert hall **2** *(audiencia)* audience

auge *nm* boom *(in sth)*: *el ~ económico* the economic boom ◇ *el ~ de la literatura fantástica* the boom in fantasy literature **LOC** **estar en (pleno) auge** to be enjoying a boom

aula *nf* **1** *(de escuela)* classroom **2** *(de universidad)* lecture room

aullar *vi* to howl

aullido *nm* howl

aumentar *vt* **1** to increase: *~ la competitividad* to increase competition **2** *(lupa, microscopio)* to magnify
▸ *vi* to increase: *Ha aumentado la población.* The population has increased. **LOC** *Ver* PESO

aumento *nm* rise, increase *(más formal) (in sth)*: *un ~ de la población* an increase in population ◇ *un ~ del 3%* a 3% increase

aun *adv* even: *Aun así no lo aceptaría.* Even so, I wouldn't accept it.

aún *adv* **1** *(en oraciones afirmativas e interrogativas)* still: *Aún faltan dos horas.* There are still two hours to go. ◇ *¿Aún estás aquí?* Are you still here? **2** *(en oraciones negativas e interrogativas negativas)* yet: *—¿Aún no te han contestado? —No, ~ no.* 'Haven't they written back yet?' 'No, not yet.' ⮑ *Ver nota en* STILL **3** *(en oraciones comparativas)* even: *Esta me gusta ~ más.* I like this one even better.

aunque *conj* **1** *(a pesar de que)* although, though *(más coloq)*

🔎 **Although** es más formal que **though**. Si se quiere dar más énfasis se puede usar **even though**: *No han querido venir, aunque sabían que estaríais.* They didn't want to come, although/though/even though they knew you'd be here.

2 *(incluso si)* even if: *Ven, ~ sea tarde.* Come along even if it's late.

auricular nm **1** (teléfono) receiver **2 auriculares** headphones

aurora nf dawn

ausencia nf absence

ausentarse vp **~ (de) 1** (salir) to go out (of…): Se ausentó solo un momento. He only went out (of the room) for a moment. **2** (estar de viaje) to be away (from…) **3** (no ir) to stay off: ~ de la escuela to stay off school

ausente adj **1** absent: Ha estado ~ tres días. He has been absent for three days. **2** (distraído): Estás como ~. You're in a world of your own.
▸nmf absentee

austeridad nf austerity

austero, -a adj austere

Australia nf Australia

australiano, -a adj, nm-nf Australian

Austria nf Austria

austriaco, -a (tb **austríaco, -a**) adj, nm-nf Austrian: los ~s the Austrians

auténtico, -a adj genuine, authentic (más formal): un Dalí ~ a genuine Dalí

auto nm (coche) car **LOC** Ver CHOQUE

autoayuda nf self-help: libros de ~ self-help books

autobiografía nf autobiography [pl autobiographies]

autobiográfico, -a adj autobiographical

autobús nm bus: coger/perder el ~ to catch/miss the bus **LOC** autobús turístico tour bus Ver tb PARADA, TERMINAL

autocar nm coach, bus (USA)

autodefensa nf self-defence

autodeterminación nf self-determination

autodidacta adj, nmf self-taught: ser un ~ to be self-taught

autoescuela nf driving school

autoestima nf self-esteem

autoestop, autoestopista = AUTOSTOP

autoevaluación nf (Educ) self-assessment

autofoto nf selfie

autógrafo nm autograph

autolavado nm automatic car wash

automático, -a adj automatic
▸ nm (Costura) press stud, snap (USA) **LOC** Ver CAJERO, CONTESTADOR, PILOTO, PORTERO, TRADUCTOR

automóvil nm car

automovilismo nm motor racing, auto racing (USA)

automovilista nmf motorist

autonomía nf **1** (autogobierno) autonomy **2** (territorio) autonomous region **3** (independencia) independence: la ~ del poder judicial the independence of the judiciary

autonómico, -a adj regional: las autoridades autonómicas the regional authorities **LOC** Ver ELECCIÓN

autónomo, -a adj **1** (departamento, entidad) autonomous **2** (gobierno, etc.) regional: el parlamento ~ the regional parliament **3** (trabajador) self-employed
▸ nm-nf (trabajador) self-employed worker **LOC** Ver COMUNIDAD, VEHÍCULO

autopista nf motorway, freeway (USA) **LOC** autopista de peaje toll road

autopsia nf post-mortem: hacer una ~ to carry out a post-mortem

autor, -ora nm-nf **1** (escritor) author **2** (compositor musical) composer **3** (crimen) perpetrator

autoridad nf authority [pl authorities]

autorización nf permission

autorizar vt **1** (permitir) to authorize: No han autorizado la huelga. They haven't authorized the strike. **2** (dar derecho) to give sb the right (to do sth): El cargo les autoriza a utilizar un coche oficial. The job gives them the right to use an official car.

autorretrato nm self-portrait

autoservicio nm **1** (restaurante) self-service restaurant **2** (supermercado) supermarket **3** (gasolinera) self-service petrol station

autostop nm hitchhiking **LOC** hacer autostop to hitchhike

autostopista nmf hitchhiker

autosuficiente adj self-sufficient

autovía nf dual carriageway, divided highway (USA)

auxiliar adj auxiliary: un verbo ~ an auxiliary verb
▸ nmf assistant: ~ administrativo administrative assistant **LOC** auxiliar de vuelo flight attendant ◆ auxiliar técnico sanitario (abrev **ATS**) (assistant) nurse

auxilio nm help: un grito de ~ a cry for help **LOC** Ver PRIMERO

avalancha nf avalanche

avance nm advance: los ~s de la técnica advances in technology **LOC** avance informativo newsflash

avanzar vi to advance

avaricia nf greed

avaricioso, -a adj, nm-nf greedy: ser un ~ to be greedy

avaro, -a adj miserly
▸nm-nf miser

avatar nm avatar

AVE nm high-speed train: *Vamos a Madrid en el ~*. We're going to Madrid on the high-speed train.

ave nf bird

avellana nf hazelnut
▸ nm (color) hazel: *ojos de color ~* hazel eyes

avellano nm hazel

avemaría nf Hail Mary: *rezar tres ~s* to say three Hail Marys

avena nf oats [pl]

avenida nf avenue (abrev Ave.)

aventura nf **1** (peripecia) adventure: *Vivimos una ~ fascinante.* We had a fascinating adventure. **2** (amorío) fling

aventurero, -a adj adventurous
▸ nm-nf adventurer

avergonzar vt **1** (humillar) to make sb feel ashamed: *~ a la familia* to make your family feel ashamed **2** (abochornar) to embarrass: *Tu manera de vestir me avergüenza.* The way you dress embarrasses me.
▸ **avergonzarse** vp ~ **(de) 1** (arrepentirse) to be ashamed (of sth/doing sth): *Me avergüenzo de haberles mentido.* I'm ashamed of having told them a lie. **2** (sentirse incómodo) to feel embarrassed (about sth): *Se avergüenza de su cuerpo.* She feels embarrassed about her body.

avería nf **1** (vehículo, mecanismo) breakdown: *La ~ del coche me va a costar un ojo de la cara.* The breakdown's going to cost me an arm and a leg. **2** (fallo) fault: *una ~ en la instalación eléctrica* a fault in the electrical system

averiado, -a adj broken down: *Tenemos el lavavajillas ~.* Our dishwasher has broken down. ◇ *El ascensor está ~.* The lift is out of order. Ver tb AVERIARSE

averiarse vp (Mec) to break down

averiguar vt to find sth out, to discover (más formal)

avestruz nm ostrich

aviación nf **1** aviation: *~ civil* civil aviation **2** (fuerzas aéreas) air force

avinagrado, -a adj vinegary

avión nm plane, aeroplane (más formal) **LOC** ir/viajar en avión to fly ♦ por avión (correo) airmail

avioneta nf light aircraft [pl light aircraft]

avisar vt **1** (informar) to let sb know (about sth): *Avísame cuando lleguen.* Let me know when they arrive. **2** (advertir) to warn: *Te aviso que si no me pagas…* I'm warning you that if you don't pay… **LOC** sin avisar *Vinieron sin ~.* They turned up unexpectedly. ◇ *Se fue de casa sin ~.* He left home without saying anything.

aviso nm **1** notice: *Cerrado hasta nuevo ~.* Closed until further notice. **2** (advertencia) warning: *sin previo ~* without prior warning

avispa nf wasp

axila nf armpit

¡ay! interj **1** (de dolor) ow! **2** (de aflicción) oh (dear)!

ayer adv yesterday: *~ por la mañana/tarde* yesterday morning/afternoon ◇ *el periódico de ~* yesterday's paper **LOC** antes de ayer the day before yesterday ♦ ayer por la noche last night

ayuda nf help [incontable]: *Gracias por tu ~.* Thanks for your help. ◇ *Necesito ~.* I need help. **LOC** Ver TELÉFONO

ayudante adj, nmf assistant **LOC** ayudante técnico sanitario (abrev ATS) (assistant) nurse

ayudar vt, vi to help: *¿Te ayudo?* Can I help you? ◇ *Le ayudé a encontrar sus llaves.* I helped him (to) find his keys.

ayunar vi to fast

ayuno nm fast: *40 días de ~* 40 days of fasting

ayuno, -a adj **LOC** en ayunas *Estoy en ~.* I've had nothing to eat or drink.

ayuntamiento nm **1** (concejo) council [v sing o pl] **2** (edificio) town hall

azabache nm jet: *negro como el ~* jet black

azada nf hoe

azafato, -a nf **1** (de vuelo) flight attendant **2** (de congresos) hostess **❶** Si es un hombre, se dice **host**.

azafrán nm saffron

azahar nm orange blossom

azar nm **1** (casualidad) chance: *juego de ~* game of chance **2** (destino) fate **LOC** al azar at random: *Elige un número al ~.* Choose a number at random.

azote nm smack, slap (USA): *Como te pille te doy un ~.* I'll give you a smack if I catch you.

azotea nf (flat) roof

azúcar nm sugar: *un terrón de ~* a sugar lump ◇ *~ blanco/moreno* white/brown sugar **LOC** Ver ALGODÓN

azucarera nf sugar refinery

azucarero nm sugar bowl

azucarillo nm sugar lump

azucena nf lily [pl lilies]

azufre nm sulphur

azul adj, nm blue **➲** Ver ejemplos en AMARILLO **LOC** azul celeste/marino sky/navy blue ♦ azul turquesa turquoise Ver tb PESCADO, PRÍNCIPE

azulejo nm tile

Bb

baba *nf* **1** (*de persona*) dribble **2** (*de animal*) slime **LOC** caérsele la baba a algn to dote *on sb: Se le cae la ~ con sus nietos.* She dotes on her grandchildren.

babear *vi* to dribble

babero *nm* bib

babi *nm* overall

Babia *nf* **LOC** estar en Babia to be daydreaming

babor *nm* port **LOC** a babor to port

babosa *nf* slug

baca *nf* roof rack

bacalao *nm* (*pescado*) cod [*pl* cod]

bache *nm* **1** (*hoyo*) pothole: *Estas carreteras tienen muchos ~s.* These roads are full of potholes. **2** (*dificultad*) bad patch: *atravesar un ~* to go through a bad patch

bachillerato *nm Está en primero de ~.* He's in Year 12.

🔎 Los cursos de primero y segundo de bachillerato equivalen a lo que en el sistema inglés se llama **years 12-13**, cuando se estudian los **A levels**. ➔ *Ver nota en* A LEVEL

bacon = BEICON

bacteria *nf* bacterium [*pl* bacteria]

bafle *nm* (loud)speaker

bahía *nf* bay

bailar *vt, vi* **1** (*danza*) to dance: *¿Bailas?* Would you like to dance? ◇ *~ un tango* to dance a tango **2** (*peonza*) to spin
▸ *vi* **1** (*estar suelto*) to be loose: *Me baila un diente.* I've got a loose tooth. **2** (*quedar grande*) to be too big (*for sb*): *Esta falda me baila.* This skirt's too big for me. **LOC** bailar agarrado to have a slow dance ◆ bailar con la más fea to draw the short straw ◆ bailarle el agua a algn to suck up to sb ◆ sacar a bailar to ask *sb* to dance

bailarín, -ina *nm-nf* dancer

baile *nm* **1** (*fiesta, danza*) dance: *El ~ empieza a las doce.* The dance begins at twelve. **2** (*acción*) dancing: *Me gusta mucho el ~.* I like dancing very much. **LOC** baile de disfraces fancy dress ball *Ver tb* PISTA

baja *nf* **1** (*ausencia autorizada*) sick leave: *pedir/solicitar la ~* to go on sick leave **2** (*Mil*) casualty [*pl* casualties] **LOC** baja por maternidad/paternidad

maternity/paternity leave ◆ darse de baja to cancel your membership, subscription, etc.

bajada *nf* **1** (*descenso*) descent: *durante la ~* during the descent **2** (*pendiente*) slope: *La ~ es muy pronunciada.* It is a very steep slope. **3** (*Econ*) fall (*in sth*): *Continúa la ~ de los tipos de interés.* Interest rates continue to fall. **LOC** bajada de bandera (*taxi*) minimum fare

bajamar *nf* low tide

bajar *vt* **1** (*poner, traer, llevar*) to bring/take *sth* down: *Bájalo un poco más.* Bring it down a bit. ◇ *¿Tenemos que ~ esta silla al segundo?* Do we have to take this chair down to the second floor? ➔ *Ver dibujo en* TAKE **2** (*coger*) to get *sth* down: *¿Me ayuda a ~ la maleta?* Could you help me get my suitcase down? **3** (*ir, venir*) to go/come down *sth*: *~ la cuesta* to go down the hill ➔ *Ver nota en* IR **4** (*cabeza*) to bow **5** (*vista, voz*) to lower **6** (*volumen*) to turn *sth* down **7** (*precios*) to bring *sth* down, to lower (*más formal*) **8** (*Informát*) to download: *~ música de internet* to download music from the Internet
▸ *vi* **1** (*ir/venir abajo*) to go/come down: *¿Puede ~ a recepción, por favor?* Can you come down to reception, please? **2** (*temperatura, río*) to fall: *La temperatura ha bajado.* The temperature has fallen. **3** (*hinchazón*) to go down **4** (*marea*) to go out **5** (*precios*) to come down: *El pan ha vuelto a ~.* (The price of) bread has come down again.
▸ **bajar(se)** *vi, vp* **bajar(se) (de) 1** (*automóvil*) to get out (of *sth*): *Nunca (te) bajes de un coche en marcha.* Never get out of a moving car. **2** (*transporte público, caballo, bici*) to get off (*sth*): *~(se) de un autobús* to get off a bus **LOC** bajarle los humos a algn to take sb down a peg or two *Ver tb* ESCALERA, PESO

bajista (*tb* bajo) *nmf* bass (guitarist)

bajo, -a *adj* **1** (*persona*) short **2** ~ (en) low (in *sth*): *una sopa baja en calorías* a low-calorie soup ◇ *La tele está demasiado baja.* The volume is too low. **3** (*zapato*) flat **4** (*voz*) quiet: *hablar en voz baja* to speak quietly
▸ *nm* **1** (*vivienda*) ground-floor flat **2** (*ropa*) hem: *Tienes el ~ descosido.* Your hem has come undone. **3** (*voz*) bass **4** (*guitarra*) bass (guitar)
▸ *adv* **1** (*a poca altura*) low: *Los pájaros vuelan ~.* The birds are flying low. **2** (*suave*) quietly: *Toca más ~.* Play more quietly.
▸ *prep* under: *Nos resguardamos ~ un paraguas.* We sheltered under an umbrella. ◇ *~ la lluvia* in the rain ◇ *cinco grados ~ cero* minus five **LOC** estar bajo de moral to be in low spirits *Ver tb* BARRIO, CLASE, CONTROL, GOLPE, GUION, HABLAR, PAÍS, PLANTA

bakalao *nm* techno

baño

bala *nf* (*arma*) bullet LOC **como una bala** like a shot *Ver tb* PRUEBA

balance *nm* **1** (*Fin*) balance **2** (*número de víctimas*) toll

balancear(se) *vt, vp* **1** to swing **2** (*cuna, mecedora*) to rock

balanza *nf* **1** (*instrumento*) scales [*pl*] **2** (*Fin*) balance: *~ de pagos* balance of payments

balar *vi* to bleat

balazo *nm* **1** (*disparo*) shot **2** (*herida*) bullet wound

balbucear (*tb* **balbucir**) *vt, vi* (*adulto*) to stammer: *Balbuceó unas cuantas palabras.* He stammered a few words.
  ▸ *vi* (*bebé*) to babble

balcón *nm* balcony [*pl* balconies]: *salir al ~ to* go out onto the balcony

balda *nf* shelf [*pl* shelves]

baldado, -a *adj* (*cansado*) exhausted: *Tanto limpiar me ha dejado ~.* All that cleaning up has left me exhausted.

balde *nm* bucket LOC **de balde** for nothing: *Fuimos al cine de ~.* We got into the cinema for nothing. ♦ **en balde** in vain

baldosa *nf* **1** (*interior*) floor tile **2** (*exterior*) paving stone

ballena *nf* whale

ballet *nm* ballet

balneario *nm* spa

balón *nm* ball: *~ de baloncesto/fútbol* basketball/football LOC *Ver* CABEZAZO, TOQUE

baloncesto *nm* basketball: *jugar al ~ to* play basketball LOC *Ver* PISTA

balonmano *nm* handball

balonvolea *nm* volleyball

balsa *nf* **1** (*embarcación*) raft **2** (*charca*) pool LOC **como una balsa de aceite** (*mar*) very calm

bambas *nf* **1** (*playeras*) canvas shoes **2** (*para deporte*) trainers

bambolearse *vp* to sway

bambú *nm* bamboo: *una mesa de ~* a bamboo table

banca *nf* **1** (*bancos*) banks [*pl*]: *la ~ japonesa* Japanese banks **2** (*sector*) banking: *los sectores de ~ y comercio* the banking and business sectors LOC **banca electrónica** online banking

bancario, -a *adj* bank: *una cuenta bancaria* a bank account LOC *Ver* GIRO, TRANSFERENCIA

bancarrota *nf* bankruptcy LOC **estar en bancarrota** to be bankrupt

banco *nm* **1** (*Fin, Med, etc.*) bank: *~ de sangre/datos* blood bank/databank **2** (*asiento*) bench **3** (*iglesia*) pew **4** (*peces*) shoal LOC **banco de arena** sandbank

banda *nf* **1** (*cinta*) band: *una ~ del pelo* a hair band **2** (*cuadrilla*) gang: *una ~ de gamberros* a gang of hooligans **3** (*grupo musical*) band **4** (*Dep*) wing LOC **banda ancha** (*Internet*) broadband: *conexión de ~ ancha* broadband connection ♦ **banda sonora 1** (*película*) soundtrack **2** (*carretera*) rumble strip ♦ **banda terrorista** terrorist group ♦ **coger por banda** to get hold of *sb Ver tb* ANCHO, SAQUE

bandada *nf* **1** (*aves*) flock **2** (*peces*) shoal

bandeja *nf* tray LOC **bandeja de entrada/salida** (*Informát*) inbox/outbox ♦ **poner/servir en bandeja** to hand *sb* sth on a plate

bandera *nf* flag: *Las ~s están a media asta.* The flags are at half mast. LOC **bandera blanca** white flag *Ver tb* BAJADA, JURAR

banderín *nm* pennant

bandido, -a *nm-nf* bandit

bando *nm* (*Dep, Mil, Pol*) side: *Jugaremos en ~s distintos.* We'll be playing on different sides. ◊ *cambiar de ~* to change sides

banquero, -a *nm-nf* banker

banqueta *nf* stool: *subirse a una ~ to* stand on a stool

banquete *nm* banquet, dinner (*más coloq*): *Dieron un ~ en su honor.* They held a banquet in his honour. LOC **banquete (de bodas)** wedding reception ➔ *Ver nota en* BODA

banquillo *nm* **1** (*Dep*) bench: *Me dejaron en el ~.* I was left on the bench. **2** (*Jur*) dock: *estar en el ~* to be in the dock

bañado, -a *adj* bathed: *~ en lágrimas/sudor/sangre* bathed in tears/sweat/blood LOC **bañado en oro/plata** gold-plated/silver-plated *Ver tb* BAÑAR

bañador *nm* **1** (*de hombre*) swimming trunks [*pl*]: *Ese ~ te queda pequeño.* Those swimming trunks are too small for you. ❶ *"Un bañador"* se dice **a pair of swimming trunks.** ➔ *Ver nota en* PAIR **2** (*de mujer*) swimming costume

bañar *vt* **1** to bath, to bathe (*USA*): *Todas las noches baño al niño.* I bath the baby every night. **2** (*en metal*) to plate *sth* (*with sth*) **3** (*Cocina*) to coat *sth* (*in/with sth*)
  ▸ **bañarse** *vp* **1** (*en la bañera*) to have a bath **2** (*nadar*) to go for a swim

bañera *nf* bath, bathtub (*USA*)

baño *nm* **1** (*en la bañera*) bath, bathtub (*USA*): *Me di un ~ de espuma.* I had a bubble bath. **2** (*mar, piscina*) swim: *¿Nos damos un ~?* Shall we go for a swim? **3** (*cuarto de baño*) bathroom **4** (*WC*) toilet, bathroom (*USA*) ➔ *Ver nota en* TOILET **5 baños** baths: *los ~s romanos* the Roman baths LOC **baño María** bain-marie: *cocer algo al*

~ *María* to cook sth in a bain-marie ❶ Se pronuncia /ˌbæn məˈriː/. *Ver tb* CUARTO, GEL, GORRO, SAL, TRAJE

bar *nm* bar LOC **ir de bares** to go on a pub crawl

baraja *nf* pack of cards, deck of cards (USA)

🔑 Los palos de la baraja española (*oros, copas, espadas* y *bastos*) no tienen traducción porque en Gran Bretaña se utiliza la baraja francesa. La baraja francesa consta de 52 cartas divididas en cuatro *palos* o **suits**: **hearts** (*corazones*), **diamonds** (*diamantes*), **clubs** (*tréboles*) y **spades** (*picas*). Cada palo tiene un **ace** (*as*), **king** (*rey*), **queen** (*reina*), **jack** (*jota*), y nueve cartas numeradas del 2 al 10. Hay también **jokers** (*comodines*). Antes de empezar a jugar, se *baraja* (**shuffle**), se *corta* (**cut**) y se *reparten* (**deal**) las cartas.

barajar *vt* to shuffle

barandilla (*tb* **baranda**) *nf* **1** (*de una escalera*) banister(s) [*gen pl*]: *bajar por la* ~ to slide down the banisters **2** (*de un balcón*) railing(s) [*gen pl*]

barato, -a *adj* cheap: *Aquel es más* ~. That one's cheaper.
▸ *adv* comprar *algo* ~ to buy sth cheaply ◇ *Esa tienda vende* ~. That shop has low prices.

barba *nf* beard: *dejarse* ~ to grow a beard ◇ *un hombre con* ~ a bearded man LOC **por barba** each: *Tocamos a tres por* ~. There are three each.

barbacoa *nf* barbecue: *hacer una* ~ to have a barbecue

barbaridad *nf* **1** (*crueldad*) barbarity **2** (*disparate*) nonsense [*incontable*]: *¡No digas* ~*es!* Don't talk nonsense! LOC **¡qué barbaridad!** good heavens!

bárbaro, -a *adj* **1** (*Hist*) barbarian **2** (*estupendo*) terrific: *¡Es un tío* ~*!* He's a terrific bloke!
▸ *nm-nf* barbarian
▸ *adv* pasarlo ~ to have a terrific time LOC **¡qué bárbaro!** good Lord!

barbilla *nf* chin

barbudo, -a *adj* bearded

barca *nf* (small) boat: *dar un paseo en* ~ to go out in a boat ➔ *Ver nota en* BOAT LOC **barca de remos** rowing boat, rowboat (USA)

barco *nm* **1** (*buque*) ship **2** (*más pequeño*) boat ➔ *Ver nota en* BOAT **barco de vapor** steamship ◆ **barco de vela** sailing boat, sailboat (USA) ◆ **ir en barco** to go by boat/ship

barítono *nm* baritone

barniz *nm* **1** (*madera*) varnish **2** (*cerámica*) glaze

barnizar *vt* **1** (*madera*) to varnish **2** (*cerámica*) to glaze

barómetro *nm* barometer

barón, -esa *nm-nf* **1** (*masc*) baron **2** (*fem*) baroness

barquillo *nm* wafer

barra *nf* bar: *Tomaban café sentados en la* ~. They were sitting at the bar having a coffee. ◇ *una* ~ *de hierro* an iron bar LOC **barra de herramientas/navegación** (*Informát*) toolbar/navigation bar ◆ **barra de labios** lipstick ◆ **barra (de pan)** baguette ◆ **barra espaciadora** (*Informát*) space bar ➔ *Ver dibujo en* ORDENADOR ◆ **barra inclinada/oblicua** (forward) slash ◆ **barra invertida** backslash ➔ *Ver pág 395; Ver tb* CÓDIGO

barraca *nf* (*feria*) stall

barranco *nm* ravine

barranquismo *nm* canyoning: *hacer* ~ to go canyoning

barrendero, -a *nm-nf* road sweeper

barrer *vt* **1** (*limpiar, arrasar*) to sweep: *Una ola de terror barrió el país*. A wave of terror swept the country. **2** (*derrotar*) to thrash, to whip (USA): *Os vamos a* ~. We're going to thrash you.
▸ *vi* to sweep up: *Si tú barres, yo friego*. If you sweep up, I'll do the dishes.

barrera *nf* **1** barrier: *La* ~ *estaba subida*. The barrier was up. ◇ *la* ~ *de la comunicación* the language barrier **2** (*Fútbol*) wall LOC **barrera de pago** (*Informát*) paywall

barriada *nf* area

barricada *nf* barricade: *construir una* ~ to build a barricade

barriga *nf* **1** (*estómago*) tummy [*pl* tummies]: *Me duele un poco la* ~. I've got tummy ache. **2** (*panza*) paunch: *Estás echando* ~. You're getting a paunch.

barril *nm* barrel LOC *Ver* CERVEZA

barrio *nm* **1** area, neighbourhood (USA): *Yo crecí en este* ~. I grew up in this area. ◇ *un* ~ *residencial/obrero* a residential/working-class area **2** (*en las afueras*) suburb **3** (*zona típica*) quarter: *el* ~ *gótico* the Gothic quarter LOC **barrio de chabolas** shanty town ◆ **barrios bajos** slums ◆ **de/del barrio** local: *un cine de* ~ a local cinema ◇ *el carnicero del* ~ the local butcher

barrita *nf* LOC **barrita dietética/energética** diet/energy bar

barro *nm* **1** (*lodo*) mud: *¡No os metáis en el* ~*!* Stay out of the mud! **2** (*arcilla*) clay LOC **de barro** earthenware: *cacharros de* ~ earthenware pots

barroco, -a *adj, nm* baroque

barrote *nm* iron bar

barullo *nm* **1** (*ruido*) racket: *armar mucho* ~ to make a terrible racket **2** (*confusión*) muddle: *Se* *organizó un ~ tremendo.* There was a terrible muddle.

basar *vt* to base *sth* on *sth*: *Han basado la película en una novela.* They've based the film on a novel.
▸ **basarse** *vp* **basarse en 1** (*teoría, película, etc.*) to be based on *sth* **2** (*tener argumentos*) to have grounds for *sth/doing sth*: *¿En qué te basas para decir eso?* What grounds do you have for saying that?

báscula *nf* scales [*pl*]: ~ *de baño* bathroom scales

base *nf* **1** base: *un jarrón con poca* ~ a vase with a small base ◇ ~ *militar* military base **2** (*fundamento*) basis [*pl* bases]: *La confianza es la* ~ *de la amistad.* Trust is the basis of friendship.
▸ *nmf* (*Baloncesto*) point guard **LOC** **base aérea** airbase ◆ **base de datos** database ◆ **base espacial** space station *Ver tb* SALARIO

básicamente *adv* basically

básico, -a *adj* basic

bastante *adj* **1** (*número considerable, mucho*): *Hace* ~ *tiempo que no he ido a verla.* It's quite a long time since I last visited her. ◇ *Tengo ~s cosas que hacer.* I've got quite a lot of things to do. **2** (*suficiente*) enough: *No tenemos* ~ *dinero.* We haven't got enough money.
▸ *pron* **1** (*mucho*) quite a lot **2** (*suficiente*) enough: *No, gracias; ya hemos comido ~s.* No thank you; we've had enough.
▸ *adv* **1** + **adjetivo o adverbio** quite: *Es* ~ *inteligente.* He's quite intelligent. ◇ *Leen* ~ *bien para su edad.* They read quite well for their age. ➔ *Ver nota en* FAIRLY **2** (*lo suficiente*) enough: *Esta noche no he dormido* ~. I didn't sleep enough last night. **3** (*mucho*) quite a lot: *Aprendí* ~ *en tres meses.* I learnt quite a lot in three months.

bastar *vi* to be enough: *Bastará con 100 euros.* 100 euros will be enough. **LOC** **¡basta (ya)!** that's enough!

basto, -a *adj* **1** (*persona, tejido, lenguaje*) coarse **2** (*superficie*) rough

bastón *nm* walking stick **LOC** **bastón de esquí** ski pole

bastos *nm* (*Naipes*) ➔ *Ver nota en* BARAJA

basura *nf* rubbish [*incontable*], trash [*incontable*] (*USA*): *En esta calle hay mucha* ~. There's a lot of rubbish in this street. ◇ *Esa película es una* ~. That film is rubbish. ➔ *Ver dibujo en* BIN **LOC** **echar/tirar algo a la basura** to throw sth away *Ver tb* BOLSA, CAMIÓN, COMIDA, CONTRATO, CORREO, CUBO

basurero, -a *nm-nf* dustman [*pl* -men]
▸ *nm* (*vertedero*) tip

37 **beber(se)**

bata *nf* **1** (*de casa*) dressing gown, bathrobe (*USA*) **2** (*de colegio, de trabajo*) overall **3** (*de laboratorio*) lab coat **4** (*de hospital*) white coat

batalla *nf* battle **LOC** **de batalla** everyday: *Llevo las botas de* ~. I'm wearing my everyday boots. *Ver tb* CAMPO

batallón *nm* battalion

bate *nm* bat: ~ *de béisbol* baseball bat

batería *nf* **1** (*Electrón, Mil*) battery [*pl* batteries]: *Se ha quedado sin* ~. The battery is flat. **2** (*Mús*) drums [*pl*]: *Dave Grohl en la* ~ Dave Grohl on drums
▸ *nmf* (*músico*) drummer **LOC** **batería de cocina** set of saucepans ➔ *Ver dibujo en* POT

batido *nm* (*bebida*) milkshake: *un* ~ *de chocolate* a chocolate milkshake **LOC** **batido de frutas** smoothie

batidora *nf* mixer

batín *nm* dressing gown, bathrobe (*USA*)

batir *vt* **1** to beat: ~ *huevos* to beat eggs ◇ ~ *al contrincante* to beat your opponent **2** (*nata*) to whip **3** (*récord*) to break: ~ *el récord mundial* to break the world record **LOC** *Ver* TIERRA

batuta *nf* baton

baúl *nm* trunk

bautismo *nm* **1** (*sacramento*) baptism **2** (*acto de poner un nombre*) christening

bautizar *vt* **1** (*Relig*) to baptize **2** (*poner un nombre*) **(a)** (*a una persona*) to christen: *La bautizaremos con el nombre de Marta.* We're going to christen her Marta. **(b)** (*a una cosa o animal*) to name

bautizo *nm* christening: *Mañana celebramos el* ~ *de mi hermano.* It's my brother's christening tomorrow.

baya *nf* (*Bot*) berry [*pl* berries]

bayeta *nf* cloth: *Pásale la* ~ *a la mesa, por favor.* Can you give the table a wipe?

baza *nf* **1** (*Naipes*) trick: *Gané tres ~s.* I won three tricks. **2** (*recurso*) asset: *La experiencia es tu mejor* ~. Experience is your greatest asset. **LOC** **meter baza** to butt in

bebé *nmf* baby [*pl* babies]

bebedor, -ora *nm-nf* heavy drinker

beber(se) *vt, vi, vp* to drink: *Bébetelo todo.* Drink it up. ◇ *Se bebieron una botella entera de vino.* They drank a whole bottle of wine. **LOC** **beber a la salud de algn** to drink (to) sb's health ◆ **beber a morro (del grifo/de la botella)** to drink straight from the tap/bottle ◆ **beber a sorbos** to sip ◆ **beber como un cosaco** to drink like a fish ◆ **beber en vaso** to drink from a glass *Ver tb* COMER, TRAGO

bebida nf drink: ~ alcohólica/no alcohólica alcoholic/non-alcoholic drink LOC **bebida energética/isotónica** energy/isotonic drink

bebido, -a adj drunk Ver tb BEBER(SE)

beca nf **1** (del Estado) grant **2** (de entidad privada) scholarship

bechamel nf white sauce

bedel, -ela nm-nf caretaker, custodian (USA)

beicon nm bacon

beige (tb beis) adj, nm beige ➔ Ver ejemplos en AMARILLO

béisbol nm baseball: jugar al ~ to play baseball

belén nm (nacimiento) nativity scene: Vamos a poner el ~. Let's set up the nativity scene.

belga adj, nmf Belgian: los ~s the Belgians

Bélgica nf Belgium

bélico, -a adj **1** (actitud) warlike **2** (armas, juguetes) war: películas bélicas war films

belleza nf beauty [pl beauties] LOC **belleza integral** total beauty: un servicio de ~ integral a total beauty service Ver tb CONCURSO, SALÓN

bello, -a adj beautiful LOC **bellas artes** fine art (s) ◆ **la Bella Durmiente** Sleeping Beauty

bellota nf acorn

bemol adj, nm (Mús) flat: si ~ B flat

bendecir vt to bless LOC **bendecir la mesa** to say grace

bendición nf blessing LOC **dar/echar la bendición** to bless sb/sth

bendito, -a adj holy
▸nm-nf (bonachón) angel

beneficiar vt ~ (a) to benefit sb/sth
▸**beneficiarse** vp **beneficiarse (con/de)** to benefit (from sth): Se beneficiaron del descuento. They benefited from the reduction.

beneficio nm **1** (bien) benefit **2** (Econ, Fin) profit: dar/obtener ~s to produce/make a profit LOC **a beneficio de** in aid of sb/sth ◆ **en beneficio de** to the advantage of sb/sth: en ~ tuyo to your advantage

beneficioso, -a adj beneficial

benéfico, -a adj charity: obras benéficas charity work LOC **institución/organización benéfica** charity [pl charities] Ver tb MERCADILLO

bengala nf **1** flare **2** (de mano) sparkler

benigno, -a adj **1** (tumor) benign **2** (clima) mild

benjamín, -ina nm-nf youngest child [pl children]
▸**benjamines** nm (Dep) under 9s

berberecho nm cockle

berenjena nf aubergine, eggplant (USA)

bermudas nm o nf Bermuda shorts

berrinche nm tantrum: estar con/tener un ~ to throw/have a tantrum

berro nm watercress [incontable]

berza nf cabbage

besamel nf white sauce

besar vt to kiss: Me besó en la boca. She kissed me on the lips.

beso nm kiss: Dale un ~ a tu prima. Give your cousin a kiss. ◇ Nos dimos un ~. We kissed. LOC **besos/un beso** (en carta, etc.) lots of love ◆ **tirar un beso** to blow (sb) a kiss Ver tb COMER

bestia nf (animal) beast: una ~ de carga a beast of burden
▸adj, nmf (persona) animal: ¡Qué ~ eres! You animal! LOC **a lo bestia** like crazy: Conducen a lo ~. They drive like madmen.

bestial adj **1** (enorme) huge: Tengo un hambre ~. I'm starving. **2** (genial) great

bestialidad nf **1** (brutalidad): Hicieron muchas ~es. They committed many cruel acts. **2** (grosería): decir ~es to be rude **3 una bestialidad** (cantidad, número) loads (of sth): una ~ de gente loads of people

besugo nm bream [pl bream]

betún nm (calzado) shoe polish: Dales ~ a los zapatos. Give your shoes a polish.

biberón nm bottle

Biblia nf Bible

bíblico, -a adj biblical

bibliografía nf bibliography [pl bibliographies]

biblioteca nf **1** (edificio, conjunto de libros) library [pl libraries] **2** (mueble) bookcase LOC Ver RATÓN

bibliotecario, -a nm-nf librarian

bicarbonato nm bicarbonate of soda

bíceps nm biceps [pl biceps]

bicho nm **1** (insecto) bug **2** (cualquier animal) animal LOC **¿qué bicho te ha picado?** what's up with you, him, her, etc? ◆ **ser un bicho** to be very naughty: ¡Este niño es un ~! He's such a naughty child! ◆ **ser un bicho raro** to be a bit of an oddball ◆ **ser un mal bicho** to be a nasty piece of work

bici nf bike

bicicleta nf bicycle, bike (coloq): dar un paseo en ~ to go for a bike ride ◇ ¿Sabes montar en ~? Can you ride a bike? LOC **bicicleta de carreras** racing bike ◆ **bicicleta de montaña/todoterreno** (abrev BTT) mountain bike ◆ **bicicleta estática** exercise bike ◆ **ir en bicicleta** (a un sitio) to cycle: ir en ~ al trabajo to cycle to work

bidé nm bidet ❶ Se pronuncia /'biːdeɪ/.

bidón nm drum

bien¹ *adv* **1** well: *portarse ~* to behave well ◇ *Hoy no me encuentro ~.* I don't feel well today. ◇ *– ¿Cómo está tu padre? – Muy ~, gracias.* 'How's your father?' 'Very well, thanks.' ◇ *una mujer ~ vestida* a well-dressed woman ⊃ *Ver nota en* WELL BEHAVED **2** *(de acuerdo, adecuado)* OK: *– ¿Me lo dejas? – Está ~, pero ten cuidado.* 'Can I borrow it?' 'OK, but be careful.' ◇ *Les parecía ~.* They thought it was OK. **3** *(calidad, aspecto, olor, sabor)* good: *Ese colegio está ~.* That's a good school. ◇ *¡Qué ~ huele!* It smells wonderful! **4** *(correctamente)*: *Contesté ~ la pregunta.* I got the right answer. ◇ *Hablas ~ español.* You speak good Spanish.
▸ *conj* **bien… bien…** either… or…: *Iré ~ en tren, ~ en autocar.* I'll go either by train or by bus.
LOC **andar/estar bien de** to have plenty of *sth* ◆ **¡(muy) bien!** (very) good! ❶ Para otras expresiones con **bien**, véanse las entradas del adjetivo, verbo, etc., p. ej. **llevarse bien** en LLEVAR.

bien² *nm* **1** *(bondad)* good: *el ~ y el mal* good and evil **2** *(Educ)* good: *sacar un ~ en historia* to get 'good' for history ⊃ *Ver nota en pág 401* **3** **bienes** possessions
▸ *adj* well-to-do: *Son de familia ~.* They're from a well-to-do family. **LOC** **bienes de consumo** consumer goods ◆ **por el bien de** for the good of *sb/sth* ◆ **por tu bien** for your, his, her, etc. own good *Ver tb* IMPUESTO, MAL

bienestar *nm* well-being

bienvenida *nf* welcome: *dar la ~ a algn* to welcome sb

bienvenido, -a *adj* welcome

bigote *nm* **1** *(persona)* moustache: *un hombre con ~* a man with a moustache ◇ *Papá Noel llevaba unos grandes ~s.* Father Christmas had a large moustache. **2** *(gato)* whiskers *[pl]*

bikini *nm* bikini *[pl bikinis]*

bilingüe *adj* bilingual

billar *nm* **1** *(juego)* pool, billiards *[incontable]*: *echarse un ~* to play a game of pool/billiards

🔎 El billar americano, de 16 bolas, se llama **pool**. El billar de 22 bolas, muy popular en Gran Bretaña, es el **snooker**. **Billiards** se refiere a la modalidad que se juega con solo tres bolas.

2 *(mesa)* pool/billiard table **3** **billares** *(local)* pool/billiard hall

billete *nm* **1** *(transporte, lotería)* ticket: *un ~ de avión* a plane ticket ◇ *sacar un ~* to buy a ticket **2** *(dinero)* note, bill *(USA)*: *un ~ de diez euros* a ten-euro note **LOC** **billete de ida** single (ticket), one-way ticket *(USA)* ◆ **billete de ida y vuelta** return (ticket), round-trip ticket *(USA)*

billetero *nm* *(tb billetera nf)* wallet

billón *nm* trillion

binario, -a *adj* binary

bingo *nm* **1** *(juego)* bingo: *jugar al ~* to play bingo **2** *(sala)* bingo hall

biodegradable *adj* biodegradable

biodiversidad *nf* biodiversity

biodiverso, -a *adj* biodiverse

biografía *nf* biography *[pl biographies]*

biología *nf* biology

biológico, -a *adj* **1** *(Ciencias)* biological **2** *(productos, agricultura)* organic **LOC** *Ver* MADRE, PADRE

biólogo, -a *nm-nf* biologist

biomasa *nf* biomass

biopiratería *nf* biopiracy

biotecnología *nf* biotechnology

bioterrorismo *nm* bioterrorism

bipolar *adj* bipolar

biquini = BIKINI

birlar *vt* to nick, to steal *(USA)*: *Me han birlado la radio.* Someone's nicked my radio.

birria *nf* rubbish *[incontable]*, trash *[incontable]* *(USA)*: *La película es una ~.* The film is rubbish. **LOC** **estar/ir hecho una birria** to be/look a real mess

bisabuelo, -a *nm-nf* **1** *(masc)* great-grandfather **2** *(fem)* great-grandmother **3** **bisabuelos** great-grandparents

bisagra *nf* hinge

bisexual *adj, nmf* bisexual

bisiesto *adj* **LOC** *Ver* AÑO

bisnieto, -a *nm-nf* **1** *(masc)* great-grandson **2** *(fem)* great-granddaughter **3** **bisnietos** great-grandchildren

bisonte *nm* bison *[pl bison]*

bisté *(tb bistec)* *nm* steak

bisturí *nm* scalpel

bisutería *nf* costume jewellery

bit *nm* bit

bizco, -a *adj* cross-eyed

bizcocho *nm* sponge cake

biznieto, -a = BISNIETO

blanca *nf* **LOC** **estar sin blanca** to be broke

Blancanieves *n pr* Snow White

blanco, -a *adj* white: *pescado/vino ~* white fish/wine ⊃ *Ver ejemplos en* AMARILLO
▸ *nm-nf* *(persona)* white man/woman *[pl* men/ women*]*: *los ~s* white people
▸ *nm* **1** *(color)* white **2** *(diana)* target: *dar en el ~* to hit the target ◇ *ser el ~ de una campaña periodística* to be the target of a newspaper campaign **LOC** **en blanco** blank: *una página en ~* a blank page ◇ *quedarse en ~* to go blank ◆ **en**

blanco y negro black and white: *ilustraciones en ~ y negro* black and white illustrations ♦ **más blanco que la nieve** as white as snow *Ver tb* ARMA, BANDERA, CHEQUE, JUDÍA, MARCA, PIZARRA, PUNTA, SEMANA, TIRO, VOTAR, VOTO

blando, -a *adj* **1** soft: *queso ~* soft cheese ◊ *un profesor ~* a soft teacher **2** (*carne*) tender

blanquear *vt* **1** (*con lejía*) to bleach **2** (*encalar*) to whitewash **3** (*dinero*) to launder

blasfemia *nf* blasphemy [*incontable*]

blindado, -a *adj* **1** (*vehículo*) armoured: *un coche ~* an armoured car **2** (*puerta*) reinforced

bloc *nm* writing pad

blog *nm* (*Internet*) blog

blogosfera *nf* (*Internet*) blogosphere

bloguero, -a *nm-nf* blogger

bloque *nm* **1** block: *un ~ de mármol* a marble block ◊ *un ~ de viviendas* a block of flats **2** (*Pol*) bloc

bloqueador *nm* **LOC** **bloqueador de publicidad** ad blocker ♦ **bloqueador solar** sunblock

bloquear *vt* **1** to block: *~ el paso/una carretera* to block access/a road ◊ *~ a un jugador* to block a player ◊ *Tuve que ~ su número.* I had to block his number. **2** (*pantalla*) to lock **3** (*Mil*) to blockade
▸ **bloquearse** *vp* (*persona*) to freeze: *Se bloquea cuando tiene que hablar en público.* He freezes when he has to speak in public.

bloqueo *nm* **1** (*Mil, Econ*) blockade **2** (*móvil*) blocking: *el ~ de llamadas* call blocking **3** (*Dep*) block

blusa *nf* blouse

boa *nf* boa constrictor

bobada *nf* nonsense [*incontable*]: *decir ~s* to talk nonsense ◊ *Deja de hacer ~s.* Stop being silly.

bobina *nf* **1** (*hilo*) reel, spool (*USA*) **2** (*Electrón, alambre*) coil

bobo, -a *adj* **1** (*tonto*) silly, daft (*coloq*) **2** (*ingenuo*) naive
▸ *nm-nf* **1** (*tonto*) mug **2** (*ingenuo*) sucker

boca *nf* **1** (*Anat*) mouth: *No hables con la ~ llena.* Don't talk with your mouth full. **2** (*entrada*) entrance: *la ~ del metro* the entrance to the underground **LOC** **boca abajo/arriba** (*tumbado*) face down/up ♦ **boca de incendio/riego** hydrant ♦ **el boca a boca** mouth-to-mouth resuscitation: *Le hicieron el ~ a ~.* They gave him mouth-to-mouth resuscitation. ♦ **quedarse con la boca abierta** (*por sorpresa*) to be dumbfounded ♦ **ser un bocas** to be a sneak *Ver tb* ABRIR, CALLAR, PALABRA

bocacalle *nf* side street: *Está en una ~ de la avenida Mistral.* It's in a side street off Mistral Avenue.

bocadillo *nm* **1** (*emparedado*) baguette: *un ~ de queso* a cheese baguette **2** (*en un cómic*) speech bubble

bocado *nm* mouthful: *Se lo comió de un ~.* He ate it all in one mouthful.

bocata *nm* roll: *un ~ de jamón* a ham roll

bocazas *nmf* big mouth: *¡Qué ~ eres!* You and your big mouth!

boceto *nm* **1** (*Arte*) sketch **2** (*idea general*) outline

bochorno *nm* **1** (*calor*): *Hace ~.* It's muggy. ◊ *un día de ~* a hot and sticky day **2** (*corte*): *¡Qué ~!* How embarrassing!

bocina *nf* horn: *tocar la ~* to sound your horn

boda *nf* wedding: *aniversario de ~(s)* wedding anniversary ◊ *Mañana vamos de ~.* We're going to a wedding tomorrow.

🔎 En Gran Bretaña las bodas normalmente se celebran en una iglesia (a **church wedding**), en un juzgado (a **registry office wedding**), o en un hotel. La novia (**bride**) suele tener *damas de honor* (**bridesmaids**). El *novio* (**groom**) no tiene *madrina*, sino que va acompañado del **best man** (normalmente su mejor amigo). Tampoco se habla del *padrino*, aunque la novia normalmente entra a la iglesia, etc. con su padre. Después de la ceremonia se da un *banquete* (a **reception**).

LOC **bodas de oro/plata** golden/silver wedding [*v sing*] *Ver tb* BANQUETE

bodega *nf* **1** (*para almacenar vino*) wine cellar **2** (*empresa*) winery [*pl* wineries] **3** (*barco, avión*) hold: *en la ~ del barco* in the ship's hold

bodegón *nm* (*Arte*) still life [*pl* still lifes]

body *nm* (*ropa interior*) body [*pl* bodies]

bodyboard *nm* bodyboarding **LOC** *Ver* TABLA

bofetada *nf* (*tb* **bofetón** *nm*) slap (in the face): *Me dio una ~.* She slapped me (in the face).

bogavante *nm* lobster

boicot *nm* boycott

boicotear *vt* to boycott

boina *nf* beret

bol *nm* bowl

bola *nf* **1** ball: *una ~ de cristal* a crystal ball **2** (*mentira*) lie: *Menuda ~ me metió.* He told me a great big lie. **LOC** **bola del mundo** globe ♦ **bola de nieve** snowball ♦ **bolas de alcanfor** mothballs ♦ **en bolas** stark naked, buck naked (*USA*) ♦ **estar hasta la bola** (*muy lleno*) to be packed ♦ **estar/ir a mi bola** to do my, your, etc. own thing

bolera *nf* bowling alley [*pl* bowling alleys]

boletín *nm* bulletin: *~ informativo* news bulletin

boleto *nm* **1** (*lotería, rifa*) ticket **2** (*quiniela*) coupon

bolígrafo (tb **boli**) nm (ballpoint) pen

bollo nm **1** (dulce) bun **2** (de pan) roll **3** (abolladura) dent: *Le he hecho un ~ al coche.* I dented the car. **4** (chichón) bump: *Me salió un ~.* I got a bump on my head.

bolo nm bowling: *jugar a los ~s* to go bowling **LOC** **hacer un bolo 1** (personaje famoso) to make a publicity appearance **2** (grupo musical, etc.) to give a performance

bolsa nf **1** bag: *una ~ de plástico* a plastic bag ◇ *una ~ de caramelos* a bag of sweets ⊃ *Ver dibujo en* BAG **2** (patatas fritas) packet ⊃ *Ver dibujo en* CONTAINER **3** (concentración) pocket: *una ~ de aire* an air pocket **4** (Fin) stock exchange: *la ~ londinense* the London Stock Exchange **LOC** **bolsa de agua caliente** hot-water bottle ◆ **bolsa de aseo** toilet bag, toiletry bag (USA) ◆ **bolsa de basura** bin liner, bin bag (coloq) ◆ **bolsa de deporte(s)/viaje** sports/travel bag ◆ **bolsa de trabajo** job vacancies ◆ **¡la bolsa o la vida!** your money or your life!

bolsillo nm pocket: *Está en el ~ de mi abrigo.* It's in my coat pocket. **LOC** **de bolsillo** pocket(-sized): *guía de ~* pocket guide *Ver tb* LIBRO

bolso nm **LOC** **bolso (de mano)** handbag, purse (USA) ⊃ *Ver dibujo en* BAG

bomba nf **1** (Mil) bomb: *una ~ atómica* an atom bomb ◇ *colocar una ~* to plant a bomb **2** (noticia) bombshell **3** (Mec) pump **LOC** **bomba de aire** air pump ◆ **bomba fétida** stink bomb ◆ **carta/coche/paquete bomba** letter/car/parcel bomb ◆ **hombre/mujer bomba** suicide bomber ◆ **pasarlo bomba** to have a great time *Ver tb* AMENAZA

bombardear vt **1** (bombas) to bomb **2** (preguntas) to bombard: *Me bombardearon a preguntas.* They bombarded me with questions.

bombardeo nm **1** bombing: *~s masivos sobre la ciudad* massive bombing of the city **2** (con artillería) bombardment

bombazo nm **1** (explosión) bomb blast **2** (noticia) bombshell

bombero, -a nm-nf firefighter

🔎 Aunque existen las palabras **fireman** y **firewoman**, se utiliza más **firefighter**, que se aplica tanto a un hombre como a una mujer.

LOC **los bomberos** the fire brigade [v sing] *Ver tb* COCHE, CUERPO, IDEA, PARQUE

bombilla nf light bulb

bombo nm **1** (Mús) bass drum **2** (lotería) lottery drum **LOC** **a bombo y platillo** with a great song and dance: *Lo anunciaron a ~ y platillo.* They made a great song and dance about it. ◆ **dar bombo** to make a fuss (about sb/sth)

bombón nm chocolate: *una caja de bombones* a box of chocolates

bombona nf cylinder: *~ de butano/oxígeno* gas/oxygen cylinder

bonachón, -ona adj good-natured

bondad nf goodness **LOC** **tener la bondad de** to be so kind as *to do sth*: *¿Tiene la ~ de ayudarme?* Would you be so kind as to help me?

bondadoso, -a adj ~ **(con)** kind (to *sb/sth*)

bonito nm (pez) tuna [pl tuna]

bonito, -a adj **1** (agradable) nice: *una voz bonita* a nice voice ◇ *Es ~ ver a una familia tan unida.* It's nice to see such a close family. **2** (aspecto físico) pretty: *un pueblo muy ~* a very pretty village ◇ *una niña muy bonita* a pretty little girl

bono nm **1** (transporte, piscina, teatro) season ticket **2** (vale) voucher

bonobús (tb **bono-bus**) nm multi-journey bus ticket

boom nm boom (in sth): *el ~ de los teléfonos móviles* the boom in mobile phones

boquerón nm anchovy [pl anchovies]

boquiabierto, -a adj (sorprendido) speechless

boquilla nf (Mús) mouthpiece **LOC** **decir algo de boquilla** to say sth without meaning it

borda nf side of the ship: *asomarse por la ~* to lean over the side of the ship **LOC** **echar/tirar por la borda** to throw *sth* away: *Echó por la ~ una ocasión de oro.* He threw away a golden opportunity.

bordado, -a adj **1** (Costura) embroidered: *~ a mano* hand-embroidered **2** (perfecto): *El examen me ha salido ~.* The exam went really well.
  ▸ nm embroidery [incontable]: *un vestido con ~s en las mangas* a dress with embroidery on the sleeves *Ver tb* BORDAR

bordar vt **1** (Costura) to embroider **2** (hacer perfectamente) to do *sth* brilliantly

borde¹ nm **1** edge: *al ~ de la mesa* on the edge of the table **2** (objeto circular) rim: *el ~ del vaso* the rim of the glass **LOC** **al borde de** on the verge of *sth*: *al ~ de las lágrimas* on the verge of tears

borde² adj (antipático) stroppy: *ponerse ~ con algn* to get stroppy with sb
  ▸ nmf nasty: *¡Eres un ~!* You're so nasty!

bordillo nm kerb

bordo nm **LOC** **a bordo (de)** on board: *subir a ~ del avión* to get on board the plane

borrachera nf *agarrar/coger una ~ (de whisky, etc.)* to get drunk (on whisky, etc.) **LOC** *Ver* TURISMO

borracho, -a adj drunk
  ▸ nm-nf drunk **LOC** *Ver* CUBA

B

borrador nm **1** (texto provisional) draft **2** (pizarra) board duster

borrar vt **1** (con goma) to rub sth out: ~ una palabra to rub out a word **2** (pizarra) to clean **3** (Informát) to delete
▶ **borrarse** vp **borrarse (de)** (darse de baja) to withdraw (from sth)

borrasca nf storm

borrascoso, -a adj stormy

borrico, -a nm-nf ass: ¡No seas ~! Don't be such an ass!

borrón nm ~ **(en)** smudge (on sth): hacer borrones to make smudges

borroso, -a adj **1** (impreciso) blurred: Sin gafas lo veo todo ~. Everything is blurred without my glasses. **2** (escritura) illegible

bosnio, -a adj, nm-nf Bosnian

bosque nm wood, forest ➔ Ver nota en FOREST

bostezar vi to yawn

bostezo nm yawn

bota nf **1** boot: ~s de fútbol football boots **2** (vino) wineskin **LOC** **ponerse las botas** (comer mucho) to stuff yourself Ver tb GATO

botánica nf botany

botar vt **1** (pelota) to bounce **2** (buque) to launch **3** (expulsar) to throw sb out (of sth)
▶ vi to bounce: Esta pelota bota mucho. This ball is very bouncy. **LOC** **estar que bota** to be hopping mad

bote nm **1** (de pelota) bounce **2** (conserva) tin **3** (cerveza) can ➔ Ver dibujo en CONTAINER **4** (para propinas) tips box **5** (dinero en común) kitty [pl kitties] **6** (quinielas, lotería) jackpot **7** (barco) boat **LOC** **bote salvavidas** lifeboat ◆ **dar/pegar botes** to bounce ◆ **estar de bote en bote** to be packed Ver tb CHUPAR

botella nf bottle **LOC** **de/en botella** bottled: Compramos la leche en ~. We buy bottled milk. Ver tb VERDE

botellón nm informal (young people's) street party [pl parties]

botín nm **1** (bota) ankle boot **2** (dinero) loot

botiquín nm **1** (maletín) first-aid kit **2** (armario) medicine chest **3** (habitación) first-aid post

botón nm **1** (ropa) button: Se te ha desabrochado un ~. One of your buttons has come undone. **2** (control) knob: El ~ rojo es el del volumen. The red knob is the volume control. ➔ Ver dibujo en HANDLE

botones nm (en un hotel) bellboy

botox nm Botox

bóveda nf vault

boxeador, -ora nm-nf boxer

boxear vi to box

boxeo nm boxing

boya nf **1** (señal) buoy **2** (de pescar) float

bozal nm muzzle

brackets nm brace

braga nf **bragas** knickers, panties (USA) **❶** "Unas bragas" se dice **a pair of knickers**: Tienes unas bragas limpias en el cajón. You've got a clean pair of knickers in the drawer. ➔ Ver nota en PAIR

bragueta nf flies [pl]: Llevas la ~ bajada. Your flies are undone.

brasa nf ember **LOC** **a la brasa** grilled: chuletas a la ~ grilled chops ◆ **dar la brasa a algn (con algo)** to go on at sb (about sth)

brasero nm (eléctrico) electric heater

Brasil nm Brazil

brasileño, -a adj, nm-nf Brazilian

bravo, -a adj (animal) fierce
▶ **¡bravo!** interj bravo!

braza nf (Natación) breaststroke: nadar a ~ to do the breaststroke

brazada nf (Natación) stroke

brazalete nm armband

brazo nm **1** arm: Me he roto el ~. I've broken my arm. **2** (lámpara) bracket **3** (río) branch **LOC** **brazo de gitano** Swiss roll ◆ **de brazos cruzados** ¡No te quedes ahí de ~s cruzados! Don't just stand there! ◇ Se han pasado el día de ~s cruzados. They haven't done anything all day. ◆ **ir del brazo** to walk arm in arm ➔ Ver dibujo en ARM ◆ **ponerse con los brazos en cruz** to stretch your arms out to the side Ver tb COGIDO, CRUZAR, SELFI

brea nf tar

brecha nf (herida) gash: Me caí y me hice una ~ en la frente. I fell and gashed my forehead.

brécol nm broccoli [incontable]

breva nf fig **LOC** Ver HIGO

breve adj short: una estancia ~ a short stay **LOC** **en breve** shortly ◆ **en breves palabras** in a few words ◆ **ser breve** (hablando) to be brief

bricolaje nm DIY

brigada nf **1** (Mil) brigade **2** (policía) squad: la ~ antidisturbios/antidroga the riot/drug squad
▶ nmf sergeant major

brillante adj **1** (luz, color) bright **2** (superficie) shiny **3** (excelente) brilliant: Es un alumno ~. He is a brilliant pupil.
▶ nm diamond

brillar vi to shine: Sus ojos brillaban de alegría. Their eyes shone with joy. ◇ ¡Cómo brilla! Look how shiny it is!

brillo *nm* gleam LOC **sacar brillo (a)** to polish *sth*

brincar *vi* to jump ➔ *Ver dibujo en* SALTAR

brinco *nm* jump LOC **dar/pegar un brinco/brincos** to jump: *dar ~s de alegría* to jump for joy

brindar *vi* ~ **(a/por)** to drink a toast (to *sb/sth*): *Brindemos por su felicidad.* Let's drink a toast to their happiness.
▸ *vt* **1** (*dedicar*) to dedicate *sth* (to *sb*) **2** (*proporcionar*) to provide: *~ ayuda* to provide help
▸ **brindarse** *vp* brindarse a to offer *to do sth*

brindis *nm* toast LOC **hacer un brindis** to drink a toast (*to sb/sth*)

brisa *nf* breeze

británico, -a *adj* British
▸ *nm-nf* British man/woman [*pl* men/women]: *los ~s* the British ➔ *Ver nota en* BRITISH LOC *Ver* ISLA

brocha *nf* brush ➔ *Ver dibujo en* BRUSH LOC **brocha de afeitar** shaving brush

broche *nm* **1** (*Costura*) fastener **2** (*joya*) brooch, pin (*USA*)

brócoli *nm* broccoli [*incontable*]

broma *nf* joke LOC **broma pesada** practical joke
◆ **de/en broma** jokingly: *Lo digo en ~.* I'm only joking. ◆ **fuera (de) bromas** joking apart ◆ **¡ni en broma(s)!** no way! *Ver tb* GASTAR

bromear *vi* to joke

bromista *adj*, *nmf* joker: *Es muy ~.* He's a real joker.

bronca *nf* **1** (*pelea*) row: *Se armó la gran ~.* There was a lot of trouble. **2** (*reprimenda*) telling-off [*pl* tellings-off] LOC **echar una bronca** to tell *sb* off *Ver tb* ARMAR, MONTAR

bronce *nm* bronze

bronceado *nm* (sun)tan

bronceador *nm* suntan lotion

broncearse *vp* to get a suntan

bronquitis *nf* bronchitis [*incontable*]

brotar *vi* **1** (*plantas*) to sprout **2** (*flores*) to bud **3** (*líquido*) to gush (out) (*from sth*)

brote *nm* **1** (*planta*) shoot **2** (*epidemia, violencia*) outbreak: *un ~ de cólera* an outbreak of cholera LOC **brotes de soja** bean sprouts

bruces LOC **caerse de bruces** to fall flat on your face

bruja *nf* witch

brujería *nf* witchcraft

brujo *nm* **1** (*hechicero*) wizard **2** (*en tribus primitivas*) witch doctor

brújula *nf* compass

bruma *nf* mist

brusco, -a *adj* **1** (*repentino*) sudden **2** (*persona*) abrupt

brutal *adj* (*violento*) brutal

bruto, -a *adj* **1** (*necio*) thick, dumb (*USA*): *¡No seas ~!* Don't be so thick! **2** (*violento*): *¡Qué hombre más ~!* What an animal he is! ◇ *Es un niño muy ~.* He's a real terror. **3** (*insensible*) rude: *¡Qué ~ eres! ¿Cómo pudiste decirle eso?* You're so insensitive! How could you say that to her? **4** (*peso, ingresos*) gross
▸ *nm-nf* **1** (*necio*) idiot **2** (*violento*) animal: *Pedro es un ~, no deja de meterse en peleas.* Pedro's such an animal — he's always getting into fights. **3** (*insensible*): *Eres un ~.* You're so insensitive.

BTT *nf* LOC *Ver* BICICLETA

buceador, -ora *nm-nf* diver

bucear *vi* to dive

buceo *nm* diving: *practicar el ~* to go diving

budismo *nm* Buddhism

budista *adj*, *nmf* Buddhist ➔ *Ver nota en* CATÓLICO

buen *adj Ver* BUENO

bueno, -a *adj* **1** good: *Es una buena noticia.* That's good news. ◇ *Es ~ hacer ejercicio.* It is good to do some exercise. **2** (*amable*) kind: *Fueron muy ~s conmigo.* They were very kind to me. **3** (*sano*) well: *estar ~ (de salud)* to be well **4** (*comida*) tasty **5** (*correcto*) right: *No andas por buen camino.* You're on the wrong road. **6** (*menudo*): *¡Buena la has hecho!* You've really messed it up this time! ◇ *¡Buena se va a poner tu madre!* Your mother'll get in a right old state! **7** (*guapo*) gorgeous, fit (*coloq*): *Está buenísimo.* He's really fit.
▸ *nm-nf* goody [*pl* goodies]: *Lucharon los ~s contra los malos.* There was a fight between the goodies and the baddies. ◇ *Ganó el ~.* The good guy won.
▸ *adv* – *¿Quieres ir al cine? – Bueno.* 'Would you like to go to the cinema?' 'OK.' ◇ *Bueno, yo pienso que…* Well, I think that… LOC **el bueno de…** good old…: *el ~ de Enrique* good old Enrique ◆ **estar de buenas** to be in a good mood ◆ **hacer bueno** (*tiempo*) to be fine ◆ **¡(muy) buenas!** hello! ◆ **por las buenas** *Es mejor que lo hagas por las buenas.* It would be better if you did it willingly. ◇ *Te lo pido por las buenas.* I'm asking you nicely. ◆ **por las buenas o por las malas** whether you like it or not, whether he/she likes it or not, etc. ❶ Para otras expresiones con **bueno**, véanse las entradas del sustantivo, p. ej. *¡buen provecho!* en PROVECHO.

buey *nm* ox [*pl* oxen] LOC *Ver* OJO

búfalo *nm* buffalo [*pl* buffaloes]

bufanda *nf* scarf [*pl* scarves]

bufé (*tb* **bufet**) *nm* buffet

bufete *nm* (*abogado*) legal practice

buhardilla nf (ático) loft, attic (USA)

búho nm owl

buitre nm vulture

bujía nf (Mec) spark plug

Bulgaria nf Bulgaria

búlgaro, -a adj, nm-nf, nm Bulgarian

bulimia nf bulimia

bulímico, -a adj bulimic

bulla nf racket: armar/meter ~ to make a racket

bullicio nm **1** (ruido) racket **2** (actividad) bustle: el ~ de la capital the hustle and bustle of the capital

bullicioso, -a adj **1** (ruidoso) noisy **2** (con mucha actividad) bustling

bulto nm **1** (Med) lump: Me ha salido un ~ en la mano. I've got a lump on my hand. **2** (maleta) luggage [incontable]: solo un ~ de mano just one piece of hand luggage ◊ Llevas demasiados ~s. You've got too much luggage. **3** (objeto indeterminado) shape: Me pareció ver un ~ que se movía. I thought I saw a shape moving. **LOC** **a bulto** roughly: A ~, calculo 500 personas. I think there are roughly 500 people.

buñuelo nm fritter

buque nm ship **LOC** **buque de guerra** warship

burbuja nf bubble: un baño de ~s a bubble bath **LOC** **con/sin burbujas** (bebida) fizzy/still ◆ **hacer burbujas** to bubble ◆ **tener burbujas** (bebida) to be fizzy: Tiene muchas ~s. It's very fizzy.

burger nm burger bar

burgués, -esa adj, nm-nf middle-class: Estás hecho un ~. You're so middle-class.

burguesía nf middle class

burla nf **1** (mofa) mockery [incontable]: un tono de ~ a mocking tone **2** (broma) joke: Déjate de ~s. Stop joking. **LOC** **hacer burla** to make fun of sb/sth: No me hagas ~. Don't make fun of me.

burlar vt (eludir) to evade: ~ la justicia to evade justice

▸**burlarse** vp **burlarse (de)** to make fun of sb/sth

burlón, -ona adj (gesto, sonrisa) mocking

burocracia nf (excesivo papeleo) red tape

burrada nf **1** (tontería): Eso ha sido una verdadera ~. That was a really stupid thing to do. ◊ decir ~s to talk nonsense **2** (cantidad) loads (of sth): Había una ~ de comida. There was loads of food.

burro, -a adj **1** (estúpido) thick **2** (cabezota) pigheaded

▸ nm-nf **1** (animal) donkey [pl donkeys] **2** (persona) idiot: el ~ de mi cuñado my idiotic brother-in-law **LOC** **burro de carga** (persona) dogsbody [pl dogsbodies] Ver tb TRES

busca nf ~ (de) search (for sb/sth)

▸ nm pager: llamar a algn por el ~ to page sb **LOC** **en busca de** in search of sb/sth

buscador nm (Internet) search engine

buscador, -ora nm-nf **LOC** **buscador de oro** gold prospector ◆ **buscador de tesoros** treasure hunter

buscar vt **1** to look for sb/sth: Busco trabajo. I'm looking for work. **2** (en investigación, registro) to search for sb/sth: Usan perros para ~ droga. They use dogs to search for drugs. ◊ ~ información en internet to search for information on the Web **3** (en un libro, en una lista) to look sth up: ~ una palabra en el diccionario to look a word up in the dictionary **4** (recoger a algn) **(a)** (en coche) to pick sb up: Fuimos a ~le a la estación. We picked him up at the station. **(b)** (andando) to meet **5** (conseguir y traer) to get: Fui a ~ al médico. I went to get the doctor.

▸ vi ~ **(en/por)** to look (in/through sth): Busqué en el archivo. I looked in the file. **LOC** **buscarse la vida** to fend for yourself ◆ **buscar una aguja en un pajar** to look for a needle in a haystack ◆ **se busca** wanted: Se busca apartamento. Flat wanted. ◆ **te la estás buscando** you're asking for it

búsqueda nf ~ **(de)** search (for sb/sth): Abandonaron la ~ del cadáver. They abandoned the search for the body. ◊ la ~ de una solución pacífica the search for a peaceful solution **LOC** **a la búsqueda de** in search of sth Ver tb MOTOR

busto nm bust

butaca nf **1** (sillón) armchair **2** (Cine, Teat) seat **LOC** Ver PATIO

butano nm gas, butane (más formal): Me he quedado sin ~. I've run out of gas.

buzo nm diver

buzón nm **1** (en la calle) postbox, mailbox (USA) **2** (en una casa) letter box, mailslot (USA) ➔ Ver dibujo en LETTER BOX **LOC** **buzón (de correo) electrónico** mailbox ◆ **buzón de voz** voicemail ◆ **echar al buzón** to post, to mail (USA)

buzoneo nm mailing

byte nm (Informát) byte

Cc

cabal *adj* (*persona*) upright **LOC** (estar) en sus cabales (to be) in your right mind

cabalgar *vi* ~ (en/sobre) to ride (*sth*): *Iba cabalgando en una yegua.* He was riding a mare.

cabalgata *nf* procession: *la ~ de los Reyes Magos* the Twelfth Night procession

caballería *nf* (*Mil*) cavalry [*v sing o pl*]

caballeriza *nf* stable

caballero *nm* **1** gentleman [*pl* -men]: *Mi abuelo era todo un ~.* My grandfather was a real gentleman. **2** (*Hist*) knight **LOC** de caballero(s) (*ropa*): *ropa/trajes de ~* menswear/men's suits

caballete *nm* **1** (*Arte*) easel **2** (*soporte*) trestle

caballitos *nm* (*tiovivo*) roundabout

caballo *nm* **1** (*animal, Gimnasia*) horse **2** (*Ajedrez*) knight **3** (*Mec*) horsepower (*abrev* hp): *un motor de doce ~s* a twelve horsepower engine **LOC** a caballo entre… halfway between… ◆ caballo de carreras racehorse ◆ caballo de mar seahorse *Ver tb* CARRERA, COLA, MONTAR, POTENCIA

cabaña *nf* (*choza*) hut

cabecear *vi* **1** (*Fútbol*) to head (the ball): *Messi cabeceó a la red.* Messi headed (the ball) into the net. **2** (*afirmar, de sueño*) to nod

cabecera *nf* **1** (*extremo*) head: *sentarse en la ~ de la mesa* to sit at the head of the table **2** (*cama*) headboard **3** (*periódico*) headline **4** (*página, documento*) heading **LOC** *Ver* MÉDICO

cabecero *nm* (*cama*) headboard

cabecilla *nmf* ringleader

cabello *nm* hair: *ideal para un ~ sano* ideal for healthy hair

caber *vi* **1** ~ (en) to fit (in/into *sth*): *Mi ropa no cabe en la maleta.* My clothes don't fit in the suitcase. ◇ *¿Quepo?* Is there room for me? **2** ~ por to go through *sth*: *El piano no cabía por la puerta.* The piano wouldn't go through the door. **3** (*ropa*) to fit: *Ya no me cabe este pantalón.* These trousers don't fit me any more. **LOC** no cabe duda there is no doubt ◆ no caber en sí de alegría/contento/gozo to be beside yourself with joy *Ver tb* DENTRO

cabestrillo *nm* sling: *con el brazo en ~* with your arm in a sling

cabeza *nf* **1** head: *tener buena/mala ~ para las matemáticas* to have a good/no head for maths **2** (*lista, liga*) top: *en la ~ de la lista* at the top of the list **3** (*juicio*) sense: *¡Qué poca ~ tienes!* You've got no sense! **LOC** cabeza abajo upside down ➲ *Ver dibujo en* REVÉS ◆ cabeza de ajo(s) head of garlic ◆ cabeza de familia head of

the household ◆ cabeza de serie (*Tenis*) seed ◆ cabeza rapada skinhead ◆ de cabeza headlong: *tirarse a la piscina de ~* to dive headlong into the swimming pool ◆ estar mal/tocado de la cabeza to be crazy ◆ ir en cabeza to be in the lead ◆ írsele la cabeza a algn to feel dizzy: *Se me va la ~.* I feel dizzy. ◆ metérsele a algn en la cabeza to take it into your head *to do sth* ◆ por cabeza each: *Tocamos a seis por ~.* It works out at six each. ◆ ser un cabeza de chorlito to be a scatterbrain ◆ tener la cabeza llena de pájaros to have your head in the clouds ◆ tener la cabeza dura to be stubborn *Ver tb* ABRIR, AFIRMAR, ASENTIR, DOLOR, ENTRAR, ESTRUJAR, LAVAR, PERDER, PIE, SENTAR, SITUAR, SUBIR

cabezada *nf* **LOC** dar cabezadas (*dormirse*) to nod off ◆ echar una cabezada (*siesta*) to have forty winks

cabezazo *nm* **1** (*golpe*) headbutt **2** (*Dep*) header **LOC** dar un cabezazo (al balón) to head the ball

cabezota *adj, nmf* **LOC** ser (un) cabezota (*ser terco*) to be pig-headed

cabezudo *nm* **LOC** *Ver* GIGANTE

cabida *nf* room: *El teatro tiene ~ para mil personas.* The theatre has room for a thousand people. **LOC** tener mucha/poca cabida to be big/small

cabina *nf* **1** (*avión*) cockpit **2** (*barco*) cabin **3** (*camión*) cab **LOC** cabina electoral polling booth ◆ cabina telefónica/de teléfonos phone box

cabizbajo, -a *adj* downcast

cable *nm* cable **LOC** echar un cable to lend *sb* a hand *Ver tb* TELEVISIÓN

cabo *nm* **1** (*extremo*) end **2** (*Náut*) rope **3** (*Geog*) cape: *el ~ de Buena Esperanza* the Cape of Good Hope
▸ *nmf* (*Mil*) corporal: *el ~ Ramos* Corporal Ramos **LOC** al cabo de after: *al ~ de un año* after a year ◆ de cabo a rabo from beginning to end ◆ llevar a cabo to carry *sth* out *Ver tb* FIN

cabra *nf* goat

🔎 **Goat** es el sustantivo genérico. Para referirnos solo al macho decimos **billy goat**, y a la hembra **nanny goat**. Los cabritos se llaman **kids**.

LOC estar como una cabra to be crazy

cabreado, -a *adj* **LOC** estar cabreado to be in a bad temper *Ver tb* CABREAR

cabrear vt to annoy: *Lo que más me cabrea es que…* What annoys me most of all is that…
▸ **cabrearse** vp **cabrearse (con) (por)** to get annoyed (with *sb*) (about *sth*)

cabreo nm LOC **agarrar(se)/coger(se) un cabreo** to go mad

cabrito nm (*animal*) kid

caca nf poo, poop (USA): *~ de perro* dog poo LOC **hacer caca** to do a poo/poop

cacahuete nm peanut

cacao nm **1** (*planta, en polvo*) cocoa **2** (*labios*) lip salve **3** (*lío*) uproar LOC **tener un cacao mental** to be confused

cacarear vi **1** (*gallo*) to crow **2** (*gallina*) to cackle

cacería nf **1** (*caza mayor*) hunt: *una ~ de elefantes* an elephant hunt **2** (*caza menor*) shoot LOC **ir de cacería 1** (*caza mayor*) to go hunting **2** (*caza menor*) to go shooting

cacerola nf casserole ➔ *Ver dibujo en* POT

cacha nf thigh LOC **estar cachas 1** (*hombre*) to be a hunk **2** (*mujer*) to be muscly

cacharrazo nm **1** (*golpe*) bump **2** (*ruido*) racket LOC **darse un cacharrazo** (*conduciendo*) to have an accident

cacharro nm **1** (*vasija*) pot **2** (*vehículo*) old banger **3 cacharros** (*de cocina*) pots and pans: *No dejes los ~s sin fregar.* Don't forget to do the pots and pans.

cachear vt to frisk: *Cachearon a todos los pasajeros.* All the passengers were frisked.

cachete nm slap LOC **dar un cachete** to slap *sb*

cacho nm piece

cachondearse vp to make fun of *sb/sth*

cachondeo nm joke: *No te lo tomes a ~.* Don't treat it as a joke. ◆ *Aquello era un ~, nadie se aclaraba.* It was a joke; no one knew what was going on. LOC **estar de cachondeo** to be joking

cachondo, -a adj funny

cachorro, -a nm-nf **1** (*perro*) puppy [*pl* puppies] **2** (*león, tigre*) cub

caco nm burglar ➔ *Ver nota en* THIEF

cactus (*tb* **cacto**) nm cactus [*pl* cactuses/cacti]

cada adj **1** each: *Dieron un regalo a ~ niño.* They gave each child a present. **2** (*con expresiones de tiempo, con expresiones numéricas*) every: *~ semana/vez* every week/time ◇ *~ diez días* every ten days ➔ *Ver nota en* EVERY **3** (*con valor exclamativo*): *¡Dices ~ cosa!* The things you say! LOC **cada cosa a su tiempo** all in good time ◆ **cada cual** everyone ◆ **¿cada cuánto?** how often? ◆ **cada dos días, semanas, etc.** every other day, week, etc. ◆ **cada dos por tres** constantly ◆ **cada loco con su tema** each to his own ◆ **cada uno** each: *Cada uno valía 40 euros.* They each cost

40 euros. ◇ *Nos dieron una bolsa a ~ uno.* They gave us each a bag. ◆ **~ uno de nosotros/los jugadores** each of us/the players ◆ **cada vez más** more and more: *Cada vez hay más problemas.* There are more and more problems. ◇ *Estás ~ vez más guapa.* You're looking prettier and prettier. ◆ **cada vez mejor/peor** better and better/worse and worse ◆ **cada vez menos** less and less, fewer and fewer: *Tengo ~ vez menos dinero.* I've got less and less money. ◇ *Cada vez hay menos alumnos.* There are fewer and fewer students. ◇ *Nos vemos ~ vez menos.* We see less and less of each other. ➔ *Ver nota en* MENOS ◆ **cada vez que…** whenever… ◆ **para cada…** between…: *un libro para ~ dos/tres alumnos* one book between two/three students

cadáver nm corpse, body [*pl* bodies] (*más coloq*) LOC *Ver* DEPÓSITO

cadena nf **1** chain **2** (*Radio*) station **3** (*TV*) channel ➔ *Ver nota en* TELEVISION LOC **cadena de música/sonido** hi-fi (system) ◆ **cadena perpetua** life imprisonment ◆ **en cadena** *una reacción en ~* a chain reaction ◇ *explosiones en ~* a series of explosions *Ver tb* PRODUCCIÓN

cadera nf hip

cadete nmf cadet
▸ **cadetes** nm (*Dep*) under 15s

caducar vi **1** (*documento, plazo*) to expire **2** (*alimento*) to go past its sell-by date, to go past its pull date (USA): *Este yogur ya ha caducado.* This yogurt is past its sell-by date. **3** (*medicamento*) to be out of date: *¿Cuándo caduca?* When does it have to be used by?

caducidad nf LOC *Ver* FECHA

caduco, -a adj LOC *Ver* HOJA

caer vi **1** to fall: *La maceta cayó desde el balcón.* The plant pot fell off the balcony. ◇ *~ en la trampa* to fall into the trap ◇ *Mi cumpleaños cae en martes.* My birthday falls on a Tuesday. ◇ *Caía la noche.* Night was falling. **2** (*estar*) to be: *¿Por dónde cae su casa?* Where's their house? **3** ~ (en) (*entender*) to get *sth*: *Ya caigo.* I get it. **4** ~ **bien, mal, etc. a algn** (*caer*): *Le caíste muy bien a mi madre.* My mother really liked you. ◇ *Me cae fatal.* I can't stand him. ◇ *¿Qué tal te cayó su novia?* What did you think of his girlfriend?
▸ **caerse** vp **1** to fall: *Cuidado, no te caigas.* Careful you don't fall. ◇ *Se me caen los pantalones.* My trousers are falling down. **2** (*Internet*) to fail: *Se me cayó la conexión.* My connection failed. LOC **caérsele algo a algn 1** to drop *sth*: *Se me cayó el helado.* I dropped my ice cream. ➔ *Ver nota en* DROP **2** (*diente, pelo*) to lose *sth*: *Se le cae el pelo.* He's losing his hair. ❶ *Para otras*

expresiones con **caer**, véanse las entradas del sustantivo, adjetivo, etc., p. ej. **caer gordo** en GORDO.

café *nm* **1** (*bebida*) coffee: *¿Te apetece un ~?* Would you like some/a coffee? **2** (*establecimiento*) cafe LOC **café americano** filter coffee ◆ **café exprés** espresso [*pl* espressos] ◆ **café instantáneo** instant coffee ◆ **café molido/en grano** ground coffee/coffee beans ◆ **café solo/con leche** black/white coffee

cafeína *nf* caffeine: *sin ~* decaffeinated

cafetal *nm* coffee plantation

cafetera *nf* coffee pot LOC **cafetera eléctrica** coffee maker ◆ **cafetera exprés** espresso machine

cafetería *nf* snack bar

cafetero, -a *adj* **1** coffee: *la industria cafetera* the coffee industry **2** (*persona*): *ser muy ~* to be very fond of coffee

cafre *adj* (*bruto*) barbaric
▸ *nmf* lout

cagarruta *nf* droppings [*pl*]: *~s de pájaro* bird droppings

cagueta *adj, nmf* wimp: *No seas ~.* Don't be such a wimp.

caída *nf* **1** fall: *una ~ de tres metros* a three-metre fall ◇ *la ~ del gobierno* the fall of the government **2** ~ **de** (*descenso*) fall in *sth*: *una ~ de los precios* a fall in prices **3** (*pelo*) loss: *prevenir la ~ del pelo* to prevent hair loss LOC **a la caída de la tarde/noche** at dusk/nightfall ◆ **caída libre** free fall

caído, -a *adj* fallen: *un pino ~* a fallen pine
▸ *nm* (*muerto*): *los ~s en la guerra* those who died in the war LOC **caído del cielo 1** (*inesperado*) out of the blue **2** (*oportuno*): *Nos viene ~ del cielo.* It's a godsend. *Ver tb* CAER

caimán *nm* alligator

caja *nf*
● **recipiente 1** box: *una ~ de cartón* a cardboard box ◇ *una ~ de bombones* a box of chocolates ⊃ *Ver dibujo en* CONTAINER **2** (*refrescos, etc.*) crate **3** (*vino*) case **4** (*ataúd*) coffin, casket (*USA*)
● **en una empresa 1** (*supermercado*) checkout **2** (*otras tiendas*) cash desk **3** (*banco*) cashier's desk, teller's window (*USA*) LOC **caja de ahorros** savings bank ◆ **caja de cambios/velocidades** gearbox ◆ **caja de herramientas** toolbox ◆ **caja fuerte** safe ◆ **caja negra** black box ◆ **caja registradora** till ◆ **hacer (la) caja** to cash up, to cash out (*USA*) ◆ **la caja tonta** the box *Ver tb* CUELLO

cajero, -a *nm-nf* cashier LOC **cajero automático** cash machine, ATM (*USA*)

cajetilla *nf* packet, pack (*USA*): *una ~ de tabaco* a packet of cigarettes ⊃ *Ver dibujo en* CONTAINER

cajón *nm* **1** (*mueble*) drawer **2** (*embalaje*) crate

cal *nf* lime

cala *nf* (*bahía*) cove

calabacín *nm* courgette, zucchini (*USA*)

calabaza *nf* pumpkin LOC **dar calabazas** to give *sb* the brush-off

calabozo *nm* **1** (*mazmorra*) dungeon **2** (*celda*) cell

calada *nf* (*cigarro, etc.*) drag

calamar *nm* squid [*pl* squid/squids]

calambre *nm* **1** (*muscular*) cramp [*incontable*]: *Me dan ~s en las piernas.* I get cramp in my legs. **2** (*electricidad*) (electric) shock: *¡Te va a dar ~!* You'll get a shock!

calamidad *nf* misfortune: *pasar ~es* to suffer misfortune LOC **ser una calamidad** (*persona*) to be useless

calar *vt* **1** (*mojar*) to soak: *La lluvia me caló hasta la camiseta.* The rain soaked through to my vest. **2** (*adivinar las intenciones*) to see through *sb*: *La calé enseguida.* I saw through her immediately.
▸ **calarse** *vp* **1** (*mojarse*) to get soaked **2** (*motor*) to stall: *Se me caló el coche.* I stalled the car. LOC **calarse hasta los huesos** to get soaked to the skin

calavera *nf* skull

calcar *vt* to trace

calcetín *nm* sock

calcinado, -a *adj* un cadáver ~ a charred body ◇ *un coche ~* a burnt-out car *Ver tb* CALCINAR

calcinar *vt* to burn *sth* down: *El fuego calcinó la fábrica.* The factory was burnt down.

calcio *nm* calcium

calco *nm* **1** (*dibujo*) tracing: *papel de ~* tracing paper **2** (*imitación*) copy [*pl* copies]

calcomanía *nf* transfer

calculadora *nf* calculator

calcular *vt* **1** (*averiguar*) to work *sth* out, to calculate (*más formal*): *Calcula cuánto necesitamos.* Work out how much we need. **2** (*suponer*) to reckon, to guess (*USA*): *Calculo que habrá 60 personas.* I reckon there must be around 60 people.

cálculo *nm* calculation: *Según mis ~s son 105.* It's 105 according to my calculations. ◇ *Tengo que hacer unos ~s antes de decidir.* I have to make some calculations before deciding. LOC **(hacer) un cálculo aproximado** (to make) a rough estimate *Ver tb* HOJA

caldera *nf* boiler

calderilla *nf* small change

caldero *nm* cauldron

caldo *nm* **1** (*para cocinar*) stock: ~ *de pollo* chicken stock **2** (*sopa*) broth: *Para mí el ~ de verduras.* I'd like the vegetable broth. **LOC** **caldo de cultivo** (*fig*) breeding ground (*for sth*)

calefacción *nf* heating: ~ *central* central heating

calendario *nm* calendar

calentador *nm* heater: ~ *de agua* water heater

calentamiento *nm* (*entrenamiento*) warm-up: *ejercicios de ~* warm-up exercises ◇ *Primero haremos un poco de ~.* We're going to warm up first. **LOC** **calentamiento global** global warming

calentar *vt* **1** (*Cocina*) to heat *sth* up: *Voy a ~te la cena.* I'll go and heat up your dinner. **2** (*Dep, templar*) to warm *sb/sth* up
▸ **calentarse** *vp* **1** to get very hot: *El motor se calentó demasiado.* The engine overheated. **2** (*Dep, templarse*) to warm up **LOC** **calentarse los cascos** to rack your brains

calibre *nm* calibre: *con una pistola del ~ 38* with a 38 calibre gun ◇ *un imbécil de mucho ~* a complete idiot

calidad *nf* quality [*pl* qualities]: *la ~ de vida en las ciudades* the quality of life in cities **LOC** **de alta, buena, etc. calidad** high, good, etc. quality: *materiales de baja ~* poor-quality materials ◇ *Las imágenes son de buena ~.* The pictures are of good quality. ◆ **de (primera) calidad** top quality: *fruta de (primera) ~* top-quality fruit ➔ *Ver nota en* WELL BEHAVED ◆ **en calidad de** as: *en ~ de portavoz* as spokesperson *Ver tb* RELACIÓN

cálido, -a *adj* warm

caliente *adj* hot, warm: *agua ~* hot water ◇ *La casa está ~.* The house is warm.

🔎 No se deben confundir las palabras **hot** y **warm**. **Hot** describe una temperatura bastante más caliente que **warm**. **Warm** es más bien *cálido, templado* y muchas veces tiene connotaciones agradables. Compara los siguientes ejemplos: *No lo puedo beber, está muy caliente.* I can't drink it, it's too hot. ◇ *¡Qué calor hace aquí!* It's too hot in here! ◇ *Siéntate al lado del fuego, pronto entrarás en calor.* Sit by the fire, you'll soon warm up.

LOC *Ver* BOLSA, PERRITO

calificación *nf* **1** (*nota escolar*) mark, grade (USA): *buenas calificaciones* good marks ◇ *Obtuvo la ~ de notable.* He got a good mark. ➔ *Ver nota en pág 401* **2** (*descripción*) description: *Su comportamiento no merece otra ~.* His behaviour cannot be described in any other way.

calificar *vt* **1** (*describir*) to label *sb* (*as sth*): *La calificaron de excéntrica.* They labelled her an eccentric. **2** (*dar nota*) to give *sb* a mark: *La calificaron con sobresaliente.* She was awarded top marks. **3** (*corregir*) to mark, to grade (USA)

caligrafía *nf* handwriting

cáliz *nm* **1** (*Relig*) chalice **2** (*copa*) goblet

callado, -a *adj* **1** (*sin hablar apenas*) quiet: *Tu hermano está muy ~ hoy.* Your brother is very quiet today. **2** (*en completo silencio*) silent: *Permaneció ~.* He remained silent. **LOC** **más callado que un muerto** as quiet as a mouse *Ver tb* CALLAR

callar *vt* **1** (*persona*) to tell *sb* to be quiet: *¡Calla a esos niños!* Tell those children to be quiet! ◇ *Los calló a base de caramelos.* She kept them quiet by giving them sweets. **2** (*información*) to keep quiet about *sth*: *Calló lo que sabía.* He kept quiet about what he knew.
▸ **callar(se)** *vi, vp* **1** (*no hablar*) to say nothing: *Prefiero ~me.* I'd rather say nothing. **2** (*dejar de hablar o de hacer ruido*) to go quiet, to shut up (*coloq*): *Dáselo, a ver si (se) calla.* Give it to him and see if he shuts up. **LOC** **¡calla!/¡cállate (la boca)!** be quiet!, shut up! (*coloq*)

calle *nf* **1** street (*abrev* St): *una ~ peatonal* a pedestrian street ◇ *Está en la ~ Goya.* It's in Goya Street.

🔎 Cuando se menciona el número de la casa o portal se usa la preposición **at**: *Vivimos en la calle Goya 49.* We live at 49 Goya Street. ➔ *Ver nota en* ROAD

2 (*Dep*) lane: *el corredor de la ~ dos* the runner in lane two **LOC** **calle arriba/abajo** up/down the street ◆ **quedarse en la calle** (*sin trabajo*) to lose your job

callejero, -a *adj* street: *violencia callejera* street violence
▸ *nm* street map **LOC** *Ver* MÚSICO, PERRO

callejón *nm* alleyway **LOC** **callejón sin salida** dead end

callejuela (*tb* **calleja**) *nf* side street

callo *nm* **1** (*dedo del pie*) corn **2** (*mano, planta del pie*) callus [*pl* calluses] **3** **callos** (*Cocina*) tripe [*incontable*]

calma *nf* calm: *mantener la ~* to keep calm **LOC** **¡(con) calma!** calm down! ◆ **tomarse algo con calma** *Tómatelo con ~.* Take it easy. *Ver tb* PERDER

calmante *nm* **1** (*dolor*) painkiller **2** (*nervios*) tranquillizer

calmar *vt* **1** (*nervios*) to calm **2** (*dolor*) to relieve **3** (*hambre, sed*) to satisfy
▸ **calmarse** *vp* to calm down

calor nm heat: *Hoy aprieta el ~.* It's stiflingly hot today. `LOC` **hacer calor** to be hot: *Hace mucho ~.* It's very hot. ◇ *¡Qué ~ hace!* It's so hot! ➷ *Ver nota en* CALIENTE ◆ **tener calor** to be/feel hot: *Tengo ~.* I'm hot. *Ver tb* ENTRAR, GOLPE, OLA

caloría nf calorie: *una dieta baja en ~s* a low-calorie diet ◇ *quemar ~s* to burn off calories

caluroso, -a adj **1** hot: *Fue un día muy ~.* It was a very hot day. **2** (*tibio, afectuoso*) warm: *una noche/bienvenida calurosa* a warm night/welcome

calva nf bald patch

calvo, -a adj bald: *quedarse ~* to go bald `LOC` *Ver* TANTO

calzada nf road

calzado nm shoes [*pl*]: *~ de piel* leather shoes

calzar vt **1** (*zapato*) to wear: *Suelo ~ zapato plano.* I usually wear flat shoes. **2** (*número*) to take: *¿Qué número calzas?* What size shoe do you take?
▸ **calzarse** vp to put your shoes on `LOC` *Ver* VESTIR

calzoncillo nm **calzoncillos** underpants [*pl*]
❶ "Unos calzoncillos" se dice **a pair of underpants**. ➷ *Ver nota en* PAIR

cama nf bed: *irse a la ~* to go to bed ◇ *¿Todavía estás en la ~?* Are you still in bed? ◇ *meterse en la ~* to get into bed ◇ *salir de la ~* to get out of bed ◇ *hacer la ~* to make the bed `LOC` **cama elástica** trampoline ◆ **cama individual/de matrimonio** single/double bed *Ver tb* COCHE, SOFÁ

camada nf litter

camaleón nm chameleon

cámara nf **1** (*Cine, Fot*) camera: *~ digital* digital camera **2** (*Pol, Mús*) chamber: *la ~ legislativa* the legislative chamber ◇ *música de ~* chamber music
▸ nmf cameraman/woman [*pl* -men/-women] `LOC` **a/en cámara lenta** in slow motion ◆ **Cámara de Comercio** Chamber of Commerce ◆ **cámara de fotos/fotográfica** camera ◆ **cámara de video** camcorder ◆ **cámara delantera/frontal** (*móvil, tablet*) front-facing camera ◆ **cámara web** webcam

camarada nmf **1** (*Pol*) comrade **2** (*colega*) mate

camarero, -a nm-nf **1** (*en un restaurante*) (a) (*masc*) waiter (b) (*fem*) waitress **2** (*en un bar*) (a) (*masc*) barman, bartender (*USA*) (b) (*fem*) barmaid, bartender (*USA*)

camarón nm shrimp

camarote nm cabin

cambiante adj changing

cambiar vt **1** to change *sth* (*for sth*): *~ el mundo/una ley* to change the world/a law ◇ *Voy a ~ mi coche por uno más grande.* I'm going to change my car for a bigger one. **2** (*dinero*) to change *sth* (*into sth*): *~ dólares a/en euros* to change dollars into euros **3** (*intercambiar*) to exchange *sth* (*for sth*): *Si no te está bien lo puedes ~.* You can exchange it if it doesn't fit.
▸ vi **~ (de)** to change: *~ de trabajo/tren* to change jobs/trains ◇ *No van a ~.* They're not going to change. ◇ *~ de marcha* to change gear ◇ *~ de tema* to change the subject
▸ **cambiarse** vp **1 cambiarse (de)** to change: *~se de zapatos* to change your shoes **2** (*persona*) to get changed: *Voy a ~me porque tengo que salir.* I'm going to get changed because I have to go out. `LOC` **cambiar el/de chip** to change your mindset ◆ **cambiar de opinión** to change your mind ◆ **cambiar(se) de casa** to move house

cambio nm **1 ~ (de)** change (in/of *sth*): *un ~ de temperatura* a change in temperature ◇ *Ha habido un ~ de planes.* There has been a change of plan. **2** (*intercambio*) exchange: *un ~ de impresiones* an exchange of views **3** (*dinero suelto*) change: *Me dieron mal el ~.* They gave me the wrong change. ◇ *¿Tiene ~ de 100 euros?* Have you got change for 100 euros? **4** (*Fin*) exchange rate `LOC` **a cambio (de/de que)** in return (for *sth/doing sth*): *No recibieron nada a ~.* They got nothing in return. ◇ *a ~ de que me ayudes con las matemáticas* in return for you helping me with my maths ◆ **cambio climático** climate change ◆ **cambio de guardia** changing of the guard ◆ **cambio de sentido** U-turn ◆ **en cambio** on the other hand *Ver tb* CAJA, PALANCA, TIPO

camelar(se) vt, vp **1** (*convencer*) to talk *sb* into doing *sth*: *Me camelaré a papá para que me deje salir.* I'll talk Dad into letting me go out. **2** (*halagar*) to butter *sb* up

camello, -a nm-nf (*animal*) camel
▸ nm (*traficante*) pusher

camelo nm **1** (*engaño*) con: *¡Vaya un ~!* What a con! **2** (*bulo*) pack of lies: *Lo de su enfermedad es un ~.* That story about his illness is a pack of lies.

camerino nm dressing room

camilla nf **1** (*Med*) stretcher **2** (*mesa*) round table covered with a cloth

caminar vt, vi to walk: *Hemos caminado 150 km.* We've walked 150 km. ➷ *Ver nota en* ANDAR `LOC` **ir caminando** to walk: *Se fue caminando a su casa.* He walked home.

caminata nf trek `LOC` **darse/pegarse una caminata** to do a lot of walking

camino nm **1** (*carretera no asfaltada*) track **2** (*trayecto, medio*) way: *No me acuerdo del ~.* I can't remember the way. ◇ *Me la encontré en el ~.* I met her on the way. **3 ~ (a/de)** (*senda*) path (to *sth*): *el ~ a la fama* the path to fame **LOC camino vecinal** minor road ◆ **en camino** on the way ◆ **(estar/ir) camino de...** (to be) on the/your way to... ◆ **ir por buen/mal camino** to be on the right/ wrong track ◆ **me coge/pilla de camino** it's on my, your, etc. way: *No hay problema, me pilla de ~.* No problem — it's on my way. ◆ **ponerse en camino** to set off *Ver tb* ABRIR, INGENIERO, MEDIO, MITAD

camión *nm* lorry [*pl* lorries], truck (*USA*) **LOC camión cisterna** tanker ◆ **camión de la basura** dustcart, garbage truck (*USA*) ◆ **camión de mudanzas** removal van, moving van (*USA*)

camionero, -a *nm-nf* lorry driver, truck driver (*USA*)

camioneta *nf* van

camisa *nf* shirt: *una ~ de cuadros/rayas* a check/striped shirt **LOC camisa de fuerza** straitjacket

camiseta *nf* **1** T-shirt **2** (*Dep*) shirt: *la ~ número 11* the number 11 shirt **3** (*ropa interior*) vest, undershirt (*USA*)

camisón *nm* nightdress, nightie (*coloq*)

camorrista *nmf* troublemaker

campamento *nm* camp: *ir de ~* to go camping ◇ *~ de verano* summer camp

campana *nf* **1** bell: *¿Oyes las ~s?* Can you hear the bells ringing? **2** (*extractor*) extractor hood **LOC hacer campana** to play truant *Ver tb* VUELTA

campanada *nf* **1** (*campana*): *Sonaron las ~s.* The bells rang out. **2** (*reloj*) stroke: *las doce ~s de medianoche* the twelve strokes of midnight **LOC dar dos, etc. campanadas** to strike two, etc.: *El reloj dio seis ~s.* The clock struck six.

campanario *nm* bell tower

campaña *nf* (*Econ, Pol, Mil*) campaign: *~ electoral* election campaign **LOC hacer campaña a favor de/en contra de algn/algo** to campaign for/ against sb/sth *Ver tb* TIENDA

campeón, -ona *nm-nf* champion: *el ~ del mundo/de Europa* the world/European champion **LOC** *Ver* PROCLAMAR

campeonato *nm* championship: *el Campeonato Mundial de Atletismo* the World Athletics Championships

campesino, -a *nm-nf* **1** (*agricultor*) peasant farmer **2** (*aldeano*) countryman/woman [*pl* -men/-women]: *los ~s* country people

campestre *adj* **LOC** *Ver* COMIDA

camping *nm* campsite, campground (*USA*) **LOC hacer camping** to camp ◆ **ir de camping** to go camping

campo *nm* **1** (*naturaleza*) country: *vivir en el ~* to live in the country **2** (*paisaje*) countryside: *El ~ está precioso en abril.* The countryside looks lovely in April. **3** (*tierra de cultivo*) field: *~s de cebada* barley fields **4** (*ámbito, Fís*) field: *el ~ de la ingeniería* the field of engineering ◇ *~ magnético* magnetic field **5** (*Dep*) **(a)** (*terreno*) pitch, field (*USA*): *un ~ de rugby* a rugby pitch ◇ *salir al ~* to come out onto the pitch **(b)** (*estadio*) ground: *el ~ del Sevilla* Seville's ground **6** (*campamento*) camp: *~ de concentración/refugiados* concentration/refugee camp **LOC campo a través** across country ◆ **campo de batalla** battlefield ◆ **campo de golf** golf course ◆ **campo de minas** minefield ◆ **en campo contrario** (*Dep*) away: *jugar en ~ contrario* to play away *Ver tb* CASA, FAENA, LABOR, MEDIO, PRODUCTO

campus *nm* campus [*pl* campuses]

campus party *nm* LAN party [*pl* parties]

camuflaje *nm* camouflage

camuflar *vt* to camouflage

cana *nf* grey hair: *tener ~s* to have grey hair

Canadá *nm* Canada

canadiense *adj, nmf* Canadian

canal *nm* **1** (*natural, TV*) channel: *el ~ de la Mancha* the Channel ◇ *un ~ de televisión* a TV channel **⊃** *Ver nota en* TELEVISION **2** (*artificial, de riego*) canal: *el ~ de Suez* the Suez Canal **LOC** *Ver* INGENIERO

canalón *nm* gutter

canario *nm* (*pájaro*) canary [*pl* canaries]

canasta *nf* basket: *meter una ~* to score a basket

cancelar *vt* **1** to cancel: *~ un vuelo/una reunión* to cancel a flight/meeting **2** (*deuda*) to settle

cáncer *nm* cancer [*incontable*]: *Padece un ~ terminal.* He's suffering from terminal cancer. ▸ *nm, nmf* (*tb* **Cáncer**) (*Astrol*) Cancer **⊃** *Ver ejemplos en* ACUARIO

cancha *nf* **1** (*Tenis, Baloncesto, Voleibol*) court: *Los jugadores ya están en la ~.* The players are on court. **2** (*Fútbol*) pitch, field (*USA*) **LOC dar cancha** to give opportunities *to sb*

canción *nf* **1** (*Mús*) song **2** (*excusa*) story [*pl* stories]: *No me vengas con esa ~.* Don't come to me with that story. **LOC canción de cuna** lullaby [*pl* lullabies]

candado *nm* padlock: *cerrado con ~* padlocked

candidato, -a *nm-nf* **~ (a)** candidate (for *sth*): *el ~ a la presidencia del club* the candidate for club chairman

candidatura *nf* **~ (a)** candidacy [*pl* candidacies] (for *sth*): *renunciar a una ~* to withdraw your candidacy ◊ *Presentó su ~ al senado.* He stood for the senate.

canela *nf* cinnamon

canelón *nm* **canelones** cannelloni [*incontable*]: *Mi plato favorito son los canelones.* Cannelloni is my favourite food.

cangrejo *nm* **1** (*de mar*) crab **2** (*de río*) crayfish [*pl* crayfish]

canguro *nm* (*animal*) kangaroo [*pl* kangaroos] ▸ *nmf* (*persona*) babysitter **LOC hacer de canguro** to babysit (*for sb*)

cani *nm* chav

caníbal *adj, nmf* cannibal: *una tribu ~* a cannibal tribe

canica *nf* marble: *jugar a las ~s* to play marbles

canino, -a *adj* canine **LOC** *Ver* HAMBRE, RESIDENCIA

canjear *vt* to exchange *sth* (*for sth*): *~ un vale* to exchange a voucher

canoa *nf* canoe

canoso, -a *adj* **1** (*pelo*) grey **2** (*persona*) grey-haired

cansado, -a *adj* **1** ~ (**de**) (*fatigado*) tired (from *sth/doing sth*): *Están ~s de tanto correr.* They're tired from all that running. **2** ~ **de** (*harto*) tired of *sb/sth/doing sth*: *¡Estoy ~ de ti!* I'm tired of you! **3** (*que fatiga*) tiring: *El viaje fue ~.* It was a tiring journey. ➔ *Ver nota en* BORING **LOC** *Ver* VISTA; *Ver tb* CANSAR

cansancio *nm* tiredness **LOC** *Ver* MUERTO

cansar *vt* **1** (*fatigar*) to tire *sb/sth* (out) **2** (*aburrir, hartar*): *Me cansa tener que repetir las cosas.* I get tired of having to repeat things.
▸ *vi* to be tiring: *Este trabajo cansa mucho.* This work is very tiring.
▸ **cansarse** *vp* **cansarse (de)** to get tired (of *sb/sth/doing sth*): *Se cansa enseguida.* He gets tired very easily.

cantante *nmf* singer **LOC** *Ver* VOZ

cantar *vt, vi* to sing
▸ *vi* **1** (*cigarra, pájaro pequeño*) to chirp **2** (*gallo*) to crow **3** (*oler mal*) to stink **4** (*llamar la atención*) to be noticeable: *Cantó mucho que todo el mundo aprobara.* It was very noticeable that they all passed. **LOC cantar las cuarenta/las verdades** to tell *sb* a few home truths ♦ **cantar victoria** to celebrate

cántaro *nm* pitcher **LOC** *Ver* LLOVER

cantautor, -ora *nm-nf* singer-songwriter

cante *nm* singing: *~ jondo* flamenco singing **LOC dar el cante** to stick out like a sore thumb

cantera *nf* **1** (*de piedra*) quarry [*pl* quarries] **2** (*Dep*) youth squad

cantidad *nf* **1** (*con sustantivo incontable*) amount, quantity [*pl* quantities] (*más formal*): *una ~ pe-*

queña *de pintura/agua* a small amount of paint/water **2** (*con sustantivo contable*) number: *una gran ~ de personas/animales* a large number of people/animals **3** (*dinero*) sum **4** (*magnitud*) quantity: *La calidad es más importante que la ~.* Quality is more important than quantity.
▸ *adv* a lot: *Habla ~.* He talks a lot. **LOC cantidad de** a lot of *sth*: *¡Qué ~ de coches!* What a lot of cars! ◊ *Había ~ de gente.* There were lots of people. ♦ **en cantidades industriales** in huge amounts

cantimplora *nf* water bottle

canto *nm* **1** (*arte*) singing: *estudiar ~* to study singing **2** (*canción, poema*) song: *un ~ a la belleza* a song to beauty **3** (*borde*) edge **4** (*cuchillo*) back **5** (*piedra*) pebble **LOC darse con un canto en los dientes** to count yourself lucky

canturrear *vt, vi* to hum

caña *nf* **1** (*junco*) reed **2** (*bambú, azúcar*) cane: *~ de azúcar* sugar cane **3** (*cerveza*) glass of beer: *Me tomé cuatro ~s.* I had four glasses of beer. **LOC caña (de pescar)** fishing rod ♦ **dar/meter caña 1** (*azuzar*) to push *sb*: *Hay que meterle ~ para que estudie.* You have to push him to make him study. **2** (*coche*) to put your foot down

cañería *nf* pipe: *la ~ de desagüe* the drainpipe

cañón *nm* **1** (*de artillería*) cannon **2** (*de escopeta, etc.*) barrel: *una escopeta de dos cañones* a double-barrelled shotgun **3** (*Geog*) canyon: *el ~ del Colorado* the Grand Canyon

caoba *nf* mahogany

caos *nm* chaos [*incontable*]: *La noticia provocó el ~.* The news caused chaos.

caótico, -a *adj* chaotic

capa *nf* **1** layer: *la ~ de ozono* the ozone layer **2** (*pintura, barniz*) coat **3** (*prenda*) (**a**) (*larga*) cloak (**b**) (*corta*) cape

capacidad *nf* ~ (**de/para**) **1** capacity (for *sth*): *una gran ~ de trabajo* a great capacity for work ◊ *un hotel con ~ para 300 personas* a hotel with capacity for 300 guests **2** (*aptitud*) ability (*to do sth*): *Tiene ~ para hacerlo.* She has the ability to do it.

capacitado, -a *adj* **1** (*capaz*) capable: *una persona muy capacitada* a very capable person **2** ~ **para** qualified *to do sth*: *~ para ejercer como médico* qualified to practise as a doctor

capar *vt* to castrate

caparazón *nm* shell: *un ~ de tortuga* a tortoise shell

capaz *adj* ~ (**de**) capable (of *sth/doing sth*): *un equipo ~ de ganar el campeonato* a team capable of winning the championship **LOC ser capaz de** can *do sth*: *No soy ~ de aprenderlo.* I just can't learn it. ◇ *No sé cómo fueron capaces de decírselo así.* I don't know how they could tell her like that.

capellán *nm* chaplain

Caperucita **LOC** **Caperucita Roja** Little Red Riding Hood

capicúa *nm* palindromic number

capilla *nf* chapel **LOC** **capilla ardiente** chapel of rest

capital *nf* (*ciudad*) capital
▸ *nm* (*Fin*) capital **LOC** **Capital Cultural Europea** European Capital of Culture

capitalismo *nm* capitalism

capitalista *adj*, *nmf* capitalist

capitán, -ana *nm-nf* captain: *el ~ del equipo* the team captain

capítulo *nm* **1** (*libro*) chapter: *¿Por qué ~ vas?* What chapter are you on? **2** (*Radio, TV*) episode

capó *nm* (*coche*) bonnet, hood (*USA*)

capote *nm* cape

capricho *nm* (*antojo*) whim: *los ~s de la moda* the whims of fashion **LOC** **dar un capricho a algn** to give sb a treat

caprichoso, -a *adj* **1** (*que quiere cosas*) demanding: *¡Qué niño más ~!* He's such a demanding child! **2** (*que cambia de idea*): *Tiene un carácter ~.* He's always changing his mind. ◇ *un cliente ~* a fussy customer

capricornio (*tb* **Capricornio**) *nm*, *nmf* Capricorn ➔ *Ver ejemplos en* ACUARIO

cápsula *nf* capsule

captar *vt* **1** (*emisión, onda*) to pick sth up **2** (*atención, imagen*) to capture: *La propuesta captó nuestra atención.* The proposal captured our attention.

captura *nf* **1** (*fugitivo*) capture **2** (*armas, drogas*) seizure **LOC** **captura de imagen/pantalla** screenshot

capturar *vt* **1** (*fugitivo*) to capture **2** (*armas, drogas*) to seize

capucha *nf* (*tb* **capuchón** *nm*) **1** (*prenda*) hood **2** (*bolígrafo*) top

capuchino *nm* (*café*) cappuccino [*pl* cappuccinos]

capullo *nm* **1** (*flor*) bud **2** (*insecto*) cocoon

caqui *nm* **1** (*color*) khaki: *unos pantalones ~* a pair of khaki trousers ➔ *Ver ejemplos en* AMARILLO **2** (*fruto*) persimmon

cara *nf* **1** (*rostro*) face: *Lávate la ~.* Wash your face. **2** (*descaro*) cheek: *¡Vaya ~!* What a cheek! **3** (*papel, Geom*) side: *Escribí tres hojas por las dos ~s.* I wrote six sides. **LOC** **cara a cara** face to face: *Hubo un ~ a ~ entre los dos candidatos.*

There was a face-to-face debate between the two candidates. ➔ *Ver nota en* WELL BEHAVED ◆ **cara dura** *¡Eres un ~ dura!* You've got a cheek! ◆ **cara o cruz** heads or tails ◆ **dar la cara** to face the music ◆ **echar algo en cara a algn** to reproach sb for sth ◆ **girar/volver la cara** to look the other way ◆ **partirle/romperle la cara a algn** to smash sb's face in ◆ **poner cara de asco** to pull a face: *No pongas ~ de asco y cómetelo.* Don't pull a face; just eat it. ◆ **tener buena/mala cara** (*persona*) to look well/ill ◆ **tener más cara que espalda** to be a cheeky so-and-so *Ver tb* COSTAR, VOLVER

caracol *nm* **1** (*de tierra*) snail **2** (*de mar*) winkle **LOC** *Ver* ESCALERA

caracola *nf* conch

carácter *nm* **1** (*modo de ser*) character: *un defecto de ~* a character defect **2** (*índole*) nature: *el ~ temporal de esta medida* the temporary nature of this measure **LOC** **tener buen/mal carácter** to be good-natured/bad-tempered ◆ **tener mucho/poco carácter** to be strong-minded/weak-minded

característica *nf* characteristic

característico, -a *adj* characteristic

caracterizar *vt* **1** (*distinguir*) to characterize: *el paisaje que caracteriza esta zona* the landscape which characterizes this area **2** (*disfrazar*) to dress sb up as sb/sth: *La caracterizaron de anciana.* They dressed her up as an old lady.
▸ **caracterizarse** *vp* **1** **caracterizarse por** to be characterized by sth **2** **caracterizarse de** (*disfrazarse*) to dress up as sb/sth

caramelo *nm* **1** (*golosina*) sweet **2** (*azúcar quemado*) caramel

carantoña *nf* **LOC** **hacer carantoñas** to caress

carátula *nf* cover

caravana *nf* **1** (*expedición, roulotte*) caravan, trailer (*USA*) **2** (*tráfico*) tailback

carbón *nm* coal **LOC** **carbón vegetal** charcoal

carboncillo *nm* charcoal

carbonizar(se) *vt*, *vp* to burn

carbono *nm* carbon **LOC** *Ver* DIÓXIDO, HIDRATO, MONÓXIDO

carburante *nm* fuel

carca *adj*, *nmf* fuddy-duddy [*pl* fuddy-duddies]: *¡Qué padres más ~s tienes!* Your parents are such fuddy-duddies!

carcajada *nf* roar of laughter [*pl* roars of laughter] **LOC** *Ver* REÍR, SOLTAR

cárcel *nf* prison: *ir a la ~* to go to prison ◇ *Lo metieron en la ~.* They put him in prison.

carcelero, -a *nm-nf* jailer

cardenal *nm* **1** (*Relig*) cardinal **2** (*moratón*) bruise

cardiaco, -a (tb **cardíaco, -a**) adj `LOC` **ataque/ paro cardiaco** heart attack, cardiac arrest (*más formal*)

cardinal adj cardinal

cardo nm thistle `LOC` **ser un cardo 1** (*feo*) to be as ugly as sin **2** (*antipático*) to be a prickly character

carecer vi ~ **de** to lack sth: *Carecemos de medicinas.* We lack medicines. `LOC` **carece de sentido** it doesn't make sense

careta nf mask

carga nf **1** (*acción*) loading: *La ~ del buque llevó varios días.* Loading the ship took several days. ◊ ~ **y descarga** loading and unloading **2** (*peso*) load: ~ **máxima** maximum load **3** (*mercancía*) **(a)** (*avión, barco*) cargo [pl cargoes] **(b)** (*camión*) load **4** (*explosivo, munición, Electrón*) charge: *una ~ eléctrica* an electric charge **5** (*obligación*) burden: *No quiero ser una ~ para nadie.* I don't want to be a burden on anyone. **6** (*bolígrafo*) refill `LOC` **¡a la carga!** charge! *Ver tb* BURRO

cargado, -a adj **1** ~ **(de/con)** loaded (with *sth*): *Venían ~s de maletas.* They were loaded down with suitcases. ◊ *un arma cargada* a loaded weapon **2** ~ **de** (*responsabilidades*) burdened with *sth* **3** (*atmósfera*) stuffy **4** (*bebida*) strong: *café muy ~* very strong coffee *Ver tb* CARGAR

cargador nm (*Electrón*) charger: ~ *de pilas/móvil* battery/mobile charger

cargamento nm **1** (*avión, barco*) cargo [pl cargoes] **2** (*camión*) load

cargante adj (*persona*): *¡Qué tío más ~!* What a pain that guy is!

cargar vt **1** to load: *Cargaron el barco.* They loaded the ship. ◊ *Hay que ~ estas cajas en el camión.* We have to load the lorry with these boxes. ◊ ~ *un arma* to load a weapon **2** (*pila, batería*) to charge
▸ vi **1** ~ **con** **(a)** (*llevar*) to carry *sth*: *Siempre me toca ~ con todo.* I always end up carrying everything. **(b)** (*responsabilidad*) to shoulder *sth* **2** ~ **(contra)** (*Mil*) to charge (at *sb*)
▸ **cargarse** vp **1** (*romper*) to wreck: *¡Te vas a ~ la lavadora!* You're going to wreck the washing machine! **2** (*matar*) to kill **3** (*suspender*) to fail **4** (*Informát*) to load

cargo nm **1** (*puesto*) post: *un ~ importante* an important post **2** (*Pol*) office: *el ~ de alcalde* the office of mayor **3** (*Jur*) charges `LOC` **dar/ tener cargo de conciencia** to feel guilty: *Me da ~ de conciencia.* I feel guilty. ◆ **hacerse cargo de 1** (*responsabilizarse*) to take charge of *sth* **2** (*cuidar de algn*) to look after *sb*

caribeño, -a adj Caribbean

caricatura nf caricature: *hacer una ~* to draw a caricature

caricia nf caress `LOC` **hacer caricias** to caress

caridad nf charity: *vivir de la ~* to live on charity

caries nf **1** (*enfermedad*) tooth decay [incontable]: *para prevenir la ~* to prevent tooth decay **2** (*agujero*) hole: *Tengo una ~ en la muela.* I've got a hole in my tooth.

cariño nm **1** (*afecto*) affection **2** (*delicadeza*) loving care: *Trata sus cosas con todo ~.* He treats his things with loving care. **3** (*apelativo*) darling: *¡Cariño mío!* Darling! `LOC` **cogerle cariño a algn/algo** to become fond of sb/sth ◆ **con cariño** (*en cartas*) with love ◆ **tenerle cariño a algn/algo** to be fond of sb/sth

cariñoso, -a adj **1** ~ **(con)** affectionate (towards *sb/sth*) **2** (*abrazo, saludos*) warm

caritativo, -a adj ~ **(con)** charitable (to/ towards *sb*)

carmín nm lipstick

carnada (tb **carnaza**) nf bait

carnal adj `LOC` *Ver* PRIMO

carnaval nm carnival ❶ A las vacaciones escolares de carnaval se les llama **the February half-term**. `LOC` *Ver* MARTES

carne nf **1** (*alimento*) meat: *Me gusta la ~ bien hecha.* I like my meat well done.

🔎 El inglés suele emplear distintas palabras para referirse al animal y a la carne que se obtiene de ellos: del *cerdo* (**pig**) se obtiene **pork**, de la *vaca* (**cow**), **beef**, del *ternero* (**calf**), **veal** y de la *oveja* (**sheep**), **mutton**. **Lamb** constituye la excepción a esta regla, ya que designa tanto al animal (el *cordero*) como a la carne que de él se obtiene.

2 (*Anat, Relig, fruta*) flesh `LOC` **carne picada** mince, ground beef (*USA*) ◆ **en carne viva** raw: *Tienes la rodilla en ~ viva.* Your knee is red raw. ◆ **ser de carne y hueso** to be only human ◆ **tener carne de gallina** to have goose pimples *Ver tb* PARRILLA, UÑA

carné (tb **carnet**) nm card `LOC` **carné de conducir (por puntos)** (points-based) driving licence, driver's license (*USA*) ◆ **carné de estudiante** student card ◆ **carné de identidad** identity card ➲ *Ver nota en* DNI ◆ **sacar(se) el carné de conducir** to pass your driving test *Ver tb* EXAMINAR, FOTO

carnero nm ram

carnicería nf **1** (*tienda*) butcher's [pl butchers], butcher shop (*USA*)

🔎 En inglés muchas tiendas llevan el nombre del profesional que trabaja en ellas + **'s**, p. ej. **butcher's, baker's**, etc. Si se quiere hablar de varias carnicerías, se suele utilizar la forma **butchers**, lo mismo que cuando se habla de varios carniceros. En algunos casos también se puede decir **butcher's shops**: *Hay dos carnicerías en esta calle.* There are two butchers/two butcher's shops in this street.

2 (*matanza*) massacre

carnicero, -a *nm-nf* butcher

carnívoro, -a *adj* carnivorous
▸*nm* carnivore

caro, -a *adj* expensive
▸*adv comprar/pagar algo muy* ~ to pay a lot for sth **LOC costar/pagar caro** to cost *sb* dearly: *Pagarán* ~ *su error.* Their mistake will cost them dearly.

carpa *nf* **1** (*pez*) carp [*pl* carp] **2** (*entoldado*) marquee, tent (*USA*)

carpeta *nf* folder

carpintería *nf* carpentry

carpintero, -a *nm-nf* carpenter **LOC** *Ver* PÁJARO

carraspear *vi* to clear your throat

carrera *nf* **1** (*Dep*) race: ~ *de relevos/sacos/obstáculos* relay/sack/obstacle race **2** (*corrida*) run: *Ya no estoy para* ~*s.* I'm not up to running any more. **3** (*licenciatura*) degree: *estudiar/hacer la* ~ *de Medicina* to do a degree in Medicine ◇ *¿Qué* ~ *tienes?* What did you do your degree in? **4** (*profesión*) career: *su* ~ *deportiva* her sporting career ◇ *Está en el mejor momento de su* ~ *política.* He's at the peak of his political career. **5** (*medias*) ladder, run (*USA*): *Tienes una* ~ *en las medias.* You've got a ladder in your tights. **LOC carrera de armamentos** arms race ◆ **carrera de caballos** horse race *Ver tb* BICICLETA, CABALLO, COCHE

carrerilla *nf* **LOC coger/tomar carrerilla** to take a run ◆ **decir algo de carrerilla** to reel sth off ◆ **saber(se) algo de carrerilla** to know sth by heart

carreta *nf* cart

carrete *nm* (*bobina*) reel, spool (*USA*) **LOC carrete (de fotos)** film

carretera *nf* road **LOC carretera comarcal/ secundaria** B-road ◆ **carretera de circunvalación** ring road, beltway (*USA*) ◆ **carretera general/ nacional** A-road ◆ **por carretera** by road *Ver tb* LUZ

carretilla *nf* wheelbarrow

carril *nm* **1** (*carretera*) lane: ~ *bici/bus* cycle/bus lane **2** (*raíl*) rail

carrillo *nm* cheek

carrito *nm* trolley [*pl* trolleys], cart (*USA*): ~ *de la compra* shopping trolley

carro *nm* **1** (*vehículo*) cart **2** (*supermercado, aeropuerto*) trolley [*pl* trolleys], cart (*USA*) **3 el Carro** (*Osa Mayor*) the Plough **LOC carro de combate** tank

carrocería *nf* bodywork [*incontable*]

carromato *nm* caravan, trailer (*USA*)

carroza *nf* **1** (*tirada por caballos*) carriage **2** (*en un desfile*) float
▸ *adj, nmf* (*carca*) fuddy-duddy [*pl* fuddy-duddies]: *¡No seas tan* ~! Don't be such an old fuddy-duddy!

carruaje *nm* carriage

carrusel *nm* (*tiovivo*) merry-go-round

carta *nf* **1** (*misiva*) letter: ~ *certificada/urgente* registered/express letter ◇ *una* ~ *de amor* a love letter ◇ *echar una* ~ to post a letter ◇ *¿Tengo* ~? Are there any letters for me? **2** (*naipe*) card: *jugar a las* ~*s* to play cards ➔ *Ver nota en* BARAJA **3** (*menú*) menu **4** (*documento*) charter: *la Carta de las Naciones Unidas* the United Nations Charter **LOC carta de navegación** chart ◆ **carta de presentación** covering letter, cover letter (*USA*) ◆ **echar las cartas** to tell *sb's* fortune *Ver tb* BOMBA, TELEVISIÓN

cartabón *nm* set square

cartearse *vp* ~ **(con)** to write to *sb*

cartel *nm* poster: *poner un* ~ to put up a poster **LOC cartel indicador** sign *Ver tb* PROHIBIDO

cartelera *nf* (*sección de periódico*) listings [*pl*]: ~ *teatral* theatre listings **LOC en cartelera** on: *Lleva un mes en* ~. It has been on for a month.

cartera *nf* **1** (*billetero*) wallet **2** (*maletín*) briefcase ➔ *Ver dibujo en* BAG **3** (*de colegio*) school bag

carterista *nmf* pickpocket

cartero, -a *nm-nf* postman/woman [*pl* -men/ -women], letter carrier (*USA*)

cartilla *nf* (*libreta*) book: ~ *de racionamiento/ ahorros* ration/savings book **LOC** *Ver* AHORRO, LEER, PARO, SEGURIDAD

cartón *nm* **1** (*material*) cardboard: *cajas de* ~ cardboard boxes **2** (*leche, cigarrillos*) carton **3** (*huevos*) box ➔ *Ver dibujo en* CONTAINER **LOC cartón piedra** papier mâché

cartucho *nm* (*proyectil, recambio*) cartridge

cartulina *nf* card

casa *nf* **1** (*vivienda*) **(a)** house **(b)** (*piso*) flat, apartment (*USA*) **(c)** (*edificio*) block of flats [*pl* blocks of flats], apartment building (*USA*)

🔎 En Gran Bretaña hay varios tipos de casas. Una **detached house** no tiene ningún edificio adosado, mientras que una **semidetached house** (que también se llama **semi**) está adosada a otra casa por uno de sus lados. Una **terraced house** forma parte de una hilera de casas adosadas unas a otras.

La mayoría de la gente vive en casas unifamiliares, excepto en las grandes ciudades donde muchas personas viven en pisos (**flats**).

En el campo y en pueblos pequeños puedes encontrar **cottages** que son casas pequeñas, a menudo antiguas y bonitas. Otro tipo de casa es el **bungalow**, que consta de una sola planta. ➔ *Ver págs 364-365*

 2 (*hogar*) home: *No hay nada como estar en ~.* There's no place like home. **3** (*empresa*) company [*pl* companies]: *una ~ discográfica* a record company **LOC** **casa de campo** country house ◆ **casa de cultura** arts centre ◆ **casa de socorro** first-aid post ◆ **casa rural** (*para veranear, etc.*) rural guest house ◆ **como una casa** huge: *una mentira como una ~* a huge lie ◆ **en casa** at home: *Me quedé en ~.* I stayed at home. ◇ *¿Está tu madre en ~?* Is your mother in? ◆ **en casa de** at *sb's* (house): *Estaré en ~ de mi hermana.* I'll be at my sister's house. ❶ En lenguaje coloquial se omite la palabra **house**: *Estaré en ~ de Ana.* I'll be at Ana's. ◆ **faenas/tareas de la casa** housework [*v sing*] ◆ **ir a casa** to go home ◆ **ir a casa de** to go to *sb's* (house): *Iré a ~ de mis padres.* I'll go to my parents' (house). ◆ **pasar por casa de** to drop in (on *sb*): *Pasaré por tu ~ mañana.* I'll drop in tomorrow. *Ver tb* AMA, CAMBIAR, LLEGAR

casado, -a *adj* ~ **(con)** married (to *sb*)
 ▸ *nm-nf* married man/woman [*pl* men/women]

casar *vt* (*juez, sacerdote*) to marry: *Los casó el cura del pueblo.* They were married by the village priest.
 ▸ *vi* ~ **(con)** (*cuadrar*) to tally (with *sth*): *Las cuentas no casaban.* The accounts didn't tally.
 ▸ **casarse** *vp* **1** to get married: *¿Sabes quién se casa?* Guess who's getting married? **2 casarse con** to marry *sb*: *Se casó con una brasileña.* He married a Brazilian. **LOC** **casarse por la Iglesia** to get married in church ◆ **casarse por lo civil** to get married in a registry office, to get married in a civil ceremony (*USA*) ➔ *Ver nota en* BODA

cascabel *nm* bell **LOC** *Ver* SERPIENTE

cascada *nf* waterfall

cascado, -a *adj* **1** (*roto*) clapped out **2** (*voz*) cracked **3** (*persona*) worn out *Ver tb* CASCAR

cascanueces *nm* nutcrackers [*pl*]

cascar *vt* **1** (*romper*) to crack: ~ *un jarrón* to crack a vase **2** (*pegar*) to hit
 ▸ *vi* **1** (*charlar*) to chatter **2** (*morir*) to kick the bucket

cáscara *nf* **1** (*huevo, nuez*) shell: ~ *de huevo* eggshell **2** (*limón, naranja*) peel **3** (*plátano*) skin **4** (*cereal*) husk

cascarón *nm* eggshell

cascarrabias *nmf ser un* ~ to be grumpy

casco *nm* **1** (*cabeza*) helmet: *llevar* ~ (*protector*) to wear a (crash) helmet **2** (*botella*) empty bottle **3** (*animal*) hoof [*pl* hoofs/hooves] **4** (*barco*) hull **5 cascos** (*auriculares*) headphones **LOC** **casco antiguo/viejo** old town *Ver tb* CALENTAR

cascote *nm* (*escombros*) rubble [*incontable*]: *La calle estaba llena de ~s.* The street was full of rubble.

caserío *nm* **1** (*casa*) farmhouse **2** (*aldea*) hamlet

casero, -a *adj* **1** (*producto*) home-made: *mermelada casera* home-made jam **2** (*persona*) home-loving
 ▸ *nm-nf* (*propietario*) **1** (*masc*) landlord **2** (*fem*) landlady [*pl* landladies] **LOC** *Ver* COCINA

caseta *nf* **1** (*feria*) sideshow **2** (*perro*) kennel **3** (*vestuario*) changing room, locker room (*USA*)

casete *nm* (*magnetófono*) cassette player/recorder
 ▸ *nm o nf* (*cinta*) cassette

casi *adv* **1** (*en frases afirmativas*) almost, nearly: *Estaba* ~ *lleno.* It was almost/nearly full. ◇ *Casi me caigo.* I almost/nearly fell. ◇ *Yo* ~ *diría que…* I would almost say…

🔎 A menudo **almost** y **nearly** son intercambiables. Sin embargo, solo **almost** se puede usar para calificar otro adverbio en **-ly**: *almost completely* casi completamente, y solo **nearly** puede ser calificado por otros adverbios: *I very nearly left.* Me faltó muy poco para irme.

 2 (*en frases negativas*) hardly: *No la veo* ~ *nunca.* I hardly ever see her. ◇ *No vino* ~ *nadie.* Hardly anyone came. ◇ *No queda* ~ *nada.* There's hardly anything left. **LOC** **casi, casi** very nearly: *Casi, casi llegaban a mil personas.* There were very nearly a thousand people.

casilla *nf* **1** (*Ajedrez, damas*) square **2** (*formulario*) box: *marcar la* ~ *con una cruz* to put a cross in the box **3** (*llaves, cartas, etc.*) pigeonhole **LOC** **sacar a algn de sus casillas** to drive sb crazy

casillero *nm* **1** pigeonhole **2** (*mueble*) pigeonholes [*pl*] **3** (*marcador*) scoreboard

casino *nm* **1** (*juego*) casino [*pl* casinos] **2** (*de socios*) club

caso *nm* case: *en cualquier* ~ in any case **LOC** **el caso es que…** **1** (*el hecho es que…*) the fact is (that) …: *El* ~ *es que no puedo ir.* The fact is, I can't go. **2** (*lo que importa*) the main thing is that…: *No* *importa cuándo, el ~ es que vaya.* It doesn't matter when he goes, the main thing is for him to go. ◆ **en caso de** in the event of *sth*: *Rómpase en ~ de incendio.* Break in the event of fire. ◆ **en caso de que...** if...: *En ~ de que te pregunte...* If he asks you... ◆ **en el mejor/peor de los casos** at best/at worst ◆ **en todo caso** in any case ◆ **hacer caso a/de** to take notice of *sb/ sth* ◆ **hacer/venir al caso** to be relevant ◆ **ser un caso** *(persona)* to be a right case ◆ **ser un caso aparte** to be something else ◆ **ser un caso perdido** to be a hopeless case ◆ **yo en tu caso** if I were you *Ver tb* TAL

caspa *nf* dandruff

casquería *nf* offal

casquete *nm* **LOC** **casquete glaciar/de hielo** ice cap

casta *nf* **1** *(animal)* breed **2** *(grupo social)* caste **LOC** **de casta** thoroughbred

castaña *nf* **1** *(fruto)* chestnut **2 castañas** *(años)*: *Tengo cincuenta ~s.* I'm fifty. **LOC** **agarrar/ coger(se) una castaña** to get drunk ◆ **sacarle a algn las castañas del fuego** to get sb out of trouble

castañetear *(tb* **castañear)** *vi (dientes)* to chatter

castaño, -a *adj* brown: *ojos ~s* brown eyes ◇ *Tiene el pelo ~.* He's got brown hair.
▸ *nm* chestnut (tree)

castañuelas *nf* castanets

castellano *nm (lengua)* Spanish

castidad *nf* chastity

castigar *vt* **1** to punish *sb (for sth)*: *Me castigaron por mentir.* I was punished for telling lies. ◇ *Nos castigaron sin recreo.* We were kept in at break. **2** *(Dep)* to penalize **LOC** **castigar a algn sin salir** to ground sb: *Me castigaron sin salir el fin de semana.* I was grounded for the weekend.

castigo *nm* punishment: *Habrá que ponerles un ~.* They'll have to be punished.

castillo *nm* castle **LOC** **castillo de arena** sand-castle

casto, -a *adj* chaste

castor *nm* beaver

castrar *vt* to castrate

casual *adj* chance: *un encuentro ~* a chance meeting

casualidad *nf* chance: *Nos conocimos de/por pura ~.* We met by sheer chance. ◇ *¿No tendrás por ~ su teléfono?* You don't have her number by any chance, do you? **LOC** **da la casualidad (de) que...** it so happens that... ◆ **¡qué casualidad!** what a coincidence!

cata *nf* tasting: *~ de vinos* wine tasting

catalán, -ana *adj, nm-nf, nm* Catalan

catálogo *nm* catalogue

catamarán *nm* catamaran

catar *vt* to taste

catarata *nf* **1** *(cascada)* waterfall **2** *(Med)* cataract

catarro *nm* cold: *coger un ~* to catch a cold ◇ *Estoy con ~.* I've got a cold.

catástrofe *nf* catastrophe

cate *nm* *(suspenso)* fail: *He tenido tres ~s.* I've failed three subjects.

catear *vt, vi* to fail: *¡Me han cateado!* I've failed!

catecismo *nm* catechism

catedral *nf* cathedral: *la Catedral de Burgos* Burgos Cathedral

catedrático, -a *nm-nf* **1** *(de universidad)* professor **2** *(de instituto)* head of department

categoría *nf* **1** *(sección)* category [*pl* categories]: *Quedó tercera en ~ femenina.* She came third in the women's category. **2** *(nivel)* level: *un torneo de ~ intermedia* an intermediate-level tournament **3** *(estatus)* status: *mi ~ profesional* my professional status **LOC** **de categoría 1** *(nivel, calidad)* first-rate **2** *(considerable)* serious: *una bronca de ~* a serious telling-off ◆ **de primera/ segunda/tercera categoría** first-rate/second-rate/third-rate

categórico, -a *adj* categorical

catolicismo *nm* Catholicism

católico, -a *adj, nm-nf* Catholic

🖉En inglés, cuando se habla de las creencias religiosas o políticas o las actitudes sociales de una persona, se suele utilizar el sustantivo en singular con el artículo indefinido delante: *Soy católico.* I'm a Catholic. ◇ *No soy racista.* I'm not a racist.

catorce *adj, nm, pron* **1** fourteen **2** *(fecha)* fourteenth ➔ *Ver ejemplos en* ONCE, SEIS

cauce *nm* **1** *(río)* river bed **2** *(fig)* channel

caucho *nm* rubber

caudal *nm (agua)* flow: *el ~ del río* the flow of the river

caudaloso, -a *adj* large: *El Ebro es un río muy ~.* The Ebro is a very large river.

caudillo *nm* **1** *(líder)* leader **2** *(jefe militar)* commander

causa *nf* **1** *(origen, ideal)* cause: *la ~ principal del problema* the main cause of the problem ◇ *Lo abandonó todo por la ~.* He left everything for the cause. **2** *(motivo)* reason: *sin ~ aparente* for no apparent reason **LOC** **a/por causa de** because of *sb/sth*

causar *vt* **1** to cause: *~ la muerte/heridas/daños* to cause death/injury/damage **2** *(alegría, pena)*: *Me causó una gran alegría/pena.* It made me very happy/sad. `LOC` **causar un trastorno a algn** to inconvenience sb *Ver tb* SENSACIÓN

cautela *nf* `LOC` **con cautela** cautiously

cauteloso, -a (*tb* **cauto, -a**) *adj* cautious

cautivador, -ora *adj* captivating

cautivar *vt* (*atraer*) to captivate: *El libro me cautivó.* I was captivated by the book.

cautiverio *nm* captivity

cautivo, -a *adj, nm-nf* captive

cava *nm* (*bebida*) cava

cavar *vt, vi* to dig

caverna *nf* cavern

caviar *nm* caviar

cavilar *vi* to think deeply (*about sth*): *después de mucho ~* after much thought

caza *nm* (*avión*) fighter (plane)
▸ *nf* **1** (*actividad*) hunting: *No me gusta la ~.* I don't like hunting. ◊ *ir de ~* to go hunting **2** (*carne*) game: *Nunca he comido ~.* I've never tried game. `LOC` **andar/ir a la caza de** to be after *sb/sth* ◆ **caza mayor** big game hunting ◆ **caza menor** shooting *Ver tb* FURTIVO, TEMPORADA

cazador, -ora *nm-nf* hunter `LOC` *Ver* FURTIVO

cazadora *nf* (*chaqueta*) jacket: *una ~ de piel* a leather jacket

cazar *vt* **1** to hunt **2** (*capturar*) to catch: *~ mariposas* to catch butterflies **3** (*con escopeta*) to shoot
▸ *vi* **1** to hunt **2** (*con escopeta*) to shoot

cazo *nm* **1** (*cacerola*) saucepan ⊃ *Ver dibujo en* POT **2** (*cucharón*) ladle

cazuela *nf* casserole ⊃ *Ver dibujo en* POT

CD *nm* **1** CD **2** (*aparato*) CD player

CD-ROM *nm* CD-ROM: *un programa en ~* a program on CD-ROM

cebada *nf* barley

cebar *vt* **1** (*engordar*) to fatten *sb/sth* up **2** (*atiborrar*) to fill *sb/sth* up: *Su madre los ceba.* Their mother fills them up.

cebo *nm* bait

cebolla *nf* onion `LOC` *Ver* PAPEL

cebolleta *nf* **1** (*fresca*) spring onion, green onion (*USA*) **2** (*en vinagre*) pickled onion

cebra *nf* zebra `LOC` *Ver* PASO

ceder *vt* (*traspasar*) to hand *sth* over (*to sb*): *~ el poder* to hand over power ◊ *Cedieron el edificio al ayuntamiento.* They handed over the building to the council.
▸ *vi* **1** (*transigir*) to give in (*to sb/sth*): *Es importante saber ~.* It's important to know how to give in gracefully. **2** (*intensidad, fuerza*) to ease off: *El viento cedió.* The wind eased off. **3** (*romperse*) to give way: *La estantería cedió por el peso.* The shelf gave way under the weight. `LOC` **ceder el paso** to give way, to yield (*USA*): *No*

vi el ceda el paso. I didn't see the Give Way sign. ◆ **ceder la palabra** to hand over to *sb*

cegar *vt* to blind: *Las luces me cegaron.* I was blinded by the lights.

ceguera *nf* blindness

ceja *nf* eyebrow

celador, -ora *nm-nf* hospital porter

celda *nf* cell

celebración *nf* **1** (*fiesta, aniversario*) celebration **2** (*acontecimiento*): *La ~ de las elecciones se ha retrasado hasta junio.* The elections have been postponed until June.

celebrar *vt* **1** (*festejar*) to celebrate: *~ un cumpleaños* to celebrate a birthday **2** (*llevar a cabo*) to hold: *~ una reunión* to hold a meeting
▸ **celebrarse** *vp* to take place

celeste *adj* heavenly `LOC` *Ver* AZUL

celo *nm* **1** celos jealousy [*incontable*]: *No son más que ~s.* That's just jealousy. ◊ *Sentía ~s.* He felt jealous. **2** (*cinta adhesiva*) Sellotape, Scotch tape (*USA*) `LOC` **dar celos a algn** to make sb jealous ◆ **estar en celo 1** (*hembra*) to be on heat, to be in heat (*USA*) **2** (*macho*) to be in rut ◆ **tener celos (de algn)** to be jealous (of sb) *Ver tb* COMIDO, HUELGA

celofán *nm* Cellophane: *papel de ~* Cellophane

celoso, -a *adj, nm-nf* jealous: *ser un ~* to be jealous

célula *nf* cell

celular *adj* cellular

celulitis *nf* cellulite

cementerio *nm* **1** cemetery [*pl* cemeteries] **2** (*de iglesia*) graveyard `LOC` **cementerio de coches** breaker's yard ◆ **cementerio nuclear** nuclear waste dump

cemento *nm* cement

cena *nf* dinner, supper: *¿Qué hay de ~?* What's for dinner? ⊃ *Ver nota en* DINNER `LOC` *Ver* MERIENDA

cenar *vi* to have dinner/supper: *salir a ~* to go out for a meal
▸ *vt* to have *sth* for dinner/supper: *~ una tortilla* to have an omelette for supper ⊃ *Ver nota en* DINNER

cencerro *nm* bell `LOC` **estar como un cencerro** to be round the bend

cenicero *nm* ashtray

Cenicienta *n pr* Cinderella

ceniza *nf* ash: *esparcir las ~s* to scatter the ashes `LOC` *Ver* MIÉRCOLES

censo *nm* census [*pl* censuses] `LOC` **censo electoral** electoral register

censor, -ora *nm-nf* censor

censura *nf* censorship

censurar *vt* **1** (*libro, película*) to censor **2** (*reprobar*) to censure

centellear *vi* **1** (*estrellas*) to twinkle **2** (*luz*) to flash

centena *nf* hundred: *unidades, decenas y ~s* hundreds, tens and units

centenar *nm* (*cien aproximadamente*) a hundred or so: *un ~ de espectadores* a hundred or so spectators **LOC** **centenares de...** hundreds of...: *~es de personas* hundreds of people

centenario *nm* centenary [*pl* centenaries]: *el ~ de su fundación* the centenary of its founding ◇ *el sexto ~ de su nacimiento* the 600th anniversary of his birth

centeno *nm* rye

centésimo, -a *adj, pron, nm-nf* hundredth: *una centésima de segundo* a hundredth of a second

centígrado, -a *adj* Celsius (*abrev* C): *cincuenta grados ~s* fifty degrees Celsius

🔎 En Estados Unidos se usa el sistema **Fahrenheit** para medir la temperatura. Alguna gente en Gran Bretaña también lo utiliza: *La temperatura es de 21 grados.* The temperature is seventy degrees Fahrenheit.

centímetro *nm* centimetre (*abrev* cm): *~ cuadrado/cúbico* square/cubic centimetre ➔ *Ver pág 804*

céntimo *nm* cent: *ocho euros con diez ~s* eight euros ten cents **LOC** **estar sin un céntimo** to be broke

centinela *nmf* **1** (*Mil*) sentry [*pl* sentries] **2** (*vigía*) lookout

centollo *nm* crab

centrado, -a *adj* **1** (*en el centro*): *El título no está bien ~.* The heading isn't in the centre. **2** (*equilibrado*) well balanced: *Es una persona muy centrada.* He's very well balanced. ➔ *Ver nota en* WELL BEHAVED **3** (*adaptado*) settled: *Está muy ~ en el nuevo colegio.* He's settled into the new school. *Ver tb* CENTRAR

central *adj* central: *calefacción ~* central heating
▸ *nf* **1** (*energía*) power station: *una ~ nuclear* a nuclear power station **2** (*oficina principal*) head office **LOC** **central lechera** dairy [*pl* dairies] ♦ **central telefónica** telephone exchange

centralita *nf* switchboard

centrar *vt* **1** (*colocar en el centro*) to centre: *~ una fotografía en una página* to centre a photo on a page **2** (*atención, mirada*) to focus *sth* on *sth*: *Centraron sus críticas en el gobierno.* They focused their criticism on the government. **3** (*esfuerzos*) to concentrate *sth* (*on sth/doing sth*)
▸ *vi* (*Dep*) to cross: *Centró y su compañero marcó gol.* He crossed and his teammate scored.
▸ **centrarse** *vp* **1** **centrarse en** (*girar en torno a*) to centre on/around *sth/doing sth*: *La vida del estudiante se centra en el estudio.* Students' lives centre around studying. **2** (*equilibrarse*) to become more balanced: *Desde que acabó la universidad se ha centrado mucho.* She's become much more balanced since she finished university. **3** (*adaptarse*) to settle down

céntrico, -a *adj* city/town centre: *calles céntricas* city centre streets ◇ *un piso ~* a flat in the centre of town

centro *nm* centre: *el ~ de la ciudad* the city centre ◇ *el ~ de atención* the centre of attention **LOC** **centro cívico** community centre ♦ **centro comercial** shopping centre, shopping mall (*USA*) ♦ **centro cultural** arts centre ♦ **centro de atención primaria** health centre ♦ **centro (de atención) de llamadas** call centre ♦ **centro de menores** (*reformatorio*) young offenders' institution, reform school (*USA*) ♦ **centro escolar/de enseñanza** school ♦ **ir al centro** to go into town *Ver tb* CONCERTADO, DELANTERO

centroamericano, -a *adj, nm-nf* Central American

centrocampista *nmf* (*Dep*) midfielder

ceñido, -a *adj* tight

ceño *nm* frown **LOC** *Ver* FRUNCIR

cepa *nf* **1** (*vid*) vine **2** (*árbol*) stump

cepillar *vt* **1** (*prenda de vestir, pelo*) to brush **2** (*madera*) to plane
▸ **cepillarse** *vp* **1** (*prenda de vestir, pelo*) to brush: *~se la chaqueta/el pelo* to brush your jacket/hair **2** (*asesinar*) to bump *sb* off **3** (*terminar*) to polish *sth* off: *Se ha cepillado el libro en un día.* He polished off the book in one day. **4** (*suspender*) to fail: *La profesora se ha cepillado a media clase.* The teacher has failed half the class.

cepillo *nm* **1** brush **2** (*madera*) plane **LOC** **cepillo de dientes** toothbrush ♦ **cepillo de pelo** hairbrush ♦ **cepillo de uñas** nail brush ➔ *Ver dibujo en* BRUSH

cepo *nm* **1** (*trampa*) trap **2** (*para coche*) clamp

cera *nf* **1** wax **2** (*oídos*) earwax **LOC** **hacerse la cera en las piernas, etc.** to wax your legs, etc.

cerámica *nf* pottery

cerca *adv* near, nearby: *Vivimos ~.* We live nearby. ➔ *Ver nota en* NEAR
▸ *nf* (*valla*) fence **LOC** **cerca de 1** (*a poca distancia*) near: *~ de aquí* near here **2** (*casi*) nearly: *El tren se retrasó ~ de una hora.* The train was nearly an hour late. ♦ **de cerca** *Deja que lo vea de ~.* Let me see it close up. *Ver tb* AQUÍ, PILLAR

césped

cercanías *nf* outskirts **LOC** *Ver* TREN

cercano, -a *adj* **1** ~ **(a)** close (to *sth*): *un amigo/ pariente* ~ a close friend/relative ◊ *fuentes cercanas a la familia* sources close to the family **2** (*referido a distancia*) nearby, near: *Trabaja en un pueblo* ~. He works in a nearby village. ◊ *un pueblo* ~ *a Londres* a village near London ➲ *Ver nota en* NEAR **LOC** *Ver* ORIENTE

cercar *vt* **1** (*con una valla*) to fence *sth* in **2** (*Mil*) to surround

cerdo, -a *nm-nf* pig

> 🔎 **Pig** es el sustantivo genérico, **boar** se refiere solo al macho y su plural es 'boar' o 'boars'. Para referirnos solo a la hembra utilizamos **sow**. **Piglet** es la cría del cerdo.

▸ *nm* (*carne*) pork: *lomo de* ~ loin of pork ➲ *Ver nota en* CARNE

cereal *nm* **1** (*planta, grano*) cereal **2 cereales** cereal: *Desayuno* ~*es*. I have cereal for breakfast.

cerebral *adj* (*Anat*) brain: *un tumor* ~ a brain tumour **LOC** *Ver* CONMOCIÓN

cerebro *nm* **1** (*Anat*) brain **2** (*persona*) brains [*incontable*]: *el* ~ *del equipo* the brains of the team

ceremonia *nf* ceremony [*pl* ceremonies]

cereza *nf* cherry [*pl* cherries]

cerezo *nm* cherry tree

cerilla *nf* match: *encender una* ~ to strike a match ◊ *una caja de* ~*s* a box of matches

cero *nm* **1** (*en cifras*) nought, zero (*USA*): *un cinco y dos* ~*s* a five and two noughts ◊ ~ *coma cinco* nought point five ➲ *Ver pág 802* **2** (*en teléfonos*) O ❶ Se pronuncia /əʊ/: *Mi teléfono es el veintinueve, cero, dos, cuarenta.* My telephone number is two nine O two four O. **3** (*temperaturas, grados*) zero **4** (*Dep*) **(a)** nothing (*USA*): *uno a* ~ one nil ◊ *un empate a* ~ a goalless draw **(b)** (*Tenis*) love: *quince a* ~ fifteen love **LOC bajo cero** *temperaturas bajo* ~ sub-zero temperatures ◊ *Estamos a diez grados bajo* ~. It's minus ten. ◆ **empezar/partir de cero** to start from scratch ◆ **ser un cero a la izquierda** to be a nobody *Ver tb* GRADO

cerrado, -a *adj* **1** closed, shut (*más coloq*): ~ *por vacaciones* closed for the holidays ◊ *Tenía los ojos* ~*s*. Her eyes were shut. **2** (*con llave*) locked **3** (*persona*) **(a)** (*reservado*) reserved **(b)** (*poco receptivo*) set in your, etc. ways: *Tiene una mentalidad muy cerrada.* He's very set in his ways. **4** (*espacio*) enclosed **5** (*noche*) dark **6** (*curva*) sharp **7** (*acento*) broad **LOC** *Ver* HERMÉTICAMENTE; *Ver tb* CERRAR

cerradura *nf* lock

cerrajero, -a *nm-nf* locksmith

cerrar *vt* **1** to close, to shut (*más coloq*): *Cerré los ojos.* I closed my eyes. ◊ *Cierra la puerta.* Shut the door. **2** (*con llave*) to lock **3** (*gas, llave de paso, grifo*) to turn *sth* off **4** (*sobre*) to seal **5** (*bote, botella*) to put the top on *sth*

▸ *vi* to close, to shut (*más coloq*): *No cerramos para comer.* We don't close for lunch.

▸ **cerrarse** *vp* to close, to shut (*más coloq*): *Se me cerró la puerta.* The door closed on me. ◊ *Se me cerraban los ojos.* My eyes were closing. **LOC cerrar la puerta en las narices a algn** to shut the door in sb's face ◆ **cerrar(se) de un golpe/portazo** to slam (*sth*) shut: *La puerta se cerró de un golpe.* The door slammed shut. ◆ **¡cierra el pico!** shut up! *Ver tb* ABRIR, CERROJO, GRIFO

cerro *nm* hill **LOC irse por los cerros de Úbeda** to go off on a tangent

cerrojo *nm* bolt **LOC echar/correr el cerrojo/cerrar con cerrojo** to bolt *sth Ver tb* DESCORRER

certamen *nm* competition

certeza (*tb* **certidumbre**) *nf* certainty [*pl* certainties] **LOC tener la certeza de que…** to be certain that…

certificado, -a *adj* **1** (*documento*) certified **2** (*carta, correo*) registered: *por correo* ~ by registered post

▸ *nm* certificate: ~ *de defunción* death certificate **LOC certificado escolar** school-leaving certificate *Ver tb* CERTIFICAR

certificar *vt* **1** (*dar por cierto*) to certify **2** (*carta, paquete*) to register

cervatillo *nm* fawn ➲ *Ver nota en* CIERVO

cerveza *nf* beer: *Me pone dos* ~*s, por favor.* Two beers, please. ◊ *Nos tomamos unas* ~*s con los de la oficina.* We had a few beers with the guys from the office.

> 🔎 Cuando se pide una cerveza se suele especificar el tipo, p. ej. **lager** (cerveza rubia), o **bitter** (la tradicional cerveza amarga). Se puede pedir **a pint**, o bien **a half** (una pinta o media pinta): *Can I have a half of lager, please?*

LOC cerveza de barril draught beer ◆ **cerveza negra** stout ◆ **cerveza sin alcohol** alcohol-free beer *Ver tb* FÁBRICA, JARRA

cesar *vi* **1** ~ **(de)** to stop (*doing sth*) **2** ~ **(en)** (*dimitir*) to resign (from *sth*) **LOC sin cesar** incessantly

cesión *nf* (*Dep*) loan

césped *nm* **1** grass: *No pisar el* ~. Keep off the grass. **2** (*en un jardín privado*) lawn **LOC** *Ver* CORTAR

cesta nf basket: *una ~ con comida* a basket of food ➲ *Ver dibujo en* BAG **LOC** **cesta de Navidad** Christmas hamper

cesto nm (big) basket **LOC** **cesto de la ropa sucia** laundry basket

chabacano, -a adj vulgar

chabola nf shack **LOC** Ver BARRIO

chacal nm jackal

cháchara nf chatter [incontable]: *¡Déjate de ~!* Stop chattering! **LOC** **estar de cháchara** to chatter away

chachi adj, adv great: *¡Qué fiesta más ~!* What a great party! ◇ *pasárselo ~* to have a great time

chafado, -a adj **LOC** **quedarse chafado** (desmoralizado) to be depressed (about sth) Ver tb CHAFAR

chafar vt **1** (aplastar) to flatten: *~ el césped* to flatten the grass **2** (arrugar) to crumple **3** (estropear) to ruin: *Este cambio nos ha chafado el plan.* This change has ruined our plans.

chal nm shawl: *un ~ de seda* a silk shawl

chalado, -a adj ~ **(por)** crazy (about sb/sth): *Está ~ por ti.* He's crazy about you.
▸ nm-nf nutter, nut (USA)

chaleco nm waistcoat, vest (USA) **LOC** **chaleco antibalas** bulletproof vest ◆ **chaleco salvavidas** life jacket

chalet (tb chalé) nm **1** (en la ciudad) house: *un ~ en las afueras de Valladolid* a house on the outskirts of Valladolid **2** (en la costa) villa **3** (en el campo) cottage ➲ Ver nota en CASA **LOC** **chalet adosado** semi-detached house, duplex (USA) ◆ **chalet individual** detached house ➲ Ver nota en CASA

champán (tb champaña) nm champagne

champiñón nm mushroom

champú nm shampoo: *~ anticaspa* anti-dandruff shampoo

chamuscar vt to singe

chamusquina nf **LOC** Ver OLER

chanchullo nm fiddle: *¡Qué ~!* What a fiddle! **LOC** **hacer chanchullos** to be on the fiddle

chancla (tb chancleta) nf flip-flop

chándal nm tracksuit, sweatsuit (USA)

chantaje nm blackmail **LOC** **hacer chantaje** to blackmail sb

chantajear vt to blackmail sb (into doing sth)

chantajista nmf blackmailer

chapa nf **1** (tapón) bottle top **2** (insignia) badge **3** (carrocería) bodywork [incontable]: *Saldrá caro porque hay que arreglar la ~.* It'll be expensive because they have to repair the bodywork.

chapado, -a adj (metal) plated: *un anillo ~ en oro* a gold-plated ring **LOC** **chapado a la antigua** old-fashioned

chapapote nm tar

chaparrón nm downpour: *¡Menudo ~!* What a downpour!

chapotear vi to splash about: *Los niños chapoteaban en los charcos.* The children were splashing about in the puddles.

chapucero, -a adj slapdash
▸ nm-nf (persona) shoddy worker

chapurrear (tb chapurrar) vt to speak a few words of sth: *~ el italiano* to speak a few words of Italian

chapuza nf botch, botch-up: *Ese dibujo es una ~.* You've made a botch of that drawing. **LOC** **hacer chapuzas** (arreglos) to do odd jobs

chapuzón nm dip **LOC** **darse un chapuzón** to go for a dip

chaqué nm morning coat **LOC** **ir de chaqué** to wear morning dress

chaqueta nf jacket **LOC** **chaqueta de punto** cardigan

chaquetón nm jacket: *un ~ tres cuartos* a three-quarter length jacket

charca nf pool

charco nm puddle

charcutería nf (tienda) delicatessen

charla nf **1** (conversación) chat **2** (conferencia) talk (on sb/sth)

charlar vi to chat (to sb) (about sb/sth)

charlatán, -ana adj (hablador) talkative
▸ nm-nf **1** (hablador) chatterbox **2** (indiscreto) gossip **3** (embaucador) charlatan

charol nm patent leather: *un bolso de ~* a patent leather bag

chárter adj, nm (vuelo) charter

chasco nm (decepción) let-down, disappointment (más formal): *¡Vaya ~!* What a let-down! **LOC** **llevarse un chasco** to be disappointed

chasis nm chassis [pl chassis] **LOC** **estar/quedarse en el chasis** to be all skin and bone: *Se ha quedado en el ~.* He's all skin and bone.

chasquear (tb chascar) vt **1** (lengua) to click **2** (dedos) to snap

chasquido nm **1** (látigo, madera) crack **2** (lengua) click: *dar un ~ con la lengua* to click your tongue **3** (dedos) snap

chatarra nf **1** (metal) scrap [incontable]: *vender un coche como ~* to sell a car for scrap ◇ *Este frigorífico es una ~.* This fridge is only fit for scrap. **2** (calderilla) small change

chatarrero, -a nm-nf scrap dealer

chatear vi (Internet) to chat

chato nm glass of wine: *tomarse unos ~s* to have a few glasses of wine

chato, -a adj **1** (persona) snub-nosed **2** (nariz) snub **3** (edificio, árbol) squat

chaval, -ala nm-nf **1** (masc) boy **2** (fem) girl **3 chavales** (sin distinción de sexo) kids, youngsters (más formal): *un grupo de ~es* a bunch of kids LOC **estar hecho un chaval** to look very young

checo, -a adj, nm-nf, nm Czech LOC Ver REPÚBLICA

chepa nf hump

cheque nm cheque: *ingresar un ~* to pay a cheque in LOC **cheque en blanco/sin fondos** blank/bad cheque

chequeo nm check-up: *hacerse un ~* to have a check-up

chica nf (criada) maid Ver tb CHICO

chicha nf (carne) meat

chicharra nf (insecto) cicada

chicharrón nm crackling [incontable]

chichón nm lump: *tener un ~ en la frente* to have a lump on your forehead

chicle nm chewing gum [incontable]: *Cómprame un ~ de menta.* Buy me some spearmint chewing gum.

chico, -a adj small ➔ Ver nota en SMALL
▶ nm-nf **1** (masc) boy: *el ~ de la oficina* the office boy **2** (fem) girl ❶ Si son adultos, también se puede decir **young man/woman**: *un chico de 25 años* a young man of twenty-five **3 chicos** (sin distinción de sexo) kids, youngsters (más formal)

chiflado, -a adj ~ (por) crazy (about sb/sth)
▶ nm-nf nutter, nut (USA) Ver tb CHIFLAR

chifladura nf **1** (locura) madness **2** (idea) wild notion

chiflar vi **1** (dar silbidos) to whistle **2** (encantar) to love sth/doing sth: *Me chifla la paella.* I love paella.
▶ vt **1** (con la boca) to whistle: *~ una canción* to whistle a song **2** (instrumento) to blow
▶ **chiflarse** vp **1** (enloquecer) to go mad **2 chiflarse con/por** (entusiasmarse) to be crazy about sb/sth: *Mi prima se chifla por los dibujos animados.* My cousin is crazy about cartoons.

chií adj, nmf Shiite

Chile nm Chile

chile nm chilli [pl chillies]

chileno, -a adj, nm-nf Chilean

chillar vi **1** to shout (at sb): *¡No me chilles!* Don't shout at me! ➔ Ver nota en SHOUT **2** (berrear) to scream **3** (aves) to screech **4** (cerdo) to squeal **5** (ratón) to squeak

chillido nm **1** (persona) scream **2** (ave) screech **3** (cerdo) squeal **4** (ratón) squeak

chillón, -ona adj **1** (voz) shrill **2** (sonido, color) loud

chimenea nf **1** (hogar) fireplace: *Enciende la ~.* Light the fire. ◇ *sentados al lado de la ~* sitting by the fireplace **2** (exterior) chimney [pl chimneys]: *Desde aquí se ven las ~s de la fábrica.* You can see the factory chimneys from here. **3** (de barco) funnel

chimpancé nm chimpanzee

China nf China

chinchar vt to pester: *¡Deja de ~me!* Stop pestering me! LOC **¡te chinchas!** tough!

chinche nf bedbug

chincheta nf drawing pin, thumbtack (USA) ➔ Ver dibujo en PIN

¡chinchín! interj (brindis) cheers!

chino, -a adj, nm Chinese: *hablar ~* to speak Chinese
▶ nm-nf Chinese man/woman [pl men/women]: *los ~s* the Chinese LOC Ver CUENTO

chip nm chip LOC Ver CAMBIAR

chipirón nm baby squid [pl baby squid/squids]

Chipre nm Cyprus

chipriota adj, nmf Cypriot

chiquillo, -a nm-nf kid

chiquitín, -ina adj tiny
▶ nm-nf (cariño) darling

chirimiri nm drizzle

chirimoya nf custard apple

chiringuito nm **1** (bar) open-air cafe/restaurant **2** (quiosco) refreshment stall

chiripa nf luck: *¡Qué ~!* What a stroke of luck! LOC **de chiripa** by sheer luck

chirona nf nick: *estar en ~* to be in the nick

chirriar vi **1** (bicicleta) to squeak: *La cadena de mi bicicleta chirría.* My bicycle chain squeaks. **2** (puerta) to creak **3** (frenos) to screech

chirrido nm **1** (bicicleta) squeak **2** (puerta) creak **3** (frenos) screech

¡chis! interj **1** (¡silencio!) sh! **2** (¡oiga!) hey!

chisme nm **1** (cuento) gossip [incontable]: *contar ~s* to gossip **2** (trasto) thing **3** (aparato) gadget, thingummy (coloq)

chismorrear vi to gossip (about sb/sth)

chismoso, -a adj gossipy
▶ nm-nf gossip: *¡Es un ~!* He's a real gossip!

chispa nf **1** spark **2** (pizca) bit: *Lleva una ~ de pimentón.* It's got a bit of paprika in it. LOC **estar algn que echa chispas** to be hopping mad ◆ **tener chispa** to be witty

chispazo nm spark: *pegar un ~* to send out sparks

chispear v imp (llover) to spit (with rain): *Solo chispeaba.* It was only spitting.

chistar vi LOC **sin chistar** without saying a word

chiste *nm* **1** (*hablado*) joke: *contar/coger un ~* to tell/get a joke **2** (*dibujo*) cartoon LOC **no verle el chiste a algo** *No le veo el ~.* I can't see what's so funny.

chistera *nf* top hat

chistoso, -a *adj* funny

chivar *vt, vi* to tell: *Me chivaron la última pregunta.* They told me the answer to the last question.
▸ **chivarse** *vp* **1** (*entre niños*) to tell (*on sb*): *Me vio copiando y se chivó al profesor.* He saw me copying and told on me to the teacher. ◇ *Pienso ~me a mamá.* I'm going to tell mummy. **2** (*a la policía*) to tip *sb* off: *Esos dos fueron los que se chivaron.* It was those two who tipped off the police.

chivatazo *nm* tip-off LOC **dar el chivatazo** to tip *sb* off

chivato, -a *nm-nf* **1** sneak **2** (*de la policía*) grass

chivo, -a *nm-nf* kid LOC **chivo expiatorio** scapegoat

chocar *vi* **1 ~ (contra/con)** (*colisionar*) **(a)** (*contra un obstáculo*) to crash (into *sth*): *El coche chocó contra una tapia.* The car crashed into a wall. ◇ *El balón chocó contra la puerta.* The ball hit the door. **(b)** (*contra otro vehículo*) to collide (with *sth*): *Un camión chocó contra un minibús.* A lorry collided with a minibus. **2 ~ (con)** (*estar en desacuerdo*) to clash (with *sb/sth*): *Siempre chocamos por cuestiones políticas.* We always clash over political questions. ◇ *~ con el gobierno* to clash with the government **3** (*sorprender*) to surprise: *Me chocó que se presentase sin avisar.* I was surprised he turned up without letting us know. LOC **¡choca esos cinco!/¡chócala!** give me five!

chochear *vi* to go senile

chocolate *nm* **1** chocolate: *una tableta de ~* a bar of chocolate **2** (*líquido*) hot chocolate

chocolatina *nf* chocolate bar

chófer *nmf* **1** (*coche privado*) chauffeur **2** (*autocar*) driver

chollo *nm* **1** (*trabajo*) cushy job **2** (*ganga*) bargain

choni *nf* chav

chopo *nm* poplar

choque *nm* **1** (*colisión, ruido*) crash **2** (*enfrentamiento*) clash LOC **autos/coches de choque** dodgems, bumper cars (*USA*): *montarse en los coches de ~* to go on the dodgems

chorizo *nm* (*embutido*) chorizo
▸ **chorizo, -a** *nm-nf* (*ratero*) thief [*pl* thieves]

chorlito *nm* LOC *Ver* CABEZA

chorrada *nf* **1** (*acción, dicho*) stupid thing: *Eso que has dicho es una ~.* That was a stupid

thing to say. **2** (*cosa inútil*) junk [*incontable*]: *¿Por qué compras tantas ~s?* Why do you buy so much junk? ◇ *¡Vaya ~ has ido a comprar!* That's a real piece of junk you've bought! LOC **decir chorradas** to talk nonsense

chorrear *vi* **1** (*gotear*) to drip **2** (*estar empapado*) to be dripping wet: *Estas sábanas están chorreando.* These sheets are dripping wet.

chorro *nm* **1** (*agua, gas*) jet **2** (*Cocina*) dash: *Añadir un ~ de limón.* Add a dash of lemon. LOC **a chorros** *salir a ~s* to gush out

choza *nf* hut

chubasco *nm* shower: *inestable con claros y ~s* changeable with sunny spells and showers

chubasquero *nm* waterproof jacket

chuchería (*tb* **chuche**) *nf* (*golosina*) sweet

chufa *nf* tiger nut: *horchata de ~s* tiger nut milk

chulear *vi* to show off

chuleta *nf* **1** (*alimento*) chop: *~s de cerdo* pork chops **2** (*para copiar*) crib

chuletilla *nf* cutlet

chulo, -a *adj* **1** (*persona*) cocky: *ponerse (en plan) ~* to get cocky **2** (*cosa*) lovely

chungo, -a *adj* **1** (*difícil*) hard: *Lo tiene ~.* It's going to be hard for her. **2** (*pocho*) ill: *¡Qué chunga estoy!* I feel really ill! **3** (*peligroso, poco fiable*) dodgy: *Está metido en un asunto muy ~.* He's involved in some very dodgy business.

chupa *nf* jacket: *una ~ de cuero* a leather jacket

Chupa Chups (*tb* **chupa-chups**) *nm* lollipop

chupada *nf* **1** suck: *El niño le daba ~s al polo.* The boy was sucking his lolly. **2** (*cigarrillo*) puff: *dar una ~ a un cigarrillo* to have a puff on a cigarette

chupado, -a *adj* **1** (*persona*) skinny ⊃ *Ver nota en* DELGADO **2** (*cosa*) dead easy: *El examen estaba ~.* The exam was dead easy. *Ver tb* CHUPAR

chupar *vt* **1** to suck: *~ un caramelo* to suck a sweet **2** (*absorber*) to soak *sth* up: *Esta planta chupa mucha agua.* This plant soaks up a lot of water. LOC **chupar del bote** to scrounge ◆ **chuparse el dedo 1** to suck your thumb **2** (*ser ingenuo*): *¿Te crees que me chupo el dedo?* Do you think I was born yesterday? ◆ **para chuparse los dedos** delicious: *Estaba para ~se los dedos.* It was delicious.

chupete *nm* dummy [*pl* dummies], pacifier (*USA*)

chupón, -ona *adj, nm-nf* (*aprovechado*) sponger: *¡Mira que eres ~!* You're a real sponger!

churro *nm* **1** (*comida*) deep-fried strip of batter **2** (*chapuza*) botch-up: *Me ha salido un ~.* I've botched it up. LOC *Ver* VENDER

chutar *vi* to shoot

▸**chutarse** *vp* (*droga*) to shoot (*sth*) up **LOC** **ir que chuta** to be more than enough: *Con 20 euros para el fin de semana vas que chutas.* 20 euros is more than enough for the weekend.

ciberacosador, -ora *nm-nf* (*que intimida*) cyberbully [*pl* cyberbullies]

ciberacoso *nm* cyberbullying

ciberespacio *nm* cyberspace

cibernauta *nmf* Internet user

ciberseguridad *nf* cybersecurity

cicatriz *nf* scar: *Me quedó una ~.* I was left with a scar.

cicatrizar *vi* to heal

ciclismo *nm* cycling: *hacer ~* to go cycling **LOC** **ciclismo de montaña** mountain biking

ciclista *nmf* cyclist **LOC** *Ver* VUELTA

ciclo *nm* cycle: *un ~ de cuatro años* a four-year cycle

ciclomotor *nm* moped

ciclón *nm* cyclone

ciclovía *nf* (*evento*) Bicycle Day

ciego, -a *adj ~* (**de**) blind (with *sth*): *quedarse ~* to go blind ◇ *~ de cólera* blind with rage
▸ *nm-nf* blind man/woman [*pl* men/women]: *una colecta para los ~s* a collection for the blind

🔎 En un contexto más formal se prefiere la expresión **people who are visually impaired**: *Es una organización para ciegos.* It's an organization for visually impaired people.

LOC **a ciegas 1** (*sin ver*): *Busqué el interruptor a ciegas.* I felt around for the light switch. **2** (*sin saber*): *Tomó la decisión a ciegas.* He decided without knowing much about it. ◆ **ponerse ciego (a/de)** (*comida*) to stuff yourself (with *sth*) *Ver tb* GALLINA

cielo *nm* **1** (*firmamento*) sky [*pl* skies] **2** (*Relig*) heaven ➩ *Ver nota en* HEAVEN
▸ **¡cielos!** *interj* good heavens! **LOC** **ser un cielo** to be an angel *Ver tb* CAÍDO, SANTO, SÉPTIMO

ciempiés *nm* centipede

cien *nm, adj, pron* **1** a hundred: *Hoy cumple ~ años.* She's a hundred today. ◇ *Había ~ mil personas.* There were a hundred thousand people.

🔎 Se suele traducir por **one hundred** cuando se quiere hacer hincapié en la cantidad: *Te dije cien, no doscientos.* I said one hundred, not two.

2 (*centésimo*) hundredth: *Soy el ~ de la lista.* I'm hundredth on the list. ➩ *Ver pág 802* **LOC** **(al) cien por cien** a hundred per cent ◆ **cien mil veces** hundreds of times ◆ **poner a algn a cien** to drive sb mad *Ver tb* OJO

ciencia *nf* **1** science **2 ciencias** (*Educ*) science [*incontable*]: *mi profesor de ~s* my science teacher ◇ *Estudié ~s.* I studied science. **LOC** **ciencia ficción** science fiction ◆ **ciencias de la información** media studies [*incontable*] ◆ **ciencias empresariales** business studies [*incontable*], business administration [*incontable*] (*USA*) ◆ **ciencias naturales** natural science [*incontable*] ◆ **saber a ciencia cierta** to know *sth* for certain

científico, -a *adj* scientific
▸ *nm-nf* scientist

ciento *nm, adj, pron* (**a**) hundred [*pl* hundred]: *~ sesenta y tres* a hundred and sixty-three ◇ *varios ~s* several hundred ➩ *Ver pág 802* **LOC** **cientos de…** hundreds of…: *~s de personas* hundreds of people ◆ **por ciento** per cent: *Un/el 50 por ~ de la población opina que…* 50 per cent of the population think that… *Ver tb* TANTO

cierre *nm* **1** (*acto de cerrar*) closure **2** (*collar, bolso*) clasp **LOC** *Ver* LIQUIDACIÓN

cierto, -a *adj* **1** (*verdadero*) true: *Es ~.* It's true. **2** (*indeterminado*) some: *con cierta inquietud* with some anxiety **3** (*determinado*) certain: *Solo están a ciertas horas del día.* They're only there at certain times of the day. **LOC** **en cierto sentido** in a sense ◆ **estar en lo cierto** to be right (*about sth*) ◆ **hasta cierto punto** up to a point ◆ **por cierto** by the way *Ver tb* CIENCIA

ciervo, -a *nm-nf* deer [*pl* deer]

🔎 La palabra **deer** es el sustantivo genérico, **stag** (o **buck**) se refiere solo al ciervo macho y **doe** solo a la hembra. **Fawn** es el cervatillo.

cifra *nf* **1** figure: *un número de tres ~s* a three-figure number ◇ *Se cree que la ~ asciende a un millón de dólares.* It is believed that the figure is as much as a million dollars. **2** (*teléfono*) digit: *un número de teléfono de seis ~s* a six-digit phone number **3** (*cantidad*) number: *la ~ de votantes* the number of voters

cigarra *nf* cicada

cigarrillo *nm* cigarette **LOC** **cigarrillo electrónico** e-cigarette: *fumar ~s electrónicos* to vape

cigüeña *nf* stork

cilíndrico, -a *adj* cylindrical

cilindro *nm* cylinder

cima *nf* top: *llegar a la ~* to reach the top

cimientos *nm* foundations

cinc *nm* zinc

cincel *nm* chisel

cinco *adj, nm, pron* **1** five **2** (*fecha*) fifth ➲ *Ver ejemplos en* SEIS

cincuenta *adj, nm, pron* **1** fifty **2** (*cincuentavo*) fiftieth ➲ *Ver ejemplos en* SESENTA

cine *nm* **1** (*local*) cinema, movie theater (*USA*): *¿Te apetece ir al ~?* Do you fancy going to the cinema? **2** (*arte, películas*) films: *Me gusta mucho el ~ de terror.* I love horror films. ◊ *hacer ~* to make films **LOC** **cine multisalas** multiplex (cinema) ◆ **de cine 1** (*festival, director, crítico*) film: *un actor/director de ~* a film actor/director **2** (*fantástico*) brilliant: *Me lo pasé de ~.* I had a brilliant time.

cinematográfico, -a *adj* film: *la industria cinematográfica* the film industry

cínico, -a *adj* hypocritical
▸*nm-nf* hypocrite

cinta *nf* **1** tape **2** (*lazo*) ribbon **LOC** **cinta adhesiva/aislante** sticky/insulating tape ◆ **cinta de correr** treadmill ◆ **cinta de pelo 1** (*tipo diadema*) hairband **2** (*Dep*) headband ◆ **cinta métrica** tape measure

cinto *nm* belt

cintura *nf* waist: *Mido 70 cm de ~.* I've got a 28 inch waist.

cinturón *nm* belt: *ser ~ negro* to be a black belt **LOC** **cinturón (de seguridad)** seat belt: *abrocharse el ~ de seguridad* to fasten your seat belt *Ver tb* APRETAR

ciprés *nm* cypress

circo *nm* circus [*pl* circuses]

circuito *nm* **1** (*Dep*) track: *El piloto dio diez vueltas al ~.* The driver did ten laps of the track. **2** (*Electrón*) circuit

circulación *nf* **1** circulation: *Tengo mala ~.* I have poor circulation. **2** (*tráfico*) traffic **LOC** *Ver* CÓDIGO

circular[1] *adj* circular: *una mesa ~* a round table
▸*nf* circular: *remitir una ~* to send out a circular

circular[2] *vt, vi* to circulate: *La sangre circula por las venas.* Blood circulates through your veins. ◊ *~ una carta* to circulate a letter
▸ *vi* **1** (*en coche*) to drive: *Circulen con precaución.* Drive carefully. **2** (*tren, autobús*) to run **3** (*rumor*) to go round **LOC** **¡circulen!** move along!

círculo *nm* **1** circle: *formar un ~* to form a circle **2** (*asociación*) society [*pl* societies] **LOC** **círculo polar ártico/antártico** Arctic/Antarctic Circle ◆ **círculo vicioso** vicious circle

circunferencia *nf* (*perímetro*) circumference: *Tiene 10 centímetros de ~.* It has a circumference of 10 centimetres.

circunstancia *nf* circumstance

circunvalación *nf* **LOC** *Ver* CARRETERA

cirio *nm* candle **LOC** *Ver* ARMAR, MONTAR

ciruela *nf* plum **LOC** **ciruela pasa** prune

ciruelo *nm* plum tree

cirugía *nf* surgery: *~ estética/plástica* cosmetic/plastic surgery

cirujano, -a *nm-nf* surgeon

cisco *nm* (*discusión*) fuss: *Montó un ~ en la tienda.* He kicked up a fuss in the shop. **LOC** **estar hecho cisco** to be shattered

cisne *nm* swan

cisterna *nf* **1** (*depósito*) tank **2** (*baño*) cistern **LOC** *Ver* CAMIÓN

cita *nf* **1** meeting: *acordar una ~ con algn* to arrange to meet sb **2** (*pareja*) date: *una ~ a ciegas* a blind date **3** (*médico, profesional*) appointment: *Tengo una ~ con el dentista.* I've got a dental appointment. **4** (*frase*) quotation, quote (*más coloq*) **LOC** **darse cita** to meet

citar *vt* **1** (*convocar*) to arrange to meet sb **2** (*Jur*) to summons **3** (*hacer referencia*) to quote
▸*citarse* *vp* **citarse (con)** to arrange to meet (*sb*)

cítricos *nm* citrus fruits

ciudad *nf* town, city [*pl* cities]

🔎 **¿Town o city?**
Town es la palabra general para referirnos a una ciudad: *Tengo que ir a la ciudad a hacer unas compras.* I've got to go into town and do some shopping. **City** se refiere a una ciudad grande e importante como, por ejemplo, Nueva York, Madrid, etc. En Gran Bretaña **city** también se refiere a una ciudad que tiene derechos especiales y que normalmente tiene catedral.

LOC **ciudad dormitorio** dormitory town ◆ **ciudad natal** home town ◆ **ciudad universitaria** university campus *Ver tb* GAS

ciudadanía *nf* citizenship **LOC** *Ver* EDUCACIÓN

ciudadano, -a *adj* *por razones de seguridad ciudadana* for reasons of public safety ◊ *El alcalde pidió la colaboración ciudadana.* The mayor asked the people of the town to work together.
▸*nm-nf* citizen: *ser ~ de la Unión Europea* to be a citizen of the European Union ◊ *Dio las gracias a todos los ~s de Soria.* He thanked the people of Soria. **LOC** *Ver* INSEGURIDAD

cívico, -a *adj* public-spirited: *sentido ~* public-spiritedness **LOC** *Ver* CENTRO

civil *adj* civil: *derechos ~es* civil rights
▸*nmf* civilian **LOC** *Ver* CASAR, ESTADO, GUARDIA, REGISTRO

civilización *nf* civilization

civilizado, -a *adj* civilized

civismo *nm* community spirit

clamar *vt* (*exigir*) to demand
▸*vi* (*gritar*) to shout

clamor *nm* **1** (*gritos*) shouts [*pl*]: *el ~ de la muche-dumbre* the shouts of the crowd **2** (*en espectáculos*) cheers [*pl*]: *el ~ del público* the cheers of the audience

clan *nm* clan

clandestino, -a *adj* clandestine

clara *nf* **1** (*huevo*) egg white **2** (*bebida*) shandy [*pl* shandies]

claraboya *nf* skylight

clarear *v imp* **1** (*despejarse*) to clear up **2** (*amanecer*) to get light

clarete *nm* rosé

claridad *nf* **1** (*luminosidad*) light **2** (*perspicacia, nitidez*) clarity

clarificar *vt* to clarify

clarinete *nm* clarinet

claro, -a *adj* **1** (*evidente, nítido*) clear: *Está ~ que…* It's clear that… **2** (*color*) light: *verde ~* light green **3** (*luminoso*) bright **4** (*pelo*) fair **5** (*poco espeso*) thin
▸*nm* **1** (*bosque*) clearing **2** (*Meteor*) sunny spell
▸*adv* clearly: *No oigo ~.* I can't hear clearly.
▸ *¡claro!* *interj* of course **LOC** **claro que no** of course not ◆ **claro que sí** of course ◆ **dejar claro** to make *sth* clear ◆ **estar más claro que el agua** to be crystal clear ◆ **llevarlo claro** to have another think coming: *Lo llevas ~.* You've got another think coming. ◆ **poner en claro** to make *sth* clear

clase *nf* **1** (*categoría, curso, Ciencias, Sociol*) class: *Estudiamos en la misma ~.* We were in the same class. ◊ *viajar en primera ~* to travel first class **2** (*lección*) lesson: *~s de conducir/inglés* driving/English lessons ◊ *~ particular* private lesson **3** (*aula*) classroom **4** (*variedad*) kind: *distintas ~s de pan* different kinds of bread **LOC** **clase alta/baja/media** upper/lower/middle class(es) [*gen pl*] ◆ **dar clase** to teach: *Doy ~ en un colegio privado.* I teach at an independent school. ◆ **tener clase** to have class: *Tiene mucho dinero pero no tiene ~.* She's got a lot of money but no class. *Ver tb* COMPAÑERO, FUMAR, PIRARSE

clásico, -a *adj* **1** (*Arte, Hist, Mús*) classical **2** (*típico*) classic: *el ~ comentario* the classic remark
▸*nm* **1** classic **2** (*Dep*) big game ❶ *Para un partido entre dos equipos de la misma ciudad o región, se dice* **derby**.

clasificación *nf* **1** classification: *la ~ de las plantas* the classification of plants **2** (*Dep*): *partido/fase de ~* qualifying match/stage ◊ *la ~ para la final* qualifying for the final ◊ *El tenista ruso⁻ encabeza la ~ mundial.* The Russian

player is number one in the world rankings. ◊ *la ~ general de la liga* the league table

clasificar *vt* to classify: *~ los libros por materias* to classify books according to subject
▸**clasificarse** *vp* **clasificarse (para)** to qualify (for *sth*): *~se para la final* to qualify for the final **LOC** **clasificarse en segundo, tercer, etc. lugar** to come second, third, etc.

clasificatorio, -a *adj* qualifying

clasista *adj* class-conscious
▸*nmf* snob

claudicar *vi* to surrender

claustro *nm* **1** (*Arquit*) cloister **2** (*conjunto de profesores*) staff [*v sing o pl*] **3** (*reunión de los profesores*) staff meeting

claustrofobia *nf* claustrophobia: *tener ~* to suffer from claustrophobia

claustrofóbico, -a *adj* claustrophobic

cláusula *nf* clause

clausura *nf* (*cierre*) closure **LOC** **de clausura 1** closing: *acto/discurso de ~* closing ceremony/speech **2** (*monja, convento, etc.*) cloistered

clausurar(se) *vt, vp* to end

clavado, -a *adj* **1 ~ a** (*idéntico*) just like: *Esa sonrisa es clavada a la de su madre.* That smile is just like his mother's. **2** (*en punto*) on the dot: *las seis y media clavadas* half past six on the dot *Ver tb* CLAVAR

clavar *vt* **1** (*clavo, estaca*) to hammer *sth* (*into sth*): *~ clavos en la pared* to hammer nails into the wall **2** (*cuchillo, puñal*) to stick *sth* in: *Clavó el cuchillo en la mesa.* He stuck the knife into the table. **3** (*sujetar*) to nail: *Clavaron el cuadro en la pared.* They nailed the picture to the wall. **4** (*cobrar demasiado*) to rip *sb* off: *Me han clavado cinco euros por la cerveza.* I got ripped off for five euros for the beer.
▸**clavarse** *vp* *Me he clavado una espina en el dedo.* I've got a thorn in my finger. ◊ *Cuidado, te vas a ~ el alfiler/las tijeras.* Be careful you don't hurt yourself with that pin/the scissors.

clave *adj* (*fundamental*) key: *factor/persona ~* key factor/person
▸*nf* **1** (*código*) code **2 ~ (de/para)** key [*pl* keys] (to *sth*): *la ~ de su éxito* the key to their success **3** (*Mús*) clef **LOC** **clave de sol/fa** treble/bass clef ◆ **ser clave** to be central (*to sth*)

clavel *nm* carnation

clavícula *nf* collarbone

clavo *nm* **1** nail **2** (*Cocina*) clove **LOC** **como un clavo** on the dot: *Estaba allí a las dos como un ~.* I was there at two on the dot. ◆ **dar en el clavo** to hit the nail on the head *Ver tb* AGARRAR

claxon *nm* horn: *tocar el ~* to sound the horn

clero nm clergy [pl]

clic nm (Informát) click `LOC` **hacer clic** to click: *Haz ~ en el icono.* Click on the icon. ◊ *hacer doble ~* to double-click

clicar vt, vi (Informát) to click (on) *sth*

cliché nm **1** (tópico) cliché **2** (Fot) negative

cliente, -a nm-nf **1** (tienda, restaurante, banco) customer: *uno de mis mejores ~s* one of my best customers ◊ *Soy ~ del BBVA.* I'm a BBVA customer. **2** (empresa, abogado) client `LOC` Ver ATENCIÓN

clima nm **1** climate: *un ~ húmedo* a damp climate **2** (ambiente) atmosphere: *un ~ de cordialidad/tensión* a friendly/tense atmosphere

climático, -a adj `LOC` Ver CAMBIO

climatizado, -a adj air-conditioned `LOC` Ver PISCINA

clímax nm climax

clínica nf **1** clinic **2** (dental) surgery

clip nm **1** (papel) paper clip **2** (pelo) hair clip **3** (vídeo) video [pl videos]

cloaca nf sewer

clon nm clone

clonación nf cloning: *la ~ humana* human cloning

clonar vt to clone

clónico, -a adj cloned: *una oveja clónica* a cloned sheep

cloro nm chlorine

club nm club

coacción nf coercion

coaccionar vt to coerce *sb* (into sth/doing sth)

coagular(se) vt, vp to clot

coágulo nm clot

coala nm koala (bear)

coalición nf coalition

coartada nf alibi [pl alibis]: *tener una buena ~* to have a good alibi

coba nf `LOC` **dar coba** to soft-soap *sb*

cobarde adj cowardly: *No seas tan ~.* Don't be so cowardly.
▶ nmf coward

cobardía nf cowardice [incontable]: *Es una ~.* It's an act of cowardice.

cobaya nmf guinea pig

cobertizo nm shed

cobertura nf **1** (medios de comunicación, telefonía, Internet) coverage: *la ~ de un acontecimiento en la prensa* press coverage of an event ◊ *Estos teléfonos móviles tienen buena ~.* These mobile phones have a wide coverage. ◊ *No tengo/No hay ~.* I can't get a signal. **2** (Mil, seguros, protección) cover: *la ~ aérea* air cover

`LOC` **tener cobertura** (Telecomunicaciones) to get a signal: *No tengo ~.* I can't get a signal.

cobijar vt to shelter *sb* (from sth)
▶ **cobijarse (de)** to shelter (from sth): *~se del frío* to shelter from the cold

cobra nf cobra

cobrador, -ora nm-nf **1** (autobús) conductor **2** (deudas, recibos) collector

cobrar vt, vi **1** (pedir un pago) to charge (sb) (for sth): *¿A cuánto cobra la hora?* How much do you charge per hour? ◊ *¿Me cobra, por favor?* Can I have the bill, please? **2** (recibir un salario, pago, etc.) to be paid: *Todavía no he cobrado las clases.* I still haven't been paid for those classes. ◊ *¡El jueves cobramos!* Thursday is pay day!
▶ vt **1** (cheque) to cash **2** (adquirir) to gain: *~ fuerza* to gain momentum
▶ vi (recibir una bofetada) to get a smack, to get a slap (USA)
▶ **cobrarse** vp **1** (en un bar, restaurante): *Cóbrese, por favor.* Here's the money. ◊ *¿Te cobras las bebidas?* How much are the drinks? **2** (costar) to cost: *La guerra se ha cobrado muchas vidas.* The war has cost many lives. `LOC` **cobrar de más/menos** to overcharge/undercharge ◆ **cobrar el paro** to draw the dole Ver tb IMPORTANCIA

cobre nm copper

cobro nm **1** (factura, letra) payment **2** (alquiler) collection **3** (cheque) cashing `LOC` Ver LLAMADA, LLAMAR

Coca Cola® nf Coke®

cocaína nf cocaine

cocción nf cooking: *tiempo de ~* cooking time

cocear vi to kick

cocer vt **1** (hervir) to boil **2** (pan) to bake **3** (cerámica) to fire
▶ vi **1** (alimento) to cook **2** (líquido) to boil: *El agua está cociendo.* The water is boiling.
▶ **cocerse** vp **1** (alimento) to cook **2** (tener calor) to boil: *Me estoy cociendo con este jersey.* I'm boiling in this jumper. `LOC` **cocer a fuego lento** to simmer

coche nm **1** (automóvil) car: *ir en ~* to go by car **2** (vagón, carruaje) carriage, car (USA) `LOC` **coche cama** sleeping car ◆ **coche de alquiler** hire car, rental car (USA) ◆ **coche de bomberos** fire engine ◆ **coche de carreras** racing car, race car (USA) ◆ **coche fúnebre** hearse Ver tb ACCIDENTE, BOMBA, CHOQUE

cochecito nm (para bebé) pram, baby carriage (USA)

cochera nf **1** (autobús) depot **2** (coche) garage

cochinillo nm suckling pig

cochino, -a nm-nf **1** (animal) pig つ Ver nota en CERDO **2** (persona) filthy pig

cocido nm stew LOC Ver JAMÓN; Ver tb COCER

cocina nf **1** (lugar) kitchen **2** (aparato) cooker, stove (USA): *una ~ de gas* a gas cooker **3** (arte de cocinar) cookery: *un curso/libro de ~* a cookery course/book **4** (gastronomía) cooking: *la ~ china* Chinese cooking ◆ **paño/trapo de cocina** tea towel, dishtowel (USA) Ver tb BATERÍA, MENAJE

cocinar vt, vi to cook: *No sé ~.* I can't cook.

cocinero, -a nm-nf cook: *ser buen ~* to be a good cook

coco nm **1** (fruto) coconut **2** (cabeza) head **3** (personaje imaginario) bogeyman [pl -men] **4** (persona fea) fright LOC **tener mucho coco** to be very brainy Ver tb COMER

cocodrilo nm crocodile LOC Ver LÁGRIMA

cocotero nm coconut palm

cóctel nm **1** (bebida) cocktail **2** (reunión) cocktail party

codazo nm **1** (violento, para abrirse paso): *Me abrí paso a ~s.* I elbowed my way through the crowd. **2** (para llamar la atención) nudge: *Me dio un ~.* He gave me a nudge.

codearse vp ~ **con** to rub shoulders with sb

codera nf (parche) elbow patch

codicia nf **1** (avaricia) greed **2** ~ **de** lust for sth: *su ~ de poder/riquezas* their lust for power/riches

codiciar vt (ambicionar) to covet

codicioso, -a adj greedy

codificar vt (Informát) to encode

código nm code LOC **código de barras** barcode ◆ **código de (la) circulación** Highway Code ◆ **código PIN/PUK** PIN/PUK code ◆ **código postal** postcode, zip code (USA) ◆ **código QR®** QR code®

codo nm elbow LOC Ver HABLAR

codorniz nf quail

coeficiente nm (Mat) coefficient LOC **coeficiente de inteligencia** IQ

coexistencia nf coexistence

cofradía nf brotherhood

cofre nm **1** (baúl) chest **2** (pequeño) box

cogedor nm dustpan

coger vt **1** (tomar) to take: *Coge los libros que quieras.* Take as many books as you like. ◇ *Prefiero ~ el autobús.* I'd rather take the bus. ◇ *Le cogí del brazo.* I took him by the arm. ◇ *He cogido dos entradas.* I've bought two tickets. **2** (pillar) to catch: *~ una pelota* to catch a ball ◇ *Los cogieron robando.* They were caught stealing. ◇ *~ un resfriado* to catch a cold **3** (entender) to get: *No lo cojo.* I don't get it.

---

4 (fruta, flores) to pick **5** (tomar prestado) to borrow: *¿Puedo ~ tu coche?* Can I borrow your car? つ Ver dibujo en BORROW **6** (toro) to gore
▸ **cogerse** vp to hold: *Cógete de mi mano.* Hold my hand. ◇ *~se de la barandilla* to hold on to the railings LOC **coger y...** to up and do sth: *Cogí y me fui.* I upped and left. ❶ Para otras expresiones con **coger**, véanse las entradas del sustantivo, adjetivo, etc., p. ej. **coger la costumbre** en COSTUMBRE.

cogido, -a adj (reservado) taken LOC **cogidos de la mano** holding hands ◆ **cogidos del brazo** arm in arm つ Ver dibujo en ARM; Ver tb COGER

cogorza nf LOC **coger(se) una cogorza** to get drunk

cogote nm back of the neck

coherencia nf **1** (congruencia) coherence **2** (consecuencia) consistency

coherente adj **1** (congruente) coherent **2** ~ **(con)** (consecuente) consistent (with sth)

cohesión nf cohesion

cohete nm rocket

cohibir vt to inhibit
▸ **cohibirse** vp to feel inhibited

coincidencia nf coincidence LOC **da la coincidencia de que...** it so happens that...

coincidir vi **1** (estar de acuerdo) to agree (with sb) (on/about sth): *Coinciden conmigo en que es un chico estupendo.* They agree with me that he's a great kid. ◇ *Coincidimos en todo.* We agree on everything. **2** (en un lugar): *Coincidimos en el congreso.* We were both at the conference. **3** (en el tiempo) to coincide (with sth), to clash (with sth) (más coloq): *Espero que no me coincida con los exámenes.* I hope it doesn't clash with my exams.

cojear vi **1** (persona) to limp: *Todavía cojeo un poco, pero estoy mejor.* I'm still limping, but I feel better. ◇ *~ del pie derecho/izquierdo* to be lame in your right/left foot **2** (mueble) to be wobbly LOC **cojear del mismo pie** to have the same faults (as sb)

cojera nf limp: *Casi no se le nota la ~.* You can hardly tell he's got a limp.

cojín nm cushion

cojo, -a adj **1** (persona) with a limp: *estar ~ (de un pie)* to have a limp ◇ *Se quedó ~ después del accidente.* The accident left him with a limp. **2** (animal) lame **3** (mueble) wobbly
▸ nm-nf person with a limp LOC **andar/ir cojo** to limp Ver tb PATA, SALTAR

col nf cabbage LOC **coles de Bruselas** Brussels sprouts

cola nf **1** (animal) tail **2** (fila) queue, line (USA): ponerse a la ~ to join the queue ◊ Había mucha ~ para el cine. There was a long queue for the cinema. **3** (vestido) train: El vestido tiene un poco de ~. The dress has a short train. **4** (pegamento) glue **LOC** ¡a la cola! get in the queue!, get in line! (USA) ♦ cola de caballo ponytail ♦ hacer cola to queue (up), to wait in line (USA) Ver tb PIANO

colaboración nf collaboration: hacer algo en ~ con algn to do sth in collaboration with sb

colaborador, -ora nm-nf collaborator

colaborar vi ~ (con) (en) to cooperate (with sb) (on sth/in doing sth)

colada nf (ropa) wash: hacer la ~ to do the washing

colado, -a adj **LOC** estar colado por algn to be crazy about sb Ver tb COLAR

colador nm **1** (infusión, café) strainer **2** (verduras, pasta) colander

colapsado, -a adj at a standstill: El tráfico está ~. The traffic is at a standstill. ◊ Las carreteras quedaron colapsadas por una nevada. The roads were brought to a standstill by a heavy fall of snow. Ver tb COLAPSAR

colapsar vt to bring sth to a standstill: Las obras van a ~ el tráfico. The roadworks will bring traffic to a standstill.

colar vt **1** (leche) to skim **2** (verduras, pasta) to drain **3** (infusión, café) to strain
▸ vi Eso no va a ~. No one is going to believe that.
▸ colarse vp **1** (sin pagar) to sneak in: Vi cómo se colaban. I noticed them sneaking in. ◊ Nos colamos en el autobús sin pagar. We sneaked onto the bus without paying. **2** (en una cola) to push in, to cut in (USA): ¡Oiga, no se cuele! Hey! No pushing in! **3** (equivocarse) to slip up **4** colarse por (enamorarse) to fall for sb **5** (líquido) to seep through sth **LOC** colarse en una fiesta to gatecrash a party

colcha nf bedspread

colchón nm mattress

colchoneta nf **1** (gimnasio) mat **2** (camping, playa) air bed, air mattress (USA)

colección nf collection

coleccionar vt to collect

coleccionista nmf collector

colecta nf collection **LOC** hacer una colecta (con fines caritativos) to collect for charity

colectivo, -a adj, nm collective

colega nmf **1** (compañero) colleague: un ~ mío a colleague of mine **2** (amigo) friend, pal (coloq)

colegiado, -a nm-nf (Dep) referee

colegial, -ala nm-nf schoolchild [pl schoolchildren] ➔ Ver nota en ALUMNO

colegio nm **1** (Educ) school: Los niños están en el ~. The children are at school. ◊ ir al ~ to go to school ➔ Ver nota en SCHOOL **2** (profesional) association: el ~ de médicos the medical association **LOC** colegio de curas/monjas Catholic school ♦ colegio de pago private school ➔ Ver nota en ESCUELA ♦ colegio electoral polling station ♦ colegio mayor hall of residence ♦ colegio privado/público independent/state school Ver tb CONCERTADO

cólera nm (enfermedad) cholera

colesterol nm cholesterol: Me ha aumentado el ~. My cholesterol (level) has gone up.

coleta nf **1** (una sola) ponytail: ¿Me haces una ~? Will you do my hair in a ponytail? **2** (una de dos) bunch: La niña llevaba dos ~s. The little girl had her hair in bunches.

colgado, -a adj ~ en/de hanging on/from sth **LOC** colgado al teléfono on the phone ♦ dejar a algn colgado to leave sb in the lurch ♦ estar colgado (drogado) to be stoned ♦ mal colgado Creo que tienen el teléfono mal ~. They must have left the phone off the hook. Ver tb COLGAR

colgante nm (adorno) pendant

colgar vt **1** to hang sth (from/on sth) **2** (prenda de vestir) to hang sth up **3** (ahorcar) to hang ➔ Ver nota en AHORCAR(SE) **4** (Internet) to upload
▸ vi ~ (de) to hang (from/on sth)
▸ colgarse vp (Informát) to crash **LOC** colgar (el teléfono) to hang up: Se enfadó y me colgó el teléfono. He got angry and hung up. ◊ No cuelgue, por favor. Please hold the line. ♦ colgar los libros to give up studying

cólico nm colic [incontable]

coliflor nf cauliflower

colilla nf cigarette end, cigarette butt (USA)

colina nf hill

colirio nm eye drops [pl]

colisión nf collision (with sth): una ~ de frente a head-on collision

colitis nf colitis [incontable]: Le dio una ~ muy fuerte. He had a bad attack of diarrhoea.

collage nm collage: hacer un ~ to make a collage

collar nm **1** (adorno) necklace: un ~ de esmeraldas an emerald necklace **2** (perro, gato) collar

collarín nm (surgical) collar

colmado nm delicatessen

colmar vt **LOC** Ver GOTA

colmena nf beehive

colmillo nm **1** (persona) canine (tooth) **2** (elefante, jabalí) tusk

colmo *nm* 🔒LOC **para colmo** to make matters worse ◆ **ser el colmo** to be the limit

colocado, -a *adj* 🔒LOC **estar colocado 1** (*tener trabajo*) to be employed: *estar bien ~* to have a good job **2** (*bebido*) to be drunk **3** (*drogado*) to be high *Ver tb* COLOCAR

colocar *vt* **1** to place **2** (*bomba*) to plant **3** (*empleo*) to find *sb* a job (*with sb*)
▸ **colocarse** *vp* **1** (*situarse*) to stand: *Colócate allí.* Stand over there. **2 colocarse (de/como)** to get a job (as *sth*): *Se ha colocado de cajera.* She got a job as a cashier. **3 colocarse (con)** (**a**) (*alcohol*) to get drunk (on *sth*) (**b**) (*drogas*) to get high (on *sth*)

Colombia *nf* Colombia

colombiano, -a *adj, nm-nf* Colombian

colon *nm* colon

colonia *nf* **1** (*territorio*) colony [*pl* colonies] **2** (*grupo de viviendas*) housing estate **3 colonias** (*campamento*) summer camp: *irse de ~s* to go to summer camp **4** (*perfume*) cologne [*incontable*]: *echarse ~* to put (some) cologne on

colonial *adj* colonial

colonización *nf* colonization

colonizador, -ora *adj* colonizing
▸ *nm-nf* settler

colonizar *vt* to colonize

coloquial *adj* colloquial

coloquio *nm* discussion (*about sth*)

color *nm* colour

🔍 Cuando la palabra *color* aparece seguida del nombre de un color concreto, no se traduce al inglés: *Llevaba un abrigo de color azul.* She was wearing a blue coat. ◇ *La cortina es de color verde.* The curtain is green.

🔒LOC **de colores** coloured: *lápices de ~es* coloured pencils ◆ **en color** *fotografías en ~* colour photographs *Ver tb* FAROLILLO, PEZ

colorado, -a *adj* red 🔒LOC **estar colorado como un tomate/pimiento** to be as red as a beetroot ◆ **ponerse colorado** to blush *Ver tb* COLORÍN

colorante *adj, nm* colouring 🔒LOC **sin colorantes** no artificial colourings

colorear *vt* to colour *sth* (in)

colorete *nm* blusher: *darse un poco de ~* to put on some blusher

colorido *nm* colouring: *una ceremonia de gran ~* a very colourful ceremony

colorín *nm* **colorines** bright colours: *calcetines de colorines* brightly-coloured socks 🔒LOC **colorín colorado…** and they all lived happily ever after

columna *nf* column 🔒LOC **columna vertebral** (*Anat*) spine

columpiar *vt* to push *sb* (on a swing)
▸ **columpiarse** *vp* to have a swing

columpio *nm* swing: *jugar en los ~s* to play on the swings

coma *nf* **1** (*puntuación*) comma ⊃ *Ver pág 395* **2** (*Mat*) point: *cuarenta ~ cinco (40,5)* forty point five (40.5) ⊃ *Ver pág 803*
▸ *nm* (*Med*) coma: *estar en (estado de) ~* to be in a coma 🔒LOC *Ver* PUNTO

comadrona *nf* midwife [*pl* midwives]

comandante *nmf* **1** (*ejército*) major **2** (*avión*) captain 🔒LOC **comandante en jefe** commander-in-chief [*pl* commanders-in-chief]

comando *nm* **1** (*Mil*) commando [*pl* commandos] **2** (*terrorista*) cell **3** (*Informát*) command

comarca *nf* area

comarcal *adj* local 🔒LOC *Ver* CARRETERA

comba *nf* **1** (*juego*) skipping **2** (*cuerda*) skipping rope 🔒LOC **jugar/saltar a la comba** to skip: *Están saltando a la ~.* They're skipping.

combate *nm* **1** (*guerra*) combat [*incontable*]: *soldados caídos en ~* soldiers killed in combat ◇ *Hubo feroces ~s.* There was fierce fighting. **2** (*Boxeo*) boxing match 🔒LOC **de combate** fighter: *avión/piloto de ~* fighter plane/pilot ◆ **fuera de combate 1** (*Boxeo*): *dejar a algn ~ de combate* to knock *sb* out **2** (*fig*) out of action *Ver tb* CARRO, PANTALÓN

combatiente *nmf* combatant

combatir *vt* to combat: *~ a la guerrilla* to combat the guerrillas
▸ *vi ~* (**contra/por**) to fight (against/for *sb/sth*): *~ contra los rebeldes* to fight against the rebels

combinación *nf* **1** combination: *la ~ de una caja fuerte* the combination of a safe **2** (*prenda*) slip

combinar *vt* **1** (*mezclar*) to combine **2** (*ropa*) to match *sth* (*with sth*)
▸ *vi ~* (**con**) **1** (*colores*) to go (with *sth*): *El negro combina bien con todos los colores.* Black goes well with any colour. **2** (*ropa*) to match (*sth*): *Esos zapatos no combinan con el bolso.* Those shoes don't match the handbag.

combustible *adj* combustible
▸ *nm* fuel

combustión *nf* combustion

comedia *nf* comedy [*pl* comedies] 🔒LOC **comedia musical** musical

comedor *nm* **1** (*casa, hotel*) dining room **2** (*colegio, fábrica*) canteen **3** (*muebles*) dining room suite

comentar vt **1** (decir) to say: Se limitó a ~ que estaba enfermo. He would only say he was sick. **2** (tema) to discuss

comentario nm comment, remark (más coloq): hacer un ~ to make a comment/remark [LOC] comentario de texto textual criticism [incontable] ◆ hacer comentarios to comment (on sb/sth) ◆ sin comentarios no comment

comentarista nmf commentator

comenzar vt, vi ~ (a) to start (sth/doing sth/to do sth): Comencé a sentirme mal. I started to feel ill. ⊃Ver nota en START

comer vt **1** to eat: ¿Quieres ~ algo antes de salir? Would you like something to eat before you go? **2** (Ajedrez, damas) to take
▸ vi **1** to eat: Tu hijo no quiere ~. Your son won't eat. **2** (comida del mediodía) to have lunch: ¿A qué hora comemos? What time is lunch? ◊ ¿Qué hay para ~? What's for lunch? ◊ Mañana comemos fuera. We're going out for lunch tomorrow.
▸ comerse vp **1** to eat: ~se un bocadillo to eat a sandwich **2** (omitir) to miss sth out: ~se una palabra to miss a word out [LOC] comer a besos to smother sb with kisses ◆ comer como una fiera/lima to eat like a horse ◆ comerle el coco a algn to brainwash sb ◆ comerse el coco to worry (about sb/sth) ◆ dar/echar de comer to feed sb/sth ◆ sin comerlo ni beberlo Sin ~lo ni beberlo, nos echaron la culpa de todo. We got blamed for everything, although we had nothing to do with it.

comercial adj commercial [LOC] Ver CENTRO

comercializar vt to market

comerciante nmf (dueño de tienda) shopkeeper, storekeeper (USA)

comerciar vi **1** ~ (con algo) (producto) to trade (in sth): ~ con armas to trade in arms **2** ~ con algn to do business with sb

comercio nm **1** (negocio) trade: ~ exterior foreign trade **2** (tienda) shop: Tienen un pequeño ~. They have a small shop. [LOC] comercio electrónico e-commerce ◆ comercio justo fair trade Ver tb CÁMARA

comestible adj edible
▸ comestibles nm groceries [LOC] Ver TIENDA

cometa nm (astro) comet
▸ nf (juguete) kite

cometer vt **1** (delito) to commit **2** (error) to make

cometido nm task: Cumplió con su ~. He fulfilled his task.

cómic nm comic

comicios nm elections

cómico, -a adj **1** (gracioso) funny **2** (de comedia) comedy: actor ~ comedy actor

▸ nm-nf comedian [LOC] Ver PELÍCULA

comida nf **1** (alimento) food: Tenemos la nevera llena de ~. The fridge is full of food. ◊ ¿Te gusta la ~ china? Do you like Chinese food? **2** (desayuno, cena, etc.) meal: una ~ ligera a light meal **3** (al mediodía) lunch: ¿Qué hay de ~? What's for lunch? [LOC] comida basura junk food ◆ comida campestre picnic ◆ comida precocinada/preparada ready meals [pl] ◆ comida rápida fast food

comidilla nf [LOC] ser la comidilla de to be the talk of sth

comido, -a adj Ya vinieron ~s. They had already eaten. [LOC] comido por la envidia/la rabia/los celos eaten up with envy/anger/jealousy Ver tb COMER

comienzo nm start, beginning (más formal) [LOC] a comienzos de… at the beginning of… ◆ dar comienzo to begin ◆ estar en sus comienzos to be in its early stages

comillas nf inverted commas ⊃Ver pág 395 [LOC] entre comillas in inverted commas

comilón, -ona adj greedy
▸ nm-nf big eater

comilona nf feast: darse/pegarse una ~ to have a feast

comiquero, -a nm-nf comic lover

comisaría nf police station

comisario, -a nm-nf (policía) superintendent

comisión nf commission: una ~ del 10% a 10% commission ◊ la Comisión Europea the European Commission [LOC] a comisión on commission

comité nm committee [v sing o pl] ⊃Ver nota en JURADO [LOC] comité de empresa works committee

como adv **1** (de la manera que, en calidad de, según) as: Respondí ~ pude. I answered as best I could. ◊ Me lo llevé ~ recuerdo. I took it home as a souvenir. ◊ Como te iba diciendo… As I was saying… **2** (comparación, ejemplo) like: Tiene un coche ~ el nuestro. He's got a car like ours. ◊ infusiones ~ la manzanilla y la menta herbal teas like camomile and peppermint ◊ suave ~ la seda as smooth as silk **3** (aproximadamente) about: Llamé ~ a diez personas. I rang about ten people.
▸ conj **1** (condición) if: Como vengas tarde, no podremos ir. If you're late, we won't be able to go. **2** (causa) as: Como llegué pronto, me preparé un café. As I was early, I made myself a coffee. [LOC] como que/si as if: Me trata ~ si fuera su hija. He treats me as if I were his daughter.

🔎 En este tipo de expresiones, lo más correcto es decir 'as if I/he/she/it were', pero hoy en día en el lenguaje hablado se usa mucho 'as if I/he/she/it was'.

◆ **como sea 1** (*a cualquier precio*) at all costs: *Tenemos que ganar ~ sea.* We must win at all costs. **2** (*no importa*): – *¿Cómo quieres el café?* – *Como sea.* 'How do you like your coffee?' 'I don't mind.'

cómo *adv* **1** (*interrogación*) how: *¿Cómo se traduce esta palabra?* How do you translate this word? ◇ *No sabemos ~ pasó.* We don't know how it happened. **2** (*por qué?*) why: *¿Cómo no me lo dijiste?* Why didn't you tell me? **3** (*cuando no se ha oído o entendido algo*) sorry: *¿Cómo? ¿Puedes repetir?* Sorry? Can you say that again? **4** (*exclamación*): *¡Cómo te pareces a tu padre!* You're just like your father!

▸**¡cómo!** *interj* (*enfado, asombro*) what: *¡Cómo! ¿No estás vestido aún?* What! Aren't you dressed yet? LOC **¿a cómo está/están?** how much is it/are they? ◆ **¿cómo es?** (*descripción*) what is he, she, it, etc. like? ◆ **¿cómo es eso?** how come? ◆ **¿cómo es que…?** how come?: *¿Cómo es que no has salido?* How come you didn't go out? ◆ **¿cómo estás?** how are you? ◆ **¡cómo no!** of course! ◆ **¿cómo que…?** (*asombro, enfado*): *¿Cómo que no lo sabías?* What do you mean, you didn't know? ◆ **¡cómo voy a…!** how am I, are you, etc. supposed to know?: *¡Cómo lo iba a saber!* How was I supposed to know?

cómoda *nf* chest of drawers [*pl* chests of drawers]

comodidad *nf* **1** (*confort*) comfort **2** (*conveniencia*) convenience: *la ~ de tener el metro cerca* the convenience of having the underground nearby

comodín *nm* (*Naipes*) joker

cómodo, -a *adj* **1** (*confortable*) comfortable: *sentirse ~* to feel comfortable **2** (*conveniente*) convenient: *Es muy ~ olvidarse del asunto.* It's very convenient to forget about it. LOC **ponerse cómodo** to make yourself comfortable

compact disc (*tb* **compacto**) *nm* **1** (*disco*) CD **2** (*aparato*) CD player

compacto, -a *adj* compact

compadecer(se) *vt, vp* **compadecer(se) (de)** to feel sorry for *sb* ➲ *Ver nota en* SORRY

compaginar *vt* to combine *sth* (*with sth*): *~ el trabajo con la familia* to combine work with a family

compañerismo *nm* comradeship

compañero, -a *nm-nf* **1** (*amigo*) companion **2** (*en trabajo*) colleague LOC **compañero de clase** classmate ◆ **compañero de equipo** teammate ◆ **compañero de habitación** room-mate ◆ **compañero de piso** flatmate, room-mate (*USA*) ◆ **compañero sentimental** partner

compañía *nf* company [*pl* companies]: *Trabaja en una ~ de seguros.* He works for an insurance company. LOC **compañía aérea** airline ◆ **hacer compañía a algn** to keep sb company

comparable *adj* **~ (a/con)** comparable (to/with *sb/sth*)

comparación *nf* comparison: *Esta casa no tiene ~ con la anterior.* There's no comparison between this house and the old one. ◇ *hacer una ~ con algo* to make a comparison with sth LOC **en comparación con** compared to/with *sb/sth*

comparar *vt* to compare *sb/sth* (*to/with sb/sth*): *¡No compares esta ciudad con la mía!* Don't try to compare this town to mine!

comparecer *vi* to appear: *~ ante un comité* to appear before a committee

compartimento (*tb* **compartimiento**) *nm* compartment

compartir *vt* to share: *~ un piso* to share a flat

compás *nm* **1** (*Mat*) compass(es) **2** (*Mús*) **(a)** (*tiempo*) time: *el ~ de tres por cuatro* three-four time **(b)** (*división de pentagrama*) bar: *los primeros compases de una sinfonía* the first bars of a symphony LOC *Ver* MARCAR

compasión *nf* pity, compassion (*más formal*) LOC **tener compasión de algn** to take pity on sb

compasivo, -a *adj* **~ (con)** compassionate (towards *sb*)

compatible *adj* compatible

compatriota *nmf* fellow countryman/woman [*pl* -men/-women]

compenetrarse *vp* **~ (con)** to get on well (with *sb*)

compensación *nf* compensation

compensar *vt* **1** (*equilibrar*) to make up for *sth*: *para ~ la diferencia de precios* to make up for the difference in price **2** (*recompensar*) to repay *sb* (*for sth*): *No sé cómo ~les por todo lo que han hecho.* I don't know how to repay them for all they've done.

▸*vi* (*merecer la pena*) to be worth *it/doing sth*: *No me compensa ir solo media hora.* It's not worth going for half an hour. ◇ *A la larga compensa.* It's worth it in the long run.

compensatorio, -a *adj* LOC *Ver* EDUCACIÓN

competencia *nf* **1** (*rivalidad*) competition: *La ~ siempre es buena.* Competition is a good thing. **2** (*eficacia, habilidad*) competence: *falta de ~* incompetence LOC **hacer la competencia** to compete with *sb/sth*

competente *adj* competent: *un profesor ~* a competent teacher

competición *nf* competition

competir *vi* to compete: ~ *con empresas extranjeras por el contrato* to compete with foreign companies for the contract

competitivo, -a *adj* competitive

complacer *vt* to please: *Es bastante difícil ~les.* They're quite hard to please.

complejo, -a *adj* complex: *Es un problema muy ~.* It's a very complex problem.
  ▸ *nm un ~ de oficinas* an office complex ◊ *tener ~ de gordo* to have a complex about being fat ◊ *tener ~ de inferioridad* to have an inferiority complex

complementario, -a *adj* **1** (*servicios, alimentos, etc.*) complementary **2** (*Educ*) subsidiary: *asignaturas complementarias* subsidiary subjects

complemento *nm* **1** (*suplemento*) supplement: *como ~ a su dieta* as a dietary supplement **2** (*accesorio*) accessory [*pl* accessories]: *bisutería y ~s* costume jewellery and accessories **3** (*Gram*) object

completamente *adv* completely

completar *vt* to complete

completo, -a *adj* **1** (*entero*) complete: *la colección completa* the complete collection **2** (*lleno*) full: *El hotel está ~.* The hotel is full. **LOC** *Ver* JORNADA, PENSIÓN, TIEMPO

complicación *nf* complication

complicado, -a *adj* complicated *Ver tb* COMPLICAR

complicar *vt* **1** (*liar*) to complicate **2** (*implicar*) to involve *sb* (*in sth*)
  ▸ **complicarse** *vp* to become complicated **LOC** **complicarse (la vida)** to make life difficult for yourself: *No te compliques (la vida).* Don't make life difficult for yourself.

cómplice *nmf* accomplice

complot (*tb* **compló**) *nm* plot

componente *nm* **1** (*parte*) component **2** (*miembro*) member: *los ~s de la orquesta* the members of the orchestra

componer *vt* **1** (*formar*) to make *sth* up: *Cuatro relatos componen el libro.* The book is made up of four stories. **2** (*Mús*) to compose
  ▸ **componerse** *vp* **componerse de** to consist of *sth*: *El curso se compone de seis asignaturas.* The course consists of six subjects. **LOC** **componérselas** (*to do sth*): *Me las compuse para salir.* I managed to go out.

comportamiento *nm* behaviour [*incontable*]: *Tuvieron un ~ ejemplar.* Their behaviour was exemplary.

comportarse *vp* to behave

composición *nf* composition

compositor, -ora *nm-nf* composer

compota *nf* stewed fruit [*incontable*]: ~ *de manzana* stewed apple

compra *nf* purchase: *una buena* ~ a good buy **LOC** **hacer/ir a la compra** to do the shopping ◆ **ir/salir de compras** to go shopping

comprador, -ora *nm-nf* buyer

comprar *vt* to buy: *Quiero ~les un regalo.* I want to buy them a present. ◊ *¿Me lo compras?* Will you buy it for me? ◊ *Le compré la bici a un amigo.* I bought the bike from a friend. **➋** *Ver nota en* GIVE **LOC** **comprar a plazos** to buy *sth* on hire purchase *Ver tb* PRECIO

comprender *vt, vi* (*entender*) to understand: *Mis padres no me comprenden.* My parents don't understand me. ◊ *Como usted comprenderá…* As you will understand…
  ▸ *vt* **1** (*darse cuenta*) to realize: *Han comprendido su importancia.* They've realized how important it is. **2** (*incluir*) to consist of *sth*: *El museo comprende cinco salas.* The museum consists of five galleries.

comprendido, -a *adj niños de edades comprendidas entre los 11 y 13 años* children aged between 11 and 13 *Ver tb* COMPRENDER

comprensión *nf* understanding **LOC** **tener/mostrar comprensión** to be understanding (*towards sb*)

comprensivo, -a *adj* understanding (*towards sb*)

compresa *nf* sanitary towel, sanitary napkin (*USA*)

comprimido, -a *nm* (*pastilla*) tablet

comprobar *vt* to check

comprometedor, -ora *adj* compromising

comprometer *vt* **1** (*poner en un compromiso*) to put *sb* in an awkward position, to compromise (*formal*) **2** (*obligar*) to commit *sb* (*to sth/doing sth*): *Ese documento no te compromete a nada.* This document doesn't commit you to anything.
  ▸ **comprometerse** *vp* to promise (*to do sth*): *No me comprometo a ir.* I'm not promising I'll go. **2** (*en matrimonio*) to get engaged (*to sb*)

comprometido, -a *adj* (*situación*) awkward *Ver tb* COMPROMETER

compromiso *nm* **1** (*obligación*) commitment: *El matrimonio es un gran ~.* Marriage is a great commitment. **2** (*acuerdo*) agreement **3** (*cita, matrimonial*) engagement: *Lo siento, tengo otro ~.* Sorry, I've got a prior engagement. **4** (*aprieto*) awkward situation: *Me pones en un ~.* You're putting me in an awkward position. **➊** La palabra **compromise** no significa *compromiso*, sino *acuerdo*. **LOC** **por compromiso** out of a sense of duty ◆ **sin compromiso** without obligation

compuesto, -a *adj* **1** compound: *palabras compuestas* compound words **2** ~ **de/por** consisting of *sb/sth*: *un jurado ~ por cuatro hombres y ocho mujeres* a jury consisting of four men and eight women
▸ *nm* compound *Ver tb* COMPONER

computación *nf* computing LOC **computación en la nube** cloud computing

comulgar *vi* (*Relig*) to take communion

común *adj* **1** common: *un problema ~* a common problem ◇ *características comunes a un grupo* characteristics common to a group **2** (*compartido*) joint: *un esfuerzo ~* a joint effort LOC **tener algo en común 1** (*aficiones*) to share sth **2** (*parecerse*) to have sth in common *Ver tb* FUERA, PUESTA, SENTIDO

comunicación *nf* **1** communication: *la falta de ~* lack of communication **2** (*teléfono*): *Se cortó la ~.* We were cut off. LOC *Ver* MEDIO, TECNOLOGÍA

comunicado *nm* announcement LOC *Ver* PRENSA

comunicado, -a *adj* LOC **estar bien/mal comunicado** be well/poorly served by public transport: *Toda la zona está mal comunicada.* The whole area is poorly served by public transport. *Ver tb* COMUNICAR

comunicar *vt* to communicate *sth* (*to sb*): *Han comunicado sus sospechas a la policía.* They've communicated their suspicions to the police.
▸ *vi* (*teléfono*) to be engaged, to be busy (*USA*): *Estaba comunicando.* It was engaged.
▸ **comunicar(se)** *vi*, *vp* **comunicar(se) (con) 1** (*relacionarse*) to communicate (with *sb/sth*): *Me cuesta ~me con los demás.* I find it difficult to communicate with other people. **2** (*ponerse en contacto*) to get in touch with *sb*: *No puedo ~me con ellos.* I can't get in touch with them. **3** (*conectarse*) to lead into *sth*: *Mi habitación (se) comunica con la tuya.* My room leads into yours.

comunicativo, -a *adj* communicative

comunidad *nf* community [*v sing o pl*] [*pl* communities] LOC **comunidad autónoma** autonomous region ◆ **comunidad de vecinos** residents' association

comunión *nf* communion LOC **hacer la (primera) comunión** to take (your first) communion

comunismo *nm* communism

comunista *adj*, *nmf* communist ⊃ *Ver nota en* CATÓLICO

comunitario, -a *adj* (*de la Unión Europea*) EU: *ciudadanos ~s* EU citizens

con *prep* **1** with: *Vivo ~ mis padres.* I live with my parents. ◇ *Sujétalo ~ una chincheta.* Stick it up with a drawing pin. ◇ *¿Con qué lo limpias?* What do you clean it with?

🔎 A veces se traduce por **and**: *pan con mantequilla* bread and butter ◇ *agua con azúcar* sugar and water. También se puede traducir por **to**: *¿Con quién hablabas?* Who were you talking to? ◇ *Es muy simpática con todo el mundo.* She's very nice to everyone.

2 (*contenido*) of: *una maleta ~ ropa* a suitcase (full) of clothes ◇ *un cubo ~ agua y jabón* a bucket of soapy water **3** (*a pesar de*): *Con lo duro que trabajan y no lo acabarán.* They're working so hard but they won't get it done. ◇ *¡Pero ~ lo que le gusta el chocolate!* But you're so fond of chocolate! **4** + *infinitivo*: *Con repasar te basta.* All you need to do is revise. ◇ *Con llorar no vas a solucionar nada.* Crying won't get you anywhere. LOC **con (tal de) que…** as long as…: *~ tal de que me avises* as long as you tell me

concebir *vt* **1** (*idea, plan, novela*) to conceive **2** (*entender*) to understand: *¡Es que no lo concibo!* I just don't understand!
▸ *vt*, *vi* (*quedar embarazada*) to conceive

conceder *vt* **1** to grant, to give (*más coloq*): *~ un préstamo a algn* to give sb a loan ◇ *¿Me concede unos minutos, por favor?* Could you spare me a couple of minutes, please? ◇ *Hay que ~les algún mérito.* You must give them some credit. **2** (*premio, beca*) to award: *Me concedieron una beca.* I was awarded a scholarship.

concejal, -ala *nm-nf* (town) councillor

concejo *nm* (town) council [*v sing o pl*]

concentración *nf* **1** (*atención*) concentration: *falta de ~* lack of concentration **2** (*manifestación*) rally [*pl* rallies]

concentrado, -a *adj* **1** (*persona*): *Estaba tan ~ en la lectura que no te oí entrar.* I was so immersed in my book that I didn't hear you come in. **2** (*sustancia*) concentrated
▸ *nm* concentrate: *~ de uva* grape concentrate *Ver tb* CONCENTRAR

concentrar *vt* to concentrate
▸ **concentrarse** *vp* **concentrarse (en)** to concentrate (on *sth*): *Concéntrate en lo que haces.* Concentrate on what you are doing.

concepto *nm* **1** (*idea*) concept **2** (*opinión*) opinion: *No sé qué ~ tienes de mí.* I don't know what you think of me.

concertado *adj* LOC **colegio/centro concertado** state-assisted school/educational institution *Ver tb* CONCERTAR

concertar vt (organizar) to arrange: ~ una cita to arrange an appointment

concesionario, -a nm-nf dealer: un ~ (de) Fiat a Fiat dealer

concha nf shell

conciencia nf **1** (sentido moral) conscience **2** (conocimiento) consciousness: ~ de clase class consciousness LOC **a conciencia** thoroughly ◆ **tener la conciencia limpia/tranquila** to have a clear conscience Ver tb CARGO, OBJETOR, REMORDER, REMORDIMIENTO

concienciar vt to make sb aware (of sth)
▶ **concienciarse** vp to become aware (of sth)

concierto nm **1** concert **2** (composición musical) concerto [pl concertos]

concilio nm council [v sing o pl]

conciso, -a adj concise

conciudadano, -a nm-nf fellow citizen

concluir vt, vi (terminar) to conclude, to finish (más coloq)
▶ vt (deducir) to conclude sth (from sth): Concluyeron que era inocente. They concluded that he was innocent.

conclusión nf conclusion: llegar a/sacar una ~ to reach/draw a conclusion

concordar vi ~ **(con/en)** to agree (with sb/sth) (about/on sth): Tu respuesta no concuerda con la suya. Your answer doesn't agree with his. ◇ Todos los médicos concuerdan en el diagnóstico. All the doctors agree about the diagnosis.

concretar vt **1** (precisar) to specify **2** (fecha) to fix

concreto, -a adj **1** (específico) specific: las tareas concretas que desempeñan the specific tasks they perform ◇ en este caso ~ in this particular case **2** (exacto) definite: una fecha concreta a definite date

concurrido, -a adj **1** (lleno de gente) crowded **2** (popular) popular

concursante nmf contestant

concursar vi **1** (en un juego) to take part (in sth) **2** (para un puesto) to compete

concurso nm **1** (juegos de habilidad, Dep) competition **2** (Radio, TV) **(a)** (de preguntas y respuestas) quiz show **(b)** (de juegos y pruebas) game show LOC **concurso de belleza** beauty contest

condado nm county [pl counties]

conde, -esa nm-nf **1** (masc) count **2** (fem) countess

condecoración nf medal

condecorar vt to award sb a medal (for sth)

condena nf sentence LOC **poner una condena** to sentence sb: El juez le puso una ~ de cinco años. The judge sentenced him to five years' imprisonment.

condenado, -a adj **1** (maldito) wretched: ¡Ese ~ perro! That wretched dog! **2** ~ **a** (predestinado) doomed to sth
▶ nm-nf convicted prisoner Ver tb CONDENAR

condenar vt **1** (a una pena) to sentence sb (to sth): ~ a algn a muerte to sentence sb to death **2** (culpar de un delito) to convict sb (of sth) **3** (desaprobar) to condemn
▶ **condenarse** vp to go to hell

condensar(se) vt, vp to condense LOC Ver LECHE

condesa nf Ver CONDE

condescendiente adj **1** (transigente) tolerant (of/towards sb): Sus padres son muy ~s con él. His parents are very tolerant (of him). **2** (con aires de superioridad) condescending: una sonrisita ~ a condescending smile

condición nf **1** condition: La mercancía llegó en perfectas condiciones. The goods arrived in perfect condition. ◇ Esa es mi única ~. That is my one condition. ◇ Lo hago con la ~ de que me ayudes. I'll do it on condition that you help me. ◇ Ellos pusieron las condiciones. They laid down the conditions. **2** (social) background LOC **estar en condiciones de 1** (físicamente) to be fit to do sth: No está en condiciones de jugar. She's not fit enough to play. **2** (tener la posibilidad) to be in a position to do sth ◆ **sin condiciones** unconditional: una rendición sin condiciones an unconditional surrender ◇ Aceptó sin condiciones. He accepted unconditionally.

condicional adj conditional LOC Ver LIBERTAD

condicionar vt to condition: La educación te condiciona. You are conditioned by your upbringing.

condimentar vt to season sth (with sth)

condimento nm seasoning

condón nm condom

conducir vt **1** (coche, camión) to drive **2** (moto) to ride **3** (llevar) to lead sb (to sth): Las pistas nos condujeron al ladrón. The clues led us to the thief.
▶ vi **1** (vehículo) to drive: Estoy aprendiendo a ~. I'm learning to drive. **2** ~ **a** (llevar) to lead to sth: Este camino conduce al palacio. This path leads to the palace. LOC Ver CARNÉ, EXAMEN, EXAMINAR, PERMISO

conducta nf behaviour [incontable]

conducto nm **1** (tubo) pipe **2** (Med) duct

conductor, -ora nm-nf driver ❶ En inglés **conductor** significa director de orquesta o cobrador (de autobús).

conectar vt **1** (unir) to connect sth (with/to sth): ~ la impresora al ordenador to connect the printer to the computer **2** (enchufar) to plug sth in

▸ **conectarse** *vp* (*a internet*) to connect (*to sth*)

conectividad *nf* (*Informát*) connectivity

conejillo *nm* LOC **conejillo de Indias** guinea pig

conejo, -a *nm-nf* rabbit

🔎 **Rabbit** es el sustantivo genérico, **buck** se refiere solo al macho. Para referirnos solo a la hembra utilizamos **doe**. Los niños dicen también **bunny** [*pl* **bunnies**] o **bunny rabbit**.

conexión *nf* **1** ~ (**a/con**) connection (to/with *sth*): *con ~ gratuita a internet* with a free Internet connection **2** ~ (**entre**) (*relación*) connection (between…)

confección *nf* LOC *Ver* CORTE

confeccionar *vt* to make

conferencia *nf* **1** (*charla*) lecture **2** (*congreso*) conference LOC *Ver* PRENSA

conferenciante *nmf* lecturer

confesar *vt, vi* **1** to confess (to *sth/doing sth*): *Tengo que ~ que prefiero el tuyo.* I must confess I prefer yours. ◇ *un crimen/asesinato* to confess to a crime/murder ◇ *Confesaron haber robado el banco.* They confessed to robbing the bank. **2** (*cura*) to hear (*sb's*) confession: *Los domingos no confiesan.* They don't hear confessions on Sundays.
▸ **confesarse** *vp* **1** (*declararse*): *Se confesaron autores/culpables del crimen.* They confessed they had committed the crime. **2** (*Relig*) (**a**) to go to confession (**b**) **confesarse de** to confess *sth*; to confess (to *doing sth*) LOC **confesar la verdad** to tell the truth

confesión *nf* confession

confeti *nm* confetti

confiado, -a *adj* trusting *Ver tb* CONFIAR

confianza *nf* **1** ~ (**en**) confidence (in *sb/sth*): *No tienen mucha ~ en él.* They don't have much confidence in him. **2** (*naturalidad, amistad*): *tratar a algn con ~* to treat sb in a friendly way ◇ *Te lo puedo decir porque tenemos ~.* I can tell you because we're friends. LOC **confianza en uno mismo** self-confidence: *No tengo ~ en mí mismo.* I don't have much self-confidence. ◆ **de confianza** trustworthy: *un empleado de ~* a trustworthy employee ◆ **en confianza** in confidence *Ver tb* DIGNO

confiar *vi* ~ **en 1** (*fiarse*) to trust *sb/sth*: *Confía en mí.* Trust me. ◇ *No confío en los bancos.* I don't trust banks. **2** (*esperar*) to hope: *Confío en que no llueva.* I'm hoping it won't rain. ◇ *Confío en que lleguen a tiempo.* I'm hoping they'll arrive on time.
▸ *vt* to entrust *sb/sth* with *sth*: *Sé que puedo ~le la organización de la fiesta.* I know I can entrust him with the arrangements for the party.
▸ **confiarse** *vp* to be overconfident

confidencial *adj* confidential

confidente *nmf* (*soplón*) informer

configuración *nf* (*Informát, telefonía*) settings [*pl*]

configurar *vt* (*Informát*) to set *sth* up

confirmar *vt* to confirm

confitería *nf* patisserie

confitura *nf* preserve

conflicto *nm* conflict: *un ~ entre las dos potencias* a conflict between the two powers LOC **conflicto de intereses** clash of interests

conformarse *vp* ~ (**con**) **1** (*resignarse*) to put up with *sth*: *No me gusta, pero tendré que conformarme.* I don't like it, but I'll have to put up with it. **2** (*contentarse*) to be happy (with *sth/doing sth*): *Me conformo con un aprobado.* I'll be happy with a pass. ◇ *Se conforman con poco.* They're easily pleased.

conforme *adj* **estar ~ (con)** to be happy (with *sth*): *No estaba ~ con lo que había dicho.* He wasn't happy with what I had said.
▸ *adv* as: *Se sentaban ~ iban entrando.* They sat down as they arrived.

conformista *adj, nmf* conformist

confundir *vt* **1** (*mezclar*) to mix *sth* up: *La bibliotecaria ha confundido todos los libros.* The librarian has mixed up all the books. ◇ *Sepáralos, no los confundas.* Separate them, don't mix them up. **2** (*equivocar*) to mistake *sb/sth* for *sb/sth*: *Creo que me ha confundido con otra persona.* I think you've mistaken me for someone else. ◇ ~ *la sal con el azúcar* to mistake the salt for the sugar **3** (*desconcertar*) to confuse: *No me confundas.* Don't confuse me.
▸ **confundirse** *vp* **confundirse (de)** (*equivocarse*): ~*se de puerta* to knock/ring at the wrong door ◇ *Se ha confundido de número.* You've got the wrong number. ◇ *Todo el mundo se puede ~.* We all make mistakes.

confusión *nf* **1** (*falta de claridad*) confusion: *crear ~* to cause confusion **2** (*equivocación*) mistake: *Debe de haber sido una ~.* It must have been a mistake.

confuso, -a *adj* **1** (*poco claro*) confusing: *Sus indicaciones eran muy confusas.* His directions were very confusing. **2** (*desconcertado*) confused ⊃ *Ver nota en* BORING

congelado, -a *adj* frozen: *productos ~s* frozen food *Ver tb* CONGELAR

congelador *nm* freezer

congelar *vt* to freeze
▸ **congelarse** *vp* **1** (*helarse*) to freeze (over): *El lago se ha congelado.* The lake has frozen over.

2 (*tener frío*) to be freezing: *Me estoy congelando.* I'm freezing. **3** (*Med*) to get frostbite

congénito, -a *adj* congenital

congestionado, -a *adj* **1** (*calles*) congested: *Las calles están congestionadas por el tráfico.* The streets are congested. **2** (*nariz*) blocked up: *Todavía tengo la nariz muy congestionada.* My nose is still blocked up. **3** (*cara*) flushed *Ver tb* CONGESTIONAR

congestionar *vt* to cause congestion: *El accidente congestionó el tráfico.* The accident caused traffic congestion.
▸ **congestionarse** *vp* (*enrojecer*) to go red in the face

congreso *nm* congress LOC **Congreso de los Diputados** Congress

🔎 El equivalente en Gran Bretaña es **the House of Commons**, y en Estados Unidos, **the House of Representatives**.

cónico, -a *adj* conical

conífera *nf* conifer

conjugar *vt* to conjugate

conjunción *nf* conjunction

conjuntivitis *nf* conjunctivitis [*incontable*]

conjunto *nm* **1** (*de objetos, obras*) collection **2** (*totalidad*) whole: *el ~ de la industria alemana* German industry as a whole **3** (*musical*) group **4** (*ropa*) outfit **5** (*Mat*) set LOC **en conjunto** as a whole ◆ **hacer conjunto con** to match *sth*: *Esa falda hace ~ con la chaqueta.* That skirt matches the jacket.

conjuro *nm* spell

conmigo *pron* with me: *Ven ~.* Come with me. ◇ *No quiere hablar ~.* He won't speak to me. LOC **conmigo mismo** with myself: *Estoy contenta ~ misma.* I'm feeling very pleased with myself.

conmoción *nf* shock LOC **conmoción cerebral** concussion

conmovedor, -ora *adj* moving

conmover *vt* to move

cono *nm* cone

conocer *vt* **1** to know: *Les conozco de la universidad.* I know them from university. ◇ *Conozco muy bien París.* I know Paris very well. **2** (*a algn por primera vez*) to meet: *Les conocí durante las vacaciones.* I met them on holiday. **3** (*saber de la existencia*) to know of *sb/sth*: *¿Conoces un buen hotel?* Do you know of a good hotel? LOC **conocer algo como la palma de la mano** to know sth like the back of your hand ◆ **conocer de vista** to know *sb* by sight ◆ **se conoce que…** it seems (that)… *Ver tb* ENCANTADO

conocido, -a *adj* (*famoso*) well known ➲ *Ver nota en* WELL BEHAVED
▸ *nm-nf* acquaintance *Ver tb* CONOCER

conocimiento *nm* **1** knowledge [*incontable*]: *Pusieron a prueba sus ~s.* They put their knowledge to the test. **2** (*Med*) consciousness LOC **perder/recobrar el conocimiento** to lose/regain consciousness ◆ **sin conocimiento** unconscious

conque *conj* so: *Es tarde, ~ date prisa.* It's late, so hurry up.

conquista *nf* conquest

conquistador, -ora *adj* conquering
▸ *nm-nf* **1** conqueror: *Guillermo el Conquistador* William the Conqueror **2** (*América*) conquistador [*pl* conquistadors/conquistadores]

conquistar *vt* **1** (*Mil*) to conquer **2** (*enamorar*) to win *sb's* heart

consagrar *vt* **1** (*Relig*) to consecrate **2** (*dedicar*) to devote *sth* (*to sth*): *Consagraron su vida al deporte.* They devoted their lives to sport. **3** (*lograr fama*) to establish *sb/sth* (*as sth*): *La exposición lo consagró como pintor.* The exhibition established him as a painter.

consciente *adj* **1** ~ (**de**) aware (of *sth*) **2** (*Med*) conscious

consecuencia *nf* **1** (*secuela*) consequence: *pagar las ~s* to suffer the consequences **2** (*resultado*) result: *como ~ de algo* as a result of sth

consecuente *adj* LOC **ser consecuente** to act according to your principles

conseguir *vt* **1** (*obtener*) to get: *~ un visado* to get a visa ◇ *~ que algn haga algo* to get sb to do sth **2** (*alcanzar*) to achieve: *para ~ nuestros objetivos* to achieve our aims **3** (*ganar*) to win: *~ una medalla* to win a medal

consejería *nf* ministry (in a regional government): *la Consejería de Sanidad de la Junta de Extremadura* the Ministry of Health in the Extremadura regional government

consejero, -a *nm-nf* **1** (*asesor*) adviser **2** (*Pol*) minister (in a regional government): *la consejera vasca de Educación* the Education Minister in the Basque regional government LOC **consejero matrimonial** marriage guidance counsellor

consejo *nm* **1** (*recomendación*) advice [*incontable*]

🔎 Hay algunas palabras en español, como *consejo*, *noticia*, etc., que tienen una traducción incontable al inglés (**advice**, **news**, etc.). Existen dos formas de utilizar estas palabras. "Un consejo/una noticia" se dice **some advice/news** o **a piece of advice/news**: *Te voy a dar un consejo.* I'm going to give you some advice/a piece of advice. ◇ *Tengo una buena* *noticia que darte.* I've got some good news/a piece of good news for you. Si se utiliza el plural (*consejos, noticias,* etc.) se traduce por el sustantivo incontable correspondiente (**advice, news,** etc.): *No seguí sus consejos.* I didn't follow her advice. ◇ *Tengo buenas noticias.* I've got some good news.

2 (*organismo*) council [*v sing o pl*] **LOC consejo de administración** board of directors ◆ **el Consejo de Ministros** the Cabinet [*v sing o pl*]

consentimiento *nm* consent

consentir *vt* **1** (*tolerar*) to allow: *No consentiré que me trates así.* I won't allow you to treat me like this. ◇ *No se lo consientas.* Don't let him get away with it. **2** (*mimar*) to spoil: *Sus padres le consienten demasiado.* His parents really spoil him.

conserje *nmf* **1** (*oficinas, casa, hotel*) porter **2** (*escuela, instituto*) caretaker, custodian (*USA*)

conserjería *nf* **1** (*oficinas, casa*) porter's lodge **2** (*escuela, instituto*) caretaker's lodge

conserva *nf* **1** (*en lata*) tinned food, canned food (*USA*): *tomates en ~* tinned tomatoes **2** (*en cristal*) bottled food **3 conservas** (*encurtidos*) pickles

conservador, -ora *adj, nm-nf* conservative

conservante *nm* preservative

conservar *vt* **1** (*mantener fresco*) to keep **2** (*envasar para que dure*) to preserve **3** (*tradiciones, costumbres*) to maintain **4** (*calor*) to retain **5** (*tener todavía*) to still have: *Aún conservo sus cartas.* I still have his letters.
▸ **conservarse** *vp* **1 conservarse bien, joven,** etc. to look good, young, etc. for your age: *¡Qué bien se conserva!* He looks very good for his age! **2** (*comida*) to keep

conservatorio *nm* school of music

consideración *nf* **1** (*reflexión, cuidado*) consideration: *tomar algo en ~* to take sth into consideration **2 ~ (por/hacia)** (*respeto*) respect (for sb) **LOC con/sin consideración** considerately/inconsiderately: *Nos trataron sin ninguna ~.* They treated us most inconsiderately.

considerado, -a *adj* (*respetuoso*) considerate **LOC bien/mal considerado** *un médico bien ~* a highly-respected doctor ◇ *Está mal ~ entre sus colegas.* He's badly thought of by his colleagues. *Ver tb* CONSIDERAR

considerar *vt* **1** (*sopesar*) to weigh *sth* up, to consider (*más formal*): *~ los pros y los contras* to weigh up the pros and cons **2** (*ver, apreciar*) to regard *sb/sth* (*as sth*): *La considero nuestra mejor jugadora.* I regard her as our best player.

consigna *nf* (*para equipaje*) left-luggage office, baggage room (*USA*)

consigo *pron* **1** (*él, ella*) with him/her **2** (*usted, ustedes*) with you **3** (*ellos, ellas*) with them **LOC consigo mismo** with himself, herself, etc.

consiguiente *adj* **LOC por consiguiente** consequently, therefore (*más coloq*)

consistir *vi* **1 ~ en algo/hacer algo** to entail sth/doing sth, to consist in sth/doing sth (*más formal*): *Mi trabajo consiste en atender al público.* My work entails dealing with the public. **2 ~ en algo** (*constar de*) to consist of sth: *El menú consiste en un plato principal, postre, pan y vino.* The set menu consists of a main course, dessert, bread and wine.

consola *nf* console

consolación *nf* consolation: *premio de ~* consolation prize

consolar *vt* to console: *Traté de ~le por la pérdida de su madre.* I tried to console him for the loss of his mother.

consonante *nf* consonant

conspiración *nf* conspiracy [*pl* conspiracies]

conspirar *vi* to conspire

constancia *nf* (*perseverancia*) perseverance

constante *adj* **1** (*continuo*) constant **2** (*perseverante*) hard-working: *Mi hijo es muy ~ en sus estudios.* My son works very hard.

constar *vi* **1 me,** etc. **consta que...** I, you, etc. know that...: *Me consta que ellos no lo hicieron.* I know they didn't do it. **2 ~ de** to consist of *sth*: *La obra consta de tres actos.* The play consists of three acts.

constelación *nf* constellation

constipado, -a *adj Estoy ~.* I've got a cold.
▸ *nm* cold: *pillar un ~* to catch a cold ➊ La palabra **constipated** no significa *constipado,* sino *estreñido.*

constitución *nf* constitution **LOC** *Ver* HIERRO

constitucional *adj* constitutional

constituir *vt* to be, to constitute (*más formal*): *Puede ~ un riesgo para la salud.* It may be a health hazard.

construcción *nf* building, construction (*más formal*): *en ~* under construction ◇ *Trabajan en la ~.* They're builders.

constructor, -ora *nm-nf* builder, construction worker (*USA*)

construir *vt, vi* to build: *~ un futuro mejor* to build a better future ◇ *No han empezado a ~ todavía.* They haven't started building yet.

consuelo *nm* consolation: *Es un ~ saber que no soy el único.* It is some consolation to know that I am not the only one. ◇ *buscar ~ en algo* to seek consolation in sth

cónsul *nmf* consul

consulado nm consulate

consulta nf **1** (pregunta) question: ¿Le puedo hacer una ~? Could I ask you something? **2** (Med) surgery [pl surgeries]: La doctora pasa ~ hoy. The doctor has a surgery today. ◊ La ~ está en la segunda planta. The surgery is on the second floor. **LOC** de consulta reference: libros de ~ reference books

consultar vt **1** (pedir consejo) to consult sb/sth (about sth): Nos han consultado sobre ese tema. They've consulted us about this matter. **2** (palabra, dato) to look sth up: Consúltalo en el diccionario. Look it up in the dictionary. **LOC** consultar algo con la almohada to sleep on sth

consultorio nm (Med) surgery [pl surgeries] **LOC** consultorio sentimental **1** (Period) problem page **2** (Radio) advice programme

consumición nf (bebida) drink: una entrada con derecho a ~ a ticket entitling you to a drink

consumidor, -ora adj consuming: países ~es de petróleo oil-consuming countries ▸ nm-nf consumer **LOC** Ver ASOCIACIÓN

consumir vt **1** to consume: un país que consume más de lo que produce a country which consumes more than it produces **2** (energía) to use: Este radiador consume mucha electricidad. This radiator uses a lot of electricity. **LOC** consumir preferentemente antes de… best before…

consumismo nm consumerism

consumista adj, nmf consumerist

consumo nm consumption **LOC** Ver BIEN²

contabilidad nf **1** (cuentas) accounts [pl]: la ~ de una empresa a firm's accounts **2** (profesión) accountancy, accounting (USA) **LOC** llevar la contabilidad to do the accounts

contable nmf accountant

contactar vi ~ con to contact sb: Intenté ~ con mi familia. I tried to contact my family.

contacto nm contact **LOC** mantenerse/ponerse en contacto con algn to keep/get in touch with sb ◆ poner a algn en contacto con algn to put sb in touch with sb ◆ sin contacto (tarjeta) contactless Ver tb LLAVE

contado nm **LOC** al contado cash: pagar algo al ~ to pay cash for sth

contador nm meter: el ~ del gas the gas meter

contagiar vt to give sth to sb: Le contagió la varicela. He gave her chickenpox. ▸ contagiarse vp to be contagious

contagioso, -a adj contagious

contaminación nf **1** pollution: ~ atmosférica/acústica atmospheric/noise pollution **2** (radiactiva, alimenticia) contamination

contaminar vt **1** to pollute: Los vertidos de la fábrica contaminan el río. Waste from the factory is polluting the river. **2** (radiactividad, alimentos) to contaminate

contante adj **LOC** Ver DINERO

contar vt **1** (enumerar, calcular, incluir) to count: Contó el número de viajeros. He counted the number of passengers. ◊ Somos cinco sin ~ a mis padres. There are five of us, not counting my parents. **2** (explicar) to tell: Nos contaron un cuento. They told us a story. ◊ Cuéntame lo de ayer. Tell me what happened yesterday. ▸ vi **1** (enumerar, importar) to count: Cuenta hasta diez. Count to ten. ◊ Nuestra opinión no cuenta mucho. Our opinion doesn't count for much. **2** ~ con (confiar) to count on sb/sth: Cuento con ellos. I'm counting on them. **LOC** ¿qué (te) cuentas? how are things? Ver tb LARGO

contemplar vt to contemplate: ~ un cuadro/una posibilidad to contemplate a painting/possibility

contemporáneo, -a adj, nm-nf contemporary [pl contemporaries]

contenedor nm **1** (de basura) **(a)** bin **(b)** (con ruedas) wheelie bin ➜ Ver dibujo en BIN **2** (de escombros) skip, Dumpster® (USA) **3** (de mercancías) container **LOC** contenedor de papel, plástico, etc. paper, plastic, etc. recycling bin ◆ contenedor de vidrio bottle bank

contener vt **1** (tener) to contain: Este texto contiene algunos errores. This text contains a few mistakes. **2** (reprimir) to hold sth back: El niño no podía ~ el llanto. The little boy couldn't hold back his tears.

contenido nm **1** contents [pl]: el ~ de un frasco the contents of a bottle **2** (significado) content Ver tb CONTENER

contentarse vp ~ con to be satisfied with sth: Se contenta con poco. He's easily pleased.

contento, -a adj **1** (feliz) happy **2** ~ (con/de) (satisfecho) pleased (with sb/sth): Estamos ~s con el nuevo profesor. We're pleased with the new teacher. **LOC** Ver CABER

contestación nf reply [pl replies]: Espero ~. I await your reply.

contestador nm **LOC** contestador (automático) answering machine

contestar vt, vi ~ (a) to answer sth; to reply to sth: Nunca contestan a mis cartas. They never answer my letters. ▸ vi **1** (dar una respuesta) to answer, to reply (más formal) **2** (replicar) to answer back: ¡No me contestes! Don't answer (me) back!

contexto *nm* context: *fuera de* ~ out of context

contigo *pron* with you: *Se fue* ~. He left with you. ◇ *Quiero hablar* ~. I want to talk to you. `LOC` **contigo mismo** with yourself

continente *nm* continent

continuación *nf* continuation `LOC` **a continuación** (*ahora*) next: *Y a* ~ *les ofrecemos una película de terror.* And next we have a horror film.

continuar *vi* **1** (*actividad*) to go on (*with sth/doing sth*), to continue (*with sth/to do sth*) (*más formal*): *Continuaremos apoyándote.* We shall continue to support you. **2** (*estado*) to be still...: *Continúa haciendo mucho calor.* It's still very hot. `LOC` **continuará...** to be continued...

continuo, -a *adj* **1** (*ininterrumpido*) continuous **2** (*repetido*) continual ➲ *Ver nota en* CONTINUAL `LOC` *Ver* DESCARGA

contorno *nm* **1** (*perfil*) outline **2** (*medida*) measurement: ~ *de cintura* waist measurement

contra *prep* **1** against: *la lucha* ~ *el crimen* the fight against crime ◇ *Ponte* ~ *la pared.* Stand against the wall. **2** (*con verbos como lanzar, disparar, tirar*) at: *Lanzaron piedras* ~ *las ventanas.* They threw stones at the windows. **3** (*con verbos como chocar, arremeter*) into: *Mi vehículo chocó* ~ *el muro.* My car crashed into the wall. **4** (*golpe, ataque*) on: *un atentado* ~ *su vida* an attempt on his life ◇ *Se dio un buen golpe* ~ *el asfalto.* She fell heavily on the concrete. **5** (*resultado*) to: *Ganaron por once votos* ~ *seis.* They won by eleven votes to six. **6** (*tratamiento, vacuna*) for: *una cura* ~ *el cáncer* a cure for cancer **7** (*enfrentamiento*) versus (*abrev* v, vs): *el Madrid* ~ *el Barcelona* Real Madrid v Barcelona `LOC` **en contra (de)** against (*sb/sth*): *¿Estás a favor o en* ~*?* Are you for or against? ◇ *en* ~ *de su voluntad* against their will *Ver tb* PRO²

contraatacar *vi* to fight back

contraataque *nm* counter-attack

contrabajo *nm* (*instrumento*) double bass

contrabandista *nmf* smuggler

contrabando *nm* **1** (*actividad*) smuggling: ~ *de armas* arms smuggling **2** (*mercancía*) contraband `LOC` **pasar algo de contrabando** to smuggle sth in

contradecir *vt* to contradict

contradicción *nf* contradiction

contradictorio, -a *adj* contradictory

contraer *vt* **1** to contract: ~ *un músculo* to contract a muscle ◇ ~ *deudas/la malaria* to contract debts/malaria **2** (*compromisos, obligaciones*) to take *sth* on

▸ **contraerse** *vp* (*materiales, músculos*) to contract `LOC` **contraer matrimonio** to get married (*to sb*)

contraluz *nm o nf* `LOC` **a contraluz** against the light

contraportada *nf* **1** (*libro*) back cover **2** (*revista, periódico*) back page

contrariedad *nf* setback

contrario, -a *adj* **1** (*equipo, opinión, teoría*) opposing **2** (*dirección, lado*) opposite **3** ~ (**a**) (*persona*) opposed (to *sth*)

▸ *nm-nf* opponent `LOC` **al/por el contrario** on the contrary ◆ **de lo contrario** otherwise ◆ **llevar la contraria** to disagree: *Les gusta llevar siempre la contraria.* They always like to disagree. ◆ **(todo) lo contrario** (quite) the opposite: *Sus profesores opinan lo* ~. His teachers think the opposite. *Ver tb* CAMPO

contrarreloj *adj, nf* (*Dep*): *una (carrera/prueba)* ~ a time trial `LOC` **a contrarreloj** against the clock

contraseña *nf* password ➲ *Ver nota en* ORDENADOR

contrastar *vt, vi* ~ (**con**) to contrast (*sth*) (with *sth*): ~ *unos resultados con otros* to contrast one set of results with another

contraste *nm* contrast

contratar *vt* **1** to take *sb* on, to employ (*más formal*) **2** (*deportista, artista*) to sign

contratiempo *nm* **1** (*problema*) setback **2** (*accidente*) mishap

contrato *nm* contract `LOC` **contrato basura** poorly-paid short-term contract *Ver tb* MÓVIL

contraventana *nf* shutter

contribuir *vi* **1** to contribute (*sth*) (*to/towards sth*): *Contribuyeron generosamente a la construcción del hospital.* They contributed a large amount towards the construction of the hospital. **2** ~ **a hacer algo** to help (to) do sth: *Contribuirá a mejorar la imagen del colegio.* It will help improve the school's image.

contribuyente *nmf* taxpayer

contrincante *nmf* rival

control *nm* **1** control: ~ *de natalidad* birth control ◇ *perder el* ~ to lose control ◇ *el* ~ *del volumen* the volume control **2** (*de policía*) checkpoint `LOC` **estar bajo/fuera de control** to be under/out of control *Ver tb* ALCOHOLEMIA, ANTIDOPAJE

controlador *nm* (*Informát*) driver `LOC` **controlador de juego** game controller

controlador, -ora *adj* controlling: *Es una persona muy controladora.* She always likes to be in control.

▸ *nm-nf* controller **LOC** **controlador aéreo** air traffic controller

controlar *vt* **1** (*dominar*) to control: *~ a la gente/ una situación* to control people/a situation **2** (*vigilar*) to keep an eye on *sth*: *Tenemos que ~ los gastos.* We need to keep an eye on what we spend. **3** (*saber*) to know a lot about *sth*: *Ese tema no lo controlo demasiado.* I don't know much about that subject.

convalidar *vt* to recognize: *~ un título* to have a degree recognized

convencer *vt* **1** (*de una idea*) to convince *sb* (*of sth/to do sth/that…*): *Nos convencieron de que estaba bien.* They convinced us that it was right. **2** (*para hacer algo*) to persuade *sb* (*to do sth*): *A ver si le convences para que venga.* See if you can persuade him to come.
▸ *vi* to be convincing
▸ **convencerse** *vp* **convencerse de** to get *sth* into your head: *Tienes que ~te de que se acabó.* You must get it into your head that it's over.

convencido, -a *adj* certain: *Están ~s de que ganarán.* They are certain they're going to win. *Ver tb* CONVENCER

conveniente *adj* convenient: *una hora/un lugar ~* a convenient time/place **LOC** **ser conveniente** to be a good idea (*to do sth*): *Creo que es ~ que salgamos de madrugada.* I think it's a good idea to leave early.

convenio *nm* agreement

convenir *vi* **1** (*ser conveniente*) to suit *sb*: *Haz lo que más te convenga.* Do whatever suits you best. **2** (*ser aconsejable*): *No te conviene trabajar tanto.* You shouldn't work so hard. ◊ *Convendría repasarlo.* We should go over it again.
▸ *vt, vi ~ (en)* (*estar de acuerdo*) to agree (on *sth/to do sth*): *Hay que ~ la fecha de la reunión.* We must agree on a date for the meeting.

convento *nm* **1** (*de monjas*) convent **2** (*de monjes*) monastery [*pl* monasteries]

conversación *nf* conversation: *un tema de ~* a topic of conversation

conversar *vi* to talk (*to/with sb*) (*about sb/sth*): *Conversamos sobre temas de actualidad.* We talked about current affairs.

convertir *vt* **1** to turn *sb/sth into sth*: *Convirtieron su casa en museo.* His house was turned into a museum. **2** (*Relig*) to convert *sb* (*to sth*)
▸ **convertirse** *vp* **1** **convertirse en** (*llegar a ser*) to become: *~se en adulto* to become an adult **2** **convertirse en** (*transformarse*) to turn into *sth*: *El príncipe se convirtió en rana.* The prince turned into a frog. **3** **convertirse (a)** (*Relig*) to con-

vert (to *sth*): *Se han convertido al islam.* They have converted to Islam. **LOC** **convertirse en realidad** to come true

convivir *vi* to live together, to live with *sb*: *Convivieron antes de casarse.* They lived together before they got married. ◊ *Conviví con ella.* I lived with her.

convocar *vt* **1** (*huelga, elecciones*) to call: *~ una huelga general* to call a general strike **2** (*citar*) to summon: *~ a los líderes a una reunión* to summon the leaders to a meeting

convocatoria *nf* **1** (*huelga, elecciones*) call: *una ~ de huelga/elecciones* a strike call/a call for elections **2** (*Educ*): *Aprobé en la ~ de junio.* I passed in June. ◊ *Lo intentaré otra vez en la ~ de septiembre.* I'll try again in the September resits.

coñac *nm* brandy [*pl* brandies]

coñazo *nm* **1** (*persona*) pain: *¡Qué ~ de tío!* What a pain that guy is! **2** (*cosa*): *¡Qué ~!* How boring! **LOC** **dar el coñazo** to pester *sb*, to bug *sb* (*coloq*)

cooperación *nf* cooperation

cooperar *vi ~ (con) (en)* to cooperate (with *sb*) (on *sth*): *Se negó a ~ con ellos en el proyecto.* He refused to cooperate with them on the project.

cooperativa *nf* cooperative

coordenada *nf* **LOC** *Ver* EJE

coordinar *vt* to coordinate

copa *nf* **1** (*vaso*) (wine) glass ➲ *Ver dibujo en* CUP **2** (*bebida*) drink: *tomarse unas ~s* to have a few drinks **3** (*árbol*) top **4** **Copa** (*Dep*) Cup: *la Copa de Africa* the African Cup of Nations **5 copas** (*Naipes*) ➲ *Ver nota en* BARAJA **LOC** **salir de copas** to go (out) for a drink *Ver tb* SOMBRERO

copia *nf* copy [*pl* copies]: *hacer/sacar una ~* to make a copy **LOC** **copia de seguridad** (*Informát*) backup: *hacer/crear una ~ de seguridad* to make a backup

copiar *vt, vi* to copy: *Lo he copiado de una revista de decoración.* I copied it from a design magazine. ◊ *Se lo copié a Luis.* I copied it from Luis.
▸ *vt* (*escribir*) to copy *sth* down: *Copiaban lo que el profesor iba diciendo.* They copied down what the teacher said.

copiloto *nmf* **1** (*avión*) co-pilot **2** (*automóvil*) co-driver

copión, -ona *nm-nf* copycat

copipega *nm* copy and paste: *Su trabajo no es más que un ~ de internet.* He's just copied and pasted it from the Internet.

copo *nm* flake: *~s de nieve* snowflakes

coquetear *vi* to flirt (*with sb*)

coqueto, -a adj **1** (que coquetea) flirtatious **2** (presumido) vain
▸ nm-nf **1** flirt **2** (presumido) vain: *Esta niña es una coqueta.* She's so vain.

coral nf (coro) choir
▸ nm (Zool) coral

Corán nm Koran

corazón nm **1** heart: *en pleno ~ de la ciudad* in the very heart of the city ◊ *en el fondo de su ~* deep down **2** (fruta) core: *Pelar y quitar el ~.* Peel and remove the core. **3** (dedo) middle finger **4 corazones** (Naipes) hearts ➲ Ver nota en BARAJA **LOC de todo corazón** from the heart: *Lo digo de todo ~.* I'm speaking from the heart. ◆ **tener buen corazón** to be kind-hearted Ver tb NOTICIA, PRENSA, PROGRAMA

corbata nf tie: *Todo el mundo iba con ~.* They were all wearing ties.

corchea nf (Mús) quaver

corcho nm **1** cork **2** (pesca) float

cordel nm string ➲ Ver dibujo en CUERDA

cordero, -a nm-nf (animal, carne) lamb: *~ asado* roast lamb ➲ Ver nota en CARNE

cordillera nf mountain range: *la ~ Cantábrica* the Cantabrian mountains

cordón nm **1** (zapato) (shoe)lace, shoestring (USA): *atarse los cordones de los zapatos* to do your shoelaces up **2** (cuerda) cord **3** (electricidad) lead, cord (USA) **LOC cordón policial** police cordon ◆ **cordón umbilical** umbilical cord

córner nm corner

coro nm (Arquit, coral) choir

corona nf **1** (de un rey, la monarquía, diente, moneda) crown **2** (de flores, adorno de Navidad) wreath

coronación nf (de un rey) coronation

coronar vt to crown: *Le coronaron rey.* He was crowned king.

coronel nmf colonel

coronilla nf **1** (parte de la cabeza) crown **2** (calva) bald patch **LOC estar hasta la coronilla** to be sick to death of sb/sth/doing sth

corporal adj **1** body: *lenguaje/temperatura ~* body language/temperature **2** (necesidades, funciones, contacto) bodily: *las necesidades ~es* bodily needs

corpulento, -a adj hefty

corral nm farmyard

correa nf **1** strap: *~ del reloj* watch strap **2** (para perro) lead, leash (USA)

corrección nf correction: *hacer correcciones en un texto* to make corrections to a text

correcto, -a adj **1** correct: *el resultado ~* the correct result **2** (educado) polite: *Tu abuelo es muy ~.* Your grandfather is very polite. **LOC** Ver POLÍTICAMENTE

corrector nm **LOC corrector ortográfico** spell-checker

corredizo, -a adj **LOC** Ver NUDO, PUERTA, TECHO

corredor, -ora nm-nf **1** (atleta) runner **2** (ciclista) cyclist

corregir vt to correct: *~ exámenes* to correct exams ◊ *Corrígeme si me equivoco.* Correct me if I get it wrong.

correo nm **1** post, mail (USA): *Me llegó en el ~ del jueves.* It came in Thursday's post. ◊ *votar por ~* to vote by post ➲ Ver nota en MAIL **2** (electrónico) email: *Mándame un ~.* Send me an email. **3 Correos** post office: *¿Dónde está Correos?* Where's the post office? ➲ Ver nota en ESTANCO **LOC correo basura 1** junk mail **2** (e-mail) spam ◆ **correo electrónico** email ➲ Ver nota en pág 512 ◆ **de correos** postal: *huelga/servicio de Correos* postal strike/service ◆ **enviar/mandar algo por correo/echar algo al correo** to post sth, to mail sth (USA) ◆ **enviar/mandar por correo electrónico** to email sth: *Te mando los detalles por ~ electrónico.* I'll email you the details. Ver tb APARTADO, VOTAR

correr vi **1** to run: *Corrían por el patio.* They were running round the playground. ◊ *Salí corriendo detrás de él.* I ran out after him. ◊ *Cuando me vio echó a ~.* He ran off when he saw me. **2** (darse prisa) to hurry: *No corras, aún tienes tiempo.* There's no need to hurry, you've still got time. ◊ *¡Corre!* Hurry up! **3** (automóvil) to go fast: *Su moto corre mucho.* His motorbike goes very fast. **4** (conducir deprisa) to drive fast: *Corre demasiado en el coche.* He drives too fast. **5** (líquidos) to flow
▸ vt **1** (mover) to move sth (along/down/over/up): *Corre un poco la silla.* Move your chair over a bit. **2** (cortina) to draw **3** (Dep) to compete in sth: *~ los 100 metros lisos* to compete in the 100 metres
▸ **correrse** vp **1** (moverse una persona) to move up/over **2** (tinta, maquillaje) to run **LOC corre la voz de que...** there's a rumour going round (that...) ◆ **correr como un galgo** to run like the wind Ver tb CINTA, PRISA

correspondencia nf **1** (correo) correspondence **2** (relación) relation: *No hay ~ entre la calidad y el precio.* There's no relation between the quality and the price.

corresponder vi **1** (tener derecho) to be entitled to sth: *Te corresponde lo mismo que a los demás.* You're entitled to the same as the rest. **2** (pertenecer, ser adecuado): *Ese texto corresponde a otra foto.* That text goes with another photo. ◊ *Pon una cruz donde corresponda.* Tick as appropriate.

correspondiente adj **1** ~ **(a)** (relacionado) corresponding (to sth): ¿Cuál es la expresión ~ en chino? What's the corresponding expression in Chinese? ◇ las palabras ~s a las definiciones the words corresponding to the definitions **2** (propio) own: Cada estudiante tendrá su nota ~. Each student will have their own mark. **3** (adecuado) relevant: presentar la documentación ~ to produce the relevant documents **4** ~ **a** for: temas ~s al primer trimestre subjects for the first term

corresponsal nmf correspondent

corrida nf LOC **corrida (de toros)** bullfight

corriente adj **1** (normal) ordinary: gente ~ ordinary people **2** (común) common: un árbol muy ~ a very common tree
▸ nf **1** (agua, electricidad) current: Fueron arrastrados por la ~. They were swept away by the current. **2** (aire) draught LOC **ponerse al corriente** to get up to date Ver tb AGUA, NORMAL

corrimiento nm LOC **corrimiento de tierra(s)** landslide

corro nm **1** (personas) circle: hacer (un) ~ to form a circle **2** (juego) ring-a-ring o' roses

corroer(se) vt, vp (metales) to corrode

corromper vt to corrupt

corrupción nf corruption

cortacésped nm lawnmower

cortado, -a adj **1** (cohibido) embarrassed: estar/quedarse ~ to be embarrassed **2** (tímido) shy
▸ nm (café) macchiato [pl macchiatos] Ver tb CORTAR

cortafuego (tb **cortafuegos**) nm **1** (en un bosque) firebreak **2** (Informát) firewall

cortar vt **1** to cut: Córtalo en cuatro trozos. Cut it into four pieces. **2** (agua, luz, parte del cuerpo, rama) to cut sth off: Han cortado el teléfono/gas. The telephone/gas has been cut off. ◇ La máquina le cortó un dedo. The machine cut off one of his fingers. **3** (con tijeras) to cut sth out: Corté los pantalones siguiendo el patrón. I cut out the trousers following the pattern. **4** (tráfico) to stop **5** (calle) to close
▸ vi to cut: Este cuchillo no corta. This knife doesn't cut. ◇ Ten cuidado que esas tijeras cortan mucho. Be careful, those scissors are very sharp.
▸ **cortarse** vp **1** (herirse) to cut: Me corté la mano con los cristales. I cut my hand on the glass. **2** (leche, mahonesa) to curdle **3** (teléfono): Estábamos hablando y de repente se cortó. We were talking when we were suddenly cut off. **4** (turbarse) to get embarrassed: ¡Venga, no te cortes! Don't get embarrassed! LOC **cortar el césped** to mow the lawn ◆ **cortar el rollo** (interrum-

pir) to spoil the fun: Apareció su padre y se cortó el rollo. Her father turned up and spoiled our fun. ◇ ¡Corta (el rollo)! That's enough! ◆ **cortarse el pelo 1** (en la peluquería) to have your hair cut **2** (uno mismo) to cut your hair ◆ **cortarse las puntas** to have a trim Ver tb GRIFO

cortaúñas nm nail clippers ➋ Ver nota en PAIR

corte nm cut: Sufrió varios ~s en el brazo. He suffered several cuts to his arm. ◇ un ~ de luz a power cut
▸ nf **1** (realeza) court **2 las Cortes** Parliament [v sing] LOC **corte de digestión** stomach cramps [pl]: sufrir un ~ de digestión to get stomach cramps ◆ **corte de pelo** haircut ◆ **corte y confección** dressmaking ◆ **dar corte** to embarrass: Me da ~ salir con esta ropa. I'm embarrassed to go out in these clothes. ◆ **dar/pegar un corte 1** (de palabra) to put sb down **2** (con un gesto) to snub sb ◆ **¡qué corte!** how embarrassing!

cortesía nf courtesy [pl courtesies]: por ~ out of courtesy

corteza nf **1** (árbol) bark **2** (pan) crust **3** (queso) rind **4** (fruta) peel LOC **la corteza terrestre** the earth's crust

cortina nf curtain: abrir/cerrar las ~s to draw the curtains open/shut

corto, -a adj **1** short: Ese pantalón te está ~. Those trousers are too short for you. ◇ una camisa de manga corta a short-sleeved shirt **2** (poco inteligente) dim
▸ nm (tb **cortometraje**) (Cine) short LOC **ni corto ni perezoso** without thinking twice ◆ **ser corto de vista** to be short-sighted, to be nearsighted (USA) Ver tb LUZ, PANTALÓN

cortocircuito nm short circuit

cosa nf **1** thing: Una ~ ha quedado clara… One thing is clear… ◇ Les van bien las ~s. Things are going well for them. **2** (algo) something: Te quería preguntar una ~. I wanted to ask you something. **3** (nada) anything: No hay ~ más importante que… There's nothing more important than… ➋ Ver nota en NADA **4 cosas** (asuntos) affairs: Quiero solucionar primero mis ~s. I want to sort out my own affairs first. ◇ Nunca habla de sus ~s. He never talks about his personal life. LOC **¡cosas de la vida!** that's life! ◆ **entre una cosa y otra** what with one thing and another ◆ **¡lo que son las cosas!** would you believe it! ◆ **¡qué cosa más rara!** how odd! ◆ **ser cosa de algn** Esta broma es ~ de mi hermana. This joke must be my sister's doing. ◆ **ser poca cosa 1** (herida) not to be serious **2** (persona) to be a poor little thing ◆ **ver cosa igual/semejante** ¿Habráse visto ~ igual? Did you ever see anything like it? Ver tb ALGUNO, CADA, CUALQUIERA, OTRO

cosaco, -a nm-nf LOC Ver BEBER(SE)

cosecha nf **1** harvest: *Este año habrá buena ~.* There's going to be a good harvest this year. **2** (*vino*) vintage: *la ~ del 95* the 1995 vintage

cosechar vt, vi to harvest

coser vt, vi to sew: *~ un botón* to sew a button on

cosmético, -a adj, nm cosmetic

cosquillas nf LOC **hacer cosquillas** to tickle ◆ **tener cosquillas** to be ticklish: *Tengo muchas ~ en los pies.* My feet are very ticklish.

costa nf **1** (*litoral*) coast: *Santander está en la ~ norte.* Santander is on the north coast. **2** (*dinero*) cost: *las ~s del juicio* the cost of the trial LOC **a costa de** at sb's expense: *a ~ nuestra* at our expense ◆ **a costa de lo que sea/a toda costa** at all costs Ver tb VIVIR

costado nm side: *Duermo de ~.* I sleep on my side.

costar vi **1** (*dinero, vidas*) to cost: *El billete cuesta cinco euros.* The ticket costs five euros. ◇ *El accidente costó la vida a cien personas.* The accident cost the lives of a hundred people. **2** (*tiempo*) to take: *Cuesta tiempo acostumbrarse.* It takes time to get used to it. **3** (*resultar difícil*) to find it hard (*to do sth*): *Me cuesta levantarme temprano.* I find it hard to get up early. LOC **costar mucho/poco 1** (*dinero*) to be expensive/cheap **2** (*esfuerzo*) to be hard/easy ◆ **costar un riñón/un ojo de la cara** to cost an arm and a leg ◆ **cueste lo que cueste** at all costs Ver tb CARO, CUÁNTO, TRABAJO

coste (*tb* **costo**) nm cost: *el ~ de la vida* the cost of living

costilla nf rib

costra nf scab

costumbre nf **1** (*de una persona*) habit: *hacer algo por ~* to do sth out of habit **2** (*de un país*) custom: *Es una ~ española.* It's a Spanish custom. LOC **coger la costumbre** to get into the habit (*of doing sth*) ◆ **de costumbre** usual: *más simpático que de ~* nicer than usual Ver tb QUITAR

costura nf **1** (*labor*) sewing **2** (*puntadas*) seam: *Se ha descosido el abrigo por la ~.* The seam of this coat has come undone.

costurero nm sewing box

cotidiano, -a adj daily

cotilla nmf gossip

cotillear vi to gossip (*about sb/sth*)

cotilleo nm gossip [incontable]: *No quiero ~s en la oficina.* I don't want any gossip in the office. ◇ *¿Sabes el último ~?* Have you heard the latest piece of gossip? ➲ Ver nota en CONSEJO

cotillón nm party: *~ de fin de año* New Year's Eve party

cotizado, -a adj sought after ➲ Ver nota en WELL BEHAVED

coto nm preserve: *~ de caza* game preserve

cotorra nf parrot

coz nf kick: *dar/pegar coces* to kick

crack nm **1** (*droga*) crack (cocaine) **2** (*Dep*) star: *un ~ del baloncesto* a star basketball player

cráneo nm skull

cráter nm crater

creación nf creation

creador, -ora nm-nf creator

crear vt **1** to create: *~ problemas* to create problems **2** (*empresa, institución*) to set sth up ▸ **crearse** vp *~se enemigos* to make enemies

creatividad nf creativity

creativo, -a adj creative

crecer vi **1** to grow: *¡Cómo te ha crecido el pelo!* Hasn't your hair grown! **2** (*criarse*) to grow up: *Crecí en el campo.* I grew up in the country. **3** (*río*) to rise LOC **dejarse crecer el pelo, la barba, etc.** to grow your hair, a beard, etc.

creciente adj increasing LOC Ver CUARTO, LUNA

crecimiento nm growth

crédito nm **1** (*préstamo*) loan **2** (*Fin*) credit: *tarjeta de ~* credit card **3** (*universitario*) credit LOC **a crédito** *comprar algo a ~* to buy sth on credit

credo nm creed

crédulo, -a adj gullible

creencia nf belief

creer vt, vi **1** (*aceptar como verdad, tener fe*) to believe (*in sb/sth*): *~ en la justicia* to believe in justice ◇ *Nadie me creerá.* No one will believe me. **2** (*pensar*) to think: *Creen haber descubierto la verdad.* They think they've uncovered the truth. ◇ *¿Tú crees?* Do you think so? ◇ *—¿Lloverá mañana? —No creo.* 'Is it going to rain tomorrow?' 'I don't think so.' ▸ **creerse** vp **1** (*aceptar como verdad*) to believe: *No me lo creo.* I don't believe it. **2** (*a uno mismo*) to think you are...: *Se cree muy listo.* He thinks he's very clever. ◇ *¿Qué se habrán creído?* Who do they think they are? LOC **creo que sí/no** I think so/I don't think so

creído, -a adj, nm-nf (*engreído*) conceited: *ser un ~* to be conceited Ver tb CREER

crema nf **1** (*cosmético, sopa, color*) cream: *Date un poco de ~ en la espalda.* Put some cream on your back. ◇ *~ de calabacín* cream of courgette soup ◇ *una bufanda color ~* a cream (coloured) scarf **2** (*pastelería*) custard **3** (*zapatos*) shoe polish LOC **crema bronceadora/solar** suncream Ver tb AFEITAR(SE), DESMAQUILLADOR, HIDRATANTE

cremallera nf zip, zipper (USA): No puedo subir la ~. I can't do my zip up. ◇ Bájame la ~ (del vestido). Unzip my dress for me.

crematorio nm crematorium [pl crematoria/crematoriums]

crepe nm o nf pancake ➔ Ver nota en MARTES

crepúsculo nm twilight

cresta nf 1 crest 2 (gallo) comb

cretino, -a adj stupid
  ▸ nm-nf idiot

creyente nmf believer LOC no creyente nonbeliever

cría nf 1 (animal recién nacido) baby [pl babies]: una ~ de conejo a baby rabbit 2 (crianza) breeding: la ~ de perros dog breeding

criadero nm farm LOC criadero de perros (breeding) kennels [pl]

criado, -a nm-nf servant

criar vt 1 (educar) to bring sb up 2 (amamantar) (a) (persona) to feed (b) (animal) to suckle 3 (ganado) to rear
  ▸ criarse vp to grow up: Se criaron en la ciudad. They grew up in the city. LOC Ver MOHO

crimen nm 1 crime: cometer un ~ to commit a crime 2 (asesinato) murder

criminal adj, nmf criminal

crin nf (tb crines) mane [v sing]

crío, -a nm-nf 1 críos (sin distinción de sexo) kids (coloq): Son unos ~s muy majos. They're lovely kids. 2 (masc) boy 3 (fem) girl 4 (bebé) baby [pl babies]

crisis nf crisis [pl crises]

crisma (tb crismas) nm (tarjeta de Navidad) Christmas card
  ▸ nf (cabeza): romperse la ~ to crack your head open

cristal nm 1 (material) glass [incontable]: Me corté con un ~ roto. I cut myself on a piece of broken glass. ◇ ~es rotos broken glass 2 (vidrio fino, mineral) crystal: una licorera de ~ a crystal decanter 3 (de ventana) pane: el ~ de la ventana the window pane 4 (de gafas) lens [pl lenses]: Se me han roto los ~es de las gafas. My lenses have broken.

cristalería nf 1 (tienda) glassware shop 2 (copas) set of glasses: Mi abuela tiene una ~ antigua preciosa. My grandmother has a lovely old set of glasses.

cristalino, -a adj (agua) crystal clear

cristianismo nm Christianity

cristiano, -a adj, nm-nf Christian

Cristo n pr Christ LOC antes/después de Cristo BC/AD ❶ Las siglas significan before Christ/

Anno Domini. ◆ hecho un Cristo a mess: Tienes la cara hecha un ~. Your face is a mess.

criterio nm 1 (principio) criterion [pl criteria] 2 (Jur, capacidad de juzgar) judgement: tener buen ~ to have sound judgement 3 (opinión) opinion: según nuestro ~ in our opinion

crítica nf 1 criticism: Estoy harta de tus ~s. I'm fed up of your criticisms. 2 (en un periódico) review: La obra ha tenido una ~ excelente. The play had an excellent review. 3 (conjunto de críticos) critics [pl]: bien acogida por la ~ well received by the critics

criticar vt, vi to criticize

crítico, -a adj critical
  ▸ nm-nf critic

Croacia nf Croatia

croata adj, nmf, nm Croatian

crol nm crawl: nadar a ~ to do the crawl

cromo nm 1 (de colección) picture card 2 (Quím) chromium

crónica nf (reportaje) report: la ~ deportiva the sports report

crónico, -a adj chronic

cronológico, -a adj chronological

cronometrar vt to time

cronómetro nm (Dep) stopwatch

croqueta nf croquette

cross nm cross-country race: participar en un ~ to take part in a cross-country race

cruasán nm croissant

cruce nm 1 (de carreteras) junction, intersection (USA): Al llegar al ~, gira a la derecha. Turn right at the junction. 2 (para peatones) pedestrian crossing, crosswalk (USA) 3 (híbrido) cross: un ~ de bóxer y doberman a cross between a boxer and a Dobermann LOC Ver LUZ

crucero nm (viaje) cruise: hacer un ~ to go on a cruise

crucificar vt to crucify

crucifijo nm crucifix

crucigrama nm crossword: hacer un ~ to do a crossword

crudo, -a adj 1 (sin cocinar) raw 2 (poco hecho) underdone 3 (clima, realidad) harsh 4 (ofensivo) shocking: Hay escenas muy crudas. There are some really shocking scenes. 5 (color) natural
  ▸ nm crude oil

cruel adj cruel

crueldad nf cruelty [pl cruelties]

crujido nm 1 (hojas secas, papel) rustle 2 (madera, huesos) creak

crujiente adj (alimentos) crunchy

crujir vi 1 (hojas secas) to rustle 2 (madera, huesos) to creak 3 (alimentos) to crunch

crustáceo nm crustacean

cruz nf cross: *Señale la respuesta con una ~.* Put a cross next to the answer. LOC **Cruz Roja** Red Cross *Ver tb* BRAZO, CARA

cruzar vt **1** to cross: *~ la calle/un río* to cross the street/a river ◊ *~ la calle corriendo* to run across the street ◊ *~ el río a nado* to swim across the river **2** (*palabras, miradas*) to exchange
▸**cruzarse** vp **~ (con)** to meet (*sb*): *Nos cruzamos en el camino.* We met on the way. LOC **cruzar las piernas** to cross your legs ⤷ *Ver dibujo en* CROSS-LEGGED ♦ **cruzar los brazos** to fold your arms *Ver tb* BRAZO, PIERNA

cuaderno nm **1** (*para apuntar*) notebook **2** (*de ejercicios*) exercise book, notebook (*USA*)

cuadra nf stable

cuadrado, -a adj, nm square LOC **estar cuadrado** to be stockily-built *Ver tb* CUELLO, ELEVADO, ESCOTE, RAÍZ; *Ver tb* CUADRAR

cuadrar vi **~ (con)** to tally (with *sth*): *La noticia no cuadra con lo que vimos.* The news doesn't tally with what we saw.
▸vt (*cuentas*) to balance
▸**cuadrarse** vp to stand to attention

cuadriculado, -a adj **1** (*papel*) squared **2** (*persona*) inflexible: *¡Qué mente más cuadriculada tienes!* You're so inflexible!

cuadrilla nf gang

cuadro nm **1** (*Arte*) painting **2** **cuadros** (*tela*) check [*v sing*]: *unos pantalones de ~s* check trousers ◊ *Los ~s te favorecen.* Check suits you. LOC **cuadros escoceses** tartan *Ver tb* ÓLEO, SINÓPTICO

cuádruple adj quadruple
▸nm four times: *¿Cuál es el ~ de cuatro?* What is four times four?

cuajar vt, vi (*leche*) to curdle **2** (*flan, etc.*) to set
▸vi (*nieve*) to settle

cual pron (*persona*) whom: *Tengo diez alumnos, de los ~es dos son ingleses.* I've got ten students, two of whom are English. ◊ *la familia para la ~ trabaja* the family he works for ⤷ *Ver nota en* WHOM **2** (*cosa*) which: *La pegó, lo ~ no está nada bien.* He hit her, which just isn't right. ◊ *un trabajo en el ~ me siento muy cómodo* a job I feel very comfortable in ⤷ *Ver nota en* WHICH LOC **con lo cual** so: *Lo he perdido, con lo ~ no podré prestárselo.* I've lost it, so I won't be able to lend it to him. *Ver tb* CADA

cuál pron **1** what: *¿Cuál es la capital de Perú?* What's the capital of Peru? **2** (*entre unos cuantos*) which (one): *¿Cuál prefieres?* Which one do you prefer? ⤷ *Ver nota en* WHAT

cualidad nf quality [*pl* qualities]

cualquiera (*tb* **cualquier**) adj **1** any: *Coge cualquier autobús que vaya al centro.* Catch any

bus that goes into town. ◊ *en cualquier caso* in any case ⤷ *Ver nota en* SOME **2** (*uno cualquiera*) any old: *un trapo ~* any old cloth
▸**cualquiera** pron **1** (*cualquier persona*) anyone, anybody: *Cualquiera puede equivocarse.* Anyone can make a mistake. **2** (*entre dos*) either (one): *Cualquiera de los dos me sirve.* Either (of them) will do. ◊ *– ¿Cuál de los dos libros cojo? – Cualquiera.* 'Which of the two books should I take?' 'Either one (of them).' **3** (*entre más de dos*) any (one): *en ~ de esas ciudades* in any one of those cities
▸**cualquiera** nmf (*don nadie*) nobody: *No es un ~.* He's not just a nobody. LOC **cualquier cosa** anything ♦ **cualquier cosa que…** whatever: *Cualquier cosa que pide, se la compran.* They buy her whatever she wants. ♦ **de cualquier forma/manera/modo** (*sin cuidado*) any old how **2** (*de todos modos*) whatever happens: *De cualquier forma, el proyecto se aprobará.* Whatever happens, the plan will be approved. ♦ **en cualquier lugar/parte/sitio** anywhere ♦ **por cualquier cosa** over the slightest thing: *Discuten por cualquier cosa.* They argue over the slightest thing.

cuando adv when: *Cuando venga Juan iremos al zoo.* When Juan gets here, we'll go to the zoo. ◊ *Le atacaron ~ volvía del cine.* He was attacked on his way home from the cinema. ◊ *Pásese por el banco ~ quiera.* Pop into the bank whenever you want.
▸conj if: *Cuando lo dicen todos los periódicos, será verdad.* If all the papers say so, it must be true. LOC **de cuando en cuando** from time to time *Ver tb* VEZ

cuándo adv when: *¿Cuándo te examinas?* When's the exam? ◊ *Pregúntale ~ llegará.* Ask him when he'll be arriving. LOC **¿desde cuándo?** how long…?

🔍En el sentido de "¿Desde cuándo…?", **how long…?** se utiliza normalmente en el presente perfecto: *¿Desde ~ la conoces?* How long have you known her? ◊ *¿Desde ~ juegas al tenis?* How long have you been playing tennis?
También se puede decir **since when?** pero tiene un fuerte matiz irónico: *Pero tú ¿desde cuándo te interesas por el deporte?* And since when have you been interested in sport?

♦ **¿hasta cuándo…?** how long…?: *¿Hasta ~ te vas a quedar?* How long are you staying?

cuanto, -a adj *Haz cuantas pruebas sean necesarias.* Do whatever tests are necessary. ◊ *Lo*

cuánto

haré cuantas veces haga falta. I will do it as many times as I have to.
▸*pron Le dimos ~ teníamos.* We gave him everything we had. ◊ *Llora ~ quieras.* Cry as much as you like. **LOC** **cuanto antes** as soon as possible ◆ **cuanto más/menos...** the more/less...: *Cuanto más tiene, más quiere.* The more he has, the more he wants. ◊ *Cuanto más lo pienso, menos lo entiendo.* The more I think about it, the less I understand. ◆ **en cuanto** as soon as: *En ~ me vieron, echaron a correr.* As soon as they saw me, they started running. ◆ **en cuanto a...** as for... ◆ **unos cuantos** a few: *unos ~s amigos* a few friends ◊ *Unos ~s llegaron tarde.* A few people were late.

cuánto, -a *adj, pron*
• **uso interrogativo 1** (*referido a sustantivo incontable*) how much: *¿Cuánto dinero te has gastado?* How much money did you spend? **2** (*referido a sustantivo contable*) how many: *¿Cuántas personas había?* How many people were there?
• **uso exclamativo** *¡Cuánto vino han bebido!* What a lot of wine they've drunk! ◊ *¡A ~s ha ayudado!* He's helped so many people!
▸*adv* **1** (*uso interrogativo*) how much: *¿Cuánto os ha costado la casa?* How much did the house cost? **2** (*uso exclamativo*): *¡Cuánto les quiero!* I'm so fond of them! **LOC** **¿a cuántos estamos?** what's the date today? ◆ **¿cuánto es/cuesta/vale?** how much is it? ◆ **¿cuánto (tiempo)/cuántos días, meses, etc?** how long...?: *¿Cuánto has tardado en llegar?* How long did it take you to get here? ◊ *¿Cuántos años llevas en Londres?* How long have you been living in London? ➜ *Ver nota en* CUÁNDO; *Ver tb* CADA

cuarenta *adj, nm, pron* **1** forty **2** (*cuadragésimo*) fortieth ➜ *Ver ejemplos en* SESENTA **LOC** **los cuarenta principales** the top forty [*v sing*] *Ver tb* CANTAR

cuaresma *nf* Lent: *Estamos en ~.* It's Lent.

cuarta *nf* (*marcha*) fourth (gear)

cuartel *nm* barracks [*v sing o pl*]: *El ~ está muy cerca de aquí.* The barracks is/are very near here. **LOC** **cuartel general** headquarters [*v sing o pl*]

cuartilla *nf* sheet of paper

cuarto *nm* room: *No entres en mi ~.* Don't go into my room. **LOC** **cuarto de baño** bathroom ◆ **cuarto de estar** living room ◆ **cuarto trastero** box room

cuarto, -a *adj, nm-nf, pron* fourth (*abrev* 4th) ➜ *Ver ejemplos en* SEXTO
▸*nm* quarter: *un ~ de hora/kilo* a quarter of an hour/a kilo **LOC** **cuarto creciente/menguante** first/last quarter ◆ **cuartos de final** quarterfinals ◆ **menos cuarto** a quarter to: *Llegaron a las diez menos ~.* They arrived at a quarter to ten. ◆ **y cuarto** a quarter past: *Es la una y ~.* It's a quarter past one. *Ver tb* CUARTA

cuatrimestre *nm* (*Educ*) term

cuatro *adj, nm, pron* **1** four **2** (*fecha*) fourth ➜ *Ver ejemplos en* SEIS **LOC** **a cuatro patas** on all fours: *ponerse a ~ patas* to get down on all fours ◆ **cuatro gatos** hardly anyone: *Éramos ~ gatos.* There was hardly anyone there.

cuatrocientos, -as *adj, nm, pron* four hundred ➜ *Ver ejemplos en* SEISCIENTOS

Cuba *nf* Cuba

cuba *nf* barrel **LOC** **(borracho) como una cuba** blind drunk

cubano, -a *adj, nm-nf* Cuban **LOC** *Ver* ARROZ

cubertería *nf* cutlery set, silverware set (*USA*)

cúbico, -a *adj* cubic: *metro ~* cubic metre **LOC** *Ver* RAÍZ

cubierta *nf* (*Náut*) deck: *subir a ~* to go up on deck

cubierto, -a *adj* **1** ~ (**de/por**) covered (in/with sth): *~ de manchas* covered in stains ◊ *El sillón estaba ~ por una sábana.* The chair was covered with a sheet. **2** (*cielo, día*) overcast **3** (*instalación*) indoor: *una piscina cubierta* an indoor swimming pool
▸*nm* cutlery [*incontable*], silverware [*incontable*] (*USA*): *Solo me falta poner los ~s.* I've just got to put out the cutlery. ◊ *Todavía no ha aprendido a usar los ~s.* He hasn't learnt how to use a knife and fork yet. **LOC** **ponerse a cubierto** to take cover (*from sb/sth*) *Ver tb* CUBRIR

cubo *nm* **1** (*recipiente*) bucket **2** (*Geom*) cube **LOC** **cubo de (la) basura** rubbish bin, trash can (*USA*) ➜ *Ver dibujo en* BIN; *Ver tb* ELEVADO

cubrir *vt* to cover *sb/sth* (*with sth*): *Han cubierto las paredes de propaganda electoral.* They've covered the walls with election posters. ◊ *~ los gastos de desplazamiento* to cover travelling expenses
▸*vi* (*en el agua*): *Os tengo prohibido nadar donde cubre.* You mustn't go out of your depth.

cucaracha *nf* cockroach

cuchara *nf* spoon **LOC** **cuchara de palo/madera** wooden spoon

cucharada *nf* spoonful: *dos ~s de azúcar* two spoonfuls of sugar

cucharadita *nf* teaspoonful

cucharilla *nf* teaspoon

cucharón *nm* ladle

cuchichear *vi* to whisper

cuchilla *nf* blade **LOC** *Ver* AFEITAR(SE)

cuchillo *nm* knife [*pl* knives]

cuclillas `LOC` **en cuclillas** squatting ♦ **ponerse en cuclillas** to squat

cuco *nm* cuckoo [*pl* cuckoos] `LOC` *Ver* RELOJ

cucurucho *nm* **1** (*helado, papel*) cone **2** (*gorro*) pointed hood

cuello *nm* **1** neck: *Me duele el ~.* My neck hurts. ◇ *el ~ de una botella* the neck of a bottle **2** (*prenda de vestir*) collar: *el ~ de la camisa* the shirt collar `LOC` **cuello (a la) caja** crew neck ♦ **cuello alto/vuelto** polo neck, turtleneck (*USA*) ♦ **cuello de pico** V-neck ♦ **cuello cuadrado/redondo** square/round neck ♦ **estar con el agua/la soga al cuello** to be in trouble

cuenca *nf* (*Geog*) basin: *la ~ del Ebro* the Ebro basin `LOC` **cuenca minera** (*de carbón*) coalfield

cuenco *nm* (*recipiente*) bowl

cuenta *nf* **1** (*factura*) bill: *¡Camarero, la ~ por favor!* Can I have the bill, please? ◇ *la ~ del teléfono* the phone bill **2** (*operación aritmética*) sum: *No me salen las ~s.* I can't work this out. **3** (*Econ, banco*) account: *una ~ corriente/de ahorros* a current/savings account **4** (*collar*) bead `LOC` **cuenta atrás** countdown ♦ **darse cuenta de** to realize (*that…*): *Me di ~ de que no me estaban escuchando.* I realized (that) they weren't listening. ♦ **echar/sacar la cuenta/hacer cuentas** to work *sth* out ♦ **hacer la cuenta de la vieja** to count on your fingers ♦ **más de la cuenta** too much: *He comido más de la ~.* I've had too much to eat. ♦ **por la cuenta que me trae** for my, your, etc. own sake ♦ **salir a cuenta** to be worth *doing sth* ♦ **salir de cuentas** (*embarazo*) to be due: *Sale de ~s a finales de julio.* She's due at the end of July. ♦ **tener/tomar en cuenta** (*considerar*) to bear *sth* in mind: *Tendré en ~ los consejos que me das.* I'll bear your advice in mind. ◇ *No se lo tomes en ~.* Don't take it to heart. *Ver tb* AJUSTAR, AJUSTE, PERDER

cuentakilómetros *nm* **1** (*distancia*) milometer, odometer (*USA*) **2** (*velocidad*) speedometer

cuentista *adj, nmf* *Este niño es un ~, en realidad no le pasa nada.* He's always trying it on — there's actually nothing wrong with him. ◇ *¡Venga, no seas tan ~!* Come on — stop making things up!

cuento *nm* **1** story [*pl* stories]: *~s de hadas* fairy stories ◇ *Cuéntame un ~.* Tell me a story. **2** (*mentira*) fib: *No me vengas con ~s.* Don't tell fibs. `LOC` **cuento chino** tall story ♦ **no venir a cuento** to be irrelevant: *Lo que dices no viene a ~.* What you're saying is irrelevant. ♦ **tener cuento** to put *sth* on: *Lo que tienes es ~.* You're just putting it on. *Ver tb* VIVIR

cuerda

rope

string

cuerda *nf* **1** (*gruesa*) rope: *una ~ de saltar* a skipping rope ◇ *Átalo con una ~.* Tie it with some rope. **2** (*fina, Mús*) string: *instrumentos de ~* stringed instruments `LOC` **cuerdas vocales** vocal cords ♦ **dar cuerda a algn** to encourage sb (to talk) ♦ **dar cuerda a un reloj** to wind up a clock/watch *Ver tb* ESCALERA

cuerdo, -a *adj* sane

cuerno *nm* horn `LOC` *Ver* TORO

cuero *nm* leather: *una cazadora de ~* a leather jacket `LOC` **en cueros** stark naked, buck naked (*USA*)

cuerpo *nm* body [*pl* bodies] `LOC` **a cuerpo de rey** like a king ♦ **cuerpo de bomberos** fire brigade ♦ **de cuerpo entero** full-length: *una fotografía de ~ entero* a full-length photograph ♦ **ir a cuerpo** not to wear a coat/jacket ♦ **tener mal cuerpo** to feel ill

cuervo *nm* crow

cuesta *nf* slope `LOC` **a cuestas** on your back ♦ **cuesta abajo/arriba** downhill/uphill

cuestión *nf* **1** (*asunto*) matter: *cuestiones políticas/medioambientales* political/environmental matters **2** (*pregunta*) question: *El examen tiene tres cuestiones.* There are three questions in the exam. `LOC` **en cuestión** in question: *el edificio en ~* the building in question ♦ **en cuestión de días, horas, minutos, etc.** in a matter of days, hours, minutes, etc. ♦ **la cuestión es…** the thing is… ♦ **ser cuestión de…** to be a matter of…: *Es ~ de vida o muerte.* It's a matter of life and death. ◇ *ser solo ~ de tiempo* to be just a matter of time

cuestionario *nm* questionnaire: *rellenar un ~* to fill in a questionnaire

cueva *nf* cave

cuidado *nm* care
  ▸ **¡cuidado!** *interj* **1** look out: *¡Cuidado! Viene un coche.* Look out! There's a car coming. **2** ~ **con:** *¡Cuidado con el perro!* Beware of the dog! ◇ *¡Cuidado con el escalón!* Mind the step! `LOC` **al cuidado de** in charge of *sb/sth*: *Estoy al ~ de la oficina.* I'm in charge of the office. ♦ **con (mucho) cuidado** (very) carefully ♦ **tener cui-**

dado (con) to be careful (with *sb/sth*) *Ver tb* UNIDAD

cuidadoso, -a *adj* ~ **(con)** careful (with *sth*): *Es muy ~ con sus juguetes.* He is very careful with his toys.

cuidar *vt, vi* ~ **(de)** to look after *sb/sth*: *Siempre he cuidado mis plantas.* I've always looked after my plants. ◊ *¿Puedes ~ de los niños?* Can you look after the children?
▸ **cuidarse** *vp* to look after yourself: *No se cuida nada.* She doesn't look after herself at all. ◊ *Cuídate.* Take care. **LOC** *Ver* LÍNEA

culata *nf* (*arma*) butt **LOC** *Ver* TIRO

culebra *nf* snake

culebrón *nm* soap (opera)

culo *nm* **1** (*trasero*) bum, butt (*USA*) **2** (*botella, vaso*) bottom **LOC caer de culo** to fall on your bum ◆ **estar hasta el culo** (*harto*) to be fed up (with *sth*) ◆ **ir de culo 1** (*ir retrasado*) to be behind (with *sth*) **2** (*ir mal*): *Este año voy de ~ con los exámenes.* This year my exams are going really badly. *Ver tb* GAFAS

culpa *nf* fault: *No es ~ mía.* It isn't my fault. **LOC echar la culpa a algn (de algo)** to blame sb (for sth) ◆ **por culpa de** because of *sb/sth* ◆ **tener la culpa (de algo)** to be to blame (for sth): *Nadie tiene la ~ de lo que pasó.* No one is to blame for what happened.

culpabilidad *nf* guilt: *tener sentimiento de ~* to feel guilty

culpable *adj* ~ **(de)** guilty (of *sth*): *ser ~ de asesinato* to be guilty of murder
▸ *nmf* culprit **LOC** *Ver* DECLARAR

culpar *vt* to blame *sb* (*for sth*): *Me culpan de lo ocurrido.* They blame me for what happened.

cultivar *vt* to grow

cultivo *nm* **1** (*actividad*) growing, cultivation (*más formal*): *el ~ de tomates* tomato growing **2** (*cosecha*) crop: *los ~s ecológicos más importantes* the most important organic crops **LOC** *Ver* CALDO

culto, -a *adj* **1** (*persona*) cultured **2** (*lengua, expresión*) formal
▸ *nm* **1** ~ **(a)** (*veneración*) worship (of *sb/sth*): *el ~ al sol* sun worship ◊ *libertad de ~* freedom of worship **2** (*secta*) cult: *un nuevo ~ religioso* a new religious cult **LOC de culto** cult: *una película de ~* a cult film *Ver tb* RENDIR

cultura *nf* culture **LOC** *Ver* CASA

cultural *adj* cultural **LOC** *Ver* CAPITAL, CENTRO

culturismo *nm* bodybuilding: *hacer ~* to do bodybuilding

culturista *nmf* bodybuilder

cumbre *nf* summit

cumpleaños *nm* birthday: *El lunes es mi ~.* It's my birthday on Monday. ◊ *¡Feliz ~!* Happy Birthday! ❶ También se puede decir 'Many happy returns!'.

cumplido *nm* compliment **LOC sin cumplidos** without ceremony *Ver tb* RECIÉN

cumplir *vt* **1** (*años*) to be: *En agosto cumplirá 30.* She'll be 30 in August. ◊ *¿Cuántos años cumples hoy?* How old are you? **2** (*condena*) to serve
▸ *vt, vi* ~ **(con) 1** (*orden*) to carry *sth* out **2** (*promesa, obligación*) to fulfil
▸ *vi* **1** (*hacer lo que corresponde*) to do your bit: *Yo he cumplido.* I've done my bit. **2** (*plazo*) to expire
▸ **cumplirse** *vp* (*realizarse*) to come true: *Se cumplieron sus sueños.* His dreams came true. **LOC cumplir/no cumplir con su palabra** to keep/break your word ◆ **hacer algo por cumplir** to do sth to be polite: *No lo hagas por ~.* Don't do it just to be polite. *Ver tb* PALABRA, RECIÉN

cuna *nf* (*bebé*) cot, crib (*USA*) **LOC** *Ver* CANCIÓN

cundir *vi* **1** (*tiempo, alimento*) to go a long way: *La pasta cunde mucho.* Pasta goes a long way. ◊ *Me ha cundido el día.* I've got a lot done today. **2** (*extenderse*) to spread: *Cundió el pánico.* Panic spread. ◊ *Que no cunda el pánico.* Don't panic.

cuneta *nf* ditch

cuña *nf* (*calza*) wedge

cuñado, -a *nm-nf* **1** (*masc*) brother-in-law [*pl* brothers-in-law] **2** (*fem*) sister-in-law **3** [*pl* sisters-in-law]

cuota *nf* fee: *la ~ de socio* the membership fee

cupón *nm* **1** (*vale*) coupon **2** (*para un sorteo*) ticket

cúpula *nf* dome

cura¹ *nf* **1** (*tratamiento*) cure: *~ de reposo* rest cure **2** (*de una herida*) cleaning: *A esta herida hay que hacerle una ~ diaria.* This wound must be cleaned every day. **LOC tener/no tener cura** to be curable/incurable

cura² *nm* priest **LOC** *Ver* COLEGIO

curable *adj* curable

curandero, -a *nm-nf* **1** healer **2** (*impostor*) quack

curar *vt* **1** (*sanar*) to cure: *Esas pastillas me han curado el catarro.* Those pills have cured my cold. **2** (*herida*) to clean **3** (*queso, jamón*) to cure
▸ **curarse** *vp* **1** curarse **(de)** (*ponerse bien*) to recover (from *sth*): *Se ha curado ya de las anginas.* He's already recovered from his tonsillitis. **2** (*herida*) to heal (over/up)

curiosidad *nf* curiosity **LOC por curiosidad** out of curiosity: *Entré por pura ~.* I went in out of pure curiosity. ◆ **tener curiosidad (por)** to be curious (about sth): *Tengo ~ por saber cómo son.* I'm curious to find out what they're like.

curioso, -a *adj* **1** (*fisgón*) nosy, inquisitive (*más formal*): *¡No seas tan ~!* Don't be so nosy! **2** (*raro*) strange: *Lo ~ es que…* The strange thing is that…
▸ *nm-nf* **1** (*cotilla*) busybody [*pl* busybodies] **2** (*mirón*) onlooker

currante *nmf* worker

currar *vi* to work

currículo (*tb* **curriculum**) *nm* CV, résumé (*USA*)
❶ En lenguaje formal se dice **curriculum vitae**.

curro (*tb* **curre**) *nm* work: *ir al ~* to go to work

cursi *adj* **1** (*persona*) affected: *Tu amiga es muy ~ hablando.* Your friend speaks in such an affected way. **2** (*cosa, estilo*) twee: *Es una niña muy ~, siempre llena de lazos.* She's so twee, with all her ribbons.

cursillo *nm* short course

cursiva *nf* italics [*pl*]

curso *nm* **1** course: *el ~ de un río* the course of a river ◇ *~s de idiomas* language courses **2** (*año académico*) school/academic year: *a final de ~* at the end of the school year **3** (*nivel escolar/universitario*) year: *Ese chico está en mi ~.* He's in the same year as me. ◇ *Estoy ya en tercer ~.* I'm in the third year now. **LOC** **curso de actualización/**

reciclaje refresher course ◆ **el año/mes en curso** the current year/month *Ver tb* DELEGADO, REPETIR

cursor *nm* (*Informát*) cursor

curtir *vt* to tan: *~ pieles* to tan leather (hides)

curva *nf* **1** (*línea, gráfico*) curve: *dibujar una ~* to draw a curve **2** (*carretera, río*) bend: *una ~ peligrosa/cerrada* a dangerous/sharp bend ◇ *Conduce con cuidado que hay muchas ~s.* There are a lot of bends, so drive carefully.

curvo, -a *adj* **1** (*forma*) curved: *una línea curva* a curved line **2** (*doblado*) bent

custodia *nf* custody

custodiar *vt* to guard: *~ a los prisioneros* to guard the prisoners

cutis *nm* **1** (*piel*) skin **2** (*tez*) complexion: *Tu ~ es muy pálido.* You have a very pale complexion.

cutre *adj* (*lugar*) grotty

cuyo, -a *adj* whose: *Esa es la chica ~ padre me presentaron.* That's the girl whose father was introduced to me. ◇ *la casa cuyas puertas pintaste* the house whose doors you painted

D d

dactilar *adj* **LOC** *Ver* HUELLA

dado *nm* dice [*pl* dice]: *echar/tirar los ~s* to roll the dice

daltónico, -a *adj* colour-blind

dama *nf* **1** (*señora*) lady [*pl* ladies] **2** (*Ajedrez*) queen **3 damas** draughts [*incontable*], checkers [*incontable*] (*USA*): *jugar a las ~s* to play draughts **LOC** **dama de honor** bridesmaid ⊃ *Ver nota en* BODA

damnificado, -a *nm-nf* victim: *los ~s por el terremoto* the victims of the earthquake

danés, -esa *adj, nm* Danish: *hablar ~* to speak Danish
▸ *nm-nf* Dane: *los daneses* the Danes

danza *nf* dance **LOC** **danza del vientre** belly dancing

dañar *vt* to damage: *La sequía dañó las cosechas.* The drought damaged the crops. ◇ *El fumar puede ~ la salud.* Smoking can damage your health.

dañino, -a *adj* harmful

daño *nm* damage [*incontable*]: *La lluvia ha ocasionado muchos ~s a las cosechas.* The rain has caused a lot of damage to crops.

LOC **daños y perjuicios** damages ◆ **hacer daño** (*producir un dolor*) to hurt: *¡Ay, me haces ~!* Ouch, you're hurting me! ◆ **hacerse daño** to hurt yourself: *Me hice ~ en la mano.* I hurt my hand.

dar *vt* **1** (*pasar, hacer sentir*) to give: *Me dio la llave.* He gave me the key. ◇ *~le un susto a algn* to give sb a fright ⊃ *Ver nota en* GIVE **2** (*Educ*) (**a**) (*profesor*) to teach: *~ ciencias* to teach science (**b**) (*alumno*) to have: *Doy clases de piano los lunes.* I have piano lessons on Mondays. **3** (*encender*) to turn *sth* on: *No des la luz todavía.* Don't turn the light on yet. **4** (*reloj*) to strike: *El reloj dio las doce.* The clock struck twelve. **5** (*fruto, flores*) to bear **6** (*olor*) to give *sth* off
▸ *vi* **1** *~ a* to overlook *sth*: *El balcón da a una plaza.* The balcony overlooks a square. **2** *~* (**con/contra**) (*golpear*) to hit *sb/sth*: *El coche dio contra el árbol.* The car hit the tree. ◇ *La rama me dio en la cabeza.* The branch hit me on the head. **3** (*ataque*) to have: *Le dio un ataque al corazón/de tos.* He had a heart attack/a coughing fit. **4** (*hora*) to be: *¿Ya han dado las cinco?* Is it five o'clock yet? **5** (*luz*) to shine: *La luz me daba de lleno en los ojos.* The light was shining right in my eyes.

▸ **darse** *vp* **1** (*tomarse*) to have: *~se un baño/una ducha* to have a bath/a shower **2 darse (con/contra/en)** to hit: *Se dio con la rodilla en la mesa.* He hit his knee against the table. **3** (*ocurrir*) to happen: *Estos hechos se dan con frecuencia.* These things often happen. **4 darse a** to start *doing sth* a lot: *~se a la bebida* to start drinking a lot **LOC dárselas de** to make out you are *sth*: *dárselas de listo/inocente* to make out you're clever/innocent ♦ **no doy (ni) una** I, you, etc. can't do anything right: *Hoy no das (ni) una.* You can't do anything right today. ♦ **se me da bien/mal** I am, you are, etc. good/bad *at sth*: *Se le da muy mal el inglés.* He's very bad at English. ❶ Para otras expresiones con **dar**, véanse las entradas del sustantivo, adjetivo, etc., p. ej. **dar la cara** en CARA.

dátil *nm* date

dato *nm* **1** (*información*) information [*incontable*]: *un ~ significativo* a significant piece of information ➔ *Ver nota en* CONSEJO **2 datos** (*Informát*) data [*incontable*]: *procesamiento de ~s* data processing **LOC datos personales** personal details *Ver tb* BASE

de *prep*
- **posesión 1** (*de algn*): *el libro de Pedro* Pedro's book ♦ *el perro de mis amigos* my friends' dog ♦ *Es de ella/mi abuela.* It's hers/my grandmother's. **2** (*de algo*): *una página del libro* a page of the book ♦ *las habitaciones de la casa* the rooms in the house ♦ *la catedral de León* León cathedral
- **origen, procedencia** from: *Son de Sevilla.* They are from Seville. ♦ *de Londres a Madrid* from London to Madrid
- **en descripciones de personas 1** (*cualidades físicas*) **(a)** with: *una niña de pelo rubio* a girl with fair hair **(b)** (*ropa, colores*) in: *la señora del vestido verde* the woman in the green dress **2** (*cualidades no físicas*) of: *una persona de gran carácter* a person of great character ♦ *una mujer de 30 años* a woman of 30
- **en descripciones de cosas 1** (*cualidades físicas*) **(a)** (*materia*): *un vestido de lino* a linen dress **(b)** (*contenido*) of: *un vaso de leche* a glass of milk **2** (*cualidades no físicas*) of: *un libro de gran interés* a book of great interest
- **tema, asignatura** *un libro/profesor de física* a physics book/teacher ♦ *una clase de historia* a history class ♦ *No entiendo de política.* I don't understand anything about politics.
- **con números y expresiones de tiempo** *más/menos de diez* more/less than ten ♦ *un sello de 50 céntimos* a 50 cent stamp ♦ *un cuarto de kilo* a quarter of a kilo ♦ *de noche/día* at night/dur-

ing the day ♦ *a las diez de la mañana* at ten in the morning
- **indicando agente** by: *un libro de Cela* a book by Cela ♦ *seguido de tres jóvenes* followed by three young people
- **indicando causa** *morirse de hambre* to die of hunger ♦ *Saltamos de alegría.* We jumped for joy.
- **otras construcciones** *el mejor actor del mundo* the best actor in the world ♦ *Lo rompió de un golpe.* He broke it with one blow. ♦ *de un trago* in one gulp ♦ *¿Qué hay de postre?* What's for dessert?

debajo *adv* **1** underneath: *Llevo una camiseta ~.* I'm wearing a T-shirt underneath. ♦ *Coge el de ~.* Take the bottom one. **2 ~ de** under: *Está ~ de la mesa.* It's under the table. **LOC por debajo de** below *sth*: *por ~ de la rodilla* below the knee

debate *nm* debate: *hacer un ~* to have a debate

deber¹ *vt* **1 + sustantivo** to owe: *Me debes 20 euros/un café.* You owe me 20 euros/a coffee. ♦ *Te debo una explicación.* I owe you an explanation. **2 + infinitivo (a)** (*en presente o futuro*) must: *Debes estudiar/obedecer las reglas.* You must study/obey the rules. ♦ *La ley deberá ser anulada.* The law must be abolished. ➔ *Ver nota en* MUST **(b)** (*en pasado o condicional*) should: *Me aseguraron que no debía preocuparme.* They told me I shouldn't worry. ♦ *Hace una hora que debías estar aquí.* You should have been here an hour ago. ♦ *No deberías salir así.* You shouldn't go out like that.
▸ *vi* **- de 1** (*en frases afirmativas*) must: *Ya debe de estar en casa.* She must be home by now. **2** (*en frases negativas*): *No debe de ser fácil.* It can't be easy.
▸ **deberse** *vp* to be due *to sth*: *Esto se debe a la falta de fondos.* This is due to lack of funds.

deber² *nm* **1** (*obligación moral*) duty [*pl* duties]: *Has de cumplir con tu ~.* You must do your duty. **2 deberes** (*Educ*) homework [*incontable*]: *hacer los ~es* to do your homework ♦ *El profe nos pone muchos ~es.* Our teacher gives us lots of homework.

debido, -a *adj* proper: *a su ~ tiempo* at the proper time **LOC como es debido** properly: *Coge el tenedor como es ~.* Hold your fork properly. ♦ **debido a** because of *sb/sth Ver tb* DEBER¹

débil *adj* weak: *Está ~ del corazón.* He has a weak heart. **LOC** *Ver* PUNTO

debilidad *nf* weakness

debilitar(se) *vt*, *vp* to weaken

debut *nm* debut

década *nf* decade **LOC** **la década de los ochenta, noventa, etc.** the eighties, nineties, etc. [*pl*]

decadente *adj* decadent

decano, -a *nm-nf* dean

decapitar *vt* to behead

decena *nf* **1** (*Mat, numeral colectivo*) ten **2** (*aproximadamente*) about ten: *una ~ de personas/veces* about ten people/times

decente *adj* decent

decepción *nf* disappointment: *llevarse una ~* to be disappointed

decepcionante *adj* disappointing

decepcionar *vt* **1** (*desilusionar*) to disappoint: *Me decepcionó la película.* The film was disappointing. **2** (*fallar*) to let *sb* down: *Me has vuelto a ~.* You've let me down again.

decidir *vt, vi* to decide: *Han decidido vender la casa.* They've decided to sell the house.
▸ **decidirse** *vp* **1 decidirse (a)** to decide (*to do sth*): *Al final me decidí a salir.* In the end I decided to go out. **2 decidirse por** to decide on *sb/sth*: *Nos decidimos por el rojo.* We decided on the red one. **LOC** **¡decídete!** make up your mind!

décima *nf* tenth **LOC** **tener unas décimas (de fiebre)** to have a slight temperature

decimal *adj, nm* decimal

décimo *nm* (*lotería*) lottery ticket

décimo, -a *adj, nm-nf, pron* tenth ⊃ *Ver ejemplos en* SEXTO

decimotercero, -a *adj, pron* thirteenth ⊃ *Ver pág 802*

decir¹ *vt* to say, to tell

🔎 *Decir* se traduce generalmente por **say**: – *Son las tres, dijo Rosa.* 'It's three o'clock,' said Rosa. ◊ *¿Qué ha dicho?* What did he say? Cuando especificamos la persona con la que hablamos, es más normal utilizar **tell**: *Me dijo que llegaría tarde.* He told me he'd be late. ◊ *¿Quién te lo ha dicho?* Who told you? **Tell** se utiliza también para dar órdenes: *Me dijo que me lavara las manos.* She told me to wash my hands. ⊃ *Ver nota en* SAY

LOC **¡diga!** (*teléfono*) hello ♦ **digamos…** let's say…: *Digamos las seis.* Let's say six o'clock. ♦ **digo…** I mean…: *Me pidió cuatro, digo cinco cajas.* She asked me for four, I mean five, boxes. ♦ **el qué dirán** what people will say ♦ **es decir** in other words ♦ **¡no me digas!** you don't say! ♦ **se dice que…** they say that… ♦ **sin decir nada** without a word ♦ **¡y que lo digas!** you can say that again! ❶ Para otras expresiones con **decir**, véanse las entradas del sustantivo, adjetivo, etc., p. ej. **decir tonterías** en TONTERÍA.

decir² *nm* saying **LOC** **es un decir** you know what I mean

decisión *nf* **1** decision: *la ~ del árbitro* the referee's decision ◊ *la ~ de seguir adelante con la investigación* the decision to carry on with the investigation ◊ *las decisiones sobre el futuro del país* decisions on the future of the country **2** (*determinación*) determination: *Hace falta mucha ~.* You need a lot of determination. **LOC** **tomar una decisión** to make/take a decision

decisivo, -a *adj* decisive

declaración *nf* **1** declaration: *una ~ de amor* a declaration of love **2** (*Jur, manifestación pública*) statement: *La policía le tomó ~.* The police took his statement. ◊ *No quiso hacer declaraciones.* He didn't want to make a statement. **LOC** **declaración de la renta** tax return *Ver tb* PRESTAR

declarar *vt, vi* **1** to declare: *¿Algo que ~?* Anything to declare? **2** (*en público*) to state: *según declaró el ministro* according to the minister's statement **3** (*Jur*) to testify
▸ **declararse** *vp* **1 declararse a favor/en contra de** to come out in favour of/against *sth* **2** (*incendio, epidemia, guerra*) to break out **3** (*confesar amor*): *Se me declaró.* He told me he loved me. **LOC** **declararse culpable/inocente** to plead guilty/not guilty

decodificador, decodificar = DESCODIFICADOR

decoración *nf* **1** (*acción, adorno*) decoration **2** (*estilo*) decor

decorado *nm* (*Cine, Teat*) set

decorar *vt* to decorate

decorativo, -a *adj* decorative

decreto *nm* decree

dedal *nm* thimble

dedicación *nf* dedication: *Su ~ a los pacientes es admirable.* Her dedication to her patients is admirable.

dedicar *vt* **1** (*destinar*) to devote *sth to sb/sth*: *Dedicó la mayor parte de su vida a la pintura.* She devoted most of her life to painting. ◊ *El autor dedica tres capítulos al tema de las drogas.* The author devotes three chapters to drugs. **2** (*tiempo*) to spend *sth* (*doing sth*): *las personas que dedican su tiempo a ayudar a los demás* people who spend their time helping others ◊ *¿A qué dedicas el tiempo libre?* How do you spend your free time? **3** (*canción, poema*) to dedicate *sth* (*to sb*): *Dediqué el libro a mi padre.* I dedicated the book to my father. **4** (*ejemplar*) to autograph

▸ **dedicarse** *vp* **dedicarse a:** *¿A qué te dedicas?* What do you do for a living? ◇ *Dejó el trabajo para ~se a los estudios.* He left his job to be able to study. ◇ *Se dedica a las antigüedades.* He's in antiques.

dedicatoria *nf* dedication

dedillo LOC **al dedillo** by heart

dedo *nm* **1** (*de la mano*) finger **2** (*del pie*) toe **3** (*medida*) half an inch: *Ponga dos ~s de agua en la cazuela.* Put an inch of water in the pan. LOC **a dedo 1** (*en autostop*): *He venido a ~.* I hitch-hiked. **2** (*por enchufe*): *Lo nombraron a ~.* They appointed him directly, without following the proper procedures. ◆ **dedo anular/corazón/ índice** ring/middle/index finger ◆ **dedo meñique 1** (*de la mano*) little finger **2** (*del pie*) little toe ◆ **dedo pulgar/gordo 1** (*de la mano*) thumb **2** (*del pie*) big toe ◆ **hacer dedo** to hitchhike ◆ **no tener dos dedos de frente** to be as thick as two short planks *Ver tb* ANILLO, CHUPAR, SEÑALAR

deducir *vt* **1** (*concluir*) to deduce *sth* (*from sth*): *Deduje que no estaba en casa.* I deduced that he wasn't at home. **2** (*restar*) to deduct *sth* (*from sth*)

defecto *nm* **1** defect: *un ~ en el habla* a speech defect **2** (*moral*) fault **3** (*ropa, objeto delicado*) flaw ➲ *Ver nota en* MISTAKE LOC **encontrar/sacar defectos a todo** to find fault with everything

defectuoso, -a *adj* faulty

defender *vt* to defend *sb/sth* (*from/against sb/ sth*) ▸ **defenderse** *vp* **1** **~ (de)** (*protegerse*) to defend yourself (*from/against sb/sth*): *Se defendió con el bastón.* She defended herself with her stick. **2** (*arreglárselas*) to get by: *No sé mucho inglés pero me defiendo.* I don't know much English but I get by.

defendido, -a *nm-nf* defendant

defensa *nf* defence: *las ~s del cuerpo* the body's defences ◇ *un equipo con muy buena ~* a team with a very good defence ▸ *nmf* (*Dep*) defender LOC **defensa personal** self-defence ◆ **en defensa propia** in self-defence

defensivo, -a *adj* defensive LOC **estar/ponerse a la defensiva** to be/go on the defensive

defensor, -ora *adj* LOC *Ver* ABOGADO

deficiencia *nf* deficiency [*pl* deficiencies]

déficit *nm* deficit LOC *Ver* TRASTORNO

definición *nf* definition LOC **de alta definición** high-definition (*abrev* HD)

definido, -a *adj* LOC *Ver* ARTÍCULO; *Ver tb* DEFINIR

definir *vt* to define

definitivamente *adv* **1** (*para siempre*) for good: *Volvió ~ a su país.* He returned home for good. **2** (*de forma determinante*) definitely

definitivo, -a *adj* **1** (*final*) final: *el resultado ~* the final result ◇ *el número ~ de víctimas* the final death toll **2** (*solución*) definitive LOC **en definitiva** in short

deforestación *nf* deforestation

deformado, -a *adj* (*prenda*) out of shape *Ver tb* DEFORMAR

deformar *vt* **1** (*cuerpo*) to deform **2** (*prenda, objeto*) to pull *sth* out of shape **3** (*imagen, realidad*) to distort ▸ **deformarse** *vp* **1** (*cuerpo*) to become deformed **2** (*prenda, objeto*) to lose its shape

deforme *adj* deformed

defraudar *vt* **1** (*decepcionar*) to disappoint **2** (*estafar*) to defraud

degeneración *nf* degeneration

degenerado, -a *adj, nm-nf* degenerate *Ver tb* DEGENERAR(SE)

degenerar(se) *vi, vp* to degenerate

degradación *nf* degradation: *la ~ del medioambiente* environmental degradation

degradar *vt* to degrade ▸ **degradarse** *vp* (*deteriorarse*) to deteriorate: *El suelo se ha degradado mucho.* The soil has deteriorated a lot.

dehesa *nf* pastureland

dejar *vt* **1** (*poner, cesar una actividad, no molestar*) to leave: *¿Dónde has dejado las llaves?* Where have you left the keys? ◇ *Déjalo para después.* Leave it till later. ◇ *¡Déjame en paz!* Leave me alone! **2** (*abandonar*) to give *sth* up: *~ el trabajo* to give up work **3** (*permitir*) to let *sb* (*do sth*): *Mis padres no me dejan salir por la noche.* My parents don't let me go out at night. **4** (*prestar*) to lend: *¿Me dejas dinero?* Can you lend me some money? ◇ *¿Me dejas la moto?* Can I borrow your motorbike? ➲ *Ver dibujo en* BORROW ▸ *vi* **~ de 1** (*parar*) to stop *doing sth*: *Ha dejado de llover.* It's stopped raining. **2** (*abandonar una costumbre*) to give up *doing sth*: *~ de fumar* to give up smoking ▸ *v aux* **+ participio**: *La noticia nos dejó preocupados.* We were worried by the news. ▸ **dejarse** *vp* **1** (*olvidarse*) to leave: *Me dejé el libro en el autobús.* I left my book on the bus. **2** **dejarse hacer algo** to let yourself be…: *Se ha dejado manipular.* She has let herself be manipulated. LOC Para expresiones con **dejar**, véanse las entradas del sustantivo, adjetivo, etc., p. ej. **dejar colgado** en COLGADO.

del *Ver* DE

delantal *nm* apron

at the front of the bus

on the front of the bus

in front of the bus

delante *adv* ~ **(de)** in front (of *sb/sth*): ~ *del televisor* in front of the television ◊ *Tengo* ~ *una foto del jardín.* I have a photo of the garden in front of me. ◊ *Me lo contó estando otros* ~. She told me in front of other people. ◊ *Si no ves la pizarra, ponte* ~. Sit at the front if you can't see the board. **LOC de delante** *los asientos de* ~ the front seats ◊ *el conductor de* ~ the driver in front ◆ **hacia delante** forwards ◆ **por delante 1** *(día, curso, etc.)* ahead: *Tenemos todo el curso por* ~. We have the whole year ahead of us. **2** *(vestido)* at the front: *El vestido se abrocha por* ~. The dress does up at the front. **3** *(lugar)* in front: *El coche se encontraba unos metros por* ~. The car was a few metres in front. *Ver tb* PARTE¹

delantero, -a *adj* front: *la rueda delantera* the front wheel
▶ *nmf (Dep)* striker **LOC delantero centro** *(Dep)* centre forward ◆ **llevar la delantera** to be in the lead *Ver tb* CÁMARA

delatar *vt* to inform on *sb*

delegación *nf* **1** *(comisión)* delegation: *una* ~ *de paz* a peace delegation **2** *(oficina): la* ~ *de Hacienda* the tax office

delegado, -a *nm-nf* delegate **LOC delegado de curso** student representative

deletrear *vt* to spell: *¿Cómo se deletrea?* How do you spell it?

delfín *nm* dolphin

delgado, -a *adj* thin, slim

🔍 **Thin** es la palabra más general para decir *delgado* y se puede utilizar para personas, animales o cosas. **Slim** se utiliza para referirnos a una persona delgada y con buen tipo, y **petite** para una mujer pequeña y delgada. Existe también la palabra **skinny**, que signifi-

ca 'flaco' o 'delgaducho'.

deliberado, -a *adj* deliberate

delicadeza *nf (tacto)* tact: *Podías haberlo dicho con más* ~. You could have put it more tactfully. ◊ *Es una falta de* ~. It's very tactless. **LOC tener la delicadeza de** to have the courtesy *to do sth*

delicado, -a *adj* delicate

delicioso, -a *adj* delicious

delincuencia *nf* crime **LOC delincuencia juvenil** juvenile delinquency

delincuente *nmf* criminal

delineante *nmf* draughtsman/woman [*pl* -men/-women]

delinquir *vi* to commit an offence

delirar *vi* **1** *(Med)* to be delirious **2** *(decir bobadas)* to talk nonsense

delito *nm* crime: *cometer un* ~ to commit a crime **LOC delito informático** cybercrime

delta *nm* delta **LOC** *Ver* ALA

demanda *nf* **1** *(Econ)* demand: *la ley de la oferta y la* ~ the law of supply and demand **2** *(Jur)* lawsuit: *presentar/poner una* ~ to bring a lawsuit

demandar *vt* **1** *(exigir)* to demand **2** *(Jur)* to sue *sb* *(for sth)*

demás *adj* other: *los* ~ *estudiantes* (the) other students
▶*pron* (the) others: *Solo vino Juan, los* ~ *se quedaron en casa.* Only Juan came; the others stayed at home. ◊ *ayudar a los* ~ to help others **LOC lo demás** the rest: *Lo* ~ *no importa.* Nothing else matters. ◆ **y demás** and so on

demasiado, -a *adj, pron* **1** + *sustantivo incontable* too much: *Hay demasiada comida.* There is too much food. **2** + *sustantivo contable* too many: *Llevas demasiadas cosas.* You're carrying too many things. ◊ *Somos* ~*s para ir en un coche.* There are too many of us for one car.
▶*adv* **1** *(modificando a un verbo)* too much: *Bebes* ~. You drink too much. **2** *(modificando a un adjetivo o adverbio)* too: *Vas* ~ *deprisa.* You're going too fast. **LOC demasiadas veces** too often ◆ **demasiado tiempo** too long

demo *nf* demo [*pl* demos]

democracia *nf* democracy [*pl* democracies]

demócrata *nmf* democrat

democrático, -a *adj* democratic

demonio *nm* **1** *(diablo)* devil **2** *(espíritu)* demon **LOC de mil/de todos los demonios** *Hace un frío de mil* ~*s.* It's absolutely freezing. ◆ **dónde, cómo, qué etc. demonios** where, how, what, etc. on earth ◆ **saber a demonios** to taste foul ◆ **ser un demonio** to be a (little) devil *Ver tb* DÓNDE

demostrar vt **1** (probar) to prove: Le demostré que estaba equivocado. I proved him wrong. **2** (mostrar) to show

denegar vt to refuse

denominación nf **LOC** denominación de origen Guarantee of Origin

densidad nf **1** density **2** (niebla) thickness **LOC** densidad de población population density

denso, -a adj dense

dentadura nf teeth [pl]: ~ postiza false teeth

dental adj dental: la higiene ~ dental hygiene **LOC** hilo/seda dental dental floss

dentífrico nm toothpaste

dentista nmf dentist

dentro adv **1** in, inside: El gato está ~. The cat is inside. ◊ allí/aquí ~ in there/here **2** (edificio) indoors: Prefiero que nos quedemos ~. I'd rather stay indoors. **3** ~ de (a) (espacio) in, inside: ~ del sobre in/inside the envelope (b) (tiempo) in: ~ de una semana in a week ◊ ~ de un rato in a little while ◊ ~ de tres meses in three months' time **LOC** de/desde dentro from (the) inside ◆ dentro de lo que cabe all things considered ◆ dentro de nada very soon ◆ hacia dentro in: Mete la tripa hacia ~. Pull your tummy in. ◆ por dentro (on the) inside: pintado por ~ painted on the inside ◊ Sonreía aunque se sentía triste por ~. She was smiling, although she felt sad inside. Ver tb AHÍ, ALLÁ, ALLÍ

denuncia nf **1** (accidente, delito) report: presentar una ~ to report sth to the police **2** (contra una persona) (formal) complaint: presentar una ~ contra algn to make a formal complaint against sb

denunciar vt **1** to report sb/sth (to sb): Denunció el robo de su bicicleta. He reported the theft of his bicycle. ◊ Me denunciaron a la policía. They reported me to the police. **2** (criticar) to denounce

departamento nm **1** (sección) department **2** (compartimento) compartment

depender vi **1** ~ de/de que/de si… to depend on sth/on whether…: Depende del tiempo que haga. It depends on the weather. ◊ Eso depende de que me traigas el dinero. That depends on whether you bring me the money. ◊ —¿Vendrás? —Depende. 'Will you be coming?' 'That depends.' **2** ~ de algn (que…) to be up to sb (whether…): Depende de mi jefe que pueda tener un día libre. It's up to my boss whether I can have a day off. **3** ~ de (económicamente) to be dependent on sb/sth

dependiente, -a nm-nf shop assistant, sales clerk (USA)

depilación nf hair removal

depilar(se) vt, vp **1** (a) (con cera) to wax: Me tengo que ~ para las vacaciones. I must have my legs waxed before we go on holiday. (b) (con maquinilla) to shave **2** (cejas) to pluck

deporte nm sport: ¿Practicas algún ~? Do you play any sports? ◊ ~s acuáticos water sports ◊ ~s de invierno winter sports ◊ ~s de aventura/riesgo adventure/extreme sports

🔎 En inglés hay tres construcciones que se pueden utilizar al hablar de deportes. Jugar al fútbol, golf, baloncesto, etc. se dice **play + sustantivo**, p. ej. **play football**, **golf**, **basketball**, etc. Hacer aeróbic, atletismo, judo, etc. se dice **do + sustantivo**, p. ej. **do aerobics**, **athletics**, **judo**, etc. Hacer natación, senderismo, ciclismo, etc. se dice **go + -ing**, p. ej. **go swimming**, **hiking**, **cycling**, etc. Esta última construcción se usa sobre todo cuando en inglés existe un verbo relacionado con ese deporte, como **swim**, **hike** o **cycle**.

LOC hacer deporte to play sport Ver tb BOLSA, PANTALÓN, ROPA

deportista adj sporty: Siempre fue muy ~. She's always been very sporty.
▸ nmf sportsperson [pl sportspersons/sportspeople] ❶ Existen también las formas **sportsman** y **sportswoman**, que se usan cuando se quiere especificar si se trata de un hombre o una mujer.

deportivo, -a adj **1** sports: competición deportiva sports competition **2** (conducta) sporting: una conducta poco deportiva unsporting behaviour
▸ nm (coche) sports car **LOC** Ver PUERTO

depósito nm tank: el ~ de la gasolina the petrol tank **LOC** depósito de cadáveres morgue

depresión nf depression: sufrir una fuerte ~ to have severe depression

deprimente adj depressing

deprimir vt to depress
▸ deprimirse vp to get depressed

deprisa adv quickly
▸ ¡deprisa! interj hurry up!

depuradora nf **1** (planta) water treatment plant **2** (piscina) filter system

depurar vt (agua, etc.) to purify

derbi nm (local) derby [pl derbies]

derecha nf **1** right: Es la segunda puerta a la ~. It's the second door on the right. ◊ Cuando llegue al semáforo, tuerza a la ~. Turn right at the traffic lights. ◊ Muévete un poco hacia la ~. Move a bit to the right. **2** la derecha (Pol) the Right [v sing o pl] **3** (mano) right hand: escribir

con la ~ to be right-handed **4** (*pie*) right foot **LOC de derecha(s)** right-wing

derecho *nm* **1** (*anverso*) right side: *¿Este es el ~ o el revés?* Is this the right or the wrong side? **2** (*facultad legal o moral*) right: *¿Con qué ~ entras aquí?* What right do you have to come in here? ◊ *el ~ de voto* the right to vote **3** (*estudios*) law **LOC derechos humanos** human rights ♦ **estar en su derecho** to be within my, your, etc. rights: *Estoy en mi ~.* I'm within my rights. ♦ **¡no hay derecho!** it's not fair! *Ver tb* IGUALDAD

derecho, -a *adj* **1** (*diestro*) right: *romperse el brazo ~* to break your right arm **2** (*recto*) straight: *Ese cuadro no está ~.* That picture isn't straight. ◊ *Ponte ~.* Sit up straight. **3** (*erguido*) upright
▶ **derecho** *adv* straight: *Vete ~ a casa.* Go straight home. **LOC todo derecho** straight on: *Siga todo ~ hasta el final de la calle.* Go straight on to the end of the road. *Ver tb* HOMBRE, MANO, OJO

deriva *nf* **LOC a la deriva** adrift

derivar(se) *vi, vp* **derivar(se) de 1** (*Ling*) to derive from *sth* **2** (*ser consecuencia*) to stem from *sth*

dermatología *nf* dermatology

dermatólogo, -a *nm-nf* dermatologist

derramamiento *nm* **LOC derramamiento de sangre** bloodshed

derramar(se) *vt, vp* to spill: *He derramado un poco de vino en la alfombra.* I've spilt some wine on the carpet. **LOC derramar sangre/lágrimas** to shed blood/tears

derrame *nm* haemorrhage

derrapar *vi* to skid

derretir(se) *vt, vp* to melt

derribar *vt* **1** (*edificio*) to demolish **2** (*puerta*) to batter *sth* down **3** (*persona*) to knock *sb* down **4** (*avión, pájaro*) to bring *sth* down

derrochador, -ora *adj* wasteful
▶ *nm-nf* big spender

derrochar *vt* **1** (*dinero*) to squander **2** (*rebosar*) to be bursting with *sth*: *~ felicidad* to be bursting with happiness

derrota *nf* defeat

derrotar *vt* to defeat

derruir *vt* to demolish

derrumbamiento *nm* **1** (*hundimiento*) collapse **2** (*demolición*) demolition

derrumbar *vt* to demolish
▶ **derrumbarse** *vp* to collapse

desabrigado, -a *adj Vas muy ~.* You're not very warmly dressed.

desabrochar *vt* to undo

▶ **desabrocharse** *vp* to come undone: *Se me ha desabrochado la falda.* My skirt has come undone.

desactivar *vt* to defuse

desacuerdo *nm* disagreement **LOC estar en desacuerdo (con)** to disagree (with *sb/sth*)

desafiar *vt* **1** (*retar*) to challenge *sb* (*to sth*): *Te desafío a una carrera.* I challenge you to a race. **2** (*peligro*) to brave

desafilado, -a *adj* blunt

desafinado, -a *adj* out of tune *Ver tb* DESAFINAR

desafinar *vi* **1** (*cantando*) to sing out of tune **2** (*instrumento*) to be out of tune **3** (*instrumentista*) to play out of tune

desafío *nm* challenge

desafortunado, -a *adj* unfortunate

desagradable *adj* unpleasant

desagradar *vi* to dislike *sth/doing sth*: *No me desagrada.* I don't dislike it.

desagradecido, -a *adj* ungrateful

desagüe *nm* waste pipe

desahogarse *vp* **1** to let off steam **2** *~ con algn* to confide in sb

desalentador, -ora *adj* discouraging

desaliñado, -a *adj* scruffy

desalmado, -a *adj* heartless

desalojar *vt* to clear: *Desalojen la sala por favor.* Please clear the hall.

desamparado, -a *adj* helpless

desangrarse *vp* to bleed to death

desanimado, -a *adj* (*deprimido*) depressed *Ver tb* DESANIMAR

desanimar *vt* to discourage
▶ **desanimarse** *vp* to lose heart

desapacible *adj* unpleasant: *Hace un día muy ~.* The weather's very unpleasant today.

desaparecer *vi* to disappear **LOC desaparecer del mapa** to vanish off the face of the earth

desaparición *nf* disappearance

desapercibido, -a *adj* unnoticed: *pasar ~* to go unnoticed

desaprovechar *vt* to waste: *No desaproveches esta oportunidad.* Don't waste this opportunity.

desarmar *vt* **1** (*persona, ejército*) to disarm **2** (*desmontar*) to take *sth* to pieces

desarme *nm* disarmament: *el ~ nuclear* nuclear disarmament

desarrollado, -a *adj* **1** (*país*) developed **2** (*persona*) well developed: *Está muy desarrollada para la edad que tiene.* She's very well developed for her age. **LOC poco desarrollado** undeveloped *Ver tb* DESARROLLAR(SE)

desarrollar(se) *vt, vp* to develop: ~ *la muscu-latura* to develop your muscles

desarrollo *nm* development `LOC` **en (vías de) desarrollo** developing: *los países en* ~ developing countries

desastre *nm* disaster `LOC` **hecho un desastre** *Siempre vas hecho un* ~. You always look such a mess. ◇ *Tienes la habitación hecha un* ~. Your room is a real mess.

desastroso, -a *adj* disastrous

desatar *vt* (*nudo, cuerda, animal*) to untie
▸ **desatarse** *vp* **1** (*cordón, nudo*) to come undone: *Se me ha desatado un zapato.* One of my laces has come undone. **2** (*animal*) to get loose

desatascar *vt* to unblock

desatender *vt* (*descuidar*) to neglect

desatornillar *vt* to unscrew

desatrancar *vt* **1** (*desatascar*) to unblock **2** (*puerta*) to unbolt

desautorizado, -a *adj* unauthorized

desayunar *vi* to have breakfast: *Me gusta* ~ *en la cama.* I like having breakfast in bed. ◇ *antes de* ~ before breakfast
▸ *vt* to have *sth* for breakfast: *Solo desayuno un café.* I just have a coffee for breakfast. ◇ *¿Qué quieres* ~? What would you like for breakfast?

desayuno *nm* breakfast: *¿Te preparo el* ~? Shall I get you some breakfast?

desbandada *nf* `LOC` **salir en desbandada** to scatter in all directions

desbarajuste *nm* mess: *¡Qué* ~! What a mess!

desbaratar *vt* to ruin: ~ *un plan* to ruin a plan

desbloquear *vt* **1** (*quitar obstáculos*) to clear **2** (*móvil*) (**a**) (*pantalla*) to unlock (**b**) (*por motivos de seguridad*) to unblock

desbocado, -a *adj* (*caballo*) runaway *Ver tb* DESBOCARSE

desbocarse *vp* (*caballo*) to bolt

desbordamiento *nm Hay peligro de* ~ *del río.* There's a danger that the river will overflow.

desbordar *vt* **1** (*rebosar*): *El vino va a* ~ *la copa.* The glass is going to overflow if you keep pouring the wine. **2** (*exceder*) to overwhelm: *Nos desbordan las solicitudes de empleo.* We are overwhelmed by all the job applications.
▸ **desbordarse** *vp* (*río*) to burst its banks

descafeinado, -a *adj* decaffeinated
▸ *nm* Decaf®: *¿Me pones un* ~? Can I have a Decaf, please?

descalificación *nf* (*Dep*) disqualification

descalificar *vt* (*Dep*) to disqualify: *Le descalificaron por hacer trampa.* He was disqualified for cheating.

descalzarse *vp* to take your shoes off

descalzo, -a *adj* barefoot: *Me gusta andar* ~ *por la arena.* I love walking barefoot on the sand. ◇ *No andes* ~. Don't walk round in your bare feet.

descampado *nm* area of open ground

descansado, -a *adj* refreshed *Ver tb* DESCANSAR

descansar *vi* **1** (*reposar*) to rest: *Déjame* ~ *un rato.* Let me rest for a few minutes. **2** (*en el trabajo*) to break: *Terminamos esto y descansamos cinco minutos.* We'll finish this and break for five minutes.
▸ *vt* to rest: ~ *la vista* to rest your eyes `LOC` **¡que descanses!** sleep well!

descansillo *nm* landing

descanso *nm* **1** (*reposo*) rest: *El médico le mandó* ~ *y aire fresco.* The doctor prescribed rest and fresh air. **2** (*en el trabajo*) break: *trabajar sin* ~ to work without a break **3** (*Dep*) half-time: *En el* ~ *iban tres a uno.* They were three-one up at half-time. **4** (*Teat*) interval

descapotable *adj, nm* convertible

descarado, -a *adj* cheeky, sassy (*USA*)

descarga *nf* **1** (*mercancía*) unloading: *la carga y* ~ *de mercancías* the loading and unloading of goods **2** (*eléctrica*) shock **3** (*Internet*) download `LOC` **descarga continua** (*Internet*) streaming

descargado, -a *adj* (*pila, batería*) flat *Ver tb* DESCARGAR

descargar *vt* **1** to unload: ~ *un camión/un arma* to unload a lorry/gun **2** (*Informát*) to download: ~ *música de internet* to download music from the Net
▸ *vi* (*tormenta*) to break: *Por fin descargó la tormenta.* The storm finally broke.
▸ **descargarse** *vp* (*pila, batería*) to go flat

descaro *nm* cheek: *¡Qué* ~! What a cheek!

descarriarse *vp* (*persona*) to go off the rails

descarrilamiento *nm* derailment

descarrilar *vi* to be derailed: *El tren descarriló.* The train was derailed.

descartar *vt* to rule *sb/sth* out: ~ *una posibilidad/a un candidato* to rule out a possibility/a candidate

descendencia *nf* descendants [*pl*]

descender *vi* **1** (*ir/venir abajo*) to go/come down, to descend (*formal*) ➔ *Ver nota en* IR **2** (*temperatura, precios, nivel*) to fall **3** ~ *de* (*familia*) to be descended from *sb*: *Desciende de un príncipe ruso.* He's descended from a Russian prince. **4** (*Dep*) to go down, to be relegated (*más formal*): *Han descendido a tercera.* They've gone down to the third division.

descendiente *nmf* descendant

descenso *nm* **1** (*bajada*) descent: *Es un ~ peligroso.* It's a dangerous descent. ◊ *El avión tuvo problemas en el ~.* The plane experienced problems during the descent. **2** (*temperatura, precios*) drop (*in sth*) **3** (*Dep*) relegation **4** (*esquí*) downhill

descifrar *vt* **1** (*mensaje*) to decode **2** (*escritura*) to decipher **3** (*enigma*) to solve

descodificador *nm* decoder

descodificar *vt* to decode

descolgado, -a *adj* (*teléfono*) off the hook: *Lo han debido de dejar ~.* They must have left it off the hook. *Ver tb* DESCOLGAR

descolgar *vt* **1** (*algo colgado*) to take *sth* down: *Ayúdame a ~ el espejo.* Help me take the mirror down. **2** (*teléfono*) to pick *sth* up

descolorido, -a *adj* faded

descomponer *vt* (*Quím*) to break *sth* down
▸ **descomponer(se)** *vt, vp* (*pudrirse*) to rot

descompuesto, -a *adj* LOC **estar descompuesto 1** (*con diarrea*) to have diarrhoea **2** (*alterado*) to be very nervous: *Está ~ de los nervios.* He's extremely nervous. *Ver tb* DESCOMPONER

desconcertado, -a *adj* LOC **estar/quedar desconcertado** to be taken aback: *Quedaron ~s ante mi negativa.* They were taken aback by my refusal. *Ver tb* DESCONCERTAR

desconcertar *vt* to disconcert: *Su reacción me desconcertó.* I was disconcerted by his reaction.

desconectar *vt* **1** (*cortar*) to disconnect, to cut *sth* off (*más coloq*): *Nos han desconectado el teléfono.* The telephone's been cut off. **2** (*apagar*) to switch *sth* off: *Se ruega ~ los teléfonos móviles.* Please switch off your mobile phones. **3** (*desenchufar*) to unplug
▸ **desconectarse** *vp* **1** (*aparato*) to switch off **2** (*de internet*) to disconnect (*from sth*) **3** (*persona*) to cut yourself off (*from sth/sb*)

desconfiado, -a *adj* suspicious *Ver tb* DESCONFIAR

desconfianza *nf* distrust

desconfiar *vi* **~ (de)** not to trust *sb/sth*: *Desconfía hasta de su sombra.* He doesn't trust anyone.

descongelar *vt* (*frigorífico, alimento*) to defrost

desconocer *vt* not to know: *Desconozco el porqué.* I don't know the reason.

desconocido, -a *adj* **1** unknown: *un equipo ~* an unknown team **2** (*irreconocible*) unrecognizable: *Estaba ~ con ese disfraz.* He was unrecognizable in that disguise. ◊ *Últimamente está desconocida, siempre sonriendo.* She's a changed woman these days; she's always smiling.
▸ *nm-nf* stranger *Ver tb* DESCONOCER

desconsiderado, -a *adj* inconsiderate

descontado, -a *adj* LOC **dar por descontado que...** to take it for granted that... ♦ **por descontado** of course *Ver tb* DESCONTAR

descontar *vt* **1** (*hacer un descuento*) to give a discount (*on sth*): *Me descontaron el 10% en todo lo que compré.* They gave me a 10% discount on everything I bought. **2** (*restar*) to deduct: *Tienes que ~ los gastos del viaje.* You have to deduct your travelling expenses. **3** (*no contar*) not to count: *Si descontamos el mes de vacaciones…* If we don't count our month's holiday…

descontento, -a *adj* **~ (con)** dissatisfied (with *sb/sth*)

desconvocar *vt* to call *sth* off: *~ una huelga* to call off a strike

descorchar *vt* to uncork

descorrer *vt* to draw *sth* back: *~ las cortinas* to draw back the curtains LOC **descorrer el cerrojo** to unbolt the door

descortés *adj* rude

descoser *vt* to unpick
▸ **descoserse** *vp* to come apart

descremado, -a *adj* LOC *Ver* LECHE, YOGUR

describir *vt* to describe

descripción *nf* description

descuartizar *vt* **1** (*carnicero*) to carve *sth* up **2** (*asesino*) to chop *sb/sth* up

descubierto, -a *adj* uncovered LOC **al descubierto** (*al aire libre*) in the open air *Ver tb* DESCUBRIR

descubridor, -ora *nm-nf* discoverer

descubrimiento *nm* discovery [*pl* discoveries]

descubrir *vt* **1** (*encontrar*) to discover: *~ una isla/vacuna* to discover an island/a vaccine **2** (*darse cuenta*) to find *sth* out, to discover (*más formal*): *Descubrí que me engañaban.* I found out that they were deceiving me. **3** (*estatua, placa*) to unveil LOC **se descubrió todo (el asunto/pastel)** it all came out

descuento *nm* **1** (*precio*) discount: *Me hicieron un cinco por ciento de ~.* They gave me a five per cent discount. ◊ *Son 30 euros menos el ~.* It's 30 euros before the discount. **2** (*Dep*) stoppage time: *tiempo de ~* stoppage time

descuidado, -a *adj* **1** (*poco cuidadoso*) careless **2** (*desatendido*) neglected **3** (*desaliñado*) scruffy *Ver tb* DESCUIDAR

descuidar *vt* to neglect
▸ *vi* not to worry: *Descuida.* Don't worry.
▸ **descuidarse** *vp Si me descuido, pierdo el tren.* If I don't watch out, I'll miss the train. ◊ *A poco que te descuides, te engañan.* They'll cheat you the moment your back is turned.

descuido nm *El accidente ocurrió por un ~ del conductor.* The driver lost his concentration and caused an accident. ◊ *El perro se le escapó en un ~.* The dog ran off while he wasn't paying attention.

desde prep **1** (*tiempo*) since: *Vivo en esta casa ~ 2010.* I've been living in this house since 2010. ◊ *Desde que se fueron...* Since they left... ➔ *Ver nota en* FOR **2** (*lugar, cantidad*) from: *~ abajo* from below ◊ *Desde nuestro apartamento se ve la playa.* You can see the beach from our flat. ◊ *vestidos ~ 25 euros* dresses from 25 euros **LOC** **desde... hasta...** from... to...: *~ el 8 hasta el 15* from the 8th to the 15th

desear vt **1** (*suerte*) to wish *sb sth*: *Te deseo suerte.* I wish you luck. **2** (*anhelar*) to wish for *sth*: *¿Qué más podría ~?* What more could I wish for?

desechable adj disposable: *jeringuillas ~s* disposable syringes

desembarcar vt **1** (*mercancía*) to unload **2** (*persona*) to set *sb* ashore
▸ vi to disembark

desembocadura nf **1** (*río*) mouth **2** (*calle*) end

desembocar vi ~ **en 1** (*río*) to flow into *sth* **2** (*calle, túnel*) to lead to *sth*

desembolsar vt to pay *sth* (out)

desempatar vi to break the deadlock

desempate nm breakthrough **LOC** **(partido de) desempate** play-off [pl play-offs]

desempeñar vt **1** (*puesto*) to hold: *~ un cargo de responsabilidad* to hold a post of responsibility **2** (*papel*) to play

desempleado, -a adj unemployed
▸ nm-nf unemployed person: *los ~s* the unemployed

desempleo nm unemployment

desencajado, -a adj **1** (*cara*) contorted **2** (*hueso*) dislocated **3** (*pieza*) out of position

desenchufar vt to unplug

desenfadado, -a adj **1** (*informal*) casual: *ropa desenfadada* casual clothes **2** (*sin inhibiciones*) uninhibited

desenfocado, -a adj out of focus

desenfundar vt to pull *sth* out

desenganchar vt to unhook
▸ desengancharse vp (*droga*) to come off drugs

desengañar vt **1** (*desilusionar*) to disillusion **2** (*revelar la verdad*) to open *sb's* eyes
▸ desengañarse vp **1** (*desilusionarse*) to become disillusioned **2** (*enfrentarse a la verdad*) to face facts: *Desengáñate, no van a venir.* Face facts. They're not coming.

desengaño nm disappointment **LOC** **sufrir/ tener un desengaño amoroso** to be disappointed in love

desenlace nm (*obra literaria, película*) ending

desenredarse vp **LOC** **desenredarse el pelo** to get the tangles out of your hair

desenrollar(se) vt, vp **1** (*papel, alfombra, etc.*) to unroll **2** (*cable*) to unwind

desenroscar vt to unscrew

desenterrar vt to dig *sth* up: *~ un hueso* to dig up a bone

desentonar vi ~ **(con)** to clash (with *sth*): *¿Crees que estos colores desentonan?* Do you think these colours clash?

desenvolver vt to unwrap: *~ un paquete* to unwrap a parcel
▸ desenvolverse vp to get on: *Se desenvuelve bien en el trabajo/colegio.* He's getting on well at work/school.

deseo nm wish: *Piensa un ~.* Make a wish. **LOC** *Ver* LISTA

desequilibrado, -a adj, nm-nf (mentally) unbalanced: *Es un ~.* He's mentally unbalanced.

desértico, -a adj **1** (*zona*) desert: *un paisaje ~* a desert landscape **2** (*clima*) arid

desertificación nf desertification

desertización nf desertification

desertor, -ora nm-nf deserter

desesperación nf despair: *para ~ mía/de los médicos* to my despair/the despair of the doctors

desesperado, -a adj **1** desperate: *Estoy ~ por salir de aquí.* I'm desperate to get out of here. **2** (*situación, caso*) hopeless **LOC** **a la desesperada** in desperation *Ver tb* DESESPERAR

desesperar vt to drive *sb* mad: *Me desespera no poder conseguir trabajo.* Not being able to get a job is driving me mad.
▸ vi ~ **(de)** to despair (of *doing sth*): *No desesperes, aún puedes aprobar.* Don't despair. You can still pass.

desfasado, -a adj out of date: *ideas desfasadas* out-of-date ideas ➔ *Ver nota en* WELL BEHAVED

desfavorable adj unfavourable

desfavorecido, -a adj, nm-nf disadvantaged: *los ~s de la sociedad* disadvantaged members of society

desfigurar vt **1** (*rostro*) to disfigure **2** (*cambiar*) to distort: *~ una imagen/la realidad* to distort an image/reality

desfiladero nm gorge

desfilar vi **1** (*Mil, manifestación*) to march **2** (*modelos*) to parade

desfile nm parade LOC **desfile de modelos** fashion show

desforestación = DEFORESTACIÓN

desgarrar(se) vt, vp to tear: ~se el pantalón/un ligamento to tear your trousers/a ligament

desgastar vt **1** (ropa, zapatos) to wear sth out: ~ unas botas to wear out a pair of boots **2** (rocas) to wear sth away, to erode (más formal)
▸ **desgastarse** vp **1** (ropa, zapatos) to wear out: Se me ha desgastado el jersey por los codos. My sweater's worn at the elbows. **2** (rocas) to wear away, to erode (más formal)

desgaste nm **1** (por el uso) wear: Esta alfombra sufre mucho ~. This rug gets a lot of wear. **2** (rocas) erosion

desgracia nf bad luck [incontable], misfortune (más formal): Han tenido muchas ~s. They've had a lot of bad luck. ◊ cuando ocurre una ~ when misfortune strikes LOC **por desgracia** unfortunately ♦ **tener la desgracia de** to be unlucky enough to do sth

desgraciadamente adv unfortunately

desgraciado, -a adj **1** (sin suerte) unlucky **2** (infeliz) unhappy: llevar una vida desgraciada to lead an unhappy life
▸ nm-nf **1** (desventurado) poor devil **2** (mala persona) swine

deshabitado, -a adj deserted

deshacer vt **1** (nudo, paquete) to undo **2** (cama) to strip **3** (desmontar) to take sth to pieces: ~ un puzzle to take a jigsaw to pieces **4** (derretir) to melt
▸ **deshacerse** vp **1** (nudo, costura) to come undone **2** (derretirse) to melt **3 deshacerse de** to get rid of sb/sth: ~se de un coche viejo to get rid of an old car LOC Ver MALETA

deshelar(se) vt, vp to thaw

deshidratarse vp to become dehydrated

deshinchar vt (globo, rueda) to let sth down
▸ **deshincharse** vp (globo, rueda, parte del cuerpo) to go down

deshonesto, -a adj dishonest LOC Ver PROPOSICIÓN

desierto, -a nm desert
▸ adj deserted LOC Ver ISLA

designar vt **1** (persona) to appoint sb (sth/to sth): Ha sido designado presidente. He has been appointed chairman. ◊ La designaron para el puesto. She was appointed to the post. **2** (sitio) to designate sth (as sth): ~ Madrid como sede de los Juegos to designate Madrid as the venue for the Games

desigual adj (irregular) uneven: un terreno ~ uneven terrain

desigualdad nf inequality [pl inequalities]

desilusión nf disappointment LOC **llevarse una desilusión** to be disappointed

desilusionar vt to disappoint

desinfectante nm disinfectant

desinfectar vt to disinfect

desinflar vt to let sth down
▸ **desinflarse** vp (objeto inflado) to go down

desinstalar vt (Informát) to uninstall

desintegración nf disintegration

desintegrarse vp to disintegrate

desinterés nm lack of interest

desintoxicación nf detox, detoxification (más formal)

desistir vi ~ (de) to give up (sth/doing sth): ~ de buscar trabajo to give up looking for work

desleal adj disloyal

deslizar vt **1** to slide: Puedes ~ el asiento hacia adelante. You can slide the seat forward. **2** (con disimulo) to slip: Le deslizó la carta en el bolsillo. He slipped the letter into his pocket.
▸ **deslizarse** vp to slide: ~se sobre el hielo to slide on the ice

deslumbrante adj dazzling: una luz/actuación ~ a dazzling light/performance

deslumbrar vt to dazzle

desmadrarse vp to run wild

desmano LOC **a desmano** out of the way: Nos pilla muy a ~. It's well out of our way.

desmantelar vt to dismantle

desmaquillador, -ora adj LOC **crema/loción desmaquilladora** make-up remover

desmayarse vp to faint

desmayo nm faint LOC **darle a algn/sufrir un desmayo** to faint

desmedido, -a adj excessive

desmejorado, -a adj La encontré un poco desmejorada. She wasn't looking too well. ◊ Está muy ~ desde la última vez que lo vi. He's gone rapidly downhill since the last time I saw him.

desmelenarse vp to let your hair down

desmentir vt to deny: Desmintió las acusaciones. He denied the accusations.

desmenuzar vt **1** (pescado) to break sth into small pieces **2** (pan, galletas) to crumble sth (up) **3** (analizar) to analyse sth in (great) detail

desmontar vt **1** (máquina) to take sth apart: ~ una bici to take a bike apart **2** (andamio, estantería, tienda de campaña) to take sth down
▸ vi (bajar de un caballo) to dismount

desmoralizarse vp to lose heart: Sigue adelante, no te desmoralices. Keep going, don't lose heart.

desnatado, -a adj `LOC` Ver LECHE, YOGUR

desnivel nm el ~ entre la casa y el jardín the difference in level between the house and the garden

desnivelado, -a adj not level: El suelo está ~. The ground isn't level.

desnudar vt to undress
▸ **desnudarse** vp to get undressed: Se desnudó y se metió en la cama. He got undressed and got into bed.

desnudo, -a adj 1 (persona) naked: El niño está medio ~. The child is half naked. 2 (parte del cuerpo, vacío) bare: brazos ~s bare arms ◇ paredes desnudas bare walls ➔ Ver nota en NAKED

desnutrido, -a adj undernourished

desobedecer vt to disobey: ~ órdenes/a tus padres to disobey orders/your parents

desobediencia nf disobedience

desobediente adj, nmf disobedient: ser un ~ to be disobedient

desodorante nm deodorant

desolador, -ora adj devastating

desolar vt to devastate: La noticia nos desoló. We were devastated by the news.

desorden nm 1 mess: Perdona el ~. Sorry about the mess. ◇ Tenía la casa en ~. The house was in a mess. 2 (Med) disorder: un ~ alimentario an eating disorder

desordenado, -a adj, nm-nf untidy: ser un ~ to be untidy `LOC` **dejar algo desordenado** to leave sth in a mess Ver tb DESORDENAR

desordenar vt to make sth untidy, to mess sth up (más coloq): Me has desordenado el armario. You've made a mess of my wardrobe.

desorganizado, -a adj, nm-nf disorganized: ser un ~ to be disorganized Ver tb DESORGANIZAR

desorganizar vt to disrupt: La huelga nos ha desorganizado las clases. The strike has disrupted our lessons.

desorientar vt (desconcertar) to confuse: Sus instrucciones me desorientaron. His directions confused me.
▸ **desorientarse** vp to get lost: Me he desorientado. I'm lost.

despachar vt 1 (atender) to serve 2 (solucionar) to settle: Despachamos el tema en media hora. We settled the matter in half an hour. 3 (librarse de algn) to get rid of sb: Me despachó rápido. He soon got rid of me.

despacho nm 1 (oficina) office: Nos recibió en su ~. She saw us in her office. 2 (en casa) study [pl studies]

despacio adv 1 (lentamente) slowly: Conduce ~. Drive slowly. 2 (largo y tendido) in detail: ¿Por qué no lo hablamos más ~ durante la cena? Why don't we talk about it in more detail over dinner?
▸ ¡**despacio!** interj slow down!

despectivo, -a adj 1 (tono) contemptuous: en tono ~ in a contemptuous tone 2 (término) pejorative

despedida nf 1 goodbye, farewell (más formal): cena de ~ farewell dinner 2 (celebración) leaving party `LOC` **despedida de soltero/soltera** stag night/hen party

despedir vt 1 (decir adiós) to see sb off: Fuimos a ~les a la estación. We went to see them off at the station. 2 (empleado) to dismiss, to give sb the sack (coloq) 3 (calor, luz, olor) to give off sth
▸ **despedirse** vp **despedirse (de)** to say goodbye (to sb/sth): Ni siquiera se han despedido. They didn't even say goodbye. ◇ Su esposa se despidió de él. His wife said goodbye to him.

despegado, -a adj 1 (separado) unstuck 2 (persona) cold: Es muy despegada con su familia. She's very cold towards her family. Ver tb DESPEGAR

despegar vt to pull sth off
▸ vi (avión) to take off: El avión está despegando. The plane is taking off.
▸ **despegarse** vp to come off: Se ha despegado el asa. The handle's come off.

despegue nm take-off

despeinado, -a adj untidy: Estás ~. Your hair's untidy. Ver tb DESPEINAR(SE)

despeinar(se) vt, vp to mess sb's/your hair up: No me despeines. Don't mess my hair up.

despejado, -a adj clear: un cielo ~/una mente despejada a clear sky/mind Ver tb DESPEJAR

despejar vt to clear: ¡Despejen la zona! Clear the area!
▸ v imp (cielo) to clear up: Despejó a eso de las cinco. It cleared up at about five.
▸ **despejarse** vp 1 (cielo) to clear 2 (despertarse) to wake up

despensa nf larder

desperdiciar vt to waste

desperdicio nm 1 (desaprovechamiento) waste 2 **desperdicios** scraps

desperezarse vp to stretch

desperfecto nm 1 (deterioro) damage [incontable]: Sufrió algunos ~s. It suffered some damage. 2 (imperfección) flaw

despertador nm alarm (clock): He puesto el ~ para las siete. I've set the alarm for seven. ➔ Ver dibujo en RELOJ

despertar vt **1** (persona) to wake sb up: ¿A qué hora quieres que te despierte? What time do you want me to wake you up? **2** (interés, sospecha) to arouse
▸ **despertar(se)** vi, vp to wake up **LOC** tener (un) buen/mal despertar to wake up in a good/bad mood

despido nm dismissal

despierto, -a adj **1** (no dormido) awake: ¿Estás ~? Are you awake? **2** (espabilado) bright **LOC** Ver SOÑAR

despistado, -a adj **1** (por naturaleza) absent-minded **2** (distraído) miles away: Iba ~ y no les vi. I was miles away and didn't see them. **LOC** hacerse el despistado Nos vio pero se hizo el ~. He saw us but pretended not to. Ver tb DESPISTAR

despistar vt **1** (desorientar) to confuse **2** (dar esquinazo) to shake sb off: Despistó a la policía. He shook off the police.

despiste nm **1** absent-mindedness [incontable]: ¡Vaya ~ que llevas! You're so absent-minded! **2** (error) silly mistake: Ha sido un ~. It was a silly mistake.

desplazado, -a adj out of place: sentirse ~ to feel out of place Ver tb DESPLAZAR

desplazamiento nm **1** (viaje) trip **2** (movimiento) movement

desplazar vt (sustituir) to take the place of sb/sth: El ordenador ha desplazado a la máquina de escribir. Computers have taken the place of typewriters.
▸ **desplazarse** vp to go: Se desplazan a todos los sitios en taxi. They go everywhere by taxi.

desplegable adj **1** (mueble) folding **2** (Informát) drop-down: un menú ~ a drop-down menu **3** (libro) fold-out

desplegar vt **1** (mapa, póster, etc.) to unfold **2** (velas) to unfurl **3** (tropas, armamento) to deploy

despliegue nm deployment

desplomarse vp to collapse

despoblado, -a adj (sin habitantes) uninhabited

déspota nmf despot

despreciable adj despicable

despreciar vt **1** (menospreciar) to despise, to look down on sb (más coloq): Despreciaban a los demás alumnos. They looked down on the other students. **2** (rechazar) to reject: Despreciaron nuestra ayuda. They rejected our offer of help.

desprecio nm contempt (for sb/sth): mostrar ~ por algn to show contempt for sb

desprender vt **1** (separar) to take sth off, to remove (más formal): Intenta ~le la etiqueta. Try to take the price tag off. **2** (emanar) to give off

sth: Esta estufa desprende gas. This stove is giving off gas.
▸ **desprenderse** vp **1** (separarse) to come off: Se te ha desprendido un botón. One of your buttons has come off. **2 desprenderse de** to get rid of sth: Se desprendió de varios libros. He got rid of several books.

desprendimiento nm **LOC** desprendimiento de tierras landslide

desprestigiar vt to discredit

desprevenido, -a adj **LOC** coger/pillar a algn desprevenido to catch sb unawares

desproporcionado, -a adj disproportionate (to sth)

desprovisto, -a adj ~ de lacking in sth

después adv **1** (más tarde) afterwards, later (más coloq): Después dijo que no le había gustado. He said afterwards that he hadn't liked it. ◇ Salieron poco ~. They came out shortly afterwards. ◇ Si estudias ahora, ~ puedes ver la tele. If you do your homework now, you can watch TV later. ◇ No me lo dijeron hasta mucho ~. They didn't tell me until much later. **2** (a continuación) next: ¿Y qué pasó ~? What happened next? **LOC** después de after sth/doing sth: ~ de las dos after two o'clock ◇ ~ de hablar con ellos after talking to them ◇ La farmacia está ~ del banco. The chemist's is after the bank. ◆ después de todo after all

despuntar vi **1** (alba, día) to break **2** (persona) to stand out

destacar vt to point sth out: El profesor destacó varios aspectos de su obra. The teacher pointed out various aspects of his work.
▸ **destacar(se)** vi, vp to stand out: El rojo destaca sobre el verde. Red stands out against green.

destapar vt **1** (quitar la tapa) to take the lid off sth: ~ una olla to take the lid off a saucepan **2** (en la cama) to pull the bedclothes off sb: No me destapes. Don't pull the bedclothes off me.
▸ **destaparse** vp (en la cama) to throw the bedclothes off

destaponar(se) vt, vp to unblock

destartalado, -a adj dilapidated

desteñir(se) vt, vp to fade: Se te ha desteñido la falda. Your skirt's faded.
▸ vi Esa camisa roja destiñe. The colour runs in that red shirt.

destinar vt to post: La han destinado a Vigo. She's been posted to Vigo.

destinatario, -a nm-nf addressee

destino nm **1** (sino) fate **2** (lugar al que se dirige algo/algn) destination: un ~ turístico a tourist destination **3** (lugar de trabajo): Me van a cambiar de

~. I'm going to be posted somewhere else. **LOC** **con destino a...** for...: *el ferry con ~ a Plymouth* the ferry for Plymouth

destornillador *nm* screwdriver

destrozado, -a *adj* (*abatido*) devastated (*at/by sth*): *~ por la pérdida de su hijo* devastated by the loss of his son *Ver tb* DESTROZAR

destrozar *vt* **1** (*destruir*) to destroy **2** (*hacer añicos*) to smash: *Destrozaron los cristales del escaparate.* They smashed the shop window. **3** (*arruinar*) to ruin: *~le la vida a algn* to ruin sb's life

destrucción *nf* destruction

destructivo, -a *adj* destructive

destructor *nm* (*Náut*) destroyer

destruir *vt* to destroy

desvalido, -a *adj* helpless

desvalijar *vt* **1** (*lugar*) to steal everything from...: *Me habían desvalijado el coche.* They had stolen everything from my car. **2** (*persona*) to rob *sb* of all they have

desván *nm* loft, attic (*USA*)

desvanecerse *vp* **1** (*desmayarse*) to faint **2** (*desaparecer*) to disappear

desvariar *vi* **1** (*delirar*) to be delirious **2** (*decir disparates*) to talk nonsense

desvelar *vt* **1** (*espabilar*) to keep *sb* awake **2** (*revelar*) to reveal: *~ un secreto* to reveal a secret ▸**desvelarse** *vp* **1** (*espabilarse*) to wake up **2 desvelarse por** (*desvivirse*) to do your utmost for *sb*

desventaja *nf* disadvantage **LOC** **estar en desventaja** to be at a disadvantage

desvergonzado, -a *adj, nm-nf* **1** (*que no tiene vergüenza*) shameless: *ser un ~* to have no shame **2** (*insolente*) cheeky, sassy (*USA*): *ser un ~* to be cheeky

desvestir *vt* to undress ▸**desvestirse** *vp* to get undressed

desviación *nf* **1** (*tráfico, fondos*) diversion **2 ~ (de)** (*irregularidad*) deviation (*from sth*)

desviar *vt* to divert: *~ el tráfico* to divert traffic ◊ *~ los fondos de una sociedad* to divert company funds ▸**desviarse** *vp* **1** (*carretera*) to branch off: *Verás que la carretera se desvía hacia la izquierda.* You'll see that the road branches off to the left. **2** (*coche*) to turn off **LOC** **desviar la mirada** to avert your eyes *Ver tb* TEMA

desvío *nm* diversion

desvivirse *vp* **~ por** to live for *sb/sth*: *Se desviven por sus hijos.* They live for their children.

detalladamente *adv* in detail

detallado, -a *adj* detailed *Ver tb* DETALLAR

detallar *vt* **1** (*contar con detalle*) to give details of *sth* **2** (*especificar*) to specify

detalle *nm* **1** (*pormenor*) detail **2** (*atención*) gesture **LOC** **¡qué detalle!** how thoughtful! ◆ **tener muchos detalles (con algn)** to be very considerate (to sb) *Ver tb* LUJO

detallista *adj* thoughtful: *Tú siempre tan ~.* You're always so thoughtful.

detectar *vt* to detect

detective *nmf* detective

detector *nm* detector: *un ~ de mentiras/metales* a lie/metal detector

detención *nf* **1** (*arresto*) arrest **2** (*paralización*) halt: *La falta de material motivó la ~ de las obras.* Lack of materials brought the building work to a halt.

detener *vt* **1** (*parar*) to stop **2** (*arrestar*) to arrest ▸**detenerse** *vp* to stop

detenidamente *adv* carefully

detenido, -a *adj* **estar/quedar ~** to be under arrest ▸*nm-nf* person under arrest, detainee (*más formal*) *Ver tb* DETENER

detergente *nm* detergent

deteriorar *vt* to damage ▸**deteriorarse** *vp* to deteriorate: *Su salud se deterioraba día a día.* Her health was deteriorating by the day.

deterioro *nm* deterioration

determinado, -a *adj* **1** (*cierto*) certain: *en ~s casos* in certain cases **2** (*artículo*) definite *Ver tb* DETERMINAR

determinar *vt* to determine: *~ el precio de algo* to determine the price of sth

detestar *vt* to detest *sth/doing sth*, to hate *sth/doing sth* (*más coloq*)

detrás *adv* **1** (*ir, venir*) behind: *Los otros vienen ~.* The others are coming behind. **2** (*estar*) at/on the back: *El mercado está ~.* The market is at the back. ◊ *El precio está ~.* The price is on the back. **LOC** **detrás de 1** (*en el espacio*) behind: *~ de nosotros/la casa* behind us/the house **2** (*en el tiempo*) after: *Comía una galleta ~ de otra.* He was eating one biscuit after another. ◆ **estar detrás de algn** (*gustar*) to be after sb ◆ **por detrás** from behind *Ver tb* MOSCA

deuda *nf* debt **LOC** **tener una deuda** to be in debt (*to sb/sth*): *tener una ~ con el banco* to be in debt to the bank

devaluar *vt* to devalue

devanarse *vp* **LOC** *Ver* SESO

devastador, -ora *adj* devastating

devolución *nf* **1** (*artículo*) return: *la ~ de mercancías defectuosas* the return of defective goods **2** (*dinero*) refund

devolver *vt* **1** to return *sth* (*to sb/sth*): *¿Devolviste los libros a la biblioteca?* Did you return the books to the library? **2** (*dinero*) to refund: *Se le devolverá el importe.* Your money will be refunded. **3** (*vomitar*) to bring *sth* up
▸ *vi* to be sick: *El niño ha devuelto.* The baby has been sick.

devorar *vt* to devour

devoto, -a *adj* (*piadoso*) devout

día *nm* **1** day: *Pasamos el ~ en Segovia.* We spent the day in Segovia. ◇ *– ¿Qué ~ es hoy? – Martes.* 'What day is it today?' 'Tuesday.' ◇ *al ~ siguiente* the following day **2** (*en fechas*): *Termina el ~ 15.* It ends on the 15th. ◇ *Llegaron el ~ 10 de abril.* They arrived on 10 April. ❶ Se dice 'April the tenth' o 'the tenth of April'. ➲ *Ver pág 805* **LOC** **al/por día** a day: *tres veces al ~* three times a day ◆ **¡buenos días!** good morning!, morning! (*coloq*) ◆ **dar los buenos días** to say good morning ◆ **de día/durante el día** in the daytime/during the daytime: *Duermen de ~.* They sleep in the daytime. ◆ **del día** fresh: *pan del ~* fresh bread ◆ **Día de la Madre/del Padre** Mother's/Father's Day ◆ **Día de los Enamorados** Valentine's Day

🔎 En Gran Bretaña la tradición consiste en enviar una tarjeta anónima (**valentine card** o **valentine**) a la persona querida, con el mensaje **I love you**. Las personas que mandan o reciben estas tarjetas se llaman **valentines**.

◆ **Día de los Inocentes** April Fool's Day ➲ *Ver nota en* APRIL FOOL'S DAY ◆ **Día de Navidad** Christmas Day ➲ *Ver nota en* NAVIDAD ◆ **Día de Todos los Santos** All Saints' Day ➲ *Ver nota en* HALLOWEEN ◆ **día festivo** holiday ◆ **día libre 1** (*no ocupado*) free day **2** (*sin ir a trabajar*) day off [*pl* days off]: *Mañana es mi ~ libre.* Tomorrow's my day off. ◆ **el día de mañana** in the future ◆ **estar al día** to be up to date ◆ **hacer buen día** to be a nice day: *Hace buen ~ hoy.* It's a nice day today. ◆ **hacerse de día** to get light ◆ **poner al día** to bring *sb/sth* up to date ◆ **ser de día** to be light ◆ **todos los días** every day ➲ *Ver nota en* EVERYDAY ◆ **un día sí y otro no** every other day *Ver tb* ALGUNO, HOY, MENÚ, OTRO, PLENO, QUINCE, REY, VIVIR

diabetes *nf* diabetes [*incontable*]

diabético, -a *adj, nm-nf* diabetic

diablo *nm* devil **LOC** *Ver* ABOGADO

diadema *nf* (*cinta*) hairband

diagnóstico *nm* diagnosis [*pl* diagnoses]

diagonal *adj, nf* diagonal

diagrama *nm* diagram

dialecto *nm* dialect: *un ~ del inglés* a dialect of English

dialogar *vi* ~ (**con**) to talk (to *sb*): *Los padres deberían ~ más con los hijos.* Parents should talk to their children more.

diálogo *nm* conversation: *Tuvimos un ~ interesante.* We had an interesting conversation.

diamante *nm* **1** (*piedra*) diamond **2 diamantes** (*Naipes*) diamonds ➲ *Ver nota en* BARAJA

diámetro *nm* diameter

diapositiva *nf* slide: *una ~ en color* a colour slide

diariamente *adv* every day, daily (*más formal*) ➲ *Ver nota en* EVERYDAY

diario, -a *adj* daily
▸ *nm* **1** (*periódico*) newspaper **2** (*personal*) diary [*pl* diaries] **LOC** **a diario** every day ◆ **de/para diario** everyday: *ropa de ~* everyday clothes ➲ *Ver nota en* EVERYDAY

diarrea *nf* diarrhoea [*incontable*]

dibujante *nmf* **1** (*técnico, artístico*) draughtsman/woman [*pl* -men/-women] **2** (*humor, cómic*) cartoonist

dibujar *vt* to draw

dibujo *nm* **1** (*Arte*) drawing: *estudiar ~* to study drawing ◇ *un ~* a drawing ◇ *Haz un ~ de tu familia.* Draw a picture of your family. **2** (*motivo*) pattern **LOC** **dibujo lineal** technical drawing ◆ **dibujos animados** cartoons: *una serie de ~s animados* a cartoon series

diccionario *nm* dictionary [*pl* dictionaries]: *Búscalo en el ~.* Look it up in the dictionary. ◇ *un ~ bilingüe/de francés* a bilingual/French dictionary

dicho, -a *adj* that [*pl* those]: *~ año* that year
▸ *nm* (*refrán*) saying **LOC** **dicho de otra forma/manera** in other words ◆ **dicho y hecho** no sooner said than done *Ver tb* MEJOR; *Ver tb* DECIR[1]

diciembre *nm* December (*abrev* Dec.) ➲ *Ver ejemplos en* ENERO

dictado *nm* dictation: *hacer un ~* to do a dictation

dictador, -ora *nm-nf* dictator

dictadura *nf* dictatorship: *durante la ~ militar* during the military dictatorship

dictar *vt, vi* to dictate **LOC** **dictar sentencia** to pass sentence

didáctico, -a *adj* educational **LOC** *Ver* MATERIAL

diecinueve *adj, nm, pron* **1** nineteen **2** (*fecha*) nineteenth ➲ *Ver ejemplos en* ONCE, SEIS

dieciocho *adj, nm, pron* **1** eighteen **2** (*fecha*) eighteenth ➲ *Ver ejemplos en* ONCE, SEIS

dieciséis *adj, nm, pron* **1** sixteen **2** *(fecha)* sixteenth ⊃ *Ver ejemplos en* ONCE, SEIS

diecisiete *adj, nm, pron* **1** seventeen **2** *(fecha)* seventeenth ⊃ *Ver ejemplos en* ONCE, SEIS

diente *nm* tooth *[pl* teeth] LOC **diente de ajo** clove of garlic ◆ **diente de leche** milk tooth *[pl* milk teeth] ◆ **poner los dientes largos a algn** to make sb jealous *Ver tb* CANTO, CEPILLO, LAVAR, PASTA, RECHINAR

diésel *nm* **1** *(motor)* diesel engine **2** *(coche)* diesel

diestro, -a *adj (persona)* right-handed LOC **a diestro y siniestro** right, left and centre

dieta *nf* **1** *(régimen)* diet: *estar a ~* to be on a diet **2 dietas** *(gastos)* expenses

dietético, -a *adj* diet LOC *Ver* BARRITA

diez *adj, nm, pron* **1** ten **2** *(fechas)* tenth ⊃ *Ver ejemplos en* SEIS LOC **sacar un diez** to get top marks

difamar *vt* **1** *(de palabra)* to slander **2** *(por escrito)* to libel

diferencia *nf* **1** ~ **con/entre** difference between *sth (and sth)*: *la ~ entre dos telas* the difference between two fabrics ◊ *Madrid tiene una hora de ~ con Londres.* There's an hour's difference between Madrid and London. **2** ~ **(de)** difference (in/of *sth*): *No hay mucha ~ de precio entre los dos.* There's not much difference in price between the two. ◊ *una ~ de opiniones* a difference of opinion LOC **a diferencia de** unlike ◆ **con diferencia** by far: *Es el más importante con ~.* It's by far the most important. *Ver tb* MARCAR

diferenciar *vt* to differentiate *sth (from sth)*; to differentiate between *sth and sth*
▸ **diferenciarse** *vp No se diferencian en nada.* There's no difference between them. ◊ *¿En qué se diferencia?* What's the difference?

diferente *adj* **1** ~ **(a/de)** different (from *sb/sth*) ⊃ *Ver nota en* DIFFERENT **2 diferentes** *(diversos)* various: *por ~s razones* for various reasons
▸ *adv* differently: *Pensamos ~.* We think differently.

diferido, -a *adj* LOC **en diferido** pre-recorded

difícil *adj* difficult

dificultad *nf* difficulty *[pl* difficulties]

dificultar *vt* to make *sth* difficult: *El viento dificultó las tareas de extinción del incendio.* The wind made it difficult to put out the fire.

difuminar *vt* to blur

difundir *vt* **1** *(ideas, noticias)* to spread **2** *(Radio, TV)* to broadcast **3** *(publicar)* to publish
▸ **difundirse** *vp (noticia, luz)* to spread

difunto, -a *adj* late: *el ~ presidente* the late president

▸ *nm-nf* deceased: *los familiares del ~* the family of the deceased

difusión *nf* **1** *(ideas, noticias)* spreading **2** *(programas)* broadcasting **3** *(artículos)* publishing **4** *(calor, sonido, luz)* diffusion LOC *Ver* MEDIO

digerir *vt* to digest

digestión *nf* digestion LOC **hacer la digestión** *Hay que hacer la ~ antes de bañarse.* You must wait for your food to go down before you go swimming. ◊ *Todavía estoy haciendo la ~.* I've only just eaten. *Ver tb* CORTE

digestivo, -a *adj* digestive: *el aparato ~* the digestive system

digital *adj* digital LOC *Ver* HUELLA, TELEVISIÓN

digitalización *nf* digitization

digitalizar *vt* to digitalize

dignarse *vp* to deign *to do sth*

dignidad *nf* dignity

digno, -a *adj* **1** decent: *el derecho a un trabajo ~* the right to a decent job **2** ~ **de** worthy of *sb/sth*: ~ *de atención* worthy of attention LOC **digno de confianza** reliable

dilatar(se) *vt, vp* **1** *(agrandar, ampliar)* to expand **2** *(poros, pupilas)* to dilate

dilema *nm* dilemma

diluir *vt* **1** *(sólido)* to dissolve **2** *(líquido)* to dilute **3** *(salsa, pintura)* to thin
▸ **diluirse** *vp (sólido)* to dissolve

diluvio *nm* flood LOC **el Diluvio Universal** the Flood

dimensión *nf* dimension: *la cuarta ~* the fourth dimension ◊ *las dimensiones de una sala* the dimensions of a room LOC **de grandes/enormes dimensiones** huge

diminutivo, -a *adj, nm* diminutive

diminuto, -a *adj* tiny

dimisión *nf* resignation: *Presentó su ~.* He handed in his resignation.

dimitir *vi* ~ **(de)** to resign (from *sth*): ~ *de un cargo* to resign from a post

Dinamarca *nf* Denmark

dinámica *nf* **1** *(Mec)* dynamics *[incontable]* **2** *(funcionamiento)* dynamics: *la ~ del equipo* the dynamics of the team

dinámico, -a *adj* dynamic

dinamita *nf* dynamite

dinamo *(tb* **dinamo)** *nf* dynamo *[pl* dynamos]

dinastía *nf* dynasty *[pl* dynasties]

dineral *nm* fortune: *Cuesta un ~.* It costs a fortune.

dinero *nm* money *[incontable]*: *¿Tienes ~?* Have you got any money? ◊ *Necesito ~.* I need some money. LOC **andar/estar mal de dinero** to be short of money ♦ **dinero contante y sonante** hard cash ♦ **dinero suelto** (loose) change

dinosaurio *nm* dinosaur

dioptría *nf* ¿*Cuántas ~s tienes?* How short-sighted are you?

dios *nm* god `LOC` **como Dios manda 1** (*con sustantivo*) proper: *una oficina como Dios manda* a proper office **2** (*con verbo*) properly: *hacer algo como Dios manda* to do sth properly ♦ **¡Dios me libre!** God forbid! ♦ **¡Dios mío!** good God! ♦ **Dios sabe** God knows ♦ **ni Dios** not a soul ♦ **¡por Dios!** for God's sake! *Ver tb* AMOR, PEDIR

diosa *nf* goddess

dióxido *nm* dioxide `LOC` **dióxido de carbono** carbon dioxide

diploma *nm* diploma

diplomacia *nf* diplomacy

diplomado, -a *adj* qualified: *una enfermera diplomada* a qualified nurse

diplomático, -a *adj* **1** (*Pol*) diplomatic **2** (*discreto*) tactful
▸ *nm-nf* diplomat

diptongo *nm* diphthong

diputación *nf* council [*v sing o pl*]: *la ~ provincial/regional* the provincial/regional council

diputado, -a *nm-nf* deputy [*pl* deputies] ❶ En Gran Bretaña, el equivalente es **Member of Parliament** (*abrev* **MP**). `LOC` *Ver* CONGRESO

dique *nm* dyke `LOC` **dique (seco)** dry dock

dirección *nf* **1** (*rumbo*) direction: *Iban en ~ contraria.* They were going in the opposite direction. ◊ *salir con ~ a Madrid* to set off for Madrid **2** (*señas*) address: *nombre y ~* name and address `LOC` **dirección prohibida** (*señal*) no entry ♦ **dirección única** one-way: *Esa calle es de ~ única.* That's the one-way street. *Ver tb* LISTA, SECRETARIO

directamente *adv* (*derecho*) straight: *Volvimos ~ a Málaga.* We went straight back to Malaga.

directivo, -a *adj* management: *el equipo ~* the management team
▸ *nm-nf* director `LOC` *Ver* JUNTA

directo, -a *adj* **1** direct: *un vuelo ~* a direct flight ◊ *¿Cuál es el camino más ~?* What's the most direct way? **2** (*tren*) through: *un tren ~ a Barcelona* a through train to Barcelona `LOC` **en directo** live: *una actuación en ~* a live performance ◊ *El programa se emite en ~.* The programme goes out live. *Ver tb* MÚSICA

director, -ora *nm-nf* **1** director: *~ artístico/financiero* artistic/financial director ◊ *un ~ de cine/teatro* a film/theatre director **2** (*colegio*) head (teacher), principal (*USA*) **3** (*banco*) manager **4** (*periódico, editorial*) editor `LOC` **director (de**

105 **discriminar**

orquesta) conductor ♦ **director gerente** managing director

dirigente *adj* (*Pol*) ruling
▸ *nmf* **1** (*Pol*) leader **2** (*de una empresa*) manager `LOC` *Ver* MÁXIMO

dirigir *vt* **1** (*película, obra de teatro, tráfico*) to direct **2** (*carta, mensaje*) to address *sth to sb/sth* **3** (*arma, manguera, telescopio*) to point *sth at sb/sth*: *Dirigió el telescopio hacia la luna.* He pointed the telescope at the moon. **4** (*debate, campaña, expedición, partido*) to lead **5** (*negocio*) to run
▸ **dirigirse** *vp* **1 dirigirse a/hacia** (*ir*) to head for…: *~se hacia la frontera* to head for the border **2 dirigirse a** (**a**) (*hablar*) to speak to *sb* (**b**) (*por carta*) to write to *sb* `LOC` **dirigir la palabra** to speak *to sb*

discapacidad *nf* disability [*pl* disabilities]

discapacitado, -a *adj* disabled
▸ *nm-nf* disabled person: *asientos reservados para los ~s* seats reserved for the disabled

🔎 En un contexto más formal se prefiere la expresión **people with disabilities**: *un plan para integrar a los discapacitados en el mercado laboral* a plan to bring people with disabilities into the workplace. Para referirse a los discapacitados psíquicos es preferible evitar el término anticuado **mentally handicapped** y utilizar **people with learning difficulties**.

disciplina *nf* **1** discipline: *mantener la ~* to maintain discipline **2** (*asignatura*) subject

discípulo, -a *nm-nf* **1** (*seguidor*) disciple **2** (*alumno*) pupil

disco *nm* **1** (*objeto circular*) disc **2** (*Mús*) record: *grabar/poner un ~* to make/play a record **3** (*Informát*) disk: *el ~ duro* the hard disk **4** (*Dep*) discus **5** (*semáforo*) light

discográfico, -a *adj* record: *una empresa discográfica* a record company

discoteca *nf* disco [*pl* discos]

discotequero, -a *adj* (*música*) dance: *Soy muy ~.* I love clubbing.

discreción *nf* discretion

discreto, -a *adj* **1** (*prudente*) discreet **2** (*mediocre*) unremarkable

discriminación *nf* discrimination (*against sb*): *la ~ racial* racial discrimination ◊ *la ~ de la mujer* discrimination against women

discriminar *vt* to discriminate against *sb*: *empresas que discriminan a las mujeres* firms that discriminate against women

disculpa nf **1** (excusa) excuse: Esto no tiene ~. There's no excuse for this. **2** (pidiendo perdón) apology [pl apologies] LOC Ver PEDIR

disculpar vt to forgive: Disculpe la interrupción. Forgive the interruption. ◇ Disculpa que llegue tarde. Sorry I'm late.

▸ **disculparse** vp to apologize (to sb) (for sth): Me disculpé con ella por no haber escrito. I apologized to her for not writing.

discurso nm speech: pronunciar un ~ to give a speech

discusión nf **1** (debate) discussion **2** (disputa) argument

discutido, -a adj (polémico) controversial Ver tb DISCUTIR

discutir vt **1** (debatir) to discuss **2** (cuestionar) to question: ~ una decisión to question a decision ▸ vi **1** ~ (con algn) (por algo) (reñir) to argue (with sb) (about/over sth): No quiero ~ contigo. I don't want to argue with you. **2** ~ de/sobre algo (hablar) to discuss sth: ~ de política to discuss politics

disecar vt **1** (animal) to stuff **2** (flor) to press

diseñador, -ora nm-nf designer

diseñar vt **1** to design **2** (plan) to draw sth up

diseño nm design: ~ gráfico graphic design

disfraz nm fancy dress [incontable]: un sitio donde alquilan disfraces a shop where you can hire fancy dress LOC Ver BAILE

disfrazarse vp ~ (de) (para una fiesta) to dress up (as sb/sth): Se disfrazó de Cenicienta. She dressed up as Cinderella.

disfrutar vi, vt to enjoy sth/doing sth: Disfrutamos mucho bailando/con el fútbol. We enjoy dancing/football a lot. ◇ Espero que hayáis disfrutado de la visita. I hope you have enjoyed the visit. ◇ Disfruto de buena salud. I enjoy good health.

▸ vi (pasarlo bien) to enjoy yourself: ¡Que disfrutes mucho! Enjoy yourself!

disgustado, -a adj upset Ver tb DISGUSTAR

disgustar vi to upset sb: Les disgustó mucho que suspendiera. They were very upset he failed.

▸ **disgustarse** vp to get upset: Se disgusta siempre que llego tarde. She gets upset whenever I'm late.

disgusto nm **1** (tristeza) sorrow: Su decisión les causó un gran ~. His decision caused them great sorrow. **2** (desgracia) accident: Corres tanto que un día tendrás un ~. You drive so fast you're going to have an accident one day. LOC **a disgusto** unwillingly: hacer algo a ~ to do sth unwillingly ◆ **dar disgustos** to upset sb:

Da muchos ~s a sus padres. He's always upsetting his parents. ◆ **llevarse un disgusto** to be upset: Cuando me dieron las notas me llevé un ~. I was upset when I got my results. Ver tb MATAR

disidente adj, nmf dissident

disimular vt (ocultar) to hide: ~ la verdad/una cicatriz to hide the truth/a scar ◇ No pudo ~ su alegría. She couldn't hide her joy.

▸ vi (fingir) to pretend: Disimula, haz como que no sabes nada. Pretend you don't know anything. ◇ ¡Ahí vienen! ¡Disimula! There they are! Pretend you haven't seen them!

disimulo nm LOC **con/sin disimulo** surreptitiously/openly

dislexia nf dyslexia

disléxico, -a adj dyslexic

dislocar(se) vt, vp to dislocate: Me disloqué el brazo. I dislocated my arm.

disminución nf drop (in sth): una ~ en el número de accidentes a drop in the number of accidents

disminuido, -a adj disabled

▸ nm-nf disabled person: los ~s the disabled ⭢ Ver nota en DISCAPACITADO; Ver tb DISMINUIR

disminuir vt to reduce: Disminuye la velocidad. Reduce your speed.

▸ vi to fall: Han disminuido los accidentes. The number of accidents has fallen.

disolvente nm (aguarrás) solvent

disolver(se) vt, vp **1** (en un líquido) to dissolve: Disuelva el azúcar en la leche. Dissolve the sugar in the milk. **2** (manifestación) to break (sth) up: La manifestación se disolvió enseguida. The demonstration broke up immediately.

disparado, -a adj LOC **salir disparado** to shoot out (of…): Salieron ~s del banco. They shot out of the bank. Ver tb DISPARAR

disparar vt, vi to shoot: ~ una flecha to shoot an arrow ◇ ¡No disparen! Don't shoot! ◇ Disparaban contra todo lo que se movía. They were shooting at everything that moved. ◇ ~ a puerta to shoot at goal

▸ **dispararse** vp **1** (arma, dispositivo) to go off: La pistola se disparó. The pistol went off. **2** (aumentar) to shoot up: Se han disparado los precios. Prices have shot up.

disparate nm **1** (dicho) nonsense [incontable]: ¡No digas ~s! Don't talk nonsense! **2** (hecho) stupid thing LOC Ver SARTA

disparo nm shot: Oí un ~. I heard a shot. ◇ Murió a consecuencia de un ~. He died from a gunshot wound.

dispersar(se) vt, vp to disperse

disponer *vi* ~ **de 1** (*tener*) to have *sth*: *Disponemos de muy poco tiempo.* We have very little time. **2** (*utilizar*) to use *sth*: *Puedes ~ del coche cuando quieras.* You can use the car whenever you like.
▸ **disponerse** *vp* **disponerse a** to get ready for *sth/to do sth*: *Me disponía a salir cuando llegó mi tía.* I was getting ready to leave when my aunt arrived.

disponible *adj* available

dispositivo *nm* device LOC **dispositivo inalámbrico** wireless device

dispuesto, -a *adj* **1** (*ordenado*) arranged: *Los libros están ~s en orden alfabético.* The books are arranged in alphabetical order. **2** (*preparado*) ready (*for sth*): *Todo está ~ para la fiesta.* Everything is ready for the party. **3** (*servicial*) willing **4** ~ **a** (*decidido*) prepared *to do sth*: *No estoy ~ a dimitir.* I'm not prepared to resign. *Ver tb* DISPONER

disputa *nf* dispute

disputado, -a *adj* hard-fought *Ver tb* DISPUTAR

disputar *vt* (*Dep*) to play
▸ **disputarse** *vp* to compete for *sth*

distancia *nf* distance: *¿A qué ~ está la próxima gasolinera?* How far is it to the next petrol station? LOC **a mucha/poca distancia de…** a long way/not far from…: *a poca ~ de nuestra casa* not far from our house *Ver tb* ENSEÑANZA, MANDO, UNIVERSIDAD

distante *adj* distant

distinción *nf* **1** distinction: *hacer distinciones* to make distinctions **2** (*premio*) award LOC **sin distinción de raza, sexo, etc.** regardless of race, gender, etc.

distinguido, -a *adj* distinguished *Ver tb* DISTINGUIR

distinguir *vt* **1** (*diferenciar*) to distinguish *sb/sth* (*from sb/sth*): *¿Puedes ~ los machos de las hembras?* Can you distinguish the males from the females? ◇ *No puedo ~ a los dos hermanos.* I can't tell the two brothers apart. **2** (*divisar*) to make *sth* out: *~ una silueta* to make out an outline
▸ **distinguirse** *vp* **1 distinguirse por** (*caracterizarse*) to be known for *sth*: *Se distingue por su tenacidad.* He's known for his tenacity. **2 distinguirse de algn/algo (en algo)** (*ser diferente*) to differ from *sb/sth* (*in sth*): *Los machos se distinguen de las hembras por su tamaño.* The males differ in size from the females.

distinto, -a *adj* **1** ~ (**a/de**) different (*from sb/sth*): *Es muy ~ de/a su hermana.* He's very different from his sister. ⊃ *Ver nota en* DIFFERENT **2 distintos** (*diversos*) various: *los ~s aspectos del problema* the various aspects of the problem

distracción *nf* (*pasatiempo*) pastime: *Su ~ favorita es leer.* Reading is her favourite pastime.

distraer *vt* **1** (*entretener*) to keep *sb* amused: *Les conté cuentos para ~los.* I told them stories to keep them amused. **2** (*apartar la atención*) to distract *sb* (*from sth*): *No me distraigas (de mi trabajo).* Don't distract me (from what I'm doing).
▸ **distraerse** *vp* **1 distraerse haciendo algo** (*pasar el tiempo*) to pass the time doing sth **2** (*despistarse*) to be distracted: *Me distraje un momento.* I was distracted for a moment.

distraído, -a *adj* absent-minded LOC **estar/ir distraído** to be miles away *Ver tb* DISTRAER

distribución *nf* **1** distribution: *la ~ de mercancías* the distribution of goods **2** (*casa, piso*) layout

distribuidor, -ora *nm-nf* distributor
▸ *nm* (*en casa*) hall

distribuidora *nf* (*empresa*) distributors [*pl*]

distribuir *vt* to distribute: *Distribuyeron alimentos a/entre los refugiados.* They distributed food to/among the refugees.

distrito *nm* district LOC **distrito electoral** (*parlamento*) constituency [*pl* constituencies]

disturbio *nm* riot

disuadir *vt* to dissuade *sb* (*from sth/doing sth*)

diversión *nf* **1** (*pasatiempo*) pastime **2** (*placer*) fun: *Pinto por ~.* I paint for fun. **3** (*actividad, espectáculo*) entertainment: *lugares de ~* places of entertainment

diverso, -a *adj* **1** (*variado, diferente*) different: *personas de origen ~* people from different backgrounds **2 diversos** (*varios*) various: *El libro abarca ~s aspectos.* The book covers various aspects.

divertido, -a *adj* **1** (*gracioso*) funny: *Es una persona muy divertida.* He's a very funny person. **2** (*agradable*) enjoyable: *unas vacaciones divertidas* an enjoyable holiday LOC **estar/ser (muy) divertido** to be (great) fun ⊃ *Ver nota en* FUN; *Ver tb* DIVERTIR

divertir *vt* to amuse
▸ **divertirse** *vp* to enjoy yourself LOC **¡que te diviertas!** have a good time!

dividendo *nm* dividend

dividir *vt* **1** to divide *sth* (up): *~ algo en tres partes* to divide something into three parts ◇ *~ el trabajo/la tarta* to divide (up) the work/cake ◇ *Lo dividieron entre sus hijos.* They divided it up between their children. ◇ *Ese asunto ha dividido a la familia.* That affair has divided the family. **2** (*Mat*) to divide *sth* (*by sth*): *~ ocho entre/por dos* to divide eight by two

divino

▸**dividirse** vp **dividirse (en)** to split (into sth): ~se en dos facciones to split into two factions

divino, -a adj divine

divisa nf (dinero) (foreign) currency: pagar en ~s to pay in foreign currency ◇ el mercado de ~s the currency market

divisar vt to make sb/sth out

división nf division: un equipo de segunda ~ a second division team ◇ hacer divisiones to do division

divisorio, -a adj LOC Ver LÍNEA

divorciado, -a adj divorced
▸nm-nf divorcee Ver tb DIVORCIARSE

divorciarse vp ~ (de) to get divorced (from sb)

divorcio nm divorce

divulgar(se) vt, vp to spread

DNI nm identity card

🔎 En Gran Bretaña y Estados Unidos no existe un documento equivalente al Documento Nacional de Identidad español. Si es necesario probar la identidad, se utiliza el pasaporte o el carné de conducir.

do nm C: en do mayor in C major

dobladillo nm hem

doblaje nm (Cine) dubbing

doblar vt **1** (plegar) to fold: ~ un papel en ocho to fold a piece of paper into eight **2** (torcer, flexionar) to bend: ~ la rodilla/una barra de hierro to bend your knee/an iron bar **3** (duplicar) to double: Doblaron la oferta. They doubled their offer. **4** (esquina) to turn **5** (traducir) to dub: ~ una película al francés to dub a film into French
▸vi **1** (girar) to turn: ~ a la derecha to turn right **2** (campanas) to toll
▸**doblarse** vp **1** (cantidad) to double **2** (torcerse) to bend

doble adj double
▸nm **1** (cantidad) twice as much/many: Cuesta el ~. It costs twice as much. ◇ Gana el ~ que yo. She earns twice as much as me. ◇ Había el ~ de gente. There were twice as many people. **2** (con adjetivo) twice as...: el ~ de ancho twice as wide **3** (persona parecida) double **4** (Cine) stand-in **5 dobles** (Tenis) doubles: ~s masculinos men's doubles LOC **de doble sentido 1** (chiste, palabra) with a double meaning **2** (calle) two-way: una calle de ~ sentido a two-way street Ver tb APARCAR, ARMA, HABITACIÓN

doblez nm fold

doce adj, nm, pron **1** twelve **2** (fecha) twelfth ➔ Ver ejemplos en ONCE, SEIS

doceavo, -a adj, nm twelfth

docena nf dozen: una ~ de personas/huevos a dozen people/eggs LOC **a docenas** by the dozen

doctor, -ora nm-nf doctor (abrev Dr): ¿Conoces al ~ Ruiz? Do you know Doctor Ruiz?

doctorado nm doctorate (abrev PhD): estudiantes de ~ PhD students

doctrina nf doctrine

documentación nf **1** (de una persona) (identity) papers [pl]: Me pidieron la ~. They asked to see my (identity) papers. **2** (de un coche) documents [pl]

documental nm documentary [pl documentaries]

documento nm document LOC **Documento (Nacional) de Identidad** (abrev DNI) identity card ➔ Ver nota en DNI

dólar nm dollar: cien ~es a hundred dollars ($100) ➔ Ver pág 805

doler vi **1** to hurt: Me duele la pierna/el estómago. My leg/stomach hurts. ◇ Esto no te va a ~ nada. This won't hurt (you) at all. ◇ Me dolió que no me apoyaran. I was hurt by their lack of support. **2** (cabeza, muela) to ache: Me duelen las muelas/la cabeza. I've got toothache/a headache.

dolido, -a adj **1** hurt: Está ~ por lo que dijiste. He's hurt by what you said. **2** ~ con upset with sb Ver tb DOLER

dolor nm **1** (físico) pain: algo contra/para el ~ something for the pain **2** (pena) grief LOC **dolor de cabeza** headache: Tengo ~ de cabeza. I've got a headache. ◆ **dolor de estómago** stomach ache ◆ **dolor de muelas/oídos** toothache/earache: ¿Tienes ~ de muelas? Have you got toothache? Ver tb GRITAR, RETORCER

dolorido, -a adj sore: Tengo el hombro ~. My shoulder is sore.

doloroso, -a adj painful

domador, -ora nm-nf tamer

domar vt **1** to tame **2** (caballo) to break sth in

domesticar vt to domesticate

doméstico, -a adj **1** (relativo a la casa) household: tareas domésticas household chores **2** (animal) domestic LOC Ver LABOR, VIOLENCIA

domicilio nm cambio de ~ change of address ◇ reparto/servicio a ~ delivery service

dominante adj dominant

dominar vt **1** to dominate: ~ a los demás to dominate other people **2** (materia, técnica) to be good at sth **3** (idioma) to be fluent in sth: Domina el ruso. He's fluent in Russian.

domingo nm Sunday (abrev Sun.) ➔ Ver ejemplos en LUNES LOC **Domingo de Ramos/Resurrección** Palm/Easter Sunday

dominguero, -a *nm-nf* **1** (*en playa, montaña, etc.*) day tripper **2** (*en coche*) Sunday driver

dominicano, -a *adj, nm-nf* Dominican **LOC** *Ver* REPÚBLICA

dominio *nm* **1** (*control*) control: *su ~ de sí mismo/del balón* his self-control/ball control **2** (*técnica, lengua*) command **3** (*Internet*) domain **LOC** **ser del dominio público** to be common knowledge

dominó *nm* (*juego*) dominoes [*incontable*]: *jugar al ~* to play dominoes **LOC** *Ver* FICHA

don, doña *nm-nf* **1** (*masc*) Mr: *~ José Ruiz* Mr José Ruiz **2** (*fem*) Mrs **LOC** **ser un don nadie** to be a nobody

donante *nmf* donor: *~ de sangre* blood donor

donar *vt* to donate

donativo *nm* donation

donde *adv* **1** where: *la ciudad ~ nací* the city where I was born ◊ *Déjalo ~ puedas.* Leave it wherever you can. ◊ *un lugar ~ vivir* a place to live **2** (*con preposición*): *la ciudad a/hacia ~ se dirigen* the city they're heading for ◊ *un alto de/desde ~ se ve el mar* a hill you can see the sea from ◊ *la calle por ~ pasa el autobús* the street the bus goes along

dónde *adv* where: *¿Dónde lo has puesto?* Where have you put it? ◊ *¿De ~ eres?* Where are you from? **LOC** **¿hacia dónde?** which way?: *¿Hacia ~ han ido?* Which way did they go? ◆ **¿por dónde se va a…?** how do you get to…?

donutᴷ *nm* doughnut

doña *nf Ver* DON

dopaje (*tb* **doping**) *nm* doping

doparse *vp* (*Dep*) to take performance-enhancing drugs

dorado, -a *adj* **1** gold: *un bolso ~* a gold bag ◊ *colores/tonos ~s* gold colours/tones **2** (*época, pelo*) golden: *la época dorada* the golden age

dormido, -a *adj* **LOC** **quedarse dormido** to fall asleep *Ver tb* DORMIR

dormir *vi* **1** to sleep: *No puedo ~.* I can't sleep. ◊ *No dormí nada.* I didn't sleep a wink. **2** (*estar dormido*) to be asleep: *mientras mi madre dormía* while my mother was asleep
▸ *vt* (*niño*) to get *sb* off to sleep: *Es hora de ~ el niño.* It's time to get the baby off to sleep.
▸ **dormirse** *vp* **1** (*conciliar el sueño*) to fall asleep **2** (*despertarse tarde*) to oversleep: *Me dormí y llegué tarde a trabajar.* I overslept and was late for work. **3** (*parte del cuerpo*) to go to sleep: *Se me ha dormido la pierna.* My leg's gone to sleep. **LOC** **¡a dormir!** time for bed! ◆ **dormir como un lirón/tronco** to sleep like a log *Ver tb* SACO, SIESTA

dormitorio *nm* bedroom **LOC** *Ver* CIUDAD

dorsal *adj* **LOC** *Ver* ESPINA

dorso *nm* back: *al ~ de la tarjeta* on the back of the card

dos *adj, nm, pron* **1** two **2** (*fecha*) second ➔ *Ver ejemplos en* SEIS **LOC** **las/los dos** both: *las ~ manos* both hands ◊ *Fuimos los ~.* Both of us went./We both went. *Ver tb* CADA, PALABRA, VEZ

doscientos, -as *adj, nm, pron* two hundred ➔ *Ver ejemplos en* SEISCIENTOS

dosis *nf* dose

dotado, -a *adj* **1** ~ (**para**) (*con talento*) gifted (at *sth*): *niños especialmente ~s para las matemáticas* children who are particularly gifted at mathematics **2** ~ **de** (*de una cualidad*) endowed with *sth*: *~ de inteligencia* endowed with intelligence **3** ~ **de** (*equipado*) equipped with *sth*: *vehículos ~s de la más moderna tecnología* vehicles equipped with the latest technology

dote *nf* **1** (*de una mujer*) dowry [*pl* dowries] **2 dotes** talent (*for sth/doing sth*) [*v sing*]: *Tiene ~s de cómico.* He has a talent for comedy.

dragón *nm* dragon

drama *nm* drama

dramático, -a *adj* dramatic **LOC** *Ver* ARTE

driblar *vt, vi* (*Dep*) to dribble (past *sb*)

droga *nf* **1** (*sustancia*) drug: *una ~ blanda/dura* a soft/hard drug **2 la droga** (*adicción, tráfico*) drugs [*pl*]: *la lucha contra la ~* the fight against drugs **LOC** *Ver* TRÁFICO

drogadicto, -a *nm-nf* drug addict

drogar *vt* to drug
▸ **drogarse** *vp* to take drugs

droguería *nf* shop selling household items and cleaning materials

dron *nm* drone

ducha *nf* shower: *darse una ~* to have a shower **LOC** *Ver* GEL

ducharse *vp* to have a shower

duda *nf* **1** (*incertidumbre*) doubt: *sin ~ (alguna)* without doubt ◊ *fuera de (toda) ~* beyond (all) doubt **2** (*pregunta*) question: *¿Tenéis alguna ~?* Are there any questions? **LOC** **sacar de dudas** to dispel *sb's* doubts *Ver tb* CABER, LUGAR

dudar *vt, vi* ~ (**de/que…**) to doubt: *Lo dudo.* I doubt it. ◊ *¿Dudas de mi palabra?* Do you doubt my word? ◊ *Dudo que sea fácil.* I doubt that it'll be easy.
▸ *vi* **1** ~ **de** (*persona*) to mistrust *sb*: *Duda de todos.* She mistrusts everyone. **2** ~ **en** to hesitate *to do sth*: *No dudes en preguntar.* Don't hesitate to ask. **3** ~ **entre**: *Dudamos entre los dos coches.* We couldn't make up our minds between the two cars.

dudoso

110

dudoso, -a *adj* **1** (*indeciso*) doubtful: *Estoy algo ~.* I'm rather doubtful. **2** (*sospechoso*) dubious: *un penalti ~* a dubious penalty

duelo *nm* **1** (*enfrentamiento*) duel **2** (*luto*) mourning

duende *nm* elf [*pl* elves]

dueño, -a *nm-nf* owner

dulce *adj* **1** sweet: *un vino ~* a sweet wine **2** (*persona, voz*) gentle
▸ *nm* sweet thing: *Me gustan mucho los ~s.* I love sweet things. **LOC** *Ver* AGUA, ALGODÓN

duna *nf* (sand) dune

dúo *nm* **1** (*composición musical*) duet **2** (*pareja*) duo [*pl* duos]

duodécimo, -a *adj, pron, nm-nf* twelfth

dúplex *nm* maisonette

duplicar *vt* **1** to double: *~ el presupuesto* to double the budget **2** (*copiar*) to copy

duque, -esa *nm-nf* **1** (*masc*) duke **2** (*fem*) duchess **3 duques ❶** El plural de **duke** es 'dukes', pero cuando decimos *los duques* refiriéndonos al duque y la duquesa, se traduce por **the duke and duchess**.

duración *nf* **1** length: *la ~ de una película* the length of a film **2** (*bombilla, pila*) life: *pilas de larga ~* long-life batteries

durante *prep* during, for: *~ el concierto* during the concert ◇ *~ dos años* for two years

🔎 **During** se utiliza para referirnos al tiempo o al momento en que se desarrolla una acción, y **for** cuando se especifica la duración de esta acción: *Me encontré mal durante la reunión.* I felt ill during the meeting. ◇ *Anoche llovió durante tres horas.* Last night it rained for three hours.

durar *vi* to last: *La crisis duró dos años.* The crisis lasted two years. ◇ *~ mucho* to last a long time ◇ *Duró poco.* It didn't last long.

durmiente *adj* **LOC** *Ver* BELLO

duro, -a *adj* **1** hard: *La mantequilla está dura.* The butter is hard. ◇ *una vida dura* a hard life ◇ *ser ~ con algn* to be hard on sb **2** (*castigo, clima, crítica, disciplina*) harsh **3** (*fuerte, resistente, carne*) tough: *Hay que ser ~ para sobrevivir.* You have to be tough to survive. **4** (*pan*) stale
▸ *adv* hard: *trabajar ~* to work hard **LOC** **duro de oído** hard of hearing ◆ **estar/quedarse sin un duro/no tener un duro** to be broke: *No tengo un duro.* I'm completely broke. *Ver tb* CABEZA, CARA, HUEVO, MANO

DVD *nm* **1** DVD **2** (*aparato*) DVD player

E e

e *conj* and

ébano *nm* ebony

ebullición *nf* **LOC** *Ver* PUNTO

echado, -a *adj* **LOC** **estar echado** to be lying down *Ver tb* ECHAR

echar *vt* **1** (*tirar*) to throw: *Echa el dado.* Throw the dice. ◇ *~ algo a la basura* to throw sth away/out **2** (*dar*) to give: *Échame un poco de agua.* Give me some water. **3** (*humo, olor*) to give off *sth*: *La chimenea echaba mucho humo.* The chimney was giving off a lot of smoke. **4** (*correo*) to post, to mail (*USA*): *~ una carta (al correo)* to post a letter **5** (*película, programa*): *Echan una película muy buena esta noche.* There's a very good film on tonight. **6** (*expulsar*) (**a**) to throw *sb* out: *Nos echaron del bar.* We were thrown out of the bar. (**b**) (*escuela*) to expel: *Me han echado del colegio.* I've been expelled from school. (**c**) (*trabajo*) to sack, to fire (*USA*) **7** (*calcular*): *¿Cuántos años le echas?* How old do you think she is?

▸ *vi* **~ a** to start *doing sth/to do sth*: *Echaron a correr.* They started to run.
▸ **echarse** *vp* **1** (*tumbarse*) to lie down **2** (*moverse*) to move: *~se a un lado* to move over **3 echarse a** (*comenzar*) to start *doing sth/to do sth* **LOC** Para expresiones con **echar**, véanse las entradas del sustantivo, adjetivo, etc., p.ej. **echarse la siesta** en SIESTA.

eclipse *nm* eclipse

eco *nm* echo [*pl* echoes]: *Había ~ en la cueva.* The cave had an echo. **LOC** **ecos de sociedad** gossip column [*v sing*]

ecografía *nf* scan: *hacerse una ~* to have a scan

ecología *nf* ecology

ecológico, -a *adj* **1** (*del medioambiente*) ecological: *un desastre ~* an ecological disaster **2** (*alimentos, etc.*) organic: *agricultura ecológica* organic farming **3** (*otros productos*) environmentally friendly: *detergentes ~s* environmentally-friendly detergents ➲ *Ver nota en* WELL BEHAVED

ecologismo *nm* environmentalism

ecologista *adj* environmental: *grupos ~s* environmental groups
▸ *nmf* environmentalist

economía *nf* **1** economy [*pl* economies]: *la ~ de nuestro país* our country's economy **2** (*ciencia*) economics [*incontable*]: *un profesor de ~* an economics professor **LOC** **economía sumergida** underground economy *Ver tb* MINISTERIO, MINISTRO

económico, -a *adj* **1** economic: *políticas económicas* economic policies **2** (*que gasta poco*) economical: *un coche muy ~* a very economical car ⊃ *Ver nota en* ECONOMICAL

economista *nmf* economist

ecosistema *nm* ecosystem

ecotasa *nf* environmental tax

ecoturismo *nm* ecotourism

ecuación *nf* equation **LOC** **ecuación de segundo/tercer grado** quadratic/cubic equation

Ecuador *nm* Ecuador

ecuador *nm* equator

ecuatorial *adj* equatorial

ecuatoriano, -a *adj, nm-nf* Ecuadorian

edad *nf* age: *niños de todas las ~es* children of all ages ◇ *a tu ~* at your age ◇ *¿Qué ~ tienen?* How old are they? **LOC** **de mi edad** my, your, etc. age: *No había ningún chico de mi ~.* There was no one my age. ♦ **estar en la edad del pavo** to be at an awkward age ♦ **la Edad Media** the Middle Ages [*pl*]: *la Alta/Baja Edad Media* the Early/Late Middle Ages ♦ **no tener edad** to be too young/too old (*for sth/to do sth*) ♦ **tener edad** to be old enough (*for sth/to do sth*) *Ver tb* MAYOR, MEDIANO, MENOR, RESIDENCIA, TERCERO

edición *nf* **1** (*tirada, versión, Radio, TV*) edition: *la primera ~ del libro* the first edition of the book ◇ *~ pirata/semanal/electrónica* pirate/weekly/electronic edition **2** (*acción de publicar*) publication **3** (*concurso*): *la treintava ~ del festival de cine* the thirtieth film festival

edificar *vt, vi* (*construir*) to build

edificio *nm* building: *No queda nadie en el ~.* There is no one left in the building. ◇ *un ~ de 14 pisos* a 14-storey building

editar *vt* **1** (*publicar*) to publish **2** (*preparar texto, Informát*) to edit

editor, -ora *nm-nf* **1** (*empresario*) publisher **2** (*textos, Period, Radio, TV*) editor

editorial *adj* (*sector*) publishing: *el mundo ~ de hoy* the publishing world of today
▸ *nm* (*periódico*) editorial
▸ *nf* publishing house: *¿De qué ~ es?* Who are the publishers?

edredón *nm* **1** quilt **2** (*nórdico*) duvet, comforter (*USA*)

educación *nf* **1** (*enseñanza*) education: *~ sanitaria/sexual* health/sex education **2** (*modales*) manners [*pl*]: *Es de buena ~ dar las gracias.* It's good manners to say thank you. ◇ *Bostezar es de mala ~.* It's bad manners to yawn. **LOC** **educación compensatoria** remedial education ♦ **educación física** physical education (*abrev* PE) ♦ **Educación para la Ciudadanía** citizenship education, civics [*incontable*] (*USA*) *Ver tb* FALTA

educado, -a *adj* polite ❶ La palabra inglesa **educated** significa *culto*. **LOC** **bien/mal educado** well/badly behaved: *No seas tan mal ~.* Don't be so rude. ⊃ *Ver nota en* WELL BEHAVED; *Ver tb* EDUCAR

educar *vt* **1** (*enseñar*) to educate **2** (*criar*) to bring *sb* up: *Es difícil ~ bien a los hijos.* It's difficult to bring your children up well. **LOC** **educar el oído** to train your ear

educativo, -a *adj* **1** (*que enseña*) educational: *juguetes ~s* educational toys **2** (*política, etc.*) education: *el sistema ~* the education system **LOC** *Ver* MATERIAL

efectivamente *adv* (*respuesta*) that's right: *—¿Dice que lo vendió ayer? —Efectivamente.* 'Did you say you sold it yesterday?' 'That's right.'

efectivo, -a *adj* effective
▸ *nm* (*dinero*) cash: *250 euros en ~* 250 euros in cash *Ver* PAGAR

efecto *nm* **1** effect: *hacer/no hacer ~* to have an effect/no effect **2** (*Dep*) spin: *La pelota iba con ~.* The ball had (a) spin on it. **LOC** **efecto invernadero** greenhouse effect ♦ **efectos especiales** special effects ♦ **efectos (personales)** belongings ♦ **en efecto** indeed *Ver tb* SURTIR

efectuar *vt* to carry *sth* out: *~ un ataque/una prueba* to carry out an attack/a test

efervescente *adj* effervescent

eficaz *adj* **1** (*efectivo*) effective: *un remedio ~* an effective remedy **2** (*eficiente*) efficient

eficiente *adj* efficient: *un ayudante muy ~* a very efficient assistant

egoísta *adj, nmf* selfish: *Es un ~.* He's so selfish.

¡eh! *interj* hey: *¡Eh, cuidado!* Hey, watch out!

eje *nm* **1** (*ruedas*) axle **2** (*Geom, Geog, Pol*) axis [*pl* axes] **LOC** **eje de coordenadas** x and y axes [*pl*]

ejecutar *vt* **1** (*realizar*) to carry *sth* out: *~ una orden* to carry out an order **2** (*pena de muerte, Jur*) to execute **3** (*Informát*) to run: *~ un programa* to run a program

E

ejecutiva *nf* executive (body): *la ~ del partido* the party executive

ejecutivo, -a *adj, nm-nf* executive: *órgano ~* executive body ◊ *un ~ importante* an important executive `LOC` *Ver* PODER²

¡ejem! *interj* ahem!

ejemplar *adj* exemplary
▸ *nm* (*texto, disco*) copy [*pl* copies]

ejemplo *nm* example: *Espero que os sirva de ~.* Let this be an example to you. `LOC` dar ejemplo to set an example ♦ por ejemplo for example (*abrev* e.g.)

ejercer *vt* **1** (*profesión*) to practise: *~ la abogacía/medicina* to practise law/medicine **2** (*autoridad, poder, derechos*) to exercise
▸ *vi* to practise: *Ya no ejerce.* He no longer practises.

ejercicio *nm* **1** exercise: *hacer un ~ de matemáticas* to do a maths exercise ◊ *Deberías hacer más ~.* You should take more exercise. **2** (*profesión*) practice

ejército *nm* army [*v sing o pl*] [*pl* armies]: *alistarse en el ~* to join the army `LOC` ejército del aire air force [*v sing o pl*] ♦ ejército de tierra army [*v sing o pl*] [*pl* armies]

el, la *art def* the: *El tren llegó tarde.* The train was late. ➔ *Ver nota en* THE `LOC` el/la de... **1** (*posesión*): *La de Marisa es mejor.* Marisa's (one) is better. **2** (*característica*) the one (with...): *el de los ojos verdes/la barba* the one with green eyes/the beard ◊ *Prefiero la de lunares.* I prefer the spotted one. **3** (*ropa*) the one in...: *el del abrigo gris* the one in the grey coat ◊ *la de rojo* the one in red **4** (*procedencia*) the one from...: *el de Cádiz* the one from Cadiz ♦ el/la que... **1** (*persona*) the one (who/that)...: *Ese no es el que vi.* He isn't the one I saw. **2** (*cosa*) the one (which/that)...: *La que compramos ayer era mejor.* The one (that) we bought yesterday was better. **3** (*quienquiera*) whoever: *El que llegue primero que haga café.* Whoever gets there first has to make the coffee.

él *pron* **1** (*persona*) (**a**) (*sujeto*) he: *José y él son primos.* José and he are cousins. (**b**) (*complemento, en comparaciones*) him: *Es para él.* It's for him. ◊ *Eres más alta que él.* You're taller than him. **2** (*cosa*) it: *He perdido el reloj y no puedo estar sin él.* I've lost my watch and I can't manage without it. `LOC` de él (*posesivo*) his: *No son de ella, son de él.* They're not hers, they're his. ♦ es él it's him

elaborar *vt* **1** (*producto*) to produce **2** (*plan, informe*) to prepare

elástico, -a *adj* **1** elastic **2** (*persona*) supple

elección *nf* **1** choice: *no tener ~* to have no choice **2 elecciones** (*Pol*) election: *convocar elecciones* to call an election

🔎 Cuando nos referimos a las elecciones legislativas del Reino Unido (**a general election**), el singular es la forma mas común en inglés.

`LOC` elecciones autonómicas/europeas regional/European elections ♦ elecciones generales/legislativas general election [*v sing*] ♦ elecciones municipales local elections

elector, -ora *nm-nf* voter

electorado *nm* electorate [*v sing o pl*]: *El ~ está desilusionado.* The electorate is/are disillusioned.

electoral *adj* electoral: *campaña ~* electoral campaign `LOC` *Ver* CABINA, CENSO, COLEGIO, DISTRITO, LISTA, PROGRAMA

electricidad *nf* electricity

electricista *nmf* electrician

eléctrico, -a *adj* electric, electrical

🔎 **Electric** se emplea para referirnos a electrodomésticos y aparatos eléctricos concretos, por ejemplo *electric razor/car/fence*, en frases hechas como *an electric shock*, y en sentido figurado en expresiones como *The atmosphere was electric*. **Electrical** se refiere a la electricidad en un sentido más general, como por ejemplo *electrical engineering, electrical goods* o *electrical appliances*.

`LOC` *Ver* CAFETERA, ENERGÍA, INSTALACIÓN, MONOPATÍN, PISTOLA, TENDIDO

electrocutarse *vp* to be electrocuted

electrodo *nm* electrode

electrodoméstico *nm* electrical appliance

electrolinera *nf* charging station

electrón *nm* (*Fís*) electron

electrónica *nf* electronics [*incontable*]

electrónico, -a *adj* electronic `LOC` *Ver* BANCA, BUZÓN, CIGARRILLO, COMERCIO, CORREO, LECTOR, LIBRO, PIZARRA

elefante, -a *nm-nf* elephant

elegante *adj* elegant

elegir *vt, vi* (*optar*) to choose: *No me dieron a ~.* They didn't let me choose. ◊ *~ entre matemáticas y física* to choose between maths and physics
▸ *vt* (*votar*) to elect: *Van a ~ nuevo presidente.* They are going to elect a new president.

elemental *adj* elementary

elemento *nm* **1** element: *los ~s de la tabla periódica* the elements of the periodic table

2 (*persona*): ¡*Menudo ~ estás hecho!* You're a real handful!

elevado, -a *adj* high: *temperaturas elevadas* high temperatures **LOC** **elevado a cuatro, etc.** to the power of four, etc. ♦ **elevado al cuadrado/ cubo** squared/cubed *Ver tb* ELEVAR

elevar *vt* to raise: *~ el nivel de vida* to raise the standard of living

eliminación *nf* elimination

eliminar *vt* to eliminate

eliminatoria *nf* **1** (*partido*) qualifying round: *la ~ del mundial* the qualifying round for the World Cup **2** (*Atletismo*) heat

ella *pron* **1** (*persona*) **(a)** (*sujeto*) she: *María y ~ son primas.* She and María are cousins. **(b)** (*complemento, en comparaciones*) her: *Es para ~.* It's for her. ◊ *Eres más alto que ~.* You're taller than her. **2** (*cosa*) it **LOC** **de ella** (*posesivo*) hers: *Ese collar era de ~.* That necklace was hers. ♦ **es ella** it's her

ello *pron* (*complemento*) it

ellos, -as *pron* **1** (*sujeto*) they **2** (*complemento, en comparaciones*) them: *Dígaselo a ~.* Tell them. **LOC** **de ellos** (*posesivo*) theirs ♦ **son ellos** it's them

elogiar *vt* to praise

elogio *nm* praise [*incontable*]: *Solo tuvieron ~s para ti.* They had nothing but praise for you.

e-mail (*tb* **email**) *nm* email: *¿Cuál es tu (dirección de) ~?* What's your email (address)? ➜ *Ver nota en* ORDENADOR

emanciparse *vp* to become independent

embajada *nf* embassy [*pl* embassies]

embajador, -ora *nm-nf* ambassador

embalarse *vp* (*conduciendo*) to drive too fast: *No te embales.* Slow down.

embalse *nm* (*pantano*) reservoir

embarazada *adj* pregnant: *Está ~ de dos meses.* She's two months pregnant. **❶** La palabra inglesa **embarrassed** significa *avergonzado.*
▸*nf* pregnant woman [*pl* women]

embarazo *nm* pregnancy [*pl* pregnancies]: *~s no deseados* unwanted pregnancies

embarazoso, -a *adj* embarrassing

embarcación *nf* boat ➜ *Ver nota en* BOAT

embarcadero *nm* jetty [*pl* jetties]

embarcar *vt* **1** (*pasajeros*) to embark **2** (*mercancía*) to load
▸ *vi* to board: *El avión está listo para ~.* The plane is ready for boarding.

embargo *nm* (*bloqueo*) embargo [*pl* embargoes]: *un ~ armamentista/comercial* an arms/ a trade embargo **LOC** **sin embargo** however, nevertheless (*más formal*) ♦ **y sin embargo…** and yet…

embarque *nm* **LOC** *Ver* PUERTA, TARJETA

embarrado, -a *adj* muddy

embestida *nf* (*toro*) charge

embestir *vt, vi* (*toro*) to charge (at *sb/sth*)

emblema *nm* emblem

embolia *nf* blood clot, embolism (*más formal*)

embolsar(se) *vt, vp* to pocket: *Se embolsaron un dineral.* They pocketed a fortune.

emborracharse *vp* ~ **(con)** to get drunk (on *sth*)

emboscada *nf* ambush: *tender una ~ a algn* to lay an ambush for sb

embotellamiento *nm* (*de tráfico*) traffic jam

embrague *nm* clutch: *pisar el ~* to put the clutch in

embrión *nm* embryo [*pl* embryos]

embrujado, -a *adj* **1** (*lugar*) haunted: *una casa embrujada* a haunted house **2** (*persona*) bewitched

embrujo *nm* spell

embudo *nm* funnel

embutido *nm* **embutidos** (Spanish) sausages

emergencia *nf* emergency [*pl* emergencies]: *en caso de ~* in an emergency **LOC** *Ver* ATERRIZAJE, SALIDA

emergente *adj* (*país, etc.*) emerging **LOC** *Ver* EMPRESA, VENTANA

emigración *nf* **1** (*personas*) emigration **2** (*animales*) migration

emigrante *nmf* emigrant: *los ~s españoles de los cincuenta* the Spanish emigrants of the fifties
▸ *adj* (*trabajador*) migrant: *trabajadores ~s* migrant workers

emigrar *vi* **1** to emigrate **2** (*dentro de un mismo país, animales*) to migrate

eminencia *nf* **1** (*persona*) leading figure **2 Eminencia** Eminence

emisión *nf* **1** (*emanación*) emission **2** (*programa*) broadcast **3** (*transmisión*) transmission: *problemas con la ~* transmission problems **LOC** *Ver* TIEMPO

emisora *nf* (*Radio*) radio station

emitir *vt* (*Radio, TV*) to broadcast

emoción *nf* emotion

emocional *adj* emotional

emocionante *adj* **1** (*conmovedor*) moving **2** (*apasionante*) exciting

emocionar *vt* **1** (*conmover*) to move **2** (*apasionar*) to thrill
▸**emocionarse** *vp* **1** (*conmoverse*) to be moved (*by sth*) **2** (*apasionarse*) to get excited (*about/at/by sth*)

emoticono *nm* emoticon, smiley [*pl* smileys] (*más coloq*)

emotivo, -a *adj* **1** (*persona*) emotional **2** (*acto, encuentro*) moving

empachado, -a *adj* **LOC estar empachado** to have indigestion *Ver tb* EMPACHARSE

empacharse *vp* to get indigestion

empacho *nm* indigestion [*incontable*]

empadronarse *vp* to register: *Me he empadronado para poder votar.* I've registered to vote.

empalagar *vi* to be sickly sweet: *Este licor empalaga.* This liqueur is sickly sweet.

empalagoso, -a *adj* **1** (*alimento*) sickly (sweet) **2** (*persona*) smarmy

empalmar *vt* to connect *sth* (*to/with sth*)
▸ *vi* **~ con** (*transportes*) to connect with *sth*

empalme *nm* **1** (*cables*) connection **2** (*Ferrocarril, carreteras*) junction, intersection (*USA*)

empanada *nf* pie ⊃ *Ver nota en pág 657*

empanadilla *nf* pasty [*pl* pasties]

empanado, -a *adj* breaded: *un filete ~* steak in breadcrumbs

empañar *vt* (*vapor*) to steam *sth* up
▸ **empañarse** *vp* to steam up

empapado, -a *adj* soaked *Ver tb* EMPAPAR

empapar *vt* (*mojar*) to soak: *El último chaparrón nos empapó.* We got soaked in the last shower. ◇ *¡Me has empapado la falda!* You've made my skirt wet!
▸ **empaparse** *vp* to get soaked (through)

empapelar *vt* to (wall)paper

empaquetar *vt* to pack

emparejar *vt* **1** (*personas*) to pair *sb* off (*with sb*) **2** (*cosas*) to match *sth* (*with sth*): *Empareja los calcetines antes de guardarlos.* Match the socks up before you put them away.
▸ **emparejarse** *vp* to pair off (*with sb*)

empastado, -a *adj* *Tengo tres dientes ~s.* I've got three fillings. *Ver tb* EMPASTAR

empastar *vt* to fill: *Me tienen que ~ tres muelas.* I've got to have three teeth filled.

empaste *nm* filling

empatado, -a *adj* **LOC ir empatados** *Cuando me fui iban ~s.* They were even when I left. ◇ *Van ~s a cuatro.* It's four all. *Ver tb* EMPATAR

empatar *vi* **1** (*Dep*) **(a)** (*referido al resultado final*) to draw (*with sb*), to tie (*with sb*) (*USA*): *Empataron con el Arsenal.* They drew with Arsenal. **(b)** (*en el marcador*) to equalize: *Tenemos que ~ antes del descanso.* We must equalize before half-time. **2** (*votación, concurso*) to tie (*with sb*)

▸ *vt* (*Dep*) to draw, to tie (*USA*): *~ un partido* to draw a match **LOC empatar a cero** to draw nil nil, to tie at zero (*USA*) ◆ **empatar a uno, dos, etc.** to draw one all, two all, etc.; to tie at one, two, etc. (*USA*)

empate *nm* **1** (*Dep*) draw, tie (*USA*): *un ~ a dos* a two-all draw ◇ *un ~ a cero* a goalless draw **2** (*votación, concurso*) tie **LOC** *Ver* GOL

empatía *nf* empathy

empatizar *vi* to empathize

empedrado *nm* cobbles [*pl*]

empeine *nm* instep

empeñado, -a *adj* **LOC estar empeñado (en hacer algo)** to be determined (to do *sth*) *Ver tb* EMPEÑAR

empeñar *vt* to pawn
▸ **empeñarse** *vp* **empeñarse (en)** (*insistir*) to insist (on *sth/doing sth*): *No te empeñes, que no voy a ir.* I'm not going however much you insist.

empeño *nm* **~ (en/por)** determination (*to do sth*) **LOC poner empeño** to do your utmost *to do sth*

empeorar *vt* to make *sth* worse
▸ *vi* to get worse: *La situación ha empeorado.* The situation has got worse.

emperador *nm* emperor

emperatriz *nf* empress

empezar *vt, vi* **~ (a)** to begin, to start (*sth/doing sth/to do sth*): *De repente empezó a llorar.* All of a sudden he started to cry. ⊃ *Ver nota en* START **LOC para empezar** to start with *Ver tb* CERO

empinado, -a *adj* (*cuesta*) steep

empleabilidad *nf* employability

empleado, -a¹ *nm-nf* **1** employee **2** (*oficina*) clerk

empleado, -a² *adj* **LOC ¡te está bien empleado!** it serves you right! *Ver tb* EMPLEAR

emplear *vt* **1** (*dar trabajo*) to employ **2** (*utilizar*) to use **3** (*tiempo, dinero*) to spend: *He empleado demasiado tiempo en esto.* I've spent too long on this. ◇ *~ mal el tiempo* to waste your time

empleo *nm* **1** (*puesto de trabajo*) job: *conseguir un buen ~* to get a good job ◇ *creación de ~* job creation ◇ *buscar ~* to be looking for work **2** (*trabajo*) employment: *pleno ~* full employment ◇ *una agencia de ~* an employment agency ⊃ *Ver nota en* WORK **3** (*uso*) use: *modo de ~* instructions for use **LOC estar sin empleo** to be unemployed *Ver tb* FOMENTO, OFERTA, OFICINA, REGULACIÓN

empollar *vt, vi* **1** (*estudiar*) to swot (up) (on/for *sth*): *He empollado tres asignaturas en una semana.* I've swotted up on three whole subjects in a week. ◇ *Tengo que ~ mucho para el examen.* I've got to do a lot of swotting for the exam. **2** (*ave*) to sit (on *sth*): *Las gallinas empollan casi todo el día*. The hens sit on the eggs for most of the day.

empollón, -ona *nm-nf* swot, grind (*USA*)

empotrado, -a *adj* built-in *Ver tb* EMPOTRARSE

empotrarse *vp El coche se empotró en el árbol*. The car embedded itself in the tree.

emprendedor, -ora *adj* enterprising

emprender *vt* **1** (*iniciar*) to begin **2** (*negocio*) to start *sth* (up) **3** (*viaje*) to set off on *sth*: *~ una gira* to set off on a tour LOC **emprender la marcha/el viaje (hacia)** to set off/out (for…)

empresa *nf* **1** (*Econ*) company [*v sing o pl*] [*pl* companies] **2** (*proyecto*) enterprise: *una ~ ardua* a difficult enterprise LOC **empresa emergente** start-up ◆ **empresa estatal/pública** state-owned company ◆ **empresa privada** private company *Ver tb* COMITÉ, GESTIÓN

empresarial *adj* business: *sentido ~* business sense LOC *Ver* PARQUE

empresariales *nf* business studies [*incontable*], business administration [*incontable*] (*USA*)

empresario, -a *nm-nf* businessman/woman [*pl* -men/-women]

empujar *vt* **1** to push: *¡No me empujes!* Don't push me! **2** (*carretilla, bicicleta*) to wheel **3** (*obligar*) to push *sb into doing sth*: *Su familia la empujó a que hiciera derecho*. Her family pushed him into studying law.

empujón *nm* push: *dar un ~ a algn* to give sb a push LOC **a empujones** *Salieron a empujones*. They pushed (and shoved) their way out.

empuñar *vt* **1** (*coger*) to take hold of *sth* **2** (*de forma amenazadora*) to brandish **3** (*tener en la mano*) to hold

en *prep*

● **lugar 1** (*dentro*) **(a)** (*posición*) in, inside: *Las llaves están en el cajón*. The keys are in the drawer. **(b)** (*con movimiento*) into: *Entró en la habitación*. He went into the room. **2** (*sobre*) **(a)** (*posición*) on: *Está en la mesa*. It's on the table. **(b)** (*con movimiento*) onto: *Está goteando agua en el suelo*. Water is dripping onto the floor. **3** (*ciudad, país, campo*) in: *Trabajan en Vigo/el campo*. They work in Vigo/the country. **4** (*punto de referencia*) at

🔎 Cuando nos referimos a un lugar sin considerarlo un área, sino como punto de referencia, utilizamos **at**: *Espérame en la esquina*. Wait for me at the corner. ◊ *Nos encontraremos en la estación*. We'll meet at the station. También se utiliza **at** para referirse a edificios donde la gente trabaja, estudia o se divierte: *Están en el colegio*. They're at school. ◊ *Mis padres están en el*

cine. My parents are at the cinema. ◊ *Trabajo en el banco*. I work at the bank.

● **con expresiones de tiempo 1** (*meses, años, siglos, estaciones*) in: *en verano/el siglo XII* in the summer/the twelfth century **2** (*día*) on: *¿Qué hiciste en Nochevieja?* What did you do on New Year's Eve? ◊ *Cae en lunes*. It falls on a Monday. **3** (*Navidad, Semana Santa, momento*) at: *Siempre voy a casa en Navidades*. I always go home at Christmas. ◊ *en ese momento* at that moment **4** (*dentro de*) in: *Te veo en una hora*. I'll see you in an hour.

● **otras construcciones 1** (*medio de transporte*) by: *en tren/avión/coche* by train/plane/car **2** (*con infinitivo*) to do *sth*: *Fuimos los primeros en llegar*. We were the first to arrive.

enamorado, -a *adj* in love: *estar ~ de algn* to be in love with sb
▸ *nm-nf* lover: *un ~ del arte* an art lover LOC *Ver* DÍA; *Ver tb* ENAMORAR

enamorar *vt* to win *sb's* heart
▸ **enamorarse** *vp* **enamorarse (de)** to fall in love (with *sb/sth*): *Se enamoró de ella*. He fell in love with her.

enano, -a *adj* **1** (*Bot, Zool*) dwarf: *una conífera enana* a dwarf conifer **2** (*muy pequeño*) tiny: *un piso ~* a tiny flat
▸ *nm-nf* dwarf [*pl* dwarfs/dwarves]

encabezamiento *nm* **1** (*escrito*) heading **2** (*periódico*) headline

encabezar *vt* to head

encadenar *vt* **1** (*atar*) to chain *sb/sth* (*to sth*) **2** (*ideas*) to link

encajar *vt* **1** (*colocar, meter*) to fit *sth* (*into sth*): *El carpintero encajó la ventana en el hueco*. The joiner fitted the window into the opening. **2** (*juntar*) to fit *sth* together: *Estoy tratando de ~ las piezas del puzzle*. I'm trying to fit the pieces of the jigsaw together. **3** (*noticia, suceso*) to take: *Encajaron bien la noticia*. They took the news philosophically.
▸ *vi* to fit: *No encaja*. It doesn't fit.
▸ **encajarse** *vp* **encajarse (en)** to get stuck (in *sth*): *Esta puerta se ha encajado*. This door has got stuck.

encaje *nm* lace

encalar *vt* to whitewash

encallar *vi* (*embarcación*) to run aground

encaminarse *vp* **~ a/hacia** to head for…: *Se encaminaron hacia casa*. They headed for home.

encantado, -a *adj* **1** *~* (**con**) (very) pleased (with *sb/sth*) **2** *~* **de/de que** (very) pleased to do *sth*/(that…): *Estoy encantada de que hayáis* *venido.* I'm very pleased (that) you've come. **3** (*hechizado*) **(a)** (*con hadas*) enchanted: *un bosque ~* an enchanted forest **(b)** (*con fantasmas*) haunted: *una casa encantada* a haunted house `LOC` **encantado (de conocerle)** pleased to meet you ➲ *Ver nota en* PRESENTAR; *Ver tb* ENCANTAR

encantador, -ora *adj* lovely

encantamiento *nm* spell: *romper un ~* to break a spell

encantar *vt* (*hechizar*) to cast a spell on *sb/sth*
▸ *vi* (*gustar*) to love *sth/doing sth*: *Me encanta ese vestido.* I love that dress. ◊ *Nos encanta ir al cine.* We love going to the cinema.

encanto *nm* charm: *Tiene mucho ~.* He's got a lot of charm. `LOC` **como por encanto** as if by magic ◆ **ser un encanto** to be lovely

encapricharse *vp* **~ (con/de)** to take a fancy to *sb/sth*: *Se ha encaprichado con ese vestido.* She's taken a fancy to that dress.

encapuchado, -a *adj* hooded
▸ *nm-nf* hooded man/woman [*pl* men/women]

encarcelar *vt* to imprison

encargado, -a *adj, nm-nf* (person) in charge (*of sth/doing sth*): *el juez ~ del caso* the judge in charge of the case ◊ *¿Quién es el ~?* Who's in charge? ◊ *Vino el ~ a recoger el dinero.* The person in charge came to collect the money. *Ver tb* ENCARGAR

encargar *vt* **1** (*mandar*) to ask *sb to do sth*: *Me encargaron que regara el jardín.* They asked me to water the garden. **2** (*producto*) to order: *Ya hemos encargado el sofá a la tienda.* We've ordered the sofa from the shop.
▸ **encargarse** *vp* **encargarse de 1** (*ser responsable*) to be in charge of *sth/doing sth* **2** (*cuidar*) to look after *sb/sth*: *¿Quién se encarga del niño?* Who will look after the baby?

encargo *nm* **1** (*recado*) errand: *hacer un ~* to run an errand **2** (*pedido*) order: *hacer/anular un ~* to place/cancel an order

encariñado, -a *adj* `LOC` **estar encariñado con** to be fond of *sb/sth Ver tb* ENCARIÑARSE

encariñarse *vp* **~ con** to get attached to *sb/sth*

encauzar *vt* **1** (*agua*) to channel **2** (*asunto*) to conduct

encendedor *nm* lighter

encender *vt* **1** (*fuego, vela, etc.*) to light: *Encendimos una hoguera para calentarnos.* We lit a bonfire to warm ourselves. **2** (*aparato, luz*) to turn *sth* on: *Enciende la luz.* Turn the light on.

▸ **encenderse** *vp* (*aparato, luz*) to come on: *Se ha encendido una luz roja.* A red light has come on.

encendido, -a *adj* **1** (*con llama*) **(a)** (*con el verbo estar*) lit: *Vi que el fuego estaba ~.* I noticed that the fire was lit. **(b)** (*detrás de un sustantivo*) lighted: *un cigarrillo ~* a lighted cigarette **2** (*aparato, luz*) on: *Tenían la luz encendida.* The light was on. *Ver tb* ENCENDER

encerado *nm* (*pizarra*) blackboard

encerrar *vt* **1** to shut *sb/sth* in **2** (*con llave*) **(a)** to lock *sb/sth* in **(b)** (*encarcelar*) to lock *sb/sth* up
▸ **encerrarse** *vp* **1** to shut yourself in **2** (*con llave*) to lock yourself in

encestar *vi* to score (a basket)

encharcado, -a *adj* (*terreno*) covered with puddles

enchufado, -a *nm-nf* pet: *Es el ~ del profesor.* He is the teacher's pet. `LOC` **estar enchufado** (*persona*) to know the right people *Ver tb* ENCHUFAR

enchufar *vt* **1** (*aparato*) to plug *sth* in **2** (*recomendar, colocar*) to pull strings for *sb*

enchufe *nm* **1** (*aparato*) **(a)** (*macho*) plug **(b)** (*hembra*) socket, outlet (*USA*) **2** (*contacto*) connections: *tener ~* to have connections ◊ *Aprobaron gracias a que tenían ~.* It was thanks to their connections that they passed.

enchufe

socket —

plug

encía *nf* gum

enciclopedia *nf* encyclopedia

encima *adv* **~ (de) 1** (*en*) on: *Déjalo ~ de la mesa.* Leave it on the table. **2** (*sobre*) on top (of *sb/sth*): *Lo he dejado ~ de los otros libros.* I've put it on top of the other books. ◊ *Coge el de ~.* Take the top one. **3** (*cubriendo algo*) over: *poner una manta ~ del sofá* to put a blanket over the sofa **4** (*además*) on top of everything: *¡Y ~ te ríes!* And on top of everything, you stand there laughing! `LOC` **echarse encima** (*aproximarse*): *La Navidad se nos echa ~.* Christmas is just around the corner. ◆ **estar encima de algn** to be on sb's back ◆ **hacer algo por encima** to do sth superficially ◆ **llevar encima** to have *sth* on you: *No llevo un duro ~.* I haven't got any cash on me. ◆ **por encima de** above: *El agua nos llegaba por ~ de las rodillas.* The water came above our knees. ◊ *Está por ~ de los demás.* He is above the rest. *Ver tb* HOMBRO, MANO, QUITAR

encimera *nf* (*en cocina*) worktop, counter (*USA*)

encina *nf* holm oak

encoger(se) *vi, vp* to shrink: *En agua fría no encoge.* It doesn't shrink in cold water. **LOC** **encogerse de hombros** to shrug your shoulders

encolar *vt* to glue *sth* (together)

encontrar *vt* to find: *No encuentro mi reloj.* I can't find my watch. ◇ *Encontré a tu padre mucho mejor.* I thought your father was looking a lot better.
▸ **encontrarse** *vp* **1** **encontrarse (con)** (*persona*) **(a)** (*citarse*) to meet: *Decidimos ~nos en la librería.* We decided to meet in the bookshop. **(b)** (*por casualidad*) to bump into *sb*: *Me la encontré en el súper.* I bumped into her in the supermarket. **2** (*sentirse*) to feel: *Me encuentro mal.* I feel ill. ◇ *¿Te encuentras bien?* Are you OK? **LOC** *Ver* DEFECTO

encorbatado, -a *adj* wearing a tie

encorvarse *vp* (*persona*) to become stooped

encuadernador, -ora *nm-nf* bookbinder

encuadernar *vt* to bind

encubrir *vt* **1** to conceal: *~ un delito* to conceal a crime **2** (*delincuente*) to harbour

encuentro *nm* **1** (*reunión*) meeting **2** (*Dep*) match, game (*USA*)

encuesta *nf* **1** survey [*pl* surveys]: *realizar una ~* to carry out a survey **2** (*sondeo*) (opinion) poll: *según las últimas ~s* according to the latest (opinion) polls

enderezar *vt* **1** (*poner derecho*) to straighten: *Endereza la espalda.* Straighten your back. **2** (*enmendar*) to straighten *sb* out: *¡A ti te voy a ~ yo!* I'll straighten you out!
▸ **enderezarse** *vp* to straighten (up): *¡Enderézate!* Stand up straight!

endeudarse *vp* to get into debt

endibia *nf* chicory [*incontable*], endive (*USA*)

endulzar *vt* to sweeten

endurecer *vt* **1** (*material, ley*) to harden **2** (*músculos*) to firm *sth* up
▸ **endurecerse** *vp* to harden

enemigo, -a *adj, nm-nf* enemy [*pl* enemies]: *las tropas enemigas* the enemy troops

enemistarse *vp* **~ (con)** to fall out (with *sb*)

energético, -a *adj* **LOC** *Ver* BARRITA, BEBIDA

energía *nf* energy [*gen incontable*]: *~ eólica/nuclear/solar* wind/nuclear/solar energy ◇ *No tengo ~s ni para levantarme de la cama.* I haven't even got the energy to get out of bed. **LOC** **energía eléctrica** electric power ◆ **energías renovables** renewable energy sources

enero *nm* January (*abrev* Jan.): *Los exámenes son en ~.* The exams are in January. ◇ *Mi cumpleaños es el 12 de ~.* My birthday's (on) 12 January. ❶ Se dice 'January the twelfth' o 'the twelfth of January'. ➲ *Ver pág 805*

enésimo, -a *adj* **LOC** **por enésima vez** for the umpteenth time

enfadado, -a *adj* **~ (con) (por)** angry (with *sb*) (at/about *sth*): *Están ~s conmigo.* They're angry with me. ◇ *Pareces ~.* You look angry. *Ver tb* ENFADAR

enfadar *vt* to make *sb* angry
▸ **enfadarse** *vp* **enfadarse (con) (por)** to get angry (with *sb*) (at/about *sth*): *No te enfades con ellos.* Don't get angry with them.

énfasis *nm* emphasis [*pl* emphases]

enfermar *vi* **~ (de)** to fall ill (with *sth*)

enfermedad *nf* **1** illness: *Acaba de salir de una gravísima ~.* He has just recovered from a very serious illness. **2** (*específica, contagiosa*) disease: *coger una ~* to catch a disease ◇ *la ~ de Parkinson* Parkinson's disease ➲ *Ver nota en* DISEASE **LOC** **enfermedad de transmisión sexual** sexually-transmitted disease

enfermería *nf* (*colegio, etc.*) sickbay

enfermero, -a *nm-nf* nurse

enfermo, -a *adj* ill, sick

🔎 **Ill** y **sick** significan *enfermo*, pero no son intercambiables. **Ill** tiene que ir detrás de un verbo: *estar enfermo* to be ill ◇ *ponerse enfermo* to fall ill, mientras que **sick** suele ir delante de un sustantivo: *cuidar a un animal enfermo* to look after a sick animal, o cuando nos referimos a ausencias en la escuela o el lugar de trabajo: *Hay 15 niños enfermos.* There are 15 children off sick.
Si utilizamos **sick** con un verbo como **be** o **feel**, no significa encontrarse enfermo, sino *tener ganas de vomitar*: *Tengo ganas de vomitar.* I feel sick.
En inglés americano, *enfermo* siempre se dice **sick**: *estar enfermo* to be sick ◇ *caer enfermo* to get sick.

▸ *nm-nf* **1** sick person ❶ Cuando nos referimos al conjunto de los enfermos, decimos **the sick**: *cuidar de los enfermos* to look after the sick. **2** (*paciente*) patient **LOC** **poner enfermo a algn** (*irritar*) to make *sb* sick

enfocar *vt* **1** (*imagen, persona, aspecto*) to focus *sth* (*on sb/sth*): *Enfoca la torre.* Focus on the tower. **2** (*iluminar*) to shine a light *on sth*: *Enfócame la caja de los fusibles.* Shine a light on the fuse box. **3** (*asunto, problema*) to approach

enfoque *nm* **1** (*Fot*) focus [*pl* focuses/foci] **2** (*planteamiento*) approach

enfrentamiento *nm* confrontation

enfrentar vt **1** *(enemistar)* to set *sb* at odds (*with sb*): *Con sus habladurías enfrentaron a las dos hermanas.* Their gossiping set the two sisters at odds. **2** *(encarar)* to bring *sb* face to face *with sb/sth*
▸ **enfrentarse** vp **1 enfrentarse a** *(situación, peligro)* to face: *El país se enfrenta a una profunda crisis.* The country is facing a serious crisis. **2 enfrentarse a** *(Dep)* to play: *España se enfrenta a Austria en la Eurocopa.* Spain plays Austria in the European Championship. **3 enfrentarse (con)** to argue (with *sb*): *Si te enfrentas con ellos será peor.* You'll only make things worse if you argue with them.

enfrente

They're sitting **opposite** each other.   She's sitting **in front of** him.

enfrente adv ~ **(de)** opposite: *el señor que estaba sentado ~* the man sitting opposite ◇ *Mi casa está ~ del estadio.* My house is opposite the stadium. ◇ *El hospital está ~.* The hospital is across the road.

enfriar vt to cool *sth* (down)
▸ **enfriarse** vp **1** to get cold: *Se te está enfriando la sopa.* Your soup's getting cold. **2** *(acatarrarse)* to catch a cold

enfurecer vt to infuriate
▸ **enfurecerse** vp **enfurecerse (con) (por)** to become furious (with *sb*) (at *sth*)

enganchar vt **1** *(acoplar)* to hitch: *~ un remolque al tractor* to hitch a trailer to the tractor **2** *(garfio, anzuelo)* to hook
▸ **engancharse** vp **1** *(atascarse)* to get caught: *Se me ha enganchado el tacón en la alcantarilla.* My heel has got caught in the grating. **2** *(rasgarse)* to snag: *Se me han vuelto a ~ las medias.* My tights have snagged again. **3 engancharse (a)** *(drogas)* to get hooked *(on sth)*

engañar vt **1** *(mentir)* to lie to *sb*: *No me engañes.* Don't lie to me. ◇ *Me engañaron diciéndome*

que era de oro. They told me it was gold but it wasn't. ➋ *Ver nota en* LIE¹ **2** *(ser infiel)* to cheat on *sb*
▸ **engañarse** vp to fool yourself

engaño nm *(farsa)* sham

engatusar vt to sweet-talk *sb (into doing sth)*

engendrar vt **1** *(concebir)* to conceive **2** *(causar)* to breed: *La violencia engendra odio.* Violence breeds hatred.

engordar vt *(cebar)* to fatten *sb/sth* (up)
▸ vi **1** *(persona)* to put on weight: *Ha engordado mucho.* He's put on a lot of weight. **2** *(alimento)* to be fattening: *Los caramelos engordan.* Sweets are fattening.

engrasar vt **1** *(con grasa o mantequilla)* to grease **2** *(con aceite)* to oil

engreído, -a adj, nm-nf conceited: *No eres más que un ~.* You're so conceited.

engullir vt to gobble *sth* (up/down)

enhebrar vt to thread

enhorabuena nf ~ **(por)** congratulations (on *sth/doing sth*): *¡Enhorabuena por los aprobados!* Congratulations on passing your exams! **LOC dar la enhorabuena** to congratulate *sb (on sth/doing sth)*

enigma nm enigma

enjabonar(se) vt, vp to soap: *Primero me gusta ~me la espalda.* I like to soap my back first.

enjambre nm swarm

enjaular vt to cage

enjuagar vt to rinse
▸ **enjuagarse** vp *(boca)* to rinse your mouth (out)

enjugarse vp *(sudor, lágrimas)* to wipe *sth* (away): *Se enjugó las lágrimas.* He wiped his tears away.

enlace nm **1** *(conexión, Internet, Ling)* link: *un ~ activo* an active link **2** *(autobuses, trenes)* connection

enlatar vt to can

enlazar vt, vi to connect (*sth*) (*to/with sth*)

enloquecedor, -ora adj maddening

enloquecer vi **1** *(volverse loco)* to go mad: *El público enloqueció con su actuación.* The audience went mad at her performance. **2** *(gustar mucho)* to be crazy *about sth*: *Los bombones me enloquecen.* I'm crazy about chocolate.
▸ vt to drive *sb* mad

enmarcar vt to frame

enmascarar vt to mask
▸ **enmascararse** vp to put on a mask

enmendar vt **1** *(errores, defectos)* to correct **2** *(ley)* to amend
▸ **enmendarse** vp to mend your ways

enmienda nf *(ley)* amendment *(to sth)*

enmohecerse vp to go mouldy

enmoquetar *vt* to carpet

enmudecer *vi* **1** (*callar*) to go quiet **2** (*perder el habla*) to lose the power of speech

ennegrecer *vt* to blacken
▸ **ennegrecerse** *vp* to go black

enojar *vt* to irritate
▸ **enojarse** *vp* **enojarse (con) (por)** to get annoyed (with *sb*) (about *sth*)

enorgullecer *vt* to make *sb* proud: *Su labor nos enorgullece.* We're proud of his achievements.
▸ **enorgullecerse** *vp* **enorgullecerse (de)** to be proud (of *sb/sth*)

enorme *adj* enormous LOC *Ver* DIMENSIÓN

enredadera *nf* creeper

enredar *vt* **1** (*pelo, cuerdas*) to get *sth* tangled (up) **2** (*involucrar*) to involve *sb* (*in sth*)
▸ *vi* ~ **(con/en)** to mess about (with *sth*): *Siempre estás enredando en mis cosas.* You're always messing about with my things.
▸ **enredarse** *vp* **1** (*pelo, cuerdas*) to get tangled (up) **2** **enredarse (en)** (*disputa, asunto*) to get involved (in *sth*)

enrevesado, -a *adj* **1** (*explicación, problema*) complicated **2** (*persona*) awkward

enriquecer *vt* **1** (*lit*) to make *sb/sth* rich **2** (*fig*) to enrich: *Enriqueció su vocabulario con la lectura.* He enriched his vocabulary by reading.
▸ **enriquecerse** *vp* to get rich

enrojecer *vt* to redden
▸ **enrojecer(se)** *vi, vp* **enrojecer(se) (de)** to go red (with *sth*): *Enrojeció de ira.* He went red with anger. ◊ *Se me ha enrojecido la nariz del frío.* My nose has gone red from the cold.

enrolarse *vp* ~ **(en)** to enlist (in *sth*)

enrollado, -a *adj* (*simpático*) cool: *Es un tío muy ~.* He's a really cool guy. LOC **estar enrollado con algn** to be involved with sb ♦ **estar enrollado en algo** to be into sth *Ver tb* ENROLLAR

enrollar *vt* **1** (*hacer un rollo*) to roll *sth* up **2** (*involucrar*) to talk *sb* into doing *sth*: *Me han enrollado para ir al cine.* They've talked me into going to the cinema.
▸ *vi* (*molar*) to be great: *Esta canción me enrolla cantidad.* This song is really great.
▸ **enrollarse** *vp* **1** (*al escribir o hablar*) to go on: *No te enrolles, ya lo hemos entendido.* There's no need to go on, we've got it. **2** **enrollarse (con)** (*ponerse a hablar*) to get talking (to *sb*) **3** **enrollarse (con) (a)** (*amorío*) to get involved (with *sb*) (**b**) (*besar*) to snog (*sb*), to make out (with *sb*) (*USA*) **4** (*ser simpático*): *Anda, enróllate y déjame algo de pasta.* Come on, don't be mean; lend me some money. ◊ *El profe nuevo se enrolla bien.* The new teacher's really cool.

enroscar *vt* **1** (*tapón*) to screw *sth* on: *Enrosca bien el tapón.* Screw the top on tightly. **2** (*piezas, tuercas*) to screw *sth* together

ensalada *nf* salad LOC **ensalada de lechuga/mixta** green/mixed salad

ensaladera *nf* salad bowl

ensamblar *vt* to assemble

ensanchar *vt* to widen
▸ **ensancharse** *vp* **1** (*extenderse*) to widen **2** (*dar de sí*) to stretch: *Estos zapatos se han ensanchado.* These shoes have stretched.

ensangrentado, -a *adj* bloodstained *Ver tb* ENSANGRENTAR

ensangrentar *vt* (*manchar*) to get blood on *sth*

ensayar *vt, vi* (*para espectáculo*) to rehearse
▸ *vt* (*probar*) to test

ensayo *nm* **1** (*experimento*) test: *un tubo de ~* a test tube **2** (*para espectáculo*) rehearsal **3** (*Liter*) essay LOC **ensayo general** dress rehearsal

enseguida (*tb* **en seguida**) *adv* straightaway

ensenada *nf* inlet

enseñado, -a *adj* LOC **bien enseñado** (*animal*) well trained ➲ *Ver nota en* WELL BEHAVED ♦ **tener a algn/algo mal enseñado** *Los tienes muy mal ~s.* You spoil them. *Ver tb* ENSEÑAR

enseñanza *nf* **1** teaching: *la ~ del castellano como lengua extranjera* teaching Spanish as a foreign language **2** (*sistema nacional*) education: *~ primaria/secundaria* primary/secondary education LOC **enseñanza a distancia** distance learning *Ver tb* CENTRO, INSTITUTO

enseñar *vt* **1** (*Educ*) to teach *sth*; to teach *sb to do sth*: *Enseña matemáticas.* He teaches maths. ◊ *¿Quién te enseñó a jugar?* Who taught you how to play? **2** (*mostrar*) to show: *Enséñame tu habitación.* Show me your room.

ensillar *vt* to saddle *sth* (up)

ensimismado, -a *adj* **1** (*pensativo*) lost in thought **2** ~ **(en)** (*embebido*) engrossed (in *sth*): *Estaba muy ensimismada leyendo el libro.* She was deeply engrossed in her book.

ensordecedor, -ora *adj* deafening: *un ruido ~* a deafening noise

ensordecer *vt* to deafen
▸ *vi* to go deaf: *Corres el peligro de ~.* You run the risk of going deaf.

ensuciar *vt* to get *sth* dirty: *No me ensucies el mantel.* Don't get the tablecloth dirty. ◊ *Te has ensuciado el vestido de aceite.* You've got oil on your dress.
▸ **ensuciarse** *vp* to get dirty

ensueño *nm* LOC **de ensueño** dream: *una casa de ~* a dream home

entablar *vt* (*comenzar*) to start *sth* (up): ~ *una conversación* to start up a conversation **LOC** *Ver* AMISTAD

entablillar *vt* to put *sth* in a splint

entender *vt, vi* **1** to understand: *No lo entiendo.* I don't understand. ◇ *¿Entiendes lo que quiero decir?* Do you understand what I mean? ◇ *fácil/difícil de* ~ easy/difficult to understand **2** ~ **(de)** (*ser experto*) to know a lot about *sth*: *No entiendo mucho de eso.* I don't know much about that.
▸ **entenderse** *vp* **entenderse (con)** (*llevarse bien*) to get on (with *sb*): *Nos entendemos muy bien.* We get on very well. **LOC** **dar a entender** to imply ◆ **entender mal** to misunderstand *Ver tb* JOTA

entendido, -a *nm-nf* ~ **(de/en)** expert (at/in/on *sth*)
▸ *interj* **¡Entendido!** Right! ◇ **¿Entendido?** All right?

enterado, -a *adj* **LOC** **estar enterado (de)** to know (about *sth*) ◆ **no darse por enterado** to take no notice *Ver tb* ENTERARSE

enterarse *vp* ~ **(de)** **1** (*descubrir*) to find out (about *sth*) **2** (*noticia*) to hear (about *sth*): *Ya me he enterado de lo de tu abuelo.* I've heard about your grandfather. **LOC** **te vas a enterar** (*amenaza*) you, he, they, etc. will get what for

entero, -a *adj* **1** (*completo*) whole, entire (*más formal*) **2** (*intacto*) intact **3** (*leche*) full-cream **LOC** *Ver* CUERPO

enterrar *vt* (*dar sepultura, olvidar*) to bury **LOC** **enterrarse en vida** to shut yourself away

entierro *nm* **1** burial **2** (*ceremonia*) funeral: *Había mucha gente en el* ~. There were a lot of people at the funeral. **LOC** *Ver* VELA

entonación *nf* intonation

entonar *vt* **1** (*cantar*) to sing **2** (*marcar el tono*) to pitch
▸ *vi* **1** (*Mús*) to sing in tune **2** ~ **(con)** (*colores*) to go (with *sth*): *La colcha no entona con la moqueta.* The bedspread doesn't go with the carpet.
▸ **entonarse** *vp* to perk up: *Date un baño, verás como te entonas.* Have a bath and you'll soon perk up.

entonces *adv* then **LOC** **en/por aquel entonces** at that time

entorno *nm* **1** (*ambiente*) environment **2** (*círculo social*) circle: ~ *familiar* family circle **3** (*alrededores*): *en el* ~ *de la ciudad* in and around the city ◇ *en los países del* ~ in the neighbouring countries

entrada *nf* **1** ~ **(a/en)** (*acción de entrar*) **(a)** entry (into *sth*): *Prohibida la* ~. No entry. **(b)** (*club, asociación*) admission (to *sth*): *No cobran* ~ *a los socios.* Admission is free for members.
2 (*puerta*) entrance (*to sth*): *Te espero a la* ~. I'll wait for you at the entrance. **3** (*billete*) ticket: *Voy a sacar las* ~s. I'm going to buy the tickets. ◇ *No hay* ~s. Sold out. **4** (*primer pago*) deposit (on *sth*): *dar una* ~ *del 20%* to pay a 20% deposit **5** (*Informát*) input: *hacer una* ~ *en un archivo* to input some data in a file **6** (*Fútbol*) tackle: *hacer una* ~ *a algn* to tackle sb **7 entradas** (*pelo*) receding hairline [*v sing*]: *Cada vez tienes más* ~s. Your hairline is receding fast. **LOC** **entrada gratuita/libre** free admission *Ver tb* BANDEJA

entramparse *vt* to get into debt

entrañable *adj* (*querido*) much loved

entrañas *nf* (*Anat*) entrails

entrar *vi* **1** **(a)** (*ir dentro*) to go/come in: *No me atreví a* ~. I didn't dare to go in. ◇ *El clavo no ha entrado bien.* The nail hasn't gone in properly. **(b)** (*pasar*) to come in: *Hazle* ~. Ask him to come in. ⊃ *Ver nota en* IR **2** ~ **en (a)** (*ir dentro, ahondar*) to go into…, to enter (*más formal*): *No entres en mi oficina cuando no estoy.* Don't go into my office when I'm not there. ◇ ~ *en detalles* to go into detail **(b)** (*pasar*) to come into…, to enter (*más formal*): *No entres en mi habitación sin llamar.* Knock before you come into my room. **3** ~ **en** (*ingresar*) **(a)** (*profesión, esfera social*) to enter *sth* **(b)** (*institución, club*) to join *sth*: ~ *en el ejército* to join the army **(c)** (*universidad*) to go to *sth*: ~ *en la universidad* to go to university **4** (*caber*) **(a)** (*ropa*) to fit: *Esta falda no me entra.* This skirt doesn't fit (me). **(b)** ~ **(en)** to fit (in/into *sth*): *No creo que entre en el maletero.* I don't think it'll fit in the boot. **5** (*sensación*) to feel: *Me está entrando frío/sueño.* I'm feeling cold/sleepy. **6** (*Informát*) to log in/on: ~ *en el sistema* to log in/on **7** (*marchas*) to engage: *La primera nunca entra bien.* First gear never seems to engage properly. **LOC** **entrar en calor** to warm up ◆ **entrar ganas de** to feel like *doing sth*: *Me entraron ganas de llorar.* I felt like crying. ◆ **entrarle a algn el pánico** to be panic-stricken: *Me entró el pánico.* I was panic-stricken. ◆ **no me entra (en la cabeza)** I, you, etc. just don't understand *Ver tb* PEREZA, PROHIBIDO, RAZÓN

entre *prep* **1** (*dos cosas o personas*) between: ~ *la tienda y el cine* between the shop and the cinema ◇ *Entre nosotros…* Between ourselves… **2** (*más de dos cosas o personas*) among: *Nos sentamos* ~ *los árboles.* We sat among the trees. **3** (*en medio*) somewhere between: *Tienes los ojos* ~ *agrisados y azules.* Your eyes are somewhere between grey and blue. **LOC** **entre sí 1** (*dos personas*) to each other: *Hablaban* ~ *sí.* They were talking to each other. **2** (*varias personas*) among themselves: *Los chicos lo discutían* ~ *sí.* The boys were discussing it among themselves. ◆ **entre todos**

entre

a small house **between** two large ones

a house **among** trees

together: *Lo haremos ~ todos.* We'll do it together.

entreabierto, -a *adj* half-open

entreacto *nm* interval

entrecejo *nm* space between the eyebrows

entrecortado, -a *adj* **1** (*voz*) faltering **2** (*frases*) broken

entrecot *nm* fillet steak

entredicho *nm* **LOC** **poner en entredicho** to call *sth* into question

entrega *nf* **1** (*acción*) handing over: *la ~ del dinero* the handing over of the money **2** (*mercancía*) delivery [*pl* deliveries] **3** (*fascículo*) instalment: *Se publicará por ~s.* It will be published in instalments. **LOC** **entrega de medallas** medal ceremony [*pl* ceremonies] ◆ **entrega de premios** prize-giving

entregado, -a *adj* ~ (a) devoted (to *sb/sth*) *Ver tb* ENTREGAR

entregar *vt* **1** to hand *sb/sth* over (*to sb*): *~ los documentos/las llaves* to hand over the documents/keys ◇ ~ *a algn a las autoridades* to hand sb over to the authorities **2** (*premio, medallas*) to present *sth* (*to sb*) **3** (*mercancía*) to deliver ▸ **entregarse** *vp* **entregarse (a)** **1** (*rendirse*) to give yourself up, to surrender (*más formal*) (*to sb*): *Se entregaron a la policía.* They gave themselves up to the police. **2** (*dedicarse*) to devote yourself to *sb/sth*

entrenador, -ora *nm-nf* **1** (*Dep*) coach **2** (*animales*) trainer

entrenamiento *nm* training **LOC** *Ver* PESA

entrenar *vt* to coach ▸ **entrenarse** *vp* to train

entrepierna *nf* crotch

entresuelo *nm* (*edificio*) mezzanine

entretanto *adv* in the meantime

E

entretener *vt* **1** (*divertir*) to keep *sb* amused, to entertain (*más formal*) **2** (*distraer*) to keep *sb* busy: *Entretenle mientras yo entro.* Keep him busy while I go in. **3** (*demorar*) to keep: *No quiero ~te demasiado.* I won't keep you long. ▸ **entretenerse** *vp* **1 entretenerse (con)** (*disfrutar*) to pass the time (*doing sth*): *Lo hago por ~me.* I just do it to pass the time. ◇ *Me entretengo con cualquier cosa.* I'm easily amused. **2** (*distraerse*) to hang about (*doing sth*): *No os entretengáis y venid a casa enseguida.* Don't hang about; come home straightaway.

entretenido, -a *adj* entertaining **LOC** **estar entretenido** to be busy (*doing sth*) *Ver tb* ENTRETENER

entretenimiento *nm* entertainment: *Su ~ favorito es reírse de la gente.* Laughing at people is her favourite entertainment. ◇ *Me sirve de ~.* It keeps me entertained.

entrevista *nf* **1** (*trabajo, Period*) interview **2** (*reunión*) meeting

entrevistado, -a *nm-nf* interviewee

entrevistador, -ora *nm-nf* interviewer

entrevistar *vt* to interview ▸ **entrevistarse** *vp* **entrevistarse (con)** to meet: *Se entrevistó con él en el hotel.* She met him in the hotel.

entristecer *vt* to sadden ▸ **entristecerse** *vp* **entristecerse (por)** to be sad (about/because of *sth*)

entrometerse *vp* ~ (en) to interfere (in *sth*)

entrometido, -a *adj* interfering ▸ *nm-nf* busybody [*pl* busybodies] *Ver tb* ENTROMETERSE

enturbiar *vt* **1** (*líquido*) to make *sth* cloudy **2** (*relaciones, asunto*) to cloud ▸ **enturbiarse** *vp* **1** (*líquido*) to become cloudy **2** (*relaciones, asunto*) to become muddled

entusiasmado, -a *adj* **LOC** **estar entusiasmado (con)** to be delighted (by/at/with *sth*) *Ver tb* ENTUSIASMAR

entusiasmar *vt* to thrill ▸ **entusiasmarse** *vp* **entusiasmarse (con/por)** to get excited (about/at/by *sth*)

entusiasmo *nm* ~ (por) enthusiasm (for *sth*) **LOC** **con entusiasmo** enthusiastically

entusiasta *adj* enthusiastic ▸ *nmf* enthusiast: *los ~s del fútbol* football enthusiasts

enumerar *vt* to list, to enumerate (*formal*)

enunciado *nm* (*problema, teoría*) wording

enunciar *vt* to enunciate

envasado, -a *adj* **LOC** **envasado al vacío** vacuum-packed *Ver tb* ENVASAR

envasar vt **1** (embotellar) to bottle **2** (enlatar) to can **3** (en paquetes, bolsas) to package

envase nm **1** (botella) bottle **2** (lata) can ➲ Ver nota en LATA **3** (paquete) packet, pack (USA) **4** (bolsa) bag

envejecer vi, vt to age: Ha envejecido mucho. He's aged a lot. ◊ Este vino envejece bien. This wine ages well. ◊ La enfermedad le ha envejecido. Illness has aged him.

envenenar vt to poison

enviado, -a nm-nf **1** (emisario) envoy **2** (Period) correspondent: ~ especial special correspondent

enviar vt to send ➲ Ver nota en GIVE LOC Ver CORREO

enviciarse = VICIARSE

envidia nf envy: hacer algo por ~ to do sth out of envy ◊ ¡Qué ~! I really envy you! LOC dar envidia to make sb jealous: Tu coche nuevo me da mucha ~. I'm very jealous of your new car. ◆ tener envidia to be jealous (of sb/sth) Ver tb COMIDO, MUERTO

envidiar vt to envy

envidioso, -a adj envious
▸ nm-nf ser un ~ to be envious

envío nm **1** (acción) sending **2** (paquete) parcel, package (USA) **3** (Econ) consignment LOC envío contra reembolso cash on delivery, collect on delivery (USA) (abrev COD) Ver tb GASTO

enviudar vi to be widowed

envoltorio nm (tb envoltura nf) wrapper

envolver vt to wrap sb/sth (up) (in sth): ¿Se lo envolvemos? Would you like it wrapped? LOC envolver para regalo to gift-wrap: ¿Me lo envuelve para regalo? Can you gift-wrap it for me, please? Ver tb PAPEL

envuelto, -a adj LOC verse envuelto en to find yourself involved in sth Ver tb ENVOLVER

enyesar vt (Med) to put sth in plaster: Me enyesaron una pierna. They put my leg in plaster.

eólico, -a adj wind LOC Ver PARQUE, TURBINA

epicentro nm epicentre

epidemia nf epidemic: una ~ de cólera a cholera epidemic

epilepsia nf epilepsy

episodio nm episode: una serie de cinco ~s a serial in five episodes

época nf **1** (período) time: en aquella ~ at that time ◊ la ~ más fría del año the coldest time of the year **2** (Hist) age: la ~ de Felipe II the age of Philip II LOC de época period: mobiliario de ~ period furniture Ver tb GLACIAR

equilátero, -a adj LOC Ver TRIÁNGULO

equilibrar vt to balance: ~ el peso to balance the weight

equilibrio nm **1** balance: mantener/perder el ~ to keep/lose your balance ◊ ~ de fuerzas balance of power **2** (Fís) equilibrium

equilibrista nmf **1** (acróbata) acrobat **2** (en la cuerda floja) tightrope walker

equipaje nm luggage [incontable]: No llevo mucho ~. I haven't got much luggage. ◊ ~ de mano hand luggage LOC hacer el equipaje to pack Ver tb EXCESO, RECOGIDA

equipar vt **1** (casa, oficina) to equip sb/sth (with sth): ~ una oficina con muebles to equip an office with furniture **2** (persona, local, barco) to fit sb/sth out (with sth): ~ a los niños para el invierno to fit the children out for the winter

equipo nm **1** (grupo de personas) team [v sing o pl]: un ~ de fútbol a football team ◊ un ~ de expertos a team of experts ➲ Ver nota en JURADO **2** (equipamiento) (a) equipment [incontable]: ~ de laboratorio laboratory equipment (b) (Dep) gear [incontable]: ~ de buceo/pesca diving/fishing gear LOC equipo de música hi-fi (system) Ver tb COMPAÑERO, TRABAJO

equitación nf horse riding, horseback riding (USA)

equivalente adj, nm equivalent

equivaler vi ~ a (valer) to be equivalent to sth: Esto equivale a mil dólares. That's equivalent to a thousand dollars.

equivocación nf **1** (error) mistake: cometer una ~ to make a mistake **2** (malentendido) misunderstanding

equivocado, -a adj wrong: estar ~ to be wrong Ver tb EQUIVOCARSE

equivocarse vp **1** ~ de to get the wrong…: Se ha equivocado de número. You've got the wrong number. ◊ ~ de carretera to take the wrong road **2** ~ (en) (estar en un error) to be wrong (about sth): En eso te equivocas. You're wrong about that.

era nf **1** (período) era **2** (Agric) threshing floor

erección nf erection

erguir vt (cabeza) to hold sth up

erizo nm hedgehog LOC erizo de mar sea urchin

ermita nf chapel

erosión nf erosion

erosionar vt to erode

erótico, -a adj erotic

errar vt to miss: Erró el tiro. He missed the shot.
▸ vi (vagar) to wander

errata nf mistake

erróneo, -a adj wrong, incorrect (más formal): Tomaron la decisión errónea. They made the wrong decision. ◇ *La información era errónea.* The information was incorrect.

error *nm* mistake: *cometer un ~* to make a mistake ⊃ *Ver nota en* MISTAKE

eructar *vi* to burp

eructo *nm* burp

erupción *nf* **1** (*Med*) rash **2** (*volcán*) eruption

esbelto, -a *adj* slender

escabeche *nm* LOC **en escabeche** in brine

escabullirse *vp* **1** (*irse*) to slip away **2** *~ de/de entre* to slip out of *sth*: *Se me escabulló de las manos.* It slipped out of my hands.

escacharrarse *vp* to pack up

escafandra *nf* diving suit

escala *nf* **1** (*en mediciones*) scale: *en una ~ de uno a diez* on a scale of one to ten **2** (*viajes*) stopover LOC **escala (musical)** scale ♦ **hacer escala** to stop over (*in...*): *Tienen que hacer ~ en Atenas.* They have to stop over in Athens.

escalada *nf* **1** (*ascensión*) climb **2** (*actividad*) climbing: *Me gusta mucho hacer ~.* I love climbing. **3** (*de violencia, precios*) escalation: *la ~ de violencia* the escalation in violence

escalador, -ora *nm-nf* climber

escalar *vt, vi* to climb

escaleno *adj* LOC *Ver* TRIÁNGULO

escalera *nf* stairs [*pl*], staircase

🔎 **Stairs** se refiere solo a los escalones: *Me caí por las escaleras.* I fell down the stairs. ◇ *al pie de la escalera* at the foot of the stairs. **Staircase** hace referencia a toda la estructura de la escalera (los escalones, el pasamanos, etc.): *La casa tiene una escalera antigua.* The house has a very old staircase. Si la escalera está en el exterior de un edificio, se llama **stairway** y los escalones, **steps**.

LOC **bajar/subir las escaleras** to go downstairs/upstairs ♦ **escalera de caracol** spiral staircase ♦ **escalera de cuerda** rope ladder ♦ **escalera de incendios** fire escape ♦ **escalera (de mano)** stepladder ♦ **escalera mecánica** escalator

escalofrío *nm* shiver LOC **dar escalofríos** to send shivers down your spine ♦ **tener escalofríos** to shiver

escalón *nm* step

escalope *nm* escalope

escama *nf* scale

escandalizar *vt* to shock

escándalo *nm* **1** (*asunto*) scandal **2** (*ruido*) racket: *¡Qué ~!* What a racket! LOC *Ver* ARMAR, MONTAR

escandaloso, -a *adj* (*risa, color*) loud

escanear *vt* to scan

escáner *nm* **1** (*aparato*) scanner **2** (*ecografía*) scan: *hacerse un ~* to have a scan

escaño *nm* seat

escapada *nf* **1** (*fuga*) escape **2** (*viaje*) short break: *una ~ de fin de semana* a weekend break **3** (*Dep*) breakaway

escapar(se) *vi, vp* **escapar(se) (de) 1** (*lograr salir*) to escape (from *sb/sth*): *El loro se escapó de la jaula.* The parrot escaped from its cage. **2** (*evitar*) to escape *sth*: *~ de la justicia* to escape arrest
▸**escaparse** *vp* **1** (*gas, líquido*) to leak **2** (*involuntariamente*): *Se le escapó un taco.* He swore. **3** (*secreto*) to let *sth* slip: *Se me escapó que estaba embarazada.* I let (it) slip that she was pregnant. **4** (*detalles, oportunidad, medio de transporte*) to miss: *No se te escapa nada.* You don't miss a thing. LOC **dejar escapar 1** (*persona*) to let *sb* get away **2** (*oportunidad*) to miss: *Has dejado ~ la mejor ocasión de tu vida.* You've missed the chance of a lifetime.

escaparate *nm* shop window LOC **ir de escaparates** to go window-shopping

escapatoria *nf* way out: *Es nuestra única ~.* It's the only way out.

escape *nm* (*gas, líquido*) leak LOC *Ver* TUBO, VÁLVULA

escaquearse *vp* **1** to skive off: *Siempre intenta ~.* He's always trying to skive off. **2** *~ de* to get out of *sth/doing sth*

escarabajo *nm* beetle

escarbar *vt, vi* (*tierra*) to dig

escarcha *nf* frost

escarmentado, -a *adj* LOC **estar escarmentado** to have learnt your lesson *Ver tb* ESCARMENTAR

escarmentar *vt* (*castigar*) to teach *sb* a lesson
▸*vi* to learn your lesson: *No escarmientas, ¿eh?* Will you never learn?

escarola *nf* (*Bot*) endive

escasear *vi* to be scarce

escasez *nf* shortage: *Hay ~ de profesores.* There is a shortage of teachers.

escaso, -a *adj* **1** (*con sustantivo contable en plural*) few: *a ~s metros de distancia* a few metres away ⊃ *Ver nota en* FEW **2** (*con sustantivo incontable*) little: *La ayuda que recibieron fue escasa.* They received very little help. ◇ *debido al ~ interés* due to lack of interest ◇ *productos de escasa calidad* poor quality products **3** (*apenas*) only just, barely (*más formal*): *Tiene tres años ~s.* She is only just three. LOC **andar escaso de** to be short of *sth*

escayola *nf* plaster

escayolado, -a *adj* in plaster: *Tengo el brazo ~.* My arm's in plaster. *Ver tb* ESCAYOLAR

escayolar *vt (Med)* to put *sth* in plaster

escena *nf* scene: *acto primero, ~ segunda* act one, scene two ◊ *Le montó/hizo una ~.* She made a scene. **LOC poner en escena** to stage

escenario *nm* **1** *(teatro, auditorio)* stage: *salir al ~* to come onto the stage **2** *(lugar)* scene: *el ~ del crimen* the scene of the crime

escenificar *vt (representar)* to stage

escéptico, -a *adj* sceptical
▸ *nm-nf* sceptic

esclarecer *vt* **1** *(explicar)* to clarify **2** *(delito)* to clear *sth* up: *~ un asesinato* to clear up a murder

esclavitud *nf* slavery

esclavizado, -a *adj* **LOC tener esclavizado a algn** to treat sb like a slave *Ver tb* ESCLAVIZAR

esclavizar *vt* to enslave

esclavo, -a *adj, nm-nf* slave: *Os tratan como a ~s.* You are treated like slaves. ◊ *ser ~ del dinero* to be a slave to money

esclusa *nf* lock

escoba *nf* **1** *(para barrer)* broom ➲ *Ver dibujo en* BRUSH **2** *(de bruja)* broomstick

escobilla *nf (cuarto de baño)* toilet brush

escocer *vi* to sting
▸ **escocerse** *vp (irritarse)* to get sore

escocés, -esa *adj* Scottish
▸ *nm-nf* Scotsman/woman [*pl* -men/-women]: *los escoceses* the Scots **LOC** *Ver* CUADRO, FALDA

Escocia *nf* Scotland

escoger *vt, vi* to choose: *Escoge tú.* You choose. ◊ *~ entre dos cosas* to choose between two things ◊ *Hay que ~ del menú.* You have to choose from the menu.

escolar *adj* **1** school: *año/curso ~* school year ◊ *el comienzo de las vacaciones ~es* the start of the school holidays **2** *(sistema)* education: *el sistema ~* the education system
▸ *nmf* schoolchild [*pl* schoolchildren]
❶ También se dice **school student**. ➲ *Ver nota en* ALUMNO **LOC** *Ver* ABSENTISMO, ACOSO, CENTRO, CERTIFICADO

escolta *nf, nmf* **1** escort **2** *(Baloncesto)* shooting guard

escoltar *vt* to escort

escombro *nm* **escombros** rubble [*incontable*]: *reducir algo a ~s* to reduce sth to rubble ◊ *un montón de ~s* a pile of rubble

esconder *vt* to hide: *Lo escondieron debajo de la cama.* They hid it under the bed. ◊ *Esconde el regalo para que no lo vea mi madre.* Hide the present from my mother.

▸ **esconderse** *vp* **esconderse (de)** to hide (from sb/sth): *¿De quién os escondéis?* Who are you hiding from?

escondido, -a *adj* **1** hidden **2** *(recóndito)* secluded **LOC a escondidas** in secret *Ver tb* ESCONDER

escondite *nm* **1** *(refugio)* hiding place **2** *(juego)* hide-and-seek: *jugar al ~* to play hide-and-seek

escopeta *nf* shotgun **LOC** *Ver* AIRE

escopetado, -a *adj* **LOC irse/salir escopetado** to rush away/out

escorpión *nm (alacrán)* scorpion
▸ *nm, nmf (tb* **Escorpión**, **escorpio**) *(Astrol)* Scorpio ➲ *Ver ejemplos en* ACUARIO

escotado, -a *adj* low-cut: *Es demasiado ~.* It's too low-cut. ◊ *un vestido ~ por detrás* a dress with a low back

escote *nm* **1** *(prenda)* neckline: *¡Menudo ~!* That's some neckline! **2** *(pecho)* chest **LOC escote cuadrado/redondo** square/round neck ◆ **escote en pico** V-neck ◆ **ir/pagar a escote** to chip in: *Pagamos el regalo a ~.* We all chipped in to buy the present.

escotilla *nf* hatch

escozor *nm* sting

escribir *vt* **1** to write: *~ un libro* to write a book **2** *(ortografía)* to spell: *No sé ~lo.* I don't know how to spell it. ◊ *¿Cómo se escribe?* How do you spell it?
▸ *vi* to write: *Nunca me escribes.* You never write to me. ◊ *Todavía no sabe ~.* He can't write yet. ➲ *Ver nota en* WRITE
▸ **escribirse** *vp* **escribirse con**: *Me gustaría ~me con un inglés.* I'd like to have an English pen-friend. **LOC escribir a mano** to write *(sth)* by hand *Ver tb* MÁQUINA

escrito, -a *adj* written: *poner algo por ~* to put sth in writing
▸ *nm* **1** *(carta)* letter **2** *(documento)* document *Ver tb* ESCRIBIR

escritor, -ora *nm-nf* writer

escritorio *nm* **1** *(mesa)* desk **2** *(buró)* bureau [*pl* bureaux/bureaus] **3** *(Informát)* desktop **LOC** *Ver* FONDO

escritura *nf* **1** writing **2** **Escritura(s)** *(Relig)* Scripture: *la Sagrada Escritura/las Escrituras* the Holy Scripture(s)/the Scriptures **3** *(de una casa)* (title) deed

escrupuloso, -a *adj* **1** *(aprensivo)* fussy: *Déjame tu vaso, no soy ~.* Give me your glass. I'm not fussy. **2** *(honrado)* scrupulous

escrutinio *nm (recuento)* count

escuadra *nf* **1** *(regla)* set square **2** *(Mil)* squad

escuadrón *nm* squadron

escuchar *vt, vi* to listen (to *sb/sth*): *Nunca me escuchas.* You never listen to me. ◊ ~ *la radio* to listen to the radio ◊ *¡Escucha! ¿Lo oyes?* Listen! Can you hear it?

escudo *nm* **1** shield: ~ *protector* protective shield **2** (*insignia*) emblem **LOC escudo de armas** coat of arms

escuela *nf* **1** school: *Iremos después de la* ~. We'll go after school. ◊ *El lunes no habrá* ~. There's no school on Monday. ◊ *Todos los días voy a la* ~ *en autobús.* I go to school on the bus every day. ◊ *El martes iré a la* ~ *para hablar con tu profesor.* On Tuesday I'm going to the school to talk to your teacher. ➔ *Ver nota en* SCHOOL

🔎 En Gran Bretaña hay escuelas estatales o públicas, **state schools**, y escuelas privadas, **independent schools**. Los **public schools** son un tipo de colegios privados más tradicionales y conocidos, como por ejemplo Eton y Harrow.

2 (*academia*) college: ~ *de policía* police college **LOC escuela infantil** nursery school, preschool (*USA*) ♦ **escuela primaria** primary school, elementary school (*USA*) ♦ **escuela secundaria** secondary school, high school (*USA*)

esculpir *vt, vi* to sculpt: ~ *en piedra* to sculpt in stone

escultor, -ora *nm-nf* sculptor

escultura *nf* sculpture

escupir *vt* (*saliva, comida, expectorar*) to spit *sth* (out)
▸ *vi* to spit (at *sb*)

escupitajo *nm* spit [*incontable*]: *Había un* ~ *en el suelo.* There was some spit on the ground.

escurreplatos *nm* plate rack

escurridor *nm* **1** (*escurreplatos*) plate rack **2** (*verduras*) colander

escurrir *vt* **1** (*ropa*) to wring *sth* (out) **2** (*platos, verduras, legumbres*) to drain
▸ *vi* **1** (*platos*) to drain: *Pon los platos a* ~. Leave the dishes to drain. **2** (*ropa*) to drip-dry
▸ **escurrirse** *vp* **escurrirse (de/entre/de entre)** to slip (out of/from *sth*): *El jabón se le escurrió de las manos.* The soap slipped out of his hands.

ese *nf* **LOC hacer eses 1** (*vehículo*) to zigzag **2** (*persona*) to stagger

ese, esa *adj* that [*pl* those]: *a partir de* ~ *momento* from that moment on ◊ *esos libros* those books
▸ *pron* **1** (*cosa*) that one [*pl* those (ones)]: *Yo no quiero* ~/*esos.* I don't want that one/those

(ones). **2** (*persona*): *¡Ha sido esa!* It was her! ◊ *Yo no voy con esos.* I'm not going with them.

esencia *nf* essence

esencial *adj* ~ (**para**) essential (to/for *sth*)

esfera *nf* **1** (*Geom*) sphere **2** (*reloj*) face

esfinge *nf* sphinx

esforzarse *vp* ~ (**en/para/por**) to try (hard) (*to do sth*): *Se esforzaron mucho.* They tried very hard.

esfuerzo *nm* **1** effort: *Haz un* ~ *y come algo.* Make an effort to eat something. ◊ *No deberías hacer* ~*s, aún no estás recuperado.* You shouldn't overdo it, you're still recovering. **2** (*intento*) attempt (*to do sth/at doing sth*): *en un último* ~ *por evitar el desastre* in a last attempt to avoid disaster **LOC sin esfuerzo** effortlessly

esfumarse *vp* to vanish **LOC ¡esfúmate!** get lost!

esgrima *nf* (*Dep*) fencing

esgrimir *vt* (*arma*) to wield

esguince *nm* (*Med*) sprain: *hacerse un* ~ *en el tobillo* to sprain your ankle

eslalon *nm* slalom

eslogan *nm* slogan

eslovaco, -a *adj, nm-nf, nm* Slovak

Eslovaquia *nf* Slovakia

Eslovenia *nf* Slovenia

esloveno, -a *adj, nm-nf, nm* Slovenian

esmaltar *vt* to enamel

esmalte *nm* enamel **LOC esmalte de uñas** nail varnish

esmeralda *nf* emerald

esmerarse *vp* ~ (**en/por**) to try very hard (*to do sth*): *Esmérate un poco más.* Try a bit harder.

esmero *nm* **LOC con esmero** (very) carefully

esmoquin *nm* dinner jacket, tuxedo [*pl* tuxedos] (*USA*)

esnifar *vt* **1** to sniff **2** (*cocaína*) to snort

esnob *adj* snobbish
▸ *nmf* snob

ESO *nf* (*Educ*) secondary education: *Está en tercero de* ~. She's in year 10.

🔎 Los cursos de primero a cuarto de ESO equivalen a lo que en el sistema inglés se llama **years 8-11**. En Gran Bretaña, la Educación Primaria comienza a los 5 años y la Secundaria a los 11 (**year 7**).

eso *pron* that: *¿Qué es* ~? What's that? ◊ *¡Eso es, muy bien!* That's right, very good! **LOC a eso de** at about: *a* ~ *de la una* at about one o'clock ♦ **¡de**

eso nada! no way! ◆ **por eso** (*por esa razón*) so, therefore (*más formal*)

esófago *nm* oesophagus [*pl* oesophaguses/ oesophagi]

esos, esas *adj, pron* Ver ESE

espabilado, -a *adj* (*listo*) bright ⚓ **estar espabilado** to be wide awake *Ver tb* ESPABILAR

espabilar *vt* (*despertar*) to wake *sb* up: *El aire fresco te espabilará*. The fresh air will wake you up.
▸ *vi* **1** to get your act together: *¡A ver si espabilas de una vez!* It's about time you got your act together! **2** (*apresurarse*) to get a move on: *Espabila o perderás el tren*. Get a move on or you'll miss the train.
▸ **espabilarse** *vp* to wake up

espaciador *nm* (*Informát*) space bar

espacial *adj* space: *misión/vuelo ~* space mission/flight ⚓ *Ver* AERONAVE, BASE, NAVE, TRAJE, TRANSBORDADOR

espacio *nm* **1** space: *un corto ~ de tiempo* a short space of time ◇ *viajar por el ~* to travel through space **2** (*sitio*) room: *En mi maleta hay ~ para tu jersey*. There is room for your jumper in your suitcase. **3** (*Radio, TV*) programme

espada *nf* **1** (*arma*) sword **2 espadas** (*Naipes*) ⊃ *Ver nota en* BARAJA ⚓ **estar entre la espada y la pared** to have your back to the wall *Ver tb* PEZ

espagueti *nm* **espaguetis** spaghetti [*incontable*]: *Me encantan los ~s*. I love spaghetti.

espalda *nf* **1** back: *Me duele la ~*. My back hurts. **2** (*Natación*) backstroke: *100 metros ~* 100 metres backstroke ◇ *nadar a ~* to do the backstroke ⚓ **dar la espalda a algn/algo** to turn your back on sb/sth ◆ **de espaldas** *Ponte de ~s a la pared*. Stand with your back to the wall. ◇ *ver a algn de ~s* to see sb from behind ◆ **hacer algo a espaldas de algn** to do sth behind sb's back *Ver tb* CARA

espantapájaros *nm* scarecrow

espantar *vt* **1** (*ahuyentar*) to drive *sb/sth* away **2** (*asustar*) to terrify
▸ *vi* **1** (*detestar*) to hate *sth/doing sth*: *Me espanta viajar sola*. I hate travelling alone. **2** (*asombrar*) to appal: *Nos espantaron las condiciones del hospital*. We were appalled at/by conditions in the hospital.

espanto *nm* (*miedo*) fear ⚓ **de espanto** terrible: *Hace un calor de ~*. It's terribly hot. ◆ **¡qué espanto!** how awful!

espantoso, -a *adj* dreadful

España *nf* Spain

español, -ola *adj, nm* Spanish: *hablar ~* to speak Spanish

▸ *nm-nf* Spaniard: *los ~es* the Spanish

esparadrapo *nm* plaster

esparcir *vt* to scatter

espárrago *nm* asparagus [*incontable*] ⚓ **espárragos trigueros** wild asparagus [*incontable*]

esparto *nm* esparto (grass) ⚓ *Ver* ZAPATILLA

espatarrarse *vp* to sprawl

especia *nf* spice

especial *adj* special ⚓ **en especial 1** (*sobre todo*) especially: *Me gustan mucho los animales, en ~ los perros*. I'm very fond of animals, especially dogs. ⊃ *Ver nota en* SPECIALLY **2** (*en concreto*) in particular: *Sospechan de uno de ellos en ~*. They suspect one of them in particular. *Ver tb* EFECTO

especialidad *nf* speciality [*pl* specialities]

especialista *nmf* ~ **(en)** specialist (in *sth*): *un ~ en genética* a genetics specialist

especializarse *vp* ~ **(en)** to specialize (in *sth*)

especialmente *adv* **1** (*sobre todo*) especially: *Me encantan los animales, ~ los gatos*. I love animals, especially cats. **2** (*en particular*) particularly: *Estoy ~ preocupada por el abuelo*. I'm particularly concerned about grandad. ◇ *No es un hombre ~ corpulento*. He's not particularly hefty. **3** (*expresamente*) specially: *~ diseñado para discapacitados* specially designed for people with disabilities ⊃ *Ver nota en* SPECIALLY

especie *nf* **1** (*Biol*) species [*pl* species] **2** (*clase*) kind: *Era una ~ de barniz*. It was a kind of varnish.

especificar *vt* to specify

específico, -a *adj* specific

espécimen *nm* specimen

espectacular *adj* spectacular

espectáculo *nm* **1** (*función*) show **2** (*escena, suceso*) spectacle: *un ~ impresionante* an impressive spectacle ⚓ **dar un espectáculo** to make a scene *Ver tb* GUÍA, MUNDO

espectador, -ora *nm-nf* **1** (*Teat, Mús*) member of the audience **2** (*Dep*) spectator

especulación *nf* speculation: *la ~ inmobiliaria* property speculation

especular *vi* **1** ~ **(con)** (*Econ*) to speculate (in *sth*) **2** ~ **(sobre)** (*suponer*) to speculate (about *sb/sth*)

espejismo *nm* mirage

espejo *nm* mirror: *mirarse en el ~* to look (at yourself) in the mirror ⚓ **espejo retrovisor** rear-view mirror

espeleología *nf* caving

espera *nf* wait ⚓ *Ver* LISTA, LLAMADA, SALA

esperanza nf hope **LOC** **esperanza de vida** life expectancy Ver tb ESTADO

esperar vt to wait for sb/sth , to expect, to hope

🔎 Los tres verbos **wait**, **expect** y **hope** significan *esperar*, pero no deben confundirse:
Wait indica que una persona espera a que alguien llegue o a que algo suceda por fin: *Espérame, por favor.* Wait for me, please. ◊ *Estoy esperando al autobús.* I'm waiting for the bus. ◊ *Estamos esperando a que deje de llover.* We are waiting for it to stop raining. **Expect** se utiliza cuando lo esperado es lógico y muy probable: *Había más tráfico de lo que yo esperaba.* There was more traffic than I expected. ◊ *Esperaba carta suya ayer, pero no recibí ninguna.* I was expecting a letter from him yesterday, but didn't receive one. Si una mujer está embarazada, también se dice **expect**: *Está esperando un bebé.* She's expecting a baby.
Con **hope** se expresa el deseo de que algo suceda o haya sucedido: *Espero volver a verte pronto.* I hope to see you again soon. ◊ *Espero que sí/no.* I hope so/not.

▸ vi to wait: *Estoy harta de* ~. I'm fed up of waiting.

esperma nf sperm

espesar(se) vt, vp to thicken

espeso, -a adj thick: *La salsa está muy espesa.* This sauce is very thick.

espía nmf spy [pl spies]

espiar vt, vi to spy (on sb): *No me espíes.* Don't spy on me.

espiga nf (cereal) ear

espina nf **1** (pez) bone **2** (Bot) thorn **LOC** **darle a uno mala espina** to have a bad feeling about sth: *Ese asunto me da mala* ~. I've got a bad feeling about this. ◆ **espina dorsal** spine

espinaca nf spinach [incontable]: *Me encantan las* ~*s.* I love spinach.

espinal adj **LOC** Ver MÉDULA

espinilla nf **1** (pierna) shin **2** (grano) pimple

espinillera nf shinpad

espionaje nm spying, espionage (más formal): *La acusan de* ~. She's accused of spying. ◊ ~ *industrial* industrial espionage **LOC** Ver NOVELA

espiral adj, nf spiral

espiritismo nm **LOC** **hacer espiritismo** to attend a seance

espíritu nm spirit: ~ *de equipo* team spirit **LOC** **Espíritu Santo** Holy Spirit

espiritual adj spiritual

espléndido, -a adj **1** (magnífico) splendid: *Fue una cena espléndida.* It was a splendid dinner. **2** (generoso) generous

espolvorear vt to sprinkle sth (with sth)

esponja nf sponge

esponjoso, -a adj **1** (pastel) light **2** (lana, pan) soft

espónsor = SPONSOR

esponsorizar vt to sponsor

espontáneo, -a adj **1** (reacción) spontaneous **2** (persona) natural: *Es muy* ~ *y siempre dice lo que piensa.* He's very natural — he always says what he thinks.

esporádico, -a adj sporadic

esposar vt to handcuff

esposas nf handcuffs **LOC** **ponerle las esposas a algn** to handcuff sb

esposo, -a nm-nf **1** (masc) husband **2** (fem) wife [pl wives]

espuela nf spur

espuma nf **1** (olas, de afeitar) foam **2** (cerveza, café, huevo) froth **3** (jabón, champú) lather **LOC** **espuma de pelo** (hair) mousse ◆ **hacer espuma 1** (olas) to foam **2** (jabón) to lather

espumoso, -a adj (vino) sparkling

esqueje nm cutting

esquela nf **LOC** **esquela mortuoria** obituary [pl obituaries]

esquelético, -a adj (flaco) skinny ➲ Ver nota en DELGADO

esqueleto nm **1** (Anat) skeleton **2** (estructura) framework

esquema nm **1** (diagrama) diagram **2** (resumen) outline **LOC** Ver SINÓPTICO

esquemático, -a adj **1** (dibujo, gráfico) schematic **2** (conciso) brief

esquí nm **1** (tabla) ski [pl skis] **2** (deporte) skiing **LOC** **esquí acuático** water-skiing: *hacer* ~ *acuático* to go water-skiing Ver tb BASTÓN, ESTACIÓN, PISTA

esquiador, -ora nm-nf skier

esquiar vi to ski: *Me gusta mucho* ~. I love skiing. ◊ *Esquían todos los fines de semana.* They go skiing every weekend.

esquilar vt to shear

esquimal nmf Eskimo [pl Eskimo/Eskimos] ❶ Ellos prefieren el término **the Inuit** [pl].

esquina nf corner: *Es la casa que hace* ~ *con Murillo.* It's the house on the corner of Murillo Street. **LOC** Ver SAQUE, VUELTA

esquinazo nm **LOC** **dar esquinazo** to give sb the slip

esquivar vt **1** (golpe, obstáculo) to dodge **2** (persona, responsabilidad) to avoid

esquizofrenia nf schizophrenia

esquizofrénico, -a adj, nm-nf schizophrenic

esta adj, pron Ver ESTE

estabilidad nf stability

estabilizar(se) vt, vp to stabilize: *El enfermo se ha estabilizado.* The patient's condition has stabilized.

estable adj stable

establecer vt **1** (crear) to set sth up: ~ *una compañía* to set up a company **2** (determinar, ordenar) to establish: ~ *la identidad de una persona* to establish a person's identity ◊ *La ley establece que…* The law establishes that… **3** (récord) to set
  ▸ **establecerse** vp **1** (afincarse) to settle **2** (en un negocio) to set up: ~*te por tu cuenta* to set up your own business

establo nm **1** (caballos) stable **2** (vacas) cowshed

estación nf **1** (trenes, autobuses) station: *la ~ de autobuses* the bus station ◊ *Mi padre me estaba esperando en la ~.* My father was waiting for me at the station. **2** (del año) season
  LOC **estación de esquí** ski resort ◆ **estación de servicio** service station Ver tb JEFE

estadio nm (Dep) stadium [pl stadiums/stadia]

estadística nf **1** (ciencia) statistics [incontable] **2** (cifra) statistic

estado nm **1** (Pol, Fís, situación) state: *la seguridad del ~* state security **2** (condición médica) condition: *Su ~ no reviste gravedad.* Her condition isn't serious. LOC **en buen estado** in good condition ◆ **en mal estado 1** in poor condition **2** (comida) off: *El pescado estaba en mal ~.* The fish was off. ◆ **estado civil** marital status ◆ **estar en estado (de buena esperanza)** to be expecting Ver tb GOLPE

Estados Unidos nm (the) United States [v sing o pl] ➔ Ver nota en AMÉRICA; Ver tb págs 390-1

estadounidense adj, nmf American ➔ Ver nota en AMÉRICA

estafa nf swindle

estafar vt to swindle sb (out of sth): *Han estafado millones a los inversores.* They have swindled investors out of millions.

estallar vi **1** (bomba) to explode **2** (globo) to burst **3** (guerra, epidemia) to break out **4** (escándalo, tormenta) to break

estallido nm **1** (bomba) explosion **2** (guerra) outbreak

estampa nf (dibujo) picture

estampado, -a adj (tela) patterned
  ▸ nm pattern Ver tb ESTAMPAR

estampar vt **1** (imprimir) to print **2** (arrojar) to hurl sb/sth (against sth)

▸ **estamparse** vp **estamparse contra** (estrellarse) to smash into sth

estampida nf stampede

estancado, -a adj (agua) stagnant Ver tb ESTANCARSE

estancarse vp **1** (agua) to stagnate **2** (negociación) to come to a standstill

estancia nf **1** (período de tiempo) stay: *su ~ en el hospital* his stay in hospital **2** (gastos) living expenses [pl]: *pagar los viajes y la ~* to pay travel and living expenses

estanco nm tobacconist's ➔ Ver nota en CARNICERÍA

🔎 En Gran Bretaña no hay estancos. Los sellos se venden en **post offices** (oficinas de correos), que realizan también algunas gestiones administrativas: pago del impuesto de circulación y 'TV licence', cobro de las pensiones, etc. También se venden sellos en los **newsagents**, además de prensa, caramelos y cigarrillos. Ya quedan pocos **tobacconists**, establecimientos especializados en artículos para el fumador. Tampoco existen quioscos como tales sino puestos de periódicos o **news stands**.

estándar adj, nm standard

estandarte nm banner

estanque nm (jardín, parque) pond

estante nm shelf [pl shelves]

estantería nf **1** shelves [pl]: *Esa ~ está torcida.* Those shelves are crooked. **2** (de libros) bookcase

estaño nm tin

estar vi **1** to be: *¿Dónde está la biblioteca?* Where's the library? ◊ *¿Está Ana?* Is Ana in? ◊ ~ *enfermo/cansado* to be ill/tired **2** (aspecto) to look: *Hoy estás muy guapo.* You look very nice today.
  ▸ v aux **+ gerundio** to be doing sth: *Estaban jugando.* They were playing.
  ▸ **estarse** vp to be: ~*se callado/quieto* to be quiet/still LOC **está bien** (de acuerdo) OK: – *¿Me lo dejas? – Está bien.* 'Can I borrow it?' 'OK.' ◆ **¿estamos?** (de acuerdo) all right? ◆ **¡estamos buenos!** that's all we need! ◆ **estar a 1** (fecha): *Estamos a tres de mayo.* It's the third of May. **2** (temperatura): *En Canarias están a 30°C.* It's 30° C in the Canaries. **3** (precio): *¿A cuánto/cómo están los plátanos?* How much are the bananas? ◆ **estar al caer** to be due any time now ◆ **estar con** (apoyar) to be behind sb: *¡Ánimo, estamos contigo!* Go for it, we're behind you! ◆ **estar/ponerse bueno** to be/get well ◆ **estar que**: *Estoy que me caigo de sueño.* I'm dead on my feet. ◆ **no estar para** not to be in the mood for

sth: *No estoy para bromas.* I'm not in the mood for jokes. ◆ **ya está bien** (*¡basta!*) that's enough ❶ Para otras expresiones con **estar**, véanse las entradas del sustantivo, adjetivo, etc., p. ej. **estar al día** en DÍA.

estárter *nm* choke

estatal *adj* state: *escuela* ~ state school LOC *Ver* EMPRESA

estático, -a *adj* static LOC *Ver* BICICLETA

estatua *nf* statue

estatura *nf* height: *una mujer de mediana* ~ a woman of average height ◇ *Es pequeño de* ~. He's short.

estatuto *nm* statute

este *nm* east (*abrev* E): *en/por el* ~ in the east ◇ *en la costa* ~ on the east coast

este, esta *adj* this [*pl* these]: *esta noche/semana* tonight/this week
▸ *pron* **1** (*cosa*) this one [*pl* these (ones)]: *Prefiero aquel traje a* ~. I prefer that suit to this one. ◇ *¿Prefieres estos?* Do you prefer these ones? **2** (*persona*): *¿Quién es* ~? Who's this? ◇ *La entrada se la di a esta.* I gave the ticket to her.

estela *nf* **1** (*embarcación*) wake **2** (*avión*) vapour trail

estelar *adj* **1** (*Astron*) stellar **2** (*importante*) star: *un papel* ~ *en la película* a star part in the film

estera *nf* mat

estéreo *adj, nm* stereo [*pl* stereos]

estéril *adj* sterile

esterilizar *vt* to sterilize

esterlina *adj* sterling: *libras* ~*s* pounds sterling

estética *nf* aesthetics [*incontable*]

esteticista *nmf* beautician

estético, -a *adj* aesthetic

estiércol *nm* dung

estilista *nmf* stylist

estilizar *vt* (*hacer delgado*): *Ese vestido te estiliza la figura.* That dress makes you look very slim.

estilo *nm* **1** style: *tener mucho* ~ to have a lot of style **2** (*Natación*) stroke: ~ *espalda* backstroke ◇ ~ *mariposa* butterfly (stroke) LOC **algo por el estilo** something like that: *pimentón o algo por el* ~ paprika or something like that

estiloso, -a *adj* stylish

estima *nf* esteem LOC **tener estima a algn** to think highly of sb

estimado, -a *adj* (*cartas*) dear ➜ *Ver nota en* ATENTAMENTE

estimulante *adj* stimulating
▸ *nm* stimulant: *La cafeína es un* ~. Caffeine is a stimulant.

estimular *vt* to stimulate

estímulo *nm* stimulus [*pl* stimuli]

estirado, -a *adj* (*altivo*) snooty *Ver tb* ESTIRAR

estirar *vt* **1** to stretch: ~ *una cuerda* to stretch a rope tight **2** (*brazo, pierna*) to stretch *sth* out **3** (*dinero*) to spin *sth* out **4** (*alisar*) to smooth **5** (*masa*) to roll
▸ **estirarse** *vp* **1** (*desperezarse*) to stretch **2** (*tumbarse*) to lie down: *Voy a* ~*me un rato.* I'm going to lie down for a while. **3** (*crecer*) to shoot up LOC **estirar la pata** to kick the bucket

estirón *nm* LOC **dar/pegar un estirón** (*crecer*) to shoot up

esto *pron* **1** this: *Hay que terminar con* ~. We've got to put a stop to this. ◇ *¿Qué es* ~? What's this? **2** (*vacilación*) er: *Quería decirte que,* ~... I wanted to tell you... er...

estofado *nm* stew

estómago *nm* stomach: *Me duele el* ~. I've got stomach ache. LOC *Ver* ACIDEZ, ARDOR, DOLOR, PATADA

Estonia *nf* Estonia

estonio, -a *adj, nm-nf, nm* Estonian

estorbar *vt, vi* to be in *sb's* way, to be in the way: *Si te estorban esas cajas dímelo.* Tell me if those boxes are in your way. ◇ *¿Estorbo?* Am I in the way?

estornudar *vi* to sneeze ➜ *Ver nota en* ¡ACHÍS!

estrago *nm* LOC **hacer estragos** to create havoc

estrangular *vt* to strangle

estraperlo *nm* black market LOC **de estraperlo** on the black market

estrategia *nf* strategy [*pl* strategies]

estratégico, -a *adj* strategic

estrato *nm* (*Geol, Sociol*) stratum [*pl* strata]

estrechar *vt* **1** (*ropa*) to take *sth* in **2** (*abrazar*) to embrace
▸ **estrechar(se)** *vt, vp* to narrow: *La carretera se estrecha a 50 metros.* The road narrows in 50 metres.

estrecho, -a *adj* **1** narrow **2** (*ropa*) tight: *Esa falda te está estrecha.* That skirt's too tight (for you).
▸ *nm* straits [*pl*]: *el* ~ *de Bering* the Bering Straits

estrella *nf* star: ~ *polar* pole star ◇ *un hotel de tres* ~*s* a three-star hotel ◇ *una* ~ *de cine/rock* a film/rock star LOC **estrella de mar** starfish ◆ **estrella fugaz** shooting star ◆ **estrella invitada** guest star ◆ **ver las estrellas** to see stars *Ver tb* TECLA

estrellado, -a *adj* **1** (*noche, cielo*) starry **2** (*forma*) star-shaped *Ver tb* ESTRELLAR

E

estrellar vt to smash sth (against/into sth): *Estrelló el coche contra un árbol.* He smashed the car into a tree.
▶ **estrellarse** vp **1** estrellarse (contra) (chocarse) to crash (into sth): *~se contra otro vehículo* to crash into another vehicle **2** (fracasar) to founder

estremecer(se) vt, vp to shake

estrenar vt **1** (ropa, casa, etc.): *Estreno zapatos.* I'm wearing new shoes. ◇ *¿Estrenas coche?* Are you driving a new car? **2** (Cine, Teat) to premiere

estreno nm (Cine, Teat) premiere

estreñido, -a adj constipated Ver tb ESTREÑIR

estreñimiento nm constipation

estreñir vt to make sb constipated
▶ **estreñirse** vp to become constipated

estrés nm stress [LOC] tener estrés to be suffering from stress

estresado, -a adj stressed (out): *Está muy ~.* He's really stressed (out). Ver tb ESTRESARSE

estresante adj stressful

estresarse vp to stress (out): *No te estreses.* Don't stress (out).

estría nf **1** (decoración) groove **2** (piel) stretch mark

estribillo nm **1** (canción) chorus [pl choruses] **2** (poema) refrain

estribo nm stirrup [LOC] Ver PERDER

estribor nm starboard [LOC] a estribor to starboard

estricto, -a adj strict

estridente adj **1** (sonido) shrill **2** (color) gaudy

estrofa nf verse

estropajo nm scourer

estropear vt **1** to spoil: *Nos has estropeado los planes.* You've spoilt our plans. **2** (aparato) to break
▶ **estropearse** vp **1** (averiarse) to break down **2** (comida) to go off

estructura nf structure

estruendo nm racket

estrujar vt **1** (naranja, mano) to squeeze **2** (papel) to crumple sth (up) [LOC] estrujarse la cabeza/los sesos to rack your brains

estuario nm estuary [pl estuaries]

estuche nm **1** (lápices, gafas, instrumento musical) case **2** (pinturas, joyas) box

estudiante nmf student: *un grupo de ~s de medicina* a group of medical students [LOC] Ver CARNÉ, RESIDENCIA

estudiar vt, vi to study: *Me gustaría ~ francés.* I'd like to study French. ◇ *Estudia en un colegio*

privado. She's at an independent school. [LOC] estudiar de memoria to learn sth by heart Ver tb MATAR

estudio nm **1** (actividad de estudiar, trabajo, habitación) study [pl studies]: *Han realizado ~s sobre la materia.* They've carried out studies on the subject. ◇ *Los libros están en el ~.* The books are in the study. **2** (apartamento) studio flat, studio apartment (USA) **3** (Fot, TV) studio [pl studios] **4** estudios education [v sing]: *~s primarios* primary education ◇ *No tienen ~s.* They haven't got any (school) certificates. [LOC] estudios superiores higher education Ver tb JEFE, PLAN, PROGRAMA

estudioso, -a adj studious

estufa nf fire: *~ eléctrica* electric fire

estupendo, -a adj fantastic

estúpido, -a adj stupid
▶ nm-nf idiot

etapa nf stage: *Hicimos el viaje en dos ~s.* We did the journey in two stages. [LOC] por etapas in stages

etcétera nm et cetera (abrev etc.)

eternidad nf eternity [LOC] una eternidad ages: *Tardó una ~.* He was ages.

eternizarse vp to spend ages (doing sth): *Se eterniza en el baño.* He spends ages in the bathroom.

eterno, -a adj eternal

ética nf **1** (Fil) ethics [incontable] **2** (reglas morales) ethics [pl]: *la ~ profesional* professional ethics

ético, -a adj ethical

etiqueta

label   price tag

etiqueta nf **1** label: *la ~ de un paquete/una botella* the label on a parcel/bottle **2** (con precio) price tag **3** (*Informát*) tag `LOC` **de etiqueta** formal: *traje de ~* formal dress

etiquetar *vt* **1** to label **2** (*Informát*) to tag

etnia *nf* ethnic group

étnico, -a *adj* ethnic `LOC` *Ver* LIMPIEZA, MÚSICA

eucalipto *nm* eucalyptus [*pl* eucalypti]

euforia *nf* euphoria

eufórico, -a *adj* euphoric

euro *nm* euro [*pl* euros/euro] `LOC` *Ver* ZONA

eurocámara *nf* European Parliament

euroconector *nm* Scart cable

eurodiputado, -a (*tb* **europarlamentario, -a**) *nm-nf* Euro-MP

Europa *nf* Europe

europeísta *adj, nmf* pro-European

europeo, -a *adj, nm-nf* European `LOC` *Ver* CAPITAL, ELECCIÓN, UNIÓN

eurotúnel *nm* Channel Tunnel

eurozona *nf* eurozone

euskera *nm* Basque

eutanasia *nf* euthanasia

evacuación *nf* evacuation

evacuar *vt* **1** (*desalojar*) to vacate: *El edificio fue evacuado a tiempo.* They managed to vacate the building in time. **2** (*trasladar*) to evacuate: *~ a los refugiados* to evacuate the refugees

evadido, -a *nm-nf* escapee

evadir *vt* **1** (*impuestos*) to evade **2** (*pregunta*) to avoid: *Evadió la pregunta.* He avoided giving an answer. **3** (*sacar ilegalmente*) to smuggle *sth* out of the country
▸ **evadirse** *vp* **evadirse (de)** (*escaparse*) to escape (from *sth*)

evaluación *nf* (*Educ*) assessment

evaluar *vt* to assess

evangelio *nm* gospel

evaporación *nf* evaporation

evaporar(se) *vt, vp* to evaporate

evasión *nf* **1** (*fuga*) escape **2** (*distracción*) distraction `LOC` **evasión de impuestos** tax evasion

evasiva *nf Siempre estás con ~s.* You're always avoiding the issue.

eventual *adj* **1** (*temporal*) casual: *un trabajo ~* casual work **2** (*hipotético*) possible: *en caso de un ~ incendio* in case of fire

evidencia *nf* evidence `LOC` **poner a algn en evidencia** to show sb up

evidente *adj* obvious

evitar *vt* **1** (*impedir*) to prevent: *~ una catástrofe* to prevent a disaster **2** (*rehuir*) to avoid: *Me evita a toda costa.* He does everything he can to avoid me. `LOC` **no lo puedo evitar** I, you, etc. can't help it ◆ **si puedo evitarlo** if I, you, etc. can help it

evocar *vt* to evoke

evolución *nf* **1** (*Biol*) evolution **2** (*desarrollo*) development

evolucionar *vi* **1** (*Biol*) to evolve **2** (*desarrollarse*) to develop

ex *adj* former, old (*más coloq*): *mi ex novio* my old boyfriend
▸ *nmf* ex [*pl* exes]

exactamente *adv* exactly

exactitud *nf* **1** (*precisión*) exactness **2** (*descripción, reloj*) accuracy `LOC` **con exactitud** exactly: *No se sabe con ~.* We don't know exactly.

exacto, -a *adj* **1** (*preciso*) exact: *Necesito las medidas exactas.* I need the exact measurements. ◊ *Dos kilos ~s.* Exactly two kilos. **2** (*descripción, reloj*) accurate: *No me dieron una descripción muy exacta.* They didn't give me a very accurate description. **3** (*idéntico*) identical: *Las dos copias son exactas.* The two copies are identical.
▸ **¡exacto!** *interj* exactly

exageración *nf* exaggeration

exagerado, -a *adj* **1** (*que exagera*) exaggerated: *No seas ~.* Don't exaggerate. **2** (*excesivo*) excessive: *El precio me parece ~.* I think the price is excessive. *Ver tb* EXAGERAR

exagerar *vt, vi* to exaggerate: *~ la importancia de algo* to exaggerate the importance of sth ◊ *No exageres.* Don't exaggerate.

exaltado, -a *adj* worked up (*about sth*): *Los ánimos están ~s.* Feelings are running very high.
▸ *nm-nf* hothead: *un grupo de ~s* a group of hotheads *Ver tb* EXALTAR

exaltar *vt* (*alabar*) to praise
▸ **exaltarse** *vp* to get worked up (*about sth*)

examen *nm* exam, examination (*más formal*): *hacer un ~* to take an exam `LOC` **estar de exámenes** to be doing exams ◆ **examen de conducir** driving test ◆ **examen de ingreso** entrance exam ◆ **examen de recuperación** resit, retake (*USA*) ◆ **examen final** end-of-year exam ◆ **examen tipo test** multiple-choice exam

examinador, -ora *nm-nf* examiner

examinar *vt* to examine
▸ **examinarse** *vp* to have an exam: *Esta tarde me examino de francés.* I've got a French exam this afternoon. `LOC` **examinarse del carné de conducir** to take your driving test

excavación *nf* excavation

excavadora *nf* digger

excavar *vt* **1** to dig: *~ un túnel* to dig a tunnel ◊ *~ la tierra* to dig **2** (*Arqueología*) to excavate

excelencia nf excellence LOC **por excelencia** par excellence ◆ **Su Excelencia** His/Her Excellency ◆ **Su/Vuestra Excelencia** Your Excellency

excelente adj excellent

excéntrico, -a adj, nm-nf eccentric

excepción nf exception LOC **a/con excepción de** except (for) sb/sth

excepcional adj exceptional

excepto prep except (for) sb/sth: todos ~ yo everyone except me ◊ todos ~ el último all of them except (for) the last one

exceptuar vt Exceptuando a uno, el resto son veteranos. Except for one, they're all veterans.

excesivo, -a adj excessive: Su afición por el fútbol es excesiva. They're much too keen on football.

exceso nm ~ **(de)** excess (of sth) LOC **con/en exceso** too much: beber en ~ to drink too much ◆ **exceso de equipaje** excess baggage ◆ **exceso de velocidad** speeding

excitar vt **1** (estimular, sexualmente) to excite **2** (poner nervioso) to make sb nervous
▸ **excitarse** vp to get excited (about/at/by sth)

exclamación nf (signo de puntuación) exclamation mark ➔ Ver pág 395

exclamar vt, vi to exclaim

excluir vt to exclude sb/sth (from sth)

exclusiva nf (reportaje) exclusive

exclusivo, -a adj exclusive

excomulgar vt to excommunicate

excursión nf excursion, trip (más coloq) LOC **ir/ salir de excursión** to go on an excursion

excursionismo nm hiking: hacer ~ to go hiking

excursionista nmf **1** (en montaña, etc.) hiker **2** (viaje) day tripper

excusa nf excuse (for sth/doing sth): Siempre pone ~s para no venir. He always finds an excuse not to come.

exento, -a adj ~ **(de)** exempt (from sth): estar ~ del servicio militar to be exempt from military service ◊ Estoy exenta de gimnasia. I'm excused from PE.

exhalar vt **1** (gas, vapor, olor) to give off sth **2** (suspiro, queja): ~ un suspiro de alivio to heave a sigh of relief ◊ No ha exhalado una queja. She hasn't complained at all.

exhaustivo, -a adj thorough, exhaustive (más formal)

exhausto, -a adj exhausted

exhibición nf exhibition

exhibicionismo nm **1** exhibitionism **2** (sexual) indecent exposure

exhibicionista nmf **1** exhibitionist **2** (sexual) flasher

exhibir vt **1** (exponer) to exhibit **2** (película) to show
▸ **exhibirse** vp (presumir) to show off

exigencia nf **1** (requerimiento) requirement **2** (pretensión) demand (for sth/that...): ¡No me vengas con ~s! Don't come to me with your demands!

exigente adj **1** (que pide mucho) demanding **2** (estricto) strict

exigir vt **1** (pedir) to demand sth (from sb): Exijo una explicación. I demand an explanation. **2** (requerir) to require: Exige una preparación especial. It requires special training. LOC Ver RESCATE

exiliado, -a adj exiled
▸ nm-nf exile Ver tb EXILIAR

exiliar vt to exile sb (from...)
▸ **exiliarse** vp **exiliarse (a/en)** to go into exile (in...)

exilio nm exile

existencia nf **1** (hecho de existir) existence **2** **existencias (a)** (provisiones) stocks: Se nos están acabando las ~s de carne. Our stocks of meat are running low. **(b)** (Econ) stock [v sing]

existente adj existing

existir vi **1** (haber) there is/there are: No existe una voluntad de colaboración. There is no spirit of cooperation. ◊ En inglés existen varias maneras de decir "hola". There are several ways of saying 'hello' in English. **2** (tener existencia) to exist: Los vampiros no existen. Vampires don't really exist.

éxito nm **1** success **2** (disco, canción) hit: su último ~ their latest hit LOC **tener éxito** to be successful Ver tb LISTA

exorcismo nm exorcism

exótico, -a adj exotic

expandir vt **1** to expand **2** (incendio, rumor, noticia) to spread
▸ **expandirse** vp to spread

expansión nf **1** expansion **2** (Econ) growth **3** (diversión) relaxation

expansionar(se) vt, vp to expand

expatriado, -a adj, nm-nf expatriate: americanos ~s en España expatriate Americans living in Spain Ver tb EXPATRIAR

expatriar vt to exile
▸ **expatriarse** vp to emigrate

expectación nf sense of expectancy: La ~ aumenta. The sense of expectancy is growing.

expectativa *nf* **1** (*esperanza*) expectation: *Superó mis ~s.* It exceeded my expectations. **2** (*perspectiva*) prospect: *No tengo muchas ~s.* My prospects aren't very good. LOC **estar a la expectativa** to be waiting (*for sth*)

expedición *nf* (*viaje*) expedition

expediente *nm* **1** (*documentación*) file: *¿Tienes a mano su ~?* Do you have his file to hand? **2** (*académico, profesional*) record: *tener un buen ~ académico* to have a good academic record **3** (*Jur*) proceedings [*pl*] LOC *Ver* ABRIR

expedir *vt* **1** (*carta, paquete*) to send **2** (*emitir*) to issue: *~ un pasaporte* to issue a passport

expensas *nf a nuestras ~* at our expense

experiencia *nf* experience: *años de ~ laboral* years of work experience ◇ *Fue una gran ~.* It was a great experience. LOC **sin experiencia** inexperienced

experimentado, -a *adj* (*persona*) experienced *Ver tb* EXPERIMENTAR

experimental *adj* experimental: *con carácter ~* on an experimental basis

experimentar *vi ~* (**con**) to experiment (on *sb/sth*); to experiment (with *sth*): *~ con animales* to experiment on animals ◇ *Quieren ~ con músicos de otros países.* They want to experiment with musicians from other countries. ▸ *vt* **1** (*aumento, mejoría*) to show **2** (*cambio*) to undergo

experimento *nm* experiment: *hacer un ~* to carry out an experiment

experto, -a *nm-nf ~* (**en**) expert (at/in/on *sth*): *los ~s en nutrición* experts in nutrition ◇ *No soy experta en estos temas.* I'm no expert on these matters.

expiatorio, -a *adj* LOC *Ver* CHIVO

expirar *vi* to expire

explanada *nf* open area

explicación *nf* explanation

explicar *vt* to explain *sth* (**to *sb***): *Me explicó sus problemas.* He explained his problems to me. ▸ **explicarse** *vp* (*entender*) to understand LOC **¿me explico?** do you see what I mean?

explorador, -ora *nm-nf* (*persona*) explorer ▸ *nm* (*Informát*) browser

explorar *vt* **1** (*país, región*) to explore **2** (*Med*) to examine

explosión *nf* explosion: *una ~ nuclear* a nuclear explosion ◇ *la ~ demográfica* the population explosion LOC **hacer explosión** to explode

explosivo, -a *adj, nm* explosive

explotación *nf* (*recursos, personas*) exploitation LOC **explotación agrícola/ganadera** farming/livestock farming

explotar *vi* (*hacer explosión*) to explode ▸ *vt* (*recursos, persona*) to exploit

exponer *vt* **1** (*cuadro*) to exhibit **2** (*ideas*) to present **3** (*vida*) to risk ▸ **exponerse** *vp* **1 exponerse a** to expose yourself to *sth*: *No te expongas demasiado al sol.* Don't stay out in the sun too long. **2 exponerse a que...** to risk: *Te expones a que te multen.* You're risking a fine.

exportación *nf* export LOC *Ver* IMPORTACIÓN

exportador, -ora *adj* exporting: *los países ~es de petróleo* oil-exporting countries ▸ *nm-nf* exporter

exportar *vt* to export

exposición *nf* **1** (*de arte*) exhibition: *una ~ de fotografías* an exhibition of photographs ◇ *montar una ~* to put on an exhibition **2** (*de un tema, un asunto*) presentation **3 ~ a** (*sol, contaminación*) exposure to *sth*

exprés *adj* express: *correo ~* express mail LOC *Ver* CAFÉ, CAFETERA, OLLA

expresar *vt* to express

expresión *nf* expression LOC *Ver* LIBERTAD

expresivo, -a *adj* **1** expressive: *una expresiva pieza musical* an expressive piece of music **2** (*mirada*) meaningful

expreso, -a *adj, nm* express: *un tren ~* an express train

exprimidor *nm* **1** (*manual*) lemon squeezer **2** (*eléctrico*) juicer

exprimir *vt* (*fruta, etc.*) to squeeze

expulsar *vt* **1** to expel *sb/sth* (**from…**): *La van a ~ del colegio.* They're going to expel her (from school). **2** (*Dep*) to send *sb* off: *Fue expulsado del terreno de juego.* He was sent off.

expulsión *nf* **1** expulsion: *Este año ha habido tres expulsiones en la escuela.* There have been three expulsions from the school this year. **2** (*Dep*) sending-off [*pl* sendings-off]

exquisito, -a *adj* **1** (*comida, bebida*) delicious **2** (*gusto, objeto*) exquisite

éxtasis *nm* **1** (*sentimiento*) ecstasy [*pl* ecstasies] **2** (*droga*) Ecstasy [*incontable*]

extender *vt* **1** (*desdoblar, desplegar*) to spread *sth* (out): *~ un mapa sobre la mesa* to spread a map out on the table **2** (*alargar*) to extend: *~ una mesa* to extend a table **3** (*brazo*) to stretch *sth* out **4** (*alas, mantequilla, pintura*) to spread ▸ **extenderse** *vp* **1** (*costumbre, noticia, epidemia*) to spread: *La epidemia se extendió por todo el país.* The epidemic spread through the whole country. **2** (*en el espacio*) to stretch: *El jardín se extiende hasta el lago.* The garden stretches down to the lake. **3** (*en el tiempo*) to last: *El debate* *se extendió durante horas*. The debate lasted for hours.

extendido, -a *adj* **1** *(general)* widespread **2** *(brazos)* outstretched *Ver tb* EXTENDER

extensión *nf* **1** *(superficie)* area: *una ~ de 30 metros cuadrados* an area of 30 square metres **2** *(duración)*: *una gran ~ de tiempo* a long period of time ◇ *¿Cuál es la ~ del contrato?* How long is the contract for? **3** *(teléfono)* extension

extenso, -a *adj* **1** *(superficie)* extensive **2** *(período de tiempo)* long

exterior *adj* **1** outer: *el espacio ~* outer space ◇ *la capa ~ de la Tierra* the earth's crust **2** *(comercio, política)* foreign: *política ~* foreign policy
▸*nm* outside: *el ~ de la casa* the outside of the house ◇ *desde el ~ del teatro* from outside the theatre LOC *Ver* MINISTERIO, MINISTRO

exterminar *vt* to exterminate

externalización *nf* *(Econ)* outsourcing

externo, -a *adj* **1** external: *influencias externas* external influences **2** *(capa, superficie)* outer: *la capa externa de la piel* the outer layer of the skin
▸*nm-nf* *(alumno)* day pupil LOC *Ver* USO

extinción *nf* *(especie)* extinction LOC **en peligro/vías de extinción** in danger of extinction: *las especies en peligro de ~* endangered species

extinguir *vt* **1** *(fuego)* to put *sth* out **2** *(especie)* to wipe *sth* out
▸ **extinguirse** *vp* **1** *(fuego)* to go out **2** *(especie)* to become extinct

extintor *nm* fire extinguisher

extirpar *vt* *(Med)* to remove

extra *adj* **1** *(superior)* top quality ➋ *Ver nota en* WELL BEHAVED **2** *(adicional)* extra: *una capa ~ de barniz* an extra coat of varnish
▸*nmf* *(Cine, Teat)* extra LOC *Ver* HORA

extracomunitario, -a *adj* non-EU: *países ~s* non-EU countries

extracto *nm* **1** *(cuenta bancaria)* (bank) statement **2** *(libro, documento)* summary [*pl* summaries]

extradición *nf* extradition

extraer *vt* **1** to extract *sth* *(from sb/sth)*: *~ información de algn* to extract information from sb ◇ *~ oro de una mina* to mine gold **2** *(sangre)* to take *sth* *(from sb)*

extraescolar *(tb* extracurricular*) adj* out-of-school, extracurricular *(más formal)*: *actividades ~es* out-of-school activities

extranjero, -a *adj* foreign
▸*nm-nf* foreigner LOC **al/en el extranjero** abroad

extrañar *vt* **1** *(sorprender)* to surprise: *Me extrañó ver tanta gente*. I was surprised to see so many people. **2** *(echar de menos)* to miss: *Te extrañamos mucho*. We miss you a lot.
▸ **extrañarse** *vp* to be surprised *(at sb/sth)*: *No me extraña que no quiera venir*. I'm not surprised he doesn't want to come. LOC **ya me extrañaba a mí** I thought it was strange

extraño, -a *adj* strange: *Oí un ruido ~*. I heard a strange noise.
▸*nm-nf* stranger

extraordinario, -a *adj* **1** *(fuera de lo normal)* extraordinary: *convocatoria extraordinaria* extraordinary meeting **2** *(excelente)* excellent: *La comida era extraordinaria*. The food was excellent. **3** *(especial)* special: *edición extraordinaria* special edition

extrarradio *nm* outskirts

extraterrestre *adj* extraterrestrial
▸*nmf* alien

extravagante *adj* **1** *(aspecto)* flamboyant **2** *(actitud)* outrageous
▸*nmf* eccentric

extraviado, -a *adj* **1** *(persona, cosa)* lost **2** *(animal)* stray *Ver tb* EXTRAVIAR

extraviar *vt* to lose
▸ **extraviarse** *vp* **1** *(persona, animal)* to get lost **2** *(objeto)* to be missing: *Se han extraviado los documentos*. The documents are missing.

extremar *vt* to maximize: *~ las medidas de seguridad* to maximize security controls ◇ *~ las precauciones* to take strict precautions

extremidad *nf* **extremidades** extremities

extremista *adj, nmf* extremist: *grupos ~s* extremist groups

extremo, -a *adj* extreme: *un caso ~* an extreme case ◇ *hacer algo con extrema precaución* to do sth with extreme care
▸*nm* **1** extreme: *ir de un ~ a otro* to go from one extreme to the other **2** *(punta)* end: *Coge el mantel por los ~s*. Take hold of the ends of the tablecloth. ◇ *Viven en el otro ~ de la ciudad*. They live at the other end of town. LOC *Ver* ORIENTE

extrovertido, -a *adj, nm-nf* extrovert: *Es muy ~*. He's a real extrovert.

fa nm F: fa mayor F major `LOC` Ver CLAVE

fábrica nf **1** factory [pl factories]: una ~ de conservas a canning factory **2** (de cemento, acero, ladrillos) works [v sing o pl]: Va a cerrar la ~ de acero. The steelworks is/are closing down. `LOC` **fábrica de cerveza** brewery [pl breweries] ♦ **fábrica de papel** paper mill

fabricación nf manufacture, making (más coloq): ~ de aviones aircraft manufacture `LOC` **de fabricación española, holandesa, etc.** made in Spain, Holland, etc.

fabricado, -a adj `LOC` **fabricado en...** made in... Ver tb FABRICAR

fabricante nmf manufacturer

fabricar vt to manufacture, to make (más coloq): ~ coches to manufacture cars `LOC` **fabricar en serie** to mass-produce

facha adj, nmf fascist
▸ nf **1** (aspecto) look: Tiene muy buena ~. He looks very good. **2** (adefesio) sight: Con esa americana está hecho una ~. He looks a real sight in that jacket.

fachada nf (Arquit) facade, front (más coloq): la ~ del hospital the front of the hospital

fácil adj **1** (sencillo) easy: Es más ~ de lo que parece. It's easier than it looks. ◊ Eso es ~ de decir. That's easy to say. **2** (probable) likely: Es ~ que nieve. It's likely to snow. ◊ No es ~ que me lo den. They're unlikely to let me have it.

factor nm factor: un ~ clave a key factor

factura nf bill: la ~ del gas/de la luz the gas/electricity bill ◊ Haz la ~. Make out the bill.

facturación nf (equipaje) check-in

facturar vt (equipaje) to check sth in: ¿Ya has facturado las maletas? Have you checked your bags in yet?

facultad nf **1** (capacidad) faculty [pl faculties]: en plena posesión de sus ~es mentales in full possession of his mental faculties ◊ Ha perdido ~es. He's lost his faculties. **2** (Educ) **(a)** (universidad) university: un compañero de la ~ a friend of mine from university **(b)** **Facultad** Faculty [pl Faculties]: la Facultad de Derecho the Law Faculty

faena nf **1** (tarea) job: No le dediques mucho tiempo a esa ~. Don't spend a lot of time on that job. **2** (contratiempo) nuisance: Es una ~, pero qué se le va a hacer. It's a nuisance but it can't be helped. **3** (jugarreta) dirty trick: hacerle una (mala) ~ a algn to play a dirty trick on sb `LOC` **faenas agrícolas/del campo** farm work [incontable] Ver tb CASA

faenar vi (pescar) to fish

faisán nm pheasant

faja nf **1** (traje típico) sash **2** (ropa interior) girdle

fajo nm bundle: un ~ de billetes nuevos a bundle of crisp notes

falda nf **1** (prenda) skirt **2** (montaña) lower slope `LOC` **falda escocesa 1** tartan skirt **2** (traje típico) kilt ♦ **falda pantalón** culottes [pl]

faldero, -a adj `LOC` Ver PERRO

fallar vi **1** to fail: Le falla la vista. Her eyesight's failing. **2** (a un amigo) to let sb down
▸ vt to miss: El cazador falló el tiro. The hunter missed. `LOC` **¡no falla!** it, he, etc. is always the same: Seguro que llega tarde, no falla nunca. He's bound to be late; he's always the same.

fallecer vi to pass away

fallecimiento nm death, passing (formal)

fallo nm **1** (error) mistake, error (más formal): debido a un ~ humano due to human error **2** (defecto) fault: un ~ en los frenos a fault with the brakes ⭢ Ver nota en MISTAKE

falsificación nf forgery [pl forgeries]

falsificar vt to forge

falso, -a adj **1** false: una falsa alarma a false alarm **2** (de imitación) fake: diamantes ~s fake diamonds **3** (billete) forged

falta nf **1** ~ de (carencia) lack of sth: su ~ de ambición/respeto his lack of ambition/respect **2** (error) mistake: muchas ~s de ortografía a lot of spelling mistakes ⭢ Ver nota en MISTAKE **3** (Dep) **(a)** (Fútbol, Baloncesto) foul: hacer (una) ~ to commit a foul **(b)** (Tenis) fault `LOC` **falta (de asistencia)** absence: Ya tienes tres ~s este mes. That's three times you've been absent this month. ◊ No quiero que me pongan ~. I don't want to be marked absent. ♦ **falta de educación** rudeness: ¡Qué ~ de educación! How rude! ♦ **hacer falta** to need sth/to do sth: Me hace ~ un coche. I need a car. ◊ Hacen ~ cuatro sillas más. We need four more chairs. ◊ Llévatelo, no me hace ~. Take it, I don't need it. ◊ Te hace ~ estudiar más. You need to study harder. ◊ No hace ~ que vengas. You don't need to come. ♦ **sin falta** without fail Ver tb PITAR

faltar vi **1** (necesitar) to need sb/sth: Les falta cariño. They need affection. ◊ Aquí lo que falta es un jefe. This place needs a boss. ◊ Faltan medicinas en muchos hospitales. Many hospitals need medicines. **2** (estar ausente) to be missing: ¿Falta alguien? Is there anyone missing? **3** ~ **(a)** (no acudir a un sitio) to miss sth: ~ a una cita/clase to miss an appointment/a lesson

fama

4 (*quedar tiempo*): *Faltan diez minutos (para que se termine la clase)*. There are ten minutes to go (till the end of the lesson). ◇ *¿Falta mucho para comer?* Is it long till lunch? ◇ *¿Te falta mucho?* Are you going to be long? **LOC faltar al respeto** to show no respect *to sb* ◆ **faltarle un tornillo a algn** to have a screw loose ◆ **faltó poco para que…** I, you, etc. almost…: *Faltó poco para que me marchase*. I almost walked out. ◆ **¡lo que faltaba!** that's all I/we needed!

fama *nf* **1** (*celebridad*) fame: *alcanzar la ~* to achieve fame **2** ~ **(de)** (*reputación*) reputation (for *sth/doing sth*): *tener buena/mala ~* to have a good/bad reputation ◇ *Tiene ~ de ser un hueso*. He has a reputation for being very strict.

familia *nf* family [*pl* families] [*v sing o pl*]: *¿Cómo está tu ~?* How's your family? ◇ *Mi ~ es del norte*. My family is/are from the north.

🔎 Cuando en inglés se habla de la familia considerándola como una unidad, **family** lleva el verbo en singular: *Mi familia es lo más importante*. My family is the most important thing. Si por el contrario se la considera como un grupo de individuos, el verbo va en plural: *Mi familia piensa que estoy loco*. My family think I'm crazy.
Por otro lado, en inglés hay dos formas posibles de referirse a una familia por su apellido: con la palabra **family** ('the Jones family'), o poniendo el apellido en plural ('the Joneses').

LOC familia numerosa large family ◆ **madre/padre de familia** mother/father ◆ **venir de familia** to run in the family: *Eso nos viene de ~*. That runs in our family. *Ver tb* **CABEZA, MÉDICO**

familiar *adj* **1** (*de la familia*) family: *lazos ~es* family ties **2** (*conocido*) familiar: *una cara ~* a familiar face
▸ *nmf* (*pariente*) relative

famoso, -a *adj* ~ **(por) 1** (*célebre*) famous (for *sth*): *hacerse ~* to become famous **2** (*de mala fama*) notorious (for *sth*): *Es ~ por su genio*. He's notorious for his bad temper.

fan *nmf* fan

fanático, -a *nm-nf* fanatic

fanatismo *nm* fanaticism

fanfarrón, -ona *adj, nm-nf* show-off: *Es muy ~*. He's such a show-off.

fango *nm* mud

fantasía *nf* fantasy [*pl* fantasies]: *Son ~s suyas*. That's just a fantasy of his.

fantasma *nm* ghost: *una historia de ~s* a ghost story **LOC ser (un) fantasma** (*chulo*) to be a show-off

fantástico, -a *adj* fantastic

faraón *nm* pharaoh

faringitis *nf* pharyngitis [*incontable*]

farmacéutico, -a *nm-nf* chemist

farmacia *nf* **1** (*tienda*) chemist's, pharmacy [*pl* pharmacies] (*más formal*): *¿Hay alguna ~ por aquí?* Is there a chemist's near here? ⊃ *Ver notas en* **CARNICERÍA, PHARMACY 2** (*estudios*) pharmacy **LOC farmacia de guardia** duty chemist, all-night pharmacy (*USA*)

faro *nm* **1** (*torre*) lighthouse **2** (*de coche, moto*) headlight **3** (*de bicicleta*) (bicycle) light

farol *nm* **1** (*lámpara*) lantern **2** (*fanfarronada*) bluff: *marcarse/tirarse un ~* to bluff

farola *nf* street light

farolillo *nm* paper lantern **LOC farolillos de colores** fairy lights

fascículo *nm* instalment

fascinante *adj* fascinating

fascinar *vt* to fascinate: *Aquellos trucos fascinaron a los niños*. The children were fascinated by the tricks.

fascismo *nm* fascism

fascista *adj, nmf* fascist ⊃ *Ver nota en* **CATÓLICO**

fase *nf* stage, phase (*más formal*): *la ~ previa/clasificatoria* the preliminary/qualifying stage

fastidiar *vt* **1** (*molestar*) to annoy: *Deja de ~ al perro*. Stop annoying the dog. **2** (*estropear*) to ruin: *La lluvia nos fastidió los planes*. The rain ruined our plans.
▸ *vi Me fastidia mucho tener que ir*. I'm really annoyed that I've got to go. ◇ *¿No te fastidia madrugar tanto?* Doesn't it bother you having to get up so early?
▸ **fastidiarse** *vp* to be ruined: *Se nos fastidiaron las vacaciones*. Our holidays were ruined. **LOC ¡no fastidies!** you're kidding! ◆ **¡para que te fastidies!** so there! ◆ **¡te fastidias!** tough!

fatal *adj* **1** (*muy malo*) terrible: *Han pasado un año ~*. They've had a terrible year. ◇ *Me encuentro ~*. I feel terrible. **2** (*mortal*) fatal: *un accidente ~* a fatal accident
▸ *adv* really badly: *Se portaron ~*. They behaved really badly. **LOC caer fatal** *Me cae ~*. I can't stand her. *Ver tb* **OLER**

fauna *nf* fauna

favor *nm* favour: *¿Me haces un ~?* Can you do me a favour? ◇ *pedirle un ~ a algn* to ask sb a favour **LOC a favor de** in favour of *sb/sth*: *Estamos a ~ de actuar*. We're in favour of taking action. ◆ **por favor** please ⊃ *Ver nota en* **PLEASE**

favorable *adj* favourable

favorecer vt **1** (beneficiar) to favour: *Estas medidas nos favorecen.* These measures favour us. **2** (ropa, peinado) to suit: *Te favorece el rojo.* Red suits you.

favoritismo nm favouritism

favorito, -a adj, nm-nf favourite

fax nm fax: *poner un ~* to send a fax ◊ *Lo mandaron por ~.* They faxed it.

fe nf faith (*in sb/sth*)

febrero nm February (abrev Feb.) ➔ *Ver ejemplos en* ENERO

fecha nf **1** date: *¿A qué ~ estamos?* What's the date today? ◊ *Tiene ~ del 3 de mayo.* It is dated 3 May. **2 fechas** (época) time [v sing]: *en/por estas ~s* at/around this time (of the year) **LOC fecha de caducidad** sell-by date, pull date (USA) ◆ **fecha límite/tope 1** (solicitud) closing date **2** (proyecto) deadline ◆ **hasta la fecha** up to now *Ver tb* PASADO

fecundación nf fertlization **LOC fecundación artificial** artificial insemination ◆ **fecundación en vitro** in vitro fertlization (abrev IVF)

fecundar vt to fertilize

federación nf federation

federal adj federal

felicidad nf (dicha) happiness: *¡Qué cara de ~!* She looks so happy! **LOC ¡felicidades! 1** best wishes **2** (cumpleaños) happy birthday, best wishes (on…) (más formal): *Te deseo muchas ~es por tu cumpleaños.* Best wishes on your birthday. **3** (enhorabuena) congratulations (on sth/doing sth): *Felicidades por tu nuevo trabajo/por haber aprobado.* Congratulations on your new job/on passing your exams.

felicitación nf (tarjeta) card: *una ~ de Navidad* a Christmas card

felicitar vt **1** (dar la enhorabuena) to congratulate sb (on sth): *Le felicité por el ascenso.* I congratulated him on his promotion. ◊ *¡Te felicito!* Congratulations! **2** (desear felicidad) to wish sb (a) happy…: *Recuerda ~la por su cumpleaños.* Remember to wish her a happy birthday.

feliz adj happy **LOC ¡Feliz cumpleaños!** Happy birthday! ◆ **¡Feliz Navidad!** Happy/Merry Christmas!

felpudo nm doormat

femenino, -a adj **1** female: *el sexo ~* the female sex **2** (Dep, moda) women's: *el equipo ~* the women's team **3** (característico de la mujer, Gram) feminine: *Lleva ropa muy femenina.* She wears very feminine clothes. ➔ *Ver nota en* FEMALE

feminista adj, nmf feminist ➔ *Ver nota en* CATÓLICO

fenomenal adj fantastic **LOC pasarlo fenomenal** to have a fantastic time

fenómeno nm phenomenon [pl phenomena]: *~s climatológicos* climatic phenomena **LOC ser un fenómeno** to be fantastic: *Este jugador es un ~.* He's a fantastic player.

feo, -a adj **1** (aspecto) ugly: *una casa fea* an ugly house ◊ *Es bastante feo.* He's quite ugly. **2** (desagradable) nasty: *Esa es una costumbre muy fea.* That's very nasty habit. **LOC** *Ver* BAILAR

féretro nm coffin, casket (USA)

feria nf fair: *~ del libro* book fair ◊ *Ayer fuimos a la ~.* We went to the fair yesterday. **LOC feria de muestras** trade fair

fermentar vt, vi to ferment

feroz adj fierce **LOC** *Ver* HAMBRE

ferretería nf **1** (tienda) ironmonger's, hardware store (USA) ➔ *Ver nota en* CARNICERÍA **2** (objetos) hardware: *artículos de ~* hardware

ferrocarril nm railway, railroad (USA) **❶** En lenguaje coloquial, se utiliza más la palabra **train**: *viajar por ~* to travel by train ◊ *estación de ~* train/railway station.

ferry nm ferry [pl ferries]

fértil adj fertile

fertilización nf fertilization

fertilizante nm fertilizer

festín nm feast: *¡Vaya ~ que nos dimos!* We had such a feast!

festival nm festival

festividad nf **1** (día festivo) holiday: *la ~ del primero de mayo* the May Day holiday **2** (Relig) feast

festivo, -a adj **LOC** *Ver* DÍA

fétido, -a adj **LOC** *Ver* BOMBA

feto nm foetus [pl foetuses]

fiable adj reliable

fiambre nm cold meat

fiambrera nf lunch box

fianza nf **1** (Jur) bail [incontable]: *bajo ~* on bail ◊ *pagar una ~ de 10 000 euros* to pay bail of 10 000 euros **2** (alquiler) deposit **LOC** *Ver* LIBERTAD

fiar vt to let sb have sth on credit: *Me fiaron el pan.* They let me have the bread on credit.
▸ vi to give credit
▸ **fiarse** vp **fiarse de** to trust sb/sth: *No me fío de ella.* I don't trust her. **LOC ser de fiar** to be trustworthy

fibra nf fibre **LOC fibra de vidrio** fibreglass ◆ **fibra óptica** fibre optics [incontable]

ficción nf fiction

ficha nf **1** (de fichero) (index) card **2** (pieza de juego) counter: *Se ha perdido una ~.* We've lost a counter. **3** (equivalente al dinero) token `LOC` **ficha de dominó** domino [pl dominoes] ◆ **ficha médica/policial** medical/police record

fichaje nm (Dep) signing: *el nuevo ~ del Madrid* Madrid's new signing

fichar vt **1** (policía) to open a file on sb **2** (Dep) to sign
▸ vi **1** ~ (por) (Dep) to sign (for sb): *~ por el Barça* to sign for Barcelona **2** (en el trabajo) (a) (al entrar) to clock in, to punch in (USA) (b) (al salir) to clock off, to punch out (USA)

fichero nm **1** (Informát) file: *abrir/cerrar un ~* to open/close a file ◊ *un ~ de datos* a data file **2** (mueble) filing cabinet **3** (caja) card index, card catalog (USA)

fidelidad nf faithfulness `LOC` Ver ALTO

fidelización nf (clientes) (customer) loyalty: *tarjeta de ~* loyalty card

fideo nm noodle: *sopa de ~s* noodle soup `LOC` **estar hecho un fideo** to be as thin as a rake

fiebre nf **1** (temperatura anormal) temperature: *Te ha bajado/subido la ~.* Your temperature has gone down/up. ◊ *tener ~* to have a temperature ◊ *Tiene 38° de ~.* He's got a temperature of 38°. **2** (enfermedad, interés exagerado) fever: *~ amarilla* yellow fever ◊ *la ~ de las elecciones* election fever `LOC` Ver DÉCIMA

fiel adj **1** (leal) faithful (to sb/sth) **2** ~ a (creencias, palabra) true to sth: *~ a sus ideas* true to his ideas

fieltro nm felt

fiera nf wild animal `LOC` **estar/ponerse hecho una fiera** to be furious/to blow your top Ver tb COMER

fiero, -a adj fierce

fiesta nf **1** (celebración) party [pl parties]: *dar una ~ de cumpleaños* to have a birthday party **2** (día festivo) public holiday: *Mañana es ~.* Tomorrow is a public holiday. **3 fiestas**: *las ~s navideñas* the Christmas festivities ◊ *las ~s del pueblo* the town festival `LOC` **fiesta de pijamas** sleepover ◆ **fiesta nacional 1** (fiesta oficial) public holiday: *Mañana es ~ nacional.* It's a public holiday tomorrow. **2** (toros) bullfighting ◆ **hacer/tener fiesta** to have a day off Ver tb COLAR, SALA

figura nf figure: *una ~ de plastilina* a Plasticine figure ◊ *una ~ política* a political figure

figurado, -a adj figurative

figurar vi **1** (hallarse) to be: *Rumanía figura entre los países de la UE.* Romania is one of the EU countries. **2** (destacar) to stand out from the crowd: *Les encanta ~.* They love to stand out from the crowd.
▸ **figurarse** vp to imagine: *Me figuro que ya habrán salido.* I imagine they must have left by now. ◊ *Ya me lo figuraba yo.* I thought as much.

fijamente adv `LOC` **mirar fijamente** to stare at sb/sth: *Me miró ~.* He stared at me. ➲ Ver nota en MIRAR

fijar vt **1** (sujetar, establecer) to fix: *~ un precio/una fecha* to fix a price/date **2** (atención) to focus
▸ **fijarse** vp **fijarse (en) 1** (darse cuenta) to notice: *¿Te fijaste si estaban?* Did you notice if they were there? **2** (prestar atención) to pay attention (to sth): *sin ~se en los detalles* without paying attention to detail `LOC` Ver PROHIBIDO

fijo, -a adj **1** (sujeto, establecido) fixed: *Las patas están fijas al suelo.* The legs are fixed to the ground. ◊ *un precio ~* a fixed price **2** (permanente) permanent: *un puesto/contrato ~* a permanent post/contract
▸ adv definitely: *Aprobaré, ~.* I'll definitely pass. ◊ *Fijo que no viene.* I bet he doesn't come. `LOC` Ver RUMBO, TELÉFONO

fila nf **1** (uno al lado de otro) row: *Se sentaron en la primera/última ~.* They sat in the front/back row. **2** (uno detrás de otro) line: *Formad una ~.* Get in line. **3 filas** (Mil, Pol) ranks `LOC` **en fila india** in single file Ver tb APARCAR, ROMPER

filete nm **1** (grueso) steak: *~ de ternera* beef steak **2** (fino) fillet: *~s de bacalao* cod fillets

filmar vt to film `LOC` Ver VÍDEO

filo nm cutting edge `LOC` Ver ARMA

filología nf philology `LOC` **filología hispánica, inglesa, etc.** Spanish, English, etc.: *Soy licenciado en Filología Hispánica.* I've got a degree in Spanish.

filosofía nf philosophy [pl philosophies]

filósofo, -a nm-nf philosopher

filtrar vt to filter
▸ **filtrarse** vp **1** (luz, noticia) to filter (in/out) (through sth): *La luz se filtraba por los resquicios.* Light was filtering in through the cracks. **2** (líquido) to leak (in/out) (through sth): *Se ha filtrado agua por la pared.* Water has leaked in through the wall.

filtro nm filter `LOC` Ver SOLAR

fin nm **1** end: *a ~ de mes* at the end of the month ◊ *No es el ~ del mundo.* It's not the end of the world. **2** (película, novela) the end **3** (finalidad) purpose `LOC` **al fin y al cabo** after all ◆ **al/por fin** at last ◆ **en fin 1** (bien) well: *En ~, así es la vida.* Well, that's life. **2** (en resumen) in short ◆ **fin de semana** weekend: *Solo nos vemos los ~es de semana.* We only see each other at weekends. ➲ Ver nota en WEEKEND

final adj final: *la decisión ~* the final decision

▸ *nm* **1** end: *a dos minutos del* ~ two minutes from the end **2** (*película, novela*) ending: *un ~ feliz* a happy ending
▸ *nf* (*Dep*) final: *la ~ de copa* the Cup Final **LOC** a finales de… at the end of…: *a ~es de año* at the end of the year ◆ **al final 1** at the end **2** in the end

🔎 **At the end** es una expresión neutra: *El curso dura seis meses y te dan un diploma al final.* The course runs for six months and you get a diploma at the end. **In the end** se utiliza cuando se refiere a un período de tiempo largo o con muchos cambios o problemas: *No te preocupes, ya verás como al final todo sale bien.* Don't worry, it will all work out in the end. "Al final de" se dice siempre **at the end of**: *al final de la cola/del partido* at the end of the queue/the match.

Ver tb CUARTO, EXAMEN, OCTAVO, PUNTO, RECTA, RESULTADO

finalista *adj, nmf* finalist: *Quedó ~.* He reached the final. ◇ *los equipos ~s* the finalists
financiar *vt* to finance
financiero, -a *adj* financial **LOC** *Ver* RESCATE
finca *nf* **1** (*rústico*) (country) house **2** (*urbano*) property
finde *nm* weekend
fingir *vt, vi* to pretend: *Seguro que está fingiendo.* He's probably just pretending. ◇ *Fingió no vernos.* She pretended she hadn't seen us.
finlandés, -esa *adj, nm* Finnish: *hablar* ~ to speak Finnish
▸ *nm-nf* Finn: *los finlandeses* the Finns
Finlandia *nf* Finland
fino, -a *adj* **1** (*delgado, lluvia, pelo*) fine: *un lápiz* ~ a fine pencil **2** (*dedos, talle*) slender **3** (*gustos*) refined: *¡Qué ~ te has vuelto!* You've become very refined! **4** (*educado*) polite **5** (*vista, oído*) keen
▸ *nm* (*vino*) dry 'fino' sherry **LOC** *Ver* SAL
finta *nf* dummy [*pl* dummies]: *hacer una* ~ to dummy
firma *nf* **1** (*nombre*) signature: *Han recogido cien* ~s. They've collected a hundred signatures. **2** (*acto*) signing: *Hoy es la* ~ *del contrato.* The signing of the contract takes place today. **3** (*empresa*) firm
firmar *vt, vi* to sign: *Firme en la línea de puntos.* Sign on the dotted line.
firme *adj* firm: *un colchón* ~ a firm mattress ◇ *Me mostré* ~. I stood firm.
▸ *¡firmes!* *interj* (*voz de mando*) attention! **LOC** **ponerse firme** to stand to attention *Ver tb* TIERRA

fiscal *adj* tax: *los impuestos* ~*es* taxes
▸ *nmf* public prosecutor, district attorney (*USA*) **LOC** *Ver* FRAUDE, INSUMISIÓN, PARAÍSO
fisgar (*tb* **fisgonear**) *vt, vi* ~ **(en)** to poke around (in *sth*): *No me fisgues las cartas.* Don't poke around in my letters. ◇ *Alguien ha estado fisgando en mis cosas.* Someone has been poking around in my things.
fisgón, -ona *adj* nosy
▸ *nm-nf* busybody [*pl* busybodies]
física *nf* physics [*incontable*]: *un examen de* ~ a physics exam
físico, -a *adj* physical
▸ *nm-nf* (*científico*) physicist
▸ *nm* (*aspecto*) appearance: *El* ~ *es muy importante.* Appearance is very important. **LOC** *Ver* EDUCACIÓN, IMPEDIMENTO
fisioterapeuta *nmf* physiotherapist
fisioterapia *nf* physiotherapy
flaco, -a *adj* (*delgado*) thin, skinny (*coloq*) ⊃ *Ver nota en* DELGADO **LOC** *Ver* PUNTO
flamante *adj* **1** (*espléndido*) smart **2** (*nuevo*) brand new
flamenco, -a *adj, nm* (*cante y baile*) flamenco
▸ *nm* (*ave*) flamingo [*pl* flamingoes]
flan *nm* crème caramel ❶ La palabra inglesa **flan** significa *tarta* o *tartaleta*. **LOC** **estar como un flan** to be shaking like a leaf
flaquear *vi* to flag: *Me flaquean las fuerzas.* My strength is flagging.
flash *nm* **1** (*Fot*) flash **2** (*sorpresa*) shock: *¡Vaya* ~! What a shock!
flato *nm* stitch: *No puedo correr más que me da el* ~. I can't run any further or I'll get a stitch.
flauta *nf* **1** (*Mús*) (**a**) flute (**b**) (*dulce*) recorder **2** (*pan*) baguette: *una ~ de chorizo* a chorizo baguette **LOC** *Ver* PITO
flautista *nmf* flautist
flecha *nf* arrow
flechazo *nm* love at first sight: *Fue un* ~. It was love at first sight.
fleco *nm* flecos **1** (*adorno*) fringe [*v sing*]: *una cazadora de cuero con* ~s a fringed leather jacket **2** (*borde deshilachado*) frayed edge [*v sing*]
flemón *nm* abscess
flequillo *nm* fringe
flexible *adj* flexible **LOC** *Ver* HORARIO
flexión *nf* (*ejercicio*) press-up [*pl* press-ups]: *hacer flexiones* to do press-ups
flexo *nm* reading light
flipar *vi* **1** (*encantar*) to be crazy about *sth*: *Me flipan los coches de carreras.* I'm crazy about racing cars. **2** ~ **(con)** (*sorprenderse*) to be amazed

(at/by *sb/sth*): *Yo flipo contigo.* You amaze me. ◊ *¡Vas a ~!* You'll be amazed! **3** (*soñar*): *¿Que te lo dé? Tú flipas, tío.* Give it to you? You must be joking!

flojo, -a *adj* **1** (*poco apretado*) **(a)** (*tornillo, bombilla*) loose **(b)** (*goma, cuerda*) slack **2** (*sin fuerza*) weak: *un café ~* a weak coffee **3** (*sin calidad*) poor: *Tus deberes están bastante ~s.* Your homework is quite poor. **LOC estar flojo en algo** to be weak at/in/on sth: *Estoy muy ~ en historia.* I'm very weak at history.

flor *nf* **1** flower: *~es secas* dried flowers **2** (*de árbol frutal, arbusto*) blossom: *las ~es del almendro* almond blossom **LOC en flor 1** in bloom **2** (*árbol frutal, arbusto*) in blossom ◆ **la flor (y nata)** the cream (*of sth*) ◆ **¡ni flores!** no idea!

flora *nf* flora

florecer *vi* **1** (*planta*) to flower **2** (*árbol frutal, arbusto*) to blossom **3** (*prosperar*) to flourish: *La industria está floreciendo.* Industry is flourishing.

florero *nm* vase

floristería *nf* florist's, flower shop (*USA*) ➔ *Ver nota en* CARNICERÍA

flota *nf* fleet

flotador *nm* rubber ring

flotar *vi* to float: *El balón flotaba en el agua.* The ball was floating on the water.

flote LOC a flote afloat: *El barco/negocio sigue a ~.* The ship/business is still afloat. ◆ **sacar a flote 1** (*barco*) to refloat **2** (*negocio*) to put sth back on its feet ◆ **salir a flote** (*persona, negocio*) to pull through

fluidez *nf* **LOC con fluidez 1** (*hablar*) fluently: *Habla inglés con ~.* She speaks English fluently. **2** (*circular*) smoothly: *El tráfico circulaba con ~.* The traffic was flowing smoothly.

fluido, -a *adj* **1** (*circulación, diálogo*) free-flowing **2** (*lenguaje, estilo*) fluent
▸*nm* fluid *Ver tb* FLUIR

fluir *vi* to flow

flúor *nm* **1** (*gas*) fluorine **2** (*dentífrico*) fluoride

fluorescente *adj* fluorescent
▸*nm* fluorescent light **LOC** *Ver* ROTULADOR

fluvial *adj* river: *el transporte ~* river transport

foca *nf* seal

foco *nm* **1** (*centro, Fot*) focus [*pl* focuses/foci]: *Eres el ~ de todas las miradas.* You're the focus of attention. **2** (*lámpara*) **(a)** spotlight: *Varios ~s iluminaban el monumento.* Several spotlights lit up the monument. **(b)** (*de estadio*) floodlight

fogata *nf* bonfire: *hacer una ~* to make a bonfire

fogueo *nm* **LOC de fogueo** *cartuchos de ~* blank cartridges

folclore (*tb* **folklore**) *nm* folklore

folio *nm* sheet (of paper)

follaje *nm* foliage

folleto *nm* **1** (*librito*) **(a)** (*de publicidad*) brochure: *un ~ de viajes* a holiday brochure **(b)** (*información, instrucciones*) booklet **2** (*hoja*) leaflet: *Cogí un ~ con el horario.* I picked up a leaflet containing the timetable.

follón *nm* **1** (*ruido*) racket: *¡Qué ~ arman los vecinos!* The neighbours are making a terrible racket! **2** (*confusión, desorden*) mess: *Me hice un ~ con los nombres.* I got into a real mess with their names. ◊ *¡Qué ~ de tráfico!* What a mess this traffic is! **3** (*problema*) trouble [*incontable*]: *No te metas en follones.* Don't get into trouble.

fomentar *vt* to promote

fomento *nm* promotion **LOC fomento de empleo** job creation

fondista *nmf* long-distance runner

fondo *nm* **1** bottom: *llegar al ~ del asunto* to get to the bottom of things **2** (*mar, río*) bed **3** **(a)** (*calle, pasillo*) end: *Está al ~ del pasillo, a la derecha.* It's at the end of the corridor on the right. **(b)** (*habitación, escenario*) back: *al ~ del restaurante* at the back of the restaurant ◊ *la habitación del ~* the back room **4** (*bote*) kitty [*pl* kitties]: *poner/hacer un ~ (común)* to have a kitty **5 fondos** (*dinero*) funds: *recaudar ~s* to raise funds **LOC a fondo 1** (*con sustantivo*) thorough: *una revisión a ~* a thorough review **2** (*con verbo*) thoroughly: *Límpialo a ~.* Clean it thoroughly. ◆ **de fondo** (*Dep*) **1** (*Atletismo*) distance: *un corredor de ~* a distance runner **2** (*esquí*) cross-country ◆ **fondo de escritorio/pantalla** (*Informát*) wallpaper ◆ **en el fondo** deep down: *Dices que no, pero en el ~ sí que te importa.* You say you don't care, but deep down you do. ◆ **sin fondo** bottomless *Ver tb* CHEQUE, MÚSICA

fonética *nf* phonetics [*incontable*]

fontanero, -a *nm-nf* plumber

footing *nm* jogging: *hacer ~* to go jogging

forastero, -a *nm-nf* outsider

forcejear *vi* to struggle

forense *nmf* forensic scientist

forero, -a *nm-nf* (Internet) forum user

forestal *adj* forest: *un guarda/incendio ~* a forest ranger/fire

forfait *nm* (*esquí*) ski pass

forjar *vt* to forge **LOC forjarse ilusiones** to get your hopes up

forma *nf* **1** (*contorno*) shape: *en ~ de cruz* in the shape of a cross ◊ *La sala tiene ~ rectangular.* The room is rectangular. **2** (*modo*) way: *Si lo haces de esta ~ es más fácil.* It's easier if you do it this way. ◊ *Es su ~ de ser.* It's just the way he is. ◊ *¡Vaya ~ de conducir!* What a way to drive! **LOC** de forma espontánea, indefinida, etc. spontaneously, indefinitely, etc. ◆ de todas formas anyway ◆ estar en (plena) forma to be in peak condition ◆ estar/ponerse en forma to be/get fit *Ver tb* CUALQUIERA, DICHO, MANTENER

formación *nf* **1** (*creación*) formation: *la ~ de un gobierno* the formation of a government **2** (*preparación*) (**a**) (*educación*) education (**b**) (*para un trabajo*) training: *un curso de ~* a training course **LOC** formación profesional (*abrev* FP) vocational training *Ver tb* INSTITUTO

formado, -a *adj* **LOC** estar formado por to consist of *sb/sth Ver tb* FORMAR

formal *adj* **1** (*ropa, compromiso, etc.*) formal: *un noviazgo ~* a formal engagement **2** (*novio, relación, etc.*) serious **3** (*de fiar*) reliable: *Es una persona muy seria y ~.* He's a very reliable person. **4** (*que se porta bien*) well behaved: *un niño muy ~* a very well-behaved child ➔ *Ver nota en* WELL BEHAVED

formar *vt* **1** (*crear*) to form: *~ un grupo* to form a group **2** (*preparar*) (**a**) (*educar*) to educate (**b**) (*para un trabajo*) to train
▸ *vi* (*Mil*) to fall in: *¡A ~!* Fall in!
▸ **formarse** *vp* **1** (*hacerse*) to form: *Se formó una gran cola delante del cine.* A long queue formed in front of the cinema. **2** (*educarse*) to train

formatear *vt* to format

formato *nm* format

fórmula *nf* formula ❶ Tiene dos plurales posibles: **formulas** y, en un contexto científico, **formulae**.

formulario *nm* (*impreso*) form: *rellenar un ~* to fill in a form

foro *nm* forum: *los ~s de debate* discussion forums

forofo, -a *nm-nf* fan

forrado, -a *adj* **LOC** estar forrado (*tener dinero*) to be loaded *Ver tb* FORRAR

forrar *vt* **1** (*el interior*) to line *sth* (*with sth*): *~ una caja de terciopelo* to line a box with velvet **2** (*el exterior*) to cover *sth* (*with sth*): *~ un libro con papel* to cover a book with paper
▸ **forrarse** *vp* (*enriquecerse*) to make a fortune: *Se han forrado vendiendo helados.* They've made a fortune selling ice creams.

forro *nm* **1** (*interior*) lining: *poner un ~ a un abrigo* to put a lining in a coat **2** (*exterior*) cover **LOC** forro polar fleece

fortaleza *nf* **1** (*fuerza*) strength **2** (*fortificación*) fortress

fortuna *nf* **1** (*riqueza*) fortune **2** (*suerte*) luck: *probar ~* to try your luck

forzar *vt* to force **LOC** *Ver* MARCHA, TRABAJO

forzoso, -a *adj* **LOC** *Ver* ATERRIZAJE

fosa *nf* **1** (*hoyo*) ditch **2** (*sepultura*) grave

fosforescente *adj* **LOC** *Ver* ROTULADOR

fósforo *nm* (*cerilla*) match

fósil *nm* fossil

foso *nm* **1** (*hoyo*) ditch **2** (*de castillo*) moat

foto *nf* photo [*pl* photos], photograph (*más formal*): *Me hizo/sacó una ~.* He took my photo.
◇ *un álbum de ~s* a photograph album **LOC** foto de carné passport photo ◆ sacarse una foto to have your photo taken *Ver tb* CÁMARA, CARRETE, MÁQUINA

fotocopia *nf* photocopy [*pl* photocopies]: *hacer/sacar una ~ de algo* to make a photocopy of sth

fotocopiadora *nf* photocopier

fotocopiar *vt* to photocopy

fotodepilación *nf* laser hair removal

fotogénico, -a *adj* photogenic

fotografía *nf* **1** (*actividad*) photography **2** (*foto*) photo

fotografiar *vt* to photograph

fotográfico, -a *adj* **LOC** *Ver* CÁMARA, RETOQUE

fotógrafo, -a *nm-nf* photographer

fotomatón ® *nm* photo booth

fracasado, -a *adj* failed
▸ *nm-nf* failure *Ver tb* FRACASAR

fracasar *vi* **1** to fail **2** (*planes*) to fall through

fracaso *nm* failure

fracción *nf* fraction

fractura *nf* fracture **LOC** fractura/fracturación hidraúlica fracking

fracturar(se) *vt, vp* to fracture

fragancia *nf* fragrance

frágil *adj* fragile

fragmento *nm* fragment

fragua *nf* forge

fraile *nm* monk

frambuesa *nf* raspberry [*pl* raspberries]

francamente *adv* **1** (*muy*) really: *Es ~ difícil.* It's really hard. **2** (*con sinceridad*) honestly: *No sabemos ~ si…* We don't honestly know whether…

francés, -esa *adj, nm* French: *hablar ~* to speak French
▸ *nm-nf* Frenchman/woman [*pl* -men/-women]: *los franceses* the French

Francia *nf* France

franco, -a *adj* **1** (*sincero*) frank **2** (*claro*) marked: *un ~ deterioro* a marked decline

franela *nf* flannel

franja *nf* strip

franquear vt (carta, paquete) to pay postage on sth

franqueza nf frankness: *Hablemos con ~.* Let's be frank.

franquicia nf (Econ) franchise

frasco nm **1** (colonia, medicina) bottle **2** (conservas, mermelada) jar

frase nf **1** (oración) sentence **2** (locución) phrase **LOC** **frase hecha** set phrase

fraternal (tb fraterno, -a) adj brotherly, fraternal (más formal): *el amor ~* brotherly love

fraude nm fraud **LOC** **fraude fiscal** tax fraud

fraudulento, -a adj fraudulent

frecuencia nf frequency [pl frequencies] **LOC** **con frecuencia** often, frequently (más formal)

frecuentar vt **1** (lugar) to frequent **2** (amigos) to go around with sb: *Ya no frecuento ese grupo de amigos.* I don't go around with that group of friends any more.

frecuente adj **1** (reiterado) frequent: *Tengo ~s ataques de asma.* I have frequent asthma attacks. **2** (habitual) common: *Es una práctica ~ en este país.* It's common practice in this country.

fregadero nm sink

fregar vt (platos, etc., muebles) to wash ▸ vi (platos) to do the washing-up, to do the dishes (USA) **LOC** **fregar el suelo** to mop the floor ◆ **fregar los platos** to do the washing-up, to do the dishes (USA)

fregona nf mop

freír(se) vt, vp to fry

frenar vi to brake: *Frené de golpe.* I slammed on the brakes. ▸vt (actividad) to curb: *~ la inflación/tus impulsos* to curb inflation/your impulses **LOC** Ver SECO

frenazo nm *Se oyó un ~.* There was a screech of brakes. **LOC** **dar un frenazo** to slam on the brakes

freno nm **1** (vehículo) brake: *Me fallaron los ~s.* My brakes failed. ◇ *poner/quitar el ~* to put on/release the brake(s) **2** (traba) curb (on sth): *poner ~ a las importaciones* to curb imports **LOC** **freno de mano** handbrake, emergency brake (USA)

frente nf (Anat) forehead ▸ nm (meteorológico, batalla, Pol) front: *un ~ frío* a cold front **LOC** **al frente** forward: *Di un paso al ~.* I took a step forward. ◆ **al frente de 1** (encabezando) leading: *Iba al ~ de la manifestación.* He was leading the demonstration. **2** (a cargo de) in charge of sth: *Está al ~ de la empresa.* He's in charge of the company. ◆ **hacer frente a algn/algo** to stand up to sb/sth Ver tb DEDO

fresa nf strawberry [pl strawberries]

fresca nf **1** (frescor) cool of the morning/evening: *Hay que salir con la ~.* We must set off in the cool of the morning. **2** (insolencia) cheeky remark: *Me soltó una ~.* He made a cheeky remark to me.

fresco, -a adj **1** (temperatura) chilly: *El día está algo ~.* It's rather chilly today. **⊃** Ver nota en FRÍO **2** (ropa) cool **3** (comida) fresh: *huevos ~s* fresh eggs **4** (noticia) latest: *noticias frescas* the latest news **5** (pintura) wet **6** (persona) cheeky, sassy (USA) ▸ nm-nf (persona) cheeky so-and-so: *El muy ~ me timó.* The cheeky so-and-so swindled me. **LOC** **hacer fresco** to be chilly: *Por la noche hace ~.* It's chilly at night. ◆ **quedarse tan fresco** not to bat an eyelid: *Le riñes y se queda tan ~.* You tell him off and he doesn't even bat an eyelid. ◆ **tomar el fresco** to get some fresh air

fresno nm ash (tree)

fresón nm strawberry [pl strawberries]

frigorífico nm fridge, refrigerator (más formal)

friki (tb friqui) nmf **1** freak: *Es una ~ de la escalada/Star Wars.* She's a climbing/Star Wars freak. **2** (Informát) nerd: *un ~ de los ordenadores* a computer nerd

frío, -a adj, nm cold: *Cierra la puerta, que entra ~.* Shut the door, you're letting the cold in.

🔎 No se deben confundir las palabras **cold**, **chilly** y **cool**. **Cold** indica una temperatura baja: *Ha sido un invierno muy frío.* It's been a very cold winter. **Chilly** y **cool** se utilizan ambos cuando no hace frío del todo, pero en el caso de **chilly** la percepción es desagradable mientras que **cool** expresa una temperatura agradable: *Hace fresco, ponte una chaqueta.* It's chilly — put a jacket on. ◇ *Fuera hace calor, pero aquí se está fresquito.* It's hot outside but it's nice and cool in here.

LOC **coger frío** to catch cold ◆ **hacer frío** to be cold: *Hace mucho ~ en la calle.* It's very cold outside. ◇ *¡Hace un ~ que pela!* It's freezing! ◆ **pasar/tener frío** to be/feel cold: *Tengo ~ en las manos.* My hands are cold. Ver tb MORIR(SE), MUERTO, OLA, PELAR, SANGRE, TEMBLAR

friolero, -a adj *Soy muy ~.* I feel the cold a lot.

frito, -a adj fried **LOC** **estar frito 1** (dormido) to be fast asleep **2** (muerto) to be dead ◆ **quedarse frito** to doze off ◆ **tener/traer frito** (hartar): *Este niño me tiene ~.* I'm fed up with this kid. Ver tb HUEVO, PATATA, TOMATE; Ver tb FREÍR(SE)

frondoso, -a adj leafy

frontal *adj* **1** (*choque, enfrentamiento*) head-on **2** (*directo*) direct: *un ataque ~* a direct attack **LOC** *Ver* CÁMARA

frontera *nf* border, frontier: *pasar la ~* to cross the border

🔍 ¿**Border** o **frontier**? Utilizamos **border** tanto para hablar de la división entre países o entre provincias, etc. dentro de un mismo país como para referirnos a las fronteras naturales: *en la frontera francesa* on the French border ◊ *El río constituye la frontera entre los dos países.* The river forms the border between the two countries. **Frontier** se utiliza para hablar de la división entre países, aunque es un poco más formal que **border**. Tiene también un uso figurado: *las fronteras de la ciencia* the frontiers of science.

fronterizo, -a *adj* **1** (*en la frontera*) border: *región fronteriza* border area **2** (*limítrofe*) neighbouring: *dos países ~s* two neighbouring countries

frontón *nm* **1** (*juego*) pelota **2** (*cancha*) pelota court

frotar(se) *vt, vp* to rub **LOC** **frotarse las manos** to rub your hands together

fruncir *vt* (*Costura*) to gather **LOC** **fruncir el ceño** to frown

frustración *nf* frustration

frustrado, -a *adj* **1** (*persona*) frustrated **2** (*intento*) failed *Ver tb* FRUSTRAR

frustrar *vt* **1** (*persona*) to frustrate **2** (*plan, robo, etc.*) to thwart **3** (*esperanzas*) to dash

fruta *nf* fruit: *¿Quieres (una) ~?* Do you want some fruit? ◊ *Hay que comer tres piezas de ~ al día.* You must eat fruit three times a day. **LOC** *Ver* BATIDO, MACEDONIA

frutal *adj* fruit: *un árbol ~* a fruit tree

frutería *nf* greengrocer's ➔ *Ver nota en* CARNICERÍA

frutero, -a *nm-nf* greengrocer ▸ *nm* (*recipiente*) fruit bowl

fruto *nm* fruit **LOC** **frutos secos 1** (*de cáscara dura*) nuts **2** (*desecados*) dried fruit [*incontable*]

fuego *nm* **1** fire: *encender el ~* to light the fire **2** (*mechero, cerillas*) a light: *¿Me das ~?* Have you got a light? **LOC** **a fuego lento/vivo** over a low/high heat ◆ **fuegos artificiales** fireworks *Ver tb* ALTO, ARMA, CASTAÑA, COCER, MANO, PRENDER

fuel (*tb* **fuel-oil**) *nm* oil

fuente *nf* **1** (*manantial*) spring **2** (*en plaza, jardín*) fountain **3** (*bandeja*) dish: *una ~ de carne* a dish of meat **4** (*origen*) source: *~s cercanas al gobierno* sources close to the government

fuera *adv* **1** ~ (**de**) (*en el exterior*) outside: *Se oían ruidos ~.* You could hear noises outside. ◊ *~ de España* outside Spain ◊ *Hay grietas por ~.* There are cracks on the outside. **2** (*no en casa*) out: *comer ~* to eat out ◊ *Se pasan todo el día ~.* They're out all day. **3** (*de viaje*) away: *Está ~ en viaje de negocios.* He's away on business. **4** ~ **de** (*fig*) out of *sth*: *~ de peligro* out of danger ◊ *Mantener ~ del alcance de los niños.* Keep out of reach of children.
▸ ¡**fuera!** *interj* get out! **LOC** **fuera de lo común/normal** out of the ordinary ◆ **fuera de sí** beside yourself ❶ Para otras expresiones con **fuera**, véanse las entradas del sustantivo, adjetivo, etc., p. ej. **fuera de juego** en JUEGO.

fuerte *adj* **1** strong: *un queso/olor muy ~* a very strong cheese/smell **2** (*lluvia, nevada, tráfico, pesado*) heavy: *un ~ ritmo de trabajo* a heavy work schedule **3** (*dolor, crisis, descenso*) severe **4** (*abrazo, comida*) big: *un desayuno ~* a big breakfast **5** (*violento*) shocking: *La película tiene unas escenas muy ~s.* The film has some really shocking scenes. **6** (*increíble*) amazing: *¡Qué fuerte!* That's amazing!
▸ *adv* **1** (*utilizando la fuerza, intensamente*) hard: *tirar ~ de una cuerda* to pull a rope hard **2** (*firmemente*) tight: *¡Agárrate ~!* Hold on tight! **3** (*sonido*) loud: *No hables tan ~.* Don't talk so loud. ◊ *Ponlo más ~.* Turn it up.
▸ *nm* (*fortaleza*) fort **LOC** *Ver* ABRAZO, CAJA, PISAR

fuerza *nf* **1** (*Fís, Mil, Pol, potencia*) force: *la ~ de la gravedad* the force of gravity ◊ *las ~s armadas* the armed forces **2** (*energía física*) strength [*incontable*]: *recobrar las ~s* to get your strength back ◊ *No tengo ~s para continuar.* I don't have the strength to carry on. **LOC** **a la fuerza 1** (*obligando*) by force: *Los sacaron a la ~.* They removed them by force. **2** (*por necesidad*): *Tengo que hacerlo a la ~.* I just have to do it. ◆ **fuerza de voluntad** willpower ◆ **fuerzas aéreas** air force [*v sing o pl*] ◆ **hacer fuerza** to try hard *to do sth Ver tb* CAMISA, UNIÓN

fuga *nf* **1** (*huida*) flight: *emprender la ~* to take flight **2** (*gas, agua*) leak

fugarse *vp* **1** (*de la cárcel*) to escape (*from sth*) **2** (*de casa, del colegio*) to run away (*from sth*) **3** (*de un país*) to flee: *Se han fugado del país.* They have fled the country.

fugaz *adj* fleeting **LOC** *Ver* ESTRELLA

fugitivo, -a *nm-nf* fugitive

fulano, -a *nm-nf* so-and-so [*pl* so-and-sos]: *Imagínate que viene ~…* Just suppose so-and-so comes… **LOC** (**señor/don**) **Fulano de Tal** Mr So-and-So

fulminante *adj* **1** (*instantáneo*) immediate: *un éxito* ~ an immediate success **2** (*mirada*) withering **3** (*muerte*) sudden

fumador, -ora *nm-nf* smoker: *¿Fumador o no* ~*?* Smoking or non-smoking?

fumar *vt, vi* to smoke: *Deberías dejar de* ~. You should give up smoking. ◊ ~ *en pipa* to smoke a pipe **LOC** **fumarse una clase** to skip a class *Ver tb* PROHIBIDO, ROGAR

función *nf* **1** (*tarea, cometido*) function: *Nuestra* ~ *es informar.* Our function is to inform. **2** (*Teat*) performance: *una* ~ *de gala* a gala performance **LOC** **en función de** *Está en* ~ *del precio.* It depends on the price. ◊ *en* ~ *de tus aptitudes* according to your ability

funcionamiento *nm* operation: *poner algo en* ~ to put sth into operation

funcionar *vi* **1** to work: *La alarma no funciona.* The alarm doesn't work. ◊ *¿Cómo funciona?* How does it work? **2** ~ (**con**) to run (on *sth*): *Este coche funciona con gasoil.* This car runs on diesel. **LOC** **no funciona** (*en un cartel*) out of order

funcionario, -a *nm-nf* civil servant

funda *nf* **1** (*estuche*) case: *una* ~ *de gafas* a glasses case **2** (*para almohada*) pillowcase **3** (*para edredón, cojín, móvil*) cover **4** (*disco*) sleeve

fundación *nf* (*institución*) foundation

fundador, -ora *adj, nm-nf* founder: *los miembros* ~*es* the founder members

fundamental *adj* fundamental

fundamentalismo *nm* fundamentalism

fundamentalista *adj, nmf* fundamentalist

fundar *vt* to found

fundir(se) *vt, vp* **1** (*derretir*) to melt: ~ *queso* to melt cheese **2** (*fusible*) to blow: *Se fundieron los plomos.* The fuses blew.

Gg

gabardina *nf* raincoat

gabinete *nm* **1** (*despacho*) office **2** (*Pol*) Cabinet [*v sing o pl*] **LOC** **gabinete de prensa** press office

gafar *vt* to jinx

gafas *nf* **1** glasses: *un chico rubio, con* ~ a fair boy with glasses ◊ *No le vi porque no llevaba las* ~. I couldn't see him because I didn't have my glasses on. ◊ *Me tienen que poner* ~. I need glasses. **2** (*motociclista, esquiador, submarinista*) goggles **LOC** **gafas de culo de vaso** pebble glasses ◆

fúnebre *adj* **1** (*para un funeral*) funeral: *la marcha* ~ the funeral march **2** (*triste*) mournful **LOC** *Ver* COCHE, POMPA

funeral (*tb funerales*) *nm* funeral [*v sing*]: *los* ~*es de un vecino* a neighbour's funeral

funeraria *nf* undertaker's, funeral parlour (*USA*) **➔** *Ver nota en* CARNICERÍA

funicular *nm* **1** (*Ferrocarril*) funicular (railway) **2** (*teleférico*) cable car

furgoneta *nf* van

furia *nf* fury **LOC** **con furia** furiously ◆ **estar hecho una furia** to be in a rage ◆ **ponerse hecho una furia** to fly into a rage

furioso, -a *adj* furious: *Estaba* ~ *con ella.* I was furious with her.

furtivo, -a *adj* furtive **LOC** **caza/pesca furtiva** poaching ◆ **cazador/pescador furtivo** poacher

fusible *nm* fuse: *Han saltado los* ~*s.* The fuses have blown.

fusil *nm* rifle

fusión *nf* **1** (*empresas, partidos políticos*) merger **2** (*hielo, metales*) melting **3** (*atómica*) fusion: *la* ~ *nuclear* nuclear fusion **LOC** *Ver* PUNTO

fusionar(se) *vt, vp* (*empresas, etc.*) to merge

fusta *nf* riding crop

futbito *nm* five-a-side football

fútbol *nm* football, soccer (*USA*): *jugar al* ~ to play football **LOC** **fútbol americano** American football, football (*USA*) ◆ **fútbol sala** five-a-side football

futbolín *nm* **1** (*juego*) table football, foosball (*USA*) **2 futbolines** (*local*) amusement arcade [*v sing*]

futbolista *nmf* footballer

futuro, -a *adj, nm* future **LOC** **en el futuro 1** (*próximamente*) in the future **2** (*la próxima vez*) in future

gafas de lectura reading glasses ◆ **gafas de sol** sunglasses

gafe *nmf* jinx **LOC** **ser/tener gafe** to be jinxed: *Es tan* ~ *que todo le sale mal.* He seems to be jinxed; nothing turns out right for him.

gaita *nf* **1** (*Mús*) bagpipes [*pl*]: *tocar la* ~ to play the bagpipes **2** (*inconveniente*) pain: *¡Vaya* ~*!* What a pain! **3** (*rollo*): *¡Déjate de* ~*s!* Stop messing about!

gaitero, -a *nm-nf* piper

gajes nm LOC **ser gajes del oficio** to be part and parcel of the job

gajo nm segment

gala nf **1** (recepción, ceremonia, función) gala: *Asistiremos a la ~ inaugural.* We're going to the gala opening. ◊ *una cena de ~* a gala dinner **2 galas** (ropa) best clothes: *Llevaré mis mejores ~s.* I'll wear my best clothes. LOC **ir/vestir de gala** to be dressed up

galante adj gallant

galápago nm terrapin

galardón nm award

galardonado, -a adj award-winning: *un autor/libro ~* an award-winning author/book *Ver tb* GALARDONAR

galardonar vt to award sb a prize

galaxia nf galaxy [pl galaxies]

galería nf **1** (Arte, Teat) gallery [pl galleries]: *una ~ de arte* an art gallery ➔ *Ver nota en* MUSEUM **2** (balcón) balcony [pl balconies] LOC **galerías (comerciales)** shopping arcade

Gales nm Wales

galés, -esa adj, nm Welsh: *hablar ~* to speak Welsh
▸ nm-nf Welshman/woman [pl -men/-women]: *los galeses* the Welsh

galgo nm greyhound LOC *Ver* CORRER

gallego, -a adj, nm-nf, nm Galician

galleta nf biscuit, cookie (USA)

gallina nf hen
▸ adj, nmf (cobarde) wimp: *¡No seas tan ~!* Don't be such a wimp! LOC **la gallina/gallinita ciega** blind man's buff *Ver tb* CARNE, PIEL

gallinero nm **1** (para gallinas) henhouse **2** (lugar ruidoso) madhouse **3 el gallinero** (Teat) the gallery, the gods [pl] (coloq)

gallo nm **1** (ave) cock, rooster (USA) **2** (nota desafinada) wrong note: *Le salió un ~.* He hit a wrong note. LOC *Ver* MISA, PATA

galón nm **1** (de uniforme) stripe **2** (medida) gallon ➔ *Ver pág 804*

galopar vi to gallop: *salir a ~* to go for a gallop

galope nm gallop LOC **al galope** *El caballo se puso al ~.* The horse started to gallop. ◊ *Se fueron al ~.* They galloped off.

gama nf range: *una amplia ~ de colores* a wide range of colours

gamba nf prawn, shrimp (USA)

gamberrada nf LOC **hacer gamberradas** to make trouble

gamberrismo nm hooliganism

gamberro, -a nm-nf hooligan LOC **hacer el gamberro** to make trouble

gana nf LOC **como me da la gana** however I, you, etc. want: *Lo haré como me dé la ~.* I'll do it however I want. ◆ **con/sin ganas** enthusiastically/half-heartedly ◆ **darle a algn la (real) gana** to want *to do sth*: *Lo hago porque me da la ~.* I'm doing it because I want to. ◆ **de buena/mala gana** willingly/reluctantly: *Lo hizo de mala ~.* She did it reluctantly. ◆ **hacer lo que le da la gana a uno** to do whatever you want: *Haz lo que te dé la ~.* Do whatever you want. ◆ **¡las ganas!** you wish! ◆ **quedarse con las ganas** to never get *to do sth*: *Me quedé con las ~s de verlos.* I never got to see them. ◆ **sentir/tener ganas (de hacer algo)** to feel like *sth/doing sth*: *Tengo ~s de comer algo.* I feel like having something to eat. ◊ *Hoy no tengo ~s.* I don't feel like it today. *Ver tb* ENTRAR, QUITAR

ganadería nf **1** (actividad) livestock farming **2** (conjunto de ganado) livestock

ganadero, -a nm-nf livestock farmer
▸ adj LOC *Ver* EXPLOTACIÓN

ganado nm livestock LOC **ganado lanar/ovino** sheep [pl] ◆ **ganado porcino** pigs [pl] ◆ **ganado (vacuno)** cattle [pl]

ganador, -ora adj winning
▸ nm-nf winner

ganancia nf profit LOC *Ver* PÉRDIDA

ganar vt **1** (sueldo, sustento) to earn: *Este mes he ganado poco.* I didn't earn much this month. **2** (premio, partido, guerra) to win: *~ la lotería* to win the lottery ◊ *¿Quién ganó el torneo?* Who won the tournament? **3** (a un contrincante) to beat: *Inglaterra ganó a Alemania.* England beat Germany. **4** (conseguir) to gain (*by/from sth/doing sth*): *¿Qué gano yo con decírtelo?* What do I gain by telling you?
▸ vi (vencer) to win: *Lo importante es participar y no ~.* The important thing is taking part, not winning.
▸ **ganarse** vp **1** (dinero, respeto) to earn: *Se ha ganado el respeto de todos.* He has earned everybody's respect. **2** (castigo, recompensa) to deserve: *Te has ganado unas buenas vacaciones.* You deserve a holiday. LOC **ganarse el pan/la vida** to earn your living ◆ **ganar tiempo** to save time ◆ **salir ganando** to do well (*out of sth*): *He salido ganando con la reorganización.* I've done well out of the reorganization. *Ver tb* PULSO

gancho nm **1** (para colgar) hook **2** (cómplice) bait: *utilizar a algn como ~* to use sb as bait LOC **tener gancho 1** (persona) to be attractive **2** (película) to be a crowd-puller

gandul, -ula adj lazy
▸ nm-nf layabout

gandulear *vi* to laze around

ganga *nf* bargain

gangrena *nf* gangrene

gángster *nm* gangster

ganso, -a *nm-nf* **1** goose [*pl* geese] ❶ Si queremos especificar que se trata de un ganso macho, diremos *gander*. **2** (*persona*) fool LOC **hacer el ganso** to play the fool

garabatear *vt, vi* **1** (*dibujar*) to doodle **2** (*escribir*) to scribble

garabato *nm* **1** (*dibujo*) doodle **2** (*escritura*) scribble

garaje *nm* garage

garantía *nf* guarantee

garantizar *vt* **1** (*dar garantía*) to guarantee: *Garantizamos la calidad del producto.* We guarantee the quality of the product. **2** (*asegurar*) to assure: *Vendrán, te lo garantizo.* They'll come, I assure you.

garbanzo *nm* chickpea, garbanzo [*pl* garbanzos] (*USA*)

garbeo *nm* LOC **dar(se) un garbeo** to go for a stroll

garbo *nm* LOC **andar con garbo** to walk gracefully ◆ **tener garbo** to be graceful

garfio *nm* hook

garganta *nf* **1** (*Anat*) throat: *Me duele la ~.* I've got a sore throat. **2** (*Geog*) gorge LOC *Ver* NUDO

gargantilla *nf* necklace

gárgaras *nf* LOC **hacer gárgaras** to gargle ◆ **¡vete a hacer gárgaras!** get lost!

garita *nf* **1** (*centinela*) sentry box **2** (*portero*) porter's lodge

garra *nf* **1** (*animal*) claw **2** (*ave de rapiña*) talon **3** (*atractivo*): *Esta canción tiene mucha ~.* That song is really powerful. ◇ *Es una persona con ~.* He's a fascinating person.

garrafa *nf* **1** (*de plástico*) big bottle **2** (*de cristal*) demijohn LOC **de garrafa/garrafón** (*bebida*) poor quality

garrafal *adj* monumental: *una falta ~* a monumental mistake

garrapata *nf* tick

garrulo, -a *adj* (*ordinario*) common
▸ *nm-nf* lout

garza *nf* heron

gas *nm* **1** gas: *Huele a ~.* There's a smell of gas. **2 gases** (*Med*) wind [*incontable*], gas [*incontable*] (*USA*): *El bebé tiene ~es.* The baby's got wind. LOC **gas ciudad/natural** mains/natural gas ◆ **gases lacrimógenos** tear gas [*incontable*] *Ver tb* AGUA

gasa *nf* **1** (*tejido*) gauze **2** (*vendaje*) bandage

gaseosa *nf* (fizzy) lemonade, soda (*USA*)

gaseoso, -a *adj* **1** (*estado*) gaseous **2** (*bebida*) fizzy

gasóleo (*tb* **gasoil**) *nm* diesel

gasolina *nf* petrol, gas (*USA*): *Nos paramos a echar ~.* We stopped to get some petrol. LOC **gasolina con/sin plomo** leaded/unleaded petrol *Ver tb* INDICADOR

gasolinera *nf* petrol station, gas station (*USA*)

gastado, -a *adj* (*desgastado*) worn out *Ver tb* GASTAR

gastar *vt* **1** (*dinero*) to spend *sth* (*on sb/sth*) **2** (*consumir*) to use: *~ menos electricidad* to use less electricity **3** (*agotar*) to use *sth* up: *Me has gastado toda la colonia.* You've used up all my cologne. **4** (*talla*): *~ la talla 40* to be a size 40 LOC **gastar una broma/inocentada** to play a joke (*on sb*): *Le gastaron muchas ~s.* They played a lot of jokes on him.

gasto *nm* **1** (*dinero*) expense: *No gano ni para ~s.* I don't earn enough to cover my expenses. **2** (*agua, energía, gasolina*) consumption LOC **gastos de envío** postage and packing [*v sing*]

gastroenteritis *nf* gastroenteritis [*incontable*]

gastronomía *nf* cooking, cuisine (*más formal*): *la ~ francesa* French cuisine

gatear *vi* to crawl

gatillo *nm* trigger: *apretar el ~* to pull the trigger

gato, -a *nm-nf* cat

🔎 **Tomcat** o **tom** es un gato macho, y **kittens** son los gatitos. 'Ronronear' se dice **purr** y 'hacer miau' **miaow**.

▸ *nm* (*coche*) jack LOC **andar a gatas** to crawl ⊃ *Ver nota en* ANDAR ◆ **dar gato por liebre** to take *sb* in ◆ **el Gato con Botas** Puss in Boots ◆ **gato siamés** Siamese *Ver tb* CUATRO, PERRO

gaviota *nf* seagull

gay *adj, nm* gay

gel *nm* gel LOC **gel de baño/ducha** shower gel *Ver tb* AFEITAR(SE)

gelatina *nf* **1** (*sustancia*) gelatine **2** (*Cocina*) jelly [*pl* jellies]

gemelo, -a *adj, nm-nf* twin: *hermanas gemelas* twin sisters
▸ **gemelos** *nm* **1** (*anteojos*) binoculars **2** (*camisa*) cufflinks

gemido *nm* **1** (*persona*) groan: *Se podían oír los ~s del enfermo.* You could hear the sick man groaning. **2** (*animal*) whine: *los ~s del perro* the whining of the dog

géminis (*tb* **Géminis**) *nm, nmf* Gemini ⊃ *Ver ejemplos en* ACUARIO

gemir vi **1** (persona) to groan **2** (animal) to whine

gen nm gene

genealógico, -a adj LOC Ver ÁRBOL

generación nf generation LOC Ver ÚLTIMO

generacional adj el conflicto ~ the generation gap

generador nm (Electrón) generator

general adj general
  ▸ nmf (Mil) general LOC **en general/por lo general** in general Ver tb CARRETERA, CUARTEL, ELECCIÓN, ENSAYO

generalizar vt, vi to generalize: No se puede ~. You can't generalize.

generalmente adv usually

generar vt to generate: ~ energía to generate energy

genérico, -a adj generic

género nm **1** (tipo) kind: problemas de ese ~ problems of that kind **2** (Arte, Liter) genre **3** (Gram) gender **4** (tela) material ⊃ Ver nota en TELA LOC **género policiaco** crime writing Ver tb VIOLENCIA

generosidad nf generosity

generoso, -a adj generous: Es muy ~ con sus amigos. He is very generous to his friends.

genética nf genetics [incontable]

genéticamente adv LOC **genéticamente modificado** genetically modified (abrev GM)

genético, -a adj genetic LOC Ver INGENIERÍA

genial adj, adv brilliant: una idea/un pianista ~ a brilliant idea/pianist
  ▸ adv Lo pasamos ~. We had a brilliant time.

genio nm **1** ~ (con/de/para) (lumbrera) genius [pl geniuses] (at sth/doing sth): Eres un ~ haciendo arreglos. You're a genius at repairing things. ◊ Es un ~ para los números. She's really good at maths. **2** (mal humor) temper: ¡Qué ~ tienes! What a temper you've got! LOC **estar de mal genio** to be in a bad mood ♦ **tener mal genio** to be bad-tempered

genital adj genital
  ▸ **genitales** nm genitals

genocidio nm genocide

genoma nm genome

genómica nf genomics [incontable]

gente nf people [pl]: Había mucha ~. There were a lot of people. ◊ La ~ está asustada. People are scared. ◊ ~ normal y corriente ordinary people ◊ toda la ~ everyone LOC **gente bien** well-off people [pl] ♦ **ser buena gente** to be nice: Son buena ~. They're really nice.

geografía nf geography

geográfico, -a adj geographical

geolocalización nf geolocation

geología nf geology

geológico, -a adj geological

geometría nf geometry

geométrico, -a adj geometric

geranio nm geranium

gerente nmf manager LOC Ver DIRECTOR

germen nm germ

gesticular vi **1** (con las manos) to gesticulate **2** (con la cara) to pull a face, to grimace (más formal)

gestión nf **1 gestiones** (trámites) business [incontable]: Tengo que hacer unas gestiones en el ayuntamiento. I have some business to attend to in the town hall. ◊ hacer las gestiones necesarias para conseguir un visado to take the necessary steps to get a visa **2** (administración) management LOC **gestión de empresas** business administration

gesto nm **1** gesture: un ~ simbólico a symbolic gesture ◊ comunicarse/hablar por ~s to communicate by gesture **2** (cara) expression: con ~ pensativo with a thoughtful expression LOC **hacer un gesto/gestos 1** (con la mano) to signal: Me hizo un ~ para que entrara. He signalled (to) me to come in. **2** (con la cara) to pull a face/faces (at sb)

gigante adj **1** (enorme) gigantic **2** (Bot) giant: un olmo ~ a giant elm
  ▸ **gigante, -a** nm-nf (cuentos infantiles) giant LOC **gigantes y cabezudos** carnival figures

gigantesco, -a adj enormous

gimnasia nf gymnastics [incontable]: el campeonato de ~ deportiva the gymnastics championships LOC **gimnasia rítmica** rhythmic gymnastics [incontable] ♦ **hacer gimnasia** to exercise, to work out (más coloq)

gimnasio nm gym, gymnasium (más formal)

gimnasta nmf gymnast

ginebra nf gin

ginecología nf gynaecology

ginecólogo, -a nm-nf gynaecologist

gin-tonic nm gin and tonic

gira nf tour LOC **estar/ir de gira** to be/go on tour ♦ **hacer una gira por...** to tour...

girar vt, vi to turn: ~ el volante hacia la derecha to turn the steering wheel to the right ◊ ~ a la izquierda to turn left LOC **girar alrededor de algn/algo** to revolve around sb/sth: La Tierra gira alrededor del Sol. The earth revolves around the sun. ♦ **girar en torno a** to centre on/around sth: La reunión giró en torno a los cambios recientes. The meeting centred around the recent changes. Ver tb CARA

G

girasol *nm* sunflower

giratorio, -a *adj* `LOC` *Ver* PUERTA, SILLA

giro *nm* turn: *un ~ a la derecha* a right turn ◊ *Se produjo un ~ radical en su política.* Their policy took a radical turn. `LOC` **giro bancario** banker's draft ♦ **giro postal** postal order, money order (*USA*)

gitano, -a *adj, nm-nf* gypsy [*pl* gypsies] `LOC` *Ver* BRAZO

glacial *adj* **1** (*período, zona*) glacial **2** (*viento*) icy **3** (*temperatura*) freezing

glaciar *nm* glacier `LOC` **época/período glaciar** Ice Age *Ver tb* CASQUETE

glándula *nf* gland

global *adj* **1** (*total*) overall: *el coste ~ de las obras* the overall cost of the repairs **2** (*mundial*) global `LOC` *Ver* ALDEA, CALENTAMIENTO

globalización *nf* globalization

globalizar(se) *vt, vp* to globalize

globo *nm* balloon: *una excursión en ~* a balloon trip `LOC` **globo terráqueo** globe

gloria *nf* **1** (*grandeza, esplendor*) glory: *fama y ~* fame and glory **2** (*persona célebre*) great name: *las viejas ~s del deporte* the great sporting names of the past `LOC` **huele/sabe a gloria** it smells/tastes delicious

glorieta *nf* roundabout, traffic circle (*USA*)

glosario *nm* glossary [*pl* glossaries]

glotón, -ona *adj* greedy
▸ *nm-nf* glutton

glucosa *nf* glucose

gluten *nm* gluten: *alimentos sin ~* gluten-free foods

gobernador, -ora *nm-nf* governor

gobernante *adj* governing: *el partido ~* the governing party
▸ *nmf* leader

gobernar *vt* **1** (*país*) to govern **2** (*barco*) to steer

gobierno *nm* government [*v sing o pl*]: *~ autónomo/central* regional/central government ➔ *Ver nota en* JURADO

gogó *nmf* go-go dancer

gol *nm* goal: *marcar/meter un ~* to score a goal `LOC` **gol del empate** equalizer

goleador, -ora *nm-nf* (*jugador*) goalscorer: *el máximo ~* the top goalscorer

golear *vt* *Alemania goleó a Holanda por cinco a cero.* Germany thrashed Holland five nil.

golf *nm* golf `LOC` *Ver* CAMPO

golfa *nf* (*prostituta*) tart

golfista *nmf* golfer

golfo *nm* **1** (*sinvergüenza*) rogue **2** (*Geog*) gulf: *el ~ de México* the Gulf of Mexico

golondrina *nf* swallow

golosina *nf* sweet, candy [*incontable*] (*USA*)

goloso, -a *adj, nm-nf ser muy/un ~* to have a sweet tooth ◊ *la gente golosa* people with a sweet tooth

golpe *nm* **1** (*choque, impacto*) blow: *un buen ~ en la cabeza* a severe blow to the head ◊ *Su muerte fue un duro ~ para nosotros.* Her death came as a heavy blow. ◊ *Lo mataron a ~s.* They beat him to death. **2** (*accidente*) accident: *No corras o nos daremos un ~.* Slow down or we'll have an accident. **3** (*para llamar la atención*) knock: *Oí un ~ en la puerta.* I heard a knock at the door.

🔎 Cuando *golpe* se utiliza en construcciones con verbos como *dar* o *pegar*, se suele traducir con los verbos **knock**, **bang** o **crash**: *Me pegué un golpe con/contra la mesa.* I knocked myself on the table. ◊ *Di unos golpes en la puerta a ver si había alguien.* I knocked on the door to see if anyone was in. ◊ *Me he dado un golpe en la cabeza.* I've banged my head. ◊ *Se dieron un golpe contra un árbol.* They crashed into a tree.

4 (*moratón*) bruise **5** (*Dep*) stroke `LOC` **de golpe (y porrazo)** out of the blue: *Hombre, si se lo dices de ~ y porrazo…* Well, if you tell him out of the blue… ♦ **de (un) golpe** in one go ♦ **golpe de calor** heatstroke [*incontable*]: *Cada año fallecen personas por ~s de calor.* Every year people die from heatstroke. ♦ **golpe de estado** coup ♦ **no dar (ni) golpe** not to do a stroke (of work) ♦ **tener buenos golpes** to be very funny ♦ **un golpe bajo** *Eso fue un ~ bajo.* That was below the belt. *Ver tb* ATIZAR, CERRAR, LIAR

golpear *vt* **1** to hit: *El balón le golpeó la cabeza.* The ball hit him on the head. **2** (*puerta, ventana*) to bang: *La puerta golpeó la pared.* The door banged against the wall. **3** (*repetidamente*) to beat: *El granizo golpeaba los cristales.* The hail was beating against the windows. ◊ *Golpeaban los tambores con fuerza.* They were beating the drums loudly. ◊ *La golpeó hasta matarla.* He beat her to death.

goma *nf* **1** (*de borrar, caucho*) rubber **2** (*banda elástica*) elastic band, rubber band (*USA*)

gomina *nf* (*hair*) gel

googlear *vt* to google

gordo, -a *adj* **1** (*persona, animal*) fat

🔎 **Fat** es la palabra más común, pero existen otras palabras menos directas. **Overweight** es la palabra más neutra, mientras que **plump** y **chubby** tienen un matiz más positivo.

2 (*grueso*) thick **3** (*grave*) serious: *un error ~* a serious mistake

▶*nm-nf* fat man/woman [*pl* men/women]
▶*nm* (*lotería*) first prize **LOC** caer gordo *Me cae muy ~*. I can't stand him. *Ver tb* DEDO, PEZ, SAL, SUDAR, VISTA

gorila *nm* **1** (*animal*) gorilla **2** (*guardaespaldas*) bodyguard **3** (*de una discoteca, etc.*) bouncer

gorra *nf* cap **LOC** de gorra (*gratis*) free: *A ver si podemos comer de ~*. Let's see if we can eat for free.

gorrión *nm* sparrow

gorro *nm* hat: *un ~ de lana/de cocinero* a woolly/chef's hat **LOC** estar hasta el gorro to be fed up to the back teeth (*with sb/sth*) ◆ gorro de baño **1** (*para piscina*) swimming cap **2** (*para ducha*) shower cap

gorrón, -ona *nm-nf* scrounger, freeloader (*USA*)

gorronear *vt* to scrounge *sth* (*off/from sb*)

gota *nf* drop **LOC** ser como dos gotas de agua to be like two peas in a pod ◆ ser la gota que colma el vaso to be the last straw *Ver tb* SUDAR

gotear *vi* **1** to drip: *Ese grifo gotea*. That tap's dripping. **2** (*tubería, cubo, etc.*) to leak **3** (*lluvia*) to drizzle

gotera *nf* leak: *Cada vez que llueve tenemos ~s*. The roof leaks every time it rains.

gótico, -a *adj, nm* Gothic

gozar *vi* ~ (**con/de**) to enjoy *sth/doing sth*: *~ de buena salud* to enjoy good health ◊ *Es que gozan haciendo sufrir*. They really enjoy making people suffer.

gozo *nm* **LOC** *Ver* CABER

GPS *nm* satnav, GPS (*USA*)

grabación *nf* recording

grabado *nm* **1** (*técnica*) engraving **2** (*en un libro*) illustration

grabadora *nf* tape recorder **LOC** grabadora de CDs/DVDs CD/DVD burner

grabar *vt* **1** (*sonido, imagen*) to record **2** (*metal, piedra*) to engrave **LOC** *Ver* VÍDEO

gracia *nf* **1** (*encanto, simpatía*) charm: *No es guapa pero tiene ~*. She's not pretty but there's something about her. **2** (*elegancia, Relig*) grace **3** gracias (*bromas*) witty remarks: *Con sus ~s nos hizo reír*. She made us laugh with her witty remarks. **LOC** dar las gracias to thank *sb* (*for sth/doing sth*): *sin darme las ~s* without thanking me ◆ ¡gracias! thank you!, thanks! (*más coloq*): *muchas ~s* thank you very much ⊃*Ver nota en* PLEASE ◆ gracias a... thanks to *sb/sth*: *Gracias a ti, me han dado el puesto*. Thanks to you, I got the job. ◆ hacer gracia to amuse *sb*: *Me hace ~ su forma de hablar*. The way he talks amuses me. ◆ no hacer (ninguna) gracia to (really) not like *sth/doing sth*: *No me hace ningu-

na ~*. I really don't like it. ◆ no verle la gracia a algo *No le veo la ~*. I can't see what's so funny. ◆ ¡qué gracia! how funny! ◆ tener gracia to be funny: *Tus chistes no tienen ~*. Your jokes aren't funny. ◊ *No tiene ~ ¿sabes?* It's not funny, you know.

gracioso, -a *adj* funny, amusing (*más formal*): *Ese chiste no me parece ~*. I don't find that joke very funny. **LOC** hacerse el gracioso to play the clown

grada *nf* stand: *Las ~s estaban llenas*. The stands were full.

grado *nm* **1** degree: *quemaduras de tercer ~* third-degree burns ◊ *Hoy estamos a 30 ~s*. It's 30 degrees today. ◊ *un ~ en Filosofía* a philosophy degree **2** grados (*alcohol*): *Este vino tiene 14 ~s*. This wine has 14% alcohol. **LOC** cinco, diez, etc. grados bajo cero minus five, ten, etc.: *Estamos a dos ~s bajo cero*. It's minus two. *Ver tb* ECUACIÓN

graduación *nf* (*universidad*) graduation

graduado, -a *adj* **1** (*gafas, cristales*) prescription: *gafas graduadas* prescription glasses **2** (*termómetro, regla*) graduated
▶*nm-nf* graduate: *un ~ en Derecho* a law graduate *Ver tb* GRADUAR

gradual *adj* gradual

graduar *vt* (*regular*) to adjust: *Hay que ~ la temperatura*. The temperature has to be adjusted.
▶ graduarse *vp* to graduate: *Se graduó en Derecho el año pasado*. She graduated in law last year. **LOC** graduarse la vista to have your eyes tested

grafeno *nm* graphene

gráfico, -a *adj* graphic
▶ gráfico *nm* (*tb* gráfica *nf*) graph **LOC** *Ver* REPORTERO

grafiti (*tb* grafito) *nm* graffiti [*incontable*]: *monumentos llenos de ~s* monuments covered in graffiti

gramática *nf* grammar

gramo *nm* gram (*abrev* g)

gran *adj Ver* GRANDE

granada *nf* **1** (*fruta*) pomegranate **2** (*Mil*) hand grenade

granate *adj, nm* maroon ⊃*Ver ejemplos en* AMARILLO

Gran Bretaña *nf* Great Britain (*abrev* GB) ⊃*Ver nota en* BRITISH; *Ver tb págs* 388-389

grande *adj* **1** (*tamaño*) big (*más formal*): *una casa/ciudad ~* a big house/city ◊ *¿Grande o pequeño?* Large or small? ◊ *Me queda ~*. It's too big for me. ⊃*Ver nota en* BIG **2** (*importante*) big: *un gran problema* a big problem **3** (*número,* *cantidad*) large: *una gran cantidad de gente* a large number of people ◊ *una gran cantidad de arena* a large amount of sand **4** (*destacado*) great: *un gran músico* a great musician **LOC** **grandes rasgos** in general terms ◆ **grandes almacenes** department store [*v sing*] ◆ **(la/una) gran parte de** most of: *Una gran parte de la audiencia eran niños.* Most of the audience were children. ◆ **gran superficie** superstore ◆ **pasarlo en grande** to have a great time *Ver tb* DIMENSIÓN, POTENCIA

granel **LOC** **a granel 1** (*vino*) from the cask **2** (*sin envasar*) loose: *bombones a ~* loose chocolates

granero *nm* barn

granito *nm* granite

granizada *nf* hailstorm

granizado *nm* drink with crushed ice: *un ~ de naranja* an iced orange drink

granizar *v imp* to hail: *Anoche granizó.* It hailed last night.

granizo *nm* hail

granja *nf* farm

granjero, -a *nm-nf* farmer

grano *nm* **1** (*arena, arroz, cereal*) grain: *un ~ de arena* a grain of sand **2** (*semilla*) seed **3** (*café*) bean **4** (*en la piel*) spot: *Me han salido ~s.* I've come out in spots. **LOC** **ir al grano** to get to the point *Ver tb* CAFÉ

grapa *nf* staple

grapadora *nf* stapler

grapar *vt* to staple

grasa *nf* **1** (*manteca*) fat: *Este jamón tiene mucha ~.* This ham has got a lot of fat on it. **2** (*suciedad*) grease **LOC** **grasa trans** trans fat *Ver tb* UNTAR

grasiento, -a *adj* greasy

graso, -a *adj* greasy: *un champú para pelo ~* a shampoo for greasy hair

gratis *adj, adv* free: *La bebida era ~.* The drinks were free. ◊ *Los jubilados viajan ~.* Pensioners travel free. ◊ *entrar ~* to get in for nothing

grato, -a *adj* **1** (*agradable*) pleasant: *una grata sorpresa* a pleasant surprise **2** (*placentero*) pleasing: *~ al oído* pleasing to the ear

gratuito, -a *adj* free **LOC** *Ver* ENTRADA

grava *nf* gravel

grave *adj* **1** (*importante, serio*) serious: *un problema/una enfermedad ~* a serious problem/illness ◊ *estar ~* to be seriously ill **2** (*sonido, nota*) low: *El bajo produce sonidos ~s.* The bass guitar produces low notes. **3** (*voz*) deep **LOC** *Ver* PRONÓSTICO

gravedad *nf* **1** (*Fís*) gravity **2** (*importancia*) seriousness **LOC** **de gravedad** seriously: *Está herido de ~.* He's seriously injured.

gravemente *adv* seriously

graznar *vi* **1** (*cuervo*) to caw **2** (*pato*) to quack

Grecia *nf* Greece

grelos *nm* turnip greens

griego, -a *adj, nm* Greek: *hablar ~* to speak Greek
▸ *nm-nf* Greek man/woman [*pl* men/women]: *los ~s* the Greeks

grieta *nf* crack

grifo *nm* tap, faucet (*USA*): *abrir/cerrar el ~* to turn the tap on/off **LOC** **cerrar/cortar el grifo** to stop giving *sb* money *Ver tb* AGUA, BEBER(SE)

grillo *nm* cricket

grima *nf* **LOC** **dar grima** to set your teeth on edge

gripe *nf* flu [*incontable*]: *Tengo ~.* I've got (the) flu.

gris *adj* **1** (*color*) grey ↗ *Ver ejemplos en* AMARILLO **2** (*tiempo*) dull: *Hace un día ~.* It's a dull day.
▸ *nm* grey

gritar *vt, vi* to shout (*at sb*): *El profesor nos gritó para que nos calláramos.* The teacher shouted at us to be quiet. ◊ *Gritaron pidiendo ayuda.* They shouted for help. ↗ *Ver nota en* SHOUT **LOC** **gritar de dolor/alegría** to cry out in pain/joy

grito *nm* **1** shout: *Oímos un ~.* We heard a shout. ◊ *dar/pegar un ~* to shout **2** (*de dolor, de alegría, pidiendo auxilio*) cry [*pl* cries]: *~s de alegría* cries of joy ◊ *un ~ pidiendo socorro* a cry for help **LOC** **a gritos/grito pelado** at the top of your voice *Ver tb* VOZ

grosella *nf* redcurrant **LOC** **grosella negra** blackcurrant

grosero, -a *adj, nm-nf* rude: *Eres un ~.* You're so rude.

grosor *nm* thickness: *Esta madera tiene dos centímetros de ~.* This piece of wood is two centimetres thick.

grotesco, -a *adj* grotesque

grúa *nf* **1** (*máquina*) crane **2** (*para vehículos*) (**a**) (*averiados*) breakdown truck, tow truck (*USA*) (**b**) (*de la policía*): *Avisamos ~.* Vehicles will be towed away. ◊ *Me ha llevado el coche la ~.* My car has been towed away.

grueso, -a *adj* thick

grumo *nm* lump: *una salsa con ~s* a lumpy sauce

gruñir *vi* **1** (*perro, león*) to growl **2** (*cerdo*) to grunt **3** (*refunfuñar*) to grumble

gruñón, -ona *adj, nm-nf* grumpy: *ser un ~* to be grumpy

grupo *nm* **1** group: *un ~ de amigos/desconocidos* a group of friends/strangers ◊ *Nos pusimos en ~s de seis.* We got into groups of six. ◊ *Me gusta el trabajo en ~.* I enjoy group work.

2 (*Mús*) band: *un ~ de rock* a rock band **LOC** **grupo sanguíneo** blood group

gruta *nf* **1** (*natural*) cave **2** (*artificial*) grotto [*pl* grottos]

guadaña *nf* scythe

guante *nm* glove **LOC** **echarle el guante a algn** to catch sb: *La policía les echó el ~.* The police caught them. *Ver tb* SENTAR

guantera *nf* glove compartment

guapo, -a *adj* **1** (*hombre*) good-looking **2** (*mujer*) pretty **LOC** **estar guapo** to look nice: *Estás muy guapa con ese vestido.* You look really nice in that dress. ◆ **ir guapo** to look smart

guarda *nmf* **1** guard: *~ de seguridad* security guard **2** (*zoo*) keeper

guardabarros *nm* mudguard, fender (*USA*)

guardabosque (*tb* **guardabosques**) *nmf* forest ranger

guardacostas *nm* (*barco*) coastguard vessel

guardaespaldas *nmf* bodyguard: *rodeado de ~* surrounded by bodyguards

guardar *vt* **1** to keep: *Guarda la entrada.* Keep your ticket. ◇ *~ un secreto* to keep a secret ◇ *¿Me puede ~ la vez?* Could you please keep my place in the queue? **2** (*recoger*) to put *sth* away: *Ya he guardado toda la ropa de invierno.* I've put away all my winter clothes. **3** (*custodiar*) to guard: *Dos soldados guardan la entrada al cuartel.* Two soldiers guard the entrance to the barracks. **4** (*Informát*) to save: *~ un archivo* to save a file **LOC** **guardar la línea** to keep in shape ◆ **guardar las apariencias** to keep up appearances ◆ **guardarle rencor a algn** to bear sb a grudge: *No le guardo ningún rencor.* I don't bear him any grudge.

guardarropa *nm* (*en locales públicos*) cloakroom, coat check (*USA*)

guardería *nf* nursery [*pl* nurseries], day care center (*USA*)

guardia *nmf* police officer ➔ *Ver nota en* POLICÍA ▸ *nf* guard: *el cambio de ~* the Changing of the Guard **LOC** **de guardia** on duty: *el médico de ~* the doctor on duty ◇ *estar de ~* to be on duty ◆ **estar en guardia** to be on your guard ◆ **Guardia Civil** Civil Guard ◆ **guardia de tráfico** traffic warden ◆ **hacer guardia** to mount guard *Ver tb* CAMBIO, FARMACIA, MUNICIPAL, URBANO

guardián, -ana *nm-nf* guardian **LOC** *Ver* PERRO

guarecer *vt* to shelter *sb* (*from sb/sth*) ▸ **guarecerse** *vp* to take shelter (*from sth*)

guarida *nf* **1** (*animales*) den **2** (*ladrones*) hideout

guarnición *nf* **1** (*Cocina*) garnish: *una ~ de verduras* a garnish of vegetables **2** (*Mil*) garrison

guarrada *nf* **1** (*cochinada*): *¡Qué ~ de cocina!* This kitchen is disgusting! **2** (*jugarreta*) dirty

trick **LOC** **decir guarradas** to be foul-mouthed ◆ **hacer guarradas** to make a mess: *No hagas ~s con la comida.* Don't make a mess with your food.

guarro, -a *adj* filthy: *¡Qué ~ tienes el coche!* Your car's filthy! ▸ *nm-nf* (*persona*) (filthy) pig: *¡Eres un ~!* You (filthy) pig!

guateque *nm* party [*pl* parties]

guau *nm* (*ladrido*) woof

guay *adj* great: *¡Qué ~!* That's great! ▸ *adv* *Lo estamos pasando ~.* We're having a great time.

gubernamental *adj* government: *fuentes ~es* government sources

guepardo *nm* cheetah

guerra *nf* war: *estar en ~* to be at war ◇ *en la Primera Guerra Mundial* during the First World War ◇ *declarar la ~ a algn* to declare war on sb **LOC** **dar guerra** to give *sb* trouble: *Estos niños dan mucha ~.* These kids are a real handful. *Ver tb* BUQUE

guerrero, -a *adj* **1** (*bélico*) warlike **2** (*peleón*) boisterous ▸ *nm-nf* warrior

guerrilla *nf* **1** (*grupo*) guerrillas [*pl*] **2** (*tipo de guerra*) guerrilla warfare

guerrillero, -a *nm-nf* guerrilla

gueto *nm* ghetto [*pl* ghettos]

guía *nmf* (*persona*) guide ▸ *nf* **1** (*folleto, libro*) guide: *~ turística/de hoteles* tourist/hotel guide **2** (*de estudios*) prospectus [*pl* prospectuses]: *La universidad publica una ~ anual.* The university publishes a prospectus every year. **LOC** **guía del ocio/de espectáculos** listings guide ◆ **guía (telefónica/de teléfonos)** telephone directory [*pl* directories]

guiar *vt* to guide **LOC** **guiarse por algo** to go by sth: *No deberías ~te por las apariencias.* You can't go by appearances.

guijarro *nm* pebble

guinda *nf* cherry [*pl* cherries]

guindilla *nf* chilli [*pl* chillies]

guiñar *vt, vi* to wink (*at sb*): *Me guiñó el ojo.* He winked at me.

guiño *nm* wink

guiñol *nm* puppet show **LOC** *Ver* TEATRO

guion *nm* **1** (*Cine*) script **2** (*esquema*) plan **3** (*ortografía*) (**a**) (*para unir o separar palabras*) hyphen (**b**) (*en diálogo*) dash ➔ *Ver pág 395* **LOC** **guion bajo** (*Informát*) underscore

guionista *nmf* scriptwriter

guisante *nm* pea

guisar vt, vi to cook
guiso nm stew
guitarra nf guitar
guitarrista nmf guitarist
gula nf greed

gusano

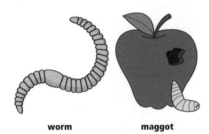

worm   **maggot**

gusano nm **1** (lombriz) worm **2** (en los alimentos) maggot **3** (de mariposa) caterpillar **LOC** **gusano de seda** silkworm

gustar vi **1** to like sth/doing sth: No me gusta. I don't like it. ◇ Me gusta cómo explica. I like the way she explains things.

🔎 **Like to do** o **like doing**? En el sentido de "disfrutar haciendo algo", se utiliza **like doing sth**: ¿Te gusta pintar? Do you like painting? En el sentido de "preferir hacer algo", se utiliza **like to do sth**: Me gusta darme una ducha antes de acostarme. I like to have a shower before I go to bed.

2 (atraer físicamente) to fancy sb: Creo que le gustas. I think he fancies you. **LOC** **me gusta más** I, you, etc. prefer sth/doing sth: Me gusta más el vestido rojo. I prefer the red dress.

gusto nm taste: Tenemos ~s totalmente diferentes. Our tastes are completely different. ◇ para todos los ~s to suit all tastes ◇ Hizo un comentario de mal ~. His remark was in bad taste. **LOC** **estar a gusto** to feel comfortable ◆ **¡mucho gusto!** pleased to meet you!

Hh

haba nf broad bean, lima bean (USA)

haber v aux **1** (tiempos compuestos) to have: He terminado. I've finished. ◇ Me habían dicho que vendrían. They had told me they would come. **2** ~ **que** must: Hay que ser valiente. You must be brave.
▸ **haber** v imp there is, there are

🔎 **There is** se utiliza con sustantivos en singular e incontables: Hay una botella de vino en la mesa. There's a bottle of wine on the table. ◇ No hay pan. There isn't any bread. ◇ No había nadie. There wasn't anyone there. **There are** se utiliza con sustantivos en plural: ¿Cuántas botellas de vino hay? How many bottles of wine are there?

LOC **de haber…** if…: De ~lo sabido no le habría dicho nada. If I'd known, I wouldn't have said anything. ◆ **¡haberlo dicho, hecho, etc!** you should have said so, done it, etc.: ¡Haberlo dicho antes de salir! You should have said so before we left! ◆ **¿qué hay?** how are things? **❶** En lenguaje más coloquial también puede decirse **how's things? ❶** Para otras expresiones con **haber**, véanse las entradas del sustantivo, adjetivo, etc., p. ej. **no hay derecho** en DERECHO.

hábil adj **1** (diestro) skilful: un jugador muy ~ a very skilful player **2** (astuto) clever: una maniobra muy ~ a clever move
habilidad nf skill
habilidoso, -a adj handy
habilitar vt (edificio, local) to convert
habitación nf **1** (cuarto) room: un piso de cuatro habitaciones a four-room flat **2** (dormitorio) bedroom **LOC** **habitación doble/individual** double/single room Ver tb COMPAÑERO
habitante nmf inhabitant
habitar vt, vi ~ **(en)** to live in…: la fauna que habita (en) los bosques the animals that live in the woods
hábitat nm habitat
hábito nm habit **LOC** **adquirir/tener el hábito** to get into/be in the habit (of doing sth)
habitual adj **1** (acostumbrado) usual **2** (cliente, lector, visitante) regular
habituarse vp ~ **(a)** to get used to sth/doing sth: Terminarás por habituarte. You'll get used to it eventually.
habla nf **1** (facultad) speech **2** (modo de hablar) way of speaking: el ~ de la región the way of speaking in this area **LOC** **de habla francesa, hispana,**

etc. French-speaking, Spanish-speaking, etc.
◆ **sin habla** speechless: *Me dejó sin ~.* It left me
speechless.

hablado, -a *adj* spoken: *el inglés ~* spoken
English *Ver tb* HABLAR

hablador, -ora *adj* talkative
▸ *nm-nf* chatterbox

hablante *nmf* speaker

hablar *vt* **1** *(idioma)* to speak: *¿Hablas ruso?* Do
you speak Russian? **2** *(tratar)* to talk about *sth*:
Ya lo hablaremos. We'll talk about it.
▸ *vi* **~ (con algn) (de/sobre algn/algo)** to speak, to
talk (to sb) (about sb/sth)

🔎 **Speak** y **talk** tienen prácticamente el mismo significado, aunque **speak** es el término
más general: *Habla más despacio.* Speak
more slowly. ◇ *hablar en público* to speak in
public ◇ *¿Puedo hablar con Juan?* Can I
speak to Juan? **Talk** se utiliza más cuando
nos referimos a una conversación o a un comentario, o cuando se trata de varios ha-
blantes: *hablar de política* to talk about politics ◇ *Están hablando de nosotros.* They're
talking about us. ◇ *Hablan de mudarse.*
They're talking about moving. ◇ *Estuvimos
hablando toda la noche.* We talked all night.

LOC **habla más alto/bajo** speak up/lower your
voice ◆ **hablar por los codos** to talk nineteen to
the dozen, to talk a blue streak *(USA)* ◆ **¡ni
hablar!** no way! ◆ **no hablarse con algn** not to be
on speaking terms with sb *Ver tb* ASÍ

hacer *vt*
● **se traduce por 'make' en los siguientes
casos: 1** *(fabricar)*: *~ bicicletas/un vestido* to
make bicycles/a dress **2** *(dinero, ruido, cama)*:
Nunca haces la cama por la mañana. You
never make your bed in the morning. **3** *(comentario, promesa, esfuerzo)*: *Tienes que ~ un esfuerzo.*
You must make an effort. **4** *(amor)*: *Haz el amor
y no la guerra.* Make love, not war. **5** *(convertir
en)*: *Dicen que los sufrimientos te hacen más
fuerte.* They say suffering makes you stronger. ➔ *Ver ejemplos en* MAKE
● **se traduce por 'do' en los siguientes casos:**
1 *(cuando hablamos de una actividad sin decir de qué se
trata)*: *¿Qué hacemos esta tarde?* What shall we
do this afternoon? ◇ *Hago lo que puedo.* I do
what I can. ◇ *Cuéntame lo que haces en el cole.*
Tell me what you do at school. **2** *(cuando nos
referimos a actividades como lavar, planchar, limpiar y
comprar)*: *¿Cuándo haces la compra?* When do
you do the shopping? ◇ *Si tú haces el baño, yo
haré la cocina.* If you do the bathroom, I'll do
the kitchen. **3** *(estudios)*: *~ los deberes/un exa-
men/un curso* to do your homework/an exam/

a course ◇ *~ sumas y restas* to do sums **4** *(favor)*:
¿Me haces un favor? Will you do me a favour?
➔ *Ver ejemplos en* DO
● **hacer (que...)** to get *sb to do sth*: *Nos hacen
venir todos los sábados.* They're getting us to
come in every Saturday. ◇ *Hice que cambiaran
el neumático.* I got them to change the tyre.
● **otros usos: 1** *(escribir)* to write: *~ una redacción*
to write an essay **2 (a)** *(pintar)* to paint: *~ un
cuadro* to paint a picture **(b)** *(dibujar)* to draw:
~ una raya to draw a line **3** *(nudo)* to tie: *~ un
lazo* to tie a bow **4** *(distancia)*: *Todos los días hago
50 km.* I travel/drive 50 km every day. ◇ *A veces hacemos cinco kilómetros corriendo.* We
sometimes go for a five-kilometre run. **5** *(pregunta)* to ask: *¿Por qué haces tantas preguntas?*
Why do you ask so many questions? **6** *(papel)*
to play: *Hice el papel de Julieta.* I played the part
of Juliet. **7** *(deportes)*: *~ judo/aerobic* to do judo/
aerobics ◇ *~ ciclismo/alpinismo* to go cycling/
climbing ➔ *Ver nota en* DEPORTE
▸ *vi* **~ de 1** *(oficio)* to work as *sth*: *Hago de jardinero.* I'm working as a gardener. **2** *(ejercer)* to act
as *sth*: *No hagas de padre conmigo.* Don't act as
if you were my father. **3** *(cosa)* to serve as *sth*:
Una caja de cartón hacía de mesa. A cardboard
box served as a table.
▸ *v imp* **1** *(tiempo meteorológico)*: *Hace frío/calor/
viento/sol.* It's cold/hot/windy/sunny. ◇ *Hizo
muy bueno el verano pasado.* We had very
nice weather last summer. **2** *(tiempo cronológico)*:
Me casé hace diez años. I got married ten years
ago. ◇ *Se habían conocido hacía pocos meses.*
They had met a few months earlier. ◇ *¿Hace
mucho que vives aquí?* Have you been living
here long? ◇ *Hace años que nos conocemos.*
We've known each other for ages. ➔ *Ver nota en*
AGO
▸ **hacerse** *vp* **1 + sustantivo** to become: *Se hizo
taxista.* He became a taxi driver. **2 + adjetivo**
to get, to become *(más formal)*: *Me estoy haciendo viejo.* I'm getting old. ◇ *La última clase se
me hace eterna.* The last lesson seems to go on
for ever. **3 hacerse el/la + adjetivo** to pretend to
be *sth*: *No te hagas el sordo.* It's no good pretending to be deaf. ◇ *No te hagas la lista conmigo.* Don't try and be clever with me. **4** *(cuando
otra persona realiza la acción)* to have *sth* done: *Se
están haciendo una casa.* They're having a
house built. ◇ *~se una foto* to have your photo
taken **LOC** **desde hace/hacía...** for...: *Viven aquí
desde hace dos años.* They've been living here
for two years. ◆ **hacer bien/mal** to be right/
wrong *(to do sth)*: *¿Hice bien en ir?* Was I right
to go? ◆ **hacer como que/si...** to pretend: *Hizo
como que no me había visto.* He pretended he

hadn't seen me. ◆ **hacerse pasar por…** to pass yourself off as *sb/sth*: *Se hizo pasar por el hijo del dueño*. He passed himself off as the owner's son. ◆ **hacer una de las suyas** to be up to his, her, etc. old tricks again: *Nacho ha vuelto a ~ una de las suyas*. Nacho's been up to his old tricks again. ◆ **¿qué haces? 1** (*profesión*) what do you do?: – *¿Qué hace? – Es profesora*. 'What does she do?' 'She's a teacher.' **2** (*en este instante*) what are you doing?: – *Hola, ¿qué haces? – Ver una película*. 'Hi, what are you doing?' 'Watching a film.' ❶ Para otras expresiones con **hacer**, véanse las entradas del sustantivo, adjetivo, etc., p. ej. **hacer trampa(s)** en TRAMPA.

hacha *nf* axe LOC **ser un hacha** to be a genius (*at sth/doing sth*)

hachís *nm* hashish, hash (*coloq*)

hacia *prep* **1** (*dirección*) towards: *ir ~ algo* to go towards sth **2** (*tiempo*) at about: *Llegaré ~ las tres*. I'll be there at about three. ◊ *~ principios de verano* in early summer

hacienda *nf* **1 Hacienda** (*ministerio*) the Treasury **2** (*finca*) estate LOC *Ver* MINISTERIO, MINISTRO

hada *nf* fairy [*pl* fairies]: *un cuento de ~s* a fairy story

¡hala! *interj* **1** (*¡qué barbaridad!*) good heavens! **2** (*uso enfático*) so there!: *Pues ahora no voy, ¡hala!* Well, now I'm not going, so there!

halagar *vt* to flatter

halcón *nm* falcon

hallar *vt* to find
▸ **hallarse** *vp* to be: *~se indispuesto* to be indisposed

hallazgo *nm* **1** (*descubrimiento*) discovery [*pl* discoveries]: *Los científicos han hecho un gran ~*. Scientists have made an important discovery. **2** (*persona, cosa*) find: *Ha sido un auténtico ~*. It's a real find.

hamaca *nf* **1** (*lona colgada*) hammock **2** (*asiento graduable*) deckchair

hambre *nf* hunger, starvation, famine

🔎 No deben confundirse las palabras **hunger, starvation** y **famine**.
Hunger es el término general y se usa en casos como: *hacer huelga de hambre* to go on (a) hunger strike, o para expresar un deseo: *hambre de conocimiento/poder* hunger for knowledge/power.
Starvation se refiere al hambre sufrida durante un período prolongado de tiempo: *Le dejaron morir de hambre*. They let him die of starvation. El verbo **starve** significa "morir de hambre" y se utiliza también en expresio-

nes coloquiales: *Me muero de hambre*. I'm starving.
Famine es hambre que afecta normalmente a un gran número de personas y suele ser consecuencia de una catástrofe natural: *una población debilitada por el hambre* a population weakened by famine ◊ *A la larga sequía siguieron meses de hambre*. The long drought was followed by months of famine.

LOC **dar hambre** to make *sb* hungry: *Caminar da mucha ~*. Walking makes you very hungry. ◆ **pasar hambre** to go hungry ◆ **tener hambre** to be hungry ◆ **tener un hambre canina/feroz** to be starving *Ver tb* MATAR, MORIR(SE), MUERTO

hambriento, -a *adj* **1** hungry: *La niña debe de estar hambrienta*. The baby must be hungry. **2** (*muerto de hambre*) starving

hamburguesa *nf* hamburger ⊃ *Ver nota en* BURGER

hámster *nm* hamster

harapo *nm* rag

harina *nf* flour

hartarse *vp* **1** ~ **(de)** (*cansarse*) to be fed up (with *sb/sth*): *Ya me he hartado de tus quejas*. I'm fed up with your complaints. **2** (*atiborrarse*) **(a)** to be full (up): *Comí hasta hartarme*. I ate till I was full (up). **(b)** ~ **de** to stuff yourself with *sth*: *Me harté de pasteles*. I stuffed myself with cakes.

harto, -a *adj* **1** ~ **(de)** (*cansado*) fed up (with *sb/sth*): *Me tienes ~*. I'm fed up with you. **2** (*lleno*) full

hasta *prep*
● **tiempo** until, till (*más coloq*)

🔎 **Until** se usa tanto en inglés formal como informal. **Till** se usa sobre todo en inglés hablado y no suele aparecer al principio de la frase: *No llegaré hasta las siete*. I won't be there until/till seven.

● **lugar 1** (*distancia*) as far as…: *Vinieron conmigo ~ Barcelona*. They came with me as far as Barcelona. **2** (*altura, longitud, cantidad*) up to…: *El agua llegó ~ aquí*. The water came up to here. **3** (*hacia abajo*) down to…: *La falda me llega ~ los tobillos*. The skirt comes down to my ankles.
● **saludos** see you…: *¡Hasta mañana/el lunes!* See you tomorrow/on Monday! ◊ *¡Hasta luego!* Bye!
▸ *adv* (*incluso*) even: *Hasta yo lo hice*. Even I did it. LOC **hasta cuándo** how long: *¿Hasta cuándo te quedas?* How long are you staying?

hay *Ver* HABER

haya *nf* beech (tree)

hazaña *nf* exploit `LOC` **ser toda una hazaña** to be quite a feat

hebilla *nf* buckle

hebra *nf* (piece of) thread

hebreo *nm* (*lengua*) Hebrew

hechicero, -a *nm-nf* **1** (*masc*) wizard **2** (*fem*) witch

hechizar *vt* to cast a spell on *sb*: *La bruja hechizó al príncipe*. The witch cast a spell on the prince.

hechizo *nm* spell: *estar bajo un ~* to be under a spell

hecho, -a *adj* **1** (*manufacturado*) made: *¿De qué está ~?* What's it made of? ◇ *~ a mano/máquina* handmade/machine-made **2** (*cocinado*) done: *El pollo no está ~ todavía*. The chicken isn't done yet. ◇ *Me gusta la carne bien hecha*. I like my meat well done. ❶ Un filete poco hecho o una carne poco hecha se dice **rare** y en su punto **medium rare**. *Ver tb* HACER
▸ *nm* **1** (*asunto*) fact **2** (*acontecimiento*) event: *su versión de los ~s* his version of events `LOC` **¡bien hecho!** well done! ◆ **de hecho** in fact ◆ **hecho y derecho** grown: *un hombre ~ y derecho* a grown man ◆ **mal hecho** *Si se lo dijiste, mal ~*. You shouldn't have told him. *Ver tb* CRISTO, DICHO, FRASE, PAREJA, TRATO

hectárea *nf* hectare (*abrev* ha)

helada *nf* frost

heladería *nf* ice-cream parlour

helado, -a *adj* **1** (*líquido*) frozen: *un estanque ~* a frozen pond **2** (*persona, habitación*) freezing: *Estoy ~.* I'm freezing! *Ver tb* HELAR(SE)
▸ *nm* ice cream: *~ de chocolate* chocolate ice cream

helar(se) *vt, vi, vp* to freeze: *El frío ha helado las cañerías*. The pipes are frozen. ◇ *Nos vamos a ~ de frío*. We're going to freeze to death.
▸ *v imp Anoche heló*. There was a frost last night.

helecho *nm* fern

hélice *nf* (*avión, barco*) propeller

helicóptero *nm* helicopter

helio *nm* helium

hembra *nf* (*animal, persona*) female: *un leopardo ~* a female leopard ➲ *Ver nota en* FEMALE

hemisferio *nm* hemisphere: *el ~ norte/sur* the northern/southern hemisphere

hemorragia *nf* haemorrhage

heno *nm* hay

hepatitis *nf* hepatitis [*incontable*]

herbívoro, -a *adj* herbivorous
▸ *nm* herbivore

herboristería *nf* health food shop

heredar *vt* to inherit *sth* (*from sb*): *A su muerte heredé sus propiedades*. On his death I inherited all his property.

heredero, -a *nm-nf* **~ (de)** heir (to *sth*/of *sb*): *el ~/la heredera del trono* the heir to the throne `LOC` *Ver* PRÍNCIPE

hereditario, -a *adj* hereditary

herencia *nf* inheritance

herida *nf* **1** wound **2** (*por accidente*) injury [*pl* injuries]

🔎 ¿Cuándo se utiliza **wound** y cuándo **injury**, o los verbos **wound** e **injure**?
Utilizamos **wound** para referirnos a heridas causadas por un arma (p. ej. una navaja, pistola, etc.) de forma deliberada: *heridas de bala* gunshot wounds ◇ *La herida no tardará en cicatrizar*. The wound will soon heal. ◇ *Lo hirieron en la guerra*. He was wounded in the war.
Si la herida es resultado de un accidente utilizamos **injury** o **injure**, que también se puede traducir a veces por *lesión* o *lesionarse*: *Solo sufrió heridas leves*. He only suffered minor injuries. ◇ *Los trozos de cristal hirieron a seis personas*. Six people were injured by flying glass. ◇ *El casco protege a los jugadores de posibles lesiones en la cabeza*. Helmets protect players from head injuries.

herido, -a *nm-nf* casualty [*pl* casualties]

herir *vt* **1** to wound **2** (*accidente*) to injure ➲ *Ver nota en* HERIDA **3** (*emocionalmente*) to hurt

hermanastro, -a *nm-nf* **1** (*masc*) stepbrother **2** (*fem*) stepsister

🔎 Para referirnos a un hermano por parte de padre o de madre decimos **half-brother** y **half-sister**: *Son hermanos por parte de padre*. They're half-brothers.

hermano, -a *nm-nf* **1** (*masc*) brother: *Tengo un ~ mayor*. I have an older brother. **2** (*fem*) sister: *mi hermana la pequeña* my youngest sister ❶ Estas traducciones se usan también en un contexto religioso pero en ese caso se escriben con mayúscula: *el Hermano Francisco* Brother Francis. **3 hermanos** brothers and sisters

🔎 A veces decimos *hermanos* refiriéndonos a hermanos y hermanas, en cuyo caso debemos decir en inglés **brothers and sisters**: *¿Tienes hermanos?* Have you got any brothers and sisters? ◇ *Somos seis hermanos*. I've got five brothers and sisters. ◇ *Son dos hermanos y tres hermanas*. There are two boys and three girls.

LOC hermanos siameses Siamese twins

herméticamente adv **LOC** herméticamente cerrado hermetically sealed

hermético, -a adj airtight

hermoso, -a adj beautiful

hermosura nf beauty: ¡Qué ~! How beautiful!

héroe nm hero [pl heroes]

heroína nf 1 (mujer) heroine 2 (droga) heroin

herradura nf horseshoe

herramienta nf tool **LOC** Ver BARRA, CAJA

herrar vt to shoe

herrería nf forge

herrero, -a nm-nf blacksmith

hervir vt, vi to boil: La leche está hirviendo. The milk is boiling. ◇ Pon a ~ las patatas. Put the potatoes on to boil. ◇ Me hierve la sangre cada vez que me acuerdo. Just thinking about it makes my blood boil.

heterosexual adj, nmf heterosexual

hexágono nm hexagon

hibernar vi to hibernate

hidratante adj moisturizing **LOC** crema/leche hidratante moisturizer

hidratar vt (piel) to moisturize

hidrato nm **LOC** hidratos de carbono carbohydrates

hidráulico, -a adj hydraulic: energía/bomba hidráulica hydraulic power/pump **LOC** Ver FRACTURA

hidroeléctrico, -a adj hydroelectric

hidrógeno nm hydrogen

hidromasaje nm hydromassage

hiedra nf ivy

hielo nm ice [incontable]: Saca unos cubitos de ~. Bring some ice cubes. **LOC** Ver CASQUETE, HOCKEY, PISTA, ROMPER

hiena nf hyena

hierba nf 1 grass: tumbarse en la ~ to lie down on the grass 2 (Cocina) herb 3 (marihuana) grass **LOC** mala hierba weed

hierbabuena nf mint

hierro nm iron: una barra de ~ an iron bar ◇ ~ forjado/fundido wrought/cast iron **LOC** tener una constitución/naturaleza de hierro to have an iron constitution

hígado nm liver

higiene nf hygiene: la ~ bucal/corporal oral/personal hygiene

higiénico, -a adj hygienic **LOC** Ver PAPEL

higo nm fig **LOC** de higos a brevas once in a blue moon ◆ higo chumbo prickly pear

higuera nf fig tree

hijastro, -a nm-nf 1 (masc) stepson 2 (fem) stepdaughter 3 **hijastros** stepchildren

hijo, -a nm-nf 1 (masc) son 2 (fem) daughter: Tienen dos hijas y un ~. They have two daughters and a son. 3 **hijos** children

⌖ Cuando decimos hijos refiriéndonos a hijos e hijas, en inglés debemos decir **children**: ¿Cuántos hijos tienen? How many children have they got? ◇ No tenemos ~s. We don't have any children.

LOC hijo de papá rich kid ◆ hijo único only child: Soy ~ único. I'm an only child.

hilera nf 1 (fila) (a) (uno al lado de otro) row: una ~ de casas a row of houses (b) (uno detrás de otro) line: Había una ~ de gente esperando. There was a line of people waiting. 2 (Mil, hormigas) column

hilo nm 1 thread: un carrete de ~ a reel of thread ◇ He perdido el ~ de la conversación. I've lost the thread of the conversation. 2 (metal) wire: ~ de acero/cobre steel/copper wire 3 (tela) linen: una falda de ~ a linen skirt **LOC** Ver DENTAL

himno nm 1 (nacional, etc.) anthem: el ~ europeo the European anthem 2 (religioso) hymn

hincapié nm **LOC** hacer hincapié en algo to stress sth

hincar vt 1 (diente) to sink sth into sth: Hincó los dientes en la sandía. He sank his teeth into the watermelon. 2 (clavo, estaca) to drive sth into sth: Hincó la estaca en la tierra. He drove the stake into the ground.

hincha nmf fan: un ~ del Arsenal an Arsenal fan

hinchable adj inflatable

hinchado, -a adj 1 swollen: un brazo/pie ~ a swollen arm/foot 2 (estómago) bloated Ver tb HINCHAR

hinchar vt to blow sth up, to inflate (más formal): ~ un balón to blow up a ball ▸ **hincharse** vp 1 to swell (up): Se me ha hinchado el tobillo. My ankle has swollen up. 2 **hincharse** (a/de) (atiborrarse) to stuff yourself (with sth): Me hinché de pasteles. I stuffed myself with cakes.

hinchazón nf (Med) swelling: Parece que ha bajado la ~. The swelling seems to have gone down.

hindú adj, nmf 1 (de India) Indian 2 (Relig) Hindu ⮑ Ver nota en CATÓLICO

hinduismo nm Hinduism

hipermercado nm superstore

hipermétrope adj long-sighted, far-sighted (USA)

hipermetropía *nf* long-sightedness, far-sightedness (*USA*): *tener ~* to be long-sighted

hipertensión *nf* high blood pressure

hípica *nf* **1** (*concurso de saltos*) showjumping **2** (*carreras*) horse racing

hípico, -a *adj* riding: *club/concurso ~* riding club/competition

hipnotizar *vt* to hypnotize

hipo *nm* hiccups [*pl*]: *Tengo ~.* I've got (the) hiccups. ◊ *quitar el ~* to cure hiccups

hipócrita *adj* hypocritical
▸ *nmf* hypocrite

hipódromo *nm* racecourse, racetrack (*USA*)

hipopótamo *nm* hippo [*pl* hippos] ❶ **Hippopotamus** es la palabra científica.

hipoteca *nf* mortgage: *pedir una ~* to apply for a mortgage

hipótesis *nf* hypothesis [*pl* hypotheses]

hippy (*tb* **hippie**) *adj, nmf* hippie

hispano, -a *adj, nm-nf* (*latinoamericano en Estados Unidos*) Hispanic
▸ *adj* **1** (*español, hispanohablante*) Spanish: *de habla hispana* Spanish-speaking **2** (*latinoamericano*) Latin American: *la cultura/música hispana* Latin culture/music

hispanohablante *adj* Spanish-speaking
▸ *nmf* Spanish speaker

histeria *nf* hysteria: *Le dio un ataque de ~.* He became hysterical.

histérico, -a *adj* hysterical **LOC** **ponerse histérico** to have hysterics ◆ **ser un histérico** to get worked up about things

historia *nf* **1** (*disciplina, asignatura*) history: *~ antigua/natural* ancient/natural history ◊ *He aprobado Historia.* I've passed history. **2** (*relato*) story [*pl* stories]: *Cuéntanos una ~.* Tell us a story. **LOC** **dejarse de historias** to stop making excuses

historiador, -ora *nm-nf* historian

historial *nm* record **LOC** **historial médico** medical history ◆ **historial profesional** CV, résumé (*USA*) ⊃ *Ver nota en* CURRÍCULO

histórico, -a *adj* **1** (*de la historia*) historical: *documentos/personajes ~s* historical documents/figures **2** (*importante*) historic: *un triunfo/acuerdo ~* a historic victory/agreement

historieta *nf* (*tebeo, cómic*) cartoon story [*pl* stories]: *Les encantan las ~s de tebeo.* They love cartoons.

hiyab *nm* (Muslim) headscarf [*pl* headscarves], hijab

hobby *nm* hobby [*pl* hobbies]

hocico *nm* **1** (*perro, caballo*) muzzle **2** (*cerdo*) snout

hockey *nm* (*sobre hierba*) hockey, field hockey (*USA*) **LOC** **hockey sobre hielo** ice hockey, hockey (*USA*) ◆ **hockey sobre patines** roller hockey

hogar *nm* **1** (*casa*) home: *Hogar dulce ~.* Home sweet home. **2** (*familia*) family: *casarse y fundar un ~* to get married and start a family **3** (*chimenea*) fireplace

hogareño, -a *adj* (*persona*) home-loving: *ser muy ~* to love being at home

hoguera *nf* bonfire: *hacer una ~* to make a bonfire

hoja *nf* **1** (*planta*) leaf [*pl* leaves]: *las ~s de un árbol* the leaves of a tree ◊ *En otoño se caen las ~s.* The leaves fall in autumn. **2** (*libro, periódico*) page **3** (*folio*) sheet (of paper): *Dame una ~ de papel.* Can I have some paper, please? ◊ *una ~ en blanco* a clean sheet of paper **4** (*arma blanca, herramienta*) blade **LOC** **de hoja caduca/perenne** deciduous/evergreen ◆ **hoja de cálculo** spreadsheet ◆ **hoja de ruta** (*plan*) road map ◆ **pasar la hoja** to turn over *Ver tb* AFEITAR(SE)

hojalata *nf* tin plate

hojaldre *nm* puff pastry

hojear *vt* **1** (*pasar hojas*) to flick through *sth*: *~ una revista* to flick through a magazine **2** (*mirar por encima*) to glance at *sth*: *~ el periódico* to glance at the paper

¡hola! *interj* hello, hi (*coloq*)

🔎 La palabra más general es **hello**, que se usa en cualquier situación, y también para contestar el teléfono. **Hi** y **hey** son más coloquiales y muy comunes.
Muchas veces estas frases van seguidas de **how are you?** o **how are you doing?** (*más coloq*). La respuesta puede ser **very well, thank you** o **fine, thanks** (*más coloq*).

Holanda *nf* Holland

holandés, -esa *adj, nm* Dutch: *hablar ~* to speak Dutch
▸ *nm-nf* Dutchman/woman [*pl* -men/-women]: *los holandeses* the Dutch

holgazán, -ana *adj* lazy
▸ *nm-nf* layabout

holgazanear *vi* to laze around

hollín *nm* soot

holocausto *nm* holocaust: *un ~ nuclear* a nuclear holocaust

holograma *nm* hologram

hombre *nm* **1** man [*pl* men]: *el ~ moderno* modern man ◊ *el ~ de la calle* the man in the street ◊ *tener una conversación de ~ a ~* to have a man-to-man talk **2** (*humanidad*) mankind: *la* *evolución del ~* the evolution of mankind ➔ *Ver nota en* MAN

▸ **¡hombre!** *interj* ¡Hombre! *¡Qué bien que hayas venido!* Great! You've come! ◇ *¡Hombre! ¿qué haces aquí?* Well I never! What are you doing here? **LOC** hacerse hombre to grow up ♦ **hombre lobo** werewolf [*pl* werewolves] ♦ **hombre rana** frogman [*pl* -men] *Ver tb* BOMBA, NEGOCIO, TIEMPO

hombrera *nf* shoulder pad

hombro *nm* shoulder **LOC** llevar a hombros to carry *sb/sth* on your shoulders ♦ **mirar por encima del hombro** to look down your nose at *sb Ver tb* ENCOGER(SE), MANGA¹

homenaje *nm* homage [*incontable*]: *hacer un ~ a algn* to pay homage to sb **LOC** en homenaje a in honour of *sb/sth*

homeópata *nmf* homeopath

homeopatía *nf* homeopathy

homicida *nmf* murderer **LOC** *Ver* ARMA

homicidio *nm* **1** murder **❶** También existe la palabra **homicide**, pero es más formal. ➔ *Ver nota en* ASESINAR **2** (*involuntario*) manslaughter

homogéneo, -a *adj* homogeneous

homosexual *adj, nmf* homosexual

hondo, -a *adj* deep: *Es un pozo muy ~.* It's a very deep well. **LOC** *Ver* PLATO

honestidad *nf* honesty: *Nadie duda de su ~.* No one doubts his honesty.

honesto, -a *adj* honest

hongo *nm* fungus [*pl* fungi] **LOC** *Ver* VENENOSO

honor *nm* **1** (*privilegio*) honour: *el invitado de ~* the guest of honour ◇ *Es un gran ~ para mí estar hoy aquí.* It's a great honour for me to be here today. **2** (*buen nombre*) good name: *El ~ del banco ha quedado en entredicho.* The bank's good name has been questioned. **LOC** tener el honor de to have the honour of *doing sth Ver tb* DAMA, PALABRA

honra *nf* honour **LOC** ¡(y) a mucha honra! and proud of it!

honradez *nf* honesty

honrado, -a *adj* honest *Ver tb* HONRAR

honrar *vt* **1** (*mostrar respeto*) to honour *sb* (*with sth*): *un acto para ~ a los soldados muertos* a ceremony to honour the soldiers killed **2** (*ennoblecer*) to do *sb* credit: *Tu comportamiento te honra.* Your behaviour does you credit.

hora *nf* **1** (*unidad de tiempo*) hour: *La clase dura dos ~s.* The class lasts two hours. ◇ *120 km por ~* 120 km an hour ◇ *~s de consulta/oficina/visita* surgery/office/visiting hours **2** (*reloj, momento, horario*) time: *¿Qué ~ es?* What time is it? ◇ *¿A qué ~ vienen?* What time are they

coming? ◇ *a cualquier ~ del día* at any time of the day ◇ *a la ~ de la comida/cena* at lunchtime/dinner time **3** (*cita*) appointment: *Tengo ~ en el dentista.* I've got a dental appointment. **LOC** a estas horas *A estas ~s deben estar saliendo.* They must be leaving (at) about this time. ♦ **entre horas** between meals: *Nunca como entre ~.* I never eat between meals. ♦ **hora punta** rush hour ♦ **horas extras** overtime [*incontable*] ♦ **pasarse las horas muertas haciendo algo** to do sth for hours on end ♦ **ser hora de** *Es ~ de irse a la cama.* It's time to go to bed. ◇ *Creo que ya es ~ de que nos vayamos.* I think it's time we were going. ◇ *Ya era ~ de que nos escribieses.* It was about time you wrote to us. ♦ **¡ya era hora!** about time too! *Ver tb* PEDIR, ÚLTIMO

horario *nm* **1** (*clases, tren*) timetable, schedule (*USA*) **2** (*consulta, trabajo*) hours: *El ~ de oficina es de nueve a tres.* Office hours are nine to three. **LOC** horario de atención al público opening hours ♦ **horario flexible** flexitime [*incontable*]: *Tengo un ~ flexible.* I work flexitime.

horchata *nf* tiger nut milk

horizontal *adj* horizontal

horizonte *nm* horizon: *en el ~* on the horizon

hormiga *nf* ant

hormigón *nm* concrete

hormigueo *nm* pins and needles [*incontable*]: *Siento un ~ en las yemas de los dedos.* I've got pins and needles in my fingers.

hormiguero *nm* **1** (*agujero*) ants' nest **2** (*montículo*) anthill **LOC** *Ver* OSO

hormona *nf* hormone

hornear *vt* to bake

horno *nm* **1** (*en cocina*) oven: *encender el ~* to turn the oven on ◇ *Esta sala es un ~.* It's like an oven in here. **2** (*de fundición*) furnace **3** (*para cerámica, ladrillos*) kiln **LOC** al horno **1** (*carne, verduras, etc.*) roast: *pollo al ~* roast chicken **2** (*pescado*) baked

horóscopo *nm* horoscope

horquilla *nf* **1** (*para cabello*) hairgrip **2** (*palo, rama, bicicleta*) fork **LOC** horquilla de moño hairpin

horrible *adj* awful

horror *nm* **1** (*miedo, espanto*) horror: *un grito de ~* a cry of horror ◇ *los ~es de la guerra* the horrors of war **2** (*mucho*): *Les han gustado un ~es.* They loved them. ◇ *Había un ~ de coches.* There were loads of cars. **LOC** ¡qué horror! how awful! ♦ **tenerle horror a** to hate *sth/doing sth*

horrorizar *vt* **1** (*disgustar*) to horrify **2** (*asustar*) to frighten: *Le horroriza la oscuridad.* He's frightened of the dark.

horroroso, -a *adj* **1** (*aterrador*) horrific: *un incendio ~* a horrific fire **2** (*muy feo*) hideous

Tiene una nariz horrorosa. He's got a hideous nose. **3** *(malo)* awful: *Hace un tiempo ~.* The weather is awful.

hortaliza *nf* vegetable

hortera *adj, nmf* naff, tasteless *(USA)*: *Es un ~.* He's so naff.

horterada *nf* naff: *Ese vestido es una ~.* That's a naff dress.

hospedarse *vp* to stay

hospital *nm* hospital: *Su familia lo llevó al ~.* His family took him to hospital. ⊃ *Ver nota en* SCHOOL

hospitalidad *nf* hospitality

hospitalizar *vt* to hospitalize

hostal *nm* (cheap) hotel

hostelería *nf* *(estudios)* hotel and catering management

hostil *adj* hostile

hotel *nm* hotel

hoy *adv* today: *Hay que terminarlo ~.* We've got to get it finished today. LOC **de hoy** *la música de ~* present-day music ◊ *el periódico de ~* today's paper ◊ *Este pan no es de ~.* This bread isn't fresh. ♦ **de hoy en adelante** from now on ♦ **de hoy no pasa** today without fail ♦ **hoy (en) día** nowadays ♦ **hoy por hoy** at the present time

hoyo *nm* hole: *hacer/cavar un ~* to dig a hole

hoyuelo *nm* dimple

hucha *nf* money box

hueco, -a *adj* hollow: *Este muro está ~.* This wall is hollow. ◊ *sonar a ~* to sound hollow
▶ *nm* **1** *(cavidad)* space: *Aprovecha este ~.* Use this space. **2** *(espacio en blanco)* gap: *Tenéis que rellenar los ~s con preposiciones.* You have to fill in the gaps with prepositions. **3** *(rato libre)* free time *[incontable]*: *El lunes por la tarde tengo un ~.* I've got some free time on Monday afternoon.

huelga *nf* strike: *estar/ponerse en ~* to be/go on strike ◊ *una ~ general/de hambre* a general/hunger strike LOC **huelga de celo** go-slow, slowdown *(USA)*

huelguista *nmf* striker

huella *nf* **1** *(pie, zapato)* footprint **2** *(animal, vehículo)* track: *~s de oso* bear tracks LOC **huella (dactilar)** fingerprint ♦ **huella digital** digital footprint ♦ **sin dejar huella** without trace: *Desaparecieron sin dejar ~.* They disappeared without trace.

huérfano, -a *adj, nm-nf* orphan: *~s de guerra* war orphans ◊ *ser ~* to be an orphan LOC **huérfano de madre/padre** motherless/fatherless ♦ **quedarse huérfano de madre/padre** to lose your mother/father

huerta *nf* **1** *(huerto grande)* market garden **2** *(tierra de regadío)* irrigated region

huerto *nm* **1** *(de verduras, legumbres)* vegetable garden **2** *(solo de árboles frutales)* orchard

hueso *nm* **1** *(Anat)* bone **2** *(fruta)* stone, pit *(USA)* **3** *(color)* ivory LOC **estar/quedarse en los huesos** to be nothing but skin and bone ♦ **ser un hueso** *(persona)* to be very strict: *Mi profesor es un ~.* My teacher is very strict. *Ver tb* CALAR, CARNE

huésped, -eda *nm-nf* guest

hueva *(tb* **huevas)** *nf* **1** *(Zool)* spawn *[incontable]*: *~s de rana* frog spawn **2** *(Cocina)* roe: *~ de pescado* fish roe

huevo *nm* egg: *poner un ~* to lay an egg LOC **huevo duro/frito** hard-boiled/fried egg ♦ **huevo pasado por agua** soft-boiled egg ♦ **huevos revueltos** scrambled eggs *Ver tb* PISAR

huida *nf* escape, flight *(más formal)*

huir *vi* ~ **(de)** to escape (from *sb/sth*): *Huyeron de la prisión.* They escaped from prison.
▶ *vt, vi* ~ **(de)** *(evitar)* to avoid *sb/sth*: *No nos huyas.* Don't try to avoid us. ◊ *Conseguimos ~ de la prensa.* We managed to avoid the press. LOC **huir del país** to flee the country

humanidad *nf* **1** humanity **2 humanidades** *(estudios)* humanities LOC *Ver* OLER

humanitario, -a *adj* humanitarian: *ayuda humanitaria* humanitarian aid

humano, -a *adj* **1** *(del ser humano)* human: *el cuerpo ~* the human body **2** *(comprensivo, justo)* humane: *un sistema judicial más ~* a more humane judicial system
▶ *nm* *(persona)* human being LOC *Ver* DERECHO

humareda *nf* cloud of smoke

humedad *nf* **1** *(ropa, pared, etc.)* damp: *Esta pared tiene ~.* This wall is damp. **2** *(atmósfera)* humidity

humedecer *vt* to dampen
▶ **humedecerse** *vp* to get wet

húmedo, -a *adj* **1** *(ropa, pared, etc.)* damp: *Estos calcetines están ~s.* These socks are damp. **2** *(aire, calor)* humid **3** *(lugar)* wet: *un país ~* a wet country ⊃ *Ver nota en* MOIST

humildad *nf* humility

humilde *adj* humble

humillante *adj* humiliating

humo *nm* **1** smoke: *Había demasiado ~.* There was too much smoke. ◊ *Salía ~ por la puerta.* There was smoke coming out of the door. **2** *(coche)* fumes *[pl]*: *el ~ del tubo de escape* exhaust fumes **3 humos** *(arrogancia)* airs: *darse muchos ~s* to put on airs LOC *Ver* BAJAR, SUBIR

humor *nm* **1** humour: *tener sentido del ~* to have a sense of humour ◊ *~ negro* black humour **2** (*comicidad*) comedy: *una serie de ~* a comedy series **LOC** estar de buen/mal humor to be in a good/bad mood ◆ estar de humor to be in the mood (*for sth/doing sth*) ◆ poner a algn de mal humor to make sb angry ◆ tener buen/mal humor to be good-tempered/bad-tempered

humorista *nmf* humorist

hundido, -a *adj* **1** (*barco*) sunken: *un galeón ~* a sunken galleon **2** (*persona*) devastated *Ver tb* HUNDIR

hundir *vt* **1** to sink: *Una bomba hundió el barco.* A bomb sank the boat. ◇ *~ los pies en la arena* to sink your feet into the sand **2** (*persona*) to destroy **3** (*negocio, etc.*) to ruin
▸ **hundirse** *vp* **1** (*irse al fondo*) to sink **2** (*derrumbarse*) to collapse: *El puente se hundió.* The bridge

collapsed. **3** (*negocio*) to go under: *Muchas empresas se han hundido.* Many firms have gone under. **4** (*deprimirse*) to get depressed: *~se en la miseria* to get really depressed

húngaro, -a *adj, nm-nf, nm* Hungarian

Hungría *nf* Hungary

huracán *nm* hurricane

hurgar *vi ~* **en** (*fisgar*) to rummage among/in/through *sth*: *No hurgues en mis cosas.* Don't rummage through my things. **LOC** hurgarse (en) la nariz to pick your nose

¡hurra! *interj* hooray

husmear *vi* (*fisgar*) to sniff around: *La policía ha estado husmeando por aquí.* The police have been sniffing around here.
▸ *vt* (*olfatear*) to sniff

I i

ibérico, -a *adj* Iberian: *la Península Ibérica* the Iberian Peninsula
▸ **ibéricos** *nm* (Spanish) cold meats: *una tabla de ~s* a plate of Spanish cured ham and cold meats **LOC** *Ver* JAMÓN

iceberg *nm* iceberg

icono *nm* (*Informát, Relig*) icon

ictus *nm* (*Med*) stroke

ida *nf* outward journey: *durante la ~* on the way there **LOC** ida y vuelta there and back: *Son tres horas ~ y vuelta.* It's three hours there and back. *Ver tb* BILLETE, PARTIDO

idea *nf* idea: *Tengo una ~.* I've got an idea. ◇ *~s políticas/religiosas* political/religious ideas **LOC** mala idea *No lo hice con mala ~.* I meant well. ◇ *¡Qué mala ~!* What a swine! ◆ ¡ni idea! I haven't a clue! ◆ no tener ni (la menor) idea not to have a clue (*about sth*) ◆ tener ideas de bombero to have strange ideas

ideal *adj, nm* ideal: *Eso sería lo ~.* That would be ideal/the ideal thing. ◇ *Es un hombre sin ~es.* He's a man without ideals.

idealista *adj* idealistic
▸ *nmf* idealist

idealizar *vt* to idealize

ídem *pron* (*en una lista*) ditto ➲ *Ver nota en* DITTO
LOC ídem de ídem *Es un fresco y el hijo ~ de ~.* He's got a real cheek and the same goes for his son.

idéntico, -a *adj ~* **(a)** identical (to/with *sb/sth*): *gemelos ~s* identical twins ◇ *Es ~ al mío.* It's identical to mine.

identidad *nf* identity [*pl* identities] **LOC** *Ver* CARNÉ, ROBO

identificar *vt* to identify
▸ **identificarse** *vp* identificarse con to identify with *sb/sth*: *No acababa de ~me con el personaje principal.* I couldn't quite identify with the main character. **LOC** sin identificar unidentified

ideología *nf* ideology [*pl* ideologies]

I+D+I *nf* research and development (*abrev* R & D)

idioma *nm* language

idiota *adj* stupid: *¡Qué ~ eres!* You stupid thing!
▸ *nmf* idiot

idiotez *nf* stupidity: *¡Qué ~!* What a stupid thing to say! **LOC** decir idioteces to talk nonsense

ido, -a *adj* **1** (*distraído*) absent-minded **2** (*loco*) crazy *Ver tb* IR

ídolo *nm* idol

IES *nm* secondary school, high school (USA)

iglesia *nf* (*institución, edificio*) church: *la Iglesia católica* the Catholic Church ➲ *Ver nota en* SCHOOL **LOC** *Ver* CASAR

iglú *nm* igloo [*pl* igloos]

ignorante *adj* ignorant
▸ *nmf* ignorant fool

ignorar *vt* **1** (*desconocer*) not to know: *Todavía se ignoran los resultados.* We still don't know the results. **2** (*hacer caso omiso*) to ignore

igual *adj* **1** *~* **(a/que)** (*idéntico*) the same (as *sb/sth*): *Esa falda es ~ que la tuya.* That skirt is

the same as yours. **2** (*Pol, Mat*) equal: *Todos los ciudadanos son ~es.* All citizens are equal. ◊ *A es ~ a B.* A is equal to B.
▸ *nmf* equal
▸ *adv* **1** ~ **de** equally: *Son ~ de culpables.* They are equally guilty. **2** ~ **de... que...** just as... as...: *Son ~ de responsables que nosotros.* They're just as responsible as we are. **3** (*posiblemente*) maybe: *Igual no vienen.* Maybe they won't come./They may not come. **LOC da igual** it doesn't matter (*whether...*) ◆ **me da igual** I, you, etc. don't mind (*whether...*): *Me da igual que me pagues en libras o euros.* I don't mind if/whether you pay me in pounds or euros. ❶ "Me da igual" también se puede decir *I don't care,* pero a veces puede resultar maleducado, como "me importa un comino". *Ver tb* COSA

igualar *vt* **1** (*terreno*) to level **2** (*hacer iguales*) to equal: *un récord* to equal a record **LOC igualar el marcador** to level the score

igualdad *nf* equality: *libertad, ~, fraternidad* liberty, equality and fraternity **LOC igualdad de derechos/oportunidades** equal rights/opportunities

igualmente *adv* equally **LOC ¡igualmente!** the same to you!

ikastola *nf* Basque-speaking school

ikurriña *nf* Basque flag

ilegal *adj* illegal

ilegalizar *vt* to make *sth* illegal

ileso, -a *adj* unhurt: *resultar ~* to be unhurt

ilimitado, -a *adj* unlimited

ilógico, -a *adj* illogical

iluminado, -a *adj* ~ **(con)** lit (up) (with *sth*): *La cocina estaba iluminada con velas.* The kitchen was lit (up) with candles. *Ver tb* ILUMINAR

iluminar *vt* to light *sth* up: ~ *un monumento* to light up a monument

ilusión *nf* **1** (*noción falsa*) illusion **2** (*sueño*) dream: *Era la ~ de su vida.* It was her dream. **LOC hacerse ilusiones** to build your hopes up ◆ **me hace mucha ilusión** I am, you are, etc. really looking forward *to sth/doing sth*: *Le hace mucha ~ ir en avión.* She's really looking forward to going on a plane. ◆ **me hizo mucha ilusión** I was, you were, etc. delighted (*with sth/to do sth*) ◆ **¡qué ilusión!** how lovely! *Ver tb* FORJAR

ilusionado, -a *adj* **1** (*esperanzado*) enthusiastic: *Vine muy ~ al puesto.* I was very enthusiastic when I started. **2** ~ **con** excited about/at/by *sth*: *Están muy ~s con el viaje.* They're really excited about the trip.

iluso, -a *adj* gullible
▸ *nm-nf* dreamer: *Es un auténtico ~.* He's a real dreamer.

ilustración *nf* **1** (*dibujo*) illustration **2 la Ilustración** the Enlightenment

ilustrar *vt* to illustrate

ilustre *adj* illustrious: *personalidades ~s* illustrious figures

imagen *nf* **1** image: *Los espejos distorsionaban su ~.* The mirrors distorted his image. ◊ *Me gustaría un cambio de ~.* I'd like to change my image. ◊ *la ~ de España en el extranjero* Spain's image abroad **2** (*Cine, TV*) picture **LOC** *Ver* CAPTURA

imaginación *nf* imagination

imaginar(se) *vt, vp* to imagine: *Me imagino (que sí).* I imagine so. ◊ *¡Imagínate!* Just imagine!

imaginario, -a *adj* imaginary

imaginativo, -a *adj* imaginative

imán *nm* **1** (*piedra*) magnet **2** (*jefe religioso*) imam

imbécil *adj* stupid: *No seas ~.* Don't be stupid.
▸ *nmf* idiot: *¡Cállate, ~!* Be quiet, you idiot!

imitación *nf* imitation **LOC de imitación** fake

imitar *vt* **1** (*copiar*) to imitate **2** (*parodiar*) to mimic: *Imita muy bien a los profesores.* He's really good at mimicking the teachers.

impacientar *vt* to exasperate
▸ **impacientarse** *vp* **1** to get impatient **2 impacientarse (con)** to lose your patience (with *sb*)

impaciente *adj* impatient

impacto *nm* **1** (*colisión, impresión, repercusión*) impact: *el ~ medioambiental* the impact on the environment **2** (*proyectil*) hole: *dos ~s de bala* two bullet holes

impar *adj* odd: *número ~* odd number

imparcial *adj* unbiased

impecable *adj* impeccable

impedido, -a *adj* disabled
▸ *nm-nf* disabled person: *los ~* the disabled ↪ *Ver nota en* DISCAPACITADO

impedimento *nm* (*obstáculo*) obstacle **LOC impedimento físico** physical handicap

impedir *vt* **1** (*imposibilitar*) to prevent *sb/sth* (*from doing sth*): *La lluvia impidió que se celebrase la boda.* The rain prevented the wedding from taking place. ◊ *Nada te lo impide.* There's nothing stopping you. **2** (*paso*) to block: ~ *la entrada* to block the entrance

impenetrable *adj* impenetrable

impensable *adj* unthinkable

imperativo, -a *adj, nm* imperative

imperdible *nm* safety pin ↪ *Ver dibujo en* PIN

imperdonable *adj* unforgivable

imperfección *nf* imperfection

imperfecto, -a *adj* imperfect

imperialismo *nm* imperialism

imperio *nm* empire

impermeable *adj* waterproof
▸ *nm* (*chubasquero*) mac

impersonal *adj* impersonal

impertinente *adj* impertinent

implantar *vt* to introduce: *Quieren ~ un nuevo sistema.* They want to introduce a new system.

implante *nm* (*Med*) implant

implicar *vt* **1** (*involucrar*) to implicate: *Le implicaron en el asesinato.* He was implicated in the murder. **2** (*significar*) to imply

imponer *vt* to impose: *~ condiciones/una multa* to impose conditions/a fine
▸ **imponerse** *vp* to prevail (*over sb/sth*): *La razón se impuso.* Reason prevailed.

importación *nf* import: *la ~ de trigo* the import of wheat ◇ *reducir la ~* to reduce imports [LOC] **de importación** imported: *un coche de ~* an imported car ♦ **de importación y exportación** import-export: *un negocio de ~ y exportación* an import-export business

importador, -ora *adj* importing: *los países ~es de petróleo* oil-importing countries
▸ *nm-nf* importer

importancia *nf* importance [LOC] **adquirir/cobrar importancia** to become important ♦ **no tiene importancia** it doesn't matter ♦ **quitar/restar importancia** to play (*sth*) down: *Siempre quita ~ a sus triunfos.* She always plays down her achievements. ♦ **sin importancia** unimportant

importante *adj* **1** important: *Es ~ asistir a clase.* It's important to go to classes. ◇ *Es ~ que asistas a clase.* It's important that you should go to classes. **2** (*considerable*) considerable: *un número ~ de ofertas* a considerable number of offers

importar *vi* **1** (*tener importancia*) to matter: *Lo que importa es la salud.* Your health is what matters most. ◇ *No importa.* It doesn't matter. **2** (*preocupar*) to care (about *sb/sth*): *No parecen ~le sus hijos.* He doesn't seem to care about his children. ◇ *¡Claro que me importa!* Of course I care!
▸ *vt* to import: *España importa petróleo.* Spain imports oil. [LOC] **me importa un pepino, pimiento, pito, etc.** I, you, etc. couldn't care less ♦ **no me importa** I, you, etc. don't mind (*sth/doing sth*): *No me importa levantarme temprano.* I don't mind getting up early. ◇ *No me importa lo que piensen.* I don't care what they think. ➔ *Ver nota en* IGUAL ♦ **¿te importa…?** do you mind…?: *¿Te importa cerrar la puerta?* Do you mind shutting the door? ◇ *¿Te importa que abra la ventana?* Do you mind if I open the window?

importe *nm* **1** (*cantidad*) amount: *el ~ de la deuda* the amount of the debt **2** (*coste*) cost: *el ~ de la reparación* the cost of the repair

imposible *adj* impossible
▸ *nm No pidas ~s/lo ~.* Don't ask for the impossible.

impotente *adj* impotent

impredecible *adj* unpredictable

imprenta *nf* **1** (*taller*) printer's **2** (*máquina*) printing press

imprescindible *adj* essential, indispensable (*más formal*)

impresentable *adj* **1** (*aspecto*): *¡Estás ~!* You can't go out looking like that! **2** (*comportamiento*) disgraceful
▸ *nmf ¡Eres un ~!* You're a disgrace!

impresión *nf* **1** (*sensación*) impression **2** (*edición*) printing: *listo para ~* ready for printing [LOC] **me da la impresión de que…** I get the feeling that…

impresionante *adj* **1** impressive: *un logro ~* an impressive achievement **2** (*espectacular*) striking: *una belleza ~* striking beauty

impresionar *vt* **1** (*favorablemente*) to impress: *Me impresiona su eficacia.* I am impressed by her efficiency. **2** (*desagradablemente*) to shock: *Nos impresionó el accidente.* We were shocked by the accident. **3** (*emocionar*) to move: *El final me impresionó mucho.* The ending was very moving.

impreso, -a *adj* printed
▸ *nm* (*formulario*) form: *rellenar un ~* to fill in a form

impresora *nf* printer

imprevisible *adj* unpredictable

imprevisto, -a *adj* unforeseen
▸ *nm Ha surgido un ~.* Something unexpected has come up. ◇ *Tengo un dinero ahorrado para ~s.* I've got some money saved up in case anything unexpected happens.

imprimir *vt* **1** to print **2** (*huella*) to imprint

improbable *adj* unlikely, improbable (*más formal*)

improvisar *vt* to improvise

imprudente *adj* **1** rash **2** (*conductor*) careless

impuesto *nm* tax [LOC] **Impuesto sobre Bienes Inmuebles** (*abrev* IBI) property tax ♦ **Impuesto sobre el Valor Añadido** (*abrev* IVA) value added tax (*abrev* VAT) ♦ **Impuesto sobre la Renta (de las Personas Físicas)** (*abrev* IRPF) income tax *Ver tb* EVASIÓN, LIBRE

impulsar *vt* **1** (*llevar*) to drive: *La curiosidad me impulsó a entrar.* Curiosity drove me to enter. **2** (*estimular*) to stimulate: ~ *la producción* to stimulate production

impulsivo, -a *adj* impulsive

impulso *nm* **1** (*deseo*) impulse: *actuar por* ~ to act on impulse **2** (*empuje*) boost: *Ha supuesto un gran* ~ *para el turismo.* It has given tourism a boost.

impune *adj* unpunished LOC **salir impune** to get away with it

impuro, -a *adj* impure

inaccesible *adj* inaccessible

inaceptable *adj* unacceptable

inadecuado, -a *adj* inappropriate

inadvertido, -a *adj* unnoticed: *pasar* ~ to go unnoticed

inagotable *adj* **1** (*inacabable*) inexhaustible **2** (*incansable*) tireless

inaguantable *adj* unbearable

inalámbrico, -a *adj* **1** (*Internet, etc.*) wireless **2** (*teléfono*) cordless
▸ *nm* (*teléfono*) cordless phone LOC *Ver* DISPOSITIVO

inapreciable *adj* **1** (*imperceptible*) negligible **2** (*valioso*) invaluable: *su* ~ *ayuda* their invaluable help

inauguración *nf* opening: *Había unas cien personas en la ceremonia de* ~. There were about a hundred people at the opening ceremony.

inaugurar *vt* to open

incalculable *adj* incalculable

incapacitado, -a *adj* disabled
▸ *nm-nf* disabled person: *los* ~*s* the disabled ↻ *Ver nota en* DISCAPACITADO

incapaz *adj* ~ **de** incapable of *sth/doing sth*: *Son incapaces de prestar atención.* They are incapable of paying attention.

incautarse *vp* ~ **de** to seize *sth*: *La policía se incautó de 10 kg de cocaína.* The police seized 10 kg of cocaine.

incendiar *vt* to set fire to *sth*: *Un loco ha incendiado la escuela.* A madman has set fire to the school.
▸ **incendiarse** *vp* to catch fire: *El establo se incendió.* The stable caught fire.

incendio *nm* fire: *apagar un* ~ to put out a fire LOC **incendio provocado** arson [*incontable*]: *un* ~ *provocado* a case of arson ◇ *Los* ~*s provocados son frecuentes en verano.* Deliberately-started forest fires are common in summer. *Ver tb* ALARMA, BOCA, ESCALERA, SALIDA

incinerar *vt* **1** (*residuos*) to incinerate **2** (*cadáver*) to cremate

incisivo *nm* (*diente*) incisor

inclinar *vt* **1** (*ladear*) to tilt: *Inclina el paraguas un poco.* Tilt the umbrella a bit. **2** (*la cabeza para asentir o saludar*) to nod
▸ **inclinarse** *vp* **1** (*ladearse*) to lean: *El edificio se inclina hacia un lado.* The building leans to one side. **2 inclinarse por** (*simpatizar*): *Nos inclinamos por el Partido Verde.* Our sympathies lie with the Green Party. LOC *Ver* BARRA

incluido, -a *adj* including: *con el IVA* ~ including VAT LOC **todo incluido 1** all-in: *Son 1000 todo* ~. It's 1 000 all-in. **2** (*hotel*) all-inclusive hotel: *El hotel era un todo* ~. The hotel was all-inclusive. *Ver tb* INCLUIR

incluir *vt* to include: *El precio incluye el servicio.* The price includes service.

inclusive *adv* inclusive: *del 3 al 7 ambos* ~ from the 3rd to the 7th inclusive ◇ *hasta el sábado* ~ up to and including Saturday

incluso *adv* even: *Incluso me dieron dinero.* They even gave me money. ◇ *Eso sería* ~ *mejor.* That would be even better.

incógnito, -a *adj* LOC **de incógnito** incognito: *viajar de* ~ to travel incognito

incoherente *adj* **1** (*sin sentido*) incoherent: *palabras* ~*s* incoherent words **2** (*contradictorio*) inconsistent: *comportamiento* ~ inconsistent behaviour

incoloro, -a *adj* colourless

incombustible *adj* fireproof

incomible *adj* inedible

incómodo, -a *adj* uncomfortable

incompatible *adj* incompatible

incompetente *adj, nmf* incompetent

incompleto, -a *adj* **1** (*fragmentario*) incomplete: *información incompleta* incomplete information **2** (*sin acabar*) unfinished

incomprensible *adj* incomprehensible

incomunicado, -a *adj* **1** (*aislado*) cut off: *Nos quedamos* ~*s por la nieve.* We were cut off by the snow. **2** (*preso*) in solitary confinement

inconfundible *adj* unmistakable

inconsciente *adj* **1** (*sin conocimiento, involuntario*) unconscious: *El paciente está* ~. The patient is unconscious. ◇ *un gesto* ~ an unconscious gesture **2** (*irresponsable*) irresponsible
▸ *nmf* **ser un** ~ to be irresponsible

inconstitucional *adj* unconstitutional

incontable *adj* **1** (*incalculable*) countless **2** (*Ling*) uncountable

inconveniente *adj* (*inoportuno, molesto*) inconvenient: *una hora* ~ an inconvenient time
▸ *nm* **1** (*dificultad, obstáculo*) problem: *Han surgido algunos* ~*s.* Some problems have arisen. **2** (*des-*

ventaja) disadvantage: *Tiene ventajas e ~s.* It has its advantages and disadvantages. **LOC** no tener inconveniente (en) not to mind *doing sth*: *No tengo ~ en verles.* I don't mind seeing them.

incorporación *nf* ~ **(a)** (*entrada*) entry (into *sth*): *la ~ de Polonia a la UE* Poland's entry into the EU

incorporado, -a *adj* **1** ~ **a** incorporated into *sth*: *nuevos vocablos ~s al idioma* new words incorporated into the language **2** (*incluido*) built-in: *con antena incorporada* with a built-in aerial *Ver tb* INCORPORAR

incorporar *vt* **1** (*agregar*) to include *sb/sth* (*in sth*): *Le han incorporado al equipo.* He's been included in the team. **2** (*persona tumbada*) to sit *sb* up: *Lo incorporé para que no se ahogara.* I sat him up so he wouldn't choke.
▸ **incorporarse** *vp* **1** (*erguirse*) to sit up **2** **incorporarse (a)** (*trabajo*) to start *sth*: *El lunes me incorporo a mi nuevo puesto.* I start my new job on Monday. **3** **incorporarse (a)** (*participar*) to join *sth*

incorrecto, -a *adj* **1** (*erróneo*) incorrect **2** (*comportamiento*) impolite

increíble *adj* incredible

incrustarse *vp* (*proyectil*): *La bala se incrustó en la pared.* The bullet embedded itself in the wall.

inculto, -a *adj, nm-nf* ignorant: *ser un ~* to be ignorant

incultura *nf* lack of culture

incumplir *vt* **1** (*ley, promesa*) to break **2** (*contrato*) to breach

incurable *adj* incurable

incursión *nf* (*Mil*) raid

indagación *nf* enquiry [*pl* enquiries]

indagar *vt, vi* ~ **(acerca de/sobre)** to investigate *sth*: *~ acerca del paradero de algn* to investigate sb's whereabouts

indecente *adj* **1** (*espectáculo, gesto, lenguaje*) obscene **2** (*ropa*) indecent

indeciso, -a *adj, nm-nf* indecisive: *ser un ~* to be indecisive

indefenso, -a *adj* defenceless

indefinido, -a *adj* **1** (*ilimitado*) indefinite: *una huelga indefinida* an indefinite strike **2** (*color, edad, forma*) indeterminate **LOC** *Ver* ARTÍCULO, PRETÉRITO

indemnizar *vt* to pay *sb* compensation (*for sth*)

independencia *nf* independence

independentista *adj* pro-independence
▸ *nmf* supporter of independence

independiente *adj* independent

independizarse *vp* **1** (*individuo*) to leave home **2** (*país, colonia*) to gain independence

indestructible *adj* indestructible

indeterminado, -a *adj* **1** (*número*) indeterminate **2** (*artículo*) indefinite

India *nf* India

indicación *nf* **1** (*señal*) sign **2** **indicaciones** **(a)** (*instrucciones*) instructions: *Siga las indicaciones del folleto.* Follow the instructions in the leaflet. **(b)** (*camino*) directions

indicado, -a *adj* **1** (*conveniente*) suitable: *poco ~ para la ocasión* not suitable for the occasion **2** (*especificado*) specified: *la fecha indicada en el documento* the date specified in the document **3** (*aconsejable*) advisable *Ver tb* INDICAR

indicador *nm* indicator, turn signal (*USA*) **LOC** indicador de presión/del nivel de la gasolina pressure/petrol gauge *Ver tb* CARTEL

indicar *vt* **1** (*mostrar*) to show, to indicate (*más formal*): *~ el camino* to show the way **2** (*señalar*) to point *sth* out (*to sb*): *Indicó que se trataba de un error.* He pointed out that it was a mistake.

índice *nm* **1** index: *~ alfabético* alphabetical index ◇ *~ de precios al consumo* retail price index **2** (*dedo*) index finger **LOC** índice (de materias) table of contents ◆ índice de natalidad birth rate

índico, -a *adj* Indian
▸ *nm* el Índico the Indian Ocean

indiferencia *nf* indifference (*to sb/sth*)

indiferente *adj* not interested (*in sb/sth*), indifferent (*to sb/sth*) (*más formal*): *Se muestra ~ a todo lo que ocurre a su alrededor.* She isn't interested in anything around her. **LOC** me es indiferente I, you, etc. don't care ◆ ser indiferente *Es ~ que sea blanco o negro.* It doesn't matter whether it's black or white.

indígena *adj* indigenous
▸ *nmf* native

indigestión *nf* indigestion

indignado, -a *adj* indignant (*at/about sth*) *Ver tb* INDIGNAR

indignante *adj* outrageous

indignar *vt* to infuriate
▸ **indignarse** *vp* **indignarse (con) (por)** to get angry (with *sb*) (about *sth*)

indigno, -a *adj* **1** (*despreciable*) contemptible **2** ~ **de** unworthy of *sb/sth*: *una conducta indigna de un director* behaviour unworthy of a director

indio, -a *adj, nm-nf* Indian: *los ~s* the Indians **❶** A los indios de Estados Unidos y Canadá también se les llama **Native Americans**. **LOC** *Ver* CONEJILLO, FILA

indirecta *nf* hint `LOC` **coger la indirecta** to take the hint ♦ **echar/lanzar/soltar una indirecta** to drop a hint

indirecto, -a *adj* indirect

indiscreción *nf Fue una ~ por su parte preguntarlo.* She shouldn't have asked. ◊ *si no es ~* if you don't mind my asking

indiscutible *adj* undeniable

indispensable *adj* essential `LOC` **lo indispensable** the bare essentials [*pl*]

indispuesto, -a *adj* (*enfermo*) not well, unwell (*más formal*): *No ha venido a clase porque está ~.* He hasn't come to school because he's not well.

individual *adj* individual `LOC` *Ver* CAMA, CHALET, HABITACIÓN

individuo, -a *nm-nf* individual

indudable *adj* undoubted `LOC` **es indudable que...** there is no doubt that...

indulto *nm* pardon: *El juez le concedió el ~.* The judge pardoned him.

industria *nf* industry [*pl* industries]: *~ alimentaria/siderúrgica* food/iron and steel industry

industrial *adj* industrial
▶ *nmf* (*empresario*) industrialist `LOC` *Ver* CANTIDAD, INGENIERO, NAVE, PERITO

industrialización *nf* industrialization

industrializar *vt* to industrialize
▶ **industrializarse** *vp* to become industrialized

inédito, -a *adj* (*desconocido*) previously unknown

ineficaz *adj* **1** (*medida*) ineffective: *un tratamiento ~* ineffective treatment **2** (*persona, método*) inefficient

inepto, -a *adj* inept

inercia *nf* inertia `LOC` **por inercia** through force of habit

inesperado, -a *adj* unexpected

inestable *adj* **1** unstable: *Tiene un carácter muy ~.* He's very unstable. **2** (*tiempo*) changeable

inevitable *adj* inevitable

inexperiencia *nf* inexperience

inexperto, -a *adj* inexperienced

inexplicable *adj* inexplicable

infancia *nf* childhood `LOC` *Ver* JARDÍN

infantería *nf* infantry [*v sing o pl*] `LOC` **infantería de marina** marines [*pl*]

infantil *adj* **1** (*de niños*) children's: *literatura/programación ~* children's books/programmes **2** (*peyorativo*) childish, infantile (*más formal*): *No seas ~.* Don't be childish. **3** (*inocente*) childlike: *una sonrisa ~* a childlike smile

4 (*Educ*) nursery: *educación ~* nursery education
▶ **infantiles** *nm* (*Dep*) under 13s `LOC` *Ver* ESCUELA

infarto *nm* heart attack

infección *nf* infection

infeccioso, -a *adj* infectious

infectar *vt* to infect *sb/sth* (*with sth*)
▶ **infectarse** *vp* to become infected: *Se ha infectado la herida.* The wound has become infected.

infeliz *adj* unhappy
▶ *nmf* (*desgraciado*) poor devil

inferior *adj ~* (a) **1** (*cantidad, posición*) lower (than *sth*): *una tasa de natalidad ~ a la del año pasado* a lower birth rate than last year ◊ *los pisos ~es del edificio* the lower floors of the building **2** (*calidad*) inferior (to *sb/sth*): *de una calidad ~ a la vuestra* inferior to yours

inferioridad *nf* inferiority: *Tiene complejo de ~.* He has an inferiority complex.

infértil *adj* infertile

infertilidad *nf* infertility

infidelidad *nf* infidelity [*pl* infidelities]

infiel *adj* unfaithful (to *sb/sth*): *Le ha sido ~.* He has been unfaithful to her.

infierno *nm* hell: *ir al ~* to go to hell ⊃ *Ver nota en* HELL

infinidad *nf* **1** (*mucho tiempo*) infinity **2** (*multitud*) a great many: *(una) ~ de gente/cosas* a great many people/things `LOC` **infinidad de veces/en infinidad de ocasiones** countless times

infinito, -a *adj* infinite: *Las posibilidades son infinitas.* The possibilities are infinite. ◊ *Se necesita una paciencia infinita.* You need infinite patience.

inflación *nf* inflation

inflamable *adj* inflammable ⊃ *Ver nota en* INFLAMMABLE

inflamación *nf* (*Med*) swelling, inflammation (*más formal*)

inflamarse *vp* **1** (*encenderse*) to catch fire: *Se inflamó el depósito de la gasolina.* The petrol tank caught fire. **2** (*Med*) to swell: *Se me ha inflamado un poco el tobillo.* My ankle is a bit swollen.

inflar *v vt* (*hinchar*) to blow *sth* up, to inflate (*más formal*)
▶ **inflarse** *vp* (*comer mucho*) to stuff yourself (*with sth*): *No te infles de pasteles.* Don't stuff yourself with cakes.

influencia *nf* influence (*on/over sb/sth*): *la ~ de la dieta en la salud* the influence of diet on health ◊ *No tengo ~ ninguna sobre él.* I have no influence over him.

influir *vi* ~ **en** to influence *sb/sth*: *No quiero ~ en tu decisión.* I don't want to influence your decision.

infografía *nf* infographic

información *nf* **1** information (*on/about sb/ sth*) [*incontable*]: *pedir ~* to ask for information ⊃ *Ver nota en* CONSEJO **2** (*noticias*) news [*incontable*]: *La televisión ofrece mucha ~ deportiva.* There's a lot of sports news on television. **3** (*telefónica*) directory enquiries [*v sing o pl*] **4** (*en aeropuerto, etc.*) information desk LOC *Ver* CIENCIA, OFICINA, TECNOLOGÍA, TELÉFONO

informal *adj* **1** (*ropa, acto*) informal: *una reunión ~* an informal gathering **2** (*poco fiable*) unreliable
▸ *nmf* unreliable: *ser un ~* to be unreliable

informar *vt* **1** (*notificar*) to inform *sb* (*of/about sth*): *Debemos ~ a la policía del accidente.* We must inform the police of the accident. **2** (*anunciar*) to announce: *La radio ha informado que…* It was announced on the radio that…
▸ *vi* ~ **(de/acerca de)** (*dar un informe*) to report (on *sth*): ~ *de lo decidido en la reunión* to report on what was decided at the meeting
▸ **informarse** *vp* **informarse (de/sobre/acerca de)** to find out (about *sb/sth*): *Tengo que ~me de lo sucedido.* I've got to find out what happened.

informática *nf* **1** (*actividad*) computing **2** (*asignatura*) information technology (*abrev* IT) ❶ También se dice **computer studies** y **computer science**.

informático, -a *adj* computer: *un centro ~* a computer centre
▸ *nm-nf* IT specialist: *Mi hermano es ~.* My brother works in IT. LOC *Ver* DELITO, PIRATA, VIRUS

informativo, -a *adj* **1** (*panfleto, campaña*) information: *un centro ~* an information centre **2** (*referido a noticias*) news: *un resumen ~* a news bulletin
▸ *nm* (*Radio, TV*) news: *el ~ de las 21 horas* the nine o'clock news LOC *Ver* AVANCE

informatizar *vt* to computerize

informe *nm* **1** (*documento, exposición oral*) report: *el ~ anual de la sociedad* the company's annual report ◇ *un ~ escolar/policial* a school/police report **2 informes** information [*incontable*]: *de acuerdo con sus ~s* according to their information

infracción *nf* **1** (*de tráfico*) offence: *una ~ de tráfico* a traffic offence **2** (*de regla*) breach *of sth*: *una ~ de la ley* a breach of the law

infundir *vt* **1** (*miedo*) to instil *sth* (*in/into sb*) **2** (*sospechas*) to arouse *sb's* suspicions **3** (*respeto, confianza*) to inspire *sth* (*in sb*)

infusión *nf* herbal tea: *una ~ de menta* a peppermint tea

ingeniar *vt* to think *sth* up, to devise (*más formal*) LOC **ingeniárselas** to find a way (*to do sth/of doing sth*): *Nos las ingeniamos para entrar en la fiesta.* We found a way to get into the party. ◇ *Ingéniatelas como puedas.* You'll have to manage somehow.

ingeniería *nf* engineering LOC **ingeniería genética** genetic engineering

ingeniero, -a *nm-nf* engineer ⊃ *Ver nota en* MÉDICO LOC **ingeniero agrónomo/industrial** agricultural/industrial engineer ◆ **ingeniero de caminos, canales y puertos** civil engineer ◆ **ingeniero técnico** engineer

ingenio *nm* **1** (*inventiva*) ingenuity **2** (*humor*) wit

ingenioso, -a *adj* **1** (*imaginativo*) ingenious **2** (*perspicaz*) witty

ingenuo, -a *adj* **1** (*inocente*) innocent **2** (*crédulo*) naive
▸ *nm-nf ser un ~* to be naive

ingerir *vt* to consume

Inglaterra *nf* England

ingle *nf* groin

inglés, -esa *adj, nm* English: *hablar ~* to speak English
▸ *nm-nf* Englishman/woman [*pl* -men/ -women]: *los ingleses* the English ⊃ *Ver nota en* BRITISH LOC *Ver* LLAVE

ingrato, -a *adj* **1** (*persona*) ungrateful **2** (*trabajo, tarea*) thankless

ingrediente *nm* ingredient

ingresar *vi* ~ **(en)** **1** (*centro sanitario*): *Ingreso mañana.* I'm going into hospital tomorrow. ◇ *Ingresó en La Paz a las 4.30.* He was admitted to La Paz hospital at 4.30. **2** (*Mil, club*) to join *sth*: ~ *en el ejército* to join the army
▸ *vt* **1** (*hospital*) to admit *sb* (*to/into sth*): *Lo ingresan mañana.* They're admitting him (to hospital) tomorrow. ◇ *Me tuvieron que ~.* I had to be taken into hospital. **2** (*dinero*) to pay *sth* in: ~ *dinero en una cuenta* to pay money into an account

ingreso *nm* **1** (*entrada*) **(a)** (*hospital, institución*) admission (*to sth*) **(b)** (*organización*) entry (*into sth*): *el ~ de Croacia en la UE* Croatia's entry into the EU **(c)** (*ejército*) enlistment (*in sth*) **2** (*dinero*) deposit **3 ingresos (a)** (*persona, institución*) income [*v sing*] **(b)** (*Estado, municipio*) revenue [*incontable*] LOC *Ver* EXAMEN

inhabitado, -a *adj* uninhabited

inhalador *nm* inhaler

inhalar *vt* to inhale

inherente *adj* ~ **(a)** inherent (in *sb/sth*): *problemas ~s al cargo* problems inherent in the job

inhumano, -a *adj* **1** (*cruel*) inhuman **2** (*sin compasión*) inhumane

iniciación *nf* ~ **(a) 1** introduction (to *sth*): ~ *a la música* an introduction to music **2** (*rito*) initiation (into *sth*)

inicial *adj, nf* initial **LOC** ➾ *Ver* PÁGINA

iniciar *vt* **1** (*curso, viaje, discurso*) to begin: ~ *la reunión* to begin the meeting **2** (*reformas*) to initiate

iniciativa *nf* initiative: *tener* ~ to show initiative ◊ *tomar la* ~ to take the initiative **LOC por iniciativa propia** on your own initiative

inicio *nm* **1** beginning: *desde los ~s de su carrera* right from the beginning of his career **2** (*guerra, enfermedad*) outbreak **LOC** ➾ *Ver* PÁGINA

injusticia *nf* injustice: *Cometieron muchas ~s.* Many injustices were done. **LOC ser una injusticia** *Es una ~.* It's not fair.

injusto, -a *adj* ~ **(con/para)** unfair (to/on *sb*): *Es ~ para los demás.* It's unfair on the others.

inmaduro, -a *adj, nm-nf* (*persona*) immature: *ser un ~* to be immature

inmediatamente *adv* immediately

inmejorable *adj* **1** (*resultado, referencia, tiempo*) excellent **2** (*calidad, nivel*) top **3** (*precio, récord*) unbeatable

inmenso, -a *adj* **1** immense: *de una importancia inmensa* of immense importance **2** (*sentimientos*) great: *una alegría/pena inmensa* great happiness/sorrow **3** (*edificio, sala*) huge **LOC la inmensa mayoría** the vast majority ➾ *Ver nota en* MAJORITY

inmigración *nf* immigration

inmigrante *nmf* immigrant

inmigrar *vi* to immigrate

inmobiliaria *nf* estate agent's, real estate agency (*USA*) ➾ *Ver nota en* CARNICERÍA

inmobiliario, -a *adj* property: *el mercado ~* the property market **LOC** *Ver* AGENTE

inmoral *adj* immoral

inmortal *adj, nmf* immortal

inmóvil *adj* still: *permanecer* ~ to stand still

inmueble *nm* building **LOC** *Ver* IMPUESTO

inmundo, -a *adj* filthy

inmunidad *nf* immunity: *gozar de/tener* ~ *diplomática* to have diplomatic immunity

inmutarse *vp No se inmutaron.* They didn't turn a hair.

innato, -a *adj* innate

innovación *nf* innovation

innovador, -ora *adj* innovative

innumerable *adj* innumerable

inocentada *nf* practical joke **LOC** *Ver* GASTAR

inocente *adj* **1** (*no culpable*) innocent: *Soy ~.* I'm innocent. **2** (*ingenuo*) naive **3** (*broma*) harmless ▸ *nmf* **hacerse el** ~ to play the innocent **LOC** *Ver* DECLARAR, DÍA

inofensivo, -a *adj* harmless

inolvidable *adj* unforgettable

inoportuno, -a *adj* inconvenient: *un momento ~* an inconvenient time **LOC ¡qué inoportuno!** what a nuisance!

inoxidable *adj* (*acero*) stainless

inquietante *adj* **1** (*preocupante*) worrying: *un retraso* ~ a worrying delay **2** (*que perturba*) disturbing: *un libro* ~ a disturbing book

inquieto, -a *adj* **1** (*agitado, activo*) restless: *un niño* ~ a restless child **2** ~ **(por)** (*preocupado*) worried (about *sb/sth*): *Estoy* ~ *por los niños.* I'm worried about the children.

inquietud *nf* **1** (*preocupación*) anxiety **2 inquietudes** interest [*v sing*]: *Es una persona sin ~es.* He's got no interest in anything.

inquilino, -a *nm-nf* tenant

insatisfecho, -a *adj* dissatisfied (*with sb/sth*)

inscribir *vt* **1** (*matricular*) to enrol: *Voy a* ~ *a mi hijo en ese colegio.* I'm going to enrol my son in that school. **2** (*en un registro*) to register: ~ *un nacimiento* to register a birth **3** (*grabar*) to inscribe ▸ **inscribirse** *vp* **1** (*curso*) to enrol (*for/on sth*) **2** (*competición, concurso*) to enter *sth*

inscripción *nf* **1** (a) (*curso, ejército*) enrolment (b) (*registro*) registration **2** (*grabado*) inscription

insecticida *nm* insecticide

insecto *nm* insect

inseguridad *nf* **1** (*falta de confianza*) insecurity **2** (*incertidumbre*) uncertainty [*pl* uncertainties] **LOC inseguridad ciudadana** lack of safety on the streets

inseguro, -a *adj* **1** (*sin confianza en uno mismo*) insecure **2** (*peligroso*) unsafe **3** (*paso, voz*) unsteady

insensible *adj* **1** ~ **(a)** insensitive (to *sth*): ~ *al frío/sufrimiento* insensitive to cold/suffering **2** (*miembro, nervio*) numb

inservible *adj* useless

insignia *nf* badge

insignificante *adj* insignificant

insinuación *nf* **1** (*sugerencia*) hint: *Nos hizo varias insinuaciones de la venta del negocio.* He hinted that the business might be up for sale. **2** (*ofensiva*) insinuation **3** (*amorosa*) (sexual) advance

insinuar *vt* **1** (*sugerir*) to hint: *Insinuó que había aprobado.* He hinted that I'd passed. **2** (*algo de-*

sagradable) to insinuate: *¿Qué insinúas, que miento?* Are you insinuating that I'm lying?

insistente *adj* **1** (*con palabras*) insistent **2** (*actitud, lluvia, ruido*) persistent

insistir *vi* ~ **(en/sobre)** to insist (on *sth/doing sth*): *Insistió en que fuéramos.* He insisted that we go/went.

insolación *nf* sunstroke [*incontable*]: *coger(se) una* ~ to get sunstroke

insoluble *adj* insoluble

insomnio *nm* insomnia

insonorizar *vt* to soundproof

insoportable *adj* unbearable

inspección *nf* inspection

inspeccionar *vt* to inspect

inspector, -ora *nm-nf* inspector

inspiración *nf* inspiration

inspirar *vt* to inspire *sb* (with *sth*): *Ese médico no me inspira ninguna confianza.* That doctor doesn't inspire me with confidence.
 ▸ **inspirarse** *vp* **inspirarse (en)** to get inspiration (from *sth*): *El autor se inspiró en un hecho real.* The author got his inspiration from a real-life event.

instalación *nf* **1** (*colocación*) installation **2 instalaciones** facilities: *instalaciones deportivas* sports facilities **LOC** **instalación eléctrica** (electrical) wiring

instalar *vt* to install
 ▸ **instalarse** *vp* **1** (*en una ciudad, en un país*) to settle (down) **2** (*en una casa*) to move *into sth*: *Acabamos de ~nos en la nueva casa.* We've just moved into our new house.

instancia *nf* (*solicitud*) application **LOC** *Ver* ÚLTIMO

instantáneo, -a *adj* instantaneous **LOC** *Ver* CAFÉ, MENSAJERÍA

instante *nm* moment: *en ese mismo* ~ at that very moment

instinto *nm* instinct **LOC** **por instinto** instinctively

institución *nf* (*organismo*) institution **LOC** *Ver* BENÉFICO

instituto *nm* **1** (*Educ*) secondary school, high school (*USA*) **2** (*organismo, institución*) institute **LOC** **Instituto de Enseñanza Secundaria** comprehensive school, high school (*USA*) ♦ **instituto de formación profesional** technical college

instrucción *nf* **1** (*Mil*) training **2 instrucciones** instructions: *instrucciones de uso* instructions for use

instructor, -ora *nm-nf* instructor

instrumental *nm* instruments [*pl*]: *el* ~ *médico* medical instruments

instrumento *nm* instrument

insuficiencia *nf* **1** (*escasez*) lack: *la* ~ *de recursos* the lack of resources **2** (*Med*) failure: ~ *cardiaca/renal* heart/kidney failure

insuficiente *adj* (*escaso*) insufficient
 ▸ *nm* (*suspenso*) fail: *Le han puesto un* ~. He failed. ➔ *Ver nota en pág* 401

insultar *vt* to insult

insulto *nm* insult

insumisión *nf* **1** (*rebeldía*) rebelliousness **2** (*Mil*) refusal to do military service **3** (*a una ley*) refusal to abide by a law **LOC** **insumisión fiscal** refusal to pay taxes

insuperable *adj* **1** (*dificultad*) insurmountable **2** (*calidad, oferta*) unbeatable **3** (*hazaña, belleza*) matchless

intacto, -a *adj* **1** (*no dañado*) intact: *Su reputación permaneció intacta.* His reputation remained intact. **2** (*no tocado*) untouched

integración *nf* integration

integral *adj* comprehensive: *una reforma* ~ a comprehensive reform ◊ *Es un idiota* ~. He's a complete idiot. **LOC** *Ver* BELLEZA, PAN

integrar *vt* **1** (*componer*) to make *sth* up: *los países que integran la Unión Europea* the countries that make up the European Union **2** (*socialmente*) to integrate *sb* (into/with *sth*)
 ▸ **integrarse** *vp* **integrarse (en)** (*adaptarse*) to integrate (into/with *sth*)

integridad *nf* integrity

integrismo *nm* fundamentalism

integrista *adj, nmf* fundamentalist ➔ *Ver nota en* CATÓLICO

íntegro, -a *adj* whole: *mi sueldo* ~ my whole salary

intelectual *adj, nmf* intellectual

inteligencia *nf* intelligence **LOC** *Ver* COEFICIENTE

inteligente *adj* **1** (*persona, animal*) intelligent **2** (*edificio, electrodoméstico, tarjeta*) smart: *una bomba* ~ a smart bomb **LOC** *Ver* TELÉFONO

intemperie *nf* **LOC** **a la intemperie** out in the open

intención *nf* intention: *tener malas intenciones* to have evil intentions **LOC** **con (mala) intención** maliciously ♦ **hacer algo con buena intención** to mean well: *Lo hizo con buena* ~. He meant well. ♦ **tener intención de** to intend *to do sth*: *Tenemos* ~ *de comprar un piso.* We intend to buy a flat.

intencionado, -a *adj* deliberate **LOC** **bien/mal intencionado** well meaning/malicious

intensidad *nf* **1** (*color, luz, lluvia, sentimiento*) intensity **2** (*corriente eléctrica, viento, voz*) strength

intensificar(se) *vt, vp* to intensify

intensivo, -a *adj* intensive `LOC` *Ver* JORNADA, UNIDAD

intenso, -a *adj* **1** (*temperatura, color, sentimientos, dolor*) intense: *una ola de frío/calor* ~ intense cold/heat **2** (*vigilancia*) close **3** (*negociaciones*) intensive

intentar *vt* to try (*sth/to do sth*): *Inténtalo.* Just try. ➔ *Ver nota en* TRY `LOC` *Ver* AGRADAR

intento *nm* attempt `LOC` **al primer, segundo, etc. intento** at the first, second, etc. attempt

interactividad *nf* interactivity

interactivo, -a *adj* interactive `LOC` *Ver* PIZARRA

intercambiar *vt* to exchange, to swap (*más coloq*): ~ *prisioneros* to exchange prisoners ◊ ~ *sellos* to swap stamps

intercambio *nm* exchange

interceder *vi* ~ **(a favor de/por)** to intervene (on *sb's* behalf): *Intercedieron por mí.* They intervened on my behalf.

interés *nm* **1** ~ **(en/por)** interest (in *sb/sth*): *La novela ha suscitado un gran* ~. The novel has aroused a lot of interest. ◊ *Tengo* ~ *en saber cómo lo descubrieron.* I'm interested in finding out how they discovered it. ◊ *a un 10% de* ~ at 10% interest **2** (*egoísmo*) self-interest: *Lo hicieron por puro* ~. They did it in their own self-interest. `LOC` **hacer algo sin ningún interés** to show no interest in sth: *Trabajan sin ningún* ~. They show no interest in their work. *Ver tb* CONFLICTO

interesante *adj* interesting ➔ *Ver nota en* INTERESTING

interesar *vi* to be interested (in *sth/doing sth*): *Nos interesa el arte.* We're interested in art. ◊ *¿Te interesa participar?* Are you interested in taking part?
▸ *vt* ~ **a algn (en algo)** to interest sb (in sth): *No consiguió* ~ *a nadie en la reforma.* He didn't manage to interest anyone in the reforms.
▸ **interesarse** *vp* **interesarse por 1** (*mostrar interés*) to show (an) interest in *sth*: *El director se interesó por mi obra.* The director showed (an) interest in my work. **2** (*preocuparse*) to ask after *sb/sth*: *Se interesó por mi salud.* He asked after my health.

interfaz (*tb* **interface**) *nf* (*Informát*) interface

interferencia *nf* interference [*incontable*]: *Se han producido* ~*s en la emisión.* The programme has been affected by interference. ◊ *Hay muchas* ~*s.* We're getting a lot of interference.

interferir *vi* ~ **(en)** to meddle (in/with *sth*); to interfere (in *sth*) (*más formal*): *Deja de* ~ *en mis asuntos.* Stop meddling in my affairs.

interfono *nm* (*portero automático*) Entryphone®

interior *adj* **1** inner: *una habitación* ~ an inner room ◊ *su vida* ~ his inner life **2** (*bolsillo*) inside **3** (*comercio, política*) domestic
▸ *nm* interior: *el* ~ *de un edificio/país* the interior of a building/country `LOC` **en el interior** (*casa, coche*) inside: *Había mucha gente en el* ~. There were lots of people inside. *Ver tb* MINISTERIO, MINISTRO, ROPA

interjección *nf* interjection

intermediario, -a *nm-nf* **1** (*mediador*) mediator: *La ONU actuó de* ~ *en el conflicto.* The UN acted as a mediator in the conflict. **2** (*Econ*) middleman [*pl* -men]

intermedio, -a *adj* intermediate
▸ *nm* (*espectáculo, programa*) interval

interminable *adj* endless

intermitente *nm* (*coche*) indicator, turn signal (*USA*)

internacional *adj* international

internado *nm* boarding school

internar *vt* *Lo internaron en el hospital.* He was admitted to hospital. ◊ *Internaron a su padre en un asilo.* They put their father in a home.

internauta *nmf* Internet user

internet (*tb* **Internet**) *nm o nf* (the) Internet: *buscar algo en* ~ to search for sth on the Internet ➔ *Ver dibujo en pág 170*

🔎 En inglés **internet** se escribe normalmente con mayúscula y con el artículo definido **the**: *Lo encontré en internet.* I found it on the Internet. Sin embargo, cuando va delante de un sustantivo, no se utiliza el artículo definido: *un proveedor de servicio de internet* an Internet service provider.

`LOC` *Ver* VENTA

interno, -a *adj* **1** internal: *órganos* ~*s* internal organs **2** (*dentro de un país*) domestic: *comercio* ~ domestic trade **3** (*cara, parte*) inner: *la parte interna del muslo* the inner thigh
▸ *nm-nf* **1** (*alumno*) boarder **2** (*en cárcel*) inmate **3** (*médico*) house officer, intern (*USA*) `LOC` *Ver* COLEGIO

interpretación *nf* interpretation

interpretar *vt* **1** (*explicar, traducir*) to interpret: ~ *la ley* to interpret the law **2** (*Cine, Mús, Teat*) to perform

intérprete *nmf* **1** (*traductor*) interpreter **2** (*Cine, Mús, Teat*) performer

interrogación *nf* question mark ➒ *Ver pág 395*

interrogar *vt* **1** (*testigo, acusado*) to question **2** (*policía*) to interrogate

interrogatorio *nm* **1** (*en juicio*) questioning **2** (*policial*) interrogation

interrumpir *vt* **1** to interrupt: *~ la emisión* to interrupt a programme ◊ *No me interrumpas.* Don't interrupt me. **2** (*clase*) to disrupt: *Deja de ~ la clase.* Stop disrupting the class. **3** (*tráfico*) to hold *sth* up: *Las obras interrumpirán el tráfico.* The roadworks will hold up the traffic.

interruptor *nm* switch

interurbano, -a *adj* **1** (*transporte*) intercity: *servicios ~s* intercity services **2** (*llamada*) long-distance

intervalo *nm* interval: *a ~s de media hora* at half-hourly intervals

intervenir *vi* **1** ~ **(en)** to intervene (in *sth*): *Tuvo que ~ la policía.* The police had to intervene. **2** (*hablar*) to speak
▸ *vt* (*operar*) to operate on *sb*

intestino *nm* intestine: *~ delgado/grueso* small/large intestine

intimidad *nf* (*vida privada*) private life: *No le gusta que se metan en su ~.* He doesn't like people interfering in his private life. ◊ *el derecho a la ~* the right to privacy

íntimo, -a *adj* **1** (*personal, familiar*) intimate: *una conversación íntima* an intimate conversation **2** (*amistad, relación*) close: *Son ~s amigos.* They're close friends.

intolerable *adj* intolerable

intolerancia *nf* (*intransigencia, alergia*) intolerance: *~ al gluten* gluten intolerance

intolerante *adj* (*intransigente*) intolerant

LOC **intolerante al gluten, a la lactosa, etc.** gluten, lactose, etc. intolerant

intoxicación *nf* (*alimenticia*) poisoning: *~ por alimentos en mal estado* food poisoning

intransigente *adj, nmf* intransigent: *Tu jefa es una ~.* You have a very intransigent boss.

intransitivo, -a *adj* intransitive

intriga *nf* **1** (*película, novela*) suspense: *una película con mucha ~* a film full of suspense **2** (*curiosidad*): *Chico, ¡qué ~!* Cuéntamelo. Come on, don't keep me in suspense. Tell me. ◊ *¿No tienes ~ por saber dónde están?* Aren't you dying to know where they are?

intrigar *vt* to intrigue: *Ahora me intriga.* I'm intrigued now.

introducción *nf* introduction: *una ~ a la música* an introduction to music

introducir *vt* **1** to put *sth* in, to put *sth* into *sth*; to insert (*más formal*): *Introduzca la moneda en la ranura.* Insert the coin in the slot. **2** (*Informát*) to enter: *Introduce tu contraseña/número secreto.* Enter your password/PIN number.

introvertido, -a *adj* introverted
▸ *nm-nf* introvert

intruso, -a *nm-nf* intruder

intuición *nf* intuition: *Lo hice por ~.* I did it intuitively.

intuir *vt* to sense

inundación *nf* flood

inundar(se) *vt, vp* to flood: *Se inundaron los campos.* The fields flooded.

inútil *adj* useless: *cacharros ~es* useless junk ◊ *Es un esfuerzo ~.* It's a waste of time.
▸ *nmf ser un ~* to be useless **LOC** **es inútil (que…)** there's no point in *doing sth*: *Es ~ que grites/intentes convencerle.* There's no point in shout-

internet

browser

contents

link

index   website

Para tener acceso a internet (**to access the Net**) hace falta un navegador (**browser**). Desde la página de inicio (**home page**) puedes realizar una búsqueda (**do a search**) con un buscador (**a search engine**) o hacer clic en un enlace (**click on a link**). Esto te permite acceder a otras webs donde podrás leer el periódico o hacer una compra en línea (**online**), descargar un fichero (**download a file**), subir fotos (**upload photos**) a una web o entrar en un foro (**a forum**).

www.oup.com se lee "www dot oup dot com".

ing/in trying to persuade him.

invadir vt to invade

inválido, -a adj disabled
▶ nm-nf disabled person: *los ~s* the disabled
➔ Ver nota en DISCAPACITADO

invasión nf invasion

invasor, -ora adj invading
▶ nm-nf invader

invencible adj invincible

inventar vt (*descubrir*) to invent
▶ **inventar(se)** vt, vp to make *sth* up, to invent
(*más formal*): *~(se) una excusa* to make up an
excuse ◇ *Te lo has inventado.* You've made
that up.

invento nm invention: *Esto es un ~ mío.* This is
an invention of mine.

inventor, -ora nm-nf inventor

invernadero nm greenhouse LOC Ver EFECTO

inversión nf (*Fin*) investment

inverso, -a adj **1** (*proporción, razón*) inverse: *en
proporción inversa* in inverse proportion
2 (*orden*) reverse **3** (*dirección*) opposite: *en sentido ~ a la rotación* in the opposite direction to
the rotation LOC **a la inversa** the other way
round

inversor, -ora nm-nf investor

invertebrado, -a adj, nm invertebrate

invertir vt (*tiempo, dinero*) to invest: *Han inverti-
do diez millones en la compañía.* They've
invested ten million in the company. LOC Ver
BARRA

investigación nf ~ **(de/sobre)** **1** (*científica,
académica*) research (into/on *sth*) [*incontable*]:
*Están haciendo un trabajo de ~ sobre la mala-
ria.* They're doing research on malaria. **2** (*policial*) investigation (into *sth*): *Se llevará a cabo
una ~ del caso.* There will be an investigation
into the case.

investigador, -ora nm-nf **1** (*científico,
académico*) researcher **2** (*policial*) investigator
LOC **investigador privado** private detective

investigar vt **1** (*científicamente, académicamente*)
to do research (into/on *sth*): *Están investigando el virus del sida.* They're doing research on
the AIDS virus. **2** (*policialmente*) to investigate:
~ un caso to investigate a case

invierno nm winter: *ropa/deportes de ~* winter clothes/sports ◇ *Nunca uso la bicicleta en
~.* I never ride my bike in (the) winter.

invisible adj invisible

invitación nf invitation (*to sth/to do sth*)

invitado, -a adj, nm-nf guest: *el artista ~* the
guest artist ◇ *Los ~s llegarán a las siete.* The
guests will arrive at seven. LOC Ver ESTRELLA;
Ver tb INVITAR

invitar vt to invite *sb* (*to/for sth*): *Me ha invitado
a su fiesta de cumpleaños.* She's invited me to
her birthday party. ◇ *Te invito a comer.* I'll
invite you for lunch.
▶ vi (*pagar*): *Invito yo.* I'll get this one. ◇ *Invita la
casa.* It's on the house.

involuntario, -a adj involuntary

inyección nf injection: *poner una ~ a algn* to
give sb an injection

ir vi **1** to go: *Van a Roma.* They're going to Rome.
◇ *ir en coche/tren/avión* to go by car/train/
plane ◇ *ir a pie* to go on foot ◇ *¿Cómo te va
(con tu novio)?* How are things going (with
your boyfriend)?

🔎 Recuerda que en inglés *ir* se traduce por
come cuando te acercas a la persona con la
que estás hablando: ¡*Voy!* Coming!
◇*Mañana voy a ir a Oxford, así es que nos
vemos entonces.* I'm coming to Oxford
tomorrow so I'll see you then.

2 (*estar, haber diferencia*) to be: *ir bien/mal vestido*
to be well/badly dressed ◇ *De nueve a doce van
tres.* Nine from twelve is three. **3** (*sentar bien*) to
suit *sb*: *Te va el pelo corto.* Short hair suits you.
4 (*funcionar*) to work: *El ascensor no va.* The lift's
not working. **5** (*gustar*) to be into *sth*: *Le va la
música pop.* She's really into pop music.
▶ v aux **1** ~ **a hacer algo** (**a**) (*indicando futuro*) to be
going to do sth: *Vamos a vender la casa.* We're
going to sell the house. ◇ *Íbamos a comer
cuando sonó el teléfono.* We were just going to
eat when the phone rang. (**b**) (*en órdenes*) to go
and do sth: *Ve a hablar con tu padre.* Go and
talk to your father. (**c**) (*en sugerencias*): ¡*Vamos a
comer!* Let's go and eat! ◇ *¿Vamos a pasear?*
Shall we go for a walk? **2** ~ **haciendo algo** to
start doing sth: *Id preparando la mesa.* Start
laying the table.
▶ **irse** vp **1** (*marcharse*) to leave: *Mañana me voy a
Madrid.* I'm leaving for Madrid tomorrow.
◇ *irse de casa* to leave home **2** (*mancha, luz, dolor*)
to go: *Se ha ido la luz.* The electricity's gone
(off). **3** (*líquido, gas*) to leak: *El gas se va por esa
grieta.* The gas is leaking out through that
crack. LOC **(a mí) ni me va ni me viene** that's
nothing to do with me, you, etc. ◆ **ir a dar a**
(*camino, etc.*) to lead to *sth*: *Esta calle va a dar a
la Plaza Mayor.* This street leads to the main
square. ◆ **ir a lo suyo** to think only of yourself:
Tú siempre vas a lo tuyo. You only ever think of
yourself. ◆ **ir a por** to go and get *sb/sth*: *Tengo
que ir a por pan.* I've got to go and get some
bread. ◆ **ir con** (*combinar*) to go with *sth*: *Esos calcetines no van con estos zapatos.* Those socks
don't go with these shoes. ◆ **ir de 1** (*vestido*) to be

dressed as *sb/sth* /in *sth*: *Iba de payaso.* I was
dressed as a clown. ◊ *ir de azul* to be dressed
in blue **2** (*aparentar*): *Tu hermano va de liberal
por la vida.* Your brother makes out he's a liberal. **3** (*película, libro*) to be about *sth*: ¿*De qué va
la película?* What's the film about? ♦ **ir por**
(*haber llegado hasta*) to be up to *sth*: *Voy por la página 100.* I'm up to page 100. ♦ **¡qué va!** no way!
♦ **¡vamos!** come on!: ¡*Vamos, que perdemos el
tren!* Come on or we'll miss the train! ♦ **¡vaya!**
1 (*sorpresa*) good heavens! **2** (*compasión*) oh
dear!: ¡*Vaya, cuánto lo siento!* Oh dear, I'm so
sorry! **3** (*uso enfático*) what a…: ¡*Vaya película
más mala!* What an awful film! ♦ **¡(ya) voy!**
coming! **❶** Para otras expresiones con **ir**,
véanse las entradas del sustantivo, adjetivo,
etc., p. ej. **ir al grano** en GRANO.

iris *nm* iris `LOC` Ver ARCO

Irlanda *nf* Ireland `LOC` **Irlanda del Norte**
Northern Ireland

irlandés, -esa *adj, nm* Irish: *hablar* ~ to speak
Irish
▸ *nm-nf* Irishman/woman [*pl* -men/-women]:
los irlandeses the Irish

ironía *nf* irony [*pl* ironies]: *una de las* ~*s de la
vida* one of life's little ironies

irónico, -a *adj, nm-nf* ironic: *ser un* ~ to be
ironic

irracional *adj* irrational

irreal *adj* unreal

irreconocible *adj* unrecognizable

irregular *adj* **1** irregular: *verbos* ~*es* irregular
verbs ◊ *un latido* ~ an irregular heartbeat
2 (*anormal*) abnormal: *una situación* ~ an
abnormal situation

irremediable *adj* irreparable: *una pérdida/
un error* ~ an irreparable loss/mistake ◊ *Eso
ya es* ~. Nothing can be done about it now.

irrepetible *adj* (*excelente*) unique: *una expe-
riencia/obra de arte* ~ a unique experience/
work of art

irresistible *adj* irresistible: *un atractivo/una
fuerza* ~ an irresistible attraction/force
◊ *Tenían unas ganas* ~*s de verse.* They were
dying to see each other.

irrespetuoso, -a *adj* ~ **(con/para con)** disrespectful (to *sb/sth*)

irrespirable *adj* (*aire*) unbreathable

irresponsable *adj, nmf* irresponsible: *ser un*
~ to be irresponsible

irreversible *adj* irreversible

irritar *vt* to irritate
▸ **irritarse** *vp* **1** irritarse **(con) (por)** (*enfadarse*) to get
annoyed (with *sb*) (about *sth*): *Se irrita por na-
da.* He gets annoyed very easily. **2** (*Med*) to get
irritated

irrompible *adj* unbreakable

isla *nf* island: *las Islas Canarias* the Canary
Islands `LOC` **isla desierta** desert island ♦ **las
Islas Británicas** the British Isles

islam *nm* **el islam** Islam

islámico, -a *adj* Islamic

islamismo *nm* Islamism

islamista *adj, nmf* Islamist

isleño, -a *nm-nf* islander

isósceles *adj* `LOC` Ver TRIÁNGULO

isotónico, -a *adj* `LOC` Ver BEBIDA

Italia *nf* Italy

italiano, -a *adj, nm-nf, nm* Italian: *los* ~*s* the
Italians ◊ *hablar* ~ to speak Italian

itinerancia *nf* (*telefonía*) roaming

itinerario *nm* route, itinerary [*pl* itineraries]
(*más formal*)

IVA *nm* VAT

izar *vt* to hoist: ~ *una bandera/las velas* to hoist
a flag/the sails

izquierda *nf* **1** left: *Siga por la* ~. Keep left.
◊ *conducir por la* ~ to drive on the left ◊ *la casa
de la* ~ the house on the left ◊ *La carretera se
desvía hacia la* ~. The road bears left. **2 la izquierda** (*Pol*) the Left [*v sing o pl*]: *La* ~ *ha ganado
las elecciones.* The Left has/have won the
election. **3** (*mano*) left hand: *escribir con la* ~ to
be left-handed **4** (*pie*) left foot `LOC` **de izquierda
(s)** left-wing: *grupos de izquierdas* left-wing
groups *Ver tb* CERO

izquierdo, -a *adj* left: *Me he roto el brazo* ~.
I've broken my left arm. ◊ *la orilla izquierda
del Sena* the left bank of the Seine `LOC` Ver
LEVANTAR, MANO

Jj

¡ja! *interj* ¡ja! ¡ja! ha! ha!

jabalí *nm* (wild) boar

jabalina *nf (Dep)* javelin: *lanzamiento de ~* javelin throwing

jabón *nm* soap [*incontable*]: *una pastilla de ~* a bar of soap ◇ *~ de afeitar* shaving soap

jabonera *nf* soap dish

jadear *vi* to pant

jaguar *nm* jaguar

jalea *nf* jelly **LOC** **jalea real** royal jelly

jaleo *nm* **1** (*ruido*) row: *No puedo dormir con todo este ~.* I can't sleep with all this row. **2** (*lío*) confusion: *Me he hecho un ~ con tanto nombre.* I got confused with so many names. **LOC** *Ver* ARMAR, MONTAR

jamás *adv* never: *Jamás había conocido a nadie así.* I'd never met anyone like him. ➔ *Ver nota en* ALWAYS **LOC** *Ver* NUNCA

jamón *nm* ham **LOC** **jamón cocido/de York** cooked ham ◆ **jamón ibérico** Iberian cured ham ◆ **jamón serrano** Serrano ham

Japón *nm* Japan

japonés, -esa *adj, nm* Japanese: *hablar ~* to speak Japanese
▸ *nm-nf* Japanese man/woman [*pl* men/women]: *los japoneses* the Japanese

jaque *nm* check **LOC** **jaque mate** checkmate: *hacer ~ mate* to checkmate

jaqueca *nf* migraine

jarabe *nm* mixture: *~ para la tos* cough mixture

jardín *nm* garden **LOC** **jardín de infancia** nursery school, preschool (*USA*)

jardinera *nf* (*macetero*) window box

jardinería *nf* gardening

jardinero, -a *nm-nf* gardener

jarra *nf* jug, pitcher (*USA*) **LOC** **jarra de cerveza** beer mug ➔ *Ver dibujo en* CUP

jarro *nm* (large) jug, pitcher (*USA*)

jarrón *nm* vase

jaula *nf* cage

jazmín *nm* jasmine

jazz *nm* jazz

jefatura *nf* (*oficina central*) headquarters (*abrev* HQ) [*v sing o pl*]: *La ~ de policía está al final de la calle.* The police headquarters is/are at the end of the street.

jefe, -a *nm-nf* **1** (*superior*) boss: *ser el ~* to be the boss **2** (*de una sección, de gobierno*) head: *~ de departamento/estado* head of department/state

3 (*de partido, banda, expedición*) leader: *el ~ del partido* the party leader **4** (*de una tribu*) chief **LOC** **jefe de estación** station master ◆ **jefe de estudios 1** (*en el colegio*) deputy head **2** (*en una academia*) director of studies *Ver tb* COMANDANTE

jengibre *nm* ginger

jerarquía *nf* hierarchy [*pl* hierarchies]

jerez *nm* sherry [*pl* sherries]

jeringuilla *nf* (*Med*) syringe

jeroglífico *nm* hieroglyph

jersey *nm* jumper

Jesucristo *n pr* Jesus Christ

Jesús *n pr* Jesus
▸ **¡Jesús!** *interj* (*al estornudar*) bless you! ➔ *Ver nota en* ¡ACHÍS!

jeta *nf* (*cara*) mug (*argot subj*)
▸ *nmf* scrounger, freeloader (*USA*) **LOC** **ser/tener jeta** to have a cheek: *¡Qué ~ tienes!* You've got a cheek!

jinete *nmf* rider

jirafa *nf* giraffe

jolgorio *nm* celebrations [*pl*]: *El ~ continuó hasta bien entrada la noche.* The celebrations continued till well into the night.

jornada *nf* **1** (*día*) day: *una ~ de ocho horas* an eight-hour day ◇ *al final de la ~* at the end of the day **2** (*Dep*): *la 21ª ~ de Liga* the 21st round of matches ◇ *los partidos jugados en la ~ del domingo* Sunday's matches **3 jornadas** (*congreso*) conference [*v sing*] **LOC** **jornada completa/media jornada** full-time/part-time: *Buscan a alguien que trabaje la ~ completa.* They're looking for someone to work full-time. ◇ *trabajar media ~* to work part-time ◆ **jornada de puertas abiertas** open day, open house (*USA*) ◆ **jornada intensiva** *En verano hacemos ~ intensiva. In the summer we work without a break and finish early.* ◆ **jornada laboral** working day ◆ **jornada reducida** shorter working hours [*pl*]

jornalero, -a *nm-nf* casual labourer

joroba *nf* hump

jorobar *vt* **1** (*persona*) to get on *sb's* nerves **2** (*aparato, planes*) to muck *sth* up: *Alguien ha jorobado el reloj automático.* Someone's mucked up the timer. ◇ *La lluvia nos ha jorobado los planes.* The rain has mucked up our plans.
▸ **jorobarse** *vp* **1** (*aguantarse*) to put up with it **2** (*estropearse*) to be ruined **LOC** **¡a jorobarse!** there's nothing I, you, etc. can do about it! ◆ **¡hay que jorobarse!** it's unbelievable!

jota nf (Naipes) jack ⊃ Ver nota en BARAJA `LOC` **no decir ni jota** not to say a word ◆ **no entender/ saber ni jota 1** not to understand/know a thing (about sth): No entendí ni ~ de lo que dijo. I didn't understand a thing he said. ◇ No entiendo ni ~ de ordenadores. I don't know a thing about computers. **2** (de una lengua) not to understand/ know a word (of sth): No sé ni ~ de francés. I don't know a word of French.

joven adj young
▸ nmf **1** (chico) boy, young man (más formal) **2** (chica) girl, young woman (más formal) **3 jóvenes** young people

joya nf **1** (objeto de valor) (a) (en singular) piece of jewellery: Le regaló una ~ preciosa. He gave her a beautiful piece of jewellery. (b) **joyas** (conjunto) jewellery [incontable]: Las ~s estaban en la caja fuerte. The jewellery was in the safe.

🔎 Cuando se trata de joyas valiosas también se dice **jewels**: joyas valiosísimas priceless jewels ◇ las joyas de la Corona the Crown jewels.

2 (cosa, persona) treasure: Eres una ~. You're a treasure.

joyería nf jeweller's, jewelry store (USA) ⊃ Ver nota en CARNICERÍA

joyero, -a nm-nf (comerciante) jeweller
▸ nm (caja) jewellery box

jubilación nf **1** (retiro) retirement **2** (pensión) pension `LOC` **jubilación anticipada** early retirement

jubilado, -a adj retired: estar ~ to be retired
▸ nm-nf (pensionista) pensioner Ver tb JUBILARSE

jubilarse vp to retire

judaísmo nm Judaism

judía nf bean `LOC` **judía blanca/verde** haricot/ green bean

judicial adj `LOC` Ver PODER²

judío, -a adj Jewish
▸ nm-nf Jew

judo nm judo

juego nm **1** game: ~ de pelota/cartas ball/card game ◇ El tenista español gana tres ~s a uno. The Spanish player is winning by three games to one. **2** (azar) gambling **3** (conjunto) set: ~ de llaves set of keys `LOC` **a juego** matching: Lleva falda y chaqueta a ~. She's wearing a skirt and matching jacket. ◆ **estar en juego** to be at stake: Está en ~ tu nota. Your final result is at stake. ◆ **fuera de juego** (Fútbol) offside ◆ **hacer juego con** to match sth: Los pendientes hacen ~ con el collar. The earrings match the necklace. ◆ **juego de azar** game of chance ◆

juego de mesa board game ◆ **juego de niños** child's play ◆ **juego de ordenador** computer game ◆ **juego de palabras** pun ◆ **juego de rol** role-playing game ◆ **juego limpio/sucio** fair/ foul play ◆ **juego MMO** MMO ◆ **Juegos Olímpicos** Olympics, Olympic Games (más formal) ◆ **poner en juego** to put sth at risk Ver tb TERRENO

juerga nf El día de la boda montamos la gran ~. We had a big party on the day of the wedding. `LOC` **estar/ir(se) de juerga** to be/go out partying

jueves nm Thursday (abrev Thur(s).) ⊃ Ver ejemplos en LUNES `LOC` **Jueves Santo** Maundy Thursday Ver tb OTRO

juez nmf judge `LOC` **juez de línea** assistant referee

jugada nf move `LOC` **hacerle una mala jugada a algn** to play a dirty trick on sb

jugador, -ora nm-nf **1** (competidor) player **2** (que apuesta) gambler

jugar vt **1** to play: ~ un partido de fútbol/una partida de cartas to play a game of football/ cards ◇ El trabajo juega un papel importante en mi vida. Work plays an important part in my life. **2** (dinero) to put sth on sth: ~ todo a un caballo to put all your money on a horse
▸ vi **1** ~ **(a)** to play sth: ~ al fútbol to play football ◇ Ahora te toca ~. Now it's your turn. ⊃ Ver nota en DEPORTE **2** ~ **con/contra** to play: Jugamos contra el Mallorca. We're playing Mallorca. **3** (apostar) to gamble
▸ **jugarse** vp **1** (apostar) to gamble sth (away) **2** (poner en peligro) to risk: ~se la vida to risk your life `LOC` **jugar a la lotería** to do the lottery ◆ **jugar limpio/sucio** to play fair/dirty Ver tb COMBA, PASADA, PELLEJO

jugarreta nf `LOC` **hacer una jugarreta** to play a dirty trick on sb

jugo nm **1** (salsa) gravy **2** (zumo) juice `LOC` **sacar jugo a algo** to get the most out of sth

jugoso, -a adj **1** (fruta) juicy **2** (carne) succulent

juguete nm toy `LOC` **de juguete** toy: camión de ~ toy lorry

juguetería nf toy shop

juguetón, -ona adj playful

juicio nm **1** (Jur) trial **2** (sentido común) (common) sense: Careces totalmente de ~. You're totally lacking in common sense. **3** (cordura) judgement: Confío en su buen ~. I trust his judgement. **4** (opinión) opinion: emitir un ~ to give an opinion `LOC` **a mi juicio** in my, your, etc. opinion ◆ **llevar a juicio** to take sb/sth to court Ver tb MUELA, PERDER, SANO

juicioso, -a adj sensible

julio nm July (abrev Jul.) ⊃ Ver ejemplos en ENERO

jungla nf jungle

junio nm June (abrev Jun.) ⊃ Ver ejemplos en ENERO

junta nf **1** (reunión) meeting **2 Junta** (Pol) regional government [v sing o pl] LOC **junta directiva** board of directors [v sing o pl]

juntar vt **1** (poner juntos) to put sb/sth together: ¿Juntamos las mesas? Shall we put the tables together? **2** (unir) to join sth (together): He juntado los dos trozos. I've joined the two pieces (together). **3** (reunir) to get sb/sth together: Vamos a ~ a toda la familia. Let's get the whole family together. ◊ ~ dinero para algo to get money together for sth

junto, -a adj **1** (a la vez, en compañía) together: todos ~s all together ◊ Siempre estudiamos ~s. We always study together. **2** (cerca) close together: Los árboles están muy ~s. The trees are very close together.
▸ adv **1** ~ **a** next to: El cine está ~ al café. The cinema is next to the café. **2** ~ **con** with

Júpiter nm Jupiter

jurado nm jury [v sing o pl] [pl juries]

🔎 En inglés británico muchas palabras como **jury, committee, crew, government, staff** y **team** pueden llevar el verbo tanto en singular como en plural: El jurado está a punto de adjudicar el premio. The jury is/are about to award the prize. Si estas palabras van precedidas de **a, each, every, this** y **that**, el verbo va en singular: Cada equipo tiene un líder. Each team has a leader. Por otro lado, si llevan el verbo en plural, los pronombres y adjetivos posesivos que se utilizan van también en plural (es decir, **them** y **their**): El gobierno ha decidido mejorar su imagen. The government have decided to smarten up their image. En inglés americano siempre se usa el verbo en singular.

juramento nm oath LOC Ver PRESTAR

jurar vt, vi to swear LOC **jurar bandera** to swear allegiance to the flag ◆ **jurar lealtad a algn/algo** to swear allegiance to sb/sth

justicia nf **1** justice: Espero que se haga ~. I hope justice is done. **2** (ley) law: No te tomes la ~ por tu mano. Don't take the law into your own hands.

justificar vt to justify

justo, -a adj **1** (razonable) fair: una decisión justa a fair decision **2** (correcto, exacto) right: el precio/momento ~ the right price/time **3** (apretado) tight: Esta falda me está muy justa. This skirt is too tight for me. **4** (solo suficiente) just enough: Tenemos los platos ~s. We have just enough plates.
▸ adv (exactamente) just, exactly (más formal): Lo encontré ~ donde dijiste. I found it just where you told me. LOC **justo cuando…** just as…: Llegaron ~ cuando nos marchábamos. They arrived just as we were leaving. Ver tb COMERCIO

juvenil adj **1** (de los jóvenes): la moda/literatura ~ young people's fashion/literature ◊ una audiencia ~ a young audience **2** (aspecto) young-looking: Tiene un aspecto muy ~. He looks very young. **3** (carácter, voz, risa) youthful: una actitud ~ a youthful outlook
▸ **juveniles** nm (Dep) under 18s LOC Ver DELINCUENCIA

juventud nf **1** (etapa de la vida) youth **2** (los jóvenes) young people [pl]: La ~ actual tiene más libertad. Young people today have more freedom.

juzgado nm court

juzgar vt to judge LOC **juzgar mal** to misjudge

K k

kaki = CAQUI

karaoke nm karaoke

karate (tb kárate) nm karate: hacer ~ to do karate

kart nm go-kart

karting nm go-kart racing

katiusca nf wellington (boot), rubber boot (USA)

kayak nm **1** (embarcación) kayak **2** (deporte) kayaking

ketchup nm ketchup

kilo nm kilo [pl kilos] (abrev kg)

kilogramo nm kilogram (abrev kg)

kilómetro nm kilometre (abrev k, km) LOC **kilómetro alimentario** food mile

kiosco = QUIOSCO

kitesurf (tb **kiteboard**) nm kiteboarding LOC Ver TABLA

kiwi nm kiwi (fruit) [pl kiwis/kiwi fruit]

kleenexᴿ nm tissue

koala nm koala (bear)

Ll

la¹ *art def* the: *La casa es vieja.* The house is old. ⊃ *Ver nota en* THE
▸ *pron* **1** *(ella)* her: *La sorprendió.* It surprised her. **2** *(cosa)* it: *Déjame que la vea.* Let me see it. **3** *(usted)* you: *La vi a usted ayer.* I saw you yesterday.

la² *nm* A: *la menor* A minor

laberinto *nm* **1** labyrinth **2** *(jardín)* maze

labio *nm* lip LOC *Ver* BARRA, LEER, PINTAR

labor *nf* **1** *(trabajo)* work [*incontable*]: *Llevaron a cabo una gran ~.* They did some great work. **2** *(de coser)* needlework [*incontable*] **3** *(de punto)* knitting [*incontable*] LOC **estar por la labor** to be willing *(to do sth)* ◆ **labores agrícolas/del campo** farm work [*incontable*] ◆ **labores domésticas** housework [*incontable*]

laborable *adj* working: *los días ~s* working days

laboral *adj* LOC *Ver* ACOSO, JORNADA

laboratorio *nm* laboratory [*pl* laboratories], lab [*coloq*]

labrador, -ora *nm-nf* **1** *(propietario)* small farmer **2** *(jornalero)* farm labourer

laca *nf* **1** *(para el pelo)* hairspray **2** *(barniz)* lacquer [*incontable*]

lacrimógeno, -a *adj* LOC *Ver* GAS

lácteo, -a *adj (hecho con leche o derivado)* dairy: *productos ~s* dairy products LOC *Ver* VÍA

ladera *nf* hillside

lado *nm* **1** side: *Un triángulo tiene tres ~s.* A triangle has three sides. ◊ *ver el ~ bueno de las cosas* to look on the bright side **2** *(sitio)* place: *de un ~ para otro* from one place to another ◊ *¿Nos vamos a otro ~?* Shall we go somewhere else? ◊ *He mirado por todos ~s pero no lo encuentro.* I've looked everywhere but I can't find it. **3** *(camino)* way: *Fueron por otro ~.* They went a different way. ◊ *Se fueron cada uno por su ~.* They all went their separate ways. LOC **al lado 1** *(cerca)* really close by: *Está aquí al ~.* It's really close by. **2** *(contiguo)* next door: *el edificio de al ~* the building next door ◊ *los vecinos de al ~* the next-door neighbours ◆ **al lado de** *(junto a)* next to *sb/sth*: *Se sentó al ~ de su amiga.* She sat down next to her friend. ◊ *Ponte a mi ~.* Stand next to me. ◆ **de lado** sideways: *ponerse de ~* to turn sideways ◊ *tumbarse de ~* to lie down on your side ◆ **estar/**

ponerse del lado de algn to be on/take sb's side: *¿De qué ~ estás?* Whose side are you on? ◆ **por un lado,… por otro (lado)** on the one hand… on the other (hand) *Ver tb* ALGUNO, NINGUNO, OTRO

ladrar *vi* to bark *(at sb/sth)*: *El perro no dejaba de ~nos.* The dog wouldn't stop barking at us.

ladrillo *nm* brick

ladrón, -ona *nm-nf* **1** thief [*pl* thieves]: *Los de esa frutería son unos ladrones.* They're a bunch of thieves at that greengrocer's. **2** *(en una casa)* burglar **3** *(en un banco)* robber ⊃ *Ver nota en* THIEF
▸ *nm (enchufe)* adaptor

lagartija *nf* (small) lizard

lagarto, -a *nm-nf* lizard

lago *nm* lake: *a orillas del ~ Como* on the shores of Lake Como

lágrima *nf* tear LOC **lágrimas de cocodrilo** crocodile tears *Ver tb* DERRAMAR(SE), LLORAR

laguna *nf* **1** *(lago)* (small) lake **2** *(omisión)* gap: *El ensayo tiene ~s.* The essay has gaps in it. **3** *(en la memoria)* memory lapse

lamentable *adj* **1** *(desafortunado)* regrettable **2** *(aspecto, condición)* pitiful

lamentar *vt* to regret *sth/doing sth/to do sth*: *Lamentamos haberos causado tanto trastorno.* We regret having caused you so much trouble. ◊ *Lamentamos comunicarle que…* We regret to inform you that… ◊ *Lo lamento mucho.* I am terribly sorry.
▸ **lamentarse** *vp* to complain *(about sth)*: *Ahora no sirve de nada ~se.* It's no use complaining now.

lamer *vt* to lick

lámina *nf* **1** *(hoja)* sheet **2** *(ilustración)* plate: *~s en color* colour plates

lámpara *nf* lamp: *una ~ de escritorio* a desk lamp LOC **lámpara de pie** standard lamp

lana *nf* wool LOC **de lana** woollen: *un jersey de ~* a woollen jumper ◆ **lana virgen** new wool *Ver tb* PERRO

lanar *adj* LOC *Ver* GANADO

lancha *nf* launch LOC **lancha motora** motorboat

langosta *nf* **1** *(de mar)* lobster **2** *(insecto)* locust

langostino *nm* king prawn

lanza *nf* spear

lanzadera *nf* shuttle

lanzamiento *nm* **1** *(misil, satélite, producto)* launch: *el ~ de su nuevo disco* the launch of their new album **2** *(Dep)* throw: *Su último ~ fue el mejor.* His last throw was the best one. **3** *(bomba)* dropping

lanzar *vt* **1** *(en un juego o deporte)* to throw *sth (to sb)*: *Lánzale la pelota a tu compañero.* Throw the ball to your teammate. **2** (con intención de hacer daño) to throw sth at sb ➔ Ver nota en THROW **3** (misil, producto) to launch **4** (bomba) to drop ▸ **lanzarse** vp **1** (arrojarse) to throw yourself: Me lancé al agua. I threw myself into the water. **2 lanzarse sobre** to pounce on sb/sth: Se lanzaron sobre mí/el dinero. They pounced on me/ the money. **LOC** Ver INDIRECTA, PARACAÍDAS

lapicero nm pencil

lápida nf gravestone

lápiz nm pencil: lápices de colores coloured pencils **LOC a lápiz** escrito a ~ written in pencil ◊ un dibujo a ~ a pencil drawing ◆ **lápiz de memoria** (Informát) flash drive ◆ **lápiz de ojos** eyeliner

largarse vp (marcharse) to clear off: ¡Lárgate! Clear off!

largo, -a adj long: El abrigo te está muy ~. That coat is too long for you.
▸ nm length: hacerse seis ~s to swim six lengths ◊ ¿Cuánto mide de ~? How long is it? ◊ Tiene cincuenta metros de ~. It's fifty metres long. **LOC a lo largo** lengthways ◆ **a lo largo de 1** (referido a espacio) along… **2** (referido a tiempo) throughout…: a lo ~ del día throughout the day ◆ **es largo de contar** it's a long story ◆ **hacerse largo** to drag: El día se me está haciendo muy ~. Today is really dragging. ◆ **ir/tener para largo** Me voy, esto va para largo. I'm off. This is going to take ages. ◊ Yo aquí tengo para ~. I'm going to be a long time. ◆ **¡largo (de aquí)!** clear off! ◆ **pasar de largo** to go straight past sb/sth Ver tb LUZ, TREN

largometraje nm feature film

larguero nm (Fútbol) crossbar

las art def, pron Ver LOS

lasaña nf lasagne

láser nm laser **LOC** Ver RAYO

lástima nf pity: ¡Qué ~! What a pity! ◊ Es una ~ tirarlo. It's a pity to throw it away.

lastimar vt to hurt

lata nf **1** (envase) can, tin

🔎 **Can** se utiliza para hablar de bebidas en lata: una lata de cerveza a can of beer. Para otros alimentos se puede usar **can** o **tin**: una lata de sardinas a can/tin of sardines, aunque **tin** se usa solo en inglés británico. ➔ Ver dibujo en CONTAINER

---

2 (material) tin **3** (molestia) pain: ¡Vaya (una) ~! What a pain! **LOC dar la lata 1** (molestar) to be a pain: ¡Deja de darme la ~! Stop being such a pain! **2** (pedir con insistencia) to pester: Nos estuvo dando la ~ para que le compráramos la bici. He kept pestering us to get him the bike. ◆ **de/en lata** tinned, canned (USA)

lateral adj, nm side: una calle ~ a side street ▸ nmf (Dep) back: ~ derecho/izquierdo right/left back

latido nm (corazón) (heart)beat

latifundio nm large estate

latigazo nm **1** (golpe) lash **2** (chasquido) crack

látigo nm whip

latín nm Latin

latino, -a adj **1** (del latín, de los habitantes de los países latinos) Latin: la gramática latina Latin grammar ◊ el temperamento ~ the Latin temperament **2** (de Hispanoamérica) Latin American: la música latina Latin American music ▸ nm-nf (persona) Latin American

latinoamericano, -a adj, nm-nf Latin American

latir vi to beat

latitud nf latitude

latón nm brass

latoso, -a adj, nm-nf pain: ¡Qué niño más ~! What a pain that child is!

laurel nm **1** (Cocina) bay leaf [pl bay leaves]: una hoja de ~ a bay leaf **2** (árbol) bay tree

lava nf lava

lavabo nm **1** (pila) washbasin, sink (USA) **2** (cuarto de baño) toilet, bathroom (USA): ¿Los ~s, por favor? Where are the toilets, please? ➔ Ver nota en TOILET

lavadora nf washing machine: Pongo dos ~s al día. I do two loads of washing a day.

lavanda nf lavender

lavandería nf **1** (establecimiento) launderette, Laundromat® (USA) **2** (servicio) laundry

lavaplatos nm dishwasher

lavar vt to wash: ~ la ropa to wash your clothes ▸ **lavarse** vp Me gusta ~me con agua caliente. I like to wash in hot water. ◊ ~se las manos to wash your hands ◊ Lávate bien antes de acostarte. Have a good wash before you go to bed. **LOC lavar a mano** to wash sth by hand ◆ **lavarse la cabeza/el pelo** to wash your hair ◆ **lavarse los dientes** to clean your teeth

lavavajillas nm **1** (lavaplatos) dishwasher **2** (detergente) washing-up liquid, dishwashing liquid (USA)

laxante adj, nm laxative

lazo nm **1** (lazada) bow: un vestido con un ~ rojo a dress with a red bow **2** (cinta) ribbon: Ponle un ~ en el pelo. Put a ribbon in her hair. **3 lazos** (vínculos) ties: ~s de amistad ties of friendship

le pron **1** (él/ella/ello) (a) (complemento) him, her, it: Le vi el sábado por la tarde. I saw him on Saturday afternoon. ◊ Le compramos la casa.

We bought our house from him/her. ◊ *Vi a mi jefa pero no le hablé.* I saw my boss but I didn't speak to her. ◊ *Le vamos a comprar un vestido.* We're going to buy her a dress. ◊ *No le des importancia.* Ignore it. (**b**) *(partes del cuerpo, efectos personales)*: *Le quitaron el carné.* They took away his identity card. ◊ *Le han arreglado la falda.* She's had her skirt mended. **2** *(usted)* (**a**) *(complemento)* you: *Le he hecho una pregunta.* I asked you a question. (**b**) *(partes del cuerpo, efectos personales)*: *Tenga cuidado, o le robarán el bolso.* Be careful or someone will steal your bag.

leal *adj* **1** *(persona)* loyal *(to sb/sth)* **2** *(animal)* faithful *(to sb)*

lealtad *nf* loyalty LOC **con lealtad** loyally *Ver tb* JURAR

lección *nf* lesson LOC **preguntar/tomar la lección** to test *sb (on sth)*: *Repasa la ~, que luego te la voy a tomar.* Revise the lesson and then I'll test you (on it).

leche *nf* milk: *Se nos ha acabado la ~.* We've run out of milk. ◊ *¿Compro ~?* Shall I get some milk? LOC **leche condensada** condensed milk ◆ **leche descremada/desnatada** skimmed milk, skim milk *(USA)* ◆ **leche en polvo** powdered milk ◆ **leche entera** full-cream milk, whole milk *(USA)* ◆ **leche semidesnatada** semi-skimmed milk *Ver tb* ARROZ, CAFÉ, DIENTE, HIDRATANTE

lechero, -a *adj* dairy: *una vaca lechera* a dairy cow
▶ *nm-nf* milkman [*pl* -men] LOC *Ver* CENTRAL

lechuga *nf* lettuce LOC *Ver* ENSALADA

lechuza *nf* barn owl

lector, -ora *nm-nf* reader
▶ *nm (aparato)* **1** *(de tarjetas, etc.)* reader **2** *(de CD, DVD)* CD/DVD drive LOC **lector de libros electrónicos** e-reader

lectura *nf* reading: *Mi pasatiempo favorito es la ~.* My favourite hobby is reading. LOC **lectura obligatoria** *(Educ)* set book *Ver tb* GAFAS

leer *vt, vi* to read: *Me gusta ~.* I like reading. ◊ *Léeme la lista.* Read me the list. LOC **leer la cartilla** *(reñir)* to tell *sb* off ◆ **leer los labios** to lipread ◆ **leer para sí** to read to yourself *Ver tb* PENSAMIENTO

legal *adj* **1** *(Jur)* legal **2** *(persona)* trustworthy: *Es un tío ~.* He's a guy you can trust.

legalizar *vt* to legalize

legaña *(tb* **legañas)** *nf* sleep [*incontable*]: *Tienes una ~ en el ojo.* You've got sleep in your eyes.

legislación *nf* legislation

legislar *vi* to legislate

legislativo, -a *adj* LOC *Ver* ELECCIÓN, PODER²

legislatura *nf* term (of office)

legumbre *nf* pulse: *pasta y ~s* pasta and pulses

lejano, -a *adj* distant: *un lugar/pariente ~* a distant place/relative LOC *Ver* ORIENTE

lejía *nf* bleach

lejos *adv* ~ **(de)** a long way (away), far (away) (from *sb/sth*)

> 🔎 En frases afirmativas se usa **a long way (away)**, mientras que **far (away)** se usa sobre todo en frases negativas e interrogativas: *Queda muy lejos.* It's a very long way (away). ◊ *No queda muy lejos de aquí.* It isn't very far from here. ◊ *¿Está lejos?* Is it far?

LOC **a lo lejos** in the distance ◆ **de/desde lejos** from a distance *Ver tb* LLEGAR, PILLAR

lema *nm* **1** *(Econ, Pol)* slogan **2** *(regla de conducta)* motto [*pl* mottoes]

lencería *nf (ropa interior)* lingerie

lengua *nf* **1** *(Anat)* tongue: *sacar la ~ a algn* to stick your tongue out at sb **2** *(idioma)* language LOC **irse de la lengua** to talk too much ◆ **las malas lenguas** gossip [*incontable*]: *Dicen las malas ~s que...* Gossip has it that... ◆ **lengua materna** mother tongue ◆ **no tener lengua** to have lost your tongue ◆ **tirarle a algn de la lengua** to make sb talk *Ver tb* PELO

lenguado *nm* sole [*pl* sole]

lenguaje *nm* language: *~ hablado/escrito* spoken/written language

lente *nf* lens [*pl* lenses]: *la ~ de la cámara* the camera lens ◊ *~s de contacto* contact lenses

lenteja *nf* lentil

lentilla *nf* contact lens [*pl* contact lenses]

lento, -a *adj* slow LOC **lento pero seguro** slowly but surely *Ver tb* CÁMARA, COCER, FUEGO, TORTUGA

leña *nf* firewood

leño *nm* log

leo *(tb* **Leo)** *nm, nmf* Leo ➔ *Ver ejemplos en* ACUARIO

león, -ona *nm-nf* **1** *(macho)* lion **2** *(hembra)* lioness

leopardo *nm* leopard

leotardos *nm* tights

les *pron* **1** *(a ellos, a ellas)* (**a**) *(complemento)* them: *Les di todo lo que tenía.* I gave them everything I had. ◊ *Les compré un pastel.* I bought them a cake./I bought a cake for them. (**b**) *(partes del cuerpo, efectos personales)*: *Les robaron las maletas.* Their cases were stolen. **2** *(a ustedes)* (**a**) *(complemento)* you: *¿Les apetece un café?* Would you like a coffee? (**b**) *(partes del cuerpo,* *efectos personales*): *¿Les cuelgo los abrigos?* Shall I take your coats?

lesbiana *nf* lesbian

lesbiano, -a *adj* lesbian

lesión *nf* **1** wound: *lesiones de bala* bullet wounds **2** (*por accidente*) injury [*pl* injuries]: *lesiones graves* serious injuries ➔ *Ver nota en* HERIDA **3** (*hígado, riñón, cerebro*) damage [*incontable*]: *lesiones cerebrales* brain damage

lesionado, -a *adj* injured
▸ *nm-nf* injured person: *Hubo muchos ~s.* Many people were injured. *Ver tb* LESIONARSE

lesionarse *vp* to injure yourself: *Me lesioné la pierna.* I injured my leg. ➔ *Ver nota en* HERIDA

letal *adj* lethal

letargo *nm* **1** (*sopor*) lethargy **2** (*hibernación*) hibernation

letón, -ona *adj, nm-nf, nm* Latvian

Letonia *nf* Latvia

letra *nf* **1** (*abecedario, grafía*) letter **2** (*caracteres*) character: *las ~s chinas* Chinese characters **3** (*caligrafía*) (hand)writing **4** (*canción*) lyrics [*pl*]: *La ~ de esta canción es muy original.* The lyrics of this song are very original. LOC *Ver* PIE, PUÑO

letrero *nm* **1** (*rótulo*) sign: *Pon el ~ de cerrado en la puerta.* Put the closed sign on the door. **2** (*aviso*) notice: *Habían puesto un ~ en la puerta.* A notice had been put on the door. LOC *Ver* LUMINOSO

leucemia *nf* leukaemia

levadizo, -a *adj* LOC *Ver* PUENTE

levadura *nf* yeast

levantamiento *nm* LOC *Ver* PESA

levantar *vt* **1** to raise: *Levanta el brazo izquierdo.* Raise your left arm. ◇ *~ la moral/voz* to raise your spirits/voice **2** (*peso, tapa*) to lift up: *Levanta esa tapa.* Lift that lid up. **3** (*recoger*) to pick *sb/sth* up: *Le levantaron entre todos.* They picked him up between them.
▸ **levantarse** *vp* **1** (*ponerse de pie*) to stand up **2** (*de la cama, viento*) to get up: *Suelo ~me temprano.* I usually get up early. LOC **levantarse con el pie izquierdo** to get out of bed on the wrong side

levar *vt* LOC **levar anclas** to weigh anchor

leve *adj* slight LOC *Ver* PRONÓSTICO

ley *nf* law: *ir contra la ~* to break the law ◇ *la ~ de la gravedad* the law of gravity LOC *Ver* PROYECTO

leyenda *nf* legend

LGTB *adj* LGBT

liado, -a *adj* LOC **estar liado con algn** to be having an affair with sb ◆ **estar liado con algo** to be busy with sth *Ver tb* LIAR

liar *vt* **1** (*atar*) to tie *sth* (up) **2** (*confundir*) to confuse: *No me líes.* Don't confuse me. **3** (*complicar*)

to complicate: *Has liado aún más las cosas.* You've complicated things even more. **4** (*cigarrillo*) to roll
▸ **liarse** *vp* **1** liarse (con/en) (*confundirse*) to get confused (about/over sth): *Se lía con las fechas.* He gets confused over dates. **2** liarse con (*tener relaciones amorosas*) to get involved with *sb* LOC **liarse a golpes/palos/puñetazos** to come to blows (*with sb*)

libélula *nf* dragonfly [*pl* dragonflies]

liberación *nf* **1** (*país*) liberation **2** (*prisioneros, rehenes*) release

liberado, -a *adj* **1** (*prisionero, rehén*) freed **2** (*mujer*) liberated *Ver tb* LIBERAR

liberal *adj, nmf* liberal

liberar *vt* **1** (*país*) to liberate **2** (*prisionero, rehén*) to free **3** (*móvil*) to unlock

libertad *nf* freedom LOC **libertad bajo fianza/provisional** bail: *salir en ~ bajo fianza* to be released on bail ◆ **libertad condicional** parole ◆ **libertad de expresión** freedom of speech ◆ **libertad de prensa** freedom of the press

libra *nf* **1** (*dinero*) pound: *cincuenta ~s* fifty pounds (£50) ◇ *~s esterlinas* pounds sterling ➔ *Ver pág 804* **2** (*peso*) pound (*abrev* lb) ➔ *Ver pág 805*
▸ *nf, nmf* (*tb* **Libra**) (*Astrol*) Libra ➔ *Ver ejemplos en* ACUARIO

librar *vt* **1** (*salvar*) to save *sb/sth* (*from sth/doing sth*): *El aprobado en historia le ha librado de repetir curso.* His pass in history has saved him from having to repeat a year. **2** (*batalla*) to fight
▸ *vi* (*no trabajar*): *Libro los jueves.* I have Thursdays off.
▸ **librarse** *vp* **librarse (de) 1 (a)** (*escabullirse*) to get out of *sth/doing sth*: *Me libré de la mili.* I got out of doing military service. **(b)** (*escaparse*) to escape: *~se de un castigo/de la muerte* to escape punishment/death **2** (*desembarazarse*) to get rid of *sb/sth*: *Quiero ~me de esta estufa.* I want to get rid of this heater. LOC **librarse por los pelos** to escape by the skin of your teeth *Ver tb* DIOS

libre *adj* free: *Soy ~ de hacer lo que quiera.* I'm free to do what I want. LOC **libre de impuestos** tax-free *Ver tb* AIRE, CAÍDA, DÍA, ENTRADA, IMPUESTO, LUCHA, MANO, MÓVIL, TIRO

librería *nf* **1** (*tienda*) bookshop, bookstore (*USA*) ❶ La palabra **library** no significa *librería*, sino *biblioteca*. **2** (*estantería*) bookcase

libreta *nf* notebook LOC *Ver* AHORRO

libro *nm* book: *un ~ de Borges* a book by Borges LOC **libro de bolsillo** paperback ◆ **libro de texto** textbook ◆ **libro electrónico** e-book *Ver tb* COLGAR, LECTOR, SUSPENSE

licencia *nf* licence: ~ *de pesca/armas* fishing/gun licence

licenciado, -a *nm-nf* ~ **(en)** graduate (in *sth*) (*from…*): *un ~ en Derecho* a law graduate *Ver tb* LICENCIARSE

licenciarse *vp* ~ **(en)** to graduate (in *sth*) (*from…*): ~ *por la Universidad de Salamanca* to graduate from Salamanca University

licenciatura *nf* **1** (*título*) degree **2** (*estudios*) degree course

lichi *nm* lychee

licor *nm* liqueur: ~ *de manzana* apple liqueur

licuadora *nf* blender

líder *nmf* leader

liderar *vt* to lead: *el partido que lidera Rajoy* the party led by Rajoy ◇ *El Atlético lidera la Liga.* Atlético (Madrid) are league leaders.

liderazgo *nm* leadership

liebre *nf* hare *Ver* GATO

lienzo *nm* canvas

lifting *nm* facelift: *hacerse un* ~ to have a facelift

liga *nf* **1** league: *la ~ de baloncesto* the basketball league ◇ *la Liga de Campeones* the Champions League

> 🔎 Cuando en Gran Bretaña se habla de la Liga española de fútbol, se suele decir **La Liga**: *la última jornada de la Liga* the last round of matches in La Liga.

2 (*medias*) garter

ligamento *nm* ligament: *sufrir una rotura de ~s* to tear a ligament

ligar *vi* ~ **(con)**: *Le gusta ~ con las chicas.* He likes chatting girls up. ◇ ~ *mucho* to have a lot of success with boys/girls ◇ *salir a* ~ to go out on the pull
> ▸**ligarse** *vp* to get off with *sb*, to make out with *sb* (*USA*): *Se ligó al más guapo de la clase.* She got off with the best-looking boy in the class.

ligeramente *adv* slightly: ~ *inestable* slightly unsettled

ligero, -a *adj* **1** (*liviano*) light: *comida/ropa ligera* light food/clothing ◇ *tener el sueño* ~ to sleep lightly **2** (*que casi no se nota*) slight: *un ~ acento andaluz* a slight Andalusian accent ᴸᴼᶜ **hacer algo a la ligera** to do sth hastily ◆ **tomarse algo a la ligera** to take sth lightly

light *adj* (*refresco*) diet: *Coca-Cola* ~ Diet Coke ⊃ *Ver nota en* LOW-CAL

ligón, -ona *nm-nf* *¡Eres una ligona!* You're always picking up guys! ◇ *Es un auténtico ~.* He's a real womanizer.

ligue *nm* boyfriend/girlfriend: *No es más que su último ~.* He's just her latest boyfriend. ᴸᴼᶜ **ir/salir de ligue** to go out on the pull

lija *nf* sandpaper

lijar *vt* to sand

lila *adj, nm, nf* (*color, flor*) lilac

lima *nf* **1** (*herramienta*) file: ~ *de uñas* nail file **2** (*fruta*) lime ᴸᴼᶜ *Ver* COMER

limar *vt* to file ᴸᴼᶜ **limar asperezas** to smooth things over

limbo *nm* limbo ᴸᴼᶜ **estar en el limbo** to have your head in the clouds

limitación *nf* limitation: *Conoce sus limitaciones.* He knows his limitations.

limitado, -a *adj* limited: *un número ~ de plazas* a limited number of places ᴸᴼᶜ *Ver* SOCIEDAD; *Ver tb* LIMITAR

limitar *vt* to limit
> ▸ *vi* ~ **con** (*lindar*) to border on…: *España limita con Portugal.* Spain borders on Portugal.
> ▸**limitarse** *vp* limitarse a: *Limítese a responder a la pregunta.* Just answer the question.

límite *nm* **1** limit: *el ~ de velocidad* the speed limit **2** (*Geog, Pol*) boundary [*pl* boundaries] ⊃ *Ver nota en* FRONTERA ᴸᴼᶜ **sin límite** unlimited: *kilometraje sin* ~ unlimited mileage ◇ *Tiene una paciencia sin* ~. She has unlimited patience. *Ver tb* FECHA

limón *nm* lemon: *zumo de* ~ lemon juice ◇ *un vestido amarillo* ~ a lemon (yellow) dress ᴸᴼᶜ *Ver* RALLADURA

limonada *nf* (real) lemonade ❶ En Gran Bretaña, la palabra **lemonade** también significa *gaseosa*.

limonero *nm* lemon tree

limosna *nf Le dimos una ~.* We gave him some money. ◇ *Una ~, por favor.* Could you spare some change, please? ᴸᴼᶜ *Ver* PEDIR

limpiador, -ora *nm-nf* (*persona*) cleaner

limpiaparabrisas *nm* windscreen wiper, windshield wiper (*USA*)

limpiar *vt* **1** to clean: *Tengo que ~ los cristales.* I've got to clean the windows. **2** (*pasar un trapo*) to wipe: *Enseguida les limpio la mesa.* I'll wipe the table for you in a moment. **3** (*zapatos*) to polish
> ▸**limpiarse** *vp* (*boca, nariz*) to wipe ᴸᴼᶜ **limpiar en seco** to dry-clean *Ver tb* POLVO

limpieza *nf* **1** (*acción de limpiar*) cleaning: *productos de* ~ cleaning products **2** (*pulcritud*) cleanliness ᴸᴼᶜ **limpieza en seco** dry-cleaning ◆ **limpieza étnica** ethnic cleansing *Ver tb* SEÑORA

limpio, -a *adj* **1** clean: *La habitación estaba bastante limpia.* The room was quite clean.

◇ *Mantén limpia tu ciudad.* Keep your city tidy. **2** (*sin dinero*) broke ▸ *adv* fair: *jugar ~* to play fair **LOC** **pasar a limpio** to copy *sth* out neatly ◆ **sacar en limpio 1** (*entender*) to get *sth* out of *sth*: *No he sacado nada en ~.* I haven't got anything out of it. **2** (*dinero*) to clear *sth*: *Sacó en ~ medio millón de euros.* He cleared half a million euros. *Ver tb* JUEGO, JUGAR, PUNTO

lince *nm* lynx **LOC** **ser un lince** (*fig*) not to miss a trick: *Es un ~.* She never misses a trick.

lindo, -a *adj* lovely **LOC** **de lo lindo** *divertirse de lo ~* to have a great time

línea *nf* line: *una ~ recta* a straight line **LOC** **cuidar/mantener la línea** to watch your weight ◆ **en línea** (*Internet*) online ◆ **línea aérea** airline ◆ **línea de meta/salida** finishing/starting line ◆ **línea divisoria** dividing line ◆ **por línea materna/paterna** on my, your, etc. mother's/father's side *Ver tb* GUARDAR, JUEZ

lineal *adj* **LOC** *Ver* DIBUJO

lingüística *nf* linguistics [*incontable*]

lino *nm* **1** (*tela*) linen **2** (*planta*) flax

linterna *nf* torch, flashlight (*USA*)

lío *nm* (*desorden*) mess: *¡Qué ~!* What a mess! **LOC** **estar hecho un lío** to be in a muddle ◆ **hacerse un lío** (*confundirse*) to get into a muddle ◆ **meterse en un lío/líos** to get into trouble *Ver tb* ARMAR, MONTAR

lioso, -a *adj* complicated

liquidación *nf* (*rebaja*) sale **LOC** **liquidación por cierre (de negocio)** clearance sale

liquidar *vt* **1** (*deuda*) to settle **2** (*en tienda*) to sell *sth* off **3** (*matar*) to kill, to bump *sb* off (*coloq*)

líquido, -a *adj, nm* liquid: *Solo puedo tomar ~s.* I can only have liquids. **LOC** *Ver* NATA, YOGUR

lírica *nf* lyric poetry

lirio *nm* iris

lirón *nm* dormouse [*pl* dormice] **LOC** *Ver* DORMIR

liso, -a *adj* **1** (*llano*) flat **2** (*superficie, piel*) smooth **3** (*sin adornos, de un solo color*) plain **4** (*pelo*) straight

lista *nf* list: *~ de la compra* shopping list **LOC** **lista de deseos** wish list ◆ **lista de direcciones/mailing** mailing list ◆ **lista de espera** waiting list ◆ **lista de éxitos** charts [*pl*]: *estar en la ~ de éxitos* to be in the charts ◇ *ser número uno en la ~ de éxitos* to be top of the charts ◆ **lista electoral** list of (election) candidates ◆ **pasar lista** to take the register

listo, -a *adj* **1** (*inteligente*) clever **2** (*preparado*) ready: *Estamos ~s para salir.* We're ready to leave. **LOC** **pasarse de listo** to be too clever by half: *No te pases de ~ conmigo.* Don't try and be clever with me. *Ver tb* PREPARADO

litera *nf* **1** (*en casa*) bunk bed: *Los niños duermen en ~s.* The children sleep in bunk beds. **2** (*en barco*) bunk **3** (*en tren*) couchette

literario, -a *adj* literary

literatura *nf* literature

litoral *nm* coast

litro *nm* litre (*abrev* l): *medio ~* half a litre

litrona *nf* litre bottle of beer

Lituania *nf* Lithuania

lituano, -a *adj, nm-nf, nm* Lithuanian

llaga *nf* ulcer

llama *nf* **1** (*de fuego*) flame **2** (*animal*) llama **LOC** **estar en llamas** to be on fire

llamada *nf* call: *hacer una ~ (telefónica)* to make a (phone) call ◇ *la ~ del deber* the call of duty **LOC** **llamada a cobro revertido** reverse charge call, collect call (*USA*) ◆ **llamada en espera** call waiting: *Tengo una ~ en espera.* I've got a call waiting. ◆ **llamada perdida** missed call *Ver tb* CENTRO, TONO

llamado, -a *adj* so-called: *el ~ Tercer Mundo* the so-called Third World *Ver tb* LLAMAR

llamamiento *nm* appeal

llamar *vt* to call: *Se llama Ignacio pero le llaman Nacho.* His name's Ignacio but they call him Nacho. ◇ *~ a la policía* to call the police ◇ *Llámame cuando llegues.* Give me a ring when you get there.
▸ *vi* **1** (*telefonear*) to call: *¿Ha llamado alguien mientras estaba fuera?* Did anyone call while I was out? **2** (*puerta*) to knock: *Están llamando a la puerta.* Someone's knocking at the door. **3** (*timbre*) to ring *sth*: *~ al timbre* to ring the bell
▸ **llamarse** *vp* to be called: *¿Cómo te llamas?* What's your name? ◇ *Me llamo Ana.* My name's Ana./I'm called Ana. **LOC** **llamar a cobro revertido** to reverse the charges, to call collect (*USA*) ◆ **llamar la atención 1** (*sobresalir*) to attract attention: *Se viste así para ~ la atención.* He dresses like that to attract attention. **2** (*sorprender*) to surprise *sb*: *Nos llamó la atención que volvieras sola.* We were surprised that you came back on your own. **3** (*reprender*) to tell *sb* off ◆ **llamar por teléfono** to phone *sb*, to give *sb* a ring (*coloq*) *Ver tb* PAN

llamativo, -a *adj* **1** (*ostentoso*) flashy: *un coche muy ~* a flashy car **2** (*impactante*) striking: *el aspecto más ~ del asunto* the most striking aspect of the matter

llano, -a *adj* **1** (*terreno*) flat: *un terreno ~* flat land **2** (*trato*) straightforward
▸ *nm* (*llanura*) plain **LOC** *Ver* PLATO

llanto *nm* crying [*incontable*]

llanura *nf* plain

llave nf **1** ~ **(de)** key [pl keys] (to sth): la ~ del armario the key to the wardrobe ◊ la ~ de la puerta the door key **2** (Mec) spanner LOC bajo llave under lock and key ◆ echar la llave (a algo) to lock (sth) up ◆ llave de contacto ignition key ◆ llave de paso (del agua, gas) stopcock ◆ llave inglesa (adjustable) spanner, monkey wrench (USA) Ver tb AMA

llavero nm key ring

llegada nf arrival

llegar vi **1** to arrive (at/in…): Llegamos al aeropuerto/hospital a las cinco. We arrived at the airport/hospital at five o'clock. ◊ Llegué a Inglaterra hace un mes. I arrived in England a month ago. ➲ Ver nota en ARRIVE **2** (alcanzar) to reach: ¿Llegas? Can you reach? ◊ ~ a una conclusión to reach a conclusion **3** (bastar) to be enough: La comida no llegó para todos. There wasn't enough food for everyone. **4** (altura) to come up to sth: Mi hija ya me llega al hombro. My daughter comes up to my shoulder. **5** ~ hasta (extenderse) to go as far as…: La finca llega hasta el río. The estate goes as far as the river. **6** (tiempo) to come: ~ primero/segundo to come first/second ◊ cuando llegue el verano when summer comes ◊ Ha llegado el momento de… The time has come to… LOC estar al llegar to be due any time: Tu padre debe estar al ~. Your father must be due any time now. ◆ llegar a casa to arrive home, to get home (más coloq) ◆ llegar a hacer algo (lograr) to manage to do sth ◆ llegar a las manos to come to blows ◆ llegar a saber to find out ◆ llegar a ser to become ◆ llegar a tiempo to be on time ◆ llegar lejos to go far ◆ llegar tarde/temprano to be late/early: Llegó por la mañana temprano. He arrived early in the morning. ◆ si no llega a ser por él if it hadn't been for him, her, etc.: Si no llega a ser por él me mato. If it hadn't been for him, I would have been killed.

llenar vt **1** to fill sb/sth (with sth): Llena la jarra de agua. Fill the jug with water. ◊ No lo llenes tanto que se sale. Don't fill it too much or it'll overflow. ◊ La noticia nos ha llenado de alegría. The news filled us with joy. **2** (satisfacer) to satisfy: Aquel estilo de vida no me llenaba. That lifestyle didn't satisfy me. ▸ vi (comida) to be filling: La fruta no llena. Fruit doesn't fill you up. ▸ llenarse vp **1** to fill (up) (with sth): La casa se llenó de invitados. The house filled (up) with guests. **2** (comiendo) to stuff yourself (with sth) **3** (cubrirse) to get covered with sth: Se ha llenado la cara de chocolate. He's got his face covered with chocolate.

lleno, -a adj **1** full (of sth): Esta habitación está llena de humo. This room is full of smoke. ◊ No quiero más, estoy ~. I don't want any more, I'm full. **2** (cubierto) covered (in/with sth): El techo estaba ~ de telarañas. The ceiling was covered in cobwebs. LOC dar de lleno (sol): El sol nos daba de ~ en la cara. The sun was shining full in our faces. ◆ de lleno fully: entrar/meterse de ~ en algo to throw yourself (fully) into sth ◆ estar lleno hasta rebosar to be packed (out): El autobús/bar estaba ~ hasta rebosar. The bus was packed/The bar was packed (out). Ver tb CABEZA, LUNA

llevadero, -a adj bearable

llevar vt **1** to take: Lleva las sillas a la cocina. Take the chairs to the kitchen. ◊ Me llevará un par de días arreglarlo. It'll take me a couple of days to fix it. ◊ Llevé el perro al veterinario. I took the dog to the vet. ➲ Ver nota en GIVE

🔎 Cuando el hablante se ofrece a llevarle algo al oyente, se utiliza **bring**: No hace falta que vengas, te lo llevo el viernes. You don't need to come, I'll bring it on Friday. ➲ Ver dibujo en TAKE

2 (carga) to carry: Se ofreció a ~le la maleta. He offered to carry her suitcase. **3** (gafas, ropa, peinado) to wear: Lleva gafas. She wears glasses. **4** (conducir) to drive: ¿Quién llevaba el coche? Who was driving? **5** (tener) to have: No llevaba dinero encima. I didn't have any cash on me. ◊ ¿Llevas suelto? Have you got any change? ◊ ¿Este plato lleva picante? Is this dish hot? **6** (tiempo) to have been (doing sth): ¿Cuánto tiempo llevas en Oviedo? How long have you been in Oviedo? ◊ Llevan dos horas esperando. They've been waiting for two hours. ▸ vi to lead to sth: Esta carretera lleva al río. This road leads to the river. ▸ v aux + participio to have: Llevo vistas tres películas esta semana. I've seen three films this week. ▸ llevarse vp **1** (robar) to take: El ladrón se llevó el portátil. The thief took the laptop. **2** (estar de moda) to be in: Este invierno se lleva el verde. Green is in this winter. **3** (Mat) to carry: 22 y me llevo dos. 22 and carry two. **4** (emoción, susto) to get: ~se un disgusto/un susto to get upset/get a fright LOC llevarle a algn dos años, etc. to be two years, etc. older than sb: Me lleva seis meses. She's six months older than me. ◆ llevarse bien/mal to get on well/badly (with sb) ◆ para llevar to take away, to take out (USA): una pizza para ~ a pizza to take away ❶ Para otras expresiones con llevar, véanse las entradas del sustantivo, adjetivo, etc., p. ej. llevar a cabo en CABO.

llorar vi **1** to cry: *No llores.* Don't cry. ◊ *ponerse a ~* to burst out crying ◊ *~ de alegría/rabia* to cry with joy/rage **2** (*ojos*) to water: *Me lloran los ojos.* My eyes are watering. **LOC** **llorar a lágrima viva/a moco tendido** to cry your eyes out

llorón, -ona adj, nm-nf crybaby [pl crybabies]: *No seas tan ~.* Don't be such a crybaby. **LOC** Ver SAUCE

llover v imp to rain: *Estuvo lloviendo toda la tarde.* It was raining all afternoon. ◊ *¿Llueve?* Is it raining? **LOC** **llover a cántaros** to pour: *Está lloviendo a cántaros.* It's pouring (with rain). *Ver tb* PARECER

llovizna nf drizzle

lloviznar v imp to drizzle

lluvia nf **1** rain: *un día de ~* a rainy day ◊ *Estas botas son buenas para la ~.* These boots are good for wet weather. **2** (*de billetes, regalos, polvo*) shower **3** (*de balas, piedras, golpes, insultos*) hail **LOC** **bajo la lluvia** in the rain ♦ **lluvia ácida** acid rain ♦ **lluvia radiactiva** radioactive fallout

lluvioso, -a adj **1** (*zona, país, temporada*) wet **2** (*día, tarde, tiempo*) rainy

lo art def **+ adjetivo** the… thing: *lo interesante/difícil es…* the interesting/difficult thing is…
▸ pron **1** (*él*) him: *Lo eché de casa.* I threw him out of the house. **2** (*cosa*) it: *¿Dónde lo tienes?* Where is it? ◊ *No me lo creo.* I don't believe it.

🔎 Cuando se usa **lo** como complemento directo de algunos verbos como *decir, saber* y *ser* no se traduce: *Te lo diré mañana.* I'll tell you tomorrow. ◊ *Todavía no eres médico pero lo serás.* You're not a doctor yet, but you will be.

3 (*usted*) you **LOC** **lo cual** which: *lo cual no es cierto* which isn't true ♦ **lo de… 1** (*posesión*): *Todo eso es lo de Juan.* All that stuff is Juan's. **2** (*asunto*): *Lo del viaje fue inesperado.* The journey came as a surprise. ◊ *Lo de la fiesta era una broma, ¿no?* What you said about the party was a joke, wasn't it? ♦ **lo mío 1** (*posesión*) my, your, etc. things: *Todo lo mío es tuyo.* All I have is yours. **2** (*afición*) my, your, etc. thing: *Lo suyo es la música.* Music's his thing. ♦ **lo que…** what: *No te imaginas lo que fue aquello.* You can't imagine what it was like. ◊ *Haré lo que digas.* I'll do whatever you say. ◊ *Haría lo que fuera por aprobar.* I'd do anything to pass.

lobo, -a nm-nf wolf [pl wolves] **LOC** Ver HOMBRE

local adj **1** local **2** (*equipo*) home: *el equipo ~* the home team
▸ nm premises [pl]: *El ~ es bastante grande.* The premises are quite big.

localidad nf **1** (*pueblo*) village **2** (*ciudad pequeña*) town **3** (*Cine, Teat*) seat **LOC** **no hay localidades** sold out

localizador nm (*de reserva*) booking reference

localizar vt **1** (*encontrar*) to locate: *Han localizado su paradero.* They've located his whereabouts. **2** (*contactar*) to get hold of sb: *Llevo toda la mañana tratando de ~te.* I've been trying to get hold of you all morning.

loción nf lotion **LOC** Ver DESMAQUILLADOR

loco, -a adj mad, crazy (*USA*): *volverse ~* to go mad ◊ *Me vuelve ~.* He drives me mad. ◊ *El chocolate me vuelve ~.* I'm mad about chocolate.
▸ nm-nf madman/woman [pl -men/-women] **LOC** **estar loco con/por** (*encantado*) to be crazy about sb/sth ♦ **estar loco de** to be beside yourself with sth: *Está loca de alegría.* She's beside herself with joy. ♦ **estar loco de remate** to be round the bend ♦ **hacerse el loco** to pretend not to notice *Ver tb* CADA

locomotora nf engine, locomotive (*más formal*): *una ~ de vapor* a steam engine

locura nf **1** (*demencia*) madness: *un ataque de ~* a fit of madness **2** (*disparate*) crazy thing: *He hecho muchas ~s.* I've done a lot of crazy things. ◊ *Es una ~ ir solo.* It's crazy to go alone. ◊ *¡Qué ~!* That's crazy!

locutor, -ora nm-nf (*de noticias*) newsreader

locutorio nm (*telefónico*) phone centre

lodo nm mud

lógico, -a adj **1** (*normal*) natural: *Es ~ que te preocupes.* It's only natural that you're worried. **2** (*pensamiento, deducción*) logical

logotipo nm logo [pl logos]

lograr vt **1** (*obtener*) to get, to achieve (*más formal*): *Logré buenos resultados.* I got good results. **2 + infinitivo** to manage to do sth: *Logré convencerles.* I managed to persuade them. **3** *~ que…* to get sb to do sth: *No lograrás que vengan.* You'll never get them to come.

logro nm achievement

lombriz nf worm

lomo nm **1** (*Cocina*) loin: *~ de cerdo* (loin of) pork **2** (*de un animal*) back **3** (*libro*) spine

loncha nf slice **LOC** **en lonchas** sliced

longitud nf **1** length: *Tiene dos metros de ~.* It is two metres long. **2** (*Geog*) longitude **LOC** Ver SALTO

lonja nf **LOC** **lonja (de pescado)** fish market

loro nm **1** (*ave*) parrot **2** (*persona*) chatterbox **LOC** **estar al loro 1** (*observando*) to be on the alert (for sth): *Las notas salen pronto, hay que estar al ~.* The results will be out soon — you need to be on the alert. **2** (*al día*) to keep up to date (*with sth*): *Hay que estar siempre al ~ de lo que se lleva y lo que no.* You have to keep up to date with the latest fashions.

los, las *art def* the: *los libros que compré ayer* the books I bought yesterday ➔ *Ver nota en* THE
▶*pron* them: *Los/las vi en el cine.* I saw them at the cinema. **LOC de los/las de...** *un terremoto de los de verdad* a really violent earthquake ◊ *El diseño del coche es de los de antes.* The design of the car is old-fashioned. ◆ **los/las de... 1** (*posesión*): *los de mi abuela* my grandmother's **2** (*característica*) the ones (with...): *Prefiero los de punta fina.* I prefer the ones with a fine point. ◊ *Me gustan las de cuadros.* I like the checked ones. **3** (*ropa*) the ones in...: *las de rojo* the ones in red **4** (*procedencia*) the ones from...: *los de Pamplona* the ones from Pamplona ◆ **los/las hay** *Los hay con muy poco dinero.* There are some with very little money. ◊ *Dime si los hay o no.* Tell me if there are any or not. ◆ **los/las que... 1** (*personas*): *los que se encontraban en la casa* the ones who were in the house ◊ *los que tenemos que madrugar* those of us who have to get up early ◊ *Entrevistamos a todos los que se presentaron.* We interviewed everyone who applied. **2** (*cosas*) the ones (which/that)...: *las que compramos ayer* the ones we bought yesterday

losa *nf* paving stone

lote *nm* **1** set: *un ~ de libros* a set of books **2** (*Econ, Informát*) batch **LOC darse el lote** to pet

lotería *nf* lottery [*pl* lotteries] **LOC** *Ver* ADMINISTRACIÓN, JUGAR

loza *nf* china: *un plato de ~* a china plate

lubina *nf* sea bass [*pl* sea bass]

lucha *nf ~* **(contra/por)** fight (against/for *sb/sth*): *la ~ contra la contaminación/por la igualdad* the fight against pollution/for equality **LOC lucha libre** wrestling

luchador, -ora *adj, nm-nf* fighter: *Es un hombre muy ~.* He's a real fighter.
▶*nm-nf* (*deportista*) wrestler

luchar *vi* **1** to fight: *~ por la libertad* to fight for freedom ◊ *~ contra los prejuicios raciales* to fight (against) racial prejudice **2** (*Dep*) to wrestle

lucir *vt* (*ropa*) to wear
▶*vi* **1** (*astro*) to shine **2** (*resaltar*) to look nice: *Ese jarrón luciría más allí.* That vase would look better there. **3** (*notarse*) to show: *Gasta mucho en cremas, pero no le luce.* She spends a lot on creams, but it doesn't show.
▶**lucirse** *vp* (*presumir*) to show off: *Lo hace para ~se.* He just does it to show off.

lucro *nm* **LOC** *Ver* ÁNIMO

ludópata *nmf* compulsive gambler

luego *adv* **1** (*más tarde*) later: *Te lo cuento ~.* I'll tell you later. **2** (*a continuación*) then: *Se baten los huevos y ~ se añade el azúcar.* Beat the eggs and then add the sugar. ◊ *Primero está el ambulatorio y ~ la farmacia.* First there's the clinic and then the chemist's.
▶*conj* therefore: *Pienso, ~ existo.* I think, therefore I am. **LOC desde luego** of course: *¡Desde ~ que no!* Of course not! ◆ **¡hasta luego!** bye!, see you! (*coloq*)

lugar *nm* **1** (*sitio*) place: *Me gusta este ~.* I like this place. ◊ *En esta fiesta estoy fuera de ~.* I feel out of place at this party. **2** (*posición, puesto*) position: *ocupar un ~ importante en la empresa* to have an important position in the firm **3** (*pueblo*) village: *los del ~* the people from the village **LOC dar lugar a algo** to cause sth ◆ **en lugar de** instead of *sb/sth/doing sth*: *En ~ de salir tanto, más te valdría estudiar.* Instead of going out so much, you'd be better off studying. ◆ **en primer, segundo, etc. lugar 1** (*posición*) first, second, etc.: *llegar en primer/segundo ~* to come first/second ◊ *El equipo francés quedó clasificado en último ~.* The French team came last. **2** (*en un discurso*) first of all, secondly, etc.: *En último ~...* Last of all... ◆ **lugar de nacimiento 1** birthplace **2** (*en impresos*) place of birth ◆ **sin lugar a dudas** undoubtedly ◆ **tener lugar** to take place: *El accidente tuvo ~ a las dos de la madrugada.* The accident took place at two in the morning. ◆ **yo en tu lugar** if I were you: *Yo, en tu ~, aceptaría la invitación.* If I were you, I'd accept the invitation. *Ver tb* ALGUNO, CLASIFICAR, CUALQUIERA, NINGUNO, OTRO

lugareño, -a *adj, nm-nf* local: *según la tradición lugareña* according to local tradition

lúgubre *adj* gloomy

lujo *nm* luxury [*pl* luxuries]: *No puedo permitirme esos ~s.* I can't afford such luxuries. **LOC a todo lujo** in style: *Viven a todo ~.* They live in style. ◆ **con todo lujo de detalles** with a wealth of detail ◆ **de lujo** luxury: *un apartamento de ~* a luxury apartment

lujoso, -a *adj* luxurious

lujuria *nf* lust

lumbre *nf* **1** fire: *Nos sentamos al calor de la ~.* We sat down by the fire. **2** (*cocina*) stove: *Tengo la comida en la ~.* The food's on the stove.

lumbrera *nf* (*persona inteligente*) genius [*pl* geniuses]

luminoso, -a *adj* **1** bright: *una habitación/idea luminosa* a bright room/idea **2** (*que despide luz*) luminous: *un reloj ~* a luminous watch **LOC anuncio/letrero luminoso** neon sign

185

madriguera

luna _nf_ **1** moon: _un viaje a la Luna_ a trip to the moon **2** (_cristal_) glass **3** (_espejo_) mirror **4** (_parabrisas_) windscreen, windshield (_USA_) **LOC** **estar en la luna** to be miles away ◆ **luna creciente/menguante** waxing/waning moon ◆ **luna de miel** honeymoon ◆ **luna llena/nueva** full/new moon

lunar _adj_ lunar: _eclipse ~_ lunar eclipse
▸ _nm_ **1** (_piel_) mole **2** (_dibujo_) polka dot: _una falda de ~es_ a polka-dot skirt

lunático, -a _adj, nm-nf_ lunatic

lunes _nm_ Monday (_abrev_ Mon.): _el ~ por la mañana/tarde_ on Monday morning/afternoon ◇ _Los ~ no trabajo._ I don't work on Mondays. ◇ _un ~ sí y otro no_ every other Monday ◇ _Ocurrió el ~ pasado._ It happened last Monday. ◇ _Nos veremos el ~ que viene._ We'll meet next Monday. ◇ _Mi cumpleaños cae en ~ este año._ My birthday falls on a Monday this year. ◇ _Se casarán el ~ 25 de julio._ They're getting married on Monday 25 July. ❶ Se lee: 'Monday the twenty-fifth of July'.

lupa _nf_ magnifying glass

luto _nm_ mourning: _una jornada de ~_ a day of mourning **LOC** **estar de luto** to be in mourning (_for sb_) ◆ **ir de/llevar luto** to be dressed in mourning

luz _nf_ **1** light: _encender/apagar la ~_ to turn the light on/off ◇ _Hay mucha ~ en este piso._ This flat gets a lot of light. ◇ _a la ~ del sol/de la luna_ in the sunlight/moonlight **2** (_electricidad_) electricity: _Con la tormenta se fue la ~._ The electricity went off during the storm. **3** (_día_) daylight: _En verano hay ~ hasta las 10._ In summer it's light until 10. **4** **luces** (_inteligencia_): _tener muchas/pocas luces_ to be bright/dim **LOC** **dar a luz** to give birth (to _sb_): _Dio a ~ una niña._ She gave birth to a baby girl. ◆ **luces cortas/de cruce** dipped headlights, low beams (_USA_): _Puse las luces cortas._ I dipped my headlights. ◆ **luces de posición** sidelights, parking lights (_USA_) ◆ **luces largas/de carretera** headlights ◆ **sacar a la luz** to bring _sth_ (out) into the open ◆ **salir a la luz** (_secreto_) to come to light _Ver tb_ AÑO, PLENO

lycra℠ _nf_ lycra℠

Mm

macabro, -a _adj_ macabre

macarra _nmf_ flashy person

macarrón _nm_ **macarrones** macaroni [_incontable_]: _Los macarrones son fáciles de hacer._ Macaroni is easy to cook.

macedonia _nf_ **LOC** **macedonia (de frutas)** fruit salad

maceta _nf_ flowerpot

machacar _vt_ **1** (_ajo, nueces, etc._) to crush **2** (_romper_) to smash: _El niño machacó los juguetes._ The child smashed his toys to bits.
▸ _vt, vi_ to go over (and over) _sth_: _Les machaqué la lección hasta que se la aprendieron._ I went over and over the lesson until they learnt it.

machete _nm_ machete

machismo _nm_ machismo

machista _adj, nmf_ sexist: _una actitud/un programa ~_ a sexist attitude/programme ◇ _Mi jefe es un ~ de tomo y lomo._ My boss is really sexist. ➔ _Ver nota en_ CATÓLICO

macho _adj, nm_ **1** (_Zool_) male: _una camada de dos ~s y tres hembras_ a litter of two males and three females ◇ _¿Es ~ o hembra?_ Is it male or female? ➔ _Ver nota en_ FEMALE **2** (_machote_) macho: _Ese tío va de ~._ He's a bit of a macho man.

macizo, -a _adj_ (_objeto_) solid

macro _nf_ (_Informát_) macro [_pl_ macros]

macroconcierto _nm_ mega-concert

macrofiesta _nf_ big celebration

madera _nf_ **1** (_material_) wood: _El roble es una ~ de gran calidad._ Oak is a high-quality wood. ◇ _hecho de ~_ made of wood **2** (_tabla_) piece of wood: _Esa ~ puede servir para tapar el agujero._ We could use that piece of wood to block up the hole. **3** (_de construcción_) timber: _las ~s del tejado_ the roof timbers **LOC** **de madera** wooden: _una silla/viga de ~_ a wooden chair/beam ◆ **madera de pino, roble, etc.** pine, oak, etc.: _una mesa de ~ de pino_ a pine table ◆ **tener madera de artista, líder, etc.** to be a born artist, leader, etc. ◆ **¡toca madera!** touch wood!, knock on wood! (_USA_) _Ver tb_ CUCHARA

madero _nm_ (_tablón_) piece of timber

madrastra _nf_ stepmother

madre _nf_ mother: _ser ~ de dos hijos_ to be the mother of two children **LOC** **madre biológica** birth mother ◆ **madre de alquiler** surrogate mother ◆ **¡madre mía!** good heavens! ◆ **madre superiora** Mother Superior _Ver tb_ ASOCIACIÓN, DÍA, FAMILIA, HUÉRFANO

madriguera _nf_ **1** (_conejo, topo_) burrow **2** (_lobo, león_) den

madrina nf **1** (bautizo) godmother **2** (boda) woman who accompanies the groom, usually his mother ➔ Ver nota en BODA

madrugada nf early morning: en la ~ del viernes al sábado in the early hours of Saturday morning ◇ a las dos de la ~ at two in the morning

madrugar vi to get up early

madurar vi **1** (fruta) to ripen **2** (persona) to mature

maduro, -a adj **1** (fruta) ripe **2** (de mediana edad) middle-aged: un hombre ya ~ a middle-aged man **3** (sensato) mature: Javier es muy ~ para su edad. Javier is very mature for his age.

maestro, -a nm-nf **1** (profesor) teacher **2** ~ (de/en) (figura destacada) master: un ~ del ajedrez a chess master **LOC** Ver OBRA

mafia nf mafia: la ~ de la droga the drugs mafia ◇ la Mafia the Mafia

magdalena nf fairy cake, cupcake (USA)

magia nf magic: ~ blanca/negra white/black magic **LOC** Ver ARTE

mágico, -a adj magic: poderes ~s magic powers **LOC** Ver VARITA

magisterio nm (estudios) teacher training: Elena estudió Magisterio en Valencia. Elena trained as a teacher in Valencia.

magnate nmf tycoon

magnético, -a adj magnetic

magnetismo nm magnetism

magnífico, -a adj wonderful: Hizo un tiempo ~. The weather was wonderful.

mago, -a nm-nf (ilusionista) magician **LOC** Ver REY

magrebí adj, nmf North African

magro, -a adj lean
▸ nm loin

mahonesa = MAYONESA

maicena® nf cornflour, cornstarch (USA)

mail nm email

mailing nm mailshot **LOC** Ver LISTA

maillot nm (ciclismo) jersey [pl jerseys]: el ~ amarillo the yellow jersey

maíz nm **1** (de comer) sweetcorn **2** (planta) maize, corn (USA) **LOC** Ver PALOMITA

Majestad nf Majesty [pl Majesties]: Su ~ His/Her/Your Majesty

majo, -a adj nice

mal adj Ver MALO
▸ adv **1** badly: portarse/hablar ~ to behave/speak badly ◇ ~ diseñado badly designed ◇ un trabajo ~ pagado a poorly/badly-paid job ◇ Mi abuela oye muy ~. My grandmother's hearing is very bad. ◇ ¡Qué ~ lo pasamos!

What a terrible time we had! **2** (calidad, aspecto) bad: Esa chaqueta no está ~. That jacket's not bad. **3** (equivocadamente, moralmente) wrong: Has escogido ~. You've made the wrong choice. ◇ contestar ~ una pregunta to give the wrong answer ◇ Está ~ que contestes a tu madre. It's wrong to answer your mother back.
▸ nm **1** (daño) harm: No te deseo ningún ~. I don't wish you any harm. **2** (problema) problem: La venta de la casa nos salvó de ~es mayores. The sale of the house saved us any further problems. **3** (Fil) evil: el bien y el ~ good and evil **LOC** andar/estar mal de to be short of sth ◆ estar/encontrarse mal **1** (enfermo) to be/feel ill **2** (deprimido) to be/feel depressed, to be/feel down (coloq) ◆ no hay mal que por bien no venga every cloud has a silver lining ❶ Para otras expresiones con **mal**, véanse las entradas del sustantivo, adjetivo, etc., p. ej. **estar mal de la cabeza** en CABEZA.

malabarismo nm **LOC** hacer malabarismos to juggle

malabarista nmf juggler

malcriar vt to spoil

maldad nf wickedness [incontable]: Siempre se han caracterizado por su ~. Their wickedness is notorious. ◇ Ha sido una ~ por su parte. That was a wicked thing to do.

maldecir vt to curse

maldición nf curse: Una ~ pesa sobre nosotros. There's a curse on us. ◇ echarle una ~ a algn to put a curse on sb ◇ No paraba de soltar maldiciones. He kept cursing and swearing.

maldito, -a adj **1** (que causa enfado) wretched: ¡Estos ~s zapatos me aprietan! These wretched shoes are too tight for me! **2** (Relig) damned Ver tb MALDECIR

maleducado, -a adj, nm-nf rude: ¡Que niños tan ~s! What rude children! ◇ ser un ~ to be rude

malentendido nm misunderstanding: Ha habido un ~. There has been a misunderstanding.

malestar nm **1** (indisposición): Siento un ~ general. I don't feel very well. **2** (inquietud) unease: Sus palabras causaron ~ en medios políticos. His words caused unease in political circles.

maleta nf suitcase, case (más coloq) **LOC** hacer/deshacer la(s) maleta(s) to pack/unpack

maletero nm boot, trunk (USA)

maletín nm (documentos) briefcase ➔ Ver dibujo en BAG

malgastar vt to waste

malhablado, -a adj, nm-nf foul-mouthed: ser un ~ to be foul-mouthed

malherido, -a *adj* badly injured

malicioso, -a *adj* LOC **programa/software malicioso** malware [*incontable*]

maligno, -a *adj* (*tumor, enfermedad*) malignant

malla *nf* **1** (*Ballet, Gimnasia*) leotard **2 mallas** (*pantalones elásticos*) leggings **3** (*red*) mesh

malo, -a *adj* **1** bad: *una mala persona* a bad person ◊ *~s modales/mala conducta* bad manners/behaviour ◊ *Tuvimos muy mal tiempo.* We had very bad weather. **2** (*insuficiente, inadecuado*) poor: *mala alimentación/visibilidad* poor food/visibility ◊ *debido al mal estado del terreno* due to the poor condition of the ground **3** (*travieso*) naughty: *No seas ~ y bébete la leche.* Don't be naughty — drink up your milk. **4 ~ para** (*torpe*) bad at *sth/doing sth*: *Soy ~ para las matemáticas.* I'm bad at maths. ◊ *Es muy ~ para los nombres.* He's hopeless with names.
  ▸ *nm-nf* villain, baddy [*pl* baddies] (*coloq*): *El ~ muere en el último acto.* The villain dies in the last act. ◊ *Al final luchan los buenos contra los ~s.* At the end there is a fight between the goodies and the baddies. LOC **estar malo 1** (*persona*) to be ill **2** (*alimento*) to be off ◆ **lo malo es que…** the trouble is (that)… ◆ **poner malo** (*irritar*) to annoy *sb*: *Me pone mala cuando llega tarde.* It really annoys me when he turns up late. ◆ **¿qué tiene de malo…?** what's wrong with…?: *¿Qué tiene de ~ comer entre horas?* What's wrong with eating between meals? ❶ *Para otras expresiones con* **malo***, véanse las entradas del sustantivo, p. ej.* **mala hierba** *en* HIERBA.

malpensado, -a *adj* **1** (*que siempre sospecha*) suspicious **2** (*obsceno*) dirty-minded LOC **ser un malpensado 1** (*que siempre sospecha*) to have a suspicious mind **2** (*obsceno*) to have a dirty mind

Malta *nf* Malta

maltés, -esa *adj, nm* Maltese
  ▸ *nm-nf* Maltese man/woman [*pl* men/women]: *los malteses* the Maltese

maltratado, -a *adj* **1** (*persona*) battered **2** (*animal*) maltreated *Ver tb* MALTRATAR

maltratador, -ora *nm-nf* abuser

maltratar *vt* to mistreat: *Dijeron que les habían maltratado.* They said they had been mistreated. ◊ *Nos maltrataron psicológicamente.* We were subjected to psychological abuse.

malva *nm* (*color*) mauve ➔ *Ver ejemplos en* AMARILLO

malvado, -a *adj* wicked

mama *nf* breast: *cáncer de ~* breast cancer

mamá *nf* mum ❶ *También es frecuente decir* **mummy** *y, en inglés americano,* **mom** *y* **mommy**.

mamar *vi* to feed, to nurse (*USA*): *En cuanto termina de ~ se duerme.* He falls asleep as soon as he's finished feeding. LOC **dar de mamar** to breastfeed, to nurse (*USA*)

mamífero *nm* mammal

mampara *nf* **1** (*ducha, bañera*) screen **2** (*pared*) partition

manada *nf* **1** (*animales*) **(a)** herd: *una ~ de elefantes* a herd of elephants **(b)** (*lobos, perros*) pack **(c)** (*leones*) pride **2** (*gente*) crowd

manantial *nm* spring: *agua de ~* spring water

manar *vi* to flow

manazas *nmf* clumsy: *¡Eres un ~!* You're so clumsy!

mancha *nf* **1** (*suciedad*) stain: *una ~ de grasa* a grease stain **2** (*en la piel*) **(a)** (*animal*) spot: *las ~s del leopardo* the leopard's spots **(b)** (*persona*) patch: *Me han salido unas ~s en la cara.* Some dark patches have appeared on my face. LOC *Ver* NACIMIENTO

manchado, -a *adj* **~ (de)** (*embadurnado*) stained (with *sth*): *Llevas la camisa manchada de vino.* You've got a wine stain on your shirt. ◊ *una carta manchada de sangre/tinta* a blood-stained/ink-stained letter *Ver tb* MANCHAR

manchar *vt* to get *sth* dirty: *No manches el mantel.* Don't get the tablecloth dirty. ◊ *Has manchado el suelo de barro.* You've got mud on the floor.
  ▸ **mancharse** *vp* to get dirty

manco, -a *adj* **1** (*sin un brazo*) one-armed **2** (*sin una mano*) one-handed

mandamiento *nm* (*Relig*) commandment

mandar *vt* **1** (*ordenar*) to tell *sb to do sth*: *Mandó callar a los niños.* He told the children to be quiet. ➔ *Ver nota en* ORDER **2** (*enviar*) to send: *Te he mandado una carta.* I've sent you a letter. ◊ *El ministerio ha mandado a un inspector.* The ministry has sent an inspector. ➔ *Ver nota en* GIVE **3** (*a reparar, etc.*) to have *sth* done: *Lo voy a ~ a limpiar.* I'm going to have it cleaned. **4** (*recetar*) to prescribe: *El médico le ha mandado unas gotas.* The doctor has prescribed him some drops.
  ▸ *vi* **1** (*gobierno*) to be in power **2** (*ser el jefe*) to be the boss, to be in charge (*más formal*) LOC **mandar a algn a paseo/la porra** to tell sb to get lost *Ver tb* CORREO, DIOS, SALUDO

mandarina *nf* mandarin

mandato *nm* **1** (*período*) term of office: *durante el ~ del alcalde* during the mayor's term of office **2** (*orden*) mandate: *bajo ~ de la ONU* under UN mandate

mandíbula *nf* jaw

M

mando nm **1** (*liderazgo*) leadership: *tener don de ~* to be a born leader **2** (*Mil*) command: *entregar/tomar el ~* to hand over/take command **3** (*para juegos*) joystick **4 mandos** controls: *cuadro de ~s* control panel `LOC` **mando a distancia** remote control, remote (*coloq*)

mandón, -ona adj, nm-nf bossy: *ser un ~* to be bossy

manecilla nf hand: *la ~ grande del reloj* the hour hand

manejar vt **1** to handle: *~ un arma* to handle a weapon ◇ *~ datos/dinero* to handle data/money **2** (*máquina*) to operate **3** (*manipular*) to manipulate: *No te dejes ~.* Don't let yourself be manipulated.

manera nf **1** ~ (**de**) (*modo*) way (of *doing sth*): *su ~ de hablar/vestir* her way of speaking/dressing **2 maneras** (*modales*) manners: *buenas ~s* good manners ◇ *pedir algo de buenas ~s* to ask nicely for sth `LOC` **a mi manera** my, your, etc. way ◆ **de mala manera 1** (*mal*) badly: *Hizo los deberes de mala ~.* The homework was very badly done. **2** (*de forma maleducada*) rudely: *Me contestó de muy mala ~.* She answered me very rudely. **3** (*mucho*) a lot: *Los alquileres han subido de mala ~.* Rents have gone up a lot. ◆ **de manera que** (*por tanto*) so: *Has estudiado poco, de ~ que no puedes aprobar.* You haven't studied much, so you won't pass. ◆ **de todas maneras** anyway ◆ **manera de ser** *Es mi ~ de ser.* It's just the way I am. ◆ **no haber manera de** to be impossible *to do sth: No ha habido ~ de arrancar el coche.* It was impossible to start the car. ◆ **¡qué manera de…!** what a way to…!: *¡Qué ~ de hablar!* What a way to speak! *Ver tb* CUALQUIERA, DICHO, NINGUNO

manga¹ nf sleeve: *una camisa de ~ larga/corta* a long-sleeved/short-sleeved shirt `LOC` **estar manga por hombro** to be in a mess ◆ **sacarse algo de la manga** to make sth up ◆ **sin mangas** sleeveless

manga² nm (*cómic japonés*) manga [*pl* manga]

mangar vt to nick, to steal (*USA*): *Me han mangado la cartera.* My wallet's been nicked.

mango nm **1** (*asa*) handle ⊃ *Ver dibujo en* HANDLE **2** (*fruta*) mango [*pl* mangoes]

mangonear vi to boss people around

manguera nf hose

manía nf funny habit: *tener la ~ de hacer algo* to have the funny habit of doing sth ◇ *Todo el mundo tiene sus pequeñas ~s.* Everyone's got their own funny little habits. ◇ *¡Qué ~!* You're getting obsessed about it! `LOC` **cogerle/tenerle manía a algn** to have got it in for sb: *El profesor me ha cogido ~.* The teacher's got it in for me. ◆

cogerle/tenerle manía a algo to hate sth *Ver tb* QUITAR

maniático, -a adj (*quisquilloso*) fussy

manicomio nm madhouse

manifestación nf **1** (*protesta*) demonstration **2** (*expresión*) expression: *Han recibido numerosas manifestaciones de apoyo.* They have received many expressions of support. **3** (*declaración*) statement

manifestante nmf demonstrator

manifestar vt **1** (*opinión*) to express **2** (*mostrar*) to show

▸ **manifestarse** vp to demonstrate: *~se en contra/a favor de algo* to demonstrate against/in favour of sth

manifiesto nm manifesto [*pl* manifestos]

manilla nf **1** (*puerta*) handle ⊃ *Ver dibujo en* HANDLE **2** (*reloj*) hand: *la ~ grande/pequeña* the minute/hour hand

manillar nm handlebars [*pl*]

maniobra nf manoeuvre

maniobrar vi **1** (*vehículo*) to manoeuvre **2** (*ejército*) to be on manoeuvres

manipular vt **1** (*ilícitamente*) to manipulate: *~ los resultados de las elecciones* to manipulate the election results **2** (*con las manos*) to handle: *~ alimentos* to handle food

maniquí nm dummy [*pl* dummies]

manirroto, -a nm-nf big spender

manitas adj, nmf handy: *Mi hermana es la ~ de la casa.* My sister's the handy one around the house.

🔎 El sustantivo **handyman** también significa *manitas*, pero se refiere solo a un hombre: *Mi marido es un/muy manitas.* My husband's a real handyman.

`LOC` **hacer manitas** to hold hands

manivela nf handle

manjar nm delicacy [*pl* delicacies]

mano nf **1** (*persona*) hand: *Levanta la ~.* Put your hand up. **2** (*animal*) front foot [*pl* feet] **3** (*pintura*) coat `LOC` **a mano 1** (*cerca*) to hand: *¿Tienes un diccionario a ~?* Have you got a dictionary to hand? **2** (*manualmente*) by hand: *Hay que lavarlo a ~.* It needs washing by hand. ◇ *hecho a ~* handmade ◆ **a mano derecha/izquierda** on the right/left ◆ **atraco/robo a mano armada 1** (*lit*) armed robbery [*pl* robberies] **2** (*fig*) daylight robbery ◆ **coger/pillar a algn con las manos en la masa** to catch sb red-handed ◆ **dar la mano** to hold sb's hand: *Dame la ~.* Hold my hand. ◆ **dar (se) la mano** to shake hands (*with sb*): *Se dieron la ~.* They shook hands. ◆ **de la mano** hand in hand (*with sb*): *Paseaban (cogidos) de la ~.* They were walking along hand in hand. ◆ **echar mano a** (*coger*) to lay your hands on *sb/sth* ◆ **echar mano de** to use *sth*: *Tuvimos que echar ~ de los ahorros.* We had to use our savings. ◆ **echar una mano** to give *sb* a hand ◆ **en mano** in person: *Entrégueselo en ~.* Give it to him in person. ◆ **entre manos** *llevar algo entre ~s* to be up to sth ◇ *Tengo un asunto entre ~s.* I'm working on a deal. ◆ **estar en buenas manos** to be in good hands ◆ **mano a mano 1** (*entre dos*) between the two of us: *En un ~ a ~ nos comimos toda la tarta.* We finished off the whole cake between the two of us. **2** (*en colaboración*) together: *Trabajaron ~ a ~ toda la noche.* They worked together all night. **3** (*enfrentamiento*) confrontation ◆ **mano de obra** labour [*incontable*] ◆ **mano derecha** (*colaborador*) right-hand man ◆ **mano dura** firm hand ◆ **¡manos a la obra!** let's get to work! ◆ **¡manos arriba!; ¡arriba las manos!** hands up! ◆ **manos libres** (*teléfono*) hands-free ◆ **meterle mano a algo** to tackle sth ◆ **poner la mano en el fuego 1** (*por algo*) to stake your life *on sth* **2** (*por algn*) to stick your neck out *for sb* ◆ **ponerle la mano encima a algn** to lay a finger on *sb* ◆ **tener mano izquierda** to be tactful *Ver tb* ¡ADIÓS!, ALCANCE, BOLSO, COGIDO, CONOCER, ESCALERA, ESCRIBIR, FRENO, FROTAR(SE), LAVAR, LLEGAR, PÁJARO, SALUDAR, SEGUNDO, TRAER

manojo *nm* bunch

manopla *nf* mitten

manosear *vt* **1** to touch **2** (*persona*) to touch *sb* up

manotazo *nm* slap

mansión *nf* mansion

manso, -a *adj* **1** (*animal*) tame **2** (*persona*) meek: *más ~ que un cordero* as meek as a lamb

manta *nf* blanket: *Ponle una ~ por encima.* Put a blanket over him.

manteca *nf* fat **LOC** **manteca (de cerdo)** lard

mantel *nm* tablecloth

mantener *vt* **1** (*conservar*) to keep: *~ la comida caliente* to keep food hot ◇ *~ una promesa* to keep a promise **2** (*económicamente*) to support: *~ a una familia de ocho* to support a family of eight **3** (*afirmar*) to maintain **4** (*sujetar*) to hold: *Mantén bien sujeta la botella.* Hold the bottle tight.
▸ **mantenerse** *vp* to live *on sth*: *~se a base de latas* to live on tinned food **LOC** **mantenerse en forma** to keep fit ◆ **mantenerse en pie** to stand (up): *Apenas puede ~se en pie.* He can hardly stand (up). ◆ **mantener vivo** to keep *sb/sth* alive: *~ viva la ilusión* to keep your hopes alive *Ver tb* CONTACTO, LÍNEA, RAYA, TRECE

mantenimiento *nm* maintenance

mantequilla *nf* butter

manual *adj, nm* manual: *~ de instrucciones* instruction manual **LOC** *Ver* TRABAJO

manufacturar *vt* to manufacture

manuscrito *nm* manuscript

manzana *nf* **1** (*fruta*) apple **2** (*de casas*) block **LOC** *Ver* VUELTA

manzanilla *nf* **1** (*planta*) camomile **2** (*infusión*) camomile tea

manzano *nm* apple tree

maña *nf* **1** (*habilidad*) skill **2 mañas** (*astucia*) cunning [*incontable*]: *Empleó todas sus ~s para que lo ascendieran.* He used all his cunning to get promotion. **LOC** **darse/tener maña** to be good *at sth/doing sth*: *tener ~ para la carpintería* to be good at woodwork

mañana *nf* morning: *Se marcha esta ~.* He's leaving this morning. ◇ *a la ~ siguiente* the following morning ◇ *a las dos de la ~* at two o'clock in the morning ◇ *El examen es el lunes por la ~.* The exam is on Monday morning. ➲ *Ver nota en* MORNING
▸ *nm* future: *No pienses en el ~.* Don't think about the future.
▸ *adv* tomorrow: *Mañana es sábado ¿no?* Tomorrow is Saturday, isn't it? ◇ *el periódico de ~* tomorrow's paper **LOC** **¡hasta mañana!** see you tomorrow! ◆ **mañana por la mañana/tarde/noche** tomorrow morning/afternoon/evening *Ver tb* DÍA, MEDIO, NOCHE, PASADO

mañoso, -a *adj* handy

mapa *nm* map: *No está en el ~.* It isn't on the map. **LOC** *Ver* DESAPARECER

maqueta *nf* model

maquillaje *nm* make-up [*incontable*]: *Ana usa un ~ carísimo.* Ana uses very expensive make-up.

maquillar *vt* to make *sb* up
▸ **maquillarse** *vp* to put on your make-up: *No he tenido tiempo de ~me.* I haven't had time to put on my make-up.

máquina *nf* **1** machine: *~ de coser* sewing machine **2** (*tren*) engine **LOC** **escribir/pasar a máquina** to type ◆ **máquina de escribir** typewriter ◆ **máquina (de fotos)** camera ◆ **máquina tragaperras** fruit machine, slot machine (*USA*)

maquinaria *nf* machinery

maquinilla *nf* **LOC** **maquinilla (de afeitar) 1** razor: *~ desechable* disposable razor **2** (*eléctrica*) electric razor

maquinista *nmf* train driver

mar *nm o nf* sea: *El ~ estaba revuelto.* The sea was rough. ◇ *Este verano quiero ir al ~.* I want to go to the seaside this summer.

M

🔍 En inglés, las palabras **sea** y **ocean** se escriben con mayúscula cuando aparecen con el nombre de un mar: *el mar Negro* the Black Sea ◊ *el océano Índico* the Indian Ocean.

LOC **hacerse a la mar** to put out to sea ◆ **mar adentro** out to sea ◆ **por mar** by sea Ver tb ALTO, CABALLO, ERIZO, ESTRELLA, ORILLA

maratón nm o nf marathon

maravilla nf wonder **LOC** **hacer maravillas** to work wonders: *Este jarabe hace ~s.* This cough mixture works wonders. ◆ **¡qué maravilla!** how wonderful!

maravilloso, -a adj wonderful

marca nf **1** (*señal*) mark **2** (*productos de limpieza, alimentos, ropa*) brand: *una ~ de vaqueros* a brand of jeans **3** (*coches, electrodomésticos*) make: *¿Qué ~ de coche tienes?* What make of car have you got? **4** (*récord*) record: *batir/establecer una ~* to beat/set a record **LOC** **de marca** *productos de ~* brand name goods ◊ *ropa de ~* designer clothes ◆ **marca blanca** own-brand (products): *un champú de ~ blanca* an own-brand shampoo ◊ *la venta de ~(s) blanca(s)* the sale of own-brand products ◆ **marca registrada** (registered) trademark Ver tb NACIMIENTO

marcado, -a adj (*fuerte*) strong: *hablar con ~ acento andaluz* to speak with a strong Andalusian accent Ver tb MARCAR

marcador nm (*Dep*) scoreboard **LOC** Ver IGUALAR

marcapáginas nm bookmark

marcar vt **1** to mark: *~ el suelo con tiza* to mark the ground with chalk **2** (*indicar*) to say: *El reloj marcaba las cinco.* The clock said five o'clock. **3** (*ganado*) to brand **4** (*pelo*) to set
▸ vt, vi **1** (*Dep*) to score: *Marcaron (tres goles) en el primer tiempo.* They scored (three goals) in the first half. **2** (*teléfono*) to dial: *Has marcado mal.* You've dialled the wrong number. **LOC** **marcar el compás/ritmo** to beat time/the rhythm ◆ **marcar la diferencia** to make the difference: *Lo que marca la diferencia es…* What makes the difference is… ◊ *Nuestros precios marcan la diferencia.* Our prices are what make us different.

marcha nf **1** (*Mil, Mús, manifestación*) march **2** (*bicicleta, coche*) gear: *cambiar de ~* to change gear **3** (*velocidad*) speed: *reducir la ~* to reduce speed **4** (*animación, ambiente*): *¡Qué ~ tenía el tío!* That guy was all go! ◊ *una fiesta con mucha ~* a very lively party ◊ *la ~ nocturna de Ibiza* the nightlife in Ibiza **LOC** **a marchas forzadas** against the clock ◆ **a toda marcha** at top speed

◆ **dar marcha atrás** to reverse ◆ **ir/salir de marcha** to go out partying ◆ **poner en marcha 1** (*máquina*) to turn sth on **2** (*coche*) to start **3** (*plan, proyecto*) to launch ◆ **sobre la marcha** as I, you, etc. go (along): *Lo decidiremos sobre la ~.* We'll decide as we go along. Ver tb EMPRENDER, PUESTA

marchar vi **1** to go: *¿Cómo marchan las cosas?* How are things going? **2** (*funcionar*) to work
▸ **marchar(se)** vi, vp to leave: *~se de casa* to leave home ◊ *¿Os marcháis ya?* Are you leaving already? **LOC** Ver RUEDA

marchito, -a adj (*flor*) withered

marchoso, -a adj **1** (*música, ambiente*) lively **2** (*persona*): *Es una tía muy marchosa.* She's a real party animal.

marcial adj martial **LOC** Ver ARTE

marciano, -a adj, nm-nf Martian

marco nm frame

marea nf tide: *~ alta/baja* high/low tide ◊ *Ha subido/bajado la ~.* The tide has come in/gone out. **LOC** **marea negra** oil slick Ver tb VIENTO

mareado, -a adj **1** (*con náuseas*) sick: *Estoy un poco ~.* I'm feeling rather sick. **2** (*de la cabeza*) dizzy **3** (*confuso*) confused Ver tb MAREAR

marear vt **1** (*con náuseas*) to make sb feel sick: *Ese olor me marea.* That smell makes me feel sick. **2** (*de la cabeza*) to make sb feel dizzy **3** (*confundir*): *La están mareando con esa música.* Their music is getting on her nerves. ◊ *¡No me marees!* Don't go on at me!
▸ **marearse** vp **1** to get sick: *Me mareo en el asiento de atrás.* I get sick if I sit in the back seat. **2** (*en el mar*) to get seasick **3** (*perder el equilibrio*) to feel dizzy

maremoto nm tidal wave

mareo nm dizziness [*incontable*]: *sufrir/tener ~s* to feel dizzy **LOC** Ver PASTILLA

marfil nm ivory

margarina nf margarine

margarita nf daisy [*pl* daisies]

margen nf (*orilla*) bank
▸ nm **1** margin: *el ~ de la página* the margin of the page ◊ *~ de beneficio/error* profit margin, margin of error **2** (*espacio*) room (*for sth*): *~ de duda* room for doubt **LOC** **dejar a algn al margen** to leave sb out (*of sth*): *Le dejan al ~ de todo.* They leave him out of everything.

marginado, -a adj **1** (*excluido*) left out: *sentirse ~* to feel left out **2** (*pobre*) underprivileged: *los sectores ~s de la sociedad* underprivileged groups **3** (*zona*) deprived
▸ nm-nf **1** (*por discriminación*) underprivileged person: *los ~s* the underprivileged **2** (*por elección*) dropout Ver tb MARGINAR

marginar *vt* to shun

maría *nf* (*asignatura fácil*) easy subject **LOC** *Ver* BAÑO

marica *nm* gay

marido *nm* husband

marihuana *nf* marijuana

marimandón, -ona *adj, nm-nf* bossy: *ser un ~* to be bossy

marina *nf* navy [*v sing o pl*]: *la Marina Mercante* the Merchant Navy **LOC** *Ver* INFANTERÍA

marinero, -a *nm-nf* sailor

marino, -a *adj* **1** marine: *vida marina* marine life **2** (*aves, sal, flora*) sea: *algas marinas* seaweed ▸ *nm* sailor **LOC** *Ver* AZUL

marioneta *nf* **1** puppet **2 marionetas** puppet show [*v sing*]

mariposa *nf* **1** (*insecto*) butterfly [*pl* butterflies] **2** (*Natación*) butterfly: *nadar a ~* to do the butterfly

mariquita *nf* ladybird, ladybug (*USA*)

marisco *nm* shellfish [*pl* shellfish]

🔎 Cuando se habla del alimento, también se dice **seafood** [*incontable*]: *paella de marisco* seafood paella.

marisma *nf* marsh

marítimo, -a *adj* **1** (*pueblo, zona*) coastal **2** (*puerto*) sea: *puerto ~* sea port **LOC** *Ver* PASEO

marketing *nm* marketing

mármol *nm* marble

marqués, -esa *nm-nf* **1** (*masc*) marquis **2** (*fem*) marchioness

marranada *nf* **LOC** ser una marranada **1** (*sucio*) to be filthy: *La calle quedó hecha una ~.* The street was filthy. **2** (*asqueroso*) to be disgusting: *Lo que estás haciendo con la comida es una ~.* What you're doing with your food is disgusting.

marrano, -a *adj* filthy ▸ *nm-nf* pig ➲ *Ver nota en* CERDO

marrón *adj, nm* brown ➲ *Ver ejemplos en* AMARILLO

marroquí *adj, nmf* Moroccan

Marruecos *nm* Morocco

Marte *nm* Mars

martes *nm* Tuesday (*abrev* Tue./Tues.) ➲ *Ver ejemplos en* LUNES **LOC** martes de Carnaval Shrove Tuesday

🔎 El martes de Carnaval también se llama **Pancake Day** porque es típico comer crepes con zumo de limón y azúcar.

♦ **martes y trece** Friday the thirteenth ❶ En Gran Bretaña es el viernes 13 lo que da mala suerte, no el martes.

martillo *nm* hammer

mártir *nmf* martyr

marzo *nm* March (*abrev* Mar.) ➲ *Ver ejemplos en* ENERO

más *adv*

● **uso comparativo** more (*than sb/sth*): *Es ~ alta/inteligente que yo.* She's taller/more intelligent than me. ◇ *Tú has viajado ~ que yo.* You have travelled more than me/than I have. ◇ *~ de cuatro semanas* more than four weeks ◇ *Me gusta ~ que el tuyo.* I like it better than yours. ◇ *durar/trabajar ~* to last longer/work harder ◇ *Son ~ de las dos.* It's gone two.

🔎 En comparaciones como "más blanco que la nieve", "más sordo que una tapia", etc. el inglés utiliza la construcción **as… as**: 'as white as snow', 'as deaf as a post', etc.

● **uso superlativo** most (*in/of…*): *la tienda que ~ libros ha vendido* the shop that has sold most books ◇ *el edificio ~ antiguo de la ciudad* the oldest building in the town ◇ *el ~ simpático de todos* the nicest one of all

🔎 Cuando el superlativo se refiere solo a dos cosas o personas, se utiliza la forma **more** o **-er**. Compárense las frases siguientes: *¿Cuál es la cama más cómoda (de las dos)?* Which bed is more comfortable? ◇ *¿Cuál es la cama más cómoda de la casa?* Which is the most comfortable bed in the house?

● **con pronombres negativos, interrogativos e indefinidos** else: *Si tienes algo ~ que decirme…* If you've got anything else to tell me… ◇ *¿Alguien ~?* Anyone else? ◇ *nada/nadie ~* nothing/no one else ◇ *¿Qué ~ puedo hacer por vosotros?* What else can I do for you?

● **otras construcciones 1** (*exclamaciones*): *¡Qué paisaje ~ hermoso!* What lovely scenery! ◇ *¡Es ~ aburrido!* He's so boring! **2** (*negaciones*) only: *No sabemos ~ que lo que ha dicho la radio.* We only know what it said on the radio. ◇ *Esto no lo sabe nadie ~ que tú.* Only you know this. ▸ *nm* (*signo aritmético*) plus: *Dos ~ dos, cuatro.* Two plus two is four. **LOC** a más no poder *Gritamos a ~ no poder.* We shouted as loud as we could. ♦ de lo más… really: *una cara de lo ~ antipática* a really nasty face ♦ de más **1** (*que sobra*) too much, too many: *Hay dos sillas de ~.* There are two chairs too many. ◇ *Pagaste 20 dólares de ~.* You paid 20 dollars too much.

2 (de sobra) spare: *No te preocupes, yo tengo un bolígrafo de ~.* Don't worry. I've got a spare pen. ◆ **más bien** rather: *Es ~ bien feo, pero muy simpático.* He's rather ugly, but very nice. ◆ **más que nada** particularly ◆ **por más que** however much: *Por ~ que grites…* However much you shout… ◆ **¿qué más da?** what difference does it make? ◆ **sin más ni más** just like that ❶ Para otras expresiones con **más**, véanse las entradas del adjetivo, adverbio, etc., p. ej. **más que nunca** en NUNCA.

masa *nf* **1** mass: *~ atómica* atomic mass ◇ *una ~ de gente* a mass of people **2** (pan) dough **LOC** **de masas** mass: *cultura/movimientos de ~s* mass culture/movements *Ver tb* MANO

masacre *nf* massacre

masaje *nm* massage: *¿Me das un ~ en la espalda?* Can you massage my back for me?

mascar *vt, vi* to chew

máscara *nf* mask **LOC** **máscara antigás/de oxígeno** gas/oxygen mask

mascarilla *nf* **1** (de protección) mask **2** (cosmética) face mask

mascota *nf* **1** (de la suerte) mascot **2** (animal doméstico) pet

masculino, -a *adj* **1** male: *la población masculina* the male population **2** (Dep, moda) men's: *la prueba masculina de los 100 metros* the men's 100 metres **3** (característico del hombre, Gram) masculine ➔ *Ver nota en* MALE

masificación *nf* (exceso de personas) overcrowding [incontable]: *Es una playa sin masificaciones.* The beach never gets too crowded.

masivo, -a *adj* **1** (enorme) huge, massive (más formal): *una afluencia masiva de turistas* a huge influx of tourists **2** (general) mass: *una protesta masiva* a mass protest

masoquismo *nm* masochism

masoquista *nmf* masochist

máster *nm* master's (degree): *un ~ de economía* a master's in economics

masticar *vt, vi* to chew: *Hay que ~ bien la comida.* You should chew your food thoroughly.

mástil *nm* **1** (barco) mast **2** (bandera) flagpole

masturbarse *vp* to masturbate

mata *nf* bush

matadero *nm* abattoir

matanza *nf* slaughter

matar *vt* to kill: *¡Te voy a ~!* I'm going to kill you! ◇ *~ el tiempo* to kill time **LOC** **llevarse a matar** to get on really badly *with sb* ◆ **matar a disgustos** to make *sb's* life a misery ◆ **matar a tiros/de un tiro** to shoot *sb* dead ◆ **matar dos pájaros de un tiro** to kill two birds with one stone ◆ **matar el hambre** *Compramos fruta para ~ el hambre.* We bought some fruit to keep us going. ◆ **matarse a estudiar/trabajar** to work like mad

matasellos *nm* postmark

mate *adj* (sin brillo) matt
▸ *nm* **1** (Ajedrez) mate **2** (Baloncesto) dunk **LOC** *Ver* JAQUE

matemáticas *nf* mathematics [incontable], maths [incontable] (coloq): *Se le dan bien las ~.* He's good at maths. ❶ En Estados Unidos el término coloquial es **math**.

matemático, -a *adj* mathematical
▸ *nm-nf* mathematician

materia *nf* **1** matter: *~ orgánica* organic matter **2** (asignatura, tema) subject: *cinco ~s obligatorias y dos optativas* five compulsory and two optional subjects ◇ *ser un experto en la ~* to be an expert on the subject **LOC** **materia prima** raw material *Ver tb* ÍNDICE

material *adj* material
▸ *nm* **1** (materia, datos) material: *un ~ resistente al fuego* fire-resistant material ◇ *Tengo todo el ~ que necesito para el artículo.* I've got all the material I need for the article. **2** (equipo) equipment [incontable]: *~ deportivo/de laboratorio* sports/laboratory equipment **LOC** **material de oficina** office stationery ◆ **material didáctico/educativo** teaching materials

materialista *adj* materialistic
▸ *nmf* materialist

maternal *adj* motherly, maternal (más formal)

maternidad *nf* **1** (condición) motherhood, maternity (más formal) **2** (a) (clínica) maternity hospital (b) (sala) maternity ward **LOC** *Ver* BAJA

materno, -a *adj* **1** (maternal) motherly: *amor ~* motherly love **2** (parentesco) maternal: *abuelo ~* maternal grandfather **LOC** *Ver* LENGUA, LÍNEA

matinal *adj* morning: *un vuelo ~* a morning flight

matiz *nm* **1** (color) shade **2** (rasgo) nuance: *matices de significado* nuances of meaning ◇ *un ~ irónico* a touch of irony

matizar *vt* **1** (puntualizar) to clarify: *Me gustaría ~ lo que he dicho.* I'd like to clarify what I said. **2** (color) to blend

matón *nm* **1** (en el colegio) bully [pl bullies] **2** (contratado) thug

matorral *nm* scrub [incontable]: *Estábamos escondidos en unos ~es.* We were hidden in the scrub.

matrícula *nf* **1** (inscripción) registration: *Se ha abierto la ~.* Registration has begun. **2** (vehículo) (a) (número) registration number, license number (USA): *Apunté la ~.* I wrote down the registration number. (**b**) (*placa*) number plate, license plate (*USA*)

matricular(se) *vt, vp* to enrol (*sb*) (*in/on sth*): *Todavía no me he matriculado.* I still haven't enrolled.

matrimonial *adj* LOC *Ver* CONSEJERO

matrimonio *nm* **1** (*institución*) marriage: *~ entre parejas del mismo sexo* same-sex marriage **2** (*ceremonia*) wedding ⊃ *Ver nota en* BODA **3** (*pareja*) (married) couple LOC *Ver* CAMA, CONTRAER, PROPOSICIÓN

matriz *nf* **1** (*Anat*) womb **2** (*Mat*) matrix [*pl* matrices]

matrona *nmf* midwife [*pl* midwives]

matutino, -a *adj* morning: *la sesión matutina* the morning session

maullar *vi* to miaow

maullido *nm* miaow

máxima *nf* (*temperatura*) maximum temperature: *Sevilla dio la ~ con 35°C.* Seville had the hottest temperature with 35°C.

máximo, -a *adj* maximum: *Tenemos un plazo ~ de diez días para pagar.* We've got a maximum of ten days in which to pay. ◊ *el ~ goleador de la liga* the top scorer in the league
▸ *nm* maximum: *un ~ de diez personas* a maximum of ten people LOC *al máximo Debemos aprovechar los recursos al ~.* We must make maximum use of our resources. ◊ *Me esforcé al ~.* I tried my best. ◆ *como máximo* at most ◆ *máximo dirigente* leader *Ver tb* ALTURA

mayo *nm* May ⊃ *Ver ejemplos en* ENERO

mayonesa *nf* mayonnaise

mayor *adj*
● *uso comparativo* **1** (*tamaño*) bigger (*than sth*): *Londres es ~ que Madrid.* London is bigger than Madrid. ◊ *~ de lo que parece* bigger than it looks **2** (*edad*) older (*than sb*): *Soy ~ que mi hermano.* I'm older than my brother. ⊃ *Ver nota en* ELDER
● *uso superlativo ~ (de)* **1** (*tamaño*) biggest (*in…*): *la ~ reserva ecológica del país* the biggest nature reserve in the country **2** (*edad*) oldest (*in…*): *Es el alumno ~ de la clase.* He's the oldest student in the class. ⊃ *Ver nota en* ELDER
● *otros usos* **1** (*adulto*) grown-up: *Sus hijos son ya ~es.* Their children are grown-up now. **2** (*anciano*) old **3** (*principal*) (**a**) main: *la plaza ~* the main square (**b**) (*calle*) high: *la calle ~* the high street **4** (*Mús*) major: *en do ~* in C major
▸ *nmf* **1** *~ (de)* oldest (one) (*in/of…*): *El ~ tiene quince años.* The oldest (one) is fifteen. ◊ *el ~ de la clase* the oldest in the class ◊ *la ~ de las tres hermanas* the oldest of the three sisters ⊃ *Ver nota en* ELDER **2** *mayores* (**a**) (*adultos*) grown-ups: *Los ~es no llegarán hasta las ocho.*

The grown-ups won't get here till eight. (**b**) (*ancianos*) the elderly [*pl*]: *talleres para ~es* workshops for the elderly LOC *al por mayor* wholesale ◆ *de mayor/cuando sea, seas, etc.* **mayor** when I, you, etc. grow up: *Cuando sea ~/De ~ quiero ser médico.* I want to be a doctor when I grow up. ◆ *hacerse mayor* to grow up ◆ *la mayor parte (de)* most (of *sb/sth*): *La ~ parte son católicos.* Most of them are Catholics. ◆ *ser mayor de edad Cuando sea ~ de edad podré votar.* I'll be able to vote when I'm 18. ◊ *Puede sacarse el carné de conducir porque es ~ de edad.* He can get his driving licence because he is over 18. *Ver tb* CAZA, COLEGIO, PERSONA, PLANA

mayordomo *nm* butler

mayoría *nf* majority [*pl* majorities]: *obtener la ~ absoluta* to get an absolute majority LOC *la mayoría de…* most (of)…: *La ~ de los ingleses prefiere vivir en el campo.* Most English people prefer to live in the country. ◊ *La ~ de mis amigos viven en Madrid.* Most of my friends live in Madrid. ◊ *La ~ de ellos son mujeres.* Most of them are women. ⊃ *Ver notas en* MAJORITY, MOST; *Ver tb* INMENSO

mayoritario, -a *adj* majority: *un gobierno ~* a majority government

mayúscula *nf* capital letter LOC *con mayúscula* with a capital letter ◆ *en mayúsculas* in capitals

mazapán *nm* marzipan

me *pron* **1** (*complemento*) me: *¿No me viste?* Didn't you see me? ◊ *Dámelo.* Give it to me. ◊ *¡Cómpramelo!* Buy it for me. **2** (*reflexivo*) myself: *Me vi en el espejo.* I saw myself in the mirror. ◊ *Me vestí enseguida.* I got dressed straightaway. **3** (*partes del cuerpo, efectos personales*): *Me voy a lavar las manos.* I'm going to wash my hands.

mear *vi* to pee

mecánica *nf* mechanics [*incontable*]

mecánico, -a *adj* mechanical
▸ *nm-nf* (*profesión*) mechanic LOC *Ver* ESCALERA

mecanismo *nm* mechanism: *el ~ de un reloj* a watch mechanism

mecanografía *nf* typing

mecanógrafo, -a *nm-nf* typist

mecedora *nf* rocking chair

mecer(se) *vt, vp* **1** (*en columpio*) to swing **2** (*en barca, cuna, mecedora*) to rock

mecha *nf* **1** (*vela*) wick **2** (*bomba*) fuse **3** *mechas* (*pelo*) highlights LOC *a toda mecha* at full speed

mechero *nm* lighter

mechón *nm* lock

medalla nf medal: ~ de oro gold medal **LOC** Ver
ENTREGA

media nf **1 medias** (prenda) tights, pantyhose
[incontable] (USA) ➲ Ver nota en PAIR **2** (promedio)
average **3** (Mat) mean **4** (hora): Son las tres y ~.
It's half past three. ➲ Ver nota en HALF; Ver tb
MEDIO

mediado, -a adj **LOC** a mediados de... in the
middle of... ◆ hacia mediados de... around the
middle of...

mediador, -ora nm-nf mediator

mediano, -a adj **1** (intermedio) medium: de tamaño ~ medium-sized ◊ Uso la talla mediana.
I'm medium. **2** (promedio) average: de mediana
estatura/inteligencia of average height/intel-
ligence **LOC** de mediana edad middle-aged

medianoche nf midnight: Llegaron a ~. They
arrived at midnight.

mediante prep by means of sth

mediar vi to mediate

mediático, -a adj media: un fenómeno ~ a
media phenomenon ◊ Tuvo un gran impacto
~. It had a big impact in the media.

medicamento nm medicine: recetar un ~ to
prescribe a medicine

medicina nf (ciencia, medicamento) medicine

médico, -a adj medical: un reconocimiento ~ a
medical examination
▸nm-nf doctor: ir al ~ to go to the doctor's

🔎 Recuerda que en inglés al indicar la profesión de alguien se utiliza el artículo indefinido a/an: Es médico/profesor/ingeniero.
He's a doctor/a teacher/an engineer.

LOC médico de cabecera/familia GP Ver tb FICHA,
HISTORIAL, TURISMO

medida nf **1** (dimensión) measurement: ¿Qué ~s
tiene esta habitación? What are the measurements of this room? ◊ El sastre le tomó ~s. The
tailor took his measurements. **2** (unidad) measure: pesos y ~s weights and measures **LOC** a
medida que as ◆ (hecho) a medida (made) to
measure ◆ tomar medidas (actuar) to take steps
to do sth, to take measures to do sth (más formal):
Tomaré ~s para que esto no vuelva a ocurrir. I
shall take steps to avoid this happening again.
◊ El gobierno deberá tomar ~s estrictas para
evitar el fraude. The government must take
strict measures to stop fraud. ◊ Habrá que tomar ~s al respecto. Something must be done
about it. Ver tb POSIBLE

medieval adj medieval

medio nm **1** (centro) middle: una plaza con un
quiosco en el ~ a square with a news-stand in

the middle **2** (entorno) environment **3** (Mat) half
[pl halves]: Dos ~s suman un entero. Two halves
make a whole. **4** (procedimiento, recurso, vehículo)
means [pl means]: No tienen ~s para comprar
una casa. They don't have the means to buy a
house. ◊ ~ de transporte means of transport
LOC en medio de in the middle of sth ◆ estar/
ponerse en medio to be/get in the way: No puedo pasar, siempre estás en ~. I can't get by —
you keep getting in the way. ◆ medio (de comu-
nicación/difusión) medium [pl media]: un ~ tan
poderoso como la televisión a medium as
powerful as TV ◊ los ~s de comunicación the
media ◆ por medio de **1** (a través de) through sb/
sth: Lo supe por ~ de su padre. I found out
through his father. **2** (mediante) by (means of):
Sacaron la mercancía del barco por ~ de una
grúa. The ship was unloaded by crane. Ver tb
RESPETUOSO, SOCIAL

medio, -a adj **1** (la mitad de) half a, half an: media
botella de vino half a bottle of wine ◊ media
hora half an hour **2** (promedio, normal) average:
temperatura/velocidad media average tem-
perature/speed ◊ un chico de inteligencia media a boy of average intelligence
▸adv half: Cuando llegó estábamos ~ dormidos.
We were half asleep when he arrived. **LOC** a
media asta at half mast ◆ a media mañana/tarde
in the middle of the morning/afternoon

🔎 'In the middle of the morning' suele hacer referencia a las diez u once de la mañana. Si quieres referirte a una hora alrededor
de las doce del mediodía, es mejor utilizar
midday: Siempre me tomo algo a media mañana. I always have something to eat
around midday. 'In the middle of the afternoon' suele hacer referencia a las tres de la
tarde. Si quieres referirte a las cinco o seis
de la tarde, es mejor decir 'between five and
six (o'clock)': Calculo que llegaremos a media tarde. I think we'll arrive between five
and six.

◆ a medias **1** (no del todo): Hace las cosas a medias. He only half does things. ◊ —¿Estás contento? —A medias. 'Are you happy?' 'Kind of.'
2 (entre dos): En los gastos de la casa vamos a
medias. We share the household expenses
(between us). ◊ Lo pagamos/compramos a
medias. We paid for it/bought it between us. ◆
a medio camino halfway: A ~ camino paramos a
descansar. We stopped to rest halfway. ◆ media
punta (Fútbol): Juega de media ~. He plays just
behind the strikers. ◆ medias tintas half measures: No me gustan las medias tintas. I don't
like half measures. ◆ medio campo (Fútbol) midfield: un jugador de ~ campo a midfield player

◆ **medio mundo** lots of people: *Vino ~ mundo a la fiesta.* Lots of people came to the party. ◆ **y medio** and a half: *kilo y ~ de tomates* one and a half kilos of tomatoes ◇ *Tardamos dos horas y media.* It took us two and a half hours. *Ver tb* CLASE, EDAD, JORNADA, ORIENTE, PENSIÓN, TÉRMINO, VUELTA

medioambiental *adj* environmental

medioambiente *nm* (*tb* **medio ambiente**) environment **LOC** *Ver* RESPETUOSO

mediocre *adj* second-rate: *una película/un actor ~* a second-rate film/actor
▸ *nmf* nobody [*pl* nobodies]: *Es un ~.* He's a nobody.

mediodía *nm* midday: *la comida del ~* the midday meal ◇ *Llegaron al ~.* They arrived at midday.

medir *vt* to measure: *~ la cocina* to measure the kitchen
▸ *vi* ¿*Cuánto mides?* How tall are you? ◇ *La mesa mide 1,50 m de largo por 1 m de ancho.* The table is 1.50 m long by 1 m wide.

meditación *nf* meditation

meditar *vt, vi ~* (**sobre**) to think (about *sth*): *Meditó su respuesta.* He thought about his answer.

mediterráneo, -a *adj, nm* Mediterranean

médula (*tb* **medula**) *nf* marrow: *~ ósea* bone marrow **LOC** **médula espinal** spinal cord

medusa *nf* jellyfish [*pl* jellyfish]

megáfono *nm* megaphone

mejilla *nf* cheek

mejillón *nm* mussel

mejor *adj, adv* (*uso comparativo*) better (*than sb/sth*): *Tienen un piso ~ que el nuestro.* Their flat is better than ours. ◇ *Me siento mucho ~.* I feel much better. ◇ *cuanto antes ~* the sooner the better ◇ *Cantas ~ que yo.* You're a better singer than me.
▸ *adj, adv, nmf* (**de**) (*uso superlativo*) best (in/of...): *mi ~ amigo* my best friend ◇ *el ~ equipo de la liga* the best team in the league ◇ *Es la ~ de la clase.* She's the best in the class. ◇ *el ~ de todos* the best of all ◇ *el que ~ canta* the one who sings best **LOC** **a lo mejor** maybe ◆ **hacer algo lo mejor posible** to do your best: *Preséntate al examen y hazlo lo ~ posible.* Take the exam and do your best. ◆ **mejor dicho** I mean: *cinco, ~ dicho, seis* five, I mean six *Ver tb* CADA, CASO

mejorar *vt* **1** to improve: *~ las condiciones de trabajo* to improve working conditions **2** (*enfermo*) to make *sb* feel better: *A ver si esto te mejora un poco.* See if this makes you feel a bit better.
▸ *vi* to improve, to get better (*más coloq*): *Si las cosas no mejoran...* If things don't improve...

▸ **mejorarse** *vp* (*salud, tiempo*) to get better: *¡Que te mejores!* Get well soon!

mejoría *nf* improvement (*on/in sb/sth*): *una ~ respecto al año pasado* an improvement on last year ◇ *la ~ de su estado de salud* the improvement in his health

melancólico, -a *adj* sad

melena *nf* (*pelo largo*) hair: *llevar ~ suelta* to wear your hair down

mellizo, -a *adj, nm-nf* twin

melocotón *nm* peach

melocotonero *nm* peach tree

melodía *nf* **1** tune **2** (*de móvil*) ringtone

melón *nm* melon

membrillo *nm* **1** (*fruto*) quince **2** (*dulce*) quince jelly

meme *nm* (*Internet*) meme

memorable *adj* memorable

memoria *nf* **1** memory: *Tienes buena ~.* You've got a good memory. ◇ *perder la ~* to lose your memory **2 memorias** (*autobiografía*) memoirs **LOC** **de memoria** by heart: *saberse algo de ~* to know sth by heart ◆ **hacer memoria** to try to remember *Ver tb* ESTUDIAR, LÁPIZ, TARJETA

memorizar *vt* to memorize

menaje *nm* **LOC** **menaje de cocina** kitchenware

mención *nf* mention

mencionar *vt* to mention **LOC** **sin mencionar** not to mention

mendigar *vt, vi* to beg (for *sth*): *~ comida* to beg for food

mendigo, -a *nm-nf* beggar

menear *vt* **1** (*cola*) to wag **2** (*sacudir*) to shake **3** (*cabeza*) (**a**) (*para decir que sí*) to nod (**b**) (*para decir que no*) to shake

menestra *nf* vegetable stew

menguante *adj* (*luna*) waning **LOC** *Ver* CUARTO

meningitis *nf* meningitis [*incontable*]

menopausia *nf* menopause

menor *adj*
● **uso comparativo 1** (*tamaño*) smaller (*than sth*): *Mi jardín es ~ que el tuyo.* My garden is smaller than yours. **2** (*edad*) younger (*than sb*): *Eres ~ que ella.* You're younger than her.
● **uso superlativo ~** (**de**) **1** (*tamaño*) smallest (in...): *la caja de ~ tamaño* the smallest box **2** (*edad*) youngest (in...): *el alumno ~ de la clase* the youngest student in the class ◇ *el hermano ~ de María* María's youngest brother
● **música** minor: *una sinfonía en mi ~* a symphony in E minor
▸ *nmf* **1 ~** (**de**) youngest (one) (in/of...): *La ~ tiene cinco años.* The youngest (one) is five. ◇ *el*

~ de la clase the youngest in the class ◊ *el ~ de los tres hermanos* the youngest of the three brothers **2** (*menor de edad*) minor: *No se sirve alcohol a ~es.* Alcohol will not be served to minors. **LOC** **al por menor** retail ◆ **menor de 18, etc. años** *Prohibida la entrada a los ~es de 18 años.* No entry for under-18s. ◆ **menor de edad** minor: *No puedes votar porque eres ~ de edad.* You can't vote because you're still under age. *Ver tb* ABUSO, CAZA, CENTRO, PAÑO

menos *adv*

● **uso comparativo** less (*than sb/sth*): *A mí sírveme ~.* Give me less. ◊ *Tardé ~ de lo que pensaba.* It took me less time than I thought it would.

> 🖋 Con sustantivos contables es más correcta la forma **fewer**, aunque mucha gente utiliza **less**: *Había menos coches/gente que ayer.* There were fewer cars/people than yesterday. ➲ *Ver nota en* LESS

● **uso superlativo** least (*in/of…*): *el restaurante ~ caro de los tres* the least expensive restaurant of the three ◊ *la ~ habladora de la familia* the least talkative member of the family ◊ *el alumno que ~ trabaja* the student who works least

> 🖋 Con sustantivos contables es más correcta la forma **fewest**, aunque mucha gente utiliza **least**: *la clase con menos alumnos* the class with fewest students. ➲ *Ver nota en* LESS

▸ *prep* **1** (*excepto*) except: *Fueron todos ~ yo.* Everyone went except me. **2** (*hora*) to: *Son las doce ~ cinco.* It's five to twelve. **3** (*Mat, temperatura*) minus: *Cinco ~ tres, dos.* Five minus three is two. ◊ *Estamos a ~ diez grados.* It's minus ten.

▸ *nm* (*signo matemático*) minus (sign) **LOC** **al menos** at least ◆ **a menos que** unless: *a ~ que deje de llover* unless it stops raining ◆ **de menos** too little, too few: *Me dieron diez céntimos de ~.* They gave me ten cents too little. ◆ **tres tenedores de ~** three forks too few ◆ **echar de menos** to miss *sb/sth/doing sth*: *Echaremos de ~ el ir al cine todos juntos.* We'll miss going to the cinema together. ◆ **lo menos** the least: *¡Es lo ~ que puedo hacer!* It's the least I can do! ◊ *lo ~ posible* as little as possible ◆ **más o menos 1** more or less **2** (*con números*) about: *50 euros más o ~* about 50 euros ◆ **¡menos mal!** thank goodness! ◆ **por lo menos** at least

menospreciar *vt* **1** (*subestimar*) to underestimate **2** (*despreciar*) to despise

mensaje *nm* message **LOC** **mensaje de texto** text message ➲ *Ver nota en* TEXTSPEAK

mensajear *vt* to message: *Se pasa la vida mensajeando a sus amigos.* She spends all her time messaging her friends.

mensajería *nf* **1** (*Internet, móviles*) messaging **2** (*de paquetes, etc.*): *empresa/servicio de ~* courier firm/service **LOC** **mensajería instantánea/de texto** instant messaging/text-messaging

mensajero, -a *nm-nf* **1** messenger **2** (*trabajo*) courier: *Se compró una moto y empezó a trabajar de ~.* He bought a motorbike and started working as a courier.

menstruación *nf* menstruation

mensual *adj* monthly: *una cuota ~* a monthly fee **LOC** *Ver* PUBLICACIÓN

mensualidad *nf* (*plazo*) monthly payment

menta *nf* mint

mental *adj* mental **LOC** *Ver* CACAO

mentalidad *nf* mentality [*pl* mentalities] **LOC** **tener una mentalidad abierta/estrecha** to be open-minded/narrow-minded

mentalizar *vt* (*concienciar*) to make *sb* aware (*of sth*): *~ a la población de la necesidad de cuidar el medioambiente* to make people aware of the need to look after the environment
  ▸ **mentalizarse** *vp* (*aceptar*) to come to terms *with sth*: *Tienes que ~te de que tienes que trabajar.* You must come to terms with the fact that you've got to work.

mente *nf* mind **LOC** **tener algo en mente** to have sth in mind: *¿Tienes algo en ~?* Do you have anything in mind?

mentir *vi* to lie: *¡No me mientas!* Don't lie to me! ➲ *Ver nota en* LIE¹

mentira *nf* lie: *contar/decir ~s* to tell lies ◊ *¡Eso es ~!* That's a lie! **LOC** **una mentira piadosa** a white lie *Ver tb* PARECER, SARTA, VERDAD

mentiroso, -a *adj* deceitful: *Es muy ~.* He's such a liar.
  ▸ *nm-nf* liar

menú *nm* menu: *No estaba en el ~.* It wasn't on the menu. ◊ *un ~ desplegable* a drop-down menu **LOC** **menú del día** set menu

menudo, -a *adj* **1** (*pequeño*) small **2** (*en exclamaciones*): *¡Menuda suerte tienes!* You're so lucky! ◊ *¡Menuda gracia me hace tener que cocinar!* It's not much fun having to cook! **LOC** **a menudo** often

meñique *nm* (*de la mano*) little finger

mercadillo *nm* street market **LOC** **mercadillo benéfico** fundraising bazaar

mercado *nm* market: *Lo compré en el ~.* I bought it at the market. ◊ *el ~ laboral* the labour market

mercadotecnia *nf* marketing

mercancía nf goods [pl]: *La ~ estaba defectuosa.* The goods were damaged. LOC **tren/vagón de mercancías** freight train/wagon

mercería nf (sección) haberdashery

mercromina® nf Mercurochrome®

mercurio nm **1** (Quím) mercury **2 Mercurio** (planeta) Mercury

merecer(se) vt, vp to deserve: *(Te) mereces un castigo.* You deserve to be punished. ◊ *El equipo mereció perder.* The team deserved to lose. LOC *Ver* PENA

merecido, -a adj well deserved: *una victoria bien merecida* a well-deserved victory ➔ *Ver nota en* WELL BEHAVED LOC **lo tienes bien merecido** it serves you right *Ver tb* MERECER(SE)

merendar vt to have sth for tea: *¿Qué queréis ~?* What do you want for tea?
▸ vi **1** to have tea: *Merendamos a las seis.* We have tea at six o'clock. **2** (al aire libre) to have a picnic

merendero nm picnic area

merengue nm (Cocina) meringue

meridiano nm meridian

merienda nf **1** tea: *Termínate la ~.* Eat up your tea. ➔ *Ver nota en* DINNER **2** (al aire libre) picnic: *Fueron de ~ al campo.* They went for a picnic in the country. LOC **merienda-cena** early dinner

mérito nm merit LOC **tener mérito** to be praiseworthy

merluza nf hake [pl hake]

mermelada nf **1** jam: *~ de melocotón* peach jam **2** (de cítricos) marmalade

mero, -a adj mere: *Fue una mera casualidad.* It was mere coincidence.
▸ nm (pescado) grouper [pl grouper]

mes nm month: *Dentro de un ~ empiezan las vacaciones.* The holidays start in a month. ◊ *el ~ pasado/que viene* last/next month ◊ *a primeros de ~* at the beginning of the month LOC **al mes 1** (cada mes) a month: *¿Cuánto gastas al ~?* How much do you spend a month? **2** (transcurrido un mes) within a month: *Al ~ de empezar enfermó.* Within a month of starting he fell ill. ♦ **estar de dos, etc. meses** to be two, etc. months pregnant ♦ **por meses** monthly: *Nos pagan por ~s.* We're paid monthly. ♦ **un mes sí y otro no** every other month *Ver tb* CURSO, PRIMERO, ÚLTIMO

mesa nf **1** table: *No pongas los pies en la ~.* Don't put your feet on the table. ◊ *¿Nos sentamos a la ~?* Shall we sit at the table? **2** (de despacho, pupitre) desk LOC **mesa redonda** (lit y fig) round table ♦ **poner la mesa** to lay/set the table ♦ **quitar/recoger la mesa** to clear the table *Ver tb* BENDECIR, JUEGO, TENIS

meseta nf plateau [pl plateaux/plateaus]

mesilla (tb **mesita**) nf LOC **mesilla (de noche)** bedside table

mesón nm inn

mestizo, -a adj, nm-nf (person) of mixed race

meta nf **1** (objetivo) goal: *alcanzar una ~* to achieve a goal **2** (Atletismo) finishing line: *el primero en cruzar la ~* the first across the finishing line LOC *Ver* LÍNEA, PROPIO

metáfora nf metaphor

metal nm metal

metálico, -a adj **1** metal: *una barra metálica* a metal bar **2** (color, sonido) metallic LOC **en metálico** cash: *un premio en ~* a cash prize *Ver tb* PAGAR, TELA

metalizado, -a adj (color) metallic: *color gris ~* metallic grey

metedura nf LOC **metedura de pata** blunder: *¡Menuda ~ de pata!* I really put my foot in it!

meteorito nm meteor

meteorología nf meteorology, weather (más coloq)

meteorológico, -a adj weather, meteorological (más formal): *parte ~* weather forecast

meter vt **1** to put: *Mete el coche en el garaje.* Put the car in the garage. ◊ *¿Dónde habré metido las llaves?* Where did I put my keys? ◊ *Metí el dinero en mi cuenta.* I put the money into my account. **2** (gol, canasta) to score
▸ **meterse** vp **1** (introducirse) to get into sth: *~se en la cama/ducha* to get into bed/the shower ◊ *Se me ha metido una piedra en el zapato.* I've got a stone in my shoe. **2** (involucrarse, interesarse) to get involved (in sth): *~se en política* to get involved in politics **3** (en los asuntos de otro) to interfere (in sth): *Se meten en todo.* They interfere in everything. **4 meterse con** (criticar) to pick on sb LOC Para expresiones con **meter**, véanse las entradas del sustantivo, adjetivo, etc., p. ej. **meter la pata** en PATA.

método nm method

metomentodo nmf busybody [pl busybodies]

metralleta nf sub-machine gun

métrico, -a adj metric: *el sistema ~* the metric system LOC *Ver* CINTA

metro nm **1** (medida) metre (abrev m): *los 200 ~s braza* the 200 metres breaststroke ◊ *Se vende por ~s.* It's sold by the metre. **2** (cinta para medir) tape measure **3** (tren subterráneo) underground, subway (USA): *Podemos ir en ~.* We can go there on the underground.

🔎 El metro de Londres se llama también **the tube**: *Cogimos el último metro.* We caught the last tube.

LOC *Ver* ALTURA, PROFUNDIDAD

metrosexual *adj, nm* metrosexual
mexicano, -a *adj, nm-nf* Mexican
México *nm* Mexico
mezcla *nf* **1** mixture: *una ~ de aceite y vinagre* a mixture of oil and vinegar **2** (*café, té, alcohol, etc.*) blend **3** (*racial, social, musical*) mix
mezclar *vt* **1** to mix: *Hay que ~ bien los ingredientes.* Mix the ingredients well. **2** (*desordenar*) to get *sth* mixed up: *No mezcles las fotos.* Don't get the photos mixed up.
▶ **mezclarse** *vp* **1** (*alternar*) to mix *with sb*: *No quiere ~se con la gente del pueblo.* He doesn't want to mix with people from the village. **2** (*meterse*) to get mixed up *in sth*: *No quiero ~me en asuntos de familia.* I don't want to get mixed up in family matters.
mezquita *nf* mosque
mi¹ *adj* my: *mis amigos* my friends
mi² *nm* (*Mús*) E: *mi mayor* E major
mí *pron* me: *¿Es para mí?* Is it for me? ◇ *No me gusta hablar de mí misma.* I don't like talking about myself.
miau *nm* miaow ➔ *Ver nota en* GATO
michelín *nm* spare tyre
microbio *nm* microbe, germ (*más coloq*)
microblog *nm* microblog
microfinanciación *nm* (*colectiva por internet*) crowdfunding
micrófono *nm* microphone, mike (*coloq*)
microondas *nm* microwave
microorganismo *nm* microorganism
microscopio *nm* microscope
miedica *nmf* scaredy-cat
miedo *nm* fear (*of sb/sth/doing sth*): *el ~ a volar/al fracaso* fear of flying/of failure
LOC **coger miedo** to become scared *of sb/sth/doing sth* ◆ **dar miedo** to frighten, to scare (*más coloq*): *Sus amenazas no me dan ningún ~.* His threats don't frighten me. ◆ **meterle miedo a algn** to frighten *sb* ◆ **pasar miedo** to be frightened, to be scared (*más coloq*): *Pasé un ~ espantoso.* I was terribly frightened. ◆ **por miedo a/de** for fear of *sb/sth/doing sth*: *No lo hice por ~ a que me riñeran.* I didn't do it for fear of being told off. ◆ **¡qué miedo!** how scary! ◆ **tener miedo** to be afraid (*of sb/sth*), to be scared (*of sb/sth*) (*más coloq*): *Tiene mucho ~ a los perros.* He's very scared of dogs. ◇ *¿Tenías ~ de suspender?* Were you afraid you'd fail? *Ver tb* MORIR(SE), MUERTO, PELÍCULA
miel *nf* honey **LOC** *Ver* LUNA
miembro *nm* **1** (*persona*) member: *hacerse ~* to become a member **2** (*Anat*) limb

mientras *adv* in the meantime
▶ *conj* **1** (*simultaneidad*) while: *Canta ~ pinta.* He sings while he paints. **2** (*tanto tiempo como, siempre que*) as long as: *Aguanta ~ te sea posible.* Put up with it as long as you can. **LOC** **mientras que** while ◆ **mientras tanto** in the meantime
miércoles *nm* Wednesday (*abrev* Wed.) ➔ *Ver ejemplos en* LUNES **LOC** **Miércoles de Ceniza** Ash Wednesday
miga *nf* crumb: *~s de galleta* biscuit crumbs **LOC** **hacer buenas migas** to get on well (*with sb*)
migración *nf* migration
migraña *nf* migraine
mijo *nm* millet
mil *nm, adj, pron* **1** (*cifra*) (a) thousand: *~ personas* a thousand people ◇ *un billete de cinco ~ pesos* a five-thousand peso note

🔎 **Mil** puede traducirse también por **one thousand** cuando va seguido de otro número: *mil trescientos sesenta* one thousand three hundred and sixty, o para dar énfasis: *Te dije mil, no dos mil.* I said one thousand, not two. De 1100 a 1900 es muy frecuente usar las formas **eleven hundred**, **twelve hundred** etc: *una carrera de mil quinientos metros* a fifteen hundred metre race.

2 (*años*): *en 1600* in sixteen hundred ◇ *1713* seventeen thirteen ◇ *el año 2012* the year two thousand and twelve ➔ *Ver pág 802* **LOC** **a/por miles** in their thousands ◆ **miles de...** thousands of...: *~es de moscas* thousands of flies ◆ **mil millones** (a) billion: *Ha costado tres ~ millones.* It cost three billion. ➔ *Ver nota en* MILLION; *Ver tb* CIEN, DEMONIO
milagro *nm* miracle
milénico, -a *nm-nf* millennial
milenio *nm* millennium [*pl* millennia/millenniums]
milésimo, -a *adj, pron, nm-nf* thousandth: *una milésima de segundo* a thousandth of a second
mileurista *nmf* qualified professional in a low-paid job
▶ *adj* *un trabajo ~* a job paying under a thousand euros a month
mili *nf* military service
miligramo *nm* milligram (*abrev* mg)
mililitro *nm* millilitre (*abrev* ml)
milímetro *nm* millimetre (*abrev* mm)
militante *nmf* (*en un partido político*) member (of a political party)
militar *adj* military: *uniforme ~* military uniform

▸ nmf soldier: *Mi padre era ~.* My father was in the army. `LOC` *Ver* SERVICIO

milla *nf* mile

millar *nm* thousand [*pl* thousand]: *dos ~es de personas* two thousand people `LOC` **millares de…** thousands of…: *~es de estrellas* thousands of stars

millón *nm* million [*pl* million]: *dos millones trescientas quince* two million three hundred and fifteen ◊ *Tengo un ~ de cosas que hacer.* I've got a million things to do. ⊃ *Ver pág 802* `LOC` **millones de…** millions of…: *millones de partículas* millions of particles *Ver tb* MIL

millonario, -a *nm-nf* millionaire

mimar *vt* to spoil

mimbre *nm* wicker: *un cesto de ~* a wicker basket

mímica *nf* (*gestos*) sign language: *Nos hicimos entender con ~.* We made ourselves understood with sign language. `LOC` **hacer mímica** to mime

mimo *nm* **1** (*cariño*) loving care [*incontable*]: *Los niños necesitan ~s.* Children need plenty of loving care. **2** (*excesiva tolerancia*): *No le des tantos ~s.* Don't spoil him.
▸ *nmf* mime artist `LOC` **hacer mimos a algn** to make a fuss of sb

mina *nf* **1** (*yacimiento*) mine: *una ~ de carbón* a coal mine **2** (*lápiz*) lead `LOC` *Ver* CAMPO

mineral *nm* mineral `LOC` *Ver* AGUA

minero, -a *adj* mining: *varias empresas mineras* several mining companies
▸ *nm-nf* miner `LOC` *Ver* CUENCA

miniatura *nf* miniature

minicadena *nf* mini (hi-fi) system

minifalda *nf* miniskirt

minigolf *nm* crazy golf

mínima *nf* minimum temperature: *La ~ se registró en Burgos.* The lowest temperature was recorded in Burgos.

minimizar *vt* **1** (*reducir*) to minimize: *~ los costes* to minimize costs **2** (*infravalorar*) to play *sth* down: *Intenta ~ la importancia de los problemas que tiene.* He tries to play down the problems he has.

mínimo, -a *adj* **1** (*menor*) minimum: *la tarifa mínima* the minimum charge **2** (*insignificante*) minimal: *La diferencia entre ellos era mínima.* The difference between them was minimal.
▸ *nm* minimum: *reducir al ~ la contaminación* to reduce pollution to a minimum `LOC` **como mínimo** at least *Ver tb* SALARIO

mini-portátil *nm* (*Informát*) netbook

ministerio *nm* (*Pol, Relig*) ministry [*pl* ministries]

🔎 El nombre oficial de la mayoría de los ministerios en Gran Bretaña es **Department**, p. ej. **Department of Health, Department for Education,** etc.

`LOC` **Ministerio de Asuntos Exteriores** Ministry of Foreign Affairs ❶ El equivalente en Gran Bretaña se llama the **Foreign and Commonwealth Office.** ◆ **Ministerio de Economía y Hacienda** Ministry of Finance ❶ En Gran Bretaña se llama **the Treasury.** ◆ **Ministerio del Interior** Ministry of the Interior ❶ En Gran Bretaña se llama **the Home Office.**

ministro, -a *nm-nf* minister: *el ministro español de Defensa* the Spanish Defence Minister

🔎 En Gran Bretaña la persona a cargo de un ministerio se llama **Secretary of State** o simplemente **Secretary**: *el ministro de Sanidad* the Secretary of State for Health/ Health Secretary.

`LOC` **ministro de Asuntos Exteriores** Foreign Minister ❶ El equivalente en Gran Bretaña se llama the **Foreign Secretary.** ◆ **ministro de Economía y Hacienda** Finance Minister ❶ En Gran Bretaña se llama **the Chancellor of the Exchequer.** ◆ **ministro del Interior** Interior Minister ❶ En Gran Bretaña se llama **the Home Secretary.** *Ver tb* CONSEJO, PRIMERO

minoría *nf* minority [*v sing o pl*] [*pl* minorities] `LOC` **ser minoría** to be in the minority

minoritario, -a *adj* minority: *un gobierno ~* a minority government

minúscula *nf* small letter `LOC` **con minúscula** with a small letter ◆ **en minúsculas** in small letters

minúsculo, -a *adj* **1** (*diminuto*) tiny **2** (*letra*) small: *una "m" minúscula* a small 'm'

minusválido, -a *adj* disabled
▸ *nm-nf* disabled person: *los ~s* the disabled ⊃ *Ver nota en* DISCAPACITADO

minutero *nm* minute hand

minuto *nm* minute: *Espere un ~.* Just a minute.

mío, -a *adj, pron* mine: *Estos libros son ~s.* These books are mine. ❶ *Un amigo mío* se traduce por 'a friend of mine', ya que significa "uno de mis amigos".

miope *adj* short-sighted, nearsighted (*USA*)

miopía *nf* short-sightedness, nearsightedness (*USA*)

mirada *nf* look: *tener una ~ inexpresiva* to have a blank look (on your face) `LOC` **echar una mirada** to have a look *at sth*: *Solo me dio tiempo a* *echar una ~ rápida al periódico.* I only had time for a quick look at the newspaper. *Ver tb* DESVIAR

mirador *nm* viewpoint

mirar *vt* **1** to look at *sb/sth*: *~ el reloj* to look at the clock **2** (*observar*) to watch: *Estaban mirando cómo jugaban los niños.* They were watching the children play.
▸ *vi* to look: *~ hacia arriba/abajo* to look up/down ◇ *~ por una ventana/un agujero* to look out of a window/through a hole

🔎 En inglés existen varias maneras de decir *mirar*. Las formas más frecuentes son **look at** y, en el sentido de "observar", **watch**. Todos los demás verbos tienen algún matiz que los distingue. A continuación tienes una lista de algunos de ellos:
gaze= mirar fijamente durante mucho tiempo
glance= echar un vistazo
glare= mirar airadamente
peek= mirar rápida y furtivamente
peep= mirar rápidamente, esp desde un lugar escondido
peer= mirar de una manera prolongada y a veces con esfuerzo
stare= mirar fijamente durante mucho tiempo con interés o sorpresa
Así, por ejemplo, se puede decir: *Don't glare at me!* ◇ *They all stared at her in her orange trousers.* ◇ *He was gazing up at the stars.* ◇ *She glanced at the newspaper.*

LOC ¡**mira que…**! *¡Mira que casarse con ese sinvergüenza!* Fancy marrying that good-for-nothing! ◇ *¡Mira que eres despistado!* You're so absent-minded! ◆ **se mire como/por donde se mire** whichever way you look at it ❶ Para otras expresiones con **mirar**, véanse las entradas del sustantivo, adjetivo, etc., p. ej. **mirar por encima del hombro** en HOMBRO.

mirlo *nm* blackbird

mirón, -ona *nm-nf* **1** (*espectador*) onlooker: *Después del accidente la calle se llenó de mirones.* After the accident the street filled up with onlookers. **2** (*voyeur*): *No puedo soportar a los mirones en la playa.* I can't stand those guys who eye people up on the beach.

misa *nf* mass **LOC** **misa del gallo** midnight mass

miserable *adj* **1** (*sórdido, escaso*) miserable: *un cuarto/sueldo ~* a miserable room/wage **2** (*persona, vida*) wretched
▸ *nmf* **1** (*malvado*) wretch **2** (*tacaño*) miser

miseria *nf* **1** (*pobreza*) poverty **2** (*cantidad pequeña*) a pittance, peanuts (*coloq*): *Les pagan una ~.* They get paid peanuts.

misil *nm* missile

misión *nf* mission

misionero, -a *nm-nf* missionary [*pl* missionaries]

mismo, -a *adj* **1** (*idéntico*) same: *al ~ tiempo* at the same time ◇ *Vivo en la misma casa que él.* I live in the same house as him. **2** (*uso enfático*): *Yo ~ lo vi.* I saw it myself. ◇ *estar en paz contigo ~* to be at peace with yourself ◇ *la princesa misma* the princess herself
▸ *pron* same one: *Es la misma que vino ayer.* She's the same one who came yesterday.
▸ *adv* *delante ~ de mi casa* right in front of my house ◇ *Te prometo hacerlo hoy ~.* I promise you I'll get it done today. **LOC** **aquí/ahí/allí mismo** right here/there ◆ **lo mismo** the same: *Póngame lo ~ de siempre.* I'll have the same as usual. ◆ **me da lo mismo** I, you, etc. don't mind: *– ¿Café o té? – Me da lo ~.* 'Coffee or tea?' 'I don't mind.' *Ver tb* AHORA, COJEAR, CONFIANZA, VESTIR

misterio *nm* mystery [*pl* mysteries] **LOC** **no tener (ningún) misterio** to be easy: *Es muy fácil. ¡No tiene (ningún) ~!* It's really easy!

misterioso, -a *adj* mysterious

mitad *nf* half [*pl* halves]: *en la primera ~ del partido* in the first half of the match ◇ *Llénalo hasta la ~.* Fill it half up. **LOC** **a la mitad** *reducir algo a la ~* to cut sth by half ◇ *La botella estaba a la ~.* The bottle was half empty. ◆ **a mitad de…** halfway through…: *a ~ de la reunión* halfway through the meeting ◆ **a mitad de camino** halfway: *Haremos una parada a ~ de camino.* We'll stop halfway. ◆ **a mitad de precio** half-price: *Lo compré a ~ de precio.* I bought it half-price. ◆ **la mitad de…** half (of): *La ~ de la población sobrevive con menos de dos euros diarios.* Half (of) the population survive on less than two euros a day. ◇ *La ~ de ellos tiene más de 50 años de edad.* Half of them are over 50. ◆ **por la mitad** *cortar/partir algo por la ~* to cut sth in half ◇ *Se me ha roto el mapa por la ~.* The map has torn down the middle. ◇ *Voy por la ~.* I'm halfway through it.

mitin *nm* rally [*pl* rallies]: *dar un ~* to hold a rally

mito *nm* **1** (*leyenda*) myth **2** (*persona famosa*) legend: *Es un ~ del fútbol español.* He's a Spanish football legend.

mitología *nf* mythology

mixto, -a *adj* (*colegio, instituto*) co-educational **LOC** *Ver* ENSALADA

mobbing *nm* (psychological) harassment in the workplace

mobiliario nm furniture

mocasín nm moccasin

mochila nf rucksack LOC **mochila (escolar)** school bag ➲ Ver dibujo en BAG

mochilero, -a nm-nf backpacker

moco nm **mocos** LOC **tener mocos** to have a runny nose Ver tb LLORAR

mocoso, -a adj, nm-nf (pequeñajo) kid: No es más que una mocosa. She's just a kid.

moda nf fashion: seguir la ~ to follow fashion LOC **(estar/ponerse) de moda** (to be/become) fashionable: un bar de ~ a fashionable bar ◆ **pasarse de moda** to go out of fashion Ver tb PASADO

modales nm manners: tener buenos ~ to have good manners

modelar vt, vi **1** (barro, plastilina, etc.) to model **2** (escultor) to sculpt

modelo nm **1** model: un ~ a escala a scale model ◇ un estudiante ~ a model student **2** (ropa) style: Tenemos varios ~s de chaqueta. We've got several styles of jacket.
▸ nmf model: Es ~ de pasarela. She's a fashion model. LOC Ver DESFILE

módem nm modem

moderado, -a adj moderate Ver tb MODERAR

moderador, -ora nm-nf moderator

moderar vt **1** (velocidad) to reduce **2** (lenguaje, impulsos) to mind: Modera tu lenguaje. Mind your language. **3** (debate) to chair

modernización nf modernization

modernizar(se) vt, vp to modernize

moderno, -a adj modern

modestia nf modesty

modesto, -a adj modest

modificar vt **1** (cambiar) to change **2** (Gram) to modify

modista nf (costurera) dressmaker

modisto, -a nm-nf (diseñador) designer

modo nm **1** ~ (de) (manera) way (of doing sth): un ~ especial de reír a special way of laughing ◇ Lo hace del mismo ~ que yo. He does it the same way as me. **2 modos** (modales) manners: malos ~s bad manners LOC **a mi modo** my, your, etc. way: Dejadles que lo hagan a su ~. Let them do it their way. ◆ **con/de malos modos** rudely: Me lo pidió de malos ~s. He asked for it so rudely. ◆ **de modo que** (por tanto) so: Has estudiado poco, de ~ que no puedes aprobar. You haven't studied much, so you won't pass. ◆ **de todos modos** anyway Ver tb CUALQUIERA, NINGUNO

módulo nm **1** module: El curso consta de diez ~s independientes. The course consists of ten separate modules. **2** (muebles) unit

moflete nm chubby cheek

mogollón nm loads (of sth) [pl]: un ~ de dinero loads of money ◇ Se aprende (un) ~. You learn an awful lot.
▸ adv Me divertí ~ en la fiesta. I had a great time at the party.

moho nm mould LOC **criar/tener moho** to go/be mouldy

mojado, -a adj wet Ver tb MOJAR

mojar vt **1** to get sb/sth wet: No mojes el suelo. Don't get the floor wet. **2** (en café, sopa) to dip: ~ el pan en la sopa to dip your bread in the soup
▸ **mojarse** vp to get wet: ~se los pies to get your feet wet ◇ ¿Te has mojado? Did you get wet?

molar vi **1** (gustar) to like sb/sth: Lo que más me mola es… What I like most is… ◇ Esa chavala me mola cantidad. I really fancy that girl. ◇ No me mola el rap. I'm not really into rap. **2** (estar de moda) to be cool: ¡Esto mola mazo/mogollón! This is really cool!

molde nm **1** (Cocina) baking tin, baking pan (USA) **2** (de yeso) cast: un ~ de yeso a plaster cast LOC Ver PAN

moldeado nm (peluquería) soft perm: Quisiera hacerme un ~. I'd like a soft perm.

moldear vt **1** (barro, plástico, carácter) to mould **2** (metal) to cast

molécula nf molecule

moler vt **1** (café, trigo) to grind **2** (cansar) to wear sb out LOC **moler a palos** to give sb a beating

molestar vt **1** (importunar) to bother: Siento ~te a estas horas. I'm sorry to bother you so late. **2** (interrumpir) to disturb: No quiere que la molesten mientras trabaja. She doesn't want to be disturbed while she's working. **3** (ofender) to upset
▸ vi to be a nuisance: No quiero ~. I don't want to be a nuisance.
▸ **molestarse** vp **molestarse (en)** (tomarse trabajo) to bother (to do sth): Ni se molestó en contestar a mi carta. He didn't even bother to reply to my letter. LOC **no molestar** do not disturb ◆ **¿te molesta que…?** do you mind if…?: ¿Te molesta que abra la ventana? Do you mind if I open the window?

molestia nf **1** (dolor) discomfort [incontable] **2 molestias** inconvenience [incontable]: causar ~s a algn to cause sb inconvenience ◇ Disculpen las ~s. We apologize for any inconvenience. LOC **si no es molestia** if it's no bother ◆ **tomarse la molestia de** to take the trouble to do sth

molesto, -a adj **1** (que fastidia) annoying **2** (disgustado) annoyed (with sb): Está ~ conmigo por lo

del coche. He's annoyed with me about the car.
⊃ *Ver nota en* BORING

molido, -a *adj* (*exhausto*) worn out `LOC` *Ver* CAFÉ;
Ver tb MOLER

molino *nm* mill `LOC` **molino de agua/viento**
watermill/windmill

momento *nm* **1** (*instante*) moment: *Espera un
~.* Hold on a moment. **2** (*período*) time [*incontable*]: *en estos ~s de crisis* at this time of crisis
`LOC` **al momento** immediately ♦ **del momento** *el
mejor jugador del ~* the best player at the
moment ◊ *el cine español del ~* present-day
Spanish cinema ♦ **de momento** at/for the
moment: *De ~ tengo bastante trabajo.* I've got
enough work for the moment. ♦ **por el
momento** for the time being *Ver tb* NINGUNO

momia *nf* mummy [*pl* mummies]

mona *nf* `LOC` **coger(se) una mona** to get drunk

monaguillo, -a *nm-nf* **1** (*masc*) altar boy **2** (*fem*)
altar girl

monarca *nmf* monarch

monarquía *nf* monarchy [*pl* monarchies]

monasterio *nm* monastery [*pl* monasteries]

monda (*tb* mondadura) *nf* **1** (*frutas*) peel [*incontable*] **2** (*hortalizas*) peeling: *~s de patata* potato
peelings `LOC` **ser la monda** (*ser divertido*) to be a
scream

mondar *vt* to peel `LOC` *Ver* RISA

moneda *nf* **1** (*pieza*) coin: *¿Tienes una ~ de 50
céntimos?* Have you got a 50 cent coin? **2** (*unidad monetaria*) currency [*pl* currencies]: *la ~ japonesa* the Japanese currency

monedero *nm* purse, change purse (*USA*)

monetario, -a *adj* `LOC` *Ver* UNIDAD

monigote *nm* **1** (*muñeco de papel*) paper doll
2 (*dibujo mal hecho*) daub **3** (*don nadie*) nobody [*pl*
nobodies]: *No es más que un ~.* He's a nobody.

monitor, -ora *nm-nf* instructor: *un ~ de gimnasia* a gym instructor
▸ *nm* (*pantalla*) monitor ⊃ *Ver dibujo en* ORDENADOR

monje, -a *nm-nf* **1** (*masc*) monk **2** (*fem*) nun
`LOC` *Ver* COLEGIO

mono, -a *adj* pretty: *Va siempre muy mona.*
She always looks very pretty. ◊ *¡Qué niño más
~!* What a pretty baby!
▸ *nm-nf* (*animal*) monkey [*pl* monkeys]
▸ *nm* (*traje*) overalls [*pl*], coveralls [*pl*] (*USA*):
Llevaba un ~ azul. He was wearing blue overalls. `LOC` **estar con/tener el mono** to be suffering
from withdrawal symptoms *Ver tb* ÚLTIMO

monólogo *nm* monologue

monopatín *nm* skateboard `LOC` **monopatín
eléctrico** hoverboard

monopolio *nm* monopoly [*pl* monopolies]

monótono, -a *adj* monotonous

monovolumen *nm* people carrier, minivan
(*USA*)

monóxido *nm* monoxide `LOC` **monóxido de carbono** carbon monoxide

monstruo *nm* **1** monster: *un ~ de tres ojos* a
three-eyed monster **2** (*genio*) genius [*pl* geniuses]: *un ~ del deporte* a sporting genius

montado, -a *adj* ▸ **en un caballo/una motocicleta** riding a horse/motorbike
▸ *nm* (*bocadillo pequeño*) small sandwich: *un ~ de
jamón* a small ham sandwich *Ver tb* MONTAR

montaje *nm* **1** (*máquina*) assembly: *una cadena
de ~* an assembly line **2** (*engaño*) set-up: *Seguro
que todo es un ~.* I bet it's all a set-up.

montaña *nf* **1** mountain: *en lo alto de una ~* at
the top of a mountain **2** (*tipo de paisaje*) mountains [*pl*]: *Prefiero la ~ a la playa.* I prefer the
mountains to the seaside. `LOC` **montaña rusa**
roller coaster *Ver tb* BICICLETA, CICLISMO

montañero, -a *nm-nf* mountaineer

montañismo *nm* mountaineering

montañoso, -a *adj* mountainous `LOC` *Ver*
SISTEMA

montar *vt* **1** (*establecer*) to set *sth* up: *~ un negocio*
to set up a business **2** (*máquina, mueble, juguete*) to
assemble **3** (*tienda de campaña*) to put *sth* up
4 (*nata*) to whip
▸ *vi* to ride: *~ en bici* to ride a bike ◊ *botas/traje
de ~* riding boots/clothes
▸ **montar(se)** *vi, vp* to get on (*sth*): *Montaron dos
pasajeros.* Two passengers got on. `LOC` **montar
a caballo** to ride: *Me gusta ~ a caballo.* I like
riding. ♦ **montárselo bien** to have (got) it made:
¡Qué bien se lo montan! They've really got it
made! ♦ **montar una bronca/un escándalo/un
número** to make a scene ♦ **montar un cirio/jaleo/
lío** to make a racket *Ver tb* SILLA

monte *nm* **1** mountain, hill

🔎 Si se refiere a un monte muy alto o a una
montaña, se dice **mountain**, pero un monte
de menor altura se llama **hill**.

2 (*con nombre propio*) Mount: *el ~ Everest* Mount
Everest

Montenegro *nm* Montenegro

montón *nm* **1** (*pila*) pile: *un ~ de arena/libros* a
pile of sand/books **2** (*muchos*) lots (*of sth*): *un
~ de problemas* lots of problems ◊ *Tienes montones de amigos.* You've got lots of friends.
3 (*mucho*): *Me gusta un ~.* I really love it.
`LOC` **del montón** ordinary: *una chica del ~* an
ordinary girl

montura nf **1** (gafas) frame **2** (silla de montar) saddle

monumental adj **1** (con monumentos) historical: el conjunto ~ de la ciudad the historical monuments of the city **2** (descomunal) massive: un esfuerzo ~ a massive effort

monumento nm monument

moño nm bun: Siempre va con ~. She always wears her hair in a bun. **LOC** Ver HORQUILLA

moqueta nf carpet

mora nf **1** (de zarza) blackberry [pl blackberries] **2** (de morera) mulberry [pl mulberries]

morado, -a adj, nm purple つ Ver ejemplos en AMARILLO **LOC** **ponerse morado (de)** to stuff yourself (with sth)

moral adj moral
▸ nf **1** (principios) morality **2** (ánimo) morale: La ~ está baja. Morale is low. **LOC** Ver BAJO

moraleja nf moral

moratón (tb **morado**) nm bruise

morcilla nf black pudding

mordaza nf gag: ponerle una ~ a algn to gag sb

mordedura nf bite

morder(se) vt, vi, vp to bite: El perro me mordió en la pierna. The dog bit my leg. ◊ Mordí la manzana. I bit into the apple. ◊ ~se las uñas to bite your nails **LOC** **estar que muerde** No le preguntes; está que muerde. Don't ask him; he'll bite your head off. ◆ **morder el anzuelo** to swallow the bait

mordisco nm bite **LOC** **dar/pegar un mordisco** to bite

mordisquear vt to nibble

moreno, -a adj **1** (pelo, piel) dark: Mi hermana es mucho más morena que yo. My sister's much darker than me. **2** (bronceado, azúcar, pan) brown: ponerse ~ to go brown

morfina nf morphine

moribundo, -a adj dying

morir(se) vi, vp to die: ~ de un infarto/en un accidente to die of a heart attack/in an accident **LOC** **morirse de aburrimiento** to be bored stiff ◆ **morirse de frío/hambre** to be freezing/starving ◆ **morirse de miedo** to be scared stiff ◆ **morirse de sed** to be dying of thirst ◆ **morirse por (hacer) algo** to be dying for sth/to do sth Ver tb MOSCA, RISA

moro, -a adj (Hist) Moorish
▸ nm-nf (Hist) Moor

morriña nf homesickness: tener ~ to feel homesick

morro nm **1** (animal) snout **2** (avión, coche) nose **LOC** **por el morro** for free: Entramos en la discoteca por el ~. We got into the club for free. ◆ **¡qué/vaya morro!** what a cheek! Ver tb BEBER(SE)

morrón adj **LOC** Ver PIMIENTO

mortadela nf mortadella, bologna (USA)

mortal adj **1** (no inmortal, pecado) mortal: Los seres humanos son ~es. Human beings are mortal. **2** (enfermedad, accidente) fatal **3** (veneno, enemigo) deadly **4** (aburrimiento, ruido, trabajo) dreadful: La película es de una lentitud ~. The film is dreadfully slow.
▸ nmf (ser humano) mortal **LOC** Ver RESTO

mortalidad nf mortality

mortero nm mortar

mortuorio, -a adj **LOC** Ver ESQUELA

moruno, -a adj **LOC** Ver PINCHO

mosaico nm mosaic

mosca nf fly [pl flies] **LOC** **caer/morir como moscas** to drop like flies ◆ **estar con la mosca detrás de la oreja** to smell a rat ◆ **por si las moscas** just in case ◆ **¿qué mosca te ha picado?** what's eating you?

mosquear vt **1** (molestar) to annoy: La broma le mosqueó bastante. He was quite annoyed by the joke. **2** (hacer sospechar) to make sb suspicious: ¿No te mosquea que no haya dicho nada? Doesn't it make you suspicious that she hasn't said anything?
▸ **mosquearse** vp **1** (enfadarse) to get annoyed: ~se por una tontería to get annoyed about something silly **2** (sospechar) to get suspicious

mosqueo nm **1** (enfado): ¡Menudo ~ se pilló! He got really annoyed! **2** (sospecha): ¡Qué ~ tengo con tanta llamada telefónica! I'm very suspicious of all these phone calls.

mosquito nm mosquito [pl mosquitoes]

mostaza nf mustard

mosto nm grape juice: Dos ~s, por favor. Two glasses of grape juice, please.

mostrador nm **1** (tienda, aeropuerto) counter **2** (bar) bar

mostrar vt to show: Mostraron mucho interés por ella. They showed great interest in her.
▸ **mostrarse** vp (parecer) to seem: Se mostraba algo pesimista. He seemed rather pessimistic. **LOC** Ver COMPRENSIÓN

mota nf speck

mote nm nickname: Me pusieron de ~ "la Flaca". They nicknamed me 'Skinny'.

motín nm mutiny [pl mutinies]

motivación nf motivation: falta de ~ lack of motivation

motivar vt **1** (causar) to cause **2** (incentivar) to motivate

motivo nm reason (for sth/doing sth): el ~ de nuestro viaje the reason for our trip ◊ por ~s de salud for health reasons ◊ Se enfadó conmi-

go sin ~ alguno. He got angry with me for no reason.

moto *(tb* **motocicleta)** *nf* motorbike: *ir en ~* to ride a motorbike `LOC` **moto acuática/de agua** Jet Ski® *[pl* Jet Skis] ◆ **moto todoterreno** trail bike

motociclismo *nm* motorcycling

motocross *nm* motocross

motor, -ora *adj* motive: *fuerza motora* motive force
▸ *nm* **1** *(vehículo)* engine **2** *(electrodomésticos)* motor ➔ *Ver nota en* ENGINE `LOC` **motor de búsqueda** *(Internet)* search engine *Ver tb* VUELO

motora *nf* motorboat

motorista *(tb* **motociclista)** *nmf* motorcyclist

movedizo, -a *adj* `LOC` *Ver* ARENA

mover(se) *vt, vi, vp* to move: *~ una pieza del ajedrez* to move a chess piece ◇ *Te toca ~.* It's your move. ◇ *Muévete un poco para que me siente.* Move up a bit so I can sit down.

movida *nf (marcha)* nightlife: *Esta es la zona de la ~.* This is the area where all the nightlife is. ◇ *la ~ madrileña* the Madrid scene

movido, -a *adj* **1** *(ajetreado)* busy: *Hemos tenido un mes muy ~.* We've had a very busy month. **2** *(foto)* blurred *Ver tb* MOVER(SE)

móvil *adj* mobile
▸ *nm* **1** *(teléfono)* mobile (phone), cell phone (USA): *Te estoy hablando desde el ~.* I'm on my mobile. ◇ *mi número de ~* my mobile number **2** *(decoración)* mobile `LOC` **móvil de contrato** contract mobile (phone) ◆ **móvil de prepago/tarjeta** pay-as-you-go mobile (phone) ◆ **móvil libre** unlocked mobile (phone)

movilización *nf (protestas)* protests *[pl]: la ~ contra la guerra* anti-war protests

movimiento *nm* **1** *(cambio de posición, político, cultural)* movement: *un leve ~ de la mano* a slight movement of the hand ◇ *el ~ obrero/romántico* the labour/Romantic movement **2** *(marcha)* motion: *El coche estaba en ~.* The car was in motion. ◇ *poner algo en ~* to set sth in motion **3** *(actividad)* activity: *Hoy hay mucho ~ en el colegio.* There's a lot happening at school today.

MP3 *nm* MP3

mu *nm (mugido)* moo `LOC` **no decir ni mu** not to say a word

muchacho, -a *nm-nf* **1** *(masc)* boy, lad *(coloq)* **2** *(fem)* girl **3 muchachos** *(sin distinción de sexo)* youngsters

muchedumbre *nf* crowd *[v sing o pl]*

mucho, -a *adj*
● **en oraciones afirmativas** a lot of *sth: Tengo ~ trabajo.* I've got a lot of work. ◇ *Había ~s coches.* There were a lot of cars.
● **en oraciones negativas e interrogativas 1 +** sustantivo incontable much, a lot of *sth (más coloq): No tiene mucha suerte.* He doesn't have much luck. ◇ *¿Tomas ~ café?* Do you drink a lot of coffee? **2 +** sustantivo contable many, a lot of *sth (más coloq): No había ~s ingleses.* There weren't many English people.
● **otras construcciones** *¿Tienes mucha hambre?* Are you very hungry? ◇ *hace ~ tiempo* a long time ago
▸ *pron* **1** *(en oraciones afirmativas)* a lot: *~s de mis amigos* a lot of my friends **2** *(en oraciones negativas e interrogativas)* much *[pl* many]: *Si no es ~ pedir…* If it's not too much to ask… ◇ *¿Allí hay muchos?* Are there many there? ➔ *Ver nota en* MANY
▸ *adv* **1** a lot: *Se parece ~ a su padre.* He's a lot like his father. ◇ *Tu amigo viene ~ por aquí.* Your friend comes round here a lot. ◇ *Me gustan ~ tus zapatos nuevos.* I like your new shoes a lot. ◇ *trabajar ~* to work hard

🔎 Fíjate en la frase siguiente: *Quiere mucho a sus padres.* She loves her parents very much/a lot. **A lot** y **very much** se colocan al final de la frase, aunque *mucho* en español vaya entre el verbo y el objeto directo.

2 *(con formas comparativas)* much: *Eres ~ mayor que ella.* You're much older than her. ◇ *~ más interesante* much more interesting **3** *(mucho tiempo)* a long time: *Llegaron ~ antes que nosotros.* They got there a long time before us. ◇ *hace ~* a long time ago ◇ *~ después* a lot later **4** *(en respuestas)* very: *– ¿Estás cansado? – No ~.* 'Are you tired?' 'Not very.' ◇ *– ¿Te gustó? – Mucho.* 'Did you like it?' 'Very much.' `LOC` **como mucho** at most ◆ **ni mucho menos** far from it ◆ **por mucho que…** however much…: *Por ~ que insistas…* However much you insist…

mudanza *nf* move `LOC` **estar de mudanza** to be moving (house) *Ver tb* CAMIÓN

mudar(se) *vt, vi, vp* **mudar(se) (de)** *(cambiar)* to change: *Hay que ~ al bebé.* The baby needs changing. ◇ *~se de camisa* to change your shirt
▸ *vp* **mudarse (de)** *(trasladarse)* to move: *~se de casa* to move house

mudo, -a *adj, nm-nf* dumb ❶ En un contexto más formal se prefiere la expresión **people who are speech-impaired**. `LOC` *Ver* PELÍCULA

mueble *nm* **1** *(en singular)* piece of furniture: *un ~ muy elegante* a very stylish piece of furniture

2 muebles (*conjunto*) furniture [*incontable*]: *Los ~s estaban cubiertos de polvo.* The furniture was covered in dust.

mueca *nf* LOC **hacer muecas** to make/pull faces (*at sb*)

muela *nf* (back) tooth [*pl* (back) teeth]: *sacarse una ~* to have a tooth out LOC **muela del juicio** wisdom tooth [*pl* wisdom teeth] *Ver tb* DOLOR

muelle *nm* **1** (*resorte*) spring **2** (*de un puerto*) wharf [*pl* wharves/wharfs]

muermo *nm* (*aburrimiento*) bore: *¡Qué ~!* What a bore!

muerte *nf* death LOC **dar muerte a algn/algo** to kill sb/sth ◆ **de mala muerte** horrible: *un barrio de mala ~* a horrible neighbourhood *Ver tb* PENA, REO, SUSTO

muerto, -a *adj* dead: *La habían dado por muerta.* They had given her up for dead. ◇ *Este pueblo está ~ en invierno.* This village is dead in winter.
▸ *nm-nf* Hubo tres ~s en el accidente. Three people were killed in the accident. ◇ *los ~s en la guerra* the war dead LOC **muerto de cansancio** dead tired ◆ **muerto de envidia** green with envy ◆ **muerto de frío/hambre** freezing/starving ◆ **muerto de miedo** scared to death ◆ **muerto de risa 1** (*divertido*) helpless with laughter **2** (*abandonado*) gathering dust: *Tiene los patines ~s de risa en el armario.* The skates are in the wardrobe gathering dust. ◆ **muerto de sed** dying of thirst *Ver tb* CALLADO, HORA, NATURALEZA, PESAR[1], PUNTO, TIEMPO, VIVO; *Ver tb* MORIR(SE)

muesli *nm* muesli

muestra *nf* **1** (*Med, estadística, mercancía*) sample: *una ~ de sangre* a blood sample **2** (*prueba*) token: *una ~ de amor* a token of love **3** (*señal*) sign: *dar ~s de cansancio* to show signs of fatigue LOC *Ver* FERIA

mugir *vi* **1** (*vaca*) to moo **2** (*toro*) to bellow

mugre *nf* filth

mujer *nf* **1** woman [*pl* women] **2** (*esposa*) wife [*pl* wives] LOC *Ver* BOMBA, NEGOCIO, TIEMPO

mujeriego, -a *adj* womanizer: *Su tío es muy ~.* His uncle's a real womanizer.

mulato, -a *adj, nm-nf* (person) of mixed race

muleta *nf* (*para andar*) crutch: *andar con ~s* to walk on crutches

mullido, -a *adj* soft

mulo, -a *nm-nf* mule

multa *nf* **1** fine **2** (*de tráfico*): *una ~ de aparcamiento* a parking ticket LOC **poner una multa** to fine *sb*: *Le han puesto una ~.* He's been fined.

multicine *nm* multiplex (cinema)

multicultural *adj* multicultural

multiculturalidad *nf* (*tb* **multiculturalismo** *nm*) multiculturalism

multifunción *adj* multi-purpose
▸ *nm un (equipo) ~* an all-in-one (printer)

multijugador *adj* multiplayer

multimedia *adj* multimedia

multinacional *adj, nf* multinational

múltiple *adj* **1** (*numeroso*) numerous: *en ~s ocasiones* on numerous occasions **2** (*compuesto*) multiple: *una fractura ~* a multiple fracture

multiplicación *nf* multiplication

multiplicar *vt, vi* (*Mat*) to multiply: *~ dos por cuatro* to multiply two by four ◇ *¿Ya sabes ~?* Do you know how to do multiplication yet?

multirracial *adj* multiracial

multitud *nf* **1** (*muchedumbre*) crowd [*v sing o pl*] **2 ~ de** (*muchos*) a lot of *sth*: *(una) ~ de problemas* a lot of problems

multitudinario, -a *adj* mass: *una manifestación multitudinaria* a mass demonstration

multiusuario *adj* (*Informát*) multi-user

mundial *adj* world: *el récord ~* the world record
▸ *nm* world championship: *los Mundiales de Atletismo* the World Athletics Championships ◇ *el Mundial de fútbol* the World Cup

mundo *nm* world: *dar la vuelta al ~* to go round the world LOC **el mundo del espectáculo** show business ◆ **todo el mundo 1** everyone **2** everybody *Ver tb* BOLA, MEDIO, OTRO, TERCERO, VUELTA

munición *nf* ammunition [*incontable*]: *quedarse sin municiones* to run out of ammunition

municipal *adj* municipal LOC **guardia/policía municipal 1** (*individuo*) police officer ➲ *Ver nota en* POLICÍA **2** (*cuerpo*) local police force *Ver tb* ELECCIÓN, TÉRMINO

municipio *nm* **1** (*término municipal*) town **2** (*ayuntamiento*) town council [*v sing o pl*]

muñeca *nf* **1** (*juguete*) doll: *¿Te gusta jugar con ~s?* Do you like playing with dolls? **2** (*parte del cuerpo*) wrist

muñeco *nm* **1** (*juguete*) doll: *un ~ de trapo* a rag doll **2** (*de un ventrílocuo, maniquí*) dummy [*pl* dummies] LOC **muñeco de nieve** snowman [*pl* -men] ◆ **muñeco de peluche** soft toy

muñequera *nf* wristband

mural *nm* mural

muralla *nf* wall(s) [*gen pl*]: *la ~ medieval* the medieval walls

murciélago *nm* bat

M

murmullo *nm* murmur: *el ~ de su voz/del viento* the murmur of his voice/the wind

murmurar *vt, vi* (*hablar en voz baja*) to mutter
▸ *vi* (*cotillear*) to gossip (*about sb/sth*)

muro *nm* wall

musa *nf* muse

musaraña *nf* LOC *Ver* PENSAR

muscular *adj* muscle: *una lesión ~* a muscle injury

músculo *nm* muscle

musculoso, -a *adj* muscular

museo *nm* museum: *Está en el Museo del Prado.* It's in the Prado Museum. ⊃ *Ver nota en* MUSEUM

musgo *nm* moss

música *nf* music: *No me gusta la ~ clásica.* I don't like classical music. LOC **música ambiental/de fondo** background music ◆ **música en directo** live music *Ver tb* CADENA, EQUIPO

musical *adj, nm* musical LOC *Ver* COMEDIA, ESCALA

músico, -a *nm-nf* musician LOC **músico callejero** busker

muslo *nm* **1** (*humano*) thigh **2** (*ave*) leg

musulmán, -ana *adj, nm-nf* Muslim ⊃ *Ver nota en* CATÓLICO

mutante *adj, nmf* mutant

mutilar *vt* to mutilate

mutuamente *adv* each other, one another: *Se odian ~.* They hate each other. ⊃ *Ver nota en* EACH OTHER

mutuo, -a *adj* mutual

muy *adv* **1** (*con adjetivo/adverbio*) very: *Están ~ bien/cansados.* They're very well/tired. ◊ *~ despacio/temprano* very slowly/early **2** (*con sustantivo*): *Se cree ~ hombre.* He thinks he's a real man. ◊ *el ~ tonto* the stupid idiot LOC **muy bien** (*de acuerdo*) OK ◆ **Muy señor mío/señora mía** Dear Sir/Madam ⊃ *Ver nota en* ATENTAMENTE ◆ **por muy… que…** however…: *Por ~ bueno que sea…* However good he is…

Nn

nabo *nm* turnip

nácar *nm* mother-of-pearl

nacer *vi* **1** (*persona, animal*) to be born: *¿Dónde naciste?* Where were you born? ◊ *Nací en 2005.* I was born in 2005. **2** (*río*) to rise LOC **nacer para actor, cantante, etc.** to be a born actor, singer, etc. *Ver tb* RECIÉN

naciente *adj* (*sol*) rising

nacimiento *nm* **1** birth: *fecha de ~* date of birth **2** (*río*) source **3** (*pelo, uña*) root **4** (*belén*) nativity scene LOC **de nacimiento** *Es ciega de ~.* She was born blind. ◊ *ser español de ~* to be Spanish by birth ◆ **mancha/marca de nacimiento** birthmark *Ver tb* LUGAR

nación *nf* nation LOC *Ver* ORGANIZACIÓN

nacional *adj* **1** (*de la nación*) national: *la bandera ~* the national flag **2** (*interno*) domestic: *el mercado ~* the domestic market ◊ *vuelos/salidas ~es* domestic flights/departures LOC *Ver* CARRETERA, FIESTA, PARQUE

nacionalidad *nf* **1** nationality [*pl* nationalities]: *personas de diferentes ~es* people of different nationalities **2** (*ciudadanía*) citizenship: *solicitar/obtener la ~ española* to apply for/be granted Spanish citizenship

nacionalismo *nm* nationalism

nacionalista *adj, nmf* nationalist

nacionalizar *vt* to nationalize
▸ **nacionalizarse** *vp* to become a British, Spanish, etc. citizen

nada *pron* **1** (*ninguna cosa*) nothing, anything

🔎 **Nothing** se utiliza cuando el verbo va en forma afirmativa en inglés y **anything** cuando va en forma negativa: *No queda nada.* There's nothing left. ◊ *No tengo nada que perder.* I've got nothing to lose. ◊ *No quiero nada.* I don't want anything. ◊ *No tienen nada en común.* They haven't got anything in common. ◊ *¿No quieres nada?* Don't you want anything?

2 ~ **de** (*en absoluto*) at all: *No tengo ~ de hambre.* I'm not hungry at all. **3** (*Tenis*) love: *treinta, ~* thirty love
▸ *adv* at all: *No está ~ claro.* It's not at all clear. LOC **de nada 1** (*sin importancia*) little: *Es un arañazo de ~.* It's only a little scratch. **2** (*exclamación*) you're welcome: *– Gracias por la cena. – ¡De ~!* 'Thank you for the meal.' 'You're welcome!' ❶ También se puede decir **don't mention it**. ◆ **nada de nada** not a thing ◆ **nada más 1** (*eso es todo*) that's all **2** (*solo*) only: *Tengo un hijo ~ más.* I only have one son. ◆ **nada más hacer**

algo *Lo reconocí ~ más verlo.* I recognized him as soon as I saw him. ◆ **nada más y nada menos que... 1** (*persona*) none other than...: *~ más y ~ menos que el presidente* none other than the president **2** (*cantidad*) no less than...: *~ más y ~ menos que 100 personas* no less than 100 people ◆ **para nada** not at all: *No estoy para ~ cansada.* I'm not at all tired. *Ver tb* DENTRO

nadador, -ora *nm-nf* swimmer

nadar *vi* **1** to swim: *No sé ~.* I can't swim. **2 ~ a braza, crol, etc.** to do the breaststroke, crawl, etc.

nadie *pron* no one, nobody: *Eso no lo sabe ~.* No one knows that. ◇ *No había ~ más.* There was no one else there. ➔ *Ver nota en* NO ONE

🔎 Cuando el verbo en inglés va en forma negativa, usamos **anyone**: *Está enfadado y no habla con nadie.* He is angry and won't talk to anyone.

LOC *Ver* DON

nado **LOC** **a nado** *Cruzaron el río a ~.* They swam across the river.

nailon (*tb* nilón, nylon) *nm* nylon

naipe *nm* (playing) card ➔ *Ver nota en* BARAJA

nana *nf* lullaby [*pl* lullabies]

naranja *adj, nm, nf* (*color, fruta*) orange ➔ *Ver ejemplos en* AMARILLO **LOC** *Ver* RALLADURA

naranjada *nf* orangeade

naranjo *nm* orange tree

narcótico *nm* drug

narcotraficante *nmf* drug trafficker

narcotráfico *nm* drug trafficking

nariz *nf* nose: *Suénate la ~.* Blow your nose. **LOC** **en mis narices** right under my, your, etc. nose: *Le robaron el móvil en sus (mismas/propias) narices.* They stole his mobile from right under his nose. ◆ **estar hasta las narices (de)** to be fed up (with *sb/sth*) ◆ **meter las narices** to poke/stick your nose *into sth* ◆ **¡narices!** rubbish! ◆ **no me sale de las narices** I, you, etc. don't feel like doing it *Ver tb* CERRAR, LIMPIAR

narrador, -ora *nm-nf* narrator

narrar *vt* to tell

narrativa *nf* (*género*) fiction

nasal *adj* nasal **LOC** *Ver* TABIQUE

nata *nf* **1** cream: *~ montada* whipped cream **2** (*de leche hervida*) skin **LOC** **nata líquida** single cream *Ver tb* FLOR

natación *nf* swimming

natal *adj* native: *país ~* native country **LOC** *Ver* CIUDAD

natalidad *nf* birth rate **LOC** *Ver* ÍNDICE

natillas *nf* custard [*incontable*]: *Me gustan las ~ caseras.* I like home-made custard.

nativo, -a *adj, nm-nf* native

nato, -a *adj* born: *un músico ~* a born musician

natural *adj* **1** natural: *causas ~es* natural causes ◇ *¡Es ~!* It's only natural! ◇ *un gesto ~* a natural gesture **2** (*fruta*) fresh **LOC** **ser natural de...** to come from... *Ver tb* CIENCIA, GAS, PARQUE

naturaleza *nf* nature **LOC** **naturaleza muerta** still life [*pl* still lifes] ◆ **por naturaleza** by nature *Ver tb* HIERRO

naturalidad *nf con la mayor ~ del mundo* as if it were the most natural thing in the world **LOC** **con naturalidad** naturally

naturalmente *adv* of course: *Sí, ~ que sí.* Yes, of course.

naufragar *vi* to be wrecked

naufragio *nm* shipwreck

náufrago, -a *nm-nf* castaway

náusea *nf* **LOC** **dar náuseas** to make *sb* feel sick ◆ **sentir/tener náuseas** to feel sick

náutico, -a *adj* sailing: *club ~* sailing club

navaja *nf* **1** (*herramienta, de bolsillo*) penknife [*pl* penknives] **2** (*arma*) knife [*pl* knives]: *Me sacó la ~.* He pulled a knife on me. **LOC** *Ver* PUNTA

navajazo *nm* knife wound: *Tenía un ~ en la cara.* He had a knife wound on his face. **LOC** **dar un navajazo** to stab *sb*

nave *nf* **1** (*Náut*) ship **2** (*iglesia*) nave **LOC** **nave espacial** spaceship ◆ **nave industrial** industrial unit

navegable *adj* navigable

navegación *nf* (*Náut*) navigation **LOC** *Ver* BARRA, CARTA

navegador *nm* (*Informát*) browser **LOC** **navegador (de a bordo)** satnav, GPS (*USA*)

navegar *vi* **1** (*barcos, marinero*) to sail **2 ~ en/por** (*Informát*) to surf *sth*: *~ por internet* to surf the Net/Internet ➔ *Ver nota en* ORDENADOR

Navidad *nf* Christmas: *¡Feliz Navidad!* Happy Christmas! ◇ *Siempre nos reunimos en Navidad.* We always get together at Christmas.

🔎 En Gran Bretaña apenas se celebra la Nochebuena (**Christmas Eve**). El día más importante es el día de Navidad (**Christmas Day**). Por la mañana se abren los regalos que ha traído **Father Christmas** y por la tarde se celebra la comida de Navidad (**Christmas dinner**), que consiste tradicionalmente en pavo con verduras y, de postre, **Christmas pudding**, un pudin caliente hecho con coñac

N

y frutos secos. A las 3 de la tarde la Reina pronuncia un discurso por televisión. El día 26 de diciembre es **Boxing Day** y en Inglaterra y Gales es fiesta nacional.

LOC *Ver* CESTA

navideño, -a *adj* Christmas: *las fiestas navideñas* the Christmas holidays

nazareno, -a *nm-nf* penitent in a Holy Week procession

neblina *nf* mist

necesario, -a *adj* necessary: *Haré lo que sea ~.* I'll do whatever's necessary. ◊ *No lleves más de lo ~.* Only take what you need. ◊ *No es ~ que vengas.* You don't have to come. **LOC** **si es necesario** if necessary

neceser *nm* toilet bag, toiletry bag (*USA*)

necesidad *nf* **1** (*cosa imprescindible*) necessity [*pl* necessities]: *La calefacción es una ~.* Heating is a necessity. **2** ~ **(de)** need (for *sth/to do sth*): *No veo la ~ de ir en coche.* I don't see the need to go by car. ◊ *niños con ~es (educativas) especiales* children with special (educational) needs **LOC** **no hay necesidad** there's no need (*for sth/to do sth*) ♦ **pasar necesidades** to suffer hardship *Ver tb* PRIMERO

necesitado, -a *adj* (*pobre*) needy
▸ *nm-nf ayudar a los ~s* to help the poor *Ver tb* NECESITAR

necesitar *vt* to need

nectarina *nf* nectarine

negado, -a *adj, nm-nf* useless: *ser un ~ para algo* to be useless at sth *Ver tb* NEGAR

negar *vt* **1** (*hecho*) to deny *sth/doing sth/that…*: *Negó haber robado el cuadro.* He denied stealing the picture. **2** (*permiso, ayuda*) to refuse: *Les negaron la entrada en el país.* They were refused admittance into the country.
▸ **negarse** *vp* **negarse a** to refuse *to do sth*: *Se negaron a pagar.* They refused to pay. **LOC** *Ver* REDONDO

negativa *nf* refusal

negativo, -a *adj, nm* negative **LOC** *Ver* SIGNO

negociación *nf* negotiation

negociador, -ora *adj* negotiating: *el proceso ~* the negotiating process
▸ *nm-nf* negotiator

negociante *adj* (*interesado*) money-grubbing
▸ *nmf* **1** (*comerciante*) businessman/woman [*pl* -men/-women] **2** (*interesado*) money-grubber: *Menudo ~ está hecho.* He's such a money-grubber.

negociar *vt, vi* to negotiate

negocio *nm* **1** (*comercio, asunto*) business: *hacer ~s* to do business ◊ *Muchos ~s han fracasado.* Many businesses have failed. ◊ *Los ~s son los ~s.* Business is business. ◊ *Estoy aquí por/de ~s.* I'm here on business. **2** (*irónicamente*) bargain: *¡Vaya ~ hemos hecho!* that was some bargain we got there! **LOC** **hombre/mujer de negocios** businessman/woman [*pl* -men/-women] *Ver tb* LIQUIDACIÓN, VIAJE

negrita *nf* (*tipografía*) bold

negro, -a *adj, nm* black ➲ *Ver ejemplos en* AMARILLO
▸ *nm-nf* black man/woman [*pl* men/women] ➲ *Ver nota en* AFRO-CARIBBEAN **LOC** *Ver* AGUJERO, BLANCO, CAJA, CERVEZA, GROSELLA, MAREA, OVEJA, TABACO, VIERNES

Neptuno *nm* Neptune

nervio *nm* **1** (*Anat, nerviosismo*) nerve: *Eso son los ~s.* That's nerves. **2** (*carne*) gristle: *Esta carne tiene mucho ~.* This meat is very gristly. **LOC** **estar/ponerse de los nervios** to be/get very stressed (out) ♦ **poner los nervios de punta** to get on *sb's* nerves *Ver tb* ATAQUE

nerviosismo *nm* nervousness

nervioso, -a *adj* **1** (*Anat*) **(a)** (*sistema, tensión*) nervous: *el sistema ~* the nervous system **(b)** (*célula, fibra*) nerve: *células nerviosas* nerve cells **2** (*agitado, intranquilo*) nervous

🔎 En este sentido también se puede decir **tense** o **edgy** (*coloq*): *Últimamente parece un poco nervioso, como preocupado por algo.* He's been rather tense recently, as if he had something on his mind. ◊ *Hoy estoy un poco nerviosa.* I'm feeling rather edgy today.

3 (*fácilmente excitable*) highly strung: *Es muy ~.* He's very highly strung. **LOC** **poner nervioso a algn** to get on *sb's* nerves ♦ **ponerse nervioso** to get nervous

neto, -a *adj* net: *ingresos ~s* net income ◊ *peso ~* net weight

neumático *nm* tyre

neumonía *nf* pneumonia [*incontable*]: *coger una ~* to catch pneumonia

neura *adj* neurotic, uptight (*coloq*)
▸ *nmf Es un ~.* He's really uptight. **LOC** **darle la neura a algn** to go mad: *Me dio la ~ y empecé a limpiar.* I suddenly went mad and started cleaning.

neurona *nf* (*Biol*) neuron

neurótico, -a *adj, nm-nf* neurotic

neutral *adj* neutral

neutro, -a *adj* **1** neutral **2** (*Gram*) neuter

neutrón *nm* (*Fís*) neutron

nevada *nf* snowfall

nevado, -a *adj* (*cubierto de nieve*) snowy *Ver tb* NEVAR

nevar *v imp* to snow: *Creo que va a ~.* I think it's going to snow. **LOC** *Ver* PARECER

nevera *nf* fridge

ni *conj* **1** (*doble negación*) neither… nor…: *Ni tú ni yo hablamos árabe.* Neither you nor I speak Arabic. ◊ *Ni lo sabe ni le importa.* He neither knows nor cares. ◊ *No ha dicho ni que sí ni que no.* He hasn't said either yes or no. **2** (*ni siquiera*) not even: *Ni él mismo sabe lo que gana.* Not even he knows how much he earns. **LOC** **ni aunque** even if: *Ni aunque me diesen dinero.* Not even if they paid me. ◆ *¡ni que fuera…!* anyone would think…!: *¡Ni que yo fuera millonario!* Anyone would think I was a millionaire! ◆ **ni una palabra, un día, etc. más** not another word, day, etc. more ◆ **ni uno** not a single (one): *No me queda ni una moneda.* I haven't got a single coin left. ◆ **ni yo (tampoco)** neither am I, do I, have I, etc.: *—Yo no voy a la fiesta. —Ni yo tampoco.* 'I'm not going to the party.' 'Neither am I.'

nicho *nm* (*sepultura*) burial niche

nicotina *nf* nicotine

nido *nm* nest: *hacer un ~* to build a nest

niebla *nf* fog: *Hay mucha ~.* It's very foggy.

nieto, -a *nm-nf* **1** (*masc*) grandson **2** (*fem*) granddaughter **3** **nietos** grandchildren

nieve *nf* snow **LOC** *Ver* BLANCO, BOLA, MUÑECO, PUNTO

NIF *nm* income tax number

nilón = NAILON

ningún *adj Ver* NINGUNO

ningunear *vt* **1** (*menospreciar*) to look down on *sb* **2** (*no hacer caso*) to ignore

ninguno, -a *adj* no, any: *No había ningún libro en la casa.* There were no books in the house. ◊ *No es ningún imbécil.* He's no fool.

🔎 Se utiliza **no** cuando el verbo va en forma afirmativa en inglés: *Aún no ha llegado ningún alumno.* No students have arrived yet. ◊ *No mostró ningún entusiasmo.* He showed no enthusiasm. **Any** se utiliza cuando la oración es negativa en inglés: *He didn't show any enthusiasm.*

▸ *pron* **1** (*entre dos personas o cosas*) neither, either

🔎 **Neither** se utiliza cuando la oración es afirmativa en inglés: *–¿Cuál de los dos prefieres? –Ninguno.* 'Which one do you prefer?' 'Neither (of them).' **Either** se utiliza cuando va en negativa en inglés: *No reñí con ninguno de los dos.* I didn't argue with either of them.

2 (*entre más de dos personas o cosas*): none: *Había tres, pero no queda ~.* There were three, but there are none left. ◊ *Ninguno de los concursantes acertó.* None of the contestants got the right answer. **LOC** **de ninguna manera/de ningún modo 1** (*exclamación*) no way, certainly not (*más formal*) **2** (*uso enfático*): *No quiso quedarse de ninguna manera.* He absolutely refused to stay. ◆ **en ningún lado/lugar/sitio/en ninguna parte 1** nowhere **2** anywhere

🔎 **Nowhere** se utiliza cuando la oración es afirmativa en inglés: *Al final no iremos a ningún sitio.* We'll go nowhere in the end. **Anywhere** se utiliza cuando la oración es negativa en inglés: *No lo encuentro por ninguna parte.* I can't find it anywhere.

◆ **en ningún momento** never: *En ningún momento pensé que lo harían.* I never thought they would do it.

nini *nmf* NEET ❶ NEET es el acrónimo de 'Not in Education, Employment or Training'.

niñez *nf* childhood

niño, -a *nm-nf* **1** (*sin distinción de sexo*) child [*pl* children] **2** (*masc*) boy **3** (*fem*) girl **4** (*bebé*) baby [*pl* babies]: *tener un ~* to have a baby **LOC** **de niño** when I was, you were, etc. a child ◆ **niño bien/pijo** rich kid ◆ **niño prodigio** child prodigy [*pl* prodigies] *Ver tb* JUEGO

niqui *nm* (*polo*) polo shirt

níspero *nm* loquat

nitrógeno *nm* nitrogen

nivel *nm* **1** (*altura, grado*) level: *~ del agua/mar* water/sea level ◊ *a todos los ~es* at every level **2** (*calidad, preparación*) standard: *un excelente ~ de juego* an excellent standard of play ◊ *Tiene un buen ~ de inglés.* He has a good standard of English. **LOC** **nivel de vida** standard of living *Ver tb* INDICADOR, PASO

nivelar *vt* **1** (*superficie, terreno*) to level **2** (*desigualdades*) to even *sth* out

no *adv* **1** (*respuesta*) no: *No, gracias.* No, thank you. ◊ *He dicho que no.* I said no. **2** (*referido a verbos, adverbios, frases*) not: *No lo sé.* I don't know. ◊ *No es un buen ejemplo.* It's not a good example. ◊ *¿Empezamos ya o no?* Are we starting now or not? ◊ *Por supuesto que no.* Of course not. ◊ *Que yo sepa, no.* Not as far as I know. **3** (*doble negación*): *No sale nunca.* He never goes out. ◊ *No sé nada de fútbol.* I know nothing about football. **4** (*palabras compuestas*) non-: *no fumador* non-smoker ◊ *fuentes no oficiales* unofficial sources **5** **¿no?** isn't it?, don't you?, etc.: *Hoy es jueves ¿no?* Today is Thursday, isn't it? ◊ *Lo compraste, ¿no?* You

did buy it, didn't you? ◊ *¡Estáte quieta! ¿no?* Keep still, will you!
▸ *nm* no [*pl* noes]: *un no categórico* a categorical no LOC *¿a que no…?* **1** *(confirmando)*: *¿A que no han venido?* They haven't come, have they? **2** *(desafío)* I bet…: *¿A que no ganas?* I bet you don't win. **❶** Para otras expresiones con **no**, véanse las entradas del verbo, sustantivo, etc., p. ej. **no obstante** en OBSTANTE.

noble *adj* **1** *(de la nobleza, honesto)* noble **2** *(madera, material)* fine
▸ *nmf* nobleman/woman [*pl* -men/-women]

nobleza *nf* nobility

noche *nf* night: *el lunes por la* ~ on Monday night ◊ *las diez de la* ~ ten o'clock at night LOC *¡buenas noches!* good night!

🔎 **Good night** se utiliza solo como fórmula de despedida. Si se quiere saludar con un *buenas noches*, se dice **good evening**: *Buenas noches a todos.* Good evening, everybody.

◆ **dar las buenas noches** to say good night ◆ **de la noche a la mañana** overnight ◆ **de noche 1** *(trabajar, estudiar)* at night **2** *(función, vestido)* evening: *sesión de* ~ evening performance ◆ **esta noche** tonight ◆ **hacerse de noche** to get dark *Ver tb* AYER, CAÍDA, MAÑANA, MESILLA, REY, TRAJE, VELA

Nochebuena *nf* Christmas Eve: *El día de* ~ *nos reunimos todos.* We all get together on Christmas Eve. ➔ *Ver nota en* NAVIDAD

Nochevieja *nf* New Year's Eve: *¿Qué hiciste en* ~? What did you do on New Year's Eve?

noción *nf* notion LOC *tener nociones de algo* to have a basic grasp of sth

nocivo, -a *adj* ~ **(para)** harmful (to *sb/sth*)

nocturno, -a *adj* **1** *(horario, trabajo, tarifa, club)* night: *servicio* ~ *de autobuses* night bus service **2** *(clases)* evening LOC *Ver* TARIFA, VIDA

nogal *nm* walnut (tree)

nómada *adj* nomadic
▸ *nmf* nomad

nombramiento *nm* appointment: *el* ~ *de los nuevos ministros* the appointment of the new ministers

nombrar *vt* **1** *(citar)* to mention *sb's* name: *No la volvió a* ~. He didn't mention her name again. **2** *(designar para un cargo)* to appoint

nombre *nm* **1** **(a)** name **(b)** *(en formularios)* first name ➔ *Ver nota en* MIDDLE NAME **2** *(Gram)* noun: ~ *común* common noun LOC *a nombre de* in the name of *sb*: *una reserva a* ~ *de Raúl Pérez* a reservation in the name of Raúl Pérez ◆ *en nombre de* on behalf of *sb*: *Le dio las gracias en*

~ *del presidente.* He thanked her on behalf of the president. ◆ *nombre de pila* first/Christian name ◆ *nombre de usuario* *(Informát)* username ◆ *nombre propio* proper noun/name ◆ *nombre y apellidos* full name

nómina *nf* *(sueldo)* pay

nominar *vt* to nominate *sb/sth* *(for/as sth)*: *Fue nominada para el óscar.* She was nominated for an Oscar. ◊ *Lo nominaron presidente.* He was nominated as president.

nomofobia *nf* fear of being without your mobile

non *adj* odd: *números* ~*es* odd numbers

nordeste *(tb* **noreste***) nm* **1** *(punto cardinal, región)* north-east *(abrev* NE) **2** *(viento, dirección)* north-easterly

noria *nf* *(feria)* big wheel, Ferris wheel *(USA)*

norma *nf* rule LOC *tener por norma hacer/no hacer algo* to always/never do sth: *Tengo por* ~ *no comer entre horas.* I never eat between meals.

normal *adj* **1** *(común)* normal: *el curso* ~ *de los acontecimientos* the normal course of events ◊ *Es lo* ~. That's the normal thing. **2** *(corriente)* ordinary: *un empleo* ~ an ordinary job **3** *(estándar)* standard: *el procedimiento* ~ the standard procedure LOC *normal y corriente* ordinary *Ver tb* FUERA

normalizar *vt* *(relaciones, situación)* to restore *sth* to normal
▸ *normalizarse* *vp* to return to normal

normalmente *adv* normally

noroeste *nm* **1** *(punto cardinal, región)* north-west *(abrev* NW) **2** *(viento, dirección)* north-westerly

norte *nm* north *(abrev* N): *en el* ~ *de España* in the north of Spain ◊ *Queda al* ~ *de Barcelona.* It's north of Barcelona. ◊ *en la costa* ~ on the north coast

norteamericano, -a *adj, nm-nf* **1** *(de América del Norte)* North American **2** *(de Estados Unidos)* American ➔ *Ver nota en* AMÉRICA

Noruega *nf* Norway

noruego, -a *adj, nm-nf, nm* Norwegian: *los* ~*s* the Norwegians ◊ *hablar* ~ to speak Norwegian

nos *pron* **1** *(complemento)* us: *Nos han visto.* They've seen us. ◊ *Nunca* ~ *dicen la verdad.* They never tell us the truth. ◊ *Nos han mentido.* They've lied to us. ◊ *Nos han preparado la cena.* They've made supper for us. **2** *(reflexivo)* ourselves: *Nos divertimos mucho.* We enjoyed ourselves very much. ◊ *Nos acabamos de bañar.* We've just had a bath. ◊ *¡Vámonos!* Let's go! **3** *(partes del cuerpo, efectos personales)*: *Nos quitamos el abrigo.* We took our coats off. **4** *(recíproco)* each other, one another: *Nos queremos* *mucho.* We love each other very much. ➔ *Ver nota en* EACH OTHER

nosotros, -as *pron* **1** *(sujeto)* we: *Tú no lo sabes. Nosotros sí.* You don't know. We do. ◊ *Lo haremos ~.* We'll do it. **2** *(complemento, en comparaciones)* us: *¿Vienes con ~?* Are you coming with us? ◊ *Hace menos deporte que ~.* He does less sport than us. LOC **entre nosotros** *(confidencialmente)* between ourselves ◆ **somos nosotros** it's us

nostalgia *nf* **1** *(del pasado)* nostalgia **2** *(del hogar, del país, etc.)* homesickness: *En cuanto estoy dos días fuera de casa me entra una ~ terrible.* Whenever I'm away from home I feel really homesick. LOC **sentir/tener nostalgia de algn/ algo** to miss sb/sth: *Siente ~ de su país.* He misses his country.

nota *nf* **1** *(escrito, Mús)* note: *Te dejé una ~ en la cocina.* I left you a note in the kitchen. **2** *(Educ)* mark, grade *(USA)*: *sacar buenas/malas ~s* to get good/bad marks ➔ *Ver nota en pág 401* **3 notas** *(Educ)* report *[v sing]*: *El jueves me dan las ~s.* I'm getting my report on Thursday. LOC **dar la nota** to stand out: *¿Es que siempre tienes que dar la ~?* Do you always have to stand out? ◊ *Siempre da la ~ cuando bebe de más.* He always makes a fool of himself when he drinks too much. ◆ **ir a por nota** to aim for top marks, to aim for top grades *(USA)* ◆ **tomar nota** to take note *(of sth) Ver tb* PRENSA

notable *nm* *(Educ)* very good: *sacar un ~ en historia* to get 'very good' for history ➔ *Ver nota en pág 401*

notar *vt* **1** *(advertir)* to notice: *No he notado ningún cambio.* I haven't noticed any change. **2** *(encontrar)*: *Lo noto muy triste.* He seems very sad.
▸ **notarse** *vp* **1** *(sentirse)* to feel: *Se nota la tensión.* You can feel the tension. **2** *(verse)* to show: *Se notan las puntadas.* The stitches show. ◊ *No se le notan los años.* He doesn't look his age. LOC **se nota que…** you can tell (that)…: *Se notaba que estaba nerviosa.* You could tell she was nervous.

notario, -a *nm-nf* notary *[pl notaries]*, solicitor *(GB)* ➔ *Ver nota en* ABOGADO

noticia *nf* **1** news *[incontable]*: *Te tengo que dar una buena/mala ~.* I've got some good/bad news for you. ◊ *Las ~s son alarmantes.* The news is alarming. ➔ *Ver nota en* CONSEJO **2** *(Period, TV)* news item LOC **las noticias** *(Radio, TV, etc.)* the news *[incontable]*: *Lo han dicho en las ~s de las tres.* It was on the three o'clock news. ◆ **noticias del corazón** celebrity gossip ◆ **tener noticias de algn** to hear from sb: *¿Tienes ~s de tu hermana?* Have you heard from your sister?

notificar *vt* to notify *sb* of *sth*: *Notificamos el robo a la policía.* We notified the police of the theft.

novatada *nf* *(broma pesada)* practical joke

novato, -a *adj* inexperienced
▸ *nm-nf* **1** *(principiante)* beginner **2** *(colegio)* new pupil **3** *(cuartel)* new recruit

novecientos, -as *adj, nm, pron* nine hundred ➔ *Ver ejemplos en* SEISCIENTOS

novedad *nf* **1** *(cosa nueva)* novelty *[pl novelties]*: *la ~ de la situación* the novelty of the situation ◊ *la gran ~ de la temporada* the latest thing **2** *(noticia)* news *[incontable]*: *¿Alguna ~?* Any news? **3** *(cambio)* change: *No hay ~es en cuanto al estado del enfermo.* There is no change in the patient's condition.

novela *nf* **1** *(libro)* novel **2** *(telenovela)* soap (opera) LOC **novela policiaca/de espionaje** detective/spy novel ◆ **novela rosa** romantic novel

novelista *nmf* novelist

noveno, -a *adj, nm-nf, pron* ninth ➔ *Ver ejemplos en* SEXTO

noventa *adj, nm, pron* **1** ninety **2** *(nonagésimo)* ninetieth ➔ *Ver ejemplos en* SESENTA

noviembre *nm* November *(abrev* Nov.*)* ➔ *Ver ejemplos en* ENERO

novillo *nm* young bull LOC **hacer novillos** to play truant

novio, -a *nm-nf*
• **pareja 1** *(masc)* boyfriend **2** *(fem)* girlfriend: *¿Tienes novia?* Have you got a girlfriend?
• **prometido 1** *(masc)* fiancé **2** *(fem)* fiancée
• **en una boda 1** *(masc)* bridegroom, groom **2** *(fem)* bride ➔ *Ver nota en* BODA LOC **los novios 1** *(en una boda)* the bride and groom **2** *(recién casados)* the newly-weds ◆ **ser novios** to be going out (together): *Hace dos años que somos ~s.* We've been going out (together) for two years. *Ver tb* VESTIDO

nube *nf* cloud LOC **estar en las nubes** to have your head in the clouds

nublado, -a *adj* cloudy *Ver* NUBLARSE

nublarse *vp* **1** *(cielo)* to cloud over **2** *(vista)* to be blurred

nubosidad *nf* LOC **nubosidad variable** patchy cloud

nuca *nf* nape (of the neck)

nuclear *adj* nuclear
▸ *nf* *(central)* nuclear power station LOC *Ver* CEMENTERIO, REACTOR

núcleo *nm* nucleus *[pl nuclei]*

nudillo *nm* knuckle

N

nudo *nm* knot: *hacer/deshacer un* ~ to tie/undo a knot LOC **nudo corredizo** slip knot ◆ **tener un nudo en la garganta** to have a lump in your throat

nuera *nf* daughter-in-law [*pl* daughters-in-law]

nuestro, -a *adj* our: *nuestra familia* our family ▸ *pron* ours: *Vuestro coche es mejor que el* ~. Your car is better than ours. ❶ *Una amiga nuestra* se traduce por 'a friend of ours', ya que significa "una de nuestras amigas".

nueve *adj, nm, pron* **1** nine **2** (*fecha*) ninth ⊃ *Ver ejemplos en* SEIS

nuevo, -a *adj* **1** new: *¿Son ~s esos zapatos?* Are those new shoes? **2** (*adicional*) further: *Han surgido ~s problemas.* Further problems have arisen. LOC **como nuevo** as good as new: *Me dejaron el coche como* ~. My car was as good as new when I got it back. ◆ **de nuevo** again *Ver tb* AÑO, LUNA

nuez *nf* **1** (*fruto*) walnut **2** (*Anat*) Adam's apple LOC **nuez moscada** nutmeg

nulo, -a *adj* **1** (*inválido*) invalid: *un acuerdo* ~ an invalid agreement ◇ *El matrimonio fue declarado* ~. The marriage was annulled. **2** (*inexistente*) non-existent: *Las posibilidades son prácticamente nulas.* The chances are almost non-existent. **3** ~ **en/para** hopeless at *sth/doing sth*: *Soy* ~ *para los deportes.* I'm hopeless at sport. LOC *Ver* VOTO

numeración *nf* numbers [*pl*] LOC **numeración arábiga/romana** Arabic/Roman numerals [*pl*]

numeral *nm* numeral

numerar *vt* to number
▸ **numerarse** *vp* to number off

número *nm* **1** number: *un* ~ *de teléfono* a telephone number ◇ ~ *par/impar* even/odd number **2** (*talla*) size: *¿Qué* ~ *(de zapato) calzas?* What size shoe do you take? **3** (*publicación*) issue: *un* ~ *atrasado* a back issue **4** (*Teat*) act: *un* ~ *circense* a circus act LOC **estar en números rojos** to be in the red ◆ **número de matrícula** registration number, license number (*USA*) ◆ **número primo** prime number ◆ **números arábigos/romanos** Arabic/Roman numerals *Ver tb* ARMAR, MONTAR

numeroso, -a *adj* **1** (*grande*) large: *un grupo* ~/ *una familia numerosa* a large group/family **2** (*muchos*) numerous: *en numerosas ocasiones* on numerous occasions LOC *Ver* FAMILIA

nunca *adv* never, ever

🔎 Never se utiliza cuando la oración es afirmativa en inglés: *Nunca he estado en París.* I've never been to Paris. Ever se utiliza cuando la oración es negativa o contiene palabras negativas como **nothing**, **no one**, etc: *Nunca pasa nada.* Nothing ever happens. ◇ *sin ver nunca el sol* without ever seeing the sun ⊃ *Ver nota en* ALWAYS

LOC **casi nunca** hardly ever: *No nos vemos casi* ~. We hardly ever see each other. ◆ **como nunca** better than ever ◆ **más que nunca** more than ever: *Hoy hace más calor que* ~. It's hotter than ever today. ◆ **nunca jamás** never ever: *Nunca jamás volveré a dejarle nada.* I'll never ever lend him anything again. ◆ **nunca más** never again

nupcial *adj* wedding: *banquete/marcha* ~ wedding reception/march

nutria *nf* otter

nutrición *nf* nutrition

nutricionista *nmf* nutritionist

nutritivo, -a *adj* nutritious

nylon = NAILON

Ñ ñ

¡ñam! *interj* LOC **¡ñam, ñam!** yum-yum!

ñoño, -a *adj* **1** (*persona*) **(a)** (*remilgado, soso*) wet **(b)** (*puritano*) prim **2** (*cosa*) dull ▸ *nm-nf* **1** (*remilgado, soso*) wet: *ser un* ~ to be wet **2** (*puritano*) prim: *Es un* ~, *todo le parece inmoral.* He's so prim — he thinks everything's immoral.

Oo

o *conj* or: ¿*Té o café?* Tea or coffee? ◊ *O te comes todo, o no sales a jugar.* Either you eat it all up or you're not going out to play.

oasis *nm* oasis [*pl* oases]

obedecer *vt* to obey: ~ *a tus padres* to obey your parents
▸*vi* to do as you are told: ¡*Obedece!* Do as you're told!

obediente *adj* obedient

obesidad *nf* obesity

obeso, -a *adj* obese

obispo, -a *nm-nf* bishop

objetar *vt* to object

objetivo, -a *adj* objective
▸*nm* **1** (*finalidad*) aim, objective (*más formal*): ~*s a largo plazo* long-term objectives **2** (*Mil*) target **3** (*Fot*) lens

objeto *nm* **1** (*cosa, Gram*) object **2** (*propósito*) purpose **LOC objetos perdidos** lost property [*v sing*]: *oficina de ~s perdidos* lost property office

objetor, -ora *nm-nf* **LOC objetor (de conciencia)** conscientious objector

oblicuo, -a *adj* (*Geom*) oblique **LOC** *Ver* BARRA

obligación *nf* obligation **LOC tener (la) obligación de** to be obliged *to do sth*

obligado, -a *adj* **LOC estar obligado a** to have *to do sth*: *Estamos ~s a cambiarlo.* We have to change it. ◆ **sentirse/verse obligado** to feel obliged *to do sth Ver tb* OBLIGAR

obligar *vt* to force *sb to do sth*, to make *sb do sth* (*más coloq*): *Me obligaron a entregar el maletín.* They forced me to hand over my briefcase.

obligatorio, -a *adj* compulsory: *la enseñanza obligatoria* compulsory education **LOC** *Ver* LECTURA

oboe *nm* oboe

obra *nf* **1** (*trabajo, creación*) work: *una ~ de arte* a work of art ◊ *la ~ completa de Machado* the complete works of Machado **2** (*acción*) deed: *realizar buenas ~s* to do good deeds **3** (*lugar en construcción*) (building) site: *Hubo un accidente en la ~.* There was an accident at the (building) site. **4 obras** (*de carretera*) roadworks **5 obras** (*en una casa, etc.*): *Estamos de ~s.* We're having some work done on the house. **LOC obra (de teatro)** play ◆ **obra maestra** masterpiece *Ver tb* MANO

obrar *vi* to act

obrero, -a *adj* **1** (*familia, barrio*) working-class **2** (*sindicato*) labour: *el movimiento ~* the labour movement

▸*nm-nf* worker **LOC** *Ver* ABEJA

obsceno, -a *adj* obscene

observación *nf* observation: *capacidad de ~* powers of observation **LOC estar en observación** to be under observation

observador, -ora *adj* observant
▸*nm-nf* observer

observar *vt* **1** (*mirar*) to watch, to observe (*más formal*): *Observaba a la gente desde mi ventana.* I was watching people from my window. **2** (*notar*) to notice: ¿*Has observado algo extraño en él?* Have you noticed anything odd about him?

observatorio *nm* observatory [*pl* observatories]

obsesión *nf* obsession (*with sth/sb*): *una ~ por las motos/ganar* an obsession with motorbikes/winning **LOC tener obsesión por/con** to be obsessed with *sth/sb*

obsesionar *vt* to obsess: *Le obsesionan los videojuegos.* He's obsessed with computer games.
▸ **obsesionarse** *vp* to become obsessed (*with sth/sb*)

obseso, -a *adj* obsessed **LOC ser un obseso (de)** to be obsessed (*with sth*): *Es un ~ del trabajo.* He's obsessed with work.

obstaculizar *vt* to block

obstáculo *nm* obstacle

obstante LOC no obstante however, nevertheless (*más formal*)

obstruir *vt* **1** (*cañería, lavabo*) to block **2** (*dificultar*) to obstruct: ~ *la justicia* to obstruct justice

obtener *vt* to obtain, to get (*más coloq*): ~ *un préstamo/el apoyo de algn* to get a loan/sb's support

obviamente *adv* obviously

obvio, -a *adj* obvious

oca *nf* **1** (*animal*) goose [*pl* geese] **2** (*juego*) snakes and ladders [*v sing*]

ocasión *nf* **1** (*vez*) occasion: *en numerosas ocasiones* on numerous occasions **2** (*oportunidad*) opportunity [*pl* opportunities], chance (*más coloq*) (*to do sth*): *una ~ única* a unique opportunity **LOC de ocasión** *precios de ~* bargain prices ◊ *coches de ~* second-hand cars *Ver tb* INFINIDAD

ocasional *adj* **1** (*trabajo*) casual: *trabajo ~* casual work **2** (*lluvia, visita*) occasional: *alguna*

ocupa = OKUPA

visita ~ the occasional visit **3** (*fortuito*) chance: *un encuentro* ~ a chance meeting

occidental *adj* western: *el mundo* ~ the western world
▸*nmf* westerner

occidente *nm* west: *las diferencias entre Oriente y Occidente* the differences between East and West

Oceanía *nf* Oceania

océano *nm* ocean ➲ *Ver nota en* MAR

ochenta *adj, nm, pron* **1** eighty **2** (*octogésimo*) eightieth ➲ *Ver ejemplos en* SESENTA

ocho *adj, nm, pron* **1** eight **2** (*fecha*) eighth ➲ *Ver ejemplos en* SEIS

ochocientos, -as *adj, nm, pron* eight hundred ➲ *Ver ejemplos en* SEISCIENTOS

ocio *nm* leisure: *tiempo/ratos de* ~ leisure time LOC *Ver* GUÍA

octavo, -a *adj, nm-nf, pron* eighth ➲ *Ver ejemplos en* SEXTO LOC **octavos de final** round before the quarter-finals

octubre *nm* October (*abrev* Oct.) ➲ *Ver ejemplos en* ENERO

oculista *nmf* eye specialist

ocultar *vt* to hide *sb/sth* (*from sb*): *La ocultaron de la policía.* They hid her from the police. ◊ *No tengo nada que* ~. I have nothing to hide.
▸**ocultarse** *vp* to hide (*from sb*): *el sitio donde se ocultaban* the place where they were hiding

oculto, -a *adj* hidden

ocupado, -a *adj* **1** ~ (**en/con**) (*persona*) busy (with *sb/sth*); busy (*doing sth*): *Si llaman, di que estoy* ~. If anyone calls, say I'm busy. **2** (*línea telefónica*) engaged, busy (*USA*) **3** (*wáter*) engaged, occupied (*USA*) **4** (*asiento, taxi*) taken: *¿Está* ~ *este sitio?* Is this seat taken? **5** (*país*) occupied *Ver tb* OCUPAR

ocupante *adj* occupying: *las fuerzas* ~*s* the occupying forces
▸*nmf* occupant

ocupar *vt* **1** (*espacio, tiempo*) to take up *sth*: *Ocupa media página.* It takes up half a page. ◊ *Ocupa muy poco (espacio).* It takes up very little room. ◊ *Ocupa todo mi tiempo libre.* It takes up all my spare time. **2** (*cargo oficial*) to hold **3** (*país*) to occupy

ocurrencia *nf* idea LOC **¡qué ocurrencia(s)!** what will you, he, etc. think of next?

ocurrir *vi* to happen: *Lo que ocurrió fue que…* What happened was that… ◊ *No quiero que vuelva a* ~. I don't want it to happen again.
▸**ocurrirse** *vp* to think *of sth/doing sth*, to occur *to sb* (*más formal*): *¿Se te ocurre algo?* Can you think of anything? ◊ *A mí nunca se me hubiera*

ocurrido presentarme sin avisar. I'd never have thought of turning up without letting you know. ◊ *Se me acaba de* ~ *que…* It has just occurred to me that…

odiar *vt* to hate *sth/sb/doing sth*: *Odio cocinar.* I hate cooking.

odio *nm* hatred (*for/of sb/sth*)

odioso, -a *adj* horrible

odontólogo, -a *nm-nf* dental surgeon

oeste *nm* west (*abrev* W): *en/por el* ~ in the west ◊ *en la costa* ~ on the west coast ◊ *más al* ~ further west LOC *Ver* PELÍCULA

ofender *vt* to offend
▸**ofenderse** *vp* to take offence (*at sth*): *Te ofendes por cualquier tontería.* You take offence at the slightest thing.

ofensa *nf* offence

ofensiva *nf* (*ataque*) offensive

ofensivo, -a *adj* offensive: *un comentario* ~ an offensive remark

oferta *nf* **1** (*rebaja*) offer: *una* ~ *especial* a special offer **2** (*Econ, Fin*) supply: *La demanda supera a la* ~. Demand outstrips supply. LOC **de/en oferta** on special offer ◆ **ofertas de empleo** job vacancies

oficial *adj* official
▸*nmf* (*policía, Mil*) officer LOC **no oficial** unofficial *Ver tb* VIVIENDA

oficina *nf* office: *Estaré en la* ~. I'll be at the office. LOC **oficina de correos** post office ◆ **oficina de empleo** job centre ◆ **oficina de (información y) turismo** tourist information centre *Ver tb* MATERIAL

oficinista *nmf* office worker

oficio *nm* trade: *aprender un* ~ to learn a trade LOC *Ver* GAJES

ofrecer *vt* to offer: *Nos ofrecieron un café.* They offered us a coffee. ➲ *Ver nota en* GIVE
▸**ofrecerse** *vp* **ofrecerse (a/para)** to volunteer (for *sth/to do sth*): *Me ofrecí para llevarles a casa.* I volunteered to take them home. ◊ *Se ofrece chico para trabajos de mensajería.* Young man seeks courier work.

oftalmólogo, -a *nm-nf* ophthalmologist

oída *nf* LOC **de oídas** *Le conozco de* ~*s pero no nos han presentado.* I've heard of him but we haven't been introduced yet.

oído *nm* **1** (*Anat*) ear **2** (*sentido*) hearing LOC **al oído** (*Dímelo al* ~. Whisper it in my ear. ◆ **de oído** by ear: *Toco el piano de* ~. I play the piano by ear. ◆ **tener buen oído** to have a good ear *Ver tb* AGRADABLE, DOLOR, DURO, EDUCAR, ZUMBAR

oír vt **1** (percibir sonidos) to hear: No oyeron el despertador. They didn't hear the alarm. ◊ No te oí entrar. I didn't hear you come in.

🔎 Para referirse a lo que se oye en un momento dado, se usan **can** y **could** con el verbo **hear**. Raramente se usa **hear** con tiempos continuos: ¿Oyes eso? Can you hear that? ◊ No se oía nada. You couldn't hear a thing.

2 (escuchar) to listen (to sb/sth): ~ la radio to listen to the radio LOC ¡oiga! **1** excuse me! **2** (por teléfono) hello? Ver tb PARED

ojal nm buttonhole

¡ojalá! interj **1** (espero que) I hope…: ¡Ojalá ganen! I hope they win! ◊ —Verás como apruebas. —¡Ojalá! 'I'm sure you'll pass.' 'I hope so!' **2** (ya quisiera yo) if only: ¡Ojalá pudiera ir! If only I could go!

ojeada nf glance: con una sola ~ at a glance LOC echar una ojeada to have a glance (at sth)

ojeras nf bags under the eyes: ¡Qué ~ tienes! You've got huge bags under your eyes.

ojo nm **1** eye: Es morena con los ~s verdes. She has dark hair and green eyes. ◊ tener los ~s saltones to have bulging eyes **2** (cerradura) keyhole

▸ **¡ojo!** interj (be) careful: ¡Ojo con esa jarra! (Be) careful with that jug! LOC andar con cien ojos to be very careful ◆ a ojo roughly: Lo calculé a ~. I worked it out roughly. ◆ con los ojos vendados blindfold ◆ echarle un ojo a algn/algo (cuidar) to keep an eye on sb/sth ◆ mirar a los ojos to look into sb's eyes ◆ mirarse a los ojos to look into each other's eyes ◆ no pegar ojo not to sleep a wink ◆ ojo de buey (ventana) porthole ◆ ojos que no ven… what the eye doesn't see, the heart doesn't grieve over ◆ ser el ojo derecho de algn to be the apple of sb's eye ◆ tener ojo to be careful: Debes tener ~ con lo que haces. You must be careful what you're doing. Ver tb ABRIR, COSTAR, LÁPIZ, PINTAR, QUITAR, RABILLO, SOMBRA, VENDAR

okupa nmf squatter

ola nf wave LOC ola de calor heatwave ◆ ola de frío cold spell

¡olé! (tb ¡ole!) interj bravo!

oleaje nm swell: un fuerte ~ a heavy swell

óleo nm oil LOC cuadro/pintura al óleo oil painting Ver tb PINTAR

oler vt, vi ~ (a) to smell (of sth): ~ a pintura to smell of paint ◊ ¿A qué huele? What's that smell? ◊ Ese perfume huele bien. That perfume smells nice. ➲ Ver nota en SMELL LOC oler a chamusquina (sospechar algo raro) to smell fishy ◆ oler a humanidad Aquí huele a humanidad.

There's a terrible smell of BO in here. ◆ oler a quemado to smell of burning ◆ oler fatal/que apesta to stink ◆ olerse algo to suspect sth Ver tb GLORIA

olfatear vt **1** (oler) to sniff **2** (seguir el rastro) to scent

olfato nm (sentido) smell LOC tener olfato to have a nose for sth: Tienen ~ para las antigüedades. They have a nose for antiques.

olimpiada (tb olimpíada) nf las Olimpiadas the Olympics [pl]

olímpicamente adv LOC pasar olímpicamente **1** (no estar interesado) not to give a damn (about sb/sth) **2** (no tener ganas) not to be able to be bothered (to do sth): Paso ~ de ir a la fiesta. I really can't be bothered to go to the party. **3** (no hacer caso) to ignore sb/sth

olímpico, -a adj Olympic: el récord ~ the Olympic record LOC Ver JUEGO, VILLA

oliva nf olive

olivar nm olive grove

olivo nm olive (tree)

olla nf LOC írsele a algn la olla to lose it ◆ olla exprés/a presión pressure cooker ➲ Ver dibujo en POT

olmo nm elm (tree)

olor nm smell (of sth): Había un ~ a rosas/quemado. There was a smell of roses/burning.

oloroso, -a adj sweet-smelling

olvidadizo, -a adj forgetful

olvidado, -a adj forgotten LOC dejar(se) algo olvidado to leave sth (behind): No te lo dejes ~. Don't leave it behind. Ver tb OLVIDAR(SE)

olvidar(se) vt, vp **1** to forget: Olvidé (comprar) el detergente. I forgot (to buy) the washing powder. **2** (dejar) to leave sth (behind): Olvidé el paraguas en el autobús. I left my umbrella on the bus.

ombligo nm belly button, navel (más formal)

omitir vt to omit, to leave sth out (más coloq)

omnívoro, -a adj omnivorous
▸ omnivore

omoplato (tb omóplato) nm shoulder blade

once adj, nm, pron **1** eleven **2** (fecha) eleventh **3** (en títulos) the Eleventh: Alfonso XI Alfonso XI ❶ Se lee: 'Alfonso the Eleventh'. ➲ Ver ejemplos en SEIS

onceavo, -a adj, nm eleventh

onda nf wave: ~ sonora/expansiva sound/shock wave ◊ ~ corta/media/larga short/medium/long wave LOC estar en la onda to be up to date (with sth)

ondear vi (bandera) to fly

ondulado, -a adj **1** (pelo) wavy **2** (superficie) undulating **3** (cartón, papel) corrugated

ONG nf NGO [pl NGOs]

🔎 En inglés, el término **NGO** se usa sobre todo en el contexto político, mientras que para referirse a organizaciones como UNICEF, Greenpeace, Oxfam, etc. lo normal es utilizar la palabra **charity** [pl **charities**].

ONU nf UN

opaco, -a adj opaque

opción nf option: No tiene otra ~. He has no option.

opcional adj optional

ópera nf opera

operación nf **1** (quirúrgica, policial) operation: una ~ cardiaca a heart operation ◇ una ~ policial a police operation **2** (Fin) transaction **LOC operación salida** Durante la ~ salida se produjeron varios accidentes. There were a number of accidents as people left the city on holiday.

operar vt, vi (Med) to operate (on sb): Puede que le tengan que ~. They may have to operate (on him).
▸ vt (maquinaria, etc.) to operate
▸ **operarse** vp to have an operation: Tengo que ~me del pie. I've got to have an operation on my foot. **LOC operarse de anginas, apendicitis, etc.** to have your tonsils, appendix, etc. out

operario, -a nm-nf worker

operativo, -a adj (Informát) operating: sistema ~ operating system

opinar vt to think: ¿Qué opinas? What do you think?

opinión nf opinion: en mi ~ in my opinion **LOC tener buena/mala opinión de** to have a high/low opinion of sb/sth Ver tb CAMBIAR

oponente nmf opponent

oponer vt to offer: ~ resistencia a algn/algo to offer resistance to sb/sth
▸ **oponerse** vp **1 oponerse a** (estar en contra) to oppose: ~se a una idea/boda to oppose an idea/a wedding **2** (poner pegas) to object: Iré a la fiesta si mis padres no se oponen. I'll go to the party if my parents don't object.

oportunidad nf **1** (ocasión) chance, opportunity [pl opportunities] (más formal): Tuve la ~ de ir al teatro. I had the chance to go to the theatre. **2** (ganga) bargain **LOC** Ver IGUALDAD

oportuno, -a adj **1** (en buen momento) timely: una visita oportuna a timely visit **2** (adecuado) appropriate: Tu respuesta no fue muy oportuna. Your reply wasn't very appropriate.

oposición nf **1** (rechazo, Pol) opposition (to sb/sth): el líder de la ~ the leader of the Opposition **2** (examen) examination: Hizo las oposiciones a funcionario. He took the Civil Service exam.

opositor, -ora nm-nf candidate

opresión nf oppression

opresivo, -a adj oppressive

oprimir vt **1** (tiranizar) to oppress **2** (apretar) to be too tight: La cinturilla de la falda me oprimía. The waistband on my skirt was too tight.

optar vi **1** ~ **por** (decidir) to opt for sth/to do sth: Optaron por seguir estudiando. They opted to carry on studying. **2** ~ **a** (solicitar) to apply for sth: ~ a una plaza en el ayuntamiento to apply for a job with the council

optativo, -a adj optional **LOC** Ver ASIGNATURA

óptica nf (establecimiento) optician's ➲ Ver nota en CARNICERÍA

óptico, -a adj **1** (instrumento, lente) optical **2** (nervio) optic
▸ nm-nf optician, optometrist (USA) **LOC** Ver FIBRA

optimismo nm optimism

optimista adj optimistic
▸ nmf optimist

opuesto, -a adj **1** (extremo, lado, dirección) opposite: El frío es lo ~ al calor. Cold is the opposite of heat. ◇ Iban en direcciones opuestas. They were going in opposite directions. **2** (dispar) different: Mis dos hermanos son totalmente ~s. My two brothers are totally different. **LOC** Ver POLO; Ver tb OPONER

oración nf **1** (Relig) prayer: rezar una ~ to say a prayer **2** (Gram) **(a)** sentence: una ~ compuesta a complex sentence **(b)** (proposición) clause: una ~ principal/subordinada a main/subordinate clause

oral adj oral

orar vi to pray

órbita nf (Astron) orbit

orca nf killer whale

orden¹ nm **1** order: Todo está en ~. Everything is in order. ◇ en/por ~ alfabético in alphabetical order ◇ por ~ de importancia in order of importance **2** (tipo) nature: problemas de ~ jurídico problems of a legal nature

orden² nf **1** (indicación, Relig) order: por ~ del juez by order of the court ◇ la ~ franciscana the Franciscan Order **2** (Jur) warrant: una ~ de registro a search warrant **LOC orden de alejamiento** exclusion order Ver tb ALTERAR

ordenado, -a adj tidy, neat (USA): una niña/habitación muy ordenada a very tidy girl/room Ver tb ORDENAR

ordenador

screen
monitor
keys
mouse
keyboard
space bar

ordenador *nm* computer

🔍 Cuando abres el ordenador, normalmente tienes que introducir nombre de usuario y contraseña (**key in/enter your username and password**) para entrar en el sistema (**log in/on**). Luego ya puedes navegar por internet (**surf the Net**), mirar tu e-mail (**check your email**), mandar mensajes a tus amigos (**message your friends**), entrar en las redes sociales (**go on social media**), realizar compras online (**do some online shopping**), abrir un archivo (**open a file**), etc. Cuando termines, no olvides guardar los documentos (**save the documents**) que tengas abiertos, e incluso hacer una copia de seguridad (**make a backup copy**). Finalmente, sal del sistema (**log off/out**) antes de apagar el ordenador.

LOC ordenador personal personal computer (*abrev* PC) ◆ ordenador portátil laptop *Ver tb* JUEGO

ordenar *vt* **1** (*lugar*) to tidy sth (up), to clean sth up (*USA*): ¿*Podrías ~ tu habitación?* Could you tidy your bedroom? **2** (*apuntes, carpetas*) to put sth in order: *~ algo alfabéticamente* to put sth in alphabetical order **3** (*mandar*) to order sb to do sth: *Me ordenó que me sentara.* He ordered me to sit down. ➔ *Ver nota en* ORDER

ordeñar *vt* to milk

ordinario, -a *adj* **1** (*habitual*) ordinary: *acontecimientos ~s* ordinary events **2** (*vulgar*) common

orégano *nm* oregano

oreja *nf* ear **LOC** *Ver* MOSCA

orfanato (*tb* **orfelinato**) *nm* orphanage

orgánico, -a *adj* organic

organismo *nm* **1** (*Biol*) organism **2** (*organización*) organization

organización *nf* organization: *organizaciones internacionales* international organizations **LOC** Organización de las Naciones Unidas (*abrev* **ONU**) the United Nations (*abrev* UN) *Ver tb* BENÉFICO

organizador, -ora *adj* organizing
▸ *nm-nf* organizer

organizar *vt* to organize
▸ **organizarse** *vp* (*persona*) to get yourself organized: *Debería ~me mejor.* I should get myself better organized.

órgano *nm* (*Anat, Mús*) organ

orgullo *nm* pride: *herir el ~ de algn* to hurt sb's pride

orgulloso, -a *adj* proud: *Está ~ de sí mismo.* He is proud of himself.

orientación *nf* **1** (*posición*): ¿*Qué ~ tiene la casa?* Which way does the house face? **2** (*tendencia*) orientation: *~ sexual* sexual orientation **3** (*guía, consejo*) guidance

orientado, -a *adj* **LOC** estar orientado a/hacia (*edificio, habitación*) to face: *El balcón está ~ hacia el sur.* The balcony faces south. *Ver tb* ORIENTAR

oriental *adj* eastern: *Europa Oriental* Eastern Europe
▸ *nmf* oriental: *En mi clase hay dos ~es.* There are two people from the Far East in my class.

🔍 Existe la palabra **Oriental** como sustantivo en inglés, pero es preferible no usarla porque puede ofender.

orientar *vt* **1** (*colocar*) to position: *~ una antena* to position an aerial **2** (*dirigir*) to direct: *El policía les orientó y llegaron sin problema.* The policeman directed them and they got there without any problems. **3** (*guiar, informar*) to advise sb (*on/about sth*): ¿*Me puedes ~ un poco?* Can you give me some advice?
▸ **orientarse** *vp* (*encontrar el camino*) to find your way around

oriente *nm* east **LOC** Extremo/Lejano Oriente Far East ◆ Oriente Medio Middle East ◆ Oriente Próximo/Cercano Oriente Near East

origen *nm* origin **LOC** dar origen a to give rise to sth *Ver tb* DENOMINACIÓN

original *adj*, *nm* original **LOC** *Ver* VERSIÓN

originar *vt* to lead to sth
▸ **originarse** *vp* to start: *Se originó un incendio en el bosque.* A fire started in the woods.

orilla *nf* **1** (*camino, paseo*) edge: *a la ~ del camino* at the edge of the path **2** (*río*) bank: *a ~s del Sena* on the banks of the Seine **3** (*lago, mar*) shore

LOC **a la orilla del mar/río** on the seashore/riverside

orina *nf* urine **LOC** *Ver* ANÁLISIS

orinar *vi* to urinate

  ▸ **orinarse** *vp* to wet yourself

orla *nf* (*universidad*) class graduation photographs [*pl*]

oro *nm* **1** (*metal*) gold: *una medalla de ~* a gold medal **2 oros** (*Naipes*) ➔ *Ver nota en* BARAJA **LOC** **no es oro todo lo que reluce** all that glitters is not gold *Ver tb* BAÑADO, BODA, BUSCADOR, PRECIO, SIGLO

orquesta *nf* **1** (*de música clásica*) orchestra **2** (*de música popular*) band: *una ~ de jazz* a jazz band **LOC** *Ver* DIRECTOR

orquídea *nf* orchid

ortiga *nf* nettle

ortografía *nf* spelling: *faltas de ~* spelling mistakes

ortográfico, -a *adj* **LOC** *Ver* CORRECTOR

orzuelo *nm* sty(e) [*pl* sties/styes]: *Me ha salido un ~.* I've got a sty(e).

os *pron* **1** (*complemento*) you: *Os invito a cenar.* I'll take you out for dinner. ◊ *Os lo di ayer.* I gave it to you yesterday. **2** (*reflexivo*) yourselves: *¿Os divertisteis?* Did you enjoy yourselves? **3** (*partes del cuerpo, efectos personales*): *Quitaos el abrigo.* Take your coats off. **4** (*recíproco*) each other, one another: *¿Os veis con mucha frecuencia?* Do you see each other very often? ➔ *Ver nota en* EACH OTHER

oscilar *vi* **1** (*lámpara, péndulo*) to swing **2 ~ (entre)** (*precios, temperaturas*) to vary (between *sth and sth*): *El precio oscila entre los cinco y los siete euros.* The price varies between five and seven euros.

oscurecer *vt* to darken

  ▸ **oscurecer(se)** *v imp, vp* to get dark

oscuridad *nf* **1** (*falta de luz*) dark: *Me da miedo la ~.* I'm afraid of the dark. **2** (*cualidad*) darkness: *la ~ de la noche* the darkness of the night **3** (*anonimato, complejidad*) obscurity: *vivir en la ~* to live in obscurity

oscuro, -a *adj* **1** dark: *azul ~* dark blue **2** (*poco conocido*) obscure: *un ~ poeta* an obscure poet **LOC** **a oscuras** in the dark: *Nos quedamos a oscuras.* We were left in the dark.

oso, -a *nm-nf* bear **LOC** **oso de peluche** teddy bear ◆ **oso hormiguero** anteater ◆ **oso polar** polar bear

ostra *nf* oyster

  ▸ **¡ostras!** *interj* (*sorpresa*) good heavens! **LOC** *Ver* ABURRIR

otoño *nm* autumn, fall (*USA*): *en ~* in (the) autumn

otorgar *vt* to award

otro, -a *adj* another, other

🔎 **Another** se usa con sustantivos en singular y **other** con sustantivos en plural: *No hay otro tren hasta las cinco.* There isn't another train until five. ◊ *en otra ocasión* on another occasion ◊ *¿Tienes otros colores?* Have you got any other colours? **Other** también se utiliza en expresiones como: *el otro día/la otra noche* the other day/night ◊ *mi otro hermano* my other brother.
A veces **another** va seguido de un número y un sustantivo plural cuando se utiliza en el sentido de "más": *Me quedan otros tres exámenes.* I've got another three exams to do. También se puede decir en estos casos: 'I've got three more exams.'

  ▸ *pron* another (one) [*pl* others]: *un día u ~* one day or another ◊ *¿Tienes ~?* Have you got another (one)? ◊ *No me gustan. ¿Tienes ~s?* I don't like these ones. Have you got any others? **❶ El otro, la otra** se traducen por 'the other one': *¿Dónde está el ~?* Where's the other one? **LOC** **en otro lugar/sitio/en otra parte** somewhere else ◆ **lo otro 1** (*la otra cosa*) the other thing: *¿Qué era lo ~ que querías?* What was the other thing you wanted? **2** (*lo demás*) the rest: *Lo ~ no importa.* The rest doesn't matter. ◆ **nada del otro jueves/mundo** nothing to write home about ◆ **otra cosa** something else: *Había otra cosa que quería decirte.* There was something else I wanted to tell you.

🔎 Si la oración es negativa, podemos decir **anything else** o **nothing else**, dependiendo de si hay o no otra partícula negativa en la frase: *No hay otra cosa.* There's nothing else./There isn't anything else. ◊ *No pudieron hacer otra cosa.* They couldn't do anything else.

  ◆ **otra vez** again: *He suspendido otra vez.* I've failed again. ◆ **otro día** some other time: *¡Por supuesto que iremos ~ día!* Of course we'll go some other time! ◆ **otro(s) tanto(s)** as much/as many again: *Me ha pagado 1000 euros y aún me debe ~ tanto.* He's paid me 1 000 euros and he still owes me as much again. ◆ **por otra parte/otro lado** on the other hand *Ver tb* COSA, MES, SEMANA, SITIO

oval (*tb* **ovalado, -a**) *adj* oval

ovario *nm* ovary [*pl* ovaries]

oveja *nf* sheep [*pl* sheep]: *un rebaño de ~s* a flock of sheep ➔ *Ver nota en* CARNE **LOC** **oveja negra** black sheep

ovillo nm ball: *un ~ de lana* a ball of wool **LOC** **hacerse un ovillo** to curl up

ovino, -a adj **LOC** Ver GANADO

ovni nm UFO [pl UFOs]

óvulo nm ovum [pl ova]

oxidado, -a adj rusty Ver tb OXIDAR(SE)

oxidar(se) vt, vp to rust: *Se han oxidado las tijeras.* The scissors have rusted.

oxigenado, -a adj **LOC** Ver AGUA

oxígeno nm oxygen **LOC** Ver MÁSCARA

oyente nmf **1** (Radio) listener **2** (Educ) unregistered student

ozono nm ozone: *la capa de ~* the ozone layer

Pp

pabellón nm **1** (Dep) sports hall **2** (hospital) block **3** (exposición) pavilion: *el ~ de Francia* the French pavilion

pacer vi to graze

pachucho, -a adj **1** (persona) poorly **2** (planta) limp

paciencia nf patience: *Se me está acabando la ~.* My patience is wearing thin. **LOC** **¡paciencia!** be patient! ◆ **tener paciencia** to be patient: *Hay que tener ~.* You must be patient. Ver tb ARMAR

paciente adj, nmf patient

pacificar vt to pacify
▸ **pacificarse** vp to calm down

pacífico, -a adj peaceful
▸ **el Pacífico** nm the Pacific (Ocean)

pacifista nmf pacifist

pactar vt to agree on *sth*: *Pactaron un alto el fuego.* They agreed on a ceasefire.
▸ vi to make an agreement (*with sb*) (*to do sth*)

pacto nm agreement: *romper un ~* to break an agreement

padecer vt, vi ~ **(de)** to suffer (from *sth*): *Padece dolores de cabeza.* He suffers from headaches. **LOC** **padecer de la espalda, del corazón, etc.** to have back, heart, etc. trouble

pádel nm paddle tennis **LOC** Ver PISTA

padrastro nm **1** stepfather **2** (en la uña) hangnail

padre nm **1** father: *Es ~ de dos hijos.* He is the father of two children. ◇ *el ~ García* Father García **2** **padres** (padre y madre) parents **LOC** **padre biológico** biological father Ver tb ASOCIACIÓN, DÍA, FAMILIA, HUÉRFANO

padrenuestro nm Our Father: *rezar dos ~s* to say two Our Fathers

padrino nm **1** (bautizo) godfather **2** (boda) man who accompanies the bride, usually her father ➔ Ver nota en BODA **3** **padrinos** godparents

paella nf paella

paga nf **1** (sueldo) pay **2** (de un niño) pocket money

pagano, -a adj, nm-nf pagan

pagar vt to pay (for) *sth*: *~ las deudas/los impuestos* to pay your debts/taxes ◇ *Mi abuelo me paga los estudios.* My grandfather is paying for my education.
▸ vi to pay: *Pagan bien.* They pay well. **LOC** **¡me las pagarás!** you'll pay for this! ◆ **pagar con tarjeta** to pay (*for sth*) by card ◆ **pagar el pato** to carry the can ◆ **pagar en efectivo/metálico** to pay (in) cash (*for sth*) Ver tb CARO, ESCOTE, PRECIO

página nf page (abrev p): *Está en la ~ tres.* It's on page three. ◇ *Abrid el libro por la ~ cinco.* Open your books at page five. **LOC** **página inicial/principal/de inicio** (Internet) home page ◆ **páginas amarillas** yellow pages ◆ **página web** web page ◆ **pasar la página** to turn over

pago nm (dinero) payment: *efectuar/hacer un ~* to make a payment **LOC** Ver COLEGIO, TELEVISIÓN

país nm country [pl countries] **LOC** **los Países Bajos** the Netherlands Ver tb HUIR

paisaje nm landscape ➔ Ver nota en SCENERY

paisano, -a nm-nf **1** (del mismo país) fellow countryman/woman [pl -men/-women] **2** (del mismo pueblo): *Es mi ~.* He's from the same town/village as me. **LOC** **de paisano 1** (militar) in civilian dress **2** (policía) in plain clothes

paja nf **1** straw **2** (en un texto, discurso) padding

pajar nm hay loft **LOC** Ver BUSCAR

pajarita nf (corbata) bow tie **LOC** **pajarita de papel** origami bird

pájaro nm bird **LOC** **pájaro carpintero** woodpecker ◆ **más vale pájaro en mano...** a bird in the hand is worth two in the bush Ver tb CABEZA, MATAR

paje nm page

pajita nf straw

pala nf **1** (a) shovel (b) (playa) spade: *jugar con*

el cubo y la ~ to play with your bucket and spade **2** (Tenis de mesa) bat, paddle (USA)

palabra nf word: una ~ de tres letras a three-letter word ◊ No dijo ni ~. He didn't say a word. ◊ en otras ~s in other words ◊ Te doy mi ~. I give you my word. **LOC** **cogerle/tomarle la palabra a algn** to take sb at their word ◆ **dejar a algn con la palabra en la boca** to cut sb short: Me dejó con la ~ en la boca y se fue. He cut me short and walked off. ◆ **en dos/pocas palabras** briefly ◆ **¡palabra (de honor)!** honest! ◆ **tener la última palabra** to have the last word (on sth) Ver tb ANUNCIO, BREVE, CEDER, CUMPLIR, DIRIGIR, JUEGO, SOLTAR

palabrota nf swear word: decir ~s to swear

palacio nm palace

paladar nm palate **LOC** Ver VELO

palanca nf lever: En caso de emergencia, tirar de la ~. In an emergency, pull the lever. **LOC** **palanca de cambio** gear lever, gear shift (USA)

palangana nf bowl

palco nm **1** (teatro) box **2** (estadio) director's box

paleta nf **1** (de albañil) trowel **2** (de pintor) palette

paleto, -a adj, nm-nf yokel: ¡Qué ~ eres! What a yokel you are!

palidecer vi to go pale

pálido, -a adj pale: rosa ~ pale pink **LOC** **ponerse/quedarse pálido** to go pale

palillo nm **1** (de dientes) toothpick **2** palillos **(a)** (para tambor) drumsticks **(b)** (para comida) chopsticks **LOC** **estar hecho un palillo** to be as thin as a rake

paliza nf beating: El Celta les metió una buena ~. Celta gave them a sound beating. ◊ Recibió una soberana ~. He was badly beaten up.
▸ adj, nmf (pelmazo) bore: Ese tío es un ~. What a bore that man is! **LOC** **darle la paliza a algn** to pester sb: Deja de dar la ~, ¿quieres? Stop pestering me, will you? ◆ **darse una paliza** to wear yourself out (doing sth): Nos dimos una buena ~ a estudiar. We wore ourselves out studying. ◆ **dar una paliza a algn** (pegar) to beat sb up

palma nf **1** (mano) palm **2** (árbol) palm (tree) **LOC** **dar palmas/tocar las palmas** (acompañamiento) to clap in time (to sth): Le acompañaban dando ~s. They clapped in time to the music. Ver tb CONOCER

palmada nf pat: Me dio una ~ en la espalda. He gave me a pat on the back. **LOC** **dar palmadas** to clap: Dio tres ~. He clapped three times.

palmera nf palm (tree)

palmo nm Es un ~ más alto que yo. He's several inches taller than me. **LOC** **palmo a palmo** inch by inch

palo nm **1** (vara) stick **2** (disgusto) blow: Su muerte fue un ~ para mí. Her death was a blow to me. **3** (Naipes) suit ➜ Ver nota en BARAJA **4** (Golf) (golf) club **5** (barco) mast **6** (rollo): Esa clase es un ~. That class is really boring. ◊ Es un ~ tenerse que levantar tan temprano. It's a pain having to get up so early. **LOC** **a palo seco** on its own ◆ **de palo** wooden: pata de ~ wooden leg Ver tb CUCHARA, LIAR, MOLER, SELFI, TAL

paloma nf **1** (gris o azulada) pigeon: una ~ mensajera a carrier pigeon **2** (blanca) dove: la ~ de la paz the dove of peace

palomar nm dovecote

palomita nf **LOC** **palomitas (de maíz)** popcorn [incontable]: ¿Quieres unas ~? Would you like some popcorn?

palpar(se) vt, vi, vp to feel: El médico me palpó el vientre. The doctor felt my stomach. ◊ Se palpó los bolsillos. He felt his pockets.

palpitar vi to beat

pan nm **1** bread [incontable]: Me gusta el ~ recién hecho. I like freshly-baked bread. ◊ ~ duro stale bread ◊ ¿Quieres ~? Do you want some bread? ➜ Ver nota en BREAD **2** (pieza) loaf [pl loaves]: ¿Me da tres ~es? Could I have three loaves (of bread), please? **LOC** **(llamar) al pan pan y al vino vino** to call a spade a spade ◆ **pan integral/de molde** wholemeal/sliced bread ◆ **pan rallado** breadcrumbs Ver tb BARRA, GANAR

pana nf corduroy: pantalones de ~ corduroy trousers

panadería nf baker's ➜ Ver nota en CARNICERÍA

panadero, -a nm-nf baker

panal nm honeycomb

pancarta nf **1** (de cartón) placard **2** (de tela) banner

panda nm (animal) panda

pandereta nf tambourine

pandilla (tb panda) nf friends [pl]: Vendrá toda la ~. All my friends are coming.

panel nm **1** panel: ~es solares solar panels **2** (de anuncios, información) board: el ~ de salidas the departures board

panfleto nm pamphlet

pánico nm panic **LOC** **tenerle pánico a algn/algo** to be scared stiff of sb/sth: Le tiene ~ al perro. She's scared stiff of the dog. Ver tb ENTRAR, PRESA

panorama nm **1** (vista) view: contemplar un hermoso ~ to look at a lovely view **2** (perspectiva) prospect: ¡Menudo ~! What a prospect! **3** (situación) scene: el ~ actual the scene these days

pantalla nf **1** (de televisor, etc.) screen: una ~ de ordenador a computer screen ➲ Ver dibujo en ORDENADOR **2** (lámpara) lampshade LOC pantalla de plasma plasma screen ◆ pantalla táctil touch screen Ver tb CAPTURA, FONDO

pantallazo nm (Informát) screenshot

pantalón nm pantalones trousers [pl], pants [pl] (USA): No encuentro el ~ del pijama. I can't find my pyjama trousers.

🔎 Trousers es una palabra plural en inglés, por lo tanto para referirnos a "un pantalón" o "unos pantalones" utilizamos **some trousers** o **a pair of trousers**: Llevaba un pantalón viejo. He was wearing some old trousers/an old pair of trousers. ◇ Necesito unos pantalones negros. I need a pair of black trousers. ➲ Ver nota en PAIR

LOC pantalón corto/de deporte shorts [pl] ◆ pantalones de combate cargo pants ◆ pantalones pitillo drainpipes ◆ pantalones pirata three-quarter length trousers ◆ pantalones vaqueros jeans Ver tb FALDA

pantano nm **1** (embalse) reservoir **2** (terreno) marsh

pantera nf panther

pantis nm tights, pantyhose [incontable] (USA) ➲ Ver nota en PAIR

pañal nm nappy [pl nappies], diaper (USA): cambiar el ~ a un niño to change a baby's nappy

paño nm (bayeta) cloth LOC en paños menores in your underwear Ver tb COCINA

pañuelo nm **1** (de nariz) handkerchief [pl handkerchiefs/handkerchieves] **2** (cabeza, cuello) scarf [pl scarfs/scarves] LOC pañuelo de papel tissue

papa nm pope: el ~ Pío XII Pope Pius XII

papá nm **1** (padre) dad: Pregúntaselo a ~. Ask dad. ❶ Los niños pequeños suelen decir **daddy**. **2** papás mum and dad LOC Papá Noel Father Christmas ➲ Ver nota en NAVIDAD; Ver tb HIJO

papada nf double chin

papagayo nm parrot

paparazzi nmf paparazzo [pl paparazzi] ❶ En inglés se suele utilizar la forma plural: un ~ a member of the paparazzi.

papel nm **1** paper [incontable]: una hoja de ~ a sheet of paper ◇ La acera está llena de ~es. The pavement is covered in bits of paper. ◇ servilletas de ~ paper napkins ◇ ~ cuadriculado/reciclado squared/recycled paper **2** (recorte, cuartilla) piece of paper: anotar algo en un ~ to note sth down on a piece of paper **3** (personaje, función) part: hacer el ~ de Otelo to play the part of Othello ◇ Jugará un ~ importante en la reforma. It will play an important part in the reform. LOC papel cebolla tracing paper ◆ papel de aluminio/plata foil ◆ papel de envolver/regalo wrapping paper ◆ papel higiénico toilet paper ◆ papel principal/secundario (Cine, Teat) leading/supporting role ◆ sin papeles los sin ~es illegal immigrants Ver tb FÁBRICA, PAJARITA, PAÑUELO, VASO

papeleo nm **1** (trámites) paperwork **2** (burocracia) red tape

papelera nf **1** (en el interior) waste-paper basket, wastebasket (USA): Tíralo a la ~. Throw it in the waste-paper basket. **2** (en la calle) litter bin ➲ Ver dibujo en BIN

papelería nf stationer's ➲ Ver nota en CARNICERÍA

papeleta nf **1** (electoral) ballot paper **2** (sorteo, rifa) raffle ticket

paperas nf mumps [incontable]: tener ~ to have (the) mumps

papilla nf (de bebé) baby food

paquete nm **1** (comida, tabaco) packet, pack (USA): un ~ de cigarrillos/azúcar a packet of cigarettes/sugar ➲ Ver dibujo en CONTAINER **2** (bulto) parcel, package (USA): mandar un ~ por correo to post a parcel ➲ Ver nota en PARCEL **3** (conjunto) package: un ~ informático/de software a computer/software package LOC ir de paquete to ride pillion Ver tb BOMBA

par adj even: números ~es even numbers
▶ nm **1** (pareja) pair: un ~ de calcetines a pair of socks **2** (número indefinido) couple: hace un ~ de meses a couple of months ago (a la vez) at the same time ◆ de par en par wide open: dejar la puerta abierta de ~ en ~ to leave the door wide open

para prep **1** + nombre/pronombre for: muy útil ~ la lluvia very useful for the rain ◇ demasiado complicado ~ mí too complicated for me ◇ ¿Para qué lo quieres? What do you want it for? **2** + infinitivo to do sth: Han venido ~ quedarse. They've come to stay. ◇ Lo hice ~ no molestarte. I did it so as not to bother you. **3** (futuro): Lo necesito ~ el lunes. I need it for Monday. ◇ Estará acabado ~ el otoño. It will be finished by autumn. **4** (dirección): Ahora mismo voy ~ casa. I'm going home now. ◇ Van ~ allá. They're on their way. LOC para eso Para eso, me compro uno nuevo. I might as well buy a new one. ◇ ¿Para eso me has hecho venir? You got me here just for that? ◆ para que... so (that)...: Les reprendió ~ que no lo volvieran a hacer. He told them off so that they wouldn't do it again. ◆ **para sí** to yourself: *hablar ~ sí* to talk to yourself

parabólica *nf* satellite dish

parabrisas *nm* windscreen, windshield (*USA*)

paracaídas *nm* parachute: *un salto en ~* a parachute jump **LOC** **lanzarse/tirarse en paracaídas** to parachute

paracaidismo *nm* parachuting: *hacer ~* to go parachuting **LOC** **paracaidismo acrobático** skydiving

paracaidista *nmf* parachutist

parachoques *nm* bumper, fender (*USA*)

parada *nf* **1** (*transportes públicos*) stop: *Bájate en la próxima ~.* Get off at the next stop. **2** (*Dep*) save: *El guardameta hizo una ~ increíble.* The goalkeeper made a spectacular save. **LOC** **parada de autobús** bus stop ◆ **parada de taxis** taxi rank, taxi stand (*USA*) ◆ **tener parada** to stop: *Este tren tiene ~ en todas las estaciones.* This train stops at every station.

paradero *nm* whereabouts [*v sing o pl*]: *Se encuentra en ~ desconocido.* No one knows his whereabouts.

paradisíaco, -a (*tb* paradisiaco, -a) *adj* heavenly

parado, -a *adj* **1** (*desempleado*) unemployed **2** (*paralizado*) at a standstill: *Las obras están paradas desde hace un mes.* The roadworks have been at a standstill for a month. **3** (*cohibido*) shy ▸ *nm-nf* unemployed person: *los ~s* the unemployed **LOC** **salir bien/mal parado** to come off well/badly *Ver tb* PARAR

parador *nm* parador, state-run luxury hotel: *Pasamos la noche en el ~ de Segovia.* We stayed the night at the parador in Segovia.

paraguas *nm* umbrella: *abrir/cerrar un ~* to put up/down an umbrella

paraguaya *nf* (*tb* **paraguayo** *nm*) (*fruta*) flat peach

paragüero *nm* umbrella stand

paraíso *nm* paradise **LOC** **paraíso fiscal** tax haven ◆ **paraíso terrenal** heaven on earth

paraje *nm* spot

paralelas *nf* parallel bars

paralelo, -a *adj* parallel: *líneas paralelas* parallel lines

parálisis *nf* paralysis [*incontable*]: *Sufre una ~ facial.* He suffers from facial paralysis.

paralítico, -a *adj* paralysed: *quedarse ~ de cintura para abajo* to be paralysed from the waist down

paralización *nf* (*obras, proyecto*): *El tribunal ordenó la ~ de las obras.* The court ordered the work to be stopped.

paralizar *vt* to paralyse

paramédico, -a *nm-nf* paramedic

páramo *nm* moor

parapente *nm* paragliding: *hacer ~* to go paragliding

parar *vt* **1** to stop: *Para el coche.* Stop the car. **2** (*gol*) to save ▸ **parar(se)** *vi, vp* **◊** to stop: *El tren no paró.* The train didn't stop. **◊** *Me paré a hablar con una amiga.* I stopped to talk to a friend. **LOC** **ir a parar** to end up: *Fueron a ~ a la cárcel.* They ended up in prison. **◊** *¿Dónde habrá ido a ~?* Where can it have got to? ◆ **no parar** to be always on the go: *No he parado en toda la semana.* I've been on the go all week. ◆ **para parar un tren** *Tenemos comida para ~ un tren.* We've got enough food here to feed an army. ◆ **sin parar** non-stop: *trabajar sin ~* to work non-stop *Ver tb* SECO

pararrayos *nm* lightning conductor

parascending *nm* parascending

parásito *nm* parasite

parcela *nf* (*terreno*) plot

parche *nm* patch

parchís *nm* ludo

parcial *adj* **1** (*incompleto*) partial: *una solución ~* a partial solution **2** (*partidista*) biased ▸ *nm* (*examen*) mid-year assessment exam **LOC** *Ver* TIEMPO

parecer *vi* **1** (*dar la impresión*) to seem: *Parecen (estar) seguros.* They seem certain. **◊** *Parece que fue ayer.* It seems like only yesterday. **2** (*tener aspecto*) **(a)** + **adjetivo** to look: *Parece más joven de lo que es.* She looks younger than she really is. **(b)** + **sustantivo** to look like *sb/sth*: *Parece una actriz.* She looks like an actress. **3** (*opinar*) to think: *Me pareció que no tenía razón.* I thought he was wrong. **◊** *¿Qué te parecieron mis primos?* What did you think of my cousins? **◊** *No me parece bien que no les llames.* I think you ought to phone them. **◊** *¿Te parece bien mañana?* Is tomorrow all right? ▸ **parecerse** *vp* **parecerse (a)** **1** (*personas*) **(a)** (*físicamente*) to look alike, to look like *sb*: *Se parecen mucho.* They look very much alike. **◊** *Te pareces mucho a tu hermana.* You look a lot like your sister. **(b)** (*en carácter*) to be alike, to be like *sb*: *Nos llevamos mal porque nos parecemos mucho.* We don't get on because we are so alike. **◊** *En eso te pareces a tu padre.* You're like your father in that. **2** (*cosas*) to be similar (*to sth*): *Se parece mucho al mío.* It's very similar to mine. **LOC** **al parecer/según parece** apparently ◆ **parece mentira (que…)** *¡Parece mentira!* I can hardly believe it! **◊** *Parece mentira que seas tan despistado.* How can you be so absent-minded? ◆ **parece que va a llover/nevar** it looks like rain/snow

parecido, -a *adj* ~ **(a) 1** *(personas)* alike, like *sb*: *¡Sois tan ~s!* You're so alike! ◊ *Eres muy parecida a tu madre.* You're very like your mother. **2** *(cosas)* similar (to *sth*): *Tienen estilos ~s.* They have similar styles. ◊ *Ese vestido es muy ~ al de Ana.* That dress is very similar to Ana's.
▸ *nm* *(similitud)* similarity **LOC** **algo parecido** something like that *Ver tb* PARECER

pared *nf* wall: *Hay varios carteles en la ~.* There are several posters on the wall. **LOC** **las paredes oyen** walls have ears *Ver tb* ESPADA, SUBIR

pareja *nf* **1** *(en relación amorosa)* couple: *Hacen muy buena ~.* They make a really nice couple. **2** *(cónyuge, compañero, de juegos, de baile)* partner: *Marta vino con su ~.* Marta came with her partner. ◊ *No puedo jugar porque no tengo ~.* I can't play because I haven't got a partner. **3** *(de animales, como equipo)* pair: *la ~ vencedora del torneo* the winning pair **4** *(policía): una ~ de la Guardia Civil* two Civil Guards **LOC** **en parejas** two by two: *Entraron en ~s.* They went in two by two. ◆ **pareja de hecho** unmarried couple

parentela *nf* relations [*pl*]

parentesco *nm* relationship **LOC** **tener parentesco con** to be related to *sb*

paréntesis *nm* *(signo)* brackets [*pl*], parentheses [*pl*] *(USA): abrir/cerrar el ~* to open/close (the) brackets **LOC** **entre paréntesis** in brackets, in parentheses *(USA)*

pareo *nm* sarong

pariente *nmf* relation: ~ *cercano/lejano* close/distant relation

parir *vt, vi* to give birth (to *sb/sth*) **LOC** **poner a algn a parir** to call sb all the names under the sun

parking *nm* car park, parking lot *(USA): un ~ subterráneo* an underground car park

parlamentario, -a *adj* parliamentary
▸ *nm-nf* Member of Parliament *(abrev* MP)

parlamento *nm* parliament [*v sing o pl*] ➲ *Ver nota en* PARLIAMENT

parlanchín, -ina *adj* talkative
▸ *nm-nf* chatterbox

paro *nm* **1** *(desempleo)* unemployment **2** *(huelga)* strike **LOC** **cartilla/tarjeta del paro** unemployment card ◆ **(estar) en paro** (to be) unemployed *Ver tb* APUNTAR, CARDIACO, COBRAR

parpadear *vi* **1** *(ojos)* to blink **2** *(luz)* to flicker

párpado *nm* eyelid

parque *nm* **1** *(jardín)* park **2** *(de columpios, etc.)* playground **3** *(de bebé)* playpen **LOC** **parque acuático** water park ◆ **parque de atracciones** amusement park ◆ **parque de bomberos** fire station ◆ **parque empresarial/tecnológico** business/technology park ◆ **parque eólico** wind farm ◆ **parque nacional** national park ◆ **parque natural** nature reserve ◆ **parque temático** theme park

parqué *(tb* **parquet)** *nm* parquet

parrafada *nf* **LOC** *Ver* SOLTAR

párrafo *nm* paragraph

parrilla *nf* grill **LOC** **carne/pescado a la parrilla** grilled meat/fish

párroco *nm* parish priest

parroquia *nf* **1** *(iglesia)* parish church **2** *(comunidad)* parish

parte¹ *nf* **1** *(porción, lugar)* part: *tres ~s iguales* three equal parts ◊ *¿En qué ~ de la ciudad vives?* What part of town do you live in? **2** *(en fracciones): las dos terceras ~s* two thirds **3** *(persona)* party [*pl* parties]: *la ~ contraria* the opposing party **LOC** **de parte de algn** *(en nombre de)* on behalf of sb: *de ~ de todos nosotros* on behalf of us all **2** *(a favor de)* on sb's side: *No estoy de ~ de nadie.* I'm not on anyone's side. ◆ **¿de parte de quién?** *(por teléfono)* who's calling? ◆ **en parte** *(en cierto modo)* in a way: *En ~, tienes razón.* In a way you're right. ◆ **en/por todas partes** everywhere ◆ **la parte de abajo/arriba** the bottom/top ◆ **la parte de atrás/delante** the back/front ◆ **por mi parte** as far as I am, you are, etc. concerned: *Por nuestra ~ no hay ningún problema.* As far as we're concerned there's no problem. ◆ **por partes** bit by bit: *Estamos arreglando el tejado por ~s.* We're repairing the roof bit by bit. ◆ **por una parte… por la otra…** on the one hand… on the other…: *Por una ~ me alegro, pero por la otra me da pena.* On the one hand I'm pleased, but on the other, I think it's sad. ◆ **tomar parte en algo** to take part in sth ◆ **¡vamos/vayamos por partes!** one thing at a time! *Ver tb* ALGUNO, CUALQUIERA, GRANDE, MAYOR, NINGUNO, OTRO, SALUDAR, SEXTO

parte² *nm* report: ~ *médico* medical report ◊ ~ *meteorológico* weather forecast **LOC** **dar parte** to report (*sth*) (*to sb*)

participación *nf* **1** *(intervención)* participation: *la ~ del público* audience participation **2** *(Fin, lotería)* share

participante *adj* participating: *los países ~s* the participating countries
▸ *nmf* participant

participar *vi* ~ **(en)** to take part, to participate *(más formal)* (in *sth*): ~ *en un proyecto* to participate in a project

participio *nm* participle

partícula *nf* particle

P

particular adj **1** (característico) characteristic: Cada vino tiene su sabor ~. Each wine has its own characteristic taste. **2** (privado) private: clases ~es private tuition `LOC` **en particular** in particular Ver tb PROFESOR

partida nf **1** (juego) game: echar una ~ de ajedrez to have a game of chess **2** (de nacimiento, matrimonio, defunción) certificate **3** (mercancía) consignment

partidario, -a adj ~ **de** in favour of sth: No soy ~ de hacer eso. I'm not in favour of doing that.
▸ nm-nf supporter

partido nm **1** (Pol) party [pl parties] **2** (Dep) match, game (USA): ver un ~ de fútbol to watch a football match `LOC` **partido amistoso** friendly [pl friendlies]: jugar un ~ amistoso to play a friendly ◆ **partido de ida/vuelta** first/second leg ◆ **sacar partido a/de algo** to make the most of sth ◆ **tomar partido** to take sides

partir vt **1** (con cuchillo) to cut sth (up): ~ la tarta to cut up the cake **2** (con las manos) to break sth (off): ¿Me partes un trozo de pan? Could you break me off a piece of bread? **3** (frutos secos) to crack
▸ vi (marcharse) to leave (for...): Parten mañana hacia Bilbao. They're leaving for Bilbao tomorrow.
▸ **partirse** vp **1** to split: Si te caes te partes la cabeza. You'll split your head open if you fall. **2** (diente, alma) to break `LOC` **a partir de** from... (on): a ~ de las nueve de la noche from 9 p.m. onwards ◊ a ~ de entonces from then on ◊ a ~ de mañana starting from tomorrow Ver tb CARA, CERO, RISA

partitura nf score

parto nm birth `LOC` **estar de parto** to be in labour

parvulario nm nursery school, preschool (USA)

pasa nf raisin `LOC` Ver CIRUELA

pasada nf `LOC` **de pasada** in passing ◆ **hacer/jugar una mala pasada** to play a dirty trick (on sb) ◆ **¡qué pasada de...!** ¡Qué ~ de moto! What a fantastic bike! ◆ **ser una pasada** to be amazing: Ir en helicóptero es una ~. Flying in a helicopter is amazing!

pasadizo nm passage

pasado, -a adj **1** (día, semana, mes, verano, etc.) last: el martes ~ last Tuesday **2** (Gram, época) past: en siglos ~s in past centuries **3** (comida) **(a)** (estropeada) off: La leche está pasada. The milk is off. **(b)** (fruta) overripe: Estos plátanos están ~s. These bananas are overripe. **(c)** (demasiado hecha) overdone

▸ nm past `LOC` **estar pasado de fecha** (producto) to be past its sell-by date ◆ **pasado de moda** (ropa) unfashionable ◆ **pasado mañana** the day after tomorrow Ver tb HUEVO; Ver tb PASAR

pasador nm (de pelo) hairslide, barrette (USA)

pasajero, -a nm-nf passenger: un barco de ~s a passenger boat

pasamontañas nm balaclava

pasaporte nm passport

pasar vi **1** (vehículo, tiempo) to pass: La moto pasó a toda velocidad. The motorbike passed at top speed. ◊ Pasaron tres horas. Three hours passed. ◊ Ya han pasado dos días desde que llamó. It's two days since he phoned. ◊ ¡Cómo pasa el tiempo! Doesn't time fly! ◊ Ese autobús pasa por el museo. That bus goes past the museum. **2** (entrar) to come in: ¿Puedo ~? Can I come in? **3** (ir) to go: Mañana pasaré por el banco. I'll go to the bank tomorrow. **4** (ocurrir) to happen: A mí me pasó lo mismo. The same thing happened to me.
▸ vt **1** to pass: ¿Me pasas ese libro? Can you pass me that book, please? ◊ Hace punto para ~ el tiempo. She knits to pass the time. **2** (período de tiempo) to spend: Pasamos la tarde/dos horas charlando. We spent the afternoon/two hours chatting.
▸ **pasarse** vp **1** (ir demasiado lejos): No te pases comiendo. Don't eat too much. ◊ ¡Esta vez te has pasado! You've gone too far this time! ◊ ~se de parada to go past your stop **2** (comida) **(a)** (estropearse) to go off **(b)** (demasiado cocinada) to be overcooked: Se te ha pasado el arroz. The rice is overcooked. **3** (olvidarse) to forget: Se me pasó completamente lo del entrenamiento. I completely forgot about the training session. `LOC` **¿pasa algo?** is anything the matter? ◆ **pasar de algn/algo** Paso de ella. I couldn't care less about her. ◊ Pasa de todo. He couldn't care less. ◆ **pasarlo bien** to have a good time ◆ **pasarlo mal** to have a hard time: Lo está pasando muy mal. She's having a very hard time. ◆ **pasar por algn/algo** to pass for sb/sth: Esa chica pasa por italiana. That girl could easily pass for an Italian. ◆ **pasar sin** to manage without sb/sth: No puedo ~ sin coche. I can't manage without a car. ◆ **¿qué pasa?** (¿hay problemas?) what's the matter? ❶ Para otras expresiones con **pasar**, véanse las entradas del sustantivo adjetivo, etc., p. ej. **pasarlo bomba** en BOMBA.

pasarela nf **1** (de desfile de moda) catwalk **2** (puente peatonal) footbridge

pasatiempo nm **1** (afición) hobby [pl hobbies] **2 pasatiempos** (en un periódico, etc.) puzzles: la página de ~s the puzzle page

pascua nf **1** (*Semana Santa*) Easter **2 pascuas** (*navidades*) Christmas: *¡Felices Pascuas!* Happy Christmas! LOC SANTO

pase nm (*autorización, Dep*) pass: *No puedes entrar sin ~.* You can't get in without a pass.

pasear vt, vi to walk: *~ al perro* to walk the dog ◇ *Todos los días salgo a ~.* I go for a walk every day.

paseo nm **1** (*a pie*) walk **2** (*en bicicleta, a caballo*) ride **3** (*avenida*) avenue LOC **dar un paseo** to go for a walk ◆ **paseo marítimo** promenade *Ver tb* MANDAR

pasillo nm **1** (*casa*) corridor: *No corras por los ~s.* Don't run along the corridors. **2** (*iglesia, avión, teatro, supermercado*) aisle

pasión nf passion LOC **tener pasión por** to be crazy about *sb/sth*

pasiva nf (*Gram*) passive (voice): *en ~* in the passive

pasivo, -a adj passive LOC *Ver* TABAQUISMO

pasmado, -a adj amazed (*at/by sth*): *Me quedé ~ ante su insolencia.* I was amazed at their insolence.
▸ nm-nf dope

paso nm **1** step: *dar un ~ adelante/atrás* to step forward/back ◇ *un ~ hacia la paz* a step towards peace **2** (*acción de pasar*) passage: *el ~ del tiempo* the passage of time **3** (*camino*) way (through): *Por aquí no hay ~.* There's no way through. **4** (*contador, etc*) unit **5 pasos** footsteps: *Me ha parecido oír ~s.* I thought I heard footsteps. LOC **abrir/dejar paso** to make way (*for sb/sth*): *¡Dejen ~ a la ambulancia!* Make way for the ambulance! ◆ *Nos abrimos ~ a codazos entre la gente.* We elbowed our way through the crowd. ◆ **a paso de tortuga** at snail's pace ◆ **de paso 1** (*en el camino*) on the way: *Me pilla de ~.* It's on my way. **2** (*al mismo tiempo*): *Lleva esto a la oficina y de ~ habla con la secretaria.* Take this to the office, and while you're there have a word with the secretary. **3** (*temporalmente*) passing through: *turistas de ~ por Valladolid* tourists passing through Valladolid ◆ **paso a nivel** level crossing, railroad crossing (*USA*) ◆ **paso a paso** step by step ◆ **paso de cebra** zebra crossing, pedestrian crossing (*USA*) ◆ **paso de peatones** pedestrian crossing, crosswalk (*USA*) ◆ **paso subterráneo 1** (*para peatones*) subway **2** (*para coches*) underpass ◆ **salir del paso** to get by: *Estudian lo justo para salir del ~.* They do just enough work to get by. *Ver tb* ACELERAR, CEDER, LLAVE, PROHIBIDO

pasota adj, nmf *Es un ~, no se preocupa ni de sus propios hijos.* He doesn't care about anything, not even his own children. ◇ *No seas* *tan ~ y estudia un poco.* Try to show a bit of interest and do some work.

pasta nf **1** (*masa*) paste: *Mézclese hasta que se forme una ~.* Mix to a thick paste. **2** (*repostería*) pastry **3** (*fideos, macarrones*) pasta **4** (*galleta*) biscuit, cookie (*USA*) **5** (*dinero*) cash **6** (*libro*) cover LOC **pasta de dientes** toothpaste

pastar vt, vi to graze

pastel nm **1** (*tarta*) cake: *un ~ de cumpleaños* a birthday cake **2** (*Arte*) pastel LOC *Ver* DESCUBRIR

pastelería nf cake shop

pastilla nf **1** (*píldora*) pill **2** (*de jabón*) bar **3** (*de chocolate*) square LOC **pastillas contra el mareo** travel-sickness pills

pastillero, -a nm-nf pill-popper
▸ adj *música pastillera* techno music

pasto nm pasture

pastor, -ora nm-nf shepherd LOC **pastor alemán** Alsatian, German shepherd (*USA*) *Ver tb* PERRO

pata nf **1** leg: *El perro se ha hecho daño en la ~.* The dog has hurt its leg. ◇ *la ~ de la mesa* the table leg ◇ *¿Prefieres ~ o pechuga?* Do you prefer leg or breast? **2** (*animal*) *Ver* PATO LOC **andar a la pata coja** to hop ◆ **ir/venir a pata** (*andando*) to go/to come on foot ⊃ *Ver nota en* IR ◆ **mala pata** bad luck: *¡Qué mala ~ tienen!* They're so unlucky! ◆ **meter la pata** to put your foot in it ◆ **patas arriba** *La casa está ~s arriba.* The house is a tip. ◆ **patas de gallo** crow's feet *Ver tb* CUATRO, ESTIRAR, METEDURA, SALTAR

patada nf **1** (*puntapié*) kick: *Le dio una ~ a la mesa.* He kicked the table. **2** (*en el suelo*) stamp LOC **a patadas 1** (*en abundancia*) loads of *sth*: *Había comida a ~s.* There was loads of food. **2** (*de malos modos*): *Nos trataron a ~s.* They treated us like dirt. ◆ **caer/sentar como una patada (en el estómago)** to be like a kick in the teeth ◆ **echar a algn a patadas** to kick sb out

patalear vi **1** (*en el suelo*) to stamp (your feet) **2** (*en el aire*) to kick (your feet)

pataleta nf tantrum: *agarrarse una ~* to throw a tantrum

patata nf potato [*pl* potatoes] LOC **patatas fritas 1** chips, (French) fries (*USA*) **2** (*de bolsa*) crisps, chips (*USA*) ⊃ *Ver dibujo en pág 226; Ver tb* PURÉ

patatús nm LOC **darle a algn un patatús 1** (*disgustarse*) to have a fit **2** (*desmayarse*) to faint

paté nm pâté

patearse vp (*andar mucho*) to tramp round: *Nos pateamos la ciudad entera.* We tramped round the whole city.

patente nf patent

patera nf small open boat

P

patata

chips **crisps** (*USA* **chips**)
(*USA* (**French**) **fries**)

paternal *adj* fatherly, paternal (*más formal*)

paternidad *nf* fatherhood, paternity (*más formal*) LOC *Ver* BAJA

paterno, -a *adj* **1** (*del padre*) fatherly: *amor ~* fatherly love **2** (*parentesco*) paternal: *abuelo ~* paternal grandfather LOC *Ver* LÍNEA

patilla *nf* **1** (*pelo*) sideboard **2** (*gafas*) arm

patín *nm* **1** (*con ruedas*) roller skate **2** (*con cuchilla*) ice skate **3** (*embarcación*) pedal boat LOC **patín en línea** Rollerblade® *Ver tb* HOCKEY

patinador, -ora *nm-nf* skater

patinaje *nm* skating: *~ sobre hielo* ice skating ◊ *~ artístico/de velocidad* figure-skating/speed skating LOC *Ver* PISTA

patinar *vi* **1** (*persona*) to skate **2** (*vehículo*) to skid

patinete *nm* scooter

patio *nm* **1** (*casa*) courtyard **2** (*colegio*) playground LOC **patio de butacas** (*Teat*) stalls [*pl*]

patito, -a *nm-nf* duckling

pato, -a *nm-nf* duck

🔎 **Duck** es el sustantivo genérico. Para referirnos solo al macho decimos **drake**. **Ducklings** son los patitos.

LOC **ser (un) pato** to be clumsy *Ver tb* PAGAR

patoso, -a *adj, nm-nf* clumsy: *¡Eres un ~!* You're so clumsy!

patria *nf* (native) country

patrimonio *nm* heritage: *~ de la humanidad* world heritage

patriota *nmf* patriot

patriotismo *nm* patriotism

patrocinador, -ora *nm-nf* sponsor

patrocinar *vt* to sponsor

patrón, -ona *nm-nf* (*Relig*) patron saint: *San Isidro es el ~ de Madrid.* Saint Isidore is the patron saint of Madrid.
▸ *nm* (*Costura*) pattern

patronal *nf* employers' organization: *un acuerdo entre la ~ y los sindicatos* an agreement between employers and unions

patrulla *nf* patrol: *un coche ~* a patrol car

patrullar *vt, vi* to patrol

pausa *nf* pause LOC **hacer una pausa** to have a short break

pavimento *nm* surface

pavo, -a *nm-nf* turkey [*pl* turkeys] LOC **pavo real** peacock *Ver tb* EDAD

payasada *nf* LOC **hacer payasadas** to play the fool: *Siempre estás haciendo ~s.* You're always playing the fool.

payaso, -a *nm-nf* clown LOC **hacer el payaso** to clown around

paz *nf* peace: *plan de ~* peace plan ◊ *en tiempo(s) de ~* in peacetime ◊ *firmar la ~* to sign a peace treaty LOC **dejar en paz** to leave *sb/sth* alone: *No me dejan en ~.* They won't leave me alone. ◆ **estar/quedar en paz** to be even (*with sb*): *Yo te pago la entrada y así estamos en ~.* I'll pay for the ticket and then we'll be even. ◆ **hacer las paces** to make it up (*with sb*): *Han hecho las paces.* They've made it up.

PD. *abrev Ver* POSDATA

pe *nf* LOC **de pe a pa** from beginning to end

peaje *nm* toll LOC *Ver* AUTOPISTA

peatón, -ona *nm-nf* pedestrian LOC *Ver* PASO

peatonal *adj* pedestrian: *calle ~* pedestrian street LOC *Ver* ZONA

peca *nf* freckle: *Me han salido muchas ~s.* I've come out in freckles.

pecado *nm* sin

pecador, -ora *nm-nf* sinner

pecar *vi* to sin LOC **pecar de** to be too…: *Pecas de confiado.* You're too trusting.

pecera *nf* fish tank

pecho *nm* **1** chest: *Tengo un fuerte dolor en el ~.* I've got a bad pain in my chest. **2** (*solo mujer*) **(a)** (*busto*) bust **(b)** (*mama*) breast LOC **tomarse algo a pecho 1** (*en serio*) to take sth seriously: *Se toma el trabajo demasiado a ~.* He takes his work too seriously. **2** (*ofenderse*) to take sth to heart: *Era una broma, no te lo tomes a ~.* It was a joke; don't take it to heart.

pechuga *nf* (*ave*) breast: *~ de pollo* chicken breast

pecoso, -a *adj* freckled: *brazos ~s* freckled arms ◊ *una chica pecosa* a girl with freckles

peculiar *adj* **1** (*característico*) characteristic: *un sabor ~* a characteristic flavour **2** (*raro*) peculiar: *Su mujer es una persona muy ~*. His wife is quite a peculiar woman.

pedagogía *nf* education

pedagógico, -a *adj* educational

pedal *nm* pedal

pedalear *vi* to pedal

pedante *adj* pedantic
  ▸ *nmf* pedant

pedazo *nm* piece, bit (*más coloq*): *un ~ de tarta* a piece of cake LOC **caerse algo a pedazos** to fall to pieces ◆ **hacerse pedazos** to smash (to pieces)

pediatra *nmf* paediatrician

pedido *nm* order: *hacer un ~* to place an order

pedir *vt* **1** to ask (*sb*) for *sth*: *~ pan/la cuenta* to ask for bread/the bill ◇ *~ ayuda a los vecinos* to ask the neighbours for help **2** (*permiso, favor, cantidad*) to ask (*sb*) *sth*: *Te quiero ~ un favor.* I want to ask you a favour. ◇ *Piden mil euros por el cuadro.* They're asking one thousand euros for the painting. **3** ~ **a algn que haga algo** to ask sb to do sth: *Me pidió que esperara.* He asked me to wait. **4** (*encargar*) to order: *De primero pedimos sopa.* We ordered soup as a starter. LOC **pedir disculpas/perdón** to apologize (*to sb*) (*for sth*) ◆ **pedir hora** to make an appointment ◆ **pedir (limosna)** to beg ◆ **pedir prestado** to borrow: *Me pidió prestado el coche.* He borrowed my car. ➋ *Ver dibujo en* BORROW ◆ **pedir turno** to ask who is last in the queue ◆ **te pido por Dios/por lo que más quieras que…** I beg you to… *Ver tb* RESCATE

pedo *nm* (*gases*) fart LOC **llevar/tener un pedo** to be drunk ◆ **tirarse un pedo** to fart

pedófilo, -a *nm-nf* paedophile

pedrada *nf Lo recibieron a ~s.* They threw stones at him.

pega *nf* **1** (*inconveniente*) drawback: *La mayor ~ de vivir aquí es el ruido.* The main drawback to living here is the noise. **2** (*problema*) snag: *Surgieron algunas ~s.* There were a few snags. LOC **poner pegas** *¿Crees que me pondrán ~s para matricularme?* Do you think I'll have trouble registering?

pegadizo, -a *adj* (*música*) catchy

pegajoso, -a *adj* **1** (*pringoso*) sticky **2** (*persona*) clingy

pegamento *nm* glue

pegar *vt* **1** (*golpear*) to hit **2** (*adherir*) to stick: *~ una etiqueta en un paquete* to stick a label on a parcel ◇ *~ una taza rota* to stick a broken cup together **3** (*Informát*) to paste: *copiar y ~* copy and paste **4** (*acercar*) to put *sth* against *sth*: *Pegó la cama a la ventana.* He put his bed against the window. **5** (*contagiar*) to give: *Me has pegado la gripe.* You've given me your flu.

▸ *vi* **1** (*ropa, colores*) to go (*with sth*): *La chaqueta no pega con la falda.* The jacket doesn't go with the skirt. **2** (*sol, bebida*) to be strong
  ▸ **pegarse** *vp* **1** (*pelearse*) to fight **2** (*adherirse, comida*) to stick **3** (*enfermedad*) to be catching LOC **estar dale que te pego** (*insistir*) to go on *about sth*: *Está dale que te pego con que quiere una bicicleta.* She's always going on about wanting a bicycle. ◆ **estar pegando a** (*muy cerca*) to be right next to… ◆ **pegarse a algn** to latch on to sb: *Siempre se me pega ese pelmazo.* That bore always latches on to me. ◆ **pegársela a algn** (*ser infiel*) to cheat on sb ➊ *Para otras expresiones con* **pegar**, *véanse las entradas del sustantivo, adjetivo, etc., p. ej.* **no pegar ojo** *en* OJO.

pegatina *nf* sticker

pegote *nm* patch

peinado, -a *adj ¿Todavía no estás peinada?* Haven't you done your hair yet?
  ▸ *nm* hairstyle LOC **ir bien/mal peinado** *Iba muy bien peinada.* Her hair looked really nice. ◇ *Siempre va muy mal ~.* His hair always looks a mess. *Ver tb* PEINAR

peinar *vt* **1** to comb *sb's* hair: *Déjame que te peine.* Let me comb your hair. **2** (*en peluquería*) to do *sb's* hair: *Voy a que me peinen.* I'm going to have my hair done. **3** (*rastrear*) to comb
  ▸ **peinarse** *vp* to comb your hair: *Péinate antes de salir.* Comb your hair before you go out.

peine *nm* comb

pelado, -a *adj* LOC **estar pelado** (*sin dinero*) to be broke *Ver tb* GRITO; *Ver tb* PELAR

pelar *vt* **1** (*fruta, verdura*) to peel: *~ una naranja* to peel an orange **2** (*mariscos, castaña*) to shell **3** (*caramelo*) to unwrap
  ▸ **pelarse** *vp* to peel: *Se te va a ~ la nariz.* Your nose will peel. LOC **pelarse de frío** to freeze to death

peldaño *nm* step

pelea *nf* fight: *meterse en una ~* to get into a fight

pelear(se) *vi, vp* **1** (*luchar*) to fight (*about/over sb/sth*): *Los niños se peleaban por los juguetes.* The children were fighting over the toys. **2** (*reñir*) to quarrel

peletería *nf* furrier's ➋ *Ver nota en* CARNICERÍA

pelícano (*tb* **pelicano**) *nm* pelican

película *nf* film, movie (*USA*) LOC **de película** fantastic ◆ **echar/dar/poner una película** to show a film ◆ **película cómica/de risa** comedy [*pl* comedies] ◆ **película del oeste** western ◆ **película de miedo/terror** horror film ◆ **película muda** silent film ◆ **película policiaca** thriller *Ver tb* SUSPENSE

peligrar *vi* to be in danger

peligro nm danger: *Está en ~*. He's in danger. ◊ *fuera de ~* out of danger `LOC` *Ver* EXTINCIÓN

peligroso, -a adj dangerous

pelirrojo, -a adj red-haired
▸nm-nf redhead

pella nf `LOC` **hacer pellas** to play truant

pellejo nm **1** skin **2** (*en uña*) hangnail `LOC` **arriesgar/jugarse el pellejo** to risk your neck

pellizcar vt to pinch

pellizco nm **1** (*sal*) pinch **2** (*pedacito*) little bit: *un ~ de pan* a little bit of bread `LOC` **dar/pegar un pellizco** to pinch *sb*

pelma adj, nmf pain: *¡No seas (tan) ~!* Don't be such a pain!

pelo nm **1** hair: *tener el ~ rizado/liso/de punta* to have curly/straight/spiky hair ◊ *Tiene un ~ muy bonito.* She has beautiful hair. **2** (*piel de animal*) coat: *Ese perro tiene un ~ muy suave.* That dog has a silky coat. `LOC` **no tener pelos en la lengua** not to mince your words ◆ **ponérsele los pelos de punta a algn** *Se me pusieron los ~s de punta.* My hair stood on end. ◆ **por los pelos** by the skin of your teeth: *Se libraron del accidente por los ~s.* They missed having an accident by the skin of their teeth. ◆ **tomarle el pelo a algn** to pull sb's leg *Ver tb* CEPILLO, CINTA, CORTAR, CORTE, DESENREDARSE, ESPUMA, LAVAR, LIBRAR, PLANCHA, RECOGER, SOLTAR, TOMADURA

pelota nf ball: *una ~ de tenis* a tennis ball
▸ adj, nmf creep: *No seas ~.* Don't be such a creep. `LOC` **en pelotas** stark naked, buck naked (*USA*) ◆ **hacer la pelota** to suck up to *sb*

pelotón nm (*ciclismo*) pack, peloton (*más formal*)

peluca nf wig

peluche nm `LOC` *Ver* MUÑECO, OSO

peludo, -a adj **1** (*persona*) hairy: *unos brazos ~s* hairy arms **2** (*animal*) long-haired

peluquería nf **1** (*para mujeres, unisex*) hairdresser's **2** (*para hombres*) barber's, barber shop (*USA*) ➔ *Ver nota en* CARNICERÍA

peluquero, -a nm-nf **1** (*para mujeres, unisex*) hairdresser **2** (*para hombres*) barber ➔ *Ver nota en* BARBER

pelusa (*tb pelusilla*) nf **1** (*en tela, suciedad*) ball of fluff **2** (*cara, fruta*) down `LOC` **tener pelusa a/de** to be jealous of *sb*

pena nf **1** (*tristeza*) sorrow: *ahogar las ~s* to drown your sorrows **2** (*lástima*) pity: *¡Qué ~ que no puedas venir!* What a pity you can't come! **3** (*condena*) sentence **4 penas** (*problemas*) troubles: *Cuéntame tus ~s.* Tell me all your troubles. `LOC` **dar pena 1** (*persona*): *Esos niños*

me dan mucha ~. I feel very sorry for those children. **2** (*cosa, situación*): *Me da ~ que os tengáis que marchar.* I'm sorry you have to go. ➔ *Ver nota en* SORRY ◆ **merecer/valer la pena** to be worth *doing sth*: *Vale la ~ leerlo.* It's worth reading. ◊ *No merece la ~.* It's not worth it. ◆ **pena de muerte** death penalty

penal adj criminal

penalti (*tb penalty*) nm penalty [*pl* penalties]: *meter un gol de ~* to score from a penalty `LOC` *Ver* PITAR, TANDA

pendiente adj **1** (*asunto, factura, problema*) outstanding **2** (*decisión, veredicto*) pending
▸nm (*adorno*) earring
▸ nf (*terreno*) slope: *una ~ suave/pronunciada* a gentle/steep slope `LOC` **estar pendiente (de algn/algo) 1** (*vigilar*) to keep an eye on sb/sth: *Estate ~ de los niños.* Keep an eye on the children. **2** (*estar atento*) to be attentive (to sb/sth): *Estaba muy ~ de sus invitados.* He was very attentive to his guests. **3** (*estar esperando*) to be waiting (for sth): *Estamos ~s de su decisión.* We're waiting for his decision. *Ver tb* ASIGNATURA

pene nm penis

penetrante adj **1** penetrating: *una mirada ~* a penetrating look **2** (*frío, viento*) bitter

penetrar vt, vi ~ (en) **1** (*entrar*) to enter, to get into *sth* (*más coloq*): *El agua penetró por las grietas.* The water got in through the cracks. **2** (*bala, flecha, sonido*) to pierce: *La bala le penetró el corazón.* The bullet pierced his heart.

penicilina nf penicillin

península nf peninsula

penique nm penny [*pl* pence]: *una moneda de cinco ~s* a five-pence piece ❶ Con cantidades exactas suele utilizarse la abreviatura **p**: *Cuesta 50 peniques.* It costs 50p. Se pronuncia /ˌfifti ˈpiː/. ➔ *Ver pág 805*

penitencia nf penance: *hacer ~* to do penance

pensamiento nm thought `LOC` **adivinar/leer el pensamiento** to read *sb's* mind

pensar vt, vi **1 ~ (en)** to think (about/of *sb/sth/ doing sth*): *Piensa un número.* Think of a number. ◊ *¿En qué piensas?* What are you thinking about? ◊ *Estamos pensando en casarnos.* We're thinking about getting married. ◊ *¿Piensas que vendrán?* Do you think they'll come? ◊ *¿En quién piensas?* Who are you thinking about? ◊ *No dejo de ~ en ti.* I think about you all the time. **2** (*opinar*) to think *sth* of *sb/sth*: *¿Qué piensas de Juan?* What do you think of Juan? ◊ *No pienses mal de ellos.* Don't think badly of them. **3** (*tener decidido*): *Pensábamos irnos mañana.* We were thinking of leaving tomorrow. ◊ *No pienso ir.* I'm not

going. ◇ *¿Piensas venir?* Are you going to
come? `LOC` **¡ni pensarlo!** no way! ◆ **pensándolo
bien…** on second thoughts… ◆ **pensar en las
musarañas** to daydream ◆ **piénsalo/piénsatelo**
think it over

pensativo, -a *adj* thoughtful

pensión *nf* **1** (*jubilación, subsidio*) pension: *una
~ de viudedad* a widow's pension **2** (*hostal*)
guest house `LOC` **pensión completa/media pensión** full/half board

pensionista *nmf* pensioner

pentagrama *nm* (*Mús*) stave

penúltimo, -a *adj* last but one, penultimate
(*más formal*): *la penúltima parada* the last stop
but one ◇ *el ~ capítulo* the penultimate chapter
▸ *nm-nf* last but one

peñón *nm* rock: *el Peñón (de Gibraltar)* the
Rock (of Gibraltar)

peón *nm* **1** (*obrero*) labourer **2** (*Ajedrez*) pawn

peor *adj, adv* (*uso comparativo*) worse (*than sb/
sth*): *Este coche es ~ que aquel.* This car is
worse than that one. ◇ *Hoy me encuentro mucho ~.* I feel much worse today. ◇ *Fue ~ de lo
que me esperaba.* It was worse than I had
expected. ◇ *Cocina aún ~ que su madre.* She's
an even worse cook than her mother.
▸ *adj, adv, nmf* ~ **(de)** (*uso superlativo*) worst (in/
of…): *Soy el ~ nadador del mundo.* I'm the
worst swimmer in the world. ◇ *la ~ de todas*
the worst of all ◇ *el que ~ canta* the one who
sings worst `LOC` *Ver* CADA, CASO

pepinillo *nm* gherkin: *~s en vinagre* pickled
gherkins

pepino *nm* cucumber `LOC` *Ver* IMPORTAR

pepita *nf* **1** (*semilla*) seed, pip

🔍 *¿***Seed** o **pip**? Utilizamos **seed** cuando el
fruto tiene muchas pepitas (p.ej. tomate,
sandía, etc.) y **pip** cuando tiene pocas (p. ej.
manzana, uva, mandarina, etc.). En Estados
Unidos, se usa siempre **seed**.

2 (*oro*) nugget: *~s de oro* gold nuggets

pequeño, -a *adj* **1** small: *un ~ problema/deta-
lle* a small problem/detail ◇ *El cuarto es demasiado ~.* The room is too small. ◇ *Todas las fal-
das se me han quedado pequeñas.* All my skirts
are too small for me now. ➔ *Ver nota en* SMALL
2 (*joven*) little: *cuando yo era ~* when I was little
◇ *los niños ~s* little children **3** (*el más joven*)
youngest: *mi hijo ~* my youngest son **4** (*poco importante*) minor: *unos ~s cambios* a few minor
changes
▸ *nm-nf* youngest (one): *El ~ está estudiando derecho.* The youngest is studying law.

pera *nf* pear `LOC` *Ver* NIÑO

peral *nm* pear tree

percha *nf* **1** (*de armario*) hanger: *Cuelga el traje
en una ~.* Put your suit on a hanger. **2** (*de pared*)
coat rack **3** (*de pie*) coat stand

perchero *nm* **1** (*de pared*) coat rack **2** (*de pie*) coat
stand

percibir *vt* **1** (*notar*) to perceive **2** (*recibir dinero*) to
receive: *~ un sueldo* to receive a salary

perdedor, -ora *adj* losing: *el equipo ~* the losing team
▸ *nm-nf* loser: *ser un buen/mal ~* to be a good/
bad loser

perder *vt* **1** to lose: *He perdido el reloj.* I've lost
my watch. ◇ *~ altura* to lose height **2** (*medio de
transporte, oportunidad*) to miss: *~ el autobús/
avión* to miss the bus/plane ◇ *¡No pierda esta
oportunidad!* Don't miss this opportunity!
3 (*desperdiciar*) to waste: *~ el tiempo* to waste
time ◇ *sin ~ un minuto* without wasting a min-
ute **4** (*dejar escapar*) **(a)** (*líquido, gas*) to leak: *El depósito pierde gasolina.* The tank is leaking
petrol. ◇ *~ aceite/gas* to have an oil/gas leak
(b) (*aire*) to lose: *Esta rueda pierde aire.* The
tyre is losing air.
▸ *vi* **1** ~ to lose (at *sth*): *Hemos perdido.* We've
lost. ◇ *~ al ajedrez* to lose at chess **2** (*salir perjudicado*) to lose out: *Tú eres el único que pierde.*
You're the only one to lose out.
▸ **perderse** *vp* **1** to get lost: *Si no llevas mapa te
perderás.* If you don't take a map, you'll get
lost. **2** (*película, espectáculo*) to miss: *No te pierdas
esa película.* Don't miss that film. `LOC` **echar
algo a perder** to ruin sth ◆ **perder a algn/algo de
vista** to lose sight of sb/sth ◆ **perder el rastro** to
lose track of *sb/sth* ◆ **perder la cabeza/el juicio** to
go crazy ◆ **perder la calma/los estribos** to lose
your temper ◆ **perder la cuenta** to lose count (*of
sth*) ◆ **salir perdiendo** to lose out *Ver tb*
CONOCIMIENTO, PESO

pérdida *nf* **1** loss: *Su marcha fue una gran ~.*
His leaving was a great loss. ◇ *La crisis económica les ha ocasionado ~s cuantiosas.* The economic crisis has led to severe losses. **2** (*de tiempo, dinero*) waste: *Esto es una ~ de tiempo/
dinero.* This is a waste of time/money. ◇ *sufrir
~s económicas* to lose money **3 pérdidas** (*daños*)
damage [*incontable*]: *La tormenta ha ocasionado
grandes ~s.* The storm damage is extensive.
`LOC` **no tiene pérdida** you can't miss it ◆ **pérdidas
y ganancias** profit and loss

perdido, -a *adj* **1** lost: *Estoy completamente
perdida.* I'm totally lost. **2** (*sucio*) filthy: *Te has
puesto ~.* You're filthy. ◇ *Has puesto la alfombra perdida de barro.* You've covered the car-

perdigón 230

pet in mud. **LOC** *Ver* CASO, LLAMADA, OBJETO; *Ver tb* PERDER

perdigón *nm* pellet

perdiz *nf* partridge

perdón *nm* forgiveness
 ▸ **¡perdón!** *interj* sorry ➲ *Ver nota en* EXCUSE
 LOC *Ver* PEDIR

perdonar *vt* **1** to forgive *sb* (for *sth/doing sth*): *¿Me perdonas?* Will you forgive me? ◊ *Jamás le perdonaré lo que me hizo.* I'll never forgive him for what he did. **2** (*deuda, obligación, condena*) to let *sb* off *sth*: *Me perdonó la mitad del dinero que le debía.* He let me off half the money I owed him. **LOC** **perdona, perdone, etc. 1** (*para pedir disculpas*) sorry: *¡Ay! Perdone, ¿le he pisado?* Sorry, did I stand on your foot? **2** (*para llamar la atención*) excuse me: *¡Perdone! ¿Tiene hora?* Excuse me! Have you got the time, please? **3** (*cuando no se ha oído bien*) sorry, I beg your pardon (*formal*): *—Soy la señora Rodríguez. —¿Perdone? ¿Señora qué?* 'I am Ms Rodríguez.' 'Sorry? Ms who?' ➲ *Ver nota en* EXCUSE

peregrinación *nf* (*tb* **peregrinaje** *nm*) pilgrimage: *ir en ~* to go on a pilgrimage

peregrino, -a *nm-nf* pilgrim

perejil *nm* parsley

perenne *adj* **LOC** *Ver* HOJA

pereza *nf* **LOC** **dar/entrar pereza** *Me da ~ ponerme a trabajar.* I can't be bothered to start work. ◊ *Después de comer me entra mucha ~.* I always feel very lazy after lunch. ◆ **qué pereza** *¡Qué ~ tener que levantarme ahora!* I really don't feel like getting up now. ◆ **tener/sentir pereza** to feel lazy

perezoso, -a *adj* lazy
 ▸ *nm-nf* layabout **LOC** *Ver* CORTO

perfeccionar *vt* (*mejorar*) to improve: *Quiero ~ mi alemán.* I want to improve my German.

perfecto, -a *adj* perfect **LOC** *Ver* PRETÉRITO

perfil *nm* **1** (*persona*) profile: *Está más guapo de ~.* He's better-looking in profile. ◊ *un retrato de ~* a profile portrait ◊ *Ponte de ~.* Stand sideways. ◊ *Su ~ no se adecúa a nuestras necesidades.* Your profile does not meet our needs. **2** (*edificio, montaña*) outline

perfilar *vt* (*dibujo*) to draw the outline of *sth*

perforar *vt* **1** to pierce: *Me perforaron las orejas.* I had my ears pierced. **2** (*con taladro o similar*) to drill: *Quieren ~ la zona en busca de petróleo.* They want to drill for oil in the area. **3** (*Med*) to perforate

perfumado, -a *adj* scented *Ver tb* PERFUMAR

perfumar *vt* to perfume

 ▸ **perfumarse** *vp* to put perfume on

perfume *nm* perfume

perfumería *nf* perfumery

perilla *nf* goatee

perímetro *nm* perimeter

periódico, -a *adj* periodic
 ▸ *nm* newspaper, paper (*más coloq*) **LOC** *Ver* PUESTO, QUIOSCO, REPARTIDOR

periodismo *nm* journalism

periodista *nmf* journalist

período (*tb* **periodo**) *nm* period **LOC** **tener el período** to have your period *Ver tb* GLACIAR

periquito *nm* budgerigar, budgie (*coloq*)

perito *nmf* expert (*at/in/on sth*) **LOC** **perito agrónomo** agronomist ◆ **perito industrial** engineer

perjudicar *vt* **1** (*salud*) to damage **2** (*intereses*) to prejudice

perjudicial *adj* **~ (para)** (*salud*) bad (*for sb/sth*): *El tabaco es ~ para la salud.* Cigarettes are bad for your health.

perjuicio *nm* harm: *ocasionar un ~ a algn* to cause/do sb harm **LOC** **ir en perjuicio de algn** to go against sb *Ver tb* DAÑO

perla *nf* pearl **LOC** **ir/venir de perlas** to come in (very) handy: *Me viene de ~s.* It will come in very handy.

permanecer *vi* to remain, to be (*más coloq*): *~ sentado/de pie* to remain seated/standing ◊ *Permanecí despierta toda la noche.* I was awake all night.

permanente *adj* permanent
 ▸ *nf* (*pelo*) perm **LOC** **hacerse la permanente** to have your hair permed *Ver tb* VADO

permiso *nm* **1** (*autorización*) permission (*for sth/to do sth*): *pedir/dar ~* to ask for/give permission **2** (*documento*) permit: *~ de residencia/trabajo* residence/work permit **3** (*Mil*) leave: *Estoy de ~.* I'm on leave. ◊ *He pedido una semana de ~.* I've asked for a week off. **LOC** **con (su) permiso** *Con ~, ¿puedo pasar?* May I come in? ◊ *Me siento aquí, con su ~.* I'll sit here, if I may. ◆ **permiso de conducir** driving licence, driver's license (*USA*)

permitir *vt* **1** (*dejar*) to let *sb* (*do sth*): *Permítame ayudarle.* Let me help you. ◊ *No me lo permitirían.* They wouldn't let me. **2** (*autorizar*) to allow *sb* to do sth: *No permiten entrar sin corbata.* You are not allowed in without a tie. ➲ *Ver nota en* ALLOW
 ▸ **permitirse** *vp* **1** (*atreverse, tomarse*) to take: *Se permite demasiadas confianzas con ellos.* He takes too many liberties with them. ◊ *Me permito comunicarle que…* I would like to inform you that… **2** (*económicamente*) to afford: *No nos*

lo podemos ~. We can't afford it. LOC **¿me permite…?** may I…?: *¿Me permite su mechero?* May I borrow your lighter? ◆ **no se permite…** it is forbidden *to do sth: No se permite fumar aquí.* It is forbidden to smoke here. ◇ *No se permite pisar el césped.* Keep off the lawn.

pero *conj* but: *lento ~ seguro* slowly but surely ▸ *nm (defecto)* fault: *Le encuentras ~s a todo.* You find fault with everything.

perpendicular *adj* perpendicular *(to sth)* ▸ *nf (línea)* perpendicular

perpetuo, -a *adj* perpetual LOC *Ver* CADENA

perplejo, -a *adj* puzzled: *Me quedé ~.* I was puzzled.

perra *nf* **1** *(animal)* bitch ⟳ *Ver nota en* PERRO **2** *(empeño)* bee in your bonnet: *¡Qué ~ con viajar en tren!* He's got a bee in his bonnet about travelling by train! ◇ *¡Qué ~ le ha entrado con que quiere dejar los estudios!* He's got it into his head that he wants to stop studying! **3 perras** cash *[incontable]: ganar unas ~s* to earn some cash LOC **no tener una perra** to be broke

perrera *nf* kennel

perrito, -a *nm-nf* puppy *[pl* puppies] ⟳ *Ver nota en* PERRO LOC **perrito caliente** hot dog

perro, -a *nm-nf* dog

🔍 Para referirnos solo a la hembra, decimos **bitch**. A los cachorros se les llama **puppies**.

LOC **de perros** lousy: *un día de ~s* a lousy day ◆ **llevarse como el perro y el gato** to fight like cat and dog ◆ **perro callejero** stray (dog) ◆ **perro de lanas** poodle ◆ **perro faldero** *(lit y fig)* lapdog ◆ **perro guardián** guard dog ◆ **perro ladrador…** his/her bark is worse than his/her bite ◆ **perro pastor** sheepdog *Ver tb* CRIADERO, VIDA

persecución *nf* **1** *(tratando de alcanzar)* pursuit: *La policía iba en ~ de los atracadores.* The police went in pursuit of the robbers. **2** *(Pol, Relig)* persecution

perseguir *vt* **1** *(persona, animal, etc.)* to chase, to pursue *(formal):* *~ un coche* to pursue a car **2** *(objetivo)* to pursue **3** *(Pol, Relig)* to persecute

persiana *nf* blind: *subir/bajar las ~s* to raise/lower the blind

persistente *adj* persistent

persistir *vi* to persist *(in sth/in doing sth)*

persona *nf* person *[pl* people]: *miles de ~s* thousands of people ⟳ *Ver nota en* PERSON LOC **en persona 1** personally: *Lo conozco en ~.* I know him personally. **2** *(estando presente)* in person: *Hay que recogerlo en ~.* You have to collect it in person. ◆ **persona mayor 1** *(adulto)* grown-up **2** *(anciano)* old person *[pl* old people]

◆ **por persona** a head: *diez euros por ~* ten euros a head ◆ **ser (una) buena persona** to be nice: *Son muy buenas ~s.* They're very nice.

personaje *nm* **1** *(de libro, película, etc.)* character: *el ~ principal* the main character **2** *(persona importante)* personality *[pl* personalities]

personal *adj* personal ▸ *nm (empleados)* staff *[v sing o pl]* ⟳ *Ver nota en* JURADO LOC *Ver* ASEO, DATO, DEFENSA, EFECTO, ORDENADOR

personalidad *nf* personality *[pl* personalities]

personalizar *vt* to personalize: *~ la pantalla* to personalize your desktop ▸ *vi* to name names: *No personalices, la culpa es de todos.* Don't name names — it's everyone's fault.

personalmente *adv* **1** personally: *Personalmente, prefiero ir al mar.* Personally, I'd rather go to the seaside. **2** *(en persona)* in person: *conocer a algn ~* to meet sb in person

perspectiva *nf* **1** *(punto de vista, en dibujo)* perspective: *ver las cosas desde una ~ global* to see things from a global perspective ◇ *A ese cuadro le falta ~.* The perspective's not quite right in that painting. **2** *(vista)* view **3** *(en el futuro)* prospect: *buenas ~s* good prospects LOC **tener en perspectiva** to have *sth* lined up: *Tengo varias cosas en ~.* I've got a few things lined up.

perspicacia *nf* insight

perspicaz *adj* perceptive

persuadir *vt* to persuade ▸ **persuadirse** *vp* to become convinced *(of sth/that…)*

persuasivo, -a *adj* persuasive

pertenecer *vi* to belong *to sb/sth: Este collar perteneció a mi abuela.* This necklace belonged to my grandmother.

perteneciente *adj* ~ **a** belonging to *sb/sth: los países ~s a la UE* the countries belonging to the EU

pertenencia *nf* **1** *(a un partido, club, etc.)* membership **2 pertenencias** belongings

pértiga *nf* pole LOC *Ver* SALTO

pertinente *adj* relevant

Perú *nm* Peru

peruano, -a *adj, nm-nf* Peruvian

pervertir *vt* to pervert

pesa *nf* weight LOC **hacer pesas** to do weight training ◆ **levantamiento de/entrenamiento con pesas** weightlifting/weight training

pesadez *nf* **1** *(aburrimiento)* bore: *¡Qué ~ de película!* What a boring film! **2** *(molestia)*

P

nuisance: *Estas moscas son una ~*. These flies are a nuisance.

pesadilla *nf* nightmare

pesado, -a *adj* **1** heavy: *una maleta/comida pesada* a heavy suitcase/meal **2** (*aburrido*) boring **3** (*molesto*) annoying
▸ *adj, nm-nf* (*pelmazo*) pain: *Son unos ~s*. They're a pain. ◊ *No seas tan ~*. Don't be such a pain. **LOC** *Ver* BROMA, TÍO; *Ver tb* PESAR¹

pésame *nm* condolences [*pl*]: *Mi más sentido ~*. My deepest condolences. **LOC** **dar el pésame** to offer *sb* your condolences

pesar¹ *vt* to weigh: *~ la fruta* to weigh the fruit
▸ *vi* **1** to weigh: *¿Cuánto pesas?* How much do you weigh? **2** (*tener mucho peso*) to be heavy: *¡Este paquete sí que pesa!* This parcel is really heavy! ◊ *¿Te pesa?* Is it very heavy? ◊ *¡No pesa nada!* It hardly weighs a thing! ◊ *¡Cómo pesa!* It weighs a ton! **LOC** **pesar como un muerto** to weigh a ton

pesar² *nm* (*tristeza*) sorrow **LOC** **a pesar de** in spite of *sth*: *Fuimos a ~ de la lluvia*. We went in spite of the rain. ◆ **a pesar de que…** although…: *A ~ de que implicaba riesgos…* Although it was risky…

pesca *nf* fishing: *ir de ~* to go fishing **LOC** *Ver* FURTIVO

pescadería *nf* fishmonger's ➔ *Ver nota en* CARNICERÍA

pescadero, -a *nm-nf* fishmonger

pescadilla *nf* whiting [*pl* whiting]

pescado *nm* fish [*incontable*]: *Voy a comprar ~*. I'm going to buy some fish. ◊ *Es un tipo de ~*. It's a kind of fish. **LOC** **pescado azul/blanco** blue/white fish *Ver tb* LONJA, PARRILLA

pescador, -ora *nm-nf* fisherman/woman [*pl* -men/-women] **LOC** *Ver* FURTIVO

pescar *vi* to fish: *Habían salido a ~*. They'd gone out fishing.
▸ *vt* (*coger*) to catch: *Pesqué dos truchas*. I caught two trout. ◊ *~ una pulmonía* to catch pneumonia **LOC** *Ver* CAÑA

pesimismo *nm* pessimism

pesimista *adj* pessimistic
▸ *nmf* pessimist

pésimo, -a *adj* dreadful

peso *nm* **1** weight: *ganar/perder ~* to put on/lose weight ◊ *vender algo a ~* to sell sth by weight ◊ *bruto/neto* gross/net weight **2** (*balanza*) scales [*pl*]: *Este ~ no es muy exacto*. These scales aren't very accurate. **LOC** **aumentar/subir de peso** to put on weight ◆ **bajar de/perder peso** to lose weight ◆ **de peso**

(*importante*) **1** (*persona*) influential **2** (*asunto*) weighty *Ver tb* QUITAR

pesquero, -a *adj* fishing: *un puerto ~* a fishing port
▸ *nm* (*barco*) fishing boat

pesquisa *nf* (*investigación*) investigation: *las ~s policiales* police investigations

pestaña *nf* **1** (*ojo*) eyelash **2** (*Informát*) tab

pestañear *vi* to blink **LOC** **sin pestañear** without batting an eyelid: *Escuchó la noticia sin ~*. He heard the news without batting an eyelid.

peste *nf* **1** (*enfermedad*) plague **2** (*mal olor*) stink: *¡Qué ~ hace!* What a stink! **LOC** **decir/echar pestes (de)** to slag *sb/sth* off

pestillo *nm* catch: *echar el ~* to put the catch on

petaca *nf* **1** (*para licores*) hip flask **2** (*para tabaco*) tobacco pouch

pétalo *nm* petal

petanca *nf* pétanque

petardo *nm* **1** (*explosivo*) banger **2** (*tostón*) bore: *Es un ~ de película*. The film is a real bore.

petición *nf* **1** (*ruego*) request: *hacer una ~ de ayuda* to make a request for help **2** (*solicitud*) petition: *redactar una ~* to draw up a petition

petirrojo *nm* robin

peto *nm* dungarees [*pl*], overalls [*pl*] (*USA*)

petróleo *nm* oil: *un pozo de ~* an oil well

petrolero, -a *adj* oil: *la industria petrolera* the oil industry
▸ *nm* (*barco*) oil tanker

pez *nm* fish [*pl* fish/fishes]: *peces de agua dulce* freshwater fish ◊ *Hay dos peces en la pecera*. There are two fish in the goldfish bowl. ➔ *Ver nota en* FISH **LOC** **estar pez** not to know the first thing *about sth*: *Estoy ~ en química*. I don't know the first thing about chemistry. ◆ **pez de colores** goldfish [*pl* goldfish] ◆ **pez espada** swordfish [*pl* swordfish] ◆ **pez gordo** big shot

pezón *nm* **1** (*persona*) nipple **2** (*animal*) teat

pezuña *nf* hoof [*pl* hoofs/hooves]

piadoso, -a *adj* devout **LOC** *Ver* MENTIRA

pianista *nmf* pianist

piano *nm* piano [*pl* pianos]: *tocar una pieza al ~* to play a piece of music on the piano **LOC** **piano de cola** grand piano

piar *vi* to chirp

pica *nf* picas (*Naipes*) spades ➔ *Ver nota en* BARAJA

picadero *nm* riding school

picado, -a *adj* **1** (*diente*) bad **2** (*mar*) rough **3** (*enfadado*) cross: *Creo que están ~s conmigo*. I think they're cross with me. **LOC** **caer en picado** to nosedive *Ver tb* CARNE, PICAR

picadura *nf* **1** (*mosquito, serpiente*) bite: *una ~ de serpiente* a snake bite **2** (*abeja, avispa*) sting

picajoso, -a *adj* touchy

picante *adj* (*Cocina*) hot: *una salsa ~* a hot sauce

picaporte *nm* door handle ➔ *Ver dibujo en* HANDLE

picar *vt, vi* **1** (*mosquito, serpiente*) to bite **2** (*abeja, avispa*) to sting **3** (*pájaro*) to peck **4** (*comer*): *¿Te apetece ~ algo?* Do you fancy something to eat? ◇ *Acabo de ~ un poco de queso.* I've just had some cheese. ◇ *Nos pusieron unas cosas para ~.* They gave us some nibbles.
▸ *vt* **1** (*carne*) to mince **2** (*cebolla, verdura*) to chop *sth* (up)
▸ *vi* **1** (*producir picor*) to itch: *Este jersey pica.* This jumper is itchy. **2** (*ojos*) to sting: *Me pican los ojos.* My eyes are stinging. **3** (*pez*) to bite: *¡Ha picado uno!* I've got a bite! **4** (*ser picante*) to be hot: *¡Esta salsa pica muchísimo!* This sauce is terribly hot! **5** (*caer en la trampa*) to fall for it: *Le conté una mentira y picó.* I told him a lie and he fell for it.
▸ **picarse** *vp* **1** (*diente, fruta*) to go bad **2** (*vino*) to go off **3** (*mar*) to get rough **4 picarse (con) (por)** (*enfadarse*) to get annoyed (with *sb*) (about *sth*): *Se pica por todo.* He's always getting annoyed about something. LOC *Ver* BICHO, MOSCA

picardía *nf* craftiness: *tener mucha ~* to be very crafty ◇ *Tienes que hacerlo con ~.* You have to be crafty.

pichichi *nm* top goalscorer: *el ~ de la liga* the top goalscorer in the league

pichón *nm* young pigeon

picnic *nm* picnic: *ir de ~* to go for a picnic

pico *nm* **1** (*pájaro*) beak **2** (*montaña*) peak: *los ~s cubiertos de nieve* the snow-covered peaks **3** (*herramienta*) pick LOC **y pico 1** odd: *dos mil y ~ personas* two thousand odd people ◇ *Tiene treinta y ~ años.* He's thirty something. **2** (*hora*) just after: *Eran las dos y ~.* It was just after two. *Ver tb* ABRIR, CERRAR, CUELLO, ESCOTE

picor *nm* **1** (*picazón*) itch: *Tengo ~ en la espalda.* I've got an itchy back. **2** (*garganta*) tickle

❶ "Un pijama" se dice **a pair of pyjamas**: *Mete dos pijamas en la maleta.* Pack two pairs of pyjamas.

picotazo *nm* **1** (*mosquito*) bite **2** (*abeja, avispa*) sting: *No te muevas o te pegará un ~.* Don't move or it'll sting you. **3** (*pájaro*) peck

pie *nm* **1** foot [*pl* feet]: *el ~ derecho/izquierdo* your right/left foot ◇ *tener los ~s planos* to have flat feet **2** (*lámpara, estatua, columna, copa*) base **3** (*página, escaleras, colina*) bottom, foot (*más formal*): *a ~ de página* at the bottom of the page **4** (*cama*) foot LOC **al pie de la letra** exactly ◆ **andar (se) con pies de plomo** to tread carefully ◆ **a pie** on foot ◆ **de pies a cabeza** from top to toe ◆ **estar de pie** to be standing (up) ◆ **hacer pie** *No hago ~.* My feet don't touch the bottom. ◆ **no tener ni pies ni cabeza** to be absurd ◆ **ponerse de pie** to

stand up Ver tb COJEAR, LÁMPARA, LEVANTAR, MANTENER, PLANTA, SEGUIR

piedad *nf* **1** (*compasión*) mercy: *Señor ten ~ de nosotros.* Lord, have mercy on us. **2** (*devoción*) piety

piedra *nf* stone: *una pared de ~* a stone wall ◇ *una ~ preciosa* a precious stone LOC **quedarse de piedra** to be speechless *Ver tb* CARTÓN, TIRO

piel *nf* **1** (*Anat*) skin: *tener la ~ blanca/morena* to have fair/dark skin **2** (*zorro, visón, etc.*) fur: *un abrigo de ~es* a fur coat **3** (*cuero*) leather: *una cartera de ~* a leather wallet **4** (*fruta, vegetal*) **(a)** (*plátano, cebolla, uva*) skin: *Quítale la ~ a las uvas.* Peel the grapes. **(b)** (*patata, cítricos*) peel LOC **piel de gallina** goose pimples [*pl*]: *Se me puso la ~ de gallina.* I got goose pimples.

pienso *nm* **1** (*para ganado*) fodder **2** (*para perros*) dry dog food

piercing *nm* piercing: *un ~ en la lengua* a tongue piercing ◇ *hacerse un ~ en el ombligo* to have your belly button pierced

pierna *nf* leg: *romperse una ~* to break your leg ◇ *cruzar/estirar las ~s* to cross/stretch your legs LOC **con las piernas cruzadas** cross-legged *Ver tb* CRUZAR

pieza *nf* **1** (*Ajedrez, Mús*) piece **2** (*Mec*) part: *~ de recambio* a spare part LOC **quedarse de una pieza** to be speechless

pigmento *nm* pigment

pijada *nf* **1** (*tontería*) *¡Déjate de ~s!* Stop talking nonsense! ◇ *Nos hemos enfadado por una ~.* What a stupid thing to get angry about. **2** (*objeto sin valor, algo no necesario*) little thing: *En esta tienda venden todo tipo de ~s para regalar.* They sell all sorts of little presents in this shop. ◇ *Hoy día los móviles tienen muchas ~s.* Mobiles these days have all kinds of little extras.

pijama *nm* pyjamas [*pl*]: *Ese ~ te queda pequeño.* Those pyjamas are too small for you.

pijo, -a *adj* **1** posh: *la zona pija de la ciudad* the posh part of the city **2** (*despectivamente*) snob: *No puede ser más ~.* He's a real snob.
▸ *nm-nf* rich kid LOC *Ver* NIÑO

pila *nf* **1** (*Electrón*) battery [*pl* batteries]: *Se han acabado las ~s.* The batteries have run out. **2** (*fregadero*) sink **3** (*montón*) pile: *una ~ de periódicos* a pile of newspapers **4** (*gran cantidad*): *Tienen la ~ de dinero.* They've got loads of money. ◇ *Ese tío tiene ya una ~ de años.* That bloke's getting on. LOC **pila bautismal** font ◆ **ponerse las pilas** to get your act together: *¡Dile*

P

que se ponga las ~s, que no llegamos! Tell him to get his act together, or we won't get there! *Ver tb* NOMBRE

pilar *nm* pillar

pilates *nm* Pilates

píldora *nf* pill ᴸᴼᶜ **píldora del día después** morning-after pill

pillaje *nm* plunder

pillar *vt* **1** to catch: *¡A que no me pillas!* You can't catch me! ◊ *~ una pulmonía* to catch pneumonia ◊ *Pillé a un chaval robando manzanas.* I caught a boy stealing apples. **2** *(atropellar)* to run *sb* over: *Le pilló un coche.* He was run over by a car.
▸ **pillarse** *vp* **pillarse (con/en)** to get *sth* caught (in *sth*): *Me pillé el dedo en la puerta.* I got my finger caught in the door. ᴸᴼᶜ **pillar cerca/lejos de algo** to be near *sth*/a long way from *sth*: *El colegio me pilla muy cerca de casa.* The school is very near my house. *Ver tb* CAMINO, DESPREVENIDO, MANO, SORPRESA, TRUCO

pilotar *vt* **1** *(avión)* to fly **2** *(coche)* to drive

piloto *nmf* **1** *(avión)* pilot **2** *(coche)* racing driver ᴸᴼᶜ **piloto automático** automatic pilot: *El avión iba con el ~ automático.* The plane was on automatic pilot.

pimentón *nm* smoked paprika: *~ dulce/picante* mild/hot smoked paprika

pimienta *nf* pepper

pimiento *nm* pepper, bell pepper *(USA)* ᴸᴼᶜ **pimiento morrón/verde** red/green pepper *Ver tb* COLORADO, IMPORTAR

pimpón = PING-PONG®

PIN *nm* *(código secreto)* PIN (number) ᴸᴼᶜ *Ver* CÓDIGO

pin *nm* *(insignia)* badge

pinar *nm* pine forest

pincel *nm* paintbrush ➲ *Ver dibujo en* BRUSH

pinchadiscos *nmf* DJ, disc jockey *(más formal)*

pinchar *vt* **1** to prick: *~ a algn con un alfiler* to prick sb with a pin **2** *(balón, neumático)* to puncture **3** *(Med)* to give *sb* an injection
▸ *vi* **1** *(Informát)* to click on *sth*: *~ sobre el icono* to click on the icon **2** *(planta espinosa)* to be prickly: *Ten cuidado que pinchan.* Be careful, they're very prickly. **3** *(tener un pinchazo)* to have a puncture, to have a flat *(USA)*: *He pinchado dos veces en una semana.* I've had two punctures in a week.
▸ **pincharse** *vp* **1** *(neumático)* to puncture: *Se me ha pinchado una rueda.* I've got a puncture. **2** **pincharse (con)** to prick yourself (on/with *sth*): *~se con una aguja* to prick yourself on/with a needle **3** *(drogas)* to shoot up

pinchazo *nm* puncture, flat *(USA)*: *arreglar un ~* to mend a puncture

pincho *nm* **1** *(punta aguda)* spike: *Los cardos tienen ~s.* Thistles have spikes. **2** *(aperitivo)* snack: *tomar un ~* to have a snack ◊ *un ~ de tortilla* a small portion of Spanish omelette ᴸᴼᶜ **pincho moruno** kebab

pinganillo *nm* earpiece

ping-pong® *nm* ping-pong, table tennis *(más formal)*

pingüino *nm* penguin

pino *nm* pine (tree) ᴸᴼᶜ **hacer el pino** to do a handstand *Ver tb* QUINTO

pinta *nf* **1** *(aspecto)* look: *No me gusta la ~ de ese pescado.* I don't like the look of that fish. ◊ *¡Vaya ~ que llevas!* Just look at you! **2** *(medida)* pint ➲ *Ver nota en* CERVEZA ➲ *Ver pág 804* ᴸᴼᶜ **tener buena/mala pinta** to look nice/nasty: *Estos pasteles tienen muy buena ~.* Those cakes look very nice. ◆ **tener pinta de** to look like *sth*: *Con ese traje tienes ~ de payaso.* You look like a clown in that suit.

pintada *nf* graffiti [*incontable*]: *Había ~s por toda la pared.* There was graffiti all over the wall. ◊ *Había una ~ que decía…* There was a piece of graffiti that said…

pintado, -a *adj* ᴸᴼᶜ **ir/sentar/venir que ni pintado** to be just what *sb* needs: *Ese trabajo me vino que ni ~.* A job like that was just what I needed. ◆ **pintado de** painted: *Las paredes están pintadas de azul.* The walls are painted blue. *Ver tb* RECIÉN; *Ver tb* PINTAR

pintalabios *nm* lipstick

pintar *vt*, *vi* to paint: *~ una pared de rojo* to paint a wall red ◊ *Me gusta ~.* I like painting.
▸ *vt* *(colorear)* to colour *sth* (in): *El niño había pintado la casa de azul.* The little boy had coloured the house blue. ◊ *Dibujó una pelota y luego la pintó.* He drew a ball and then coloured it in.
▸ *vi* to write: *Este boli no pinta.* This pen doesn't write.
▸ **pintarse** *vp* **1** to paint: *~se las uñas* to paint your nails **2** *(maquillarse)* to put on your make-up: *No he tenido tiempo de ~me.* I haven't had time to put my make-up on. ᴸᴼᶜ **pintar al óleo/a la acuarela** to paint in oils/watercolours ◆ **pintarse los labios/ojos** to put on your lipstick/eye make-up

pintor, -ora *nm-nf* painter

pintoresco, -a *adj* picturesque: *un paisaje ~* a picturesque landscape

pintura *nf* **1** *(actividad, cuadro)* painting: *La ~ es una de mis aficiones.* Painting is one of my hobbies. **2** *(producto)* paint: *una mano de ~* a coat of paint **3 pinturas (a)** paints **(b)** *(lápices* *de colores*) coloured pencils (**c**) (*maquillaje*) make-up [*incontable*] **LOC** *Ver* ÓLEO

pinza *nf* **1** (*para tender*) clothes peg, clothespin (USA) **2** (*de pelo*) (hair) clip **3** (*cangrejo, langosta*) pincer **4 pinzas** (**a**) tweezers: *unas ~s para las cejas* tweezers (**b**) (*azúcar, hielo, carbón*) tongs ↪ *Ver nota en* PAIR

piña *nf* **1** (*fruta tropical*) pineapple **2** (*pino*) pine cone **LOC** darse/pegarse una piña to crash: *Se dio una ~ contra un árbol.* He crashed into a tree. ◆ hacer piña to close ranks

piñón *nm* (*Cocina*) pine nut

pío *nm* (*sonido*) tweet **LOC** no decir ni pío not to open your mouth

piojo *nm* louse [*pl* lice]

pionero, -a *adj* pioneering
▸ *nm-nf* pioneer: *un ~ de la cirugía estética* a pioneer in cosmetic surgery

pipa *nf* **1** (*para fumar*) pipe: *fumar en ~* to smoke a pipe **2** (*semilla de girasol*) sunflower seed **LOC** pasarlo pipa to have a great time

pique *nm* **1** (*enfado*) quarrel: *Siempre están de ~.* They're always quarrelling. **2** (*rivalidad*) rivalry: *Hay mucho ~ entre ellas.* There's a lot of rivalry between them. **LOC** irse a pique **1** (*negocio*) to go bust **2** (*plan, proyecto*) to fall through

piquete *nm* picket

pirado, -a *adj* nuts: *estar ~* to be nuts *Ver tb* PIRARSE

piragua *nf* canoe

piragüismo *nm* canoeing: *hacer ~* to go canoeing

pirámide *nf* pyramid

piraña *nf* piranha

pirarse *vp* to clear off **LOC** pirárselas to leg it ◆ pirarse una clase to skip a class

pirata *adj, nmf* pirate: *un barco/una emisora ~* a pirate boat/radio station ◊ *un DVD ~* a pirate/pirated DVD **LOC** pirata informático hacker *Ver tb* PANTALÓN

piratear *vt* **1** (*DVD, etc.*) to pirate **2** (*entrar en un sistema informático*) to hack into *sth*

piratería *nf* **1** piracy **2** (*Informát*) hacking **LOC** piratería telefónica phone hacking

Pirineos (*tb* **Pirineo**) *nm* Pyrenees [*v sing o pl*]: *el Pirineo aragonés* the Aragonese Pyrenees

pirómano, -a *nm-nf* arsonist

piropo *nm* **1** (*cumplido*) compliment: *Eso es un ~ viniendo de él.* That's a compliment coming from him. **2** (*en la calle*) suggestive remark: *Al pasar por la obra le echaron ~s.* She got some suggestive remarks from men as she went past the building site.

piruleta *nf* lollipop

pis *nm* pee **LOC** hacer pis to have a pee

pisada *nf* **1** (*sonido*) footstep **2** (*huella*) footprint

pisar *vt* **1** to step on/in *sth*: *Me has pisado (el pie).* You stepped on my foot. ◊ *~ un charco* to step in a puddle **2** (*tierra*) to tread *sth* down **3** (*acelerador, freno*) to put your foot on *sth* **4** (*humillar*) to walk all over *sb*: *No te dejes ~.* Don't let people walk all over you. **5** (*idea*) to pinch, to steal (USA): *~le a algn una idea* to pinch an idea from sb
▸ *vi* to tread **LOC** ir pisando huevos to tread carefully ◆ pisar fuerte to make a big impact (*on sth*): *La nueva generación del flamenco está pisando fuerte.* The new generation of flamenco musicians is making a big impact. *Ver tb* PROHIBIDO

piscifactoría *nf* fish farm

piscina *nf* swimming pool **LOC** piscina climatizada/cubierta heated/indoor pool

piscis (*tb* **Piscis**) *nm, nmf* Pisces ↪ *Ver ejemplos en* ACUARIO

piso *nm* **1** (*suelo, planta*) floor: *Vivo en el tercer ~.* I live on the third floor. ↪ *Ver nota en* FLOOR **2** (*apartamento*) flat, apartment (USA) ↪ *Ver nota en* CASA **LOC** de dos, etc. pisos (*edificio*) two-storey, etc.: *un bloque de cinco ~s* a five-storey block *Ver tb* COMPAÑERO

pisotear *vt* **1** (*pisar*) to stamp on *sth* **2** (*humillar, maltratar*) to trample on/over *sth*: *~ los derechos de algn* to trample on sb's rights

pisotón *nm* **LOC** dar un pisotón a algn to tread on sb's foot

pista *nf* **1** (*huella*) track(s) [*gen pl*]: *seguir la ~ de un animal* to follow an animal's tracks ◊ *Le he perdido la ~ a Manolo.* I've lost track of Manolo. **2** (*dato*) clue: *Dame más ~s.* Give me more clues. **3** (*Atletismo*) track: *una ~ al aire libre/cubierta* an outdoor/indoor track **4** (*de aterrizaje*) runway **LOC** estar sobre la pista de algn to be on sb's trail ◆ pista de baile dance floor ◆ pista de baloncesto/pádel/tenis basketball/paddle tennis/tennis court ◆ pista de esquí ski slope ◆ pista de hielo/patinaje ice/skating rink

pistacho *nm* pistachio [*pl* pistachios]

pistola *nf* pistol **LOC** pistola eléctrica taser® *Ver tb* AIRE, PUNTA

pitar *vt* (*abuchear*) to boo
▸ *vi* **1** (*silbato*) to blow your whistle (*at sb/sth*): *El guardia nos pitó.* The policeman blew his whistle at us. **2** (*claxon*) to hoot (*at sb/sth*): *El conductor me pitó.* The driver hooted at me. **3** (*arbitrar*): *~ un partido/la final* to referee a match/the final **LOC** irse/salir pitando to dash off ◆ pitar un penalti/una falta to award a penalty/free kick

pitido nm **1** *(tren, árbitro, policía)* whistle: *los ~s del tren* the whistle of the train **2** *(claxon)* hoot **3** *(despertador)* beep

pitillo nm `LOC` *Ver* PANTALÓN

pito nm whistle `LOC` **entre pitos y flautas** what with one thing and another *Ver tb* IMPORTAR

pitón nm python

pívot nmf *(Baloncesto)* centre

píxel nm *(Informát)* pixel

pizarra nf **1** *(en una clase)* board: *salir a la ~* to go up to the board **❶** Existen también las palabras **whiteboard**, para las de rotulador, y **blackboard**, para las de tiza. **2** *(roca)* slate: *un tejado de ~* a slate roof `LOC` **pizarra blanca** whiteboard ◆ **pizarra electrónica/interactiva** interactive whiteboard

pizca nf *una ~ de sal* a pinch of salt ◇ *una ~ de humor* a touch of humour `LOC` **ni pizca** *Hoy no hace ni ~ de frío.* It's not at all cold today. ◇ *No tiene ni ~ de gracia.* It's not the least bit funny.

pizza nf pizza

placa nf **1** *(lámina, Fot, Geol)* plate: *~s de acero* steel plates ◇ *La ~ de la puerta dice "dentista".* The plate on the door says 'dentist'. **2** *(conmemorativa)* plaque: *una ~ conmemorativa* a commemorative plaque **3** *(de la cocina)* hob, stovetop *(USA)*: *~ de inducción* induction hob **4** *(policía)* badge

placaje nm *(Rugby)* tackle

placar vt *(Rugby)* to tackle

placer nm pleasure: *Tengo el ~ de presentarles al Dr García.* It is my pleasure to introduce Dr García.

plaga nf plague: *una ~ de mosquitos* a plague of mosquitoes

plan nm **1** *(intención, proyecto)* plan: *He cambiado de ~es.* I've changed my plans. ◇ *¿Tienes ~ para el sábado?* Have you got anything planned for Saturday? **2** *(actitud)* attitude: *Si sigues en ese ~, me voy.* If you're going to carry on with that attitude, I'm going. `LOC` **plan de estudios** curriculum [pl curricula/curriculums]

plana nf `LOC` **plana mayor** top brass [v sing o pl] *(coloq) Ver tb* PRIMERO

plancha nf **1** *(electrodoméstico)* iron **2** *(acción, ropa)* ironing: *Tengo toda la ~ por hacer.* I've still got to do all the ironing. `LOC` **a la plancha** grilled: *carne a la ~* grilled meat ◆ **plancha de pelo** hair straighteners [pl]

planchar vt to iron: *~ una camisa* to iron a shirt ▸ vi to do the ironing: *Hoy me toca ~.* I've got to do the ironing today.

planear vt *(organizar)* to plan: *~ la fuga* to plan your escape

▸ vi *(avión, pájaro)* to glide

planeta nm planet

planificación nf planning

planificar vt to plan

plano, -a adj flat: *una superficie plana* a flat surface

▸ nm **1** *(nivel)* level: *Las casas están construidas en distintos ~s.* The houses are built on different levels. ◇ *en el ~ personal* on a personal level **2** *(diagrama)* **(a)** *(ciudad, metro)* map **(b)** *(Arquit)* plan **3** *(Cine)* shot `LOC` *Ver* PRIMERO, TARIFA

planta nf **1** *(Bot, industrial)* plant **2** *(piso)* floor: *la segunda/última ~* the second/top floor **➔** *Ver nota en* FLOOR `LOC` **planta baja** ground floor: *Vivo en la ~ baja.* I live on the ground floor. ◆ **planta del pie** sole

plantación nf plantation

plantado, -a adj `LOC` **dejar plantado** to stand sb up *Ver tb* PLANTAR

plantar vt **1** to plant **2** *(dar plantón)* to stand sb up

planteamiento nm **1** *(enfoque)* approach: *Tenemos distintos ~s en cuanto a ese tema.* We have different approaches to that subject. **2** *(análisis)* analysis [pl analyses]: *Hizo un ~ muy interesante del tema.* He gave us a very interesting analysis of the subject. **3** *(pregunta)* question: *Tú tienes que hacerte el siguiente ~…* You need to ask yourself the question… **4** *(problema matemático)* working-out: *Tengo bien el ~, pero no el resultado.* I've worked it out right, but got the wrong answer.

plantear vt to raise: *~ dudas/preguntas* to raise doubts/questions ◇ *El libro plantea temas muy importantes.* The book raises very important issues.

▸ **plantearse** vp to think (about sth/doing sth): *¡Eso ni me lo planteo!* I don't even think about that!

plantilla nf **1** *(zapato)* insole **2** *(modelo, Informát)* template **3** *(personal)* staff [v sing o pl] **➔** *Ver nota en* JURADO **4** *(Dep)* squad: *la ~ azulgrana* the Barcelona squad

plantón nm *(espera larga)* long wait `LOC` **dar un plantón 1** *(retrasarse)* to keep sb waiting: *Nos dieron un ~ de más de una hora.* They kept us waiting for over an hour. **2** *(no acudir)* to stand sb up

plasma nm `LOC` *Ver* PANTALLA

plasta adj, nmf *(persona)* pain in the neck: *¿Qué ~ eres!* You're a pain in the neck!

plástico, -a adj plastic: *la cirugía plástica* plastic surgery

▸ nm plastic: *un envase de ~* a plastic container ◇ *Tápalo con un ~.* Cover it with a plastic sheet. `LOC` *Ver* ARTE, VASO

plastificar *vt* to laminate

plastilina® *nf* Plasticine®, play dough® (*USA*)

plata *nf* silver: *un anillo de* ~ a silver ring **LOC** *Ver* BAÑADO, BODA, PAPEL

plataforma *nf* platform

plátano *nm* **1** (*fruta*) banana **2** (*árbol*) plane tree

plateado, -a *adj* **1** (*color*) silver: *pintura plateada* silver paint **2** (*revestido de plata*) silver-plated

platillo *nm* **1** (*taza*) saucer ⊃ *Ver dibujo en* CUP **2 platillos** (*Mús*) cymbals **LOC** **platillo volante** flying saucer *Ver tb* BOMBO

platino *nm* platinum

plato *nm* **1** (*recipiente*) **(a)** plate: *¡Ya se ha roto otro ~!* There's another plate broken! **(b)** (*platillo*) saucer ⊃ *Ver dibujo en* CUP **2** (*guiso*) dish: *un ~ típico del país* a national dish **3** (*parte de la comida*) course: *De primer ~ comí sopa.* I had soup for my first course. ◇ *el ~ fuerte/principal* the main course **LOC** **plato hondo/sopero** soup bowl ◆ **plato llano/de postre** dinner/dessert plate *Ver tb* FREGAR, SECAR

plató *nm* set

platónico, -a *adj* **LOC** *Ver* AMOR

playa *nf* **1** beach **2** (*costa*) seaside: *Pasamos el verano en la ~.* We spent the summer at the seaside.

playback *nm* *No estaba cantando en directo, era ~.* She wasn't singing live. ◇ *Todas sus actuaciones son en ~.* They don't sing live in any of their performances.

playeras *nf* canvas shoes

plaza *nf* **1** (*espacio abierto*) square: *la ~ mayor* the main square **2** (*mercado*) market (place): *Siempre compro la fruta en la ~.* I always buy fruit in the market. **3** (*asiento*) seat: *¿Queda alguna ~ en el autobús?* Are there any seats left on the bus? **4** (*puesto de trabajo*) post **5** (*en un curso*) place: *Ya no quedan ~s.* There are no places left. **LOC** **plaza de toros** bullring

plazo *nm* **1** (*período*) period: *el ~ de matrícula* the enrolment period ◇ *Tenemos un mes de ~ para pagar.* We've got a month to pay. ◇ *El ~ vence mañana.* The deadline is tomorrow. **2** (*pago*) instalment: *pagar algo a ~s* to pay for sth in instalments **LOC** **fuera de plazo** after the closing date *Ver tb* COMPRAR

plegable *adj* folding: *una cama ~* a folding bed

plegar *vt* to fold

pleito *nm* lawsuit

plenamente *adv* fully: *Soy ~ consciente de ello.* I am fully aware of it. ◇ *Está ~ recuperada.* She's completely recovered.

pleno, -a *adj* full: *Soy miembro de ~ derecho.* I'm a full member. ◇ *~s poderes* full powers **LOC** **a plena luz del día** in broad daylight ◆ **en**

pleno… (*en mitad de*) (right) in the middle of…: *en ~ invierno* in the middle of winter ◇ *en ~ centro de la ciudad* right in the centre of the city *Ver tb* AUGE, FORMA

pliegue *nm* **1** fold: *La tela caía formando ~s.* The material hung in folds. **2** (*falda*) pleat

plomo *nm* **1** (*metal*) lead **2 plomos** fuses: *Se han fundido los ~s.* The fuses have blown. **3** (*persona*) bore **LOC** *Ver* GASOLINA, PIE

pluma *nf* **1** (*de ave*) feather: *un colchón de ~s* a feather mattress **2** (*estilográfica*) fountain pen **3 plumas** (*prenda de abrigo*) ski jacket

plumero *nm* feather duster

plumífero *nm* (*prenda*) ski jacket

plural *adj*, *nm* plural

plus *nm* bonus [*pl* bonuses]

plusmarquista *nmf* record holder

Plutón *nm* Pluto

plutonio *nm* plutonium

población *nf* **1** (*conjunto de personas*) population: *la ~ activa* the working population **2** (*localidad*) **(a)** (*ciudad grande*) city [*pl* cities] **(b)** (*ciudad pequeña*) town **(c)** (*pueblo*) village ⊃ *Ver nota en* CIUDAD **LOC** *Ver* DENSIDAD

poblado *nm* village

pobre *adj* poor
▸ *nmf* **1** poor man/woman [*pl* men/women]: *los ricos y los ~* the rich and the poor **2** (*desgraciado*) poor thing: *¡Pobre! Tiene hambre.* He's hungry, poor thing!

pobreza *nf* poverty

pocilga *nf* pigsty [*pl* pigsties]

poción *nf* potion

poco, -a *adj* **1 + sustantivo incontable** not much, little (*más formal*): *Tengo ~ dinero.* I don't have much money. ◇ *Tienen muy ~ interés.* They have very little interest. ⊃ *Ver nota en* LITTLE **2 + sustantivo contable** not many, few (*más formal*): *Tiene ~s amigos.* He hasn't got many friends. ◇ *en muy pocas ocasiones* on very few occasions ⊃ *Ver nota en* LESS
▸ *pron* little [*pl* few]: *Vinieron muy ~s.* Very few came.
▸ *adv* **1** (*poca cantidad, pocas veces*) not much: *Come ~ para lo alto que es.* He doesn't eat much for his height. ◇ *Lo veo ~ últimamente.* I haven't seen much of him recently. **2** (*poco tiempo*) not long: *La vi hace ~.* I saw her not long ago/recently. **3** (*con adjetivo*) not very: *Es ~ inteligente.* He's not very intelligent. **LOC** **poco a poco** shortly after: *a ~ de irte* shortly after you left ◆ **poco a poco** gradually ◆ **poco más/menos (de)** just over/under: *~ menos de 5000 personas* just under 5 000 people ◆ **por poco** nearly: *Por*

~ *me atropellan.* I was nearly run over. ◆ **unos pocos** a few: *unos ~s claveles* a few carnations ◇ *– ¿Cuántos quieres? – Dame unos ~s.* 'How many would you like?' 'Just a few.' ➔ *Ver nota en* FEW ◆ **un poco** a little, a bit (*más coloq*): *un ~ más/ mejor* a little more/better ◇ *un ~ de azúcar* a bit of sugar ◇ *Espera un ~.* Wait a bit. ❶ Para otras expresiones con **poco**, véanse las entradas del sustantivo, adjetivo, etc., p. ej. **ser poca cosa** en COSA.

podar *vt* to prune

poder¹ *vt, vi* **1** (*tener la posibilidad, ser capaz*) can *do sth*; to be able *to do sth*: *Puedo escoger Londres o Madrid.* I can choose London or Madrid. ◇ *No podía creérmelo.* I couldn't believe it. ◇ *Desde entonces no ha podido andar.* He hasn't been able to walk since then. ➔ *Ver nota en* CAN¹ **2** (*tener permiso*) can, may (*más formal*): *¿Puedo hablar con Andrés?* Can I talk to Andrés? ➔ *Ver nota en* MAY **3** (*probabilidad*) may, could, might

🔎 El uso de **may, could** y **might** depende del grado de probabilidad de que se produzca la acción. **Could** y **might** expresan menor probabilidad que **may**: *Pueden llegar en cualquier momento.* They may arrive at any minute. ◇ *Podría ser peligroso.* It could/might be dangerous.

LOC **no poder más 1** (*estar cansado*) to be exhausted **2** (*no aguantar más*): *Tengo que dejar este trabajo, no puedo más.* I have to leave this job — I can't take any more. **3** (*estar lleno*) to be full ◆ **no puede ser (que)…** I can't believe…: *¡No puede ser!* I can't believe it! ◇ *No puede ser que no lo sepa.* I can't believe he doesn't know. ◆ **poder con** *sth*: *No puedo con tantos deberes.* I can't cope with so much homework. ◆ **puede (que…)** maybe: *Puede que sí, puede que no.* Maybe, maybe not. ◆ **se puede/no se puede** *¿Se puede?* May I come in? ◇ *No se puede fumar aquí.* You can't smoke in here. ❶ Para otras expresiones con **poder**, véanse las entradas del sustantivo, adjetivo, etc., p. ej. **a más no poder** en MÁS.

poder² *nm* power: *tomar el ~* to seize power **LOC** **el poder ejecutivo/judicial/legislativo** the executive/judiciary/legislature ◆ **en poder de** in the hands of *sb/sth*: *El documento está en ~ del FBI.* The document is in the hands of the FBI.

poderoso, -a *adj* powerful

podio (*tb* **pódium**) *nm* podium: *subir al ~* to go up onto the podium

podrido, -a *adj* rotten: *una manzana/sociedad podrida* a rotten apple/society

poema *nm* poem

poesía *nf* **1** (*género literario*) poetry: *la ~ épica* epic poetry **2** (*poema*) poem

poeta *nmf* poet

poético, -a *adj* poetic

póker = PÓQUER

polaco, -a *adj, nm* Polish: *hablar ~* to speak Polish
▸ *nm-nf* Pole: *los ~s* the Poles

polar *adj* (*Geog*) polar **LOC** *Ver* CÍRCULO, FORRO, OSO

polea *nf* pulley [*pl* pulleys]

polémica *nf* controversy [*pl* controversies]

polémico, -a *adj* controversial

polen *nm* pollen **LOC** *Ver* ALERGIA

poli *nmf* cop
▸ *nf* cops [*pl*]: *Viene la ~.* The cops are coming.

policía *nmf* police officer, policeman/woman [*pl* -men/-women]

🔎 Es preferible evitar el uso del sufijo **-man** en palabras que hacen referencia a un trabajo o una profesión, como p. ej. **policeman**, **sportsman** o **salesman**, a menos que se esté hablando de un hombre en concreto. En su lugar se utilizan palabras que no hacen referencia al sexo de la persona, como **police officer**, **sportsperson** o **salesperson**. La tendencia a no hacer distinciones entre los sexos se da también en el caso de palabras como **doctor** y **nurse**. Cada vez está peor visto utilizar términos como **male nurse** y **woman/lady doctor**. ➔ *Ver notas en* ACTRESS, BOMBERO

▸ *nf* police [*pl*]: *La ~ está investigando el caso.* The police are investigating the case. **LOC** *Ver* MUNICIPAL, URBANO

policiaco, -a (*tb* **policíaco, -a**) *adj* **LOC** *Ver* GÉNERO, NOVELA, PELÍCULA

policial *adj* police: *operación ~* police operation **LOC** *Ver* CORDÓN, FICHA

polideportivo *nm* sports centre

polígono *nm* **1** (*Geom*) polygon **2** (*zona*) estate: *un ~ industrial* an industrial estate

polilla *nf* moth

polio *nf* polio

politécnico, -a *adj* polytechnic

política *nf* **1** (*Pol*) politics [*v sing o pl*]: *meterse en ~* to get involved in politics **2** (*postura, programa*) policy [*pl* policies]: *la ~ exterior* foreign policy ◇ *la ~ de la empresa* the company's policy

políticamente *adv* **LOC** **políticamente correcto** politically correct (*abrev* PC)

político, -a adj **1** (*Pol*) political: *un partido ~ a political party* **2** (*familia*) in-law: *padre ~* father-in-law ◇ *mi familia política* my in-laws
▸ nm-nf politician: *un ~ de izquierdas* a left-wing politician

póliza nf **1** (*seguros*) policy [*pl* policies]: *hacerse una ~* to take out a policy **2** (*sello*) stamp

polizón, -ona nm-nf stowaway: *colarse de ~* to stow away

pollito (*tb* **polluelo**) nm chick

pollo nm chicken: *~ asado* roast chicken

polo nm **1** (*Geog, Fís*) pole: *el ~ Norte/Sur* the North/South Pole ◇ *Los ~s opuestos se atraen.* Opposites attract one another. **2** (*helado*) ice lolly [*pl* lollies] **3** (*camisa*) polo shirt LOC **ser polos opuestos** (*carácter*) to be like chalk and cheese

Polonia nf Poland

polución nf pollution

polvareda nf cloud of dust: *levantar una ~* to raise a cloud of dust

polvo nm **1** (*suciedad*) dust: *Esta librería está llena de ~.* This bookcase is covered in dust. ◇ *Estás levantando ~.* You're kicking up the dust. **2** (*Cocina, Quím*) powder: *cacao/leche en ~* cocoa powder/powdered milk **3 polvos** (*tocador*) powder [*incontable*] LOC **estar hecho polvo** (*cansado*) to be shattered ◆ **limpiar/quitar el polvo (a/de)** to dust (*sth*) ◆ **polvos de talco** talcum powder [*incontable*] *Ver tb* LECHE, TRAPO

pólvora nf gunpowder

polvoriento, -a adj dusty

polvorón nm typical Christmas sweet

pomada nf ointment

pomelo nm grapefruit [*pl* grapefruit/grapefruits]

pomo nm **1** (*puerta*) doorknob **2** (*cajón*) knob

pompa nf **1** (*burbuja*) bubble: *hacer ~s de jabón* to blow bubbles **2** (*solemnidad*) pomp LOC **pompas fúnebres 1** (*entierro*) funeral [*v sing*] **2** (*funeraria*) undertaker's, funeral parlour (*USA*) *Ver nota en* CARNICERÍA

pomposo, -a adj pompous

pómulo nm cheekbone

poner vt **1** (*colocar*) to put: *Pon los libros sobre la mesa/en una caja.* Put the books on the table/in a box. **2** (*aparato*) to put *sth* on: *~ la radio* to put the radio on **3** (*música*) to play **4** (*reloj*) to set: *Pon el despertador a las seis.* Set the alarm for six. **5** (*vestir*) to put *sth* on (*for sb*): *Ponle la bufanda a tu hermano.* Put your brother's scarf on for him. **6** (*servir*) to give: *Ponme un poco más de sopa.* Give me some more soup, please. **7 ~ a algn nervioso, de mal humor, etc.** to make sb nervous, angry, etc.: *Le estás poniendo nervio-*

so. You're making him nervous. **8** (*huevos*) to lay **9** (*deberes*) to set **10** (*película, programa*): *¿Qué ponen esta noche?* What's on tonight? **11** (*obra de teatro*) to put *sth* on **12** (*sábana, mantel*) to put *sth* on: *Pon el mantel/la sábana.* Put the tablecloth on the table./Put the sheet on the bed. **13** (*mesa*) to lay **14** (*decir*) to say: *En el periódico pone que…* In the newspaper it says that… **15** (*nombrar*) to call: *Le han puesto Eva.* They've called her Eva. **16** (*negocio, tienda*) to open: *Han puesto una zapatería nueva en el centro.* They've opened a new shoe shop in the centre.
▸ ponerse vp **1** (*de pie*) to stand: *Ponte a mi lado.* Stand next to me. **2** (*sentado*) to sit **3** (*vestirse*) to put *sth* on: *¿Qué me pongo?* What shall I put on? ◇ *¿Qué te vas a ~ para la boda?* What are you going to wear for the wedding? **4** (*sol*) to set **5 + adjetivo** to get: *Se puso enfermo.* He got ill. ◇ *¡No te pongas chulo conmigo!* Don't get cheeky with me! ◇ *Se va a poner muy contento.* He's going to be very happy. **6 ponerse a** to start doing sth/to do sth: *Se ha puesto a nevar.* It's started snowing. ◇ *Ponte a estudiar.* Get on with some work. **7 ponerse de** to get covered in sth: *¡Cómo te has puesto de pintura!* You're covered in paint! LOC Para expresiones con **poner**, véanse las entradas del sustantivo, adjetivo, etc., p. ej. **ponerse rojo** en ROJO.

poni (*tb* **poney**) nm pony [*pl* ponies]

ponible adj wearable

popa nf stern

popular adj popular

popularidad nf popularity

póquer nm poker: *jugar al ~* to play poker

por prep
● **lugar 1** (*con verbos de movimiento*): *circular ~ la derecha/izquierda* to drive on the right/left ◇ *¿Pasas ~ alguna farmacia?* Are you going past a chemist's? ◇ *pasar ~ el centro de París* to go through the centre of Paris ◇ *Pasaré ~ tu casa mañana.* I'll drop in tomorrow. ◇ *viajar ~ Europa* to travel round Europe **2** (*con verbos como coger, agarrar*) by: *Lo cogí ~ el brazo.* I grabbed him by the arm.
● **tiempo 1** (*tiempo determinado*): *~ la mañana/tarde* in the morning/afternoon ◇ *~ la noche* at night ◇ *mañana ~ la mañana/noche* tomorrow morning/night **2** (*duración*) for: *solo ~ unos días* only for a few days *Ver nota en* FOR
● **causa** *Lo han suspendido ~ el mal tiempo.* It's been cancelled because of bad weather. ◇ *hacer algo ~ dinero* to do sth for money ◇ *Lo despidieron ~ robar/vago.* He was sacked for stealing/being lazy.

• **finalidad** *Por ti haría cualquier cosa.* I'd do anything for you. ◊ *He puesto la tele ~ ver las noticias.* I've put on the TV to watch the news. ◊ *No desayunó ~ no perder el tren.* She skipped breakfast so as not to miss the train.

• **agente** by: *firmado ~ él* signed by him ◊ *pintado ~ El Greco* painted by El Greco

• **hacia/en favor de** for: *sentir cariño ~ algn* to feel affection for sb ◊ *¡Vote ~ nosotros!* Vote for us!

• **con expresiones numéricas** *4 ~ 3 son 12.* 4 times 3 is 12. ◊ *Mide 7 ~ 2.* It measures 7 by 2. ◊ *2000 ~ hora* 2 000 an/per hour

• **otras construcciones 1** *(medio, instrumento)*: *~ correo/mar/avión* by post/sea/air **2** *(en sustitución de)*: *Ella irá ~ mí.* She'll go instead of me. **3** *(a precio de)*: *Lo compré ~ cien euros.* I bought it for a hundred euros. **4** *(en sucesión)* by: *uno ~ uno* one by one ◊ *paso ~ paso* step by step **5 + adjetivo/adverbio** however: *Por simple que…* However simple… ◊ *Por mucho que trabajes…* However much you work… **LOC por mí** as far as I am, you are, etc. concerned ♦ **¿por qué?**; **por qué** why: *¿Por qué no?* Why not? ◊ *No dijo ~ qué no venía.* He didn't say why he wasn't coming. ♦ **por si…** in case…: *Llévatelo ~ si te hace falta.* Take it in case you need it.

porcelana *nf* porcelain

porcentaje *nm* percentage ➲ *Ver pág 803*

porche *nm* porch

porcino, -a *adj* **LOC** *Ver* GANADO

porción *nf* **1** *(trozo)* piece **2** *(ración)* portion

pornografía *nf* pornography

pornográfico, -a *adj* pornographic

poro *nm* pore

poroso, -a *adj* porous

porque *conj* **1** *(causa)* because: *No viene ~ no quiere.* He's not coming because he doesn't want to. **2** *(finalidad)* so (that): *Vine ~ tuvieses compañía.* I came so (that) you had company.

porqué *nm* **~ (de)** reason (for *sth*): *el ~ de la huelga* the reason for the strike

porquería *nf* **1** *(suciedad)* dirt: *Esta cocina está llena de ~.* This kitchen is really dirty. **2** *(cosa de mala calidad)* rubbish [*incontable*]: *Esa película es una ~.* That film is rubbish. **3** *(comida basura)* junk (food) [*incontable*]: *Deja de comer ~s.* Stop eating junk food.

porra *nf* *(de policía)* truncheon, nightstick (USA) **LOC** *Ver* MANDAR

porrazo *nm* **LOC** *Ver* GOLPE

porro *nm* joint

porrón *nm* drinking vessel with a spout

portaaviones *nm* aircraft carrier

portada *nf* **1** *(libro, revista)* cover **2** *(disco)* sleeve

portafolios *nm* folder

portal *nm* **1** *(edificio)* (entrance) hall **2** *(Internet)* portal

portapapeles *nm* *(Informát)* clipboard

portarse *vp* to behave: *~ bien/mal* to behave well/badly ◊ *Pórtate bien.* Be good. **LOC portarse bien con algn** to be good to sb ♦ **portarse mal con algn** to treat sb badly

portátil *adj* portable: *una televisión ~* a portable TV
▸ *nm* *(ordenador)* laptop

portavoz *nmf* spokesperson [*pl* spokespersons/spokespeople]

🔎 Existen las formas **spokesman** y **spokeswoman**, pero es preferible usar **spokesperson** porque se refiere tanto a un hombre como a una mujer: *los portavoces de la oposición* spokespersons for the Opposition.

portazo *nm* bang **LOC dar un portazo** to slam the door *Ver tb* CERRAR

portería *nf* **1** *(de edificio)* porter's lodge **2** *(Dep)* goal

portero, -a *nm-nf* **1** *(de un edificio público)* caretaker, custodian (USA) **2** *(de un edificio privado)* porter **3** *(Dep)* goalkeeper, goalie *(coloq)* **LOC portero automático** Entryphone®

Portugal *nm* Portugal

portugués, -esa *adj, nm* Portuguese: *hablar ~* to speak Portuguese.
▸ *nm-nf* Portuguese man/woman [*pl* men/women]: *los portugueses* the Portuguese

porvenir *nm* future: *tener un buen ~* to have a good future ahead of you

posar *vi* *(para una foto)* to pose
▸ **posarse** *vp* **1** *(aves, insectos)* to land (*on sth*) **2** *(polvo, sedimento)* to settle (*on sth*)

posavasos *nm* coaster

posdata *nf* postscript *(abrev PS)*

poseer *vt* **1** *(ser dueño de)* to own **2** *(disponer de)* to have: *Posee una gran fortuna.* She has a big fortune.

posesivo, -a *adj* possessive

posguerra *nf* post-war period

posibilidad *nf* possibility [*pl* possibilities] **LOC tener (muchas) posibilidades de…** to have a (good) chance of *doing sth*

posible *adj* **1** possible: *lo más rápido ~* as quickly as possible **2** *(potencial)* potential: *un ~ accidente* a potential accident **LOC en (la medida de) lo posible** as far as possible ♦ **es posible que…** I, he, she, etc. may…: *Es ~ que ya hayan llegado.* They may have already arrived. ♦

hacer (todo) lo posible por/para to do your best *to do sth Ver tb* ANTES, MEJOR

posiblemente *adv* possibly: *– ¿Crees que vendrán? – Posiblemente.* 'Do you think they'll come?' 'Possibly.' ◊ *El jefe volverá ~ mañana.* The boss may be back tomorrow.

posición *nf* position: *Quedaron en última ~.* They came last. LOC *Ver* LUZ

positivo, -a *adj* positive: *El análisis dio ~.* The test was positive. LOC *Ver* SIGNO

poso *nm* (*sedimento*) dregs [*pl*]

posponer *vt* to postpone

postal *adj* postal
▸ *nf* (*tarjeta*) postcard LOC *Ver* CÓDIGO, GIRO

poste *nm* **1** pole: *~ telegráfico* telegraph pole **2** (*Dep*) (goal)post: *El balón dio en el ~.* The ball hit the post.

póster *nm* poster

posterior *adj* ~ (**a**) **1** (*tiempo*) subsequent: *un suceso ~* a subsequent event ◊ *los años ~es a la guerra* the years after the war **2** (*lugar*) back: *en la parte ~ del autocar* at the back of the coach ◊ *la puerta ~* the back door ◊ *la fila ~ a la vuestra* the row behind yours

postizo, -a *adj* false: *dentadura postiza* false teeth

postre *nm* dessert: *¿Qué hay de ~?* What's for dessert? LOC *Ver* PLATO

postura *nf* **1** (*del cuerpo*) position: *dormir en mala ~* to sleep in an awkward position **2** (*actitud*) stance

posverdad *nf* post-truth

potable *adj agua ~* drinking water ◊ *Esta agua no es ~.* This water is not fit for drinking.

potaje *nm* stew: *~ de garbanzos* chickpea stew

potencia *nf* power: *~ militar/económica* military/economic power ◊ *una ~ de 80 vatios* 80 watts of power LOC **de alta/gran potencia** powerful: *un generador de gran ~* a powerful generator ◆ **potencia (en caballos)** horsepower [*pl* horsepower] (*abrev* hp)

potenciar *vt* to promote: *~ el transporte público/turismo* to promote public transport/tourism

potente *adj* powerful

potra *nf* LOC **tener potra** to be lucky: *¡Qué ~ tienes!* You're so lucky! *Ver* POTRO

potro, -a *nm-nf* foal

🔑 **Foal** es el sustantivo genérico. Para referirnos solo al macho decimos **colt**. **Filly** se refiere solo a la hembra y su plural es 'fillies'.

▸ *nm* (*Gimnasia*) (vaulting) horse

pozo *nm* well: *un ~ de petróleo* an oil well

práctica *nf* **1** practice: *En teoría funciona, pero en la ~…* It's all right in theory, but in practice… ◊ *poner algo en ~* to put sth into practice **2 prácticas** (**a**) practical: *las ~s de laboratorio* laboratory practicals (**b**) (*en empresa*) work experience [*incontable*]: *un contrato en ~s* a work experience placement (**c**) (*de profesor*) teaching practice [*incontable*]

prácticamente *adv* practically

practicante *adj* practising: *Soy católico ~.* I'm a practising Catholic.
▸ *nmf* nurse

practicar *vt* **1** to practise: *~ la medicina* to practise medicine **2** (*deporte*) to play: *¿Practicas algún deporte?* Do you play any sports? ⮕ *Ver nota en* DEPORTE

práctico, -a *adj* practical

pradera *nf* meadow

prado *nm* meadow

preámbulo *nm* **1** (*prólogo*) introduction **2** (*rodeos*): *Déjate de ~s.* Stop beating about the bush.

precaución *nf* precaution: *tomar precauciones contra posibles incendios* to take precautions against fire LOC **con precaución** carefully: *Circulen con ~.* Drive carefully. ◆ **por precaución** to be on the safe side, as a precaution (*más formal*): *Lo hicimos por ~.* We did it to be on the safe side.

precedente *adj* previous: *el año ~* the previous year
▸ *nm* precedent: *sentar (un) ~* to set a precedent LOC **sin precedentes** unprecedented

preceder *vt* ~ (**a**) to go/come before *sb/sth*, to precede (*más formal*): *El adjetivo precede al nombre.* The adjective goes before the noun. ◊ *Al incendio le precedió una gran explosión.* A huge explosion preceded the fire.

precepto *nm* rule

precinto *nm* seal

precio *nm* price: *~s de fábrica* factory prices ◊ *¿Qué ~ tiene la habitación doble?* How much is a double room? LOC **comprar/pagar algo a precio de oro** to pay the earth for sth *Ver tb* MITAD, RELACIÓN

preciosidad *nf* LOC **ser una preciosidad** to be lovely: *Ese vestido es una ~.* That dress is lovely.

precioso, -a *adj* **1** (*valioso*) precious: *una piedra preciosa* a precious stone **2** (*persona, cosa*) lovely: *¡Qué niños tan ~s!* What lovely children!

precipicio *nm* precipice

precipitaciones *nf* (*lluvia*) rainfall [*incontable*]: *abundantes* ~ heavy rainfall

precipitado, -a *adj* (*apresurado*) hasty *Ver tb* PRECIPITARSE

precipitarse *vp* **1** (*actuar sin pensar*) to rush *into sth/doing sth*: *No te precipites, piénsatelo bien.* Don't rush into anything. Think it over. **2** (*arrojarse*) to throw yourself *out of sth*: *Se precipitó desde el sexto piso.* He threw himself out of a sixth-floor window. **LOC** *Ver* VACÍO

precisamente *adv* **1** (*exactamente*) exactly: *Es ~ por eso que no quiero que venga.* This is exactly why I don't want him to come. ◊ *No estaban ~ encantados.* They weren't exactly delighted. **2** (*justamente*) just: *Precisamente ahora no puedo recibirle.* I can't see you just at this moment. **3** (*de hecho*) actually: *Fuiste ~ tú el que lo sugirió.* Actually, it was you who suggested it.

precisar *vt* **1** (*necesitar*) to need, to require (*formal*) **2** (*especificar*) to specify: ~ *hasta el más mínimo detalle* to specify every detail

precisión *nf* accuracy **LOC** **con precisión** accurately

preciso, -a *adj* **1** (*exacto*) precise: *una descripción precisa* a precise description **2** (*adecuado*): *decir algo en el momento* ~ to say sth at the right moment **LOC** **ser preciso** (*necesario*): *Es ~ que vengas.* You must come. ◊ *No fue ~ recurrir a los bomberos.* They didn't have to call the fire brigade.

precocinado *adj* **LOC** *Ver* COMIDA

precoz *adj* (*niño*) precocious

predecir *vt* to foretell

predicar *vt, vi* to preach

predisposición *nf* ~ **a** (*tendencia*) tendency to *sth*: *Tiene ~ a engordar.* He has a tendency to put on weight.

predominante *adj* predominant

preescolar *adj* preschool: *niños en edad* ~ preschool children

prefabricado, -a *adj* prefabricated

prefacio *nm* preface

preferencia *nf* preference

preferible *adj* preferable **LOC** **ser preferible** *Es* ~ *que no entres ahora.* It would be better not to go in now.

preferido, -a *adj, nm-nf* favourite *Ver tb* PREFERIR

preferir *vt* to prefer *sb/sth* (*to sb/sth*): *Prefiero el té al café.* I prefer tea to coffee. ◊ *Prefiero estudiar por las mañanas.* I prefer to study in the morning.

🔎 Cuando se pregunta qué prefiere una persona, se suele utilizar **would prefer** si se trata de dos cosas y **would rather** si se trata de dos acciones: *¿Prefieres té o café?* Would you prefer tea or coffee? ◊ *¿Prefieres salir o cenar en casa?* Would you rather go out or have dinner at home? Para contestar a este tipo de preguntas se suele utilizar **I would rather, he/she would rather**, etc. o **I'd rather, he'd/she'd rather**, etc: —*¿Prefieres té o café?* —*Prefiero té.* 'Would you prefer tea or coffee?' 'I'd rather have tea, please.' ◊ —*¿Quieres salir?* —*No, prefiero quedarme en casa esta noche.* 'Would you like to go out?' 'No, I'd rather stay in tonight.' **Would rather** siempre va seguido de infinitivo sin **to**.

prefijo *nm* **1** (*Ling*) prefix **2** (*teléfono*) (area) code: *¿Cuál es el ~ de Valencia?* What's the code for Valencia?

pregonar *vt* (*divulgar*): *Lo ha ido pregonando por todo el colegio.* He's told the whole school.

pregunta *nf* question: *contestar a una* ~ to answer a question **LOC** **hacer una pregunta (a algn)** to ask (sb) a question ◆ **preguntas frecuentes** frequently asked questions (*abrev* FAQ)

preguntar *vt, vi* to ask: *Me preguntó dónde vivía.* He asked me where I lived.
▸ *vi* ~ **por 1** (*buscando a algn/algo*) to ask for *sb/sth*: *Vino un señor preguntando por ti.* A man was asking for you. **2** (*interesándose por algn*) to ask after *sb*: *Pregúntale por el pequeño.* Ask after her little boy. **3** (*interesándose por algo*) to ask about *sth*: *Le pregunté por el examen.* I asked her about the exam.
▸ **preguntarse** *vp* to wonder: *Me pregunto quién será a estas horas.* I wonder who it can be at this time of night. **LOC** *Ver* LECCIÓN

preguntón, -ona *adj* nosy

prehistórico, -a *adj* prehistoric

prejuicio *nm* prejudice

prematuro, -a *adj* premature

premenstrual *adj* **LOC** *Ver* SÍNDROME

premiar *vt* to award *sb* a prize: *Premiaron al novelista menos conocido.* The least-known novelist was awarded the prize. ◊ *Fue premiado con un óscar.* He was awarded an Oscar.

premio *nm* **1** prize: *Gané el primer* ~. I won first prize. ◊ ~ *de consolación* consolation prize **2** (*recompensa*) reward: *como* ~ *a su esfuerzo* as a reward for your efforts **LOC** *Ver* ENTREGA

prenatal *adj* antenatal, prenatal (*USA*)

prenda *nf* **1** (*ropa*) garment **2 prendas** (*juego*) forfeits **LOC** *Ver* SOLTAR

prender vt (con alfileres) to pin sth (to/on sth): Prendí la manga con alfileres. I pinned on the sleeve.
▸ vi to light: Si está mojado no prende. It won't light if it's wet.
▸ **prenderse** vp to catch fire LOC **prender fuego** to set fire to sth: Prendieron fuego a la casa. They set fire to the house.

prensa nf **1** (Mec, imprenta) press: ~ de sidra cider press **2** (periódicos) papers [pl]: Nunca tengo tiempo de leer la ~. I never have time to read the papers. **3 la prensa** (periodistas) the press [v sing o pl]: Acudió toda la ~ internacional. All the international press was/were there. ➔ Ver nota en JURADO LOC **comunicado/nota de prensa** press release ◆ **conferencia/rueda de prensa** press conference ◆ **prensa amarilla/sensacionalista** gutter press ◆ **prensa/revistas del corazón**; **prensa rosa** gossip magazines [pl] Ver tb GABINETE, LIBERTAD

prensar vt to press

preñado, -a adj pregnant

preocupación nf worry [pl worries]

preocupado, -a adj worried Ver tb PREOCUPAR

preocupante adj worrying

preocupar vt to worry: Me preocupa la salud de mi padre. My father's health worries me.
▸ **preocuparse** vp **preocuparse (por)** to worry (about sb/sth): No te preocupes por mí. Don't worry about me.

prepago adj LOC Ver MÓVIL, TARJETA

preparación nf **1** preparation: tiempo de ~: 10 minutos preparation time: 10 minutes **2** (entrenamiento) training: ~ física/técnica physical/technical training **3** (educación) education: una buena ~ académica a good academic education

preparado, -a adj **1** (listo) ready: La cena está preparada. Dinner is ready. **2** (persona) qualified LOC **preparados, listos, ¡ya!** ready, steady, go! Ver tb COMIDA; Ver tb PREPARAR

preparador, -ora nm-nf trainer

preparar vt to prepare, to get sb/sth ready (más coloq): ~ la cena para todos to get supper ready for everyone
▸ **prepararse** vp **prepararse para** to prepare for sth: Se prepara para el examen de conducir. He's preparing for his driving test.

preparativos nm preparations

preposición nf preposition

presa nf **1** (animal) prey [incontable]: aves de ~ birds of prey **2** (embalse) dam LOC **ser presa del pánico** to be panic-stricken

presagio nm omen

prescindir vi ~ **de 1** (privarse) to do without (sth): No puedo ~ del coche. I can't do without the car. **2** (deshacerse) to dispense with sb: Prescindieron del entrenador. They dispensed with the trainer.

presencia nf **1** presence: Su mera ~ me pone nerviosa. I get nervous when he's around. **2** (apariencia) appearance: Se requiere buena ~. Pleasant appearance required.

presencial adj LOC Ver TESTIGO

presenciar vt **1** (ser testigo) to witness: Muchas personas presenciaron el accidente. A lot of people witnessed the accident. **2** (estar presente) to attend: Presenciaron el partido más de 10 000 espectadores. More than 10 000 spectators attended the match.

presentación nf **1** (exposición, forma de presentar) presentation: Tenemos que hacer una ~ en clase. We have to do a presentation in class. ◇ La ~ es muy importante. Presentation is very important. **2 presentaciones** introductions: No has hecho las presentaciones. You haven't introduced us. LOC Ver CARTA

presentador, -ora nm-nf **1** (de informativos) newsreader **2** (de tertulia, concurso, etc.) presenter

presentar vt **1** to present sb (with sth); to present sth (to sb): ~ un programa to present a programme ◇ Presentó las pruebas ante el juez. He presented the judge with the evidence. **2** (dimisión) to hand sth in, to tender (formal): Presentó su dimisión. She handed in her resignation. **3** (denuncia, demanda, queja) to make: ~ una denuncia to make an official complaint **4** (persona) to introduce sb (to sb): ¿Cuándo nos la presentarás? When are you going to introduce her to us? ◇ Os presento a mi marido. This is my husband.

🔎 Hay varias formas de presentar a la gente en inglés dependiendo de si la situación es más o menos formal, por ejemplo: 'Nick, meet Lucy.' (coloq); 'Helen, this is my daughter Jane' (coloq); 'May I introduce you? Dr Mitchell, this is Mr Jones. Mr Jones, Dr Mitchell.' (formal). Cuando te presentan a alguien, puedes responder 'Hi', 'Hello' o 'Nice to meet you' si la situación es informal, o 'How do you do?' si es formal. A 'How do you do?' la otra persona responde 'How do you do?'

5 (producto, libro, película) to launch
▸ **presentarse** vp **1** (a un examen) to take an exam: No me presenté. I didn't take the exam. **2** (a unas elecciones) to stand (for sth): ~se a diputado to stand for parliament **3** (aparecer) to turn up:

Se presenta cuando le da la gana. He turns up whenever he feels like it. **LOC** *Ver* VOLUNTARIO

presente *adj, nmf* present: *los ~s* those present ▸ *nm* (*Gram*) present

presentimiento *nm* feeling: *Tengo el ~ de que…* I have a feeling that…

presentir *vt* to have a feeling (*that…*): *Presiento que vas a aprobar.* I've got a feeling that you're going to pass.

preservativo *nm* condom ❶ La palabra inglesa **preservative** significa *conservante*.

presidencia *nf* **1** (*país, comunidad autónoma*) presidency [*pl* presidencies]: *la ~ de Europa* the presidency of Europe **2** (*club, comité, empresa, partido*) chairmanship

presidencial *adj* presidential ▸ **presidenciales** *nf* presidential election(s)

presidente, -a *nm-nf* **1** (*nación, comunidad autónoma*) president **2** (*club, comité, empresa, partido*) chairman/woman [*pl* -men/-women]

🔎 Cada vez se utiliza más la palabra **chairperson** [*pl* **chairpersons**] para evitar ser sexista.

presidiario, -a *nm-nf* convict

presidio *nm* prison

presidir *vt* to preside at/over *sth*: *El secretario presidirá la asamblea.* The secretary will preside at/over the meeting.

presión *nf* pressure: *la ~ atmosférica* atmospheric pressure ◇ *trabajar bajo ~* to work under pressure **LOC** *Ver* INDICADOR, OLLA

presionar *vt* **1** (*apretar*) to press **2** (*forzar*) to put pressure on *sb* (*to do sth*): *No le presiones.* Don't put pressure on him.

preso, -a *adj estar ~* to be in prison ◇ *Se lo llevaron ~.* He was arrested. ▸ *nm-nf* prisoner

prestación *nf* **1** (*subsidio*) benefit: *~ por desempleo* unemployment benefit **2 prestaciones** (**a**) (*asistencia*) provision [*v sing*]: *prestaciones sanitarias/sociales* health/social service provision (**b**) (*características*) features: *las prestaciones del nuevo modelo* the features of the new model

prestado, -a *adj No es mío, es ~.* It's not mine. I borrowed it. ◇ *¿Por qué no se lo pides ~?* Why don't you ask him if you can borrow it? **LOC dejar prestado** to lend: *Te lo dejo ~ si tienes cuidado.* I'll lend it to you if you're careful. ⊃ *Ver dibujo en* BORROW; *Ver tb* PEDIR; *Ver tb* PRESTAR

préstamo *nm* loan

prestar *vt* to lend: *Le presté mis libros.* I lent her my books. ◇ *¿Me lo prestas?* Can I borrow it? ◇ *¿Me prestas dinero?* Can you lend me

some money, please? ⊃ *Ver dibujo en* BORROW **LOC prestar declaración** to give evidence ◆ **prestar juramento** to take an oath *Ver tb* ATENCIÓN

prestigio *nm* prestige **LOC de mucho prestigio** very prestigious

prestigioso, -a *adj* prestigious

presumido, -a *adj* **1** (*coqueto*) vain **2** (*engreído*) arrogant *Ver tb* PRESUMIR

presumir *vi* **1** to show off: *Les encanta ~.* They love showing off. **2 ~ de**: *Presume de listo.* He thinks he's clever. ◇ *Siempre están presumiendo de su coche.* They're forever bragging about their car.

presunto, -a *adj* alleged: *el ~ criminal* the alleged criminal

presupuesto *nm* **1** (*estimación*) estimate: *He pedido un ~ para el cuarto de baño.* I've asked for an estimate for the bathroom. **2** (*plan de gastos*) budget: *No quiero pasarme del ~.* I don't want to exceed my budget.

pretemporada *nf* pre-season: *un partido de ~* a pre-season match

pretender *vt* **1** (*querer*) to expect: *¿No pretenderá quedarse en nuestra casa?* He's not expecting to stay at our house, is he? ◇ *No pretenderás que me lo crea, ¿no?* You don't expect me to believe that, do you? ◇ *¿Qué pretendes de mí?* What do you want from me? ◇ *Si pretendes ir sola, ni lo sueñes.* Don't even think about going on your own. **2** (*intentar*) to try *to do sth*: *¿Qué pretende decirnos?* What's he trying to tell us?

pretérito, -a *adj* past ▸ *nm* past (tense) **LOC pretérito indefinido** preterite (tense) ◆ **pretérito perfecto** perfect (tense)

pretexto *nm* excuse: *Siempre encuentras algún ~ para no fregar.* You always find some excuse not to wash up.

prevención *nf* prevention

prevenido, -a *adj* (*prudente*) prudent: *ser ~* to be prudent *Ver tb* PREVENIR

prevenir *vt* **1** (*evitar*) to prevent: *~ un accidente* to prevent an accident **2** (*avisar*) to warn *sb* (*about/of sth*): *Te previne de lo que planeaban.* I warned you about what they were planning.

prever *vt* to anticipate

previo, -a *adj experiencia previa* previous experience ◇ *sin ~ aviso* without prior warning

previsible *adj* predictable

previsor, -ora *adj* far-sighted

previsto, -a *adj* **1** (*esperado*) anticipated: *Tuvimos más problemas de lo ~.* We had more trouble than we'd anticipated. **2** (*planificado*) planned: *la reunión prevista para hoy* the meeting planned for today ◊ *a la hora y en el lugar ~s* at the time and place planned **LOC** **tener previsto** to plan *sth/to do sth*: *No teníamos ~ gastar tanto.* We didn't plan to spend so much. *Ver tb* PREVER

prieto, -a *adj* tight: *Estos zapatos me están muy ~s.* These shoes are too tight.

prima *nf* (*bonificación*) bonus [*pl* bonuses]

primaria *nf* **1** (*enseñanza*) primary education **2** (*escuela*) primary school: *Estudió ~ en este colegio.* He went to primary school here. ◊ *Está en ~.* She's at primary school. ◊ *maestra de ~* primary school teacher

primario, -a *adj* primary: *color ~* primary colour **LOC** *Ver* CENTRO, ESCUELA

primavera *nf* spring: *en ~* in (the) spring

primer *adj Ver* PRIMERO

primera *nf* **1** (*clase*) first class: *viajar en ~* to travel first class **2** (*marcha*) first (gear): *Puse la ~ y salí zumbando.* I put it into first and sped off. **3** (*Fútbol*) first division: *jugar en ~* to play in the first division **LOC** **a la primera** first time: *Me salió bien a la ~.* I got it right first time.

primero, -a *adj* **1** first (*abrev* 1st): *primera clase* first class ◊ *Me gustó desde el primer momento.* I liked it from the first moment. **2** (*principal*) main, principal (*más formal*): *el primer país azucarero del mundo* the main sugar-producing country in the world
▸ *pron, nm-nf* **1** first (one): *Fuimos los ~s en salir.* We were the first (ones) to leave. ◊ *llegar el ~* to come first **2** (*mejor*) top: *Eres el ~ de la clase.* You're top of the class.
▸ *nm* (*plato*) starter: *Tomamos sopa de ~.* We had soup as a starter.
▸ *adv* first: *Prefiero hacer los deberes ~.* I'd rather do my homework first. **LOC** **a primeros (de mes)** at the beginning of the month ◆ **de primera necesidad** absolutely essential ◆ **en primera plana 1** in the headlines: *estar/salir en primera plana* to be in/to hit the headlines **2** (*en periódico, etc.*) on the front page ◆ **primer ministro** prime minister ◆ **primeros auxilios** first aid [*incontable*] ◆ **primer plano** close-up *Ver tb* CALIDAD

primitivo, -a *adj* primitive

primo, -a *nm-nf* **1** (*pariente*) cousin **2** (*ingenuo*) sucker: *Mira que eres ~.* You're such a sucker. ◊ *Has hecho el ~.* You've been taken for a ride. **LOC** **primo carnal/segundo** first/second cousin *Ver tb* MATERIA, NÚMERO

princesa *nf* princess

principal *adj* main, principal (*más formal*): *comida ~* main meal ◊ *Eso es lo ~.* That's the main

thing. **LOC** **actor/actriz principal** male/female lead *Ver tb* CUARENTA, PÁGINA, PAPEL

principalmente *adv* mainly

príncipe *nm* prince ❶ El plural de **prince** es 'princes', pero cuando nos referimos a la pareja de príncipes, decimos **the prince and princess**: *Los príncipes los recibieron en palacio.* The prince and princess received them at the palace. **LOC** **príncipe azul** Prince Charming ◆ **príncipe heredero** crown prince

principiante, -a *nm-nf* beginner

principio *nm* **1** (*comienzo*) beginning: *al ~ de la novela* at the beginning of the novel ◊ *desde el ~* from the beginning **2** (*concepto, moral*) principle **LOC** **al principio** at first ◆ **a principio(s) de…** at the beginning of…: *a ~s del año* at the beginning of the year ◊ *a ~s de enero* in early January ◆ **en principio** in principle: *En ~ me parece bien.* It seems fine to me, in principle. ◆ **por principio** on principle: *Estamos en contra por ~.* We're against it on principle.

pringado, -a *nm-nf* (*que se deja engañar*) idiot: *¡Eres un ~! ¿Vas a trabajar el fin de semana?* You idiot! You're going to work at the weekend?

pringarse *vp* **1** ~ **con/de** (*mancharse*) to get covered in *sth*: *Se pringaron de mermelada.* They got covered in jam. **2** ~ **(en)** (*en un asunto dudoso*) to get mixed up in *sth*: *No me quiero pringar en ese tipo de negocios.* I don't want to get mixed up in that kind of business.

pringoso, -a *adj* sticky

prioridad *nf* priority [*pl* priorities]

prisa *nf* hurry: *No hay ~.* There's no hurry. ◊ *Con las ~s se me olvidó desenchufarlo.* I was in such a hurry that I forgot to unplug it. **LOC** **correr prisa** to be urgent: *¿Te corre prisa?* Is it urgent? ◆ **darse prisa** to hurry up ◆ **meter prisa** to rush *sb*: *No me metas ~.* Don't rush me. ◆ **tener prisa** to be in a hurry

prisión *nf* prison

prisionero, -a *nm-nf* prisoner **LOC** **hacer prisionero** to take *sb* prisoner

prismáticos *nm* binoculars

privacidad *nf* privacy

privado, -a *adj* private: *en ~* in private **LOC** *Ver* COLEGIO, EMPRESA, INVESTIGADOR

privatización *nf* privatization

privatizar *vt* to privatize

privilegiado, -a *adj* **1** (*favorecido*) privileged: *las clases privilegiadas* the privileged classes **2** (*excepcional*) exceptional: *una memoria privilegiada* an exceptional memory

▸ *nm-nf* privileged person: *Somos unos ~s.* We're privileged people.

privilegio *nm* privilege

pro¹ *prep* for: *la organización ~ ciegos* the society for the blind **LOC** **en pro de** in favour of *sb/sth*

pro² *nm* **LOC** **los pros y los contras** the pros and cons

proa *nf* bow(s) [*gen pl*]

proactivo, -a *adj* proactive

probabilidad *nf* ~ **(de)** chance (of *sth/doing sth*): *Creo que tengo muchas ~es de aprobar.* I think I've got a good chance of passing. ◊ *Tiene pocas ~es.* He hasn't got much chance.

probable *adj* likely, probable (*más formal*): *Es muy ~ que llueva.* It's likely to rain. ◊ *Es ~ que no esté en casa.* He probably won't be in. **LOC** **poco probable** unlikely

probablemente *adv* probably

probador *nm* fitting room

probar *vt* **1** (*comprobar que funciona*) to try *sth* out: *~ la lavadora* to try out the washing machine **2** (*comida, bebida*) (**a**) (*por primera vez*) to try: *Nunca he probado el caviar.* I've never tried caviar. (**b**) (*catar, degustar*) to taste: *Prueba esto. ¿Está soso?* Taste this. Does it need salt? **3** (*demostrar*) to prove: *Esto prueba que yo tenía razón.* This proves I was right.
▸ *vi* (**a**) (*intentar*) to try (*doing sth*): *¿Has probado a abrir la ventana?* Have you tried opening the window? ◊ *He probado con todo y no hay manera.* I've tried everything but with no success.
▸ **probar(se)** *vt, vp* (*ropa*) to try *sth* on **LOC** **probar suerte** to try your luck

probeta *nf* test tube

problema *nm* problem: *—¿Estará listo para mañana? — Sí, no hay ningún ~.* 'Will it be ready by tomorrow?' 'Sure, no problem!'

procedencia *nf* origin

procedente *adj* ~ **de** from...: *el tren ~ de Bilbao* the train from Bilbao

proceder *vi* ~ **de** to come from...: *La sidra procede de la manzana.* Cider comes from apples. ◊ *Este queso procede de un pueblo en las montañas.* This cheese comes from a mountain village.

procedimiento *nm* procedure: *según los ~s establecidos* according to established procedure

procesador *nm* processor: *~ de datos/textos* data/word processor

procesamiento *nm* processing **LOC** *Ver* TEXTO

procesar *vt* **1** (*juzgar*) to prosecute *sb* (*for sth/ doing sth*): *Fue procesada por fraude.* She was prosecuted for fraud. **2** (*producto, Informát*) to process

procesión *nf* procession

proceso *nm* **1** process: *un ~ químico* a chemical process **2** (*Jur*) proceedings [*pl*]

proclamar *vt* **1** (*anunciar*) to announce: *Los diarios proclamaron la subida de impuestos.* The papers announced the rise in taxes. **2** (*rey, presidente, etc.*) to proclaim **3** (*designar*) to declare: *La proclamaron ganadora.* They declared her the winner. **LOC** **proclamarse campeón** to become champion

procurar *vt* to try: *Procuremos descansar.* Let's try to rest. ◊ *Procuraré que vengan.* I'll try to make sure they come. ◊ *Procura que todo esté en orden.* Try to make sure everything's OK. ➔ *Ver nota en* TRY

prodigio *nm* (*persona*) prodigy [*pl* prodigies] **LOC** *Ver* NIÑO

producción *nf* **1** (*fabricación, Cine, Teat*) production: *la ~ del acero* steel production ◊ *una ~ anglo-hispana* an Anglo-Spanish co-production **2** (*agrícola*) yield **3** (*industrial, artística*) output **LOC** **producción en cadena/serie** mass production

producir *vt* **1** to produce: *~ aceite/papel* to produce oil/paper **2** (*causar*) to cause: *La tormenta produjo un corte de luz.* The storm caused a power cut. **LOC** *Ver* VÉRTIGO

productividad *nf* productivity

productivo, -a *adj* **1** (*que produce, útil*) productive: *unas tierras productivas* productive land ◊ *una reunión muy productiva* a very useful meeting **2** (*rentable*) profitable: *un negocio ~* a profitable business

producto *nm* product: *~s de belleza/limpieza* beauty/cleaning products **LOC** **productos agrícolas/del campo** agricultural/farm produce [*incontable*] ➔ *Ver nota en* PRODUCT

productor, -ora *adj* producing: *un país ~ de petróleo* an oil-producing country
▸ *nm-nf* producer

productora *nf* (*Cine*) production company [*pl* companies]

profesión *nf* profession, occupation ➔ *Ver nota en* WORK

profesional *adj, nmf* professional: *un ~ del ajedrez* a professional chess player **LOC** *Ver* FORMACIÓN, HISTORIAL, INSTITUTO

profesor, -ora *nm-nf* **1** teacher: *un ~ de geografía* a geography teacher **2** (*de universidad*) lecturer ➔ *Ver nota en* MÉDICO **LOC** **profesor particular** private tutor

profesorado *nm* teachers [*pl*]: *El ~ está muy descontento.* The teachers are very unhappy. ◇ *la formación del ~* teacher training

profeta, -isa *nm-nf* prophet

profundamente *adv* deeply: *Lo lamento ~.* I deeply regret it.

profundidad *nf* depth: *a 400 metros de ~* at a depth of 400 metres ◇ *estudiar algo en ~* to study sth in depth ◇ *¿Qué ~ tiene?* How deep is it? **LOC** **tener dos metros, etc. de profundidad** to be two metres, etc. deep ◆ **tener poca profundidad** to be shallow

profundo, -a *adj* deep: *una voz profunda* a deep voice ◇ *sumirse en un sueño ~* to fall into a deep sleep **LOC** **poco profundo** shallow

programa *nm* **1** (*TV, Radio, plan, folleto*) programme: *un ~ de televisión* a TV programme ◇ *un ~ de risa* a comedy programme **2** (*Informát*) program **3** (*temario*) syllabus [*pl* syllabuses] **4** (*calendario*) schedule: *Tengo un ~ muy apretado.* I've got a very tight schedule. **5** (*actividades*): *¿Cuál es el ~ para mañana?* What's happening tomorrow? **LOC** **programa de estudios** curriculum [*pl* curricula/curriculums] ◆ **programa electoral** election manifesto [*pl* election manifestos] ◆ **programas del corazón** celebrity gossip shows *Ver tb* MALICIOSO

programación *nf* **1** (*TV, Radio*) programmes [*pl*]: *la ~ infantil* children's programmes **2** (*Informát*) (computer) programming: *un curso de ~* a (computer) programming course

programador, -ora *nm-nf* (*Informát*) programmer

programar *vt* **1** (*elaborar*) to plan **2** (*aparato*) to set: *~ el televisor para grabar el partido* to set the TV to record the match
▸ *vt, vi* (*Informát*) to program

progresar *vi* to make progress: *Han progresado mucho.* They've made good progress.

progresista *adj, nmf* progressive

progreso *nm* progress [*incontable*]: *hacer ~s* to make progress

prohibición *nf* **1** (*orden*) ban (*on sth*): *la ~ de fumar en el metro* the smoking ban/ban on smoking in the metro **2** (*acción*) prohibition: *verbos que expresan ~* verbs expressing prohibition

prohibido, -a *adj* forbidden: *Queda terminantemente ~ vender en las calles.* Street trading is strictly forbidden. ◇ *circular por dirección prohibida* to drive the wrong way **LOC** **prohibido el paso/entrar** no entry ◆ **prohibido fijar carteles** no fly-posting ◆ **prohibido fumar** no smoking ◆ **prohibido pisar el césped** keep off the grass *Ver tb* DIRECCIÓN; *Ver tb* PROHIBIR

prohibir *vt* **1** to forbid *sb* (*to do sth*): *Mi padre me ha prohibido salir de noche.* My father has forbidden me to go out at night. ◇ *Le han prohibido los dulces.* She's been forbidden to eat sweets. **2** (*oficialmente*) to ban *sb/sth* (*from doing sth*): *Han prohibido la circulación por el centro.* Traffic has been banned in the town centre.
▸ **prohibirse** *vp Se prohíbe fumar.* No smoking.

prójimo *nm* neighbour: *amar al ~* to love your neighbour

prólogo *nm* prologue

prolongar *vt* **1** (*plazo, estancia, calle, etc.*) to extend: *Han prolongado la calle hasta el mar.* The street has been extended as far as the sea. **2** (*vida*) to prolong, to make *sth* longer (*más coloq*): *~ la vida de un enfermo* to prolong a patient's life
▸ **prolongarse** *vp* to go on: *La reunión se prolongó hasta bien entrada la tarde.* The meeting went on well into the evening.

promedio *nm* average **LOC** **como/de promedio** on average

promesa *nf* promise: *cumplir/hacer una ~* to keep/make a promise ◇ *una joven ~* a young man/woman with great promise

prometer *vt* to promise: *Te prometo que volveré.* I promise I'll come back. ◇ *Te lo prometo.* I promise.

prometido, -a *nm-nf* **1** (*masc*) fiancé **2** (*fem*) fiancée

promo *nf* **1** (*comercial*) advertisement, ad (*coloq*) **2** (*Mús, Cine*) promotional video [*pl* promotional videos]

promoción *nf* **1** promotion: *la ~ de una película* the promotion of a film **2** (*curso*) year: *un compañero de mi ~* someone in my year

promocionar *vt* to promote

promover *vt* (*fomentar*) to promote: *~ el diálogo* to promote dialogue

pronombre *nm* pronoun

pronosticar *vt* to forecast

pronóstico *nm* **1** (*tiempo*) forecast: *el ~ del tiempo* the weather forecast **2** (*resultado, suceso*) prediction **3** (*Med*) prognosis [*pl* prognoses] **LOC** **de pronóstico grave/leve** serious/minor: *Sufrió heridas de ~ grave.* He suffered serious injuries.

pronto *adv* **1** (*enseguida*) soon: *Vuelve ~.* Come back soon. ◇ *lo más ~ posible* as soon as possible **2** (*temprano*) early **LOC** **de pronto** suddenly ◆ **¡hasta pronto!** see you soon!

pronunciación *nf* pronunciation

P

pronunciar *vt* **1** (*sonidos*) to pronounce **2** (*discurso*) to give: ~ *un discurso* to give a speech
▸ *vi Pronuncias muy bien.* Your pronunciation is very good.

   ▸ **pronunciarse** *vp* **pronunciarse en contra/a favor de** (*algo*) to come out against/in favour of *sth*: ~*se en contra de la guerra* to come out against the war

propaganda *nf* **1** (*publicidad*) advertising: *hacer* ~ *de un producto* to advertise a product **2** (*material publicitario*) leaflets, flyers [*pl*]

   🔎 Los **leaflets** suelen tener más información, mientras que los **flyers** solo son una hoja con información sobre un acontecimiento, producto, etc: *Estaban repartiendo propaganda de la nueva discoteca.* They were handing out flyers for the new club.
En sentido peyorativo, la propaganda por correo se llama **junk mail**: *En el buzón no había más que propaganda.* The letter box was full of junk mail. La propaganda por email se llama también **spam**.

   3 (*Pol*) propaganda: ~ *electoral* election propaganda 🔒 **hacer propaganda de** to advertise *sth/sb*

propagar(se) *vt, vp* to spread: *El viento propagó las llamas.* The wind spread the flames.

propenso, -a *adj* ~ **a** prone to *sth/to do sth*

propiedad *nf* property [*pl* properties]: ~ *particular/privada* private property ◊ *las* ~*es medicinales de las plantas* the medicinal properties of plants

propietario, -a *nm-nf* owner

propina *nf* (*bar, restaurante, etc.*) tip: ¿*Dejamos* ~? Shall we leave a tip? ◊ *Dejé dos euros de* ~. I left a two-euro tip.

propio, -a *adj* **1** (*de uno*) my, your, etc. own: *Todo lo que haces es en beneficio* ~. Everything you do is for your own benefit. ◊ *La echaron de su propia casa.* She was thrown out of her own house. **2** (*mismo*) himself/herself [*pl* themselves]: *El* ~ *pintor inauguró la exposición.* The painter himself opened the exhibition. **3** (*característico*) typical *of sb*: *Llegar tarde es* ~ *de ella.* It's typical of her to be late. 🔒 **en propia meta/puerta** *marcar (un gol) en propia puerta* to score an own goal *Ver tb* AMOR, DEFENSA, INICIATIVA, NOMBRE

propóleos (*tb* **propóleo**) *nm* propolis [*incontable*]

proponer *vt* **1** (*medida, plan*) to propose: *Te propongo un trato.* I've got a deal for you. **2** (*acción*) to suggest *doing sth/(that…)*: *Propongo ir al cine esta tarde.* I suggest going to the cinema this evening. ◊ *Propuso que nos marchásemos.* He suggested (that) we should leave.
   ▸ **proponerse** *vp* to set out *to do sth*: *Me propuse acabarlo.* I set out to finish it.

proporción *nf* **1** (*relación, tamaño*) proportion: *El largo debe estar en* ~ *con el ancho.* The length must be in proportion to the width. **2** (*Mat*) ratio: *La* ~ *de niños y niñas es de uno a tres.* The ratio of boys to girls is one to three.

proporcionar *vt* **1** (*suministrar*) to provide: *La compañía me proporciona coche.* The company provides me with a car. **2** (*producir*) to give: *Les proporcionó una inmensa alegría.* It gave them great joy. 🔒 *Ver* ALOJAMIENTO

proposición *nf* proposal 🔒 **hacer proposiciones deshonestas** to make improper suggestions ◆ **proposición de matrimonio** proposal (of marriage): *hacerle una* ~ *de matrimonio a algn* to propose to sb

propósito *nm* **1** (*intención*) intention: *buenos* ~*s* good intentions ◊ *Llegó con el* ~ *de estudiar.* She arrived with the intention of studying. **2** (*objetivo*) purpose: *El* ~ *de esta reunión es…* The purpose of this meeting is… 🔒 **a propósito 1** (*adrede*) on purpose **2** (*por cierto*) by the way

propuesta *nf* proposal: *Desestimaron la* ~. The proposal was turned down.

prórroga *nf* **1** (*de un plazo*) extension **2** (*Dep*) extra time, overtime (*USA*)

prosa *nf* prose

prospecto *nm* **1** (*de medicamentos*) instructions: ¿*Te has leído el* ~? Have you read the instructions? **2** (*de propaganda*) leaflet

prosperar *vi* to prosper

prosperidad *nf* prosperity

próspero, -a *adj* prosperous

prostituta *nf* prostitute

protagonismo *nm* high profile: *dar mayor* ~ *a algn/algo* to give sb/sth a higher profile ◊ *Tiene mucho afán de* ~. He always wants to be the centre of attention.

protagonista *nmf* main character

protagonizar *vt* to star in *sth*: *Protagonizan la película dos actores desconocidos.* Two unknown actors star in this film.

protección *nf* protection 🔒 *Ver* VIVIENDA

protector, -ora *adj* protective 🔒 *Ver* SOLAR

proteger *vt* to protect *sb/sth* (*against/from sth*): *El sombrero te protege del sol.* Your hat protects you from the sun.

proteína *nf* protein

protesta *nf* protest: *Ignoraron las* ~*s de los alumnos.* They ignored the students' protests. ◊ *una carta de* ~ a letter of protest

protestante *adj, nmf* Protestant ⊃*Ver nota en* CATÓLICO

protestantismo *nm* Protestantism

protestar *vi* **1** ~ **(por)** *(quejarse)* to complain (about *sth*): *Deja ya de* ~. Stop complaining. **2** ~ **(contra/por)** *(reivindicar)* to protest (against/about/at *sth*): ~ *por la subida de las tasas universitarias* to protest about the rise in university fees ◊ ~ *contra una ley* to protest against a law

protestón, -ona *adj* whingeing
▸ *nm-nf* whinger

prototipo *nm* **1** *(primer ejemplar)* prototype: *el* ~ *de las nuevas locomotoras* the prototype for the new engines **2** *(modelo)* epitome: *el* ~ *del hombre moderno* the epitome of modern man

provecho *nm* benefit `LOC` **¡buen provecho!** enjoy your meal! ⊃*Ver nota en* APROVECHAR ◆ **sacar provecho** to benefit *from sth*

proveedor, -ora *nm-nf* supplier

proverbio *nm* proverb

provincia *nf* province: *un pueblo de la* ~ *de Huesca* a town in the province of Huesca

provisional *adj* provisional `LOC` *Ver* LIBERTAD

provocar *vt* **1** *(hacer enfadar)* to provoke **2** *(causar)* **(a)** to cause: ~ *un accidente* to cause an accident **(b)** *(incendio, guerra)* to start

próximamente *adv* shortly, soon *(más coloq)*

proximidad *nf* nearness, proximity *(más formal)*: *la* ~ *del mar* the nearness/proximity of the sea

próximo, -a *adj* next: *la próxima parada* the next stop ◊ *el mes/martes* ~ next month/Tuesday ◊ *La Navidad/primavera está próxima*. It will soon be Christmas/spring. `LOC` *Ver* ORIENTE

proyectar *vt* **1** *(imagen)* to project: ~ *una imagen sobre una pantalla* to project an image onto a screen **2** *(película, diapositivas)* to show **3** *(planear)* to plan: *Lo hicimos como estaba proyectado*. We did it as planned.

proyectil *nm* projectile

proyecto *nm* **1** *(de investigación, de obra)* project: *Estamos casi al final del* ~. We're almost at the end of the project. **2** *(plan)* plan: *¿Tienes algún* ~ *para el futuro?* Have you got any plans for the future? `LOC` **proyecto de ley** bill

proyector *nm* projector

prudencia *nf* good sense `LOC` **con prudencia** carefully: *conducir con* ~ to drive carefully

prudente *adj* **1** *(sensato)* sensible: *un hombre/una decisión* ~ a sensible man/decision **2** *(cauto)* careful: *Sé* ~. Be careful.

prueba *nf* **1** *(test)* test: *una* ~ *de aptitud* an aptitude test ◊ *hacerse la* ~ *del embarazo* to have a

pregnancy test **2** *(Jur)* evidence *[incontable]*: *No hay* ~*s contra mí*. There's no evidence against me. ◊ *Encontraron una* ~. They found a piece of evidence. **3** *(Dep)* event: *Hoy comienzan las* ~*s de salto de altura*. The high jump event begins today. **4** *(Mat)* proof `LOC` **a prueba** on trial: *Me admitieron a* ~ *en la fábrica*. I was taken on at the factory for a trial period. ◆ **a prueba de balas** bulletproof ◆ **poner a prueba** to test: *Puso a* ~ *mis conocimientos*. He tested my knowledge. *Ver tb* ALCOHOLEMIA, ANTIDOPAJE

psicología *nf* psychology

psicológico, -a *adj* psychological

psicólogo, -a *nm-nf* psychologist

psiquiatra *nmf* psychiatrist

psiquiatría *nf* psychiatry

psiquiátrico, -a *adj* psychiatric
▸ *nm* *(hospital mental)* psychiatric hospital

psíquico, -a *adj* psychic

púa *nf* **1** *(animal)* spine **2** *(peine)* tooth *[pl* teeth]

pub *nm* bar

🔎 En Gran Bretaña se utiliza la palabra **pub** para referirse al pub tradicional británico. Hoy en día existen muchos lugares de estilo más internacional, y estos se llaman **bars**.

pubertad *nf* puberty

publicación *nf* publication `LOC` **de publicación mensual/quincenal/semanal** monthly/fortnightly/weekly: *una revista de* ~ *semanal* a weekly magazine

publicar *vt* **1** *(editar)* to publish: ~ *una novela* to publish a novel **2** *(divulgar)* to publicize

publicidad *nf* **1** *(divulgación)* publicity: *Han dado demasiada* ~ *al caso*. The case has had too much publicity. **2** *(propaganda)* advertising: *Hay demasiada* ~ *en la tele*. There's too much advertising on TV. ◊ *estudiar* ~ to study advertising ◊ *hacer* ~ *en la radio* to advertise on the radio `LOC` *Ver* BLOQUEADOR

publicista *nmf* publicist

publicitario, -a *adj* advertising: *una campaña publicitaria* an advertising campaign `LOC` *Ver* VALLA

público, -a *adj* **1** public: *la opinión pública* public opinion ◊ *transporte* ~ public transport **2** *(del Estado)* state: *una escuela pública* a state school ◊ *el sector* ~ the state sector
▸ *nm* **1** public *[v sing o pl]*: *abierto al* ~ open to the public ◊ *El* ~ *está a favor de la nueva ley*. The public is/are in favour of the new law. ◊ *hablar en* ~ to speak in public **2** *(clientela)* clientele: *un* ~ *selecto* a select clientele **3** *(espectadores)* audience *[v sing o pl]* ⊃*Ver nota en* JURADO `LOC` *Ver*

ALTERAR, COLEGIO, DOMINIO, EMPRESA, HORARIO, RELACIÓN

puchero nm **1** (recipiente) (cooking) pot **2** (cocido) stew LOC **hacer pucheros** to pout

pudiente adj wealthy

pudor nm shame

pudrirse vp to rot

pueblo nm **1** (gente) people [pl]: el ~ español the Spanish people **2** (población pequeña) village **3** (población grande) town

puente nm **1** bridge: un ~ colgante/de piedra a suspension/stone bridge **2** (vacaciones) long weekend: hacer ~ to have a long weekend LOC **puente aéreo** shuttle service ◆ **puente levadizo** drawbridge

puenting nm bungee jumping: hacer ~ to go bungee jumping ❶ El **bungee jumping** se suele practicar con una cuerda elástica.

puerco, -a nm-nf pig ➲ Ver nota en CERDO

puerro nm leek

puerta nf **1** (casa, coche, etc.) door: la ~ principal/trasera the front/back door ◇ Llaman a la ~. There's someone at the door. **2** (ciudad, palacio) gate **3** (Dep) goal: Tiró a ~ pero falló. He shot at goal but missed. LOC **coger la puerta** to clear off ◆ **puerta corrediza/giratoria** sliding/revolving door ◆ **puerta de embarque** gate Ver tb CERRAR, PROPIO, JORNADA

puerto nm **1** (de mar, río, Informát) port: un ~ comercial/pesquero a commercial/fishing port **2** (de montaña) pass LOC **puerto deportivo** marina Ver tb INGENIERO

pues conj well: Pues como íbamos diciendo… Well, as we were saying… ◇ ¡Pues a mí no me dijo nada! Well, he didn't mention it to me! ◇ ¿Que no te apetece salir? Pues no salgas. You don't feel like going out? Well, don't.

puesta nf LOC **puesta a punto** tuning: Este coche necesita una ~ a punto. This car needs tuning. ◆ **puesta de sol** sunset ◆ **puesta en común** (de ideas) round table ◆ **puesta en marcha** (plan, proyecto) launch

puesto, -a adj **1** Dejaré la mesa puesta. I'll leave the table laid. **2** (bien arreglado) smart
▸ nm **1** (lugar) place: El ciclista español ocupa el primer ~. The Spanish cyclist is in first place. ◇ llegar en tercer ~ to be third ◇ ¡Todo el mundo a sus ~s! Places, everyone! **2** (empleo) job: solicitar un ~ de trabajo to apply for a job ◇ Su mujer tiene un buen ~. His wife's got a good job. ➲ Ver nota en WORK **3** (caseta) (a) (en un mercado) stall (b) (en una feria de muestras) stand LOC **estar (muy) puesto en algo** to know a lot about sth ◆ **llevar algo puesto** to wear sth: No lo

envuelva, me lo llevo ~. There's no need to put it in a bag. I'll wear it. ◆ **puesto de periódicos** news-stand Ver tb PONER

púgil nmf boxer

pulcritud nf neatness

pulcro, -a adj neat

pulga nf flea LOC **tener malas pulgas** to have a bad temper

pulgada nf inch (abrev in.) ➲ Ver pág 804

pulgar nm thumb

Pulgarcito n pr Tom Thumb

pulir vt **1** (dar brillo) to polish **2** (persona, modales) to improve: Debes ~ tus modales. You need to improve your manners.
▸ **pulirse** vp (dinero) to squander

pulmón nm lung

pulmonar adj lung: una infección ~ a lung infection

pulmonía nf pneumonia [incontable]: coger una ~ to catch pneumonia

pulpa nf pulp

púlpito nm pulpit

pulpo nm octopus [pl octopuses]

pulsación nf (corazón) pulse: Con el ejercicio aumenta el número de pulsaciones. Your pulse rate increases after exercise.

pulsar vt **1** (tecla, botón) to press: Pulse la tecla dos veces. Press the key twice. **2** (timbre) to ring
▸ vi **en** (Informát) to click on sth: Pulse en la imagen. Click on the image.

pulsera nf **1** (brazalete) bracelet **2** (de reloj) strap

pulso nm **1** (Med) pulse: Tienes el ~ muy débil. You have a very weak pulse. ◇ El médico me tomó el ~. The doctor took my pulse. **2** (mano firme) (steady) hand: tener buen ~ to have a steady hand ◇ Me tiembla el ~. My hand is trembling. LOC **a pulso** ¡No pretenderás que lo levante a ~! You surely don't expect me to lift it with my bare hands? ◆ **echar un pulso** to arm-wrestle ◆ **ganarse algo a pulso** to earn sth: Todo lo que tengo me lo he ganado a ~. Everything I have, I've earned myself.

pulverizador nm spray

pulverizar vt **1** (rociar) to spray **2** (destrozar) to pulverize

punki (tb punk) adj, nmf punk

punta nf **1** (cuchillo, zapato, lápiz, etc.) point **2** (lengua, dedo, nariz, iceberg) tip: Lo tengo en la ~ de la lengua. It's on the tip of my tongue. **3** (extremo, pelo) end: en la otra ~ de la mesa at the other end of the table ◇ ~s abiertas split ends **4** (clavo) tack LOC **a punta de navaja/pistola** at knifepoint/gunpoint ◆ **de punta a punta** de ~ a ~ de Granada from one side of Granada to the other ◆ **de punta en blanco** dressed up to the

nines ◆ **sacar punta** (*afilar*) to sharpen *sth Ver tb*
CORTAR, HORA, MEDIO, NERVIO, PELO,
TECNOLOGÍA

puntada *nf* stitch: *Dale unas ~s a ese dobladi-llo.* Put a stitch in the hem.

puntapié *nm* kick: *Le di un ~.* I kicked him.

puntería *nf* shot: *¡Qué ~ la mía!* What a good shot! **LOC** **tener buena/mala puntería** to be a good/bad shot *Ver tb* AFINAR

puntiagudo, -a *adj* pointed

puntilla *nf* (*encaje*) lace edging **LOC** **de puntillas** on tiptoe: *andar de ~s* to walk on tiptoe ◇ *Entré/Salí de ~s.* I tiptoed in/out.

punto *nm* **1** (*cuestión, tanto, zona*) point: *Pasemos al siguiente ~.* Let's go on to the next point. ◇ *Perdimos por dos ~s.* We lost by two points. ◇ *en todos los ~s del país* all over the country **2** (*signo de puntuación*) full stop, period (*USA*) ⟳ *Ver pág 395* **3** (*señal, Informát*) dot: *~ com* dot com **4** (*grado*) extent: *¿Hasta qué ~ es cierto?* To what extent is this true? **5** (*Costura, Med*) stitch: *Me dieron tres ~s.* I had three stitches. **LOC** **a punto de nieve** stiffly beaten: *batir/montar las claras a ~ de nieve* to beat egg whites until they are stiff ◆ **con puntos y comas** down to the last detail ◆ **de punto** knitted: *un vestido de ~* a knitted dress ◆ **dos puntos** colon ⟳ *Ver pág 395* ◆ **en punto** precisely, on the dot (*coloq*): *Son las dos en ~.* It's two o'clock on the dot. ◆ **en su punto** (*Cocina*) just right ◆ **estar a punto de hacer algo 1** to be about to do sth: *Está a ~ de termi-nar.* It's about to finish. **2** (*por poco*) to nearly do sth: *Estuvo a ~ de perder la vida.* He nearly lost his life. ◆ **hacer punto** to knit ◆ **punto débil/flaco** weak point ◆ **punto de ebullición/fusión** boiling/melting point ◆ **punto de vista** point of view ◆ **punto final** full stop, period (*USA*) ◆ **punto limpio** (selective) recycling point ◆ **punto muerto 1** (*coche*) neutral **2** (*negociaciones*) deadlock ◆ **pun-tos suspensivos** dot dot dot ◆ **punto y aparte** new paragraph ◆ **punto y coma** semicolon ⟳ *Ver pág 395* ◆ **y punto** and that's that!: *No vas a ir y ~.* You're not going, and that's that. *Ver tb* CHAQUETA, CIERTO, PUESTA

puntuación *nf* **1** (*escritura*) punctuation: *sig-nos de ~* punctuation marks ⟳ *Ver pág 395* **2** (*competición, examen*) mark(s), grade(s) (*USA*): *Todo depende de la ~ que le den los jueces.* It all depends on what marks the judges award him. ◇ *Obtuvo la ~ más alta de todas.* He got the highest mark of all.

puntual *adj* punctual

🔎 **Punctual** se suele utilizar para referirnos a la cualidad o virtud de una persona: *Es im-portante ser puntual.* It's important to be punctual. Cuando nos referimos a la idea de

"llegar a tiempo" se utiliza la expresión **on time**: *Procura ser/llegar puntual.* Try to get there on time. ◇ *Este chico nunca es puntual.* He's always late./He's never on time.

puntualidad *nf* punctuality

puntualizar *vt* to make *sth* clear: *Puntualizó que fue él quien lo había sugerido.* He made it clear that he was the one who had suggested it. ◇ *El testigo puntualizó todos los detalles del accidente.* The witness gave specific details about the accident.

puntuar *vt* **1** (*escritura*) to punctuate **2** (*calificar*) to mark, to grade (*USA*)

punzada *nf* sharp pain: *Siento ~s en el estóma-go.* I've got sharp pains in my stomach.

punzante *adj* sharp: *un objeto ~* a sharp object

puñado *nm* handful: *un ~ de arroz* a handful of rice

puñal *nm* dagger

puñalada *nf* stab: *dar una ~ a algn* to stab sb

puñeta *nf* **LOC** **hacer la puñeta** (*fastidiar*) to make trouble *for sb* ◆ **irse a hacer puñetas** *¡Vete a hacer ~s!* Get lost!

puñetazo *nm* punch: *Me dio un ~ en todo el estómago.* He punched me in the stomach. **LOC** *Ver* LIAR

puño *nm* **1** (*mano cerrada*) fist **2** (*manga*) cuff **3** (*bastón, paraguas*) handle ⟳ *Ver dibujo en* HANDLE **4** (*espada*) hilt **LOC** **como puños** great big…: *mentiras como ~s* great big lies ◆ **de su puño y letra** in his/her own handwriting *Ver tb* VERDAD

pupa *nf* **1** (*en los labios*) cold sore **2** (*en lenguaje in-fantil*): *hacerse ~* to hurt yourself

pupila *nf* pupil

pupitre *nm* desk

puré *nm* **1** (*muy espeso*) purée: *~ de tomate/man-zana* tomato/apple purée **2** (*sopa cremosa*) soup [*incontable*]: *~ de lentejas/verduras* lentil/vege-table soup ◇ *Voy a hacer un ~.* I'm going to make some soup. **LOC** **estar hecho puré** (*muy can-sado*) to be shattered ◆ **puré de patatas** mashed potato [*incontable*]

pureza *nf* purity

purificar *vt* to purify

puritano, -a *adj, nm-nf* (*ñoño*) puritanical: *Es un ~.* He's so puritanical.

puro *nm* **1** (*cigarro*) cigar **2** (*castigo*): *Me cayó un buen ~ por no hacer los deberes.* I got into real trouble for not doing my homework.

puro, -a *adj* **1** pure: *oro ~* pure gold **2** (*uso enfático*) simple: *la pura verdad* the simple

P

truth ◇ *por pura casualidad* purely by chance
LOC *Ver* SUGESTIÓN
púrpura *nf* purple

Q q

que¹ *pron*
● **sujeto 1** (*personas*) who: *el hombre ~ vino ayer* the man who came yesterday ◇ *Mi hermana, ~ vive allí, dice que es precioso.* My sister, who lives there, says it's lovely. **2** (*cosas*) that: *el coche ~ está aparcado en la plaza* the car that's parked in the square ❶ Cuando **que** equivale a *el cual, la cual*, etc., se traduce por **which**: *Este edificio, ~ antes fue sede del Gobierno, hoy es una biblioteca.* This building, which previously housed the Government, is now a library.
● **complemento**

🔎 En inglés se prefiere no traducir **que** cuando funciona como complemento, aunque también es correcto usar **that/who** para personas y **that/which** para cosas: *el chico que conociste en Roma* the boy (that/who) you met in Rome ◇ *la revista que me prestaste ayer* the magazine (that/which) you lent me yesterday.

que² *conj* **1** (*con oraciones subordinadas*) (that): *Dijo ~ vendría esta semana.* He said (that) he would come this week. ◇ *Quiero ~ viajes en primera.* I want you to travel first class. **2** (*en comparaciones*): *Mi hermano es más alto ~ tú.* My brother's taller than you. ◇ *Yo pienso igual ~ ellos.* I think the same as them. **3** (*en mandatos*): *¡Que te calles!* Shut up! ◇ *¡Que lo paséis bien!* Have a good time! **4** (*resultado*) (that): *Estaba tan cansada ~ me quedé dormida.* I was so tired (that) I fell asleep. **5** (*otras construcciones*): *Sube la radio ~ no la oigo.* Turn the radio up — I can't hear it. ◇ *Cuando lavo el coche se queda ~ parece nuevo.* When I wash the car, it looks like new. ◇ *No hay día ~ no llueva.* There isn't a single day when it doesn't rain. ◇ *¡Cómo dices! ¿Que se ha pasado el plazo?* What? It's too late to apply? **LOC** **¡que sí/no!** yes/no!
qué *adj*
● **interrogación** what: *¿Qué hora es?* What time is it? ◇ *¿En ~ piso vives?* What floor do you live on? ❶ Cuando existen solo unas pocas posibilidades solemos usar **which**: *¿Qué coche cogemos hoy? ¿El tuyo o el mío?* Which car shall we take today? Yours or mine?

● **exclamación 1** (*con sustantivos contables en plural e incontables*) what: *¡Qué casas más bonitas!* What lovely houses! ◇ *¡Qué valor!* What a nerve! **2** (*con sustantivos contables en singular*) what a: *¡Qué vida!* What a life! **3** (*cuando el sustantivo se traduce por un adjetivo*) how: *¡Qué rabia/horror!* How annoying/awful!
▸ *pron* what: *¿Qué? Habla más alto.* What? Speak up. ◇ *No sé ~ quieres.* I don't know what you want.
▸ *adv* how: *¡Qué interesante!* How interesting!
LOC **¿a qué estamos?** what's the date today? ◆ **¡qué bien!** great! ◆ **¡qué de...!** what a lot of...!: *¡Qué de turistas!* What a lot of tourists! ◆ **¡qué mal!** oh no! ◆ **¿qué tal?** **1** (*saludo*) how are things? **2** (*¿cómo está/están?*) how is/are...?: *¿Qué tal tus padres?* How are your parents? **3** (*¿cómo es/son?*) what is/are *sb/sth* like?: *¿Qué tal la película?* What was the film like? ◆ **¡qué va!** no way! ◆ **¿y a mí qué?** what's it to me, you etc? ◆ **¿y qué?** so what?

quebrado *nm* fraction ➜ *Ver pág 803*
quebrar *vi* to go bankrupt
queda *nf* **LOC** *Ver* TOQUE

quedar *vi* **1** (*haber*) to be left: *¿Queda café?* Is there any coffee left? ◇ *Quedan tres días para las vacaciones.* There are three days left before we go on holiday. ◇ *Quedan cinco kilómetros para Granada.* It's still five kilometres to Granada. **2** (*tener*) to have *sth* left: *Todavía nos quedan dos botellas.* We've still got two bottles left. ◇ *No me queda dinero.* I haven't got any money left. **3** (*citarse*) to meet: *¿Dónde quedamos?* Where shall we meet? ◇ *He quedado con ella a las tres.* I've arranged to meet her at three o'clock. **4** (*estar situado, llegar*) to be: *¿Dónde queda tu hotel?* Where is your hotel? ◇ *Quedamos terceros en el concurso.* We were third in the competition. **5** (*ropa*): *¿Qué tal me queda la chaqueta?* How does the jacket look on me? ◇ *El jersey le queda grande/pequeño.* The sweater's too big/small for him. ◇ *Esa falda te queda muy bien.* That skirt really suits you. **6** ~ **en** to agree *to do sth*: *Quedamos en vernos el martes.* We agreed to meet on Tuesday.

purpurina *nf* glitter
pus *nm* pus
puzle *nm* jigsaw: *hacer un ~* to do a jigsaw

▶**quedarse** *vp* **1** (*en un sitio*) to stay: *~se en la cama/en casa* to stay in bed/at home **2** + **adjetivo** to go: *~se calvo/ciego* to go bald/blind **3 quedarse (con)** to keep: *Quédese (con) el cambio.* Keep the change. **4 quedarse con** (*hambre, sed, etc.*) to be still…: *Me quedé con hambre después de la cena.* I was still hungry after dinner. **5 quedarse haciendo algo** to carry on doing sth: *Me quedé un rato mirando.* I carried on watching for a while. **LOC** **quedar bien/mal** to make a good/bad impression (*on sb*): *He quedado muy mal con Raúl.* I made a bad impression on Raúl. ◆ **quedarse con algn** (*tomar el pelo*) to pull sb's leg ◆ **quedarse sin algo** to run out of sth: *Me he quedado sin cambio.* I've run out of change. ❶ Para otras expresiones con **quedar**, véanse las entradas del sustantivo, adjetivo, etc., p. ej. **quedarse de piedra** en PIEDRA.

queja *nf* complaint

quejarse *vp* ~ **(de/por)** to complain, to moan (*coloq*) (about *sb/sth*): *¡Deja de quejarte de/por todo!* Stop moaning about everything!

quejica *nmf* whinger

quejido *nm* **1** (*de dolor*) moan **2** (*lamento, suspiro*) sigh **3** (*animal*) whine

quemado, -a *adj* **1** (*harto*) fed up: *Estoy muy ~.* I'm really fed up. **2** (*por el sol*) sunburnt **LOC** **saber a quemado** to taste burnt *Ver tb* OLER; *Ver tb* QUEMAR

quemadura *nf* **1** burn: *~s de segundo grado* second-degree burns **2** (*con líquido hirviendo*) scald **LOC** **quemadura de sol** sunburn [*incontable*]: *Es importante evitar las ~s de sol.* It's important to avoid getting sunburnt.

quemar *vt* **1** to burn: *Vas a ~ la tortilla.* You're going to burn the omelette. **2** (*edificio*) to burn *sth* down: *Intentaron ~ el parlamento.* They tried to burn down the parliament building.
▶*vi* to be hot: *¡Cómo quema!* It's very hot!
▶**quemarse** *vp* **1 quemarse (con)** (*persona*) to burn *sth/yourself* (on *sth*): *~se la lengua* to burn your tongue ◇ *Me quemé con la sartén.* I burnt myself on the frying pan. **2** (*comida*) to be burnt **3** (*con el sol*) to get sunburnt: *Enseguida me quemo.* I get sunburnt very easily. **4** (*hartarse*) to burn yourself out

querella *nf* (*Jur*) lawsuit **LOC** **poner una querella contra** to sue *sb*

querer *vt* **1** (**a**) ~ **algo/hacer algo** to want sth/to do sth: *¿Cuál quieres?* Which one do you want? ◇ *Quiero salir.* I want to go out. ◇ *¿Quieres comer algo?* Would you like something to eat? (**b**) ~ **que algn haga algo** to want sb to do sth: *Quiere que vayamos a su casa.* He wants us to go to his house. ➲ *Ver nota en* WANT **2** (*amar*) to love

▶*vi* to want to: *No quiero.* I don't want to. ◇ *Pues claro que quiere.* Of course he wants to. **LOC** **querer decir** to mean: *¿Qué quiere decir esta palabra?* What does this word mean? ◆ **queriendo** (*a propósito*) on purpose ◆ **quisiera…** I, he, etc. would like *to do sth*: *Quisiera saber por qué siempre llegas tarde.* I'd like to know why you're always late. ◆ **sin querer** *Perdona, ha sido sin ~.* Sorry, it was an accident. ◇ *Te prometo que lo hice sin ~.* I promise I did it accidentally. *Ver tb* AGRADAR

querido, -a *adj* dear ➲ *Ver nota en* ATENTAMENTE; *Ver tb* QUERER

queso *nm* cheese: *~ rallado* grated cheese ◇ *No me gusta el ~.* I don't like cheese. ◇ *un sándwich de ~* a cheese sandwich

quicio *nm* **LOC** **sacar de quicio** to drive *sb* mad

quiebra *nf* bankruptcy [*pl* bankruptcies]

quien *pron* **1** (*sujeto*) who: *Fue mi hermano ~ me lo dijo.* It was my brother who told me. **2** (*complemento*) ❶ En inglés se prefiere no traducir **quien** cuando funciona como complemento, aunque también es correcto usar **who** o **whom**: *Es a mi madre a quien quiero ver.* It's my mother I want to see. ◇ *Fue a él a quien se lo dije.* He was the one I told. ◇ *El chico con quien la vi ayer es su primo.* The boy (who) I saw her with yesterday is her cousin. ◇ *la actriz de quien se ha escrito tanto* the actress about whom so much has been written **3** (*cualquiera, todo el que*) whoever: *Invita a ~ quieras.* Invite whoever you want. ◇ *Quien esté a favor, que levante la mano.* Those in favour, raise your hands. ◇ *Paco, Julián o ~ sea.* Paco, Julián or whoever.

quién *pron* who: *¿Quién es?* Who is it? ◇ *¿A ~ viste?* Who did you see? ◇ *¿Quiénes vienen?* Who's coming? ◇ *¿Para ~ es este regalo?* Who is this present for? ◇ *¿De ~ hablas?* Who are you talking about? **LOC** **¿de quién es/son?** (*posesión*) whose is/are?: *¿De ~ es este abrigo?* Whose coat is this?

quienquiera *pron* whoever: *Quienquiera que sea el culpable recibirá su castigo.* Whoever is responsible will be punished.

quieto, -a *adj* still: *estarse/quedarse ~* to keep still

quilate *nm* carat: *oro de 18 ~s* 18-carat gold

química *nf* chemistry

químico, -a *adj* chemical
▶*nm-nf* chemist

quince *adj, nm, pron* **1** fifteen **2** (*fecha*) fifteenth ➲ *Ver ejemplos en* ONCE, SEIS **LOC** **quince días** fortnight [*v sing*]: *Solo vamos ~ días.* We're only going for a fortnight.

Q

quinceañero, -a *nm-nf* (*adolescente*) teenager

quincena *nf* (*quince días*) two weeks [*pl*]: *la segunda ~ de enero* the last two weeks of January

quincenal *adj* fortnightly **LOC** *Ver* PUBLICACIÓN

quiniela *nf* quinielas (football) pools [*pl*]: *hacer la ~* to do the pools

quinientos, -as *adj, nm, pron* five hundred ⊃ *Ver ejemplos en* SEISCIENTOS

quinta *nf* (*marcha*) fifth (gear)

quinto, -a *adj, nm-nf, pron* fifth ⊃ *Ver ejemplos en* SEXTO **LOC** **en el quinto pino** in the middle of nowhere

quinua (*tb* quinoa) *nf* quinoa

quiosco *nm* stand **LOC** **quiosco de periódicos** news stand

quirófano *nm* operating theatre, operating room (*USA*)

quirúrgico, -a *adj* surgical: *una intervención quirúrgica* an operation

quisquilloso, -a *adj* **1** (*exigente*) fussy **2** (*susceptible*) touchy

quitaesmalte *nm* nail varnish remover

quitamanchas *nm* stain remover

quitanieves *nf* snowplough

quitar *vt* **1** to take *sth* off/down/out: *Quita tus cosas de mi escritorio.* Take your things off my desk. ◊ *Quítale el jersey.* Take his jumper off. ◊ *Quitó el cartel.* He took the poster down.

2 (*Mat, retirar, robar*) to take *sth* away (*from sb/sth*): *Si a tres le quitas uno…* If you take one (away) from three… ◊ *Me multaron y me quitaron el carné de conducir.* I was fined and had my driving licence taken away. ◊ *Me han quitado el boli.* Someone's taken my pen. **3** (*aliviar*): *~ el dolor* to relieve pain ◊ *~ el hambre/la sed/el sueño* to stop you feeling hungry/thirsty/sleepy **4** (*mancha*) to remove **5** (*tiempo*) to take up *sb's time*: *Los niños me quitan mucho tiempo.* The children take up a lot of my time.
▶ **quitarse** *vp* **1** (*ropa, gafas, maquillaje*) to take *sth* off: *Quítate los zapatos.* Take your shoes off. **2** (*mancha*) to come out: *Esta mancha no se quita.* This stain won't come out. **LOC** **no quitar la vista/los ojos (de encima)** not to take your eyes off *sb/sth* ♦ **¡quita (de ahí)!/¡quítate de en medio!** get out of the way! ♦ **quitarse de encima a algn** to get rid of sb ♦ **quitarse la costumbre/manía** to kick the habit (*of doing sth*): *~se la costumbre de morderse las uñas* to kick the habit of biting your nails ♦ **quitársele las ganas a algn** to go off the idea (*of doing sth*): *Se me han quitado las ganas de ir al cine.* I've gone off the idea of going to the cinema. ♦ **quitarse un peso de encima** to get a weight off your mind: *Me he quitado un gran peso de encima.* That's a great weight off my mind. *Ver tb* IMPORTANCIA, MESA, POLVO

quizá (*tb* quizás) *adv* perhaps, maybe: —*¿Crees que vendrá?* —*Quizás sí.* 'Do you think she'll come?' 'Perhaps.' ◊ *Quizás no.* Maybe not.

Rr

rábano *nm* radish

rabia *nf* **1** (*ira*) anger **2** (*Med*) rabies [*incontable*]: *El perro tenía la ~.* The dog had rabies. **LOC** **dar rabia** to annoy: *Me da muchísima ~.* It really annoys me. *Ver tb* COMIDO

rabieta *nf* tantrum: *Se cogió una buena ~.* He threw a real tantrum.

rabillo *nm* **LOC** **con/por el rabillo del ojo** out of the corner of your eye

rabino *nm* rabbi

rabioso, -a *adj* **1** (*furioso*) furious **2** (*perro*) rabid

rabo *nm* **1** (*animal*) tail **2** (*planta, fruta*) stalk **LOC** *Ver* CABO

rácano, -a *adj* (*tacaño*) stingy
▶ *nm-nf* (*tacaño*) Scrooge

racha *nf* **1** (*serie*) run: *una ~ de suerte* a run of good luck ◊ *una ~ de desgracias* a series of misfortunes **2** (*viento*) gust **LOC** **pasar una mala racha** to be going through a bad patch

racial *adj* racial: *la discriminación ~* racial discrimination

racimo *nm* bunch

ración *nf* (*comida*) portion, helping (*más coloq*): *Media ~ de calamares, por favor.* A small portion of squid, please. ◊ *Me serví una buena ~.* I took a big helping.

racional *adj* rational

racionamiento *nm* rationing: *el ~ del agua* water rationing

racismo *nm* racism

racista *adj, nmf* racist ⊃ *Ver nota en* CATÓLICO

radar *nm* radar [*incontable*]: *los ~es enemigos* enemy radar

radiactivo, -a *adj* radioactive **LOC** *Ver* LLUVIA

radiador *nm* radiator

radiante adj **1** (brillante) bright: Lucía un sol ~. The sun was shining brightly. **2** (persona) radiant: ~ de alegría radiant with happiness

radical adj, nmf radical

radicalmente adv radically

radicar vi ~ en to lie in sth: El éxito del grupo radica en su originalidad. The group's success lies in their originality.

radio nm **1** (Geom) radius [pl radii] **2** (rueda) spoke **3** (Quím) radium
▸ nf radio [pl radios]: oír/escuchar la ~ to listen to the radio **LOC** en/por la radio on the radio: Lo he oído en la ~. I heard it on the radio. ◇ hablar por la ~ to speak on the radio Ver tb **TERTULIA**

radiocasete nm radio cassette player

radiografía nf X-ray: hacerse/sacarse una ~ to have an X-ray

radiotaxi nm minicab

radioyente nmf listener

ráfaga nf **1** (viento) gust **2** (luz) flash **3** (disparos) burst: una ~ de disparos a burst of gunfire

rafting nm white-water rafting: hacer ~ to go white-water rafting

raído, -a adj threadbare

rail nm rail

raíz nf root **LOC** a raíz de as a result of sth: a ~ del accidente… as a result of the accident… ◆ echar raíces **1** (planta) to take root **2** (persona) to put down roots ◆ raíz cuadrada/cúbica square/cube root: La ~ cuadrada de 49 es 7. The square root of 49 is 7.

raja nf **1** (fisura) crack **2** (herida) cut **3** (de alimentos) slice: una ~ de sandía a slice of watermelon

rajar vt **1** (cristal, cerámica, plástico) to crack **2** (prenda) to rip **3** (neumático) to slash: Me rajaron los neumáticos. They slashed my tyres. **4** (apuñalar) to stab **5** (partir) to cut: Rajó el melón por la mitad. She cut the melon in half.
▸ rajarse vp **1** (cristal, cerámica, plástico) to crack: El espejo se ha rajado. The mirror has cracked. **2** (cortarse) to cut **3** (echarse atrás) to back out

rajatabla **LOC** a rajatabla to the letter

ralladura nf **LOC** ralladura de limón/naranja grated lemon/orange rind

rallar vt to grate
▸ rallar(se) vp, vt (volver loco, irritar): Me ralla esa canción. That song drives me crazy. ◇ No le voy a dar más vueltas, porque me estoy rallando. I'm not going to think about it any more — I'm getting obsessed with it. **LOC** Ver **PAN**

rally nm rally [pl rallies]

rama nf branch: la ~ de un árbol the branch of a tree ◇ una ~ de la filosofía a branch of philosophy **LOC** andarse/irse por las ramas to beat about the bush

ramadán nm Ramadan

ramo nm **1** (de flores) bunch **2** (sector) sector **LOC** Ver **DOMINGO**

rampa nf ramp

rana nf frog **LOC** salir rana to be a disappointment Ver tb **HOMBRE**

rancio, -a adj **1** (mantequilla) rancid: Sabe a ~. It tastes rancid. **2** (pan) stale **3** (olor) musty: El sótano olía a ~. The basement smelt musty. **4** (persona) unfriendly

rango nm rank

ranking nm ranking(s) [gen pl]: Ocupa el primer puesto en el ~ mundial. He's number one in the world rankings. ◇ el ~ de empresas the list of the top companies ◇ Está en el ~ de los programas más vistos. It is among the most popular programmes.

ranura nf slot: Hay que introducir la moneda por la ~. You have to put the coin in the slot.

rap nm rap **LOC** hacer rap to rap

rapapolvo nm **LOC** echar un rapapolvo to give sb a telling-off

rapar vt (pelo) to crop

rapaz nf (ave) bird of prey

rape nm monkfish [pl monkfish]

rapel (tb rápel) nm abseiling, rappel (USA): hacer ~ to go abseiling

rapero, -a nm-nf rapper

rápidamente adv quickly

rapidez nf speed **LOC** con rapidez quickly

rápido, -a adj **1** (breve) quick: ¿Puedo hacer una llamada rápida? Can I make a quick phone call? **2** (veloz) fast: un corredor ~ a fast runner ⟳ Ver nota en **FAST**
▸ adv quickly
▸ rápidos nm (río) rapids [pl] **LOC** Ver **COMIDA**

raptar vt to kidnap

rapto nm kidnapping

raptor, -ora nm-nf kidnapper

raqueta nf **1** racket: una ~ de tenis a tennis racket **2** (Tenis de mesa) bat, paddle (USA)

rareza nf **1** (singularidad) rarity: un material muy apreciado por su ~ a material highly prized because of its rarity **2** (manía) little quirk: Estoy acostumbrado a sus ~s. I'm used to his little quirks.

raro, -a adj **1** (extraño) strange, odd (más coloq): una manera muy rara de hablar a very strange way of speaking ◇ ¡Qué ~! How odd! **2** (poco común) rare: una especie rara a rare species **LOC** rara vez/raras veces rarely Ver tb **BICHO**, **COSA**

R

ras nm LOC **a ras de tierra/suelo** *El cable tiene que ir a ~ del suelo.* The cable has to go at ground level.

rascacielos nm skyscraper

rascar vt **1** (*con las uñas*) to scratch: *Oí al perro rascando la puerta.* I heard the dog scratching at the door. **2** (*con cuchillo, espátula*) to scrape *sth* (*off sth*): *Rascamos la pintura del suelo.* We scraped the paint off the floor.
▸ vi to be rough: *Estas toallas rascan.* These towels are rough.
▸**rascarse** vp to scratch: *~se la cabeza* to scratch your head

rasgado, -a adj (*ojos*) almond-shaped *Ver tb* RASGAR

rasgar vt to tear *sth* (up)
▸**rasgarse** vp to tear

rasgo nm **1** feature: *los ~s más distintivos de su obra* the most distinctive features of her work ◇ *Tiene ~s femeninos.* He has feminine features. **2** (*personalidad*) characteristic LOC *Ver* GRANDE

rasguño nm scratch

raso, -a adj **1** (*llano*) flat **2** (*cucharada, medida*) level **3** (*lanzamiento*) low: *Hizo un tiro ~ a puerta.* He hit a low shot at goal.
▸ nm (*tejido*) satin

raspar vt **1** (*arañar*) to scratch: *Raspó la pintura con la bicicleta.* He scratched the paintwork with his bicycle. **2** (*quitar*) to scrape *sth* (*off sth*): *Raspa el papel de la pared.* Scrape the paper off the wall.
▸ vi to be rough: *Esta toalla raspa.* This towel is rough.
▸**rasparse** vp to graze: *~se la mano* to graze your hand

rastra nf LOC **a rastras** *Trajo la bolsa a ~s.* He dragged the bag in. ◇ *No querían irse, los tuve que sacar a ~s.* They didn't want to leave so I had to drag them away.

rastrear vt **1** (*seguir la pista*) to follow: *Los perros rastreaban el olor.* The dogs followed the scent. **2** (*zona*) to comb

rastreo nm search: *Realizaron un ~ de los bosques.* They searched the woods.

rastrillo nm rake

rastro nm **1** (*huella, pista*) trail: *Los perros siguieron el ~.* The dogs followed the trail. **2** (*señal*) trace: *No había ni ~ de ella.* There was no trace of her. ◇ *Del dinero no quedó ni ~.* There was no trace of the money. **3** (*mercadillo*) flea market LOC **sin dejar rastro** without trace *Ver tb* PERDER

rastrojo nm stubble [*incontable*]

rata nf rat
▸ adj, nmf (*persona*) stingy: *¡Eres un ~!* You're so stingy!

ratificar vt **1** (*tratado, acuerdo*) to ratify **2** (*noticia*) to confirm

rato nm while: *Un ~ más tarde sonó el teléfono.* The telephone rang a while later. LOC **al (poco) rato** shortly after: *Llegaron al poco ~ de irte tú.* They arrived shortly after you left. ◆ **a ratos** sometimes ◆ **para rato** *Todavía tengo para ~, no me esperes.* I've still got a lot to do, so don't wait for me. ◆ **pasar el rato** to pass the time ◆ **un rato 1** (*mucho*) a lot: *Sabe un ~ de todo eso.* He knows a lot about all that. **2** (*muy*) very: *Estoy un ~ cansada.* I'm very tired.

ratón nm (*animal, Informát*) mouse [*pl* mice] ➔ *Ver dibujo en* ORDENADOR LOC **el ratón/ratoncito Pérez** the tooth fairy ◆ **ratón de biblioteca** bookworm

ratonera nf **1** (*trampa*) mousetrap **2** (*madriguera*) mouse hole

raya nf **1** (*línea*) line: *hacer una ~* to draw a line **2** (*listas*) stripe: *una camisa de ~s* a striped shirt **3** (*pelo*) parting, part (*USA*): *un peinado con ~ en medio* a hairstyle with a centre parting **4** (*pantalón*) crease LOC **mantener/tener a algn a raya** to keep a tight rein on sb ◆ **pasarse de la raya** to go too far: *Esta vez te has pasado de la ~.* This time you've gone too far. *Ver tb* TRES

rayar vt (*arañar*) to scratch
▸ vi **~ (en/con)** to border on *sth*: *Mi admiración por él rayaba en la devoción.* My admiration for him bordered on devotion.
▸**rayarse** vp (*enfadarse*) to get mad about *sth*: *No te rayes, que tampoco tiene tanta importancia.* Don't get mad about it, it's not that important.

rayo nm **1** (*solar*) ray: *un ~ de sol* a ray of sunshine ◇ *los ~s del sol* the sun's rays **2** (*Meteor*) lightning [*incontable*]: *Los ~s y los truenos me asustan.* Thunder and lightning frighten me. LOC **rayo láser** laser beam ◆ **rayos X** X-rays

raza nf **1** (*humana*) race **2** (*animal*) breed: *¿De qué ~ es?* What breed is it? LOC **de raza** (*animal*) pedigree

razón nf reason (*for sth/doing sth*): *La ~ de su dimisión es obvia.* The reason for his resignation is obvious. LOC **con razón** with good reason: *¡Con ~ no quiso sentarse aquí!* She had good reason not to sit here! ◆ **darle la razón a algn** to say/admit that sb is right: *Algún día me darán la ~.* Some day they'll admit I was right. ◆ **hacer entrar/meter en razón** to make sb see reason ◆ **llevar/tener razón** to be right ◆ **no tener razón** to be wrong

razonable *adj* reasonable

razonamiento *nm* reasoning

razonar *vi* (*pensar*) to think: *No razonaba con claridad.* He wasn't thinking clearly.
▸ *vt* (*explicar*) to give reasons for *sth*: *Razona tu respuesta.* Give reasons for your answer.

re *nm* D: *re mayor* D major

reacción *nf* reaction

reaccionar *vi* to react

reactor *nm* (*avión*) jet **LOC** **reactor nuclear** nuclear reactor

real *adj* **1** (*caso, historia*) true **2** (*de reyes*) royal **LOC** Ver GANA, JALEA, PAVO, TIEMPO

realeza *nf* royal family: *miembros de la ~* members of the royal family

realidad *nf* reality [*pl* realities]: *~ virtual* virtual reality **LOC** **en realidad** actually ◆ **hacerse realidad** to come true *Ver tb* CONVERTIR

realismo *nm* realism

realista *adj* realistic
▸ *nmf* realist

realización *nf* **1** (*proyecto, trabajo*) carrying out: *Yo me encargaré de la ~ del plan.* I'll take charge of carrying out the plan. **2** (*sueño, objetivo*) fulfilment

realizador, -ora *nm-nf* (*Cine, TV*) director

realizar *vt* **1** (*llevar a cabo*) to carry *sth* out: *~ un proyecto* to carry out a project **2** (*sueño, objetivo*) to fulfil: *No me siento realizada.* I don't feel fulfilled. **3** (*Cine, TV*) to produce
▸ **realizarse** *vp* (*hacerse realidad*) to come true: *Mis sueños se realizaron.* My dreams came true.

realmente *adv* really

realzar *vt* to enhance

reanimar *vt* **1** to revive **2** (*de un desmayo*) to bring *sb* round
▸ **reanimarse** *vp* (*volver en sí*) to regain consciousness

reanudar *vt* **1** to resume: *~ el trabajo* to resume work **2** (*amistad, relación*) to renew

rebaja *nf* **1** (*descuento*) discount: *Nos hicieron una ~ del 15%.* They gave us a 15% discount. ◊ *Voy a pedir que me hagan una ~.* I'm going to ask for a discount. **2 rebajas** sales: *las ~s de verano/enero* the summer/January sales **3** (*salarios, tarifas, etc.*) cut: *una ~ salarial/de impuestos* a cut in salary/a tax cut **4** (*de condena*) reduction

rebajar *vt* **1** (*reducir*) to reduce: *~ una condena* to reduce a sentence ◊ *Nos rebajó un 15 por ciento.* He gave us a 15 per cent reduction. ◊ *¿Está rebajado?* Is it reduced? **2** (*humillar*) to humiliate: *Me rebajó delante de todos.* He humiliated me in front of everyone. **3** (*color*) to soften

▸ **rebajarse** *vp* **rebajarse (a hacer algo)** to lower yourself (by doing sth): *No me rebajaría a aceptar tu dinero.* I wouldn't lower myself by accepting your money.

rebanada *nf* slice: *dos ~s de pan* two slices of bread

rebaño *nm* **1** (*ovejas, cabras*) flock **2** (*vacas*) herd

rebelarse *vp* ~ **(contra)** to rebel (against *sb/sth*)

rebelde *adj* **1** (*Mil*) rebel: *el general ~* the rebel general **2** (*espíritu*) rebellious **3** (*niño*) difficult
▸ *nmf* rebel

rebelión *nf* rebellion

rebobinar *vt* to rewind

rebosante *adj* ~ **(de)** overflowing (with *sth*): *~ de alegría* overflowing with joy

rebosar *vi* to be overflowing *with sth* **LOC** *Ver* LLENO

rebotar *vi* **1** to bounce (*off sth*): *El balón rebotó en el aro.* The ball bounced off the hoop. **2** (*bala*) to ricochet (*off sth*)

rebote *nm* rebound **LOC** **de rebote 1** (*pelota*) on the rebound **2** (*fig*): *De ~ consiguieron un día extra de vacaciones.* As a result, they got another day's holiday.

rebozar *vt* **1** (*con pan rallado*) to cover *sth* in breadcrumbs: *merluza rebozada* hake in breadcrumbs **2** (*con harina*) to dip *sth* in batter

rebuznar *vi* to bray

recado *nm* **1** (*mensaje*) message: *dejar (un) ~* to leave a message **2** (*encargo*) errand: *Tengo que hacer unos ~s.* I have to run a few errands.

recaer *vi* **1** (*Med*) to have a relapse **2** (*responsabilidad, sospecha*) to fall on *sb*: *Todas las sospechas recayeron sobre mí.* Suspicion fell on me. **3** (*premio*) to go to *sb/sth*: *El premio recayó en la pareja inglesa.* The prize went to the English couple.

recalcar *vt* to stress

recalentar *vt* to reheat
▸ **recalentarse** *vp* (*motor*) to overheat

recambio *nm* **1** (*pieza*) spare (part) **2** (*de bolígrafo*) refill

recapacitar *vt* to think *sth* over
▸ *vi* to think things over

recargable *adj* rechargeable

recargado, -a *adj* un estilo ~ an overelaborate style ◊ *Iba un poco recargada para mi gusto.* She was a bit overdressed for my taste. *Ver tb* RECARGAR

recargar *vt* **1** (*pila, batería*) to recharge **2** (*arma*) to reload

recargo *nm* surcharge

R

recaudar vt to collect

recepción nf reception

recepcionista nmf receptionist

recesión nf (Econ) recession

receta nf **1** (Cocina) recipe (for sth): Tienes que darme la ~ de este plato. You must give me the recipe for this dish. **2** (Med) prescription: Solo se vende con ~. It's only available on prescription.

recetar vt to prescribe

rechazar vt to turn sb/sth down, to reject (más formal): Rechazaron nuestra propuesta. Our proposal was turned down.

rechinar vt LOC rechinar los dientes to grind your teeth

rechistar vi ¡A mí ni me rechistes! Don't answer back! ◊ ¡Hazlo sin ~! Shut up and get on with it!

rechupete LOC de rechupete delicious

recibidor nm (vestíbulo) hall

recibir vt **1** to receive, to get (más coloq): Recibí tu carta. I received/got your letter. **2** (a una persona) **(a)** to welcome: Salió a ~nos. He came out to welcome us. **(b)** (en la estación, etc.) to meet sb: Fuimos a ~los al aeropuerto. We went to meet them at the airport.

recibo nm **1** (comprobante) receipt: Para cambiarlo necesita el ~. You'll need the receipt if you want to exchange it. ◊ ¿Me puede hacer un ~? Can I have a receipt? **2** (factura) bill: el ~ de la luz the electricity bill

reciclable adj recyclable LOC no reciclable non-recyclable

R **reciclaje** nm **1** (de materiales) recycling: el ~ de papel paper recycling **2** (laboral) training LOC Ver CURSO

reciclar vt (materiales) to recycle

recién adv recently: ~ creado recently formed LOC los recién casados the newly-weds ◆ recién cumplidos Tengo 15 años ~ cumplidos. I've just turned 15. ◆ recién llegado recently arrived: un ~ llegado a newcomer ◆ recién nacido newborn: un ~ nacido a newborn baby ◆ recién pintado (en cartel) wet paint

reciente adj **1** (acontecimiento) recent **2** (pan, huella) fresh

recientemente adv recently

recipiente nm container

recital nm recital

recitar vt to recite

reclamación nf **1** (queja) complaint: hacer/presentar una ~ to make/lodge a complaint **2** (demanda) claim (for sth)

reclamar vt to demand: Reclaman justicia. They are demanding justice.
▸ vi (quejarse) to complain: Deberías ~, no funciona. You should complain — it doesn't work.

reclinable adj reclining

reclinar vt to lean sth (on sb/sth): Reclinó la cabeza en mi hombro. He leant his head on my shoulder.
▸ reclinarse vp (persona) to lean back (against sb/sth)

recluso, -a nm-nf prisoner

recluta nmf recruit

recobrar vt **1** (posesión, conocimiento, control) to get sth back, to regain (más formal): ~ el dinero to get your money back ◊ ~ el conocimiento/control to regain consciousness/control **2** (salud, memoria) to recover, to get sth back (más coloq): ~ la memoria to get your memory back
▸ recobrarse vp to recover (from sth): ~se de una enfermedad to recover from an illness LOC Ver CONOCIMIENTO

recogedor nm dustpan ➔ Ver dibujo en BRUSH

recogepelotas nmf **1** (masc) ballboy **2** (fem) ballgirl

recoger vt **1** (objeto caído) to pick sth up: Recoge el pañuelo. Pick up your handkerchief. **2** (reunir) to collect: ~ firmas to collect signatures **3** (ordenar) to tidy: ~ la casa to tidy the house **4** (ir a buscar) to pick sb/sth up: ~ a los niños del colegio to pick the children up from school **5** (flores, fruta) to pick
▸ vi to tidy up, to clear up (USA): ¿Me ayudas a ~? Will you help me tidy up?
▸ recogerse vp (irse a casa) to go home LOC recogerse el pelo (en una coleta) to tie your hair back Ver tb MESA

recogida nf collection: la ~ de basura rubbish collection LOC recogida de equipajes baggage reclaim, baggage claim (USA)

recogido, -a adj **1** (tranquilo) quiet **2** (pelo) up: Estás mejor con el pelo ~. You look better with your hair up. Ver tb RECOGER

recolectar vt **1** (fruta, verduras) to pick **2** (cereales) to harvest

recomendable adj advisable LOC poco/nada recomendable Es un barrio poco ~. That area is not to be recommended. ◊ Ese chico no es nada ~. That boy is no good.

recomendación nf **1** (consejo) recommendation: Fuimos por ~ de mi hermano. We went on my brother's recommendation. **2** (enchufe) connections [pl]: Entró por ~. He got the job because he had connections.

recomendado, -a adj recommended: muy ~ highly recommended Ver tb RECOMENDAR

recomendar *vt* to recommend

recompensa *nf* reward **LOC** **en/como recompensa (por)** as a reward (for *sth*)

recompensar *vt* to reward *sb* (*for sth*)

reconciliarse *vp* to make (it) up (*with sb*): *Riñeron pero se han reconciliado.* They quarrelled but they've made (it) up now.

reconfigurar *vt* (*Informát*) to reconfigure

reconocer *vt* **1** (*identificar*) to recognize: *No la reconocí.* I didn't recognize her. **2** (*admitir*) to admit: *~ un error* to admit a mistake **3** (*examinar*) to examine: *~ a un paciente* to examine a patient

reconocido, -a *adj* (*apreciado*) well known: *un ~ sociólogo* a well-known sociologist ➔ *Ver nota en* WELL BEHAVED; *Ver tb* RECONOCER

reconocimiento *nm* recognition **LOC** **reconocimiento (médico)** medical, physical (*USA*): *Tienes que hacerte un ~ médico.* You have to have a medical.

reconquista *nf* **1** reconquest **2 la Reconquista** the Reconquest (of Spain)

reconstruir *vt* **1** (*edificio, monumento*) to rebuild **2** (*hechos, suceso*) to reconstruct

reconversión *nf* restructuring: *la ~ industrial* the restructuring of industry

recopilación *nf* compilation

recopilar *vt* to collect

récord *nm* record: *batir/tener un ~* to break/hold a record ◊ *una cifra ~* a record figure **LOC** *Ver* TIEMPO

recordar *vt* **1** *~ algo a algn* to remind *sb* (about sth/to do sth): *Recuérdame que compre pan.* Remind me to buy some bread. ◊ *Recuérdamelo mañana o se me olvidará.* Remind me tomorrow or I'll forget. **2** (*por asociación*) to remind *sb* of *sb/sth*: *Me recuerda a mi hermano.* He reminds me of my brother. ◊ *¿Sabes a qué/quién me recuerda esta canción?* Do you know what/who this song reminds me of? ➔ *Ver nota en* REMIND **3** (*acordarse*) to remember, to recall (*formal*) *sth/doing sth*: *No recuerdo su nombre.* I can't remember his name. ◊ *No recuerdo habértelo dicho.* I don't remember telling you. ◊ *Recuerdo que los vi.* I recall seeing them. ➔ *Ver nota en* REMEMBER **LOC** **que yo recuerde** as far as I remember ◆ **te recuerdo que…** remember…: *Te recuerdo que mañana tienes un examen.* Remember you've got an exam tomorrow.

recorrer *vt* **1** (*lugar*) to go round…: *Recorrimos Francia en tren.* We went round France by train. **2** (*distancia*) to cover, to do (*más coloq*): *Tardamos tres horas en ~ un kilómetro.* It took us three hours to do one kilometre.

recorrido *nm* route: *el ~ del autobús* the bus route **LOC** *Ver* TREN

recortar *vt* **1** (*artículo, silueta*) to cut *sth* out: *Recorté la foto de una revista vieja.* I cut the photo out of an old magazine. **2** (*lo que sobra*) to trim: *Recorta los hilos que sobresalen.* Trim the loose threads. **3** (*gastos*) to cut

recrearse *vp* ~ **con/en** to take pleasure in *sth/doing sth*: *~ con las desgracias ajenas* to take pleasure in other people's misfortunes

recreativo, -a *adj* recreational **LOC** *Ver* SALÓN

recreo *nm* break, recess (*USA*): *A las once salimos al ~.* Break is at eleven. **LOC** **de recreo** recreational

recta *nf* straight line **LOC** **recta final 1** (*Dep*) home straight **2** (*última fase*) closing stages [*pl*]: *en la ~ final de la campaña* in the closing stages of the campaign

rectangular *adj* rectangular

rectángulo *nm* rectangle **LOC** *Ver* TRIÁNGULO

rectificar *vt* **1** (*error*) to rectify **2** (*actitud, conducta*) to improve

recto, -a *adj* straight **LOC** **todo recto** straight on

rector, -ora *adj* (*junta, consejo*) governing
▸ *nm-nf* (*universidad*) vice-chancellor

recuadro *nm* (*casilla*) box

recuerdo *nm* **1** (*memoria*) memory [*pl* memories]: *Guardo un buen ~ de nuestra amistad.* I have happy memories of our friendship. **2** (*objeto*) souvenir **3 recuerdos** best wishes: *Dale ~s de mi parte.* Give him my best wishes. ◊ *Mi madre te manda ~s.* My mother sends her best wishes.

recuperación *nf* **LOC** *Ver* EXAMEN

recuperar *vt* **1** (*recobrar*) to recover: *Confío en que recuperará la vista.* I'm sure he'll recover his sight. **2** (*tiempo, clases*) to make *sth* up: *Tienes que ~ esas clases.* You'll have to make up the classes you've missed. **3** (*Educ*) to pass a resit: *He recuperado historia.* I've passed the history resit.
▸ **recuperarse** *vp* to recover (*from sth*)

recurrir *vi* ~ **a 1** (*utilizar*) to resort to *sth*: *Al final recurrieron a la violencia.* In the end they resorted to violence. **2** (*pedir ayuda*) to turn to *sb*: *No tenía a quien ~.* I had no one to turn to.

recurso *nm* **1** (*solución*) resort: *como último ~* as a last resort **2 recursos** resources: *~s humanos/económicos* human/economic resources

red *nf* **1** (*Dep, caza, pesca*) net **2** (*Informát, comunicaciones*) network: *la ~ de ferrocarriles/carreteras* the railway/road network **3 la red** (*Internet*) the Net: *Lo busqué en la ~.* I searched for it on the

Net. **4** (*organizaciones, sucursales*) chain `LOC` **caer en la red** to fall into the trap *Ver tb* SOCIAL

redacción *nf* essay: *hacer una ~ sobre tu ciudad* to write an essay on your town

redactar *vt, vi* to write: *~ una carta* to write a letter ◊ *Para ser tan pequeño redacta bien.* He writes well for his age.

redactor, -ora *nm-nf* editor

redada *nf* raid: *efectuar una ~* to carry out a raid

redicho, -a *nm-nf* know-all, know-it-all (*USA*)

redondear *vt* (*precio, cifra*) to round *sth* up/down

redondo, -a *adj* round: *en números ~s* in round figures `LOC` **a la redonda** *No había ninguna casa en diez kilómetros a la redonda.* There were no houses within ten kilometres.
◆ **negarse en redondo** to refuse point-blank *to do sth* ◆ **salir redondo** to turn out perfectly: *Nos salió todo ~.* It all turned out perfectly for us. *Ver tb* CUELLO, ESCOTE, MESA

reducción *nf* reduction

reducido, -a *adj* (*pequeño*) small `LOC` *Ver* JORNADA; *Ver tb* REDUCIR

reducir *vt* to reduce: *~ la velocidad* to reduce your speed ◊ *El fuego redujo la casa a cenizas.* The fire reduced the house to ashes. `LOC` **todo se reduce a...** it all boils down to...

redundancia *nf* redundancy

reelegir *vt* to re-elect: *Le han reelegido como su representante.* They've re-elected him as their representative.

reembolsar *vt* **1** (*cantidad pagada*) to refund **2** (*gastos*) to reimburse

reembolso *nm* `LOC` **contra reembolso** cash on delivery, collect on delivery (*USA*) (*abrev* COD)

reemplazar *vt* to replace *sb/sth* (*with sb/sth*)

reencarnación *nf* reincarnation

reencarnarse *vp ~* (**en**) to be reincarnated (*in/as sb/sth*)

reenviar *vt* (*Informát*) **1** to resend **2** (*a nuevo destinatario*) to forward

referencia *nf* **1** reference (*to sb/sth*): *servir de/como ~* to serve as a (point of) reference ◊ *Con ~ a su carta...* With reference to your letter... ◊ *tener buenas ~s* to have good references **2** (*remisión a otra parte del texto*) cross-reference `LOC` **hacer referencia a** to refer to *sb/sth*

referéndum (*tb* **referendo**) *nm* referendum [*pl* referendums/referenda]

referente *adj ~* **a** regarding *sb/sth* `LOC` **(en lo) referente a** with regard to *sb/sth*

referirse *vp ~* **a** to refer to *sb/sth*: *¿A qué te refieres?* What are you referring to?

refilón `LOC` **de refilón** *Me miraba de ~.* He was looking at me out of the corner of his eye. ◊ *La vi solo de ~.* I only caught a glimpse of her.

refinar *vt* to refine

refinería *nf* refinery [*pl* refineries]

reflejar *vt* to reflect

reflejo, -a *adj* reflex: *un acto ~* a reflex action ▸*nm* **1** (*imagen*) reflection: *Veía mi ~ en el cristal.* I could see my reflection in the glass. **2** (*reacción*) reflex: *tener buenos ~s* to have good reflexes **3 reflejos** (*pelo*) highlights

reflexionar *vi ~* (**sobre**) to reflect (on/upon *sth*)

reflexivo, -a *adj* **1** (*persona*) thoughtful: *una persona/actitud reflexiva* a thoughtful person/approach **2** (*Gram*) reflexive

reflexología *nf* reflexology

reforestación *nf* reforestation

reforma *nf* **1** reform **2** (*obra*) renovation: *cerrado por ~s* closed for renovation

reformar *vt* **1** to reform: *~ una ley/a un delincuente* to reform a law/criminal **2** (*edificio*) to renovate
▸**reformarse** *vp* to mend your ways

reformatorio *nm* young offenders' institution, reform school (*USA*)

reforzar *vt* to reinforce *sth* (*with sth*)

refrán *nm* saying: *Como dice el ~...* As the saying goes...

refrescante *adj* refreshing

refrescar *vt* **1** (*enfriar*) to cool **2** (*memoria*) to refresh **3** (*conocimientos*) to brush up *on sth*: *Necesito ~ mi inglés.* I need to brush up on my English.
▸*v imp* to get cooler: *Por las noches refresca.* It gets cooler at night.
▸**refrescarse** *vp* to cool off

refresco *nm* soft drink

refrigerado, -a *adj* **1** (*local*) air-conditioned **2** (*alimento, camión*) refrigerated *Ver tb* REFRIGERAR

refrigerar *vt* to refrigerate

refuerzo *nm* reinforcement

refugiado, -a *nm-nf* refugee: *un campo de ~s* a refugee camp

refugiar *vt* to shelter *sb/sth* (*from sb/sth*)
▸ **refugiarse** *vp* **refugiarse** (**de**) to take refuge (*from sth*): *~se de la lluvia/en la embajada* to take refuge from the rain/in the embassy

refugio *nm* refuge: *un ~ de montaña* a mountain refuge

refunfuñar *vi* to grumble (*about/at sth*)

regadera *nf* watering can `LOC` **estar como una regadera** to be completely mad

regadío *nm* irrigation: *tierra de ~* irrigated land

regalado, -a *adj* (*muy barato*) very cheap: *Me lo dejó ~ de precio.* He let me have it very cheap. *Ver tb* REGALAR

regalar *vt* **1** (*hacer un regalo a algn*) to give: *Me regaló un ramo de flores.* She gave me a bunch of flowers. ◊ *Te lo regalo.* It's a gift. **2** (*donar algo*) to give *sth* away: *Regaló todos sus bienes.* He gave away all his possessions.

regaliz *nm* liquorice [*incontable*]

regalo *nm* **1** (*obsequio*) present: *hacer un ~ a algn* to give sb a present **2** (*algo fácil de conseguir*) gift: *La última pregunta fue un ~.* That last question was an absolute gift. **3** (*deleite*) pleasure: *un ~ para la vista/el oído* a pleasure to see/listen to LOC **dar de regalo** *Si compra dos le damos una de ~.* If you buy two, we'll give you one free. *Ver tb* ENVOLVER, PAPEL

regañadientes LOC **a regañadientes** reluctantly

regañar *vt* to tell *sb* off (*for sth/doing sth*)

regar *vt* **1** (*planta, jardín*) to water **2** (*calles*) to hose *sth* down **3** (*esparcir*) to scatter

regata *nf* boat race

regate *nm* (*Fútbol*) dummy [*pl* dummies]

regatear *vt, vi* **1** (*precio*) to haggle (over *sth*) **2** (*Fútbol*) to dummy

regazo *nm* lap

regenerar *vt* to regenerate
▸ **regenerarse** *vp* **1** to regenerate **2** (*persona*) to mend your ways

régimen *nm* **1** (*Pol, normativa*) regime: *un ~ muy liberal* a very liberal regime ◊ *El ~ de visitas del hospital es muy estricto.* The hospital is very strict about visiting hours. **2** (*dieta*) diet: *estar/ponerse a ~* to be/go on a diet

regimiento *nm* regiment

región *nf* region

regional *adj* regional

regir *vt* **1** (*país, sociedad*) to rule **2** (*regular*) to govern: *las leyes que rigen la economía* the laws governing the economy **3** (*empresa, proyecto*) to run
▸ *vi* **1** (*ley*) to be in force: *El convenio rige desde el pasado día 15.* The agreement has been in force since the 15th. **2** (*persona*) to be all there: *No le hagas caso, no rige muy bien.* Don't take any notice of him; he's not all there.

registrador, -ora *adj* LOC *Ver* CAJA

registrar *vt* **1** (*inspeccionar*) to search **2** (*grabar, hacer constar*) to record: *~ información* to record information
▸ **registrarse** *vp* to register LOC *Ver* MARCA

registro *nm* **1** (*inspección*) search **2** (*inscripción*) registration: *El ~ de la defunción se hizo el mismo día.* The death was registered the same day. **3** (*lista*) register: *el ~ electoral/de nacimientos* the electoral register/register of births **4** (*lugar, oficina*) registry [*pl* registries] LOC **registro civil** register office, registrar of vital statistics (*USA*)

regla *nf* **1** (*norma*) rule: *Va contra las ~s del colegio.* It's against the school rules. ◊ *por ~ general* as a general rule **2** (*instrumento*) ruler **3** (*menstruación*) period LOC **en regla** in order

reglamentario, -a *adj* regulation: *el uniforme ~* the regulation uniform

reglamento *nm* regulations [*pl*]

regocijarse *vp* to be delighted (*by/at/with sth*): *Se regocijaba pensando que no tendría que trabajar nunca más.* He was delighted at the thought of not having to work ever again.

regocijo *nm* delight

regresar *vi* to go/come back: *No quieren ~ a su país.* They don't want to go back to their own country. ◊ *Creo que regresan mañana.* I think they're coming back tomorrow. ⊃ *Ver nota en* IR

regreso *nm* return: *a mi ~ a la ciudad* on my return to the city

reguero *nm* trickle: *un ~ de agua/aceite* a trickle of water/oil

regulación *nf* LOC **regulación de empleo** rationalization

regular¹ *vt* to regulate

regular² *adj* **1** (*no irregular*) regular: *Su respiración es ~.* Her breathing is regular. ◊ *verbos ~es* regular verbs **2** (*mediocre*) poor: *Sus notas han sido muy ~es.* His marks have been very poor. **3** (*mediano*) medium: *de altura ~* of medium height
▸ *adv* —*¿Qué tal te va?* —*Regular.* 'How are things?' 'So-so.' ◊ *El negocio va ~.* Business isn't going too well. ◊ *La abuela está ~ (de salud).* Granny isn't too well. LOC *Ver* VUELO

regularidad *nf* regularity LOC **con regularidad** regularly

rehabilitación *nf* rehabilitation: *programas para la ~ de delincuentes* rehabilitation programmes for offenders

rehabilitar *vt* to rehabilitate

rehacer *vt* to redo LOC **rehacer la vida** to rebuild your life

rehén *nmf* hostage

rehogar *vt* to fry *sth* lightly

rehuir *vt* to avoid *sb/sth/doing sth*: *Rehuyó mi mirada.* She avoided my gaze.

R

rehusar vt to refuse sth/to do sth: *Rehusaron venir.* They refused to come. ◊ *Rehusé su invitación.* I refused their invitation.

reina nf queen LOC Ver ABEJA

reinado nm reign

reinar vi **1** (gobernar) to reign **2** (prevalecer) to prevail

reincidir vi ~ **(en)** to relapse (into sth)

reiniciar vt **1** to resume: ~ *el trabajo* to resume work **2** (Informát) to restart

reino nm kingdom: *el ~ animal* the animal kingdom LOC **Reino Unido** the United Kingdom (abrev (the) UK) ⊃ Ver nota en BRITISH; Ver tb págs 388-389

reinserción nf rehabilitation: *programas de ~ social* rehabilitation programmes

reintegro nm **1** (pago, reembolso) refund **2** (en un sorteo) return of stake

reír vi to laugh: *echarse a ~* to burst out laughing

🔎 En inglés existen varias maneras de decir *reír.* La palabra más general es **laugh**. Todos los demás verbos tienen algún matiz que los distingue. A continuación tienes una lista de algunos de ellos:
cackle= reírse a carcajadas, que también se dice *roar/shriek with laughter.*
chuckle= reírse para sí
giggle= reírse tontamente
snigger= reírse con sarcasmo
titter= reírse disimuladamente.
Así, por ejemplo, se puede decir: *She chuckled to herself when she remembered what had happened.* ◊ *The girls giggled nervously as they waited for their turn.* ◊ *What are you sniggering at?*

▸ vt to laugh at sth: *Le ríen todas las gracias.* They laugh at all his jokes.
▸**reírse** vp **1 reírse con algn** to have a laugh with sb: *Siempre nos reímos con él.* We always have a laugh with him. **2 reírse con algo** to laugh at sth **3 reírse de** to laugh at sb/sth: *¿De qué te ríes?* What are you laughing at? ◊ *Siempre se ríen de mí.* They're always laughing at me. LOC **reír(se) a carcajadas** to roar with laughter

reivindicación nf **1** (derecho) claim (for sth) **2** ~ **(de)** (atentado): *Aún no se ha producido la ~ del atentado.* No one has claimed responsibility for the attack yet.

reivindicar vt **1** (reclamar) to claim **2** (atentado) to claim responsibility for sth

reja nf **1** (ventana) grille **2 rejas** bars: *entre ~s* behind bars

rejilla nf **1** grille **2** (alcantarilla) grating

rejuvenecer vt to make sb look younger

relación nf **1** ~ **(con)** relationship (with sb/sth): *mantener relaciones con algn* to have a relationship with sb ◊ *Nuestra ~ es puramente laboral.* Our relationship is strictly professional. **2** ~ **(entre)** (conexión) connection (between…) ◊ con/en relación a in/with relation to sth/sb ◆ **relación calidad precio** value for money ◆ **relaciones públicas 1** (actividad) public relations (abrev PR) **2** (persona) public relations officer

relacionado, -a adj ~ **(con)** related (to sth/sb) Ver tb RELACIONAR

relacionar vt to relate sth (to/with sth): *Los médicos relacionan los problemas del corazón con el estrés.* Doctors relate heart disease to stress.
▸**relacionarse** vp **relacionarse (con) 1** (personas) to mix (with sb) **2** (cosas) to be related to sth: *Este caso se relaciona con el otro.* This case is related to the other (one).

relajación nf **1** relaxation: *técnicas de ~* relaxation techniques **2** (tensión) easing: *la ~ de las tensiones internacionales* the easing of international tension

relajado, -a adj relaxed Ver tb RELAJAR

relajante adj relaxing

relajar vt to relax: *Relaja la mano.* Relax your hand.
▸ **relajarse** vp **1** to relax: *Tienes que ~te.* You must relax. **2** (costumbres, disciplina) to become lax

relamer vt to lick sth clean
▸**relamerse** vp to lick your lips

relámpago nm lightning [incontable]: *Un ~ y un trueno anunciaron la tormenta.* A flash of lightning and a clap of thunder heralded the storm. ◊ *Me asustan los ~s.* Lightning frightens me. ◊ *un viaje/una visita ~* a lightning trip/visit

relatar vt to relate

relativamente adv (bastante) relatively

relativo, -a adj **1** (no absoluto) relative: *un ambiente de relativa calma* a relatively calm atmosphere ◊ *Hombre, eso es ~.* Well, that depends. **2** ~ **a** related (to sth): *un problema ~ a la contaminación* a pollution-related problem

relato nm **1** (cuento) story [pl stories]: *~s cortos* short stories **2** (descripción) account: *hacer un ~ de los hechos* to give an account of events

relax nm relaxation: *Pintar me sirve de ~* Painting relaxes me. ◊ *No tengo ni un momento de ~.* I don't get a moment to relax.

relevante *adj* important

relevar *vt* **1** (*sustituir*) to take over (from *sb*): *Estuve de guardia hasta que me relevó un compañero.* I was on duty until a colleague took over from me. **2** (*de un cargo*) to relieve *sb* (*of sth*): *Ha sido relevado del cargo.* He has been relieved of his duties.
▸ **relevarse** *vp* to take turns (*at sth/doing sth*)

relevo *nm* **1** (*sustitución*) replacement: *El hijo tomó el ~ al frente del negocio.* His son replaced him in charge of the business. **2** (*turno*) shift: *¿Quién va a organizar los ~s?* Who's going to organize the shifts? **3 relevos** (*Dep*) relay [*v sing*]: *una carrera de ~s* a relay race

relieve *nm* **1** (*Geog*) relief: *un mapa en ~* a relief map ◇ *una región de ~ accidentado* an area with a rugged landscape **2** (*importancia*) significance: *un acontecimiento de ~ internacional* an event of international significance **LOC** **poner de relieve** to highlight

religión *nf* religion

religioso, -a *adj* religious
▸ *nm-nf* **1** (*masc*) monk **2** (*fem*) nun

relinchar *vi* to neigh

reliquia *nf* relic

rellenar *vt* **1** (*recipiente, con dulce*) to fill *sth* (*with sth*): *Rellené los buñuelos de/con crema.* I filled the fritters with custard. **2** (*con salado*) to stuff *sth* (*with sth*) **3** (*volver a llenar*) to refill: *No hacía más que ~ los vasos.* He just kept on refilling everyone's glasses. **4** (*formulario, impreso*) to fill *sth* in: *~ un formulario* to fill in a form

rellenito, -a *adj* (*persona*) plump

relleno, -a *adj* **1** (*Cocina*) **1** (*dulce*) filled (*with sth*) **2** (*salado*) stuffed (*with sth*)
▸ *nm* **1** (*comida*) (**a**) (*dulce*) filling: *pasteles con ~ de nata* cream cakes (**b**) (*salado*) stuffing **2** (*cojín*) stuffing

reloj *nm* **1** (*de pared, de mesa*) clock: *¿Qué hora tiene el ~ de la cocina?* What time does the kitchen clock say? **2** (*de pulsera, de bolsillo*) watch: *Llevo el ~ atrasado.* My watch is slow. **LOC** **reloj de cuco** cuckoo clock ◆ **reloj de sol** sundial *Ver tb* CUERDA

relojería *nf* watchmaker's ➲ *Ver nota en* CARNICERÍA

reluciente *adj* **1** (*muebles, pelo, zapatos*) shiny: *zapatos limpios y ~s* clean, shiny shoes **2** (*cara, aspecto*) shining

relucir *vi* to shine **LOC** *Ver* ORO, TRAPO

remangar(se) *vt, vp* **1** (*manga, pantalón*) to roll *sth* up: *Se remangó los pantalones.* He rolled up his trousers. **2** (*falda*) to lift

remar *vi* to row

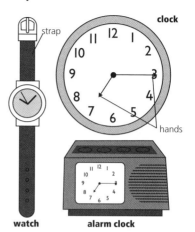

reloj

clock

strap

hands

watch   alarm clock

rematar *vt* **1** (*acabar*) to finish *sth* off: *Remataré el informe este fin de semana.* I'll finish off the report this weekend. **2** (*Dep*) to shoot: *Pasó la pelota al capitán, que remató la jugada.* The ball went to the captain, who shot at goal.

remate *nm* **1** (*término*) end **2** (*Dep*) shot: *El portero evitó el ~.* The goalkeeper saved the shot. **3** (*borde*) edging: *un ~ de encaje* a lace edging **4** (*extremo*) top: *el ~ de una torre* the top of a tower **LOC** *Ver* LOCO

remediar *vt* **1** (*solucionar*) to remedy: *~ la situación* to remedy the situation **2** (*daño*) to repair: *Quisiera ~ el daño que he causado.* I'd like to repair the damage I've caused. **LOC** **no lo puedo remediar** I, you, etc. can't help it

remedio *nm* **1** ~ (**para/contra**) (*cura*) remedy [*pl* remedies] (for *sth*) **2** (*solución*) solution (*to sth*): *Esto ya no tiene ~.* There's no solution to this. **LOC** **no haber/quedar/tener más remedio (que…)** to have no choice (but to…): *No tenemos más ~ que pagarlo.* We have no choice but to pay.

remendar *vt* **1** to mend **2** (*zurcir*) to darn

remiendo *nm* (*Costura*) patch

remite *nm* return address

remitente *nmf* sender

remitir *vt* **1** (*carta, pedido*) to send **2** (*nota, comentario*) to refer *sb* to *sth*: *La nota te remite a la bibliografía del final.* The note refers you to the bibliography at the end.

R

▸ vi **1** (*perder intensidad*) to die down: *La fiebre ha remitido.* The fever has died down. **2** ~ **a** (*nota, comentario*) to refer to *sth*

remo nm **1** (*instrumento*) oar **2** (*Dep*) rowing: *practicar el* ~ to row ◇ *un club de* ~ a rowing club LOC **a remo** *Cruzaron el estrecho a* ~. They rowed across the straits. *Ver tb* BARCA

remojar vt to soak

remojo nm *Pon los garbanzos a/en* ~. Soak the chickpeas.

remolacha nf beetroot, beet (*USA*) LOC **remolacha azucarera** sugar beet

remolcador nm (*barco*) tug

remolcar vt to tow

remolino nm **1** (*de agua*) **(a)** (*pequeño*) eddy [*pl* eddies] **(b)** (*grande*) whirlpool **2** (*de viento*) whirlwind **3** (*en pelo*) tuft

remolón, -ona adj lazy
▸ nm-nf layabout

remolque nm trailer

remontar vt **1** (*cuesta, río*) to go up **2** (*dificultad*) to overcome **3** (*partido, marcador*) to turn *sth* round: *El equipo no consiguió* ~ *el partido.* The team didn't manage to turn the match round.
▸ **remontarse** vp **remontarse a** (*hecho, tradición*) to date back to *sth* LOC **remontar el vuelo** to fly off

remorder vi LOC **remorderle a algn la conciencia** to have a guilty conscience

remordimiento nm remorse [*incontable*] LOC **tener remordimientos (de conciencia)** to feel guilty

remoto, -a adj remote: *una posibilidad remota* a remote possibility

remover vt **1** (*líquido*) to stir **2** (*ensalada*) to toss **3** (*tierra*) to turn *sth* over **4** (*asunto*) to bring *sth* up

renacimiento nm **1 el Renacimiento** the Renaissance **2** (*resurgimiento*) revival

renacuajo nm tadpole

rencor nm resentment LOC *Ver* GUARDAR

rencoroso, -a adj resentful

rendición nf surrender

rendido, -a adj (*agotado*) worn out, exhausted (*más formal*) *Ver tb* RENDIR

rendija nf crack

rendimiento nm **1** (*aprovechamiento*) performance: *su* ~ *académico* his academic performance ◇ *un motor de alto* ~ a high-performance engine **2** (*producción*) output

rendir vt (*cansar*) to tire *sb* out
▸ vi **1** (*persona, máquina*) to be productive: *Rindo mucho mejor por la mañana.* I'm much more productive in the mornings. ◇ *La nueva má-*

quina rinde el doble. The new machine is twice as productive. **2** (*negocio*) to be profitable: *Este negocio ya no rinde.* This business is not profitable any more.
▸ **rendirse** vp **1** to give up: *No te rindas.* Don't give up. **2** (*Mil*) to surrender (*to sb/sth*) LOC **rendir culto (a)** to worship *sb/sth*

renegar vi **1** ~ **de** to renounce *sth*: ~ *de la religión/política* to renounce your religion/politics **2** (*quejarse*) to grumble (*about/at sth*): *Deja ya de* ~. Stop grumbling.

renglón nm line

reno nm reindeer [*pl* reindeer]

renovable adj renewable LOC **no renovable** non-renewable *Ver tb* ENERGÍA

renovación nf **1** (*contrato, documento*) renewal: *la fecha de* ~ the renewal date **2** (*casa, edificio*) renovation: *Están haciendo renovaciones en el local.* They're doing renovation work on the premises.

renovar vt **1** (*contrato, documento*) to renew **2** (*edificio*) to renovate **3** (*modernizar*) to bring *sth* up to date: *Tengo que* ~ *el vestuario.* I need to bring my wardrobe up to date.

renta nf **1** (*alquiler*) rent **2** (*Fin, ingresos*) income LOC *Ver* DECLARACIÓN, IMPUESTO

rentabilidad nf profitability

rentable adj profitable: *un negocio* ~ a profitable deal

renuncia nf **1** (*derecho*) renunciation: *su* ~ *al trono* his renunciation of the throne **2** (*puesto*) resignation

renunciar vi **1** ~ **a** (*derecho*) to give *sth* up, to renounce (*más formal*): ~ *a una herencia* to renounce an inheritance **2** ~ **(a)** (*puesto*) to resign (from *sth*): *Renunció a su cargo.* She resigned from her post.

reñido, -a adj close: *El partido estuvo muy* ~. It was a close match. *Ver tb* REÑIR

reñir vt to tell *sb* off (*for sth/doing sth*): *Me riñó por no haber regado las plantas.* He told me off for not watering the plants.
▸ vi ~ **(con) (por) 1** (*discutir*) to argue (with *sb*) (about/over *sth*): *No riñáis por eso.* Don't argue over something like that. **2** (*enemistarse*) to fall out (with *sb*) (about/over *sth*): *Creo que ha reñido con su novia.* I think he's fallen out with his girlfriend.

reo nmf accused: *los* ~*s* the accused ❶ En inglés esta palabra siempre se usa con el artículo definido. LOC **reo de muerte** condemned person

reojo LOC **mirar de reojo** to look at *sb* out of the corner of your eye

reorganización nf reorganization

reorganizar vt to reorganize

reparación *nf* repair: *reparaciones en el acto* repairs while you wait ◊ *Esta casa necesita reparaciones.* This house is in need of repair. ◊ *El ascensor está en ~.* The lift is under repair.

reparar *vt* to repair
▶ *vi* ~ **en** to notice *sth/(that…)*: *Reparé en que sus zapatos estaban mojados.* I noticed (that) his shoes were wet.

reparo *nm* objection **LOC poner reparos** to raise objections

repartidor, -ora *nm-nf* delivery man/woman [*pl* men/women] **LOC repartidor de periódicos** paper boy/girl

repartir *vt* **1** (*entregar en mano*) to hand *sth* out: ~ *los exámenes a los alumnos* to hand out the exam papers to the students ◊ *Repartieron folletos por toda la ciudad.* They handed out leaflets all over the city. **2** (*correo, mercancías*) to deliver **3** (*dividir*) to share *sth* (out): ~ *el trabajo* to share the work out **4** (*Naipes, golpes*) to deal

reparto *nm* **1** (*distribución*) distribution **2** (*división*) sharing out: *el ~ de la herencia* the sharing out of the inheritance **3** (*correo, mercancías*) delivery [*pl* deliveries] **4** (*Cine, Teat*) cast

repasar *vt* **1** (*revisar*) to check: ~ *un texto* to check a text **2** (*Educ, estudiar*) to revise, to review (*USA*)

repaso *nm* **1** (*Educ*) revision, review (*USA*): *Hoy vamos a hacer ~.* We're going to do some revision today. **2** (*revisión, inspección*) check **LOC dar un repaso a algo 1** (*estudiar*) to revise sth, to review sth (*USA*) **2** (*limpiar*) to give sth a clean

repatriar *vt* to repatriate

repelente *adj, nmf* (*sabelotodo*) know-all, know-it-all (*USA*): *un niño ~* a know-all
▶ *nm* (*de mosquitos*) insect repellent

repente *nm* **LOC de repente** suddenly

repentino, -a *adj* sudden

repercusión *nf* repercussion

repercutir *vi* to have repercussions (*on sth*): *Podría ~ en la economía.* It could have repercussions on the economy.

repertorio *nm* (*musical*) repertoire

repetición *nf* repetition

repetir *vt* **1** (*volver a decir*) to repeat: *¿Puede repetírmelo?* Could you repeat that please? ◊ *No te lo pienso ~.* I'm not going to tell you again. **2** (*volver a hacer*) to do *sth* again: *Lo voy a tener que ~.* I'm going to have to do it again.
▶ *vi* **1** (*servirse otro poco*) to have some more: *¿Puedo ~?* Can I have some more? **2** (*ajo, cebolla, etc.*) to repeat (on *sb*): *Me está repitiendo el pepino.* The cucumber is repeating on me.
▶ **repetirse** *vp* **1** (*acontecimiento*) to happen again: *¡Y que no se repita!* Don't let it happen again!

2 (*persona*) to repeat yourself **LOC repetir (curso)** (*Educ*) to repeat a year

repicar *vt, vi* to ring

repisa *nf* **1** (*estante*) shelf **2** (*chimenea*) mantelpiece, mantel (*USA*) **3** (*ventana*) windowsill

repleto, -a *adj* ~ **(de)** full (of *sb/sth*)

replicar *vt* to retort: − *¿Quién ha pedido tu opinión?, replicó.* 'Who asked you?' he retorted.
▶ *vi* to answer back: *No me repliques ¿eh?* Don't answer me back!

repollo *nm* cabbage

reponer *vt* **1** (*combustible, provisiones*) to replenish **2** (*película, programa*) to show *sth* again
▶ **reponerse** *vp* **reponerse (de)** to recover (from *sth*)

reportaje *nm* **1** (*TV*) documentary [*pl* documentaries]: *Esta noche ponen un ~ sobre la India.* There's a documentary on about India tonight. **2** (*periódico, revista, etc.*) report

reportero, -a *nm-nf* reporter **LOC reportero gráfico** press photographer

reposar *vi* **1** (*descansar*) to rest: *Necesitas ~.* You need to rest. **2** (*estar enterrado*) to lie: *Sus restos reposan en este cementerio.* His remains lie in this cemetery. ➜ *Ver nota en* LIE¹

reposo *nm* **1** (*descanso*) rest: *Los médicos le han mandado ~.* The doctors have told him to rest. **2** (*paz*) peace: *No tengo ni un momento de ~.* I don't get a moment's peace.

repostería *nf* cakes and desserts [*pl*]: *La ~ se me da muy mal.* I'm not very good at baking.

represalia *nf* reprisal: *Esperemos que no haya ~s contra los vecinos.* Let's hope there are no reprisals against the local people.

representación *nf* **1** representation: ~ *diplomática/parlamentaria* diplomatic representation/representation in Parliament **2** (*Teat*) performance **LOC en representación de** on behalf of *sb/sth*

representante *nmf* **1** representative: *el ~ del sindicato* the union representative **2** (*Cine, Teat*) agent: *el ~ del actor* the actor's agent

representar *vt* **1** (*organización, país*) to represent: *Representaron a España en las Olimpiadas.* They represented Spain in the Olympics. **2** (*cuadro, estatua*) to depict: *El cuadro representa una batalla.* The painting depicts a battle. **3** (*simbolizar*) to symbolize: *El verde representa la esperanza.* Green symbolizes hope. **4** (*Teat*) **(a)** (*obra*) to perform **(b)** (*papel*) to play: *Representó el papel de Otelo.* He played the part of Othello. **5** (*edad*) to look: *Representa menos edad de la que tiene.* She looks younger than she is.

R

representativo, -a *adj* representative

represión *nf* repression

represivo, -a *adj* repressive

reprimido, -a *adj, nm-nf* repressed: *Es un ~.* He's repressed.

reprimir *vt* to repress

reprochar *vt* to reproach *sb* (*for/with sth*): *Me reprochó el no haberle llamado.* He reproached me for not phoning him.

reproche *nm* reproach: *Mis padres me hicieron duros ~s.* My parents reproached me bitterly.

reproducción *nf* reproduction

reproducir(se) *vt, vp* to reproduce

reproductor *nm* **1** (*de CD, DVD, etc.*) CD, DVD, etc. player **2** (*de vídeo*) video recorder, VCR (*USA*)

reptar *vi* **1** (*serpiente*) to slither **2** (*persona*) to crawl

reptil *nm* reptile

república *nf* republic **LOC República Checa** Czech Republic ◆ **República Dominicana** Dominican Republic

republicano, -a *adj, nm-nf* republican

repuesto *nm* spare (part) **LOC de repuesto** spare: *una pila de ~* a spare battery

repugnante *adj* revolting

reputación *nf* ~ (**de**) reputation (*for sth/doing sth*): *tener buena/mala ~* to have a good/bad reputation

requemado, -a *adj* burnt

requesón *nm* cottage cheese

requisar *vt* to seize: *La policía les requisó los documentos.* The police seized their documents.

requisito *nm* requirement (*for sth/to do sth*)

res *nf* (farm) animal

resaca *nf* **1** (*borrachera*) hangover: *tener ~ to* have a hangover **2** (*mar*) undertow

resaltar *vt* **1** (*color, belleza*) to bring *sth* out **2** (*poner énfasis*) to highlight
▸ *vi* (*sobresalir*) to stand out (*from sth*) **LOC hacer resaltar** to highlight

resbaladizo, -a *adj* slippery

resbalar *vi* **1** (*superficie*) to be slippery **2** (*vehículo*) to skid **3** ~ (**por**) (*gotas, lágrimas*) to trickle (along/down *sth*): *La lluvia resbalaba por los cristales.* The rain trickled down the windows.
▸ **resbalar(se)** *vi, vp* to slip (*on sth*): *Resbalé con una cáscara de plátano.* I slipped on a banana skin. **LOC resbalarle algo a algn** not to care about sth: *Los estudios le resbalan.* He doesn't care about school.

resbalón *nm* slip: *dar/pegarse un ~* to slip

rescatar *vt* **1** (*salvar*) to rescue *sb* (*from sth/sb*) **2** (*recuperar*) to recover *sth* (*from sb/sth*): *Pudieron ~ las joyas.* They were able to recover the jewels.

rescate *nm* **1** (*salvación*) rescue: *las labores de ~* rescue work **2** (*pago*) ransom: *pedir un elevado ~* to demand a high ransom **LOC exigir/pedir rescate por algn** to hold sb to ransom ◆ **rescate financiero** bailout

reseco, -a *adj* very dry

resentido, -a *adj* **1** (*dolido*) upset **2** ~ (**con**) (*enfadado*) annoyed (*with sb*): *¿Sigues ~ con ella?* Are you still annoyed with her? **3** (*dolorido*) painful: *Tengo la espalda resentida de tanto estar sentada en esta postura.* My back hurts from sitting so long in this position. **LOC ser (un) resentido** to have a chip on your shoulder: *No le hagas caso, es un ~.* Don't pay any attention to him — he's got a chip on his shoulder.

resentimiento *nm* resentment

resentirse *vp* **1** (*deteriorarse*) to deteriorate: *Su salud empieza a ~.* His health is starting to deteriorate. **2** (*dolerse*) to hurt: *La pierna aún se resiente de la caída.* My leg still hurts from the fall.

reserva *nf* **1** (*hotel, viaje, restaurante*) reservation, booking (*más coloq*): *hacer una ~* to make a reservation **2** (*materia prima, dinero*) reserve(s) [*gen pl*]: *una ~ de carbón* good coal reserves ◇ *las ~s de divisas* foreign currency reserves **3** (*de animales, plantas*) reserve **4** (*duda*) reservation: *Mostró sus ~s sobre el acuerdo.* He expressed reservations about the agreement. **5** (*gasolina*) reserve tank
▸ *nmf* (*Dep*) reserve

reservado, -a *adj* (*persona*) reserved *Ver tb* RESERVAR

reservar *vt* **1** (*pedir con antelación*) to book, to reserve (*USA*): *Quiero ~ una mesa para tres.* I'd like to book a table for three. **2** (*guardar*) to save: *Resérvame un sitio.* Save me a place.

resetear *vt* to reset

resfriado, -a *adj estar* ~ to have a cold
▸ *nm* (*catarro*) cold *Ver tb* RESFRIARSE

resfriarse *vp* to catch a cold

resguardar *vt* to protect *sb/sth against/from sth*
▸ **resguardarse** *vp* **resguardarse (de)** to shelter (*from sth*): *~se de la lluvia* to shelter from the rain

resguardo *nm* **1** (*de entrega*) ticket **2** (*de compra, matrícula*) receipt

residencia *nf* residence **LOC residencia canina** kennels [*pl*] ◆ **residencia de ancianos/tercera edad** care home, retirement home (*USA*) ◆ **residencia de estudiantes** hall (of residence)

residencial *adj* residential: *zona* ~ residential area

residuo *nm* **residuos** waste [*incontable*]: ~*s tóxicos* toxic waste

resignarse *vp* ~ **(a)** to be resigned to *sth*: *No se resigna a perderla.* He is not resigned to losing her.

resistencia *nf* (*física*) stamina: *No tengo mucha* ~. I haven't got a lot of stamina.

resistente *adj* **1** (*fuerte*) **(a)** (*material*) strong **(b)** (*tela*) hard-wearing **2** (*persona, animal, planta*) hardy **3** ~ **(a)** resistant (to *sth*): ~ *al frío/calor/agua* resistant to cold/heat-resistant/water-resistant

resistir *vt* **1** (*soportar*) to withstand: *Las chabolas no resistieron el vendaval.* The shanty town didn't withstand the hurricane. **2** (*peso*) to take: *El puente no resistirá el peso de ese camión.* The bridge won't take the weight of that lorry. **3** (*tentación*) to resist *sth/doing sth*: *No lo pude* ~ *y me comí todos los pasteles.* I couldn't resist eating all the cakes.
  ▸ *vi* (*aguantar*) to hold up: *La estantería no resistirá.* This shelf won't hold up much longer.
  ▸ **resistirse** *vp* to refuse *to do sth*: *Me resistía a creerlo.* I refused to believe it.

resolución *nf* **1** (*solución*) solution: *Colaboraron en la* ~ *del problema.* They helped solve the problem. **2** (*decisión*) decision: *tomar una* ~ to take a decision **3** (*Jur*) resolution: *las resoluciones de la ONU* UN resolutions

resolver *vt* **1** (*problema, misterio, caso*) to solve **2** ~ **hacer algo** to resolve to do sth: *Hemos resuelto no decírselo.* We've resolved not to tell her.

resonar *vi* **1** (*metal, voz*) to ring **2** (*producir eco*) to resound

resoplar *vi* to puff and pant: *Deja de* ~. Stop puffing and panting.

resorte *nm* (*muelle*) spring

respaldar *vt* to support, to back (*más coloq*): *Mis padres siempre me respaldaron.* My parents always supported me.

respaldo *nm* **1** (*apoyo*) support **2** (*silla*) back

respectivo, -a *adj* respective

respecto *nm* LOC **al respecto** about it: *No sé nada al* ~. I know nothing about it. ◆ **(con) respecto a** about *sb/sth*, with regard to *sb/sth* (*formal*): *Sabemos todo* ~ *a eso.* We know all about that. ◊ *Respecto a la nueva ley…* With regard to the new law…

respetable *adj* respectable: *una persona/cantidad* ~ a respectable person/amount

respetar *vt* **1** (*estimar*) to respect *sb/sth* (*for sth*): ~ *las opiniones de los demás* to respect other people's opinions **2** (*código, ley*) to obey: ~ *las señales de tráfico* to obey road signs

respeto *nm* **1** ~ **(a/hacia)** (*consideración, veneración*) respect (for *sb/sth*): *el* ~ *a los demás/la naturaleza* respect for others/for nature **2** ~ **a** (*miedo*) fear of *sth*: *tenerle* ~ *al agua* to be afraid of water LOC *Ver* FALTAR

respetuoso, -a *adj* respectful LOC **respetuoso con el medioambiente** eco-friendly

respiración *nf* breathing [*incontable*]: *ejercicios de* ~ breathing exercises ◊ *quedarse sin* ~ to be out of breath ◊ *contener la* ~ to hold your breath LOC **respiración artificial** artificial respiration ◆ **respiración boca a boca** mouth-to-mouth resuscitation *Ver tb* AGUANTAR

respirar *vt, vi* to breathe: ~ *aire puro* to breathe fresh air ◊ *Respira hondo.* Take a deep breath. LOC **no dejar a algn ni respirar** not to give sb a minute's peace

resplandecer *vi* to shine

resplandeciente *adj* shining

resplandor *nm* **1** brightness: *el* ~ *de la lámpara* the brightness of the lamp **2** (*fuego*) blaze

responder *vt, vi* ~ **(a)** to answer; to reply (to *sth*): ~ *a una pregunta* to answer a question ◊ *Tengo que* ~ *a estas cartas.* I have to reply to these letters.
  ▸ *vi* **1** (*reaccionar*) to respond (*to sth*): ~ *a un tratamiento* to respond to treatment ◊ *Los frenos no respondían.* The brakes didn't respond. **2** ~ **de/por** to answer for *sb/sth*: *¡No respondo de mí!* I won't answer for my actions! ◊ *Yo respondo por él.* I'll answer for him.

responsabilidad *nf* responsibility [*pl* responsibilities]

responsabilizarse *vp* **responsabilizarse (de)** to accept responsibility (for *sth*): *Me responsabilizo de mis decisiones.* I accept responsibility for my decisions.

responsable *adj* responsible (*for sth*): *No sé quién es* ~ *de esta situación.* I don't know who is responsible for this situation.
  ▸ *nmf* **1** (*culpable*) person responsible (*for sth*): *¿Quién es el* ~ *de este barullo?* Who is responsible for this row? ◊ *Los* ~*s se entregaron.* Those responsible gave themselves up. **2** (*encargado*) person in charge (*of sth*): *el* ~ *de las obras* the person in charge of the building work

respuesta *nf* **1** (*contestación*) answer, reply [*pl* replies] (*más formal*): *una* ~ *clara* a clear answer ◊ *Quiero una* ~ *a mi pregunta.* I want an answer to my question. ◊ *No hemos obtenido* ~. We

R

haven't had a reply. **2** (*en examen*) answer: *Solo tuve tres ~s correctas.* I only got three correct answers. **3** (*reacción*) response (*to sth*): *una ~ favorable* a favourable response

resquebrajar(se) *vt, vp* to crack

resta *nf* (*Mat*) subtraction

restablecer *vt* **1** (*normalidad, calma*) to restore: *~ el orden* to restore order **2** (*diálogo, negociaciones*) to resume
▸ **restablecerse** *vp* to recover (*from sth*): *Tardó varias semanas en ~se.* He took several weeks to recover.

restante *adj* remaining: *el dinero ~* the remaining money
▸ **los restantes** *nmf* the rest: *Los ~s no sirven.* The rest are no use.

restar *vt* to subtract, to take *sth* away (*más coloq*): *~ 3 de 7* to take 3 away from 7 **LOC** *Ver* IMPORTANCIA

restauración *nf* restoration

restaurante *nm* restaurant **LOC** *Ver* VAGÓN

restaurar *vt* to restore

resto *nm* **1** (*lo que queda*) rest: *El ~ te lo contaré mañana.* I'll tell you the rest tomorrow. **2** (*Mat*) remainder: *¿Qué ~ te da?* What's the remainder? **3 restos** (**a**) (*comida*) leftovers (**b**) (*Arqueología*) remains **LOC restos mortales** mortal remains

restregar *vt* to scrub
▸ **restregarse** *vp* to rub: *El pequeño se restregaba los ojos.* The little boy was rubbing his eyes.

restricción *nf* restriction: *restricciones de agua* water restrictions

resucitar *vi* (*Relig*) to rise from the dead

resuelto, -a *adj* determined: *Es una chica muy resuelta.* She's a very determined girl. *Ver tb* RESOLVER

resultado *nm* result: *como ~ de la pelea* as a result of the fight **LOC dar/no dar resultado** to be successful/unsuccessful: *Las investigaciones no dieron ~.* The investigations were unsuccessful. ◆ **resultado final** (*Dep*) final score

resultar *vi* **1** (*ser, quedar*) to be: *Resulta difícil de creer.* It's hard to believe. ◇ *Su cara me resulta familiar.* His face is familiar to me. ◇ *Resultó ileso en el accidente.* He wasn't hurt in the accident. **2 ~ que...** to turn out (that...): *Resultó que se conocían.* It turned out (that) they knew each other. **3 ~ de** (*surgir*) to come of *sth/doing sth*: *¡No sé lo que resultará de todo esto!* I don't know what will come of all this! **4** (*parecer*) to find: *Este libro me está resultando una pesadez.* I'm finding this book very bor-

ing. **5** (*funcionar*) to work: *Mi plan no resultó.* My plan didn't work.

resumen *nm* summary [*pl* summaries]: *~ informativo* news summary ◇ *hacer un ~ de algo* to summarize sth **LOC en resumen** in short

resumir *vt* **1** to summarize: *~ un libro* to summarize a book **2** (*concluir*) to sum *sth* up: *Resumiendo,...* To sum up,...

resurrección *nf* resurrection **LOC** *Ver* DOMINGO

retablo *nm* (*altar*) altarpiece

retal *nm* remnant

retención *nf* (*tráfico*) hold-up

retener *vt* **1** (*detener*) to hold: *~ a algn en contra de su voluntad* to hold sb against their will **2** (*memorizar*) to remember **3** (*guardar*) to keep

retirada *nf* **1** (*de una profesión*) retirement: *Anunció su ~ del fútbol.* He announced his retirement from football. **2** (*de una batalla*) retreat: *El general ordenó la ~.* The general ordered the retreat.

retirado, -a *adj* **1** (*jubilado*) retired **2** (*remoto*) remote *Ver tb* RETIRAR

retirar *vt* **1** (*quitar*) to withdraw: *~le el carné a algn* to withdraw sb's licence ◇ *~ una revista de la circulación* to withdraw a magazine from circulation **2** (*apartar*) to pull *sth* away (*from sth*): *~ una silla de la pared* to pull a chair away from the wall
▸ **retirarse** *vp* **1** (*jubilarse*) to retire: *Se retiró de la política.* He retired from politics. **2** (*irse*) to withdraw: *~se de un torneo* to withdraw from a tournament **3** (*Mil*) to retreat

retiro *nm* **1** (*jubilación*) retirement **2** (*pensión*) pension **3** (*lugar, Relig*) retreat

reto *nm* challenge

retocar *vt* **1** (*pintura, maquillaje*) to touch *sth* up **2** (*foto*) to photoshop

retoque *nm* finishing touch: *dar los últimos ~s a un dibujo* to put the finishing touches to a drawing **LOC retoque fotográfico** *un programa de ~ fotográfico* a photo editing program ◇ *Somos especialistas en ~s fotográficos.* We are experts in retouching photos.

retorcer *vt* to twist: *Me retorció el brazo.* He twisted my arm. **LOC retorcerse de dolor** to writhe in pain ◆ **retorcerse de risa** to double up with laughter

retorcido, -a *adj* (*persona*) twisted: *Tiene una mente muy retorcida.* He has a twisted mind. *Ver tb* RETORCER

retornable *adj* returnable **LOC no retornable** non-returnable

retorno *nm* return

retortijón *nm* cramp: *retortijones de estóma-go* stomach cramps

retransmisión *nf* broadcast: *una ~ en directo/diferido* a live/recorded broadcast

retransmitir *vt* to broadcast

retrasado, -a *adj* **1** *(atrasado)* behind *(with sth)*: *Voy muy ~ en mi trabajo.* I'm very behind with my work. **2** *(transporte)* late: *El tren viene ~.* The train's running late. **3** *(país, región)* backward *Ver tb* RETRASAR

retrasar *vt* **1** *(retardar)* to hold *sb/sth* up, to delay *(más formal)*: *Retrasaron todos los vuelos.* All flights were delayed. **2** *(reloj)* to put *sth* back: *~ el reloj una hora* to put your watch back an hour **3** *(aplazar)* to postpone, to put *sth* off *(más coloq)*: *~ una reunión* to postpone a meeting
▸ **retrasarse** *vp* **1** *(llegar tarde)* to be late: *Siento haberme retrasado.* Sorry I'm late. **2** *(en trabajo)* to get behind *(with sth)*: *Empezó a ~se en sus estudios.* He began to get behind with his studies. **3** *(reloj)* to be slow: *Este reloj se retrasa diez minutos.* This watch is ten minutes slow.

retraso *nm* **1** *(demora)* delay: *Algunos vuelos sufrieron ~s.* Some flights were subject to delays. ◇ *Empezó con cinco minutos de ~.* It began five minutes late. **2** *(subdesarrollo)* backwardness LOC **llevar/tener retraso** to be late: *El tren lleva una hora de ~.* The train is an hour late.

retratar *vt* **1** *(pintar)* to paint *sb's* portrait: *El artista la retrató en 1897.* The artist painted her portrait in 1897. **2** *(Fot)* to take *sb's* photo **3** *(describir)* to portray: *La obra retrata la vida aristocrática.* The play portrays life among the aristocracy.

retrato *nm* **1** *(cuadro)* portrait **2** *(foto)* photograph **3** *(descripción)* portrayal LOC **retrato robot** e-fit

retro *adj* retro

retroceder *vi* **1** *(ir hacia atrás)* to go back: *Este no es el camino, retrocedamos.* We're going the wrong way, let's go back. **2** *(desistir)* to back down: *No retrocederé ante las dificultades.* I won't back down in the face of adversity.

retrovisor *nm* rear-view mirror

retuit *nm* retweet

retuitear *vt* to retweet

retumbar *vi* to resound

reuma *(tb* **reúma)** *nm* rheumatism

reunión *nf* **1** meeting: *Mañana tenemos una ~ importante.* We've got an important meeting tomorrow. **2** *(encuentro informal)* get-together **3** *(de antiguos colegas)* reunion: *una ~ de antiguos alumnos* a school reunion

reunir *vt* **1** *(personas, objetos)* to get *sb/sth* together: *Reuní a mis amigas/la familia.* I got my friends/family together. **2** *(información)* to collect **3** *(dinero)* to raise **4** *(cualidades)* to have: *~ cualidades para ser líder* to have leadership qualities
▸ **reunirse** *vp* to meet: *Nos reuniremos esta tarde.* We'll meet this evening.

reutilizable *adj* reusable

reválida *nf* *(Educ)* final exam

revancha *nf* revenge LOC **tomarse la revancha** to get your own back *(on sb)*: *Cuando tuvo oportunidad se tomó la ~.* When he got the chance, he got his own back (on me, you, etc.).

revelación *nf* revelation

revelado *nm* developing

revelar *vt* **1** *(dar a conocer)* to reveal: *Nunca nos reveló su secreto.* He never revealed his secret to us. **2** *(Fot)* to develop

reventado, -a *adj* *(cansado)* shattered *Ver tb* REVENTAR(SE)

reventar(se) *vt, vi, vp* to burst: *Si comes más, vas a ~.* If you eat any more, you'll burst. ◇ *~ de alegría* to be bursting with happiness LOC **me revienta** I, you, etc. hate *sth/doing sth*: *Me revienta tener que levantarme temprano.* I hate having to get up early.

reverencia *nf* LOC **hacer una reverencia 1** *(hombres)* to bow **2** *(mujeres)* to curtsy

reversible *adj* reversible

reverso *nm* **1** *(papel)* back **2** *(moneda)* reverse

revertido, -a *adj* LOC *Ver* LLAMADA

revés *nm* **1** *(tela)* wrong side **2** *(Tenis, etc.)* backhand **3** *(bofetada)* slap **4** *(contratiempo)* setback LOC **al revés 1** *(al contrario)* the other way round: *Yo lo hice al ~ que tú.* I did it the other way round from you. **2** *(boca abajo)* upside down: *Ese cuadro está al ~.* That picture is upside down. **3** *(ropa)* **(a)** *(con lo de delante atrás)* back to front, backwards *(USA)* **(b)** *(tb* **del revés)** *(con lo de dentro fuera)* inside out: *Llevas el jersey al ~.* Your jumper's on inside out. ⊃ *Ver dibujo en pág 270* **4** *(mal)* wrong: *¡Todo me está saliendo al ~!* Everything's going wrong for me!

revestir *vt* *(cubrir)* to cover

revisar *vt* to check: *Vinieron a ~ el gas.* They came to check the gas.

revisión *nf* **1** *(trabajo, tarea)* check: *Antes de entregarlo, voy a hacer la última ~.* I'm going to check it one last time before I hand it in. **2** *(vehículo)* service **3** *(Med)* check-up

revisor, -ora *nm-nf* *(Ferrocarril)* ticket inspector

R

revés

inside out

back to front

upside down

revista *nf* **1** (*publicación*) magazine **2** (*Teat*) revue **3** (*Mil*) review: *pasar ~ a las tropas* to review the troops **LOC** *Ver* PRENSA

revivir *vt* **1** (*amor, interés, etc.*) to revive **2** (*pasado, recuerdos, etc.*) to relive
▸*vi* to revive

revolcar *vt* to knock *sb/sth* over
▸**revolcarse** *vp* to roll about: *Nos revolcamos en el césped.* We rolled about on the lawn.

revolcón *nm* **LOC** darse/pegarse un revolcón con algn to have a fling with sb

revolotear *vi* to fly about

revoltoso, -a *adj, nm-nf* naughty: *ser un ~* to be naughty

revolución *nf* revolution

revolucionar *vt* **1** (*transformar*) to revolutionize **2** (*alborotar*) to stir *sb* up: *Revoluciona a toda la clase.* He stirs the whole class up.

revolucionario, -a *adj, nm-nf* revolutionary [*pl* revolutionaries]

revolver *vt* **1** (*desordenar*) (**a**) to mess *sth* up: *No revuelvas esos papeles.* Don't mess those papers up. (**b**) (*ladrones*) to turn *sth* upside down: *Los ladrones revolvieron el piso.* The burglars turned the flat upside down. **2** (*estómago*) to turn **3** (*remover*) (**a**) (*salsa, café, etc.*) to stir: *Revuélvelo bien.* Stir it well. (**b**) (*ensalada*) to toss
▸*vi* (*fisgar*) to rummage: *Estuvo revolviendo en su bolso un rato.* She spent some time rummaging through her bag.

revólver *nm* revolver

revuelta *nf* revolt

revuelto, -a *adj* **1** (*desordenado*) in a mess: *Siempre lleva el pelo ~.* His hair's always in a mess. **2** (*agitado*) worked up: *El pueblo anda ~ con las elecciones.* People are worked up about the elections. **3** (*estómago*) upset: *Tengo el estómago ~.* I've got an upset stomach. **4** (*mar*) choppy **LOC** *Ver* HUEVO; *Ver tb* REVOLVER

rey *nm* **1** (*monarca*) king ❶ El plural de **king** es regular ('kings'), pero *los reyes*, refiriéndonos al rey y la reina, se dice **the king and queen**. **2 Reyes** Epiphany **LOC** día/noche de Reyes 6 January/Twelfth Night ❶ En Gran Bretaña no se celebra la fiesta de Reyes. ◆ **los Reyes Magos** the Three Wise Men *Ver tb* CUERPO, DÍA

rezagado, -a *adj Venga, no te quedes ~.* Come on, don't get left behind.
▸*nm-nf* straggler

rezar *vt* to say: *~ una oración* to say a prayer
▸*vi ~* (**por**) to pray (for *sb/sth*)

ría *nf* estuary [*pl* estuaries]

riachuelo *nm* stream

riada *nf* flood

ribera *nf* **1** (*orilla*) bank **2** (*terreno cercano a un río*) riverside

rico, -a *adj* **1** rich: *una familia rica* a rich family ◇ *~ en minerales* rich in minerals **2** (*comida*) delicious **3** (*mono*) sweet: *¡Qué bebé más ~!* What a sweet little baby!
▸*nm-nf* rich man/woman [*pl* men/women]: *los ~s* the rich

ridiculez *nf ¡Qué ~!* That's ridiculous! ◇ *Lo que dice es una ~.* He's talking rubbish.

ridiculizar *vt* to ridicule

ridículo, -a *adj* ridiculous `LOC` **dejar/poner a algn en ridículo** to make sb look a fool ◆ **hacer el ridículo** to make a fool of yourself ◆ **quedar en ridículo** to look stupid

riego *nm* **1** (*Agric*) irrigation **2** (*jardines*) watering `LOC` **riego sanguíneo** circulation *Ver tb* BOCA

riel *nm* rail

rienda *nf* rein `LOC` **dar rienda suelta** to give free rein *to sth/sb* ◆ **llevar las riendas** to be in charge (*of sth*): *Lleva las ~s del negocio.* She's in charge of the business.

riesgo *nm* risk: *Corren el ~ de perder su dinero.* They run the risk of losing their money. `LOC` **a todo riesgo** (*seguro*) comprehensive

rifa *nf* raffle

rifar *vt* to raffle

rifle *nm* rifle

rígido, -a *adj* **1** (*tieso*) rigid **2** (*severo*) strict: *Tiene unos padres muy ~s.* She has very strict parents.

rigor *nm* **1** (*severidad, clima*) harshness: *el ~ del régimen/del invierno* the harshness of the regime/winter **2** (*exactitud*) rigour: *El artículo carece de ~ científico.* The article lacks scientific rigour.

riguroso, -a *adj* **1** (*estricto*) strict **2** (*minucioso*) thorough **3** (*castigo, clima*) harsh

rima *nf* rhyme

rimar *vi* to rhyme

rimbombante *adj* (*lenguaje*) pompous

rímel *nm* mascara: *darse/ponerse ~* to put mascara on

rincón *nm* corner: *en un tranquilo ~ de Asturias* in a quiet corner of Asturias ◊ *en cada ~/por todos los rincones* everywhere

rinoceronte *nm* rhino [*pl* rhinos] ❶ **Rhinoceros** es la palabra científica.

riña *nf* **1** (*pelea*) fight **2** (*discusión*) row, fight (*USA*)

riñón *nm* **1** (*órgano*) kidney [*pl* kidneys] **2 riñones** (*zona lumbar*) lower back [*v sing*] `LOC` *Ver* COSTAR

riñonera *nf* bumbag, fanny pack (*USA*) ➷ *Ver dibujo en* BAG

río *nm* river

🔎 En inglés **river** se escribe con mayúscula cuando aparece con el nombre de un río: *el río Amazonas* the River Amazon.

`LOC` **río abajo/arriba** downstream/upstream *Ver tb* ORILLA

ripear *vt* (*Inform&*) to rip

riqueza *nf* **1** (*dinero*) wealth [*incontable*]: *amontonar ~s* to amass wealth **2** (*cualidad*) richness: *la ~ del terreno* the richness of the land

risa *nf* **1** laugh: *una ~ nerviosa/contagiosa* a nervous/contagious laugh ◊ *¡Qué ~!* What a laugh! **2 risas** laughter [*incontable*]: *Se oían las ~s de los pequeños.* You could hear the children's laughter. `LOC` **dar risa** to make *sb* laugh ◆ **me dio la risa** I, you, etc. got the giggles ◆ **mondarse/morirse/partirse de risa** to fall about laughing *Ver tb* MUERTO, PELÍCULA, RETORCER

risueño, -a *adj* **1** (*cara*) smiling **2** (*persona*) cheerful

rítmico, -a *adj* `LOC` *Ver* GIMNASIA

ritmo *nm* **1** (*Mús*) rhythm, beat (*más coloq*) **2** (*velocidad*) rate: *el ~ de crecimiento* the growth rate `LOC` **ritmo de vida** pace of life ◆ **tener ritmo 1** (*persona*) to have a good sense of rhythm **2** (*melodía*) to have a good beat *Ver tb* MARCAR, SEGUIR

rito *nm* rite

ritual *nm* ritual

rival *adj, nmf* rival

rivalidad *nf* rivalry [*pl* rivalries]: *la ~ entre los candidatos* the rivalry among the candidates

rizado, -a *adj* curly: *Tengo el pelo ~.* I've got curly hair. *Ver tb* RIZAR

rizar *vt* to curl

▸ **rizarse** *vp* to go curly: *Con la lluvia se me ha rizado el pelo.* My hair's gone curly in the rain. `LOC` **rizar el rizo** to complicate things

rizo *nm* **1** (*pelo*) curl **2** (*Aeronáut*) loop `LOC` *Ver* RIZAR

roaming *nm* roaming: *Se acabó el ~ en la UE en el 2017.* Roaming charges in the EU were abolished in 2017.

robar *vt* **1** (*banco, tienda, persona*) to rob *sb/sth* (*of sth*): *~ un banco* to rob a bank ◊ *Le robaron todos sus ahorros.* He was robbed of all his savings. **2** (*dinero, objetos*) to steal *sth* (*from sb/ sth*): *Me han robado el reloj.* My watch has been stolen. **3** (*casa, caja fuerte*) to break into *sth*: *Le enseñaron a ~ cajas fuertes.* They taught him how to break into a safe. ➷ *Ver nota en* ROB **4** (*Naipes*) to pick *sth* up: *Tienes que ~ una carta.* You have to pick up a card.

▸ *vi* **1** to steal: *Le echaron del colegio por ~.* He was expelled for stealing. **2** (*a una persona*) to rob: *¡Me han robado!* I've been robbed! **3** (*en una casa*) *Han robado en casa de los vecinos.* Our neighbours' house has been broken into. ➷ *Ver nota en* ROB

roble *nm* oak (tree)

robo *nm* **1** (*de un banco, una tienda, a una persona*) robbery [*pl* robberies]: *el ~ al supermercado* the supermarket robbery ◊ *He sido víctima de un ~.* I've been robbed. **2** (*de objetos*) theft: *acusado de ~* accused of theft ◊ *~ de coches/*

R

bicicletas car/bicycle theft **3** (*a una casa, oficina*) burglary [*pl* burglaries]: *El domingo hubo tres ~s en esta calle.* There were three burglaries in this street on Sunday. ➲ *Ver nota en* THEFT **4** (*estafa*) rip-off: *¡Vaya ~!* What a rip-off! **LOC** **robo de identidad** identity theft *Ver tb* MANO

robot *nm* robot **LOC** *Ver* RETRATO

robusto, -a *adj* robust

roca *nf* rock

roce *nm* **1** (*rozamiento*) rubbing **2** (*pequeña discusión*) clash: *Ya he tenido varios ~s con él.* I've already clashed with him several times.

rociar *vt* to spray *sb/sth* (*with sth*): *Hay que ~ las plantas dos veces al día.* The plants should be sprayed twice a day.

rocío *nm* dew

rock *nm* rock: *un grupo de ~* a rock band **LOC** **rock duro** heavy metal

rockero, -a *adj* rock: *Tienen un sonido muy ~.* They have a real rock sound.
▸ *nm-nf* **1** (*músico*) rock musician **2** (*aficionado*) rock fan

rocoso, -a *adj* rocky

rodaballo *nm* turbot [*pl* turbot]

rodaja *nf* slice: *una ~ de piña* a slice of pineapple **LOC** **en rodajas** *Córtalo en ~s.* Cut it into slices ◊ *piña en ~s* pineapple rings

rodaje *nm* **1** (*Cine*) filming: *el ~ de una serie de televisión* the filming of a TV series **2** (*coche*) *El coche está todavía en ~.* I'm still running my car in.

rodar *vi* **1** (*dar vueltas*) to roll: *Las rocas rodaron por el precipicio.* The rocks rolled down the cliff. ◊ *~ escaleras abajo* to fall down the stairs **2** (*ir de un lado a otro*): *Esta carta lleva un mes rodando por la oficina.* This letter has been going around the office for a month now.
▸ *vt* **1** (*película*) to film **2** (*vehículo, motor*) to run *sth* in: *Después de comprar un coche hay que ~lo.* When you buy a car you have to run it in.

rodear *vt* **1** to surround *sb/sth* (*with sb/sth*): *Hemos rodeado al enemigo.* We've surrounded the enemy. ◊ *Sus amigas la rodearon para felicitarla.* She was surrounded by friends wanting to congratulate her. ◊ *la gente que me rodea* the people around me **2** (*con los brazos*): *Me rodeó con los brazos.* He put his arms around me.
▸ **rodearse** *vp* **rodearse de** to surround yourself with *sb/sth*: *Les encanta ~se de gente joven.* They love to surround themselves with young people.

rodeo *nm* **1** (*desvío*) detour: *Tuvimos que dar un ~ de cinco kilómetros.* We had to make a five-

kilometre detour. **2** (*espectáculo*) rodeo [*pl* rodeos] **LOC** **andarse con rodeos** to beat about the bush

rodilla *nf* knee **LOC** **de rodillas** *Todo el mundo estaba de ~s.* Everyone was kneeling down. ◊ *Tendrás que pedírmelo de ~s.* You'll have to get down on your knees and beg. ◆ **ponerse de rodillas** to kneel (down)

rodillera *nf* **1** (*Dep*) kneepad **2** (*Med*) knee support **3** (*parche*) knee patch

rodillo *nm* **1** (*Cocina*) rolling pin **2** (*pintura*) roller

roedor *nm* rodent

roer *vt* to gnaw (at) *sth*: *El perro roía el hueso.* The dog was gnawing (at) the bone.

rogar *vt* **1** (*suplicar*) to beg *sb* (*for sth*); to beg *sth* (*of sb*): *Le rogaron que tuviera misericordia.* They begged him for mercy. ◊ *Les rogué que me soltaran.* I begged them to let me go. **2** (*pedir*): *Tranquilízate, te lo ruego.* Calm down, please. ◊ *Me rogaron que me fuera.* They asked me to leave. ◊ *Le ruego que me conteste lo antes posible.* Please reply as soon as possible. **3** (*rezar*) to pray: *Roguemos al Señor.* Let us pray. **LOC** **hacerse de rogar** (*resistirse*) to play hard to get: *A tu hermana le gusta hacerse de ~.* Your sister likes to play hard to get. ◊ *No se hace de ~.* She doesn't have to be asked twice. ◆ **se ruega no fumar** no smoking ◆ **se ruega silencio** silence please

rojizo, -a *adj* reddish

rojo, -a *adj, nm* red ➲ *Ver ejemplos en* AMARILLO **LOC** **al rojo vivo** (*metal*) red-hot ◆ **ponerse rojo** to go red *Ver tb* CAPERUCITA, CRUZ, NÚMERO

rol *nm* role **LOC** *Ver* JUEGO

rollo *nm* **1** (*de papel, tela, etc.*) roll: *~s de papel higiénico* toilet rolls ◊ *un ~ de película* a roll of film **2** (*pesadez, aburrimiento*) bore: *¡Qué ~ de libro!* What a boring book! ◊ *Esa clase es un ~.* That class is really boring. ◊ *Ese tío me parece un ~.* I find that bloke so boring. **3** (*asunto*): *¿Qué ~s te traes?* What are you up to? ◊ *Está metido en un ~ muy raro.* He's involved in something very odd. ◊ *¿Te va el ~ de los coches?* Are you into cars? **4** (*ambiente*) scene: *Le va el ~ alternativo.* She's into the alternative scene. **5** (*sensación*) feeling: *Me da buen/mal ~.* I've got a good/bad feeling about him. **LOC** **ir a su rollo** to do your own thing: *Siempre va a su ~ y pasa de nosotros.* He always does his own thing and doesn't care about us. ◆ **meter/soltar un rollo** to go on and on (*about sth*): *¡Qué ~ me metió!* He just went on and on! ◆ **tener un rollo (con algn)** (*amorío*) to be involved *with sb*: *Tuvo un ~ con su jefa.* He was involved with his boss. *Ver tb* CORTAR

romance *nm* **1** (*amorío*) romance **2** (*Liter*) ballad

románico, -a *adj* (*Arquit*) Romanesque

romano, -a *adj* Roman **LOC** *Ver* NUMERACIÓN, NÚMERO

romántico, -a *adj, nm-nf* romantic

rombo *nm* **1** (*Geom*) rhombus [*pl* rhombuses] **2** (*forma, estampado*) diamond: *un jersey de ~s* a diamond-patterned sweater

romería *nf* **1** (*peregrinación*) pilgrimage: *ir de ~* to go on a pilgrimage **2** (*fiesta*) fiesta

romero *nm* rosemary

rompecabezas *nm* **1** (*de piezas*) jigsaw: *hacer un ~* to do a jigsaw **2** (*acertijo*) puzzle

rompehielos *nm* icebreaker

romper *vt* **1** to break: *Rompí el cristal de un pelotazo.* I broke the window with my ball. ◇ *~ una promesa* to break a promise **2** (*papel, tela*) to tear: *Rompió la carta.* He tore up the letter. ◇ *¡Me has roto la falda!* You've torn my skirt! **3** (*por el uso*) to wear *sth* out: *Rompe todos los jerseys por los codos.* He wears out all his jumpers at the elbows.
▸ *vi* **1 ~ con** to fall out with *sb*: *~ con la familia* to fall out with your family **2** (*novios*) to split up (*with sb*)
▸ **romperse** *vp* **1** to break: *Me rompí el brazo jugando al fútbol.* I broke my arm playing football. ◇ *Se ha roto sola.* It broke of its own accord. **2** (*tela, papel*) to tear: *Esta tela se rompe fácilmente.* This material tears easily. **3** (*cuerda*) to snap **4** (*por el uso*) to wear out **LOC** **romper el hielo** to break the ice ◆ **romper filas** to fall out *Ver tb* CARA

ron *nm* rum

roncar *vi* to snore

ronco, -a *adj* (*tipo de voz*) husky **LOC** **quedarse ronco** to lose your voice: *Me quedé ~ de tanto gritar.* I lost my voice from so much shouting.

ronda *nf* **1** round: *Esta ~ la pago yo.* It's my round. ◇ *la segunda ~ de elecciones* the second round of elections ◇ *El Barça ha pasado a la segunda ~.* Barcelona have gone through to the second round. **2** (*carretera*) ring road, beltway (*USA*) **LOC** **hacer la ronda** (*soldado, policía, vigilante*) to be on patrol

ronquido *nm* snoring [*incontable*]: *Sus ~s la mantenían despierta.* His snoring kept her awake.

ronronear *vi* to purr

ronroneo *nm* purr: *Se oía el ~ del gato.* You could hear the cat purring.

roña *nf* (*mugre*) dirt: *Tienes ~ en el cuello.* You've got dirt on your collar.

roñoso, -a *adj* **1** (*mugriento*) grimy **2** (*tacaño*) stingy

ropa *nf* **1** (*de persona*) clothes [*pl*]: *~ infantil* children's clothes ◇ *~ usada/sucia* second-hand/dirty clothes ◇ *¿Qué ~ me pongo hoy?* What shall I wear today? **2** (*de casa*) linen: *~ blanca/de cama* household/bed linen **LOC** **ropa de deporte** sportswear ◆ **ropa interior** underwear *Ver tb* CESTO

ropero *nm* wardrobe, closet (*USA*)

rosa *nf* (*flor*) rose
▸ *adj, nm* (*color*) pink ➲ *Ver ejemplos en* AMARILLO **LOC** **estar como una rosa** to be (as) fresh as a daisy *Ver tb* NOVELA

rosado, -a *adj* pink

rosal *nm* rose bush

rosario *nm* (*Relig*) rosary [*pl* rosaries]: *rezar el ~* to say the rosary

rosca *nf* **1** (**a**) (*pan*) (ring-shaped) roll (**b**) (*dulce*) (ring-shaped) cake **2** (*tornillo*) thread **LOC** **hacer la rosca** to suck up to *sb* ◆ **pasarse de rosca** (*persona*) to go over the top *Ver tb* TAPÓN

roscón *nm* (ring-shaped) cake: *~ de Reyes* (ring-shaped) Epiphany cake

rostro *nm* **1** (*cara*) face: *La expresión de su ~ lo decía todo.* The look on his face said it all. **2** (*cara dura*) cheek: *¡Vaya ~ que tienes!* You've got a cheek!

rotación *nf* rotation: *~ de cultivos* crop rotation

rotafolio *nm* flip chart

roto, -a *adj* (*cansado*) worn out
▸ *nm* hole *Ver tb* ROMPER

rotonda *nf* roundabout, traffic circle (*USA*)

rótula *nf* kneecap

rotulador *nm* felt-tip pen **LOC** **rotulador fluorescente/fosforescente** highlighter

rotular *vt* (*poner rótulos*) to put the lettering on *sth*

rótulo *nm* **1** (*letras*) lettering [*incontable*]: *Los ~s son demasiado pequeños.* The lettering's too small. ◇ *en grandes ~s* in large letters **2** (*letrero*) sign

rotundo, -a *adj* **1** (*contundente*) resounding: *un sí/fracaso ~* a resounding 'yes'/flop **2** (*negativa*) emphatic

rotura *nf* *Sufrió la ~ de varias costillas.* He broke several ribs. ◇ *~ de ligamentos* torn ligaments ◇ *la ~ de una tubería* a burst pipe

roulotte *nf* caravan, trailer (*USA*)

rozadura *nf* **1** (*arañazo*) scratch **2** (*herida*) sore: *Tengo una ~ en el talón.* I've got a sore on my heel. **3** (*en la pared*) mark

rozar *vt, vi* **1** (*tocar ligeramente*) to brush (*against sb/sth*): *Le rocé el vestido.* I brushed against her dress. ◇ *La pelota me rozó la pierna.* The ball grazed my leg. **2** (*raspar*) to rub: *Estas botas me rozan atrás.* These boots rub at the back. ◊ *El guardabarros roza con la rueda.* The mudguard rubs against the tyre.

▸ *vt* (*rayar*) to scratch: *Me han rozado el coche.* Someone has scratched my car.

rubeola (*tb* **rubéola**) *nf* German measles [*incontable*]

rubí *nm* ruby [*pl* rubies]

rubio, -a *adj* fair, blond(e)

🔎 **Fair** (o **fair-haired**) se usa solo si el rubio es natural y **blonde** tanto si es natural como si es teñido: *Es rubia.* She's got fair/blonde hair. ➲ *Ver nota en* BLONDE

LOC *Ver* TABACO

ruborizarse *vp* to blush

rúcula *nf* rocket, arugula (*USA*)

rueda *nf* **1** wheel: ~ *delantera/trasera* front/back wheel ◊ *cambiar la ~* to change the wheel **2** (*neumático*) tyre: *comprobar el aire de las ~s* to check your tyre pressure ◊ *Se me ha pinchado una ~.* I've got a puncture. **LOC** ir/marchar sobre ruedas to go smoothly *Ver tb* PRENSA, SILLA

ruedo *nm* ring: *El torero dio la vuelta al ~.* The bullfighter paraded round the ring.

ruego *nm* plea

rugby *nm* rugby: *un partido de ~* a rugby match

rugido *nm* roar

rugir *vi* to roar

ruido *nm* noise: *Oí unos ~s muy raros y me dio miedo.* I heard some very strange noises and got frightened. ◊ *¿Tú has oído un ~?* Did you hear a noise? **LOC** armar/hacer/meter ruido to make noise: *No hagas ~.* Don't make any noise. ◊ *El coche mete mucho ~.* The car's very noisy. ◆ sin hacer ruido quietly

ruidoso, -a *adj* noisy

ruina *nf* **1** (*restos de edificio, quiebra*) ruin: *La ciudad estaba en ~s.* The city was in ruins. ◊ *las ~s de una ciudad romana* the ruins of a Roman city

◊ ~ *económica* financial ruin **2** (*hundimiento*) collapse: *Ese edificio amenaza ~.* That building is in danger of collapsing. **LOC** estar en la ruina to be broke ◆ estar hecho una ruina to be a wreck ◆ ser la/una ruina *Las bodas son una ~.* Weddings cost a fortune.

ruiseñor *nm* nightingale

ruleta *nf* roulette

rulo *nm* roller

Rumania *nf* Romania

rumano, -a *adj, nm-nf, nm* Romanian

rumbo *nm* **1** (*dirección*) direction: *El gobierno ha tomado un nuevo ~.* The government has changed direction. **2** (*avión, barco*) course: *El barco puso ~ sur.* The ship set course southwards. **LOC** (con) rumbo a bound for: *El barco iba con ~ a Santander.* The ship was bound for Santander. ◆ sin rumbo (fijo) *andar sin ~ (fijo)* to wander aimlessly

rumor *nm* **1** (*noticia*) rumour: *Corre el ~ de que se van a casar.* There's a rumour going round that they're getting married. **2** (*murmullo*) murmur: *un ~ de voces* a murmur of voices

rumorear *vt* **LOC** se rumorea que… there are rumours (that…): *Se rumorea que ha habido un fraude.* There are rumours of a fraud.

ruptura *nf* **1** (*negociaciones, etc.*) breakdown: *la ~ de las negociaciones* the breakdown of negotiations **2** (*contrato, pacto*) breaking **3** (*de una relación*): *Me acabo de enterar de su ~ con Elena.* I've just heard that he's split up with Elena.

rural *adj* rural **LOC** *Ver* CASA, TURISMO

Rusia *nf* Russia

ruso, -a *adj, nm-nf, nm* Russian: *los ~s* the Russians ◊ *hablar ~* to speak Russian **LOC** *Ver* MONTAÑA

rústico, -a *adj* rustic

ruta *nf* route: *¿Qué ~ seguiremos?* What route shall we take? **LOC** *Ver* HOJA

rutina *nf* routine: *inspecciones de ~* routine inspections ◊ *No quiere cambiar su ~ diaria.* She doesn't want to change her daily routine. ◊ *Se ha convertido en ~.* It's become routine.

S s

sábado *nm* Saturday (*abrev* Sat.) ➲ *Ver ejemplos en* LUNES

sábana *nf* sheet

saber *vt* **1** to know: *No supe qué contestar.* I didn't know what to say. ◊ *No sé nada de me-*

cánica. I don't know anything about mechanics. ◊ *Sabía que volvería.* I knew he would be back. ◊ *¡Ya lo sé!* I know! **2** ~ *hacer algo* can do sth: *¿Sabes nadar?* Can you swim? ◊ *No sé conducir.* I can't drive. ➲ *Ver nota en* CAN[1] **3** (*enterarse*) to find out: *Lo supe ayer.* I found out yesterday. **4** (*idioma*) to speak: *Sabe mucho inglés.* He speaks good English.

▸ *vi* **1** to know: *Le tengo mucho aprecio, ¿sabes?* I'm very fond of her, you know. ◇ *¿Sabes? Manolo se casa.* Know what? Manolo's getting married. ◇ *Nunca se sabe.* You never know. **2** ~ **de** (*tener noticias*) to hear of sb/sth: *Nunca más supimos de él.* That was the last we heard of him. **3** ~ **(a)** (*tener sabor*) to taste (of *sth*): *Sabe a menta.* It tastes of mint. ◇ *¡Qué bien sabe!* It tastes really good! ⤷ *Ver nota en* TASTE **LOC no sé qué/cuántos** something or other: *Me contó no sé qué.* He told me something or other. ◆ **¡qué sé yo!/¡yo qué sé!** how should I know? ◆ **que yo sepa** as far as I know ◆ **saber a poco** *El viaje nos supo a poco.* The trip was too short. ◆ **saber mal 1** (*alimento*) to have a nasty taste **2** (*disgustar*) not to like…: *Me sabe mal decirle que no.* I don't like having to say no to her. ◇ *Te sabe mal que te mientan, ¿verdad?* You don't like people lying to you, do you? ❶ *Para otras expresiones con* **saber**, *véanse las entradas del sustantivo, adjetivo, etc., p. ej.* **no saber ni jota** *en* JOTA.

sabiduría *nf* wisdom

sabio, -a *adj* wise
▸ *nm-nf* wise man/woman [*pl* men/women]

sabor *nm* **1** ~ **(a)** taste (of *sth*): *Tiene un ~ muy raro.* It has a very odd taste. ◇ *El agua no tiene ~.* Water is tasteless. **2** (*gusto*) flavour: *Lo hay de siete ~es distintos.* It comes in seven different flavours. ◇ *¿De qué ~ lo quieres?* Which flavour would you like? **LOC con sabor a** flavoured: *un yogur con ~ a plátano* a banana-flavoured yogurt

saborear *vt* to savour: *Le gusta ~ su café.* He likes to savour his coffee.

sabotaje *nm* sabotage

sabotear *vt* to sabotage

sabroso, -a *adj* tasty

sacacorchos *nm* corkscrew

sacapuntas *nm* pencil sharpener

sacar *vt* **1** (*extraer, llevar fuera*) to take *sth/sb* out (*of sth*): *Sacó una carpeta del cajón.* He took a folder out of the drawer. ◇ *El dentista le sacó una muela.* The dentist took his tooth out. ◇ ~ *la basura* to take the rubbish out **2** (*conseguir*) to get: *¿Qué has sacado en matemáticas?* What did you get in maths? ◇ *No sé de dónde ha sacado el dinero.* I don't know where she got the money from. **3** (*foto*) to take: *Nunca me sacas bien.* You never take good photos of me. **4** (*parte del cuerpo*) to stick *sth* out: *No me saques la lengua.* Don't stick your tongue out at me. ◇ ~ *la cabeza por la ventanilla* to stick your head out of the window ◇ *¡Casi me sacas un*

ojo! You nearly poked my eye out! **5** (*poner a la venta*) to launch, to bring *sth* out (*más coloq*): *Cada año sacan un modelo nuevo.* They bring out a new model every year. **6** (*ventaja*): *Le sacó dos segundos al favorito.* He took a two-second lead over the favourite. **7** (*ser más alto*): *Ya le saca un palmo a su madre.* He's already a few inches taller than his mother.
▸ *vi* (*Tenis*) to serve
▸ **sacarse** *vp* *¡Sácate las manos de los bolsillos!* Take your hands out of your pockets. **LOC** Para expresiones con **sacar**, véanse las entradas del sustantivo, adjetivo, etc., p. ej. **sacar de quicio** en QUICIO.

sacarina *nf* saccharin

sacerdote *nm* priest

saciar *vt* **1** (*hambre, ambición, deseo*) to satisfy **2** (*sed*) to quench

saco *nm* **1** (*grande*) sack **2** (*pequeño*) bag **LOC saco de dormir** sleeping bag

sacramento *nm* sacrament

sacrificar *vt* to sacrifice *sth* (*for sb/sth*): *Lo sacrifiqué todo por mi familia.* I sacrificed everything for my family. ◇ *Sacrificó su carrera para tener hijos.* She sacrificed her career to have children.
▸ **sacrificarse** *vp* **sacrificarse (por/para)** to make sacrifices (for *sb/sth*): *Mis padres se han sacrificado mucho.* My parents have made a lot of sacrifices.

sacrificio *nm* sacrifice: *Tendrás que hacer algunos ~s.* You'll have to make some sacrifices.

sacudida *nf* (*eléctrica*) shock: *Me pegó una buena ~.* I got an electric shock.

sacudir *vt* **1** to shake: *Sacude el mantel.* Shake the tablecloth. ◇ ~ *la arena (de la toalla)* to shake the sand off (the towel) **2** (*pegar*) to smack, to slap (*USA*)
▸ **sacudirse** *vp* (*limpiarse*) to brush *sth* (off): ~*se la caspa del abrigo* to brush the dandruff off your coat

sádico, -a *nm-nf* sadist

sadismo *nm* sadism

safari *nm* safari: *ir de* ~ to go on a safari

sagitario (*tb* **Sagitario**) *nm, nmf* Sagittarius ⤷ *Ver ejemplos en* ACUARIO

sagrado, -a *adj* **1** (*Relig*) holy: *un lugar ~* a holy place ◇ *la Sagrada Familia* the Holy Family **2** (*intocable*) sacred: *Los domingos para mí son ~s.* My Sundays are sacred.

sal *nf* salt **LOC sales de baño** bath salts ◆ **sal fina/gorda** table/sea salt

sala *nf* **1** (*de reuniones, en museo*) room: ~ *de juntas* meeting room **2** (*en casa*) sitting room **3** (*Cine*)

S

screen: *La ~ 1 es la más grande.* Screen 1 is the largest. **4** (*hospital*) ward `LOC` **sala de espera** waiting room ◆ **sala de estar** sitting room ◆ **sala de fiestas** club *Ver tb* FÚTBOL

salado, -a *adj* **1** (*gusto*) salty: *Está un poco ~.* It's a bit salty. **2** (*no dulce*) savoury: *Prefiero algo ~.* I'd rather have something savoury. **3** (*gracioso*) amusing `LOC` *Ver* AGUA

salarial *adj* salary: *una subida ~* a salary increase

salario *nm* salary [*pl* salaries] `LOC` **salario base/mínimo** basic/minimum wage

salchicha *nf* sausage

salchichón *nm* peppered sausage

saldar *vt* (*cuenta, deuda*) to settle

saldo *nm* **1** (*en una cuenta*) balance **2** (*rebaja*) sale: *precios de ~* sale prices **3** (*resultado*): *un accidente con un ~ de dos muertos* an accident which caused the death of two people **4** (*de un móvil*) credit `LOC` **poner saldo** (*móvil*) to top (*sth*) up

salero *nm* (*para la sal*) salt cellar

salida *nf* **1** (*acción de salir*) way out (*of sth*): *Me lo encontré a la ~ del cine.* I met him on the way out of the cinema. **2** (*puerta*) exit **3** (*avión, tren*) departure: *~s nacionales/internacionales* domestic/international departures **4** ~ (**a**) (*solución*) solution (*to sth*): *Habrá que buscar ~ a la crisis.* We'll have to look for a solution to the crisis. `LOC` **salida de emergencia/incendios** emergency/fire exit ◆ **salida del sol** sunrise ◆ **tener muchas/pocas salidas** (*carrera*): *La informática tiene muchas ~s.* There are lots of job opportunities in computing. *Ver tb* BANDEJA, CALLEJÓN, LÍNEA, OPERACIÓN

salir *vi* **1** (*ir/venir fuera*) to go/come out: *¿Salimos al jardín?* Shall we go out into the garden? ◊ *No quería ~ del baño.* He wouldn't come out of the bathroom. ◊ *Salí a ver qué pasaba.* I went out to see what was going on. ➋ *Ver nota en* IR **2** (*partir*) to leave: *¿A qué hora sale el avión?* What time does the plane leave? ◊ *Hemos salido de casa a las dos.* We left home at two. ◊ *El tren sale del andén número cinco.* The train leaves from platform five. ◊ *~ para Irún* to leave for Irún **3** (*alternar*) to go out: *Anoche salimos a cenar.* We went out for a meal last night. ◊ *Sale con un estudiante.* She's going out with a student. **4** (*producto, flor*) to come out: *El libro sale en abril.* The book is coming out in April. **5** (*pelo, planta*) to grow **6** (*sol*) (**a**) (*amanecer*) to rise (**b**) (*de entre las nubes*) to come out: *Por la tarde salió el sol.* The sun came out in the afternoon. **7** (*resultar*) to turn out: *¿Qué tal te salió la paella?* How did the paella turn out? ◊ *La fiesta salió fenomenal.* The party went really well. **8** ~ **de**

(*superar*): *~ de una operación* to pull through an operation ◊ *~ de la droga* to come off drugs **9** ~ **a algn** (*parecerse*) to take after sb **10** ~ **a/por** (*costar*) to work out at *sth*: *Sale a cinco cada uno.* It works out at five each. **11** (*al hacer cuentas*): *A mí me sale 18.* I make it 18. **12** (*saber hacer algo*): *Todavía no me sale bien el pino.* I still can't do handstands properly. **13** (*Informát*) to log off/out: *~ del sistema* to log off/out

▶ **salirse** *vp* **1** to come off: *Se ha salido una pieza.* A piece has come off. ◊ *El coche se salió de la carretera.* The car came off the road. **2** (*líquido*) to leak `LOC` **salirse con la suya** to get your own way ➊ Para otras expresiones con **salir**, véanse las entradas del sustantivo, adjetivo, etc., p. ej. **salir de copas** en COPA.

saliva *nf* saliva

salmo *nm* psalm

salmón *nm* salmon [*pl* salmon]
▶ *adj, nm* (*color*) salmon ➲ *Ver ejemplos en* AMARILLO

salmonete *nm* red mullet [*pl* red mullet]

salón *nm* **1** (*de una casa*) sitting room **2** (*de un hotel*) lounge `LOC` **salón de actos** main hall ◆ **salón de belleza** beauty salon ◆ **salón recreativo** amusement arcade

salpicadero *nm* dashboard

salpicar *vt* to splash *sb/sth* (*with sth*): *Un coche me salpicó los pantalones.* A car splashed my trousers.

salsa *nf* **1** sauce: *~ de tomate* tomato sauce **2** (*de jugo de carne*) gravy **3** (*música, baile*) salsa

saltamontes *nm* grasshopper

saltar

hop   jump

saltar *vt* to jump: *El caballo saltó la valla.* The horse jumped (over) the fence.
▶ *vi* **1** to jump: *Saltaron al agua/por la ventana.* They jumped into the water/out of the window. ◊ *Salté de la silla en cuanto oí el timbre.* I

jumped up from my chair the moment I heard the bell. ◊ *Saltas continuamente de un tema a otro.* You keep jumping from one subject to another. **2** *(alarma)* to go off

▸ **saltarse** *vp* **1** *(omitir)* **(a)** *(a propósito)* to skip: *~se una comida* to skip a meal **(b)** *(sin querer)* to miss: *Te has saltado varios nombres.* You've missed out several names. **2** *(cola, semáforo)* to jump: *~se un semáforo* to jump the lights **LOC** **saltar a la pata coja** to hop ◆ **saltar a la vista** to be obvious *Ver tb* AIRE, COMBA

salto *nm* **1** jump: *Los niños daban ~s de alegría.* The children were jumping for joy. ◊ *Atravesé el arroyo de un ~.* I jumped across the stream. **2** *(pájaro, conejo, canguro)* hop: *El conejo se escapó dando ~s.* The rabbit hopped away to safety. **3** *(de trampolín)* dive **4** *(salto vigoroso, progreso)* leap: *Eso supuso un gran ~ en su carrera profesional.* That was a great leap forward in his career. **LOC** **salto de altura/longitud** high jump/long jump ◆ **salto de/con pértiga** pole vault

saltón, -ona *adj (ojos)* bulging

salud *nf* health: *estar bien/mal de ~* to be in good/poor health

▸ **¡salud!** *interj* **1** *(brindis)* cheers **2** *(al estornudar)* bless you **LOC** *Ver* BEBER(SE)

saludable *adj* healthy

saludar *vt* to say hello *(to sb)*, to greet: *Me vio pero no me saludó.* He saw me but didn't say hello. **LOC** **le saluda atentamente 1** Yours faithfully **2** Yours sincerely ➲ *Ver nota en* ATENTAMENTE ◆ **salúdale de mi parte** give him my regards ◆ **saludar con la mano** to wave *(at/to sb)*

saludo *nm* **1** greeting **2 saludos** best wishes, regards *(más formal)* **LOC** **dar/mandar saludos** to send regards: *Te mandan ~s.* They send their regards.

salvación *nf* salvation: *Ha sido mi ~.* It's saved my life.

salvador, -ora *nm-nf* saviour

salvajada *nf* atrocity *[pl* atrocities] **LOC** **ser una salvajada** to be outrageous

salvaje *adj* **1** *(planta, animal, tierra)* wild: *animales ~s* wild animals **2** *(pueblo, tribu)* uncivilized **3** *(cruel)* brutal: *un ~ asesinato* a brutal murder

▸ *nmf (cruel, violento)* animal: *Algunos hinchas de fútbol son unos ~s.* Some football fans are real animals.

salvamento *nm* rescue: *equipo de ~* rescue team

salvapantallas *nm* screen saver

salvar *vt* **1** to save: *El cinturón de seguridad le salvó la vida.* The seat belt saved his life. **2** *(obstáculo, dificultad)* to overcome, to get over sth *(más coloq)*

▸ **salvarse** *vp* **1** *(sobrevivir)* to survive **2** *(librarse)*: *Son muy antipáticos, Juan es el único que se salva.* They're all really unfriendly — Juan's the only nice one. **LOC** **¡sálvese quien pueda!** every man for himself!

salvavidas *nm* lifebelt, life preserver *(USA)* **LOC** *Ver* BOTE, CHALECO

salvo *prep* except: *Todos vinieron ~ él.* Everyone came except him. **LOC** **estar a salvo** to be safe ◆ **salvo que…** unless…: *Lo haré, ~ que me digas lo contrario.* I'll do it, unless you say otherwise.

San *adj* Saint *(abrev* St)

sanar *vi* **1** *(herida)* to heal **2** *(enfermo)* to recover

sanción *nf* **1** *(castigo)* sanction: *sanciones económicas* economic sanctions **2** *(multa)* fine **3** *(Dep)* suspension: *Recibió una ~ de dos partidos.* He was suspended for two matches.

sancionar *vt* **1** *(penalizar)* to penalize: *Lo sancionaron con la retirada del carné por conducir borracho.* He was penalized with the loss of his licence for drink-driving. **2** *(Dep)* to suspend: *Le sancionaron con dos partidos.* He was suspended for two matches. **3** *(económicamente)* to impose sanctions against *sb*

sandalia *nf* sandal

sandía *nf* watermelon

sándwich *nm* sandwich

sangrar *vt, vi* to bleed: *Estoy sangrando por la nariz.* I've got a nosebleed.

sangre *nf* blood: *donar ~* to give blood **LOC** **a sangre fría** in cold blood ◆ **hacerse sangre** to cut sth/yourself: *Me caí y me hice ~ en la rodilla.* I fell and cut my knee. ◆ **tener sangre fría** *(serenidad)* to keep your cool *Ver tb* ANÁLISIS, DERRAMAMIENTO, DERRAMAR(SE), SUDAR

sangría *nf (bebida)* sangria

sangriento, -a *adj* **1** *(lucha)* bloody **2** *(herida)* bleeding

sanguíneo, -a *adj* blood: *grupo ~* blood group **LOC** *Ver* RIEGO

sanidad *nf (pública)* public health

sanitario, -a *adj* **1** *(de salud)* health: *medidas sanitarias* health measures **2** *(de higiene)* sanitary: *condiciones sanitarias muy deficientes* poor sanitary conditions **LOC** *Ver* AYUDANTE, TURISMO

sano, -a *adj* healthy: *llevar una vida sana* to lead a healthy life **LOC** **no estar en su sano juicio** not to be in your right mind ◆ **sano y salvo** safe and sound

santiamén **LOC** **en un santiamén** in no time at all

santo, -a *adj* **1** *(Relig)* holy: *la santa Biblia* the Holy Bible **2** *(título)* Saint *(abrev* St): *Santa Teresa* Saint Teresa **3** *(uso enfático)*: *No salimos de casa en todo el ~ día.* We didn't go out of the house all day.
▸ *nm-nf* saint: *Esa mujer es una santa.* That woman is a saint.
▸ *nm* saint's day: *¿Cuándo es tu ~?* When is your saint's day? ❶ En Gran Bretaña no se celebran los santos. **LOC** **¿a santo de qué...?** why on earth...? ◆ **se me ha ido el santo al cielo** it's gone right out of my, your, etc. head ◆ **¡y santas pascuas!** and that's that! *Ver tb* ESPÍRITU, JUEVES, SEMANA, VIERNES

santuario *nm* shrine

sapo *nm* toad

saque *nm* **1** *(Fútbol)* kick-off **2** *(Tenis)* service **LOC** **saque de banda** throw-in ◆ **saque de esquina** corner ◆ **tener buen saque** *(comiendo)* to be a big eater

saquear *vt* **1** *(ciudad)* to sack **2** *(despensa, nevera, etc.)* to raid **3** *(establecimiento)* to loot

sarampión *nm* measles *[incontable]*

sarcástico, -a *adj* sarcastic

sardina *nf* sardine

sargento *nmf* sergeant

sarta *nf* string **LOC** **una sarta de disparates/tonterías** a load of rubbish ◆ **una sarta de mentiras** a pack of lies

sartén *nf* frying pan ➲ *Ver dibujo en* POT

sastre, -a *nm-nf* tailor

satélite *nm* satellite **LOC** *Ver* TELEVISIÓN, VÍA

satén *nm* satin

satisfacción *nf* satisfaction

satisfacer *vt* **1** *(curiosidad, hambre, etc.)* to satisfy: *Nada le satisface.* He's never satisfied. **2** *(complacer)* to please: *Me satisface poder hacerlo.* I'm pleased to be able to do it. **3** *(ambición, deseo)* to fulfil **4** *(demanda, necesidad)* to meet **5** *(sed)* to quench

satisfactorio, -a *adj* satisfactory

satisfecho, -a *adj* **1** *(contento)* satisfied *(with sb/sth)*: *un cliente ~* a satisfied customer **2** *(complacido)* pleased *(with sb/sth)*: *Estoy muy satisfecha del rendimiento de mis alumnos.* I'm very pleased with the way my students are working. **LOC** **darse por satisfecho** to be happy *with sth*: *Me daría por ~ con un aprobado.* I'd be happy with a pass. ◆ **satisfecho de sí mismo** self-satisfied *Ver tb* SATISFACER

saturar *vt* **1** *(líquido, mercado)* to saturate *sth (with sth)* **2** *(persona, línea, servicio)* to overload: *Estamos*

saturados de trabajo. We're overloaded with work.

Saturno *nm* Saturn

sauce *nm* willow **LOC** **sauce llorón** weeping willow

sauna *nf* sauna

savia *nf (Bot)* sap

saxofón *nm* saxophone

sazonar *vt* to season

se *pron*
● **reflexivo 1** *(él, ella, ello)* himself, herself, itself: *Se compró un libro.* He bought himself a book. ◇ *Se hizo daño.* She hurt herself. **2** *(usted, ustedes)* yourself *[pl* yourselves] **3** *(ellos, ellas)* themselves **4** *(partes del cuerpo, efectos personales)*: *Se lavó las manos.* He washed his hands. ◇ *Se secó el pelo.* She dried her hair.
● **recíproco** each other, one another: *Se quieren.* They love each other. ➲ *Ver nota en* EACH OTHER
● **pasivo** *Se construyó hace años.* It was built a long time ago. ◇ *Se registraron tres muertos.* Three deaths were recorded. ◇ *Se dice que están arruinados.* They are said to be broke. ◇ *No se aceptan tarjetas de crédito.* No credit cards. ◇ *Se prohíbe fumar.* No smoking.
● **impersonal** *Se vive bien aquí.* Life here is terrific. ◇ *Se les recompensará.* They'll get their reward.
● **en lugar de le, les** him, her, you, them: *Se lo di.* I gave it to him/her. ◇ *Se lo robamos.* We stole it from them.

secador *nm* hairdryer

secadora *nf* tumble dryer

secar *vt, vi* to dry
▸ **secarse** *vp* **1** to dry: *Se secó las lágrimas.* He dried his tears. **2** *(planta, río, estanque, tierra, herida)* to dry up: *El estanque se había secado.* The pond had dried up. **LOC** **secar los platos** to dry up

sección *nf* **1** *(periódico, etc., Arquit, Mat)* section: *la ~ deportiva* the sports section **2** *(tienda, empresa)* department: *~ de caballeros* menswear department

seco, -a *adj* **1** dry: *¿Está ~?* Is it dry? ◇ *un clima muy ~* a very dry climate ◇ *Tienes la piel muy seca.* Your skin is very dry. **2** *(persona)* unfriendly **3** *(sin vida)* dead: *hojas secas* dead leaves **4** *(frutos, flores)* dried: *higos ~s* dried figs **5** *(sonido, golpe)* sharp **LOC** **a secas** just: *Me dijo que no, a secas.* He just said 'no'. ◆ **frenar/parar en seco** to stop dead *Ver tb* DIQUE, FRUTO, LIMPIAR, LIMPIEZA, PALO

secretaría *nf* **1** *(en colegio, instituto, etc.)* admissions office **2** *(cargo)* secretariat: *la ~ de la*

ONU the UN secretariat **3** (*oficina del secretario*) secretary's office

secretariado *nm* (*estudios*) secretarial course

secretario, -a *nm-nf* secretary [*pl* secretaries] **LOC** **secretario de dirección** personal assistant (*abrev* PA)

secreto, -a *adj, nm* secret **LOC** **en secreto** secretly *Ver tb* VOTACIÓN

secta *nf* sect

sector *nm* **1** (*zona, industria*) sector **2** (*grupo de personas*) section: *un pequeño ~ de la población* a small section of the population

secuela *nf* (*accidente, enfermedad*) consequence

secuencia *nf* sequence

secuestrador, -ora *nm-nf* **1** (*de una persona*) kidnapper **2** (*de un avión*) hijacker

secuestrar *vt* **1** (*persona*) to kidnap **2** (*avión*) to hijack

secuestro *nm* **1** (*de una persona*) kidnapping **2** (*de un avión*) hijacking

secundaria *nf* **1** (*enseñanza*) secondary education **2** (*escuela*) secondary school: *Hizo ~ en este colegio.* He went to secondary school here. ◇ *Está en ~.* She's at secondary school. ◇ *profesora de ~* secondary school teacher ➔ *Ver nota en* ESO

secundario, -a *adj* secondary **LOC** *Ver* CARRETERA, ESCUELA, INSTITUTO, PAPEL

sed *nf* thirst **LOC** **dar sed** to make *sb* thirsty: *El jamón da mucha ~.* Ham makes you very thirsty. ◆ **tener/pasar sed** to be thirsty: *Tengo mucha ~.* I'm very thirsty. *Ver tb* MORIR(SE), MUERTO

seda *nf* silk: *una camisa de ~* a silk shirt **LOC** *Ver* DENTAL, GUSANO

sedante *nm* sedative

sede *nf* **1** (*central*) headquarters (*abrev* HQ) [*v sing o pl*] **2** (*Dep*) venue: *la ~ de los Juegos Olímpicos* the venue for the Olympics

sediento, -a *adj* thirsty

sedimento *nm* sediment

seducción *nf* seduction

seducir *vt* **1** (*sexualmente*) to seduce **2** (*atraer*) to tempt: *Me seducía la idea de ir a París.* The idea of going to Paris was very tempting.

seductor, -ora *adj* **1** (*sexualmente*) seductive **2** (*idea, etc.*) attractive

segar *vt* to cut

segmento *nm* segment

segregar *vt* to segregate *sb/sth* (*from sb/sth*)

seguida *Ver* ENSEGUIDA

seguido, -a *adj* in a row: *cuatro veces seguidas* four times in a row ◇ *Lo hizo tres días ~s.* He

did it three days running. **LOC** **todo seguido** straight on *Ver tb* ACTO; *Ver tb* SEGUIR

seguidor, -ora *nm-nf* follower

seguir *vt* to follow: *Sígueme.* Follow me. ◇ *Intenté ~ la explicación, pero no entendía nada.* I tried to follow the explanation, but I couldn't understand anything.
▸ *vi* **1** (*continuar*) to go on (*doing sth*), to continue (*doing sth*) (*más formal*): *Sigue hasta la plaza.* Go on till you reach the square. ◇ *Siguieron trabajando hasta las nueve.* They went on working till nine. **2** (*en una situación*) to be still…: *¿Sigue enferma?* Is she still poorly? ◇ *Sigo en el mismo trabajo.* I'm still in the same job. **LOC** **seguir adelante con algo** to carry on with sth: *Tenemos que ~ adelante con el trabajo aunque estemos cansados.* We have to carry on with the work even though we're tired. ◆ **seguir el ritmo** (*Mús*) to keep time ◆ **seguir en pie 1** (*edificio, puente, etc.*) to remain standing **2** (*invitación, oferta, etc.*) to stand: *La invitación sigue en pie.* The invitation still stands. *Ver tb* TRECE

según *prep* according to *sb/sth*: *~ ella/mis cálculos* according to her/my calculations
▸ *adv* **1** (*dependiendo de*) depending on *sth*: *~ sea el tamaño* depending on what size it is ◇ *Tal vez lo haga, ~.* I might do it; it depends. **2** (*de acuerdo con, a medida que*) as: *~ van entrando* as they come in **LOC** *Ver* PARECER

segunda *nf* (*marcha*) second (gear)

segundero *nm* second hand

segundo, -a *adj, nm-nf, pron* second (*abrev* 2nd)
➔ *Ver ejemplos en* SEXTO
▸ *nm* **1** (*tiempo*) second **2** (*plato*) main course: *¿Qué quieres de ~?* What would you like as a main course? **LOC** **de segunda mano** secondhand *Ver tb* ECUACIÓN, PRIMO

seguramente *adv* probably

seguridad *nf* **1** (*contra accidente*) safety: *la ~ vial* road safety ◇ *Por su propia ~ le recomendamos…* For your safety, we recommend… **2** (*contra un ataque/robo, garantía*) security: *controles de ~* security checks **3** (*certeza*) certainty: *Con toda ~ lloverá mañana.* It's bound to rain tomorrow. **4** (*en sí mismo*) self-confidence **LOC** **cartilla/tarjeta de la Seguridad Social** medical card ◆ **Seguridad Social** ❶ El equivalente en Gran Bretaña se llama **the National Health Service**. *Ver tb* CINTURÓN, COPIA

seguro, -a *adj* **1** (*convencido*) sure: *Estoy segura de que vendrán.* I'm sure they'll come. **2** (*sin riesgo*) safe: *un lugar ~* a safe place **3** (*estable, bien sujeto*) secure: *un trabajo ~* a secure job **4** (*fiable*) reliable: *una cerradura segura* a reliable lock **5** *(persona)* self-confident

▸ *nm* **1** *(póliza)* insurance *[incontable]*: *sacarse un ~ de vida* to take out life insurance **2** *(mecanismo)* safety catch

▸ *adv* for certain: *No lo saben ~.* They don't know for certain. **LOC** **seguro que…** *Seguro que llegan tarde.* They're bound to be late. ◇ *¡Seguro que sí!* Of course! *Ver tb* LENTO

seis *adj, nm, pron* **1** six: *el número ~* number six ◇ *sacar un ~ en un examen* to get six in an exam ◇ *El ~ sigue al cinco.* Six comes after five. ◇ *Seis y tres son nueve.* Six and three are/make nine. ◇ *Seis por tres (son) dieciocho.* Three sixes are eighteen. **2** *(fecha)* sixth: *Fuimos el 6 de mayo.* We went on 6 May. **ⓘ** Se lee: 'the sixth of May'. **LOC** **a las seis** at six o'clock ◆ **dar las seis** to strike six: *Dieron las ~ en el reloj.* The clock struck six. ◆ **las seis menos cinco, etc.** five, etc. to six ◆ **las seis menos cuarto** a quarter to six ◆ **las seis y cinco, etc.** five, etc. past six; five, etc. after six *(USA)* ◆ **las seis y cuarto** a quarter past six, a quarter after six *(USA)* ◆ **las seis y media** half past six ◆ **seis de cada diez** six out of ten ◆ **son las seis** it's six o'clock ➔ *Ver nota en* O'CLOCK **ⓘ** *Para más información sobre el uso de los números, fechas, etc., ver págs.* 802-806.

seiscientos, -as *adj, nm, pron* six hundred: *~ cuarenta y dos* six hundred and forty-two ◇ *Éramos ~ en la boda.* There were six hundred of us at the wedding. ◇ *hace ~ años* six hundred years ago

▸ *nm* six hundred **LOC** **seiscientos un(o), seiscientos dos, etc.** six hundred and one, six hundred and two, etc. ➔ *Ver pág* 802

seísmo *nm* earthquake

selección *nf* **1** selection: *prueba de ~* selection test **2** *(equipo)* (national) team: *la ~ española de baloncesto* the Spanish basketball team

seleccionador, -ora *nm-nf (Dep)* manager

seleccionar *vt* to select

selectividad *nf* university entrance exam ➔ *Ver nota en* A LEVEL

selecto, -a *adj* select: *un grupo/restaurante ~* a select group/restaurant

selfi *nm o nf* selfie: *hacerse un ~* to take a selfie **LOC** **brazo/palo selfi** selfie stick

sellar *vt* **1** *(cerrar)* to seal: *~ un sobre/una amistad* to seal an envelope/a friendship **2** *(estampar un sello)* to stamp: *~ un pasaporte* to stamp a passport

sello *nm* stamp: *Dos ~s para España, por favor.* Two stamps for Spain, please. ◇ *un ~ con el nombre del colegio* a stamp with the school's name on it ➔ *Ver nota en* STAMP

selva *nf* jungle

semáforo *nm* traffic lights *[pl]*: *un ~ en rojo* a red light

semana *nf* week: *la ~ pasada/que viene* last/next week ◇ *dos veces por ~* twice a week **LOC** **entre semana** during the week ◆ **semana blanca** February half-term ◆ **Semana Santa** Easter: *¿Qué vais a hacer en Semana Santa?* What are you doing at Easter? **ⓘ** También existe la expresión **Holy Week**, pero se usa solamente para referirse a las festividades religiosas. ◆ **una semana sí y otra no** every other week *Ver tb* FIN

semanal *adj* **1** *(de cada semana)* weekly: *una revista ~* a weekly magazine **2** *(a la semana)*: *Tenemos una hora ~ de gimnasia.* We have one hour of PE a week. **LOC** *Ver* PUBLICACIÓN

sembrar *vt* **1** to sow: *~ trigo/un campo* to sow wheat/a field ◇ *~ el pánico* to sow panic **2** *(hortalizas)* to plant: *Han sembrado ese campo de patatas.* They've planted that field with potatoes.

semejante *adj* **1** *(parecido)* similar: *un modelo ~ a este* a model similar to this one **2** *(tal)* such (a): *¿Cómo pudiste hacer ~ cosa?* How could you do such a thing? **LOC** *Ver* COSA

semejanza *nf* similarity *[pl* similarities*]*

semestre *nm* **1** six months *[pl]*: *durante el primer ~ del año* in the first six months of the year **2** *(universitario)* term, semester *(más formal)*

semicírculo *nm* semicircle

semicorchea *nf (Mús)* semiquaver

semidesnatado, -a *adj* semi-skimmed

semifinal *nf* semi-final

semifinalista *nmf* semi-finalist

semilla *nf* seed

seminario *nm* **1** *(clase)* seminar **2** *(departamento)* department: *el ~ de inglés* the English department **3** *(Relig)* seminary *[pl* seminaries*]*

senado *nm* senate

senador, -ora *nm-nf* senator

sencillez *nf* simplicity

sencillo, -a *adj* **1** *(sin ostentación, fácil)* simple: *una comida sencilla* a simple meal **2** *(persona)* straightforward

▸ *nm (disco)* single: *el último ~ del grupo* the group's latest single

senderismo *nm* hiking: *hacer ~* to go hiking

sendero *nm (tb* **senda** *nf)* path

seno *nm* breast

sensación *nf* **1** *(percepción)* feeling: *Me da la ~ de que algo va a ocurrir.* I have the feeling something's going to happen. **2** *(éxito)* hit: *la ~ del verano* this summer's big hit **LOC** **causar/hacer sensación** *(hacer furor)* to cause a sensation

sensacional *adj* sensational

sensacionalista *adj* sensationalist `LOC` *Ver* PRENSA

sensatez *nf* good sense

sensato, -a *adj* sensible

sensibilidad *nf* **1** (*emoción, capacidad de sentir*) sensitivity **2** (*tacto*) feeling: *No tiene ~ en las piernas.* He has no feeling in his legs.

sensible *adj* **1** sensitive (*to sth*): *Mi piel es muy ~ al sol.* My skin is very sensitive to the sun. ◊ *Es una niña muy ~.* She's a very sensitive child. ❶ La palabra inglesa **sensible** significa *sensato* o *acertado*. **2** (*grande*) noticeable: *una mejora ~* a noticeable improvement

sensual *adj* sensual

sentada *nf* (*protesta*) sit-in [*pl* sit-ins] `LOC` **de/en una sentada** in one go

sentado, -a *adj* sitting, seated (*más formal*): *Estaban ~s a la mesa.* They were sitting at the table. ◊ *Se quedaron ~s.* They remained seated. `LOC` **dar por sentado** to assume *sth Ver tb* SENTAR

sentar *vt* to sit: *Sentó al niño en una silla.* He sat the baby down in a chair.
▸ *vi* to suit: *Te sienta mejor el rojo.* The red one suits you better. ◊ *¿Qué tal me sienta?* How does it look?
▸ **sentarse** *vp* to sit (down): *Siéntese.* Sit down, please. ◊ *Nos sentamos en el suelo.* We sat on the floor. `LOC` **sentar bien/mal 1** (*ropa*) to suit/not to suit *sb*: *Este vestido me sienta muy mal.* This dress doesn't suit me at all. **2** (*alimentos*) to agree/not to agree *with sb*: *El café no me sienta bien.* Coffee doesn't agree with me. **3** (*hacer buen efecto*) to do *sb* good/no good: *Me sentó bien el descanso.* The rest did me good. **4** (*tomar bien/mal*) to be pleased/upset: *Me sentó mal que no me invitaran.* I was upset that I wasn't invited. ◆ **sentar como un guante** to fit like a glove ◆ **sentar (la) cabeza** to settle down *Ver tb* PATADA, PINTADO, TIRO

sentencia *nf* **1** (*Jur*) sentence **2** (*dicho*) maxim `LOC` *Ver* DICTAR

sentenciar *vt* to sentence *sb* (*to sth*)

sentido *nm* **1** sense: *los cinco ~s* the five senses ◊ *~ del humor* sense of humour **2** (*significado*) meaning **3** (*dirección*) direction **4** (*conciencia*) consciousness: *perder/recuperar el ~* to lose/regain consciousness `LOC` **en este/ese sentido** in this/that respect ◆ **sentido común** common sense ◆ **sentido único** one-way: *una calle de ~ único* a one-way street ◆ **tener sentido** to make sense: *No tiene ~.* It doesn't make sense. *Ver tb* CAMBIO, CARECER, CIERTO, DOBLE, SEXTO

sentimental *adj* **1** (*valor, persona*) sentimental: *valor ~* sentimental value **2** (*relación, problema, asunto*) emotional **3** (*vida*) love: *vida ~* love life `LOC` *Ver* COMPAÑERO, CONSULTORIO

sentimiento *nm* feeling `LOC` *Ver* ACOMPAÑAR

sentir *vt* **1** (*sensación, sentimiento*) to feel: *~ frío/hambre* to feel cold/hungry ◊ *~ vergüenza* to feel embarrassed ◊ *Sentí su mano sobre la mía.* I felt his hand on mine. **2** (*oír*) to hear **3** (*lamentar*) to be sorry about *sth/(that…)*: *Siento no poder ayudarte.* I'm sorry (that) I can't help you. ◊ *Sentimos mucho tu desgracia.* We're very sorry about your bad luck. ⊃ *Ver nota en* SORRY
▸ **sentirse** *vp* to feel: *Me siento muy cansada.* I feel very tired. `LOC` **lo siento (mucho)** I'm (very) sorry *Ver tb* GANA, NÁUSEA, OBLIGADO, SIMPATÍA, SOLO

seña *nf* **1** (*gesto*) sign **2** señas (*dirección*) address [*v sing*] `LOC` **hacer señas** to signal: *Me hacían ~s para que parase.* They were signalling to me to stop.

señal *nf* **1** (*indicio, signo*) sign: *Es una buena/mala ~.* It's a good/bad sign. ◊ *~es de tráfico* road signs ◊ *en ~ de protesta* as a sign of protest **2** (*gesto*) signal: *Dio la ~ de salida.* He gave the starting signal. ◊ *El conductor del otro coche me hacía ~es.* The driver of the other car was signalling to me. **3** (*marca*) mark: *~ de nacimiento* birthmark **4** (*teléfono*) tone: *la ~ de marcar/ocupado* the dialling/engaged tone **5** (*fianza*) deposit `LOC` **dar señales** to show signs *of sth/doing sth*

señalar *vt* **1** (*mostrar, afirmar*) to point *sth* out: *~ algo en un mapa* to point sth out on a map ◊ *Señaló que…* He pointed out that… **2** (*marcar*) to mark: *Señala las faltas en rojo.* Mark the mistakes in red. `LOC` **señalar con el dedo** to point at/to/towards *sb/sth*

señalización *nf* (*en carretera*) road signs [*pl*]

señalizar *vt* to signpost

señor, -ora *nm-nf* **1** (*masc*) man [*pl* men]: *Hay un ~ que quiere hablar contigo.* There's a man who wants to talk to you. **2** (*fem*) woman [*pl* women]: *una peluquería de señoras* a ladies' hairdresser **3** **el señor/la señora Pérez, etc.** Mr/Mrs Pérez, etc. ❶ En inglés no se usa el artículo delante de **Mr** o **Mrs**: *¿Está el señor López?* Is Mr López in? ◊ *los señores de Soler* Mr and Mrs Soler. **4** (*delante del nombre o de un cargo*): *La señora Luisa es la costurera.* Luisa is the dressmaker. ◊ *el ~ alcalde* the mayor **5** (*para llamar la atención*) excuse me!: *¡Señor! Se le ha caído el billete.* Excuse me! You've dropped your ticket. **6** (*en saludos formales*)

(a) (masc) sir: *Buenos días ~.* Good morning, sir. **(b)** (fem) madam: *¿Le pasa algo, señora?* Is anything the matter, madam? ◇ *Señoras y ~es…* Ladies and gentlemen…

▸**Señor** nm (Relig) Lord **LOC** **¡no señor!** no way! ◆ **¡señor!** good Lord! ◆ **¡sí señor!** (¡eso es!) that's right! *Ver tb* MUY

señora nf (esposa) wife [pl wives] **LOC** **señora de la limpieza** cleaning lady [pl ladies] *Ver tb* SEÑOR

señorita nf **1** (fórmula de cortesía) Ms, Miss

> 🔎 **Miss** se utiliza para mujeres solteras y va seguido del apellido o del nombre y apellido: 'Miss Jones' o 'Miss Mary Jones'.
> Actualmente mucha gente prefiere utilizar **Ms**, seguido del apellido o del nombre y apellido, ya que no especifica el estado civil de la persona, es decir que se utiliza tanto para mujeres casadas como solteras. Ni **Ms** ni **Miss** se pueden usar solo con el nombre propio: *Llame a la señorita Elena.* Phone Elena.

2 (maestra) teacher: *La ~ nos pone muchos deberes.* Our teacher gives us a lot of homework. **3** (para llamar la atención) excuse me!: *¡Señorita! ¿Me puede atender, por favor?* Excuse me! Can you help me please?

separación nf **1** separation **2** (distancia) gap: *Hay siete metros de ~.* There's a seven-metre gap.

separado, -a adj **1** (estado civil) separated: *—¿Soltera o casada? —Separada.* 'Married or single?' 'Separated.' **2** (aparte) separate: *llevar vidas separadas* to lead separate lives **LOC** **por separado** separately *Ver tb* SEPARAR

separar vt **1** (dividir) to separate sb/sth (from sb/sth): *Separa las bolas rojas de las verdes.* Separate the red balls from the green ones. **2** (alejar) to move sb/sth away (from sb/sth): *~ la mesa de la ventana* to move the table away from the window **3** (guardar) to put sth aside: *Sepárame uno de esos.* Put one of those aside for me.

▸**separarse** vp **1** to split up, to separate (más formal): *Se han separado.* They've split up. ◇ *Se separó de su marido.* She separated from her husband. ◇ *Nos separamos a mitad de camino.* We split up halfway. **2** (apartarse) to move away (from sb/sth): *Sepárate un poco de la pared, que la vas a rozar.* Move away a bit from the wall, or you'll scratch it. ◇ *No te separes de mí.* Stay close to me.

separatista adj, nmf separatist

sepia nf cuttlefish [pl cuttlefish]

septiembre (tb **setiembre**) nm September (abrev Sept.) ➔ *Ver ejemplos en* ENERO

séptimo, -a adj, nm-nf, pron seventh ➔ *Ver ejemplos en* SEXTO **LOC** **estar en el séptimo cielo** to be in seventh heaven

sepultura nf grave

sequía nf drought

ser¹ vi **1** to be: *Es alta.* She's tall. ◇ *Soy de Jaén.* I'm from Jaén. ◇ *Dos y dos son cuatro.* Two and two are four. ◇ *Son las siete.* It's seven o'clock. ◇ *—¿Cuánto es? —Son 35 céntimos.* 'How much is it?' '(It's) 35 cents.' ◇ *—¿Quién es? —Soy Ana.* 'Who is it?' 'It's Ana.' ◇ *En mi familia somos seis.* There are six of us in my family.

> 🔎 En inglés se utiliza el artículo indefinido **a/an** delante de profesiones en oraciones con el verbo **be**: *Es médico/ingeniero.* He's a doctor/an engineer.

2 ~ **de** (material) to be made of sth: *Es de aluminio.* It's made of aluminium.

▸v aux to be: *Será juzgado el lunes.* He will be tried on Monday. **LOC** **a no ser que…** unless… ◆ **de no ser por…** if it wasn't/weren't for…: *De no ~ por él, me iría.* If it wasn't for him, I'd go. ◇ *De no ~ por ti, nos hubiéramos perdido.* If it weren't for you, we'd have got lost. ◆ **es más** what's more ◆ **¡eso es!** that's right! ◆ **es que…** *Es que no me apetece.* I just don't feel like it. ◇ *¡Es que es muy caro!* It's very expensive! ◇ *¿Es que no os conocíais?* Didn't you know each other, then? ◆ **lo que sea** whatever ◆ **no sea que/no vaya a ser que** (just) in case ◆ **o sea…** that's to say…: *el día 17, o sea el martes pasado* the 17th, that's to say last Tuesday ◇ *¿O sea que os vais mañana?* So you're leaving tomorrow, are you? ◆ **por si fuera poco** to top it all ◆ **¿qué es de…?** *¿Qué es de tu hermana?* What's your sister been up to? ◇ *¿Qué es de vuestra vida?* What have you been up to? ◆ **sea como sea** no matter how/what: *Sea como sea, me voy de vacaciones.* I'm going on holiday no matter what. ◇ *Lo terminaremos, sea como sea.* No matter how we do it, we'll finish it. ◆ **sea quien sea** whoever he/she is ◆ **si no es/fuera por** if it weren't for sb/sth ◆ **si yo fuera…** if I were… ◆ **soy yo** it's me, you, etc. ❶ Para otras expresiones con **ser**, véanse las entradas del sustantivo, adjetivo, etc., p. ej. **ser el colmo** en COLMO.

ser² nm being: *un ~ humano/vivo* a human/living being ◇ *los ~es queridos* the loved ones

Serbia nf Serbia

serbio, -a adj, nm Serbian: *hablar ~* to speak Serbian

▸nm-nf Serb: *los ~s* the Serbs

serenidad nf calm: *Pidieron que se mantuviera la ~.* They appealed for calm.

sereno, -a adj calm

▸*nm* (*vigilante*) nightwatchman [*pl* -men]

serial *nm* serial ➔ *Ver nota en* SERIES

serie *nf* series [*pl* series]: *una ~ de desgracias* a series of disasters ◇ *una nueva ~ televisiva* a new TV series ➔ *Ver nota en* SERIES LOC **de serie** fitted as standard: *El coche tiene airbag de ~.* The car has an airbag fitted as standard. *Ver tb* CABEZA, FABRICAR, PRODUCCIÓN

serio, -a *adj* **1** (*riguroso, importante, de aspecto severo*) serious: *un libro/asunto ~* a serious book/matter **2** (*cumplidor*) reliable: *Es una persona muy seria para los negocios.* He's very reliable when it comes to business. LOC **en serio** seriously: *tomar algo en ~* to take sth seriously ◇ *¿Lo dices en ~?* Are you serious? ◆ **ponerse serio con algn** to get cross with sb

sermón *nm* (*Relig*) sermon LOC **echar un sermón** to give *sb* a lecture *Ver tb* SOLTAR

seropositivo, -a *adj* HIV-positive

serpentina *nf* streamer

serpiente *nf* snake LOC **serpiente de cascabel** rattlesnake

serrano, -a *adj* LOC *Ver* JAMÓN

serrar *vt* to saw *sth* (up): *Serré la madera.* I sawed up the wood.

serrín *nm* sawdust

servicio *nm* **1** service: *~ de autobuses* bus service ◇ *el sector ~s* the service sector ◇ *~ incluido* service included ◇ *Al tenista ruso le falló el ~.* The Russian player's service let him down. **2** (*doméstico*) domestic help **3** (*cuarto de baño*) toilet, bathroom (*USA*): *¿Los ~s por favor?* Where are the toilets, please? ➔ *Ver nota en* TOILET LOC **hacer el servicio militar** to do (your) military service *Ver tb* ÁREA, ESTACIÓN

servidor *nm* (*Informát*) server LOC **servidor de internet** Internet service provider

servilleta *nf* napkin: *~s de papel* paper napkins

servir *vt* **1** to serve: *Tardaron mucho en ~nos.* They took a long time to serve us. **2** (*poner comida o bebida*): *¿Te sirvo un poco más?* Can I give you some more? ◇ *Me sirvió un té.* She poured me a cup of tea.
▸*vi* **1** (*en el ejército, Tenis*) to serve: *~ en la marina* to serve in the navy **2 ~ de/como/para** to serve as *sth/to do sth*: *Sirvió para aclarar las cosas.* It served to clarify things. ◇ *La caja me sirvió de mesa.* I used the box as a table. **3 ~ para** (*usarse*) to be (used) for *doing sth*: *Sirve para cortar.* It is used for cutting. ◇ *¿Para qué sirve?* What do you use it for?
▸ **servirse** *vp* (*comida*) to help yourself (to *sth*): *Me serví ensalada.* I helped myself to salad. ◇ *Sírvase usted mismo.* Help yourself. LOC **no servir 1** (*utensilio*) to be no good (*for doing sth*): *Este*

cuchillo no sirve para cortar carne. This knife is no good for cutting meat. **2** (*persona*) to be no good *at sth/doing sth*: *No sirvo para enseñar.* I'm no good at teaching. *Ver tb* BANDEJA

sesenta *adj, nm, pron* **1** sixty **2** (*sexagésimo*) sixtieth: *Estás el ~ en la lista.* You're sixtieth on the list. ◇ *el ~ aniversario* the sixtieth anniversary LOC **los sesenta** (*década*) the sixties ◆ **sesenta y un(o), sesenta y dos, etc.** sixty-one, sixty-two, etc. ➔ *Ver pág* 802

sesión *nf* **1** session: *~ de entrenamiento/clausura* training/closing session **2** (*Cine*) showing **3** (*Teat*) performance

seso *nm* brain LOC **devanarse los sesos** to rack your brains *Ver tb* ESTRUJAR

seta *nf* mushroom LOC *Ver* VENENOSO

setecientos, -as *adj, nm, pron* seven hundred ➔ *Ver ejemplos en* SEISCIENTOS

setenta *adj, nm, pron* **1** seventy **2** (*septuagésimo*) seventieth ➔ *Ver ejemplos en* SESENTA

seto *nm* hedge

seudónimo *nm* pseudonym

severo, -a *adj* **1** (*tono, expresión, medida*) severe: *Nos habló en un tono muy ~.* He spoke to us very severely. **2 ~ (con)** (*estricto*) strict (with *sb*): *Mi padre era muy ~ con nosotros.* My father was very strict with us. **3** (*castigo, crítica, clima*) harsh

sevillanas *nf* flamenco-style dance from Seville

sexista *adj, nmf* sexist ➔ *Ver nota en* CATÓLICO

sexo *nm* sex

sexto, -a *adj* **1** sixth: *la sexta hija* the sixth daughter **2** (*en títulos*): *Felipe VI* Philip VI ❶ *Se lee:* 'Philip the Sixth'.
▸*nm-nf, pron* sixth: *Es el ~ en la línea de sucesión al trono.* He's sixth in line to the throne. ◇ *Quedé (el) ~ en la carrera.* I came sixth in the race. ➔ *Ver pág* 802
▸*nm* **1** sixth: *cinco ~s* five sixths **2** (*planta*) sixth floor: *Vivo en el ~.* I live on the sixth floor. LOC **la/una sexta parte** a sixth ◆ **sexto sentido** sixth sense

sexual *adj* **1** sexual **2** (*educación, órganos, vida*) sex: *educación ~* sex education LOC *Ver* ABUSO, ACOSO, ENFERMEDAD

sexualidad *nf* sexuality

sexy *adj* sexy

share *nm* (*TV*) audience share

short *nm* **shorts** shorts [*pl*]: *Se compró unos ~s nuevos.* He bought a new pair of shorts/some new shorts. ➔ *Ver nota en* PAIR

show *nm* (*espectáculo*) show

S

si¹ *conj* **1** (*condición*) if: *Si llueve no iremos.* If it rains, we won't go. ◊ *Si fuera rico, me compraría una moto.* If I were rich, I'd buy a motorbike. ❶ Es más correcto decir 'if I/he/she/it **were**', pero hoy en día en el lenguaje hablado se suele usar 'if I/he/she/it **was**'. **2** (*duda*) whether: *No sé si quedarme o marcharme.* I don't know whether to stay or go. **3** (*deseo*) if only: *¡Si me lo hubieras dicho antes!* If only you had told me before! **4** (*protesta*) but: *¡Si no me lo habías dicho!* But you didn't tell me! **5** (*uso enfático*) really: *Si será despistada.* She's really scatterbrained. **LOC** **si no** (*de lo contrario*) otherwise: *Hazlo si tienes tiempo, y, si no, ya lo haré yo.* Do it if you have time. Otherwise, I will.

si² *nm* B: *si mayor* B major

sí¹ *adv* **1** (*afirmación*) yes: *—¿Quieres un poco más? —Sí.* 'Would you like a bit more?' 'Yes, please.' ◊ *Me dijo que sí.* She said yes. **2** (*uso enfático*) *Sí que estoy contenta.* I am really happy. ◊ *Ella no irá, pero yo sí.* She's not going but I am.
▸ *nm* yes: *Contestó con un tímido sí.* He shyly said yes. **LOC** **¡eso sí que no!** definitely not!

sí² *pron* **1** (*él*) himself: *Hablaba para sí (mismo).* He was talking to himself. **2** (*ella*) herself: *Solo sabe hablar de sí misma.* She can only talk about herself. **3** (*ello*) itself: *El problema se solucionó por sí solo.* The problem solved itself. **4** (*ellos, ellas*) themselves **5** (*impersonal, usted*) yourself: *querer algo para sí* to want sth for yourself ⊃ *Ver nota en* YOU **6** (*ustedes*) yourselves **LOC** **darse de sí** (*prendas, zapatos*) to stretch ◆ **de por sí/en sí (mismo)** in itself

siamés, -esa *adj* **LOC** *Ver* GATO, HERMANO

sida (*tb* SIDA) *nm* AIDS

siderurgia *nf* iron and steel industry

siderúrgico, -a *adj* iron and steel: *el sector ~ español* the Spanish iron and steel sector

sidra *nf* cider

siembra *nf* sowing

siempre *adv* always: *Siempre dices lo mismo.* You always say the same thing. ◊ *Siempre he vivido con mis primos.* I've always lived with my cousins. ⊃ *Ver nota en* ALWAYS **LOC** **como siempre** as usual ◆ **de siempre** (*acostumbrado*) usual: *Nos veremos en el sitio de ~.* We'll meet in the usual place. ◆ **lo de siempre** the usual thing ◆ **para siempre 1** (*referido a un estado*) forever: *Nuestro amor es para ~.* Our love will last forever. **2** (*referido a una acción*) for good: *Me marcho de España para ~.* I'm leaving Spain for good. ◆ **siempre que…** whenever…:

Siempre que vamos de vacaciones te pones enfermo. Whenever we go on holiday, you get ill.

sien *nf* temple

sierra *nf* **1** (*Geog*) mountain range **2** (*región*) mountains [*pl*]: *una casita en la ~* a cottage in the mountains **3** (*herramienta*) saw

siesta *nf* siesta **LOC** **dormir/echarse la siesta** to have a siesta

siete *nm, adj, pron* **1** seven **2** (*fecha*) seventh ⊃ *Ver ejemplos en* SEIS **LOC** **tener siete vidas** to have nine lives

sigilosamente *adv* very quietly

sigla *nf* **siglas** abbreviation [*v sing*]: *¿Cuáles son las ~s de…?* What's the abbreviation for…? ◊ *UE son las ~s de la Unión Europea.* UE stands for 'Unión Europea'.

siglo *nm* **1** (*centuria*) century [*pl* centuries]: *en el ~ XX* in the 20th century **2** (*era*) age: *Vivimos en el ~ de los ordenadores.* We live in the computer age. **3** **siglos** (*mucho tiempo*) ages: *Hace ~s que no le veo.* It's ages since I've seen him. **LOC** **Siglo de Oro** Golden Age

significado *nm* meaning

significar *vt* to mean (*sth*) (*to sb*): *¿Qué significa esta palabra?* What does this word mean? ◊ *Él significa mucho para mí.* He means a lot to me.

signo *nm* **1** (*señal, gesto, Astrol*) sign: *los ~s del zodíaco* the signs of the zodiac ◊ *¿Qué signo eres?* What sign are you? **2** (*imprenta, fonética*) symbol **LOC** **signo de admiración/exclamación** exclamation mark, exclamation point (*USA*) ◆ **signo de interrogación** question mark ⊃ *Ver pág 395* ◆ **signo negativo** (*Mat*) minus (sign) ◆ **signo positivo** (*Mat*) plus (sign)

siguiente *adj* **1** (*en el tiempo*) next, following (*más formal*): *Al día ~ fuimos a Valencia.* The next day we went to Valencia. **2** (*que se dice a continuación*) following: *Busca el plural de las ~s palabras…* Find the plurals of the following words…
▸ *nmf* next one: *Que pase la ~.* Tell the next one to come in. **LOC** **lo siguiente** the following

sílaba *nf* syllable

silbar *vt, vi* **1** to whistle: *~ una canción* to whistle a tune **2** (*abuchear*) to boo

silbato *nm* whistle: *El árbitro tocó el ~.* The referee blew the whistle.

silbido *nm* **1** (*sorpresa, admiración*) whistle: *Dio u~.* She whistled. **2** (*viento*) whistling **3** (*protesta, serpiente*) hiss

silenciar *vt* **1** (*persona*) to silence **2** (*suceso*) to hush *sth* up **3** (*móvil*) to mute

silencio nm silence: *En la clase había ~ absolu-to.* There was total silence in the classroom. **LOC** *¡silencio!* be quiet! *Ver tb* ROGAR

silencioso, -a adj **1** (tranquilo, callado) quiet: *una calle muy silenciosa* a very quiet street ◊ *Estás muy ~ hoy.* You're very quiet today. **2** (en silencio) silent: *La casa estaba totalmente silenciosa.* The house was totally silent.

silicona nf silicone

silla nf **1** (mueble) chair: *sentado en una ~* sitting on a chair **2** (de niño) pushchair, stroller (USA) **LOC** **silla (de montar)** saddle ◆ **silla de ruedas** wheelchair ◆ **silla giratoria** swivel chair

sillón nm armchair: *sentado en un ~* sitting in an armchair

silueta nf silhouette

silvestre adj wild

SIM nf **LOC** *Ver* TARJETA

simbólico, -a adj symbolic

simbolizar vt to symbolize

símbolo nm symbol

simetría nf symmetry

simétrico, -a adj symmetrical

similar adj ~ **(a)** similar (to sb/sth)

simio, -a nm-nf ape

simpa nm **LOC** **hacer un simpa** to do a runner

simpatía nf charm **LOC** **sentir/tener simpatía hacia/por algn** to like sb

simpático, -a adj nice: *Es una chica muy sim-pática.* She's a very nice girl. ◊ *Me pareció/ca-yó muy ~.* I thought he was very nice.

🔎 La palabra inglesa **sympathetic** no significa *simpático*, sino *comprensivo, compasivo*: *Everyone was very sympathetic.* Todos fueron muy comprensivos.

LOC **hacerse el simpático** to try to be nice: *Se estaba haciendo el ~.* He was trying to be nice.

simpatizante nmf supporter: *ser ~ del parti-do liberal* to be a liberal party supporter

simpatizar vi (llevarse bien) to get on (well) (with sb)

simple adj **1** (sencillo, fácil) simple: *No es tan ~ como parece.* It's not as simple as it looks. **2** (mero): *Es un ~ apodo.* It's just a nickname. **LOC** **a simple vista** at first glance

simplemente adv simply, just (más coloq) **LOC** **es simplemente que…** it's just that…

simplificar vt to simplify

simulacro nm **1** (de vuelo) simulation **2** (de ata-que) mock: *un ~ de batalla* a mock battle **3** (de fuego, salvamento) drill: *un ~ de incendio* a fire drill

simultáneo, -a adj simultaneous

sin prep **1** without: *~ azúcar* without sugar ◊ *~ pensar* without thinking

🔎 Cuando *sin* va seguido de una palabra ne-gativa como "nada", "nadie", etc., éstas se traducen por **anything, anyone**, etc: *Salió sin decir nada.* She left without saying any-thing. ◊ *Salieron sin que nadie les viera.* They left without anyone seeing them.

2 (por hacer): *Los platos estaban todavía ~ fregar.* The dishes still hadn't been done. ◊ *Tuve que dejar el trabajo ~ terminar.* I had to leave the work unfinished.

sinagoga nf synagogue

sinceramente adv **1** (con sinceridad) sincerely: *Lo dijo ~.* He said it sincerely. **2** (para dar opinión) honestly: *Sinceramente, me parece una pérdi-da de tiempo.* To be honest, I think it's a waste of time

sinceridad nf sincerity

sincero, -a adj sincere

sincronizar vt to synchronize: *Sincronicemos los relojes.* Let's synchronize our watches.

sindical adj (trade) union, (labor) union (USA): *un líder ~* a trade union leader

sindicato nm (trade) union, (labor) union (USA): *el ~ de mineros* the miners' union

síndrome nm syndrome **LOC** **síndrome de abstinencia** withdrawal symptoms [pl] ◆ **síndrome de Asperger** Asperger's syndrome ◆ **síndrome de inmunodeficiencia adquirida** (abrev **sida**) Acquired Immune Deficiency Syndrome (abrev AIDS) ◆ **síndrome premenstrual** premenstrual syndrome (abrev PMS)

sinfonía nf symphony [pl symphonies]

sinfónico, -a adj **1** (música) symphonic **2** (orquesta) symphony: *orquesta sinfónica* symphony orchestra

single nm (disco sencillo) single

singular adj, nm singular

siniestro, -a adj sinister: *aspecto ~* sinister appearance **LOC** *Ver* DIESTRO

sino conj but: *no solo en Madrid, ~ también en otros sitios* not only in Madrid but in other places as well ◊ *No hace ~ criticar.* He does nothing but criticize.

sinónimo, -a adj ~ **(de)** synonymous (with sth) ▸ nm synonym

sinóptico, -a adj **LOC** **cuadro/esquema sinóptico** diagram

sinpa *Ver* SIMPA

sintético, -a adj synthetic

síntoma nm symptom

sintonizar *vt, vi* to tune in (*to sth*): ~ *(con) la BBC* to tune in to the BBC

sinvergüenza *nmf* **1** (*estafador*) rogue **2** (*descarado*) cheeky devil

siquiera *adv* **1** (*en oraciones negativas*) even: *Ni ~ me llamaste.* You didn't even phone me. ◇ *sin vestirme ~* without even getting dressed **2** (*al menos*) at least: *Dame ~ una idea.* At least give me an idea.

sirena *nf* **1** (*señal acústica*) siren: *~ de policía* police siren **2** (*mujer-pez*) mermaid

sirviente, -a *nm-nf* servant

sisi *nmf* young person who studies and works (at the same time): *la generación ~* the generation that both studies and works

sistema *nm* **1** system: *~ político/educativo* political/education system ◇ *el ~ solar* the solar system **2** (*método*) method: *los ~s pedagógicos modernos* modern teaching methods **LOC** **hacer algo por sistema** to invariably do sth: *Mi hermana me contradice por ~.* My sister invariably contradicts me. ◆ **sistema montañoso** mountain range

sistemático, -a *adj* systematic **LOC** **es sistemático** it's always the same

sitio *nm* **1** (*lugar*) place: *un ~ para dormir* a place to sleep **2** (*espacio*) room: *¿Hay ~?* Is there any room? ◇ *Creo que no habrá ~ para todos.* I don't think there'll be enough room for everyone. **3** (*asiento*) seat: *La gente buscaba ~.* People were looking for seats. **LOC** **hacer sitio** to make room (*for sb/sth*) ◆ **ir de un sitio a/para otro** to rush around ◆ **sitio web** website: *¡Visita nuestro ~ web!* Visit our website! *Ver tb* ALGUNO, CUALQUIERA, NINGUNO, OTRO

situación *nf* **1** (*coyuntura, circunstancias*) situation: *una ~ difícil* a difficult situation ◇ *la ~ económica* the economic situation **2** (*localización*) location

situado, -a *adj* (*localizado, en la sociedad*) situated: *Mi tío está muy bien ~.* My uncle has done very well for himself. *Ver tb* SITUAR

situar *vt* **1** (*colocar*) to put, to place (*más formal*): *Lo han situado entre los mejores hoteles del país.* They've put it among the top hotels in the country. **2** (*en un mapa*) to find: *Sitúame Suiza en el mapa.* Find Switzerland on the map. ▸ **situarse** *vp* **1** (*en una clasificación*) to be: *~se entre las cinco primeras* to be among the top five **2** (*en la sociedad*) to do well for yourself: *Ha logrado ~se muy bien.* He's done very well for himself. **3** (*colocarse*) to position yourself: *Los fotógrafos se situaron cerca del escenario.* The photographers positioned themselves near

the stage. **LOC** **situarse a la cabeza** to lead the field

slogan = ESLOGAN

smoking = ESMOQUIN

SMS *nm* (*mensaje*) text message

snob = ESNOB

snowboard (*tb* **snow**) *nm* snowboarding **LOC** *Ver* TABLA

sobaco *nm* armpit

sobar *vt* **1** (*cosa*) to finger: *Deja de ~ la tela.* Stop fingering the material. **2** (*persona*) to paw

soberanismo *nm* independence movement

soberanista *adj* pro-independence: *el partido/movimiento ~* the pro-independence party/movement

soberano, -a *adj, nm-nf* sovereign

soberbia *nf* arrogance

soberbio, -a *adj* arrogant

sobornar *vt* to bribe

soborno *nm* **1** (*acción*) bribery [*incontable*]: *intento de ~* attempted bribery **2** (*obsequio*) bribe: *aceptar ~s* to accept/take bribes

sobra *nf* **sobras** (*restos*) leftovers **LOC** **de sobra** **1** (*suficiente*) plenty (*of sth*): *Hay comida de ~.* There's plenty of food. ◇ *Tenemos tiempo de ~.* We have plenty of time. **2** (*muy bien*) very well: *Sabes de ~ que no me gusta.* You know very well that I don't like it. ◆ **estar de sobra** to be in the way: *Ya veo que estoy de ~.* I can see I'm in the way here.

sobrar *vi* **1** (*quedar*) to be left (over): *Sobra queso de anoche.* There's some cheese left (over) from last night. **2** (*haber más de lo necesario*): *Para una falda, sobra tela.* There's plenty of material for a skirt. ◇ *Sobran dos sillas.* There are two chairs too many. **3** (*estar de más*) **(a)** (*cosa*) to be unnecessary: *Sobran las palabras.* Words are unnecessary. **(b)** (*persona*) to be in the way: *Aquí sobramos.* We're in the way here. **LOC** **sobrarle algo a algn** **1** (*quedar*) to have sth left: *Me sobran dos caramelos.* I've got two sweets left. **2** (*tener demasiado*) to have too much/many…: *Me sobra trabajo.* I've got too much work.

sobre¹ *nm* **1** (*de carta*) envelope **2** (*bolsita*) packet, pack (*USA*): *un ~ de sopa* a packet of soup

sobre² *prep* **1** (*encima de*) on: *~ la mesa* on the table **2** (*por encima de*) over: *Volamos ~ Santander.* We flew over Santander. **3** (*temperatura*) *un grado ~ cero* one degree above zero **4** (*acerca de, expresando aproximación*) about: *una película ~ Escocia* a film about Scotland ◇ *Llegaré ~ las ocho.* I'll arrive about eight. **LOC** **sobre todo** especially: *Sobre todo, me inte-*

resa la música. I'm especially interested in music.

sobrecargado, -a *adj* overloaded

sobredosis *nf* overdose

sobremesa *nf* **1** (*conversación*) after-dinner chat: *estar de* ~ to be having an after-dinner chat ◇ *La* ~ *estuvo muy agradable.* We had a very nice chat after dinner. **2** (*programa de TV*) afternoon: *la programación de* ~ afternoon television

sobrenatural *adj* supernatural

sobrentenderse (*tb* **sobreentenderse**) *vp* to be understood **LOC** **se sobrentiende que...** it goes without saying (that)...

sobrepasar *vt* **1** (*cantidad, límite, medida, esperanzas*) to exceed: *Sobrepasó los 170 km por hora.* It exceeded 170 km an hour. **2** (*rival*) to overtake, to pass (*USA*) **3** ~ **a algn en algo**: *Sobrepaso a mi hermana en altura.* I'm taller than my sister now.

sobrepeso *nm* excess weight: *tener problemas de* ~ to be overweight

sobreprotector, -ora *adj* overprotective

sobresaliente *adj* outstanding: *una actuación* ~ an outstanding performance
  ▸ *nm* (*Educ*) excellent: *sacar un* ~ *en historia.* to get 'excellent' for history ➔ *Ver nota en pág 401*

sobresalir *vi* **1** (*objeto, parte del cuerpo*) to stick out, to protrude (*más formal*) **2** (*destacar, resaltar*) to stand out (*from sb/sth*): *Sobresale entre sus compañeras.* She stands out from her friends. **3** ~ **en** to be very good at *sth*: *Sobresale en matemáticas.* He's very good at Maths.

sobresaltar *vt* to startle

sobrevivir *vi* to survive *sth/sb*: ~ *a un accidente* to survive an accident

sobrino, -a *nm-nf* **1** (*masc*) nephew **2** (*fem*) niece **3 sobrinos**

  🔍 A veces decimos *sobrinos* refiriéndonos a sobrinos y sobrinas, en cuyo caso debemos decir en inglés **nephews and nieces**: *¿Cuántos sobrinos tienes?* How many nephews and nieces have you got?

sobrio, -a *adj* sober

sociable *adj* sociable

social *adj* social **LOC** **medios/redes sociales** social media [*incontable, pl*] *Ver tb* ASISTENTE, SEGURIDAD

socialismo *nm* socialism

socialista *adj, nmf* socialist ➔ *Ver nota en* CATÓLICO

sociedad *nf* **1** society [*pl* societies]: *la* ~ *de consumo* the consumer society **2** (*Econ*) company [*pl* companies] **LOC** **sociedad anónima** public

limited company (*abrev* plc) ◆ **sociedad limitada** limited company (*abrev* Ltd) *Ver tb* ECO

socio, -a *nm-nf* **1** (*club*) member **2** (*Econ*) partner **LOC** **hacerse socio** (*asociación, club*) to join *sth*: *hacerse* ~ *de un club de fútbol* to join a football club

sociología *nf* sociology

sociológico, -a *adj* sociological

sociólogo, -a *nm-nf* sociologist

socorrer *vt* to help

socorrido, -a *adj* handy: *una excusa muy socorrida* a very handy excuse *Ver tb* SOCORRER

socorrismo *nm* life-saving

socorrista *nmf* lifeguard

socorro *nm* help
  ▸ **¡socorro!** *interj* help! **LOC** *Ver* CASA

sodio *nm* sodium

sofá *nm* sofa **LOC** **sofá cama** sofa bed

sofisticado, -a *adj* sophisticated

sofocante *adj* stifling: *Hacía un calor* ~. It was stiflingly hot.

sofocar *vt* **1** (*fuego*) to put *sth* out **2** (*rebelión*) to put *sth* down
  ▸ **sofocarse** *vp* **1** (*de calor*) to suffocate: *Me estaba sofocando en el metro.* I was suffocating on the underground. **2** (*quedarse sin aliento*) to get out of breath: *Solo con subir las escaleras me sofoco.* I get out of breath just climbing the stairs. **3** (*irritarse*) to get worked up

sofoco *nm* **1** (*vergüenza*) embarrassment: *¡Qué* ~*!* How embarrassing! **2** (*sudores*) hot flush

software *nm* (*Informát*) software [*incontable*]: *Han creado un nuevo* ~. They've developed some new software/a new software package. **LOC** *Ver* MALICIOSO

soga *nf* rope ➔ *Ver dibujo en* CUERDA **LOC** *Ver* CUELLO

soja *nf* soya; soya, soy (*USA*) **LOC** *Ver* BROTE

sol *nm* **1** sun: *Me daba el* ~ *en la cara.* The sun was shining on my face. ◇ *sentarse al* ~ to sit in the sun ◇ *una tarde de* ~ a sunny afternoon **2** (*Mús*) G: ~ *bemol* G flat **LOC** **de sol a sol** from morning to night ◆ **hacer sol** to be sunny ◆ **no dejar a algn ni a sol ni a sombra** not to leave sb alone for a minute ◆ **tomar el sol** to sunbathe *Ver tb* CLAVE, GAFAS, PUESTA, QUEMADURA, RELOJ, SALIDA

solamente *adv Ver* SOLO

solapa *nf* **1** (*chaqueta*) lapel **2** (*libro, sobre*) flap

solar *adj* (*del sol*) solar
  ▸ *nm* (*terreno*) plot **LOC** **filtro/protector solar** sunscreen *Ver tb* BLOQUEADOR, CREMA, TECHO

soldado *nmf* soldier

S

soleado, -a adj sunny

soledad nf **1** (involuntaria) loneliness: Los ancianos se quejan de su ~. Old people complain about loneliness. ◊ Sentía una gran ~ en medio de aquella multitud. He felt very lonely among all those people. **2** (voluntaria) solitude: Se refugió en la ~ de su cuarto. She took refuge in the solitude of her room. ◊ Le gusta la ~. She likes being alone.

solemne adj solemn

soler vi **1** (en presente) to usually do sth: No suelo desayunar. I don't usually have breakfast. ⊃ Ver nota en ALWAYS **2** (en pasado) used to do sth: Solíamos visitarlo en verano. We used to visit him every summer. ◊ No solíamos salir. We didn't use to go out. ⊃ Ver nota en USED TO

solfeo nm music theory

solicitante nmf applicant (for sth)

solicitar vt **1** (información, permiso, apoyo, servicio) to request: ~ una entrevista to request an interview **2** (empleo, beca) to apply for sth

solicitud nf **1** (petición) request (for sth): atender una ~ de información to deal with a request for information **2** (instancia) application (for sth): una ~ de trabajo a job application ◊ rellenar una ~ to fill in an application (form)

solidaridad nf solidarity

solidario, -a adj supportive: ser/hacerse ~ con algn/algo to be supportive of sb/sth ◊ un acto ~ an act of solidarity

solidez nf solidity

solidificar(se) vt, vp **1** to solidify **2** (agua) to freeze

sólido, -a adj **1** (objeto) solid **2** (relación) stable
▸ nm (Fís) solid

solista nmf soloist

solitario, -a adj **1** (sin compañía) solitary: Lleva una vida muy solitaria. She leads a very solitary life. **2** (lugar) lonely: las calles solitarias the lonely streets
▸ nm (Naipes) patience [incontable]: hacer un ~ to play a game of patience

sollozo nm sob

solo, -a adj **1** (sin compañía) alone: Estaba sola en casa. She was alone in the house. **2** (sin ayuda) by myself, yourself, etc.: El niño ya come ~. He can eat by himself now. **3** (uso enfático) single: No recuerdo un ~ detalle. I can't remember a single detail. ⊃ Ver nota en ALONE
▸ nm solo [pl solos]: hacer un ~ to play/sing a solo LOC estar a solas to be alone: Estaremos a solas. We'll be alone. ◆ estar/sentirse solo to be/feel lonely ◆ quedarse solo to be (left) on your own Ver tb CAFÉ, USO

solo (tb **sólo**, **solamente**) adv only: Trabajo ~ los sábados. I only work on Saturdays. ◊ Es ~ un chiquillo. He's only a child. ◊ Tan ~ te pido una cosa. I'm just asking you one thing. ◊ Es para ti ~. It's just for you. LOC no solo... sino también... not only... but also... ◆ solo con/de... just doing sth: Solo con verla tengo bastante. Just seeing her is enough for me. ◊ Solo de pensarlo me pongo mala. Just thinking about it makes me feel ill.

solomillo nm fillet (steak)

soltar vt **1** (dejar de sujetar) to let go of sb/sth: ¡Suéltame! Let go of me! ◊ ¡No sueltes el volante! Don't let go of the steering wheel! **2** (dejar caer) to drop **3** (dejar libre) to set sb/sth free, to release (más formal) **4** (perro) to set sth loose **5** (cable, cuerda) to let sth out: Suelta un poco de cuerda. Let the rope out a bit. **6** (olor, humo) to give off sth: Suelta mucho humo. It gives off a lot of smoke. **7** (dinero) to cough sth up **8** (grito) to let sth out
▸ **soltarse** vp **1** (separarse) to let go (of sb/sth): No te sueltes de mi mano. Don't let go of my hand. **2** soltarse (en) to get the hang of sth: Se va soltando en inglés. She's getting the hang of English now. **3** (nudo, lazo) to come undone LOC no soltar palabra/prenda not to say a word ◆ soltar amarras to cast off ◆ soltarse el pelo to let your hair down ◆ soltar una carcajada to burst out laughing ◆ soltar una parrafada/un sermón to give sb a lecture (on sth) Ver tb INDIRECTA, ROLLO

soltero, -a adj single: ser/estar ~ to be single
▸ nm-nf single man/woman [pl men/women] LOC Ver DESPEDIDA

solterón, -ona nm-nf **1** (masc) bachelor: Es un ~ empedernido. He is a confirmed bachelor. **2** (fem) spinster ⊃ Ver nota en SPINSTER

soltura nf **1** (desparpajo) self-confidence: Se desenvuelve con ~. He's very confident. **2** (facilidad): Habla francés con ~. She speaks fluent French. ◊ conducir con ~ to drive well ◊ coger ~ con el ordenador to get the hang of the computer

soluble adj soluble: aspirina ~ soluble aspirin

solución nf solution (to sth): encontrar la ~ de problema to find a solution to the problem

solucionar vt to solve: Lo solucionaron con una llamada. They solved the problem with a phone call.
▸ **solucionarse** vp (duda, dificultad) to sort itself out: Se solucionó muy rápido. It sorted itself out very quickly.

solvente adj solvent

sombra nf **1** (ausencia de sol) shade: Nos sentamos en la ~. We sat in the shade. ◊ El árbol daba ~ al coche. The car was shaded by the

sombra

a **shadow**

They're sitting in the **shade.**

tree. ◊ *Me estás haciendo ~.* You're keeping the sun off me. **2** (*silueta*) shadow: *proyectar una ~* to cast a shadow ◊ *No es ni ~ de lo que era.* She is a shadow of her former self. **LOC** **hacer sombra a algn** to put *sb* in the shade: *Su hermano le hace ~.* His brother puts him in the shade. ◆ **sombra (de ojos)** eyeshadow *Ver tb* SOL

sombreado, -a *adj* shady

sombrero *nm* hat **LOC** **sombrero de copa** top hat

sombrilla *nf* (*playa*) sunshade

sombrío, -a *adj* **1** (*oscuro*) dark **2** (*triste*) gloomy

someter *vt* **1** (*dominar*) to subdue **2** (*exponer*) to subject *sb/sth* to *sth*: *~ a los presos a torturas* to subject prisoners to torture ◊ *Sometieron el metal al calor.* The metal was subjected to heat. **3** (*buscar aprobación*) to submit *sth* (*to sb/sth*): *Tienen que ~ el proyecto al consejo.* The project must be submitted to the council.

▸ **someterse** *vp* **1** (*rendirse*) to surrender (*to sb*) **2** (*Med*) to undergo: *~se a un tratamiento* to undergo treatment ◊ *~se a una operación* to have an operation **LOC** **someter a votación** to put *sth* to the vote

somier *nm* bed base

somnífero *nm* sleeping pill

son *nm* sound **LOC** **¿a son de qué?** what/why on earth?: *¿A ~ de qué viene ese comentario?*

What on earth do you mean by that remark? *Ver tb* TON

sonado, -a *adj* much talked-about: *la sonada boda del príncipe* the much-talked-about wedding of the prince **LOC** **estar sonado** to be round the bend *Ver tb* SONAR

sonajero *nm* rattle

sonámbulo, -a *nm-nf* sleepwalker

sonante *adj* **LOC** *Ver* DINERO

sonar *vi* **1** ~ (a) to sound: *Esta pared suena a hueco.* This wall sounds hollow. ◊ *El piano suena de maravilla.* The piano sounds great. ◊ *¿Cómo te suena este párrafo?* How does this paragraph sound to you? **2** (*timbre, campanilla, teléfono*) to ring **3** (*alarma, sirena*) to go off **4** (*ser familiar*) to sound familiar: *Ese nombre me suena.* That name sounds familiar. **5** (*tripas*) to rumble: *Me sonaban las tripas.* My tummy was rumbling.

▸ **sonarse** *vp* (*nariz*) to blow your nose

sonda *nf* (*Med*) probe

sondear *vt* **1** (*persona*) to sound *sb* out (*about/on sth*) **2** (*opinión, mercado*) to test

sondeo *nm* (*opinión, mercado*) poll: *~ de opinión* opinion poll

sonido *nm* sound **LOC** *Ver* CADENA, TÉCNICO

sonoro, -a *adj* **1** sound: *efectos ~s* sound effects **2** (*voz*) loud **LOC** *Ver* BANDA

sonreír *vi* to smile (*at sb*): *Me sonrió.* He smiled at me.

sonriente *adj* smiling

sonrisa *nf* smile

sonrojarse *vp* to blush

soñador, -ora *nm-nf* dreamer

soñar *vi* ~ **con 1** (*durmiendo*) to dream of/about *sb/sth*: *Anoche soñé contigo.* I dreamt about you last night. **2** (*desear*) to dream of *sth/doing sth*: *Sueño con (tener) una moto.* I dream of having a motorbike. ◊ *Sueñan con ser famosos.* They dream of becoming famous.

▸ *vt* to dream: *No sé si lo he soñado.* I don't know if I dreamt it. **LOC** **ni lo sueñes/ni soñarlo** no chance ◆ **soñar con los angelitos** to have sweet dreams ◆ **soñar despierto** to daydream

sopa *nf* soup: *~ de sobre/fideos* packet/noodle soup **LOC** **estar/quedarse sopa** to be sound asleep ◆ **hasta en la sopa** everywhere you look

sopero, -a *adj* soup: *cuchara sopera* soup spoon **LOC** *Ver* PLATO

soplar *vt* **1** (*para apagar algo*) to blow *sth* out: *~ una vela* to blow out a candle **2** (*para enfriar algo*) to blow on *sth*: *~ la sopa* to blow on your soup **3** (*en examen*) to whisper: *Me soplaba las respuestas.* He whispered the answers to me.

S

4 (*chivarse*) (**a**) (*entre niños*) to tell (on *sb*): *Si no me lo devuelves, se lo soplo a la maestra.* If you don't give it back to me, I'll tell the teacher on you. (**b**) (*a la policía*) to grass (on *sb*) **5** (*clavar*) to sting: *Me soplaron cinco euros por una cerveza.* They stung me five euros for a beer.
▸ *vi* **1** (*persona, viento*) to blow **2** (*beber*) to drink

soplo *nm* **1** (*soplido*) blow: *Apagó todas las velas de un ~.* He blew out all the candles in one go. **2** (*de viento*) gust

soplón, -ona *nm-nf* **1** (*entre niños*) sneak **2** (*de la policía*) grass

soportales *nm* arcade [*v sing*]: *los ~ de la plaza* the arcade round the square

soportar *vt* to put up with *sb/sth*: *~ el calor* to put up with the heat ❶ *Cuando la frase es negativa se utiliza mucho* **to stand**: *No la soporto.* I can't stand her. ◊ *No soporto tener que esperar.* I can't stand waiting.

soporte *nm* **1** (*persona*) support: *Él era su principal ~ en la vida.* He was her main support in life. **2** (*de estantería*) bracket **3** (*medio*) medium [*pl* media/mediums]: *un nuevo ~ publicitario* a new medium for advertising

sorber *vt, vi* **1** to sip **2** (*con una pajita*) to suck

sorbete *nm* sorbet

sorbo *nm* sip: *darle un ~ al café* to have a sip of coffee **LOC** *Ver* BEBER(SE)

sordera *nf* deafness

sórdido, -a *adj* sordid

sordo, -a *adj* deaf: *quedarse ~* to go deaf
▸ *nm-nf* deaf person: *un colegio especial para ~s* a special school for the deaf

🔎 En un contexto más formal se prefiere la expresión **people who are hearing-impaired**.

LOC **hacerse el sordo** to pretend you didn't hear: *La llamé pero se hizo la sorda.* I called her, but she pretended she hadn't heard. ♦ **sordo como una tapia** as deaf as a post

sordomudo, -a *adj* deaf and dumb
▸ *nm-nf* deaf mute

🔎 En un contexto más formal se prefiere la expresión **people who are hearing and speech impaired**.

sorprendente *adj* surprising

sorprender *vt* **1** (*causar sorpresa*) to surprise: *Me sorprende que no haya llegado todavía.* I'm surprised he hasn't arrived yet. **2** (*coger desprevenido*) to catch *sb* (unawares): *Los sorprendió robando.* He caught them stealing. ◊ *Sorprendieron a los atracadores.* They caught the robbers unawares.

▸ **sorprenderse** *vp* to be surprised: *Se sorprendió al vernos.* He was surprised to see us.

sorprendido, -a *adj* surprised *Ver tb* SORPRENDER

sorpresa *nf* surprise: *Se llevaron una ~ al vernos.* They were surprised to see us. **LOC** **coger/pillar por sorpresa** to take *sb* by surprise

sortear *vt* **1** (*echar a suertes*) to draw lots for *sth* **2** (*rifar*) to raffle **3** (*golpe, obstáculo*) to dodge **4** (*dificultad*) to overcome

sorteo *nm* **1** (*lotería, adjudicación*) draw **2** (*rifa*) raffle **LOC** **por sorteo** by drawing lots

sortija *nf* ring

SOS *nm* SOS: *enviar un ~* to send out an SOS

sosegado, -a *adj* calm *Ver tb* SOSEGARSE

sosegarse *vp* to calm down

sosiego *nm* calm

soso, -a *adj* **1** (*comida*) tasteless: *La sopa está algo sosa.* This soup needs a little salt. **2** (*persona, espectáculo*) dull

sospecha *nf* suspicion

sospechar *vt, vi* to suspect (*sb of sth/doing sth*): *Sospechan del joven como posible terrorista.* They suspect the young man of being a terrorist. **LOC** **¡ya (me) lo sospechaba!** just as I thought!

sospechoso, -a *adj* suspicious
▸ *nm-nf* suspect

sostén *nm* (*sujetador*) bra

sostener *vt* **1** (*sujetar*) to hold **2** (*peso*) to support **3** (*afirmar*) to maintain
▸ **sostenerse** *vp* to stand up

sostenible *adj* sustainable: *desarrollo ~* sustainable development

sostenido, -a *adj* (*Mús*) sharp: *fa ~* F sharp *Ver tb* SOSTENER

sotana *nf* cassock

sótano *nm* basement

spam *nm* (*correo basura*) spam

sponsor *nmf* sponsor: *actuar como ~ de algo* to sponsor sth

sport **LOC** **de sport** casual: *zapatos/ropa de ~* casual shoes/clothes

spray *nm* aerosol

squash *nm* squash

stand *nm* stand

stop *nm* (*tráfico*) stop sign

stress = ESTRÉS

su *adj* **1** (*de él*) his **2** (*de ella*) her **3** (*de objeto, animal, concepto*) its **4** (*de ellos/ellas*) their **5** (*impersonal*) their: *Cada cual tiene su opinión.* Everyone has their own opinion. **6** (*de usted, de ustedes*) your

suave *adj* **1** (*color, luz, piel, ropa, música, voz*) soft **2** (*superficie, bebida alcohólica*) smooth **3** (*brisa, movimiento, curva, pendiente*) gentle **4** (*castigo, clima, sabor*) mild **5** (*ejercicios, lluvia, viento*) light

suavidad *nf* **1** (*piel, pelo, tela*) softness **2** (*superficie*) smoothness **3** (*movimiento, voz, jabón, etc.*) gentleness **4** (*clima, sabor*) mildness LOC **con suavidad** gently

suavizante *nm* **1** (*pelo*) conditioner **2** (*ropa*) (fabric) softener

suavizar *vt* **1** (*piel*) to moisturize **2** (*pelo*) to condition

subasta *nf* auction

subcampeón, -ona *nm-nf* runner-up [*pl* runners-up]

subconsciente *adj, nm* subconscious

subcultura *nf* subculture

subdesarrollado, -a *adj* underdeveloped

subdesarrollo *nm* underdevelopment

subdirector, -ora *nm-nf* **1** (*colegio*) deputy head **2** (*empresa, banco*) assistant manager

súbdito, -a *nm-nf* subject: *una súbdita británica* a British subject

subestimar *vt* to underestimate

subida *nf* **1** (*aumento*) rise (*in sth*): *una ~ de precios* a rise in prices **2** (*de una cuesta, montaña, etc.*) ascent: *La ~ fue más dura que la bajada.* The ascent was harder than the descent. **3** (*pendiente*) hill: *al final de esta ~* at the top of this hill

subido, -a *adj* (*color*) bright *Ver tb* SUBIR

subir *vt* **1** (*llevar*) to take/bring *sth* up: *Subió las maletas a la habitación.* He took the suitcases up to the room. ➔ *Ver dibujo en* TAKE **2** (*poner más arriba*) to put *sth* up: *Súbelo un poco más.* Put it a bit higher. **3** (*levantar*) to lift *sth* up: *Subí el equipaje al tren.* I lifted the luggage onto the train. **4** (*ir/venir arriba*) to go/come up *sth*: *~ la cuesta* to go up the hill ➔ *Ver nota en* IR **5** (*volumen*) to turn *sth* up **6** (*precios*) to put *sth* up, to raise (*más formal*) **7** (*ropa*) **(a)** (*calcetines, pantalones, etc.*) to pull *sth* up **(b)** (*cremallera*) to do *sth* up **8** (*Informát*) to upload: *Este programa te permite ~ imágenes a la web.* This program allows you to upload images onto the website.
▸ *vi* **1** (*ir/venir arriba*) to go/come up: *Subimos al segundo piso.* We went up to the second floor. ◇ *~ al tejado* to go up onto the roof ➔ *Ver nota en* IR **2** (*temperatura, río*) to rise **3** (*marea*) to come in **4** (*precio*) to go up (*in price*): *Ha subido la gasolina.* Petrol has gone up in price.
▸ **subir(se)** *vi, vp* **subir(se)** **(a)** **1** (*coche*) to get in, to get into *sth*: *Subí al taxi.* I got into the taxi. **2** (*avión, tren, autobús, caballo, bici*) to get on (*sth*) **3** (*montaña, árbol*) to climb LOC **subirse a la cabeza** to go to your head ◆ **subírsele los humos a algn** to

get high and mighty ◆ **subirse por las paredes** to hit the roof *Ver tb* ESCALERA, PESO

subjetivo, -a *adj* subjective

subjuntivo, -a *adj, nm* subjunctive

sublevación *nf* uprising

sublime *adj* sublime

submarinismo *nm* scuba-diving: *hacer ~* to go scuba-diving

submarinista *nmf* scuba-diver

submarino, -a *adj* underwater
▸ *nm* submarine

subnormal *adj* subnormal
▸ *nmf* (*estúpido*) moron

subordinado, -a *adj, nm-nf* subordinate

subrayar *vt* **1** (*texto*) to underline **2** (*recalcar*) to emphasize

subsahariano, -a *adj, nmf* (person) from sub-Saharan Africa

subsidio *nm* benefit: *~ de enfermedad/desempleo* sickness/unemployment benefit

subsistir *vi* to subsist (*on sth*)

subterráneo, -a *adj* underground LOC *Ver* AGUA, PASO

subtítulo *nm* subtitle

suburbio *nm* **1** (*barrio bajo*) slum ❶ La palabra inglesa **suburb** significa simplemente "barrio residencial de las afueras". **2** (*alrededores*) suburb

subvención *nf* subsidy [*pl* subsidies]

subvencionar *vt* to subsidize

sucedáneo *nm* substitute (*for sth*)

suceder *vi* (*ocurrir*) to happen (*to sb/sth*)
▸ *vt* (*cargo, trono*) to succeed: *Su hijo le sucederá en el trono.* His son will succeed to the throne.

sucesión *nf* succession

sucesivamente *adv* successively LOC *Ver* ASÍ

suceso *nm* **1** (*acontecimiento*) event: *los ~s de los últimos días* the events of the past few days **2** (*accidente, crimen*) incident **3** **sucesos** (*sección*) accident and crime reports

sucesor, -ora *nm-nf* ~ **(a)** successor (*to sb/sth*): *Todavía no han nombrado a su sucesora.* They've yet to name her successor.

suciedad *nf* dirt

sucio, -a *adj* dirty LOC **en sucio** in rough: *Escribe la redacción en ~ primero.* Write the essay in rough first. *Ver tb* CESTO, JUEGO, JUGAR, TRAPO

suculento, -a *adj* succulent

sucursal *nf* branch

sudadera *nf* sweatshirt

S

sudamericano, -a *adj, nm-nf* South American

sudar *vi* to sweat **LOC** **sudar la gota gorda/sangre/tinta** to sweat blood

sudeste *nm* **1** (*punto cardinal, región*) south-east (*abrev* SE) **2** (*viento, dirección*) south-easterly

sudoeste *nm* **1** (*punto cardinal, región*) south-west (*abrev* SW) **2** (*viento, dirección*) south-westerly

sudor *nm* sweat

sudoroso, -a *adj* sweaty

Suecia *nf* Sweden

sueco, -a *adj, nm* Swedish: *hablar ~* to speak Swedish
▸ *nm-nf* Swede: *los ~s* the Swedes **LOC** **hacerse el sueco/la sueca** to pretend not to hear, know, see, etc. *sth*: *¡No te hagas el ~, lo sabes perfectamente!* Don't pretend you don't know — you know perfectly well!

suegro, -a *nm-nf* **1** (*masc*) father-in-law **2** (*fem*) mother-in-law **3** **suegros** parents-in-law, in-laws (*coloq*)

suela *nf* sole: *zapatos con ~ de goma* rubber-soled shoes

sueldo *nm* **1** (*descanso*) pay [*incontable*]: *pedir un aumento de ~* to ask for a pay rise **2** (*mensual*) salary [*pl* salaries]

suelo *nm* **1** (*superficie de la tierra*) ground: *caer al ~* to fall (to the ground) **2** (*dentro de un edificio*) floor **3** (*terreno*) land: *la especulación del ~* land speculation **4** (*territorio*) soil: *en ~ británico* on British soil **LOC** *Ver* FREGAR, RAS

suelto, -a *adj* **1** loose: *una página suelta* a loose page ◊ *Siempre llevo el pelo ~.* I always wear my hair loose. ◊ *Creo que hay un tornillo ~.* I think there's a screw loose. ◊ *Le favorece la ropa suelta.* Loose clothing looks better on her.
▸ *nm* (*monedas*) small change **LOC** *Ver* DINERO, RIENDA

sueño *nm* **1** (*descanso*) sleep: *debido a la falta de ~* due to lack of sleep ◊ *No dejes que te quite el ~.* Don't lose any sleep over it. **2** (*somnolencia*) drowsiness: *Estas pastillas producen ~.* These pills make you drowsy. **3** (*lo soñado, ilusión*) dream: *Fue un ~ hecho realidad.* It was a dream come true. **LOC** **caerse de sueño** to be dead on your feet ◆ **dar sueño** to make *sb* drowsy ◆ **tener sueño** to be sleepy

suerte *nf* **1** (*fortuna*) luck: *¡Suerte con el examen!* Good luck with your exam! ◊ *dar/traer buena/mala ~* to bring good/bad luck ◊ *¡Qué ~ que nos encontráramos!* It was so lucky (that) we met! **2** (*destino*) fate **LOC** **de la suerte** lucky: *mi número de la ~* my lucky number ◆ **echar a suertes** to toss for *sth*: *Lo echamos a ~s.* We tossed for it. ◆ **por suerte** fortunately ◆ **tener (buena) suerte** to be lucky ◆ **tener mala suerte** to be unlucky *Ver tb* AMULETO, PROBAR

suéter *nm* sweater

suficiente *adj* enough: *No tengo ~ arroz para tantas personas.* I haven't got enough rice for all these people. ◊ *¿Serán ~s?* Will there be enough? ◊ *Gano lo ~ para vivir.* I earn enough to live on.
▸ *nm* (*nota escolar*) pass: *sacar un ~ en historia* to get a pass in history ➔ *Ver nota en pág* 401

sufrido, -a *adj* (*persona*) long-suffering *Ver tb* SUFRIR

sufrimiento *nm* suffering

sufrir *vt* **1** to suffer: *~ una derrota/lesión* to suffer a defeat/an injury **2** (*tener*) to have: *~ un accidente/ataque al corazón* to have an accident/a heart attack ◊ *Esta ciudad sufre serios problemas de tráfico.* This city has serious traffic problems. **3** (*cambio*) to undergo
▸ *vi* ~ (**de**) to suffer (from *sth*): *Sufre del corazón.* He suffers from heart trouble. **LOC** *Ver* DESENGAÑO

sugerencia *nf* suggestion: *hacer una ~* to make a suggestion

sugerir *vt* to suggest

sugestión *nf* **LOC** **es (pura) sugestión** it's all in the mind

sugestionar *vt* to convince

suicida *adj* suicide: *un atentado ~* a suicide bombing
▸ *nmf* **1** suicide victim **2** (*terrorista*) suicide bomber

suicidarse *vp* to commit suicide, to kill yourself (*más coloq*)

suicidio *nm* suicide

Suiza *nf* Switzerland

suizo, -a *adj* Swiss
▸ *nm-nf* Swiss man/woman [*pl* men/women]: *los ~s* the Swiss

sujetador *nm* (*prenda*) bra

sujetar *vt* **1** (*agarrar*) to hold: *Sujeta bien el paraguas.* Hold the umbrella tight. **2** (*asegurar*) to fasten: *~ unos papeles con un clip* to fasten papers together with a paper clip
▸ **sujetarse** *vp* **sujetarse (a)** (*agarrarse*) to hold on (to *sth/sb*): *Sujétate a mí.* Hold on to me.

sujeto, -a *adj* **1** ~ (**a**) (*atado*) fastened (to *sth*): *Las maletas iban bien sujetas a la baca.* The cases were securely fastened to the roof rack **2** (*fijo*) secure: *El gancho no estaba bien ~.* The hook wasn't secure. **3** (*cogido*): *Dos policías lo tenían ~.* Two policemen were holding him

down. **4** ~ **a** (*sometido*) subject to *sth*: *Estamos ~s a las reglas del club.* We are subject to the rules of the club.
▸ *nm* **1** (*tipo*) character **2** (*Gram*) subject *Ver tb* SUJETAR

suma *nf* sum: *una importante ~ de dinero* an important sum of money ◊ *hacer una ~* to add sth up

sumar *vt, vi* to add (*sth*) (up): *Suma dos y cinco.* Add up two and five. ◊ *¿Sabéis ~?* Can you add up?

sumergible *adj* water-resistant

sumergir *vt* to submerge
▸ **sumergirse** *vp* **1** (*en agua*) to dive (*into sth*) **2** (*en un tema, trabajo, ambiente, estado*) to immerse yourself (*in sth*) LOC *Ver* ECONOMÍA

suministrar *vt* to supply (*sb*) (with *sth*): *Me suministró los datos.* He supplied me with the information.

suministro *nm* supply [*pl* supplies]: *Nos han cortado el ~ de agua.* Our water supply has been cut off.

sumiso, -a *adj* submissive

suní *adj, nmf* Sunni

súper *nm* supermarket

superalimento *nm* superfood

superar *vt* **1** (*dificultad, problema*) to overcome, to get over *sth* (*más coloq*): *He superado el miedo a volar.* I've got over my fear of flying. **2** (*récord, rival*) to beat: *México superó a Paraguay por 2-1.* Mexico beat Paraguay 2-1. **3** (*prueba*) to pass **4** (*sobrepasar*) to exceed: *~ las expectativas* to exceed expectations ◊ *Las temperaturas van a ~ los 40 grados.* Temperatures will exceed 40 degrees.
▸ **superarse** *vp* to better yourself

superdotado, -a *adj* gifted: *un colegio para niños ~s* a school for gifted children
▸ *nm-nf* gifted child [*pl* gifted children]

superficial *adj* superficial

superficie *nf* **1** surface: *la ~ del agua* the surface of the water **2** (*Mat, extensión*) area LOC *Ver* GRANDE

superfluo, -a *adj* **1** superfluous: *detalles ~s* superfluous details **2** (*gastos*) unnecessary

superhéroe *nm* superhero [*pl* superheroes]

superior *adj* **1** ~ **(a)** (*cantidad*) higher (than *sb/sth*): *una cifra 20 veces ~ a la normal* a figure 20 times higher than normal **2** ~ **(a)** (*calidad*) superior (to *sb/sth*), better (than *sb/sth*) (*más coloq*): *Demostró ser ~ a su rival en muchos aspectos.* He showed himself to be superior to his rival in many respects. **3** (*posición*) top, upper (*más formal*): *el ángulo ~ izquierdo* the top left-hand corner ◊ *el labio ~* the upper lip

▸ *nmf* superior LOC *Ver* ESTUDIO

superioridad *nf* superiority LOC *Ver* AIRE

supermercado *nm* supermarket

supermodelo *nmf* supermodel

superpoblado, -a *adj* overpopulated

superproducción *nf* (*Cine, Teat*) blockbuster

superstición *nf* superstition

supersticioso, -a *adj* superstitious

supervisar *vt* to supervise

supervisión *nf* supervision

supervisor, -ora *nm-nf* supervisor

supervivencia *nf* survival

superviviente *adj* surviving
▸ *nmf* survivor

suplemento *nm* supplement: *el ~ dominical* the Sunday supplement ◊ *un ~ vitamínico* a vitamin supplement

suplente *adj, nmf* **1** relief: *un conductor ~* a relief driver **2** (*maestro*) supply (teacher) **3** (*Fútbol*) substitute: *estar de ~* to be a substitute

súplica *nf* plea

suplicar *vt* to beg (*sb*) (for *sth*): *Le supliqué que no lo hiciera.* I begged him not to do it. ◊ *~ piedad* to beg for mercy

suplicio *nm* torture [*incontable*]: *Estos tacones son un ~.* These high heels are torture.

suponer *vt* **1** (*creer*) to suppose: *Supongo que vendrán.* I suppose they'll come. ◊ *Supongo que sí/no.* I suppose so/not. ◊ *¿A qué hora se supone que empezamos?* What time are we supposed to start? ❶ Cuando se usa en forma imperativa, p. ej. "supón que…" o "supongamos que…", se traduce por **supposing (that)**…: *Supongamos que sea cierto…* Supposing this is true… **2** (*significar*) to mean: *Esos ahorros suponen mucho para nosotros.* Those savings mean a lot to us.

suposición *nf* supposition

supositorio *nm* suppository [*pl* suppositories]

supremacía *nf* supremacy (*over sb/sth*)

supremo, -a *adj* supreme LOC *Ver* TRIBUNAL

suprimir *vt* (*omitir*) to leave *sth* out, to omit (*más formal*): *Yo suprimiría este párrafo.* I'd leave out this paragraph.

supuestamente *adv* supposedly

supuesto, -a *adj* **1** (*presunto*) alleged: *el ~ asesino* the alleged murderer **2** (*falso*) false: *Actuaba bajo un nombre ~.* He was acting under a false name. LOC **dar (algo) por supuesto** to take *sth* for granted: *Da por ~ que va a aprobar.* He takes it

S

for granted that he'll pass. ◆ **por supuesto (que…)** of course *Ver tb* SUPONER

sur *nm* south (*abrev* S): *en el ~ de Francia* in the south of France ◊ *Queda al ~ de Barcelona.* It's south of Barcelona. ◊ *en la costa ~* on the south coast

surco *nm* (*en la tierra, arruga*) furrow

sureste = SUDESTE

surf *nm* surfing: *hacer /practicar el ~* to go surfing LOC *Ver* TABLA

surfista *nmf* surfer

surgir *vi* to arise, to come up (*más coloq*): *Espero que no surja ningún problema.* I hope that no problems arise.

suroeste = SUDOESTE

surtido, -a *adj* **1** (*variado*) assorted: *bombones ~s* assorted chocolates **2** (*provisto*) well stocked: *Esa frutería está muy bien surtida.* That greengrocer's is very well stocked. ➔ *Ver nota en* WELL BEHAVED
▸ *nm* selection: *Tienen muy poco ~.* They've got a very poor selection. *Ver tb* SURTIR

surtidor *nm* **1** (*gasolina*) pump **2** (*fuente*) fountain

surtir *vt* to supply LOC **surtir efecto** to have an effect

susceptible *adj* (*irritable*) touchy

suscribirse *vp* **~ (a) 1** (*publicación*) to take out a subscription (to *sth*) **2** (*asociación*) to become a member (of *sth*)

suscripción *nf* subscription

susodicho, -a *adj*, *nm-nf* above-mentioned: *los ~s* the above-mentioned

suspender *vt, vi* to fail: *He suspendido francés.* I've failed French. ◊ *~ en dos asignaturas* to fail two subjects
▸ *vt* **1** (*interrumpir*) to suspend: *El árbitro suspendió el partido media hora.* The referee suspended the game for half an hour. **2** (*aplazar*) to postpone, to put *sth* off (*más coloq*) **3** (*cancelar*) to cancel: *Se ha suspendido la boda.* The wedding has been cancelled.

suspense *nm* suspense LOC **libro/película de suspense** thriller

suspensivo, -a *adj* LOC *Ver* PUNTO

suspenso *nm* fail: *Tengo dos ~s.* I failed two subjects. ◊ *Hubo muchos ~s en historia.* A lot of people failed history. ➔ *Ver nota en pág 401*

suspirar *vi* to sigh

suspiro *nm* sigh

sustancia *nf* substance

sustancial *adj* substantial

sustancioso, -a *adj* (*comida*) nourishing

sustantivo *nm* noun

sustento *nm* **1** (*soporte, apoyo*) support **2** (*alimento*) sustenance

sustitución *nf* **1** (*permanente*) replacement **2** (*temporal, Dep*) substitution

sustituir *vt* **1** (*permanentemente*) to replace *sb/sth* (*with sb/sth*): *Quiero ~ las sillas por taburetes.* I want to replace the chairs with stools. **2** (*temporalmente*) to stand in for *sb*: *Me sustituirá mi ayudante.* My assistant will stand in for me.

sustituto, -a *nm-nf* **1** (*permanente*) replacement: *Están buscando un ~ para el jefe de personal.* They're looking for a replacement for the personnel manager. **2** (*temporal*) stand-in

susto *nm* **1** (*miedo, sobresalto*) fright: *¡Qué ~ me has dado/pegado!* What a fright you gave me! **2** (*falsa alarma*) scare: *Todo quedó en un ~.* It was only a scare. LOC **llevarse un susto de muerte** to get the fright of your life

sustraer *vt* (*robar*) to steal: *Le fue sustraída la cartera.* His wallet was stolen.

susurrar *vt, vi* to whisper

susurro *nm* whisper

sutil *adj* subtle

suyo, -a *adj, pron* **1** (*de él*) his: *Es culpa suya.* It's his fault. ◊ *un despacho junto al ~* an office next to his **2** (*de ella*) hers ❶ *Un amigo suyo se traduce por 'a friend of his, hers, etc.', ya que significa "uno de sus amigos".* **3** (*de animal*) its **4** (*de usted/ustedes*) yours **5** (*de ellas/ellos*) theirs LOC **ser muy suyo 1** (*ser raro*) to be a bit strange **2** (*ser reservado*) to keep yourself to yourself: *Nunca cuenta nada, es muy ~.* He never tells us anything — he keeps himself to himself.

Tt

tabaco *nm* **1** (*planta, producto*) tobacco: *~ de pipa* pipe tobacco **2** (*cigarrillos*) cigarettes [*pl*]: *quedarse sin ~* to run out of cigarettes LOC **tabaco rubio/negro** Virginia/black tobacco

tábano *nm* horsefly [*pl* horseflies]

tabaquismo *nm* nicotine addiction LOC **tabaquismo pasivo** passive smoking

tabarra *nf* pain in the neck LOC **dar la tabarra** to be a nuisance

taberna *nf* pub

tabique nm partition: tirar un ~ to knock down a partition **LOC** **tabique nasal** nasal septum

tabla nf **1** (de madera sin alisar) plank: un puente construido con ~s a bridge made from planks **2** (de madera pulida, plancha) board: ~ de planchar ironing board **3** (lista, índice, Mat) table: ~ de equivalencias conversion table ◊ saberse las ~s (de multiplicar) to know your (multiplication) tables **LOC** **la tabla del dos, etc.** the two, etc. times table ♦ **tabla de bodyboard/kitesurf/snowboard/surf/windsurf** bodyboard/kiteboard/snowboard/surfboard/windsurfer

tabléfono nm phablet

tablero nm **1** (de juegos, anuncios) board: La información aparece en el ~. The information is on the board. **2** (panel) panel: ~ de control/mandos control/instrument panel **LOC** **tablero de ajedrez** chessboard

tableta nf **1** (Med, Informát) tablet **2** (chocolate) bar

tablón nm plank **LOC** **tablón (de anuncios)** noticeboard, bulletin board (USA)

tabú nm taboo [pl taboos]: un tema/una palabra ~ a taboo subject/word

taburete nm stool

tacañería nf meanness [incontable], stinginess [incontable] (coloq)

tacaño, -a adj mean, cheap (USA)
▸nm-nf Scrooge

tachadura nf (tb **tachón** nm) crossing out [pl crossings out]: lleno de ~s full of crossings out

tachar vt to cross sth out: Tacha todos los adjetivos. Cross out all the adjectives.

tachuela nf **1** (en un cinturón, una cazadora) stud: un cinturón de ~s a studded belt **2** (clavo) tack

taco nm **1** (palabrota) swear word: decir/soltar ~s to swear **2** (jamón, queso) piece **3** (de bota de fútbol) stud **4 tacos** (años): Pronto cumplo cuarenta ~s. I'll be forty soon. **5** (de billar) cue **6** (para clavos, tornillos) Rawlplug®

tacón nm **1** heel: Se me ha roto el ~. I've broken my heel. **2 tacones** high heels: Nunca lleva tacones. She never wears high heels. **LOC** **de tacón** high-heeled

táctica nf **1** (estrategia) tactics [pl]: la ~ de guerra de los romanos Roman military tactics ◊ un cambio de ~ a change of tactics **2** (maniobra) tactic: una brillante ~ electoral a brilliant electoral tactic

táctil adj **LOC** Ver PANTALLA

tacto nm **1** (sentido) sense of touch: reconocer algo por el ~ to recognize sth by touch **2** (cualidad) feel: No me gusta el ~ de esta lana. I don't like the feel of this wool. ◊ El tejido es áspero al ~. The material feels rough. **3** (delicadeza) tact: Arreglar el asunto requirió mucho ~.

Resolving the situation required a great deal of tact. ◊ Hay que decírselo con mucho ~. You have to be very tactful with her. **LOC** **tener/no tener tacto** to be tactful/tactless: Díselo tú que tienes más ~. You tell her — you're more tactful.

taekwondo nm tae kwon do

tajada nf **1** (trozo) slice **2** (corte) cut: una ~ en el dedo a cut on your finger **3** (ganancia) share: Los directivos se llevaron la mejor ~. The management got the biggest share. **LOC** **sacar tajada** (sacar provecho) to benefit from sth

tajante adj adamant: una negativa ~ an adamant refusal

tal adj **1** (con sustantivos contables en plural e incontables) such: en ~es situaciones in such situations ◊ un hecho de ~ gravedad a matter of such importance **2** (con sustantivos contables en singular) such a: ¿Cómo puedes decir ~ cosa? How can you say such a thing? **LOC** **con tal de** to: Haría cualquier cosa con ~ de ganar. He'd do anything to win. ♦ **de tal palo tal astilla** like father like son ♦ **en tal caso** in that case ♦ **(ser) tal para cual** to be two of a kind ♦ **tal como** the way: Se escribe ~ como suena. It's spelt the way it sounds. ♦ **tales como…** such as… ♦ **tal vez** maybe ♦ **un/una tal** a: Te ha llamado un ~ Luis Moreno. A Luis Moreno rang for you. Ver tb FULANO, QUÉ

taladradora nf **1** (taladro) drill **2** (de papel) hole punch

taladrar vt (pared, madera) to drill a hole in sth: Los albañiles taladraron el muro. The workmen drilled a hole in the wall.

talante nm **1** (carácter) nature: un partido de ~ democrático a party of a democratic nature **2** (disposición) willingness: el ~ negociador del gobierno the government's willingness to negotiate

talar vt (árboles) to cut sth down, to fell (más formal)

talco nm talc **LOC** Ver POLVO

talento nm **1** (habilidad) talent (for sth): Tiene ~ para la música/pintura. He has a talent for music/painting. **2** (persona) star: un joven ~ del flamenco a young flamenco star

talla nf **1** (prenda) size: ¿Qué ~ de camisa usas? What size shirt do you take? ◊ No tienen mi ~. They haven't got my size. **2** (escultura) carving **LOC** **dar la talla** (estar a la altura) to be up to sth/doing sth: Ninguno de los candidatos daba la ~ para el puesto. None of the candidates was up to the job.

tallar vt **1** (madera, piedra) to carve: ~ algo en coral to carve sth in coral **2** (joya, cristal) to cut

T

tallarines *nm* **1** noodles **2** (*tipo italiano*) tagliatelle [*incontable*]

taller *nm* **1** (*lugar de trabajo, curso*) workshop: *un ~ de carpintería* a joiner's workshop ◇ *~es de teatro* theatre workshops **2** (*Mec*) garage **3** (*Arte*) studio [*pl* studios]

tallo *nm* stem

talón *nm* **1** (*pie, zapato*) heel **2** (*bancario*) cheque: *ingresar/cobrar un ~* to pay in/cash a cheque

talonario *nm* **1** (*cheques*) cheque book **2** (*billetes, recibos*) book

tamaño *nm* size: *¿Qué ~ tiene la caja?* What size is the box? ◇ *ser del/tener el mismo ~* to be the same size ◇ *(de) ~ familiar* family-size

tambalearse *vp* **1** (*persona*) to stagger **2** (*mueble, etc.*) to wobble **3** (*institución, creencia*) to waver

también *adv* also, too, as well

🔎 **Too** y **as well** suelen ir al final de la frase: *Yo también quiero ir.* I want to go too/as well. ◇ *Yo también llegué tarde.* I was late too/as well. **Also** es la variante más formal y se coloca delante del verbo, si es el verbo principal, o detrás, si es un verbo auxiliar: *También venden zapatos.* They also sell shoes. ◇ *He conocido a Jane y también a sus padres.* I've met Jane and I've also met her parents.

LOC **yo también** me too: —*Quiero un bocadillo.* —*Yo ~.* 'I want a roll.' 'Me too.' *Ver tb* SOLO

tambor *nm* drum: *tocar el ~* to play the drum ◇ *el ~ de una lavadora* the drum of a washing machine

tampoco *adv* neither, nor, either: —*No he visto esa película.* —*Yo ~.* 'I haven't seen that film.' 'Neither have I./Me neither./Nor have I.' ◇ —*No me gusta.* —*A mí ~.* 'I don't like it.' 'Nor do I./Neither do I./I don't either. ◇ *Yo ~ fui.* I didn't go either. ◆ *Ver nota en* NEITHER

tampón *nm* tampon

tan *adv* **1** (*delante de adjetivo o adverbio*) so: *No creí que llegarías ~ tarde.* I didn't think you'd be so late. ◇ *No creo que sea ~ ingenuo.* I don't think he's quite so naive. ◇ *Es ~ difícil que…* It's so difficult that… **2** (*después de sustantivo*) such (a): *No me esperaba un regalo ~ caro.* I wasn't expecting such an expensive present. ◇ *Son unos niños ~ buenos que…* They're such good children that… ◇ *¡Qué casa ~ bonita tienes!* What a lovely house you've got! **LOC** **tan… como…** as… as…: *Es ~ guapo como su padre.* He's as good-looking as his father. ◇ *~ pronto como llegues* as soon as you arrive

tanda *nf* (*grupo*) batch: *Los freí en dos ~s.* I fried them in two batches. ◇ *la primera ~ de refugiados* the first group of refugees **LOC** **tanda de penaltis** penalty shoot-out

tanga *nm* thong

tanque *nm* tank

tantear *vt* **1** (*persona*) to sound *sb* out **2** (*situación*) to weigh *sth* up

tanto *nm* **1** (*cantidad*) so much: *Me dan un ~ al mes.* They give me so much a month. **2** (*gol*) goal: *marcar un ~* to score a goal **LOC** **estar al tanto 1** (*al corriente*) to be aware of *sth*: *Está al ~ de lo ocurrido.* He's aware of what's happened. **2** (*pendiente*) to look/listen out (*for sth*): *Estaré al ~ del teléfono.* I'll listen out for the phone. ◆ **poner al tanto** to fill *sb* in (*on sth*): *Me puso al ~ de la situación.* He filled me in on the situation. ◆ **un tanto** (*bastante*) rather *Ver tb* MIENTRAS, OTRO

tanto, -a *adj* **1** + sustantivo incontable so much: *No me pongas ~ arroz.* Don't give me so much rice. ◇ *Nunca había pasado tanta hambre.* I'd never been so hungry. **2** + sustantivo contable so many: *¡Tenía ~s problemas!* He had so many problems! ◇ *¡Había tantas niñas!* There were so many girls!
▸ *pron* so much [*pl* so many]: *¿Por qué has comprado ~s?* Why did you buy so many?
▸ *adv* **1** (*tanta cantidad*) so much: *He comido ~ que no me puedo mover.* I've eaten so much (that) I can't move. **2** (*tanto tiempo*) so long: *¡Hacía ~ que no te veía!* I haven't seen you for so long! **3** (*tan rápido*) so fast: *No corras ~ con el coche.* Don't drive so fast. **4** (*tan a menudo*) so often **LOC** **a/ hasta las tantas** in/until the small hours ◆ **ni tanto ni tan calvo** there's no need to go to extremes ◆ **no ser para tanto** *¡Sé que te duele, pero no es para ~!* I know it hurts but it's not as bad as all that! ◆ **por (lo) tanto** therefore ◆ **tanto… como… 1** (*en comparaciones*) (**a**) (+ sustantivo incontable) as much… as…: *Bebí tanta cerveza como tú.* I drank as much beer as you. (**b**) (+ sustantivo contable) as many… as…: *No tenemos ~s amigos como antes.* We haven't got as many friends as we had before. **2** (*los dos*) both… and…: *Lo sabían ~ él como su hermana.* Both he and his sister knew. ◆ **tanto por ciento** percentage ◆ **tanto si… como si…** whether… or…: *~ si llueve como si no* whether it rains or not ◆ **y tantos 1** (*con cantidad, con edad*) odd: *cuarenta y tantas personas* forty-odd people **2** (*con año*): *mil novecientos sesenta y ~s* nineteen sixty something *Ver tb* MIENTRAS

tapa *nf* **1** (*tapadera*) lid: *Pon la ~.* Put the lid on. **2** (*libro*) cover: *un libro de ~ dura/blanda* a hardback/paperback book **3** (*zapatos*) heel: *Estas botas necesitan ~s.* These boots need new heels. **4** (*aperitivo*) **(a)** (*ración*) portion: *una ~ de ensaladilla rusa* a portion of Russian salad **(b)** **tapas** tapas: *tomar unas ~s* to have some tapas

tapadera *nf* **1** (*tapa*) lid **2** (*de un fraude, engaño*) cover: *La empresa es solo una ~.* The firm is just a cover.

tapar *vt* **1** (*cubrir*) to cover *sb/sth* (*with sth*): *Tapó el cuadro con una sábana.* She covered the painting with a sheet. **2** (*abrigar*) to wrap *sb/sth* up (*in sth*): *La tapé con una manta.* I wrapped her up in a blanket. **3** (*con una tapa*) to put the lid on *sth*: *Tapa la cazuela.* Put the lid on the saucepan. **4** (*con un tapón*) to put the top on *sth*: *~ la botella* to put the top on the bottle **5** (*agujero, gotera*) to stop *sth* (up) (*with sth*): *Tapé los agujeros con yeso.* I stopped (up) the holes with plaster. **6** (*obstruir*) to block: *Las hojas taparon el desagüe.* The leaves blocked the drainpipe. **7** (*la vista*) to block *sb's* view of *sth*: *No me tapes la tele.* Don't block my view of the TV.
▸ **taparse** *vp* **taparse (con)** to wrap up (in *sth*): *Tápate bien.* Wrap up well.

tapia *nf* wall **LOC** *Ver* SORDO

tapicería *nf* (*coche, mueble*) upholstery

tapiz *nm* tapestry [*pl* tapestries]

tapizar *vt* (*mueble, coche*) to upholster

tapón *nm* **1** top **2** (*de corcho*) cork **3** (*bañera, para los oídos, etc.*) plug: *ponerse tapones en los oídos* to put plugs in your ears **4** (*cerumen*) earwax [*incontable*]: *Creo que tengo un ~ porque no oigo bien.* I must have wax in my ears because I can't hear properly. **5** (*tráfico*) traffic jam **6** (*Baloncesto*) block **LOC** **tapón de rosca** screwtop

taponarse *vp* to get blocked: *Se me ha taponado la nariz.* My nose is blocked.

taquilla *nf* **1** (*estación, estadio*) ticket office **2** (*Teat, Cine*) box office **3** (*armario*) locker

taquillero, -a *adj* (*espectáculo*): *Fue una película muy taquillera.* It was a big box-office hit.

tarántula *nf* tarantula

tararear *vt, vi* to hum

tardar *vi* to take (time) *to do sth*: *¡Cómo tarda tu hermana!* Your sister's taking a long time! ◊ *Tardaron bastante en contestar.* It took them a long time to reply. ◊ *Tardé dos meses en recuperarme.* It took me two months to get better. **LOC** **no tardar (nada)** not to be long: *No tardes.* Don't be long. ◆ **se tarda…** it takes…: *En coche se tarda dos horas.* It takes two hours by car. ◊ *¿Cuánto se tarda?* How long does it take?

tarde *nf* afternoon, evening: *El concierto es por la ~.* The concert is in the afternoon/evening. ◊ *Llegaron el domingo por la ~.* They arrived on Sunday afternoon/evening. ◊ *Te veré mañana por la ~.* I'll see you tomorrow after-

noon/evening. ◊ *¿Qué haces esta ~?* What are you doing this afternoon/evening? ◊ *a las cuatro de la ~* at four o'clock in the afternoon

🔎 **Afternoon** se utiliza desde el mediodía hasta aproximadamente las seis de la tarde, y **evening** desde las seis de la tarde hasta la hora de acostarse. ➋ *Ver nota en* MORNING

▸ *adv* late: *Nos levantamos ~.* We got up late. ◊ *Me voy, que se hace ~.* I'm off; it's getting late. ◊ *Es ~ para llamarles por teléfono.* It's too late to ring them. **LOC** **¡buenas tardes!** good afternoon/evening!, afternoon/evening! (*coloq*) ◆ **como muy tarde** at the latest ◆ **tarde o temprano** sooner or later *Ver tb* CAÍDA, LLEGAR, MAÑANA, MEDIO

tarea *nf* **1** (*actividad*) task: *una ~ imposible* an impossible task **2** (*cometido*) job: *Su ~ consiste en cuidar del jardín.* His job is to look after the garden. **3** (*deberes*) homework [*incontable*]: *No nos han puesto ~ para el lunes.* We haven't got any homework to do for Monday. **LOC** *Ver* CASA

tarifa *nf* **1** prices [*pl*]: *las ~s hoteleras* hotel prices ◊ *Ha aumentado la ~ eléctrica.* Electricity prices have gone up. **2** (*transporte*) fare: *Los niños pagan ~ reducida.* There is a reduced fare for children. **LOC** **tarifa nocturna** (*teléfono*) evening rate ◆ **tarifa plana/única** (*teléfono, Internet*) flat rate

tarima *nf* platform

tarjeta *nf* card: *~ de crédito* credit card ◊ *~ de Navidad* Christmas card ◊ *Le sacaron ~ roja.* He was given a red card. **LOC** **tarjeta de embarque** boarding card ◆ **tarjeta de memoria** (*Informát*) memory card ◆ **tarjeta (de) prepago** prepaid card ◆ **tarjeta inteligente** smart card ◆ **tarjeta SIM** SIM card *Ver tb* MÓVIL, PAGAR, PARO, SEGURIDAD

tarro *nm* jar ➋ *Ver dibujo en* CONTAINER

tarta *nf* **1** (*pastel*) cake: *~ helada* ice-cream cake **2** (*de hojaldre*) tart, pie: *una ~ de manzana* an apple pie ➋ *Ver nota en pág 657*

tartamudear *vt* to stutter

tartamudo, -a *adj, nm-nf* **ser ~** to have a stutter ◊ *los ~s* people who stutter

tasa *nf* **1** (*índice*) rate: *la ~ de natalidad* the birth rate **2** (*impuesto*) tax **3** (*cuota*) fee: *~s académicas* tuition fees

tasca *nf* bar

tatarabuelo, -a *nm-nf* **1** (*masc*) great-great-grandfather **2** (*fem*) great-great-grandmother **3 tatarabuelos** great-great-grandparents

tatuaje *nm* tattoo [*pl* tattoos]: *hacerse un ~* to have a tattoo done

tauro

tauro (tb **Tauro**) nm, nmf Taurus ➔ Ver ejemplos en ACUARIO

TAV nm high-speed train

taxi nm taxi [pl taxis] `LOC` Ver PARADA

taxista nmf taxi driver

taza nf **1** cup: *una ~ de café* a cup of coffee ◊ *una ~ para café* a coffee cup **2** (sin platillo) mug ➔ Ver dibujo en CUP **3** (retrete) (toilet) bowl

tazón nm bowl

TDT nf digital TV

te pron **1** (complemento) you: *¿Te ha visto?* Did he see you? ◊ *Te he traído un libro.* I've brought you a book. ◊ *Te escribiré pronto.* I'll write to you soon. ◊ *Te lo he comprado.* I've bought it for you. **2** (reflexivo) yourself: *Te vas a hacer daño.* You'll hurt yourself. ◊ *Vístete.* Get dressed. **3** (partes del cuerpo, efectos personales): *Quítate el abrigo.* Take your coat off. ◊ *¿Te duele la espalda?* Is your back hurting?

té nm tea: *¿Te apetece un té?* Would you like a cup of tea?

teatro nm **1** theatre: *ir al ~* to go to the theatre ◊ *el ~ clásico/moderno* classical/modern theatre **2** (clase, curso) drama: *una clase de ~* a drama class `LOC` **echarle teatro a algo** to put on an act: *Le duele el pie, pero también le echa un poco de ~.* His foot does hurt, but he's putting on a bit of an act. ◆ **teatro de guiñol** puppet theatre Ver tb OBRA

tebeo nm comic

techo nm **1** (habitación, etc.) ceiling: *Hay una mancha de humedad en el ~.* There's a damp patch on the ceiling. **2** (coche) roof `LOC` **sin techo** homeless: *los sin ~* the homeless ◆ **techo corredizo/solar** sliding roof/sunroof

tecla nf key [pl keys]: *tocar una ~* to press a key ➔ Ver dibujo en ORDENADOR `LOC` **tecla almohadilla** (teléfono) hash key ◆ **tecla asterisco/estrella** (teléfono) star key

teclado nm (Informát, Mús) keyboard ➔ Ver dibujo en ORDENADOR

teclear vt to key sth (in): *Teclea tu contraseña.* Key in your password. ▸vi to type

técnica nf **1** (método) technique **2** (tecnología) technology: *los avances de la ~* technological advances

técnico, -a adj technical: *Estudié en una escuela técnica.* I went to a technical college. ▸nm-nf **1** (para reparaciones, etc.) technician **2** ~ (en) (titulación) specialist (in sth): *Es ~ en recursos humanos.* She's a specialist in human resources. **3** (Dep) manager `LOC` **técnico de**

sonido sound engineer Ver tb AYUDANTE, INGENIERO

tecno adj, nm (Mús) techno

tecnología nf technology [pl technologies] `LOC` **tecnología punta** state-of-the-art technology ◆ **tecnologías de la información y la comunicación** (abrev TIC) information and communications technology (abrev ICT)

tecnológico, -a adj technological `LOC` Ver PARQUE

teja nf tile

tejado nm roof

tejano, -a adj (tela) denim: *cazadora tejana* denim jacket ▸**tejanos** nm jeans ➔ Ver nota en PAIR

tejer vt **1** (en un telar) to weave: *~ una colcha* to weave a bedspread **2** (araña, gusano) to spin **3** (hacer punto) to knit

tejido nm **1** (tela) fabric ➔ Ver nota en TELA **2** (Anat) tissue

tela nf cloth, material, fabric

> 🔎 **Cloth** es la palabra más general para decir *tela* y se puede utilizar tanto para referirnos a la tela con la que se hacen los trajes, cortinas, etc. como para describir de qué está hecha una cosa: *Está hecho de tela.* It's made of cloth. ◊ *una bolsa de tela* a cloth bag. **Material** y **fabric** se utilizan solo para referirnos a la tela que se usa en sastrería y tapicería, aunque **fabric** suele indicar que tiene distintos colores. **Material** y **fabric** pueden ser tanto sustantivos contables como incontables, mientras que **cloth** suele ser incontable cuando significa *tela*: *Algunas telas encogen al lavar.* Some materials/fabrics shrink when you wash them. ◊ *Necesito más tela para las cortinas.* I need to buy some more cloth/material/fabric for the curtains.

`LOC` **tela metálica** wire netting

telaraña nf cobweb

tele nf TV: *Pon la ~.* Turn on the TV.

teleadicto, -a adj, nm-nf TV addict: *los niños ~s* children who are addicted to TV

telebasura nf junk TV

teleco nf **1** (carrera) telecommunications [v sing o pl] **2** (empresa) telco [pl telcos], telecommunications company (más formal) ▸nmf (ingeniero) telecom(s) engineer

telecomedia nf comedy show

telecomunicaciones nf telecommunications

telediario nm news [incontable]: *¿A qué hora es el ~?* What time is the news on? ◊ *Lo dijeron en* *el ~ de las tres.* It was on the three o'clock news. ◊ *Hoy ni siquiera he podido ver el ~.* I haven't even had time to watch the news today.

teledirigido, -a *adj* remote-controlled

teleférico *nm* cable car

telefonazo *nm* ring: *Dame un ~ mañana.* Give me a ring tomorrow.

telefonear *vt, vi* to telephone, to phone *(más coloq)*

telefónico, -a *adj* telephone, phone *(más coloq)*: *hacer una llamada telefónica* to make a phone call **LOC** *Ver* CABINA, CENTRAL, GUÍA, PIRATERÍA

telefonillo *nm* Entryphone®, intercom *(USA)*: *Te llamaré por el ~ cuando llegue.* I'll buzz you on the Entryphone when I arrive.

telefonista *nmf* telephonist

teléfono *nm* **1** *(aparato)* telephone, phone *(más coloq)*: *¿Puedes coger el ~?* Can you answer the phone? **2** *(número)* telephone number, phone number *(más coloq)*: *¿Tienes mi ~?* Have you got my phone number? **LOC** **por teléfono** on the phone: *Está hablando por ~ con su madre.* She's on the phone to her mother. ◆ **teléfono de ayuda/información** helpline ◆ **teléfono fijo** landline ◆ **teléfono inalámbrico** cordless phone ◆ **teléfono inteligente** smartphone ◆ **teléfono móvil** mobile (phone), cell phone *(USA) Ver tb* CABINA, COLGADO, COLGAR, GUÍA, LLAMAR

telemarketing *nm* telesales, telemarketing *(USA)*

telenovela *nf* soap (opera)

teleoperador, -ora *nm-nf* telesales worker

telepatía *nf* telepathy

telerrealidad *nf* reality TV: *los programas de ~* reality shows

telescopio *nm* telescope

telesilla *nm* chairlift

telespectador, -ora *nm-nf* viewer

telesquí *nm* ski lift

teletexto *nm* teletext

teletienda *nf* home shopping

teletrabajo *nm* teleworking

televisar *vt* to televise

televisión *nf* television, TV *(más coloq)*: *salir en la ~* to be on television ◊ *Enciende/apaga la ~.* Turn the TV on/off. ◊ *¿Qué ponen en (la) ~ esta noche?* What's on TV tonight? ◊ *Estábamos viendo la ~.* We were watching television. ↪ *Ver nota en* TELEVISION **LOC** **televisión a la carta** catch-up TV ◆ **televisión de pago** pay TV ◆ **televisión digital** digital TV ◆ **televisión en abierto** terrestrial TV ◆ **televisión por cable/satélite** cable/satellite TV

televisivo, -a *adj* television, TV *(más coloq)*: *la programación televisiva* the TV schedule **LOC** *Ver* TERTULIA

televisor *nm* television (set), TV *(más coloq)*

telón *nm* curtain: *Subieron el ~.* The curtain went up.

telonero, -a *nm-nf* support artist: *los ~s* the support band

tema *nm* **1** subject: *el ~ de una charla/poema* the subject of a talk/poem ◊ *No cambies de ~.* Don't change the subject. **2** *(cuestión de interés general)* question: *~s ecológicos* ecological questions **3** *(Mús)* **(a)** *(canción, composición)* track **(b)** *(melodía principal)* theme **4** *(lección)* unit: *Vamos por el ~ 4.* We're on Unit 4. **LOC** **desviarse/salirse del tema** to wander off the subject, to digress *(formal)* ◆ **sacar un tema** to bring sth up *Ver tb* CADA

temario *nm* syllabus [*pl* syllabuses/syllabi]

temático, -a *adj* **LOC** *Ver* PARQUE

temblar *vi* **1** ~ **(de)** to tremble (with *sth*): *La mujer temblaba de miedo.* The woman was trembling with fear. ◊ *Le temblaba la voz/mano.* His voice/hand trembled. **2** *(edificio, muebles)* to shake: *El terremoto hizo ~ las casas.* The earthquake shook the buildings. **LOC** **temblar de frío** to shiver

temblor *nm* tremor: *un ligero ~ en la voz* a slight tremor in his voice ◊ *un ~ de tierra* an earth tremor

temer *vt* **1** to be afraid *of sb/sth/doing sth*: *Le teme a la oscuridad.* He's afraid of the dark. ◊ *Temo equivocarme.* I'm afraid of making a mistake. **2** ~ **por** to fear for *(sb/sth)*: *Teme por sus hijos.* He fears for his children.
▶ **temerse** *vp* to be afraid: *Me temo que sí.* I'm afraid so.

temible *adj* formidable

temor *nm* fear: *No lo dije por ~ a que se enfadase.* I didn't say it for fear of offending him.

temperamento *nm* temperament: *Tiene mucho ~.* He is very temperamental.

temperatura *nf* temperature: *Mañana bajarán las ~s.* Temperatures will fall tomorrow. ◊ *El médico me tomó la ~.* The doctor took my temperature. **LOC** **temperatura ambiente** room temperature

tempestad *nf* storm

templado, -a *adj* **1** *(clima)* mild **2** *(comida, líquidos)* lukewarm

templo *nm* temple **LOC** *Ver* VERDAD

temporada *nf* **1** *(período de tiempo)* time: *Llevaba una larga ~ enfermo.* He had been ill for a long time. **2** *(época)* season: *la ~ de fútbol*

temporal 300

the football season ◊ *la ~ alta/baja* the high/low season `LOC` **de temporada** seasonal: *frutas y verduras de ~* seasonal fruit and vegetables ◆ **temporada de caza** open season

temporal *adj* temporary
▸*nm* storm

temprano, -a *adj, adv* early: *Llegó por la mañana ~.* He arrived early in the morning. `LOC` *Ver* LLEGAR, TARDE

tenaz *adj* tenacious

tenazas *nf* (*herramienta*) pliers ➔ *Ver nota en* PAIR

tendedero *nm* **1** (*cuerda*) clothes line **2** (*plegable*) clothes horse **3** (*lugar*) drying room

tendencia *nf* **1** (*predisposición*) tendency [*pl* tendencies]: *Tiene ~ a engordar.* He has a tendency to put on weight. **2** (*moda*) trend: *las últimas ~s de moda* the latest fashion trends

tender *vt* **1** (*ropa*) (**a**) (*fuera*) to hang *sth* out: *Todavía tengo que ~ la ropa.* I've still got to hang the washing out. (**b**) (*dentro*) to hang *sth* up **2** (*trampa*) to lay: *Nos tendieron una trampa.* They laid a trap for us.
▸*vi ~ a*: *Tiende a complicar las cosas.* He tends to complicate things. ◊ *La economía tiende a recuperarse.* The economy is recovering.
▸**tenderse** *vp* to lie down ➔ *Ver nota en* LIE¹

tendero, -a *nm-nf* shopkeeper, storekeeper (*USA*)

tendido *nm* `LOC` **tendido eléctrico** cables [*pl*]

tendido, -a *adj* **1** (*ropa*): *La colada está tendida.* The washing is on the line. **2** (*persona*) lying: *Estaba ~ en el sofá.* He was lying on the sofa. `LOC` *Ver* LLORAR; *Ver tb* TENDER

tendón *nm* tendon

tenebroso, -a *adj* sinister

tenedor *nm* fork

tener *vt*
● **posesión** to have

_🔎_ Existen dos formas de expresar *tener* en presente: **have** y **have got**. **Have got** es más frecuente y no necesita un auxiliar en oraciones interrogativas e negativas: *¿Tienes hermanos?* Have you got any brothers or sisters? ◊ *No tiene dinero.* He hasn't got any money. **Have** siempre va acompañado de un auxiliar en interrogativa y negativa: Do you have any brothers or sisters? ◊ He doesn't have any money.
En los demás tiempos verbales se utiliza **have**: *Cuando era pequeña tenía una bicicleta.* I had a bicycle when I was little.

● **estados, actitudes 1** (*edad, tamaño*) to be: *Mi hija tiene diez años.* My daughter is ten (years

old). ◊ *Tiene tres metros de largo.* It's three metres long. **2** (*sentir, tener una actitud*) to be

_🔎_ Cuando *tener* significa "sentir", en inglés se utiliza el verbo **be** con un adjetivo, en lugar del sustantivo que usamos en español: *Tengo mucha hambre.* I'm very hungry. ◊ *tener calor/frío/sed/miedo* to be hot/cold/thirsty/frightened ◊ *Le tengo un gran cariño a tu madre.* I'm very fond of your mother. ◊ *tener cuidado/paciencia* to be careful/patient.

● **en construcciones con adjetivos** *Tienes las manos sucias.* Your hands are dirty. ◊ *Me tiene harta de tanto esperar.* I'm sick of waiting for him. ◊ *Tengo a mi madre enferma.* My mother is ill.
▸*v aux* **1** *~ que hacer algo* to have to do sth: *Tuvieron que irse enseguida.* They had to leave straightaway. ◊ *Tienes que decírselo.* You must tell him. ➔ *Ver nota en* MUST **2 + participio**: *Lo tienen todo planeado.* It's all arranged. ◊ *Su comportamiento nos tiene preocupados.* We're worried about the way he's been behaving. `LOC` **tener a algn por algo** to think sb is sth: *Parece que me tienes por idiota.* You seem to think I'm an idiot. ◆ **tener que ver** (*asunto*) to have to do with *sb/sth*: *Pero ¿eso qué tiene que ver?* What's that got to do with it? ◊ *Eso no tiene nada que ver.* That's got nothing to do with it. ❶ Para otras expresiones con **tener**, véanse las entradas del sustantivo, adjetivo, etc., p. ej. **tener agujetas** en AGUJETAS.

teniente *nmf* lieutenant

tenis *nm* tennis `LOC` **tenis de mesa** table tennis *Ver tb* PISTA

tenista *nmf* tennis player

tenor *nm* tenor

tensar *vt* to tighten: *~ las cuerdas de una raqueta* to tighten the strings of a racket

tensión *nf* **1** tension: *la ~ del cable* the tension of the cable ◊ *Hubo mucha ~ durante la cena.* There was a lot of tension during dinner. **2** (*eléctrica*) voltage: *cables de alta ~* high voltage cables **3** (*estrés*) stress: *Tengo mucha ~ acumulada.* I'm under a lot of stress. **4** (*arterial*) blood pressure

tenso, -a *adj* tense

tentación *nf* temptation: *No pude resistir la ~ de comérmelo.* I couldn't resist the temptation to eat it all up. `LOC` **caer en la tentación** to fall into temptation: *Caí en la ~ de llamarle.* I couldn't stop myself from calling him.

tentáculo *nm* tentacle

tentador, -ora *adj* tempting

tentar *vt* **1** *(inducir)* to tempt: *Me tienta la idea de irme de vacaciones.* I'm tempted to go on holiday. **2** *(palpar)* to feel

tentativa *nf* attempt

tentempié *nm* snack

tenue *adj (luz, sonido, línea)* faint

teñir *vt* to dye: *~ una camisa de rojo* to dye a shirt red
▸ **teñirse** *vp* to dye your hair: *~se de rubio/moreno* to dye your hair blonde/dark brown

teología *nf* theology

teoría *nf* theory [*pl* theories]

teórico, -a *adj* theoretical

terapéutico, -a *adj* therapeutic

terapia *nf* therapy [*pl* therapies]: *~ de grupo* group therapy

tercer *adj Ver* TERCERO

tercera *nf (marcha)* third (gear)

tercero, -a *adj, nm-nf, pron* third *(abrev* 3rd) ⊃ *Ver ejemplos en* SEXTO
▸ *nm* third party: *seguro a/contra ~s* third-party insurance **LOC a la tercera va la vencida** third time lucky ◆ **tercera edad** *actividades para la tercera edad* activities for senior citizens ⊃ *Ver nota en* AGED ◆ **Tercer Mundo** Third World: *los países del Tercer Mundo* Third World countries *Ver tb* ECUACIÓN, RESIDENCIA

tercio *nm* third: *dos ~s de la población* two thirds of the population

terciopelo *nm* velvet

terco, -a *adj* stubborn

térmico, -a *adj* thermal

terminación *nf* ending

terminal *adj, nf, nm* terminal: *enfermos ~es* terminally ill patients ◊ *~ de pasajeros* passenger terminal **LOC terminal de autobuses** bus station

terminar *vt* to finish
▸ *vi* **1** *~ (en algo)* to end (in sth): *Las fiestas terminan el próximo lunes.* The festivities end next Monday. ◊ *La manifestación terminó en tragedia.* The demonstration ended in tragedy. **2** *~ (de hacer algo)* to finish (doing sth): *He terminado de hacer los deberes.* I've finished doing my homework. ◊ *Cuando termine de bañar a los niños te llamo.* When I finish bathing the kids, I'll call you. **3** *~ haciendo/por hacer algo* to end up doing sth: *Terminamos riéndonos.* We ended up laughing. **4** *~ como/igual que…* to end up like *sb/sth*: *Vas a ~ igual que tu padre.* You'll end up like your father.
▸ **terminarse** *vp* **1** *(agotarse)* to run out: *Se (nos) ha terminado el azúcar.* We've run out of sugar. **2** *(llegar a su fin)* to be over: *Se terminó la fiesta.* The party's over.

término *nm* **1** term: *en ~s generales* in general terms **2** *(fin)* end **LOC por término medio** on average ◆ **término municipal** municipal district

termo *nm* Thermos®

termómetro *nm* thermometer **LOC ponerle el termómetro a algn** to take sb's temperature

termostato *nm* thermostat

ternera *nf (Cocina)* veal

ternero, -a *nm-nf* calf [*pl* calves] ⊃ *Ver nota en* CARNE

ternura *nf* tenderness: *tratar a algn con ~* to treat sb tenderly

terráqueo, -a *adj* **LOC** *Ver* GLOBO

terrateniente *nmf* landowner

terraza *nf* **1** *(balcón)* balcony [*pl* balconies] **2** *(azotea)* roof (terrace) **3** *(bar)*: *Sentémonos en la ~.* Let's sit outside. ◊ *¿Ya han puesto la ~?* Have they put the tables out yet?

terremoto *nm* earthquake

terrenal *adj* **LOC** *Ver* PARAÍSO

terreno *nm* **1** *(tierra)* land [*incontable*]: *un ~ muy fértil* very fertile land ◊ *Compraron un ~.* They bought some land. **2** *(ámbito)* sphere: *en el ~ económico/de los derechos humanos* in the economic sphere/sphere of human rights **LOC sobre el terreno** *(en el lugar)* on the spot **2** *(sobre la marcha)* as I, you, etc. go along ◆ **terreno de juego** pitch, field *(USA)*

terrestre *adj* land: *un animal/ataque ~* a land animal/attack **LOC** *Ver* CORTEZA

terrible *adj* terrible

territorio *nm* territory [*pl* territories]

terrón *nm* lump: *un ~ de azúcar* a sugar lump

terror *nm* terror **LOC tenerle terror a algn/algo** to be terrified of sb/sth: *Le tengo ~ al dentista.* I'm terrified of the dentist. *Ver tb* PELÍCULA

terrorífico, -a *adj* terrifying

terrorismo *nm* terrorism

terrorista *adj, nmf* terrorist **LOC** *Ver* BANDA

tertulia *nf* get-together: *hacer/tener una ~* to have a get-together **LOC estar de tertulia** to have a talk: *Estamos aquí de ~.* We're here having a talk. ◆ **tertulia (televisiva/en la radio)** (TV/radio) discussion programme

tesis *nf* **1** *(doctoral)* thesis [*pl* theses] **2** *(opinión)* view: *La Corte Suprema no respaldó la ~ del gobierno.* The Supreme Court did not support the government's view.

tesón *nm* determination: *trabajar con ~* to work with determination

tesorero, -a *nm-nf* treasurer

T

tesoro *nm* treasure: *encontrar un ~ escondido* to find hidden treasure ◇ *¡Eres un ~!* You're a treasure! `LOC` *Ver* BUSCADOR

test *nm* test `LOC` *Ver* EXAMEN

testamento *nm* **1** (*Jur*) will: *hacer ~* to make a will **2 Testamento** Testament: *el Antiguo/ Nuevo Testamento* the Old/New Testament

testar *vt* (*comprobar*) to test

testarudo, -a *adj* stubborn

testículo *nm* testicle

testigo *nmf* witness
▸ *nm* (*Dep*) baton: *entregar el ~* to pass the baton `LOC` **ser testigo de algo** to witness sth ◆ **testigo presencial** eyewitness

tetera *nf* teapot

tetilla *nf* (*biberón*) teat

Tetra Brik® (*tb* **tetrabrik**) *nm* carton: *leche en ~* milk in cartons ➔ *Ver dibujo en* CONTAINER

tétrico, -a *adj* gloomy

textil *adj* textile: *la industria ~* the textile industry

texto *nm* **1** text **2** (*SMS*) text (message) ➔ *Ver nota en* TEXTSPEAK `LOC` **procesamiento/tratamiento de textos** word processing *Ver tb* COMENTARIO, LIBRO, MENSAJE, MENSAJERÍA

textualmente *adv* literally

textura *nf* texture

tez *nf* complexion

ti *pron* you: *Lo hago por ti.* I'm doing it for you. ◇ *Siempre estás pensando en ti misma.* You're always thinking of yourself.

tibio, -a *adj* lukewarm

tiburón *nm* shark

TIC *nf* information and communications technology (*abrev* ICT) `LOC` *Ver* TECNOLOGÍA

tic *nm* tic: *Tiene un ~ nervioso.* He has a nervous tic.

ticket = TIQUE

tiempo *nm* **1** time: *en mi ~ libre* in my spare time ◇ *en ~s de los romanos* in Roman times ◇ *Hace mucho ~ que vivo aquí.* I've been living here for a long time. ◇ *¿Cuánto ~ hace que estudias inglés?* How long have you been studying English? **2** (*Meteor*) weather: *Ayer hizo buen/mal ~.* The weather was good/bad yesterday. **3** (*bebé*): *¿Qué ~ tiene?* How old is she? **4** (*Dep*) half [*pl* halves]: *el primer ~* the first half **5** (*verbal*) tense `LOC` **al poco tiempo** soon afterwards ◆ **a tiempo** in time: *Llegas a ~ para tomarte un café.* You're just in time for a cup of coffee. ◆ **a tiempo completo/parcial** full-time/ part-time: *trabajar a ~ completo* to work full-time ◆ **con el tiempo** in time: *Lo entenderás con el ~.* You'll understand in time. ◆ **con tiempo (de**

sobra) in good time: *Avísame con ~.* Let me know in good time. ◆ **dar tiempo al tiempo** to give it time: *Eres demasiado impaciente, tienes que dar ~ al ~.* You're too impatient — you must give it time. ◆ **del tiempo** (*fruta*) seasonal ◆ **en tiempo real** in real time ◆ **en un tiempo récord** in record time ◆ **estar a tiempo** to have the time *to do sth*: *Todavía estás a ~ de mandarlo.* You've still got time to send it. ◆ **hacer tiempo** to while away your time ◆ **hombre/mujer del tiempo** weatherman/weathergirl ◆ **tiempo de emisión** (*TV, Radio*) airtime ◆ **tiempo muerto** (*Dep*) timeout *Ver tb* CADA, CUÁNTO, DEMASIADO, GANAR, LLEGAR

tienda *nf* shop, store (*USA*) `LOC` **ir de tiendas** to go shopping ◆ **tienda (de campaña)** tent: *montar/desmontar una ~* to put up/take down a tent ◆ **tienda de comestibles** grocer's, grocery store (*USA*) ➔ *Ver nota en* CARNICERÍA

tierno, -a *adj* **1** (*blando, cariñoso*) tender: *un filete ~* a tender steak ◇ *una mirada tierna* a tender look **2** (*pan*) fresh

tierra *nf* **1** (*por oposición al mar, campo, finca*) land [*incontable*]: *viajar por ~* to travel by land ◇ *cultivar la ~* to work the land ◇ *Vendió las ~s de su familia.* He sold his family's land. **2** (*para plantas, terreno*) soil: *~ para las macetas* soil for the plants ◇ *una ~ fértil* fertile soil **3** (*suelo*) ground: *Cayó a ~.* He fell to the ground. **4** (*patria*) home: *costumbres de mi ~* customs from back home **5 Tierra** (*planeta*) earth: *La Tierra es un planeta.* The earth is a planet. `LOC` **echar por tierra** to ruin *sth* ◆ **tierra adentro** inland ◆ **¡tierra a la vista!** land ahoy! ◆ **tierra batida** (*Tenis*) clay ◆ **tierra firme** dry land ◆ **Tierra Santa** the Holy Land ◆ **tomar tierra** (*aeronave*) to land *Ver tb* CORRIMIENTO, DESPRENDIMIENTO, EJÉRCITO, RAS

tieso, -a *adj* **1** (*duro*) stiff: *Me molesta llevar cuellos ~s.* I can't stand wearing stiff collars. **2** (*recto*) straight: *Estaba allí sentado, muy ~.* There he was, sitting up very straight. `LOC` **dejar a algn tieso** (*asombrar*) to leave sb speechless: *La noticia nos dejó ~s.* The news left us speechless. ◆ **quedarse tieso (de frío)** to be frozen stiff

tiesto *nm* flowerpot

tigre, -esa *nm-nf* **1** (*macho*) tiger **2** (*hembra*) tigress

tijera *nf* **tijeras** scissors [*pl*]

🔎 **Scissors** es una palabra plural en inglés, por lo tanto para referirnos a "unas tijeras" utilizamos **some/a pair of scissors**: *Necesito unas tijeras nuevas.* I need some new scissors/a new pair of scissors. ➔ *Ver nota en* PAIR

tila *nf* (*infusión*) lime flower tea

tilde *nf* **1** (*acento*) accent **2** (*en la ñ*) tilde

timar *vt* to swindle *sb/sth* (out of *sth*): *Le timaron 1 000 dólares.* They swindled him out of 1 000 dollars.

timbre *nm* **1** (*campanilla*) bell: *tocar el* ~ to ring the bell **2** (*voz*) pitch: *Tiene un* ~ *de voz muy alto.* He has a very high-pitched voice.

tímido, -a *adj, nm-nf* shy: *Es un* ~. He's very shy.

timo *nm* swindle, rip-off (*coloq*): *¡Vaya* ~*!* What a rip-off!

timón *nm* rudder

tímpano *nm* (*oído*) eardrum

tinaja *nf* large earthenware jar

tinieblas *nf* darkness [*incontable*]

tinta *nf* ink: *un dibujo a* ~ a drawing in ink **LOC** **saber algo de buena tinta** to have sth on good authority *Ver tb* MEDIO, SUDAR

tinte *nm* **1** (*producto*) dye **2** (*tintorería*) dry-cleaner's ⮕ *Ver nota en* CARNICERÍA

tinto *adj* (*vino*) red
▸ *nm* red wine

tintorería *nf* dry-cleaner's ⮕ *Ver nota en* CARNICERÍA

tío, -a *nm-nf*
• **familiar 1** (*masc*) uncle: *el* ~ *Daniel* Uncle Daniel **2** (*fem*) aunt, auntie (*coloq*) **3 tíos** uncle and aunt: *Voy a casa de mis* ~*s.* I'm going to my uncle and aunt's.
• **individuo 1** (*masc*) guy: *ese* ~ *de ahí* that guy over there **2** (*fem*) girl

🔎 Cuando se usan como apelativos, *tío* y *tía* no siempre se traducen en inglés: *¿Qué haces, tía?* What are you doing?

LOC ¡qué tío (más pesado)! what a pain he is!

tiovivo *nm* merry-go-round

tipazo *nm* good figure: *¡Vaya* ~ *tiene esa chica!* What a figure that girl has!

típico, -a *adj* **1** (*característico*) typical (*of sb/sth*): *Eso es* ~ *de Pepe.* That's just typical of Pepe. **2** (*tradicional*) traditional: *un baile/traje* ~ a traditional dance/costume

tipo *nm* **1** (*clase*) kind (*of sth*): *el* ~ *de persona nerviosa* the nervous kind ◇ *todo* ~ *de gente/animales* all kinds of people/animals ◇ *No es mi* ~. He's not my type. **2** (*cuerpo*) **(a)** (*de mujer*) figure: *Tiene muy buen* ~. She has a very nice figure. **(b)** (*de hombre*) body **3** (*individuo*) guy: *¡Qué* ~ *más feo!* What an ugly guy! **LOC tipo de cambio** exchange rate

tique (*tb* **tiquet**) *nm* **1** (*recibo*) receipt **2** (*entrada*) ticket

tiquismiquis *adj* (*persona*) fussy (*about sth*)

▸ *nmf* fusspot, fussbudget (*USA*)

tira *nf* **1** (*papel, tela*) strip: *Corta el papel en* ~*s.* Cut the paper into strips. **2** (*zapato*) strap **LOC la tira (de)** loads (of *sth*): *Tienes la* ~ *de amigos.* You've got loads of friends. ◇ *Hace la* ~ *de tiempo que no voy al teatro.* It's been ages since I went to the theatre. ◇ *Gastas la* ~. You spend loads of money.

tirabuzón *nm* (*pelo*) ringlet

tirachinas *nm* catapult, slingshot (*USA*)

tirada *nf* **1** (*turno*) throw **2** (*distancia*) way: *Hasta mi casa hay una buena* ~. It's quite a way to my house. **LOC de/en una tirada** in one go

tirado, -a *adj* **1** (*en el suelo*) lying (around): ~ *en el suelo* lying on the ground ◇ *Lo dejaron todo* ~. They left everything lying around. **2** (*muy barato*) dirt cheap: *Los zapatos están* ~*s de precio.* The shoes are dirt cheap. **3** (*muy fácil*) dead easy: *El examen estaba* ~. The exam was dead easy. **LOC dejar a algn tirado** to let sb down *Ver tb* TIRAR

tirador, -ora *nm-nf* shot: *Es un buen* ~. He's a good shot.
▸ *nm* (*cajón, puerta*) knob ⮕ *Ver dibujo en* HANDLE

tiranía *nf* tyranny

tirano, -a *adj* tyrannical
▸ *nm-nf* tyrant

tirante *adj* **1** (*estirado*) tight: *Pon la cuerda bien* ~. Make sure the rope is tight. **2** (*ambiente, situación*) tense
▸ *nm* **1** (*vestido*) shoulder strap **2 tirantes** braces, suspenders (*USA*)

tirar *vt* **1** (*lanzar*) to throw *sth* (*to sb*): *Los niños tiraban piedras.* The children were throwing stones. ◇ *Tírale la pelota a tu compañero.* Throw the ball to your teammate.

🔎 Cuando se tira algo a alguien con intención de hacerle daño, se usa **throw sth at sb**: *Le tiraban piedras al pobre gato.* They were throwing stones at the poor cat.

2 (*desechar, malgastar*) to throw *sth* away: *Tíralo, está muy viejo.* Throw it away, it's really old now. ◇ ~ *el dinero* to throw your money away **3** (*derramar*) to spill: *Ten cuidado, vas a* ~ *el café.* Be careful or you'll spill your coffee. ⮕ *Ver nota en* DROP **4** (*derribar sin querer*) to knock *sth/sb* over: *Cuidado con ese jarrón, no lo tires.* Careful you don't knock that vase over. **5** (*demoler*) to knock *sth* down: *Van a* ~ *esas casas.* They're going to knock these houses down.
▸ *vi* **1** ~ (**de**) to pull (*sth*): *Tira de la cadena.* Pull the chain. **2** ~ **a**: *Tiene el pelo tirando a rubio.* He's got blondish hair. ◇ *rosa tirando a rojo* reddish pink ◇ *Tira un poco a la familia de su*

tirita®

madre. He takes after his mother's side of the family. **3** *(disparar, Dep)* to shoot *(at sb/sth)*: ~ *a puerta* to shoot at goal **4** *(atraer)* to appeal *(to sb)*: *No me tira nada estudiar.* Studying doesn't really appeal to me. ◊ *Me tira mucho Inglaterra.* I feel really drawn to England.
▸**tirarse** *vp* **1** *(lanzarse)* to jump: ~*se por la ventana/al agua* to jump out of the window/into the water **2** *(pasar el tiempo)* to spend: *Me tiré toda la semana estudiando.* I spent the whole week studying. **3** *(tumbarse)* to lie down **LOC** **tirando** – *¿Cómo anda tu madre? – Tirando.* 'How's your mother?' 'Not too bad.' ◊ *Vamos tirando.* We're doing OK. ❶ Para otras expresiones con **tirar**, véanse las entradas del sustantivo, adjetivo, etc., p. ej. **tirar la toalla** en TOALLA.

tirita® *nf* plaster, Band-Aid® *(USA)*

tiritar *vi* ~ **(de)** to shiver (with *sth*): ~ *de frío* to shiver with cold

tiro *nm* **1** *(lanzamiento)* throw **2** *(disparo, Dep)* shot: *un ~ a puerta* a shot at goal **3** *(herida de disparo)* bullet wound: *un ~ en la cabeza* a bullet wound in the head **LOC** **a tiro de piedra (de aquí)** a stone's throw away (from here) ◆ **caer/sentar como un tiro** *Me sentó como un ~ que me dijese eso.* I was really upset when he said that. ◊ *La cena me sentó como un ~.* The meal didn't agree with me. ◆ **ni a tiros** *Este niño no come ni a ~s.* There's no way to get this child to eat. ◆ **pegar un tiro** to shoot: *Se pegó un tiro.* He shot himself. ◆ **salir el tiro por la culata** to backfire ◆ **tiro al blanco** target shooting ◆ **tiro con arco** archery ◆ **tiro libre** *(Fútbol)* free kick *Ver tb* MATAR

tirolina *nf* zip line

tirón *nm* **1** tug: *darle un ~ de pelo a algn* to give sb's hair a tug ◊ *Sentí un ~ en la manga.* I felt a tug on my sleeve. **2** *(robo)*: *En esa calle me dieron una vez un ~.* I had my bag snatched once in that street. **LOC** **de un tirón** *(de una sentada)* in one go: *Me leí el libro de un ~.* I read the book all in one go. ◊ *Durmió diez horas de un ~.* He slept for ten hours solid.

tiroteo *nm* **1** *(entre policía y delincuentes)* shootout: *Murió en el ~.* He died in the shoot-out. **2** *(ruido de disparos)* shooting [incontable]: *Escuchamos un ~ en la calle.* We heard shooting out in the street. **3** *(durante una guerra)* fighting [incontable]

títere *nm* **1** *(muñeco)* puppet **2 títeres** *(guiñol)* puppet show [*v sing*]

titulado, -a *adj* **1** *(libro, película)* called, entitled *(más formal)* **2** *(persona)* qualified: *un socorrista ~* a qualified lifeguard *Ver tb* TITULAR¹

titular¹ *vt* to call: *No sé cómo ~ el poema.* I don't know what to call the poem.

titular² *adj (Dep)*: *el equipo ~* the first team ◊ *un jugador ~* a first team player
▸ *nmf (pasaporte, cuenta bancaria)* holder
▸ *nm (periódico, revista)* headline: *Estaba en todos los ~es esta mañana.* It was in all the headlines this morning.

título *nm* **1** *(nombre, nobiliario, Dep)* title: *¿Qué ~ le has puesto a tu novela?* What title have you given your novel? ◊ *Mañana lucharán por el ~.* They're fighting for the title tomorrow. **2** *(universitario)* degree: *obtener el ~ de abogado* to get a degree in law ◊ *~ de máster* master's degree **3** *(profesional)* qualification: *un ~ de fontanería* a plumbing qualification **4** *(diploma)* certificate: *Quiero enmarcar el ~.* I want to frame my certificate.

tiza *nf* chalk: *Dame una ~.* Give me a piece of chalk. ◊ *Tráeme unas ~s de colores.* Bring me some coloured chalk(s).

toalla *nf* towel: ~ *de baño/de las manos* bath/hand towel **LOC** **tirar la toalla** to throw in the towel

tobillera *nf* ankle support

tobillo *nm* ankle: *Me he torcido el ~.* I've sprained my ankle.

tobogán *nm (parque)* slide **LOC** **tobogán acuático** water slide

tocado *adj* **LOC** *Ver* CABEZA

tocar *vt* **1** to touch: *¡No lo toques!* Don't touch it! **2** *(palpar)* to feel: *¿Me dejas ~ la tela?* Can I feel the fabric? **3** *(Mús)* to play: ~ *la guitarra/una canción* to play the guitar/a song **4** *(hacer sonar)* **(a)** *(campana, timbre)* to ring **(b)** *(bocina, sirena)* to sound
▸ *vi* **1** *(Mús)* to play **2** *(turno)* to be *sb's* turn *(to do sth)*: *Te toca tirar.* It's your turn to throw. ◊ *¿Ya me toca?* Is it my turn yet? **3** *(en un sorteo)* to win: *Me tocó una muñeca.* I won a doll. **LOC** *Ver* MADERA, PALMA

tocateja **LOC** **a tocateja** *Pagamos el coche a ~.* We paid for the car in cash.

tocayo, -a *nm-nf* namesake: *¡Somos ~s!* We've got the same name!

tocino *nm* pork fat

todavía *adv* **1** *(en oraciones afirmativas e interrogativas)* still: *¿Todavía vives en Londres?* Do you still live in London? **2** *(en oraciones negativas e interrogativas negativas)* yet: *Todavía no están maduras.* They're not ripe yet. ◊ *—¿Todavía no te han contestado? —No, no.* 'Haven't they written back yet?' 'No, not yet.' ➜ *Ver nota en* STILL **3** *(en oraciones comparativas)* even: *Ella pinta ~ mejor.* She paints even better.

todo *nm* whole: *considerado como un ~* taken as a whole

todo, -a *adj* **1** all: *He hecho ~ el trabajo.* I've done all the work. ◊ *Llevas ~ el mes enfermo.* You've been ill all month. ◊ *Van a limpiar ~s los edificios del pueblo.* They're going to clean up all the buildings in the village.

🔎 Con un sustantivo contable en singular, en inglés es preferible utilizar **the whole**: *Van a limpiar todo el edificio.* They're going to clean the whole building.

2 *(cada)* every: *Todos los días me levanto a las siete.* I get up at seven every day. ➲ *Ver nota en* EVERY

▸*pron* **1** all: *Eso es ~ por hoy.* That's all for today. ◊ *ante/después de ~* above/after all ◊ *A ~s nos gustó la obra.* We all/All of us liked the play. **2** *(todas las cosas)* everything: *Todo lo que te dije era verdad.* Everything I told you was true. **3** *(cualquier cosa)* anything: *Mi loro come de ~.* My parrot eats anything. **4 todos** everyone, everybody [*v sing*]: *Todos dicen lo mismo.* Everyone says the same thing.

🔎 **Everyone** y **everybody** llevan el verbo en singular, pero sin embargo suelen seguidos de **they**, **them** o **their**, que son formas plurales: *No todos han acabado el trabajo.* Not everyone has finished their work.

LOC **a todo esto 1** *(por cierto)* by the way **2** *(entretanto)* meanwhile ◆ **por toda España, todo el mundo, etc.** throughout Spain, the world, etc. ❶ Para otras expresiones con **todo**, véanse las entradas del sustantivo, adjetivo, etc., p. ej. **todo recto** en RECTO.

todoterreno *adj, nm* four-by-four *(abrev* 4x4) **LOC** *Ver* BICICLETA, MOTO

toldo *nm* awning

tolerancia *nf* tolerance

tolerante *adj* tolerant

tolerar *vt* **1** *(soportar)* to bear, to tolerate *(más formal)*: *No tolero la arrogancia.* I can't bear arrogance. **2** *(consentir)* to let *sb* get away with *sth*: *Te toleran demasiadas cosas.* They let you get away with too much.

toma *nf* **1** *(ocupación)* capture: *la ~ de la ciudad* the capture of the city **2** *(medicina)* dose **3** *(Cine, TV)* take **4 (a)** *(de corriente)* socket, outlet *(USA)* ➲ *Ver dibujo en* ENCHUFE **(b)** *(de agua, gas)* mains

tomadura *nf* **LOC** **tomadura de pelo 1** *(burla)* joke **2** *(estafa)* rip-off

tomar *vt* **1** to take: *~ una decisión* to take a decision ◊ *~ apuntes/precauciones* to take notes/precautions ◊ *¿Por quién me has tomado?* Who do you take me for? **2** *(comer, beber)* to have: *¿Qué vas a ~?* What are you going to have?

▸*vi Toma, es para ti.* Here, it's for you.

▸**tomarse** *vp* to take: *He decidido ~me unos días de descanso.* I've decided to take a few days off. ◊ *No deberías habértelo tomado así.* You shouldn't have taken it like that. **LOC** **¡toma (ya)!** ¿*No querías que llegara el verano? Pues, ¡toma!* You were looking forward to the summer? Well, there you go! ◊ *¡Toma ya, qué golazo!* Wow, what a goal! ❶ Para otras expresiones con **tomar**, véanse las entradas del sustantivo, adjetivo, etc., p. ej. **tomar el sol** en SOL.

tomate *nm* tomato [*pl* tomatoes] **LOC** **haber tomate** *¡Aquí va a haber ~!* There's going to be trouble here! ◆ **ponerse como un tomate** to go as red as a beetroot ◆ **tomate frito** tomato sauce *Ver tb* COLORADO

tomillo *nm* thyme

tomo *nm* volume

ton *nm* **LOC** **sin ton ni son** for no particular reason

tonalidad *nf* **1** *(color)* tone **2** *(Mús)* key [*pl* keys]

tonel *nm* barrel

tonelada *nf* ton

tónica *nf (bebida)* tonic: *Dos ~s, por favor.* Two tonics, please.

tónico, -a *adj (Ling)* stressed

▸*nm* tonic

tonificante *adj* invigorating

tono *nm* **1** tone: *¡No me hables en ese ~!* Don't speak to me in that tone of voice! **2** *(color)* shade **3** *(Mús)* key [*pl* keys] **LOC** **fuera de tono** inappropriate ◆ **tono (de llamada)** ringtone: *descargar ~s de llamada polifónicos* to download polyphonic ringtones

tontear *vi* to fool around *(with sb)*

tontería *nf* **1** *(verbal)* nonsense [*incontable*]: *decir ~s* to talk nonsense ◊ *¡Qué ~!* That's nonsense! **2** *(cosa sin importancia)* silly thing: *Siempre discutimos por ~s.* We're always arguing over silly little things. **3** *(cosa de poco valor)* (little) thing: *Os he comprado un par de ~s para la casa.* I've bought you a couple of things for the house. **LOC** **dejarse de tonterías** to stop messing about ◆ **hacer tonterías** to be silly: *¡Deja de hacer ~s!* Stop being silly! *Ver tb* SARTA

tonto, -a *adj* silly, stupid

🔎 **Silly** y **stupid** son prácticamente sinónimos, aunque **stupid** es un poco más fuerte: *¡Qué excusa más tonta!* What a silly excuse! ◊ *un error tonto* a stupid mistake.

T

▸ nm-nf fool `LOC` **hacer el tonto** to play the fool *Ver tb* CAJA

top nm (*ropa*) crop top

toparse vp ~ **con** to bump into *sb/sth*

tope nm **1** (*límite*) limit: *¿Hay una edad* ~*?* Is there an age limit? **2** (*puerta*) doorstop `LOC` **a tope/hasta los topes** *El supermercado estaba a* ~. The supermarket was packed. ◇ *Estoy a* ~ *de trabajo.* I'm up to my eyes in work. *Ver tb* FECHA

tópico nm cliché
▸ adj `LOC` *Ver* USO

top manta nm sale of pirate CDs/DVDs in the street

topo nm (*animal, espía*) mole

toque nm **1** (*golpecito*) tap **2** (*matiz*) touch: *dar el* ~ *final a algo* to put the finishing touch to sth ◇ *un* ~ *de color/humor* a touch of colour/humour `LOC` **darle/pegarle un toque a algn** (*llamar*) to give sb a ring ◆ **darle un toque a algn 1** (*advertir*) to warn sb *about/of sth*: *Le dieron un* ~ *(de atención) en el trabajo por llegar tarde.* He was warned about arriving late at work. **2** (*avisar*) to give sb a shout: *Dame un* ~ *cuando estés listo.* Give me a shout when you're ready. ◆ **toque de balón** ball skills [*pl*] ◆ **toque de queda** curfew

toquilla nf shawl

tórax nm thorax [*pl* thoraxes/thoraces]

torbellino nm whirlwind

torcedura nf sprain

torcer vt **1** (*retorcer*) to twist: *Le torció el brazo.* She twisted his arm. **2** (*cabeza*) to turn
▸ vi to turn: ~ *a la derecha/izquierda* to turn right/left
▸ **torcerse** vp (*tobillo, muñeca*) to sprain: *Se torció el tobillo.* He sprained his ankle.

torcido, -a adj **1** (*cuadro, ropa*) not straight: *¿No ves que ese cuadro está* ~*?* Can't you see that picture isn't straight? **2** (*dientes, nariz*) crooked **3** (*llave, palo*) bent **4** (*muñeca, tobillo*) sprained *Ver tb* TORCER

torear vt, vi (*Tauromaquia*) to fight
▸ vt (*persona*) to dodge

torero, -a nm-nf bullfighter

tormenta nf storm: *Se avecina una* ~. There's a storm brewing. ◇ *Parece que va a haber* ~. It looks like there's going to be a storm.

tormento nm **1** (*tortura*) torture **2** (*persona, animal*) pest: *Este niño es un* ~. This child's a pest.

tornado nm tornado [*pl* tornadoes/tornados]

torneo nm tournament

tornillo nm **1** screw: *apretar un* ~ to tighten a screw **2** (*para tuerca*) bolt `LOC` *Ver* FALTAR

torniquete nm (*Med*) tourniquet

torno nm **1** (*dentista*) drill **2** (*alfarero*) (potter's) wheel `LOC` *Ver* GIRAR

toro nm **1** (*animal*) bull **2 toros:** *ir a los* ~s to go to a bullfight ◇ *A mi hermano le encantan los* ~s. My brother loves bullfighting. `LOC` **agarrar/coger al toro por los cuernos** to take the bull by the horns *Ver tb* CORRIDA, PLAZA

torpe adj **1** (*poco hábil*) clumsy **2** (*zoquete*) slow

torpedo nm torpedo [*pl* torpedoes]

torpeza nf **1** (*falta de habilidad*) clumsiness **2** (*mental*) slowness

torrar(se) vt, vp to roast

torre nf **1** tower: *la* ~ *del castillo/de control* the tower of the castle/the control tower **2** (*electricidad*) pylon, transmission tower (*USA*) **3** (*telecomunicaciones*) mast **4** (*Ajedrez*) castle `LOC` **torre de vigilancia** watchtower

torrencial adj torrential: *lluvias* ~*es* torrential rain

torrente nm (*río*) torrent

torrija nf French toast [*incontable*]

torso nm torso [*pl* torsos]

torta nf **1** (*dulce*) cake **2** (*salada*) pie ➋ *Ver nota en pág 657* **3** (*bofetada*) smack, slap (*USA*) `LOC` **dar/pegar una torta/un tortazo** to smack *sb*, to slap *sb* (*USA*) ◆ **ni torta** not a thing: *No oigo ni* ~. I can't hear a thing.

tortazo nm smack, slap (*USA*) `LOC` *Ver* TORTA

tortícolis nm o nf stiff neck: *Tengo* ~. I've got a stiff neck.

tortilla nf omelette

tortita nf pancake

tórtolo, -a nm-nf **tortolitos** (*enamorados*) lovebirds: *¡Mira qué pareja de tortolitos!* Look at those two lovebirds!

tortuga nf **1** (*de tierra*) tortoise **2** (*de mar*) turtle `LOC` **ser más lento que una tortuga** to be really slow *Ver tb* PASO

tortura nf torture: *métodos de* ~ methods of torture ◇ *Para mí fue una* ~. It was torture for me.

torturar vt to torture

tos nf cough: *El humo del tabaco me da* ~. Cigarette smoke makes me cough.

toser vi to cough

tostada nf toast [*incontable*]: *Se me han quemado las* ~s. I've burnt the toast. ◇ *una* ~ *con mermelada* a slice of toast with jam

tostadora nf (*tb* **tostador** nm) toaster

tostar vt **1** (*pan, frutos secos*) to toast **2** (*café*) to roast **3** (*piel*) to tan

tostón *nm* bore

total *adj, nm* total
▸ *adv* so: *Total, que has suspendido.* So you failed. ◇ *Total, que al final tuve que pagar yo.* To cut a long story short, I had to pay in the end. **LOC** **en total** altogether: *Somos diez en ~.* There are ten of us altogether.

totalmente *adv* totally

tóxico, -a *adj* toxic

toxicómano, -a *nm-nf* drug addict

trabajador, -ora *adj* hard-working
▸ *nm-nf* worker: *~es cualificados/no cualificados* skilled/unskilled workers

trabajar *vi, vt* to work: *Trabaja para una compañía inglesa.* She works for an English company. ◇ *Nunca he trabajado de profesora.* I've never worked as a teacher. ◇ *Trabajas demasiado.* You work too hard. ◇ *Voy a ~ andando.* I walk to work. ◇ *¿En qué trabaja tu hermana?* What does your sister do? ◇ *~ la tierra* to work the land **LOC** *Ver* MATAR

trabajo *nm* **1** (*actividad*) work [*incontable*]: *Tengo mucho ~.* I've got a lot of work to do. ◇ *Debes ponerte al día con el ~ atrasado.* You must catch up with your work. ◇ *Me dieron la noticia en el ~.* I heard the news at work. **2** (*empleo*) job: *Tengo que encontrar (un) ~.* I must find a job. ◇ *un ~ bien pagado* a well-paid job ◇ *quedarse sin ~* to lose your job **⊃** *Ver nota en* WORK **3** (*en el colegio*) project: *hacer un ~ sobre el medioambiente* to do a project on the environment **LOC** **costar trabajo** *Me cuesta ~ madrugar.* I find it hard to get up early. ◇ *Este vestido me ha costado mucho ~.* This dress was a lot of work. ◆ **estar sin trabajo** to be out of work ◆ **trabajo de/en equipo** teamwork ◆ **trabajos forzados** hard labour [*incontable*] ◆ **trabajos manuales** handicrafts *Ver tb* BOLSA

trabalenguas *nm* tongue-twister

tractor *nm* tractor

tradición *nf* tradition: *seguir una ~ familiar* to follow a family tradition

tradicional *adj* traditional

traducción *nf* translation (*from sth*) (*into sth*): *hacer una ~ del español al ruso* to do a translation from Spanish into Russian

traducir *vt, vi* to translate (*from sth*) (*into sth*): *~ un libro del francés al inglés* to translate a book from French into English **⊃** *Ver nota en* INTERPRET

traductor, -ora *nm-nf* translator **LOC** **traductor automático** machine translation (software) [*incontable*]: *Los ~es automáticos no son fiables.* Machine translation (software) is unreliable.

traer *vt* **1** to bring: *¿Qué quieres que te traiga?* What shall I bring you? **⊃** *Ver dibujo en* TAKE **⊃** *Ver nota en* GIVE **2** (*causar*) to cause: *El nuevo sistema nos va a ~ problemas.* The new system is going to cause problems.
▸ **traerse** *vp* to bring *sb/sth* (with you): *Tráete una almohada.* Bring a pillow with you. **LOC** **traerse algo entre manos** to be up to sth: *¿Qué te traes entre manos?* What are you up to?

traficante *nmf* dealer: *un ~ de armas* an arms dealer

traficar *vi* **~ con/en** to deal in *sth*: *Traficaban con drogas.* They dealt in drugs.

tráfico *nm* traffic: *Hay mucho ~ en el centro.* There's a lot of traffic in the town centre. **LOC** **tráfico de drogas 1** (*a gran escala*) drug trafficking **2** (*a pequeña escala*) drug dealing *Ver tb* GUARDIA

tragaperras *nf* fruit machine, slot machine (*USA*)

tragar *vt, vi* **1** (*ingerir*) to swallow: *Me duele la garganta al ~.* My throat hurts when I swallow. **2** (*soportar*) to put up with *sb/sth*: *No sé cómo puedes ~ tanto.* I don't know how you put up with it. ◇ *No lo trago.* I can't stand him. **⊃** *Ver nota en* SOPORTAR
▸ **tragarse** *vp* **1** to swallow: *Me tragué un hueso de aceituna.* I swallowed an olive stone. ◇ *~se el orgullo* to swallow your pride ◇ *Se ha tragado lo del ascenso de Miguel.* He's swallowed the story about Miguel's promotion. **2** (*libro, película*): *~se un libro/una película* to get through a book/to sit through a film **LOC** **(no) tragarse algo** (not) to believe sth: *No me lo trago.* I don't believe it.

tragedia *nf* tragedy [*pl* tragedies]

trágico, -a *adj* tragic

trago *nm* **1** drink: *un ~ de agua* a drink of water **2** (*disgusto*) shock **LOC** **beberse/tomar algo de (un) trago** to drink sth in one go

traición *nf* **1** (*deslealtad*) betrayal **2** (*contra un Estado*) treason: *Le juzgarán por alta ~.* He will be tried for high treason. **LOC** **a traición** *Le dispararon a ~.* They shot him in the back. ◇ *Lo hicieron a ~.* They went behind his back.

traicionar *vt* **1** to betray: *~ una causa/a un compañero* to betray a cause/a friend **2** (*nervios*) to let *sb* down: *Los nervios me traicionaron.* My nerves let me down.

traidor, -ora *nm-nf* traitor

tráiler *nm* (*película, remolque*) trailer

traje *nm* **1** (*de chaqueta*) suit: *Juan lleva un ~ muy elegante.* Juan is wearing a very smart suit. **2** (*conjunto*) outfit: *¿Qué ~ te vas a poner para la*

T

boda? What outfit are you going to wear for the wedding? **3** (*de un país, de una región*) dress [*incontable*]: *el ~ típico aragonés* Aragonese regional dress **LOC** **traje de baño 1** (*de hombre*) swimming trunks **2** (*de mujer*) swimming costume ◆ **traje de noche** evening dress ◆ **traje espacial** spacesuit

trajeado, -a *adj* **1** (*con traje*) wearing a suit: *Iba todo ~ y no le reconocí.* I didn't recognize him in his suit. **2** (*arreglado*) smart

trama *nf* plot

tramar *vt* to plot **LOC** **estar tramando algo** to be up to something: *Sé que están tramando algo.* I know they're up to something.

tramitar *vt* to process

trámite *nm* procedure: *Cumplió con los ~s habituales.* He followed the usual procedures. **LOC** **en trámite(s) de** in the process of *doing sth*: *Están en ~s de divorcio.* They're in the process of getting a divorce.

tramo *nm* **1** (*carretera*) stretch **2** (*escalera*) flight

trampa *nf* **1** trap: *caer en la ~* to fall into the trap ◇ *tenderle una ~ a algn* to set a trap for sb **2** (*en un juego*) cheating [*incontable*]: *Una ~ más y estás eliminado.* Any more cheating and you're out of the game. ◇ *Eso es ~.* That's cheating. **LOC** **hacer trampa(s)** to cheat: *Siempre haces ~s.* You always cheat.

trampolín *nm* **1** (*Natación*) diving board: *tirarse del ~* to dive from the board **2** (*Gimnasia*) springboard: *La gimnasta se dio impulso en el ~.* The gymnast jumped off the springboard.

tramposo, -a *adj, nm-nf* cheat: *No seas tan ~.* Don't be such a cheat.

tranquilidad *nf* **1** (*atmósfera*) peace and quiet: *una atmósfera de ~* an atmosphere of peace and quiet ◇ *la ~ del campo* the peace and quiet of the countryside **2** (*mental*) peace of mind: *Para tu ~, te diré que es cierto.* For your peace of mind, I can tell you it is true. ◇ *¡Qué ~, no tener que trabajar!* What a relief, not having to work!

tranquilizante *nm* (*medicamento*) tranquilizer

tranquilizar *vt* **1** (*calmar*) to calm *sb* down: *No consiguió ~la.* He couldn't calm her down. **2** (*aliviar*) to reassure: *Me tranquiliza saber que no está sola.* It's reassuring to know she's not alone.
▸**tranquilizarse** *vp* to calm down: *Tranquilízate, seguro que están bien.* Calm down, I'm sure they're OK.

tranquilo, -a *adj* **1** calm: *Es una mujer muy tranquila.* She's a very calm person. ◇ *La mar está tranquila.* The sea is calm. **2** (*lento*) laid-back **3** (*apacible*) quiet: *Vivo en una zona muy tranquila.* I live in a very quiet area. **LOC** **(estate) tranquilo** don't worry: *Tranquila, que no es tu culpa.* Don't worry, it's not your fault. ◆ **tan tranquilo** not bothered: *Suspendió y se quedó tan tranquila.* She failed, but she didn't seem at all bothered. *Ver tb* CONCIENCIA

trans *adj* **LOC** *Ver* GRASA

transatlántico *nm* liner

transbordador *nm* (*barco*) ferry [*pl* ferries] **LOC** **transbordador espacial** space shuttle

transbordo *nm* **LOC** **hacer transbordo** to change: *Tuvimos que hacer dos ~s.* We had to change twice.

transcripción *nf* transcription: *una ~ fonética* a phonetic transcription

transcurrir *vi* **1** (*tiempo*) to pass: *Han transcurrido dos días desde su partida.* Two days have passed since he left. **2** (*ocurrir*) to take place: *La historia transcurre en la selva.* The story takes place in the jungle.

transeúnte *nmf* passer-by [*pl* passers-by]

transferencia *nf* transfer **LOC** **transferencia bancaria** credit transfer

transferir *vt* to transfer

transformador *nm* transformer

transformar *vt* to transform *sth/sb* (*from sth*) (*into sth*): *~ un lugar/a una persona* to transform a place/person
▸**transformarse** *vp* **transformarse en** to turn into *sb/sth*: *La rana se transformó en príncipe.* The frog turned into a prince.

transfusión *nf* transfusion: *Le hicieron dos transfusiones (de sangre).* He was given two (blood) transfusions.

transgénero *adj* transgender

transgénico, -a *adj* genetically modified: *alimentos/cultivos ~s* genetically-modified foods/crops ➲ *Ver nota en* WELL BEHAVED

transición *nf* transition

transitado, -a *adj* busy

transmisión *nf* **1** transmission **2** (*programa*) broadcast **LOC** *Ver* ENFERMEDAD

transmitir *vt* **1** (*enfermedad, estado de ánimo*) to transmit: *~ una enfermedad* to transmit a disease **2** (*información*) to pass *sth* on: *Les transmitimos la noticia.* We passed the news on to them.
▸ *vt, vi* (*programa*) to broadcast: *~ un partido* to broadcast a match

transparentar(se) *vi, vp* *Esa tela (se) transparenta demasiado.* That material is really see-through. ◇ *Con esa falda se te transparentan las piernas.* You can see your legs through that skirt.

transparente *adj* **1** (*cristal, agua, papel, persona*) transparent: *El cristal es ~.* Glass is transparent. **2** (*ropa*) see-through: *una blusa ~* a see-through blouse ◊ *Es demasiado ~.* You can see right through it.

transportar *vt* to carry

transporte *nm* transport, transportation (*USA*): *~ público/escolar* public/school transport ◊ *El ~ marítimo es más barato que el aéreo.* Sending goods by sea is cheaper than by air.

transversal *adj* **1** (*perpendicular*) transverse: *eje ~* transverse axis ◊ *La Gran Vía es ~ a la calle Mayor.* Gran Vía crosses Calle Mayor. **2** (*Educ*) cross-curricular: *un tema ~* a cross-curricular topic

tranvía *nm* tram, streetcar (*USA*)

trapecio *nm* **1** (*circo*) trapeze **2** (*Geom*) trapezium [*pl* trapeziums/trapezia]

trapo *nm* **1** (*limpieza*) cloth **2 trapos** (*ropa*) clothes **LOC** sacar (a relucir) los trapos sucios to wash your dirty linen in public ◆ trapo del polvo duster ◆ trapo viejo old rag *Ver tb* COCINA

tráquea *nf* windpipe, trachea [*pl* tracheas/tracheae] (*más formal*)

tras *prep* **1** (*después de*) after: *día ~ día* day after day **2** (*detrás de*) behind: *La puerta se cerró ~ ella.* The door closed behind her. **3** (*más allá de*) beyond: *Tras las montañas está el mar.* The sea lies beyond the mountains. **LOC** andar/estar/ir tras algn/algo to be after sb/sth

trasero, -a *adj* back: *la puerta trasera* the back door
▸ *nm* bottom, backside (*coloq*)

trasladar *vt* **1** to move: *Trasladaron todas mis cosas al otro despacho.* They moved all my things to the other office. **2** (*destinar*) to transfer: *Lo han trasladado al servicio de inteligencia.* He's been transferred to the intelligence service.
▸ **trasladarse** *vp* to move: *Nos trasladamos al número tres.* We're moving to number three.

traslado *nm* **1** (*mudanza, desplazamiento*) move **2** (*cambio de destino*) transfer

traslucir *vt* to reveal

trasluz *nm* **LOC** al trasluz against the light: *mirar los negativos al ~* to look at the negatives against the light

trasnochar *vi* to stay up late

traspapelarse *vp* to get mislaid

traspasar *vt* **1** (*atravesar*) to go through *sth*: *~ la barrera del sonido* to go through the sound barrier **2** (*líquido*) to soak through *sth* **3** (*Dep*) to transfer *sb* (*to sth*): *Han traspasado a tres jugadores del Celta.* Three Celta players have been transferred. **4** (*negocio*) to sell

traspié *nm* **LOC** dar un traspié to trip

trasplantar *vt* to transplant

trasplante *nm* transplant

trastada *nf* **LOC** hacer trastadas/una trastada *¡Deja de hacer ~s de una vez!* Don't be so naughty! ◊ *¡No veas la ~ que me ha hecho!* You won't believe the trick he played on me!

traste *nm* **LOC** irse al traste (*planes*) to fall through

trastero *nm* junk room **LOC** *Ver* CUARTO

trasto *nm* **1** (*cosa*) junk [*incontable*]: *Tienes la habitación llena de ~s.* Your room is full of junk. **2** (*niño*) little devil: *Esos niños son unos ~s.* Those children are little devils.

trastornado, -a *adj* **1** (*alterado*) upset **2** (*loco*) (mentally) disturbed ⊃*Ver nota en* DISCAPACITADO; *Ver tb* TRASTORNAR

trastornar *vt* **1** (*alterar*) to upset: *El mal tiempo ha trastornado todos mis planes.* The bad weather has upset all my plans. **2** (*volver loco*) to drive *sb* out of their mind: *Tanto sufrimiento acabó por ~la.* All the suffering drove her out of her mind.
▸ **trastornarse** *vp* **1** (*alterarse*) to be upset **2** (*volverse loco*) to go crazy

trastorno *nm* **1** (*Med*) disorder: *un ~ alimentario* an eating disorder **2** (*molestia*) disruption [*incontable*]: *los ~s ocasionados por la huelga* the disruption caused by the strike **LOC** trastorno de déficit de atención (*abrev* TDA) attention deficit disorder (*abrev* ADD) *Ver tb* CAUSAR

tratado *nm* (*Pol*) treaty [*pl* treaties]

tratamiento *nm* **1** treatment: *un ~ contra la celulitis* treatment for cellulite **2** (*Informát*) processing **LOC** *Ver* TEXTO

tratar *vt* **1** to treat: *Me trataron muy bien.* They treated me very well. ◊ *Los tratan como delincuentes.* They're treated like criminals. ◊ *~ un cáncer de mama* to treat breast cancer **2** (*discutir*) to deal with *sth*: *Trataremos estas cuestiones mañana.* We will deal with these matters tomorrow.
▸ *vi* **1** ~ de/sobre to be about *sth*: *La película trata sobre el mundo del espectáculo.* The film is about show business. **2** ~ con to deal with *sb/sth*: *No trato con ese tipo de gente.* I don't have any dealings with people like that. **3** ~ de (*intentar*) to try to *do sth*: *Trata de llegar a tiempo.* Try to/and get there on time. ⊃*Ver nota en* TRY
▸ **tratarse** *vp* tratarse de to be about *sb/sth/doing sth*: *Se trata de tu hermano.* It's about your brother. ◊ *Se trata de aprender, no de aprobar.* It's about learning, not just passing.

LOC **tratar a algn de tú/usted** to be on familiar/formal terms with sb

trato nm **1** (*tratamiento*) treatment: *el mismo ~ para todos* the same treatment for everyone **2** (*acuerdo*) deal: *hacer/cerrar un ~* to make/close a deal **LOC** **malos tratos** physical abuse [*incontable*]: *Su mujer le ha acusado de malos ~s.* His wife has accused him of physical abuse. ◊ *Sufrieron malos ~s en la cárcel.* They were physically abused in prison. ◆ **tener/no tener trato con algn** to see/not to see sb: *No tengo demasiado ~ con ellos.* I don't see much of them. ◆ **trato hecho** it's a deal

trauma nm trauma

traumático, -a adj traumatic

través nm **LOC** **a través de** through: *Corría a ~ del bosque.* He was running through the wood. ◊ *Huyeron a ~ del parque/de los campos.* They ran away across the park/fields. *Ver tb* CAMPO

travesía nf crossing

travesti (*tb* travestí) nmf transvestite

travesura nf prank **LOC** **hacer travesuras** to be naughty

travieso, -a adj naughty

trayecto nm **1** (*ruta*) route: *Este tren hace el ~ Madrid-Barcelona.* This train runs on the Madrid-Barcelona route. **2** (*viaje*) journey: *Me pasé todo el ~ durmiendo.* I slept through the whole journey.

trayectoria nf trajectory [*pl* trajectories]

trazar vt **1** (*línea, plano*) to draw **2** (*plan, proyecto*) to draw up: *~ un plan* to draw up a plan

trébol nm **1** (*Bot*) clover **2 tréboles** (*Naipes*) clubs ⊃ *Ver nota en* BARAJA

trece adj, nm, pron **1** thirteen **2** (*fecha*) thirteenth ⊃ *Ver ejemplos en* ONCE, SEIS **LOC** **mantenerse/seguir en sus trece** to dig your heels in: *Discutimos durante horas, pero ella seguía en sus ~.* We argued for hours, but she dug her heels in and wouldn't change her mind. *Ver tb* MARTES

treceavo, -a adj, nm thirteenth ⊃ *Ver pág* 802

trecho nm stretch: *un ~ peligroso* a dangerous stretch (of road)

tregua nf truce: *romper una ~* to break a truce

treinta adj, nm, pron **1** thirty **2** (*trigésimo*) thirtieth ⊃ *Ver ejemplos en* SESENTA

tremendo, -a adj **1** (*algo negativo*) terrible: *un disgusto/dolor ~* a terrible blow/pain **2** (*algo positivo*) tremendous: *Tuvo un éxito ~.* It was a tremendous success. ◊ *El niño tiene una fuerza tremenda.* He's tremendously strong.

tren nm train: *coger/perder el ~* to catch/miss the train ◊ *Fui a Londres en ~.* I went to London by train. **LOC** **a todo tren 1** (*con lujo*) in style **2** (*muy rápido*) flat out ◆ **estar como un tren** to be a stunner ◆ **tren de alta velocidad** high-speed train ◆ **tren de aterrizaje** undercarriage: *bajar el ~ de aterrizaje* to lower the undercarriage ◆ **tren de cercanías/largo recorrido** local/long-distance train ◆ **tren de vida** lifestyle *Ver tb* MERCANCÍA, PARAR

trenca nf duffel coat

trenza nf plait, braid (*USA*): *Hazte una ~.* Do your hair in a plait.

trepar vi to climb (up) (*sth*): *~ a un árbol* to climb (up) a tree

tres adj, nm, pron **1** three **2** (*fecha*) third ⊃ *Ver ejemplos en* SEIS **LOC** **no ver tres en un burro** to be as blind as a bat ◆ **tres en raya** noughts and crosses [*incontable*], tic-tac-toe (*USA*) *Ver tb* CADA

trescientos, -as adj, nm, pron three hundred ⊃ *Ver ejemplos en* SEISCIENTOS

tresillo nm **1** (*sofá para tres personas*) three-seater sofa **2** (*sofá y dos sillones*) three-piece suite

triangular adj triangular

triángulo nm triangle **LOC** **triángulo equilátero/escaleno/isósceles** equilateral/scalene/isosceles triangle ◆ **triángulo rectángulo** right-angled triangle

triatlón nm triathlon

tribu nf tribe: *las ~s urbanas* urban tribes

tribuna nf stand: *Tenemos entradas de ~.* We've got stand tickets. ◊ *Han instalado una ~.* They've put up a stand.

tribunal nm **1** (*Jur*) court: *comparecer ante el ~* to appear before the court **2** (*en un examen*) examining board: *Me ha tocado un ~ muy estricto.* The examiners were very strict. **LOC** **llevar a los tribunales** to take *sb/sth* to court ◆ **Tribunal Supremo** Supreme Court

triciclo nm tricycle

trigo nm wheat

trillado, -a adj (*tema, excusa, etc.*) tired

trillizos, -as nm-nf triplets

trimestral adj quarterly: *revistas/facturas ~es* quarterly magazines/bills

trimestre nm **1** (*Educ*) term **2** (*período de tres meses*) quarter

trinar vi (*pájaro*) to sing

trinchera nf trench

trineo nm **1** sledge; sledge, sled (*USA*) **2** (*tirado por animales*) sleigh: *Papá Noel viaja siempre en ~.* Father Christmas always travels by sleigh.

trino nm trill

trío nm trio [*pl* trios]

tripa *nf* **1** (*barriga*) stomach, belly [*pl* bellies] (*más coloq*): *tener dolor de ~* to have a stomach ache **2** (*intestino*) gut

triple *adj* triple: *~ salto* triple jump
▸ *nm* three times: *Nueve es el ~ de tres.* Nine is three times three. ◊ *Este es el ~ de grande que el otro.* This one's three times bigger than the other one. ◊ *Gana el ~ que yo.* He earns three times as much as me.

triplicar(se) *vt, vp* to treble

tripulación *nf* crew [*v sing o pl*] ➔ *Ver nota en* JURADO

tripular *vt* to crew

triste *adj* **1** (*persona*) sad: *estar/sentirse ~* to be/feel sad **2** (*lugar*) gloomy: *un paisaje/una habitación ~* a gloomy landscape/room

tristeza *nf* **1** (*de persona*) sadness **2** (*lugar*) gloominess

triturar *vt* **1** (*cosas duras*) to crush **2** (*cosas blandas*) to mash **3** (*carne*) to mince **4** (*papel*) to shred

triunfal *adj* **1** (*arco, entrada*) triumphal **2** (*gesto, regreso*) triumphant

triunfar *vi* **1** (*tener éxito*) to succeed: *~ en la vida* to succeed in life ◊ *Esta canción va a ~ en el extranjero.* This song will do well abroad. **2** (*ganar*) to win: *Han triunfado en las elecciones.* They've won the election. **3** *~ (sobre)* to triumph (over *sb/sth*): *Triunfaron sobre sus contrincantes.* They triumphed over their rivals.

triunfo *nm* **1** (*Pol, Mil*) victory [*pl* victories] **2** (*Dep*) win **3** (*éxito*) success **4** (*Naipes*) trump

trivial *adj* trivial

trivialidad *nf* **1** (*cosa trivial*) triviality [*pl* trivialities] **2** (*comentario*) silly remark: *decir ~es* to make silly remarks

triza *nf* LOC **hacer(se) trizas 1** (*persona, cristal, etc.*) to shatter: *Se me cayó el vaso y se hizo ~s.* I dropped the glass and it shattered. ◊ *Terminé hecho ~s.* I was shattered by the end. **2** (*papel, tela*) to tear *sth* to shreds

trocear *vt* to cut *sth* into pieces

trofeo *nm* trophy [*pl* trophies]

trol *nm* (*monstruo, Internet*) troll

trola *nf* fib: *contar/meter ~s* to tell fibs

trolear *vt, vi* (*Internet*) to troll: *Alguien está troleando mi blog.* Someone's trolling my blog.

tromba *nf* LOC **tromba (de agua)** downpour: *Ayer cayó una buena ~.* There was a real downpour yesterday.

trombón *nm* trombone

trompa *nf* (*elefante*) trunk LOC **coger(se) una trompa** to get plastered

trompeta *nf* trumpet

trompetista *nmf* trumpeter

tronar *v imp* to thunder: *¡Está tronando!* It's thundering!

troncal *adj* LOC *Ver* ASIGNATURA

troncharse *vp ~ de risa* to split your sides (laughing)

tronco *nm* **1** (*árbol, Anat*) trunk **2** (*leño*) log LOC *Ver* DORMIR

trono *nm* throne: *subir al ~* to come to the throne ◊ *el heredero del ~* the heir to the throne

tropa *nf* troop LOC **toda la tropa** everyone: *No me apetece estar con toda la ~.* I don't feel like being with everyone.

tropezar(se) *vi, vp* **tropezar(se) (con) 1** (*caerse*) to trip (over *sth*): *~ con una raíz* to trip over a root **2** (*encontrarse con algn*) to bump into *sb*: *Me tropecé con él ayer.* I bumped into him yesterday. **3** (*problemas*) to come up against *sth*: *Hemos tropezado con serias dificultades.* We've come up against serious difficulties.

tropezón *nm* (*traspié*) stumble LOC **dar un tropezón (con)** to trip up (over *sth*)

tropical *adj* tropical

trópico *nm* tropic: *el ~ de Cáncer/Capricornio* the tropic of Cancer/Capricorn

trotar *vi* **1** (*caballo, etc.*) to trot **2** (*andar mucho*) to rush around

trote *nm* **1** (*caballo, etc.*) trot: *ir al ~* to go at a trot **2** (*actividad intensa*): *Tanto ~ acabará conmigo.* All this rushing around will finish me off. LOC **no estar para muchos/esos trotes** *Ya no estoy para esos ~s.* I'm not up to this any more.

trozo *nm* piece: *un ~ de pan* a piece of bread ◊ *Corta la carne a ~s.* Cut the meat into pieces.

trucha *nf* trout [*pl* trout]

truco *nm* trick LOC **cogerle/pillarle el truco a algo** to get the hang of sth ◆ **tener truco** to have a catch: *Esa oferta tiene ~.* There's a catch to that offer.

trueno *nm* thunder [*incontable*]: *¿No has oído un ~?* Did you hear a clap of thunder? ◊ *Los ~s han cesado.* The thunder's stopped. ◊ *rayos y ~s* thunder and lightning

trufa *nf* truffle

tu *adj* your: *tus libros* your books

tú *pron* you: *¿Eres tú?* Is that you? LOC *Ver* YO

tuberculosis *nf* tuberculosis (*abrev* TB)

tubería *nf* pipe: *Se ha roto una ~.* A pipe has burst.

tubo *nm* **1** (*de conducción*) pipe **2** (*recipiente*) tube: *un ~ de pasta de dientes* a tube of toothpaste ➔ *Ver dibujo en* CONTAINER LOC **por un tubo** *Tiene amigos por un ~.* He's got lots of friends.

T

◇ *Trabajan por un* ~. They work really hard. ◆ **tubo de escape** exhaust

tuerca *nf* nut

tuerto, -a *adj* one-eyed: *un marinero* ~ a one-eyed sailor `LOC` **ser tuerto** to be blind in one eye

tugurio *nm* **1** (*chabola*) hovel **2** (*bar*) dive

tuit (*tb* **tuiteo**) *nm* tweet

tuitear (*tb* **twittear**) *vt, vi* to tweet

tuitero, -a *nm-nf* Twitter® user

tulipán *nm* tulip

tumba *nf* **1** grave **2** (*mausoleo*) tomb: *la* ~ *de Lenin* Lenin's tomb

tumbar *vt* **1** **(a)** (*objeto*) to knock *sth* over **(b)** (*persona*) to knock *sb* down: *Me tumbó de un puñetazo.* He knocked me down. **2** (*suspender*) to fail: *Me han tumbado.* They've failed me.
▸ **tumbarse** *vp* to lie down: *Se tumbó unos minutos.* He lay down for a few minutes. ➋ *Ver nota en* LIE¹

tumbo *nm* `LOC` **dar tumbos 1** (*tambalearse*) to stagger **2** (*tener dificultades*) to lurch from one crisis to another

tumbona *nf* sunlounger

tumor *nm* tumour: *un* ~ *benigno/cerebral* a benign/brain tumour

tumulto *nm* (*multitud*) crowd

túnel *nm* tunnel: *pasar por un* ~ to go through a tunnel

túnica *nf* tunic

tupido, -a *adj* **1** (*vegetación*) dense **2** (*tela*) densely woven

turbante *nm* turban

turbina *nf* turbine `LOC` **turbina eólica** wind turbine

turbio, -a *adj* **1** (*líquido*) cloudy **2** (*asunto*) shady

turco, -a *adj, nm* Turkish: *hablar* ~ to speak Turkish
▸ *nm-nf* Turk: *los* ~*s* the Turks

turismo *nm* **1** (*industria*) tourism **2** (*turistas*) tourists [*pl*]: *un 40% del* ~ *que visita nuestra zona* 40% of the tourists visiting our area **3** (*coche*) car `LOC` **hacer turismo 1** (*por un país*) to tour: *hacer* ~ *por África* to tour round Africa **2** (*por una ciudad*) to go sightseeing ◆ **turismo de borrachera** binge tourism◆ **turismo médico/sanitario** health tourism *Ver tb* ◆ **turismo rural** country holidays [*pl*] OFICINA

turista *nmf* tourist

turístico, -a *adj* **1** tourist: *una atracción turística* a tourist attraction ◇ *el sector* ~ the tourist industry **2** (*con muchos turistas*) popular with tourists: *Este pueblo es demasiado* ~ *para mí.* This village is too popular with tourists for my liking. ◇ *La zona no es muy turística.* Not many tourists visit the area. **3** (*empresa, guía*) tour: *un guía* ~ a tour guide `LOC` *Ver* AUTOBÚS

turnarse *vp* ~ **(con) (para)** to take it in turns (with *sb*) (to do *sth*): *Nos turnamos para hacer la limpieza de la casa.* We take it in turns to do the housework.

turno *nm* **1** (*en una cola, un juego, etc.*) turn: *Espera tu* ~. Wait your turn. **2** (*trabajo*) shift: *tener* ~ *de día/noche* to be on the day/night shift `LOC` **estar de turno** to be on duty *Ver tb* PEDIR

turquesa *nf* `LOC` *Ver* AZUL

turrón *nm* Spanish nougat [*incontable*]

tutear(se) *vt, vp* to be on familiar terms (with *sb*)

tutor, -ora *nm-nf* **1** (*profesor*) tutor **2** (*Jur*) guardian

tutoría *nf* tutorial: *Tengo una hora de* ~ *a la semana.* I have an hour's tutorial each week.

tuyo, -a *adj, pron* yours: *Esos zapatos no son* ~*s.* Those shoes aren't yours. ◇ *No es asunto* ~. That's none of your business. ❶ *Un amigo tuyo* se traduce por 'a friend of yours', ya que significa "uno de tus amigos".

twittear = TUITEAR

U u

u *conj* or

ubicación *nf* location

ubicar *vt* to locate: *La casa está ubicada a un kilómetro de la playa.* The house is located a kilometre from the beach.
▸ **ubicarse** *vp* (*orientarse*) to find your way around: *No me ubico en esta ciudad.* I can't find my way around this city.

UCI *nf* intensive care unit

¡uf! *interj* **1** (*alivio, cansancio, sofoco*) phew: *¡Uf, qué calor!* Phew, it's hot! **2** (*asco*) ugh: *¡Uf, qué mal huele!* Ugh, what an awful smell!

úlcera *nf* ulcer

últimamente *adv* recently

ultimátum *nm* ultimatum

último, -a *adj* **1** last: *el ~ episodio de la serie* the last episode of the series ◊ *estos ~s días* the last few days ◊ *Te lo digo por última vez.* I'm telling you for the last time. **2** (*más reciente*) latest: *la última moda* the latest fashion

🔍 **Last** hace referencia al último de una serie que se ha terminado: *el último álbum de John Lennon* John Lennon's last album. **Latest** es el último de una serie que podría aún continuar: *su último álbum* their latest album.

3 (*más alto*) top: *en el ~ piso* on the top floor **4** (*más bajo*) bottom: *Están en última posición de la liga.* They are bottom of the league. ▸*nm-nf* **1** last (one): *Fuimos los ~s en llegar.* We were the last (ones) to arrive. **2** (*mencionado en último lugar*) latter **LOC** **a última hora 1** (*en el último momento*) at the last moment **2** (*al final de un día*) late: *a última hora de la tarde* late in the evening ◊ *a última hora del martes* late on Tuesday ◆ **a últimos de mes** at the end of the month ◆ **de última generación** state of the art ◆ **en última instancia** ultimately ◆ **ir/vestir a la última** to wear the latest fashions ◆ **ser el último mono** to be a real nobody *Ver tb* PALABRA

ultra *adj* extreme right-wing ▸*nmf* right-wing extremist

ultraderecha *nf* extreme right

ultraligero *nm* (*avión*) microlight, ultralight (*USA*)

ultramarinos *nm* grocer's, grocery store (*USA*) ⊃ *Ver nota en* CARNICERÍA

umbilical *adj* **LOC** *Ver* CORDÓN

umbral *nm* threshold: *en el ~ de una nueva época* on the threshold of a new age

un, una *art indef* a, an ❶ La forma an se emplea delante de sonido vocálico: *un árbol* a tree ◊ *un brazo* an arm ◊ *una hora* an hour

🔍 En plural se utiliza **some** o, en algunos casos, se omite el artículo por completo: *Necesito unos zapatos nuevos.* I need some new shoes. ◊ *Ya que vas, compra unos plátanos.* Get some bananas while you're there. ◊ *Tienes unos ojos preciosos.* You've got beautiful eyes. ◊ *Tengo unos amigos estupendos.* I've got wonderful friends.

▸*adj Ver* UNO

unanimidad *nf* unanimity **LOC** **por unanimidad** unanimously

undécimo, -a *adj, pron, nm-nf* eleventh

UNED *nf Ver* UNIVERSIDAD

únicamente *adv* only

único, -a *adj* **1** (*solo*) only: *la única excepción* the only exception **2** (*excepcional*) extraordinary: *una mujer única* an extraordinary woman **3** (*sin igual*) unique: *una obra de arte única* a unique work of art
▸*nm-nf* only one: *Es la única que sabe nadar.* She's the only one who can swim. **LOC** **lo único** the only thing: *Lo ~ que me importa es…* The only thing that matters to me is… *Ver* DIRECCIÓN, HIJO, SENTIDO, TARIFA

unidad *nf* **1** unit: *~ de medida* unit of measurement ◊ *la ~ 8 del libro* unit 8 of the book **2** (*unión*) unity: *falta de ~* lack of unity **LOC** **Unidad de Vigilancia Intensiva/Cuidados Intensivos** (*abrev* UVI, UCI) intensive care unit ◆ **unidad monetaria** unit of currency

unido, -a *adj* **1** (*relaciones personales*) close: *una familia muy unida* a very close family ◊ *Están muy ~s.* They're very close. **2** (*con un objetivo común*) together: *Tenemos que mantenernos ~s.* We have to work together. **LOC** *Ver* ORGANIZACIÓN, REINO; *Ver tb* UNIR

unifamiliar *adj* *una casa/vivienda ~* a house ⊃ *Ver nota en* CASA

unificar *vt* to unify

uniforme *adj* **1** (*igual*) uniform: *de tamaño ~* of uniform size **2** (*superficie*) even
▸*nm* uniform **LOC** **con/de uniforme** *soldados de ~* soldiers in uniform ◊ *colegiales con ~* children in school uniform

unión *nf* **1** (*asociación, relación, matrimonio*) union: *la ~ monetaria* monetary union **2** (*unidad*) unity: *La ~ es nuestra mejor arma.* Unity is our best weapon. **3** (*acción*) joining (together): *la ~ de las dos partes* the joining together of the two parts **LOC** **la unión hace la fuerza** united we stand ◆ **Unión Europea** (*abrev* UE) European Union (*abrev* EU)

unir *vt* **1** (*piezas, objetos*) to join **2** (*intereses, personas*) to unite: *los objetivos que nos unen* the aims that unite us **3** (*Ferrocarril, carretera*) to link
▸ **unirse** *vp* **1** unirse a to join *sth*: *Se unieron al grupo.* They joined the group. **2** (*juntar fuerzas*) to unite, to come together (*más coloq*): *El pueblo se unió en contra de las reformas.* The people united against the reforms.

unisex *adj* unisex

universal *adj* **1** (*siempre vigente*) universal: *El amor es un tema ~.* Love is a universal theme. **2** (*mundial*) world: *historia ~* world history ◊ *un artista de fama ~* a world-famous artist **LOC** *Ver* DILUVIO

universidad *nf* university [*pl* universities]: *ir a la ~* to go to university **LOC** **universidad a dis-**

U

tancia (*abrev* **UNED**) ❶ El equivalente en Gran Bretaña se llama **the Open University**.

universitario, -a *adj* university, college (*USA*): *una residencia universitaria* a university hall ▸ *nm-nf* **1** (*estudiante*) university student, college student (*USA*) **2** (*licenciado*) graduate **LOC** *Ver* CIUDAD

universo *nm* universe

uno, -a *adj* **1** (*cantidad*) one: *He dicho un kilo, no dos.* I said one kilo, not two. **2** (*fecha*) first: *el día ~ de mayo* the first of May **3 unos** (*aproximadamente*): *~s quince días* about a fortnight ◇ *Solo estaré ~s días.* I'll only be there a few days. ◇ *Tendrá ~s 50 años.* He must be about 50. ▸ *pron* one: *No tenía corbata y le dejé una.* He didn't have a tie, so I lent him one. **2** (*uso impersonal*) you, one (*más formal*): *Uno no sabe a qué atenerse.* You don't know what to think. **3 unos** some (people): *A ~s les gusta y a otros no.* Some (people) like it; some don't. ▸ *nm* **1** (*número*) one: *~, dos, tres* one, two, three **2** (*fecha*) first: *el ~ de julio* the first of July **LOC** ¡a la una, a las dos, a las tres! ready, steady, go! ◆ de uno en uno one by one: *Mételos de ~ en ~.* Put them in one by one. ◆ es la una it's one o'clock ◆ (los) unos a (los) otros each other, one another: *Se ayudaban (los) ~s a (los) otros.* They helped each other. ➲ *Ver nota en* EACH OTHER ❶ *Para más información sobre el uso del numeral* **uno**, *ver ejemplos en* SEIS.

untar *vt* (*extender*) to spread *sth on sth*: *~ las tostadas con/de mermelada* to spread jam on toast **LOC** untar con aceite/grasa to grease: *~ un molde con aceite* to grease a tin

uña *nf* **1** (*mano*) (finger)nail: *morderse las ~s* to bite your nails **2** (*pie*) toenail **LOC** ser uña y carne to be inseparable *Ver tb* CEPILLO, ESMALTE

uranio *nm* uranium

Urano *nm* Uranus

urbanismo *nm* town planning

urbanista *nmf* (town) planner

urbanizable *adj suelo ~* land for building

urbanización *nf* (housing) development

urbano, -a *adj* urban **LOC** guardia/policía urbano municipal police officer

urgencia *nf* **1** (*emergencia, caso urgente*) emergency [*pl* emergencies]: *en caso de ~* in case of emergency **2 urgencias** (*en un hospital*) ; accident and emergency (*abrev* A & E), emergency room (*abrev* ER) (*USA*) **LOC** con urgencia urgently

urgente *adj* **1** urgent: *un pedido/trabajo ~* urgent order/job **2** (*correo*) express

urna *nf* **1** (*cenizas*) urn **2** (*Pol*) ballot box

urraca *nf* magpie

usado, -a *adj* **1** (*de segunda mano*) second-hand: *ropa usada* second-hand clothes **2** (*desgastado*) worn out: *unos zapatos muy ~s* worn-out shoes ➲ *Ver nota en* WELL BEHAVED; *Ver tb* USAR

usar *vt* **1** (*utilizar*) to use: *Uso mucho el ordenador.* I use the computer a lot. **2** (*ponerse*) to wear: *¿Qué perfume usas?* What perfume do you wear?

USB *nm* (*Informát*) USB: *memoria/puerto ~* USB drive/port

uso *nm* use: *instrucciones de ~* instructions for use **LOC** de un solo uso single-use ◆ de uso externo/tópico (*pomada*) for external use

usted *pron* you: *Todo se lo debo a ~es.* I owe it all to you.

usual *adj* usual

usuario, -a *nm-nf* user **LOC** *Ver* NOMBRE

utensilio *nm* **1** (*herramienta*) tool **2** (*para cocinar*) utensil

útero *nm* womb

útil *adj* useful ▸ **útiles** *nm* equipment [*incontable*]

utilidad *nf* usefulness **LOC** ser de/tener mucha utilidad to be very useful

utilizar *vt* to use

utopía *nf* Utopia

uva *nf* grape **LOC** estar de mala uva to be in a foul mood ◆ tener mala uva to be bad-tempered

UVI *nf* intensive care unit

V v

vaca *nf* **1** (*animal*) cow **2** (*carne*) beef ➲ *Ver nota en* CARNE **LOC** estar como una vaca to be very fat

vacación *nf* **vacaciones** holiday, vacation (*USA*)

🔎 **¿Holiday o holidays?**
Vacaciones generalmente se traduce por **holiday**, en singular: *Fueron unas vacaciones*

inolvidables. It was an unforgettable holiday. ◇ *¡Que pases unas buenas vacaciones!* Have a great holiday! En algunos contextos también se utiliza el plural **holidays**: *durante las vacaciones escolares/de verano/de Navidad* during the school/summer/Christmas holidays.

LOC **estar/ir(se) de vacaciones** to be/go on holiday, to be/go on vacation (*USA*)

vaciar *vt* **1** (*dejar vacío*) to empty *sth* (out): *Vaciemos esta caja.* Let's empty this box (out). **2** (*despejar*) to clear *sth* (*of sth*): *Quiero que vacíes tu cuarto de trastos.* I want you to clear your room of junk.

vacilar *vi* ~ **(en)** (*dudar*) to hesitate (*to do sth*): *No vaciles en pedirnos ayuda.* Don't hesitate to ask us for help.
▸ *vt* (*tomar el pelo*) to pull *sb's* leg: *¡Es broma, te estoy vacilando!* It's a joke — I'm just pulling your leg!

vacío, -a *adj* empty: *una caja/casa vacía* an empty box/house
▸ *nm* **1** (*Fís, Pol*) vacuum: *un ~ de poder* a power vacuum **2** (*sensación*) void: *Su muerte ha dejado un gran ~ en mi vida.* Her death has left a great void in my life. **LOC** **caer/precipitarse al vacío** to fall over the edge, etc.: *El coche cayó al ~.* The car fell over the edge. ◇ *El alpinista se precipitó al ~.* The climber fell into the abyss. ♦ **hacerle el vacío a algn** to ignore sb ♦ **mirar al vacío** to stare into space *Ver tb* ENVASADO

vacuna *nf* vaccine: *la ~ contra la polio* the polio vaccine

vacunar *vt* to give *sb/sth* a vaccination: *La enfermera me ha vacunado contra el sarampión.* The nurse gave me a measles vaccination ◇ *Tenemos que ~ al perro contra la rabia.* We've got to have the dog vaccinated against rabies.

vacuno, -a *adj* **LOC** *Ver* GANADO

vado *nm* (*de un río*) ford **LOC** **vado permanente** keep clear (at all times)

vagabundo, -a *adj* (*animal*) stray
▸ *nm-nf* tramp

vagar *vi* to wander: *Pasaron toda la noche vagando por las calles de la ciudad.* They spent all night wandering the city streets.

vagina *nf* vagina

vago, -a *adj* **1** (*perezoso*) lazy **2** (*impreciso*) vague: *una respuesta vaga* a vague answer ◇ *un ~ parecido* a vague resemblance
▸ *nm-nf* layabout **LOC** **hacer el vago** to laze about/around

vagón *nm* **1** (*de pasajeros*) carriage, car (*USA*): *~ de primera clase* first-class carriage **2** (*de carga*) wagon, car (*USA*) **LOC** **vagón restaurante** dining car *Ver tb* MERCANCÍA

vaho *nm* **1** (*vapor*) steam **2** (*aliento*) breath

vainilla *nf* vanilla

vaivén *nm* **1** swinging: *el ~ del péndulo* the swinging of the pendulum **2** (*barco, tren, etc.*) rocking **3** **vaivenes** (*cambios*) ups and downs:

los vaivenes de la vida the ups and downs of life

vajilla *nf* **1** crockery [*incontable*], china [*incontable*] (*USA*) **2** (*juego completo*) dinner service

vale *nm* **1** (*cupón*) voucher: *un ~ por diez euros* a voucher worth ten euros **2** (*recibo*) receipt **3** (*entrada*) (free) ticket

valentía *nf* courage

valer *vt* **1** (*costar*) to cost: *El pantalón valía 52 euros.* The trousers cost 52 euros. **2** (*tener un valor*) to be worth: *Una libra vale unos 1,2 euros.* One pound is worth about 1.2 euros. ◇ *Sal y demuéstrales lo que vales.* Go out there and show them how good you are.
▸ *vi* **1** (*servir*) to do: *Este vaso valdrá como florero.* This glass will do as a vase. ◇ *¿Para qué vale esto?* What's this for? ❶ *Para decir no valer* se emplea **be no good**: *Tiré todos los bolígrafos que no valían.* I threw away all the pens that were no good. **2** (*ser suficiente*) to be enough: *¿Vale con esto?* Is this enough? **3** ~ **por** to entitle *sb* to *sth*: *Este cupón vale por un descuento.* This coupon entitles you to a discount. **4** ~ (*para*) (*persona*) to be good (at *sth/doing sth*): *Yo no valdría para maestra.* I'd be no good as a teacher. **5** (*estar permitido*) to be allowed: *No vale hacer trampas.* No cheating. **6** (*documento*) to be valid: *Este pasaporte ya no vale.* This passport is no longer valid. **7** (*ropa*) to fit: *Esta falda ya no me vale.* This skirt doesn't fit me any more.
▸ **valerse** *vp* **valerse de** to use: *Se valió de todos los medios a su alcance para triunfar.* He used every means possible to get on. **LOC** **más vale…** *Más vale que cojas el paraguas.* You'd better take your umbrella. ◇ *Más te vale decir la verdad.* You're better off telling the truth. ♦ **¡no vale!** (*no es justo*) that's not fair! ♦ **no valer para nada** to be useless ♦ **vale** (*de acuerdo*) OK ♦ **valerse (por sí mismo)** to get around (on your own) *Ver tb* CUÁNTO, PENA

validar *vt* to validate

válido, -a *adj* valid

valiente *adj, nmf* brave: *¡Eres un ~!* You're very brave!

valioso, -a *adj* valuable

valla *nf* **1** (*cerca*) fence **2** (*Dep*) hurdle: *los 400 metros ~s* the 400 metres hurdles **LOC** **valla publicitaria** hoarding

vallar *vt* to fence

valle *nm* valley [*pl* valleys]

valor *nm* **1** value: *Tiene un gran ~ sentimental para mí.* It has great sentimental value for me. ◇ *joyas de un ~ incalculable* jewels of incalculable value **2** (*valentía*) courage: *Me falta ~.* I haven't got the courage. LOC **sin valor** worthless *Ver tb* ARMAR, IMPUESTO

valorar *vt* **1** (*tasar*) to value *sth* (*at sth*): *Valoraron el anillo en 2.300 euros.* The ring was valued at 2 300 euros. **2** (*considerar*) to assess: *Llegó el momento de ~ los resultados.* It was time to assess the results.

vals *nm* waltz

válvula *nf* valve: *la ~ de seguridad* the safety valve LOC **válvula de escape** (*forma de desconectar*): *El deporte es mi ~ de escape.* Sport is my way of escaping everyday life.

vampiro *nm* **1** (*murciélago*) vampire bat **2** (*Cine, Liter*) vampire

vandalismo *nm* vandalism

vándalo, -a *nm-nf* vandal

vanguardia *nf* **1** (*Arte*) avant-garde: *teatro de ~* avant-garde theatre **2** (*Mil*) vanguard LOC **estar a la vanguardia** (*fig*) to be at the forefront *of sth*

vanguardismo *nm* (*Arte, Liter*) avant-garde movement

vanguardista *adj* avant-garde

vanidad *nf* vanity

vanidoso, -a *adj, nm-nf* vain: *Eres un ~.* You're so vain.

vano, -a *adj* vain: *un intento ~* a vain attempt LOC **en vano** in vain

vapor *nm* **1** (*de agua*) steam: *una locomotora de ~* a steam engine ◊ *una plancha de ~* a steam iron **2** (*gas*) vapour: *~es tóxicos* toxic vapours LOC **al vapor** steamed *Ver tb* BARCO

vaporera *nf* (*para cocinar*) steamer ➔ *Ver dibujo en* POT

vaquero, -a *adj* (*tela*) denim: *cazadora vaquera* denim jacket
▸ *nm* **1** (*cowboy*) cowboy **2 vaqueros** jeans ➔ *Ver nota en* PAIR
▸ *nm-nf* (*pastor*) cowherd LOC *Ver* PANTALÓN

vara *nf* **1** (*palo*) stick **2** (*rama*) branch LOC **dar la vara** to pester *sb*: *Les voy a dar la ~ hasta que me contesten.* I'm going to pester them until I get an answer.

variable *adj* (*carácter, tiempo*) changeable
▸ *nf* variable LOC *Ver* NUBOSIDAD

variación *nf* variation: *ligeras variaciones de presión* slight variations in pressure

variar *vt, vi* (*ser variado, dar variedad*) to vary: *Los precios varían según el restaurante.* Prices vary depending on the restaurant. ◊ *Hay que ~ la alimentación.* You should vary your diet. **2** (*modificar*) to change: *No varía en plural.* It doesn't change in the plural. LOC **para variar** for a change

varicela *nf* chickenpox

variedad *nf* variety [*pl* varieties]

varilla *nf* rod

varios, -as *adj, pron* several: *en varias ocasiones* on several occasions ◊ *Hay varias posibilidades.* There are several possibilities. ◊ *Varios de vosotros tendréis que estudiar más.* Several of you will have to work harder.

varita *nf* stick LOC **varita mágica** magic wand

variz *nf* varicose vein

varón *nm* **1** (*hombre*) man [*pl* men] **2** (*hijo*) boy: *Nos gustaría un ~.* We would like a boy.

varonil *adj* manly: *una voz ~* a manly voice

vasco, -a *adj, nm-nf, nm* Basque: *el País Vasco* the Basque Country

vasija *nf* vessel

vaso *nm* **1** (*para beber*) glass: *un ~ de vino* a glass of wine ◊ *un ~ para vino* a wine glass ➔ *Ver dibujo en* CUP **2** (*Anat, Bot*) vessel: *~s sanguíneos* blood vessels LOC **vaso de plástico/papel** plastic/paper cup *Ver tb* AHOGAR, BEBER(SE), GAFAS, GOTA

váter *nm* toilet, bathroom (*USA*) ➔ *Ver nota en* TOILET

vatio *nm* watt: *una bombilla de 60 ~s* a 60-watt light bulb

¡vaya! *interj Ver* IR

vecinal *adj* LOC *Ver* CAMINO

vecindario *nm* (*barrio*) neighbourhood: *una de las escuelas del ~* one of the schools in the neighbourhood ◊ *Todo el ~ salió a la calle.* The whole neighbourhood took to the streets.

vecino, -a *adj* neighbouring: *países ~s* neighbouring countries
▸ *nm-nf* neighbour: *¿Qué tal son tus ~s?* What are your neighbours like? LOC *Ver* COMUNIDAD

veda *nf* close season: *El salmón está en ~.* It's the close season for salmon.

vegetación *nf* vegetation

vegetal *adj* vegetable: *aceites ~es* vegetable oils
▸ *nm* vegetable LOC *Ver* CARBÓN

vegetar *vi* (*hacer el vago*) to vegetate

vegetariano, -a *adj, nm-nf* vegetarian ➔ *Ver nota en* CATÓLICO

vehículo *nm* vehicle LOC **vehículo autónomo** self-driving car

veinte *adj, nm, pron* **1** twenty **2** (*vigésimo*) twentieth: *el siglo ~* the twentieth century ➔ *Ver ejemplos en* SESENTA

vejestorio *nm* old crock

vejez *nf* old age

vejiga *nf* bladder

vela *nf* **1** (*de un barco*) sail **2** (*Dep*) sailing: *practicar la* ~ to go sailing **3** (*cirio*) candle: *encender/apagar una* ~ to light/put out a candle **LOC** **estar/pasarse la noche en vela** to stay awake all night ♦ **estar/quedarse a dos velas 1** (*sin dinero*) to be broke **2** (*sin entender*) not to understand a thing ♦ **¿quién te ha dado vela en este entierro?** who asked you to butt in? *Ver tb* BARCO

velada *nf* evening

velar *vt* (*difunto*) to keep vigil over *sb*
▸ *vi* ~ **por** to look after *sb/sth*: *Tu padrino velará por ti.* Your godfather will look after you.

velatorio *nm* wake

velcro® *nm* velcro® [*incontable*]: *Ponle un* ~ *para que no se te abra.* Put some velcro on it so it doesn't open.

velero *nm* sailing boat, sailboat (*USA*)

veleta *nf* weathervane

vello *nm* (*Anat*) hair: *tener* ~ *en las piernas* to have hair on your legs

velo *nm* veil **LOC** **velo del paladar** soft palate

velocidad *nf* **1** (*rapidez*) speed: *la* ~ *del sonido* the speed of sound ◇ *trenes de alta* ~ high-speed trains **2** (*Mec*) gear: *cambiar de* ~ to change gear ◇ *un coche con cinco* ~*es* a car with a five-speed gearbox **LOC** **a toda velocidad** as fast as possible *Ver tb* CAJA, EXCESO, TREN

velocímetro *nm* speedometer

velocista *nmf* sprinter

velódromo *nm* velodrome, cycle track (*más coloq*)

veloz *adj* fast: *No es tan* ~ *como el otro modelo.* It isn't as fast as the other model. ➲ *Ver nota en* FAST

vena *nf* vein **LOC** **darle la vena a algn** to suddenly decide *to do sth*: *Me dio la* ~ *y me fui de compras.* I suddenly decided to go shopping. ♦ **estar en vena** to be in the mood

vencedor, -ora *adj* **1** (*de concurso, competición*) winning: *el equipo* ~ the winning team **2** (*país, ejército*) victorious
▸ *nm-nf* **1** (*en concurso, competición*) winner: *el* ~ *de la prueba* the winner of the competition **2** (*Mil*) victor

vencer *vt* **1** (*Dep*) to beat: *Nos vencieron en la semifinal.* We were beaten in the semi-final. **2** (*Mil*) to defeat **3** (*rendir*) to overcome: *Me venció el sueño.* I was overcome with sleep.
▸ *vi* **1** to win: *Venció el equipo visitante.* The visiting team won. **2** (*plazo, contrato*) to expire: *El plazo venció ayer.* The deadline expired yesterday. **3** (*pago*) to be due: *El pago del préstamo vence hoy.* Repayment of the loan is due today.

vencido, -a *adj* **darse por** ~ to give in
▸ *nm-nf* loser: *vencedores y* ~*s* winners and losers **LOC** *Ver* TERCERO; *Ver tb* VENCER

venda *nf* bandage: *Me puse una* ~ *en el dedo.* I bandaged (up) my finger.

vendaje *nm* bandage

vendar *vt* to bandage *sb/sth* (up): *Me vendaron el tobillo.* They bandaged (up) my ankle. ◇ *La vendaron de pies a cabeza.* She was bandaged from head to foot. **LOC** **vendarle los ojos a algn** to blindfold *sb*

vendaval *nm* gale

vendedor, -ora *nm-nf* **1** (*viajante*) salesman/woman [*pl* -men/-women] **2** (*dependiente*) shop assistant, sales clerk (*USA*) **LOC** **vendedor ambulante** street trader

vender *vt* to sell: *Venden el piso de arriba.* The upstairs flat is for sale. ➲ *Ver nota en* GIVE
▸ **venderse** *vp* **1** (*estar a la venta*) to be on sale: *Se venden en el mercado.* They are on sale in the market. **2** (*dejarse sobornar*) to sell yourself **LOC** **se vende** for sale ♦ **venderse como churros** to sell like hot cakes

vendimia *nf* grape harvest

vendimiar *vi* to harvest grapes

veneno *nm* poison

venenoso, -a *adj* poisonous **LOC** **hongo venenoso/seta venenosa** toadstool

venezolano, -a *adj, nm-nf* Venezuelan

Venezuela *nf* Venezuela

venganza *nf* revenge

vengarse *vp* to take revenge (*on sb*) (*for sth*): *Se vengó de lo que le hicieron.* He took revenge for what they'd done to him. ◇ *Me vengaré de él.* I'll get my revenge on him.

vengativo, -a *adj* vindictive

venir *vi* **1** to come: *¡Ven aquí!* Come here! ◇ *Nunca vienes a verme.* You never come to see me. ◇ *No me vengas con excusas.* Don't come to me with excuses.

🔎 En el uso coloquial **come** + infinitivo se puede sustituir por **come and** + verbo, sobre todo en órdenes: *Ven a verme mañana.* Come and see me tomorrow.

2 (*volver*) to be back: *Vengo enseguida.* I'll be back in a minute. **3** (*estar*) to be: *Viene en todos los periódicos.* It's in all the papers. ◇ *Hoy vengo un poco cansado.* I'm a bit tired today.
▸ *v aux* ~ **haciendo algo** to have been doing sth: *Hace años que te vengo diciendo lo mismo.* I've been telling you the same thing for years. **LOC** **que viene** next: *el martes que viene* next Tuesday ♦ **venir bien/mal** (*convenir*) to suit/not to

suit: *Mañana me viene muy mal.* Tomorrow doesn't suit me. ❶ Para otras expresiones con **venir**, véanse las entradas del sustantivo, adjetivo, etc., p. ej. **no venir a cuento** en CUENTO.

venta *nf* sale: *en* ~ for sale ◊ *salir/poner algo a la* ~ to go on sale/put sth on sale `LOC` **venta(s) por internet** online sales [*pl*]

ventaja *nf* **1** (*aspecto favorable*) advantage: *Vivir en el campo tiene muchas* ~s. Living in the country has a lot of advantages. **2** (*Dep*) **(a)** (*de puntos, goles, distancia, etc.*) lead: *El Madrid tiene una* ~ *de tres puntos.* Real Madrid have a three point lead. **(b)** (*previa*) head start: *Le di una* ~ *de cinco segundos.* I gave him a five second head start. `LOC` **llevarle/sacarle ventaja a algn** to have an advantage over sb

ventana *nf* window: *una* ~ *que da al mar* a window looking out over the sea `LOC` **ventana emergente** (*Informát*) pop-up window

ventanilla *nf* (*coche*) window: *Baja/Sube la* ~. Open/Shut the window.

ventilación *nf* ventilation

ventilador *nm* fan

ventilar *vt* (*habitación, ropa*) to air

ventrílocuo, -a *nm-nf* ventriloquist

Venus *nf* Venus

ver *vt* **1** to see: *Hace mucho que no la veo.* I haven't seen her for a long time. ◊ *¿Lo ves?, ya te has vuelto a caer.* You see? You've fallen down again. ◊ *No veo por qué.* I don't see why. ◊ *¿Ves aquel edificio de allí?* Can you see that building over there?

🔎 Para referirse a lo que se ve en un momento dado, se usan **can** y **could** con el verbo **see**. Raramente se usa **see** con tiempos continuos: *¿Ves aquella casa?* Can you see that house? ◊ *No se veía nada.* You couldn't see a thing.

2 (*televisión*) to watch: ~ *la tele* to watch TV **3** (*examinar*) to look at *sth*: *Necesito* ~*lo con más calma.* I need more time to look at it.
▸ *vi* to see: *Espera, voy a* ~. Wait, I'll go and see.
▸ **verse** *vp* **1** (*encontrarse*) to meet: *Hace tiempo que no nos vemos.* We haven't met for a long time. **2** (*estar*) to be: *Nunca me había visto en una situación igual.* I'd never been in a situation like that. **3** (*asomar*) to show: *Se te ve el sujetador.* Your bra is showing. `LOC` **a ver si... 1** (*deseo*) I hope...: *A* ~ *si apruebo esta vez.* I hope I pass this time. **2** (*temor*) what if...: *¡A* ~ *si les ha pasado algo!* What if something has happened to them? **3** (*ruego, mandato*) how about...?: *A* ~ *si me escribes de una vez.* How

about writing to me some time? ◆ **ver venir algo** to see sth coming: *Lo estaba viendo venir.* I could see it coming. ❶ Para otras expresiones con **ver**, véanse las entradas del sustantivo, adjetivo, etc., p. ej. **tener que ver** en TENER.

veraneante *nmf* holidaymaker, vacationer (*USA*)

veranear *vi* to spend the summer: ~ *en la playa* to spend the summer by the sea

veraneo *nm* holiday, vacation (*USA*): *estar/ir de* ~ to be/go on holiday

veraniego, -a *adj* summer: *un vestido/el calor* ~ a summer dress/the summer heat `LOC` **ir veraniego** to look summery: *¡Qué veraniega vas hoy!* You look very summery today!

verano *nm* summer: *En* ~ *hace mucho calor.* It's very hot in (the) summer. ◊ *las vacaciones de* ~ the summer holidays

verbena *nf* fiesta: *la* ~ *de San Juan* the Midsummer Night fiesta

verbo *nm* verb

verborrea *nf* verbal diarrhoea

verdad *nf* **1** truth: *Di la* ~. Tell the truth. **2** *¿verdad?* isn't it?, don't you?, etc.: *Este coche es más rápido, ¿verdad?* This car's faster, isn't it? ◊ *No te gusta la leche, ¿verdad?* You don't like milk, do you? `LOC` **de verdad 1** (*auténtico*) real: *No es un juguete, es de* ~. It's not a toy, it's real. **2** (*en serio*) really: *Lo dijo de* ~. He really meant it. ◊ *¿De* ~? Really? ◊ *¿De* ~ *tienes hambre?* Are you really hungry? ◆ **ser una verdad como un puño/templo** to be as plain as the nose on your face ◆ **ser verdad** to be true: *No puede ser* ~. It can't be true. ◆ **¿verdad o mentira?** true or false? *Ver tb* CANTAR, CONFESAR

verdadero, -a *adj* **1** (*auténtico*) true: *la verdadera historia* the true story **2** (*uso enfático*) real: *Es un* ~ *amigo.* He's a real friend.

verde *adj* **1** (*color*) green ➲ *Ver ejemplos en* AMARILLO **2** (*fruta*) unripe: *Todavía están* ~s. They're not ripe yet. **3** (*obsceno*) dirty: *chistes* ~s dirty jokes
▸ *nm* **1** (*color*) green **2** (*hierba*) grass **3** **los verdes** (*Pol*) the Greens `LOC` **poner verde a algn** (*a sus espaldas*) to slag sb off ◆ **verde botella** bottle-green *Ver tb* JUDÍA, PIMIENTO, VIEJO, ZONA

verdugo *nm* (*persona*) executioner

verdura *nf* vegetable: *frutas y* ~s fruit and vegetables ◊ *La* ~ *es muy sana.* Vegetables are good for you. ◊ *sopa de* ~s vegetable soup

vergonzoso, -a *adj* **1** (*tímido*) shy **2** (*indignante*) disgraceful

vergüenza *nf* **1** (*timidez, sentido del ridículo*) embarrassment: *¡Qué* ~! How embarrassing! **2** (*sentido de culpabilidad, modestia*) shame: *No tie-*

nes ~. You've got no shame. ◇ *Le daba ~ confesar el robo del dinero*. He was ashamed to admit he'd stolen the money. **3** (*escándalo*) disgrace: *Es una ~ que cobren tanto*. It's a disgrace that they charge so much. **LOC** dar/pasar vergüenza to be embarrassed (*to do sth*): *Me da ~ preguntarles*. I'm too embarrassed to ask them.

verídico, -a *adj* true

verificar *vt* to check

verja *nf* **1** (*cerca*) railing(s) [*gen pl*]: *saltar una ~ de hierro* to jump over some iron railings **2** (*puerta*) gate: *Cierra la ~, por favor*. Shut the gate, please.

verruga *nf* wart

versión *nf* version **LOC** en versión original (*película*) in the original (with subtitles)

verso *nm* **1** (*línea de un poema*) line **2** (*género literario, poema*) verse

vértebra *nf* vertebra [*pl* vertebrae]

vertebrado, -a *adj, nm* vertebrate

vertebral *adj* **LOC** *Ver* COLUMNA

vertedero *nm* tip

verter *vt* **1** (*en un recipiente*) to pour: *Vierte la leche en otra taza*. Pour the milk into another cup. **2** (*residuos*) to dump

vertical *adj* **1** (*dirección*) vertical: *una línea ~* a vertical line **2** (*posición*) upright: *en posición ~* in an upright position

vértigo *nm* vertigo: *tener ~* to get vertigo **LOC** dar/producir vértigo to make *sb* dizzy

vespa® *nf* scooter

vespino® *nm* moped

vestíbulo *nm* **1** (*entrada, recibidor*) hall **2** (*teatro, cine, hotel*) foyer

vestido *nm* dress: *Llevas un ~ precioso*. You're wearing a beautiful dress. **LOC** vestido de novia wedding dress

vestir *vt* **1** ~ **a algn** to dress sb: *Vestí a los niños*. I got the children dressed. **2** ~ **algo** (*llevar puesto*) to wear sth: *Él vestía un traje gris*. He was wearing a grey suit.
▸ *vi* **vestir (de)** to dress (in *sth*): *~ bien/de blanco* to dress well/in white
▸ **vestirse** *vp* **1** to get dressed: *Vístete o llegarás tarde*. Get dressed or you'll be late. **2** vestirse (de) to dress (in *sth*): *~se de negro* to dress in black **LOC** el mismo que viste y calza the very same *Ver tb* GALA, ÚLTIMO

vestuario *nm* **1** (*Dep*) changing room, locker room (*USA*) **2** (*ropa, Cine, Teat*) wardrobe

vetar *vt* **1** (*rechazar*) to veto: *~ una propuesta* to veto a proposal **2** (*prohibir*) to ban

veterano, -a *adj, nm-nf* veteran: *un actor ~* a veteran actor ◇ *Es el ~ del equipo*. He's the veteran of the team.

veterinaria *nf* veterinary science

veterinario, -a *nm-nf* vet, veterinary surgeon (*más formal*)

veto *nm* veto [*pl* vetoes]: *el derecho de ~* the right of veto

vez *nf* **1** time: *tres veces al año* three times a year ◇ *Te lo he dicho cien veces*. I've told you hundreds of times. ◇ *Gano cuatro veces más que él*. I earn four times as much as he does. **2** (*turno*) place in the queue: *guardar/perder la ~* to keep/lose your place in the queue **LOC** a la vez (que) at the same time (as): *Lo dijimos a la ~*. We said it at the same time. ◇ *Terminó a la ~ que yo*. He finished at the same time as I did.
♦ **a veces** sometimes ♦ **de una vez (por todas)** once and for all: *¡Contesta de una ~!* Just hurry up and answer the question! ♦ **de vez en cuando** from time to time ♦ **dos veces** twice ♦ **en vez de** instead of *sb/sth/doing sth* ♦ **érase una vez…** once upon a time there was… ♦ **una vez** once: *Empezaremos a comer una ~ que estemos todos*. We'll have lunch once everyone's here. *Ver tb* ALGUNO, CADA, CIEN, DEMASIADO, ENÉSIMO, INFINIDAD, OTRO, RARO

vía *nf* **1** (*Ferrocarril*) **(a)** (*raíles*) track: *la ~ del tren* the train track **(b)** (*andén*) platform **2** vías (*Med*) tract [*v sing*]: *~s respiratorias* respiratory tract **LOC** la Vía Láctea the Milky Way ♦ **(por) vía aérea** (*correos*) (by) airmail ♦ **vía satélite** satellite: *una conexión ~ satélite* a satellite link *Ver tb* DESARROLLO, EXTINCIÓN

viajante *nmf* sales rep

viajar *vi* to travel: *~ en avión/coche* to travel by plane/car

viaje *nm* journey [*pl* journeys] trip, travel

🔎 Las palabras **travel**, **journey** y **trip** no deben confundirse.
El sustantivo **travel** es incontable y se refiere a la actividad de viajar en general: *Sus principales aficiones son los libros y los viajes*. Her main interests are reading and travel.
Journey y **trip** se refieren a un viaje concreto. **Journey** indica solo el desplazamiento de un lugar a otro: *El viaje fue agotador*. The journey was exhausting. **Trip** incluye también la estancia: *¿Qué tal tu viaje a París?* How did your trip to Paris go?
Otras palabras que se utilizan para referirnos a viajes son **voyage** y **tour**. **Voyage** es un viaje largo por mar o por el espacio: *Colón es famoso por sus viajes al Nuevo Mundo*. Columbus is famous for his voyages to the

V

New World. **Tour** es un viaje organizado en el que se va parando en distintos sitios: *Jane va a hacer un viaje por Tierra Santa.* Jane is going on a tour of the Holy Land.

LOC ¡buen viaje! have a good trip! ◆ estar/irse de viaje to be/go away ◆ viaje de negocios business trip ◆ viaje organizado package tour/holiday: *hacer un ~ organizado* to go on a package tour *Ver tb* AGENCIA, BOLSA, EMPRENDER

viajero, -a *nm-nf* **1** *(pasajero)* passenger **2** *(turista)* traveller: *un ~ incansable* a tireless traveller

vial *adj* road: *educación ~* road safety awareness

víbora *nf* viper

vibrar *vi* to vibrate

vicepresidente, -a *nm-nf* vice-president

vicesecretario, -a *nm-nf* deputy secretary [*pl* secretaries]

viceversa *adv* vice versa

viciarse *vp* ~ **(con)** to get hooked (on *sth*)

vicio *nm* **1** *(mala costumbre)* bad habit: *No tengo ~s.* I don't have any bad habits. **2** *(adicción)* addiction: *El juego se convirtió en un ~.* Gambling became an addiction. **LOC** coger/tener el vicio de algo to get/be addicted to sth ◆ darse al vicio to turn to drink, drugs, etc.

vicioso, -a *adj* dissolute
▸ *nm-nf* dissolute person **LOC** ser (un) vicioso to have bad habits: *No quiero ser (un) ~ como él.* I don't want to get bad habits like him. *Ver tb* CÍRCULO

víctima *nf* victim: *ser ~ de un robo* to be the victim of a burglary **LOC** hacerse la víctima to play the victim

victoria *nf* **1** victory [*pl* victories] **2** *(Dep)* win: *una ~ en campo contrario* an away win **LOC** *Ver* CANTAR

victorioso, -a *adj* victorious **LOC** salir victorioso to triumph

vid *nf* vine

vida *nf* **1** life [*pl* lives]: *¿Qué es de tu ~?* How's life? ◇ *un barrio con mucha ~* a very lively area **2** *(sustento)* living: *ganarse la ~* to make a living **LOC** con vida alive: *Siguen con ~.* They're still alive. ◆ de toda la vida *La conozco de toda la ~.* I've known her all my life. ◇ *amigos de toda la ~* lifelong friends ◆ en la vida never: *En la ~ he visto una cosa igual.* I've never seen anything like it. ◆ ¡esto es vida! this is the life! ◆ llevar una vida de perros to lead a dog's life ◆ para toda la vida for life ◆ vida nocturna nightlife *Ver tb* ABRIR, AMARGAR, BOLSA, BUSCAR, COSA, ENTERRAR, ESPERANZA, GANAR, NIVEL, REHACER, RITMO, SIETE, TREN

vidente *nmf* clairvoyant

vídeo *nm* **1** *(cinta)* video [*pl* videos] **2** *(aparato)* video recorder, VCR *(USA)* **LOC** filmar/grabar en vídeo to video, to videotape *(USA) Ver tb* CÁMARA, CINTA

videocámara *nf* camcorder

videoclip *nm* video [*pl* videos]

videoclub *nm* video shop

videoconferencia *nf* teleconference

videojuego *nm* video game

vidriera *nf* stained glass window

vidrio *nm* glass [*incontable*]: *una botella de ~* a glass bottle **LOC** *Ver* CONTENEDOR, FIBRA

vieira *nf* scallop

viejo, -a *adj* old: *estar/hacerse ~* to look/get old
▸ *nm-nf* old man/woman [*pl* men/women] **LOC** viejo verde dirty old man [*pl* men] *Ver tb* CASCO, TRAPO

viento *nm* wind **LOC** contra viento y marea come what may: *Quiere seguir como presidente contra ~ y marea.* He wants to continue as president come what may. ◇ *Luché contra ~ y marea para conseguir el puesto.* I did everything I could to get the job. ◆ hacer viento to be windy: *Hacía demasiado ~.* It was too windy. *Ver tb* MOLINO

vientre *nm* **1** *(abdomen)* belly [*pl* bellies] **2** *(materno)* womb **LOC** *Ver* DANZA

viernes *nm* Friday *(abrev* Fri.) **Ↄ** *Ver ejemplos en* LUNES **LOC** Viernes Santo Good Friday ◆ Viernes Negro Black Friday

viga *nf* **1** *(madera)* beam **2** *(metal)* girder

vigente *adj* current **LOC** estar vigente to be in force

vigía *nmf* lookout

vigilancia *nf* *(control)* surveillance: *Van a aumentar la ~.* They're going to step up surveillance. **LOC** *Ver* TORRE, UNIDAD

vigilante *nmf* security guard

vigilar *vt* **1** *(prestar atención, guardar)* to watch, to keep an eye on *sb/sth* (*más coloq*): *¿Me vigilas el bolso?* Can you keep an eye on my bag? **2** *(presos, frontera, etc.)* to guard: *~ la frontera/a los presos* to guard the border/prisoners **3** *(enfermo)* to look after *sb* **4** *(examen)* to invigilate

vigor *nm* **1** *(Jur)* force: *entrar en ~* to come into force **2** *(energía)* vigour

vigorexia *nf* bigorexia

villa *nf* **1** *(chalé)* villa **2** *(población)* town **LOC** villa olímpica Olympic village

villancico *nm* (Christmas) carol

vilo LOC **en vilo** (*intranquilo*) on tenterhooks: *Nos has tenido en ~ toda la noche.* You've kept us on tenterhooks all night.

vinagre *nm* vinegar

vinagreras *nf* cruet [*v sing*]

vinagreta *nf* vinaigrette

vínculo *nm* **1** (*relación, lazo, Internet*) link **2** (*afectivo*) bond

vinícola *adj* wine: *industria ~* wine industry ◊ *región ~* wine-growing region

vinicultor, -ora *nm-nf* wine-grower

vino *nm* wine: *¿Te apetece un ~?* Would you like a glass of wine? ◊ *~ blanco/tinto* white/red wine ◊ *~ de la casa* house wine LOC *Ver* PAN

viña *nf* (*tb* **viñedo** *nm*) vineyard

viñeta *nf* (*tira cómica*) comic strip

violación *nf* **1** (*de persona*) rape **2** (*de ley, tratado, etc.*) violation

violador, -ora *nm-nf* rapist

violar *vt* **1** (*persona*) to rape **2** (*ley, tratado, etc.*) to break

violencia *nf* violence LOC **violencia doméstica/de género** domestic/gender violence

violentar *vt* (*incomodar*) to make *sb* uncomfortable

violento, -a *adj* **1** violent: *una película violenta* a violent film **2** (*incómodo*) embarrassing: *una situación violenta* an embarrassing situation

violeta *adj, nf, nm* violet ⊃ *Ver ejemplos en* AMARILLO

violín *nm* violin

violinista *nmf* violinist

violonchelo (*tb* **violoncelo**) *nm* cello [*pl* cellos]

virar *vi* to swerve: *Tuvo que ~ rápidamente hacia la derecha.* He had to swerve to the right.

virgen *adj* **1** virgin: *ser ~* to be a virgin ◊ *bosques vírgenes* virgin forests ◊ *aceite de oliva ~* extra virgin olive oil **2** (*CD, etc.*) blank ▸ *nmf* virgin: *la Virgen de Fátima* the Virgin of Fatima LOC *Ver* LANA

virginidad *nf* virginity

virgo (*tb* **Virgo**) *nm, nmf* Virgo [*pl* Virgos] ⊃ *Ver ejemplos en* ACUARIO

virguería *nf* LOC **hacer virguerías** *Hace ~s con la cámara.* He's a great photographer. ◆ **ser una virguería** (*ser estupendo*) to be great

virguero, -a *adj* great

vírico, -a (*tb* **viral**) *adj* viral

viril *adj* manly, virile (*más formal*)

virilidad *nf* manliness

virtual *adj* virtual

virtualmente *adv* virtually

virtud *nf* virtue: *tu mayor ~* your greatest virtue

virtuoso, -a *adj* (*íntegro*) virtuous

viruela *nf* (*Med*) smallpox

virus *nm* virus [*pl* viruses] LOC **virus informático** computer virus

visado *nm* visa: *~ de entrada/salida* entry/exit visa

viscoso, -a *adj* viscous

visera *nf* **1** (*de gorra*) peak, bill (*USA*) **2** (*de deportista*) eyeshade

visibilidad *nf* visibility: *poca ~* poor visibility

visible *adj* visible

visillo *nm* net curtain

visión *nf* **1** (*vista*) eyesight: *Tiene problemas de ~.* He has problems with his eyesight. ◊ *perder la ~ de un ojo* to lose the sight in one eye **2** (*punto de vista*) view: *una ~ personal/de conjunto* a personal/an overall view **3** (*alucinación*) vision: *tener una ~* to have a vision LOC **ver visiones** to be seeing things

visita *nf* **1** visit: *mi última ~ a Lugo* my last visit to Lugo ◊ *horario de ~(s)* visiting hours **2** (*visitante*) visitor: *Me parece que tienes ~.* I think you've got visitors/a visitor. LOC **estar de visita** to be visiting ◆ **hacer una visita** to pay *sb* a visit

visitante *adj* visiting: *el equipo ~* the visiting team
▸ *nmf* visitor: *los ~s del museo* visitors to the museum

visitar *vt* to visit: *Fui a ~le al hospital.* I went to visit him in hospital.

visón *nm* mink

víspera *nf* day before (*sth*): *Dejé todo preparado la ~.* I got everything ready the day before. ◊ *la ~ del examen* the day before the exam

🔎 También existe la palabra **eve**, que se usa cuando es la víspera de una fiesta religiosa o de un acontecimiento importante: *la víspera de San Juan* Midsummer's Eve ◊ *Llegaron la víspera de las elecciones.* They arrived on the eve of the elections.

LOC **en vísperas de** just before *sth*: *en ~s de exámenes* just before the exams

vista *nf* **1** (*facultad, ojos*) eyesight: *La ~ la tengo bien.* I've got good eyesight. ◊ *La zanahoria es muy buena para la ~.* Carrots are very good for your eyesight. ◊ *Lo operaron de la ~.* He had an eye operation. **2** (*panorama*) view: *la ~ desde mi habitación* the view from my room **3** (*instinto*) *un político con mucha ~* a very far-sighted politician ◊ *Tienes mucha ~ para los negocios.* You've got a good eye for business. LOC **con vistas a 1** (*ventana, etc.*) overlooking: *un balcón con ~s al mar* a balcony overlooking the

V

sea **2** (*intención*) with a view to *sth/doing sth*: *Trabajó duro con ~s a ahorrar dinero.* She worked hard with a view to saving money. ◊ *con ~s al futuro* with the future in mind ♦ **dejar/poner algo a la vista** *Déjalo a la ~ para que no se me olvide.* Leave it where I can see it or I'll forget it. ♦ **de vista** by sight: *Solo la conozco de ~.* I only know her by sight. ♦ **en vista de** in view of *sth*: *en ~ de lo ocurrido* in view of what has happened ♦ **hacer la vista gorda** to turn a blind eye (*to sth*) ♦ **¡hasta la vista!** see you! ♦ **tener (la) vista cansada** to be long-sighted, to be far-sighted (*USA*) *Ver tb* AGRADABLE, APARTAR, CONOCER, CORTO, GRADUAR, PERDER, PUNTO, QUITAR, SALTAR, SIMPLE, TIERRA

vistazo *nm* look: *Con un ~ tengo suficiente.* Just a quick look will do. <small>LOC</small> **dar/echar un vistazo** to have a look (*at sb/sth*)

visto, -a *adj* <small>LOC</small> **estar bien/mal visto** to be well thought of/frowned upon ♦ **estar muy visto** to be unoriginal: *Eso ya está muy ~.* That's not very original. ♦ **por lo visto** apparently ♦ **visto bueno** approval *Ver tb* VER

vistoso, -a *adj* colourful

visual *adj* visual

visualizar *vt* **1** (*imaginar*) to visualize **2** (*Informát*) to view: *~ una página de internet* to view a web page

vital *adj* **1** (*Biol*) life: *el ciclo ~* the life cycle **2** (*persona*) full of life **3** (*decisivo*) vital

vitalidad *nf* vitality

vitamina *nf* vitamin: *la ~ C* vitamin C

vitamínico, -a *adj* vitamin: *un suplemento ~* a vitamin supplement

viticultura *nf* wine-growing

vitrina *nf* glass cabinet

vitrocerámica (*tb* **vitro**) *nf* ceramic hob

viudo, -a *adj* widowed: *Se quedó viuda muy joven.* She was widowed at an early age.
▸ *nm-nf* **1** (*masc*) widower **2** (*fem*) widow

viva *nm* cheer: *¡Tres ~s al campeón!* Three cheers for the champion!
▸ **¡viva!** *interj* hooray: *¡Viva, he aprobado!* Hooray! I've passed! ◊ *¡Viva el rey!* Long live the king!

víveres *nm* provisions

vivero *nm* **1** (*plantas*) nursery [*pl* nurseries] **2** (*peces*) fish farm

vivienda *nf* **1** (*alojamiento*) housing [*incontable*]: *el problema de la ~* the housing problem **2** (*casa*) house: *comprar una ~* to buy a house **3** (*piso*) flat, apartment (*USA*): *bloques de ~s* blocks of flats <small>LOC</small> **vivienda de protección oficial** subsidized housing [*incontable*]: *Aquí faltan ~s de*

protección oficial. There is a lack of subsidized housing here.

vivir *vi* **1** to live: *Vivió casi noventa años.* He lived for almost ninety years. ◊ *¿Dónde vives?* Where do you live? ◊ *Viven en León/en el segundo.* They live in León/on the second floor. ◊ *¡Qué bien vives!* What a nice life you have! **2** (*subsistir*) to live on *sth*: *No sé de qué viven.* I don't know what they live on. ◊ *Viven con 300 euros al mes.* They live on 300 euros a month. **3** (*estar vivo*) to be alive: *Mi bisabuelo aún vive.* My great-grandfather is still alive.
▸ *vt* to live (through *sth*): *~ una mala experiencia* to live through a bad experience ◊ *¡No te amargues, vive la vida!* Don't be bitter — enjoy life! <small>LOC</small> **no dejar vivir** not to leave *sb* in peace: *El jefe no nos deja ~.* Our boss won't leave us in peace. ♦ **vivir a costa de algn** to live off *sb* ♦ **vivir al día** to live from hand to mouth ♦ **vivir del cuento** to live off your wits

vivo, -a *adj* **1** living: *seres ~s* living beings ◊ *lenguas vivas* living languages **2** (*listo*) clever, smart (*USA*) **3** (*luz, color, ojos*) bright **4** (*genio*): *Tiene un genio muy ~.* He gets angry very easily. <small>LOC</small> **en vivo** (*en directo*) live ♦ **estar vivo** to be alive: *¿Está ~?* Is he alive? ♦ **vivo o muerto** dead or alive *Ver tb* CARNE, FUEGO, LLORAR, MANTENER, ROJO

vocabulario *nm* vocabulary [*pl* vocabularies]

vocación *nf* vocation: *tener ~ de/por algo* to have a vocation for sth

vocal *adj* vocal
▸ *nf* (*letra*) vowel
▸ *nmf* (*socio*) member <small>LOC</small> *Ver* CUERDA

vocalista *nmf* vocalist

vocalizar *vi* to speak clearly

vodka *nm* vodka

volador, -ora *adj* flying

volante *adj* flying
▸ *nm* **1** (*de automóvil*) steering wheel **2** (*de tela*) frill **3** (*médico*) referral note: *un ~ para el otorrino* a referral note for the ENT specialist <small>LOC</small> **estar al volante** to be driving *Ver tb* PLATILLO

volar *vi* **1** to fly: *Volamos a Roma desde Madrid.* We flew to Rome from Madrid. ◊ *El tiempo vuela.* Time flies. **2** (*con el viento*) to blow away: *El sombrero voló por los aires.* His hat blew away. **3** (*desaparecer*) to disappear: *El pastel voló en dos minutos.* The cake disappeared in a couple of minutes.
▸ *vt* (*hacer explotar*) to blow *sth* up: *~ un edificio* to blow up a building <small>LOC</small> **hacer algo volando** to do sth quickly ♦ **irse, salir, etc. volando** (*de prisa*) to rush off: *Nos fuimos volando a la estación.* We rushed off to the station. *Ver tb* AIRE

volcán *nm* volcano [*pl* volcanoes]

volcánico, -a *adj* volcanic

volcar *vt* **1** (*derribar*) to knock *sth* over: *Los chicos volcaron el contenedor.* The children knocked the bin over. **2** (*vaciar*) to empty *sth* (out): *Volcó el contenido de la olla en el plato.* He emptied the contents of the pot (out) onto the plate.
▸ **volcar(se)** *vi*, *vp* (*dar la vuelta*) to overturn: *El coche patinó y volcó.* The car skidded and overturned.
▸ **volcarse** *vp* **volcarse con** to do anything for *sb*: *Se vuelca con sus nietos.* She will do anything for her grandchildren.

voleibol *nm* volleyball

voleiplaya *nm* beach volleyball

voleo *nm* LOC **a voleo** at random

voltaje *nm* voltage

voltereta *nf* somersault: *dar una ~* to do a somersault

voltio *nm* volt

voluble *adj* changeable

volumen *nm* volume: *bajar/subir el ~* to turn the volume down/up ◊ *Compré el primer ~.* I bought the first volume. LOC **a todo volumen** at full blast

voluntad *nf* **1** will: *No tiene ~ propia.* He has no will of his own. ◊ *contra mi ~* against my will **2** (*deseo*) wishes [*pl*]: *Debemos respetar su ~.* We must respect his wishes. LOC **buena voluntad** goodwill: *mostrar buena ~* to show goodwill *Ver tb* FUERZA

voluntario, -a *adj* voluntary: *trabajo ~* voluntary work
▸ *nm-nf* volunteer: *Fui a Guatemala de ~.* I went to Guatemala as a volunteer. LOC **presentarse/salir voluntario** to volunteer

volver *vi* **1** (*regresar*) to go/come back: *Volví a casa.* I went back home. ◊ *Vuelve aquí.* Come back here. ◊ *¿A qué hora volverás?* What time will you be back? ◊ *Me ha vuelto la jaqueca.* My migraine has come back. ➔ *Ver nota en* IR **2** ~ **a hacer algo** to do sth again: *No vuelvas a decirlo.* Don't say that again.
▸ *vt* (*girar*) to turn: *Volví la cabeza.* I turned my head. ◊ *Me volvió la espalda.* He turned his back on me.
▸ **volverse** *vp* **1 volverse (a/hacia)** (*girarse*) to turn (to/towards *sb/sth*): *Se volvió y me miró.* She turned round and looked at me. ◊ *Se volvió hacia Elena.* He turned towards Elena. **2** (*convertirse*) to become: *Se ha vuelto más tolerante.* She's become more tolerant. ◊ *~se loco* to go mad LOC **volver en sí** to come round ◆ **volver la cara** to look the other way

vomitar *vi* to be sick, to vomit (*más formal*): *Tengo ganas de ~.* I think I'm going to be sick.

▸ *vt* to bring *sth* up: *Vomité toda la cena.* I brought up all my dinner.

vómito *nm* vomit [*incontable*], sick [*incontable*] (*más coloq*)

vosotros, -as *pron* you: *¿Vosotros vais a la fiesta?* Are you going to the party?

votación *nf* vote LOC **votación secreta** secret ballot *Ver tb* SOMETER

votante *nmf* voter

votar *vt*, *vi* to vote (*for sb/sth*): *Voté a los verdes.* I voted Green/for the Greens. ◊ *~ a favor/en contra de algo* to vote for/against sth LOC **votar en blanco** to spoil your vote ◆ **votar por correo** to have a postal vote

voto *nm* **1** (*Pol*) vote: *100 ~s a favor y dos en contra* 100 votes in favour, two against **2** (*Relig*) vow LOC **voto en blanco** blank ballot paper ◆ **voto nulo** spoilt ballot paper *Ver tb* VOZ

voz *nf* **1** voice **2** (*grito*) shout: *Dale una ~ a tu hermano para que venga.* Give your brother a shout. ◊ *dar/pegar voces* to shout LOC **a voz en grito** at the top of your voice ◆ **en voz alta/baja** loudly/quietly: *¡Aquí no hables en ~ tan alta!* Don't talk so loudly here! ◆ **decir algo en ~ baja** to say sth quietly ◆ **leer, pensar, etc. en voz alta** to read, think, etc., aloud ◆ **llevar la voz cantante** to be the boss ◆ **no tener ni voz ni voto** to have no say *in sth*: *Yo me callo porque no tengo ni ~ ni voto.* I'll be quiet, as I've got no say in the matter. *Ver tb* BUZÓN, CORRER

vuelo *nm* **1** (*pájaro, avión*) flight: *el ~ Roma-Madrid* the Rome-Madrid flight ◊ *~s nacionales/internacionales* domestic/international flights **2** (*falda*): *Esa falda tiene mucho ~.* That skirt's very full. LOC **al vuelo** (*rápido*) very fast: *Lo capta todo al ~.* He understands everything very fast. ◆ **vuelo acrobático** aerobatics [*incontable*] ◆ **vuelo regular** scheduled flight ◆ **vuelo sin motor** gliding *Ver tb* AUXILIAR, REMONTAR

vuelta *nf* **1** (*regreso*) return: *la ~ a la normalidad* the return to normality ◊ *Te veré a la ~.* I'll see you when I get back. **2** (*Dep*) lap: *Dieron tres ~s a la pista.* They did three laps of the track. **3** (*cambio*) change: *Quédese con la ~.* Keep the change. LOC **a la vuelta de la esquina** (just) around the corner: *El verano está a la ~ de la esquina.* Summer's just around the corner. ◆ **dar (dos, etc.) vueltas al/alrededor de algo** to go round sth (twice, etc.): *La Luna da ~s alrededor de la Tierra.* The moon goes round the earth. ◆ **dar la vuelta a la manzana/al mundo** to go round the block/world ◆ **darle la vuelta a algo** to turn sth over: *Dale la ~ al filete.* Turn the steak over. ◆ **darle vueltas a algo 1** (*pensar*) to worry about sth: *Deja de darle ~s al asunto.*

V

Stop worrying about it. **2** (*comida*) to stir sth: *No dejes de dar ~s al caldo.* Keep stirring the soup. **3** (*girar*) to turn sth: *Siempre le doy dos ~s a la llave.* I always turn the key twice. ◆ **dar media vuelta** to turn round ◆ **darse la vuelta 1** (*de pie, sentado*) to turn round: *Se dio la ~ y nos vio.* She turned round and saw us. **2** (*tumbado*) to turn over: *Túmbate y no te des la ~ hasta que yo lo diga.* Lie down and don't turn over till I tell you. ◆ **dar vueltas 1** (*girar*) to spin: *La Tierra da ~s sobre su eje.* The earth spins on its axis. **2** (*perderse*) to go all over the place: *Hemos dado muchísimas ~s para llegar aquí.* We've been all over the place on the way here. ◆ **(ir/salir a) dar una vuelta** to go (out) for a walk ◆ **vuelta ciclista** cycle race ◆ **vuelta de campana** somersault: *El coche dio tres ~s de campana.* The car somersaulted three times. *Ver tb* BILLETE, IDA, PARTIDO

vuestro, -a *adj* your: *vuestra casa* your house
▸ *pron* yours: *¿Son estos los ~s?* Are these yours? ❶ *Un primo vuestro* se traduce por 'a cousin of yours', ya que significa "uno de vuestros primos".

vulgar *adj* (*grosero*) vulgar

vulnerable *adj* vulnerable

W w

walkman® *nm* Walkman® [*pl* Walkmans]

wasap *nm* **1** (*aplicación*) Whatsapp® **2** (*mensaje*) message on Whatsapp®

wasapear *vi* to send a message (*to sb*) on Whatsapp®: *Está todo el día wasapeando.* She spends all day messaging people on Whatsapp.

wáter = VÁTER

waterpolo *nm* water polo

web *nm o nf* website: *el/la ~ de la empresa* the company's website
▸ **la web** *nf* the Web: *buscar algo en la ~* to search for something on the Web **LOC** *Ver* CÁMARA, PÁGINA, SITIO

webcam *nf* webcam

whisky *nm* whisky [*pl* whiskies]

wifi (*tb* wi fi) *nm* Wi-Fi®: *zona ~* Wi-Fi area

windsurf *nm* windsurfing: *hacer ~* to go windsurfing **LOC** *Ver* TABLA

X x

xenofobia *nf* xenophobia
xenófobo, -a *adj* xenophobic

▸ *nm-nf* xenophobe
xilófono *nm* xylophone

Y y

y *conj* **1** (*copulativa*) and: *chicos y chicas* boys and girls **2** (*en interrogaciones*) what about...?: *¿Y tú?* What about you? **3** (*para decir qué hora es*) past, after (*USA*): *Son las dos y diez.* It's ten past two. **LOC** *¿y qué?* so what?

ya *adv* **1** (*referido al pasado*) already: *¿Ya lo has terminado?* Have you finished it already? ➔ *Ver nota en* YET **2** (*referido al futuro*): *Ya veremos.* We'll see. ◇ *Ya te escribirán.* They'll write to you (eventually). **3** (*referido al presente*) now: *Estaba*

muy enfermo pero ya está bien. He was very ill but he's fine now. **4** (*uso enfático*): *Ya lo sé.* I know. ◇ *Sí, ya entiendo.* Yes, I understand ◇ *Ya verás, ya.* Just you wait and see.
▸ **¡ya!** *interj* of course **LOC** **ya no...** not... anymore: *Ya no vivo allí.* I don't live there anymore. ◆ **ya que...** as...: *Me quedo en casa, ya que no sale nadie.* As no one's going out, I'll stay at home too. ◆ **¡ya voy!** coming! *Ver tb* BASTAR

yacimiento nm **1** (Geol): ~ de gas/carbón/petrolífero gas field/coalfield/oilfield **2** (Arqueología) site

yanqui adj, nmf Yankee: la hospitalidad ~ Yankee hospitality

yate nm yacht

yegua nf mare

yema nf **1** (huevo) (egg) yolk **2** (dedo) (finger)tip: No siento las ~s de los dedos. I can't feel my fingertips. ◇ la ~ del pulgar the tip of the thumb **3** (Bot) bud

yerba = HIERBA

yerno nm son-in-law [pl sons-in-law]

yeso nm plaster

yihad nf jihad

yihadista nmf jihadi

yo pron **1** (sujeto) I: Iremos mi hermana y yo. My sister and I will go. ◇ Lo haré yo mismo. I'll do it myself. **2** (en comparaciones, con preposición) me: Llegaste antes que yo. You got here before me. ◇ excepto yo except (for) me LOC soy yo it's me ♦ ¿yo? me?: ¿Quién dices? ¿Yo? Who do you mean? Me? ♦ yo que tú if I were you: Yo que tú no iría. I wouldn't go if I were you.

yodo nm iodine

yoga nm yoga: hacer ~ to do yoga

yogur nm yogurt LOC yogur descremado/desnatado low-fat yogurt ♦ yogur líquido drinking yogurt

yóquey (tb yoqui) nmf jockey [pl jockeys]

yudo nm judo

yuyu nm (mareo): Hacía tanto calor que le dio un ~. It was so hot she fainted. LOC dar yuyu to freak sb out

Zz

zafiro nm sapphire

zaguán nm hallway

zamarra nf **1** (chaqueta de piel) sheepskin jacket **2** (chaqueta gruesa) heavy jacket

zambomba nf traditional percussion instrument

zambullirse vp (bañarse) to take a dip

zampar vi to stuff yourself
▸ zampar(se) vt, vp to wolf sth down

zanahoria nf carrot

zancada nf stride

zancadilla nf LOC echar/poner la zancadilla to trip sb up: Le pusiste la ~. You tripped him up.

zángano, -a nm-nf layabout

zanja nf trench

zanjar vt to put an end to sth

zapatería nf shoe shop, shoe store (USA)

zapatero, -a nm-nf cobbler: Tengo que llevar estos zapatos al ~. I have to take these shoes to be repaired.

zapatilla nf **1** (pantufla) slipper **2** (de deporte) **(a)** trainer, sneaker (USA) **(b)** (Ballet) (ballet) shoe LOC zapatillas de esparto espadrilles

zapato nm shoe: ~s planos flat shoes ◇ ~s de tacón high-heeled shoes

zapping nm channel hopping: hacer ~ to channel hop

zarandear vt to shake: La zarandeó para que dejara de gritar. He shook her to stop her shouting.

zarpa nf paw

zarpar vi ~ (hacia/con rumbo a) to set sail (for…): El buque zarpó con rumbo a Malta. The boat set sail for Malta.

zarza nf bramble

zarzamora nf blackberry [pl blackberries]

¡zas! interj bang

zigzag nm zigzag: un camino en ~ a zigzag path

zinc = CINC

zodiaco (tb zodíaco) nm zodiac: los signos del ~ the signs of the zodiac

zombi adj, nmf zombie: ir ~ to go round like a zombie

zona nf **1** (área) area: ~ industrial/residencial industrial/residential area ◇ ~ de fumadores smoking area **2** (Anat, Geog, Mil) zone: ~ fronteriza/neutral border/neutral zone LOC zona (del) euro eurozone ♦ zona norte, etc. north, etc.: la ~ sur de la ciudad the south of the city ♦ zona peatonal pedestrianized area ♦ zona verde green space

zoo (tb zoológico) nm zoo [pl zoos]

zoquete adj thick, dumb (USA)
▸ nmf idiot

zorro, -a nm-nf (animal) fox

🔍 Para referirnos solo a la hembra, decimos **vixen**. A los cachorros se les llama **cubs**.

▸ nm (*piel*) fox fur: *un abrigo de* ~ a fox fur coat **LOC** **estar/quedarse hecho unos zorros** to be shattered

zueco nm clog

zulo nm cache

zumbado, -a adj (*loco*) crazy Ver tb ZUMBAR

zumbar vt, vi **LOC** **irse/salir zumbando** to rush off: *Miró su reloj y salió zumbando.* He looked at his watch and rushed off. ◆ **zumbarle los oídos a algn** to have a buzzing in your ears

zumbido nm **1** (*insecto, en el oído*) buzzing [*incontable*]: *Se oían los ~s de las moscas.* You could hear the flies buzzing. ◇ *Tengo un ~ en los oídos.* I have a buzzing in my ears. **2** (*máquina*) humming [*incontable*]

zumo nm (fruit) juice: ~ *de naranja natural* fresh orange juice

zurcir vt to darn **LOC** **¡que te zurzan!** get lost!

zurdo, -a adj left-handed: *ser* ~ to be left-handed

zurrar vt to hit

zurrón nm bag

SECCIÓN DE ESTUDIO

Sección de Bilingüismo

Sección "I can..."

para ampliar el vocabulario y mejorar las técnicas de uso del diccionario

Sección de Comunicación

******

Diccionario en imágenes

Mapas

******

Sección de Bilingüismo

THE HUMAN BODY

1 Label the bones of the body on the diagram (**a–f**). Use your dictionary if you need to check the meanings or how to pronounce these words.

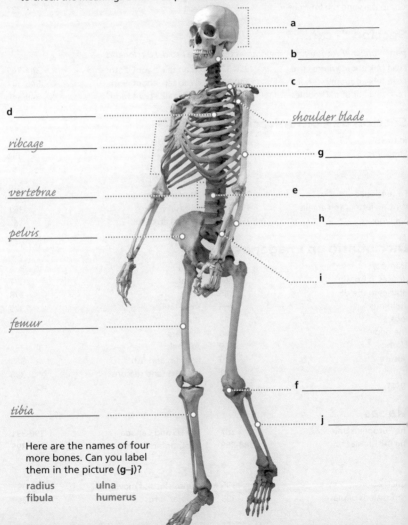

a _____

b _____

c _____

shoulder blade

d _____

ribcage

g _____

vertebrae

e _____

h _____

pelvis

i _____

femur

f _____

tibia

j _____

Here are the names of four more bones. Can you label them in the picture (**g–j**)?

radius   ulna
fibula   humerus

2 Do you know the names for the organs of the body in English? Find **nine** internal organs of the body. The words can be written horizontally, vertically or diagonally.

O	E	S	O	P	H	A	G	U	S
S	X	A	H	R	T	I	I	B	E
T	G	L	I	V	E	R	N	L	P
O	L	A	I	O	S	R	T	A	W
M	U	D	A	M	E	N	E	D	A
A	N	N	Y	T	I	H	S	D	P
C	G	L	R	A	E	F	T	E	R
H	K	A	R	X	D	X	I	R	O
A	E	B	K	O	S	S	N	P	A
H	K	I	D	N	E	Y	E	R	Z

If you need help, look up the following Spanish words in your dictionary.

pulmón corazón cerebro esófago riñón
hígado vejiga intestino estómago

3 Do you know how to pronounce these words for illnesses? Underline the part of the word which has the main stress. The first one has been done for you.

cancer   rheumatism   bronchitis

polio   anorexia   schizophrenia

Now match each stressed syllable with the correct sound.

e   aɪ   æ   iː   əʊ   uː

PLANTS

1 Words

Put these words into the right category:

Trees	Flowers	Cereals
_____	_____	_____
_____	_____	_____
_____	_____	_____
_____	_____	

wheat	beech	poppy	oak	maize	daffodil
buttercup	barley	pine	fir	rye	crocus

Now look at page 381 and find the **More to Explore** box. Which of the words refer to parts of plants?

2 Sounds

Which letter is not pronounced in these words related to plants?

thistle   orchid   rhubarb   stalk

Put a tick (✔) next to the pairs of words that have the same sound.

root	shoot	weed	seed
nettle	petal	pod	bud
stalk	bark		

3 Forms

How many of these nouns can also be verbs? Look up the entries in the dictionary and write down the Spanish translation for each verb.

flower	thorn	stigma	leaf	bloom	bulb
blossom	plant	sprout	cone	water	spore

What is the plural of these words? Check your answer in the dictionary.

leaf   cactus   fungus

4 Writing

Complete this paragraph by filling in the gaps with the correct verbs:

bear	flower	grow	lose	pollinate

Apple trees _____ in temperate zones. They are deciduous: they _____ their leaves in winter. They _____ in spring and they need honey bees to _____ them. They begin to _____ fruit after about six years.

ECOSYSTEMS AND THE ENVIRONMENT

1 Each of the boxes below contains a different type of ecosystem. Put the plant and animal species into the right category for the ecosystem where they live.

Savannah	Desert	Rainforest	Lakes and rivers	Sea
_____	_____	_____	_____	_____
_____	_____	_____	_____	_____
_____	_____	_____	_____	_____
_____	_____	_____	_____	_____
_____	_____	_____	_____	_____

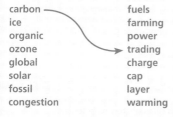

elephant	coral	trout	grass	date palm
ostrich	camel	mahogany	seaweed	otter
cactus	beaver	lion	jaguar	scorpion
parrot	shellfish	hippo	shark	monkey

You can find more animal species on pages 382–385 of your dictionary. Can you find any more to add to the boxes?

2 There are many compound words in English. Can you match the words on the left with those on the right to form compound words related to the environment? You can check your answers in your dictionary.

carbon — fuels
ice — farming
organic — power
ozone → trading
global — charge
solar — cap
fossil — layer
congestion — warming

Now fill in the gaps in the text with the compound words you have made. One of them is not used.

Climate change, which is often called _____, is a serious problem today. Many people are worried that the _____ in the Arctic and the Antarctic is melting. Cars, planes and factories burn _____, which creates carbon dioxide and causes pollution. This damages the _____, which protects the Earth from the sun. However, there are alternatives to fossil fuels, such as wind energy and _____, and in recent years there has been an increase in _____, which does not use chemical fertilizers. Some governments are trying to introduce a system of _____ so that countries are responsible for the carbon emissions that they cause.

COMPUTERS AND THE INTERNET

1 Do you know how to say common computer commands in English? Match the Spanish words with the English translations. If you need some help, look the words up in your dictionary.

guardar copiar pinchar
cortar ejecutar
imprimir bajar
borrar pegar deshacer
introducir

download copy save
paste
delete print enter
undo run
click cut

2 What do you use the Internet for? Put the activities in order (**1–6**), starting with the activity that you spend most time doing.

email and message my friends	_____
do my homework	_____
shop online	_____
use social networking sites	_____
play games	_____
search for information	_____

3 Now fill in the gaps in the text with the verbs you've used in the two exercises above

The computer today has so many uses that it's difficult to imagine life without one!

We do our work on the computer. You can _____ the Internet to find out information, or to check to see if something is true. It isn't always easy though! There's a lot of information on the Internet, but not all of it is reliable.

When you write a document, you can copy and _____ text from a web page or from another document. If you make a mistake, just click on _____ to cancel your last action. When you've finished, you _____ the document on your computer, and you can _____ a paper copy or email it to your teacher. If you don't need the document any more, you can _____ it, of course.

Many people today spend a lot of their free time on the Internet. They chat on social networking sites or _____ their friends, play games online or _____ music. Who knows what people will do with their computers in the future?

THE ECONOMY

1 The economy can be divided into three production sectors. Put these activities into the right category:

banking	farming	car manufacturing	mining	textiles
tourism	fishing	ceramics	insurance	

PRIMARY	SECONDARY	TERTIARY
_____	_____	_____
_____	_____	_____

2 What goes into a car?

Look up the Spanish words above in your dictionary, and use the English translations to fill the gaps in the text.

The bodywork is mainly made of _____, which is made from _____.
The windscreen is _____, which is made from _____. The tyres are
_____. Inside, the seats are upholstered with _____ or a similar _____
material, which is a by-product of _____. Cars need fuel, which can be
_____, _____ (both refined from oil) or electricity.

GEOGRAPHY

1 On the map below some of the names of the countries are missing. Fill in the missing countries. You can look up the Spanish names for the countries in your dictionary.

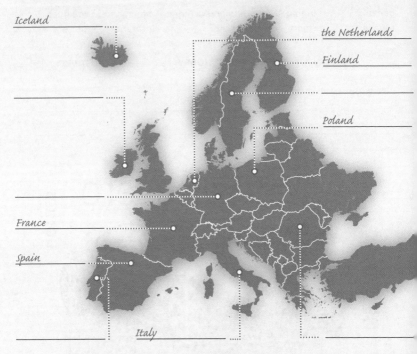

Iceland

the Netherlands

Finland

Poland

France

Spain

Italy

Do you know how to say the names of these countries in English? Underline the correct stress on the map. You can check your answers on page 387 of your dictionary or you can use the *Diccionario Oxford Pocket* app.

2 Can you pronounce these place names in English? You can check the phonetic transcription in your dictionary.

Bulgaria	Castile	Prague	Estonia	Tenerife	Mediterranean
Canaries	Lithuania	Seville	Scotland	Finland	Andalusia
Majorca	Lisbon	Los Angeles	Austria	Ireland	Athens

Now work with a partner. Student A reads the sentences below and says whether they are true or false. Student B looks at the maps on pages 387 to 391 and the section on Spain on page 394, and gives A a point for each correct answer.

a)   Lithuania is north of Estonia.   _____

b)   Riga is the capital of Finland.   _____

c)   Andalusia is in the south of Spain.   _____

d)   Bulgaria has a border with Romania.   _____

e)   Valletta is the capital of Malta.   _____

Now change over. Student A looks at the maps and Student B decides whether these sentences are true or false:

f)   Cyprus is in the western Mediterranean.   _____

g)   Lisbon is on the west coast of Portugal.   _____

h)   Edinburgh is further north than Athens.   _____

i)   The capital of Slovakia is Prague.   _____

j)   Los Angeles is on the Gulf of Mexico.   _____

3   Find the English translations for the geographical features below.

manantial	bosque	volcán	montaña	jungla
arroyo	meseta	llanura	estuario	

Now write the English words in the grid below. What is the word that you can spell going downwards?

HISTORY

1 Make sure that you know how to say dates. Look at page 805 and then read aloud these key dates from the history of Spain.

12 October 1492	19 July 711
14 April 1931	6 December 1978

2 Look at the verbs in the box and find their past tense. You may need to check in the irregular verbs list on pages 808–809.

become	come	write	fight	lead
make	set	sink	take	win

Now fill in the gaps in the text with the verbs you've used in the exercises above.

a. In medieval Spain, soldiers _____ with spears, arrows and shields.

b. Muslim scholars such as Averroes _____ many important works.

c. The Christian forces _____ the battle of Navas de Tolosa.

d. The marriage of Ferdinand and Isabella _____ place in 1469.

e. Christopher Columbus _____ sail from Portugal in 1492.

f. Núñez de Balboa _____ the first European to see the Pacific Ocean.

g. Hernán Cortés _____ 500 men on an expedition to Mexico.

h. King Philip II _____ to the throne in 1556.

i. Many of Philip's ships _____ because of bad weather.

j. During his time as king, Charles III _____ a number of significant reforms.

ART

1 Match the words with the shapes.

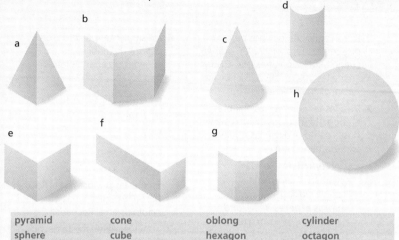

| pyramid | cone | oblong | cylinder |
| sphere | cube | hexagon | octagon |

2 How many artistic styles can you think of? You can find some more in your dictionary if you look for words starting with:

cub_____   imp_____   Got_____
exp_____   sur_____   Bar_____

3 Now use the words in the box to complete this overview of art in Spain. Check the meanings in your dictionary.

| Baroque | Gothic | illuminated | cubism | cave paintings |
| mosaics | stained glass | geometric | surrealist | Renaissance |

Art has evolved over thousands of years, from _____ in the Stone Age to modern art. Islamic art uses _____ patterns, often in wonderful _____ . In the Middle Ages, monks made beautiful _____ manuscripts, illustrating the pages and decorating them with gold. Churches built in the _____ style had tall arches and often windows with _____ . The _____ marked a rediscovery of Classical traditions, supported by the latest scientific discoveries, and in the 17th century the style of architecture was _____ , which is very ornate. In the 20th century, Spain produced many important artists including Picasso, one of the founders of _____ , and Salvador Dalí, whose _____ works are more like dreams than reality.

I CAN TALK ABOUT WHERE I LIVE

1 Piensa en todos los tipos de casa que conozcas (p. ej. *chalet*, *granja*). Luego mira las páginas 364–365 y añade las que te falten. Escribe las palabras en el Recuadro 1.

2 Ve a las entradas de las palabras en **negrita**, mira los ejemplos y busca cómo se dicen las siguientes expresiones en inglés.

- el **centro** de la ciudad
- *vivir en el* **campo**
- *ir a la* **ciudad**
- *en las* **afuera**s *de Madrid*
- *un bloque de ocho* **piso**s
- *un* **chalet** *adosado*

3 ¿Qué palabras están más relacionadas con la vida en la ciudad y cuáles se refieren a la vida en el campo? Busca el significado de las palabras que no conozcas y escribe cada una en el espacio correspondiente en el Recuadro 3.

quiet exciting noisy healthy stressful peaceful hectic boring convenient

4 Mira el recuadro MORE TO EXPLORE en la página 364 y elige las palabras que describen el exterior de una casa.

5 Busca los nombres de cinco habitaciones en inglés. Puedes encontrar ayuda en el recuadro MORE TO EXPLORE o puedes emplear el lado Español-Inglés del diccionario.

6 Las siguientes palabras son objetos de mobiliario. ¿Puedes ordenar las letras?

h a c r i   CHAIR

b o c p a r u d

g u r

t o o s l

c u n o i s h

f a s o

Escribe las palabras en el Recuadro 6. ¿Se te ocurren más muebles? Anótalos en el Recuadro 6.

7 ¿De qué material está hecho? Relaciona los muebles del Ejercicio 6 con los siguientes materiales.

silk leather wool wood metal plastic cotton

8 Busca cómo se dicen en inglés las siguientes palabras.

bonito moderno luminoso cómodo oscuro anticuado acogedor elegante desordenado

9 Ahora prepara una pequeña presentación oral utilizando una de las siguientes ideas:

a) Describe tu dormitorio y di lo que te gusta y lo que no te gusta, o;

b) Busca una foto de la casa de algún famoso y descríbela. Los demás tienen que adivinar de quién es la casa.

homes **1**
house
farm

2
go into town

city | **country 3**
hectic

exteriors 4
balcony

rooms 5
bathroom

furniture 6
sofa

style 8
elegant

materials 7
armchair – leather

I CAN TALK ABOUT MY SCHOOL

1 ¿Qué llevas en tu mochila? Mira la página 371 o busca las palabras en el lado Español-Inglés del diccionario para saber cómo se dicen en inglés. Anótalas en el Recuadro 1.

2 ¿Sabes decir estas expresiones? ¿Dónde llevan el acento? Búscalas para saber cuál es la sílaba acentuada, y escríbelas en el Recuadro 2.

waste-paper basket
whiteboard   half-term
homeschooling   ICT
felt-tip pen   set square
boarding school

3 Escribe en el Recuadro 3 tu horario de clases con los nombres de las asignaturas en inglés.

4 Relaciona los objetos de la izquierda con las asignaturas en las que se utilizan.

calculator	**PE**
atlas	**chemistry**
dictionary	**maths**
sports kit	**English**
test tube	**geography**

5 ¿Dónde se encuentran estos objetos? Escríbelos en el espacio correspondiente. Algunos objetos pueden encontrarse en más de un lugar.

encyclopedia   desk   funnel
projector   microscope
goalpost   pitch   textbook

6 Busca estos ejemplos en las entradas de las palabras en **negrita** y escribe las traducciones en el Recuadro 6.

- *hacer un **examen***
- *estar de **exámen**es*
- *hacer tus **deber**es*
- *cometer un **error***
- *hacer **repaso***

7 Ahora ve a las entradas de las palabras inglesas en **negrita** y completa las frases.

- *to **test** somebody ___ their vocabulary*
- *to **study** ___ your exams*
- *We're ___ **class**.*
- *I'm going to **give** ___ French next year.*
- *School **break**s ___ on the 21st of December.*

8 Hay algunas diferencias entre la escuela británica y la americana. ¿Cuál de estas palabras se usan solo en Estados Unidos? Anótalas en el Recuadro 8.

registration
senior high school
head teacher
grade point average
sixth-form college
half-term
schoolwork
junior college

1. *pencils*

2. *waste-paper basket*

3.

Monday	Tuesday	Wednesday	Thursday	Friday

4. *calculator – maths*

5.

library	playing field
classroom *desk*	lab

6. *take an exam*

7. *test sb on their vocabulary*

8. inglés americano
senior high school

I CAN TALK ABOUT MY HOBBIES

1 Mira la página 370 y anota las actividades que más te gustan. Hay más actividades deportivas en las páginas 372–375.

2 Busca las palabras en **negrita** en el diccionario y completa las siguientes frases con las preposiciones correctas. Escribe las frases en el Recuadro 2.

- I'm **interested** _____ the cinema.
- They're **mad** _____ football.
- She's not very **keen** _____ sport.
- He's **obsessed** _____ his bike.
- She's **crazy** _____ ballet.

3 Escribe cada actividad en la columna correspondiente del Recuadro 3.

drawing crochet judo long jump reggae karate sketching relay rock knitting pole vault sewing blues painting tae kwon do

4 ¿Músicos o deportistas? Escribe cada palabra en su columna correspondiente.

referee conductor striker substitute vocalist defender soloist

5 Algunas palabras se utilizan en el mundo del deporte y en el de la música, aunque con diferentes significados. Busca las siguientes palabras en el diccionario y escribe cómo se traducirían al español tanto en el contexto deportivo como en el musical.

baton pitch score

6 Busca el equivalente en inglés de los siguientes términos futbolísticos.

tiro libre centrocampista eliminatoria pichichi empate a cero cabecear juez de línea

Ahora añade palabras en inglés relacionadas con otro deporte o actividad que te interese particularmente.

7 Anota los resultados de abajo en el Recuadro 7 y escribe junto a cada uno lo que significan en números. Si necesitas ayuda, mira el lado Inglés-Español del diccionario.

four all nil-nil love-forty one zero

8 Estas palabras relacionadas con la música contienen una letra muda. Anótalas en el Recuadro 8 y subraya la letra que no se pronuncia.

rhythm chord guitar choir

9 Prepara una pequeña presentación oral sobre cómo pasas tu tiempo libre o sobre alguna actividad que te gusta practicar. También puedes hablar de algún deporte o tipo de música que te interese particularmente.

My hobbies 1

I'm interested in the cinema. 2

music	art	craft	athletics	martial arts 3

musicians	sportspeople 4

free kick 6

baton – 5
pitch –
–
score –
–

scores 7
4:4 – four all

rhythm 8

I CAN TALK ABOUT CLOTHES

1 Imagina que estás preparando la maleta para las siguientes ocasiones. ¿Qué prendas de vestir te llevarías? Escribe tus respuestas en el Recuadro 1.

- a holiday in the sun
- a hiking trip in Ireland
- the wedding of a relative
- a party in the summer

2 ¿**Wear** o **carry**?

¿Cuál de estos verbos se emplea con cada una de las siguientes palabras? Pon cada palabra en la columna correspondiente del Recuadro 2. Si tienes dudas, ve a la entrada **wear** y lee la nota explicativa.

glasses	a backpack
a briefcase	gloves
earrings	a handbag
a bracelet	a suitcase
boots	a hoody

3 ¿Riman las siguientes parejas de palabras?

shirt/skirt	wear/gear
blouse/loose	suit/boot
fleece/lace	cap/cape

4 ¿Cómo se dicen en inglés las siguientes palabras? Escribe las respuestas en el Recuadro 4.

manga   hebilla   botón
cintura   capucha   lazo
cinturón   cremallera

5 Pon cada palabra en la columna correspondiente en el Recuadro 5.

stripe   spot   satin   silk
checked   suede   zigzag
cashmere   floral   cotton

6 Busca las parejas de palabras que tienen significados opuestos y escríbelas en el Recuadro 6.

put sth on   clash   lengthen
go with sth   take sth off
undo   fasten   loose
tight   shorten

7 ¿Cómo se dicen estas palabras en inglés? ¿Qué tienen todas en común?

pijama   pantalón   pantis
vaqueros   gafas   calzoncillo

8 Busca el significado de las palabras de abajo en el diccionario.

like   suit   size   fit   alter
smart   casual   stylish

Ahora inventa un diálogo entre dos amigos en una tienda de ropa utilizando estas palabras y otras que hayas repasado en esta sección.

En la página **I can talk about where I live** encontrarás más palabras relacionadas con los tejidos.

holiday in the sun

shorts

hiking trip in Ireland

1

wedding of a relative

party in the summer

wear   carry   **2**

glasses

rhymes   **3**

shirt – skirt ✓

4

manga – sleeve

patterns   **materials**   **5**

stripe

6

put sth on – take sth off

7

pyjamas

I CAN   TALK ABOUT WORK

1 Pon las siguientes profesiones en su categoría correspondiente en el Recuadro 1.

doctor executive bricklayer technician webmaster photographer surgeon surveyor entrepreneur midwife architect accountant editor programmer journalist

¿Puedes añadir alguna más? Ve a la página 367 si necesitas ayuda.

2 ¿Cuáles son los pasos para conseguir un trabajo? Pon las siguientes frases en orden en el Recuadro 2.

You sign a contract.
You get an interview.
You apply for the job.
You are offered the job.
You see an advertisement.

3 Busca el significado de estas expresiones. Todas tienen que ver con dejar un trabajo.

retire   be sacked   resign be made redundant

4 Utiliza el lado Español-Inglés de tu diccionario para saber cómo se dicen en inglés las siguientes expresiones. Escribe tus respuestas en el Recuadro 4.

- *trabajar a **tiempo** parcial*
- *trabajar la **jornada** completa*
- *quedarse sin **trabajo***
- *un **contrato** basura*
- ***baja** por maternidad*
- *los trabajadores **autónomo**s*
- ***día** festivo*

- *estar en **paro***
- *un trabajo **mileurista***
- *el **salario** mínimo*

5 Relaciona las palabras de las dos columnas para formar expresiones relacionadas con el mundo laboral. Comprueba tus respuestas en las entradas de las palabras en **negrita**.

pay	tax
labour	estate
work	relations
industrial	experience
income	rise

Ahora utiliza tu diccionario para buscar otras tres expresiones que empiecen con el verbo **pay**.

6 Lee la nota explicativa en la entrada de **work** y corrige las palabras en **negrita**.

- *I've found a new **work**.*
- *She's looking for **job**.*
- *the legal **occupation***
- *He's a plumber by **profession**.*

7 ¿Cómo describirías un trabajo? Pon los siguientes adjetivos en su categoría correspondiente.

rewarding   monotonous responsible   well paid challenging   boring exciting   varied stressful   dull

8 a) Prepara una presentación oral sobre tu trabajo ideal, o;

b) Compara dos trabajos muy diferentes, p.ej. minero y comerciante.

347

medicine | computers | newspapers | building | **1** business
doctor

2
You see an advertisement.

3
resign – dimitir

4
work part-time

5
pay *rise*
labour
work
industrial
income

6
I've found a new job.

7
☺ ☹
exciting

I CAN TALK ABOUT FOOD

1 En el Recuadro 1, haz una lista de:
- 4 bebidas
- 4 tipos de carne
- 4 tipos de verdura
- 4 tipos de fruta

Si necesitas ayuda, ve a las páginas 376–379 de tu diccionario.

2 En cada grupo de palabras hay una que no encaja con las demás. Escribe en el Recuadro 2 qué tienen en común el resto de las palabras y escribe la que no encaja en la columna sobrante. La primera está hecha a modo de ejemplo.

plum   peach   basil
pear   pineapple

trout   cod   tuna
plaice   parsley

rosemary   jelly   trifle
ice cream   crème caramel

mustard   ketchup
gravy   mayonnaise   coriander

lobster   crab   oyster
olive   squid

mint   nutmeg   ginger
cinnamon   pepper

3 Relaciona los métodos de cocción con los alimentos.

fry   pasta
bake   chips
roast   cake
boil   chicken

4 En las recetas, a veces se emplea el sistema imperial en lugar del métrico para indicar las cantidades de los ingredientes. Mira la siguiente lista de ingredientes y ve a la página 804 para descubrir lo que significan las abreviaturas. Anótalo en el Recuadro 4.

Apple pie

8 oz flour	2 tbsp sugar
4 oz butter	2 fl oz water
10-in. baking tin	2 lb apples

¿Qué crees que significan *tbsp* y *tsp*? Busca la respuesta en las páginas 745 y 749.

Ahora lee la receta y busca el significado de los verbos en **negrita**. Escribe las traducciones en el Recuadro 4.

METHOD:
Put the flour in a bowl and **add** the butter. **Mix** until the mixture looks like fine breadcrumbs. **Stir** in the water. **Roll out** half the pastry to fit the baking tin. **Peel** and **slice** the apples, arrange them on the pastry and **sprinkle** with sugar. Roll out the rest of the pastry to make a lid for the pie. Bake in a hot oven for 25 mins.

5 Escribe un email a tu amigo británico describiendo una de estas dos cosas:

a) un plato tradicional que se come en ocasiones especiales, o;

b) el mejor plato que hayas comido en tu vida.

drinks	meat	vegetables	fruit
			1

2

fruit						basil
plum						
peach						
pear						
pineapple						

3

fry – chips

4

oz = ounce   add – añadir

IN TOWN

1 Cuando estás en una ciudad desconocida y necesitas pedir indicaciones para llegar a un lugar, es importante saber pronunciar las palabras correctamente.

Subraya la sílaba acentuada en las palabras de abajo.

EJEMPLO: <u>su</u>permarket

station newsagent's chemist's
library cathedral ATM

Comprueba tus respuestas en el diccionario.

2 Estas palabras forman lugares que se encuentran en una ciudad.

Relaciona las palabras de cada columna.

post	station
department	cafe
police	office
city	store
Internet	centre

¿Se te ocurren otras palabras compuestas para describir lugares de la ciudad? Si necesitas ayuda mira las página 366 del diccionario.

3 Busca las palabras en **negrita** en tu diccionario para ver cómo se dicen en inglés las siguientes frases.

- *torcer* a la izquierda/derecha
- *sigue* todo *recto*
- *cruzar* la calle
- *sigue* por la *izquierda*
- *hay que* subir/bajar esta calle

4 Lee el siguiente diálogo.

You: Excuse me, could you tell me the way to the *tourist office*?

Passer-by: Yes, of course. Go straight down this street and turn *left* at the *traffic lights*. Then it's on your *right*.

You: Thank you. Is it far?

Passer-by: No, about *five* minutes.

You: Oh, and is there a *post office* near here?

Passer-by: Yes. There's one *opposite the supermarket*. Cross over the road, go past the *bank*, and take the *first* turning on your *left*.

You: Thank you. That's very kind.

Passer-by: No problem. You're welcome.

Ahora inventa otro diálogo en el que alguien pide indicaciones. Sustituye las palabras en *cursiva* por otras diferentes.

Mira las notas de vocabulario en las entradas de **help**, **information** y **thank** para encontrar más expresiones que utilizar en tu diálogo.

SHOPPING

1 Mira la lista de la compra. Escribe los nombres de las tiendas a las que tendrías que ir para conseguir cada cosa.

bread   sausages   aspirin
plant for Auntie's birthday
magazine   tin of tomatoes   T-shirt

2 ¿Qué se puede comprar en cada tienda? Pon cada artículo en el recuadro correspondiente.

map	plasters
rolls	magazines
suncream	toothpaste
bagels	panini
guidebook	SIM card

CHEMIST'S

BAKER'S

NEWSAGENT'S

¿Se te ocurren más cosas que se podrían comprar en estas tiendas?

3 Relaciona cada palabra de la columna izquierda con una de la columna derecha que tenga un significado similar.

cheap	make
reduction	receipt
till	cash
client	discount
changing room	checkout
brand	inexpensive
bill	customer
money	fitting room

4 Mira las entradas de las palabras en **negrita** y busca cómo se dicen en inglés las siguientes expresiones.

- ir de **escaparate**s
- **zapato**s planos/de tacón
- ¿Qué número **calza**s? (**calzar**)
- No me gusta mucho el **amarillo**.
- **probar**se unas zapatillas
- ¿Estos son del mismo **tamaño**?
- ¿Puedo **pagar** con tarjeta de crédito?

Ahora mira la acepción número 5 de la entrada **quedar**. ¿Cómo se dicen las siguientes frases en inglés?

- ¿Qué tal me **quedan** los zapatos?
- Te **quedan** muy bien.
- Los negros te **quedan** grandes.

5 Lee el siguiente diálogo.

Assistant: Can I help you?
You: Yes, please. I like the *grey trainers* in the window. Do you have them in *white*?
Assistant: No, I'm afraid not. But we have them in *red*. Would you like to see them?
You: Yes. Can I try them on?
Assistant: Yes, of course. What size do you take?
You: 37, please.
Assistant: OK. Here you are.
******
You: They're a bit too *small*, I think. How do they look?
Assistant: Yes, they're a little *small*. Why don't you try on the *38*?
******
You: That feels better.
Assistant: Oh yes! They really suit you.
You: OK, I'll take them. Can I pay in cash?
Assistant: Yes, of course.

Practica el diálogo. Luego escribe un nuevo diálogo sustituyendo las palabras en *cursiva*. Mira las notas de vocabulario en las entradas de **help**, **offer** y **prefer** para encontrar otras expresiones que utilizar.

EATING OUT

1 ¿Qué palabras podrías poner en las siguientes categorías? Busca más palabras en las páginas a color 376–377.

BREAKFAST	MEAT AND FISH	OBJECTS ON THE TABLE

Ahora busca las siguientes palabras en el diccionario y ponlas en la categoría correspondiente.

juice	chopsticks	mackerel	glass	duck	decaff
omelette	tuna	pork	yogurt	dish	napkin

2 Utiliza tu diccionario para encontrar otras cinco comidas que pedirías en un bar o en un restaurante. Anótalas junto a su traducción al español.
Encontrarás muchas más en la sección **"Food"** en las listas de vocabulario temático de la app del *Oxford Pocket*.

3 Une las dos mitades de las frases para formar expresiones.

Could I see the	the bill, please?
What would you like	eat here or take away?
Do you have a	the pasta, and then the chicken.
Do you want to	table for two?
I'll have	menu, please?
Can we have	to drink?

4 Lee el diálogo.

You Do you have a table for *four*, please?
Waiter Would this one be OK, sir?
You Yes, fine. Could we see the menu?
******
Waiter Are you ready to order?
You I'd like the *salad* as a starter.
Waiter And for the main course?

You I'll have the *fish*.
Waiter What would you like to drink?
You A *Coke*, please.
******
Waiter Can I get you anything else? Would you like to see the dessert menu?
You No, thanks. Could we have the bill, please?

Ahora practica el diálogo cambiando las palabras en *cursiva* por palabras del Ejercicio 1.

5 Escribe tu propio diálogo.

Tú y un amigo estáis en un restaurante y queréis comer algo. Pides algo pero hoy no tienen. Elige otra cosa y pídela. Cuando hayáis terminado, pide postre, café y la cuenta.

Mira las notas de vocabulario en las entradas de **hecho**, **like**, **please** y **recommendation** para encontrar más variedad de frases y expresiones que utilizar en tu diálogo.

TRAVEL

1 ¿Qué medios de transporte conoces en inglés? Mira la página 363 para descubrir más.

2 Busca las palabras de abajo en el diccionario y ponlas en la categoría correspondiente.

| platform | sleeper | check-in | flight attendant | rail | sailing |
| oar | port | station | airline | gate | dock |

TRAINS & BUSES	BOATS	PLANES

3 Busca los verbos en **negrita** en tu diccionario y escribe *phrasal verbs* que signifiquen lo mismo que las palabras en español.

facturar	check _____	averiarse	break _____
despegar	take _____	parar (en...)	stop _____
salir, escaparse	get _____	salir, partir	set _____

4 ¿Cómo te gusta viajar? ¿Prefieres el autobús o el tren? ¿Sueles llevar mucho equipaje? Mira la nota explicativa en **prefer** para encontrar expresiones que podrías utilizar. También puedes utilizar las palabras del recuadro de abajo.

| fast/slow | cheap/expensive | convenient/inconvenient |
| comfortable/uncomfortable | fun/boring | reliable/unreliable |

5 Lee los siguientes diálogos.

AT THE BUS STATION

You What time is the next bus to *Oxford*?
Clerk It's at *4.30*, in *15* minutes.
You And what time does it arrive?
Clerk It takes about *two* hours.
You Can I have a *return*, please?
Clerk Yes, of course. That's *sixteen pounds*.
You Is there a student discount?
Clerk Yes, *twelve pounds fifty* for students.

AT THE AIRPORT

Clerk Good morning. Can I see your passport, please?
You Here you are.
Clerk: Do you have any luggage to check in?
You *One* suitcase. Can I have an *aisle* seat, please?
Clerk Sorry, there aren't any left, I'm afraid. Any hand luggage?
You Just this bag. Which gate does the flight leave from?
Clerk Gate *27*, in *45* minutes.

Ahora escribe un diálogo nuevo. Sustituye las palabras en *cursiva*.

6 Escribe tu propio diálogo basado en la siguiente escena:

Quieres ir a Oxford a pasar el día. En la estación te dicen que hay un tren en diez minutos. Es demasiado caro, así que preguntas si más tarde hay algún tren más barato. Te dicen que hay un tren a las diez. Pregunta si tiene descuento de estudiante y di que quieres una plaza junto a la ventana. Luego pregunta de qué andén sale el tren. En las entradas de **information**, **please** y **reservation** hay notas de vocabulario donde encontrarás más expresiones que utilizar.

FALSE FRIENDS

¡Ojo con los falsos amigos!

Muchas palabras inglesas se parecen a las españolas. Algunas tienen el mismo significado, como **television** (*televisión*) y **biology** (*biología*), pero otras tienen significados totalmente distintos. Estas palabras parecidas pero de distinto significado se llaman **false friends**. Es muy importante aprender las diferencias para no cometer errores, como, por ejemplo, decir que alguien es **sympathetic** (*comprensivo*) cuando lo que quieres decir es que es **nice** (*simpático*).

Aquí hay una lista de algunos **false friends** con su verdadero significado en inglés.

Esta palabra en español...	se dice en inglés...	y no...	que es...
actual	current; present-day	*actual*	exacto; verdadero
actualmente	at the moment	*actually*	en realidad, de hecho; por cierto
agenda	diary; address book	*agenda*	orden del día
asistir	to attend; to treat	*to assist*	ayudar
aviso	notice; warning	*advice*	consejos
conductor, -ora	driver	*conductor*	director, -ora de orquesta
diversión	pastime; fun; entertainment	*diversion*	desvío
educado	polite	*educated*	culto
embarazada	pregnant	*embarrassed*	avergonzado
éxito	success; hit	*exit*	salida
genial	brilliant	*genial*	afable
intentar	to try	*to intend*	tener la intención de
largo	long	*large*	grande; extenso, amplio
lectura	reading	*lecture*	conferencia; sermón
librería	bookshop; bookcase	*library*	biblioteca
molestar	to bother; to disturb; to upset	*to molest*	agredir sexualmente
noticia	news; news item	*notice*	anuncio
pariente	relation	*parent*	madre/padre
profesor, -ora	teacher; lecturer	*professor*	catedrático, -a de universidad
receta	recipe; prescription	*receipt*	recibo
recordar	to remind; to remember	*to record*	registrar, anotar; grabar
resumir	to summarize; to sum up	*to resume*	reanudar(se); recobrar, retomar
sensible	sensitive; noticeable	*sensible*	sensato
simpático	nice	*sympathetic*	comprensivo, compasivo

¡No te confundas!

Cuando leas un texto en inglés, no te dejes engañar por palabras como las siguientes, que se parecen mucho a palabras españolas, pero tienen un significado completamente distinto.

Que no te engañe...	que significa...
carpet	moqueta, alfombra
casual	superficial; informal
comprehensive	global, completo
compromise	acuerdo
constipated	estreñido
to contest	disputar
costume	traje; vestuario
crude	burdo; grosero
deception	engaño
disgust	asco, repugnancia
fabric	tejido, tela
intoxication	embriaguez
marmalade	mermelada de cítricos
mascara	rímel
petrol	gasolina
to presume	asumir, suponer
to pretend	fingir
to realize	darse cuenta; cumplir
stranger	desconocido, -a; forastero, -a
topic	tema

Busca las diferencias

La palabra española *collar* se traduce **collar** cuando nos referimos al collar de un perro, un gato, etc. Sin embargo, si hablamos del adorno que se pone alrededor del cuello, se dice **necklace**.

collar nm **1** (adorno) necklace: *un ~ de esmeraldas* an emerald necklace **2** (perro, gato) collar

collar /ˈkɒlə(r)/ n **1** (camisa, etc.) cuello **2** (perro) collar

Ten cuidado al utilizar palabras como estas, ya que a veces tienen el mismo significado en los dos idiomas, pero otras veces no.

Ejercicios

1 Completa el siguiente cuadro dando una segunda traducción de las palabras en **negrita**:

collar →	collar	floor
carrera →	career	warn
prevenir →	prevent	necklace
planta →	plant	royal
precioso →	precious	degree
real →	real	lovely

2 Elige ahora la palabra correcta en las siguientes frases:

a Have you finished your *degree/career* yet?

b Our dog has a leather *necklace/collar*.

c I *prevented/warned* him that he would get into trouble.

d In hot weather, water your *floors/plants* every day.

e What a *lovely/precious* dress!

f The *real/royal* family have a palace on the island.

WRITING LETTERS AND EMAILS

Cartas formales

Escribe el nombre, puesto, y dirección de la persona a quien está dirigida la carta.

No escribas tu nombre al principio de la carta.

Escribe tu dirección aquí, alineada con la despedida y la firma al final de la carta.

3 Brook Road
Oxford
OX4 6QJ

Chris Summit
Director of Human Resources
BLC Computers
Oxford Business Park

Escribe la fecha completa aquí.

April 20, 2017

Usa el título de la persona a quien está dirigida la carta (*Mr., Ms.,* etc..), acompañado de su apellido. Usa los saludos *Dear Sir* o *Dear Madam* solo cuando no sabes el nombre de la persona.

Dear Mr. Summit,

I am writing to apply for the position of software technician advertised in The Echo on April 16. I have enclosed a copy of my résumé. ❶

Evita contracciones o formas abreviadas.

Usa conjunciones y expresiones formales.

Since graduating from the University of Oxford, I have been working in software design and have gained considerable experience in developing personalized packages. I am proficient at programming in five different languages, including C++ and Java. My job has also given me some insight into systems analysis. ❷

I am now seeking employment with a company where I can gain more experience and where there are more opportunities for promotion. I am sure I could make a significant contribution and would be happy to demonstrate some of my programs to you. ❸

I am available for an interview at your convenience and look forward to hearing from you soon. ❹

Termina tu carta con *Yours sincerely,* o *Yours faithfully* si no sabes el nombre de la persona.

Yours sincerely,

Andrew Mason

Andrew Mason

Firma encima de tu nombre completo.

párrafo ❶
Explica cuál es el puesto que estás solicitando y cómo y dónde fue que supiste sobre dicho puesto.

párrafo ❷
Describe brevemente lo más relevante de tus estudios y tu experiencia.

párrafo ❸
Explica por qué quieres este puesto y por qué te consideras capacitado para ejercerlo.

párrafo ❹
Informa sobre tus datos de contacto y acerca de tu disponibilidad para entrevistas.

Correos electrónicos

Los mensajes de correo electrónico pueden ser formales o informales, dependiendo de la relación entre las personas involucradas. De cualquier manera, todos los e-mails deben seguir ciertas reglas básicas:

- Presentar un estilo consistente. No pasar de estilo informal a formal, o viceversa.

- Las apariencias son importantes y hay que recordar que las frases y los párrafos deben estar bien construidos.

- Los correos electrónicos deben ser breves y objetivos.

En un e-mail formal, se recomienda comenzar con *Dear*…. Sin embargo, no hay un fórmula específica para despedirse, y se puede finalizar un e-mail simplemente con el nombre.

Ejercicio

Mira los siguientes dos e-mails que solicitan algo. La relación entre el remitente y el destinatario es diferente en cada uno de los dos mensajes. Usa las expresiones de la lista de abajo para completar los espacios en los dos e-mails.

a   I am writing to ask you
b   Should we also
c   We would like you to
d   Could you
e   I would be grateful if you
f   Can you arrange this

Solicitud informal a un compañero de trabajo:

Andrew

1 _____ order 20 packs of the photocopy paper? **2** _____ and let me know the delivery date? **3** _____ get some packs of staples at the same time?

Sarah

Solicitud formal a alguien a quien no conoces personalmente:

Dear Mr. Webb,
4 _____ if you would be able to give a presentation at our board meeting on Thursday, February 7.

5 _____ talk about your current projects and how your consultants could help our company.

6 _____ could let me know as soon as possible.

Regards,
Elaine Jackson

358

SPELLING

¿Cómo se escribe "dirección" en inglés?

La ortografía inglesa puede resultar un poco complicada porque la forma escrita es bastante diferente de la forma oral. Para ayudarte, aquí tienes algunos consejos y ejercicios útiles para entender cómo se escriben las palabras en inglés.

Consonantes mudas

Hay muchas palabras que tienen consonantes mudas, es decir, una o más letras que no se pronuncian.

although   doubt   foreign

listen   Wednesday   which

1 Mira estas palabras y decide cuál es la letra que no se pronuncia en cada una de ellas:

     comb knife muscle castle sign

     science calm autumn would iron

Consonantes dobles

En algunas palabras la consonante final se repite antes de las desinencias **ed, er, est, ing,** y **y.**

     slip → slipped   fit → fitter
     put → putting   faithful → faithfully

Esto solo ocurre cuando la palabra acaba en consonante + vocal + consonante.

     tap → tapping PERO tape → taping
     fat → fatter PERO fast → faster
     bet → betting PERO beat → beating

y lo indicamos en la entrada de la siguiente forma:

big �o͡ɐ /bɪg/ adjetivo, adverbio, verbo
▸ adj (**bigger, -est**) **1** grande: the biggest desert in the world el desierto más grande del mundo

skim /skɪm/ (**-mm-**) **1** vt descremar, espumar **2** vt pasar casi rozando **3** vt, vi ~ (**through/over**) **sth** leer algo por encima **skimmed** adj desnatado, descremado

A continuación tienes una lista de algunas palabras que se escriben con consonante doble.

accommodation   million

different   colleague

address   recommend

disappointed   commercial

cassette   successful

excellent   committee

coffee   suffer

2 Completa las siguientes frases utilizando la forma correcta de las palabras en **negrita:**

big   As usual, the boss got the biggest pay rise.

hope   I'm _____ing to go to India next year.

log   I'm having trouble _____ing on to my computer.

beautiful She sings _____y.

plan   I had _____ed to study, but I fell asleep.

write   I don't like _____ing letters.

Inglés británico e inglés americano

Existen diferencias importantes entre la ortografía británica y la americana.

- Las palabras que acaban en **our** en inglés británico acaban en **or** en inglés americano.

  colour (*GB*) / **color** (*USA*)
  favour (*GB*) / **favor** (*USA*)

- En algunas palabras las desinencias **re** y **ence** en inglés británico son sustituidas por **er** y **ense** respectivamente en inglés americano.

  centre (*GB*) / **center** (*USA*)
  theatre (*GB*) / **theater** (*USA*)
  defence (*GB*) / **defense** (*USA*)
  licence (*GB*) / **license** (*USA*)

- Los verbos que en Gran Bretaña pueden acabar en **ize** o **ise** se escriben siempre con **ize** en los Estados Unidos.

  realize, -ise (*GB*) / **realize** (*USA*)
  organize, -ise (*GB*) / **organize** (*USA*)

- La consonante final de muchos verbos se repite en inglés británico pero no en inglés americano.

  travelling (*GB*) / **traveling** (*USA*)

- Aquí tienes otras palabras que se escriben de forma distinta:

inglés británico	inglés americano
analyse	analyze
grey	gray
jewellery	jewelry
moustache	mustache
pyjamas	pajamas
tyre	tire

Mayúsculas

Recuerda que en inglés se escriben con mayúscula:

- los días de la semana:
  Sunday, Thursday

- los meses:
  January, December

- las festividades:
  Easter, Halloween, Christmas

- los gentilicios:
  She's Italian. ◇ *Spanish music*

- los idiomas:
  I speak Russian.

- los sustantivos y los adjetivos relativos a las creencias religiosas, políticas, etc.:
  He's Jewish. ◇ *I'm a Catholic.*
  ◇ *Nationalist movements*

❶ Las estaciones del año se escriben con minúscula (p. ej. *autumn*).

Palabras con guion

Muchas palabras se pueden escribir con o sin guion, p. ej. **email** o **e-mail** (en este diccionario utilizamos la forma **email**).

Normalmente se usa guion en los adjetivos compuestos acabados en **ed** o **ing**.
dark-eyed ◇ *hard-working* ◇ *good-looking*

Cada vez se tiende más a escribir los sustantivos sin guion, con espacio o todo junto.
ice cream ◇ *weekend* ◇ *cufflink*

➔ *Ver tb nota en* WELL BEHAVED

Recuerda que **advice** es el sustantivo (= consejo) y **advise** es el verbo (= aconsejar).

ei o ie?

A menudo, el sonido /iː/ se escribe **ie**, como en *piece* y *believe*. Sin embargo, después de la letra **c** se escribe **ei**, p. ej. en *receive* y *ceiling*. ¡Cuidado! Hay algunas excepciones a esta norma, p. ej. **seize** y **weird**.

MODAL VERBS

Can, could, may, might, must, will, would, shall, should y ought to son verbos modales. Siempre se utilizan con otro verbo aportando a su significado un matiz de posibilidad, probabilidad, deber, etc.

Gramaticalmente estos verbos no funcionan como los demás ya que:

- deben ir seguidos de otro verbo en infinitivo sin to:
  I can swim. ◊ *You must be Jane.*

- su forma no varía, es decir, no tienen formas con ing o ed ni se añade s a la tercera persona del singular:
  She might know. ◊ *He may be late.*

- no necesitan el auxiliar do para formar oraciones interrogativas y negativas:
  Can you swim? ◊ *I can't believe it.*

Ought to es un verbo modal especial que siempre se usa seguido de un infinitivo con to.

Dare y need pueden utilizarse también como verbos modales. Para más información, ver sus entradas en el diccionario.

Posibilidad y probabilidad

- Must y can't sirven para hablar de cosas que se consideran seguras. Se utiliza must en frases afirmativas y can't en frases negativas.
  You must be hungry — you haven't eaten all day. ◊ *You can't be hungry — we've just eaten!*

- May, might o could pueden usarse para hablar de algo que es posible pero no seguro.
  You may be right. ◊ *He might be upstairs.* ◊ *It could be dangerous.*

- Should y ought to se pueden utilizar para hacer predicciones de futuro.
  Five should be enough. ◊ *She ought to pass — she has studied hard.*

Obligación y deber

- Must se utiliza para expresar una obligación o para dar énfasis a un consejo.
  You must be back by three. ◊ *I must stop smoking.* ◊ *You must see that film — it's great!*

- Have to y have got to también se pueden utilizar para expresar obligación y deber. Have got to es una manera más informal de decir have to. Por lo general, solo se utiliza en presente. ➔ *Ver tb nota en* MUST
  I've got to give my essay in before Friday. ◊ *He had to give up smoking.*

Prohibición

- Mustn't y can't se utilizan para expresar algo que está prohibido.
  You mustn't take photos inside the museum. ◊ *They can't come in here.*

Consejos

- Should y ought to se utilizan para dar y pedir consejo.
  You should go to bed. ◊ *You ought to tidy your room more often.* ◊ *Should I take an umbrella?*

You shouldn't leave the taps running.

Ofrecimientos, sugerencias y peticiones

- Can, could, will y shall se usan para ofrecer, sugerir y pedir cosas.
  Can I help you? ◊ *Could you open the door, please?* ◊ *Will you stay for tea?* ◊ *Shall we go out for a meal?*

Permiso

- **Can** y **could** se utilizan en presente y en pasado para expresar permiso para hacer algo.
  Can I go now? ◇ *Could I possibly borrow your car?* ◇ *You **can** come if you want.*

- En presente también se pueden usar **may** y **might**, pero son más formales.
  May I use your phone? ◇ *Books **may** only be borrowed for two weeks.*
  ◇ *Might I make a suggestion?*

Capacidades y habilidades

- **Can** y **could** se utilizan para expresar lo que uno puede o sabe hacer, tanto en presente como en pasado.
  *I **can** speak Italian.* ◇ *Can you ride a bike?* ◇ *She **couldn't** do it.* ◇ *I **could** run for miles when I was younger.*

Recuerda que **be able to** también se utiliza en este sentido.

*He **has been able** to swim for a year now.* ◇ *One day we **will be able** to travel to Mars.*
➲ *Ver tb nota en* CAN

PHRASAL VERBS

Los *phrasal verbs* son verbos formados por dos o tres palabras. La primera palabra es siempre un verbo y puede ir seguido de un adverbio (**lie down**), una preposición (**look after sb/sth**) o ambas (**put up with sb/sth**).

Los *phrasal verbs* aparecen al final de la entrada del verbo principal, en la sección marcada PHR V. Esta es la última parte de la entrada de **send**:

> **PHR V send for sb** llamar a algn; mandar buscar a algn ◆ **send (off) for sth** pedir, encargar algo (*por correo*) ◆ **send sb in** enviar a algn (*esp tropas, policía, etc.*) ◆ **send sth in/off** enviar algo (*por correo*) ◆ **send sb off** (*Dep*) expulsar a algn ◆ **send sth out 1** (*invitaciones, etc.*) enviar algo **2** (*rayos, etc.*) emitir algo ◆ **send sb/sth up** (*GB, coloq*) parodiar a algn/algo

Como puedes ver, los *phrasal verbs* de cada verbo están ordenados alfabéticamente según las partículas que les siguen (**away**, **back**, **in**, etc.).

Muchas veces un *phrasal verb* puede ser sustituido por otro verbo con el mismo significado. Sin embargo, los *phrasal verbs* se utilizan mucho en el inglés hablado y los equivalentes no "*phrasal*" en el inglés escrito o en situaciones más formales. Tanto **get over** como **overcome** significan "superar", pero se utilizan en contextos diferentes.

Algunas partículas tienen significados especiales que se mantienen incluso cuando ocurren con verbos distintos. Fíjate en el uso de **back**, **on** y **up** en las siguientes frases:
*I'll **call** you **back** later.* ◇ *She wrote to him but he never **wrote back**.*

*I'll **call** you **back** later.*

Carry on with your work. ◇ *They **stayed on** for another week at the hotel.*
◇ ***Drink up!** We have to go.* ◇ ***Eat up** all your vegetables. They're good for you.*

En estas frases **back** indica que se devuelve algo (una llamada, una carta), **on** da un sentido de continuidad a los verbos y **up** indica que algo se ha terminado por completo.

TYPICAL ERRORS

El verbo *like*

'I like very much swimming.'
'How do you feel about ballet? I don't like much.'

"Me gusta…", "le gusta…", etc. se dice en inglés 'I like…', 'you like…', 'he/she likes…', etc. Si queremos decir "me gusta mucho…", se pone **very much** o **a lot** al final de la frase, pero no inmediatamente después del verbo **like**:

> I like swimming very much.
> He likes computers a lot.

El verbo **like** en inglés siempre lleva complemento directo:

> 'How do you feel about ballet?'
> 'I don't like it much.'

Recuerda que para ofrecerle algo a alguien, se usa '**would** you like':

> **Would** you like some coffee?

➲ *Ver tb nota en* GUSTAR

Adjetivos posesivos

She went with his husband.
He's broken the leg.

En inglés los adjetivos posesivos (**his, her, their, its,** etc.) concuerdan con el poseedor:

> She went with **her** husband.
> He put on **his** shirt.

En inglés también se pone un adjetivo posesivo delante de las partes del cuerpo:

> He's broken **his** leg.

Pronombre sujeto *it*

Is possible to phone them?
My flat it's very near the sea.

En inglés los verbos siempre llevan sujeto:

> Is **it** possible to phone them?
> **It** is very interesting to visit Oxford.

Pero si la oración ya lleva sujeto, no hace falta añadir el pronombre **it**:

> My flat is very near the sea.

He se utiliza para referirnos a un hombre, **she** a una mujer, y para referirnos a un objeto, el pronombre personal siempre es **it**:

> I like my bed — **it** is very soft.

La tercera persona del singular

She live on the seventh floor.
Do he speaks French?

La tercera persona singular del presente acaba en **s** y las preguntas en tercera persona singular se forman con **does**:

> She live**s** on the seventh floor.
> **Does** he speak French?

Formas pasadas

I didn't watched the film last night.
Did you went to the cinema yesterday?

En inglés las formas verbales que indican pasado acaban en **d** o **ed**, excepto en el caso de los verbos irregulares:

> I live**d** in Rome for five years.

En oraciones negativas e interrogativas, el tiempo pasado se expresa con **did**, con el verbo en infinitivo. No termina en **d** o **ed** si se trata de un verbo regular ni se usa la forma irregular en los demás casos:

> I **did**n't **watch** the film last night.
> **Did** you **go** to the cinema yesterday?

¿Presente o pretérito perfecto?

I know my best friend for five years.
How long are you living in Spain?

En inglés se utiliza el *present perfect* en lugar del *present simple* para describir acciones o estados que empezaron en el pasado, pero que continúan en el presente:

> I**'ve known** my best friend for five years.
> She**'s been** a teacher since 2010.
> How long **have** you **been living** in Spain?

➲ *Ver tb nota en* FOR

El verbo *want*

I want that you do me a favour.
Do you want that I make some coffee?

En inglés el verbo **want** no va seguido de una oración introducida por **that** (como sucede en español con la palabra "que"), pero sí puede ir seguido de la estructura complemento + infinitivo:

> I want **you to do** me a favour.
> Do you want **me to make** some coffee?

plane avión

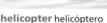

helicopter helicóptero

car coche

TRANSPORT
■ {El transporte}

coach autocar

(double-decker) bus autobús (de dos pisos)

bicycle bicicleta

hydrofoil aerodeslizador

ferry ferry

lorry (*USA* **truck**) camión

+ MORE TO EXPLORE

caravan	rail
cyclist	scooter
driver	ship
minibus	subway
moped	SUV
motorcycle	trailer
motorway	underground
people carrier	van

train tren

oil tanker petrolero

semi-detached house
chalet semiadosado

block of flats
bloque de pisos

detached house
casa unifamiliar no adosada

thatched cottage
casita con tejado de paja

HOUSES IN BRITAIN

■ {Las casas en Gran Bretaña} ■

bungalow casa de un solo piso

➕ MORE TO EXPLORE

back door	chalet	hall	patio	storey
balcony	corridor	kitchen	penthouse	upstairs
bathroom	downstairs	lounge	porch	yard
bedroom	garden	maisonette	roof	

terraced house
casa adosada (que forma
parte de una hilera)

condominium (*tb coloq* **condo**) urbanizacion de apartamentos (*en propiedad*)

row house casa adosada (que forma parte de una hilera)

apartment building bloque de pisos

HOUSES IN THE US

■ {Las casas en Estados Unidos} ■

ranch house casa de un solo piso

farm granja

duplex chalet semiadosado

detached house casa unifamiliar no adosada

bridge puente

monument monumento

tower torre

stately home casa señorial

ruin ruina

castle castillo

BUILDINGS

■ {Los edificios}

church iglesia

office block
bloque de oficinas

lighthouse
faro

warehouse almacén

dam presa

+ **MORE TO EXPLORE**

brick	mosque	shack	synagogue
concrete	police station	skyscraper	temple
kiosk	power station	steel	tower block
library	scaffolding	stone	town hall

cook cocinero, -a

farmer granjero, -a

hairdresser peluquero, -a

JOBS
■ {Las profesiones}

painter
pintor, -ora

teacher profesor, -ora

fisherman pescador

pilot piloto

carpenter carpintero, -a

nurse
enfermero, -a

➕ MORE TO EXPLORE

apprentice	doctor	postman
baker	dustman	secretary
barber	manager	shop assistant
designer	plumber	technician

368

finger dedo

hand mano

wrist muñeca

shoulder hombro

arm brazo

hair pelo, cabello

head cabeza

THE BODY
{El cuerpo}

back espalda

bottom trasero

leg pierna

knee rodilla

foot pie

eye ojo

ear oreja

nose nariz

mouth boca

neck cuello

+ MORE TO EXPLORE

ankle	face
cheek	lip
chin	stomach
elbow	thigh
eyebrow	toe
eyelash	tooth

sweatshirt
sudadera

hood
capucha

woolly hat
gorro de lana

boot
bota

jeans
(pantalones)
vaqueros

glove
guante

sunglasses
gafas de sol

tights (*USA*
pantyhose)
medias, pantis

shoulder bag
bolso (para
llevar colgado
del hombro)

hat
sombrero

CLOTHES
{La ropa}

sweater
jersey

trainer (*USA*
sneaker)
zapatilla

skirt
falda

**leather
jacket**
cazadora
de cuero

briefcase
maletín

shoe zapato

shirt
camisa

jacket americana

tie corbata

belt cinturón

suit traje

trousers
pantalones

➕ MORE TO EXPLORE

anorak	sandal
blouse	scarf
cap	shorts
coat	sock
crop top	T-shirt
dress	tracksuit
hoody	underwear

hiking senderismo

painting pintura

darts
dardos

chess
ajedrez

cards
cartas,
naipes

skateboarding
montar en
monopatín,
skate

meeting friends
quedar con los amigos

LEISURE
{El ocio}

+ MORE TO EXPLORE

backpacking	dancing
billiards	DIY
blogging	drawing
bowling	hobby
camping	knitting
cinema	photography
clubbing	roller skating
cookery	snooker

playing the guitar
tocar la
guitarra

in-line skating
patinaje en línea

camping camping

working out
hacer ejercicio

gaming jugar juegos
de ordenador

pool billar americano

reading lectura

map mapa

textbook
libro de texto

file carpeta, archivador

pencil case estuche

exercise book
cuaderno (de ejercicios)

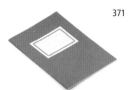

school bag mochila
(del colegio)

IN CLASS
■ {En la clase}

calculator
calculadora

✚ MORE TO EXPLORE

compasses	set square
dictionary	stapler
noticeboard	timetable
pen	waste-paper
projector	basket
register	whiteboard

ruler regla

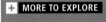

**felt-tip
(pen)**
rotulador

pencil
lápiz

**ballpoint
(pen)**
bolígrafo

highlighter
rotulador
fluorescente

rubber (*tb esp
USA* **eraser**)
goma

**pencil
sharpener**
sacapuntas

tennis tenis

football (*USA* **soccer**)
fútbol

SPORT

■ {Los deportes}

hockey (*USA* **field hockey**)
hockey (sobre hierba)

volleyball voleibol

American football
(*USA* **football**)
fútbol americano

basketball
baloncesto

baseball béisbol

cricket críquet

fencing esgrima

riding equitación

gymnastics gimnasia

boxing boxeo

jogging footing

judo judo

mountain biking ciclismo de montaña

rugby rugby

cycling ciclismo

athletics (*USA* track and field) atletismo

+ MORE TO EXPLORE

badminton	court	handball	net	race	showjumping	track
bat	golf	helmet	netball	racket	squash	weightlifting
club	ground	lane	pitch	score	table tennis	wrestling

ski-jumping
salto de esquí

snowboarding
snowboard, snow

waterskiing esquí acuático

sailing vela

swimming natación

jet skiing
motociclismo acuático

rowing remo

figure skating
patinaje artístico

+ MORE TO EXPLORE

abseiling	champion	goggles	paddle	rock climbing
canoe	crash helmet	hang-gliding	paragliding	skate
canyoning	cross-country	lap	racing car	ski lift
caving	downhill	mountaineering	rappel	toboggan

skiing esquí

scuba-diving submarinismo

kayaking kayak

surfing surf

ice hockey
(*USA* **hockey**)
hockey sobre hielo

white-water rafting
rafting

windsurfing
windsurf

speed skating
patinaje de velocidad

bobsleigh bobsleigh

bread pan

eggs huevos

roll panecillo

pasta pasta

cheese queso

bagel bollo de pan en forma de rosca

F🍩OD
■ {Los alimentos} ■

+ **MORE TO EXPLORE**

butter	gherkin	pâté
cream	margarine	sandwich
curry	mayonnaise	sausage
dip	olive	wrap

ham jamón

mineral water agua mineral

milkshake batido

beer cerveza

wine vino

fruit juice zumo de fruta

milk leche

fried egg
huevo frito

roast beef rosbif

stew
guiso,
estofado

trout trucha

soup sopa, puré

roast chicken
pollo asado

MEALS

■ {Las comidas}

jacket potato
patata asada
(con piel)

**spaghetti with tomato
sauce** espaguetis con salsa
de tomate

chips (*tb esp
USA* **French fries**)
patatas fritas

muffins
magdalenas

waffles
gofres

cereal
cereales

porridge
gachas de
avena

ice cream
helado

apple pie
tarta de
manzana

pumpkin pie
tarta de calabaza

➕ **MORE TO EXPLORE**

bowl	salt
cup	sauce
fork	saucer
knife	slice
oil	spoon
pepper	sugar
plate	vinegar

apple
manzana

banana plátano

pear
pera

lychee lichi

strawberry fresa

grapes
uvas

FRUIT

■ {Las frutas}

+ MORE TO EXPLORE

apricot	pip
blackcurrant	plum
blueberry	redcurrant
core	rind
grapefruit	seed
melon	skin
peach	stalk
peel	stone

raspberry
frambuesa

mango
mango

cherry
cereza

lemon limón

orange naranja

lime
lima

pineapple piña

lettuce lechuga

radish rábano

courgette (*USA* **zucchini**) calabacín

spinach espinaca(s)

aubergine (*USA* **eggplant**) berenjena

pepper (*USA* **bell pepper**) pimiento

cabbage col

VEGETABLES
■ {Las verduras}

celery apio

corn on the cob mazorca (de maíz)

asparagus espárrago(s)

carrot zanahoria

➕ MORE TO EXPLORE

bean	leek	pea
cauliflower	mushroom	potato
cucumber	onion	pumpkin
garlic	parsley	tomato

broccoli brécol

woodpecker
pájaro carpintero

+ MORE TO EXPLORE

beak	nest
chick	owl
chicken	penguin
eagle	sparrow
egg	stork
feather	swan
hen	wing

pigeon
paloma

BIRDS
∎ {Las aves}

parrot
loro

goose
ganso, oca

seagull
gaviota

budgerigar
(*tb coloq* **budgie**)
periquito

hummingbird
colibrí

kingfisher martín pescador

turkey pavo

duck
pato

peacock
pavo real

pansy
pensamiento

lily
lirio

water lily nenúfar

carnation
clavel

snowdrop
campanilla de invierno

rose rosa

geranium
geranio

FLOWERS
■ {Las flores}

tulip tulipán

primrose
primavera

daffodil narciso

sunflower girasol

+ MORE TO EXPLORE

bud	crocus	orchid	stalk
bulb	daisy	petal	sweet pea
buttercup	dandelion	seed	violet

poppy amapola

foal potro

horse caballo

cat gato

dog perro

squirrel ardilla

ANIMALS

■ {Los animales}

sheep oveja

lamb cordero

donkey burro

fox zorro

goat cabra

hare liebre

rabbit conejo

cow vaca

calf becerro, ternero

hippopotamus
(*tb coloq* **hippo**)
hipopótamo

zebra cebra

elephant
elefante

leopard leopardo

tiger tigre

rhinoceros
(*tb coloq*
rhino)
rinoceronte

buffalo búfalo

lion león

giraffe
jirafa

➕ MORE TO EXPLORE

antelope	cub	fawn	hibernate	monkey	prey	tame
ape	den	guinea pig	kid	panther	puma	wild
camel	endangered	habitat	kitten	pet	puppy	wildlife
cheetah	extinct	hamster	mammal	pony	species	young

384

seal foca

bear oso

monkey mono

polar bear oso polar

koala koala

otter nutria

gorilla gorila

chimpanzee chimpancé

llama llama

+ MORE TO EXPLORE	
antler	mane
claw	paw
coat	snout
fur	tail
horn	whiskers

wolf lobo

deer ciervo

dolphin delfín

tortoise tortuga (de tierra)

crocodile cocodrilo

trout trucha

lobster langosta

salmon salmón

starfish estrella de mar

REPTILES & FISH
▪ {Los reptiles y los peces}

lizard lagarto

➕ MORE TO EXPLORE

alligator   mussel
crab   oyster
fin   plaice
freshwater   scale
goldfish   shell
herring   shellfish

turtle (*USA tb* **sea turtle**) tortuga (marina)

jellyfish medusa

eel anguila

shark tiburón

snake serpiente, culebra

winter invierno

summer verano

spring primavera

autumn otoño

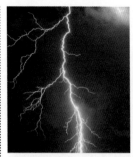

lightning
relámpago, rayo

WEATHER & SEASONS

■ {El tiempo y las estaciones} ■

rainbow arco iris

it's raining llueve

snow nieve

clouds nubes

it's windy hace viento

fog niebla

➕ MORE TO EXPLORE

boiling	fog	hail	sleet	sunny
chilly	freezing	mist	storm	thunder

THE EUROPEAN UNION

international boundaries
• capital cities

Austria	Vienna /viˈenə/
Belgium	Brussels /ˈbrʌslz/
Bulgaria	Sofia /səʊˈfiːə/
Croatia	Zagreb /ˈzɑːgreb/
Cyprus	Nicosia /ˌnɪkəˈsiːə/
Czech Republic	Prague /prɑːg/
Denmark	Copenhagen /ˌkəʊpənˈheɪgən/
Estonia	Tallinn /ˈtælɪn/
Finland	Helsinki /helˈsɪŋki/
France	Paris /ˈpærɪs/
Germany	Berlin /bɜːˈlɪn/
Greece	Athens /ˈæθənz/
Hungary	Budapest /ˈbuːdəpest/
Ireland	Dublin /ˈdʌblɪn/
Italy	Rome /rəʊm/
Latvia	Riga /ˈriːgə/
Lithuania	Vilnius /ˈvɪlniəs/
Luxembourg	Luxembourg /ˈlʌksəmbɜːg/
Malta	Valletta /vəˈletə/
the Netherlands	Amsterdam /ˈæmstədæm/
Poland	Warsaw /ˈwɔːsɔː/
Portugal	Lisbon /ˈlɪzbən/
Romania	Bucharest /ˌbuːkəˈrest, ˌbjuː; USA ˈbuːkərest/
Slovakia	Bratislava /ˌbrætɪˈslɑːvə; USA -ˈslævə/
Slovenia	Ljubljana /ljʊbˈljɑːnə; USA -ˈljænə/
Spain	Madrid /məˈdrɪd/
Sweden	Stockholm /ˈstɒkhəʊm/
United Kingdom	London /ˈlʌndən/

THE BRITISH ISLES

Great Britain (GB) o **Britain** está formada por Inglaterra (**England** /ˈɪŋglənd/), Escocia (**Scotland** /ˈskɒtlənd/) y Gales (**Wales** /weɪlz/).

El estado político es oficialmente conocido como **the United Kingdom of Great Britain and Northern Ireland (UK)** e incluye Irlanda del Norte además de Gran Bretaña. Sin embargo muchas veces se usa el término **Great Britain** como sinónimo de **the United Kingdom**.

Cuando hablamos de **the British Isles** nos referimos a la isla de Gran Bretaña y la isla de Irlanda (**Ireland** /ˈaɪələnd/).

Ciudades principales de las Islas Británicas

Aberdeen /ˌæbəˈdiːn/
Bath /bɑːθ; USA bæθ/
Belfast /belˈfɑːst, ˈbelfɑːst; USA ˈbelfæst/
Berwick-upon-Tweed /ˌberɪk əpɒn ˈtwiːd/
Birmingham /ˈbɜːmɪŋəm; USA -hæm/
Blackpool /ˈblækpuːl/
Bournemouth /ˈbɔːnməθ/
Bradford /ˈbrædfəd/
Brighton /ˈbraɪtn/
Bristol /ˈbrɪstl/
Caernarfon /kəˈnɑːvn; USA tb kær-/
Cambridge /ˈkeɪmbrɪdʒ/
Canterbury /ˈkæntəbəri; USA tb -beri/
Cardiff /ˈkɑːdɪf/
Carlisle /kɑːˈlaɪl; USA ˈkɑːrlaɪl/
Chester /ˈtʃestə(r)/
Colchester /ˈkəʊltʃɪstə(r); USA -tʃes-/
Cork /kɔːk/
Coventry /ˈkɒvəntri/
Derby /ˈdɑːbi; USA ˈdɜːrbi/
Douglas /ˈdʌɡləs/
Dover /ˈdəʊvə(r)/
Dublin /ˈdʌblɪn/

Dundee /dʌnˈdiː/
Durham /ˈdʌrəm; USA tb ˈdɜːrəm/
Eastbourne /ˈiːstbɔːn/
Edinburgh /ˈedɪnbrə, -bərə/
Exeter /ˈeksɪtə(r)/
Galway /ˈɡɔːlweɪ/
Glasgow /ˈɡlɑːzɡəʊ; USA ˈɡlæz-/
Gloucester /ˈɡlɒstə(r)/
Hastings /ˈheɪstɪŋz/
Hereford /ˈherɪfəd/
Holyhead /ˈhɒlihed/
Inverness /ˌɪnvəˈnes/
Ipswich /ˈɪpswɪtʃ/
Keswick /ˈkezɪk/
Kingston upon Hull /ˌkɪŋstən əpɒn ˈhʌl/
Leeds /ˈliːdz/
Leicester /ˈlestə(r)/
Limerick /ˈlɪmərɪk/
Lincoln /ˈlɪŋkən/
Liverpool /ˈlɪvəpuːl/
London /ˈlʌndən/
Londonderry /ˈlʌndənderi/
Luton /ˈluːtn/
Manchester /ˈmæntʃɪstə(r)/
Middlesbrough /ˈmɪdlzbrə/
Newcastle upon Tyne /ˌnjuːkɑːsl əpɒn ˈtaɪn; USA ˌnuːkæsl/

Norwich /ˈnɒrɪdʒ/
Nottingham /ˈnɒtɪŋəm; USA -hæm/
Oxford /ˈɒksfəd/
Plymouth /ˈplɪməθ/
Poole /puːl/
Portsmouth /ˈpɔːtsməθ/
Ramsgate /ˈræmzɡeɪt/
Reading /ˈredɪŋ/
Salisbury /ˈsɔːlzbəri; USA tb -beri/
Sheffield /ˈʃefiːld/
Shrewsbury /ˈʃrəʊzbəri; USA tb -beri/
Southampton /saʊˈθæmptən/
St. Andrews /ˌsnt ˈændruːz; USA ˌseɪnt/
Stirling /ˈstɜːlɪŋ/
Stoke-on-Trent /ˌstəʊk ɒn ˈtrent/
Stratford-upon-Avon /ˌstrætfəd əpɒn ˈeɪvn/
Swansea /ˈswɒnzi/
Taunton /ˈtɔːntən/
Warwick /ˈwɒrɪk/
Worcester /ˈwʊstə(r)/
York /jɔːk/

Islas

Anglesey /ˈæŋɡəlsi/
Inner Hebrides /ˌɪnə ˈhebrədiːz/
Isle of Man /ˌaɪl əv ˈmæn/
Isle of Wight /ˌaɪl əv ˈwaɪt/

Isles of Scilly /ˌaɪlz əv ˈsɪli/
Orkney Islands /ˈɔːkni aɪləndz/
Outer Hebrides /ˌaʊtə ˈhebrədiːz/
Shetland Islands /ˈʃetlənd aɪləndz/

international boundary
national boundary
■ capital city
• city or town
50 100 km

Shetland Islands

Orkney Islands

Outer Hebrides

SCOTLAND

Inverness

Aberdeen

Dundee

St Andrews

Stirling

Glasgow ■ **Edinburgh**

Inner Hebrides

Atlantic Ocean

Berwick-upon-Tweed

North Sea

NORTHERN IRELAND

Londonderry

Belfast ■

ISLE OF MAN

Douglas

Carlisle

Keswick

Newcastle upon Tyne

Durham

Middlesbrough

Irish Sea

Galway

Dublin ■

Holyhead

Anglesey

Caernarfon

Blackpool

Bradford

Leeds

York

Kingston upon Hull

Liverpool

Manchester

Sheffield

Chester

Stoke-on-Trent

Lincoln

Nottingham

ENGLAND

Limerick

Shrewsbury

Derby

Birmingham

Leicester

Cork

WALES

Worcester

Coventry

Warwick

Ely

Cambridge

Norwich

Hereford

Stratford-upon-Avon

Ipswich

Gloucester

Luton

Colchester

REPUBLIC OF IRELAND

Swansea

Cardiff ■

Oxford

London ■

Ramsgate

Bristol

Bath

Reading

Canterbury

Dover

Taunton

Salisbury

Southampton

Brighton

Hastings

Strait of Dover

Exeter

Bournemouth

Poole

Portsmouth

Eastbourne

Plymouth

Isle of Wight

Isles of Scilly

English Channel

THE UNITED STATES OF AMERICA AND CANADA

Los estados que configuran EE UU

Alabama /ˌæləˈbæmə/
Alaska /əˈlæskə/
Arizona /ˌærɪˈzəʊnə/
Arkansas /ˈɑːkənsɔː/
California /ˌkæləˈfɔːniə/
Colorado /ˌkɒləˈrɑːdəʊ; USA -ˈræd-/
Connecticut /kəˈnetɪkət/
Delaware /ˈdeləweə(r)/
Florida /ˈflɒrɪdə; USA ˈflɔːr-/
Georgia /ˈdʒɔːdʒə/
Hawaii /həˈwaɪi/
Idaho /ˈaɪdəhəʊ/
Illinois /ˌɪləˈnɔɪ/
Indiana /ˌɪndiˈænə/
Iowa /ˈaɪəwə/
Kansas /ˈkænzəs/
Kentucky /kenˈtʌki/
Louisiana /luˌiːziˈænə/
Maine /meɪn/

Maryland /ˈmeərɪlənd; USA ˈmærə-/
Massachusetts /ˌmæsəˈtʃuːsɪts/
Michigan /ˈmɪʃɪgən/
Minnesota /ˌmɪnɪˈsəʊtə/
Mississippi /ˌmɪsɪˈsɪpi/
Missouri /mɪˈzʊəri; USA məˈz-/
Montana /mɒnˈtænə/
Nebraska /nəˈbræskə/
Nevada /nəˈvɑːdə; USA nəˈvædə/
New Hampshire /ˌnjuːˈhæmpʃə(r); USA ˌnuː-/
New Jersey /ˌnjuːˈdʒɜːzi; USA ˌnuː-/
New Mexico /ˌnjuːˈmeksɪkəʊ; USA ˌnuː-/
New York /ˌnjuːˈjɔːk; USA ˌnuː-/
North Carolina /ˌnɔːθ kærəˈlaɪnə/

North Dakota /ˌnɔːθ dəˈkəʊtə/
Ohio /əʊˈhaɪəʊ/
Oklahoma /ˌəʊkləˈhəʊmə/
Oregon /ˈɒrɪgən; USA ˈɔːrə-/
Pennsylvania /ˌpenslˈveɪniə/
Rhode Island /ˌrəʊd ˈaɪlənd/
South Carolina /ˌsaʊθ kærəˈlaɪnə/
South Dakota /ˌsaʊθ dəˈkəʊtə/
Tennessee /ˌtenəˈsiː/
Texas /ˈteksəs/
Utah /ˈjuːtɑː/
Vermont /vəˈmɒnt/
Virginia /vəˈdʒɪniə/
Washington /ˈwɒʃɪŋtən/
West Virginia /ˌwest vəˈdʒɪniə/
Wisconsin /wɪsˈkɒnsɪn/
Wyoming /waɪˈəʊmɪŋ/

Provincias y territorios de Canadá

Alberta /ælˈbɜːtə/
British Columbia /ˌbrɪtɪʃ kəˈlʌmbiə/
Manitoba /ˌmænɪˈtəʊbə/
New Brunswick /ˌnjuːˈbrʌnzwɪk; USA ˌnuː-/

Newfoundland and Labrador /ˌnjuːfəndlənd ən ˈlæbrədɔː(r); USA ˌnuː-/
Northwest Territories /ˌnɔːθwest ˈterə-triz; USA ˈterətɔːriz/
Nova Scotia /ˌnəʊvə ˈskəʊʃə/

Nunavut /ˈnʊnəvʊt/
Ontario /ɒnˈteəriəʊ/
Prince Edward Island /ˌprɪns ˈedwəd aɪlənd/
Quebec /kwɪˈbek/
Saskatchewan /səˈskætʃəwən/
Yukon /ˈjuːkɒn/

Ciudades principales de EE UU y Canadá

Atlanta /ətˈlæntə/
Baltimore /ˈbɔːltɪmɔː(r)/
Boston /ˈbɒstən; USA ˈbɔːs-/
Chicago /ʃɪˈkɑːgəʊ/
Cleveland /ˈkliːvlənd/
Dallas /ˈdæləs/
Denver /ˈdenvə(r)/
Detroit /dɪˈtrɔɪt/
Houston /ˈhjuːstən/
Indianapolis /ˌɪndiəˈnæpəlɪs/

Kansas City /ˌkænzəs ˈsɪti/
Los Angeles /ˌlɒs ˈændʒəliːz; USA ˌlɔːs ˈændʒələs/
Miami /maɪˈæmi/
Minneapolis /ˌmɪniˈæpəlɪs/
Montreal /ˌmɒntriˈɔːl/
New Orleans /ˌnjuː ɔːˈliːənz; USA ˌnuː ˈɔːrliənz/
New York /ˌnjuːˈjɔːk; USA ˌnuː/
Ottawa /ˈɒtəwə/

Philadelphia /ˌfɪləˈdelfiə/
Pittsburgh /ˈpɪtsbɜːg/
San Diego /ˌsæn diˈeɪgəʊ/
San Francisco /ˌsæn frənˈsɪskəʊ/
Seattle /siˈætl/
Toronto /təˈrɒntəʊ/
Vancouver /vænˈkuːvə(r)/
Washington D.C. /ˌwɒʃɪŋtən diː ˈsiː/
Winnipeg /ˈwɪnɪpeg/

Arctic Ocean

ALASKA

0   1000 km

ALASKA

Anchorage

YUKON

NORTHWEST
TERRITORIES

NUNAVUT

BRITISH
COLUMBIA

C A N A D A

NEWFOUNDLAND

ALBERTA

MANITOBA

QUÉBEC

SASKATCHEWAN

ONTARIO

Vancouver

Winnipeg

Seattle

WASHINGTON

Québec

NEW
BRUNSWICK

PRINCE
EDWARD I.

NOVA
SCOTIA

OREGON

MONTANA

NORTH
DAKOTA

MINNESOTA

MICHIGAN

Montréal

MAINE

Ottawa

NEW
HAMPSHIRE

IDAHO

WYOMING

SOUTH
DAKOTA

WISCONSIN

Toronto

VERMONT

Boston

MASSACHUSETTS

CONN. R.I.

Milwaukee

Detroit

NEW YORK

NEVADA

UTAH

NEBRASKA

IOWA

Chicago

Cleveland

PENN.

N.J.

New
York

San
Francisco

U N I T E D

Denver

COLORADO

KANSAS

Kansas
City

St
Louis

ILLINOIS

Indianapolis

INDIANA

OHIO

Cincinnati

Pittsburgh

W.
VIRGINIA

Washington
D.C.

Baltimore

Philadelphia

DELAWARE

MARYLAND

S T A T E S

CALIFORNIA

ARIZONA

NEW MEXICO

OKLAHOMA

MISSOURI

KENTUCKY

VIRGINIA

Los
Angeles

TENNESSEE

NORTH
CAROLINA

San
Diego

ARKANSAS

Dallas

MISSISSIPPI

ALABAMA

GEORGIA

Atlanta

SOUTH
CAROLINA

Atlantic
Ocean

TEXAS

Houston

LOUISIANA

New
Orleans

FLORIDA

Pacific
Ocean

Gulf of Mexico

Miami

HAWAII

Honolulu

0   250 km

Caribbean Sea

- · - international boundary
——— province/state boundary
■ capital city
• city or town

0   500   1000 km

GEOGRAPHICAL NAMES

Afghanistan /æfˈgænɪstæn, -stɑːn/	Afghan /ˈæfgæn/
Africa /ˈæfrɪkə/	African /ˈæfrɪkən/
Albania /ælˈbeɪniə/	Albanian /ælˈbeɪniən/
Algeria /ælˈdʒɪəriə/	Algerian /ælˈdʒɪəriən/
America /əˈmerɪkə/	American /əˈmerɪkən/
Antarctica /ænˈtɑːktɪkə/	Antarctic /ænˈtɑːktɪk/
Argentina /ˌɑːdʒənˈtiːnə/	Argentinian /ˌɑːdʒənˈtɪniən/, Argentine /ˈɑːdʒəntaɪn/
Armenia /ɑːˈmiːniə/	Armenian /ɑːˈmiːniən/
Asia /ˈeɪʒə, ˈeɪʃə/	Asian /ˈeɪʒn, ˈeɪʃn/
Australia /ɒˈstreɪliə; USA ɔːˈs-/	Australian /ɒˈstreɪliən; USA ɔːˈs-/
Austria /ˈɒstriə; USA ˈɔːs-/	Austrian /ˈɒstriən; USA ˈɔːs-/
Azerbaijan /ˌæzəbaɪˈdʒɑːn/	Azerbaijani /ˌæzəbaɪˈdʒɑːni/, Azeri /əˈzeəri/
Bangladesh /ˌbæŋɡləˈdeʃ/	Bangladeshi /ˌbæŋɡləˈdeʃi/
Belarus /ˌbeləˈruːs/	Belarusian /ˌbeləˈruːsiən/, Belorussian /ˌbeləˈrʌʃn/
Belgium /ˈbeldʒəm/	Belgian /ˈbeldʒən/
Bolivia /bəˈlɪviə/	Bolivian /bəˈlɪviən/
Bosnia and Herzegovina /ˌbɒzniə ən ˌhɜːtsəɡəˈviːnə/	Bosnian /ˈbɒzniən/, Herzegovinian /ˌhɜːtsɡəˈviːniən/
Brazil /brəˈzɪl/	Brazilian /brəˈzɪliən/
Bulgaria /bʌlˈɡeəriə/	Bulgarian /bʌlˈɡeəriən/
Burma /ˈbɜːmə/ (tb **Myanmar** /miˌænˈmɑː(r)/)	Burmese /bɜːˈmiːz/
Canada /ˈkænədə/	Canadian /kəˈneɪdiən/
Chile /ˈtʃɪli/	Chilean /ˈtʃɪliən/
China /ˈtʃaɪnə/	Chinese /tʃaɪˈniːz/
Colombia /kəˈlɒmbiə, -ˈlʌm-/	Colombian /kəˈlɒmbiən, -ˈlʌm-/
Croatia /krəʊˈeɪʃə/	Croatian /krəʊˈeɪʃn/
Cuba /ˈkjuːbə/	Cuban /ˈkjuːbən/
Cyprus /ˈsaɪprəs/	Cypriot /ˈsɪpriət/
(the) Czech Republic /ˌtʃek rɪˈpʌblɪk/	Czech /tʃek/
Denmark /ˈdenmɑːk/	Danish /ˈdeɪnɪʃ/, a Dane /deɪn/
(the) Dominican Republic /dəˌmɪnɪkən rɪˈpʌblɪk/	Dominican /dəˈmɪnɪkən/
Ecuador /ˈekwədɔː(r)/	Ecuadorian, Ecuadorean /ˌekwəˈdɔːriən/
Egypt /ˈiːdʒɪpt/	Egyptian /iˈdʒɪpʃn/
England /ˈɪŋɡlənd/	English /ˈɪŋɡlɪʃ/, an Englishman /ˈɪŋɡlɪʃmən/, an Englishwoman /ˈɪŋɡlɪʃwʊmən/
Estonia /eˈstəʊniə/	Estonian /eˈstəʊniən/
Ethiopia /ˌiːθiˈəʊpiə/	Ethiopian /ˌiːθiˈəʊpiən/
Europe /ˈjʊərəp/	European /ˌjʊərəˈpiːən/
Finland /ˈfɪnlənd/	Finnish /ˈfɪnɪʃ/, a Finn /fɪn/
(the) Former Yugoslav Republic of Macedonia (FYROM) /ˌfɔːmə ˌjuːɡəslɑːv rɪˌpʌblɪk əv ˌmæsəˈdəʊniə/	Macedonian /ˌmæsəˈdəʊniən/
France /frɑːns; USA fræns/	French /frentʃ/, a Frenchman /ˈfrentʃmən/, a Frenchwoman /ˈfrentʃwʊmən/
Georgia /ˈdʒɔːdʒə/	Georgian /ˈdʒɔːdʒən/
Germany /ˈdʒɜːməni/	German /ˈdʒɜːmən/
Great Britain /ˌɡreɪt ˈbrɪtn/	British /ˈbrɪtɪʃ/, a Briton /ˈbrɪtn/

Greece /griːs/	Greek /griːk/
Hungary /ˈhʌŋgəri/	Hungarian /hʌŋˈgeəriən/
Holland /ˈholənd/ – *ver* **(the) Netherlands**	
Iceland /ˈaɪslənd/	Icelandic /aɪsˈlændɪk/, an Icelander /ˈaɪsləndə(r)/
India /ˈɪndiə/	Indian /ˈɪndiən/
Indonesia /ˌɪndəˈniːʒə/	Indonesian /ˌɪndəˈniːʒn/
Iran /ɪˈrɑːn, ɪˈræn/	Iranian /ɪˈreɪniən/
Iraq /ɪˈrɑːk, ɪˈræk/	Iraqi /ɪˈrɑːki, ɪˈræki/
(the Republic of) Ireland /ˈaɪələnd/	Irish /ˈaɪrɪʃ/, an Irishman /ˈaɪrɪʃmən/, an Irishwoman /ˈaɪrɪʃwʊmən/
Israel /ˈɪzreɪl/	Israeli /ɪzˈreɪli/
Italy /ˈɪtəli/	Italian /ɪˈtæliən/
Jamaica /dʒəˈmeɪkə/	Jamaican /dʒəˈmeɪkən/
Japan /dʒəˈpæn/	Japanese /ˌdʒæpəˈniːz/
Jordan /ˈdʒɔːdn/	Jordanian /dʒɔːˈdeɪniən/
Kenya /ˈkenjə, ˈkiːnjə/	Kenyan /ˈkenjən, ˈkiːnjən/
Korea /kəˈriə/ **North Korea** **South Korea**	North Korean /ˌnɔːθ kəˈriən/, South Korean /ˌsaʊθ kəˈriən/
Latvia /ˈlætviə/	Latvian /ˈlætviən/
Lebanon /ˈlebənən; *USA tb* -nɒn/	Lebanese /ˌlebəˈniːz/
Libya /ˈlɪbiə/	Libyan /ˈlɪbiən/
Liechtenstein /ˈlɪktənstaɪn/	Liechtenstein, a Liechtensteiner /ˈlɪktənstaɪnə(r)/
Lithuania /ˌlɪθjuˈeɪniə/	Lithuanian /ˌlɪθjuˈeɪniən/
Luxembourg /ˈlʌksəmbɜːg/	Luxembourg, a Luxembourger /ˈlʌksəmbɜːgə(r)/
Malaysia /məˈleɪʒə/	Malaysian /məˈleɪʒn/
Mexico /ˈmeksɪkəʊ/	Mexican /ˈmeksɪkən/
Moldova /mɒlˈdəʊvə/	Moldovan /mɒlˈdəʊvn/
Montenegro /ˌmɒntɪˈniːgrəʊ; *USA* -təˈneɪ-/	Montenegrin /ˌmɒntɪˈniːgrɪn; *USA* -təˈneɪ-/
Morocco /məˈrɒkəʊ/	Moroccan /məˈrɒkən/
(the) Netherlands /ˈneðələndz/	Dutch /dʌtʃ/, a Dutchman /ˈdʌtʃmən/, a Dutchwoman /ˈdʌtʃwʊmən/
New Zealand /ˌnjuː ˈziːlənd; *USA* ˌnuː/	New Zealand, a New Zealander /ˌnjuː ˈziːləndə(r); *USA* ˌnuː/
Nigeria /naɪˈdʒɪəriə/	Nigerian /naɪˈdʒɪəriən/
Northern Ireland /ˌnɔːðən ˈaɪələnd/	Northern Irish /ˌnɔːðən ˈaɪrɪʃ/ (*adj*)
Norway /ˈnɔːweɪ/	Norwegian /nɔːˈwiːdʒən/
Pakistan /ˌpækɪˈstæn, ˌpɑːkɪ-, -ˈstɑːn/	Pakistani /ˌpækɪˈstɑːni, ˌpɑːkɪ-, -ˈstɑːni/
Peru /pəˈruː/	Peruvian /pəˈruːviən/
(the) Philippines /ˈfɪlɪpiːnz/	Philippine /ˈfɪlɪpiːn/, a Filipino /ˌfɪlɪˈpiːnəʊ/, a Filipina /ˌfɪlɪˈpiːnə/
Poland /ˈpəʊlənd/	Polish /ˈpəʊlɪʃ/, a Pole /pəʊl/
Portugal /ˈpɔːtʃʊgl/	Portuguese /ˌpɔːtʃʊˈgiːz/
Romania /ruˈmeɪniə/	Romanian /ruˈmeɪniən/
Russia /ˈrʌʃə/	Russian /ˈrʌʃn/
Saudi Arabia /ˌsaʊdi əˈreɪbiə/	Saudi /ˈsaʊdi/, Saudi Arabian /ˌsaʊdi əˈreɪbiən/
Scandinavia /ˌskændɪˈneɪviə/	Scandinavian /ˌskændɪˈneɪviən/
Scotland /ˈskɒtlənd/	Scottish /ˈskɒtɪʃ/, a Scot /skɒt/, a Scotsman /ˈskɒtsmən/, a Scotswoman /ˈskɒtswʊmən/

Serbia /ˈsɜːbiə/	Serbian /ˈsɜːbiən/, Serb /sɜːb/
Singapore /ˌsɪŋəˈpɔː(r)/	Singaporean /ˌsɪŋəˈpɔːriən/
Slovakia /sləˈvækiə; *USA* sləʊ-/	Slovak /ˈsləʊvæk/, Slovakian /sləˈvækiən; *USA* sləʊ-/
Slovenia /sləˈviːniə; *USA* sləʊ-/	Slovene /ˈsləʊviːn/, Slovenian /sləˈviːniən; *USA* sləʊ-/
South Africa /ˌsaʊθ ˈæfrɪkə/	South African /ˌsaʊθ ˈæfrɪkən/
Spain /speɪn/	Spanish /ˈspænɪʃ/, a Spaniard /ˈspænjəd/
Sweden /ˈswiːdn/	Swedish /ˈswiːdɪʃ/, a Swede /swiːd/
Switzerland /ˈswɪtsələnd/	Swiss /swɪs/
Syria /ˈsɪriə/	Syrian /ˈsɪriən/
Thailand /ˈtaɪlənd/	Thai /taɪ/
Tunisia /tjuˈnɪziə; *USA tb* tuːˈniːʒə/	Tunisian /tjuˈnɪziən; *USA tb* tuːˈniːʒn/
Turkey /ˈtɜːki/	Turkish /ˈtɜːkɪʃ/, Turk /tɜːk/
Ukraine /juːˈkreɪn/	Ukrainian /juːˈkreɪniən/
(the) United Kingdom /juˌnaɪtɪd ˈkɪŋdəm/	British /ˈbrɪtɪʃ/, a Briton /ˈbrɪtn/
(the) United States of America /juˌnaɪtɪd ˌsteɪts əv əˈmerɪkə/	American /əˈmerɪkən/
Vietnam /ˌvjetˈnæm, ˌviːet-, -ˈnɑːm/	Vietnamese /ˌvjetnəˈmiːz, viːˌet-/
Wales /weɪlz/	Welsh /welʃ/, a Welshman /ˈwelʃmən/, a Welshwoman /ˈwelʃwʊmən/
Yemen /ˈjemən/	Yemeni /ˈjeməni/
Zimbabwe /zɪmˈbɑːbwi, -bweɪ/	Zimbabwean /zɪmˈbɑːbwiən/

CITIES AND REGIONS OF SPAIN

Algunas ciudades y regiones españolas tienen un nombre distinto en inglés:

Andalucía	Andalusia /ˌændəˈluːsiə/
Baleares	the Balearic Islands /ˌbæliˈærɪk/ (*tb* the Balearics)
Cádiz	Cadiz /kəˈdɪz/
Canarias	the Canary Islands /kəˈneəri/ (*tb* the Canaries)
Castilla	Castile /kæˈstiːl/
Cataluña	Catalonia /ˌkætəˈləʊniə/
Mallorca	Majorca /məˈjɔːkə/
Menorca	Minorca /mɪˈnɔːkə/
Navarra	Navarre /nəˈvɑː(r)/
País Vasco	Basque Country /ˈbæsk kʌntri/
Sevilla	Seville /səˈvɪl/

En otros casos, aunque se escriban igual en inglés que en español, la pronunciación puede ser muy diferente. Así, **Madrid** se pronuncia /məˈdrɪd/, **Barcelona** /ˌbɑːsəˈləʊnə/, y **Tenerife** /ˌtenəˈriːf/.

Los gentilicios

En inglés existen muy pocos adjetivos o nombres relacionados con ciudades.

Si hablas de una persona, la manera más normal es decir **from Madrid, Barcelona**, etc.

Es sevillana. She's from Seville.
Conocí a dos estudiantes granadinos. I met two students from Granada.
la mayoría de los bilbaínos most people from Bilbao

En el caso de los sustantivos, como "los madrileños", también se puede usar la preposición **of**:

los madrileños people from Madrid / the people of Madrid

Si hablas de algo que ocurre o que se encuentra en una ciudad determinada dice **in Madrid**, etc.:

la vida malagueña life in Malaga
una clínica barcelonesa a clinic in Barcelona

o a veces utilizas simplemente el nombre de la ciudad:

un hotel madrileño a Madrid hotel

PUNCTUATION

. El punto (**full stop**, *USA* **period**) pone fin a la frase siempre que esta no sea una pregunta o una exclamación:
We're leaving now. ◇ Thank you.

También se usa en abreviaturas:
Walton St.
y en direcciones de internet o de e-mail, donde se lee "dot":
www.oup.com

? El signo de interrogación (**question mark**) se pone al final de una frase interrogativa directa:
'Who's that man?', Jenny asked.

! El signo de admiración (**exclamation mark**, *USA* **exclamation point**) se pone al final de una frase exclamativa y después de una interjección:
Oh no! The cat's been run over. ◇ Wow!

, La coma (**comma**) indica una breve pausa dentro de una frase:
I ran all the way to the station, but I still missed the train.

También se usa para citar a una persona:
Fiona said, 'I'll help you.'
◇ 'I'll help you', she said.
y para separar los elementos de una lista:
This shop sells books, magazines and computer games.

La coma se usa también para separar un *question tag* del resto de la frase:
It's quite expensive, isn't it?

: Los dos puntos (**colon**) se utilizan para introducir listas de objetos:
There is a choice of main course: meat, fish or a vegetarian option.

; El punto y coma (**semicolon**) se usa en lugar de una coma para separar elementos de una lista cuando la frase ya contiene comas:
The school uniform consists of navy blue skirt or trousers; grey, white or pale blue shirt; navy jumper or cardigan.

' El apóstrofo (**apostrophe**) se usa para indicar que se ha omitido una letra, como en el caso de las formas contractas:
hasn't ◇ don't ◇ I'm ◇ he's

También indica posesión:
my friend's car ◇ Jane's mother

"" Las comillas (**quotation marks**, **inverted commas** o **quotes**) pueden ser simples (') o dobles ("). Se usan para introducir las palabras o los pensamientos de una persona:
'Come and see,' said Martin.

También se usan para hacer referencia a títulos de libros, películas, etc.:
'Have you read "Emma"?' he asked.

- El guion (**hyphen**) se usa para unir dos o más palabras que forman una unidad:
mother-in-law ◇ a ten-ton truck

También se usa para unir un prefijo a una palabra:
non-violent ◇ anti-American
y en números compuestos:
thirty-four ◇ seventy-nine

— La raya (**dash**) se utiliza para separar una frase o explicación dentro de una oración más amplia:
A few people — not more than ten — had already arrived.

También se utiliza al final de la oración para resumir su contenido:
Men were shouting, women were screaming, children were crying — it was chaos.

/ La barra (**slash**) se usa para separar los diferentes componentes de una dirección de internet. Se le llama también **forward slash** para distinguirla de la barra invertida (**backslash**):
http://www.oupe.es

PREPOSITIONS OF PLACE

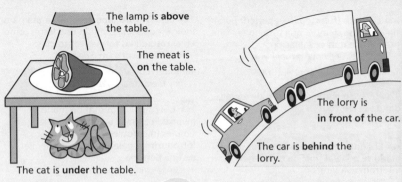

The lamp is **above** the table.

The meat is **on** the table.

The cat is **under** the table.

The lorry is **in front of** the car.

The car is **behind** the lorry.

The bird is **in/inside** the cage.

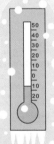

The temperature is **below** zero.

Sam is **between** Kim and Tom.

Kim is **next to/beside** Sam.

Tom is **opposite** Kim.

The house is **among** the trees.

The boy is leaning **against** the wall.

PREPOSITIONS OF MOVEMENT

up the ladder

along the pole

down the slide

into the pool

across the pool

out of the pool

through the tunnel

Finish

towards the finish

over the wall

round the track

REGULAR VERBS

Simple tenses

En inglés **I, you, we** y **they** comparten la misma forma verbal: *I live – we live*
◊ *I've eaten – you've eaten* ◊ *I don't drive – they don't drive*

En el presente la forma para **he, she, it** lleva **s**: *he seems – it seems* ◊ *Does it hurt?*
◊ *she doesn't speak*

Present simple		
I look	I don't (do not) look	do I look?
he looks	he doesn't look (does not)	does he look?
Past simple		
I looked	I didn't look (did not)	did I look?
he looked	he didn't look	did he look?
Present perfect		
I've (I have) looked	I haven't (have not) looked	have I looked?
he's (he has) looked	he hasn't (has not) looked	has he looked?
Past perfect		
I'd (I had) looked	I hadn't (had not) looked	had I looked?
he'd (he had) looked	he hadn't looked	had he looked?
Future simple		
I'll (I will) look	I won't (will not) look	will I look?
he'll (he will) look	he won't look	will he look?
Future perfect		
I'll have looked	I won't have looked	will I have looked?
he'll have looked	he won't have looked	will he have looked?

Formación de la tercera persona del singular del *present simple*

regla general	+ s	look - look**s**
si termina en **sh, ch, ss, x** u **o**	+ es	push - push**es**
si termina en **consonante + y**	y → ies	co**py** - co**pies**

Formación del *past simple*

regla general	+ ed	look - look**ed**
si termina en **e**	+ d	love - love**d**
si termina en **consonante + y**	y → ied	co**py** - co**pied**
si termina en **una sola vocal** + **una sola consonante**	la consonante se duplica + **ed**	fit - fi**tted**

Continuous tenses

Los tiempos continuos se forman con el verbo be + gerundio del verbo (la forma *ing*).

Present continuous

I'm (I am) looking
you're (you are) looking
he's (he is) looking

I'm not looking
you aren't (are not) looking
he isn't (is not) looking

am I looking?
are you looking?
is he looking?

Past continuous

I was looking
you were looking
he was looking

I wasn't (was not) looking
you weren't (were not) looking
he wasn't looking

was I looking?
were you looking?
was he looking?

Present perfect continuous

I've (I have) been looking
he's (he has) been looking

I haven't (have not) been looking
he hasn't (has not) been looking

have I been looking?
has he been looking?

Past perfect continuous

I'd (I had) been looking
he'd (he had) been looking

I hadn't (had not) been looking
he hadn't been looking

had I been looking?
had he been looking?

Future continuous

I'll (I will) be looking
he'll (he will) be looking

I won't (will not) be looking
he won't be looking

will I be looking?
will he be looking?

Future perfect continuous

I'll have been looking

he'll have been looking

I won't have been looking

he won't have been looking

will I have been looking?

will he have been looking?

Formación del gerundio

regla general	+ ing	look - look**ing**
si termina en **e**	e → ing	lov**e** - lov**ing**
si termina en **una sola vocal + una sola consonante**	la consonante se duplica + ing	fit - fi**tting**

Respuestas breves

Las respuestas breves se forman utilizando el auxiliar del tiempo verbal de la pregunta.

'Do you smoke?' 'No, I don't.' ◇ *'Did you see that?' 'Yes, I did.'*
'Can you swim?' 'Yes, I can.'

A a

A, a /eɪ/ n (pl **As**, **A's**, **a's**) A, a

🔍 **Uso de las letras**
1 para deletrear
'Alex' begins with (an) 'A'. "Alex" empieza por
"A". ◊ *'Lisa' ends in (an) 'a'.* "Lisa" termina en
"a". ◊ *Do you spell that with an 'a' or an 'e'?*
¿Se escribe con "a" o con "e"? ◊ *'April' with a
capital A* "Abril" con A mayúscula ◊ *How
many ls are there in 'lily'?* ¿Cuántas eles tiene
la palabra "lily"? ◊ *It's spelt d-e-e-p.* Se escribe d-e-e-p.
2 notas musicales
A = la B = si C = do D = re E = mi F = fa G = sol:
A sharp la sostenido ◊ *B flat* si bemol
3 notas escolares
A es la nota más alta y, dependiendo del nivel
del examen, las calificaciones van hasta E o
G. U es un suspenso: *She got a D for French.*
◊ *I got two Bs and a C at A level.* En los exámenes de **GCSE** ya no se usa este sistema,
sino calificaciones numéricas del 9 (la más
alta) al 1.
En clase un profesor puede usar letras (generalmente entre la A y la C o la D) o números (sobre diez, veinte, etc.): *He gave me 6 out
of 10 for my homework.*
Si un profesor pone un comentario como
'very good' no corresponde a una nota concreta.

a o— /ə, eɪ/ (tb an /ən, æn/) art ❶ A, an corresponde al español *un, una* excepto en los siguientes
casos: **1** (números): *a hundred and ten people*
ciento diez personas **2** (profesiones): *My mother
is a teacher.* Mi madre es profesora. **3** por: *200
words a minute* 200 palabras por minuto ◊ *two
euros a dozen* dos euros la docena **4** (con desconocidos) un(a) tal: *There's a Dr Todd to see you.*
Te quiere ver un tal doctor Todd.

aback /əˈbæk/ adv **LOC** be taken aback (by sb/sth)
quedar sorprendido (por algn/algo): *I was
really taken aback.* Me sorprendió mucho.

abandon o— /əˈbændən/ vt abandonar: *I
abandoned the attempt.* Abandoné el intento.
◊ *an abandoned baby/car/village* un bebé/co-
che/pueblo abandonado

abattoir /ˈæbətwɑː(r)/ n matadero

abbey /ˈæbi/ n (pl **abbeys**) abadía
abbreviate /əˈbriːvieɪt/ vt abreviar
abbreviation /əˌbriːviˈeɪʃn/ n **1** ~ (of/for sth)
abreviatura (de algo) **2** abreviación
ABC /ˌeɪ biː ˈsiː/ n **1** abecedario **2** abecé
abdicate /ˈæbdɪkeɪt/ **1** vt, vi abdicar **2** vt: *to
abdicate (all) responsibility* declinar toda responsabilidad
abdomen /ˈæbdəmən/ n abdomen **abdominal**
/æbˈdɒmɪnl/ adj abdominal
abdominals /æbˈdɒmɪnlz/ n [pl] (coloq abs
/æbz/) abdominales
abduct /æbˈdʌkt/ vt secuestrar **abduction** n secuestro
abide /əˈbaɪd/ vt can't/couldn't ~ sb/sth no poder
soportar a algn/algo: *I can't/couldn't abide
them.* No los puedo/podía soportar.
PHR V **abide by sth 1** (veredicto, decisión) acatar algo **2** (promesa) cumplir con algo
ability o— /əˈbɪləti/ n (pl **abilities**) **1** capacidad:
her ability to accept change su capacidad para
asumir los cambios **2** aptitud, habilidad:
Despite his ability as a dancer… A pesar de
sus aptitudes como bailarín… ◊ *to the best of
your ability* lo mejor que puedas
ablaze /əˈbleɪz/ adj **1** en llamas: *to set sth
ablaze* prender fuego a algo **2** be ~ with sth resplandecer de algo: *The garden was ablaze with
flowers.* El jardín estaba inundado de flores.
able o— /ˈeɪbl/ adj **1** be ~ to do sth poder hacer
algo, saber hacer algo: *Will he be able to help
you?* ¿Podrá ayudarte? ◊ *They are not yet able
to swim.* No saben nadar todavía. ➜ Ver nota en
CAN¹ **2** (**abler** /ˈeɪblə(r)/, **ablest** /ˈeɪblɪst/) capaz:
the ablest student in the class la estudiante más
capacitada de la clase ◊ *the less able members
of society* los más desfavorecidos de la sociedad
abnormal /æbˈnɔːml/ adj anormal **abnormal-
ity** /ˌæbnɔːˈmæləti/ n (pl **abnormalities**) anor-
malidad
aboard /əˈbɔːd/ adv, prep a bordo (de): *aboard
the ship* a bordo del barco ◊ *Welcome aboard.*
Bienvenidos a bordo.
abode /əˈbəʊd/ n (formal) morada **LOC** Ver FIXED
abolish /əˈbɒlɪʃ/ vt abolir

A

abolition /ˌæbəˈlɪʃn/ n abolición
abominable /əˈbɒmɪnəbl/ adj abominable
Aboriginal /ˌæbəˈrɪdʒənl/ adj, n aborigen (de Australia)
Aborigine /ˌæbəˈrɪdʒəni/ n aborigen (de Australia)
abort /əˈbɔːt/ vt, vi abortar: They aborted the launch. Detuvieron el lanzamiento.
abortion /əˈbɔːʃn/ n aborto (intencionado): to have an abortion abortar ⊃ Comparar con MIS-CARRIAGE
abortive /əˈbɔːtɪv/ adj (formal) fracasado: an abortive coup/attempt un golpe de estado/intento fracasado
abound /əˈbaʊnd/ vi ~ (with sth) abundar (en algo)
about ⊶ /əˈbaʊt/ adverbio, preposición, adjetivo
  ❶ Para los usos de **about** en PHRASAL VERBS ver las entradas de los verbos correspondientes, p. ej. **lie about** en LIE¹.
▸ adv **1** más o menos: about the same height as you más o menos de tu misma altura **2** hacia: at about ten o'clock a eso de las diez **3** casi: Dinner's about ready. La cena está casi lista. **4** de un lado a otro: I could hear people moving about. Oía gente yendo de un lado para otro. **5** aquí y allá: People were standing about in the street. Había gente parada en la calle. **6** por aquí: She's somewhere about. Está por aquí. ◇ There are no jobs about at the moment. De momento no sale ningún trabajo.
▸ prep **1** por: papers strewn about the room papeles esparcidos por la habitación ◇ She's somewhere about the place. Anda por aquí. **2** sobre: a book about flowers un libro sobre flores ◇ What's the book about? ¿De qué trata el libro? **3** + adjetivo: angry/happy about sth enfadado por/contento con algo **4** (característica): There's something about her I like. Tiene algo que me atrae. LOC **how/what about? 1** (pregunta) ¿y…?: What about his car? ¿Y su coche? **2** (sugerencia) ¿qué te parece si…?: How about going swimming? ¿Qué te parece si vamos a nadar?
▸ adj LOC **be about to do sth** estar a punto de hacer algo
above ⊶ /əˈbʌv/ preposición, adverbio
▸ prep **1** por encima de, más arriba de: 1 000 metres above sea level 1000 metros por encima del nivel del mar ◇ I live in a house above the village. Vivo en una casa más arriba del pueblo. **2** más de: above 50% más del 50% LOC **above all** sobre todo
▸ adv arriba: the people in the flat above la gente del piso de arriba ◇ children aged eleven and above niños de once años y mayores

abrasive /əˈbreɪsɪv/ adj **1** (superficie, sustancia) áspero **2** (persona) brusco y desagradable
abreast /əˈbrest/ adv ~ (of sb/sth): cycling two abreast yendo dos personas en bicicleta lado a lado ◇ A car came abreast of us. Un coche se puso a nuestra altura. LOC **keep abreast of sth** mantenerse al corriente de algo
abroad ⊶ /əˈbrɔːd/ adv en el extranjero: to go abroad ir al extranjero ◇ Have you ever been abroad? ¿Has estado en el extranjero?
abrupt /əˈbrʌpt/ adj (cambio, comportamiento) brusco
abscess /ˈæbses/ n absceso
abseil /ˈæbseɪl/ vi hacer rapel: to go abseiling hacer rapel **abseiling** n rapel
absence ⊶ /ˈæbsəns/ n ausencia: absences due to illness ausencias por enfermedad ◇ in the absence of new evidence a falta de nuevas pruebas LOC Ver CONSPICUOUS
absent ⊶ /ˈæbsənt/ adj **1** ausente: to be absent from school faltar al colegio **2** distraído
absentee /ˌæbsənˈtiː/ n ausente
absent-ˈminded adj distraído
absolute ⊶ /ˈæbsəluːt/ adj absoluto
absolutely ⊶ /ˈæbsəluːtli/ adv **1** absolutamente: You are absolutely right. Tienes toda la razón. ◇ Are you absolutely sure/certain that…? ¿Estás completamente seguro de que…? ◇ It's absolutely essential/necessary that… Es imprescindible que… **2** (en negativa): absolutely nothing nada en absoluto **3** /ˌæbsəˈluːtli/ (mostrando acuerdo con algn) desde luego (que sí): Oh, absolutely! ¡Sin duda!
absolve /əbˈzɒlv/ vt ~ sb (from/of sth) absolver a algn (de algo)
absorb ⊶ /əbˈzɔːb, əbˈsɔːb/ vt **1** absorber, asimilar: Plants absorb oxygen. Las plantas absorben el oxígeno. ◇ easily absorbed into the bloodstream fácilmente asimilado por la sangre ◇ to absorb information asimilar información **2** amortiguar: to absorb the shock amortiguar el golpe
absorbed /əbˈzɔːbd, əbˈsɔːbd/ adj absorto
absorbent /əbˈzɔːbənt, əbˈsɔː-/ adj absorbente (papel, etc.)
absorbing /əbˈzɔːbɪŋ, əbˈsɔː-/ adj absorbente (libro, película, etc.)
absorption /əbˈsɔːpʃn, əbˈzɔːp-/ n **1** absorción **2** asimilación
abstain /əbˈsteɪn/ vi ~ (from sth) abstenerse (de algo)
abstention /əbˈstenʃn/ n abstención
abstract /ˈæbstrækt/ adjetivo, nombre
▸ adj abstracto

| u: too | ʌ cup | ɜː fur | u situation | ə ago | eɪ pay | əʊ home | aɪ fiv |

▸ n (Arte) obra de arte abstracto `LOC` **in the abstract** en abstracto

absurd /əbˈsɜːd/ adj absurdo: *How absurd!* ¡Qué disparate! ◇ *You look absurd in that hat.* Te ves ridículo con ese sombrero. **absurdity** n (pl **absurdities**) absurdo: *the absurdity of the situation* lo absurdo de la situación

abundance /əˈbʌndəns/ n (formal) abundancia

abundant /əˈbʌndənt/ adj (formal) abundante

abuse 0━ nombre, verbo
▸ n /əˈbjuːs/ **1** abuso: *drug/alcohol abuse* abuso de las drogas/del alcohol ◇ *human rights abuses* abusos contra los derechos humanos **2** malos tratos **3** [incontable] insultos: *They shouted abuse at him.* Le insultaron.
▸ vt /əˈbjuːz/ **1** abusar de: *Don't abuse your power.* No abuses de tu poder. **2** maltratar **3** insultar **abusive** /əˈbjuːsɪv/ adj insultante, grosero

academic 0━ /ˌækəˈdemɪk/ adj **1** académico **2** teórico, especulativo

academy /əˈkædəmi/ n (pl **academies**) **1** academia **2** instituto de secundaria público con autonomía

accelerate /əkˈseləreɪt/ vt, vi acelerar **acceleration** n aceleración **accelerator** n acelerador

accent 0━ /ˈæksent, -sənt/ n **1** acento **2** énfasis **3** tilde

accentuate /əkˈsentʃueɪt/ vt **1** resaltar **2** acentuar

accept 0━ /əkˈsept/ **1** vt, vi aceptar: *The machine only accepts coins.* La máquina solo funciona con monedas. **2** vt admitir: *I've been accepted by the university.* Me han admitido en la universidad.

acceptable 0━ /əkˈseptəbl/ adj ~ **(to sb)** aceptable (para algn)

acceptance /əkˈseptəns/ n **1** aceptación **2** aprobación **3** admisión

access 0━ /ˈækses/ nombre, verbo
▸ n ~ **(to sth)** acceso (a algo)
▸ vt acceder a

access course n (Educ) curso de acceso

accessible /əkˈsesəbl/ adj accesible

accessory /əkˈsesəri/ n (pl **accessories**) **1** accesorio **2** [gen pl] (ropa) complemento **3** ~ **(to sth)** (Jur) cómplice (de algo)

accident 0━ /ˈæksɪdənt/ n **1** accidente **2** casualidad `LOC` **by accident 1** sin querer **2** por casualidad

accidental 0━ /ˌæksɪˈdentl/ adj **1** accidental **2** casual

accidentally 0━ /ˌæksɪˈdentəli/ adv **1** sin querer **2** por casualidad

accident and e'mergency (abrev A & E) n urgencias

acclaim /əˈkleɪm/ verbo, nombre
▸ vt aclamar
▸ n [incontable] elogios

accommodate /əˈkɒmədeɪt/ vt **1** alojar **2** tener suficiente espacio para: *The car park can accommodate a thousand cars.* En el aparcamiento caben mil coches.

accommodation 0━ /əˌkɒməˈdeɪʃn/ n [incontable] (USA **accommodations** [pl]) **1** alojamiento **2** vivienda

accompaniment /əˈkʌmpənimənt/ n acompañamiento

accompany 0━ /əˈkʌmpəni/ vt (pt, pp **-ied**) (formal) acompañar

accomplice /əˈkʌmplɪs; USA əˈkɑːm-/ n cómplice

accomplish /əˈkʌmplɪʃ; USA əˈkɑːm-/ vt **1** llevar a cabo **2** lograr

accomplished /əˈkʌmplɪʃt; USA əˈkɑːm-/ adj consumado

accomplishment /əˈkʌmplɪʃmənt; USA əˈkɑːm-/ n **1** logro **2** talento

accord /əˈkɔːd/ nombre, verbo
▸ n acuerdo `LOC` **in accord (with sth/sb)** (formal) en concordancia (con algo/algn) ◆ **of your own accord** por decisión propia
▸ vt (formal) otorgar, conceder

accordance /əˈkɔːdns/ n `LOC` **in accordance with sth** (formal) de acuerdo con algo

accordingly /əˈkɔːdɪŋli/ adv **1** en consecuencia: *to act accordingly* obrar en consecuencia **2** por lo tanto, por consiguiente

according to 0━ /əˈkɔːdɪŋ tə, tu/ prep según

accordion /əˈkɔːdiən/ n acordeón

account 0━ /əˈkaʊnt/ nombre, verbo
▸ n **1** (Fin, Econ, Informát) cuenta: *current account* cuenta corriente **2 accounts** [pl] contabilidad **3** factura **4** relato, relación `LOC` **by/from all accounts** por lo que dicen ◆ **of no account** (formal) sin ninguna importancia ◆ **on account of sb/sth** a causa de algn/algo ◆ **on no account; not on any account** bajo ningún concepto, de ninguna manera ◆ **on this/that account** (formal) según esto/eso ◆ **take account of sb/sth; take sb/sth into account** tener a algn/algo en cuenta
▸ v `PHR V` **account for sth 1** explicar algo **2** rendir cuentas de algo **3** constituir algo: *Rice accounts for a fraction of exports.* El arroz constituye una parte mínima de las exportaciones.

A

accountability /əˌkaʊntəˈbɪləti/ n responsabilidad de la que hay que dar cuenta

accountable /əˈkaʊntəbl/ adj ~ **(to sb) (for sth)** responsable (ante algn) (de algo)

accountancy /əˈkaʊntənsi/ (USA accounting) n contabilidad

accountant /əˈkaʊntənt/ n contable

accumulate /əˈkjuːmjəleɪt/ vt, vi acumular(se) **accumulation** n acumulación

accuracy /ˈækjərəsi/ n precisión

accurate ⊶ /ˈækjərət/ adj exacto: an accurate shot un disparo certero

accusation /ˌækjuˈzeɪʃn/ n acusación

accuse ⊶ /əˈkjuːz/ vt ~ **sb (of sth)** acusar a algn (de algo): He was accused of murder. Fue acusado de asesinato. **the accused** n (pl **the accused**) (Jur) el acusado, la acusada **accusingly** adv to look accusingly at sb lanzar una mirada acusadora a algn

accustomed /əˈkʌstəmd/ adj ~ **to sth** acostumbrado a algo: to become/get/grow accustomed to sth acostumbrarse a algo

ace /eɪs/ n as

ache /eɪk/ verbo, nombre
▸ vi doler: My leg aches. Me duele la pierna.
▸ n dolor

achieve ⊶ /əˈtʃiːv/ vt **1** (objetivo, éxito) alcanzar **2** (resultados) conseguir

achievement ⊶ /əˈtʃiːvmənt/ n logro

aching /ˈeɪkɪŋ/ adj dolorido

acid ⊶ /ˈæsɪd/ nombre, adjetivo
▸ n ácido
▸ adj (tb acidic /əˈsɪdɪk/) **1** ácido **2** (sabor) ácido, agrio **acidity** /əˈsɪdəti/ n acidez

ˌacid ˈrain n lluvia ácida

acknowledge ⊶ /əkˈnɒlɪdʒ/ vt **1** reconocer **2** (carta) acusar recibo de **3** darse por enterado **acknowledgement** (tb **acknowledgment**) n **1** reconocimiento **2** acuse de recibo **3** agradecimiento (en un libro, etc.)

acne /ˈækni/ n acné

acorn /ˈeɪkɔːn/ n bellota

acoustic /əˈkuːstɪk/ adj acústico **acoustics** n [pl] acústica (de una sala, etc.)

acquaintance /əˈkweɪntəns/ n conocido, -a **LOC** make sb's acquaintance; make the acquaintance of sb (formal) conocer a algn (por primera vez)

acquainted /əˈkweɪntɪd/ adj (formal) familiarizado: to become/get acquainted with sb (llegar a) conocer a algn

acquiesce /ˌækwiˈes/ vi ~ **(in sth)** (formal) consentir (algo/en algo); aceptar (algo) **acquiescence** n (formal) consentimiento

acquire ⊶ /əˈkwaɪə(r)/ vt (formal) **1** (conocimientos, posesiones) adquirir **2** (información) obtener **3** (reputación) adquirir, ganarse **4** hacerse con, apoderarse de

acquisition /ˌækwɪˈzɪʃn/ n adquisición

acquit /əˈkwɪt/ vt (-tt-) ~ **sb (of sth)** (Jur) absolver a algn (de algo) **acquittal** n absolución

acre /ˈeɪkə(r)/ n acre (4047 metros cuadrados) ⊃ Ver pág 804

acrobat /ˈækrəbæt/ n acróbata

across ⊶ /əˈkrɒs; USA əˈkrɔːs/ adv, prep
❶ Para los usos de **across** en PHRASAL VERBS ver las entradas de los verbos correspondientes, p. ej. **come across sb/sth** en COME. **1** de un lado a otro: to swim across cruzar nadando ◇ to walk across the border cruzar la frontera a pie ◇ to take the path across the fields tomar el camino que atraviesa los campos **2** al otro lado: We were across in no time. Llegamos al otro lado en un periquete. ◇ from across the room desde el otro lado de la habitación **3** sobre, a lo largo de: a bridge across the river un puente sobre el río ◇ A branch lay across the path. Había una rama atravesada en el camino. **4** de ancho: The river is half a mile across. El río tiene media milla de ancho. **LOC** across from enfrente de

acrylic /əˈkrɪlɪk/ adj, n acrílico

act ⊶ /ækt/ nombre, verbo
▸ n **1** acto: an act of violence/kindness un acto de violencia/amabilidad **2** (Jur) decreto **3** (Teat) acto **4** número: a circus act un número de circo **LOC** get your act together (coloq) organizarse ♦ in the act of doing sth en el momento de hacer algo ♦ put on an act (coloq) fingir
▸ **1** vi actuar **2** vi comportarse **3** vt (Teat) hacer el papel de **LOC** Ver FOOL

acting /ˈæktɪŋ/ nombre, adjetivo
▸ n teatro: his acting career su carrera como actor ◇ Her acting was awful. Actuó muy mal.
▸ adj [solo antes de sustantivo] en funciones, interino: He was acting chairman at the meeting. Actuó como presidente en la reunión.

action ⊶ /ˈækʃn/ n **1** acción: to go into action entrar en acción **2** [incontable] medidas: We need to take action. Hay que tomar medidas **3** acto **LOC** in action en acción ♦ out of action: This machine is out of action. Esta máquina no funciona. ◇ He'll be out of action for a few days. Estará sin poder hacer nada durante unos días. ♦ put sth into action poner algo en práctica Ver tb COURSE, SPRING

ˈaction-packed adj **1** (fin de semana, etc.) animado, movido **2** (película, etc.) con mucha acción

activate /ˈæktɪveɪt/ vt activar

| ð then | s so | z zoo | ʃ she | ʒ vision | h how | ŋ sing | j yes | w we |

active ⬥ /ˈæktɪv/ *adjetivo, nombre*
▸ *adj* **1** activo: *to take an active part in sth* participar activamente en algo ◇ *to take an active interest in sth* interesarse vivamente por algo **2** (*volcán*) en actividad
▸ *n* (*tb* active ˈvoice) (voz) activa

activity ⬥ /ækˈtɪvəti/ *n* (*pl* **activities**) **1** actividad: *activity holidays* vacaciones con actividades programadas **2** [*incontable*] bullicio

actor ⬥ /ˈæktə(r)/ *n* actor, actriz

actress ⬥ /ˈæktrəs/ *n* actriz

🔎 Actualmente mucha gente prefiere la palabra **actor** tanto para el femenino como para el masculino.

actual ⬥ /ˈæktʃuəl/ *adj* **1** exacto: *What were his actual words?* ¿Qué es lo que dijo exactamente? **2** verdadero: *based on actual events* basado en hechos reales **3** propiamente dicho: *the actual city centre* el centro propiamente dicho ⮑*Comparar con* CURRENT, PRESENT-DAY **LOC** **in actual fact** en realidad

actually ⬥ /ˈæktʃuəli/ *adv* **1** en realidad, de hecho **2** por cierto ⮑*Comparar con* **at present** *en* PRESENT, CURRENTLY

🔎 **Actually** se usa principalmente:
1 para dar énfasis: *What did she actually say?* ¿Qué dijo exactamente? ◇ *You actually met her?* ¿De verdad la conociste? ◇ *He actually expected me to leave.* Hasta esperaba que me fuera.
2 para corregir una equivocación: *He's actually very bright.* La verdad es que es muy inteligente. ◇ *Actually, my name's Sue, not Ann.* A propósito, me llamo Sue, no Ann.

acupuncture /ˈækjupʌŋktʃə(r)/ *n* acupuntura

acute /əˈkjuːt/ *adj* **1** extremo: *acute environmental problems* problemas ecológicos graves ◇ *to become more acute* agudizarse **2** agudo: *acute angle* ángulo agudo ◇ *acute appendicitis* apendicitis aguda

AD (*USA* A.D.) /ˌeɪ ˈdiː/ *abrev de* anno domini después de Cristo

ad ⬥ /æd/ *n* (*coloq*) anuncio (*publicidad*)

adamant /ˈædəmənt/ *adj* firme, categórico: *He was adamant about staying behind.* Se empeñó en quedarse.

Adam's apple /ˌædəmz ˈæpl/ *n* (*Anat*) nuez

adapt ⬥ /əˈdæpt/ *vt, vi* adaptar(se) **adaptable** *adj* **1** (*persona*): *He's very adaptable.* Se adapta bien. ◇ *to learn to be adaptable* aprender a adaptarse **2** (*aparatos, etc.*) adaptable **adaptation** *n* adaptación

adaptor (*tb* adapter) /əˈdæptə(r)/ *n* (*Electrón*) ladrón, adaptador

ad blocker /ˈæd blɒkə(r)/ *n* (*Internet*) bloqueador de publicidad

ADD /ˌeɪ diː ˈdiː/ *abrev de* attention deficit disorder trastorno de déficit de atención (*abrev* TDA)

add ⬥ /æd/ *vt* **1** añadir **2** ~ **A to B**; ~ **A and B (together)** sumar A y B **PHR V** **add sth on (to sth)** añadir algo (a algo) ◆ **add sth to sth 1** aumentar algo **2** ampliar algo ◆ **add up** (*coloq*) encajar: *His story doesn't add up.* Hay cosas en su relato que no encajan. ◆ **add (sth) up** sumar (algo) ◆ **add up to sth** ascender a algo: *The bill adds up to £40.* La cuenta asciende a 40 libras.

adder /ˈædə(r)/ *n* víbora

addict /ˈædɪkt/ *n* adicto, -a: *drug addict* toxicómano **addicted** /əˈdɪktɪd/ *adj* adicto **addiction** /əˈdɪkʃn/ *n* adicción **addictive** /əˈdɪktɪv/ *adj* adictivo

addition ⬥ /əˈdɪʃn/ *n* **1** (*Mat*) suma: *Children are taught addition and subtraction.* Los niños aprenden a sumar y a restar. **2** incorporación **3** adquisición **LOC** **in addition (to sth)** además (de algo)

additional ⬥ /əˈdɪʃənl/ *adj* adicional

additive /ˈædətɪv/ *n* aditivo

address ⬥ *nombre, verbo*
▸ *n* /əˈdres; *USA tb* ˈædres/ **1** dirección, señas: *address book* libreta de direcciones **2** discurso **LOC** *Ver* FIXED
▸ *vt* /əˈdres/ **1** (*carta, etc.*) dirigir **2** dirigirse a (*una persona*)

adept /əˈdept/ *adj* hábil

adequate ⬥ /ˈædɪkwət/ *adj* **1** adecuado **2** aceptable

adhere /ədˈhɪə(r)/ *vi* (*formal*) adherirse **PHR V** **adhere to sth** (*formal*) (*reglamento, etc.*) observar algo

adhesive /ədˈhiːsɪv, ədˈhiːzɪv/ *adj, n* adhesivo

adjacent /əˈdʒeɪsnt/ *adj* adyacente

adjective /ˈædʒɪktɪv/ *n* adjetivo

adjoining /əˈdʒɔɪnɪŋ/ *adj* (*formal*) contiguo, colindante

adjourn /əˈdʒɜːn/ (*formal*) **1** *vt* aplazar **2** *vt, vi* (*reunión, sesión*) suspender(se)

adjust ⬥ /əˈdʒʌst/ **1** *vt* ajustar, regular **2** *vt* (*falda, pelo, etc.*) arreglar **3** *vt, vi* ~ (**sth/yourself**) **(to sth)** adaptar algo, adaptarse (a algo) **adjustable** *adj* ajustable **adjustment** *n* **1** modificación **2** adaptación

administer /ədˈmɪnɪstə(r)/ *vt* **1** administrar **2** (*organización*) dirigir **3** (*castigo*) aplicar

administration /ədˌmɪnɪˈstreɪʃn/ n administración, dirección

administrative /ədˈmɪnɪstrətɪv; USA -streɪtɪv/ adj administrativo

administrator /ədˈmɪnɪstreɪtə(r)/ n administrador, -ora

admirable /ˈædmərəbl/ adj (formal) admirable

admiral /ˈædmərəl/ n almirante

admiration ०० /ˌædməˈreɪʃn/ n admiración

admire ०० /ədˈmaɪə(r)/ vt admirar, elogiar **admirer** n admirador, -ora **admiring** adj lleno de admiración

admission /ədˈmɪʃn/ n **1** entrada, admisión **2** (hospital, colegio, etc.) ingreso **3** reconocimiento (de culpa, etc.)

admit ०० /ədˈmɪt/ (-tt-) vt, vi ~ (to) sth reconocer algo (error); confesar algo (crimen) **2** vt ~ sb (to/ into sth) dejar entrar, admitir a algn (en algo) **3** vt ~ sb (to/into sth) (hospital) ingresar a algn (en algo) **admittedly** adv Admittedly, it is rather expensive. Hay que reconocer que es bastante caro.

adolescence /ˌædəˈlesns/ n adolescencia **adolescent** adj, n adolescente

adopt ०० /əˈdɒpt/ vt adoptar **adopted** adj adoptivo **adoption** n adopción

adore /əˈdɔː(r)/ vt adorar: I adore cats. Me encantan los gatos.

adorn /əˈdɔːn/ vt (formal) adornar

adrenaline /əˈdrenəlɪn/ n adrenalina

adrift /əˈdrɪft/ adj a la deriva

adult ०० /ˈædʌlt, əˈdʌlt/ adj, n adulto, -a; mayor de edad

adultery /əˈdʌltəri/ n adulterio

adulthood /ˈædʌlthʊd, əˈdʌlthʊd/ n madurez

advance ०० /ədˈvɑːns; USA ədˈvæns/ nombre, verbo, adjetivo
▸ n **1** avance **2** (sueldo) adelanto **LOC** in advance **1** de antemano **2** con antelación **3** por adelantado
▸ **1** vi avanzar **2** vt hacer avanzar
▸ adj anticipado: advance warning previo aviso

advanced ०० /ədˈvɑːnst; USA ədˈvænst/ adj avanzado

advantage ०० /ədˈvɑːntɪdʒ; USA ədˈvæn-/ n **1** ventaja **2** provecho **LOC** take advantage of sth aprovechar algo ◆ take advantage of sth/sb aprovecharse de algo/algn **advantageous** /ˌædvənˈteɪdʒəs/ adj ventajoso

advent /ˈædvent/ n **1** advenimiento **2** Advent (Relig) adviento

adventure ०० /ədˈventʃə(r)/ n aventura: adventure sports deportes de aventura adven-

turer n aventurero, -a **adventurous** adj **1** aventurero **2** aventurado **3** audaz

adverb /ˈædvɜːb/ n adverbio

adversary /ˈædvəsəri; USA -seri/ n (pl **adversaries**) adversario, -a

adverse /ˈædvɜːs, ədˈvɜːs/ adj **1** adverso **2** (crítica) negativo **adversely** adv negativamente

adversity /ədˈvɜːsəti/ n (pl **adversities**) (formal) adversidad

advert ०० /ˈædvɜːt/ n anuncio (publicidad)

advertise ०० /ˈædvətaɪz/ **1** vt anunciar **2** vi hacer publicidad **3** vi ~ for sth/sb poner un anuncio para conseguir algo/a algn **advertiser** n anunciante

advertisement ०० /ədˈvɜːtɪsmənt; USA ˌædvərˈtaɪzmənt/ n ~ (for sth) anuncio (de algo)

advertising ०० /ˈædvətaɪzɪŋ/ n **1** publicidad: advertising campaign campaña publicitaria **2** anuncios, propaganda

advertorial /ˌædvəˈtɔːriəl/ n publirreportaje

advice ०० /ədˈvaɪs/ n [incontable] consejo(s): a piece of advice un consejo ◇ I asked for her advice. Le pedí consejo. ◇ to seek/take legal advice consultar a un abogado ➋ Ver nota en CONSEJO

advisable /ədˈvaɪzəbl/ adj aconsejable

advise ०० /ədˈvaɪz/ vt, vi **1** aconsejar, recomendar: to advise sb to do sth aconsejar a algn que haga algo ◇ You would be well advised to… Sería prudente… **2** asesorar **adviser** (tb advisor) n consejero, -a; asesor, -ora **advisory** adj consultivo

---

🔎 **Advising somebody**

Dar consejo a alguien

● If I were you, I'd wait. Si yo fuera tú, esperaría.

● I think you should see a doctor. Creo que deberías ver a un médico.

● Why don't you get some expert help? ¿Por qué no pides opinión a un experto?

---

advocacy /ˈædvəkəsi/ n ~ (of sth) (formal) apoyo (a algo)

advocate verbo, nombre
▸ vt /ˈædvəkeɪt/ (formal) recomendar
▸ n /ˈædvəkət/ **1** ~ (of sth) defensor, -ora (de algo) **2** abogado defensor, abogada defensora

aerial /ˈeəriəl/ nombre, adjetivo
▸ n (Radio, TV) antena
▸ adj aéreo

aerobics /eəˈrəʊbɪks/ n [incontable] aeróbic

aerodynamic /ˌeərəʊdaɪˈnæmɪk/ adj aerodinámico

aeroplane /ˈeərəpleɪn/ n avión

| u: too | ʌ cup | ɜː fur | u situation | ə ago | eɪ pay | əʊ home | aɪ fiv |

A

aesthetic (USA esthetic) /esˈθetɪk; GB tb iːsˈ-/ adj estético

AFAIK abrev de as far as I know (coloq) (esp en mensajes, etc.) que yo sepa ➲ Ver nota en TEXTSPEAK

affair ⊶ /əˈfeə(r)/ n **1** asunto: the Bárcenas affair el caso Bárcenas **2** acontecimiento **3** aventura (amorosa), lío: to have an affair with sb estar liado con algn **LOC** Ver STATE

affect ⊶ /əˈfekt/ vt **1** afectar, influir en **2** conmover

affection ⊶ /əˈfekʃn/ n ~ (for sb/sth) cariño (por algn/algo) **affectionate** /əˈfekʃənət/ adj ~ (towards sb/sth) cariñoso (con algn/algo)

affinity /əˈfɪnəti/ n (pl **affinities**) (formal) **1** simpatía **2** afinidad

affirm /əˈfɜːm/ vt (formal) afirmar

affirmative /əˈfɜːmətɪv/ adjetivo, nombre
▸ adj (formal) afirmativo
▸ n (formal) afirmativa

afflict /əˈflɪkt/ vt (formal) afligir: to be afflicted with sth sufrir de algo

affluence /ˈæfluəns/ n riqueza, prosperidad

affluent /ˈæfluənt/ adj rico, próspero

afford ⊶ /əˈfɔːd/ vt permitirse (el lujo de) **❶** Afford se utiliza normalmente con **can** o **could**: Can you afford it? ¿Te lo puedes permitir? **affordable** adj asequible

afield /əˈfiːld/ adv **LOC far/further afield** muy lejos/más allá: from as far as afield as China or Brazil desde lugares tan lejanos como China o Brasil

afloat /əˈfləʊt/ adj a flote

afraid ⊶ /əˈfreɪd/ adj [nunca antes de sustantivo] **1** be ~ (of sb/sth/doing sth) tener miedo (de algn/algo/de hacer algo) **2** be ~ to do sth no atreverse a hacer algo **3** be ~ for sb/sth temer por algn/algo **LOC I'm afraid (that…)** me temo que…; lo siento, pero…: I'm afraid so/not. Me temo que sí/no.

afresh /əˈfreʃ/ adv (formal) de nuevo

African /ˈæfrɪkən/ adj, n africano, -a

Afrikaans /ˌæfrɪˈkɑːns/ n (idioma) afrikáans

Afro-Caribbean /ˌæfrəʊ kærɪˈbiːən, kəˈrɪbiən/ adj, n afrocaribeño, -a

🔎 **Afro-Caribbean** se refiere a la población de origen afrocaribeño de Gran Bretaña, a la que también se llama **black**. En Estados Unidos se dice **African American**.

after ⊶ /ˈɑːftə(r)/; USA ˈæf-/ preposición, conjunción, adverbio
▸ prep **1** después de: after doing your homework después de hacer los deberes ◇ after lunch después de comer ◇ the day after tomorrow pasado mañana **2** detrás de, tras: time after time una y otra vez **3** We named him after you. Le pusimos tu nombre. **LOC after all** después de todo, al fin y al cabo ♦ **be after sth/sb** buscar algo/a algn: What are you after? ¿Qué estás buscando? ◇ She's after a job in advertising. Está buscando un trabajo en publicidad. ◇ They're after me. Me están buscando.
▸ conj después de que
▸ adv después: soon after poco después ◇ the day after al día siguiente

aftermath /ˈɑːftəmæθ, -mɑːθ; USA ˈæftərmæθ/ n [gen sing] secuelas: in the aftermath of the war en el período que siguió a la guerra

afternoon ⊶ /ˌɑːftəˈnuːn; USA ˌæf-/ n tarde: tomorrow afternoon mañana por la tarde **LOC good afternoon** buenas tardes ➲ Ver notas en MEDIO, MORNING, TARDE

aftershave /ˈɑːftəʃeɪv; USA ˈæftərʃeɪv/ n loción para después del afeitado

aftersun /ˈɑːftəsʌn; USA ˈæftərsʌn/ n crema para después de tomar el sol

afterthought /ˈɑːftəθɔːt; USA ˈæftərθɔːt/ n ocurrencia tardía

afterwards ⊶ /ˈɑːftəwədz; USA ˈæftərwərdz/ (USA tb afterward) adv después: shortly/soon afterwards poco después

again ⊶ /əˈɡen, əˈɡeɪn/ adv otra vez, de nuevo: once again una vez más ◇ never again nunca más ◇ again and again una y otra vez ◇ Don't do it again. No vuelvas a hacerlo. **LOC then/there again** por otra parte Ver tb NOW, OVER, TIME, YET

against ⊶ /əˈɡenst, əˈɡeɪnst/ prep **❶** Para los usos de **against** en PHRASAL VERBS ver las entradas de los verbos correspondientes, p. ej. **guard against sth** en GUARD. **1** contra, en contra de: We were rowing against the current. Remábamos contra la corriente. ◇ I'm against it. Estoy en contra. **2** (contacto) contra: Put the piano against the wall. Pon el piano contra la pared. **3** (contraste) sobre: The mountains stood out against the blue sky. Las montañas se recortaban sobre el azul del cielo.

age ⊶ /eɪdʒ/ nombre, verbo
▸ n **1** edad: to be six years of age tener seis años Ver tb MIDDLE AGE, OLD AGE **2** época, era **3** vejez: It improves with age. Mejora con el tiempo. **4** ages [pl] (tb an age) (coloq) una eternidad: It's ages since I saw her. Hace años que no la veo. **LOC age of consent** edad legal para mantener relaciones sexuales ♦ **come of age** alcanzar la mayoría de edad ♦ **under age** demasiado joven, menor de edad Ver tb LOOK

aged

▸ vt, vi (part pres **ageing**, **aging**, pt, pp **aged** /eɪdʒd/) (hacer) envejecer

aged 0̃ adjetivo, nombre
▸ adj /eɪdʒd/ **1** de... años de edad: *He died aged 81.* Murió a la edad de 81 años. **2** /ˈeɪdʒɪd/ anciano
▸ n /ˈeɪdʒɪd/ **the aged** [pl] los ancianos

🔎 Para referirnos a las personas mayores se suele decir **old people** o **the elderly**. Para "tercera edad" se dice **senior citizens**: *activities for senior citizens* actividades para la tercera edad.

ageing (tb aging) /ˈeɪdʒɪŋ/ nombre, adjetivo
▸ n envejecimiento
▸ adj **1** avejentado **2** no tan joven

ageism (USA tb agism) /ˈeɪdʒɪzəm/ n discriminación por razones de edad **ageist** (USA tb agist) adj que discrimina por razones de edad

agency 0̃ /ˈeɪdʒənsi/ n (pl **agencies**) agencia, organismo

agenda /əˈdʒendə/ n orden del día

agent 0̃ /ˈeɪdʒənt/ n agente, representante

aggravate /ˈæɡrəveɪt/ vt **1** agravar **2** (coloq) fastidiar **aggravating** adj irritante **aggravation** n **1** fastidio **2** agravamiento

aggression /əˈɡreʃn/ n [incontable] agresión, agresividad: *an act of aggression* un asalto

aggressive 0̃ /əˈɡresɪv/ adj agresivo

agile /ˈædʒaɪl/ USA /ˈædʒl/ adj ágil **agility** /əˈdʒɪləti/ n agilidad

aging = AGEING

agitated /ˈædʒɪteɪtɪd/ adj agitado: *to get agitated* ponerse nervioso **agitation** n **1** inquietud, perturbación **2** (Pol) agitación

agnostic /æɡˈnɒstɪk/ adj, n agnóstico, -a

ago 0̃ /əˈɡəʊ/ adv hace: *ten years ago* hace diez años ◊ *How long ago did she die?* ¿Cuánto hace que murió? ◊ *as long ago as 1950* ya en 1950

🔎 **Ago** se usa con el pasado simple o el pasado continuo, pero nunca con el presente perfecto: *She arrived a few minutes ago.* Ha llegado/Llegó hace unos minutos. Con el pasado perfecto se usa **before** o **earlier**: *She had arrived two days before.* Había llegado hacía dos días/dos días antes. ⮑ *Ver ejemplos en* FOR

agonize, -ise /ˈæɡənaɪz/ vi ~ (over/about sth) atormentarse (por/con motivo de algo): *to agonize over a decision* dar muchas vueltas tratando de decidir algo **agonized, -ised** adj an-

gustiado, de angustia **agonizing, -ising** adj **1** angustioso **2** (dolor) horroroso

agony /ˈæɡəni/ n (pl **agonies**) **1** *to be in agony* tener unos dolores horrorosos **2** *It was agony!* ¡Fue una pesadilla!

agony aunt n consejera sentimental (en una revista, etc.)

agree 0̃ /əˈɡriː/ (pt, pp **agreed**) **1** vi ~ (with sb) (about/on sth) estar de acuerdo (con algn) (en/sobre algo): *They agreed with me on all the major points.* Estuvieron de acuerdo conmigo en todos los puntos fundamentales. **2** vi ~ (to sth) consentir (en algo); acceder (a algo): *He agreed to let me go.* Consintió en que me fuera. **3** vt acordar: *It was agreed that...* Se acordó que... **4** vi llegar a un acuerdo **5** vt (informe, etc.) aprobar **6** vi (Gram) concordar PHRV **not agree with sb** no sentarle bien a algn (comida, clima): *The climate didn't agree with him.* El clima no le sentaba bien. **agreeable** adj (formal) **1** agradable **2** ~ (to sth) conforme (con algo)

agreement 0̃ /əˈɡriːmənt/ n **1** conformidad, acuerdo **2** convenio, acuerdo **3** (Econ) contrato LOC **in agreement with sth/sb** de acuerdo con algo/algn

agribusiness /ˈæɡrɪbɪznəs/ n agroindustria

agricultural /ˌæɡrɪˈkʌltʃərəl/ adj agrícola

agriculture /ˈæɡrɪkʌltʃə(r)/ n agricultura

agritourism /ˈæɡrɪtʊərɪzəm; GB tb -tɔːr-/ n turismo rural

ah /ɑː/ interj ¡ah!

aha /ɑːˈhɑː/ interj ¡ajá!

ahead 0̃ /əˈhed/ adv
ℹ Para los usos de **ahead** en PHRASAL VERBS ver las entradas de los verbos correspondientes, p. ej. **press ahead** en PRESS. **1** hacia adelante: *She looked (straight) ahead.* Miró hacia adelante. **2** próximo: *in the months ahead* en los próximos meses **3** por delante: *the road ahead* la carretera que se abre por delante de nosotros LOC **be ahead** llevar ventaja

ahead of prep **1** (por) delante de: *directly ahead of us* justo delante de nosotros ◊ *Madrid is an hour ahead of London.* Madrid va una hora por delante de Londres. **2** antes de: *We're a month ahead of schedule.* Llevamos un mes de adelanto sobre lo previsto. LOC **be/get ahead of sb/sth** llevar ventaja/adelantarse a algn/algo

aid 0̃ /eɪd/ nombre, verbo
▸ n **1** ayuda **2** apoyo **3** (formal) auxilio: *to come/go to sb's aid* acudir en auxilio de algn *Ver tb* FIRST AID LOC **in aid of sth/sb** a beneficio de algo/algn
▸ vt ayudar, facilitar

ð **then**   s **so**   z **zoo**   ∫ **she**   ʒ **vision**   h **how**   ŋ **sing**   j **yes**   w **we**

AIDS (tb Aids) /eɪdz/ n (abrev de Acquired Immune Deficiency Syndrome) sida

ailment /'eɪlmənt/ n achaque, dolencia

aim ☞ /eɪm/ nombre, verbo
▸ n **1** objetivo, propósito **2** puntería: to take aim apuntar
▸ **1** vi ~ at/for sth; ~ at doing sth aspirar a algo/a hacer algo **2** vi ~ to do sth tener la intención de hacer algo **3** vt be aimed at sth/doing sth tener como objetivo algo/hacer algo **4** vt, vi ~ (sth) (at sb/sth) (arma) apuntar (a algn/algo) (con algo) **5** vt ~ sth at sb dirigir algo a algn: The course is aimed at young people. El curso va dirigido a los jóvenes.

aimless /'eɪmləs/ adj sin objeto **aimlessly** adv sin rumbo

ain't /eɪnt/ (coloq) **1** (abrev de am/is/are not) Ver BE **2** (abrev de has/have not) Ver HAVE ❶ Esta forma no se considera gramaticalmente correcta.

air ☞ /eə(r)/ nombre, verbo
▸ n aire: air pollution contaminación atmosférica **LOC** be on (the) air estar en antena ◆ by air en avión, por vía aérea ◆ give yourself airs; put on airs darse aires ◆ in the air There's something in the air. Se está tramando algo. ◆ up in the air The plan is still up in the air. El proyecto sigue en el aire. Ver tb BREATH, CLEAR, OPEN, THIN
▸ vt **1** airear **2** (queja) ventilar

airbase /'eəbeɪs/ n base aérea

air-conditioned adj climatizado

air conditioning (tb 'air con) n aire acondicionado

aircraft ☞ /'eəkrɑːft; USA -kræft/ n (pl aircraft) avión, aeronave

airfare /'eəfeə(r)/ n tarifa aérea

air force n [v sing o pl] fuerza(s) aérea(s)

air freshener /'eə freʃnə(r)/ n ambientador

airhead /'eəhed/ n (coloq, pey) cabeza hueca

air hostess n (GB, antic) azafata

airline /'eəlaɪn/ n línea aérea **airliner** n avión (de pasajeros)

airmail /'eəmeɪl/ n correo aéreo: by airmail por vía aérea

airplane /'eəpleɪn/ n (esp USA) avión

airport ☞ /'eəpɔːt/ n aeropuerto

air raid n ataque aéreo

airtight /'eətaɪt/ adj hermético

airtime /'eətaɪm/ n **1** (TV, Radio) tiempo en antena **2** (telefonía) tiempo disponible para hablar

aisle /aɪl/ n pasillo (de iglesia, avión, teatro, supermercado)

aka /ˌeɪ keɪ 'eɪ/ abrev de also known as alias

alarm ☞ /ə'lɑːm/ nombre, verbo
▸ n **1** alarma: to raise/sound the alarm dar la alarma ◇ a false alarm una falsa alarma **2** timbre de alarma **3** (tb a'larm clock) (reloj) despertador ➔ Ver dibujo en RELOJ
▸ vt alarmar

alarmed ☞ /ə'lɑːmd/ adj alarmado: to be/become/get alarmed alarmarse

alarming ☞ /ə'lɑːmɪŋ/ adj alarmante

alas /ə'læs/ interj (antic) por desgracia

albeit /ˌɔːl'biːɪt/ conj (formal) aunque

albino /æl'biːnəʊ; USA æl'baɪnəʊ/ adj, n (pl albinos) albino, -a

album /'ælbəm/ n álbum

alcohol ☞ /'ælkəhɒl; USA -hɔːl/ n alcohol: alcohol-free sin alcohol

alcoholic ☞ /ˌælkə'hɒlɪk/ adj, n alcohólico, -a

alcoholism /'ælkəhɒlɪzəm/ n alcoholismo

ale /eɪl/ n cerveza (de elaboración tradicional)

alert /ə'lɜːt/ adjetivo, verbo, nombre
▸ adj **1** despierto **2** ~ to sth atento a algo
▸ vt ~ sb (to sth) alertar a algn (de algo)
▸ n **1** alerta: to be on the alert estar alerta **2** aviso: a bomb alert un aviso de bomba

A level /'eɪ levl/ n (abrev de Advanced level) (GB) (Educ): What A levels are you doing/taking? ¿A qué asignaturas te vas a presentar?

🔎 Los **A levels** son exámenes que hacen los estudiantes de diecisiete o dieciocho años para acceder a la universidad, que equivalen a la Prueba General de Bachillerato en España. Para el **A level** se suele estudiar solo tres o cuatro asignaturas. ➔ Ver nota en GCSE

algae /'ældʒiː, 'ælgiː/ n [incontable, pl] algas ❶ Se usa más la palabra **weed**, o **seaweed**, si se refiere a las algas marinas.

algebra /'ældʒɪbrə/ n álgebra

alibi /'æləbaɪ/ n (pl alibis) coartada

alien /'eɪliən/ adjetivo, nombre
▸ adj **1** extraño **2** extranjero **3** ~ to sb/sth ajeno a algn/algo **4** extraterrestre
▸ n **1** extranjero, -a; inmigrante **2** extraterrestre

alienate /'eɪliəneɪt/ vt alienar

alight /ə'laɪt/ adj [nunca antes de sustantivo] to be alight estar ardiendo ◇ to set sth alight prender fuego a algo

align /ə'laɪn/ vt alinear **PHR V** align yourself with sb (Pol) aliarse con algn

alike /ə'laɪk/ adjetivo, adverbio
▸ adj [nunca antes de sustantivo] **1** parecido: to be/look alike parecerse **2** igual: No two are alike. No hay dos iguales.

---

see	i happy	ɪ sit	e ten	æ hat	ɑː arm	ɒ got	ɔː saw	ʊ put

▶ *adv* igual, del mismo modo: *It appeals to young and old alike.* Atrae a viejos y jóvenes por igual. `LOC` *Ver* GREAT

alive 0̶ /ə'laɪv/ *adj* [nunca antes de sustantivo] **1** vivo, con vida: *to keep sb alive* mantener vivo a algn ◇ *to stay alive* sobrevivir **2** en el mundo: *He's the best player alive.* Es el mejor jugador del mundo. ⊃ *Comparar con* LIVING `LOC` **alive and kicking** vivito y coleando ◆ **keep sth alive 1** (*tradición*) conservar algo **2** (*recuerdo, amor*) mantener vivo algo

all 0̶ /ɔːl/ *adjetivo, pronombre, adverbio*

▶ *adj* **1** todo: *all four of us* los cuatro **2** *He denied all knowledge of the crime.* Negó todo conocimiento del crimen. `LOC` **for all 1** a pesar de: *for all his wealth* a pesar de toda su riqueza **2** *for all I know* que yo sepa ◆ **on all fours** a gatas

▶ *pron* **1** todo: *I ate all of it.* Me lo comí todo. ◇ *All of us liked it.* Nos gustó a todos. ◇ *Are you all going?* ¿Vais todos? **2** lo único: *All I want is…* Lo único que quiero es… `LOC` **all in all** en conjunto ◆ **at all** (*en contextos negativos*): *I didn't like it at all.* No me gustó nada. ◇ *if it's at all possible* si existe la más mínima posibilidad ◆ **in all** en total

▶ *adv* **1** todo: *all in white* todo de blanco ◇ *all alone* completamente solo **2** muy: *all excited* muy emocionado **3** (*Dep*): *The score is two all.* Están empatados a dos. `LOC` **all along** todo el tiempo ◆ **all but** casi: *It was all but impossible.* Era casi imposible. ◆ **all over 1** por todas partes **2** *That's her all over.* Eso es muy propio de ella. ◆ **all the better** tanto mejor ◆ **all the more** tanto más, aún más ◆ **all too** demasiado ◆ **all for sth** estar totalmente a favor de algo

all-a'round (*USA*) = ALL-ROUND

allegation /ˌælə'geɪʃn/ *n* acusación

allege /ə'ledʒ/ *vt* (*formal*) alegar **alleged** *adj* (*formal*) presunto **allegedly** /ə'ledʒɪdli/ *adv* supuestamente

allegiance /ə'liːdʒəns/ *n* lealtad

allergen /'ælədʒən/ *n* alérgeno

allergic /ə'lɜːdʒɪk/ *adj* ~ **(to sth)** alérgico (a algo)

allergy /'ælədʒi/ *n* (*pl* **allergies**) ~ **(to sth)** alergia (a algo)

alleviate /ə'liːvieɪt/ *vt* aliviar **alleviation** *n* alivio

alley /'æli/ *n* (*pl* **alleys**) (*tb* alleyway /'æliweɪ/) callejón

alliance /ə'laɪəns/ *n* alianza

allied 0̶ *adj* **1** /'ælaɪd/ ~ **(to/with sb/sth)** (*Pol*) aliado (con algn/algo) **2** /ə'laɪd, 'ælaɪd/ ~ **(to/**

with sth) (*formal*) relacionado (con algo) *Ver tb* ALLY

allies *pl de* ALLY

alligator /'ælɪgeɪtə(r)/ *n* caimán

all-in'clusive *adj* con todo incluido

allocate /'æləkeɪt/ *vt* asignar **allocation** *n* asignación

allot /ə'lɒt/ *vt* (-tt-) asignar **allotment** *n* **1** (*GB*) parcela que el ayuntamiento alquila a particulares para cultivar **2** (*formal*) asignación

all-'out *adjetivo, adverbio*

▶ *adj* [solo antes de sustantivo] total

▶ *adv* **all out** *to go all out to win* hacer todo lo posible por ganar

allow 0̶ /ə'laʊ/ *vt* **1** permitir: *They don't allow me to stay out late.* No me dejan volver a casa tarde. ◇ *Dogs are not allowed.* No se admiten perros.

🔎 **Allow** se usa igualmente en inglés formal y coloquial. La forma pasiva **be allowed to** es muy corriente. **Permit** es una palabra muy formal y se usa fundamentalmente en lenguaje escrito. **Let** es informal y se usa mucho en inglés hablado.

2 conceder **3** calcular **4** (*formal*) admitir `PHRV` **allow for sth** tener algo en cuenta **allowable** *adj* admisible, permisible

allowance /ə'laʊəns/ *n* **1** asignación, prestación: *travel allowance* complemento para gastos de viaje **2** límite permitido `LOC` **make allowance(s) for sth** tener algo en cuenta ◆ **make allowances (for sb)** ser indulgente (con algn)

alloy /'ælɔɪ/ *n* aleación

all 'right 0̶ (*tb* alright) *adjetivo, adverbio, interjección*

▶ *adj, adv* **1** bien: *Did you get here all right?* ¿Te ha sido fácil llegar? **2** (*adecuado*): *The food was all right.* La comida no estaba mal. **3** *That's him all right.* Seguro que es él.

▶ *interj* de acuerdo

all-'round (*USA* all-around) *adj* [solo antes de sustantivo] **1** general **2** (*persona*) completo

all-time *adj* [solo antes de sustantivo] de todos los tiempos

ally 0̶ *nombre, verbo*

▶ *n* /'ælaɪ/ (*pl* **allies**) aliado, -a

▶ *vt, vi* /ə'laɪ/ (*pt, pp* **allied**) ~ **(yourself) with sb/sth** aliarse con algn/algo

almighty /ɔːl'maɪti/ *adj* **1** todo poderoso **2** [solo antes de sustantivo] (*coloq*) muy fuerte: *heard the most almighty crash.* Oí un ruido estrepitoso.

almond /ˈɑːmənd/ n almendra: *almond tree* almendro

almost ☞ /ˈɔːlməʊst/ adv casi ➾ *Ver nota en* CASI

alone ☞ /əˈləʊn/ adj, adv solo: *Are you alone?* ¿Estás sola? ◊ *You alone can help me.* Solo tú puedes ayudarme.

🔎 **Alone** nunca va delante de un sustantivo y es una palabra neutra. **Lonely** sí puede ir delante de un sustantivo y tiene siempre connotaciones negativas: *I want to be alone.* Quiero estar solo. ◊ *She was feeling very lonely.* Se sentía muy sola. ◊ *a lonely house* una casa solitaria.

🔲 **leave/let sb/sth alone** dejar a algn/algo en paz *Ver tb* LET

along ☞ /əˈlɒŋ/; USA əˈlɔːŋ/ *preposición, adverbio*
❶ Para los usos de **along** en PHRASAL VERBS ver las entradas de los verbos correspondientes, p. ej. **get along** en GET.
▸ prep por, a lo largo de: *a walk along the beach* un paseo por la playa
▸ adv *Bring some friends along (with you).* Tráete a algunos amigos.

🔎 **Along** se emplea a menudo con verbos de movimiento en tiempos continuos cuando no se menciona ningún destino y generalmente no se traduce en español: *I was driving along.* Iba conduciendo.

🔲 **along with sb/sth** junto con algn/algo

alongside ☞ /əˌlɒŋˈsaɪd/; USA əˌlɔːŋ-/ prep, adv junto (a): *A car drew up alongside.* Un coche se paró junto al nuestro.

aloud ☞ /əˈlaʊd/ adv ❶ en voz alta ❷ a voces

alphabet ☞ /ˈælfəbet/ n abecedario

alphabetical ☞ /ˌælfəˈbetɪkl/ adj alfabético

the Alps /ði ælps/ n [pl] los Alpes

already ☞ /ɔːlˈredi/ adv ya: *We got there at 6.30 but Martin had already left.* Llegamos a las 6.30, pero Martin ya se había marchado. ◊ *Have you already eaten?* ¿Has comido ya? ◊ *Surely you aren't going already!* ¡No te irás a marchar ya! ➾ *Ver nota en* YET

alright (coloq) = ALL RIGHT

Alsatian /ælˈseɪʃn/ n pastor alemán

also ☞ /ˈɔːlsəʊ/ adv también, además: *I've also met her parents.* También he conocido a sus padres. ◊ *She was also very rich.* Además era muy rica. ➾ *Ver nota en* TAMBIÉN

altar /ˈɔːltə(r)/ n altar

alter ☞ /ˈɔːltə(r)/ ❶ vt, vi cambiar ❷ vt (ropa) arreglar: *The skirt needs altering.* La falda necesita arreglos. **alteration** n ❶ cambio ❷ (ropa) arreglo

alternate *adjetivo, verbo*
▸ adj /ɔːlˈtɜːnət/ USA ˈɔːltərnət/ alterno
▸ vt, vi /ˈɔːltəneɪt/ alternar(se)

alternative ☞ /ɔːlˈtɜːnətɪv/ *nombre, adjetivo*
▸ n alternativa: *She had no alternative but to leave.* No tuvo más remedio que marcharse.
▸ adj alternativo

alternatively ☞ /ɔːlˈtɜːnətɪvli/ adv como alternativa

although ☞ (USA tb coloq altho) /ɔːlˈðəʊ/ conj aunque ➾ *Ver nota en* AUNQUE

altitude /ˈæltɪtjuːd/ USA -tuːd/ n altitud

altogether ☞ /ˌɔːltəˈɡeðə(r)/ adv ❶ completamente: *I don't altogether agree.* No estoy completamente de acuerdo. ❷ en total ❸ *Altogether, it was disappointing.* En general, fue decepcionante.

aluminium /ˌæljəˈmɪniəm, ˌælə-/ (USA aluminum /əˈluːmɪnəm/) n aluminio

alveolus /ælˈviːələs; GB tb ˌælviˈəʊləs/ n (pl **alveoli** /ælˈviːəlaɪ, -liː; GB tb ˌælviˈəʊlaɪ, -liː/) (Anat) alvéolo

always ☞ /ˈɔːlweɪz/ adv siempre 🔲 **as always** como siempre

🔎 La posición de los adverbios de frecuencia (**always, never, ever, usually,** etc.) depende del verbo al que acompañan, es decir, van detrás de los verbos auxiliares y modales (**be, have, can,** etc.) y delante de los demás verbos: *I have never visited her.* Nunca he ido a visitarla. ◊ *I am always tired.* Siempre estoy cansado. ◊ *I usually go shopping on Mondays.* Normalmente voy a la compra los lunes.

am /əm, æm/ *Ver* BE

a.m. ☞ (USA tb A.M.) /ˌeɪ ˈem/ abrev de la mañana: *at 11 a.m.* a las once de la mañana ➾ *Ver nota en* P.M.

amalgam /əˈmælɡəm/ n amalgama

amalgamate /əˈmælɡəmeɪt/ vt, vi fusionar(se)

amateur /ˈæmətə(r), -tʃə(r)/ adj, n ❶ aficionado, -a ❷ (pey) chapucero, -a

amaze ☞ /əˈmeɪz/ vt asombrar

amazed ☞ /əˈmeɪzd/ adj ❶ asombrado: *to be amazed at/by sth* asombrarse de algo ❷ (cara, etc.) de asombro

amazement /əˈmeɪzmənt/ n asombro

amazing ☞ /əˈmeɪzɪŋ/ adj asombroso

ambassador /æmˈbæsədə(r)/ n embajador, -ora

amber /ˈæmbə(r)/ adj, n ámbar

ambiguity /ˌæmbɪˈɡjuːəti/ n (pl **ambiguities**) ambigüedad

ambiguous /æmˈbɪɡjuəs/ adj ambiguo

ambition ☞ /æmˈbɪʃn/ n ambición

ambitious /æmˈbɪʃəs/ adj ambicioso

ambulance ☞ /ˈæmbjələns/ n ambulancia

ambush /ˈæmbʊʃ/ n emboscada

ameba (USA) = AMOEBA

amen /ɑːˈmen, eɪˈ-/ interj, n amén

amend /əˈmend/ vt enmendar **amendment** n enmienda

amends /əˈmendz/ n [pl] LOC **make amends (to sb) (for sth)** compensar (a algn) (por algo)

amenities /əˈmiːnətiz/; USA əˈmen-/ n [pl] **1** comodidades **2** instalaciones (públicas)

American /əˈmerɪkən/ adj, n americano, -a; estadounidense Ver tb NATIVE AMERICAN ➲ Ver nota en AMÉRICA

amiable /ˈeɪmiəbl/ adj amable

amicable /ˈæmɪkəbl/ adj amistoso

amid /əˈmɪd/ (tb amidst /əˈmɪdst/) prep (formal) entre, en medio de: Amid the confusion, the thieves got away. Entre la confusión, los ladrones se escaparon.

ammunition /ˌæmjuˈnɪʃn/ n [incontable] **1** municiones: live ammunition fuego real **2** (fig) argumentos (para discutir)

amnesty /ˈæmnəsti/ n (pl **amnesties**) amnistía

amoeba (USA tb ameba) /əˈmiːbə/ n (pl **amoebas/ amebas, amoebae/amebae** /-biː/) (Biol) ameba

among ☞ /əˈmʌŋ/ (tb amongst /əˈmʌŋst/) prep entre (más de dos cosas/personas): I was among the last to leave. Fui de los últimos en marcharse. ➲ Ver dibujo en ENTRE

amount ☞ /əˈmaʊnt/ nombre, verbo
▶ n **1** cantidad **2** suma (de dinero) **3** (factura) importe LOC **any amount of sth** una gran cantidad de algo
▶ v PHRV **amount to sth 1** ascender a algo: The cost amounted to 250 euros. El coste ascendió a 250 euros. **2** equivaler a algo: Our information doesn't amount to much. No tenemos muchos datos.

amp /æmp/ n (coloq) amplificador

amphibian /æmˈfɪbiən/ n anfibio

amphitheatre (USA amphitheater) /ˈæmfɪθɪə-tə(r)/; USA -θiːətər/ n anfiteatro

ample /ˈæmpl/ adj **1** abundante **2** más que suficiente

amplifier /ˈæmplɪfaɪə(r)/ n amplificador

amplify /ˈæmplɪfaɪ/ vt (pt, pp **-fied**) **1** amplificar **2** (formal) (relato, etc.) ampliar

amply /ˈæmpli/ adv ampliamente

amputate /ˈæmpjuteɪt/ vt, vi amputar

amulet /ˈæmjʊlət/ n amuleto

amuse ☞ /əˈmjuːz/ vt **1** hacer gracia **2** distraer, divertir

amusement /əˈmjuːzmənt/ n **1** diversión: a look of amusement una mirada de regocijo **2** distracción: amusement park parque de atracciones ◊ amusement arcade salón recreativo

amusing ☞ /əˈmjuːzɪŋ/ adj divertido, gracioso

an Ver A

anaemia (USA anemia) /əˈniːmiə/ n anemia **anaemic** (USA anemic) adj anémico

anaesthetic (USA anesthetic) /ˌænəsˈθetɪk/ n anestesia: to give sb an anaesthetic anestesiar a algn

analogy /əˈnælədʒi/ n (pl **analogies**) analogía: by analogy with sth por analogía con algo

analyse ☞ (USA analyze) /ˈænəlaɪz/ vt analizar

analysis ☞ /əˈnæləsɪs/ n (pl **analyses** /-siːz/) **1** análisis **2** psicoanálisis LOC **in the final/last analysis** a fin de cuentas

analyst /ˈænəlɪst/ n **1** analista **2** psicoanalista

analytical /ˌænəˈlɪtɪkl/ (tb analytic /ˌænəˈlɪtɪk/) adj analítico

anarchic /əˈnɑːkɪk/ adj anárquico

anarchism /ˈænəkɪzəm/ n anarquismo

anarchist /ˈænəkɪst/ adj, n anarquista

anarchy /ˈænəki/ n anarquía

anatomy /əˈnætəmi/ n (pl **anatomies**) anatomía

ancestor /ˈænsestə(r)/ n antepasado, -a **ancestral** /ænˈsestrəl/ adj ancestral: her ancestral home la casa de sus antepasados **ancestry** /ˈænsestri/ n ascendencia

anchor /ˈæŋkə(r)/ nombre, verbo
▶ n ancla: to be at anchor estar anclado LOC **drop/weigh anchor** echar/levar anclas
▶ vt, vi anclar

anchovy /ˈæntʃəvi; USA -tʃəʊvi/ n (pl **anchovies**) anchoa

ancient ☞ /ˈeɪnʃənt/ adj **1** antiguo **2** (coloq) viejísimo

and ☞ /ənd, ænd/ conj **1** y **2** con: bacon and eggs huevos con beicon **3** (números): one hundred and three ciento tres **4** come, try, etc. ~: Come and help me. Ven a ayudarme. ◊ Try and finish quickly. Intenta acabar pronto.

5 (con comparativos): *bigger and bigger* cada vez más grande **6** (repetición): *They shouted and shouted.* Gritaron sin parar. ◊ *I've tried and tried.* Lo he intentado repetidas veces.

anecdote /ˈænɪkdəʊt/ n anécdota

anemia, anemic (USA) = ANAEMIA, ANAEMIC

anesthetic (USA) = ANAESTHETIC

angel /ˈeɪndʒl/ n ángel: *guardian angel* ángel de la guarda ◊ *You're an angel!* ¡Eres un cielo!

anger ⊶ /ˈæŋgə(r)/ nombre, verbo
▸ n ira
▸ vt enfadar

angiosperm /ˈændʒiəʊspɜːm/ n (Bot) angiosperma

angle ⊶ /ˈæŋgl/ n **1** ángulo: *right angle* ángulo recto **2** punto de vista **LOC** **at an angle** inclinado

Anglican /ˈæŋglɪkən/ adj, n anglicano, -a

angling /ˈæŋglɪŋ/ n pesca (con caña)

angrily ⊶ /ˈæŋgrəli/ adv con ira

angry ⊶ /ˈæŋgri/ adj (**angrier, -iest**) ~ **(with sb) (at/about sth)** enfadado (con algn) (por algo): *Don't get angry with me!* ¡No te enfades conmigo! ◊ *It makes me very angry.* Me da mucha rabia.

anguish /ˈæŋgwɪʃ/ n (formal) angustia **anguished** adj (formal) angustiado

angular /ˈæŋgjələ(r)/ adj **1** angular **2** (facciones) anguloso

animal ⊶ /ˈænɪml/ n animal: *animal experiments* experimentos con animales ◊ *animal rights* los derechos de los animales

animate verbo, adjetivo
▸ vt /ˈænɪmeɪt/ animar
▸ adj /ˈænɪmət/ (formal) animado (vivo)

anime /ˈænɪmeɪ, -mə/ n [incontable] anime (dibujos animados japoneses)

ankle ⊶ /ˈæŋkl/ n tobillo

anniversary ⊶ /ˌænɪˈvɜːsəri/ n (pl **anniversaries**) aniversario

announce ⊶ /əˈnaʊns/ vt anunciar (hacer público) **announcement** n anuncio (en público): *to make an announcement* comunicar algo **announcer** n locutor, -ora (Radio, etc.)

annoy ⊶ /əˈnɔɪ/ vt molestar, fastidiar **annoyance** n fastidio: *much to our annoyance* para fastidio nuestro

annoyed ⊶ /əˈnɔɪd/ adj ~ **(with sb) (about sth)** enfadado (con algn) (por algo): *I got really annoyed.* Me enfadé mucho.

annoying ⊶ /əˈnɔɪɪŋ/ adj molesto

annual ⊶ /ˈænjuəl/ adj anual

annually ⊶ /ˈænjuəli/ adv anualmente

anonymity /ˌænəˈnɪməti/ n anonimato

anonymous /əˈnɒnɪməs/ adj anónimo

anorak /ˈænəræk/ n **1** anorak **2** (GB, coloq) (persona) obseso, -a: *He's a real computer anorak.* Es un verdadero obseso de los ordenadores.

anorexia /ˌænəˈreksiə/ n anorexia **anorexic** adj, n anoréxico, -a

another ⊶ /əˈnʌðə(r)/ adj, pron otro, -a: *another one* otro (más) ◊ *another five* cinco más ◊ *I'll do it another time.* Lo haré en otro momento. ◆ **one way or another** de una manera u otra *Ver tb* ONE ANOTHER ➜ *Ver nota en* OTRO

answer ⊶ /ˈɑːnsə(r)/; USA /ˈæn-/ nombre, verbo
▸ n **1** respuesta: *I phoned, but there was no answer.* Llamé, pero no contestaban. **2** solución **LOC** **have/know all the answers** (coloq) saberlo todo ◆ **in answer to sth** en respuesta a algo
▸ **1** vt, vi contestar (a): *to answer the door* abrir la puerta **2** vt (acusación, ruegos) responder a **PHR V** **answer (sb) back** contestar (a algn) (de malos modos) ◆ **answer for sb/sth** responder por algn/de algo ◆ **answer to sb (for sth)** responder ante algn (de algo)

answering machine (tb **answerphone** /ˈɑːnsəfəʊn/; USA /ˈæns-/) n contestador (automático)

ant /ænt/ n hormiga

antagonism /ænˈtæɡənɪzəm/ n (formal) antagonismo **antagonistic** /ænˌtæɡəˈnɪstɪk/ adj hostil

anteater /ˈæntiːtə(r)/ n oso hormiguero

antenna /ænˈtenə/ n **1** (pl **antennae** /-niː/) (de insecto) antena **2** (pl **antennas**) (USA) (Radio, TV) antena

anthem /ˈænθəm/ n himno: *national anthem* himno nacional

anthology /ænˈθɒlədʒi/ n (pl **anthologies**) antología

anthrax /ˈænθræks/ n ántrax

anthropological /ˌænθrəpəˈlɒdʒɪkl/ adj antropológico

anthropologist /ˌænθrəˈpɒlədʒɪst/ n antropólogo, -a

anthropology /ˌænθrəˈpɒlədʒi/ n antropología

antibiotic /ˌæntibaɪˈɒtɪk/ adj, n antibiótico

antibody /ˈæntibɒdi/ n (pl **antibodies**) anticuerpo

anticipate ⊶ /ænˈtɪsɪpeɪt/ vt **1** prever: *as anticipated* de acuerdo con lo previsto ◊ *We anticipate some difficulties.* Contamos con tener algunas dificultades. **2** anticiparse a

anticipation /æn,tɪsɪ'peɪʃn/ n **1** previsión **2** expectación

anticlimax /,ænti'klaɪmæks/ n anticlímax

anticlockwise /,ænti'klɒkwaɪz/ adv, adj en sentido contrario a las agujas del reloj

antics /'æntɪks/ n [pl] payasadas

antidote /'æntidəʊt/ n ~ **(to sth)** antídoto (contra algo)

antiquated /'æntɪkweɪtɪd/ adj anticuado

antique /æn'tiːk/ adjetivo, nombre
▶ adj antiguo (generalmente valioso)
▶ n antigüedad (objeto): an antique shop una tienda de antigüedades **antiquity** /æn'tɪkwəti/ n (pl **antiquities**) antigüedad

antivirus /'æntivaɪrəs/ adj (Informát) antivirus

antler /'æntlə(r)/ n **1** asta (de ciervo, reno, alce) **2 antlers** [pl] cornamenta

anus /'eɪnəs/ n (Anat) ano

anxiety ☞ /æŋ'zaɪəti/ n (pl **anxieties**) **1** preocupación, inquietud **2** (Med) ansiedad **3** ~ **for sth/to do sth** ansia de algo/de hacer algo

anxious ☞ /'æŋkʃəs/ adj **1** ~ **(about sth)** preocupado (por algo): an anxious moment un momento de inquietud **2** ~ **for sth/to do sth** ansioso por algo/por hacer algo **anxiously** adv con ansia

any ☞ /'eni/ adjetivo, pronombre, adverbio
▶ adj, pron ➔ Ver nota en SOME
● **frases interrogativas 1** Have you got any cash? ¿Tienes dinero? **2** algo (de): Do you know any French? ¿Sabes algo de francés? **3** algún: Are there any problems? ¿Hay algún problema? ❶ En este sentido el sustantivo suele ir en plural en inglés.
● **frases negativas 1** He hasn't got any friends. No tiene amigos. ◇ There isn't any left. No queda nada. ➔ Ver nota en NINGUNO **2** (uso enfático): I won't do you any harm. No te haré ningún daño.
● **frases condicionales 1** If I had any relatives… Si tuviera parientes… **2** algo (de): If he's got any sense, he won't go. Si tiene un mínimo de sentido común, no irá. **3** algún: If you see any mistakes, tell me. Si ves algún error, dímelo. ❶ En este sentido el sustantivo suele ir en plural en inglés.

🔎 En las frases condicionales se puede emplear la palabra **some** en vez de **any** en muchos casos: If you need some help, tell me. Si necesitas ayuda, dímelo.

● **frases afirmativas 1** cualquier(a): just like any other boy igual que cualquier otro niño ◇ Take any one you like. Coge el que quieras.

2 todo: Give her any help she needs. Préstale toda la ayuda que necesite.
▶ adv (antes de comparativo) más: I can't walk any faster. No puedo andar más deprisa. ◇ She doesn't work here any longer. Ya no trabaja aquí.

anyhow /'enihaʊ/ adv **1** de todas formas **2** de cualquier manera

any 'more (tb anymore /,eni'mɔː(r)/) adv ya no: She doesn't live here any more. Ya no vive aquí.

anyone ☞ /'eniwʌn/ (tb anybody /'enibɒdi; USA tb -bʌdi/) pron **1** (en frases interrogativas) alguien: Is anyone there? ¿Hay alguien? **2** (en frases negativas o comparativas) nadie: I can't see anyone. No veo a nadie. ◇ He spoke more than anyone. Habló más que nadie. ➔ Ver nota en NO ONE **3** (en frases afirmativas) cualquiera: Invite anyone you like. Invita a quien quieras. ◇ Ask anyone. Pregúntale a cualquiera. ➔ Ver notas en EVERYONE, SOMEONE **LOC anyone else 1** cualquier otro: Anyone else would have refused. Cualquier otro se habría negado. ◇ I can run faster than anyone else. Puedo correr más rápido que todos los demás. **2** alguien más

anything ☞ /'eniθɪŋ/ pron **1** (en frases interrogativas) algo: Is anything wrong? ¿Pasa algo? ◇ Is there anything in these rumours? ¿Hay algo de verdad en estos rumores? **2** (en frases negativas y comparativas) nada: He never says anything. Nunca dice nada. ◇ It was better than anything he'd seen before. Era mejor que nada que hubiera visto antes. **3** (en frases afirmativas) cualquier cosa, todo: We'll do anything you say. Haremos lo que nos digas. ➔ Ver notas en NO ONE, SOMETHING **LOC anything but** It was anything but pleasant. Fue todo menos agradable. ◇ 'Are you tired?' 'Anything but.' —¿Estás cansado? —¡En absoluto! ◆ **as happy, etc. as anything** muy contento, etc.: I was as frightened as anything. Estaba muerto de miedo. ◆ **if anything** I'm a socialist, if anything. Como mucho, soy socialista.

anyway ☞ /'eniweɪ/ adv de todas formas

anywhere ☞ /'eniweə(r)/ (USA tb anyplace /'enipleɪs/) adv, pron **1** (en frases interrogativas) en/a alguna parte **2** (en frases afirmativas): I'd live anywhere. Viviría en cualquier sitio. ◇ anywhere you like donde quieras **3** (en frases negativas) en/a/por ninguna parte: I didn't go anywhere special. No fui a ningún sitio especial. ◇ I haven't got anywhere to stay. No tengo donde alojarme. ➔ Ver nota en NO ONE **4** (en frases comparativas): I feel happier here than anywhere else. Me siento mejor aquí que en ningún otro sitio. ➔ Ver nota en SOMEWHERE **LOC** Ver MILE, NEAR

aorta /eɪˈɔːtə/ n (Anat) aorta

apart ⊶ /əˈpɑːt/ adv
❶ Para los usos de **apart** en PHRASAL VERBS ver las entradas de los verbos correspondientes, p. ej. **fall apart** en FALL. **1** *The two men were five metres apart.* Los dos hombres estaban a cinco metros uno del otro. ◊ *They are a long way apart.* Están muy lejos el uno del otro. **2** separado: *They live apart.* Viven separados. ◊ *I can't pull them apart.* No puedo separarlos. **3** aislado LOC *Ver* JOKE, POLE

a¦part from ⊶ prep aparte de

apartment ⊶ /əˈpɑːtmənt/ n apartamento: *apartment block/building* bloque de pisos

apathetic /ˌæpəˈθetɪk/ adj apático

apathy /ˈæpəθi/ n apatía

ape /eɪp/ n simio

aperitif /əˌperəˈtiːf/ n aperitivo (*bebida alcohólica*)

apologetic /əˌpɒləˈdʒetɪk/ adj de disculpa: *an apologetic look* una mirada de disculpa ◊ *to be apologetic (about sth)* disculparse (por algo)

apologize, -ise ⊶ /əˈpɒlədʒaɪz/ vi ~ **(for sth)** disculparse (por algo) ➲ *Ver nota en* SORRY

apology /əˈpɒlədʒi/ n (pl **apologies**) disculpa LOC **make no apology/apologies (for sth)** no disculparse (por algo)

apostle /əˈpɒsl/ n apóstol

apostrophe /əˈpɒstrəfi/ n apóstrofo ➲ *Ver pág 395*

app /æp/ n (Informát) aplicación, app: *in-app purchases* compras desde la app

appal (USA **appall**) /əˈpɔːl/ vt (**-ll-**) horrorizar: *He was appalled at/by her behaviour.* Le horrorizó su comportamiento. **appalling** adj espantoso, horrible

apparatus /ˌæpəˈreɪtəs; USA -ˈrætəs/ n [incontable] aparato (*en un gimnasio o laboratorio*)

apparent ⊶ /əˈpærənt/ adj **1** evidente: *to become apparent* hacerse evidente **2** aparente: *for no apparent reason* sin motivo aparente

apparently ⊶ /əˈpærəntli/ adv al parecer: *Apparently not.* Parece que no.

appeal ⊶ /əˈpiːl/ nombre, verbo
▸ n **1** recurso: *appeal(s) court* tribunal de apelación **2** atractivo **3** llamamiento: *an appeal for help* un llamamiento pidiendo ayuda **4** súplica
▸ vi **1** ~ **(against sth)** (USA ~ **sth**) (*sentencia, etc.*) recurrir (algo) **2** ~ **(to sb)** atraer (a algn) **3** ~ **(to sb) for sth** pedir algo (a algn) **4** ~ **to sb to do sth** hacer un llamamiento a algn para que haga

algo **5** apelar **appealing** adj **1** atractivo **2** suplicante

appear ⊶ /əˈpɪə(r)/ vi **1** parecer: *You appear to have made a mistake.* Parece que has cometido un error. **2** aparecer: *to appear on TV* salir en televisión **3** (*espíritu*) aparecerse **4** (*acusado*) comparecer

appearance ⊶ /əˈpɪərəns/ n **1** aspecto (físico) **2 appearances** [pl] apariencias: *to keep up appearances* mantener las apariencias **3** aparición

appendicitis /əˌpendəˈsaɪtɪs/ n [incontable] (Med) apendicitis

appendix /əˈpendɪks/ n (pl **appendices** /-dɪsiːz/) (Anat, Liter) apéndice

appetite /ˈæpɪtaɪt/ n **1** apetito: *to give sb an appetite* abrir el apetito a algn **2** apetencia LOC *Ver* WHET

appetizer, -iser /ˈæpɪtaɪzə(r)/ n aperitivo (*tapa*)

appetizing, -ising /ˈæpɪtaɪzɪŋ/ adj apetitoso

applaud /əˈplɔːd/ vt, vi aplaudir

applause /əˈplɔːz/ n [incontable] aplausos: *a big round of applause* un fuerte aplauso

apple /ˈæpl/ n manzana: *apple tree* manzano *Ver tb* ADAM'S APPLE, BIG APPLE

appliance /əˈplaɪəns/ n aparato: *electrical/kitchen appliances* electrodomésticos

applicable /əˈplɪkəbl, ˈæplɪkəbl/ adj aplicable

applicant /ˈæplɪkənt/ n ~ **(for sth)** solicitante, aspirante (a algo)

application ⊶ /ˌæplɪˈkeɪʃn/ n **1** ~ **(for sth/to do sth)** solicitud (de algo/de hacer algo): *application form* impreso de solicitud **2** (*uso, Informát*) aplicación

applied /əˈplaɪd/ adj aplicado

apply ⊶ /əˈplaɪ/ (pt, pp **applied**) **1** vi ~ **(for sth)** solicitar algo; hacer una solicitud **2** vt aplicar **3** vi ser aplicable: *This applies to men and women.* Esto se aplica tanto a los hombres como a las mujeres. **4** vt ~ **yourself (to sth)** aplicarse (a algo) **5** vt (*fuerza, etc.*) ejercer: *to apply the brakes* frenar

appoint ⊶ /əˈpɔɪnt/ vt **1** nombrar **2** (*formal*) (*hora, lugar*) señalar

appointment ⊶ /əˈpɔɪntmənt/ n **1** cita, hora: *to make a dental appointment* pedir hora para el dentista **2** (*acto*) nombramiento **3** puesto de trabajo

appraisal /əˈpreɪzl/ n evaluación

appreciate ⊶ /əˈpriːʃieɪt/ **1** vt apreciar **2** vt (*ayuda, etc.*) agradecer ➲ *Ver nota en* THANK **3** vt (*problema, etc.*) comprender **4** vi (Fin) revalorizarse **appreciation** n **1** apreciación **2** agradecimiento **appreciative** /ə'pri:ʃətɪv/ adj **1** ~ (of sth) agradecido (por algo) **2** (mirada, comentario) de admiración

apprehend /ˌæprɪ'hend/ vt (formal) detener, capturar

apprehension /ˌæprɪ'henʃn/ n aprensión **apprehensive** adj aprensivo

apprentice /ə'prentɪs/ n aprendiz, -iza: apprentice plumber aprendiz de fontanero **apprenticeship** n aprendizaje (de un oficio)

approach o–ₘ /ə'prəʊtʃ/ verbo, nombre
▶ **1** vt, vi acercarse (a) **2** vt ~ sb acudir a algn (para ayuda) **3** vt (tema, persona) abordar
▶ n **1** ~ (to sth) enfoque (respecto a algo) **2** llegada **3** acceso **4** aproximación

appropriate o–ₘ verbo, adjetivo
▶ vt /ə'prəʊprieɪt/ (formal) apropiarse de
▶ adj /ə'prəʊpriət/ **1** apropiado, adecuado **2** (momento, etc.) oportuno **appropriately** adv apropiadamente, adecuadamente

approval o–ₘ /ə'pru:vl/ n **1** aprobación **2** visto bueno `LOC` **on approval** a prueba

approve o–ₘ /ə'pru:v/ **1** vi ~ (of sth) estar de acuerdo (con algo) **2** vi ~ (of sb): I don't approve of him. No tengo un buen concepto de él. **3** vt aprobar

approving o–ₘ /ə'pru:vɪŋ/ adj de aprobación

approximate o–ₘ adjetivo, verbo
▶ adj /ə'prɒksɪmət/ aproximado
▶ vt, vi /ə'prɒksɪmeɪt/ ~ (to) sth (formal) aproximarse a algo

approximately o–ₘ /ə'prɒksɪmətli/ adv aproximadamente

apricot /'eɪprɪkɒt; USA 'æp-/ n **1** albaricoque: apricot tree albaricoquero **2** color albaricoque

April o–ₘ /'eɪprəl/ n (abrev Apr.) abril ➔ Ver ejemplos en JANUARY

ˌApril 'Fool's Day n ❶ April Fool's Day es el 1 de abril y equivale al Día de los Inocentes.

apron /'eɪprən/ n delantal

apt /æpt/ adj **1** acertado **2** be ~ to do sth tener tendencia a hacer algo

aptitude /'æptɪtju:d; USA -tu:d/ n aptitud

aqua park /'ækwə pɑ:k/ n parque acuático

aquarium /ə'kweəriəm/ n (pl **aquariums**, **aquaria** /-riə/) acuario

Aquarius /ə'kweəriəs/ n acuario ➔ Ver ejemplos en ACUARIO

aquatic /ə'kwætɪk/ adj acuático

aqueduct /'ækwɪdʌkt/ n acueducto

Arab /'ærəb/ adj, n árabe

Arabic /'ærəbɪk/ adj, n (lengua) árabe

arable /'ærəbl/ adj cultivable: arable land tierra de cultivo ◊ arable farming agricultura

arbitrary /'ɑ:bɪtrəri, -tri; USA 'ɑ:rbətreri/ adj **1** arbitrario **2** indiscriminado

arbitrate /'ɑ:bɪtreɪt/ vt, vi arbitrar **arbitration** n arbitrio

arc /ɑ:k/ n (Geom) arco

arcade /ɑ:'keɪd/ n **1** galería **2** soportales **3** amusement arcade salón recreativo

arch /ɑ:tʃ/ nombre, verbo
▶ n arco (arquitectónico)
▶ vt, vi **1** (espalda) arquear(se) **2** (cejas) enarcar(se)

archaeological (USA archeological) /ˌɑ:kiə-'lɒdʒɪkl/ adj arqueológico

archaeologist (USA archeologist) /ˌɑ:ki-'ɒlədʒɪst/ n arqueólogo, -a

archaeology (USA archeology) /ˌɑ:ki'ɒlədʒi/ n arqueología

archaic /ɑ:'keɪɪk/ adj arcaico

archbishop /ˌɑ:tʃ'bɪʃəp/ n arzobispo, -a

archer /'ɑ:tʃə(r)/ n arquero, -a

archery /'ɑ:tʃəri/ n tiro con arco

architect /'ɑ:kɪtekt/ n arquitecto, -a

architectural /ˌɑ:kɪ'tektʃərəl/ adj arquitectónico

architecture /'ɑ:kɪtektʃə(r)/ n arquitectura

archive /'ɑ:kaɪv/ n archivo (histórico)

archway /'ɑ:tʃweɪ/ n arco (de entrada)

ardent /'ɑ:dnt/ adj apasionado, ferviente

ardour (USA ardor) /'ɑ:də(r)/ n (formal) fervor

arduous /'ɑ:dʒuəs; GB tb -dju-/ adj arduo

are /ə(r), ɑ:(r)/ Ver BE

area o–ₘ /'eəriə/ n **1** zona: area manager director regional **2** área: the penalty area el área (defensiva) ◊ areas such as education and training áreas como la educación y la formación profesional **3** superficie: an area of ten square metres diez metros cuadrados de superficie

ˈarea code n (esp USA) prefijo (telefónico)

arena /ə'ri:nə/ n **1** (Dep, conciertos, etc.) estadio **2** (formal) ámbito: the political arena el ámbito político

aren't /ɑ:nt/ (abrev de are not) Ver BE

argon /'ɑ:gɒn/ n (Quím) argón

arguable /'ɑ:gjuəbl/ adj (formal) **1** It is arguable that... Podemos afirmar que... **2** discutible **arguably** /-bli/ adv posiblemente

argue o–ₘ /'ɑ:gju:/ **1** vi ~ (about/over sth) discutir (por algo) **2** vt, vi argumentar: to argue for/against sth dar argumentos a favor de/en contra de algo

argument 0⃢ /ˈɑːgjumənt/ n **1** discusión: *to have an argument* discutir ➔ *Comparar con* DISCUSSION, ROW² **2** ~ **(for/against sth)** argumento (a favor de/en contra de algo)

argumentative /ˌɑːgjuˈmentətɪv/ adj discutidor, polémico

arid /ˈærɪd/ adj árido

Aries /ˈeəriːz/ n aries ➔ *Ver ejemplos en* ACUARIO

arise 0⃢ /əˈraɪz/ vi (pt **arose** /əˈrəʊz/, pp **arisen** /əˈrɪzn/) **1** (problema, oportunidad, etc.) surgir, presentarse **2** (situación, etc.) producirse: *should the need arise* si fuera preciso **3** (cuestión, etc.) plantearse **4** (tormenta) levantarse

aristocracy /ˌærɪˈstɒkrəsi/ n (pl **aristocracies**) [v sing o pl] aristocracia

aristocrat /ˈærɪstəkræt; USA əˈrɪstəkræt/ n aristócrata **aristocratic** /ˌærɪstəˈkrætɪk; USA əˌrɪ-/ adj aristocrático

arithmetic /əˈrɪθmətɪk/ n aritmética: *mental arithmetic* cálculo mental

arm

arm in arm   arms crossed/
                    folded

arm 0⃢ /ɑːm/ nombre, verbo
▸ n **1** brazo

🔎 En inglés las partes del cuerpo van normalmente precedidas por un adjetivo posesivo (*my, your, her*, etc.): *I've broken my arm.* Me he roto el brazo.

2 (camisa, etc.) manga *Ver tb* ARMS **LOC** **arm in arm (with sb)** del brazo (de algn) *Ver tb* CHANCE, FOLD
▸ vt, vi armar(se): *to arm yourself with sth* armarse con/de algo

armament /ˈɑːməmənt/ n [gen pl] armamento

armband /ˈɑːmbænd/ n brazalete

armchair /ˈɑːmtʃeə(r), ɑːmˈtʃeə(r)/ n sillón

armed 0⃢ /ɑːmd/ adj armado: *armed robbery* atraco a mano armada

the ˌarmed ˈforces (tb the ˌarmed ˈservices) n [pl] las fuerzas armadas

armistice /ˈɑːmɪstɪs/ n armisticio

armour (USA armor) /ˈɑːmə(r)/ n [incontable] **1** armadura: *a suit of armour* una armadura **2** blindaje **LOC** *Ver* CHINK **armoured** (USA armored) adj **1** (vehículo) blindado **2** (barco) acorazado

armpit /ˈɑːmpɪt/ n (Anat) axila

arms 0⃢ /ɑːmz/ n [pl] **1** armas: *the arms race* la carrera armamentista **2** escudo (de armas) **LOC** **up in arms (about/over sth)** en pie de guerra (por algo)

army 0⃢ /ˈɑːmi/ n [v sing o pl] (pl **armies**) ejército

aroma /əˈrəʊmə/ n aroma ➔ *Ver nota en* SMELL

aromatherapy /əˌrəʊməˈθerəpi/ n aromaterapia

aromatic /ˌærəˈmætɪk/ adj aromático

arose pt de ARISE

around 0⃢ /əˈraʊnd/ adverbio, preposición
❶ Para los usos de **around** en PHRASAL VERBS ver las entradas de los verbos correspondientes, p. ej. *lie around* en LIE¹.
▸ adv **1** más o menos: *around 200 people* más o menos 200 personas **2** hacia: *around 1850/five o'clock* hacia 1850/a eso de las cinco **3** a su alrededor: *She looked around.* Miró a su alrededor. **4** de aquí para allá: *I've been dashing around all morning.* Llevo toda la mañana de aquí para allá. **5** por aquí: *There's no one around.* No hay nadie por aquí.
▸ prep **1** alrededor de: *sitting around the table* sentados alrededor de la mesa **2** por: *to travel around the world* viajar por todo el mundo

aˌround-the-ˈclock adj (USA) = ROUND-THE-CLOCK

arouse /əˈraʊz/ vt **1** suscitar **2** excitar (sexualmente) **3** ~ **sb (from sth)** (formal) despertar a algn (de algo)

arrange 0⃢ /əˈreɪndʒ/ **1** vt organizar: *an arranged marriage* un matrimonio concertado por los padres **2** vi ~ **to do sth/that...** quedar en hacer algo/en que... **3** vi ~ **for sb to do sth** acordar con algn que haga algo **4** vt (fecha, pago, etc.) fijar **5** vt disponer **6** vt ordenar **7** vt (Mús) arreglar

arrangement 0⃢ /əˈreɪndʒmənt/ n **1 arrangements** [pl] preparativos **2** disposición **3** acuerdo **4** arreglo

arrest ⊶ /əˈrest/ *verbo, nombre*
▸ *vt* (*delincuente*) detener
▸ *n* **1** detención: *to put sb under arrest* arrestar a algn ◇ *to be under arrest* estar detenido **2** *cardiac arrest* paro cardiaco

arrival /əˈraɪvl/ *n* **1** llegada **2** (*persona*): *a new/recent arrival* un recién llegado

arrive ⊶ /əˈraɪv/ *vi* **1** llegar **2** (*coloq*) (*éxito*) llegar a la cima

> 🔎 **¿Arrive in** o **arrive at? Arrive in** se utiliza cuando se llega a un país o a una población: *When did you arrive in England?* ¿Cuándo llegaste a Inglaterra? **Arrive at** se usa seguido de lugares específicos como un edificio, una estación, etc: *I'll phone you as soon as I arrive at the airport.* Te llamaré en cuanto llegue al aeropuerto. El uso de **at** seguido del nombre de una población implica que se está considerando esa población como un punto en un itinerario.
> "Llegar a casa" se dice 'to get home' o 'to arrive home' (*más formal*).

arrogance /ˈærəɡəns/ *n* arrogancia
arrogant /ˈærəɡənt/ *adj* arrogante
arrow ⊶ /ˈærəʊ/ *n* flecha
arson /ˈɑːsn/ *n* [*incontable*] incendio provocado
art ⊶ /ɑːt/ *n* **1** arte: *a work of art* una obra de arte **2** (*materia escolar*) educación plástica **3 the arts** [*pl*] las artes: *the arts pages* la sección de cultura *Ver tb* PERFORMING ARTS **4 arts** [*pl*] (*estudios*) humanidades **5** maña

artery /ˈɑːtəri/ *n* (*pl* **arteries**) arteria
art gallery *n* (*pl* **art galleries**) **1** museo (de arte) **2** galería de arte ⊃ *Ver nota en* MUSEUM
arthritic /ɑːˈθrɪtɪk/ *adj* artrítico
arthritis /ɑːˈθraɪtɪs/ *n* [*incontable*] artritis
artichoke /ˈɑːtɪtʃəʊk/ *n* alcachofa
article ⊶ /ˈɑːtɪkl/ *n* **1** artículo: *the definite/indefinite article* el artículo definido/indefinido **2** *articles of clothing* prendas de vestir
articulate /ɑːˈtɪkjələt/ *adj* capaz de expresarse con claridad
articulated /ɑːˈtɪkjuleɪtɪd/ *adj* articulado: *articulated lorry* camión articulado
artificial ⊶ /ˌɑːtɪˈfɪʃl/ *adj* artificial
artillery /ɑːˈtɪləri/ *n* artillería
artisan /ˌɑːtɪˈzæn; *USA* ˈɑːrtəzn/ *adj, n* artesano, -a ❶ La traducción normal de *artesano* como substantivo es **craftsman** o **craftswoman**.
artist ⊶ /ˈɑːtɪst/ *n* artista
artistic ⊶ /ɑːˈtɪstɪk/ *adj* artístico
arts centre *n* centro cultural

artwork /ˈɑːtwɜːk/ *n* **1** material gráfico (*en una publicación*) **2** obra de arte
arugula /æˈruːɡjələ; *USA* æˈruːɡələ/ *n* (*USA*) rúcula
as ⊶ /əz, æz/ *preposición, adverbio, conjunción*
▸ *prep* **1** (*en calidad de*) como: *Treat me as a friend.* Trátame como a un amigo. ◇ *Use this plate as an ashtray.* Usa este plato como cenicero. **2** (*con profesiones*) de: *to work as a waiter* trabajar de camarero **3** (*cuando alguien es/era*) de: *as a child* de pequeño

> 🔎 Para comparaciones y ejemplos usamos **like**: *a car like yours* un coche como el tuyo ◇ *big cities like New York and Chicago* grandes ciudades (tales) como Nueva York y Chicago.

▸ *adv* **as… as…** tan… como…: *She is as tall as me/as I am.* Es tan alta como yo. ◇ *I earn as much as her/as she does.* Gano tanto como ella. ◇ *as soon as possible* lo antes posible
▸ *conj* **1** mientras: *I watched her as she combed her hair.* La miré mientras se peinaba. **2** tal como: *Leave it as you find it.* Déjalo tal como lo encuentres. **3** como: *as you weren't there…* como no estabas… ◇ *as you can see* como puedes ver **LOC** **as for sb/sth** en cuanto a algn/algo ◆ **as from…/as of…** a partir de…: *as from/of 12 May* a partir del 12 de mayo ◆ **as if**; **as though** como si: *as if nothing had happened* como si no hubiera sucedido nada ◆ **as it is** vista la situación: *I can't help — I've got too much to do as it is.* No puedo ayudar, ya tengo demasiado trabajo. ◆ **as many 1** tantos: *We no longer have as many members.* Ya no tenemos tantos socios. ◇ *I didn't win as many as him.* No gané tantos como él. ◇ *You ate three times as many as I did.* Comiste tres veces más que yo. **2** otros tantos: *four jobs in as many months* cuatro trabajos en otros tantos meses ◆ **as many again/more** otros tantos ◆ **as many as…** hasta…: *as many as ten people* hasta diez personas ◆ **as much 1** tanto: *I don't have as much as you.* No tengo tanto como tú. ◇ *I had three times as much as you.* Comí tres veces más que tú. **2** *I thought as much.* Eso es lo que a mí me parecía. ◆ **as much again** otro tanto ◆ **as to sth** en cuanto a algo ◆ **as yet** hasta ahora

asap /ˌeɪ es eɪ ˈpiː/ *abrev de* as soon as possible lo antes posible ⊃ *Ver nota en* TEXTSPEAK
asbestos /æsˈbestəs/ *n* amianto
ascend /əˈsend/ (*formal*) **1** *vi* ascender **2** *vt* (*escaleras, trono*) subir (a)
ascendancy /əˈsendənsi/ *n* ~ (**over sb/sth**) (*formal*) ascendiente (sobre algn/algo)

ascendant (*tb* ascendent) /əˈsendənt/ *n* (*Astrol*) ascendente

ascent /əˈsent/ *n* ascenso

ascertain /ˌæsəˈteɪn/ *vt* (*formal*) averiguar

ascribe /əˈskraɪb/ *vt* ~ **sth to sb/sth** atribuir algo a algn/algo

ash /æʃ/ *n* **1** ceniza **2** (*tb* ˈash tree) fresno

ashamed ☞ /əˈʃeɪmd/ *adj* ~ **(of sb/sth)** avergonzado (de algn/algo): *I'm ashamed to tell her.* Me da vergüenza decírselo.

ashore /əˈʃɔː(r)/ *adv* en/a tierra: *to go ashore* desembarcar

ashtray /ˈæʃtreɪ/ *n* cenicero

ˌAsh ˈWednesday *n* Miércoles de Ceniza

Asian /ˈeɪʃn, ˈeɪʒn/ *adj, n* asiático, -a

🔎 En Gran Bretaña la palabra **Asian** suele referirse a gente de origen indio o paquistaní, mientras que en Estados Unidos se utiliza para referirse a la gente del Extremo Oriente (China, Japón, etc.).

ˌAsian Aˈmerican *adj, n* americano, -a de descendencia asiática

aside ☞ /əˈsaɪd/ *adverbio, nombre*
▸ *adv*
❶ Para los usos de **aside** en PHRASAL VERBS ver las entradas de los verbos correspondientes, p. ej. **put sth aside** en PUT. **1** a un lado **2** en reserva **LOC** *Ver* JOKE
▸ *n* aparte (*en el teatro*)

aˈside from ☞ *prep* (*esp USA*) aparte de

ask ☞ /ɑːsk; *USA* æsk/ **1** *vt, vi* ~ **(sb) (sth)** preguntar (algo) (a algn): *to ask a question* hacer una pregunta ◇ *to ask about sth* preguntar acerca de algo ◇ *I'll ask her later.* Ya se lo preguntaré más tarde. **2** *vt, vi* ~ **(sb) for sth** pedir algo (a algn) **3** *vt* ~ **sb to do sth** pedir a algn que haga algo **4** *vt* ~ **sb (to sth)** invitar a algn (a algo): *to ask sb round* invitar a algn a tu casa **LOC** be asking for trouble/it (*coloq*) buscársela ♦ **don't ask me!** (*coloq*) ¡yo qué sé! ♦ **for the asking** con solo pedirlo *Ver tb* BIG **PHRV** **ask after sb** preguntar cómo está algn ♦ **ask for sb** preguntar por algn (*para hablar por teléfono, reunirse, etc.*) ♦ **ask sb out** invitar a algn a salir

asleep ☞ /əˈsliːp/ *adj* dormido: *to fall asleep* dormirse ◇ *fast/sound asleep* profundamente dormido

🔎 **Asleep** no se usa delante de un sustantivo. Por lo tanto, para traducir "un niño dormido" tendríamos que decir *a sleeping baby.*

asparagus /əˈspærəgəs/ *n* [*incontable*] espárrago(s): *He put a whole asparagus spear in his* mouth. Se metió un espárrago entero en la boca.

aspect ☞ /ˈæspekt/ *n* **1** aspecto (*de una situación o un problema*) **2** (*formal*) orientación (*de un edificio, etc.*)

Asperger's syndrome /ˈæspɜːgəz sɪndrəʊm/ *n* síndrome de Asperger

asphalt /ˈæsfælt; *USA* -fɔːlt/ *n* asfalto

asphyxiate /əsˈfɪksieɪt/ *vt* asfixiar

aspiration /ˌæspəˈreɪʃn/ *n* aspiración **aspirational** *adj* con aspiraciones

aspire /əˈspaɪə(r)/ *vi* ~ **to sth** aspirar a algo: *aspiring musicians* aspirantes a músicos

aspirin /ˈæsprɪn, ˈæspərɪn/ *n* aspirina

ass /æs/ *n* **1** (*USA, argot*) culo **2** (*coloq*) (*idiota*) burro **3** asno

assailant /əˈseɪlənt/ *n* (*formal*) agresor, -ora

assassin /əˈsæsɪn; *USA* -sn/ *n* asesino, -a **assassinate** /əˈsæsɪneɪt/ *vt* asesinar **assassination** *n* asesinato ➔ *Ver nota en* ASESINAR

assault /əˈsɔːlt/ *nombre, verbo*
▸ *n* **1** agresión **2** ~ **(on sb/sth)** ataque (contra algn/algo)
▸ *vt* agredir

assemble /əˈsembl/ **1** *vt, vi* reunir(se) **2** *vt* (*máquina, mueble*) montar

assembly /əˈsembli/ *n* (*pl* **assemblies**) **1** asamblea **2** (*escuela*) reunión matinal **3** montaje: *assembly line* cadena de montaje

assert /əˈsɜːt/ *vt* **1** afirmar **2** (*derechos, etc.*) hacer valer **3** ~ **yourself** hacerse valer **assertion** /əˈsɜːʃn/ *n* afirmación

assertive /əˈsɜːtɪv/ *adj* firme, que se hace valer

assess /əˈses/ *vt* **1** evaluar, valorar **2** (*valor, cantidad*) calcular **assessment** *n* **1** análisis **2** valoración *Ver tb* CONTINUOUS ASSESSMENT **assessor** *n* tasador, -ora

asset /ˈæset/ *n* **1** ventaja, baza: *to be an asset to sb/sth* ser muy valioso para algn/algo **2** assets [*pl*] (*Econ*) bienes

assign /əˈsaɪn/ *vt* asignar

assignment /əˈsaɪnmənt/ *n* **1** (*Educ*) trabajo: *a written assignment* un trabajo escrito **2** misión

assimilate /əˈsɪməleɪt/ **1** *vt* asimilar **2** *vt, vi* ~ **(sb) (into sth)** integrar a algn, integrarse (a algo)

assist ☞ /əˈsɪst/ *verbo, nombre*
▸ *vt, vi* (*formal*) ayudar
▸ *n* (*Dep*) asistencia

assistance ☞ /əˈsɪstəns/ *n* (*formal*) ayuda

assistant ☞ /əˈsɪstənt/ *n* **1** ayudante; asistente, -a *Ver* SHOP ASSISTANT **3** *the assistant* *manager* la subdirectora ◇ *assistant referee* juez de línea

associate 0₋ₘ *verbo, nombre*
▶ *vt, vi* /əˈsəʊʃieɪt, əˈsəʊsi-/ ~ **(sb/sth) with sb/sth** relacionar a algn/algo, relacionarse con algn/algo
▶ *n* /əˈsəʊʃiət, əˈsəʊsi-/ socio, -a

association 0₋ₘ /əˌsəʊʃiˈeɪʃn, əˌsəʊsi-/ *n* **1** asociación **2** implicación

assorted /əˈsɔːtɪd/ *adj* **1** variados **2** *(galletas, etc.)* surtidos

assortment /əˈsɔːtmənt/ *n* variedad, surtido

assume 0₋ₘ /əˈsjuːm; *USA* əˈsuːm/ *vt* **1** suponer **2** dar por sentado **3** *(formal) (control)* asumir **4** *(formal) (significado)* adquirir **5** *(formal) (expresión, nombre falso)* adoptar

assumption /əˈsʌmpʃn/ *n* **1** supuesto **2** *(formal)* toma *(de poder, etc.)*

assurance /əˈʃʊərəns; *GB tb* əˈʃɔːrəns/ *n* **1** garantía **2** confianza

assure 0₋ₘ /əˈʃʊə(r); *GB tb* əˈʃɔː(r)/ *vt* **1** asegurar **2** ~ **sb of sth** prometer algo a algn **3** ~ **sb of sth** convencer a algn de algo **4** ~ **yourself that...** cerciorarse de que... **assured** *adj* seguro LOC **be assured of sth** tener algo asegurado

asterisk /ˈæstərɪsk/ *n* asterisco

asteroid /ˈæstərɔɪd/ *n* asteroide

asthma /ˈæsmə; *USA* ˈæzmə/ *n* asma **asthmatic** /æsˈmætɪk; *USA* æzˈ-/ *adj, n* asmático, -a

astonish /əˈstɒnɪʃ/ *vt* asombrar **astonished** *adj* **1** asombrado: *to be astonished at/by sth* asombrarse de algo **2** *(cara, etc.)* de asombro **astonishing** *adj* asombroso **astonishingly** *adv* increíblemente **astonishment** *n* asombro

astound /əˈstaʊnd/ *vt* dejar atónito **astounded** *adj* atónito: *to be astounded at/by sth* quedarse atónito ante algo **astounding** *adj* increíble

astray /əˈstreɪ/ *adv* LOC **go astray** extraviarse

astride /əˈstraɪd/ *adv, prep* a horcajadas (sobre)

astrologer /əˈstrɒlədʒə(r)/ *n* astrólogo, -a

astrological /ˌæstrəˈlɒdʒɪkl/ *adj* astrológico

astrology /əˈstrɒlədʒi/ *n* astrología

astronaut /ˈæstrənɔːt/ *n* astronauta

astronomer /əˈstrɒnəmə(r)/ *n* astrónomo, -a

astronomical /ˌæstrəˈnɒmɪkl/ *adj* astronómico

astronomy /əˈstrɒnəmi/ *n* astronomía

astute /əˈstjuːt; *USA* əˈstuːt/ *adj* astuto

asylum /əˈsaɪləm/ *n* **1** *(Pol)* asilo: *asylum seekers* solicitantes de asilo **2** *(antic)* manicomio

at 0₋ₘ /ət, æt/ *prep* **1** *(posición)* en: *at home* en casa ◇ *at the door* en la puerta ◇ *at the top* en lo alto

◇ *You can find us at www.oup.com.* Nos puedes localizar en www.oup.com. ➔ *Ver notas en* ARROBA, EN **2** *(tiempo)*: *at 3.35* a las 3.35 ◇ *at dawn* al amanecer ◇ *at times* a veces ◇ *at night* por la noche ◇ *at Christmas* en Navidades ◇ *at the moment* de momento **3** *(precio, frecuencia, velocidad)*: *at 70 kph* a 70 km/h ◇ *at full volume* a todo volumen ◇ *two at a time* de dos en dos **4** *(hacia)*: *to stare at sb* mirar fijamente a algn **5** *(reacción)*: *surprised at sth* sorprendido por algo ◇ *At this, she fainted.* Y entonces, se desmayó. **6** *(actividad)* en: *She's at work.* Está en el trabajo. ◇ *to be at war* estar en guerra ◇ *children at play* niños jugando

ate *pt de* EAT

atheism /ˈeɪθiɪzəm/ *n* ateísmo **atheist** *n* ateo, -a

athlete /ˈæθliːt/ *n* atleta

athletic /æθˈletɪk/ *adj* atlético **athletics** *n* [*incontable*] atletismo

atishoo /əˈtɪʃuː/ *interj* achís ➔ *Ver nota en* ¡ACHÍS!

atlas /ˈætləs/ *n* **1** atlas **2** *(tb* ˈroad atlas*)* mapa de carreteras

ATM /ˌeɪ tiː ˈem/ *n* *(abrev de* automated teller machine*)* cajero automático

atmosphere 0₋ₘ /ˈætməsfɪə(r)/ *n* **1** atmósfera **2** ambiente

atmospheric /ˌætməsˈferɪk/ *adj* **1** atmosférico **2** evocador, emocionante

atom 0₋ₘ /ˈætəm/ *n* **1** átomo **2** *(fig)* ápice

atomic /əˈtɒmɪk/ *adj* atómico

atrium /ˈeɪtriəm/ *n* *(pl* **atria** /-triə/*)* **1** *(Arquit)* atrio **2** *(Anat)* aurícula

atrocious /əˈtrəʊʃəs/ *adj* **1** pésimo **2** atroz **atrocity** /əˈtrɒsəti/ *n* *(pl* **atrocities**) atrocidad

attach 0₋ₘ /əˈtætʃ/ *vt* **1** atar **2** unir **3** *(documentos)* adjuntar **4** *to attach importance/value to sth* dar importancia/valor a algo

attached 0₋ₘ /əˈtætʃt/ *adj* **1** *to be attached to sb/sth* tenerle cariño a algn/algo **2** *(documento)* adjunto LOC *Ver* STRING

attachment /əˈtætʃmənt/ *n* **1** ~ **(to sth)** apego (a algo) **2** accesorio **3** *(Informát)* archivo adjunto

attack 0₋ₘ /əˈtæk/ *nombre, verbo*
▶ *n* ~ **(on sb/sth)** ataque (contra algn/algo)
▶ *vt, vi* atacar **attacker** *n* agresor, -ora

attain /əˈteɪn/ *vt* alcanzar **attainment** *n* *(formal)* logro, éxito

attempt 0₋ₘ /əˈtempt/ *nombre, verbo*
▶ *n* **1** ~ **(at doing sth); ~ (to do sth)** intento (de hacer algo) **2** atentado: *an attempt on the President's life* un atentado contra la vida del presidente

▸ *vt* intentar: *to attempt to do sth* intentar hacer algo

attempted 🔊 /əˈtemptɪd/ *adj attempted robbery* intento de robo ◊ *attempted murder* asesinato frustrado

attend 🔊 /əˈtend/ **1** *vt, vi* asistir (a) **2** *vi* ~ **to sb/sth** ocuparse de algn/algo **attendance** *n* asistencia LOC **be in attendance** estar presente

attendant /əˈtendənt/ *n* encargado, -a *Ver tb* FLIGHT ATTENDANT

attention 🔊 /əˈtenʃn/ *nombre, interjección*
▸ *n* atención: *for the attention of…* a la atención de… ◊ *to catch sb's attention* captar la atención de algn
▸ *interj* **1** ¡atención! **2** (*Mil*) ¡firmes!

attentive /əˈtentɪv/ *adj* atento

attic /ˈætɪk/ *n* desván

attitude 🔊 /ˈætɪtjuːd/; *USA* -tuːd/ *n* actitud

attorney 🔊 /əˈtɜːni/ *n* (*pl* **attorneys**) **1** (*USA*) abogado, -a ➲ *Ver nota en* ABOGADO **2** apoderado, -a

atˌtorney ˈgeneral *n* **1** asesor, -ora legal del gobierno **2 Attorney General** (*USA*) fiscal general

attract 🔊 /əˈtrækt/ *vt* **1** atraer **2** (*atención*) llamar

attraction 🔊 /əˈtrækʃn/ *n* **1** atracción: *a tourist attraction* una atracción turística **2** atractivo

attractive 🔊 /əˈtræktɪv/ *adj* **1** (*persona*) atractivo **2** (*salario, etc.*) interesante

attribute *verbo, nombre*
▸ *vt* /əˈtrɪbjuːt/ ~ **sth to sb/sth** atribuir algo a algn/algo
▸ *n* /ˈætrɪbjuːt/ atributo

aubergine /ˈəʊbəʒiːn/ *n* berenjena

auction /ˈɔːkʃn/; *GB tb* ˈɒk-/ *nombre, verbo*
▸ *n* subasta
▸ *vt* subastar **auctioneer** /ˌɔːkʃəˈnɪə(r)/; *GB tb* ˌɒk-/ *n* subastador, -ora

audible /ˈɔːdəbl/ *adj* audible

audience 🔊 /ˈɔːdiəns/ *n* **1** [*v sing o pl*] (*teatro, etc.*) público **2** ~ **(with sb)** audiencia (con algn)

audio /ˈɔːdiəʊ/ *adj* de audio: *audio equipment* equipo de audio

audiovisual /ˌɔːdiəʊˈvɪʒuəl/ *adj* audiovisual: *audiovisual aids* medios audiovisuales

audit /ˈɔːdɪt/ *nombre, verbo*
▸ *n* auditoría
▸ *vt* auditar

audition /ɔːˈdɪʃn/ *nombre, verbo*
▸ *n* audición
▸ *vi* ~ **(for sth)** presentarse a una audición (para algo)

auditor /ˈɔːdɪtə(r)/ *n* auditor, -ora

auditorium /ˌɔːdɪˈtɔːriəm/ *n* (*pl* **auditoriums**, **auditoria** /-riə/) auditorio

augmented reality /ɔːɡˌmentɪd riˈæləti/ *n* realidad aumentada

August 🔊 /ˈɔːɡəst/ *n* (*abrev* **Aug.**) agosto ➲ *Ver ejemplos en* JANUARY

aunt 🔊 /ɑːnt/; *USA* ænt/ (*coloq* **auntie, aunty**) *n* tía: *Aunt Julia* la tía Julia ◊ *my aunt and uncle* mis tíos *Ver tb* AGONY AUNT

au pair /ˌəʊ ˈpeə(r)/ *n* au pair

austere /ɔːˈstɪə(r)/; *GB tb* ɒˈ-/ *adj* austero **austerity** /ɔːˈsterəti/; *GB tb* ɒˈ-/ *n* austeridad

Australian /ɒˈstreɪliən/; *USA* ɔːˈ-/ (*coloq* **Aussie** /ˈɒzi/; *USA* ˈɔːzi/) *adj, n* australiano, -a

authentic /ɔːˈθentɪk/ *adj* auténtico

authenticity /ˌɔːθenˈtɪsəti/ *n* autenticidad

author 🔊 /ˈɔːθə(r)/ *n* autor, -ora

authoritarian /ɔːˌθɒrɪˈteəriən/; *USA* əˌθɔːrəˈ-/ *adj, n* autoritario, -a

authoritative /ɔːˈθɒrətətɪv/; *USA* əˈθɔːrəteɪtɪv/ *adj* **1** (*voz, etc.*) autoritario **2** (*libro, etc.*) de gran autoridad

authority 🔊 /ɔːˈθɒrəti/; *USA* əˈθɔːr-/ *n* (*pl* **authorities**) autoridad LOC **have sth on good authority** saber algo de buena fuente

authorization, -isation /ˌɔːθəraɪˈzeɪʃn/; *USA* -rəˈ-/ *n* autorización

authorize, -ise /ˈɔːθəraɪz/ *vt* autorizar

autism /ˈɔːtɪzəm/ *n* autismo **autistic** /ɔːˈtɪstɪk/ *adj* autista

autobiographical /ˌɔːtəˌbaɪəˈɡræfɪkl/ *adj* autobiográfico

autobiography /ˌɔːtəbaɪˈɒɡrəfi/ *n* (*pl* **autobiographies**) autobiografía

autofill /ˈɔːtəʊfɪl/ *n* [*incontable*] (*Informát*) rellenado automático

autograph /ˈɔːtəɡrɑːf/; *USA* -ɡræf/ *nombre, verbo*
▸ *n* autógrafo
▸ *vt* firmar

automate /ˈɔːtəmeɪt/ *vt* automatizar

automatic 🔊 /ˌɔːtəˈmætɪk/ *adjetivo, nombre*
▸ *adj* automático
▸ *n* **1** arma automática **2** coche automático

automatically 🔊 /ˌɔːtəˈmætɪkli/ *adv* automáticamente

automation /ˌɔːtəˈmeɪʃn/ *n* automatización

automobile /ˈɔːtəməbiːl/ *n* (*USA*) automóvil

autonomous /ɔːˈtɒnəməs/ *adj* autónomo

autonomy /ɔːˈtɒnəmi/ *n* autonomía

autopsy /ˈɔːtɒpsi/ *n* (*pl* **autopsies**) autopsia

autumn 🔊 /ˈɔːtəm/ *n* otoño

auxiliary /ɔːgˈzɪliəri/ *adj, n* (*pl* **auxiliaries**) auxiliar

avail /əˈveɪl/ *n* **LOC** **to little/no avail** (*formal*) en vano

availability /əˌveɪləˈbɪləti/ *n* disponibilidad

available ⊶ /əˈveɪləbl/ *adj* disponible

avalanche /ˈævəlɑːnʃ; *USA* -læntʃ/ *n* avalancha

avant-garde /ˌævɒ̃ ˈɡɑːd/ *nombre, adjetivo*
▶ *n* vanguardia
▶ *adj* vanguardista

avatar /ˈævətɑː(r)/ *n* avatar

avenue /ˈævənjuː; *USA* -nuː/ *n* **1** (*abrev* Ave.) avenida ➔ *Ver nota en* ROAD **2** (*posibilidad*) vía

average ⊶ /ˈævərɪdʒ/ *adjetivo, nombre, verbo*
▶ *adj* **1** medio: *average earnings* el salario medio **2** mediocre
▶ *n* promedio: *on average* como media *Ver tb* GRADE POINT AVERAGE
▶ *v* **PHR V** **average out at sth** salir a un promedio de algo

aversion /əˈvɜːʃn; *USA* əˈvɜːrʒn/ *n* aversión

avert /əˈvɜːt/ *vt* **1** (*crisis, etc.*) evitar **2** (*mirada*) apartar

aviation /ˌeɪviˈeɪʃn/ *n* aviación

avid /ˈævɪd/ *adj* ávido

avocado /ˌævəˈkɑːdəʊ/ *n* (*pl* **avocados**) aguacate

avoid ⊶ /əˈvɔɪd/ *vt* **1** ~ sb/sth/doing sth evitar a algn/algo/hacer algo: *She avoided going.* Evitó ir. **2** (*responsabilidad, etc.*) eludir

await /əˈweɪt/ *vt* (*formal*) **1** estar a la espera de **2** aguardar: *A surprise awaited us.* Nos aguardaba una sorpresa.

awake ⊶ /əˈweɪk/ *adjetivo, verbo*
▶ *adj* despierto
▶ *vt, vi* (*pt* **awoke** /əˈwəʊk/, *pp* **awoken** /əˈwəʊkən/) (*formal*) despertar(se)

🔎 Los verbos **awake** y **awaken** solo se usan en lenguaje formal o literario. La expresión normal es **wake (sb) up**.

awaken /əˈweɪkən/ (*formal*) **1** *vt, vi* despertar(se) **2** *vi* ~ **to sth** (*peligro, etc.*) darse cuenta de algo **3** *vt* ~ **sb to sth** advertir a algn de algo

award ⊶ /əˈwɔːd/ *nombre, verbo*
▶ *n* premio, galardón

▶ *vt* (*premio, etc.*) conceder

aˈward-winning *adj* galardonado

aware ⊶ /əˈweə(r)/ *adj* ~ **(of sth)** consciente (de algo): *She became aware that someone was following her.* Se dio cuenta de que alguien la seguía. **LOC** **as far as I am aware** que yo sepa ♦ **make sb aware of sth** informar, concienciar a algn de algo **awareness** *n* conciencia: *to raise public awareness* sensibilizar al público

away ⊶ /əˈweɪ/ *adv*
❶ Para los usos de **away** en PHRASAL VERBS ver las entradas de los verbos correspondientes, p. ej. **get away** en GET. **1** (*distancia*): *The hotel is two kilometres away.* El hotel está a dos kilómetros. ◊ *It's a long way away.* Queda muy lejos. **2** (*alejamiento*): *She moved away from him.* Se alejó de él. ◊ *He limped away.* Se fue cojeando. **3** (*uso enfático con tiempos continuos*): *I was working away all night.* Pasé toda la noche trabajando. **4** por completo: *The snow had melted away.* La nieve se había derretido del todo. **5** (*Dep*) fuera (de casa): *an away win* una victoria fuera de casa **LOC** *Ver* RIGHT

awe /ɔː/ *n* **1** admiración (*reverencial*) **2** (*maravilla*) asombro **LOC** **be/stand in awe of sb/sth 1** admirar a algn/algo (*de forma reverencial*) **2** sentirse intimidado por algn/algo **awesome** /ˈɔːsəm/ *adj* **1** impresionante **2** (*USA, coloq*) genial

awful ⊶ /ˈɔːfl/ *adj* **1** muy malo, horroroso: *How awful!* ¡Qué horror! **2** (*coloq*) (*uso enfático*): *an awful lot of money* un montón de dinero

awfully ⊶ /ˈɔːfli/ *adv* terriblemente: *I'm awfully sorry.* Lo siento muchísimo.

awkward ⊶ /ˈɔːkwəd/ *adj* **1** (*sensación, etc.*) incómodo **2** (*momento, etc.*) inoportuno **3** (*persona*) difícil **4** (*movimiento*) desgarbado

awoke, awoken *pt, pp de* AWAKE

axe (*USA* **ax**) /æks/ *nombre, verbo*
▶ *n* hacha **LOC** **have an axe to grind** tener un interés personal en algo
▶ *vt* **1** (*servicio, etc.*) cortar **2** despedir

axis /ˈæksɪs/ *n* (*pl* **axes** /-siːz/) eje

axle /ˈæksl/ *n* eje (*de ruedas*)

aye (*tb* **ay**) /aɪ/ *interj* (*antic*) sí ❶ **Aye** es corriente en Escocia y en el norte de Inglaterra.

Bb

backup

B, b /biː/ n (pl **Bs**, **B's**, **b's**) **1** B, b ➲ Ver nota en A, A **2** (Mús) si

babble /ˈbæbl/ nombre, verbo
▸ n **1** (voces) murmullo **2** (bebé) balbuceo
▸ vt, vi farfullar, balbucear

babe /beɪb/ n (coloq) muñeca (chica)

baby ⚡ /ˈbeɪbi/ n (pl **babies**) **1** bebé: a newborn baby un recién nacido ◇ a baby girl una niña **2** (animal) cría **3** (esp USA, argot) cariño

baby carriage n (USA) cochecito (de niño)

babyish /ˈbeɪbiɪʃ/ adj infantil

baby shower n (esp USA) fiesta que da una futura madre, a la que los asistentes llevan regalos para el bebé

babysit /ˈbeɪbisɪt/ vi (-tt-) (pt, pp **babysat**) ~ (for sb) cuidar a un niño (de algn) **babysitter** n canguro **babysitting** n cuidar niños

bachelor /ˈbætʃələ(r)/ n soltero ➲ Comparar con SPINSTER

back ⚡ /bæk/ nombre, adjetivo, adverbio, verbo
▸ n **1** espalda: to lie on your back estar tumbado boca arriba **2** parte de atrás, parte de detrás **3** revés, dorso **4** respaldo (de silla) **5** (Fútbol) lateral: left/right back lateral izquierdo/derecho **LOC** at the back of your mind en lo (más) recóndito de la mente ◆ back to back espalda con espalda ◆ back to front al revés ➲ Ver dibujo en REVÉS ◆ be glad, etc. to see the back of sb/sth (coloq) alegrarse de librarse de algn/algo ◆ behind sb's back a espaldas de algn ➲ Comparar con TO SB'S FACE en FACE ◆ be on sb's back (coloq) estar encima de algn ◆ get/put sb's back up (coloq) sacar de quicio a algn ◆ have your back to the wall (coloq) estar entre la espada y la pared ◆ turn your back on sb/sth volverle la espalda a algn/algo Ver tb PAT
▸ adj **1** trasero: the back door la puerta trasera ◇ on the back page en la última página **2** (número de revista) atrasado **LOC** by/through the back door por la puerta de atrás
▸ adv
🄸 Para los usos de **back** en PHRASAL VERBS ver las entradas de los verbos correspondientes, p. ej. **draw back** en DRAW. **1** (movimiento, posición) hacia atrás: Stand well back. Manténganse alejados. ◇ a mile back una milla más atrás **2** (regreso, repetición) de vuelta: They are back in power. Están en el poder otra vez. ◇ on the way back a la vuelta ◇ to go there and back ir y volver **3** (tiempo) allá: back in the seventies allá por los años setenta ◇ a few years back hace

algunos años **4** (reciprocidad): He smiled back (at her). Le devolvió la sonrisa. **LOC** go, etc. back and forth ir y venir Ver tb OWN
▸ **1** vt, vi sacar algo marcha atrás, dar marcha atrás: She backed (the car) out of the garage. Sacó el coche del garaje marcha atrás. **2** vt respaldar **3** vt financiar **4** vt apostar por **PHR V** back away (from sb/sth) retroceder (ante algn/algo) ◆ back down (USA tb back off) retractarse ◆ back onto sth dar a algo: Our house backs onto the river. Nuestra casa da al río. ◆ back out (of sth) echarse atrás (de algo) ◆ back sth up (Informát) hacer una copia de seguridad de algo

backache /ˈbækeɪk/ n dolor de espalda

backbone /ˈbækbəʊn/ n **1** columna vertebral **2** fortaleza, empuje

back button n (Informát) tecla para retroceder

backdrop /ˈbækdrɒp/ n telón de fondo

backer /ˈbækə(r)/ n patrocinador, -ora

backfire /ˌbækˈfaɪə(r)/ vi **1** ~ (on sb) salir mal (a algn): His plan backfired (on him). Le salió el tiro por la culata. **2** (coche) petardear

background ⚡ /ˈbækɡraʊnd/ n **1** clase social, educación, formación **2** contexto **3** fondo: background music música ambiental

back-heel nombre, verbo
▸ n (Fútbol) taconazo
▸ vt, vi: Ronaldo back-heeled (the ball) to Ramos. Ronaldo pasó la pelota de tacón a Ramos.

backing /ˈbækɪŋ/ n **1** respaldo, apoyo **2** (Mús) acompañamiento

backlash /ˈbæklæʃ/ n [sing] reacción violenta

backlog /ˈbæklɒɡ; USA -lɔːɡ/ n atraso: a huge backlog of work un montón de trabajo atrasado

backpack /ˈbækpæk/ nombre, verbo
▸ n mochila ➲ Ver dibujo en BAG
▸ vi viajar con mochila: to go backpacking viajar con mochila **backpacker** n mochilero, -a

back seat n asiento trasero **LOC** take a back seat pasar a segundo plano

backside /ˈbæksaɪd/ n (coloq) trasero

backslash /ˈbækslæʃ/ n barra invertida ➲ Comparar con SLASH ➲ Ver pág 395

backstage /ˌbækˈsteɪdʒ/ adv entre bastidores

backstroke /ˈbækstrəʊk/ n (estilo) espalda: to do (the) backstroke nadar a la espalda

backup /ˈbækʌp/ n **1** refuerzos, asistencia **2** (Informát) copia de seguridad

---

aʊ **now**   ɔɪ **join**   ɪə **near**   eə **hair**   ʊə **pure**   tʃ **chin**   dʒ **June**   v **van**   θ **thin**

backward 0━ /'bækwəd/ *adj* **1** hacia atrás: *a backward glance* una mirada hacia atrás **2** atrasado

backwards 0━ /'bækwədz/ (*tb esp USA* backward) *adv* **1** hacia atrás: *He fell backwards.* Se cayó de espaldas. **2** al revés **LOC** **backwards and forwards** de un lado a otro

backyard /ˌbæk'jɑːd/ *n* **1** (*GB*) patio trasero **2** (*USA*) jardín trasero

bacon /'beɪkən/ *n* beicon

bacteria 0━ /bæk'tɪəriə/ *n* [*pl*] bacterias

bad 0━ /bæd/ *adj* (*comp* **worse** /wɜːs/, *superl* **worst** /wɜːst/) **1** malo: *It's bad for you/for your health.* Es malo para la salud. ◇ *This film's not bad.* Esta película no está mal. **2** grave **3** (*dolor*) fuerte **4** (*que duele*): *I've got a bad knee.* Tengo la rodilla mal. **LOC** **be bad at sth** *I'm bad at maths.* Se me dan mal las matemáticas. ◆ **too bad** (*coloq*) **1** (*irón*) ¡peor para ti! **2** una pena: *It's too bad you can't come.* Es una pena que no puedas venir. *Ver tb* BOOK, FAITH, FEELING, PATCH

bade *pt de* BID²

badge /bædʒ/ *n* insignia, chapa

badger /'bædʒə(r)/ *n* tejón

bad 'hair day *n* (*coloq*) día de perros

badly 0━ /'bædli/ *adv* (*comp* **worse** /wɜːs/, *superl* **worst** /wɜːst/) **1** mal: *It's badly made.* Está mal hecho. **2** (*uso enfático*): *You're badly mistaken.* Estás muy equivocado. ◇ *The house was badly damaged.* La casa sufrió muchos daños. ◇ *Funds are badly needed.* Se necesitan fondos con urgencia. **LOC** **not be badly off** no andar mal de fondos

badly be'haved *adj* *She's really badly behaved.* Se porta muy mal. ➔ *Ver nota en* WELL BEHAVED

badminton /'bædmɪntən/ *n* bádminton

bad-mouth *vt* (*coloq*) hablar mal de

bad-'tempered 0━ *adj* malhumorado, de mal genio

baffle /'bæfl/ *vt* desconcertar **baffling** *adj* desconcertante

bag 0━ /bæg/ *n* bolsa, bolso ➔ *Ver dibujo en* CONTAINER; *Ver tb* BODY BAG, CARRIER BAG, DOGGY BAG, SCHOOL BAG, SLEEPING BAG, SPONGE BAG, TOILET BAG **LOC** **bags of sth** (*coloq*) un montón de algo ◆ **be in the bag** (*coloq*) estar en el bote *Ver tb* LET, PACK

bagel /'beɪgl/ *n* bollo de pan en forma de rosca

baggage 0━ /'bægɪdʒ/ *n* [*incontable*] (*esp USA*) equipaje

baggage reclaim (*USA* **baggage claim**) *n* recogida de equipajes

baggy /'bægi/ *adj* (**baggier**, **-iest**) (*ropa*) ancho, holgado

bag lunch *n* (*USA*) *Ver* PACKED LUNCH

bags

| suitcase | backpack (*GB tb* **rucksack**) | holdall (*USA* **duffel bag**) |

| handbag (*USA tb* **purse**) | bumbag (*USA* **fanny pack**) | briefcase | carrier bag (*tb* **carrier**) | basket |

bagpipes /'bægpaɪps/ n [pl] gaita: *bagpipe music* música de gaita

baguette /bæ'get/ n baguette, barra de pan

bail /beɪl/ n
▶ n [incontable] fianza: *He was granted bail.* Se le concedió la libertad bajo fianza.
▶ v PHR V **bail sb/sth out** (esp Fin) sacar a algn/algo de apuros

bailiff /'beɪlɪf/ n (GB) alguacil

bailout /'beɪlaʊt/ n (Econ) rescate financiero

bait /beɪt/ n cebo

bake ⊶ /beɪk/ vt, vi **1** (pan, pastel) hacer(se): *a baking tin* un molde **2** (patatas, pescado) asar(se)

baked beans n [pl] alubias en salsa de tomate

baker /'beɪkə(r)/ n **1** panadero, -a **2** baker's panadería ➌Ver nota en CARNICERÍA **bakery** n (pl **bakeries**) panadería

balaclava /ˌbæləˈklɑːvə/ n pasamontañas

balance ⊶ /'bæləns/ nombre, verbo
▶ n **1** equilibrio: *to lose your balance* perder el equilibrio **2** (Fin) saldo **3** (instrumento) balanza LOC **catch/throw sb off balance** coger desprevenido a algn ◆ **on balance** bien mirado
▶ **1** vt, vi ~ **sth (on sth)**; ~ **(on sth)** mantener algo en equilibrio; mantener el equilibrio (sobre algo) **2** vt equilibrar **3** vt compensar, contrarrestar **4** vt, vi (cuentas) (hacer) cuadrar

balcony /'bælkəni/ n (pl **balconies**) balcón

bald /bɔːld/ adj calvo: *a bald patch* una calva

ball ⊶ /bɔːl/ n **1** balón, pelota, bola **2** esfera, ovillo **3** baile (de etiqueta) LOC **be on the ball** estar al tanto ◆ **have a ball** (coloq) pasárselo bomba ◆ **play ball (with sb)** (coloq) (fig) colaborar (con algn) ◆ **start/set the ball rolling** empezar

ballad /'bæləd/ n balada, romance

ballboy /'bɔːlbɔɪ/ n recogepelotas (chico)

ballerina /ˌbæləˈriːnə/ n bailarina

ballet /'bæleɪ; USA bæ'leɪ/ n ballet: *a ballet dancer* un bailarín

ball game n **1** (USA) partido de béisbol **2** (coloq): *It's a whole new ball game.* Eso ya es otro cantar.

ballgirl /'bɔːlgɜːl/ n recogepelotas (chica)

balloon /bə'luːn/ n globo

ballot /'bælət/ nombre, verbo
▶ n votación: *ballot box* urna (electoral)
▶ vt ~ **sb (on sth)** invitar a votar a algn (sobre algo)

ballpark /'bɔːlpɑːk/ n **1** (esp USA) campo de béisbol **2** *a ballpark figure* una cifra aproximada

ballpoint /'bɔːlpɔɪnt/ (tb ˌballpoint 'pen) n bolígrafo

ballroom /'bɔːlruːm, -rʊm/ n salón de baile: *ballroom dancing* baile de salón

bamboo /ˌbæm'buː/ n bambú

ban ⊶ /bæn/ verbo, nombre
▶ vt (-**nn-**) prohibir: *He's been banned from driving.* Le han quitado el carné de conducir.
▶ n ~ **(on sth)** prohibición (de algo)

banana /bə'nɑːnə; USA bə'nænə/ n plátano

band ⊶ /bænd/ n **1** (Mús) grupo, banda: *a jazz band* un grupo de jazz **2** (de ladrones, etc.) banda **3** cinta, franja Ver tb RUBBER BAND **4** (en baremos) escalón/banda (de tributación), escala

bandage ⊶ /'bændɪdʒ/ nombre, verbo
▶ n venda, vendaje
▶ vt ~ **sth (up)** vendar algo

Band-Aid® n (USA) tirita®

bandit /'bændɪt/ n bandido, -a

bandwagon /'bændwægən/ n LOC **climb/jump on the bandwagon** (coloq) subirse al mismo carro/tren

bandwidth /'bændwɪdθ/ n (Informát) ancho de banda

bang /bæŋ/ verbo, nombre, adverbio, interjección
▶ **1** vt, vi ~ **(on) sth** dar un golpe en algo: *He banged his fist on the table.* Dio un golpe en la mesa con el puño. ◇ *I banged the box down on the floor.* Tiré la caja al suelo de un golpe. ◇ *to bang on the door* aporrear la puerta **2** vt ~ **your head, etc. (against/on sth)** darse en la cabeza, etc. (con algo) **3** vi ~ **into sth** darse contra algo **4** vi (puerta, etc.) dar golpes
▶ n **1** estallido **2** golpe **3** bangs [pl] (USA) flequillo
▶ adv (coloq) justo, completamente: *bang on time* justo a tiempo ◇ *bang up to date* completamente al día LOC **bang goes sth** (coloq) se acabó algo ◆ **go bang** (coloq) estallar
▶ interj ¡pum!

banger /'bæŋə(r)/ n (GB, coloq) **1** salchicha **2** petardo **3** (coche) cacharro: *an old banger* un viejo cacharro

banish /'bænɪʃ/ vt desterrar

banister /'bænɪstə(r)/ n barandilla, pasamanos

bank ⊶ /bæŋk/ nombre, verbo
▶ n **1** banco: *bank manager* director de banco ◇ *bank statement* estado de cuenta ◇ *bank account* cuenta bancaria ◇ *bank balance* saldo bancario Ver tb BOTTLE BANK **2** orilla (de río, lago) ➌Comparar con SHORE LOC **not break the bank** (coloq) *A meal out won't break the bank.* Cenar fuera no nos va a arruinar.
▶ **1** vt (dinero) ingresar **2** vi tener cuenta: *Who do you bank with?* ¿En qué banco tienes cuenta? PHR V **bank on sb/sth** contar con algn/algo

bank card n tarjeta de crédito y/o débito

banker /'bæŋkə(r)/ n banquero, -a

bank holiday n (GB) día festivo

🔎 En Gran Bretaña hay ocho días de diario que son festivos en los que los bancos tienen que cerrar por ley. Suelen caer en lunes, de forma que se tiene un fin de semana largo al que se llama **bank holiday weekend**. Los **bank holidays** no siempre coinciden en Inglaterra, Escocia e Irlanda del Norte: *We are coming back on bank holiday Monday.* Volvemos el lunes del puente.

banking /'bæŋkɪŋ/ n banca: *She went into banking.* Se dedicó a la banca.

banknote /'bæŋknəʊt/ n Ver NOTE n (2)

bankrupt /'bæŋkrʌpt/ adj en bancarrota: *to go bankrupt* ir a la bancarrota **bankruptcy** n (pl **bankruptcies**) bancarrota, quiebra

banned pt, pp de BAN

banner /'bænə(r)/ n pancarta, estandarte

banning /'bænɪŋ/ n [incontable] prohibición

banquet /'bæŋkwɪt/ n banquete

bap /bæp/ n bollo (de pan)

baptism /'bæptɪzəm/ n bautismo, bautizo

baptize, -ise /bæp'taɪz/ vt bautizar

bar ⚊ /bɑː(r)/ nombre, verbo, preposición
▸ n **1** barra Ver tb SPACE BAR **2** bar **3** tableta (de chocolate) **4** pastilla (de jabón) **5** prohibición **6** (Mús) compás **7** (Fútbol) larguero LOC **behind bars** (coloq) entre rejas
▸ vt (-rr-) ~ **sb from doing sth** prohibir a algn hacer algo LOC **bar the way** cerrar el paso
▸ prep excepto

barbarian /bɑː'beəriən/ n bárbaro, -a **barbaric** /bɑː'bærɪk/ adj bárbaro

barbecue /'bɑːbɪkjuː/ nombre, verbo
▸ n (abrev BBQ) (coloq **barbie** /'bɑːbi/) barbacoa
▸ vt asar a la parrilla

barbed wire /ˌbɑːbd 'waɪə(r)/ n alambre de espino

barber /'bɑːbə(r)/ n **1** peluquero, -a **2** barber's (USA **barbershop** /'bɑːbəʃɒp/) peluquería ➲ Ver nota en CARNICERÍA

🔎 **Barber** es peluquero de caballeros y **hairdresser** de señoras, pero hoy en día la mayoría de los **hairdressers** trabajan en peluquerías unisex.

bar chart n gráfico de barras

barcode /'bɑːkəʊd/ n código de barras

bare /beə(r)/ adj (**barer, -est**) **1** desnudo ➲ Ver nota en NAKED **2** descubierto **3** *a room bare of furniture* una habitación sin muebles **4** mínimo: *the bare essentials* lo mínimo

barefoot /'beəfʊt/ adj, adv descalzo

barely /'beəli/ adv apenas

bargain ⚊ /'bɑːgən/ nombre, verbo
▸ n **1** ganga: *bargain prices* precios de escándalo **2** trato LOC **into the bargain** además Ver tb DRIVE
▸ vi **1** negociar **2** regatear PHR V **bargain for/on sth** contar con algo: *He got more than he bargained for.* No se esperaba algo así. **bargaining** n [incontable] **1** negociación: *pay bargaining* negociaciones salariales **2** regateo

barge /bɑːdʒ/ n barcaza

barista /bə'riːstə, bə'rɪstə/ n barista; camarero, -a (de un café)

baritone /'bærɪtəʊn/ n barítono

bark /bɑːk/ nombre, verbo
▸ n **1** corteza (de árbol) **2** ladrido
▸ **1** vi ladrar **2** vt ~ (**out**) **sth** (persona) gritar algo (órdenes, preguntas) **barking** n [incontable] ladridos

barking mad (tb barking) (GB, coloq) loco de remate

barley /'bɑːli/ n cebada

barmaid /'bɑːmeɪd/ n camarera

barman /'bɑːmən/ n (pl **-men** /-mən/) camarero

barmy /'bɑːmi/ adj (GB, coloq) chiflado

barn /bɑːn/ n granero

barometer /bə'rɒmɪtə(r)/ n barómetro

baron /'bærən/ n barón

baroness /'bærənəs; USA ˌbærə'nes/ n baronesa

baroque /bə'rɒk; USA bə'rəʊk/ adj, n barroco

barracks /'bærəks/ n (pl **barracks**) [v sing o pl] cuartel

barrage /'bærɑːʒ; USA bə'rɑːʒ/ n **1** (Mil) descarga de fuego **2** (de quejas, preguntas) bombardeo

barrel /'bærəl/ n **1** barril, tonel **2** cañón (de fusil)

barren /'bærən/ adj árido, improductivo

barrette /bæ'ret/ n (USA) pasador (de pelo)

barricade /ˌbærɪ'keɪd/ nombre, verbo
▸ n barricada
▸ vt bloquear (con una barricada) PHR V **barricade yourself in/inside (sth)** encerrarse con barricadas (en algo)

barrier ⚊ /'bæriə(r)/ n barrera

barrister /'bærɪstə(r)/ n abogado, -a ➲ Ver nota en ABOGADO

barrow /'bærəʊ/ n carretilla

bartender /'bɑːtendə(r)/ n (USA) camarero, -a

barter /'bɑːtə(r)/ **1** vt ~ **sth (for sth)** trocar algo (por algo) **2** vi ~ (**with sb) (for sth)** hacer trueque (con algn) (para obtener algo)

base ⚓ /beɪs/ *nombre, verbo*
▶ *n* base **LOC** *Ver* TOUCH
▶ *vt* **1** basar **2 be based in/at…** tener su base en…

baseball /'beɪsbɔːl/ *n* béisbol

base jumping *n* salto en paracaídas (*desde un edificio*)

basement /'beɪsmənt/ *n* sótano

bases 1 *pl de* BASE **2** *pl de* BASIS

bash /bæʃ/ *verbo, nombre*
▶ (*coloq*) **1** *vt* golpear fuertemente **2** *vt* ~ **your head, etc. (against/on sth)** darse un golpe en la cabeza, etc. (con algo) **3** *vi* ~ **into sb/sth** darse contra algn/algo
▶ *n* golpe fuerte **LOC have a bash (at sth)** (*GB, coloq*) intentar algo

basic ⚓ /'beɪsɪk/ *adj* **1** fundamental **2** básico **3** elemental

basically ⚓ /'beɪsɪkli/ *adv* **1** básicamente **2** en definitiva

basics /'beɪsɪks/ *n* [*pl*] lo esencial, la base

basil /'bæzl/ *USA tb* 'beɪzl/ *n* albahaca

basilica /bə'zɪlɪkə/ *n* basílica

basin /'beɪsn/ *n* **1** lavabo **2** cuenco **3** (*Geog*) cuenca

basis ⚓ /'beɪsɪs/ *n* (*pl* **bases** /-siːz/) base: *on the basis of sth* basándose en algo ◇ *on a regular basis* con regularidad

basket /'bɑːskɪt; *USA* 'bæskɪt/ *n* **1** cesta, cesto ➲ *Ver dibujo en* BAG; *Ver tb* WASTE-PAPER BASKET **2** (*Dep*) canasta: *to make/shoot a basket* meter/tirar (una) canasta **LOC** *Ver* EGG

basketball /'bɑːskɪtbɔːl; *USA* 'bæskɪt-/ *n* baloncesto: *a basketball court* una cancha de baloncesto

bass /beɪs/ *nombre, adjetivo*
▶ *n* **1** (*cantante*) bajo **2** [*incontable*] graves: *to turn up the bass* subir los graves **3** (*tb* ,bass gui'tar) bajo **4** *Ver* DOUBLE BASS
▶ *adj* bajo: *bass clef* clave de fa

bat /bæt/ *nombre, verbo*
▶ *n* **1** bate **2** (*Tenis de mesa*) raqueta, pala **3** murciélago
▶ *vt, vi* (**-tt-**) batear **LOC not bat an eyelid** (*coloq*) no inmutarse

batch /bætʃ/ *n* **1** tanda **2** hornada

bath ⚓ /bɑːθ; *USA* bæθ/ *nombre, verbo*
▶ *n* (*pl* **baths** /bɑːðz; *USA* bæðz/) **1** baño: *to have a bath (GB)/take a bath (USA)* darse un baño **2** (*USA* bathtub) /'bɑːθtʌb; *USA* 'bæθ-/) bañera
▶ *vt* (*USA* bathe) bañar

bathe /beɪð/ **1** *vt* (*ojos, herida*) lavar **2** *vi* (*antic*) bañarse

bathrobe /'bɑːθrəʊb; *USA* 'bæθ-/ *n* **1** albornoz **2** (*USA*) bata

bathroom ⚓ /'bɑːθruːm, -rʊm; *USA* 'bæθ-/ *n* **1** (cuarto de) baño **2** (*USA*) aseo ➲ *Ver nota en* TOILET

baton /'bætɒn, 'bætɔ̃; *USA* bə'tɒn/ *n* **1** porra (*de policía*) **2** (*Mús*) batuta **3** (*Dep*) testigo

battalion /bə'tæliən/ *n* batallón

batter /'bætə(r)/ *verbo, nombre*
▶ **1** *vt* apalear: *to batter sb to death* matar a algn a palos **2** *vt, vi* ~ **(at/on) sth** aporrear algo **PHR V batter sth down** derribar algo a golpes
▶ *n* masa para rebozar: *fish in batter* pescado rebozado

battered /'bætəd/ *adj* **1** deformado **2** maltratado

battery ⚓ /'bætəri; *GB tb* -tri/ *n* (*pl* **batteries**) **1** (*Electrón*) batería, pila **2** *battery hens* gallinas ponedoras en batería ➲ *Comparar con* FREE-RANGE

battle ⚓ /'bætl/ *nombre, verbo*
▶ *n* batalla, lucha **LOC** *Ver* WAGE
▶ *vi* ~ **(with/against sb/sth) (for sth)** luchar (con/contra algn/algo) (por algo)

battlefield /'bætlfiːld/ (*tb* **battleground** /'bætlgraʊnd/) *n* campo de batalla

battlements /'bætlmənts/ *n* [*pl*] almenas

battleship /'bætlʃɪp/ *n* acorazado

bauble /'bɔːbl/ *n* **1** adorno, chuchería **2** bola de Navidad

bawl /bɔːl/ **1** *vt* ~ **sth (out)** gritar algo **2** *vi* berrear

bay ⚓ /beɪ/ *n* **1** bahía **2** zona: *loading bay* zona de carga **LOC hold/keep sb/sth at bay** mantener a algn/algo a raya

bay leaf *n* (*pl* **bay leaves**) hoja de laurel

bayonet /'beɪənət/ *n* bayoneta

bay tree *n* laurel

bay 'window *n* ventana (*en forma de mirador redondo*)

bazaar /bə'zɑː(r)/ *n* **1** bazar **2** mercadillo benéfico

BBQ *Ver* BARBECUE

BC (*USA* B.C.) /,biː 'siː/ *abrev de* before Christ antes de Cristo

be ⚓ /bi, biː/ *verbo*
  ❶ Para los usos de **be** con **there** ver THERE.
  ● **verbo intransitivo 1** ser: *Life is unfair.* La vida es injusta. ◇ *'Who is it?' 'It's me.'* —¿Quién es? —Soy yo. ◇ *It's John's.* Es de John. ◇ *Be quick!* ¡Date prisa! ◇ *I was late.* Llegué tarde. **2** (*estado*) estar: *How are you?* ¿Cómo estás? ◇ *Is he alive?* ¿Está vivo? **3** (*localización*) estar: *Mary's upstairs.* Mary está arriba. **4** (*origen*) ser: *She's from Italy.* Es italiana. **5** (*solo en tiempo*

perfecto) visitar: *I've never been to Spain.* Nunca he estado en España. ◇ *Has the plumber been yet?* ¿Ha venido ya el fontanero? ◇ *I've been into town.* He ido al centro. ❶ A veces **been** se utiliza como participio de **go**. ➋ *Ver nota en* GO **6** tener: *I'm right, aren't I?* ¿A que tengo razón? ◇ *I'm hot/afraid.* Tengo calor/miedo. ◇ *Are you in a hurry?* ¿Tienes prisa?

🔎 En español se usa *tener* con sustantivos como *calor, frío, hambre, sed*, etc., mientras que en inglés se usa **be** con el adjetivo correspondiente.

7 (*edad*) tener: *He's ten (years old).* Tiene diez años. *Ver* OLD, YEAR **8** (*tiempo*): *It's cold/hot.* Hace frío/calor. ◇ *It's foggy.* Hay niebla. **9** (*medida*) medir: *He's six feet tall.* Mide 1,80 m. **10** (*hora*) ser: *It's two o'clock.* Son las dos. **11** (*precio*) costar: *How much is that dress?* ¿Cuánto cuesta ese vestido? **12** (*Mat*) ser: *Two and two is/are four.* Dos y dos son cuatro.

● **verbo auxiliar 1** (*con participios para formar la pasiva*): *It was built in 1985.* Fue construido en 1985. ◇ *He was killed in the war.* Lo mataron en la guerra. ◇ *It is said that he is rich/He is said to be rich.* Dicen que es rico. **2** (*con -ing para formar tiempos continuos*): *What are you doing?* ¿Qué haces/Qué estás haciendo? ◇ *I'm just coming!* ¡Ya voy! **3** (*con infinitivo*): *I am to inform you that...* Debo informarle que... ◇ *They were to be married.* Se iban a casar. **LOC** *sth is what it is* (*coloq*): *It is what it is.* Es lo que hay. ❶ Para otras expresiones con **be**, véanse las entradas del sustantivo, adjetivo, etc., p. ej. **be a drain on sth** en DRAIN. **PHR V** **be onto sb** (*coloq*) seguirle la pista a algn ◆ **be onto sth** haber dado con algo ◆ **be through (to sb/sth)** tener línea (con algn/algo) ◆ **be through (with sb/sth)** haber terminado (con algn/algo)

beach 🔑 /biːtʃ/ *n* playa
bead /biːd/ *n* **1** cuenta **2 beads** [*pl*] collar de cuentas **3** (*de sudor, etc.*) gota
beak 🔑 /biːk/ *n* pico
beaker /'biːkə(r)/ *n* vaso alto (*de plástico o papel*)
beam /biːm/ *nombre, verbo*
▶ *n* **1** (*de luz*) rayo **2** (*de linterna, etc.*) haz de luz **3** viga, travesaño **4** sonrisa radiante
▶ **1** *vi* ~ **(at sb)** echar una sonrisa radiante (a algn) **2** *vt* transmitir (*programa, mensaje*)
bean /biːn/ *n* **1** (*semilla*) alubia, judía: *kidney beans* alubias rojas ◇ *bean sprouts* brotes de soja *Ver tb* BAKED BEANS, BROAD BEAN **2** (*vaina*) judía **3** (*café, cacao*) grano *Ver tb* JELLY BEAN
bear 🔑 /beə(r)/ *verbo, nombre*
▶ (*pt* **bore** /bɔː(r)/, *pp* **borne** /bɔːn/) **1** *vt* aguantar, soportar **2** *vt* resistir: *It won't bear close examination.* No resistirá un examen a fondo. **3** *vt* (*responsabilidad*) asumir **4** *vt* (*gastos*) hacerse cargo de **5** *vt* (*rencor, etc.*) guardar **6** *vt* (*carga*) soportar **7** *vt* tener: *to bear a resemblance to sb* tener un parecido a algn ◇ *to bear little relation to sth* tener poca relación con algo **8** *vt* (*firma, nombre*) llevar **9** *vt* (*formal*) (*hijo*) dar a luz **10** *vi* ~ **left, north, etc.** torcer hacia la izquierda, el norte, etc. **LOC** **bear sb/sth in mind** tener a algn/algo en cuenta *Ver tb* GRIN **PHR V** **bear sb/sth out** confirmar lo que ha dicho algn, confirmar algo ◆ **bear up (under sth)** aguantar (algo): *He's bearing up well under the strain of losing his job.* Lleva bien lo de haberse quedado sin trabajo. ◆ **bear with sb** tener paciencia con algn
▶ *n* oso: *brown bear* oso pardo *Ver tb* TEDDY BEAR
bearable /'beərəbl/ *adj* soportable
beard 🔑 /bɪəd/ *n* barba **bearded** *adj* con barba
bearer /'beərə(r)/ *n* **1** (*noticias, documento*) portador, -ora **2** (*formal*) (*documento*) titular
bearing /'beərɪŋ/ *n* **LOC** **get/take your bearings** orientarse ◆ **have a bearing on sth** tener que ver con algo ◆ **lose your bearings** desorientarse

be

present simple

afirmativa		*negativa*		**past simple**
	formas contractas	*formas contractas*		
I **am**	I**'m**	I**'m not**		I **was**
you **are**	you**'re**	you **aren't**		you **were**
he/she/it **is**	he**'s**/she**'s**/it**'s**	he/she/it **isn't**		he/she/it **was**
we **are**	we**'re**	we **aren't**		we **were**
you **are**	you**'re**	you **aren't**		you **were**
they **are**	they**'re**	they **aren't**		they **were**
forma -ing **being**		*participio pasado*	**been**	

ð **then**   s **so**   z **zoo**   ʃ **she**   ʒ **vision**   h **how**   ŋ **sing**   j **yes**   w **w**

beast /biːst/ n animal, bestia

beat 0— /biːt/ verbo, nombre

▶ (pt **beat**, pp **beaten** /ˈbiːtn/) **1** vt ~ **sb (at sth)** ganar a algn (a algo): *She beat me at chess.* Me ganó al ajedrez. **2** vt confundir: *It beats me why he did it.* No me puedo explicar por qué lo hizo. **3** vt (*superar*): *to beat the world record* batir el récord mundial ◇ *Nothing beats home cooking.* No hay nada como la cocina casera. **4** vt, vi golpear, dar golpes (en): *She was beaten to death.* La mataron a golpes. **5** vt, vi ~ **(against/on) sth** batir (contra) algo: *beaten eggs* huevos batidos **6** vt (*tambor*) tocar **7** vi (*corazón*) latir **LOC** beat about the bush (*USA* beat around the bush) andarse con rodeos ◆ off the beaten track (en un lugar) apartado **PHRV** beat sb to it/sth adelantarse a algn: *Book now before someone beats you to it!* ¡Reserva ahora antes de que algn se te adelante! ◆ beat sb up dar una paliza a algn

▶ n **1** (*tambor*) redoble **2** ritmo **3** (*policía*) ronda

beating /ˈbiːtɪŋ/ n **1** (*castigo, derrota*) paliza **2** batir **3** (*corazón*) latido **LOC** take some beating ser difícil de superar

beautician /bjuːˈtɪʃn/ n esteticista

beautiful 0— /ˈbjuːtɪfl/ adj **1** hermoso **2** magnífico

beautifully 0— /ˈbjuːtɪfli/ adv estupendamente

beauty 0— /ˈbjuːti/ n (pl **beauties**) **1** belleza **2** (*persona o cosa*) preciosidad

beauty salon (tb 'beauty parlour) n salón de belleza

beaver /ˈbiːvə(r)/ n castor

became pt de BECOME

because 0— /bɪˈkʌz; GB tb bɪˈkɒz; USA tb bɪˈkɔːz/ conj porque

because of 0— prep a causa de, debido a: *because of you* por ti

beckon /ˈbekən/ **1** vi ~ **sb** hacer señas a algn **2** vt llamar con señas: *She beckoned him into her office.* Le hizo señas para que entrara en su oficina.

become 0— /bɪˈkʌm/ vi (pt **became** /bɪˈkeɪm/, pp **become**) **1** + sustantivo llegar a ser, convertirse en, hacerse: *She became an actress.* Se hizo actriz. **2** + adjetivo ponerse, volverse: *to become fashionable* ponerse de moda Ver tb GET **PHRV** become of sb/sth *What became of your sister?* ¿Qué fue de tu hermana?

bed 0— /bed/ n **1** cama: *a single/double bed* una cama individual/de matrimonio

🔎 En las siguientes expresiones no se usa el artículo determinado en inglés: *to go to bed*

irse a la cama ◇ *It's time for bed.* Es hora de irse a la cama.

2 lecho (*de un río*) **3** fondo (*del océano*), lecho marino **4** Ver FLOWER BED **LOC** Ver WET

bed and 'breakfast n (abrev B & B) **1** pensión y desayuno **2** hotel con régimen de pensión y desayuno ❶ En muchos casos los **bed and breakfasts** son casas particulares.

bedclothes /ˈbedkləʊðz/ n [pl] (tb bedding /ˈbedɪŋ/ [incontable]) ropa de cama

bedroom 0— /ˈbedruːm, -rʊm/ n dormitorio

bedside /ˈbedsaɪd/ n cabecera: *bedside table* mesilla de noche

bedsit /ˈbedsɪt/ n habitación con cama y cocina

bedspread /ˈbedspred/ n colcha

bedtime /ˈbedtaɪm/ n hora de acostarse

bee /biː/ n abeja

beech /biːtʃ/ (tb 'beech tree) n haya

beef 0— /biːf/ n carne de vaca: *roast beef* rosbif ➔ Ver nota en CARNE

beefburger /ˈbiːfbɜːɡə(r)/ n hamburguesa

beehive /ˈbiːhaɪv/ n colmena

been /bɪn; GB tb biːn/ pp de BE

beep /biːp/ nombre, verbo

▶ n pitido

▶ **1** vi (*despertador*) sonar **2** vt, vi tocar (la bocina)

beer 0— /bɪə(r)/ n cerveza ➔ Ver nota en CERVEZA

beetle /ˈbiːtl/ n escarabajo

beetroot /ˈbiːtruːt/ (USA beet /biːt/) n remolacha

before 0— /bɪˈfɔː(r)/ preposición, conjunción, adverbio

▶ prep **1** antes de, antes que: *before lunch* antes de comer ◇ *He arrived before me.* Llegó antes que yo. **2** ante: *right before my eyes* ante mis propios ojos **3** delante de: *He puts his work before everything else.* Antepone su trabajo a todo lo demás.

▶ conj antes de que: *before he goes on holiday* antes de que se vaya de vacaciones

▶ adv antes: *the day/week before* el día/la semana anterior ◇ *I've never seen her before.* No la conozco.

beforehand /bɪˈfɔːhænd/ adv de antemano

beg /beg/ (-gg-) **1** vt ~ **sb to do sth** suplicar a algn que haga algo **2** vt, vi ~ **(sb) for sth**; ~ **sth (of sb)** suplicar algo (a/de algn): *I begged him for forgiveness/more time.* Le supliqué que me perdonara/que me diera una prórroga. **3** vt, vi ~ **(for sth) (from sb)**; ~ **sth (from sb)** mendigar (algo) (de/a algn): *They had to beg for food from* *tourists.* Tuvieron que mendigar comida de los turistas. **LOC** **beg sb's pardon** (*esp GB, formal*) pedir perdón a algn ◆ **I beg your pardon 1** (*formal*) lo siento **2** ¿Cómo ha dicho?

beggar /'begə(r)/ *n* mendigo, -a

begging /'begɪŋ/ *n* mendicidad

begin **0▬** /bɪ'gɪn/ *vt, vi* (**-nn-**) (*pt* **began** /bɪ'gæn/, *pp* **begun** /bɪ'gʌn/) ~ **(doing sth/to do sth)** empezar (a hacer algo): *Shall I begin?* ¿Empiezo yo? ➲ *Ver nota en* START **LOC** **to begin with 1** para empezar **2** al principio **beginner** *n* principiante

beginning **0▬** /bɪ'gɪnɪŋ/ *n* **1** comienzo, principio: *at/in the beginning* al principio ◇ *from beginning to end* de principio a fin **2** origen

behalf **0▬** /bɪ'hɑːf/ *USA* bɪ'hæf/ *n* **LOC** **on behalf of sb/on sb's behalf** en nombre de algn, de parte de algn

behave **0▬** /bɪ'heɪv/ *vi* **1** ~ **well, badly, etc. (towards sb)** comportarse bien, mal, etc. (con algn) **2** ~ **(yourself)** portarse bien *Ver tb* BADLY BEHAVED, WELL BEHAVED

behaviour **0▬** (*USA* behavior) /bɪ'heɪvjə(r)/ *n* comportamiento **behavioural** (*USA* behavioral) *adj* de comportamiento, conductual: *children with behavioural difficulties* niños con problemas de comportamiento

behead /bɪ'hed/ *vt* decapitar

behind **0▬** /bɪ'haɪnd/ *preposición, adverbio, nombre*

❶ Para los usos de **behind** en PHRASAL VERBS ver las entradas de los verbos correspondientes, p. ej. **stay behind** en STAY.

▸ *prep* **1** detrás de, tras: *I put it behind the fridge.* Lo puse detrás de la nevera. ◇ *What's behind this sudden change?* ¿Qué hay detrás de este cambio repentino? **2** retrasado con respecto a: *behind schedule* retrasado (con respecto a los planes) **3** a favor de
▸ *adv* **1** atrás: *He was shot from behind.* Le dispararon por la espalda. ◇ *to look behind* mirar hacia atrás **2** ~ **(with/in sth)** atrasado (con/en algo)
▸ *n* (*coloq*) trasero

beige /beɪʒ/ *adj, n* beige, beis

being /'biːɪŋ/ *n* **1** ser: *human beings* seres humanos **2** existencia **LOC** **come into being** crearse

belated /bɪ'leɪtɪd/ *adj* tardío

belch /beltʃ/ *verbo, nombre*
▸ *vi* eructar
▸ *n* eructo

belief **0▬** /bɪ'liːf/ *n* **1** creencia **2** ~ **in sth** confianza, fe en algo **LOC** **beyond belief** increíble

◆ **in the belief that…** confiando en que… *Ver tb* BEST

believable /bɪ'liːvəbl/ *adj* creíble

believe **0▬** /bɪ'liːv/ *vt, vi* creer: *I believe so.* Creo que sí. **LOC** **believe it or not** aunque no te lo creas *Ver tb* LEAD¹ **PHRV** **believe in sb/sth 1** creer en algn/algo **2** tener confianza en algn/algo

believer /bɪ'liːvə(r)/ *n* creyente **LOC** **be a (great/firm) believer in sth** ser (gran) partidario de algo

bell **0▬** /bel/ *n* **1** campana, campanilla **2** timbre: *to ring the bell* tocar el timbre **LOC** *Ver* RING²

bellow /'beləʊ/ *verbo, nombre*
▸ **1** *vt, vi* gritar **2** *vi* bramar
▸ *n* **1** bramido **2** grito

bell pepper *n* (*USA*) pimiento

belly /'beli/ *n* (*pl* **bellies**) **1** (*de persona*) barriga **2** (*de animal*) panza

belly button *n* (*coloq*) ombligo

belly dancing *n* danza del vientre

belong **0▬** /bɪ'lɒŋ/ *USA* bɪ'lɔːŋ/ *vi* **1** ~ **to sb/sth** pertenecer a algn/algo: *Who does this belong to?* ¿De quién es? **2** ~ **to sth** ser miembro/socio de algo **3** deber estar: *Where does this belong?* ¿Dónde se pone esto? **belongings** *n* (*pl*) pertenencias

below **0▬** /bɪ'ləʊ/ *preposición, adverbio*
▸ *prep* (por) debajo de, bajo: *five degrees below freezing* cinco grados bajo cero
▸ *adv* (más) abajo: *above and below* arriba y abajo

belt **0▬** /belt/ *n* **1** cinturón *Ver tb* SEAT BELT **2** (*Mec*) cinta, correa: *conveyor belt* cinta transportadora **3** (*Geog*) zona *Ver tb* GREEN BELT **LOC** **be below the belt** ser un golpe bajo: *That remark was a bit below the belt.* Ese comentario fue un golpe bajo.

beltway /'beltweɪ/ (*tb* ˌouter 'belt) *n* (*USA*) ronda, carretera de circunvalación

bemused /bɪ'mjuːzd/ *adj* perplejo

bench /bentʃ/ *n* **1** (*asiento*) banco **2** *n* [*gen pl*] (*GB*) (*Pol*) escaño **3** **the bench** [*sing*] la magistratura **4** **the bench** [*sing*] (*Dep*) el banquillo

benchmark /'bentʃmɑːk/ *n* punto de referencia

bend **0▬** /bend/ *verbo, nombre*
▸ (*pt, pp* **bent** /bent/) **1** *vi* ~ **(down)** agacharse, inclinarse **2** *vt, vi* doblar(se)
▸ *n* **1** curva **2** (*tubería*) codo **LOC** **round the bend** (*coloq*) chiflado

beneath **0▬** /bɪ'niːθ/ *preposición, adverbio*
▸ *prep* (*formal*) **1** bajo, debajo de **2** indigno de

▸ *adv (formal)* abajo

benefactor /ˈbenɪfæktə(r)/ *n (formal)* benefactor, -ora

beneficial /ˌbenɪˈfɪʃl/ *adj* beneficioso, provechoso

benefit ⚬ /ˈbenɪfɪt/ *nombre, verbo*

▸ *n* **1** beneficio, provecho: *to be of benefit to sb* ser beneficioso para algn **2** subsidio: *unemployment benefit* subsidio de desempleo **3** función benéfica **LOC** **give sb the benefit of the doubt** conceder a algn el beneficio de la duda

▸ (**-t-, -tt-**) **1** *vt* beneficiar **2** *vi* **~ (from/by sth)** beneficiarse, sacar provecho (de algo)

benevolence /bəˈnevələns/ *n* benevolencia

benevolent /bəˈnevələnt/ *adj* **1** *(formal)* benévolo **2** benéfico

benign /bɪˈnaɪn/ *adj* benigno

bent ⚬ /bent/ *adj* **1** curvado, torcido **2** **~ on sth/on doing sth** empeñado en algo/en hacer algo *Ver tb* BEND

bequeath /bɪˈkwiːð/ *vt* **~ sth (to sb)** *(formal)* legar algo (a algn)

bequest /bɪˈkwest/ *n (formal)* legado

bereaved /bɪˈriːvd/ *adj (formal)* afligido por la muerte de un ser querido: *recently bereaved families* familias que acaban de perder a un ser querido **bereavement** *n* pérdida (de un ser querido)

beret /ˈbereɪ; *USA* bəˈreɪ/ *n* boina

Bermuda shorts /bəˌmjuːdə ˈʃɔːts/ *n [pl]* bermudas

berry /ˈberi/ *n (pl* **berries***)* baya

berserk /bəˈzɜːk, bəˈsɜːk/ *adj* loco: *to go berserk* ponerse hecho una furia

berth /bɜːθ/ *nombre, verbo*

▸ *n* **1** camarote *(de barco)* **2** litera *(de tren)* **3** *(Náut)* atracadero

▸ *vt, vi* atracar *(un barco)*

beset /bɪˈset/ *vt* (**-tt-**) *(pt, pp* **beset***)* *(formal)* acosar: *to be beset by doubts* estar acosado por las dudas

beside ⚬ /bɪˈsaɪd/ *prep* junto a, al lado de **LOC** **beside yourself (with sth)** fuera de sí (por algo)

besides /bɪˈsaɪdz/ *preposición, adverbio*

▸ *prep* **1** además de **2** aparte de: *No one writes to me besides you.* Nadie me escribe más que tú.
▸ *adv* además

besiege /bɪˈsiːdʒ/ *vt* **1** asediar **2** acosar

best ⚬ /best/ *adjetivo, adverbio, nombre*
▸ *adj (superl de* **good***)* mejor: *the best footballer in the world* el mejor futbolista del mundo ◊ *the best dinner I've ever had* la mejor cena que he

comido en mi vida ◊ *my best friend* mi mejor amigo *Ver tb* BETTER, GOOD, NEXT BEST **LOC** **best before** *best before January 2020* consumir antes de enero 2020 ◊ *a best-before date of 7 May* una fecha de caducidad del 7 de mayo ◆ **best wishes** saludos: *Best wishes, Ann.* Un fuerte abrazo, Ann. ◊ *Give her my best wishes.* Dale muchos recuerdos. *Ver tb* PART

▸ *adv (superl de* **well***)* **1** más: *Which one do you like best?* ¿Cuál te gusta más? ◊ *his best-known book* su libro más conocido **2** mejor: *the best-dressed actress* la actriz mejor vestida ◊ *Do as you think best.* Haz lo que te parezca más oportuno. **LOC** **as best you can** lo mejor que puedas

▸ *n* **the best** [*sing*] el/la/lo mejor: *She's the best by far.* Ella es con mucho la mejor. ◊ *to want the best for sb* querer lo mejor para algn ◊ *We're the best of friends.* Somos excelentes amigos. **LOC** **all the best** *(coloq)* **1** (buena) suerte **2** *(en cartas)* saludos ◆ **at best** en el mejor de los casos ◆ **be at your/its best** estar algn/algo en su mejor momento ◆ **do/try your best** hacer todo lo posible ◆ **make the best of sth** sacar el máximo partido de algo ◆ **to the best of my, your, etc. knowledge/belief** que yo sepa, tú sepas, etc.

best man *n* padrino ➔ *Ver nota en* BODA

bestseller /ˌbestˈselə(r)/ *n* éxito editorial/de ventas **bestselling** *adj* de éxito

bet ⚬ /bet/ *verbo, nombre*

▸ *vt, vi* (**-tt-**) *(pt, pp* **bet***)* **1** apostar **2** *(coloq)*: *I bet you he doesn't come.* ¡A que no viene! **LOC** **I/I'll bet…** *(coloq)* seguro: *'I'll do it.' 'Yeah, I bet!'* —Yo lo hago. —¡Sí, seguro! ◆ **you bet!** *(coloq)* ¡ya lo creo!

▸ *n* apuesta: *to put a bet on sth* apostar por algo

betide /bɪˈtaɪd/ *v* **LOC** *Ver* WOE

betray /bɪˈtreɪ/ *vt* **1** *(país, principios)* traicionar **2** *(secreto)* revelar **betrayal** *n* traición

better ⚬ /ˈbetə(r)/ *adjetivo, adverbio, nombre*
▸ *adj (comp de* **good***)* mejor: *It was better than I expected.* Fue mejor de lo que esperaba. ◊ *to get better* mejorar ◊ *He is much better today.* Hoy está mucho mejor. *Ver tb* GOOD, BEST **LOC** **be little/no better than…** no ser más que…: *He is no better than a common thief.* No es más que un ladrón cualquiera. ◆ **have seen/known better days** no ser lo que era *Ver tb* ALL, PART

▸ *adv* **1** *(comp de* **well***)* mejor: *She sings better than me/than I do.* Canta mejor que yo. **2** más: *I like him better than before.* Me gusta más que antes. **LOC** **be better off** tener más dinero ◆ **be better off (doing sth)** *He'd be better off leaving* now. Más le valdría irse ahora. ◇ *She's better off without him.* Está mejor sin él. ◆ **better late than never** (*refrán*) más vale tarde que nunca ◆ **better safe than sorry** (*refrán*) más vale prevenir que curar ◆ **I'd, etc. better do sth** ser mejor que haga, etc. algo: *I'd better be going now.* Será mejor que me vaya ahora. *Ver tb* KNOW, SOON

▶ *n* (algo) mejor: *I expected better of him.* Esperaba más de él. **LOC** **get the better of sb** vencer a algn: *His shyness got the better of him.* Le venció la timidez.

better half *n* (*coloq, hum*) *Ver* OTHER HALF

betting shop *n* despacho de apuestas

between /bɪˈtwiːn/ *preposición, adverbio*
▶ *prep* entre (*dos cosas/personas*) ⟹ *Ver dibujo en* ENTRE
▶ *adv* (*tb* in beˈtween) en medio

beware /bɪˈweə(r)/ *vi* ~ (**of sb/sth**) (*solo en infinitivo o imperativo*) tener cuidado (con algn/algo)

bewilder /bɪˈwɪldə(r)/ *vt* dejar perplejo **bewildered** *adj* perplejo **bewildering** *adj* desconcertante **bewilderment** *n* perplejidad

bewitch /bɪˈwɪtʃ/ *vt* hechizar

beyond /bɪˈjɒnd/ *prep, adv* más allá (de) **LOC** **be beyond sb** (*coloq*) *It's beyond me.* No lo puedo entender.

bezzie (*tb* bessie) /ˈbezi/ *n* (*GB, coloq*) mejor amigo, -a

BF /ˌbiː ˈef/ *abrev* (*coloq*) (*esp en mensajes, etc.*) **1** (*abrev de* boyfriend) novio **2** (*abrev de* best friend) mejor amigo, -a ⟹ *Ver nota en* TEXTSPEAK

BFN *abrev de* bye for now (*esp en mensajes, etc.*) hasta luego ⟹ *Ver nota en* TEXTSPEAK

bias /ˈbaɪəs/ *n* **1** ~ **towards sb/sth** predisposición a favor de algn/algo **2** ~ **against sb/sth** prejuicios contra algn/algo **3** parcialidad **biased** (*tb* biassed) *adj* parcial

bib /bɪb/ *n* babero

bible /ˈbaɪbl/ *n* biblia **biblical** /ˈbɪblɪkl/ *adj* bíblico

bibliography /ˌbɪbliˈɒɡrəfi/ *n* (*pl* **bibliographies**) bibliografía

bicarbonate of soda /baɪˌkɑːbənət əv ˈsəʊdə/ (*tb* sodium bicarbonate) *n* bicarbonato (de sosa)

biceps /ˈbaɪseps/ *n* (*pl* **biceps**) (*Anat*) bíceps

bicker /ˈbɪkə(r)/ *vi* discutir (*por asuntos triviales*)

bicycle /ˈbaɪsɪkl/ *n* bicicleta: *to ride a bicycle* ir/montar en bicicleta

bid¹ /bɪd/ *verbo, nombre*
▶ (**-dd-**) (*pt, pp* **bid**) **1** *vt, vi* (*subasta*) pujar **2** *vi* (*Econ*) hacer ofertas
▶ *n* **1** (*subasta*) puja **2** (*Econ*) oferta: *a takeover bid* una oferta pública de adquisición **3** intento: *to make a bid for sth* intentar conseguir algo

bid² /bɪd/ *vt* (**-dd-**) (*pt* **bade** /beɪd, bæd/, *pp* **bidden** /ˈbɪdn/) **LOC** *Ver* FAREWELL

bidder /ˈbɪdə(r)/ *n* postor, -ora

bide /baɪd/ *vt* **LOC** **bide your time** esperar el momento oportuno

bidet /ˈbiːdeɪ; *USA* bɪˈdeɪ/ *n* bidé

biennial /baɪˈeniəl/ *adj* bienal

big /bɪɡ/ *adjetivo, adverbio, verbo*
▶ *adj* (**bigger, -est**) **1** grande: *the biggest desert in the world* el desierto más grande del mundo

🔎 **Big** y **large** describen el tamaño, la capacidad o la cantidad de algo, pero **big** es menos formal.

2 mayor: *my big sister* mi hermana mayor **3** importante: *a big mistake* un grave error **LOC** **a big ask** (*coloq*) mucho pedir: *Beating Madrid is a big ask for us.* Es mucho pedir que ganemos al Madrid. ◆ **a big fish/name/noise/shot** un pez gordo ◆ **big business** *This is big business.* Esto es una mina. ◆ **big deal!** (*coloq*) ¡vaya cosa!
▶ *adv* (*coloq*) a lo grande: *Let's think big.* Vamos a planearlo a lo grande.
▶ *v* (**-gg-**) **PHR V** **big sb/sth up** (*GB, coloq*) poner a algn/algo por las nubes

bigamy /ˈbɪɡəmi/ *n* bigamia

the Big Apple *n* (*coloq*) la Gran Manzana (*Nueva York*)

biggie /ˈbɪɡi/ *n* (*coloq*) cosa/persona importante

big-head *n* (*coloq, pey*) engreído, -a **big-headed** *adj* (*coloq, pey*) engreído

bigoted /ˈbɪɡətɪd/ *adj* intolerante

big time *nombre, adverbio*
▶ *n* **the big time** (*coloq*) el estrellato: *to make/hit the big time* triunfar
▶ *adv* (*coloq*) *He's messed up big time.* Ha metido la pata hasta el fondo.

the Big Wheel *n* la noria (*de feria*)

bike /baɪk/ *n* (*coloq*) **1** bici *Ver tb* MOUNTAIN BIKE **2** moto **biker** *n* motorista **biking** *n* **1** ciclismo **2** motociclismo

bikini /bɪˈkiːni/ *n* (*pl* **bikinis**) biquini

bilingual /ˌbaɪˈlɪŋɡwəl/ *adj* bilingüe

bill /bɪl/ *nombre, verbo*
▶ *n* **1** factura: *the gas bill* el recibo del gas ◇ *a bill for 500 euros* una factura de 500 euros **2** (*restaurante*) cuenta: *The bill, please.* La cuenta, por favor. **3** (*USA*) billete: *a ten-dollar bill* un billete de diez dólares **4** proyecto de ley **5** programa **6** pico (*de pájaro*) **7** (*USA*) visera **LOC** **fill/fit the bill** satisfacer los requisitos *Ver tb* FOOT

▸ *vt* **1** ~ **sb (for sth)** pasar la factura (de algo) a algn **2** anunciar (*en un programa*)

billboard /ˈbɪlbɔːd/ *n* valla publicitaria

billiards /ˈbɪliədz; *USA* ˈbɪljərdz/ *n* [incontable] billar (*con tres bolas*): *a billiard ball* una bola de billar ➙ *Ver nota en* BILLAR

billing /ˈbɪlɪŋ/ *n* to get top/star billing encabezar el cartel

billion 0🔲 /ˈbɪljən/ *adj, n* mil millones ➙ *Ver nota en* MILLION

bin 0🔲 /bɪn/ *n* cubo: *litter bin* papelera

binary /ˈbaɪnəri; *USA tb* -neri/ *adj* binario

bind /baɪnd/ *verbo, nombre*

▸ *vt* (*pt, pp* **bound** /baʊnd/) **1** ~ **sb/sth (together)** atar a algn/algo **2** ~ **A and B (together)** unir, ligar A y B **3** ~ **sb (to sth)** obligar a algn (a algo) **4** encuadernar

▸ *n* (*GB, coloq*) lata: *It's a terrible bind.* Es un latazo. ⓁⓄⒸ **in a bind** (*esp USA*) en apuros

binder /ˈbaɪndə(r)/ *n* archivador

binding /ˈbaɪndɪŋ/ *adjetivo, nombre*

▸ *adj* ~ **(on/upon sb)** vinculante (para algn)

▸ *n* **1** encuadernación **2** ribete

binge /bɪndʒ/ *nombre, verbo*

▸ *n* (*coloq*) juerga: *binge eating* darse atracones (de comida)

▸ *vi* ~ **(on sth) 1** atracarse de comida **2** emborracharse

bingo /ˈbɪŋɡəʊ/ *n* bingo

bin liner (*coloq* ˈbin bag) *n* bolsa de basura

binman /ˈbɪnmæn/ *n* (*pl* **-men** /-men/) (*GB, coloq*) basurero, -a

binoculars /bɪˈnɒkjələz/ *n* [pl] gemelos, prismáticos

biochemical /ˌbaɪəʊˈkemɪkl/ *adj* bioquímico

biochemist /ˌbaɪəʊˈkemɪst/ *n* bioquímico, -a **biochemistry** *n* bioquímica

biodegradable /ˌbaɪəʊdɪˈɡreɪdəbl/ *adj* biodegradable

biodiesel /ˈbaɪəʊdiːzl/ *n* biodiésel

biodiverse /ˌbaɪəʊdaɪˈvɜːs/ *adj* biodiverso

biodiversity /ˌbaɪəʊdaɪˈvɜːsəti/ *n* biodiversidad

biofuel /ˈbaɪəʊfjuːəl/ *n* biocombustible

biographer /baɪˈɒɡrəfə(r)/ *n* biógrafo, -a

biographical /ˌbaɪəˈɡræfɪkl/ *adj* biográfico

biography /baɪˈɒɡrəfi/ *n* (*pl* **biographies**) biografía

biological /ˌbaɪəˈlɒdʒɪkl/ *adj* biológico

biologist /baɪˈɒlədʒɪst/ *n* biólogo, -a

biology 0🔲 /baɪˈɒlədʒi/ *n* biología

biomass /ˈbaɪəʊmæs/ *n* biomasa

bins

waste-paper basket
(*USA* **wastebasket**)

dustbin
(*USA* **trash can**)

litter bin
(*USA* **trash can**)

wheelie bin

biotechnology /ˌbaɪəʊtekˈnɒlədʒi/ *n* biotecnología

bipolar /ˌbaɪˈpəʊlə(r)/ *adj* bipolar

birch /bɜːtʃ/ (*tb* ˈbirch tree) *n* abedul

bird 0🔲 /bɜːd/ *n* ave, pájaro: *bird of prey* ave de rapiña ⓁⓄⒸ *Ver* EARLY

Biroᴿ /ˈbaɪrəʊ/ *n* (*pl* **Biros**) bolígrafo

birth 0🔲 /bɜːθ/ *n* **1** nacimiento **2** natalidad **3** parto **4** cuna, origen ⓁⓄⒸ **give birth (to sb/ sth)** dar a luz (a algn/algo)

ˈbirth control *n* control de natalidad

birthday 0🔲 /ˈbɜːθdeɪ/ *n* cumpleaños: *Happy birthday!* ¡Feliz cumpleaños! ◇ *birthday card* tarjeta de cumpleaños

birthmark /ˈbɜːθmɑːk/ *n* mancha de nacimiento

ˈbirth mother *n* madre biológica

birthplace /ˈbɜːθpleɪs/ *n* lugar de nacimiento

biscuit 0🔲 /ˈbɪskɪt/ *n* galleta

bisexual /ˌbaɪˈsekʃuəl/ *adj, n* bisexual

---

iː see   i happy   ɪ sit   e ten   æ hat   ɑː arm   ɒ got   ɔː saw   ʊ put

bishop /ˈbɪʃəp/ n 1 (Relig) obispo, -a 2 (Ajedrez) alfil

bison /ˈbaɪsn/ n (pl **bison**) bisonte

bit ⚬ /bɪt/ n 1 **a bit** (con adjetivo o verbo) un poco: *a bit tired* un poco cansado 2 **a bit** un rato: *See you in a bit.* Nos vemos dentro de un rato. 3 ~ **of sth** trocito, pedacito de algo: *I've got a bit of shopping to do.* Tengo que hacer algunas compras. ◊ *I've got a bit of a headache.* Tengo un ligero dolor de cabeza. 4 **a bit** (coloq): *It rained quite a bit.* Llovió bastante. ◊ *It's worth a bit.* Vale mucho. 5 (Informát) bit 6 bocado (para un caballo) 7 broca **LOC a bit much** (coloq) demasiado ◆ **bit by bit** poco a poco ◆ **bits and pieces** (coloq) cosillas ◆ **do your bit** (coloq) hacer tu parte ◆ **not a bit; not one (little) bit** en absoluto: *I don't like it one little bit.* No me gusta nada. ◆ **to bits** *to pull/tear sth to bits* hacer algo pedazos ◊ *to fall to bits* hacerse pedazos ◊ *to smash (sth) to bits* hacer algo/hacerse añicos ◊ *to take sth to bits* desarmar algo *Ver tb* BITE

bitch /bɪtʃ/ n perra ⊃ *Ver nota en* PERRO

bitcoin /ˈbɪtkɔɪn/ n bitcoin (moneda electrónica)

bite ⚬ /baɪt/ verbo, nombre
▶ (pt **bit** /bɪt/, pp **bitten** /ˈbɪtn/) 1 vt, vi ~ **(sth/into sth)** morder (algo): *to bite your nails* morderse las uñas 2 vt (insecto, serpiente) picar
▶ n 1 mordisco 2 bocado 3 picadura 4 [sing] **a bite (to eat)** (coloq): *How about a bite to eat?* ¿Y si comemos algo? *Ver tb* SOUND BITE

bitter ⚬ /ˈbɪtə(r)/ adjetivo, nombre
▶ adj 1 amargo 2 resentido 3 glacial
▶ n (GB) cerveza amarga ⊃ *Ver nota en* CERVEZA

bitterly ⚬ /ˈbɪtəli/ adv amargamente: *It's bitterly cold.* Hace un frío que pela.

bitterness /ˈbɪtənəs/ n amargura

bizarre /bɪˈzɑː(r)/ adj 1 extraño, raro 2 (aspecto) estrafalario

black ⚬ /blæk/ adjetivo, nombre, verbo
▶ adj (**blacker, -est**) 1 negro: *black belt* cinturón negro ◊ *a black and white film* una película en blanco y negro ◊ *black eye* ojo morado 2 (cielo, noche) oscuro 3 (café, té) solo, sin leche
▶ n 1 negro 2 (persona) negro, -a ⊃ *Ver nota en* AFRO-CARIBBEAN
▶ v **PHR V** **black out** perder el conocimiento

blackberry /ˈblækbəri; USA -beri/ n (pl **blackberries**) 1 mora 2 zarza

blackbird /ˈblækbɜːd/ n mirlo

blackboard /ˈblækbɔːd/ n pizarra

blackcurrant /ˌblækˈkʌrənt, ˈblækkʌrənt; USA -kɜːr-/ n grosella negra

blacken /ˈblækən/ vt 1 ennegrecer 2 (reputación, etc.) manchar

Black ˈFriday n Viernes Negro (en comercios)

blacklist /ˈblæklɪst/ nombre, verbo
▶ n lista negra
▶ vt poner en la lista negra

blackmail /ˈblækmeɪl/ nombre, verbo
▶ n chantaje
▶ vt chantajear **blackmailer** n chantajista

black ˈmarket n mercado negro

blackout /ˈblækaʊt/ n 1 apagón 2 (tb ˌnews ˈblackout) bloqueo informativo 3 pérdida de conocimiento/memoria

black ˈpudding n morcilla

blacksmith /ˈblæksmɪθ/ n herrero, -a

blacktop /ˈblæktɒp/ n (USA) asfalto

bladder /ˈblædə(r)/ n (Anat) vejiga

blade ⚬ /bleɪd/ n 1 (cuchillo, etc.) hoja 2 (ventilador) aspa 3 (remo) pala 4 (hierba) brizna *Ver tb* RAZOR BLADE, SHOULDER BLADE

blag /blæg/ vt (**-gg-**) (GB, coloq) conseguir con camelos: *I blagged some tickets for the game.* Me saqué entradas para el partido por el morro.

blame ⚬ /bleɪm/ verbo, nombre
▶ vt 1 culpar: *He blames her for it/He blames it on her.* Le echa la culpa a ella. **❶ Blame sb for sth** significa lo mismo que **blame sth on sb**. 2 (en frases negativas): *You couldn't blame him for being annoyed.* No era de extrañar que se enfadara. **LOC be to blame (for sth)** tener la culpa (de algo)
▶ n ~ **(for sth)** culpa (de algo): *to put/lay the blame for sth on sb* echar la culpa de algo a algn

bland /blænd/ adj (**blander, -est**) soso

blank ⚬ /blæŋk/ adjetivo, nombre
▶ adj 1 (papel, cheque, etc.) en blanco 2 (pared, espacio, etc.) desnudo 3 (CD, etc.) virgen 4 (expresión) vacío
▶ n 1 espacio en blanco 2 (tb ˌblank ˈcartridge) bala de fogueo

blanket /ˈblæŋkɪt/ nombre, adjetivo, verbo
▶ n manta *Ver tb* WET BLANKET
▶ adj [solo antes de sustantivo] general, global
▶ vt cubrir (por completo)

blare /bleə(r)/ vi ~ **(out)** sonar a todo volumen

blasphemous /ˈblæsfəməs/ adj blasfemo

blasphemy /ˈblæsfəmi/ n [incontable] blasfemia

blast /blɑːst; USA blæst/ nombre, verbo, interjección
▶ n 1 explosión 2 ráfaga: *a blast of air* una ráfaga de viento 3 onda expansiva **LOC** *Ver* FULL
▶ vt volar (con explosivos) **PHR V** **blast off** (nave espacial) despegar
▶ interj (coloq) ¡maldición! **blasted** adj (coloq) condenado

ˈblast-off n despegue (nave espacial)

blatant /ˈbleɪtnt/ adj descarado

blaze /bleɪz/ verbo, nombre
▶ vi **1** arder **2** brillar **3** *Her eyes were blazing with fury.* Le salían chispas por los ojos de la rabia.
▶ n **1** incendio **2** hoguera **3** [sing] a ~ of sth: *a blaze of colour* una explosión de color ◇ *in a blaze of publicity* con mucha publicidad

blazer /ˈbleɪzə(r)/ n blazer: *a school blazer* una americana de uniforme

bleach /bliːtʃ/ verbo, nombre
▶ vt blanquear
▶ n lejía

bleak /bliːk/ adj (**bleaker, -est**) **1** poco prometedor **2** (tiempo) crudo: *a bleak day* un día gris y deprimente **3** (paisaje) inhóspito **bleakly** adv desoladamente **bleakness** n **1** desolación **2** crudeza

bleat /bliːt/ vi balar

bleed /bliːd/ vi (pt, pp **bled** /bled/) sangrar **bleeding** n [incontable] hemorragia

bleep /bliːp/ nombre, verbo
▶ n pitido
▶ vi emitir pitidos

blemish /ˈblemɪʃ/ n mancha

blend /blend/ verbo, nombre
▶ vt, vi mezclar(se) **PHR V** blend in (with sth/sb) armonizar (con algo); integrarse (con algn) ◆ blend into sth integrarse en algo
▶ n mezcla

blender /ˈblendə(r)/ n licuadora

bless /bles/ vt (pt, pp **blessed** /blest/) bendecir **LOC** be blessed with sth gozar de algo ◆ bless you **1** ¡que Dios te bendiga! **2** ¡Jesús! (al estornudar) ➔ Ver nota en ¡ACHÍS!

blessed /ˈblesɪd/ adj **1** santo **2** bendito **3** (antic, coloq): *the whole blessed day* todo el santo día

blessing /ˈblesɪŋ/ n **1** bendición **2** [gen sing] visto bueno **LOC** it's a blessing in disguise no hay mal que por bien no venga

blew pt de BLOW

blind ⊶ /blaɪnd/ adjetivo, verbo, nombre
▶ adj ciego: *a blind date* una cita a ciegas ➔ Ver nota en CIEGO; Ver tb COLOUR-BLIND **LOC** turn a blind eye (to sth) hacer la vista gorda (ante algo)
▶ vt **1** cegar **2** (momentáneamente) deslumbrar
▶ n **1** persiana **2** the blind [pl] los ciegos

blindfold /ˈblaɪndfəʊld/ nombre, verbo, adjetivo, adverbio
▶ n venda (en los ojos)
▶ vt vendar los ojos a
▶ adj, adv con los ojos vendados

blindly /ˈblaɪndli/ adv ciegamente

blindness /ˈblaɪndnəs/ n ceguera

blind spot n **1** punto débil **2** (para conductor) ángulo muerto

bling /blɪŋ/ (tb ˌbling-ˈbling) nombre, adjetivo
▶ n (coloq) bisutería y ropa llamativas
▶ adj (coloq) llamativo (por su forma de vestir)

blink /blɪŋk/ verbo, nombre
▶ vt, vi ~ (your eyes) parpadear
▶ n parpadeo

blip /blɪp/ n **1** señal luminosa **2** problema momentáneo

bliss /blɪs/ n [incontable] (una) dicha **blissful** adj dichoso

blister /ˈblɪstə(r)/ n ampolla

blistering /ˈblɪstərɪŋ/ adj **1** (velocidad) vertiginoso **2** (calor) abrasador

blitz /blɪts/ n ~ (on sth) campaña (intensiva) (contra algo)

blizzard /ˈblɪzəd/ n ventisca (de nieve)

bloated /ˈbləʊtɪd/ adj hinchado

blob /blɒb/ n gota (de líquido espeso)

bloc /blɒk/ n (Pol) bloque

block ⊶ /blɒk/ nombre, verbo
▶ n **1** (piedra, hielo, etc.) bloque **2** (edificios) manzana, bloque *Ver tb* TOWER BLOCK **3** (entradas, acciones, etc.) paquete: *a block booking* una reserva en grupo **4** obstáculo, impedimento: *a mental block* un bloqueo mental **LOC** *Ver* CHIP
▶ vt **1** atascar, bloquear **2** tapar **3** impedir **4** (Dep) parar

blockade /blɒˈkeɪd/ nombre, verbo
▶ n (Econ, Pol) bloqueo
▶ vt bloquear (puerto, ciudad, etc.)

blockage /ˈblɒkɪdʒ/ n **1** obstrucción **2** bloqueo **3** atasco

blockbuster /ˈblɒkbʌstə(r)/ n superproducción, éxito de taquilla/de ventas

block ˈcapitals (tb ˌblock ˈletters) n [pl] mayúsculas

blog /blɒg/ nombre, verbo
▶ n blog
▶ vt, vi (-gg-) escribir en un blog **blogger** n bloguero, -a **blogging** n [incontable] escribir en un blog

blogosphere /ˈblɒgəsfɪə(r)/ n the blogosphere [sing] (coloq) la blogosfera

blogroll /ˈblɒgrəʊl/ n lista de enlaces a otros blogs

bloke /bləʊk/ n (GB, coloq) tío, tipo

blonde ⊶ /blɒnd/ adjetivo, nombre
▶ adj (tb blond) rubio **❶** La variante **blond** se suele usar cuando nos referimos a un hombre. ➔ Ver nota en RUBIO
▶ n rubia

blood ⊶ /blʌd/ n sangre: *blood group* grupo sanguíneo ◊ *blood pressure* presión arterial ◊ *blood test* análisis de sangre **LOC** *Ver* FLESH

'**blood clot** n coágulo

bloodshed /'blʌdʃed/ n derramamiento de sangre

bloodshot /'blʌdʃɒt/ adj inyectado en sangre

'**blood sports** n [pl] caza

bloodstained /'blʌdsteɪnd/ adj manchado de sangre

bloodstream /'blʌdstriːm/ n torrente sanguíneo

bloodthirsty /'blʌdθɜːsti/ adj **1** (persona) sanguinario **2** (película, etc.) sangriento

bloody[1] /'blʌdi/ adj, adv (GB, coloq) *That bloody car!* ¡Ese maldito coche! ◊ *He's bloody useless!* ¡Es un maldito inútil! ◊ *It's bloody cold!* Hace un frío que pela.

bloody[2] /'blʌdi/ adj (**bloodier**, **-iest**) **1** (batalla, etc.) sangriento **2** ensangrentado, sanguinolento

bloom /bluːm/ nombre, verbo
▶ n flor
▶ vi florecer

blossom /'blɒsəm/ nombre, verbo
▶ n flor (de árbol frutal)
▶ vi florecer

blot /blɒt/ verbo, nombre
▶ vt (**-tt-**) **1** secar (con secante) **2** (carta, etc.) emborronar **PHR V** **blot sth out 1** (panorama, luz, etc.) tapar algo **2** borrar algo de la mente
▶ n **1** borrón **2** ~ (**on sth**) mancha (en algo) (reputación, etc.)

blotch /blɒtʃ/ n mancha (esp en la piel) **blotchy** adj lleno de manchas

blouse /blaʊz; USA blaʊs/ n blusa

blow ⊶ /bləʊ/ verbo, nombre
▶ (pt **blew** /bluː/, pp **blown** /bləʊn/) **1** vt, vi soplar **2** vi (movido por el viento): *to blow shut/open* cerrarse/abrirse de golpe **3** vt llevar: *The wind blew us towards the island.* El viento nos llevó hacia la isla. **4** vi (silbato) sonar **5** vt (silbato) tocar **6** vt ~ **your nose** sonarse (la nariz)
PHR V **blow away** irse volando (llevado por el viento) ◆ **blow sth away** llevarse algo (el viento)
blow down venirse abajo (por la fuerza del viento) ◆ **blow sb/sth down** derribar a algn/algo
blow sth out apagar algo soplando
blow over 1 ser derribado por el viento **2** (tormenta) pasar **3** (escándalo) olvidarse ◆ **blow sb/sth over** derribar a algn/algo
blow up 1 (bomba, etc.) explotar **2** (tormenta, escándalo) estallar ◆ **blow sth up 1** volar algo **2** inflar

algo **3** (Fot) ampliar algo **4** (asunto) exagerar algo ◆ **blow up (at sb)** (coloq) ponerse hecho una furia (con algn)
▶ n ~ (**to sb/sth**) golpe (para algn/algo) **LOC** a **blow-by-blow account, etc.** (coloq) un relato, etc. con pelos y señales ◆ **come to blows (over sth)** llegar a las manos (por algo)

BLT /ˌbiː el 'tiː/ n (abrev de bacon, lettuce and tomato) sándwich de beicon, lechuga y tomate

blue ⊶ /bluː/ adjetivo, nombre
▶ adj **1** azul: *light/dark blue* azul claro/oscuro **2** (coloq) triste **3** (película, chiste) verde
▶ n **1** azul **2 the blues** (Mús) el blues **3 the blues** [pl] la depre **LOC** **out of the blue** de repente

blueberry /'bluːbəri; USA -beri/ n (pl **blueberries**) arándano

blue-'collar adj manual: *blue-collar workers* obreros ➋ *Comparar con* WHITE-COLLAR

blueprint /'bluːprɪnt/ n ~ (**for sth**) anteproyecto (de algo)

Bluetooth® /'bluːtuːθ/ n Bluetooth®

bluff /blʌf/ verbo, nombre
▶ vi marcarse/tirarse un farol
▶ n fanfarronada

blunder /'blʌndə(r)/ nombre, verbo
▶ n metedura de pata
▶ vi meter la pata

blunt /blʌnt/ adjetivo, verbo
▶ adj (**blunter**, **-est**) **1** despuntado **2** romo: *a blunt instrument* un instrumento contundente **3** liso y llano: *to be blunt with sb* hablar a algn sin rodeos **4** (comentario) brusco: *To be blunt…* Para serte franco…
▶ vt embotar

blur /blɜː(r)/ nombre, verbo
▶ n imagen borrosa
▶ vt, vi (**-rr-**) **1** hacer(se) borroso **2** (diferencia) atenuar(se) **blurred** adj borroso

Blu-ray /'bluː reɪ/ n Blu-ray

blurt /blɜːt/ v **PHR V** **blurt sth out** decir algo (sin pensar)

blush /blʌʃ/ verbo, nombre
▶ vi sonrojarse
▶ n sonrojo

blusher /'blʌʃə(r)/ n colorete

blustery /'blʌstəri/ adj ventoso

BMX /ˌbiː em 'eks/ n (bicicleta, deporte) BMX

boar /bɔː(r)/ n **1** (tb ˌwild 'boar) jabalí **2** verraco ➋ *Ver nota en* CERDO

board ⊶ /bɔːd/ nombre, verbo
▶ n **1** tabla: *ironing board* tabla de planchar *Ver tb* DIVING BOARD, DRAINING BOARD, SKIRTING BOARD **2** pizarra **3** *Ver* MESSAGE BOARD, NOTICEBOARD **4** (Ajedrez, etc.) tablero: *board games* jue-

---

| ð **then** | s **so** | z **zoo** | ʃ **she** | ʒ **vision** | h **how** | ŋ **sing** | j **yes** | w **we** |

gos de mesa **5 the board (of directors)** [*v sing o pl*] la junta directiva **6** (*comida*) pensión: *full/half board* pensión completa/media pensión `LOC` **above board** lícito, legal ◆ **across the board** en todos los niveles: *a 10% pay increase across the board* un aumento general de sueldo del 10% ◆ **on board** a bordo (de)
▶ **1** *vi* embarcar **2** *vt* subir a `PHR V` **board sth up** tapar algo con tablas

boarder /'bɔːdə(r)/ *n* **1** (*colegio*) interno, -a **2** (*pensión*) huésped, -eda

boarding card (*tb* 'boarding pass) *n* tarjeta de embarque

boarding school *n* internado

boast /bəʊst/ *verbo, nombre*
▶ **1** *vi* ~ **(about/of sth)** alardear (de algo) **2** *vt* (*formal*) gozar de: *The town boasts a famous museum.* La ciudad cuenta con un museo famoso.
▶ *n* alarde **boastful** *adj* **1** presuntuoso **2** pretencioso

boat 🔊 /bəʊt/ *n* **1** barco: *to go by boat* ir en barco ◊ *a boat trip* una excursión en barco **2** barca: *rowing boat* barca de remos ◊ *boat race* regata **3** buque `LOC` *Ver* SAME

🔎 **Boat** y **ship** tienen significados muy similares, pero **boat** se suele utilizar para embarcaciones más pequeñas.

bob /bɒb/ *vi* (**-bb-**) ~ **(up and down)** (*en el agua*) cabecear `PHR V` **bob up** salir a la superficie, aparecer

bobsleigh /'bɒbsleɪ/ (*USA* bobsled /'bɒbsled/, bob) *n* bobsleigh, trineo (*de carreras*) **bobsleigher** *n* corredor, -ora de bobsleigh

bode /bəʊd/ *v* `LOC` **bode well/ill (for sb/sth)** (*formal*) ser buena señal/de mal agüero (para algn/algo)

bodice /'bɒdɪs/ *n* corpiño

bodily /'bɒdɪli/ *adjetivo, adverbio*
▶ *adj* del cuerpo, corporal
▶ *adv* **1** a la fuerza **2** en conjunto

body 🔊 /'bɒdi/ *n* (*pl* **bodies**) **1** cuerpo **2** cadáver **3** [*v sing o pl*] grupo: *a government body* un organismo gubernamental **4** conjunto **5** (*USA* bodysuit /'bɒdisuːt/) body (*que hace las veces de top*) `LOC` **body and soul** en cuerpo y alma

body bag *n* bolsa para cadáveres

bodyboard /'bɒdibɔːd/ *n* tabla de bodyboard **bodyboarding** *n* bodyboard: *to go bodyboarding* hacer bodyboard

bodybuilding /'bɒdibɪldɪŋ/ *n* culturismo

bodyguard /'bɒdigɑːd/ *n* **1** guardaespaldas **2** (*grupo*) guardia personal

bodysuit *n* (*USA*) *Ver* BODY (**5**)

bodywork /'bɒdiwɜːk/ *n* [*incontable*] carrocería

bog /bɒg/ *nombre, verbo*
▶ *n* **1** ciénaga **2** (*GB, coloq*) retrete
▶ *v* `PHR V` **be/get bogged down (in sth)** estancarse (en algo)

bogeyman /'bəʊgimæn/ *n* (*pl* **-men**) (*tb* bogey, bogy) coco (*espíritu maligno*)

boggy /'bɒgi/ *adj* cenagoso

bog-standard *adj* (*GB, coloq*) normalito

bogus /'bəʊgəs/ *adj* falso, fraudulento

boil 🔊 /bɔɪl/ *verbo, nombre*
▶ **1** *vt, vi* hervir **2** *vt* cocer (*en agua*): *a boiled egg* un huevo pasado por agua `PHR V` **boil down to sth** reducirse a algo ◆ **boil over** salirse (al hervir)
▶ *n* **1** *to be on the boil* estar hirviendo **2** forúnculo

boiler /'bɔɪlə(r)/ *n* caldera

boiler suit *n* mono (*traje*)

boiling /'bɔɪlɪŋ/ *adj* **1** hirviendo: *boiling point* punto de ebullición **2** sofocante: *It's boiling hot today!* ¡Qué calorazo hace hoy!

boisterous /'bɔɪstərəs/ *adj* bullicioso, alborotado

bold /bəʊld/ *adj* (**bolder, -est**) **1** valiente **2** osado, atrevido **3** bien definido, marcado **4** llamativo **5** (*tipografía*) (en) negrita `LOC` **be/make so bold (as to do sth)** (*formal*) atreverse (a hacer algo) **boldly** *adv* **1** resueltamente **2** audazmente, atrevidamente **3** marcadamente **boldness** *n* **1** valentía **2** audacia, atrevimiento

Bollywood /'bɒliwʊd/ *n* (*coloq*) industria cinematográfica hindú

🔎 La palabra **Bollywood** resulta de la combinación de las palabras Bombay (antiguo nombre de la ciudad de Mumbai) y Hollywood.

bolster /'bəʊlstə(r)/ *vt* **1** ~ **sth (up)** reforzar algo **2** ~ **sb (up)** alentar a algn

bolt /bəʊlt/ *nombre, verbo*
▶ *n* **1** cerrojo **2** perno **3** *a bolt of lightning* un rayo
▶ **1** *vt* cerrar con cerrojo **2** *vt* ~ **A to B**; ~ **A and B together** atornillar A a B **3** *vi* (*caballo*) desbocarse **4** *vi* salir disparado **5** *vt* ~ **sth (down)** engullir algo

bomb 🔊 /bɒm/ *nombre, verbo*
▶ *n* **1** bomba: *car bomb* coche bomba ◊ *bomb disposal* desactivación de bombas ◊ *bomb scare* amenaza de bomba *Ver tb* MAIL BOMB **2 the bomb** [*sing*] la bomba nuclear **3 a bomb**

(*GB, coloq*) un dineral LOC **go like a bomb** ir como un rayo

▸ **1** *vt* bombardear **2** *vt* poner una bomba en (*edificio, etc.*) **3** *vi* ~ **along, down, up, etc.** (*GB, coloq*) ir zumbando **4** *vi* (*coloq*) (*película, etc.*) ser un fracaso

bombard /bɒmˈbɑːd/ *vt* bombardear **bombardment** *n* bombardeo

bomber /ˈbɒmə(r)/ *n* **1** (*avión*) bombardero **2** persona que pone bombas

bombing /ˈbɒmɪŋ/ *n* **1** bombardeo **2** atentado con explosivos *Ver tb* YARN BOMBING

bombshell /ˈbɒmʃel/ *n* bomba, bombazo: *The news came as a bombshell.* La noticia cayó como una bomba.

bond /bɒnd/ *nombre, verbo*

▸ *n* **1** lazos **2** bono: *Government bonds* bonos del Tesoro **3** **bonds** [*pl*] (*formal*) cadenas **4** (*formal*) pacto

▸ *vt, vi* unir(se)

bone ⊶ /bəʊn/ *nombre, verbo*

▸ *n* **1** hueso **2** (*pez*) espina LOC **be a bone of contention** ser la manzana de la discordia ◆ **have a bone to pick with sb** tener una queja sobre algn ◆ **make no bones about sth** no andarse con rodeos en cuanto a algo *Ver tb* WORK

▸ *vt* deshuesar

bone dry *adj* completamente seco

bone marrow *n* (*Anat*) médula

bonfire /ˈbɒnfaɪə(r)/ *n* hoguera

Bonfire Night *n*

🔍 El 5 de noviembre se celebra en Gran Bretaña lo que llaman **Bonfire Night** o **Guy Fawkes night**. La gente hace hogueras por la noche y hay fuegos artificiales para recordar aquel 5 de noviembre de 1605 cuando Guy Fawkes intentó quemar el Parlamento.

bonnet /ˈbɒnɪt/ *n* **1** gorrito (*de bebé*) **2** sombrero (*de señora*) **3** capó

bonus /ˈbəʊnəs/ *n* (*pl* **bonuses**) **1** plus: *a productivity bonus* un plus de productividad **2** ventaja añadida

bony /ˈbəʊni/ *adj* **1** huesudo **2** lleno de espinas/huesos **3** óseo

boo /buː/ *interjección, nombre, verbo*

▸ *interj* ¡bu!

▸ *n* (*pl* **boos**) abucheo

▸ *vt, vi* (*pt, pp* **booed**, *part pres* **booing**) abuchear

boob /buːb/ *nombre, verbo*

▸ *n* **1** (*argot*) teta **2** (*coloq*) patochada

▸ *vi* (*coloq*) meter la pata

boob tube *n* (*GB, coloq*) top palabra de honor

booby prize /ˈbuːbi praɪz/ *n* premio de consolación para el perdedor

booby trap /ˈbuːbi træp/ *n* trampa (explosiva)

book ⊶ /bʊk/ *nombre, verbo*

▸ *n* **1** libro: *a phrase book* una guía de conversación **2** libreta **3** cuaderno **4** **the books** [*pl*] las cuentas: *to do the books* llevar las cuentas LOC **be in sb's bad books** *I'm in his bad books. Me ha puesto en su lista negra.* ◆ **be in sb's good books** gozar del favor de algn ◆ **do sth by the book** hacer algo según las normas *Ver tb* COOK, LEAF, TRICK

▸ **1** *vt, vi* reservar, hacer una reserva ⊃ *Ver nota en* RESERVATION **2** *vt* contratar **3** *vt* (*coloq*) (*policía*) fichar **4** *vt* (*Dep*) sancionar LOC **be booked up 1** estar sin plazas/entradas **2** (*coloq*) estar ocupado: *I'm booked up. No tengo ni un hueco en la agenda.* PHR V **book in** registrarse (*en un hotel*)

bookcase /ˈbʊkkeɪs/ *n* librería (*mueble*)

booking /ˈbʊkɪŋ/ *n* reserva

booking office *n* taquilla

booklet /ˈbʊklət/ *n* folleto

bookmaker /ˈbʊkmeɪkə(r)/ (*tb* **bookie** /ˈbʊki/) *n* corredor, -ora de apuestas

bookmark /ˈbʊkmɑːk/ *nombre, verbo*

▸ *n* **1** marcapáginas **2** (*Internet*) favorito

▸ *vt* (*Internet*) añadir a (la lista de) favoritos

bookseller /ˈbʊkselə(r)/ *n* librero, -a

bookshelf /ˈbʊkʃelf/ *n* (*pl* **-shelves** /-ʃelvz/) estante para libros

bookshop /ˈbʊkʃɒp/ (*USA* **bookstore** /ˈbʊkstɔː(r)/) *n* librería

boom /buːm/ *nombre, verbo*

▸ *n* **1** boom **2** estruendo

▸ *vi* **1** resonar, retumbar **2** *Sales have boomed.* Ha habido un boom de ventas.

boomerang /ˈbuːməræŋ/ *n* bumerán

boost /buːst/ *verbo, nombre*

▸ *vt* **1** (*ventas, confianza*) aumentar **2** (*moral*) levantar

▸ *n* **1** aumento **2** estímulo grato

boot ⊶ /buːt/ *nombre, verbo*

▸ *n* **1** bota **2** (*coche*) maletero LOC *Ver* FILL, TOUGH

▸ **1** *vt* dar una patada a **2** *vt, vi* ~ **(sth) (up)** (*Informát*) arrancar, iniciar (algo) PHR V **boot sb out** (*coloq*) poner a algn de patitas en la calle

booth /buːð; *USA* buːθ/ *n* **1** cabina: *polling/telephone booth* cabina electoral/telefónica ◇ *photo booth* fotomatón **2** caseta

booze /buːz/ *nombre, verbo*

▸ *n* (*coloq*) bebida (alcohólica)

▸ *vi* (*coloq*) *to go out boozing* ir de cogorza

border 0—̈ /ˈbɔːdə(r)/ *nombre, verbo*
▸ *n* **1** frontera: *a border town* una ciudad fronteriza **2** borde, ribete **3** (*en un jardín*) arriate
▸ *vt, vi* ~ **(on) sth** limitar, lindar con algo
PHR V **border on sth** rayar en algo

borderline /ˈbɔːdəlaɪn/ *adjetivo, nombre*
▸ *adj* **a borderline case** un caso dudoso
▸ *n* límite

bore 0—̈ /bɔː(r)/ *verbo, nombre*
▸ *vt* **1** aburrir **2** (*agujero*) hacer (*con taladro*)
▸ *n* **1** (*persona*) pesado, -a **2** rollo, lata **3** (*escopeta*) calibre *Ver tb* BEAR

bored 0—̈ /bɔːd/ *adj* aburrido: *He's bored.* Está aburrido. **LOC** *Ver* STIFF

boredom /ˈbɔːdəm/ *n* aburrimiento

boring 0—̈ /ˈbɔːrɪŋ/ *adj* aburrido

🔎 Compara las dos oraciones: *He's boring.* Es aburrido. ◇ *He's bored.* Está aburrido. Con adjetivos terminados en **-ing**, como *interesting, tiring*, etc., el verbo **be** expresa una cualidad y se traduce por "ser", mientras que con adjetivos terminados en **-ed**, como *interested, tired*, etc., expresa un estado y se traduce por "estar". ➔ *Ver nota en* INTERESTING

born 0—̈ /bɔːn/ *verbo, adjetivo*
▸ *v* **be born** nacer: *She was born in Bath.* Nació en Bath. ◇ *He was born blind.* Es ciego de nacimiento.
▸ *adj* **1** [*solo antes de sustantivo*] nato: *He's a born actor.* Es un actor nato. **2** nacido

born-aˈgain *adj* reconvertido: *a born-again Christian* un cristiano reconvertido

borne *pp de* BEAR

borough /ˈbʌrə; *USA* ˈbɜːrəʊ/ *n* municipio

borrow 0—̈ /ˈbɒrəʊ; *USA* ˈbɔːrəʊ/ *vt* ~ **sth (from sb/sth)** pedir (prestado) algo (a algn/algo)

🔎 Lo más normal en español es cambiar la estructura, y emplear un verbo como "prestar" o "dejar": *Can I borrow a pen?* ¿Me dejas un bolígrafo?

borrower *n* prestatario, -a **borrowing** *n* crédito: *public sector borrowing* crédito al sector público

bosom /ˈbʊzəm/ *n* pecho, busto

boss 0—̈ /bɒs; *USA* bɔːs/ *nombre, verbo*
▸ *n* (*coloq*) jefe, -a
▸ *vt* ~ **sb about/around** (*pey*) dar órdenes a algn, mangonear a algn **bossy** *adj* (*pey*) mandón

botanical /bəˈtænɪkl/ *adj* botánico

botanist /ˈbɒtənɪst/ *n* botánico, -a

botany /ˈbɒtəni/ *n* botánica

borrow

She's **lending** her son some money.

He's **borrowing** some money from his mother.

botch /bɒtʃ/ *verbo, nombre*
▸ *vt* ~ **sth (up)** (*coloq*) estropear algo
▸ *n* (*tb* ˈbotch-up) (*GB, coloq*) chapuza

both 0—̈ /bəʊθ/ *pron, adj* ambos, -as; los/las dos: *both of us* nosotros dos ◇ *Both of us went./We both went.* Los dos fuimos. **LOC** **both… and…** a la vez, …y…: *The report is both reliable and readable.* El informe es a la vez fiable e interesante. ◇ *He both plays and sings.* Canta y toca. ◇ *both you and me* tanto tú como yo

bother 0—̈ /ˈbɒðə(r)/ *verbo, nombre, interjección*
▸ **1** *vt* molestar ➔ *Comparar con* DISTURB, MOLEST **2** *vt* preocupar: *What's bothering you?* ¿Qué es lo que te preocupa? **3** *vi* ~ **(to do sth)** molestarse (en hacer algo): *He didn't even bother to say thank you.* No se molestó ni siquiera en dar las gracias. **4** *vi* ~ **about sb/sth** preocuparse por algn/algo **LOC** **I can't be bothered (to do sth)** no me apetece (hacer algo): *I can't be bothered to read it now.* Me da pereza leerlo ahora. ◆ **I'm not bothered** (*esp GB, coloq*) me da igual
▸ *n* molestia
▸ *interj* ¡puñetas!

Botox® /ˈbəʊtɒks/ *nombre, verbo*
▸ *n* bótox®
▸ *vt* **Botox** aplicar bótox® a

bottle 0—̈ /ˈbɒtl/ *nombre, verbo*
▸ *n* **1** botella **2** frasco **3** biberón
▸ *vt* **1** embotellar **2** envasar

bottle bank n contenedor de vidrio

bottle opener n abrebotellas

bottom ⊶ /'bɒtəm/ nombre, adjetivo
▸ n **1** fondo: *at the bottom of the sea* en el fondo del mar **2** (colina, página, escaleras) pie **3** (calle) final **4** último: *He's bottom of the class.* Es el último de la clase. **5** (Anat) trasero **6** *bikini bottom* braga del biquini ◊ *pyjama bottoms* pantalones de pijama Ver tb ROCK BOTTOM **LOC** be at the **bottom of sth** estar detrás de algo ◆ get to the **bottom of sth** llegar al fondo de algo
▸ adj último, de abajo: *the bottom step* el último escalón ◊ *your bottom lip* el labio inferior

bough /baʊ/ n rama

bought pt, pp de BUY

boulder /'bəʊldə(r)/ n roca (grande)

bounce /baʊns/ verbo, nombre
▸ **1** vt, vi botar **2** vi (coloq) (cheque) ser devuelto **PHR V** bounce back (coloq) recuperarse
▸ n bote

bouncer /'baʊnsə(r)/ n gorila; matón (portero)

bouncy /'baʊnsi/ adj **1** (pelota) que bota mucho **2** (persona) animado

bound ⊶ /baʊnd/ adjetivo, nombre, verbo
▸ adj **1** ~ to do sth: *You're bound to pass the exam.* Seguro que apruebas el examen. ◊ *It's bound to rain.* Seguro que llueve. **2** obligado (por la ley o el deber) **3** ~ for... con destino a... **LOC** bound **up with sth** ligado a algo
▸ n salto
▸ vi saltar Ver tb BIND

boundary /'baʊndri/ n (pl **boundaries**) límite, frontera

bounds /baʊndz/ n [pl] límites **LOC** out of **bounds** prohibido

bouquet /bu'keɪ/ n **1** ramo (de flores) **2** buqué

bourgeois /'bʊəʒwɑː, ˌbʊə'ʒwɑː/ adj, n burgués, -esa

bout /baʊt/ n **1** ~ (of sth) racha (de una actividad) **2** ~ (of sth) ataque (de una enfermedad) **3** (Boxeo) combate

bow¹ /baʊ/ verbo, nombre
▸ **1** vi inclinarse, hacer una reverencia **2** vt (cabeza) inclinar, bajar
▸ n **1** reverencia **2** (tb bows [pl]) (Náut) proa

bow² /bəʊ/ n **1** (Dep, Mús) arco **2** lazo

bowel /'baʊəl/ n **1** (Anat) intestino(s) **2** bowels [pl] (fig) entrañas

bowl ⊶ /bəʊl/ nombre, verbo
▸ n **1** cuenco

🔎 **Bowl** se usa en muchas formas compuestas, cuya traducción es generalmente una sola palabra: *a fruit bowl* un frutero ◊ *a*

sugar bowl un azucarero ◊ *a salad bowl* una ensaladera ◊ *a goldfish bowl* una pecera.

2 plato hondo **3** tazón **4** (retrete) taza **5** (en juego) bola **6** bowls [incontable] deporte parecido a la petanca que se juega sobre césped Ver tb SUPER BOWL
▸ vt, vi (Dep) lanzar (la pelota)

bowler /'bəʊlə(r)/ n **1** (Críquet) lanzador, -ora **2** (tb ˌbowler 'hat) bombín

bowling /'bəʊlɪŋ/ n [incontable] (juego de) bolos: *bowling alley* bolera

bow tie /ˌbəʊ 'taɪ/ n pajarita

box ⊶ /bɒks/ nombre, verbo
▸ n **1** caja: *a cardboard box* una caja de cartón ➲ Ver dibujo en CONTAINER **2** estuche **3** (Teat) palco **4** Ver WITNESS BOX **5** (en formularios, etc.) casilla **6** the box [sing] (esp GB, coloq) la tele Ver tb LETTER BOX, PHONE BOX, WINDOW BOX
▸ **1** vt, vi boxear (contra) **2** vt ~ sth (up) embalar algo

boxer /'bɒksə(r)/ n **1** boxeador, -ora **2** bóxer

boxer shorts (tb boxers) n [pl] calzoncillos (tipo boxeador): *a pair of boxer shorts* unos calzoncillos ➲ Ver nota en PAIR

boxing /'bɒksɪŋ/ n boxeo

Boxing Day n 26 de diciembre ➲ Ver nota en NAVIDAD

box lunch n (USA) Ver PACKED LUNCH

box number n apartado de correos

box office n taquilla

box room n cuarto trastero

boy ⊶ /bɔɪ/ n **1** niño: *It's a boy!* ¡Es un niño! ◊ *I've got three children: two boys and one girl.* Tengo tres hijos: dos chicos y una chica. **2** hijo: *his eldest boy* su hijo mayor **3** chico, muchacho: *boys and girls* chicos y chicas

boy band n grupo pop formado por jóvenes atractivos

boycott /'bɔɪkɒt/ verbo, nombre
▸ vt boicotear
▸ n boicot

boyfriend ⊶ /'bɔɪfrend/ n novio: *Is he your boyfriend, or just a friend?* ¿Es tu novio o solo un amigo?

boyhood /'bɔɪhʊd/ n niñez

boyish /'bɔɪɪʃ/ adj **1** (hombre) juvenil **2** (mujer): *She has a boyish figure.* Tiene tipo de muchacho.

bra /brɑː/ n sujetador

brace /breɪs/ nombre, verbo
▸ n **1** (USA braces) brackets **2** braces [pl] tirantes
▸ vt ~ yourself (for sth) prepararse (para algo)

bracelet /'breɪslət/ n pulsera

bracing /'breɪsɪŋ/ n estimulante
bracket /'brækɪt/ nombre, verbo
▶ n **1** paréntesis: *in brackets* entre paréntesis ◊ *square brackets* corchetes **2** categoría: *the 20-30 age bracket* el grupo de edad de 20 a 30 años **3** soporte (*de estantería*)
▶ vt **1** poner entre paréntesis **2** agrupar
brag /bræg/ vi (-**gg**-) ~ (**about sth**) fanfarronear (de algo)
braid /breɪd/ n (*esp USA*) trenza
brain 0̄ₙ /breɪn/ n **1** cerebro: *a brain tumour* un tumor cerebral **2 brains** [*pl*] sesos **3** mente **4 the brains** [*sing*] el cerebro: *He's the brains of the family.* Es el cerebro de la familia. **LOC have sth on the brain** (*coloq*) tener algo metido en la cabeza *Ver tb* PICK, RACK **brainless** *adj* insensato, estúpido
brainstorming /'breɪnstɔːmɪŋ/ n intercambio de ideas: *We had a brainstorming session.* Nos reunimos para intercambiar ideas.
brainwash /'breɪnwɒʃ/ *USA* -wɔːʃ/ vt ~ **sb** (**into doing sth**) lavar el cerebro a algn (para que haga algo) **brainwashing** n [*incontable*] lavado de cerebro
brainwave /'breɪnweɪv/ n idea genial
brainy /'breɪni/ adj (**brainier, -iest**) (*coloq*) inteligente
brake /breɪk/ nombre, verbo
▶ n freno: *to put on/apply the brake(s)* frenar/echar el freno
▶ vt, vi frenar: *to brake hard* frenar de golpe
bramble /'bræmbl/ n zarza
bran /bræn/ n salvado
branch 0̄ₙ /brɑːntʃ/ *USA* bræntʃ/ nombre, verbo
▶ n **1** rama **2** sucursal: *your nearest/local branch* la sucursal más cercana/del barrio
▶ v **PHR V** **branch off** (*camino, carretera*) desviarse, bifurcarse ◆ **branch out** (**into sth**) extenderse (a algo): *They are branching out into Europe.* Se lanzan ahora al mercado europeo. ◊ *to branch out on your own* establecerse por cuenta propia
brand 0̄ₙ /brænd/ nombre, verbo
▶ n **1** (*Econ*) marca (*productos de uso doméstico, alimentos, ropa*): *brand-name goods* productos de marca ➲ *Comparar con* MAKE **2** forma: *a strange brand of humour* un sentido del humor muy peculiar
▶ vt **1** ~ **sb** (**as sth**) calificar a algn (de algo) **2** (*ganado*) marcar
brandish /'brændɪʃ/ vt blandir
brand ˈnew adj completamente nuevo, flamante
brandy /'brændi/ n coñac

brash /bræʃ/ adj (*pey*) descarado **brashness** n desparpajo
brass /brɑːs/ *USA* bræs/ n **1** latón **2** [*v sing o pl*] (*Mús*) instrumentos de metal
brat /bræt/ n mocoso, -a
bravado /brə'vɑːdəʊ/ n bravuconería
brave 0̄ₙ /breɪv/ adjetivo, verbo
▶ adj (**braver, -est**) valiente **LOC put a brave face on sth** poner al mal tiempo buena cara
▶ vt **1** (*peligro, intemperie, etc.*) desafiar **2** (*dificultades*) soportar
brawl /brɔːl/ n reyerta
bray /breɪ/ vi rebuznar
BRB *abrev de* be right back (*esp en mensajes, etc.*) enseguida vuelvo ➲ *Ver nota en* TEXTSPEAK
breach /briːtʃ/ nombre, verbo
▶ n **1** (*contrato, etc.*) incumplimiento **2** (*ley*) infracción **3** (*seguridad*) fallo: *a breach of confidence/trust* un abuso de confianza **4** (*relaciones*) ruptura
▶ vt **1** (*contrato, etc.*) incumplir **2** (*ley*) violar **3** (*muro, defensas*) abrir una brecha en
bread 0̄ₙ /bred/ n [*incontable*] pan: *a slice of bread* una rebanada de pan ◊ *I bought a loaf/two loaves of bread.* Compré un pan/dos panes. ❶ El plural **breads** solo se usa para referirse a distintos tipos de pan, no a varias piezas de pan.
breadcrumbs /'bredkrʌmz/ n [*pl*] pan rallado: *fish in breadcrumbs* pescado empanado
breadth /bredθ/ n **1** anchura **2** amplitud
break 0̄ₙ /breɪk/ verbo, nombre
▶ (*pt* **broke** /brəʊk/, *pp* **broken** /'brəʊkən/) **1** vt romper: *to break sth in two/in half* romper algo en dos/por la mitad ◊ *She's broken her leg.* Se ha roto la pierna. ❶ **Break** no se usa con materiales flexibles, como la tela o el papel. **2** vt romperse, hacerse pedazos **3** vt (*ley*) violar **4** vt (*promesa, palabra*) no cumplir **5** vt (*récord*) batir **6** vt (*caída*) amortiguar **7** vt (*viaje*) interrumpir **8** vi ~ (**for sth**) hacer un descanso (para algo): *Let's break for coffee.* Vamos a parar to-mar un café. **9** vt (*voluntad*) quebrantar **10** vt (*mala costumbre*) dejar **11** vt (*código*) descifrar **12** vt (*caja fuerte*) forzar **13** vi (*tiempo*) cambiar **14** vi (*tormenta, escándalo*) estallar **15** vi (*noticia, historia*) hacerse público **16** vi (*voz*) quebrarse, cambiar **17** vi (*olas*) romper **LOC** Para expresiones con **break**, véanse las entradas del sustantivo, adjetivo, etc., p. ej. **break the bank** en BANK.
PHR V **break away (from sth)** separarse (de algo); romper (con algo)
break down 1 (*coche*) averiarse: *We broke down.* Se nos averió el coche. **2** (*máquina*) estropearse

3 (*persona*) venirse abajo: *He broke down and cried.* Rompió a llorar. **4** (*negociaciones*) romperse ♦ **break sth down 1** echar algo abajo **2** suprimir algo **3** (*costes, cifras*) dividir algo

break in entrar (*forzando la entrada, esp para robar*)

break into sth 1 empezar a hacer algo: *to break into a run* echar a correr ◇ *He broke into a cold sweat.* Le dio un sudor frío. **2** (*ladrones*) entrar en algo **3** (*mercado*) introducirse en algo

break off 1 romperse **2** pararse, interrumpirse ♦ **break sth off 1** (*en trozos*) partir algo **2** (*compromiso, etc.*) romper algo

break out 1 estallar, iniciarse **2** (*epidemia, incendio*) declararse **3** llenarse: *I've broken out in spots.* Me he llenado de granos. ♦ **break out (of sth)** escapar (de algo)

break through sth abrirse camino a través de algo

break up 1 desintegrarse **2** (*reunión*) disolverse **3** (*grupo, matrimonio*) separarse, romperse: *She's just broken up with her boyfriend.* Acaba de romper con su novio. **4** *The school breaks up on 20 July.* Las clases terminan el 20 de julio. **5** cortarse (*la conexión telefónica*) ♦ **break sth up 1** (*manifestación, reunión*) disolver algo **2** (*matrimonio*) hacer fracasar algo

▸ *n* **1** descanso: *a coffee break* un descanso para tomar café **2** vacaciones cortas: *a weekend break* una escapada de fin de semana **3** (*tb* 'break time*) (*Educ*) recreo **4** ruptura, cambio: *a break in routine* un cambio de rutina **5** (*coloq*) golpe de suerte **6** rotura, abertura **LOC** **give sb a break** dar un respiro a algn ♦ **make a break for it** intentar escapar *Ver tb* CLEAN

breakable /ˈbreɪkəbl/ *adj* frágil

breakdown /ˈbreɪkdaʊn/ *n* **1** avería **2** (*salud, etc.*) crisis: *a nervous breakdown* una crisis nerviosa **3** (*estadística*) análisis

'**breakdown lane** *n* (*USA*) arcén

breakfast 0̶ /ˈbrekfəst/ *n* desayuno: *to have breakfast* desayunar *Ver tb* BED AND BREAKFAST, CONTINENTAL BREAKFAST, ENGLISH BREAKFAST

'**break-in** *n* (*pl* **break-ins**) robo

breakthrough /ˈbreɪkθruː/ *n* avance (importante)

breast 0̶ /brest/ *n* seno, pecho (*de mujer*): *breast cancer* cáncer de mama

breastfeed /ˈbrestfiːd/ *vt* (*pt, pp* **breastfed** /-fed/) dar el pecho a

breaststroke /ˈbreststrəʊk/ *n* (*estilo*) braza: *to do breaststroke* nadar (a) braza

breath 0̶ /breθ/ *n* aliento: *to take a deep breath* respirar a fondo **LOC** **a breath of fresh air** un soplo de aire fresco ♦ **catch your breath**

1 contener la respiración **2** recuperar el aliento ♦ **don't hold your breath!** ¡espérate sentado! ♦ **get your breath back** recuperar el aliento ♦ **hold your breath** contener el aliento ♦ **out of breath; short of breath** sin aliento ♦ **say sth, speak, etc. under your breath** decir algo, hablar, etc. entre susurros ♦ **take sb's breath away** dejar a algn boquiabierto *Ver tb* WASTE

breathalyse (*USA* breathalyze) /ˈbreθəlaɪz/ *vt* someter a un test de alcoholemia **breathalyser** (*USA* Breathalyzer®) *n* alcoholímetro

breathe 0̶ /briːð/ *vt, vi* respirar **LOC** **breathe down sb's neck** (*coloq*) estar encima de algn ♦ **breathe (new) life into sth** infundir vida a algo ♦ **not breathe a word (of/about sth) (to sb)** no soltar ni una palabra (de algo) (a algn) **PHR V** **breathe (sth) in** aspirar (algo) ♦ **breathe (sth) out** espirar (algo)

breathing 0̶ /ˈbriːðɪŋ/ *n* respiración: *heavy breathing* jadeo

breathless /ˈbreθləs/ *adj* jadeante, sin aliento

breathtaking /ˈbreθteɪkɪŋ/ *adj* impresionante, vertiginoso

breed 0̶ /briːd/ *verbo, nombre*
▸ (*pt, pp* **bred** /bred/) **1** *vi* (*animal*) reproducirse **2** *vt* criar (*ganado*) **3** *vt* producir, engendrar: *Dirt breeds disease.* La suciedad produce enfermedad.
▸ *n* raza, casta

'**breeding ground** *n* ~ **(for sth)** (*fig*) caldo de cultivo (para algo)

breeze /briːz/ *n* brisa

brew /bruː/ **1** *vt* (*cerveza*) elaborar **2** *vt, vi* (*té, café*) hacer(se) **3** *vi* prepararse: *Trouble is brewing.* Se está preparando jaleo.

brewery /ˈbruːəri/ *n* (*pl* **breweries**) fábrica de cerveza

Brexit /ˈbreksɪt, ˈbregzɪt/ *n* salida del Reino Unido de la Unión Europea

bribe /braɪb/ *nombre, verbo*
▸ *n* soborno
▸ *vt* ~ **sb (into doing sth)** sobornar a algn (para que haga algo) **bribery** *n* [*incontable*] cohecho, soborno

brick 0̶ /brɪk/ *nombre, verbo*
▸ *n* ladrillo
▸ *v* **PHR V** **brick sth in/up** tapiar algo

bricklayer /ˈbrɪkleɪə(r)/ *n* albañil

bride /braɪd/ *n* novia (*en una boda*): *the bride and groom* los novios ➲ *Ver nota en* BODA

bridegroom /ˈbraɪdɡruːm/ *n* novio (*en una boda*) ➲ *Ver nota en* BODA

bridesmaid /ˈbraɪdzmeɪd/ *n* dama de honor ➲ *Ver nota en* BODA

bridge ⊙⇥ /brɪdʒ/ *nombre, verbo*
▸ *n* **1** puente **2** vínculo
▸ *vt* **LOC** **bridge the gap (between A and B)** acortar la distancia (entre A y B)

bridle /'braɪdl/ *n* brida

brief ⊙⇥ /briːf/ *adj* (**briefer**, **-est**) breve **LOC** **in brief** en pocas palabras

briefcase /'briːfkeɪs/ *n* maletín ➔ *Ver dibujo en* BAG

briefing /'briːfɪŋ/ *n* **1** reunión informativa: *a press briefing* una rueda de prensa **2** instrucciones, órdenes

briefly ⊙⇥ /'briːfli/ *adv* **1** brevemente **2** en pocas palabras

briefs /briːfs/ *n* [*pl*] **1** calzoncillos **2** bragas ➔ *Ver nota en* PAIR

brigade /brɪ'ɡeɪd/ *n* brigada *Ver tb* FIRE BRIGADE

bright ⊙⇥ /braɪt/ *adj* (**brighter**, **-est**) **1** brillante, luminoso: *bright eyes* ojos vivos **2** (*color*) vivo **3** (*sonrisa, expresión, carácter*) radiante, alegre **4** listo, inteligente **LOC** *Ver* LOOK

brighten /'braɪtn/ **1** *vt, vi* hacer(se) más brillante **2** *vi* ~ (**up**) (*día, cielo*) aclarar(se), despejar **3** *vi* ~ (**up**) animarse **4** *vt* ~ **sth** (**up**) animar algo

brightly ⊙⇥ /'braɪtli/ *adv* **1** brillantemente **2** *brightly lit* con mucha iluminación ◇ *brightly painted* pintado con colores vivos **3** radiantemente, alegremente

brightness /'braɪtnəs/ *n* **1** brillo, claridad **2** alegría **3** inteligencia

brilliance /'brɪliəns/ *n* **1** brillo, resplandor **2** brillantez

brilliant ⊙⇥ /'brɪliənt/ *adj* **1** brillante **2** (*coloq*) genial

brim /brɪm/ *n* **1** borde: *full to the brim* lleno hasta el borde **2** ala (*de sombrero*)

bring ⊙⇥ /brɪŋ/ *vt* (*pt, pp* **brought** /brɔːt/) **1** ~ **sb/ sth** (**with you**) traer a algn/algo (consigo): *Bring a sleeping bag with you.* Tráete un saco de dormir. ➔ *Ver nota en* LLEVAR ➔ *Ver dibujo en* TAKE **2** ~ **sb sth**; ~ **sth for sb** traerle algo a algn: *He always brings me a present./He always brings a present for me.* Siempre me trae un regalo. ➔ *Ver nota en* GIVE **3** llevar: *Can I bring a friend to your party?* ¿Puedo llevar a un amigo a tu fiesta? **4** (*acciones judiciales*) entablar **5** ~ **yourself to do sth**: *I couldn't bring myself to tell her.* No tuve fuerzas para decírselo. **LOC** Para expresiones con **bring**, véanse las entradas del sustantivo, adjetivo, etc., p. ej. **bring sth home to sb** en HOME.
PHR V **bring sth about** provocar algo
bring sb around = BRING SB ROUND
bring sth back 1 devolver algo **2** traer algo a la memoria **3** restaurar algo

bring sth down 1 derribar, derrocar algo **2** (*inflación, etc.*) reducir, bajar algo
bring sth forward adelantar algo
bring sth in introducir algo (*ley*)
bring sth off lograr algo (*difícil*)
bring sth on provocar algo ◆ **bring sth on yourself** buscarse algo
bring sth out 1 (*producto*) sacar, lanzar algo **2** publicar algo **3** realzar algo
bring sb round (*tb* **bring sb to**) hacer que algn vuelva en sí ◆ **bring sb round (to sth)** convencer a algn (de algo)
bring sb/sth together reconciliar, unir a algn/ algo
bring sb up criar a algn: *She was brought up by her grandparents.* La criaron sus abuelos. ◆ **bring sth up 1** sacar algo a colación **2** vomitar algo

brink /brɪŋk/ *n* **the** ~ (**of sth**) el borde (de algo): *on the brink of war* al borde de la guerra

brisk /brɪsk/ *adj* (**brisker**) **1** (*paso*) enérgico **2** (*negocio*) activo

Brit /brɪt/ *n* (*coloq*) británico, -a

British /'brɪtɪʃ/ *adj* británico

🔎 El adjetivo **British** se usa para hablar de la gente del Reino Unido, es decir, Inglaterra, Escocia, Gales e Irlanda del Norte. **English** solo se utiliza para referirse a los habitantes de Inglaterra.

brittle /'brɪtl/ *adj* **1** quebradizo **2** frágil

bro /brəʊ/ *n* (*pl* **bros**) (*esp USA, coloq*) tío, colega

broach /brəʊtʃ/ *vt* abordar

broad ⊙⇥ /brɔːd/ *adj* (**broader**, **-est**) **1** ancho

🔎 Para referirnos a la distancia entre los dos extremos de algo es más corriente utilizar **wide**: *The bridge is eight metres wide.* El puente tiene ocho metros de ancho. **Broad** se utiliza para referirnos a características geográficas: *a broad expanse of desert* una amplia extensión de desierto, y también en frases como: *broad shoulders* espalda ancha ◇ *a broad smile* una sonrisa amplia.

2 amplio, general: *in the broadest sense of the word* en el sentido más amplio de la palabra **LOC** **in broad daylight** en pleno día

broadband /'brɔːdbænd/ *n* (*Informát*) banda ancha, ADSL

broad 'bean *n* haba

broadcast 🔊 /'brɔːdkɑːst; *USA* -kæst/ *verbo, nombre*

▶ (*pt, pp* **broadcast**) **1** *vt, vi* (*TV, Radio*) retransmitir, emitir (programas) **2** *vt* (*opinión, etc.*) propagar

▶ *n* transmisión: *a party political broadcast* un espacio electoral

broaden /'brɔːdn/ *vt, vi* ensanchar(se)

broadly 🔊 /'brɔːdli/ *adv* **1** en general: *broadly speaking* hablando en términos generales **2** *smiling broadly* con una amplia sonrisa

broad-'minded *adj* de talante liberal, con mentalidad abierta

broadsheet /'brɔːdʃiːt/ *n* periódico de gran formato

🔎 En Gran Bretaña el término **broadsheet** se refiere a los periódicos serios, mientras que los **tabloids** son diarios de corte sensacionalista, con artículos cortos y muchas noticias sobre los famosos.

broccoli /'brɒkəli/ *n* [*incontable*] brécol

brochure /'brəʊʃə(r); *USA* brəʊ'ʃʊər/ *n* folleto (*esp de viajes o publicidad*)

broke /brəʊk/ *adj* (*coloq*) sin blanca **LOC** **go broke** quebrar (*negocio*) *Ver tb* BREAK

broken 🔊 /'brəʊkən/ *adj* **1** roto **2** fracasado, destrozado: *a broken marriage* un matrimonio fracasado ◇ *a broken home* una familia desestructurada *Ver tb* BREAK

broken-'hearted *adj* to be **broken-hearted** tener el corazón destrozado

broker /'brəʊkə(r)/ *n Ver* STOCKBROKER

brolly /'brɒli/ *n* (*pl* **brollies**) (*GB, coloq*) paraguas

bronchiole /'brɒŋkiəʊl/ *n* (*Anat*) bronquíolo

bronchitis /brɒŋ'kaɪtɪs/ *n* [*incontable*] bronquitis: *to catch bronchitis* coger una bronquitis

bronchus /'brɒŋkəs/ *n* (*pl* **bronchi** /-kaɪ/) (*Anat*) bronquio

bronze /brɒnz/ *n* **1** bronce **2** color bronce

brooch /brəʊtʃ/ *n* broche ➔ *Ver dibujo en* PIN

brood /bruːd/ *vi* ~ **(over/on/about sth)** dar vueltas a algo

brook /brʊk/ *n* arroyo

broom /bruːm/ *n* **1** escoba ➔ *Ver dibujo en* BRUSH **2** (*Bot*) retama

broomstick /'bruːmstɪk/ *n* palo de escoba

broth /brɒθ; *USA* brɔːθ/ *n* caldo

brother 🔊 /'brʌðə(r)/ *n* hermano: *Does she have any brothers or sisters?* ¿Tiene hermanos? ◇ *Brother Luke* el Hermano Luke **brotherhood** *n* **1** hermandad **2** cofradía

brother-in-law *n* (*pl* **brothers-in-law**) cuñado

brotherly /'brʌðəli/ *adj* fraternal

brought *pt, pp de* BRING

brow /braʊ/ *n* **1** (*Anat*) frente ❶ La palabra más normal es **forehead**. **2** *Ver* EYEBROW **3** (*colina*) cima

brown 🔊 /braʊn/ *adjetivo, nombre, verbo*

▶ *adj* (**browner, -est**) **1** marrón **2** (*pelo*) castaño **3** (*piel, azúcar*) moreno **4** (*oso*) pardo **5** *brown bread/rice* pan/arroz integral ◇ *brown paper* papel de embalar

▶ *n* marrón

▶ *vt, vi* dorar(se)

brownie /'braʊni/ *n* **1** bizcocho de chocolate y, a veces, nueces **2 Brownie** niña exploradora

brownie point *n* [*gen pl*] (*coloq*) to **earn brownie points** apuntarse un tanto ◇ *She's just trying to win brownie points with the boss.* Solo lo hace para quedar bien con el jefe.

browse /braʊz/ **1** *vt, vi* (*en una tienda, en internet*) curiosear **2** *vi* pacer **PHR V** **browse through sth** (*publicación*) hojear algo

browser /'braʊzə(r)/ *n* (*Internet*) navegador

bruise /bruːz/ *verbo, nombre*

▶ *vt, vi* magullar(se)

▶ *n* **1** moratón **2** (*fruta*) golpe **bruising** *n* [*incontable*] *He had a lot of bruising.* Tenía muchas magulladuras.

brush 🔊 /brʌʃ/ *nombre, verbo*

▶ *n* **1** cepillo **2** pincel, brocha **3** escobón **4** cepillado **5** ~ **with sb/sth** roce con algn/algo

▶ *vt* cepillar: *to brush your hair/teeth* cepillarse el pelo/los dientes **PHR V** **brush against sb/sth** rozar a algn/algo ◆ **brush sth aside** hacer caso omiso de algo ◆ **brush by/past sb/sth** pasar rozando a algn/algo ◆ **brush sth up; brush up on sth** dar un repaso a algo (*idioma, etc.*)

brusque /bruːsk, brʊsk; *USA* brʌsk/ *adj* brusco (*comportamiento, voz*)

Brussels sprout /ˌbrʌslz 'spraʊt/ (*tb* ˌBrussel 'sprout) *n* col de Bruselas

brutal /'bruːtl/ *adj* brutal **brutality** /bruː'tæləti/ *n* (*pl* **brutalities**) brutalidad

brute /bruːt/ *nombre, adjetivo*

▶ *n* **1** bruto, -a **2** bestia

▶ *adj* bruto **brutish** *adj* brutal

btw *abrev de* by the way por cierto ➔ *Ver nota en* TEXTSPEAK

bubble 🔊 /'bʌbl/ *nombre, verbo*

▶ *n* **1** burbuja **2** pompa: *to blow bubbles* hacer pompas

▶ *vi* **1** borbotear **2** burbujear

bubble bath *n* espuma para baño

bubblegum /'bʌblgʌm/ *n* [*incontable*] chicle (*que hace globos*)

brushes

dustpan   **brush**   **nail brush**

broom   hairbrush   paintbrushes   toothbrush

bubbly /ˈbʌbli/ *adj* **1** burbujeante, efervescente **2** (*persona*) saleroso

buck /bʌk/ *nombre, verbo*
▶ *n* **1** (*esp USA, coloq*) dólar: *This is going to cost big bucks!* ¡Nos va a costar un montón de pasta! **2** macho (*de ciervo, conejo*) ⊃ *Ver notas en* CIERVO, CONEJO [LOC] **the buck stops here** yo soy el último responsable ◆ **make a fast/quick buck** (*coloq*) hacer tu agosto
▶ **1** *vi* dar brincos **2** *vt* (*coloq*) oponerse a: *to buck the trend* ir contra la corriente [PHR V] **buck sb up** (*GB, coloq*) animar a algn

bucket /ˈbʌkɪt/ *n* cubo [LOC] *Ver* KICK

bucket list *n* lista de cosas que hacer antes de morir

buckle /ˈbʌkl/ *verbo, nombre*
▶ **1** *vt* ~ **sth (on/up)** abrochar algo **2** *vt, vi* (*metal*) deformar(se) **3** *vi* (*piernas*) doblarse
▶ *n* hebilla

buck naked *adj* (*USA, coloq*) en cueros

bud /bʌd/ *n* **1** capullo (*de flor*) **2** yema (*en rama*)

Buddhism /ˈbʊdɪzəm/ *n* budismo **Buddhist** *adj*, *n* budista

budding /ˈbʌdɪŋ/ *adj* en ciernes

buddy /ˈbʌdi/ *n* (*pl* **buddies**) (*esp USA, coloq*) colega (*amiguete*)

budge /bʌdʒ/ **1** *vt, vi* mover(se) **2** *vi* (*opinión*) ceder

budgerigar /ˈbʌdʒərɪɡɑː(r)/ (*coloq* **budgie** /ˈbʌdʒi/) *n* periquito

budget [LOC] /ˈbʌdʒɪt/ *nombre, verbo*
▶ *n* **1** presupuesto **2** (*Pol*) presupuestos generales: *a budget deficit* un déficit presupuestario
▶ **1** *vt* hacer los presupuestos para **2** *vi* (*gastos*) planificarse **3** *vi* ~ **for sth** contar con algo

---

budgetary /ˈbʌdʒɪtəri; *USA* -teri/ *adj* presupuestario

buff /bʌf/ *nombre, adjetivo*
▶ *n* **1** entusiasta: *a film buff* un entusiasta del cine **2** beige
▶ *adj* beige

buffalo /ˈbʌfələʊ/ *n* (*pl* **buffalo**, **buffaloes**) **1** búfalo **2** bisonte (*americano*)

buffer /ˈbʌfə(r)/ *nombre, verbo*
▶ *n* amortiguador
▶ *vt, vi* (*Informát*) guardar(se) en la memoria intermedia

buffet¹ /ˈbʊfeɪ, ˈbʌfeɪ; *USA* bəˈfeɪ/ *n* **1** bufé **2** cafetería: *buffet car* coche bar/restaurante

buffet² /ˈbʌfɪt/ *vt* zarandear **buffeting** *n* zarandeo

bug /bʌɡ/ *nombre, verbo*
▶ *n* **1** (*esp USA*) bicho **2** (*coloq*) virus, infección **3** (*coloq*) micrófono oculto **4** (*Informát*) error de programación
▶ *vt* (**-gg-**) **1** (*teléfono*) pinchar **2** (*casa*) poner un micrófono escondido en **3** escuchar mediante un micrófono oculto **4** (*coloq*) sacar de quicio

buggy /ˈbʌɡi/ *n* (*pl* **buggies**) **1** buggy (*de golf, playa, etc.*) **2** silla de paseo

build [LOC] /bɪld/ *vt* (*pt, pp* **built** /bɪlt/) **1** construir **2** crear, producir *Ver tb* WELL BUILT [PHR V] **build sth in** incorporar algo **2** (*mueble*) empotrar algo ◆ **build on sth** aprovechar algo (*para progresar*) ◆ **build up** aumentar, acumularse ◆ **build sb/sth up** poner a algn/algo muy bien ◆ **build sth up 1** (*colección*) acumular algo **2** (*negocio*) levantar algo

builder /ˈbɪldə(r)/ *n* **1** constructor, -ora **2** albañil, -a

building [LOC] /ˈbɪldɪŋ/ *n* **1** edificio **2** construcción

building site *n* **1** solar **2** obra (*de construcción*)

building society *n* (*pl* **building societies**) banco hipotecario

build-up *n* [*gen sing*] **1** aumento gradual, acumulación **2** ~ **(to sth)** preparación (para algo) **3** *The film has had a huge build-up.* La película ha recibido muchísima publicidad.

built *pt, pp de* BUILD

built-in *adj* [*solo antes de sustantivo*] **1** (*mueble*) empotrado **2** (*flash, etc.*) incorporado

built-up *adj* edificado: *built-up areas* zonas edificadas

bulb /bʌlb/ *n* **1** (*tb* light bulb) bombilla **2** (*Bot*) bulbo

bulge /bʌldʒ/ *verbo, nombre*
▶ *vi* **1** ~ **(with sth)** rebosar (de algo) **2** abombarse

---

i: see   i happy   ɪ sit   e ten   æ hat   ɑ: arm   ɒ got   ɔ: saw   ʊ put

bulimia

▸ *n* **1** bulto **2** aumento (transitorio)

bulimia /buˈlɪmɪə, buˈliːm-; *GB tb* bjuˈ-/ *n* bulimia **bulimic** *adj*, *n* bulímico, -a

bulk /bʌlk/ *n* **1 the bulk (of sth)** la mayor parte (de algo) **2** volumen: *bulk buying* compra al por mayor **3** mole **LOC in bulk 1** al por mayor **2** a granel **bulky** *adj* (**bulkier, -iest**) voluminoso

bull /bʊl/ *n* toro

bulldoze /ˈbʊldəʊz/ *vt* **1** (con excavadora) aplanar **2** derribar

bulldozer /ˈbʊldəʊzə(r)/ *n* buldózer

bullet ⇌ /ˈbʊlɪt/ *n* bala

bulletin /ˈbʊlətɪn/ *n* **1** boletín: *news bulletin* boletín de noticias **2** (declaración) parte

bulletin board *n* (USA) tablón de anuncios

bulletproof /ˈbʊlɪtpruːf/ *adj* antibalas

bullfight /ˈbʊlfaɪt/ *n* corrida de toros **bullfighter** *n* torero, -a **bullfighting** *n* toreo

bullion /ˈbʊliən/ *n* oro/plata (en lingotes)

bullring /ˈbʊlrɪŋ/ *n* plaza de toros

bullseye /ˈbʊlzaɪ/ *n* (centro del) blanco

bully /ˈbʊli/ *nombre, verbo*
▸ *n* (*pl* **bullies**) acosador, -ora; matón, -ona (esp en la escuela)
▸ *vt* (*pt*, *pp* **bullied**) meterse con, intimidar **bullying** *n* [incontable] acoso escolar/laboral

bum /bʌm/ *nombre, verbo*
▸ *n* (coloq) **1** (GB) culo **2** (USA) vagabundo, -a
▸ *v* (**-mm-**) **PHR V** **bum around** (coloq) vagabundear

bumbag /ˈbʌmbæg/ *n* riñonera ➲ *Ver dibujo en* BAG

bumblebee /ˈbʌmblbiː/ *n* abejorro

bummer /ˈbʌmə(r)/ *n* [sing] (coloq) latazo, rollo

bump /bʌmp/ *verbo, nombre*
▸ **1** *vi* ~ **against/into sb/sth** darse con algn/algo **2** *vt* ~ **sth (against/on sth)** dar(se) con algo (contra/en algo) **PHR V** **bump into sb** toparse con algn ◆ **bump sb off** (coloq) cargarse a algn ◆ **bump sth up** (coloq) aumentar, subir algo
▸ *n* **1** golpe **2** sacudida **3** (Anat) chichón **4** bache **5** abolladura *Ver tb* FIST BUMP

bumper /ˈbʌmpə(r)/ *nombre, adjetivo*
▸ *n* parachoques
▸ *adj* abundante: *a bumper year* un año excepcional

bumper car *n* auto de choque

bumpy /ˈbʌmpi/ *adj* (**bumpier, -iest**) **1** (superficie) desigual **2** (carretera) accidentado **3** (viaje) agitado

bun /bʌn/ *n* **1** bollo (dulce) *Ver tb* HOT CROSS BUN **2** panecillo: *burger bun* pan para hamburguesas **3** moño

bunch ⇌ /bʌntʃ/ *nombre, verbo*
▸ *n* **1** racimo (de uvas, plátanos) **2** ramo (de flores) **3** manojo (de hierbas, llaves) **4** [sing] (coloq) grupo: *They're a great bunch of kids.* Son un grupo de chavales estupendos. ◇ *What a bunch of idiots!* ¡Qué panda de idiotas! **5** [sing] **a ~ (of sth)** (esp USA, coloq) un montón (de algo)
▸ *vt*, *vi* agrupar(se), apiñar(se)

bundle /ˈbʌndl/ *nombre, verbo*
▸ *n* **1** (ropa, papeles) fardo **2** haz **3** (billetes) fajo
▸ *vt* ~ **sth (together/up)** empaquetar algo

bung /bʌŋ/ *verbo, nombre*
▸ *vt* **1** (GB, coloq) poner: *Bung your stuff in the car.* Mete tus cosas en el coche. **2** taponar
▸ *n* tapón

bungalow /ˈbʌŋgələʊ/ *n* casa de un solo piso ➲ *Ver nota en* CASA

bungee jump /ˈbʌndʒi dʒʌmp/ *n* salto con cuerda elástica ➲ *Ver nota en* PUENTING

bungee jumping /ˈbʌndʒi dʒʌmpɪŋ/ *n* bungee, puenting ➲ *Ver nota en* PUENTING

bungle /ˈbʌŋgl/ *vt* echar a perder

bunk /bʌŋk/ *nombre, verbo*
▸ *n* **1** (en barco) litera **2** (tb ˈbunk bed) (en casa) litera **LOC do a bunk** (GB, coloq) pirárselas
▸ *v* **PHR V** **bunk off (sth)** (GB, coloq) pirarse (de algo): *to bunk off school/work* hacer novillos/faltar al trabajo

bunny /ˈbʌni/ *n* (*pl* **bunnies**) (tb ˈbunny rabbit) conejito ➲ *Ver nota en* CONEJO

bunting /ˈbʌntɪŋ/ *n* [incontable] banderolas

buoy /bɔɪ; *USA tb* ˈbuːi/ *nombre, verbo*
▸ *n* boya
▸ *v* **PHR V** **buoy sb up** animar a algn ◆ **buoy sth up** mantener algo a flote

buoyant /ˈbɔɪənt; *USA tb* ˈbuːjənt/ *adj* (economía) boyante

burden /ˈbɜːdn/ *nombre, verbo*
▸ *n* **1** carga **2** peso
▸ *vt* **1** cargar **2** agobiar

bureau /ˈbjʊərəʊ/ *n* (*pl* **bureaux, bureaus** /-rəʊz/) **1** (GB) escritorio **2** (USA) cómoda **3** agencia: *travel bureau* agencia de viajes **4** (USA) (Pol) departamento (de gobierno)

bureaucracy /bjʊəˈrɒkrəsi/ *n* (*pl* **bureaucracies**) burocracia **bureaucrat** /ˈbjʊərəkræt/ *n* burócrata **bureaucratic** /ˌbjʊərəˈkrætɪk/ *adj* burocrático

burger /ˈbɜːgə(r)/ *n* hamburguesa

🔎 La palabra **burger** se usa mucho en compuestos como *cheeseburger* y *veggie burger* (hamburguesa vegetariana).

burglar /'bɜ:glə(r)/ n ladrón, -ona: *burglar alarm* alarma antirrobo ⊃ *Ver nota en* THIEF **burglary** n (pl **burglaries**) robo (*en una casa*) ⊃ *Ver nota en* THEFT **burgle** (USA **burglarize** /'bɜ:glə-raɪz/) vt robar en ⊃ *Ver nota en* ROB

burial /'beriəl/ n entierro

burly /'bɜ:li/ adj fornido

burn ०▬ /bɜ:n/ verbo, nombre
▸ (pt, pp **burnt** /bɜ:nt/, **burned**) ⊃ *Ver nota en* DREAM **1** vt, vi quemar: *to be badly burnt* sufrir graves quemaduras **2** vi arder: *a burning building* un edificio en llamas **3** vt: *The boiler burns oil.* La caldera funciona con petróleo. **4** vi (*ojos, herida*) escocer **5** vi (*luz, etc.*): *He left the lamp burning.* Dejó la lámpara encendida. **6** vt (CD, DVD) grabar **7** vi ~ **for sth/to do sth** arder en deseos de algo/de hacer algo
▸ n quemadura

burner /'bɜ:nə(r)/ n **1** (*en cocina*) quemador **2** CD/DVD burner grabadora de CD/DVD

burning /'bɜ:nɪŋ/ adj **1** ardiente **2** (*vergüenza*) intenso **3** (*tema*) candente

burnt ०▬ /bɜ:nt/ adj quemado *Ver tb* BURN

burp /bɜ:p/ verbo, nombre
▸ vi eructar
▸ n eructo

burrito /bʊ'ri:təʊ/ n (pl **burritos**) burrito (*comida mexicana*)

burrow /'bʌrəʊ; USA 'bɜ:rəʊ/ nombre, verbo
▸ n madriguera
▸ vt excavar

burst ०▬ /bɜ:st/ verbo, nombre
▸ vt, vi (pt, pp **burst**) **1** reventar(se) **2** explotar: *The river burst its banks.* El río se desbordó. LOC **be bursting to do sth** reventar por hacer algo ♦ **burst open** abrirse de golpe ♦ **burst out laughing** echar(se) a reír PHR V **burst into sth 1** (tb **burst in**): *to burst into a room* irrumpir en un cuarto **2** *to burst into tears* romper a llorar ◊ *to burst into flames* incendiarse ♦ **burst out** salir de golpe (*de un cuarto*)
▸ n **1** (*ira, etc.*) arranque **2** (*disparos*) ráfaga **3** (*aplausos*) salva

bury ०▬ /'beri/ vt (pt, pp **buried**) **1** enterrar **2** sepultar **3** (*cuchillo, etc.*) clavar **4** *She buried her face in her hands.* Ocultó la cara en las manos.

bus ०▬ /bʌs/ n (pl **buses**) autobús: *bus driver* conductor de autobús ◊ *bus stop* parada de autobús ◊ *bus lane* carril bus

bush ०▬ /bʊʃ/ n **1** arbusto: *a rose bush* un rosal **2 the bush** [sing] el monte LOC *Ver* BEAT

bushwalking /'bʊʃwɔ:kɪŋ/ n excursionismo (*en Australia*)

bushy /'bʊʃi/ adj **1** (*barba*) poblado **2** (*rabo*) peludo **3** (*planta*) frondoso

busily /'bɪzɪli/ adv afanosamente

business ०▬ /'bɪznəs/ n **1** [incontable] negocios: *business trip* viaje de negocios ◊ *business card* tarjeta de visita ◊ *business studies* ciencias empresariales **2** negocio, empresa **3** [incontable] asunto: *It's none of your business!* ¡No es asunto tuyo! **4** [incontable] (*en una reunión*) asuntos (a tratar): *any other business* ruegos y preguntas *Ver tb* SHOW BUSINESS LOC **business before pleasure** primero es la obligación que la devoción ♦ **do business with sb** hacer negocios con algn ♦ **get down to business** ir al grano ♦ **go out of business** quebrar ♦ **have no business doing sth** no tener derecho a hacer algo ♦ **on business** en viaje de negocios *Ver tb* BIG, MEAN, MIND

businesslike /'bɪznəslaɪk/ adj **1** formal **2** sistemático

businessman ०▬ /'bɪznəsmæn, -mən/ n (pl **-men** /-men, -mən/) hombre de negocios

businesswoman ०▬ /'bɪznəswʊmən/ n (pl **-women** /-wɪmɪn/) mujer de negocios

busk /bʌsk/ vi tocar música en un lugar público **busker** n músico callejero

bust /bʌst/ verbo, nombre, adjetivo
▸ vt, vi (pt, pp **bust**, **busted**) (coloq) romper(se) ⊃ *Ver nota en* DREAM
▸ n **1** (*escultura*) busto **2** (Anat) pecho
▸ adj (coloq) roto LOC **go bust** ir a la quiebra

bustle /'bʌsl/ verbo, nombre
▸ vi ~ (about/around) trajinar
▸ n bullicio, ajetreo LOC *Ver* HUSTLE **bustling** adj bullicioso

busy ०▬ /'bɪzi/ adjetivo, verbo
▸ adj (**busier**, **-iest**) **1** ~ (with sth/sb); ~ (doing sth) ocupado (con algo/algn); ocupado (haciendo algo) **2** (*sitio*) concurrido **3** (*temporada*) de mucha actividad **4** (*programa*) apretado **5** (USA): *The line is busy.* Está comunicando.
▸ vt (pt, pp **busied**) ~ **yourself with sth/doing sth** ocuparse con algo/haciendo algo

busybody /'bɪzibɒdi/ n (pl **busybodies**) entrometido, -a

but ०▬ /bət, bʌt/ conjunción, preposición
▸ conj **1** pero **2** sino: *Not only him but me too.* No solo él, sino yo también. ◊ *What could I do but cry?* ¿Qué podía hacer sino llorar? LOC **but for sb/sth** de no haber sido por algn/algo
▸ prep excepto: *nobody but you* solo tú ◊ *the last but one* el penúltimo

butane /'bju:teɪn/ n butano

butcher /'bʊtʃə(r)/ *nombre, verbo*
▶ *n* **1** carnicero, -a **2** **butcher's** carnicería ⊃ *Ver nota en* CARNICERÍA
▶ *vt* **1** (*animal*) matar **2** (*persona*) matar brutalmente

butler /'bʌtlə(r)/ *n* mayordomo

butt /bʌt/ *nombre, verbo*
▶ *n* **1** culata **2** (*de cigarrillo*) colilla **3** tonel **4** aljibe **5** (*USA, coloq*) culo **LOC** **be the butt of sth** ser el blanco de algo
▶ *vt* dar un cabezazo a **PHR V** **butt in** (*coloq*) interrumpir

butter ☞ /'bʌtə(r)/ *nombre, verbo*
▶ *n* mantequilla
▶ *vt* untar con mantequilla

buttercup /'bʌtəkʌp/ *n* botón de oro

butterfly /'bʌtəflaɪ/ *n* (*pl* **butterflies**) mariposa **LOC** **have butterflies (in your stomach)** tener los nervios en el estómago

buttock /'bʌtək/ *n* nalga

button ☞ /'bʌtn/ *nombre, verbo*
▶ *n* botón *Ver tb* BELLY BUTTON
▶ *vt* ~ **sth (up)** abrochar(se) algo

buttonhole /'bʌtnhəʊl/ *n* ojal

buy ☞ /baɪ/ *verbo, nombre*
▶ *vt* (*pt, pp* **bought** /bɔːt/) **1** ~ **sb sth**; ~ **sth (for sb)** comprar algo (a/para algn): *He bought his girlfriend a present.*/*He bought a present for his girlfriend.* Compró un regalo para su novia. ◊ *I bought one for myself.* Yo me compré uno. ⊃ *Ver nota en* GIVE **2** ~ **sth from sb** comprar algo a algn
▶ *n* compra: *a good buy* una buena compra

buyer ☞ /'baɪə(r)/ *n* comprador, -ora

buzz /bʌz/ *verbo, nombre*
▶ *vi* zumbar **PHR V** **buzz off!** (*coloq*) ¡lárgate!
▶ *n* **1** (*tb* buzzing) zumbido **2** [*sing*] (*voces*) murmullo **3** (*coloq*): *I get a real buzz out of flying.* Ir en avión me entusiasma. **LOC** **give sb a buzz** (*coloq*) pegarle un telefonazo a algn

buzzard /'bʌzəd/ *n* águila ratonera

buzzer /'bʌzə(r)/ *n* timbre eléctrico

buzzword /'bʌzwɜːd/ *n* palabra de moda

by ☞ /baɪ/ *preposición, adverbio*
❶ Para los usos de **by** en PHRASAL VERBS ver las entradas de los verbos correspondientes, p. ej. **call by** en CALL.
▶ *prep* **1** por: *by post* por correo ◊ *ten (multiplied) by six* diez (multiplicado) por seis ◊ *designed by Wren* diseñado por Wren **2** al lado de, junto a: *Sit by me.* Siéntate a mi lado. **3** antes de, para: *to be home by ten o'clock* estar en casa para las diez **4** de: *by day/night* de día/noche ◊ *by birth/profession* de nacimiento/profesión ◊ *a novel by Steinbeck* una novela de Steinbeck **5** en: *to go by boat/car/bicycle* ir en barco/coche/bicicleta ◊ *two by two* de dos en dos **6** según: *by my watch* según mi reloj **7** con: *pay by card* pagar con tarjeta **8** a: *little by little* poco a poco **9** a base de: *by working hard* a base de trabajar duro **10** ~ **doing sth** haciendo algo: *Let me begin by saying…* Permítanme que empiece diciendo… **LOC** **have/keep sth by you** tener algo a mano
▶ *adv* **LOC** **by and by** (*antic*) dentro de poco ◆ **go, drive, run, etc. by** pasar por delante (en coche, corriendo, etc.) ◆ **keep/put sth by** guardar algo para más tarde *Ver tb* LARGE

bye ☞ /baɪ/ (*tb* bye-bye /ˌbaɪ 'baɪ/) *interj* (*coloq*) ¡adiós!

by-election *n* elecciones parciales

bygone /'baɪgɒn; *USA* -gɔːn/ *adj* pasado

by-law (*tb* 'bye-law) *n* ordenanza municipal

BYO /ˌbiː waɪ 'əʊ/ (*tb* BYOB /ˌbiː waɪ əʊ 'biː/) *abrev de* bring your own (bottle/booze) (*fiestas, restaurantes, etc.*) trae tu propia bebida

bypass /'baɪpɑːs; *USA* -pæs/ *nombre, verbo*
▶ *n* **1** (carretera de) circunvalación **2** (*Med*) bypass
▶ *vt* **1** circunvalar **2** evitar

by-product *n* **1** (*lit*) subproducto **2** (*fig*) consecuencia

bystander /'baɪstændə(r)/ *n* presente: *seen by bystanders* visto por los presentes

byte /baɪt/ *n* (*Informát*) byte

ð **then**   s **so**   z **zoo**   ʃ **she**   ʒ **vision**   h **how**   ŋ **sing**   j **yes**   w **wet**

Cc

C, c /siː/ *n* (*pl* **Cs, C's, c's**) **1** C, c ⟳ *Ver nota en* A, A **2** (*Mús*) do

cab /kæb/ *n* **1** taxi **2** cabina (*de un camión*)

cabbage /'kæbɪdʒ/ *n* col

cabin /'kæbɪn/ *n* **1** (*Náut*) camarote **2** (*Aeronáut*) cabina (de pasajeros) **3** cabaña

cabinet ○▬ /'kæbɪnət/ *n* **1 the Cabinet** [*v sing o pl*] (*Pol*) el consejo de ministros **2** armario: *bathroom cabinet* armario de baño ◇ *drinks cabinet* mueble bar ◇ *filing cabinet* archivador

cable ○▬ /'keɪbl/ *n* **1** cable: *cable TV* televisión por cable **2** amarra

'cable car *n* teleférico

cache /kæʃ/ *n* **1** alijo: *an arms cache* un alijo de armas **2** (*Informát*) (memoria) caché

cackle /'kækl/ *verbo, nombre*
▸ *vi* **1** (*gallina*) cacarear **2** (*persona*) reírse a carcajadas ⟳ *Ver nota en* REÍR
▸ *n* **1** cacareo **2** carcajada desagradable

cactus /'kæktəs/ *n* (*pl* **cactuses, cacti** /-taɪ/) cactus, cacto

CAD /kæd, ˌsiː eɪ 'diː/ *n* (*abrev de* **computer-aided design**) diseño asistido por ordenador

cadet /kə'det/ *n* cadete

caesarean (*USA* **cesarean**) /sɪ'zeəriən/ (*tb* Caesarean/Cesarean 'section, 'C-section) *n* cesárea

cafe /'kæfeɪ; *USA* kæ'feɪ/ *n* café (*establecimiento*)

cafeteria /ˌkæfə'tɪəriə/ *n* restaurante de autoservicio

cafetière /ˌkæfə'tjeə(r)/ *n* cafetera de émbolo

caffeine /'kæfiːn/ *n* cafeína

cage /keɪdʒ/ *nombre, verbo*
▸ *n* jaula
▸ *vt* enjaular

cagey /'keɪdʒi/ *adj* (**cagier, -iest**) (*coloq*) reservado: *He's very cagey about his family.* No suelta prenda sobre su familia.

cagoule /kə'guːl/ *n* chubasquero

cake ○▬ /keɪk/ *nombre, verbo*
▸ *n* pastel, bizcocho: *birthday cake* tarta de cumpleaños **LOC** **have your cake and eat it (too)** (*coloq*) nadar y guardar la ropa *Ver tb* PIECE
▸ *vt* ~ **sth (in/with sth)** cubrir algo (de algo): *caked with mud* cubierto de barro

calamity /kə'læməti/ *n* (*pl* **calamities**) calamidad

calcium /'kælsiəm/ *n* calcio

calculate ○▬ /'kælkjuleɪt/ *vt* calcular **LOC** **be calculated to do sth** estar pensado para hacer algo **calculating** *adj* calculador

calculation ○▬ /ˌkælkju'leɪʃn/ *n* cálculo

calculator /'kælkjuleɪtə(r)/ *n* calculadora

caldron (*USA*) = CAULDRON

calendar /'kælɪndə(r)/ *n* calendario

calf /kɑːf; *USA* kæf/ *n* (*pl* **calves** /kɑːvz; *USA* kævz/) **1** pantorrilla **2** becerro, ternero ⟳ *Ver nota en* CARNE **3** cría (*de foca, etc.*)

calibre (*USA* **caliber**) /'kælɪbə(r)/ *n* calibre, valía

call ○▬ /kɔːl/ *verbo, nombre*
▸ **1** *vt* llamar: *What's your dog called?* ¿Cómo se llama el perro? **2** *vi* ~ **(out) (to sb) (for sth)** llamar (a voces) (a algn) (pidiendo algo): *I thought I heard somebody calling.* Creí que había oído llamar a alguien. ◇ *She called to her father for help.* Pidió ayuda a su padre a voces. **3** *vt, vi* ~ **(sth) (out)** gritar (algo) (a voces): *Why didn't you come when I called (out) your name?* ¿Por qué no viniste cuando te llamé? **4** *vt, vi* llamar (por teléfono): *Can you call me a taxi?* ¿Me puedes llamar a un taxi? **5** *vt* llamar: *Please call me at seven o'clock.* Por favor, llámame a las siete. **6** *vi* ~ **(in/round) (on sb)**, ~ **(in/round) (at...)** visitar (a algn), pasarse (por...): *Let's call (in) on John/at John's house.* Vamos a pasar por casa de John. ◇ *He was out when I called (round) to see him.* No estaba cuando fui a su casa. ◇ *Will you call in at the supermarket for some eggs?* ¿Puedes pasarte por el súper a comprar huevos? **7** *vt* (*reunión, elección*) convocar **LOC** **call it a day** (*coloq*) dejarlo por hoy: *Let's call it a day.* Dejémoslo por hoy. ◆ **call sb names** insultar a algn *Ver tb* QUESTION **PHR V** **call at...** (*tren*) tener parada en... ◆ **call (sb) back 1** volver a llamar (a algn) (*por teléfono*) **2** devolver la llamada (a algn) ◆ **call by** (*coloq*) pasar: *Could you call by on your way home?* ¿Puedes pasar al volver a casa? ◆ **call for sb** pasar a recoger a algn: *I'll call for you at seven o'clock.* Iré a buscarte a las siete. ◆ **call for sth** requerir algo: *This calls for a celebration!* ¡Esto hay que celebrarlo! ◆ **call sth off** cancelar, abandonar algo ◆ **call sb out** llamar a algn: *to call out the troops/the fire brigade* llamar al ejército/a los bomberos ◆ **call sb up 1** (*esp USA*) (*por teléfono*) llamar a algn **2** llamar a algn a filas
▸ *n* **1** (*tb* 'phone call) llamada (telefónica) *Ver tb* COLD CALL **2** grito, llamada **3** visita **4** ~ **for sth**: *There isn't much call for such things.* Hay poca demanda para esas cosas. **5** (*de ave*) canto **LOC** **(be) on call** (estar) de guardia *Ver tb* CLOSE²

call centre (USA 'call center) n centro (de atención) de llamadas

caller /'kɔːlə(r)/ n **1** el/la que llama (por teléfono) **2** visita

callous /'kæləs/ adj insensible, cruel

calm ⊶ /kɑːm/ adjetivo, nombre, verbo
▶ adj (**calmer, -est**) tranquilo
▶ n calma
▶ v PHR V **calm down** calmarse, tranquilizarse: *Just calm down a bit!* ¡Tranquilízate un poco! ◆ **calm sb down** calmar, tranquilizar a algn

calmly ⊶ /'kɑːmli/ adv tranquilamente

calorie /'kæləri/ n caloría

calves pl de CALF

camcorder /'kæmkɔːdə(r)/ n cámara de vídeo

came pt de COME

camel /'kæml/ n camello

camera ⊶ /'kæmrə/ n cámara (fotográfica): *television/video camera* cámara de televisión/vídeo

cameraman /'kæmrəmæn/ n (pl **-men** /-men/) cámara (persona)

camerawoman /'kæmrəwʊmən/ n (pl **-women** /-wɪmɪn/) cámara (mujer)

camomile (tb esp USA chamomile) /'kæməmaɪl/ n manzanilla, camomila

camouflage /'kæməflɑːʒ/ nombre, verbo
▶ n camuflaje
▶ vt camuflar

camp ⊶ /kæmp/ nombre, verbo, adjetivo
▶ n campamento: *camp fire* hoguera de campamento ◇ *concentration camp* campo de concentración
▶ vi acampar
▶ adj **1** afeminado **2** exagerado

campaign ⊶ /kæm'peɪn/ nombre, verbo
▶ n campaña
▶ vi ~ (**for/against sb/sth**) hacer campaña (a favor de/en contra de algn/algo) **campaigner** n militante

camper /'kæmpə(r)/ n **1** (persona) campista **2** (tb 'camper van) (GB) autocaravana **3** (USA) caravana

camping ⊶ /'kæmpɪŋ/ n camping (actividad): *to go camping* ir de camping

🔎 La palabra inglesa **camping** no significa nunca un lugar donde se puede acampar. En inglés "un camping" se dice **a campsite** (**campground** en Estados Unidos).

campsite /'kæmpsaɪt/ (USA **campground** /'kæmpgraʊnd/) n camping (lugar) ➲ Ver nota en CAMPING

campus /'kæmpəs/ n (pl **campuses**) campus, ciudad universitaria

can[1] ⊶ /kən, kæn/ v modal (neg **cannot** /'kænɒt/, **can't** /kɑːnt; USA kænt/, pt **could** /kəd, kʊd/, **could not, couldn't** /'kʊdnt/)

🔎 **Can** es un verbo modal al que sigue un infinitivo sin **to** y las oraciones interrogativas y negativas se construyen sin el auxiliar **do**. Solo tiene presente: *I can't swim.* No sé nadar; y pasado, que también tiene un valor condicional: *He couldn't do it.* No pudo hacerlo. ◇ *Could you come?* ¿Podrías venir? Cuando queremos utilizar otras formas, tenemos que usar **be able to**: *Will you be able to come?* ¿Podrás venir? ◇ *I haven't been able to talk to her yet.* Aún no he podido hablar con ella.

● **posibilidad** poder: *We can catch a bus from here.* Podemos coger un autobús aquí. ◇ *She can be very forgetful.* A veces es muy olvidadiza.

● **conocimientos, habilidades** saber: *They can't read or write.* No saben leer ni escribir. ◇ *Can you swim?* ¿Sabes nadar? ◇ *He couldn't answer the question.* No supo contestar a la pregunta.

● **permiso** poder: *Can I open the window?* ¿Puedo abrir la ventana? ◇ *You can't go swimming today.* Hoy no puedes ir a nadar. ➲ Ver nota en MAY

● **ofrecimientos, sugerencias, peticiones** poder: *Can I help?* ¿Puedo ayudarle? ◇ *We can eat in a restaurant, if you want.* Podemos comer en un restaurante si quieres. ◇ *Could you help me with this box?* ¿Me puede ayudar con esta caja? ➲ Ver nota en MUST

● **con verbos de percepción** *You can see it everywhere.* Se puede ver por todas partes. ◇ *She could hear them clearly.* Los oía claramente. ◇ *I can smell something burning.* Huele a quemado. ◇ *She could still taste the garlic.* Le quedaba en la boca el sabor a ajo.

● **incredulidad, perplejidad** *I can't believe it.* No lo puedo creer. ◇ *Whatever can they be doing?* ¿Qué estarán haciendo? ◇ *Where can she have put it?* ¿Dónde lo habrá puesto?

can[2] ⊶ /kæn/ nombre, verbo
▶ n lata: *can of sardines* lata de sardinas ◇ *petrol can* bidón (de gasolina) Ver tb WATERING CAN ➲ Ver nota en LATA ➲ Ver dibujo en CONTAINER LOC Ver CARRY
▶ vt (**-nn-**) enlatar, hacer conservas en lata de

canal /kə'næl/ n **1** canal **2** tubo, conducto: *the birth canal* el canal del parto

canary /kəˈneəri/ n (pl **canaries**) canario

cancel ◑ /ˈkænsl/ vt, vi (**-ll-**, USA **-l-**) **1** (vuelo, pedido, vacaciones) cancelar **2** (contrato) anular **PHR V cancel sth out** compensar algo **cancellation** n cancelación

Cancer /ˈkænsə(r)/ n cáncer ⊃ Ver ejemplos en ACUARIO

cancer ◑ /ˈkænsə(r)/ n [incontable] cáncer

candid /ˈkændɪd/ adj franco

candidacy /ˈkændɪdəsi/ n candidatura

candidate ◑ /ˈkændɪdət, -deɪt/ n **1** candidato, -a **2** persona que se presenta a un examen

candle /ˈkændl/ n **1** vela **2** cirio

candlelight /ˈkændllaɪt/ n luz de una vela

candlestick /ˈkændlstɪk/ n candelabro

candy ◑ /ˈkændi/ n (pl **candies**) [incontable] (USA) golosinas: a candy bar una chocolatina

candyfloss /ˈkændiflɒs; USA -flɔːs/ n algodón de azúcar

cane /keɪn/ n **1** (Bot) caña **2** mimbre **3** bastón **4 the cane** [sing] (castigo) la palmeta

canine /ˈkeɪnaɪn/ adjetivo, nombre
▸ adj canino
▸ n (tb ˈcanine tooth) colmillo

canister /ˈkænɪstə(r)/ n **1** lata (de café, té, galletas) **2** bote (de humo, gas lacrimógeno, etc.)

cannabis /ˈkænəbɪs/ n marihuana, hachís

canned /kænd/ adj en lata, de lata

cannibal /ˈkænɪbl/ n caníbal

cannon /ˈkænən/ n (pl **cannon, cannons**) cañón

cannot ◑ Ver CAN¹

canoe /kəˈnuː/ n canoa, piragua **canoeing** n piragüismo

ˈ**can opener** n (esp USA) abrelatas

canopy /ˈkænəpi/ n (pl **canopies**) **1** toldo, marquesina **2** dosel

can't (abrev de can not) Ver CAN¹

canteen /kænˈtiːn/ n comedor (de un colegio, una fábrica, etc.)

canter /ˈkæntə(r)/ n medio galope

canvas /ˈkænvəs/ n **1** lona **2** (Arte) lienzo

canvass /ˈkænvəs/ **1** vt, vi ~ (sb) (for sth) pedir apoyo (a algn) (para algo) **2** vt, vi (Pol): to canvass for/on behalf of sb hacer campaña por algn ◇ to go out canvassing (for votes) salir a captar votos **3** vt (opinión) sondear

canyon /ˈkænjən/ n (Geog) cañón

canyoning /ˈkænjənɪŋ/ n barranquismo

cap ◑ /kæp/ nombre, verbo
▸ n **1** gorra **2** gorro **3** tapa, tapón Ver tb ICE CAP
▸ vt (**-pp-**) superar **LOC to cap it all** (coloq) para colmo

capability /ˌkeɪpəˈbɪləti/ n (pl **capabilities**) capacidad, aptitud

capable ◑ /ˈkeɪpəbl/ adj ~ (of sth/doing sth) capaz (de algo/de hacer algo)

capacity ◑ /kəˈpæsəti/ n (pl **capacities**) **1** capacidad: filled to capacity lleno a rebosar/completo **2** nivel máximo de producción: at full capacity a pleno rendimiento **LOC in your capacity as sth** en tu calidad de algo

cape /keɪp/ n **1** capa **2** (Geog) cabo

caper /ˈkeɪpə(r)/ nombre, verbo
▸ n **1** alcaparra **2** (coloq) broma, travesura
▸ vi ~ (**about**) brincar

capillary /kəˈpɪləri; USA ˈkæpəleri/ n (pl **capillaries**) capilar

capital ◑ /ˈkæpɪtl/ nombre, adjetivo
▸ n **1** (tb ˌcapital ˈcity) capital **2** (Fin) capital: capital gains plusvalía **3** (tb ˌcapital ˈletter) mayúscula **LOC make capital (out) of sth** sacar partido de algo
▸ adj **1** capital: capital punishment pena de muerte **2** mayúsculo

capitalism /ˈkæpɪtəlɪzəm/ n capitalismo **capitalist** adj, n capitalista

capitalize, -ise /ˈkæpɪtəlaɪz/ vt (Fin) capitalizar **PHR V capitalize on sth** aprovecharse de algo, sacar partido de algo

capitulate /kəˈpɪtʃuleɪt/ vi ~ (to sb/sth) capitular (ante algn/algo)

cappuccino /ˌkæpuˈtʃiːnəʊ/ n (pl **cappuccinos**) capuchino

Capricorn /ˈkæprɪkɔːn/ n capricornio ⊃ Ver ejemplos en ACUARIO

capsize /kæpˈsaɪz; USA ˈkæpsaɪz/ vt, vi volcar(se)

capsule /ˈkæpsjuːl; USA -sl, -suːl/ n cápsula

captain ◑ /ˈkæptɪn/ nombre, verbo
▸ n **1** (Dep, Mil, Náut) capitán, -ana **2** (avión) comandante
▸ vt capitanear, ser el capitán/la capitana de **captaincy** n capitanía

caption /ˈkæpʃn/ n **1** encabezamiento, título **2** pie (de foto)

captivate /ˈkæptɪveɪt/ vt cautivar **captivating** adj cautivador, encantador

captive /ˈkæptɪv/ adjetivo, nombre
▸ adj cautivo **LOC hold/take sb captive** tener preso/apresar a algn
▸ n preso, -a; cautivo, -a **captivity** /kæpˈtɪvəti/ n cautividad

captor /ˈkæptə(r)/ n captor, -ora

| aʊ now | ɔɪ join | ɪə near | eə hair | ʊə pure | tʃ chin | dʒ June | v van | θ thin |

capture 0̰ /ˈkæptʃə(r)/ *verbo, nombre*
▸ *vt* **1** capturar **2** (*Mil*) tomar **3** (*interés, etc.*) atraer **4** ~ sb's heart conquistar el corazón a algn **5** (*Arte*) captar
▸ *n* **1** captura **2** (*ciudad*) toma

car 0̰ /kɑː(r)/ *n* **1** coche: *by car* en coche ◇ *car accident* accidente de coche ◇ *car bomb* coche bomba **2** (*USA*) (*Ferrocarril*) vagón **3** (*GB*) (*Ferrocarril*): *dining/sleeping car* coche restaurante/coche-cama

carafe /kəˈræf/ *n* jarra, decantador

caramel /ˈkærəmel/ *n* caramelo (*azúcar quemado*) *Ver tb* CRÈME CARAMEL

carat (*USA* karat) /ˈkærət/ *n* quilate

caravan /ˈkærəvæn/ *n* **1** caravana: *caravan site* camping para caravanas **2** carromato **3** caravana (*de camellos*)

carbohydrate /ˌkɑːbəʊˈhaɪdreɪt/ (*coloq* carb /kɑːb/) *n* hidrato de carbono

carbon /ˈkɑːbən/ *n* carbono: *carbon dioxide/monoxide* dióxido/monóxido de carbono ◇ *carbon dating* datación con carbono 14

carbon copy *n* (*pl* **carbon copies**) (*fig*) réplica: *She's a carbon copy of her sister.* Es idéntica a su hermana.

carbon footprint *n* impacto/huella de carbono

carbon offset *n* (sistema de) compensación de las emisiones de carbono

carbon trading *n* [*incontable*] comercio de las emisiones de carbono

car boot sale *n* mercadillo de artículos usados, vendidos por particulares, que emplean el maletero del coche para exhibirlos

carburettor (*USA* carburetor) /ˌkɑːbəˈretə(r)/; *USA* ˈkɑːrbəreɪtər/ *n* carburador

carcass (*tb* carcase) /ˈkɑːkəs/ *n* **1** restos (*de pollo, etc.*) **2** res muerta lista para trocear

carcinogenic /ˌkɑːsɪnəˈdʒenɪk/ *adj* cancerígeno

car crash *n* **1** accidente de coche **2** (*coloq*) (*situación*) desastre

card 0̰ /kɑːd/ *n* **1** tarjeta **2** ficha: *card index* fichero **3** (*de socio, de identidad, etc.*) carné **4** (*tb* playing card) carta, naipe **5** [*incontable*] cartulina **LOC** on the cards (*coloq*) probable ♦ play your cards right jugar bien tus cartas *Ver tb* LAY

cardboard 0̰ /ˈkɑːdbɔːd/ *n* cartón

cardboard city *n* zona de la ciudad donde las personas sin hogar duermen en cajas de cartón

cardholder /ˈkɑːdhəʊldə(r)/ *n* poseedor, -ora de tarjeta (*de banco, tienda, etc.*)

cardiac /ˈkɑːdiæk/ *adj* cardiaco

cardigan /ˈkɑːdɪgən/ *n* chaqueta (*de punto*)

cardinal /ˈkɑːdɪnl/ *nombre, adjetivo*
▸ *n* (*Relig*) cardenal
▸ *adj* **1** (*pecado, etc.*) cardinal **2** (*formal*) (*regla, etc.*) fundamental

card reader *n* lector de tarjetas

care 0̰ /keə(r)/ *nombre, verbo*
▸ *n* **1** ~ (over sth/in doing sth) cuidado (con algo/al hacer algo) **2** atención **3** (*formal*) preocupación **LOC** care of sb (*abrev* c/o) (*correos*) a la atención de algn, en casa de algn ♦ take care **1** tener cuidado **2** take care! (*coloq*) ¡cuídate (mucho)! **❶** También se usa como forma de despedida. ♦ take care of sb/sth **1** cuidar a algn/algo: *to take care of yourself* cuidarse **2** encargarse de algn/algo ♦ put sb in care; take sb into care poner a algn (esp a un niño) al cuidado de una institución
▸ *vi* **1** ~ (about sth) importarle a algn (algo): *I don't care (about) what she says.* No me importa lo que diga. ◇ *See if I care.* ¿Y a mí qué me importa? **2** ~ to do sth querer hacer algo **LOC** for all I, you, etc. care para lo que a mí me, a ti te, etc. importa ♦ I, you, etc. couldn't care less me, te, etc. importa un comino *Ver tb* DAMN **PHR V** care for sb **1** cuidar a algn **2** querer a algn ♦ not care for sth (*formal*) no gustarle algo a algn: *I don't much care for fruit.* No me gusta mucho la fruta.

career 0̰ /kəˈrɪə(r)/ *nombre, verbo*
▸ *n* (*actividad profesional*) carrera: *career prospects* perspectivas profesionales **❶** Una carrera universitaria se dice a (university) degree.
▸ *vi* correr a toda velocidad

carefree /ˈkeəfriː/ *adj* despreocupado, libre de preocupaciones

careful 0̰ /ˈkeəfl/ *adj* **1** to be careful (of/about/with sth) tener cuidado (con algo) ➋ *Ver nota en* WARN **2** (*trabajo, etc.*) cuidadoso

carefully 0̰ /ˈkeəfəli/ *adv* con cuidado, cuidadosamente: *to listen/think carefully* escuchar con atención/pensar bien **LOC** *Ver* TREAD

care home (*tb esp USA* reˈtirement home) *n* residencia de ancianos

careless 0̰ /ˈkeələs/ *adj* **1** ~ (about/with sth) descuidado (con algo): *a careless mistake* un error causado por falta de cuidado **2** imprudente

carer /ˈkeərə(r)/ (*USA* caregiver /ˈkeəgɪvə(r)/) *n* cuidador, -ora (*de persona anciana o enferma*)

caress /kəˈres/ *verbo, nombre*
▸ *vt* acariciar
▸ *n* caricia

| ð then | s so | z zoo | ʃ she | ʒ vision | h how | ŋ sing | j yes | w wet |

caretaker /'keəteɪkə(r)/ *nombre, adjetivo*
▶ *n* conserje; portero, -a
▶ *adj* (*gobierno, manager, etc.*) provisional

cargo /'kɑːgəʊ/ *n* (*pl* **cargoes**, *USA tb* **cargos**) **1** carga **2** cargamento

'**cargo pants** *n* [*pl*] pantalones de combate

Caribbean /ˌkærɪ'biːən, kə'rɪbiən/ *nombre, adjetivo*
▶ *n* **the Caribbean** el Caribe
▶ *adj* caribeño

caricature /'kærɪkətʃʊə(r)/; *USA tb* -tʃər/ *nombre, verbo*
▶ *n* caricatura
▶ *vt* caricaturizar

caring /'keərɪŋ/ *adj* **1** humanitario **2** (*persona*) cariñoso, bondadoso

carnation /kɑː'neɪʃn/ *n* clavel

carnival /'kɑːnɪvl/ *n* carnaval

carnivore /'kɑːnɪvɔː(r)/ *n* carnívoro

carnivorous /kɑː'nɪvərəs/ *adj* carnívoro

carol /'kærəl/ *n* villancico

carousel /ˌkærə'sel/ *n* tiovivo

'**car park** *n* aparcamiento

carpenter /'kɑːpəntə(r)/ *n* carpintero, -a **carpentry** *n* carpintería

carpet ⊶ /'kɑːpɪt/ *nombre, verbo*
▶ *n* moqueta, alfombra
▶ *vt* enmoquetar, alfombrar **carpeting** *n* [*incontable*] moqueta

carriage /'kærɪdʒ/ *n* **1** (*Ferrocarril*) vagón (*para pasajeros*) **2** carruaje *Ver tb* BABY CARRIAGE

carriageway /'kærɪdʒweɪ/ *n* carril *Ver tb* DUAL CARRIAGEWAY

carrier /'kæriə(r)/ *n* **1** empresa de transportes **2** portador, -ora

'**carrier bag** (*tb* carrier) *n* bolsa (*de plástico/papel*) ⭆ *Ver dibujo en* BAG

carrot ⊶ /'kærət/ *n* **1** zanahoria **2** (*incentivo*) caramelo

carry ⊶ /'kæri/ (*pt, pp* **carried**) **1** *vt* llevar: *to carry a gun* estar armado ⭆*Ver nota en* WEAR **2** *vt* soportar **3** *vi* oírse: *Her voice carries well.* Tiene una voz muy fuerte. **4** *vt* (*votación*) aprobar **5** *vt* ~ **yourself**: *She carries herself well.* Anda con mucha elegancia. **LOC be/get carried away** dejarse llevar: *Don't get carried away.* No te entusiasmes. ◆ **carry the can (for sth)** (*GB, coloq*) cargar con la culpa (de algo) ◆ **carry weight** tener gran peso **PHR V carry sth away** llevar(se) algo ◆ **carry sth off 1** (*premio, etc.*) llevarse algo **2** salir airoso de algo; realizar algo con éxito: *She's had her hair cut really short, but she can carry it off.* Se ha cortado el pelo muy corto pero lo lleva con gracia. ◆ **carry on**

(with sth/doing sth); carry sth on continuar (con algo/haciendo algo): *to carry on a conversation* mantener una conversación ◆ **carry sth out 1** (*promesa, orden, etc.*) cumplir algo **2** (*plan, investigación, etc.*) llevar algo a cabo ◆ **carry sth through** llevar algo a término

cart /kɑːt/ *nombre, verbo*
▶ *n* **1** carro **2** (*USA*) (*GB* trolley) carrito (*de la compra, etc.*)
▶ *vt* acarrear **PHR V cart sth about/around** (*coloq*) cargar con algo ◆ **cart sb/sth away/off** (*coloq*) llevarse (a algn/algo)

carton /'kɑːtn/ *n* caja, cartón ⭆ *Ver dibujo en* CONTAINER

cartoon /kɑː'tuːn/ *n* **1** caricatura **2** tira cómica **3** dibujos animados **cartoonist** *n* caricaturista

cartridge /'kɑːtrɪdʒ/ *n* cartucho

cartwheel /'kɑːtwiːl/ *n* rueda (*voltereta*)

carve /kɑːv/ **1** *vt, vi* esculpir: *carved out of/from/in marble* esculpido en mármol **2** *vt, vi* (*madera*) tallar **3** *vt* (*iniciales, etc.*) grabar **4** *vt, vi* (*carne*) trinchar **PHR V carve sth out (for yourself)** forjarse algo ◆ **carve sth up** (*pey*) repartirse algo **carving** *n* escultura, talla

'**car wash** *n* túnel de lavado

cascade /kæ'skeɪd/ *n* cascada

case ⊶ /keɪs/ *n* **1** (*Med, Gram, situación*) caso: *It's a case of…* Se trata de… **2** (*Jur*) causa: *the case for the defence/prosecution* la defensa/la acusación **3** argumento(s): *There is a case for…* Hay razones para… ◇ *to make out a case for sth* presentar argumentos convincentes para algo **4** estuche **5** cajón (*de embalaje*) **6** caja (*de vino*) **7** maleta ⭆ *Ver dibujo en* BAG **LOC in any case** en cualquier caso ◆ **in case** por si…: *in case it rains* por si llueve *Ver tb* JUST

cash ⊶ /kæʃ/ *nombre, verbo*
▶ *n* [*incontable*] dinero (en metálico): *to pay (in) cash* pagar en metálico ◇ *to be short of cash* andar justo de dinero ◇ *cash card* tarjeta de cajero automático ◇ *cash price* precio al contado ◇ *cash flow* movimiento de fondos ◇ *cash desk* caja *Ver tb* HARD CASH **LOC cash on delivery** (*abrev* COD) pago a la entrega ◆ **cash up front** (*tb* cash down) pago al contado
▶ *vt* hacer efectivo **PHR V cash in (on sth)** (*pey*) aprovecharse (de algo) ◆ **cash sth in** canjear algo

cashback /'kæʃbæk/ *n* **1** dinero que se recibe en efectivo al pagar con tarjeta (y que se carga a la tarjeta) **2** (*descuento*) devolución de dinero

cashier /kæ'ʃɪə(r)/ *n* cajero, -a

'**cash machine** (*tb* 'cash dispenser, cashpoint" /'kæʃpɔɪnt/) *n* cajero automático

cashmere /ˈkæʃmɪə(r)/; GB tb ˌkæʃˈmɪə(r)/; USA tb ˈkæʒmɪər/ n cachemir

casino /kəˈsiːnəʊ/ n (pl **casinos**) casino

cask /kɑːsk/; USA kæsk/ n barril

casket /ˈkɑːskɪt/; USA ˈkæskɪt/ n **1** cofre (para joyas, etc.) **2** (USA) ataúd

casserole /ˈkæsərəʊl/ n **1** guisado **2** (tb ˈcasserole dish) cazuela ⊃ Ver dibujo en POT

cassette /kəˈset/ n cinta, casete

cast ⌕ /kɑːst; USA kæst/ verbo, nombre
▶ vt (pt, pp **cast**) **1** (mirada) echar: to cast an eye over sth echar un vistazo a algo **2** (sombra) proyectar **3** arrojar, lanzar **4** (Teat): to cast sb as Othello dar a algn el papel de Otelo **5** (voto) emitir: to cast your vote votar LOC cast a spell on sb/sth hechizar a algn/algo Ver tb CAUTION, DOUBT
PHR V cast sb/sth aside (formal) dejar de lado a algn/algo ◆ cast sth off (formal) deshacerse de algo
▶ n [v sing o pl] (Teat) reparto

castaway /ˈkɑːstəweɪ; USA ˈkæstə-/ n náufrago, -a

caste /kɑːst; USA kæst/ n casta: caste system sistema de castas

cast iron nombre, adjetivo
▶ n hierro fundido
▶ adj **cast-iron 1** de hierro fundido **2** (coartada) sin mella **3** (constitución) de hierro

castle ⌕ /ˈkɑːsl; USA ˈkæsl/ n **1** castillo **2** (Ajedrez) torre

castrate /kæˈstreɪt; USA ˈkæstreɪt/ vt castrar
castration n castración

casual /ˈkæʒuəl/ adj **1** superficial: a casual acquaintance un conocido ◇ a casual glance una ojeada ◇ a casual comment un comentario hecho a la ligera **2** (comportamiento) despreocupado, informal: casual sex promiscuidad sexual **3** (ropa) informal **4** (trabajo) ocasional: casual worker trabajador por horas **5** (encuentro) fortuito **casually** adv **1** informalmente **2** despreocupadamente **3** como por casualidad **4** temporalmente

casualty /ˈkæʒuəlti/ n (pl **casualties**) víctima, baja

cat ⌕ /kæt/ n **1** gato: cat food comida para gatos ⊃ Ver nota en GATO **2** felino: big cat felino salvaje LOC Ver LET

catalogue (USA tb catalog) /ˈkætəlɒg; USA -lɔːg/ nombre, verbo
▶ n **1** catálogo **2** (fig): a catalogue of disasters una serie de desastres
▶ vt catalogar

catalyst /ˈkætəlɪst/ n catalizador

catamaran /ˌkætəməˈræn/ n catamarán

catapult /ˈkætəpʌlt/ nombre, verbo
▶ n **1** tirachinas **2** catapulta
▶ vt catapultar

cataract /ˈkætərækt/ n (Geog, Med) catarata

catarrh /kəˈtɑː(r)/ n catarro (mucosidad)

catastrophe /kəˈtæstrəfi/ n catástrofe **catastrophic** /ˌkætəˈstrɒfɪk/ adj catastrófico

catch ⌕ /kætʃ/ verbo, nombre
▶ v (pt, pp **caught** /kɔːt/) **1** vt, vi coger: Here, catch! ¡Toma! **2** vt atrapar, agarrar **3** vt ~ sb (doing sth) sorprender a algn (haciendo algo) **4** vt (coloq) pillar **5** vt (coloq) ir a ver: I'll catch you later. Te veré luego. **6** vt (Med) contagiarse de, coger **7** vt ~ sth (in/on sth) enganchar algo (en/con algo): He caught his thumb in the door. Se pilló el dedo en la puerta. **8** vt oír, entender **9** vi (fuego) prenderse LOC catch it (coloq) You'll catch it! ¡Te la vas a ganar! ❶ Para otras expresiones con **catch**, véanse las entradas del sustantivo, adjetivo, etc., p. ej. **catch fire** en FIRE.
PHR V catch on hacerse popular ◆ catch on (to sth) (coloq) darse cuenta (de algo) ◆ catch sb out **1** sorprender a algn **2** pillar a algn **3** (Dep) eliminar a algn al coger la pelota ◆ catch sb up; catch up (with sb) alcanzar a algn ◆ be/get caught up in sth estar metido/meterse en algo: I got caught up in traffic. Me pilló el tráfico. ◆ catch up on sth ponerse al día con algo: I've got a lot of work to catch up on. Tengo un montón de trabajo atrasado. Ver tb CATCH-UP
▶ n **1** acción de coger (esp una pelota) **2** captura **3** (peces) pesca **4** cierre, cerradura: the safety catch el seguro **5** (fig) trampa **6** [sing] (antic) (marido, mujer): He's a good catch. Es un buen partido. LOC (a) catch-22 (situation) (coloq) (una) situación sin salida

catching /ˈkætʃɪŋ/ adj contagioso

catchment area /ˈkætʃmənt eəriə/ n área de captación (de un colegio, hospital, etc.)

catchphrase /ˈkætʃfreɪz/ n dicho (de persona famosa)

catch-up n **1** puesta al día: We must get together for a catch-up. Tenemos que quedar para ponernos al día. **2** catch-up TV televisión a la carta LOC play catch-up intentar alcanzar al contrincante

catchy /ˈkætʃi/ adj (coloq) pegadizo (melodía)

catechism /ˈkætəkɪzəm/ n catecismo

categorical /ˌkætəˈɡɒrɪkl; USA -ˈɡɔːr-/ adj (formal) **1** (respuesta) categórico **2** (rechazo) rotundo **3** (regla) terminante **categorically** /-kli/ adv categóricamente

categorize, -ise /ˈkætəɡəraɪz/ vt clasificar

category ⊶ /'kætəgəri; *USA* -gɔːri/ *n* (*pl* **categories**) categoría

cater /'keɪtə(r)/ *vi* ~ **(for sb/sth)** (*para fiesta, empresa, etc.*) proveer comida (para algn/algo) **PHR V** **cater for/to sb/sth** ofrecer servicios para algn/algo: *to cater for/to all tastes* atender a todos los gustos ◇ *novels that cater to the mass market* novelas dirigidas al mercado popular **catering** *n* catering: *the catering industry* la hostelería *Ver tb* SELF-CATERING

caterpillar /'kætəpɪlə(r)/ *n* oruga

cathedral /kə'θiːdrəl/ *n* catedral

Catholic /'kæθlɪk/ *adj, n* católico, -a **Catholicism** /kə'θɒləsɪzəm/ *n* catolicismo

cattle /'kætl/ *n* [*pl*] ganado (vacuno)

catwalk /'kætwɔːk/ *n* pasarela (*de desfile*)

caught *pt, pp de* CATCH

cauldron (*USA* caldron) /'kɔːldrən/ *n* caldero

cauliflower /'kɒliflaʊə(r)/ *n* coliflor

cause ⊶ /kɔːz/ *nombre, verbo*
▶ *n* **1** ~ **(of sth)** causa (de algo) **2** ~ **(for sth)** motivo, razón (de/para algo): *cause for complaint/to complain* motivo de queja
▶ *vt* causar

causeway /'kɔːzweɪ/ *n* carretera o camino elevado que cruza el agua

caustic /'kɔːstɪk/ *adj* **1** cáustico **2** (*comentario, etc.*) mordaz

caution /'kɔːʃn/ *nombre, verbo*
▶ *n* **1** precaución, cautela: *to exercise extreme caution* extremar las precauciones **2** amonestación **LOC** **throw/cast caution to the winds** abandonar toda precaución
▶ *vt, vi* ~ **(sb) against/about sth** advertir (a algn) contra/sobre algo **2** *vt* amonestar **cautionary** *adj* **1** de advertencia **2** ejemplar: *a cautionary tale* un relato ejemplar

cautious /'kɔːʃəs/ *adj* ~ **(about sb/sth)** cauteloso, precavido (con algn/algo) **cautiously** *adv* con cautela

cavalry /'kævlri/ *n* [*v sing o pl*] caballería

cave /keɪv/ *nombre, verbo*
▶ *n* cueva: *cave painting* pintura rupestre
▶ *v* **PHR V** **cave in 1** derrumbarse **2** (*fig*) ceder

caveman /'keɪvmæn/ *n* (*pl* **-men** /-men/) cavernícola

cavern /'kævən/ *n* caverna **cavernous** *adj* (*formal*) cavernoso

caviar (*tb* caviare) /'kæviɑː(r)/ *n* caviar

caving /'keɪvɪŋ/ *n* espeleología

cavity /'kævəti/ *n* (*pl* **cavities**) **1** cavidad **2** caries

CCTV /ˌsiː siː tiː ˈviː/ *abrev de* closed-circuit television circuito cerrado de televisión

CD ⊶ /ˌsiː ˈdiː/ *n* (*abrev de* compact disc) CD

CD-ROM /ˌsiː diː ˈrɒm/ *n* (*abrev de* compact disc read-only memory) CD-ROM

cease ⊶ /siːs/ *vt, vi* (*formal*) cesar, terminar: *to cease to do sth* dejar de hacer algo

ceasefire /'siːsfaɪə(r)/ *n* alto el fuego

ceaseless /'siːsləs/ *adj* (*formal*) incesante

ceilidh /'keɪli/ *n* fiesta con música y baile (*esp en Escocia e Irlanda*)

ceiling ⊶ /'siːlɪŋ/ *n* **1** techo **2** tope, límite

celebrate ⊶ /'selɪbreɪt/ **1** *vt* celebrar **2** *vi* festejar **3** *vt* (*formal*) alabar **celebrated** *adj* ~ **(for sth)** célebre (por algo)

celebration ⊶ /ˌselɪˈbreɪʃn/ *n* celebración: *in celebration of sth* en conmemoración de algo

celebratory /ˌseləˈbreɪtəri; *USA* ˈseləbrətɔːri/ *adj* conmemorativo, festivo

celebrity /səˈlebrəti/ *n* (*pl* **celebrities**) (*coloq* celeb, sleb) celebridad; famoso, -a

celery /'seləri/ *n* apio

cell ⊶ /sel/ *n* **1** celda **2** (*Anat, Pol*) célula *Ver tb* STEM CELL

cellar /'selə(r)/ *n* sótano: *wine cellar* bodega *Ver tb* SALT CELLAR

cellist /'tʃelɪst/ *n* violonchelista

cello /'tʃeləʊ/ *n* (*pl* **cellos**) violonchelo

cell phone ⊶ (*tb* cellular phone, *coloq* cell) *n* (*esp USA*) (teléfono) móvil

cellular /'seljələ(r)/ *adj* celular

Celsius /'selsiəs/ *adj* (*abrev* C) centígrado ➲ *Ver nota en* CENTÍGRADO

cement /sɪˈment/ *nombre, verbo*
▶ *n* cemento
▶ *vt* **1** revestir de cemento, pegar con cemento **2** (*fig*) cimentar

cemetery /'semətri; *USA* -teri/ *n* (*pl* **cemeteries**) cementerio municipal ➲ *Comparar con* CHURCHYARD

censor /'sensə(r)/ *nombre, verbo*
▶ *n* censor, -ora
▶ *vt* censurar **censorship** *n* [*incontable*] censura

censure /'senʃə(r)/ *nombre, verbo*
▶ *n* (*formal*) censura
▶ *vt* ~ **sb (for sth)** (*formal*) censurar a algn (por algo)

census /'sensəs/ *n* (*pl* **censuses**) censo

cent ⊶ /sent/ *n* **1** centavo (*de dólar*) ➲ *Ver pág 805* **2** céntimo (*de euro*)

centenarian /ˌsentɪˈneəriən/ *n* centenario, -a

centenary /sen'tiːnəri; *USA* -'ten-/ *n* (*USA* **centennial** /sen'teniəl/) (*pl* **centenaries**) centenario

center

center (USA) = CENTRE

centigrade /ˈsentɪɡreɪd/ adj (abrev C) centígrado ➔ Ver nota en CENTÍGRADO

centimetre ⚡ (USA **centimeter**) /ˈsentɪmiːtə(r)/ n (abrev cm) centímetro

centipede /ˈsentɪpiːd/ n ciempiés

central ⚡ /ˈsentrəl/ adj **1** principal: It is central to government policy. Es un elemento fundamental de la política del gobierno. **2** central: central heating calefacción central **3** (en una población) céntrico: central London el centro de Londres

centralization, -isation /ˌsentrəlaɪˈzeɪʃn; USA -lə¹-/ n centralización

centralize, -ise /ˈsentrəlaɪz/ vt centralizar

centrally /ˈsentrəli/ adv centrally heated con calefacción central ◊ It is centrally located. Está en un lugar céntrico.

centre ⚡ (USA **center**) /ˈsentə(r)/ nombre, verbo
▸ n **1** centro: the town centre el centro de la ciudad **2** núcleo: a centre of commerce un núcleo comercial **3** the centre [v sing o pl] (Pol) el centro: a centre party un partido de centro **4** (Dep) centrodelantero
▸ vt, vi centrar(se) **PHR V** centre (a)round/on/upon sb/sth centrarse en/en torno a algn/algo

centre back (USA **center back**) n (Dep) defensa central

centre forward (USA **center forward**) n delantero, -a centro

centre half (USA **center half**) n defensa central

century ⚡ /ˈsentʃəri/ n (pl **centuries**) **1** siglo **2** (Críquet) cien carreras

ceramic /səˈræmɪk/ adj cerámico: ceramic hob placa de vitrocerámica **ceramics** n [incontable] cerámica

cereal /ˈsɪəriəl/ n cereal(es)

cerebellum /ˌserəˈbeləm/ n (pl **cerebellums**, **cerebella** /-lə/) (Anat) cerebelo

cerebral /ˈserəbrəl/ USA səˈriːbrəl/ adj cerebral

cerebrum /səˈriːbrəm, ˈserəbrəm/ n (pl **cerebra** /səˈriːbrə, ˈserəbrə/) (Anat) cerebro

ceremonial /ˌserɪˈməʊniəl/ adj, n ceremonial

ceremony /ˈserəməni; USA -məʊni/ n (pl **ceremonies**) ceremonia

certain ⚡ /ˈsɜːtn/ adjetivo, pronombre
▸ adj **1** seguro: That's far from certain. Eso dista mucho de ser seguro. ◊ It is certain that he'll be elected/He is certain to be elected. Es seguro que será elegido. **2** cierto: to a certain extent hasta cierto punto **3** (formal) tal: a certain Mr Brown un tal Sr. Brown **LOC** for certain con

seguridad ◆ make certain of (doing) sth asegurarse de (que se haga) algo ◆ make certain (that...) asegurarse (de que...)
▸ pron ~ of... (formal) certain of those present algunos de los presentes

certainly ⚡ /ˈsɜːtnli/ adv **1** con toda certeza ➔ Ver nota en SURELY **2** (como respuesta) desde luego: Certainly not! ¡Desde luego que no!

certainty /ˈsɜːtnti/ n (pl **certainties**) certeza

certificate ⚡ /səˈtɪfɪkət/ n **1** certificado: doctor's certificate baja médica **2** partida (de nacimiento, matrimonio, defunción)

certify /ˈsɜːtɪfaɪ/ vt (pt, pp **-fied**) **1** certificar **2** (tb certify insane): He was certified (insane). Lo declararon desequilibrado mental.

cesarean (USA) = CAESAREAN

chain ⚡ /tʃeɪn/ nombre, verbo
▸ n cadena: in chains encadenado ◊ chain reaction reacción en cadena
▸ vt ~ sb/sth (up) encadenar a algn/algo

chainsaw /ˈtʃeɪnsɔː/ n sierra mecánica

chain-smoke vi fumar un cigarrillo tras otro

chain store n tienda que pertenece a una cadena

chair ⚡ /tʃeə(r)/ nombre, verbo
▸ n **1** silla: Pull up a chair. Toma asiento. ◊ easy chair sillón **2** the chair [sing] (reunión) la presidencia; el presidente, la presidenta **3** cátedra **4** the (electric) chair la silla eléctrica Ver tb ROCKING CHAIR
▸ vt presidir (reunión)

chairlift /ˈtʃeəlɪft/ n telesilla

chairman ⚡ /ˈtʃeəmən/ n (pl **-men** /-mən/) presidente, -a

chairperson /ˈtʃeəpɜːsn/ n (pl **chairpersons**) presidente, -a

chairwoman ⚡ /ˈtʃeəwʊmən/ n (pl **-women** /-wɪmɪn/) presidenta ❶ Es preferible usar las palabras **chairperson** o **chair**, que se refieren tanto a un hombre como a una mujer.

chalet /ˈʃæleɪ; USA ʃæˈleɪ/ n chalet (de estilo suizo)

chalice /ˈtʃælɪs/ n (Relig) cáliz

chalk /tʃɔːk/ nombre, verbo
▸ n **1** (Geol) creta **2** tiza: a piece/stick of chalk una tiza
▸ v **PHR V** chalk up sth (coloq) apuntarse algo

chalkboard /ˈtʃɔːkbɔːd/ n (USA) pizarra

challenge ⚡ /ˈtʃælɪndʒ/ nombre, verbo
▸ n **1** reto **2** desafío: to issue a challenge to sb desafiar a algn
▸ vt **1** desafiar **2** (derecho, etc.) poner en duda **3** (trabajo, etc.) estimular **challenger** n aspirante **challenging** adj estimulante, que supone un reto

ð then   s so   z zoo   ʃ she   ʒ vision   h how   ŋ sing   j yes   w wet

chamber ⌐ /ˈtʃeɪmbə(r)/ n cámara: *chamber music* música de cámara ◇ *Chamber of Commerce* Cámara de Comercio

chambermaid /ˈtʃeɪmbəmeɪd/ n camarera de pisos

chameleon /kəˈmiːliən/ n camaleón

chamomile (*esp USA*) = CHAMOMILE

champagne /ʃæmˈpeɪn/ n champán

champion /ˈtʃæmpiən/ *nombre, verbo*
▶ n **1** campeón, -ona: *the defending/reigning champion* el actual campeón **2** defensor, -ora (*de una causa*)
▶ vt defender **championship** n campeonato: *world championship* campeonato mundial

chance ⌐ /tʃɑːns; *USA* tʃæns/ *nombre, verbo, adjetivo*
▶ n **1** posibilidad **2** oportunidad **3** riesgo **4** azar **5** casualidad **LOC** **by (any) chance** por casualidad ◆ **on the off chance** por si acaso ◆ **take a chance (on sth)** correr el riesgo (de algo) ◆ **take chances** arriesgarse ◆ **the chances are (that)…** (*coloq*) lo más probable es que… *Ver tb* STAND
▶ vt ~ sth/doing sth correr el riesgo de hacer algo **LOC** **chance your arm/luck** (*coloq*) arriesgarse **PHRV** **chance on/upon sb/sth** (*formal*) encontrarse con algn/algo por casualidad
▶ adj [*solo antes de sustantivo*] casual: *a chance meeting* un encuentro casual

chancellor /ˈtʃɑːnsələ(r); *USA* ˈtʃæn-/ n **1** canciller: *Chancellor of the Exchequer* ministro de Economía y Hacienda **2** (*universidad*) rector honorario, rectora honoraria

chandelier /ˌʃændəˈliə(r)/ n (lámpara de) araña

change ⌐ /tʃeɪndʒ/ *verbo, nombre*
▶ **1** vt, vi cambiar (de), cambiarse (de): *to change (your clothes)* cambiarse (de ropa) ◇ *to change a wheel* cambiar una rueda **2** vi ~ from sth to/into sth pasar de algo a algo **3** vt ~ sth (for sth) cambiar algo (por algo) **LOC** **change hands** cambiar de manos ◆ **change your/sb's mind** cambiar de opinión/la opinión de algn ◆ **change your tune** (*coloq*) cambiar de actitud *Ver tb* CHOP, PLACE **PHRV** **change back into sth 1** (*ropa*) volver a ponerse algo **2** volver a convertirse en algo ◆ **change into sth 1** (*ropa*) ponerse algo **2** transformarse en algo **3** ~ into first, second, etc. (*marcha*) cambiar a primera, segunda, etc. ◆ **change sb/sth into sth** convertir a algn/algo en algo ◆ **change over (from sth) (to sth)** cambiar (de algo) (a algo)
▶ n **1** cambio: *a change of socks* otro par de calcetines **2** (*dinero*) vuelta **3** [*incontable*] monedas: *loose/small change* suelto **4** transbordo **LOC** **a change for the better/worse** un cambio a mejor/

peor ◆ **a change of heart** un cambio de actitud ◆ **for a change** por variar ◆ **make a change** ser un cambio: *It makes a change to get good news.* No viene mal que por una vez sean buenas noticias. ◇ *It makes a change from pasta.* Por lo menos no es pasta otra vez.

changeable /ˈtʃeɪndʒəbl/ adj variable

changeover /ˈtʃeɪndʒəʊvə(r)/ n cambio (*p. ej. de un sistema a otro*)

change purse n (*USA*) monedero

changing room n probador, vestuario

channel ⌐ /ˈtʃænl/ *nombre, verbo*
▶ n **1** (*TV*) cadena, canal ➔ *Ver nota en* TELEVISION **2** vía (*de comunicación*): *worldwide distribution channels* canales de distribución mundial **3** cauce **4** canal (de navegación)
▶ vt (-ll-, *USA tb* -l-) **1** ~ sth (into sth) encauzar algo (en algo) **2** acanalar

chant /tʃɑːnt; *USA* tʃænt/ *nombre, verbo*
▶ n **1** (*de multitud*) consigna, canción **2** (*Relig*) canto (litúrgico)
▶ vt, vi **1** (*multitud*) gritar, corear **2** (*Relig*) cantar

chaos /ˈkeɪɒs/ n [*incontable*] caos: *to cause chaos* provocar un caos **chaotic** /keɪˈɒtɪk/ adj caótico

chap /tʃæp/ n (*GB, coloq*) tío: *He's a good chap.* Es un buen tío.

chapel /ˈtʃæpl/ n capilla

chaplain /ˈtʃæplɪn/ n capellán

chapped /tʃæpt/ adj (*piel, labios*) agrietado

chapter ⌐ /ˈtʃæptə(r)/ n **1** capítulo **2** época

char /tʃɑː(r)/ vt, vi (-rr-) carbonizar(se), chamuscar(se)

character ⌐ /ˈkærəktə(r)/ n **1** carácter: *character references* referencias personales ◇ *character assassination* difamación **2** (*coloq*) tipo **3** (*formal*) reputación **4** personaje (*de novela, película, etc.*): *the main character* el protagonista **LOC** **in/out of character** típico/poco típico (de algn)

characteristic ⌐ /ˌkærəktəˈrɪstɪk/ *nombre, adjetivo*
▶ n rasgo, característica
▶ adj característico **characteristically** /-kli/ adv *His answer was characteristically frank.* Respondió con la franqueza que lo caracteriza.

characterization, -isation /ˌkærəktəraɪˈzeɪʃn; *USA* -rə'-/ n descripción, caracterización

characterize, -ise /ˈkærəktəraɪz/ vt (*formal*) **1** caracterizar: *It is characterized by…* Se caracteriza por… **2** ~ sb/sth (as sth) calificar a algn/algo (de algo)

charade /ʃəˈrɑːd; *USA* ʃəˈreɪd/ n **1** farsa (*mentira, engaño*) **2 charades** (*juego*) charada

charcoal /'tʃɑːkəʊl/ n **1** carbón vegetal **2** (Arte) carboncillo **3** (tb ˌcharcoal ˈgrey) color gris marengo

chard /tʃɑːd/ (tb ˌSwiss ˈchard /ˌswɪs 'tʃɑːd/) n [incontable] acelgas

charge ⊶ /tʃɑːdʒ/ nombre, verbo
▸ n **1** ~ (for sth) cargo (por algo); precio (de algo): free of charge gratis/sin cargo adicional ◇ Is there a charge? ¿Hay que pagar? **2** (Jur) acusación: to bring/press charges against sb presentar cargos contra algn **3** cargo: to have/take charge of sth estar a/hacerse cargo de algo ◇ to leave a child in a friend's charge dejar a un amigo a cargo de un niño ◇ in/under sb's charge a cargo/bajo el cuidado de algn **4** carga (eléctrica o de un arma) **5** (Mil) carga **6** (Dep) ataque **7** (animales) embestida **LOC in charge (of sb/sth)** a cargo (de algn/algo): Who's in charge here? ¿Quién manda aquí? Ver tb REVERSE
▸ **1** vt, vi cobrar: They charged me £50 for dinner. Me cobraron 50 libras por la cena. **2** vt ~ sth to sth cargar algo a algo: Charge it to my account. Cárguelo a mi cuenta. **3** vt ~ sb (with sth) (Jur) acusar a algn (de algo) **4** vt, vi ~ (at) (sb/sth) (Mil) cargar (contra algn/algo): Charge! ¡Al ataque! **5** vt, vi ~ (at) (sb/sth) (animal) embestir (a algn/algo) **6** vi ~ down, in, up, etc. lanzarse: The children charged down/up the stairs. Los niños se lanzaron escaleras abajo/arriba. **7** vt ~ sb with sth (formal) encomendar algo a algn **8** vt (pila, pistola) cargar

chargeable /'tʃɑːdʒəbl/ adj **1** ~ to sb/sth (pago) a cargo de algn/algo **2** imponible, sujeto a pago

charger /'tʃɑːdʒə(r)/ n (Electrón) cargador

chariot /'tʃæriət/ n carro (romano)

charisma /kə'rɪzmə/ n carisma **charismatic** /ˌkærɪz'mætɪk/ adj carismático

charitable /'tʃærətəbl/ adj **1** (organización) benéfico **2** caritativo **3** bondadoso

charity ⊶ /'tʃærəti/ n (pl **charities**) **1** organización benéfica, ONG: for charity con fines benéficos ➔ Ver nota en ONG **2** caridad **3** (formal) comprensión

ˈ**charity shop** n (GB) tienda que vende ropa y objetos de segunda mano con fines benéficos

charm /tʃɑːm/ nombre, verbo
▸ n **1** encanto **2** amuleto: a charm bracelet una pulsera de colgantes **3** hechizo Ver WORK
▸ vt encantar **LOC a charmed life** una vida afortunada **PHRV charm sth out of sb** conseguir algo de algn con sus encantos

charming /'tʃɑːmɪŋ/ adj encantador

chart ⊶ /tʃɑːt/ nombre, verbo
▸ n **1** gráfico: flow chart diagrama de flujo **2** carta de navegación **3 the charts** [pl] (Mús) la lista de éxitos
▸ vt trazar (un mapa de): to chart the course/the progress of sth hacer un gráfico de la trayectoria/del progreso de algo

charter /'tʃɑːtə(r)/ nombre, verbo
▸ n **1** estatutos: royal charter autorización real **2** flete: a charter plane/boat un avión/barco fletado **3** a charter flight un vuelo chárter
▸ vt **1** (avión, etc.) fletar **2** otorgar autorización a **chartered** adj diplomado: chartered accountant censor jurado de cuentas

chase ⊶ /tʃeɪs/ verbo, nombre
▸ vt, vi **1** ~ (after) sb/sth perseguir a algn/algo **2** ~ (after) sb (coloq) andar detrás de algn: He's always chasing (after) women. Siempre anda persiguiendo a las mujeres. **PHRV chase about/around** (coloq) correr de un lado para otro ◆ **chase sb/sth away, off, out, etc.** echar, ahuyentar a algn/algo ◆ **chase sb up** ponerse en contacto con algn (para reclamar algo): I'll chase him up and find out what's going on. Me pondré en contacto con él para preguntarle qué pasa. ◆ **chase sth up** (USA **chase sth down**) averiguar qué pasó con algo
▸ n persecución

chasm /'kæzəm/ n (formal) abismo

chassis /'ʃæsi/ n (pl **chassis** /-siz/) chasis

chastened /'tʃeɪsnd/ adj **1** escarmentado **2** (tono) sumiso

chastening /'tʃeɪsnɪŋ/ adj que sirve de escarmiento

chastity /'tʃæstəti/ n castidad

chat ⊶ /tʃæt/ verbo, nombre
▸ vi (-tt-) ~ (to/with sb) (about sth) charlar (con algn) (de algo) **PHRV chat sb up** (GB, coloq) intentar ligar con algn
▸ n charla: chat show programa de entrevistas ◇ (online) chat room chat

chatline /'tʃætlaɪn/ n chat telefónico

chatspeak /'tʃætspiːk/ n [incontable] (coloq) lenguaje informal utilizado en mensajes, chats, etc. ➔ Ver nota en TEXTSPEAK

chatter /'tʃætə(r)/ verbo, nombre
▸ vi **1** ~ (away/on) parlotear **2** (dientes) castañetear **3** (pájaro) trinar **4** (mono) chillar
▸ n parloteo

chatterbox /'tʃætəbɒks/ n (coloq) parlanchín, -ina

chatty /'tʃæti/ adj **1** (persona) parlanchín **2** (carta, etc.) informal

chauffeur /'ʃəʊfə(r); USA ʃəʊ'fɜːr/ nombre, verbo
▸ n chófer

▶ *vt* ~ **sb (a)round** hacer de chófer para algn; llevar en coche a algn

chauvinism /'ʃəʊvɪnɪzəm/ *n* chovinismo, patriotería

chauvinist /'ʃəʊvɪnɪst/ *nombre, adjetivo*
▶ *n* chovinista; patriotero, -a
▶ *adj* (*tb* **chauvinistic** /ˌʃəʊvɪ'nɪstɪk/) chovinista

chav /tʃæv/ *n* (*GB, argot*) cani, choni

cheap ⊶ /tʃiːp/ *adjetivo, adverbio, nombre*
▶ *adj* (**cheaper**, **-est**) **1** barato *Ver tb* DIRT CHEAP **2** económico **3** de mala calidad **4** (*comentario, chiste, etc.*) ordinario **5** (*USA, coloq*) tacaño **LOC** **cheap at the price** regalado
▶ *adv* (**cheaper**) (*coloq*) barato **LOC** **be going cheap** estar de oferta ♦ **sth does not come cheap** *Success doesn't come cheap.* El éxito no lo regalan.
▶ *n* **LOC** **on the cheap** por/con poco dinero
cheapen *vt* **1** ~ **yourself** rebajarse **2** abaratar

cheaply /'tʃiːpli/ *adv* barato, a bajo precio

cheapo /'tʃiːpəʊ/ *adj* (*coloq, pey*) barato

cheapskate /'tʃiːpskeɪt/ *n* (*coloq, pey*) tacaño

cheat ⊶ /tʃiːt/ *verbo, nombre*
▶ **1** *vt* engañar **2** *vi* hacer trampas **3** *vi* (*colegio*) copiar(se) **PHR V** **cheat sb (out) of sth** quitar algo a algn (por medio de engaños) ♦ **cheat on sb** ser infiel a algn
▶ *n* **1** tramposo, -a [*sing*] engaño, trampa **3** (*videojuegos*) truco

check ⊶ /tʃek/ *verbo, nombre, adjetivo*
▶ **1** *vt* comprobar, revisar *Ver tb* DOUBLE-CHECK **2** *vt, vi* asegurar(se) **3** *vt* contener **4** *vi* detenerse **5** *vt* (*USA*) marcar con una señal (de visto) **PHR V** **check (sth) for sth** comprobar que no haya algo (en algo) ♦ **check in (at…); check into…** (*en un hotel*) registrarse ♦ **check (sth) in** (*en un aeropuerto*) facturar (algo) ♦ **check sb/sth off** (*USA*) tachar a algn/algo de una lista ♦ **check out (of…)** pagar la factura y marcharse (*de un hotel*) ♦ **check sb/sth out 1** investigar a algn/algo; hacer averiguaciones sobre algn/algo **2** (*coloq*) mirar a algn/algo: *Check out that car!* ¡No te pierdas ese coche! ♦ **check up on sb/sth** hacer averiguaciones sobre algn/algo
▶ *n* **1** comprobación, revisión **2** investigación **3** (*USA*) (*restaurante*) cuenta **4** (*USA*) = CHEQUE **5** (*Ajedrez*) jaque **6** (*tb* 'check mark) (*USA*) (*marca*) señal (de visto) **⊃** *Ver dibujo en* TICK **LOC** **hold/keep sth in check** contener, controlar algo
▶ *adj* (*tb* checked) a cuadros

checkbook (*USA*) = CHEQUEBOOK

checkers /'tʃekəz/ *n* [*incontable*] (*USA*) damas (*juego*)

check-in *n* facturación (*en aeropuerto*)

checking account *n* (*USA*) cuenta corriente

checklist /'tʃeklɪst/ *n* lista

checkmate /ˌtʃek'meɪt, 'tʃekmeɪt/ *n* jaque mate

checkout /'tʃekaʊt/ *n* **1** caja (*en una tienda*) **2** (*hotel*) hora de salida y liquidación de cuenta

checkpoint /'tʃekpɔɪnt/ *n* (puesto de) control

checkroom /'tʃekruːm, -rʊm/ *n* (*USA*) guardarropa

'**check-up** *n* revisión, chequeo (*médico*)

cheek ⊶ /tʃiːk/ *n* **1** mejilla **2** descaro: *What (a) cheek!* ¡Qué cara! **LOC** *Ver* TONGUE

cheekbone /'tʃiːkbəʊn/ *n* pómulo

cheeky /'tʃiːki/ *adj* (**cheekier**, **-iest**) descarado

cheer /tʃɪə(r)/ *nombre, verbo*
▶ *n* ovación, vítor: *Three cheers for David!* ¡Tres hurras por David!
▶ **1** *vt, vi* aclamar, vitorear **2** *vt* animar, alegrar: *to be cheered by sth* animarse con algo **PHR V** **cheer sb on** animar, alentar a algn ♦ **cheer up** animarse: *Cheer up!* ¡Anímate! ♦ **cheer sb up** animar a algn ♦ **cheer sth up** alegrar algo

cheerful ⊶ /'tʃɪəfl/ *adj* alegre

cheering /'tʃɪərɪŋ/ *nombre, adjetivo*
▶ *n* [*incontable*] vítores
▶ *adj* alentador, reconfortante

cheerio /ˌtʃɪəri'əʊ/ *interj* (*GB, coloq*) ¡hasta luego!

cheerleader /'tʃɪəliːdə(r)/ *n* animador, -ora (*de fútbol americano, etc.*)

cheers /tʃɪəz/ *interj* **1** ¡salud! **2** (*GB, coloq*) ¡hasta luego! **3** (*GB, coloq*) ¡gracias!

cheery /'tʃɪəri/ *adj* (**cheerier**, **-iest**) alegre

cheese ⊶ /tʃiːz/ *n* queso: *Would you like some cheese?* ¿Quieres queso? ◇ *a wide variety of cheeses* una amplia selección de quesos

cheesecake /'tʃiːzkeɪk/ *n* tarta de queso

cheetah /'tʃiːtə/ *n* guepardo

chef /ʃef/ *n* chef; cocinero, -a jefe

chemical ⊶ /'kemɪkl/ *adjetivo, nombre*
▶ *adj* químico
▶ *n* sustancia química

chemist ⊶ /'kemɪst/ *n* **1** farmacéutico, -a **2** químico, -a **3** chemist's farmacia **⊃** *Ver nota en* PHARMACY

chemistry ⊶ /'kemɪstri/ *n* química

cheque ⊶ (*USA* check) /tʃek/ *n* cheque: *to pay by cheque* pagar con cheque

chequebook (*USA* checkbook) /'tʃekbʊk/ *n* talonario de cheques

cherish /'tʃerɪʃ/ *vt* (*formal*) **1** (*persona*) querer, cuidar **2** (*libertad, tradiciones*) valorar **3** (*esperanza*) abrigar **4** (*recuerdo*) guardar con cariño

cherry /'tʃeri/ n (pl **cherries**) **1** cereza: *cherry tree* cerezo **2** color cereza

chess /tʃes/ n ajedrez

chessboard /'tʃesbɔːd/ n tablero de ajedrez

chest ⊶ /tʃest/ n **1** pecho (*tórax*) ⊃ Comparar con BREAST **2** arcón: *chest of drawers* cómoda LOC **get sth off your chest** quitarse un peso de encima, desahogarse

chestnut /'tʃesnʌt/ n **1** castaña: *chestnut tree* castaño **2** color caoba **3** (*coloq*) historia o broma vieja

chew ⊶ /tʃuː/ vt ~ **sth (up)** masticar algo PHR V **chew sth over** rumiar algo

chewing gum n [*incontable*] chicle

chewy /'tʃuːi/ adj **1** (*caramelo*) masticable **2** (*alimento*) correoso

chick /tʃɪk/ n polluelo

chicken ⊶ /'tʃɪkɪn/ nombre, adjetivo, verbo
▸ n **1** (*ave*) gallina ⊃ Comparar con COCK, HEN **2** (*carne*) pollo **3** (*coloq*) miedica
▸ adj (*coloq*) cobarde
▸ v PHR V **chicken out (of sth)** (*coloq*) rajarse (y no hacer algo)

chickenpox /'tʃɪkɪnpɒks/ n [*incontable*] varicela

chickpea /'tʃɪkpiː/ n garbanzo

chicory /'tʃɪkəri/ n [*incontable*] **1** (*GB*) endibia **2** (*USA*) escarola **3** achicoria

chief ⊶ /tʃiːf/ nombre, adjetivo
▸ n jefe, -a
▸ adj principal **chiefly** adv **1** sobre todo **2** principalmente

chieftain /'tʃiːftən/ n jefe (*de tribu o clan*)

child ⊶ /tʃaɪld/ n (pl **children** /'tʃɪldrən/) **1** niño, -a: *children's clothes/television* ropa para niños/programación infantil ◇ *child benefit* subvención familiar ◇ *child labour* trabajo infantil **2** hijo, -a: *an only child* un hijo único **3** *a child of the nineties* un producto de los noventa LOC **be child's play** (*coloq*) ser juego de niños

childbirth /'tʃaɪldbɜːθ/ n parto

childcare /'tʃaɪldkeə(r)/ n cuidado de los niños: *childcare facilities* guarderías

childhood /'tʃaɪldhʊd/ n infancia, niñez

childish /'tʃaɪldɪʃ/ adj infantil: *to be childish* portarse como un niño

childless /'tʃaɪldləs/ adj sin hijos

childlike /'tʃaɪldlaɪk/ adj de (un) niño: *childlike enthusiasm* entusiasmo de niño

childminder /'tʃaɪldmaɪndə(r)/ n persona que cuida niños en su casa

children pl de CHILD

chill /tʃɪl/ nombre, verbo
▸ n **1** [*sing*] frío **2** resfriado: *to catch/get a chill* resfriarse **3** [*sing*] escalofrío Ver tb WIND CHILL
▸ **1** vt helar: *I'm chilled to the bone.* Estoy helado hasta los huesos. **2** vt, vi (*comestibles*) enfriar(se), refrigerar(se): *chilled foods* alimentos refrigerados **3** vi ~ **(out)** (*coloq*) relajarse

chilli (*USA* chili) /'tʃɪli/ n (pl **chillies**) **1** guindilla **2** (*tb* 'chilli powder) pimentón (*picante*)

chilling /'tʃɪlɪŋ/ adj escalofriante

chilly /'tʃɪli/ adj frío: *It's chilly today.* Hace un poco de frío hoy. ⊃ Ver nota en FRÍO

chime /tʃaɪm/ verbo, nombre
▸ vi repicar
▸ n **1** repique **2** campanada

chimney /'tʃɪmni/ n (pl **chimneys**) chimenea

chimpanzee /ˌtʃɪmpæn'ziː/ (*coloq* chimp /tʃɪmp/) n chimpancé

chin ⊶ /tʃɪn/ n barbilla LOC **keep your chin up!** (*coloq*) ¡no te desanimes!

china /'tʃaɪnə/ n [*incontable*] **1** porcelana **2** vajilla (*de porcelana*)

chink /tʃɪŋk/ n grieta, abertura LOC **a chink in sb's armour** el punto débil de algn

chip ⊶ /tʃɪp/ nombre, verbo
▸ n **1** mella, desportilladura **2** trocito **3** (*madera*) astilla **4** (*GB*) patata frita (*larga*) **5** (*USA*) patata frita (*de bolsa*) ⊃ Ver dibujo en PATATA **6** Ver MICROCHIP **7** (*casino*) ficha LOC **a chip off the old block** (*coloq*) de tal palo tal astilla ◆ **have a chip on your shoulder (about sth)** (*coloq*) estar resentido (por algo)
▸ vt, vi (-pp-) mellar(se), desconchar(se) PHR V **chip away at sth** minar algo (*destruir poco a poco*) ◆ **chip in (with sth)** (*coloq*) **1** (*comentario*) intervenir (diciendo algo) **2** (*dinero*) contribuir (con algo)

chipmunk /'tʃɪpmʌŋk/ n ardilla listada

chippings /'tʃɪpɪŋz/ n [pl] **1** grava **2** virutas de madera

chirp /tʃɜːp/ verbo, nombre
▸ vi **1** gorjear, piar **2** (*grillo*) cantar
▸ n **1** gorjeo **2** (*grillo*) canto

chirpy /'tʃɜːpi/ adj (*coloq*) alegre

chisel /'tʃɪzl/ nombre, verbo
▸ n cincel, escoplo
▸ vt (-ll-, USA tb -l-) **1** cincelar: *finely chiselled features* rasgos elegantes **2** (*con cincel*) tallar

chivalry /'ʃɪvəlri/ n **1** caballerosidad **2** caballería

chives /tʃaɪvz/ n [pl] cebollino

chloride /'klɔːraɪd/ n cloruro

chlorine /'klɔːriːn/ n cloro

ð then	s so	z zoo	ʃ she	ʒ vision	h how	ŋ sing	j yes	w wet

chlorophyll /ˈklɒrəfɪl; USA ˈklɔːr-/ n (Bot) clorofila

chock-a-block /ˌtʃɒk ə ˈblɒk/ adj ~ (with sth/sb) (GB, coloq) atestado, lleno (de algo/algn)

chock-full /ˌtʃɒk ˈfʊl/ adj ~ (of sth/sb) (coloq) lleno a rebosar (de algo/algn)

chocolate ⚫ /ˈtʃɒklət; USA ˈtʃɔːklət/ n **1** chocolate: milk/plain chocolate chocolate con/sin leche ◊ chocolate bar chocolatina **2** bombón **3** color chocolate

choice ⚫ /tʃɔɪs/ nombre, adjetivo
▶ n **1** elección: to make a choice escoger **2** posibilidad: If I had the choice… Si de mí dependiera… ◊ I had no choice but to go. No tuve más remedio que irme. **3** selección **LOC** by/out of choice por decisión propia
▶ adj (**choicer**, **-est**) **1** de calidad **2** escogido

choir /ˈkwaɪə(r)/ n [v sing o pl] coro: choir boy niño de coro

choke /tʃəʊk/ verbo, nombre
▶ **1** vi ~ (on sth) atragantarse (con algo): to choke to death asfixiarse **2** vt ahogar, estrangular **3** vt ~ sth (up) (with sth) atascar algo (con algo) **PHRV** choke sth back (lágrimas, ira) contener, tragarse algo
▶ n estárter

cholera /ˈkɒlərə/ n cólera

cholesterol /kəˈlestərɒl; USA -rɔːl/ n colesterol

choose ⚫ /tʃuːz/ (pt chose /tʃəʊz/, pp chosen /ˈtʃəʊzn/) **1** vt, vi ~ (between A and/or B); ~ (from sth) elegir (entre A y B); escoger (entre algo) **2** vt ~ sb/sth as sth elegir, escoger a algn/algo como algo **3** vt seleccionar **4** vt, vi ~ (to do sth) decidir (hacer algo) **5** vi preferir: whenever I choose cuando me apetece **LOC** Ver PICK **choosy** adj ~ (about sth/sb) (coloq) exigente, quisquilloso (con algo/algn)

chop ⚫ /tʃɒp/ verbo, nombre
▶ vt (**-pp-**) **1** ~ sth (up) (into sth) cortar algo (en algo): to chop sth in two partir algo por la mitad ◊ chopping board tabla de cortar **2** picar, trocear **3** (coloq) reducir **LOC** chop and change (GB, coloq) cambiar de opinión varias veces **PHRV** chop sth down talar algo ◆ chop sth off (sth) cortar algo (de algo)
▶ n **1** (carne) chuleta **2** hachazo **3** golpe

chopper /ˈtʃɒpə(r)/ n **1** (coloq) helicóptero **2** hacha **3** (de carne) tajadera

choppy /ˈtʃɒpi/ adj revuelto (mar)

chopsticks /ˈtʃɒpstɪks/ n [pl] palillos (chinos)

choral /ˈkɔːrəl/ adj coral (de coro)

chord /kɔːd/ n acorde

chore /tʃɔː(r)/ n trabajo (rutinario): household chores quehaceres domésticos

choreographer /ˌkɒriˈɒgrəfə(r); USA ˌkɔːr-/ n coreógrafo, -a

choreography /ˌkɒriˈɒgrəfi; USA ˌkɔːr-/ n coreografía

chorister /ˈkɒrɪstə(r); USA ˈkɔːr-/ n cantante de coro (esp un niño)

chorus /ˈkɔːrəs/ nombre, verbo
▶ n (pl **choruses**) **1** estribillo **2** [v sing o pl] (Mús, Teat) coro: chorus girl corista **LOC** in chorus a coro
▶ vt corear

chose, chosen pt, pp de CHOOSE

Christ /kraɪst/ n Cristo

christen /ˈkrɪsn/ vt bautizar (con el nombre de) **christening** n bautismo

Christian /ˈkrɪstʃən/ adj, n cristiano, -a **Christianity** /ˌkrɪstiˈænəti/ n cristianismo

Christian name n nombre de pila

Christmas /ˈkrɪsməs/ n Navidad: Christmas Day Día de Navidad ◊ Christmas Eve Nochebuena ◊ Merry/Happy Christmas! ¡Feliz Navidad! ◊ a Christmas card un crisma ➜ Ver nota en NAVIDAD

Christmas pudding n pudin de frutos secos ➜ Ver nota en NAVIDAD

chrome /krəʊm/ n cromo

chromium /ˈkrəʊmiəm/ n **1** cromo **2** chromium plating/chromium-plated cromado

chromosome /ˈkrəʊməsəʊm/ n cromosoma

chronic /ˈkrɒnɪk/ adj **1** crónico **2** (mentiroso, alcohólico, etc.) empedernido

chronicle /ˈkrɒnɪkl/ nombre, verbo
▶ n crónica
▶ vt registrar

chrysalis /ˈkrɪsəlɪs/ n (pl **chrysalises**) (Biol) crisálida

chubby /ˈtʃʌbi/ adj regordete ➜ Ver nota en GORDO

chuck /tʃʌk/ vt (coloq) **1** tirar **2** ~ sth (in/up) (trabajo, etc.) dejar algo **PHRV** chuck sth away/out tirar algo (a la basura) ◆ chuck sb out (of sth) echar a algn (de algo)

chuckle /ˈtʃʌkl/ verbo, nombre
▶ vi reírse para sí ➜ Ver nota en REÍR
▶ n risita

chuffed /tʃʌft/ adj (GB, coloq) muy satisfecho

chum /tʃʌm/ n (coloq, antic) colega

chunk /tʃʌŋk/ n trozo **chunky** adj **1** macizo **2** grueso

church ⚫ /tʃɜːtʃ/ n iglesia: church hall salón parroquial ◊ go to church ir a misa ➜ Ver nota en SCHOOL

churchyard /'tʃɜːtʃjɑːd/ n cementerio (alrededor de una iglesia) ➜ Comparar con CEMETERY

churn /tʃɜːn/ n **1** vt ~ **sth (up)** (agua, barro) remover algo **2** vi (aguas) agitarse **3** vt, vi (estómago) revolverse PHR V **churn sth out** (coloq) producir algo como churros

chute /ʃuːt/ n **1** tobogán (para mercancías o desechos) **2** (piscina) tobogán

cicada /sɪ'kɑːdə; USA sɪ'keɪdə/ n cigarra

cider /'saɪdə(r)/ n sidra

cigar /sɪ'gɑː(r)/ n puro

cigarette ⊶ /ˌsɪgə'ret; USA 'sɪgəret/ n cigarrillo: cigarette butt/end colilla

cinder /'sɪndə(r)/ n ceniza

cinema ⊶ /'sɪnəmə/ n cine ❶ En Estados Unidos el lugar se dice **movie theater** y la actividad se llama **the movies** [pl].

cinnamon /'sɪnəmən/ n canela

circle ⊶ /'sɜːkl/ nombre, verbo
▸ n **1** círculo, circunferencia: the circumference of a circle el perímetro de una circunferencia ◇ She has a large circle of friends. Tiene muchos amigos. **2** corro: to stand in a circle hacer un corro **3** (Teat) anfiteatro (primer piso) Ver tb DRESS CIRCLE, TRAFFIC CIRCLE LOC **go (a)round in circles** no hacer progresos Ver tb FULL, VICIOUS
▸ vt **1** dar una vuelta/vueltas a **2** rodear **3** marcar con un círculo

circuit /'sɜːkɪt/ n **1** vuelta **2** gira **3** (Electrón) circuito Ver tb SHORT CIRCUIT **4** pista

circular /'sɜːkjələ(r)/ adjetivo, nombre
▸ adj redondo, circular
▸ n circular

circulate /'sɜːkjəleɪt/ vt, vi (hacer) circular

circulation /ˌsɜːkjə'leɪʃn/ n **1** circulación **2** (periódico, revista) tirada

circumcise /'sɜːkəmsaɪz/ vt circuncidar **circumcision** /ˌsɜːkəm'sɪʒn/ n circuncisión

circumference /sə'kʌmfərəns/ n circunferencia: the circumference of a circle el perímetro de una circunferencia ◇ the circumference of the earth la circunferencia de la Tierra

circumstance ⊶ /'sɜːkəmstæns; GB tb -stəns, -stɑːns/ n **1** circunstancia **2** circumstances [pl] situación económica LOC **in/under no circumstances** en ningún caso ◆ **in/under the circumstances** dadas las circunstancias

circus /'sɜːkəs/ n (pl **circuses**) circo

cistern /'sɪstən/ n **1** cisterna **2** depósito (del agua)

cite /saɪt/ vt (formal) citar

citizen ⊶ /'sɪtɪzn/ n ciudadano, -a Ver tb SENIOR CITIZEN **citizenship** n ciudadanía

citrus /'sɪtrəs/ adj cítrico: citrus fruit(s) cítricos

city ⊶ /'sɪti/ n (pl **cities**) **1** ciudad (grande o importante): city centre centro de la ciudad ➜ Ver nota en CIUDAD **2 the City** el centro financiero de Londres

city 'hall n (esp USA) ayuntamiento

civic /'sɪvɪk/ adj **1** municipal: civic centre centro municipal **2** cívico

civics /'sɪvɪks/ n [incontable] (esp USA) educación cívica

civil ⊶ /'sɪvl/ adj **1** civil: civil law código/derecho civil ◇ civil rights/liberties derechos del ciudadano ◇ civil strife disensión social **2** educado, atento

civilian /sə'vɪliən/ n civil

civilization, -isation /ˌsɪvəlaɪ'zeɪʃn; USA -lə'-/ n civilización

civilized, -ised /'sɪvəlaɪzd/ adj civilizado

civil 'partnership n unión legal entre parejas del mismo sexo

civil 'servant n funcionario público, funcionaria pública

the ˌcivil 'service n [sing] la administración pública

clad /klæd/ adj ~ **(in sth)** (formal) vestido (de algo)

claim ⊶ /kleɪm/ verbo, nombre
▸ vt **1** afirmar, pretender **2** reclamar **3** (derecho) reivindicar **4** (subsidio, etc.) solicitar **5** (atención) merecer **6** (formal) (vidas) cobrarse
▸ n **1** afirmación **2** ~ **(on/to sth)** derecho (a algo) **3** ~ **(for sth)** reclamación, reivindicación (de algo) **4** ~ **(for sth)** solicitud (de algo) **5** ~ **(against sb/sth)** reclamación, demanda (contra algn/algo) LOC Ver LAY, STAKE **claimant** n demandante

clairvoyant /kleə'vɔɪənt/ n vidente

clam /klæm/ nombre, verbo
▸ n almeja
▸ v (-mm-) PHR V **clam up** (coloq) no decir ni pío

clamber /'klæmbə(r)/ vi trepar (con dificultad)

clammy /'klæmi/ adj sudoroso, pegajoso

clamour (USA clamor) /'klæmə(r)/ verbo, nombre
▸ vi **1** ~ **for sth** (formal) pedir algo a voces **2** clamar
▸ n clamor, griterío

clamp /klæmp/ verbo, nombre
▸ vt **1** sujetar **2** poner el cepo a (un coche) PHR V **clamp down (on sb/sth)** tomar medidas drásticas (contra algn/algo)
▸ n **1** grapa **2** abrazadera **3** cepo (para coche)

clampdown /'klæmpdaʊn/ n ~ **(on sth)** restricción (de algo); medidas drásticas (contra algo)

clan /klæn/ n [v sing o pl] clan

---

u: **too**	ʌ **cup**	ɜː **fur**	u **situation**	ə **ago**	eɪ **pay**	əʊ **home**	aɪ **five**

clandestine /klæn'destɪn, 'klændəstaɪn/ adj (formal) clandestino

clang /klæŋ/ verbo, nombre
▶ vt, vi (hacer) sonar
▶ n tañido (metálico)

clank /klæŋk/ verbo, nombre
▶ vt, vi (hacer) rechinar (cadenas, maquinaria)
▶ n ruido metálico

clap ⊶ /klæp/ verbo, nombre
▶ (-pp-) **1** vt, vi aplaudir **2** vt: to clap your hands (together) batir palmas ◇ to clap sb on the back dar una palmada en la espalda a algn
▶ n **1** aplauso **2** a clap of thunder un trueno **clapping** n [incontable] aplausos

clarification /ˌklærəfɪ'keɪʃn/ n aclaración

clarify /'klærəfaɪ/ vt (pt, pp **-fied**) (formal) aclarar

clarinet /ˌklærə'net/ n clarinete

clarity /'klærəti/ n lucidez, claridad

clash /klæʃ/ nombre, verbo
▶ n **1** enfrentamiento **2** ~ (over sth) choque, conflicto (por algo): a clash of interests un conflicto de intereses **3** estruendo
▶ **1** vi ~ (with sb) tener un enfrentamiento (con algn) **2** vi ~ (with sb) (over/on sth) discrepar (con algn) (en algo) **3** vi (fechas) coincidir **4** vi (colores) desentonar **5** vt, vi (hacer) chocar (con ruido)

clasp /klɑːsp; USA klæsp/ verbo, nombre
▶ vt apretar
▶ n cierre

class ⊶ /klɑːs; USA klæs/ nombre, verbo
▶ n **1** clase: They're in class. Están en clase. ◇ class struggle/system lucha/sistema de clases Ver tb MIDDLE CLASS, WORKING CLASS **2** categoría: They are not in the same class. No tienen comparación. **LOC** in a class of your, its, etc. own sin par
▶ vt ~ sb/sth (as sth) clasificar a algn/algo (como algo)

classic ⊶ /'klæsɪk/ adjetivo, nombre
▶ adj **1** clásico **2** típico: It was a classic case. Fue un caso típico.
▶ n clásico

classical /'klæsɪkl/ adj clásico

classification /ˌklæsɪfɪ'keɪʃn/ n **1** clasificación **2** categoría

classified /'klæsɪfaɪd/ adj **1** confidencial **2** clasificado: classified ads anuncios por palabras

classify /'klæsɪfaɪ/ vt (pt, pp **-fied**) clasificar

classmate /'klɑːsmeɪt; USA 'klæs-/ n compañero, -a de clase

classroom ⊶ /'klɑːsruːm, -rʊm; USA 'klæs-/ n aula, clase

classy /'klɑːsi; USA 'klæsi/ adj (**classier, -iest**) con mucho estilo

clatter /'klætə(r)/ verbo, nombre
▶ vi **1** hacer ruido (con platos, etc.) **2** (tren) traquetear
▶ n (tb **clattering**) [sing] **1** estrépito **2** (tren) triquitraque

clause /klɔːz/ n **1** (Gram) proposición **2** (Jur) cláusula

claustrophobia /ˌklɔːstrə'fəʊbiə/ n claustrofobia **claustrophobic** adj claustrofóbico

claw /klɔː/ nombre, verbo
▶ n **1** garra **2** (gato) uña **3** (cangrejo) pinza **4** (máquina) garfio
▶ vt arañar

clay /kleɪ/ n **1** arcilla, barro **2** (Tenis) tierra batida

clean ⊶ /kliːn/ adjetivo, verbo
▶ adj (**cleaner, -est**) **1** limpio: to wipe sth clean limpiar algo **2** (papel, etc.) en blanco **LOC** make a clean break (with sth) cortar por completo (con algo)
▶ vt, vi limpiar(se): to clean your teeth lavarse los dientes **PHR V** clean sth off/from sth limpiar algo de algo ◆ clean sb out (coloq) dejar a algn sin un céntimo ◆ clean sth out limpiar algo a fondo ◆ clean (sth) up limpiar (algo): to clean up your image mejorar tu imagen

clean-cut adj pulcro

cleaner /'kliːnə(r)/ n **1** limpiador, -ora **2** cleaner's tintorería ⊃ Ver nota en CARNICERÍA

cleaning /'kliːnɪŋ/ n [incontable] limpieza (trabajo)

cleanliness /'klenlinəs/ n limpieza (cualidad)

cleanly /'kliːnli/ adv limpiamente

cleanse /klenz/ vt **1** limpiar en profundidad **2** ~ sb (of/from sth) purificar a algn (de algo) **cleanser** n **1** crema limpiadora **2** producto de limpieza

clean-shaven adj afeitado

clean-up n limpieza (actividad)

clear ⊶ /klɪə(r)/ adjetivo, verbo, adverbio, nombre
▶ adj (**clearer, -est**) **1** claro: Are you quite clear about what the job involves? ¿Tienes claro lo que implica el trabajo? **2** (agua, cristal) transparente **3** (tiempo, cielo, carretera) despejado **4** (recepción) nítido **5** (conciencia) tranquilo **6** libre: clear of debt libre de deudas ◇ to keep next weekend clear dejar libre el fin de semana que viene **LOC** (as) clear as day más claro que el agua ◆ (as) clear as mud (coloq) nada claro ◆ make sth clear (to sb) dejar algo claro (a algn) Ver tb CRYSTAL

▸ **1** vt despejar: *to clear the table* quitar la mesa **2** vt (*tubería*) desatascar **3** vt (*de gente*) desalojar **4** vi (*tiempo*) despejar(se) **5** vi (*agua*) aclararse **6** vt ~ **sb (of sth)** absolver a algn (de algo): *to clear your name* limpiar tu nombre **7** vt (*obstáculo*) salvar **LOC** **clear the air** aclarar las cosas **PHR V** **clear (sth) away/up** recoger (algo) ◆ **clear off** (*coloq*) largarse ◆ **clear sth out** ordenar algo (*tirando lo que no sirve*), vaciar algo ◆ **clear up** (*tiempo*) despejar(se) ◆ **clear sth up** aclarar algo

▸ adv **1** ~ **(of sth)** alejado (de algo): *Stand clear of the doors.* Manténganse alejados de las puertas. **2** claramente **3** completamente **LOC** **keep/ stay/steer clear (of sb/sth)** mantenerse alejado (de algn/algo)

▸ n **LOC** **in the clear** (*coloq*) **1** fuera de sospecha **2** fuera de peligro

clearance /ˈklɪərəns/ n **1** despeje: *a clearance sale* una liquidación **2** espacio libre **3** autorización

clear-ˈcut adj definido

clear-ˈheaded (tb **clear-ˈsighted**) adj lúcido

clearing /ˈklɪərɪŋ/ n claro (*de bosque*)

clearly **⟲** /ˈklɪəli/ adv claramente

cleavage /ˈkliːvɪdʒ/ n escote

clef /klef/ n clave (*Mús*)

clementine /ˈkleməntiːn/ n clementina

clench /klentʃ/ vt apretar (*puños, dientes*)

clergy /ˈklɜːdʒi/ n [v sing o pl] clero

clergyman /ˈklɜːdʒimən/ n (pl **-men** /-mən/) **1** clérigo **2** sacerdote anglicano

clergywoman /ˈklɜːdʒiwʊmən/ n (pl **-women** /-wɪmɪn/) **1** clériga **2** sacerdotisa anglicana

clerical /ˈklerɪkl/ adj **1** de oficina: *clerical staff* personal administrativo **2** (*Relig*) eclesiástico

clerk **⟲** /klɑːk/; USA klɜːrk/ n **1** oficinista; empleado, -a **2** (*ayuntamiento, juzgado*) secretario, -a **3** (*USA*) Ver SALES CLERK **4** (*USA*) (tb ˈdesk clerk) recepcionista

clever **⟲** /ˈklevə(r)/ adj (**cleverer, -est**) **❶** También se utilizan las formas **more clever** y the **most clever**. **1** listo **2** hábil: *to be clever at sth* tener aptitud para algo **3** ingenioso **LOC** **be too clever (by half)** (GB, *coloq*) pasarse de listo **cleverness** n inteligencia, habilidad, astucia

cliché /ˈkliːʃeɪ; USA kliːˈʃeɪ/ n cliché, tópico

click **⟲** /klɪk/ verbo, nombre

▸ **1** vt, vi: *to click open/shut* abrirse/cerrarse con un clic ◇ *to click your heels* dar un taconazo ◇ *to click your fingers* chasquear los dedos **2** vt, vi ~ **(sth/on sth)** (*Informát*) hacer clic, pinchar (en algo): *Click on the icon.* Pincha en el icono. Ver

tb DOUBLE-CLICK, RIGHT-CLICK **3** vi (*coloq*) caer en la cuenta **4** vi (*coloq*) (*hacerse amigos*) conectar

▸ n **1** clic **2** chasquido **3** taconazo

clickbait /ˈklɪkbeɪt/ n [incontable] (*coloq, pey*) (*Internet*) contenido diseñado para atraer la atención de los usuarios y dirigirlos a otra página web

ˈclick-through n (*Internet*) clic (*que te lleva a otra página*)

client **⟲** /ˈklaɪənt/ n **1** cliente, -a **2** (*de abogado*) defendido, -a

clientele /ˌkliːənˈtel; USA ˌklaɪənˈ-/ n [v sing o pl] clientela

cliff /klɪf/ n acantilado, precipicio

climate **⟲** /ˈklaɪmət/ n clima: *the economic climate* las condiciones económicas

climax /ˈklaɪmæks/ n clímax

climb **⟲** /klaɪm/ verbo, nombre

▸ **1** vt, vi subir: *The road climbs steeply.* La carretera es muy empinada. **2** vt, vi trepar **3** vt, vi escalar **4** vi (*en sociedad*) ascender **LOC** Ver BANDWAGON **PHR V** **climb down 1** bajar **2** (*fig*) dar marcha atrás ◆ **climb out of sth** salir de algo: *to climb out of bed/a car* levantarse de la cama/ bajar de un coche ◆ **climb (up) onto sth** subirse a algo ◆ **climb up sth** subirse a algo, trepar por algo

▸ n **1** escalada, subida **2** pendiente

climber /ˈklaɪmə(r)/ n alpinista

climbing **⟲** /ˈklaɪmɪŋ/ n alpinismo: *to go climbing* hacer alpinismo

ˈclimbing frame n estructura de barras para trepar y jugar

clinch /klɪntʃ/ vt **1** (*victoria, etc.*) conseguir: *That clinched it.* Eso fue decisivo. **2** (*partido, etc.*) ganar **3** (*trato, etc.*) cerrar

cling /klɪŋ/ vi (pt, pp **clung** /klʌŋ/) ~ **(on) to sb/sth** agarrarse, aferrarse a algn/algo: *to cling to each other* abrazarse estrechamente

ˈcling film n [incontable] film transparente (*para envolver alimentos*)

clinging /ˈklɪŋɪŋ/ (tb **clingy** /ˈklɪŋi/) adj **1** (*ropa*) ceñido **2** (*pey*) (*persona*) pegajoso

clinic /ˈklɪnɪk/ n clínica

clinical /ˈklɪnɪkl/ adj **1** clínico **2** (*pey*) frío (*sin emoción*)

clink /klɪŋk/ verbo, nombre

▸ **1** vi tintinear **2** vt: *They clinked glasses.* Brindaron.

▸ n tintineo

clip /klɪp/ nombre, verbo

▸ n **1** clip Ver tb PAPER CLIP **2** (*joya*) alfiler **3** *hair clip* pinza para el pelo

▸ *vt* (**-pp-**) **1** ~ **sth (on)** prender algo (con un clip): *to clip sth together* unir algo (con un clip) **2** cortar, recortar

clipboard /'klɪpbɔːd/ *n* **1** tablilla con sujeta-papeles **2** (*Informát*) portapapeles

clique /kliːk/ *n* camarilla

cloak /kləʊk/ *nombre, verbo*
▸ *n* capa
▸ *vt* (*formal*) envolver: *cloaked in secrecy* rodeado de un gran secreto

cloakroom /'kləʊkruːm, -rʊm/ *n* **1** guardarropa **2** aseo ⊃ *Ver nota en* TOILET

clock 0🔦 /klɒk/ *nombre, verbo*
▸ *n* **1** reloj (*de pared o de mesa*) ⊃ *Ver dibujo en* RELOJ **2** **the clock** [*sing*] (*coloq*) el cuentakilómetros **LOC** **(a)round the clock** las veinticuatro horas *Ver tb* ROUND-THE-CLOCK ◆ **turn back the clock** volver al pasado
▸ *vt* cronometrar **PHR V** **clock in/on** fichar (*en el trabajo*) ◆ **clock off/out** fichar (*al salir del trabajo*) ◆ **clock up sth** hacer algo: *I clocked up 50 miles a day.* Hice 50 millas diarias.

clockwise /'klɒkwaɪz/ *adv, adj* en el sentido de las agujas del reloj

clockwork /'klɒkwɜːk/ *adj, n* (con) mecanismo de relojería **LOC** **like clockwork** como un reloj, a pedir de boca

clog /klɒg/ *verbo, nombre*
▸ (**-gg-**) **1** *vt* ~ **sth (up) (with sth)** obstruir, atascar algo (con algo) **2** *vi* ~ **(up)** obstruirse, atascarse
▸ *n* zueco

cloister /'klɔɪstə(r)/ *n* claustro

clone /kləʊn/ *nombre, verbo*
▸ *n* clon
▸ *vt* clonar **cloning** *n* clonación

close¹ 0🔦 /kləʊz/ *verbo, nombre*
▸ *vt, vi* **1** cerrar(se) **2** (*reunión, etc.*) concluir(se) **LOC** **close your mind to sth** no querer saber nada de algo **PHR V** **close (sth) down** (*empresa, etc.*) cerrar (algo) (*definitivamente*) ◆ **close in 1** acercarse: *The night is closing in.* La noche está cayendo. **2** (*día*) acortarse
▸ *n* (*formal*) final: *towards the close of sth* al finalizar algo **LOC** **bring sth to a close** concluir algo ◆ **come/draw to a close** llegar a su fin

close² 0🔦 /kləʊs/ *adjetivo, adverbio*
▸ *adj* (**closer, -est**) **1** ~ **to sth** cerca, al lado de algo: *close to tears* casi llorando **2** (*pariente*) cercano **3** (*amigo*) íntimo **4** (*vínculos, etc.*) estrecho **5** ~ **to sb** (*emocionalmente*) unido a algn **6** (*vigilancia*) estricto **7** (*examen*) minucioso **8** (*partido*) muy reñido **9** (*tiempo*) bochornoso, pesado **LOC** **it/that was a close call/shave** (*coloq*) me salvé, se salvó, etc. por los pelos ◆ **keep a close eye/watch on sb/sth** mantener a algn/algo bajo estricta vigilancia *Ver tb* HAND
▸ *adv* (**closer, -est**) (*tb* ˌclose ˈby*) cerca **LOC** **close on**; **close to** casi ◆ **close together** juntos

closed 0🔦 /kləʊzd/ *adj* cerrado

close-knit /ˌkləʊs 'nɪt/ *adj* unido como una piña (*comunidad, etc.*)

closely 0🔦 /'kləʊsli/ *adv* **1** estrechamente: *a closely contested/fought match* un partido muy reñido **2** atentamente **3** *a scream, closely followed by a shot* un grito, seguido casi de inmediato por un disparo

closeness /'kləʊsnəs/ *n* **1** proximidad **2** intimidad

closet 0🔦 /'klɒzɪt/ *n* (*esp USA*) armario (*para ropa*)

close-up /'kləʊs ʌp/ *n* primer plano

closing /'kləʊzɪŋ/ *adjetivo, nombre*
▸ *adj* **1** último **2** (*fecha*) límite
▸ *n* cierre: *closing time* hora de cierre

closure /'kləʊʒə(r)/ *n* cierre

clot /klɒt/ *n* coágulo

cloth 0🔦 /klɒθ/; *USA* klɔːθ/ *n* (*pl* **cloths** /klɒθs; *USA* klɔːðz/) **1** tela, paño ⊃ *Ver nota en* TELA **2** trapo

clothe /kləʊð/ *vt* ~ **sb/yourself (in sth)** (*formal*) vestir a algn, vestirse (con algo)

clothes 0🔦 /kləʊðz, kləʊz/ *n* [*pl*] ropa: *clothes line* cuerda de tender *Ver tb* PLAIN CLOTHES

clothes peg (*USA* clothespin /'kləʊðzpɪn, 'kləʊz-/) *n* pinza (*de tender*)

clothing 0🔦 /'kləʊðɪŋ/ *n* ropa: *an item of clothing* una prenda de ropa ◇ *the clothing industry* la industria textil

ˌclotted ˈcream *n* nata espesa

cloud 0🔦 /klaʊd/ *nombre, verbo*
▸ *n* **1** nube **2** **the cloud** [*sing*] (*Internet*) la nube
▸ **1** *vt* (*juicio*) ofuscar **2** *vi* ~ **(over)** (*formal*) (*expresión*) ensombrecerse **3** *vt* (*asunto*) complicar **PHR V** **cloud over** nublarse **cloudless** *adj* despejado **cloudy** *adj* nublado

clout /klaʊt/ *nombre, verbo*
▸ *n* **1** influencia **2** (*coloq*) tortazo
▸ *vt* (*coloq*) dar un tortazo a

clove /kləʊv/ *n* **1** clavo (*especia*) **2** *clove of garlic* diente de ajo

clover /'kləʊvə(r)/ *n* trébol

clown /klaʊn/ *n* payaso, -a

club 0🔦 /klʌb/ *nombre, verbo*
▸ *n* **1** club **3** discoteca **3** porra **4** palo (*de golf*) **5** **clubs** [*pl*] (*Naipes*) tréboles ⊃ *Ver nota en* BARAJA
▸ *vt* (**-bb-**) aporrear: *to club sb to death* matar a algn a porrazos **PHR V** **club together (to do sth)** hacer un fondo (para hacer algo)

clubber /'klʌbə(r)/ *n* discotequero, -a

clubbing /'klʌbɪŋ/ *n to go clubbing* ir de discotecas

cluck /klʌk/ *verbo, nombre*
▸ *vi* (*gallina*) cacarear
▸ *n* cacareo

clue /kluː/ *n* **1** ~ **(to sth)** pista (de algo) **2** (*crucigrama*) definición **LOC not have a clue** (*coloq*) **1** no tener ni idea **2** ser un inútil

clump /klʌmp/ *n* grupo (*de plantas, etc.*)

clumsy /'klʌmzi/ *adj* (**clumsier, -iest**) **1** torpe, desgarbado **2** tosco

clung *pt, pp de* CLING

clunky /'klʌŋki/ *adj* (*coloq*) tosco, pesado

cluster /'klʌstə(r)/ *nombre, verbo*
▸ *n* grupo
▸ *vi* ~ **(together)** apiñarse

clutch /klʌtʃ/ *verbo, nombre*
▸ **1** *vt* (*tener*) apretar, estrechar **2** *vt, vi* ~ **(at) sb/sth** (*coger*) agarrar a algn/algo **PHR V clutch at sth** intentar agarrar algo
▸ *n* **1** embrague **2 clutches** [*pl*] (*coloq*) garras

clutter /'klʌtə(r)/ *verbo, nombre*
▸ *vt* ~ **sth (up)** atestar algo: *boots cluttering up the place* botas amontonadas por todas partes
▸ *n* (*pey*) desorden, confusión

coach ⚬━ /kəʊtʃ/ *nombre, verbo*
▸ *n* **1** entrenador, -ora **2** profesor, -ora particular **3** autocar **4** (*Ferrocarril*) vagón **5** carroza **6** (*USA*) (*Aeronáut*) clase turista
▸ *vt* ~ **sb (in/for sth)** **1** (*Dep*) entrenar a algn (para algo) **2** dar clases particulares (de algo) a algn **coaching** *n* [*incontable*] entrenamiento, preparación

coal ⚬━ /kəʊl/ *n* **1** carbón: *coal mine* mina de carbón **2** trozo de carbón: *hot/live coals* brasas

coalfield /'kəʊlfiːld/ *n* cuenca minera (*de carbón*)

coalition /ˌkəʊə'lɪʃn/ *n* [*v sing o pl*] coalición

coarse /kɔːs/ *adj* (**coarser, -est**) **1** (*tela, manos*) áspero **2** (*arena, etc.*) grueso **3** vulgar **4** (*lenguaje, persona*) grosero **5** (*chiste*) verde

coast ⚬━ /kəʊst/ *nombre, verbo*
▸ *n* costa
▸ *vi* **1** (*coche, etc.*) ir en punto muerto **2** (*bicicleta*) ir sin pedalear

coastal /'kəʊstl/ *adj* costero

coaster /'kəʊstə(r)/ *n* posavasos

coastguard /'kəʊstɡɑːd/ *n* **1** servicio de guardacostas **2** (*persona*) guardia costero

coastline /'kəʊstlaɪn/ *n* litoral

coat ⚬━ /kəʊt/ *nombre, verbo*
▸ *n* **1** abrigo, chaquetón: *white coat* bata (blanca) **2** (*animal*) pelo, lana **3** (*pintura*) capa, mano
▸ *vt* ~ **sth (with/in sth)** cubrir, bañar, rebozar algo (de algo)

coat hanger *n* perchero

coating /'kəʊtɪŋ/ *n* capa, baño

coax /kəʊks/ *vt* ~ **sb into/out of sth/doing sth; ~ sb to do sth** engatusar, persuadir a algn (para que haga/deje de hacer algo) **PHR V coax sth out of/from sb** sonsacar algo a algn

cobalt /'kəʊbɔːlt/ *n* (*Quím*) cobalto

cobbles /'kɒblz/ (*tb* **cobblestones** /'kɒblstəʊnz/) *n* [*pl*] adoquines

cobweb /'kɒbweb/ *n* telaraña

cocaine /kəʊ'keɪn/ *n* cocaína

cock /kɒk/ *nombre, verbo*
▸ *n* **1** gallo **2** (*ave*) macho
▸ *vt* levantar (*pata, orejas, cejas, etc.*)

cockerel /'kɒkərəl/ *n* gallo joven

cockney /'kɒkni/ *adjetivo, nombre*
▸ *adj* del este de Londres
▸ *n* (*pl* **cockneys**) **1** nativo, -a del este de Londres **2** manera de hablar del este de Londres

cockpit /'kɒkpɪt/ *n* cabina (del piloto)

cockroach /'kɒkrəʊtʃ/ *n* cucaracha

cocktail /'kɒkteɪl/ *n* **1** cóctel **2** (*de fruta*) macedonia

cocoa /'kəʊkəʊ/ *n* **1** cacao **2** (*bebida*) chocolate

coconut /'kəʊkənʌt/ *n* coco

cocoon /kə'kuːn/ *n* **1** (*gusano*) capullo **2** (*fig*) caparazón

cod /kɒd/ *n* (*pl* **cod**) bacalao

code ⚬━ /kəʊd/ *nombre, verbo*
▸ *n* **1** código **2** (*mensaje*) clave: *code name* nombre de guerra
▸ *vt* **1** poner (un) código a **2** (*Informát*) programar

coerce /kəʊ'ɜːs/ *vt* ~ **sb (into sth/doing sth)** (*formal*) coaccionar a algn (para que haga algo)

coercion /kəʊ'ɜːʃn; *USA* -'ɜːrʒn/ *n* (*formal*) coacción

coffee ⚬━ /'kɒfi; *USA* 'kɔːfi/ *n* **1** café: *coffee bar/shop* cafetería ◇ *coffee pot/maker* cafetera **2** color café **LOC** *Ver* WAKE

coffin /'kɒfɪn; *USA* 'kɔːfɪn/ *n* ataúd

cog /kɒɡ/ *n* **1** (*de rueda dentada*) diente **2** rueda dentada

cogent /'kəʊdʒənt/ *adj* (*formal*) convincente

coherent /kəʊ'hɪərənt/ *adj* **1** coherente **2** (*habla*) inteligible

coil /kɔɪl/ *verbo, nombre*
▸ *vt, vi* ~ **(sth) (a)round sth; ~ (sth) (up)** enrollar algo; enrollarse; enroscarse (alrededor de algo)
▸ *n* **1** rollo **2** (*serpiente*) anillo **3** (*anticonceptivo*) DIU

coin ⚬━ /kɔɪn/ *nombre, verbo*
▸ *n* moneda

▸ *vt* acuñar

coincide /ˌkəʊɪnˈsaɪd/ *vi* ~ **(with sth)** coincidir (con algo)

coincidence /kəʊˈɪnsɪdəns/ *n* casualidad

coke /kəʊk/ *n* **1** Coke® Coca Cola® **2** (*coloq*) coca, cocaína **3** coque

colander /ˈkʌləndə(r); *USA* ˈkɑːlən-/ *n* colador

cold 0━ /kəʊld/ *adjetivo, nombre, adverbio*

▸ *adj* (**colder, -est**) frío ↪ *Ver nota en* FRÍO **LOC** be cold **1** (*persona*) tener frío **2** (*tiempo*) hacer frío **3** (*objeto*) estar frío **4** (*lugares, periodos de tiempo*) ser (muy) frío ◆ get cold **1** enfriarse **2** coger frío **3** (*tiempo*) ponerse frío ◆ get/have cold feet (*coloq*) sentir mieditis

▸ *n* **1** frío **2** resfriado: *to catch a cold* resfriarse **LOC** *Ver* DEATH

▸ *adv* de improviso

ǀ**cold-ˈblooded** *adj* **1** desalmado **2** (*Biol*) de sangre fría

ǀ**cold ˈcall** *n* llamada comercial no solicitada

ǀ**cold ˈcash** *n* (*USA*) dinero en efectivo

ǀ**cold-ˈhearted** *adj* frío, despiadado

ǀ**cold ˈmeats** (*tb esp USA* ˈcold cuts) *n* [*pl*] fiambres, embutidos

coleslaw /ˈkəʊlslɔː/ *n* ensalada de col

collaboration /kəˌlæbəˈreɪʃn/ *n* **1** colaboración **2** colaboracionismo

collapse 0━ /kəˈlæps/ *verbo, nombre*

▸ *vi* **1** derrumbarse, desplomarse **2** caer desmayado **3** (*negocio, etc.*) hundirse **4** (*valor*) caer en picado **5** (*mueble, etc.*) plegarse

▸ *n* **1** derrumbamiento **2** (*Med*) colapso **3** caída en picado

collar /ˈkɒlə(r)/ *n* **1** (*camisa, etc.*) cuello **2** (*perro*) collar

collarbone /ˈkɒləbəʊn/ *n* (*Anat*) clavícula

collateral /kəˈlætərəl/ *nombre, adjetivo*

▸ *n* [*incontable*] (*Fin*) garantía

▸ *adj* (*formal*) **1** colateral: *collateral damage* daños colaterales **2** (*pruebas*) circunstancial

colleague 0━ /ˈkɒliːɡ/ *n* colega; compañero, -a (*de profesión*)

collect 0━ /kəˈlekt/ *verbo, adjetivo, adverbio*

▸ **1** *vt* recoger **2** *vt* ~ **sth (up/together)** juntar, reunir algo: *collected works* obras completas **3** *vt* (*datos*) recopilar **4** *vt* (*sellos, monedas, etc.*) coleccionar **5** *vi* (*muchedumbre*) reunirse **6** *vi* (*polvo, agua*) acumularse **7** *vt* (*fondos, impuestos*) recaudar

▸ *adj, adv* (*USA*) a cobro revertido: *to call collect* llamar a cobro revertido

collection 0━ /kəˈlekʃn/ *n* **1** colección **2** conjunto, grupo **3** recogida **4** (*en iglesia*) colecta

collective /kəˈlektɪv/ *adj, n* colectivo

collector /kəˈlektə(r)/ *n* coleccionista

college 0━ /ˈkɒlɪdʒ/ *n* **1** centro de educación superior *Ver tb* TECHNICAL COLLEGE **2** (*GB*) colegio universitario ➊ Las universidades de Oxford y Cambridge se dividen en instituciones llamadas **colleges**. **3** (*USA*) universidad *Ver tb* JUNIOR COLLEGE

collide /kəˈlaɪd/ *vi* ~ **(with sth/sb)** chocar (con algo/algn)

collision /kəˈlɪʒn/ *n* choque

colloquial /kəˈləʊkwiəl/ *adj* coloquial

colon /ˈkəʊlən/ *n* **1** dos puntos ↪ *Ver pág 395* **2** (*Anat*) colon

colonel /ˈkɜːnl/ *n* coronel

colonial /kəˈləʊniəl/ *adj* colonial

colonization, -isation /ˌkɒlənaɪˈzeɪʃn; *USA* -nəˈ-/ *n* colonización

colonize, -ise /ˈkɒlənaɪz/ *vt* colonizar **colonizer, -iser** *n* colonizador, -ora

colony /ˈkɒləni/ *n* (*pl* **colonies**) colonia

colossal /kəˈlɒsl/ *adj* colosal

colour 0━ (*USA* color) /ˈkʌlə(r)/ *nombre, verbo*

▸ *n* **1** color ↪ *Ver nota en* COLOR **2** colours [*pl*] (*equipo, partido, etc.*) colores **3** colours [*pl*] (*Mil*) bandera **LOC** be/feel off colour (*GB, coloq*) sentirse indispuesto

▸ **1** *vt* colorear, pintar **2** *vi* ~ **(at sth)** (*formal*) ruborizarse (ante algo) **3** *vt* (*afectar*) marcar **4** *vt* (*juicio*) ofuscar **PHR V** colour sth in colorear algo

ǀ**colour-blind** (*USA* ˈcolor-blind) *adj* daltónico

coloured 0━ (*USA* colored) /ˈkʌləd/ *adj* **1** de colores: *cream-coloured* (de) color crema **2** (*antic o pey*) (*persona*) de color

colourful (*USA* colorful) /ˈkʌləfl/ *adj* **1** lleno de color, llamativo **2** (*personaje, vida*) pintoresco

colouring (*USA* coloring) /ˈkʌlərɪŋ/ *n* **1** colorante **2** tez **3** colorido

colourless (*USA* colorless) /ˈkʌlələs/ *adj* **1** incoloro, sin color **2** (*personaje, estilo*) gris

colt /kəʊlt/ *n* potro ↪ *Ver nota en* POTRO

column 0━ /ˈkɒləm/ *n* columna

coma /ˈkəʊmə/ *n* coma (*Med*)

comb /kəʊm/ *nombre, verbo*

▸ *n* **1** peine **2** (*adorno*) peineta

▸ **1** *vt* peinar **2** *vt, vi* ~ **(through) sth (for sb/sth)** rastrear, peinar algo (en busca de algn/algo)

combat /ˈkɒmbæt/ *nombre, verbo*

▸ *n* combate

▸ *vt* combatir, luchar contra

combination 0ᴗ /ˌkɒmbɪˈneɪʃn/ n combinación

combine 0ᴗ /kəmˈbaɪn/ **1** vt, vi combinar(se) **2** vi ~ **with sth** (Econ) fusionarse con algo **3** vt (cualidades) reunir

come 0ᴗ /kʌm/ vi (pt **came** /keɪm/, pp **come**) **1** venir: to come running venir corriendo ➔ Ver notas en IR, VENIR **2** llegar **3** recorrer **4** (posición) ser: to come first ser el/lo primero ◇ It came as a surprise. Fue una sorpresa. **5** ~ **to/into sth**: to come to a halt pararse ◇ to come into a fortune heredar una fortuna **6** (resultar): to come undone desatarse **LOC** **come to nothing; not come to anything** quedarse en nada ◆ **come what may** pase lo que pase ◆ **when it comes to (doing) sth** cuando se trata de (hacer) algo ❶ Para otras expresiones con **come**, véanse las entradas del sustantivo, adjetivo, etc., p. ej. **come of age** en AGE. **PHR V** **come about (that…)** ocurrir, suceder (que…)
come across sb/sth encontrarse con algn/algo
come along 1 aparecer, presentarse **2** venir también: Come along! ¡Vamos! **3** progresar
come apart deshacerse
come around = COME ROUND
come away (from sth) 1 desprenderse (de algo) **2** irse (de algo)
come back volver
come by sth 1 (obtener) conseguir algo **2** (recibir) adquirir algo
come down 1 (precios, temperatura) bajar **2** desplomarse, venirse abajo ◆ **come down with sth** coger algo (enfermedad leve)
come forward ofrecerse
come from… ser de…: Where do you come from? ¿De dónde eres?
come in 1 entrar: Come in! ¡Adelante! **2** llegar **3** (marea) subir ◆ **come in for sth** (crítica, etc.) ser objeto de algo
come off 1 (mancha) quitarse **2** (pieza): Does it come off? ¿Se puede quitar? **3** (coloq) (plan) tener éxito ◆ **come off (sth)** caerse, desprenderse (de algo) ◆ **come off it!** (coloq) ¡venga ya!
come on 1 come on! ¡venga!, ¡vamos! **2** (jugador, actor) salir (al campo/escenario) **3** progresar
come out 1 salir **2** ponerse de manifiesto **3** declararse homosexual ◆ **come out with sth** soltar algo; salir con algo
come over sb invadir a algn: I can't think what came over me. No sé qué me pasó. ◆ **come over (to…)** venir (a…)
come round (tb **come to**) volver en sí ◆ **come round (to…)** venir (a…)
come through (sth) sobrevivir (a algo)
come to sth 1 ascender a algo **2** llegar a algo

come up 1 (planta, sol) salir **2** (tema) surgir ◆ **come up against sb/sth** enfrentarse a algn/algo ◆ **come up to sb** acercarse a algn

comeback /ˈkʌmbæk/ n retorno: to make/stage a comeback reaparecer en escena

comedian /kəˈmiːdiən/ n humorista; cómico, -a

comedy 0ᴗ /ˈkɒmədi/ n (pl **comedies**) **1** comedia: comedy actor (actor) cómico **2** comicidad

comet /ˈkɒmɪt/ n cometa

comfort 0ᴗ /ˈkʌmfət/ nombre, verbo
▸ n **1** bienestar, comodidad **2** consuelo **3** comforts [pl] comodidades
▸ vt consolar

comfortable 0ᴗ /ˈkʌmftəbl, ˈkʌmfətəbl/ adj **1** cómodo **2** (victoria) fácil **3** (mayoría) amplio

comfortably 0ᴗ /ˈkʌmftəbli, ˈkʌmfətəbli/ adv (ganar) cómodamente **LOC** **be comfortably off** vivir con holgura

comforter /ˈkʌmfətə(r)/ n (USA) edredón

comfy /ˈkʌmfi/ adj (**comfier, -iest**) (coloq) cómodo

comic /ˈkɒmɪk/ adjetivo, nombre
▸ adj cómico
▸ n **1** humorista; cómico, -a **2** (USA tb ˈcomic book) cómic, tebeo: comic strip viñeta

coming /ˈkʌmɪŋ/ nombre, adjetivo
▸ n [sing] llegada
▸ adj [solo antes de sustantivo] próximo

comma /ˈkɒmə/ n coma (ortografía) ➔ Ver pág 395

command 0ᴗ /kəˈmɑːnd; USA kəˈmænd/ nombre, verbo
▸ n **1** orden **2** (Informát) orden, comando **3** (Mil) mando **4** (idioma, etc.) dominio
▸ **1** vt ordenar ➔ Ver nota en ORDER **2** vt, vi tener el mando (de) **3** vt (respeto) infundir **4** vt (atención) llamar **5** vt (vista) tener **6** vt (formal) (recursos) disponer de **commander** n (Mil) comandante **2** jefe, -a **commandment** n (Relig) mandamiento

commando /kəˈmɑːndəʊ; USA kəˈmæn-/ n (pl **commandos**) (Mil) comando

commemorate /kəˈmeməreɪt/ vt conmemorar

commence /kəˈmens/ vt, vi (formal) dar comienzo (a)

commend /kəˈmend/ vt **1** ~ **sb (for/on sth)** elogiar a algn (por algo) **2** ~ **sb to sb** (formal) recomendar a algn a algn **commendable** adj (formal) digno de elogio

comment 0ᴗ /ˈkɒment/ nombre, verbo
▸ n **1** comentario **2** [incontable] comentarios: 'No comment.' "Sin comentarios."
▸ vi **1** ~ **(on/upon sth)** hacer comentarios (sobre algo) **2** comentar

| ð then | s so | z zoo | ʃ she | ʒ vision | h how | ŋ sing | j yes | w wet |

commentary /ˈkɒməntri; *USA* -teri/ *n* (*pl* **commentaries**) **1** (*Dep*) comentarios **2** (*texto*) comentario

commentator /ˈkɒmənteɪtə(r)/ *n* comentarista

commerce /ˈkɒmɜːs/ *n* comercio ❶ La palabra más normal es **trade**.

commercial 0━ /kəˈmɜːʃl/ *adjetivo, nombre*
▸ *adj* **1** comercial **2** (*derecho*) mercantil **3** (*TV, Radio*) financiado por medio de la publicidad
▸ *n* anuncio (*TV, Radio*) **commercialization, -isation** *n* comercialización **commercialize, -ise** *vt* comercializar

commission 0━ /kəˈmɪʃn/ *nombre, verbo*
▸ *n* **1** (*porcentaje, organismo*) comisión **2** encargo
▸ *vt* encargar

commissioner /kəˈmɪʃənə(r)/ *n* comisario, -a (*a cargo de un departamento*)

commit 0━ /kəˈmɪt/ (**-tt-**) **1** *vt* cometer **2** *vt, vi* ~ (**sb/yourself**) (**to sth/to doing sth**) comprometer a algn, comprometerse (a algo/a hacer algo): *to commit yourself on sth* definirse respecto a algo **3** *vt*: *to commit sth to memory* aprenderse algo de memoria

commitment 0━ /kəˈmɪtmənt/ *n* **1** ~ (**to sb/ sth**); ~ (**to do sth**) compromiso (con algn/algo); compromiso (de hacer algo) ➋*Comparar con* ENGAGEMENT **2** entrega

committee 0━ /kəˈmɪti/ *n* [*v sing o pl*] comité ➋*Ver nota en* JURADO

commodity /kəˈmɒdəti/ *n* (*pl* **commodities**) **1** (*Fin*) mercancía **2** producto

common 0━ /ˈkɒmən/ *adjetivo, nombre*
▸ *adj* **1** corriente **2** ~ (**to sb/sth**) común (a algn/algo): *common sense* sentido común **3** (*pey*) ordinario, vulgar ➋*Comparar con* ORDINARY [LOC] **in common** en común
▸ *n* **1** tierra comunal **2 the Commons** *Ver* HOUSE OF COMMONS

commonly 0━ /ˈkɒmənli/ *adv* generalmente

commonplace /ˈkɒmənpleɪs/ *adj* normal

common room *n* **1** sala de profesores **2** sala de estudiantes

commotion /kəˈməʊʃn/ *n* revuelo

communal /kəˈmjuːnl; *GB tb* ˈkɒmjənl/ *adj* comunal

commune /ˈkɒmjuːn/ *n* [*v sing o pl*] comuna

communicate 0━ /kəˈmjuːnɪkeɪt/ **1** *vi* ~ (**with sb**) comunicarse (con algn) **2** *vt* comunicar

communication 0━ /kəˌmjuːnɪˈkeɪʃn/ *n* **1** comunicación **2** (*formal*) mensaje

communicative /kəˈmjuːnɪkətɪv; *USA* -keɪtɪv/ *adj* comunicativo, de comunicación

communion /kəˈmjuːniən/ (*tb* ˌHoly Comˈmunion) *n* comunión

communiqué /kəˈmjuːnɪkeɪ; *USA* kəˌmjuːnəˈkeɪ/ *n* comunicado

communism /ˈkɒmjunɪzəm/ *n* comunismo **communist** *adj, n* comunista

community 0━ /kəˈmjuːnəti/ *n* [*v sing o pl*] (*pl* **communities**) **1** comunidad: *community service* servicio comunitario ◊ *community centre* centro cívico **2** (*de expatriados, etc.*) colonia

com,munity ˈsentence *n* (*Jur*) sentencia que condena a trabajos comunitarios

commute /kəˈmjuːt/ *vi* viajar para ir al trabajo **commuter** *n* persona que tiene que viajar para ir al trabajo

compact *adjetivo, nombre*
▸ *adj* /ˈkɒmpækt; *GB tb* kəmˈpækt/ compacto
▸ *n* /ˈkɒmpækt/ polvera

companion /kəmˈpæniən/ *n* compañero, -a **companionship** *n* compañerismo

company 0━ /ˈkʌmpəni/ *n* (*pl* **companies**) **1** [*v sing o pl*] (*Econ*) empresa **2** compañía [LOC] **keep sb company** hacer compañía a algn *Ver tb* PART

comparable /ˈkɒmpərəbl/ *adj* ~ (**to/with sb/ sth**) comparable (a algn/algo)

comparative /kəmˈpærətɪv/ *adj* **1** comparativo **2** relativo **comparatively** *adv* relativamente: *comparatively speaking* en comparación

compare 0━ /kəmˈpeə(r)/ **1** *vt* ~ **sb/sth with/to sb/sth** comparar a algn/algo con algn/algo **2** *vi* ~ **with/to sb/sth** compararse con algn/algo

comparison 0━ /kəmˈpærɪsn/ *n* comparación [LOC] **there's no comparison** no hay punto de comparación

compartment /kəmˈpɑːtmənt/ *n* compartimento

compass /ˈkʌmpəs/ *n* **1** brújula **2** (*tb* compasses [*pl*]) compás

compassion /kəmˈpæʃn/ *n* compasión **compassionate** /kəmˈpæʃənət/ *adj* compasivo

compatible /kəmˈpætəbl/ *adj* compatible

compel /kəmˈpel/ *vt* (**-ll-**) (*formal*) **1** obligar **2** forzar **compelling** *adj* (*formal*) **1** apasionante **2** (*motivo*) apremiante **3** (*argumento*) convincente, de peso

compensate /ˈkɒmpenseɪt/ **1** *vi* ~ (**for sth**) compensar (por algo) **2** *vt* ~ **sb** (**for sth**) indemnizar a algn (por algo) **compensation** *n* **1** indemnización **2** compensación

compete 0━ /kəmˈpiːt/ *vi* **1** ~ (**with/against sb**) (**for sth**) competir (con algn) (por algo) **2** ~ (**in sth**) (*Dep*) tomar parte (en algo)

---

competence /ˈkɒmpɪtəns/ n aptitud, eficiencia

competent /ˈkɒmpɪtənt/ adj ~ (as/at/in sth); ~ (to do sth) competente (como/para/en algo); competente (para hacer algo)

competition ⊶ /ˌkɒmpəˈtɪʃn/ n **1** ~ (between/with sb); ~ (for sth) competencia (entre/con algn); competencia (por algo) **2** concurso **3** (Dep) competición **4 the competition** [v sing o pl] la competencia

competitive ⊶ /kəmˈpetətɪv/ adj competitivo **competitively** adv competitively-priced goods artículos a precios competitivos

competitor /kəmˈpetɪtə(r)/ n competidor, -ora; concursante

compilation /ˌkɒmpɪˈleɪʃn/ n recopilación

compile /kəmˈpaɪl/ vt compilar

complacency /kəmˈpleɪsnsi/ n ~ (about sth) autocomplacencia (con algo) **complacent** adj satisfecho de sí mismo

complain ⊶ /kəmˈpleɪn/ vi **1** ~ (to sb) (about sth) quejarse (a algn) (de algo) **2** ~ (that…) quejarse (de que…)

🔎 **Making a complaint**
Expresar descontento
• *I'm afraid I'm not satisfied with this.* No estoy nada satisfecha con esto.
• *I'm sorry. This isn't good enough. We've been waiting half an hour.* Lo siento. No estamos satisfechos. Llevamos media hora esperando.
• *I'd like to make a complaint. The radio I bought doesn't work.* Quiero poner una reclamación. La radio que compré no funciona.
• *Excuse me - this isn't what I asked for. I'm having the soup, not the salad.* Disculpe. Esto no es lo que pedí. Yo quiero la sopa, no la ensalada.
• *I'd like to speak to the manager. I've got a complaint about something I bought.* Quiero hablar con el encargado. No estoy contento con un artículo que compré.
• *This meat isn't cooked. Could you cook it some more, please?* Esta carne no está hecha. ¿Me la podría hacer un poco más, por favor?

complaint ⊶ /kəmˈpleɪnt/ n **1** queja, reclamación **2** (Med) afección

complement verbo, nombre
▶ vt /ˈkɒmplɪment/ complementar
▶ n /ˈkɒmplɪmənt/ **1** ~ (to sth) complemento (para algo) **2** dotación **complementary** /ˌkɒmplɪˈmentri/ adj ~ (to sth) complementario (a algo)

complete ⊶ /kəmˈpliːt/ adjetivo, verbo
▶ adj **1** completo **2** total **3** terminado
▶ vt **1** terminar **2** completar **3** (impreso) rellenar

completely ⊶ /kəmˈpliːtli/ adv completamente, totalmente

completion /kəmˈpliːʃn/ n conclusión

complex ⊶ adjetivo, nombre
▶ adj /ˈkɒmpleks; USA tb kəmˈpleks/ complejo, complicado
▶ n /ˈkɒmpleks/ complejo

complexion /kəmˈplekʃn/ n **1** tez, cutis **2** (fig) cariz

compliance /kəmˈplaɪəns/ n obediencia: *in compliance with sth* conforme a algo

complicate ⊶ /ˈkɒmplɪkeɪt/ vt complicar

complicated ⊶ /ˈkɒmplɪkeɪtɪd/ adj complicado

complication /ˌkɒmplɪˈkeɪʃn/ n complicación

compliment /ˈkɒmplɪmənt/ nombre, verbo
▶ n **1** cumplido: *to pay sb a compliment* hacer un cumplido a algn **2 compliments** [pl] (formal) saludos: *with the compliments of the manager* con un atento saludo del gerente
▶ vt ~ sb (on sth) felicitar, hacerle un cumplido a algn (por algo)

complimentary /ˌkɒmplɪˈmentri/ adj **1** (entrada, etc.) de regalo **2** elogioso, favorable

comply /kəmˈplaɪ/ vi (pt, pp **-plied**) ~ (with sth) obedecer (algo)

component /kəmˈpəʊnənt/ nombre, adjetivo
▶ n **1** componente **2** (Mec) pieza
▶ adj *component parts* piezas integrantes

compose /kəmˈpəʊz/ vt **1** (Mús) componer **2** (escrito) redactar **3** (formal) (pensamientos) poner en orden **4** ~ yourself (formal) serenarse **composed** adj sereno

composer /kəmˈpəʊzə(r)/ n compositor, -ora

composition /ˌkɒmpəˈzɪʃn/ n **1** composición **2** (colegio) redacción

compost /ˈkɒmpɒst; USA -pəʊst/ n compost, abono vegetal

composure /kəmˈpəʊʒə(r)/ n calma

compound nombre, adjetivo, verbo
▶ n /ˈkɒmpaʊnd/ **1** compuesto **2** recinto
▶ adj /ˈkɒmpaʊnd/ compuesto
▶ vt /kəmˈpaʊnd/ (formal) agravar

comprehend /ˌkɒmprɪˈhend/ vt (formal) comprender (en su totalidad) **comprehensible** adj ~ (to sb) (formal) comprensible (para algn) **comprehension** n comprensión

comprehensive /ˌkɒmprɪˈhensɪv/ adj global, completo

compreˈhensive school n (GB) instituto de enseñanza secundaria

compress /kəmˈpres/ vt **1** comprimir **2** (argumento, tiempo) condensar **compression** n compresión

comprise /kəmˈpraɪz/ vt **1** constar de **2** formar

compromise /ˈkɒmprəmaɪz/ nombre, verbo
▸ n acuerdo
▸ **1** vi ~ (**on sth**) llegar a un acuerdo (en algo), ceder **2** vt comprometer **compromising** adj comprometedor

compulsion /kəmˈpʌlʃn/ n ~ (**to do sth**) **1** obligación (de hacer algo) **2** deseo irresistible (de hacer algo)

compulsive /kəmˈpʌlsɪv/ adj **1** compulsivo **2** (jugador, etc.) empedernido **3** (novela) absorbente

compulsory /kəmˈpʌlsəri/ adj **1** obligatorio **2** (despido) forzoso

comˌpulsory ˈpurchase n expropiación

computer /kəmˈpjuːtə(r)/ n ordenador: computer game juego de ordenador ◇ computer programmer programador de ordenadores ◇ computer-literate competente en informática ◇ computer-generated graphics gráficos generados por ordenador ➲ Ver nota en ORDENADOR **computerize, -ise** vt informatizar **computing** (tb comˌputer ˈscience, comˌputer ˈstudies) n informática

comrade /ˈkɒmreɪd/ USA -ræd/ n **1** (Pol) camarada **2** (antic) compañero, -a

con /kɒn/ nombre, verbo
▸ n (coloq) estafa: con artist/man estafador **LOC** Ver PRO
▸ vt (-nn-) (coloq) **1** ~ **sb** (**out of sth**) estafar (algo) a algn **2** ~ **sb** (**into doing sth**) engatusar a algn (para que haga algo): I was conned into thinking that… Me engatusaron haciéndome pensar que…

concave /kɒnˈkeɪv; USA tb ˈkɒnkeɪv/ adj cóncavo

conceal /kənˈsiːl/ vt (formal) **1** ocultar **2** (alegría, etc.) disimular

concede /kənˈsiːd/ vt **1** admitir **2** conceder

conceit /kənˈsiːt/ n vanidad **conceited** adj vanidoso

conceivable /kənˈsiːvəbl/ adj concebible

conceive /kənˈsiːv/ vt, vi **1** ~ (**of**) **sth** imaginar algo **2** concebir

concentrate 0﹢ /ˈkɒnsntreɪt/ vt, vi concentrar(se)

concentration 0﹢ /ˌkɒnsnˈtreɪʃn/ n concentración

concept 0﹢ /ˈkɒnsept/ n concepto

conception /kənˈsepʃn/ n **1** concepción **2** idea

concern 0﹢ /kənˈsɜːn/ verbo, nombre
▸ vt **1** tener que ver con: as far as I am concerned por lo que a mí se refiere/en cuanto a mí **2** tratar de: The film is concerned with unemployment. La película trata del desempleo. **3** preocupar **4** ~ **yourself with/about sth** interesarse por algo
▸ n **1** preocupación **2** interés **3** negocio **LOC** Ver GOING

concerned 0﹢ /kənˈsɜːnd/ adj preocupado

concerning 0﹢ /kənˈsɜːnɪŋ/ prep (formal) **1** acerca de **2** en lo que se refiere a

concert 0﹢ /ˈkɒnsət/ n concierto: concert hall sala de conciertos

concerted /kənˈsɜːtɪd/ adj **1** (ataque) coordinado **2** (intento, esfuerzo) conjunto

concerto /kənˈtʃɜːtəʊ/ n (pl **concertos**) concierto (composición musical)

concession /kənˈseʃn/ n **1** concesión **2** (Fin) desgravación

conciliation /kənˌsɪliˈeɪʃn/ n conciliación **conciliatory** /kənˈsɪliətəri; USA -tɔːri/ adj conciliador

concise /kənˈsaɪs/ adj conciso

conclude 0﹢ /kənˈkluːd/ **1** vt ~ **that…** llegar a la conclusión de que… **2** vt, vi (formal) concluir **3** vt (acuerdo) concertar

conclusion 0﹢ /kənˈkluːʒn/ n conclusión **LOC** Ver JUMP

conclusive /kənˈkluːsɪv/ adj definitivo, decisivo

concoct /kənˈkɒkt/ vt **1** elaborar **2** (pretexto) inventar **3** (plan, intriga) tramar **concoction** n **1** mezcolanza **2** (líquido) mejunje

concord /ˈkɒŋkɔːd/ n (formal) concordia, armonía

concourse /ˈkɒŋkɔːs/ n vestíbulo (de edificio grande)

concrete 0﹢ /ˈkɒŋkriːt/ adjetivo, nombre
▸ adj **1** de hormigón **2** concreto, tangible
▸ n hormigón

concur /kənˈkɜː(r)/ vi (-rr-) ~ (**with sb**) (**in sth**) (formal) estar de acuerdo, coincidir (con algn) (en algo) **concurrence** /kənˈkʌrəns; USA -ˈkɜːrəns/ n (formal) acuerdo

concurrent /kənˈkʌrənt; USA -ˈkɜːrənt/ adj simultáneo

concussion /kənˈkʌʃn/ n [incontable] conmoción cerebral

condemn /kənˈdem/ vt **1** ~ sb/sth (for/as sth) condenar a algn/algo (por algo) **2** ~ sb (to sth/ to do sth) condenar a algn (a algo/a hacer algo) **3** (edificio) declarar ruinoso **condemnation** n condena

condensation /ˌkɒndenˈseɪʃn/ n **1** condensación **2** vaho

condense /kənˈdens/ **1** vt, vi ~ (sth) (into sth) condensar algo, condensarse (en algo) **2** vt ~ sth (into sth) resumir algo (en algo)

condescend /ˌkɒndɪˈsend/ vi ~ to do sth dignarse a hacer algo **condescending** adj condescendiente

condition ⊶ /kənˈdɪʃn/ nombre, verbo
▸ n **1** estado, condición **2** to be out of condition no estar en forma **3** conditions [pl] circunstancias, condiciones **4** (contrato) requisito 𝐋𝐎𝐂 **on condition (that…)** a condición de que… ♦ **on no condition** (formal) bajo ningún concepto ♦ **on one condition** con una condición Ver tb MINT
▸ vt **1** condicionar, determinar **2** acondicionar

conditional /kənˈdɪʃənl/ adj, n condicional: to be conditional on/upon sth depender de algo

conditioner /kənˈdɪʃənə(r)/ n suavizante

condo /ˈkɒndəʊ/ n (pl **condos**) (USA, coloq) bloque de pisos

condolence /kənˈdəʊləns/ n [gen pl] condolencia: to give/send your condolences dar el pésame

condom /ˈkɒndɒm; USA -dəm/ n preservativo, condón

condominium /ˌkɒndəˈmɪniəm/ n (esp USA) urbanización de apartamentos (en propiedad)

condone /kənˈdəʊn/ vt aprobar

conducive /kənˈdjuːsɪv; USA -ˈduː-/ adj ~ to sth propicio para algo

conduct ⊶ verbo, nombre
▸ vt /kənˈdʌkt/ **1** (investigación, etc.) llevar a cabo **2** (orquesta) dirigir **3** guiar **4** ~ yourself (formal) comportarse **5** (Electrón) conducir
▸ n /ˈkɒndʌkt/ **1** conducta **2** ~ of sth gestión de algo

conductivity /ˌkɒndʌkˈtɪvəti/ n (Fís) conductividad

conductor /kənˈdʌktə(r)/ n **1** director, -ora (de orquesta) **2** (Ferrocarril) jefe, -a de tren **3** (autobús) cobrador, -ora ❶ Para referirnos al conductor de un autobús, decimos **driver**. **4** (Electrón) conductor

cone /kəʊn/ n **1** cono **2** (helado) barquillo **3** (Bot) piña (de pino, etc.)

confectionery /kənˈfekʃənəri; USA -neri/ n [incontable] dulces

confederation /kənˌfedəˈreɪʃn/ n confederación

confer /kənˈfɜː(r)/ (-rr-) **1** vi deliberar **2** vi ~ with sb consultar a algn **3** vt ~ sth (on/upon sb) (título, etc.) conceder algo (a algn)

conference ⊶ /ˈkɒnfərəns/ n **1** congreso: conference hall sala de conferencias ⊃ Comparar con LECTURE **2** (discusión) reunión

confess /kənˈfes/ vt, vi confesar(se): to confess to sth confesar algo **confession** n **1** (Jur) declaración de culpabilidad **2** confesión

confide /kənˈfaɪd/ vt ~ sth to sb confiar algo a algn (secretos, etc.) 𝐏𝐇𝐑 𝐕 **confide in sb** confiarse a algn, hacer una confidencia a algn

confidence ⊶ /ˈkɒnfɪdəns/ n **1** ~ (in sb/sth) confianza (en algn/algo) **2** confidencia 𝐋𝐎𝐂 **take sb into your confidence** hacer confidencias a algn Ver tb STRICT, VOTE

confidence trick n timo

confident ⊶ /ˈkɒnfɪdənt/ adj **1** seguro (de sí mismo) **2** be ~ of sth/that… confiar en algo/en que…

confidential /ˌkɒnfɪˈdenʃl/ adj **1** confidencial **2** (tono, etc.) de confianza

confidently ⊶ /ˈkɒnfɪdəntli/ adv con toda confianza

confine ⊶ /kənˈfaɪn/ vt **1** limitar **2** confinar: to be confined to bed tener que guardar cama

confined ⊶ /kənˈfaɪnd/ adj limitado (espacio)

confines /ˈkɒnfaɪnz/ n [pl] (formal) límites

confirm ⊶ /kənˈfɜːm/ vt confirmar

confirmation /ˌkɒnfəˈmeɪʃn/ n confirmación

confirmed /kənˈfɜːmd/ adj empedernido

confiscate /ˈkɒnfɪskeɪt/ vt confiscar

conflict ⊶ nombre, verbo
▸ n /ˈkɒnflɪkt/ conflicto
▸ vi /kənˈflɪkt/ ~ (with sth) discrepar (de algo) **conflicting** adj discrepante: conflicting evidence pruebas contradictorias

conform ⊶ /kənˈfɔːm/ vi **1** ~ to sth atenerse a algo **2** seguir las reglas **3** ~ to/with sth ajustarse a algo **conformist** n conformista **conformity** n (formal) conformidad: in conformity with sth de conformidad con algo

confront ⊶ /kənˈfrʌnt/ vt hacer frente a, enfrentarse con: He confronted her with the facts. La hizo afrontar los hechos. **confrontation** /ˌkɒnfrʌnˈteɪʃn/; USA -frən-/ n enfrentamiento

confuse ⊶ /kənˈfjuːz/ vt **1** ~ sb/sth with sb/sth confundir a algn/algo con algn/algo **2** (persona) desorientar **3** (asunto) complicar

| ð then | s so | z zoo | ʃ she | ʒ vision | h how | ŋ sing | j yes | w wet |

confused 0→ /kənˈfjuːzd/ adj **1** confuso ➲ Ver nota en BORING **2** (persona) desorientado: to get confused desorientarse/ofuscarse

confusing 0→ /kənˈfjuːzɪŋ/ adj confuso ➲ Ver nota en BORING

confusion 0→ /kənˈfjuːʒn/ n confusión

congeal /kənˈdʒiːl/ vi coagularse

congenial /kənˈdʒiːniəl/ adj (formal) **1** ~ (to sb) agradable (para algn) **2** ~ (to sth) propicio (para algo)

congenital /kənˈdʒenɪtl/ adj congénito

congested /kənˈdʒestɪd/ adj ~ (with sth) congestionado (de algo)

congestion /kənˈdʒestʃən/ n congestión: congestion charge tasa de circulación que se paga por acceder al centro de una ciudad

conglomerate /kənˈɡlɒmərət/ n grupo (de empresas)

congratulate 0→ /kənˈɡrætʃuleɪt/ vt ~ sb (on sth) felicitar a algn (por algo)

🔎 **Congratulating somebody on something**
Dar la enhorabuena por algo
• *Congratulations on your wedding!* ¡Enhorabuena por tu boda!
• *Well done for passing your exam.* Enhorabuena por aprobar tu examen.
• *I heard you did very well in your exams – congratulations!* He oído que te fueron muy bien los exámenes. ¡Enhorabuena!

congratulation 0→ /kənˌɡrætʃuˈleɪʃn/ n felicitación LOC **congratulations!** ¡enhorabuena!

congregate /ˈkɒŋɡrɪɡeɪt/ vi congregarse **congregation** n [v sing o pl] feligreses

congress 0→ /ˈkɒŋɡres/; USA -grəs/ n [v sing o pl] **1** congreso **2** Congress (USA) (Pol) Congreso

🔎 El congreso de Estados Unidos está formado por dos cámaras: el Senado (**the Senate**) y la Cámara de los Representantes (**the House of Representatives**). En el Senado hay dos representantes por cada estado, y en la Cámara de los Representantes el número de representantes de cada estado depende de su población.

congressional /kənˈɡreʃənl/ adj del congreso

congressman /ˈkɒŋɡresmən; USA -grəs-/ n (pl **-men** /ˈmən/) (USA) diputado (esp de la Cámara de los Representantes)

congresswoman /ˈkɒŋɡreswʊmən; USA -grəs-/ n (pl **-women** /ˈwɪmɪn/) (USA) diputada (esp de la Cámara de los Representantes)

conical /ˈkɒnɪkl/ adj cónico

conifer /ˈkɒnɪfə(r), ˈkəʊn-/ n conífera

conjecture /kənˈdʒektʃə(r)/ n **1** conjetura **2** [incontable] conjeturas

conjunction /kənˈdʒʌŋkʃn/ n (Gram) conjunción LOC **in conjunction with** (formal) conjuntamente con

conjure /ˈkʌndʒə(r)/ vi hacer juegos de manos PHR V **conjure sth up 1** (imagen, etc.) evocar algo **2** hacer aparecer algo como por arte de magia **3** (espíritu) invocar algo **conjuror** (tb conjurer) n prestidigitador, -ora

connect 0→ /kəˈnekt/ **1** vt, vi conectar(se) **2** vt, vi (habitaciones) comunicar(se) **3** vt ~ sb/sth (with sb/sth) relacionar a algn/algo (con algn/algo) Ver tb WELL CONNECTED **4** vt ~ sb (with sb) (teléfono) poner a algn (con algn) **5** vt emparentar: connected by marriage emparentados políticamente **connected** adj ~ (with sb/sth) relacionado (con algn/algo)

connection 0→ /kəˈnekʃn/ n **1** conexión **2** relación **3** (transporte) enlace LOC **in connection with sb/sth** (formal) en relación con algn/algo ◆ **have connections** tener enchufe

connectivity /ˌkɒnekˈtɪvɪti/ n [incontable] conectividad

connoisseur /ˌkɒnəˈsɜː(r)/; USA tb -ˈsʊər/ n conocedor, -ora; experto, -a

conquer /ˈkɒŋkə(r)/ vt **1** conquistar **2** vencer, derrotar **conqueror** n **1** conquistador, -ora **2** vencedor, -ora

conquest /ˈkɒŋkwest/ n conquista

conscience /ˈkɒnʃəns/ n conciencia (moral) LOC **have sth on your conscience** pesar algo sobre la conciencia de algn

conscientious /ˌkɒnʃiˈenʃəs/ adj concienzudo: conscientious objector objetor de conciencia

conscious 0→ /ˈkɒnʃəs/ adj **1** consciente **2** (esfuerzo, decisión) deliberado **consciously** adv deliberadamente **consciousness** n **1** conocimiento **2** ~ (of sth) conciencia (sobre algo)

conscript /ˈkɒnskrɪpt/ n recluta **conscription** /kənˈskrɪpʃn/ n reclutamiento (obligatorio)

consecrate /ˈkɒnsɪkreɪt/ vt consagrar

consecutive /kənˈsekjətɪv/ adj consecutivo

consent /kənˈsent/ nombre, verbo
▶ n consentimiento LOC Ver AGE
▶ vi ~ (to sth) acceder (a algo)

consequence 0→ /ˈkɒnsɪkwəns; USA -səkwens/ n **1** [gen pl] consecuencia: as a/in consequence of sth a consecuencia de algo **2** (formal) importancia

consequent /ˈkɒnsɪkwənt/ adj (formal) **1** consiguiente **2** ~ **on/upon sth** que resulta de algo **consequently** adv por consiguiente

conservation /ˌkɒnsəˈveɪʃn/ n **1** conservación: *conservation area* zona protegida **2** ahorro (*de recursos*)

conservative ⚬₩ /kənˈsɜːvətɪv/ adjetivo, nombre
▶ adj (Pol tb Conservative) conservador
▶ n (Pol tb Conservative) conservador, -ora

conservatory /kənˈsɜːvətri/; USA -tɔːri/ n (pl **conservatories**) **1** galería acristalada, jardín de invierno **2** (*Mús*) conservatorio

conserve /kənˈsɜːv/ vt **1** conservar **2** (*energía*) ahorrar **3** (*fuerzas*) reservar **4** (*naturaleza*) proteger

consider ⚬₩ /kənˈsɪdə(r)/ vt **1** considerar: *to consider doing sth* pensar hacer algo **2** tener en cuenta

considerable ⚬₩ /kənˈsɪdərəbl/ adj considerable

considerably ⚬₩ /kənˈsɪdərəbli/ adv bastante

considerate /kənˈsɪdərət/ adj ~ **(towards sb)** considerado (con algn)

consideration ⚬₩ /kənˌsɪdəˈreɪʃn/ n **1** consideración: *It is under consideration.* Lo están considerando. **2** factor **LOC** **take sth into consideration** tener algo en cuenta

considering /kənˈsɪdərɪŋ/ prep, conj teniendo en cuenta

consign /kənˈsaɪn/ vt ~ **sb/sth to sth** (formal) abandonar a algn/algo a/en algo: *consigned to oblivion* relegado al olvido **consignment** n **1** pedido **2** envío

consist ⚬₩ /kənˈsɪst/ v **PHR V** consist in sth/in doing sth (formal) consistir en algo/en hacer algo ◆ consist of sth constar de algo, estar formado por algo

consistency /kənˈsɪstənsi/ n (pl **consistencies**) **1** consistencia **2** (*actitud*) coherencia

consistent /kənˈsɪstənt/ adj **1** (*persona*) consecuente **2** constante **3** ~ **(with sth)** coherente, en concordancia (con algo) **consistently** adv **1** constantemente **2** (*actuar*) consecuentemente

consolation /ˌkɒnsəˈleɪʃn/ n consuelo: *consolation prize* premio de consolación

console verbo, nombre
▶ vt /kənˈsəʊl/ consolar
▶ n /ˈkɒnsəʊl/ consola

consolidate /kənˈsɒlɪdeɪt/ vt, vi consolidar(se)

consonant /ˈkɒnsənənt/ n consonante

consortium /kənˈsɔːtiəm/ n (pl **consortia** /-tiə, -ˈsɔːʃə/) consorcio

conspicuous /kənˈspɪkjuəs/ adj **1** llamativo: *to make yourself conspicuous* llamar la atención **2** visible: *I felt very conspicuous.* Tuve la sensación de que todo el mundo me miraba. **LOC** be conspicuous by your absence brillar algn por su ausencia **conspicuously** adv notablemente

conspiracy /kənˈspɪrəsi/ n (pl **conspiracies**) **1** conspiración **2** conjura **conspiratorial** /kənˌspɪrəˈtɔːriəl/ adj conspirador

conspire /kənˈspaɪə(r)/ vi conspirar

constable /ˈkʌnstəbl/; USA ˈkɑːn-/ n (agente de) policía

constant ⚬₩ /ˈkɒnstənt/ adjetivo, nombre
▶ adj **1** constante, continuo **2** (*amigo, seguidor, etc.*) fiel
▶ n constante

constantly ⚬₩ /ˈkɒnstəntli/ adv constantemente

constellation /ˌkɒnstəˈleɪʃn/ n constelación

constipated /ˈkɒnstɪpeɪtɪd/ adj estreñido

constipation /ˌkɒnstɪˈpeɪʃn/ n estreñimiento

constituency /kənˈstɪtjuənsi/; USA -tʃu-/ n (pl **constituencies**) **1** distrito electoral **2** votantes ➔ *Ver nota en* PARLIAMENT

constituent /kənˈstɪtjuənt/; USA -tʃu-/ n **1** (Pol) elector, -ora **2** componente

constitute /ˈkɒnstɪtjuːt/; USA -stətuːt/ vt (formal) constituir

constitution /ˌkɒnstɪˈtjuːʃn/; USA -stəˈtuː-/ n constitución **constitutional** adj constitucional

constraint /kənˈstreɪnt/ n **1** limitación **2** coacción

constrict /kənˈstrɪkt/ vt **1** apretar **2** limitar

construct ⚬₩ /kənˈstrʌkt/ vt construir ❶ La palabra más normal es **build**.

construction ⚬₩ /kənˈstrʌkʃn/ n construcción

constructive /kənˈstrʌktɪv/ adj constructivo

construe /kənˈstruː/ vt (formal) interpretar

consul /ˈkɒnsl/ n cónsul

consulate /ˈkɒnsjələt/; USA -sə-/ n consulado

consult ⚬₩ /kənˈsʌlt/ vt, vi consultar: *consulting room* consultorio

consultancy /kənˈsʌltənsi/ n (pl **consultancies**) (empresa de) asesoría

consultant /kənˈsʌltənt/ n **1** asesor, -ora **2** (Med) especialista

consultation /ˌkɒnslˈteɪʃn/ n consulta

consume /kən'sjuːm; USA -'suːm/ vt consumir: *He was consumed with envy.* Lo consumía la envidia.

consumer /kən'sjuːmə(r); USA -'suː-/ n consumidor, -ora

consumerism /kən'sjuːmərɪzəm; USA -'suː-/ n consumismo

consumerist /kən'sjuːmərɪst; USA -'suː-/ adj consumista

consummate adjetivo, verbo
▶ adj /'kɒnsəmət; GB tb kən'sʌmət/ (formal) **1** consumado **2** (habilidad, etc.) extraordinario
▶ vt /'kɒnsəmeɪt/ (formal) **1** (matrimonio) consumar **2** culminar

consumption /kən'sʌmpʃn/ n consumo

contact /'kɒntækt/ nombre, verbo
▶ n contacto: *to make contact with sb* ponerse en contacto con algn
▶ vt ponerse en contacto con **contactable** adj que se puede contactar

contact lens n (pl **contact lenses**) lentilla

contactless /'kɒntæktləs/ adj (pago) sin contacto

contagious /kən'teɪdʒəs/ adj contagioso

contain /kən'teɪn/ vt contener: *to contain yourself* contenerse

container /kən'teɪnə(r)/ n **1** recipiente **2** contenedor: *container lorry/ship* camión/ buque contenedor

contaminate /kən'tæmɪneɪt/ vt contaminar

contemplate /'kɒntəmpleɪt/ **1** vt considerar: *to contemplate doing sth* considerar la idea de hacer algo **2** vt, vi contemplar, meditar (sobre)

contemporary /kən'temprəri; USA -pəreri/ adjetivo, nombre
▶ adj **1** contemporáneo **2** de la época
▶ n (pl **contemporaries**) coetáneo, -a

contempt /kən'tempt/ n **1** desprecio: *beneath contempt* despreciable **2** (tb con‚tempt of 'court) desacato (al tribunal) **LOC** hold sb/sth in contempt despreciar a algn/algo **contemptible** adj despreciable **contemptuous** adj desdeñoso, despectivo

contend /kən'tend/ (formal) **1** vi ~ with sth luchar contra algo: *She's had a lot of problems to contend with.* Ha tenido que enfrentarse con muchos problemas. **2** vi ~ (for sth) competir, luchar (por algo) **3** vt (formal) afirmar **contender** n contendiente

content¹ /'kɒntent/ n (tb contents [pl]) contenido: *table of contents* índice de materias

content² /kən'tent/ adjetivo, verbo
▶ adj ~ (with sth/to do sth) contento (con algo/con hacer algo); satisfecho (con algo)
▶ vt ~ yourself with sth contentarse con algo **contented** adj satisfecho

contention /kən'tenʃn/ n (formal) **1** discusión:

containers

packets　　**packets/bags**　　**boxes**　　**cartons**

jars　　**tubs**　　**tins/cans**　　**tube**

a point of contention un punto que se discute **2** opinión LOC **in/out of contention (for sth)** en liza/fuera de la contienda (por algo) *Ver tb* BONE

contentious /kənˈtenʃəs/ *adj* (*formal*) **1** polémico **2** pendenciero

contentment /kənˈtentmənt/ *n* contento, satisfacción

contest ⊶ *nombre, verbo*
▸ *n* /ˈkɒntest/ **1** concurso, competición **2** ~ **(for sth)** lucha (por algo)
▸ *vt* /kənˈtest/ **1** (*premio, escaño*) disputar **2** (*afirmación*) rebatir **3** (*decisión*) impugnar

contestant /kənˈtestənt/ *n* concursante

context ⊶ /ˈkɒntekst/ *n* contexto

continent ⊶ /ˈkɒntɪnənt/ *n* **1** (*Geog*) continente **2 the Continent** (*GB*) el continente europeo

continental /ˌkɒntɪˈnentl/ *adj* continental

conti͵nental ˈbreakfast *n* desayuno continental (*café/té y bollos*)

contingency /kənˈtɪndʒənsi/ *n* (*pl* **contingencies**) eventualidad: *contingency plan* plan de emergencia

contingent /kənˈtɪndʒənt/ *n* [*v sing o pl*] **1** representación **2** (*Mil*) contingente

continual /kənˈtɪnjuəl/ *adj* [*solo antes de sustantivo*] continuo **continually** *adv* continuamente

> 🔎 **¿Continual o continuous? Continual** y **continually** suelen emplearse para describir acciones que se repiten sucesivamente y a menudo tienen un matiz negativo: *His continual phone calls started to annoy her.* Sus continuas llamadas empezaban a fastidiarla. **Continuous** y **continuously** se usan para describir acciones ininterrumpidas: *There has been a continuous improvement in his work.* Su trabajo ha mostrado una mejora constante. ◇ *It has rained continuously for two days.* Lleva dos días lloviendo sin parar.

continuation /kənˌtɪnjuˈeɪʃn/ *n* continuación

continue ⊶ /kənˈtɪnjuː/ **1** *vi* ~ **(doing sth/to do sth)** continuar, seguir (haciendo algo) **2** *vt* continuar: *To be continued…* Continuará… **continued** *adj* continuo **continuing** *adj* continuado

continuity /ˌkɒntɪˈnjuːəti; *USA* -təˈnuː-/ *n* continuidad

continuous ⊶ /kənˈtɪnjuəs/ *adj* constante, continuo ⊃ *Ver nota en* CONTINUAL

con͵tinuous asˈsessment *n* (*Educ*) evaluación continua

continuously ⊶ /kənˈtɪnjuəsli/ *adv* continuamente, sin parar ⊃ *Ver nota en* CONTINUAL

contort /kənˈtɔːt/ *vt* (re)torcer **2** *vi* contorsionarse, retorcerse

contortionist /kənˈtɔːʃənɪst/ *n* contorsionista

contour /ˈkɒntʊə(r)/ *n* contorno

contraband /ˈkɒntrəbænd/ *n* contrabando

contraception /ˌkɒntrəˈsepʃn/ *n* anticoncepción **contraceptive** *adj, n* anticonceptivo

contract ⊶ *nombre, verbo*
▸ *n* /ˈkɒntrækt/ contrato
▸ /kənˈtrækt/ **1** *vi* contraerse **2** *vt* (*formal*) (*enfermedad, matrimonio, deudas*) contraer **3** *vt* (*trabajador*) contratar

contraction /kənˈtrækʃn/ *n* contracción

contractor /kənˈtræktə(r)/ *n* contratista

contradict /ˌkɒntrəˈdɪkt/ *vt* contradecir **contradiction** *n* contradicción **contradictory** *adj* contradictorio

contraflow /ˈkɒntrəfləʊ/ *n* contracorriente (*de tráfico*)

contrary /ˈkɒntrəri; *USA* -treri/ *adjetivo, nombre*
▸ *adj* **1** ~ **to sth** en contra de algo **2** contrario
▸ *n* **the contrary** [*sing*] lo contrario LOC **on the contrary** por el contrario

contrast ⊶ *nombre, verbo*
▸ *n* /ˈkɒntrɑːst; *USA* -træst/ contraste
▸ *vt, vi* /kənˈtrɑːst; *USA* -ˈtræst/ ~ **(A and/with B)** contrastar (A con B)

contrasting ⊶ /kənˈtrɑːstɪŋ; *USA* -ˈtræstɪŋ/ *adj* *two companies with contrasting fortunes* dos compañías que han tenido suertes opuestas

contribute ⊶ /kənˈtrɪbjuːt; *GB tb* ˈkɒntrɪbjuːt/ **1** *vt, vi* contribuir **2** *vt, vi* ~ **(sth) to sth** (*artículo*) escribir (algo) para algo **3** *vi* ~ **to sth** (*debate*) participar en algo

contribution ⊶ /ˌkɒntrɪˈbjuːʃn/ *n* **1** contribución **2** (*publicación*) artículo

contributor /kənˈtrɪbjətə(r)/ *n* **1** contribuyente **2** (*publicación*) colaborador, -ora

contributory /kənˈtrɪbjətəri; *USA* -tɔːri/ *adj* **1** que contribuye **2** (*plan de jubilación*) contributivo

control ⊶ /kənˈtrəʊl/ *nombre, verbo*
▸ *n* **1** control, mando, dominio: *to be in control of sth* tener el control de algo/tener algo bajo control ◇ *Her car went out of control.* Perdió el control del coche. ◇ *control tower* torre de control **2 controls** [*pl*] mandos *Ver tb* REMOTE CONTROL LOC **be out of control** estar fuera de control

---

▸ *vt* (**-ll-**) **1** controlar, tener el mando de **2** (*ley*) regular **3** (*gastos, inflación*) contener **4** (*coche*) manejar **5** ~ **yourself** dominarse

con'trol freak *n* (*coloq*) controlador obsesivo, controladora obsesiva

con'trol pad *n* gamepad, mando de control

controversial /ˌkɒntrəˈvɜːʃl/ *adj* controvertido, polémico

controversy /ˈkɒntrəvɜːsi; *GB tb* kənˈtrɒvəsi/ (*pl* **controversies**) ~ (**about/over sth**) polémica (sobre algo); controversia (acerca de algo)

convene /kənˈviːn/ (*formal*) **1** *vt* convocar **2** *vi* reunirse

convenience /kənˈviːniəns/ *n* **1** comodidad: *convenience food* comida rápida ◇ *public conveniences* aseos **2** conveniencia

con'venience store *n* (*esp USA*) tienda 24 horas

convenient ᴏ̶ʀ /kənˈviːniənt/ *adj* **1** *if it's convenient (for you)* si te viene bien **2** (*momento*) oportuno **3** práctico **4** (*accesible*) a mano **5** ~ **for sth** bien situado en relación con algo conveniently *adv* oportunamente, convenientemente

convent /ˈkɒnvənt; *USA tb* -vent/ *n* convento

convention ᴏ̶ʀ /kənˈvenʃn/ *n* **1** convencionalismo **2** congreso **3** (*acuerdo*) convención

conventional ᴏ̶ʀ /kənˈvenʃənl/ *adj* convencional **ʟᴏᴄ conventional wisdom** sabiduría popular

converge /kənˈvɜːdʒ/ *vi* **1** ~ (**on...**) (*personas*) juntarse (en...) **2** converger

conversant /kənˈvɜːsnt/ *adj* ~ **with sth** (*formal*) versado en algo: *to become conversant with sth* familiarizarse con algo

conversation ᴏ̶ʀ /ˌkɒnvəˈseɪʃn/ *n* conversación: *to make conversation* dar conversación

converse¹ /kənˈvɜːs/ *vi* (*formal*) conversar

converse² /ˈkɒnvɜːs/ *n* **the converse** (*formal*) lo contrario

conversely /ˈkɒnvɜːsli/ *adv* (*formal*) a la inversa

conversion /kənˈvɜːʃn; *USA tb* -ˈvɜːrʒn/ *n* ~ (**from sth**) (**into/to sth**) conversión (en/a algo)

convert ᴏ̶ʀ *verbo, nombre*
▸ *vt, vi* /kənˈvɜːt/ convertir(se): *The sofa converts into a bed.* El sofá se hace cama. ◇ *to convert to Islam* convertirse al Islam
▸ *n* /ˈkɒnvɜːt/ ~ (**to sth**) converso, -a (a algo)

convertible /kənˈvɜːtəbl/ *adjetivo, nombre*
▸ *adj* ~ (**into/to sth**) convertible (en algo)
▸ *n* descapotable

convex /ˈkɒnveks/ *adj* convexo

convey /kənˈveɪ/ *vt* **1** (*idea, agradecimiento*) expresar **2** (*formal*) (*saludos*) enviar **3** (*formal*) llevar, transportar

con'veyor belt *n* cinta transportadora

convict *nombre, verbo*
▸ *n* /ˈkɒnvɪkt/ presidiario, -a: *an escaped convict* un preso fugado
▸ *vt* /kənˈvɪkt/ ~ **sb** (**of sth**) declarar culpable a algn (de algo)

conviction /kənˈvɪkʃn/ *n* **1** ~ (**for sth**) condena (por algo) **2** ~ (**that...**) convicción (de que...): *to lack conviction* no ser convincente

convince ᴏ̶ʀ /kənˈvɪns/ *vt* ~ **sb** (**of sth**); ~ **sb to do sth** convencer a algn (de algo); convencer a algn para que haga algo **convinced** *adj* convencido **convincing** *adj* convincente

convulse /kənˈvʌls/ *vt* convulsionar: *convulsed with laughter* muerto de risa **convulsion** *n* convulsión

cook ᴏ̶ʀ /kʊk/ *verbo, nombre*
▸ **1** *vi* (*persona*) cocinar, hacer la comida **2** *vi* (*comida*) cocer **3** *vt* preparar: *The potatoes aren't cooked.* Las patatas no están hechas. **ʟᴏᴄ cook the books** (*coloq*) falsificar los libros de contabilidad **ᴘʜʀ ᴠ cook sth up** (*coloq*) inventarse algo: *to cook up an excuse* montarse una excusa
▸ *n* cocinero, -a: *He's a good cook.* Cocina bien.

cookbook /ˈkʊkbʊk/ (*tb* 'cookery book) *n* libro de cocina

cooker ᴏ̶ʀ /ˈkʊkə(r)/ *n* cocina (*electrodoméstico*)

cookery /ˈkʊkəri/ *n* [*incontable*] cocina: *Oriental cookery* la cocina oriental

cookie /ˈkʊki/ *n* **1** (*esp USA*) galleta **2** (*Informát*) cookie, galleta

cooking ᴏ̶ʀ /ˈkʊkɪŋ/ *n* [*incontable*] **1** cocina: *French cooking* la cocina francesa **2** *to do the cooking* hacer la comida ◇ *cooking apple* manzana de asar

cool ᴏ̶ʀ /kuːl/ *adjetivo, verbo, nombre*
▸ *adj* (**cooler**, **-est**) **1** fresco: *to get cool* refrescar(se) ➔ *Ver nota en* ғʀío **2** sereno **3** ~ (**towards sb**) frío (con algn) **4** ~ (**about sth**) indiferente (hacia algo) **5** (*coloq*) guay: *'I'll meet you at three.' 'Cool.'* —Quedamos a las tres. —Guay. ◇ *That's so cool!* ¡Eso mola mucho! ◇ *He's really cool.* Es un tío genial. **ʟᴏᴄ keep/stay cool** no perder la calma: *Keep cool!* ¡Tranquilo!
▸ *vt, vi* enfriar(se) **ᴘʜʀ ᴠ cool down/off 1** refrescarse **2** enfriarse **3** calmarse ♦ **cool sb down/off 1** refrescar a algn ♦ **cool sth down/off** enfriar algo

---

▸ *n* **the cool** [*sing*] el fresco LOC **keep/lose your cool** (*coloq*) mantener/perder la calma

coolant /ˈkuːlənt/ *n* (líquido) refrigerante

cooperate /kəʊˈɒpəreɪt/ *vi* **1** ~ **(with sb) (on sth/ in doing sth)** cooperar (con algn) (en algo/para hacer algo) **2** colaborar **cooperation** *n* **1** cooperación **2** colaboración

cooperative /kəʊˈɒpərətɪv/ *adjetivo, nombre*
▸ *adj* **1** cooperativo **2** dispuesto a colaborar
▸ *n* (*coloq* **co-op** /ˈkəʊ ɒp/) cooperativa

coordinate /kəʊˈɔːdɪneɪt/ *vt* coordinar **coordination** *n* coordinación **coordinator** *n* coordinador, -ora

cop /kɒp/ *n* (*coloq*) poli (*individuo*): *the cops* la poli

cope ⟳ /kəʊp/ *vi* ~ **(with sth)** arreglárselas (con algo); hacer frente a algo: *I can't cope.* No puedo más.

copious /ˈkəʊpiəs/ *adj* abundante

copper /ˈkɒpə(r)/ *n* **1** cobre **2** (*GB, coloq*) policía

copy ⟳ /ˈkɒpi/ *nombre, verbo*
▸ *n* (*pl* **copies**) **1** copia **2** (*libro, etc.*) ejemplar **3** (*revista, etc.*) número **4** texto (*para imprimir*)
▸ *vt* (*pt, pp* **copied**) **1** ~ **sth (down/out) (into/onto sth)** copiar algo (en algo) **2** imitar **3** fotocopiar

copycat /ˈkɒpikæt/ *n* (*coloq*) copión, -ona

copyright /ˈkɒpiraɪt/ *nombre, adjetivo*
▸ *n* derechos de autor, copyright
▸ *adj* registrado, protegido por los derechos de autor

coral /ˈkɒrəl/; *USA* /ˈkɔːrəl/ *nombre, adjetivo*
▸ *n* coral (*Zool*)
▸ *adj* de coral, coralino

cord /kɔːd/ *n* **1** cordón **2** (*USA*) cable (*eléctrico*) **3** pana **4 cords** [*pl*] pantalón de pana ➲ *Ver nota en* PAIR

cordless /ˈkɔːdləs/ *adj* (*teléfono*) inalámbrico

cordon /ˈkɔːdn/ *nombre, verbo*
▸ *n* cordón
▸ *vt* ~ **sth off** acordonar algo

corduroy /ˈkɔːdərɔɪ/ *n* pana

core ⟳ /kɔː(r)/ *n* **1** corazón (*de fruta*) **2** centro, núcleo: *a hard core* un núcleo arraigado LOC **to the core** hasta la médula

coriander /ˌkɒriˈændə(r)/; *USA* /ˌkɔːr-/ *n* cilantro

cork /kɔːk/ *n* corcho

corkscrew /ˈkɔːkskruː/ *n* sacacorchos

corn /kɔːn/ *n* **1** (*GB*) cereal **2** (*USA*) maíz **3** callo (*en el dedo del pie*)

corner ⟳ /ˈkɔːnə(r)/ *nombre, verbo*
▸ *n* **1** (*desde dentro*) rincón **2** (*desde fuera*) esquina **3** (*tb* **corner kick**) córner, saque de esquina LOC **(just) (a)round the corner** a la vuelta de la esquina

▸ **1** *vt* acorralar **2** *vt* monopolizar: *to corner the market in sth* hacerse con el mercado de algo **3** *vi* coger una curva

cornerstone /ˈkɔːnəstəʊn/ *n* piedra angular

cornet /ˈkɔːnɪt/ *n* **1** (*Mús*) corneta **2** cucurucho

cornflour /ˈkɔːnflaʊə(r)/ (*USA* **cornstarch** /ˈkɔːnstɑːtʃ/) *n* maicena®

corn on the cob /ˌkɔːn ɒn ðə ˈkɒb/ *n* mazorca (de maíz)

corny /ˈkɔːni/ *adj* (**cornier, -iest**) (*coloq*) **1** trillado **2** cursi, sensiblero

corollary /kəˈrɒləri; *USA* ˈkɔːrəleri/ *n* (*pl* **corollaries**) ~ **(of/to sth)** (*formal*) consecuencia lógica (de algo)

corona /kəˈrəʊnə/ *n* (*pl* **coronae** /-niː/) corona (*solar*)

coronation /ˌkɒrəˈneɪʃn; *USA* ˌkɔːr-/ *n* coronación

coroner /ˈkɒrənə(r); *USA* ˈkɔːr-/ *n* juez de instrucción (*en casos de muerte violenta o accidentes*)

corporal /ˈkɔːpərəl/ *nombre, adjetivo*
▸ *n* (*Mil*) cabo
▸ *adj* *corporal punishment* castigo corporal

corporate /ˈkɔːpərət/ *adj* **1** corporativo **2** colectivo

corporation /ˌkɔːpəˈreɪʃn/ *n* [*v sing o pl*] **1** corporación **2** corporación municipal, ayuntamiento

corps /kɔː(r)/ *n* (*pl* **corps** /kɔːz/) [*v sing o pl*] cuerpo (*diplomático, etc.*)

corpse /kɔːps/ *n* cadáver

correct ⟳ /kəˈrekt/ *verbo, adjetivo*
▸ *vt* corregir
▸ *adj* correcto: *Would I be correct in saying…?* ¿Me equivoco si digo…? **correctly** *adv* correctamente

correlation /ˌkɒrəˈleɪʃn; *USA* ˌkɔːr-/ *n* correlación

correspond /ˌkɒrəˈspɒnd; *USA* ˌkɔːr-/ *vi* **1** ~ **(to/ with sth)** coincidir (con algo) **2** ~ **to sth** equivaler a algo **3** ~ **(with sb)** (*formal*) cartearse (con algn) **correspondence** *n* (*formal*) correspondencia **correspondent** *n* corresponsal **corresponding** *adj* correspondiente

corridor /ˈkɒrɪdɔː(r); *USA* ˈkɔːr-/ *n* pasillo

corrosion /kəˈrəʊʒn/ *n* corrosión

corrugated /ˈkɒrəɡeɪtɪd; *USA* ˈkɔːr-/ *adj* ondulado

corrupt /kəˈrʌpt/ *adjetivo, verbo*
▸ *adj* corrupto, deshonesto
▸ *vt* corromper **corruption** *n* corrupción

cos (*tb* **'cos, 'cause, coz**) /kəz; *GB tb* kɒz/ *conj* (*GB, coloq*) porque ❶ Esta forma no se considera gramaticalmente correcta.

cosmetic /kɒzˈmetɪk/ *adjetivo, nombre*
▸ *adj* cosmético: *cosmetic surgery* cirugía estética
▸ *n* **cosmetics** [*pl*] cosméticos

cosmopolitan /ˌkɒzməˈpɒlɪtən/ *adj*, *n* cosmopolita

cosplay /ˈkɒspleɪ, ˈkɒzpleɪ/ *n* forma de expresión en la que los participantes se disfrazan y representan a sus personajes preferidos

cost 0̶ᴧ /kɒst; *USA* kɔːst/ *nombre, verbo*
▸ *n* **1** coste: *whatever the cost* cueste lo que cueste **2 costs** [*pl*] costas, gastos **LOC** **at all cost(s)** a toda costa *Ver tb* COUNT
▸ *vt* **1** (*pt, pp* **cost**) costar, valer **2** (*pt, pp* **costed**) (*Econ*) presupuestar

🔎 **Asking the price**
Preguntar el precio de algo
• *Can you tell me how much this is, please?* ¿Me puede decir cuánto cuesta, por favor?
• *How much are the plums?* ¿Cuánto son las ciruelas?
• *What would it cost to repair?* ¿Cuánto costaría repararlo?

co-star /ˈkəʊ stɑː(r)/ *n* coprotagonista
cost-ef'fective *adj* rentable
costly /ˈkɒstli; *USA* ˈkɔːst-/ *adj* (**costlier, -iest**) costoso
costume /ˈkɒstjuːm; *USA* -stuːm/ *n* **1** traje **2** (*Teat*) vestuario: *costume designer* diseñador de vestuario
cosy (*USA* cozy) /ˈkəʊzi/ *adj* (**cosier, -iest**) acogedor: *I felt really cosy there.* Me sentí muy a gusto allí.
cot /kɒt/ *n* **1** cuna **2** (*USA*) camastro
cottage 0̶ᴧ /ˈkɒtɪdʒ/ *n* casita (*de campo*) ⊃ *Ver nota en* CASA
cottage 'cheese *n* tipo de queso fresco con grumos
cotton 0̶ᴧ /ˈkɒtn/ *n* **1** algodón **2** hilo (*de algodón*)
cotton 'candy *n* (*USA*) algodón de azúcar
cotton 'wool (*USA* cotton) *n* [*incontable*] algodón (*para heridas, maquillaje*)
couch /kaʊtʃ/ *nombre, verbo*
▸ *n* **1** sofá **2** diván
▸ *vt* ~ **sth (in sth)** (*formal*) expresar algo (en algo)
couchette /kuːˈʃet/ *n* litera (*en tren*)
couch potato *n* (*pl* **couch potatoes**) (*coloq, pey*) teleadicto, -a
cough 0̶ᴧ /kɒf; *USA* kɔːf/ *verbo, nombre*
▸ *vi* toser **PHR V** **cough (sth) up** (*coloq*) soltar algo (*dinero*) ◆ **cough sth up** escupir algo
▸ *n* tos

could 0̶ᴧ *pt de* CAN¹
council 0̶ᴧ /ˈkaʊnsl/ *n* [*v sing o pl*] **1** consejo municipal, ayuntamiento: *council flat/house* vivienda protegida perteneciente al ayuntamiento **2** consejo **councillor** (*USA tb* councilor) *n* concejal, -ala
counsel /ˈkaʊnsl/ *nombre, verbo*
▸ *n* **1** (*formal*) consejo ❶ En este sentido la palabra más normal es **advice**. **2** abogado, -a ⊃ *Ver nota en* ABOGADO
▸ *vt* (**-ll-**, *USA* **-l-**) **1** dar apoyo psicológico a **2** (*formal*) aconsejar **counselling** (*USA tb* counseling) *n* [*incontable*] apoyo psicológico **counsellor** (*USA tb* counselor) *n* **1** asesor, -ora; consejero, -a **2** (*USA, Irl*) abogado, -a
count 0̶ᴧ /kaʊnt/ *verbo, nombre*
▸ **1** *vt, vi* ~ **(sth) (up)** contar (algo) **2** *vi* ~ **(as sth)** contar (como algo) **3** *vi* ~ **(for sth)** importar, contar (para algo) **4** *vi* valer **5** *vt*: *to count yourself lucky* considerarse afortunado/a **LOC** **count the cost (of sth)** pagar las consecuencias (de algo) **PHR V** **count down (to sth)** hacer la cuenta atrás (para algo): *She's already counting down to her birthday.* Ya está contando los días que faltan para su cumpleaños. ◆ **count sb in** contar a algn ◆ **count on sb/sth** contar con algn/algo ◆ **count sb out** no contar con algn ◆ **count towards sth** contribuir a algo
▸ *n* **1** recuento, cuenta **2** conde
countdown /ˈkaʊntdaʊn/ *n* ~ **(to sth)** cuenta atrás (de algo)
countenance /ˈkaʊntənəns/ *verbo, nombre*
▸ *vt* (*formal*) aprobar, tolerar
▸ *n* (*formal*) rostro, semblante
counter 0̶ᴧ /ˈkaʊntə(r)/ *nombre, verbo, adverbio*
▸ *n* **1** mostrador **2** (*juego*) ficha **3** contador
▸ **1** *vt, vi* rebatir **2** *vt* responder a **3** *vt* contrarrestar
▸ *adv* ~ **to sth** en contra de algo
counteract /ˌkaʊntərˈækt/ *vt* contrarrestar
counter-attack *n* contraataque
counterclockwise /ˌkaʊntəˈklɒkwaɪz/ *adv*, *adj* (*USA*) en sentido contrario a las agujas del reloj
counterfeit /ˈkaʊntəfɪt/ *adj* falso, falsificado
counterpart /ˈkaʊntəpɑːt/ *n* **1** homólogo, -a **2** equivalente
counterproductive /ˌkaʊntəprəˈdʌktɪv/ *adj* contraproducente
counterterrorism /ˌkaʊntəˈterərɪzəm/ *n* contraterrorismo
countess /ˈkaʊntəs, -tes/ *n* condesa
countless /ˈkaʊntləs/ *adj* innumerable

| aʊ now | ɔɪ join | ɪə near | eə hair | ʊə pure | tʃ chin | dʒ June | v van | θ thin |

country /ˈkʌntri/ n (pl **countries**) **1** país **2** zona, tierra **3** patria **4** the country [sing] el campo, la campiña: country life la vida rural

countryman /ˈkʌntrimən/ n (pl **-men** /-mən/) **1** compatriota **2** campesino

countryside /ˈkʌntrisaɪd/ n [incontable] **1** campo, campiña **2** paisaje

countrywoman /ˈkʌntriwʊmən/ n (pl **-women** /-wɪmɪn/) **1** compatriota **2** campesina

county /ˈkaʊnti/ n (pl **counties**) condado

coup /kuː/ n (pl **coups** /kuːz/) **1** (tb coup d'état /ˌkuː deɪˈtɑː/) (pl **coups d'état** /ˌkuː deɪˈtɑː/) golpe (de estado) **2** éxito

couple /ˈkʌpl/ nombre, verbo
▸ n pareja (relación amorosa): a married couple un matrimonio つ Comparar con PAIR [LOC] a couple (of) un par (de), unos cuantos
▸ vt **1** asociar, acompañar: coupled with sth junto con algo **2** acoplar, enganchar

coupon /ˈkuːpɒn/ USA tb /ˈkjuː-/ n cupón, vale

courage /ˈkʌrɪdʒ/ n valor [LOC] Ver DUTCH, PLUCK **courageous** /kəˈreɪdʒəs/ adj **1** (persona) valiente **2** (intento) valeroso

courgette /kʊəˈʒet/ GB tb /kɔːˈ-/ n calabacín

courier /ˈkʊriə(r)/ n **1** mensajero, -a **2** guía turístico, -a (persona)

course /kɔːs/ n **1** ~ (in/on sth) (Educ) curso (de algo): a short computing course un cursillo de informática **2** (barco, avión, río) rumbo, curso: to be on/off course seguir el rumbo/un rumbo equivocado **3** transcurso: in the course of the year en el transcurso del año **4** (comida) plato **5** (Golf) campo **6** (carreras) pista **7** ~ of sth (Med) tratamiento de algo [LOC] a course of action una línea de actuación ♦ of course por supuesto: of course not claro que no Ver tb DUE, MATTER, MIDDLE

coursebook /ˈkɔːsbʊk/ n libro de texto

court /kɔːt/ nombre, verbo
▸ n **1** (tb ˌcourt of ˈlaw) juzgado, tribunal: a court case/order un pleito/una orden judicial Ver tb HIGH COURT **2** (Dep) pista **3** corte [LOC] go to court (over sth) ir a juicio (por algo) ♦ take sb to court demandar a algn
▸ vt **1** cortejar **2** (peligro, etc.) exponerse a

courteous /ˈkɜːtiəs/ adj cortés

courtesy /ˈkɜːtəsi/ n (pl **courtesies**) cortesía [LOC] (by) courtesy of sb/sth (por) gentileza de algn/algo

court martial /ˌkɔːt ˈmɑːʃl/ n (pl **courts martial** /ˌkɔːts ˈ-/) consejo de guerra

courtship /ˈkɔːtʃɪp/ n noviazgo

courtyard /ˈkɔːtjɑːd/ n patio

cousin /ˈkʌzn/ n primo, -a

cove /kəʊv/ n cala

covenant /ˈkʌvənənt/ n convenio, pacto

cover /ˈkʌvə(r)/ verbo, nombre
▸ vt **1** ~ sth (up/over) (with sth) cubrir algo (con algo) **2** ~ sb/sth in/with sth cubrir a algn/algo de algo **3** (cazuela, cara) tapar **4** (timidez, etc.) disimular **5** abarcar, tratar **6** encargarse de: the salesman covering the area el vendedor que cubre esta zona **7** recorrer: We covered 300 kilometres per day. Recorrimos 300 km al día. **8** (Mús) versionar [PHR V] **cover for sb** sustituir a algn ♦ **cover sth up** (pey) ocultar algo ♦ **cover up for sb** cubrir las espaldas a algn
▸ n **1** funda **2** cubierta **3** (libro) tapa: front cover portada **4** (revista) portada **5** ~ (against sth) seguro (contra algo) **6** (Mil) protección **7** the covers [pl] las mantas **8** ~ (for sth) tapadera (de algo) **9** identidad falsa **10** ~ (for sb) sustitución (de algn) **11** (tb ˈcover version) (Mús) versión [LOC] from cover to cover de principio a fin ♦ take cover (from sth) resguardarse (de algo) ♦ under cover of sth al amparo de algo Ver tb DIVE

coverage /ˈkʌvərɪdʒ/ n cobertura

coveralls /ˈkʌvərɔːlz/ n [pl] (USA) mono (de trabajo)

covered /ˈkʌvəd/ adj ~ (in/with sth) cubierto (de/por algo)

covering /ˈkʌvərɪŋ/ n **1** capa **2** envoltura

covering ˈletter (USA ˈcover letter) n carta de presentación

covert /ˈkəʊvɜːt; GB tb ˈkʌvət/ adj (formal) **1** secreto, encubierto **2** (mirada) furtivo

ˈcover-up n encubrimiento

covet /ˈkʌvət/ vt (formal) codiciar

cow /kaʊ/ n vaca つ Ver nota en CARNE

coward /ˈkaʊəd/ n cobarde **cowardice** /ˈkaʊədɪs/ n [incontable] cobardía **cowardly** adj cobarde

cowboy /ˈkaʊbɔɪ/ n **1** vaquero **2** (GB, coloq) chapucero, -a (albañil, fontanero, etc.)

co-worker /ˈkəʊ wɜːkə(r)/ n compañero, -a de trabajo

coy /kɔɪ/ adj **1** tímido (por coquetería) **2** ~ (about sth) reservado (respecto a algo)

cozy (USA) = COSY

crab /kræb/ n cangrejo

crack /kræk/ verbo, nombre
▸ **1** vt, vi resquebrajar(se): a cracked cup una taza agrietada **2** vt ~ sth (open) abrir algo (rompiéndolo) **3** vi ~ (open) abrirse (rompiéndose) **4** vt (nuez) cascar **5** vt ~ sth (on/against sth) golpear algo (contra algo) **6** vt, vi chascar **7** vt (látigo) restallar **8** vi (voz) quebrarse **9** vi desmoronarse

10 vt, vi (resistencia) quebrantar(se) **11** vt resolver **12** vt (coloq) (chiste) contar `LOC` **get cracking** (coloq) poner manos a la obra `PHR V` **crack down (on sb/sth)** tomar medidas enérgicas (contra algn/algo) ◆ **crack up** (coloq) **1** agotarse (física o mentalmente) **2** echarse a reír
▶ n **1** grieta **2** defecto **3** rendija, abertura **4** chasquido, (r)estallido **5** (droga) crack `LOC` **at the crack of dawn** (coloq) al amanecer

crackdown /ˈkrækdaʊn/ n ~ **(on sb/sth)** medidas enérgicas (contra algn/algo)

cracker /ˈkrækə(r)/ n **1** galleta salada **2** (tb ˌChristmas ˈcracker) petardo sorpresa

crackle /ˈkrækl/ verbo, nombre
▶ vi crepitar
▶ n (tb crackling) crujido, chisporroteo

cradle /ˈkreɪdl/ nombre, verbo
▶ n (lit y fig) cuna
▶ vt acunar

craft 0̶━ /krɑːft/; USA kræft/ nombre, verbo
▶ n **1** artesanía: craft fair feria de artesanía **2** [sing] (destreza) oficio **3** (pl **craft**) embarcación
▶ vt fabricar (artesanalmente)

craftsman /ˈkrɑːftsmən/; USA ˈkræfts-/ n (pl **-men** /-mən/) artesano, -a **craftsmanship** n **1** artesanía **2** arte

craftswoman /ˈkrɑːftswʊmən/; USA ˈkræfts-/ n (pl **-women** /-wɪmɪn/) artesana

crafty /ˈkrɑːfti/; USA ˈkræf-/ adj (**craftier**, **-iest**) astuto, ladino

crag /kræg/ n despeñadero **craggy** adj escarpado

cram /kræm/ (**-mm-**) **1** vt ~ **A into B** embutir, meter (a presión) A en B: The bus was crammed with people. El autobús estaba atiborrado de gente. **2** vi ~ **into sth** meterse con dificultad en algo; abarrotar algo **3** vi empollar

cramp /kræmp/ nombre, verbo
▶ n **1** [incontable] (muscular) calambre, tirón **2** cramps (tb ˈstomach cramps) [pl] retortijones
▶ vt (movimiento, desarrollo, etc.) obstaculizar **cramped** adj **1** (espacio) exiguo **2** (letra) apretado

cranberry /ˈkrænbəri/; USA -beri/ n (pl **cranberries**) arándano (rojo y agrio)

crane /kreɪn/ n **1** (Mec) grúa **2** (ave) grulla

crank /kræŋk/ n **1** (pey) bicho raro **2** (USA) cascarrabias **3** (Mec) manivela

crap /kræp/ nombre, adjetivo
▶ n [incontable] (argot) **1** estupideces: to talk crap decir chorradas **2** The film is a load of crap. La película es una basura.
▶ adj (GB, argot) pésimo

crash 0̶━ /kræʃ/ nombre, verbo, adjetivo
▶ n **1** accidente, choque **2** estrépito **3** (empresa) quiebra **4** (bolsa) caída **5** (Informát) fallo
▶ **1** vt, vi ~ **(sth) (into sth)** (vehículo) estrellar algo, estrellarse (contra algo): He crashed into a lamp post. Se estrelló contra una farola. **2** vt tener un accidente con: He crashed his car. Chocó con su coche. **3** vi (Informát) colgarse **4** vi (bolsa) hundirse **5** vi (empresa) quebrar **6** vi ~ **(out)** (coloq) dormir(se)
▶ adj [solo antes de sustantivo] (curso, dieta) intensivo

ˈ**crash helmet** n casco protector

ˌ**crash ˈlanding** n aterrizaje forzoso

crass /kræs/ adj **1** sumo: crass stupidity estupidez suma **2** majadero

crate /kreɪt/ n **1** cajón **2** caja (para botellas)

crater /ˈkreɪtə(r)/ n cráter

crave /kreɪv/ vt, vi anhelar **craving** n ~ **(for sth)** ansia, antojo (de algo)

crawl /krɔːl/ verbo, nombre
▶ vi **1** andar a gatas, arrastrarse **2** ~ **(along)** (tráfico) avanzar a paso de tortuga **3** ~ **(to sb)** (coloq) hacer la pelota (a algn) `LOC` **be crawling with sth** estar plagado de algo
▶ n **1** [sing] paso de tortuga **2** (estilo) crol: to do (the) crawl nadar (a) crol

crayon /ˈkreɪən/ n **1** lápiz de color, cera (de colores) **2** (Arte) pastel

craze /kreɪz/ n ~ **(for sth)** moda, fiebre (de algo)

crazy 0̶━ /ˈkreɪzi/ adj (**crazier**, **-iest**) (coloq) **1** loco: to be crazy about sb/sth estar loco por algn/algo **2** histérico: My Mum will go crazy if I get home late. Mi madre se pondrá histérica si llego tarde. **3** (idea) disparatado `LOC` **like crazy** (coloq) como loco

creak /kriːk/ verbo, nombre
▶ vi crujir, chirriar
▶ n (tb creaking [incontable]) crujido, chirrido

cream 0̶━ /kriːm/ nombre, verbo
▶ n **1** nata: cream cheese queso cremoso **2** crema, pomada **3** color crema **4 the cream of sth** estar la flor y nata de algo
▶ vt batir `PHR V` **cream sb/sth off** quedarse con lo mejor de algn/algo

creamy /ˈkriːmi/ adj (**creamier**, **-iest**) cremoso

crease /kriːs/ nombre, verbo
▶ n **1** arruga, pliegue **2** (pantalón) raya
▶ vt, vi arrugar(se)

create 0̶━ /kriˈeɪt/ vt crear, producir: to create a fuss montar un número **creation** n creación

creationism /kriˈeɪʃnɪzəm/ n creacionismo

creative /kriˈeɪtɪv/ adj creativo **creativity** /ˌkriːeɪˈtɪvəti/ n creatividad

creator /kriˈeɪtə(r)/ n creador, -ora

creature o͞͞ /ˈkriːtʃə(r)/ n criatura: *living creatures* seres vivos ◇ *a creature of habit* un animal de costumbres ◇ *creature comforts* comodidades (materiales)

crèche /kreʃ/ n guardería

credentials /krəˈdenʃlz/ n [pl] **1** credenciales **2** *(para un trabajo)* currículo

credibility /ˌkredəˈbɪləti/ n credibilidad

credible /ˈkredəbl/ adj verosímil, creíble

credit o͞͞ /ˈkredɪt/ nombre, verbo
▶ n **1** crédito: *on credit* a crédito **2** saldo positivo: *to be in credit* tener saldo positivo **3** *(contabilidad)* haber **4** mérito **5** *[gen pl]* *(Cine, TV)* crédito **LOC** **be a credit to sb/sth** hacer honor a algn/algo ♦ **do sb credit; do credit to sb** honrar a algn
▶ vt **1** *(Fin)* abonar **2** ~ **sb/sth with sth** atribuir el mérito de algo a algn/algo **3** creer **creditable** adj *(formal)* encomiable

credit card o͞͞ n tarjeta de crédito

creditor /ˈkredɪtə(r)/ n acreedor, -ora

creed /kriːd/ n credo

creek /kriːk/ n **1** *(GB)* ensenada **2** *(USA)* riachuelo **LOC** **be up the creek (without a paddle)** *(coloq)* estar apañado

creep /kriːp/ verbo, nombre
▶ vi *(pt, pp* **crept)** **1** deslizarse (sigilosamente): *to creep up on sb* aproximarse sigilosamente a algn/coger desprevenido a algn ➲ *Ver nota en* ANDAR **2** *(fig)*: *A feeling of drowsiness crept over him.* Le invadió una sensación de sopor. **3** *(planta)* trepar **PHR V** **creep sb out** *(esp USA, coloq)* asustar, incomodar a algn
▶ n *(coloq)* pelota *(persona)* **LOC** **give sb the creeps** *(coloq)* dar a algn repelús **creepy** adj **(creepier, -iest)** *(coloq)* espeluznante

cremation /krəˈmeɪʃn/ n incineración *(de un cadáver)*

crematorium /ˌkreməˈtɔːriəm/ n *(pl* **crematoria** /-riə/, **crematoriums)** crematorio

crème caramel /ˌkrem ˈkærəmel/ n flan

crept pt, pp de CREEP

crescendo /krəˈʃendəʊ/ n *(pl* **crescendos)** **1** *(Mús)* crescendo **2** cúspide

crescent /ˈkresnt/ *GB tb* /ˈkreznt/ n **1** media luna: *a crescent moon* la media luna **2** calle en forma de media luna

cress /kres/ n *[incontable]* brotes de mastuerzo que se comen sobre todo en sándwiches

crest /krest/ n **1** cresta **2** *(colina)* cima **3** *(Heráldica)* blasón

crestfallen /ˈkrestfɔːlən/ adj cabizbajo

crevice /ˈkrevɪs/ n grieta *(en una roca)*

crew /kruː/ n *[v sing o pl]* **1** tripulación: *cabin crew* tripulación (de un avión) **2** *(Cine, remo, etc.)* equipo ➲ *Ver nota en* JURADO

crew cut n corte de pelo a cepillo

crew neck n cuello (a la) caja

crib /krɪb/ nombre, verbo
▶ n **1** pesebre **2** *(USA)* cuna **3** *(coloq)* *(plagio)* copia
▶ vt, vi **(-bb-)** *(antic)* copiar

cricket /ˈkrɪkɪt/ n **1** *(Dep)* críquet **2** *(Zool)* grillo **cricketer** n jugador, -ora de críquet

cried pt, pp de CRY

cries pl de CRY

crime o͞͞ /kraɪm/ n **1** delito, crimen **2** delincuencia

criminal o͞͞ /ˈkrɪmɪnl/ adjetivo, nombre
▶ adj **1** delictivo, criminal: *criminal damage* daños y perjuicios ◇ *a criminal record* antecedentes penales **2** *(derecho)* penal **3** inmoral
▶ n delincuente, criminal

crimson /ˈkrɪmzn/ adj, n carmesí

cringe /krɪndʒ/ vi **1** *(por miedo)* encogerse **2** morirse de vergüenza

cripple /ˈkrɪpl/ verbo, nombre
▶ vt **1** dejar inválido **2** *(fig)* perjudicar seriamente
▶ n *(antic)* inválido, -a ❶ Hoy en día esta palabra es ofensiva. Se dice **disabled person**.

crippling /ˈkrɪplɪŋ/ adj **1** *(enfermedad)* que deja inválido **2** *(deuda)* agobiante

crisis o͞͞ /ˈkraɪsɪs/ n *(pl* **crises** /-siːz/) crisis

crisp o͞͞ /krɪsp/ nombre, adjetivo
▶ n *(tb* **potato crisp)** patata frita *(de bolsa)* ➲ *Ver dibujo en* PATATA
▶ adj **(crisper, -est)** **1** crujiente **2** *(fruta, verduras)* fresco **3** *(papel)* tieso **4** *(ropa)* recién planchado **5** *(tiempo)* seco y frío **6** *(manera)* tajante

crispbread /ˈkrɪspbred/ n galleta salada muy fina que se toma como sustituto del pan

crisply /ˈkrɪspli/ adv tajantemente

crispy /ˈkrɪspi/ adj crujiente

criterion o͞͞ /kraɪˈtɪəriən/ n *(pl* **criteria** /-riə/) criterio

critic /ˈkrɪtɪk/ n **1** *(Cine, Teat, etc.)* crítico, -a **2** detractor, -ora

critical o͞͞ /ˈkrɪtɪkl/ adj **1** crítico: *to be critical of sb/sth* criticar a algn/algo ◇ *critical acclaim* el aplauso de la crítica **2** *(persona)* criticón **3** *(momento)* crucial **4** *(estado)* crítico

critically /ˈkrɪtɪkli/ adv **1** críticamente **2** *critically ill* gravemente enfermo

critical mass n masa crítica

criticism o͞͞ /ˈkrɪtɪsɪzəm/ n **1** crítica **2** *[incontable]* críticas: *He can't take criticism.* No soporta que lo critiquen. **3** *[incontable]* crítica: *literary criticism* crítica literaria

criticize, -ise ⁰━ /'krɪtɪsaɪz/ *vt, vi* criticar

critique /krɪ'tiːk/ *n* análisis crítico

croak /krəʊk/ *verbo, nombre*
▶ *vi* **1** croar **2** (*persona*) gruñir
▶ *n* croar

crochet /'krəʊʃeɪ; *USA* krəʊ'ʃeɪ/ *n* (labor de) ganchillo

crockery /'krɒkəri/ *n* [*incontable*] loza, vajilla

crocodile /'krɒkədaɪl/ *n* cocodrilo

crocus /'krəʊkəs/ *n* (*pl* **crocuses**) (*Bot*) azafrán

croissant /'krwæsɒ̃; *USA* krwɑː'sɑ̃, krə'sɒnt/ *n* cruasán

crony /'krəʊni/ *n* (*pl* **cronies**) (*gen pey*) compinche

crook /krʊk/ *n* (*coloq*) ladrón, -ona (*persona deshonesta*)

crooked /'krʊkɪd/ *adj* **1** torcido **2** (*camino*) tortuoso **3** (*persona, acción*) deshonesto

crop ⁰━ /krɒp/ *nombre, verbo*
▶ *n* **1** cultivo **2** cosecha **3** [*sing*] **a ~ of sth** una tanda de algo
▶ *vt* (**-pp-**) **1** (*pelo*) cortar muy corto **2** (*foto*) recortar **3** (*animales*) pacer **PHR V** **crop up** surgir

crop top *n* top (corto) (*con la barriga al aire*)

croquet /'krəʊkeɪ; *USA* krəʊ'keɪ/ *n* croquet

cross ⁰━ /krɒs; *USA* krɔːs/ *nombre, verbo, adjetivo*
▶ *n* **1** cruz ⇨ *Ver dibujo en* TICK **2 ~ (between...)** cruce, mezcla (de...) **3** (*Fútbol*) centro (*pase*)
▶ **1** *vt, vi* cruzar, atravesar: *Shall we cross over?* ¿Pasamos al otro lado? **2** *vt, vi* cruzarse **3** *vt* llevar la contraria a **4** *vt* **~ sth with sth** (*Zool, Bot*) cruzar algo con algo **5** *vt, vi* (*Fútbol*) centrar **6** *vt* **~ yourself** santiguarse **LOC** **cross your fingers (for me)** deséame suerte: *Keep your fingers crossed!* ¡A ver si hay suerte! ◆ **cross your mind** ocurrírsele a algn, pasar por la mente: *It crossed my mind that...* Se me ocurrió que... *Ver tb* DOT **PHR V** **cross sth off/out/through** tachar algo: *to cross sb off the list* borrar a algn de la lista
▶ *adj* (**crosser, -est**) enfadado: *to get cross* enfadarse

crossbar /'krɒsbɑː(r); *USA* 'krɔːs-/ *n* **1** (*Fútbol*) larguero **2** (*de bicicleta*) barra

crossbow /'krɒsbəʊ; *USA* 'krɔːs-/ *n* ballesta

cross-'country *adj, adv* campo a través: *cross-country running/skiing* (carrera) cross/esquí de fondo

cross-e'xamine *vt* interrogar

cross-'eyed *adj* bizco

crossfire /'krɒsfaɪə(r); *USA* 'krɔːs-/ *n* fuego cruzado **LOC** **get caught in the crossfire** encontrarse entre dos fuegos

crossing /'krɒsɪŋ; *USA* 'krɔːsɪŋ/ *n* **1** (*viaje*) travesía **2** (*carretera*) cruce **3** paso de peatones *Ver tb*

ZEBRA CROSSING **4** *border crossing* frontera *Ver tb* LEVEL CROSSING

cross-legged

cross-legged   with her legs crossed

cross-legged /ˌkrɒs 'legd, 'legɪd; *USA* ˌkrɔːs/ *adj, adv* con las piernas cruzadas

crossly /'krɒsli; *USA* 'krɔːsli/ *adv* con enfado

crossover /'krɒsəʊvə(r); *USA* 'krɔːsəʊ-/ *n* mezcla (*de estilos musicales*)

cross-'post *vt, vi* (*Internet*) publicar en más de un sitio

cross 'purposes *n* **LOC** **at cross purposes** *We're (talking) at cross purposes.* Aquí hay un malentendido.

cross 'reference *n* referencia

crossroads /'krɒsrəʊdz; *USA* 'krɔːs-/ *n* (*pl* **crossroads**) cruce **LOC** **at a/the crossroads** en una/la encrucijada

cross section *n* **1** corte transversal **2** muestra representativa

crosswalk /'krɒswɔːk; *USA* 'krɔːs-/ *n* (*USA*) paso de peatones

crosswind /'krɒswɪnd; *USA* 'krɔːs-/ *n* viento de costado

crossword /'krɒswɜːd; *USA* 'krɔːs-/ (*tb* 'crossword puzzle) *n* crucigrama

crotch /krɒtʃ/ (*tb* crutch) *n* entrepierna

crouch /kraʊtʃ/ *vi* agacharse, agazaparse, ponerse en cuclillas

crow /krəʊ/ *nombre, verbo*
▶ *n* cuervo **LOC** **as the crow flies** en línea recta
▶ *vi* **1** cantar **2 ~ (about/over sth)** jactarse (de algo)

crowbar /'krəʊbɑː(r)/ *n* palanca

crowd oᴍ /kraʊd/ *nombre, verbo*
▶ *n* [*v sing o pl*] **1** multitud: *crowds of people* un montón de gente **2** público, espectadores **3** (*coloq*) gente, grupo (de amigos) **4 the crowd** (*pey*) las masas ᴸᴼᶜ *Ver* FOLLOW
▶ *vt* (*espacio*) llenar ᴾᴴᴿⱽ **crowd (a)round (sb/sth)** apiñarse (alrededor de algn/algo) ◆ **crowd in** entrar en tropel ◆ **crowd sb/sth in**; **crowd sb/sth into/onto sth** apiñar a algn/algo (en algo)

crowded oᴍ /ˈkraʊdɪd/ *adj* abarrotado

crowdfunding /ˈkraʊdfʌndɪŋ/ *n* [*incontable*] (*Internet*) microfinanciación (colectiva) (*financiación de proyectos mediante pequeñas aportaciones de dinero de muchas personas*)

crowdsourcing /ˈkraʊdsɔːsɪŋ/ *n* [*incontable*] (*Internet*) sistema abierto de colaboración

crown oᴍ /kraʊn/ *nombre, verbo*
▶ *n* **1** corona: *crown prince* príncipe heredero **2 the Crown** (*GB*) (*Jur*) el Estado **3** (*cabeza*) coronilla **4** (*sombrero*) copa **5** (*colina*) cumbre **6** (*diente*) corona
▶ *vt* coronar

crucial oᴍ /ˈkruːʃl/ *adj* ~ **(to/for sb/sth)** crucial (para algn/algo)

crucifix /ˈkruːsəfɪks/ *n* crucifijo

crucify /ˈkruːsɪfaɪ/ *vt* (*pt, pp* **-fied**) (*lit y fig*) crucificar

crude /kruːd/ *adjetivo, nombre*
▶ *adj* (**cruder, -est**) **1** burdo **2** grosero
▶ *n* (*tb* ˌcrude ˈoil*) crudo (*petróleo*)

cruel oᴍ /ˈkruːəl/ *adj* (**crueller, -est**) ~ **(to sb/sth)** cruel (con algn/algo) **cruelty** *n* (*pl* **cruelties**) crueldad

cruise /kruːz/ *nombre, verbo*
▶ *n* crucero (*viaje*)
▶ *vi* **1** hacer un crucero **2** (*avión*) volar (a velocidad de crucero) **3** (*coche*) ir a velocidad constante **cruiser** *n* **1** (*Mil*) crucero **2** (*tb* ˈcabin cruiser) lancha motora con camarotes

crumb /krʌm/ *n* **1** miga **2** (*fig*) migaja

crumble /ˈkrʌmbl/ **1** *vt, vi* (*Cocina*) desmenuzar(se) **2** *vi* ~ **(away)** desmoronarse, deshacerse **3** *vt* deshacer **crumbly** *adj* que se desmorona, que se deshace en migas

crumple /ˈkrʌmpl/ *vt, vi* ~ **(sth) (up)** arrugar algo, arrugarse

crunch /krʌntʃ/ *nombre, verbo*
▶ *n* **1** crujido **2 the crunch** [*sing*] (*coloq*) el momento de la verdad: *when it comes to the crunch* cuando llega el momento de la verdad
▶ **1** *vt* morder (*haciendo ruido*) **2** *vt, vi* (hacer) crujir **crunchy** *adj* crujiente

crusade /kruːˈseɪd/ *n* cruzada **crusader** *n* **1** (*Hist*) cruzado **2** luchador, -ora

crush oᴍ /krʌʃ/ *verbo, nombre*
▶ *vt* **1** aplastar: *to be crushed to death* morir aplastado **2** ~ **sth (up)** (*roca, etc.*) triturar algo: *crushed ice* hielo picado **3** (*fruta*) exprimir **4** (*ajo, etc.*) machacar **5** moler **6** (*ropa*) arrugar **7** (*ánimo*) abatir
▶ *n* **1** (*gentío*) aglomeración **2** ~ **(on sb)** enamoramiento (breve) (de algn): *I had a crush on my teacher.* Estaba quedado de mi profesora. **3** (*fruta*) jugo

crushing /ˈkrʌʃɪŋ/ *adj* aplastante (*derrota, golpe*)

crust /krʌst/ *n* (*de pan, Geol*) corteza **crusty** *adj* (de corteza) crujiente

crutch /krʌtʃ/ *n* **1** muleta **2** (*fig*) apoyo **3** = CROTCH

crux /krʌks/ *n* quid

cry oᴍ /kraɪ/ *verbo, nombre*
▶ (*pt, pp* **cried**) **1** *vi* ~ **(about/over sb/sth)** llorar (por algn/algo): *to cry for joy* llorar de alegría **2** *vt, vi* ~ **(sth) (out)** gritar (algo) ᴸᴼᶜ **cry your eyes/heart out** llorar a lágrima viva ◆ **it's no use crying over spilt milk** a lo hecho, pecho ᴾᴴᴿⱽ **cry off** echarse atrás ◆ **cry out for sth** (*fig*) pedir algo a gritos
▶ *n* (*pl* **cries**) **1** grito **2** llorera: *to have a (good) cry* desahogarse llorando

crybaby /ˈkraɪbeɪbi/ *n* (*pl* **crybabies**) (*coloq*) llorón, -ona

crying /ˈkraɪɪŋ/ *adj* ᴸᴼᶜ **a crying shame** una verdadera lástima *Ver tb* CRY

crypt /krɪpt/ *n* cripta

cryptic /ˈkrɪptɪk/ *adj* críptico

crystal /ˈkrɪstl/ *n* cristal

🔎 Cuando **crystal** se refiere a vidrio, indica que es de muy alta calidad. Para el cristal de calidad normal se usa **glass**.

ᴸᴼᶜ **crystal clear 1** cristalino **2** (*significado*) claro como el agua

ˌcrystal ˈmeth (*tb* crystal) *n Ver* METH

cub /kʌb/ *n* **1** (*león, tigre, zorro*) cachorro **2** osezno **3** lobezno **4 the Cubs** [*pl*] los lobatos

cube /kjuːb/ *n* **1** cubo **2** (*alimento*) cubito: *sugar cube* terrón de azúcar **cubic** *adj* cúbico

cubicle /ˈkjuːbɪkl/ *n* **1** cubículo **2** probador **3** (*piscina*) vestuario **4** (*aseos*) retrete

cubism /ˈkjuːbɪzəm/ *n* (*Arte*) cubismo **cubist** *adj, n* cubista

cuboid /ˈkjuːbɔɪd/ *adj, n* (*Geom*) cuboide

cuckoo /ˈkʊkuː/ *n* (*pl* **cuckoos**) cuco: *cuckoo clock* reloj de cuco

cucumber /ˈkjuːkʌmbə(r)/ *n* pepino

| ð then | s so | z zoo | ʃ she | ʒ vision | h how | ŋ sing | j yes | w we |

cuddle /ˈkʌdl/ verbo, nombre
▶ **1** vt, vi abrazar(se) **2** vt tener en brazos **PHR V** **cuddle up (to/against sb)** acurrucarse (junto a algn)
▶ n abrazo

cuddly /ˈkʌdli/ adj (coloq) mimoso: cuddly toy muñeco de peluche

cue /kjuː/ nombre, verbo
▶ n **1** señal **2** (Teat) entrada: He missed his cue. Perdió su entrada. **3** taco (de billar, etc.) **LOC** **(right) on cue** en el momento preciso ◆ **take your cue from sb/sth** seguir el ejemplo de algn/algo
▶ vt dar la señal a

cuff /kʌf/ nombre, verbo
▶ n **1** (ropa) puño **2** manotazo **LOC** **off the cuff** de improviso
▶ vt dar un manotazo a

cufflink /ˈkʌflɪŋk/ n gemelo (de camisa)

cuisine /kwɪˈziːn/ n cocina (arte de cocinar)

cul-de-sac /ˈkʌl də sæk/ n (pl **cul-de-sacs**, **culs-de-sac** /ˈkʌl də sæk/) callejón sin salida

cull /kʌl/ vt **1** (animales) matar (para controlar el número) **2** (información) entresacar

culminate /ˈkʌlmɪneɪt/ vi ~ **in sth** (formal) culminar en algo **culmination** n (formal) culminación

culottes /kjuːˈlɒts; USA kuˈ-/ n [pl] falda pantalón

culprit /ˈkʌlprɪt/ n culpable

cult /kʌlt/ n **1** culto: a cult movie una película de culto **2** secta

cultivate /ˈkʌltɪveɪt/ vt **1** cultivar **2** (fig) fomentar **cultivated** adj **1** (persona) culto **2** cultivado **cultivation** n cultivo

cultural /ˈkʌltʃərəl/ adj cultural

culture /ˈkʌltʃə(r)/ n **1** cultura: culture shock choque cultural **2** (Biol) cultivo **cultured** adj **1** (persona) culto **2** (célula, bacteria) de cultivo **3** (perla) cultivado

cum /kʌm/ prep a kitchen-cum-dining room una cocina-comedor

cumbersome /ˈkʌmbəsəm/ adj **1** voluminoso **2** engorroso

cumulative /ˈkjuːmjələtɪv; USA -leɪtɪv/ adj **1** acumulativo **2** acumulado

cunning /ˈkʌnɪŋ/ nombre, adjetivo
▶ n [incontable] astucia, maña
▶ adj **1** (pey) (persona, acción) astuto **2** (aparato, plan) ingenioso **cunningly** adv astutamente

cup

cup and saucer   **mug**

beer mug   **wine glass**

plastic cups   **cup**

cup /kʌp/ nombre, verbo
▶ n **1** taza: paper/plastic cup vaso de papel/plástico **2** (premio) copa: cup tie/final partido/final de copa **LOC** **(not) be sb's cup of tea** (coloq) (no) ser del gusto de algn
▶ vt (**-pp-**) hacer un cuenco/una bocina con las manos: She cupped a hand over the receiver. Tapó el teléfono con la mano. ◇ to cup your chin/face in your hands apoyar la barbilla/la cara en las manos

cupboard /ˈkʌbəd/ n armario, alacena ❶ Wardrobe es un armario para colgar ropa.

cupcake /ˈkʌpkeɪk/ n cupcake, magdalena (con cobertura)

cupful /ˈkʌpfʊl/ n taza (cantidad)

curable /ˈkjʊərəbl/ adj curable

curate /ˈkjʊərət/ n coadjutor, -ora (del párroco anglicano)

curative /ˈkjʊərətɪv/ adj (formal) curativo

curator /kjʊəˈreɪtə(r)/ n conservador, -ora (de museo)

curb /kɜːb/ verbo, nombre
▶ vt frenar
▶ n **1** ~ (on sth) freno (a algo) **2** (USA) = KERB

curd /kɜːd/ n cuajada: curd cheese requesón

curdle /ˈkɜːdl/ vt, vi cortar(se) (leche)

cure ⚬ₓ /kjʊə(r)/ *verbo, nombre*
▶ *vt* **1** curar **2** (*problema*) remediar **3** (*alimentos*) curar
▶ *n* **1** cura, curación **2** remedio

curfew /ˈkɜːfjuː/ *n* toque de queda

curiosity /ˌkjʊəriˈɒsəti/ *n* (*pl* **curiosities**) **1** curiosidad **2** cosa rara

curious ⚬ₓ /ˈkjʊəriəs/ *adj* curioso: *I'm curious to know what happened.* Tengo curiosidad/interés por saber lo que pasó.

🖉 En el sentido de "extraño", *curioso* se traduce generalmente por **odd** o **strange**. En el sentido de "fisgón" decimos **nosy** o **inquisitive**.

curl ⚬ₓ /kɜːl/ *verbo, nombre*
▶ **1** *vt, vi* rizar(se) **2** *vi*: *The smoke curled upwards.* El humo subía en espiral. **PHR V** curl up **1** acurrucarse **2** rizarse
▶ *n* rizo

curly ⚬ₓ /ˈkɜːli/ *adj* (**curlier, -iest**) rizado

currant /ˈkʌrənt; *USA* ˈkɜːrənt/ *n* **1** pasa (*de Corinto*) ⊃ *Comparar con* RAISIN, SULTANA **2** grosella

currency /ˈkʌrənsi; *USA* ˈkɜːr-/ *n* (*pl* **currencies**) **1** moneda: *foreign/hard currency* divisa extranjera/fuerte **2** aceptación: *to gain currency* generalizarse

current ⚬ₓ /ˈkʌrənt; *USA* ˈkɜːrənt/ *nombre, adjetivo*
▶ *n* corriente
▶ *adj* **1** actual: *current affairs* temas de actualidad **2** generalizado

ˈ**current account** *n* cuenta corriente

currently ⚬ₓ /ˈkʌrəntli; *USA* ˈkɜːr-/ *adv* actualmente

curriculum /kəˈrɪkjələm/ *n* (*pl* **curricula** /-lə/, **curriculums**) plan de estudios

curry /ˈkʌri; *USA* ˈkɜːri/ *nombre, verbo*
▶ *n* (*pl* **curries**) (plato al) curry
▶ *vt* (*pt, pp* **curried**) **LOC** curry favour (with sb) dar coba (a algn)

curse /kɜːs/ *nombre, verbo*
▶ *n* **1** maldición **2** maleficio **3** desgracia
▶ *vt, vi* maldecir **LOC** be cursed with sth tener que sufrir algo: *He was cursed with bad luck.* Le perseguía la mala suerte.

cursor /ˈkɜːsə(r)/ *n* (*Informát*) cursor

cursory /ˈkɜːsəri/ *adj* rápido, superficial

curt /kɜːt/ *adj* brusco (*al contestar*)

curtail /kɜːˈteɪl/ *vt* (*formal*) acortar **curtailment** *n* (*formal*) limitación **2** interrupción

curtain ⚬ₓ /ˈkɜːtn/ *n* **1** cortina: *to draw the curtains* abrir/correr las cortinas ◇ *lace/net cur-*tains visillos **2** (*Teat*) telón **LOC** be curtains (for sb) (*coloq*) ser el fin (para algn)

curtsy (*tb* curtsey) /ˈkɜːtsi/ *nombre, verbo*
▶ *n* (*pl* **curtsies, curtseys**) reverencia (*de mujer*)
▶ *vi* (*pt, pp* **curtsied, curtseyed**) hacer una reverencia

curve ⚬ₓ /kɜːv/ *nombre, verbo*
▶ *n* curva *Ver tb* LEARNING CURVE
▶ *vi* describir/hacer una curva

curved ⚬ₓ /kɜːvd/ *adj* **1** curvo **2** en curva, arqueado

cushion /ˈkʊʃn/ *nombre, verbo*
▶ *n* **1** cojín **2** (*de aire, hojas, etc.*) colchón: *a cushion against inflation* una protección contra la inflación
▶ *vt* **1** amortiguar **2** ~ sb/sth (against/from sth) proteger a algn/algo (de algo)

cushy /ˈkʊʃi/ *adj* (**cushier, -iest**) (*coloq*) cómodo: *What a cushy job!* ¡Qué chollo de trabajo!

custard /ˈkʌstəd/ *n* [*incontable*] natillas

custodian /kʌˈstəʊdiən/ *n* **1** (*museo, etc.*) conservador, -ora **2** guardián, -ana **3** (*USA*) conserje; portero, -a

custody /ˈkʌstədi/ *n* **1** custodia: *in custody* bajo custodia **2** *to remand sb in custody* ordenar la detención de algn

custom ⚬ₓ /ˈkʌstəm/ *n* **1** costumbre **2** (*GB, formal*) clientela *Ver tb* CUSTOMS **customary** /ˈkʌstəməri; *USA* -meri/ *adj* acostumbrado, habitual: *It is customary to…* Es costumbre…

customer ⚬ₓ /ˈkʌstəmə(r)/ *n* cliente, -a

customize, -ise /ˈkʌstəmaɪz/ *vt* personalizar

ˌ**custom-ˈmade** *adj* hecho de encargo/a la medida

customs ⚬ₓ /ˈkʌstəmz/ *n* [*pl*] **1** aduana **2** (*tb* ˈ**customs duty**) derechos de aduana

cut ⚬ₓ /kʌt/ *verbo, nombre*
▶ (**-tt-**) (*pt, pp* **cut**) **1** *vt, vi* cortar(se): *to cut sth in half* partir algo por la mitad **2** *vt* reducir, recortar **3** *vt* (*precio*) rebajar **4** *vt* (*gema, etc.*) tallar: *cut glass* cristal tallado **5** *vt* (*fig*) herir **LOC** cut it/that out! (*coloq*) ¡basta ya! ◆ cut it/things fine (*coloq*) dejar algo hasta el último momento ◆ cut sb/sth short interrumpir a algn/algo **PHR V** cut across sth **1** rebasar algo **2** atajar por algo

cut sth back **1** (*tb* cut back (on sth)) recortar algo **2** podar algo

cut down (on sth) **1** reducir el consumo de algo: *to cut down on smoking* fumar menos **2** (*gastos*) reducir algo ◆ cut sth down **1** talar algo **2** reducir algo

cut in (on sb/sth) **1** interrumpir (a algn/algo) **2** (*coche*) meterse (delante de algn/algo)

cut sb off **1** (*teléfono*): *I've been cut off.* Se ha cortado la línea. **2** desheredar a algn ◆ **cut sth off 1** cortar algo: *to cut two seconds off the record* mejorar el récord en dos segundos **2** (*pueblo*) aislar algo: *to be cut off* quedar incomunicado **cut sth out 1** recortar algo **2** dejar de hacer algo: *to cut out sweets* dejar de comer dulces **3** (*información*) suprimir algo ◆ **be cut out for sth; be cut out to be sth** (*coloq*) estar hecho para algo; tener madera de algo
cut through sth *Ver* CUT ACROSS STH (2)
cut sth up cortar algo (en pedazos)
▸ *n* **1** corte, incisión **2** recorte, rebaja **3** (*ropa*) corte **4** (*ganancias*) parte **5** (*carne*) pieza **LOC** **a cut above sb/sth** (algo) superior a algn/algo

cutback /ˈkʌtbæk/ *n* recorte, reducción

cute /kjuːt/ *adj* (**cuter, -est**) mono, lindo

cutlery /ˈkʌtləri/ *n* [*incontable*] cubiertos

cutlet /ˈkʌtlət/ *n* chuleta

cut-off (*tb* ˈcut-off point) *n* límite

cut-ˈprice (*USA* ˌcut-ˈrate) *adj, adv* a precio reducido

cut-throat *adj* despiadado

cutting /ˈkʌtɪŋ/ *nombre, adjetivo*
▸ *n* **1** (*periódico, etc.*) recorte **2** (*Bot*) esqueje
▸ *adj* **1** (*comentario*) mordaz **2** (*viento*) cortante

cutting ˈedge *n* [*sing*] vanguardia: *cutting-edge technology* tecnología de vanguardia
➲ *Ver nota en* WELL BEHAVED

CV /ˌsiː ˈviː/ *n* (*abrev de* curriculum vitae) currículo

cyanide /ˈsaɪənaɪd/ *n* cianuro

cyberbully /ˈsaɪbəbʊli/ *n* (*pl* **cyberbullies**) ciberacosador, -ora

cybercafe /ˈsaɪbəkæfeɪ/ *n* cibercafé

cybercrime /ˈsaɪbəkraɪm/ *n* delito cibernético

cybernetics /ˌsaɪbəˈnetɪks/ *n* [*incontable*] cibernética

cyberspace /ˈsaɪbəspeɪs/ *n* ciberespacio

cycle 0̄ₘ /ˈsaɪkl/ *verbo, nombre*
▸ *vi* ir en bicicleta: *to go cycling* ir de paseo en bici
▸ *n* **1** bicicleta **2** ciclo

cyclic /ˈsaɪklɪk, ˈsɪk-/ (*tb* cyclical /ˈsaɪklɪkl, ˈsɪk-/) *adj* cíclico

cycling 0̄ₘ /ˈsaɪklɪŋ/ *n* ciclismo

cyclist /ˈsaɪklɪst/ *n* ciclista

cyclone /ˈsaɪkləʊn/ *n* ciclón

cylinder /ˈsɪlɪndə(r)/ *n* **1** cilindro **2** (*gas*) bombona **cylindrical** /səˈlɪndrɪkl/ *adj* cilíndrico

cymbal /ˈsɪmbl/ *n* platillo (*música*)

cynic /ˈsɪnɪk/ *n* malpensado, -a; escéptico, -a **cynical** *adj* **1** malpensado, que desconfía de todo **2** sin escrúpulos **cynicism** /ˈsɪnɪsɪzəm/ *n* cinismo

cypress /ˈsaɪprəs/ *n* ciprés

cyst /sɪst/ *n* quiste

cystic fibrosis /ˌsɪstɪk faɪˈbrəʊsɪs/ *n* (*Med*) fibrosis pulmonar

cystitis /sɪˈstaɪtɪs/ *n* [*incontable*] (*Med*) cistitis

cytoplasm /ˈsaɪtəʊplæzəm/ *n* (*Biol*) citoplasma

D d

D, d /diː/ *n* (*pl* **Ds, D's, d's**) **1** D, d ➲ *Ver nota en* A, A **2** (*Mús*) re

dab /dæb/ *verbo, nombre*
▸ *vt, vi* (**-bb-**) ~ (**at**) **sth** tocar algo ligeramente **PHRV** **dab sth on (sth)** poner un poco de algo (en algo)
▸ *n* poquito

dad 0̄ₘ /dæd/ (*tb* daddy /ˈdædi/) *n* (*coloq*) papá

daffodil /ˈdæfədɪl/ *n* narciso

daft /dɑːft; *USA* dæft/ *adj* (**dafter, -est**) (*GB, coloq*) bobo, ridículo

dagger /ˈdægə(r)/ *n* puñal, daga

daily 0̄ₘ /ˈdeɪli/ *adjetivo, adverbio, nombre*
adj diario, cotidiano
adv a diario, diariamente
n (*pl* **dailies**) diario (*periódico*)

dairy /ˈdeəri/ *nombre, adjetivo*
▸ *n* (*pl* **dairies**) lechería
▸ *adj* lechero: *dairy farming* la industria lechera
◇ *dairy farm* vaquería ◇ *dairy products/produce* productos lácteos

daisy /ˈdeɪzi/ *n* (*pl* **daisies**) margarita

dale /deɪl/ *n* valle

dam /dæm/ *nombre, verbo*
▸ *n* presa (*de un río*)
▸ *vt* (**-mm-**) embalsar

damage 0̄ₘ /ˈdæmɪdʒ/ *nombre, verbo*
▸ *n* **1** [*incontable*] daño **2 damages** [*pl*] daños y perjuicios
▸ *vt* **1** dañar **2** perjudicar **3** estropear **damaging** *adj* perjudicial

Dame /deɪm/ n (GB) título aristocrático concedido a mujeres: *Dame Judi Dench*

damn /dæm/ interjección, adjetivo, verbo, nombre
▸ interj (coloq) ¡mecachis!
▸ adj (tb damned /dæmd/) (coloq) maldito
▸ vt condenar
▸ n LOC **not care/give a damn (about sb/sth)** (coloq) importar a algn un bledo (algn/algo): *She doesn't give a damn about it.* Le importa un bledo. **damnation** /dæmˈneɪʃn/ n condenación **damning** /ˈdæmɪŋ/ adj contundente (críticas, pruebas)

damp 0͞ᴡ /dæmp/ adjetivo, nombre, verbo
▸ adj (**damper, -est**) húmedo ⮕ Ver nota en MOIST
▸ n humedad
▸ vt (tb dampen/ˈdæmpən/) **1** mojar **2** amortiguar, sofocar PHR V **damp down sth 1** apaciguar, calmar algo **2** reducir la intensidad de algo

dance 0͞ᴡ /dɑːns; USA dæns/ nombre, verbo
▸ n baile: *dance floor* pista de baile
▸ vt, vi bailar

dancer 0͞ᴡ /ˈdɑːnsə(r); USA ˈdæn-/ n bailarín, -ina

dancing 0͞ᴡ /ˈdɑːnsɪŋ; USA ˈdæn-/ n baile

dandelion /ˈdændɪlaɪən/ n diente de león

dandruff /ˈdændrʌf/ n caspa

danger 0͞ᴡ /ˈdeɪndʒə(r)/ n peligro LOC **in danger of sth** en peligro de algo: *He's in danger of losing his job.* Corre el peligro de quedarse sin empleo.

dangerous 0͞ᴡ /ˈdeɪndʒərəs/ adj **1** peligroso **2** nocivo

dangle /ˈdæŋgl/ vi colgar

dank /dæŋk/ adj (**danker, -est**) húmedo y frío

dare 0͞ᴡ /deə(r)/ **1** v modal, vi (neg **dare not, daren't** /deənt/, **don't/doesn't dare**, pt **dared not, didn't dare**) (en frases negativas y en preguntas) atreverse a

🔎 Cuando **dare** es un verbo modal le sigue un infinitivo sin **to**, y construye las oraciones negativas e interrogativas y el pasado sin el auxiliar **do**: *Nobody dared speak.* Nadie se atrevió a hablar. ◇ *I daren't ask my boss for a day off.* No me atrevo a pedirle a mi jefe un día libre.

2 vt ~ **sb (to do sth)** desafiar a algn (a hacer algo) LOC **don't you dare!** (coloq) ¡ni se te ocurra!: *Don't you dare tell her!* ¡No se te ocurra decírselo! ◆ **how dare you, etc.** cómo te atreves, se atreve, etc. ◆ **I dare say** diría yo

daredevil /ˈdeədevl/ adj, n temerario, -a

daring /ˈdeərɪŋ/ adjetivo, nombre
▸ adj atrevido, audaz
▸ n atrevimiento, osadía

dark 0͞ᴡ /dɑːk/ adjetivo, nombre
▸ adj (**darker, -est**) **1** oscuro: *dark green* verde oscuro ◇ *to get/grow dark* anochecer **2** (persona, tez) moreno **3** secreto **4** triste, agorero: *These are dark days.* Son tiempos difíciles. LOC **dark horse** una persona de talentos ocultos
▸ n **the dark** [sing] la oscuridad LOC **after/before dark** después/antes del anochecer

darken /ˈdɑːkən/ vt, vi oscurecer(se)

dark glasses n [pl] gafas oscuras ⮕ Ver nota en PAIR

darkly /ˈdɑːkli/ adv **1** misteriosamente **2** amenazadoramente

darkness /ˈdɑːknəs/ n (Internet) oscuridad, tinieblas: *in darkness* a oscuras

darkroom /ˈdɑːkruːm, -rʊm/ n cuarto de revelado

the Dark Web n la red oscura

darling /ˈdɑːlɪŋ/ n encanto: *Hello, darling!* ¡Hola, cariño!

darn /dɑːn/ vt, vi zurcir

dart /dɑːt/ nombre, verbo
▸ n dardo: *to play darts* jugar a los dardos
▸ vi **1** precipitarse **2** ~ **away/off** salir disparado

dash /dæʃ/ nombre, verbo
▸ n **1** ~ **(of sth)** pizca (de algo) **2** raya ⮕ Ver pág 395 LOC **make a dash for sth** precipitarse hacia algo
▸ **1** vi apresurarse: *I must dash.* Tengo que darme prisa. **2** vi ir a toda prisa: *He dashed across the room.* Cruzó la sala a toda prisa. ◇ *I dashed upstairs.* Subí las escaleras a todo correr. **3** vt (esperanzas, etc.) desbaratar PHR V **dash sth off** escribir algo a toda prisa

dashboard /ˈdæʃbɔːd/ n salpicadero

data 0͞ᴡ /ˈdeɪtə; GB tb ˈdɑːtə; USA tb ˈdætə/ n **1** (Informát) datos **2** información

database /ˈdeɪtəbeɪs; USA tb ˈdæt-/ (tb databank /ˈdeɪtəbæŋk; USA tb ˈdæt-/) n base de datos

data mining n [incontable] análisis de datos

date 0͞ᴡ /deɪt/ nombre, verbo
▸ n **1** fecha **2** cita: *Did he ask you out for a date?* ¿Te pidió que salieran? **3** dátil Ver tb OUT OF DATE, UP TO DATE LOC **to date** hasta la fecha
▸ vt **1** fechar **2** (fósiles, cuadros) datar PHR V **date back (to…); date from 1** remontarse a: *Her problems date back to her childhood.* Sus problemas se remontan a su infancia. **2** datar de

datebook /ˈdeɪtbʊk/ n (USA) agenda

dated /ˈdeɪtɪd/ adj pasado de moda, anticuado

daughter 0͞ᴡ /ˈdɔːtə(r)/ n hija

daughter-in-law n (pl **daughters-in-law**) nuera

daunting /ˈdɔːntɪŋ/ adj sobrecogedor, abrumador: a daunting task una tarea de enormes proporciones

dawn /dɔːn/ nombre, verbo
▸ n amanecer: from dawn till dusk de sol a sol **LOC** Ver CRACK
▸ vi amanecer **PHRV** dawn on sb It finally dawned on me that he'd been lying. Finalmente me di cuenta de que había estado mintiendo.

day /deɪ/ n **1** día: all day todo el día ◇ by day de día **2** jornada **3** days [pl] época **LOC** day after day día tras día ♦ day by day día a día ♦ day in, day out todos los días sin excepción ♦ from day to day; from one day to the next de un día para otro ♦ one/some day; one of these days algún día, un día de estos ♦ the day after tomorrow pasado mañana ♦ the day before yesterday anteayer ♦ these days hoy en día ♦ to this day aún ahora Ver tb BETTER, CALL, CLEAR, EARLY, FORTH

day care center n (USA) guardería

daydream /ˈdeɪdriːm/ nombre, verbo
▸ n ensueño
▸ vi (pt, pp **daydreamt** /ˈdeɪdremt/, **daydreamed**) soñar despierto

daylight /ˈdeɪlaɪt/ n luz del día: in daylight de día **LOC** Ver BROAD

day ˈoff n (pl **days off**) día libre

day reˈturn n billete de ida y vuelta para un mismo día

daytime /ˈdeɪtaɪm/ n día: in the daytime de día

day-to-ˈday adj **1** día a día **2** diario

day trip n excursión de un día

daze /deɪz/ n **LOC** in a daze aturdido **dazed** adj aturdido

dazzle /ˈdæzl/ vt deslumbrar **dazzling** adj deslumbrante

dead /ded/ adjetivo, nombre, adverbio
▸ adj **1** muerto **2** (hojas) seco **3** (pilas) gastado **4** (teléfono): The line's gone dead. Se ha cortado la línea. **5** (brazos, etc.) dormido **LOC** Ver FLOG
▸ n **LOC** in the/at dead of night en plena noche
▸ adv (coloq) completamente: You're dead right. Tienes toda la razón. ◇ dead easy facilísimo **LOC** Ver DROP

deaden /ˈdedn/ vt **1** (dolor) aliviar **2** (sonido, impacto) amortiguar **3** (sentimientos, mente) embotar

dead ˈend n callejón sin salida

dead ˈheat n empate

deadline /ˈdedlaɪn/ n fecha/hora límite

deadlock /ˈdedlɒk/ n punto muerto

deadly /ˈdedli/ adj (**deadlier**, **-iest**) mortal

deaf /def/ adjetivo, nombre
▸ adj (**deafer**, **-est**) sordo: deaf and dumb sordomudo ⟶ Ver nota en SORDO
▸ n the deaf [pl] los sordos **deafen** vt ensordecer **deafening** adj ensordecedor **deafness** n sordera

deal /diːl/ verbo, nombre
▸ vt, vi (pt, pp **dealt** /delt/) (Naipes, golpe) dar **LOC** deal with it acéptalo **PHRV** deal in sth comerciar en algo: to deal in drugs/arms traficar en drogas/armas ♦ deal with sb **1** tratar a/con algn **2** ocuparse de algn ♦ deal with sth **1** (problema) resolver algo **2** (situación) hacer frente a algo **3** (tema) tratar de algo
▸ n **1** trato **2** contrato **LOC** a good/great deal mucho: It's a good/great deal warmer today. Hace mucho más calor hoy. Ver tb BIG

deal-breaker n factor decisivo

dealer /ˈdiːlə(r)/ n **1** vendedor, -ora; comerciante **2** (de drogas, armas) traficante **3** (Naipes) persona que reparte las cartas

dealing /ˈdiːlɪŋ/ n (drogas, armas) tráfico **LOC** have dealings with sb/sth tratar con algn/algo

dean /diːn/ n **1** deán **2** (universidad) decano, -a

dear /dɪə(r)/ adjetivo, nombre
▸ adj (**dearer**, **-est**) **1** querido **2** Dear (carta): Dear Sir Muy señor mío ◇ Dear Jason,... Querido Jason:... **3** caro **LOC** oh dear! ¡vaya!
▸ n cariño **dearly** adv mucho

death /deθ/ n muerte: death penalty/sentence pena/condena de muerte ◇ death certificate certificado de defunción ◇ to beat sb to death matar a algn a palos **LOC** catch your death (of cold) (coloq) pillar una pulmonía ♦ put sb to death dar muerte a algn Ver tb MATTER

deathly /ˈdeθli/ adjetivo, adverbio
▸ adj sepulcral
▸ adv deathly cold/pale frío/pálido como un muerto

debase /dɪˈbeɪs/ vt degradar

debatable /dɪˈbeɪtəbl/ adj discutible

debate /dɪˈbeɪt/ nombre, verbo
▸ n debate
▸ vt, vi debatir

debit /ˈdebɪt/ nombre, verbo
▸ n débito Ver tb DIRECT DEBIT
▸ vt cobrar

debris /ˈdebriː, ˈdeɪbriː; USA dəˈbriː/ n [incontable] escombros

debt /det/ n deuda: to be in debt tener deudas **debtor** n deudor, -ora

debut 490

debut (tb **début**) /ˈdeɪbjuː, ˈdeb-; USA deɪˈbjuː/ n debut

decade ⊶ /ˈdekeɪd, dɪˈkeɪd/ n década

decadence /ˈdekədəns/ n decadencia

decadent /ˈdekədənt/ adj decadente

Decaf ® (tb **decaff**, USA **decaf**) /ˈdiːkæf/ n (coloq) café descafeinado

decaffeinated /ˌdiːˈkæfɪneɪtɪd/ adj descafeinado

decay ⊶ /dɪˈkeɪ/ nombre, verbo
▶ n [incontable] **1** descomposición **2** (tb ˈtooth decay) caries
▶ vi **1** descomponerse **2** (dientes) picarse **3** decaer

deceased /dɪˈsiːst/ adjetivo, nombre
▶ adj (formal) difunto
▶ n **the deceased** (pl **the deceased**) (formal) el difunto, la difunta

deceit /dɪˈsiːt/ n **1** falsedad **2** engaño **deceitful** adj **1** mentiroso **2** engañoso

deceive /dɪˈsiːv/ vt engañar

December ⊶ /dɪˈsembə(r)/ n (abrev Dec.) diciembre ➔ Ver ejemplos en JANUARY

decency /ˈdiːsnsi/ n decencia, decoro

decent /ˈdiːsnt/ adj **1** adecuado, aceptable **2** amable **3** decente, correcto

deception /dɪˈsepʃn/ n engaño

deceptive /dɪˈseptɪv/ adj engañoso

decide ⊶ /dɪˈsaɪd/ **1** vi ~ **(against sth)** decidirse (en contra de algo) **2** vt decidir, determinar **3** vi ~ **on/upon sb/sth** optar por algn/algo **decided** adj **1** (claro) marcado **2** ~ **(about sth)** decidido (respecto a algo)

decimal /ˈdesɪml/ adj, n decimal: *decimal point* coma decimal

decipher /dɪˈsaɪfə(r)/ vt descifrar

decision ⊶ /dɪˈsɪʒn/ n ~ **(on/about sth)** decisión (sobre algo): *decision-making* toma de decisiones

decisive /dɪˈsaɪsɪv/ adj **1** decisivo **2** decidido, resuelto

deck /dek/ n **1** (Náut) cubierta **2** (autobús) piso **3** (esp USA) (Naipes) baraja **4** (en jardín) terraza (de madera)

deckchair /ˈdektʃeə(r)/ n tumbona (no reclinable)

declaration /ˌdekləˈreɪʃn/ n declaración

declare ⊶ /dɪˈkleə(r)/ **1** vt declarar **2** vi ~ **for/against sb/sth** pronunciarse a favor/en contra de algn/algo

decline ⊶ /dɪˈklaɪn/ nombre, verbo
▶ n **1** disminución **2** decadencia, deterioro

▶ **1** vi disminuir **2** vt (formal) declinar **3** vi ~ **(to do sth)** (formal) negarse (a hacer algo)

decoder /ˌdiːˈkəʊdə(r)/ n decodificador

decompose /ˌdiːkəmˈpəʊz/ vi descomponerse, pudrirse

decor /ˈdeɪkɔː(r); USA deɪˈkɔːr/ n [incontable] decoración (de una casa)

decorate ⊶ /ˈdekəreɪt/ vt **1** ~ **sth (with sth)** adornar algo (con/de algo) **2** empapelar, pintar **3** condecorar

decoration ⊶ /ˌdekəˈreɪʃn/ n **1** adorno **2** decoración **3** condecoración

decorative ⊶ /ˈdekərətɪv; USA -reɪtɪv/ adj decorativo

decoy /ˈdiːkɔɪ/ n señuelo

decrease ⊶ verbo, nombre
▶ /dɪˈkriːs/ **1** vi disminuir **2** vt reducir
▶ n /ˈdiːkriːs/ disminución, reducción: *a decrease of 3% in the rate of inflation* una reducción del 3% en la tasa de inflación

decree /dɪˈkriː/ nombre, verbo
▶ n decreto
▶ vt (pt, pp **decreed**) decretar

decrepit /dɪˈkrepɪt/ adj decrépito

dedicate /ˈdedɪkeɪt/ vt dedicar, consagrar **dedicated** adj entregado **dedication** n **1** dedicación **2** dedicatoria

deduce /dɪˈdjuːs; USA dɪˈduːs/ vt deducir (teoría, conclusión, etc.)

deduct /dɪˈdʌkt/ vt deducir (impuestos, gastos, etc.) **deduction** n deducción

deed /diːd/ n **1** (formal) acción, obra **2** (formal) hazaña **3** (Jur) escritura

deem /diːm/ vt (formal) considerar

deep ⊶ /diːp/ adjetivo, adverbio
▶ adj (**deeper, -est**) **1** profundo **2** de profundidad *The pool is only one metre deep.* La piscina solo tiene un metro de profundidad. **3** (respiración) hondo **4** (voz, sonido, etc.) grave **5** (color) intenso **6** ~ **in sth** sumido, absorto en algo
▶ adv (**deeper, -est**) muy profundo, con profundidad: *Don't go in too deep!* ¡No te metas muy adentro! **LOC** **deep down** en el fondo ◆ **go/run deep** estar muy arraigado

deepen /ˈdiːpən/ vt, vi hacer(se) más profundo, aumentar

deep ˈfreeze n congelador

deep-ˈfry vt (pt, pp **deep-fried**) freír (con mucho aceite)

deeply ⊶ /ˈdiːpli/ adv profundamente, a fondo, muchísimo

deep-sea adj de alta mar: *deep-sea fishing* pesca de altura ◇ *a deep-sea diver* un submarinista

u: too ʌ cup ɜː fur u situation ə ago eɪ pay əʊ home aɪ fiv

deer /dɪə(r)/ n (pl **deer**) ciervo ➲ Ver nota en CIERVO

default /dɪˈfɔːlt, ˈdiːfɔːlt/ nombre, verbo
▶ n **1** incumplimiento **2** incomparecencia: by default por incomparecencia **3** (Informát): the default option la opción por defecto
▶ vi **1** ~ (on sth) dejar incumplido (algo) **2** no comparecer

defeat ०ᵣ /dɪˈfiːt/ verbo, nombre
▶ vt **1** derrotar **2** (planes, etc.) frustrar
▶ n derrota: to admit/accept defeat darse por vencido

defect¹ /ˈdiːfekt, dɪˈfekt/ n defecto ➲ Ver nota en MISTAKE

defect² /dɪˈfekt/ vi **1** ~ (from sth) desertar (de algo) **2** ~ to sth pasarse a algo

defection /dɪˈfekʃn/ n **1** deserción **2** exilio

defective /dɪˈfektɪv/ adj defectuoso

defector /dɪˈfektə(r)/ n desertor, -ora

defence ०ᵣ (USA defense) /dɪˈfens/ n **1** defensa **2** the defence [v sing o pl] (en juicio) la defensa **defenceless** (USA defenseless) adj indefenso

defend ०ᵣ /dɪˈfend/ vt ~ (sb/sth) (from/against sb/sth) defender, proteger (a algn/algo) (de algn/algo) **defendant** n (Jur) acusado, -a; inculpado, -a ➲ Comparar con PLAINTIFF **defender** n **1** (Dep) defensa **2** defensor, -ora

defensive /dɪˈfensɪv/ adjetivo, nombre
▶ adj **1** (armas, táctica, etc.) defensivo **2** ~ (about sth) a la defensiva (sobre algo)
▶ n **LOC** on/onto the defensive a la defensiva

defer /dɪˈfɜː(r)/ vt (-rr-) posponer

deference /ˈdefərəns/ n deferencia, respeto: in/out of deference to sth por deferencia a algo

defiance /dɪˈfaɪəns/ n desafío, desobediencia **defiant** adj desafiante

deficiency /dɪˈfɪʃnsi/ n (pl **deficiencies**) deficiencia **deficient** adj ~ (in sth) deficiente (en algo)

defied pt, pp de DEFY

define ०ᵣ /dɪˈfaɪn/ vt ~ sth (as sth) definir algo (como algo)

definite ०ᵣ /ˈdefɪnət/ adj **1** ~ (about sth/that…) seguro (sobre algo/de que…) **2** definitivo, concreto **3** definido: the definite article el artículo definido

definitely ०ᵣ /ˈdefɪnətli/ adv **1** sin duda alguna **2** definitivamente

definition ०ᵣ /ˌdefɪˈnɪʃn/ n definición

definitive /dɪˈfɪnətɪv/ adj definitivo

deflate /dɪˈfleɪt/ vt, vi deshinchar(se), desinflar(se)

deflect /dɪˈflekt/ vt ~ sth (from sth) desviar algo (de algo)

deforestation /ˌdiːˌfɒrɪˈsteɪʃn; USA -ˌfɔːr-/ n deforestación

deform /dɪˈfɔːm/ vt deformar **deformed** adj deforme **deformity** n (pl **deformities**) deformidad

defriend /ˌdiːˈfrend/ vt Ver UNFRIEND

defrost /ˌdiːˈfrɒst; USA -ˈfrɔːst/ vt descongelar

deft /deft/ adj hábil

defunct /dɪˈfʌŋkt/ adj **1** (plan) abandonado **2** (organización) desaparecido

defuse /ˌdiːˈfjuːz/ vt **1** (tensión, crisis) atenuar **2** (bomba) desactivar

defy /dɪˈfaɪ/ vt (pt, pp **defied**) **1** desafiar **2** ~ sb to do sth retar, desafiar a algn a que haga algo

degenerate /dɪˈdʒenəreɪt/ vi ~ (into sth) degenerar (a algo) **degeneration** n degeneración

degradation /ˌdegrəˈdeɪʃn/ n degradación

degrade /dɪˈɡreɪd/ vt degradar

degree ०ᵣ /dɪˈɡriː/ n **1** grado **2** título: a university degree un título universitario ◇ a degree course una carrera (universitaria) **LOC** by degrees poco a poco

dehydrate /diːˈhaɪdreɪt, ˌdiːhaɪˈdreɪt/ vt, vi deshidratar(se): to be dehydrated estar deshidratado

deign /deɪn/ vi ~ to do sth dignarse a hacer algo

deity /ˈdeɪəti, ˈdiːə-/ n (pl **deities**) deidad

dejected /dɪˈdʒektɪd/ adj desanimado

delay ०ᵣ /dɪˈleɪ/ nombre, verbo
▶ n retraso
▶ **1** vi esperar, tardar: Don't delay! ¡No esperes! **2** vt aplazar: delayed action de acción retardada **3** vt retrasar: The train was delayed. El tren se retrasó. **delaying** adj dilatorio: delaying tactics tácticas de distracción

delegate nombre, verbo
▶ n /ˈdelɪɡət/ delegado, -a
▶ vt /ˈdelɪɡeɪt/ ~ sth (to sb) encomendar algo (a algn) **delegation** n [v sing o pl] delegación

delete /dɪˈliːt/ vt borrar, tachar **deletion** n borrado, eliminación

deli /ˈdeli/ n Ver DELICATESSEN

deliberate ०ᵣ adjetivo, verbo
▶ adj /dɪˈlɪbərət/ deliberado
▶ vi /dɪˈlɪbəreɪt/ deliberar

deliberately ०ᵣ /dɪˈlɪbərətli/ adv intencionadamente, a propósito

deliberation /dɪˌlɪbəˈreɪʃn/ n deliberación

delicacy /ˈdelɪkəsi/ n (pl **delicacies**) **1** delicadeza **2** manjar

delicate ०ᵣ /ˈdelɪkət/ adj **1** delicado: delicate china porcelana fina **2** (color, olor, etc.) suave

delicatessen /ˌdelɪkəˈtesn/ (tb deli) n tienda que vende embutidos, quesos y otros productos de calidad

delicious /dɪˈlɪʃəs/ adj delicioso

delight ☞ /dɪˈlaɪt/ nombre, verbo
▸ n deleite: *the delights of travelling* el placer de viajar **LOC take delight in sth/doing sth 1** deleitarse en algo/hacer algo **2** regodearse en algo/hacer algo
▸ **1** vt encantar **2** vi ~ **in (doing) sth** regodearse en algo/haciendo algo

delighted ☞ /dɪˈlaɪtɪd/ adj **1** ~ **(by/at/with sth)** encantado (con algo) **2** ~ **(to do sth/that…)** encantado (de hacer algo/de que…)

delightful /dɪˈlaɪtfl/ adj encantador

delinquency /dɪˈlɪŋkwənsi/ n delincuencia (*normalmente cometida por jóvenes*)

delinquent /dɪˈlɪŋkwənt/ adj, n delincuente

delirious /dɪˈlɪriəs/ adj delirante: *delirious with joy* loco de contento **delirium** n delirio

deliver ☞ /dɪˈlɪvə(r)/ vt **1** (*correo, géneros*) repartir, entregar **2** (*recado*) comunicar **3** (*discurso*) pronunciar **4** ~ **a baby** (*Med*) traer al mundo un bebé: *to deliver a baby by caesarean section* practicar una cesárea **5** (*golpe*) dar

delivery ☞ /dɪˈlɪvəri/ n (pl **deliveries**) **1** reparto **2** entrega **3** parto **LOC** *Ver* CASH

delta /ˈdeltə/ n delta

deltoid /ˈdeltɔɪd/ adj, n (*Anat*) deltoide

delude /dɪˈluːd/ vt ~ **sb/yourself (into doing sth)** engañar a algn, engañarse (para que haga algo)

deluge /ˈdeljuːdʒ/ nombre, verbo
▸ n **1** tromba de agua **2** (*fig*) avalancha: *a deluge of criticism* un aluvión de críticas
▸ vt ~ **sb/sth (with sth)** inundar a algn/algo (de algo)

delusion /dɪˈluːʒn/ n engaño, espejismo

deluxe /dɪˈlʌks, dɪˈlʊks/ adj de lujo

demand ☞ /dɪˈmɑːnd; USA dɪˈmænd/ nombre, verbo
▸ n **1** ~ **(for sth/that…)** exigencia (de algo); exigencia (de que…) **2** ~ **(for sth/sb)** demanda (de algo/algn) **LOC in demand** solicitado ◆ **on demand** a petición *Ver tb* SUPPLY
▸ vt **1** exigir **2** requerir **demanding** adj exigente

demise /dɪˈmaɪz/ n [sing] **1** (*negocio, idea, etc.*) fracaso **2** (*formal*) fallecimiento

demo /ˈdeməʊ/ n (pl **demos**) (*coloq*) **1** manifestación **2** demo: *demo tape* cinta de demostración

democracy /dɪˈmɒkrəsi/ n (pl **democracies**) democracia **democrat** /ˈdeməkræt/ n demó-

crata **democratic** /ˌdeməˈkrætɪk/ adj democrático

demographic /ˌdeməˈgræfɪk/ adj demográfico

demolish /dɪˈmɒlɪʃ/ vt derribar **demolition** /ˌdeməˈlɪʃn/ n demolición

demon /ˈdiːmən/ n demonio **demonic** /diːˈmɒnɪk/ adj diabólico

demonstrate ☞ /ˈdemənstreɪt/ **1** vt demostrar **2** vi ~ **(against/in favour of sth/sb)** manifestarse (en contra/a favor de algo/algn) **demonstration** n **1** ~ **(against/in favour of sth/sb)** manifestación (en contra/a favor de algo/algn) **2** demostración

demonstrative /dɪˈmɒnstrətɪv/ adj **1** cariñoso **2** (*Gram*) demostrativo

demonstrator /ˈdemənstreɪtə(r)/ n manifestante

demoralize, -ise /dɪˈmɒrəlaɪz/; USA dɪˈmɔːr-/ vt desmoralizar

demure /dɪˈmjʊə(r)/ adj recatado

den /den/ n guarida

denial /dɪˈnaɪəl/ n **1** ~ **(of sth/that…)** negación (de algo/de que…) **2** ~ **of sth** denegación, rechazo de algo

denied pt, pp de DENY

denim /ˈdenɪm/ n tela vaquera: *denim jacket* cazadora vaquera

denomination /dɪˌnɒmɪˈneɪʃn/ n (*formal*) (*Relig*) confesión

denounce /dɪˈnaʊns/ vt ~ **sb/sth (as sth)** denunciar a algn/algo (como algo): *An informer denounced him to the police (as a terrorist).* Un delator lo denunció a la policía (como terrorista).

dense /dens/ adj (**denser, -est**) denso **density** n densidad

dent /dent/ verbo, nombre
▸ vt, vi abollar(se)
▸ n abolladura

dental /ˈdentl/ adj dental

dentist ☞ /ˈdentɪst/ n dentista

denunciation /dɪˌnʌnsiˈeɪʃn/ n denuncia

deny ☞ /dɪˈnaɪ/ vt (pt, pp **denied**) **1** negar **2** (*rumores*) desmentir

deodorant /diˈəʊdərənt/ n desodorante

depart /dɪˈpɑːt/ vi ~ **(for…) (from…)** (*formal*) salir (hacia…) (de…)

department ☞ /dɪˈpɑːtmənt/ n (abrev Dept) **1** departamento, sección **2** ministerio ➲ *Ver nota en* MINISTERIO **departmental** /ˌdiːpɑːtˈmentl/ adj de departamento

deˈpartment store n grandes almacenes

departure ⊶ /dɪˈpɑːtʃə(r)/ n 1 ~ (from…) partida (de…) 2 (de avión, tren) salida: *departure lounge* sala de embarque

depend ⊶ /dɪˈpend/ vi `LOC` that depends; it (all) depends depende `PHR V` depend on/upon sb/sth 1 contar con algn/algo 2 confiar en algn/algo ◆ depend on/upon sb/sth (for sth) depender de algn/algo (para algo) dependable adj fiable

dependant (tb dependent) /dɪˈpendənt/ n persona bajo el cargo de otra dependence n ~ (on/upon sb/sth) dependencia (de algn/algo) dependent adj 1 be ~ on/upon sb/sth depender de algn/algo 2 (persona) poco independiente

depict /dɪˈpɪkt/ vt representar

depleted /dɪˈpliːtɪd/ adj reducido

deplore /dɪˈplɔː(r)/ vt (formal) deplorar

deploy /dɪˈplɔɪ/ vt desplegar

deport /dɪˈpɔːt/ vt deportar deportation /ˌdiːpɔːˈteɪʃn/ n deportación

depose /dɪˈpəʊz/ vt derrocar

deposit ⊶ /dɪˈpɒzɪt/ nombre, verbo
▸ n 1 ~ (on sth) desembolso inicial (para algo) 2 (alquiler) fianza 3 (Fin) depósito: *deposit account* cuenta a plazo fijo 4 ingreso, imposición: *safety deposit box* caja de seguridad 5 depósito, sedimento
▸ vt 1 (dinero) ingresar, imponer 2 ~ sth (in sth/with sb) (bienes) dejar algo (en algo/a cargo de algn)

depot /ˈdepəʊ; USA ˈdiːpəʊ/ n 1 depósito, almacén 2 (para vehículos) parque 3 (USA) estación (de tren o de autobuses)

depress ⊶ /dɪˈpres/ vt deprimir

depressed ⊶ /dɪˈprest/ adj deprimido

depressing ⊶ /dɪˈpresɪŋ/ adj deprimente

depression /dɪˈpreʃn/ n depresión

deprivation /ˌdeprɪˈveɪʃn/ n pobreza, privación

deprive /dɪˈpraɪv/ vt ~ sb/sth of sth privar a algn/algo de algo deprived adj necesitado

depth ⊶ /depθ/ n profundidad `LOC` in depth a fondo, en profundidad

deputation /ˌdepjuˈteɪʃn/ n [v sing o pl] delegación

deputize, -ise /ˈdepjutaɪz/ vi ~ (for sb) sustituir a algn

deputy /ˈdepjuti/ n (pl **deputies**) 1 sustituto, -a; suplente 2 *deputy chairman* vicepresidente ◇ *deputy head* subdirector (del colegio) 3 (Pol) diputado, -a ❶ La traducción normal de *diputado* en el sentido político es **Member of Parliament** (abrev **MP**).

derail /dɪˈreɪl/ vt hacer descarrilar: *to be derailed* descarrilar derailment n descarrilamiento

deranged /dɪˈreɪndʒd/ adj trastornado, loco

derby /ˈdɑːbi; USA ˈdɜːrbi/ n (pl **derbies**) 1 (GB) (Dep) derbi 2 (USA) bombín

deregulation /ˌdiːˌregjuˈleɪʃn/ n liberalización (de ventas, servicios, etc.)

derelict /ˈderəlɪkt/ adj abandonado (edificio, terreno)

deride /dɪˈraɪd/ vt (formal) ridiculizar, mofarse de

derision /dɪˈrɪʒn/ n mofa(s) derisive /dɪˈraɪsɪv/ adj burlón derisory /dɪˈraɪsəri/ adj (formal) irrisorio

derivation /ˌderɪˈveɪʃn/ n derivación derivative /dɪˈrɪvətɪv/ n derivado

derive ⊶ /dɪˈraɪv/ v `PHR V` derive from sth; be derived from sth derivar de algo ◆ derive sth from sth (formal) obtener, sacar algo de algo: *to derive comfort from sth* hallar consuelo en algo

dermatologist /ˌdɜːməˈtɒlədʒɪst/ n dermatólogo, -a

dermatology /ˌdɜːməˈtɒlədʒi/ n dermatología

derogatory /dɪˈrɒgətri; USA -tɔːri/ adj despectivo

descend /dɪˈsend/ vt, vi (formal) descender descendant n descendiente

descent /dɪˈsent/ n 1 descenso 2 ascendencia (familiar)

describe ⊶ /dɪˈskraɪb/ vt ~ sb/sth (as sth) describir a algn/algo (como algo)

description ⊶ /dɪˈskrɪpʃn/ n descripción

desert ⊶ nombre, verbo
▸ n /ˈdezət/ desierto: *a desert island* una isla desierta ◇ *a desert region* una zona desértica
▸ /dɪˈzɜːt/ 1 vt abandonar 2 vi (Mil) desertar

deserted ⊶ /dɪˈzɜːtɪd/ adj desierto (sin gente)

deserter /dɪˈzɜːtə(r)/ n desertor, -ora

desertification /dɪˌzɜːtɪfɪˈkeɪʃn/ n desertificación, desertización

deserve ⊶ /dɪˈzɜːv/ vt merecer deserving adj (formal) digno

design ⊶ /dɪˈzaɪn/ nombre, verbo
▸ n 1 ~ (for/of sth) diseño (de algo) 2 plan 3 dibujo
▸ vt diseñar

designate /ˈdezɪgneɪt/ vt ~ sth/sb (as) sth designar, nombrar algo/a algn algo

designer /dɪˈzaɪnə(r)/ nombre, adjetivo
▸ n diseñador, -ora

▸ adj [solo antes de sustantivo] de marca: *designer jeans* vaqueros de marca

desirable /dɪˈzaɪərəbl/ adj deseable

desire ⊶ /dɪˈzaɪə(r)/ nombre, verbo
▸ n **1** ~ (for sb/sth); ~ (to do sth) deseo (de/por algn/algo); deseo (de hacer algo) **2** ~ (for sth/to do sth) ansias (de algo/de hacer algo): *He had no desire to see her.* No sentía ninguna gana de verla.
▸ vt desear

desk ⊶ /desk/ n mesa (de trabajo)

desktop /ˈdesktɒp/ adj (Informát): *a desktop computer* un ordenador personal ◇ *desktop publishing* autoedición ➔ Ver dibujo en ORDENADOR

desolate /ˈdesələt/ adj **1** (paisaje) desolado, desierto **2** (futuro) desolador **desolation** n (formal) **1** desconsuelo **2** desolación

despair /dɪˈspeə(r)/ nombre, verbo
▸ n desesperación
▸ vi **1** ~ (of doing sth) perder las esperanzas (de hacer algo) **2** ~ of sb desesperarse con algn **despairing** adj desesperado

despatch = DISPATCH

desperate ⊶ /ˈdespərət/ adj desesperado

despicable /dɪˈspɪkəbl, ˈdespɪkəbl/ adj (formal) despreciable

despise /dɪˈspaɪz/ vt despreciar

despite ⊶ /dɪˈspaɪt/ prep a pesar de: *Despite the fact that…* A pesar (del hecho) de que…

despondent /dɪˈspɒndənt/ adj ~ (about/over sth) abatido, desalentado (por algo)

despot /ˈdespɒt/ n déspota

dessert /dɪˈzɜːt/ n postre

dessertspoon /dɪˈzɜːtspuːn/ n **1** cuchara de postre **2** (tb dessertspoonful /dɪˈzɜːtspuːnfʊl/) cucharada (de postre)

destination /ˌdestɪˈneɪʃn/ n destino (de viaje)

destined /ˈdestɪnd/ adj ~ (for sth) (formal) destinado (a algo): *It was destined to fail.* Estaba condenado a fracasar.

destiny /ˈdestəni/ n (pl **destinies**) destino (sino)

destitute /ˈdestɪtjuːt; USA -tuːt/ adj indigente

destroy ⊶ /dɪˈstrɔɪ/ vt destruir **destroyer** n (Mil) destructor

destruction ⊶ /dɪˈstrʌkʃn/ n destrucción **destructive** adj destructivo

detach /dɪˈtætʃ/ vt, vi ~ (sth) (from sth) separar algo, separarse (de algo) **detachable** adj que se puede quitar

detached /dɪˈtætʃt/ adj **1** (vivienda) no unido a otra casa ❶ Una **detached house** es una vivienda unifamiliar que no tiene ningún edificio

adosado. ➔ Ver nota en CASA **2** distante **3** imparcial

detachment /dɪˈtætʃmənt/ n **1** indiferencia **2** imparcialidad **3** (Mil) destacamento

detail ⊶ /ˈdiːteɪl; USA tb dɪˈteɪl/ nombre, verbo
▸ n detalle, pormenor **LOC go into detail(s)** entrar en detalles ♦ **in detail** en detalle, detalladamente
▸ vt detallar

detailed ⊶ /ˈdiːteɪld; USA tb dɪˈteɪld/ adj detallado

detain /dɪˈteɪn/ vt **1** retener **2** (policía) detener **detainee** /ˌdiːteɪˈniː/ n detenido, -a

detect /dɪˈtekt/ vt **1** detectar **2** (crimen) descubrir **detectable** adj detectable **detection** n descubrimiento: *to escape detection* pasar desapercibido

detective /dɪˈtektɪv/ n detective, policía de paisano: *detective story* novela policiaca

detention /dɪˈtenʃn/ n detención: *detention centre* centro de detención preventiva

deter /dɪˈtɜː(r)/ vt (-rr-) ~ sb (from doing sth) disuadir a algn (de hacer algo)

detergent /dɪˈtɜːdʒənt/ n detergente

deteriorate /dɪˈtɪəriəreɪt/ vi deteriorarse, empeorar **deterioration** n deterioro

determination ⊶ /dɪˌtɜːmɪˈneɪʃn/ n determinación

determine ⊶ /dɪˈtɜːmɪn/ vt determinar, decidir: *to determine the cause of an accident* determinar la causa de un accidente ◇ *determining factor* factor determinante

determined ⊶ /dɪˈtɜːmɪnd/ adj ~ (to do sth) resuelto (a hacer algo)

determiner /dɪˈtɜːmɪnə(r)/ n (Gram) determinante

deterrent /dɪˈterənt; USA dɪˈtɜːrənt/ n **1** escarmiento **2** argumento disuasorio **3** (Mil) disuasión: *nuclear deterrent* armas de disuasión nuclear

detest /dɪˈtest/ vt detestar

detonate /ˈdetəneɪt/ vt, vi detonar

detour /ˈdiːtʊə(r)/ n desvío ➔ Comparar con DIVERSION

detox /ˈdiːtɒks/ n (coloq) **1** limpieza del organismo **2** (tb detoxification /diːˌtɒksɪfɪˈkeɪʃn/) desintoxicación

detract /dɪˈtrækt/ vi ~ from sth restar mérito a algo: *The incident detracted from our enjoyment of the trip.* El incidente le restó placer a nuestro viaje.

detriment /ˈdetrɪmənt/ n (formal) **LOC to the detriment of sb/sth** en detrimento de algn/algo

detrimental /ˌdetrɪˈmentl/ *adj* ~ **(to sb/sth)** perjudicial (para/a algn/algo)

devaluation /ˌdiːˌvæljuˈeɪʃn/ *n* devaluación

devalue /ˌdiːˈvælju:/ *vt, vi* devaluar(se)

devastate /ˈdevəsteɪt/ *vt* **1** devastar, asolar **2** (*persona*) desolar, destrozar **devastating** *adj* **1** desastroso **2** devastador **devastation** *n* devastación

develop /dɪˈveləp/ **1** *vt, vi* desarrollar(se) **2** *vt* (*plan, estrategia*) elaborar **3** *vt* (*terreno*) urbanizar, construir en **4** *vt* (*Fot*) revelar **developed** *adj* desarrollado **developer** *n* **1** promotor, -ora **2** *software developer* productor de software

developing /dɪˈveləpɪŋ/ *adjetivo, nombre*
▸ *adj* en (vías de) desarrollo
▸ *n* (*Fot*) revelado

development /dɪˈveləpmənt/ *n* **1** desarrollo, evolución: *development area* polo de desarrollo **2** *There has been a new development.* Ha cambiado la situación. **3** urbanización

deviant /ˈdiːviənt/ *adj, n* **1** desviado, -a **2** (*sexual*) pervertido, -a

deviate /ˈdiːvieɪt/ *vi* ~ **(from sth)** desviarse (de algo) **deviation** *n* ~ **(from sth)** desviación (de algo)

device /dɪˈvaɪs/ *n* **1** aparato, dispositivo, mecanismo: *explosive/nuclear device* artefacto explosivo/nuclear **2** (*plan*) ardid, estratagema **LOC** *Ver* LEAVE

devil /ˈdevl/ *n* demonio, diablo: *You lucky devil!* ¡Tienes una suerte del diablo!

devious /ˈdiːviəs/ *adj* **1** (*método, persona*) poco escrupuloso **2** enrevesado, intrincado

devise /dɪˈvaɪz/ *vt* idear, elaborar

devoid /dɪˈvɔɪd/ *adj* ~ **of sth** desprovisto, exento de algo

devolution /ˌdiːvəˈluːʃn; *USA* ˌdev-/ *n* **1** descentralización **2** (*de poderes*) delegación

🔎 En el Reino Unido **devolution** se refiere a la transferencia de poderes a través de la cual se han establecido parlamentos o asambleas en Escocia, Gales e Irlanda del Norte.

devote /dɪˈvəʊt/ *vt* **1** ~ **yourself to sb/sth** dedicarse a algn/algo **2** ~ **sth to sb/sth** dedicar algo a algn/algo **3** ~ **sth to sth** (*recursos*) destinar algo a algo

devoted /dɪˈvəʊtɪd/ *adj* ~ **(to sb/sth)** fiel, leal (a algn/algo): *They're devoted to each other.* Están entregados el uno al otro.

devotee /ˌdevəˈtiː/ *n* devoto, -a

devotion /dɪˈvəʊʃn/ *n* ~ **(to sb/sth)** devoción (por/a algn/algo)

devour /dɪˈvaʊə(r)/ *vt* devorar

devout /dɪˈvaʊt/ *adj* **1** devoto, piadoso **2** (*esperanza, deseo*) sincero **devoutly** *adv* **1** piadosamente, con devoción **2** sinceramente

dew /djuː; *USA* duː/ *n* rocío

dexterity /dekˈsterəti/ *n* destreza

diabetes /ˌdaɪəˈbiːtiːz/ *n* [*incontable*] diabetes **diabetic** /ˌdaɪəˈbetɪk/ *adj, n* diabético, -a

diabolical /ˌdaɪəˈbɒlɪkl/ *adj* **1** (*GB, coloq*) espantoso **2** diabólico

diagnose /ˈdaɪəgnəʊz, ˌdaɪəgˈnəʊz; *USA* ˌdaɪəgˈnəʊs/ *vt* diagnosticar: *I've been diagnosed as having hepatitis.* Me han diagnosticado una hepatitis. **diagnosis** /ˌdaɪəgˈnəʊsɪs/ *n* (*pl* **diagnoses** /-siːz/) diagnóstico **diagnostic** /ˌdaɪəgˈnɒstɪk/ *adj* diagnóstico

diagonal /daɪˈægənl/ *adj, n* diagonal **diagonally** /daɪˈægənəli/ *adv* diagonalmente

diagram /ˈdaɪəgræm/ *n* diagrama

dial /ˈdaɪəl/ *nombre, verbo*
▸ *n* **1** (*instrumento*) indicador **2** (*reloj*) esfera **3** (*teléfono*) disco
▸ *vt* (**-ll-**, *USA* **-l-**) marcar: *to dial a wrong number* marcar un número equivocado

dialect /ˈdaɪəlekt/ *n* dialecto

dialling code *n* prefijo (*telefónico*)

dialling tone (*USA* **dial tone**) *n* señal de marcar

dialogue (*USA tb* **dialog**) /ˈdaɪəlɒg; *USA* -lɔːg/ *n* diálogo

diameter /daɪˈæmɪtə(r)/ *n* diámetro: *It is 20 cm in diameter.* Tiene 20 cm de diámetro.

diamond /ˈdaɪəmənd/ *n* **1** diamante **2** rombo **3** **diamonds** [*pl*] (*Naipes*) diamantes ⊃ *Ver nota en* BARAJA **4** *diamond jubilee* sexagésimo aniversario

diaper /ˈdaɪpə(r)/ *n* (*USA*) pañal

diaphragm /ˈdaɪəfræm/ *n* diafragma

diarrhoea (*USA* **diarrhea**) /ˌdaɪəˈrɪə; *USA* -ˈriːə/ *n* [*incontable*] diarrea

diary /ˈdaɪəri/ *n* (*pl* **diaries**) **1** diario **2** agenda

dice /daɪs/ *nombre, verbo*
▸ *n* (*pl* **dice**) dado: *to roll/throw the dice* tirar/lanzar los dados ◇ *to play dice* jugar a los dados
▸ *vt* cortar en trozos

dictate /dɪkˈteɪt; *USA* ˈdɪkteɪt/ *vt, vi* ~ **(sth) (to sb)** dictar (algo) (a algn) **PHR V** **dictate to sb** darle órdenes a algn: *You can't dictate to people how they should live.* No puedes decirle a la gente cómo debe vivir su vida. **dictation** *n* dictado

dictator /dɪkˈteɪtə(r); *USA* ˈdɪkteɪtər/ *n* dictador, -ora **dictatorship** *n* dictadura

dictionary ⊶ /ˈdɪkʃənri; *USA* -ʃəneri/ *n* (*pl* **dictionaries**) diccionario

did *pt de* DO

didactic /daɪˈdæktɪk/ *adj* (*formal, gen pey*) moralizador, pedante

didn't /ˈdɪdnt/ (*abrev de* did not) *Ver* DO

die ⊶ /daɪ/ *vi* (*pt, pp* **died**, *part pres* **dying**) morir: *to die of/from sth* morir de algo **LOC** **be dying for sth/to do sth** (*coloq*) morirse por algo/por hacer algo **PHR V** **die away 1** disminuir poco a poco hasta desaparecer **2** (*ruido*) alejarse hasta perderse ◆ **die down 1** apagarse gradualmente, disminuir **2** (*viento*) amainar ◆ **die off** morir uno tras otro ◆ **die out 1** (*animales, etc.*) extinguirse **2** (*tradiciones*) desaparecer

diesel /ˈdiːzl/ *n* diésel: *diesel fuel/oil* gasóleo

diet ⊶ /ˈdaɪət/ *nombre, verbo*
▸ *n* dieta, régimen: *to be/go on a diet* estar/ponerse a régimen ◇ *diet drinks* bebidas light ➲ *Ver nota en* LOW-CAL
▸ *vi* estar/ponerse a régimen **dietary** /ˈdaɪətəri; *USA* -teri/ *adj* dietético

differ /ˈdɪfə(r)/ *vi* **1** ~ **(from sb/sth)** ser diferente (de algn/algo) **2** ~ **(with sb) (about/on/over sth)** no estar de acuerdo (con algn) (sobre/en algo)

difference ⊶ /ˈdɪfrəns/ *n* diferencia: *to make up the difference (in price)* poner la diferencia (en el precio) ◇ *a difference of opinion* una desavenencia **LOC** **it makes all the difference** lo cambia todo ◆ **it makes no difference** da lo mismo ◆ **what difference does it make?** ¿qué más da?

different ⊶ /ˈdɪfrənt/ *adj* ~ **(from/to sb/sth)** diferente, distinto (a/de algn/algo) **❶** En Estados Unidos se dice también **different than sb/sth**.

differentiate /ˌdɪfəˈrenʃieɪt/ *vt, vi* ~ **(between) A and B; ~ A from B** distinguir, diferenciar entre A y B; distinguir A de B **differentiation** *n* diferenciación

differently ⊶ /ˈdɪfrəntli/ *adv* de otra manera, de distinta manera

difficult ⊶ /ˈdɪfɪkəlt/ *adj* difícil

difficulty ⊶ /ˈdɪfɪkəlti/ *n* (*pl* **difficulties**) **1** dificultad: *with great difficulty* a duras penas **2** (*situación difícil*) apuro, aprieto: *to get/run into difficulties* verse en un apuro/encontrarse en apuros ◇ *to make difficulties for sb* poner obstáculos a algn

diffidence /ˈdɪfɪdəns/ *n* falta de confianza en sí mismo

diffident /ˈdɪfɪdənt/ *adj* poco seguro de sí mismo

dig ⊶ /dɪg/ *verbo, nombre*
▸ *vt, vi* (**-gg-**) (*pt, pp* **dug** /dʌg/) cavar: *to dig for sth* cavar en busca de algo **2** ~ **(sth) into sth** clavar algo, clavarse en algo: *It was digging into his back.* Se le clavaba en la espalda. **LOC** **dig your heels in** mantenerse en sus trece **PHR V** **dig in**; **dig into sth** (*coloq*) (*comida*) atacar (algo) ◆ **dig sb/sth out** sacar a algn/algo (cavando) ◆ **dig sth up 1** (*planta*) sacar algo de la tierra **2** (*calle, césped, etc.*) levantar algo **3** (*objeto oculto*) desenterrar algo
▸ *n* excavación

digest *verbo, nombre*
▸ *vt, vi* /daɪˈdʒest, dɪˈ-/ digerir(se)
▸ *n* /ˈdaɪdʒest/ **1** resumen **2** compendio

digestion /daɪˈdʒestʃən, dɪˈ-/ *n* digestión

digestive system /daɪˈdʒestɪv sɪstəm, dɪˈ-/ *n* aparato digestivo

digger /ˈdɪgə(r)/ *n* excavadora

digit /ˈdɪdʒɪt/ *n* dígito

digital ⊶ /ˈdɪdʒɪtl/ *adj* digital

digital footprint *n* rastro digital

digital native *n* nativo, -a digital

digitization, -sation /ˌdɪdʒɪtaɪˈzeɪʃn; *USA* -təˈ-/ (*tb* digitalization, -isation) *n* digitalización

dignified /ˈdɪgnɪfaɪd/ *adj* digno

dignitary /ˈdɪgnɪtəri; *USA* -teri/ *n* (*pl* **dignitaries**) dignatario, -a

dignity /ˈdɪgnəti/ *n* dignidad

dike = DYKE

dilapidated /dɪˈlæpɪdeɪtɪd/ *adj* **1** ruinoso **2** (*vehículo*) destartalado

dilemma /dɪˈlemə, daɪˈ-/ *n* dilema

dilute /daɪˈluːt; *GB tb* -ˈljuːt/ *vt* **1** diluir **2** (*fig*) suavizar, debilitar

dim /dɪm/ *adjetivo, verbo*
▸ *adj* (**dimmer, -est**) **1** (*luz*) débil, tenue **2** (*lugar*) sombrío **3** (*vista*) turbio **4** (*recuerdo, noción*) vago **5** (*coloq*) (*persona*) lerdo **6** (*perspectiva*) poco prometedor, sombrío
▸ (**-mm-**) **1** *vt* (*luz*) bajar **2** *vi* (*luz*) apagarse poco a poco **3** *vt, vi* (*fig*) ir(se) atenuando

dime /daɪm/ *n* (*Can, USA*) moneda de diez centavos

dimension /daɪˈmenʃn, dɪˈ-/ *n* dimensión

diminish /dɪˈmɪnɪʃ/ *vt, vi* disminuir

diminutive /dɪˈmɪnjətɪv/ *adjetivo, nombre*
▸ *adj* (*formal*) diminuto
▸ *n* diminutivo

dimly /ˈdɪmli/ *adv* **1** (*iluminar*) débilmente **2** (*recordar*) vagamente **3** (*ver*) apenas

dimple /ˈdɪmpl/ *n* hoyuelo

ð **then**   s **so**   z **zoo**   ʃ **she**   ʒ **vision**   h **how**   ŋ **sing**   j **yes**   w **we**

din /dɪn/ n [sing] **1** (de gente) alboroto **2** (de máquinas) estruendo

dine /daɪn/ vi ~ (on sth) (formal) cenar, comer (algo) ⮕ Ver nota en DINNER **PHR V** **dine out** cenar/comer fuera **diner** n **1** comensal **2** (USA) restaurante pequeño y barato

dinghy /ˈdɪŋi, ˈdɪŋgi/ n (pl **dinghies**) **1** bote, barca **2** (de goma) lancha neumática

dingy /ˈdɪndʒi/ adj (**dingier**, **-iest**) **1** (deprimente) sombrío **2** sucio

ˈ**dining room** n comedor

dinner ⮌ /ˈdɪnə(r)/ n **1** cena, almuerzo: to have dinner cenar/almorzar/comer

🔎 El uso de los términos **dinner**, **lunch**, **supper** y **tea** varía mucho en Gran Bretaña dependiendo de la zona. **Lunch** siempre hace referencia a la comida del mediodía, que suele ser ligera (una ensalada o un sándwich). Hay quien se llama **dinner** a esta comida. Tanto **dinner** como **supper** y **tea** se pueden utilizar para referirse a la comida principal del día, que se toma al final de la tarde. **Supper** puede ser también algo ligero que se toma antes de acostarse. **Tea** puede consistir simplemente en té con galletas y bollos a media tarde. A esto también se le llama **afternoon tea**. Lo que los niños comen en el colegio se llama **school dinner**, si lo prepara el mismo colegio, y **packed lunch**, si se lo llevan preparado de casa. ⮕ Ver nota en NAVIDAD

2 cena (de gala) **3** (tb ˈ**dinner party**) (entre amigos) cena

ˈ**dinner jacket** n esmoquin

ˈ**dinner lady** n (pl **dinner ladies**) mujer que sirve las comidas escolares

dinosaur /ˈdaɪnəsɔː(r)/ n dinosaurio

diocese /ˈdaɪəsɪs/ n (pl **dioceses** /-siːz/) diócesis

dioxide /daɪˈɒksaɪd/ n dióxido

dip /dɪp/ verbo, nombre
▸ (**-pp-**) **1** vt ~ sth (in/into sth) meter, mojar, bañar algo (en algo) **2** vi descender **3** vt, vi (luces del coche) bajar
▸ n **1** (coloq) chapuzón **2** (precios, etc.) baja **3** declive **4** (Cocina) salsa para mojar verduras y otros aperitivos

diphthong /ˈdɪfθɒŋ, ˈdɪpθɒŋ; USA -θɔːŋ/ n diptongo

ˌ**diploma** /dɪˈpləʊmə/ n diploma

ˌ**diplomacy** /dɪˈpləʊməsi/ n diplomacia **diplomat** /ˈdɪpləmæt/ n diplomático, -a **diplomatic** /ˌdɪpləˈmætɪk/ adj diplomático **diplomatically** /-kli/ adv diplomáticamente, con diplomacia

dire /ˈdaɪə(r)/ adj (**direr**, **-est**) **1** (formal) horrible, extremo **2** (GB, coloq) fatal

direct ⮌ /dəˈrekt, dɪˈ-, daɪˈ-/ adjetivo, verbo, adverbio
▸ adj **1** directo **2** total **3** franco
▸ vt dirigir: Could you direct me to…? ¿Podría indicarme el camino a…?
▸ adv **1** directamente: The 9.20 goes direct to London. El tren de las 9.20 va directo a Londres. **2** en persona

diˌrect ˈdebit n domiciliación bancaria

direction ⮌ /dəˈrekʃn, dɪˈ-, daɪˈ-/ n **1** dirección, sentido **2** directions [pl] instrucciones: to ask for directions preguntar el camino a algún sitio

directive /dəˈrektɪv, dɪˈ-, daɪˈ-/ n directriz

directly ⮌ /dəˈrektli, dɪˈ-, daɪˈ-/ adv directamente: directly opposite justo enfrente

directness /dəˈrektnəs, dɪˈ-, daɪˈ-/ n franqueza

director ⮌ /dəˈrektə(r), dɪˈ-, daɪˈ-/ n director, -ora

directorate /dəˈrektərət, dɪˈ-, daɪˈ-/ n **1** Dirección General **2** junta directiva

directory /dəˈrektəri, dɪˈ-, daɪˈ-/ n (pl **directories**) guía telefónica, directorio

dirt ⮌ /dɜːt/ n **1** suciedad, mugre **2** tierra **3** (coloq): to get hold of/dig up all the dirt on sb buscarle/sacarle todos los trapos sucios a algn **LOC** Ver TREAT

ˈ**dirt bike** n Ver TRAIL BIKE

ˌ**dirt ˈcheap** adj, adv (coloq) tirado (de precio)

dirty ⮌ /ˈdɜːti/ adjetivo, verbo
▸ adj (**dirtier**, **-iest**) **1** sucio **2** (chiste, libro, etc.) verde: dirty word palabrota **3** dirty trick mala pasada
▸ vt, vi (pt, pp **dirtied**) ensuciar(se)

disability /ˌdɪsəˈbɪləti/ n (pl **disabilities**) discapacidad

disabled ⮌ /dɪsˈeɪbld/ adjetivo, nombre
▸ adj discapacitado
▸ n the disabled [pl] los discapacitados ⮕ Ver nota en DISCAPACITADO

disadvantage ⮌ /ˌdɪsədˈvɑːntɪdʒ; USA -ˈvæn-/ n desventaja: to be at a disadvantage estar en desventaja **disadvantaged** adj perjudicado **disadvantageous** /ˌdɪsædvænˈteɪdʒəs/ adj (formal) desventajoso

disagree ⮌ /ˌdɪsəˈgriː/ vi (pt, pp **disagreed**) ~ (with sb/sth) (about/on/over sth) no estar de acuerdo (con algn/algo) (sobre algo): He disagreed with her on how to spend the money. No estuvo de acuerdo con ella sobre cómo gastar el dinero. **PHR V** disagree with sb (comida, clima) sentarle mal a algn **disagreeable** *adj* desagradable

disagreement ⚬ⁿ /ˌdɪsəˈgriːmənt/ *n* **1** desacuerdo **2** discrepancia

disappear ⚬ⁿ /ˌdɪsəˈpɪə(r)/ *vi* desaparecer: *It disappeared into the bushes.* Desapareció entre los matorrales. **disappearance** *n* desaparición

disappoint ⚬ⁿ /ˌdɪsəˈpɔɪnt/ *vt* decepcionar, defraudar

disappointed ⚬ⁿ /ˌdɪsəˈpɔɪntɪd/ *adj* **1** ~ **(at/by sth)** decepcionado, defraudado (por algo) **2** ~ **(in/with sb/sth)** decepcionado (con algn/algo): *I'm disappointed in you.* Me has decepcionado.

disappointing ⚬ⁿ /ˌdɪsəˈpɔɪntɪŋ/ *adj* decepcionante

disappointment ⚬ⁿ /ˌdɪsəˈpɔɪntmənt/ *n* decepción

disapproval ⚬ⁿ /ˌdɪsəˈpruːvl/ *n* desaprobación

disapprove ⚬ⁿ /ˌdɪsəˈpruːv/ *vi* **1** ~ **(of sth)** desaprobar (algo) **2** ~ **(of sb)** tener mala opinión (de algn)

disapproving ⚬ⁿ /ˌdɪsəˈpruːvɪŋ/ *adj* de desaprobación

disarm /dɪsˈɑːm/ *vt, vi* desarmar(se) **disarmament** *n* desarme

disassociate = DISSOCIATE

disaster ⚬ⁿ /dɪˈzɑːstə(r)/; *USA* dɪˈzæstər/ *n* desastre **disastrous** *adj* catastrófico

disband /dɪsˈbænd/ *vt, vi* disolver(se)

disbelief /ˌdɪsbɪˈliːf/ *n* incredulidad

disc ⚬ⁿ (*USA tb* disk) /dɪsk/ *n* disco

discard /dɪsˈkɑːd/ *vt* desechar, deshacerse de

discern /dɪˈsɜːn/ *vt* (*formal*) **1** discernir **2** percibir **discernible** *adj* (*formal*) perceptible

discharge *verbo, nombre*
▸ *vt* /dɪsˈtʃɑːdʒ/ **1** (*Med, paciente*) dar de alta a **2** (*Mil*) licenciar **3** (*residuos*) verter **4** (*formal*) (*deber*) desempeñar
▸ *n* /ˈdɪstʃɑːdʒ/ **1** (*eléctrica, de cargamento, de artillería*) descarga **2** (*residuo*) vertido **3** (*Med*) supuración **4** (*Mil*) licenciamiento

disciple /dɪˈsaɪpl/ *n* discípulo, -a

disciplinary /ˈdɪsəplɪnəri, ˌdɪsəˈplɪnəri; *USA* ˈdɪsəpləneri/ *adj* disciplinario

discipline ⚬ⁿ /ˈdɪsəplɪn/ *nombre, verbo*
▸ *n* disciplina
▸ *vt* disciplinar

disc jockey *n* (*pl* **disc jockeys**) *Ver* DJ

disclose /dɪsˈkləʊz/ *vt* revelar **disclosure** /dɪsˈkləʊʒə(r)/ *n* (*formal*) revelación

---

disco /ˈdɪskəʊ/ *n* (*pl* **discos**) discoteca: *disco music* música disco

discolour (*USA* discolor) /dɪsˈkʌlə(r)/ **1** *vt* decolorar **2** *vi* perder el color

discomfort /dɪsˈkʌmfət/ *n* [*incontable*] incomodidad

disconcerted /ˌdɪskənˈsɜːtɪd/ *adj* desconcertado **disconcerting** *adj* desconcertante

disconnect /ˌdɪskəˈnekt/ *vt* **1** desconectar **2** (*luz, agua, etc.*) cortar **disconnected** *adj* inconexo, incoherente

discontent /ˌdɪskənˈtent/ *n* ~ **(at/over/with sth)** descontento (con algo) **discontented** *adj* descontento

discontinue /ˌdɪskənˈtɪnjuː/ *vt* suspender, interrumpir

discord /ˈdɪskɔːd/ *n* **1** (*formal*) discordia **2** (*Mús*) disonancia **discordant** /dɪsˈkɔːdənt/ *adj* **1** (*formal*) (*opiniones*) discorde **2** (*sonido*) disonante

discount ⚬ⁿ *nombre, verbo*
▸ *n* /ˈdɪskaʊnt/ descuento **LOC** **at a discount** a precio rebajado
▸ *vt* /dɪsˈkaʊnt; *USA tb* ˈdɪskaʊnt/ **1** (*formal*) descartar, ignorar **2** (*Econ*) descontar, rebajar

discourage /dɪsˈkʌrɪdʒ; *USA* -ˈkɜːrɪdʒ/ *vt* **1** ~ **sb from doing sth** disuadir a algn de hacer algo **2** ~ **sth** oponerse a algo; aconsejar que no se haga algo **3** desanimar **discouraging** *adj* desalentador

discover ⚬ⁿ /dɪˈskʌvə(r)/ *vt* descubrir

discovery ⚬ⁿ /dɪˈskʌvəri/ *n* (*pl* **discoveries**) descubrimiento

discredit /dɪsˈkredɪt/ *vt* desacreditar

discreet /dɪˈskriːt/ *adj* discreto

discrepancy /dɪsˈkrepənsi/ *n* (*pl* **discrepancies**) discrepancia

discretion /dɪˈskreʃn/ *n* **1** albedrío **2** discreción **LOC** **at sb's discretion** a juicio de algn

discriminate /dɪˈskrɪmɪneɪt/ *vi* **1** ~ **(between…)** distinguir (entre…) **2** ~ **against/in favour of sb** discriminar a algn; dar trato de favor a algn **discriminating** *adj* perspicaz **discrimination** *n* **1** discriminación: *positive discrimination* discriminación positiva **2** discernimiento, buen gusto

discuss ⚬ⁿ /dɪˈskʌs/ *vt* ~ **sth (with sb)** hablar, tratar de algo (con algn)

discussion ⚬ⁿ /dɪˈskʌʃn/ *n* debate, deliberación ⊃ *Comparar con* ARGUMENT, ROW²

disdain /dɪsˈdeɪn/ *n* desdén, desprecio

disease ⚬ⁿ /dɪˈziːz/ *n* enfermedad, afección

🔑 En general, **disease** se usa para enfermedades específicas como *heart disease, Parkinson's*

---

disease, mientras que **illness** se suele referir a la enfermedad como estado o al período en que uno está enfermo. ➔ *Ver ejemplos en* ILL-NESS

diseased /dɪˈziːzd/ *adj* enfermo

disembark /ˌdɪsɪmˈbɑːk/ *vi* desembarcar

disenchanted /ˌdɪsɪnˈtʃɑːntɪd; *USA* -ˈtʃæn-/ *adj* ~ **(with sb/sth)** desengañado, desilusionado (con algn/algo)

disentangle /ˌdɪsɪnˈtæŋgl/ *vt* **1** desenredar **2** ~ **sth/sb (from sth)** liberar algo/a algn (de algo)

disfigure /dɪsˈfɪɡə(r); *USA* -ˈfɪɡjər/ *vt* desfigurar

disgrace /dɪsˈɡreɪs/ *nombre, verbo*
▶ *n* **1** deshonra, desgracia **2** [*sing*] **a** ~ **(to sb/sth)** una vergüenza (para algn/algo) LOC **in disgrace (with sb)** desacreditado (ante algn)
▶ *vt* deshonrar: *to disgrace yourself* ponerse en ridículo **disgraceful** *adj* vergonzoso

disgruntled /dɪsˈɡrʌntld/ *adj* ~ **(at sb/sth)** disgustado (con algn/por algo)

disguise /dɪsˈɡaɪz/ *verbo, nombre*
▶ *vt* **1** ~ **sb (as sb/sth)** disfrazar, disimular a algn (de algn/algo) **2** (*emoción*) disimular **3** (*voz*) cambiar
▶ *n* disfraz LOC **in disguise** disfrazado *Ver tb* BLESSING

disgust ०ᵣ /dɪsˈɡʌst/ *n* asco, repugnancia

disgusted ०ᵣ /dɪsˈɡʌstɪd/ *adj* asqueado

disgusting ०ᵣ /dɪsˈɡʌstɪŋ/ *adj* asqueroso

dish ०ᵣ /dɪʃ/ *nombre, verbo*
▶ *n* **1** (*para servir*) fuente, plato: *to wash/do the dishes* fregar los platos **2** (*guiso*) plato: *the national dish* el plato típico nacional *Ver tb* SATELLITE DISH, SIDE DISH
▶ *v* PHR V **dish sth out 1** (*coloq*) repartir algo a manos llenas **2** (*comida*) servir algo ◆ **dish (sth) up** servir (algo)

disheartened /dɪsˈhɑːtnd/ *adj* desanimado **disheartening** *adj* desalentador

dishevelled (*USA* **disheveled**) /dɪˈʃevld/ *adj* **1** (*pelo*) despeinado **2** (*ropa, apariencia*) desaliñado

dishonest ०ᵣ /dɪsˈɒnɪst/ *adj* **1** (*persona*) deshonesto **2** fraudulento **dishonesty** *n* falta de honradez

dishonour (*USA* **dishonor**) /dɪsˈɒnə(r)/ *nombre, verbo*
▶ *n* (*formal*) deshonor, deshonra
▶ *vt* (*formal*) deshonrar **dishonourable** (*USA* **dishonorable**) *adj* deshonroso

dishwasher /ˈdɪʃwɒʃə(r); *USA* -wɔːʃər/ *n* lavaplatos

disillusion /ˌdɪsɪˈluːʒn/ *vt* desengañar, desencantar **disillusioned** *adj* ~ **(by/with sb/sth)** desengañado, desencantado (con algn/algo) **disillusionment** *n* ~ **(with sth)** desengaño, desencanto (con algo)

disinfect /ˌdɪsɪnˈfekt/ *vt* desinfectar **disinfectant** *n* desinfectante

disintegrate /dɪsˈɪntɪɡreɪt/ *vt, vi* desintegrar(se), desmoronar(se) **disintegration** *n* desintegración, desmoronamiento

disinterested /dɪsˈɪntrəstɪd, -trestɪd/ *adj* desinteresado

disjointed /dɪsˈdʒɔɪntɪd/ *adj* inconexo

disk ०ᵣ /dɪsk/ *n* **1** (*esp USA*) = DISC **2** (*Informát*) disco

disk drive *n* (*Informát*) lector (*de CDs, DVDs*)

dislike ०ᵣ /dɪsˈlaɪk/ *verbo, nombre*
▶ *vt* no gustar, tener aversión a
▶ *n* ~ **(of sb/sth)** aversión (por/a algn/algo); antipatía (a/hacia algn): *to take a dislike to sth* cogerle aversión a algo

dislocate /ˈdɪsləkeɪt; *USA* ˈdɪsləʊkeɪt, dɪsˈləʊkeɪt/ *vt* dislocar(se) **dislocation** *n* dislocación

dislodge /dɪsˈlɒdʒ/ *vt* ~ **sb/sth (from sth)** desalojar, sacar a algn/algo (de algo)

disloyal /dɪsˈlɔɪəl/ *adj* ~ **(to sb/sth)** desleal (con algn/algo) **disloyalty** *n* deslealtad

dismal /ˈdɪzməl/ *adj* **1** triste **2** (*coloq*) pésimo

dismantle /dɪsˈmæntl/ *vt* **1** desarmar, desmontar **2** (*edificio, organización, etc.*) desmantelar

dismay /dɪsˈmeɪ/ *nombre, verbo*
▶ *n* consternación
▶ *vt* llenar de consternación

dismember /dɪsˈmembə(r)/ *vt* desmembrar

dismiss ०ᵣ /dɪsˈmɪs/ *vt* **1** ~ **sb/sth (as sth)** descartar, desechar a algn/algo (por ser algo) **2** ~ **sb (from sth)** despedir, destituir a algn (de algo) **dismissal** *n* **1** despido **2** rechazo **dismissive** *adj* desdeñoso

dismount /dɪsˈmaʊnt/ *vi* ~ **(from sth)** desmontar, apearse (de algo)

disobedience /ˌdɪsəˈbiːdiəns/ *n* desobediencia

disobedient /ˌdɪsəˈbiːdiənt/ *adj* desobediente

disobey /ˌdɪsəˈbeɪ/ *vt, vi* desobedecer

disorder /dɪsˈɔːdə(r)/ *n* **1** desorden: *in disorder* desordenado **2** trastorno: *eating disorders* trastornos alimentarios **disorderly** *adj* **1** indisciplinado, descontrolado **2** desordenado LOC *Ver* DRUNK

disorganized, -ised /dɪsˈɔːɡənaɪzd/ *adj* desorganizado

disorientate /dɪsˈɔːriənteɪt/ (tb disorient /dɪsˈɔːrient/) vt desorientar

disown /dɪsˈəʊn/ vt renegar de

dispatch (tb despatch) /dɪˈspætʃ/ verbo, nombre
▶ vt (formal) enviar
▶ n **1** (formal) envío **2** (Period) despacho

dispel /dɪˈspel/ vt (-ll-) disipar

dispense /dɪˈspens/ vt repartir PHRV **dispense with sb/sth** prescindir de algn/algo

dispersal /dɪˈspɜːsl/ (tb dispersion /dɪˈspɜːʃn; USA dɪˈspɜːrʒn/) n (formal) dispersión

disperse /dɪˈspɜːs/ vt, vi dispersar(se)

displace /dɪsˈpleɪs/ vt **1** reemplazar **2** desplazar

display ⊶ /dɪˈspleɪ/ verbo, nombre
▶ vt **1** exponer, exhibir **2** (emoción, etc.) mostrar, manifestar **3** (Informát) mostrar en pantalla
▶ n **1** exposición, exhibición **2** demostración **3** (Informát) pantalla (de visualización) LOC **on display** expuesto

disposable /dɪˈspəʊzəbl/ adj **1** desechable **2** disponible: disposable income dinero disponible tras pagar los gastos fijos de cada mes

disposal /dɪˈspəʊzl/ n desecho, vertido: waste disposal la eliminación de residuos/desechos LOC **at your/sb's disposal** a su disposición/a la disposición de algn

disposed /dɪˈspəʊzd/ adj (formal) dispuesto: be ill/well disposed towards sb estar mal/bien dispuesto hacia algn

disposition /ˌdɪspəˈzɪʃn/ n modo de ser

disproportionate /ˌdɪsprəˈpɔːʃənət/ adj desproporcionado **disproportionately** adv desproporcionadamente

disprove /ˌdɪsˈpruːv/ vt refutar (teoría)

dispute nombre, verbo
▶ n /dɪˈspjuːt, ˈdɪspjuːt/ **1** conflicto, disputa **2** discusión LOC **in dispute 1** en discusión **2** (Jur) en litigio
▶ vt /dɪˈspjuːt/ discutir, poner en duda

disqualify /dɪsˈkwɒlɪfaɪ/ vt (pt, pp -fied) descalificar: to disqualify sb from doing sth inhabilitar a algn para hacer algo

disregard /ˌdɪsrɪˈɡɑːd/ verbo, nombre
▶ vt hacer caso omiso de (consejo, error)
▶ n ~ (for/of sb/sth) indiferencia (hacia algn/algo)

disreputable /dɪsˈrepjətəbl/ adj de mala reputación: his disreputable appearance su mal aspecto

disrepute /ˌdɪsrɪˈpjuːt/ n desprestigio

disrespect /ˌdɪsrɪˈspekt/ n falta de respeto **disrespectful** adj ~ (to sb/sth) irrespetuoso (con algn)

disrupt /dɪsˈrʌpt/ vt interrumpir, desbaratar **disruption** n trastorno, molestia(s) **disruptive** adj molesto, que causa molestias

dissatisfaction /ˌdɪsˌsætɪsˈfækʃn/ n ~ (with/at sth) descontento (con/por algo)

dissatisfied /dɪsˈsætɪsfaɪd, dɪˈ-/ adj ~ (with/at sb/sth) descontento (con/por algn/algo)

dissent /dɪˈsent/ n desacuerdo **dissenting** adj en desacuerdo, contrario

dissertation /ˌdɪsəˈteɪʃn/ n tesina

dissident /ˈdɪsɪdənt/ adj, n disidente

dissimilar /dɪˈsɪmɪlə(r)/ adj ~ (from/to sb/sth) distinto (de algn/algo)

dissociate /dɪˈsəʊʃieɪt, dɪˈsəʊsi-/ (tb disassociate /ˌdɪsəˈsəʊʃieɪt, -ˈsəʊsi-/) vt **1** ~ yourself/sb from sb/sth desligarse, desligar a algn de algn/algo **2** disociar

dissolve ⊶ /dɪˈzɒlv/ **1** vt, vi disolver(se) **2** vi desvanecerse

dissuade /dɪˈsweɪd/ vt ~ sb (from sth/doing sth) disuadir a algn (de algo/de hacer algo)

distance ⊶ /ˈdɪstəns/ nombre, verbo
▶ n distancia: from/at a distance a distancia ◇ a distance runner un corredor de fondo Ver tb LONG-DISTANCE LOC **in the distance** a lo lejos
▶ vt ~ yourself (from sb/sth) distanciarse (de algn/algo)

distant /ˈdɪstənt/ adj **1** distante, lejano **2** (pariente) lejano

distaste /dɪsˈteɪst/ n ~ (for sb/sth) aversión (a algn/algo) **distasteful** adj desagradable

distil (USA tb distill) /dɪˈstɪl/ vt (-ll-) destilar **distillery** n (pl **distilleries**) destilería

distinct /dɪˈstɪŋkt/ adj **1** claro **2** ~ (from sth) distinto (de algo): as distinct from sth en contraposición a algo **distinction** n **1** distinción **2** honor **distinctive** adj particular

distinguish ⊶ /dɪˈstɪŋɡwɪʃ/ **1** vt ~ A (from B) distinguir A (de B) **2** vi ~ between A and B distinguir entre A y B **3** vt ~ yourself (as sth) distinguirse (como algo)

distort /dɪˈstɔːt/ vt **1** deformar, distorsionar **2** (fig) tergiversar **distortion** n **1** distorsión **2** (fig) tergiversación

distract /dɪˈstrækt/ vt ~ sb (from sth) distraer a algn (de algo) **distracted** adj distraído **distraction** n distracción: to drive sb to distraction volver loco a algn

distraught /dɪˈstrɔːt/ adj consternado

distress /dɪ'stres/ *n* **1** angustia **2** dolor **3** peligro: *distress signal* señal de peligro **distressed** *adj* afligido **distressing** *adj* penoso

distribute ⊶ /dɪ'strɪbjuːt, 'dɪstrɪbjuːt/ *vt* repartir, distribuir

distribution ⊶ /ˌdɪstrɪ'bjuːʃn/ *n* distribución

distributor /dɪ'strɪbjətə(r)/ *n* distribuidor, -ora

district ⊶ /'dɪstrɪkt/ *n* **1** distrito, región **2** zona

distrust /dɪs'trʌst/ *nombre, verbo*
▸ *n* desconfianza
▸ *vt* desconfiar de **distrustful** *adj* desconfiado

disturb ⊶ /dɪ'stɜːb/ *vt* **1** molestar, interrumpir: *I'm sorry to disturb you.* Siento molestarte. ⊃ *Comparar con* BOTHER, MOLEST **2** (*silencio, sueño*) perturbar **3** revolver **LOC** **do not disturb** no molestar **disturbance** *n* **1** molestia **2** disturbios **3** alboroto: *to cause a disturbance of the peace* causar una alteración del orden público **disturbed** *adj* trastornado

disturbing ⊶ /dɪ'stɜːbɪŋ/ *adj* inquietante

disuse /dɪs'juːs/ *n* desuso: *to fall into disuse* caer en desuso **disused** /ˌdɪs'juːzd/ *adj* abandonado

ditch /dɪtʃ/ *nombre, verbo*
▸ *n* zanja, cuneta
▸ *vt* (*coloq*) abandonar

dither /'dɪðə(r)/ *vi* ~ (**over sth**) (*coloq*) vacilar (sobre algo)

ditto /'dɪtəʊ/ *n* ídem

🔎 **Ditto** se suele referir al símbolo (") que se utiliza para evitar las repeticiones en una lista.

dive /daɪv/ *verbo, nombre*
▸ *vi* (*pt* **dived**, *USA tb* **dove** /dəʊv/, *pp* **dived**) **1** ~ (**from/off sth**) (**into sth**) tirarse de cabeza (desde algo) (en algo) **2** ~ (**down**) (**for sth**) (*persona*) bucear (en busca de algo) **3** (*submarino, ballena, etc.*) sumergirse **4** (*avión, ave*) bajar en picado **5** ~ **into/under sth** meterse en/debajo de algo (*precipitadamente*) **LOC** **dive for cover** buscar cobijo precipitadamente
▸ *n* **1** salto **2** inmersión **diver** *n* buzo

diverge /daɪ'vɜːdʒ/ *vi* ~ (**from sth**) (*formal*) **1** (*líneas, carreteras*) divergir (de algo) **2** (*opiniones*) diferir (de algo) **divergence** *n* (*formal*) divergencia **divergent** *adj* (*formal*) divergente

diverse /daɪ'vɜːs/ *adj* diverso

diversification /daɪˌvɜːsɪfɪ'keɪʃn/ *n* diversificación

diversify /daɪ'vɜːsɪfaɪ/ *vt, vi* (*pt, pp* **-fied**) diversificar(se)

diversion /daɪ'vɜːʃn; *USA* -'vɜːrʒn/ *n* desvío (*ocasionado por obras, etc.*)

diversity /daɪ'vɜːsəti/ *n* diversidad

divert /daɪ'vɜːt/ *vt* ~ **sb/sth** (**from sth**) desviar a algn/algo (de algo)

divide ⊶ /dɪ'vaɪd/ **1** *vt, vi* ~ (**sth**) (**up**) (**into sth**) dividir algo, dividirse (en algo) **2** *vt* ~ **sth** (**up/out**) (**between/among sb**) dividir, repartir algo (entre algn) **3** *vt* separar **4** *vt* ~ **sth by sth** (*Mat*) dividir algo por algo **divided** *adj* dividido

di,vided 'highway *n* (*USA*) autovía (*de dos carriles*)

dividend /'dɪvɪdend/ *n* dividendo

divine /dɪ'vaɪn/ *adj* divino

diving /'daɪvɪŋ/ *n* buceo

'diving board *n* trampolín

division ⊶ /dɪ'vɪʒn/ *n* **1** división **2** sección, departamento (*en una empresa*) **divisional** *adj* de división

divorce ⊶ /dɪ'vɔːs/ *nombre, verbo*
▸ *n* divorcio
▸ *vt, vi* divorciarse (de): *to get divorced* divorciarse **divorcee** /dɪˌvɔː'siː; *USA* -'seɪ/ *n* divorciado, -a

divulge /daɪ'vʌldʒ/ *vt* (*formal*) revelar

DIY /ˌdiː aɪ 'waɪ/ *n* (*abrev de* do-it-yourself) bricolaje

dizziness /'dɪzinəs/ *n* mareo, vértigo

dizzy /'dɪzi/ *adj* (**dizzier, -iest**) mareado

DJ /'diː dʒeɪ/ *n* (*abrev de* disc jockey) DJ, pinchadiscos

DNA /ˌdiː en 'eɪ/ *n* ADN

do	
present simple	
afirmativa	*negativa* *formas contractas*
I do	I don't
you **do**	you **don't**
he/she/it **does**	he/she/it **doesn't**
we **do**	we **don't**
you **do**	you **don't**
they **do**	they **don't**
forma -ing	doing
past simple	did
participio pasado	done

do 0— *verbo, nombre*

▶ *vt, vi* /duː, də/ (*3ª pers sing* **does** /dʌz/, *pt* **did** /dɪd/, *pp* **done** /dʌn/) hacer ⊃ *Ver nota en pág 501*

🔎 Usamos **do** cuando hablamos de una actividad sin decir exactamente de qué se trata, como por ejemplo, cuando va acompañado de palabras como *something, nothing, anything, everything,* etc: *What are you doing this evening?* ¿Qué vas a hacer esta tarde? ◇ *Are you doing anything tomorrow?* ¿Vas a hacer algo mañana? ◇ *We'll do what we can to help you.* Haremos lo que podamos para ayudarte. ◇ *What does she want to do?* ¿Qué quiere hacer? ◇ *I've got nothing to do.* No tengo nada que hacer. ◇ *What can I do for you?* ¿En qué puedo servirle? ◇ *I have a number of things to do today.* Hoy tengo varias cosas que hacer. ◇ *Do as you please.* Haz lo que quieras. ◇ *Do as you're told!* ¡Haz lo que se te dice! ⊃ *Ver ejemplos en* MAKE

● **do + the, my, etc. + -ing** *vt* (*obligaciones y hobbies*) hacer: *to do the washing-up* hacer/fregar los platos ◇ *to do the ironing* planchar ◇ *to do the/your shopping* hacer la compra

● **do + (the, my, etc.) + sustantivo** *vt*: *to do your homework* hacer los deberes ◇ *to do a test/an exam* hacer un examen ◇ *to do an English course* hacer un curso de inglés ◇ *to do business* hacer negocios ◇ *to do your duty* cumplir con tu deber ◇ *to do your job* hacer tu trabajo ◇ *to do the housework* hacer la casa ◇ *to do your hair/to have your hair done* arreglarse el pelo/ir a la peluquería

● **otros usos 1** *vt*: *to do your best* hacer lo que se pueda ◇ *to do good* hacer el bien ◇ *to do sb a favour* hacerle un favor a algn **2** *vi*: *She's doing well at school.* Va bien en la escuela. ◇ *How's the business doing?* ¿Qué tal va el negocio? ◇ *He did badly in the exam.* Le fue mal en el examen. **3** *vi* ser suficiente, servir: *Will £10 do?* ¿Será suficiente con diez libras? ◇ *All right, a pencil will do.* Da igual, un lápiz servirá. **4** *vi* venir bien: *Will next Friday do?* ¿Te viene bien el viernes? **LOC** be/have to do with sb/sth tener que ver con algn/algo: *She won't have anything to do with him.* No quiere tener nada que ver con él. ◇ *What's it got to do with you?* ¡Ya ti qué te importa! ◆ **could do with sth** *I could do with a good night's sleep.* Me haría bien dormir toda la noche. ◇ *We could do with a holiday.* Nos sentarían bien unas vacaciones. ◆ **it/ that will never/won't do** *It (simply) won't do.* No puede ser. ◇ *It would never do to…* No estaría bien que… ◆ **that does it!** (*coloq*) ¡se acabó! ◆

that's done it! (*coloq*) ¡la hemos hecho buena! ◆ **that will do!** ¡ya está bien! ❶ Para otras expresiones con **do**, véanse las entradas del sustantivo, adjetivo, etc., p. ej. **do your bit** en BIT. **PHR V** **do away with sth** (*coloq*) deshacerse de algo; abolir algo ◆ **do sth up 1** abrochar(se) algo **2** atar(se) algo **3** envolver algo **4** renovar algo ◆ **do without (sb/sth)** pasarse sin algn/algo

▶ /duː, də/ *v aux* ❶ En español, **do** no se traduce. Lleva el tiempo y la persona del verbo principal de la oración.

● **frases interrogativas y negativas** *Does she speak French?* ¿Habla francés? ◇ *Did you go home?* ¿Os fuisteis a casa? ◇ *She didn't go to Paris.* No fue a París. ◇ *He doesn't want to come with us.* No quiere venir con nosotros.

● **question tags 1** do + n't + pronombre personal? (*oración afirmativa*): *John lives here, doesn't he?* John vive aquí, ¿verdad? **2** do + pronombre personal? (*oración negativa*): *Mary doesn't know, does she?* Mary no lo sabe, ¿verdad? **3** do + pronombre personal? (*oración afirmativa*): *So you told them, did you?* O sea que se lo dijiste, ¿no?

● **frases afirmativas con uso enfático** *He does look tired.* De verdad que se le ve cansado. ◇ *Well, I did warn you.* Bueno, ya te advertí. ◇ *Oh, do be quiet!* ¡Cállate ya!

● **para evitar repeticiones** *He drives better than he did a year ago.* Conduce mejor ahora que hace un año. ◇ *She knows more than he does.* Ella sabe más que él. ◇ *'Who won?' 'I did.'* —¿Quién ganó? —Yo. ◇ *'He smokes.' 'So do I.'* —Él fuma. —Yo también. ◇ *Peter didn't go and neither did I.* Peter no fue y yo tampoco. ◇ *You didn't know her but I did.* Tú no la conocías pero yo sí.

▶ *n* /duː/ (*pl* **dos, do's**) **LOC** do's and don'ts (*coloq*) reglas

docile /ˈdəʊsaɪl, *USA* ˈdɑːsl/ *adj* dócil

dock /dɒk/ *nombre, verbo*

▶ *n* **1** dársena **2** docks [*pl*] puerto **3** (*Jur*) banquillo (de los acusados)

▶ **1** *vt, vi* (*Náut*) (hacer) entrar en dique; atracar (en un muelle) **2** *vi* llegar en barco **3** *vt, vi* (*Aeronáut*) acoplar(se) **4** *vt* (*sueldo, etc.*) reducir

doctor 0— /ˈdɒktə(r)/ *nombre, verbo*

▶ *n* **1** (*abrev* **Dr**) **1** médico, -a ⊃ *Ver nota en* POLICÍA **2** doctor's consultorio: *to go to the doctor's* ir al médico **3** ~ (of sth) (*título*) doctor, -ora (en algo)

▶ *vt* **1** amañar **2** (*comestibles*) adulterar

doctorate /ˈdɒktərət/ *n* doctorado

doctrine /ˈdɒktrɪn/ *n* doctrina

document 0— *nombre, verbo*

▶ *n* /ˈdɒkjumənt/ documento

▶ *vt* /ˈdɒkjument/ documentar

documentary /ˌdɒkjuˈmentri/ *adj, n* (*pl* **documentaries**) documental

docusoap /ˈdɒkjusəʊp/ *n* programa televisivo sobre la vida diaria de personas reales

dodge /dɒdʒ/ **1** *vi* hacer un quiebro: *She dodged round the corner.* Hizo un quiebro y dobló la esquina. **2** *vt* esquivar: *to dodge awkward questions* eludir preguntas embarazosas **3** *vt* (*perseguidor*) dar esquinazo a

dodgem /ˈdɒdʒəm/ *n* auto de choque

dodgy /ˈdɒdʒi/ *adj* (**dodgier, -iest**) (*GB, coloq*) **1** sospechoso: *Sounds a bit dodgy to me.* Me huele a chamusquina. **2** defectuoso: *I've got a dodgy knee.* Tengo una rodilla chunga. ◇ *The meat looked a bit dodgy.* La carne tenía mala pinta. **3** (*situación*) delicado, arriesgado

doe /dəʊ/ *n* cierva, coneja, liebre hembra ⊃ *Ver notas en* CIERVO, CONEJO

does *Ver* DO

doesn't /ˈdʌznt/ (*abrev de* does not) *Ver* DO

dog ⊶ /dɒg/ USA dɔːg/ *nombre, verbo*
▸ *n* perro
▸ *vt* (**-gg-**) seguir: *He was dogged by misfortune.* Le persiguió la mala suerte.

dog-eared *adj* (*libro, etc.*) con las esquinas de las páginas dobladas

dogged /ˈdɒgɪd; USA ˈdɔːgɪd/ *adj* tenaz **doggedly** *adv* tenazmente

doggy (*tb* **doggie**) /ˈdɒgi; USA ˈdɔːgi/ *n* (*pl* **doggies**) (*coloq*) perrito

doggy bag *n* (*coloq*) bolsita que dan algunos restaurantes para llevarse las sobras a casa

dogsbody /ˈdɒgzbɒdi; USA ˈdɔːgz-/ *n* (*pl* **dogsbodies**) (*GB, coloq*) *I'm fed up with being his dogsbody.* Estoy harto de ser su criadillo.

do-it-yourself *n Ver* DIY

the dole /ðə ˈdəʊl/ *n* (*GB, coloq*) subsidio de desempleo: *to be/go on the dole* estar/quedarse en paro

doll /dɒl/ *n* muñeca

dollar ⊶ /ˈdɒlə(r)/ *n* dólar: *a dollar bill* un billete de dólar ⊃ *Ver pág* 805

dolly /ˈdɒli/ *n* (*pl* **dollies**) muñequita

dolphin /ˈdɒlfɪn/ *n* delfín

domain /dəˈmeɪn, dəʊˈ-/ *n* **1** campo: *outside my domain* fuera de mi competencia **2** (*tierras*) dominios **3** (*Internet*) dominio

dome /dəʊm/ *n* cúpula **domed** *adj* abovedado

domestic ⊶ /dəˈmestɪk/ *adj* **1** nacional: *domestic flights* vuelos nacionales **2** doméstico **domesticated** *adj* **1** doméstico **2** casero

dominance /ˈdɒmɪnəns/ *n* dominación

dominant /ˈdɒmɪnənt/ *adj* dominante

dominate ⊶ /ˈdɒmɪneɪt/ *vt, vi* dominar **domination** *n* dominio

domineering /ˌdɒmɪˈnɪərɪŋ/ *adj* (*pey*) dominante

dominion /dəˈmɪniən/ *n* dominio

domino /ˈdɒmɪnəʊ/ *n* (*pl* **dominoes**) **1** ficha de dominó **2 dominoes** [*incontable*]: *to play dominoes* jugar al dominó

donate /dəʊˈneɪt; USA ˈdəʊneɪt/ *vt* donar **donation** *n* **1** donativo **2** [*incontable*] donación

done /dʌn/ *adj* hecho, terminado *Ver tb* DO

donkey /ˈdɒŋki/ *n* (*pl* **donkeys**) burro

donor /ˈdəʊnə(r)/ *n* donante

don't /dəʊnt/ (*abrev de* do not) *Ver* DO

donut (*esp USA*) = DOUGHNUT

doodle /ˈduːdl/ *verbo, nombre*
▸ *vi* garabatear
▸ *n* garabato

doom /duːm/ *n* [*incontable*] perdición, muerte: *to meet your doom* encontrar su muerte ◇ *a sense of doom* una sensación de fatalidad **LOC** doom merchant; prophet of doom catastrofista **doomed** *adj* condenado: *doomed to failure* destinado al fracaso

door ⊶ /dɔː(r)/ *n* **1** puerta **2** *Ver* DOORWAY; *Ver tb* NEXT DOOR **LOC** (from) door to door de puerta en puerta ◆ out of doors al aire libre *Ver tb* BACK

doorbell /ˈdɔːbel/ *n* timbre (*de puerta*)

doorknob /ˈdɔːnɒb/ *n* pomo (*de puerta*)

doorman /ˈdɔːmən/ *n* (*pl* **-men** /-mən/) portero (*de hotel, teatro, etc.*)

doormat /ˈdɔːmæt/ *n* felpudo

doorstep /ˈdɔːstep/ *n* peldaño (*de puerta*) **LOC** on your doorstep a un paso

door-to-door *adj* de puerta en puerta, a domicilio: *a door-to-door salesman* un vendedor ambulante

doorway /ˈdɔːweɪ/ *n* entrada, puerta

dope /dəʊp/ *nombre, verbo*
▸ *n* **1** [*incontable*] (*coloq*) droga (*esp hachís*) **2** [*incontable*] estimulante: *dope test* prueba antidopaje **3** (*coloq*) imbécil
▸ *vt* narcotizar

dormant /ˈdɔːmənt/ *adj* inactivo

dormitory /ˈdɔːmətri; USA -tɔːri/ *n* (*pl* **dormitories**) dormitorio (*colectivo*)

dormouse /ˈdɔːmaʊs/ *n* (*pl* **dormice** /-maɪs/) lirón

dosage /ˈdəʊsɪdʒ/ *n* dosificación

dose /dəʊs/ *n* dosis

dot 0̸ /dɒt/ *nombre, verbo*
▸ *n* punto **LOC** **on the dot** *(coloq)* a la hora en punto
▸ *vt* (**-tt-**) poner un punto sobre: *dotted line* línea de puntos **LOC** **dot your i's and cross your t's** dar los últimos retoques

dot-com /ˌdɒt ˈkɒm/ *(tb* dotcom*) n* puntocom

dote /dəʊt/ *vi* ~ **on/upon sb** adorar a algn **doting** *adj* devoto

double 0̸ /ˈdʌbl/ *adjetivo, adverbio, nombre, verbo*
▸ *adj* doble: *double figures* número de dos cifras
▸ *adv* *to see double* ver doble ◇ *She earns double what he does.* Gana el doble que él. ◇ *bent double* encorvado ◇ *to fold a blanket double* doblar una manta en dos
▸ *n* **1** doble **2 doubles** [*pl*] *(Dep)* dobles: *mixed doubles* dobles mixtos
▸ **1** *vt, vi* duplicar(se) **2** *vt* ~ **sth (over)** doblar algo (en dos) **3** *vi* ~ **(up) as sth** hacer (también) de algo **PHR V** **double (sb) up/over** *to be doubled up with laughter* partirse de risa ◇ *to double over with pain* doblarse de dolor

double-barrelled (USA **double-barreled**) /ˌdʌbl ˈbærəld/ *adj* **1** (escopeta) de dos cañones **2** (apellido) compuesto ➸ *Ver nota en* SURNAME

double 'bass *n* contrabajo

double 'bed *n* cama de matrimonio

double-breasted /ˌdʌbl ˈbrestɪd/ *adj* (chaqueta, etc.) cruzado

double-'check *vt* volver a comprobar

double-'click *vi* ~ **(on sth)** *(Informát)* hacer doble clic (en algo)

double-'cross *vt* engañar

double-decker /ˌdʌbl ˈdekə(r)/ *n* autobús de dos pisos

double-'edged *adj* de doble filo

double-'glazed *adj* con cristal doble

double 'glazing *n* doble acristalamiento

doubly /ˈdʌbli/ *adv* doblemente: *to make doubly sure of sth* volver a asegurarse de algo

doubt 0̸ /daʊt/ *nombre, verbo*
▸ *n* ~ **(about/as to sth)** duda (sobre algo) **LOC** **be in doubt** ser dudoso ♦ **beyond (any) doubt** fuera de toda duda ♦ **cast/throw doubt (on sth)** sembrar la duda (sobre algo) ♦ **no doubt; without/beyond doubt** sin duda *Ver tb* BENEFIT
▸ *vt, vi* dudar (de) **doubter** *n* escéptico, -a

doubtful /ˈdaʊtfl/ *adj* dudoso: *to be doubtful about (doing) sth* tener dudas sobre (si hacer) algo

doubtfully /ˈdaʊtfəli/ *adv* sin convicción

doubtless /ˈdaʊtləs/ *adv* sin duda

dough /dəʊ/ *n* masa

doughnut (*tb esp* USA **donut**) /ˈdəʊnʌt/ *n* donut®

dour /dʊə(r), ˈdaʊə(r)/ *adj* austero

douse (*tb* **dowse**) /daʊs/ *vt* ~ **sb/sth (in/with sth)** empapar a algn/algo (de algo)

dove[1] /dʌv/ *n* paloma

dove[2] (USA) *pt de* DIVE

dowdy /ˈdaʊdi/ *adj* sin gracia, sin estilo

down 0̸ /daʊn/ *adverbio, preposición, adjetivo, nombre*
❶ Para los usos de **down** en PHRASAL VERBS ver las entradas de los verbos correspondientes, p. ej. **go down** en GO.
▸ *adv* **1** abajo: *face down* boca abajo **2** bajo: *Inflation is down this month.* La inflación ha bajado este mes. ◇ *I'm £50 down.* Me faltan 50 libras. **3** *Ten down, five to go.* Van diez, quedan cinco. **LOC** **be down to sb** *(coloq)* ser (la) responsabilidad de algn ♦ **be down to sb/sth** ser la culpa de algn/algo: *It's all down to luck.* Es todo cuestión de suerte. ♦ **down under** *(coloq)* a/en las antípodas ♦ **down with sb/sth!** ¡abajo algn/algo!
▸ *prep* abajo: *down the hill* colina abajo ◇ *down the corridor on the right* bajando el pasillo a la derecha ◇ *He ran his eyes down the list.* Recorrió la lista de arriba abajo.
▸ *adj* **1** *(coloq)* deprimido: *to be/feel down* estar con la depre **2** *(Informát)*: *The system's down.* El sistema no funciona.
▸ *n* [*incontable*] **1** plumones **2** pelusa

down-and-out *n* vagabundo, -a

downcast /ˈdaʊnkɑːst; USA -kæst/ *adj* abatido

downfall /ˈdaʊnfɔːl/ *n* [*sing*] caída: *Drink will be his downfall.* La bebida será su ruina.

downgrade /ˌdaʊnˈɡreɪd/ *vt* ~ **sb/sth (from sth) (to sth)** bajar a algn/algo de categoría (de algo) (a algo)

downhearted /ˌdaʊnˈhɑːtɪd/ *adj* desanimado

downhill /ˌdaʊnˈhɪl/ *adverbio, adjetivo, nombre*
▸ *adv, adj* cuesta abajo **LOC** **be (all) downhill; be downhill all the way** ser (todo) coser y cantar (a partir de ahora/entonces) ♦ **go downhill** *(lit y fig)* ir cuesta abajo
▸ *n* (*tb* ˌdownhill ˈskiing) esquí alpino, descenso

download *verbo, nombre*
▸ *vt* /ˌdaʊnˈləʊd/ *(Informát)* descargar, bajar
▸ *n* /ˈdaʊnləʊd/ *(Informát)* descarga

downloadable /ˌdaʊnˈləʊdəbl/ *adj* descargable

downmarket /ˌdaʊnˈmɑːkɪt/ *adj* de/para la gran masa, vulgar

down 'payment *n* entrada *(pago inicial)*

downplay /ˌdaʊnˈpleɪ/ *vt* quitar importancia a

downpour /'daʊnpɔ:(r)/ n chaparrón

downright /'daʊnraɪt/ adjetivo, adverbio
▸ adj [solo antes de sustantivo] total: *downright stu-pidity* estupidez declarada
▸ adv completamente

downscale /ˌdaʊn'skeɪl/ adj (USA) Ver DOWN-MARKET

downside /'daʊnsaɪd/ n [sing] inconveniente

downsize /'daʊnsaɪz/ vi, vt (Econ) reducir (perso-nal)

'Down's syndrome n síndrome de Down

downstairs ⊶ /ˌdaʊn'steəz/ adverbio, adjetivo, nombre
▸ adv (en el piso de) abajo: *He fell downstairs.* Se cayó escaleras abajo.
▸ adj en el/del piso de abajo
▸ n [sing] piso de abajo

downstream /ˌdaʊn'stri:m/ adv río abajo

downtime /'daʊntaɪm/ n [incontable] **1** (ordena-dor, etc.) tiempo de inactividad **2** (esp USA) rato (s) de descanso: *Everyone needs a little down-time. Todos necesitamos descansar de vez en cuando.*

down to 'earth adj práctico, con los pies en la tierra

downtown /ˌdaʊn'taʊn/ adjetivo, adverbio, nom-bre
▸ adj, adv (esp USA) a/en el centro (de la ciudad)
▸ n [incontable] (esp USA) centro (de la ciudad)

downtrodden /'daʊntrɒdn/ adj oprimido

downturn /'daʊntɜ:n/ n bajada: *a downturn in sales* un descenso en las ventas

downward ⊶ /'daʊnwəd/ adj hacia abajo: *a downward trend* una tendencia a la baja

downwards ⊶ /'daʊnwədz/ (tb esp USA downward) adv hacia abajo

downy /'daʊni/ adj con pelusa

dowry /'daʊri/ n (pl **dowries**) dote

dowse = DOUSE

doze /dəʊz/ verbo, nombre
▸ vi dormitar PHR V **doze off** echar una cabezada
▸ n [sing] cabezada

dozen ⊶ /'dʌzn/ n (abrev doz.) docena: *two dozen eggs* dos docenas de huevos ◊ *There are dozens of people.* Hay muchísima gente.

dozy /'dəʊzi/ adj (coloq) **1** amodorrado **2** tonto

drab /dræb/ adj (**drabber, -est**) monótono, gris

draft ⊶ /drɑ:ft; USA dræft/ nombre, verbo
▸ n **1** borrador: *a draft bill* un anteproyecto de ley **2** (Fin) orden de pago, letra de cambio **3** the **draft** (USA) la llamada a filas **4** (USA) = DRAUGHT
▸ vt **1** hacer un borrador de **2** ~ sb (in) designar, enviar a algn **3** (USA) (Mil) llamar al servicio mi-litar

draftsman, draftswoman (USA) = DRAUGHTSMAN, DRAUGHTSWOMAN

drafty (USA) = DRAUGHTY

drag ⊶ /dræg/ verbo, nombre
▸ (**-gg-**) **1** vt, vi arrastrar(se) **2** vi ~ (on) hacerse eterno **3** vt (Náut) dragar
▸ n (coloq) **1 a drag** [sing] (persona, cosa) un rollo **2** *a man in drag* un hombre vestido de mujer

drag-and-'drop adj (Informát) de arrastrar y soltar

dragon /'drægən/ n dragón

dragonfly /'drægənflaɪ/ n (pl **dragonflies**) libé-lula

drain /dreɪn/ verbo, nombre
▸ vt **1** (platos, verduras, etc.) escurrir **2** (terreno, lago, etc.) drenar PHR V **drain away 1** irse (por un desa-güe) **2** (fig) consumirse (lentamente)
▸ n **1** desagüe **2** alcantarilla LOC **be a drain on sth** ser un agujero continuo de algo **drainage** /'dreɪnɪdʒ/ n drenaje

drained /dreɪnd/ adj agotado: *She felt drained of all energy.* Se sentía completamente ago-tada.

'draining board n escurreplatos

drainpipe /'dreɪnpaɪp/ n tubería de desagüe

drama ⊶ /'drɑ:mə/ n **1** obra de teatro **2** drama: *drama school/student* escuela/estu-diante de teatro **3** dramatismo

'drama queen n (coloq, pey) persona melodra-mática

dramatic ⊶ /drə'mætɪk/ adj dramático

dramatically ⊶ /drə'mætɪkli/ adv dramáti-camente, de modo impresionante

dramatist /'dræmətɪst/ n dramaturgo, -a

dramatization, -isation /ˌdræmətaɪ'zeɪʃn; USA -tə'-/ n dramatización

dramatize, -ise /'dræmətaɪz/ vt, vi dramati-zar

drank pt de DRINK

drape /dreɪp/ vt ~ sth around, over, across, etc. sth (tejido) colgar algo sobre algo

drastic /'dræstɪk/ adj **1** drástico **2** grave **dras-tically** /-kli/ adv drásticamente

draught (USA draft) /drɑ:ft; USA dræft/ n **1** corriente (de aire) **2 draughts** [incontable] damas (juego) LOC **on draught** (cerveza) de barril

draughtsman (USA draftsman) /'drɑ:ftsmən; USA 'dræfts-/ n (pl **-men** /-mən/) delineante, di-bujante

draughtswoman (USA draftswoman) /'drɑ:ftswʊmən; USA 'dræfts-/ n (pl **-women** /-wɪmɪn/) delineante, dibujante

D

draughty (USA **drafty**) /'drɑːfti; USA 'dræf-/ adj (**draughtier, -iest**) con muchas corrientes (de aire)

draw ⊶ /drɔː/ verbo, nombre

▸ (pt **drew** /druː/, pp **drawn** /drɔːn/) **1** vt, vi dibujar, trazar **2** vi: to draw near acercarse ◇ The train drew into/out of the station. El tren entró en/salió de la estación. ◇ to draw level with sb alcanzar a algn **3** vt tirar: I drew my chair up to the table. Acerqué mi silla a la mesa. **4** vt (cortinas) correr, descorrer **5** vt ~ **sb (to sb/sth)** atraer a algn (hacia algn/algo) **6** vt (conclusión) sacar **7** vt (comparación, distinción) hacer: to draw an analogy/a parallel establecer una analogía/un paralelo **8** vt ~ **sth from sb/sth**: to draw inspiration from sth inspirarse en algo ◇ to draw comfort from sb/sth hallar consuelo en algn/algo **9** vt, vi (Dep) empatar **10** vt (sueldo) cobrar **LOC** Ver CLOSE¹ **PHR V** **draw back** retroceder, retirarse ♦ **draw in** (día) hacerse más corto ♦ **draw on/upon sth** hacer uso de algo ♦ **draw out** (día) alargarse ♦ **draw up** pararse ♦ **draw sth up** redactar algo

▸ n **1** sorteo ⊃ Comparar con RAFFLE **2** empate

drawback /'drɔːbæk/ n ~ **(of/to sth)** inconveniente, desventaja (de algo)

drawbridge /'drɔːbrɪdʒ/ n puente levadizo

drawer ⊶ /drɔː(r)/ n cajón

drawing ⊶ /'drɔːɪŋ/ n dibujo

drawing pin n chincheta ⊃ Ver dibujo en PIN

drawing room n (antic) salón

drawl /drɔːl/ n voz cansina

drawn /drɔːn/ adj demacrado Ver tb DRAW

dread /dred/ verbo, nombre

▸ vt tener terror a: I dread to think what will happen. Solo pensar qué pasará me horroriza.

▸ n terror

dreadful /'dredfl/ adj **1** horrible, pésimo: I feel dreadful. Me siento fatal. ◇ I feel dreadful about what happened. Me da vergüenza lo que pasó. ◇ How dreadful! ¡Qué horror! **2** terrible, espantoso **dreadfully** /-fəli/ adv **1** muy: I'm dreadfully sorry. Lo siento muchísimo. **2** terriblemente **3** muy mal

dreadlocks /'dredlɒks/ (coloq **dreads**) n [pl] rastas, trenzas al estilo de los rastafaris

dream ⊶ /driːm/ nombre, verbo

▸ n sueño: to have a dream about sb/sth soñar con algn/algo ◇ to go around in a dream/live in a dream world vivir de ensueños

▸ (pt, pp **dreamt** /dremt/, **dreamed**) **1** vt, vi ~ **(of/about sb/sth/doing sth)** soñar (con algn/algo/con hacer algo): I dreamt (that) I could fly. Soñé que podía volar. ◇ She dreamt of being

famous one day. Soñaba con hacerse algún día famosa. **2** vt imaginar: I never dreamt (that) I'd see you again. Nunca imaginé que te volvería a ver.

🔎 Algunos verbos poseen tanto formas regulares como irregulares para el pasado simple y el participio pasado: **dream**: dreamed/dreamt, **spoil**: spoiled/spoilt, etc. En inglés británico se prefieren las formas irregulares (**dreamt, spoilt,** etc.), mientras que en inglés americano se utilizan las formas regulares (**dreamed, spoiled,** etc.). Sin embargo, cuando el participio funciona como adjetivo siempre se usa la forma irregular: a spoilt child un niño mimado.

dreamer /'driːmə(r)/ n soñador, -ora

dreamily /'driːmɪli/ adv distraídamente

dream ticket n combinado perfecto

dreamy /'driːmi/ adj (**dreamier, -iest**) soñador, distraído

dreary /'drɪəri/ adj (**drearier, -iest**) **1** deprimente **2** aburrido

dredge /dredʒ/ vt, vi dragar **dredger** n draga

drench /drentʃ/ vt empapar: to get drenched to the skin/drenched through calarse hasta los huesos ◇ (absolutely) drenched hecho una sopa

dress ⊶ /dres/ nombre, verbo

▸ n **1** vestido **2** [incontable] ropa: to have no dress sense no saber vestirse Ver tb FANCY DRESS

▸ **1** vt, vi vestir(se): to dress in black vestirse de negro ◇ He was dressed as a woman. Iba vestido de mujer. ◇ to dress smartly vestir bien **❶** Cuando nos referimos simplemente a la acción de vestirse decimos **get dressed**. **2** vt (herida) curar **3** vt (ensalada) aliñar **PHR V** **dress up** ponerse de punta en blanco ♦ **dress (sb) up (as sb/sth)** disfrazar a algn/disfrazarse (de algn/algo) ♦ **dress (sb) up (in sth)** disfrazar a algn/disfrazarse (con algo) ♦ **dress sth up** disfrazar algo

dress circle n (Teat) principal

dresser /'dresə(r)/ n **1** (GB) aparador **2** (USA) cómoda

dressing /'dresɪŋ/ n **1** aliño **2** vendaje

dressing gown n bata, albornoz

dressing room n vestuario, camerino

dressing table n tocador

dressmaker /'dresmeɪkə(r)/ n modista **dressmaking** n corte y confección

drew pt de DRAW

dribble /'drɪbl/ **1** vi babear **2** vt, vi (Fútbol) regatear

dried *pt, pp de* DRY

drier = DRYER

drift /drɪft/ *nombre, verbo*
▶ *n* **1** *the drift towards war* la marcha hacia la guerra ◇ *population drift from rural areas* el movimiento migratorio desde las áreas rurales **2** *(de nieve, arena, etc.)* montón **3** *[sing]* idea general
▶ *vi* **1** flotar **2** ir a la deriva: *to drift into (doing) sth* hacer algo a la deriva **3** *(arena, nieve)* amontonarse **drifter** *n (pey) He's a drifter.* Le cuesta asentarse en los sitios.

drill /drɪl/ *nombre, verbo*
▶ *n* **1** taladro: *a dentist's drill* un torno de dentista **2** *(Educ)* ejercicio **3** *fire drill* práctica de incendios **4** *[incontable]* *(Mil)* instrucción
▶ *vt* **1** taladrar, perforar **2** instruir

drily *(tb* dryly*)* /'draɪli/ *adv* en tono seco

drink ⚡ /drɪŋk/ *verbo, nombre*
▶ *vt, vi (pt* **drank** /dræŋk/, *pp* **drunk** /drʌŋk/) beber: *Don't drink and drive.* Si bebes, no conduzcas. **LOC** **drink sb's health** beber a la salud de algn **PHR V** **drink sth in** embeberse en algo ◆ **drink to sb/sth** brindar por algn/algo ◆ **drink (sth) up** beber algo de un trago
▶ *n* bebida: *a drink of water* un trago de agua ◇ *to go for a drink* ir a tomar algo *Ver tb* SOFT DRINK

drink-'driving *(tb esp USA* 'drunk driving*)* n* delito de conducir borracho

drinker /'drɪŋkə(r)/ *n* bebedor, -ora

drinking /'drɪŋkɪŋ/ *n* el beber

drinking water *n* agua potable

drip /drɪp/ *verbo, nombre*
▶ *vi* **(-pp-)** gotear **LOC** **be dripping with sth** estar chorreando algo
▶ *n* **1** *[sing]* goteo **2** gota **3** *(Med)* gotero: *to be on a drip* tener un puesto un gotero

drive ⚡ /draɪv/ *verbo, nombre*
▶ *(pt* **drove** /drəʊv/, *pp* **driven** /'drɪvn/) **1** *vt, vi* conducir: *Can you drive?* ¿Sabes conducir? **2** *vi* viajar en coche: *Did you drive?* ¿Has venido en coche? **3** *vt* llevar (en coche) **4** *vt: to drive sb crazy* volver loco a algn ◇ *to drive sb to drink* llevar a algn a la bebida **5** *vt (ganado)* arrear: *to drive sheep into a field* llevar las ovejas a un prado **6** *vt* impulsar **LOC** **be in the driving seat** tener la sartén por el mango ◆ **drive a hard bargain** ser un negociador duro ◆ **what sb is driving at** *What are you driving at?* ¿Qué insinúas? **PHR V** **drive away/off** alejarse en coche ◆ **drive sb/sth off** ahuyentar a algn/algo
▶ *n* **1** vuelta, viaje *(en coche, etc.): to go for a drive* dar una vuelta en coche **2** *(tb* driveway /'draɪvweɪ/) *(en una casa)* camino de la entrada **3** empuje **4** campaña **5** *(Dep)* golpe directo,

drive **6** *(Mec)* mecanismo de transmisión: *four-wheel drive* tracción en las cuatro ruedas ◇ *a left-hand drive car* un coche con el volante a la izquierda *Ver tb* DISK DRIVE

'**drive-in** *n* lugar al aire libre, sobre todo cines, restaurantes, etc., donde se sirve a los clientes sin que tengan que salir del coche

driven *pp de* DRIVE

driver ⚡ /'draɪvə(r)/ *n* conductor, -ora; chófer: *train driver* maquinista

'**driving licence** *(USA* 'driver's license*)* n* carné de conducir

'**driving school** *n* autoescuela

'**driving test** *n* examen de conducir

drizzle /'drɪzl/ *verbo, nombre*
▶ *vi* lloviznar
▶ *n* llovizna

drone /drəʊn/ *nombre, verbo*
▶ *n* **1** zumbido **2** *(aeronave)* dron
▶ *vi* zumbar **PHR V** **drone on (about sth)** hablar (sobre algo) en un tono monótono

drool /druːl/ *vi* **1** babear **2** ~ **(over sb/sth)** caérsele la baba a uno (por algn/algo)

droop /druːp/ *vi* **1** caer **2** *(flor)* marchitarse **3** *(ánimo)* decaer **droopy** *adj* **1** caído **2** *(flor)* marchito

drop ⚡ /drɒp/ *verbo, nombre*
▶ **(-pp-)** **1** *vi* caer: *He dropped to his knees.* Se arrodilló. **2** *vt* dejar caer: *She dropped her book.* Se le cayó el libro. ◇ *to drop a bomb* lanzar una bomba

🔎 Si se te cae un objeto, se utiliza **drop**: *Be careful you don't drop that plate!* ¡Cuidado con el plato, que no se te caiga!
Cuando se trata de un líquido, se utiliza **spill**: *She spilt coffee on her skirt.* Se le cayó café en la falda. ➔ *Ver dibujo en pág 508*

3 *vi* desplomarse: *I feel ready to drop.* Estoy que me caigo. ◇ *to work till you drop* matarse a trabajar **4** *vt, vi* disminuir, caer: *to drop prices* reducir precios **5** *vt* ~ **sb/sth (off)** *(pasajero, paquete)* dejar a algn/algo **6** *vt* omitir: *He's been dropped from the team.* Lo han excluido del equipo. **7** *vt (amigos)* dejar de ver **8** *vt (hábito, actitud, etc.)* dejar: *Drop everything!* ¡Déjalo todo! ◇ *Can we drop the subject?* ¿Podemos olvidar el tema? **LOC** **drop a hint** soltar una indirecta ◆ **drop dead** *(coloq)* **1** *(morir)* palmarla *(de repente)* **2** *Drop dead!* ¡Vete al cuerno! ◆ **drop sb a line** *(coloq)* mandarle unas líneas a algn *Ver tb* ANCHOR, LET **PHR V** **drop back/behind** quedarse atrás, rezagarse ◆ **drop by/in/round** *Why don't*

drop

She's **dropped** her book.

He's **spilt** his milk.

you drop by? ¿Por qué no te pasas por casa? ◇ *They dropped in for breakfast.* Se pasaron a desayunar. ◇ *Drop round some time.* Ven a vernos alguna vez. ◆ **drop in on sb** hacer una visita informal a algn ◆ **drop off** (*GB, coloq*) quedarse dormido ◆ **drop out (of sth)** retirarse (de algo): *to drop out (of university)* dejar los estudios ◇ *to drop out (of society)* automarginarse

▶ *n* **1** gota: *Would you like a drop of wine?* ¿Te apetece un vaso de vino? **2** caída: *a drop in prices* una caída de los precios ◇ *a drop in temperature* un descenso de la temperatura ◇ *a sheer drop* un precipicio LOC **at the drop of a hat** sin pensarlo dos veces ◆ **be (only) a drop in the ocean** no ser más que una gota de agua en el océano

ˌdrop-ˈdead *adv* (*coloq*) *He's drop-dead gorgeous!* ¡Está como un tren!

ˌdrop-down ˈmenu *n* (*Informát*) menú desplegable

droplet /ˈdrɒplət/ *n* gotita

dropout /ˈdrɒpaʊt/ *n* **1** alumno, -a que no termina sus estudios **2** marginado, -a

droppings /ˈdrɒpɪŋz/ *n* [*pl*] excrementos (*de animales o pájaros*)

drought /draʊt/ *n* sequía

drove *pt de* DRIVE

drown /draʊn/ *vt, vi* ahogar(se) PHR V **drown sb/sth out** ahogar a algn/algo: *His words were drowned out by the music.* La música ahogó sus palabras.

drowsy /ˈdraʊzi/ *adj* (**drowsier, -iest**) adormilado: *This drug can make you drowsy.* Este fármaco puede producir somnolencia.

drudgery /ˈdrʌdʒəri/ *n* trabajo pesado

drug ☞ /drʌg/ *nombre, verbo*

▶ *n* **1** droga: *hard/soft drugs* drogas duras/blandas ◇ *to be on drugs* consumir drogas habitualmente ◇ *drug abuse* abuso de drogas **2** (*Med*) fármaco, medicamento: *drug company* empresa farmacéutica

▶ *vt* (**-gg-**) drogar

ˈdrug addict *n* drogadicto, -a ˈdrug addiction *n* drogadicción

ˈdrug dealer *n* traficante de drogas ˈdrug dealing *n* tráfico de drogas

drugstore ☞ /ˈdrʌgstɔː(r)/ *n* (*USA*) farmacia que también vende comestibles, periódicos, etc. ➔ *Ver nota en* PHARMACY

drum ☞ /drʌm/ *nombre, verbo*

▶ *n* **1** (*Mús*) tambor, batería: *to play the drums* tocar la batería **2** tambor, bidón

▶ (**-mm-**) **1** *vi* tocar el tambor **2** *vt, vi* ~ **(sth) on sth** tamborilear (con algo) en algo PHR V **drum sth into sb/into sb's head** machacarle algo a algn ◆ **drum sb out (of sth)** echar a algn (de algo) ◆ **drum sth up** esforzarse por conseguir algo (*apoyo, clientes, etc.*): *to drum up interest in sth* fomentar el interés en algo drummer *n* batería (*músico*)

drumstick /ˈdrʌmstɪk/ *n* **1** (*Mús*) baqueta **2** (*Cocina*) pata (*de pollo, etc.*)

drunk ☞ /drʌŋk/ *adjetivo, nombre*

▶ *adj* borracho: *drunk with joy* ebrio de alegría LOC **drunk and disorderly** *to be charged with being drunk and disorderly* ser acusado de borrachera y alboroto ◆ **get drunk** emborracharse

▶ *n* (*tb* drunkard /ˈdrʌŋkəd/) borracho, -a *Ver tb* DRINK

ˈdrunk driving *n* (*esp USA*) *Ver* DRINK-DRIVING

drunken /ˈdrʌŋkən/ *adj* [*solo antes de sustantivo*] borracho drunkenness *n* embriaguez

dry ☞ /draɪ/ *adjetivo, verbo*

▶ *adj* (**drier, driest**) **1** seco: *dry white wine* vino blanco seco ◇ *Tonight will be dry.* Esta noche no va a llover. **2** árido **3** (*humor*) irónico LOC **run dry** secarse *Ver tb* HIGH, HOME

▶ *vt, vi* (*pt, pp* dried) secar(se): *He dried his eyes.* Se secó las lágrimas. PHR V **dry (sth) out** secar algo, secarse ◆ **dry up** (*río*) secarse ◆ **dry (sth) up** secar (algo) (*platos, etc.*)

ˌdry-ˈclean *vt* limpiar en seco ˌdry-ˈcleaner's *n* tintorería ˌdry-ˈcleaning *n* limpieza en seco

dryer (tb drier) /ˈdraɪə(r)/ n secadora

dry land n tierra firme

dryly = DRILY

dryness /ˈdraɪnəs/ n **1** sequedad **2** aridez **3** (humor) ironía

dual /ˈdjuːəl/ USA ˈduː-/ adj doble

dual carriageway n autovía (de dos carriles)

dub /dʌb/ vt (-bb-) **1** llamar **2** doblar: *dubbed into English* doblado al inglés **dubbing** n doblaje

dubious /ˈdjuːbiəs/ USA ˈduː-/ adj **1** be ~ about sth tener dudas acerca de algo **2** (pey) (conducta) sospechoso **3** (valor, honor) discutible **dubiously** adv **1** de un modo sospechoso **2** en tono dudoso

duchess /ˈdʌtʃəs/ n duquesa

duck /dʌk/ nombre, verbo
▸ n pato, -a ➜ Ver nota en PATO
▸ **1** vi agachar la cabeza: *He ducked behind a rock.* Se escondió detrás de una roca. **2** vt, vi ~ (out of) sth (responsabilidad) eludir algo; escaquearse de algo

duckling /ˈdʌklɪŋ/ n patito

duct /dʌkt/ n conducto

dud /dʌd/ nombre, adjetivo
▸ n (informal) *This battery is a dud.* Esta pila está defectuosa.
▸ adj [solo antes de sustantivo] **1** defectuoso **2** inútil

dude /duːd/ GB tb djuːd/ n (esp USA, argot) tío: *a real cool dude* un tío genial ◊ *What's happening, dudes?* ¿Qué pasa, tíos?

due 0ᴙ /djuː; USA duː/ adjetivo, nombre, adverbio
▸ adj **1** *She's due to arrive soon.* Debe llegar pronto. ◊ *The bus is due (in) at one o'clock.* El autobús tiene la llegada a la una. ◊ *She's due back on Thursday.* Se la espera el jueves. **2** *the money due to them* el dinero que se les debe ◊ *Our thanks are due to…* Quedamos agradecidos a… ◊ *The next payment is due on the fifth.* El próximo pago vence el cinco. **3** ~ (for) sth: *I reckon I'm due (for) a holiday.* Creo que me merezco unas vacaciones. **4** ~ to sth/sb debido a algo/algn: *It's all due to her efforts.* Se lo debemos todo a su esfuerzo. **5** (formal) debido: *with all due respect* con el debido respeto **LOC** in due course a su debido tiempo
▸ n **dues** [pl] cuota **LOC** give sb their due para ser justo
▸ adv due south directamente al sur

duel /ˈdjuːəl; USA ˈduː-/ n duelo

duet /djuˈet; USA duˈ-/ n dúo (pieza musical)

duffel bag /ˈdʌfl bæg/ n (USA) bolsa de viaje ➜ Ver dibujo en BAG

duffel coat /ˈdʌfl kəʊt/ n trenca

dug pt, pp de DIG

duke /djuːk; USA duːk/ n duque

dull 0ᴙ /dʌl/ adj (**duller**, **-est**) **1** aburrido, soso **2** (color) apagado **3** (superficie) deslustrado **4** (luz) sombrío: *a dull glow* una luz mortecina **5** (dolor, ruido) sordo **6** (tiempo) gris **dully** /ˈdʌlli/ adv con desgana

duly /ˈdjuːli; USA ˈduː-/ adv **1** (formal) debidamente **2** a su debido tiempo

dumb /dʌm/ adj (**dumber**, **-est**) **1** mudo: *to be deaf and dumb* ser sordomudo **2** (coloq) tonto

dumbfounded /dʌmˈfaʊndɪd/ (tb dumbstruck /ˈdʌmstrʌk/) adj mudo de asombro

dumbly /ˈdʌmli/ adv sin hablar

dummy /ˈdʌmi/ nombre, adjetivo
▸ n (pl **dummies**) **1** maniquí **2** imitación **3** (USA, coloq) imbécil **4** (Fútbol) finta **5** chupete
▸ adj postizo: *dummy run* ensayo

dump 0ᴙ /dʌmp/ verbo, nombre
▸ vt **1** verter, tirar: *No dumping.* Prohibido tirar basuras. ◊ *dumping ground* vertedero **2** deshacerse de **3** (coloq) (pareja) abandonar
▸ n **1** vertedero **2** (coloq, pey) antro **3** (Mil) depósito

dumpling /ˈdʌmplɪŋ/ n bola de masa que se come con los estofados

dumps /dʌmps/ n [pl] **LOC** be down in the dumps (coloq) estar en la depre

Dumpster™ /ˈdʌmpstə(r)/ n (USA) contenedor (para escombros)

dune /djuːn; USA duːn/ n duna

dung /dʌŋ/ n boñigas, estiércol

dungarees /ˌdʌŋɡəˈriːz/ n [pl] (pantalones de) peto

dungeon /ˈdʌndʒən/ n mazmorra

duo /ˈdjuːəʊ; USA ˈduː-/ n (pl **duos**) dúo (de personas)

dupe /djuːp; USA duːp/ vt ~ sb (into doing sth) engañar a algn (para que haga algo)

duplex /ˈdjuːpleks; USA ˈduː-/ n (esp USA) **1** chalet semiadosado **2** piso/casa dúplex

duplicate verbo, adjetivo, nombre
▸ vt /ˈdjuːplɪkeɪt; USA ˈduː-/ duplicar
▸ adj, n /ˈdjuːplɪkət; USA ˈduː-/ duplicado: *a duplicate (letter)* una copia

durability /ˌdjʊərəˈbɪləti; USA ˌdʊə-/ n durabilidad

durable /ˈdjʊərəbl; USA ˈdʊə-/ adjetivo, nombre
▸ adj duradero
▸ n **durables** (tb conˌsumer ˈdurables) [pl] electrodomésticos

duration /djuˈreɪʃn; USA duˈ-/ n duración **LOC** for the duration (coloq) durante el tiempo que dure

duress /dju'res; USA du'-/ n [LOC] **under duress** (formal) bajo coacción

during ०⌐ /'djʊərɪŋ; USA 'dʊə-/ prep durante: *during the meal* mientras comíamos ➲ *Ver ejemplos en* FOR ➲ *Ver nota en* DURANTE

dusk /dʌsk/ n atardecer

dust ०⌐ /dʌst/ nombre, verbo
▸ n polvo
▸ **1** vt, vi limpiar el polvo (de) **2** vt ~ **sth (with sth)** espolvorear algo (de algo) [PHR V] **dust sb/sth down/off** quitarle el polvo a algn/algo

dustbin /'dʌstbɪn/ n cubo de la basura ➲ *Ver dibujo en* BIN

duster /'dʌstə(r)/ n **1** trapo (del polvo): *feather duster* plumero **2** borrador (de pizarra)

dustman /'dʌstmən/ n (pl -**men** /-mən/) basurero, -a

dustpan /'dʌstpæn/ n recogedor ➲ *Ver dibujo en* BRUSH

dusty /'dʌsti/ adj (**dustier, -iest**) polvoriento

Dutch /dʌtʃ/ adj holandés [LOC] **Dutch courage** (GB, coloq) valor infundido por el alcohol ♦ **go Dutch (with sb)** pagar a escote/a medias

dutiful /'djuːtɪfl; USA 'duː-/ adj obediente, concienzudo **dutifully** /-fəli/ adv obedientemente, cumplidamente

duty ०⌐ /'djuːti; USA 'duː-/ n (pl **duties**) **1** deber, obligación: *to do your duty (by sb)* cumplir con tu deber (para con algn) **2** obligación, función: *the duties of the president* las obligaciones de la presidenta ◊ *duty officer* oficial de guardia **3** ~ **(on sth)** arancel (sobre algo) [LOC] **be on/off duty** estar/no estar de servicio

duty-free adj libre de impuestos

duvet /'duːveɪ; USA tb duː'veɪ/ n edredón nórdico

DVD ०⌐ /ˌdiː viː 'diː/ n (abrev de digital videodisc/ versatile disc) DVD

dwarf /dwɔːf/ adjetivo, nombre, verbo
▸ adj, n (pl **dwarfs, dwarves** /dwɔːvz/) enano, -a
▸ vt empequeñecer: *a house dwarfed by skyscrapers* una casa empequeñecida por los rascacielos

dwell /dwel/ vi (pt, pp **dwelt** /dwelt/, **dwelled**) (formal) morar [PHR V] **dwell on/upon sth 1** dejarse obsesionar por algo **2** insistir en algo **dwelling** n (formal) morada, vivienda

dwindle /'dwɪndl/ vi disminuir, reducirse: *to dwindle (away) (to nothing)* quedar reducido (a la nada)

dye /daɪ/ verbo, nombre
▸ vt, vi (3ª pers sing **dyes**, pt, pp **dyed**, part pres **dyeing**) teñir(se): *to dye sth blue* teñir algo de azul
▸ n tinte (para pelo, ropa, etc.)

dying ०⌐ /'daɪɪŋ/ adj **1** (palabras, momentos, etc.) último: *her dying wish* su último deseo ◊ *a dying breed* una raza en vías de extinción **2** (persona) moribundo, agonizante *Ver tb* DIE

dyke (tb dike) /daɪk/ n dique

dynamic /daɪ'næmɪk/ adj dinámico

dynamics /daɪ'næmɪks/ n [pl] dinámica

dynamism /'daɪnəmɪzəm/ n dinamismo

dynamite /'daɪnəmaɪt/ nombre, verbo
▸ n (lit y fig) dinamita
▸ vt dinamitar

dynamo /'daɪnəməʊ/ n (pl **dynamos**) dinamo

dynasty /'dɪnəsti; USA 'daɪn-/ n (pl **dynasties**) dinastía

dysentery /'dɪsəntri; USA -teri/ n disentería

dyslexia /dɪs'leksiə/ n dislexia **dyslexic** adj, n disléxico, -a

Ee

E, e /iː/ n (pl **Es, E's, e's**) **1** E, e ➲ *Ver nota en* A, A **2** (Mús) mi

e- /iː/ pref

ℙ Se usa el prefijo **e-** para formar muchas palabras que tengan que ver con la comunicación electrónica, por internet: *e-commerce* comercio electrónico ◊ *e-zine* revista electrónica ◊ *e-pal* amigo por e-mail.

each ०⌐ /iːtʃ/ adjetivo, pronombre
▸ adj cada

ℙ **Each** casi siempre se traduce por "cada (uno)" y **every** por "todos(s)". Una excepción importante es cuando se expresa la repetición de algo a intervalos fijos de tiempo: *The Olympics are held every four years.* Los Juegos Olímpicos se celebran cada cuatro años. ➲ *Ver nota en* EVERY

▸ pron cada uno (de dos o más): *We have two each.* Tenemos dos cada uno. ◊ *each for himself* cada cual por su cuenta

each ˈother ०━ *pron* uno a otro (*mutuamente*)

🔎 Cada vez hay una mayor tendencia a usar **each other** y **one another** indistintamente, aunque **each other** es mucho más frecuente. Se puede decir tanto: *They all looked at each other.* como: *They all looked at one another.* Todos se miraron unos a otros.

eager /ˈiːɡə(r)/ *adj* ~ **(for sth/to do sth)** ávido (de algo); ansioso (por hacer algo) **eagerly** *adv* con impaciencia/ilusión **eagerness** *n* [*incontable*] ansia

eagle /ˈiːɡl/ *n* águila

ear ०━ /ɪə(r)/ *n* **1** oreja **2** oído: *to have an ear/a good ear for sth* tener buen oído para algo **3** espiga (*de trigo*) ᴸᴼᶜ **be all ears** (*coloq*) ser todo oídos ◆ **be up to your ears in sth** estar hasta el cuello de algo ◆ **play it by ear** (*coloq*) improvisar ◆ **play (sth) by ear** tocar (algo) de oído *Ver tb* PRICK

earache /ˈɪəreɪk/ *n* dolor de oídos

eardrum /ˈɪədrʌm/ *n* tímpano

earl /ɜːl/ *n* conde

early ०━ /ˈɜːli/ *adjetivo, adverbio*

▸ *adj* (**earlier, -iest**) **1** temprano: *at an early age* a una edad temprana **2** primero: *my earliest memories* mis primeros recuerdos ◇ *in the early afternoon* a primeras horas de la tarde **3** (*muerte*) prematuro **4** (*jubilación*) anticipado ᴸᴼᶜ **it's early days (yet)** es demasiado pronto ◆ **the early bird catches the worm** (*refrán*) al que madruga, Dios le ayuda ◆ **the early hours** la madrugada *Ver tb* NIGHT

▸ *adv* (**earlier, -iest**) **1** temprano **2** a principios de: *early last week* a principios de la semana pasada **3** con anticipación **4** prematuramente ᴸᴼᶜ **as early as…** *as early as 1998* ya en 1998 ◆ **at the earliest** como muy pronto ◆ **early on** al poco de empezar: *earlier on* anteriormente

earmark /ˈɪəmɑːk/ *vt* destinar

earn ०━ /ɜːn/ *vt* **1** (*dinero*) ganar: *to earn a living* ganarse la vida **2** merecer(se)

earnest /ˈɜːnɪst/ *adj* **1** (*carácter*) serio **2** (*deseo, etc.*) ferviente ᴸᴼᶜ **in earnest 1** de veras **2** en serio: *She was in deadly earnest.* Hablaba con la mayor seriedad. **earnestly** *adv* con seriedad **earnestness** *n* fervor

earnings /ˈɜːnɪŋz/ *n* [*pl*] ingresos

earphones /ˈɪəfəʊnz/ *n* [*pl*] auriculares

earring /ˈɪərɪŋ/ *n* pendiente

earshot /ˈɪəʃɒt/ *n* ᴸᴼᶜ **out of/within earshot (of sb/sth)** fuera del/al alcance del oído (de algn/algo)

earth ०━ /ɜːθ/ *nombre, verbo*

▸ *n* **1** (*tb* the Earth) (*planeta*) la Tierra **2** (*Geol, Electrón*) tierra ᴸᴼᶜ **charge, cost, pay, etc. the earth** (*GB,*

coloq) cobrar, costar, pagar, etc. un dineral ◆ **come back/down to earth (with a bang/bump)** (*coloq*) bajar de las nubes ◆ **how, why, where, who, etc. on earth** (*coloq*) ¿cómo, por qué, dónde, quién, etc. demonios?: *What on earth are you doing?* ¿Qué demonios estás haciendo?

▸ *vt* (*Electrón*) conectar a tierra

earthenware /ˈɜːθnweə(r)/ *adj, n* (de) barro (cocido)

earthly /ˈɜːθli/ *adj* **1** (*formal*) terrenal **2** concebible: *You haven't an earthly chance of winning.* No tienes la más remota posibilidad de ganar. ❶ En este sentido suele usarse en frases negativas o interrogativas.

earthquake /ˈɜːθkweɪk/ *n* terremoto

earth-shattering *adj* trascendental

earthworm /ˈɜːθwɜːm/ *n* lombriz

earworm /ˈɪəwɜːm/ *n* canción o melodía pegadiza

ease ०━ /iːz/ *nombre, verbo*

▸ *n* **1** facilidad **2** desahogo ᴸᴼᶜ **at (your) ease** relajado *Ver tb* ILL, MIND

▸ *vt* **1** (*dolor*) aliviar **2** (*tensión, tráfico*) reducir **3** (*situación*) facilitar, suavizar **4** (*restricción*) aflojar ᴸᴼᶜ **ease sb's mind** tranquilizar a algn ᴾᴴᴿ ⱽ **ease (sb/sth) across, along, etc. sth** mover a algn/algo, moverse cuidadosamente a través de, a lo largo de, etc. algo ◆ **ease off/up** aligerarse

easel /ˈiːzl/ *n* caballete (*de artista*)

easily ०━ /ˈiːzəli/ *adv* **1** fácilmente **2** muy probablemente **3** con mucho: *It's easily the best.* Es seguramente el mejor. ◇ *There's easily enough for everyone.* Hay de sobra para todos.

east ०━ /iːst/ *nombre, adjetivo, adverbio*

▸ *n* (*tb* East) (*abrev* E) **1** este: *Hull is in the east of England.* Hull está en el este de Inglaterra. **2 the East** (el) Oriente

▸ *adj* (del) este, oriental: *east winds* vientos del este

▸ *adv* al este: *to head east* ir hacia el este

eastbound /ˈiːstbaʊnd/ *adj* en/con dirección este

Easter /ˈiːstə(r)/ *n* Pascua: *Easter egg* huevo de Pascua

eastern ०━ (*tb* Eastern) /ˈiːstən/ *adj* (del) este, oriental

eastwards /ˈiːstwədz/ (*tb* eastward) *adv* hacia el este

easy ०━ /ˈiːzi/ *adjetivo, adverbio*

▸ *adj* (**easier, -iest**) **1** fácil **2** tranquilo: *My mind is easier now.* Estoy más tranquilo ahora. ᴸᴼᶜ **I'm easy** (*GB, coloq*) me da igual

---

aʊ **now**   ɔɪ **join**   ɪə **near**   eə **hair**   ʊə **pure**   tʃ **chin**   dʒ **June**   v **van**   θ **thin**

▶ adv (**easier**, **-iest**) LOC **easier said than done** más fácil decirlo que hacerlo ◆ **go easy on sb** (coloq) no ser duro con algn ◆ **go easy on/with sth** (coloq) no pasarse con algo ◆ **take it/things easy** tomarlo/tomarse las cosas con calma: *Take it easy!* ¡Cálmate! *Ver tb* FREE

easy-'going adj relajado, tolerante: *She's very easy-going.* Es de trato muy fácil.

eat ⊶ /iːt/ vt, vi (pt **ate** /eɪt/; GB tb /et/, pp **eaten** /'iːtn/) comer LOC **eat out of sb's hand** estar sometido a algn: *She had him eating out of her hand.* Lo tenía totalmente dominado. ◆ **eat your words** tragarse las palabras ◆ **what's eating him, you, etc?** (coloq) ¿qué le, te, etc. pica? *Ver tb* CAKE PHR V **eat sth away** erosionar algo ◆ **eat away at sth 1** erosionar algo **2** destruir algo gradualmente ◆ **eat into sth 1** mermar algo (reservas) **2** corroer, desgastar algo ◆ **eat out** comer/cenar fuera ◆ **eat (sth) up** comérselo todo ◆ **eat sth up** devorar algo: *This car eats up petrol!* Este coche chupa un montón de gasolina. ◆ **be eaten up with sth** estar consumido por algo **eater** *n He's a big eater.* Es un comilón.

eavesdrop /'iːvzdrɒp/ vi (**-pp-**) ~ **(on sb/sth)** escuchar (a algn/algo) a escondidas

ebb /eb/ nombre, verbo
▶ n **the ebb** [sing] el reflujo LOC **the ebb and flow (of sth)** los altibajos (de algo) *Ver tb* LOW
▶ vi **1** (formal) (marea) bajar **2** ~ **(away)** disminuir

ebony /'ebəni/ n ébano

e-book n libro electrónico

e-card n tarjeta (de felicitación, etc.) electrónica

eccentric /ɪk'sentrɪk/ adj, n excéntrico, -a **eccentricity** /ˌeksen'trɪsəti/ n (pl **eccentricities**) excentricidad

echo /'ekəʊ/ nombre, verbo
▶ n (pl **echoes**) eco, resonancia
▶ **1** vi ~ **(to/with sth)** resonar (con algo) **2** vt, vi ~ **(sth) (back)** repetir, reflejar (algo): *The tunnel echoed back their words.* El eco del túnel repitió sus palabras.

e-cigarette n cigarrillo electrónico

eclipse /ɪ'klɪps/ nombre, verbo
▶ n eclipse
▶ vt eclipsar

eco-friendly /ˌiːkəʊ 'frendli/ adj ecológico, respetuoso con el medioambiente

ecological /ˌiːkə'lɒdʒɪkl/ adj ecológico **ecologically** /-kli/ adv ecológicamente

ecologist /i'kɒlədʒɪst/ n ecologista

ecology /i'kɒlədʒi/ n ecología

e-commerce (tb **e-business**) n comercio electrónico

economic ⊶ /ˌiːkə'nɒmɪk, ˌek-/ adj **1** [solo antes de sustantivo] (desarrollo, política) económico ⊃ *Comparar con* ECONOMICAL **2** rentable

economical /ˌiːkə'nɒmɪkl, ˌek-/ adj (combustible, aparato, estilo) económico ❶ A diferencia de **economic**, **economical** puede ser calificado por palabras como *more, less, very,* etc: *a more economical car* un coche más económico. LOC **be economical with the truth** decir las verdades a medias **economically** /-kli/ adv económicamente

economics /ˌiːkə'nɒmɪks, ˌek-/ n [incontable] **1** (Educ) económicas **2** economía

economist /ɪ'kɒnəmɪst/ n economista

economize, -ise /ɪ'kɒnəmaɪz/ vi ~ **(on sth)** economizar (algo): *to economize on petrol* ahorrar gasolina

economy ⊶ /ɪ'kɒnəmi/ n (pl **economies**) economía: *to make economies* economizar ◇ *economy size* envase de ahorro

ecosystem /'iːkəʊsɪstəm/ n ecosistema

ecotourism /'iːkəʊtʊərɪzəm; GB tb -tɔːr-/ n ecoturismo

ecstasy /'ekstəsi/ n (pl **ecstasies**) **1** éxtasis: *to be in/go into ecstasy/ecstasies (over sth)* extasiarse (con algo) **2 Ecstasy** [incontable] (droga) éxtasis **ecstatic** /ɪk'stætɪk/ adj extasiado

edge ⊶ /edʒ/ nombre, verbo
▶ n **1** borde **2** filo (de cuchillo, etc.) **3** [sing] ~ **(on/over sth)** ventaja (sobre algo) *Ver tb* CUTTING EDGE LOC **be on edge** estar con los nervios de punta ◆ **take the edge off sth** suavizar algo: *to take the edge off your appetite* calmar el hambre
▶ **1** vt ~ **sth (with/in sth)** bordear algo (de algo) **2** vt, vi ~ **(your way) along, away, etc.** moverse, avanzar, alejarse, etc. poco a poco: *I edged slowly towards the door.* Me fui acercando poco a poco hacia la puerta.

edgy /'edʒi/ adj (**edgier**, **-iest**) (coloq) **1** nervioso **2** (película, música, etc.) original, atrevido

edible /'edəbl/ adj comestible

edit /'edɪt/ vt **1** (libro) preparar una edición de **2** (Cine, TV, texto) editar

edition ⊶ /ɪ'dɪʃn/ n edición

editor ⊶ /'edɪtə(r)/ n **1** director, -ora (de periódico, etc.): *the arts editor* el director de la sección de cultura **2** editor, -ora

editorial /ˌedɪ'tɔːriəl/ adj, n editorial

educate ⊶ /'edʒukeɪt/ vt educar (académicamente)

educated ⊶ /ˈedʒukeɪtɪd/ adj culto **LOC** **an educated guess** una predicción con fundamento

education ⊶ /ˌedʒuˈkeɪʃn/ n **1** educación, enseñanza: *the education system* el sistema educativo **2** (*tb* Education) pedagogía **educational** adj educativo, docente

eel /iːl/ n anguila

eerie /ˈɪəri/ adj inquietante, fantasmal, sobrecogedor

effect ⊶ /ɪˈfekt/ *nombre, verbo*
▸ n efecto: *It had no effect on her.* No le hizo ningún efecto. ◇ *special effects* efectos especiales *Ver tb* SIDE EFFECT **LOC** **for effect** para impresionar ◆ **in effect** en realidad ◆ **take effect 1** surtir efecto **2** (*tb* **come into effect**) entrar en vigor ◆ **to no effect** inútilmente ◆ **to this/that effect** con este/ese propósito *Ver tb* WORD
▸ vt (*formal*) efectuar (*una cura, un cambio*)

effective ⊶ /ɪˈfektɪv/ adj **1** (*sistema, medicina, etc.*) eficaz **2** de mucho efecto

effectively ⊶ /ɪˈfektɪvli/ adv **1** eficazmente **2** en efecto

effectiveness /ɪˈfektɪvnəs/ n eficacia

effeminate /ɪˈfemɪnət/ adj afeminado

efficiency /ɪˈfɪʃnsi/ n eficiencia

efficient ⊶ /ɪˈfɪʃnt/ adj **1** (*persona*) eficiente **2** (*máquina, etc.*) eficaz

effort ⊶ /ˈefət/ n **1** ~ **(to do sth)** esfuerzo (por hacer algo): *to make an effort* esforzarse/hacer un esfuerzo **2** intento

e.g. ⊶ /ˌiː ˈdʒiː/ abrev por ejemplo (*abrev* p. ej.)

egg ⊶ /eg/ *nombre, verbo*
▸ n huevo: *an egg cup* una huevera **LOC** **put all your eggs in one basket** jugárselo todo a una carta
▸ v **PHR V** **egg sb on (to do sth)** animar mucho a algn (a que haga algo)

eggplant /ˈeɡplɑːnt; *USA* -plænt/ n (*USA*) berenjena

eggshell /ˈeɡʃel/ n cáscara de huevo

ego /ˈiːgəʊ; *GB tb* ˈegəʊ/ n (*pl* **egos**) ego: *to boost sb's ego* alimentar el ego de algn

egoism /ˈiːgəʊɪzəm; *GB tb* ˈeg-/ (*tb* **egotism** /ˈiːgətɪzəm; *GB tb* ˈeg-/) n [*incontable*] egoísmo **egoistic** /ˌiːgəʊˈɪstɪk; *GB tb* ˌeg-/ (*tb* **egotistical** /ˌiːgəˈtɪstɪkl; *GB tb* ˌeg-/) adj egoísta

Eid /iːd/ n **1** Eid ul-Fitr **2** Eid ul-Adha

eight ⊶ /eɪt/ adj, pron, n ocho ➲ *Ver ejemplos en* FIVE

eighteen ⊶ /ˌeɪˈtiːn/ adj, pron, n dieciocho ➲ *Ver ejemplos en* FIVE

eighteenth ⊶ /ˌeɪˈtiːnθ/ **1** adj, adv, pron deci-moctavo **2** n dieciochava parte, dieciochavo ➲ *Ver ejemplos en* FIFTH

eighth ⊶ /eɪtθ/ **1** adj, adv, pron octavo **2** n octava parte, octavo ➲ *Ver ejemplos en* FIFTH

eightieth ⊶ /ˈeɪtiəθ/ **1** adj, adv, pron octogésimo **2** n ochentava parte, ochentavo ➲ *Ver ejemplos en* FIFTH

eighty ⊶ /ˈeɪti/ adj, pron, n ochenta ➲ *Ver ejemplos en* FIFTY, FIVE

either ⊶ /ˈaɪðə(r), ˈiːðə(r)/ *adjetivo, pronombre, adverbio*
▸ adj **1** cualquiera de los dos: *Either kind of flour will do.* Cualquiera de los dos tipos de harina sirve. ◇ *either way…* de cualquiera de las dos maneras… **2** ambos: *on either side of the road* en ambos lados de la calle **3** (*en frases negativas*) ninguno de los dos
▸ pron **1** cualquiera, uno u otro **2** (*en frases negativas*) ninguno: *I don't want either of them.* No quiero ninguno de los dos. ➲ *Ver nota en* NINGUNO
▸ adv **1** (*en frases negativas*) tampoco: *'I'm not going.' 'I'm not either.'* —No pienso ir. —Yo tampoco. **2** **either… or…** o… o…, ni… ni… ➲ *Comparar con* ALSO, TOO ➲ *Ver nota en* NEITHER

eject /iˈdʒekt/ **1** vt (*formal*) expulsar **2** vt arrojar **3** vi eyectar(se)

elaborate *adjetivo, verbo*
▸ adj /ɪˈlæbərət/ complicado, intrincado
▸ vi /ɪˈlæbəreɪt/ ~ **(on/upon sth)** dar detalles (sobre algo)

elapse /ɪˈlæps/ vi (*formal*) pasar (*tiempo*)

elastic /ɪˈlæstɪk/ *nombre, adjetivo*
▸ n goma (elástica)
▸ adj **1** elástico **2** flexible

elastic band n goma (elástica)

elated /iˈleɪtɪd/ adj jubiloso

elbow ⊶ /ˈelbəʊ/ n codo

elder /ˈeldə(r)/ adj, n mayor: *Pitt the elder* Pitt el Viejo

⌕ Los comparativos más normales de **old** son **older** y **oldest**: *He is older than me.* Es mayor que yo. ◇ *the oldest building in the city* el edificio más antiguo de la ciudad. Cuando se comparan las edades de las personas, sobre todo de los miembros de una familia, **elder** y **eldest** se usan muy a menudo como adjetivos como sustantivos: *my eldest brother* mi hermano el mayor ◇ *the elder of the two brothers* el mayor de los dos hermanos. **Elder** y **eldest** no se pueden usar con *than* y como adjetivos solo pueden ir delante

E

del sustantivo.

elderflower /ˈeldəflaʊə(r)/ n flor de saúco
elderly 0₋ₘ /ˈeldəli/ adjetivo, nombre
▶ adj anciano
▶ n **the elderly** [pl] los ancianos
eldest /ˈeldɪst/ adj, n mayor ➲ Ver nota en ELDER
ˈe-learning n aprendizaje online
elect 0₋ₘ /ɪˈlekt/ vt elegir
election 0₋ₘ /ɪˈlekʃn/ n elección
electoral /ɪˈlektərəl/ adj electoral
electorate /ɪˈlektərət/ n [v sing o pl] electorado
electric 0₋ₘ /ɪˈlektrɪk/ adj eléctrico
electrical 0₋ₘ /ɪˈlektrɪkl/ adj eléctrico ➲ Ver nota en ELÉCTRICO
electrician /ɪˌlekˈtrɪʃn/ n electricista
electricity 0₋ₘ /ɪˌlekˈtrɪsəti/ n electricidad: to switch off the electricity cortar la corriente
electrification /ɪˌlektrɪfɪˈkeɪʃn/ n electrificación
electrify /ɪˈlektrɪfaɪ/ vt (pt, pp **-fied**) **1** electrificar **2** (fig) electrizar
electrocute /ɪˈlektrəkjuːt/ vt electrocutar: to be electrocuted electrocutarse
electrode /ɪˈlektrəʊd/ n electrodo
electromagnet /ɪˈlektrəʊmægnət/ n (Fís) electroimán
electron /ɪˈlektrɒn/ n electrón
electronic 0₋ₘ /ɪˌlekˈtrɒnɪk/ adj electrónico
electronics n [incontable] electrónica
elegance /ˈelɪɡəns/ n elegancia
elegant 0₋ₘ /ˈelɪɡənt/ adj elegante
element 0₋ₘ /ˈelɪmənt/ n elemento
elementary /ˌelɪˈmentri/ adj elemental: elementary school escuela primaria
elephant /ˈelɪfənt/ n elefante Ver tb WHITE ELEPHANT
elevator 0₋ₘ /ˈelɪveɪtə(r)/ n (USA) ascensor
eleven 0₋ₘ /ɪˈlevn/ adj, pron, n once ➲ Ver ejemplos en FIVE
eleventh 0₋ₘ /ɪˈlevnθ/ **1** adj, adv, pron undécimo **2** n onceava parte, onceavo ➲ Ver ejemplos en FIFTH
elf /elf/ n (pl **elves** /elvz/) elfo
elicit /iˈlɪsɪt/ vt (formal) obtener (esp con dificultad)
eligible /ˈelɪdʒəbl/ adj to be eligible for sth tener derecho a algo ◊ to be eligible to do sth cubrir los requisitos para hacer algo ◊ an eligible bachelor un soltero deseable
eliminate /ɪˈlɪmɪneɪt/ vt **1** eliminar **2** (enfermedad, pobreza) erradicar
elite /eɪˈliːt, ɪˈ-/ n [v sing o pl] élite

elk /elk/ n (pl **elk**, **elks**) alce
elm /elm/ (tb ˈelm tree) n olmo
elope /ɪˈləʊp/ vi fugarse con su amante
eloquent /ˈeləkwənt/ adj elocuente
else 0₋ₘ /els/ adv ❶ Se usa **else** con pronombres indefinidos, interrogativos o negativos, y con adverbios Did you see anybody else? ¿Viste a alguien más? ◊ anyone else cualquier otra persona ◊ everyone/everything else todos los/todo lo demás ◊ It must have been somebody else. Ha debido ser otro. ◊ nobody else nadie más ◊ Anything else? ¿Algo más? ◊ somewhere else a/en otra parte ◊ What else? ¿Qué más? 🔒 **or else 1** o, o si no: Run or else you'll be late. Corre o llegarás tarde. **2** (coloq) (como amenaza): Stop that, or else! ¡Deja de hacer eso, o verás!
elsewhere 0₋ₘ /ˌelsˈweə(r)/ adv a/en otra parte
elude /iˈluːd/ vt escaparse de **elusive** adj **1** escurridizo: an elusive concept un concepto difícil de aprehender **2** (persona) esquivo
elves pl de ELF
emaciated /ɪˈmeɪʃieɪtɪd, ɪˈmeɪsi-/ adj demacrado
email 0₋ₘ (tb e-mail) /ˈiːmeɪl/ nombre, verbo
▶ n **1** correo (electrónico): My email address is jones@oup.com. Mi dirección de correo (electrónico) es jones@oup.com.

🔎 Se lee "jones at oup dot com" (/ˌdʒəʊnz ət ˌəʊ juː ˈpiː dɒt kɒm/).

2 (mensaje) e-mail ➲ Ver nota en ORDENADOR
▶ vt **1** ~ sth enviar algo por correo electrónico **2** ~ sb enviar un e-mail a algn
emanate /ˈeməneɪt/ v 🔒🔒 **emanate from sth** emanar, provenir de algo
emancipation /ɪˌmænsɪˈpeɪʃn/ n emancipación
embankment /ɪmˈbæŋkmənt/ n terraplén, ribazo
embargo /ɪmˈbɑːɡəʊ/ n (pl **embargoes**) prohibición, embargo
embark /ɪmˈbɑːk/ vt, vi embarcar 🔒🔒 **embark on/upon sth** emprender algo
embarrass 0₋ₘ /ɪmˈbærəs/ vt avergonzar, turbar: to be embarrassed at/about sth avergonzarse de algo
embarrassed 0₋ₘ /ɪmˈbærəst/ adj avergonzado, cortado: to be embarrassed at/about sth avergonzarse de algo
embarrassing 0₋ₘ /ɪmˈbærəsɪŋ/ adj embarazoso

embarrassment ⚿ /ɪmˈbærəsmənt/ n
1 vergüenza: *He's an embarrassment to all of us.* Nos hace pasar vergüenza a todos. **2** (*persona o cosa que incomoda*) estorbo

embassy /ˈembəsi/ n (*pl* **embassies**) embajada

embedded /ɪmˈbedɪd/ adj **1** incrustado, clavado **2** (*actitudes, etc.*) arraigado **3** grabado (*en la mente*)

ember /ˈembə(r)/ n ascua

embezzlement /ɪmˈbezlmənt/ n desfalco

embittered /ɪmˈbɪtəd/ adj amargado

emblem /ˈembləm/ n emblema

embodiment /ɪmˈbɒdimənt/ n (*formal*) personificación

embody /ɪmˈbɒdi/ vt (*pt, pp* **-died**) encarnar

embrace /ɪmˈbreɪs/ verbo, nombre
▶ vt, vi (*formal*) abrazar(se)
▶ n (*formal*) abrazo

embroider /ɪmˈbrɔɪdə(r)/ vt, vi bordar
embroidery n [*incontable*] bordado

embryo /ˈembriəʊ/ n (*pl* **embryos**) embrión

emerald /ˈemərəld/ n esmeralda

emerge ⚿ /iˈmɜːdʒ/ vi ~ **(from sth)** emerger, surgir (de algo): *It emerged that…* Salió a relucir que… **emergence** n aparición, surgimiento

emergency ⚿ /iˈmɜːdʒənsi/ n (*pl* **emergencies**) emergencia: *emergency exit* salida de emergencia

eˈmergency brake n (*USA*) freno de mano

eˈmergency room n (*abrev* ER) (*USA*) urgencias

emergent /iˈmɜːdʒənt/ adj (*país, etc.*) emergente

emigrant /ˈemɪɡrənt/ n emigrante

emigrate /ˈemɪɡreɪt/ vi emigrar **emigration** n emigración

eminent /ˈemɪnənt/ adj eminente

emission /iˈmɪʃn/ n emisión

emit /iˈmɪt/ vt (**-tt-**) (*formal*) **1** (*rayos, sonidos*) emitir **2** (*olores, vapores*) despedir

emo /ˈiːməʊ/ n (*pl* **emos**) (*persona*) emo

emoji /iˈməʊdʒi; *USA* iˈ-/ n (*pl* **emoji**, **emojis**) emoji

emoticon /iˈməʊtɪkɒn/ n emoticono, carita emotiva

emotion ⚿ /iˈməʊʃn/ n emoción

emotional ⚿ /iˈməʊʃənl/ adj emocional, excitable: *to get emotional* emocionarse

emotive /iˈməʊtɪv/ adj emotivo

empathy /ˈempəθi/ n empatía

emperor /ˈempərə(r)/ n emperador

emphasis ⚿ /ˈemfəsɪs/ n (*pl* **emphases** /-siːz/) ~ **(on/upon sth)** énfasis (en algo)

emphasize, -ise ⚿ /ˈemfəsaɪz/ vt enfatizar, recalcar

emphatic /ɪmˈfætɪk/ adj categórico, enfático

empire ⚿ /ˈempaɪə(r)/ n imperio

employ ⚿ /ɪmˈplɔɪ/ vt emplear, contratar: *to be employed as a teacher* trabajar como profesora

employee ⚿ /ɪmˈplɔii:/ n empleado, -a

employer ⚿ /ɪmˈplɔɪə(r)/ n patrón, -ona

employment ⚿ /ɪmˈplɔɪmənt/ n empleo, trabajo つ*Ver nota en* WORK

empress /ˈemprəs/ n emperatriz

emptiness /ˈemptinəs/ n vacío

empty ⚿ /ˈempti/ adjetivo, verbo
▶ adj (**emptier, -iest**) **1** vacío **2** vano, inútil
▶ (*pt, pp* **emptied**) **1** vt ~ **sth (out/out of sth)** vaciar, verter algo (de algo) **2** vi vaciarse, quedar vacío **3** vt (*habitación, edificio*) desalojar

empty-ˈhanded adj con las manos vacías

enable ⚿ /ɪˈneɪbl/ vt ~ **sb to do sth** permitir a algn hacer algo

enact /ɪˈnækt/ vt **1** (*Jur*) promulgar **2** (*formal*) (*Teat*) representar **3** (*formal*) llevar a cabo

enamel /ɪˈnæml/ n esmalte

enchanting /ɪnˈtʃɑːntɪŋ; *USA* ɪnˈtʃæn-/ adj encantador

encircle /ɪnˈsɜːkl/ vt (*formal*) rodear, cercar

enclose /ɪnˈkləʊz/ vt **1** ~ **sth (in/with sth)** cercar algo (de algo) **2** adjuntar **enclosed** adj **1** (*espacio*) vallado, cerrado **2** (*abrev* encl.) (*en cartas, etc.*) adjunto: *Please find enclosed…* Le remito adjunto… **enclosure** /ɪnˈkləʊʒə(r)/ n recinto

encore /ˈɒŋkɔː(r)/ nombre, interjección
▶ n repetición, bis
▶ interj ¡otra!

encounter ⚿ /ɪnˈkaʊntə(r)/ verbo, nombre
▶ vt (*formal*) encontrarse con
▶ n encuentro

encourage ⚿ /ɪnˈkʌrɪdʒ; *USA* ɪnˈkɜːrɪdʒ/ vt **1** ~ **sb (in sth/to do sth)** animar, alentar a algn (en algo/a hacer algo) **2** fomentar, estimular

encouragement ⚿ /ɪnˈkʌrɪdʒmənt; *USA* ɪnˈkɜːr-/ n ~ **(to sb) (to do sth)** aliento, estímulo (a algn) (para hacer algo)

encouraging /ɪnˈkʌrɪdʒɪŋ; *USA* ɪnˈkɜːr-/ adj alentador

encrypt /ɪnˈkrɪpt/ vt (*Informát*) cifrar **encryption** n (*Informát*) cifrado

encyclopedia (*tb* encyclopaedia) /ɪnˌsaɪkləˈpiːdiə/ n enciclopedia

end

end o̶ /end/ *nombre, verbo*
▸ n **1** (*tiempo*) fin, final: *at the end of sth* al final/a finales de algo ◇ *from beginning to end* de principio a fin ➷ *Ver nota en pág 139* **2** (*espacio*) final, extremo: *from end to end* de punta a punta **3** (*palo, etc.*) punta **4** (*hilo, etc.*) cabo **5** *the east end of town* la parte/zona este de la ciudad **6** propósito, fin **7** (*Dep*) campo, lado *Ver tb* DEAD END **LOC** be at an end tocar a su fin, haber terminado (ya) ◆ be at the end of your tether no poder más ◆ in the end al final ◆ make (both) ends meet llegar a fin de mes ◆ on end **1** de punta **2** *for days on end* durante varios días *Ver tb* LOOSE, MEANS, ODDS
▸ vt, vi terminar, acabar **PHR V** end in sth **1** (*palabra*) terminar en algo **2** (*resultado*) acabar en algo: *Their argument ended in tears.* Su discusión acabó en lágrimas. ◆ end up (as sth/doing sth) terminar (siendo algo/haciendo algo) ◆ end up (in…) ir a parar (a…) (*lugar*)

endanger /ɪnˈdeɪndʒə(r)/ *vt* poner en peligro: *an endangered species* una especie en vías de extinción

endear /ɪnˈdɪə(r)/ *vt* ~ **sb/yourself to sb** granjearle a algn/granjearse las simpatías de algn **endearing** *adj* atractivo

endeavour (*USA* endeavor) /ɪnˈdevə(r)/ *nombre, verbo*
▸ n (*formal*) esfuerzo
▸ vi ~ **to do sth** (*formal*) esforzarse por hacer algo

ending o̶ /ˈendɪŋ/ n final

endive /ˈendaɪv, -dɪv/ n **1** (*GB*) escarola **2** (*USA*) endibia

endless /ˈendləs/ *adj* **1** interminable, sin fin **2** infinito

endorse /ɪnˈdɔːs/ *vt* **1** (*decisión, etc.*) aprobar **2** (*producto*) recomendar, promocionar **3** apuntar una sanción en (*el carné de conducir*) **endorsement** n **1** aprobación **2** (*en carné de conducir*) nota de sanción

endow /ɪnˈdaʊ/ *vt* ~ **sb/sth with sth** dotar a algn/algo de algo **endowment** n dotación (*dinero*)

end product n producto final

endurance /ɪnˈdjʊərəns; *USA* ɪnˈdʊə-/ n resistencia

endure /ɪnˈdjʊə(r); *USA* ɪnˈdʊər/ (*formal*) **1** *vt* soportar, aguantar ❶ En negativa es más corriente decir **can't bear** o **can't stand**. **2** *vi* perdurar **enduring** *adj* duradero

enemy o̶ /ˈenəmi/ n (*pl* **enemies**) enemigo, -a

energetic /ˌenəˈdʒetɪk/ *adj* enérgico

energy o̶ /ˈenədʒi/ n (*pl* **energies**) energía

energy-saving *adj* que ahorra energía: *energy-saving lightbulbs* bombillas de bajo consumo

enforce /ɪnˈfɔːs/ *vt* hacer cumplir (*ley*) **enforcement** n aplicación (*de la ley*)

engage o̶ /ɪnˈgeɪdʒ/ **1** *vt* (*formal*) (*tiempo, pensamientos*) ocupar **2** *vt* (*formal*) (*atención*) llamar **3** *vt* ~ **sb (as sth)** (*formal*) contratar a algn (como algo) **4** *vi* ~ **(with sth)** (*Mec*) encajar (con algo) **PHR V** engage in sth dedicarse a algo ◆ engage sb in sth ocupar a algn en algo

engaged o̶ /ɪnˈgeɪdʒd/ *adj* **1** ~ **(in/on sth)** (*formal*) ocupado, comprometido (en/con algo) **2** ~ **(to sb)** prometido (a algn): *to get engaged* prometerse **3** (*teléfono*) comunicando

engagement /ɪnˈgeɪdʒmənt/ n **1** ~ **(to sb)** compromiso matrimonial (con algn) **2** (*período*) noviazgo **3** cita, compromiso

engaging /ɪnˈgeɪdʒɪŋ/ *adj* atractivo

engine o̶ /ˈendʒɪn/ n **1** motor: *The engine is overheating.* El motor del coche está demasiado caliente.

🔎 La palabra **engine** se utiliza para referirnos al motor de un vehículo y **motor** para el de los electrodomésticos. **Engine** normalmente es de gasolina y **motor** eléctrico.

2 locomotora: *engine driver* maquinista *Ver tb* FIRE ENGINE, SEARCH ENGINE

engineer o̶ /ˌendʒɪˈnɪə(r)/ *nombre, verbo*
▸ n **1** ingeniero, -a **2** técnico, -a (*de teléfono, mantenimiento*) **3** (*en barco, avión, etc.*) maquinista
▸ vt **1** (*a veces pey*) maquinar **2** construir

engineering o̶ /ˌendʒɪˈnɪərɪŋ/ n ingeniería

English /ˈɪŋglɪʃ/ *adj, n* inglés ➷ *Ver nota en* BRITISH

English breakfast n desayuno inglés (*de cereales, huevos con beicon, tostadas, mermelada, etc.*)

engrave /ɪnˈgreɪv/ *vt* ~ **B on A**; ~ **A with B** grabar B en A **engraving** n grabado

engrossed /ɪnˈgrəʊst/ *adj* absorto

enhance /ɪnˈhɑːns; *USA* ɪnˈhæns/ *vt* **1** mejorar **2** (*aspecto*) realzar

enigma /ɪˈnɪgmə/ n enigma **enigmatic** /ˌenɪgˈmætɪk/ *adj* enigmático

enjoy o̶ /ɪnˈdʒɔɪ/ *vt* **1** disfrutar de: *Enjoy your meal!* ¡Que aproveche! **2** ~ **doing sth** gustarle a algn hacer algo **3** ~ **yourself** pasarlo bien: *Enjoy yourself!* ¡Que lo pases bien! **LOC** enjoy! (*coloq*) ¡que lo disfrutes!

enjoyable o̶ /ɪnˈdʒɔɪəbl/ *adj* agradable, divertido

enjoyment o̶ /ɪnˈdʒɔɪmənt/ n satisfacción, disfrute: *He spoiled my enjoyment of the film.*

| ð then | s so | z zoo | ʃ she | ʒ vision | h how | ŋ sing | j yes | w we |

Me arruinó la película. ◇ *to get enjoyment from/out of sth* disfrutar de algo

enlarge /ɪnˈlɑːdʒ/ *vt* ampliar **enlargement** *n* ampliación

enlighten /ɪnˈlaɪtn/ *vt* (*formal*) informar, explicar **enlightened** *adj* **1** (*persona*) culto **2** (*política*) inteligente **enlightenment** *n* aclaración

enlist /ɪnˈlɪst/ **1** *vt* ~ **sth/sb (in sth)** reclutar algo/a algn (en/para algo) **2** *vt, vi* ~ **(sb) (in/into/for sth)** (*Mil*) alistar a algn, alistarse (en algo)

enmity /ˈenməti/ *n* (*pl* **enmities**) enemistad

enormous ⚬ᴡ /ɪˈnɔːməs/ *adj* enorme **enormously** *adv* enormemente: *I enjoyed it enormously.* Me gustó muchísimo.

enough ⚬ᴡ /ɪˈnʌf/ *adj, pron, adv* suficiente, bastante: *Is that enough food for ten?* ¿Será suficiente comida para diez? ◇ *I've saved up enough to go on holiday.* He ahorrado lo suficiente para ir de vacaciones. ◇ *Is it near enough to go on foot?* ¿Está lo bastante cerca como para ir andando? ◇ *That's enough!* ¡Ya basta!

🔎 **Enough** siempre aparece después del adjetivo y **too** delante: *You're not old enough./You're too young.* Eres demasiado joven. ➲*Comparar con* TOO

LOC **curiously, funnily, oddly, etc. enough** lo curioso, extraño, raro, etc. es que... ◆ **have had enough (of sth/sb)** estar harto (de algo/algn)

enquire (*tb esp USA* inquire) /ɪnˈkwaɪə(r)/ **1** *vt, vi* preguntar **2** *vi* pedir información **enquiring** (*tb esp USA* inquiring) *adj* **1** (*mente*) curioso **2** (*mirada*) inquisitivo

enquiry ⚬ᴡ (*tb esp USA* inquiry) /ɪnˈkwaɪəri; *USA gen* ˈɪnkwəri/ *n* (*pl* **enquiries/inquiries**) **1** ~ **(into sth)** investigación (sobre algo) **2** solicitud de información, pregunta **3 enquiries** [*pl*] oficina de información

enrage /ɪnˈreɪdʒ/ *vt* enfurecer

enrich /ɪnˈrɪtʃ/ *vt* enriquecer

enrol (*USA tb* enroll) /ɪnˈrəʊl/ *vt, vi* (**-ll-**) inscribir(se), matricular(se) **enrolment** (*USA* enrollment) *n* inscripción, matrícula

en suite /ˌɒn ˈswiːt/ *adjetivo, adverbio, nombre*
▸ *adj, adv* privado: *a room with en suite bathroom* una habitación con baño
▸ *n* **en-suite** cuarto de baño (*adjunto a una habitación*)

ensure ⚬ᴡ (*USA* insure) /ɪnˈʃʊə(r); *GB tb* ɪnˈʃɔː(r)/ *vt* asegurar, garantizar

entail /ɪnˈteɪl/ *vt* suponer, consistir en

entangle /ɪnˈtæŋgl/ *vt* enredar **entanglement** *n* enredo

enter ⚬ᴡ /ˈentə(r)/ **1** *vt, vi* ~ **(sth)** entrar (en algo): *The thought never entered my head.* La idea ni se me pasó por la cabeza. **2** *vt* (*colegio, universidad*) matricularse en **3** *vt* (*hospital, sociedad*) ingresar en **4** *vt, vi* ~ **(for) sth** inscribirse en algo **5** *vt* ~ **sth (in/into/on sth)** anotar, introducir algo (en algo): *Enter your password here.* Introduce aquí tu contraseña. **PHR V** **enter into sth** (*formal*) **1** meterse en algo: *to enter into the spirit of things* meterse de lleno en algo **2** tener que ver con algo: *What he wants doesn't enter into it.* Lo que él quiera no tiene nada que ver. **3** (*negociaciones*) iniciar algo **4** (*un acuerdo*) llegar a algo

enterprise /ˈentəpraɪz/ *n* **1** (*actividad*) empresa **2** espíritu emprendedor **enterprising** *adj* emprendedor

entertain ⚬ᴡ /ˌentəˈteɪn/ **1** *vt, vi* recibir (*en casa*) **2** *vt, vi* (*divertir*) entretener **3** *vt* (*formal*) (*idea*) albergar

entertainer ⚬ᴡ /ˌentəˈteɪnə(r)/ *n* artista (*del mundo del espectáculo*)

entertaining ⚬ᴡ /ˌentəˈteɪnɪŋ/ *adj* entretenido, divertido

entertainment ⚬ᴡ /ˌentəˈteɪnmənt/ *n* entretenimiento, diversión

enthralling /ɪnˈθrɔːlɪŋ/ *adj* cautivador

enthusiasm ⚬ᴡ /ɪnˈθjuːziæzəm; *USA* ɪnˈθuː-/ *n* entusiasmo **enthusiast** *n* entusiasta

enthusiastic ⚬ᴡ /ɪnˌθjuːziˈæstɪk; *USA* ɪnˌθuː-/ *adj* entusiasta

entice /ɪnˈtaɪs/ *vt* tentar

entire ⚬ᴡ /ɪnˈtaɪə(r)/ *adj* [*solo antes de sustantivo*] entero, todo

entirely ⚬ᴡ /ɪnˈtaɪəli/ *adv* totalmente, enteramente

entirety /ɪnˈtaɪərəti/ *n* [*sing*] (*formal*) totalidad

entitle ⚬ᴡ /ɪnˈtaɪtl/ *vt* **1** ~ **sb to sth/to do sth** dar derecho a algn a algo/a hacer algo **2** (*libro, etc.*) titular **entitlement** *n* (*formal*) derecho

entity /ˈentəti/ *n* (*pl* **entities**) entidad, ente

entrance ⚬ᴡ /ˈentrəns/ *n* **1** ~ **(to/of sth)** entrada (de algo) **2** ~ **(to sth)** acceso (a algo) (*universidad, club, etc.*)

entrant /ˈentrənt/ *n* ~ **(to/for sth)** participante (en algo): *university entrants* los (estudiantes) que ingresan en la universidad

entrepreneur /ˌɒntrəprəˈnɜː(r)/ *n* empresario, -a

entrust /ɪnˈtrʌst/ *vt* ~ **sth to sb**; ~ **sb with sth** confiar algo a algn

entry ⚬ᴡ /ˈentri/ *n* (*pl* **entries**) **1** ~ **(into/to sth)** entrada, ingreso (en/a algo): *No entry.* Prohi-

E

bido el paso. **2** (*diario*) apunte, anotación **3** (*diccionario*) entrada

'entry-level *adj* **1** (*producto*) básico **2** (*trabajo*) sin experiencia

Entryphone® /'entrifəun/ *n* telefonillo, portero automático

enunciate /ɪ'nʌnsieɪt/ *vt, vi* pronunciar, articular

envelop /ɪn'veləp/ *vt* ~ sb/sth (in sth) (*formal*) envolver a algn/algo (en algo)

envelope ⊶ /'envələup, 'ɒn-/ *n* sobre (*para carta*)

enviable /'enviəbl/ *adj* envidiable

envious /'enviəs/ *adj* envidioso: *to be envious of sb* tener envidia de/envidiar a algn

environment ⊶ /ɪn'vaɪrənmənt/ *n* **1** entorno, ambiente **2 the environment** el medioambiente

environmental ⊶ /ɪn,vaɪrən'mentl/ *adj* del medioambiente, medioambiental

environmentalist /ɪn,vaɪrən'mentəlɪst/ *n* ecologista; defensor, -ora del medioambiente

en,vironmentally 'friendly *adj* Ver ECO-FRIENDLY

envisage /ɪn'vɪzɪdʒ/ *vt* imaginar(se)

envoy /'envɔɪ/ *n* enviado, -a

envy /'envi/ *nombre, verbo*
▸ *n* envidia
▸ *vt* (*pt, pp* **envied**) envidiar

enzyme /'enzaɪm/ *n* (*Biol*) enzima

'e-pal *n* amigo, -a por e-mail

ephemeral /ɪ'femərəl/ *adj* (*formal*) efímero

epic /'epɪk/ *nombre, adjetivo*
▸ *n* épica, epopeya
▸ *adj* épico

epidemic /,epɪ'demɪk/ *n* epidemia

epilepsy /'epɪlepsi/ *n* epilepsia **epileptic** /,epɪ'leptɪk/ *adj, n* epiléptico, -a

episode /'epɪsəud/ *n* episodio

epitaph /'epɪtɑːf/ *USA* -tæf/ *n* epitafio

epitome /ɪ'pɪtəmi/ *n* [*sing*] **the ~ of sth** la más pura expresión de algo

epoch /'iːpɒk/ *USA* 'epək/ *n* (*formal*) época

equal ⊶ /'iːkwəl/ *adjetivo, nombre, verbo*
▸ *adj, n* igual: *equal opportunities* igualdad de oportunidades **LOC be on equal terms (with sb)** tener una relación de igual a igual (con algn)
▸ *vt* (**-ll-**, *USA* **-l-**) **1** (*Mat*): *13 plus 29 equals 42.* 13 más 29 son 42. **2** igualar

equality /i'kwɒləti/ *n* igualdad

equalize, -ise /'iːkwəlaɪz/ **1** *vt* igualar **2** *vt, vi* (*Dep*) empatar **equalizer, -iser** *n* (*Dep*) gol de empate

equally ⊶ /'iːkwəli/ *adv* **1** igualmente **2** equitativamente

equate /i'kweɪt/ *vt* ~ sth (with sth) equiparar, comparar algo (con algo)

equation /i'kweɪʒn/ *n* ecuación

equator /i'kweɪtə(r)/ *n* ecuador

equilibrium /,iːkwɪ'lɪbriəm, ,ek-/ *n* equilibrio

equinox /'iːkwɪnɒks, 'ek-/ *n* equinoccio

equip /i'kwɪp/ *vt* (**-pp-**) ~ sb/sth (with sth) (for sth) equipar, proveer a algn/algo (con/de algo) (para algo)

equipment ⊶ /i'kwɪpmənt/ *n* [*incontable*] equipo, equipamiento

equitable /'ekwɪtəbl/ *adj* (*formal*) equitativo, justo

equivalent ⊶ /i'kwɪvələnt/ *adjetivo, nombre*
▸ *adj* ~ (to sth) equivalente (a algo)
▸ *n* ~ (of/to sth) equivalente (a/de algo)

era /'ɪərə/ *USA tb* 'erə/ *n* era

eradicate /ɪ'rædɪkeɪt/ *vt* erradicar

erase /ɪ'reɪz/ *USA* ɪ'reɪs/ *vt* ~ sth (from sth) borrar algo (de algo) ❶ Para las marcas de lápiz utilizamos **rub sth out**. **eraser** *n* (*esp USA*) goma (de borrar)

'e-reader *n* lector de libros electrónicos

erect /ɪ'rekt/ *adjetivo, verbo*
▸ *adj* **1** (*formal*) erguido **2** (*pene*) erecto
▸ *vt* (*formal*) erigir **erection** *n* erección

erode /ɪ'rəud/ *vt, vi* erosionar(se)

erosion /ɪ'rəuʒn/ *n* erosión

erotic /ɪ'rɒtɪk/ *adj* erótico

errand /'erənd/ *n* recado: *to run errands for sb* hacer recados para algn

erratic /ɪ'rætɪk/ *adj* (*gen pey*) irregular

error ⊶ /'erə(r)/ *n* error: *to make an error* cometer un error ◇ *The letter was sent to you in error.* Se le envió la carta por error. **LOC** Ver TRIAL

🔎 **Mistake** es un término más corriente que **error**. Sin embargo, en algunas construcciones solo se puede utilizar **error**: *human error* error humano ◇ *an error of judgement* una equivocación. ➔ *Ver nota en* MISTAKE

erupt /ɪ'rʌpt/ *vi* **1** (*volcán*) entrar en erupción **2** (*violencia*) estallar **eruption** *n* (*volcán*) erupción

escalate /'eskəleɪt/ *vt, vi* **1** aumentar **2** intensificar(se) **escalation** *n* escalada (*aumento*)

escalator /'eskəleɪtə(r)/ *n* escalera mecánica

escapade /,eskə'peɪd, 'eskəpeɪd/ *n* aventura

escape 0━ /ɪˈskeɪp/ *verbo, nombre*
▸ **1** *vi* ~ **(from sb/sth)** escapar (de algn/algo) **2** *vt, vi* salvarse (de): *They escaped unharmed.* Salieron ilesos. **3** *vi* (*gas, líquido*) fugarse **LOC escape (sb's) notice** pasar inadvertido (a algn)
▸ *n* **1** ~ **(from sth)** fuga (de algo): *to make your escape* darse a la fuga **2** (*de gas, líquido*) escape *Ver tb* FIRE ESCAPE **LOC** *Ver* NARROW

escort *nombre, verbo*
▸ *n* /ˈeskɔːt/ **1** [*v sing o pl*] escolta **2** (*formal*) acompañante **3** chico, -a de compañía
▸ *vt* /ɪˈskɔːt/ acompañar

Eskimo /ˈeskɪməʊ/ *n* (*pl* **Eskimo**, **Eskimos**) esquimal ⊃ *Ver nota en* ESQUIMAL

esophagus (*USA*) = OESOPHAGUS

especially 0━ /ɪˈspeʃəli/ *adv* sobre todo, especialmente ⊃ *Ver nota en* SPECIALLY

espionage /ˈespiənɑːʒ/ *n* espionaje

esplanade /ˌespləˈneɪd/ *n* paseo marítimo

espresso /eˈspresəʊ/ *n* (*pl* **espressos**) café exprés

essay 0━ /ˈeseɪ/ *n* **1** (*colegio*) redacción **2** (*Liter*) ensayo

essence /ˈesns/ *n* esencia

essential 0━ /ɪˈsenʃl/ *adj* **1** ~ **(to/for sth)** imprescindible (para algo) **2** fundamental **3** esencial: *essential oils* aceites esenciales

essentially 0━ /ɪˈsenʃəli/ *adv* básicamente

establish 0━ /ɪˈstæblɪʃ/ *vt* establecer **established** *adj* **1** (*negocio*) sólido **2** (*religión*) oficial **establishment** *n* **1** (*formal*) institución **2 the Establishment** el "establishment", el sistema **3** establecimiento

estate 0━ /ɪˈsteɪt/ *n* **1** finca **2** *Ver* HOUSING ESTATE (*bienes*) herencia *Ver tb* REAL ESTATE

esˈtate agent *n* **1** agente inmobiliario, -a **2 estate agent's** agencia inmobiliaria ⊃ *Ver nota en* CARNICERÍA

esˈtate car *n* coche ranchera

esteem /ɪˈstiːm/ *n* **LOC hold sb/sth in high, low, etc. esteem** tener una buena, mala, etc. opinión de algn/algo

esthetic (*USA*) = AESTHETIC

estimate 0━ *nombre, verbo*
▸ *n* /ˈestɪmət/ **1** cálculo **2** valoración **3** presupuesto (*cálculo previo*)
▸ *vt* /ˈestɪmeɪt/ calcular **estimation** *n* (*formal*) juicio (*opinión*)

estranged /ɪˈstreɪndʒd/ *adj* (*formal*) **LOC be estranged from sb 1** vivir separado de algn **2** estar enemistado con algn

estuary /ˈestʃuəri; *USA* -tʃueri/ *n* (*pl* **estuaries**) estuario

etc. 0━ /ˌet ˈsetərə, ˌɪt/ *abrev* etc.

etching /ˈetʃɪŋ/ *n* grabado (al aguafuerte)

eternal /ɪˈtɜːnl/ *adj* eterno **eternity** *n* eternidad

ether /ˈiːθə(r)/ *n* éter

ethereal /ɪˈθɪəriəl/ *adj* etéreo

ethic /ˈeθɪk/ *n* **1 ethics** [*pl*] ética **2** [*sing*] ética: *the work ethic* la ética del trabajo **ethical** *adj* ético **ethically** /-kli/ *adv* de manera ética

ethnic /ˈeθnɪk/ *adj* étnico

ethos /ˈiːθɒs/ *n* [*sing*] (*formal*) carácter, espíritu

ˈe-ticket (*USA* E-ticket") *n*) billete electrónico

etiquette /ˈetɪket, -kət/ *n* etiqueta (*modales*)

EU /ˌiː ˈjuː/ *abrev de* European Union Unión Europea

eucalyptus /ˌjuːkəˈlɪptəs/ *n* (*pl* **eucalyptuses**, **eucalypti** /-taɪ/) eucalipto

euphoria /juːˈfɔːriə/ *n* euforia **euphoric** /juːˈfɒrɪk; *USA* -ˈfɔːrɪk/ *adj* eufórico

euro 0━ /ˈjʊərəʊ/ *n* (*pl* **euros**, **euro**) euro

ˈEuro-MP *n* eurodiputado, -a

European /ˌjʊərəˈpiːən/ *adj, n* europeo, -a

Eurozone /ˈjʊərəʊzəʊn/ *n* zona euro

euthanasia /ˌjuːθəˈneɪziə; *USA* -ˈneɪʒə/ *n* eutanasia

evacuate /ɪˈvækjueɪt/ *vt* evacuar (*a personas*) **evacuee** /ˌɪˌvækjuˈiː/ *n* evacuado, -a

evade /ɪˈveɪd/ *vt* evadir, eludir

evaluate /ɪˈvæljueɪt/ *vt* evaluar

evangelical /ˌiːvænˈdʒelɪkl/ *adj* evangélico

evaporate /ɪˈvæpəreɪt/ *vt, vi* evaporar(se) **evaporation** *n* evaporación

evasion /ɪˈveɪʒn/ *n* evasión **evasive** /ɪˈveɪsɪv/ *adj* evasivo

eve /iːv/ *n* víspera: *on the eve of the war* en vísperas de la guerra

even 0━ /ˈiːvn/ *adverbio, adjetivo, verbo*
▸ *adv* **1** (*uso enfático*) aun, hasta: *He didn't even open the letter.* Ni siquiera abrió la carta. **2** (*con adjetivo o adverbio comparativo*) aún **LOC even if; even though** aunque, aun cuando ♦ **even so** aun así, no obstante
▸ *adj* **1** (*superficie*) llano, liso **2** (*color*) uniforme **3** (*temperatura*) constante **4** (*competición, puntuación*) igualado **5** (*número*) par ♦ *Comparar con* ODD
▸ *v* **PHR V even out** nivelarse ♦ **even sth out/up** nivelar algo

evening 0━ /ˈiːvnɪŋ/ *n* **1** tarde, noche: *tomorrow evening* mañana por la tarde/noche ◇ *an evening class* una clase nocturna ◇ *evening dress* traje de noche/de etiqueta ◇ *the evening meal* la cena ⊃ *Ver notas en* MORNING, MEDIO, TARDE **2** atardecer **LOC good evening** buenas tardes, buenas noches ⊃ *Ver nota en* NOCHE

evenly /'iːvnli/ adv **1** de modo uniforme **2** (repartir, etc.) equitativamente

event ⊶ /ɪ'vent/ n **1** suceso, acontecimiento **2** prueba (deportiva) ♦ **in any event** en todo caso ♦ **in the event** al final ♦ **in the event of sth** en caso de (que) **eventful** adj lleno de incidentes

eventual /ɪ'ventʃuəl/ adj final

eventually ⊶ /ɪ'ventʃuəli/ adv finalmente

ever ⊶ /'evə(r)/ adv nunca, jamás: more than ever más que nunca ◊ for ever (and ever) para siempre (jamás) ◊ Has it ever happened before? ¿Ha pasado alguna vez antes? **LOC** ever since desde entonces ⊃ Ver notas en ALWAYS, NUNCA

evergreen /'evəɡriːn/ adj, n (planta) de hoja perenne

every ⊶ /'evri/ adj cada, todos los: every (single) time cada vez ◊ every ten minutes cada diez minutos

🔎 Utilizamos **every** para referirnos a todos los elementos de un grupo en conjunto: Every player was on top form. Todos los jugadores estaban en plena forma. **Each** se utiliza para referirnos individualmente a cada uno de ellos: The Queen shook hands with each player after the game. La Reina le dio la mano a cada jugador después del partido. ⊃ Ver nota en EACH

LOC every other uno sí y otro no: every other week cada dos semanas ♦ every so often alguna que otra vez Ver tb NOW, ONCE, SIDE

everyday /'evrideɪ/ adj cotidiano, de todos los días: for everyday use para uso diario ◊ in everyday use de uso corriente

🔎 **Everyday** solo se usa delante de un sustantivo. No se debe confundir con la expresión **every day**, que significa "todos los días".

everyone ⊶ /'evriwʌn/ (tb everybody /'evribɒdi/; USA tb -bʌdi/) pron todos, todo el mundo

🔎 **Everyone, anyone** y **someone** llevan el verbo en singular, pero suelen ir seguidos de **they, their** y **them**, que son formas plurales, excepto en lenguaje formal: Everyone does what they want to. Cada uno hace lo que quiere.

everything ⊶ /'evriθɪŋ/ pron todo

everywhere ⊶ /'evriweə(r)/ adv en/a/por todas partes

evict /ɪ'vɪkt/ vt ~ sb (from sth) desahuciar a algn (de algo) **eviction** n desahucio

evidence ⊶ /'evɪdəns/ n [incontable] **1** ~ (of/for sth) pruebas (de algo): insufficient evidence falta de pruebas **2** testimonio (en un tribunal)

evident /'evɪdənt/ adj ~ (to sb) (that…) evidente (para algn) (que…) **evidently** adv obviamente

evil ⊶ /'iːvl, 'iːvɪl/ adjetivo, nombre
▸ adj malvado, muy malo
▸ n (formal) mal

evocative /ɪ'vɒkətɪv/ adj ~ (of sth) evocador (de algo)

evoke /ɪ'vəʊk/ vt evocar

evolution /ˌiːvə'luːʃn, ˌev-/ n evolución

evolve /i'vɒlv/ vi evolucionar

ewe /juː/ n oveja (hembra)

ex /eks/ n (pl **exes**) (coloq) ex (marido, novia, etc.)

exact ⊶ /ɪɡ'zækt/ adj exacto

exacting /ɪɡ'zæktɪŋ/ adj exigente

exactly ⊶ /ɪɡ'zæktli/ adverbio, interjección
▸ adv exactamente
▸ interj ¡exacto!

exaggerate ⊶ /ɪɡ'zædʒəreɪt/ vt exagerar

exaggerated ⊶ /ɪɡ'zædʒəreɪtɪd/ adj exagerado

exam ⊶ /ɪɡ'zæm/ n (Educ) examen: to take an exam presentarse a un examen

examination ⊶ /ɪɡˌzæmɪ'neɪʃn/ n **1** (formal) examen **2** reconocimiento, revisión

examine ⊶ /ɪɡ'zæmɪn/ vt revisar, examinar

example ⊶ /ɪɡ'zɑːmpl; USA ɪɡ'zæm-/ n ejemplo **LOC** for example (abrev **e.g.**) por ejemplo ♦ set a good/bad example (to sb) dar buen/mal ejemplo (a algn)

exasperate /ɪɡ'zæspəreɪt; GB tb ɪɡ'zɑːspə-/ vt exasperar **exasperation** n exasperación

excavate /'ekskəveɪt/ vt, vi excavar

exceed /ɪk'siːd/ vt **1** exceder de, sobrepasar **2** (poder, responsabilidades) excederse en **exceedingly** adv (formal) sumamente

excel /ɪk'sel/ vi (-ll-) ~ in/at sth sobresalir, destacar en algo

excellence /'eksələns/ n excelencia

excellent ⊶ /'eksələnt/ adj excelente

except ⊶ /ɪk'sept/ preposición, conjunción
▸ prep ~ (for) sb/sth excepto algn/algo
▸ conj ~ (that…) excepto (que…)

exception ⊶ /ɪk'sepʃn/ n excepción **exceptional** adj excepcional

excerpt /'eksɜːpt/ n ~ (from sth) extracto (de algo)

excess /ɪkˈses/ n exceso: *excess baggage* exceso de equipaje **excessive** adj excesivo, exagerado

exchange ⊶ /ɪksˈtʃeɪndʒ/ nombre, verbo
▸ n cambio, intercambio Ver tb STOCK EXCHANGE
▸ vt **1** ~ **A for B** cambiar A por B **2** ~ **sth (with sb)** cambiar algo (con algn)

the Exchequer /ði ɪksˈtʃekə(r)/ n (GB) Ministerio de Economía y Hacienda

excitable /ɪkˈsaɪtəbl/ adj excitable

excite ⊶ /ɪkˈsaɪt/ vt excitar

excited ⊶ /ɪkˈsaɪtɪd/ adj ~ **(about/at/by sth)** excitado, emocionado (con/por algo) **excitedly** adv con excitación

excitement ⊶ /ɪkˈsaɪtmənt/ n emoción

exciting ⊶ /ɪkˈsaɪtɪŋ/ adj emocionante

exclaim /ɪkˈskleɪm/ vi exclamar **exclamation** /ˌekskləˈmeɪʃn/ n exclamación

excla·mation mark (USA ˌexcla·mation point) n signo de admiración ➔ *Ver pág 395*

exclude ⊶ /ɪkˈskluːd/ vt ~ **sb/sth (from sth)** excluir a algn/algo (de algo) **exclusion** n ~ **(of sb/sth) (from sth)** exclusión (de algn/algo) (de algo)

exclusive /ɪkˈskluːsɪv/ adj **1** exclusivo **2** ~ **of sb/sth** sin incluir a algn/algo

excursion /ɪkˈskɜːʃn; USA ɪkˈskɜːrʒn/ n excursión

excuse ⊶ nombre, verbo
▸ n /ɪkˈskjuːs/ ~ **(for sth/doing sth)** excusa (por/para algo/hacer algo)
▸ vt /ɪkˈskjuːz/ **1** ~ **sb/sth (for sth/doing sth)** disculpar a algn/algo (por algo/por hacer algo) **2** ~ **sb (from sth)** dispensar a algn (de algo)

🔑 Se dice **excuse me** cuando se quiere interrumpir o abordar a algn: *Excuse me, sir!* ¡Oiga, señor! o cuando se quiere pedir paso: *Excuse me, please.* ¿Me deja, por favor? Decimos **sorry** cuando tenemos que pedir perdón por algo que hemos hecho: *I'm sorry I'm late.* Siento llegar tarde. ◇ *Did I hit you? I'm sorry!* ¿Te he dado? ¡Perdona! En inglés americano se usa **excuse me** en vez de **sorry**.

execute /ˈeksɪkjuːt/ vt ejecutar **execution** n ejecución **executioner** n verdugo

executive ⊶ /ɪgˈzekjətɪv/ adj, n ejecutivo, -a

exempt /ɪgˈzempt/ adjetivo, verbo
▸ adj ~ **(from sth)** exento (de algo)
▸ vt ~ **sb/sth (from sth)** (formal) eximir a algn/algo (de algo); dispensar a algn (de algo) **exemption** n exención

exercise ⊶ /ˈeksəsaɪz/ nombre, verbo
▸ n ejercicio: *exercise book* cuaderno

▸ **1** vt (formal) (derecho, poder) ejercer **2** vi hacer ejercicio **3** vt ejercitar

exert /ɪgˈzɜːt/ vt **1** ejercer **2** ~ **yourself** esforzarse **exertion** n esfuerzo

exhaust /ɪgˈzɔːst/ nombre, verbo
▸ n **1** [incontable] (tb ex·haust fumes [pl]) gases del tubo de escape **2** (tb ex·haust pipe) tubo de escape
▸ vt agotar **exhausted** adj exhausto **exhausting** adj agotador **exhaustion** n agotamiento **exhaustive** adj exhaustivo

exhibit ⊶ /ɪgˈzɪbɪt/ verbo, nombre
▸ **1** vt, vi exponer **2** vt (formal) manifestar
▸ n objeto expuesto

exhibition ⊶ /ˌeksɪˈbɪʃn/ n exposición

exhilarating /ɪgˈzɪləreɪtɪŋ/ adj estimulante, emocionante **exhilaration** n euforia

exile /ˈeksaɪl, ˈegzaɪl/ nombre, verbo
▸ n **1** exilio **2** (persona) exiliado, -a
▸ vt exiliar

exist ⊶ /ɪgˈzɪst/ vi **1** existir **2** ~ **(on sth)** subsistir (a base de algo)

existence ⊶ /ɪgˈzɪstəns/ n existencia

existing /ɪgˈzɪstɪŋ/ adj existente

exit ⊶ /ˈeksɪt, ˈegzɪt/ n salida

exodus /ˈeksədəs/ n [sing] éxodo

exotic /ɪgˈzɒtɪk/ adj exótico

expand ⊶ /ɪkˈspænd/ vt, vi **1** (metal) dilatar(se) **2** (negocio, etc.) ampliar(se) **PHR V** **expand on/upon sth** ampliar, extenderse sobre algo

expanse /ɪkˈspæns/ n ~ **(of sth)** extensión (de algo)

expansion /ɪkˈspænʃn/ n **1** expansión **2** desarrollo

expansive /ɪkˈspænsɪv/ adj expansivo, comunicativo

expatriate /ˌeksˈpætriət; USA -ˈpeɪt-/ (coloq **expat** /ˈekspæt/) n expatriado, -a

expect ⊶ /ɪkˈspekt/ **1** vt ~ **sth (of/from sb/sth)** esperar algo (de algn/algo) ➔ *Ver nota en* ESPERAR **2** vt (esp GB, coloq) suponer **3** vt, vi: *She's expecting (a baby).* Está embarazada.

expectancy /ɪkˈspektənsi/ n expectación: *life expectancy* esperanza de vida

expectant /ɪkˈspektənt/ adj **1** expectante **2** *expectant mother* mujer embarazada

expectation ⊶ /ˌekspekˈteɪʃn/ n expectativa **LOC** **against/contrary to (all) expectation(s)** contra todas las previsiones

expedition /ˌekspəˈdɪʃn/ n expedición

expel /ɪkˈspel/ vt (-ll-) ~ **sb/sth (from sth)** expulsar a algn/algo (de algo)

expend /ɪkˈspend/ vt ~ **sth (in/on sb/sth)** (formal) emplear algo (en algn/algo) **expendable** adj (formal) **1** (cosas) desechable **2** (personas) prescindible

expenditure /ɪkˈspendɪtʃə(r)/ n gasto(s)

expense ⊶ /ɪkˈspens/ n gasto(s), coste **LOC** Ver OBJECT

expensive ⊶ /ɪkˈspensɪv/ adj caro, costoso

experience ⊶ /ɪkˈspɪəriəns/ nombre, verbo
▸ n experiencia Ver tb WORK EXPERIENCE
▸ vt experimentar

experienced ⊶ /ɪkˈspɪəriənst/ adj experimentado: to be experienced in (doing) sth tener experiencia en (hacer) algo

experiment ⊶ /ɪkˈsperɪmənt/ nombre, verbo
▸ n experimento
▸ vi ~ **(on sb/sth)**; ~ **(with sth)** hacer experimentos, experimentar (con/sobre algn); experimentar (con algo) **experimental** adj experimental

expert ⊶ /ˈekspɜːt/ adj, n ~ **(at/in/on sth)** experto, -a; perito, -a (en algo) **expertise** /ˌekspɜːˈtiːz/ n [incontable] conocimientos (técnicos), pericia

expire /ɪkˈspaɪə(r)/ vi **1** vencer, caducar **2** (plazo) finalizar **expiry** (USA tb expiration /ˌekspəˈreɪʃn/) n vencimiento

explain ⊶ /ɪkˈspleɪn/ vt ~ **sth (to sb)** explicar, aclarar algo (a algn): Explain this to me. Explícame esto.

explanation ⊶ /ˌekspləˈneɪʃn/ n ~ **(for sth)** explicación, aclaración (de algo)

explanatory /ɪkˈsplænətri; USA -tɔːri/ adj explicativo, aclaratorio

explicit /ɪkˈsplɪsɪt/ adj explícito

explode ⊶ /ɪkˈspləʊd/ vt, vi (hacer) estallar, explotar

exploit nombre, verbo
▸ n /ˈeksplɔɪt/ proeza, hazaña
▸ vt /ɪkˈsplɔɪt/ (gen pey) explotar, aprovecharse de (personas, recursos) **exploitation** /ˌeksplɔɪˈteɪʃn/ n explotación

exploration /ˌekspləˈreɪʃn/ n exploración, investigación

explore ⊶ /ɪkˈsplɔː(r)/ vt, vi explorar **explorer** n explorador, -ora

explosion ⊶ /ɪkˈspləʊʒn/ n explosión **explosive** /ɪkˈspləʊsɪv, ɪkˈspləʊzɪv/ adj, n explosivo

export ⊶ nombre, verbo
▸ n /ˈekspɔːt/ (artículo de) exportación
▸ vt, vi /ɪkˈspɔːt/ exportar **exporter** n exportador, -ora

expose ⊶ /ɪkˈspəʊz/ vt **1** ~ **sb/sth (to sth)** exponer a algn/algo (a algo) **2** ~ **yourself (to sth)** exponerse (a algo) **3** (persona culpable) desenmascarar **exposed** adj descubierto **exposure** /ɪkˈspəʊʒə(r)/ n **1** ~ **(to sth)** exposición (a algo): to die of exposure morir de frío (a la intemperie) **2** (de falta) descubrimiento, revelación

express ⊶ /ɪkˈspres/ verbo, adjetivo, adverbio, nombre
▸ vt expresar: to express yourself expresarse
▸ adj **1** (tren, autocar, etc.) rápido **2** (entrega) urgente **3** (formal) (deseo, etc.) expreso
▸ adv por envío urgente
▸ n (tb exˈpress train) expreso, rápido

expression ⊶ /ɪkˈspreʃn/ n **1** expresión **2** muestra: as an expression of his gratitude como muestra de su gratitud **3** expresividad

expressionism /ɪkˈspreʃənɪzəm/ n expresionismo **expressionist** adj, n expresionista

expressive /ɪkˈspresɪv/ adj expresivo

expressly /ɪkˈspresli/ adv (formal) expresamente

expressway /ɪkˈspresweɪ/ n (USA) autopista

expulsion /ɪkˈspʌlʃn/ n expulsión

exquisite /ɪkˈskwɪzɪt, ˈekskwɪzɪt/ adj exquisito

extend ⊶ /ɪkˈstend/ **1** vt extender, ampliar **2** vi extenderse: to extend as far as sth llegar hasta algo **3** vt (estancia, vida) prolongar **4** vt (plazo, crédito) prorrogar **5** vt (mano) tender

extension ⊶ /ɪkˈstenʃn/ n **1** extensión **2** ~ **(to sth)** ampliación, anexo (de algo) **3** (período) prolongación, prórroga **4** (teléfono) supletorio **5** (número) extensión

extensive ⊶ /ɪkˈstensɪv/ adj **1** extenso **2** amplio **3** (daños) cuantioso **4** (uso) frecuente **extensively** adv **1** extensamente **2** (usar) frecuentemente

extent ⊶ /ɪkˈstent/ n **1** alcance, grado: the full extent of the losses el valor real de las pérdidas **2** extensión **LOC** **to a large/great extent** en gran parte ◆ **to a lesser extent** en menor grado ◆ **to some extent; to a certain extent** hasta cierto punto ◆ **to what extent** hasta qué punto

exterior /ɪkˈstɪəriə(r)/ nombre, adjetivo
▸ n **1** exterior **2** (persona) aspecto
▸ adj exterior

exterminate /ɪkˈstɜːmɪneɪt/ vt exterminar

external /ɪkˈstɜːnl/ adj externo, exterior

extinct /ɪkˈstɪŋkt/ adj **1** (especie) extinto, desaparecido: to become extinct extinguirse **2** (volcán) extinguido **extinction** n extinción

extinguish /ɪkˈstɪŋgwɪʃ/ vt extinguir, apagar ❶ La expresión más normal es **put sth out**. **extinguisher** n extintor

extort /ɪkˈstɔːt/ vt ~ **sth (from sb) 1** (dinero) obtener algo (de algn) mediante extorsión **2** (confesión) sacar algo (a algn) por la fuerza **extortion** n extorsión

extortionate /ɪkˈstɔːʃənət/ adj exorbitante, excesivo

extra 🔑 /ˈekstrə/ adjetivo, nombre, adverbio
▸ adj **1** adicional, de más, extra: extra charge recargo ◇ Wine is extra. El vino no está incluido. **2** de sobra
▸ n **1** extra **2** (precio) suplemento **3** (Cine) extra
▸ adv súper, extra: to pay extra pagar un suplemento

extract nombre, verbo
▸ n /ˈekstrækt/ **1** pasaje (de un libro) **2** extracto
▸ vt /ɪkˈstrækt/ **1** ~ sth (from sth) extraer algo (de algo) **2** ~ sth (from sb/sth) conseguir algo (de algn/algo)

extra-curricular /ˌekstrə kəˈrɪkjələ(r)/ adj (Educ) extracurricular

extradition /ˌekstrəˈdɪʃn/ n extradición

extraordinary 🔑 /ɪkˈstrɔːdnri; USA -dəneri/ adj extraordinario

extraterrestrial /ˌekstrətəˈrestriəl/ adj, n extraterrestre

extra ˈtime n (Dep) prórroga

extravagance /ɪkˈstrævəgəns/ n **1** extravagancia **2** lujo

extravagant /ɪkˈstrævəgənt/ adj **1** extravagante **2** exagerado

extreme 🔑 /ɪkˈstriːm/ adj, n extremo: with extreme care con sumo cuidado ◇ extreme sports deportes de alto riesgo ◇ the extreme right la ultraderecha

extremely 🔑 /ɪkˈstriːmli/ adv extremadamente

extremism /ɪkˈstriːmɪzəm/ n extremismo

extremist /ɪkˈstriːmɪst/ n extremista

extremity /ɪkˈstreməti/ n (pl **extremities**) extremidad

extricate /ˈekstrɪkeɪt/ vt (formal) **1** ~ sb/sth (from sth) sacar a algn/algo (de algo) **2** ~ yourself (from sth) lograr salir (de algo)

extrovert /ˈekstrəvɜːt/ n extrovertido, -a

exuberant /ɪgˈzjuːbərənt; USA ɪgˈzuː-/ adj desbordante de vida y entusiasmo

exude /ɪgˈzjuːd; USA ɪgˈzuːd/ **1** vt rebosar **2** vt, vi (líquido) exudar

eye 🔑 /aɪ/ nombre, verbo
▸ n ojo: to make eye contact mirar a algn a los ojos ◇ at eye level a la altura de los ojos ◇ to have sharp eyes tener muy buena vista Ver tb PRIVATE EYE **LOC** before/in front of sb's (very) eyes delante de las (mismas) narices de algn ◆ be up to your eyes in sth estar hasta el cuello de algo ◆ catch sb's eye captar la atención de algn ◆ have your eye on sth tener el ojo echado a algo (para comprarlo) ◆ in the eyes of sb; in sb's eyes en opinión de algn ◆ in the eyes of the law, the world, etc. a los ojos de la ley, del mundo, etc. ◆ keep an eye on sb/sth echarle un ojo a algn/algo ◆ keep an eye open/out (for sb/sth) estar pendiente (de algn/algo) ◆ not see eye to eye with sb (on sth) no estar plenamente de acuerdo con algn (sobre algo) Ver tb BLIND, CLOSE², CRY, MEET, MIND, NAKED, TEAR²
▸ vt (pt, pp **eyed**, part pres **eyeing**) mirar

eyeball /ˈaɪbɔːl/ n globo ocular **LOC** be up to your eyeballs/eyebrows in sth estar hasta el cuello de algo

eyebrow /ˈaɪbraʊ/ n ceja **LOC** Ver RAISE

ˈeye-catching adj vistoso

eyelash /ˈaɪlæʃ/ n pestaña

eyelid /ˈaɪlɪd/ n párpado **LOC** Ver BAT

eyeliner /ˈaɪlaɪnə(r)/ n lápiz de ojos

eyeshadow /ˈaɪʃædəʊ/ n sombra de ojos

eyesight /ˈaɪsaɪt/ n vista

eyesore /ˈaɪsɔː(r)/ n monstruosidad

eyewitness /ˈaɪwɪtnəs/ n testigo ocular

Ff

F, f /ef/ n (pl **Fs**, **F's**, **f's**) **1** F, f ⬧ Ver nota en A, A **2** (Mús) fa

fab /fæb/ adj (GB, coloq) fabuloso, genial

fable /ˈfeɪbl/ n fábula

fabric /ˈfæbrɪk/ n **1** tejido, tela ⬧ Ver nota en TELA **2** [sing] **the ~ (of sth)** (formal) la estructura (de algo)

fabulous /ˈfæbjələs/ adj **1** (coloq) fabuloso **2** (formal) de leyenda

facade /fəˈsɑːd/ n (lit y fig) fachada

face 🔑 /feɪs/ nombre, verbo
▸ n **1** cara, rostro: to wash your face lavarse la cara **2** cara: the south face of Everest la cara sur de Everest ◇ a rock face una pared de roca **3** superficie **4** esfera (de reloj) **LOC** face to face

cara a cara: *to come face to face with sth* enfrentarse con algo ◆ **face up/down** boca arriba/abajo ◆ **in the face of sth 1** a pesar de algo **2** frente a algo ◆ **on the face of it** (*coloq*) a primera vista ◆ **pull/make faces/a face (at sb)** hacer muecas (a algn) ⊃ *Comparar con* BEHIND SB'S BACK *en* BACK; *Ver tb* BRAVE, SAVE, SMILE, STRAIGHT

▸ *vt* **1** estar de cara a: *They sat down facing each other.* Se sentaron uno frente al otro. **2** dar a: *a house facing the park* una casa que da al parque **3** enfrentarse con: *to face facts* afrontar los hechos ◊ *Let's face it.* Seamos realistas. **4** (*sentencia, multa*) correr el riesgo de recibir **5** revestir PHRV **face up to sb/sth** enfrentarse a algn/algo

faceless /ˈfeɪsləs/ *adj* anónimo

facelift /ˈfeɪslɪft/ *n* **1** lifting, estiramiento (*facial*) **2** (*fig*) lavado de cara

facet /ˈfæsɪt/ *n* faceta

facetious /fəˈsiːʃəs/ *adj* (*pey*) gracioso

face ˈvalue *n* valor nominal LOC **take sth at face value** tomar algo literalmente

facial /ˈfeɪʃl/ *adjetivo, nombre*
▸ *adj* facial
▸ *n* tratamiento facial

facile /ˈfæsaɪl; *USA* -sl/ *adj* (*pey*) simplista

facilitate /fəˈsɪlɪteɪt/ *vt* (*formal*) facilitar

facility ☞ /fəˈsɪləti/ *n* **1 facilities** [*pl*]: *sports facilities* instalaciones deportivas ◊ *banking/credit facilities* servicios bancarios/facilidades de pago **2** prestación (*de ordenador, cuenta, etc.*) **3** [*sing*] ~ **(for sth)** facilidad (para algo)

fact ☞ /fækt/ *n* hecho: *in fact* de hecho ◊ *the fact that…* el hecho de que… LOC **(all) the facts and figures** (toda) la información ◆ **the facts of life** de dónde vienen los niños; la sexualidad *Ver tb* ACTUAL, MATTER

faction /ˈfækʃn/ *n* facción

factor ☞ /ˈfæktə(r)/ *n* factor LOC *Ver* FEELGOOD, WOW

factory ☞ /ˈfæktri, -təri/ *n* (*pl* **factories**) fábrica: *a shoe factory* una fábrica de zapatos ◊ *factory workers* obreros de fábrica

factual /ˈfæktʃuəl/ *adj* basado en los hechos

faculty /ˈfæklti/ *n* (*pl* **faculties**) **1** facultad: *to be in possession of all your faculties* estar en plenas facultades ◊ *Arts Faculty* Facultad de Filosofía y Letras **2** (*USA*) profesorado

fad /fæd/ *n* **1** manía **2** moda

fade /feɪd/ *vt, vi* **1** decolorar(se) **2** (*tela*) desteñir(se) PHRV **fade away** ir desapareciendo poco a poco

fag /fæg/ *n* **1** (*GB, coloq*) cigarrillo **2** (*USA, argot, pey*) homosexual **3** [*sing*] (*GB, coloq*) faena

Fahrenheit /ˈfærənhaɪt/ *adj* (*abrev* F) Fahrenheit ⊃ *Ver nota en* CENTÍGRADO

fail ☞ /feɪl/ *verbo, nombre*
▸ **1** *vi* ~ **(in sth)** fracasar (en algo): *to fail in your duty* faltar al deber **2** *vi* ~ **to do sth:** *They failed to notice anything unusual.* No notaron nada extraño. **3** *vt, vi* (*examen, candidato*) suspender **4** *vi* (*fuerzas, motor, etc.*) fallar **5** *vi* (*salud*) deteriorarse **6** *vi* (*cosecha*) arruinarse **7** *vi* (*negocio*) quebrar
▸ *n* suspenso LOC **without fail** sin falta

failing /ˈfeɪlɪŋ/ *nombre, preposición*
▸ *n* **1** debilidad **2** defecto
▸ *prep* a falta de: *failing this* si esto no es posible

failure ☞ /ˈfeɪljə(r)/ *n* **1** fracaso **2** ~ **to do sth:** *His failure to answer puzzled her.* Le extrañó que no contestara. **3** fallo: *heart failure* paro cardiaco ◊ *engine failure* avería del motor

faint ☞ /feɪnt/ *verbo, adjetivo*
▸ *vi* desmayarse
▸ *adj* (**fainter, -est**) **1** (*sonido*) débil **2** (*rastro*) leve **3** (*parecido*) ligero **4** (*esperanza, luz*) tenue **5** mareado: *to feel faint* estar mareado

faintly ☞ /ˈfeɪntli/ *adv* **1** débilmente **2** vagamente

fair ☞ /feə(r)/ *adjetivo, adverbio, nombre*
▸ *adj* (**fairer, -est**) **1** ~ **(to/on sb)** justo, imparcial (con algn): *It's not fair!* ¡No hay derecho! **2** bastante: *It's a fair size.* Es bastante grande. ◊ *a fair number of people* un buen número de personas **3** bastante bueno: *There's a fair chance we might win.* Existe una buena posibilidad de que ganemos. **4** (*pelo*) rubio ⊃ *Ver nota en* RUBIO **5** (*tiempo*) despejado LOC **fair enough** (*coloq*) está bien ◆ **(more than) your fair share of sth** *We had more than our fair share of rain.* Nos llovió más de lo que cabía esperar.
▸ *adv* LOC **fair and square 1** merecidamente **2** claramente
▸ *n* **1** parque de atracciones **2** feria: *a trade fair* una feria de muestras

fair-ˈhaired *adj* rubio ⊃ *Ver nota en* RUBIO

fairly ☞ /ˈfeəli/ *adv* **1 + adjetivo o adverbio** bastante: *It's fairly easy.* Es bastante fácil. ◊ *fairly quickly* bastante rápido ◊ *It's fairly good.* No está mal.

🔎 Los adverbios **fairly, quite, rather** y **pretty** modifican la intensidad de los adjetivos o adverbios a los que acompañan, y pueden significar "bastante", "hasta cierto punto" o "no muy". **Fairly** es el de grado más bajo.

2 justamente, equitativamente

| ð **then** | s **so** | z **zoo** | ʃ **she** | ʒ **vision** | h **how** | ŋ **sing** | j **yes** | w **we** |

fair ˈ**play** n juego limpio

fair-ˈ**trade** adj de comercio justo

fairy /ˈfeəri/ n (pl **fairies**) hada: *fairy tale* cuento de hadas ◇ *fairy godmother* hada madrina

fairy cake n cupcake, magdalena (*con cobertura*)

faith ⌐ /feɪθ/ n ~ (**in sb/sth**) fe (en algn/algo) **LOC** **in bad/good faith** de mala/buena fe ◆ **put your faith in sb/sth** confiar en algn/algo

faithful ⌐ /ˈfeɪθfl/ adj ~ (**to sb/sth**) fiel, leal (a algn/algo)

faithfully ⌐ /ˈfeɪθfəli/ adv fielmente **LOC** Ver YOURS

fake /feɪk/ adjetivo, nombre, verbo
▸ adj (pey) falso: *fake news* noticias falsas
▸ n imitación
▸ **1** vt (firma, documento) falsificar **2** vt, vi fingir

falcon /ˈfɔːlkən; USA ˈfæl-/ n halcón

fall ⌐ /fɔːl/ verbo, nombre
▸ vi (pt **fell** /fel/, pp **fallen** /ˈfɔːlən/) **1** caer(se) **2** (precio, temperatura) bajar

🔎 A veces el verbo **fall** tiene el sentido de "volverse", "quedarse", "ponerse", p. ej: *He fell asleep.* Se quedó dormido. ◇ *He fell ill.* Cayó enfermo.

LOC **fall in love (with sb)** enamorarse (de algn) ◆ **fall short of sth** no alcanzar algo ◆ **fall victim to sth** sucumbir a algo, enfermar con algo Ver tb FOOT
PHRV **fall apart 1** deshacerse **2** fracasar
fall back retroceder ◆ **fall back on sb/sth** recurrir a algn/algo
fall behind (sb/sth) quedar(se) atrás; quedarse más atrás de algn/algo ◆ **fall behind with sth** retrasarse en/con algo
fall down 1 (persona, objeto) caerse **2** (plan) fracasar
fall for sb (coloq) enamorarse de algn ◆ **fall for sth** (coloq) tragarse algo (trampa)
fall in (techo) desplomarse
fall off 1 caerse **2** disminuir
fall on/upon sb recaer en algn
fall out (with sb) discutir (con algn)
fall over caerse ◆ **fall over sb/sth** tropezar con algn/algo
fall through fracasar, irse a pique
▸ n **1** caída **2** *a fall of snow* una nevada **3** falls [pl] (Geog) catarata **4** (USA) otoño **5** baja, descenso

fallen /ˈfɔːlən/ adj caído Ver tb FALL

false ⌐ /fɔːls/ adj **1** falso **2** (dentadura, etc.) postizo **3** (reclamación) fraudulento **LOC** **a false move** un paso en falso ◆ **a false start 1** un intento fallido **2** (Dep) una salida nula

false ˈ**friend** n falso amigo

falsify /ˈfɔːlsɪfaɪ/ vt (pt, pp **-fied**) falsificar

falter /ˈfɔːltə(r)/ vi **1** (economía, interés) decaer **2** (voz) entrecortarse **3** (persona) vacilar

fame ⌐ /feɪm/ n fama

familiar ⌐ /fəˈmɪliə(r)/ adj **1** familiar (conocido) **2** ~ **with sth** familiarizado con algo **LOC** **be on familiar terms (with sb)** tutearse (con algn)
familiarity /fəˌmɪliˈærəti/ n **1** ~ **with sth** conocimientos de algo **2** familiaridad

family ⌐ /ˈfæməli/ n (pl **families**) [v sing o pl] familia: *family ties* lazos familiares ◇ *family man* hombre de familia ◇ *family name* apellido ◇ *family tree* árbol genealógico ⊃ Ver nota en FAMILIA **LOC** **run in the family** ser de familia

famine /ˈfæmɪn/ n hambre ⊃ Ver nota en HAMBRE

famous ⌐ /ˈfeɪməs/ adj ~ (**for/as sth**) famoso (por/por ser algo)

fan ⌐ /fæn/ nombre, verbo
▸ n **1** fan; hincha; forofo, -a: *fan club* club de fans **2** ventilador **3** abanico
▸ vt (**-nn-**) **1** (persona) abanicar **2** (disputa, fuego) atizar **PHRV** **fan out** desplegarse en abanico

fanatic /fəˈnætɪk/ n fanático, -a **fanatical** adj fanático

fanciful /ˈfænsɪfl/ adj (formal) descabellado

fancy /ˈfænsi/ verbo, nombre, adjetivo
▸ vt (pt, pp **fancied**) **1** (GB, coloq) apetecer: *Do you fancy a drink?* ¿Te apetece beber algo? **2** (GB, coloq) gustar: *I don't fancy him.* No lo encuentro atractivo. **3** ~ **yourself** (GB, coloq) ser un creído **4** ~ **yourself (as) sth** presumir de algo **5** (formal) imaginarse **LOC** **fancy (that)!** ¡quién lo iba a decir!
▸ n **1** fantasía **2** capricho **LOC** **catch/take sb's fancy** cautivar a algn: *whatever takes your fancy* lo que más te apetezca ◆ **take a fancy to sb/sth** encapricharse con algn/algo
▸ adj fuera de lo corriente: *nothing fancy* nada extravagante

fancy ˈ**dress** n [incontable] disfraz

fanny pack n (USA) riñonera ⊃ Ver dibujo en BAG

fantastic /fænˈtæstɪk/ adj fantástico

fantasy /ˈfæntəsi/ n (pl **fantasies**) fantasía

fanzine /ˈfænziːn/ n fanzine

FAQ /ˌef eɪ ˈkjuː/ abrev de **f**requently **a**sked **q**uestions preguntas más frecuentes

far ⌐ /fɑː(r)/ adverbio, adjetivo
▸ adv (comp **farther** /ˈfɑːðə(r)/, **further** /ˈfɜː-/, superl **farthest** /ˈfɑːðɪst/, **furthest** /ˈfɜː-/) **1** lejos: *Is it far?* ¿Está lejos? ◇ *How far is it?* ¿A qué distancia está?

🔎 En este sentido se usa en frases negativas o interrogativas. En frases afirmativas es mucho más frecuente decir **a long way**: *York is a long way from London.* York está muy lejos de Londres.

2 (con comparativos y preposiciones) mucho, muy: *It's far easier for him.* Es mucho más fácil para él. ◇ *far above/far beyond sth* muy por encima/mucho más allá de algo 🔒 **as far as** hasta ◆ **as/so far as** por lo que: *as far as I know* que yo sepa ◆ **as/so far as sb/sth is concerned** por lo que se refiere a algn/algo ◆ **be far from (doing) sth** distar mucho de (hacer) algo ◆ **by far** con mucho: *She's the best by far.* Es con mucho la mejor. ◆ **far and wide** por todas partes ◆ **far away** muy lejos ◆ **far from it** (coloq) ni mucho menos ◆ **go too far** pasarse ◆ **in so/as far as** en la medida en que ◆ **so far 1** hasta ahora **2** (coloq) hasta cierto punto Ver tb AFIELD, FEW
▶ adj (comp **farther**, **further**, superl **farthest**, **furthest**) **1** opuesto: *on the far bank* en la margen opuesta **2** extremo: *the far end* el otro extremo

faraway /ˈfɑːrəweɪ/ adj **1** remoto **2** (expresión) distraído

fare /feə(r)/ nombre, verbo
▶ n tarifa, precio del billete
▶ vi ~ **well, badly, etc.** irle bien, mal, etc. a algn

farewell /ˌfeəˈwel/ nombre, interjección
▶ n despedida: *farewell party* fiesta de despedida 🔒 **bid/say farewell to sb/sth** despedirse de algn/algo
▶ interj (antic, formal) adiós

farm ⛏ /fɑːm/ nombre, verbo
▶ n granja: *fish farm* piscifactoría Ver tb WIND FARM
▶ **1** vt, vi (tierra) labrar **2** vt (ganado) criar

farmer ⛏ /ˈfɑːmə(r)/ n granjero, -a; agricultor, -ora

farmhouse /ˈfɑːmhaʊs/ n granja (casa)

farming ⛏ /ˈfɑːmɪŋ/ n agricultura, ganadería: *fish farming* piscicultura

farmland /ˈfɑːmlænd/ n [incontable] tierras de labranza

farmyard /ˈfɑːmjɑːd/ n corral

far-ˈsighted adj **1** con visión de futuro **2** (USA) hipermétrope

fart /fɑːt/ verbo, nombre
▶ vi (argot) tirarse un pedo
▶ n (argot) pedo

farther ⛏ /ˈfɑːðə(r)/ adv, adj (comp de **far**) = FURTHER

farthest ⛏ /ˈfɑːðɪst/ adv, adj (superl de **far**) = FURTHEST

fascinate /ˈfæsɪneɪt/ vt fascinar **fascinating** adj fascinante

fascism /ˈfæʃɪzəm/ n fascismo **fascist** adj, n fascista

fashion ⛏ /ˈfæʃn/ nombre, verbo
▶ n moda: *fashion victim* esclavo de la moda 🔒 **be/go out of fashion** estar pasado/pasar de moda ◆ **be in/come into fashion** estar/ponerse de moda
▶ vt moldear, hacer

fashionable ⛏ /ˈfæʃnəbl/ adj de moda

fashionista /ˌfæʃnˈiːstə/ n **1** diseñador, -ora de moda **2** persona que siempre va vestida a la última

fast ⛏ /fɑːst; USA fæst/ adjetivo, adverbio, verbo, nombre
▶ adj (**faster**, **-est**) **1** rápido

🔎 Tanto **fast** como **quick** significan rápido, pero **fast** suele utilizarse para describir a una persona o cosa que se mueve a mucha velocidad: *a fast horse/car/runner* un caballo/coche/corredor rápido, mientras que **quick** se refiere a algo que se realiza en un breve espacio de tiempo: *a quick decision/ visit* una decisión/visita rápida.

2 (reloj) adelantado **3** *to make sth fast* sujetar bien algo **4** (color) que no destiñe 🔒 Ver BUCK
▶ adv (**faster**, **-est**) **1** rápido, rápidamente **2** *fast asleep* dormido profundamente 🔒 Ver STAND
▶ vi ayunar
▶ n ayuno

fasten ⛏ /ˈfɑːsn; USA ˈfæsn/ **1** vt ~ **sth (up)** abrochar algo **2** vi cerrarse, abrocharse **3** vi asegurar **4** vt sujetar, fijar: *to fasten sth together* unir algo

fast ˈfood n comida rápida

fastidious /fæˈstɪdiəs/ adj puntilloso, exigente

fat ⛏ /fæt/ adjetivo, nombre
▶ adj (**fatter**, **-est**) gordo: *You're getting fat.* Estás engordando. ➔ Ver nota en GORDO
▶ n **1** grasa **2** manteca, tocino

fatal /ˈfeɪtl/ adj **1** mortal **2** fatídico, fatal **fatality** /fəˈtæləti/ n (pl **fatalities**) víctima mortal

fate /feɪt/ n destino, suerte 🔒 Ver QUIRK **fated** adj predestinado **fateful** adj fatídico

ˈfat finger n (coloq) descuido tipográfico (por presionar dos teclas a la vez)

father •— /ˈfɑːðə(r)/ *nombre, verbo*
▸ *n* padre: *Father Christmas* Papá Noel ⊃ *Ver nota en* NAVIDAD **LOC like father, like son** de tal palo, tal astilla
▸ *vt* engendrar **fatherhood** *n* paternidad

father-in-law *n* (*pl* **fathers-in-law**) suegro

fatherly /ˈfɑːðəli/ *adj* paternal

Father's Day *n* Día del Padre

fatigue /fəˈtiːɡ/ *n* fatiga, cansancio

fatten /ˈfætn/ *vt* (*animal*) cebar **fattening** *adj* que engorda: *Butter is very fattening.* La mantequilla engorda mucho.

fatty /ˈfæti/ *adj* (**fattier, -iest**) **1** (*Med*) adiposo **2** (*alimento*) graso

faucet •— /ˈfɔːsɪt/ *n* (*USA*) grifo

fault •— /fɔːlt/ *nombre, verbo*
▸ *n* **1** culpa: *Whose fault is it?* ¿Quién tiene la culpa? ◊ *to be at fault for sth* tener la culpa de algo **2** defecto, fallo ⊃ *Ver nota en* MISTAKE **3** (*Tenis*) falta **4** (*Geol*) falla **LOC** *Ver* FIND
▸ *vt* criticar: *He can't be faulted.* Es irreprochable.

faultless /ˈfɔːltləs/ *adj* impecable

faulty /ˈfɔːlti/ *adj* defectuoso

fauna /ˈfɔːnə/ *n* fauna

faux pas /ˌfəʊ ˈpɑː/ *n* (*pl* **faux pas** /ˈpɑːz/) metedura de pata: *to make a faux pas* meter la pata

fave /feɪv/ *adj, n* (*coloq*) favorito, -a: *That song's one of my faves.* Esa canción es una de mis prefes.

favour •— (*USA* favor) /ˈfeɪvə(r)/ *nombre, verbo*
▸ *n* favor: *to do sb a favour* hacer un favor a algn ◊ *to ask a favour of sb* pedir un favor a algn **LOC in favour of sb/sth** a favor de algn/algo *Ver tb* CURRY
▸ *vt* **1** preferir, ser partidario de **2** favorecer

favourable (*USA* favorable) /ˈfeɪvərəbl/ *adj* **1** ~ (**for sth**) favorable (para algo) **2** ~ (**to/for sb/sth**) a favor de (algn/algo)

favourite •— (*USA* favorite) /ˈfeɪvərɪt/ *adjetivo, nombre*
▸ *adj* preferido
▸ *n* favorito, -a **favouritism** (*USA* favoritism) *n* favoritismo

fawn /fɔːn/ *nombre, adjetivo*
▸ *n* cervatillo ⊃ *Ver nota en* CIERVO
▸ *adj* beige

fax /fæks/ *nombre, verbo*
▸ *n* fax
▸ *vt* **1** ~ **sb** mandar un fax a algn **2** ~ **sth (to sb)** mandar algo por fax (a algn)

fear •— /fɪə(r)/ *nombre, verbo*
▸ *n* ~ (**of sb/sth/doing sth**) miedo, temor (a algn/algo/a hacer algo): *to shake with fear* temblar

---

527 **feel**

de miedo **LOC for fear of (doing) sth** por temor a (hacer) algo ◆ **for fear (that…)** por temor a que… ◆ **in fear of sb/sth** con miedo de/a algn/algo
▸ *vt* temer a: *I fear so.* Me temo que sí.

fearful /ˈfɪəfl/ *adj* (*formal*) **1** be ~ (**of sth**); be ~ (**for sb**) temer (algo); temer (por algn) **2** terrible

fearless /ˈfɪələs/ *adj* intrépido

fearsome /ˈfɪəsəm/ *adj* (*formal*) temible

feasibility /ˌfiːzəˈbɪləti/ *n* viabilidad

feasible /ˈfiːzəbl/ *adj* factible

feast /fiːst/ *nombre, verbo*
▸ *n* **1** festín **2** (*Relig*) fiesta
▸ *vi* ~ (**on sth**) darse un festín (de algo)

feat /fiːt/ *n* proeza, hazaña

feather •— /ˈfeðə(r)/ *n* pluma

feature •— /ˈfiːtʃə(r)/ *nombre, verbo*
▸ *n* **1** característica **2 features** [*pl*] facciones
▸ *vt* *a film featuring Johnny Depp* una película protagonizada por Johnny Depp **featureless** *adj* sin rasgos característicos

feature phone *n* teléfono móvil básico

February •— /ˈfebruəri; *USA* -brueri/ *n* (*abrev* Feb.) febrero ⊃ *Ver ejemplos en* JANUARY

fed *pt, pp de* FEED

federal •— /ˈfedərəl/ *adj* federal

federation /ˌfedəˈreɪʃn/ *n* federación

fed up *adj* ~ (**with sb/sth**) harto (de algn/algo)

fee •— /fiː/ *n* **1** honorarios **2** cuota (*de club*) **3** *school fees* matrícula del colegio

feeble /ˈfiːbl/ *adj* (**feebler** /ˈfiːblə(r)/, **feeblest** /ˈfiːblɪst/) **1** débil **2** (*excusa*) endeble

feed •— /fiːd/ *verbo, nombre*
▸ (*pt, pp* **fed** /fed/) **1** *vi* ~ (**on sth**) alimentarse, nutrirse (de algo) **2** *vt* alimentar, dar de comer a **3** *vt* (*datos, etc.*) suministrar
▸ *n* **1** comida **2** pienso **3** (*Internet*) lista actualizada (de noticias): *news feed* feed de noticias

feedback /ˈfiːdbæk/ *n* [*incontable*] reacción, comentarios

feeder /ˈfiːdə(r)/ *n* (*para animales, etc.*) comedero

feel •— /fiːl/ *verbo, nombre*
▸ (*pt, pp* **felt** /felt/) **1** *vi* sentirse: *I felt like a fool.* Me sentí como un idiota. ◊ *to feel sad* sentirse triste ◊ *to feel sick* tener náuseas ◊ *to feel cold/hungry* tener frío/hambre **2** *vt* sentir, tocar: *He feels the cold a lot.* Es muy sensible al frío. ◊ *She felt the water.* Comprobó la temperatura del agua. **3** *vi* parecer: *It feels like leather.* Parece de piel. ◊ *I feel as if/as though I'm going to be sick.* Me parece que voy a vomitar. **4** *vt, vi* (*pensar*) opinar: *How do you feel about him?* ¿Qué opinas de él? **LOC feel free**

(*coloq*) claro: *'Can I use your phone?' 'Feel free.'* —¿Puedo telefonear? —Claro. ♦ **feel good** sentirse bien ♦ **feel like (doing) sth** *I feel like a coffee.* Me apetece un café. ◊ *I felt like hitting him.* Me dieron ganas de darle de patadas. ♦ **feel your way** ir a tientas ♦ **not feel yourself** no sentirse bien *Ver tb* COLOUR, PEACE, SMALL, SORRY **PHR V** **feel about/around (for sth)** buscar (algo) a tientas ♦ **feel for sb** sentir pena por algn ♦ **feel up to (doing) sth** sentirse capaz de (hacer) algo
▸ *n* [*sing*] *Let me have a feel.* Déjame tocarlo. **LOC** **get the feel of sth/of doing sth** familiarizarse con algo

feel-good *adj* [*solo antes de sustantivo*] (*película, etc.*) que te hace sentir bien **LOC** **the feel-good factor** sentimiento de esperanza y bienestar

feeling **o–** /'fiːlɪŋ/ *n* **1** ~ **(of sth)** sensación (de algo): *I've got a feeling that…* Tengo la sensación de que… **2** [*sing*] (*opinión*) sentir **3 feelings** [*pl*] sentimientos **4** [*incontable*] sensibilidad: *to lose all feeling* perder toda la sensibilidad **LOC** **bad/ill feeling** resentimiento, rencor *Ver tb* MIXED

feet *pl de* FOOT

fell /fel/ *vt* **1** (*árbol*) talar **2** (*formal*) derribar *Ver tb* FALL

fella /'felə/ (*tb* feller) *n* (*coloq*) **1** tío, tipo **2** novio

fellow **o–** /'feləʊ/ *nombre, adjetivo*
▸ *n* **1** (*coloq*) tío: *He's a nice fellow.* Es un buen tío. **2** compañero, -a
▸ *adj fellow passenger* compañero de viaje ◊ *fellow countryman* compatriota ◊ *fellow Spaniards* compatriotas españoles

fellowship /'feləʊʃɪp/ *n* compañerismo

felt /felt/ *n* fieltro *Ver tb* FEEL

felt-tip 'pen (*tb* ˌfelt 'tip) *n* rotulador

female **o–** /'fiːmeɪl/ *adjetivo, nombre*
▸ *adj* **1** femenino

🖉 **Female** se aplica a las características físicas de las mujeres: *the female figure* la figura femenina, y **feminine** a las cualidades que consideramos típicas de una mujer: *That dress makes you look very feminine.* Ese vestido te hace parecer muy femenina.
Female y **male** especifican el sexo de personas o animales: *a female friend, a male colleague; a female rabbit, a male eagle, etc.*

2 hembra **3** de la mujer: *female equality* la igualdad de la mujer
▸ *n* hembra

feminine /'femənɪn/ *adj, n* femenino **➲** *Ver nota en* FEMALE

feminism /'femənɪzəm/ *n* feminismo **feminist** *n* feminista

femoral /'femərəl/ *adj* (*Anat*) femoral

femur /'fiːmə(r)/ *n* (*pl* **femurs, femora** /'femərə/) (*Anat*) fémur

fence **o–** /fens/ *nombre, verbo*
▸ *n* **1** valla, cerca **2** alambrada
▸ **1** *vt* cercar **2** *vi* practicar la esgrima

fencing /'fensɪŋ/ *n* esgrima

fend /fend/ *v* **PHR V** **fend for yourself** cuidar de sí mismo ♦ **fend sth/sb off** rechazar algo/a algn

fender /'fendə(r)/ *n* (USA) **1** aleta (*de vehículo*) **2** guardabarros

ferment *verbo, nombre*
▸ *vt, vi* /fə'ment/ fermentar
▸ *n* /'fɜːment/ (*formal*) agitación (*política, etc.*)

fern /fɜːn/ *n* helecho

ferocious /fə'rəʊʃəs/ *adj* feroz

ferocity /fə'rɒsəti/ *n* ferocidad

ferry /'feri/ *nombre, verbo*
▸ *n* (*pl* **ferries**) **1** ferry: *ferry terminal* estación marítima **2** balsa (*para cruzar ríos*)
▸ *vt* (*pt, pp* **ferried**) transportar

fertile /'fɜːtaɪl; USA 'fɜːrtl/ *adj* fértil, fecundo

fertility /fə'tɪləti/ *n* fertilidad

fertilization, -isation /ˌfɜːtəlaɪ'zeɪʃn; USA ˌfɜːrtələ'-/ *n* fertilización

fertilize, -ise /'fɜːtəlaɪz/ *vt* **1** fertilizar **2** fecundar **3** abonar **fertilizer, -iser** *n* fertilizante, abono

fervent /'fɜːvənt/ *adj* ferviente

fess /fes/ *v* **PHR V** **fess up** (*coloq*) confesar

fester /'festə(r)/ *vi* infectarse

festival **o–** /'festɪvl/ *n* **1** (*de arte, cine*) festival **2** (*Relig*) fiesta

festive /'festɪv/ *adj* **1** festivo, animado **2** de fiestas: *the festive season* las navidades

festivity /fe'stɪvəti/ *n* **1 festivities** [*pl*] fiestas **2** [*incontable*] festividad

fetch **o–** /fetʃ/ *vt* **1** traer **2** buscar, ir a recoger **➲** *Ver dibujo en* TAKE **3** alcanzar (*precio*)

fete (*tb* fête) /feɪt/ *n* feria (*benéfica*)

fetus (*tb* foetus) /'fiːtəs/ *n* (*pl* **fetuses**) feto

feud /fjuːd/ *nombre, verbo*
▸ *n* rencilla
▸ *vi* ~ **(with sb)** tener una reyerta (con algn)

feudal /'fjuːdl/ *adj* feudal **feudalism** *n* feudalismo

fever **o–** /'fiːvə(r)/ *n* (*lit y fig*) fiebre **feverish** *adj* febril

---

ð **then**	s **so**	z **zoo**	ʃ **she**	ʒ **vision**	h **how**	ŋ **sing**	j **yes**	w **we**

few ⌐ /fju:/ *adj, pron* (**fewer**, **-est**) **1** pocos: *every few minutes* cada pocos minutos ◊ *fewer than six* menos de seis ➔ *Ver nota en* LESS **2 a few** unos cuantos, algunos

🔎 **¿Few o a few? Few** tiene un sentido negativo y equivale a "poco". **A few** tiene un sentido mucho más positivo y equivale a "unos cuantos", "algunos". Compara las siguientes oraciones: *Few people turned up.* Vino poca gente. ◊ *I've got a few friends coming for dinner.* Vienen unos cuantos amigos a cenar.

LOC **a good few**; **quite a few** un buen número (de), bastantes ◆ **few and far between** escasos, contadísimos *Ver tb* NEXT

fiancé (*fem* **fiancée**) /fiˈɒnseɪ; *USA* ˌfi:ɑːnˈseɪ/ *n* prometido, -a

fiasco /fiˈæskəʊ/ *n* (*pl* **fiascos**) desastre

fib /fɪb/ *nombre, verbo*
▸ *n* (*coloq*) cuento (*mentira*)
▸ *vi* (**-bb-**) (*coloq*) contar cuentos

fibre (*tb esp USA* fiber) /ˈfaɪbə(r)/ *n* fibra

fibreglass (*tb esp USA* fiberglass) /ˈfaɪbəɡlɑːs; *USA* -ɡlæs/ *n* [*incontable*] fibra de vidrio

fibre ˈoptics (*tb esp USA* ˌfiber ˈoptics) *n* [*incontable*] fibra óptica • **fibre-ˈoptic** (*tb esp USA* ˌfiber-ˈoptic) *adj* de fibra óptica

fibrous /ˈfaɪbrəs/ *adj* fibroso

fibula /ˈfɪbjələ/ *n* (*pl* **fibulae** /-li:/, **fibulas**) (*Anat*) peroné

fickle /ˈfɪkl/ *adj* voluble

fiction /ˈfɪkʃn/ *n* ficción

fictional /ˈfɪkʃənl/ *adj* de ficción

fictitious /fɪkˈtɪʃəs/ *adj* ficticio

fiddle /ˈfɪdl/ *verbo, nombre*
▸ **1** *vi* ~ (**about/around**) (**with sth**) juguetear con algo **2** *vt* (*coloq*) (*gastos, etc.*) falsear **3** *vi* tocar el violín
PHRV **fiddle about/around** perder el tiempo
▸ *n* (*coloq*) **1** violín **2** estafa, chanchullo: *to be on the fiddle* hacer chanchullos **fiddler** *n* violinista

fiddly /ˈfɪdli/ *adj* (*GB, coloq*) complicado

fidelity /fɪˈdeləti/ *n* fidelidad **❶** La palabra más normal es **faithfulness**.

field /fi:ld/ *nombre, verbo*
▸ *n* (*lit y fig*) campo *Ver tb* PLAYING FIELD, TRACK AND FIELD
▸ *vt* **1** (*Dep*) alinear **2** (*candidatos*) seleccionar

field hockey *n* (*USA*) hockey

fieldwork /ˈfi:ldwɜːk/ *n* trabajo de campo

fiend /fi:nd/ *n* **1** desalmado, -a **2** (*coloq*) entusiasta **fiendish** *adj* (*coloq*) endiablado

fierce /fɪəs/ *adj* (**fiercer**, **-est**) **1** (*animal*) feroz **2** (*oposición*) fuerte

fiery /ˈfaɪəri/ *adj* (**fierier**, **-iest**) **1** ardiente **2** (*color*) encendido **3** (*carácter, etc.*) fogoso

fifteen ⌐ /ˌfɪfˈtiːn/ *adj, pron, n* quince ➔ *Ver ejemplos en* FIVE

fifteenth ⌐ /ˌfɪfˈtiːnθ/ **1** *adj, adv, pron* decimoquinto **2** *n* quinceava parte, quinceavo ➔ *Ver ejemplos en* FIFTH

fifth ⌐ /fɪfθ/ (*abrev* 5th) *adjetivo, adverbio, pronombre, nombre*
▸ *adj, adv, pron* quinto: *We live on the fifth floor.* Vivimos en el quinto piso. ◊ *It's his fifth birthday today.* Hoy cumple cinco años. ◊ *She came fifth in the world championships.* Llegó la quinta en los campeonatos del mundo. ◊ *the fifth to arrive* el quinto en llegar ◊ *I was fifth on the list.* Yo era la quinta de la lista. ◊ *I've had four cups of coffee already, so this is my fifth.* Ya me he tomado cuatro tazas de café, así que esta es la quinta.
▸ *n* **1** quinto, quinta parte: *three fifths* tres quintos **2 the fifth** el (día) cinco: *They'll be arriving on the fifth of March.* Llegarán el (día) cinco de marzo. **3** (*tb* fifth ˈgear) quinta: *to change into fifth* meter la quinta ➔ *Ver págs 802-3*

🔎 La abreviatura de los números ordinales se hace poniendo el número en cifra seguido por las dos últimas letras de la palabra: *1st, 2nd, 3rd, 20th, etc.*

fiftieth ⌐ /ˈfɪftiəθ/ **1** *adj, adv, pron* quincuagésimo **2** *n* cincuentava parte, cincuentavo ➔ *Ver ejemplos en* FIFTH

fifty ⌐ /ˈfɪfti/ *adj, pron, n* cincuenta: *the fifties* los años cincuenta ◊ *to be in your fifties* tener cincuenta y pico años ➔ *Ver ejemplos en* FIVE
LOC **go fifty-fifty** pagar a medias

fig /fɪg/ *n* higo: *fig tree* higuera

fight ⌐ /faɪt/ *verbo, nombre*
▸ (*pt, pp* **fought** /fɔːt/) **1** *vi, vt* luchar (contra): *They fought (against/with) the French.* Lucharon contra los franceses. ◊ *to fight for sth* luchar por algo **2** *vi, vt* ~ (**sb/with sb**) (**about/over sth**) pelearse (con algn) (por algo) **3** *vt* ~ (*corrupción, droga*) combatir **LOC** **fight it out** *They must fight it out between them.* Deben arreglarlo entre ellos. ◆ **fight tooth and nail** defenderse como gato panza arriba ◆ **fight your way across, into, through, etc. sth** abrirse camino hacia, en, por, etc. algo **PHRV** **fight back** defenderse ◆ **fight sb/sth off** repeler a algn/algo
▸ *n* **1** lucha, pelea: *A fight broke out in the pub.* Se armó una pelea en el bar. **2** ~ (**against/for sth**);

F

| ː see | i happy | ɪ sit | e ten | æ hat | ɑː arm | ɒ got | ɔː saw | ʊ put |

~ **(to do sth)** *(fig)* lucha (contra/por algo); lucha (por hacer algo): *to give up without a fight* rendirse sin luchar **3** combate

🔎 Cuando se trata de un conflicto continuado (normalmente en situaciones de guerra), se suele usar **fighting**: *There has been heavy/fierce fighting in the capital.* Ha habido combates intensos/encarnizados en la capital.

LOC **put up a good/poor fight** ponerle mucho/poco empeño a algo *Ver tb* PICK

fighter /ˈfaɪtə(r)/ *n* **1** caza *(avión)* **2** luchador, -ora; combatiente

figurative /ˈfɪɡərətɪv/ *USA tb* /ˈfɪɡjə-/ *adj* **1** figurado **2** *(Arte)* figurativo

figure 0🔊 /ˈfɪɡə(r)/ *USA* /ˈfɪɡjər/ *nombre, verbo*
▸ *n* **1** cifra, número **2** cantidad, suma **3** figura: *a key figure* un personaje clave **4** tipo: *to have a good figure* tener buen tipo **5** silueta **LOC** **put a figure on sth** dar una cifra sobre algo, poner precio a algo *Ver tb* FACT
▸ **1** *vi* ~ **(in/among sth)** figurar (en/entre algo) **2** *vt* figurarse, calcular: *It's what I figured.* Es lo que me figuraba. **LOC** **it/that figures** se comprende **PHR V** **figure sb/sth out** entender a algn/algo

filament /ˈfɪləmənt/ *n* filamento

file 0🔊 /faɪl/ *nombre, verbo*
▸ *n* **1** carpeta, archivador **2** *(Informát)* fichero, archivo: *file sharing* práctica de compartir archivos de ordenador **3** expediente: *to be on file* estar archivado **4** lima **5** fila: *in single file* en fila india **LOC** *Ver tb* RANK
▸ **1** *vt* ~ **sth (away)** archivar algo **2** *vt, vi* *(Jur)* presentar: *to file a claim* presentar una demanda ◊ *to file for divorce* presentar una demanda de divorcio **3** *vi* ~ **in, out, etc.** entrar, salir, etc. en fila: *to file past sth* desfilar ante algo **4** *vt* limar

fill 0🔊 /fɪl/ **1** *vt, vi* ~ **(sth) (with sth)** llenar algo, llenarse (de algo) **2** *vt* *(grieta)* rellenar **3** *vt* *(diente)* empastar **4** *vt* *(cargo)* ocupar **LOC** **fill your boots** *(coloq)* coge lo que quieras *Ver tb* BILL **PHR V** **fill in (for sb)** estar de suplente (de algn) ◆ **fill sb in (on sth)** poner a algn al tanto (de algo) ◆ **fill sth in/out** rellenar algo *(formulario, etc.)*

fillet *(USA* filet*)* /ˈfɪlɪt; *USA* fɪˈleɪ/ *n* filete

filling /ˈfɪlɪŋ/ *n* **1** empaste **2** relleno

filling station *n* gasolinera

film 0🔊 /fɪlm/ *nombre, verbo*
▸ *n* **1** película: *film star* estrella de cine ◊ *the film industry* la industria cinematográfica **2** película *(capa fina)* *Ver tb* CLING FILM
▸ *vt* filmar **filming** *n* rodaje

film-maker *n* cineasta **film-making** *n* cinematografía

filter /ˈfɪltə(r)/ *nombre, verbo*
▸ *n* filtro
▸ *vt, vi* filtrar(se)

filth /fɪlθ/ *n* *[incontable]* **1** porquería **2** guarradas *(revistas, etc.)* **3** groserías

filthy /ˈfɪlθi/ *adj* (**filthier, -iest**) **1** muy sucio, asqueroso **2** obsceno **3** *(coloq)* desagradable: *a filthy temper* un carácter insoportable

filtration /fɪlˈtreɪʃn/ *n* *(Quím)* filtración

fin /fɪn/ *n* aleta *(de pez, etc.)*

final 0🔊 /ˈfaɪnl/ *adjetivo, nombre*
▸ *adj* último, final **LOC** *Ver* ANALYSIS, STRAW
▸ *n* **1** final: *the men's final(s)* la final masculina **2** finals *[pl]* (exámenes) finales **finalist** *n* finalista

finally 0🔊 /ˈfaɪnəli/ *adv* **1** por fin, al final **2** por último **3** finalmente

finance 0🔊 /ˈfaɪnæns, faɪˈnæns, fəˈ-/ *nombre, verbo*
▸ *n* finanzas: *finance company* (compañía) financiera ◊ *the finance minister* el secretario de Hacienda
▸ *vt* financiar

financial 0🔊 /faɪˈnænʃl, fəˈ-/ *adj* financiero, económico: *financial year* ejercicio fiscal

find 0🔊 /faɪnd/ *vt* (*pt, pp* **found** /faʊnd/) **1** encontrar, hallar **2** buscar: *He came here to find work.* Vino para buscar trabajo. **3** *(formal)* *(Jur)* declarar: *to find sb guilty* declarar a algn culpable **LOC** **find fault (with sb/sth)** sacar faltas (a algn/algo) ◆ **find your feet** acostumbrarse ◆ **find your way** encontrar el camino *Ver tb* MATCH, NOWHERE **PHR V** **find (sth) out** enterarse (de algo) ◆ **find sb out** descubrir, pillar a algn **finding** *n* **1** findings *[pl]* conclusiones **2** *(Jur)* fallo

fine 0🔊 /faɪn/ *adjetivo, adverbio, nombre, verbo*
▸ *adj* (**finer, -est**) **1** excelente **2** bien: *I'm fine.* Estoy bien. ◊ *You're a fine one to talk!* ¡Mira quién habla! **3** *(seda, polvo, etc.)* fino **4** *(rasgos)* delicado **5** *(tiempo)* bueno: *a fine day* un día estupendo **6** *(distinción)* sutil
▸ *adv* *(coloq)* bien: *That suits me fine.* Eso me va muy bien. **LOC** *Ver* CUT
▸ *n* multa
▸ *vt* ~ **sb (for sth/doing sth)** multar a algn (por algo/hacer algo)

fine art *n* *(tb* fine arts *[pl]*) bellas artes

finger 0🔊 /ˈfɪŋɡə(r)/ *n* dedo *(de la mano)*: *little finger* dedo meñique ◊ *forefinger/first finger* dedo índice ◊ *middle finger* dedo corazón ◊ *ring finger* dedo anular *Ver tb* THUMB, TO **LOC** **put your finger on sth** señalar/identificar algo (con precisión) *Ver tb* CROSS, THUMB, WOR

fingermark /ˈfɪŋɡəmɑːk/ *n* marca de dedo

fingernail /ˈfɪŋɡəneɪl/ *n* uña (*de la mano*)

fingerprint /ˈfɪŋɡəprɪnt/ *n* huella dactilar

fingertip /ˈfɪŋɡətɪp/ *n* yema del dedo **LOC** have sth at your fingertips saber(se) algo al dedillo

finish ☞ /ˈfɪnɪʃ/ *verbo, nombre*
▸ *n* **1** *vt, vi* ~ (**sth/doing sth**) terminar (algo/de hacer algo) **2** *vt* ~ **sth (off/up)** (*comida*) acabar algo **PHR V** finish up acabar: *He could finish up dead.* Podría acabar muerto.
▸ *n* **1** final **2** meta **3** acabado

finishing line *n* (*Dep*) línea de meta **LOC**

fir /fɜ:(r)/ (*tb* **fir tree**) *n* abeto

fire ☞ /ˈfaɪə(r)/ *nombre, verbo*
▸ *n* **1** fuego **2** incendio **3** estufa **4** [*incontable*] disparos **LOC** be/come under fire **1** encontrarse bajo fuego enemigo **2** (*fig*) ser objeto de severas críticas ◆ catch fire incendiarse ◆ on fire en llamas: *to be on fire* estar ardiendo ◆ set fire to sth/set sth on fire prender fuego a algo *Ver tb* FRYING PAN
▸ **1** *vt, vi* disparar: *to fire at sb/sth* hacer fuego sobre algn/algo **2** *vt* despedir (*del trabajo*) **3** *vt* (*insultos, preguntas, etc.*) lanzar: *to fire questions at sb* lanzarle preguntas a algn **4** *vt* (*imaginación*) estimular

firearm /ˈfaɪərɑ:m/ *n* [*gen pl*] (*formal*) arma de fuego

fire brigade (*USA* **fire department**) *n* [*v sing o pl*] cuerpo de bomberos

fire engine *n* coche de bomberos

fire escape *n* escalera de incendios

fire extinguisher *n* extintor

firefighter /ˈfaɪəfaɪtə(r)/ *n* bombero, -a ⇒ *Ver nota en* BOMBERO

firefly /ˈfaɪəflaɪ/ *n* (*pl* **fireflies**) luciérnaga

fireman /ˈfaɪəmən/ *n* (*pl* **-men** /-mən/) bombero, -a ⇒ *Ver nota en* BOMBERO

fireplace /ˈfaɪəpleɪs/ *n* hogar (*chimenea*)

fireproof /ˈfaɪəpru:f/ *adj* incombustible

fire sale *n* liquidación

fire station *n* parque de bomberos

firewall /ˈfaɪəwɔ:l/ *n* (*Informát*) cortafuegos

firewood /ˈfaɪəwʊd/ *n* leña

firework /ˈfaɪəwɜ:k/ *n* **1** cohete **2** fireworks [*pl*] fuegos artificiales

firing /ˈfaɪərɪŋ/ *n* [*incontable*] tiroteo: *firing line* línea de fuego ◊ *firing squad* pelotón de fusilamiento

firm ☞ /fɜ:m/ *nombre, adjetivo, adverbio*
▸ *n* [*v sing o pl*] firma, empresa
▸ *adj* (**firmer, -est**) firme **LOC** a firm hand mano dura ◆ be on firm ground pisar terreno firme
▸ *adv* **LOC** hold firm (to sth) (*formal*) mantenerse firme (en algo) *Ver tb* STAND

531 **fish**

first ☞ /fɜ:st/ (*abrev* 1st) *adjetivo, adverbio, pronombre, nombre*
▸ *adj* primero: *my first language* mi lengua materna ◊ *a first night* un estreno **LOC** at first hand de buena tinta ◆ first thing a primera hora ◆ first things first lo primero es lo primero
▸ *adv* **1** primero **2** por primera vez: *I first came here in 1998.* Vine aquí por primera vez en 1998. **3** en primer lugar **4** antes: *Finish your dinner first.* Antes termina de cenar. **LOC** at first al principio ◆ come first **1** ~ (in sth) (*Dep*) ganar (algo) **2** (*ser prioridad*) ser lo primero ◆ first come, first served por orden de llegada ◆ first of all al principio **2** en primer lugar ◆ put sb/sth first poner a algn/algo por encima de todo *Ver tb* HEAD
▸ *pron* el primero, la primera, los primeros, las primeras
▸ *n* **1** the first el (día) uno **2** (*tb* first gear) primera ⇒ *Ver ejemplos en* FIFTH **LOC** from first to last de principio a fin ◆ from the (very) first desde el primer momento

first aid *n* primeros auxilios: *first-aid kit* botiquín

first balcony *n* (*USA*) (*Teat*) principal

first class *nombre, adverbio, adjetivo*
▸ *n* **1** primera (clase) **2** servicio de correo rápido ⇒ *Ver nota en* STAMP ⇒ *Comparar con* SECOND CLASS
▸ *adv* **1** de/en primera (clase): *to travel first class* viajar en primera **2** por correo rápido: *to send sth first class* mandar algo por correo rápido
▸ *adj* first-class **1** de primera clase/categoría **2** (*billete*) de primera (clase) **3** *a first-class stamp* un sello de correo rápido

first-hand *adj, adv* de primera mano

the First Lady *n* la primera dama (*mujer del presidente de Estados Unidos*)

firstly /ˈfɜ:stli/ *adv* en primer lugar

first name *n* nombre de pila

first-past-the-post *adj* (*sistema electoral*) de mayoría simple

first-rate *adj* excelente, de primera categoría

first-time *adj* [*solo antes de sustantivo*] primerizo: *houses for first-time buyers* casas para nuevos compradores

fish ☞ /fɪʃ/ *nombre, verbo*
▸ *n* **1** [*contable*] pez **2** [*incontable*] pescado: *fish and chips* pescado con patatas fritas ◊ *fish fingers/cakes* palitos/croquetas de pescado

🔎 **Fish** como sustantivo contable tiene dos formas para el plural: **fish** y **fishes**. **Fish** es la forma más normal. **Fishes** es una forma anticuada, técnica o literaria.

F

| ʊ now | ɔɪ join | ɪə near | eə hair | ʊə pure | tʃ chin | dʒ June | v van | θ thin |

LOC a fish out of water un pulpo en un garaje *Ver tb* BIG
▸ *vi* pescar: *to go fishing* ir de pesca

fisherman /ˈfɪʃəmən/ *n* (*pl* **-men** /-mən/) pescador

fishing 0̶ /ˈfɪʃɪŋ/ *n* pesca: *a fishing port/village* un puerto pesquero/pueblo de pescadores

fishing rod *n* caña de pescar

fishmonger /ˈfɪʃmʌŋɡə(r)/ *n* **1** pescadero, -a **2 fishmonger's** pescadería ➔ *Ver nota en* CARNICERÍA

fishy /ˈfɪʃi/ *adj* (**fishier**, **-iest**) **1** (*coloq*) sospechoso, raro: *There's something fishy going on.* Aquí hay gato encerrado. **2** *to smell/taste fishy* oler/saber a pescado

fist /fɪst/ *n* puño

fist bump *nombre*, *verbo*
▸ *n* (*coloq*) saludo con el puño
▸ *vt* **fist-bump** (*coloq*) saludar con un golpe de puño

fistful /ˈfɪstfʊl/ *n* puñado

fist pump *nombre*, *verbo*
▸ *n* (*esp USA, coloq*) gesto de triunfo realizado con el puño
▸ *vi* **fist-pump** (*esp USA, coloq*) hacer gestos de triunfo con el puño

fit 0̶ /fɪt/ *verbo*, *adjetivo*, *nombre*
▸ (**-tt-**) (*pt, pp* **fitted**, *USA tb* **fit**) **1** *vi* ~ (**in/into sth**); ~ **in** caber (en algo) **2** *vt, vi* valer (a), entrar: *These shoes don't fit (me).* Estos zapatos no me valen. ◊ *The key doesn't fit the lock.* La llave no entra. **3** *vt* ~ **sth on/onto sth** poner algo a/en algo **4** *vt* ~ **sth with sth** equipar algo de/con algo **5** *vt* cuadrar con: *to fit a description* cuadrar con una descripción **LOC** **fit (sb) like a glove** venir (a algn) como un guante *Ver tb* BILL **PHR V** **fit in (with sb/sth)** encajar bien (con algn/algo)
▸ *adj* (**fitter**, **-est**) **1** en forma: *to keep fit* mantenerse en forma **2** ~ **for sb/sth**; ~ **to do sth** apto para algn/algo/hacer algo; en condiciones de hacer algo: *Your car isn't fit to be on the road.* Tu coche no está en condiciones de salir a la carretera. **3** ~ **to do sth** (*GB, coloq*) a punto de hacer algo **4** (*GB, coloq*) guapo **LOC** **fit for a king** digno de un rey ◆ **fit for purpose** que cumple su función
▸ *n* **1** ataque (*de risa, tos, etc.*): *She'll have/throw a fit!* ¡Le va a dar un ataque! **2 be a good, tight, etc. ~** quedar a algn bien, ajustado, etc.

fitness /ˈfɪtnəs/ *n* forma (física)

fitted /ˈfɪtɪd/ *adj* **1** instalado: *fitted cupboards* armarios empotrados **2** (*habitación*) amueblado *Ver tb* FIT

fitting /ˈfɪtɪŋ/ *adjetivo*, *nombre*
▸ *adj* (*formal*) apropiado
▸ *n* **1 fittings** [*pl*] accesorios **2** (*vestido*) prueba: *fitting room* probador

five 0̶ /faɪv/ *adj*, *pron*, *n* cinco: *page/chapter five* la página/el capítulo (número) cinco ◊ *five past nine* las nueve y cinco ◊ *on 5 May* el 5 de mayo ◊ *all five of them* los cinco ◊ *There were five of us.* Éramos cinco. ➔ *Ver págs 802-6*
fiver *n* (*GB, coloq*) (billete de) cinco libras

fix 0̶ /fɪks/ *verbo*, *nombre*
▸ *vt* **1** fijar **2** establecer **3** arreglar **4** ~ **sth (for sb)**; ~ **sb sth** (*comida*) preparar algo (para algn) **5** (*coloq*) amañar **6** (*coloq*) ajustar las cuentas a **PHR V** **fix sb up with sb/sth** (*coloq*) conseguir algo/a algn a algn: *I fixed him up with a date with her.* Le conseguí una cita con ella. ◆ **fix sth up** arreglar algo
▸ *n* **1** (*coloq*) arreglo **2** [*sing*] (*coloq*) (*droga*) dosis **3** [*sing*] lío, apuro: *to be in/get yourself into a fix* estar/meterse en un lío

fixed 0̶ /fɪkst/ *adj* fijo **LOC** (**of**) **no fixed abode/address** sin paradero fijo

fixture /ˈfɪkstʃə(r)/ *n* **1** (*Dep*) encuentro **2** accesorio fijo de una casa **3** (*coloq*): *He's been here so long he's become a fixture.* Lleva tanto tiempo aquí que se ha convertido en parte del mobiliario.

fizz /fɪz/ *vi* **1** estar en efervescencia **2** silbar
fizzy *adj* con gas, gaseoso

flabbergasted /ˈflæbəɡɑːstɪd; *USA* -ɡæstɪd/ *adj* (*coloq*) pasmado

flabby /ˈflæbi/ *adj* (**flabbier**, **-iest**) (*coloq, pey*) fofo

flag 0̶ /flæɡ/ *nombre*, *verbo*
▸ *n* bandera
▸ *vi* (**-gg-**) flaquear

flagrant /ˈfleɪɡrənt/ *adj* flagrante

flair /fleə(r)/ *n* **1** [*sing*] ~ **for sth** aptitud para algo **2** elegancia, estilo

flake /fleɪk/ *nombre*, *verbo*
▸ *n* copo
▸ *vi* ~ (**off**) desconcharse

flaky /ˈfleɪki/ *adj* **1** con escamas: *flaky pastry* hojaldre **2** (*coloq*) (*persona*) que vive en las nubes **3** (*esp GB, coloq*) (*Informát*) de mala calidad

flamboyant /flæmˈbɔɪənt/ *adj* **1** (*persona*) extravagante **2** (*vestido*) llamativo

flame 0̶ /fleɪm/ *nombre*, *verbo*
▸ *n* llama
▸ *vt* (*coloq*) (*Internet*) insultar, atacar

| ð then | s so | z zoo | ʃ she | ʒ vision | h how | ŋ sing | j yes | w we |

flamingo /fləˈmɪŋgəʊ/ n (pl **flamingoes**, **fla-mingos**) flamenco (ave)

flammable /ˈflæməbl/ adj inflamable ⊃ Ver nota en INFLAMMABLE

flan /flæn/ n tarta, tartaleta ⊃ Ver nota en pág 657

flank /flæŋk/ nombre, verbo
▶ n **1** (Mil, Dep) flanco **2** (animal) ijada
▶ vt flanquear

flannel /ˈflænl/ n **1** franela **2** toalla de cara

flap /flæp/ nombre, verbo
▶ n **1** (sobre) solapa **2** (bolso) tapa **3** batir (de alas, etc.), aletazo **4** (Aeronáut) alerón **LOC be in/get into a flap** (esp GB, coloq) estar/ponerse nervioso
▶ (**-pp-**) **1** vt, vi agitar(se) **2** vt (alas) batir

flare /fleə(r)/ verbo, nombre
▶ vi **1** llamear **2** ~ (**up**) (conflicto, etc.) estallar: *Tempers flared.* Se encendieron los ánimos. **PHR V flare up 1** (fuego) avivarse **2** (problema) reavivarse
▶ n **1** destello **2** bengala **3 flares** [pl] pantalones de campana

flash 🔌 /flæʃ/ verbo, nombre
▶ **1** vi centellear, brillar: *It flashed on and off.* Se encendía y apagaba. **2** vt ~ **sth (at sb)** dirigir algo (a algn) (luz, sonrisa, etc.): *to flash your headlights* lanzar ráfagas con los faros **3** vt mostrar rápidamente **4** vi ~ **by, past, etc. (sb/sth)** pasar a algn/algo) como un rayo
▶ n **1** destello: *a flash of lightning* un relámpago **2** ~ **of sth** (fig) golpe: *a flash of genius* un golpe de genio **3** Ver NEWSFLASH **LOC a flash in the pan** *It was no flash in the pan.* No ocurrió de chiripa. ◆ **in a/like a flash** en un santiamén

flash drive n (Informát) lápiz de memoria

flashlight /ˈflæʃlaɪt/ n (USA) linterna

flash mob n flashmob; multitud instantánea (que acuerda reunirse a través del teléfono móvil o internet)

flashy /ˈflæʃi/ adj (**flashier, -iest**) (coloq) ostentoso, llamativo

flask /flɑːsk; USA flæsk/ n **1** termo **2** (tb **hip flask**) petaca (de licor)

flat 🔌 /flæt/ adjetivo, nombre, adverbio
▶ adj (**flatter, -est**) **1** plano, liso, llano **2** (economía) flojo **3** (Mús) bemol **4** (Mús) desafinado **5** (bebida) sin gas **6** (batería) descargado **7** (rueda) desinflado
▶ n **1** piso ⊃ Ver nota en CASA **2 the ~ of sth** la parte plana de algo: *the flat of your hand* la palma de la mano **3** [gen pl] (Geog): *mud flats* marismas **4** (Mús) bemol **5** pinchazo (en vehículo)
▶ adv (**flatter**) *to lie down flat* tumbarse completamente **LOC flat out** (coloq) a tope (trabajar, correr, etc.) ◆ **in ten seconds, etc. flat** (coloq) en solo diez segundos, etc.

---

flatbread /ˈflætbred/ n pan plano (hecho sin levadura)

flatly /ˈflætli/ adv rotundamente, de lleno (decir, rechazar, negar)

flatmate /ˈflætmeɪt/ n compañero, -a de piso

flat 'rate n tarifa plana

flatten /ˈflætn/ **1** vt ~ **sth (out)** aplanar, alisar algo **2** vt aplastar, arrasar **3** vi ~ (**out**) (paisaje) allanarse

flatter /ˈflætə(r)/ vt **1** adular, halagar: *I was flattered by your invitation.* Me halagó tu invitación. **2** ~ **yourself (that…)** hacerse ilusiones (de que…) **3** (ropa, etc.) favorecer **flattering** adj **1** favorecedor **2** halagador

flaunt /flɔːnt/ vt (pey) alardear de

flavour 🔌 (USA **flavor**) /ˈfleɪvə(r)/ nombre, verbo
▶ n sabor, gusto
▶ vt dar sabor a, condimentar

flaw /flɔː/ n **1** (plan, carácter) fallo, defecto **2** (objetos) desperfecto **flawed** adj defectuoso **flawless** adj impecable

flax /flæks/ n lino (planta)

flea /fliː/ n pulga: *flea market* mercadillo

fleck /flek/ n mota (de polvo, color)

flee /fliː/ (pt, pp **fled** /fled/) **1** vi huir, escapar **2** vt abandonar

fleece /fliːs/ n **1** vellón **2** (forro) polar

fleet /fliːt/ n [v sing o pl] flota (de coches, pesquera)

flesh 🔌 /fleʃ/ n **1** carne **2** (de fruta) pulpa **LOC flesh and blood** carne y hueso ◆ **in the flesh** en persona ◆ **your (own) flesh and blood** (pariente) de tu propia sangre

flew pt de FLY

flex /fleks/ verbo, nombre
▶ vt flexionar
▶ n cable (eléctrico)

flexible /ˈfleksəbl/ adj flexible **flexibility** n flexibilidad

flick /flɪk/ verbo, nombre
▶ vt **1** ~ **sth (away, off, etc.)** sacudir algo: *She flicked the dust off her lapel.* Se sacudió el polvo de la solapa. **2** ~ **sth at sb** pegar a algn con algo: *She flicked her duster at me.* Me pegó con el trapo del polvo. ◇ *He flicked a peanut at me.* Me tiró un cacahuete. **3** ~ **sth (off, on, etc.)** mover algo rápidamente **PHR V flick through sth** hojear algo
▶ n **1** movimiento rápido: *a flick of the wrist* un giro de muñeca **2** capirotazo

flicker /ˈflɪkə(r)/ verbo, nombre
▶ vi parpadear: *a flickering light* una luz vacilante
▶ n **1** (luz) parpadeo **2** (fig) atisbo

ː see   i happy   ɪ sit   e ten   æ hat   ɑː arm   ɒ got   ɔː saw   ʊ put

flier = FLYER

flies *pl de* FLY

flight ⊶ /flaɪt/ *n* **1** vuelo **2** (*escalera*) tramo **3** huida

flight attendant *n* auxiliar de vuelo

flimsy /ˈflɪmzi/ *adj* (**flimsier, -iest**) **1** (*objetos, excusa*) endeble, débil **2** (*tela*) fino

flinch /flɪntʃ/ *vi* retroceder **PHR V** **flinch from sth/doing sth** echarse atrás ante algo/a la hora de hacer algo

fling /flɪŋ/ *verbo, nombre*
▸ *vt* (*pt, pp* **flung** /flʌŋ/) **1** ~ **sth (at sth)** arrojar, lanzar algo (contra algo): *She flung her arms around him.* Le echó los brazos al cuello. **2** dar un empujón a: *He flung open the door.* Abrió la puerta de un golpe.
▸ *n* (*coloq*) **1** juerga **2** aventurilla

flint /flɪnt/ *n* **1** pedernal **2** piedra (*de mechero*)

flip /flɪp/ (**-pp-**) **1** *vt, vi* ~ **(sth) (over)** dar la vuelta a algo, darse la vuelta **2** *vt* echar: *to flip a coin* echar una moneda a cara o cruz **3** *vi* ~ **(out)** (*coloq*) volverse loco, ponerse como una fiera

flip chart *n* rotafolio

flip-flop *n* chancla

flippant /ˈflɪpənt/ *adj* ligero, frívolo

flipper /ˈflɪpə(r)/ *n* aleta (*de buceador, foca*)

flirt /flɜːt/ *verbo, nombre*
▸ *vi* flirtear
▸ *n* coqueto, -a: *He's a terrible flirt.* Siempre está flirteando.

flit /flɪt/ *vi* (**-tt-**) revolotear

float ⊶ /fləʊt/ *verbo, nombre*
▸ **1** *vi* flotar **2** *vi* (*nadador*) hacer la plancha **3** *vt* (*barco*) poner a flote **4** *vt* (*proyecto, idea*) proponer
▸ *n* **1** (*carnaval*) carroza **2** boya **3** flotador

flock /flɒk/ *nombre, verbo*
▸ *n* **1** rebaño (*de ovejas*) ➔ *Comparar con* HERD **2** bandada **3** tropel
▸ *vi* **1** ~ **(together)** agruparse **2** ~ **(to sth)** acudir en tropel (a algo)

flog /flɒɡ/ *vt* (**-gg-**) **1** azotar **2** ~ **sth (off) (to sb)** (*GB, coloq*) vender algo (a algn) **LOC** **flog a dead horse** (*GB, coloq*) perder el tiempo, malgastar saliva

flood ⊶ /flʌd/ *nombre, verbo*
▸ *n* **1** inundación **2** **the Flood** (*Relig*) el Diluvio **3** (*fig*) torrente, avalancha
▸ *vt, vi* inundar(se) **PHR V** **flood in/into sth** llegar/entrar a raudales (en algo) **flooded** *adj* inundado

flooding ⊶ /ˈflʌdɪŋ/ *n* [*incontable*] inundaciones

floodlight /ˈflʌdlaɪt/ *nombre, verbo*
▸ *n* foco
▸ *vt* (*pt, pp* **floodlit** /ˈflʌdlɪt/) iluminar con focos

floodplain /ˈflʌdpleɪn/ *n* terreno inundable cerca de un río

floor ⊶ /flɔː(r)/ *nombre, verbo*
▸ *n* **1** suelo: *on the floor* en el suelo **2** planta, piso

🔎 En Gran Bretaña se usa *ground floor* para la planta baja de un edificio y *first floor* para el primer piso. En Estados Unidos para la planta baja se usa *first floor* y para el primer piso *second floor*.

3 (*mar, valle*) fondo
▸ *vt* **1** ~ **sb** dejar a algn sin saber qué decir **2** (*contrincante*) tumbar

floorboard /ˈflɔːbɔːd/ *n* tabla (*del suelo*)

flop /flɒp/ *verbo, nombre*
▸ *vi* (**-pp-**) **1** desplomarse **2** (*coloq*) (*obra, negocio*) fracasar
▸ *n* fracaso

floppy /ˈflɒpi/ *adj* (**floppier, -iest**) **1** flojo, flexible **2** (*orejas*) colgante

flora /ˈflɔːrə/ *n* flora

floral /ˈflɔːrəl/ *adj* de flores: *floral tribute* corona de flores

florist /ˈflɒrɪst/; *USA* /ˈflɔːrɪst/ *n* **1** florista **2** **florist's** floristería ➔ *Ver nota en* CARNICERÍA

floss /flɒs/; *USA* flɔːs/ (*tb* **dental floss**) *n* hilo dental

flounder /ˈflaʊndə(r)/ *vi* **1** vacilar **2** balbucear **3** caminar con dificultad

flour ⊶ /ˈflaʊə(r)/ *n* harina

flourish /ˈflʌrɪʃ/; *USA* /ˈflɜːrɪʃ/ *verbo, nombre*
▸ *vi* prosperar, florecer
▸ *n* floreo: *to do sth with a flourish* hacer algo con gesto triunfal

flow ⊶ /fləʊ/ *nombre, verbo*
▸ *n* **1** flujo **2** suministro **3** caudal **4** circulación **LOC** **go with the flow** (*coloq*) dejarse llevar *Ver tb* EBB
▸ *vi* **1** fluir: *to flow into the sea* desembocar en el mar ◊ *Letters of complaint flowed in.* Las cartas de protesta llegaron a raudales. **2** circular **3** (*ropa, pelo*) flotar

flower ⊶ /ˈflaʊə(r)/ *nombre, verbo*
▸ *n* flor ➔ *Comparar con* BLOSSOM
▸ *vi* florecer

flower bed *n* arriate

flowering /ˈflaʊərɪŋ/ *n* florecimiento

flowerpot /ˈflaʊəpɒt/ *n* maceta

flown *pp de* FLY

flu ⊶ /fluː/ *n* [*incontable*] gripe: *bird/swine flu* gripe aviar/porcina

fluctuate /ˈflʌktʃueɪt/ vi fluctuar, variar

fluency /ˈfluːənsi/ n fluidez, soltura

fluent /ˈfluːənt/ adj She's fluent in Russian. Habla ruso con soltura. ◇ She speaks fluent French. Domina el francés. **fluently** adv con soltura, con fluidez

fluff /flʌf/ n [incontable] **1** pelusa: a piece of fluff una pelusa **2** (aves) plumón **fluffy** adj (**fluffier, -iest**) **1** lanudo, velludo, cubierto de pelusa **2** mullido, esponjoso

fluid /ˈfluːɪd/ nombre, adjetivo
▶ n líquido, fluido
▶ adj (formal) **1** (estilo, movimiento) fluido, suelto **2** (situación) variable, inestable **3** (plan) flexible **4** fluido, líquido

fluke /fluːk/ n (coloq) chiripa

flung pt, pp de FLING

fluorescent /ˌflɔːˈresnt, ˌfluəˈl-/ adj fluorescente

fluoride /ˈflɔːraɪd, ˈfluəraɪd/ n flúor

flurry /ˈflʌri; USA ˈflɜːri/ n (pl **flurries**) **1** ~ (of sth) (de actividad, emoción) frenesí (de algo) **2** ráfaga: a flurry of snow una nevisca

flush /flʌʃ/ verbo, nombre
▶ **1** vi ruborizarse **2** vt, vi: to flush the toilet tirar de la cadena
▶ n rubor: hot flushes sofocos

fluster /ˈflʌstə(r)/ vt aturdir: to get flustered ponerse nervioso

flute /fluːt/ n flauta (travesera)

flutter /ˈflʌtə(r)/ verbo, nombre
▶ **1** vt, vi (alas, etc.) agitar(se), batir(se) **2** vi (pájaro) revolotear, aletear **3** vi (cortina, bandera, etc.) ondear **4** vt (objeto) menear
▶ n **1** (alas) aleteo **2** (pestañas) pestañeo LOC all of a/in a flutter alterado/nervioso

fly ⌐ /flaɪ/ verbo, nombre
▶ (pt **flew** /fluː/, pp **flown** /fləʊn/) **1** vi volar: to fly away/off irse volando **2** vi (persona) ir/viajar en avión: to fly in/out/back llegar/partir/regresar (en avión) **3** vt (avión) pilotar **4** vt (pasajeros o mercancías) transportar (en avión) **5** vi ir de prisa: I must fly. Me voy corriendo. **6** vi (repentinamente): The wheel flew off. La rueda salió disparada. ◇ The door flew open. La puerta se abrió de golpe. **7** vi (flotar en el aire) ondear **8** vt (bandera) enarbolar **9** vt (cometa) hacer volar LOC fly high (tener éxito) volar alto Ver tb CROW, LET, TANGENT PHR V fly at sb lanzarse sobre algn
▶ n (pl **flies**) **1** mosca **2** (tb flies [pl]) bragueta

flyer (tb flier) /ˈflaɪə(r)/ n folleto de propaganda

flying ⌐ /ˈflaɪɪŋ/ adjetivo, nombre
▶ adj (solo antes de sustantivo) volador
▶ n volar: flying lessons clases de vuelo

flying saucer n platillo volante

flying start n LOC get off to a flying start empezar con buen pie

flyover /ˈflaɪəʊvə(r)/ n paso elevado

foal /fəʊl/ n potro ⇒ Ver nota en POTRO

foam /fəʊm/ nombre, verbo
▶ n **1** (tb foam rubber) gomaespuma **2** espuma
▶ vi echar espuma

focus ⌐ /ˈfəʊkəs/ verbo, nombre
▶ vt, vi (-s-, -ss-) ~ (sth) on sb/sth **1** centrar algo, centrarse en algn/algo **2** enfocar (algo) (en/sobre algn/algo)
▶ n (pl **focuses, foci** /ˈfəʊsaɪ/) foco LOC in focus/out of focus enfocado/desenfocado

fodder /ˈfɒdə(r)/ n forraje

foetus = FETUS

fog /fɒg/ nombre, verbo
▶ n niebla ⇒ Comparar con HAZE, MIST
▶ vt, vi (-gg-) ~ (sth) (up) empañar algo, empañarse **foggy** adj (**foggier, -iest**) a foggy day un día de niebla ◇ It's foggy. Hay niebla.

foil /fɔɪl/ nombre, verbo
▶ n lámina: aluminium foil papel de aluminio
▶ vt frustrar

fold ⌐ /fəʊld/ verbo, nombre
▶ **1** vt, vi ~ (sth) (back, down, over, etc.) doblar algo, doblarse; plegar algo, plegarse **2** vi (negocio) irse abajo **3** vi (obra de teatro) cerrar LOC fold your arms cruzar los brazos ⇒ Ver dibujo en ARM
▶ n **1** pliegue **2** redil

folder /ˈfəʊldə(r)/ n carpeta, archivador

folding ⌐ /ˈfəʊldɪŋ/ adj [solo antes de sustantivo] plegable, abatible: a folding table una mesa plegable

foliage /ˈfəʊliɪdʒ/ n follaje

folk /fəʊk/ nombre, adjetivo
▶ n **1** (tb esp USA folks) [pl] (coloq) gente **2** folks [pl] (coloq) parientes **3** gente: country folk gente de pueblo
▶ adj [solo antes de sustantivo] folklórico, popular: folk music música tradicional

folklore /ˈfəʊklɔː(r)/ n folclore

follow ⌐ /ˈfɒləʊ/ **1** vt, vi seguir **2** vi ~ (from sth) resultar, ser la consecuencia (de algo) **3** vt, vi (explicación) entender LOC as follows como sigue ◆ follow the crowd hacer lo que hacen los demás PHR V follow on ir/venir después ◆ follow sth through llevar algo a término ◆ follow sth up **1** Follow up your phone call with a letter. Envía una carta reafirmándote en lo que ya has dicho por teléfono. **2** investigar algo

follower /ˈfɒləʊə(r)/ n seguidor, -ora

following o͞w /ˈfɒləʊɪŋ/ *adjetivo, nombre, preposición*
▶ *adj* siguiente
▶ *n* **1** [*gen sing*] seguidores **2 the following** [*v sing o pl*] lo siguiente, lo que sigue
▶ *prep* tras: *following the burglary* tras el robo

ˈ**follow-up** *n* continuación

fond /fɒnd/ *adj* (**fonder, -est**) **1 be ~ of sb** tenerle cariño a algn **2 be ~ of sth/doing sth** ser aficionado a algo/a hacer algo **3** [*solo antes de sustantivo*] cariñoso: *fond memories* gratos recuerdos **4** [*solo antes de sustantivo*] (*esperanza*) vano

fondle /ˈfɒndl/ *vt* acariciar

font /fɒnt/ *n* **1** pila (*bautismal*) **2** fuente (*tipo de letra*)

food o͞w /fuːd/ *n* comida, alimento: *Italian food* la comida italiana ◇ *frozen foods* alimentos congelados ◇ *the food industry* la industria alimenticia **LOC food for thought** algo en que pensar

foodie /ˈfuːdi/ *n* (*coloq*) amante de la gastronomía

ˈ**food mile** *n* kilómetro alimentario (*en el cálculo del combustible gastado en el transporte de un alimento*)

ˈ**food processor** *n* robot de cocina

foodstuffs /ˈfuːdstʌfs/ *n* [*pl*] alimentos

fool /fuːl/ *nombre, verbo*
▶ *n* tonto, -a; loco, -a **LOC act/play the fool** hacer(se) el tonto ◆ **be no/nobody's fool** no dejarse engañar por nadie ◆ **make a fool of yourself/sb** ponerse/poner a algn en ridículo
▶ *vt* ~ **sb (into doing sth)** engañar a algn (para que haga algo) **PHR V fool about/around** perder el tiempo: *Stop fooling about with that knife!* ¡Deja de hacer el tonto con ese cuchillo!

foolish /ˈfuːlɪʃ/ *adj* **1** tonto **2** ridículo

foolproof /ˈfuːlpruːf/ *adj* infalible

foot o͞w /fʊt/ *nombre, verbo*
▶ *n* **1** (*pl* **feet** /fiːt/) pie: *at the foot of the stairs* al pie de las escaleras **2** (*pl* **feet, foot**) (*abrev* ft) pie (30,48 *centímetros*) Ɔ *Ver pág 804* **LOC fall/land on your feet** salirle a algn las cosas redondas ◆ **on foot** a pie ◆ **put your feet up** descansar ◆ **put your foot down** ponerse firme (y negarse a algo) ◆ **put your foot in it** meter la pata ◆ **set foot in/on sth** pisar algo *Ver tb* COLD, FIND, RUSH, SWEEP
▶ *vt* **LOC foot the bill (for sth)** (*coloq*) pagar los gastos (de algo)

ˌ**foot-and-ˈmouth disease** *n* fiebre aftosa

football o͞w /ˈfʊtbɔːl/ *n* **1** (*GB*) fútbol **2** (*USA*) fútbol americano **3** balón (de fútbol) **footballer** *n* futbolista

footing /ˈfʊtɪŋ/ *n* [*sing*] **1** equilibrio: *to lose your footing* perder el equilibrio **2** situación: *on an equal footing* en igualdad de condiciones

footnote /ˈfʊtnəʊt/ *n* nota (a pie de página)

footpath /ˈfʊtpɑːθ; *USA* -pæθ/ *n* sendero: *public footpath* camino público

footprint /ˈfʊtprɪnt/ *n* [*gen pl*] huella (*del pie*) *Ver tb* CARBON FOOTPRINT, DIGITAL FOOTPRINT

footstep /ˈfʊtstep/ *n* pisada, paso

footwear /ˈfʊtweə(r)/ *n* [*incontable*] calzado

footy /ˈfʊti/ *n* (*GB, coloq*) fútbol

for o͞w /fə(r), fɔː(r)/ *preposición, conjunción*
▶ *prep*
❶ Para los usos de **for** en PHRASAL VERBS ver las entradas de los verbos correspondientes, p. ej. **look for sb/sth** en LOOK. **1** para: *a letter for you* una carta para ti ◇ *What's it for?* ¿Para qué sirve? ◇ *the train for Glasgow* el tren que va a Glasgow ◇ *It's time for supper.* Es hora de cenar. **2** por: *for her own good* por su propio bien ◇ *What can I do for you?* ¿Qué puedo hacer por ti? ◇ *to fight for your country* luchar por su país **3** (*en expresiones de tiempo*) durante, desde hace: *They are going for a month.* Se van por un mes. ◇ *How long are you here for?* ¿Cuánto tiempo estarás aquí? ◇ *I haven't seen him for two days.* No lo veo desde hace dos días.

🔎 ¿**For** o **since**? Cuando **for** se traduce por "desde hace" se puede confundir con **since**, "desde". Las dos palabras se usan para expresar el tiempo que ha durado la acción del verbo, pero **for** especifica la duración de la acción y **since** el comienzo de dicha acción: *I've been living here for two months.* Vivo aquí desde hace dos meses. ◇ *I've been living here since June.* Vivo aquí desde junio. En ambos casos se usa el presente perfecto o el pasado perfecto, nunca el presente simple. Ɔ *Ver notas en* AGO, SINCE

4 (*con infinitivo*): *There's no need for you to go.* No hace falta que vayas. ◇ *It's impossible for me to do it.* Me es imposible hacerlo. **5** a favor de: *Are you for or against?* ¿Estás a favor o en contra? **6** (*otros usos*): *I for Irene* I de Irene ◇ *for miles and miles* milla tras milla ◇ *What does he do for a job?* ¿Qué trabajo tiene? **LOC be (in) for it** (*coloq*) *He's for it now!* ¡Se la va a cargar!
▶ *conj* (*formal, antic*) ya que

forbid /fəˈbɪd/ *vt* (*pt* **forbade** /fəˈbæd, fəˈbeɪd/ *pp* **forbidden** /fəˈbɪdn/) prohibir: *It is forbidden to smoke.* Se prohíbe fumar. ◇ *They forbade them from entering.* Les prohibieron entrar. **forbidding** *adj* imponente, amenazante

---

| ð then | s so | z zoo | ʃ she | ʒ vision | h how | ŋ sing | j yes | w we |

force 0🔊 /fɔːs/ *nombre, verbo*
▶ *n* fuerza *Ver tb* AIR FORCE, ARMED FORCES **LOC** by
force a la fuerza ◆ in force en vigor: *to be in/
come into force* estar/entrar en vigor
▶ *vt* ~ **sb/sth (to do sth)**; ~ **sb/sth (into sth/doing sth)**
forzar, obligar a algn/algo (a hacer algo)
PHRV force sth on/upon sb imponer algo a algn
forceful *adj* **1** fuerte, con carácter **2** (*argumento,
medida*) contundente

forcible /ˈfɔːsəbl/ *adj* a/por la fuerza **forcibly**
adv **1** por la fuerza **2** enérgicamente

ford /fɔːd/ *nombre, verbo*
▶ *n* vado
▶ *vt* vadear

fore /fɔː(r)/ *n* **LOC** be at/come to the fore desta-
carse/hacerse importante

forearm /ˈfɔːrɑːm/ *n* antebrazo

forecast 0🔊 /ˈfɔːkɑːst; *USA* ˈfɔːrkæst/ *nombre,
verbo*
▶ *n* pronóstico: *weather forecast* parte meteorológico
▶ *vt* (*pt, pp* **forecast, forecasted**) pronosticar

forefinger /ˈfɔːfɪŋɡə(r)/ *n* dedo índice

forefront /ˈfɔːfrʌnt/ *n* **LOC** at/in/to the forefront en la vanguardia

foreground /ˈfɔːɡraʊnd/ *n* primer plano

forehead /ˈfɔːhed; *GB tb* ˈfɒrɪd; *USA tb* ˈfɔːred/ *n*
(*Anat*) frente

foreign 0🔊 /ˈfɒrən; *USA* ˈfɔːrən/ *adj* **1** extranjero **2** exterior: *foreign news* noticias internacionales ◇ *foreign exchange* divisas ◇ *Foreign
Office/Secretary* Ministerio/ministro de
Asuntos Exteriores **3** ~ **to sb/sth** (*formal*) ajeno
a algn/algo

foreigner /ˈfɒrənə(r)/; *USA* ˈfɔːr-/ *n* extranjero, -a

foremost /ˈfɔːməʊst/ *adjetivo, adverbio*
▶ *adj* más destacado
▶ *adv* principalmente

forerunner /ˈfɔːrʌnə(r)/ *n* precursor, -ora

foresee /fɔːˈsiː/ *vt* (*pt* **foresaw** /-ˈsɔː/, *pp* **foreseen**
/-ˈsiːn/) prever

foreseeable /fɔːˈsiːəbl/ *adj* previsible
LOC for/in the foreseeable future en un futuro
previsible

foresight /ˈfɔːsaɪt/ *n* previsión

forest 0🔊 /ˈfɒrɪst; *USA* ˈfɔːrɪst/ *n* bosque: *forest
fire* incendio forestal ❶ Tanto **forest** como
wood significan "bosque", pero **wood** es más
pequeño. **forester** *n* **1** guardabosque **2** silvi-
cultor, -ora

foretell /fɔːˈtel/ *vt* (*pt, pp* **foretold** /-ˈtəʊld/) (*formal*) predecir

---

537   **formation**

forever 0🔊 /fərˈevə(r)/ *adv* **1** (*tb* for ever) para
siempre **2** siempre

foreword /ˈfɔːwɜːd/ *n* prefacio

forgave *pt de* FORGIVE

forge /fɔːdʒ/ *verbo, nombre*
▶ *vt* **1** (*lazos, metal*) forjar **2** (*dinero, etc.*) falsificar
PHRV forge ahead **1** seguir adelante **2** adelantarse
▶ *n* fragua

forgery /ˈfɔːdʒəri/ *n* (*pl* **forgeries**) falsificación

forget 0🔊 /fəˈget/ (*pt* **forgot** /fəˈgɒt/, *pp* **forgotten** /fəˈgɒtn/) **1** *vt, vi* ~ (**sth/to do sth**) olvidarse
(de algo/hacer algo): *He forgot to pay me.* Se le
olvidó pagarme. **2** *vt* (*dejar de pensar en*) olvidar
LOC not forgetting… sin olvidarse de…
PHRV forget about sb/sth **1** olvidársele a uno
algn/algo **2** olvidar a algn/algo **forgetful** *adj* olvidadizo

forgive 0🔊 /fəˈgɪv/ *vt* (*pt* **forgave** /fəˈgeɪv/, *pp*
forgiven /fəˈgɪvn/) ~ **sb (for sth/doing sth)** perdonar a algn (algo/por hacer algo): *Forgive
me for interrupting.* Perdóname por interrumpir. **forgiveness** *n* perdón: *to ask (for) forgiveness (for sth)* pedir perdón (por algo) **for-
giving** *adj* indulgente

fork 0🔊 /fɔːk/ *nombre, verbo*
▶ *n* **1** tenedor **2** (*Agric*) horca **3** bifurcación
▶ *vi* **1** (*camino*) bifurcarse **2** (*persona*): *to fork left*
torcer a la izquierda **PHRV** fork out (for sth);
fork out sth (for/on sth) (*coloq*) aflojar (dinero)
(para algo)

form 0🔊 /fɔːm/ *nombre, verbo*
▶ *n* **1** forma: *in the form of sth* en forma de algo
2 formulario, impreso: *application form* hoja
de solicitud **3** forma (física): *in/on form* en forma ◇ *out of/off form* en baja forma **4** formas:
as a matter of form para guardar las formas
5 (*GB, antic*) (*en el colegio*) curso: *in the first form*
en primero *Ver tb* SIXTH FORM **LOC** *Ver* SHAPE
▶ **1** *vi* formarse **2** *vt* formar, constituir: *to form an
idea (of sb/sth)* formarse una idea (de algn/
algo)

formal 0🔊 /ˈfɔːml/ *adj* **1** (*ademán, etc.*) ceremonioso **2** (*comida, ropa*) de etiqueta **3** (*declaración,
etc.*) oficial, formal **4** (*formación*) convencional
formally *adv* **1** oficialmente **2** (*vestirse*) de etiqueta

formality /fɔːˈmæləti/ *n* (*pl* **formalities**) **1** formalidad, ceremonia **2** trámite: *legal formalities* requisitos legales

format /ˈfɔːmæt/ *nombre, verbo*
▶ *n* formato
▶ *vt* (**-tt-**) (*Informát*) formatear

formation /fɔːˈmeɪʃn/ *n* formación

F

former 0➜ /ˈfɔːmə(r)/ adjetivo, nombre
▶ adj **1** antiguo: *the former champion* el antiguo campeón ◇ *the former president* el expresidente **2** anterior: *in former times* en tiempos pasados **3** primero: *the former option* la primera opción
▶ n **the former** aquello, aquel, aquella, -los, -las: *The former was much better than the latter.* Aquella fue mucho mejor que esta. ➔ *Comparar con* LATTER

formerly 0➜ /ˈfɔːməli/ adv **1** anteriormente **2** antiguamente

formidable /ˈfɔːmɪdəbl, fəˈmɪdəbl/ adj **1** extraordinario, formidable **2** (*tarea*) tremendo

formula 0➜ /ˈfɔːmjələ/ n (*pl* **formulas**, *uso científico* **formulae** /-liː/) fórmula

forsake /fəˈseɪk/ vt (*pt* **forsook** /fəˈsʊk/, *pp* **forsaken** /fəˈseɪkən/) (*formal*) **1** abandonar **2** renunciar a

fort /fɔːt/ n fortificación, fuerte

forth /fɔːθ/ adv (*formal*) **LOC and (so on and) so forth** y demás ◆ **from that day/time forth** desde aquel día *Ver tb* BACK, SO

forthcoming /ˌfɔːθˈkʌmɪŋ/ adj **1** venidero, próximo: *the forthcoming election* las próximas elecciones **2** de próxima aparición **3** disponible: *No offer was forthcoming.* No hubo ninguna oferta. **4** (*persona*) comunicativo ❶ En los sentidos 3 y 4, no se usa delante de un sustantivo.

forthright /ˈfɔːθraɪt/ adj **1** (*persona*) directo **2** (*opinión*) franco

fortieth 0➜ /ˈfɔːtiəθ/ **1** adj, adv, pron cuadragésimo **2** n cuarentava parte, cuarentavo ➔ *Ver ejemplos en* FIFTH

fortification /ˌfɔːtɪfɪˈkeɪʃn/ n fortalecimiento

fortify /ˈfɔːtɪfaɪ/ vt (*pt, pp* **-fied**) **1** fortificar **2** (*persona*) fortalecer

fortnight /ˈfɔːtnaɪt/ n quincena (*dos semanas*): *a fortnight today* de hoy en quince días

fortnightly /ˈfɔːtnaɪtli/ adjetivo, adverbio
▶ adj quincenal
▶ adv cada quince días

fortress /ˈfɔːtrəs/ n fortaleza

fortunate /ˈfɔːtʃənət/ adj afortunado: *to be fortunate* tener suerte **fortunately** adv afortunadamente

fortune 0➜ /ˈfɔːtʃuːn/, *USA* /ˈfɔːrtʃən/ n **1** suerte **2** fortuna: *to be worth a fortune* valer una fortuna ◇ *It's worth a small fortune.* Vale un dineral.

fortune teller n adivino, -a

forty 0➜ /ˈfɔːti/ adj, pron, n cuarenta ➔ *Ver ejemplos en* FIFTY, FIVE

forum /ˈfɔːrəm/ n foro

forward 0➜ /ˈfɔːwəd/ adverbio, adjetivo, verbo, nombre
▶ adv **1** (*tb* forwards) adelante, hacia adelante **2** en adelante: *from that day forward* a partir de entonces **LOC** *Ver* BACKWARDS
▶ adj **1** hacia adelante **2** delantero: *a forward position* una posición avanzada **3** para el futuro: *forward planning* planificación para el futuro **4** atrevido, descarado
▶ vt ~ sth (to sb); ~ sb sth (*formal*) remitir, reenviar algo (a algn): *please forward* se ruega enviar ◇ *forwarding address* nueva dirección (a la que han de remitirse las cartas)
▶ n (*Dep*) delantero, -a

fossil /ˈfɒsl/ n fósil: *fossil fuels* combustibles fósiles

foster /ˈfɒstə(r)/ verbo, adjetivo
▶ vt **1** fomentar **2** acoger en una familia
▶ adj adoptivo: *foster parents* padres adoptivos ◇ *foster family/home* casa de acogida

fought *pt, pp de* FIGHT

foul /faʊl/ adjetivo, verbo, nombre
▶ adj **1** (*agua, lenguaje*) sucio **2** (*comida, olor, sabor*) asqueroso **3** (*carácter, humor, tiempo*) horrible
▶ vt (*Dep*) cometer una falta contra **PHRV foul sth up** (*coloq*) estropear, fastidiar algo
▶ n (*Dep*) falta

foul play n [*incontable*] crimen

found 0➜ /faʊnd/ vt **1** fundar **2** ~ sth (on sth) basar algo (en algo): *founded on fact* basado en la realidad *Ver tb* FIND

foundation 0➜ /faʊnˈdeɪʃn/ n **1 foundations** [*pl*] cimientos **2** fundamento **3** fundación **4** (*tb* foun'dation cream) maquillaje de fondo

founder /ˈfaʊndə(r)/ n fundador, -ora

fountain /ˈfaʊntən/; *USA* -tn/ n fuente, surtidor

fountain pen n estilográfica

four 0➜ /fɔː(r)/ adj, pron, n cuatro ➔ *Ver ejemplos en* FIVE **LOC** *Ver* ALL

four-by-'four (*abrev* 4x4) n (coche) todoterreno

fourteen 0➜ /ˌfɔːˈtiːn/ adj, pron, n catorce ➔ *Ver ejemplos en* FIVE

fourteenth 0➜ /ˌfɔːˈtiːnθ/ **1** adj, adv, pron decimocuarto **2** n catorceava parte, catorceavo ➔ *Ver ejemplos en* FIFTH

fourth 0➜ /fɔːθ/ (*abrev* 4th) adjetivo, adverbio, pronombre, nombre
▶ adj, adv, pron cuarto
▶ n **1 the fourth** el (día) cuatro **2** (*tb* ˌfourth 'gear) cuarta ➔ *Ver ejemplos en* FIFTH

*Para hablar de proporciones, "un cuarto" se dice **a quarter**: We ate a quarter of the cake each. Nos comimos un cuarto del pastel cada uno.

fourth o'fficial n (Fútbol) cuarto árbitro, cuarta árbitra

four-'wheeler n (USA) (moto) quad

fowl /faʊl/ n ave (de corral)

fox /fɒks/ n zorro ⊃ Ver nota en ZORRO

foyer /'fɔɪeɪ; USA 'fɔɪər/ n vestíbulo

FPS /ˌef piː 'es/ abrev de first-person shooter (game) videojuego de disparos (en primera persona)

fracking /'frækɪŋ/ n [incontable] fracturación hidráulica

fraction /'frækʃn/ n fracción

fracture /'fræktʃə(r)/ nombre, verbo
▸ n fractura
▸ vt, vi fracturar(se)

fragile /'frædʒaɪl; USA -dʒl/ adj frágil, delicado

fragment nombre, verbo
▸ n /'frægmənt/ fragmento, parte
▸ vt, vi /fræg'ment/ fragmentar(se)

fragrance /'freɪɡrəns/ n fragancia, aroma, perfume ⊃ Ver nota en SMELL **fragrant** adj aromático, fragante

frail /freɪl/ adj frágil, delicado ❶ Se aplica sobre todo a personas ancianas o enfermas.

frame ⊶ /freɪm/ nombre, verbo
▸ n **1** marco **2** armazón, estructura Ver tb CLIMBING FRAME **3** (gafas) montura **LOC** frame of mind estado de ánimo
▸ vt **1** enmarcar **2** ~ sb (for sth) (coloq) tender una trampa para incriminar a algn **3** (pregunta, etc.) formular

framework /'freɪmwɜːk/ n **1** armazón, estructura **2** marco, coyuntura

franchise /'fræntʃaɪz/ n franquicia

frank /fræŋk/ adj franco, sincero

frantic /'fræntɪk/ adj **1** frenético **2** desesperado

fraternal /frə'tɜːnl/ adj fraternal

fraternity /frə'tɜːnəti/ n (pl fraternities) **1** hermandad, cofradía, sociedad **2** (formal) fraternidad

fraud /frɔːd/ n **1** (delito) fraude **2** (persona) impostor, -ora **fraudster** /'frɔːdstə(r)/ n estafador, -ora

fraught /frɔːt/ adj **1** ~ with sth lleno, cargado de algo **2** preocupante, tenso

fray /freɪ/ vt, vi desgastar(se), deshilachar(se)

freak /friːk/ nombre, adjetivo
▸ n **1** (coloq) fanático, -a: sports freak fanático de los deportes **2** (pey) bicho raro Ver tb CONTROL FREAK
▸ adj [solo antes de sustantivo] insólito, inesperado

freckle /'frekl/ n peca **freckled** adj pecoso

free ⊶ /friː/ adjetivo, verbo, adverbio
▸ adj (**freer** /'friːə(r)/, **freest** /'friːɪst/) **1** libre: free will libre albedrío ◇ to be free of/from sth estar libre de algo ◇ free speech libertad de expresión ◇ to set sb free poner a algn en libertad **2** (sin atar) suelto, libre **3** gratis, gratuito: free of charge gratis ◇ admission free entrada libre **4** (pey) desvergonzado: to be too free (with sb) tomarse demasiadas libertades (con algn) **LOC** free and easy relajado, informal ◆ get, have, etc. a free hand tener las manos libres ◆ of your own free will por voluntad propia Ver tb FEEL, WORK
▸ vt (pt, pp **freed**) **1** ~ sb/sth (from sth) liberar a algn/algo (de algo) **2** ~ sb/sth (from sth) soltar a algn/algo (de algo) **3** ~ sb/sth of/from sth librar, eximir a algn/algo de algo
▸ adv gratis

freebie /'friːbi/ n (coloq) regalo (con fines comerciales)

freedom ⊶ /'friːdəm/ n **1** ~ (of sth); ~ (to do sth) libertad (de algo); libertad (para hacer algo): freedom of speech libertad de expresión **2** ~ from sth inmunidad contra algo

freegan /'friːɡən/ n frigano, -a (que solo consume alimentos desechados)

freely ⊶ /'friːli/ adv **1** libremente, copiosamente **2** generosamente

free 'period n (Educ) hora libre

free-'range adj de corral: free-range eggs huevos de corral ⊃ Comparar con BATTERY

freestyle /'friːstaɪl/ n (Dep) estilo libre: 100 metres freestyle 100 metros libres

freeway /'friːweɪ/ n (USA) autopista

freeze ⊶ /friːz/ verbo, nombre
▸ /friːz/ (pt **froze** /frəʊz/, pp **frozen** /'frəʊzn/) **1** vt, vi helar(se), congelar(se): I'm freezing! ¡Estoy muerto de frío! ◇ freezing point punto de congelación **2** vt (comida, salarios, etc.) congelar **3** vi quedarse rígido: Freeze! ¡No te muevas!
▸ n **1** (de salarios, precios) congelación **2** helada

freezer /'friːzə(r)/ n congelador

freezing /'friːzɪŋ/ adj **1** muy frío: It's freezing. Hace un frío que pela. **2** (temperaturas) bajo cero

freight /freɪt/ n **1** carga **2** transporte

French fry /ˌfrentʃ 'fraɪ/ n Ver FRY

French press /ˌfrentʃ ˈpres/ n (USA) cafetera de émbolo

French window /ˌfrentʃ ˈwɪndəʊ/ (USA tb ˌFrench ˈdoor) n puerta de cristal (que da a un jardín, porche, etc.)

frenzied /ˈfrenzid/ adj frenético, enloquecido

frenzy /ˈfrenzi/ n [gen sing] frenesí

frequency /ˈfriːkwənsi/ n (pl **frequencies**) frecuencia

frequent ⊶ adjetivo, verbo
▶ adj /ˈfriːkwənt/ frecuente
▶ vt /friˈkwent/ (formal) frecuentar

frequently ⊶ /ˈfriːkwəntli/ adv con frecuencia ⊃ Ver nota en ALWAYS

fresh ⊶ /freʃ/ adj (**fresher, -est**) **1** fresco: *fresh air* aire fresco ◊ *fresh food* alimentos frescos **2** nuevo, otro: *to make a fresh start* empezar de nuevo **3** reciente **4** (agua) dulce LOC Ver BREATH

freshen /ˈfreʃn/ **1** vt ~ **sth (up)** dar nueva vida a algo **2** vi (viento) refrescar PHR V **freshen (yourself) up** arreglarse, lavarse un poco

freshly ⊶ /ˈfreʃli/ adv recién: *freshly baked* recién sacado del horno

freshness /ˈfreʃnəs/ n **1** frescura **2** novedad

freshwater /ˈfreʃwɔːtə(r)/ adj de agua dulce

fret /fret/ vi (**-tt-**) ~ **(about/over sth)** apurarse, preocuparse (por algo)

friction /ˈfrɪkʃn/ n **1** fricción, rozamiento **2** fricción, desavenencia

Friday ⊶ /ˈfraɪdeɪ, -di/ n (abrev Fri.) viernes ⊃ Ver ejemplos en MONDAY LOC **Good Friday** Viernes Santo

fridge ⊶ /frɪdʒ/ n nevera: *fridge-freezer* frigorífico de dos puertas

fried /fraɪd/ adj frito Ver tb FRY

friend /frend/ n amigo, -a Ver tb FALSE FRIEND LOC **be/make friends with sb** ser/hacerse amigo de algn ◆ **have friends in high places** tener enchufes ◆ **make friends** hacer amigos

friendliness /ˈfrendlinəs/ n simpatía, cordialidad

friendly ⊶ /ˈfrendli/ adjetivo, nombre
▶ adj (**friendlier, -iest**) **1** ~ **(to/towards sb)** simpático, amable (con algn) ❶ La palabra **sympathetic** se traduce por "comprensivo" o "compasivo". **2 be** ~ **with sb** ser amigo de algn **3** (relación, consejo) amistoso **4** (gesto, palabras) amable **5** (ambiente, lugar) acogedor **6** (partido) amistoso
▶ n (pl **-ies**) (Fútbol) partido amistoso

friendship ⊶ /ˈfrendʃɪp/ n amistad

fries pl de FRY

fright /fraɪt/ n susto: *to give sb/get a fright* dar un susto a algn/darse un susto

frighten ⊶ /ˈfraɪtn/ vt asustar, dar miedo a PHR V **frighten sb/sth away/off** ahuyentar a algn/algo

frightened ⊶ /ˈfraɪtnd/ adj asustado: *to be frightened (of sb/sth)* tener miedo (a/de algn/algo) LOC Ver WIT

frightening ⊶ /ˈfraɪtnɪŋ/ adj alarmante, aterrador

frightful /ˈfraɪtfl/ adj (antic) **1** (coloq) terrible: *a frightful mess* un desorden terrible **2** horrible, espantoso **frightfully** /-fəli/ adv (esp GB, antic) *I'm frightfully sorry.* Lo siento muchísimo.

frigid /ˈfrɪdʒɪd/ adj frígido

frill /frɪl/ n **1** (Costura) volante **2** frills [pl] adornos Ver tb NO-FRILLS **frilly** adj *a frilly shirt* una camisa de volantes

fringe /frɪndʒ/ nombre, verbo
▶ n **1** flequillo **2** flecos **3** (fig) margen
▶ vt **be fringed by/with sth** estar bordeado por/con algo

frisk /frɪsk/ **1** vt cachear **2** vi ~ **around** retozar **frisky** adj retozón, juguetón

fritter /ˈfrɪtə(r)/ n buñuelo, churro

frivolity /frɪˈvɒləti/ n frivolidad

frivolous /ˈfrɪvələs/ adj frívolo

frizzy /ˈfrɪzi/ adj (pey) (pelo) muy ensortijado

fro /frəʊ/ adv LOC Ver TO

frock /frɒk/ n (esp GB, antic) vestido

frog /frɒg/ n **1** rana **2** (coloq) gabacho, -a

frogman /ˈfrɒgmən/ n (pl **-men** /-mən/) hombre rana

from ⊶ /frəm, frɒm/ prep
❶ Para los usos de **from** en PHRASAL VERBS ver las entradas de los verbos correspondientes, p. ej. **hear from sb** en HEAR. **1** de (procedencia): *from Madrid to London* de Madrid a Londres ◊ *I'm from India.* Soy de la India. ◊ *from bad to worse* de mal en peor ◊ *the train from Soria* el tren (procedente) de Soria ◊ *a present from a friend* un regalo de un amigo ◊ *to take sth away from sb* quitarle algo a algn **2** (tiempo, situación) desde: *from above/below* desde arriba/abajo ◊ *from time to time* de vez en cuando ◊ *from yesterday* desde ayer ⊃ Ver nota en SINCE **3** por: *from choice* por elección ◊ *from what I can gather* por lo que yo entiendo **4** entre: *to choose from…* elegir entre… **5** con: *Wine is made from grapes.* El vino se hace con uvas. **6** (Mat): *13 from 34 leaves 21.* 34 menos 13 son 21. LOC **from… on** a partir de: *from now on* de ahora en adelante ◊ *from then on* desde entonces

---

δ **then**   s **so**   z **zoo**   ʃ **she**   ʒ **vision**   h **how**   ŋ **sing**   j **yes**   w **wet**

front 0️⃣ /frʌnt/ *nombre, adjetivo, adverbio*
▶ *n* **1** (*sing*) **the ~ (of sth)** el frente, la, (parte) delantera (de algo): *If you can't see the board, sit at the front.* Si no ves la pizarra, siéntate delante. ◇ *The number is on the front of the bus.* El número está en la parte delantera del autobús. **2** (*Mil*) frente **3** terreno: *on the financial front* en el terreno económico **4 ~ (for sth)** (*apariencia*) fachada (para algo)
▶ *adj* delantero, de delante (*rueda, habitación, etc.*)
▶ *adv* 🄻🄾🄲 **in front** delante: *the row in front* la fila de delante ➲ *Ver dibujo en* DELANTE ♦ **in front of 1** delante de **2** ante ❶ La expresión **enfrente de** se traduce por **opposite**. ➲ *Ver dibujo en* ENFRENTE ♦ **up front** (*coloq*) por adelantado *Ver tb* BACK

front 'door *n* puerta de entrada

frontier /'frʌntɪə(r); *USA* frʌn'tɪər/ *n* frontera ➲ *Ver nota en* FRONTERA

front 'page *n* primera plana

frost /frɒst; *USA* frɔːst/ *nombre, verbo*
▶ *n* **1** helada **2** escarcha
▶ *vt, vi* **~ (sth) (over/up)** cubrir algo, cubrirse de escarcha

frostbite /'frɒstbaɪt; *USA* 'frɔːst-/ *n* congelación (*que afecta a los dedos, etc.*)

frosting /'frɒstɪŋ; *USA* 'frɔːstɪŋ/ *n* (*USA*) glaseado

frosty /'frɒsti; *USA* 'frɔːsti/ *adj* **1** helado **2** cubierto de escarcha

froth /frɒθ; *USA* frɔːθ/ *nombre, verbo*
▶ *n* espuma
▶ *vi* hacer espuma

frown /fraʊn/ *verbo, nombre*
▶ *vi* fruncir el ceño 🄿🄷🅁 🅅 **frown on/upon sb/sth** no ver a algn/algo con buenos ojos
▶ *n* ceño

froze *pt de* FREEZE

frozen 0️⃣ /'frəʊzn/ congelado *Ver tb* FREEZE

fruit 0️⃣ /fruːt/ *n* **1** fruta: *fruit and vegetables* frutas y verduras ◇ *tropical fruits* frutas tropicales ◇ *fruit trees* árboles frutales **2** fruto: *the fruit(s) of your labours* el fruto de tu trabajo

fruitful /'fruːtfl/ *adj* fructífero, provechoso

fruition /fru'ɪʃn/ *n* (*formal*) realización: *to come to fruition* verse realizado

fruitless /'fruːtləs/ *adj* infructuoso

fruit machine *n* (máquina) tragaperras

frustrate /frʌ'streɪt; *USA* 'frʌstreɪt/ *vt* frustrar, desbaratar **frustrating** *adj* frustrante **frustration** *n* frustración

fry 0️⃣ /fraɪ/ *verbo, nombre*
▶ *vt, vi* (*pt, pp* **fried** /fraɪd/) freír(se)

▶ *n* (*tb* French fry) (*pl* **fries**) (*esp USA*) patata frita ➲ *Ver dibujo en* PATATA

frying pan *n* sartén ➲ *Ver dibujo en* POT 🄻🄾🄲 **out of the frying pan into the fire** de Guatemala a guatepeor

fudge /fʌdʒ/ *n* dulce de leche, tofe

fuel 0️⃣ /'fjuːəl/ *n* **1** combustible **2** carburante

fugitive /'fjuːdʒətɪv/ *adj, n* **~ (from sb/sth)** fugitivo, -a; prófugo, -a (de algn/algo)

fulcrum /'fʊlkrəm, 'fʌl-/ (*pl* **fulcrums**, **fulcra** /-krə/) (*Fís*) fulcro

fulfil (*USA* fulfill) /fʊl'fɪl/ *vt* (**-ll-**) **1** (*deseo*) satisfacer **2** (*promesa*) cumplir (con) **3** (*tarea*) llevar a cabo **4** (*función*) realizar **fulfilment** (*USA* fulfillment) *n* (*sueño, objetivo*) realización

full 0️⃣ /fʊl/ *adjetivo, adverbio, nombre*
▶ *adj* (**fuller, -est**) **1 ~ (of sth)** lleno (de algo) **2 ~ of sth** obsesionado por algo **3 ~ (up)** lleno (*de comida*): *I'm full up.* No puedo más. **4** (*hotel, instrucciones*) completo **5** (*discusiones*) extenso **6** (*sentido*) amplio **7** (*investigación*) detallado **8** (*ropa*) holgado 🄻🄾🄲 **(at) full blast/stretch** a tope ♦ **(at) full speed** a toda mecha ♦ **be full of yourself** (*pey*) ser un creído ♦ **come, turn, etc. full circle** volver al principio ♦ **in full** detalladamente, íntegramente ♦ **in full swing** en plena marcha
▶ *adv* **1** *full in the face* en plena cara **2** muy: *You know full well that…* Sabes muy bien que…
▶ *n* 🄻🄾🄲 **to the full** al máximo

full back (*USA* fullback) *n* (*Dep*) lateral, defensa

full-'blown *adj* verdadero: *a full-blown scandal* un verdadero escándalo ◇ *full-blown AIDS* sida en fase terminal

full-'fat *adj full-fat milk* leche entera

full-'length *adj* **1** (*espejo, retrato*) de cuerpo entero **2** (*ropa*) largo

full-'on *adj* (*coloq*) intenso

full 'stop *n* punto (y seguido) ➲ *Ver pág 395*

full-'time *adj, adv* (a/de) tiempo completo, (a/de) jornada completa: *full-time students* los estudiantes a tiempo completo ◇ *I work full-time.* Trabajo la jornada completa.

fully 0️⃣ /'fʊli/ *adv* **1** completamente, del todo **2** por lo menos: *fully two hours* por lo menos dos horas

fumble /'fʌmbl/ *vi* **1 ~ (with sth)** manosear algo (*torpemente*) **2 ~ (around) for sth** buscar algo a tientas

fume /fjuːm/ *vi* echar humo (*de rabia*)

fumes /fjuːmz/ *n* [*pl*] humo: *poisonous fumes* gases tóxicos

---

i: see	i happy	ɪ sit	e ten	æ hat	ɑː arm	ɒ got	ɔː saw	ʊ put

fun ⊶ /fʌn/ nombre, adjetivo
▸ n [incontable] diversión: to be great/good fun ser muy divertido ◇ to have fun pasarlo bien ◇ to take the fun out of sth quitar toda la gracia a algo **LOC** make fun of sb/sth burlarse de algn/ algo Ver tb POKE
▸ adj divertido

🔎 ¿**Fun** o **funny**?
Fun se utiliza con el verbo **be** para decir que alguien o algo es entretenido o divertido. Tiene el mismo significado que **enjoyable** aunque es más coloquial: The party was good/great fun. La fiesta fue muy divertida. ◇ Aerobics is more fun than jogging. Hacer aeróbic es más divertido que correr.
Funny se utiliza para hablar de algo que te hace reír porque es gracioso: She told me a funny joke. Me contó un chiste muy gracioso. ◇ The clowns were very funny. Los payasos eran muy graciosos. De modo que si disfrutaste leyendo el libro, lo que dices es: The book was great fun. En cambio, si te hizo reír, lo que dices es: The book was very funny. **Funny** puede significar también "extraño" o "raro": The car was making a funny noise. El coche estaba haciendo un ruido raro.

function ⊶ /ˈfʌŋkʃn/ nombre, verbo
▸ n **1** función **2** ceremonia
▸ vi funcionar **PHRV** function as sth servir, hacer de algo

functionality /ˌfʌŋkʃəˈnæləti/ n (pl **functionalities**) **1** [incontable] funcionalidad **2** (Informát) funciones

fund ⊶ /fʌnd/ nombre, verbo
▸ n **1** fondo (de dinero) **2** funds [pl] fondos
▸ vt financiar **funding** n [incontable] fondos, ayuda económica

fundamental ⊶ /ˌfʌndəˈmentl/ adjetivo, nombre
▸ adj ~ (to sth) fundamental (para algo)
▸ n [gen pl] fundamento

fundamentalism /ˌfʌndəˈmentəlɪzəm/ n fundamentalismo **fundamentalist** adj, n fundamentalista

fundraising /ˈfʌndreɪzɪŋ/ n [incontable] recolección de fondos: fundraising events eventos benéficos

funeral ⊶ /ˈfjuːnərəl/ n funeral, entierro: funeral parlour funeraria

funfair /ˈfʌnfeə(r)/ n Ver FAIR n (1)

fungus /ˈfʌŋgəs/ n (pl **fungi** /-giː, -gaɪ, ˈfʌndʒaɪ/) hongo

funky /ˈfʌŋki/ adj (**funkier**, **-iest**) (coloq) **1** (Mús) con ritmo **2** (ropa, etc.) original

funnel /ˈfʌnl/ nombre, verbo
▸ n **1** embudo **2** chimenea (de un barco)
▸ vt (**-ll-**, USA **-l-**) canalizar

funny ⊶ /ˈfʌni/ adj (**funnier**, **-iest**) **1** gracioso, divertido: What's so funny? ¿De qué te ríes? **2** extraño, raro ⊃ Ver nota en FUN

fur ⊶ /fɜː(r)/ n **1** pelo (de animal) **2** piel: a fur coat un abrigo de pieles

furious /ˈfjʊəriəs/ adj **1** ~ (at sth/sb); ~ (with sb) furioso (con algn/algo) **2** (esfuerzo, lucha, tormenta) violento **3** (debate) acalorado **furiously** adv violentamente, furiosamente

furnace /ˈfɜːnɪs/ n caldera, horno

furnish /ˈfɜːnɪʃ/ vt **1** amueblar: a furnished flat un piso amueblado **2** ~ sb/sth with sth (formal) suministrar algo a algn/algo **furnishings** n [pl] mobiliario

furniture ⊶ /ˈfɜːnɪtʃə(r)/ n [incontable] mobiliario, muebles: a piece of furniture un mueble

furrow /ˈfʌrəʊ/; USA /ˈfɜːrəʊ/ nombre, verbo
▸ n surco
▸ vt hacer surcos en: a furrowed brow una frente arrugada

furry /ˈfɜːri/ adj **1** peludo **2** de peluche

further ⊶ /ˈfɜːðə(r)/ adverbio, adjetivo
▸ adv **1** (tb farther) más lejos: How much further is it to Oxford? ¿Cuánto falta para Oxford? **2** más: to hear nothing further no tener más noticias **3** (formal) además: Further to my letter… En relación a mi carta… **LOC** Ver AFIELD
▸ adj **1** (tb farther) más lejos: Which is further? ¿Cuál está más lejos? **2** más: until further notice hasta nuevo aviso ◇ for further details/ information… para más información…

🔎 ¿**Farther** o **further**? Los dos son comparativos de **far**, pero solo son sinónimos cuando nos referimos a distancias: Which is further/ farther? ¿Cuál está más lejos? En este sentido se utiliza más **further**.

further edu'cation n (abrev FE) educación superior

furthermore /ˌfɜːðəˈmɔː(r)/ adv (formal) además

furthest /ˈfɜːðɪst/ (tb farthest) adverbio, adjetivo
▸ adv (superl de **far**) más lejos
▸ adj (superl de **far**) más lejano/alejado: the furthest corner of Europe el punto más lejano de Europa

fury /ˈfjʊəri/ n furia, rabia

fuse /fjuːz/ nombre, verbo
▸ n **1** fusible **2** mecha **3** (USA tb fuze) espoleta
▸ **1** vt, vi fusionar(se) **2** vi fundirse

fusion /ˈfjuːʒn/ n fusión

fuss /fʌs/ nombre, verbo

▸ n [incontable] alboroto, jaleo, lío **LOC** **make a fuss of/over sb** mimar a algn ◆ **make, kick up, etc. a fuss (about/over sth)** armar un escándalo (por algo)

▸ vi **1** ~ **(around)**; ~ **(with/over sth)** preocuparse (por algo) (una menudencia) **2** ~ **over sb** mimar a algn

fusspot /ˈfʌspɒt/ n tiquismiquis

fussy /ˈfʌsi/ adj (**fussier**, **-iest**) **1** ~ **(about sth)** quisquilloso (con/para algo); maniático, exigente (con algo): Whatever you like, I'm not fussy. Lo que quieras, no me importa. **2** (diseño, decoración) recargado

futile /ˈfjuːtaɪl/; USA -tl/ adj inútil

futon /ˈfuːtɒn/ n futón

future ⊶ /ˈfjuːtʃə(r)/ nombre, adjetivo

▸ n **1** futuro: in the near future en un futuro cercano **2** porvenir **in future** en el futuro, de ahora en adelante Ver tb FORESEEABLE

▸ adj futuro

fuze (USA) = FUSE

fuzzy /ˈfʌzi/ adj **1** velludo, peludo **2** borroso **3** (ideas, definición) poco claro

FYI abrev de **for your information** para su información

Gg

G, g /dʒiː/ n (pl **Gs**, **G's**, **g's**) **1** G, g ⊃ Ver nota en A, A **2** (Mús) sol

gab /gæb/ n **LOC** Ver GIFT

gable /ˈgeɪbl/ n hastial (triángulo de fachada que soporta el tejado)

gadget /ˈgædʒɪt/ n aparato, chisme

Gaelic /ˈgælɪk, ˈgeɪlɪk/ adj, n gaélico

gag /gæg/ nombre, verbo

▸ n **1** mordaza **2** (coloq) gag

▸ vt (**-gg-**) (lit y fig) amordazar

gage (USA) = GAUGE

gaiety /ˈgeɪəti/ n alegría

gain ⊶ /geɪn/ verbo, nombre

▸ **1** vt adquirir, ganar: to gain control adquirir control **2** vt aumentar, subir, ganar: to gain two kilos engordar dos kilos ◇ to gain speed ganar velocidad **3** vi ~ **by/from sth** beneficiarse de algo **4** vt, vi (reloj) adelantarse **PHR V** **gain on sb/sth** acercarse, alcanzar a algn/algo

▸ n **1** aumento, subida **2** ganancia

gait /geɪt/ n [sing] paso, andar

galaxy /ˈgæləksi/ n (pl **galaxies**) galaxia

gale /geɪl/ n vendaval

gallant /ˈgælənt/ adj **1** (formal) valiente **2** galante **gallantry** n (formal) valentía

gallery /ˈgæləri/ n (pl **galleries**) **1** Ver ART GALLERY **2** (tienda, Teat) galería

galley /ˈgæli/ n (pl **galleys**) **1** (Náut) galera **2** cocina (en un avión o un barco)

gallon ⊶ /ˈgælən/ n (abrev **gal.**) galón (4,546 litros) ⊃ Ver pág 804

gallop /ˈgæləp/ verbo, nombre

▸ vt, vi (hacer) galopar

▸ n galope

the gallows /ðə ˈgæləʊz/ n [pl] la horca

gamble ⊶ /ˈgæmbl/ verbo, nombre

▸ vt, vi (dinero) jugar **PHR V** **gamble on (doing) sth** confiar en (hacer) algo; arriesgarse a (hacer) algo

▸ n [sing] jugada **LOC** **be a gamble** ser arriesgado ◆ **take a gamble (on sth)** arriesgarse (a algo) **gambler** n jugador, -ora

gambling ⊶ /ˈgæmblɪŋ/ n juego

game ⊶ /geɪm/ nombre, adjetivo

▸ n **1** juego: game show (programa) concurso ◇ game pad consola de videojuegos **2** partido **3** (Naipes, Ajedrez) partida **4** [incontable] caza Ver tb BALL GAME **LOC** Ver MUG

▸ adj Are you game? ¿Te animas?

game controller (tb controller) n mando (para juegos de ordenador)

gamekeeper /ˈgeɪmkiːpə(r)/ n guarda de coto de caza

gamer /ˈgeɪmə(r)/ n aficionado, -a a los juegos de ordenador

gaming /ˈgeɪmɪŋ/ n [incontable] jugar juegos de ordenador

gammon /ˈgæmən/ n [incontable] jamón (fresco salado)

gang /gæŋ/ nombre, verbo

▸ n [v sing o pl] **1** banda, pandilla **2** cuadrilla

▸ v **PHR V** **gang up (on/against sb)** compincharse (contra algn)

gangster /ˈgæŋstə(r)/ n gángster

gangway /ˈgæŋweɪ/ n **1** pasillo (entre sillas) **2** pasarela

gaol = JAIL

gap 🔑 /gæp/ n **1** hueco, abertura **2** espacio **3** (tiempo) intervalo **4** separación **5** (deficiencia) laguna, vacío LOC Ver BRIDGE

gape /geɪp/ vi **1** ~ (at sb/sth) mirar boquiabierto (a algn/algo) **2** ~ (open) abrirse, quedar abierto **gaping** adj enorme

gap year n año sabático (antes de empezar la universidad)

🔎 Muchos jóvenes en Gran Bretaña se toman un año libre entre el instituto y la universidad para viajar o ganar dinero.

garage 🔑 /ˈgærɑːʒ, -rɑːdʒ, -rɪdʒ; USA gəˈrɑːʒ, gəˈrɑːdʒ/ n **1** garaje **2** taller **3** estación de servicio

garbage 🔑 /ˈgɑːbɪdʒ/ n [incontable] (esp USA) basura: garbage can cubo de la basura

🔎 En inglés británico se usa **rubbish** para basura, **dustbin** para cubo de la basura y **garbage** solo se usa en sentido figurado.

garbanzo /gɑːˈbænzəʊ; USA tb -ˈbɑːn-/ (tb garbanzo bean) n (pl **garbanzos**) (USA) garbanzo

garbled /ˈgɑːbld/ adj confuso

garden 🔑 /ˈgɑːdn/ nombre, verbo
▸ n jardín: vegetable garden huerto
▸ vi trabajar en el jardín

garden centre n centro de jardinería, vivero

gardener /ˈgɑːdnə(r)/ n jardinero, -a

gardening /ˈgɑːdnɪŋ/ n jardinería

gargle /ˈgɑːgl/ vi hacer gárgaras

garish /ˈgeərɪʃ/ adj chillón (color, ropa)

garland /ˈgɑːlənd/ n guirnalda

garlic /ˈgɑːlɪk/ n [incontable] ajo: a clove of garlic un diente de ajo

garment /ˈgɑːmənt/ n (formal) prenda (de vestir)

garnish /ˈgɑːnɪʃ/ verbo, nombre
▸ vt adornar, aderezar
▸ n aderezo, guarnición

garrison /ˈgærɪsn/ n [v sing o pl] guarnición (militar)

garter /ˈgɑːtə(r)/ n liga

gas 🔑 /gæs/ nombre, verbo
▸ n (pl **gases**) **1** gas: gas mask careta antigás **2** (USA) gasolina: gas pedal acelerador **3** [incontable] (USA) (Med) gases
▸ vt (-ss-) asfixiar con gas

gash /gæʃ/ n brecha, herida profunda

gasoline 🔑 /ˈgæsəliːn/ n (USA) gasolina

gasp /gɑːsp; USA gæsp/ verbo, nombre
▸ **1** vi dar un grito ahogado **2** vi jadear: to gasp for air hacer esfuerzos para respirar **3** vt ~ sth (out) decir algo con voz entrecortada
▸ n jadeo, grito ahogado

gas station n (USA) gasolinera

gastric band /ˌgæstrɪk ˈbænd/ n banda gástrica

gate 🔑 /geɪt/ n **1** verja, puerta **2** (en aeropuerto) puerta de embarque

gatecrash /ˈgeɪtkræʃ/ vt, vi colarse (en)

gateway /ˈgeɪtweɪ/ n **1** entrada, puerta **2** ~ to sth (fig) pasaporte hacia algo

gather 🔑 /ˈgæðə(r)/ **1** vt, vi ~ (sb/sth) (together) juntar, reunir a algn/algo; juntarse, reunirse **2** vt ~ sth (together/up) recoger algo **3** vi (muchedumbre) formarse **4** vt (flores, fruta) recolectar **5** vt deducir, tener entendido **6** vt (velocidad) cobrar **7** vt ~ sth (in) (Costura) fruncir algo PHR V **gather (a)round** acercarse ◆ **gather (a)round sb/sth** agruparse alrededor de algn/algo **gathering** n reunión

gaudy /ˈgɔːdi/ adj (**gaudier, -iest**) (pey) chillón, llamativo

gauge (USA tb gage) /geɪdʒ/ nombre, verbo
▸ n **1** indicador **2** medida **3** (Ferrocarril) ancho de vía
▸ vt **1** juzgar **2** calibrar, calcular

gaunt /gɔːnt/ adj demacrado

gauze /gɔːz/ n gasa

gave pt de GIVE

gay /geɪ/ adjetivo, nombre
▸ adj, n gay, homosexual
▸ adj [nunca antes de sustantivo] (argot, pey) aburrido, pasado de moda

gaydar /ˈgeɪdɑː(r)/ n [incontable] (coloq) habilidad intuitiva para determinar si alguien es homosexual ❶ La palabra **gaydar** es un término humorístico que resulta de la combinación de las palabras **gay** y **radar**.

gaze /geɪz/ verbo, nombre
▸ vi ~ (at sb/sth) mirar fijamente (a algn/algo): They gazed into each other's eyes. Se miraron fijamente a los ojos. ➜ Ver nota en MIRAR LOC Ver SPACE
▸ n [gen sing] mirada fija y larga

GCSE /ˌdʒiː siː es ˈiː/ n (abrev de General Certificate of Secondary Education)

🔎 Los **GCSEs** son exámenes estatales que hacen los estudiantes de dieciséis años en Inglaterra y Gales tras finalizar la primera fase de la enseñanza secundaria. ➜ Ver nota en A LEVEL

| ð **then** | s **so** | z **zoo** | ʃ **she** | ʒ **vision** | h **how** | ŋ **sing** | j **yes** | w **wet** |

g'day /gəˈdeɪ/ *interj* (*Aus*, *NZ*) hola

gear ०ⁿ /ɡɪə(r)/ *nombre*, *verbo*
▶ *n* **1** (*automóvil*) marcha, velocidad: *to change gear* cambiar de velocidad ◊ *out of gear* en punto muerto **2** (*Mec*) engranaje **3** equipo: *camping gear* equipo de acampada ◊ *sports gear* ropa/material deportivo
▶ *v* **PHR V** **gear sth to/towards sth** orientar algo a/ hacia algo ◆ **gear sb/sth up (for/to sth)** preparar a algn/algo (para algo) ◆ **gear up (for/to sth)** pre- pararse (para algo)

gearbox /ˈɡɪəbɒks/ *n* caja de cambios

gear lever (*tb* gearstick /ˈɡɪəstɪk/) (*USA* **gear shift**) *n* palanca de cambio

geek /giːk/ *n* (*coloq*, *pey*) **1** pavo, -a (*persona*) **2** friki: *He's a complete computer geek.* Es un friki total de la informática.

geese *pl de* GOOSE

gel /dʒel/ *n* gel: *hair gel* gel (para el pelo)

gem /dʒem/ *n* **1** (*tb* gemstone /ˈdʒemstəʊn/) pie- dra preciosa **2** (*fig*) joya

Gemini /ˈdʒemɪnaɪ/ *n* géminis ➡ *Ver ejemplos en* ACUARIO

gender /ˈdʒendə(r)/ *n* **1** sexo **2** (*Gram*) género

gene /dʒiːn/ *n* (*Biol*) gen

general ०ⁿ /ˈdʒenrəl/ *adj*, *n* general: *as a gen- eral rule* por regla general ◊ *the general public* el público/la gente (en general) **LOC** **in general** en general

general election *n* elecciones generales

generalization, -isation /ˌdʒenrəlaɪˈzeɪʃn; *USA* -lə'-/ *n* generalización

generalize, -ise /ˈdʒenrəlaɪz/ *vi* generalizar

generally ०ⁿ /ˈdʒenrəli/ *adv* generalmente, por lo general: *generally speaking…* en térmi- nos generales…

general practice *n* (*GB*) medicina general

general practitioner *n Ver* GP

general-purpose *adj* [*solo antes de sustantivo*] de uso general

generate ०ⁿ /ˈdʒenəreɪt/ *vt* generar

generation ०ⁿ /ˌdʒenəˈreɪʃn/ *n* generación: *the generation gap* el conflicto generacional ◊ *the older/younger generation* los mayores/ jóvenes

generator /ˈdʒenəreɪtə(r)/ *n* generador

generic /dʒəˈnerɪk/ *adj* genérico

generosity /ˌdʒenəˈrɒsəti/ *n* generosidad

generous ०ⁿ /ˈdʒenərəs/ *adj* **1** (*persona*, *regalo*) generoso **2** (*ración*) abundante: *a generous helping* una buena porción

genetic /dʒəˈnetɪk/ *adj* genético: *genetic engineering* ingeniería genética

genetically modified *adj* (*abrev* GM) trans- génico: *genetically modified foods* alimentos transgénicos

genetics /dʒəˈnetɪks/ *n* [*incontable*] genética

genial /ˈdʒiːniəl/ *adj* afable

genie /ˈdʒiːni/ *n* (*pl* **genies**, **genii** /-aɪ/) genio (*de la lámpara*)

genital /ˈdʒenɪtl/ *adj* genital **genitals** (*tb* geni- talia /ˌdʒenɪˈteɪliə/) *n* [*pl*] genitales

genius /ˈdʒiːniəs/ *n* (*pl* **geniuses**) genio

genocide /ˈdʒenəsaɪd/ *n* genocidio

genome /ˈdʒiːnəʊm/ *n* (*Biol*) genoma

genomics /dʒiˈnɒmɪks/ *n* [*incontable*] (*Biol*) ge- nómica

gent /dʒent/ *n* **1** (*antic*) caballero **2 Gents** [*sing*] (*coloq*) servicio de caballeros

genteel /dʒenˈtiːl/ *adj* **1** refinado **2** (*pey*) remil- gado **gentility** /dʒenˈtɪləti/ *n* (*formal*) refina- miento

gentle ०ⁿ /ˈdʒentl/ *adj* (**gentler** /ˈdʒentlə(r)/, **gentlest** /ˈdʒentlɪst/) **1** (*persona*, *carácter*) amable, dulce **2** (*brisa*, *toque*, *declive*, *ejercicio*) suave, ligero **3** (*animal*) manso

gentleman ०ⁿ /ˈdʒentlmən/ *n* (*pl* **-men** /-mən/) caballero

gentleness /ˈdʒentlnəs/ *n* **1** amabilidad, dul- zura **2** suavidad **3** mansedumbre

gently ०ⁿ /ˈdʒentli/ *adv* **1** suavemente **2** (*coci- nar*) a fuego lento **3** (*persuadir*) poco a poco

genuine ०ⁿ /ˈdʒenjuɪn/ *adj* **1** (*cuadro*) auténtico **2** (*persona*) sincero

genus /ˈdʒiːnəs/ *n* (*pl* **genera** /ˈdʒenərə/) (*Biol*, *Bot*) género

geocaching /ˈdʒiːəʊkæʃɪŋ/ *n* geocaching (*gymkhana GPS*)

geographer /dʒiˈɒɡrəfə(r)/ *n* geógrafo, -a

geographical /ˌdʒiːəˈɡræfɪkl/ *adj* geográfico

geography ०ⁿ /dʒiˈɒɡrəfi/ *n* geografía

geolocation /ˌdʒiːəʊləʊˈkeɪʃn/ *n* geolocaliza- ción

geological /ˌdʒiːəˈlɒdʒɪkl/ *adj* geológico

geologist /dʒiˈɒlədʒɪst/ *n* geólogo, -a

geology /dʒiˈɒlədʒi/ *n* geología

geometric /ˌdʒiːəˈmetrɪk/ *adj* geométrico

geometry /dʒiˈɒmətri/ *n* geometría

geranium /dʒəˈreɪniəm/ *n* geranio

gerbil /ˈdʒɜːbɪl/ *n* jerbo

geriatric /ˌdʒeriˈætrɪk/ *adj*, *n* geriátrico, -a

germ /dʒɜːm/ *n* germen, microbio

German measles /ˌdʒɜːmən ˈmiːzlz/ *n* [*incon- table*] rubeola

G

---

i: see   i happy   ɪ sit   e ten   æ hat   ɑː arm   ɒ got   ɔː saw   ʊ put

German shepherd /ˌdʒɜːmən ˈʃepəd/ *n* pastor alemán

gesture /ˈdʒestʃə(r)/ *nombre, verbo*

▸ *n* gesto: *What a nice gesture!* ¡Qué detalle!

▸ *vi* hacer gestos: *to gesture at/to/towards sth* señalar algo con la mano

get ⊶ /get/ (**-tt-**) (*pt* **got** /gɒt/, *pp* **got**, USA **gotten** /ˈgɒtn/)

● **get sth** *vt* recibir, coger, conseguir: *to get a letter* recibir una carta ◇ *How much did you get for your car?* ¿Cuánto te han dado por el coche? ◇ *I didn't get the joke.* No cogí el chiste. ◇ *Can I get you a coffee?* ¿Quieres un café? ◇ *to get a shock* llevarse un susto ◇ *She gets bad headaches.* Sufre de fuertes dolores de cabeza.

● **get sb/sth to do sth; get sb/sth doing sth** *vt* hacer, conseguir que algn/algo haga algo: *to get the car to start* hacer que el coche arranque ◇ *to get him talking* hacerle hablar

● **get sth done** *vt* (*cuando queremos que alguien haga algo para nosotros*): *to get your hair cut* cortarse el pelo ◇ *You should get your watch repaired.* Deberías llevar tu reloj a arreglar.

● **get sth + adjetivo** *vt* (*conseguir que algo se vuelva/haga…*): *to get sth right* acertar algo ◇ *to get the children ready for school* dejar a los niños listos para ir a la escuela ◇ *to get (yourself) ready* arreglarse

● **get + adjetivo** *vi* volverse, hacerse: *It's getting late.* Se está haciendo tarde. ◇ *to get better* mejorar/recuperarse ◇ *to get wet* mojarse

● **get + participio** *vi*: *to get fed up with sth* hartarse de algo ◇ *to get used to sth* acostumbrarse a algo ◇ *to get lost* perderse

🔎 Algunas combinaciones frecuentes de **get + participio** se traducen por verbos pronominales: *to get bored* aburrirse ◇ *to get divorced* divorciarse ◇ *to get dressed* vestirse ◇ *to get drunk* emborracharse ◇ *to get married* casarse. Para conjugarlos, añadimos la forma correspondiente de **get**: *She soon got used to it.* Se acostumbró enseguida. ◇ *I'm getting dressed.* Me estoy vistiendo. ◇ *We'll get married in the summer.* Nos casaremos este verano. **Get + participio** se utiliza también para expresar acciones que ocurren o se realizan de forma accidental, inesperada o repentina: *I got caught in a heavy rainstorm.* Me pilló una tormenta muy fuerte. ◇ *Simon got hit by a ball.* A Simon le dieron un pelotazo.

● **otros usos 1** *vi* ~ **to…** (*movimiento*) llegar a…: *Where have they got to?* ¿Dónde se han meti-

do? **2 have got** *Ver* HAVE **LOC** **be getting on** (*coloq*) **1** (*persona*) hacerse viejo **2** (*hora*) hacerse tarde ◆ **get away from it all** (*coloq*) huir de todo y de todos ◆ **get (sb) nowhere; not get (sb) anywhere** no llevar a algn a ninguna parte ◆ **get there** lograrlo ◆ **what are you, is he, etc. getting at?** ¿qué insinúas, insinúa, etc? ❶ Para otras expresiones con **get**, véanse las entradas del sustantivo, adjetivo, etc., p. ej. **get the hang of sth** en HANG.

PHR V **get about** *Ver* GET AROUND

get sth across (to sb) comunicar algo (a algn), hacer entender algo a algn

get ahead (of sb) adelantar(se) (a algn)

get along *Ver* GET ON (1, 3)

get around 1 (*persona, animal*) salir, moverse **2** (*rumor, noticia*) circular, correr *Ver tb* GET ROUND

get at sb meterse con algn

get away (from…) salir, escaparse (de…) *Ver tb* GETAWAY ◆ **get away with sth 1** llevarse algo (*robado*) **2** (*tb* **get away with doing sth**) quedarse sin castigo por (hacer) algo

get back regresar ◆ **get back at sb** (*coloq*) vengarse de algn ◆ **get sth back** recuperar algo

get behind (with sth) retrasarse (con/en algo)

get by (lograr) pasar ◆ **get by (on/in/with sth)** defenderse (en/con algo)

get down bajar ◆ **get sb down** (*coloq*) deprimir a algn ◆ **get down to (doing) sth** ponerse a hacer algo

get in; get into sth 1 llegar (a algún sitio) **2** (*vehículo*) subirse (a algo) **3** ser elegido (para algo) **4** (*colegio, universidad, etc.*) ser admitido (en algo) ◆ **get sth in 1** recoger algo **2** comprar algo

get into sth 1 meterse en algo (*profesión, problema*) **2** (*ropa*) ponerse algo **3** (*hábito*) coger, adquirir algo **4** (*coloq*) cogerle el gustillo a algo

get off (sth) 1 salir (del trabajo) **2** (*vehículo*) bajarse (de algo) ◆ **get sth off (sth)** quitar algo (de algo) ◆ **get off with sb** (*coloq*) ligar, enrollarse con algn

get on 1 irle a algn: *How did you get on?* ¿Cómo te fue? **2** tener éxito **3** arreglárselas ◆ **get on; get onto sth** (*vehículo*) subirse (a algo) ◆ **get on to sth** ponerse a hablar de algo; pasar a considerar algo ◆ **get on (together); get on with sb** llevarse bien (con algn) ◆ **get on with sth** seguir con algo: *Get on with your work!* ¡Sigan trabajando!

get out (of sth) 1 salir (de algo): *Get out (of here)!* ¡Fuera de aquí! **2** (*vehículo*) bajarse (de algo) ◆ **get out of (doing) sth** escabullirse, librarse de (hacer) algo ◆ **get sth out of sb/sth** sacar algo de algn/algo

get over sth 1 superar algo **2** recuperarse de algo ◆ **get over sth/sb** olvidar algo/a algn ◆ **get**

sth over (with) *(coloq)* quitarse algo de encima; acabar algo (de una vez)
get round sb convencer a algn ◆ **get round to sth** llegar a algo *(cuando se encuentra el momento)*: *I never got round to phoning him.* Nunca llegué a llamarlo. *Ver tb* GET AROUND
get through sth 1 *(dinero, comida)* usar, gastar algo **2** *(tarea)* terminar algo ◆ **get through (to sb) 1** llegar (a algn) **2** conseguir hablar (con algn) *(por teléfono)* ◆ **get through to sb** hacer entender a algn
get to sb *(coloq)* fastidiar, afectar a algn
get together (with sb) reunirse (con algn) ◆ **get sb/sth together** reunir, juntar a algn/algo
get up levantarse ◆ **get sb up** levantar a algn ◆ **get up to sth 1** llegar hasta/a algo **2** meterse en algo *(problemas)*

getaway /ˈgetəweɪ/ *n* fuga: *getaway car* coche de fuga

GF /ˌdʒiː ˈef/ *abrev de* **girlfriend** *(coloq) (esp en mensajes, etc.)* novia ➲ *Ver nota en* TEXTSPEAK

ghastly /ˈgɑːstli; *USA* ˈgæst-/ *adj* (**ghastlier**, **-iest**) espantoso: *the whole ghastly business* todo el asqueroso asunto

gherkin /ˈgɜːkɪn/ *n* pepinillo

ghetto /ˈgetəʊ/ *n* (*pl* **ghettos**, **ghettoes**) gueto

ghost /gəʊst/ *n* fantasma: *a ghost story* una historia de terror LOC **give up the ghost** entregar el alma **ghostly** *adj* fantasmal

giant 🗝 /ˈdʒaɪənt/ *adj, n* gigante

gibberish /ˈdʒɪbərɪʃ/ *n [incontable] (coloq)* tonterías

giddy /ˈgɪdi/ *adj* (**giddier**, **-iest**) mareado: *The dancing made her giddy.* El baile la mareó.

gift 🗝 /gɪft/ *n* **1** regalo **2** ~ **(for sth)** don, talento (para algo) **3** *(coloq)* ganga LOC **have the gift of the gab** tener mucha labia *Ver tb* LOOK

gifted /ˈgɪftɪd/ *adj* dotado

ˈ**gift voucher** (*tb* ˈ**gift token**) (*USA* ˈ**gift certificate**) *n* vale de regalo

ˈ**gift wrap** *nombre, verbo*
▸ *n [incontable]* papel de regalo
▸ *vt* **gift-wrap** (**-pp-**) envolver en papel de regalo

gig /gɪg/ *n* actuación *(de pop, jazz, etc.)*

gigabyte /ˈgɪgəbaɪt/ *(coloq* **gig** /gɪg/*) n (abrev* **GB***) (Informát)* gigabyte, giga

gigantic /dʒaɪˈgæntɪk/ *adj* gigantesco

ˈ**gig economy** *n [incontable]* economía de los trabajos puntuales por encargo

giggle /ˈgɪgl/ *verbo, nombre*
▸ *vi* ~ **(at/about sb/sth)** reírse tontamente (de algn/algo) ➲ *Ver nota en* REÍR
▸ *n* **1** risita **2** *(GB, coloq)* broma: *I only did it for a giggle.* Solo lo hice por hacer una gracia. **3 the giggles** *[pl] (coloq)*: *a fit of the giggles* un ataque de risa

gilded /ˈgɪldɪd/ (*tb* **gilt** /gɪlt/) *adj* dorado

gimmick /ˈgɪmɪk/ *n* truco publicitario o de promoción

gin /dʒɪn/ *n* ginebra: *a gin and tonic* un gin-tonic

ginger /ˈdʒɪndʒə(r)/ *nombre, adjetivo*
▸ *n* jengibre
▸ *adj* pelirrojo: *ginger hair* pelo pelirrojo ◇ *a ginger cat* un gato romano

gingerly /ˈdʒɪndʒəli/ *adv* cautelosamente, sigilosamente

Gipsy = GYPSY

giraffe /dʒəˈrɑːf; *USA* -ˈræf/ *n* jirafa

girder /ˈgɜːdə(r)/ *n* viga *(de metal)*

girl 🗝 /gɜːl/ *n* niña, chica

girlfriend 🗝 /ˈgɜːlfrend/ *n* **1** novia **2** *(esp USA)* amiga

gist /dʒɪst/ *n* LOC **get the gist of sth** captar lo esencial de algo

git /gɪt/ *n (GB, argot)* imbécil

give 🗝 /gɪv/ *verbo, nombre*
▸ *vt* (*pt* **gave** /geɪv/, *pp* **given** /ˈgɪvn/) **1** *vt* ~ **sb sth**; ~ **sth (to sb)** dar algo (a algn): *I gave each of the boys an apple.* Le di una manzana a cada uno de los chicos. ◇ *It gave us rather a shock.* Nos dio un buen susto.

> Algunos verbos como **give**, **buy**, **send**, **take**, etc. tienen dos objetos, uno directo y otro indirecto. El objeto indirecto suele ser una persona y va delante del objeto directo: *Give **me** the book.* ◇ *I bought **her** a present.* Cuando el objeto indirecto va después, usamos una preposición, normalmente **to** o **for**: *Give the book **to me**.* ◇ *I bought a present **for her**.*

2 *vi* ~ **(to sth)** dar dinero (para algo) **3** *vt (tiempo, pensamiento)* dedicar **4** *vt* contagiar: *You've given me your cold.* Me has contagiado tu resfriado. **5** *vt* dar: *to give a lecture* dar una conferencia **6** *vi* ceder LOC **don't give me that!** *(coloq)* ¿te crees que soy tonto? ◆ **give or take sth** *an hour and a half, give or take a few minutes* una hora y media, más o menos ◆ **I/I'll give you that** *(coloq)* eso te lo reconozco ❶ Para otras expresiones con **give**, véanse las entradas del sustantivo, adjetivo, etc., p. ej. **give rise to sth** en RISE. PHR V **give sth away** regalar algo ◆ **give sth/sb away** delatar algo/a algn ◆ **give (sb) back sth**; **give sth back (to sb)** devolver algo (a algn) ◆ **give in (to sb/sth)** ceder (a/ante algn/algo) ◆ **give sth in (to sb)** entregar algo (a algn) ◆ **give sth out**

repartir, distribuir algo ◆ **give up** rendirse, abandonar ◆ **give sth up**; **give up doing sth** dejar algo, dejar de hacer algo: *to give up smoking* dejar de fumar ◇ *to give up hope* perder las esperanzas

▸ n **LOC** **give and take** toma y daca

given /ˈɡɪvn/ *adj, prep* dado *Ver tb* GIVE

given name *n* (*esp USA*) nombre de pila

glacier /ˈɡlæsiə(r)/; *USA* ˈɡleɪʃər/ *n* glaciar

glad ◯ᴡ /ɡlæd/ *adj* **1 be ~ (about sth/to do sth)** alegrarse (de algo/de hacer algo): *I'm glad (that) you could come.* Me alegro de que pudieras venir. **2 be ~ of sth** agradecer algo **3 be ~ to do sth** tener mucho gusto en hacer algo: *'Can you help?' 'I'd be glad to.'* —¿Puedes ayudar? —Con mucho gusto.

🔎 **Glad** y **pleased** se utilizan para referirse a una circunstancia o un hecho concretos: *Are you glad/pleased about getting the job?* ¿Estás contento de haber conseguido el trabajo? **Happy** describe un estado mental y puede preceder al sustantivo al que acompaña: *Are you happy in your new job?* ¿Estás contento en tu nuevo trabajo? ◇ *a happy occasion* una ocasión feliz ◇ *happy memories* recuerdos felices.

gladiator /ˈɡlædieɪtə(r)/ *n* gladiador

gladly /ˈɡlædli/ *adv* con gusto

glamorous /ˈɡlæmərəs/ *adj* con (mucho) glamour

glamour (*USA* glamor) /ˈɡlæmə(r)/ *n* glamour

glamping /ˈɡlæmpɪŋ/ *n* acampada de lujo
❶ La palabra **glamping** resulta de la combinación de las palabras **glamour** y **camping**.

glance /ɡlɑːns; *USA* ɡlæns/ *verbo, nombre*

▸ vi ~ **at/down/over/through sth** echar un vistazo/una mirada a algo ➔ *Ver nota en* MIRAR

▸ n mirada (rápida), vistazo: *to take/have a glance at sth* echar un vistazo a algo **LOC** **at a (single) glance** a simple vista

gland /ɡlænd/ *n* (*Anat*) glándula

glare /ɡleə(r)/ *verbo, nombre*

▸ vi ~ **(at sb/sth)** mirar airadamente (a algn/algo) ➔ *Ver nota en* MIRAR

▸ n **1** luz deslumbrante **2** mirada airada

glaring /ˈɡleərɪŋ/ *adj* **1** (*error*) evidente **2** (*luz*) deslumbrante **3** (*expresión*) airado **glaringly** *adv* *glaringly obvious* muy evidente

glass ◯ᴡ /ɡlɑːs; *USA* ɡlæs/ *n* **1** [*incontable*] vidrio, cristal: *a pane of glass* una lámina de cristal ◇ *broken glass* cristales rotos ➔ *Ver nota en* CRYSTAL; *Ver tb* STAINED GLASS **2** copa, vaso: *a glass*

of wine una copa de vino ◇ *a wine glass* una copa para vino ➔ *Ver dibujo en* CUP **LOC** *Ver* RAISE

glasses /ˈɡlɑːsɪz; *USA* ˈɡlæsɪz/ *n* [*pl*] gafas: *a new pair of glasses* unas gafas nuevas ➔ *Ver nota en* PAIR

glaze /ɡleɪz/ *verbo, nombre*

▸ **1** vi ~ **(over)** (*ojos*) ponerse vidrioso **2** vt poner cristal en **3** vt (*cerámica*) vidriar *Ver tb* DOUBLE GLAZING

▸ n (*cerámica*) barniz **glazed** *adj* **1** (*ojos*) inexpresivo **2** (*cerámica*) vidriado

gleam /ɡliːm/ *verbo, nombre*

▸ vi **1** destellar **2** brillar, relucir

▸ n **1** destello **2** brillo **gleaming** *adj* reluciente

glean /ɡliːn/ *vt* sacar (*información*)

glee /ɡliː/ *n* regocijo **gleeful** *adj* eufórico **gleefully** *adv* con euforia

glen /ɡlen/ *n* valle estrecho

glide /ɡlaɪd/ *nombre, verbo*

▸ n deslizamiento

▸ vi **1** deslizarse **2** (*en el aire*) planear

glider /ˈɡlaɪdə(r)/ *n* planeador

glimmer /ˈɡlɪmə(r)/ *n* **1** luz tenue **2** ~ **(of sth)** (*fig*) chispa (de algo): *a glimmer of hope* un rayo de esperanza

glimpse /ɡlɪmps/ *nombre, verbo*

▸ n visión momentánea **LOC** **catch a glimpse of sb/sth** vislumbrar a algn/algo

▸ vt vislumbrar

glint /ɡlɪnt/ *verbo, nombre*

▸ vi **1** destellar **2** (*ojos*) brillar

▸ n **1** destello **2** (*ojos*) chispa

glisten /ˈɡlɪsn/ *vi* relucir (*esp superficie mojada*)

glitch /ɡlɪtʃ/ *n* (*coloq*) fallo

glitter /ˈɡlɪtə(r)/ *verbo, nombre*

▸ vi relucir

▸ n **1** brillo **2** (*fig*) esplendor **3** purpurina

gloat /ɡləʊt/ *vi* ~ **(about/at/over sth)** relamerse, regocijarse (de algo)

global ◯ᴡ /ˈɡləʊbl/ *adj* **1** mundial: *global warming* el calentamiento global ◇ *the global village* la aldea global **2** (*visión, suma*) global **globally** *adv* mundialmente, a escala mundial

globalization, -isation /ˌɡləʊbəlaɪˈzeɪʃn; *USA* -lə-/ *n* globalización

globalize, -ise /ˈɡləʊbəlaɪz/ *vt, vi* globalizar(se)

globe /ɡləʊb/ *n* **1** globo terráqueo **2** **the globe** [*sing*] el mundo

gloom /ɡluːm/ *n* **1** tristeza, pesimismo **2** (*formal*) penumbra **gloomy** *adj* (**gloomier, -iest**) **1** sombrío, lúgubre **2** (*carácter*) melancólico **3** (*pronóstico*) poco prometedor

glorious /ˈɡlɔːriəs/ adj **1** (formal) glorioso **2** espléndido

glory /ˈɡlɔːri/ nombre, verbo
▸ n (pl **glories**) **1** gloria **2** esplendor
▸ vi (pt, pp **-ied**) PHR V **glory in sth 1** enorgullecerse de algo **2** disfrutar, regodearse de algo

gloss /ɡlɒs/ verbo, nombre
▸ v PHR V **gloss over sth** pasar algo por alto, quitar importancia a algo
▸ n **1** brillo **2** (tb ˌgloss ˈpaint) pintura de esmalte ⊃ Comparar con MATT **3** (fig) lustre

glossary /ˈɡlɒsəri/ n (pl **glossaries**) glosario

glossy /ˈɡlɒsi/ adj (**glossier, -iest**) reluciente, lustroso

glove 0ᴅ /ɡlʌv/ n guante LOC Ver FIT

glow /ɡləʊ/ verbo, nombre
▸ vi **1** estar candente **2** brillar (suavemente) **3** (cara) enrojecerse **4** ~ (**with sth**) rebosar (de algo)
▸ n [sing] **1** luz suave **2** rubor **3** (sentimiento de) satisfacción

glucose /ˈɡluːkəʊs, -kəʊz/ n glucosa

glue 0ᴅ /ɡluː/ nombre, verbo
▸ n cola, pegamento
▸ vt (pt, pp **glued**, part pres **gluing**) pegar

gluteal /ˈɡluːtiəl/ adj, n (Anat) glúteo

gluten /ˈɡluːtn/ n gluten

glutton /ˈɡlʌtn/ n **1** glotón, -ona **2** ~ **for sth** amante de algo: to be a glutton for punishment hacerse el mártir

GM /ˌdʒiː ˈem/ abrev Ver GENETICALLY MODIFIED

gnarled /nɑːld/ adj nudoso

gnarly /ˈnɑːli/ adj (USA, argot) **1** chungo **2** genial

gnaw /nɔː/ vt, vi ~ (**away**) (**at/on**) **sth** roer algo PHR V **gnaw at sb** atormentar a algn

gnome /nəʊm/ n gnomo

go 0ᴅ /ɡəʊ/ verbo, nombre
▸ vi (3ᵃ pers sing **goes** /ɡəʊz/, pt **went** /went/, pp **gone** /ɡɒn; USA ɡɔːn/) **1** ir(se): I went to bed at ten o'clock. Me fui a la cama a las diez. ◇ to go home irse a casa

🔎 **Been** se usa como participio pasado de **go** para expresar que alguien ha ido a un lugar y ha vuelto: Have you ever been to London? ¿Has ido alguna vez a Londres? **Gone** implica que esa persona no ha regresado todavía: John's gone to Peru. He'll be back in May. John se ha ido a Perú. Volverá en mayo.

2 irse, marcharse **3** (tren, etc.) salir **4** **go + -ing** ir: to go fishing/swimming/camping ir a pescar/a nadar/de camping ⊃ Ver nota en DEPORTE **5** **go for a + sustantivo** ir: to go for a walk ir a dar un

paseo **6** (progresar) ir, salir: How's it going? ¿Cómo te va? ◇ It all went well. Todo salió bien. **7** + **adjetivo** volverse, quedarse: to go mad/blind/pale volverse loco/quedarse ciego/palidecer **8** hacer (emitir un sonido): Cats go 'miaow'. Los gatos hacen "miau". **9** (máquina) funcionar **10** desaparecer, terminarse: My headache's gone. Se me ha pasado el dolor de cabeza. ◇ Is it all gone? ¿Se ha acabado? **11** gastarse, romperse **12** (tiempo) pasar LOC **be going to do sth** ir a hacer algo: We're going to buy a house. Vamos a comprar una casa. ◇ He's going to fall! ¡Se va a caer! ❶ Para otras expresiones con **go**, véanse las entradas del sustantivo, adjetivo, etc., p. ej. **go astray** en ASTRAY.

PHR V **go about** Ver GO AROUND (4) ♦ **go about (doing) sth** How should I go about telling him? ¿Cómo debería decírselo?

go ahead (with sth) seguir adelante (con algo)

go along with sth/sb estar conforme con algo/con lo que dice algn

go around 1 girar, dar vueltas **2** (cantidad) alcanzar: Is there enough to go around? ¿Alcanza para todos? **3** + **adjetivo o -ing** andar: to go around naked andar desnudo **4** (rumor) circular

go away 1 irse, marcharse **2** irse (de vacaciones) **3** (mancha, olor) desaparecer

go back volver ♦ **go back on sth** no cumplir algo (promesa, etc.)

go by pasar: as time goes by con el tiempo

go down 1 bajar **2** (barco) hundirse **3** (sol) ponerse

go for sb atacar a algn ♦ **go for sb/sth 1** ir por algn/algo: That goes for you too. Eso va por ti también. **2** ir a buscar algo/algn **3** gustarle algo/algn a algn/algo: She always goes for tall guys. Se ve que le van los tíos altos.

go in 1 entrar **2** (sol, luna) esconderse ♦ **go in for sth 1** participar en algo: to go in for the FCE presentarse al First **2** gustarle a algn (hacer) algo (hobby, etc.)

go into sth 1 entrar en algo: to go into detail entrar en detalles **2** chocar contra algo **3** (profesión) meterse en algo

go off 1 irse, marcharse **2** (arma) dispararse **3** (bomba) explotar **4** (alarma) sonar **5** (luz, etc.) apagarse **6** (alimentos) echarse a perder ♦ **go off sb/sth** (GB, coloq) perder interés por algn/algo ♦ **go off with sth** llevarse algo

go on 1 seguir adelante **2** (luz, etc.) encenderse **3** pasar: What's going on here? ¿Qué pasa aquí? **4** (situación) continuar, durar ♦ **go on (about sb/sth)** no parar de hablar (de algn/algo) ♦ **go on (with sth/doing sth)** seguir (con algo/haciendo algo)

goad

go out 1 salir **2** (*luz, fuego*) apagarse **3** (*marea*) bajar

go over sth 1 examinar, revisar algo **2** (*de nuevo*) repasar algo ◆ **go over to sth** pasarse a algo (*opinión, partido*)

go round *Ver* GO AROUND

go through (*ley, etc.*) ser aprobado ◆ **go through sth 1** *Ver* GO OVER STH **2** sufrir, pasar (por) algo ◆ **go through with sth** llevar a cabo algo

go together 1 (*colores, etc.*) combinar **2** ir de la mano (*estar asociados*)

go up 1 subir **2** (*edificio*) levantarse **3** estallar, explotar

go with sth ir con algo

go without (sth) pasar privaciones; pasarse sin algo

▸ *n* (*pl* **goes** /gəʊz/) **1** turno: *Whose go is it?* ¿A quién le toca? **2** empuje LOC **be on the go** (*coloq*) no parar ◆ **have a go at sb** (*coloq*) tomarla con algn ◆ **have a go (at sth/doing sth); give it a go** probar suerte (con algo), intentar (hacer algo)

goad /gəʊd/ *vt* ~ **sb/sth (into sth)** incitar a algn/algo (a algo)

go-ahead *nombre, adjetivo*
▸ *n* **the go-ahead** [*sing*] luz verde
▸ *adj* emprendedor

goal ⊶ /gəʊl/ *n* **1** portería **2** gol **3** (*fig*) meta *Ver tb* OWN GOAL

goalkeeper /ˈgəʊlkiːpə(r)/ (*coloq* **goalie** /ˈgəʊli/) *n* portero, -a

goalpost /ˈgəʊlpəʊst/ *n* poste (de la portería)

goat /gəʊt/ *n* cabra

goatee /gəʊˈtiː/ *n* perilla

gobble /ˈgɒbl/ *vt* ~ **sth (up/down)** engullir algo

go-between *n* intermediario, -a

goblet /ˈgɒblət/ *n* cáliz

goblin /ˈgɒblɪn/ *n* duende travieso

gobsmacked /ˈgɒbsmækt/ *adj* (*coloq*) pasmado

go-cart = GO-KART

god ⊶ /gɒd/ *n* **1 God** [*sing*] Dios **2** dios LOC *Ver* KNOW, SAKE

godchild /ˈgɒdtʃaɪld/ *n* (*pl* **godchildren**) ahijado, -a

god-daughter *n* ahijada

goddess /ˈgɒdəs/ *GB tb* -des/ *n* diosa

godfather /ˈgɒdfɑːðə(r)/ *n* padrino

godmother /ˈgɒdmʌðə(r)/ *n* madrina

godparent /ˈgɒdpeərənt/ *n* **1** padrino, madrina **2** **godparents** [*pl*] padrinos

godsend /ˈgɒdsend/ *n* regalo del cielo

godson /ˈgɒdsʌn/ *n* ahijado

goggles /ˈgɒglz/ *n* [*pl*] gafas (*protectoras*)

going /ˈgəʊɪŋ/ *nombre, adjetivo*
▸ *n* **1** [*sing*] (*formal*) partida: *I was sad at her going.* Sentí que se marchaba. **2** *That was good going.* Ha sido muy rápido. ◇ *It was hard going.* Fue muy duro. ◇ *The path was rough going.* El camino estaba en muy mal estado. LOC **when the going gets tough, the tough get going** (*refrán*) cuando las cosas se ponen mal, se demuestra quiénes son los fuertes ◆ **while the going is good** mientras se puede
▸ *adj* LOC **a going concern** un negocio próspero ◆ **the going rate (for sth)** la tarifa existente (por algo)

go-kart *n* kart **go-karting** *n* kart (*deporte*)

gold ⊶ /gəʊld/ *nombre, adjetivo*
▸ *n* oro: *a gold bracelet* una pulsera de oro ◇ *solid gold* oro macizo ◇ *gold dust* oro en polvo ◇ *gold-plated* chapado en oro LOC **(as) good as gold** más bueno que el pan
▸ *adj* dorado: *a gold bag* un bolso dorado

golden /ˈgəʊldən/ *adj* **1** de oro **2** (*color y fig*) dorado LOC *Ver* WEDDING

goldfish /ˈgəʊldfɪʃ/ *n* (*pl* **goldfish**) pez de colores: *goldfish bowl* pecera

golf /gɒlf/ *n* golf: *golf course* campo de golf

golf club *n* **1** palo de golf **2** club de golf

golfer /ˈgɒlfə(r)/ *n* golfista

gone /gɒn; *USA* gɔːn/ *prep* *It was gone midnight.* Eran las doce pasadas. *Ver tb* GO

gonna /ˈgʌnə/ (*coloq*) (*abrev de* going to) *Ver* GO ❶ Esta forma no se considera gramaticalmente correcta.

good ⊶ /gʊd/ *adjetivo, nombre*
▸ *adj* (*comp* **better** /ˈbetə(r)/, *superl* **best** /best/) **1** bueno: *good nature* bondad ◇ *Vegetables are good for you.* Las verduras son buenas para la salud. ◇ *She's very good with children.* Se le dan bien los niños. **2** ~ **to sb** bueno, amable con algn LOC **as good as** prácticamente ◆ **be good at sth** tener aptitud para algo: *I'm good at English.* Se me da bien el inglés. ◆ **be good to go** estar listo ◆ **good for you, them, etc!** (*coloq*) ¡bien hecho! ❶ Para otras expresiones con **good**, véanse las entradas del sustantivo, adjetivo, etc., p. ej. **a good many** en MANY.
▸ *n* **1** bien **2** **the good** [*pl*] los buenos LOC **be no good; not be any/much good** no servir de nada ◆ **do sb good** hacer bien a algn ◆ **for good** para siempre *Ver tb* POWER

goodbye ⊶ /ˌɡʊdˈbaɪ/ *interj, n* adiós: *to say goodbye* despedirse ❶ Otras palabras más informales son: **bye**, **cheerio** y **cheers**. LOC *Ver* WAVE

ˌgood-ˈhumoured (USA ˌgood-ˈhumored) adj
1 afable **2** de buen humor

ˌgood-ˈlooking adj guapo

ˌgood-ˈnatured adj **1** amable **2** de buen corazón

goodness /ˈgʊdnəs/ nombre, interjección
▶ n **1** bondad **2** valor nutritivo
▶ interj (coloq) ¡cielos! **LOC** Ver KNOW, SAKE

goods ⚐ /gʊdz/ n [pl] **1** artículos, mercancías, productos **2** bienes

goodwill /ˌgʊdˈwɪl/ n buena voluntad

google /ˈguːgl/ vt, vi (Internet) buscar en Google

goose /guːs/ n (pl geese /giːs/) ganso, -a; oca

gooseberry /ˈgʊzbəri; USA ˈguːsberi/ n (pl **gooseberries**) grosella espinosa

ˈgoose pimples (tb esp USA goosebumps /ˈguːsbʌmps/) n [pl] carne de gallina

gorge /gɔːdʒ/ n cañón, desfiladero

gorgeous /ˈgɔːdʒəs/ adj **1** (coloq) guapísimo **2** magnífico

gorilla /gəˈrɪlə/ n gorila

gory /ˈgɔːri/ adj **1** (coloq) morboso **2** sangriento

gosh /gɒʃ/ interj (coloq) ¡vaya!

ˌgo-ˈslow n huelga de celo

gospel /ˈgɒspl/ n evangelio

gossip /ˈgɒsɪp/ nombre, verbo
▶ n (pey) **1** [incontable] chismes: gossip column ecos de sociedad **2** chismoso, -a
▶ vi ~ (about sb/sth) cotillear (de algn/algo)

got pt, pp de GET

goth /gɒθ/ adj, n (tribu urbana) siniestro, -a

Gothic /ˈgɒθɪk/ adj gótico

gotta /ˈgɒtə/ (coloq) (abrev de got to) Ver HAVE
❶ Esta forma no se considera gramaticalmente correcta.

gotten (USA) pp de GET

gouge /gaʊdʒ/ vt to gouge a hole in sth hacer un agujero en algo **PHR V** gouge sth out (of sth) sacar algo (de algo)

govern ⚐ /ˈgʌvn; USA -vərn/ vt, vi gobernar **2** vt (acto, negocio) regir

governing /ˈgʌvənɪŋ/ adj **1** (partido) del gobierno **2** (organismo) rector

government ⚐ /ˈgʌvənmənt/ n [v sing o pl] gobierno: to be in government estar en el gobierno ➔ Ver nota en JURADO governmental /ˌgʌvnˈmentl; USA ˌgʌvərnˈmentl/ adj gubernamental

governor ⚐ /ˈgʌvənə(r)/ n **1** gobernador, -ora **2** director, -ora

gown /gaʊn/ n **1** vestido largo **2** (Educ, Jur) toga **3** (Med) bata Ver tb DRESSING GOWN

GP /ˌdʒiː ˈpiː/ n (abrev de general practitioner) médico, -a de cabecera

GPA /ˌdʒiː piː ˈeɪ/ abrev Ver GRADE POINT AVERAGE

GPS /ˌdʒiː piː ˈes/ n (abrev de global positioning system) GPS

grab ⚐ /græb/ verbo, nombre
▶ (-bb-) **1** vt agarrar **2** vi ~ at/for sth tratar de agarrar algo **3** vt ~ sth (from sb) quitar algo (a algn) **4** vt (atención) captar **5** vt (coloq) coger: Grab a seat and sit down. Coge una silla y siéntate. **LOC** Ver HOLD
▶ n **LOC** make a grab at/for sth intentar hacerse con algo

grace /greɪs/ verbo, nombre
▶ vt (formal) **1** adornar **2** ~ sb/sth (with sth) honrar a algn/algo (con algo)
▶ n **1** gracia, elegancia **2** plazo: five days' grace cinco días de gracia **3** to say grace bendecir la mesa graceful adj grácil, elegante

gracious /ˈgreɪʃəs/ adj **1** afable **2** elegante, lujoso

grade ⚐ /greɪd/ nombre, verbo
▶ n **1** clase, categoría **2** (Educ) nota ➔ Ver nota en A, A **3** (USA) (Educ) curso **4** (USA) pendiente **LOC** make the grade (coloq) tener éxito
▶ vt **1** clasificar **2** (esp USA) (trabajo escolar, exámenes) corregir graded adj clasificado (por nivel, tamaño, etc.)

ˈgrade point average (abrev GPA) n (USA) nota media de un alumno

gradient /ˈgreɪdiənt/ n pendiente

grading /ˈgreɪdɪŋ/ n clasificación

gradual ⚐ /ˈgrædʒuəl/ adj **1** gradual, paulatino **2** (pendiente) suave

gradually ⚐ /ˈgrædʒuəli/ adv paulatinamente, poco a poco

graduate nombre, verbo
▶ n /ˈgrædʒuət/ **1** ~ (in sth) graduado, -a; licenciado, -a (en algo): an Oxford graduate un graduado de la universidad de Oxford **2** (USA) alumno, -a que termina los estudios de secundaria: a high-school graduate un alumno que ha acabado el bachillerato
▶ vi /ˈgrædʒueɪt/ **1** ~ (in sth) graduarse, licenciarse (en algo): She graduated from Oxford. Se graduó en Oxford. **2** (USA) acabar el bachillerato **3** ~ (from sth) to sth pasar (de algo) a algo graduation n graduación

graffiti /grəˈfiːti/ n [gen incontable] pintadas

graft /grɑːft; USA græft/ nombre, verbo
▶ n (Bot, Med) injerto
▶ vt injertar

grain 0̄ /greɪn/ n **1** [incontable] cereales **2** grano **3** veta (madera)

gram 0̄ (tb **gramme**) /græm/ n (abrev **g, gm**) gramo

grammar 0̄ /ˈgræmə(r)/ n gramática

grammar school n (GB) instituto (para alumnos de 11 a 18 años)

grammatical /grəˈmætɪkl/ adj **1** gramatical **2** (gramaticalmente) correcto

gramme = GRAM

grand 0̄ /grænd/ adjetivo, nombre
▸ adj (**grander, -est**) **1** espléndido, magnífico, grandioso **2 Grand** (títulos) gran **3** (coloq) estupendo
▸ n **1** (pl **grand**) (coloq) mil dólares o libras **2** (tb ˌgrand ˈpiano) piano de cola

grandad /ˈgrændæd/ n (coloq) abuelo

grandchild 0̄ /ˈgræntʃaɪld/ n (pl **-children**) nieto, -a

granddaughter 0̄ /ˈgrændɔːtə(r)/ n nieta

grandeur /ˈgrændʒə(r), -djə(r)/ n grandiosidad, grandeza

grandfather 0̄ /ˈgrænfɑːðə(r)/ n abuelo

grandma /ˈgrænmɑː/ n (coloq) abuela

grandmother 0̄ /ˈgrænmʌðə(r)/ n abuela

grandpa /ˈgrænpɑː/ n (coloq) abuelo

grandparent 0̄ /ˈgrænpeərənt/ n abuelo, -a

Grand Prix /ˌgrɒ̃ ˈpriː/ n (pl **Grands Prix** /ˌgrɒ̃ ˈpriː/) Gran Premio

grandson 0̄ /ˈgrænsʌn/ n nieto

granite /ˈgrænɪt/ n granito

granny /ˈgræni/ n (pl **grannies**) (coloq) abuela

grant 0̄ /grɑːnt; USA grænt/ verbo, nombre
▸ vt ~ **sth (to sb)** conceder algo (a algn) 🅛🅞🅒 take sth/sb for granted dar algo por descontado; no darse cuenta de lo que vale algn
▸ n **1** subvención **2** (Educ) beca

grape /greɪp/ n uva

grapefruit /ˈgreɪpfruːt/ n (pl **grapefruit, grapefruits**) pomelo

grapevine /ˈgreɪpvaɪn/ n viña 🅛🅞🅒 **on/through the grapevine** en radio macuto: to hear sth on the grapevine oír algo por ahí

graph /grɑːf; GB tb græf/ n gráfico

graphene /ˈgræfiːn/ n grafeno

graphic /ˈgræfɪk/ adjetivo, nombre
▸ adj gráfico
▸ n **1** imagen **2 graphics** gráficos: computer graphics gráficos por ordenador

graphite /ˈgræfaɪt/ n grafito

graphology /græˈfɒlədʒi/ n grafología

grapple /ˈgræpl/ vi ~ **(with sb/sth)** (lit y fig) luchar (con algn/algo)

grasp /grɑːsp; USA græsp/ nombre, verbo
▸ n **1** conocimiento **2** (fig) alcance: within/beyond the grasp of sb al alcance/fuera del alcance de algn
▸ vt **1** agarrar **2** comprender **3** (oportunidad) aprovechar **grasping** adj codicioso

grass 0̄ /grɑːs; USA græs/ n **1** hierba **2** césped **3** (coloq) maría, marihuana

grasshopper /ˈgrɑːshɒpə(r); USA ˈgræs-/ n saltamontes

grassland /ˈgrɑːslænd; USA ˈgræslænd/ n (tb **grasslands** [pl]) pastos, pradera

grass ˈroots n [pl] bases

grassy /ˈgrɑːsi; USA ˈgræsi/ adj herboso

grate /greɪt/ nombre, verbo
▸ n parrilla (de chimenea)
▸ **1** vt rallar **2** vi ~ **(on/with sb)** irritar (a algn) **3** vi chirriar

grateful 0̄ /ˈgreɪtfl/ adj ~ **(to sb) (for sth)** agradecido (a algn) (por algo) ➲ Ver nota en THANK

grater /ˈgreɪtə(r)/ n rallador

gratitude /ˈgrætɪtjuːd; USA -tuːd/ n ~ **(to sb) (for sth)** gratitud (a algn) (por algo)

grave 0̄ /greɪv/ nombre, adjetivo
▸ n tumba
▸ adj (**graver, -est**) (formal) grave, serio ❶ La palabra más normal es **serious**.

gravel /ˈgrævl/ n gravilla

gravestone /ˈgreɪvstəʊn/ n lápida

graveyard /ˈgreɪvjɑːd/ n cementerio (alrededor de una iglesia) ➲ Comparar con CEMETERY

gravity /ˈgrævəti/ n **1** (Fís) gravedad **2** (formal) seriedad ❶ En este sentido la palabra más normal es **seriousness**.

gravy /ˈgreɪvi/ n salsa (hecha con el jugo de la carne)

gray (USA) = GREY

graze /greɪz/ verbo, nombre
▸ **1** vi pastar **2** vt ~ **sth (against/on sth)** (pierna, etc.) raspar algo (con algo) **3** vt rozar **4** vi ~ **(on sth)** (coloq) picar (algo)
▸ n rasguño

grease /griːs/ nombre, verbo
▸ n **1** grasa **2** (Mec) lubricante
▸ vt engrasar **greasy** adj (**greasier, -iest**) grasiento

great 0̄ /greɪt/ adjetivo, adverbio, nombre
▸ adj (**greater, -est**) **1** gran, grande: in great detail con gran detalle ◇ the world's greatest tennis player la mejor tenista del mundo ◇ We're great friends. Somos muy amigos. ◇ I'm not a great reader. No tengo mucha afición a la lectura. **2** (coloq) estupendo: We had a great time. Lo pasamos genial. ◇ It's great to see you!

¡Qué alegría verte! **3** (*coloq*) muy: *a great big dog* un perro enorme **4** (*distancia*) largo **5** (*edad*) avanzado **6** (*cuidado*) mucho **7** ~ **at sth** (*coloq*) muy bueno en algo **8** great- (*familiares*): *my great-aunt* mi tía abuela ◇ *her great-grandson* su bisnieto ▆▆▆ **great minds think alike** (*refrán*) los grandes cerebros siempre coinciden *Ver tb* DEAL, EXTENT, MANY, PAIN

▶ *adv* (*coloq*) fenomenal

▶ *n* [*gen pl*] (*coloq*) *one of the jazz greats* una de las grandes figuras del jazz

ˌgreat-ˈgrandfather *n* bisabuelo

ˌgreat-ˈgrandmother *n* bisabuela

greatly ☞ /ˈɡreɪtli/ *adv* muy, mucho: *greatly exaggerated* muy exagerado ◇ *It varies greatly.* Varía mucho.

greatness /ˈɡreɪtnəs/ *n* grandeza

greed /ɡriːd/ *n* **1** ~ (**for sth**) codicia (de algo) **2** gula

greedily /ˈɡriːdɪli/ *adv* **1** codiciosamente **2** vorazmente

greedy /ˈɡriːdi/ *adj* (**greedier, -iest**) **1** ~ (**for sth**) codicioso (de algo) **2** glotón

green ☞ /ɡriːn/ *adjetivo, nombre*

▶ *adj* (**greener, -est**) verde

▶ *n* **1** verde **2** greens [*pl*] verduras **3** prado (comunal) **4** (*Golf*) green **5** the Greens [*pl*] (*Pol*) los Verdes

ˈgreen belt *n* zona verde (*en la periferia de una ciudad*)

greenery /ˈɡriːnəri/ *n* [*incontable*] verde, follaje

greengrocer /ˈɡriːnɡrəʊsə(r)/ *n* **1** verdulero, -a **2** greengrocer's verdulería-frutería ➲ *Ver nota en* CARNICERÍA

greenhouse /ˈɡriːnhaʊs/ *n* invernadero: *the greenhouse effect* el efecto invernadero ◇ *greenhouse gases* gases de efecto invernadero

greening /ˈɡriːnɪŋ/ *n* [*incontable*] **1** creación de zonas verdes (*en una ciudad*) **2** sensibilización medioambiental

ˌgreen ˈonion *n* (*USA*) cebolleta

greenwash /ˈɡriːnwɒʃ; *USA* -wɔːʃ/ *n* [*incontable*] (*pey*) lavado verde (*usado por empresas que quieren mejorar su imagen sin cambiar sus prácticas*)

greet /ɡriːt/ *vt* **1** saludar: *He greeted me with a smile.* Me recibió con una sonrisa. **2** ~ **sb/sth** (**with/as sth**) recibir, acoger a algn/algo (con/como algo) **greeting** *n* saludo

ˈgrenade /ɡrəˈneɪd/ *n* granada (*de mano*)

ˈgrew *pt de* GROW

ˈgrey ☞ (*USA* gray) /ɡreɪ/ *adjetivo, nombre*

▶ *adj* **1** gris **2** (*pelo*) blanco: *to go/turn grey* encanecer ◇ *grey-haired* canoso

▶ *n* (*pl* **greys**) gris

greyhound /ˈɡreɪhaʊnd/ *n* galgo

grid /ɡrɪd/ *n* **1** rejilla **2** (*electricidad, gas*) red **3** (*mapa*) cuadrícula **4** (*tb* ˈstarting grid) (*Automovilismo*) parrilla de salida

gridlock /ˈɡrɪdlɒk/ *n* [*incontable*] tapón (*de tráfico*)

grief /ɡriːf/ *n* ~ (**over/at sth**) dolor, pesar (por algo) ▆▆▆ **come to grief** (*coloq*) **1** fracasar **2** sufrir un accidente

grievance /ˈɡriːvəns/ *n* ~ (**against sb**) **1** (*motivo de*) queja (contra algn) **2** (*de trabajadores*) reivindicación (contra algn)

grieve /ɡriːv/ **1** *vi* ~ (**for/over sb/sth**) llorar la pérdida (de algn/algo); lamentarse de algo **2** *vt* (*formal*) afligir, dar pena a

grill /ɡrɪl/ *nombre, verbo*

▶ *n* **1** parrilla **2** (*plato*) parrillada **3** (*tb* grille) rejilla, reja

▶ **1** *vt, vi* asar(se) a la parrilla **2** *vt* ~ **sb** (**about sth**) freír a preguntas a algn (sobre algo)

grim /ɡrɪm/ *adj* (**grimmer, -est**) **1** (*persona*) severo, ceñudo **2** deprimente, triste **3** (*lugar*) triste, lúgubre

grimace /ɡrɪˈmeɪs, ˈɡrɪməs/ *verbo, nombre*

▶ *vi* ~ (**at sb/sth**) hacer muecas (a algn/algo)

▶ *n* mueca

grime /ɡraɪm/ *n* mugre **grimy** *adj* (**grimier, -iest**) mugriento

grin /ɡrɪn/ *verbo, nombre*

▶ *vi* ~ (**at sb**) sonreír de oreja a oreja (a algn) ▆▆▆ **grin and bear it** poner al mal tiempo buena cara

▶ *n* sonrisa

grind /ɡraɪnd/ *verbo, nombre*

▶ *vt* (*pt, pp* **ground** /ɡraʊnd/) **1** moler(se) **2** afilar **3** (*dientes*) rechinar ▆▆▆ **grind to a halt; come to a grinding halt 1** pararse chirriando **2** (*proceso*) detenerse gradualmente *Ver tb* AXE

▶ *n* [*sing*] (*coloq*) *the daily grind* la rutina cotidiana

grip /ɡrɪp/ *nombre, verbo*

▶ *n* **1** ~ (**on sb/sth**) agarre, adherencia (a algn/algo) **2** ~ (**on sb/sth**) dominio, control, presión (sobre algn/algo) **3** agarradero, asidero ▆▆▆ **come/get to grips with sth** enfrentarse a algo

▶ (**-pp-**) **1** *vt, vi* agarrar(se), asir(se) **2** *vt* (*mano*) coger **3** *vt* (*atención*) absorber **4** *vt*: *to be gripped by fear* ser preso del miedo **gripping** *adj* apasionante

grit /ɡrɪt/ *nombre, verbo*

▶ *n* **1** arena, arenilla **2** valor, determinación

▶ *vt* (**-tt-**) cubrir con arena ▆▆▆ **grit your teeth 1** apretar los dientes **2** (*fig*) armarse de valor

groan /ɡrəʊn/ *verbo, nombre*
▸ *vi* **1** ~ (with sth) gemir, quejarse (de algo): *They all groaned at his terrible jokes.* Todos gruñían al escuchar sus terribles bromas. **2** (*muebles, etc.*) crujir
▸ *n* **1** gemido, quejido **2** crujido

grocer /ˈɡrəʊsə(r)/ *n* **1** tendero, -a **2** grocer's tienda de comestibles ➜ *Ver nota en* CARNICERÍA

grocery ⊶ /ˈɡrəʊsəri/ *n* (*pl* **groceries**) **1** (USA grocery store) tienda de comestibles, ultramarinos **2** groceries [*pl*] comestibles

groggy /ˈɡrɒɡi/ *adj* (*coloq*) grogui

groin /ɡrɔɪn/ *n* (Anat) ingle

groom /ɡruːm/ *verbo, nombre*
▸ *vt* **1** (*caballo*) cepillar **2** (*monos, etc.*) despiojar **3** ~ sb (for/as sth) preparar a algn (para algo)
▸ *n* **1** mozo, -a de cuadra **2** *Ver* BRIDEGROOM

groove /ɡruːv/ *n* ranura, estría, surco

grope /ɡrəʊp/ **1** *vi* ~ (around) for sth buscar algo a tientas **2** *vi* andar a tientas **3** *vt* (*coloq*) toquetear (*sexualmente*)

gross /ɡrəʊs/ *adjetivo, verbo, nombre*
▸ *adj* (**grosser, -est**) **1** (*total*) bruto **2** (*formal*) (*injusticia, indecencia*) grave **3** (*exageración*) flagrante **4** (*error, negligencia*) craso **5** grosero **6** repulsivamente gordo
▸ *vt* recaudar, ganar (*en bruto*)
▸ *n* (*pl* **gross, grosses**) gruesa (*doce docenas*)

grossly /ˈɡrəʊsli/ *adv* (*pey*) extremadamente

grotesque /ɡrəʊˈtesk/ *adj* grotesco

grotto /ˈɡrɒtəʊ/ *n* (*pl* **grottoes, grottos**) gruta

grotty /ˈɡrɒti/ *adj* (GB, coloq) **1** cutre **2** *I'm feeling pretty grotty.* Me siento fatal.

ground ⊶ /ɡraʊnd/ *nombre, verbo, adjetivo*
▸ *n* **1** suelo, tierra, terreno **2** zona, campo (*de juego*) **3** grounds [*pl*] jardines **4** (*fig*) terreno **5** [*gen pl*] motivo, razón **6** grounds [*pl*] poso, sedimento **LOC** get (sth) off the ground ponerse, poner algo en marcha ◆ give/lose ground (to sb/sth) ceder/perder terreno (frente a algn/algo) ◆ on the ground en el suelo, sobre el terreno *Ver tb* FIRM, MIDDLE, THIN
▸ **1** *vt, vi* (*barco*) encallar **2** *vt* (*avión*) impedir que despegue **3** *vt* (*niño*) castigar sin salir: *You're grounded!* ¡Castigado sin salir! **4** *vt* (USA) conectar a tierra *Ver tb* GRIND
▸ *adj* **1** molido **2** (*esp USA*) (*carne*) picado

ground beef *n* [*incontable*] (USA) carne picada

groundbreaking /ˈɡraʊndbreɪkɪŋ/ *adj* [*solo antes de sustantivo*] sin precedente, innovador

ground floor *nombre, adjetivo*
▸ *n* planta baja ➜ *Ver nota en* FLOOR

Groundhog Day /ˈɡraʊndhɒɡ deɪ/ *n* Día de la Marmota

🔎 El 2 de febrero, en los Estados Unidos, se celebra el Día de la Marmota. La gente se reúne para ver a la marmota salir de su guarida. La leyenda dice que si hace sol y la marmota ve su propia sombra al salir, habrá seis semanas más de invierno.

grounding /ˈɡraʊndɪŋ/ *n* [*sing*] ~ (in sth) base, conceptos fundamentales (de algo)

groundless /ˈɡraʊndləs/ *adj* infundado

groundwater /ˈɡraʊndwɔːtə(r)/ *n* [*incontable*] aguas subterráneas

group ⊶ /ɡruːp/ *nombre, verbo*
▸ *n* [*v sing o pl*] grupo
▸ *vt, vi* ~ (sb/sth) (together) agrupar a algn/algo, agruparse **grouping** *n* agrupación

grouse /ɡraʊs/ *n* (*pl* **grouse**) urogallo

grove /ɡrəʊv/ *n* arboleda

grovel /ˈɡrɒvl/ *vi* (**-ll-**, USA **-l-**) ~ (to sb) (*pey*) arrastrarse, humillarse (ante algn) **grovelling** (USA **groveling**) *adj* servil

grow ⊶ /ɡrəʊ/ (*pt* **grew** /ɡruː/, *pp* **grown** /ɡrəʊn/) **1** *vi* crecer **2** *vt* (*pelo, barba*) dejar crecer **3** *vt* cultivar **4** *vi* + **adjetivo** hacerse: *to grow old/rich* envejecer/enriquecerse **5** *vi* ~ to do sth llegar a hacer algo: *He grew to rely on her.* Llegó a depender de ella. **PHR V** grow apart (from sb); grow away from sb distanciarse (de algn) ◆ grow into sth convertirse en algo ◆ grow on sb gustar cada vez más a algn ◆ grow out of sth **1** (*ropa*): *She grows out of her clothes so fast!* ¡La ropa se le queda pequeña enseguida! **2** dejar de hacer algo (*porque uno se ha hecho mayor*) ◆ grow up **1** (*persona*) crecer: *when I grow up* cuando sea mayor ◊ *Oh, grow up!* ¡Déjate ya de niñerías! *Ver tb* GROWN-UP **2** desarrollarse

grower /ˈɡrəʊə(r)/ *n* (*persona, empresa*) cultivador, -ora

growing /ˈɡrəʊɪŋ/ *adj* creciente

growl /ɡraʊl/ *verbo, nombre*
▸ *vi* ~ (at sb/sth) gruñir (a algn/algo)
▸ *n* gruñido

grown /ɡrəʊn/ *adj* [*solo antes de sustantivo*] adulto: *a grown man* un adulto *Ver tb* GROW

grown-up *adjetivo, nombre*
▸ *adj* /ˌɡrəʊn ˈʌp/ mayor
▸ *n* /ˈɡrəʊn ʌp/ adulto, -a

growth ⊶ /ɡrəʊθ/ *n* **1** crecimiento **2** [*incontable*] brotes **3** ~ (in/of sth) aumento (de algo) **4** tumor

grub /grʌb/ n **1** larva **2** (coloq) papeo

grubby /ˈgrʌbi/ adj (**grubbier**, **-iest**) sucio

grudge /grʌdʒ/ nombre, verbo
▸ n rencor: to bear sb a grudge/have a grudge against sb guardar rencor a algn
▸ vt **1** resentirse de **2** escatimar **grudgingly** adv de mala gana, a regañadientes

gruelling (USA tb **grueling**) /ˈgruːəlɪŋ/ adj muy duro, penoso

gruesome /ˈgruːsəm/ adj espantoso, horrible

gruff /grʌf/ adj (voz) tosco, áspero

grumble /ˈgrʌmbl/ verbo, nombre
▸ vi ~ (about/at sb/sth) quejarse (de algn/algo); refunfuñar (por algo)
▸ n queja

grumpy /ˈgrʌmpi/ adj (**grumpier**, **-iest**) (coloq) gruñón

grunge /grʌndʒ/ n **1** (coloq) mugre **2** (Mús) grunge

grunt /grʌnt/ verbo, nombre
▸ vi gruñir
▸ n gruñido

guarantee 0️⃣ /ˌgærənˈtiː/ nombre, verbo
▸ n ~ (of sth/that…) garantía (de algo/de que…)
▸ vt **1** garantizar **2** (préstamo) avalar

guard 0️⃣ /gɑːd/ nombre, verbo
▸ n **1** guardia, centinela **2** [v sing o pl] guardia (grupo de soldados) **3** guardia, vigilancia: to be on guard estar de guardia ◊ guard dog perro guardián **4** (maquinaria) dispositivo de seguridad **5** (Ferrocarril) jefe, -a de tren LOC **be off/on your guard** estar desprevenido/alerta
▸ vt **1** proteger, guardar **2** (prisionero) vigilar PHR V **guard against sth** evitar, prevenir algo **guarded** adj cauteloso

guardian /ˈgɑːdiən/ n **1** guardián, -ana: guardian angel ángel de la guarda **2** tutor, -ora

guerrilla (tb **guerilla**) /gəˈrɪlə/ n guerrillero, -a: guerrilla war/warfare guerra de guerrillas

guess 0️⃣ /ges/ verbo, nombre
▸ **1** vi ~ (at sth) imaginar (algo) **2** vt, vi adivinar **3** vt, vi (esp USA, coloq) creer, suponer: I guess so/not. Supongo que sí/no.
▸ n suposición, conjetura, cálculo: to have/make a guess (at sth) intentar adivinar algo LOC **it's anyone's guess** (coloq) nadie lo sabe Ver tb HAZARD, EDUCATED

guesswork /ˈgeswɜːk/ n [incontable] conjeturas

guest 0️⃣ /gest/ n **1** invitado, -a **2** huésped, -eda: guest house pensión

guidance /ˈgaɪdns/ n ~ (on sth) orientación, supervisión (sobre algo)

guide 0️⃣ /gaɪd/ nombre, verbo
▸ n **1** (tb **guidebook** /ˈgaɪdbʊk/) guía (turística) **2** (persona) guía **3** **Guide** (antic ˌGirl ˈGuide) guía (de los scouts)
▸ vt **1** guiar, orientar: to guide sb to sth llevar a algn hasta algo **2** influenciar **guided** adj con guía

guideline /ˈgaɪdlaɪn/ n directriz, pauta

guilt /gɪlt/ n culpa, culpabilidad

guilty 0️⃣ /ˈgɪlti/ adj (**guiltier**, **-iest**) culpable LOC Ver PLEAD

guinea pig /ˈgɪni pɪg/ n (lit y fig) cobaya, conejillo de Indias

guise /gaɪz/ n apariencia

guitar /gɪˈtɑː(r)/ n guitarra **guitarist** n guitarrista

gulf /gʌlf/ n **1** (Geog) golfo **2** **the Gulf** el Golfo (Pérsico) **3** ~ (**between A and B**) (fig) abismo (entre A y B)

gull /gʌl/ n gaviota

gullible /ˈgʌləbl/ adj crédulo

gulp /gʌlp/ verbo, nombre
▸ **1** vt ~ sth (down) tragarse algo **2** vi tragar saliva
▸ n trago

gum /gʌm/ n **1** (Anat) encía **2** cola, pegamento **3** Ver BUBBLEGUM, CHEWING GUM

gun 0️⃣ /gʌn/ nombre, verbo
▸ n **1** arma (de fuego) **2** escopeta Ver tb MACHINE GUN
▸ v (**-nn-**) PHR V **gun sb down** abatir a algn a tiros

gunfighter /ˈgʌnfaɪtə(r)/ n tirador, -ora

gunfire /ˈgʌnfaɪə(r)/ n fuego (disparos)

gunge /gʌndʒ/ n [incontable] (GB, coloq) sustancia viscosa

gunman /ˈgʌnmən/ n (pl **-men** /-mən/) pistolero

gunpoint /ˈgʌnpɔɪnt/ n LOC **at gunpoint** pistola en mano

gunpowder /ˈgʌnpaʊdə(r)/ n pólvora

gunshot /ˈgʌnʃɒt/ n disparo

gurgle /ˈgɜːgl/ vi **1** (agua) gorgotear **2** (bebé) gorjear

gush /gʌʃ/ vi **1** ~ out of/from sth salir a borbotones, manar de algo **2** ~ (over sth/sb) (pey) hablar con demasiado entusiasmo (de algo/algn)

gust /gʌst/ n ráfaga

gusto /ˈgʌstəʊ/ n entusiasmo

gut /gʌt/ nombre, verbo, adjetivo
▸ n **1** intestino **2** **guts** [pl] tripas **3** (coloq) barriga **4** **guts** [pl] (coloq) agallas (coraje)
▸ vt (**-tt-**) **1** destruir por dentro **2** destripar

| aʊ now | ɔɪ join | ɪə near | eə hair | ʊə pure | tʃ chin | dʒ June | v van | θ thin |

▸ *adj* **a gut reaction** una reacción visceral ◇ *a gut feeling* un instinto

gutted /ˈɡʌtɪd/ *adj* (GB, coloq) destrozado

gutter /ˈɡʌtə(r)/ *n* **1** canalón **2** cuneta: *the gutter press* la prensa amarilla

guy o⃞ /ɡaɪ/ *n* (coloq) **1** tío **2** **guys** [pl] (esp USA)

🔎 Se utiliza para dirigirse a un grupo de personas, ya sean hombres o mujeres: *Are you guys coming or not?* ¿Venís o no?

Guy Fawkes night /ˌɡaɪ fɔːks naɪt/ *n* Ver BONFIRE NIGHT

guzzle /ˈɡʌzl/ *vt* (coloq) zampar(se), soplar(se)

Hh

H, h /eɪtʃ/ *n* (pl **Hs, H's, h's**) H, h ➲ Ver nota en A, A

habit o⃞ /ˈhæbɪt/ *n* **1** costumbre, hábito **2** (Relig) hábito

habitable /ˈhæbɪtəbl/ *adj* habitable

habitat /ˈhæbɪtæt/ *n* hábitat

habitation /ˌhæbɪˈteɪʃn/ *n* [incontable] *houses unfit for human habitation* casas inhabitables

habitual /həˈbɪtʃuəl/ *adj* habitual

hack /hæk/ *vt, vi* **1** ~ (at) (sth) dar golpes (a algo) (con algo cortante) **2** ~ (into) (sth) (Inform&t) entrar sin autorización (en algo); piratear algo

hacked 'off *adj* (GB, coloq) cabreado

hacker /ˈhækə(r)/ *n* pirata (informático)

hacking /ˈhækɪŋ/ *n* (Inform&t) acceso ilegal, piratería (informática)

hacktivist /ˈhæktɪvɪst/ *n* hacker activista

had /həd, hæd/ *pt, pp de* HAVE

hadn't /ˈhædnt/ *(abrev de had not)* Ver HAVE

haemoglobin (USA hemoglobin) /ˌhiːməˈɡləʊbɪn/ *n* hemoglobina

haemophilia (USA hemophilia) /ˌhiːməˈfɪliə/ *n* (Med) hemofilia

haemorrhage (USA hemorrhage) /ˈhemərɪdʒ/ *n* hemorragia

haggard /ˈhæɡəd/ *adj* demacrado

haggle /ˈhæɡl/ *vi* ~ (over sth) regatear (por algo)

hail /heɪl/ *verbo, nombre*

▸ **1** *vt* ~ sb/sth (as) sth aclamar a algn/algo como algo **2** *vt* llamar (para atraer la atención) **3** *vi* granizar

▸ *n* [incontable] granizo

hailstone /ˈheɪlstəʊn/ *n* piedra (de granizo)

hailstorm /ˈheɪlstɔːm/ *n* granizada

hair o⃞ /heə(r)/ *n* **1** pelo, cabello **2** vello **3** **-haired**: *a curly-haired/long-haired girl* una chica de pelo rizado/largo

hairband /ˈheəbænd/ *n* diadema

hairbrush /ˈheəbrʌʃ/ *n* cepillo (para el pelo) ➲ Ver dibujo en BRUSH

haircut /ˈheəkʌt/ *n* corte de pelo: *to have/get a haircut* cortarse el pelo

hairdo /ˈheədu:/ *n* (pl **hairdos**) (antic, coloq) peinado (de mujer)

hairdresser o⃞ /ˈheədresə(r)/ *n* **1** peluquero, -a ➲ Ver nota en BARBER **2** **hairdresser's** (tienda) peluquería ➲ Ver nota en CARNICERÍA **hairdressing** *n* peluquería (oficio)

hairdryer (tb hairdrier) /ˈheədraɪə(r)/ *n* secador (de pelo)

hairpin /ˈheəpɪn/ *n* horquilla de moño

hairpin 'bend (USA ˌhairpin 'turn) *n* curva muy cerrada

hair-raising *adj* espeluznante

hairslide /ˈheəslaɪd/ *n* pasador (de pelo)

hairspray /ˈheəspreɪ/ *n* laca

hair straighteners /ˈheə streɪtnəz/ (tb straighteners) *n* [pl] plancha de pelo

hairstyle /ˈheəstaɪl/ *n* peinado

hairy /ˈheəri/ *adj* (**hairier, -iest**) peludo

halal /ˈhælæl/ *adj* halal (sacrificado respetando las normas islámicas)

half o⃞ /hɑːf; USA hæf/ *nombre, adjetivo, pronombre, adverbio*

▸ *n* (pl **halves** /hɑːvz; USA hævz/) **1** mitad, medio: *the second half of the book* la segunda mitad

gym /dʒɪm/ *n* **1** gimnasio ❶ En lenguaje formal se dice **gymnasium** /dʒɪmˈneɪziəm/ [pl **gymnasiums** o **gymnasia** /-ziə/]. **2** gimnasia

gymnast /ˈdʒɪmnæst/ *n* gimnasta

gymnastics /dʒɪmˈnæstɪks/ *n* [incontable] gimnasia

gymnosperm /ˈdʒɪmnəspɜːm/ *n* (Bot) gimnosperma

gynaecologist (USA gynecologist) /ˌɡaɪnəˈkɒlədʒɪst/ *n* ginecólogo, -a

gynaecology (USA gynecology) /ˌɡaɪnəˈkɒlədʒi/ *n* ginecología

Gypsy (tb Gipsy) /ˈdʒɪpsi/ *n* (pl **Gypsies/Gipsies**) gitano, -a

---

| ð then | s so | z zoo | ʃ she | ʒ vision | h how | ŋ sing | j yes | w we |

del libro ◇ *to cut sth by half* reducir algo a la mitad ◇ *two and a half hours* dos horas y media ◇ *Two halves make a whole.* Dos medios hacen un entero. **2** (*Dep*) tiempo **3** (*GB, coloq*) media pinta (*de cerveza*) ➜Ver nota en CERVEZA LOC **break, etc. sth in half** partir, etc. algo por la mitad ◆ **go half and half**; **go halves (with sb)** ir a medias (con algn)

▸ *adj, pron* mitad, medio: *half the team* la mitad del equipo ◇ *half an hour* media hora LOC **half (past) one, two, etc.** la una, las dos, etc. y media

🔎 La construcción **half one**, **half two**, etc. es más coloquial que **half past one**, **half past two**, etc: *I'll be finished by half five.* A las cinco y media habré terminado.
Esta construcción no se emplea en inglés americano.

▸ *adv* a medio, a medias: *The job will have been only half done.* Habrán hecho el trabajo solo a medias. ◇ *half built* a medio construir

half-brother *n* hermano por parte de padre/madre ➜Ver nota en HERMANASTRO

half-'hearted *adj* poco entusiasta ,half-'heartedly *adv* sin entusiasmo

half-pipe *n* (*Dep*) medio tubo

half-'price *adj, adv* a mitad de precio

half-sister *n* hermana por parte de padre/madre ➜Ver nota en HERMANASTRO

half-'term *n* (*GB*) vacaciones escolares de una semana a mediados de cada trimestre

half-'time *n* (*Dep*) descanso

halfway /,hɑːf'weɪ; *USA* ,hæf-/ *adj, adv* a medio camino, a mitad: *halfway between London and Glasgow* a medio camino entre Londres y Glasgow

hall ⊶ /hɔːl/ *n* **1** vestíbulo, entrada **2** pasillo **3** sala (*de conciertos o reuniones*) **4** (*tb* ,hall of 'residence*) colegio mayor, residencia universitaria Ver tb CITY HALL, MUSIC HALL, TOWN HALL

hallmark /'hɔːlmɑːk/ *n* sello, distintivo

Halloween (*tb* Hallowe'en) /,hæləʊ'iːn/ *n*

🔎 **Halloween** (31 de octubre) significa la víspera de Todos los Santos y es la noche de los fantasmas y las brujas. Mucha gente vacía una calabaza, le da forma de cara y pone una vela dentro. Los niños se disfrazan y van por las casas pidiendo caramelos o dinero. Cuando les abres la puerta dicen **trick or treat** ("o nos das algo o te gastamos una broma").

hallucination /hə,luːsɪ'neɪʃn/ *n* alucinación

hallway /'hɔːlweɪ/ *Ver* HALL (1, 2)

halo /'heɪləʊ/ *n* (*pl* **haloes**, **halos**) halo, aureola

halt /hɔːlt; *GB tb* hɒlt/ *verbo, nombre*
▸ *vt, vi* parar(se), detener(se): *Halt!* ¡Alto!
▸ *n* parada, alto, interrupción LOC *Ver* GRIND

halting /'hɔːltɪŋ; *GB tb* 'hɒl-/ *adj* (*voz, pasos*) vacilante

halve /hɑːv; *USA* hæv/ *vt* **1** reducir a la mitad **2** partir por la mitad

halves *pl de* HALF

ham /hæm/ *n* jamón

hamburger /'hæmbɜːgə(r)/ *n* hamburguesa

hamlet /'hæmlət/ *n* aldea, caserío

hammer ⊶ /'hæmə(r)/ *nombre, verbo*
▸ *n* martillo
▸ **1** *vt, vi* martillear: *to hammer sth in* clavar algo (a martillazos) **2** *vi* ~ **(at/on sth)** dar golpes (en algo) **3** *vt* (*coloq*) (*fig*) dar una paliza a

hammock /'hæmək/ *n* hamaca

hamper /'hæmpə(r)/ *verbo, nombre*
▸ *vt* (*formal*) obstaculizar
▸ *n* cesta (*para alimentos*)

hamster /'hæmstə(r)/ *n* hámster

hand ⊶ /hænd/ *nombre, verbo*
▸ *n* **1** mano **2 a hand** [*sing*] (*coloq*) ayuda: *to give/lend sb a hand* echar una mano a algn **3** (*reloj, etc.*) manecilla, aguja ➜ *Ver dibujo en* RELOJ **4** peón; jornalero, -a **5** (*Náut*) tripulante **6** (*Naipes*) mano **7** (*medida*) palmo LOC **by hand** a mano: *made by hand* hecho a mano ◇ *delivered by hand* entregado en mano ◆ **(close/near) at hand** muy cerca ◆ **hand in hand 1** cogidos de la mano **2** (*fig*) muy unido, a la par ◆ **hands up! 1** ¡que levante la mano!: *Hands up if you know the answer.* El que sepa la respuesta que levante la mano. **2** ¡manos arriba! ◆ **hold hands (with sb)** ir (cogidos) de la mano (con algn) ◆ **in hand 1** disponible, en reserva **2** bajo control **3** entre manos ◆ **on hand** disponible ◆ **on the one hand… on the other (hand)…** por un lado… por otro… ◆ **out of hand 1** fuera de control: *The situation is getting out of hand.* La situación se está descontrolando. **2** sin pensarlo ◆ **to hand** a mano *Ver tb* CHANGE, EAT, FIRM, FIRST, FREE, HEAVY, HELP, MATTER, PALM, SHAKE, UPPER

▸ *vt* ~ **sb sth**; ~ **sth to sb** pasar algo a algn ➜*Ver nota en* GIVE PHR V **hand sth back (to sb)** devolver algo (a algn) ◆ **hand sth in (to sb)** entregar algo (a algn) ◆ **hand sth out (to sb)** repartir algo (a algn) ◆ **hand over (to sb)** (*poder, responsabilidad*) delegar, transferir algo (a algn) ◆ **hand sth over (to sb)** entregar algo (a algn)

handbag /'hændbæg/ *n* bolso ➜ *Ver dibujo en* BAG

H

| : see | i happy | ɪ sit | e ten | æ hat | ɑː arm | ɒ got | ɔː saw | ʊ put |

handball n **1** /ˈhændbɔːl/ balonmano **2** /ˌhændˈbɔːl/ (Fútbol) mano

handbook /ˈhændbʊk/ n manual, guía

handbrake /ˈhændbreɪk/ n freno de mano

handcuff /ˈhændkʌf/ vt esposar

handcuffs /ˈhændkʌfs/ n [pl] esposas

handful /ˈhændfʊl/ n (pl **handfuls**) (lit y fig) puñado: *a handful of students* un puñado de estudiantes LOC **be a (real) handful** (coloq) ser una pesadilla

handgun /ˈhændɡʌn/ n pistola

handheld adjetivo, nombre
▸ adj /ˌhændˈheld/ portátil, de mano
▸ n /ˈhændheld/ dispositivo portátil (que cabe en la mano)

handicap /ˈhændikæp/ nombre, verbo
▸ n **1** (Med) discapacidad **2** desventaja
▸ vt (-pp-) perjudicar **handicapped** adj discapacitado ➔ Ver nota en DISCAPACITADO

handicrafts /ˈhændikrɑːfts; USA -kræfts/ n [pl] artesanía

handkerchief /ˈhæŋkətʃɪf, -tʃiːf/ n (pl **handkerchiefs, handkerchieves** /-tʃiːvz/) pañuelo (de bolsillo)

handles

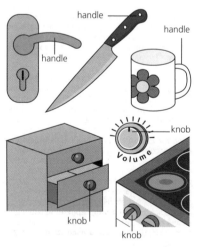

handle
handle
handle
handle
knob
knob
Volume
knob
knob

handle ⚷ /ˈhændl/ nombre, verbo
▸ n **1** manilla **2** mango **3** asa

▸ vt **1** manejar **2** (gente) tratar **3** soportar **4** (maquinaria) operar **handler** n adiestrador, -ora (de animales)

handlebar /ˈhændlbɑː(r)/ (tb handlebars [pl]) n manillar

handmade /ˌhændˈmeɪd/ adj hecho a mano, de artesanía

🔎 En inglés se pueden formar adjetivos compuestos para todas las destrezas manuales: p. ej. **hand-built** (construido a mano), **hand-knitted** (tricotado a mano), **hand-painted** (pintado a mano), etc.

handout /ˈhændaʊt/ n **1** donativo **2** folleto **3** fotocopia

handprint /ˈhændprɪnt/ n huella de la mano

handset /ˈhændset/ n (teléfono) móvil

hands-free adj manos libres: *a hands-free phone* un teléfono con accesorio manos libres

handshake /ˈhændʃeɪk/ n apretón de manos

handsome /ˈhænsəm/ adj **1** guapo ❶ Se aplica sobre todo a los hombres. **2** (regalo, cumplido) generoso

hands-on adj [solo antes de sustantivo] práctico: *hands-on experience* experiencia práctica

handstand /ˈhændstænd/ n pino: *to do a handstand* hacer el pino

handwriting /ˈhændraɪtɪŋ/ n **1** escritura **2** letra, caligrafía

handwritten /ˌhændˈrɪtn/ adj escrito a mano

handy /ˈhændi/ adj (**handier, -iest**) **1** práctico, útil **2** a mano **3** mañoso

hang ⚷ /hæŋ/ verbo, nombre
▸ (pt, pp **hung** /hʌŋ/) ❶ En el sentido 4, el pasado simple y el participio pasado son **hanged**. **1** vt colgar **2** vi estar colgado **3** vi (ropa, pelo) caer **4** vt, vi ahorcar(se) **5** vi ~ (above/over sb/sth) pender (sobre algn/algo) PHR V **hang about/around** (coloq) **1** quedarse esperando (sin hacer nada) **2** perder el tiempo ◆ **hang on 1** agarrarse **2** (tb **hang about**) (coloq) esperar: *Hang on a minute!* ¡Espera un momento! ◆ **hang out** (coloq) andar, ir: *They hang out in the park.* Van al parque a pasar el tiempo. ◆ **hang sth out** tender algo ◆ **hang up (on sb)** (teléfono) colgar (a algn)
▸ n LOC **get the hang of sth** (coloq) cogerle el tranquillo a algo

hangar /ˈhæŋə(r), ˈhæŋɡə(r)/ n hangar

hanger /ˈhæŋə(r)/ (tb **clothes hanger, coat hanger**) n percha

hang-glider n ala delta **hang-gliding** n vuelo en ala delta: *to go hang-gliding* volar en ala delta

hangman /ˈhæŋmən/ n 1 (pl -men /-mən/) verdugo (de horca) 2 [incontable] (juego) el ahorcado

hangover /ˈhæŋəʊvə(r)/ n resaca

hang-up n ~ (about sth) (coloq) trauma, complejo (por algo)

haphazard /hæpˈhæzəd/ adj al azar, de cualquier manera

happen ⊶ /ˈhæpən/ vi 1 ocurrir, pasar: whatever happens/no matter what happens pase lo que pase 2 ~ to be/do sth : if you happen to go into town si por casualidad vas al centro **happening** n suceso, acontecimiento

happily ⊶ /ˈhæpɪli/ adv 1 felizmente 2 afortunadamente

happiness ⊶ /ˈhæpinəs/ n felicidad

happy ⊶ /ˈhæpi/ adj (**happier**, **-iest**) 1 feliz: a happy marriage/memory/child un matrimonio/recuerdo/niño feliz 2 contento, alegre: Are you happy in your work? ¿Estás contento con tu trabajo? ➲ Ver nota en GLAD

harass /ˈhærəs, həˈræs/ vt hostigar, acosar **harassment** n hostigamiento, acoso

harbour (USA harbor) /ˈhɑːbə(r)/ nombre, verbo
▶ n puerto
▶ vt 1 proteger, dar cobijo a 2 (sospechas) albergar

hard ⊶ /hɑːd/ adjetivo, adverbio
▶ adj (**harder**, **-est**) 1 duro 2 difícil: It's hard to tell. Es difícil saber con seguridad. ◇ It's hard for me to say no. Me cuesta decir que no. ◇ hard to please exigente 3 duro, agotador: a hard worker una persona trabajadora 4 (persona, trato) duro, severo, cruel 5 (bebida) fuerte **LOC** be hard on sb 1 ser duro con algn 2 ser injusto con algn ◆ give sb a hard time hacer pasar a algn un mal rato ◆ hard luck (coloq) mala suerte ◆ have a hard time pasar un mal rato ◆ take a hard line (on/over sth) adoptar una postura tajante (en algo) ◆ the hard way por la vía difícil Ver tb DRIVE
▶ adv (**harder**, **-est**) 1 mucho, duro: She hit her head hard. Se dio un fuerte golpe en la cabeza. ◇ to try hard esforzarse ◇ It's raining hard. Está lloviendo mucho. 2 (tirar) fuerte 3 (pensar) detenidamente 4 (mirar) fijamente **LOC** be hard put to do sth tener dificultad en hacer algo ◆ be hard up (coloq) andar mal de dinero ◆ hard done by tratado injustamente

hardback /ˈhɑːdbæk/ n libro de tapas duras ➲ Comparar con PAPERBACK

hard cash n dinero en efectivo

hard-core adj (persona) radical, intransigente

hard disk n (Informát) disco duro

harden /ˈhɑːdn/ vt, vi endurecer(se): hardened criminal criminal habitual **hardening** n endurecimiento

hardly ⊶ /ˈhɑːdli/ adv 1 apenas: I hardly know her. Apenas la conozco. 2 difícilmente: It's hardly surprising. No es ninguna sorpresa. ◇ He's hardly the world's best cook. No es el mejor cocinero del mundo. ◇ Hardly! ¡Qué va!/ ¡Ni hablar! 3 casi: hardly anyone casi nadie ◇ hardly ever casi nunca

hardship /ˈhɑːdʃɪp/ n apuro, privación

hard shoulder n arcén

hardware /ˈhɑːdweə(r)/ n 1 (Informát) hardware 2 ferretería: hardware store ferretería

hard-wearing adj resistente, duradero

hard-working adj trabajador

hardy /ˈhɑːdi/ adj (**hardier**, **-iest**) 1 robusto 2 (Bot) resistente

hare /heə(r)/ n liebre

haricot /ˈhærɪkəʊ/ (tb haricot bean) n judía blanca

harm ⊶ /hɑːm/ nombre, verbo
▶ n daño, mal: He meant no harm. No tenía malas intenciones. ◇ There's no harm in asking. No se pierde nada con preguntar. ◇ You'll come to no harm. No te pasará nada. ◇ (There's) no harm done. No pasó nada. **LOC** do more harm than good ser peor el remedio que la enfermedad ◆ out of harm's way fuera de peligro
▶ vt 1 (persona) hacer daño a 2 (cosa) dañar

harmful ⊶ /ˈhɑːmfl/ adj ~ (to sb/sth) nocivo, perjudicial (para algn/algo)

harmless ⊶ /ˈhɑːmləs/ adj 1 inocuo 2 inocente, inofensivo

harmonica /hɑːˈmɒnɪkə/ n armónica

harmony /ˈhɑːməni/ n (pl **harmonies**) armonía

harness /ˈhɑːnɪs/ nombre, verbo
▶ n arreos
▶ vt 1 (caballo) enjaezar 2 (recursos) aprovechar

harp /hɑːp/ nombre, verbo
▶ n arpa
▶ v **PHR V** harp on (about) sth hablar repetidamente de algo

harpoon /hɑːˈpuːn/ n arpón

harsh /hɑːʃ/ adj (**harsher**, **-est**) 1 (castigo, etc.) severo 2 (palabra, profesor) duro 3 (textura, voz) áspero 4 (clima, etc.) riguroso 5 (color, luz) chillón 6 (ruido, etc.) estridente **harshly** adv duramente, severamente

harvest /ˈhɑːvɪst/ nombre, verbo
▶ n cosecha: grape harvest vendimia
▶ vt cosechar

has /həz, hæz/ Ver HAVE

hash /hæʃ/ n **1** picadillo **2** (tb ˈhash sign) almohadilla (#): *hash key* tecla almohadilla **LOC** **make a
hash of sth** (coloq) hacer algo mal

hashish /ˈhæʃiːʃ, hæˈʃiːʃ/ (coloq hash) n hachís

hashtag /ˈhæʃtæg/ n etiqueta, almohadilla

hasn't /ˈhæznt/ (abrev de has not) Ver HAVE

hassle /ˈhæsl/ nombre, verbo
▸ n (coloq) **1** (complicación) lío, rollo: *It's a lot of hassle. Es mucho lío.* **2** molestias: *Don't give me
any hassle!* ¡Déjame en paz!
▸ vt (coloq) molestar

haste /heɪst/ n prisa **LOC** **in haste** de prisa **hasten** /ˈheɪsn/ **1** vi darse prisa, apresurarse **2** vt
(formal) acelerar **hastily** adv precipitadamente
hasty adj (**hastier, -iest**) precipitado

hat /hæt/ n sombrero Ver tb TOP HAT **LOC** Ver
DROP

hatch /hætʃ/ verbo, nombre
▸ **1** vi ~ (**out**) salir del huevo **2** vi (huevo) abrirse **3** vt
incubar **4** vt ~ **sth (up)** tramar algo
▸ n **1** trampilla **2** escotilla **3** ventanilla (para pasar
comida)

hatchback /ˈhætʃbæk/ n coche con puerta
trasera

hate /heɪt/ verbo, nombre
▸ vt **1** odiar **2** lamentar: *I hate to bother you,
but…* Siento molestarte, pero…
▸ n **1** odio **2** (coloq): *pet hate* bestia negra **hateful**
adj odioso

hatred /ˈheɪtrɪd/ n ~ (**for/of sb/sth**) odio (hacia algn/algo)

hat-trick n tres tantos: *to score a hat-trick*
marcar tres tantos en un partido

haul /hɔːl/ verbo, nombre
▸ vt tirar, arrastrar
▸ n **1** botín: *a drugs haul* un alijo de droga **2** (distancia) camino, recorrido: *long-haul/short-
haul flights* vuelos de larga/corta distancia
3 redada (de peces)

haunt /hɔːnt/ verbo, nombre
▸ vt **1** (fantasma) aparecerse en **2** (lugar) frecuentar
3 (pensamiento) atormentar
▸ n lugar predilecto

haunted /ˈhɔːntɪd/ adj embrujado (casa)

have /həv, əv, hæv/ verbo
● **verbo transitivo 1** (tb have got) tener: *She's
got a new car.* Tiene un coche nuevo. ◇ *to
have flu/a headache* tener la gripe/dolor de cabeza ⟳ Ver nota en TENER **2** ~ (**got**) **sth to do** tener
algo que hacer: *I've got a bus to catch.* Tengo
que coger el autobús. **3** ~ (**got**) **to do sth** tener
que hacer algo: *I've got to go to the bank.* Tengo
que ir al banco. ◇ *Did you have to pay a fine?*
¿Tuviste que pagar una multa? ◇ *It has to be
done.* Hay que hacerlo. **4** (tb have got) llevar:
Have you got any money on you? ¿Llevas encima dinero? **5** tomar: *to have a bath/wash* tomar un baño/lavarse ◇ *to have a cup of coffee*
tomar un café

🔎 La estructura **have + sustantivo** a menudo
se expresa en español con un verbo: *to have
breakfast/lunch/dinner* desayunar/comer/
cenar.

6 ~ **sth done** hacer/mandar hacer algo: *to have
your hair cut* cortarse el pelo ◇ *to have a dress
made* encargar que te hagan un vestido ◇ *She
had her bag stolen.* Le robaron el bolso. **7** consentir: *I won't have it!* ¡No lo consentiré!

● **verbo auxiliar** haber: *'I've finished my work.'
'So have I.'* —He terminado mi trabajo. —Yo
también. ◇ *He's gone home, hasn't he?* Se ha
ido a casa, ¿no? ◇ *'Have you seen it?' 'Yes, I
have./No, I haven't.'* —¿Lo has visto? —Sí./No.
LOC **have (got) it in for sb** (coloq) *He's got it in for
me.* Me tiene manía. ◆ **have had it** (coloq) *The TV
has had it.* La tele ha cascado. ◆ **have it (that)**
Rumour has it that… Se dice que… ◇ *As luck
would have it…* Como quiso la suerte… ◆ **have
to do with sb/sth**; **have (got) sth to do with sb/sth**

---

have

present simple

afirmativa	formas contractas	negativa formas contractas	formas contractas
			past simple
I **have**	I**'ve**	I **haven't**	I**'d**
you **have**	you**'ve**	you **haven't**	you**'d**
he/she/it **has**	he**'s**/she**'s**/it**'s**	he/she/it **hasn't**	he**'d**/she**'d**/it**'d**
we **have**	we**'ve**	we **haven't**	we**'d**
you **have**	you**'ve**	you **haven't**	you**'d**
they **have**	they**'ve**	they **haven't**	they**'d**
forma -ing **having**	past simple **had**	participio pasado **had**	

| ð then | s so | z zoo | ʃ she | ʒ vision | h how | ŋ sing | j yes | w we |

tener (algo) que ver con algn/algo: *It has nothing to do with me.* No tiene nada que ver conmigo. **❶** Para otras expresiones con **have**, véanse las entradas del sustantivo, adjetivo, etc., p. ej. **have a sweet tooth** en SWEET. **PHRV** **have sth back** recuperar algo: *Let me have it back soon.* Devuélvemelo pronto. ◆ **have sb on** (*coloq*) tomar el pelo a algn: *You're having me on!* ¡Me estás tomando el pelo! ◆ **have (got) sth on 1** (*ropa*) llevar algo puesto: *He's got a tie on today.* Hoy lleva corbata. **2** (*aparato, etc.*) tener algo enchufado **3** tener algo que hacer: *Do you have anything on tonight?* ¿Tienes algún plan para esta noche? ◇ *I've got a lot on.* Estoy muy ocupado. ◆ **have sth out** hacer quitar algo: *I had a tooth out.* Me quitaron una muela.

haven /'heɪvn/ *n* refugio *Ver tb* TAX HAVEN

haven't /'hævnt/ (*abrev de* **have not**) *Ver* HAVE

havoc /'hævək/ *n* [*incontable*] estragos **LOC** **play/wreak havoc with/on sth** hacer estragos en algo

hawk /hɔːk/ *n* halcón, gavilán

hawthorn /'hɔːθɔːn/ *n* espino blanco

hay /heɪ/ *n* heno: *hay fever* alergia al polen

hazard /'hæzəd/ *nombre, verbo*
▶ *n* peligro, riesgo: *a health hazard* un peligro para la salud
▶ *vt* **LOC** **hazard a guess** aventurar una opinión
  hazardous *adj* peligroso, arriesgado

haze /heɪz/ *n* bruma ➲ *Comparar con* FOG, MIST

hazel /'heɪzl/ *n* **1** avellano **2** color avellana

hazelnut /'heɪzlnʌt/ *n* avellana

hazy /'heɪzi/ *adj* (**hazier, -iest**) **1** brumoso **2** (*idea, etc.*) vago **3** (*persona*) confuso

HD /ˌeɪtʃ 'diː/ *abrev de* **high-definition** (*TV, etc.*) de alta definición

he **0—** /hiː/ *pronombre, nombre*
▶ *pron* él: *He's in Paris.* Está en París. **❶** El pronombre personal no se puede omitir en inglés. ➲ *Comparar con* HIM
▶ *n Is it a he or a she?* ¿Es macho o hembra?

head **0—** /hed/ *nombre, verbo*
▶ *n* **1** cabeza: *It never entered my head.* Jamás se me ocurrió. **2** cabecera: *the head of the table* la cabecera de la mesa **3** jefe, -a: *the heads of government* los jefes de gobierno **4** *Ver* HEAD TEACHER **LOC** **a/per head** por cabeza: *ten dollars a head* diez dólares por cabeza ◆ **go over sb's head** *The article went completely over my head.* No entendí el artículo en absoluto. ◆ **go to your head** subírsele a la cabeza a algn ◆ **have a head for sth** tener talento para algo: *to have a head for heights* no tener vértigo ◆ **head first** de cabeza ◆ **heads or tails?** ¿cara o cruz? ◆ **not make**

head nor tail of sth no conseguir entender algo: *I can't make head nor/or tail of it.* No consigo entenderlo. *Ver tb* HIT, IDEA, SHAKE, TOP
▶ *vt* **1** encabezar **2** (*Dep*) cabecear **PHRV** **be heading for sth** ir camino de algo

headache **0—** /'hedeɪk/ *n* **1** dolor de cabeza **2** quebradero de cabeza

headband /'hedbænd/ *n* cinta de pelo

headdress /'heddres/ *n* tocado de cabeza

heading /'hedɪŋ/ *n* encabezamiento, apartado

headlight /'hedlaɪt/ (*tb* **headlamp** /'hedlæmp/) *n* faro

headline /'hedlaɪn/ *n* **1** titular **2 the headlines** [*pl*] el resumen de noticias

headmaster /ˌhed'mɑːstə(r); *USA* -'mæstər/ *n* director (*de un colegio*) ➲ *Ver nota en* HEAD TEACHER

headmistress /ˌhed'mɪstrəs/ *n* directora (*de un colegio*) ➲ *Ver nota en* HEAD TEACHER

head 'office *n* sede central

head-'on *adj, adv* de frente: *a head-on collision* una colisión de frente

headphones /'hedfəʊnz/ *n* [*pl*] auriculares

headquarters /ˌhed'kwɔːtəz; *USA* 'hedkwɔːrtərz/ *n* (*abrev* **HQ**) [*v sing o pl*] **1** oficina principal **2** (*Mil*) cuartel general

headscarf /'hedskɑːf/ *n* (*pl* **headscarves** /-skɑːvz/) pañuelo (de cabeza)

headstand /'hedstænd/ *n* pino (*apoyándose sobre la cabeza*): *to do a headstand* hacer el pino (con la cabeza)

head 'start *n* [*sing*] ventaja: *You had a head start over me.* Me llevabas ventaja.

head 'teacher *n* director, -ora (*de un colegio*) **❶** Esta es la forma que más se utiliza en Gran Bretaña, sobre todo en las escuelas públicas.

headway /'hedweɪ/ *n* **LOC** **make headway** avanzar, progresar

heal **0—** /hiːl/ **1** *vi* cicatrizar, sanar **2** *vt* (*formal*) (*persona*) sanar

health **0—** /helθ/ *n* salud: *health centre* centro de salud ◇ *health care* asistencia sanitaria *Ver tb* ILL HEALTH **LOC** *Ver* DRINK

health food *n* alimento natural: *health food shop* herboristería

healthy **0—** /'helθi/ *adj* (**healthier, -iest**) **1** sano **2** saludable (*estilo de vida, etc.*)

heap /hiːp/ *nombre, verbo*
▶ *n* montón
▶ *vt* ~ **sth (up)** amontonar algo

hear **0—** /hɪə(r)/ (*pt, pp* **heard** /hɜːd/) **1** *vt, vi* oír: *I couldn't hear a thing.* No oía nada. ◇ *I heard someone laughing.* Oí a alguien que se reía.

➔ *Ver nota en* OÍR **2** *vt* escuchar **3** *vi* ~ **(about sth/ sb)** enterarse (de algo/de lo de algn) **4** *vt (Jur)* ver *(caso)* **PHR V** **hear (sth) from sb** tener noticias de algn ♦ **hear (sth) of sb/sth** oír hablar de algn/ algo

hearing 0ᴇᴍ /ˈhɪərɪŋ/ *n* **1** *(tb ˌsense of ˈhearing)* oído **2** *(Jur)* vista, audiencia

hearse /hɜːs/ *n* coche fúnebre

heart 0ᴇᴍ /hɑːt/ *n* **1** corazón: *heart attack/failure* ataque/paro cardiaco **2** *[sing]* ~ **(of sth)** centro (de algo): *the heart of the matter* el quid del asunto **3** cogollo *(de lechuga, etc.)* **4 hearts** *[pl] (Naipes)* corazones ➔ *Ver nota en* BARAJA **LOC** **at heart** en el fondo ♦ **by heart** de memoria ♦ **have your heart set on sth; set your heart on sth** querer algo sobre todas las cosas ♦ **lose heart** desanimarse ♦ **take heart (from sth)** animarse (por algo) ♦ **take sth to heart** tomar algo a pecho ♦ **your heart sinks** *When I saw the queue my heart sank.* Cuando vi la cola se me cayó el alma a los pies. *Ver tb* CHANGE, CRY

heartbeat /ˈhɑːtbiːt/ *n* latido *(del corazón)* **LOC** **in a heartbeat** sin pensarlo dos veces

heartbreak /ˈhɑːtbreɪk/ *n* angustia, sufrimiento **heartbreaking** *adj* que parte el corazón, angustioso **heartbroken** /ˈhɑːtbrəʊkən/ *adj* desconsolado, lleno de dolor

heartburn /ˈhɑːtbɜːn/ *n* acidez de estómago

hearten /ˈhɑːtn/ *vt* animar **heartening** *adj* alentador

heartfelt /ˈhɑːtfelt/ *adj* sincero

hearth /hɑːθ/ *n* hogar *(chimenea)*

heartless /ˈhɑːtləs/ *adj* inhumano, cruel

hearty /ˈhɑːti/ *adj* **(heartier, -iest) 1** *(enhorabuena)* cordial **2** *(persona)* jovial *(a veces en exceso)* **3** *(comida)* abundante

heat 0ᴇᴍ /hiːt/ *nombre, verbo*
▸ *n* **1** calor **2** *(Dep)* prueba clasificatoria *Ver tb* DEAD HEAT **LOC** **be on heat** *(USA* **be in heat)** estar en celo
▸ *vt, vi* ~ **(sth) (up)** calentar algo, calentarse **heated** *adj* **1** *(discusión, persona)* acalorado **2** *a heated pool* una piscina climatizada ◊ *centrally heated* con calefacción central

heater /ˈhiːtə(r)/ *n* calefactor

heath /hiːθ/ *n* brezal

heathen /ˈhiːðn/ *n (antic, pey)* no creyente

heather /ˈheðə(r)/ *n* brezo

heating 0ᴇᴍ /ˈhiːtɪŋ/ *n* calefacción

heatwave /ˈhiːtweɪv/ *n* ola de calor

heave /hiːv/ *verbo, nombre*
▸ **1** *vt* arrastrar *(con esfuerzo)* **2** *vi* ~ **(at/on sth)** tirar con esfuerzo (de algo) **3** *vt* arrojar *(algo pesado)*
▸ *n* tirón, empujón

heaven 0ᴇᴍ *(tb* **Heaven)** /ˈhevn/ *n (Relig)* cielo ❶ Normalmente la palabra **heaven** no lleva artículo: *She has gone to heaven.* Se ha ido al cielo. **LOC** *Ver* KNOW, SAKE

heavenly /ˈhevnli/ *adj* **1** *(Relig)* celestial **2** celeste: *heavenly bodies* cuerpos celestes **3** *(coloq)* divino

heavily 0ᴇᴍ /ˈhevɪli/ *adv* **1** muy, mucho: *heavily loaded* muy cargado ◊ *to rain heavily* llover muchísimo **2** pesadamente

heavy 0ᴇᴍ /ˈhevi/ *adj* **(heavier, -iest) 1** pesado: *How heavy is it?* ¿Cuánto pesa? **2** más de lo normal: *heavy traffic* un tráfico denso ◊ *heavy rain* intensas lluvias **3** *(facciones, movimiento)* torpe **4** *to be a heavy smoker/sleeper* ser un fumador empedernido/tener un sueño muy profundo **LOC** **with a heavy hand** con mano dura *Ver tb* TOLL

heavyweight /ˈheviweɪt/ *n* **1** peso pesado **2** *(fig)* figura (importante)

heckle /ˈhekl/ *vt, vi* interrumpir

hectare /ˈhekteə(r)*; GB tb* -tɑː(r)/ *n (abrev* ha) hectárea

hectic /ˈhektɪk/ *adj* frenético

he'd /hiːd/ **1** *(abrev de* **he had)** *Ver* HAVE **2** *(abrev de* **he would)** *Ver* WOULD

hedge /hedʒ/ *nombre, verbo*
▸ *n* **1** seto **2** ~ **against sth** protección contra algo
▸ *vi* dar rodeos, salirse por la tangente

hedgehog /ˈhedʒhɒg*; USA* -hɔːg/ *n* erizo

heed /hiːd/ *verbo, nombre*
▸ *vt (formal)* prestar atención a
▸ *n* **LOC** **give/pay heed (to sb/sth); take heed (of sb/ sth)** *(formal)* hacer caso (de algn/algo)

heel 0ᴇᴍ /hiːl/ *n* **1** talón **2** tacón **LOC** *Ver* DIG

hefty /ˈhefti/ *adj* **(heftier, -iest) 1** *(persona)* fornido **2** *(objeto)* pesado **3** *(sueldo, deuda, etc.)* altísimo **4** *(golpe)* fuerte

height 0ᴇᴍ /haɪt/ *n* **1** altura ➔ *Ver nota en* ALTO **2** estatura **3** *(Geog)* altitud **4** *(fig)* cumbre, colmo: *at/in the height of summer* en pleno verano ◊ *the height of fashion* la última moda

heighten /ˈhaɪtn/ *vt, vi* intensificar(se), aumentar

heir /eə(r)/ *n* ~ **(to sth); ~ (of sb)** heredero, -a (de algo/algn)

heiress /ˈeəres, -rəs/ *n* ~ **(to sth)** heredera (de algo/algn)

held *pt, pp de* HOLD

helicopter /ˈhelɪkɒptə(r)/ *n* helicóptero

helium /ˈhiːliəm/ *n* helio

hell 0ᴇᴍ *(tb* **Hell)** /hel/ *n* infierno ❶ En el sentido religioso, la palabra **hell** no lleva artículo: *to go*

to hell ir al infierno. **LOC** **a/one hell of a...** (*coloq*)
I got a hell of a shock. Me llevé un susto terrible.

he'll /hi:l/ (*abrev de* **he will**) *Ver* WILL

hellish /'helɪʃ/ *adj* (*coloq*) infernal

hello ⚡ (*tb* **hullo**) /hə'ləʊ/ *interj, n* hola: *Say hello for me.* Saluda de mi parte. ➔ *Ver nota en* ¡HOLA!

helm /helm/ *n* timón

helmet /'helmɪt/ *n* casco

help ⚡ /help/ *verbo, nombre*
▶ **1** *vt, vi* ayudar: *Help!* ¡Socorro! ◇ *How can I help you?* ¿En qué puedo servirle? **2** *vt* ~ **yourself (to sth)**; ~ **sb to sth** servirse (algo); servir algo a algn **LOC** **can't/couldn't help (doing) sth** *He can't help it.* No lo puede evitar. ◇ *I couldn't help laughing.* No pude contener la risa. ◇ *It can't be helped.* No hay remedio. ◆ **give/lend (sb) a helping hand** echar una mano (a algn) **PHRV** **help (sb) out** ayudar (a algn)
▶ *n* [*incontable*] **1** ayuda: *It wasn't much help.* No sirvió de mucho. **2** asistencia

🔍 **Asking for help**
Pedir ayuda
● *Could you possibly help me?* ¿Podrías ayudarme?
● *I wonder if you could give/lend me a hand?* ¿Podrías echarme una mano?
● *Would you mind opening the door for me?* ¿Te importaría abrirme la puerta?
● *Could I ask you to keep an eye on my luggage for a moment?* ¿Podrías echar un vistazo a mi equipaje?
● *Yes, of course.* Sí, por supuesto.
● *I'm sorry, I'm in a hurry.* Lo siento, tengo prisa.

helper /'helpə(r)/ *n* ayudante

helpful ⚡ /'helpfl/ *adj* **1** (*consejo, etc.*) útil **2** servicial **3** amable

helping /'helpɪŋ/ *n* porción (*de comida*): *to have a second helping* repetir

helpless /'helpləs/ *adj* **1** indefenso **2** desamparado **3** imposibilitado

helpline /'helplaɪn/ *n* línea telefónica de ayuda

helter-skelter /ˌheltə 'skeltə(r)/ *n* tobogán (*en espiral*)

hem /hem/ *nombre, verbo*
▶ *n* dobladillo
▶ *vt* (**-mm-**) coser el dobladillo de **PHRV** **hem sb/sth in 1** cercar a algn/algo **2** limitar a algn

hemisphere /'hemɪsfɪə(r)/ *n* hemisferio

hemo- (*USA*) = HAEMO-

hen /hen/ *n* gallina

---

563   **heritage**

hence ⚡ /hens/ *adv* (*formal*) de ahí, por eso **LOC** **six, etc. days, weeks, etc. hence** (*formal*) de aquí a seis días, semanas, etc.

henceforth /ˌhens'fɔ:θ/ *adv* (*formal*) de ahora en adelante

hen party (*tb* **hen night**) *n* despedida de soltera ➔ *Comparar con* STAG NIGHT

hepatitis /ˌhepə'taɪtɪs/ *n* [*incontable*] hepatitis

heptagon /'heptəgən/; *USA* -gɑːn/ *n* heptágono

her ⚡ /hɜː(r)/ *pronombre, adjetivo*
▶ *pron* **1** (*como objeto directo*) la: *I saw her.* La vi. **2** (*como objeto indirecto*) le, a ella: *I gave her the book.* Le di el libro. **3** (*después de preposición y verbo be*) ella: *I said it to her.* Se lo dije a ella. ◇ *I think of her often.* Pienso en ella a menudo. ◇ *She took it with her.* Se lo llevó consigo. ◇ *It wasn't her.* No fue ella. ➔ *Comparar con* SHE
▶ *adj* su (*de ella*): *her book(s)* su(s) libro(s) **ⓘ Her** se usa también para referirse a coches, barcos o naciones. ➔ *Comparar con* HERS *Ver nota en* MY

herald /'herəld/ *verbo, nombre*
▶ *vt* (*formal*) anunciar (*llegada, comienzo*)
▶ *n* heraldo **heraldry** *n* heráldica

herb /hɜːb/; *USA tb* ɜːrb/ *n* hierba (fina) **herbal** *adj* (a base) de hierbas: *herbal tea* infusión

herbalism /'hɜːbɪzəm/; *USA tb* 'ɜːrb-/ *n* herbalismo

herbivore /'hɜːbɪvɔː(r)/; *USA tb* 'ɜːrb-/ *n* herbívoro

herd /hɜːd/ *nombre, verbo*
▶ *n* manada, piara (*de vacas, cabras y cerdos*) ➔ *Comparar con* FLOCK
▶ *vt* llevar en manada

here ⚡ /hɪə(r)/ *adverbio, interjección*
▶ *adv* aquí: *I live a mile from here.* Vivo a una milla de aquí. ◇ *Please sign here.* Firme aquí, por favor.

🔍 En las oraciones que empiezan con **here** el verbo se coloca detrás del sujeto si este es un pronombre: *Here they are, at last!* ¡Ya llegan por fin! ◇ *Here it is, on the table!* Aquí está, encima de la mesa., y antes si es un sustantivo: *Here comes the bus.* Ya llega el autobús.

LOC **be here** llegar: *They'll be here any minute.* Están a punto de llegar. ◆ **here and there** aquí y allá ◆ **here you are** aquí tiene
▶ *interj* **1** ¡oye! **2** (*ofreciendo algo*) ¡toma!

hereditary /hə'redɪtri/; *USA* -teri/ *adj* hereditario

heresy /'herəsi/ *n* (*pl* **heresies**) herejía

heritage /'herɪtɪdʒ/ *n* patrimonio

---

aʊ **now**   ɔɪ **join**   ɪə **near**   eə **hair**   ʊə **pure**   tʃ **chin**   dʒ **June**   v **van**   θ **thin**

hermit /'hɜːmɪt/ n ermitaño, -a
hero ⊶ /'hɪərəʊ/ n (pl **heroes**) **1** héroe, heroína: *sporting heroes* los héroes del deporte **2** protagonista *(de novela, película, etc.)* **heroic** /hə'rəʊɪk/ adj heroico
heroin /'herəʊɪn/ n heroína *(droga)*
heroine /'herəʊɪn/ n heroína *(persona)*
heroism /'herəʊɪzəm/ n heroísmo
heron /'herən/ n garza
herring /'herɪŋ/ n arenque **LOC** Ver RED
hers ⊶ /hɜːz/ pron suyo, -a, -os, -as *(de ella)*: *a friend of hers* un amigo suyo ◇ *Where are hers?* ¿Dónde están los suyos?
herself ⊶ /hɜː'self/ pron **1** *(uso reflexivo)* se *(a ella misma)*: *She bought herself a book.* Se compró un libro. **2** *(después de preposición)* sí *(misma)*: *'I am free', she said to herself.* —Soy libre, se dijo a sí misma. **3** *(uso enfático)* ella misma: *She told me the news herself.* Me contó la noticia ella misma. **LOC** **(all) by herself** (completamente) sola
he's /hiːz/ **1** *(abrev de he is)* Ver BE **2** *(abrev de he has)* Ver HAVE
hesitant /'hezɪtənt/ adj vacilante, indeciso
hesitate ⊶ /'hezɪteɪt/ vi **1** ~ (about/over sth/doing sth) vacilar (si hacer algo) **2** dudar: *Don't hesitate to call.* No dudes en llamar. **hesitation** n vacilación, duda
heterogeneous /ˌhetərə'dʒiːniəs/ adj *(formal)* heterogéneo
heterosexual /ˌhetərə'sekʃuəl/ adj, n heterosexual
hexagon /'heksəgən; USA -gɑːn/ n hexágono
hey /heɪ/ interj **1** ¡oye!, ¡eh! **2** ¡hola! ➲ Ver nota en ¡HOLA!
heyday /'heɪdeɪ/ n (días de) apogeo
hi ⊶ /haɪ/ interj *(coloq)* hola ➲ Ver nota en ¡HOLA!
hibernate /'haɪbəneɪt/ vi hibernar **hibernation** n hibernación
hiccup *(tb hiccough)* /'hɪkʌp/ n **1** (the) hiccups *[pl]* hipo: *I got (the) hiccups.* Me dio el hipo. **2** *(coloq)* problema
hidden /'hɪdn/ adj oculto, escondido Ver tb HIDE
hide ⊶ /haɪd/ verbo, nombre
▶ *(pt* **hid** /hɪd/, *pp* **hidden** /'hɪdn/) **1** vt ~ sth (from sb) ocultar algo (a algn): *The trees hid the house from view.* Los árboles ocultaban la casa. **2** vi ~ (from sb) esconderse (de algn): *The child was hiding under the bed.* El niño estaba escondido debajo de la cama.
▶ n piel *(de animal)*
hide-and-'seek n escondite: *to play hide-and-seek* jugar al escondite

hideous /'hɪdiəs/ adj espantoso
hiding /'haɪdɪŋ/ n **1** *in hiding* escondido ◇ *to go into/come out of hiding* esconderse/salir del escondite **2** *(esp GB, coloq)* tunda
hierarchy /'haɪərɑːki/ n (pl **hierarchies**) jerarquía
hieroglyphics /ˌhaɪərə'glɪfɪks/ n *[pl]* jeroglíficos
hi-fi /'haɪ faɪ/ adj, n (equipo) de alta fidelidad
high ⊶ /haɪ/ adjetivo, nombre, adverbio
▶ adj (**higher**, **-est**) **1** alto: *The wall is six feet high.* La pared mide seis pies de altura. ◇ *How high is it?* ¿Cuánto mide de altura? ➲ Ver nota en ALTO

🔍**High**, como su contrario **low**, a veces se combina con un sustantivo para crear adjetivos como **high-speed** *(de alta velocidad)*, **high-fibre** *(de alto contenido en fibra)*, y **high-risk** *(de alto riesgo)*.

2 *to have a high opinion of sb* tener buena opinión de algn ◇ *high hopes* grandes esperanzas ◇ *high priority* máxima prioridad **3** *(viento)* fuerte **4** *(ideales, ganancias, etc.)* elevado: *to set high standards* poner el listón muy alto ◇ *I have it on the highest authority.* Lo sé de muy buena fuente. **5** *the high life* la vida de lujo ◇ *the high point of the evening* el mejor momento de la tarde **6** *(sonido)* agudo **7** *in high summer* en pleno verano ◇ *high season* temporada alta **8** ~ (on sth) *(coloq)* *(drogas, etc.)* ciego (de algo) **LOC** **high and dry 1** *(barco)* varado **2** *(persona)* plantado Ver tb FLY, FRIEND, PROFILE
▶ n punto alto Ver tb LEGAL HIGH
▶ adv (**higher**, **-est**) alto, a gran altura

highbrow /'haɪbraʊ/ adj *(a veces pey)* culto, intelectual
high-'class adj de categoría
High 'Court n Tribunal Supremo
high-ˌdefi'nition adj *(abrev HD)* de alta definición
high-'end adj más caro, de más calidad
higher edu'cation n educación superior
high 'five n *(esp USA)* *That was great! Give me a high five!* ¡Fenomenal! ¡Choca esos cinco!
the 'high jump n salto de altura
highland /'haɪlənd/ adjetivo, nombre
▶ adj de montaña
▶ n *[gen pl]* región montañosa
high-'level adj de alto nivel
highlight ⊶ /'haɪlaɪt/ verbo, nombre
▶ vt **1** poner de relieve **2** marcar con rotulador
▶ n **1** punto culminante, aspecto notable **2** highlights *[pl]* *(en el pelo)* reflejos, mechas

highlighter /ˈhaɪlaɪtə(r)/ (tb ˈhighlighter pen) n rotulador fluorescente

highly ⊶ /ˈhaɪli/ adv **1** muy, sumamente: *highly unlikely* altamente improbable **2** *to think/speak highly of sb* tener muy buena opinión/hablar muy bien de algn

ˌhighly ˈstrung adj nervioso, muy excitable

Highness /ˈhaɪnəs/ n alteza: *your/his/her Royal Highness* Su Alteza Real

ˌhigh-ˈpitched adj (sonido) agudo

ˌhigh-ˈpowered adj **1** (persona) dinámico **2** (trabajo) de alta categoría **3** (coche) de gran potencia

ˌhigh-ˈpressure adj (trabajo) de mucho estrés: *high-pressure sales techniques* técnicas de venta agresivas

ˌhigh ˈpressure n [incontable] (Meteor) altas presiones

ˌhigh-ˈranking adj de alto rango

ˌhigh-resoˈlution (tb hi-res, high-res /ˌhaɪ ˈrez/) adj en alta resolución

ˈhigh-rise adjetivo, nombre
▸ adj **1** (edificio) de muchos pisos **2** (piso) de un edificio alto
▸ n torre (de muchos pisos)

ˈhigh school n (esp USA) escuela de enseñanza secundaria Ver tb JUNIOR HIGH SCHOOL, SENIOR HIGH SCHOOL

ˈhigh street n calle mayor/principal: *high-street shops* las tiendas del centro

high-tech (tb hi-tech) /ˌhaɪ ˈtek/ adj (coloq) de alta tecnología

ˌhigh-visiˈbility adj (coloq high-vis, hi-vis /ˌhaɪ ˈvɪz/) **1** (ropa) reflectante **2** (campaña, etc.) de alto impacto

highway ⊶ /ˈhaɪweɪ/ n **1** (esp USA) carretera, autopista **2** (GB, formal) vía pública: *the Highway Code* el código de circulación

hijab /hɪˈdʒɑːb/ n hiyab

hijack /ˈhaɪdʒæk/ verbo, nombre
▸ vt **1** (avión, etc.) secuestrar **2** (pey) acaparar
▸ n (tb hijacking) (avión, etc.) secuestro **hijacker** n secuestrador, -ora

hike /haɪk/ nombre, verbo
▸ n caminata
▸ vi *to go hiking* hacer senderismo **hiker** n caminante, excursionista

hilarious /hɪˈleəriəs/ adj divertidísimo, muy cómico

hill ⊶ /hɪl/ n **1** colina, cerro **2** cuesta, pendiente

hillside /ˈhɪlsaɪd/ n ladera

hilly /ˈhɪli/ adj (**hillier**, **-iest**) accidentado, con/de muchas colinas

hilt /hɪlt/ n empuñadura **LOC** (up) to the hilt **1** hasta el cuello **2** (apoyar) incondicionalmente

him ⊶ /hɪm/ pron **1** (como objeto directo) lo, le: *I hit him.* Le pegué. **2** (como objeto indirecto) le, a él: *I gave him the book.* Le di el libro. **3** (después de preposición y del verbo *be*) él: *Give it to him.* Dáselo. ◇ *He always has it with him.* Siempre lo tiene consigo. ◇ *It must be him.* Debe de ser él. ⊃ Comparar con HE

himself ⊶ /hɪmˈself/ pron **1** (uso reflexivo) se (a él mismo) **2** (después de preposición) sí (mismo): *'I tried', he said to himself.* —Lo intenté, se dijo a sí mismo. **3** (uso enfático) él mismo: *He said so himself.* Él mismo lo dijo. **LOC** (all) by himself (completamente) solo

hinder /ˈhɪndə(r)/ vt entorpecer, dificultar: *Our progress was hindered by bad weather.* El mal tiempo dificultó nuestro trabajo.

hindrance /ˈhɪndrəns/ n ~ (to sth/sb) estorbo, obstáculo (para algo/algn)

hindsight /ˈhaɪndsaɪt/ n with the benefit of hindsight/in hindsight viéndolo a posteriori

Hindu /ˈhɪnduː, ˌhɪnˈduː/ adj, n hindú **Hinduism** /ˈhɪnduːɪzəm/ n hinduismo

hinge /hɪndʒ/ nombre, verbo
▸ n bisagra, gozne
▸ v **PHR V** hinge on/upon sth depender de algo

hint /hɪnt/ nombre, verbo
▸ n **1** insinuación, indirecta **2** indicio **3** consejo **LOC** take a/the hint darse por aludido Ver tb DROP
▸ **1** vi ~ at sth referirse indirectamente a algo **2** vt ~ (to sb) that... insinuar (a algn) que...

hip ⊶ /hɪp/ nombre, adjetivo
▸ n cadera
▸ adj (**hipper**, **-est**) (coloq) de moda

ˈhip hop n (Mús) hiphop

hippie (tb hippy) /ˈhɪpi/ n (pl **hippies**) hippy

hippo /ˈhɪpəʊ/ n (pl **hippos**) (coloq) hipopótamo

hippopotamus /ˌhɪpəˈpɒtəməs/ n (pl **hippopotamuses** /-məsɪz/, **hippopotami** /-maɪ/) hipopótamo

hipster /ˈhɪpstə(r)/ n persona que sigue la moda del momento

hire ⊶ /ˈhaɪə(r)/ verbo, nombre
▸ vt **1** alquilar ⊃ Ver nota en ALQUILAR **2** (persona) contratar
▸ n alquiler: *hire purchase* compra a plazos **LOC** for hire se alquila(n)

his ⊶ /hɪz/ adjetivo, pronombre
▸ adj su (de él): *his bag(s)* su(s) bolsa(s) ⊃ Ver nota en MY

▸ *pron* suyo, -a, -os, -as (*de él*): *a friend of his* un amigo suyo ◊ *He lent me his.* Me dejó el suyo.

Hispanic /hɪˈspænɪk/ *adjetivo, nombre*
▸ *adj* **1** (*comunidad en Estados Unidos*) hispano **2** (*cultura*) hispánico
▸ *n* hispano, -a

hiss /hɪs/ *verbo, nombre*
▸ *vi* ~ (**at sb/sth**) sisear, silbar (a algn/algo)
▸ *n* silbido, siseo

hissy fit /ˈhɪsi fɪt/ *n* (*coloq*) rabieta

historian /hɪˈstɔːriən/ *n* historiador, -ora

historic /hɪˈstɒrɪk; USA hɪˈstɔːrɪk/ *adj* histórico (*importante*)

historical ⚬ /hɪˈstɒrɪkl; USA hɪˈstɔːr-/ *adj* histórico (*relativo a la historia*)

history ⚬ /ˈhɪstri/ *n* (*pl* **histories**) **1** historia **2** (*Med*) historial

hit ⚬ /hɪt/ *verbo, nombre*
▸ *vt* (**-tt-**) (*pt, pp* **hit**) **1** *vt* golpear: *to hit a nail* darle a un clavo **2** ~ **sth** (**on/against sth**) golpearse algo (con/contra algo): *I hit my knee against the table.* Me golpeé la rodilla contra la mesa. **3** alcanzar: *He was hit by a bullet.* Fue alcanzado por una bala. **4** chocar contra **5** (*pelota*) dar a **6** afectar: *Rural areas have been worst hit by the strike.* Las zonas rurales han sido las más afectadas por la huelga. <small>LOC</small> **hit it off (with sb)** (*coloq*) *Pete and Sue hit it off immediately.* Pete y Sue se cayeron bien desde el principio. ◆ **hit the nail on the head** dar en el clavo *Ver tb* HOME, PATCH <small>PHR V</small> **hit back (at sb/sth)** contestar (a algn/algo), devolver el golpe (a algn/algo) ◆ **hit on sb** (*USA, argot*) intentar ligar con algn ◆ **hit out (at sb/sth)** atacar (a algn/algo)
▸ *n* **1** golpe **2** exitazo **3** (*Internet*) visita

hit-and-ˈrun *adj* a *hit-and-run driver* un conductor que atropella a alguien y se da a la fuga

hitch /hɪtʃ/ *verbo, nombre*
▸ **1** *vt, vi*: *to hitch (a ride)* hacer autostop ◊ *Can I hitch a lift with you as far as the station?* ¿Me puedes llevar hasta la estación? **2** *vt* ~ **sth (up)** (*ropa*) subirse algo un poco **3** *vt* ~ **sth (to sth)** enganchar, atar algo (a algo)
▸ *n* problema: *without a hitch* sin dificultades

hitchhike /ˈhɪtʃhaɪk/ *vi* hacer autostop **hitchhiker** *n* autostopista **hitchhiking** *n* autostop

hi-ˈtech = HIGH-TECH

hive /haɪv/ *n* colmena

HIV-positive /ˌeɪtʃ aɪ ˌviː ˈpɒzətɪv/ *adj* seropositivo

hiya /ˈhaɪjə/ *interj* (*coloq*) ¡hola!

hoard /hɔːd/ *nombre, verbo*
▸ *n* **1** provisión **2** tesoro escondido

▸ *vt* acaparar

hoarding /ˈhɔːdɪŋ/ *n* valla publicitaria

hoarse /hɔːs/ *adj* ronco

hoax /həʊks/ *n* broma de mal gusto: *a bomb hoax* un aviso de bomba falso

hob /hɒb/ *n* placa (*de la cocina*)

hobby ⚬ /ˈhɒbi/ *n* (*pl* **hobbies**) hobby

hockey /ˈhɒki/ *n* **1** (*GB*) hockey (sobre hierba) **2** (*USA*) hockey sobre hielo

hoe /həʊ/ *n* azada

hog /hɒg; USA hɔːg/ *nombre, verbo*
▸ *n* (*esp USA*) cerdo
▸ *vt* (**-gg-**) (*coloq*) acaparar

Hogmanay /ˈhɒgməneɪ, ˌhɒgməˈneɪ/ *n* Nochevieja (*en Escocia*)

hoist /hɔɪst/ *vt* izar, levantar

hold ⚬ /həʊld/ *verbo, nombre*
▸ (*pt, pp* **held** /held/) **1** *vt* sostener, tener en la mano **2** *vt* agarrarse a **3** *vt, vi* (*peso*) aguantar **4** *vt* tener espacio para: *It won't hold you all.* No vais a caber todos. **5** *vt* (*prisionero, etc.*) retener, tener detenido **6** *vt* (*puesto, cargo*) ocupar **7** *vt* (*título*) ostentar **8** *vt* (*poseer*) tener **9** *vt* (*opinión*) sostener **10** *vt* (*formal*) considerar **11** *vt* (*reunión, elecciones*) celebrar **12** *vt* (*conversación*) mantener **13** *vi* (*oferta, acuerdo*) ser válido **14** *vi* (*al teléfono*) esperar <small>LOC</small> **hold it!** (*coloq*) ¡espera! ❶ Para otras expresiones con **hold**, véanse las entradas del sustantivo, adjetivo, etc., p. ej. **hold your breath** en BREATH.
<small>PHR V</small> **hold sth against sb** tener algo en cuenta a algn
hold sb/sth back 1 contener a algn/algo **2** impedir el progreso de algn/algo ◆ **hold sth back 1** (*información*) ocultar algo **2** (*ira, lágrimas, etc.*) contener algo
hold sb/sth down sujetar a algn/algo
hold forth soltar un discurso
hold on 1 (*coloq*) esperar **2** aguantar ◆ **hold sth on** sujetar algo ◆ **hold on (to sb/sth)** agarrarse (a algn/algo)
hold out 1 (*provisiones, etc.*) durar **2** (*persona*) aguantar ◆ **hold sth out** tender algo
hold sb/sth up 1 sostener a algn/algo **2** retrasar a algn/algo ◆ **hold sth up** levantar algo ◆ **hold up sth** atracar algo (*un banco, etc.*)
hold with sth estar de acuerdo con algo
▸ *n* **1** *to keep a firm hold of sth* tener algo bien agarrado **2** (*judo, etc.*) llave **3** ~ (**on/over sb/sth**) influencia, control (sobre algn/algo) **4** (*barco, avión*) bodega <small>LOC</small> **catch/get/grab/take (a) hold of sb/sth** coger a algn/algo ◆ **get hold of sb** ponerse en contacto con algn ◆ **get hold of sth** hacerse con algo ◆ **on hold** (*teléfono*) en espera

holdall /ˈhəʊldɔːl/ n bolsa de viaje ➔ Ver dibujo en BAG

holder /ˈhəʊldə(r)/ n **1** titular; poseedor, -ora **2** recipiente

'**hold-up** n **1** retraso **2** (tráfico) atasco **3** atraco

hole ⊶ /həʊl/ n **1** agujero **2** perforación **3** (carretera) bache **4** boquete **5** madriguera **6** (coloq) lugar, casa, etc. de mala muerte **7** (Golf) hoyo LOC Ver PICK

holiday ⊶ /ˈhɒlədeɪ; GB tb -di/ nombre, verbo
▸ n **1** vacaciones: to be/go on holiday estar/ir de vacaciones ◇ holiday home casa de vacaciones Ver tb BANK HOLIDAY ➔ Ver nota en VACACIÓN **2** fiesta, día festivo
▸ vi estar de vacaciones

holidaymaker /ˈhɒlədeɪmeɪkə(r); GB tb -dim-/ n veraneante, turista

holiness /ˈhəʊlinəs/ n santidad

hollow ⊶ /ˈhɒləʊ/ adjetivo, nombre, verbo
▸ adj **1** hueco **2** (cara, ojos) hundido **3** (sonido) sordo **4** (fig) poco sincero, falso
▸ n **1** hoyo **2** hondonada **3** hueco
▸ v PHR V **hollow sth out** vaciar algo

holly /ˈhɒli/ n acebo

holocaust /ˈhɒləkɔːst; USA tb ˈhəʊlə-/ n holocausto

hologram /ˈhɒləɡræm; USA tb ˈhəʊlə-/ n holograma

holy ⊶ /ˈhəʊli/ adj (**holier**, **-iest**) **1** santo **2** sagrado **3** bendito

homage /ˈhɒmɪdʒ/ n (formal) homenaje: to pay homage to sb/sth rendir homenaje a algn/algo

home ⊶ /həʊm/ nombre, adjetivo, adverbio
▸ n **1** casa, hogar **2** residencia (de ancianos, etc.) **3** (Zool) hábitat **4 the ~ of sth** la cuna de algo LOC **at home 1** en casa **2** a sus anchas **3** en mi, su, nuestro, etc. país
▸ adj **1** familiar: home life vida familiar ◇ home comforts las comodidades del hogar **2** (cocina, películas, etc.) casero **3** (no extranjero) nacional: the Home Office el Ministerio del Interior **4** (pueblo, país) natal **5** (Dep) de/en casa
▸ adv **1** a casa: to go home irse a casa **2** (fijar, clavar, etc.) a fondo LOC **be home and dry** estar a salvo ◆ **bring sth home to sb** hacer que algn comprenda algo ◆ **hit/strike home** dar en el blanco

homeland /ˈhəʊmlænd/ n tierra natal, patria

homeless /ˈhəʊmləs/ adjetivo, nombre
▸ adj sin techo
▸ n **the homeless** [pl] los sin techo **homelessness** n carencia de vivienda: the rise in homelessness el aumento en el número de personas sin techo

homely /ˈhəʊmli/ adj (**homelier**, **-iest**) **1** (GB) (ambiente, lugar) casero, acogedor **2** (GB) sencillo **3** (USA, pey) poco atractivo

,**home-'made** adj casero, hecho en casa

homemaker /ˈhəʊmmeɪkə(r)/ n (esp USA) amo, -a de casa

homeopath /ˈhəʊmiəpæθ; USA tb ˈhɑːm-/ n homeópata

homeopathy /ˌhəʊmiˈɒpəθi; USA tb ˌhɑːm-/ n homeopatía

home page n (Internet) página principal/de inicio

homeschooling /ˌhəʊmˈskuːlɪŋ/ n educación en casa

Home 'Secretary n (GB) ministro, -a del Interior

homesick /ˈhəʊmsɪk/ adj nostálgico: to be/feel homesick tener morriña

'**home town** n ciudad natal

homework ⊶ /ˈhəʊmwɜːk/ n [incontable] deberes (de colegio)

homey (tb homy) /ˈhəʊmi/ adj (esp USA, coloq) (ambiente, lugar) casero, acogedor

homicidal /ˌhɒmɪˈsaɪdl/ adj homicida

homicide /ˈhɒmɪsaɪd/ n (esp USA) (Jur) homicidio ➔ Ver nota en ASESINAR

homogeneous /ˌhɒməˈdʒiːniəs; USA ˌhəʊm-/ adj homogéneo

homosexual /ˌhəʊməˈsekʃuəl/ adj, n homosexual **homosexuality** /ˌhəʊməˌsekʃuˈæləti/ n homosexualidad

homy (USA) = HOMEY

honest ⊶ /ˈɒnɪst/ adj **1** (persona) honrado **2** (afirmación) franco, sincero **3** (sueldo) justo

honestly ⊶ /ˈɒnɪstli/ adv **1** honradamente **2** (uso enfático) de verdad, francamente: Honestly! What a fuss! ¡Por favor! ¡Qué jaleo!

honesty /ˈɒnəsti/ n **1** honradez, honestidad **2** franqueza

honey /ˈhʌni/ n **1** miel **2** (coloq) (tratamiento) cariño

honeymoon /ˈhʌnimuːn/ n luna de miel

honk /hɒŋk/ vt, vi tocar (la bocina)

honorary /ˈɒnərəri; USA -reri/ adj **1** honorífico **2** (doctor) honoris causa **3** (no remunerado) honorario

honour ⊶ (USA honor) /ˈɒnə(r)/ nombre, verbo
▸ n **1** honor **2** (título) condecoración **3 honours** [pl] (Educ) distinción: (First Class) Honours degree licenciatura (con la nota más alta) **4** His/Her/Your Honour su Señoría LOC **in honour of sb/sth; in sb's/sth's honour** en honor de/a algn/algo

▸ *vt* **1** honrar **2** condecorar **3** (*compromiso, deuda*) cumplir (con)

honourable (*USA* honorable) /ˈɒnərəbl/ *adj* **1** honorable **2** honroso

hood /hʊd/ *n* **1** capucha **2** (*esp GB*) (*coche*) capota **3** (*USA*) capó **hooded** *adj* **1** (*ropa*) con capucha **2** (*persona*) encapuchado

hoody (*tb* hoodie) /ˈhʊdi/ *n* (*pl* **hoodies**) (*coloq*) sudadera/chaqueta con capucha

hoof /huːf/ *n* (*pl* **hoofs**, **hooves** /huːvz/) casco, pezuña

hook ⚙ /hʊk/ *nombre, verbo*
▸ *n* **1** gancho, garfio: *coat hook* percha **2** (*pesca*) anzuelo **LOC** **get/let sb off the hook** sacar a algn del apuro/dejar que algn se salve ♦ **off the hook** descolgado (*teléfono*)
▸ *vt, vi* enganchar(se) **LOC** **be/get hooked (on sth)** (*coloq*) estar enganchado/engancharse (a algo)

hooligan /ˈhuːlɪɡən/ *n* hincha violento **hooliganism** *n* comportamiento violento (*esp en partidos de fútbol*)

hoop /huːp/ *n* aro

hooray (*tb* hurray) /huˈreɪ/ (*tb* hurrah /həˈrɑː/) *interj* ~ **(for sb/sth)** ¡viva (algn/algo)!

hoot /huːt/ *verbo, nombre*
▸ **1** *vt, vi* tocar (la bocina) **2** *vi* (*búho*) ulular
▸ *n* **1** bocinazo, pitido **2** (*búho*) ululato

hoover /ˈhuːvə(r)/ *nombre, verbo*
▸ *n* **Hoover®** aspiradora
▸ *vt, vi* pasar la aspiradora (a/por)

hooves *pl de* HOOF

hop /hɒp/ *verbo, nombre*
▸ *vi* (**-pp-**) **1** (*persona*) saltar a la pata coja ⟳ *Ver dibujo en* SALTAR **2** (*animal*) dar saltitos
▸ *n* **1** salto **2** hops [*pl*] (*Bot*) lúpulo

hope ⚙ /həʊp/ *verbo, nombre*
▸ *vt, vi* ~ **(for sth/to do sth)** esperar (algo/hacer algo): *I hope not/so.* Espero que no/sí. ⟳ *Ver nota en* ESPERAR **LOC** **I should hope not!** ¡faltaría más! ♦ **I should hope so!** ¡eso espero!
▸ *n* ~ **(of/for sth)**; ~ **(of doing sth)** esperanza (de/para algo); esperanza (de hacer algo)

hopeful /ˈhəʊpfl/ *adj* **1** (*persona*) esperanzado, confiado: *to be hopeful that…* tener la esperanza de que… **2** (*situación*) prometedor, esperanzador **hopefully** /-fəli/ *adv* **1** con un poco de suerte: *Hopefully we'll get there by four.* Con suerte estaremos allí a las cuatro. **2** con optimismo, con esperanzas

hopeless /ˈhəʊpləs/ *adj* **1** inútil, desastroso **2** ~ **(at sth/doing sth)** (*coloq*) negado (para algo/para hacer algo) **3** (*tarea*) imposible **hopelessly**

adv totalmente: *hopelessly lost* totalmente perdido

horde /hɔːd/ *n* (*a veces pey*) multitud: *hordes of people* mareas de gente

horizon /həˈraɪzn/ *n* **1 the horizon** [*sing*] el horizonte **2** [*gen pl*] (*fig*) perspectiva

horizontal ⚙ /ˌhɒrɪˈzɒntl/; *USA* /ˌhɔːrəˈ-/ *adj, n* horizontal

hormone /ˈhɔːməʊn/ *n* hormona

horn ⚙ /hɔːn/ *n* **1** cuerno, asta **2** (*Mús*) cuerno **3** (*coche, etc.*) bocina

horoscope /ˈhɒrəskəʊp/ *USA* /ˈhɔːr-/ *n* horóscopo

horrendous /həˈrendəs/ *adj* **1** horrendo **2** (*excesivo*) tremendo

horrible /ˈhɒrəbl/; *USA* /ˈhɔːr-/ *adj* horrible

horrid /ˈhɒrɪd/; *USA* /ˈhɔːrɪd/ *adj* horrible, horroroso

horrific /həˈrɪfɪk/ *adj* horripilante, espantoso

horrify /ˈhɒrɪfaɪ/; *USA* /ˈhɔːr-/ *vt* (*pt, pp* **-fied**) horrorizar **horrifying** *adj* horroroso, horripilante

horror ⚙ /ˈhɒrə(r)/; *USA* /ˈhɔːrər/ *n* horror: *horror film* película de terror

horse ⚙ /hɔːs/ *n* **1** caballo **2** (*Gimnasia*) potro **LOC** *Ver* DARK, FLOG, LOOK

horseback /ˈhɔːsbæk/ *n* **LOC** **on horseback** a caballo

horseman /ˈhɔːsmən/ *n* (*pl* **-men** /-mən/) jinete

horsepower /ˈhɔːspaʊə(r)/ *n* (*pl* **horsepower**) (*abrev* h.p.) caballo de vapor

horse riding (*USA* **horseback riding**) *n* equitación

horseshoe /ˈhɔːsʃuː, ˈhɔːʃʃuː/ *n* herradura

horsewoman /ˈhɔːswʊmən/ *n* (*pl* **-women** /-wɪmɪn/) amazona

horticultural /ˌhɔːtɪˈkʌltʃərəl/ *adj* hortícola

horticulture /ˈhɔːtɪkʌltʃə(r)/ *n* horticultura

hose /həʊz/ (*tb* hosepipe /ˈhəʊzpaɪp/) *n* manguera, manga

hospice /ˈhɒspɪs/ *n* residencia para enfermos terminales

hospitable /hɒˈspɪtəbl, ˈhɒspɪtəbl/ *adj* hospitalario

hospital ⚙ /ˈhɒspɪtl/ *n* hospital ⟳ *Ver nota en* SCHOOL

hospitality /ˌhɒspɪˈtæləti/ *n* hospitalidad

host ⚙ /həʊst/ *nombre, verbo*
▸ *n* **1** anfitrión, -ona: *host family* familia anfitriona **2** (*TV*) presentador, -ora **3** multitud, montón: *a host of admirers* una multitud de admiradores **4 the Host** (*Relig*) la hostia, la sagrada forma

▶ *vt* to host the World Cup ser la sede del Mundial ◊ *a company that builds and hosts e-commerce sites* una empresa que crea y aloja sitios web de comercio electrónico

hostage /ˈhɒstɪdʒ/ *n* rehén

hostel /ˈhɒstl/ *n* albergue: *youth hostel* albergue juvenil ❶ La palabra española "hostal" se traduce como **(cheap) hotel**.

hostess /ˈhəʊstəs; *GB tb* -stes/ *n* **1** anfitriona **2** (*TV*) presentadora *Ver tb* AIR HOSTESS

hostile /ˈhɒstaɪl; *USA tb* ˈhɒstl/ *adj* **1** hostil **2** (*territorio*) enemigo

hostility /hɒˈstɪləti/ *n* hostilidad

hot ⌐ /hɒt/ *adj* (**hotter, -est**) **1** (*agua, comida, objeto*) caliente *Ver tb* PIPING HOT ➲ *Ver nota en* CALIENTE **2** (*día*) caluroso: *in hot weather* cuando hace calor **3** (*sabor*) picante **4** (*coloq*) (*grupo de música, producto, etc.*) popular **5** (*coloq*) guapo ▣ be hot **1** (*persona*) tener calor **2** (*tiempo*) hacer calor

hot-ˈblooded *adj* apasionado ➲ *Comparar con* WARM-BLOODED

hot cross ˈbun *n* bollo de pasas que se come el Viernes Santo en Gran Bretaña

hot-desking *n* [*incontable*] práctica de compartir las mesas de una oficina

hot dog *n* perrito caliente

hotel ⌐ /həʊˈtel/ *n* hotel

hothead /ˈhɒthed/ *n* exaltado, -a

hotline /ˈhɒtlaɪn/ *n* teléfono de información

hotly /ˈhɒtli/ *adv* ardientemente, enérgicamente

hot spot *n* **1** punto conflictivo **2** (*Informát*) área de la pantalla donde se pulsa para iniciar una operación **3** zona wifi

hound /haʊnd/ *nombre, verbo*
▶ *n* perro de caza
▶ *vt* acosar

hour ⌐ /ˈaʊə(r)/ *n* **1** (*abrev* hr, hr.) hora: *half an hour* media hora **2** hours [*pl*] horario: *office/opening hours* el horario de oficina/apertura **3** [*gen sing*] momento **4** hours [*pl*] mucho tiempo: *I've been waiting for hours.* Llevo horas esperando. ▣ after hours después del horario de trabajo/de apertura ◆ on the hour a la hora en punto *Ver tb* EARLY hourly *adj, adv* cada hora

house ⌐ *nombre, verbo*
▶ *n* /haʊs/ (*pl* **houses** /ˈhaʊzɪz/) **1** casa **2** (*Teat*) sala de espectáculos: *There was a full house.* Se llenó al completo. ▣ on the house cortesía de la casa *Ver tb* MOVE
▶ *vt* /haʊz/ alojar, albergar

household ⌐ /ˈhaʊshəʊld/ *n a large household* una casa de mucha gente ◊ *household chores* faenas domésticas **householder** *n* dueño, -a de la casa

house husband *n* amo de casa ➲ *Comparar con* HOUSEWIFE

housekeeper /ˈhaʊskiːpə(r)/ *n* ama de llaves **housekeeping** *n* [*incontable*] **1** gobierno de la casa **2** gastos de la casa

housemate /ˈhaʊsmeɪt/ *n* compañero, -a de casa

the ˌHouse of ˈCommons (*tb* the Commons) *n* [*v sing o pl*] la Cámara de los Comunes ➲ *Ver nota en* PARLIAMENT

the ˌHouse of ˈLords (*tb* the Lords) *n* [*v sing o pl*] la Cámara de los Lores ➲ *Ver nota en* PARLIAMENT

the ˌHouses of ˈParliament *n* [*pl*] el Parlamento (británico)

house-warming *n* fiesta de inauguración de una casa

housewife /ˈhaʊswaɪf/ *n* (*pl* **housewives** /-waɪvz/) ama de casa

housework /ˈhaʊswɜːk/ *n* [*incontable*] tareas domésticas

housing ⌐ /ˈhaʊzɪŋ/ *n* [*incontable*] vivienda, alojamiento

housing estate (*tb* housing development) *n* urbanización

hover /ˈhɒvə(r); *USA* ˈhʌvər/ *vi* **1** (*ave*) planear **2** (*objeto*) quedarse suspendido (en el aire) **3** (*persona*) rondar

hoverboard /ˈhɒvəbɔːd; *USA* ˈhʌvərbɔːrd/ *n* monopatín eléctrico

how ⌐ /haʊ/ *adv* **1** cómo: *How are you?* ¿Cómo estás? ◊ *How can that be?* ¿Cómo puede ser? ◊ *Tell me how to spell it.* Dime cómo se escribe. **2** + adjetivo o adverbio: *How old are you?* ¿Cuántos años tienes? ◊ *How fast were you going?* ¿A qué velocidad ibas? ◊ *How long have you been studying English?* ¿Desde cuándo estudias inglés? ➲ *Ver nota en* CUÁNDO **3** (*expresando sorpresa*) ¡qué...!: *How cold it is!* ¡Qué frío hace! ◊ *How you've grown!* ¡Cómo has crecido! **4** como: *I dress how I like.* Me visto como quiero. ▣ how come...? ¿cómo es que...? ◆ how do you do es un placer

🔎 **How do you do** y **how are you?** no se utilizan de la misma forma. **How are you?** se usa para preguntar cómo está la otra persona, y se contesta según se encuentre uno: *fine, very well, not too well, etc.* En cambio, **how do you do** se usa solo en presentaciones formales, y se responde con *how do you do*.

| iː see | i happy | ɪ sit | e ten | æ hat | ɑː arm | ɒ got | ɔː saw | ʊ put |

◆ **how ever** cómo: *How ever did she do it?* ¿Cómo consiguió hacerlo? *Ver tb* HOWEVER ◆ **how many** cuántos: *How many letters did you write?* ¿Cuántas cartas escribiste? ◆ **how much** cuánto: *How much is it?* ¿Cuánto es? ◆ **how's that?** *(coloq)* ¿y eso?

however ⊶ /haʊˈevə(r)/ *adv* **1** por muy/mucho que: *however strong you are* por muy fuerte que seas ◊ *however hard he tries* por mucho que lo intente **2** como: *however you like* como quieras **3** sin embargo *Ver tb* HOW

howl /haʊl/ *verbo, nombre*
▸ *vi* **1** aullar **2** dar alaridos
▸ *n* **1** aullido **2** grito

HQ *Ver* HEADQUARTERS

HR /ˌeɪtʃ ˈɑː(r)/ *abrev de* human resources [*v sing o pl*] recursos humanos (*abrev* RR. HH.)

HTML /ˌeɪtʃ tiː em ˈel/ *abrev de* Hypertext Markup Language (*Internet*) HTML

hub /hʌb/ *n* **1** ~ **(of sth)** eje (de algo) **2** (*rueda*) cubo

hubbub /ˈhʌbʌb/ *n* jaleo, algarabía

huddle /ˈhʌdl/ *verbo, nombre*
▸ *vi* ~ **(up) 1** acurrucarse **2** apiñarse
▸ *n* corrillo

huff /hʌf/ *n* LOC **be in a huff** (*coloq*) estar enfurruñado

hug /hʌɡ/ *verbo, nombre*
▸ *vt* (**-gg-**) abrazar
▸ *n* abrazo: *to give sb a hug* darle un abrazo a algn

huge ⊶ /hjuːdʒ/ *adj* enorme

hull /hʌl/ *n* casco (*de un barco*)

hullo = HELLO

hum /hʌm/ *verbo, nombre*
▸ (**-mm-**) **1** *vt, vi* tararear **2** *vi* zumbar **3** *vi* (*coloq*) bullir: *to hum with activity* bullir de actividad
▸ *n* **1** (*tb humming*) zumbido **2** (*voces*) murmullo

human ⊶ /ˈhjuːmən/ *adj, n* humano: *human being* ser humano ◊ *human rights* derechos humanos ◊ *human nature* la naturaleza humana

humane /hjuːˈmeɪn/ *adj* humanitario, humano

humanitarian /hjuːˌmænɪˈteəriən/ *adj* humanitario

humanity /hjuːˈmænəti/ *n* **1** humanidad **2 humanities** [*pl*] humanidades

humble /ˈhʌmbl/ *adjetivo, verbo*
▸ *adj* (**humbler** /ˈhʌmblə(r)/, **humblest** /ˈhʌmblɪst/) humilde
▸ *vt* **1** dar una lección de humildad a **2** ~ **yourself** adoptar una actitud humilde

humerus /ˈhjuːmərəs/ *n* (*pl* **humeri** /-raɪ/) (*Anat*) húmero

humid /ˈhjuːmɪd/ *adj* húmedo **humidity** /hjuːˈmɪdəti/ *n* humedad ❶ **Humid** y **humidity** solo se refieren a la humedad atmosférica. ➲ *Ver nota en* MOIST

humiliate /hjuːˈmɪlieɪt/ *vt* humillar **humiliating** *adj* humillante, vergonzoso **humiliation** *n* humillación

humility /hjuːˈmɪləti/ *n* humildad

hummingbird /ˈhʌmɪŋbɜːd/ *n* colibrí

humongous (*tb humungous*) /hjuːˈmʌŋɡəs/ *adj* (*coloq*) enorme

humorous ⊶ /ˈhjuːmərəs/ *adj* humorístico, divertido

humour ⊶ (*USA humor*) /ˈhjuːmə(r)/ *nombre, verbo*
▸ *n* **1** humor: *sense of humour* sentido del humor **2** (*comicidad*) gracia
▸ *vt* seguir la corriente a, complacer

hump /hʌmp/ *n* joroba, giba *Ver tb* SPEED HUMP

hunch /hʌntʃ/ *verbo, nombre*
▸ *vt, vi* encorvar(se): *to hunch your shoulders* encoger los hombros
▸ *n* corazonada, presentimiento

hunchback /ˈhʌntʃbæk/ *n* (*pey*) jorobado, -a

hundred ⊶ /ˈhʌndrəd/ *adjetivo, pronombre, nombre*
▸ *adj, pron* cien, ciento ➲ *Ver notas en* CIEN, MILLION ➲ *Ver ejemplos en* FIVE
▸ *n* ciento, centenar

hundredth ⊶ /ˈhʌndrədθ, -drətθ/ **1** *adj, pron* centésimo **2** *n* centésima parte ➲ *Ver ejemplos en* FIFTH

hung *pt, pp de* HANG

hunger /ˈhʌŋɡə(r)/ *nombre, verbo*
▸ *n* hambre ➲ *Ver nota en* HAMBRE
▸ *v* PHR V **hunger for/after sth** (*formal*) anhelar, tener sed de algo

hungry ⊶ /ˈhʌŋɡri/ *adj* (**hungrier, -iest**) hambriento: *I'm hungry.* Tengo hambre.

hunk /hʌŋk/ *n* **1** (buen) trozo **2** (*coloq*) (*hombre*) cachas

hunt ⊶ /hʌnt/ *verbo, nombre*
▸ **1** *vt* cazar **2** *vi* ir de cacería **3** *vt, vi* ~ **(for) sb/sth** buscar (a algn/algo)
▸ *n* **1** caza, cacería **2** búsqueda **hunter** *n* cazador, -ora

hunting ⊶ /ˈhʌntɪŋ/ *n* [*incontable*] caza

hurdle /ˈhɜːdl/ *n* **1** (*Dep*) valla **2** (*fig*) obstáculo

hurl /hɜːl/ *vt* **1** lanzar, arrojar **2** (*insultos, etc.*) soltar

hurrah, hurray = HOORAY

H

hurricane /ˈhʌrɪkən; USA ˈhɜːrəkən, -keɪn/ n huracán

hurried /ˈhʌrid; USA ˈhɜːrid/ adj apresurado, rápido

hurry ⊶ /ˈhʌri; USA ˈhɜːri/ verbo, nombre
▶ vt, vi (pt, pp **hurried**) dar(se) prisa, apresurar(se) **PHR V** hurry up (with sth) darse prisa (con algo) ◆ hurry sb up meterle prisa a algn ◆ hurry sth up acelerar algo
▶ n prisa **LOC** be in a hurry tener prisa

hurt ⊶ /hɜːt/ (pt, pp **hurt**) **1** vt lastimar, hacer daño a: to get hurt hacerse daño **2** vi doler: My leg hurts. Me duele la pierna. **3** vt (apenar) herir, ofender **4** vt (intereses, reputación, etc.) dañar, perjudicar **hurtful** adj hiriente, cruel

hurtle /ˈhɜːtl/ vi precipitarse

husband ⊶ /ˈhʌzbənd/ n marido Ver tb HOUSE HUSBAND

hush /hʌʃ/ verbo, nombre
▶ vi callar: Hush! ¡Calla! **PHR V** hush sth up acallar algo
▶ n [sing] silencio

husk /hʌsk/ n cáscara (del cereal)

husky /ˈhʌski/ adjetivo, nombre
▶ adj (**huskier, -iest**) ronco
▶ n (pl **huskies**) perro esquimal

hustle /ˈhʌsl/ verbo, nombre
▶ vt empujar **2** ~ sb (into sth) meter prisa, forzar a algn (para que haga algo)
▶ n **LOC** hustle and bustle ajetreo

hut /hʌt/ n choza, cabaña

hutch /hʌtʃ/ n conejera (jaula)

hybrid /ˈhaɪbrɪd/ adj, n híbrido

hydrant /ˈhaɪdrənt/ n boca de riego: fire hydrant boca de incendio

hydraulic /haɪˈdrɔːlɪk; GB tb -ˈdrɒlɪk/ adj hidráulico

hydroelectric /ˌhaɪdrəʊɪˈlektrɪk/ adj hidroeléctrico

hydrofoil /ˈhaɪdrəfɔɪl/ n aerodeslizador

hydrogen /ˈhaɪdrədʒən/ n hidrógeno

hydrosphere /ˈhaɪdrəʊsfɪə(r)/ n (Geog) hidrósfera

hyena (tb hyaena) /haɪˈiːnə/ n hiena

hygiene /ˈhaɪdʒiːn/ n higiene **hygienic** /haɪˈdʒiːnɪk; USA gen -ˈdʒenɪk/ adj higiénico

hymn /hɪm/ n himno

hype /haɪp/ nombre, verbo
▶ n (coloq, pey) propaganda (exagerada)
▶ vt ~ sth (up) (coloq, pey) anunciar algo exageradamente

hyperlink /ˈhaɪpəlɪŋk/ n (Informát) hiperenlace

hypertext /ˈhaɪpətekst/ n (Informát) hipertexto

hyphen /ˈhaɪfn/ n guion ⮞ Ver pág 395

hypnosis /hɪpˈnəʊsɪs/ n hipnosis

hypnotic /hɪpˈnɒtɪk/ adj hipnótico

hypnotism /ˈhɪpnətɪzəm/ n hipnotismo

hypnotist /ˈhɪpnətɪst/ n hipnotizador, -ora

hypnotize, -ise /ˈhɪpnətaɪz/ vt hipnotizar

hypochondriac /ˌhaɪpəˈkɒndriæk/ n hipocondríaco, -a

hypocrisy /hɪˈpɒkrəsi/ n hipocresía

hypocrite /ˈhɪpəkrɪt/ n hipócrita **hypocritical** /ˌhɪpəˈkrɪtɪkl/ adj hipócrita

hypothesis /haɪˈpɒθəsɪs/ n (pl **hypotheses** /-siːz/) hipótesis

hypothetical /ˌhaɪpəˈθetɪkl/ adj hipotético

hysteria /hɪˈstɪəriə/ n histeria

hysterical /hɪˈsterɪkl/ adj **1** (risa, etc.) histérico **2** (coloq) para partirse de risa

hysterics /hɪˈsterɪks/ n [pl] **1** crisis de histeria **2** (coloq) ataque de risa

I i

I, i /aɪ/ n (pl **Is**, **I's**, **i's**) I, i ⮞ Ver nota en A, A

I ⊶ /aɪ/ pron yo: I am 15 (years old). Tengo quince años. ❶ El pronombre personal no se puede omitir en inglés. ⮞ Comparar con ME

Iberian /aɪˈbɪəriən/ adj ibérico

IBS /ˌaɪ biː ˈes/ n Ver IRRITABLE BOWEL SYNDROME

ice ⊶ /aɪs/ nombre, verbo
▶ n [incontable] hielo: ice cube cubito de hielo **LOC** break the ice romper el hielo
▶ vt glasear **iced** adj (bebidas, etc.) con hielo

iceberg /ˈaɪsbɜːg/ n iceberg

icebreaker /ˈaɪsbreɪkə(r)/ n rompehielos

ice cap n casquete glaciar/de hielo

ice cream ⊶ n helado

iced /aɪst/ adj (bebidas, etc.) con hielo

ice hockey n hockey sobre hielo

ice lolly n (pl **ice lollies**) polo

ice rink n pista de hielo

ice skate n patín de cuchilla

ice-skate vi patinar sobre hielo

ice skating n patinaje sobre hielo

icicle /ˈaɪsɪkl/ n carámbano

icing /ˈaɪsɪŋ/ n glaseado: *icing sugar* azúcar glas

icon /ˈaɪkɒn/ n (*Informát, Relig*) icono

iconic /aɪˈkɒnɪk/ adj emblemático

ICT /ˌaɪ siː ˈtiː/ n (*abrev de* **Information and Communications Technology**) (*Educ*) Informática y Tecnología de la Comunicación

icy /ˈaɪsi/ adj **1** helado **2** (*voz, actitud, etc.*) gélido

ID /ˌaɪ ˈdiː/ n identificación: *ID card* carné de identidad

I'd /aɪd/ **1** (*abrev de* **I had**) *Ver* HAVE **2** (*abrev de* **I would**) *Ver* WOULD

idea ⚬ /aɪˈdɪə; *USA* aɪˈdiːə/ n **1** idea **2** ocurrencia: *What an idea!* ¡Qué ocurrencia! **LOC give sb ideas**; **put ideas into sb's head** meter a algn ideas en la cabeza ◆ **have no idea** no tener ni idea

ideal ⚬ /aɪˈdiːəl/ adj, n ideal

idealism /aɪˈdiːəlɪzəm/ n idealismo **idealist** n idealista **idealistic** /ˌaɪdɪəˈlɪstɪk/ adj idealista

idealize, -ise /aɪˈdiːəlaɪz/ vt idealizar

ideally /aɪˈdiːəli/ adv **1** en el mejor de los casos: *Ideally, they should all help.* Lo ideal sería que todos ayudaran. **2** de forma ideal: *to be ideally suited* complementarse de una forma ideal

identical /aɪˈdentɪkl/ adj ~ **(to/with sb/sth)** idéntico (a algn/algo)

identification /aɪˌdentɪfɪˈkeɪʃn/ n identificación: *identification papers* documento de identidad ◇ *identification parade* rueda de reconocimiento

identify ⚬ /aɪˈdentɪfaɪ/ vt (*pt, pp* **-fied**) identificar **PHR V identify with sb** identificarse con algn

identity ⚬ /aɪˈdentəti/ n (*pl* **identities**) identidad: *a case of mistaken identity* un error de identificación

identity theft n robo de identidad

ideology /ˌaɪdiˈɒlədʒi/ n (*pl* **ideologies**) ideología

idiom /ˈɪdiəm/ n modismo, locución

idiosyncrasy /ˌɪdiəˈsɪŋkrəsi/ n (*pl* **idiosyncrasies**) idiosincrasia

idiot /ˈɪdiət/ n (*coloq*) idiota **idiotic** /ˌɪdiˈɒtɪk/ adj estúpido

IDK *abrev de* **I don't know** (*esp en mensajes, etc.*) no lo sé ➲ *Ver nota en* TEXTSPEAK

idle /ˈaɪdl/ adj **1** holgazán **2** (*maquinaria*) parado **3** desocupado **4** vano, inútil **idleness** n ociosidad, holgazanería

idol /ˈaɪdl/ n ídolo **idolize, -ise** vt idolatrar

idyllic /ɪˈdɪlɪk; *USA* aɪ-/ adj idílico

i.e. ⚬ /ˌaɪ ˈiː/ abrev es decir

if ⚬ /ɪf/ conj **1** si: *If he were here…* Si estuviera él aquí… **2** cuando, siempre que: *if in doubt* en caso de duda **3** aunque, incluso si **LOC if I were you** yo que tú, yo en tu lugar ◆ **if only** ojalá: *If only I had known!* ¡De haberlo sabido! ◆ **if so** de ser así

iffy /ˈɪfi/ adj (*coloq*) **1** sospechoso **2** incierto

igloo /ˈɪgluː/ n (*pl* **igloos**) iglú

ignite /ɪgˈnaɪt/ vt, vi prender (fuego a), encender(se) **ignition** /ɪgˈnɪʃn/ n **1** (*Mec*) encendido **2** ignición

ignominious /ˌɪgnəˈmɪniəs/ adj (*formal*) vergonzoso

ignorance /ˈɪgnərəns/ n ignorancia

ignorant /ˈɪgnərənt/ adj ignorante: *to be ignorant of sth* desconocer algo

ignore ⚬ /ɪgˈnɔː(r)/ vt **1** ignorar, no tener en cuenta **2** ignorar, pasar por alto

🔎 "Ignorar algo" en el sentido de "desconocerlo" se traduce por **not know sth**: *I don't know if they've come.* Ignoro si han venido.

iguana /ɪˈgwɑːnə/ n iguana

ill ⚬ /ɪl/ adjetivo, adverbio, nombre
▸ adj **1** enfermo: *to fall/be taken ill* caer enfermo ◇ *to feel ill* sentirse mal ➲ *Ver nota en* ENFERMO **2** malo
▸ adv mal ❶ Se emplea mucho en compuestos, p. ej. **ill-fated** = infortunado, **ill-equipped** = mal equipado, **ill-advised** = imprudente, poco aconsejable. **LOC ill at ease** incómodo, molesto *Ver tb* BODE, FEELING
▸ n (*formal*) mal, daño

I'll /aɪl/ **1** (*abrev de* **I shall**) *Ver* SHALL **2** (*abrev de* **I will**) *Ver* WILL

illegal ⚬ /ɪˈliːgl/ adjetivo, nombre
▸ adj ilegal
▸ n (inmigrante) ilegal **illegally** adv ilegalmente

illegible /ɪˈledʒəbl/ adj ilegible

illegitimate /ˌɪləˈdʒɪtəmət/ adj ilegítimo

ill health n mala salud

illicit /ɪˈlɪsɪt/ adj ilícito

illiterate /ɪˈlɪtərət/ adj **1** analfabeto **2** ignorante

illness ⚬ /ˈɪlnəs/ n enfermedad: *mental illness* enfermedad mental ◇ *absences due to illness* absentismo por enfermedad ➲ *Ver nota en* DISEASE

illogical /ɪˈlɒdʒɪkl/ adj ilógico

ill-treat vt maltratar **ill-treatment** n [*incontable*] maltrato

illuminate /ɪˈluːmɪneɪt/ *vt* iluminar **illuminating** *adj* revelador **illumination** *n* **1** iluminación **2 illuminations** [*pl*] luminarias

illusion /ɪˈluːʒn/ *n* ilusión (*idea equivocada*) **LOC** be under the illusion that… hacerse ilusiones de que…

illusory /ɪˈluːsəri/ *adj* (*formal*) ilusorio

illustrate ☞ /ˈɪləstreɪt/ *vt* ilustrar **illustration** *n* **1** ilustración **2** ejemplo

illustrious /ɪˈlʌstriəs/ *adj* (*formal*) ilustre

I'm /aɪm/ (*abrev de* I am) *Ver* BE

image ☞ /ˈɪmɪdʒ/ *n* imagen **imagery** /ˈɪmɪdʒəri/ *n* [*incontable*] imágenes

imaginary ☞ /ɪˈmædʒɪnəri; *USA* -neri/ *adj* imaginario

imagination ☞ /ɪˌmædʒɪˈneɪʃn/ *n* imaginación **imaginative** /ɪˈmædʒɪnətɪv/ *adj* imaginativo

imagine ☞ /ɪˈmædʒɪn/ *vt*, *vi* imaginar(se)

imam /ɪˈmɑːm/ *n* imán (*jefe religioso*)

imbalance /ɪmˈbæləns/ *n* desequilibrio

imbecile /ˈɪmbəsiːl; *USA* -sl/ *n* imbécil

imitate /ˈɪmɪteɪt/ *vt* imitar

imitation /ˌɪmɪˈteɪʃn/ *n* **1** copia, reproducción **2** (*acción y efecto*) imitación

immaculate /ɪˈmækjələt/ *adj* **1** inmaculado **2** (*ropa*) impecable

immaterial /ˌɪməˈtɪəriəl/ *adj* irrelevante

immature /ˌɪməˈtjʊə(r); *USA* -ˈtʃʊər, -ˈtʊər/ *adj* inmaduro

immeasurable /ɪˈmeʒərəbl/ *adj* (*formal*) inconmensurable

immediate ☞ /ɪˈmiːdiət/ *adj* **1** inmediato: *to take immediate action* actuar de inmediato **2** (*necesidad, etc.*) urgente **3** (*familia, parientes*) más cercano

immediately ☞ /ɪˈmiːdiətli/ *adverbio, conjunción*
▸ *adv* **1** inmediatamente **2** directamente
▸ *conj* en cuanto: *immediately I saw her* en cuanto la vi/nada más verla

immense /ɪˈmens/ *adj* inmenso

immerse /ɪˈmɜːs/ *vt* sumergir **immersion** /ɪˈmɜːʃn; *USA tb* ɪˈmɜːrʒn/ *n* inmersión

immigrant /ˈɪmɪɡrənt/ *adj*, *n* inmigrante

immigration /ˌɪmɪˈɡreɪʃn/ *n* inmigración

imminent /ˈɪmɪnənt/ *adj* inminente

immobile /ɪˈməʊbaɪl; *USA* -bl/ *adj* inmóvil

immobilize, -ise /ɪˈməʊbəlaɪz/ *vt* inmovilizar

immoral ☞ /ɪˈmɒrəl; *USA* ɪˈmɔːrəl/ *adj* inmoral

immortal /ɪˈmɔːtl/ *adj* **1** (*alma, vida*) inmortal **2** (*fama*) imperecedero **immortality** /ˌɪmɔːˈtæləti/ *n* inmortalidad

immovable /ɪˈmuːvəbl/ *adj* **1** (*objeto*) inmóvil **2** (*persona, actitud*) inflexible

immune /ɪˈmjuːn/ *adj* inmune: *immune system* sistema inmunológico ◇ *immune deficiency* inmunodeficiencia **immunity** *n* inmunidad

immunization, -isation /ˌɪmjunaɪˈzeɪʃn; *USA* -nə'-/ *n* inmunización

immunize, -ise /ˈɪmjunaɪz/ *vt* ~ **sb/sth (against sth)** inmunizar a algn/algo (contra algo)

impact ☞ /ˈɪmpækt/ *n* **1** impacto **2** choque (*de coche*)

impair /ɪmˈpeə(r)/ *vt* (*formal*) deteriorar, debilitar: *impaired vision* vista debilitada **impairment** *n* deficiencia

impart /ɪmˈpɑːt/ *vt* (*formal*) **1** ~ **sth (to sb)** impartir algo (a algn) **2** conferir

impartial /ɪmˈpɑːʃl/ *adj* imparcial

impasse /ˈæmpɑːs; *USA* ˈɪmpæs/ *n* punto muerto, callejón sin salida

impassioned /ɪmˈpæʃnd/ *adj* apasionado

impassive /ɪmˈpæsɪv/ *adj* impasible

impatience /ɪmˈpeɪʃns/ *n* impaciencia

impatient ☞ /ɪmˈpeɪʃnt/ *adj* impaciente: *to get impatient* impacientarse **impatiently** *adv* impacientemente

impeccable /ɪmˈpekəbl/ *adj* impecable

impede /ɪmˈpiːd/ *vt* (*formal*) obstaculizar

impediment /ɪmˈpedɪmənt/ *n* **1** ~ **(to sth)** obstáculo (para algo) **2** defecto (*en el habla*)

impel /ɪmˈpel/ *vt* (**-ll-**) (*formal*) impulsar

impending /ɪmˈpendɪŋ/ *adj* [*solo antes de sustantivo*] inminente

impenetrable /ɪmˈpenɪtrəbl/ *adj* impenetrable

imperative /ɪmˈperətɪv/ *adjetivo, nombre*
▸ *adj* (*formal*) **1** imprescindible **2** (*necesidad*) imperioso **3** (*tono de voz*) imperativo
▸ *n* imperativo

imperceptible /ˌɪmpəˈseptəbl/ *adj* imperceptible

imperfect /ɪmˈpɜːfɪkt/ *adj*, *n* imperfecto

imperial /ɪmˈpɪəriəl/ *adj* imperial **imperialism** *n* imperialismo

impersonal /ɪmˈpɜːsənl/ *adj* impersonal

impersonate /ɪmˈpɜːsəneɪt/ *vt* **1** imitar **2** hacerse pasar por

impertinent /ɪmˈpɜːtɪnənt; *USA* ɪmˈpɜːrtnənt/ *adj* impertinente

impetus /ˈɪmpɪtəs/ *n* impulso

implant *verbo, nombre*
▸ *vt* ~ **sth (in/into sth)** /ɪmˈplɑːnt; *USA* ɪmˈplænt/
1 inculcar algo (a algn) **2** (*Med*) implantar algo
(en algo)
▸ *n* /ˈɪmplɑːnt; *USA* -plænt/ implante

implausible /ɪmˈplɔːzəbl/ *adj* inverosímil

implement *nombre, verbo*
▸ *n* /ˈɪmplɪmənt/ utensilio
▸ *vt* /ˈɪmplɪment/ **1** llevar a cabo, realizar **2** (*decisión*) poner en práctica **3** (*ley*) aplicar **implementation** *n* **1** realización, puesta en práctica **2** (*ley*) aplicación

implicate /ˈɪmplɪkeɪt/ *vt* implicar

implication o̅ₐ /ˌɪmplɪˈkeɪʃn/ *n* ~ **(for/of sb/sth)** consecuencia (para/de algn/algo) **2** implicación (*delito*)

implicit /ɪmˈplɪsɪt/ *adj* **1** ~ **(in sth)** implícito (en algo) **2** (*confianza*) absoluto

implore /ɪmˈplɔː(r)/ *vt* (*formal*) implorar, suplicar

imply o̅ₐ /ɪmˈplaɪ/ *vt* (*pt, pp* **implied**) **1** dar a entender, insinuar **2** implicar, suponer

impolite /ˌɪmpəˈlaɪt/ *adj* maleducado

import o̅ₐ *nombre, verbo*
▸ *n* /ˈɪmpɔːt/ importación
▸ *vt* /ɪmˈpɔːt/ importar

importance o̅ₐ /ɪmˈpɔːtns/ *n* importancia

important o̅ₐ /ɪmˈpɔːtnt/ *adj* importante:
vitally important de suma importancia

importer /ɪmˈpɔːtə(r)/ *n* importador, -ora

impose o̅ₐ /ɪmˈpəʊz/ **1** *vt* ~ **sth (on/upon sb/sth)** imponer algo (a/sobre algn/algo) **2** *vi* ~ **(on/upon sb/sth)** abusar (de la hospitalidad) de algn; abusar de algo **imposing** *adj* imponente **imposition** /ˌɪmpəˈzɪʃn/ *n* **1** [*incontable*] (*restricción, etc.*) imposición **2** molestia

impossibility /ɪmˌpɒsəˈbɪləti/ *n* imposibilidad

impossible o̅ₐ /ɪmˈpɒsəbl/ *adjetivo, nombre*
▸ *adj* **1** imposible **2** intolerable
▸ *n* **the impossible** [*sing*] lo imposible

impotence /ˈɪmpətəns/ *n* impotencia

impotent /ˈɪmpətənt/ *adj* impotente

impoverished /ɪmˈpɒvərɪʃt/ *adj* empobrecido, pobre

impractical /ɪmˈpræktɪkl/ *adj* poco práctico

impress o̅ₐ /ɪmˈpres/ **1** *vt, vi* impresionar, causar buena impresión (a/en) **2** *vt* ~ **sth on/upon sb** (*formal*) recalcar algo a algn

impression o̅ₐ /ɪmˈpreʃn/ *n* **1** impresión: *to be under the impression that…* tener la impresión de que… ◇ *to make a good impression on*

sb causar una buena impresión a algn **2** imitación (*de una persona*)

impressionism /ɪmˈpreʃənɪzəm/ *n* impresionismo **impressionist** *adj, n* impresionista

impressive o̅ₐ /ɪmˈpresɪv/ *adj* impresionante

imprison /ɪmˈprɪzn/ *vt* encarcelar **imprisonment** *n* encarcelamiento *Ver tb* LIFE

improbable /ɪmˈprɒbəbl/ *adj* improbable, poco probable

impromptu /ɪmˈprɒmptjuː; *USA* -tuː/ *adj* improvisado

improper /ɪmˈprɒpə(r)/ *adj* (*formal*) **1** (*transacción*) irregular **2** impropio, indecoroso **3** incorrecto, indebido

improve o̅ₐ /ɪmˈpruːv/ *vt, vi* mejorar
PHR V **improve on/upon sth** mejorar algo

improvement o̅ₐ /ɪmˈpruːvmənt/ *n* ~ **(on/in sth)** mejora (de algo): *to be an improvement on sth* suponer una mejora sobre algo ◇ *home improvements* mejoras de la casa ◇ *There are signs of improvement in her condition.* Hay indicios de que está mejorando.

improvise /ˈɪmprəvaɪz/ *vt, vi* improvisar

impulse /ˈɪmpʌls/ *n* impulso: *to do sth on impulse* hacer algo por impulso

impulsive /ɪmˈpʌlsɪv/ *adj* impulsivo

in o̅ₐ /ɪn/ *preposición, adverbio, adjetivo, nombre*
  ❶ Para los usos de **in** en PHRASAL VERBS ver las entradas de los verbos correspondientes, p. ej. **go in** en GO.
▸ *prep* **1** en: *in here/there* aquí/ahí dentro **2** (*después de superlativo*) de: *the best shops in town* las mejores tiendas de la ciudad **3** (*tiempo*): *in the daytime* de día ◇ *in summer* en verano ◇ *ten in the morning* las diez de la mañana ◇ *in the morning* por la mañana **4** dentro de: *I'll see you in two days (time).* Te veré dentro de dos días. ◇ *He did it in two days.* Lo hizo en dos días. **5** por: *5p in the pound* cinco peniques por libra ◇ *one in ten people* una de cada diez personas **6** (*descripción, método*): *the girl in glasses* la chica de gafas ◇ *covered in mud* cubierto de barro ◇ *Speak in English.* Habla en inglés. **7** + *-ing*: *In saying that, you're contradicting yourself.* Al decir eso te contradices a ti mismo. **LOC** **in that** (*formal*) en tanto que
▸ *adv* **1** be ~ estar (*en casa*): *Is anyone in?* ¿Hay alguien? **2** be/get ~ haber llegado/llegar: *Applications must be in by…* Las solicitudes deberán llegar antes del… **LOC** **be/get in on sth** (*coloq*) participar en algo; enterarse de algo ◆ **be in for sth** (*coloq*) esperarle a algn algo: *He's in for a surprise!* ¡Vaya sorpresa que se va a llevar!

▶ *adj* (*coloq*) de moda: *Red is the in colour this year.* El rojo es el color del año.

▶ *n* **LOC** **the ins and outs (of sth)** los pormenores (de algo)

inability ⚒ /ˌɪnəˈbɪləti/ *n* ~ **(to do sth)** incapacidad (para hacer algo)

inaccessible /ˌɪnækˈsesəbl/ *adj* ~ **(to sb) 1** inaccesible (para algn) **2** incomprensible (para algn)

inaccurate /ɪnˈækjərət/ *adj* inexacto, impreciso

inaction /ɪnˈækʃn/ *n* (*gen pey*) pasividad

inadequate /ɪnˈædɪkwət/ *adj* **1** insuficiente **2** incapaz

inadvertently /ˌɪnədˈvɜːtəntli/ *adv* por descuido, sin darse cuenta

inappropriate /ˌɪnəˈprəʊpriət/ *adj* ~ **(to/for sb/ sth)** poco apropiado, inadecuado (para algn/ algo)

inaugural /ɪˈnɔːɡjərəl/ *adj* **1** inaugural **2** (*discurso*) de apertura

inaugurate /ɪˈnɔːɡjəreɪt/ *vt* **1** ~ **sb (as sth)** investir a algn (como algo) **2** inaugurar

inbox /ˈɪnbɒks/ *n* (*Informát*) buzón de entrada

incapable /ɪnˈkeɪpəbl/ *adj* **1** ~ **of sth/doing sth** incapaz de algo/de hacer algo **2** incompetente

incapacity /ˌɪnkəˈpæsəti/ *n* ~ **(to do sth)** incapacidad (para hacer algo)

incense /ˈɪnsens/ *n* incienso

incensed /ɪnˈsenst/ *adj* ~ **(by/at sth)** furioso (por algo)

incentive /ɪnˈsentɪv/ *n* ~ **(to do sth)** incentivo, aliciente (para hacer algo)

incessant /ɪnˈsesnt/ *adj* (*gen pey*) incesante **incessantly** *adv* sin parar

incest /ˈɪnsest/ *n* incesto

inch ⚒ /ɪntʃ/ *n* (*abrev* in.) pulgada (*25,4 milímetros*) ⊃ *Ver pág 804* **LOC** **not give an inch** no ceder ni un palmo

incidence /ˈɪnsɪdəns/ *n* ~ **of sth** (*formal*) frecuencia, tasa, caso de algo

incident ⚒ /ˈɪnsɪdənt/ *n* incidente, episodio: *without incident* sin novedad

incidental /ˌɪnsɪˈdentl/ *adj* **1** ~ **(to sth)** secundario (a algo) **2** fortuito **3** (*costes, ventaja, etc.*) adicional: *incidental expenses* gastos imprevistos **incidentally** /ˌɪnsɪˈdentəli/ *adv* **1** a propósito **2** de paso

incinerate /ɪnˈsɪnəreɪt/ *vt* incinerar

incisive /ɪnˈsaɪsɪv/ *adj* **1** (*comentario*) incisivo **2** (*cerebro*) penetrante

incite /ɪnˈsaɪt/ *vt* ~ **sb (to sth)** incitar a algn (a algo)

inclination /ˌɪnklɪˈneɪʃn/ *n* inclinación, tendencia: *She had neither the time nor the inclination to help them.* No tenía ni tiempo ni ganas de ayudarles.

incline *verbo, nombre*
▶ *vt, vi* /ɪnˈklaɪn/ (*formal*) inclinar(se)
▶ *n* /ˈɪnklaɪn/ (*formal*) pendiente

inclined /ɪnˈklaɪnd/ *adj* **1 be** ~ **(to do sth)** (*voluntad*) inclinarse a hacer algo; estar dispuesto (a hacer algo) **2 be** ~ **to do sth** (*tendencia*) ser propenso a algo/a hacer algo

include ⚒ /ɪnˈkluːd/ *vt* incluir

including ⚒ /ɪnˈkluːdɪŋ/ *prep* incluido, inclusive

inclusion /ɪnˈkluːʒn/ *n* inclusión

inclusive /ɪnˈkluːsɪv/ *adj* **1** (*cifra*) global, todo incluido **2 be** ~ **of sth** incluir algo **3** inclusive

incoherent /ˌɪnkəʊˈhɪərənt/ *adj* incoherente

income ⚒ /ˈɪnkʌm, -kəm/ *n* ingresos: *income tax* impuesto sobre la renta

incoming /ˈɪnkʌmɪŋ/ *adj* entrante

incompetent /ɪnˈkɒmpɪtənt/ *adj, n* incompetente

incomplete /ˌɪnkəmˈpliːt/ *adj* incompleto

incomprehensible /ɪnˌkɒmprɪˈhensəbl/ *adj* incomprensible

inconceivable /ˌɪnkənˈsiːvəbl/ *adj* inconcebible

inconclusive /ˌɪnkənˈkluːsɪv/ *adj* no concluyente: *The meeting was inconclusive.* La reunión no alcanzó ninguna conclusión.

incongruous /ɪnˈkɒŋɡruəs/ *adj* incongruente

inconsiderate /ˌɪnkənˈsɪdərət/ *adj* desconsiderado

inconsistent /ˌɪnkənˈsɪstənt/ *adj* inconsecuente, contradictorio

inconspicuous /ˌɪnkənˈspɪkjuəs/ *adj* que no llama la atención: *to make yourself inconspicuous* procurar pasar inadvertido

inconvenience /ˌɪnkənˈviːniəns/ *nombre, verbo*
▶ *n* **1** [*incontable*] inconveniente **2** molestia
▶ *vt* incomodar

inconvenient /ˌɪnkənˈviːniənt/ *adj* **1** molesto, incómodo **2** (*momento*) inoportuno

incorporate /ɪnˈkɔːpəreɪt/ *vt* **1** ~ **sth (in/into sth)** incorporar algo (a algo); incluir algo (en algo) **2** *incorporated company* sociedad anónima

incorrect /ˌɪnkəˈrekt/ *adj* incorrecto

increase ⚒ *verbo, nombre*
▶ *vt, vi* /ɪnˈkriːs/ **1** aumentar **2** incrementar(se)

▶ n /'ɪŋkriːs/ ~ **(in sth)** aumento (de algo) <u>LOC</u> **on the increase** en aumento **increased** /ɪn'kriːst/ adj [solo antes de sustantivo] mayor

increasing /ɪn'kriːsɪŋ/ adj creciente

increasingly ⊶ /ɪn'kriːsɪŋli/ adv cada vez más

incredible /ɪn'kredəbl/ adj increíble **incredibly** adv **1** increíblemente **2** por increíble que parezca

incurable /ɪn'kjʊərəbl/ adj incurable

indecisive /ˌɪndɪ'saɪsɪv/ adj **1** indeciso **2** (resultado) no concluyente

indeed ⊶ /ɪn'diːd/ adv **1** (comentario, respuesta o reconocimiento) de veras: Did you indeed? ¿De veras? **2** (uso enfático) de verdad: Thank you very much indeed! ¡Muchísimas gracias! **3** (formal) en efecto, de hecho

indefensible /ˌɪndɪ'fensəbl/ adj intolerable (comportamiento)

indefinite /ɪn'defɪnət/ adj **1** indefinido: the indefinite article el artículo indefinido **2** (respuesta) vago **indefinitely** adv **1** indefinidamente **2** por tiempo indefinido

indelible /ɪn'deləbl/ adj imborrable

indemnity /ɪn'demnəti/ n (pl **indemnities**) **1** indemnidad **2** indemnización

independence ⊶ /ˌɪndɪ'pendəns/ n independencia

Inde'pendence Day n día de la Independencia

🔎 **Independence Day** es una fiesta que se celebra en Estados Unidos el 4 de julio, por lo que también se le llama **Fourth of July**. Las celebraciones consisten en fuegos artificiales y desfiles.

independent ⊶ /ˌɪndɪ'pendənt/ adj **1** independiente: to become independent independizarse **2** (colegio) privado

in-'depth adj a fondo, exhaustivo

indescribable /ˌɪndɪ'skraɪbəbl/ adj indescriptible

index ⊶ /'ɪndeks/ n **1** (pl **indexes**) (libro, dedo) índice: index finger dedo índice **2** (pl **indexes**) (tb 'card index) (archivo) fichero **3** (pl **indexes**, **indices** /-dɪsiːz/) (medida) índice: the retail price index el índice de precios al consumo ◇ index-linked actualizado según el coste de la vida **4** (pl **indices**) (Mat) exponente

indicate ⊶ /'ɪndɪkeɪt/ **1** vt indicar **2** vi poner el intermitente

indication ⊶ /ˌɪndɪ'keɪʃn/ n indicio, señal

indicative /ɪn'dɪkətɪv/ adj, n indicativo

indicator /'ɪndɪkeɪtə(r)/ n **1** indicador **2** (coche) intermitente

indices pl de INDEX (3, 4)

indictment /ɪn'daɪtmənt/ n **1** ~ **(of/on sth)** crítica (de algo) **2** acusación **3** procesamiento

indie /'ɪndi/ adj, n (sello musical, cine, etc.) (empresa) independiente

indifference /ɪn'dɪfrəns/ n indiferencia

indifferent /ɪn'dɪfrənt/ adj **1** indiferente **2** (calidad) mediocre

indigenous /ɪn'dɪdʒənəs/ adj (formal) indígena

indigestion /ˌɪndɪ'dʒestʃən/ n [incontable] indigestión: to get indigestion empacharse

indignant /ɪn'dɪgnənt/ adj indignado

indignation /ˌɪndɪg'neɪʃn/ n indignación

indignity /ɪn'dɪgnəti/ n (pl **indignities**) humillación

indigo /'ɪndɪgəʊ/ adj índigo, añil

indirect ⊶ /ˌɪndə'rekt, -daɪ'-/ adj indirecto

indirectly ⊶ /ˌɪndə'rektli, -daɪ'-/ adv indirectamente

indiscreet /ˌɪndɪ'skriːt/ adj indiscreto

indiscretion /ˌɪndɪ'skreʃn/ n indiscreción

indiscriminate /ˌɪndɪ'skrɪmɪnət/ adj indiscriminado

indispensable /ˌɪndɪ'spensəbl/ adj imprescindible

indisputable /ˌɪndɪ'spjuːtəbl/ adj irrefutable

indistinct /ˌɪndɪ'stɪŋkt/ adj poco claro

individual ⊶ /ˌɪndɪ'vɪdʒuəl/ adjetivo, nombre
▶ adj **1** individual **2** suelto **3** personal **4** particular, original
▶ n individuo

individualism /ˌɪndɪ'vɪdʒuəlɪzəm/ n individualismo

individually /ˌɪndɪ'vɪdʒuəli/ adv **1** por separado **2** individualmente

indoctrination /ɪnˌdɒktrɪ'neɪʃn/ n adoctrinamiento

indoor ⊶ /'ɪndɔː(r)/ adj interior: indoor swimming pool piscina cubierta ◇ indoor activities actividades de sala

indoors ⊶ /ˌɪn'dɔːz/ adv en casa

induce /ɪn'djuːs; USA ɪn'duːs/ vt **1** ~ **sb to do sth** (formal) inducir a algn a que haga algo **2** (formal) causar **3** (Med) provocar el parto de

induction /ɪn'dʌkʃn/ n iniciación: an induction course un curso de introducción

indulge /ɪn'dʌldʒ/ **1** vt, vi ~ **yourself (with sth)**; ~ **(in sth)** darse el gusto (de algo) **2** vt (deseo) satisfacer **3** vt (niño, capricho) consentir

indulgence /ɪnˈdʌldʒəns/ n **1** indulgencia, tolerancia **2** lujo **3** vicio **indulgent** adj indulgente

industrial ⊶ /ɪnˈdʌstriəl/ adj **1** industrial: *industrial estate* polígono industrial **2** laboral

industrialist /ɪnˈdʌstriəlɪst/ n empresario, -a

industrialization, -isation /ɪnˌdʌstriəlaɪˈzeɪʃn; USA -ləˈ-/ n industrialización

industrialize, -ise /ɪnˈdʌstriəlaɪz/ vt industrializar

industrious /ɪnˈdʌstriəs/ adj trabajador

industry ⊶ /ˈɪndəstri/ n (pl **industries**) **1** industria Ver tb SERVICE INDUSTRY **2** (formal) aplicación

inedible /ɪnˈedəbl/ adj no comestible, incomible

ineffective /ˌɪnɪˈfektɪv/ adj **1** ineficaz **2** (persona) incapaz

inefficiency /ˌɪnɪˈfɪʃənsi/ n **1** incompetencia **2** ineficiencia

inefficient /ˌɪnɪˈfɪʃnt/ adj **1** ineficaz **2** incompetente

ineligible /ɪnˈelɪdʒəbl/ adj be ~ (for sth/to do sth) no tener derecho (a algo/a hacer algo)

inept /ɪˈnept/ adj inepto

inequality /ˌɪnɪˈkwɒləti/ n (pl **inequalities**) desigualdad

inert /ɪˈnɜːt/ adj inerte

inertia /ɪˈnɜːʃə/ n inercia

inescapable /ˌɪnɪˈskeɪpəbl/ adj ineludible

inevitable ⊶ /ɪnˈevɪtəbl/ adj inevitable

inevitably ⊶ /ɪnˈevɪtəbli/ adv inevitablemente

inexcusable /ˌɪnɪkˈskjuːzəbl/ adj imperdonable

inexhaustible /ˌɪnɪgˈzɔːstəbl/ adj inagotable

inexpensive /ˌɪnɪkˈspensɪv/ adj económico

inexperience /ˌɪnɪkˈspɪəriəns/ n inexperiencia **inexperienced** adj sin experiencia: *inexperienced in business* inexperto en los negocios

inexplicable /ˌɪnɪkˈsplɪkəbl/ adj inexplicable

infallibility /ɪnˌfæləˈbɪləti/ n infalibilidad

infallible /ɪnˈfæləbl/ adj infalible

infamous /ˈɪnfəməs/ adj (formal) infame

infancy /ˈɪnfənsi/ n **1** infancia: *in infancy* de niño **2** (proyecto): *It was still in its infancy.* Todavía estaba en mantillas.

infant /ˈɪnfənt/ n niño pequeño, niña pequeña: *infant school* escuela primaria (hasta los siete años) ◇ *infant mortality rate* tasa de mortalidad infantil ❶ Excepto en el caso de estos ejemplos, **baby**, **toddler** y **child** son palabras más comunes.

infantile /ˈɪnfəntaɪl/ adj (pey) infantil

infantry /ˈɪnfəntri/ n [v sing o pl] infantería

infatuated /ɪnˈfætʃueɪtɪd/ adj ~ (with sb/sth) encaprichado (con algn/algo) **infatuation** n ~ (with/for sb/sth) encaprichamiento (con algn/algo)

infect ⊶ /ɪnˈfekt/ vt **1** ~ sb/sth (with sth) infectar a algn/algo (de algo); contagiar (algo) a algn/algo: *It is impossible to infect another person through kissing.* No se puede infectar a otra persona besándola. **2** ~ sb with sth contagiar a algn de algo: *She infected us with her enthusiasm.* Nos contagió de su entusiasmo.

infection ⊶ /ɪnˈfekʃn/ n infección

infectious ⊶ /ɪnˈfekʃəs/ adj contagioso

infer /ɪnˈfɜː(r)/ vt (-rr-) **1** deducir **2** insinuar **inference** /ˈɪnfərəns/ n conclusión: *by inference* por deducción

inferior /ɪnˈfɪəriə(r)/ adj, n ~ (to sb/sth) inferior (a algn/algo) **inferiority** /ɪnˌfɪəriˈɒrəti; USA -ˈɔːr-/ n inferioridad: *inferiority complex* complejo de inferioridad

infertile /ɪnˈfɜːtaɪl; USA ɪnˈfɜːrtl/ adj estéril **infertility** /ˌɪnfɜːˈtɪləti/ n esterilidad

infest /ɪnˈfest/ vt infestar **infestation** n plaga

infidelity /ˌɪnfɪˈdeləti/ n (pl **infidelities**) infidelidad

infiltrate /ˈɪnfɪltreɪt/ vt, vi infiltrar(se)

infinite /ˈɪnfɪnət/ adj infinito **infinitely** adv muchísimo

infinitive /ɪnˈfɪnətɪv/ n infinitivo

infinity /ɪnˈfɪnəti/ n **1** infinidad **2** infinito

infirm /ɪnˈfɜːm/ adjetivo, nombre
  ▸ adj débil, achacoso
  ▸ n the infirm [pl] los enfermos

infirmary /ɪnˈfɜːməri/ n (pl **infirmaries**) hospital

infirmity /ɪnˈfɜːməti/ n (infirmities) **1** debilidad **2** achaque

inflamed /ɪnˈfleɪmd/ adj **1** (Med) inflamado **2** (persona) acalorado

inflammable /ɪnˈflæməbl/ adj inflamable
  ❶ **Inflammable** y **flammable** son sinónimos.

inflammation /ˌɪnfləˈmeɪʃn/ n inflamación

inflatable /ɪnˈfleɪtəbl/ adj hinchable

inflate /ɪnˈfleɪt/ vt, vi inflar(se), hinchar(se)

inflation /ɪnˈfleɪʃn/ n inflación

inflexible /ɪnˈfleksəbl/ adj inflexible

inflict /ɪnˈflɪkt/ vt ~ sth (on/upon sb) **1** (sufrimiento, derrota) infligir algo (a algn) **2** (daño) causar algo (a algn) **3** (castigo, etc.) imponer algo (a algn)

influence o━ /ˈɪnfluəns/ *nombre, verbo*
▶ *n* influencia: *to be a good/bad influence on sb* ejercer una buena/mala influencia sobre algn
▶ *vt* **1** ~ **sb** influenciar a algn **2** ~ **sth** influir en/sobre algo

influential /ˌɪnfluˈenʃl/ *adj* influyente

influenza /ˌɪnfluˈenzə/ *n* (*formal*) gripe

influx /ˈɪnflʌks/ *n* afluencia

infographic /ˌɪnfəʊˈɡræfɪk/ *n* infografía

infomercial /ˌɪnfəʊˈmɜːʃl/ *n* publirreportaje

inform o━ /ɪnˈfɔːm/ *vt* ~ **sb (of/about sth)** informar a algn (de algo) PHRV **inform on sb** delatar a algn

informal o━ /ɪnˈfɔːml/ *adj* **1** informal **2** (*persona, tono*) campechano, poco ceremonioso **3** (*reunión, etc.*) no oficial **4** (*lenguaje*) coloquial

informant /ɪnˈfɔːmənt/ *n* informante

information o━ /ˌɪnfəˈmeɪʃn/ *n* [*incontable*] información: *a piece of information* un dato ◇ *I need some information about/on…* Necesito información sobre… ➔ *Ver nota en* CONSEJO

🔎 **Finding things out**
Obtener información
• *Could you tell me when the buses go to town, please?* ¿Me podrías decir a qué hora salen los autobuses para el centro?
• *Have you got the time, please?* ¿Tienes hora, por favor?
• *Have you got a leaflet about the opening times for the museum, please?* ¿Tienes un folleto con los horarios de apertura del museo, por favor?

infor͵mation techˈnology *n* (*abrev* IT) informática

informative /ɪnˈfɔːmətɪv/ *adj* informativo

informer /ɪnˈfɔːmə(r)/ *n* soplón, -ona

infrastructure /ˈɪnfrəstrʌktʃə(r)/ *n* infraestructura

infrequent /ɪnˈfriːkwənt/ *adj* poco frecuente

infringe /ɪnˈfrɪndʒ/ *vt* infringir, violar

infuriate /ɪnˈfjʊərieɪt/ *vt* enfurecer **infuriating** *adj* exasperante

ingenious /ɪnˈdʒiːniəs/ *adj* ingenioso

ingenuity /ˌɪndʒəˈnjuːəti; *USA* -ˈnuː-/ *n* ingenio

ingrained /ɪnˈɡreɪnd/ *adj* arraigado

ingredient o━ /ɪnˈɡriːdiənt/ *n* ingrediente

inhabit /ɪnˈhæbɪt/ *vt* habitar

inhabitant /ɪnˈhæbɪtənt/ *n* habitante

inhale /ɪnˈheɪl/ **1** *vi* aspirar **2** *vi* (*fumador*) tragarse el humo **3** *vt* inhalar **inhaler** *n* inhalador

inherent /ɪnˈhɪərənt; *GB tb* ɪnˈherənt/ *adj* ~ **(in sb/sth)** inherente (a algn/algo) **inherently** *adv* intrínsecamente

inherit /ɪnˈherɪt/ *vt* heredar **inheritance** *n* herencia

inhibit /ɪnˈhɪbɪt/ *vt* **1** (*un proceso, etc.*) dificultar **2** ~ **sb (from doing sth)** impedir a algn (hacer algo) **inhibited** *adj* cohibido **inhibition** *n* inhibición

inhospitable /ˌɪnhɒˈspɪtəbl/ *adj* **1** inhóspito **2** inhospitalario

inhuman /ɪnˈhjuːmən/ *adj* inhumano, despiadado

initial o━ /ɪˈnɪʃl/ *adjetivo, nombre, verbo*
▶ *adj, n* inicial
▶ *vt* (**-ll-**, *USA* **-l-**) poner las iniciales en

initially o━ /ɪˈnɪʃəli/ *adv* en un principio, inicialmente

initiate /ɪˈnɪʃieɪt/ *vt* **1** (*formal*) iniciar **2** (*juicio*) entablar **initiation** *n* iniciación

initiative o━ /ɪˈnɪʃətɪv/ *n* iniciativa

inject /ɪnˈdʒekt/ *vt* inyectar **injection** *n* inyección

injure o━ /ˈɪndʒə(r)/ *vt* herir, lesionar: *Five people were injured in the crash.* Cinco personas resultaron heridas en el accidente. ➔ *Ver nota en* HERIDA

injured o━ /ˈɪndʒəd/ *adj* **1** herido, lesionado **2** (*tono*) ofendido

injury o━ /ˈɪndʒəri/ *n* (*pl* **injuries**) **1** herida, lesión: *injury time* tiempo de descuento ➔ *Ver nota en* HERIDA **2** (*fig*) perjuicio

injustice /ɪnˈdʒʌstɪs/ *n* injusticia

ink o━ /ɪŋk/ *n* tinta

inkling /ˈɪŋklɪŋ/ *n* ~ **(of sth/that…)** indicio, idea (de algo/de que…)

inland *adverbio, adjetivo*
▶ *adv* /ˌɪnˈlænd/ hacia el interior
▶ *adj* /ˈɪnlænd/ (del) interior

in-laws *n* [*pl*] (*coloq*) **1** familia política **2** suegros

inlet /ˈɪnlet/ *n* **1** ensenada **2** entrada (*de aire, gasolina, etc.*)

in-line ˈskate *n* patín (de ruedas) en línea **in-line ˈskating** *n* patinaje en línea

inmate /ˈɪnmeɪt/ *n* interno, -a (*en un recinto vigilado*)

inn /ɪn/ *n* (*antic*) **1** taberna **2** posada

innate /ɪˈneɪt/ *adj* innato

inner o━ /ˈɪnə(r)/ *adj* [*solo antes de sustantivo*] **1** interior, interno **2** (*pensamientos*) íntimo

inner ˈcity *nombre, adjetivo*
▶ *n* zonas céntricas urbanas pobres
▶ *adj* **inner-city** *inner-city schools* colegios de zonas céntricas deprimidas

| u: too | ʌ cup | ɜː fur | u situation | ə ago | eɪ pay | əʊ home | aɪ five |

innermost /'ɪnəməʊst/ adj **1** más secreto/íntimo **2** más recóndito

innit /'ɪnɪt/ interj (GB, coloq) ¿verdad?: Cold, innit? Hace frío, ¿verdad? ❶ Esta forma de **isn't it** no se considera gramaticalmente correcta.

innocence /'ɪnəsns/ n inocencia

innocent ⚬ᴡ /'ɪnəsnt/ adj inocente

innocuous /ɪ'nɒkjuəs/ adj (formal) **1** (comentario) inofensivo **2** (sustancia) inocuo

innovate /'ɪnəveɪt/ vi introducir novedades **innovation** n innovación **innovative** /'ɪnəveɪtɪv; GB tb -vətɪv/ adj innovador

innuendo /ˌɪnju'endəʊ/ n (pl **innuendoes**, **innuendos**) (pey) insinuación

innumerable /ɪ'nju:mərəbl; USA ɪ'nu:-/ adj innumerable

inoculate /ɪ'nɒkjuleɪt/ vt vacunar **inoculation** n vacuna

inorganic /ˌɪnɔ:'gænɪk/ adj (Quím) inorgánico

inpatient /'ɪnpeɪʃnt/ n paciente hospitalizado, -a ⊃ Comparar con OUTPATIENT

input /'ɪnpʊt/ n **1** contribución **2** [incontable] (Informát) entrada (de datos)

inquest /'ɪŋkwest/ n ~ **(on/into sth)** investigación (judicial) (acerca de algo)

inquire, inquiry (esp USA) = ENQUIRE, ENQUIRY

inquisition /ˌɪnkwɪ'zɪʃn/ n (formal o hum) interrogatorio

inquisitive /ɪn'kwɪzətɪv/ adj inquisitivo

insane /ɪn'seɪn/ adj loco

insanity /ɪn'sænəti/ n demencia, locura

insatiable /ɪn'seɪʃəbl/ adj insaciable

inscribe /ɪn'skraɪb/ vt ~ **sth (on/in sth)** grabar algo (en algo): a plaque inscribed with his name una placa con su nombre grabado

inscription /ɪn'skrɪpʃn/ n **1** inscripción (en piedra, etc.) **2** dedicatoria (de un libro)

insect ⚬ᴡ /'ɪnsekt/ n insecto

insecticide /ɪn'sektɪsaɪd/ n insecticida

insecure /ˌɪnsɪ'kjʊə(r)/ adj inseguro **insecurity** n inseguridad

insensitive /ɪn'sensətɪv/ adj **1** ~ **(to sth)** (persona) insensible (a algo) **2** (acto) falto de sensibilidad **insensitivity** /ɪnˌsensə'tɪvəti/ n insensibilidad

inseparable /ɪn'seprəbl/ adj inseparable

insert ⚬ᴡ /ɪn's3:t/ vt introducir, insertar

inside ⚬ᴡ /ˌɪn'saɪd/ preposición, adverbio, nombre, adjetivo

▸ prep (tb esp USA in'side of) dentro de: Is there anything inside the box? ¿Hay algo dentro de la caja?

▸ adv dentro, adentro: Let's go inside. Vamos adentro. ◇ Pete's inside. Pete está dentro.

▸ n **1** interior: The door was locked from the inside. La puerta estaba cerrada por dentro. **2 insides** [pl] (coloq) tripas **LOC** **inside out 1** del revés: You've got your jumper on inside out. Llevas el jersey del revés. ⊃ Ver dibujo en REVÉS **2** de arriba abajo: She knows these streets inside out. Se conoce estas calles como la palma de la mano.

▸ adj [solo antes de sustantivo] **1** interior, interno: the inside pocket el bolsillo interior **2** interno: inside information información interna

insider /ɪn'saɪdə(r)/ n alguien de dentro (empresa, grupo)

insight /'ɪnsaɪt/ n **1** perspicacia, entendimiento **2** ~ **(into sth)** idea, percepción (de algo)

insignificance /ˌɪnsɪg'nɪfɪkəns/ n insignificancia

insignificant /ˌɪnsɪg'nɪfɪkənt/ adj insignificante

insincere /ˌɪnsɪn'sɪə(r)/ adj falso, hipócrita **insincerity** /ˌɪnsɪn'serəti/ n insinceridad

insinuate /ɪn'sɪnjueɪt/ vt insinuar **insinuation** n insinuación

insist ⚬ᴡ /ɪn'sɪst/ vi ~ **(on sth)** insistir (en algo) **PHRV** **insist on/upon sth 1** empeñarse en algo: She always insists on a room to herself. Siempre se empeña en tener una habitación para ella sola. **2** exigir algo

insistence /ɪn'sɪstəns/ n insistencia **insistent** adj insistente

insolence /'ɪnsələns/ n insolencia

insolent /'ɪnsələnt/ adj insolente

insoluble /ɪn'sɒljəbl/ adj insoluble

insomnia /ɪn'sɒmniə/ n insomnio

inspect /ɪn'spekt/ vt **1** inspeccionar: The plants are regularly inspected for disease. Las plantas se inspeccionan regularmente para ver si están enfermas. **2** (equipaje) registrar **inspection** n inspección **inspector** n **1** inspector, -ora **2** (de billetes) revisor, -ora

inspiration /ˌɪnspə'reɪʃn/ n inspiración

inspire /ɪn'spaɪə(r)/ vt **1** inspirar **2** ~ **sb with sth**; ~ **sth (in sb)** (entusiasmo, etc.) infundir algo (en algn) **inspiring** adj inspirador, estimulante

instability /ˌɪnstə'bɪləti/ n inestabilidad

install ⚬ᴡ /ɪn'stɔ:l/ vt instalar

installation /ˌɪnstəˈleɪʃn/ n instalación

instalment (USA tb installment) /ɪnˈstɔːlmənt/ n **1** (pago) plazo: to pay in instalments pagar a plazos **2** (publicaciones) entrega, fascículo **3** (TV) episodio

instance ⊶ /ˈɪnstəns/ n caso **LOC** for instance por ejemplo

instant /ˈɪnstənt/ adjetivo, nombre
▶ adj **1** inmediato **2** instant coffee café instantáneo
▶ n instante

instantaneous /ˌɪnstənˈteɪniəs/ adj instantáneo

instantly /ˈɪnstəntli/ adv inmediatamente, de inmediato

instead ⊶ /ɪnˈsted/ adv en vez de eso

in stead of ⊶ prep en vez de

instep /ˈɪnstep/ n empeine

instigate /ˈɪnstɪɡeɪt/ vt instigar **instigation** n instigación

instil (USA instill) /ɪnˈstɪl/ vt (-ll-) ~ sth (in/into sb) infundir algo (a algn)

instinct /ˈɪnstɪŋkt/ n instinto **instinctive** /ɪnˈstɪŋktɪv/ adj instintivo

institute ⊶ /ˈɪnstɪtjuːt; USA -tuːt/ nombre, verbo
▶ n instituto, centro
▶ vt (formal) **1** (investigación, etc.) iniciar **2** (cambios, sistema) establecer

institution ⊶ /ˌɪnstɪˈtjuːʃn; USA -ˈtuː-/ n institución **institutional** adj institucional

in-store adj [solo antes de sustantivo] dentro del establecimiento

instruct /ɪnˈstrʌkt/ vt (formal) **1** dar instrucciones **2** ~ sb (in sth) enseñar (algo) a algn

instruction ⊶ /ɪnˈstrʌkʃn/ n **1** instructions [pl] instrucciones **2** ~ (in sth) (formal) formación (en algo) **instructive** adj instructivo

instructor /ɪnˈstrʌktə(r)/ n profesor, -ora; instructor, -ora

instrument ⊶ /ˈɪnstrəmənt/ n instrumento

instrumental /ˌɪnstrəˈmentl/ adj **1** be ~ in sth/doing sth contribuir materialmente a algo/a hacer algo **2** (Mús) instrumental

insufficient /ˌɪnsəˈfɪʃnt/ adj insuficiente

insular /ˈɪnsjələ(r)/; USA -sə-/ adj estrecho de miras

insulate /ˈɪnsjuleɪt/; USA -səleɪt/ vt aislar **insulation** n aislamiento

insult ⊶ nombre, verbo
▶ n /ˈɪnsʌlt/ insulto
▶ vt /ɪnˈsʌlt/ insultar

insulting ⊶ /ɪnˈsʌltɪŋ/ adj insultante

insurance ⊶ /ɪnˈʃʊərəns; GB tb ɪnˈʃɔːrəns/ n [incontable] seguro: to take out life insurance sacar un seguro de vida Ver tb NATIONAL INSURANCE

insure /ɪnˈʃʊə(r); GB tb ɪnˈʃɔː(r)/ **1** vt, vi ~ (sb/sth) (against sth) asegurar (a algn/algo) (contra algo): to insure sth for $5 000 asegurar algo en 5000 dólares **2** vt (USA) = ENSURE

intact /ɪnˈtækt/ adj intacto

intake /ˈɪnteɪk/ n **1** consumo (de comida, etc.) **2** (personas) número admitido: We have an annual intake of 20. Admitimos a 20 cada año.

integral /ˈɪntɪɡrəl, ɪnˈteɡrəl/ adj **1** ~ (to sth) fundamental, esencial (para algo) **2** integrado

integrate /ˈɪntɪɡreɪt/ vt, vi integrar(se): They found it hard to integrate into/with the local community. Les costó integrarse en la comunidad donde vivían. **integration** n integración

integrity /ɪnˈteɡrəti/ n integridad

intellectual /ˌɪntəˈlektʃuəl/ adj, n intelectual

intelligence ⊶ /ɪnˈtelɪdʒəns/ n inteligencia

intelligent ⊶ /ɪnˈtelɪdʒənt/ adj inteligente **intelligently** adv inteligentemente

intend ⊶ /ɪnˈtend/ vt **1** ~ to do sth pensar hacer algo; tener la intención de hacer algo **2** ~ sb to do sth: I intend you to take over. Es mi intención que te hagas cargo. ◊ You weren't intended to hear that remark. Tú no tenías que haber oído ese comentario. **3** ~ sth for sb/sth destinar algo a algn/algo: It is intended for Sally. Está destinado a Sally. ◊ They're not intended for eating/to be eaten. No son para comer. **4** ~ sth as sth: It was intended as a joke. Se supone que era una broma.

intense /ɪnˈtens/ adj **1** intenso **2** (emoción, odio, etc.) profundo, fuerte **3** (persona) vehemente: She's so intense about everything. Se lo toma todo tan en serio. **intensely** adv intensamente, sumamente **intensify** vt, vi (pt, pp -fied) intensificar(se), aumentar(se) **intensity** n intensidad, fuerza

intensive /ɪnˈtensɪv/ adj intensivo: intensive care cuidados intensivos

intent /ɪnˈtent/ adjetivo, nombre
▶ adj **1** (concentrado) atento **2** ~ on/upon sth/doing sth (formal) resuelto a algo/a hacer algo **3** ~ on/upon sth absorto en algo
▶ n **LOC** to all intents (and purposes) a efectos prácticos

intention ⊶ /ɪnˈtenʃn/ n intención: I have no intention of doing it. No tengo intención de hacerlo. **intentional** adj intencionado **intentionally** adv intencionadamente

intently /ɪnˈtentli/ adv atentamente

interact /ˌɪntərˈækt/ *vi* **1** ~ **(with sb)** (*personas*) relacionarse (entre sí); relacionarse con algn **2** (*cosas*) influirse mutuamente **interaction** *n* **1** relación (*entre personas*) **2** interacción

interactive /ˌɪntərˈæktɪv/ *adj* interactivo: *interactive video games* videojuegos interactivos **interactivity** /ˌɪntərækˈtɪvəti/ *n* interactividad

intercept /ˌɪntəˈsept/ *vt* interceptar

interchange *nombre, verbo*
▸ *n* /ˈɪntətʃeɪndʒ/ intercambio
▸ *vt* /ˌɪntəˈtʃeɪndʒ/ intercambiar **interchangeable** /ˌɪntəˈtʃeɪndʒəbl/ *adj* intercambiable

intercom /ˈɪntəkɒm/ *n* **1** interfono **2** (*USA*) telefonillo, portero automático

interconnect /ˌɪntəkəˈnekt/ *vi* **1** interconectarse, interrelacionarse **2** (*cuartos*) comunicarse entre sí **interconnected** *adj* **to be interconnected** tener conexión entre sí **interconnection** *n* conexión

intercourse /ˈɪntəkɔːs/ *n* relaciones sexuales, coito

interest ☞ /ˈɪntrəst, -trest/ *nombre, verbo*
▸ *n* **1** ~ **(in sb/sth)** interés (por algn/algo): *It is of no interest to me.* No me interesa. **2** afición: *her main interest in life* lo que más le interesa en la vida **3** (*Fin*) interés *Ver tb* VESTED INTEREST
LOC **in sb's interest(s)** en interés de algn ◆ **in the interest(s) of sth** en aras de algo, con el fin de algo: *in the interest(s) of the economy/safety* por razones económicas/de seguridad
▸ *vt* **1** interesar **2** ~ **sb in sth** hacer que algn se interese por algo

interested ☞ /ˈɪntrəstɪd, -trestɪd/ *adj* interesado: *I'm not interested in football.* No me interesa el fútbol.

interesting ☞ /ˈɪntrəstɪŋ, -trestɪŋ/ *adj* interesante

🔎 Una frase como "Me interesa mucho la informática" se traduce por: *I'm very interested in computers.* **Interesting** describe la cualidad y equivale a *interesante*: *an interesting book* un libro interesante. ➔ *Ver nota en* BORING

interestingly *adv* curiosamente

interface /ˈɪntəfeɪs/ *n* (*Informát*) interfaz

interfere /ˌɪntəˈfɪə(r)/ *vi* ~ **(in sth)** entrometerse (en algo) **PHRV** **interfere with sth 1** interferir en algo **2** tocar algo, enredar con algo **interference** *n* [*incontable*] **1** ~ **(in sth)** intromisión (en algo) **2** (*Radio*) interferencias **interfering** *adj* entrometido

interim /ˈɪntərɪm/ *adjetivo, nombre*
▸ *adj* [*solo antes de sustantivo*] provisional
▸ *n* **LOC** **in the interim** en el ínterin

interior ☞ /ɪnˈtɪəriə(r)/ *adj, n* interior

interjection /ˌɪntəˈdʒekʃn/ *n* interjección

interlude /ˈɪntəluːd/ *n* intervalo

intermediate /ˌɪntəˈmiːdiət/ *adj* intermedio

intermission /ˌɪntəˈmɪʃn/ *n* (*Teat*) intermedio

intern *verbo, nombre*
▸ *vt* /ɪnˈtɜːn/ internar
▸ *n* /ˈɪntɜːn/ (*USA*) **1** (*Med*) médico, -a en prácticas **2** estudiante en prácticas

internal ☞ /ɪnˈtɜːnl/ *adj* interno, interior: *internal injuries* heridas internas ◇ *the internal market* el mercado interior

international ☞ /ˌɪntəˈnæʃnəl/ *adjetivo, nombre*
▸ *adj* internacional
▸ *n* (*Dep*) **1** partido internacional **2** jugador, -ora internacional

Internet ☞ (*tb* internet) /ˈɪntənet/ **the Internet** *n* Internet: *to look for sth on the Internet* buscar algo en internet ◇ *Internet access* acceso a internet ◇ *Internet cafe* cibercafé ➔ *Ver nota en pág 170*

internship /ˈɪntɜːnʃɪp/ *n* (*USA*) (empleo en contrato de) prácticas

interplanetary /ˌɪntəˈplænɪtri; *USA* -ˈplænəteri/ *adj* interplanetario

interpret ☞ /ɪnˈtɜːprɪt/ *vt* **1** interpretar, entender **2** traducir

🔎 **Interpret** se utiliza para referirse a la traducción oral, y **translate** a la traducción escrita.

interpretation ☞ /ɪnˌtɜːprɪˈteɪʃn/ *n* interpretación

interpreter /ɪnˈtɜːprɪtə(r)/ *n* intérprete ➔ *Comparar con* TRANSLATOR

interrelated /ˌɪntərɪˈleɪtɪd/ *adj* interrelacionado

interrogate /ɪnˈterəgeɪt/ *vt* interrogar **interrogation** *n* interrogatorio

interrogative /ˌɪntəˈrɒgətɪv/ *adj* interrogativo

interrogator /ɪnˈterəgeɪtə(r)/ *n* interrogador, -ora

interrupt ☞ /ˌɪntəˈrʌpt/ *vt, vi* interrumpir: *I'm sorry to interrupt but there's a phone call for you.* Perdona que interrumpa, pero te llaman por teléfono.

interruption ☞ /ˌɪntəˈrʌpʃn/ *n* interrupción

intersect /ˌɪntəˈsekt/ *vi* cruzarse **intersection** *n* intersección, cruce

intersperse /ˌɪntəˈspɜːs/ vt **be interspersed with/in sth** ser intercalado con/en algo

interstate /ˈɪntəsteɪt/ n (USA) autopista

intertwine /ˌɪntəˈtwaɪn/ vt, vi entrelazar(se)

interval 0̄ /ˈɪntəvl/ n intermedio

intervene /ˌɪntəˈviːn/ vi **1** ~ (in sth) intervenir (en algo) **2** interponerse **3** (formal) (tiempo) transcurrir **intervening** adj intermedio: *in the intervening years* en el ínterin

intervention /ˌɪntəˈvenʃn/ n intervención

interview 0̄ /ˈɪntəvjuː/ nombre, verbo
▸ n entrevista
▸ vt entrevistar **interviewee** /ˌɪntəvjuːˈiː/ n entrevistado, -a **interviewer** n entrevistador, -ora

interweave /ˌɪntəˈwiːv/ vt, vi (pt **interwove** /-ˈwəʊv/, pp **interwoven** /-ˈwəʊvn/) entretejer(se)

intestine /ɪnˈtestɪn/ n intestino: *the small/large intestine* el intestino delgado/grueso

intimacy /ˈɪntɪməsi/ n intimidad

intimate /ˈɪntɪmət/ adj **1** (amigo, restaurante, etc.) íntimo **2** (amistad) estrecho **3** (conocimiento) profundo **intimately** adv íntimamente: *We're not intimately acquainted with her.* No tenemos una relación muy estrecha con ella.

intimidate /ɪnˈtɪmɪdeɪt/ vt ~ sb (into doing sth) intimidar a algn (para que haga algo) **intimidation** n intimidación

into 0̄ /ˈɪntə, -tuː/ prep
❶ Para los usos de **into** en PHRASAL VERBS ver las entradas de los verbos correspondientes, p. ej. **look into sth** en LOOK **1** (dirección) en, a, dentro de: *to come into a room* entrar en una habitación ◇ *He fell into the water.* Se cayó al agua. ◇ *She went into town.* Fue al centro. ◇ *He put it into the box.* Lo metió dentro de la caja. **2** a: *to translate a book into Spanish* traducir un libro al español **3** (tiempo, distancia): *long into the night* bien entrada la noche ◇ *far into the distance* a lo lejos **4** (Mat): *3 into 24 is 8.* 24 entre 3 son 8. LOC **be into sth** (coloq) ser aficionado a algo: *She's into motorbikes.* Es muy aficionada a las motos.

intolerable /ɪnˈtɒlərəbl/ adj intolerable

intolerance /ɪnˈtɒlərəns/ n intolerancia, intransigencia **intolerant** adj intolerante

intonation /ˌɪntəˈneɪʃn/ n entonación

intoxicated /ɪnˈtɒksɪkeɪtɪd/ adj (formal) (lit y fig) ebrio

intoxication /ɪnˌtɒksɪˈkeɪʃn/ n embriaguez

Intranet /ˈɪntrənet/ n Intranet

intrepid /ɪnˈtrepɪd/ adj (formal) intrépido

intricate /ˈɪntrɪkət/ adj intrincado, complejo

intrigue verbo, nombre
▸ vt /ɪnˈtriːɡ/ intrigar
▸ n /ˈɪntriːɡ/ intriga

intriguing /ɪnˈtriːɡɪŋ/ adj intrigante, fascinante

intrinsic /ɪnˈtrɪnsɪk, ɪnˈtrɪnzɪk/ adj intrínseco

introduce 0̄ /ˌɪntrəˈdjuːs; USA -ˈduːs/ vt **1** ~ sb/ sth (to sb) presentar algn/algo (a algn) ➔ *Ver nota en* PRESENTAR **2** ~ sb to sth; ~ sth to sb iniciar a algn en algo **3** (producto, reforma, etc.) introducir

introduction 0̄ /ˌɪntrəˈdʌkʃn/ n **1** [incontable] introducción (de producto, reforma, etc.) **2** presentación (de personas) **3** ~ (to sth) prólogo (de algo) **4** [sing] ~ (to sth) iniciación (a/en algo)

introductory /ˌɪntrəˈdʌktəri/ adj **1** (capítulo, curso) preliminar **2** (oferta) introductorio

introvert /ˈɪntrəvɜːt/ n introvertido, -a **introverted** adj introvertido

intrude /ɪnˈtruːd/ vi **1** ~ (into/on/upon sth) entrometerse, inmiscuirse (en algo) **2** ~ (on/ upon sb) importunar, molestar (a algn) **intruder** n intruso, -a **intrusion** n ~ (into/on/upon sth) intrusión, intromisión (en algo) **intrusive** adj intruso

intuition /ˌɪntjuˈɪʃn; USA ˌɪntu-/ n intuición

intuitive /ɪnˈtjuːɪtɪv; USA ɪnˈtuː-/ adj intuitivo

Inuit /ˈɪnjuɪt, -nuː-/ n **the Inuit** [pl] los inuit, los esquimales ➔ *Comparar con* ESKIMO

inundate /ˈɪnʌndeɪt/ vt ~ sb (with sth) inundar a algn (de algo): *We were inundated with applications.* Nos vimos inundados de solicitudes.

invade /ɪnˈveɪd/ vt, vi invadir **invader** n invasor, -ora

invalid adjetivo, nombre
▸ adj /ɪnˈvælɪd/ no válido
▸ n /ˈɪnvəlɪd/ inválido, -a

invalidate /ɪnˈvælɪdeɪt/ vt invalidar

invaluable /ɪnˈvæljuəbl/ adj inestimable

invariably /ɪnˈveəriəbli/ adv invariablemente, siempre

invasion /ɪnˈveɪʒn/ n invasión

invent 0̄ /ɪnˈvent/ vt inventar

invention 0̄ /ɪnˈvenʃn/ n **1** invento **2** invención

inventive /ɪnˈventɪv/ adj **1** ingenioso, lleno de inventiva: *to be inventive* usar la imaginación **2** (poderes) de invención

inventiveness /ɪnˈventɪvnəs/ n inventiva

inventor /ɪnˈventə(r)/ n inventor, -ora

inventory /ˈɪnvəntri; USA -tɔːri/ n (pl **inventories**) inventario

invert /ɪnˈvɜːt/ vt (formal) invertir

invertebrate /ɪnˈvɜːtɪbrət/ n invertebrado

in,verted ˈcommas n [pl] comillas: *in inverted commas* entre comillas ➲ Ver pág 395

invest ⚬ᴙ /ɪnˈvest/ vt, vi ~ (sth) (in sth) invertir (algo) (en algo)

investigate ⚬ᴙ /ɪnˈvestɪgeɪt/ vt, vi investigar

investigation ⚬ᴙ /ɪnˌvestɪˈgeɪʃn/ n ~ (into sth) investigación (de algo)

investigative /ɪnˈvestɪgətɪv; USA -geɪtɪv/ adj investigador: *investigative journalism* periodismo de investigación

investigator /ɪnˈvestɪgeɪtə(r)/ n investigador, -ora

investment ⚬ᴙ /ɪnˈvestmənt/ n ~ (in sth) inversión (en algo)

investor /ɪnˈvestə(r)/ n inversor, -ora

invigilate /ɪnˈvɪdʒɪleɪt/ vt, vi vigilar (*un examen*)

invigorating /ɪnˈvɪgəreɪtɪŋ/ adj tonificante, estimulante

invincible /ɪnˈvɪnsəbl/ adj invencible

invisible /ɪnˈvɪzəbl/ adj invisible

invitation ⚬ᴙ /ˌɪnvɪˈteɪʃn/ n invitación

invite ⚬ᴙ *verbo, nombre*
▸ vt /ɪnˈvaɪt/ **1** ~ sb (to/for sth) invitar a algn (a algo): *They invited me to go swimming.* Me invitaron a ir a nadar. ◊ *She invited me to/for lunch.* Me invitó a comer. ◊ *to invite trouble* buscarse problemas **2** (*sugerencias, aportes*) pedir, solicitar **PHR V** **invite sb back 1** invitar a algn a volver con uno a su casa **2** invitar a algn a casa (*para corresponder a su invitación previa*) ◆ **invite sb in/up** invitar a algn a entrar ◆ **invite sb out** invitar a algn a salir ◆ **invite sb over/(a)round** invitar a algn a casa
▸ n /ˈɪnvaɪt/ (*coloq*) invitación

🔎 **Inviting someone to something**
Invitar a alguien a algo
● *Would you like to come for a meal on Sunday?* ¿Quieres venir a comer el domingo?
● *Would you like to come and stay in the summer?* ¿Te gustaría venir a pasar unos días en verano?
● *I'm going to a concert at the weekend – how about joining me?* Voy a un concierto el fin de semana. ¿Te apuntas?
● *That would be very nice, thank you.* Me encantaría, gracias.
● *I'd love to, thanks very much.* Me encantaría, gracias.
● *I'm sorry, I've already got something on Sunday.* Lo siento, ya tengo planes para el domingo.

inviting /ɪnˈvaɪtɪŋ/ adj atractivo, tentador

invoice /ˈɪnvɔɪs/ *nombre, verbo*
▸ n ~ (for sth) factura (de algo)
▸ vt ~ sb (for sth) pasar factura (de algo) a algn

involuntary /ɪnˈvɒləntri; USA -teri/ adj involuntario

involve ⚬ᴙ /ɪnˈvɒlv/ vt **1** suponer, implicar: *the costs involved in the project* los gastos que implica el proyecto ◊ *The job involves me living in London.* El trabajo requiere que viva en Londres. **2** ~ sb in sth hacer participar a algn en algo **3** ~ sb in sth implicar a algn en algo (*esp crimen*): *Don't involve me in your problems.* No me mezcles en tus problemas.

involved ⚬ᴙ /ɪnˈvɒlvd/ adj **1** ~ (in sth) involucrado (en algo): *to be/get involved in politics* estar involucrado/involucrarse en la política ◊ *We need to examine all the costs involved.* Tenemos que revisar los costes que conlleva. **2** ~ (in/with sth) comprometido (con algo); metido (en algo): *I was so involved in my book I didn't hear you.* Estaba tan metido en mi libro que no te he oído. **3** complicado, enrevesado **LOC** be/become/get involved (with sb) estar liado/liarse con algn

involvement ⚬ᴙ /ɪnˈvɒlvmənt/ n **1** ~ (in/with sth) participación, compromiso (en algo) **2** ~ (with sb) relación (con algn)

inward /ˈɪnwəd/ *adjetivo, adverbio*
▸ adj **1** [*solo antes de sustantivo*] (*pensamientos, etc.*) interior, íntimo: *He gave an inward sigh.* Suspiró para sus adentros. **2** (*dirección*) hacia dentro
▸ adv (*tb* inwards) hacia dentro **inwardly** adv **1** por dentro **2** (*suspirar, sonreír, etc.*) para sí

iodine /ˈaɪədiːn; USA -daɪn/ n yodo

iPadᴿ /ˈaɪpæd/ n iPad®

iPhoneᴿ /ˈaɪfəʊn/ n iPhone®

IQ /ˌaɪ ˈkjuː/ n (*abrev de* intelligence quotient) coeficiente de inteligencia

iris /ˈaɪrɪs/ n **1** (*Anat*) iris **2** (*Bot*) lirio

Irish /ˈaɪrɪʃ/ adj, n irlandés

iron ⚬ᴙ /ˈaɪən/ *nombre, verbo*
▸ n **1** hierro *Ver tb* CAST IRON, WROUGHT IRON **2** (*para ropa*) plancha
▸ vt planchar **PHR V** **iron sth out 1** (*arrugas*) quitar algo **2** (*problemas, etc.*) resolver, eliminar algo

ironic /aɪˈrɒnɪk/ adj irónico: *It's ironic that we only won the last match.* Resulta irónico que solo hayamos ganado el último partido. ◊ *He gave an ironic smile.* Sonrió con sorna.

ironically /aɪˈrɒnɪkli/ adv irónicamente, con ironía

ironing /ˈaɪənɪŋ/ n **1** plancha: *to do the ironing* planchar ◊ *ironing board* tabla de planchar **2** ropa por planchar, ropa planchada

irony /ˈaɪrəni/ n (pl **ironies**) ironía

irrational /ɪˈræʃənl/ adj irracional **irrationality** /ɪˌræʃəˈnæləti/ n irracionalidad **irrationally** /ɪˈræʃnəli/ adv de forma irracional

irregular /ɪˈreɡjələ(r)/ adj irregular

irrelevance /ɪˈreləvəns/ n algo que no viene al caso: *the irrelevance of the curriculum to their own lives* lo poco que el programa de estudios tiene que ver con sus vidas

irrelevant /ɪˈreləvənt/ adj que no viene al caso: *irrelevant remarks* observaciones que no vienen al caso

irreparable /ɪˈrepərəbl/ adj irremediable

irresistible /ˌɪrɪˈzɪstəbl/ adj irresistible **irresistibly** /-bli/ adv irresistiblemente

irrespective of /ˌɪrɪˈspektɪv əv/ prep sin consideración a

irresponsibility /ˌɪrɪˌspɒnsəˈbɪləti/ n irresponsabilidad

irresponsible /ˌɪrɪˈspɒnsəbl/ adj irresponsable: *It was irresponsible of you.* Fue una irresponsabilidad de tu parte. **irresponsibly** /-bli/ adv de forma irresponsable

irreversible /ˌɪrɪˈvɜːsəbl/ adj irreversible

irrigation /ˌɪrɪˈɡeɪʃn/ n riego

irritability /ˌɪrɪtəˈbɪləti/ n irritabilidad

irritable /ˈɪrɪtəbl/ adj irritable **irritably** /-bli/ adv con irritación

irritable ˈbowel syndrome n (abrev **IBS**) síndrome del intestino irritable

irritate ⚬⚊ /ˈɪrɪteɪt/ vt irritar: *He's easily irritated.* Se irrita con facilidad.

irritating ⚬⚊ /ˈɪrɪteɪtɪŋ/ adj irritante: *How irritating!* ¡Qué fastidio!

irritation /ˌɪrɪˈteɪʃn/ n irritación

is /ɪz/ Ver BE

-ish ⚬⚊ /ɪʃ/ suf **1** aproximadamente: *She's thirtyish.* Debe tener unos treinta años. **2** (colores): *reddish* rojizo ◊ *greenish* verdoso ◊ *bluish* azulado ◊ *brownish* pardusco

Islam /ˈɪzlɑːm, ɪzˈlɑːm/ n islam **Islamic** /ɪzˈlæmɪk, ɪzˈlɑːmɪk/ adj islámico

Islamist /ˈɪzləmɪst/ adj, n islamista

island ⚬⚊ /ˈaɪlənd/ n (abrev **I., Is.**) isla: *a desert island* una isla desierta **islander** n isleño, -a

isle /aɪl/ n (abrev **I., Is.**) isla ❶ Se usa sobre todo en nombres de lugares, p. ej: *the Isle of Man.*

isn't /ˈɪznt/ (abrev de is not) Ver BE

isolate /ˈaɪsəleɪt/ vt ~ sb/sth (from sb/sth) aislar a algn/algo (de algn/algo) **isolated** adj aislado

isolation /ˌaɪsəˈleɪʃn/ n aislamiento **LOC in isolation (from sb/sth)** aislado (de algn/algo): *Looked at in isolation…* Considerado fuera del contexto…

ISP /ˌaɪ es ˈpiː/ abrev de **Internet Service Provider** proveedor de servicios de internet

issue ⚬⚊ /ˈɪʃuː/ GB tb /ˈɪsjuː/ nombre, verbo
▸ n **1** asunto, cuestión **2** problema: *Let's not make an issue (out) of it.* No lo convirtamos en un problema. **3** número (de una revista, etc.) **4** emisión
▸ vt **1** ~ sth (to sb) distribuir algo (a algn) **2** ~ sb with sth proveer a algn de algo **3** publicar **4** (visado, etc.) expedir **5** (sellos, etc.) poner en circulación **6** (llamada) emitir **PHR V issue from sth** (formal) salir de algo

IT /ˌaɪ ˈtiː/ n (abrev de information technology) informática

it ⚬⚊ /ɪt/ pron
● **como sujeto y objeto** ❶ It sustituye a un animal o una cosa. También se utiliza para un bebé. **1** (como sujeto) él, ella, ello: *Where is it?* ¿Dónde está? ◊ *The baby is crying. I think it's hungry.* El bebé está llorando, creo que tiene hambre. ◊ *Who is it?* ¿Quién es? ◊ *It's me.* Soy yo. ❶ El pronombre personal no se puede omitir en inglés. **2** (como objeto directo) lo, la: *Did you buy it?* ¿Lo compraste? ◊ *Give it to me.* Dámelo. **3** (como objeto indirecto) le: *Give it some milk.* Dale un poco de leche. **4** (después de preposición): *That box is heavy. What's inside it?* Esa caja pesa mucho, ¿qué hay dentro?
● **frases impersonales** ❶ En muchos casos **it** carece de significado, y se utiliza como sujeto gramatical para construir oraciones que en español suelen ser impersonales. Normalmente no se traduce. **1** (de tiempo, distancia y tiempo atmosférico): *It's ten past two.* Son las dos y diez. ◊ *It's May 12.* Es el 12 de mayo. ◊ *It's two miles to the beach.* Hay dos millas hasta la playa. ◊ *It's a long time since he left.* Hace mucho tiempo que se marchó. ◊ *It's raining.* Está lloviendo. ◊ *It's hot.* Hace calor. **2** (en otras construcciones): *Does it matter what colour the hat is?* ¿Importa de qué color sea el sombrero? ◊ *I'll come at one if it's convenient.* Vendré a la una, si te va bien. ◊ *It's Jim who's the clever one, not his brother.* Es Jim el que es listo, no su hermano. **LOC that's it** **1** eso es (todo): *That's just it.* Ahí está el problema. **2** ya está: *That's it, I've had enough!* ¡Ya está bien, no aguanto más! ◄ **this is it 1** llegó la hora **2** eso es

---

ð **then**   s **so**   z **zoo**   ʃ **she**   ʒ **vision**   h **how**   ŋ **sing**   j **yes**   w **we**

italics /ɪˈtælɪks/ n [pl] cursiva

itch /ɪtʃ/ verbo, nombre
▸ vi picar: *My leg itches.* Me pica la pierna.
PHR V **itch for sth/to do sth** morirse (de ganas) por algo/por hacer algo
▸ n picor **itchy** adj que pica: *My skin is itchy.* Me pica la piel.

it'd /ˈɪtəd/ **1** (abrev de **it had**) Ver HAVE **2** (abrev de **it would**) Ver WOULD

item ⚷ /ˈaɪtəm/ n **1** artículo **2** (tb ˈnews item) noticia **LOC** **be an item** (coloq) ser pareja

itinerary /aɪˈtɪnərəri; USA -reri/ n (pl **itineraries**) itinerario

it'll /ˈɪtl/ (abrev de **it will**) Ver WILL

its ⚷ /ɪts/ adj su(s) (que pertenece a una cosa, un animal o un bebé): *The table isn't in its place.* La mesa no está en su sitio. ➲ Ver nota en MY

it's /ɪts/ **1** (abrev de **it is**) Ver BE **2** (abrev de **it has**) Ver HAVE ➲ Comparar con ITS

itself ⚷ /ɪtˈself/ pron **1** (uso reflexivo) se: *The cat was washing itself.* El gato se estaba lavando. **2** (uso enfático) él mismo, ella misma, ello mismo **3** *She is kindness itself.* Es la bondad personificada. **LOC** **by itself 1** por sí mismo **2** (completamente) solo ◆ **in itself** de por sí

I've /aɪv/ (abrev de **I have**) Ver HAVE

ivory /ˈaɪvəri/ n marfil

ivy /ˈaɪvi/ n hiedra

Jj

J, j /dʒeɪ/ n (pl **Js**, **J's**, **j's**) J, j ➲ Ver nota en A, A

jab /dʒæb/ verbo, nombre
▸ vt, vi (**-bb-**) pinchar: *He jabbed at my arm with the gun.* Me dio en el brazo con la pistola. ◇ *She jabbed her fork into the steak.* Clavó el tenedor en el filete. ◇ *He jabbed his finger at the door.* Apuntó a la puerta con el dedo.
▸ n **1** golpe **2** pinchazo **3** inyección

jack /dʒæk/ n **1** (Mec) gato **2** jota (baraja francesa) Ver tb UNION JACK

jackal /ˈdʒækl/ n chacal

jackdaw /ˈdʒækdɔː/ n grajilla

jacket ⚷ /ˈdʒækɪt/ n **1** americana, chaqueta Ver tb DINNER JACKET, LIFE JACKET **2** cazadora **3** (de un libro) sobrecubierta

jacket poˈtato n (pl **jacket potatoes**) patata asada (con piel)

jackpot /ˈdʒækpɒt/ n bote: *to win/hit the jackpot* tocarle a algn el premio gordo

jade /dʒeɪd/ n jade

jaded /ˈdʒeɪdɪd/ adj agotado, con falta de entusiasmo

jagged /ˈdʒæɡɪd/ adj dentado

jaguar /ˈdʒæɡjuə(r); USA ˈdʒæɡwɑːr/ n jaguar

jail (tb gaol) /dʒeɪl/ nombre, verbo
▸ n cárcel
▸ vt ~ **sb (for sth)** encarcelar a algn (por algo)

jam ⚷ /dʒæm/ nombre, verbo
▸ n **1** mermelada ➲ Comparar con MARMALADE **2** atasco: *traffic jam* embotellamiento **LOC** **be in/get into a jam** (coloq) estar/meterse en un aprieto

▸ (**-mm-**) **1** vt ~ **sth into, under, etc. sth** meter algo a la fuerza en, debajo de, etc. algo: *He jammed the flowers into a vase.* Metió las flores en un jarrón, todas apretujadas. **2** vt, vi atascar(se), obstruir(se) **3** vt, vi apretujar(se): *The three of them were jammed into a phone booth.* Los tres estaban apretujados en una cabina de teléfonos. **4** vt (Radio) interferir

jangle /ˈdʒæŋɡl/ vt, vi (hacer) sonar de manera discordante

janitor /ˈdʒænɪtə(r)/ n (USA) conserje; portero, -a

January ⚷ /ˈdʒænjuəri; USA -jueri/ n (abrev Jan.) enero: *They are getting married this January/in January.* Se van a casar en enero. ◇ *on January 1st* el 1 de enero ◇ *every January* todos los meses de enero ◇ *next January* en enero del año que viene ➊ Los nombres de los meses en inglés se escriben con mayúscula.

jar /dʒɑː(r)/ nombre, verbo
▸ n **1** tarro, bote ➲ Ver dibujo en CONTAINER **2** jarra
▸ (**-rr-**) **1** vt, vi ~ (**sth**) (**on sth**) golpear (algo) (en algo) **2** vi ~ (**on sth/sb**) irritar (algo/a algn): *His moaning was beginning to jar on her nerves.* Sus quejas empezaban a crisparle los nervios. **3** vi ~ (**with sth**) desentonar (con algo)

jargon /ˈdʒɑːɡən/ n jerga

jasmine /ˈdʒæzmɪn/ n jazmín

jaundice /ˈdʒɔːndɪs/ n ictericia **jaundiced** adj amargado

javelin /ˈdʒævlɪn/ n jabalina

jaw /dʒɔː/ n **1** (persona) mandíbula **2** (tb jaws [pl]) (animal) quijada **3 jaws** [pl] fauces

jazz /dʒæz/ nombre, verbo
▸ n jazz
▸ v **PHR V** **jazz sth up** (coloq) animar algo **jazzy** adj (coloq) vistoso

jealous ⊶ /ˈdʒeləs/ adj **1** celoso: He's very jealous of her male friends. Tiene muchos celos de sus amigos. **2** envidioso: I'm very jealous of your new car. Tu coche nuevo me da mucha envidia. **jealousy** n [incontable] celos, envidia

jeans ⊶ /dʒiːnz/ n [pl] (pantalones) vaqueros ⊃ Ver nota en PAIR

Jeep® /dʒiːp/ n jeep®, vehículo todoterreno

jeer /dʒɪə(r)/ verbo, nombre
▸ vt, vi ~ (at) (sb) **1** mofarse (de algn) **2** abuchear (a algn)
▸ n burla, abucheo

jeggings /ˈdʒegɪŋz/ n [pl] mallas vaqueras ⊃ Ver notas en PANTALÓN, PAIR

jelly ⊶ /ˈdʒeli/ n (pl **jellies**) **1** (USA jello, Jell-O® /ˈdʒeləʊ/) gelatina (de sabores) **2** jalea

jelly bean n caramelo de gominola con una capa dura de azúcar (con forma de habichuela)

jellyfish /ˈdʒelifɪʃ/ n (pl **jellyfish**) medusa

jeopardize, -ise /ˈdʒepədaɪz/ vt (formal) poner en peligro

jeopardy /ˈdʒepədi/ n **LOC in jeopardy** en peligro

jerk /dʒɜːk/ verbo, nombre
▸ vt, vi sacudir(se), mover(se) a sacudidas
▸ n **1** sacudida, tirón **2** (coloq) idiota

Jesus /ˈdʒiːzəs/ (tb **Jesus ˈChrist**) n Jesús, Jesucristo

jet /dʒet/ n **1** jet, reactor **2** (de agua, gas) chorro **3** azabache: jet black negro azabache

jet lag n desfase horario: He's suffering from jet lag. Está sufriendo los efectos del desfase horario.

the ˈjet set n [v sing o pl] la jet set

Jet Ski® n (pl **Jet Skis**) moto de agua

jet-skiing n motociclismo acuático

jetty /ˈdʒeti/ n (pl **jetties**) embarcadero, malecón

Jew /dʒuː/ n judío, -a

jewel /ˈdʒuːəl/ n **1** piedra preciosa **2** joya **jeweller** (USA jeweler) n **1** joyero, -a **2** **jeweller's** (tienda) joyería ⊃ Ver nota en CARNICERÍA

jewellery ⊶ /ˈdʒuːəlri/ (USA jewelry) n [incontable] joyas: jewellery box joyero

Jewish /ˈdʒuːɪʃ/ adj judío

jigsaw /ˈdʒɪgsɔː/ (tb ˈjigsaw puzzle) n rompecabezas

jihad /dʒɪˈhɑːd/ n yihad, guerra santa **jihadi** /dʒɪˈhɑːdi/ n (pl **jihadis**) yihadista

jingle /ˈdʒɪŋgl/ nombre, verbo
▸ n **1** [sing] tintineo **2** canción de anuncio
▸ vt, vi (hacer) tintinear

jinx /dʒɪŋks/ nombre, verbo
▸ n [sing] ~ (on sb/sth) gafe (para algn/algo)
▸ vt gafar: to be jinxed tener gafe

job ⊶ /dʒɒb/ n **1** (puesto de) trabajo, empleo ⊃ Ver nota en WORK **2** tarea Ver tb ODD JOBS **3** deber, responsabilidad **LOC a good job** (coloq) It's a good job you've come. Menos mal que has venido. ◆ **do the job** (coloq) servir ◆ **have a (hard) job doing/to do sth** resultar difícil hacer algo: You'll have a (hard) job convincing them. Te va a costar convencerles. ◆ **out of a job** en el paro

jobcentre /ˈdʒɒbsentə(r)/ n (GB) oficina de empleo

jobless /ˈdʒɒbləs/ adj parado

jockey /ˈdʒɒki/ n (pl **jockeys**) jinete Ver tb DISC JOCKEY

jog /dʒɒg/ verbo, nombre
▸ (-gg-) **1** vi (tb go jogging) hacer footing **2** vt empujar (ligeramente) **LOC jog sb's memory** refrescar la memoria a algn **PHR V** **jog along** (GB, coloq) **1** ir tirando **2** (tb **jog on**) déjame en paz
▸ n [sing] **1** to go for a jog ir a hacer footing **2** empujoncito **jogger** n persona que hace footing **jogging** /ˈdʒɒgɪŋ/ n footing

join ⊶ /dʒɔɪn/ verbo, nombre
▸ **1** vt ~ sth (to/onto sth) unir, juntar algo (a/con algo) **2** vi ~ (together/up) juntarse, unirse **3** vt, vi (club, etc.) hacerse socio (de), afiliarse (a) **4** vt, vi (empresa) unirse (a) **5** vt (UE, etc.) ingresar en **6** vt ~ sb reunirse con algn **PHR V** **join in (sth)** participar (en algo) ◆ **join up (with sb)** juntarse (con algn)
▸ n **1** juntura **2** costura

joiner /ˈdʒɔɪnə(r)/ n carpintero, -a (de puertas, ventanas, etc.)

joint ⊶ /dʒɔɪnt/ adjetivo, nombre
▸ adj conjunto, mutuo, colectivo
▸ n **1** (Anat) articulación **2** junta, ensambladura **3** cuarto de carne **4** (coloq) antro **5** (coloq) porro **jointed** adj articulado, plegable

joint ˈventure n (Com) empresa conjunta

joke ⊶ /dʒəʊk/ nombre, verbo
▸ n **1** chiste: to tell a joke contar un chiste **2** broma: to play a joke on sb gastar una broma a algn **3** [sing] (coloq) cachondeo: The new law is a joke. La nueva ley es un cachondeo.

▶ vi ~ **(with sb) (about sth)** bromear (con algn) (sobre algo) `LOC` **joking apart/aside** bromas aparte ◆ **you're joking!; you must be joking!** (coloq) **1** ¡ni hablar! **2** ¿en serio?

joker /ˈdʒəʊkə(r)/ n **1** bromista **2** (coloq) payaso, -a **3** (Naipes) comodín

jolly /ˈdʒɒli/ adjetivo, adverbio
▶ adj (**jollier, -iest**) alegre, jovial
▶ adv (GB, antic, coloq) muy: Jolly good! ¡Muy bien!

jolt /dʒəʊlt/ verbo, nombre
▶ **1** vi traquetear **2** vt sacudir
▶ n **1** sacudida **2** susto

jostle /ˈdʒɒsl/ vt, vi empujar(se), codear(se)

jot /dʒɒt/ v (**-tt-**) `PHR V` **jot sth down** apuntar algo

journal /ˈdʒɜːnl/ n **1** revista, periódico (especializado) **2** diario

journalism /ˈdʒɜːnəlɪzəm/ n periodismo

journalist ⊶ /ˈdʒɜːnəlɪst/ n periodista

journey ⊶ /ˈdʒɜːni/ n (pl **journeys**) viaje, recorrido ➲ Ver nota en VIAJE

joy ⊶ /dʒɔɪ/ n **1** alegría: to jump for joy saltar de alegría **2** encanto: It was a joy to watch. Daba gusto verlo. `LOC` Ver PRIDE **joyful** adj alegre **joyfully** adv alegremente

joyrider /ˈdʒɔɪraɪdə(r)/ n persona que se pasea en un coche robado

joyriding /ˈdʒɔɪraɪdɪŋ/ n pasearse en un coche robado

joystick /ˈdʒɔɪstɪk/ n joystick, mando

jubilant /ˈdʒuːbɪlənt/ adj jubiloso **jubilation** n júbilo

jubilee /ˈdʒuːbɪliː/ n aniversario

Judaism /ˈdʒuːdeɪɪzəm/; USA -dəɪ-/ n judaísmo

judge ⊶ /dʒʌdʒ/ nombre, verbo
▶ n **1** (Jur, de competición) juez **2** ~ **(of sth)** conocedor, -ora (de algo)
▶ vt, vi juzgar, considerar, calcular: judging by/ from… a juzgar por…

judgement ⊶ (tb **judgment**) /ˈdʒʌdʒmənt/ n juicio: to use your own judgement actuar según su propio entender

judicious /dʒuˈdɪʃəs/ adj (formal) juicioso **judiciously** adv juiciosamente

judo /ˈdʒuːdəʊ/ n judo

jug /dʒʌg/ n jarra

juggle /ˈdʒʌgl/ **1** vi ~ **(with sth)** hacer juegos malabares (con algo) **2** vt ~ **sth (with sth)** compaginar algo (con algo): She juggles home, career and children. Se las arregla para llevar casa, trabajo e hijos al mismo tiempo. **juggler** n malabarista **juggling** n malabarismo

juice ⊶ /dʒuːs/ n zumo, jugo **juicer** n exprimidor **juicy** adj (**juicier, -iest**) **1** jugoso **2** (coloq) (cuento, etc.) sabroso

jukebox /ˈdʒuːkbɒks/ n máquina de discos

July ⊶ /dʒuˈlaɪ/ n (abrev Jul.) julio ➲ Ver ejemplos en JANUARY

jumble /ˈdʒʌmbl/ verbo, nombre
▶ vt ~ **sth (together/up)** revolver algo
▶ n [sing] ~ **(of sth)** revoltijo (de algo)

jumble sale n rastrillo (benéfico)

jumbo /ˈdʒʌmbəʊ/ adj [solo antes de sustantivo] (coloq) (de tamaño) súper

jump ⊶ /dʒʌmp/ verbo, nombre
▶ **1** vt, vi saltar, brincar: to jump up and down dar saltos ◇ to jump up levantarse de un salto ➲ Ver dibujo en SALTAR **2** vi sobresaltarse: It made me jump. Me sobresaltó. **3** vi aumentar `LOC` **jump the queue** (USA **jump the line**) colarse ◆ **jump the shark** (serie de TV, etc.) mantener el interés del público con evento(s) inverosímil(es) ◆ **jump to conclusions** sacar conclusiones precipitadas Ver tb BANDWAGON `PHR V` **jump at sth** aceptar algo sin pensarlo
▶ n **1** salto Ver tb HIGH JUMP, LONG JUMP **2** aumento

jumper /ˈdʒʌmpə(r)/ n **1** jersey **2** saltador, -ora

jumpy /ˈdʒʌmpi/ adj (coloq) nervioso

junction /ˈdʒʌŋkʃn/ n **1** (de carretera) cruce **2** (de autopista) salida

June ⊶ /dʒuːn/ n (abrev Jun.) junio ➲ Ver ejemplos en JANUARY

jungle /ˈdʒʌŋgl/ n jungla

jungle gym n (USA) estructura de barras para trepar y jugar

junior ⊶ /ˈdʒuːniə(r)/ adjetivo, nombre
▶ adj **1** subalterno, de menos antigüedad **2** (Dep) juvenil **3** (abrev **Jnr, Jr**) junior **4** (GB) (Educ): junior school escuela primaria (de 7 a 11 años)
▶ n **1** subalterno, -a **2** (GB) alumno, -a de escuela primaria `LOC` **be two, etc. years sb's junior; be sb's junior by two, etc. years** ser dos, etc. años más joven que algn

junior college n (USA) primer ciclo universitario

junior high school (tb **junior high**) n (USA) instituto donde se imparten los primeros dos o tres años de enseñanza secundaria

junk /dʒʌŋk/ n [incontable] **1** trastos, basura **2** baratijas

junk food (tb **junk**) n [incontable] (coloq) comida basura

junkie /ˈdʒʌŋki/ n (coloq) yonqui

junk mail n (pey) propaganda (por correo)

Jupiter /ˈdʒuːpɪtə(r)/ n Júpiter

juror /ˈdʒʊərə(r)/ n miembro del jurado

J

jury /ˈdʒʊəri/ n (pl **juries**) [v sing o pl] jurado ➔ Ver nota en JURADO

just ०० /dʒʌst/ adverbio, adjetivo
▸ adv **1** justo, exactamente: *It's just what I need.* Es justo lo que necesito. ◇ *That's just it!* ¡Exacto! ◇ *just here/now* aquí/ahora mismo **2** ~ as justo cuando, justo como: *She arrived just as I was leaving.* Llegó justo cuando me iba. ◇ *It's just as I thought.* Es justo como/lo que yo pensaba. **3** ~ as... as... igual de... que...: *She's just as clever as her mother.* Es igual de lista que su madre. **4** (only) ~ por muy poco: *I can (only) just reach the shelf.* Llego al estante a duras penas. **5** ~ over/under un poco más/menos de: *It's just over a kilo.* Pasa un poco del kilo. **6** have ~ done sth acabar de hacer algo: *She has just left.* Acaba de marcharse. ◇ *We had just arrived when...* Acabábamos de llegar cuando... ◇ *'Just married'* "Recién casados" **7** ahora: *I'm just going.* Ahora mismo me voy. **8** be ~ about/going to do sth estar a punto de hacer algo: *I was just about/going to phone you.* Estaba a punto de llamarte. **9** sencillamente: *It's just one of those things.* Es una de esas cosas que pasan, nada más. **10** solo: *I waited an hour just to see you.* Esperé una hora solo para poder verte. ◇ *just for fun* para reírnos un poco **11** *Just let me say something!* ¡Déjame hablar un momento! ᴸᴼᶜ **it is just as well (that...)** menos mal (que)... ◆ **just about** (coloq) casi: *I know just about everyone.* Conozco más o menos a todo el mundo. ◆ **just in case** por si acaso ◆ **just like 1** igual que: *It was just like old times.* Fue como en los viejos tiempos. **2** típico de: *It's just like her to be late.* Es muy propio de ella llegar tarde. ◆ **just like that** sin más ◆ **just now 1** en estos momentos **2** hace un momento Ver tb SAME
▸ adj **1** justo **2** merecido

justice ०० /ˈdʒʌstɪs/ n **1** justicia **2** Justice juez: *Justice of the Peace* juez de paz ᴸᴼᶜ **bring sb to justice** llevar a algn ante los tribunales ◆ **do justice to sb/sth; do sb/sth justice 1** hacerle justicia a algn/algo **2** *We couldn't do justice to her cooking.* No pudimos hacer los honores a su comida. ◆ **do yourself justice** *He didn't do himself justice in the exam.* Podía haber hecho el examen mucho mejor. Ver tb MISCARRIAGE

justifiable /ˈdʒʌstɪfaɪəbl, ˌdʒʌstɪˈfaɪəbl/ adj justificable **justifiably** /-bli/ adv justificadamente: *She was justifiably angry.* Estaba enfadada, y con razón.

justify ०० /ˈdʒʌstɪfaɪ/ vt (pt, pp **-fied**) justificar

justly /ˈdʒʌstli/ adv justamente, con razón

jut /dʒʌt/ vi (**-tt-**) ~ (out) (from/into/over sth) sobresalir (de/por encima de algo)

juvenile /ˈdʒuːvənaɪl; USA -nl/ adjetivo, nombre
▸ adj **1** (formal o Jur) juvenil **2** (pey) pueril
▸ n menor

K k

K, k /keɪ/ n (pl **Ks**, **K's**, **k's**) K, k ➔ Ver nota en A, A

kaleidoscope /kəˈlaɪdəskəʊp/ n calidoscopio

kangaroo /ˌkæŋɡəˈruː/ n (pl **kangaroos**) canguro

karaoke /ˌkæriˈəʊki/ n karaoke

karat (USA) = CARAT

karate /kəˈrɑːti/ n karate

kart /kɑːt/ n kart

kayak /ˈkaɪæk/ n kayak (barco) **kayaking** n kayak (deporte)

kebab /kɪˈbæb/; USA kɪˈbɑːb/ n pincho moruno

keel /kiːl/ nombre, verbo
▸ n quilla
▸ v ᴾᴴᴿⱽ **keel over** desplomarse

keen ०० /kiːn/ adj (**keener, -est**) **1** be ~ (to do sth/ that...) estar ansioso, tener ganas (de hacer algo/de que...) **2** entusiasta **3** be ~ on sb/sth (GB, coloq) gustarle algn/algo a algn **4** (oído, inteligencia) agudo **5** (interés) grande **6** (olfato) fino **keenly** adv **1** con entusiasmo **2** (sentir) profundamente

keep ०० /kiːp/ verbo, nombre
▸ (pt, pp **kept** /kept/) **1** vi quedarse, permanecer: *Keep still!* ¡Estate quieto! ◇ *Keep quiet!* ¡Cállate! ◇ *to keep warm* no enfriarse **2** vt + adjetivo, adverbio o -ing mantener, tener: *to keep sb waiting* hacer esperar a algn ◇ *to keep sb amused/happy* tener a algn entretenido/contento ◇ *Don't keep us in suspense.* No nos tengas en suspenso. **3** vi ~ (on) doing sth seguir haciendo algo; no parar de hacer algo: *He keeps interrupting me.* No para de interrumpirme. **4** vt entretener, retener: *What kept you?* ¿Por qué has tardado tanto? **5** vt (no devolver) quedarse con: *Keep the change.* Quédese con la vuelta. **6** vt guardar, tener: *Will you keep my plac*

| ð then | s so | z zoo | ʃ she | ʒ vision | h how | ŋ sing | j yes | w we |

in the queue? ¿Me guardas el sitio en la cola? ◊ *to keep a secret* guardar un secreto **7** *vt (negocio)* tener, ser propietario de **8** *vt (animales)* criar, tener **9** *vi (alimentos)* conservar (fresco), durar **10** *vt (promesa)* cumplir **11** *vt (cita)* acudir a **12** *vt (diario, cuentas, registro)* llevar **13** *vt (familia, persona)* mantener LOC Para expresiones con **keep**, véanse las entradas del sustantivo, adjetivo, etc., p. ej. **keep your word** en WORD.

PHR V **keep away (from sb/sth)** mantenerse alejado (de algn/algo) ◆ **keep sb/sth away (from sb/sth)** mantener a algn/algo alejado (de algn/algo)

keep sth back (from sb) ocultar algo (a algn)

keep sth down *(voz, gastos, etc.)* mantener algo bajo

keep sb from (doing) sth impedir que algn haga algo ◆ **keep (yourself) from (doing) sth** evitar hacer algo

keep off (sth) no acercarse (a algo); no tocar (algo): *Keep off the grass.* Prohibido pisar el césped. ◆ **keep sb/sth off (sb/sth)** mantener a algn/algo alejado (de algn/algo): *Keep your hands off me!* ¡No me toques!

keep on (at sb) (about sb/sth) no parar de dar la tabarra (a algn) (sobre algn/con algo)

keep out (of sth) no entrar (en algo): *Keep Out!* ¡Prohibida la entrada! ◆ **keep sb/sth out (of sth)** no dejar que algn/algo entre (en algo)

keep (yourself) to yourself guardar las distancias, ser muy reservado ◆ **keep sth to yourself** guardarse algo (para sí)

keep up (with sb/sth) seguir el ritmo, mantenerse a la altura (de algn/algo) ◆ **keep sth up** mantener, seguir haciendo algo: *Keep it up!* ¡Dale! ◆ **keep up with sth** mantenerse al tanto (de algo)
▸ *n* manutención

keeper /'kiːpə(r)/ *n* **1** *(en museo)* conservador, -ora **2** *(zoo)* guarda **3** *(GB, coloq) (Fútbol)* portero, -a

keeping /'kiːpɪŋ/ *n* LOC **in/out of keeping (with sth)** de acuerdo/en desacuerdo (con algo) ◆ **in sb's keeping** al cuidado de algn

kennel /'kenl/ *n* **1** perrera **2** *(tb kennels [pl])* residencia canina

kept *pt, pp de* KEEP

kerb *(USA curb)* /kɜːb/ *n* bordillo

kerosene /'kerəsiːn/ *n* queroseno

KET /ket/ *n (abrev de* Key English Test*)* examen internacional de inglés elemental

ketchup /'ketʃəp/ *n* ketchup

kettle /'ketl/ *nombre, verbo*
▸ *n* hervidor
▸ *vt (policía)* cercar

kettle

electric kettle

kettle

key 0️⃣ /kiː/ *nombre, verbo, adjetivo*
▸ *n (pl* keys*)* **1** llave: *the car keys* las llaves del coche **2** ~ **(to sth)** clave (de algo): *Exercise is the key to good health.* El ejercicio es la clave de la buena salud. **3** tecla ➔ *Ver dibujo en* ORDENADOR **4** *(Mús)* tono **5** *(en mapa, etc.)* leyenda
▸ *vt* ~ **sth (in) 1** teclear algo **2** *(datos)* introducir algo
▸ *adj* clave

keyboard 0️⃣ /'kiːbɔːd/ *n (Informát, Mús)* teclado: *keyboard player* teclista ➔ *Ver dibujo en* ORDENADOR

keyhole /'kiːhəʊl/ *n* ojo de la cerradura

keypad /'kiːpæd/ *n* teclado *(numérico)*

key ring *n* llavero

key worker *n* empleado, -a de un servicio esencial *(sanitario, educativo, etc.)*

khaki /'kɑːki/ *adj, n* caqui *(color)*

kick 0️⃣ /kɪk/ *verbo, nombre*
▸ **1** *vt* dar una patada a **2** *vt (pelota)* golpear *(con el pie)*: *Kick the ball to me.* ¡Pásame la pelota! ◊ *to kick the ball into the river* tirar la pelota al río de una patada **3** *vi (persona)* patalear **4** *vi (animal)* cocear **5** *vt* ~ **yourself** *(coloq)* darse de tortas: *I could have kicked myself.* Me hubiera dado de tortas por tonto. **6** *vt (vicio)* abandonar LOC **kick the bucket** *(coloq)* estirar la pata ◆ **kick the tyres** *(coloq)* probar *(antes de comprar algo)* PHR V **kick**

off (*Fútbol*) hacer el saque inicial ◆ **kick sb out (of sth)** (*coloq*) echar a algn (de algo)

▶ n **1** puntapié, patada **2** (*Fútbol*) tiro: *free kick* tiro libre ◇ *goal kick* saque de puerta **3** (*coloq*): *to do sth for kicks* hacer algo para divertirse ◇ *He gets a kick out of driving fast cars.* Disfruta a tope conduciendo coches rápidos.

'kick-boxing n kick boxing

kicking /ˈkɪkɪŋ/ *adj* (*coloq*) (*bar, etc.*) animado **LOC** *Ver* ALIVE

'kick-off n saque inicial

kid ⊶ /kɪd/ *nombre, verbo*

▶ n **1** (*coloq*) chaval, -ala; crío, -a: *How are your wife and the kids?* ¿Qué tal tu mujer y los críos? **2** (*esp USA, coloq*): *his kid sister* su hermana menor **3** (*Zool*) cabrito ⊃ *Ver nota en* CABRA

▶ (**-dd-**) (*coloq*) **1** *vi* estar de broma: *Are you kidding?* ¿Estás de broma? **2** *vt* burlarse de **3** *vt* ~ **yourself** engañarse a sí mismo

kidnap /ˈkɪdnæp/ *vt* (**-pp-**, *USA tb* **-p-**) secuestrar **kidnapper** n secuestrador, -ora **kidnapping** n secuestro

kidney /ˈkɪdni/ n (*pl* **kidneys**) riñón

kill ⊶ /kɪl/ *verbo, nombre*

▶ *vt, vi* matar: *Smoking kills.* Fumar mata. ◇ *She was killed in a car crash.* Murió en un accidente de coche. **LOC** **kill time** matar el tiempo ◆ **kill two birds with one stone** matar dos pájaros de un tiro **PHR V** **kill sb/sth off** acabar con algn/algo

▶ n **LOC** **go/move in for the kill** entrar a matar

killer /ˈkɪlə(r)/ n asesino, -a

'killer whale n orca

killing ⊶ /ˈkɪlɪŋ/ n matanza **LOC** **make a killing** (*coloq*) hacer el agosto

kiln /kɪln/ n horno (para cerámica)

kilo /ˈkiːləʊ/ n (*pl* **kilos**) (*tb* kilogram, kilogramme /ˈkɪləgræm/) (*abrev* kg) kilo, kilogramo

kilometre ⊶ (*USA* kilometer) /ˈkɪləmiːtə(r), kɪˈlɒmɪtə(r)/ n (*abrev* k, km) kilómetro

kilt /kɪlt/ n falda escocesa

kin /kɪn/ n *Ver* NEXT OF KIN

kind ⊶ /kaɪnd/ *nombre, adjetivo*

▶ n tipo, clase: *the best of its kind* el mejor de su categoría **LOC** **kind of** (*coloq*) en cierto modo: *kind of scared* como asustado *Ver tb* NOTHING

▶ *adj* (**kinder, -est**) ~ (**to sb/sth**) amable (con algn/algo): *It's very kind of you.* Es muy amable de tu parte.

kindly ⊶ /ˈkaɪndli/ *adverbio, adjetivo*

▶ *adv* **1** amablemente **2** (*formal*): *Kindly leave me alone!* ¡Haga el favor de dejarme en paz!

LOC **not take kindly to sth/sb** no gustarle algo/algn a algn

▶ *adj* (*formal*) amable

kindness ⊶ /ˈkaɪndnəs/ n **1** amabilidad, bondad **2** favor

king ⊶ /kɪŋ/ n rey **LOC** *Ver* FIT

kingdom /ˈkɪŋdəm/ n reino

kingfisher /ˈkɪŋfɪʃə(r)/ n martín pescador

kiosk /ˈkiːɒsk/ n quiosco

kipper /ˈkɪpə(r)/ n arenque ahumado

kiss ⊶ /kɪs/ *verbo, nombre*

▶ *vt, vi* besar(se)

▶ n beso **LOC** **the kiss of life** el boca a boca

kit /kɪt/ n **1** conjunto para ensamblaje **2** equipo: *sports kit* equipo/ropa de deporte ◇ *a first-aid kit* un botiquín

kitchen ⊶ /ˈkɪtʃɪn/ n cocina

kite /kaɪt/ n cometa (*juguete*)

kiteboard /ˈkaɪtbɔːd/ n tabla de kitesurf, kiteboard

kitesurfing /ˈkaɪtsɜːfɪŋ/ (*tb* kiteboarding /ˈkaɪtbɔːdɪŋ/) n kitesurf (*deporte*)

kitten /ˈkɪtn/ n gatito ⊃ *Ver nota en* GATO

kitty /ˈkɪti/ n (*pl* **kitties**) (*coloq*) fondo (*de dinero*)

kiwi /ˈkiːwiː/ n (*pl* **kiwis**) **1** (*tb* ˈkiwi fruit) (*fruta*) kiwi **2** Kiwi (*coloq*) (*persona*) neozelandés, -esa **3** (*ave*) kiwi

knack /næk/ n [*sing*] (*coloq*) tranquillo: *to get the knack of sth* cogerle el tranquillo a algo

knackered /ˈnækəd/ *adj* (*GB, argot*) hecho polvo

knead /niːd/ *vt* amasar

knee ⊶ /niː/ n rodilla **LOC** **be/go (down) on your knees** estar/ponerse de rodillas

kneecap /ˈniːkæp/ n rótula

kneel /niːl/ *vi* (*pt, pp* **knelt** /nelt/, *USA tb* **kneeled**) ~ (**down**) arrodillarse ⊃ *Ver nota en* DREAM

kneepad /ˈniːpæd/ n rodillera

knew *pt de* KNOW

knickers /ˈnɪkəz/ n [*pl*] bragas: *a pair of knickers* unas bragas ⊃ *Ver nota en* PAIR

knife ⊶ /naɪf/ *nombre, verbo*

▶ n (*pl* **knives** /naɪvz/) cuchillo

▶ *vt* acuchillar

knight /naɪt/ *nombre, verbo*

▶ n **1** caballero **2** (*Ajedrez*) caballo

▶ *vt* nombrar caballero/Sir **knighthood** n título de caballero/Sir

knit ⊶ /nɪt/ (**-tt-**) **1** *vt* tejer **2** *vi* hacer punto *Ver tb* CLOSE-KNIT

knitting ⊶ /ˈnɪtɪŋ/ n [*incontable*] labor de punto: *knitting needle* aguja (de hacer punto)

knitwear /ˈnɪtweə(r)/ n [*incontable*] prendas de punto

knob /nɒb/ n **1** (de radio, televisor) mando (que gira) **2** (de puerta, cajón) tirador, pomo ➜ Ver dibujo en HANDLE

knock ⊶ /nɒk/ verbo, nombre
▶ **1** vi ~ (at/on sth) (puerta, etc.) llamar (a algo) **2** vt, vi golpear: to knock your head on the ceiling pegarse un la cabeza en el techo **3** vt (coloq) criticar **LOC** knock on wood (USA) tocar madera
PHR V knock sb down atropellar a algn ◆ knock sth down derribar algo ◆ knock off (sth) (coloq) terminar (algo): to knock off (work) terminar de trabajar ◆ knock sb/sth off (sth) tirar a algn/algo (de algo) ◆ knock sth off (sth) descontar algo (de algo) ◆ knock sb out **1** dejar a algn inconsciente **2** (Boxeo) hacer K.O. a algn **3** (coloq) dejar boquiabierto a algn ◆ knock sb out (of sth) eliminar a algn (de algo) (competición) ◆ knock sb over atropellar a algn ◆ knock sth over tirar algo
▶ n **1** There was a knock at the door. Llamaron a la puerta. **2** golpe

knockout /'nɒkaʊt/ nombre, adjetivo
▶ n (abrev KO) K.O.
▶ adj knockout tournament torneo por eliminatorias

knot ⊶ /nɒt/ nombre, verbo
▶ n nudo
▶ vt (-tt-) hacer un nudo a, anudar

know ⊶ /nəʊ/ verbo, nombre
▶ (pt knew /njuː; USA nuː/, pp known /nəʊn/) **1** vt, vi ~ (sth/how to do sth) saber (algo/hacer algo): to know how to swim saber nadar ◊ Let me know if... Avísame si... **2** vt conocer: to get to know sb llegar a conocer a algn **3** vt: I've never known anyone to... Nunca se ha visto que... **LOC** for all you, I, etc. know por lo (poco) que sabes, sé,

etc. ◆ God/goodness/Heaven knows (coloq) (bien) sabe Dios ◆ know best saber algn lo que hace ◆ know better (than that/than to do sth) You ought to know better! ¡Parece mentira que tú hayas hecho eso! ◊ I should have known better. Debería haber espabilado. ◆ you know (coloq) **1** pues: Well, you know, it's difficult to explain. Bueno, pues, es difícil de explicar. **2** sabes ◆ you never know (coloq) nunca se sabe Ver tb ANSWER, ROPE **PHR V** know of sb/sth saber de algn/algo: Not that I know of. Que yo sepa, no.
▶ n **LOC** be in the know (coloq) estar enterado

'know-all (tb esp USA 'know-it-all) n (coloq) sabelotodo

knowing /'nəʊɪŋ/ adj (mirada, etc.) de complicidad knowingly adv **1** intencionadamente **2** con complicidad: He winked at her knowingly. Le hizo un guiño de complicidad.

knowledge ⊶ /'nɒlɪdʒ/ n [incontable] **1** conocimiento(s): not to my knowledge que yo sepa, no **2** saber **LOC** in the knowledge that... a sabiendas de que... Ver tb BEST knowledgeable adj que sabe mucho de algo

known /nəʊn/ adj [solo antes de sustantivo] conocido Ver tb WELL KNOWN; Ver tb KNOW

knuckle /'nʌkl/ nombre, verbo
▶ n nudillo
▶ v **PHR V** knuckle down (to sth) (coloq) poner(se) manos a la obra (con algo)

koala /kəʊ'ɑːlə/ (tb ko'ala bear) n koala

Koran /kə'rɑːn/ n Corán **Koranic** /kə'rænɪk/ adj coránico

LI

, l /el/ n (pl **Ls, L's, l's**) L, l ➜ Ver nota en A, A

abel ⊶ /'leɪbl/ nombre, verbo
n etiqueta ➜ Ver dibujo en ETIQUETA
vt (-ll-, USA -l-) **1** poner etiquetas a **2** ~ sb/sth (as) sth calificar a algn/algo de algo

aboratory ⊶ /lə'bɒrətri; USA 'læbrətɔːri/ n (pl **laboratories**) (coloq lab /læb/) laboratorio

aborious /lə'bɔːriəs/ adj **1** laborioso **2** penoso

abor union n (USA) sindicato

abour ⊶ (USA labor) /'leɪbə(r)/ nombre, verbo
n **1** [incontable] trabajo **2** [incontable] mano de obra: parts and labour los repuestos y la mano de obra ◊ labour relations relaciones laborales **3** [incontable] parto: to go into labour ponerse

de parto **4** (tb the 'Labour Party) [v sing o pl] (GB) el Partido Laborista
▶ vi esforzarse **laboured** (USA labored) adj **1** dificultoso **2** pesado **labourer** (USA laborer) n trabajador, -ora; peón

labyrinth /'læbərɪnθ/ n laberinto

lace /leɪs/ nombre, verbo
▶ n **1** encaje **2** cordón de zapato
▶ vt, vi ~ (sth) (up) atar algo, atarse (con un lazo)

lack ⊶ /læk/ nombre, verbo
▶ n [incontable] falta, carencia
▶ vt carecer de **LOC** be lacking faltar ◆ be lacking in sth carecer de algo

lacquer /'lækə(r)/ n laca

| ɔː now | ɔɪ join | ɪə near | eə hair | ʊə pure | tʃ chin | dʒ June | v van | θ thin |

lacy /ˈleɪsi/ adj de encaje

lad /læd/ n (coloq) muchacho

ladder /ˈlædə(r)/ n **1** escalera (de mano) ⊃ Comparar con STAIRCASE **2** escala (social, profesional, etc.) **3** carrera (en las medias, etc.) Ver tb SNAKES AND LADDERS

laden /ˈleɪdn/ adj ~ (with sth) cargado (de algo)

ladette /lædˈet/ n (GB, coloq) mujer joven que tiene un comportamiento típicamente masculino

ladies /ˈleɪdiz/ n **1** pl de LADY **2** Ladies [sing] servicio de señoras

ladle /ˈleɪdl/ n cucharón

lady ⚬━ /ˈleɪdi/ n (pl **ladies**) **1** señora: Ladies and gentlemen... Señoras y señores... **2** dama **3** Lady (título) Lady: Lady Jane Grey Ver tb FIRST LADY

ladybird /ˈleɪdibɜːd/ (USA ladybug /ˈleɪdibʌg/) n mariquita

lag /læg/ verbo, nombre
▸ vi (-gg-) ~ behind (sb/sth) quedarse atrás (con respecto a algn/algo)
▸ n Ver JET LAG, TIME LAG

lager /ˈlɑːgə(r)/ n cerveza (rubia) ⊃ Ver nota en CERVEZA

lagoon /ləˈguːn/ n **1** albufera **2** (USA) laguna

laid pt, pp de LAY

laid-back adj (coloq) tranquilo

lain pp de LIE¹

lake ⚬━ /leɪk/ n lago

lamb /læm/ n cordero ⊃ Ver nota en CARNE

lame /leɪm/ adj **1** cojo **2** (excusa, etc.) poco convincente

lament /ləˈment/ vt, vi (formal) lamentarse (de)

lamp ⚬━ /læmp/ n lámpara

lamp post n farola

lampshade /ˈlæmpʃeɪd/ n pantalla (de lámpara)

LAN /læn/ n (abrev de local area network) (Informát) LAN (red de área local) ⊃ Comparar con WAN

land ⚬━ /lænd/ nombre, verbo
▸ n **1** tierra: by land por tierra ◇ on dry land en tierra firme ◇ land animals animales terrestres **2** tierra(s): arable land tierra de cultivo ◇ a plot of land una parcela **3** the land [sing] la tierra, el campo: to work on the land dedicarse a la agricultura **4** (formal) país: the finest in the land el mejor del país
▸ **1** vi aterrizar **2** vi (pájaro) posarse **3** vt (avión) poner en tierra **4** vt, vi desembarcar **5** vi caer: The ball landed in the water. La pelota cayó al agua. **6** vt (coloq) conseguir, obtener LOC Ver FOOT PHR V land sb/yourself with sth/sb (coloq) cargar-

le a algn/cargarse con algo/algn: I got landed with the washing up. A mí me tocó fregar.

landfill /ˈlændfɪl/ n **1** (tb ˈlandfill site) vertedero (de basuras) **2** [incontable] entierro de basura

landing /ˈlændɪŋ/ n **1** rellano (de escalera) **2** aterrizaje **3** desembarco

landlady /ˈlændleɪdi/ n (pl **landladies**) **1** casera **2** patrona (de pub o pensión)

landline /ˈlændlaɪn/ n teléfono fijo

landlord /ˈlændlɔːd/ n **1** casero, -a **2** patrón (de pub o pensión)

landmark /ˈlændmɑːk/ n **1** punto destacado **2** ~ (in sth) hito (en algo)

landowner /ˈlændəʊnə(r)/ n terrateniente

landscape ⚬━ /ˈlændskeɪp/ n paisaje ⊃ Ver nota en SCENERY

landslide /ˈlændslaɪd/ n **1** desprendimiento (de tierras) **2** (tb ˌlandslide ˈvictory) victoria aplastante

lane ⚬━ /leɪn/ n **1** camino **2** callejón **3** carril: slow/fast lane carril de la derecha/de aceleración **4** (Dep) calle

language ⚬━ /ˈlæŋgwɪdʒ/ n **1** idioma, lengua **2** [incontable] lenguaje: to use bad language decir palabrotas

lantern /ˈlæntən/ n farol

lap /læp/ nombre, verbo
▸ n **1** regazo **2** (Dep) vuelta
▸ (-pp-) **1** vi (agua) chapotear **2** vt ~ sth (up) lamer algo PHR V lap sth up (coloq) recibir algo con gusto

lapel /ləˈpel/ n solapa

lapse /læps/ nombre, verbo
▸ n **1** error, lapso **2** (de tiempo) lapso, período: after a lapse of six years al cabo de seis años **3** ~ (into sth) caída (en algo)
▸ vi **1** caducar **2** perderse: The custom has lapsed over the years. La costumbre se ha perdido con el tiempo. ◇ His concentration lapsed after a few minutes. Después de pocos minutos perdió la concentración. PHR V lapse into sth caer en algo (estado, situación, etc.): to lapse into silence quedarse callado

laptop /ˈlæptɒp/ n (ordenador) portátil ⊃ Ver dibujo en ORDENADOR

lard /lɑːd/ n manteca

larder /ˈlɑːdə(r)/ n despensa

large ⚬━ /lɑːdʒ/ adj (larger, -est) **1** grande: Small, medium or large? ¿Pequeña, mediana o grande? ◇ to a large extent en gran parte **2** extenso, amplio ⊃ Ver nota en BIG LOC at large **1** en general: the world at large todo el mundo **2** en libertad ◆ by and large en términos generales Ver tb EXTENT

largely /ˈlɑːdʒli/ adv en gran parte

large-ˈscale adj **1** a gran escala, extenso **2** (mapa, etc.) a gran escala

lark /lɑːk/ n alondra

LARP /lɑːp/ n (abrev de live action role-playing game) juego de rol en vivo

larva /ˈlɑːvə/ n (pl **larvae** /-viː/) larva

lasagne /ləˈzænjə/ n lasaña

laser /ˈleɪzə(r)/ n láser: laser printer impresora láser

lash /læʃ/ verbo, nombre
▸ vt **1** azotar **2** (rabo) sacudir PHR V **lash out at sb/sth 1** emprenderla a golpes contra algn/algo **2** atacar a algn/algo, arremeter contra algn/algo (física o verbalmente)
▸ n **1** pestaña **2** azote

lass /læs/ n muchacha (esp en Escocia y el norte de Inglaterra)

lasso /ˈlæsəʊ; GB tb læˈsuː/ nombre, verbo
▸ n (pl **lassos**, **lassoes**) lazo (de vaquero)
▸ vt coger a lazo

last /lɑːst; USA læst/ adjetivo, adverbio, nombre, verbo
▸ adj **1** último ➪ Ver nota en LATEST **2** pasado: last month el mes pasado ◇ last night anoche ◇ the night before last anteanoche LOC **as a/in the last resort** en último recurso ◆ **have the last laugh** reírse el último ◆ **last thing** a última hora: last thing at night lo último por la noche ◆ **the last word (in sth)** la última palabra (en algo) Ver tb ANALYSIS, FIRST, STRAW
▸ adv **1** último: He came last. Llegó el último. **2** por última vez LOC **last but not least** por último, aunque no menos importante
▸ n **the last 1** (pl **the last**) el último, la última; los últimos, las últimas **2** el/la anterior LOC **at (long) last** por fin ◆ **next/second to last; last but one** penúltimo
▸ **1** vt, vi ~ **(for) hours, days, etc.** durar horas, días, etc. **2** vi perdurar

lasting /ˈlɑːstɪŋ; USA ˈlæstɪŋ/ adj duradero, permanente

lastly /ˈlɑːstli; USA ˈlæst-/ adv por último

last-ˈminute adj de última hora: a last-minute change of plan un cambio de plan de última hora

last name n apellido

latch /lætʃ/ nombre, verbo
▸ n **1** aldaba **2** picaporte
▸ v PHR V **latch on (to sth)** (coloq) entender, captar algo

late /leɪt/ adjetivo, adverbio
▸ adj (**later**, **-est**) **1** tarde, tardío: to be late llegar tarde ◇ My flight was an hour late. Mi vuelo se

retrasó una hora. **2** in the late 19th century a finales del siglo XIX ◇ in her late twenties rondando la treintena **3** [solo antes de sustantivo] difunto LOC Ver NIGHT
▸ adv (**later**) tarde: He arrived half an hour late. Llegó con media hora de retraso. LOC Ver BETTER

lately /ˈleɪtli/ adv últimamente

later /ˈleɪtə(r)/ adv, adj más tarde LOC **later on** más tarde Ver tb SEE, SOON

latest /ˈleɪtɪst/ adjetivo, nombre
▸ adj [solo antes de sustantivo] último, más reciente: her latest novel su novela más reciente

🔑 El superlativo **latest** significa "el más reciente, el más nuevo": the latest technology la última tecnología. El adjetivo **last** significa el último de una serie: The last bus is at twelve. El último autobús sale a las doce.

▸ n **the latest** [incontable] (coloq) lo último: the very latest in computer games lo ultimísimo en juegos de ordenador ◇ Have you heard the latest? ¿Has oído la última? LOC **at the latest** a más tardar

lather /ˈlɑːðə(r)/ USA ˈlæðər/ n espuma (de jabón)

Latin /ˈlætɪn/ USA -tn/ nombre, adjetivo
▸ n **1** (lengua) latín **2** (persona) latino, -a
▸ adj latino

Latina /læˈtiːnə/ n hispana (en Estados Unidos)

Latino /læˈtiːnəʊ/ adj, n (pl **Latinos**) hispano, -a (en Estados Unidos)

latitude /ˈlætɪtjuːd; USA -tuːd/ n latitud

latte /ˈlɑːteɪ/ (tb caffè latte /ˌkæfeɪ ˈlɑːteɪ/) n café con leche

latter /ˈlætə(r)/ adjetivo, nombre
▸ adj segundo: the latter option la segunda opción
▸ n **the latter** este, esta, estos, estas: The latter was not as good as the former. Esta no fue tan buena como aquella. ➪ Comparar con FORMER

laugh /lɑːf; USA læf/ verbo, nombre
▸ vi reír(se) LOC Ver BURST PHR V **laugh at sb/sth 1** reírse de algn; reírse de/con algo **2** burlarse de algn/algo
▸ n **1** risa, carcajada **2** be a laugh (coloq) (suceso, persona) ser (muy) divertido LOC **have a (good) laugh (about sth)** reírse (mucho) (de algo) Ver tb LAST **laughable** adj risible

laughter /ˈlɑːftə(r)/ USA ˈlæf-/ n [incontable] risa(s): to roar with laughter reírse a carcajadas

launch ⊶ /lɔːntʃ/ *verbo, nombre*
▸ *vt* **1** *(ataque, campaña, proyectil)* lanzar **2** *(buque)* botar PHR V **launch (yourself) into sth** *(discurso, etc.)* embarcarse en algo *(con entusiasmo)*
▸ *n* **1** lanzamiento **2** lancha

launder /ˈlɔːndə(r)/ *vt (dinero)* blanquear: *money laundering* blanqueo de dinero

launderette /lɔːnˈdret/ *(USA* **Laundromat**® /ˈlɔːndrəmæt/) *n* lavandería *(de autoservicio)*

laundry /ˈlɔːndri/ *n (pl* **laundries)** **1** colada: *to do the laundry* hacer la colada ❶ La palabra más corriente para "colada" es **washing**. **2** lavandería industrial: *laundry service* servicio de lavandería

lava /ˈlɑːvə/ *n* lava

lavatory /ˈlævətri/, *USA* -tɔːri/ *n (pl* **lavatories)** *(antic o formal)* **1** retrete **2** *(público)* aseos ⊃ *Ver nota en* TOILET

lavender /ˈlævəndə(r)/ *n* espliego, lavanda

lavish /ˈlævɪʃ/ *adj* **1** magnífico, fastuoso **2** pródigo, generoso

law ⊶ /lɔː/ *n* **1** ley: *against the law* en contra de la ley **2** *(carrera)* derecho *Ver* BROTHER-IN-LAW, *etc.* LOC **law and order** orden público *Ver tb* EYE **lawful** *adj (formal)* legal, legítimo

lawmaker /ˈlɔːmeɪkə(r)/ *n* legislador, -ora

lawn /lɔːn/ *n* césped

lawnmower /ˈlɔːnməʊə(r)/ *n* cortacésped

lawsuit /ˈlɔːsuːt/ *n* pleito

lawyer ⊶ /ˈlɔːjə(r)/ *n* abogado, -a ⊃ *Ver nota en* ABOGADO

laxative /ˈlæksətɪv/ *n* laxante

lay ⊶ /leɪ/ *verbo, adjetivo*
▸ *vt (pt, pp* **laid** /leɪd/) **1** colocar, poner **2** *(cimientos)* echar **3** *(cable, etc.)* tender **4** extender **5** *(huevos)* poner **6** *(mesa)* poner ⊃ *Ver nota en* LIE¹ LOC **lay claim to sth** reclamar algo ◆ **lay your cards on the table** poner las cartas sobre la mesa PHR V **lay sth aside** *(formal)* dejar algo a un lado ◆ **lay sth down 1** dejar algo *(en la mesa, en el suelo, etc.)* **2** *(armas)* deponer algo **3** *(regla, principio, etc.)* establecer algo ◆ **lay sb off** despedir a algn *(por falta de trabajo)* ◆ **lay sth on** *(GB, coloq)* organizar, preparar algo ◆ **lay sth out 1** *(mapa, tela, etc.)* extender algo **2** *(jardín, ciudad, etc.)* diseñar, hacer el trazado de algo: *well laid out* bien distribuido/planificado **3** *(argumento, etc.)* exponer algo
▸ *adj* **1** *(no experto)* lego **2** laico

layabout /ˈleɪəbaʊt/ *n (GB, antic, coloq)* vago, -a; remolón, -ona

lay-by *n (pl* **lay-bys)** área de descanso *(en carretera)*

layer ⊶ /ˈleə(r)/; *GB tb* ˈleɪə(r)/ *n* **1** capa **2** *(Geol)* estrato **layered** *adj* en capas

lay-off *n* despido *(por escasez de trabajo)*

layout /ˈleɪaʊt/ *n* **1** distribución, trazado **2** *(revista, etc.)* diseño

laze /leɪz/ *vi* ~ **(about/around)** hacer el vago

lazy ⊶ /ˈleɪzi/ *adj* **(lazier, -iest)** vago, perezoso

LCD /ˌel siː ˈdiː/ *n (abrev de* liquid crystal display) (pantalla) LCD

lead¹ ⊶ /liːd/ *verbo, nombre*
▸ *(pt, pp* **led** /led/) **1** *vt* llevar, conducir **2** *vi* ~ **from/to sth** *(camino, puerta, etc.)* llevar (de/a algo): *This door leads to/into the garden.* Esta puerta da al jardín. ◇ *This road leads back to town.* Por este camino se vuelve a la ciudad. **3** *vi* ~ **to sth** dar lugar a algo **4** *vt* ~ **sb (to sth/to do sth)** llevar a algn (a algo/a hacer algo) **5** *vt (vida)* llevar **6** *vi* llevar la delantera **7** *vt* encabezar **8** *vt, vi (Naipes)* salir LOC **lead sb to believe (that)…** hacer creer a algn (que)… ◆ **lead the way (to sth)** mostrar el camino (a algo) PHR V **lead up to sth 1** preceder a algo **2** conducir, llevar a algo
▸ *n* **1** *[sing] (competición)* ventaja: *to be in the lead* llevar la delantera **2** *[sing]* ejemplo: *to follow sb's lead* seguir el ejemplo de algn ◇ *If we take the lead, others will follow.* Si tomamos la iniciativa, los demás nos seguirán. **3** *(indicio)* pista **4** *(Teat)* papel principal **5** *(Mús)* solista: *lead guitarist* guitarrista principal **6** *(de perro, etc.)* correa **7** *(Electrón)* cable

lead² ⊶ /led/ *n* plomo **leaded** *adj* con plomo

leader ⊶ /ˈliːdə(r)/ *n* líder, dirigente

leader board *n* tabla de posiciones *(en juegos)*

leadership /ˈliːdəʃɪp/ *n* **1** liderazgo **2** *(cargo)* jefatura **3** *[v sing o pl] (personas)* liderazgo, dirección

leading ⊶ /ˈliːdɪŋ/ *adj [solo antes de sustantivo]* principal, más importante

leaf ⊶ /liːf/ *n (pl* **leaves** /liːvz/) hoja LOC **take a leaf out of sb's book** seguir el ejemplo de algn *Ver tb* NEW

leaflet /ˈliːflət/ *n* folleto

leafy /ˈliːfi/ *adj* frondoso: *leafy vegetables* verduras de hoja

league ⊶ /liːg/ *n* **1** liga ⊃ *Ver nota en* LIGA **2** *(coloq)* clase: *I'm not in her league.* No estoy a su altura. ◇ *As a striker, he's in a league of his own.* Como delantero no tiene rival. LOC **in league (with sb)** confabulado (con algn)

leak /liːk/ *verbo, nombre*
▸ **1** *vi (recipiente)* estar agujereado, tener fuga **2** *(gas o líquido)* salirse, escaparse: *Water was leaking through the ceiling.* Goteaba agua del techo. **3** *vt* dejar escapar **4** *vt* ~ **sth to sb** filtra

algo a algn: *The news was leaked to the press.* Filtraron la noticia a la prensa.

▸ n **1** agujero, gotera **2** fuga, escape **3** filtración (*de información, etc.*)

lean ⊶ /liːn/ *adjetivo, verbo*

▸ adj (**leaner, -est**) **1** (*persona, animal*) delgado, flaco **2** (*carne*) magro

▸ (*pt, pp* **leaned, leant** /lent/) ⊃ *Ver nota en* DREAM **1** vi inclinar(se), ladear(se): *to lean back/forward* inclinarse hacia atrás/adelante ◇ *to lean out of the window* asomarse a la ventana **2** vt, vi ~ (**sth**) **against/on sth** apoyar algo, apoyarse contra/en algo **leaning** n [*gen pl*] inclinación

leap /liːp/ *verbo, nombre*

▸ vi (*pt, pp* **leapt** /lept/, **leaped**) saltar, brincar ⊃ *Ver nota en* DREAM

▸ n salto

leapfrog /'liːpfrɒg/; *USA* -frɔːg/ *nombre, verbo*

▸ n [*incontable*] salto al potro, pídola: *to play leapfrog* saltar al potro

▸ vt (**-gg-**) dejar atrás, saltar por encima de

leap year n año bisiesto

learn ⊶ /lɜːn/ *vt, vi* (*pt, pp* **learnt** /lɜːnt/, **learned**) ⊃ *Ver nota en* DREAM **1** aprender **2** ~ (**of/about**) **sth** enterarse de algo LOC *Ver* ROPE **learner** n aprendiz, -iza; principiante: *learners of English* estudiantes de inglés ◇ *She's a fast learner.* Aprende con rapidez.

learning /'lɜːnɪŋ/ n **1** (*acción*) aprendizaje: *learning difficulties* dificultades de aprendizaje **2** (*conocimientos*) erudición

learning curve n curva de aprendizaje

lease /liːs/ *nombre, verbo*

▸ n contrato de arrendamiento LOC *Ver* NEW

▸ vt ~ **sth (to/from sb)** arrendar algo (a/de algn) (*propietario o inquilino*)

leash /liːʃ/ n (*esp USA*) correa (*de perro*)

least ⊶ /liːst/ *pronombre, adverbio, adjetivo*

▸ pron, adv menos: *It's the least I can do.* Es lo menos que puedo hacer. ◇ *when I least expected it* cuando menos lo esperaba LOC at **least** al menos, por lo menos ♦ **not in the least** en absoluto ♦ **not least** especialmente *Ver tb* LAST

▸ adj menor

leather ⊶ /'leðə(r)/ n cuero, piel

leave ⊶ /liːv/ *verbo, nombre*

▸ (*pt, pp* **left** /left/) **1** vt, vi irse (de), salir (de) **2** vt dejar: *Leave it to me.* Yo me encargo. **3** vt **be left** quedar: *You've only got two days left.* Solo te quedan dos días. LOC **leave sb to their own devices**; **leave sb to themselves** dejar a algn a su libre albedrío *Ver tb* ALONE PHR V **leave sb/sth behind** dejar a algn/algo (atrás), olvidar a algn/algo ♦ **leave sb/sth out (of sth)** dejar a

algn/algo fuera, excluir a algn/algo (de algo): *I felt left out.* Me sentí ignorado. ♦ **be left over (from sth)** sobrar (de algo): *Is there any food left over?* ¿Queda algo de comida?

▸ n permiso (*vacaciones*): *to be on leave* estar de permiso ◇ *on sick leave* de baja (*por enfermedad*) ◇ *study leave* período académico sin clases para que los alumnos estudien

leaves pl de LEAF

lecture ⊶ /'lektʃə(r)/ *nombre, verbo*

▸ n **1** conferencia: *to give a lecture* dar una conferencia ⊃ *Comparar con* CONFERENCE **2** (*reprimenda*) sermón

▸ **1** vi ~ (**in/on sth**) dar una conferencia/conferencias (sobre algo) **2** vt ~ **sb (about/on sth)** sermonear a algn (por/sobre algo) **lecturer** n **1** conferenciante **2** ~ (**in sth**) (*de universidad*) profesor, -ora (de algo)

lecture theatre (*USA* **lecture theater**) n aula magna

LED /ˌel iː 'diː/ n (*abrev de* **light emitting diode**) (bombilla) LED

led pt, pp de LEAD¹

ledge /ledʒ/ n **1** saliente (*en acantilado*) **2** repisa: *the window ledge* el alféizar

leek /liːk/ n puerro

left ⊶ /left/ *adjetivo, adverbio, nombre*

▸ adj izquierdo

▸ adv a la izquierda: *Turn/Go left.* Gira a la izquierda.

▸ n **1** izquierda: *on the left* a la izquierda **2** **the Left** [*v sing o pl*] (*Pol*) la izquierda *Ver tb* LEAVE

left-hand adj [*solo antes de sustantivo*] a/de (la) izquierda: *on the left-hand side* a mano izquierda

left-'handed adj zurdo

left-'luggage office n consigna

leftover /'leftəʊvə(r)/ adj [*solo antes de sustantivo*] sobrante **leftovers** n [*pl*] sobras

left 'wing *nombre, adjetivo*

▸ n (*Pol*) izquierda

▸ adj **left-wing** de izquierda(s), izquierdista

leg ⊶ /leg/ n **1** pierna ⊃ *Ver nota en* ARM **2** (*de animal, mueble*) pata **3** (*carne*) pierna, muslo **4** (*de pantalón*) pernera LOC **not have a leg to stand on** (*coloq*) no tener algn nada que lo respalde *Ver tb* PULL, STRETCH

legacy /'legəsi/ n (*pl* **legacies**) **1** legado **2** (*fig*) patrimonio

legal ⊶ /'liːgl/ adj jurídico, legal: *to take legal action against sb* entablar un proceso legal contra algn **legality** /liː'gæləti/ n legalidad

L

legalization, -isation /ˌliːgəlaɪˈzeɪʃn; USA -ləˈ-/ n legalización **legalize, -ise** vt legalizar

legal high n droga legal

legend /ˈledʒənd/ n leyenda **legendary** /ˈledʒəndri; USA -deri/ adj legendario

leggings /ˈlegɪŋz/ n [pl] mallas

legible /ˈledʒəbl/ adj legible

legion /ˈliːdʒən/ n legión

legislate /ˈledʒɪsleɪt/ vi ~ (for/against sth) legislar (para/contra algo) **legislation** n legislación **legislative** /ˈledʒɪslətɪv; USA -leɪtɪv/ adj (formal) legislativo **legislature** /ˈledʒɪsleɪtʃə(r)/ n (formal) asamblea legislativa

legit /lɪˈdʒɪt/ adj (coloq) legal

legitimacy /lɪˈdʒɪtɪməsi/ n legitimidad

legitimate /lɪˈdʒɪtɪmət/ adj **1** justo, válido **2** legítimo, lícito

leisure /ˈleʒə(r); USA ˈliːʒər/ n ocio: leisure time tiempo libre **LOC at your leisure** (formal) cuando le venga bien

leisure centre n centro recreativo, polideportivo

leisurely /ˈleʒəli; USA ˈliːʒərli/ adjetivo, adverbio
▸ adj pausado, relajado
▸ adv tranquilamente

lemon /ˈlemən/ n limón

lemonade /ˌleməˈneɪd/ n **1** gaseosa **2** limonada

lend /lend/ vt (pt, pp lent /lent/) ~ sb sth; ~ sth (to sb) prestar algo (a algn) ⊃ Ver nota en GIVE ⊃ Ver dibujo en BORROW **LOC** Ver HELP

length /leŋθ/ n **1** largo, longitud: 20 metres in length 20 metros de largo **2** duración: for some length of time durante un buen rato/una temporada **LOC go to any, some, great, etc. lengths (to do sth)** hacer todo lo posible (por hacer algo) **lengthen** vt, vi alargar(se), prolongar(se) **lengthy** adj (**lengthier, -iest**) largo

lenient /ˈliːniənt/ adj **1** indulgente **2** (tratamiento) clemente

lens /lenz/ n (pl **lenses**) **1** (cámara) objetivo Ver tb ZOOM LENS **2** Ver CONTACT LENS

Lent /lent/ n cuaresma

lent pt, pp de LEND

lentil /ˈlentl/ n lenteja

Leo /ˈliːəʊ/ n leo ⊃ Ver ejemplos en ACUARIO

leopard /ˈlepəd/ n leopardo

leotard /ˈliːətɑːd/ n malla (tipo ballet)

lesbian /ˈlezbiən/ adjetivo, nombre
▸ adj lesbiano
▸ n lesbiana

less /les/ adj, adv, pron ~ (than…) menos (que/de…): I have less than you. Tengo menos que tú. ◇ less often con menos frecuencia

🔎 **Less** se usa como comparativo de **little** y normalmente va con sustantivos incontables: 'I've got very little money.' 'I have even less money (than you).' —Tengo poco dinero. —Yo tengo aún menos (que tú). **Fewer** es el comparativo de **few** y normalmente va con sustantivos en plural: fewer accidents, people, etc. menos accidentes, gente, etc. Sin embargo, en el inglés hablado se utiliza más **less** que **fewer**, aunque sea con sustantivos en plural.

LOC less and less cada vez menos Ver tb MORE

lessen /ˈlesn/ **1** vi disminuir **2** vt reducir

lesser /ˈlesə(r)/ adj menor **LOC** Ver EXTENT

lesson /ˈlesn/ n **1** clase: four English lessons a week cuatro clases de inglés a la semana **2** lección: to teach sb a lesson dar una lección a algn ◇ to learn your lesson escarmentar

let /let/ vt (-tt-) (pt, pp let) **1** dejar, permitir: to let sb do sth dejar a algn hacer algo ◇ My dad won't let me have a TV in my bedroom. Mi padre no me deja tener tele en mi habitación. ⊃ Ver nota en ALLOW **2 let's** ➊ **Let's** + infinitivo sin to se utiliza para hacer sugerencias: Let's go! ¡Vamos! En negativa, se usa **let's not** o don't **let's**: Let's not argue. No discutamos. **3** ~ sth (out) (to sb) alquilar algo (a algn): Flat to let. Se alquila piso. ⊃ Ver nota en ALQUILAR **LOC let alone** mucho menos: I can't afford new clothes, let alone a holiday. No me puedo permitir ropa nueva, y mucho menos unas vacaciones. ◆ **let fly at sb/sth** atacar a algn/algo ◆ **let fly with sth** disparar con algo ◆ **let off steam** (coloq) desahogarse ◆ **let sb know sth** informar a algn de algo ◆ **let sb/sth go; let go of sb/sth** soltar a algn/algo ◆ **let sb/sth loose** soltar a algn/algo ◆ **let's face it** reconozcámoslo ◆ **let slip sth** dejar escapar algo: I let it slip that he was married. Se me escapó que estaba casado. ◆ **let's say** digamos ◆ **let the cat out of the bag** irse de la lengua ◆ **let the matter drop/rest** dejar el asunto tranquilo ◆ **let yourself go** dejarse llevar por el instinto Ver tb HOOK, LIGHTLY **PHRV let sb down** defraudar, fallar a algn ◆ **let sb in/out** dejar entrar/salir a algn ◆ **let sb off (sth)** perdonar a algn (algo) (tarea, castigo): Don't let him off lightly. No le dejes escapar con un castigo leve. ◆ **let sth off 1** (arma) disparar algo **2** (fuegos artificiales) hacer estallar algo

lethal /ˈliːθl/ adj letal

lethargic /ləˈθɑːdʒɪk/ adj aletargado

lethargy /ˈleθədʒi/ n aletargamiento

let's /lets/ Ver LET

L

letter /ˈletə(r)/ n **1** carta: *to post a letter* echar una carta al correo Ver tb COVERING LETTER **2** letra **LOC** **to the letter** al pie de la letra

letter boxes

postbox

letter box
(USA **mail slot**)

mailboxes (USA)

letter box n **1** ranura para cartas en la puerta de una casa **2** buzón (*para echar cartas*)

letter carrier n (USA) cartero, -a

lettuce /ˈletɪs/ n lechuga

leukaemia (USA **leukemia**) /luːˈkiːmiə/ n leucemia

level /ˈlevl/ nombre, adjetivo, verbo
▶ n nivel: *1 000 metres above sea level* a 1000 metros sobre el nivel del mar ◇ *noise levels* el nivel de ruido ◇ *high-/low-level negotiations* negociaciones de alto/bajo nivel
▶ adj **1** raso **2** ~ (with sb/sth) al nivel (de algn/algo) **LOC** **do/try your level best** hacer todo lo posible
▶ vt (**-ll-**, USA **-l-**) nivelar, allanar **PHR V** **level sth against/at sb/sth** dirigir algo a/contra algn/algo (*críticas, etc.*) ◆ **level off/out 1** nivelarse **2** estabilizarse

level crossing n paso a nivel

level-headed adj sensato

lever /ˈliːvə(r)/; USA ˈlevər/ n palanca **leverage** /ˈliːvərɪdʒ; USA ˈlev-/ n **1** (*formal*) influencia **2** fuerza de la palanca, apalancamiento

levy /ˈlevi/ nombre, verbo
▶ n (pl **levies**) impuesto
▶ vt (pt, pp **levied**) imponer (*impuestos, etc.*)

LGBT /ˌel dʒiː biː ˈtiː/ abrev de lesbian, gay, bisexual and transgendered LGTB

liability /ˌlaɪəˈbɪləti/ n (pl **liabilities**) **1** [incontable] ~ (**for sth**) responsabilidad (por algo) **2** (*coloq*) lastre, estorbo

liable /ˈlaɪəbl/ adj [nunca antes de sustantivo] **1** ~ (**for sth**) responsable (de algo) **2** **be** ~ **to do sth** tener tendencia a hacer algo **3** ~ **to sth** propenso a algo **4** ~ **to sth** sujeto a algo

liaise /liˈeɪz/ vi **1** ~ (**with sb**) trabajar conjuntamente (con algn) **2** ~ (**between A and B**) hacer de vínculo (entre A y B)

liaison /liˈeɪzn; USA -zɑːn, ˈliːəzɑːn/ n **1** contacto, coordinación **2** relación sexual (*gen ilícita*)

liar /ˈlaɪə(r)/ n mentiroso, -a

libel /ˈlaɪbl/ n libelo, difamación

liberal /ˈlɪbərəl/ adjetivo, nombre
▶ adj **1** (Pol tb Liberal) liberal **2** libre
▶ n (Pol tb Liberal) liberal

Liberal Democrat n (abrev Lib Dem /ˌlɪb ˈdem/) (GB) (Pol) Liberal Demócrata

liberate /ˈlɪbəreɪt/ vt ~ sb/sth (from sth) liberar a algn/algo (de algo) **liberated** adj liberado **liberation** n liberación

liberty /ˈlɪbəti/ n (pl **liberties**) libertad ❶ La palabra más normal es **freedom**. **LOC** **take liberties with sth/sb** tomarse libertades con algo/algn

Libra /ˈliːbrə/ n libra ➲ Ver ejemplos en ACUARIO

librarian /laɪˈbreəriən/ n bibliotecario, -a

library /ˈlaɪbrəri; USA -breri/ n (pl **libraries**) biblioteca ➲ Ver nota en LIBRERÍA

lice pl de LOUSE

licence (USA **license**) /ˈlaɪsns/ n **1** licencia: *a driving licence* un carné de conducir Ver tb OFF-LICENCE **2** (*formal*) permiso

license /ˈlaɪsns/ vt autorizar

license plate n (USA) (placa de la) matrícula

lick /lɪk/ verbo, nombre
▶ vt lamer
▶ n lametón

licorice (USA) = LIQUORICE

lid /lɪd/ n **1** tapa ➲ Ver dibujo en POT **2** Ver EYE-LID

lie¹ /laɪ/ vi (pt **lay** /leɪ/, pp **lain** /leɪn/, part pres **lying**) **1** echarse, yacer **2** estar: *the life that lay ahead of him* la vida que le esperaba ◇ *The problem lies in…* El problema está en… **3** extenderse **PHR V** **lie around/about 1** estar tirado (por): *Don't leave all your clothes lying around.* No dejes toda la ropa por ahí tirada. **2** estar tumbado (en) (*sin hacer nada*) ◆ **lie back**

L

recostarse ◆ **lie down** echarse, acostarse ◆ **lie in** (*coloq*) quedarse en la cama

🔎 Compárense los verbos **lie** y **lay**. El verbo **lie (lay, lain, lying)** es intransitivo y significa "estar echado" o "acostarse": *I was feeling ill, so I lay down on the bed for a while.* Me sentía mal, así que me eché un rato. Es importante no confundirlo con **lie (lied, lied, lying)**, que significa "mentir". Por otro lado, **lay (laid, laid, laying)** es transitivo y tiene el significado de "poner sobre": *She laid her dress on the bed to keep it neat.* Puso el vestido sobre la cama para que no se arrugara.

lie² ०━ /laɪ/ *verbo, nombre*
▸ *vi* (*pt, pp* **lied**, *part pres* **lying**) ~ **(to sb) (about sth)** mentir (a algn) (sobre algo)
▸ *n* mentira: *to tell lies* decir mentiras

lieutenant /lef'tenənt; *USA* luː'-/ *n* teniente

life ०━ /laɪf/ *n* (*pl* **lives** /laɪvz/) **1** vida: *life cycle* ciclo vital ◊ *late in life* a una avanzada edad ◊ *a friend for life* un amigo de por vida ◊ *home life* la vida casera *Ver tb* LONG-LIFE **2** (*tb* 'life sentence, ˌlife im'prisonment) cadena perpetua LOC **bring sb/sth to life** animar a algn/algo ◆ **come to life** animarse ◆ **get a life** (*coloq*) espabilarse: *Stop complaining and get a life!* ¡Deja de protestar y empléate en algo que merezca la pena! ◆ **take your (own) life** suicidarse *Ver tb* BREATHE, FACT, KISS, MATTER, NEW, PRIME, RISK, SPRING, TIME, TRUE, WALK, WAY

lifebelt /'laɪfbelt/ (*tb* lifebuoy /'laɪfbɔɪ; *USA tb* -buːi/) *n* salvavidas

lifeboat /'laɪfbəʊt/ *n* bote salvavidas

lifeguard /'laɪfɡɑːd/ *n* socorrista

'**life jacket** *n* chaleco salvavidas

lifelike /'laɪflaɪk/ *adj* real, realista

lifelong /'laɪflɒŋ; *USA* -lɔːŋ/ *adj* de toda la vida

'**life-size** (*tb* 'life-sized) *adj* de tamaño natural

lifestyle /'laɪfstaɪl/ *n* estilo de vida

lifetime /'laɪftaɪm/ *n* toda una vida LOC **the chance, etc. of a lifetime** la oportunidad, etc. de tu vida

lift ०━ /lɪft/ *verbo, nombre*
▸ **1** *vt* ~ **sb/sth (up)** levantar a algn/algo **2** *vt* (*embargo, toque de queda*) levantar **3** *vi* (*neblina, nubes*) disiparse PHRV **lift off** despegar (*cohete*)
▸ *n* **1** ascensor *Ver tb* SKI LIFT **2** *to give sb a lift* llevar a algn en coche **3** [*sing*] impulso

'**lift-off** *n* (*pl* **lift-offs**) despegue (*de cohete*)

ligament /'lɪɡəmənt/ *n* ligamento

light ०━ /laɪt/ *nombre, adjetivo, verbo, adverbio*
▸ *n* **1** luz: *to turn on/off the light* encender/apagar la luz **2** [*sing*]: *Have you got a light?* ¿Tienes fuego? **3 (traffic) lights** [*pl*] semáforo LOC **come to light** salir a la luz ◆ **in the light of sth** considerando algo ◆ **set light to sth** prender fuego a algo
▸ *adj* (**lighter, -est**) **1** (*habitación*) luminoso, claro **2** (*color, tono*) claro **3** ligero: *two kilos lighter* dos kilos menos **4** (*golpe, viento*) suave
▸ (*pt, pp* **lit** /lɪt/) **1** *vt, vi* encender(se) **2** *vt* iluminar, alumbrar ❶ También se puede usar **lighted** para el pasado y el participio pasado, sobre todo delante de un sustantivo: *a lighted candle* una vela encendida. PHRV **light up 1** (*coloq*) encender un cigarrillo **2** iluminarse ◆ **light sth up 1** (*coloq*) encender algo (*para fumar*) **2** iluminar algo
▸ *adv* **to travel light** viajar ligero (*de equipaje*)

'**light bulb** *n* bombilla

lighten /'laɪtn/ **1** *vt, vi* aligerar(se) **2** *vi* iluminarse **3** *vt, vi* alegrar(se)

lighter /'laɪtə(r)/ *n* encendedor

ˌlight-'**headed** *adj* mareado

ˌlight-'**hearted** *adj* **1** despreocupado **2** (*comentario*) desenfadado

lighthouse /'laɪthaʊs/ *n* faro

lighting /'laɪtɪŋ/ *n* **1** iluminación **2** *street lighting* alumbrado público

lightly ०━ /'laɪtli/ *adv* **1** ligeramente, levemente, suavemente **2** ágilmente **3** a la ligera LOC **get off/be let off lightly** (*coloq*) salir bien parado

lightness /'laɪtnəs/ *n* **1** claridad **2** ligereza **3** suavidad **4** agilidad

lightning /'laɪtnɪŋ/ *nombre, adjetivo*
▸ *n* [*incontable*] relámpago, rayo: *a bolt/flash of lightning* un relámpago
▸ *adj* [*solo antes de sustantivo*] muy rápido: *a lightning trip* un viaje relámpago

lightweight /'laɪtweɪt/ *adjetivo, nombre*
▸ *adj* **1** ligero **2** (*pey*) (*superficial*) de poco peso
▸ *n* **1** peso ligero (*Boxeo*) **2** (*coloq, pey*) persona de poco peso

like ०━ /laɪk/ *preposición, conjunción, verbo, adverbio, nombre*
▸ *prep* **1** como: *What's he like?* ¿Cómo es? ◊ *to look/be like sb* parecerse a algn **2** (*comparación*) como, igual que: *He cried like a child.* Lloró como un niño. ◊ *He acted like our leader.* Se comportó como si fuera nuestro líder. ◊ *It's like baking a cake.* Es como hacer un pastel. **3** (*ejemplo*) como, tal como: *European countries like Spain, France, etc.* países europeos (tales como España, Francia, etc. ⊃ *Comparar con* A

LOC what are you, is he, etc. like? (*GB, coloq*) (hay que ver) cómo eres, es, etc. *Ver tb* JUST

▸ *conj* (*coloq*) **1** como: *It didn't end quite like I expected it to.* No terminó como esperaba. **2** como si: *She acts like she owns the place.* Se comporta como si fuera la dueña.

▸ *vt* gustar: *Do you like fish?* ¿Te gusta el pescado? ◇ *I like swimming.* Me gusta nadar. ◇ *Would you like to have a drink?* ¿Te gustaría tomar algo? ◇ *Would you like a cup of coffee?* ¿Quieres un café? ➋ *Ver nota en* GUSTAR **LOC** if you like si quieres

▸ *adv* (*coloq*) como: *It was kind of scary, like.* Daba como un poco de miedo. ◇ *I'm leaving in like ten minutes.* Me voy como en diez minutos.

▸ *n* **1** likes [*pl*] gustos: *his/your likes and dislikes* lo que le/te gusta y lo que no **2** (*en medios sociales*) me gusta: *The band has thousands of likes on Facebook.* La banda tiene miles de me gusta en Facebook.

🔎 **Asking if somebody would like something**
Ofrecer algo a alguien

● *Would you like something to drink?* ¿Quieres algo de beber?
● *Can I get you a drink?* ¿Te pongo algo de beber?
● *How about something to eat? Shall I make us a sandwich?* ¿Quieres comer algo? ¿Preparo un bocadillo?
● *That would be nice.* Me encantaría.
● *Yes, please. I'd love a glass of orange juice.* Sí, por favor. Quiero un zumo de naranja.
● *Not for me, thanks.* No, gracias.
● *I'm fine thanks. Maybe later.* Ahora mismo no, gracias. Quizás más tarde.

likeable /ˈlaɪkəbl/ *adj* agradable

likelihood /ˈlaɪklɪhʊd/ *n* [*sing*] probabilidad

likely 0━ /ˈlaɪkli/ *adjetivo, adverbio*
▸ *adj* (**likelier, -iest**) **1** probable: *She's very likely to ring me/It's very likely that she'll ring me.* Es muy probable que me llame. ◇ *It isn't likely to rain.* No es probable que llueva. **2** apropiado
▸ *adv* **LOC** not likely! (*coloq*) ¡ni hablar!

liken /ˈlaɪkən/ *vt* ~ sth/sb to sth/sb (*formal*) comparar algo/a algn con algo/algn

likeness /ˈlaɪknəs/ *n* parecido: *a family likeness* un aire de familia

likewise /ˈlaɪkwaɪz/ *adv* (*formal*) **1** de la misma forma: *to do likewise* hacer lo mismo **2** asimismo

liking /ˈlaɪkɪŋ/ *n* **LOC** take a liking to sb coger simpatía a algn ◆ to sb's liking (*formal*) del agrado de algn

lilac /ˈlaɪlək/ *n* (*color, Bot*) lila

lily /ˈlɪli/ *n* (*pl* **lilies**) **1** lirio **2** azucena *Ver tb* WATER LILY

limb /lɪm/ *n* (*Anat*) miembro (*de una persona*) **LOC** *Ver* RISK

lime /laɪm/ *n* **1** cal **2** lima **3** (*tb* lime ˈgreen) color verde lima

limelight /ˈlaɪmlaɪt/ *n* [*incontable*] in the limelight en candelero

limestone /ˈlaɪmstəʊn/ *n* piedra caliza

limit 0━ /ˈlɪmɪt/ *nombre, verbo*
▸ *n* límite: *the speed limit* el límite de velocidad **LOC** within limits dentro de ciertos límites
▸ *vt* ~ sb/sth (to sth) limitar a algn/algo (a algo)
limitation *n* limitación

limited 0━ /ˈlɪmɪtɪd/ *adj* limitado

limiting /ˈlɪmɪtɪŋ/ *adj* restrictivo

limitless /ˈlɪmɪtləs/ *adj* ilimitado

limousine /ˈlɪməziːn, ˌlɪməˈziːn/ (*coloq* limo /ˈlɪməʊ/) *n* limusina

limp /lɪmp/ *adjetivo, verbo, nombre*
▸ *adj* **1** débil **2** flácido
▸ *vi* cojear
▸ *n* cojera: *to have a limp* ser/estar cojo

limpet /ˈlɪmpɪt/ *n* lapa

line 0━ /laɪn/ *nombre, verbo*
▸ *n* **1** línea, raya **2** fila **3** lines [*pl*] (*Teat*): *to learn your lines* aprender tu papel **4** cuerda: *fishing line* sedal (de pesca) ◇ *clothes line* tendedero **5** lines [*pl*] copias (*castigo*) **6** línea telefónica: *The line is engaged.* Está comunicando. **7** vía **8** [*sing*] the official line la postura oficial **LOC** along/on the same, etc. lines del mismo, etc. estilo ◆ hold the line no colgar el teléfono ◆ in line with sth conforme a algo *Ver tb* DROP, HARD, OVERSTEP, TOE
▸ *vt* **1** ~ sth (with sth) forrar, revestir algo (de algo) **2** alinear(se) **PHR V** line up ponerse en fila
lined *adj* **1** (*rostro*) arrugado **2** (*papel*) rayado **3** (*ropa*) forrado, revestido

line drawing *n* dibujo a lápiz o pluma

linen /ˈlɪnɪn/ *n* **1** lino **2** ropa blanca

liner /ˈlaɪnə(r)/ *n* transatlántico *Ver tb* BIN LINER

line-up *n* (*Dep*) alineación

linger /ˈlɪŋgə(r)/ *vi* **1** ~ (on) (*duda, olor, memoria*) perdurar, persistir **2** (*persona*) quedarse mucho tiempo

lingerie /ˈlænʒəri; *USA* ˌlɑːndʒəˈreɪ/ *n* lencería

linguist /ˈlɪŋgwɪst/ *n* **1** políglota **2** lingüista

linguistic /lɪŋˈgwɪstɪk/ *adj* lingüístico

linguistics /lɪŋˈgwɪstɪks/ *n* [*incontable*] lingüística

lining /ˈlaɪnɪŋ/ *n* forro, revestimiento

link ⚬╍ /lɪŋk/ *nombre, verbo*
▸ *n* **1** conexión: *satellite link* conexión vía satélite **2** lazo, vínculo **3** (*Internet*) enlace, link **4** eslabón
▸ *vt* **1** unir: *to link arms* cogerse del brazo **2** vincular, relacionar **PHR V** **link up (with sb/sth)** unirse (con algn/algo)

lion /ˈlaɪən/ *n* león **lioness** /ˈlaɪənes/ *n* leona

lip ⚬╍ /lɪp/ *n* labio

lip-read *vi* (*pt, pp* **lip-read** /ˈlɪp red/) leer los labios

lipstick /ˈlɪpstɪk/ *n* pintalabios

liqueur /lɪˈkjʊə(r)/; *USA* lɪˈkɜːr/ *n* licor

liquid ⚬╍ /ˈlɪkwɪd/ *n, adj* líquido **liquidize, -ise** *vt* licuar **liquidizer, -iser** *n* licuadora

liquor /ˈlɪkə(r)/ *n* [*incontable*] **1** (*USA*) bebida alcohólica (*de alta graduación*) **2** (*GB, formal*) bebida alcohólica (*de cualquier tipo*)

liquorice (*USA* licorice) /ˈlɪkərɪʃ, -rɪs/ *n* regaliz

lisp /lɪsp/ *nombre, verbo*
▸ *n* ceceo
▸ *vt, vi* cecear

list ⚬╍ /lɪst/ *nombre, verbo*
▸ *n* lista: *to make a list* hacer una lista *Ver tb* WAITING LIST
▸ *vt* **1** enumerar, hacer una lista de **2** catalogar

listen ⚬╍ /ˈlɪsn/ *vi* ~ (**to sb/sth**) **1** escuchar (a algn/algo) **2** hacer caso (a algn/algo) **PHR V** **listen (out) for sth** escuchar atentamente para oír algo **listener** *n* **1** *a good listener* alguien que sabe escuchar **2** (*Radio*) oyente

listings /ˈlɪstɪŋz/ *n* [*pl*] cartelera: *listings magazine* guía del ocio

lit *pt, pp de* LIGHT

liter (*esp USA*) = LITRE

literacy /ˈlɪtərəsi/ *n* capacidad de leer y escribir, alfabetismo

literal /ˈlɪtərəl/ *adj* literal **literally** *adv* literalmente

literary /ˈlɪtərəri; *USA* -reri/ *adj* literario

literate /ˈlɪtərət/ *adj* que sabe leer y escribir: *to be computer literate* tener conocimientos informáticos

literature ⚬╍ /ˈlɪtrətʃə(r); *USA tb* -tʃʊər/ *n* **1** literatura **2** ~ (**on sth**) información (sobre algo)

litre ⚬╍ (*tb esp USA* liter) /ˈliːtə(r)/ *n* (*abrev* l) litro

litter /ˈlɪtə(r)/ *nombre, verbo*
▸ *n* **1** basura (*papel, etc. en la calle*) **2** (*Zool*) camada
▸ *vt* estar esparcido por: *Newspapers littered the floor.* Había periódicos tirados por el suelo.

litter bin *n* papelera ➔ *Ver dibujo en* BIN

little ⚬╍ /ˈlɪtl/ *adjetivo, pronombre, adverbio*
▸ *adj* **❶** El comparativo **littler** y el superlativo **littlest** son poco frecuentes y normalmente se usan **smaller** y **smallest**. **1** pequeño: *When I was little…* Cuando era pequeño… ◇ *my little brother* mi hermano pequeño ◇ *little finger* meñique ◇ *Poor little thing!* ¡Pobrecillo! ➔ *Ver nota en* SMALL **2** poco: *to wait a little while* esperar un poco ➔ *Ver nota en* LESS

🔎 ¿**Little** o **a little**? **Little** tiene un sentido negativo y equivale a "poco". **A little** tiene un sentido mucho más positivo, equivale a "algo de". Compara las siguientes oraciones: *I've got little hope.* Tengo pocas esperanzas. ◇ *You should always carry a little money with you.* Siempre deberías llevar algo de dinero encima.

▸ *adv, pron* poco: *little more than an hour ago* hace poco más de una hora ◇ *I only want a little.* Solo quiero un poco. ◇ *There was little anyone could do.* No se pudo hacer nada. **LOC** **little by little** poco a poco ◆ **little or nothing** casi nada

live¹ ⚬╍ /lɪv/ *vi* **1** vivir: *Where do you live?* ¿Dónde vives? **2** permanecer vivo **LOC** **live it up** (*coloq*) pegarse la gran vida **PHR V** **live for sb/sth** vivir para algn/algo ◆ **live on** seguir viviendo, perdurar ◆ **live on sth** vivir de algo ◆ **live through sth** sobrevivir a algo ◆ **live up to sth** estar a la altura de algo ◆ **live with sth** aceptar algo

live² ⚬╍ /laɪv/ *adjetivo, adverbio*
▸ *adj* **1** vivo **2** (*TV*) en directo **3** (*grabación, actuación*) en vivo **4** (*Electrón*) conectado **5** (*bomba, etc.*) activado
▸ *adv* en directo

livelihood /ˈlaɪvlihʊd/ *n* medio de subsistencia

lively ⚬╍ /ˈlaɪvli/ *adj* (**livelier, -iest**) **1** (*persona, imaginación*) vivo **2** (*conversación, fiesta*) animado

liver /ˈlɪvə(r)/ *n* hígado

lives *pl de* LIFE

livestock /ˈlaɪvstɒk/ *n* ganado

living ⚬╍ /ˈlɪvɪŋ/ *adjetivo, nombre*
▸ *adj* [*solo antes de sustantivo*] vivo: *living creatures* seres vivos ➔ *Comparar con* ALIVE **LOC** **within/in living memory** que se recuerda
▸ *n* vida: *to earn/make a living* ganarse la vida ◇ *What do you do for a living?* ¿Cómo te ganas la vida? ◇ *cost/standard of living* coste de la vida/nivel de vida

living room *n* cuarto de estar, salón

lizard /ˈlɪzəd/ *n* lagarto, lagartija

llama /ˈlɑːmə/ *n* llama (*animal*)

| ð **then** | s **so** | z **zoo** | ʃ **she** | ʒ **vision** | h **how** | ŋ **sing** | j **yes** | w **we** |

LMS /ˌel em ˈes/ n (abrev **learning management system**) sistema de gestión de aprendizaje

load /ləʊd/ nombre, verbo
▸ n **1** carga **2** (tb **loads** [pl]) ~ **(of sth)** (coloq) montones (de algo): *What a load of rubbish!* ¡Vaya montón de chorradas!
▸ **1** vt ~ **sth (into/onto sth)** cargar algo (en algo) **2** vt, vi ~ **(sth) (up) (with sth)** cargar algo (con/de algo) **3** vt ~ **sb/sth (down)** cargar (con mucho peso) a algn/algo **loaded** adj **1** ~ **(with sth)** cargado (de algo) **2** (coloq) forrado (de dinero) **3** *a loaded question* una pregunta con segundas

loaf /ləʊf/ n (pl **loaves** /ləʊvz/) pan (de molde, redondo, etc.): *a loaf of bread* una hogaza de pan

loan ০ᴙ /ləʊn/ n préstamo

loan shark n (pey) usurero, -a

loathe /ləʊð/ vt detestar **loathing** n (formal) aborrecimiento

lobby /ˈlɒbi/ nombre, verbo
▸ n (pl **lobbies**) **1** vestíbulo **2** [v sing o pl] (Pol) grupo (de presión)
▸ vt, vi (pt, pp **lobbied**) ~ **(sb) (for/against sth)** (Pol) presionar (a algn) (para que apoye/se oponga a algo)

lobster /ˈlɒbstə(r)/ n langosta

local ০ᴙ /ˈləʊkl/ adjetivo, nombre
▸ adj **1** local, de la zona: *local authority* gobierno provincial/regional ◇ *the local shop* la tienda del barrio **2** (Med) localizado: *local anaesthetic* anestesia local
▸ n **1** [gen pl] vecino, -a **2** (GB, coloq) bar del barrio

locally ০ᴙ /ˈləʊkəli/ adv localmente

locate ০ᴙ /ləʊˈkeɪt; USA ˈləʊkeɪt/ vt **1** localizar **2** situar

location ০ᴙ /ləʊˈkeɪʃn/ n **1** lugar **2** localización **3** (persona) paradero **ᴌᴏᴄ on location** (Cine) en exteriores: *filmed on location in India* exteriores rodados en la India

loch /lɒk/ n (Escocia) lago

lock ০ᴙ /lɒk/ verbo, nombre
▸ vt, vi **1** cerrar(se) con llave **2** (móvil, volante, etc.) bloquear(se) **ᴘʜʀ ᴠ lock sb up/away** (coloq) encerrar a algn ◆ **lock sth up/away** guardar algo bajo llave
▸ n **1** cerradura **2** (canal) esclusa **3** mechón (de pelo)

locker /ˈlɒkə(r)/ n taquilla (armario)

locker room n (esp USA) vestuario (en instalaciones deportivas)

locksmith /ˈlɒksmɪθ/ n cerrajero, -a

locomotive /ˌləʊkəˈməʊtɪv/ n locomotora

lodge /lɒdʒ/ nombre, verbo
▸ n **1** pabellón (de caza, pesca, etc.) **2** casa del guarda **3** portería

▸ **1** vt (queja, etc.) presentar **2** vt, vi (antic) hospedar(se) **3** vi ~ **in sth** alojarse en algo **lodger** n inquilino, -a **lodging** n alojamiento: *board and lodging* alojamiento y comida

loft /lɒft; USA lɔːft/ n desván, buhardilla

log /lɒg; USA lɔːg/ nombre, verbo
▸ n **1** tronco **2** leño **3** diario de vuelo/navegación
▸ vt (**-gg-**) anotar **ᴘʜʀ ᴠ log in/on; log into/onto sth** (Informát) entrar en el sistema; entrar en algo ◆ **log off; log out (of sth)** (Informát) salir del sistema; salir de algo ⊃ Ver nota en ᴏʀᴅᴇɴᴀᴅᴏʀ

logic ০ᴙ /ˈlɒdʒɪk/ n lógica

logical ০ᴙ /ˈlɒdʒɪkl/ adj lógico

login /ˈlɒgɪn; USA ˈlɔːgɪn/ (tb **logon** /ˈlɒgɒn; USA ˈlɔːg-/) n (Informát) login, (nombre de) entrada al sistema

logo /ˈləʊgəʊ/ n (pl **logos**) logotipo

LOL /ˌel əʊ ˈel, lɒl/ abrev de **laugh out loud** (esp en mensajes, etc.) jaja ⊃ Ver nota en ᴛᴇxᴛsᴘᴇᴀᴋ

lollipop /ˈlɒlipɒp/ (coloq **lolly** /ˈlɒli/) n piruleta

lollipop lady n (pl **lollipop ladies**) (GB, coloq)

🔎 Una **lollipop lady** (o **lollipop man** si es un hombre) es una persona que ayuda a los niños a cruzar la calle, especialmente al entrar y salir del colegio. Se llama así porque normalmente lleva una señal en forma de piruleta (**lollipop**) para detener el tráfico.

Londoner /ˈlʌndənə(r)/ n londinense

loneliness /ˈləʊnlinəs/ n soledad

lonely ০ᴙ /ˈləʊnli/ adj (**lonelier, -iest**) **1** solo: *to feel lonely* sentirse solo ⊃ Ver nota en ᴀʟᴏɴᴇ **2** solitario **loner** n solitario, -a

long ০ᴙ /lɒŋ; USA lɔːŋ/ adjetivo, adverbio, verbo
▸ adj (**longer** /ˈlɒŋgə(r); USA ˈlɔːŋ-/, **longest** /-gɪst/) **1** (longitud) largo: *It's two metres long.* Mide dos metros de largo. **2** (tiempo): *a long time ago* hace mucho tiempo ◇ *How long are the holidays?* ¿Cuánto duran las vacaciones? ⊃ Ver nota en ᴄᴜáɴᴅᴏ **ᴌᴏᴄ a long way (away)** lejos: *It's a long way (away) from here.* Está muy lejos de aquí. ◆ **at the longest** como máximo ◆ **in the long run** a la larga Ver tb ʟᴀsᴛ, ᴛᴇʀᴍ
▸ adv (**longer, longest**) **1** mucho (tiempo): *long ago* hace mucho tiempo ◇ *long before/after* mucho antes/después ◇ *Stay as long as you like.* Quédate cuanto quieras. **2** todo: *the whole night long* toda la noche ◇ *all day long* todo el día **ᴌᴏᴄ as/so long as** con tal de que ◆ **for long** mucho tiempo ◆ **no longer/not any longer** *I can't stay any longer.* No me puedo quedar más.

ː see   i happy   ɪ sit   e ten   æ hat   ɑː arm   ɒ got   ɔː saw   ʊ put

▸ *vi* **1** ~ **for sth/to do sth** ansiar algo/hacer algo **2** ~ **for sb to do sth** estar deseando que algn haga algo

long-'distance *adjetivo, adverbio*
▸ *adj* de larga distancia: *a long-distance runner* un fondista
▸ *adv* **long distance** *to phone long distance* poner una conferencia

longing /'lɒŋɪŋ; *USA* 'lɔːŋ-/ *n* anhelo

longitude /'lɒŋɡɪtjuːd, 'lɒndʒɪ-; *USA* 'lɒndʒətuːd/ *n* longitud (*Geog*)

the 'long jump *n* salto de longitud

long-'life *adj* de larga duración

long-range *adj* **1** a largo plazo **2** (*misil, etc.*) de largo alcance

long-'sighted *adj* hipermétrope

long-'standing *adj* de hace mucho tiempo

long-'suffering *adj* resignado

long-'term *adj* a largo plazo

loo /luː/ *n* (*pl* **loos**) (*GB, coloq*) cuarto de baño ⊃ *Ver nota en* TOILET

look ⟶ /lʊk/ *verbo, nombre*
▸ *vi* **1** mirar: *She looked out of the window.* Miró por la ventana. ⊃ *Ver nota en* MIRAR **2** parecer: *You look tired.* Pareces cansada. **3** ~ **(out) over/ onto sth** dar a algo: *The house looks out over the river.* La casa da al río. **LOC** **don't look a gift horse in the mouth** (*refrán*) a caballo regalado no le mires el diente ◆ **look on the bright side** mirar el lado bueno de las cosas ◆ **look sb up and down** mirar a algn de arriba abajo ◆ **look your age** aparentar la edad que tienes ◆ **(not) look yourself** (no) parecer uno mismo *Ver tb* PICTURE, SMALL, SPACE
PHR V **look after sb/sth/yourself** cuidar a algn/ algo, cuidarse
look ahead pensar en el futuro
look around volverse a mirar ◆ **look around sth** visitar algo ◆ **look around for sth** buscar algo
look at sb/sth mirar a algn/algo ◆ **look at sth 1** examinar algo **2** considerar algo
look back (on sth) pensar en el pasado; recordar algo
look down on sb/sth menospreciar a algn/algo
look for sb/sth buscar a algn/algo
look forward to sth/doing sth tener ganas de algo/de hacer algo; esperar algo con ilusión
look into sth investigar algo
look on mirar (*sin tomar parte*)
look out tener cuidado: *Look out!* ¡Cuidado! ◆ **look out for sb/sth** estar atento a algn/algo
look sth over examinar algo
look round = LOOK AROUND

look through sth dar un repaso a algo, echar un vistazo a algo
look up 1 alzar la vista **2** (*coloq*) mejorar ◆ **look sth up** buscar algo (*en un libro o en internet*) ◆ **look up to sb** admirar a algn
▸ *n* **1** mirada, vistazo: *to have/take a look at sth* echar un vistazo a algo **2** *to have a look for sth* buscar algo **3** aspecto, aire **4** **looks** [*pl*] físico: *good looks* belleza **5** moda

lookout /'lʊkaʊt/ *n* vigía ◆ **be on the/keep a lookout for sb/sth** estar atento a algn/algo ◆ **be sb's lookout** (*GB, coloq*) ser asunto tuyo: *That's your lookout.* Eso es asunto tuyo.

loom /luːm/ *verbo, nombre*
▸ *vi* **1** ~ **(up)** surgir, asomar(se) **2** (*fig*) amenazar, vislumbrarse
▸ *n* telar

loony /'luːni/ *adj, n* (*pl* **loonies**) (*coloq*) loco, -a

loop /luːp/ *nombre, verbo*
▸ *n* **1** curva, vuelta **2** (*con nudo*) lazo **LOC** **in the loop/out of the loop** (*coloq*) informado/desinformado
▸ **1** *vt*: *to loop sth round/over sth* pasar algo alrededor de/por algo **2** *vi* dar vueltas

loophole /'luːphəʊl/ *n* escapatoria

loose ⟶ /luːs/ *adjetivo, nombre*
▸ *adj* (**looser, -est**) **1** suelto: *loose change* (dinero) suelto **2** (*que se puede quitar*) flojo, suelto: *The screw has come loose.* El tornillo se ha aflojado. **3** (*vestido*) holgado, ancho **4** (*moral*) relajado **LOC** **be at a loose end** no tener nada que hacer *Ver tb* LET, WORK
▸ *n* **LOC** **be on the loose** andar suelto

loosely ⟶ /'luːsli/ *adv* **1** sin apretar **2** libremente, aproximadamente

loosen /'luːsn/ **1** *vt, vi* aflojar(se), soltar(se), desatar(se) **2** *vt* (*control*) relajar **PHR V** **loosen up 1** relajarse **2** calentar los músculos (*haciendo ejercicio*)

loot /luːt/ *nombre, verbo*
▸ *n* botín
▸ *vt, vi* saquear **looting** *n* [*incontable*] saqueo

lop /lɒp/ *vt* (**-pp-**) podar **PHR V** **lop sth off (sth)** cortar algo (de algo)

lopsided /ˌlɒp'saɪdɪd/ *adj* **1** torcido **2** (*fig*) desequilibrado

lord ⟶ /lɔːd/ *n* **1** señor **2** **Lord** (*GB*) (*título*) Lord **3** **the Lord** el Señor: *the Lord's Prayer* el padrenuestro **4** **the Lords** *Ver* HOUSE OF LORDS **lordship** *n* **LOC** **your/his Lordship** su Señoría

lorry ⟶ /'lɒri; *USA* 'lɔːri/ *n* (*pl* **lorries**) camión *lorry driver* camionero

lose ⟶ /luːz/ (*pt, pp* **lost** /lɒst; *USA* lɔːst/) **1** *vt, vi* perder: *He lost his title to the Russian.* El ruso le quitó el título. **2** *vt* ~ **sb sth** hacer perder algo a algn: *It lost us the game*. Nos costó el partido. **3** *vi (reloj)* atrasarse `LOC` Para expresiones con **lose**, véanse las entradas del sustantivo, adjetivo, etc., p. ej. **lose heart** en HEART. `PHR V` **lose out (on sth)** *(coloq)* salir perdiendo, quedarse sin algo ◆ **lose out to sb/sth** *(coloq)* perder terreno frente a algn/algo **loser** *n* **1** perdedor, -ora **2** fracasado, -a: *He's such a loser!* ¡Es un inútil!

loss ☞ /lɒs; *USA* lɔːs/ *n* pérdida `LOC` **at a loss** desorientado

lost ☞ /lɒst; *USA* lɔːst/ *adj* perdido: *to get lost* perderse `LOC` **get lost!** *(coloq)* ¡piérdete! *Ver tb* LOSE

lost property *n* [incontable] objetos perdidos

lot ☞ /lɒt/ *pronombre, adjetivo, adverbio, nombre*
▸ *pron, adj* **a lot (of)** *(coloq* **lots (of))** mucho(s): *He spends a lot on clothes*. Gasta mucho en ropa. ◊ *lots of people* un montón de gente ◊ *What a lot of presents!* ¡Qué cantidad de regalos! ➜ *Ver notas en* MANY, MUCHO `LOC` **see a lot of sb** ver bastante a algn *Ver tb* QUITE
▸ *adv* **a lot** *(coloq* **lots)** mucho: *It's a lot colder today*. Hoy hace mucho más frío. ◊ *Thanks a lot*. Muchas gracias.
▸ *n* **1 the (whole) lot** [*v sing o pl*] *(coloq)* todo(s): *That's the lot!* ¡Eso es todo! **2** [*v sing o pl*] grupo: *What do you want?* ¿Qué queréis vosotros? ◊ *I don't go out with that lot*. Yo no salgo con esos. **3** lote

lotion /'ləʊʃn/ *n* loción

lottery /'lɒtəri/ *n* (*pl* **lotteries**) lotería

loud ☞ /laʊd/ *adjetivo, adverbio*
▸ *adj* (**louder, -est**) **1** *(volumen)* alto **2** *(ruido)* fuerte **3** *(persona)* escandaloso **4** *(color)* chillón
▸ *adv* (**louder, -est**) alto: *Speak louder*. Habla más alto. `LOC` **out loud** en voz alta

loudspeaker /ˌlaʊd'spiːkə(r)/ *n* altavoz

lounge /laʊndʒ/ *nombre, verbo*
▸ *n* **1** sala: *departure lounge* sala de embarque **2** cuarto de estar, salón
▸ *vi* ~ **(about/around)** gandulear

louse /laʊs/ *n* (*pl* **lice** /laɪs/) piojo

lousy /'laʊzi/ *adj (coloq)* terrible

lout /laʊt/ *n* gamberro, -a

lovable /'lʌvəbl/ *adj* encantador

love ☞ /lʌv/ *nombre, verbo*
▸ *n* **1** amor: *love story/song* historia/canción de amor ◊ *her love life* su vida amorosa ❶ Con personas se dice **love** *for somebody* y con cosas **love** *of something*. **2** *(Tenis)* cero `LOC` **give/send sb your love** dar/mandar recuerdos a algn ◆ **in love (with sb)** enamorado (de algn) ◆ **(lots of) love (from…)** *(en carta, etc.)* con cariño ◆ **make love (to sb)** hacer el amor (con algn) *Ver tb* FALL

▸ *vt* **1** amar, querer: *Do you love me?* ¿Me quieres? **2** adorar: *I'd love to come*. Me encantaría ir.

lovely ☞ /'lʌvli/ *adj* (**lovelier, -iest**) **1** precioso **2** encantador **3** muy agradable: *I had a lovely time*. Lo pasé muy bien.

lovemaking /'lʌvmeɪkɪŋ/ *n* [incontable] relaciones sexuales

lover ☞ /'lʌvə(r)/ *n* amante; apasionado, -a: *an art lover* un amante del arte

loving /'lʌvɪŋ/ *adj* cariñoso **lovingly** *adv* amorosamente

low ☞ /ləʊ/ *adjetivo, adverbio, nombre*
▸ *adj* (**lower, -est**) **1** bajo: *low pressure* baja presión ◊ *low temperatures* temperaturas bajas ◊ *the lower middle classes* la clase media baja ◊ *lower lip* labio inferior ◊ *lower case* minúsculas ➜ *Ver nota en* HIGH **2** *(voz, sonido)* grave **3** abatido `LOC` **be at a low ebb** estar bajo mínimos *Ver tb* PROFILE
▸ *adv* (**lower, -est**) bajo: *to shoot low* disparar bajo `LOC` *Ver* STOOP
▸ *n* mínimo

low-alcohol *adj* bajo en alcohol

low-cal /ˌləʊ 'kæl/ *adj (coloq)* bajo en calorías

🔎 **Low-cal** es el término general para referirnos a los productos bajos en calorías o "light". Para bebidas se usa **diet**: *diet drinks* bebidas bajas en calorías.

low-carb *adj* bajo en carbohidratos

low-cost *adj* barato

low-end *adj* de gama baja

lower /'ləʊə(r)/ *adjetivo, verbo*
▸ *adj* Ver LOW
▸ *vt, vi* bajar(se) `PHR V` **lower yourself (by doing sth)** rebajarse (a hacer algo)

low-fat *adj* de bajo contenido graso: *low-fat yogurt* yogur desnatado

low-key *adj* discreto

lowland /'ləʊlənd/ *adjetivo, nombre*
▸ *adj* de las tierras bajas
▸ *n* [gen *pl*] tierras bajas

loyal ☞ /'lɔɪəl/ *adj* ~ **(to sb/sth)** fiel (a algn/algo) **loyalist** *n* partidario, -a del régimen **loyalty** *n* (*pl* **loyalties**) lealtad: *loyalty card* tarjeta de fidelización

Ltd *abrev de* Limited Limitada (*abrev* Lda.)

luck ☞ /lʌk/ *nombre, verbo*
▸ *n* suerte: *a stroke of luck* un golpe de suerte `LOC` **be in/out of luck** estar de suerte/tener la negra ◆ **no such luck** ¡ojalá! *Ver tb* CHANCE, HARD
▸ *v* `PHR V` **luck out** *(USA, coloq)* tener suerte

luckily /ˈlʌkɪli/ *adv* por suerte

lucky ⚬ /ˈlʌki/ *adj* (**luckier, -iest**) **1** (*persona*) afortunado: *You're so lucky!* ¡Qué suerte tienes! **2** *It's lucky she's still here.* Suerte que todavía está aquí. ◇ *a lucky number* un número de la suerte

ludicrous /ˈluːdɪkrəs/ *adj* ridículo

luggage ⚬ /ˈlʌɡɪdʒ/ *n* [*incontable*] equipaje: *hand luggage* equipaje de mano ➜ *Ver dibujo en* BAG

luggage rack *n* rejilla de equipajes

lukewarm /ˌluːkˈwɔːm/ *adj* tibio

lull /lʌl/ *nombre, verbo*
▸ *n* período de calma
▸ *vt* **1** arrullar **2** calmar

lullaby /ˈlʌləbaɪ/ *n* (*pl* **lullabies**) nana

lumber /ˈlʌmbə(r)/ **1** *vi* moverse pesadamente **2** *vt* ~ **sb with sth/sth** (*coloq*) hacer a algn cargar con algn/algo **lumbering** *adj* torpe, pesado

lumberjack /ˈlʌmbədʒæk/ *n* leñador, -ora

lump ⚬ /lʌmp/ *nombre, verbo*
▸ *n* **1** trozo: *sugar lump* terrón de azúcar **2** grumo **3** (*Med*) bulto
▸ *vt* ~ **sb/sth together** juntar a algn/algo

lump sum *n* pago único

lumpy /ˈlʌmpi/ *adj* **1** (*salsa, etc.*) lleno de grumos **2** (*colchón, etc.*) lleno de bultos

lunacy /ˈluːnəsi/ *n* [*incontable*] locura

lunatic /ˈluːnətɪk/ *n* loco, -a

lunch ⚬ /lʌntʃ/ *nombre, verbo*
▸ *n* comida, almuerzo: *to have lunch* comer ◇ *the lunch hour* la hora de la comida ◇ *lunch box* fiambrera *Ver tb* PACKED LUNCH ➜ *Ver nota en* DINNER
▸ *vi* (*formal*) comer

lunchtime /ˈlʌntʃtaɪm/ *n* la hora de comer

lung ⚬ /lʌŋ/ *n* pulmón: *a lung infection* una infección pulmonar

lurch /lɜːtʃ/ *verbo, nombre*
▸ *vi* **1** tambalearse **2** dar un bandazo
▸ *n* sacudida

lure /lʊə(r), *GB tb* ljʊə(r)/ *verbo, nombre*
▸ *vt* (*pey*) atraer
▸ *n* atractivo

lurid /ˈlʊərɪd, *GB tb* ˈljʊə-/ *adj* (*pey*) **1** (*color*) chillón **2** (*descripción, historia*) horripilante

lurk /lɜːk/ *vi* acechar

luscious /ˈlʌʃəs/ *adj* (*comida*) exquisito

lush /lʌʃ/ *adj* (*vegetación*) exuberante

lust /lʌst/ *nombre, verbo*
▸ *n* **1** lujuria **2** ~ **for sth** ansia de algo
▸ *vi* ~ **after/for sb/sth** morirse por algn; ansiar algo

lustre (*tb esp USA* luster) /ˈlʌstə(r)/ *n* lustre

luxurious /lʌɡˈʒʊəriəs/ *adj* lujoso

luxury /ˈlʌkʃəri/ *n* (*pl* **luxuries**) lujo: *a luxury hotel* un hotel de lujo

lychee /ˌlaɪˈtʃiː, ˈlaɪtʃiː/ *n* lichi

Lycra® /ˈlaɪkrə/ *n* [*incontable*] lycra®

lying *part pres de* LIE¹,²

lynx /lɪŋks/ *n* lince

lyrical /ˈlɪrɪkl/ *adj* lírico

lyrics /ˈlɪrɪks/ *n* [*pl*] letra (*de canción*)

Mm

M, m /em/ *n* (*pl* **Ms, M's, m's**) M, m ➜ *Ver nota en* A, A

mac /mæk/ *n* (*GB, coloq*) gabardina

macabre /məˈkɑːbrə/ *adj* macabro

macaroni /ˌmækəˈrəʊni/ *n* [*incontable*] macarrones

macchiato /ˌmækiˈɑːtəʊ/ *n* (*pl* **-os**) (café) cortado (*con espuma*)

machine ⚬ /məˈʃiːn/ *n* máquina

machine gun *n* ametralladora

machinery ⚬ /məˈʃiːnəri/ *n* maquinaria

mackerel /ˈmækrəl/ *n* (*pl* **mackerel**) caballa

macro /ˈmækrəʊ/ *n* (*pl* **macros**) macro

mad ⚬ /mæd/ *adj* (**madder, -est**) **1** loco: *to be/go mad* estar/volverse loco ◇ *to be mad about sb/sth* estar loco por algn/algo **2** ~ (**at/with sb**)

(*esp USA*, *coloq*) furioso (con algn) **LOC** **like mad**
(*coloq*) como loco

madam /'mædəm/ *n* [*sing*] (*formal*) señora

maddening /'mædnɪŋ/ *adj* exasperante

made *pt, pp de* MAKE

madhouse /'mædhaʊs/ *n* (*coloq*) manicomio

madly /'mædli/ *adv* locamente: *to be madly in love with sb* estar perdidamente enamorado de algn

madness /'mædnəs/ *n* [*incontable*] locura

magazine ⟳ /ˌmægə'ziːn; *USA* 'mægəziːn/ (*coloq* mag /mæg/) *n* revista

maggot /'mægət/ *n* gusano (*de la carne*) ⟳ *Ver dibujo en* GUSANO

magic ⟳ /'mædʒɪk/ *nombre, adjetivo*
▸ *n* magia **LOC** **like magic** como por arte de magia
▸ *adj* **1** mágico **2** (*coloq*) genial **magical** *adj* mágico

magician /mə'dʒɪʃn/ *n* mago, -a

magistrate /'mædʒɪstreɪt/ *n* magistrado, -a; juez municipal: *the magistrates' court* el Juzgado de Paz

magnet /'mægnət/ *n* imán **magnetic** /mæg'netɪk/ *adj* magnético: *magnetic field* campo magnético

magnetism /'mægnətɪzəm/ *n* magnetismo

magnetize, -ise /'mægnətaɪz/ *vt* imantar

magnification /ˌmægnɪfɪ'keɪʃn/ *n* (capacidad de) aumento

magnificence /mæg'nɪfɪsns/ *n* magnificencia

magnificent /mæg'nɪfɪsnt/ *adj* magnífico

magnify /'mægnɪfaɪ/ *vt, vi* (*pt, pp* **-fied**) aumentar

magnifying glass *n* lupa

magnitude /'mægnɪtjuːd; *USA* -tuːd/ *n* (*formal*) magnitud

magpie /'mægpaɪ/ *n* urraca

mahogany /mə'hɒɡəni/ *n* caoba

maid /meɪd/ *n* **1** criada **2** (*tb* maiden /'meɪdn/) (*Hist*) doncella

maiden name *n* apellido de soltera

🔎 En los países de habla inglesa, la mayoría de las mujeres toma el apellido del marido cuando se casan.

mail ⟳ /meɪl/ *nombre, verbo*
▸ *n* **1** [*incontable*] correo

🔎 La palabra **post** sigue siendo más normal que **mail** en el inglés británico, aunque **mail** se ha ido introduciendo, especialmente en compuestos como **email** y **junk mail**.

2 (*Informát*) correo, mensaje(s)

▸ *vt* **1** ~ **sth (to sb)** (*esp USA*) enviar algo por correo (a algn) **2** ~ **sb (sth)** (*Informát*) mandar un mensaje/algo por correo electrónico a algn: *I'll mail you later.* Luego te mando un mensaje.

mail bomb *nombre, verbo*
▸ *n* bombardeo de e-mails
▸ *vt* **mail-bomb** bombardear con e-mails

mailbox /'meɪlbɒks/ *n* (*USA*) buzón ⟳ *Ver dibujo en* LETTER BOX

mailing /'meɪlɪŋ/ *n* **1** [*incontable*] envíos postales, mailing **2** circular

mailing list *n* lista de direcciones

mailman /'meɪlmæn/ *n* (*pl* **-men** /-men/) (*tb* 'mail carrier) (*USA*) cartero, -a

mail order *n* venta por correo

mail slot *n* (*USA*) ranura para cartas en la puerta de una casa ⟳ *Ver dibujo en* LETTER BOX

maim /meɪm/ *vt* mutilar

main ⟳ /meɪn/ *adjetivo, nombre*
▸ *adj* principal: *main course* plato principal ◇ *the main character* el protagonista **LOC** **the main thing** lo principal
▸ *n* **1** cañería: *a gas main* una tubería de gas **2 the mains** [*pl*] la red de suministro **LOC** **in the main** en general

mainland /'meɪnlænd/ *nombre, adjetivo*
▸ *n* **the mainland** [*sing*] el continente, tierra firme
▸ *adj* continental: *mainland Greece* la Grecia continental

main 'line *n* (*Ferrocarril*) línea principal

mainly ⟳ /'meɪnli/ *adv* principalmente

mainstream /'meɪnstriːm/ *nombre, adjetivo*
▸ *n* **the mainstream** [*sing*] la corriente principal
▸ *adj* de masas, convencional: *mainstream culture* la cultura de masas ◇ *mainstream political parties* los partidos políticos mayoritarios ◇ *mainstream education* la enseñanza reglada

main street (*coloq* ˌmain 'drag) *n* (*USA*) calle principal

maintain ⟳ /meɪn'teɪn/ *vt* **1** mantener **2** conservar: *well maintained* bien cuidado **3** sostener

maintenance /'meɪntənəns/ *n* **1** mantenimiento **2** pensión de manutención

maisonette /ˌmeɪzə'net/ *n* dúplex

maize /meɪz/ *n* maíz ❶ Cuando nos referimos al maíz cocinado decimos **sweetcorn**. ⟳ *Comparar con* CORN

majestic /mə'dʒestɪk/ *adj* majestuoso

majesty /'mædʒəsti/ *n* (*pl* **majesties**) **1** majestuosidad **2 Her/His/Your Majesty** Su Majestad

major 0ᵣ /'meɪdʒə(r)/ adjetivo, nombre
▸ adj **1** de (gran) importancia: to make major changes realizar cambios de importancia ◇ a major road/problem una carretera principal/ un problema importante **2** (Mús) mayor
▸ n comandante

majority 0ᵣ /mə'dʒɒrəti/; USA mə'dʒɔːr-/ n (pl **majorities**) [v sing o pl] mayoría: The majority was/were in favour. La mayoría estaba a favor. ◇ majority rule gobierno mayoritario

🔎 La forma más normal de decir "la mayoría de la gente/de mis amigos" en inglés es most people/most of my friends. Esta expresión lleva el verbo en plural: Most of my friends go to the same school as me. La mayoría de mis amigos va al mismo colegio que yo.

major league nombre, adjetivo
▸ n (USA) (Dep) primera división
▸ adj **major-league** (USA) **1** de primera división **2** (fig) de primera

make 0ᵣ /meɪk/ verbo, nombre
▸ vt (pt, pp **made** /meɪd/) **1** ~ sth (from/(out) of sth) hacer algo (con/de algo): He made a meringue from egg white. Hizo un merengue con clara de huevo. ◇ What's it made (out) of? ¿De qué está hecho? ◇ made in China fabricado en China **2** (causar, crear, llevar a cabo, proponer) hacer: to make a noise/hole/list hacer un ruido/un agujero/una lista ◇ to make an improvement/ a change hacer una mejora/un cambio ◇ to make an impression impresionar ◇ to make a note of sth anotar algo ◇ to make a mistake cometer un error ◇ to make an excuse poner una excusa ◇ to make progress/an effort hacer progresos/un esfuerzo ◇ to make a phone call hacer una llamada de teléfono ◇ to make a visit/trip hacer una visita/un viaje ◇ to make a decision tomar una decisión ◇ to make an offer/a promise hacer una oferta/una promesa ◇ to make plans hacer planes **3** ~ sth (for sb) hacer algo (para/a algn): She makes films for children. Hace películas para niños. ◇ I'll make you a meal/cup of coffee. Te voy a preparar una comida/taza de café. **4** ~ sth into sth convertir algo en algo; hacer algo con algo: We can make this room into a bedroom. Podemos convertir esta habitación en dormitorio. **5** ~ sb/sth + adjetivo o sustantivo: He made me angry. Hizo que me enfadara. ◇ That will only make things worse. Eso solo empeorará las cosas. ◇ He made my life hell. Me hizo la vida imposible. **6** ~ sb/sth do sth hacer que algn/algo haga algo

🔎 El verbo en infinitivo que viene después de **make** se pone sin **to**, salvo en pasiva: I can't make him do it. No puedo obligarle a hacerlo. ◇ You've made her feel guilty. Has hecho que se sienta culpable. ◇ He was made to wait at the police station. Le hicieron esperar en la comisaría.

7 ~ sb sth hacer a algn algo: to make sb king hacer a algn rey **8** llegar a ser: He'll make a good teacher. Tiene madera de profesor. **9** (dinero) hacer: She makes lots of money. Gana una fortuna. **10** (conseguir) llegar a: I'm sorry I couldn't make your party. Siento no haber podido ir a tu fiesta. ◇ We aren't going to make the deadline. No vamos a terminar a tiempo. **LOC** **make do (with sth)** arreglárselas (con algo) ◆ **make it 1** triunfar **2** llegar: We made it just in time. Llegamos justo a tiempo. ◇ I can't make it tomorrow. Mañana no puedo. ◆ **make the most of sth** sacar el mayor provecho de algo ❶ Para otras expresiones con **make**, véanse las entradas del sustantivo, adjetivo, etc., p. ej. **make love** en LOVE.
PHR V **be made for sb; be made for each other** estar hecho para algn; estar hechos el uno para el otro ◆ **make for sth 1** dirigirse a/hacia algo **2** contribuir a algo
make sth of sb/sth opinar algo de algn/algo: What do you make of it all? ¿Qué opinas de todo esto?
make off (with sth) salir corriendo (con algo)
make sb/sth out distinguir a algn/algo: to make out sb's handwriting descifrar la escritura de algn ◆ **make sb/sth out (to be sth)** dar a entender que algn/algo es…: He's not as rich as people make out. No es tan rico como dicen.
make (sb/yourself) up maquillar a algn/maquillarse ◆ **make sth up 1** formar, constituir algo **2** inventar algo: to make up an excuse inventarse una excusa ◆ **make (it) up (with sb)** hacer las paces (con algn) ◆ **make up for sth** compensar algo
▸ n marca (electrodomésticos, coches, etc.) ➔ Comparar con BRAND

makeover /'meɪkəʊvə(r)/ n **1** sesión de maquillaje y peluquería **2** reforma (de la casa, etc.)

maker /'meɪkə(r)/ n fabricante

makeshift /'meɪkʃɪft/ adj provisional, improvisado

make-up 0ᵣ n **1** [incontable] maquillaje **2** constitución **3** carácter

making /'meɪkɪŋ/ n fabricación **LOC** **be the making of sb** ser la clave del éxito de algn ◆ **have the makings of sth 1** (persona) tener madera de algo **2** (*cosa*) tener los ingredientes para ser algo

male ⊶ /meɪl/ *adjetivo, nombre*
▶ *adj* **1** masculino **2** macho

🔍 **Male** se aplica a las características físicas de los hombres: *The male voice is deeper than the female.* La voz de los hombres es más profunda que la de las mujeres, y **masculine** a las cualidades que consideramos típicas de un hombre. ⇨ *Ver nota en* FEMALE

▶ *n* macho, varón

malice /ˈmælɪs/ *n* malevolencia, mala intención **malicious** /məˈlɪʃəs/ *adj* mal intencionado

malignant /məˈlɪgnənt/ *adj* maligno

mall ⊶ /mɔːl/; *GB tb* mæl/ (*tb* ˈshopping mall) *n* centro comercial

malnutrition /ˌmælnjuːˈtrɪʃn/; *USA* -nuː-/ *n* desnutrición

malt /mɔːlt/; *GB tb* mɒlt/ *n* malta

malware /ˈmælweə(r)/ *n* [*incontable*] software malicioso

mammal /ˈmæml/ *n* mamífero

mammoth /ˈmæməθ/ *nombre, adjetivo*
▶ *n* mamut
▶ *adj* colosal

man ⊶ /mæn/ *nombre, verbo*
▶ *n* (*pl* **men** /men/) hombre: *a young man* un (hombre) joven ◇ *a man's shirt* una camisa de caballero *Ver tb* BEST MAN **LOC** **the man (and/ or woman) in the street** el ciudadano (y/o la ciudadana) de a pie *Ver tb* ODD

🔍 **Man** y **mankind** se utilizan con el significado genérico de "todos los hombres y mujeres". Sin embargo, mucha gente considera este uso discriminatorio, y prefiere utilizar palabras como **humanity, the human race** (singular) o **humans, human beings, people** (plural).

▶ *vt* (**-nn-**) **1** (*oficina*) dotar de personal **2** (*nave*) tripular **PHR V** **man up** (*coloq*) armarse de valor

manage ⊶ /ˈmænɪdʒ/ **1** *vt, vi* ~ **sth/to do sth** conseguir algo/hacer algo: *Can you manage all of it?* ¿Puedes con todo eso? ◇ *Can you manage six o'clock?* ¿Puedes venir a las seis? ◇ *I couldn't manage another mouthful.* Ya no podría comer ni un bocado más. **2** *vi* ~ **(with/ on/without sb/sth)** arreglárselas (con/sin algn/ algo): *I can't manage on 200 dollars a week.* No me llega con 200 dólares a la semana. **3** *vt* (*empresa*) dirigir **4** *vt* (*propiedades*) administrar **manageable** *adj* **1** manejable **2** (*persona, animal*)

tratable, dócil **managed** *adj* [*solo antes de sustantivo*] gestionado

management ⊶ /ˈmænɪdʒmənt/ *n* dirección, gestión: *a management committee* un comité directivo/consejo de administración ◇ *a management consultant* un asesor de dirección de empresas

manager ⊶ /ˈmænɪdʒə(r)/ *n* **1** director, -ora; gerente; encargado, -a **2** administrador, -ora (*de una propiedad*) **3** (*Teat, etc.*) manager; empresario, -a **4** (*Dep*) manager **manageress** /ˌmænɪdʒəˈres/ *n* encargada, gerente **managerial** /ˌmænəˈdʒɪəriəl/ *adj* directivo, de gerencia

managing diˈrector *n* director, -ora general

Mandarin /ˈmændərɪn/ *n* (*lengua*) mandarín

mandate /ˈmændeɪt/ *n* ~ **(for sth/to do sth)** mandato (para algo/para hacer algo) **mandatory** /ˈmændətəri, mænˈdeɪtəri; *USA* ˈmændətɔːri/ *adj* (*formal*) preceptivo

mane /meɪn/ *n* **1** (*caballo*) crin **2** (*león, persona*) melena

maneuver (*USA*) = MANOEUVRE

manfully /ˈmænfəli/ *adv* valientemente

manga /ˈmæŋgə/ *n* (*pl* **manga**) manga (*cómic japonés*)

mangle /ˈmæŋgl/ *vt* mutilar, destrozar

mango /ˈmæŋgəʊ/ *n* (*pl* **mangoes**) mango

manhood /ˈmænhʊd/ *n* **1** edad viril **2** virilidad

mania /ˈmeɪniə/ *n* manía **maniac** *adj, n* maniaco, -a: *to drive like a maniac* conducir como un loco

manic /ˈmænɪk/ *adj* **1** (*coloq*) frenético **2** maniaco

manicure /ˈmænɪkjʊə(r)/ *n* manicura

manifest /ˈmænɪfest/ *vt* (*formal*) manifestar, mostrar: *to manifest itself* manifestarse/hacerse patente **manifestation** *n* (*formal*) manifestación **manifestly** *adv* (*formal*) manifiestamente

manifesto /ˌmænɪˈfestəʊ/ *n* (*pl* **manifestos**) manifiesto

manifold /ˈmænɪfəʊld/ *adj* (*formal*) múltiple

manipulate /məˈnɪpjuleɪt/ *vt* **1** ~ **sb (into sth/ doing sth)** manipular a algn/algo (para que haga algo) **2** manejar **manipulation** *n* manipulación **manipulative** /məˈnɪpjələtɪv; *USA* -leɪtɪv/ *adj* manipulador

mankind /mænˈkaɪnd/ *n* género humano ⇨ *Ver nota en* MAN

manly /ˈmænli/ *adj* varonil, viril

man-ˈmade *adj* artificial

manned /mænd/ *adj* tripulado

manner ⊶ /ˈmænə(r)/ *n* **1** [*sing*] (*formal*) manera, forma **2** [*sing*] actitud, modo de comportarse **3** manners [*pl*] modales: *good/bad manners* buena/mala educación ◊ *It's bad manners to stare.* Es de mala educación mirar fijamente. ◊ *He has no manners.* Es un mal educado.

mannerism /ˈmænərɪzəm/ *n* gesto, peculiaridad (*forma de hablar o comportarse*)

manoeuvre (USA maneuver) /məˈnuːvə(r)/ *nombre, verbo*
▸ *n* maniobra
▸ *vt, vi* maniobrar

manor /ˈmænə(r)/ *n* **1** (*tb* ˈmanor house) casa señorial **2** (*territorio*) señorío

manpower /ˈmænpaʊə(r)/ *n* mano de obra

mansion /ˈmænʃn/ *n* mansión, casa solariega

manslaughter /ˈmænslɔːtə(r)/ *n* homicidio involuntario ➔ *Ver nota en* ASESINAR

manspreading /ˈmænspredɪŋ/ *n* despatarre masculino

mantelpiece /ˈmæntlpiːs/ *n* repisa de la chimenea

mantle /ˈmæntl/ *n* (*Geol*) manto (*de la Tierra*)

manual /ˈmænjuəl/ *adj, n* manual: *a training manual* un manual de instrucciones **manually** *adv* manualmente

manufacture ⊶ /ˌmænjuˈfæktʃə(r)/ *verbo, nombre*
▸ *vt* **1** fabricar **2** (*pruebas, etc.*) inventar
▸ *n* fabricación, elaboración

manufacturer ⊶ /ˌmænjuˈfæktʃərə(r)/ *n* fabricante

manufacturing ⊶ /ˌmænjuˈfæktʃərɪŋ/ *n* [*incontable*] industria manufacturera

manure /məˈnjuə(r)/; USA məˈnʊər/ *n* estiércol

manuscript /ˈmænjuskrɪpt/ *n* manuscrito

many ⊶ /ˈmeni/ *adj, pron* **1** mucho, -a, -os, -as: *Many people would disagree.* Mucha gente no estaría de acuerdo. ◊ *I haven't got many left.* No me quedan muchos. ◊ *In many ways, I regret it.* En cierta manera, lo lamento.

🔎 **Mucho** se traduce según el sustantivo al que acompaña o sustituye. En oraciones afirmativas usamos **a lot (of)**: *She's got a lot of money.* Tiene mucho dinero. ◊ *Lots of people are poor.* Mucha gente es pobre. En oraciones negativas e interrogativas usamos **many** o **a lot of** cuando el sustantivo es contable: *There aren't many women taxi drivers.* No hay muchas mujeres taxista. Y usamos **much** o **a lot of** cuando el sustantivo es incontable: *I haven't eaten much (food).* No he comido mucho. *Ver tb* MUCHO

---

2 ~ **a sth** (*formal*): *Many a politician has been ruined by scandal.* Muchos políticos han visto arruinada su carrera por escándalos. ◊ *many a time* muchas veces **LOC** **a good/great many** muchísimos *Ver tb* AS, HOW, SO, TOO

Maori /ˈmaʊri/ *adj, n* maorí

map ⊶ /mæp/ *nombre, verbo*
▸ *n* **1** mapa **2** (*ciudad*) plano **3** carta **LOC** **put sb/sth on the map** dar a conocer a algn/algo
▸ *vt* (**-pp-**) trazar mapas de **PHR V** **map sth out** planear algo

maple /ˈmeɪpl/ *n* arce

marathon /ˈmærəθən; USA -θɑːn/ *n* maratón: *to run a marathon* participar en un maratón ◊ *The interview was a real marathon.* Fue una entrevista maratoniana.

marble /ˈmɑːbl/ *n* **1** mármol **2** canica

March ⊶ /mɑːtʃ/ *n* (*abrev* Mar.) marzo ➔ *Ver ejemplos en* JANUARY

march ⊶ /mɑːtʃ/ *verbo, nombre*
▸ *vi* **1** marchar, desfilar **2** manifestarse **LOC** **get your marching orders** (GB, *coloq*) ser despedido **PHR V** **march sb away/off** llevarse a algn ◆ **march in** entrar resueltamente ◆ **march past (sb)** desfilar (ante algn) ◆ **march up/over to sb** abordar a algn con resolución
▸ *n* marcha **LOC** **on the march** en marcha

marcher /ˈmɑːtʃə(r)/ *n* manifestante

mare /meə(r)/ *n* **1** yegua **2** (GB, *coloq*) pesadilla

margarine /ˌmɑːdʒəˈriːn; USA ˈmɑːrdʒərən/ (*coloq* marge /mɑːdʒ/) *n* margarina

margin /ˈmɑːdʒɪn/ *n* margen **marginal** *adj* marginal **marginally** *adv* ligeramente

marijuana (*tb* marihuana) /ˌmærəˈwɑːnə/ *n* marihuana

marina /məˈriːnə/ *n* puerto deportivo

marine /məˈriːn/ *adjetivo, nombre*
▸ *adj* **1** marino **2** marítimo
▸ *n* infante de marina: *the Marines* la Infantería de Marina

marital /ˈmærɪtl/ *adj* conyugal: *marital status* estado civil

maritime /ˈmærɪtaɪm/ *adj* marítimo

mark ⊶ /mɑːk/ *verbo, nombre*
▸ *vt* **1** marcar **2** señalar **3** (*trabajo escolar, exámenes*) corregir, calificar **LOC** **mark time 1** hacer tiempo **2** (*Mil*) marcar el paso **PHR V** **mark sth up/down** aumentar/rebajar el precio de algo
▸ *n* **1** marca **2** señal: *punctuation marks* signos de puntuación *Ver tb* EXCLAMATION MARK, QUESTION MARK **3** nota, puntuación: *to get a good/poor mark* sacar una nota buena/mediocre ➔ *Ver nota en* A, A **LOC** **be up to the mark** dar la talla ◆ **make your mark/a mark (on sth)** alcanzar

el éxito; destacarse (en algo) ◆ **on your marks, (get) set, go!** a sus puestos, preparados, listos, ¡ya! *Ver tb* OVERSTEP

marked /mɑːkt/ *adj* notable **markedly** /ˈmɑːkɪdli/ *adv* de forma notable

marker /ˈmɑːkə(r)/ *n* **1** marca: *marker buoy* boya de señalización **2** (*tb* ˈmarker pen) rotulador

market 0̄ /ˈmɑːkɪt/ *nombre, verbo*
▸ *n* mercado, mercadillo LOC **in the market for sth** interesado en comprar algo ◆ **on the market** en el mercado: *to put sth on the market* poner algo en venta
▸ *vt* vender, ofertar **marketable** *adj* vendible

marketing 0̄ /ˈmɑːkɪtɪŋ/ *n* mercadotecnia

marketplace /ˈmɑːkɪtpleɪs/ *n* **1 the marketplace** [*sing*] (*Econ*) el mercado **2** (*tb* ˌmarket ˈsquare) plaza del mercado

ˌmarket reˈsearch *n* [*incontable*] estudio(s)/ análisis de mercado

marmalade /ˈmɑːməleɪd/ *n* mermelada (*de cítricos*)

maroon /məˈruːn/ *nombre, verbo*
▸ *n* color granate
▸ *vt* abandonar (*en una isla desierta, etc.*)

marquee /mɑːˈkiː/ *n* carpa (*de lona*)

marriage 0̄ /ˈmærɪdʒ/ *n* **1** (*institución*) matrimonio **2** (*ceremonia*) boda ➔ *Ver nota en* BODA

married 0̄ /ˈmærid/ *adj* ~ **(to sb)** casado (con algn): *to get married* casarse ◇ *a married couple* un matrimonio

marrow /ˈmærəʊ/ *n* **1** *Ver* BONE MARROW **2** calabacín (grande)

marry 0̄ /ˈmæri/ *vt, vi* (*pt, pp* **married**) casar, casarse (con)

Mars /mɑːz/ *n* Marte

marsh /mɑːʃ/ *n* ciénaga

marshal /ˈmɑːʃl/ *nombre, verbo*
▸ *n* **1** mariscal **2** (*USA*) alguacil
▸ *vt* (**-ll-**, *USA* **-l-**) (*formal*) **1** (*ideas, datos*) ordenar **2** (*tropas*) formar

marshy /ˈmɑːʃi/ *adj* pantanoso

martial art /ˌmɑːʃl ˈɑːt/ *n* [*gen pl*] arte marcial

martyr /ˈmɑːtə(r)/ *n* mártir **martyrdom** /ˈmɑːtədəm/ *n* martirio

marvel /ˈmɑːvl/ *nombre, verbo*
▸ *n* maravilla, prodigio
▸ *vi* (**-ll-**, *USA* **-l-**) ~ **(at sth)** maravillarse (ante algo)

marvellous (*USA* **marvelous**) /ˈmɑːvələs/ *adj* maravilloso, estupendo: *We had a marvellous time.* Lo pasamos de maravilla.

marzipan /ˈmɑːzɪpæn/; *GB tb* ˌmɑːzɪˈpæn/; *USA tb* ˈmɑːrtsəpæn/ *n* mazapán

mascara /mæˈskɑːrə/; *USA* mæˈskærə/ *n* rímel

mascot /ˈmæskət/; *USA* -skɑːt/ *n* mascota (*para traer suerte*)

masculine /ˈmæskjəlɪn/ *adj, n* masculino (*propio del hombre*) ➔ *Ver nota en* MALE **masculinity** /ˌmæskjuˈlɪnəti/ *n* masculinidad

mash /mæʃ/ *nombre, verbo*
▸ *n* puré (de patatas)
▸ *vt* **1** ~ **sth (up)** machacar, triturar algo **2** hacer puré de: *mashed potatoes* puré de patatas

mask /mɑːsk/; *USA* mæsk/ *nombre, verbo*
▸ *n* **1** máscara, careta **2** antifaz **3** (*de cirujano, cosmética*) mascarilla
▸ *vt* encubrir, enmascarar **masked** *adj* **1** enmascarado **2** (*atracador*) encapuchado

masochism /ˈmæsəkɪzəm/ *n* masoquismo **masochist** *n* masoquista

mason /ˈmeɪsn/ *n* **1** cantero, albañil **2** Mason masón **Masonic** /məˈsɒnɪk/ *adj* masónico

masonry /ˈmeɪsənri/ *n* albañilería, mampostería

masquerade /ˌmæskəˈreɪd/; *GB tb* ˌmɑːskə-/ *nombre, verbo*
▸ *n* mascarada, farsa
▸ *vi* ~ **as sth** hacerse pasar por algo; disfrazarse de algo

mass 0̄ /mæs/ *nombre, adjetivo, verbo*
▸ *n* **1** ~ **(of sth)** masa (de algo) **2 masses (of sth)** [*pl*] (*coloq*) montón, gran cantidad (de algo): *masses of letters* un montón de cartas **3** (*tb* Mass) (*Relig, Mús*) misa **4 the masses** [*pl*] las masas LOC **be a mass of sth** estar cubierto/lleno de algo ◆ **the (great) mass of…** la (inmensa) mayoría de…
▸ *adj* [*solo antes de sustantivo*] masivo, de masas: *mass media* medios de comunicación de masas ◇ *a mass grave* una fosa común ◇ *mass hysteria* histeria colectiva
▸ *vt, vi* **1** juntar(se) (en masa), reunir(se) **2** (*Mil*) formar(se), concentrar(se)

massacre /ˈmæsəkə(r)/ *nombre, verbo*
▸ *n* masacre
▸ *vt* masacrar

massage /ˈmæsɑːʒ; *USA* məˈsɑːʒ/ *nombre, verbo*
▸ *n* masaje
▸ *vt* dar un masaje a

massive 0̄ /ˈmæsɪv/ *adj* **1** macizo, sólido **2** enorme, monumental **massively** *adv* enormemente

ˌmass-proˈduce *vt* fabricar en serie ˌmass proˈduction *n* fabricación en serie

mast /mɑːst/; *USA* mæst/ *n* **1** (*barco*) mástil **2** (*Radio, TV*) torre

M

master /ˈmɑːstə(r)/; USA ˈmæstər/ nombre, verbo, adjetivo
▶ n **1** amo, dueño, señor **2** maestro **3** (cinta) original
▶ vt **1** dominar **2** controlar
▶ adj *master bedroom* dormitorio principal ◇ *master plan* plan infalible

masterful /ˈmɑːstəfl; USA ˈmæstərfl/ adj **1** de autoridad **2** (tb **masterly** /ˈmɑːstəli; USA ˈmæstərli/) magistral

mastermind /ˈmɑːstəmaɪnd; USA ˈmæst-/ nombre, verbo
▶ n (persona) cerebro
▶ vt planear, dirigir

masterpiece /ˈmɑːstəpiːs; USA ˈmæst-/ n obra maestra

ˈ**master's degree** (tb master's) n máster

mastery /ˈmɑːstəri; USA ˈmæstə-/ n **1** ~ (of sth) dominio (de algo) **2** ~ (of/over sb/sth) supremacía (sobre algn/algo)

masturbate /ˈmæstəbeɪt/ vt, vi masturbar(se) **masturbation** n masturbación

mat /mæt/ nombre, adjetivo
▶ n **1** estera, felpudo **2** colchoneta **3** salvamanteles Ver tb MOUSE MAT, PLACE MAT **4** maraña
▶ adj (USA) = MATT

match /mætʃ/ nombre, verbo
▶ n **1** cerilla **2** (Dep) partido, encuentro **3** [sing] complemento LOC **be a match/no match for sb** (no) estar a la altura de algn: *I was no match for him at tennis.* No estaba a su altura jugando al tenis. ◆ **find/meet your match (in sb)** encontrar la horma de tu zapato (en algn)
▶ vt, vi combinar, hacer juego (con) **2** vt igualar PHR V **match up (to sb/sth)** estar a la altura (de algn/algo) ◆ **match up (with sth)** coincidir (con algo) ◆ **match sth up (with sth)** hacer coincidir algo (con algo)

matchbox /ˈmætʃbɒks/ n caja de cerillas

ˈ**match-fixing** n [incontable] (Dep) acto de amañar un partido

matching /ˈmætʃɪŋ/ adj [solo antes de sustantivo] a juego: *matching shoes and handbag* zapatos y bolso a juego

mate /meɪt/ nombre, verbo
▶ n **1** (GB, coloq) amigo, -a; compañero, -a **2** (Zool) pareja **3** ayudante **4** (Náut) segundo de a bordo **5** Ver CHECKMATE
▶ vt, vi aparear(se)

material /məˈtɪəriəl/ nombre, adjetivo
▶ n **1** tela ◆ Ver nota en TELA **2** material: *raw materials* materias primas
▶ adj material

materialism /məˈtɪəriəlɪzəm/ n materialismo **materialist** n materialista **materialistic** /məˌtɪəriəˈlɪstɪk/ adj materialista

materialize, -ise /məˈtɪəriəlaɪz/ vi convertirse en realidad

materially /məˈtɪəriəli/ adv sensiblemente

maternal /məˈtɜːnl/ adj **1** maternal **2** (familiares) materno

maternity /məˈtɜːnəti/ n maternidad

mathematical /ˌmæθəˈmætɪkl/ adj matemático

mathematician /ˌmæθəməˈtɪʃn/ n matemático, -a

mathematics /ˌmæθəˈmætɪks/ n [incontable] (formal) matemáticas

maths /mæθs/ (USA math /mæθ/) n [incontable] matemáticas

matinee (tb matinée) /ˈmætɪneɪ; USA ˌmætnˈeɪ/ n matiné (Cine, Teat)

mating /ˈmeɪtɪŋ/ n apareamiento: *mating season* época de celo

matrimonial /ˌmætrɪˈməʊniəl/ adj (formal) matrimonial

matrimony /ˈmætrɪməni; USA -məʊni/ n (formal) matrimonio

matrix /ˈmeɪtrɪks/ n (pl **matrices** /-trɪsiːz/) (Mat) matriz

matt (USA mat) /mæt/ adj mate ◆ Comparar con GLOSS

matted /ˈmætɪd/ adj enmarañado

matter /ˈmætə(r)/ nombre, verbo
▶ n **1** asunto: *I have nothing further to say on the matter.* No tengo nada más que decir al respecto. **2** (Fís) materia **3** material: *printed matter* impresos Ver tb SUBJECT MATTER LOC **a matter of hours, minutes, etc.** cuestión de horas, minutos, etc. ◆ **a matter of life and death** cuestión de vida o muerte ◆ **a matter of opinion** cuestión de opinión ◆ **as a matter of course** por costumbre ◆ **as a matter of fact** en realidad ◆ **be the matter (with sb/sth)** pasarle a algn/algo: *What's the matter with him?* ¿Qué le pasa? ◇ *Is anything the matter?* ¿Pasa algo? ◇ *What's the matter with my dress?* ¿Qué pasa con mi vestido? ◆ **for that matter** en realidad ◆ **it's just/only a matter of time** es solo cuestión de tiempo ◆ **no matter who, what, where, etc.** no matter what he says diga lo que diga ◇ *no matter how rich he is* por muy rico que sea ◇ *no matter what* pase lo que pase ◆ **take matters into your own hands** decidir actuar por cuenta propia Ver tb LET, WORSE
▶ vi ~ (to sb) importar (a algn): *It doesn't matter.* No importa.

ˌmatter-of-ˈfact *adj* **1** (*estilo*) prosaico **2** (*persona*) impasible: *He's always very matter-of-fact.* Nunca se deja llevar por las emociones.

mattress /ˈmætrəs/ *n* colchón

mature /məˈtʃʊə(r); *GB tb* məˈtjʊə(r); *USA tb* məˈtʊər/ *adjetivo, verbo*
▸ *adj* **1** maduro **2** (*inversión, seguro*) vencido
▸ **1** *vi* madurar **2** *vt* hacer madurar **3** *vi* (*Econ*) vencer **maturity** *n* madurez

maul /mɔːl/ *vt* **1** (*fiera*) herir gravemente **2** maltratar

mausoleum /ˌmɔːsəˈliːəm/ *n* mausoleo

mauve /məʊv/ *adj, n* malva

maverick /ˈmævərɪk/ *adj, n* inconformista

maxim /ˈmæksɪm/ *n* máxima

maximize, -ise /ˈmæksɪmaɪz/ *vt* potenciar, llevar al máximo

maximum 0̶ᴡ /ˈmæksɪməm/ *adj, n* (*pl* **maxima** /ˈmæksɪmə/) (*abrev* max.) máximo

May 0̶ᴡ /meɪ/ *n* mayo ➜ *Ver ejemplos en* JANUARY

may 0̶ᴡ /meɪ/ *v modal* (*pt* **might** /maɪt/, *neg* **might not, mightn't** /ˈmaɪtnt/)

🔎 **May** es un verbo modal al que sigue un infinitivo sin **to** y las oraciones interrogativas y negativas se construyen sin el auxiliar **do**. Solo tiene dos formas: presente, **may**, y pasado, **might**.

1 (*permiso*) poder: *You may come if you wish.* Puedes venir si quieres. ◇ *May I go to the toilet?* ¿Puedo ir al servicio? ◇ *You may as well go home.* Vete a casa si quieres.

🔎 Para pedir permiso, **may** se considera más cortés que **can**, aunque **can** es mucho más normal: *Can I come in?* ¿Puedo pasar? ◇ *I'll take a seat, if I may.* Tomaré asiento, si no le importa. Sin embargo, en el pasado se usa **could** mucho más que **might**: *She asked if she could come in.* Preguntó si podía pasar.

2 (*tb* might) (*posibilidad*) poder (que): *They may/might not come.* Puede que no vengan. ➜ *Ver nota en* PODER¹ **LOC** **be that as it may** sea como fuere

maybe 0̶ᴡ /ˈmeɪbi/ *adv* quizá(s), a lo mejor

mayhem /ˈmeɪhem/ *n* [*incontable*] alboroto

mayonnaise /ˌmeɪəˈneɪz; *USA* ˈmeɪəneɪz/ *n* mayonesa

mayor 0̶ᴡ /meə(r); *USA* ˈmeɪər/ *n* alcalde, -esa

mayoress /meəˈres; *USA* ˈmeɪərəs/ *n* **1** alcaldesa **2** esposa del alcalde

maypole /ˈmeɪpəʊl/ *n* palo alrededor del cual se baila en la fiesta del 1 de mayo

maze /meɪz/ *n* laberinto

me 0̶ᴡ /miː/ *pron* **1** (*como objeto*) me: *Don't hit me.* No me pegues. ◇ *Tell me all about it.* Cuéntamelo todo. **2** (*después de preposición*) mí: *as for me* en cuanto a mí ◇ *Come with me.* Ven conmigo. **3** (*cuando va solo o después del verbo* **be**) yo: *Hello, it's me.* Hola, soy yo. ➜ *Comparar con* I

meadow /ˈmedəʊ/ *n* prado

meagre (*USA* **meager**) /ˈmiːgə(r)/ *adj* escaso, pobre

meal 0̶ᴡ /miːl/ *n* comida: *Shall we go out for a meal tonight?* ¿Salimos a cenar esta noche? *Ver tb* READY MEAL **LOC** **make a meal of sth** (*coloq*) hacer algo con una atención o un esfuerzo exagerado *Ver tb* SQUARE

mealtime /ˈmiːltaɪm/ *n* hora de comer

mean 0̶ᴡ /miːn/ *verbo, adjetivo, nombre*
▸ *vt* (*pt, pp* **meant** /ment/) **1** ~ sth (to sb) significar algo (para algn): *You know how much Patricia means to me.* Sabes lo mucho que Patricia significa para mí. ◇ *That name doesn't mean anything to me.* Ese nombre no me dice nada. **2** querer decir, significar: *Do you know what I mean?* ¿Sabes lo que quiero decir? ◇ *What does 'cuero' mean?* ¿Qué quiere decir "cuero"? **3** pretender: *I didn't mean to.* Ha sido sin querer. ◇ *I meant to have washed the car today.* Pensaba haber lavado el coche hoy. **4** decir en serio: *She meant it as a joke.* No lo dijo en serio. ◇ *I'm never coming back — I mean it!* ¡No volveré nunca, lo digo en serio! **5** suponer: *His new job means him travelling more.* Su nuevo trabajo le supone viajar más. **LOC** **be meant for each other** estar hechos el uno para el otro ♦ **be meant to be/do sth** *This place is meant to be excellent.* Se supone que este sitio es excelente. ◇ *Is this meant to happen?* ¿Es esto lo que se supone que tiene que pasar? ♦ **I mean** (*coloq*) quiero decir: *It's very warm, isn't it? I mean, for this time of year.* Hace mucho calor ¿no? Quiero decir, para esta época del año. ◇ *We went there on Tuesday, I mean Thursday.* Fuimos el martes, quiero decir, el jueves. ♦ **mean business** (*coloq*) tener buenas intenciones ♦ **mean well** tener buenas intenciones *Ver tb* WELL MEANING
▸ *adj* (**meaner, -est**) **1** tacaño **2** ~ (to sb) mezquino (con algn) **3** [*solo antes de sustantivo*] medio
▸ *n* (*Mat*) media *Ver tb* MEANS

meander /miˈændə(r)/ *verbo, nombre*
▸ *vi* **1** (*río*) serpentear **2** (*persona*) deambular **3** (*conversación*) divagar
▸ *n* (*de un río*) meandro

meaning 0̶ᴡ /ˈmiːnɪŋ/ *n* significado

meaningful /ˈmiːnɪŋfl/ *adj* significativo

meaningless /ˈmiːnɪŋləs/ *adj* sin sentido

meanness /ˈmiːnnəs/ n [incontable] tacañería, mezquindad

means ⚊ /miːnz/ n (pl **means**) **1** ~ (of sth/doing sth) medio, forma (de algo/de hacer algo) **2** [pl] medios (económicos, etc.) ᴸᴼᶜ **a means to an end** un medio para conseguir un fin ◆ **by all means** desde luego Ver tb WAY

meant pt, pp de MEAN

meantime /ˈmiːntaɪm/ n ᴸᴼᶜ **in the meantime** mientras tanto

meanwhile ⚊ /ˈmiːnwaɪl/ adv mientras tanto

measles /ˈmiːzlz/ n [incontable] sarampión Ver tb GERMAN MEASLES

measurable /ˈmeʒərəbl/ adj **1** medible **2** sensible

measure ⚊ /ˈmeʒə(r)/ verbo, nombre
▸ vt, vi medir ᴾᴴᴿ ⱽ **measure (sb/sth) up** medir (a algn/algo): The tailor measured me up for a suit. El sastre me ha tomado medidas para un traje. ◆ **measure up (to sth/sb)** estar a la altura (de algo/algn)
▸ n **1** medida: weights and measures pesos y medidas ◇ to take measures to do sth tomar medidas para hacer algo **2** [sing]: a/some measure of knowledge/success cierto conocimiento/éxito **3** [sing] **a ~ of sth** un signo de algo: It is a measure of how bad the situation is. Es un signo de la gravedad de la situación. **4** Ver TAPE MEASURE **5** (USA) (Mús) compás ᴸᴼᶜ **for good measure** para no quedarse cortos ◆ **made to measure** hecho a medida

measured /ˈmeʒəd/ adj **1** (lenguaje) comedido **2** (pasos) pausado

measurement ⚊ /ˈmeʒəmənt/ n **1** medición **2** medida

measuring tape n Ver TAPE MEASURE

meat ⚊ /miːt/ n carne Ver tb COLD MEATS

meatball /ˈmiːtbɔːl/ n albóndiga

meaty /ˈmiːti/ adj (**meatier, -iest**) **1** carnoso **2** (artículo, etc.) sustancioso

mechanic /məˈkænɪk/ n **1** mecánico, -a **mechanical** adj mecánico **mechanically** /-kli/ adv mecánicamente: I'm not mechanically minded. No se me dan bien las máquinas.

mechanics /məˈkænɪks/ n **1** [incontable] mecánica (ciencia) **2 the mechanics** [pl] ~ (of sth) (fig) la mecánica, el funcionamiento (de algo)

mechanism /ˈmekənɪzəm/ n mecanismo

medal /ˈmedl/ n medalla

medallion /məˈdæliən/ n medallón

medallist (USA medalist) /ˈmedəlɪst/ n medallista

meddle /ˈmedl/ vi (pey) **1** ~ (in/with sth) entrometerse (en algo) **2** ~ (with sth) jugar (con algo)

media ⚊ /ˈmiːdiə/ n **1 the media** [v sing o pl] los medios de comunicación: media coverage cobertura mediática ◇ media studies estudios de periodismo Ver tb SOCIAL MEDIA **2** pl de MEDIUM

mediaeval = MEDIEVAL

mediate /ˈmiːdieɪt/ vi mediar **mediation** n mediación **mediator** /ˈmiːdieɪtə(r)/ n mediador, -ora

medic /ˈmedɪk/ n (coloq) **1** estudiante de medicina **2** médico, -a

medical ⚊ /ˈmedɪkl/ adjetivo, nombre
▸ adj **1** médico: medical student estudiante de medicina **2** (caso) clínico
▸ n reconocimiento médico

medication /ˌmedɪˈkeɪʃn/ n medicación

medicinal /məˈdɪsɪnl/ adj medicinal

medicine ⚊ /ˈmedsn; GB tb ˈmedsn/ n medicina

medieval /ˌmediˈiːvl; USA tb ˌmiːdˈiːvl/ adj medieval

mediocre /ˌmiːdiˈəʊkə(r)/ adj mediocre **mediocrity** /ˌmiːdiˈɒkrəti/ n (pl **mediocrities**) **1** mediocridad **2** (persona) mediocre

meditate /ˈmedɪteɪt/ vi ~ (on/upon sth) meditar (sobre algo) **meditation** n meditación

Mediterranean /ˌmedɪtəˈreɪniən/ adj mediterráneo

medium ⚊ /ˈmiːdiəm/ adjetivo, nombre
▸ adj medio, mediano: I'm medium. Uso la talla mediana. ◇ medium-sized mediano
▸ n **1** (pl **media, mediums**) medio Ver tb MEDIA **2** (pl **mediums**) médium

medley /ˈmedli/ n (pl **medleys**) popurrí

meek /miːk/ adj (**meeker, -est**) manso **meekly** adv mansamente

meet ⚊ /miːt/ verbo, nombre
▸ (pt, pp **met** /met/) **1** vt, vi encontrar(se): Will you meet me at the station? ¿Irás a esperarme a la estación? ◇ What time shall we meet? ¿A qué hora quedamos? ◇ Our eyes met across the table. Nuestras miradas se cruzaron en la mesa. **2** vi reunirse **3** vt, vi conocer(se): I'd like you to meet... Quiero presentarte a... **4** vt, vi enfrentar(se) (a) (en una competición) **5** vt (demanda) satisfacer: They failed to meet payments on their loan. No pudieron pagar las letras del préstamo. ᴸᴼᶜ **meet sb's eye** mirar a algn a los ojos ◆ **nice/pleased to meet you** encantado de conocerle Ver tb END, MATCH ᴾᴴᴿ ⱽ **meet up (with sb)** encontrarse, quedar (con algn)
▸ n **1** (GB) partida de caza **2** (esp USA) (Dep) encuentro

ð then   s so   z zoo   ʃ she   ʒ vision   h how   ŋ sing   j yes   w wet

meeting /ˈmiːtɪŋ/ n **1** reunión: *Annual General Meeting* junta general anual **2** encuentro: *meeting place* lugar de encuentro **3** (*Pol*) mitin **4** (*USA tb* meet) (*Dep*) encuentro

meetup /ˈmiːtʌp/ n quedada, encuentro

mega /ˈmegə/ adj, adv (*coloq*) super-: *a mega hit* un superéxito ◇ *to be mega rich* ser superrico

megabyte /ˈmegəbaɪt/ (*coloq* meg /meg/) n (*abrev* MB) (*Informát*) megabyte

megacity /ˈmegəsɪti/ n (*pl* **megacities**) megaciudad

megalodon /ˈmegələdɒn/ n megalodonte

megaphone /ˈmegəfəʊn/ n megáfono

melancholy /ˈmelənkɒli; *GB tb* -kəli/ nombre, adjetivo
▶ n (*formal*) melancolía
▶ adj **1** (*cosa*) triste **2** (*persona*) melancólico

melee /ˈmeleɪ; *USA* ˈmeɪleɪ/ n melé

mellow /ˈmeləʊ/ adjetivo, verbo
▶ adj (**mellower, -est**) **1** (*color, sabor*) suave **2** (*sonido*) dulce **3** (*actitud*) comprensivo **4** (*coloq*) alegre (*de beber*)
▶ vt, vi (*persona*) suavizar(se)

melodic /məˈlɒdɪk/ adj melódico

melodious /məˈləʊdiəs/ adj melodioso

melodrama /ˈmelədrɑːmə/ n melodrama
 melodramatic /ˌmelədrəˈmætɪk/ adj melodramático

melody /ˈmelədi/ n (*pl* **melodies**) melodía

melon /ˈmelən/ n melón

melt ⟳ /melt/ vt, vi **1** derretir(se), fundir(se): *melting point* punto de fusión **2** disolver(se) **3** (*persona, corazón*) ablandar(se) **LOC** melt in your mouth deshacerse en la boca **PHRV** melt away **1** derretirse (*por completo*) **2** desaparecer ◆ melt sth down fundir algo

melting pot n amalgama (*de razas, culturas, etc.*) **LOC** in the melting pot en proceso de cambio

member ⟳ /ˈmembə(r)/ n **1** miembro: *Member of Parliament* diputado ◇ *a member of the audience* uno de los asistentes **2** socio, -a (*de un club*) **3** (*Anat*) miembro

membership ⟳ /ˈmembəʃɪp/ n **1** afiliación: *to apply for membership* solicitar el ingreso ◇ *membership card* tarjeta de socio **2** (*número de*) miembros/socios

membrane /ˈmembreɪn/ n membrana

meme /miːm/ n (*Internet*) meme

memento /məˈmentəʊ/ n (*pl* **mementoes**, **mementos**) recuerdo (*objeto*)

memo /ˈmeməʊ/ n (*pl* **memos**) memorándum, memorando

memoir /ˈmemwɑː(r)/ (*tb* memoirs [*pl*]) n memorias (*escritas*)

memorabilia /ˌmemərəˈbɪliə/ n [*pl*] objetos de coleccionista

memorable /ˈmemərəbl/ adj memorable

memorandum /ˌmeməˈrændəm/ n (*pl* **memoranda** /-də/) **1** (*formal*) *Ver* MEMO **2** (*Jur*) minuta

memorial /məˈmɔːriəl/ n ~ (**to sb/sth**) monumento conmemorativo (de algn/algo)

Me¹morial Day n Día de los Caídos ⟳ *Ver nota en* REMEMBRANCE SUNDAY

memorization, -isation /ˌmeməraɪˈzeɪʃn; *USA* -rə¹-/ n memorización

memorize, -ise /ˈmeməraɪz/ vt memorizar

memory ⟳ /ˈmeməri/ n (*pl* **memories**) **1** memoria: *from memory* de memoria **2** recuerdo **LOC** in memory of sb; to the memory of sb en memoria de algn *Ver tb* JOG, LIVING, REFRESH

ˈ**memory card** n (*Informát*) tarjeta de memoria

ˈ**memory stick** n (*Informát*) lápiz de memoria

men *pl de* MAN

menace /ˈmenəs/ nombre, verbo
▶ n **1** ~ (**to sb/sth**) amenaza (para algn/algo) **2** (*coloq*) (*persona o cosa molesta*) peligro (público)
▶ vt (*formal*) amenazar **menacing** adj amenazador

mend /mend/ verbo, nombre
▶ **1** vt arreglar **2** vi curarse **LOC** mend your ways enmendarse
▶ n **LOC** on the mend (*coloq*) mejorando

meningitis /ˌmenɪnˈdʒaɪtɪs/ n [*incontable*] meningitis

menopause /ˈmenəpɔːz/ n menopausia

menstrual /ˈmenstruəl/ adj menstrual

menstruation /ˌmenstruˈeɪʃn/ n menstruación

menswear /ˈmenzweə(r)/ n [*incontable*] ropa de caballero

mental ⟳ /ˈmentl/ adj **1** mental **2** (*GB, argot*) mal de la cabeza

mentality /menˈtæləti/ n (*pl* **mentalities**) mentalidad

mentally ⟳ /ˈmentəli/ adv mentalmente: *mentally ill/disturbed* enfermo mental/trastornado

mention ⟳ /ˈmenʃn/ verbo, nombre
▶ vt mencionar, decir, hablar de: *worth mentioning* digno de mención **LOC** don't mention it no hay de qué, de nada ◆ not to mention… por no hablar de…, sin contar…
▶ n mención, alusión

mentor /ˈmentɔː(r)/ n mentor, -ora

menu ⟳ /ˈmenjuː/ n **1** menú, carta **2** (*Informát*) menú

M

meow = MIAOW

MEP /ˌem iː ˈpiː/ n (abrev de Member of the European Parliament) eurodiputado, -a

mercenary /ˈmɜːsənəri; USA -neri/ adj, n (pl **mercenaries**) mercenario, -a

merchandise /ˈmɜːtʃəndaɪs, -daɪz/ n [incontable] **1** (formal) mercancía(s), mercadería(s) **2** artículos de promoción **merchandising** n comercialización

merchant /ˈmɜːtʃənt/ nombre, adjetivo
▸ n **1** comerciante, mayorista (que comercia con el extranjero) **2** (Hist) mercader `LOC` Ver DOOM
▸ adj mercante: merchant navy marina mercante ◇ merchant bank banco mercantil

merciful /ˈmɜːsɪfl/ adj **1** ~ (to/towards sb) compasivo, clemente (con algn) **2** (suceso) feliz **mercifully** /-fəli/ adv **1** felizmente **2** compasivamente, con piedad

merciless /ˈmɜːsɪləs/ adj ~ (to/towards sb) despiadado (con algn)

Mercury /ˈmɜːkjəri/ n Mercurio

mercury /ˈmɜːkjəri/ n mercurio

mercy /ˈmɜːsi/ n (pl **mercies**) **1** [incontable] compasión, clemencia: to have mercy on sb tener compasión de algn ◇ mercy killing eutanasia **2** (coloq) bendición: It's a mercy that… Es una suerte que… `LOC` at the mercy of sb/sth a merced de algn/algo

mere /mɪə(r)/ adj mero, simple: He's a mere child. No es más que un niño. ◇ mere coincidence pura casualidad ◇ the mere thought of him con solo pensar en él `LOC` the merest… el menor…: The merest glimpse was enough. Un simple vistazo fue suficiente.

merely /ˈmɪəli/ adv solo, meramente

merge /mɜːdʒ/ vt, vi ~ (sth) (with/into sth) **1** (Econ) fusionar algo, fusionarse (con/en algo): Three small companies merged into one large one. Tres empresas pequeñas se fusionaron para formar una grande. **2** entremezclar algo, entremezclarse; unir algo, unirse (con/en algo): Past and present merge in Oxford. En Oxford se entremezclan el pasado y el presente.

merger /ˈmɜːdʒə(r)/ n (Econ) fusión (de empresas)

meringue /məˈræŋ/ n merengue

merit /ˈmerɪt/ nombre, verbo
▸ n mérito: to judge sth on its merits juzgar algo por sí mismo
▸ vt (formal) merecer, ser digno de

mermaid /ˈmɜːmeɪd/ n sirena (mujer pez)

merriment /ˈmerɪmənt/ n (formal) alegría, regocijo

merry /ˈmeri/ adj (**merrier, -iest**) **1** alegre: Merry Christmas! ¡Feliz Navidad! **2** (coloq) alegre (por haber bebido)

merry-go-round n tiovivo

mesh /meʃ/ n malla: wire mesh tela metálica

mesmerize, -ise /ˈmezməraɪz/ vt hipnotizar

mess /mes/ nombre, verbo
▸ n **1** desorden, desastre: He always looks such a mess! ¡Siempre va hecho un desastre! ◇ This kitchen's a mess! ¡Esta cocina está hecha un asco! **2** enredo, lío **3** [sing] guarro, -a **4** (coloq) (excremento) inmundicia **5** (USA tb ˈmess hall) (Mil) comedor `LOC` make a mess of sth **1** desordenar algo **2** ensuciar algo **3** (planes, vida, etc.) arruinar algo
▸ vt (esp USA, coloq) desordenar `PHR V` mess about/around **1** hacer el tonto **2** pasar el rato ◆ mess sb about/around; mess about/around with sb tratar con desconsideración a algn, jugar con algn ◆ mess about/around with sth enredar con algo ◆ mess sb up (coloq) traumatizar a algn: Drugs can mess you up. Las drogas te pueden destrozar la vida. ◆ mess sth up **1** (tb mess up) estropear algo, estropear las cosas **2** ensuciar, desordenar algo: Don't mess up my hair! ¡No me despeines! ◆ mess with sb/sth meterse con algn/algo

message /ˈmesɪdʒ/ nombre, verbo
▸ n **1** mensaje Ver tb TEXT MESSAGE **2** recado `LOC` get the message (coloq) enterarse
▸ vt mandar un mensaje a ➔ Ver nota en ORDENADOR

message board n (Internet) tablón de anuncios

messaging /ˈmesɪdʒɪŋ/ n mensajería (SMS, Internet): instant messaging mensajería instantánea

messenger /ˈmesɪndʒə(r)/ n mensajero, -a

Messiah (tb messiah) /məˈsaɪə/ n Mesías

messy /ˈmesi/ adj (**messier, -iest**) **1** sucio **2** desordenado **3** (situación) embrollado

met pt, pp de MEET

metabolism /məˈtæbəlɪzəm/ n metabolismo

metal /ˈmetl/ n metal **metallic** /məˈtælɪk/ adj metálico

metalwork /ˈmetlwɜːk/ n [incontable] trabajo del metal

metamorphose /ˌmetəˈmɔːfəʊz/ vt, vi (formal) convertir(se) **metamorphosis** /ˌmetəˈmɔːfəsɪs/ n (pl **metamorphoses** /-siːz/) (formal) metamorfosis

metaphor /ˈmetəfə(r), -fɔː(r)/ n metáfora **metaphorical** /ˌmetəˈfɒrɪkl; USA -ˈfɔːr-/ adj metafórico

metaphysical /ˌmetəˈfɪzɪkl/ *adj* metafísico

metaphysics /ˌmetəˈfɪzɪks/ *n* [*incontable*] metafísica

meteor /ˈmiːtiə(r), -tiɔː(r)/ *n* meteorito **meteoric** /ˌmiːtiˈɒrɪk; *USA* -ˈɔːrɪk/ *adj* meteórico

meteorite /ˈmiːtiəraɪt/ *n* meteorito

meteorological /ˌmiːtiərəˈlɒdʒɪkl/ *adj* meteorológico

meteorology /ˌmiːtiəˈrɒlədʒi/ *n* meteorología

meter /ˈmiːtə(r)/ *nombre, verbo*
▶ *n* **1** contador **2** *Ver* PARKING METER **3** (*USA*) = METRE
▶ *vt* medir

meth /meθ/ (*tb* crystal meth) *n* (*coloq*) cristal, metanfetamina

methane /ˈmiːθeɪn; *USA* ˈmeθeɪn/ *n* metano

method ⊶ /ˈmeθəd/ *n* método: *a method of payment* un sistema de pago **methodical** /məˈθɒdɪkl/ *adj* metódico

Methodist /ˈmeθədɪst/ *adj, n* metodista

methodology /ˌmeθəˈdɒlədʒi/ *n* (*pl* **methodologies**) metodología

methylated spirits /ˌmeθəleɪtɪd ˈspɪrɪts/ (*coloq* meths /meθs/) *n* alcohol de quemar

meticulous /məˈtɪkjələs/ *adj* meticuloso

metre (*USA* meter) /ˈmiːtə(r)/ *n* (*abrev* **m**) metro **metric** /ˈmetrɪk/ *adj* métrico: *the metric system* el sistema métrico decimal

metropolis /məˈtrɒpəlɪs/ *n* (*pl* **metropolises**) metrópoli **metropolitan** /ˌmetrəˈpɒlɪtən/ *adj* metropolitano

metrosexual /ˌmetrəˈsekʃuəl/ *adj, n* metrosexual

mezzanine /ˈmezəniːn, ˈmetsə-/ *n* entresuelo

miaow /miˈaʊ/ *nombre, verbo*
▶ *n* maullido
▶ *vi* maullar

mice *pl de* MOUSE

mickey /ˈmɪki/ *n* **LOC** take the mickey (out of sb) (*GB, coloq*) burlarse (de algn)

microbe /ˈmaɪkrəʊb/ *n* microbio

microblog /ˈmaɪkrəʊblɒɡ/ *n* (*Internet*) microblog

microbrewery /ˈmaɪkrəʊbruːəri/ *n* (*pl* **microbreweries**) cervecería artesanal

microchip /ˈmaɪkrəʊtʃɪp/ *n* microchip

microcosm /ˈmaɪkrəʊkɒzəm/ *n* microcosmos

microlight /ˈmaɪkrəʊlaɪt/ *n* ultraligero

microorganism /ˌmaɪkrəʊˈɔːɡənɪzəm/ *n* microorganismo

micropayment /ˈmaɪkrəʊpeɪmənt/ *n* micropago

microphone /ˈmaɪkrəfəʊn/ *n* micrófono

microprocessor /ˌmaɪkrəʊˈprəʊsesə(r)/ *n* microprocesador

microscope /ˈmaɪkrəskəʊp/ *n* microscopio **microscopic** /ˌmaɪkrəˈskɒpɪk/ *adj* microscópico

microwave /ˈmaɪkrəweɪv/ *nombre, verbo*
▶ *n* microondas
▶ *vt* calentar/cocinar en microondas

MID /ˌem aɪ ˈdiː/ *n* (*abrev de* mobile Internet device) dispositivo móvil para internet

mid- ⊶ /mɪd/ *pref* in mid-July a mediados de julio ◇ *mid-morning* media mañana ◇ *in mid-sentence* a mitad de frase

mid-ˈair *adj, n* en el aire: *in mid-air* en el aire ◇ *to leave sth in mid-air* dejar algo sin resolver

midday ⊶ /ˌmɪdˈdeɪ/ *n* mediodía

middle ⊶ /ˈmɪdl/ *nombre, adjetivo*
▶ *n* **1** the middle [*sing*] el medio, el centro: *in the middle of the night* en mitad de la noche **2** (*coloq*) cintura **LOC** be in the middle of (doing) sth estar haciendo algo ◆ the middle of nowhere (*coloq*) el quinto pino
▶ *adj* central, medio: *middle management* ejecutivos de nivel intermedio ◇ *middle finger* dedo corazón **LOC** the middle ground terreno neutral ◆ (steer, take, etc.) a middle course (tomar/seguir) una línea intermedia

middle ˈage *adj* madurez **middle-aged** *adj* de mediana edad

the ˌMiddle ˈAges *n* [*pl*] la Edad Media

middle ˈclass *nombre, adjetivo*
▶ *n* (*tb* middle classes [*pl*]) clase media
▶ *adj* **middle-class** de clase media

middleman /ˈmɪdlmæn/ *n* (*pl* **-men** /-men/) intermediario

middle ˈname *n* segundo nombre

🔎 En los países de habla inglesa, además de un nombre de pila y un apellido, muchas personas tienen un segundo nombre o **middle name**.

ˌmiddle-of-the-ˈroad *adj* moderado

ˈmiddle school *n* colegio de enseñanza media para alumnos de 9 a 13 años

midfield /ˈmɪdfiːld, ˌmɪdˈfiːld/ *n* centro del campo **midfielder** /ˌmɪdˈfiːldə(r)/ (*tb* ˈmidfield player) *n* centrocampista

midge /mɪdʒ/ *n* mosquito pequeño

midget /ˈmɪdʒɪt/ *n* (*pey*) enano, -a

the Midlands /ðə ˈmɪdləndz/ *n* los condados centrales de Inglaterra

midlife /mɪdˈlaɪf/ *n* *midlife crisis* crisis de los cuarenta

midnight o─ /'mɪdnaɪt/ n medianoche

midriff /'mɪdrɪf/ n abdomen

midst /mɪdst/ n (formal) medio LOC **in our, their, etc. midst** (formal) entre nosotros, ellos, etc. ◆ **in the midst of (doing) sth** en medio de (hacer) algo

midsummer /ˌmɪd'sʌmə(r)/ n período alrededor del solsticio de verano (21 de junio): *Midsummer's Day* día de San Juan (24 de junio)

midway /ˌmɪd'weɪ/ adv a medio camino

midweek /ˌmɪd'wiːk/ n entre semana: *in midweek* a mediados de semana

midwife /'mɪdwaɪf/ n (pl **midwives** /-waɪvz/) comadrón, -ona **midwifery** /ˌmɪd'wɪfəri/; USA tb -'waɪ-/ n obstetricia

midwinter /ˌmɪd'wɪntə(r)/ n período alrededor del solsticio de invierno (21 de diciembre)

miffed /mɪft/ adj (coloq) cabreado

might o─ /maɪt/ verbo, nombre
▸ v modal (neg **might not, mightn't** /'maɪtnt/)

🔍 **Might** es un verbo modal al que sigue un infinitivo sin **to** y las oraciones interrogativas y negativas se construyen sin el auxiliar **do.**

  1 pt de MAY **2** (tb may) (posibilidad) poder (que): *They may/might not come.* Puede que no vengan. ◇ *I might be able to.* Es posible que pueda. **3** (formal): *Might I make a suggestion?* ¿Podría hacer una sugerencia? ◇ *And who might she be?* Y ¿esa quién será? **4** *You might at least offer to help!* Lo menos que podrías hacer es echar una mano. ◇ *You might have told me!* ¡Me lo podías haber dicho! ⊃ Ver notas en MAY, PODER¹
▸ n [incontable] (formal) fuerza: *with all their might* con todas sus fuerzas ◇ *military might* poderío militar

mighty /'maɪti/ adj (**mightier, -iest**) **1** poderoso, potente **2** enorme

migraine /'maɪɡreɪn/; GB tb /'miːɡreɪn/ n migraña

migrant /'maɪɡrənt/ n **1** (persona) emigrante **2** animal/ave migratorio

migrate /maɪ'ɡreɪt/; USA /'maɪɡreɪt/ vi migrar **migration** /maɪ'ɡreɪʃn/ adj migración, emigración **migratory** /'maɪɡrətri, maɪ'ɡreɪtəri; USA 'maɪɡrətɔːri/ adj migratorio

mike /maɪk/ n (coloq) micrófono

mild o─ /maɪld/ adj (**milder, -est**) **1** (sabor, etc.) suave **2** (enfermedad, castigo) leve **3** (clima) templado: *a mild winter* un invierno suave **4** ligero **5** (carácter) apacible

mildew /'mɪldjuː; USA -duː/ n [incontable] moho

mildly /'maɪldli/ adv ligeramente, un tanto: *mildly surprised* un tanto sorprendido LOC **to put it mildly** por no decir otra cosa, cuando menos

mild-'mannered adj apacible, manso

mile o─ /maɪl/ n **1** milla ⊃ Ver pág 804; Ver tb FOOD **MILE 2 miles** (coloq): *He's miles better.* Él es mucho mejor. **3 the mile** [sing] carrera de una milla LOC **be miles away** (coloq) estar en la inopia ◆ **miles from anywhere** (coloq) en el quinto pino ◆ **see, tell, smell, etc. sth a mile off** (coloq) notar algo a la legua **mileage** /'maɪlɪdʒ/ n **1** recorrido en millas, kilometraje **2** (coloq) ventaja: *to get a lot of mileage out of sth* sacarle mucho provecho a algo

milestone /'maɪlstəʊn/ n **1** hito **2** mojón (en carretera)

milieu /miː'ljɜː/ n (pl **milieux, milieus** /-'ljɜːz/) (formal) entorno social

militant /'mɪlɪtənt/ adj, n militante

military o─ /'mɪlətri; USA -teri/ adjetivo, nombre
▸ adj militar
▸ n **the military** [v sing o pl] los militares, el ejército

militia /mə'lɪʃə/ n [v sing o pl] milicia **militiaman** n (pl **-men** /-'lɪʃəmən/) miliciano

milk o─ /mɪlk/ nombre, verbo
▸ n leche: *milk products* productos lácteos LOC Ver CRY
▸ vt **1** ordeñar **2** (pey) (aprovecharse de) exprimir

milkman /'mɪlkmən/ n (pl **-men** /-mən/) lechero

milkshake /'mɪlkʃeɪk/ n batido

milky /'mɪlki/ adj **1** (té, café) con leche **2** lechoso

the Milky 'Way n la Vía Láctea

mill /mɪl/ nombre, verbo
▸ n **1** molino **2** fábrica: *steel mill* acerería **3** molinillo
▸ vt moler PHR V **mill about/around** arremolinarse

millennial /mɪ'leniəl/ n milénico, -a (nacido entre 1980 y 2000)

millennium /mɪ'leniəm/ n (pl **millennia** /-niə/, **milenniums**) milenio

millet /'mɪlɪt/ n mijo

milligram o─ (tb milligramme) /'mɪlɪɡræm/ n (abrev mg) miligramo

millilitre (tb esp USA milliliter) /'mɪlɪliːtə(r)/ n (abrev ml) mililitro

millimetre o─ (USA millimeter) /'mɪlɪmiːtə(r)/ n (abrev mm) milímetro

million o─ /'mɪljən/ n millón

🔍 Para referirnos a dos, tres, etc. millones, decimos **two, three, etc. million** sin la "s": *four*

| ð then | s so | z zoo | ʃ she | ʒ vision | h how | ŋ sing | j yes | w wet |

million euros. La forma **millions** significa "mucho(s)": *The company is worth millions.* La empresa vale una millonada. ◇ *I have millions of things to do.* Tengo un montón de cosas que hacer. Lo mismo se aplica a las palabras **hundred, thousand** y **billion**.

LOC one, etc. in a million excepcional

millionaire /ˌmɪljəˈneə(r)/ *n* millonario, -a

millionth ०━ /ˈmɪljənθ/ **1** *adj* millonésimo **2** *n* millonésima parte ➔ *Ver ejemplos en* FIFTH

millipede /ˈmɪlɪpiːd/ *n* milpiés

milometer /maɪˈlɒmɪtə(r)/ *n* cuentakilómetros

mime /maɪm/ *nombre, verbo*
▸ *n* mimo: *a mime artist* un/una mimo
▸ **1** *vt, vi* hacer mímica (de) **2** *vt* imitar

mimic /ˈmɪmɪk/ *verbo, nombre*
▸ *vt* (*pt, pp* **mimicked**, *part pres* **mimicking**) imitar
▸ *n* imitador, -ora

mince /mɪns/ *verbo, nombre*
▸ *vt* picar (*carne*) **LOC** not mince (your) words no andarse con rodeos
▸ *n* [*incontable*] carne picada

mincemeat /ˈmɪnsmiːt/ *n* relleno de frutas desecadas y especias **LOC** make mincemeat of sb (*coloq*) hacer picadillo a algn

mince 'pie *n* pastelito navideño relleno de frutas desecadas y especias

mind ०━ /maɪnd/ *nombre, verbo*
▸ *n* **1** mente, cerebro **2** ánimo **3** pensamiento(s): *My mind was on other things.* Estaba pensando en otra cosa. **4** juicio: *to be sound in mind and body* estar sano en cuerpo y alma **LOC** be in two minds about (doing) sth estar indeciso sobre (si hacer) algo ◆ be on your mind *What's on your mind?* ¿Qué te preocupa? ◆ be out of your mind estar como una cabra ◆ come/spring to mind ocurrírsele a algn ◆ go out of/lose your mind volverse loco ◆ have a good mind/half a mind to do sth tener ganas de hacer algo ◆ have a mind of your own ser una persona de mente independiente ◆ have sb/sth in mind (for sth) tener a algn/algo pensado (para algo) ◆ in your mind's eye en la imaginación ◆ make up your mind decidir(se) ◆ put/set/turn your mind to sth; set your mind on sth centrarse en algo; proponerse algo ◆ put/set your/sb's mind at ease/rest tranquilizarse, tranquilizar a algn ◆ take your/sb's mind off sth distraerse, distraer a algn de algo ◆ to my mind a mi parecer *Ver tb* BACK, BEAR, CHANGE, CLOSE¹, CROSS, FRAME, GREAT, PREY, SIGHT, SLIP, SOUND, SPEAK, STATE, UPPERMOST

▸ **1** *vt, vi* importar: *Do you mind if I sit down?* ¿Te importa que me sienta? ◇ *Would you mind going tomorrow?* ¿Te importa ir mañana? ◇ *I wouldn't mind a drink.* No me vendría mal tomar algo. ◇ *I don't mind.* Me da igual. ➔ *Ver nota en* IGUAL **2** *vt, vi* tener cuidado (con): *Mind your head!* ¡Cuidado con la cabeza! **3** *vt* preocuparse de: *Don't mind him.* No le hagas caso. **4** *vt* cuidar de **LOC** do you mind? (*irón*) ¿Te importa? ◆ mind you; mind (*coloq*) a decir verdad ◆ mind your own business (*coloq*) no meterse en lo que no le importa a uno ◆ never mind no importa ◆ never you mind (*coloq*) no preguntes *Ver tb* STEP **PHRV** mind out (for sb/sth) tener cuidado (con algn/algo)

mind-blowing *n* (*coloq*) alucinante

mind-boggling /ˈmaɪnd bɒɡlɪŋ/ *adj* (*coloq*) increíble

minder /ˈmaɪndə(r)/ *n* **1** cuidador, -ora **2** (*guardaespaldas*) gorila

mindful /ˈmaɪndfl/ *adj* (*formal*) consciente
mindfulness *n* [*incontable*] conciencia plena

mindless /ˈmaɪndləs/ *adj* tonto

mind map *n* mapa mental

mine ०━ /maɪn/ *pronombre, nombre, verbo*
▸ *pron* mío, -a, -os, -as: *a friend of mine* un amigo mío ◇ *Where's mine?* ¿Dónde está la mía? ➔ *Comparar con* MY
▸ *n* mina: *mine worker* minero
▸ **1** *vt* extraer (*minerales*) **2** *vt, vi* minar, excavar minas (en) **3** *vt* sembrar minas en

minefield /ˈmaɪnfiːld/ *n* **1** campo de minas **2** (*fig*) terreno peligroso/delicado

miner /ˈmaɪnə(r)/ *n* minero, -a

mineral ०━ /ˈmɪnərəl/ *n* mineral: *mineral water* agua mineral

mingle /ˈmɪŋɡl/ **1** *vt, vi* mezclar(se) **2** *vi* charlar con gente (*en una fiesta, reunión, etc.*): *The president mingled with his guests.* El presidente charló con los invitados.

miniature /ˈmɪnətʃə(r); *USA tb* -tʃʊər/ *adj, n* (en) miniatura

minibus /ˈmɪnɪbʌs/ *n* microbús

minicab /ˈmɪnɪkæb/ *n* radiotaxi

minidisc /ˈmɪnɪdɪsk/ *n* minidisco

minimal /ˈmɪnɪməl/ *adj* mínimo

minimize, -ise /ˈmɪnɪmaɪz/ *vt* minimizar

minimum ०━ /ˈmɪnɪməm/ *adj, n* (*pl* **minima** /ˈmɪnɪmə/) (*abrev* **min.**) mínimo: *There is a minimum charge of…* Se cobra un mínimo de… ◇ *with a minimum of effort* con un esfuerzo mínimo

M

| i: see | i happy | ɪ sit | e ten | æ hat | ɑ: arm | ɒ got | ɔ: saw | ʊ put |

mining /ˈmaɪnɪŋ/ n minería: *the mining industry* la industria minera *Ver tb* DATA MINING

miniskirt /ˈmɪnɪskɜːt/ n minifalda

minister ०▬ /ˈmɪnɪstə(r)/ *nombre, verbo*
▸ n **1** ~ (for/of sth) (*Pol*) ministro, -a; secretario, -a (de algo) ➜ *Ver nota en* MINISTRO **2** ministro, -a (*protestante*) ➜ *Ver nota en* PRIEST
▸ v PHR V **minister to sb/sth** (*formal*) atender a algn/algo

ministerial /ˌmɪnɪˈstɪəriəl/ *adj* ministerial

ministry ०▬ /ˈmɪnɪstri/ n (*pl* **ministries**) **1** (*Pol*) ministerio ➜ *Ver nota en* MINISTERIO **2** the ministry [*sing, v sing o pl*] el clero (*protestante*): *to enter/go into/take up the ministry* hacerse pastor/sacerdote

minivan /ˈmɪnivæn/ n (*esp USA*) monovolumen, furgoneta pequeña de pasajeros

mink /mɪŋk/ n visón

minor ०▬ /ˈmaɪnə(r)/ *adjetivo, nombre*
▸ *adj* **1** secundario: *minor repairs* pequeñas reparaciones ◇ *minor offences* delitos menores ◇ *minor injuries* heridas leves **2** (*Mús*) menor
▸ n menor de edad

minority ०▬ /maɪˈnɒrəti; USA -ˈnɔːr-/ n (*pl* **minorities**) [*v sing o pl*] minoría: *a minority vote* un voto minoritario LOC **be in a/the minority** ser minoría

mint /mɪnt/ *nombre, verbo*
▸ n **1** menta **2** caramelo de menta **3** casa de la moneda LOC **in mint condition** en perfectas condiciones
▸ *vt* acuñar

minus /ˈmaɪnəs/ *preposición, nombre, adjetivo*
▸ *prep* **1** menos **2** (*temperatura*) bajo cero: *minus five* cinco bajo cero **3** (*coloq*) sin: *I'm minus my car today.* Estoy sin coche hoy.
▸ n **1** (*tb* ˈminus sign) (*signo*) menos **2** (*coloq*) desventaja: *the pluses and minuses of sth* los pros y los contras de algo
▸ *adj* (*Mat*) negativo

minute¹ ०▬ /ˈmɪnɪt/ n **1** (*abrev* min.) minuto: *the minute hand* el minutero **2** [*sing*] (*coloq*) momento: *Wait a minute!/Just a minute!* ¡Un momento! **3** [*sing*] instante: *at that very minute* en ese preciso instante **4 minutes** [*pl*] actas (*de una reunión*) LOC **(at) any minute (now)** en cualquier momento ◆ **not for a/one minute** ni por un segundo ◆ **the minute (that)...** en cuanto...

minute² ०▬ /maɪˈnjuːt; USA tb -ˈnuːt/ *adj* (**minuter**, **-est**) **1** diminuto **2** minucioso **minutely** *adv* minuciosamente

miracle /ˈmɪrəkl/ n milagro: *a miracle cure* una cura milagrosa LOC *Ver* WORK **miraculous**

/mɪˈrækjələs/ *adj* milagroso: *He had a miraculous escape.* Salió ileso de milagro.

mirage /mɪˈrɑːʒ; GB tb ˈmɪrɑːʒ/ n espejismo

mirror ०▬ /ˈmɪrə(r)/ *nombre, verbo*
▸ n **1** espejo: *mirror image* réplica exacta/imagen invertida **2** (*en coche*) retrovisor **3** [*sing*] a ~ **of sth** un reflejo de algo
▸ *vt* reflejar

mirth /mɜːθ/ n [*incontable*] **1** risa **2** alegría

misadventure /ˌmɪsədˈventʃə(r)/ n **1** (*Jur*): *death by misadventure* muerte accidental **2** (*formal*) desgracia

misbehave /ˌmɪsbɪˈheɪv/ *vi* portarse mal **misbehaviour** (*USA* misbehavior) /ˌmɪsbɪˈheɪvjə(r)/ n mal comportamiento

miscalculation /ˌmɪskælkjuˈleɪʃn/ n error de cálculo

miscarriage /ˈmɪskærɪdʒ; GB tb ˌmɪsˈkærɪdʒ/ n (*Med*) aborto (*espontáneo*) ➜ *Comparar con* ABORTION LOC **miscarriage of justice** error judicial

miscellaneous /ˌmɪsəˈleɪniəs/ *adj* variado: *miscellaneous expenditure* gastos varios

mischief /ˈmɪstʃɪf/ n [*incontable*] travesura, diablura: *to keep out of mischief* no hacer travesuras **mischievous** /ˈmɪstʃɪvəs/ *adj* **1** (*niño*) travieso **2** (*sonrisa*) pícaro

misconception /ˌmɪskənˈsepʃn/ n idea equivocada: *It is a popular misconception that...* Es un error corriente el creer que...

misconduct /ˌmɪsˈkɒndʌkt/ n (*formal*) **1** mala conducta **2** (*Econ*) mala administración

miser /ˈmaɪzə(r)/ n avaro, -a

miserable /ˈmɪzrəbl/ *adj* **1** triste, infeliz **2** miserable: *miserable weather* tiempo de perros ◇ *I had a miserable time.* Lo pasé fatal. **3** despreciable

miserably /ˈmɪzrəbli/ *adv* **1** tristemente **2** miserablemente: *Their efforts failed miserably.* Sus esfuerzos fueron un fracaso total.

miserly /ˈmaɪzəli/ *adj* (*pey*) **1** avaro **2** mísero

misery /ˈmɪzəri/ n (*pl* **miseries**) **1** [*incontable*] tristeza, sufrimiento: *a life of misery* una vida de perros **2** miseria, pobreza **3** (*GB, coloq*) aguafiestas; amargado, -a LOC **put sb out of their misery** (*coloq*) sacar a algn de la incertidumbre ◆ **put sth out of its misery** (*animal*) sacrificar a un animal para que no sufra más

misfortune /ˌmɪsˈfɔːtʃuːn/ n desgracia

misgiving /ˌmɪsˈɡɪvɪŋ/ n [*gen pl*] recelo, duda

misguided /ˌmɪsˈɡaɪdɪd/ *adj* equivocado: *misguided generosity* generosidad mal entendida

mishap /ˈmɪshæp/ n **1** contratiempo **2** percance

misinform /ˌmɪsɪnˈfɔːm/ vt ~ sb (about sth) informar mal a algn (sobre algo)

misinterpret /ˌmɪsɪnˈtɜːprɪt/ vt interpretar mal **misinterpretation** n interpretación errónea

misjudge /ˌmɪsˈdʒʌdʒ/ vt **1** juzgar mal **2** calcular mal

mislay /ˌmɪsˈleɪ/ vt (pt, pp **mislaid**) extraviar

mislead /ˌmɪsˈliːd/ vt (pt, pp **misled** /-ˈled/) ~ sb (about sth) llevar a algn a conclusiones erróneas (respecto a algo): *Don't be misled by…* No te dejes engañar por… **misleading** adj engañoso

mismanagement /ˌmɪsˈmænɪdʒmənt/ n mala administración

misogynist /mɪˈsɒdʒɪnɪst/ n misógino

misplaced /ˌmɪsˈpleɪst/ adj **1** fuera de lugar **2** (afecto, confianza) inmerecido

misprint /ˈmɪsprɪnt/ n errata

misread /ˌmɪsˈriːd/ vt (pt, pp **misread** /-ˈred/) **1** interpretar mal **2** leer mal

misrepresent /ˌmɪsˌreprɪˈzent/ vt tergiversar (las palabras de), presentar una imagen falsa de

Miss /mɪs/ n señorita ⊃ Ver nota en SEÑORITA

miss ⊶ /mɪs/ verbo, nombre
▸ **1** vt, vi no acertar, fallar: *to miss your footing* dar un traspié **2** vt no ver: *You can't miss it.* No tiene pérdida. ◇ *I missed what you said.* Se me escapó lo que dijiste. ◇ *to miss the point of sth* no captar el significado de algo **3** vt echar de menos **4** vt perder, no llegar a tiempo a/para **5** vt faltar a (clase) **6** vt sentir/advertir la falta de **7** vt evitar: *to narrowly miss (hitting) sth* esquivar algo por un pelo **LOC** not miss much; not miss a trick (coloq) ser muy espabilado **PHRV** miss out (on sth) (coloq) perder la oportunidad (de algo), perderse algo ◆ miss sb/sth out olvidarse, saltarse a algn/algo
▸ n tiro errado **LOC** give sth a miss (coloq) pasar de algo

mis-ˈsell vt (pt, pp **mis-sold**) vender (algo que el comprador no necesita)

missile /ˈmɪsaɪl; USA -sl/ n **1** (Mil) misil **2** proyectil

missing ⊶ /ˈmɪsɪŋ/ adj **1** extraviado **2** que falta: *He has a tooth missing.* Le falta un diente. **3** desaparecido: *missing persons* desaparecidos

mission /ˈmɪʃn/ n misión

missionary /ˈmɪʃənri; USA -ʃəneri/ n (pl **missionaries**) misionero, -a

mist /mɪst/ nombre, verbo
▸ n **1** neblina ⊃ Comparar con FOG, HAZE **2** (fig) bruma: *lost in the mists of time* perdido en la noche de los tiempos
▸ vt, vi ~ (sth) up; ~ (over) empañar algo, empañarse

mistake ⊶ /mɪˈsteɪk/ nombre, verbo
▸ n error, equivocación: *to make a mistake* equivocarse **LOC** by mistake por equivocación

🔎 Las palabras **mistake**, **error**, **fault** y **defect** están relacionadas. **Mistake** y **error** significan lo mismo, pero **error** es más formal. **Fault** indica la culpabilidad de una persona: *It's all your fault.* Es todo culpa tuya. También puede indicar una imperfección: *an electrical fault* un fallo eléctrico ◇ *He has many faults.* Tiene muchos defectos. **Defect** es una imperfección más grave. ⊃ Ver nota en ERROR

▸ vt (pt **mistook** /mɪˈstʊk/, pp **mistaken** /mɪˈsteɪkən/) equivocarse de: *I mistook your meaning/what you meant.* Entendí mal lo que dijiste. ◇ *There's no mistaking her.* Es imposible confundirla con nadie. **PHRV** mistake sb/sth for sb/sth confundir a algn/algo con algn/algo

mistaken ⊶ /mɪˈsteɪkən/ adj ~ (about sb/sth) equivocado (sobre algn/algo): *If I'm not mistaken…* Si no me equivoco… **mistakenly** adv erróneamente, por equivocación

mister /ˈmɪstə(r)/ n (abrev Mr) señor

mistletoe /ˈmɪsltəʊ, ˈmɪzl-/ n muérdago

🔎 Existe una tradición navideña que consiste en besarse debajo de una ramita de muérdago.

mistook pt de MISTAKE

mistreat /ˌmɪsˈtriːt/ vt maltratar, tratar mal

mistress /ˈmɪstrəs/ n **1** amante **2** señora **3** (de situación, animal) dueña

mistrust /ˌmɪsˈtrʌst/ verbo, nombre
▸ vt desconfiar de
▸ n ~ (of sb/sth) desconfianza (hacia algn/algo)

misty /ˈmɪsti/ adj **1** (tiempo) con neblina **2** (fig) borroso

misunderstand /ˌmɪsʌndəˈstænd/ vt, vi (pt, pp **misunderstood** /-ˈstʊd/) entender mal **misunderstanding** n **1** malentendido **2** desavenencia

misuse /ˌmɪsˈjuːs/ n **1** abuso **2** (palabra) mal empleo **3** (fondos) malversación

mitigate /ˈmɪtɪɡeɪt/ vt (formal) mitigar

mitten /ˈmɪtn/ n manopla

M

mix 0̶ /mɪks/ *verbo, nombre*
▸ **1** *vt, vi* mezclar(se) **2** *vi* ~ **(with sb)** tratar con algn: *She mixes well with other children.* Se relaciona bien con otros niños. **LOC** be/get mixed up in sth estar metido/meterse en algo **PHRV** mix sth in (with sth); mix sth into sth añadir algo (a algo) ◆ mix sb/sth up (with sb/sth) confundir a algn/algo con algn/algo
▸ *n* **1** mezcla **2** preparado (*Cocina, etc.*)

mixed 0̶ /mɪkst/ *adj* **1** mixto **2** (*selección*) surtido, variado **3** (*acogida*) desigual **4** (*tiempo*) variable **LOC** have mixed feelings (about sb/sth) tener sentimientos encontrados (sobre algn/algo)

ˌmixed-ˈrace *adj* mestizo

ˌmixed ˈup *adj* (*coloq*) confundido, descentrado: *a mixed-up kid* un chico con problemas ⊃ *Ver nota en* WELL BEHAVED

mixer /ˈmɪksə(r)/ *n food mixer* robot de cocina **LOC** be a good/bad mixer ser sociable/insociable

mixture 0̶ /ˈmɪkstʃə(r)/ *n* **1** combinación **2** mezcla

ˈmix-up *n* (*coloq*) confusión

ˈm-learning (*abrev de* ˌmobile ˈlearning) *n* aprendizaje móvil

MMO /ˌem em ˈəʊ/ *n* (*pl* **MMOs**) (*tb* MMORPG /ˌem em əʊ ˌɑː piː/) (*abrev de* massively multiplayer online (role-playing game)) MMO (*videojuego multijugador masivo en línea*)

MMS /ˌem em ˈes/ *n* (*abrev de* Multimedia Messaging Service) **1** mensajería multimedia **2** mensaje multimedia, MMS

moan /məʊn/ *verbo, nombre*
▸ **1** *vt, vi* gemir, decir gimiendo **2** *vi* ~ **(on) (about sb/sth)**; ~ **(on) (at sb)** (*GB, coloq*) quejarse (de algn/algo); quejarse (a algn)
▸ *n* **1** gemido **2** (*GB, coloq*) queja

moat /məʊt/ *n* foso (*de castillo*)

mob /mɒb/ *nombre, verbo*
▸ *n* **1** [*v sing o pl*] muchedumbre, chusma **2** [*v sing o pl*] (*coloq*) pandilla (*de amigos*) **3 the Mob** [*sing*] (*coloq*) la mafia
▸ *vt* (**-bb-**) acosar

mobile 0̶ /ˈməʊbaɪl; *USA* -bl/ *adjetivo, nombre*
▸ *adj* **1** móvil: *mobile library* biblioteca ambulante ◇ *mobile home* caravana **2** (*persona*) que tiene movilidad
▸ *n* **1** (*tb* ˌmobile ˈphone) (teléfono) móvil **2** (*decoración*) móvil

ˌmobile ˈhome *n* **1** (*GB*) caravana grande (*utilizada como vivienda*) **2** (*esp USA*) casa prefabricada

mobility /məʊˈbɪləti/ *n* movilidad

mobilize, -ise /ˈməʊbəlaɪz/ **1** *vt, vi* movilizar(se) **2** *vt* organizar

mock /mɒk/ *verbo, adjetivo, nombre*
▸ *vt, vi* burlarse (de)
▸ *adj* [*solo antes de sustantivo*] **1** falso, de imitación **2** ficticio: *mock battle* simulacro de combate
▸ *n* (*Educ*) examen de práctica

mockery /ˈmɒkəri/ *n* **1** [*incontable*] burla **2** [*sing*] ~ **(of sth)** (*pey*) parodia (de algo) **LOC** make a mockery of sth ridiculizar algo

mocking /ˈmɒkɪŋ/ *adj* (*expresión, sonrisa, etc.*) burlón

modal /ˈməʊdl/ (*tb* ˌmodal ˈverb*) *n* verbo modal ⊃ *Ver pág* 360

mode /məʊd/ *n* **1** medio (*de transporte*) **2** modo (*de producción*) **3** forma (*de pensar, actuar, etc.*) **4** (*Informát, etc.*) modalidad

model 0̶ /ˈmɒdl/ *nombre, verbo*
▸ *n* **1** modelo **2** maqueta: *scale model* maqueta a escala ◇ *model car* coche en miniatura
▸ (**-ll-**, *USA* **-l-**) **1** *vi* ser modelo **2** *vt*: *The dress was modelled by the designer's daughter.* La hija del diseñador desfiló con el vestido. **PHRV** model sth/yourself on sth/sb tomar algo/a algn como modelo (para algo); inspirarse en algn/algo modelling (*USA* modeling) *n* **1** trabajo de modelo **2** modelado

modem /ˈməʊdem/ *n* módem

moderate *adjetivo, nombre, verbo*
▸ *adj* /ˈmɒdərət/ moderado: *Cook over a moderate heat.* Cocinar a fuego lento.
▸ *n* /ˈmɒdərət/ moderado, -a
▸ *vt, vi* /ˈmɒdəreɪt/ moderar(se): *a moderating influence* una influencia moderadora moderation *n* moderación: *in moderation* con moderación

moderator /ˈmɒdəreɪtə(r)/ *n* **1** mediador, -ora **2** moderador, -ora

modern 0̶ /ˈmɒdn; *USA* -dərn/ *adj* moderno *to study modern languages* estudiar idiomas

modernity /məˈdɜːnəti/ *n* modernidad

modernization, -isation /ˌmɒdənaɪˈzeɪʃn *USA* -dərnə'-/ *n* modernización

modernize, -ise /ˈmɒdənaɪz/ *vt, vi* modernizar(se)

modest /ˈmɒdɪst/ *adj* **1** pequeño, moderado **2** modesto: *to be modest about your achievements* ser modesto respecto a los propios éxitos **3** (*suma, precio*) módico **4** recatado modesty /ˈmɒdəsti/ *n* modestia

modify /ˈmɒdɪfaɪ/ *vt* (*pt, pp* **-fied**) modificar ❶ La palabra más normal es **change**. *Ver tb* GENETICALLY MODIFIED

modular /ˈmɒdjələ(r); *USA* -dʒə-/ *adj* modular

module /ˈmɒdjuːl; *USA* -dʒuːl/ *n* módulo

mogul /ˈməʊgl/ *n* magnate

moist /mɔɪst/ *adj* húmedo: *a rich, moist fruit cake* un bizcocho de frutas sabroso y esponjoso ◇ *in order to keep your skin soft and moist* para mantener la piel suave e hidratada

🔎 Tanto **moist** como **damp** se traducen por "húmedo". **Damp** es el término más frecuente y puede tener un matiz negativo: *damp walls* paredes con humedad ◇ *Use a damp cloth.* Use un trapo húmedo. ◇ *cold, damp, rainy weather* tiempo frío, húmedo y lluvioso.

moisten /ˈmɔɪsn/ *vt, vi* humedecer(se)

moisture /ˈmɔɪstʃə(r)/ *n* humedad **moisturize, -ise** *vt* hidratar **moisturizer, -iser** *n* crema hidratante

molar /ˈməʊlə(r)/ *n* molar, muela

mold, moldy (*USA*) = MOULD, MOULDY

mole /məʊl/ *n* **1** (*Zool*, *espía*) topo **2** lunar

molecular /məˈlekjələ(r)/ *adj* molecular

molecule /ˈmɒlɪkjuːl/ *n* molécula

molest /məˈlest/ *vt* agredir sexualmente
↪ Comparar con BOTHER, DISTURB

mollify /ˈmɒlɪfaɪ/ *vt* (*pt, pp* **-fied**) (*formal*) calmar, apaciguar

mollusc (*USA* mollusk) /ˈmɒləsk/ *n* molusco

molten /ˈməʊltən/ *adj* fundido

mom (*USA*) = MUM

moment 0ᴍ /ˈməʊmənt/ *n* momento, instante: *One moment/Just a moment/Wait a moment.* Un momento. ◇ *I shall only be/I won't be a moment.* Enseguida termino. **LOC** **at a moment's notice** inmediatamente, casi sin aviso ♦ **(at) any moment (now)** en cualquier momento ♦ **at/for the moment** de momento, por ahora ♦ **not for a/one moment** ni por un segundo ♦ **the moment of truth** la hora de la verdad ♦ **the moment (that)…** en cuanto… *Ver tb* SPUR

momentarily /ˈməʊməntrəli; *USA* ˌməʊmənˈterəli/ *adv* **1** momentáneamente **2** (*USA*) enseguida

momentary /ˈməʊməntri; *USA* -teri/ *adj* momentáneo

momentous /məˈmentəs; *USA* məʊˈ-/ *adj* trascendental

momentum /məˈmentəm; *USA* məʊˈ-/ *n* **1** impulso, ímpetu **2** (*Fís*) momento: *to gain/gather momentum* cobrar velocidad

mommy (*USA*) = MUMMY

monarch /ˈmɒnək; *USA tb* -nɑːrk/ *n* monarca **monarchy** *n* (*pl* **monarchies**) monarquía

monastery /ˈmɒnəstri; *USA* -steri/ *n* (*pl* **monasteries**) monasterio

monastic /məˈnæstɪk/ *adj* monástico

Monday 0ᴍ /ˈmʌndeɪ, -di/ *n* (*abrev* **Mon.**) lunes

🔎 Los nombres de los días de la semana en inglés llevan mayúscula: *every Monday* todos los lunes ◇ *last/next Monday* el lunes pasado/que viene ◇ *the Monday before last/after next* hace dos lunes/dentro de dos lunes ◇ *Monday morning/evening* el lunes por la mañana/tarde ◇ *Monday week/a week on Monday* el lunes que viene no, el siguiente ◇ *I'll see you (on) Monday.* Nos veremos el lunes. ◇ *We usually play tennis on Mondays/on a Monday.* Solemos jugar al tenis los lunes. ◇ *The museum is open Monday to Friday.* El museo abre de lunes a viernes. ◇ *Did you read the article in Monday's paper?* ¿Leíste el artículo en el periódico del lunes?

monetary /ˈmʌnɪtri; *USA* ˈmɑːnɪteri/ *adj* monetario

money 0ᴍ /ˈmʌni/ *n* [*incontable*] dinero: *to spend/save money* gastar/ahorrar dinero ◇ *to earn/make money* ganar/hacer dinero ◇ *money worries* preocupaciones económicas **LOC** **get your money's worth** recibir buena calidad (*en una compra o un servicio*) *Ver tb* OBJECT, POT, ROLL

M

mongrel /ˈmʌŋgrəl/ *n* perro sin raza definida

monitor 0ᴍ /ˈmɒnɪtə(r)/ *nombre, verbo*
▸ *n* **1** (*TV, Informát*) monitor ↪ *Ver dibujo en* ORDENADOR **2** (*elecciones*) observador, -ora
▸ *vt* **1** controlar, observar **2** monitorizar **3** (*Radio, llamadas, programas*) escuchar **monitoring** *n* control, supervisión

monk /mʌŋk/ *n* monje

monkey /ˈmʌŋki/ *n* (*pl* **monkeys**) **1** mono **2** (*coloq*) (*niño*) diablillo

monogamous /məˈnɒgəməs/ *adj* monógamo

monogamy /məˈnɒgəmi/ *n* monogamia

monolith /ˈmɒnəlɪθ/ *n* (*Hist*) monolito

monologue (*USA tb* monolog) /ˈmɒnəlɒg; *USA* -lɔːg/ *n* monólogo

monopolize, -ise /məˈnɒpəlaɪz/ *vt* monopolizar

monopoly /məˈnɒpəli/ *n* (*pl* **monopolies**) monopolio

monorail /ˈmɒnəʊreɪl/ *n* monorraíl

monotonous /məˈnɒtənəs/ *adj* monótono

monoxide /mɒnˈɒksaɪd/ *n* monóxido

monsoon /ˌmɒnˈsuːn/ *n* **1** monzón **2** época de los monzones

monster /'mɒnstə(r)/ n monstruo

monstrosity /mɒn'strɒsəti/ n (pl **monstrosities**) monstruosidad

monstrous /'mɒnstrəs/ adj monstruoso

month ⚬━ /mʌnθ/ n mes: *15 euros a month* 15 euros al mes ◊ *I haven't seen her for months.* Hace meses que no la veo.

monthly /'mʌnθli/ *adjetivo, adverbio, nombre*
▶ adj mensual
▶ adv mensualmente
▶ n (pl **monthlies**) publicación mensual

monument /'mɒnjumənt/ n monumento
monumental /ˌmɒnju'mentl/ adj **1** excepcional **2** (error, etc.) garrafal ❶ En los sentidos 1 y 2, suele usarse delante del sustantivo. **3** monumental

moo /muː/ vi (pt, pp **mooed**, part pres **mooing**) mugir

mood ⚬━ /muːd/ n **1** humor: *to be in a good/bad mood* estar de buen/mal humor **2** mal humor: *He's in a mood.* Está de mal humor. **3** ambiente **4** (Gram) modo LOC **be in the mood/in no mood to do sth/for (doing) sth** estar/no estar de humor para (hacer) algo

moodiness /'muːdinəs/ n [incontable] **1** humor cambiante **2** mal humor

moody /'muːdi/ adj (**moodier, -iest**) **1** de humor cambiante **2** malhumorado

moon ⚬━ /muːn/ *nombre, verbo*
▶ n luna LOC **over the moon** (coloq) loco de contento
▶ v PHR V **moon about/around** (GB, coloq) ir de aquí para allá distraídamente

moonlight /'muːnlaɪt/ *nombre, verbo*
▶ n luz de la luna
▶ vi (pt, pp **-lighted**) (coloq) estar pluriempleado
moonlit /'muːnlɪt/ adj iluminado por la luna

moor /mʊə(r); GB tb mɔː(r)/ *nombre, verbo*
▶ n (tb moorland /'mʊələnd; GB tb 'mɔːlənd/) páramo
▶ vt, vi ~ (sth) (to sth) amarrar algo, amarrarse (a algo); echar amarras **mooring** n **1 moorings** [pl] amarras **2** amarradero

Moorish /'mʊərɪʃ; GB tb 'mɔːrɪʃ/ adj morisco, moro

moose /muːs/ n (pl **moose**) alce

mop /mɒp/ *nombre, verbo*
▶ n **1** fregona **2** (pelo) pelambrera
▶ vt (**-pp-**) **1** limpiar, fregar **2** (cara) enjugarse PHR V **mop sth up** limpiar algo

mope /məʊp/ vi estar deprimido PHR V **mope about/around (sth)** (pey) andar deprimido (por…)

moped /'məʊped/ n ciclomotor

moral ⚬━ /'mɒrəl/; USA 'mɔːrəl/ *adjetivo, nombre*
▶ adj **1** moral **2** *a moral tale* un cuento con moraleja
▶ n **1 morals** [pl] moralidad **2** moraleja

morale /mə'rɑːl/; USA mə'ræl/ n moral (ánimo)

moralistic /ˌmɒrə'lɪstɪk; USA ˌmɔːr-/ adj (gen pey) moralista

morality /mə'ræləti/ n moral, moralidad: *standards of morality* valores morales

moralize, -ise /'mɒrəlaɪz; USA 'mɔːr-/ vi (gen pey) moralizar

morally ⚬━ /'mɒrəli; USA 'mɔːr-/ adv moralmente: *to behave morally* comportarse honradamente

morbid /'mɔːbɪd/ adj morboso

more ⚬━ /mɔː(r)/ *adjetivo, pronombre, adverbio*
▶ adj, pron más: *more than 50* más de 50 ◊ *more money than sense* más dinero que buen sentido ◊ *more food than could be eaten* más comida de la que se podía comer ◊ *You've had more to drink than me/than I have.* Has bebido más que yo. ◊ *I hope we'll see more of you.* Espero que te veamos más a menudo.
▶ adv **1** más ❶ Se usa para formar comparativos de adjetivos y adverbios de dos o más sílabas: *more quickly* más de prisa ◊ *more expensive* más caro. **2** más: *once more* una vez más ◊ *It's more of a hindrance than a help.* Estorba más que ayuda. ◊ *That's more like it!* ¡Eso es! ◊ *even more so* aún más Ver tb ANY MORE LOC **be more than happy, glad, willing, etc. to do sth** hacer algo con mucho gusto ◆ **more and more** cada vez más, más y más ◆ **more or less** más o menos: *more or less finished* casi terminado ◆ **the more, less, etc…., the more, less, etc….** cuanto más, menos, etc…., más, menos, etc…. ◆ **what is more** es más, además Ver tb ALL

moreover ⚬━ /mɔːr'əʊvə(r)/ adv (formal) además, por otra parte

morgue /mɔːg/ n depósito de cadáveres

morning ⚬━ /'mɔːnɪŋ/ n **1** mañana: *on Sunday morning* el domingo por la mañana ◊ *tomorrow morning* mañana por la mañana ◊ *on the morning of the wedding* la mañana de la boda ◊ *a morning paper/flight* un periódico/vuelo matutino **2** madrugada: *in the early hours of Monday morning* en la madrugada del lunes ◊ *at two in the morning* a las dos de la madrugada LOC **good morning** buenos días ❶ En el uso familiar, muchas veces se dice simplemente **morning** en vez de **good morning**. ◆ **in the morning 1** por la mañana: *ten o'clock in the morning* las diez de la mañana **2** (del día siguien-

te): *I'll ring her up in the morning.* La llamaré mañana por la mañana.

🔎 Utilizamos la preposición **in** con **morning**, **afternoon** y **evening** para indicar una parte concreta del día: *at three o'clock in the afternoon* a las tres de la tarde, y **on** cuando se refiere a un punto en el calendario: *on a cool May morning* en una fría mañana de mayo ◊ *on Monday afternoon* el lunes por la tarde ◊ *on the morning of the 2nd of June* el dos de junio por la mañana. Sin embargo, en combinación con **this**, **that**, **tomorrow** y **yesterday** no se usa preposición: *They'll leave this evening.* Se marchan esta tarde. ◊ *I saw her yesterday morning.* La vi ayer por la mañana.

moron /ˈmɔːrɒn/ *n* (*coloq*) imbécil

morose /məˈrəʊs/ *adj* huraño

morphine /ˈmɔːfiːn/ *n* morfina

Morse code /ˌmɔːs ˈkəʊd/ *n* código morse

morsel /ˈmɔːsl/ *n* bocado

mortal /ˈmɔːtl/ *adj*, *n* mortal **mortality** /mɔːˈtæləti/ *n* **1** mortalidad **2** mortandad

mortar /ˈmɔːtə(r)/ *n* **1** argamasa, mortero **2** (*cañón, almirez*) mortero

mortgage /ˈmɔːgɪdʒ/ *nombre, verbo*
▸ *n* hipoteca: *mortgage (re)payment* pago hipotecario
▸ *vt* hipotecar

mortician /mɔːˈtɪʃn/ *n* (*USA*) agente funerario, -a

mortify /ˈmɔːtɪfaɪ/ *vt* (*pt, pp* **-fied**) humillar

mortuary /ˈmɔːtʃəri; *USA* -tʃueri/ *n* (*pl* **mortuaries**) depósito de cadáveres

mosaic /məʊˈzeɪɪk/ *n* mosaico

Moslem = MUSLIM

mosque /mɒsk/ *n* mezquita

mosquito /məˈskiːtəʊ; *GB tb* mɒˈ-/ *n* (*pl* **mosquitoes**) mosquito: *mosquito net* mosquitera

moss /mɒs; *USA* mɔːs/ *n* musgo

most /məʊst/ *adjetivo, pronombre, adverbio*
▸ *adj* **1** más, la mayor parte de: *Who got (the) most votes?* ¿Quién consiguió más votos? ◊ *We spent most time in Rome.* Pasamos la mayor parte del tiempo en Roma. **2** la mayoría de, casi todo: *most days* casi todos los días
▸ *pron* **1** *I ate (the) most.* Yo fui el que más comió. ◊ *the most I could offer you* lo máximo que le podría ofrecer **2** ~ (**of sb/sth**) la mayoría (de algn/algo): *most of the day* casi todo el día ◊ *Most of you know.* La mayoría de vosotros lo sabe.

🔎 **Most** es el superlativo de **much** y de **many** y se usa con sustantivos incontables o en plural: *Who's got most time?* ¿Quién es el que tiene más tiempo? ◊ *most children* la mayoría de los niños. Sin embargo, delante de pronombres o cuando el sustantivo al que precede lleva **the** o un adjetivo posesivo o demostrativo, se usa **most of**: *most of my friends* la mayoría de mis amigos ◊ *most of us* la mayoría de nosotros ◊ *most of these photos* la mayoría de estos fotos.

▸ *adv* **1** más: *This is the most interesting book I've read for a long time.* Este es el libro más interesante que he leído en mucho tiempo. ◊ *What upset me (the) most was that…* Lo que más me dolió fue que… ◊ *most of all* sobre todo **2** muy: *most likely* muy probablemente **LOC** **at (the) most** como mucho/máximo

mostly /ˈməʊstli/ *adv* principalmente, por lo general

moth /mɒθ; *USA* mɔːθ/ *n* **1** mariposa nocturna **2** polilla

mother /ˈmʌðə(r)/ *nombre, verbo*
▸ *n* madre: *mother-to-be* futura madre ◊ *mother tongue* lengua materna
▸ *vt* **1** criar **2** mimar **motherhood** *n* maternidad

mother-in-law *n* (*pl* **mothers-in-law**) suegra

motherly /ˈmʌðəli/ *adj* maternal

mother-of-pearl *n* nácar

Mother's Day *n* Día de la Madre

mother-to-be *n* (*pl* **mothers-to-be**) futura madre

motif /məʊˈtiːf/ *n* **1** motivo, adorno **2** tema

motion /ˈməʊʃn/ *nombre, verbo*
▸ *n* **1** movimiento **2** (*en reunión*) moción **LOC** **go through the motions (of doing sth)** hacer algo maquinalmente/por cumplir con las formalidades ♦ **put/set sth in motion** poner algo en marcha *Ver tb* SLOW
▸ *vt, vi* ~ **to sb (to do sth)**; ~ (**for**) **sb to do sth** hacer señas a algn para que haga algo: *to motion sb in* indicar a algn que entre

motionless /ˈməʊʃnləs/ *adj* inmóvil

motivate /ˈməʊtɪveɪt/ *vt* motivar **motivating** *adj* estimulante **motivation** *n* motivación

motive /ˈməʊtɪv/ *n* ~ (**for sth**) motivo, móvil (de algo): *He had an ulterior motive.* Iba detrás de algo. ❶ La traducción normal de *motivo* es **reason**.

motocross /ˈməʊtəʊkrɒs; *USA* -krɔːs/ *n* motocross

motor 624

motor ⊶ /ˈməʊtə(r)/ n **1** motor ⊃ Ver nota en ENGINE **2** (antic o hum) coche

motorbike ⊶ /ˈməʊtəbaɪk/ n moto

motorboat /ˈməʊtəbəʊt/ n lancha motora

motor car n (GB, formal) coche

motorcycle ⊶ /ˈməʊtəsaɪkl/ n motocicleta

motorcycling /ˈməʊtəsaɪklɪŋ/ n motociclismo

motorcyclist /ˈməʊtəsaɪklɪst/ n motociclista

motorhome /ˈməʊtəhəʊm/ n autocaravana

motoring /ˈməʊtərɪŋ/ n a motoring offence una infracción de tráfico

motorist /ˈməʊtərɪst/ n conductor, -ora de coche

motorized, -ised /ˈməʊtəraɪzd/ adj motorizado

motor racing n carreras de coches, automovilismo

motorsport /ˈməʊtəspɔːt/ n [incontable] (USA tb motorsports [pl]) **1** automovilismo **2** motociclismo

motorway /ˈməʊtəweɪ/ n autopista

mottled /ˈmɒtld/ adj moteado

motto /ˈmɒtəʊ/ n (pl mottoes, mottos) lema

mould (USA mold) /məʊld/ verbo, nombre
▸ vt moldear
▸ n **1** molde **2** moho **mouldy** (USA moldy) adj mohoso: to go mouldy enmohecerse

mound /maʊnd/ n **1** montículo **2** montón

mount ⊶ /maʊnt/ verbo, nombre
▸ **1** vt organizar, montar **2** vi crecer **3** vt (caballo, etc.) subirse a **4** vt (cuadro) enmarcar **5** vt instalar PHR V **mount up** acumularse
▸ n **1** Mount (abrev Mt) monte **2** soporte, montura **3** (de cuadro) passepartout

mountain ⊶ /ˈmaʊntən; USA -tn/ n **1** montaña: mountain range cordillera **2** the mountains [pl] (por contraste con la costa) la montaña **3** ~ of sth (coloq) montón de algo

mountain bike n bicicleta de montaña **mountain biking** n ciclismo de montaña

mountaineer /ˌmaʊntəˈnɪə(r); USA -tnˈɪər/ n alpinista **mountaineering** n alpinismo

mountainous /ˈmaʊntənəs/ adj montañoso

mountainside /ˈmaʊntənsaɪd; USA -tn-/ n falda de la montaña

mounting /ˈmaʊntɪŋ/ adj creciente

mourn /mɔːn/ **1** vt, vi ~ (sth/for sth) lamentar algo, lamentarse **2** vt, vi ~ sb/for sb llorar la muerte de algn **3** vi estar de luto **mourner** n doliente **mournful** adj triste, lúgubre **mourning** n luto, duelo: in mourning de luto

mouse ⊶ /maʊs/ nombre, verbo
▸ n **1** (pl mice /maɪs/) ratón **2** (pl mice, mouses) (Informát) ratón ⊃ Ver dibujo en ORDENADOR
▸ v PHR V **mouse over sth** (Informát) mover/pasar el ratón sobre algo

mouse mat (tb esp USA mouse pad) n (Informát) alfombrilla (para ratón)

mousetrap /ˈmaʊstræp/ n ratonera (trampa)

mousse /muːs/ n **1** mousse **2** espuma (para el pelo)

moustache (USA mustache) /məˈstɑːʃ; USA ˈmʌstæʃ, məˈstæʃ/ n bigote(s)

mouth ⊶ /maʊθ/ n (pl mouths /maʊðz/) **1** boca **2** desembocadura (de río) LOC Ver LOOK, MELT **mouthful** n **1** bocado **2** (líquido) trago

mouth organ n armónica

mouthpiece /ˈmaʊθpiːs/ n **1** micrófono (de teléfono) **2** (Mús) boquilla **3** ~ (of/for sb) portavoz (de algn)

mouthwash /ˈmaʊθwɒʃ; USA -wɔːʃ/ n enjuague bucal

mouth-watering adj apetitoso

movable (tb moveable) /ˈmuːvəbl/ adj movible

move ⊶ /muːv/ verbo, nombre
▸ **1** vi mover(se): Don't move! ¡No te muevas! ◊ It's your turn to move. Te toca mover. **2** vt, vi trasladar(se), cambiar(se) (de sitio): He has been moved to London. Lo han trasladado a Londres. ◊ I'm going to move the car before they give me a ticket. Voy a cambiar el coche de sitio antes de que me pongan una multa. ◊ They sold the house and moved to Scotland. Vendieron la casa y se trasladaron a Escocia. **3** vt conmover **4** vt ~ sb (to do sth) (formal) inducir a algn (a hacer algo) LOC **get (sth) moving** ponerse/poner algo en marcha ♦ **move house** cambiar de casa, mudarse Ver tb KILL PHR V **move about/around** moverse (de acá para allá) ♦ **move ahead/forward** avanzar ♦ **move away** alejarse ♦ **move sth away** alejar algo ♦ **move in; move into sth** instalarse (en algo); mudarse (a algo) ♦ **move on (to sth)** pasar a otra cosa, pasar a algo ♦ **move out** mudarse: They had to move out. Tuvieron que dejar la casa.
▸ n **1** paso: to make the first move dar el primer paso **2** movimiento **3** mudanza (de casa) **4** cambio (de trabajo) **5** (Ajedrez, etc.) jugada, turno LOC **be a good move** ser buena decisión: Changing my job was a good move. Hice bien en cambiar de trabajo. ♦ **get a move on** (coloq) darse prisa ♦ **make a move 1** actuar **2** (GB, coloq) ponerse en marcha Ver tb FALSE

movement ⊶ /ˈmuːvmənt/ n **1** movimiento **2** ~ (towards/away from sth) tendencia (hacia/a distanciarse de algo)

| ð then | s so | z zoo | ʃ she | ʒ vision | h how | ŋ sing | j yes | w we |

movie ⊶ /ˈmuːvi/ n (esp USA) película (de cine): *to go to the movies* ir al cine ◊ *movie stars* estrellas de cine

movie theater ⊶ (tb theater) n (USA) cine (local)

moving ⊶ /ˈmuːvɪŋ/ adj **1** conmovedor **2** móvil

mow /məʊ/ vt (pt **mowed**, pp **mown** /məʊn/, **mowed**) segar, cortar **PHR V** **mow sb down 1** acribillar a algn **2** atropellar a algn **mower** n cortacésped

MP /ˌem ˈpiː/ n (abrev de **Member of Parliament**) diputado, -a ● Ver nota en PARLIAMENT

mph /ˌem piː ˈeɪtʃ/ abrev de **miles per hour** millas por hora

MPV /ˌem piː ˈviː/ n (abrev de **multi-purpose vehicle**) monovolumen

Mr ⊶ (tb Mr.) /ˈmɪstə(r)/ abrev señor

Mrs ⊶ (tb Mrs.) /ˈmɪsɪz/ abrev señora

Ms ⊶ (tb Ms.) /məz, mɪz/ abrev señora, señorita ● Ver nota en SEÑORITA

MSP /ˌem es ˈpiː/ n (abrev de **Member of the Scottish Parliament**) diputado, -a en el parlamento escocés

much ⊶ /mʌtʃ/ adjetivo, pronombre, adverbio
▸ adj, pron mucho: *so much traffic* tanto tráfico ◊ *How much is it?* ¿Cuánto es? ◊ *as much as you can/as possible* todo lo que puedas/todo lo posible ◊ *for much of the day* la mayor parte del día ● Ver notas en MANY, MUCHO **LOC** **not much of a…** *He's not much of an actor.* No es gran cosa como actor. Ver tb AS, HOW, SO, TOO
▸ adv mucho: *Much to her surprise…* Para gran sorpresa suya… ◊ *much-needed* muy necesario ◊ *much too cold* demasiado frío **LOC** **much as** por más que ◆ **much the same** prácticamente igual

muck /mʌk/ nombre, verbo
▸ n **1** estiércol **2** (esp GB, coloq) porquería
▸ v **PHR V** **muck about/around** (GB, coloq) **1** hacer el bobo **2** pasar el rato ◆ **muck sth up** (esp GB, coloq) **1** fastidiar algo **2** ensuciar algo

mucky /ˈmʌki/ adj (esp GB, coloq) sucio

mucus /ˈmjuːkəs/ n [incontable] mucosidad

MUD /mʌd/ n (abrev de **multi-user dungeon/dimension**) (videojuegos) dimensión multiusuario

mud ⊶ /mʌd/ n barro, lodo **LOC** Ver CLEAR

muddle /ˈmʌdl/ verbo, nombre
▸ vt **1** ~ **sth (up)** revolver algo **2** ~ **sb (up)** confundir a algn **3** ~ **sth (up)** armarse un lío con algo **4** ~ **A (up) with B** confundir A con B
▸ n **1** ~ **(about/over sth)** confusión, lío (con algo): *to get (yourself) into a muddle* armarse un lío **2** desorden

muddled /ˈmʌdld/ adj enrevesado

muddy /ˈmʌdi/ adj (**muddier**, **-iest**) **1** embarrado: *muddy footprints* pisadas de barro **2** turbio, poco claro

mudguard /ˈmʌdɡɑːd/ n guardabarros

muesli /ˈmjuːzli/ n [incontable] muesli

muffin /ˈmʌfɪn/ n **1** (USA ˌEnglish ˈmuffin) bollo que se come tostado con mantequilla **2** magdalena

muffled /ˈmʌfld/ adj **1** (grito) ahogado **2** (voz) apagado

mug /mʌɡ/ nombre, verbo
▸ n **1** taza (alta) **2** jarra (para cerveza) ● Ver dibujo en CUP **3** (argot) jeta **4** (coloq) bobo, -a **LOC** **a mug's game** (pey) cosa de idiotas
▸ vt (-gg-) atracar **mugger** n atracador, -ora **mugging** n atraco

muggy /ˈmʌɡi/ adj bochornoso: *It's muggy today.* Hoy hace bochorno.

mulberry /ˈmʌlbəri; USA -beri/ n **1** (tb ˈmulberry tree) morera **2** mora **3** color morado

mule /mjuːl/ n mulo, -a

mull /mʌl/ v **PHR V** **mull sth over** darle vueltas a algo

multicellular /ˌmʌltiˈseljələ(r)/ adj (Biol) pluricelular

multicoloured (USA **multicolored**) /ˌmʌltiˈkʌləd/ adj multicolor

multicultural /ˌmʌltiˈkʌltʃərəl/ adj multicultural **multiculturalism** n multiculturalismo

multilingual /ˌmʌltiˈlɪŋɡwəl/ adj polígloto

multimedia /ˌmʌltiˈmiːdiə/ adj multimedia

multinational /ˌmʌltiˈnæʃnəl/ adj, n multinacional

multiplayer /ˈmʌltipleɪə(r)/ adj multijugador

multiple /ˈmʌltɪpl/ adjetivo, nombre
▸ adj múltiple
▸ n múltiplo

multiple-ˈchoice adj de elección múltiple: *multiple-choice test* examen tipo test

multiple sclerosis /ˌmʌltɪpl skləˈrəʊsɪs/ n (abrev **MS**) [incontable] esclerosis múltiple

multiplex /ˈmʌltɪpleks/ (tb ˌmultiplex ˈcinema) n cine multisalas

multiplication /ˌmʌltɪplɪˈkeɪʃn/ n multiplicación: *multiplication table/sign* tabla/signo de multiplicar

multiply ⊶ /ˈmʌltɪplaɪ/ vt, vi (pt, pp **-plied**) multiplicar(se)

multipurpose /ˌmʌltiˈpɜːpəs/ adj multiuso

multiracial /ˌmʌltiˈreɪʃl/ adj multirracial

multi-storey /ˌmʌlti ˈstɔːri/ adj de varios pisos: *a multi-storey car park* un aparcamiento de varios pisos

multitasking /ˌmʌltiˈtɑːskɪŋ; USA -ˈtæskɪŋ/ n [incontable] **1** (Informát) (función) multitarea **2** el poder realizar varias tareas a la vez

multitude /ˈmʌltɪtjuːd; USA -tuːd/ n (formal) multitud

multi-user /ˌmʌlti ˈjuːzə(r)/ adj (Informát) multiusuario

mum ⎌ /mʌm/ (USA mom /mɒm/) n (coloq) mamá

mumble /ˈmʌmbl/ vt, vi musitar, farfullar: *Don't mumble.* Habla alto y claro.

mummified /ˈmʌmɪfaɪd/ adj momificado

mummy /ˈmʌmi/ n (pl **mummies**) **1** (USA mommy /ˈmɒmi/) (coloq) mamá **2** momia

mumps /mʌmps/ n [incontable] paperas

munch /mʌntʃ/ vt, vi ~ **(on/at) sth** ronchar, mascar algo

mundane /mʌnˈdeɪn/ adj corriente, mundano

municipal /mjuːˈnɪsɪpl/ adj municipal

munitions /mjuːˈnɪʃnz/ n [pl] municiones

mural /ˈmjʊərəl/ n mural

murder ⎌ /ˈmɜːdə(r)/ nombre, verbo
▸ n asesinato, homicidio ➔ Ver nota en ASESINAR **LOC** **be murder** (coloq) ser una pesadilla, ser de locos: *It's murder trying to park round here.* Es una pesadilla aparcar aquí. ♦ **get away with murder** (coloq) hacer lo que le dé la gana a uno
▸ vt asesinar, matar ➔ Ver nota en ASESINAR **murderer** n asesino, -a **murderous** adj homicida: *a murderous look* una mirada asesina

murky /ˈmɜːki/ adj (**murkier**, **-iest**) **1** (agua, asunto) turbio **2** (día, etc.) sombrío

murmur /ˈmɜːmə(r)/ verbo, nombre
▸ vt, vi susurrar
▸ n murmullo **LOC** **without a murmur** sin rechistar

muscle ⎌ /ˈmʌsl/ nombre, verbo
▸ n **1** músculo: *a muscle injury* una lesión muscular ♦ *Don't move a muscle!* ¡No muevas (ni) un pelo! **2** (fig) poder
▸ v **PHR V** **muscle in (on sb/sth)** (coloq, pey) meterse por medio (en algo)

muscular /ˈmʌskjələ(r)/ adj **1** muscular **2** musculoso

muse /mjuːz/ nombre, verbo
▸ n musa
▸ **1** vi ~ **(about/over/on/upon sth)** meditar (algo); reflexionar (sobre algo) **2** vt: *'How interesting!' he mused.* —¡Qué interesante!, dijo pensativo.

museum ⎌ /mjuˈziːəm/ n museo

🔑 En Gran Bretaña, se utilizan normalmente las palabras **gallery** o **art gallery** para referirse a museos en los que se exponen principalmente cuadros y esculturas.

mushroom /ˈmʌʃrʊm, -ruːm/ nombre, verbo
▸ n seta, champiñón
▸ vi crecer rápidamente

mushy /ˈmʌʃi/ adj **1** blando **2** (coloq, pey) sensiblero

music ⎌ /ˈmjuːzɪk/ n **1** música: *a piece of music* una pieza musical **2** (texto) partitura

musical ⎌ /ˈmjuːzɪkl/ adjetivo, nombre
▸ adj musical, de música: *to be musical* tener talento para la música
▸ n (comedia) musical

music hall n teatro de variedades

musician ⎌ /mjuˈzɪʃn/ n músico, -a

musk /mʌsk/ n (perfume de) almizcle

Muslim /ˈmʊzlɪm, ˈmʌz-, ˈmʊslɪm/ (tb Moslem /ˈmɒzləm/) adj, n musulmán, -ana

mussel /ˈmʌsl/ n mejillón

must ⎌ verbo, nombre
▸ v modal /məst, mʌst/ (neg **must not**, **mustn't** /ˈmʌsnt/)

🔑 **Must** es un verbo modal al que sigue un infinitivo sin **to** y las oraciones interrogativas y negativas se construyen sin el auxiliar **do**: *Must you go?* ¿Tienes que irte? ◇ *We mustn't tell her.* No debemos decírselo. **Must** solo tiene la forma del presente: *I must leave early.* Tengo que salir temprano. Cuando necesitamos otras formas utilizamos **have to**: *He'll have to come tomorrow.* Tendrá que venir mañana. ◇ *We had to eat quickly.* Tuvimos que comer rápido.

● **obligación y prohibición** deber, tener que: *'Must you go so soon?' 'Yes, I must.'* —¿Tienes que irte tan pronto? —Sí.

🔑 **Must** se emplea para dar órdenes o para hacer que alguien o uno mismo siga un determinado comportamiento: *The children must be back by four.* Los niños tienen que volver a las cuatro. ◇ *I must stop smoking.* Tengo que dejar de fumar. Cuando las órdenes son impuestas por un agente externo, p. ej. por una ley, una regla, etc., usamos **have to**: *The doctor says I have to stop smoking.* El médico dice que tengo que dejar de fumar. ◇ *You have to send it before Tuesday.* Tiene que mandarlo antes del martes. En oraciones negativas, **must not** o **mustn't** expresan una prohibición: *You mustn't open other people's post.* No debes abrir el correo de otras personas. Sin embargo, **haven't got to** o **don't have to** expresan que algo no es necesario, es decir, que hay una ausencia de obligación: *You don't have to go if you don't want to.* No tienes que ir si no quieres.

➔ *Comparar con* SHOULD

● **sugerencia** tener que: *You must come to lunch one day.* Tienes que venir a comer un día de estos. ❶ En la mayoría de los casos, para hacer sugerencias y dar consejos se usa **ought to** o **should**.

● **probabilidad** deber de: *You must be hungry.* Debes de tener hambre. ◇ *You must be Mr Smith.* Vd. debe de ser el señor Smith. **LOC** **I, you, etc. must** si no hay más remedio
▸ *n* /mʌst/ (*coloq*) *It's a must.* Es imprescindible. ◇ *His new book is a must.* No te puedes perder su último libro.

mustache (*USA*) = MOUSTACHE

mustard /ˈmʌstəd/ *n* **1** (*planta, semilla y salsa*) mostaza **2** color mostaza

muster /ˈmʌstə(r)/ *vt* ~ **sth (up)** reunir algo: *to muster a smile* conseguir sonreír ◇ *to muster (up) enthusiasm* conseguir mostrar entusiasmo

musty /ˈmʌsti/ *adj* rancio: *to smell musty* oler a rancio

mutant /ˈmjuːtənt/ *adj, n* mutante

mutate /mjuːˈteɪt; *USA* ˈmjuːteɪt/ *vi* ~ **(into sth)** **1** (*Biol*) mutar (a algo) **2** transformarse (en algo) **mutation** *n* mutación

mute /mjuːt/ *adjetivo, nombre, verbo*
▸ *adj* mudo
▸ *n* (*Mús*) sordina
▸ *vt* **1** (*Mús*) poner sordina a **2** (*móvil*) silenciar **3** amortiguar

muted /ˈmjuːtɪd/ *adj* **1** (*sonidos, colores*) apagado **2** (*crítica, etc.*) velado

mutilate /ˈmjuːtɪleɪt/ *vt* mutilar

mutinous /ˈmjuːtənəs/ *adj* rebelde

mutiny /ˈmjuːtəni/ *n* (*pl* **mutinies**) motín

mutter /ˈmʌtə(r)/ **1** *vt, vi* ~ **(sth) (to sb) (about sth)** murmurar (algo) (a algn) (sobre algo), hablar entre dientes **2** *vi* ~ **(about sth)** refunfuñar (de/por algo)

mutton /ˈmʌtn/ *n* (carne de) carnero ➔ *Ver nota en* CARNE

mutual /ˈmjuːtʃuəl/ *adj* **1** mutuo **2** común: *a mutual friend* un amigo común **mutually** *adv* mutuamente: *mutually beneficial* beneficioso para ambas partes

muzzle /ˈmʌzl/ *nombre, verbo*
▸ *n* **1** hocico **2** bozal **3** boca (*de pistola, etc.*)
▸ *vt* **1** poner bozal a **2** (*fig*) amordazar

my ๐┳ /maɪ/ *adj* mi, mío: *It was my fault.* Ha sido culpa mía/mi culpa. ◇ *My God!* ¡Dios mío!

🔎 En inglés se usa el posesivo delante de partes del cuerpo y prendas de vestir: *My feet are cold.* Tengo los pies fríos. ➔ *Comparar con* MINE

MYOB *abrev de* mind your own business (*coloq*) (*esp en mensajes, etc.*) no te metas donde no te llaman ➔ *Ver nota en* TEXTSPEAK

myopia /maɪˈəʊpiə/ *n* (*formal*) miopía **myopic** /maɪˈɒpɪk/ *adj* (*formal*) miope

myself ๐┳ /maɪˈself/ *pron* **1** (*uso reflexivo*) me: *I cut myself.* Me corté. ◇ *I said to myself…* Me dije… **2** (*uso enfático*) yo mismo, -a: *I myself will do it.* Yo misma lo haré. **LOC** **(all) by myself** (completamente) solo

mysterious ๐┳ /mɪˈstɪəriəs/ *adj* misterioso **mysteriously** *adv* misteriosamente

mystery ๐┳ /ˈmɪstri/ *n* (*pl* **mysteries**) **1** misterio: *It's a mystery to me.* No logro entenderlo. **2** *mystery tour* viaje sorpresa ◇ *the mystery assailant* el misterioso agresor **3** obra de teatro, novela, etc. de misterio

mystic /ˈmɪstɪk/ *n* místico, -a **mystical** (*tb* **mystic**) *adj* místico **mysticism** /ˈmɪstɪsɪzəm/ *n* misticismo, mística

mystify /ˈmɪstɪfaɪ/ *vt* (*pt, pp* **-fied**) dejar perplejo **mystifying** *adj* desconcertante

mystique /mɪˈstiːk/ *n* misterio

myth /mɪθ/ *n* mito **mythical** /ˈmɪθɪkl/ *adj* mítico

mythological /ˌmɪθəˈlɒdʒɪkl/ *adj* mitológico

mythology /mɪˈθɒlədʒi/ *n* mitología

M

Nn

N, n /en/ *n* (*pl* **Ns, N's, n's**) N, n ➲ *Ver nota en* A, A

naff /næf/ *adj* (*GB, coloq*) hortera

nag /næg/ *vt, vi* (**-gg-**) ~ **(at) sb 1** regañar a algn **2** dar la lata a algn: *He's always nagging me to get a haircut.* Siempre me está dando la lata para que me corte el pelo. **3** (*dolor, sospecha*) corroer a algn **nagging** *adj* **1** (*dolor, sospecha*) persistente **2** (*persona*) criticón, pesado

nail ⌐ /neɪl/ *nombre, verbo*
▸ *n* **1** uña: *nail varnish/polish* esmalte de uñas ◇ *nail file/brush* lima/cepillo de uñas ◇ *nail clippers* cortaúñas **2** clavo **LOC** *Ver* FIGHT, HIT, TOUGH
▸ *vt* ~ **sth to sth** clavar algo a/en algo **PHR V** **nail sb down (to sth)** hacer que algn se comprometa (a algo)

nail-biting *adj* emocionante

naive (*tb* naïve) /naɪˈiːv/ *adj* ingenuo

naked ⌐ /ˈneɪkɪd/ *adj* **1** desnudo

> 🔎 *Desnudo* se traduce de tres formas: **bare, naked** y **nude**. Bare se usa para referirse a partes del cuerpo: *bare arms*. **Naked** generalmente se refiere a todo el cuerpo: *a naked body*, y **nude** se usa para hablar de desnudos artísticos y eróticos: *a nude figure*.

Ver tb STARK NAKED **2** (*llama*) descubierto **LOC** **with the naked eye** a simple vista

name ⌐ /neɪm/ *nombre, verbo*
▸ *n* **1** nombre: *What's your name?* ¿Cómo te llamas? ◇ *first/Christian name* nombre (de pila) **2** apellido ➲ *Ver nota en* SURNAME **3** fama **4** personaje **LOC** **by name** de nombre ◆ **by the name of...** (*formal*) llamado... ◆ **in the name of sb/sth; in sb's/sth's name** en nombre de algn/algo *Ver tb* BIG, CALL
▸ *vt* **1** ~ **sb/sth sth** llamar a algn/algo algo **2** ~ **sb/ sth (after sb)** (*USA*) ~ **sb/sth (for sb)** poner nombre a algn/algo; poner a algn/algo el nombre de algn **3** (*identificar*) nombrar **4** (*fecha, precio*) fijar

nameless /ˈneɪmləs/ *adj* anónimo, sin nombre

namely /ˈneɪmli/ *adv* a saber

namesake /ˈneɪmseɪk/ *n* tocayo, -a

nanny /ˈnæni/ *n* (*pl* **nannies**) niñera, tata

nap /næp/ *n* sueñecito, siesta: *to have/take a nap* echarse una siesta

nape /neɪp/ *n* ~ **of sb's neck** nuca

napkin /ˈnæpkɪn/ (*tb* **table napkin**) *n* servilleta *Ver tb* SANITARY TOWEL

nappy /ˈnæpi/ *n* (*pl* **nappies**) pañal

narcotic /nɑːˈkɒtɪk/ *adj, n* narcótico

narrate /nəˈreɪt; *USA tb* ˈnæreɪt/ *vt* narrar, contar

narration /nəˈreɪʃn, næˈ-/ *n* (*formal*) narración

narrative /ˈnærətɪv/ *nombre, adjetivo*
▸ *n* **1** relato **2** narrativa
▸ *adj* narrativo

narrator /nəˈreɪtə(r); *USA* ˈnæreɪtər/ *n* narrador, -ora

narrow ⌐ /ˈnærəʊ/ *adjetivo, verbo*
▸ *adj* (**narrower, -est**) **1** estrecho **2** (*ventaja, mayoría*) escaso **3** limitado **LOC** **have a narrow escape** escapar(se) por los pelos
▸ *vt, vi* hacer(se) más estrecho, estrechar(se), disminuir **PHR V** **narrow sth down to sth** reducir algo a algo **narrowly** *adv* *He narrowly escaped drowning.* No se ahogó por muy poco.

narrow-minded *adj* estrecho de miras

nasal /ˈneɪzl/ *adj* **1** nasal **2** (*voz*) gangoso

nasty /ˈnɑːsti; *USA* ˈnæsti/ *adj* (**nastier, -iest**) **1** desagradable **2** (*olor*) repugnante **3** (*persona*) antipático, borde: *to be nasty to sb* tratar muy mal a algn **4** (*situación, crimen*) feo **5** grave, peligroso: *That's a nasty cut.* Qué mal aspecto tiene ese corte.

nation ⌐ /ˈneɪʃn/ *n* nación

national ⌐ /ˈnæʃnəl/ *adjetivo, nombre*
▸ *adj* nacional: *National Park* Parque Nacional ◇ *national service* servicio militar
▸ *n* ciudadano, -a; súbdito, -a

national anthem *n* himno nacional

National Health Service *n Ver* NHS

National Insurance *n* Seguridad Social (*en Gran Bretaña*)

nationalism /ˈnæʃnəlɪzəm/ *n* nacionalismo **nationalist** *adj, n* nacionalista

nationality /ˌnæʃəˈnæləti/ *n* (*pl* **nationalities**) nacionalidad

nationalize, -ise /ˈnæʃnəlaɪz/ *vt* nacionalizar

nationally /ˈnæʃnəli/ *adv* nacionalmente, a escala nacional

nationwide /ˌneɪʃnˈwaɪd/ *adj, adv* en todo el país, a escala nacional

native /ˈneɪtɪv/ *adjetivo, nombre*
▸ *adj* **1** natal: *native language/tongue* lengua materna ◇ *native land* patria **2** indígena, nativo **3** ~ **to...** originario de... **4** innato
▸ *n* **1** nativo, -a; natural *Ver tb* DIGITAL NATIVE **2** (*antic, pey*) indígena **3** (*se traduce por adjetivo*) ori-

ginario: *The koala is a native of Australia.* El koala es originario de Australia.

Native A\|merican *adj, n* indígena americano, -a (*esp de Norteamérica*): *Native American culture/languages* la cultura/las lenguas de los indígenas americanos

native 'speaker *n* hablante nativo

natural 🔊 /ˈnætʃrəl/ *adj* **1** natural **2** nato, innato

natural 'history *n* historia natural

naturalist /ˈnætʃrəlɪst/ *n* naturalista

naturally 🔊 /ˈnætʃrəli/ *adv* **1** por supuesto **2** naturalmente, con naturalidad

nature 🔊 /ˈneɪtʃə(r)/ *n* **1** (*tb* Nature) naturaleza: *nature reserve* reserva natural **2** carácter: *good nature* buen carácter *It's not in my nature to…* No soy capaz de… **3** [*sing*] tipo, índole

LOC in the nature of sth como algo

naughty /ˈnɔːti/ *adj* (**naughtier, -iest**) **1** travieso: *to be naughty* portarse mal **2** (*coloq*) atrevido

nausea /ˈnɔːziə, ˈnɔːsiə/ *n* náusea **nauseating** *adj* asqueroso, nauseabundo

nautical /ˈnɔːtɪkl/ *adj* náutico

naval /ˈneɪvl/ *adj* naval, marítimo

nave /neɪv/ *n* nave (*de una iglesia*)

navel /ˈneɪvl/ *n* ombligo

navigate /ˈnævɪɡeɪt/ **1** *vi* navegar **2** *vt* (*río, mar*) navegar por **3** *vt* (*barco*) gobernar **4** *vi* (*en coche*) guiar **navigation** *n* navegación: *navigation bar* barra de navegación **navigator** *n* navegante

navy 🔊 /ˈneɪvi/ *n* (*pl* **navies**) **1** flota **2** the navy, the Navy [*v sing o pl*] la armada **3** (*tb* ,navy 'blue) azul marino

Nazi /ˈnɑːtsi/ *n* (*pl* Nazis) nazi

Neanderthal /niˈændətɑːl/ *adj, n* Neanderthal

near 🔊 /nɪə(r)/ *adjetivo, adverbio, preposición, verbo*

▸ *adj* (**nearer, -est**) **1** cercano: *Which town is nearer?* ¿Qué ciudad está más cerca? *to get nearer* acercarse

🔎 Delante de un sustantivo se usa el adjetivo **nearby** en vez de **near**: *a nearby village* un pueblo cercano *The village is very near.* El pueblo está muy cerca. Sin embargo, cuando queremos utilizar otras formas del adjetivo, como el superlativo, tenemos que utilizar **near**: *the nearest shop* la tienda más cercana.

2 próximo: *in the near future* en un futuro próximo

▸ *adv* (**nearer, -est**) cerca: *I live quite near.* Vivo bastante cerca. ◇ *We are getting near to Christmas.* Ya falta poco para la Navidad.

🔎 *I live nearby* es más corriente que *I live near*, pero **nearby** no suele ir modificado por **quite, very**, etc.: *I live quite near.*

LOC not anywhere near; nowhere near para nada: *It's nowhere near the colour I'm looking for.* No es ni parecido al color que estoy buscando. *Ver tb* HAND

▸ *prep* cerca de: *I live near the centre.* Vivo cerca del centro. ◇ *Is there a bank near here?* ¿Hay algún banco cerca de aquí? ◇ *near the beginning* hacia el principio

▸ *vt, vi* acercarse (a)

nearby 🔊 /ˌnɪəˈbaɪ/ *adjetivo, adverbio*
▸ *adj* cercano
▸ *adv* cerca: *She lives nearby.* Vive cerca (de aquí/allí). ➔ *Ver nota en* NEAR

nearly 🔊 /ˈnɪəli/ *adv* casi: *He nearly won.* Por poco gana. ➔ *Ver nota en* CASI **LOC** not nearly ni con mucho, para nada

nearsighted /ˌnɪəˈsaɪtɪd/ *adj* (*esp USA*) miope

neat 🔊 /niːt/ *adj* (**neater, -est**) **1** ordenado, bien cuidado **2** (*persona*) pulcro y ordenado **3** (*letra*) claro **4** (*USA, coloq*) estupendo **5** (*bebida alcohólica*) solo

neatly 🔊 /ˈniːtli/ *adv* **1** ordenadamente, pulcramente **2** hábilmente

necessarily 🔊 /ˌnesəˈserəli/ *GB tb* ˈnesəsərəli/ *adv* forzosamente, necesariamente

necessary 🔊 /ˈnesəsəri/ *USA* -seri/ *adj* **1** necesario: *Is it necessary for us to meet/necessary that we meet?* ¿Es necesario que nos reunamos? ◇ *if necessary* si es necesario **2** [*solo antes de sustantivo*] inevitable

necessitate /nəˈsesɪteɪt/ *vt* (*formal*) requerir

necessity /nəˈsesəti/ *n* (*pl* **necessities**) **1** necesidad **2** artículo de primera necesidad

neck 🔊 /nek/ *n* cuello: *to break your neck* desnucarse **LOC** neck and neck (with sb/sth) a la par (con algn/algo) ◆ up to your neck in sth metido hasta el cuello en algo *Ver tb* BREATHE, PAIN, RISK, SCRUFF, WRING

necklace /ˈnekləs/ *n* collar

neckline /ˈneklaɪn/ *n* escote

necktie /ˈnektaɪ/ (*antic o USA*) corbata

nectarine /ˈnektəriːn/ *n* nectarina

need 🔊 /niːd/ *verbo, nombre*
▸ *vt* **1** necesitar: *Do you need any help?* ¿Necesitas ayuda? ◇ *It needs painting.* Hace falta pintarlo. **2** ~ to do sth (*obligación*) tener que hacer

algo: *Do we really need to leave so early?* ¿Es realmente necesario que salgamos tan temprano? ❶ En ese sentido se puede usar el verbo modal, pero es más formal: *Need we really leave so early?*

▸ *v modal* (*neg* **need not**, **needn't** /'niːdnt/) (*obligación*) tener que: *You needn't have come.* No hacía falta que vinieras. ◇ *Need I explain it again?* ¿Es necesario que lo explique otra vez?

🔎 Cuando **need** es un verbo modal le sigue un infinitivo sin **to**, y las oraciones interrogativas y negativas se construyen sin el auxiliar **do**.

▸ *n* ~ **(for sth/to do sth)** necesidad (de algo/de hacer algo) 🔒 **be in need of sth** necesitar algo ♦ **if need be** si fuera necesario

needle 0👄 /'niːdl/ *n* aguja 🔒 *Ver* PIN

needless /'niːdləs/ *adj* innecesario 🔒 **needless to say** ni que decir tiene

needlework /'niːdlwɜːk/ *n* [*incontable*] costura, bordado

needy /'niːdi/ *adj* **1** necesitado **2** que reclama mucha atención

NEET /niːt/ *n* (*abrev de* not in education, employment or training) nini (*joven que ni estudia ni trabaja*)

negative 0👄 /'neɡətɪv/ *adjetivo, nombre*
▸ *adj* negativo
▸ *n* **1** (*Gram*) negativa **2** (*Fot*) negativo

neglect /nɪ'ɡlekt/ *verbo, nombre*
▸ *vt* **1** descuidar, desatender **2** ~ **to do sth** (*formal*) olvidar hacer algo
▸ *n* abandono

negligence /'neɡlɪdʒəns/ *n* (*formal*) negligencia

negligent /'neɡlɪdʒənt/ *adj* (*formal*) negligente

negligible /'neɡlɪdʒəbl/ *adj* insignificante

negotiate /nɪ'ɡəʊʃieɪt/ **1** *vt, vi* ~ **(with sb) (for/about sth)** negociar (con algn) (para obtener algo) **2** *vt* (*obstáculo*) salvar **negotiation** *n* negociación

neigh /neɪ/ *verbo, nombre*
▸ *vi* relinchar
▸ *n* relincho

neighbour 0👄 (*USA* neighbor) /'neɪbə(r)/ *n* **1** vecino, -a **2** (*formal*) prójimo, -a

neighbourhood 0👄 (*USA* neighborhood) /'neɪbəhʊd/ *n* **1** (*distrito*) barrio **2** (*personas*) vecindario

neighbouring (*USA* neighboring) /'neɪbərɪŋ/ *adj* vecino, contiguo

neither 0👄 /'naɪðə(r), 'niːðə(r)/ *adjetivo, pronombre, adverbio*
▸ *adj, pron* ninguno, -a ➔ *Ver nota en* NINGUNO
▸ *adv* **1** tampoco

🔎 Cuando **neither** significa *tampoco* se puede sustituir por **nor**. Con ambos se utiliza la estructura: **neither/nor + v aux/v modal + sujeto**: *'I didn't go.' 'Neither/Nor did I.'* —Yo no fui. —Yo tampoco. ◇ *I can't swim and neither/nor can my brother.* Yo no sé nadar y mi hermano tampoco.
Either puede significar *tampoco*, pero requiere una oración negativa y su posición en la frase es distinta: *I don't like it, and I can't afford it either.* No me gusta, y tampoco puedo permitírmelo. ◇ *My sister didn't go either.* Mi hermana tampoco fue. ◇ *'I haven't seen that film.' 'I haven't either.'* —No he visto esa película. —Yo tampoco.

2 neither… nor ni… ni

neon /'niːɒn/ *n* neón

nephew 0👄 /'nefjuː, 'nevjuː/ *n* sobrino: *I've got two nephews and one niece.* Tengo dos sobrinos y una sobrina.

Neptune /'neptjuːn/ *USA tb* -tuːn/ *n* Neptuno

nerd /nɜːd/ *n* (*coloq, pey*) **1** pavo, -a: *I feel like a nerd in these shoes.* Me siento ridículo con estos zapatos. **2** (*tb* com'puter nerd) friki: *He's a computer nerd.* Es un friki de la informática.

nerve 0👄 /nɜːv/ *n* **1** nervio: *nerve cells* células nerviosas **2** valor: *to lose your nerve* acobardarse **3** (*coloq*) cara: *You've got a nerve!* ¡Qué cara tienes! 🔒 **get on sb's nerves** (*coloq*) ponerle a algn los nervios de punta

'**nerve-racking** *adj* angustioso, estresante

nervous 0👄 /'nɜːvəs/ *adj* ~ **(about/of sth)** nervioso (por algo): *nervous breakdown* depresión nerviosa ➔ *Ver nota en* NERVIOSO **nervousness** *n* nerviosismo

nest 0👄 /nest/ *n* (*lit y fig*) nido

nestle /'nesl/ **1** *vi* acurrucarse **2** *vt, vi* ~ **(sth) against/on, etc. sb/sth** recostar algo, recostarse sobre algn/algo **3** *vi* (*pueblo*) estar enclavado

net 0👄 /net/ *nombre, adjetivo*
▸ *n* **1** red **2** [*incontable*] malla, tul: *net curtains* visillos **3** (*tb* the Net) [*sing*] (*coloq*) la red: *to surf the Net* navegar por la red
▸ *adj* (*tb* nett) **1** (*sueldo, peso*) neto **2** (*resultado*) final

netball /'netbɔːl/ *n* deporte parecido al baloncesto jugado esp por mujeres

netbook /'netbʊk/ *n* (*Informát*) netbook, miniportátil

netiquette /ˈnetɪket/ n [incontable] (coloq) (Internet) normas del correcto comportamiento en la red

netizen /ˈnetɪzn/ n (Internet) ciudadano, -a de la red

nett adj = NET

netting /ˈnetɪŋ/ n [incontable] red: wire netting tela metálica

nettle /ˈnetl/ n ortiga

network ०ↄ /ˈnetwɜːk/ nombre, verbo
▸ n **1** red **2** (TV, Radio) red de cadenas (de radio y televisión)
▸ **1** vt (Informát) conectar a la red (de una empresa) **2** vt (TV, Radio) retransmitir **3** vi crear (una red de) contactos **networking** n [incontable] The dinners provide the opportunity for informal networking. Las cenas proporcionan una oportunidad para establecer contactos de manera informal. ◇ social networking sites on the Internet las redes sociales en internet

neuron /ˈnjʊərɒn; USA ˈnʊə-/ n (Biol) neurona

neurotic /njʊəˈrɒtɪk; USA nʊəˈ-/ adj, n neurótico, -a

neutral /ˈnjuːtrəl; USA ˈnuː-/ adjetivo, nombre
▸ adj **1** neutral **2** (color) neutro
▸ n (coche) punto muerto

never ०ↄ /ˈnevə(r)/ adv **1** nunca ● Ver notas en ALWAYS, NUNCA **2** That will never do. Eso es totalmente inaceptable. **LOC** well, I never (did)! (antic) ¡no me digas! Ver tb MIND

nevertheless ०ↄ /ˌnevəðəˈles/ adv sin embargo

new ०ↄ /njuː; USA nuː/ adj (newer, -est) **1** nuevo: What's new? ¿Qué hay de nuevo? **2** otro: a new job otro trabajo **3** ~ (to sth) nuevo (en algo) **LOC** a new lease of life (USA a new lease on life) una nueva vida ♦ (as) good as new como nuevo ♦ turn over a new leaf empezar una vida nueva

New Age n Nueva Era

newcomer /ˈnjuːkʌmə(r); USA ˈnuː-/ n recién llegado, -a

new-found adj [solo antes de sustantivo] nuevo, recien adquirido

newly ०ↄ /ˈnjuːli; USA ˈnuː-/ adv recién: a newly-qualified doctor un médico recién licenciado

newness /ˈnjuːnəs; USA ˈnuː-/ n novedad

news ०ↄ /njuːz; USA nuːz/ n **1** [incontable] noticia(s): The news is not good. Las noticias no son buenas. ◇ Have you got any news? ¿Tienes noticias? ◇ It's news to me. Ahora me entero. ◇ a piece of news/a news item una noticia ● Ver nota en CONSEJO **2** the news [sing] las noti-

cias, el informativo **LOC** break the news (to sb) dar la (mala) noticia (a algn)

newsagent /ˈnjuːzeɪdʒənt; USA ˈnuːz-/ (USA newsdealer /ˈnjuːzdiːlə(r); USA ˈnuːz-/) n **1** vendedor, -ora de periódicos **2** newsagent's tienda de prensa/periódicos ● Ver notas en CARNICERÍA, ESTANCO

newscaster /ˈnjuːzkɑːstə(r); USA ˈnuːzkæstər/ n presentador, -ora (de noticias)

newsflash /ˈnjuːzflæʃ; USA ˈnuːz-/ n noticia de última hora

newsgroup /ˈnjuːzgruːp; USA ˈnuːz-/ n grupo de noticias

newsletter /ˈnjuːzletə(r); USA ˈnuːz-/ n boletín, hoja informativa

newspaper ०ↄ /ˈnjuːzpeɪpə(r); USA ˈnuːz-/ n periódico

newsreader /ˈnjuːzriːdə(r); USA ˈnuːz-/ n presentador, -ora (de noticias)

news stand (USA newsstand) n quiosco de prensa/periódicos

new year (tb New Year) n año nuevo: New Year's Day/Eve Día de Año Nuevo/Nochevieja

next ०ↄ /nekst/ adjetivo, adverbio, nombre
▸ adj **1** próximo, siguiente: (the) next time you see her la próxima vez que la veas ◇ (the) next day al día siguiente ◇ next month/Monday el mes/lunes que viene **2** (contiguo) de al lado **LOC** the next few days, months, etc. los próximos/siguientes días, meses, etc. Ver tb DAY, LAST
▸ adv **1** después, ahora: What shall we do next? ¿Qué hacemos ahora? ◇ What did they do next? ¿Qué hicieron después? **2** when we next meet la próxima vez que nos veamos **3** (comparación): the next oldest el siguiente en antigüedad
▸ n (tb the next) [sing] el/la siguiente, el próximo, la próxima: Who's next? ¿Quién es el siguiente?

next best adj segundo: the next best thing/ solution/idea la segunda opción ◇ It's not ideal, but it's the next best thing. No es (lo) ideal, pero es lo mejor que hay.

next door adverbio, adjetivo
▸ adv al lado: They live next door. Viven en la casa de al lado.
▸ adj next-door de al lado: next-door neighbour vecino de al lado

next of kin n pariente(s) más cercano(s)

next to ०ↄ prep **1** al lado de, junto a **2** (orden) después de **3** casi: next to nothing casi nada ◇ next to last el penúltimo

N

NGO 632

NGO /ˌen dʒiː ˈəʊ/ *abrev de* non-governmental organization ONG

NHS /ˌen eɪtʃ ˈes/ *n* (*abrev de* National Health Service) servicio de asistencia sanitaria de la Seguridad Social (*en Gran Bretaña*)

nibble /ˈnɪbl/ *vt, vi* ~ **(at) sth** mordisquear, picar algo

nice ☞ /naɪs/ *adj* (**nicer, -est**) **1** agradable: *to have a nice time* pasarlo bien ◊ *It smells nice.* Huele bien. **2** bonito: *You look nice.* Estás muy guapa. **3** ~ **(to sb)** simpático, amable, majo (con algn) ❶ La palabra **sympathetic** se traduce por "comprensivo" o "compasivo". **4** (*tiempo*) buen(o) **LOC** **nice and...** (*coloq*) bien, bastante: *nice and warm* calentito *Ver tb* MEET **nicely** *adv* **1** bien **2** amablemente

niche /niːʃ, nɪtʃ/ *n* **1** rincón, lugar: *a niche in the market* un hueco en el mercado **2** hornacina

nick /nɪk/ *nombre, verbo*
▸ *n* **1 the nick** [*sing*] (*GB, argot*) la chirona, la comisaría **2** muesca, mella **LOC** **in the nick of time** (*coloq*) justo a tiempo
▸ *vt* **1** ~ **sth (from sb/sth)** (*GB, coloq*) mangar algo (a algn/de algo) **2** hacer(se) un corte en, mellar

nickel /ˈnɪkl/ *n* **1** níquel **2** (*Can, USA*) moneda de 5 centavos

nickname /ˈnɪkneɪm/ *nombre, verbo*
▸ *n* apodo, mote
▸ *vt* apodar

nicotine /ˈnɪkətiːn/ *n* nicotina

niece ☞ /niːs/ *n* sobrina

night ☞ /naɪt/ *n* **1** noche: *by night* de noche/ por la noche ◊ *ten o'clock at night* a las diez de la noche ◊ *the night before last* anteanoche ◊ *night school* escuela nocturna ◊ *night shift* turno de noche *Ver tb* STAG NIGHT **2** (*Teat*) representación: *first/opening night* estreno **LOC** **good night** buenas noches, hasta mañana (*para despedirse*) ➔ *Ver nota en* NOCHE ♦ **have an early/a late night** acostarse temprano/tarde *Ver tb* DEAD

nightclub /ˈnaɪtklʌb/ *n* discoteca, sala de fiestas

nightdress /ˈnaɪtdres/ (*coloq* nightie /ˈnaɪti/) *n* camisón

nightfall /ˈnaɪtfɔːl/ *n* (*formal*) anochecer

nightingale /ˈnaɪtɪŋɡeɪl/ *n* ruiseñor

nightlife /ˈnaɪtlaɪf/ *n* vida nocturna

nightly /ˈnaɪtli/ *adjetivo, adverbio*
▸ *adj* (de) todas las noches
▸ *adv* todas las noches, cada noche

nightmare /ˈnaɪtmeə(r)/ *n* (*lit y fig*) pesadilla **nightmarish** *adj* de pesadilla

night-time *n* [*incontable*] noche

nil /nɪl/ *n* **1** (*Dep*) cero **2** nulo

nimble /ˈnɪmbl/ *adj* (**nimbler** /ˈnɪmblə(r)/, **nimblest** /ˈnɪmblɪst/) **1** ágil **2** (*mente*) despierto

nine ☞ /naɪn/ *adj, pron, n* nueve ➔ *Ver ejemplos en* FIVE

nineteen ☞ /ˌnaɪnˈtiːn/ *adj, pron, n* diecinueve ➔ *Ver ejemplos en* FIVE

nineteenth ☞ /ˌnaɪnˈtiːnθ/ **1** *adj, adv, pron* decimonoveno **2** *n* diecinueveava parte, diecinueveavo ➔ *Ver ejemplos en* FIFTH

ninetieth ☞ /ˈnaɪntiəθ/ **1** *adj, adv, pron* nonagésimo **2** *n* noventava parte, noventavo ➔ *Ver ejemplos en* FIFTH

ninety ☞ /ˈnaɪnti/ *adj, pron, n* noventa ➔ *Ver ejemplos en* FIFTY, FIVE

ninth ☞ /naɪnθ/ **1** *adj, adv, pron* noveno **2** *n* novena parte, noveno ➔ *Ver ejemplos en* FIFTH

nip /nɪp/ (**-pp-**) **1** *vt* pellizcar **2** *vi* ~ **down, out, etc.** (*GB, coloq*) bajar, salir, etc. un momento

nipple /ˈnɪpl/ *n* pezón, tetilla

nitrogen /ˈnaɪtrədʒən/ *n* nitrógeno

no ☞ /nəʊ/ *interjección, adjetivo, adverbio*
▸ *interj* no
▸ *adj* **1** ninguno: *No two people think alike.* No hay dos personas que piensen igual. ➔ *Ver nota en* NINGUNO **2** (*prohibición*): *No smoking.* Prohibido fumar. **3** (*para enfatizar una negación*): *She's no fool.* No es ninguna tonta. ◊ *It's no joke.* No es broma.
▸ *adv* + **adjetivo comparativo o adverbio** no: *His car is no bigger/more expensive than mine.* Su coche no es más grande/caro que el mío.

Nobel Prize /nəʊˌbel ˈpraɪz/ *n* Premio Nobel

nobility /nəʊˈbɪləti/ *n* nobleza

noble /ˈnəʊbl/ *adj, n* (**nobler, -est**) noble

nobody ☞ /ˈnəʊbədi/ *pronombre, nombre*
▸ *pron Ver* NO ONE
▸ *n* (*pl* **nobodies**) don nadie

no-brainer /ˌnəʊ ˈbreɪnə(r)/ *n* (*coloq*) problema de solución obvia

nocturnal /nɒkˈtɜːnl/ *adj* nocturno

nod /nɒd/ *verbo, nombre*
▸ (**-dd-**) **1** *vt, vi* asentir con la cabeza: *He nodded (his head) in agreement.* Asintió (con la cabeza). **2** *vi* ~ **(to/at sb)** saludar con la cabeza (a algn) **3** *vt, vi* indicar/hacer una señal con la cabeza **4** *vi* dar cabezadas **PHR V** **nod off** (*coloq*) quedarse dormido
▸ *n* inclinación de la cabeza **LOC** **give sb the nod (to do sth)** dar luz verde a algn (para que haga algo)

ð **then**   s **so**   z **zoo**   ʃ **she**   ʒ **vision**   h **how**   ŋ **sing**   j **yes**   w **wet**

no-'frills *adj* [*solo antes de sustantivo*] sin florituras, sencillo: *a no-frills airline* una línea aérea de bajo coste

noise o͞ⲣ /nɔɪz/ *n* ruido **LOC** **make a noise (about sth)** (*coloq*) armar un escándalo (por algo) *Ver tb* BIG

noisily o͞ⲣ /'nɔɪzɪli/ *adv* ruidosamente, escandalosamente

noisy o͞ⲣ /'nɔɪzi/ *adj* (**noisier**, **-iest**) **1** ruidoso **2** bullicioso

nomad /'nəʊmæd/ *n* nómada **nomadic** /nəʊ-'mædɪk/ *adj* nómada

nominal /'nɒmɪnl/ *adj* nominal **nominally** /'nɒmɪnəli/ *adv* en apariencia, de nombre

nominate /'nɒmɪneɪt/ *vt* **1** ~ **sb (for/as sth)** proponer, nominar a algn (para/como algo) **2** ~ **sth (as sth)** establecer, designar algo (como algo) **nomination** *n* nombramiento

nominee /ˌnɒmɪ'niː/ *n* candidato, -a

non- /nɒn/ *pref* no, sin: *non-essential* no esencial ◇ *non-aligned countries* países no alineados

non-ˌalcoˈholic *adj* sin alcohol

nonconformity /ˌnɒnkən'fɔːmɪti/ *n* [*incontable*] inconformismo

none o͞ⲣ /nʌn/ *pronombre, adverbio*
▶ *pron* **1** ninguno, -a, -os, -as: *None (of them) is/are alive now.* Ya no queda ninguno vivo. **2** (*con sustantivos o pronombres incontables*) nada: *'Is there any bread left?' 'No, none.'* —¿Queda algo de pan? —No, no queda nada. **3** (*formal*) nadie: *and none more so than…* y nadie más que… **LOC** **none but** (*formal*) solo ◆ **none other than** ni más ni menos que
▶ *adv* **1** ~ **+ the + adj comp**: *I'm none the wiser.* Sigo sin entender nada. ◇ *He's none the worse for it.* No le ha pasado nada. **2** ~ **+ too + adj/adv**: *none too clean* nada limpio

nonetheless /ˌnʌnðə'les/ *adv* (*formal*) sin embargo

non-existent /ˌnɒn ɪg'zɪstənt/ *adj* inexistente

non-ˈfiction *n* [*incontable*] obras que no pertenecen al género de ficción

non-ˈprofit (*tb* ˌnon-ˈprofit-making) *adj* sin ánimo de lucro

nonsense o͞ⲣ /'nɒnsns; *USA tb* -sens/ *n* [*incontable*] **1** disparates **2** tonterías, chorradas: *That's nonsense.* Eso es absurdo. **nonsensical** /nɒn-'sensɪkl/ *adj* absurdo

non-ˈsmoker *n* no fumador, -ora ˌ**non-ˈsmoking** *adj* *a non-smoking area* una zona de no fumadores

non-ˈstick *adj* antiadherente (*sartén, etc.*)

non-ˈstop *adjetivo, adverbio*
▶ *adj* **1** (*vuelo, etc.*) directo **2** ininterrumpido
▶ *adv* **1** directamente, sin hacer escala **2** sin parar, ininterrumpidamente

non-ˈverbal *adj* no verbal

noob /nuːb/ *n* (*coloq*) (*juegos de ordenador*) principiante

noodle /'nuːdl/ *n* fideo

noon /nuːn/ *n* mediodía: *at noon* al mediodía ◇ *twelve noon* las doce en punto

no one o͞ⲣ (*tb* nobody) *pron* nadie

🔎 En inglés no se pueden usar dos palabras negativas en la misma frase. Como **no one**, **nobody**, **nothing** y **nowhere** son palabras negativas, la oración tiene que ser siempre afirmativa: *No one saw him.* No le vio nadie. ◇ *She said nothing.* No dijo nada. ◇ *Nothing happened.* No pasó nada. Cuando la oración es negativa tenemos que usar **anyone**, **anything** y **anywhere**: *I didn't see anybody.* No vi a nadie. ◇ *She didn't say anything.* No dijo nada. **No one** lleva el verbo en singular, pero suele ir seguido de **they**, **them** y **their**, que son formas plurales: *No one else came, did they?* ¿No ha venido nadie más, verdad?

noose /nuːs/ *n* nudo corredizo, lazo

nope /nəʊp/ *interj* (*coloq*) no

nor /nɔː(r)/ *conj, adv* **1** ni **2** (ni…) tampoco: *Nor do I.* Yo tampoco. ➲ *Ver nota en* NEITHER

norm /nɔːm/ *n* norma

normal o͞ⲣ /'nɔːml/ *adjetivo, nombre*
▶ *adj* normal
▶ *n* lo normal: *Things are back to normal.* Las cosas han vuelto a la normalidad.

normally o͞ⲣ /'nɔːməli/ *adv* normalmente ➲ *Ver nota en* ALWAYS

norovirus /'nɒrəʊvaɪrəs; *USA* 'nɔːr-/ *n* norovirus

Norse /nɔːs/ *n* (*lengua*) nórdico

north o͞ⲣ /nɔːθ/ *nombre, adjetivo, adverbio*
▶ *n* (*tb* North) (*abrev* N) norte: *Leeds is in the north of England.* Leeds está en el norte de Inglaterra.
▶ *adj* (del) norte: *north winds* vientos del norte
▶ *adv* al norte: *They headed north.* Fueron hacia el norte.

northbound /'nɔːθbaʊnd/ *adj* en/con dirección norte

north-ˈeast *nombre, adjetivo, adverbio*
▶ *n* (*abrev* NE) noreste
▶ *adj* (del) noreste

N

| i: see | i happy | ɪ sit | e ten | æ hat | ɑ: arm | ɒ got | ɔ: saw | ʊ put |

▶ *adv* hacia el noreste ˌnorth-ˈeastern *adj* (del) noreste

northern 🔊 (*tb* Northern) /ˈnɔːðən/ *adj* (del) norte: *She has a northern accent.* Tiene acento del norte. **northerner** *n* norteño, -a

northwards /ˈnɔːθwədz/ (*tb* northward) *adv* hacia el norte

ˌnorth-ˈwest *nombre, adjetivo, adverbio*
▶ *n* (*abrev* NW) noroeste
▶ *adj* (del) noroeste
▶ *adv* hacia el noroeste ˌnorth-ˈwestern *adj* (del) noroeste

nose 🔊 /nəʊz/ *nombre, verbo*
▶ *n* **1** nariz **2** (*avión*) morro **3** [*sing*] a ~ for sth olfato para algo
▶ *v* PHRV **nose about/around (for sth)** husmear (buscando algo)

nosebleed /ˈnəʊzbliːd/ *n* hemorragia nasal

ˈnose ring *n* aro para la nariz

ˌno-ˈshow /ˌnəʊ ˈʃəʊ/ *n* (*coloq*) **1** persona que no aparece **2** ausencia, no aparición: *No-shows are a problem in the hotel trade.* Las reservas que no aparecen son un problema en la industria hotelera.

nostalgia /nɒˈstældʒə; *USA tb* nəˈl-/ *n* nostalgia **nostalgic** *adj* nostálgico

nostril /ˈnɒstrəl/ *n* **1** fosa nasal **2** nostrils [*pl*] nariz

nosy (*tb* nosey) /ˈnəʊzi/ *adj* (*coloq, pey*) curioso, fisgón

not 🔊 /nɒt/ *adv* no: *I hope not.* Espero que no. ◇ *I'm afraid not.* Me temo que no. ◇ *Certainly not!* ¡Ni hablar! ◇ *Not any more.* Ya no. ◇ *Not even...* Ni siquiera...

🔎 **Not** se usa para formar la oración negativa con verbos auxiliares y modales (**be**, **do**, **have**, **can**, **must**, etc.) y muchas veces se usa la contracción **-n't**: *She is not/isn't going.* ◇ *We did not/didn't go.* ◇ *I must not/mustn't go.* La forma no contraída (**not**) tiene un uso más formal o enfático y se usa en el caso de oraciones negativas subordinadas: *He warned me not to be late.* Me advirtió que no llegara tarde. ◇ *I expect not.* Supongo que no. ⊃ *Comparar con* NO

LOC **not all that...** no muy... ◆ **not as... as all that** *They're not as rich as all that.* No son tan ricos. ◆ **not at all 1** (*respuesta*) de nada **2** nada, en lo más mínimo ◆ **not that...** no es que...: *It's not that I mind...* No es que me importe...

notable /ˈnəʊtəbl/ *adj* notable **notably** /-bli/ *adv* notablemente

notch /nɒtʃ/ *nombre, verbo*
▶ *n* **1** grado (*en escala*) **2** mella
▶ *vt* ~ **sth (up)** (*coloq*) apuntarse algo

note 🔊 /nəʊt/ *nombre, verbo*
▶ *n* **1** nota: *to make a note (of sth)* tomar nota (de algo) ◇ *to take notes* tomar apuntes **2** (*tb* banknote) billete (*dinero*)
▶ *vt* advertir, fijarse en PHRV **note sth down** anotar algo

notebook /ˈnəʊtbʊk/ *n* **1** cuaderno, libreta **2** (*tb* ˌnotebook comˈputer*) (ordenador) portátil, notebook

noted /ˈnəʊtɪd/ *adj* ~ (for/as sth) célebre (por algo/por ser algo)

notepad /ˈnəʊtpæd/ *n* **1** bloc de notas **2** ordenador portátil

notepaper /ˈnəʊtpeɪpə(r)/ *n* papel de cartas

noteworthy /ˈnəʊtwɜːði/ *adj* digno de mención

nothing 🔊 /ˈnʌθɪŋ/ *pron* **1** nada ⊃ *Ver nota en* NO ONE **2** cero LOC **be/have nothing to do with sb/sth** no tener nada que ver con algn/algo ◆ **for nothing 1** gratis **2** en vano ◆ **nothing much** no mucho ◆ **nothing of the kind/sort** nada por el estilo

notice 🔊 /ˈnəʊtɪs/ *nombre, verbo*
▶ *n* **1** anuncio, cartel **2** aviso: *until further notice* hasta nuevo aviso ◇ *to give one month's notice* avisar con un mes de antelación **3** dimisión, carta de despido: *to hand in your notice* presentar la dimisión LOC **take no notice/not take any notice (of sb/sth)** no hacer caso (de algn/algo) *Ver tb* ESCAPE, MOMENT
▶ *vt* **1** darse cuenta de, notar **2** fijarse en

noticeable 🔊 /ˈnəʊtɪsəbl/ *adj* **1** (*que se nota*) perceptible: *It was noticeable that he wasn't there.* Se notaba que no estaba allí. **2** (*importante*) sensible, marcado

noticeboard /ˈnəʊtɪsbɔːd/ *n* tablón de anuncios

notify /ˈnəʊtɪfaɪ/ *vt* (*pt, pp* -**fied**) ~ sb (of sth) notificar (algo) a algn

notion /ˈnəʊʃn/ *n* **1** ~ (that...) noción, idea (de que...) **2** ~ (of sth) idea (de algo): *without any notion of what he would do* sin tener idea de lo que haría

notorious /nəʊˈtɔːriəs/ *adj* ~ (for/as sth) conocido, famoso (por algo/por ser algo)

notwithstanding /ˌnɒtwɪθˈstændɪŋ, -wɪð-/ *preposición, adverbio*
▶ *prep* (*formal*) a pesar de
▶ *adv* (*formal*) no obstante

nought /nɔːt/ *n* cero

ˌnoughts and ˈcrosses n [incontable] tres en raya

noun /naʊn/ n nombre, sustantivo

nourish /ˈnʌrɪʃ; USA ˈnɜːrɪʃ/ vt **1** nutrir **2** (formal) (fig) alimentar **nourishing** adj nutritivo

novel ☞ /ˈnɒvl/ adjetivo, nombre
▸ adj original
▸ n novela **novelist** n novelista

novelty /ˈnɒvlti/ n (pl **novelties**) novedad

November ☞ /nəʊˈvembə(r)/ n (abrev Nov.) noviembre ➜ Ver ejemplos en JANUARY

novice /ˈnɒvɪs/ n novato, -a; principiante

now ☞ /naʊ/ adverbio, conjunción
▸ adv **1** ahora: by now ya ◊ right now ahora mismo **2** ahora bien **LOC** (every) now and again/ then de vez en cuando ♦ now then y bien, veamos Ver tb MINUTE¹
▸ conj ~ (that…) ahora que…, ya que…

nowadays /ˈnaʊədeɪz/ adv hoy (en) día

nowhere ☞ /ˈnəʊweə(r)/ adv a/en/por ninguna parte: There's nowhere to park. No hay donde aparcar. ➜ Ver nota en NO ONE **LOC** be nowhere to be found/seen no aparecer por ninguna parte ♦ get/go nowhere no conseguir nada Ver tb MIDDLE, NEAR

nozzle /ˈnɒzl/ n boquilla

nuance /ˈnjuːɑːns; USA ˈnuː-/ n matiz

nuclear ☞ /ˈnjuːkliə(r); USA ˈnuː-/ adj nuclear: nuclear power energía nuclear ◊ nuclear waste residuos nucleares

nucleus /ˈnjuːkliəs; USA ˈnuː-/ n (pl **nuclei** /-kliaɪ/) núcleo

nude /njuːd; USA nuːd/ adjetivo, nombre
▸ adj desnudo (integral) (artístico y erótico) ➜ Ver nota en NAKED
▸ n desnudo **LOC** in the nude desnudo

nudge /nʌdʒ/ vt **1** dar un codazo a **2** empujar suavemente

nudity /ˈnjuːdəti; USA ˈnuː-/ n desnudez

nugget /ˈnʌgɪt/ n **1** pepita (de oro) **2** chicken nuggets trocitos de pollo rebozados

nuisance /ˈnjuːsns; USA ˈnuː-/ n **1** molestia: to be a nuisance molestar **2** (persona) pesado, -a

ˈnuisance call n llamada no deseada

null /nʌl/ adj **LOC** null and void nulo

numb /nʌm/ adjetivo, verbo
▸ adj entumecido: numb with shock paralizado del susto
▸ vt **1** entumecer **2** (fig) paralizar

number ☞ /ˈnʌmbə(r)/ nombre, verbo
▸ n (abrev No.) número Ver tb REGISTRATION NUMBER **LOC** a number of… varios/ciertos…
▸ vt **1** numerar **2** ascender a

ˈnumber plate n (placa de la) matrícula

numeracy /ˈnjuːmərəsi; USA ˈnuː-/ n [incontable] habilidad numérica

numerical /njuːˈmerɪkl; USA nuː-/ adj numérico

numerology /ˌnjuːməˈrɒlədʒi; USA ˌnuː-/ n numerología

numerous /ˈnjuːmərəs; USA ˈnuː-/ adj (formal) numeroso

nun /nʌn/ n monja

nurse ☞ /nɜːs/ nombre, verbo
▸ n enfermero, -a ➜ Ver nota en POLICÍA
▸ **1** vt cuidar (enfermo) **2** vt (formal) (sentimientos) alimentar **3** vt acunar **4** vt, vi amamantar(se)

nursery /ˈnɜːsəri/ n (pl **nurseries**) **1** (tb ˈday nursery) guardería **2** (tb ˈnursery school) escuela infantil **3** vivero

ˈnursery rhyme n canción infantil

nursing /ˈnɜːsɪŋ/ n **1** enfermería: nursing home residencia privada para la tercera edad **2** cuidado (de enfermos)

nurture /ˈnɜːtʃə(r)/ vt (formal) **1** (niño) criar **2** (interés, desarrollo) fomentar **3** (esperanza, relación) nutrir

nut ☞ /nʌt/ n **1** fruto seco **2** tuerca **3** (tb nutter, nutcase /ˈnʌtkeɪs/) (coloq) chiflado, -a **4** (coloq) fanático, -a: He's a real fitness nut. Es un fanático del fitness.

nutcracker /ˈnʌtkrækə(r)/ n (tb nutcrackers [pl]) cascanueces

nutmeg /ˈnʌtmeg/ n nuez moscada

nutrient /ˈnjuːtriənt; USA ˈnuː-/ n nutriente, sustancia nutritiva

nutrition /njuˈtrɪʃn; USA nuˈ-/ n nutrición **nutritional** adj nutritivo **nutritious** adj nutritivo

nuts /nʌts/ adj (coloq) **1** loco **2** ~ about sb/sth loco por algn/algo

nutshell /ˈnʌtʃel/ n cáscara (de fruto seco) **LOC** (put sth) in a nutshell (decir algo) en pocas palabras

nutter /ˈnʌtə(r)/ Ver NUT (3)

nutty /ˈnʌti/ adj **1** a nutty flavour un sabor a fruto seco **2** (coloq) chiflado

NVQ /ˌen viː ˈkjuː/ n (abrev de National Vocational Qualification) título de formación profesional

nylon /ˈnaɪlɒn/ n nailon, nilón

nymph /nɪmf/ n ninfa

N

Oo

O, o /əʊ/ n (pl **Os**, **O's**, **o's**) **1** O, o ➲ Ver nota en A, A **2** cero

🔎 Cuando se nombra el cero en una serie de números, p. ej. 0245, se pronuncia como la letra **O**: /ˌəʊ tuː fɔː ˈfaɪv/.

oak /əʊk/ (tb ˈoak tree) n roble

OAP /ˌəʊ eɪ ˈpiː/ n (abrev de **old-age pensioner**) jubilado, -a

oar /ɔː(r)/ n remo

oasis /əʊˈeɪsɪs/ n (pl **oases** /-siːz/) oasis

oath /əʊθ/ n **1** juramento **2** (antic) palabrota **LOC on/under oath** bajo juramento

oats /əʊts/ n [pl] (copos de) avena

obedience /əˈbiːdiəns/ n obediencia

obedient /əˈbiːdiənt/ adj obediente

obese /əʊˈbiːs/ adj (formal o Med) obeso **obesity** /əʊˈbiːsəti/ n obesidad

obey ☞ /əˈbeɪ/ vt, vi obedecer

obituary /əˈbɪtʃuari; USA əʊˈbɪtʃueri/ n (pl **obituaries**) necrología

object ☞ nombre, verbo
▸ n /ˈɒbdʒɪkt; USA tb -dʒekt/ **1** objeto **2** objetivo, propósito **3** (Gram) complemento **LOC expense/money is no object** el dinero no importa
▸ vi /əbˈdʒekt/ ~ **(to sb/sth)** oponerse (a algn/algo); estar en contra (de algn/algo): If he doesn't object… Si no tiene inconveniente…

objection /əbˈdʒekʃn/ n ~ **(to sth/doing sth) 1** objeción, oposición (a algo/a hacer algo): to raise an objection poner una objeción **2** inconveniente (en hacer algo): I have no objection to her coming. No tengo inconveniente en que venga.

objective ☞ /əbˈdʒektɪv/ adj, n objetivo: to remain objective mantener la objetividad

obligation /ˌɒblɪˈɡeɪʃn/ n **1** obligación **2** compromiso **LOC be under an/no obligation (to do sth)** (no) tener obligación (de hacer algo)

obligatory /əˈblɪɡətri; USA -tɔːri/ adj (formal) obligatorio, de rigor

oblige /əˈblaɪdʒ/ vt **1** obligar **2** ~ **sb (with sth/by doing sth)** complacer a algn; hacer el favor a algn (de hacer algo) **obliged** adj ~ **(to sb) (for sth)** (formal) agradecido (a algn) (por algo): I'm much obliged to you for your help. Le agradezco mucho su ayuda. **obliging** adj atento

obliterate /əˈblɪtəreɪt/ vt eliminar

oblivion /əˈblɪviən/ n olvido

oblivious /əˈblɪviəs/ adj ~ **of/to sth** no consciente de algo

oblong /ˈɒblɒŋ; USA ˈɒblɔːŋ/ adjetivo, nombre
▸ adj rectangular
▸ n rectángulo

oboe /ˈəʊbəʊ/ n oboe

obscene /əbˈsiːn/ adj obsceno

obscure /əbˈskjʊə(r)/ adjetivo, verbo
▸ adj **1** desconocido **2** poco claro
▸ vt oscurecer, esconder

observant /əbˈzɜːvənt/ adj observador, perspicaz

observation ☞ /ˌɒbzəˈveɪʃn/ n observación

observatory /əbˈzɜːvətri; USA -tɔːri/ n (pl **observatories**) observatorio

observe ☞ /əbˈzɜːv/ vt **1** (formal) observar **2** (ley, etc.) respetar **3** (formal) (fiesta) guardar **observer** n observador, -ora

obsess /əbˈses/ **1** vt obsesionar: to be/become obsessed by/with sb/sth estar obsesionado/obsesionarse con algn/algo **2** vi ~ **(about sth)** obsesionarse (con algo) **obsession** n ~ **(with sth/sb)** obsesión (con algo/algn) **obsessive** adj obsesivo

obsolete /ˈɒbsəliːt; USA ˌɑːbsəˈliːt/ adj obsoleto

obstacle /ˈɒbstəkl/ n obstáculo

obstetrician /ˌɒbstəˈtrɪʃn/ n tocólogo, -a

obstinate /ˈɒbstɪnət/ adj obstinado

obstruct /əbˈstrʌkt/ vt obstruir

obstruction /əbˈstrʌkʃn/ n obstrucción

obtain ☞ /əbˈteɪn/ vt (formal) obtener **obtainable** adj que se puede obtener

obvious ☞ /ˈɒbviəs/ adj obvio

obviously ☞ /ˈɒbviəsli/ adv obviamente

occasion ☞ /əˈkeɪʒn/ n **1** ocasión, vez: a special occasion una ocasión especial

🔎 Cuando ocasión tiene el sentido de "oportunidad" se traduce por **chance** u **opportunity**: I didn't get the chance to do it. No tuve ocasión de hacerlo.

2 acontecimiento **LOC on the occasion of sth** (formal) con motivo de algo

occasional /əˈkeɪʒənl/ adj esporádico: She reads the occasional book. Lee algún que otro libro.

occasionally ☞ /əˈkeɪʒnəli/ adv de vez en cuando ➲ Ver nota en ALWAYS

occupant /ˈɒkjəpənt/ n ocupante

637 · offend

occupation /ˌɒkjuˈpeɪʃn/ *n* **1** profesión ➜ *Ver nota en* WORK **2** ocupación

occupational /ˌɒkjuˈpeɪʃənl/ *adj* **1** laboral: *occupational hazards* gajes del oficio **2** (*terapia*) ocupacional

occupier /ˈɒkjupaɪə(r)/ *n* (*formal*) ocupante

occupy ⚡ /ˈɒkjupaɪ/ *vt* (*pt, pp* **-pied**) **1** ocupar **2** ~ **sb/yourself (in doing sth/with sb/sth)** entretener a algn, entretenerse (haciendo algo/con algn/algo)

occur ⚡ /əˈkɜː(r)/ *vi* (**-rr-**) (*formal*) **1** ocurrir, producirse **2** encontrarse, hallarse **PHR V occur to sb** ocurrírsele a algn

occurrence /əˈkʌrəns; *USA* əˈkɜːrəns/ *n* **1** hecho, caso **2** existencia **3** frecuencia

OCD /ˌəʊ siː ˈdiː/ *n* (*abrev de* obsessive compulsive disorder) trastorno obsesivo compulsivo

ocean ⚡ /ˈəʊʃn/ *n* océano ➜ *Ver nota en* MAR **LOC** *Ver* DROP **oceanic** /ˌəʊʃiˈænɪk/ *adj* oceánico

o'clock ⚡ /əˈklɒk/ *adv* **six o'clock** las seis (en punto)

🔍 La palabra **o'clock** puede omitirse cuando se entiende que estamos hablando de las horas en punto: *between five and six (o'clock)* entre las cinco y las seis. No se puede omitir cuando va con otro sustantivo: *the ten o'clock news* el telediario de las diez.

octagon /ˈɒktəgən; *USA* -gɑːn/ *n* (*Geom*) octágono

October ⚡ /ɒkˈtəʊbə(r)/ *n* (*abrev* Oct.) octubre ➜ *Ver ejemplos en* JANUARY

octopus /ˈɒktəpəs; *USA* -pʊs/ *n* (*pl* **octopuses**) pulpo

odd ⚡ /ɒd/ *adj* **1** (**odder, -est**) raro **2 the odd** algún que otro: *He has the odd beer.* Toma una cerveza de vez en cuando. **3** (*número*) impar **4** (*fascículo*) suelto **5** (*zapato*) desparejado **6** sobrante **7** *thirty odd* treinta y pico ◊ *twelve pounds odd* doce libras y pico **LOC be the odd man/one out** ser el único desparejado, sobrar: *Which is the odd one out?* ¿Cuál es el que no pertenece al grupo?

oddball /ˈɒdbɔːl/ *n* (*coloq*) bicho raro

oddity /ˈɒdəti/ *n* (*pl* **oddities**) **1** cosa rara **2** (*persona*) bicho raro **3** (*tb* oddness) rareza

odd jobs *n* [*pl*] trabajitos (*esporádicos*): *to do odd jobs around the house* hacer pequeños arreglos en la casa

oddly ⚡ /ˈɒdli/ *adv* de forma extraña: *Oddly enough…* Lo curioso es que…

odds /ɒdz/ *n* [*pl*] **1** probabilidades: *The odds are that…* Lo más probable es que… **2** ganancia neta **LOC be at odds (with sb) (over/on sth)** estar

peleado (con algn) (por algo); discrepar (con algn) (sobre algo) ◆ **it makes no odds** (*coloq*) da lo mismo ◆ **odds and ends** (*coloq*) trastos, chismes

odometer /əʊˈdɒmɪtə(r)/ *n* (*USA*) cuentakilómetros

odour (*USA* odor) /ˈəʊdə(r)/ *n* (*formal*) olor: *body odour* olor corporal ➜ *Ver nota en* SMELL

oesophagus (*USA* esophagus) /iˈsɒfəgəs/ *n* (*pl* **oesophaguses, oesophagi** /-gaɪ/) (*Anat*) esófago

of ⚡ /əv; ɒv; *USA* ʌv/ *prep* **1** de: *a girl of six* una niña de seis años ◊ *It's made of wood.* Es de madera. ◊ *two kilos of rice* dos kilos de arroz ◊ *It was very kind of him.* Fue muy amable de su parte. **2** (*con posesivos*) de: *a friend of John's* un amigo de John ◊ *a cousin of mine* un primo mío **3** (*con cantidades*): *There were five of us.* Éramos cinco. ◊ *most of all* más que nada ◊ *The six of us went.* Fuimos los seis. **4** (*fechas y tiempo*) de: *the first of March* el uno de marzo **5** (*causa*) de: *What did she die of?* ¿De qué murió?

off ⚡ /ɒf; *USA* ɔːf/ *adverbio, preposición, adjetivo*
❶ Para los usos de **off** en PHRASAL VERBS ver las entradas de los verbos correspondientes, p. ej. **go off** en GO.
▸ *adv* **1** (*a distancia*): *five miles off* a cinco millas de distancia ◊ *some way off* a cierta distancia ◊ *not far off* no (muy) lejos **2** (*quitado*): *You left the lid off.* Lo dejaste destapado. ◊ *with her shoes off* descalza **3** *I must be off.* Tengo que irme. **4** *The meeting is off.* Se ha cancelado la reunión. **5** (*gas, electricidad*) desconectado **6** (*máquinas, etc.*) apagado **7** (*grifo*) cerrado **8** *a day off* un día libre **9** *five per cent off* un cinco por ciento de descuento **LOC be off (for sth)** (*coloq*) *How are you off for cash?* ¿Cómo estás de dinero? *Ver tb* WELL OFF ◆ **off and on; on and off** de vez en cuando
▸ *prep* **1** de: *to fall off sth* caerse de algo **2** *a street off the main road* una calle que sale de la carretera principal **3** *off the coast* a cierta distancia de la costa **4** sin ganas de: *to be off your food* estar desganado **LOC come off it!** ¡anda ya!
▸ *adj* [*nunca antes de sustantivo*] **1** (*comida*) pasado **2** (*leche*) cortado

offal /ˈɒfl; *USA* ˈɔːfl/ *n* [*incontable*] asaduras

off day *n* (*coloq*) mal día (*en que nada sale bien*)

off-duty *adj* fuera de servicio

offence (*USA* offense) /əˈfens/ *n* **1** delito **2** ofensa **LOC take offence (at sth)** ofenderse (por algo)

offend ⚡ /əˈfend/ *vt* ofender: *to be offended* ofenderse **offender** *n* **1** delincuente **2** infractor, -ora

---

iː see · i happy · ɪ sit · e ten · æ hat · ɑː arm · ɒ got · ɔː saw · ʊ put

offensive ⊶ /əˈfensɪv/ *adjetivo, nombre*
▶ *adj* **1** ofensivo, insultante **2** (*formal*) (*olor, etc.*) repugnante
▶ *n* ofensiva

offer ⊶ /ˈɒfə(r)/; *USA* /ˈɔːfər/ *verbo, nombre*
▶ **1** *vt, vi* ~ **sb sth; ~ sth (to sb)** ofrecer algo (a algn) ⊃ *Ver nota en* GIVE **2** *vi* ~ **to do sth** ofrecerse a/ para hacer algo
▶ *n* oferta **offering** *n* **1** ofrecimiento **2** ofrenda

🔎 **Offering to do something**
Ofrecernos a hacer algo
• *Would you like me to help you with that?* ¿Quieres que te ayude con eso?
• *Can I give you a hand?* ¿Te echo una mano?
• *Shall I carry that for you?* ¿Te lo llevo?
• *That's very kind of you. Thank you.* Es muy amable por tu parte. Gracias.
• *It's all right, thank you. I can manage.* No hace falta, gracias. Puedo sola.

offhand /ˌɒfˈhænd/; *USA* /ˌɔːf-/ *adjetivo, adverbio*
▶ *adj* hosco
▶ *adv* improvisadamente, así de pronto

office ⊶ /ˈɒfɪs/ *n* **1** oficina: *office hours* horario de oficina ◊ *office block* bloque de oficinas ◊ *office worker* oficinista *Ver tb* BOOKING OFFICE, BOX OFFICE, HEAD OFFICE, POST OFFICE, REGISTER OFFICE **2** despacho **3** cargo: *to take office* entrar en funciones ᴸᴼᶜ **in office** en el poder

officer ⊶ /ˈɒfɪsə(r)/ *n* **1** (*ejército*) oficial **2** (*gobierno*) funcionario, -a **3** (*tb* poˈlice officer) agente ⊃ *Ver nota en* POLICÍA

office supˈply store *n* (*USA*) papelería

official ⊶ /əˈfɪʃl/ *nombre, adjetivo*
▶ *n* funcionario, -a
▶ *adj* oficial

officially ⊶ /əˈfɪʃəli/ *adv* oficialmente

off-licence *n* tienda de vinos y licores

offline /ˌɒfˈlaɪn/; *USA* /ˌɔːf-/ *adj, adv* (*Internet*) fuera de línea, sin conexión: *For offline orders, call the number…* Si no se desea realizar el encargo por internet, llamar al número… ◊ *I'll be offline tomorrow.* Mañana no me podré conectar.

off-ˈpeak *adj* [*solo antes de sustantivo*] **1** (*precio, tarifa*) de temporada baja **2** (*período*) de menor consumo

off-putting *adj* (*esp GB, coloq*) **1** (*ruido, comentario*) molesto **2** (*persona*) desagradable

offset /ˈɒfset/; *USA* /ˈɔːf-/ *verbo, nombre*
▶ *vt* (**-tt-**) (*pt, pp* **offset**) contrarrestar
▶ *n Ver* CARBON OFFSET

offshore /ˌɒfˈʃɔː(r)/; *USA* /ˌɔːf-/ *adj* **1** cercano a la costa **2** (*brisa*) terral **3** (*pesca*) de bajura **4** (*inversiones, empresas, etc.*) en el extranjero, en un paraíso fiscal

offside /ˌɒfˈsaɪd/; *USA* /ˌɔːf-/ *adj, n* fuera de juego

offspring /ˈɒfsprɪŋ/; *USA* /ˈɔːf-/ *n* (*pl* **offspring**) (*formal o hum*) **1** hijo(s), descendencia **2** cría(s)

off-the-ˈshelf *adj* (*producto*) estándar, de serie

often ⊶ /ˈɒfn, ˈɒftən/; *USA* /ˈɔːfn, ˈɔːftən/ *adv* **1** a menudo, muchas veces: *How often do you see her?* ¿Cada cuánto la ves? **2** con frecuencia ⊃ *Ver nota en* ALWAYS ᴸᴼᶜ *Ver* EVERY

oh ⊶ /əʊ/ *interj* **1** ¡oh!, ¡ah! **2** *Oh yes I will.* ¡Y tanto que lo haré! ◊ *Oh no you won't!* ¡De eso nada!

oil ⊶ /ɔɪl/ *nombre, verbo*
▶ *n* **1** petróleo: *oil well* pozo petrolífero ◊ *oil tanker* petrolero **2** aceite **3** (*Arte*) óleo
▶ *vt* lubricar

oil rig *n* **1** plataforma petrolífera **2** torre de perforación

oil slick *n* mancha de petróleo

oily /ˈɔɪli/ *adj* (**oilier, -iest**) **1** aceitoso **2** oleoso

ointment /ˈɔɪntmənt/ *n* pomada

OK ⊶ (*tb* **okay**) /əʊˈkeɪ/ *interjección, adjetivo, adverbio, nombre, verbo*
▶ *interj* (*coloq*) ¡vale!, ¡de acuerdo!
▶ *adj, adv* (*coloq*) bien
▶ *n* (*coloq*) consentimiento, visto bueno
▶ *vt* (*coloq*) dar el visto bueno a

old ⊶ /əʊld/ *adjetivo, nombre*
▶ *adj* (**older, -est**) ⊃ *Ver nota en* ELDER **1** viejo: *old people* (los) ancianos ◊ *the Old Testament* el Antiguo Testamento **2** *How old are you?* ¿Cuántos años tienes? ◊ *She's two (years old).* Tiene dos años.

🔎 Para decir "tengo diez años", decimos *I am ten* o *I am ten years old.* Sin embargo, para decir "un chico de diez años", decimos *a boy of ten* o *a ten-year-old boy.* ⊃ *Ver nota en* YEAR

3 (*anterior*) antiguo ᴸᴼᶜ *Ver* CHIP
▶ *n* **the old** [*pl*] los ancianos

old ˈage *n* vejez

old-age ˈpension *n* pensión de jubilación
ˌold-age ˈpensioner *n* jubilado, -a

old-ˈfashioned ⊶ *adj* **1** pasado de moda, anticuado **2** tradicional

olive /ˈɒlɪv/ *nombre, adjetivo*
▶ *n* **1** aceituna: *olive oil* aceite de oliva **2** (*tb* ˈolive tree*) olivo
▶ *adj* **1** (*tb* ˌolive ˈgreen*) verde oliva **2** (*piel*) cetrino

Olympic /əˈlɪmpɪk/ *adj* olímpico: *the Olympic Games/the Olympics* los Juegos Olímpicos/la Olimpiada

omelette (*USA tb* omelet) /ˈɒmlət/ *n* tortilla

omen /ˈəʊmən/ *n* presagio

OMG *abrev de* oh my God (*esp en mensajes, etc.*) ostras ➲ *Ver nota en* TEXTSPEAK

ominous /ˈɒmɪnəs/ *adj* ominoso

omission /əˈmɪʃn/ *n* omisión, olvido

omit /əˈmɪt/ *vt* (**-tt-**) (*formal*) omitir

omnipotent /ɒmˈnɪpətənt/ *adj* (*formal*) omnipotente

omnivore /ˈɒmnɪvɔː(r)/ *n* omnívoro

on /ɒn/ *preposición, adverbio*

❶ Para los usos de **on** en PHRASAL VERBS ver las entradas de los verbos correspondientes, p. ej. **get on** en GET.

▸ *prep* **1** (*tb* upon) en, sobre: *on the table* en/sobre la mesa ◇ *on the wall* en la pared **2** (*transporte*): *to go on the train/bus* ir en tren/autobús ◇ *to go on foot* ir a pie **3** (*fechas*): *on Sunday(s)* el/los domingo(s) ◇ *on 3 May* el tres de mayo **4** (*tb* upon) + *-ing*: *on arriving home* al llegar a casa **5** (*acerca de*) sobre **6** (*consumo*): *to be on drugs* tomar drogas ◇ *to live on fruit/on $100 a week* vivir de fruta/mantenerse con 100 dólares a la semana **7** *to talk on the phone* hablar por teléfono **8** (*actividad, estado, etc.*) de: *on holiday* de vacaciones ◇ *to be on duty* estar de servicio

▸ *adv* **1** (*con un sentido de continuidad*): *to play on* seguir tocando ◇ *further on* más lejos/más allá ◇ *from that day on* a partir de aquel día **2** (*ropa, etc.*) puesto **3** (*máquinas, etc.*) conectado, encendido **4** (*grifo*) abierto **5** programado: *When is the film on?* ¿A qué hora empieza la película? **LOC** **on and on** sin parar

once /wʌns/ *adverbio, conjunción*

▸ *adv* una vez: *once a week* una vez a la semana **LOC** **at once 1** enseguida **2** a la vez ◆ **(every) once in a while** de vez en cuando ◆ **once again/more** una vez más ◆ **once and for all** de una vez por todas ◆ **once or twice** un par de veces ◆ **once upon a time** érase una vez

▸ *conj* una vez que: *Once he'd gone…* Una vez que se hubo ido…

oncoming /ˈɒnkʌmɪŋ/ *adj* [*solo antes de sustantivo*] en dirección contraria (*tráfico*)

on-deˈmand *adj* a demanda

one /wʌn/ *nombre, adjetivo, pronombre*

▸ *n, adj* **1** un(o), una: *one morning* una mañana

🔎 La palabra **one** nunca funciona como artículo indefinido (**a/an**), y cuando precede a un sustantivo lo hace como número, indicando cantidad: *I'm going with just one*

friend. Voy con un amigo solamente. ◇ *I'm going with a friend, not with my family.* No voy con mi familia, sino con un amigo.

➲ *Ver ejemplos en* FIVE **2** único: *the one way to succeed* la única forma de triunfar **3** mismo: *of one mind* de la misma opinión

▸ *pron* **1** (*después de adjetivo*): *the little ones* los pequeños ◇ *I prefer this/that one.* Prefiero este/ese. ◇ *Which one?* ¿Cuál? ◇ *another one* otro ◇ *It's better than the old one.* Es mejor que el viejo. **2 the one(s)** el, la, los, las (que): *the one at the end* el que está al final **3** uno, -a: *I need a pen. Have you got one?* Necesito un bolígrafo. ¿Tienes uno? ◇ *one of her friends* uno de sus amigos ◇ *to tell one from the other* distinguir el uno del otro **4** (*formal*) (*como sujeto*) uno, -a: *One must be sure.* Uno debe estar seguro. ➲ *Ver nota en* YOU **LOC** **(all) in one** a la vez ◆ **one by one** uno a uno ◆ **one or two** unos cuantos *Ver tb* SQUARE

one aˈnother **🔀** *pron* los unos a los otros, el uno al otro ➲ *Ver nota en* EACH OTHER

one-ˈoff *adj, n* (algo) excepcional/único

oneself /wʌnˈself/ *pron* (*formal*) **1** (*uso reflexivo*): *to cut oneself* cortarse **2** (*uso enfático*) uno mismo: *to do it oneself* hacerlo uno mismo

onesie /ˈwʌnzi/ *n* mono (*traje de una pieza*)

one-to-ˈone (*USA* one-on-ˈone) *adj* **1** de uno a uno, a solas **2** exacto

one-ˈway *adj* **1** de sentido único **2** (*billete*) de ida

ongoing /ˈɒnɡəʊɪŋ/ *adj* en curso, en desarrollo

onion **🔀** /ˈʌnjən/ *n* cebolla *Ver tb* SPRING ONION

online **🔀** /ˌɒnˈlaɪn/ *adj, adv* (*Internet*) en línea

onlooker /ˈɒnlʊkə(r)/ *n* espectador, -ora; curioso, -a

only **🔀** /ˈəʊnli/ *adjetivo, adverbio, conjunción*

▸ *adj* [*solo antes de sustantivo*] único: *He's an only child.* Es hijo único.

▸ *adv* solamente, solo **LOC** **not only… but also…** no solo… sino (también)… ◆ **only just 1** *I've only just arrived.* Acabo de llegar. **2** *I can only just see.* Apenas puedo ver. ◆ *I only just caught the train.* Cogí el tren por poco. *Ver tb* IF

▸ *conj* (*coloq*) solo que, pero

on-ˈscreen *adj, adv* en la pantalla

onset /ˈɒnset/ *n* [*sing*] llegada, inicio

onslaught /ˈɒnslɔːt/ *n* ~ (**on sb/sth**) ataque (contra algn/algo)

onto **🔀** /ˈɒntə, -tu/ (*tb* on to) *prep* en, sobre, a: *to climb (up) onto sth* subirse a algo **PHR V** **be onto sb** (*coloq*) seguirle la pista a algn ◆ **be onto sth** haber dado con algo

onward /'ɒnwəd/ *adjetivo, adverbio*
▸ *adj* (*formal*) hacia delante: *your onward journey* la continuación de tu viaje
▸ *adv* (*tb* onwards) **1** en adelante: *from then onwards* a partir de entonces **2** (*formal*) hacia adelante

oops /ʊps, uːps/ (*tb* whoops) *interj* ¡ay! (*cuando casi te caes o casi se te cae algo*)

ooze /uːz/ **1** *vi* ~ out; ~ from/out of sth salirse (de algo) **2** *vt, vi* ~ (with) sth rezumar algo: *The wound was oozing blood.* La herida rezumaba sangre. **3** *vt, vi* ~ (with) sth (*confianza, etc.*) irradiar algo

opaque /əʊ'peɪk/ *adj* opaco

open /'əʊpən/ *adjetivo, verbo, nombre*
▸ *adj* **1** abierto: *Don't leave the door open.* No dejes la puerta abierta. **2** (*vista*) despejado **3** público **4** *Let's leave it open.* Dejemos el asunto pendiente. **LOC** in the open air al aire libre *Ver tb* BURST, SLIT, WIDE
▸ **1** *vt, vi* abrir(se) **2** *vt, vi* (*edificio, exposición, etc.*) inaugurar(se) **3** *vt* (*proceso*) empezar **PHRV** open into/onto sth dar a algo ◆ open up abrirse: *Open up!* ¡Abra(n)! ◆ open up (to sb) abrirse (a algn); relajarse ◆ open sth up abrir algo
▸ *n* the open el aire libre **LOC** bring sth (out) into the open sacar algo a la luz ◆ come (out) into the open salir a la luz

open-'air *adj* al aire libre

opencast /'əʊpənkɑːst; USA -kæst/ (USA openpit) *adj* (*mina*) a cielo abierto

opener /'əʊpnə(r)/ *n* abridor

opening /'əʊpnɪŋ/ *nombre, adjetivo*
▸ *n* **1** (*hueco*) abertura **2** comienzo **3** apertura: *opening times/hours* horario de apertura **4** inauguración **5** (*tb* opening 'night) (*Teat*) estreno **6** (*trabajo*) vacante **7** oportunidad
▸ *adj* [*solo antes de sustantivo*] primero

openly /'əʊpənli/ *adv* abiertamente

open-'minded *adj* abierto, sin prejuicios

openness /'əʊpənnəs/ *n* franqueza

open-'pit *adj* (USA) *Ver* OPENCAST

open-'source *adj* (*software*) de código abierto

opera /'ɒprə/ *n* ópera: *opera house* teatro de la ópera *Ver tb* SOAP OPERA

operate /'ɒpəreɪt/ **1** *vt, vi* operar, funcionar **2** *vt* (*máquina*) manejar **3** *vt* (*servicio*) ofrecer **4** *vi* ~ (on sb) (for sth) (*Med*) operar (a algn) (de algo)

'operating theatre (USA 'operating room) *n* quirófano

operation /ˌɒpə'reɪʃn/ *n* **1** operación: *I had an operation on my leg.* Me operaron de la pierna. **2** funcionamiento **LOC** be in/come into operation **1** estar/entrar en funcionamiento **2** (*Jur*) estar/entrar en vigor **operational** *adj* **1** operativo, de funcionamiento **2** en funcionamiento

operative /'ɒpərətɪv; USA tb -reɪtɪv/ *nombre, adjetivo*
▸ *n* (*formal*) operario, -a
▸ *adj* **1** en funcionamiento **2** (*Jur*) en vigor **3** (*Med*) operatorio

operator /'ɒpəreɪtə(r)/ *n* operador, -ora; operario, -a: *switchboard/radio operator* telefonista/radiotelegrafista

opinion /ə'pɪnjən/ *n* ~ (of/about sb/sth) opinión (de/sobre/acerca de algn/algo): *in my opinion* en mi opinión ◇ *public opinion* la opinión pública **LOC** *Ver* MATTER

o'pinion poll *n* encuesta (de opinión)

opponent /ə'pəʊnənt/ *n* **1** adversario, -a; contrincante **2** *to be an opponent of sth* ser contrario a algo

opportunity /ˌɒpə'tjuːnəti; USA -'tuː-/ *n* (*pl* opportunities) ~ (to do sth); ~ (for/of doing sth) oportunidad (para hacer algo): *to take the opportunity to do sth/of doing sth* aprovechar la ocasión para hacer algo

oppose /ə'pəʊz/ *vt* **1** ~ sth oponerse a algo **2** ~ sb enfrentarse a algn

opposed /ə'pəʊzd/ *adj* contrario: *to be opposed to sth* ser contrario a algo **LOC** as opposed to (*formal*) *quality as opposed to quantity* calidad más que cantidad

opposing /ə'pəʊzɪŋ/ *adj* contrario

opposite /'ɒpəzɪt; GB tb 'ɒpəsɪt/ *adjetivo, adverbio, nombre, preposición*
▸ *adj* **1** de enfrente: *the house opposite* la casa de enfrente **2** contrario, opuesto: *the opposite sex* el sexo opuesto
▸ *adv* enfrente: *She was sitting opposite.* Estaba sentada enfrente.
▸ *n* the ~ (of sth) lo contrario (de algo)
▸ *prep* enfrente de, frente a: *opposite each other* frente a frente ➲ *Ver dibujo en* ENFRENTE

opposition /ˌɒpə'zɪʃn/ *n* oposición ➲ *Ver nota en* SHADOW

oppress /ə'pres/ *vt* **1** oprimir **2** agobiar **oppressed** *adj* oprimido **oppression** *n* opresión **oppressive** *adj* **1** opresivo **2** agobiante, sofocante

opt /ɒpt/ *vi* ~ for sth/to do sth optar por algo/por hacer algo **PHRV** opt out (of sth) (optar por) no participar (en algo)

| ð then | s so | z zoo | ʃ she | ʒ vision | h how | ŋ sing | j yes | w wet |

optic /'ɒptɪk/ adj óptico

optical /'ɒptɪkl/ adj óptico

optician /ɒp'tɪʃn/ n **1** óptico, -a **2** optician's (tienda) óptica ➔ Ver nota en CARNICERÍA

optics /'ɒptɪks/ n Ver FIBRE OPTICS

optimism /'ɒptɪmɪzəm/ n optimismo **optimist** n optimista **optimistic** /ˌɒptɪ'mɪstɪk/ adj ~ (about sth) optimista (en cuanto a algo)

optimum /'ɒptɪməm/ (tb **optimal** /'ɒptɪməl/) adj [solo antes de sustantivo] óptimo

option ⊶ /'ɒpʃn/ n opción **optional** adj opcional, optativo

optometrist /ɒp'tɒmətrɪst/ n optometrista

or ⊶ /ɔː(r)/ conj **1** o, u Ver tb EITHER **2** (de otro modo) o, si no **3** (después de negativa) ni Ver tb NEITHER LOC **or so** más o menos: an hour or so una hora más o menos

oral /'ɔːrəl/ adjetivo, nombre
▸ adj **1** (hablado) oral **2** (Anat) bucal, oral
▸ n (examen) oral

orange ⊶ /'ɒrɪndʒ; USA 'ɔːrɪndʒ/ nombre, adjetivo
▸ n **1** naranja: orange juice zumo de naranja ◊ orange tree naranjo **2** color naranja, anaranjado
▸ adj naranja, anaranjado

orangutan /ɔːˌræŋuː'tæn, ə'ræŋuːtæn; USA ə'ræŋətæn/ n orangután

orbit /'ɔːbɪt/ nombre, verbo
▸ n (lit y fig) órbita
▸ vt, vi ~ (around) sth girar alrededor de algo

orchard /'ɔːtʃəd/ n huerto

orchestra /'ɔːkɪstrə/ n **1** [v sing o pl] orquesta **2** (USA) (Teat) platea **orchestral** /ɔː'kestrəl/ adj orquestal

orchid /'ɔːkɪd/ n orquídea

ordeal /ɔː'diːl; GB tb 'ɔːdiːl/ n experiencia terrible, suplicio

order ⊶ /'ɔːdə(r)/ nombre, verbo
▸ n **1** (disposición, calma) orden: in alphabetical order por/en orden alfabético **2** (mandato) orden **3** ~ (for sth) (Econ) pedido (de algo): to place an order for sth hacer un pedido de algo **4** [v sing o pl] (Relig, Mil) Ver MAIL ORDER, STANDING ORDER LOC **be in running/working order** funcionar ♦ **in order** en orden, en regla ♦ **in order that…** (formal) para que… ♦ **in order to do sth** para hacer algo ♦ **out of order 1** estropeado: It's out of order. No funciona. **2** (GB, coloq) fuera de lugar: His behaviour was really out of order. Su comportamiento estuvo totalmente fuera de lugar. Ver tb LAW, MARCH, PECK
▸ **1** vt ~ **sb to do sth** ordenar, mandar a algn hacer algo/que haga algo

🔎 Para decirle a alguien que haga algo se pueden utilizar los verbos **tell**, **order** y **command**. Tell es el verbo que se emplea con más frecuencia. No es muy fuerte y se utiliza en situaciones cotidianas: She told him to put everything away. Le dijo que pusiera todo en su sitio. **Order** es más fuerte, y lo utilizan personas con autoridad: I'm not asking you, I'm ordering you. No te lo pido, te lo ordeno. **Command** tiene un uso principalmente militar: He commanded his troops to retreat. Ordenó a sus tropas que se retiraran.

2 vt ~ **sth (for/from sb)** pedir, encargar algo (para/a algn) **3** vt, vi ~ **(sth) (for sb)** (comida, etc.) pedir (algo) (para algn) **4** vt (formal) poner en orden, ordenar PHRV **order sb about/around** (pey) dar órdenes, mandonear a algn

ordered /'ɔːdəd/ adj ordenado Ver tb ORDER

orderly /'ɔːdəli/ adj **1** ordenado, metódico **2** disciplinado, pacífico

ordinary ⊶ /'ɔːdnri; USA -neri/ adj corriente, normal, medio: ordinary people gente corriente ➔ Comparar con COMMON LOC **out of the ordinary** fuera de lo común, extraordinario

ore /ɔː(r)/ n mineral metalífero: gold/iron ore mineral de oro/hierro

oregano /ˌɒrɪ'gɑːnəʊ; USA ə'regənəʊ/ n orégano

organ ⊶ /'ɔːgən/ n (Anat, Mús) órgano

organic /ɔː'gænɪk/ adj **1** ecológico, biológico: organic farming agricultura ecológica ◊ organic vegetables verduras orgánicas **2** (Quím) orgánico

organism /'ɔːgənɪzəm/ n organismo

organization, -isation ⊶ /ˌɔːgənaɪ'zeɪʃn; USA ˌɔːrgənə'-/ n organización **organizational, -isational** adj organizativo

organize, -ise ⊶ /'ɔːgənaɪz/ vt **1** organizar **2** (pensamientos) poner en orden

organized, -ised ⊶ /'ɔːgənaɪzd/ adj [solo antes de sustantivo] organizado: to get yourself organized organizarse

organizer, -iser /'ɔːgənaɪzə(r)/ n organizador, -ora

orgy /'ɔːdʒi/ n (pl **orgies**) (lit y fig) orgía

orient /'ɔːriənt/ n **the Orient** (el) Oriente **oriental**, /ˌɔːri'entl/ adj oriental

orientate /'ɔːriənteɪt/ (tb **orient**) vt orientar: to orientate yourself orientarse **orientation** n orientación

| i: see | i happy | ɪ sit | e ten | æ hat | ɑː arm | ɒ got | ɔː saw | ʊ put |

origin ⚬ʍ /ˈɒrɪdʒɪn; USA ˈɔːr-/ n **1** origen **2** [gen pl] origen, ascendencia (de una persona)

original ⚬ʍ /əˈrɪdʒənl/ adjetivo, nombre
▸ adj **1** original **2** primero, primitivo
▸ n original **LOC** in the original en su idioma/versión original **originality** /əˌrɪdʒəˈnæləti/ n originalidad

originally ⚬ʍ /əˈrɪdʒənəli/ adv en un/al principio, antiguamente

originate /əˈrɪdʒɪneɪt/ vi (formal) **1** ~ in sth originarse, tener su origen en algo **2** ~ from sth provenir de algo

ornament /ˈɔːnəmənt/ n (objeto de) adorno **ornamental** /ˌɔːnəˈmentl/ adj decorativo, de adorno

ornate /ɔːˈneɪt/ adj **1** ornamentado, recargado **2** (lenguaje, estilo) florido

orphan /ˈɔːfn/ nombre, verbo
▸ n huérfano, -a
▸ vt to be orphaned quedarse huérfano

orphanage /ˈɔːfənɪdʒ/ n orfanato

orthodox /ˈɔːθədɒks/ adj ortodoxo

Oscar⁽ᴿ⁾ /ˈɒskə(r)/ n Óscar

ostrich /ˈɒstrɪtʃ/ n avestruz

other ⚬ʍ /ˈʌðə(r)/ adjetivo, pronombre
▸ adj otro: other books otros libros ◇ All their other children have left home. Sus otros hijos ya se han marchado de casa. ◇ That other car was better. Aquel otro coche era mejor. ◇ some other time otro día ⊃ Ver nota en OTRO **LOC** the other day, morning, week, etc. el otro día, la otra mañana, semana, etc. Ver tb EVERY, WORD
▸ pron **1** others [pl] otros, -as: Others have said this before. Otros han dicho esto antes. ◇ Have you got any others? ¿Tienes más? **2** the other el otro, la otra: I'll keep one and she can have the other. Me quedo con uno y dejo el otro para ella. **3** the others [pl] los/las demás: This shirt is too small and the others are too big. Esta camisa es demasiado pequeña y las demás, demasiado grandes. **LOC** other than **1** excepto, aparte de **2** (formal) de otra manera que ◆ someone/something/somewhere or other (coloq) alguien/algo/algo/en alguna parte

other half (tb esp USA better half) n (coloq, hum) media naranja

otherwise ⚬ʍ /ˈʌðəwaɪz/ adv **1** de otra manera, si no: Shut the window — otherwise it'll get too cold. Cierra la ventana. Si no, hará demasiado frío. **2** por lo demás

otter /ˈɒtə(r)/ n nutria

ouch /aʊtʃ/ interj ¡ay!

ought to ⚬ʍ /ˈɔːt tə, tu/ v modal (neg **ought not**, **oughtn't** /ˈɔːtnt tə, tu/)

🔎 **Ought to** es un verbo modal, y las oraciones interrogativas y negativas se construyen sin el auxiliar **do**.

1 (sugerencias y consejos): You ought to do it. Deberías hacerlo. ◇ I ought to have gone. Debería haber ido. ⊃ Comparar con MUST **2** (probabilidad): Five ought to be enough. Con cinco habrá suficiente.

ounce /aʊns/ n (abrev oz) onza (28,35 gramos) ⊃ Ver pág 804

our ⚬ʍ /ɑː(r), ˈaʊə(r)/ adj nuestro: Our house is in the centre. Nuestra casa está en el centro. ⊃ Ver nota en MY

ours ⚬ʍ /ɑːz, ˈaʊəz/ pron nuestro, -a, -os, -as: a friend of ours una amiga nuestra ◇ Where's ours? ¿Dónde está el nuestro?

ourselves ⚬ʍ /ɑːˈselvz, ˌaʊəˈselvz/ pron **1** (uso reflexivo) nos **2** (uso enfático) nosotros mismos **LOC** (all) by ourselves (completamente) solos

out ⚬ʍ /aʊt/ adverbio, nombre
▸ adv

ℹ️ Para los usos de **out** en PHRASAL VERBS ver las entradas de los verbos correspondientes, p. ej. **pick sth out** en PICK. **1** fuera: to be out no estar (en casa)/haber salido **2** The sun is out. Ha salido el sol. **3** to call out (loud) llamar en voz alta **4** (jugador) eliminado **5** (pelota) fuera (de la línea de juego) **6** (cálculo) equivocado: The bill is out by five dollars. En la cuenta se han equivocado en cinco dólares. **7** (posibilidad, etc.) descartado **8** pasado de moda **9** (luz, etc.) apagado Ver tb OUT OF **LOC** be out for sth/to do sth buscar (hacer) algo
▸ n **LOC** Ver IN

outage /ˈaʊtɪdʒ/ (tb **power outage**) n (USA) corte de luz

the outback /ði ˈaʊtbæk/ n [sing] the Australian outback la Australia del interior

outbreak /ˈaʊtbreɪk/ n **1** (enfermedad) brote **2** (guerra) estallido

outburst /ˈaʊtbɜːst/ n **1** (emoción) estallido: an outburst of anger un arrebato de ira **2** explosión

outcast /ˈaʊtkɑːst; USA -kæst/ n marginado, -a; paria

outcome /ˈaʊtkʌm/ n resultado

outcry /ˈaʊtkraɪ/ n (pl **outcries**) protesta(s)

outdated /ˌaʊtˈdeɪtɪd/ adj anticuado, pasado de moda

---

outdo /ˌaʊtˈduː/ vt (*3ª pers sing* **outdoes** /-ˈdʌz/, *pt* **outdid** /-ˈdɪd/, *pp* **outdone** /-ˈdʌn/) superar

outdoor ⊶ /ˈaʊtdɔː(r)/ adj al aire libre: *outdoor (swimming) pool* piscina descubierta

outdoors ⊶ /ˌaʊtˈdɔːz/ *adverbio, nombre*
▸ *adv* al aire libre, fuera
▸ *n* **the outdoors** [*sing*] la naturaleza

outer ⊶ /ˈaʊtə(r)/ adj [*solo antes de sustantivo*] externo, exterior: *outer space* el espacio exterior

outfit /ˈaʊtfɪt/ n conjunto (*de ropa*)

outgoing /ˈaʊtɡəʊɪŋ/ adj **1** extrovertido **2** (*Pol*) cesante **3** que sale, de salida

outgrow /ˌaʊtˈɡrəʊ/ vt (*pt* **outgrew** /-ˈɡruː/, *pp* **outgrown** /-ˈɡrəʊn/) **1** *He's outgrown his shoes.* Se le han quedado pequeños los zapatos. **2** (*hábito, etc.*) cansarse de, abandonar

outing /ˈaʊtɪŋ/ n excursión

outlandish /aʊtˈlændɪʃ/ adj estrafalario

outlaw /ˈaʊtlɔː/ *verbo, nombre*
▸ *vt* declarar ilegal
▸ *n* forajido, -a

outlet /ˈaʊtlet/ n **1** ~ **(for sth)** desahogo (para algo) **2** (*Econ*) punto de venta **3** tienda de fábrica **4** desagüe, salida **5** (*USA*) enchufe (*en la pared*) ⊃ *Ver dibujo en* ENCHUFE

outline ⊶ /ˈaʊtlaɪn/ *verbo, nombre*
▸ *vt* **1** exponer en líneas generales **2** (*dibujo, etc.*) perfilar, esbozar
▸ *n* **1** líneas generales, esbozo **2** contorno, perfil

outlive /ˌaʊtˈlɪv/ vt sobrevivir a

outlook /ˈaʊtlʊk/ n **1** ~ **(on sth)** punto de vista (sobre algo) **2** ~ **(for sth)** perspectiva, pronóstico (para algo)

outnumber /ˌaʊtˈnʌmbə(r)/ vt superar en número a

out of prep **1** fuera de: *I want that dog out of the house.* Quiero ese perro fuera de la casa. ◇ *to jump out of bed* saltar de la cama **2** (*material*) de, con: *made out of plastic* (hecho) de plástico **3** sin: *to be out of work* estar sin trabajo **4** (*causa*) por: *out of interest* por interés **5** de: *eight out of every ten* ocho de cada diez ◇ *to copy sth out of a book* copiar algo de un libro

out of date adj **1** pasado de moda, desfasado: *out-of-date ideas* ideas anticuadas **2** (*pasaporte, etc.*) caducado ⊃ *Ver nota en* WELL BEHAVED

out-of-pocket adj [*solo antes de sustantivo*] reembolsable (*gasto realizado por un trabajador en el desempeño de su trabajo*)

outpatient /ˈaʊtpeɪʃnt/ n paciente ambulatorio ⊃ *Comparar con* INPATIENT

outpost /ˈaʊtpəʊst/ n (puesto de) avanzada

output ⊶ /ˈaʊtpʊt/ n **1** producción, rendimiento **2** (*Fís*) potencia **3** [*incontable*] (*Informát*) salida (de datos)

outrage /ˈaʊtreɪdʒ/ *nombre, verbo*
▸ *n* **1** [*incontable*] escándalo **2** [*incontable*] ira **3** atrocidad
▸ *vt* ultrajar **outrageous** /aʊtˈreɪdʒəs/ adj **1** escandaloso, monstruoso **2** extravagante

outright /ˈaʊtraɪt/ *adjetivo, adverbio*
▸ *adj* [*solo antes de sustantivo*] **1** absoluto **2** (*ganador*) indiscutible **3** (*negativa*) rotundo **4** (*sin reservas*) abierto
▸ *adv* **1** (*sin reservas*) abiertamente, de plano **2** totalmente **3** (*ganar*) rotundamente **4** instantáneamente, de golpe

outset /ˈaʊtset/ n LOC **at/from the outset (of sth)** al/desde el principio (de algo)

outside ⊶ *nombre, preposición, adverbio, adjetivo*
▸ *n* /ˌaʊtˈsaɪd/ exterior: *on/from the outside* por/desde fuera
▸ *prep* /ˌaʊtˈsaɪd/ (*tb esp USA* ˌoutˈside of) fuera de: *Wait outside the door.* Espera en la puerta.
▸ *adv* /ˌaʊtˈsaɪd/ fuera, afuera
▸ *adj* /ˈaʊtsaɪd/ [*solo antes de sustantivo*] exterior, de fuera

outsider /ˌaʊtˈsaɪdə(r)/ n **1** forastero, -a **2** (*pey*) intruso, -a **3** (*competidor*) desconocido, -a, que no está entre los favoritos

outskirts /ˈaʊtskɜːts/ n [*pl*] afueras

outsource /ˈaʊtsɔːs/ vt (*Com*) externalizar (*contratar a una empresa externa para que realice un servicio*) **outsourcing** n [*incontable*] externalización

outspoken /aʊtˈspəʊkən/ adj directo, franco

outstanding ⊶ /aʊtˈstændɪŋ/ adj **1** destacado, excepcional **2** (*visible*) sobresaliente **3** (*pago, trabajo*) pendiente

outstretched /ˌaʊtˈstretʃt/ adj extendido, abierto

outward /ˈaʊtwəd/ *adjetivo, adverbio*
▸ *adj* **1** [*solo antes de sustantivo*] externo, exterior **2** (*viaje*) de ida
▸ *adv* (*tb* **outwards**) hacia fuera **outwardly** adv por fuera, aparentemente

outweigh /ˌaʊtˈweɪ/ vt pesar más que, importar más que

oval /ˈəʊvl/ adj oval, ovalado

ovary /ˈəʊvəri/ n (*pl* **ovaries**) ovario

oven ⊶ /ˈʌvn/ n horno

O

over 0̶ /ˈəʊvə(r)/ *adverbio, preposición*
❶ Para los usos de **over** en PHRASAL VERBS ver las entradas de los verbos correspondientes, p. ej. **think sth over** en THINK.

▸ *adv* **1** *to knock sth over* tirar/volcar algo ◇ *to fall over* caer(se) **2** *to turn sth over* darle la vuelta a algo **3** *(lugar)*: *over here/there* por aquí/allí ◇ *They came over to see us.* Vinieron a vernos. **4** de sobra: *Is there any food left over?* ¿Queda algo de comida? **5** *(más)*: *children of five and over* niños de cinco años en adelante **6** terminado LOC **(all) over again** otra vez, de nuevo ◆ **over and done with** terminado para siempre ◆ **over and over (again)** una y otra vez *Ver tb* ALL

▸ *prep* **1** sobre, por encima de: *clouds over the mountains* nubes por encima de las montañas **2** al otro lado de: *He lives over the road.* Vive al otro lado de la calle. **3** más de: *(for) over a month* (durante) más de un mes **4** durante, mientras: *We'll discuss it over lunch.* Lo discutiremos durante la comida. **5** *(a causa de)*: *an argument over money* una discusión por cuestiones de dinero LOC **over and above** además de

over- /ˈəʊvə(r)/ *pref* **1** excesivamente: *overambitious* excesivamente ambicioso **2** *(edad)* mayor de: *the over-60s* los mayores de sesenta años

overall 0̶ *adjetivo, adverbio, nombre*
▸ *adj* /ˌəʊvərˈɔːl/ *[solo antes de sustantivo]* **1** total: *the overall winner* el ganador absoluto **2** *(general)* global
▸ *adv* /ˌəʊvərˈɔːl/ **1** en total **2** en general
▸ *n* /ˈəʊvərɔːl/ **1** *(GB)* guardapolvo, bata **2 overalls** [*pl*] *(GB)* mono (de trabajo) **3 overalls** [*pl*] *(USA)* (pantalones de) peto

overbearing /ˌəʊvəˈbeərɪŋ/ *adj (pey)* dominante

overboard /ˈəʊvəbɔːd/ *adv* por la borda LOC **go overboard** *(coloq)* pasarse, excederse *(en entusiasmo)*

overcame *pt de* OVERCOME

overcast /ˌəʊvəˈkɑːst; *USA* -ˈkæst/ *adj* nublado, cubierto

overcharge /ˌəʊvəˈtʃɑːdʒ/ *vt, vi* ~ **(sb) (for sth)** cobrar de más (a algn) (por algo)

overcoat /ˈəʊvəkəʊt/ *n* abrigo

overcome 0̶ /ˌəʊvəˈkʌm/ *vt (pt* **overcame** /-ˈkeɪm/, *pp* **overcome**) **1** *(dificultad, etc.)* superar, dominar **2** *(oponente)* vencer **3** apoderarse de, invadir: *overcome by fumes/smoke* vencido por los gases/el humo ◇ *overcome with/by emotion* embargado por la emoción

overcook /ˌəʊvəˈkʊk/ *vt* cocinar demasiado **overcooked** *adj* recocido

overcrowded /ˌəʊvəˈkraʊdɪd/ *adj* atestado (de gente) **overcrowding** *n* congestión, hacinamiento

overdeveloped /ˌəʊvədɪˈveləpt/ *adj (terrenos, etc.)* sobreexplotado

overdo /ˌəʊvəˈduː/ *vt (3ª pers sing* **overdoes** /-ˈdʌz/, *pt* **overdid** /-ˈdɪd/, *pp* **overdone** /-ˈdʌn/) **1** exagerar, pasarse con **2** cocinar demasiado LOC **overdo it/things** pasarse (de la raya) *(trabajando, estudiando, etc.)*

overdose /ˈəʊvədəʊs/ *n* sobredosis

overdraft /ˈəʊvədrɑːft; *USA* -dræft/ *n* descubierto *(en una cuenta bancaria)*

overdrawn /ˌəʊvəˈdrɔːn/ *adj (Fin)* con saldo negativo: *I'm overdrawn by £100.* Tengo un saldo negativo de 100 libras en mi cuenta corriente.

overdue /ˌəʊvəˈdjuː; *USA* -ˈduː/ *adj* **1** retrasado **2** *(Fin)* vencido y no pagado

overestimate /ˌəʊvərˈestɪmeɪt/ *vt* sobreestimar

overflow *verbo, nombre*
▸ /ˌəʊvəˈfləʊ/ **1** *vt, vi* desbordar(se) **2** *vi* ~ **(with sth)** rebosar (de algo)
▸ *n* /ˈəʊvəˈfləʊ/ **1** exceso *(de gente, agua, etc.)* **2** desbordamiento, derrame **3** *(tb* ˈoverflow pipe) cañería de desagüe

overgrown /ˌəʊvəˈgrəʊn/ *adj* **1** ~ **(with sth)** *(jardín)* cubierto (de algo) **2** *(gen pey)* crecido, grande

overhang /ˌəʊvəˈhæŋ/ *vt, vi (pt, pp* **overhung** /-ˈhʌŋ/) colgar (por encima), sobresalir (de) **overhanging** *adj* sobresaliente

overhaul *nombre, verbo*
▸ *n* /ˈəʊvəhɔːl/ revisión, puesta a punto
▸ *vt* /ˌəʊvəˈhɔːl/ revisar, poner a punto

overhead *adverbio, adjetivo*
▸ *adv* /ˌəʊvəˈhed/ por encima de la cabeza; en alto, por lo alto
▸ *adj* /ˈəʊvəhed/ **1** elevado **2** *(cable)* aéreo **3** *(luz)* techo

overheads /ˈəʊvəhedz/ *n* [*pl*] *(Econ)* gastos generales

overhear /ˌəʊvəˈhɪə(r)/ *vt (pt, pp* **overheard** /ˌəʊvəˈhɜːd/) oír *(por casualidad)*

overhung *pt, pp de* OVERHANG

overjoyed /ˌəʊvəˈdʒɔɪd/ *adj* **1** ~ **(at sth)** eufórico (por/con algo) **2** ~ **(to do sth)** contentísimo (de hacer algo)

overland /ˈəʊvəlænd/ *adjetivo, adverbio*
▸ *adj* terrestre
▸ *adv* por tierra

| ð then | s so | z zoo | ʃ she | ʒ vision | h how | ŋ sing | j yes | w we |

overlap *verbo, nombre*
▶ /ˌəʊvəˈlæp/ (**-pp-**) **1** *vt, vi* superponer(se) **2** *vi* **~ (with sth)** coincidir en parte (con algo)
▶ *n* /ˈəʊvəlæp/ **1** (*de materias, etc.*) áreas de coincidencia **2** superposición

overleaf /ˌəʊvəˈliːf/ *adv* en la página siguiente

overload *verbo, nombre*
▶ *vt* /ˌəʊvəˈləʊd/ **~ sb/sth (with sth)** sobrecargar a algn/algo (de algo)
▶ *n* /ˈəʊvələʊd/ sobrecarga

overlook /ˌəʊvəˈlʊk/ *vt* **1** no notar **2** pasar por alto, dejar pasar **3** dar a, tener vista a

overnight *adverbio, adjetivo*
▶ *adv* /ˌəʊvəˈnaɪt/ **1** durante la noche: *We travelled overnight.* Viajamos de noche. **2** de la noche a la mañana
▶ *adj* /ˈəʊvənaɪt/ [*solo antes de sustantivo*] **1** de la noche, para una noche **2** (*éxito*) repentino

overpass /ˈəʊvəpɑːs; *USA* -pæs/ *n* (*USA*) paso elevado

overpay /ˌəʊvəˈpeɪ/ *vt* pagar de más/en exceso

overpopulated /ˌəʊvəˈpɒpjuleɪtɪd/ *adj* superpoblado

overpopulation /ˌəʊvəˌpɒpjuˈleɪʃn/ *n* superpoblación

overpower /ˌəʊvəˈpaʊə(r)/ *vt* dominar, reducir **overpowering** *adj* agobiante, arrollador

overpriced /ˌəʊvəˈpraɪst/ *adj* de precio excesivo

overprotective /ˌəʊvəprəˈtektɪv/ *adj* sobreprotector

overran *pt de* OVERRUN

overrate /ˌəʊvəˈreɪt/ *vt* sobreestimar

overreact /ˌəʊvəriˈækt/ *vi* reaccionar de forma exagerada

override /ˌəʊvəˈraɪd/ *vt* (*pt* **overrode** /-ˈrəʊd/, *pp* **overridden** /-ˈrɪdn/) **1** (*decisión*) invalidar **2** (*objeción*) rechazar ❶ En los sentidos 1 y 2, se usa también el verbo **overrule** /-ˈruːl/. **3** anular **overriding** *adj* [*solo antes de sustantivo*] capital, primordial

overrun /ˌəʊvəˈrʌn/ (*pt* **overran** /-ˈræn/, *pp* **overrun**) **1** *vt* invadir **2** *vt, vi* rebasar (su tiempo)

overseas /ˌəʊvəˈsiːz/ *adjetivo, adverbio*
▶ *adj* exterior, extranjero
▶ *adv* en el/al extranjero

oversee /ˌəʊvəˈsiː/ *vt* (*pt* **oversaw** /-ˈsɔː/, *pp* **overseen** /-ˈsiːn/) supervisar

overshadow /ˌəʊvəˈʃædəʊ/ *vt* **1** (*persona, logro*) eclipsar **2** (*entristecer*) ensombrecer

oversight /ˈəʊvəsaɪt/ *n* omisión, olvido

oversimplify /ˌəʊvəˈsɪmplɪfaɪ/ *vt* (*pt, pp* **-fied**) simplificar en exceso

oversleep /ˌəʊvəˈsliːp/ *vi* (*pt, pp* **overslept** /-ˈslept/) quedarse dormido, no despertarse a tiempo

overspend /ˌəʊvəˈspend/ (*pt, pp* **overspent** /-ˈspent/) **1** *vi* gastar en exceso **2** *vt* (*presupuesto*) pasarse de

overstate /ˌəʊvəˈsteɪt/ *vt* exagerar

overstep /ˌəʊvəˈstep/ *vt* (**-pp-**) **1** (*autoridad*) excederse en el ejercicio de **2** (*límite*) rebasar **LOC** **overstep the mark/line** pasarse de la raya

overt /əʊˈvɜːt, ˈəʊvɜːt/ *adj* (*formal*) abierto

overtake /ˌəʊvəˈteɪk/ (*pt* **overtook** /-ˈtʊk/, *pp* **overtaken** /-ˈteɪkən/) **1** *vt, vi* (*coche*) adelantar (a) **2** *vt* desbancar, tomar la delantera a

overthink /ˌəʊvəˈθɪŋk/ *vt, vi* (*pt, pp* **overthought** /-ˈθɔːt/) pensar demasiado (en)

overthrow *verbo, nombre*
▶ *vt* /ˌəʊvəˈθrəʊ/ (*pt* **overthrew** /-ˈθruː/, *pp* **overthrown** /-ˈθrəʊn/) derrocar
▶ *n* /ˈəʊvəθrəʊ/ derrocamiento

overtime /ˈəʊvətaɪm/ *n* [*incontable*] horas extras

overtone /ˈəʊvətəʊn/ *n* [*gen pl*] connotación

overtook *pt de* OVERTAKE

overture /ˈəʊvətʃʊə(r); *GB tb* -tjʊə(r); *USA tb* -tʃər/ *n* (*Mús*) obertura **LOC** **make overtures (to sb)** hacer propuestas (a algn)

overturn /ˌəʊvəˈtɜːn/ **1** *vt, vi* volcar(se), dar la vuelta (a) **2** *vt* (*decisión*) anular

overview /ˈəʊvəvjuː/ *n* perspectiva (general)

overweight /ˌəʊvəˈweɪt/ *adj* **to be overweight** tener exceso de peso ➲ *Ver nota en* GORDO

overwhelm /ˌəʊvəˈwelm/ *vt* **1** (*emoción*) abrumar **2** (*oponente*) abatir **3** agobiar (*con trabajo, preguntas, etc.*) **overwhelming** *adj* abrumador

overwork /ˌəʊvəˈwɜːk/ *vt, vi* (hacer) trabajar en exceso

oviparous /əʊˈvɪpərəs/ *adj* (*Biol*) ovíparo

ovule /ˈəʊvjuːl; *GB tb* ˈɒv-/ *n* (*Biol*) óvulo

ovum /ˈəʊvəm/ *n* (*pl* **ova** /-və/) (*Biol*) óvulo

ow /aʊ/ *interj* ¡ay!

owe ⚬━ /əʊ/ *vt* deber (*dinero, disculpa, etc.*)

owing to *prep* debido a, a causa de

owl /aʊl/ *n* búho, lechuza

own ⚬━ *adjetivo, pronombre, verbo*
▶ *adj, pron* propio, mío, tuyo, suyo, nuestro, vuestro: *It was my own idea.* Fue idea mía. **LOC** **get your own back (on sb)** (*coloq*) vengarse (de algn) ◆ **of your own** propio: *a house of your own* una casa propia ◆ **(all) on your own 1** (completamente) solo **2** por sí solo, sin ayuda

O

▸ *vt* poseer, tener, ser dueño de PHR V **own up (to sth)** confesar (algo), reconocer algo

owner ⊶ /'əʊnə(r)/ *n* dueño, -a; propietario, -a **ownership** *n* [incontable] propiedad

ˌown ˈgoal *n* gol en propia puerta

Pp

P, p /piː/ *n* (*pl* **Ps, P's, p's**) P, p ⊃ *Ver nota en* A, A

PA /ˌpiː ˈeɪ/ *abrev* **1** (*abrev de* public address system) sistema de megafonía **2** (*abrev de* personal assistant) secretario, -a de dirección

pace ⊶ /peɪs/ *nombre, verbo*
▸ *n* **1** ritmo **2** paso LOC **keep pace (with sb/sth)** ir al mismo paso (que algn/algo)
▸ *vt, vi* (*con inquietud*) pasearse (por): *to pace up and down* pasearse con inquietud ⊃ *Ver nota en* ANDAR

pacemaker /'peɪsmeɪkə(r)/ *n* marcapasos

pacifier /'pæsɪfaɪə(r)/ *n* (*USA*) chupete

pacifism /'pæsɪfɪzəm/ *n* pacifismo

pacifist /'pæsɪfɪst/ *adj, n* pacifista

pacify /'pæsɪfaɪ/ *vt* (*pt, pp* **-fied**) **1** (*temores, ira*) apaciguar **2** (*región*) pacificar

pack ⊶ /pæk/ *verbo, nombre*
▸ **1** *vt, vi* hacer (las maletas) **2** *vt* ~ **sth (up) in/into sth** poner, guardar algo en algo **3** *vt* embalar, empaquetar **4** *vt* (*caja*) llenar **5** *vt* ~ **sth in/with sth** envolver algo con algo **6** *vt* (*comida*) empaquetar, envasar **7** *vt* (*habitación*) atestar LOC **pack your bags** (*coloq*) irse PHR V **pack sth in** (*coloq*) dejar algo: *I've packed in my job.* He dejado mi trabajo. ◆ **pack (sb/sth) into sth** meter a algn/algo en algo, meterse en algo (*con dificultad*) ◆ **pack up** (*coloq*) escacharrarse (*averiarse*)
▸ *n* **1** envase, lote, carpeta: *The pack contains a pen, writing paper and ten envelopes.* El envase contiene un bolígrafo, papel de carta, y diez sobres. ◇ *information pack* carpeta informativa ⊃ *Ver nota en* PACKET **2** (*cigarrillos*) paquete **3** (*de animal*) carga **4** mochila *Ver tb* FANNY PACK ⊃ *Ver dibujo en* BAG **5** [*v sing o pl*] (*perros*) jauría **6** [*v sing o pl*] (*lobos*) manada **7** (*Naipes*) baraja

package ⊶ /'pækɪdʒ/ *nombre, verbo*
▸ *n* **1** paquete ⊃ *Ver nota en* PARCEL **2** (*equipaje*) bulto
▸ *vt* envasar

ˈpackage tour (*tb* ˈpackage holiday) *n* viaje organizado

packaging ⊶ /'pækɪdʒɪŋ/ *n* embalaje

packed /pækt/ *adj* **1** a tope **2** ~ **with sth** abarrotado, lleno de algo *Ver tb* PACK

ˌpacked ˈlunch *n* almuerzo preparado en casa para comer fuera

🔎 En los países anglosajones mucha gente lleva al trabajo o al colegio un bocadillo u otra comida preparada para la hora de comer.

packet ⊶ /'pækɪt/ *n* paquete: *a packet of soup* un sobre de sopa ⊃ *Ver dibujo en* CONTAINER

🔎 **Packet** (*USA* **pack**) es el término que utilizamos para referirnos a un paquete o una bolsa que contiene algún producto que se venden en una tienda: *a packet of biscuits/crisps*. **Pack** se utiliza para hablar de un conjunto de cosas diferentes que se venden juntas: *The pack contains needles and thread*. El envase contiene agujas e hilo. ⊃ *Ver nota en* PARCEL

packing /'pækɪŋ/ *n* [incontable] **1** *Have you done your packing yet?* ¿Has hecho ya las maletas? **2** embalaje **3** relleno

pact /pækt/ *n* pacto

pad /pæd/ *nombre, verbo*
▸ *n* **1** almohadilla: *shoulder pads* hombreras **2** (*tb* ˈwriting pad) bloc (*de papel*) *Ver tb* CONTROL PAD
▸ (**-dd-**) **1** *vt* acolchar **2** *vi* ~ **about, along, around, etc.** andar (sin hacer ruido) PHR V **pad sth out** (*redacción, etc.*) meter paja en algo **padding** *n* **1** acolchado **2** (*redacción, discurso, etc.*) paja

paddle /'pædl/ *nombre, verbo*
▸ *n* **1** pala (*remo*) **2** **a paddle** [*sing*] (*en el mar o en un río*): *to go for/have a paddle* mojarse los pies LOC *Ver* CREEK
▸ **1** *vt* (*barca*) dirigir (remando) **2** *vi* remar **3** *vi* mojarse los pies

paddock /'pædək/ *n* prado (*donde pastan los caballos*)

padlock /'pædlɒk/ *n* candado

ox /ɒks/ *n* (*pl* **oxen** /'ɒksn/) buey

oxygen /'ɒksɪdʒən/ *n* oxígeno

oyster /'ɔɪstə(r)/ *n* ostra

ozone /'əʊzəʊn/ *n* ozono: *ozone layer* capa de ozono

paediatrician (USA pediatrician) /ˌpiːdiəˈtrɪʃn/ n pediatra

paedophile (USA pedophile) /ˈpiːdəfaɪl; USA tb ˈped-/ n pedófilo, -a

pagan /ˈpeɪɡən/ adj, n pagano, -a

page 0🔊 /peɪdʒ/ nombre, verbo
▸ n (abrev p) página
▸ vt llamar por el altavoz/busca

pager /ˈpeɪdʒə(r)/ n busca

paid /peɪd/ adj **1** (trabajo) remunerado **2** (empleado) a sueldo **LOC put paid to sth** (coloq) acabar con algo Ver tb PAY

pain 0🔊 /peɪn/ n dolor: Is she in pain? ¿Sufre? ◇ I've got a pain in my leg. Me duele la pierna. **LOC a pain in the neck** (coloq) un peñazo ♦ **take (great) pains to do sth; go to great pains (to do sth)** esforzarse mucho (por hacer algo) ♦ **take (great) pains with/over sth** esmerarse mucho en algo **pained** adj **1** afligido **2** ofendido

painful 0🔊 /ˈpeɪnfl/ adj **1** dolorido: to be painful doler **2** doloroso **3** (deber) penoso **4** (decisión) desagradable **painfully** /-fəli/ adv terriblemente

painkiller /ˈpeɪnkɪlə(r)/ n analgésico, calmante

painless /ˈpeɪnləs/ adj **1** que no duele **2** (procedimiento) sin dificultades

painstaking /ˈpeɪnzteɪkɪŋ/ adj laborioso

paint 0🔊 /peɪnt/ nombre, verbo
▸ n pintura
▸ vt, vi pintar

paintbrush /ˈpeɪntbrʌʃ/ n pincel, brocha ➔ Ver dibujo en BRUSH

painter 0🔊 /ˈpeɪntə(r)/ n pintor, -ora

painting 0🔊 /ˈpeɪntɪŋ/ n **1** cuadro **2** pintura: face painting pintura de cara(s)

paintwork /ˈpeɪntwɜːk/ n pintura (superficie)

pair 0🔊 /peə(r)/ nombre, verbo
▸ n **1** par: a pair of trousers unos pantalones

🔎 Las palabras que designan objetos compuestos por dos elementos (como tenazas, tijeras, pantalones, etc.), llevan el verbo en plural: My trousers are very tight. Los pantalones me están muy justos. Cuando nos referimos a más de uno, utilizamos la palabra **pair**: I've got two pairs of trousers. Tengo dos pantalones.

2 [v sing o pl] pareja (animales, equipo): the winning pair la pareja ganadora ➔ Comparar con COUPLE
▸ v **PHR V** **pair (sb) off (with sb)** emparejar a algn/ emparejarse (con algn) ♦ **pair up (with sb)** formar pareja (con algn) (para trabajar, jugar, etc.)

pajamas (USA) = PYJAMAS

pal /pæl/ n (coloq) **1** compañero, -a **2** colega

palace 0🔊 /ˈpæləs/ n palacio

palate /ˈpælət/ n paladar

pale 0🔊 /peɪl/ adjetivo, nombre
▸ adj (**paler, -est**) **1** pálido: to go/turn pale palidecer **2** (color) claro **3** (luz) tenue
▸ n **LOC beyond the pale** (conducta) inaceptable

palette /ˈpælət/ n paleta (de pintor)

pallid /ˈpælɪd/ adj pálido

pallor /ˈpælə(r)/ n palidez

palm 0🔊 /pɑːm/ nombre, verbo
▸ n **1** (mano) palma **2** (tb ˈpalm tree) palmera, palma **LOC have sb in the palm of your hand** tener a algn en un puño
▸ v **PHR V** **palm sb off with sth** (coloq) **1** (tb palm sth off on/onto sb) endosarle algo a algn **2** engañar, engatusar a algn (con algo)

palmtop /ˈpɑːmtɒp/ n ordenador de mano, palm

paltry /ˈpɔːltri/ adj insignificante

pamper /ˈpæmpə(r)/ vt (a veces pey) mimar

pamphlet /ˈpæmflət/ n **1** folleto **2** (político) panfleto

pan 0🔊 /pæn/ n término genérico que abarca cazuelas, cacerolas, cazos, ollas y sartenes ➔ Ver dibujo en POT **LOC** Ver FLASH

pancake /ˈpænkeɪk/ n tortita, crepe ➔ Ver nota en MARTES

panda /ˈpændə/ n panda

pandemic /pænˈdemɪk/ n pandemia

pander /ˈpændə(r)/ v **PHR V** **pander to sth/sb** (pey) complacer algo/a algn

pane /peɪn/ n cristal: pane of glass hoja de vidrio

panel 0🔊 /ˈpænl/ n **1** panel (en pared, puerta, etc.) **2** [v sing o pl] (TV, Radio) panel **3** [v sing o pl] comisión, jurado **4** panel (de mandos) **panelled** (USA paneled) adj (revestido) con paneles **panelling** (USA paneling) n revestimiento (en pared, etc.): oak panelling paneles de roble

pang /pæŋ/ n punzada (de hambre, dolor, etc.)

panic /ˈpænɪk/ nombre, verbo
▸ n pánico
▸ vi (-ck-) aterrarse, dejarse llevar por el pánico

panic-stricken adj preso del pánico

panini /pəˈniːni/ (tb panino /pəˈniːnəʊ/) n (pl **panini, paninis**) bocadillo hecho con pan tipo chapata

pansy /ˈpænzi/ n (pl **pansies**) pensamiento (flor)

pant /pænt/ vi jadear

panther /ˈpænθə(r)/ n **1** pantera **2** (USA) puma

panties /ˈpæntiz/ n [pl] bragas ➔ Ver nota en PAIR

P

pantomime /'pæntəmaɪm/ n (GB) representación teatral con música para la Navidad, basada en cuentos de hadas

pantry /'pæntri/ n (pl **pantries**) despensa

pants ⌐ /pænts/ n [pl] **1** (GB) calzoncillos, bragas **2** (USA) pantalones Ver tb CARGO PANTS ⊃ Ver nota en PAIR **3** (GB, argot) basura: *This programme is pants!* ¡Este programa es una basura!

pantyhose /'pæntihəʊz/ n [pl] (USA) pantis, medias ⊃ Ver nota en PAIR

paparazzo /ˌpæpə'rætsəʊ/ n (pl **paparazzi** /-si/) paparazzi

paper ⌐ /'peɪpə(r)/ nombre, verbo
▸ n **1** [incontable] papel: *a piece of paper* una hoja/un trozo de papel **2** periódico: *paper round* reparto de periódicos **3** papers [pl] papeles, papeleo **4** papers [pl] documentación **5** examen **6** (académico) artículo, ponencia **7** papel pintado LOC **on paper 1** por escrito **2** en teoría
▸ vt empapelar

paperback /'peɪpəbæk/ n libro en rústica ⊃ Comparar con HARDBACK

'**paper boy** n repartidor de periódicos

'**paper clip** n clip (para papeles)

'**paper girl** n repartidora de periódicos

'**paper shop** n tienda de periódicos

paperwork /'peɪpəwɜːk/ n [incontable] **1** tareas administrativas **2** papeleo

papier mâché /ˌpæpieɪ 'mæʃeɪ; USA ˌpeɪpər mə'ʃeɪ, ˌpæpjeɪ mə'-/ n cartón piedra, papel maché

papyrus /pə'paɪrəs/ n (pl **papyri** /-riː/) papiro

par /pɑː(r)/ n LOC **be below/under par** no estar a la altura de lo que se espera/esperaba ♦ **on a par with sb/sth** en igualdad de condiciones con algn/algo; equivalente a algo

parable /'pærəbl/ n parábola (cuento)

parachute /'pærəʃuːt/ n paracaídas **parachuting** n paracaidismo: *to go parachuting* hacer paracaidismo **parachutist** n paracaidista

parade /pə'reɪd/ nombre, verbo
▸ n desfile
▸ **1** vi desfilar **2** vt, vi exhibir(se) (esp por la calle) **3** vt (pey) (conocimientos) hacer alarde de **4** vi (Mil) pasar revista

paradise /'pærədaɪs/ n paraíso

paradox /'pærədɒks/ n paradoja

paraffin /'pærəfin/ n queroseno

paragliding /'pærəɡlaɪdɪŋ/ n parapente

paragraph /'pærəɡrɑːf; USA -ɡræf/ n párrafo

parallel ⌐ /'pærəlel/ adjetivo, nombre
▸ adj (en) paralelo

▸ n **1** paralelo **2** (línea) paralela

the Paralympics /ðə ˌpærə'lɪmpɪks/ n [pl] los (Juegos) Paralímpicos

paralyse (USA **paralyze**) /'pærəlaɪz/ vt paralizar **paralysed** (USA **paralyzed**) adj **1** paralítico **2** paralizado (por miedo, huelga, etc.)

paralysis /pə'ræləsɪs/ n (pl **paralyses** /-siːz/) **1** parálisis **2** [incontable] paralización

paramedic /ˌpærə'medɪk/ n paramédico, -a

paramount /'pærəmaʊnt/ adj primordial: *of paramount importance* de suma importancia

paranoia /ˌpærə'nɔɪə/ n paranoia

paranoid /'pærənɔɪd/ adj paranoico

paranormal /ˌpærə'nɔːml/ adj, n paranormal

paraphrase /'pærəfreɪz/ vt parafrasear

parascending /'pærəsendɪŋ/ n parascending

parasite /'pærəsaɪt/ n parásito

parasol /'pærəsɒl; USA -sɔːl/ n sombrilla

parcel /'pɑːsl/ n paquete

🔍 **Parcel** (USA **package**) se usa para referirse a los paquetes que se envían por correo. Para hablar de los paquetes que se entregan en mano utilizamos **package**. ⊃ Ver nota en PACKET

parched /pɑːtʃt/ adj **1** reseco **2** (coloq) (persona) muerto de sed

parchment /'pɑːtʃmənt/ n pergamino

pardon /'pɑːdn/ interjección, nombre, verbo
▸ interj (tb **pardon me**) **1** ¿cómo dice?, ¿qué ha dicho? **2** ¡perdón!
▸ n **1** (Jur) indulto **2** (formal) perdón LOC Ver BEG
▸ vt perdonar

parent ⌐ /'peərənt/ n **1** madre, padre: *his parents* sus padres Ver tb SINGLE PARENT **2** *parent company* empresa matriz **parentage** /'peərəntɪdʒ/ n **1** ascendencia **2** padres **parental** /pə'rentl/ adj de los padres **parenthood** /'peərənthʊd/ n maternidad, paternidad

'**parents-in-law** n [pl] suegros

parish /'pærɪʃ/ n parroquia: *parish priest* párroco

park ⌐ /pɑːk/ nombre, verbo
▸ n **1** parque **2** (USA) campo (de deportes) Ver tb CAR PARK
▸ vt, vi aparcar

parka /'pɑːkə/ n parka

parking /'pɑːkɪŋ/ n [incontable] aparcamiento: *There's free parking.* El aparcamiento es gratuito. ◊ *parking ticket/fine* multa por aparcamiento indebido ❶ En inglés "un parking" se dice **a car park**.

'**parking lot** n (USA) aparcamiento

'**parking meter** n parquímetro

parkland /'pɑːklænd/ n [incontable] zona verde, parque

parliament ⊶ /'pɑːləmənt/ n [v sing o pl] parlamento: Member of Parliament diputado

🔎 El parlamento británico está dividido en dos cámaras: la Cámara de los Comunes (**the House of Commons**) y la Cámara de los Lores (**the House of Lords**). La Cámara de los Comunes está compuesta por 650 diputados (**Members of Parliament** o **MPs**) que son elegidos por los ciudadanos británicos. Cada uno de estos diputados representa a un distrito electoral (**constituency**).

parliamentary /,pɑːlə'mentri/ adj parlamentario

parlour (USA parlor) /'pɑːlə(r)/ n **1** (esp USA): beauty/ice-cream parlour salón de belleza/heladería **2** (antic) sala (de recibir)

parody /'pærədi/ n (pl **parodies**) parodia

parole /pə'rəʊl/ n libertad condicional

parrot /'pærət/ n loro

parsley /'pɑːsli/ n perejil

parsnip /'pɑːsnɪp/ n chirivía

part ⊶ /pɑːt/ nombre, verbo
▸ n **1** parte: in part exchange como parte del pago **2** pieza **3** (TV) episodio **4** papel (de actor) **5** parts [pl] (antic, coloq) región: She's not from these parts. No es de aquí. **6** (USA) (pelo) raya **LOC** for my, his, their, etc. part por mi, su, etc. parte ◆ for the most part por lo general ◆ on the part of sb; on sb's part It was an error on my part. Fue un error por mi parte. ◆ take part (in sth) tomar parte (en algo) ◆ take sb's part ponerse de parte de algn ◆ the best/better part of sth la mayor parte de algo: for the best part of a year casi un año
▸ **1** vt, vi separar(se) **2** vt, vi apartar(se) **3** vt: to part your hair hacerse la raya **LOC** part company (with/from sb) separarse, despedirse (de algn) **PHR V** part with sth **1** desprenderse de algo **2** (dinero) gastar algo

partial /'pɑːʃl/ adj **1** parcial **2 ~ to sb/sth** aficionado a algn/algo **3 ~ (towards sb/sth)** (pey) predispuesto (a favor de algn/algo) **partially** /-ʃəli/ adv **1** parcialmente **2** de manera parcial

participant /pɑː'tɪsɪpənt/ n participante

participate /pɑː'tɪsɪpeɪt/ vi ~ (in sth) participar (en algo) **participation** n participación

participle /pɑː'tɪsɪpl; USA 'pɑːrtɪsɪpl/ n participio

particle /'pɑːtɪkl/ n partícula

particular ⊶ /pə'tɪkjələ(r)/ adjetivo, nombre
▸ adj **1** (concreto) en particular: in this particular case en este caso en particular **2** especial **3 ~ (about/over sth)** exigente (con algo)
▸ n **particulars** [gen pl] (formal) datos

particularly ⊶ /pə'tɪkjələli/ adv **1** particularmente, especialmente **2** en particular

parties pl de PARTY

parting /'pɑːtɪŋ/ n **1** despedida **2** (pelo) raya

partisan /,pɑːtɪ'zæn, 'pɑːtɪzæn; USA 'pɑːrtəzn/ adjetivo, nombre
▸ adj parcial
▸ n **1** partidario, -a **2** (Mil) partisano, -a

partition /pɑː'tɪʃn/ n **1** tabique, mampara **2** (Pol) división

partly ⊶ /'pɑːtli/ adv en parte

partner ⊶ /'pɑːtnə(r)/ n **1** (relación, baile, deportes) pareja; compañero, -a **2** (Econ) socio, -a

partnership ⊶ /'pɑːtnəʃɪp/ n **1** asociación **2** (Econ) sociedad (comanditaria) Ver tb CIVIL PARTNERSHIP

part of 'speech n categoría gramatical

partridge /'pɑːtrɪdʒ/ n perdiz

part-'time adj, adv **1** por horas **2** (curso) a tiempo parcial

party ⊶ /'pɑːti/ nombre, verbo
▸ n (pl **parties**) **1** (Pol) partido **2** (reunión) fiesta: to have a party hacer una fiesta Ver tb HEN PARTY **3** grupo **4** (Jur) parte Ver tb THIRD PARTY **LOC** be (a) party to sth (formal) participar en algo
▸ vi (coloq) estar de fiesta

pass ⊶ /pɑːs; USA pæs/ verbo, nombre
▸ **1** vt, vi pasar **2** vt (barrera) cruzar **3** vt (límite) superar **4** vt (examen, ley) aprobar **5** vi suceder **PHR V** **pass sth around (sth)** = PASS STH ROUND (STH)
pass as sb/sth Ver PASS FOR SB/STH
pass away morir
pass by (sb/sth) pasar (por delante de algn/algo) ◆ **pass sb/sth by** dejar a algn/algo de lado
pass for sb/sth pasar por algn/algo, ser tomado por algn/algo
pass sb/sth off as sb/sth hacer pasar a algn/algo por algn/algo
pass out desmayarse
pass sth round (sth) hacer circular algo (por…)
pass sth up (coloq) dejar pasar algo (oportunidad)
▸ n **1** (examen) aprobado, suficiente **2** (permiso, Dep) pase **3** (autobús, etc.) bono: ski pass forfait **4** (montaña) puerto **LOC** make a pass at sb (coloq) intentar ligar con algn

passable /'pɑːsəbl; USA 'pæsə-/ adj **1** aceptable **2** transitable

P

passage ☞ /'pæsɪdʒ/ n **1** (tb passageway /'pæsɪdʒweɪ/) pasadizo, pasillo **2** pasaje (de libro, etc.) **3** [sing] (formal) paso

passenger ☞ /'pæsɪndʒə(r)/ n pasajero, -a

passer-'by n (pl **passers-by**) transeúnte

passing ☞ /'pɑːsɪŋ/; USA 'pæsɪŋ/ nombre, adjetivo
▸ n **1** paso **2** (formal) desaparición LOC **in passing** de pasada
▸ adj [solo antes de sustantivo] **1** pasajero **2** (referencia) de pasada **3** (tiempo, tráfico) que pasa

passion /'pæʃn/ n pasión **passionate** /'pæʃənət/ adj apasionado, ardiente

passive /'pæsɪv/ adjetivo, nombre
▸ adj pasivo: passive smoking el tabaquismo pasivo
▸ n (tb passive 'voice) (voz) pasiva

passport ☞ /'pɑːspɔːt; USA 'pæs-/ n pasaporte

password /'pɑːswɜːd; USA 'pæs-/ n contraseña ⊃ Ver nota en ORDENADOR

past ☞ /pɑːst; USA pæst/ adjetivo, nombre, preposición, adverbio
▸ adj **1** pasado **2** último: the past few days los últimos días **3** antiguo: past students antiguos alumnos
▸ n **1** pasado **2** (tb past 'tense) pretérito, pasado
▸ prep **1** half past two las dos y media ◇ past midnight más de medianoche ◇ It's past two o'clock. Son las dos pasadas. **2** (con verbos de movimiento): to walk past sb/sth pasar por delante de algo/por el lado de algn **3** más allá de, después de: It's past your bedtime. Deberías estar ya en la cama. LOC **be past it** (GB, coloq) ser demasiado viejo ◆ **not put it past sb (to do sth)** creer a algn capaz (de hacer algo)
▸ adv al lado, por delante: to walk past pasar por delante

pasta /'pæstə; USA 'pɑːstə/ n pasta (espaguetis, etc.)

paste /peɪst/ nombre, verbo
▸ n **1** pasta, masa **2** paté **3** cola
▸ vt, vi pegar

pasteurization, -isation /ˌpɑːstʃəraɪ'zeɪʃn; USA ˌpæstʃərə'-/ n pasteurización

pasteurize, -ise /'pɑːstʃəraɪz; USA 'pæs-/ vt pasteurizar

pastime /'pɑːstaɪm; USA 'pæstaɪm/ n pasatiempo, distracción

pastor /'pɑːstə(r); USA 'pæstər/ n pastor, -ora (sacerdote)

pastoral /'pɑːstərəl; USA 'pæstə-/ adj **1** pastoral care atención personal **2** pastoril, bucólico

pastry /'peɪstri/ n (pl **pastries**) **1** [incontable] masa (de una tarta, etc.) **2** pastel (de bollería)

pasture /'pɑːstʃə(r); USA 'pæs-/ n pasto

pat /pæt/ verbo, nombre
▸ vt (-tt-) **1** dar golpecitos a, dar una palmadita a **2** acariciar
▸ n palmadita, toquecito LOC **give sb a pat on the back (for sth)** felicitar a algn (por algo)

patch /pætʃ/ nombre, verbo
▸ n **1** (color) mancha **2** (niebla, etc.) zona **3** (tela) parche **4** parcela (de tierra) **5** (GB, coloq) (área de trabajo) zona **6** (Informát) parche LOC **go through/hit a bad patch** (coloq) pasar/tener una mala racha ◆ **not be a patch on sb/sth** no tener ni comparación con algn/algo
▸ vt poner un parche a PHR V **patch sth up 1** hacerle un apaño a algo **2** (disputa) resolver algo

patchwork /'pætʃwɜːk/ n **1** [incontable] labor de retales **2** tapiz (de estilos, etc.)

patchy /'pætʃi/ adj **1** irregular: patchy rain/fog chubascos/bancos de niebla **2** desigual **3** (conocimientos) con lagunas

pâté /'pæteɪ; USA pɑː'teɪ/ n paté

patent nombre, verbo, adjetivo
▸ n /'pætnt; GB tb 'peɪtnt/ patente
▸ vt /'pætnt; GB tb 'peɪtnt/ patentar
▸ adj /'peɪtnt; USA tb 'pætnt/ **1** (Econ) patentado **2** (formal) patente **patently** /'pætntli; GB 'peɪt-/ adv (formal) claramente

paternal /pə'tɜːnl/ adj **1** paternal **2** (familiares) paterno

paternity /pə'tɜːnəti/ n paternidad

path ☞ /pɑːθ; USA pæθ/ n **1** sendero **2** paso **3** trayectoria **4** (fig) camino

pathetic /pə'θetɪk/ adj **1** patético **2** (coloq) (insuficiente) lamentable

pathological /ˌpæθə'lɒdʒɪkl/ adj patológico

pathology /pə'θɒlədʒi/ n patología

pathos /'peɪθɒs/ n patetismo

pathway /'pɑːθweɪ; USA 'pæθ-/ n Ver PATH

patience ☞ /'peɪʃns/ n **1** paciencia **2** (Naipes) solitario LOC Ver TRY

patient ☞ /'peɪʃnt/ nombre, adjetivo
▸ n paciente; enfermo, -a
▸ adj paciente

patio /'pætiəʊ/ n (pl **patios**) **1** terraza **2** patio

patriarch /'peɪtriɑːk/ n patriarca

patriot /'peɪtriət; GB tb 'pæt-/ n patriota **patriotic** /ˌpeɪtri'ɒtɪk; GB tb ˌpæt-/ adj patriótico

patrol /pə'trəʊl/ verbo, nombre
▸ vt, vi (-ll-) **1** patrullar (por) **2** (guardia) hacer la ronda (por)
▸ n patrulla

patron /'peɪtrən/ n **1** patrocinador, -ora **2** mecenas **3** (formal) cliente **patronage**

/ˈpætrənɪdʒ, ˈpeɪt-/ n **1** patrocinio **2** patronazgo **3** apoyo (de cliente regular)

patronize, -ise /ˈpætrənaɪz; USA ˈpeɪt-/ vt tratar condescendientemente a **patronizing, -ising** adj condescendiente

pattern ☞ /ˈpætn; USA -tərn/ n **1** pauta, tendencia **2** dibujo, estampado **3** (Costura) patrón **patterned** adj estampado

pause ☞ /pɔːz/ verbo, nombre
▶ vi hacer una pausa, pararse
▶ n pausa

pave /peɪv/ vt pavimentar **LOC** pave the way (for sb/sth) preparar el camino (para algn/algo)

pavement /ˈpeɪvmənt/ n **1** (GB) acera **2** (USA) pavimento

pavilion /pəˈvɪliən/ n pabellón

paving /ˈpeɪvɪŋ/ n pavimento: paving stone losa

paw /pɔː/ nombre, verbo
▶ n **1** pata **2** (coloq) mano
▶ **1** vt ~ (at) sth arañar/golpear algo con la pata **2** vt manosear

pawn /pɔːn/ nombre, verbo
▶ n (Ajedrez) peón
▶ vt empeñar

pawnbroker /ˈpɔːnbrəʊkə(r)/ n prestamista

pay ☞ /peɪ/ verbo, nombre
▶ (pt, pp **paid**) **1** vt, vi ~ (sb) (for sth) pagar (algo) (a algn): Who paid for the ice creams? ¿Quién pagó los helados? **2** vt ~ sb sth (for sth); ~ sth (to sb) (for sth) pagar algo (a algn) (por algo): She paid him 30 euros for the picture. Le pagó 30 euros por el cuadro. ➲ Ver nota en GIVE **3** vi valer la pena **4** vi ser rentable **5** vt, vi compensar **6** vt: to pay attention to sb/sth prestar atención a algn/algo ◊ to pay sb a compliment/a visit hacer un cumplido/visitar a algn **LOC** Ver EARTH, HEED **PHR V** pay sb back (sth); pay sth back (to sb) pagar (algo) (a algn), devolver algo (a algn) ◆ pay sb back (for sth) hacer pagar a algn (por algo) ◆ pay sth in; pay sth into sth ingresar algo (en algo) ◆ pay off (coloq) dar fruto, valer la pena ◆ pay sb off **1** pagar y despedir a algn **2** sobornar a algn ◆ pay sth off (terminar de) pagar algo ◆ pay up pagar (lo que se debe)
▶ n [incontable] sueldo: a pay rise/increase un aumento de sueldo ◊ pay claim reclamación salarial ◊ pay packet sobre de la paga

payable /ˈpeɪəbl/ adj pagadero

pay-as-you-ˈgo adj de prepago

payday /ˈpeɪdeɪ/ n día de cobro: payday loan préstamo hasta el día de cobro

payment ☞ /ˈpeɪmənt/ n **1** pago Ver tb DOWN PAYMENT **2** [incontable]: in/as payment for sth como recompensa a/en pago a algo

pay-off n (coloq) **1** pago, soborno **2** recompensa

pay-per-ˈview n (abrev PPV) (TV) (sistema de) pago por uso

payphone /ˈpeɪfəʊn/ n teléfono público

payroll /ˈpeɪrəʊl/ n nómina

paywall /ˈpeɪwɔːl/ n (Internet) barrera de pago

PC /ˌpiː ˈsiː/ abrev **1** (pl PCs) (abrev de personal computer) ordenador personal **2** (pl PCs) (abrev de police constable) (agente de) policía **3** (abrev de politically correct) políticamente correcto

PDF /ˌpiː diː ˈef/ (abrev de Portable Document Format) n (Informát) PDF

PE /ˌpiː ˈiː/ n (abrev de physical education) educación física

pea /piː/ n guisante Ver tb SWEET PEA

peace ☞ /piːs/ n **1** paz: to disturb the peace perturbar la paz y el orden ◊ the peace movement el movimiento pacifista **2** tranquilidad: peace of mind tranquilidad de conciencia **LOC** be/feel at peace (with sth/sb) estar en harmonía (con algo/algn) ◆ make (your) peace with sb hacer las paces con algn

peaceful ☞ /ˈpiːsfl/ adj **1** pacífico **2** tranquilo

peach /piːtʃ/ n melocotón: peach tree melocotonero ◊ flat/doughnut peach paraguaya

peacock /ˈpiːkɒk/ n pavo real

peak ☞ /piːk/ nombre, verbo, adjetivo
▶ n **1** punto máximo **2** (montaña) pico, cumbre **3** punta **4** visera
▶ vi alcanzar el punto máximo
▶ adj máximo: in peak condition en condiciones óptimas ◊ peak hours/season horas punta/temporada alta

peaked /piːkt/ adj **1** en punta **2** (gorra) con visera

peal /piːl/ n **1** peals of laughter carcajadas **2** (campanas) repique

peanut /ˈpiːnʌt/ n **1** cacahuete **2** peanuts [pl] (coloq) una miseria (dinero)

pear /peə(r)/ n pera: pear tree peral

pearl /pɜːl/ n **1** perla **2** (fig) joya

pear-shaped adj **LOC** go pear-shaped (GB, coloq) irse al garete, irse a la porra

peasant /ˈpeznt/ n **1** campesino, -a **2** (coloq, pey) palurdo, -a

peat /piːt/ n turba (de carbón)

pebble /ˈpebl/ n guijarro

pecan /ˈpiːkən, pɪˈkæn; USA pɪˈkɑːn/ n pacana

peck /pek/ *verbo, nombre*
▸ **1** *vt, vi* ~ **(at) sth** picotear (algo) **2** *vt* (*coloq*) dar un besito a (*esp en la mejilla*) **a/the pecking order** (*coloq*) un/el orden jerárquico
▸ *n* **1** (*coloq*) besito **2** picotazo

peckish /ˈpekɪʃ/ *adj* (*GB, coloq*) **to be/feel peckish** tener ganas de picar algo

peculiar /pɪˈkjuːliə(r)/ *adj* **1** extraño **2** especial **3** ~ **(to sb/sth)** peculiar (de algn/algo) **peculiarity** /pɪˌkjuːliˈærəti/ *n* (*pl* **peculiarities**) **1** peculiaridad **2** [*incontable*] rarezas **peculiarly** *adv* **1** especialmente **2** característicamente **3** de una manera extraña

pedal /ˈpedl/ *nombre, verbo*
▸ *n* pedal
▸ *vi* (**-ll-**, *USA* **-l-**) pedalear

pedantic /pɪˈdæntɪk/ *adj* (*pey*) **1** pedante **2** redicho

pedestrian /pəˈdestriən/ *nombre, adjetivo*
▸ *n* peatón, -ona
▸ *adj* **1** peatonal: *pedestrian precinct/crossing* zona peatonal/paso de peatones **2** pedestre

pediatrician (*USA*) = PAEDIATRICIAN

pedigree /ˈpedɪɡriː/ *nombre, adjetivo*
▸ *n* **1** (*animal*) pedigrí **2** (*persona*) genealogía **3** casta
▸ *adj* con pedigrí, de raza

pedophile (*USA*) = PAEDOPHILE

pee /piː/ *verbo, nombre*
▸ *vi* (*coloq*) hacer pis
▸ *n* (*coloq*) pis

peek /piːk/ *vi* **1** ~ **(at sb/sth)** echar una mirada (a algn/algo) ⊃ *Ver nota en* MIRAR **2** ~ **out, over, through, etc. sth** asomarse por encima de, por, etc. algo

peel /piːl/ *verbo, nombre*
▸ **1** *vt, vi* pelar(se) **2** *vt, vi* ~ **(sth) (away/off)** despegar, quitar algo; despegarse **3** *vi* ~ **(away/off)** (*pintura*) desconcharse
▸ *n* [*incontable*] **1** piel **2** corteza **3** cáscara

🔎 Para cáscaras duras, como de nuez o de huevo, se usa **shell** y no **peel**. Para la corteza del limón se utiliza **rind** o **peel**, mientras que para la naranja se usa solo **peel**. **Skin** se usa para la cáscara del plátano y para otras frutas con piel fina, como el melocotón.

peeler /ˈpiːlə(r)/ *n* mondador: *potato peeler* mondapatatas

peep /piːp/ *verbo, nombre*
▸ *vi* **1** ~ **(at sth)** echar una ojeada (a algo) ⊃ *Ver nota en* MIRAR **2** ~ **over, through, etc. sth**; ~ **over/through** asomarse (por encima de, por, etc. algo)

▸ *n* vistazo: *to have/take a peep at sth* echar una ojeada a algo

peer /pɪə(r)/ *verbo, nombre*
▸ *vi* ~ **at sb/sth** mirar a algn/algo: *to peer out of the window* sacar la cabeza por la ventana ⊃ *Ver nota en* MIRAR
▸ *n* **1** igual **2** contemporáneo, -a: *peer pressure* presión ejercida por los compañeros **3** (*GB*) noble **peerage** /ˈpɪərɪdʒ/ *n* **1** [*sing*] los pares, la nobleza **2** título de nobleza

peer group *n* compañeros de la misma edad, círculo social, etc.

peer-to-peer *adj* (*abrev* P2P) (*Informát*) peer-to-peer, P2P

peeved /piːvd/ *adj* ~ **(about sth)** (*coloq*) molesto, enfadado (por algo)

peg /peɡ/ *nombre, verbo*
▸ *n* **1** pinza *Ver tb* CLOTHES PEG **2** (*en la pared*) colgador **bring/take sb down a peg (or two)** bajarle a algn los humos
▸ *vt* (**-gg-**) **1** ~ **sth (out)** (*colada*) tender algo **2** (*precios, sueldos*) fijar (el nivel de) **3** ~ **sth to sth** ligar algo a algo

pejorative /pɪˈdʒɒrətɪv; *USA* pɪˈdʒɔːr-/ *adj* (*formal*) peyorativo

pelican /ˈpelɪkən/ *n* pelícano

pellet /ˈpelɪt/ *n* **1** (*papel, etc.*) bola **2** (*fertilizantes, etc.*) gránulo **3** perdigón

pelt /pelt/ *verbo, nombre*
▸ **1** *vt* ~ **sb with sth** tirar cosas a algn **2** *vi* ~ **(down)** llover a cántaros **3** *vi* ~ **along, down, up, etc. (sth)** ir a todo meter (por algún sitio): *They pelted down the hill.* Bajaron la colina a todo meter.
▸ *n* **1** pellejo **2** piel

pelvic /ˈpelvɪk/ *adj* pelviano, pélvico

pelvis /ˈpelvɪs/ *n* pelvis

pen /pen/ *n* **1** bolígrafo, pluma **2** corral **3** (*para ovejas*) redil

penalize, -ise /ˈpiːnəlaɪz/ *vt* **1** penalizar **2** perjudicar

penalty /ˈpenəlti/ *n* (*pl* **penalties**) **1** (*castigo*) pena **2** multa **3** desventaja **4** (*Dep*) penalización **5** (*Fútbol*) penalti

penalty shoot-out *n* tanda de penaltis

pence /pens/ *n* [*pl*] (*abrev* p) peniques ⊃ *Ver nota en* PENIQUE

pencil /ˈpensl/ *n* lápiz

pencil case *n* estuche (*para lápices*)

pencil sharpener *n* sacapuntas

pendant /ˈpendənt/ *n* colgante

pending /ˈpendɪŋ/ *preposición, adjetivo*
▸ *prep* (*formal*) en espera de
▸ *adj* (*formal*) pendiente

pendulum /ˈpendjələm; *USA* -dʒə-/ *n* péndulo

penetrate /ˈpenɪtreɪt/ **1** vt, vi ~ **(into/to) sth** penetrar algo **2** vt, vi ~ **(through) sth** atravesar algo **3** vt (organización) infiltrar **penetrating** adj **1** (mirada, sonido) penetrante **2** perspicaz

penfriend /ˈpenfrend/ (tb **pen pal**) n amigo, -a por correspondencia

penguin /ˈpeŋgwɪn/ n pingüino

penicillin /ˌpenɪˈsɪlɪn/ n penicilina

peninsula /pəˈnɪnsjələ; USA -sə-/ n península

penis /ˈpiːnɪs/ n pene

penknife /ˈpennaɪf/ n (pl **penknives** /-naɪvz/) **1** navaja **2** cortaplumas

penniless /ˈpeniləs/ adj sin dinero

penny ⬥ /ˈpeni/ n **1** (pl **pence**) (abrev p) penique ➲ Ver pág 805 **2** (pl **pennies**) (Can, USA) centavo

pen pal n Ver PENFRIEND

pension ⬥ /ˈpenʃn/ nombre, verbo
▶ n pensión, jubilación
▶ v **PHR V** **pension sb off** jubilar a algn

pensioner /ˈpenʃənə(r)/ n jubilado, -a

pentagon /ˈpentəgən; USA -gɑːn/ n **1** (Geom) pentágono **2 the Pentagon** [sing] (USA) (Pol) el Pentágono

penthouse /ˈpenthaʊs/ n ático (generalmente de lujo)

pent-up /ˌpent ˈʌp/ adj **1** (ira, etc.) contenido **2** (deseo) reprimido

penultimate /penˈʌltɪmət/ adj [solo antes de sustantivo] penúltimo

people ⬥ /ˈpiːpl/ nombre, verbo
▶ n **1** [pl] gente: People are saying that… Dice la gente que… **2** [pl] personas: ten people diez personas ➲ Ver nota en PERSON **3** [contable] (nación) pueblo **4 the people** [pl] el pueblo
▶ vt poblar

people carrier n monovolumen, furgoneta pequeña de pasajeros

pepper ⬥ /ˈpepə(r)/ n **1** pimienta **2** pimiento

peppercorn /ˈpepəkɔːn/ n grano de pimienta

peppermint /ˈpepəmɪnt/ n **1** menta **2** caramelo de menta

pepperoni /ˌpepəˈrəʊni/ n [incontable] tipo de salami

per ⬥ /pə(r)/ prep por: per person por persona ◊ 60 euros per day 60 euros al día ◊ per annum al año

perceive /pəˈsiːv/ vt (formal) **1** percibir, divisar **2** ~ **sth (as sth)** interpretar algo (como algo)

per cent ⬥ /pə ˈsent/ (tb esp USA **percent**) n, adj, adv por ciento **percentage** /pəˈsentɪdʒ/ n porcentaje: percentage increase aumento porcentual

perceptible /pəˈseptəbl/ adj (formal) **1** perceptible **2** (mejora, etc.) sensible

perception /pəˈsepʃn/ n (formal) **1** percepción **2** sensibilidad, perspicacia **3** punto de vista

perceptive /pəˈseptɪv/ adj perspicaz

perch /pɜːtʃ/ nombre, verbo
▶ n **1** percha (para pájaros) **2** posición (elevada) **3** (pl **perch**) (pez) perca
▶ vi ~ **(on sth)** **1** (pájaro) posarse (en algo) **2** (coloq) (persona, edificio) encaramarse (a algo)

percussion /pəˈkʌʃn/ n percusión

perennial /pəˈreniəl/ adj perenne

perfect ⬥ adjetivo, verbo
▶ adj /ˈpɜːfɪkt/ **1** perfecto **2** ~ **for sb/sth** ideal para algn/algo **3** [solo antes de sustantivo] completo: a perfect stranger un completo extraño
▶ vt /pəˈfekt/ perfeccionar

perfection /pəˈfekʃn/ n perfección **LOC** **to perfection** a la perfección **perfectionist** n perfeccionista

perfectly ⬥ /ˈpɜːfɪktli/ adv **1** completamente **2** perfectamente

perforate /ˈpɜːfəreɪt/ vt perforar **perforation** n **1** perforado **2** perforación

perform ⬥ /pəˈfɔːm/ **1** vt (función) desempeñar **2** vt (operación, ritual, trabajo) realizar **3** vt (compromiso) cumplir **4** vt (Teat, etc.) representar **5** vt (Mús) interpretar **6** vi actuar, cantar, tocar, etc.

performance ⬥ /pəˈfɔːməns/ n **1** (Mús) actuación, interpretación **2** (Teat) representación: the evening performance la función de la tarde **3** (Cine) sesión **4** (de estudiante, empleado) rendimiento **5** (de empresa) resultados **6** (de deberes) cumplimiento

performer ⬥ /pəˈfɔːmə(r)/ n **1** (Mús) intérprete **2** (Teat) actor, actriz **3** artista (de variedades)

the performing arts n [pl] las artes escénicas

perfume /ˈpɜːfjuːm; USA pərˈfjuːm/ n perfume ➲ Ver nota en SMELL

perhaps ⬥ /pəˈhæps; GB tb præps/ adv quizá(s), tal vez, a lo mejor: perhaps not puede que no

peril /ˈperəl/ n (formal) peligro, riesgo

perimeter /pəˈrɪmɪtə(r)/ n perímetro

period ⬥ /ˈpɪəriəd/ n **1** período: over a period of two years a lo largo de dos años **2** época: period dress trajes de época **3** (Educ) clase Ver tb FREE PERIOD **4** (Med) período, regla **5** (USA) punto (y seguido) ➲ Ver pág 395

periodic /ˌpɪəriˈɒdɪk/ (tb **periodical**) adj periódico

periodical /ˌpɪəriˈɒdɪkl/ n revista

P

| iː see | i happy | ɪ sit | e ten | æ hat | ɑː arm | ɒ got | ɔː saw | ʊ put |

peripheral /pəˈrɪfərəl/ adjetivo, nombre
▸ adj (formal) secundario
▸ n (Informát) periférico

periscope /ˈperɪskəʊp/ n periscopio

perish /ˈperɪʃ/ vi (formal) perecer, fallecer **perishable** adj perecedero

perjury /ˈpɜːdʒəri/ n (Jur) perjurio

perk /pɜːk/ nombre, verbo
▸ n [gen pl] beneficio (adicional) (de un trabajo, etc.)
▸ v **PHR V** **perk up** (coloq) **1** animarse, sentirse mejor **2** (negocios, etc.) mejorar

perm /pɜːm/ nombre, verbo
▸ n permanente
▸ vt to have your hair permed hacerse la permanente

permanent ⦿ /ˈpɜːmənənt/ adj **1** permanente, fijo **2** (daño) irreparable, para siempre

permanently ⦿ /ˈpɜːmənəntli/ adv permanentemente, para siempre

permissible /pəˈmɪsəbl/ adj (formal) permisible, admisible

permission ⦿ /pəˈmɪʃn/ n ~ (for sth/to do sth) permiso, autorización (para algo/para hacer algo)

🔎 **Asking for permission**
Pedir permiso
• Would you mind if I opened the window? ¿Te importa si abro la ventana?
• Could I possibly borrow your phone? ¿Podrías prestarme tu teléfono?
• Is it all right if I leave five minutes early today? ¿Podría irme hoy cinco minutos antes?
• Would it be OK to leave my bag here? ¿Podría dejar aquí mi bolsa?
• Yes, of course. Sí, por supuesto.
• Go ahead. Adelante.
• That's fine. No hay problema.

permissive /pəˈmɪsɪv/ adj permisivo

permit ⦿ verbo, nombre
▸ vt, vi /pəˈmɪt/ (-tt-) (formal) permitir: If time permits… Si da tiempo… ➜ Ver nota en ALLOW
▸ n /ˈpɜːmɪt/ **1** permiso, autorización **2** (de entrada) pase

perpendicular /ˌpɜːpənˈdɪkjələ(r)/ adj **1** ~ (to sth) perpendicular (a algo) **2** (pared de roca) vertical

perpetrate /ˈpɜːpətreɪt/ vt (formal) perpetrar

perpetual /pəˈpetʃuəl/ adj **1** perpetuo, continuo **2** constante, interminable

perpetuate /pəˈpetʃueɪt/ vt (formal) perpetuar

perplexed /pəˈplekst/ adj perplejo

persecute /ˈpɜːsɪkjuːt/ vt ~ sb (for sth) perseguir a algn (por algo) (raza, religión, etc.) **persecution** n persecución

perseverance /ˌpɜːsɪˈvɪərəns/ n perseverancia

persevere /ˌpɜːsɪˈvɪə(r)/ vi **1** ~ (in/with sth) perseverar (en algo) **2** ~ (with sb) seguir insistiendo (con algn)

persist /pəˈsɪst/ vi **1** ~ (in sth/in doing sth) insistir, empeñarse (en algo/en hacer algo) **2** ~ with sth continuar con algo **3** persistir **persistence** n **1** perseverancia **2** persistencia **persistent** adj **1** insistente **2** continuo, persistente

person ⦿ /ˈpɜːsn/ n persona

🔎 El plural de **person** es normalmente **people**: one hundred people cien personas. También existe **persons** como plural, pero solo se utiliza en lenguaje formal o legal: a list of missing persons una lista de personas desaparecidas.

LOC in person en persona

personal ⦿ /ˈpɜːsənl/ adj personal: personal assistant secretario de dirección ◊ personal column anuncios por palabras **LOC** get personal empezar a hacer críticas personales

personality ⦿ /ˌpɜːsəˈnæləti/ n (pl **personalities**) **1** personalidad **2** personaje

personalize, -ise /ˈpɜːsənəlaɪz/ vt **1** marcar con las iniciales propias **2** personalizar **3** (papel de cartas) poner membrete a

personally ⦿ /ˈpɜːsənəli/ adv personalmente **LOC** take sth personally ofenderse por algo: Don't take it personally. No te lo tomes a mal.

personify /pəˈsɒnɪfaɪ/ vt (pt, pp **-fied**) personificar

personnel /ˌpɜːsəˈnel/ n [v sing o pl] (departamento de) personal: personnel officer jefe de personal

perspective /pəˈspektɪv/ n perspectiva **LOC** get/put sth in/into perspective poner algo en perspectiva ✦ keep sth in perspective mantener algo en perspectiva

perspiration /ˌpɜːspəˈreɪʃn/ n **1** sudor **2** transpiración ❶ La palabra más normal es sweat.

perspire /pəˈspaɪə(r)/ vi (formal) transpirar

persuade ⦿ /pəˈsweɪd/ vt **1** ~ sb to do sth; ~ sb into sth/doing sth persuadir a algn de que haga algo **2** ~ sb that…; ~ sb (of sth) convencer a algn (de que…/de algo) **persuasion** /pəˈsweɪʒn/ n **1** persuasión **2** creencia, opinión **persuasive** /pəˈsweɪsɪv/ adj **1** convincente **2** persuasivo

pertinent /ˈpɜːtɪnənt; USA ˈpɜːrtnənt/ adj (formal) pertinente

perturb /pəˈtɜːb/ vt (formal) perturbar

pervade /pəˈveɪd/ vt (formal) **1** (obra, libro) impregnar **2** (olor) extenderse por **3** (luz) difundirse por **pervasive** (tb **pervading**) adj generalizado

perverse /pəˈvɜːs/ adj **1** (persona) terco, retorcido **2** (decisión, comportamiento) ilógico, contra el sentido común o la moral **3** (placer, deseo) perverso **perversion** /pəˈvɜːʃn; USA pərˈvɜːrʒn/ n **1** perversión **2** corrupción **3** tergiversación

pervert verbo, nombre
▸ vt /pəˈvɜːt/ **1** tergiversar **2** corromper
▸ n /ˈpɜːvɜːt/ pervertido, -a

pessimism /ˈpesɪmɪzəm/ n pesimismo **pessimist** n pesimista **pessimistic** /ˌpesɪˈmɪstɪk/ adj pesimista

pest /pest/ n **1** insecto o animal dañino: *pest control* control de plagas **2** (coloq) plasta

pester /ˈpestə(r)/ vt molestar

pesticide /ˈpestɪsaɪd/ n pesticida

PET /pet/ n (abrev de **Preliminary English Test**) examen de inglés intermedio

pet 0️⃣ /pet/ nombre, verbo, adjetivo
▸ n **1** animal de compañía, mascota: *pet shop* tienda de animales **2** (pey) enchufado, -a
▸ vt acariciar
▸ adj **1** predilecto **2** (animal) domesticado

petal /ˈpetl/ n pétalo

peter /ˈpiːtə(r)/ v PHR V **peter out 1** agotarse poco a poco **2** (conversación) apagarse

petite /pəˈtiːt/ adj (mujer) menudo ⊃ Ver nota en DELGADO

petition /pəˈtɪʃn/ n petición

petrol 0️⃣ /ˈpetrəl/ n gasolina

petroleum /pəˈtrəʊliəm/ n petróleo

petrol station n gasolinera

petticoat /ˈpetɪkəʊt/ n (antic) combinación

petty /ˈpeti/ adj (pey) **1** insignificante **2** (delito, gasto) menor: *petty cash* dinero para gastos menores **3** (persona, conducta) mezquino

pew /pjuː/ n banco de iglesia

phablet /ˈfæblət/ n (Informát) tabléfono

phantom /ˈfæntəm/ nombre, adjetivo
▸ n fantasma
▸ adj [solo antes de sustantivo] ilusorio

pharmaceutical /ˌfɑːməˈsuːtɪkl/ adj farmacéutico

pharmacist /ˈfɑːməsɪst/ n farmacéutico, -a ⊃ Comparar con CHEMIST

pharmacy /ˈfɑːməsi/ n (pl **pharmacies**) farmacia ❶ Farmacia se dice normalmente **chemist's**

en inglés británico y **drugstore** en inglés americano.

Pharoah /ˈfeərəʊ/ n faraón

pharynx /ˈfærɪŋks/ n (pl **pharynges** /fəˈrɪndʒiːz/) (Anat) faringe

phase 0️⃣ /feɪz/ nombre, verbo
▸ n fase, etapa: *He's going through a difficult phase*. Está pasando por una etapa difícil.
▸ vt escalonar PHR V **phase sth in/out** introducir/retirar algo paulatinamente

PhD (tb esp USA **Ph.D.**) /ˌpiː eɪtʃ ˈdiː/ n (abrev de Doctor of Philosophy) doctorado

pheasant /ˈfeznt/ n faisán

phenomenal /fəˈnɒmɪnl/ adj fenomenal

phenomenon /fəˈnɒmɪnən/ n (pl **phenomena** /-mɪnə/) fenómeno

phew /fjuː/ interj ¡uf!

philanthropist /fɪˈlænθrəpɪst/ n filántropo, -a

philosopher /fəˈlɒsəfə(r)/ n filósofo, -a

philosophical /ˌfɪləˈsɒfɪkl/ adj filosófico

philosophy 0️⃣ /fəˈlɒsəfi/ n (pl **philosophies**) filosofía

phishing /ˈfɪʃɪŋ/ n [incontable] práctica de engañar a una persona en internet con el fin de obtener sus datos personales

phlegm /flem/ n flema **phlegmatic** /flegˈmætɪk/ adj flemático

phobia /ˈfəʊbiə/ n fobia

phoenix /ˈfiːnɪks/ n fénix

phone 0️⃣ /fəʊn/ nombre, verbo
▸ n teléfono: *phone number* número de teléfono ◊ *to make a phone call* hacer una llamada (telefónica) ◊ *I'm on the phone*. Estoy hablando por teléfono. ◊ *phone box* cabina telefónica Ver tb MOBILE n (1)
▸ vt, vi ~ (sb/sth) (up) llamar (por teléfono), telefonear (a algn/algo): *I was just phoning for a chat*. Llamaba solo para charlar un rato. PHR V **phone in** llamar por teléfono (al lugar de trabajo o a un programa de radio o televisión)

phone box n cabina telefónica

phone hacking n piratería telefónica

phone-in n programa de radio o televisión abierto a las llamadas del público

phonetic /fəˈnetɪk/ adj fonético

phonetics /fəˈnetɪks/ n [incontable] fonética

phoney (tb **phony**) /ˈfəʊni/ adj, n (**phonier**, **-iest**) (coloq) falso, -a

photo 0️⃣ /ˈfəʊtəʊ/ n (pl **photos**) foto

photocopier /ˈfəʊtəʊkɒpiə(r)/ n fotocopiadora

P

photocopy 0━ /ˈfəʊtəʊkɒpi/ *nombre, verbo*
▸ *n* (*pl* **photocopies**) fotocopia
▸ *vt* (*pt, pp* **-pied**) fotocopiar

photogenic /ˌfəʊtəʊˈdʒenɪk/ *adj* fotogénico

photograph 0━ /ˈfəʊtəɡrɑːf; *USA* -ɡræf/ *nombre, verbo*
▸ *n* fotografía: *to take a photograph* sacar una foto
▸ **1** *vt* fotografiar **2** *vi* ~ **well, badly, etc.** salir bien, mal, etc. en las fotos

photographer 0━ /fəˈtɒɡrəfə(r)/ *n* fotógrafo, -a

photographic /ˌfəʊtəˈɡræfɪk/ *adj* fotográfico

photography /fəˈtɒɡrəfi/ *n* fotografía (*arte*)

photoshop /ˈfəʊtəʊʃɒp/ *vt* (**-pp-**) retocar con ordenador (*imagen, foto*)

photosynthesis /ˌfəʊtəʊˈsɪnθəsɪs/ *n* (Biol) fotosíntesis

phrasal verb /ˌfreɪzl ˈvɜːb/ *n* verbo frasal ➾ *Ver pág 361*

phrase 0━ /freɪz/ *nombre, verbo*
▸ *n* **1** frase, locución: *adverbial phrase* locución adverbial ❶ Un **phrase** es un conjunto de palabras que no contiene verbo conjugado: *a bar of chocolate ◇ running fast*. **2** expresión, frase: *a German phrase book* una guía de conversación de alemán **LOC** *Ver* TURN
▸ *vt* expresar

phubbing /ˈfʌbɪŋ/ *n* ningufoneo (*práctica de prestar más atención al móvil que a las personas que nos acompañan*)

phylum /ˈfaɪləm/ *n* (*pl* **phyla** /-lə/) (Biol) filum

physical 0━ /ˈfɪzɪkl/ *adj* físico: *physical fitness* buena forma física **physically** /-kli/ *adv* físicamente: *physically fit* en buena forma física ◇ *physically handicapped* discapacitado

physician /fɪˈzɪʃn/ *n* (formal) médico, -a ❶ La palabra más normal es **doctor**.

physicist /ˈfɪzɪsɪst/ *n* físico, -a

physics 0━ /ˈfɪzɪks/ *n* [incontable] física

physiology /ˌfɪziˈɒlədʒi/ *n* fisiología

physiotherapist /ˌfɪziəʊˈθerəpɪst/ *n* fisioterapeuta

physiotherapy /ˌfɪziəʊˈθerəpi/ *n* fisioterapia

physique /fɪˈziːk/ *n* físico (*aspecto*)

pianist /ˈpɪənɪst; *USA* ˈpiːənɪst/ *n* pianista

piano 0━ /piˈænəʊ/ *n* (*pl* **pianos**) piano: *piano stool* taburete de piano ◇ *grand piano* piano de cola

pic /pɪk/ *n* (coloq) foto

pick 0━ /pɪk/ *verbo, nombre*
▸ *vt* **1** elegir, seleccionar **2** (*flor, fruta, etc.*) coger **3** escarbar: *to pick your teeth* escarbarse los dientes ◇ *to pick your nose* hurgarse la nariz ◇ *to pick a hole in sth* hacer un agujero en algo **4** ~ **sth from/off sth** quitar algo de algo **5** (*cerradura*) forzar **LOC** **pick a fight/quarrel (with sb)** buscar pelea (con algn) ◆ **pick and choose** ser muy exigente ◆ **pick holes in sth** encontrar defectos en algo ◆ **pick sb's brains** (coloq) explotar los conocimientos de algn ◆ **pick sb's pocket** robarle la cartera a algn ◆ **pick up speed** ganar velocidad *Ver tb* BONE **PHR V** **pick at sth** comer algo con desgana ◆ **pick on sb 1** meterse con algn **2** elegir a algn (*para algo desagradable*) ◆ **pick sb/sth out 1** escoger a algn/algo **2** (*en una multitud, etc.*) reconocer a algn/algo ◆ **pick sth out 1** (Mús) tocar algo de memoria (*despacio*) **2** identificar algo **3** destacar algo ◆ **pick up 1** mejorar **2** (*viento*) soplar más fuerte **3** (coloq) seguir ◆ **pick sb up 1** (ir a) recoger a algn (*esp en coche*) **2** (coloq) ligarse a algn **3** (coloq) detener a algn ◆ **pick sth up 1** aprender algo **2** (re)coger algo **3** (*enfermedad, acento, costumbre*) coger algo ◆ **pick yourself up** levantarse
▸ *n* **1** [sing] (derecho de) elección, selección: *Take your pick.* Coge el/la que quieras. **2 the pick of sth** [sing] lo mejor (de algo) **3** (*tb* pickaxe /ˈpɪkæks/) pico (*herramienta*)

pickle /ˈpɪkl/ *n* **1** [gen pl] (GB) encurtidos **2** [incontable] (GB) condimento a base de encurtidos en una salsa **3** (USA) pepinillo **LOC** **be in a pickle** (coloq) estar metido en un lío

pickpocket /ˈpɪkpɒkɪt/ *n* carterista **pickpocketing** *n* [incontable] *Pickpocketing is common in this area.* En esta zona operan muchos carteristas.

picky /ˈpɪki/ *adj* (coloq) quisquilloso, maniático, exigente

picnic /ˈpɪknɪk/ *n* picnic: *to go for/have a picnic* ir de picnic/hacer un picnic

pictogram /ˈpɪktəɡræm/ *n* pictograma

pictorial /pɪkˈtɔːriəl/ *adj* **1** gráfico **2** (Arte) pictórico

picture 0━ /ˈpɪktʃə(r)/ *nombre, verbo*
▸ *n* **1** cuadro **2** ilustración **3** foto **4** retrato **5** (TV) imagen **6** imagen, idea **7** película **LOC** **be/look a picture** ser una preciosidad ◆ **get the picture** (coloq) entender, hacerse una idea ◆ **put/keep sb in the picture** (coloq) poner/mantener a algn al corriente
▸ *vt* **1** ~ **sb/sth (as sth)** imaginar a algn/algo (como algo) **2** ~ **sb/sth as sth** retratar a algn/algo como algo **3** retratar, fotografiar

picturesque /ˌpɪktʃəˈresk/ *adj* pintoresco

| ð **then** | s **so** | z **zoo** | ʃ **she** | ʒ **vision** | h **how** | ŋ **sing** | j **yes** | w **wet** |

pie /paɪ/ n **1** (dulce) tarta, pastel: *apple pie* tarta de manzana Ver tb MINCE PIE **2** (salado) empanada

🔎 **Pie** es una tarta o empanada de hojaldre o masa que tiene tapa y relleno dulce o salado. **Tart** y **flan** se usan para las tartas dulces que tienen una base de hojaldre o masa pero que no tienen tapa.

piece 0📑 /piːs/ nombre, verbo
▸ n **1** pedazo, trozo **2** (de papel) hoja **3** pieza: *to take sth to pieces* desmontar algo **4** *a piece of advice/news* un consejo/una noticia ❶ **A piece of…** o **pieces of…** se usa con sustantivos incontables. ⮕ Ver nota en CONSEJO **5** (Mús) obra **6** (Period) artículo **7** moneda **LOC (all) in one piece** sano y salvo ◆ **be a piece of cake** (coloq) estar chupado Ver tb BIT
▸ v **PHR V** **piece sth together 1** (sucesos, datos, etc.) reconstruir algo **2** (puzzle, etc.) recomponer algo

piecemeal /piːsmiːl/ adjetivo, adverbio
▸ adj (gen pey) poco sistemático
▸ adv (gen pey) de forma poco sistemática

pier /pɪə(r)/ n paseo marítimo sobre un muelle

pierce /pɪəs/ vt **1** (bala, cuchillo) atravesar **2** perforar: *to have your ears pierced* hacerse agujeros en las orejas **3** (sonido, etc.) penetrar en

piercing /pɪəsɪŋ/ adjetivo, nombre
▸ adj **1** (mirada, ojos) penetrante **2** (grito) agudo
▸ n piercing

piety /paɪəti/ n piedad (religiosa)

pig 0📑 /pɪɡ/ n **1** cerdo ⮕ Ver notas en CARNE, CERDO **2** (coloq, pey) (persona) cerdo, -a: *You greedy pig!* ¡Mira que eres glotón!

pigeon /pɪdʒɪn/ n **1** paloma **2** pichón

pigeonhole /pɪdʒɪnhəʊl/ n casilla

piglet /pɪɡlət/ n cerdito ⮕ Ver nota en CERDO

pigment /pɪɡmənt/ n pigmento

pigsty /pɪɡstaɪ/ n (pl **pigsties**) (lit y fig) pocilga

pigtail /pɪɡteɪl/ n **1** trenza (torero) coleta

Pilates /pɪˈlɑːtiːz/ n pilates

pile 0📑 /paɪl/ nombre, verbo
▸ n **1** montón **2** [gen pl] ~ **of sth** (coloq) un montón
▸ **1** vt, vi ~ **(sth) (up)** amontonar algo, amontonarse **2** vt apilar: *to be piled (high) with sth* estar colmado de algo **3** vi ~ **in, out, etc.** (coloq) entrar, salir, etc. en tropel

pile-up n accidente múltiple

pilgrim /pɪlɡrɪm/ n peregrino, -a **pilgrimage** /pɪlɡrɪmɪdʒ/ n peregrinación

pill 0📑 /pɪl/ n **1** píldora: *sleeping pill* somnífero **2 the pill** [sing] (anticonceptivo) la píldora

pillar /pɪlə(r)/ n pilar

pillow /pɪləʊ/ n almohada

pillowcase /pɪləʊkeɪs/ n funda de almohada

pilot 0📑 /paɪlət/ nombre, verbo, adjetivo
▸ n **1** piloto **2** (TV) programa piloto
▸ vt **1** pilotar **2** (producto, etc.) poner a prueba
▸ adj [solo antes de sustantivo] piloto (experimental)

pimple /pɪmpl/ n grano (en la piel) Ver tb GOOSE PIMPLES

PIN /pɪn/ (tb **PIN number**) n (abrev de personal identification number) número secreto (de tarjeta), NIP

pins

pins **drawing pins** **safety** **pin**
(USA **thumbtacks**) **pin** (tb **brooch**)

pin 0📑 /pɪn/ nombre, verbo
▸ n **1** alfiler Ver tb SAFETY PIN **2** broche **3** clavija Ver tb DRAWING PIN, ROLLING PIN **LOC pins and needles** hormigueo
▸ vt (-nn-) **1** (con alfileres) prender, sujetar **2** (persona, brazos) sujetar **PHR V** **pin sb down** (en el suelo, etc.) inmovilizar a algn ◆ **pin sb down (to sth/doing sth)** hacer que algn se comprometa (a algo/a hacer algo), hacer que algn concrete

pinball /pɪnbɔːl/ n (juego del) millón, flíper

pincer /pɪnsə(r)/ n **1 pincers** [pl] tenazas ⮕ Ver nota en PAIR **2** (Zool) pinza

pinch /pɪntʃ/ verbo, nombre
▸ **1** vt pellizcar **2** vt, vi (zapatos, etc.) apretar **3** vt ~ **sth (from sb/sth)** (GB, coloq) mangar algo (a algn/de algo)
▸ n **1** pellizco **2** (sal, etc.) pizca **LOC at a pinch** en caso de necesidad ◆ **take sth with a pinch of salt** aceptar algo con reservas

pine /paɪn/ nombre, verbo
▸ n (tb **pine tree**) pino: *pine cone* piña
▸ vi **1** ~ **(away)** languidecer, consumirse (de pena) **2** ~ **for sb/sth** echar de menos, añorar a algn/algo

pineapple /paɪnæpl/ n piña

ping /pɪŋ/ n **1** sonido (metálico) **2** (de bala) silbido

ping-pong /ˈpɪŋ pɒŋ/ n (coloq) ping-pong®

pink ⚠ /pɪŋk/ adjetivo, nombre
▸ adj **1** rosa, rosado **2** (de vergüenza, etc.) colorado
▸ n **1** rosa **2** (Bot) clavellina

pinnacle /ˈpɪnəkl/ n **1** ~ of sth cúspide de algo **2** pináculo (en tejado) **3** pico (de montaña)

pinpoint /ˈpɪnpɔɪnt/ vt **1** localizar exactamente **2** poner el dedo en, precisar

pint ⚠ /paɪnt/ n **1** (abrev pt) pinta (0,568 litros) ➜ Ver pág 804 **2** Let's go for a pint. Vamos a tomarnos una cerveza. ➜ Ver nota en CERVEZA

pin-up n foto (de persona atractiva, clavada en la pared)

pioneer /ˌpaɪəˈnɪə(r)/ nombre, verbo
▸ n pionero, -a
▸ vt ser pionero en **pioneering** adj pionero

pious /ˈpaɪəs/ adj **1** piadoso, devoto **2** (pey) beato

pip /pɪp/ n pepita ➜ Ver nota en PEPITA

pipe ⚠ /paɪp/ nombre, verbo
▸ n **1** tubería, conducto: waste pipe desagüe **2** pipes [pl] cañería(s) **3** pipa **4** (Mús) flauta **5** pipes [pl] gaita
▸ vt transportar (por tubería, gaseoducto, oleoducto) **PHR V** pipe down (coloq) callarse

pipeline /ˈpaɪplaɪn/ n tubería, gaseoducto, oleoducto **LOC** be in the pipeline **1** (pedido) estar tramitándose **2** (cambio, propuesta, etc.) estar preparándose

piper /ˈpaɪpə(r)/ n gaitero, -a

piping ˈhot adj hirviendo

piracy /ˈpaɪrəsi/ n piratería

piranha /pɪˈrɑːnə/ n piraña

pirate /ˈpaɪrət/ nombre, verbo
▸ n pirata
▸ vt piratear

Pisces /ˈpaɪsiːz/ n piscis ➜ Ver ejemplos en ACUARIO

pistachio /pɪˈstæʃiəʊ, pɪˈstɑːʃi-/ n (pl pistachios) pistacho

pistil /ˈpɪstɪl/ n (Bot) pistilo

pistol /ˈpɪstl/ n pistola

piston /ˈpɪstən/ n pistón

pit /pɪt/ nombre, verbo
▸ n **1** foso **2** mina (de carbón) **3** hoyo (en una superficie) **4** (esp USA) hueso (de fruta) **5** the pits [pl] (carreras de coches) los boxes **6** (Teat) platea **LOC** be the pits (coloq) ser pésimo
▸ v (-tt-) **PHR V** pit sb/sth against sb/sth enfrentar a algn/algo con algn/algo

pitch ⚠ /pɪtʃ/ nombre, verbo
▸ n **1** (Dep) campo **2** (Mús) tono **3** palabrería (de vendedor, etc.) **4** puesto (en mercado, calle) **5** brea **6** (tejado) inclinación
▸ **1** vt lanzar, arrojar **2** vi tirarse **3** vi (barco) cabecear **4** vt (tienda de campaña) montar **PHR V** pitch in (with sth) (coloq) poner manos a la obra, echar una mano (con algo)

pitched ˈbattle n batalla campal

pitcher /ˈpɪtʃə(r)/ n **1** (USA) jarra **2** (GB) cántaro

pitfall /ˈpɪtfɔːl/ n escollo

pith /pɪθ/ n blanco (de la cáscara) (de cítricos)

pitiful /ˈpɪtɪfl/ adj **1** lastimoso, conmovedor **2** penoso

pitiless /ˈpɪtɪləs/ adj **1** despiadado **2** implacable

pity ⚠ /ˈpɪti/ nombre, verbo
▸ n **1** ~ (for sb/sth) pena, compasión (de algn/algo) **2** a pity [sing] una lástima, una pena **LOC** take pity on sb apiadarse de algn
▸ vt (pt, pp pitied) compadecerse de: I pity you. Me das pena.

pivot /ˈpɪvət/ n **1** pivote **2** (fig) eje

pixel /ˈpɪksl/ n (Informát) píxel

pizza /ˈpiːtsə/ n pizza

placard /ˈplækɑːd/ n pancarta

placate /pləˈkeɪt; USA ˈpleɪkeɪt/ vt apaciguar

place ⚠ /pleɪs/ nombre, verbo
▸ n **1** sitio, lugar **2** parte (asiento, posición) puesto, plaza, sitio **4** It's not my place to… No me compete… **5** [sing] casa **LOC** all over the place (coloq) **1** en todas partes **2** en desorden ◆ change/swap places (with sb) **1** cambiarle el sitio (a algn) **2** (fig) cambiarse (por algn) ◆ in place en su sitio ◆ in the first, second, etc. place en primer, segundo, etc. lugar ◆ out of place fuera de lugar ◆ take place tener lugar, ocurrir Ver tb FRIEND
▸ vt **1** poner, colocar **2** identificar **3** ~ sth (with sb/ sth) (pedido, apuesta) hacer algo (a algn/en algo): We placed an order for… with… Hicimos un pedido de… a… **4** situar

place mat n mantel individual

placement /ˈpleɪsmənt/ (tb ˈwork placement) n (empleo en contrato de) prácticas: The course includes a month's work placement in a company. El curso incluye un mes de prácticas en una empresa.

plague /pleɪg/ nombre, verbo
▸ n **1** [incontable] (tb the plague) peste **2** ~ of sth plaga de algo
▸ vt **1** importunar, atormentar **2** acosar

plaice /pleɪs/ n (pl plaice) platija

plain ⟿ /pleɪn/ *adjetivo, nombre, adverbio*
▸ *adj* (**plainer, -est**) **1** claro **2** franco, directo **3** sencillo: *plain flour* harina (sin levadura) ◇ *plain chocolate* chocolate puro **4** liso, neutro, sin dibujo: *plain paper* papel liso **5** (*físico*) poco atractivo *(para envolver alimentos)* **LOC** **make sth plain (to sb)** dejar algo claro (a algn)
▸ *n* llanura
▸ *adv* (*coloq*) simplemente: *It's just plain stupid.* Es simplemente estúpido.

plain clothes *nombre, adjetivo*
▸ *n* [*pl*] *in plain clothes* (vestido) de paisano
▸ *adj* **plain-clothes** de paisano: *plain-clothes police officer* policía de paisano

plainly /'pleɪnli/ *adv* claramente, con claridad

plaintiff /'pleɪntɪf/ *n* demandante

plait /plæt/ *n* trenza

plan ⟿ /plæn/ *nombre, verbo*
▸ *n* **1** plan, programa **2** plano **3** esquema
▸ (**-nn-**) **1** *vi* hacer planes **2** *vt, vi* ~ **sth**; ~ (**on sth/doing sth**) planear algo; tener pensado algo/hacer algo: *What do you plan to do?* ¿Qué tienes pensado hacer? ◇ *I hadn't planned on spending so much.* No contaba con gastar tanto. **PHR V** **plan sth out** planificar algo

plane ⟿ /pleɪn/ *n* **1** avión: *plane crash* accidente de aviación **2** plano **3** cepillo (de carpintero)

planet ⟿ /'plænɪt/ *n* planeta

plank /plæŋk/ *n* **1** tabla, tablón **2** elemento fundamental *(de política, etc.)*

plankton /'plæŋktən/ *n* plancton

planner /'plænə(r)/ *n* **1** *Ver* TOWN PLANNER **2** planificador, -ora

planning ⟿ /'plænɪŋ/ *n* **1** planificación: *planning permission* permiso de obras **2** *Ver* TOWN PLANNING

plant ⟿ /plɑːnt; *USA* plænt/ *nombre, verbo*
▸ *n* **1** planta: *plant pot* maceta **2** fábrica **3** [*incontable*] (*Mec*) maquinaria, equipo
▸ *vt* **1** plantar **2** (*jardín, campo*) sembrar **3** (*bomba*) colocar **4** ~ **sth (on sb)** colocar algo (encima a algn) (*objeto incriminatorio*) **5** (*dudas, etc.*) sembrar

plantation /plɑːn'teɪʃn; *USA* plæn'-/ *n* **1** (*finca*) plantación **2** arboleda

plaque /plæk; *GB tb* plɑːk/ *n* **1** placa **2** sarro, placa (dental)

plasma screen /'plæzmə skriːn/ *n* pantalla de plasma

plaster /'plɑːstə(r); *USA* 'plæstər/ *nombre, verbo*
▸ *n* **1** yeso, enlucido **2** escayola: *to put sth in plaster* escayolar algo **3** tirita®
▸ *vt* **1** enyesar **2** embadurnar **3** (*fig*) llenar, cubrir

plastic ⟿ /'plæstɪk/ *nombre, adjetivo*
▸ *n* plástico
▸ *adj* **1** de plástico **2** (*flexible*) plástico

Plasticine® /'plæstəsiːn/ *n* plastilina®

plastic surgery *n* cirugía plástica

plastic wrap *n* [*incontable*] (*USA*) film transparente *(para envolver alimentos)*

plate ⟿ /pleɪt/ *n* **1** plato **2** (*metal, etc.*) placa, plancha: *plate glass* vidrio cilindrado **3** chapado *(de oro/plata)* **4** (*imprenta*) lámina *Ver tb* LICENSE PLATE, NUMBER PLATE

plateau /'plætəʊ; *USA* plæ'təʊ/ *n* (*pl* **plateaux**, **plateaus** /'plætəʊz; *USA* plæ'təʊz/) meseta

platform ⟿ /'plætfɔːm/ *n* **1** andén, vía **2** tribuna **3** (*Pol*) programa

platform shoes *n* zapatos de plataforma

platinum /'plætɪnəm/ *n* platino

platoon /plə'tuːn/ *n* (*Mil*) sección

plausible /'plɔːzəbl/ *adj* **1** creíble **2** (*pey*) (*persona*) convincente

play ⟿ /pleɪ/ *verbo, nombre*
▸ **1** *vt, vi* jugar ᐅ *Ver nota en* DEPORTE **2** *vt* (*Dep*) jugar con/contra: *They're playing Bayern tomorrow.* Mañana juegan contra el Bayern. **3** *vt* (*broma*) gastar **4** *vt, vi* (*instrumento*) tocar: *to play the guitar* tocar la guitarra **5** *vt* (*CD, etc.*) poner **6** *vi* (*música*) sonar **7** *vt* (*pelota*) darle a, golpear **8** *vt* (*papel dramático*) interpretar, hacer de **9** *vt* hacer(se): *to play the fool* hacer el tonto **10** *vt, vi* (*escena, obra*) representar(se) **11** *vt* (*función*) desempeñar **LOC** Para expresiones con **play**, véanse las entradas del sustantivo, adjetivo, etc., p. ej. **play it by ear** en EAR. **PHR V** **play along (with sb)** seguir el juego (a algn) ◆ **play sth down** quitarle importancia a algo ◆ **play A off against B** enfrentar a A y B ◆ **play (sb) up** (*coloq*) **1** dar la lata (a algn) **2** (*motor, máquina*) dar problemas (a algn)
▸ *n* **1** [*incontable*] juego: *children at play* niños jugando **2** (*Teat*) obra **3** (*movimiento*) holgura **4** (*de fuerzas, personalidades, etc.*) interacción **LOC** **a play on words** un juego de palabras *Ver tb* CHILD

player ⟿ /'pleɪə(r)/ *n* **1** jugador, -ora **2** (*formal*) actor: *a key player in the market* un actor clave en el mercado **3** reproductor: *DVD player* reproductor de DVDs *Ver tb* RECORD PLAYER **4** (*Mús*) músico, -a

playful /'pleɪfl/ *adj* **1** juguetón **2** (*comentario, acción*) en/de broma

playground /'pleɪɡraʊnd/ *n* patio (de recreo), parque infantil

playgroup /'pleɪɡruːp/ *n* guardería

playing card *n* carta, naipe

ˈ**playing field** *n* campo de deportes

playmaker /ˈpleɪmeɪkə(r)/ *n* (*Dep*) organizador, -ora del juego

ˈ**play-off** *n* (partido de) desempate, repesca

playpen /ˈpleɪpen/ *n* parque (*de bebé*)

playtime /ˈpleɪtaɪm/ *n* recreo

playwright /ˈpleɪraɪt/ *n* dramaturgo, -a

plea /pli:/ *n* **1** ~ **(for sth)** (*formal*) petición, súplica (de algo): *to make a plea for sth* pedir algo **2** (*Jur*) declaración, alegación: *plea of guilty/not guilty* declaración de culpabilidad/inocencia **3** (*Jur*) pretexto: *on a plea of ill health* bajo pretexto de padecer mala salud

plead /pli:d/ (*pt, pp* **pleaded**, *USA tb* **pled** /pled/) **1** *vi* ~ **(with sb) (for sth)** suplicar, pedir (algo) (a algn) **2** *vi* (*Jur*) ~ **for sb** abogar a favor de algn **3** *vt* (*defensa*) alegar LOC **plead guilty/not guilty** declararse culpable/inocente

pleasant 0-w /ˈpleznt/ *adj* (**pleasanter**, **-est**) agradable **pleasantly** *adv* **1** agradablemente **2** con amabilidad

please 0-w /pli:z/ *interjección, verbo*

▸ *interj* por favor: *Please come in.* Pase por favor. ◇ *Please do not smoke.* Se ruega no fumar.

> Se suele utilizar **please** en respuestas afirmativas y **thank you** o **thanks** (*más coloq*) en negativas: *'Would you like another biscuit?' 'Yes, please/No, thank you.'* Estas palabras se utilizan con mucha mayor frecuencia en inglés que en español, y en general se considera poco educado omitirlas: *Could you pass the salt, please?*

LOC **please do!** ¡por supuesto!

▸ **1** *vt, vi* complacer **2** *vt* ser un placer para **3** *vi*: *for as long as you please* todo el tiempo que te parezca ◇ *I'll do whatever I please.* Haré lo que me dé la gana. LOC **as you please** como quieras ◆ **please yourself!** (*coloq*) ¡haz lo que te dé la gana!

> **Asking for something**
> Pedir algo
> • *Could I have..., please?* ¿Podrías darme... por favor?
> • *Have you got any...?* ¿Tienes...?
> • *I'd like...* Me gustaría...
> • *Certainly.* Por supuesto.
> • *I'm sorry, we haven't any left.* Lo siento, no nos queda(n).

pleased 0-w /pli:zd/ *adj* **1** contento ➲ *Ver nota en* GLAD **2** ~ **(with sb/sth)** satisfecho (con algn/de algo) LOC **be pleased to do sth** alegrarse de hacer algo, tener el placer de hacer algo: *I'd be pleased to come.* Me encantaría ir. *Ver tb* MEET

pleasing 0-w /ˈpli:zɪŋ/ *adj* grato, agradable

pleasurable /ˈpleʒərəbl/ *adj* placentero

pleasure 0-w /ˈpleʒə(r)/ *n* placer: *It gives me pleasure to...* Tengo el placer de... LOC **take pleasure in sth** disfrutar con algo ◆ **with pleasure** con mucho gusto *Ver tb* BUSINESS

pled (*USA*) *pt, pp de* PLEAD

pledge /pledʒ/ *nombre, verbo*

▸ *n* promesa, compromiso

▸ *vt* **1** ~ **sth (to sb/sth)** prometer algo (a algn/algo) **2** ~ **yourself (to sth)** comprometerse (a algo)

plentiful /ˈplentɪfl/ *adj* abundante LOC *Ver* SUPPLY

plenty 0-w /ˈplenti/ *pronombre, adverbio*

▸ *pron* **1** mucho, de sobra: *plenty to do* mucho que hacer **2** bastante: *That's plenty, thank you.* Ya basta, gracias.

▸ *adv* **1** ~ **more** mucho más: *plenty more people* otros muchos **2** ~ **big, long, etc. enough** (*coloq*) lo bastante grande, largo, etc. **3** (*USA*) mucho

pliable /ˈplaɪəbl/ (*tb* **pliant** /ˈplaɪənt/) *adj* **1** flexible **2** influenciable

plied *pt, pp de* PLY

pliers /ˈplaɪəz/ *n* [*pl*] alicates: *a pair of pliers* unos alicates ➲ *Ver nota en* PAIR

plight /plaɪt/ *n* [*sing*] **1** (mala) situación **2** crisis

plod /plɒd/ *vi* (**-dd-**) caminar pesadamente ➲ *Ver nota en* ANDAR PHR V **plod along/on** avanzar penosamente

plonk /plɒŋk/ (*USA* **plunk**) *vt* **1** ~ **sth (down)** dejar caer algo sin cuidado **2** ~ **yourself (down)** dejarse caer pesadamente

plot 0-w /plɒt/ *nombre, verbo*

▸ *n* **1** (*libro, película*) argumento **2** complot, intriga **3** parcela **4** solar

▸ (**-tt-**) **1** *vt* (*intriga*) urdir **2** *vi* conjurarse, intrigar **3** *vt* (*rumbo, etc.*) trazar

plough (*USA* **plow**) /plaʊ/ *nombre, verbo*

▸ *n* **1** arado **2 the Plough** la Osa Mayor

▸ *vt, vi* arar PHR V **plough sth back (in/into sth)** (*ganancias*) reinvertir algo (en algo) ◆ **plough into sb/sth** chocar contra algn/algo ◆ **plough (your way) through sth** **1** abrirse paso por/entre/a través de algo **2** leer algo con dificultad: *It took me hours to plough through all my emails.* Tardé horas en leer uno a uno todos mis mails.

ploy /plɔɪ/ *n* ardid, táctica

pluck /plʌk/ *verbo, nombre*

▸ *vt* **1** coger, arrancar **2** (*cejas*) depilarse **3** desplumar **4** (*cuerda*) pulsar **5** (*guitarra*) puntear

P

LOC **pluck up courage (to do sth)** armarse de valor (y hacer algo)
▸ n (coloq) valor, agallas

plug ⊶ /plʌg/ nombre, verbo
▸ n **1** enchufe (macho) **2** (esp GB, coloq) enchufe (en la pared) ➲ Ver dibujo en ENCHUFE **3** tapón **4** Ver SPARK PLUG **5** (coloq) publicidad (de libro, película etc.)
▸ vt **(-gg-)** **1** (agujero) tapar **2** (escape) sellar **3** (oídos) taponar **4** (hueco) rellenar **5** hacer propaganda de **PHR V** **plug sth in; plug sth into sth** enchufar algo (a algo)

plug-in adj, n (Informát) (aplicación informática) que se añade a otros programas para ampliar sus capacidades

plum /plʌm/ n ciruela: plum tree ciruelo

plumage /ˈpluːmɪdʒ/ n plumaje

plumber /ˈplʌmə(r)/ n fontanero, -a **plumbing** n fontanería

plummet /ˈplʌmɪt/ vi **1** caer en picado **2** (fig) bajar drásticamente

plump /plʌmp/ adjetivo, verbo
▸ adj (**plumper**, **-est**) **1** rollizo ➲ Ver nota en GORDO **2** mullido
▸ v **PHR V** **plump for sb/sth** (coloq) decidirse, optar por algn/algo

plunder /ˈplʌndə(r)/ vt saquear

plunge /plʌndʒ/ verbo, nombre
▸ vi **1** caer (en picado), precipitarse **2** zambullirse **PHR V** **plunge sth in; plunge sth into sth** **1** meter, hundir algo (en algo) **2** (en agua) sumergir algo (en algo) ◆ **plunge sb/sth into sth** sumir a algn/algo en algo (guerra, depresión, etc.)
▸ n **1** caída **2** zambullida **3** (precios) bajón **LOC** **take the plunge** (coloq) dar el gran paso

plunk /plʌŋk/ vt (USA) = PLONK

plural /ˈplʊərəl/ adj, n (abrev pl.) (Gram) plural

plus ⊶ /plʌs/ preposición, nombre, adjetivo, conjunción
▸ prep **1** (Mat) más: Three plus six equals nine. Tres más seis son nueve. **2** además de: plus the fact that… además de que…
▸ n **1** (coloq) punto a favor: the pluses and minuses of sth los pros y los contras de algo **2** (tb 'plus sign) signo (de) más
▸ adj **1** como mínimo: 500 plus 500 como mínimo ◇ He must be forty plus. Debe tener cuarenta y pico años. **2** (Electrón, Mat) positivo
▸ conj (coloq) además

plush /plʌʃ/ adj (coloq) lujoso, de lujo

plutonium /pluːˈtəʊniəm/ n plutonio

ply /plaɪ/ vi (pt, pp **plied** /plaɪd/) (formal) hacer la ruta: The ship plied between the Indies and Spain. El barco hacía la ruta entre las Indias y España. **LOC** **ply your trade** (formal) desempe-

ñar su trabajo **PHR V** **ply sb with sth 1** ofrecer, dar algo a algn (constantemente) (comida, bebida) **2** asediar, acosar a algn (con preguntas)

plywood /ˈplaɪwʊd/ n madera contrachapada

p.m. ⊶ (USA tb P.M.) /ˌpiː ˈem/ abrev de la tarde: at 2.30 p.m. a las dos y media de la tarde

🔎 Cuando decimos **a.m.** o **p.m.** con las horas, no se puede usar **o'clock**: Shall we meet at three o'clock/3 p.m? ¿Quedamos a las tres (de la tarde)?

PMS /ˌpiː em ˈes/ (tb PMT /ˌpiː em ˈtiː/) n (abrev de premenstrual syndrome/tension) síndrome/tensión premenstrual

pneumatic /njuːˈmætɪk; USA nuː-/ adj neumático

pneumonia /njuːˈməʊniə; USA nuː-/ n [incontable] pulmonía, neumonía

PO /ˌpiː ˈəʊ/ abrev de post office

poach /pəʊtʃ/ **1** vt (huevo) escalfar **3** vt, vi cazar/pescar furtivamente **4** vt ~ sb/sth (from sb/sth) robar a algn/algo (a algn/de algo)
poacher n cazador/pescador furtivo, cazadora/pescadora furtiva

pocket ⊶ /ˈpɒkɪt/ nombre, verbo
▸ n **1** bolsillo: pocket money dinero de bolsillo/ paga ◇ pocket-sized tamaño bolsillo **2** núcleo **LOC** **be in/out of pocket** terminar ganando/perdiendo dinero Ver tb PICK
▸ vt **1** meterse en el bolsillo **2** embolsarse

pocketful /ˈpɒkɪtfʊl/ n a pocketful of coins un bolsillo lleno de monedas

pocketknife /ˈpɒkɪtnaɪf/ n (pl **pocketknives** /-naɪvz/) (esp USA) **1** navaja **2** cortaplumas

pod /pɒd/ n **1** vaina (de judías, etc.) **2** (delfines, etc.) manada **3** (aeronave) cápsula

podcast /ˈpɒdkɑːst; USA -kæst/ n (Internet) pódcast

podium /ˈpəʊdiəm/ n podio

poem ⊶ /ˈpəʊɪm/ n poema, poesía

poet /ˈpəʊɪt/ n poeta

poetic /pəʊˈetɪk/ adj poético: poetic justice justicia divina

poetry ⊶ /ˈpəʊətri/ n poesía

pogo stick n especie de zanco con resortes, con el que se avanza a saltos

poignant /ˈpɔɪnjənt/ adj conmovedor

point ⊶ /pɔɪnt/ nombre, verbo
▸ n **1** punto **2** cuestión: The point is… La cuestión es… **3** sentido: What's the point? ¿Para qué? ◇ to miss the point no entender ◇ There's no point (in) shouting. Es inútil que grites. **4** momento: at some point en algún momento

P

5 (*Mat*) coma ➔ *Ver pág 803* **6** punta *Ver tb* POWER POINT **LOC** be beside the point no tener nada que ver ◆ **make a point of doing sth** asegurarse de hacer algo ◆ **make your point** dejar clara una idea, propuesta, etc. ◆ **point of view** punto de vista ◆ **take sb's point** entender lo que algn dice ◆ **to the point** al caso, al grano *Ver tb* PROVE, SORE, STRONG

▸ **1** *vi* ~ **(at/to/towards sb/sth)** señalar (con el dedo) (a algn/algo); apuntar (hacia algn/algo) **2** *vt* ~ **sth (at sb)** apuntar a algn con algo: *to point your finger (at sb/sth)* señalar (a algn/algo) con el dedo **3** *vi* ~ **to sth** indicar, señalar algo **PHR V** point sb/sth out (to sb) señalar a algn/algo (a algn)

,point-'blank *adjetivo, adverbio*
▸ *adj* [*solo antes de sustantivo*] **1** at point-blank range a bocajarro **2** (*negativa*) tajante
▸ *adv* **1** a bocajarro **2** (*fig*) de forma tajante

pointed **0̶** /'pɔɪntɪd/ *adj* **1** afilado, puntiagudo **2** (*crítica*) intencionado

pointer /'pɔɪntə(r)/ *n* **1** (*coloq*) sugerencia **2** pista **3** indicador **4** puntero

pointless /'pɔɪntləs/ *adj* **1** sin sentido **2** inútil

poise /pɔɪz/ *n* **1** aplomo **2** elegancia **poised** *adj* **1** suspendido **2** con aplomo

poison **0̶** /'pɔɪzn/ *nombre, verbo*
▸ *n* veneno
▸ *vt* envenenar **poisoning** *n* envenenamiento: *food poisoning* intoxicación alimenticia

poisonous **0̶** /'pɔɪzənəs/ *adj* venenoso

poke /pəʊk/ **1** *vt* dar (con el dedo, etc.): *to poke your finger into sth* meter el dedo en algo **2** *vi* ~ **out/through**; ~ **out of/through sth** asomar (por algo) **LOC** poke fun at sb/sth burlarse de algn/algo **PHR V** poke about/around (*coloq*) rebuscar, fisgar

poker /'pəʊkə(r)/ *n* **1** póquer **2** atizador

'poker-faced *adj* (*coloq*) de rostro impasible, con cara de poker

poky /'pəʊki/ *adj* (**pokier, -iest**) (*coloq*) diminuto

polar /'pəʊlə(r)/ *adj* polar: *polar bear* oso polar

pole **0̶** /pəʊl/ *n* **1** palo **2** (*telegráfico*) poste **3** (*Geog, Fís*) polo **LOC** be poles apart ser polos opuestos

the 'pole vault *n* salto con pértiga

police **0̶** /pə'liːs/ *nombre, verbo*
▸ *n* [*pl*] policía: *police constable/officer* (agente de) policía ◊ *police force* cuerpo de policía ◊ *police state* estado policial ◊ *police station* comisaría (de policía)
▸ *vt* vigilar **policing** *n* [*incontable*] control policial

policeman /pə'liːsmən/ *n* (*pl* -men /-mən/) policía ➔ *Ver nota en* POLICÍA

policewoman /pə'liːswʊmən/ *n* (*pl* -women /-wɪmɪn/) policía ➔ *Ver nota en* POLICÍA

policy **0̶** /'pɒləsi/ *n* (*pl* policies) **1** política **2** (*seguros*) póliza

polio /'pəʊliəʊ/ *n* [*incontable*] polio

polish **0̶** /'pɒlɪʃ/ *nombre, verbo*
▸ *n* **1** lustre **2** brillo **3** (*muebles*) cera **4** (*zapatos*) betún **5** (*uñas*) esmalte **6** (*fig*) finura, refinamiento
▸ *vt* **1** sacar brillo a, encerar, pulimentar **2** (*gafas, zapatos*) limpiar **3** (*fig*) pulir **PHR V** polish sb off (*coloq*) cargarse a algn ◆ **polish sth off** (*coloq*) **1** zamparse algo **2** (*trabajo*) cepillarse algo **polished** *adj* **1** brillante, pulido **2** (*manera, estilo*) refinado, pulido **3** (*actuación*) impecable

polite **0̶** /pə'laɪt/ *adj* **1** cortés, educado **2** (*comportamiento*) correcto **politely** *adv* cortésmente, educadamente **politeness** *n* cortesía, educación

political **0̶** /pə'lɪtɪkl/ *adj* político

po,litically cor'rect *adj* (*abrev* PC) políticamente correcto

politician **0̶** /ˌpɒlə'tɪʃn/ *n* político, -a

politics **0̶** /'pɒlətɪks/ *n* **1** [*incontable*] política **2** [*pl*] opiniones políticas **3** [*incontable*] (*Educ*) ciencias políticas

poll /pəʊl/ *n* **1** (*tb* opinion poll) encuesta, sondeo **2** elección **3** votación: *to take a poll on sth* someter algo a votación **4** the polls [*pl*] las urnas

pollen /'pɒlən/ *n* polen

pollinate /'pɒləneɪt/ *vt* polinizar **pollination** /ˌpɒlə'neɪʃn/ *n* polinización

pollute /pə'luːt/ *vt* **1** ~ **sth (with sth)** contaminar algo (con algo) **2** (*fig*) corromper

pollution **0̶** /pə'luːʃn/ *n* **1** contaminación **2** (*fig*) corrupción

polo /'pəʊləʊ/ *n* polo (*deporte*) *Ver tb* WATER POLO

'polo neck *n* cuello alto/vuelto (*jersey*)

'polo shirt *n* (camiseta tipo) polo

polyester /ˌpɒli'estə(r)/; *USA tb* 'pɒliestər/ *n* poliéster

polystyrene /ˌpɒli'staɪriːn/ *n* poliestireno

polythene /'pɒliθiːn/ *n* polietileno

pomegranate /'pɒmɪɡrænɪt/ *n* granada (*fruta*)

pomp /pɒmp/ *n* **1** pompa **2** ostentación

pompous /'pɒmpəs/ *adj* (*pey*) **1** pomposo **2** (*persona*) presumido

pond /pɒnd/ *n* estanque, charca

ponder /'pɒndə(r)/ *vt, vi* ~ **(about/on/over) sth** (*formal*) reflexionar (sobre algo)

pony /'pəʊni/ *n* (*pl* ponies) poni: *pony-trekking* excursión en poni

| u: too | ʌ cup | ɜː fur | u situation | ə ago | eɪ pay | əʊ home | aɪ five |

ponytail /ˈpəʊniteɪl/ n cola de caballo

poo /puː/ (USA poop /puːp/) nombre, verbo
▸ n (coloq) caca
▸ vi (coloq) hacer caca

poodle /ˈpuːdl/ n caniche

pool ⚭ /puːl/ nombre, verbo
▸ n **1** Ver SWIMMING POOL **2** charca **3** charco **4** estanque **5** pozo (en un río) **6** (luz) haz **7** billar americano ➲ Ver nota en BILLAR **8 the (football) pools** [pl] las quinielas
▸ vt (recursos, ideas, etc.) aunar, juntar

poor ⚭ /pɔː(r), pʊə(r)/ adjetivo, nombre
▸ adj (**poorer**, **-est**) **1** pobre **2** malo: in poor taste de mal gusto **3** (nivel) bajo LOC Ver FIGHT
▸ n **the poor** [pl] los pobres

poorly /ˈpɔːli, ˈpʊəli/ adverbio, adjetivo
▸ adv **1** mal **2** pobremente
▸ adj (GB, coloq) mal, enfermo

pop ⚭ /pɒp/ nombre, verbo, adverbio
▸ n **1** (tb ˈpop music) (música) pop: pop star estrella del pop **2** (esp USA, coloq) papá **3** pequeño estallido **4** taponazo
▸ (**-pp-**) **1** vi hacer ¡pum! **2** vi dar un taponazo **3** vt, vi (globo) estallar PHR V **pop across, back, down, out, etc.** cruzar, volver, bajar, salir, etc. ◆ **pop sth back, in, etc.** devolver, meter, etc. algo ◆ **pop in** visitar ◆ **pop out (of sth)** salir (de algo) ◆ **pop up** aparecer ❶ Todos estos phrasal verbs son informales, y denotan una acción rápida, repentina o de poca duración.
▸ adv to go pop hacer ¡pum!, reventar

popcorn /ˈpɒpkɔːn/ n [incontable] palomitas (de maíz)

pope /pəʊp/ n papa

poplar /ˈpɒplə(r)/ n **1** álamo **2** chopo

poppy /ˈpɒpi/ n (pl **poppies**) amapola

popular ⚭ /ˈpɒpjələ(r)/ adj **1** popular: to be popular with sb caerle bien a algn **2** de moda: Berets are very popular this season. Las boinas se llevan mucho esta temporada. **3** de (las) masas: the popular press la prensa sensacionalista **4** (lugar) muy frecuentado **5** (creencia, apoyo, etc.) generalizado

popularity /ˌpɒpjuˈlærəti/ n popularidad

popularize, -ise /ˈpɒpjələraɪz/ vt **1** popularizar **2** vulgarizar

population ⚭ /ˌpɒpjuˈleɪʃn/ n población: population explosion explosión demográfica

pop-up adjetivo, nombre
▸ adj **1** (restaurante, tienda, etc.) fugaz; que se abre de forma provisional **2** (Informát) emergente: a pop-up window una ventana emergente
▸ n **1** tienda, restaurante, etc. fugaz **2** (Informát) ventana emergente

porcelain /ˈpɔːsəlɪn/ n [incontable] porcelana

porch /pɔːtʃ/ n porche

pore /pɔː(r)/ nombre, verbo
▸ n poro
▸ v PHR V **pore over sth** estudiar algo detenidamente

pork /pɔːk/ n (carne de) cerdo ➲ Ver nota en CARNE

pornographic /ˌpɔːnəˈɡræfɪk/ n pornográfico

pornography /pɔːˈnɒɡrəfi/ (coloq porn) n pornografía

porous /ˈpɔːrəs/ adj poroso

porpoise /ˈpɔːpəs/ n marsopa

porridge /ˈpɒrɪdʒ; USA ˈpɔːrɪdʒ/ n [incontable] gachas de avena

port ⚭ /pɔːt/ n **1** puerto **2** (vino) oporto **3** (barco) babor

portable /ˈpɔːtəbl/ adj, n portátil

portal /ˈpɔːtl/ n (Internet) portal

porter /ˈpɔːtə(r)/ n **1** (en hotel) botones **2** (en estación) maletero **3** (en hospital) celador, -ora **4** conserje

porthole /ˈpɔːthəʊl/ n portilla

portion /ˈpɔːʃn/ n **1** porción **2** (comida) ración

portrait /ˈpɔːtrət; GB tb -treɪt/ n retrato

portray /pɔːˈtreɪ/ vt **1** retratar **2** ~ sb/sth (as sth) representar a algn/algo (como algo) **portrayal** n representación

pose ⚭ /pəʊz/ verbo, nombre
▸ **1** vt (dificultad, pregunta) plantear **2** vi (para retratarse) posar **3** vi ~ as sb hacerse pasar por algn **4** vi (pey) comportarse de forma afectada
▸ n **1** postura **2** (pey) pose

posh /pɒʃ/ adj (**posher**, **-est**) (coloq) **1** (hotel, coche, etc.) de lujo **2** (zona) elegante **3** (pey) pijo **4** (acento) afectado

position ⚭ /pəˈzɪʃn/ nombre, verbo
▸ n **1** posición **2** situación **3** ~ (on sth) (opinión) postura, posición (respecto a algo) **4** (formal) (trabajo) puesto LOC **be in a/no position to do sth** estar/no estar en condiciones de hacer algo
▸ vt colocar, situar

positive ⚭ /ˈpɒzətɪv/ adj **1** positivo **2** definitivo, categórico **3** ~ (about sth/that…) seguro (de algo/de que…) **4** (coloq) total, auténtico: a positive disgrace un escándalo total **positively** adv **1** verdaderamente **2** positivamente **3** con optimismo **4** categóricamente

possess ⚭ /pəˈzes/ vt **1** (formal) poseer, tener **2** (formal) dominar **3** What possessed you to do that? ¿Cómo se te ocurrió hacer eso?

possession ⊶ /pəˈzeʃn/ n **1** (formal) posesión **2 possessions** [pl] pertenencias **LOC** be in possession of sth (formal) tener algo

possessive /pəˈzesɪv/ adj, n posesivo

possibility ⊶ /ˌpɒsəˈbɪləti/ n (pl **possibilities**) **1** posibilidad: within/beyond the bounds of possibility dentro/más allá de lo posible **2 possibilities** [pl] potencial

possible ⊶ /ˈpɒsəbl/ adj posible: if possible si es posible ◊ as quickly as possible lo más rápido posible **LOC** make sth possible posibilitar algo

possibly ⊶ /ˈpɒsəbli/ adv posiblemente: You can't possibly go. No puedes ir de ninguna manera. ◊ Could you possibly help me? ¿Serías tan amable de ayudarme?

post ⊶ /pəʊst/ nombre, verbo
▸ n **1** correo ⊃ Ver nota en MAIL **2** puesto (de trabajo) **3** poste, estaca, palo **4** (Internet) comentario, entrada
▸ **1** vt echar (al correo), mandar **2** vt (empleado) destinar **3** vt (soldado) apostar **4** vt (anuncio, etc.) poner **5** vt, vi (Internet) publicar, escribir **LOC** keep sb posted (about/on sth) tener/mantener a algn al corriente (de algo)

postage /ˈpəʊstɪdʒ/ n franqueo: postage stamp sello (de correo)

postal /ˈpəʊstl/ adj postal, de correos: postal vote voto por correo

postbox /ˈpəʊstbɒks/ n buzón (para echar cartas) ⊃ Ver dibujo en LETTER BOX

postcard /ˈpəʊstkɑːd/ n (tarjeta) postal

postcode /ˈpəʊstkəʊd/ n código postal

poster /ˈpəʊstə(r)/ n **1** (anuncio) cartel **2** póster **3** (Internet) persona que publica un comentario (en redes sociales)

posterity /pɒˈsterəti/ n posteridad

postgraduate /ˌpəʊstˈgrædʒuət/ (coloq postgrad /ˈpəʊstgræd/) n estudiante de posgrado

posthumous /ˈpɒstjʊməs; USA ˈpɒstʃəməs/ adj póstumo

postman /ˈpəʊstmən/ n (pl **-men** /-mən/) cartero

postmark /ˈpəʊstmɑːk/ n matasellos

post-mortem /ˌpəʊst ˈmɔːtəm/ n autopsia

post office ⊶ n (oficina de) correos ⊃ Ver nota en ESTANCO

postpone /pəˈspəʊn; USA pəʊˈ-/ vt aplazar

postscript /ˈpəʊstskrɪpt/ n **1** (abrev PS) posdata **2** nota final

post-ˈtruth adj (de la) posverdad

posture /ˈpɒstʃə(r)/ n **1** postura **2** actitud

post-ˈwar adj de (la) posguerra

postwoman /ˈpəʊstwʊmən/ n (pl **-women** /-wɪmɪn/) cartera

pots and pans

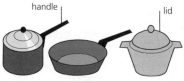

saucepan **frying pan** **casserole**
(tb **pot**)

pressure **steamer** **wok**
cooker

pot ⊶ /pɒt/ n **1** olla: pots and pans batería de cocina **2** tarro **3** pieza de cerámica **4** maceta **5** (coloq) maría, marihuana Ver tb MELTING POT **LOC** go to pot (coloq) echarse a perder ◆ pots of money (GB, coloq) un montón de dinero

potassium /pəˈtæsiəm/ n potasio

potato ⊶ /pəˈteɪtəʊ/ n (pl **potatoes**) patata: roast potatoes patatas asadas Ver tb COUCH POTATO, JACKET POTATO, SWEET POTATO

potency /ˈpəʊtnsi/ n fuerza

potent /ˈpəʊtnt/ adj potente, poderoso

potential ⊶ /pəˈtenʃl/ adjetivo, nombre
▸ adj potencial, posible
▸ n ~ (for sth) potencial (de/para algo)

potentially ⊶ /pəˈtenʃəli/ adv potencialmente

pothole /ˈpɒthəʊl/ n **1** (carretera) bache **2** (Geol) cueva

potion /ˈpəʊʃn/ n poción

potted /ˈpɒtɪd/ adj **1** (planta) en maceta **2** (relato) resumido **3** (comida) en conserva

potter /ˈpɒtə(r)/ verbo, nombre
▸ vi (USA putter) ~ **about/around (sth)** hacer esto y lo otro (en algo): I spent the day pottering around the garden. Pasé el día haciendo trabajillos por el jardín.
▸ n alfarero, -a

pottery /ˈpɒtəri/ n **1** (objetos) cerámica **2** (lugar, arte) alfarería

potty /ˈpɒti/ *adjetivo, nombre*
▶ *adj* ~ **(about sb/sth)** (*GB, coloq*) loco (por algn/algo)
▶ *n* (*pl* **potties**) (*coloq*) orinal (*para niños*)

pouch /paʊtʃ/ *n* **1** bolsa pequeña **2** (*Zool*) bolsa

pouffe /puːf/ *n* puf

poultry /ˈpəʊltri/ *n* [*incontable*] aves (de corral)

pounce /paʊns/ *vi* ~ **(on/upon sb/sth)** saltar, abalanzarse sobre algn/algo **PHR V** **pounce on sb/sth** saltar para criticar a algn/algo

pound 0— /paʊnd/ *nombre, verbo*
▶ *n* **1** (*dinero*) libra (£) **⟶** *Ver pág 805* **2** (*abrev* lb) libra (*0,454 kilogramos*) **⟶** *Ver pág 804*
▶ **1** *vi* ~ **(away) at/against/on sth** golpear, aporrear algo **2** *vi* caminar/correr pesadamente **3** *vi* ~ **(with sth)** latir fuertemente (de algo) (*miedo, emoción, etc.*) **4** *vt* machacar **pounding** *n* [*gen sing*] **1** golpes fuertes (*de arma, herramienta, etc.*) **2** martilleo **3** (*corazón, etc.*) latidos fuertes **4** (*olas*) embate **5** paliza (*lit y fig*)

pound sign *n* (*GB*) símbolo de libra esterlina (£) **2** (*USA*) almohadilla (#)

pour 0— /pɔː(r)/ **1** *vt* echar, verter **2** *vt* (*bebida*) servir **3** *vi* fluir, correr **4** *vi* ~ **(with rain)** llover a cántaros **5** *vi* ~ **in/out**; ~ **into/out of sth** entrar (en algo)/salir (de algo) en grandes cantidades/a raudales: *Sunlight poured into the room.* La luz del sol entraba en la habitación a raudales. ◇ *People poured out through the gates.* La gente salía en tropel por las puertas. **PHR V** **pour sth out** (*sentimientos, etc.*) revelar algo (*como desahogo*)

pout /paʊt/ *vi* **1** hacer un mohín (*de disgusto, etc.*) **2** (*provocativamente*) poner morritos

poverty /ˈpɒvəti/ *n* **1** pobreza: *poverty-stricken* necesitado **2** miseria

powder 0— /ˈpaʊdə(r)/ *nombre, verbo*
▶ *n* polvo *Ver tb* TALCUM POWDER, WASHING POWDER
▶ *vt* empolvar: *to powder your face* empolvarse la cara **powdered** *adj* en polvo

power 0— /ˈpaʊə(r)/ *nombre, verbo*
▶ *n* **1** poder **2** (*tb* **powers** [*pl*]) capacidad, facultades **3** potencia **4** fuerza **5** energía **6** (*electricidad*) luz: *power cut* corte eléctrico/apagón ◇ *power station/plant* central eléctrica **LOC** **do sb a power of good** (*antic, coloq*) ser muy beneficioso para algn ◆ **the powers that be** los que mandan
▶ *vt* impulsar, potenciar

powerful 0— /ˈpaʊəfl/ *adj* **1** poderoso **2** (*máquina*) potente **3** (*imagen, obra*) intenso **4** (*brazos, golpe, bebida*) fuerte

powerless /ˈpaʊələs/ *adj* sin poder, impotente

power point *n* enchufe (*en la pared*)

power-sharing *n* reparto de poder

poxy /ˈpɒksi/ *adj* (*GB, coloq*) de mala calidad, cutre

PR /ˌpiː ˈɑː(r)/ *n* (*abrev de* public relations) relaciones públicas

practicable /ˈpræktɪkəbl/ *adj* (*formal*) factible

practical 0— /ˈpræktɪkl/ *adj* práctico: *Let's be practical.* Seamos prácticos. ◇ *practical joke* broma

practically 0— /ˈpræktɪkli/ *adv* **1** prácticamente **2** de forma práctica, en la práctica

practice 0— /ˈpræktɪs/ *n* **1** práctica **2** (*Dep*) entrenamiento **3** (*Mús*) ejercicios **4** (*Med*) consultorio *Ver tb* GENERAL PRACTICE **5** bufete (*de abogados*) **6** (*profesión*) ejercicio **LOC** **be out of practice** haber perdido práctica

practise 0— (*USA* practice) /ˈpræktɪs/ **1** *vt, vi* practicar **2** *vi* (*Dep*) entrenarse **3** *vi* (*Mús*) (*Teat*) ensayar **4** *vt, vi* ~ **(sth/as sth)** (*profesión*) ejercer (algo/de algo) **practised** (*USA* practiced) *adj* ~ **(in sth)** experto (en algo) **practising** (*USA* practicing) *adj* en activo, practicante

practitioner /prækˈtɪʃənə(r)/ *n* (*formal*) **1** experto, -a **2** médico, -a *Ver tb* GP

pragmatic /præɡˈmætɪk/ *adj* pragmático

prairie /ˈpreəri/ *n* pradera (*en América del Norte*)

praise 0— /preɪz/ *nombre, verbo*
▶ *n* [*incontable*] **1** elogio(s) **2** halago **3** (*Relig*) alabanza
▶ *vt* **1** elogiar **2** (*a Dios*) alabar **praiseworthy** /ˈpreɪzwɜːði/ *adj* (*formal*) loable

pram /præm/ *n* cochecito (*de bebé*)

prank /præŋk/ *n* travesura

prawn /prɔːn/ *n* **1** gamba **2** (*tb* ˌking ˈprawn) langostino

pray 0— /preɪ/ *vi* ~ **(to sb) (for sb/sth)** rezar, rogar (a algn) (por algn/algo)

prayer 0— /preə(r)/ *n* oración

preach /priːtʃ/ **1** *vt, vi* (*Relig*) predicar **2** *vi* (*pey*) sermonear **3** *vt* aconsejar **preacher** *n* predicador, -ora

precarious /prɪˈkeəriəs/ *adj* precario

precaution /prɪˈkɔːʃn/ *n* precaución **precautionary** /prɪˈkɔːʃənəri; *USA* -neri/ *adj* cautelar

precede /prɪˈsiːd/ *vt* (*formal*) **1** preceder a **2** (*discurso*) introducir

precedence /ˈpresɪdəns/ *n* precedencia

precedent /ˈpresɪdənt/ *n* precedente

preceding /prɪˈsiːdɪŋ/ *adj* **1** precedente **2** (*tiempo*) anterior

precinct /ˈpriːsɪŋkt/ *n* **1** (*GB*) zona peatonal: *pedestrian precinct* zona peatonal **2** (*USA*) circunscripción, distrito electoral, policial, etc. **3** (*gen pl*) (*formal*) recinto

P

---

i: see · i happy · ɪ sit · e ten · æ hat · ɑː arm · ɒ got · ɔː saw · ʊ put

precious /'preʃəs/ adjetivo, adverbio
▸ adj precioso (valioso)
▸ adv **LOC** **precious few/little** (coloq) muy pocos/ poco

precipice /'presəpɪs/ n precipicio

precipitation /prɪˌsɪpɪ'teɪʃn/ n [incontable] (formal) precipitación

precise ๐ฅ /prɪ'saɪs/ adj **1** exacto, preciso **2** (explicación) claro **3** (persona) meticuloso

precisely ๐ฅ /prɪ'saɪsli/ adv **1** exactamente, precisamente **2** (hora) en punto **3** con precisión

precision /prɪ'sɪʒn/ n exactitud, precisión

precocious /prɪ'kəʊʃəs/ adj precoz

preconceived /ˌpriːkən'siːvd/ adj preconcebido **preconception** /ˌpriːkən'sepʃn/ n idea preconcebida

precondition /ˌpriːkən'dɪʃn/ n condición previa, requisito

predator /'predətə(r)/ n depredador **predatory** /'predətri; USA -tɔːri/ adj **1** (animal) depredador **2** (persona) rapaz

predecessor /'priːdɪsesə(r); USA 'predəse-/ n predecesor, -ora

predicament /prɪ'dɪkəmənt/ n situación difícil, apuro

predict ๐ฅ /prɪ'dɪkt/ vt **1** predecir, prever **2** pronosticar **predictable** adj previsible **prediction** n predicción, pronóstico

predominant /prɪ'dɒmɪnənt/ adj predominante **predominantly** adv predominantemente

pre-empt /pri'empt/ vt adelantarse a

prefabricated /ˌpriː'fæbrɪkeɪtɪd/ adj prefabricado

preface /'prefəs/ n prefacio, prólogo

prefer ๐ฅ /prɪ'fɜː(r)/ vt (-rr-) preferir: Would you prefer cake or biscuits? ¿Qué prefieres, bizcocho o galletas? ➲ Ver nota en PREFERIR **preferable** /'prefrəbl/ adj preferible **preferably** adv preferiblemente

🔎 **Expressing a preference**
Expresar una preferencia
● I like the red one better than the green one. Me gusta más la roja que la verde.
● I prefer beef to lamb. Prefiero la carne de vaca a la de cordero.
● I think I'd rather stay in than go to the cinema tonight. Creo que esta noche prefiero quedarme que ir al cine.
● I don't really mind whether we eat here or go out. Me da igual comer aquí o salir fuera.

preference ๐ฅ /'prefrəns/ n preferencia **LOC** **in preference to sb/sth** en lugar de algn/algo **preferential** /ˌprefə'renʃl/ adj preferente

prefix /'priːfɪks/ n prefijo

pregnancy /'pregnənsi/ n (pl **pregnancies**) embarazo

pregnant ๐ฅ /'pregnənt/ adj **1** embarazada **2** (animal) preñada

prehistoric /ˌpriːhɪ'stɒrɪk; USA -'stɔːrɪk/ adj prehistórico

prejudice /'predʒudɪs/ nombre, verbo
▸ n **1** [incontable] prejuicio(s) **2** parcialidad **LOC** **without prejudice (to sth)** (Jur) sin detrimento de algo
▸ vt **1** (persona) predisponer **2** (decisión, resultado) influir en **3** (formal) perjudicar **prejudiced** adj **1** ~ **against sb/sth** predispuesto contra algn/algo **2** parcial **3** intolerante

preliminary /prɪ'lɪmɪnəri; USA -neri/ adjetivo, nombre
▸ adj **1** preliminar **2** (Dep) eliminatorio
▸ n (pl **preliminaries**) prolegómeno

prelude /'preljuːd/ n **1** (Mús) preludio **2** ~ **(to sth)** preludio (de algo)

premature /'premətʃə(r); USA ˌpriːmə'tʃʊər, -'tʊər/ adj prematuro

premier /'premiə(r); USA prɪ'mɪr, -'mjɪr/ adjetivo, nombre
▸ adj principal: the Premier League la primera división de la liga inglesa
▸ n primer ministro, primera ministra

premiere /'premieə(r); USA prɪ'mɪr, -'mjɪr/ n estreno

premiership /'premiəʃɪp; USA prɪ'mɪrʃɪp, -'mjɪr-/ n cargo de primer ministro

premises /'premɪsɪz/ n [pl] **1** edificio **2** (tienda, bar, etc.) local **3** (empresa) oficinas

premium /'priːmiəm/ n (pago) prima **LOC** **be at a premium** escasear

preoccupation /priˌɒkju'peɪʃn/ n ~ **(with sth)** preocupación (por algo) **preoccupied** adj **1** ~ **(with sth)** preocupado (por algo) **2** abstraído

preparation ๐ฅ /ˌprepə'reɪʃn/ n **1** preparación **2 preparations** [pl] preparativos

pre'paratory school (tb **prep school**) n **1** (GB) colegio privado (para alumnos de 7 a 13 años) **2** (USA) instituto de secundaria que prepara a los alumnos para la universidad

prepare ๐ฅ /prɪ'peə(r)/ **1** vt preparar **2** vi ~ **(for sth)** prepararse, hacer preparativos (para algo) **LOC** **be prepared to do sth** estar dispuesto a hacer algo

preposition /ˌprepəˈzɪʃn/ n (Gram) preposición

preposterous /prɪˈpɒstərəs/ adj (formal) absurdo

prerequisite /ˌpriːˈrekwəzɪt/ n ~ (for/of/to sth) (formal) requisito, condición previa (para algo)

prerogative /prɪˈrɒɡətɪv/ n (formal) prerrogativa

preschool /ˈpriːskuːl/ n escuela infantil: a preschool child un niño en edad preescolar

prescribe /prɪˈskraɪb/ vt **1** (medicina) recetar **2** recomendar

prescription /prɪˈskrɪpʃn/ n **1** receta (médica) **2** (acción) prescripción

presence 0⃞ /ˈprezns/ n **1** presencia **2** asistencia **3** existencia

present 0⃞ adjetivo, nombre, verbo
▸ adj /ˈpreznt/ **1** (tiempo) actual **2** (mes, año) corriente **3** ~ (at sth) presente (en algo) (lugar, sustancia) **4** (Gram) presente LOC **to the present day** hasta hoy
▸ n /ˈpreznt/ **1** regalo: to give sb a present regalar algo a algn **2 the present** el presente **3** (tb ˌpresent ˈtense) presente LOC **at present** actualmente ◆ **for the present** de momento, por ahora
▸ vt /prɪˈzent/ **1** ~ sb with sth; ~ sth (to sb) entregar algo (a algn): to present sb with a problem plantearle un problema a algn **2** presentar: to present yourself presentarse ❶ Al presentar una persona a otra se usa **introduce**: Let me introduce you to Peter. Te presento a Peter. **3** (argumento) exponer **4** ~ itself (to sb) (oportunidad) presentarse (a algn) **presentable** /prɪˈzentəbl/ adj presentable: to make sth/yourself presentable arreglar algo/arreglarse

presentation 0⃞ /ˌpreznˈteɪʃn; USA ˌpriːzenˈteɪʃn/ n **1** presentación **2** (premio) entrega **3** (argumento) exposición

ˌpresent-ˈday adj actual

presenter /prɪˈzentə(r)/ n presentador, -ora

presently /ˈprezntli/ adv **1** (esp USA) actualmente ❶ En inglés británico lo normal es decir **currently**. **2** (GB) (pasado: generalmente al principio de la frase) al poco tiempo, luego: Presently he got up to go. Al poco tiempo se levantó para marcharse. **3** (GB) (futuro: generalmente al final de la frase) en un momento, dentro de poco: I will follow on presently. Voy dentro de un momento.

preservation /ˌprezəˈveɪʃn/ n conservación, preservación

preservative /prɪˈzɜːvətɪv/ adj, n conservante

preserve 0⃞ /prɪˈzɜːv/ verbo, nombre
▸ vt **1** preservar **2** conservar (comida, etc.) **3** ~ sb/sth (from sth) proteger a algn/algo (de algo)

▸ n **1** ~ (of sb) dominio (de algn): the exclusive preserve of party members el coto privado de los miembros del partido **2** [gen pl] conserva, confitura

preside /prɪˈzaɪd/ vi ~ (at/over sth) presidir (algo)

presidency /ˈprezɪdənsi/ n (pl **presidencies**) presidencia

president 0⃞ /ˈprezɪdənt/ n presidente, -a **presidential** /ˌprezɪˈdenʃl/ adj presidencial

press 0⃞ /pres/ nombre, verbo
▸ n **1** (tb the Press) [v sing o pl] la prensa: press conference rueda de prensa **2** (tb ˈprinting press) imprenta **3** prensa (para ajo, uvas, etc.)
▸ **1** vt, vi apretar **2** vt pulsar, presionar **3** vi ~ (up) against sb arrimarse a algn **4** ~ sb (for sth); ~ sb (into sth/into doing sth) presionar a algn (para que haga algo); exigir algo de algn **5** vt (aceitunas, flores, etc.) prensar **6** vt planchar LOC **be pressed for time** andar muy escaso de tiempo PHR V **press ahead/on (with sth)** seguir adelante (con algo) ◆ **press for sth** presionar para conseguir algo

pressing /ˈpresɪŋ/ adj (problema, etc.) acuciante, urgente

ˈpress release n nota de prensa

ˈpress stud n corchete

ˈpress-up n flexión

pressure 0⃞ /ˈpreʃə(r)/ nombre, verbo
▸ n presión: blood pressure tensión arterial ◊ pressure gauge manómetro ◊ pressure group grupo de presión Ver tb HIGH PRESSURE LOC **put pressure on sb (to do sth)** presionar a algn (para que haga algo)

ˈpressure cooker n olla a presión ➔ Ver dibujo en POT

pressurize, -ise /ˈpreʃəraɪz/ vt **1** (tb pressure) ~ sb into sth/doing sth presionar a algn para que haga algo **2** (Fís) presurizar

prestige /preˈstiːʒ/ n prestigio **prestigious** /preˈstɪdʒəs/ adj prestigioso

presumably 0⃞ /prɪˈzjuːməbli; USA -ˈzuː-/ adv es de suponer que, según parece

presume /prɪˈzjuːm; USA -ˈzuːm/ vt asumir, suponer: I presume so. Eso creo.

presumption /prɪˈzʌmpʃn/ n **1** presunción **2** (formal) atrevimiento

presumptuous /prɪˈzʌmptʃuəs/ adj impertinente

presuppose /ˌpriːsəˈpəʊz/ vt (formal) presuponer

ˌpre-ˈteen adj, n preadolescente

pretence (*USA* pretense) /prɪ'tens; *USA* 'pri:tens/ *n* **1** [*incontable*] engaño(s): *They abandoned all pretence of objectivity.* Dejaron de fingir que eran objetivos. **2** ~ **to sth/doing sth** (*formal*): *I have no pretence to being an expert.* No pretendo ser un experto.

pretend ⚙ /prɪ'tend/ *verbo, adjetivo*
▸ *vt, vi* **1** fingir **2** ~ **to be sth**; ~ **that...** jugar a algo: *They're pretending to be explorers.* Están jugando a los exploradores. **3** pretender: *I don't pretend to any expertise in music.* No pretendo ser un experto en música.
▸ *adj* (*coloq*) **1** de juguete **2** fingido

pretentious /prɪ'tenʃəs/ *adj* pretencioso

pretext /'pri:tekst/ *n* pretexto

pretty ⚙ /'prɪti/ *adverbio, adjetivo*
▸ *adv* bastante **⊃** *Ver nota en* FAIRLY **LOC** **pretty much/well** (*coloq*) más o menos
▸ *adj* (**prettier, -iest**) **1** bonito, mono **2** (*mujer*) guapa **LOC** **not be a pretty sight** no ser nada agradable

prevail /prɪ'veɪl/ *vi* (*formal*) **1** (*ley, condiciones*) imperar **2** ~ (**against/over sth/sb**) prevalecer (sobre algo/algn) **PHR V** **prevail on/upon sb to do sth** convencer a algn para que haga algo **prevailing** *adj* **1** reinante **2** (*viento*) predominante

prevalence /'prevələns/ *n* **1** difusión **2** predominancia

prevalent /'prevələnt/ *adj* **1** difundido **2** predominante

prevent ⚙ /prɪ'vent/ *vt* **1** ~ **sb/sth from doing sth** impedir que algn/algo haga algo **2** evitar, prevenir

prevention /prɪ'venʃn/ *n* prevención

preventive /prɪ'ventɪv/ *adj* preventivo

preview /'pri:vju:/ *n* **1** preestreno **2** avance

previous ⚙ /'pri:viəs/ *adj* **1** anterior **2** ~ **to sth/doing sth** antes de algo/hacer algo

previously ⚙ /'pri:viəsli/ *adv* anteriormente

pre-war *adj* de antes de la guerra

prey /preɪ/ *nombre, verbo*
▸ *n* [*incontable*] (*lit y fig*) presa: *bird of prey* ave rapaz
▸ *vi* **LOC** **prey on sb's mind** preocupar a algn **PHR V** **prey on/upon sb** aprovecharse de algn ♦ **prey on/upon sth** alimentarse de algo; cazar algo

price ⚙ /praɪs/ *nombre, verbo*
▸ *n* precio: *to go up/down in price* subir/bajar de precio **LOC** **at any price** a toda costa ♦ **not at any price** por nada del mundo *Ver tb* CHEAP
▸ *vt* **1** fijar el precio de **2** poner el precio a **3** comparar el precio de **priceless** *adj* que no tiene precio

price tag *n* etiqueta (*del precio*)

pricey /'praɪsi/ *adj* (**pricier, -iest**) (*coloq*) caro

prick /prɪk/ *verbo, nombre*
▸ *vt* **1** pinchar **2** (*conciencia*) remorder **LOC** **prick up your ears 1** levantar las orejas **2** aguzar el oído
▸ *n* **1** punzada **2** pinchazo

prickly /'prɪkli/ *adj* **1** espinoso **2** que pica **3** (*coloq*) malhumorado

pride ⚙ /praɪd/ *nombre, verbo*
▸ *n* **1** ~ (**in sth**) orgullo (por algo): *to take pride in sth* enorgullecerse de algo/tomarse algo muy en serio **2** (*pey*) orgullo, soberbia **3** (*de leones*) manada **LOC** **sb's pride and joy** la niña de los ojos de algn
▸ *v* **PHR V** **pride yourself on sth** preciarse, enorgullecerse de algo

pried *pt, pp de* PRY

priest ⚙ /pri:st/ *n* **1** sacerdote, cura **priesthood** /'pri:sthʊd/ *n* **1** sacerdocio **2** clero

🔎 Se usa la palabra **priest** para referirse normalmente a los sacerdotes católicos. Los párrocos anglicanos se llaman **vicar**, y los de las demás religiones protestantes, **minister**.

prig /prɪg/ *n* (*pey*) mojigato, -a **priggish** *adj* mojigato

prim /prɪm/ *adj* (*pey*) **1** remilgado **2** mojigato, melindre **3** (*aspecto*) recatado

primaeval = PRIMEVAL

primarily ⚙ /praɪ'merəli; *GB tb* 'praɪmərəli/ *adv* principalmente, sobre todo

primary ⚙ /'praɪməri; *USA* -meri/ *adjetivo, nombre*
▸ *adj* **1** principal **2** primordial **3** primario
▸ *n* (*pl* **primaries**) (*tb* **primary election**) (*USA*) elección primaria

primary school *n* escuela de primaria: *He's at primary school.* Está en primaria.

prime /praɪm/ *adjetivo, nombre, verbo*
▸ *adj* **1** principal **2** de primera: *a prime example* un ejemplo excelente
▸ *n* **LOC** **in your prime**; **in the prime of life** en la flor de la vida
▸ *vt* ~ **sb (for/with sth)** preparar a algn (para/con algo)

prime minister ⚙ *n* (*abrev* PM) primer ministro, primera ministra

prime time *n* [*incontable*] (*TV*) horario de máxima audiencia

primeval /praɪ'mi:vl/ *adj* primigenio

primitive /'prɪmətɪv/ *adj* primitivo

primrose /'prɪmrəʊz/ *nombre, adjetivo*
▸ *n* primavera (*flor*)

▸ *adj, n* amarillo pálido

prince ⊶ /prɪns/ *n* príncipe

princess ⊶ /ˌprɪnˈses, ˈprɪnses/ *n* princesa

principal /ˈprɪnsəpl/ *adjetivo, nombre*
▸ *adj* principal
▸ *n* **1** (*GB*) (*universidad*) rector, -ora **2** (*USA*) (*colegio, etc.*) director, -ora

principle ⊶ /ˈprɪnsəpl/ *n* principio: *as a matter of principle/on principle* por principio ◇ *a woman of principle* una mujer de principios **LOC** **in principle** en principio

print ⊶ /prɪnt/ *verbo, nombre*
▸ *vt* **1** imprimir **2** (*Period*) publicar **3** escribir en letra de imprenta **4** (*tela*) estampar **PHR V** **print (sth) off/out** imprimir (algo)
▸ *n* **1** (*tipografía*) letra **2** *the print media* los medios de comunicación impresos ◇ *print run* tirada **3** huella **4** (*Arte*) grabado **5** (*Fot*) copia **6** tela estampada **LOC** **in print 1** (*libro*) en venta **2** publicado ◆ **out of print** agotado *Ver tb* SMALL

printer ⊶ /ˈprɪntə(r)/ *n* **1** (*máquina*) impresora **2** (*persona*) impresor, -ora **3** *printer's* (*taller*) imprenta

printing ⊶ /ˈprɪntɪŋ/ *n* **1** imprenta (*técnica*): *a printing error* una errata **2** (*libros, etc.*) impresión

printout /ˈprɪntaʊt/ *n* copia impresa

prior ⊶ /ˈpraɪə(r)/ *adjetivo, preposición*
▸ *adj* [*solo antes de sustantivo*] (*formal*) previo
▸ *prep* **prior to** (*formal*) **1 ~ to doing sth** antes de hacer algo **2 ~ to sth** anterior a algo

prioritize, -ise /praɪˈɒrətaɪz; *USA* -ˈɔːr-/ *vt, vi* priorizar, poner por orden de importancia

priority ⊶ /praɪˈɒrəti; *USA* -ˈɔːr-/ *n* (*pl* **priorities**) **~ (over sb/sth)** prioridad (sobre algn/algo) **LOC** **get your priorities right** saber cuáles son tus prioridades

prise (*USA* prize) /praɪz/ *vt* **~ sth apart, off, open, etc.** (**with sth**) separar, quitar, abrir, etc. algo (haciendo palanca con algo)

prism /ˈprɪzəm/ *n* (*Geom*) prisma

prison ⊶ /ˈprɪzn/ *n* cárcel: *prison camp* campo de concentración

prisoner ⊶ /ˈprɪznə(r)/ *n* **1** preso, -a **2** (*cautivo*) prisionero, -a **3** detenido, -a **LOC** **hold/take sb prisoner** tener preso/apresar a algn

privacy /ˈprɪvəsi; *USA* ˈpraɪ-/ *n* intimidad, privacidad

private ⊶ /ˈpraɪvət/ *adjetivo, nombre*
▸ *adj* **1** privado: *private enterprise* iniciativa privada **2** (*de individuo*) particular **3** (*lugar*) íntimo **4** (*persona*) reservado
▸ *n* (*Mil*) soldado raso **LOC** **in private** en privado

private ˈeye *n* detective privado

privately ⊶ /ˈpraɪvətli/ *adv* en privado

privatization, -isation /ˌpraɪvətaɪˈzeɪʃn; *USA* -təˈ-/ *n* privatización

privatize, -ise /ˈpraɪvətaɪz/ *vt* privatizar

privilege /ˈprɪvəlɪdʒ/ *n* **1** privilegio **2** (*Jur*) inmunidad **privileged** *adj* **1** privilegiado **2** (*información*) confidencial

privy /ˈprɪvi/ *adj* **LOC** **be privy to sth** (*formal*) tener conocimiento de algo

prize ⊶ /praɪz/ *nombre, adjetivo, verbo*
▸ *n* premio: *prize money* premio en metálico
▸ *adj* **1** premiado **2** (*estudiante, ejemplar, etc.*) de primera **3** (*idiota, error*) de marca mayor
▸ *vt* **1** estimar **2** (*USA*) = PRISE **prized** *adj* [*solo antes de sustantivo*] preciado

prizewinning /ˈpraɪzwɪnɪŋ/ *adj* galardonado

pro /prəʊ/ *n* (*pl* **pros**) (*coloq*) profesional **LOC** **the pros and cons** los pros y los contras

proactive /ˌprəʊˈæktɪv/ *adj* con iniciativa, proactivo

probability /ˌprɒbəˈbɪləti/ *n* (*pl* **probabilities**) probabilidad **LOC** **in all probability** con toda probabilidad

probable ⊶ /ˈprɒbəbl/ *adj* probable: *It seems probable that he'll arrive tomorrow.* Parece probable que llegue mañana.

probably ⊶ /ˈprɒbəbli/ *adv* probablemente, seguramente

🔎 En inglés se suele usar el adverbio en los casos en que se usaría "es probable que" en español: *They will probably go.* Es probable que vayan.

probation /prəˈbeɪʃn; *USA* prəʊˈ-/ *n* **1** libertad condicional **2** (*empleado*) período de prueba: *a three-month probation period* un período de prueba de tres meses

probe /prəʊb/ *verbo, nombre*
▸ **1** *vt, vi* **~ (sth/into sth)** investigar (algo) **2** *vt* (*Med*) sondar
▸ *n* **1 ~ (into sth)** investigación (de algo) **2** (*Med*) sonda **probing** *adj* (*pregunta*) penetrante

problem ⊶ /ˈprɒbləm/ *n* problema: *the magazine's problem page* el consultorio de la revista **LOC** **no problem** (*coloq*) **1** no hay problema **2** no importa **3** (*para mostrarse de acuerdo*) claro *Ver tb* TEETHE **problematic** /ˌprɒbləˈmætɪk/ (*tb* **problematical** /-tɪkl/) *adj* **1** problemático **2** (*discutible*) dudoso

procedure ⊶ /prəˈsiːdʒə(r)/ *n* **1** procedimiento **2** (*gestión*) trámite(s)

proceed ⊶ /prəˈsiːd; *USA* prəʊˈ-/ *vi* **1 ~ (with sth)** continuar, seguir adelante (con algo)

2 ~ **to sth/to do sth** pasar a algo/a hacer algo **3** (formal) avanzar, ir **proceedings** /prəˈsiːdɪŋz/ n [pl] **1** (Jur) proceso **2** acto, reunión **3** actas (de reunión)

proceeds /ˈprəʊsiːdz/ n [pl] ganancias

process ☞ /ˈprəʊses; USA tb ˈprɑːses/ nombre, verbo
▸ n **1** (desarrollo, Jur) proceso **2** (método) procedimiento LOC **be in the process of (doing) sth** estar haciendo algo ◆ **in the process** al hacerlo
▸ vt **1** (alimento, materia prima) tratar **2** (solicitud) tramitar **3** (Informát) procesar **4** (Fot) revelar **processing** n **1** tratamiento **2** (Informát) procesamiento: word processing tratamiento de textos **3** (Fot) revelado

procession /prəˈseʃn/ n desfile, procesión

processor /ˈprəʊsesə(r); USA tb ˈprɑːse-/ n procesador Ver tb FOOD PROCESSOR, WORD PROCESSOR

proclaim /prəˈkleɪm/ vt proclamar **proclamation** /ˌprɒkləˈmeɪʃn/ n **1** proclama **2** (acto) proclamación

prod /prɒd/ verbo, nombre
▸ vt, vi (-dd-) ~ **(at) sb/sth 1** pinchar a algn/algo **2** dar un codazo/empujón a algn/algo
▸ n **1** pinchazo **2** empujón: She needs the occasional prod. Hay que darle un empujón de vez en cuando. **3** codazo **4** pincho

prodigious /prəˈdɪdʒəs/ adj (formal) prodigioso

prodigy /ˈprɒdədʒi/ n (pl **prodigies**) prodigio

produce ☞ verbo, nombre
▸ vt /prəˈdjuːs; USA -ˈduːs/ **1** producir **2** (cultivo) dar **3** (cría) tener **4** ~ **sth (from/out of sth)** sacar algo (de algo) **5** (Cine, TV) producir **6** (Teat) poner en escena
▸ n /ˈprɒdjuːs; USA -duːs, ˈprəʊduːs/ [incontable] productos: Produce of France producto de Francia ☞ Ver nota en PRODUCT

producer ☞ /prəˈdjuːsə(r); USA -ˈduː-/ n **1** (industria, Agric, Cine, TV) productor, -ora **2** (Teat) director, -ora de escena

product ☞ /ˈprɒdʌkt/ n producto

🔎 **Product** se utiliza para productos industriales, y **produce** se usa para los productos del campo.

production ☞ /prəˈdʌkʃn/ n producción: production line cadena de montaje

productive /prəˈdʌktɪv/ adj productivo **productivity** /ˌprɒdʌkˈtɪvəti; USA tb ˌprəʊd-/ n productividad

profess /prəˈfes/ vt (formal) **1** ~ **to be sth** preciarse de ser algo; declararse algo **2** ~ **(yourself) sth** declarar(se) algo: She still professes her innocence. Aún se declara inocente. **3** (Relig) profesar **professed** adj (formal) **1** declarado **2** supuesto

profession ☞ /prəˈfeʃn/ n profesión ➜ Ver nota en WORK

professional ☞ /prəˈfeʃənl/ adj profesional **professionally** adv profesionalmente

professor ☞ /prəˈfesə(r)/ n (abrev Prof.) **1** (GB) catedrático, -a de universidad **2** (USA) profesor, -ora de universidad

proficiency /prəˈfɪʃnsi/ n [incontable] ~ **(in sth/doing sth)** competencia (en algo); capacidad (para algo/para hacer algo)

proficient /prəˈfɪʃnt/ adj ~ **(in/at sth/doing sth)** competente (en algo): She's proficient at handling young children. Se le da muy bien tratar con niños pequeños.

profile /ˈprəʊfaɪl/ n perfil LOC **a high/low profile** The issue has had a high profile recently. El tema ha ocupado una posición destacada últimamente. ◇ to keep a low profile procurar pasar desapercibido

profit ☞ /ˈprɒfɪt/ nombre, verbo
▸ n **1** ganancia(s), beneficio(s): to make a profit of 20 euros sacar un beneficio de 20 euros ◇ to sell at a profit vender con ganancia ◇ to do sth for profit hacer algo con fines lucrativos **2** (formal) beneficio, provecho
▸ (formal) **1** vi ~ **from/by sth** beneficiarse de algo **2** vt beneficiar a **profitable** adj **1** rentable **2** provechoso

profit-making adj lucrativo

profound /prəˈfaʊnd/ adj profundo **profoundly** adv profundamente, extremadamente: He's profoundly deaf. Tiene sordera total.

profusely /prəˈfjuːsli/ adv profusamente

profusion /prəˈfjuːʒn/ n (formal) abundancia LOC **in profusion** en abundancia

program /ˈprəʊɡræm/ nombre, verbo
▸ n **1** (Informát) programa **2** (USA) = PROGRAMME
▸ vt, vi **1** (Informát) programar **2** (USA) = PROGRAMME **programmer** (tb com,puter ˈprogram-mer) n programador, -ora **programming** n programación

programme ☞ (USA program) /ˈprəʊɡræm/ nombre, verbo
▸ n programa
▸ vt, vi programar

progress ☞ nombre, verbo
▸ n /ˈprəʊɡres; USA ˈprɑːɡres, -ɡrəs/ [incontable] **1** progreso(s) **2** (movimiento) avance: to make

progress avanzar ⟨LOC⟩ **in progress** (*formal*) en marcha
▶ *vi* /prəˈgres/ avanzar

progressive /prəˈgresɪv/ *adj* **1** (*Pol*) progresista **2** progresivo

prohibit /prəˈhɪbɪt; *USA tb* prəʊˈ-/ *vt* ~ **sth**; ~ **sb from doing sth** (*formal*) **1** prohibir algo; prohibir a algn hacer algo **2** impedir algo; impedir a algn hacer algo **prohibition** /ˌprəʊɪˈbɪʃn/ *n* prohibición

project ⚬⇥ *nombre, verbo*
▶ *n* /ˈprɒdʒekt/ proyecto
▶ *vt* /prəˈdʒekt/ **1** *vt* proyectar **2** *vi* sobresalir **projection** /prəˈdʒekʃn/ *n* proyección **projector** /prəˈdʒektə(r)/ *n* proyector: *overhead projector* retroproyector

prolific /prəˈlɪfɪk/ *adj* prolífico

prologue /ˈprəʊlɒg; *USA* -lɔːg/ *n* ~ **(to sth)** prólogo (de algo)

prolong /prəˈlɒŋ; *USA* -ˈlɔːŋ/ *vt* prolongar, alargar

promenade /ˌprɒməˈnɑːd; *USA* -ˈneɪd/ (*coloq* **prom** /prɒm/) *n* paseo marítimo

prominent /ˈprɒmɪnənt/ *adj* **1** importante **2** prominente

promiscuous /prəˈmɪskjuəs/ *adj* promiscuo

promise ⚬⇥ /ˈprɒmɪs/ *verbo, nombre*
▶ *vt, vi* prometer
▶ *n* **1** promesa: *to keep/break/make a promise* cumplir/no cumplir/hacer una promesa **2** [*incontable*]: *to show promise* ser prometedor **promising** *adj* prometedor

promote ⚬⇥ /prəˈməʊt/ *vt* **1** promover, fomentar **2** (*Econ*) promocionar **3** (*en el trabajo, Dep*) ascender **promoter** *n* promotor, -ora

promotion ⚬⇥ /prəˈməʊʃn/ *n* **1** ascenso **2** promoción, fomento

prompt ⚬⇥ /prɒmpt/ *adjetivo, verbo, adverbio*
▶ *adj* **1** rápido: *They are always prompt in answering my letters.* Siempre contestan mis cartas sin dilación. **2** (*persona*) puntual
▶ **1** *vt* (*reacción*) provocar **2** *vt* ~ **sb to do sth** incitar a algn a hacer algo: *The program will prompt you to enter data when required.* El programa te indicará cuándo introducir los datos. **3** *vt, vi* (*Teat*) apuntar (a)
▶ *adv* en punto

promptly ⚬⇥ /ˈprɒmptli/ *adv* **1** con prontitud **2** de inmediato **3** puntualmente

prone /prəʊn/ *adj* ~ **to sth/to do sth** propenso a algo/a hacer algo: *to be accident-prone* ser propenso a los accidentes

pronoun /ˈprəʊnaʊn/ *n* pronombre

pronounce ⚬⇥ /prəˈnaʊns/ *vt* **1** pronunciar **2** declarar **pronounced** *adj* **1** (*acento, opinión*) fuerte **2** (*mejora*) marcado **3** (*movimiento*) pronunciado

pronunciation ⚬⇥ /prəˌnʌnsiˈeɪʃn/ *n* pronunciación

proof /pruːf/ *n* **1** [*incontable*] prueba(s) **2** comprobación

prop /prɒp/ *nombre, verbo*
▶ *n* **1** apoyo **2** (*en edificio, etc.*) puntal **3** [*gen pl*] (*Teat*) accesorio, atrezo
▶ *vt* (**-pp-**) ~ **sth/sb (up)** apoyar algo/a algn ⟨PHR V⟩ **prop sth up 1** sujetar algo **2** (*gen pey*) (*fig*) respaldar algo

propaganda /ˌprɒpəˈgændə/ *n* propaganda ❶ En inglés **propaganda** solo se usa en el sentido político.

propel /prəˈpel/ *vt* (**-ll-**) **1** (*vehículo, cohete*) propulsar **2** impulsar **propellant** *n* propulsor

propeller /prəˈpelə(r)/ *n* hélice

propensity /prəˈpensəti/ *n* ~ **(for sth/to do sth)** (*formal*) propensión (a algo/a hacer algo)

proper ⚬⇥ /ˈprɒpə(r)/ *adj* **1** debido **2** adecuado **3** de verdad **4** (*GB, coloq*) correcto **5** (*GB, coloq*) decente **6** propiamente dicho: *the house proper* la casa propiamente dicha

properly ⚬⇥ /ˈprɒpəli/ *adv* **1** bien **2** adecuadamente **3** (*comportarse*) con propiedad

property ⚬⇥ /ˈprɒpəti/ *n* (*pl* **properties**) **1** [*incontable*] bienes: *personal property* bienes muebles **2** propiedad **3** casa, local: *the property market* el mercado inmobiliario

prophecy /ˈprɒfəsi/ *n* (*pl* **prophecies**) profecía

prophesy /ˈprɒfəsaɪ/ (*pt, pp* **-sied**) **1** *vt* predecir **2** *vi* profetizar

prophet /ˈprɒfɪt/ *n* profeta ⟨LOC⟩ *Ver* DOOM

proportion ⚬⇥ /prəˈpɔːʃn/ *n* proporción: *sense of proportion* sentido de la proporción ⟨LOC⟩ **get/keep sth/things in proportion** ver las cosas en su justa medida ◆ **out of (all) proportion 1** desmesuradamente **2** desproporcionado **proportional** *adj* ~ **(to sth)** proporcional (a algo); en proporción (con algo)

proposal ⚬⇥ /prəˈpəʊzl/ *n* **1** propuesta **2** propuesta de matrimonio

propose ⚬⇥ /prəˈpəʊz/ **1** *vt* (*formal*) (*sugerencia*) proponer **2** *vt* ~ **to do sth/doing sth** proponerse hacer algo **3** *vt, vi* ~ **(sth) (to sb)** proponer matrimonio (a algn)

proposition /ˌprɒpəˈzɪʃn/ *n* **1** propuesta **2** proposición

proprietor /prəˈpraɪətə(r)/ *n* (*formal*) propietario, -a

| aʊ **now** | ɔɪ **join** | ɪə **near** | eə **hair** | ʊə **pure** | tʃ **chin** | dʒ **June** | v **van** | θ **thin** |

prose /prəʊz/ n prosa

prosecute /ˈprɒsɪkjuːt/ vt ~ **sb** (**for sth/doing sth**) procesar a algn (por algo/por haber hecho algo): *prosecuting lawyer* fiscal

prosecution /ˌprɒsɪˈkjuːʃn/ n **1** procesamiento, proceso: *to bring a prosecution against sb* interponer una acción judicial contra algn **2 the prosecution** [v sing o pl] (en juicio) la acusación

prosecutor /ˈprɒsɪkjuːtə(r)/ n fiscal

prospect 0̶ /ˈprɒspekt/ n **1** ~ (**of sth/doing sth**) expectativa(s), posibilidad(es) (de algo/de hacer algo) **2** perspectiva **prospective** /prəˈspektɪv/ adj **1** probable **2** futuro

prospectus /prəˈspektəs/ n (pl **prospectuses**) folleto (informativo) (de colegio, universidad)

prosper /ˈprɒspə(r)/ vi prosperar **prosperity** /prɒˈsperəti/ n prosperidad **prosperous** /ˈprɒspərəs/ adj próspero

prostitute /ˈprɒstɪtjuːt/, USA -tuːt/ n **1** prostituta **2** (tb male ˈprostitute) prostituto **prostitution** n prostitución

prostrate /ˈprɒstreɪt/ adj (formal) **1** postrado **2** ~ (**with sth**) abatido (por algo)

protagonist /prəˈtægənɪst/ n (formal) **1** protagonista **❶** Cuando se habla de películas, libros, etc. se dice normalmente **main character**. **2** ~ (**of sth**) defensor, -ora (de algo)

protect 0̶ /prəˈtekt/ vt ~ **sb/sth** (**against/from sth**) proteger a algn/algo (contra/de algo)

protection 0̶ /prəˈtekʃn/ n ~ (**for/against sth**) protección (de/para/contra algo)

protective /prəˈtektɪv/ adj **1** protector: *protective clothing* ropa de protección **2** ~ (**towards sb/sth**) con actitud protectora (hacia algn/algo)

protein /ˈprəʊtiːn/ n proteína

protest 0̶ *nombre, verbo*
▸ n /ˈprəʊtest/ protesta
▸ /prəˈtest/; USA tb /ˈprəʊtest/ **1** vi ~ (**about/at/against sth**) protestar (por/de/contra algo) **2** vt declarar

Protestant /ˈprɒtɪstənt/ adj, n protestante

protester /prəˈtestə(r), ˈprəʊtestə(r)/ n manifestante

prototype /ˈprəʊtətaɪp/ n prototipo

protrude /prəˈtruːd/; USA prəʊˈ-/ vi ~ (**from sth**) (formal) sobresalir (de algo): *protruding teeth/eyes* dientes salidos/ojos saltones

proud 0̶ /praʊd/ adj (**prouder, -est**) **1** ~ (**of sb/sth**); ~ (**to do sth/that…**) orgulloso (de algn/algo); orgulloso (de hacer algo/de que…): *to be*

proud of sb/sth enorgullecerse de algn/algo **2** (pey) soberbio

proudly 0̶ /ˈpraʊdli/ adv con orgullo

prove 0̶ /pruːv/ (pt, pp **proved**, tb esp USA **proven** /ˈpruːvn/) **1** vt ~ **sth** (**to sb**) probar, demostrar algo (a algn) **2** vt, vi ~ (**yourself**) (**to be**) **sth** resultar (ser) algo: *The task proved (to be) very difficult.* La tarea resultó (ser) muy difícil. **LOC** **prove your point** demostrar que se está en lo cierto

proven /ˈpruːvn; GB tb ˈpruːvn/ adj comprobado Ver tb **PROVE**

proverb /ˈprɒvɜːb/ n proverbio **proverbial** /prəˈvɜːbiəl/ adj **1** proverbial **2** por todos conocido

provide 0̶ /prəˈvaɪd/ vt ~ **sb** (**with sth**); ~ **sth** (**for sb**) proporcionar, suministrar algo a algn **PHR V** **provide for sb** mantener a algn: *He provided for his wife in his will.* En su testamento dejó asegurado el bienestar económico de su mujer. ◆ **provide for sth** (formal) **1** prever algo **2** (ley, etc.) estipular algo

provided 0̶ /prəˈvaɪdɪd/ (tb **providing**) conj ~ (**that…**) a condición de que, con tal (de) que

province /ˈprɒvɪns/ n **1** provincia **2 the provinces** [pl] (las) provincias **3** [sing] (formal) competencia: *It's not my province.* Está fuera de mi competencia. **provincial** /prəˈvɪnʃl/ adj **1** provincial **2** (gen pey) de provincias, provinciano

provision /prəˈvɪʒn/ n **1** suministro, abastecimiento **2** *to make provision for sb* asegurar el porvenir de algn ◇ *to make provision against/for sth* prever algo **3 provisions** [pl] provisiones **4** (Jur) disposición

provisional /prəˈvɪʒənl/ adj provisional

proviso /prəˈvaɪzəʊ/ n (pl **provisos**) condición

provocation /ˌprɒvəˈkeɪʃn/ n provocación **provocative** /prəˈvɒkətɪv/ adj provocador, provocativo

provoke /prəˈvəʊk/ vt **1** provocar, causar **2** (persona) provocar **3** ~ **sb into sth/doing sth** inducir, incitar a algn a algo/a hacer algo

prow /praʊ/ n proa

prowess /ˈpraʊəs/ n (formal) **1** proeza **2** habilidad

prowl /praʊl/ vt, vi ~ (**about, around, etc.**) (**sth**) rondar, merodear (por algo)

proximity /prɒkˈsɪməti/ n (formal) proximidad

proxy /ˈprɒksi/ n (pl **proxies**) **1** poder: *by proxy* por poderes **2** ~ (**for sb**) apoderado, -a; representante (de algn)

prude /pruːd/ n (pey) mojigato, -a

prudent /ˈpruːdnt/ adj prudente

prune /pruːn/ *nombre, verbo*
▸ *n* ciruela pasa
▸ *vt* **1** podar **2** (*gastos, etc.*) recortar **pruning** *n* [*incontable*] poda

pry /praɪ/ (*pt, pp* **pried** /praɪd/) **1** *vi* ~ **(into sth)** entrometerse (en algo), fisgonear **2** *vt* (*esp USA*) Ver PRISE

PS /ˌpiː ˈes/ *n* (*abrev de* **postscript**) posdata (*abrev* P. D.)

psalm /sɑːm/ *n* salmo

pseudonym /ˈsuːdənɪm/ *n* seudónimo

PSHE /ˌpiː es eɪtʃ ˈiː/ *abrev de* personal, social and health education (*GB*) (*asignatura*) educación personal, social y sanitaria

psyche /ˈsaɪki/ *n* psique, psiquis

psychiatric /ˌsaɪkiˈætrɪk/ *adj* psiquiátrico

psychiatrist /saɪˈkaɪətrɪst/ *n* psiquiatra

psychiatry /saɪˈkaɪətri/ *n* psiquiatría

psychic /ˈsaɪkɪk/ *adj* **1** psíquico **2** (*persona*): *to be psychic* tener poderes parapsicológicos

psychoanalysis /ˌsaɪkəʊəˈnæləsɪs/ *n* psicoanálisis

psychological /ˌsaɪkəˈlɒdʒɪkl/ *adj* psicológico

psychologist /saɪˈkɒlədʒɪst/ *n* psicólogo, -a

psychology /saɪˈkɒlədʒi/ *n* psicología

psychopath /ˈsaɪkəpæθ/ *n* psicópata

pub ⌐ /pʌb/ *n* bar, taberna

puberty /ˈpjuːbəti/ *n* pubertad

pubic /ˈpjuːbɪk/ *adj* púbico: *pubic hair* vello púbico

public ⌐ /ˈpʌblɪk/ *adjetivo, nombre*
▸ *adj* público: *public convenience* aseos públicos
▸ *n* **1 the public** [*v sing o pl*] el público **2** público
  LOC in public en público

publication ⌐ /ˌpʌblɪˈkeɪʃn/ *n* publicación

public 'house *n* (*GB, formal*) bar, taberna

publicist /ˈpʌblɪsɪst/ *n* publicista

publicity ⌐ /pʌbˈlɪsəti/ *n* publicidad: *publicity campaign* campaña publicitaria

publicize, -ise /ˈpʌblɪsaɪz/ *vt* **1** hacer público **2** promover, promocionar

publicly ⌐ /ˈpʌblɪkli/ *adv* públicamente

public re'lations *n* (*abrev* PR) [*incontable*] relaciones públicas

public 'school *n* **1** (*GB*) colegio privado ➲ Ver nota en ESCUELA **2** (*USA*) colegio público

publish ⌐ /ˈpʌblɪʃ/ *vt* **1** publicar **2** hacer público **publisher** *n* **1** (*casa*) editorial **2** editor, -ora

publishing ⌐ /ˈpʌblɪʃɪŋ/ *n* [*incontable*] mundo editorial

pudding /ˈpʊdɪŋ/ *n* **1** postre **2** pudin Ver tb BLACK PUDDING, CHRISTMAS PUDDING

puddle /ˈpʌdl/ *n* charco

puff /pʌf/ *verbo, nombre*
▸ **1** *vt, vi* ~ **(at/on) sth** (*cigarro, etc.*) dar caladas (a algo) **2** *vt* (*humo*) echar a bocanadas **3** *vi* (*coloq*) jadear **PHR V** puff sth out/up hinchar algo ◆ **puff up** hincharse
▸ *n* **1** (*humo, vapor*) bocanada **2** (*cigarro, etc.*) chupada **3** soplo, resoplido **4** (*coloq*) aliento

puffed /pʌft/ (*tb* **puffed 'out**) *adj* (*GB, coloq*) sin aliento

puffy /ˈpʌfi/ *adj* (**puffier, -iest**) hinchado (*esp cara*)

puke /pjuːk/ *verbo, nombre*
▸ *vt, vi* ~ **(sth) (up)** (*coloq*) devolver (algo), potar
▸ *n* (*coloq*) vomitona, pota

pull ⌐ /pʊl/ *verbo, nombre*
▸ **1** *vt, vi* ~ **(at/on) sth** tirar de algo, dar un tirón a algo **2** *vi* tirar **3** *vt* (*corcho, muela, pistola*) sacar **4** *vt*: *He pulled a muscle.* Le dio un tirón en un músculo. **5** *vt* (*gatillo*) apretar **LOC** pull sb's leg (*coloq*) tomarle el pelo a algn ◆ **pull strings (for sb)** (*coloq*) enchufar a algn ◆ **pull your socks up** (*GB, coloq*) esforzarse por mejorar ◆ **pull your weight** hacer lo que te corresponde Ver tb FACE
  PHR V pull sth apart hacer algo pedazos
  pull sth down **1** bajar algo **2** (*edificio*) derribar algo
  pull in (to sth) **1** (*coche, etc.*) parar (en algo) **2** (*tren*) llegar (a algo)
  pull sth off **1** (*ropa*) quitar(se) algo **2** (*coloq*) conseguir algo
  pull out (of sth) **1** salir (de algo) **2** retirarse (de algo) ◆ **pull sb/sth out (of sth) 1** sacar a algn/algo (de algo) **2** retirar a algn/algo (de algo)
  pull over hacerse a un lado (*coche, etc.*)
  pull yourself together calmarse, controlarse
  pull up (*coche*) parar ◆ **pull sth up 1** subir(se) algo **2** (*silla, etc.*) acercar algo **3** (*planta*) arrancar algo
▸ *n* **1** ~ **(at/on sth)** tirón (en algo) **2** the ~ **(of sth)** la atracción, la llamada (de algo) Ver tb RING PULL
  LOC (be) on the pull (*GB, argot*) (ir) de ligue

pull date *n* (*USA*) fecha límite de venta

pulley /ˈpʊli/ *n* (*pl* **pulleys**) polea

pullover /ˈpʊləʊvə(r)/ *n* jersey

pulmonary /ˈpʌlmənəri; *USA* -neri/ *adj* (*Anat*) pulmonar

pulp /pʌlp/ *n* **1** pulpa **2** (*de madera, papel*) pasta

pulpit /ˈpʊlpɪt/ *n* púlpito

pulsate /pʌlˈseɪt; *USA* ˈpʌlseɪt/ (*tb* **pulse**) *vi* palpitar, latir

pulse /pʌls/ *n* **1** (*Med*) pulso **2** ritmo **3** pulsación **4** pulses [*pl*] legumbres secas

P

pumice /ˈpʌmɪs/ (tb ˈpumice stone) n piedra pómez

pummel /ˈpʌml/ vt (-ll-, USA -l-) aporrear

pump /pʌmp/ nombre, verbo
▶ n bomba: *petrol pump* surtidor de gasolina Ver tb FIST PUMP
▶ **1** vt, vi bombear **2** vt darle repetidamente a
PHR V **pump sth up** inflar algo (con bomba)

pumpkin /ˈpʌmpkɪn/ n calabaza

pun /pʌn/ n ~ **(on sth)** juego de palabras (con algo)

punch ০ᴚ /pʌntʃ/ verbo, nombre
▶ vt **1** dar un puñetazo a **2** perforar, picar: *to punch a hole in sth* hacer un agujero en algo
PHR V **punch in** (USA) fichar (en el trabajo) ◆ **punch out** (USA) fichar (al salir del trabajo)
▶ n **1** puñetazo **2** garra, fuerza **3** (tb ˈhole punch) perforadora **4** punzón **5** (bebida) ponche

punchline /ˈpʌntʃlaɪn/ n golpe final de un chiste

ˈ**punch-up** n (GB, coloq) pelea a puñetazos

punctual /ˈpʌŋktʃuəl/ adj puntual ⊃ Ver nota en PUNTUAL **punctuality** /ˌpʌŋktʃuˈæləti/ n puntualidad

punctuate /ˈpʌŋktʃueɪt/ vt **1** ~ **sth (with sth)** interrumpir algo (con algo) **2** (Gram) puntuar

punctuation /ˌpʌŋktʃuˈeɪʃn/ n puntuación: *punctuation mark* signo de puntuación ⊃ Ver pág 395

puncture /ˈpʌŋktʃə(r)/ nombre, verbo
▶ n pinchazo
▶ **1** vt, vi pinchar(se) **2** vt (Med) perforar

pundit /ˈpʌndɪt/ n entendido, -a

pungent /ˈpʌndʒənt/ adj **1** acre **2** (comentario) mordaz

punish ০ᴚ /ˈpʌnɪʃ/ vt castigar

punishment ০ᴚ /ˈpʌnɪʃmənt/ n ~ **(for sth)** castigo (por algo)

punitive /ˈpjuːnətɪv/ adj (formal) **1** punitivo **2** desorbitado

punk /pʌŋk/ nombre, adjetivo
▶ n **1** punk(i) **2** (esp USA, pey, coloq) gamberro, -a
▶ adj punk(i)

punt /pʌnt/ n batea (barca)

punter /ˈpʌntə(r)/ n (GB, coloq) **1** cliente, miembro del público **2** apostante

pup /pʌp/ n **1** Ver PUPPY **2** cría

pupil ০ᴚ /ˈpjuːpl/ n **1** alumno, -a ⊃ Ver nota en ALUMNO **2** discípulo, -a **3** pupila (del ojo)

puppet /ˈpʌpɪt/ n **1** marioneta **2** (gen pey) (fig) títere

puppy /ˈpʌpi/ n (pl **puppies**) (tb pup) n cachorro, -a

purchase ০ᴚ /ˈpɜːtʃəs/ nombre, verbo
▶ n (formal) compra, adquisición Ver tb COMPULSORY PURCHASE
▶ vt (formal) comprar **purchaser** n (formal) comprador, -ora

pure ০ᴚ /pjʊə(r)/ adj (**purer, -est**) puro

purée /ˈpjʊəreɪ; USA pjuˈreɪ/ nombre, verbo
▶ n puré
▶ vt hacer puré de

purely ০ᴚ /ˈpjʊəli/ adv puramente, simplemente

purge /pɜːdʒ/ verbo, nombre
▶ vt **1** ~ **sb/sth (of sth)** purgar, limpiar a algn/algo (de algo) **2** ~ **sb (from sth)** expulsar a algn (de algo)
▶ n purga

purify /ˈpjʊərɪfaɪ/ vt (pt, pp -**fied**) purificar

puritan /ˈpjʊərɪtən/ adj, n puritano, -a **puritanical** /ˌpjʊərɪˈtænɪkl/ adj (gen pey) puritano

purity /ˈpjʊərəti/ n pureza

purple ০ᴚ /ˈpɜːpl/ adj, n morado

purpose ০ᴚ /ˈpɜːpəs/ n **1** propósito, motivo, fin Ver tb CROSS PURPOSES **2** determinación: *to have a sense of purpose* tener una meta en la vida **LOC** **for the purpose of sth** a los efectos de algo ◆ **on purpose** a propósito, aposta Ver tb FIT, INTENT

ˌ**purpose-**ˈ**built** adj construido con un fin específico

purposeful /ˈpɜːpəsfl/ adj decidido

purposely /ˈpɜːpəsli/ adv intencionadamente

purr /pɜː(r)/ vi ronronear

purse /pɜːs/ nombre, verbo
▶ n **1** monedero, cartera **2** (USA) bolso ⊃ Ver dibujo en BAG
▶ vt *to purse your lips* fruncir los labios

pursue ০ᴚ /pəˈsjuː; USA pərˈsuː/ vt (formal) **1** (plan, conversación) seguir (con) **2** (objetivo) luchar por **3** (actividad) dedicarse a **4** perseguir **❶** La palabra más normal es **chase**.

pursuit /pəˈsjuːt; USA pərˈsuːt/ n **1** ~ **of sth** búsqueda de algo **2** [gen pl] actividad **LOC** **in pursuit (of sb/sth)** persiguiendo (a algn/algo) ◆ **in pursuit of sth** en busca de algo

pus /pʌs/ n pus

push ০ᴚ /pʊʃ/ verbo, nombre
▶ **1** vt, vi empujar: *to push past sb* pasar a algn empujando **2** vt: *to push prices up/down* hacer que suban/bajen los precios **3** vt (botón, etc.) apretar **4** vt ~ **sb (into sth/into doing sth)**; ~ **sb (to do sth)** presionar a algn (para que haga algo): *Her parents sometimes push her too hard.* Sus padres a veces le exigen demasiado. **5** vt (coloq) (idea) promover **LOC** **be pushed for sth**

(*coloq*) andar justo de algo **PHR V** push sb about/ **around** mangonear a algn ◆ **push ahead/forward (with sth)** seguir adelante (con algo) ◆ **push (sb) for sth** presionar (a algn) para que se haga algo ◆ **push in** colarse ◆ **push off** (*GB*, *coloq*) largarse

▸ *n* empujón **LOC** **give sb/get the push** (*GB*, *coloq*) dar la patada a algn/ser despedido

pushchair /ˈpʊʃtʃeə(r)/ *n* silla de paseo

pusher /ˈpʊʃə(r)/ (*tb* ˈdrug pusher) *n* (*coloq*) camello (*drogas*)

ˈpush-up *n* (*esp USA*) flexión

pushy /ˈpʊʃi/ *adj* (*coloq, pey*) agresivo, insistente

pussy /ˈpʊsi/ *n* (*pl* **pussies**) (*tb* puss /pʊs/, pussycat /ˈpʊsikæt/) gatito

put ⌐ /pʊt/ *vt* (**-tt-**) (*pt, pp* **put**) **1** poner, colocar, meter: *Did you put sugar in my tea?* ¿Me has echado azúcar en el té? ◊ *to put sb out of work* dejar a algn sin trabajo ◊ *Put them together.* Júntalos. **2** decir, expresar **3** (*pregunta, sugerencia*) hacer **4** (*tiempo, esfuerzo*) dedicar **LOC** Para expresiones con **put**, véanse las entradas del sustantivo, adjetivo, etc., p. ej. **put sth right** en RIGHT.

PHR V put sth across/over comunicar algo ◆ **put yourself across/over** presentarse (a uno mismo): *She puts herself across well in interviews.* Causa una buena impresión en las entrevistas.

put sth aside **1** dejar algo a un lado **2** (*tb* put sth by) (*dinero*) ahorrar algo

put sth away guardar algo

put sth back **1** guardar algo **2** aplazar algo **3** (*reloj*) retrasar algo

put sth by Ver PUT STH ASIDE (2)

put sb down (*coloq*) humillar, despreciar a algn ◆ **put sth down 1** poner algo (en el suelo, etc.) **2** dejar, soltar algo **3** (*teléfono*) colgar algo **4** (*escribir*) apuntar algo **5** (*rebelión*) reprimir, sofocar algo **6** (*animal*) sacrificar algo (*por enfermedad o vejez*) ◆ **put sth down to sth** atribuir algo a algo

put sb/yourself forward proponer a algn, proponerse (*para un puesto o cargo*) ◆ **put sth forward 1** (*propuesta*) presentar algo **2** (*sugerencia*) hacer algo **3** adelantar algo

put sth into (doing) sth **1** dedicar algo a (hacer) algo **2** (*dinero*) invertir algo en (hacer) algo

put sb off decir a algn que no venga, cancelar una cita ◆ **put sb off (sth/doing sth) 1** disuadir a algn (de que haga algo); quitarle a algn las ganas (de algo/de hacer algo) **2** distraer a algn (de algo); no dejar a algn hacer algo ◆ **put sth off 1** aplazar algo **2** (*luz, etc.*) apagar algo

put sth on **1** (*ropa, etc.*) ponerse algo **2** (*luz, etc.*) poner, encender algo **3** *to put on weight* engordar ◊ *to put on two kilos* engordar dos kilos **4** (*obra de teatro*) hacer, montar algo **5** fingir; poner cara de algo

put sth out **1** causar molestias a algn **2** be put out sentirse ofendido, disgustarse ◆ **put sth out 1** sacar algo **2** (*luz, fuego*) apagar algo **3** (*aviso, etc.*) hacer público algo ◆ **put yourself out (for sb)** (*coloq*) molestarse (por algn)

put sth through llevar a cabo algo (*plan, reforma, etc.*) ◆ **put sb through sth** someter a algn a algo ◆ **put sb through (to sb)** poner a algn (con algn) (*por teléfono*)

put sth to sb **1** proponer algo a algn **2** preguntar algo a algn

put sth together armar, montar algo: *to put together a meal/an essay* preparar una comida/escribir un ensayo

put sb up alojar a algn ◆ **put sth up 1** (*mano*) levantar algo **2** (*edificio*) construir, levantar algo **3** (*letrero, etc.*) poner algo **4** (*precio*) subir algo ◆ **put up with sb/sth** aguantar a algn/algo

putrid /ˈpjuːtrɪd/ *adj* **1** podrido, putrefacto **2** (*coloq*) (*color, etc.*) asqueroso

putter /ˈpʌtə(r)/ *vi* (*USA*) = POTTER

putty /ˈpʌti/ *n* masilla (*para ventanas*)

puzzle /ˈpʌzl/ *nombre, verbo*

▸ *n* **1** acertijo **2** rompecabezas **3** misterio

▸ *vt* desconcertar **PHR V** puzzle sth out explicarse algo; averiguar algo ◆ **puzzle over sth** darle vueltas a algo (*para intentar resolverlo*) **puzzled** *adj* perplejo

pygmy /ˈpɪgmi/ *nombre, adjetivo*

▸ *n* (*pl* **pygmies**) pigmeo, -a

▸ *adj* [*solo antes de sustantivo*] enano: *pygmy horse* caballo enano

pyjamas (*USA* pajamas) /pəˈdʒɑːməz; *USA* pəˈdʒæməz/ *n* [*pl*] pijama: *a pair of pyjamas* un pijama ❶ **Pyjama** se usa en singular cuando va delante de otro sustantivo: *pyjama trousers* el pantalón de pijama. ➲ *Ver nota en* PAIR

pylon /ˈpaɪlən; *USA tb* -lɑːn/ *n* torre de conducción eléctrica

pyramid /ˈpɪrəmɪd/ *n* pirámide

the Pyrenees /ðə ˌpɪrəˈniːz; *USA* ðə ˈpɪrəniːz/ *n* [*pl*] los Pirineos

python /ˈpaɪθən; *USA* -θɑːn/ *n* pitón

---

aʊ now   ɔɪ join   ɪə near   eə hair   ʊə pure   tʃ chin   dʒ June   v van   θ thin

Qq

Q, q /kjuː/ n (pl **Qs**, **Q's**, **q's**) Q, q ⊃ Ver nota en A, A

QR code® /ˌkjuː ˈɑː kəʊd/ n código QR®

quack /kwæk/ nombre, verbo
▸ n **1** graznido **2** (coloq, pey) charlatán, -ana
▸ vi graznar

quad bike /ˈkwɒd baɪk/ n (moto) quad

quadruple verbo, adjetivo
▸ vt, vi /kwɒˈdruːpl/ cuadruplicar(se)
▸ adj /ˈkwɒdrupl; USA kwɒˈdruːpl/ cuádruple

quagmire /ˈkwæɡmaɪə(r); GB tb ˈkwɒɡ-/ n (lit y fig) atolladero

quail /kweɪl/ n codorniz

quaint /kweɪnt/ adj **1** (costumbre, etc.) curioso, peculiar **2** (lugar, edificio) pintoresco

quake /kweɪk/ verbo, nombre
▸ vi temblar
▸ n (coloq) terremoto

qualification ⊶ /ˌkwɒlɪfɪˈkeɪʃn/ n **1** (diploma, etc.) título **2** requisito **3** reserva: without qualification sin reserva **4** calificación **5** (Dep) clasificación

qualified ⊶ /ˈkwɒlɪfaɪd/ adj **1** titulado **2** cualificado, capacitado **3** (éxito, etc.) limitado

qualify ⊶ /ˈkwɒlɪfaɪ/ (pt, pp **-fied**) **1** vi ~ (as sth) obtener el título (de algo) **2** vt ~ sb (for sth/to do sth) capacitar a algn (para algo/para hacer algo); dar derecho a algn a algo/a hacer algo **3** vi ~ for sth/to do sth tener derecho a algo/a hacer algo; cumplir los requisitos (para algo/para hacer algo) **4** vi (Dep) clasificarse **5** vi ~ (as sth) contar (como algo) **6** vt (declaración) modificar **qualifying** adj eliminatorio

qualitative /ˈkwɒlɪtətɪv; USA -ɪteɪtɪv/ adj cualitativo

quality ⊶ /ˈkwɒləti/ n (pl **qualities**) **1** calidad: high-quality/low-quality goods productos de alta/baja calidad **2** clase **3** cualidad **4** característica

qualm /kwɑːm, kwɔːm/ n [gen pl] escrúpulo, duda

quandary /ˈkwɒndəri/ n **LOC** be in a quandary tener un dilema

quantify /ˈkwɒntɪfaɪ/ vt (pt, pp **-fied**) cuantificar

quantitative /ˈkwɒntɪtətɪv; USA -təteɪtɪv/ adj cuantitativo

quantity ⊶ /ˈkwɒntəti/ n (pl **quantities**) cantidad

quarantine /ˈkwɒrəntiːn; USA ˈkwɔːr-/ n cuarentena

quarrel /ˈkwɒrəl/ nombre, verbo
▸ n **1** riña **2** queja **LOC** Ver PICK
▸ vi (**-ll-**, USA **-l-**) ~ (with sb) (about/over sth) reñir (con algn) (por algo) **quarrelsome** /ˈkwɒrəlsəm/ adj pendenciero

quarry /ˈkwɒri/ n (pl **quarries**) **1** cantera **2** [sing] presa (de persecución)

quart /kwɔːt/ n (abrev qt) cuarto de galón (1,14 litros) ⊃ Ver pág 804

quarter ⊶ /ˈkwɔːtə(r)/ n **1** cuarto: It's (a) quarter to/past one. Es la una menos/y cuarto. **2** cuarta parte: a quarter full lleno en una cuarta parte **3** (recibos, etc.) trimestre **4** barrio **5** (Can, USA) veinticinco centavos **6 quarters** [pl] (esp Mil) alojamiento **LOC** in/from all quarters en/de todas partes

quarter-ˈfinal n cuartos de final

quarterly /ˈkwɔːtəli/ adjetivo, adverbio, nombre
▸ adj trimestral
▸ adv trimestralmente
▸ n (pl **quarterlies**) revista trimestral

quartet /kwɔːˈtet/ n cuarteto

quartz /kwɔːts/ n cuarzo

quash /kwɒʃ/ vt **1** (sentencia) anular **2** (rebelión) sofocar **3** (rumor, sospecha, etc.) poner fin a

quaver /ˈkweɪvə(r)/ n (Mús) corchea

quay /kiː/ n muelle

queasy /ˈkwiːzi/ adj mareado

queen ⊶ /kwiːn/ n **1** reina **2** (Naipes, Ajedrez) dama

queer /kwɪə(r)/ adjetivo, nombre
▸ adj (**queerer**, **-est**) **1** (argot, pey) homosexual **2** (antic) raro
▸ n (argot, pey) homosexual ⊃ Comparar con GAY

quell /kwel/ vt **1** (revuelta, etc.) aplastar **2** (miedo, dudas, etc.) disipar

quench /kwentʃ/ vt apagar (sed, fuego, pasión)

query /ˈkwɪəri/ nombre, verbo
▸ n (pl **queries**) duda, pregunta: Have you got any queries? ¿Tienes alguna duda?
▸ vt (pt, pp **queried**) cuestionar

quest /kwest/ n (formal) búsqueda

question ⊶ /ˈkwestʃən/ nombre, verbo
▸ n **1** pregunta: to ask/answer a question hacer/responder una pregunta **2** ~ (of sth) cuestión, tema (de algo) **LOC** bring/call sth into question poner algo en duda ◆ out of the question impensable
▸ vt **1** hacer preguntas a, interrogar **2** poner en duda **questionable** adj dudoso

questioning /ˈkwestʃənɪŋ/ *nombre, adjetivo*
▸ *n* interrogatorio
▸ *adj* inquisitivo, expectante
ˈ**question mark** *n* (signo de) interrogación
➲ *Ver pág 395*
questionnaire /ˌkwestʃəˈneə(r)/ *n* cuestionario
ˈ**question tag** *n* coletilla interrogativa
queue /kjuː/ *nombre, verbo*
▸ *n* cola (*de personas, etc.*) **LOC** *Ver* JUMP
▸ *vi* ~ **(up)** hacer cola
quick 0̶ᴡ /kwɪk/ *adjetivo, adverbio*
▸ *adj* (**quicker, -est**) **1** rápido: *Be quick!* ¡Date prisa! ➲ *Ver nota en* FAST **2** (*persona, mente, etc.*) agudo, listo **LOC** **be quick to do sth** no tardar en hacer algo *Ver tb* BUCK, TEMPER, UPTAKE
▸ *adv* (**quicker, -est**) rápido, rápidamente
quicken /ˈkwɪkən/ *vt, vi* **1** acelerar(se) **2** (*ritmo, interés*) avivar(se)
quickie /ˈkwɪki/ *n* (*coloq*) (*copa, pregunta, etc.*) uno rápido, una rápida: *We've got time for a quickie.* Nos da tiempo a una rápida.
quickly 0̶ᴡ /ˈkwɪkli/ *adv* de prisa, rápidamente
ˌ**quick-**ˈ**thinking** *adj* perspicaz
quid /kwɪd/ *n* (*pl* **quid**) (*GB, coloq*) libra: *It's five quid each.* Son cinco libras cada uno.
quiet 0̶ᴡ /ˈkwaɪət/ *adjetivo, nombre*
▸ *adj* (**quieter, -est**) **1** silencioso **2** callado: *Be quiet!* ¡Cállate! **3** (*lugar, vida*) tranquilo
▸ *n* **1** silencio **2** tranquilidad **LOC** **on the quiet** a la chita callando **quieten** /ˈkwaɪətn/ (*tb esp USA* **quiet**) *vt, vi* ~ **(sb/sth) (down)** calmar a algn/algo, calmarse
quietly 0̶ᴡ /ˈkwaɪətli/ *adv* **1** en silencio **2** tranquilamente **3** en voz baja
quietness /ˈkwaɪətnəs/ *n* tranquilidad
quilt /kwɪlt/ *n* edredón: *continental quilt* edredón nórdico
quince /kwɪns/ *n* membrillo (*fruta*)

quinoa /ˈkiːnwɑː, kiˈnəʊə/ *n* quinua
quintet /kwɪnˈtet/ *n* quinteto
quirk /kwɜːk/ *n* rareza, manía **LOC** **a quirk of fate** un capricho del destino **quirky** *adj* peculiar, extraño
quit 0̶ᴡ /kwɪt/ (**-tt-**) (*pt, pp* **quit, quitted**) **1** *vt* (*coloq*) (*trabajo, etc.*) dejar **2** *vt* (*coloq*) dimitir **3** *vt* ~ **(doing) sth** (*esp USA, coloq*) dejar (de hacer) algo **4** *vt, vi* (*Informát*) cerrar, salir (de)
quite 0̶ᴡ /kwaɪt/ *adv* **1** bastante: *He played quite well.* Jugó bastante bien. **2** totalmente, absolutamente: *quite empty/sure* totalmente vacío/seguro ◊ *The theatre was not quite full.* El teatro no estaba totalmente lleno. ◊ *She played quite brilliantly.* Tocó de maravilla. ➲ *Ver nota en* FAIRLY **3** muy: *You'll be quite comfortable here.* Aquí estarás muy cómoda. **LOC** **quite a; quite some** todo un: *It gave me quite a shock.* Me dio un buen susto. ◆ **quite a few; quite a lot (of sth)** bastante(s); un número considerable (de algo)
quiver /ˈkwɪvə(r)/ *verbo, nombre*
▸ *vi* temblar, estremecerse
▸ *n* temblor, estremecimiento
quiz /kwɪz/ *nombre, verbo*
▸ *n* (*pl* **quizzes**) concurso, prueba (*de conocimientos*): *a TV quiz show* un concurso televisivo
▸ *vt* (**-zz-**) ~ **sb (about sb/sth)** interrogar a algn (sobre algn/algo)
quizzical /ˈkwɪzɪkl/ *adj* inquisitivo, burlón
quorum /ˈkwɔːrəm/ *n* [*sing*] quórum
quota /ˈkwəʊtə/ *n* **1** cupo **2** cuota, parte
quotation /kwəʊˈteɪʃn/ *n* **1** cita (*de un libro, etc.*) **2** presupuesto **3** (*Fin*) cotización
quoˈtation marks *n* [*pl*] comillas ➲ *Ver pág 395*
quote 0̶ᴡ /kwəʊt/ *verbo, nombre*
▸ **1** *vt, vi* citar **2** *vt* dar un presupuesto **3** *vt* cotizar
▸ *n* (*coloq*) **1** cita (*de un libro, etc.*) **2** presupuesto **3 quotes** comillas ➲ *Ver pág 395*

Rr

R, r /ɑː(r)/ *n* (*pl* **Rs, R's, r's**) R, r ➲ *Ver nota en* A, a
rabbi /ˈræbaɪ/ *n* (*pl* **rabbis**) rabino, -a
rabbit /ˈræbɪt/ *n* conejo ➲ *Ver nota en* CONEJO
rabid /ˈræbɪd, ˈreɪbɪd/ *adj* rabioso
rabies /ˈreɪbiːz/ *n* [*incontable*] rabia (*enfermedad*)
raccoon /rəˈkuːn/ *USA* ræˈ-/ *n* mapache

race 0̶ᴡ /reɪs/ *nombre, verbo*
▸ *n* **1** carrera *Ver tb* RAT RACE **2** raza: *race relations* relaciones raciales
▸ **1** *vt, vi* ~ **(against) sb** echar una carrera a algn; competir con algn (en una carrera) **2** *vi* (*en carrera*) correr **3** *vt* (*caballo*) hacer correr, presentar **4** *vi* correr a toda velocidad **5** *vi* competir **6** *vi* (*pulso, corazón*) latir muy rápido

---

| i: see | i happy | ɪ sit | e ten | æ hat | ɑ: arm | ɒ got | ɔ: saw | ʊ put |

racecourse /'reɪskɔːs/ n hipódromo

racehorse /'reɪshɔːs/ n caballo de carreras

racer /'reɪsə(r)/ n **1** (*competidor*) corredor, -ora **2** coche/bicicleta/barco de carreras

racetrack /'reɪstræk/ n **1** circuito (de automovilismo, etc.) **2** (*USA*) hipódromo

racial /'reɪʃl/ adj racial

racing 0━ /'reɪsɪŋ/ n carreras: *horse racing* carreras de caballos ◊ *racing car/driver* coche/piloto de carreras *Ver tb* MOTOR RACING

racism /'reɪsɪzəm/ n racismo **racist** adj, n racista

rack /ræk/ nombre, verbo
▸ n soporte: *bike rack* soporte para bicicletas ◊ *a plate/wine rack* un escurreplatos/botellero **2** (*para equipaje*) rejilla *Ver tb* LUGGAGE RACK, ROOF RACK
▸ vt **LOC** rack your brain(s) devanarse los sesos

racket /'rækɪt/ n **1** [*sing*] (*coloq*) alboroto, barullo **2** (*coloq*) estafa **3** (*coloq*): *a drugs racket* una trama de narcotráfico ◊ *a protection racket* una mafia de protección **4** (*tb* racquet) raqueta

racy /'reɪsi/ adj (**racier, -iest**) **1** (*estilo*) vivo **2** (*chiste, etc.*) picante

radar /'reɪdɑː(r)/ n [*incontable*] radar

radiance /'reɪdiəns/ n resplandor

radiant /'reɪdiənt/ adj ~ (**with sth**) radiante (de algo)

radiate /'reɪdieɪt/ **1** vt, vi (*luz, alegría*) irradiar **2** vi salir (*de un punto central*)

radiation /ˌreɪdi'eɪʃn/ n radiación: *radiation sickness* enfermedad por radiación

radiator /'reɪdieɪtə(r)/ n radiador

radical /'rædɪkl/ adj, n radical

radio 0━ /'reɪdiəʊ/ n (*pl* **radios**) radio: *radio station* emisora (de radio)

radioactive /ˌreɪdiəʊ'æktɪv/ adj radiactivo **radioactivity** /ˌreɪdiəʊæk'tɪvəti/ n radiactividad

radish /'rædɪʃ/ n rábano

radius /'reɪdiəs/ n (*pl* **radii** /-diaɪ/) (*Anat, Geom*) radio

raffle /'ræfl/ n rifa

raft /rɑːft; *USA* ræft/ n balsa: *life raft* balsa salvavidas

rafter /'rɑːftə(r); *USA* 'ræf-/ n viga (*del techo*)

rafting /'rɑːftɪŋ; *USA* 'ræf-/ n rafting: *to go white-water rafting* hacer rafting

rag /ræg/ n **1** trapo, harapo **2** (*coloq, gen pey*) periodicucho **3** rags [*pl*] andrajos

rage /reɪdʒ/ nombre, verbo
▸ n cólera, ira: *to fly into a rage* montar en cólera *Ver tb* ROAD RAGE **LOC** be all the rage (*coloq*) hacer furor
▸ vi **1** ~ (**at/about sth**) ponerse furioso (por algo) **2** ~ against sth protestar furiosamente contra algo **3** (*tormenta*) rugir **4** (*batalla, etc.*) continuar con furia **5** (*incendio*) arder furiosamente

ragged /'rægɪd/ adj andrajoso

raging /'reɪdʒɪŋ/ adj **1** (*dolor, sed*) atroz **2** (*mar*) enfurecido **3** (*tormenta*) violento

raid /reɪd/ nombre, verbo
▸ n ~ (**on sth**) **1** ataque, incursión (contra algo) **2** (*policial*) redada (en algo) **3** (*robo*) asalto (a algo)
▸ vt **1** (*policía*) registrar **2** atacar **3** saquear **raider** n asaltante

rail 0━ /reɪl/ n **1** barandilla **2** (*cortinas*) riel **3** raíl (*de tren*) **4** (*Ferrocarril*): *by rail* por ferrocarril ◊ *rail strike* huelga de trenes

railing /'reɪlɪŋ/ n **1** railings [*pl*] barandilla **2** verja

railway 0━ /'reɪlweɪ/ (*USA* railroad /'reɪlrəʊd/) n **1** ferrocarril: *railway station* estación de ferrocarril **2** (*tb* 'railway line/track) vía férrea

rain 0━ /reɪn/ nombre, verbo
▸ n lluvia: *It's pouring with rain.* Está lloviendo a cántaros. ◊ *a rain of arrows* una lluvia de flechas
▸ vi (*lit y fig*) llover: *It's raining hard.* Está lloviendo mucho. **PHR V** be rained off (*USA* be rained out) ser suspendido por la lluvia

rainbow /'reɪnbəʊ/ n arco iris

raincoat /'reɪnkəʊt/ n gabardina

rainfall /'reɪnfɔːl/ n [*incontable*] precipitaciones

rainforest /'reɪnfɒrɪst; *USA* -fɔːrɪst/ n selva tropical

rainwater /'reɪnwɔːtə(r)/ n agua de lluvia

rainy /'reɪni/ adj (**rainier, -iest**) lluvioso: *It's rainy today.* Hoy llueve.

raise 0━ /reɪz/ verbo, nombre
▸ vt **1** levantar, subir **2** (*salarios, precios, etc.*) subir **3** (*esperanzas*) aumentar **4** (*nivel*) mejorar **5** (*dinero*) recaudar: *to raise a loan* conseguir un préstamo **6** (*tema*) plantear **7** (*niños, animales*) criar **8** (*alarma*) dar **9** (*ejército*) reclutar **LOC** raise your eyebrows (at sth) sorprenderse; mostrar desaprobación (ante algo) ◆ raise your glass (to sb) brindar (por algn)
▸ n (*USA*) aumento (*de sueldo*)

raisin /'reɪzn/ n pasa *Ver tb* CURRANT, SULTANA

rake /reɪk/ nombre, verbo
▸ n rastrillo

▶ *vt, vi* rastrillar `PHR V` **rake in sth** ganar algo (*grandes cantidades de dinero*); forrarse ◆ **rake sth up** (*coloq, pey*) sacar a relucir algo (*del pasado*)

rally /'ræli/ *nombre, verbo*
▶ *n* (*pl* **rallies**) **1** mitin **2** (*coches*) rally **3** (*Tenis*) peloteo
▶ (*pt, pp* **rallied**) **1** *vt, vi* ~ **(sb/sth) (around/behind/to sb)** reunir a algn/algo, reunirse; cerrar filas (en torno a algn): *The party rallied behind the president.* El partido se unió en apoyo al presidente. **2** *vi* recuperarse

RAM /ræm/ *n* (*abrev de* **random access memory**) (*Informát*) RAM, memoria de acceso directo

ram /ræm/ *verbo, nombre*
▶ (**-mm-**) **1** *vt, vi* ~ **(into) sth** chocar con algo **2** *vt* ~ **sth in, into, on, etc. sth** meter algo en algo a la fuerza **3** *vt* (*puerta, etc.*) empujar con fuerza
▶ *n* carnero

Ramadan /'ræmədæn, ˌræmə'dæn/ *n* ramadán

ramble /'ræmbl/ *verbo, nombre*
▶ *vi* **1** hacer excursionismo (*en el campo*) **2** ~ **(on) (about sb/sth)** divagar (sobre algn/algo)
▶ *n* excursión a pie **rambler** *n* excursionista **rambling** *adj* **1** laberíntico **2** (*discurso*) que se va por las ramas

ramp /ræmp/ *nombre, verbo*
▶ *n* **1** rampa **2** (*en carretera*) desnivel
▶ *v* `PHR V` **ramp sth up** aumentar algo

rampage *nombre, verbo*
▶ *n* /'ræmpeɪdʒ/ desmán `LOC` **be/go on the rampage** desmandarse
▶ *vi* /ræm'peɪdʒ, 'ræmpeɪdʒ/ desmandarse

rampant /'ræmpənt/ *adj* **1** desenfrenado **2** (*vegetación*) exuberante

ramshackle /'ræmʃækl/ *adj* destartalado

ran *pt de* RUN

ranch /rɑːntʃ; USA ræntʃ/ *n* rancho

ranch house *n* (*USA*) casa de un solo piso

rancid /'rænsɪd/ *adj* rancio

random /'rændəm/ *adjetivo, nombre*
▶ *adj* **1** (*hecho*) al azar, aleatorio **2** (*coloq*) absurdo
▶ *n* `LOC` **at random** al azar

rang *pt de* RING²

range /reɪndʒ/ *nombre, verbo*
▶ *n* **1** gama, abanico **2** escala **3** línea (*de productos*) **4** (*visión, sonido*) campo (de alcance) **5** (*armas*) alcance **6** (*montañas*) cadena
▶ **1** *vi* ~ **from sth to sth**; ~ **between sth and sth** (*cifra*) oscilar entre algo y algo **2** *vi* ~ **from sth to sth** extenderse, ir desde algo hasta algo **3** *vt* alinear **4** *vt, vi* ~ **(over/through) sth** recorrer algo

rank /ræŋk/ *nombre, verbo*
▶ *n* **1** (*Mil, organización*) grado, rango **2** categoría `LOC` **the rank and file** la base
▶ **1** *vt* ~ **sb/sth (as sth)** clasificar a algn/algo (como algo): *I rank her among the country's top writers.* Considero que está entre los mejores escritores del país. **2** *vi* ~ **(among/as sb/sth)** situarse (entre algn/algo): *He ranks among our top players.* Se sitúa entre los mejores jugadores de nuestro equipo. ◇ *This ranks as their best album yet.* Este álbum es el mejor que han sacado hasta ahora.

ranking /'ræŋkɪŋ/ *n* ranking

ransack /'rænsæk/ *vt* **1** ~ **sth (for sth)** registrar algo de arriba abajo (en busca de algo) **2** desvalijar

ransom /'rænsəm/ *n* rescate `LOC` **hold sb to ransom** chantajear a algn

rant /rænt/ *verbo, nombre*
▶ *vi* ~ **(on) (about sth)** hablar a voces (sobre algo); despotricar (contra algo) `LOC` **rant and rave** (*pey*) montar un escándalo
▶ *n* crítica (severa)

rap /ræp/ *nombre, verbo*
▶ *n* **1** (*Mús*) rap **2** golpe seco
▶ *vt, vi* (**-pp-**) **1** golpear **2** (*Mús*) rapear

rape /reɪp/ *verbo, nombre*
▶ *vt* violar
▶ *n* **1** violación **2** (*Bot*) colza

rapid /'ræpɪd/ *adj* rápido

rapidly /'ræpɪdli/ *adv* (muy) deprisa

rapids /'ræpɪdz/ *n* [*pl*] rápidos

rapist /'reɪpɪst/ *n* violador, -ora

rappel /ræ'pel/ *verbo, nombre*
▶ *vi* (*USA*) hacer rapel
▶ *n* (*USA*) rapel

rapper /'ræpə(r)/ *n* rapero, -a

rapport /ræ'pɔː(r)/ *n* compenetración

rapture /'ræptʃə(r)/ *n* (*formal*) éxtasis **rapturous** *adj* entusiasta

rare /reə(r)/ *adj* (**rarer, -est**) **1** poco común: *a rare opportunity* una ocasión poco frecuente **2** (*carne*) poco hecho

rarely /'reəli/ *adv* pocas veces ➔ *Ver nota en* ALWAYS

rarity /'reərəti/ *n* (*pl* **rarities**) rareza

rash /ræʃ/ *nombre, adjetivo*
▶ *n* sarpullido
▶ *adj* imprudente, precipitado: *In a rash moment I promised her…* En un arrebato le prometí…

raspberry /'rɑːzbəri; USA 'ræzberi/ *n* (*pl* **raspberries**) frambuesa

rat /ræt/ *n* rata

---

aʊ **now**	ɔɪ **join**	ɪə **near**	eə **hair**	ʊə **pure**	tʃ **chin**	dʒ **June**	v **van**	θ **thin**

`R`

rate 🔊 /reɪt/ *nombre, verbo*

▶ *n* **1** proporción, tasa: *birth rate* tasa de natalidad ◇ *at a rate of ten a/per week* a razón de diez por semana ◇ *at a rate of 50 kilometres an hour* a una velocidad de 50 km por hora **2** tarifa: *an hourly rate of pay* una tarifa por hora *Ver tb* FLAT RATE **3** (*Fin*) tipo: *the exchange rate/the rate of exchange* el tipo de cambio **LOC** **at any rate** (*coloq*) de todos modos ◆ **at this/ that rate** (*coloq*) a este/ese paso *Ver tb* GOING

▶ **1** *vt* estimar, valorar: *highly rated* tenido en gran estima **2** *vt, vi* ~ **(as) sth** considerar(se) como algo

rather 🔊 /ˈrɑːðə(r); USA ˈræðər/ *adv* algo, bastante: *I rather suspect…* Me inclino a pensar…

🔎 **Rather** con una palabra de sentido positivo implica sorpresa por parte del hablante: *It was a rather nice present.* Fue un regalo realmente bonito. También se utiliza cuando queremos criticar algo: *This room looks rather untidy.* Esta habitación está bastante desordenada. ➲ *Ver nota en* FAIRLY

LOC **or rather** o mejor dicho ◆ **rather do sth (than…)** preferir hacer algo (a…): *I'd rather walk than wait for the bus.* Prefiero ir andando a esperar el autobús. ➲ *Ver nota en* PREFERIR ◆ **rather than** en vez de, mejor que: *I'll have a sandwich rather than a full meal.* Me tomaré un sándwich en vez de una comida completa.

rating /ˈreɪtɪŋ/ *n* **1** clasificación: *a high/low popularity rating* un índice alto/bajo de popularidad **2 the ratings** [*pl*] (*TV*) el ranking de audiencia

ratings agency *n* (*pl* **ratings agencies**) agencia de calificación de riesgo

ratio /ˈreɪʃiəʊ/ *n* (*pl* **ratios**) ratio, proporción

ration /ˈræʃn/ *nombre, verbo*

▶ *n* ración

▶ *vt* ~ **sb/sth (to sth)** racionar a algn/algo (a algo)

rational /ˈræʃnəl/ *adj* racional, razonable

rationale /ˌræʃəˈnɑːl; USA -ˈnæl/ *n* ~ **(behind/for/ of sth)** (*formal*) base lógica (de algo)

rationalization, -isation /ˌræʃnəlaɪˈzeɪʃn; USA -ləˈ-/ *n* racionalización

rationalize, -ise /ˈræʃnəlaɪz/ *vt* racionalizar

rationing /ˈræʃənɪŋ/ *n* racionamiento

the rat race *n* (*coloq, pey*) la carrera de la vida moderna

rattle /ˈrætl/ *verbo, nombre*

▶ **1** *vi* hacer ruido, tintinear **2** *vt* hacer sonar **3** *vi* ~ **along, past, etc.** traquetear **PHR V** **rattle sth off** soltar algo de carrerilla

▶ *n* **1** traqueteo **2** sonajero

rattlesnake /ˈrætlsneɪk/ *n* serpiente de cascabel

ravage /ˈrævɪdʒ/ *vt* devastar

rave /reɪv/ *verbo, nombre*

▶ *vi* **1** ~ **about sb/sth** poner a algn/algo por las nubes **2** ~ **(at sb)** despotricar (contra algn)

▶ *n* fiesta rave

raven /ˈreɪvn/ *n* cuervo

ravenous /ˈrævənəs/ *adj* muy hambriento: *I'm ravenous!* ¡Tengo un hambre que me muero!

raw 🔊 /rɔː/ *adj* **1** crudo **2** sin refinar: *raw silk* seda bruta ◇ *raw materials* materias primas **3** (*herida*) en carne viva

ray /reɪ/ *n* rayo

razor /ˈreɪzə(r)/ *n* maquinilla/navaja de afeitar

razor blade *n* cuchilla de afeitar

reach 🔊 /riːtʃ/ *verbo, nombre*

▶ **1** *vt* llegar a: *to reach an agreement* llegar a un acuerdo **2** *vt* alcanzar **3** *vi* ~ **(out) (for sth)** alargar la mano (para coger algo) **4** *vt* localizar

▶ *n* alcance: *beyond/out of/within (sb's) reach* fuera del alcance/al alcance (de algn) **LOC** **within (easy) reach (of sth)** a corta distancia (de algo)

react 🔊 /riˈækt/ *vi* **1** ~ **(to sth)** reaccionar (a/ ante algo) **2** ~ **against sb/sth** oponerse a algn/ algo

reaction 🔊 /riˈækʃn/ *n* ~ **(to sb/sth)** reacción (a/ante algn/algo)

reactionary /riˈækʃənri; USA -ʃəneri/ *adj, n* (*pl* **reactionaries**) reaccionario, -a

reactor /riˈæktə(r)/ (*tb* **nuclear reactor**) *n* reactor nuclear

read 🔊 /riːd/ (*pt, pp* **read** /red/) **1** *vt, vi* leer **2** ~ **sth (as sth)** interpretar algo (como algo) **3** *vt* (*anuncio, mensaje, etc.*) decir **4** *vt* (*contador, etc.*) marcar **PHR V** **read sth into sth** atribuir algo a algo: *Don't read too much into it.* No le des demasiada importancia. ◆ **read on** seguir leyendo ◆ **read sth out** leer algo (en voz alta) ◆ **read sth over/ through** leer algo (*de principio a fin*) **readable** *adj* leíble

reader 🔊 /ˈriːdə(r)/ *n* **1** lector, -ora **2** libro de lectura (*para estudiantes de idiomas*) *Ver tb* E-READER **readership** *n* número de lectores

readily /ˈredɪli/ *adv* **1** fácilmente **2** de buena gana

readiness /ˈredinəs/ *n* disposición: *her readiness to help* su disposición para ayudar ◇ *to do sth in readiness for sth* hacer algo en preparación de algo

reading 🔊 /ˈriːdɪŋ/ *n* lectura: *reading glasses* gafas de lectura

R

ready 0🔊 /ˈredi/ adj (**readier**, **-iest**) **1** ~ (**for sth/to do sth**) listo, preparado (para algo/para hacer algo) **2** ~ (**to do sth**) dispuesto (a hacer algo): *He's always ready to help his friends.* Siempre está dispuesto a ayudar a sus amigos. **3** ~ **to do sth** a punto de hacer algo **4** a mano [LOC] **get ready 1** prepararse **2** arreglarse (*antes de salir, etc.*)

ˌready-ˈmade adj ya hecho: *ready-made meals* comidas preparadas

ˈready meal n comida preparada

real 0🔊 /ˈriːəl/; *GB gen* rɪəl/ adj **1** real, verdadero: *real life* la vida real **2** verdadero, auténtico: *That's not his real name.* Ese no es su verdadero nombre. ◇ *It was a real disaster.* Fue un verdadero desastre. [LOC] **get real** (*coloq*) sé realista

ˈreal estate n [incontable] (*esp USA*) bienes raíces: *real estate agent* agente inmobiliario

realism /ˈriːəlɪzəm; *GB tb* ˈrɪəlɪzəm/ n realismo **realist** n realista

realistic 0🔊 /ˌriːəˈlɪstɪk; *GB tb* ˌrɪəˈlɪstɪk/ adj realista

reality 0🔊 /riˈæləti/ n (*pl* **realities**) realidad [LOC] **in reality** en realidad

reˈality check n (*coloq*) hecho o momento que le devuelve a uno a la realidad

reˌality ˈTV n [incontable] (programas de) telerrealidad

realization, -isation /ˌriːəlaɪˈzeɪʃn, ˌrɪəl-; *USA* ˌriːələˈ-/ n comprensión

realize, -ise 0🔊 /ˈriːəlaɪz; *GB tb* ˈrɪəlaɪz/ **1** vt, vi darse cuenta (de): *Not realizing that…* Sin darse cuenta de que… **2** vt (plan, ambición) cumplir

real-ˈlife adj (situaciones, hechos, etc.) de la vida real

really 0🔊 /ˈriːəli; *GB tb* ˈrɪəli/ adv **1** de verdad, en realidad: *I really mean that.* Te lo digo de verdad. **2** + **adjetivo** muy, realmente: *Is it really true?* ¿Es realmente cierto? **3** (para expresar sorpresa, interés, duda, etc.): *Really?* ¿En serio?

realm /relm/ n terreno: *the realms of possibility* el ámbito de lo posible

real ˈtime n (Informát) tiempo real: *real-time missile guidance systems* sistemas de teledirección de mísiles en tiempo real

Realtor® /ˈriːəltə(r)/ n (USA) agente inmobiliario, -a

real-world adj de la vida real

reap /riːp/ vt **1** cosechar **2** (beneficios, etc.) recoger

reappear /ˌriːəˈpɪə(r)/ vi reaparecer **reappearance** n reaparición

rear 0🔊 /rɪə(r)/ nombre, adjetivo, verbo
▸ n **the rear** [sing] la parte trasera [LOC] **bring up the rear** ir a la cola
▸ adj de atrás, trasero: *the rear window* la ventanilla de atrás
▸ **1** vt criar **2** vi ~ (**up**) (caballo, etc.) encabritarse **3** vi erguirse

rearrange /ˌriːəˈreɪndʒ/ vt **1** arreglar, cambiar **2** (planes) volver a organizar

reason 0🔊 /ˈriːzn/ nombre, verbo
▸ n **1** ~ (**for sth/for doing sth**) razón, motivo (de/para algo/para hacer algo): *Tell me the reason why you did it.* Dime por qué lo has hecho. **2** razón, sentido común [LOC] **in/within reason** dentro de lo razonable ◆ **make sb see reason** hacer entrar en razón a algn *Ver tb* STAND
▸ vi razonar

reasonable 0🔊 /ˈriːznəbl/ adj **1** razonable, sensato **2** tolerable, regular

reasonably 0🔊 /ˈriːznəbli/ adv **1** bastante **2** con sensatez

reasoning /ˈriːzənɪŋ/ n [incontable] razonamiento

reassurance /ˌriːəˈʃʊərəns; *GB tb* -ˈʃɔːrəns/ n **1** consuelo, tranquilidad **2** palabras tranquilizadoras

reassure /ˌriːəˈʃʊə(r); *GB tb* -ˈʃɔː(r)/ vt tranquilizar **reassuring** adj tranquilizador

rebate /ˈriːbeɪt/ n bonificación

rebel nombre, verbo
▸ n /ˈrebl/ rebelde
▸ vi /rɪˈbel/ (**-ll-**) rebelarse **rebellion** /rɪˈbeljən/ n rebelión **rebellious** /rɪˈbeljəs/ adj rebelde

rebirth /ˌriːˈbɜːθ/ n **1** renacimiento **2** resurgimiento

reboot /ˌriːˈbuːt/ vt, vi (Informát) reiniciar(se)

rebound verbo, nombre
▸ vi /rɪˈbaʊnd/ **1** ~ (**from/off sth**) rebotar (en algo) **2** ~ (**on sb**) (formal) repercutir (en algn)
▸ n /ˈriːbaʊnd/ rebote [LOC] **on the rebound** (lit y fig) de rebote

rebuff /rɪˈbʌf/ nombre, verbo
▸ n **1** desaire **2** rechazo
▸ vt **1** desairar **2** rechazar

rebuild /ˌriːˈbɪld/ vt (pt, pp **rebuilt** /-ˈbɪlt/) reconstruir

rebuke /rɪˈbjuːk/ verbo, nombre
▸ vt (formal) reprender
▸ n (formal) reprimenda

recall 0🔊 /rɪˈkɔːl/ vt **1** (formal) recordar **2** (embajador, etc.) retirar **3** (producto) retirar (del mercado)

R

recapture /ˌriːˈkæptʃə(r)/ *vt* **1** recobrar, reconquistar **2** capturar **3** (*emoción, etc.*) revivir, reproducir

recede /rɪˈsiːd/ *vi* **1** retroceder **2** *receding hair/a receding hairline* entradas

receipt ⚷ /rɪˈsiːt/ *n* **1** ~ **(for sth)** recibo, tique, factura (de algo): *a receipt for your expenses* un recibo de tus gastos ◇ *to acknowledge receipt of sth* acusar recibo de algo **2 receipts** [*pl*] (*Econ*) ingresos

receive ⚷ /rɪˈsiːv/ *vt* **1** recibir, acoger **2** (*herida*) sufrir

receiver /rɪˈsiːvə(r)/ *n* **1** (*teléfono*) auricular: *to lift/pick up the receiver* descolgar (el receptor) **2** (*Radio, TV*) receptor **3** destinatario, -a

recent ⚷ /ˈriːsnt/ *adj* reciente: *in recent years* en los últimos años

recently ⚷ /ˈriːsntli/ *adv* **1** recientemente: *until recently* hasta hace poco **2** recién: *a recently-appointed director* una directora recién nombrada

reception ⚷ /rɪˈsepʃn/ *n* **1** recepción: *reception desk* (mostrador de) recepción **2** acogida **3** (*tb* ˈ**wedding reception**) banquete (de bodas) **receptionist** *n* recepcionista

receptive /rɪˈseptɪv/ *adj* ~ **(to sth)** receptivo (a algo)

recess /rɪˈses, ˈriːses/ *n* **1** (*parlamento*) período de vacaciones **2** descanso **3** (*USA*) (*en escuela*) recreo **4** (*nicho*) hueco **5** [*gen pl*] escondrijo, lugar recóndito

recession /rɪˈseʃn/ *n* recesión

recharge /ˌriːˈtʃɑːdʒ/ *vt* recargar **rechargeable** *adj* recargable

R

recipe /ˈresəpi/ *n* **1** ~ **(for sth)** (*Cocina*) receta (de algo) **2** ~ **for sth** (*fig*) receta para/de algo

recipient /rɪˈsɪpiənt/ *n* (*formal*) **1** destinatario, -a **2** (*dinero, etc.*) beneficiario, -a

reciprocal /rɪˈsɪprəkl/ *adj* recíproco

reciprocate /rɪˈsɪprəkeɪt/ *vt, vi* corresponder (a)

recital /rɪˈsaɪtl/ *n* recital

recite /rɪˈsaɪt/ *vt* **1** recitar **2** enumerar

reckless /ˈrekləs/ *adj* **1** temerario **2** imprudente

reckon ⚷ /ˈrekən/ *vt* **1** (*coloq*) creer: *I reckon he won't come.* No creo que venga. **2 be reckoned (to be sth)** ser considerado (algo) **3** calcular PHR V **reckon on/with sth** contar con algo ◆ **reckon with sb/sth** contar con algn/algo; tener en cuenta a algn/algo: *There is still your father to reckon with.* Todavía hay que vérselas con tu padre. **reckoning** *n* **1** cálculos: *by my reckoning* según mis cálculos **2** cuentas: *in the final reckoning* a la hora de la verdad

reclaim /rɪˈkleɪm/ *vt* **1** recuperar **2** (*materiales, etc.*) reciclar *Ver tb* BAGGAGE RECLAIM **reclamation** /ˌrekləˈmeɪʃn/ *n* recuperación

recline /rɪˈklaɪn/ *vt, vi* reclinar(se), recostar(se) **reclining** *adj* (*silla*) reclinable

recognition ⚷ /ˌrekəgˈnɪʃn/ *n* reconocimiento: *in recognition of sth* en reconocimiento a algo ◇ *to have changed beyond recognition* estar irreconocible

recognizable, -isable /ˈrekəgnaɪzəbl, ˌrekəgˈnaɪzəbl/ *adj* reconocible

recognize, -ise /ˈrekəgnaɪz/ *vt* **1** reconocer **2** (*título*) convalidar

recoil /rɪˈkɔɪl/ *vi* ~ **(from/at sth) 1** retroceder (de/a algo) **2** sentir repugnancia (ante algo)

recollect /ˌrekəˈlekt/ *vt* (*formal*) recordar **recollection** *n* (*formal*) recuerdo

recommend ⚷ /ˌrekəˈmend/ *vt* recomendar

recommendation /ˌrekəmenˈdeɪʃn/ *n* recomendación

> **Making recommendations**
> Hacer una recomendación
> • *What would you recommend?* ¿Qué recomiendas?
> • *What do you think would be best?* ¿Qué crees que sería mejor?
> • *I can recommend the prawns today.* Hoy recomiendo las gambas.
> • *I'd recommend waiting a few months.* Recomiendo esperar unos meses.
> • *I suggest you have another look at the flat before you make a decision.* Te sugiero que vuelvas a ver el piso antes de tomar una decisión.

recompense /ˈrekəmpens/ *nombre, verbo*
▸ *n* [*incontable*] (*formal*) recompensa
▸ *vt* ~ **sb (for sth)** (*formal*) recompensar a algn (por algo)

reconcile /ˈrekənsaɪl/ *vt* (*formal*) **1** ~ **sth (with sth)** conciliar algo (con algo) **2** reconciliar **3** ~ **yourself (to sth)** resignarse (a algo) **reconciliation** /ˌrekənsɪliˈeɪʃn/ *n* **1** reconciliación **2** [*incontable*] conciliación

reconfigure /ˌriːkənˈfɪgə(r); *USA* -ˈfɪgjər/ *vt* (*Informát*) reconfigurar

reconnaissance /rɪˈkɒnɪsns/ *n* reconocimiento (*Mil, etc.*)

reconsider /ˌriːkənˈsɪdə(r)/ **1** *vt* reconsiderar **2** *vi* recapacitar

reconstruct /ˌriːkənˈstrʌkt/ *vt* ~ **sth (from sth)** reconstruir algo (a partir de algo) **reconstruction** *n* reconstrucción

record 0̶̶ *nombre, verbo*

▶ *n* /'rekɔːd; USA -kərd/ **1** registro: *to make/keep a record of sth* hacer/llevar un registro de algo ◇ *the coldest winter on record* el invierno más frío del que se tiene constancia **2** disco: *a record company* una casa discográfica **3** récord: *to set/break a record* establecer/superar un récord ◇ *record holder* poseedor del récord **4** historial: *a criminal record* antecedentes penales *Ver tb* TRACK RECORD **LOC** **put/set the record straight** dejar/poner las cosas claras

▶ /rɪ'kɔːd/ **1** *vt* registrar, anotar **2** *vt, vi* ~ **(sth) (from sth) (on sth)** grabar (algo) (de algo) (en algo): *recording studio* estudio de grabación **3** *vt* (termómetro, etc.) marcar

'**record-breaker** *n* plusmarquista

'**record-breaking** *adj* sin precedentes

recorder /rɪ'kɔːdə(r)/ *n* **1** grabadora **2** flauta (dulce)

recording 0̶̶ /rɪ'kɔːdɪŋ/ *n* grabación

'**record player** *n* tocadiscos

recount /rɪ'kaʊnt/ *vt* ~ **sth (to sb)** (formal) relatar algo (a algn)

recourse /rɪ'kɔːs; USA 'riːkɔːrs/ *n* (formal) recurso: *to have recourse to sth* recurrir a algo

recover 0̶̶ /rɪ'kʌvə(r)/ **1** *vi* ~ **(from sth)** recuperarse (de algo) **2** *vt* recuperar: *to recover consciousness* recobrar el conocimiento

recovery /rɪ'kʌvəri/ *n* (pl **recoveries**) **1** recuperación, rescate **2** ~ **(from sth)** restablecimiento (de algo)

recreation /ˌrekri'eɪʃn/ *n* **1** esparcimiento: *recreation ground* campo de deportes **2** pasatiempo

recruit /rɪ'kruːt/ *verbo, nombre*
▶ *vt* reclutar
▶ *n* recluta **recruitment** *n* reclutamiento

rectangle /'rektæŋɡl/ *n* rectángulo

rector /'rektə(r)/ *n* **1** sacerdote anglicano, sacerdotisa anglicana **2** (universidad, etc.) rector, -ora **rectory** *n* (pl **rectories**) casa del párroco

rectum /'rektəm/ *n* (pl **rectums**, **recta** /-tə/) (Anat) recto

recuperate /rɪ'kuːpəreɪt/ (formal) **1** *vi* ~ **(from sth)** recuperarse (de algo) **2** *vt* recuperar

recur /rɪ'kɜː(r)/ *vi* (-rr-) repetirse, volver a aparecer

recyclable /ˌriː'saɪkləbl/ *adj* reciclable

recycle /ˌriː'saɪkl/ *vt* reciclar

recycling /ˌriː'saɪklɪŋ/ *n* reciclaje

red 0̶̶ /red/ *adjetivo, nombre*
▶ *adj* (**redder, -est**) **1** rojo **2** (rostro) colorado **3** (vino) tinto **4** (pelo) pelirrojo **LOC** **a red herring** una pista falsa
▶ *n* rojo: *The traffic lights are on red.* El semáforo está en rojo. **LOC** **in the red** (coloq) en números rojos

the ˌred '**carpet** *n* [sing] la alfombra roja

redcurrant /ˌred'kʌrənt, 'redkʌrənt; USA -kɜːr-/ *n* grosella (roja)

redeem /rɪ'diːm/ *vt* **1** compensar **2** redimir: *to redeem yourself* salvarse **3** (deuda, etc.) amortizar **4** (vale, etc.) canjear

redemption /rɪ'dempʃn/ *n* (formal) redención

redesign /ˌriːdɪ'zaɪn/ *verbo, nombre*
▶ *vt* volver a diseñar
▶ *n* nuevo diseño

redevelopment /ˌriːdɪ'veləpmənt/ *n* remodelación, reurbanización

ˌred-'**handed** *adj* **LOC** **catch sb red-handed** pillar a algn con las manos en la masa

redhead /'redhed/ *n* pelirrojo, -a

redirect /ˌriːdə'rekt, -daɪ-/ *vt* **1** desviar, redirigir **2** (recursos) encauzar

redo /ˌriː'duː/ *vt* (3ª pers sing **redoes** /-'dʌz/, pt **redid** /-'dɪd/, pp **redone** /-'dʌn/) rehacer

ˌred '**tape** *n* [incontable] (pey) papeleo, burocracia

reduce 0̶̶ /rɪ'djuːs; USA rɪ'duːs/ **1** *vt* ~ **sth (from sth) (to sth)** reducir, disminuir algo (de algo) (a algo) **2** *vt* ~ **sth (by sth)** disminuir, rebajar algo (en algo) **3** *vi* reducirse **4** *vt* ~ **sb/sth (from sth) to sth**: *The house was reduced to ashes.* La casa quedó reducida a cenizas. ◇ *to reduce sb to tears* hacer llorar a algn **reduced** *adj* (precio, etc.) rebajado

reduction 0̶̶ /rɪ'dʌkʃn/ *n* **1** ~ **(in sth)** reducción (de algo) **2** ~ **(of sth)** rebaja, descuento (de algo): *a reduction of 5%* un descuento del 5%

redundancy /rɪ'dʌndənsi/ *n* (pl **redundancies**) despido (por cierre o reducción de plantilla): *redundancy pay* indemnización por despido

redundant /rɪ'dʌndənt/ *adj* **1** **to be made redundant** ser despedido por cierre de empresa o reducción de plantilla **2** superfluo

reed /riːd/ *n* junco

reef /riːf/ *n* arrecife

reek /riːk/ *vi* ~ **(of sth)** (pey) (lit y fig) apestar (a algo)

reel /riːl/ *nombre, verbo*
▶ *n* **1** bobina, carrete **2** (película) rollo
▶ *vi* **1** tambalearse **2** (cabeza) dar vueltas **PHR V** **reel sth off** recitar algo (de un tirón)

ˌre-ˈenter vt volver a entrar, reingresar en

ˌre-ˈentry n reentrada

refer ⊶ /rɪˈfɜː(r)/ (-rr-) **1** vi ~ to sb/sth referirse a algn/algo: *Passengers are now referred to as 'customers'.* A los pasajeros se les llama ahora "clientes". **2** vt, vi remitir(se)

referee /ˌrefəˈriː/ nombre, verbo
▶ n **1** (coloq ref /ref/) (Dep) árbitro, -a: *assistant referee* juez de línea ➔ *Ver nota en* ÁRBITRO **2** persona que da referencias (para empleo) **3** juez árbitro, jueza árbitro
▶ vt, vi arbitrar

reference ⊶ /ˈrefrəns/ n **1** referencia *Ver tb* CROSS REFERENCE **2** (USA) *Ver* REFEREE n (2)
LOC in/with reference to sb/sth (formal) en/con referencia a algn/algo

referendum /ˌrefəˈrendəm/ n (pl **referendums**, **referenda** /-də/) referéndum

refill verbo, nombre
▶ vt /ˌriːˈfɪl/ rellenar
▶ n /ˈriːfɪl/ carga, recambio

refine /rɪˈfaɪn/ vt **1** refinar **2** (modelo, técnica, etc.) pulir

refinement /rɪˈfaɪnmənt/ n **1** mejora **2** (Mec) refinado **3** refinamiento

refinery /rɪˈfaɪnəri/ n (pl **refineries**) refinería

reflect ⊶ /rɪˈflekt/ **1** vt reflejar **2** vt (luz) reflectar **3** vi ~ (on/upon sth) reflexionar (sobre algo) LOC reflect well, badly, etc. on sb/sth decir mucho, poco, etc. en favor de algn/algo

reflection /rɪˈflekʃn/ n **1** reflejo **2** (acto, pensamiento) reflexión: *on reflection* pensándolo bien LOC be a reflection on sb/sth ser un reflejo de cómo es algn/de algo

reflective /rɪˈflektɪv/ adj reflectante

reflex /ˈriːfleks/ n reflejo

reflexology /ˌriːfleksˈɒlədʒi/ n reflexología

reforestation /ˌriːfɒrɪˈsteɪʃn; USA -fɔːr-/ n reforestación

reform ⊶ /rɪˈfɔːm/ verbo, nombre
▶ vt, vi reformar(se)
▶ n reforma

reformation /ˌrefəˈmeɪʃn/ n **1** (formal) reforma **2 the Reformation** (Hist) la Reforma

refrain /rɪˈfreɪn/ verbo, nombre
▶ vi ~ (from sth) (formal) abstenerse (de algo): *Please refrain from smoking.* Por favor absténganse de fumar.
▶ n estribillo

refresh /rɪˈfreʃ/ **1** vt refrescar **2** vt, vi (Informát) actualizar(se): *Click F5 to refresh (the page).* Haz clic en F5 para actualizar (la página).
LOC refresh sb's memory (about sb/sth) refrescar la memoria a algn (sobre algn/algo)

refreshing /rɪˈfreʃɪŋ/ adj **1** (cambio, etc.) alentador **2** refrescante

refreshments /rɪˈfreʃmənts/ n [pl] refrigerios: *The restaurant offers delicious meals and refreshments.* El restaurante ofrece deliciosas comidas y refrigerios. ❶ Refreshment se usa en singular cuando va delante de otro sustantivo: *There will be a refreshment stop.* Habrá una parada para tomar algo.

refrigerate /rɪˈfrɪdʒəreɪt/ vt refrigerar

refrigeration /rɪˌfrɪdʒəˈreɪʃn/ n refrigeración

refrigerator ⊶ /rɪˈfrɪdʒəreɪtə(r)/ n frigorífico

refuel /ˌriːˈfjuːəl/ vi (-ll-, USA -l-) repostar

refuge /ˈrefjuːdʒ/ n **1** ~ (from sb/sth) refugio (de algn/algo): *to take refuge* refugiarse **2** (Pol) asilo

refugee /ˌrefjuˈdʒiː/ n refugiado, -a

refund nombre, verbo
▶ n /ˈriːfʌnd/ reembolso
▶ vt /rɪˈfʌnd/ reembolsar

refusal ⊶ /rɪˈfjuːzl/ n **1** denegación, rechazo **2** ~ (to do sth) negativa (a hacer algo)

refuse¹ ⊶ /rɪˈfjuːz/ **1** vi ~ (to do sth) negarse (a hacer algo) **2** vt rechazar, rehusar: *to refuse an offer* rechazar una oferta ◇ *to refuse sb entry/ entry to sb* negar la entrada a algn **3** vt (permiso, solicitud) denegar

refuse² ⊶ /ˈrefjuːs/ n [incontable] (formal) desperdicios

regain /rɪˈɡeɪn/ vt recuperar: *to regain consciousness* recobrar el conocimiento

regal /ˈriːɡl/ adj regio

regard ⊶ /rɪˈɡɑːd/ verbo, nombre
▶ vt **1** ~ sb/sth as sth considerar a algn/algo algo **2** ~ sb/sth (with sth) (formal) mirar a algn/algo (con algo) LOC as regards sb/sth (formal) en cuanto a algn/algo
▶ n **1** ~ to/for sb/sth (formal) respeto a/por algn/algo: *with no regard for/to speed limits* sin respetar los límites de velocidad **2** regards [pl] (en mensaje, carta) saludos LOC in this/that regard (formal) en este/ese aspecto ◆ in/with regard to sb/sth (formal) con respecto a algn/algo

regarding ⊶ /rɪˈɡɑːdɪŋ/ prep referente a

regardless /rɪˈɡɑːdləs/ adv pase lo que pase, a pesar de todo: *to carry on regardless* seguir adelante a pesar de todo

reˈgardless of prep sea cual sea, sin tener en cuenta

reggae /ˈreɡeɪ/ n (Mús) reggae

regime /reɪˈʒiːm/ n régimen (Pol)

regiment /'redʒɪmənt/ n [v sing o pl] regimiento

regimented /'redʒɪmentɪd/ adj (pey) reglamentado

region ⊶ /'riːdʒən/ n región **LOC** **in the region of sth** (cantidad) alrededor de algo

regional ⊶ /'riːdʒənl/ adj regional, autonómico

register ⊶ /'redʒɪstə(r)/ verbo, nombre
▸ 1 vi ~ **(at/for/with sth)** matricularse, inscribirse (en/para/con algo) 2 vt ~ **sth (in sth)** registrar algo (en algo) 3 vt (formal) (sorpresa, etc.) acusar, mostrar 4 vt (correo) mandar certificado
▸ n 1 registro 2 (en el colegio) lista: *to call the register* pasar lista

registered '**mail** (tb ˌregistered 'post) n correo certificado

register office (tb 'registry office) n registro civil

registrar /ˌredʒɪ'strɑː(r), 'redʒɪstrɑː(r)/ n 1 funcionario, -a (del registro civil, etc.) 2 (Educ) vicerrector, -ora (al cargo de matriculación, exámenes, etc.)

registration /ˌredʒɪ'streɪʃn/ n 1 (Educ) matriculación, inscripción 2 inscripción (en registro) 3 registro (de propiedad, empresa)

regi'stration number (tb registration) n (número de la) matrícula

regret ⊶ /rɪ'gret/ verbo, nombre
▸ vt (**-tt-**) 1 arrepentirse de 2 (formal) lamentar
▸ n 1 ~ **(at/about sth)** pesar (por algo) 2 remordimiento

regretfully /rɪ'gretfəli/ adv con pesar, con pena

regrettable /rɪ'gretəbl/ adj lamentable

regrettably /rɪ'gretəbli/ adv lamentablemente

regular ⊶ /'regjələ(r)/ adjetivo, nombre
▸ adj 1 regular: *to take regular exercise* hacer ejercicio con regularidad 2 habitual 3 (esp USA) de tamaño normal: *Regular or large fries?* ¿Patatas grandes o medianas?
▸ n cliente habitual

regularity /ˌregju'lærəti/ n regularidad

regularly ⊶ /'regjələli/ adv 1 regularmente 2 con regularidad

regulate /'regjuleɪt/ vt regular, reglamentar

regulation ⊶ /ˌregju'leɪʃn/ n 1 [gen pl] norma: *safety regulations* normas de seguridad 2 regulación

rehab /'riːhæb/ n rehabilitación

rehabilitate /ˌriːə'bɪlɪteɪt/ vt rehabilitar

rehabilitation /ˌriːəˌbɪlɪ'teɪʃn/ n rehabilitación

rehearsal /rɪ'hɜːsl/ n ensayo

rehearse /rɪ'hɜːs/ vt, vi ~ **(sth/for sth)** ensayar (algo)

reign /reɪn/ nombre, verbo
▸ n reinado
▸ vi 1 ~ **(over sb/sth)** reinar (sobre algn/algo) 2 *the reigning champion* el campeón actual

reiki /'reɪki/ n reiki

reimburse /ˌriːɪm'bɜːs/ vt ~ **sb (for sth)** (formal) reembolsar (algo) a algn

rein /reɪn/ n rienda

reincarnation /ˌriːɪnkɑː'neɪʃn/ n reencarnación

reindeer /'reɪndɪə(r)/ n (pl **reindeer**) reno

reinforce /ˌriːɪn'fɔːs/ vt reforzar

reinforcement /ˌriːɪn'fɔːsmənt/ n 1 reinforcements [pl] (Mil) refuerzos 2 consolidación, refuerzo

reinstate /ˌriːɪn'steɪt/ vt ~ **sb/sth (in/as sth)** restituir a algn/algo (en/como algo)

reject ⊶ nombre, verbo
▸ n /'riːdʒekt/ 1 cosa defectuosa 2 marginado, -a
▸ vt /rɪ'dʒekt/ rechazar

rejection /rɪ'dʒekʃn/ n rechazo

rejoice /rɪ'dʒɔɪs/ vi ~ **(at/in/over sth)** (formal) alegrarse, regocijarse (por/de algo)

rejoin /ˌriː'dʒɔɪn/ vt 1 reincorporarse a 2 volver a juntarse con

relapse nombre, verbo
▸ n /rɪ'læps, 'riːlæps/ recaída
▸ vi /rɪ'læps/ ~ **(into sth)** 1 recaer (en algo) 2 (criminal) reincidir (en algo)

relate ⊶ /rɪ'leɪt/ vt 1 ~ **sth to/with sth** relacionar algo con algo 2 ~ **sth (to sb)** (formal) relatar algo (a algn) **PHR V** **relate to sb/sth** 1 estar relacionado con algn/algo 2 identificarse con algn/algo

related ⊶ /rɪ'leɪtɪd/ adj 1 ~ **(to sth/sb)** relacionado (con algo/algn) 2 ~ **(to sb)** emparentado (con algn): *to be related by marriage* ser pariente(s) político(s)

relation ⊶ /rɪ'leɪʃn/ n 1 ~ **(to sth/between…)** relación (con algo/entre…) Ver tb PUBLIC RELATIONS 2 pariente 3 parentesco: *What relation are you?* ¿Qué relación tenéis? ◇ *Is he any relation (to you)?* ¿Es familiar tuyo? **LOC** **in/with relation to sth** (formal) con relación a algo

relationship ⊶ /rɪ'leɪʃnʃɪp/ n 1 ~ **(between A and B)**; ~ **(of A to/with B)** relación entre A y B 2 relación (sentimental o sexual) 3 (relación de) parentesco

relative ⊶ /'relətɪv/ adjetivo, nombre
▸ adj relativo

R

▸ *n* pariente

relatively ⊶ /ˈrelətɪvli/ *adv* relativamente

relax ⊶ /rɪˈlæks/ **1** *vt, vi* relajar(se) **2** *vt* aflojar

relaxation /ˌriːlækˈseɪʃn/ *n* **1** relajación **2** descanso, expansión **3** pasatiempo

relaxed ⊶ /rɪˈlækst/ *adj* relajado

relaxing ⊶ /rɪˈlæksɪŋ/ *adj* relajante

relay *verbo, nombre*
▸ *vt* /ˈriːleɪ, rɪˈleɪ/ (*pt, pp* **relayed**) **1** transmitir **2** (*TV, Radio*) retransmitir
▸ *n* /ˈriːleɪ/ **1** (*tb* ˈ**relay race**) carrera de relevos **2** relevo, tanda

release ⊶ /rɪˈliːs/ *verbo, nombre*
▸ *vt* **1** liberar **2** poner en libertad **3** soltar: *to release your grip on sb/sth* soltar a algn/algo **4** (*noticia*) dar a conocer **5** (*libro, etc.*) poner a la venta **6** (*película*) estrenar
▸ *n* **1** liberación **2** puesta en libertad **3** aparición (*en el mercado*), publicación *Ver tb* PRESS RELEASE **4** (*Cine*) estreno: *The film is on general release.* Pasan la película en todos los cines.

relegate /ˈrelɪɡeɪt/ *vt* **1** relegar **2** (*Dep*) bajar: *Will Betis be relegated?* ¿Bajará el Betis?

relegation /ˌrelɪˈɡeɪʃn/ *n* **1** (*Dep*) descenso **2** relegación

relent /rɪˈlent/ *vi* ceder

relentless /rɪˈlentləs/ *adj* **1** implacable **2** (*ambición*) tenaz

relevance /ˈreləvəns/ *n* pertinencia

relevant ⊶ /ˈreləvənt/ *adj* pertinente, relevante, que viene al caso

reliability /rɪˌlaɪəˈbɪləti/ *n* fiabilidad

reliable /rɪˈlaɪəbl/ *adj* **1** (*persona*) de confianza **2** (*método, aparato*) seguro, fiable **3** (*datos*) fiable **4** (*fuente*) fidedigno

reliance /rɪˈlaɪəns/ *n* ~ **on/upon sb/sth** dependencia de algn/algo; confianza en algn/algo

relic /ˈrelɪk/ *n* reliquia

relied *pt, pp de* RELY

relief ⊶ /rɪˈliːf/ *n* **1** alivio: *much to my relief* para mi consuelo **2** ayuda, auxilio **3** (*persona*) relevo: *a relief driver* un conductor de relevo **4** (*Arte, Geog*) relieve

relieve /rɪˈliːv/ *vt* **1** aliviar, calmar **2** relevar **3** ~ **yourself** hacer tus necesidades
PHR V **relieve sb of sth** ayudar a algn con algo

religion ⊶ /rɪˈlɪdʒən/ *n* religión

religious ⊶ /rɪˈlɪdʒəs/ *adj* religioso

relinquish /rɪˈlɪŋkwɪʃ/ *vt* (*formal*) **1** ~ **sth (to sb)** renunciar a algo (en favor de algn) **2** abandonar **❶** La expresión más normal es **give sth up**.

relish /ˈrelɪʃ/ *verbo, nombre*
▸ *vt* disfrutar
▸ *n* **1** gusto **2** salsa (*condimento*)

reluctance /rɪˈlʌktəns/ *n* desgana

reluctant /rɪˈlʌktənt/ *adj* ~ **(to do sth)** reacio (a hacer algo) **reluctantly** *adv* de mala gana

rely ⊶ /rɪˈlaɪ/ *v* (*pt, pp* **relied**) **PHR V** **rely on/upon sb/sth 1** depender de algn/algo **2** confiar en algn/algo; contar con algn/algo

remain ⊶ /rɪˈmeɪn/ *vi* (*formal*) **1** permanecer, seguir siendo **2** quedar(se) **❶** La palabra más normal es **stay**.

remainder /rɪˈmeɪndə(r)/ *n* [*sing*] resto

remaining ⊶ /rɪˈmeɪnɪŋ/ *adj* restante

remains ⊶ /rɪˈmeɪnz/ *n* [*pl*] restos

remake /ˈriːmeɪk/ *n* nueva versión (*de una película*)

remand /rɪˈmɑːnd; *USA* rɪˈmænd/ *verbo, nombre*
▸ *vt* *to remand sb in custody/on bail* poner a algn en prisión preventiva/en libertad bajo fianza
▸ *n* custodia **LOC** **on remand** detenido

remark ⊶ /rɪˈmɑːk/ *nombre, verbo*
▸ *n* comentario
▸ *vt, vi* ~ **(on/upon sth/sb)** comentar (algo); mencionar algo/a algn

remarkable ⊶ /rɪˈmɑːkəbl/ *adj* **1** extraordinario **2** ~ **(for sth)** notable (por algo)

rematch /ˈriːmætʃ/ *n* (*Dep*) desempate

remedial /rɪˈmiːdiəl/ *adj* **1** (*acción, medidas*) reparador, rectificador **2** (*clases*) para alumnos con dificultades de aprendizaje

remedy /ˈremədi/ *nombre, verbo*
▸ *n* (*pl* **remedies**) ~ **(for sth)** remedio (para/contra algo)
▸ *vt* (*pt, pp* **-died**) remediar

remember ⊶ /rɪˈmembə(r)/ *vt, vi* acordarse (de): *Remember to phone your mother.* Acuérdate de llamar a tu madre. ◇ *as far as I remember* que yo recuerde ◇ *Remember that we have visitors tonight.* Recuerda que tenemos visita esta noche.

🔎 **Remember** varía de significado según se use con infinitivo o con una forma en **-ing**. Cuando va seguido de infinitivo, este hace referencia a una acción que todavía no se ha realizado: *Remember to post that letter.* Acuérdate de echar esa carta. Cuando va seguido por una forma en **-ing**, esta se refiere a una acción que ya ha tenido lugar: *I remember posting that letter.* Recuerdo haber echado esa carta al correo. **⊃** *Comparar con* REMIND

PHR V **remember sb to sb** dar recuerdos a algn de parte de algn: *Remember me to Anna.* Dale recuerdos de mi parte a Anna.

remembrance /rɪ'membrəns/ *n* conmemoración, recuerdo

Re,membrance 'Sunday (*tb* Re'membrance Day) *n*

🔎 **Remembrance Sunday** se celebra en Gran Bretaña el domingo más cercano al día 11 de noviembre. En ese día se rinde homenaje a los que murieron en la guerra, principalmente a los caídos en las dos guerras mundiales. Se llevan en la solapa amapolas de papel y se celebran actos religiosos y desfiles por todo el país. En Estados Unidos, se celebra también **Memorial Day** el último lunes de mayo y **Veterans Day** el 11 de noviembre.

remind ⚹ /rɪ'maɪnd/ *vt* **1** ~ **sb (about/of sth)** recordarle algo a algn **2** ~ **sb (to do sth)** recordarle a algn que haga algo: *Remind me to phone my mother.* Recuérdame que llame a mi madre. ⮑ *Comparar con* REMEMBER **PHR V** **remind sb of sb/sth** recordarle algo a algn

🔎 La construcción **remind sb of sb/sth** se utiliza cuando una cosa o una persona te recuerdan a alguien o algo: *Your brother reminds me of John.* Tu hermano me recuerda a John. ◊ *The song reminds me of my first girlfriend.* La canción me recuerda a mi primera novia.

reminder /rɪ'maɪndə(r)/ *n* **1** recuerdo, recordatorio **2** aviso

reminisce /,remɪ'nɪs/ *vi* ~ **(about sth/sb)** rememorar (algo/a algn)

reminiscence /,remɪ'nɪsns/ *n* recuerdo, evocación

reminiscent /,remɪ'nɪsnt/ *adj* ~ **of sb/sth** con reminiscencias de algn/algo

remnant /'remnənt/ *n* **1** resto **2** vestigio

remorse /rɪ'mɔːs/ *n* [*incontable*] ~ **(for sth)** remordimiento (por algo)

remorseless /rɪ'mɔːsləs/ *adj* **1** implacable **2** despiadado

remote ⚹ /rɪ'məʊt/ *adj* (**remoter, -est**) **1** remoto, lejano, alejado **2** (*persona*) distante

re,mote con'trol *n* **1** control remoto **2** (*coloq* remote) mando a distancia

remotely /rɪ'məʊtli/ *adv* remotamente

removable /rɪ'muːvəbl/ *adj* que se puede quitar

removal ⚹ /rɪ'muːvl/ *n* **1** eliminación **2** mudanza: *a removal van* un camión de la mudanza

remove ⚹ /rɪ'muːv/ *vt* **1** ~ **sth (from sth)** quitar(se) algo (de algo): *to remove your coat* quitarse el abrigo ❶ Es más normal decir **take sth off**, **take sth out**, etc. **2** (*obstáculos, dudas, etc.*) eliminar **3** ~ **sb (from sth)** sacar, destituir a algn (de algo)

the Renaissance /ðə ˌrɪ'neɪsns; *USA* ðə 'renəsɑːns/ *n* el Renacimiento

render /'rendə(r)/ *vt* (*formal*) **1** hacer: *She was rendered speechless.* Se quedó estupefacta. **2** (*servicio, etc.*) prestar **3** (*Mús*) (*Arte*) interpretar

rendezvous /'rɒndɪvuː, -deɪ-/ *n* (*pl* **rendezvous** /-vuːz/) **1** cita **2** lugar de reunión

renew /rɪ'njuː; *USA* rɪ'nuː/ *vt* **1** reanudar **2** renovar **3** reafirmar **renewable** *adj* renovable **renewal** *n* renovación

renounce /rɪ'naʊns/ *vt* (*formal*) renunciar a: *He renounced his right to be king.* Renunció a su derecho al trono.

renovate /'renəveɪt/ *vt* renovar, restaurar **renovation** *n* renovación, restauración

renowned /rɪ'naʊnd/ *adj* ~ **(as/for sth)** famoso (como/por algo)

rent ⚹ /rent/ *nombre, verbo*
▸ *n* alquiler **LOC** **for rent** (*esp USA*) se alquila(n) ⮑ *Ver nota en* ALQUILAR
▸ *vt* **1** ~ **sth (from sb)** alquilar algo (a algn): *I rent a garage from a neighbour.* Un vecino me tiene alquilado su garaje. **2** ~ **sth (out) (to sb)** alquilar algo (a algn): *We rented out the house to some students.* Les alquilamos la casa a unos estudiantes. **rental** *n* alquiler (*coches, etc.*)

reorganize, -ise /riˈɔːɡənaɪz/ *vt, vi* reorganizar(se)

rep /rep/ (*tb* 'sales rep) *n* (*coloq*) representante (*de ventas*)

repair ⚹ /rɪ'peə(r)/ *verbo, nombre*
▸ *vt* **1** reparar **2** remediar
▸ *n* reparación: *It's beyond repair.* No tiene arreglo. **LOC** **in a good state of repair**; **in good repair** (*formal*) en buen estado

repay /rɪ'peɪ/ *vt* (*pt, pp* **repaid** /rɪ'peɪd/) **1** (*dinero, favor*) devolver **2** (*préstamo, deuda*) pagar **3** (*persona*) reembolsar **4** (*amabilidad*) corresponder a **repayment** *n* **1** reembolso, devolución **2** (*cantidad*) pago

repeat ⚹ /rɪ'piːt/ *verbo, nombre*
▸ *vt, vi* repetir(se) **2** *vt* (*confidencia*) contar
▸ *n* repetición

repeated ⚹ /rɪ'piːtɪd/ *adj* **1** repetido **2** reiterado

R

repeatedly ०━ /rɪˈpiːtɪdli/ adv repetidamente, en repetidas ocasiones

repel /rɪˈpel/ vt (-ll-) **1** (formal) repeler **2** repugnar

repellent /rɪˈpelənt/ adjetivo, nombre
▶ adj ~ **(to sb)** (formal) repelente (para algn)
▶ n (tb ˈinsect repellent) repelente de insectos

repent /rɪˈpent/ vt, vi ~ **(sth/of sth)** (formal) arrepentirse (de algo) **repentance** n arrepentimiento

repercussion /ˌriːpəˈkʌʃn/ n [gen pl] repercusión: to have repercussions on sth repercutir
en algo

repertoire /ˈrepətwɑː(r)/ n repertorio (de un
músico, actor, etc.)

repetition /ˌrepəˈtɪʃn/ n repetición **repetitive**
/rɪˈpetətɪv/ adj repetitivo

replace ०━ /rɪˈpleɪs/ vt **1** ~ **sb/sth (with sb/sth)**
reemplazar, sustituir a algn/algo (por algn/al-
go) **2** (algo roto o desgastado) cambiar, reponer: to
replace a broken window cambiar el cristal roto de una ventana **3** colocar de nuevo en su
sitio **replacement** n **1** sustitución, reemplazo
2 (pieza) repuesto **3** (persona) sustituto, -a

replay nombre, verbo
▶ n /ˈriːpleɪ/ **1** partido de desempate **2** repetición: action replay repetición de la jugada
▶ vt /ˌriːˈpleɪ/ **1** (partido) volver a jugar **2** (grabación)
volver a poner

replenish /rɪˈplenɪʃ/ vt (formal) reponer (provisiones)

replica /ˈreplɪkə/ n réplica **replicate** /ˈreplɪkeɪt/
1 vt (formal) reproducir **2** vt, vi ~ **(itself)** (Biol) re-
plicarse, multiplicarse

reply ०━ /rɪˈplaɪ/ verbo, nombre
▶ vi (pt, pp **replied**) responder, contestar
▶ n (pl **replies**) respuesta, contestación

report ०━ /rɪˈpɔːt/ verbo, nombre
▶ **1** vt informar de/sobre, dar parte de **2** vi ~ **(on
sth)** informar (acerca de/sobre algo) **3** vt (crimen, culpable) denunciar **4** vi ~ **(to sb/sth) (for sth)**
(trabajo, etc.) presentarse (a algn/en algo) (para
algo): to report sick darse de baja por enfermedad PHR V **report to sb** rendir cuentas a
algn
▶ n **1** informe **2** noticia, rumor **3** (Period) reportaje **4** informe escolar **reportedly** adv según
nuestras fuentes **reporter** n reportero, -a
reporting n [incontable] cobertura informativa

represent ०━ /ˌreprɪˈzent/ vt **1** representar
2 describir **representation** n representación

representative ०━ /ˌreprɪˈzentətɪv/ nombre,
adjetivo
▶ n **1** representante **2** (USA) (Pol) diputado, -a:
House of Representatives Cámara de los Representantes ⊃ Ver nota en CONGRESS
▶ adj representativo

repress /rɪˈpres/ vt **1** contener **2** reprimir
repression n represión **repressive** adj represivo

reprieve /rɪˈpriːv/ verbo, nombre
▶ vt **1** indultar **2** salvar (del despido, cierre, etc.)
▶ n **1** indulto **2** aplazamiento

reprimand /ˈreprɪmɑːnd; USA -mænd/ verbo,
nombre
▶ vt ~ **sb (for sth)** (formal) reprender a algn (por
algo)
▶ n (formal) reprimenda

reprisal /rɪˈpraɪzl/ n represalia

reproach /rɪˈprəʊtʃ/ nombre, verbo
▶ n (formal) reproche LOC **above/beyond reproach**
por encima de toda crítica
▶ vt ~ **sb (for/with sth)** (formal) reprochar (algo) a
algn

reproduce ०━ /ˌriːprəˈdjuːs; USA -ˈduːs/ vt, vi
reproducir(se) **reproduction** /ˌriːprəˈdʌkʃn/ n
reproducción **reproductive** adj reproductor

reptile /ˈreptaɪl; USA tb -tl/ n reptil

republic /rɪˈpʌblɪk/ n república **republican** adj,
n republicano, -a

repugnant /rɪˈpʌgnənt/ adj (formal) repugnante

repulsive /rɪˈpʌlsɪv/ adj repulsivo

reputable /ˈrepjətəbl/ adj de buena reputación, de confianza

reputation ०━ /ˌrepjuˈteɪʃn/ n ~ **(for sth/doing
sth)** reputación, fama (de algo/de hacer algo)

repute /rɪˈpjuːt/ n (formal) reputación, fama
reputed adj **1** He is reputed to be… Tiene fama
de ser…/Se dice que es… **2** supuesto **re-
putedly** adv según se dice

request ०━ /rɪˈkwest/ nombre, verbo
▶ n ~ **(for sth)** petición, solicitud (de algo): to
make a request for sth pedir algo
▶ vt ~ **sth (from sb)** (formal) pedir, solicitar algo (a
algn): You are requested not to smoke. Se ruega
no fumar. ❶ La expresión más normal es **ask
for sth**.

require ०━ /rɪˈkwaɪə(r)/ vt (formal) **1** requerir
2 necesitar ❶ La palabra más normal es **need**.
3 ~ **sb to do sth** exigir a algn que haga algo

requirement ०━ /rɪˈkwaɪəmənt/ n **1** necesidad **2** requisito

resat pt, pp de RESIT

rescue ⃝ /ˈreskjuː/ *verbo, nombre*
▸ *vt* ~ **sb/sth (from sth/sb)** rescatar, salvar a algn/ algo (de algo/algn)
▸ *n* rescate, salvamento: *rescue operation* operación de rescate **LOC come/go to sb's rescue** acudir en ayuda de algn **rescuer** *n* salvador, -ora

research ⃝ *nombre, verbo*
▸ *n* /rɪˈsɜːtʃ, ˈriːsɜːtʃ/ [*incontable*] ~ **(into/on sth)** investigación (sobre algo)
▸ *vt, vi* /rɪˈsɜːtʃ/ ~ **sth; ~ (into/in on sth)** investigar (algo) **researcher** *n* investigador, -ora

resemblance /rɪˈzembləns/ *n* parecido

resemble /rɪˈzembl/ *vt* parecerse a

resent /rɪˈzent/ *vt* resentirse de/por **resentful** *adj* **1** ~ **(at/of sth)** resentido, rencoroso (por algo) **2** (*mirada, etc.*) de resentimiento **resentment** *n* resentimiento, rencor

reservation ⃝ /ˌrezəˈveɪʃn/ *n* (*duda, de hotel, etc.*) reserva: *I have reservations on that subject.* Tengo ciertas reservas sobre ese tema.

🔍 **Making a reservation**
Hacer una reserva
● *Have you got a double room for the night of the 14th?* ¿Tienen una habitación doble disponible para la noche del 14?
● *I'd like to book seats for the concert on Friday.* Me gustaría reservar entradas para el concierto del viernes.
● *I'd like to book a table for two for this evening, please.* Quisiera reservar una mesa para dos personas para esta noche, por favor.
● *Yes, certainly, what time would you like the table?* Por supuesto. ¿A qué hora quiere la mesa?
● *We have a twin room or two singles.* Tenemos una habitación doble con dos camas individuales o dos habitaciones individuales.
● *I'm sorry. We're fully booked.* Lo siento, no quedan habitaciones libres.

reserve ⃝ /rɪˈzɜːv/ *verbo, nombre*
▸ *vt* **1** reservar **2** (*derecho*) reservarse
▸ *n* **1** reserva(s) **2** reserva: *game reserve* coto de caza **3 reserves** [*pl*] (*Mil*) reservistas **LOC in reserve** de reserva **reserved** *adj* reservado

reservoir /ˈrezəvwɑː(r)/ *n* embalse

reshuffle /ˌriːˈʃʌfl/ *n* reorganización

reside /rɪˈzaɪd/ *vi* (*formal*) residir

residence /ˈrezɪdəns/ *n* (*formal*) **1** residencia, casa **2** *hall of residence* colegio mayor

resident ⃝ /ˈrezɪdənt/ *nombre, adjetivo*
▸ *n* **1** residente; vecino, -a **2** (*hotel*) huésped, -eda
▸ *adj* residente: *to be resident abroad* residir en el extranjero **residential** /ˌrezɪˈdenʃl/ *adj*

1 (*barrio*) residencial **2** (*curso, etc.*) con alojamiento incluido

residue /ˈrezɪdjuː; *USA* -duː/ *n* residuo

resign /rɪˈzaɪn/ **1** *vi* ~ **(from/as sth)** dimitir (de algo) **2** *vt* renunciar a **PHR V resign yourself to sth** resignarse a algo **resignation** /ˌrezɪɡˈneɪʃn/ *n* **1** dimisión **2** resignación

resilience /rɪˈzɪliəns/ *n* **1** capacidad de recuperación **2** elasticidad

resilient /rɪˈzɪliənt/ *adj* **1** (*persona*) resistente **2** (*material*) elástico

resist ⃝ /rɪˈzɪst/ **1** *vt* (*presión, reforma*) oponerse a, oponer resistencia a **2** *vi* resistir **3** *vt* resistirse (a): *I had to buy it, I couldn't resist it.* Tuve que comprarlo, no lo pude resistir.

resistance ⃝ /rɪˈzɪstəns/ *n* resistencia: *the body's resistance to diseases* la resistencia del organismo a las enfermedades ◇ *He didn't put up/offer much resistance.* No opuso gran resistencia (a algo) **resistant** *adj* ~ **(to sth)** resistente (a algo)

resit *verbo, nombre*
▸ *vt* /ˌriːˈsɪt/ (*-tt-*) (*pt, pp* **resat** /-ˈsæt/) volver a presentarse a (*un examen*)
▸ *n* /ˈriːsɪt/ examen de recuperación

resolute /ˈrezəluːt/ *adj* resuelto, decidido ❶ La palabra más normal es **determined**. **resolutely** *adv* **1** con firmeza **2** resueltamente

resolution /ˌrezəˈluːʃn/ *n* **1** resolución **2** propósito: *New Year resolutions* propósitos para el año nuevo

resolve ⃝ /rɪˈzɒlv/ *vt* (*formal*) **1** (*disputa, crisis, etc.*) resolver **2** ~ **to do sth** resolverse a hacer algo **3** acordar: *The senate resolved that…* El Senado acordó que…

resort ⃝ /rɪˈzɔːt/ *nombre, verbo*
▸ *n* seaside resort centro turístico costero ◇ *ski resort* estación de esquí **LOC** *Ver* LAST
▸ *v* **PHR V resort to sth** recurrir a algo: *to resort to violence* recurrir a la violencia

resounding /rɪˈzaʊndɪŋ/ *adj* rotundo: *a resounding success* un éxito rotundo

resource ⃝ /rɪˈsɔːs; *GB tb* rɪˈzɔːs; *USA tb* ˈriːsɔːrs/ *n* recurso **resourceful** *adj* inventivo, de recursos: *She is very resourceful.* Tiene mucho ingenio para salir de apuros.

respect ⃝ /rɪˈspekt/ *nombre, verbo*
▸ *n* **1** ~ **(for sb/sth)** respeto, consideración (por algn/algo) **2** concepto: *in this respect* en este sentido **LOC with respect to sth** (*formal*) por lo que respecta a algo
▸ *vt* ~ **sb/sth (for sth)** respetar a algn/algo (por algo): *I respect them for their honesty.* Los respeto por su honradez.

R

respectable /rɪˈspektəbl/ *adj* **1** respetable, decente **2** (*cantidad, resultado*) respetable

respectful /rɪˈspektfl/ *adj* respetuoso

respective /rɪˈspektɪv/ *adj* respectivo: *They all got on with their respective jobs.* Todos volvieron a sus respectivos trabajos.

respiration /ˌrespəˈreɪʃn/ *n* (*formal*) respiración

respite /ˈrespaɪt; *USA* -spɪt/ *n* **1** respiro **2** alivio

respond 0→ /rɪˈspɒnd/ *vi* **1** contestar: *I wrote to them last week but they haven't responded.* Les escribí la semana pasada, pero no han contestado. ⬥ Las palabras más normales son **answer** y **reply**. **2** ~ (**to sth**) responder (a algo): *The patient is responding to treatment.* El paciente está respondiendo al tratamiento.

response 0→ /rɪˈspɒns/ *n* ~ (**to sb/sth**) **1** respuesta (a algn/algo): *In response to your enquiry…* En contestación a su pregunta… **2** reacción (a algn/algo)

responsibility 0→ /rɪˌspɒnsəˈbɪləti/ *n* (*pl* **responsibilities**) ~ (**for sb/sth**); ~ (**to/towards sb**) responsabilidad (de algn/algo); responsabilidad (ante algn): *to take full responsibility for sth* asumir toda la responsabilidad de algo

responsible 0→ /rɪˈspɒnsəbl/ *adj* ~ (**for sb/sth**); ~ (**to sb/sth**) responsable (de algn/algo); responsable (ante algn/algo): *to act in a responsible way* comportarse de una forma responsable ◇ *She's responsible for five patients.* Tiene cinco pacientes a su cargo.

responsive /rɪˈspɒnsɪv/ *adj* **1** sensible: *Firms have to be responsive to change.* Las empresas deben responder bien a los cambios. **2** receptivo: *a responsive audience* un público receptivo

rest 0→ /rest/ *nombre, verbo*
▸ *n* **1 the rest** [*sing*] el resto **2 the rest** [*pl*] los/las demás; los otros, las otras: *the rest of the players* los demás jugadores **3** descanso: *to have a rest* tomarse un descanso ◇ *to get some rest* descansar **LOC at rest** en reposo, en paz ♦ **come to rest** pararse *Ver tb* MIND
▸ **1** *vt, vi* descansar **2** *vt, vi* ~ (**sth**) **on/against sth** apoyar algo, apoyarse en/contra algo **3** *vi: to let the matter rest* dejar reposar el asunto

restaurant 0→ /ˈrestrɒnt; *USA tb* -stər-/ *n* restaurante

restful /ˈrestfl/ *adj* **1** (*actividad*) descansado **2** (*lugar*) sosegado

restless /ˈrestləs/ *adj* **1** inquieto: *to become/grow restless* impacientarse **2** agitado **3** *to have a restless night* pasar una mala noche

restoration /ˌrestəˈreɪʃn/ *n* **1** restauración **2** restablecimiento **3** devolución

restore 0→ /rɪˈstɔː(r)/ *vt* **1** ~ **sth (to sb/sth)** (*confianza, salud, etc.*) devolver algo (a algn/algo) **2** (*orden, paz*) restablecer **3** (*monarquía*) restaurar **4** (*formal*) (*bienes*) restituir

restrain /rɪˈstreɪn/ *vt* **1** ~ **sb (from doing sth)** contener a algn (para que no haga algo) **2** ~ **yourself** contenerse **3** (*emociones*) contener **restrained** *adj* moderado, comedido

restraint /rɪˈstreɪnt/ *n* **1** ~ (**on sb/sth**) limitación, restricción (sobre algn/algo) **2** compostura **3** comedimiento

restrict 0→ /rɪˈstrɪkt/ *vt* limitar

restricted 0→ /rɪˈstrɪktɪd/ *adj* ~ (**to sb/sth**) limitado, restringido (a algn/algo)

restriction 0→ /rɪˈstrɪkʃn/ *n* restricción

restrictive /rɪˈstrɪktɪv/ *adj* restrictivo

restroom /ˈrestruːm, -rʊm/ *n* (*USA*) aseos ➔ *Ver nota en* TOILET

result 0→ /rɪˈzʌlt/ *nombre, verbo*
▸ *n* resultado: *As a result of…* A consecuencia de…
▸ *vi* ~ (**from sth**) ser el resultado (de algo); originarse (por algo) **PHR V result in sth** resultar en algo

resume /rɪˈzjuːm; *USA* rɪˈzuːm/ (*formal*) **1** *vt, vi* reanudar(se) **2** *vt* recobrar, retomar

résumé /ˈrezjuːmeɪ; *USA* -zəmeɪ/ *n* (*USA*) currículum vitae, currículo

resumption /rɪˈzʌmpʃn/ *n* (*formal*) reanudación

resurgence /rɪˈsɜːdʒəns/ *n* resurgimiento

resurrect /ˌrezəˈrekt/ *vt* **1** (*tradición, etc.*) hacer revivir **2** resucitar **resurrection** *n* resurrección

resuscitate /rɪˈsʌsɪteɪt/ *vt* reanimar **resuscitation** *n* reanimación

retail /ˈriːteɪl/ *nombre, verbo*
▸ *n* venta al por menor: *retail price* precio de venta al público ◇ *retail park* centro comercial (en las afueras)
▸ *vt, vi* vender(se) al público **retailer** *n* minorista

retail therapy *n* (*gen hum*) terapia de compras (*acción de irse de compras para subirse la moral*)

retain 0→ /rɪˈteɪn/ *vt* (*formal*) **1** conservar, mantener **2** quedarse con **3** retener

retake *verbo, nombre*
▸ *vt* /ˌriːˈteɪk/ (*pt* **retook** /-ˈtʊk/, *pp* **retaken** /-ˈteɪkən/) **1** reconquistar **2** volver a presentarse a (*un examen*)
▸ *n* /ˈriːteɪk/ examen de recuperación

retaliate /rɪˈtælieɪt/ *vi* ~ (**against sb/sth**) vengarse (de algn/algo); tomar represalias (contra algn/algo) **retaliation** *n* [*incontable*] ~ (**against**

sb/sth); ~ **(for sth)** represalia (contra algn/algo); represalia (por algo)

retarded /rɪˈtɑːdɪd/ adj (antic, pey) retrasado ⊃ Ver nota en DISCAPACITADO

retch /retʃ/ vi dar arcadas

retention /rɪˈtenʃn/ n (formal) retención, conservación

rethink /ˌriːˈθɪŋk/ vt (pt, pp **rethought** /-ˈθɔːt/) reconsiderar

reticence /ˈretɪsns/ n (formal) reserva

reticent /ˈretɪsnt/ adj (formal) reservado

retire ⚬ /rɪˈtaɪə(r)/ **1** vi ~ **(from sth)** jubilarse, retirarse (de algo) **2** vi (formal, hum) retirarse a sus aposentos

retired ⚬ /rɪˈtaɪəd/ adj jubilado

retirement ⚬ /rɪˈtaɪəmənt/ n jubilación, retiro: *retirement home* residencia de ancianos

retiring /rɪˈtaɪərɪŋ/ adj **1** retraído **2** que se jubila

retook pt de RETAKE

retort /rɪˈtɔːt/ verbo, nombre
  ▸ vt replicar
  ▸ n réplica, contestación

retrace /rɪˈtreɪs/ vt (camino) desandar: *to retrace your steps* volver sobre tus pasos

retract /rɪˈtrækt/ **1** vt (formal) (declaración) retractarse de **2** vt (formal) (oferta, etc.) retirar **3** vt, vi (garra, uña, etc.) retraer(se) **4** vt, vi replegar(se)

retreat /rɪˈtriːt/ verbo, nombre
  ▸ vi batirse en retirada
  ▸ n **1** retirada **2** retiro **3** refugio

retrial /ˌriːˈtraɪəl, ˈriːtraɪəl/ n nuevo juicio

retribution /ˌretrɪˈbjuːʃn/ n (formal) **1** justo castigo **2** venganza

retrieval /rɪˈtriːvl/ n recuperación

retrieve /rɪˈtriːv/ vt **1** (formal) recobrar **2** (Informát) recuperar

retriever /rɪˈtriːvə(r)/ n (tipo de) perro de caza

retro /ˈretrəʊ/ adj retro

retrograde /ˈretrəgreɪd/ adj (formal, pey) retrógrado

retrospect /ˈretrəspekt/ n **LOC in retrospect** mirando hacia atrás

retrospective /ˌretrəˈspektɪv/ adjetivo, nombre
  ▸ adj **1** retrospectivo **2** retroactivo
  ▸ n exposición retrospectiva

return ⚬ /rɪˈtɜːn/ verbo, nombre
  ▸ **1** vi regresar, volver **2** vt devolver **3** vi (dolor) reaparecer **4** vt (Jur) declarar: *to return a verdict of guilty* declarar a algn culpable **5** vt (diputado, etc.) elegir
  ▸ n **1** vuelta, regreso: *on my return* a mi vuelta ◊ *return journey* viaje de vuelta **2** devolución

3 reaparición **4** retorno **5** ~ **(on sth)** rendimiento (de algo) **6** declaración: *(income) tax return* declaración de la renta **7** (tb reˈturn ˈticket) billete de ida y vuelta Ver tb DAY RETURN **LOC in return (for sth)** en recompensa/a cambio (de algo)

returnable /rɪˈtɜːnəbl/ adj **1** (dinero) reembolsable **2** (envase) retornable

retweet verbo, nombre
  ▸ vt /ˌriːˈtwiːt/ retuitear
  ▸ n /ˈriːtwiːt/ retuit

reunion /ˌriːˈjuːniən/ n reunión, reencuentro

reunite /ˌriːjuːˈnaɪt/ vt, vi **1** reunir(se), reencontrar(se) **2** reconciliar(se)

reusable /ˌriːˈjuːzəbl/ adj reutilizable

reuse verbo, nombre
  ▸ vt /ˌriːˈjuːz/ reutilizar
  ▸ n /ˌriːˈjuːs/ reutilización

rev /rev/ verbo, nombre
  ▸ v (-vv-) ~ **(sth) (up)** acelerar (algo)
  ▸ n (coloq) revolución (de motor)

revaluation /ˌriːvæljuˈeɪʃn/ n revalorización

revalue /ˌriːˈvæljuː/ vt **1** (propiedad, etc.) revalorar **2** (moneda) revalorizar

revamp verbo, nombre
  ▸ vt /ˌriːˈvæmp/ modernizar
  ▸ n /ˈriːvæmp/ [sing] modernización

reveal ⚬ /rɪˈviːl/ vt **1** (secretos, datos, etc.) revelar **2** mostrar, descubrir **revealing** adj **1** revelador **2** (falda, escote, etc.) atrevido

revel /ˈrevl/ v (-ll-, USA -l-) **PHRV revel in sth** deleitarse con algo/haciendo algo

revelation /ˌrevəˈleɪʃn/ n revelación

revenge /rɪˈvendʒ/ nombre, verbo
  ▸ n venganza: *to take (your) revenge on sb* vengarse de algn
  ▸ v **PHRV revenge yourself on sb** (formal) vengarse de algn

revenue /ˈrevənjuː; USA -nuː/ n [incontable] ingresos: *a source of government revenue* una fuente de ingresos del gobierno Ver tb INLAND REVENUE

reverberate /rɪˈvɜːbəreɪt/ vi **1** resonar **2** (formal) tener repercusiones **reverberation** n **1** resonancia **2** reverberations [pl] repercusiones

revere /rɪˈvɪə(r)/ vt (formal) venerar

reverence /ˈrevərəns/ n (formal) reverencia (veneración)

reverend /ˈrevərənd/ adj (abrev **Rev.**) reverendo

reverent /ˈrevərənt/ adj (formal) reverente

R

reversal /rɪˈvɜːsl/ n **1** cambio (de opinión, política, etc.) **2** (de suerte, fortuna) revés **3** inversión (de papeles) **4** (Jur) revocación

reverse ⊶ /rɪˈvɜːs/ verbo, nombre
▶ **1** vt invertir **2** vt, vi poner en/ir marcha atrás **3** vt (decisión) revocar `LOC` **reverse (the) charges** llamar a cobro revertido
▶ n **1** [sing] the ~ (of sth) lo contrario (de algo): quite the reverse todo lo contrario **2** reverso **3** (papel) dorso **4** (tb reˌverse ˈgear) marcha atrás

reversible /rɪˈvɜːsəbl/ adj reversible

revert /rɪˈvɜːt/ v `PHR V` **revert to sb/sth** (propiedad, etc.) revertir a algn/algo ◆ **revert to sth** (formal) volver a algo (estado, tema, etc. anterior)

review ⊶ /rɪˈvjuː/ nombre, verbo
▶ n **1** examen, revisión **2** informe **3** (de libro, película) reseña
▶ vt **1** reconsiderar **2** examinar **3** hacer una reseña de **4** (Mil) pasar revista a **reviewer** n crítico, -a

revise ⊶ /rɪˈvaɪz/ **1** vt revisar **2** vt modificar **3** vt, vi repasar (para examen)

revision ⊶ /rɪˈvɪʒn/ n **1** revisión **2** modificación **3** repaso (para examen): to do some revision repasar

revival /rɪˈvaɪvl/ n **1** restablecimiento **2** (moda) resurgimiento **3** (Teat) reposición

revive /rɪˈvaɪv/ **1** vt, vi (enfermo) reanimar(se) **2** vi (flores, plantas) revivir **3** vt, vi (economía) reactivar(se) **4** vt (carrera, interés) reavivar **5** vt (Teat) reponer

revoke /rɪˈvəʊk/ vt (formal) revocar

revolt /rɪˈvəʊlt/ nombre, verbo
▶ n rebelión
▶ **1** vi ~ (against sb/sth) rebelarse (contra algn/algo) **2** vt repugnar, dar asco a: The smell revolted him. El olor le repugnaba.

revolting /rɪˈvəʊltɪŋ/ adj repugnante

revolution ⊶ /ˌrevəˈluːʃn/ n revolución **revolutionary** /ˌrevəˈluːʃənəri; USA -neri/ adj, n (pl **revolutionaries**) revolucionario, -a **revolutionize, -ise** vt revolucionar

revolve /rɪˈvɒlv/ vt, vi (hacer) girar `PHR V` **revolve (a)round sb/sth** girar en torno a algn/algo

revolver /rɪˈvɒlvə(r)/ n revólver

revulsion /rɪˈvʌlʃn/ n (formal) repugnancia

reward ⊶ /rɪˈwɔːd/ nombre, verbo
▶ n ~ (for sth) recompensa (por algo)
▶ vt recompensar **rewarding** adj gratificante

rewind /ˌriːˈwaɪnd/ vt (pt, pp **rewound** /-ˈwaʊnd/) rebobinar

rewrite /ˌriːˈraɪt/ vt (pt **rewrote** /-ˈrəʊt/, pp **rewritten** /-ˈrɪtn/) volver a escribir

rhetoric /ˈretərɪk/ n (formal) retórica

rheumatism /ˈruːmətɪzəm/ n [incontable] reuma

rhino /ˈraɪnəʊ/ n (pl **rhinos**) (coloq) rinoceronte

rhinoceros /raɪˈnɒsərəs/ n (pl **rhinoceros**, **rhinoceroses**) rinoceronte

rhubarb /ˈruːbɑːb/ n ruibarbo

rhyme /raɪm/ nombre, verbo
▶ n **1** rima **2** (poema) verso Ver tb NURSERY RHYME
▶ vt, vi ~ (sth) (with sth) rimar (algo) (con algo)

rhythm ⊶ /ˈrɪðəm/ n ritmo

rib /rɪb/ n costilla

ribbon /ˈrɪbən/ n cinta, lazo `LOC` **cut, tear, etc. sth to ribbons** hacer algo trizas

ribcage /ˈrɪbkeɪdʒ/ n caja torácica

rice ⊶ /raɪs/ n arroz: brown rice arroz integral ◊ rice pudding arroz con leche ◊ rice field arrozal

rich ⊶ /rɪtʃ/ adjetivo, nombre
▶ adj (**richer**, **-est**) **1** rico: to become/get rich enriquecerse ◊ to be rich in sth ser rico/abundar en algo **2** (lujoso) suntuoso **3** (comida) pesado, empalagoso **4** (tierra) fértil
▶ n the rich [pl] los ricos **riches** n [pl] riqueza(s)

rickety /ˈrɪkəti/ adj **1** (estructura) desvencijado **2** (mueble) cojo

ricochet /ˈrɪkəʃeɪ; GB tb -ʃet/ vi (pt, pp **ricocheted** /-ʃeɪd/) ~ (off sth) rebotar (en algo)

rid ⊶ /rɪd/ vt (-dd-) (pt, pp **rid**) ~ sb/sth of sb/sth (formal) librar a algn/algo de algn/algo; eliminar algo de algo `LOC` **get rid of sb/sth** deshacerse, librarse de algn/algo

ridden /ˈrɪdn/ adj ~ with sth lleno de algo; dominado por algo: She was guilt-ridden/ridden with guilt. La atormentaba el remordimiento.

riddle /ˈrɪdl/ nombre, verbo
▶ n **1** acertijo, adivinanza **2** misterio, enigma
▶ vt acribillar (a balazos) `LOC` **be riddled with sth** estar plagado/lleno de algo

ride ⊶ /raɪd/ verbo, nombre
▶ (pt **rode** /rəʊd/, pp **ridden** /ˈrɪdn/) **1** vt (caballo) montar a **2** vi montar a caballo, cabalgar **3** vt (bicicleta, moto) montar en: He rides a motorbike everywhere. Va a todas partes en moto. **4** vi (en vehículo) viajar, ir
▶ n **1** (en vehículo) viaje: to go for a ride ir a dar una vuelta **2** paseo (a caballo) **3** atracción (de feria) `LOC` **take sb for a ride 1** darle una vuelta en coche a algn **2** (coloq) dar gato por liebre a algn

rider ⊶ /ˈraɪdə(r)/ n **1** jinete **2** ciclista **3** motociclista

ridge /rɪdʒ/ n **1** (montaña) cresta **2** (tejado) caballete

ridicule /ˈrɪdɪkjuːl/ nombre, verbo
▸ n ridículo
▸ vt ridiculizar

ridiculous 0━ /rɪˈdɪkjələs/ adj ridículo, absurdo

riding 0━ /ˈraɪdɪŋ/ n equitación: to go riding montar a caballo ◇ riding school escuela hípica

rife /raɪf/ adj be ~ (with sth) (pey) estar lleno/plagado (de algo): Disease was rife. Abundaba la enfermedad.

rifle /ˈraɪfl/ n fusil, rifle

rift /rɪft/ n **1** división, distanciamiento **2** (Geog) grieta

rig /rɪg/ verbo, nombre
▸ vt (-gg-) amañar PHRV **rig sth up** instalar algo (de forma provisional)
▸ n **1** Ver OIL RIG **2** (tb **rigging** /ˈrɪgɪŋ/) (Náut) aparejo, jarcia

right 0━ /raɪt/ adjetivo, adverbio, nombre, verbo, interjección
▸ adj **1** justo: It's not right to pay people so badly. No es justo pagar tan mal a la gente. ◇ He was right to do that. Hizo lo correcto al obrar así. **2** correcto, cierto: You are quite right. Tienes toda la razón. ◇ Are these figures right? ¿Son correctas estas cifras? **3** adecuado, apropiado: Is this the right colour for the curtains? ¿Es este el color adecuado para las cortinas? ◇ to be on the right road ir por buen camino **4** (momento) oportuno: It wasn't the right time to say that. No era el momento oportuno para decir aquello. **5** (pie, mano, etc.) derecho **6** (GB, coloq, gen pey) de remate: a right fool un tonto de remate Ver tb ALL RIGHT LOC **get sth right 1** acertar, hacer algo bien **2** dejar algo claro ◆ **put/set sb/sth right** corregir a algn/algo, arreglar algo Ver tb CUE, PRIORITY, SIDE, TRACK
▸ adv **1** exactamente: right beside you justo a tu lado **2** completamente: right to the end hasta el final **3** (right) inmediatamente: I'll be right back. Vuelvo ahora mismo. **4** bien, correctamente: Have I spelt your name right? ¿He escrito bien tu nombre? **5** a la derecha: to turn right torcer a la derecha LOC **right away/off** enseguida ◆ **right now** ahora mismo Ver tb SERVE
▸ n **1** bien: right and wrong el bien y el mal **2** ~ (to sth/to do sth) derecho (a algo/a hacer algo): human rights los derechos humanos **3** derecha: on the right a la derecha **4 the Right** [v sing o pl] (Pol) la derecha LOC **be in the right** tener razón ◆ **by rights 1** en buena ley **2** en teoría ◆ **in your own right** por derecho propio

693   **ringtone**

▸ vt **1** enderezar **2** corregir
▸ interj (GB, coloq) **1** ¡vale!, ¡bien! **2 right?** ¿verdad?: That's £10 each, right? Son diez libras cada uno, ¿no?

right-click vt, vi ~ (sth/on sth) (Informát) hacer clic con el botón derecho del ratón (en algo)

righteous /ˈraɪtʃəs/ adj (formal) **1** (persona) recto, honrado **2** (indignación) justificado Ver tb SELF-RIGHTEOUS

rightful /ˈraɪtfl/ adj [solo antes de sustantivo] (formal) legítimo: the rightful heir el heredero legítimo

right-hand adj [solo antes de sustantivo] a/de (la) derecha: on the right-hand side a mano derecha LOC **right-hand man** brazo derecho

right-handed /ˌ/ adj diestro

rightly 0━ /ˈraɪtli/ adv correctamente, justificadamente: rightly or wrongly mal que bien

right wing nombre, adjetivo
▸ n (Pol) derecha
▸ adj **right-wing** de derecha(s), derechista

rigid /ˈrɪdʒɪd/ adj **1** rígido **2** (actitud) inflexible

rigorous /ˈrɪgərəs/ adj riguroso

rigour (USA rigor) /ˈrɪgə(r)/ n rigor

rim /rɪm/ n **1** borde ⮕ Ver dibujo en CUP **2** (gafas) montura **3** llanta

rind /raɪnd/ n corteza (de beicon, queso, limón) ⮕ Ver nota en PEEL

ring¹ 0━ /rɪŋ/ nombre, verbo
▸ n **1** anillo, sortija: ring finger dedo anular **2** aro **3** círculo **4** (tb boxing ring) ring **5** (tb circus ring) pista (de circo) **6** plaza de toros Ver tb KEY RING
▸ vt (pt, pp ringed) **1** ~ sb/sth (with sth) rodear a algn/algo (de algo) **2** (esp pájaro) anillar

ring² 0━ /rɪŋ/ verbo, nombre
▸ (pt rang /ræŋ/, pp rung /rʌŋ/) **1** vt, vi ~ (sb/sth) (up) llamar (a algn/algo) (por teléfono): to ring for a cab llamar (a) un taxi **2** vi (teléfono, campana) sonar **3** vt (timbre) tocar **4** vi (voces) resonar **5** vi (oídos) zumbar LOC **ring a bell** (coloq) sonar: His name rings a bell. Su nombre me suena. PHRV **ring (sb) back** volver a llamar, devolver la llamada (a algn) ◆ **ring off** colgar (el teléfono)
▸ n **1** (timbre) timbrazo **2** (campanas) toque **3** [sing] sonido LOC **give sb a ring** (GB, coloq) llamar a algn (por teléfono)

ringleader /ˈrɪŋliːdə(r)/ n (pey) cabecilla

ringlet /ˈrɪŋlət/ n tirabuzón

ring pull n anilla (de lata)

ring road n ronda, carretera de circunvalación

ringtone /ˈrɪŋtəʊn/ n tono/melodía de llamada

R

rink /rɪŋk/ *n* pista (*de hielo, patinaje*)

rinse /rɪns/ *verbo, nombre*
▶ *vt* **1** ~ **sth (out)** enjuagar algo **2** (*quitar el jabón*) aclarar
▶ *n* **1** enjuague: *I gave the glass a rinse.* Enjuagué el vaso. **2** aclarado **3** (*de pelo*) tinte (*no permanente*)

riot /ˈraɪət/ *nombre, verbo*
▶ *n* disturbio, motín: *riot police* policía antidisturbios `LOC` **run riot** desmandarse
▶ *vi* causar disturbios, amotinarse **rioter** *n* alborotador, -ora **rioting** *n* [*incontable*] disturbios **riotous** /ˈraɪətəs/ *adj* **1** (*formal*) (*Jur*) alborotador **2** (*fiesta*) desenfrenado, bullicioso

rip /rɪp/ *verbo, nombre*
▶ *v* (**-pp-**) **1** *vt, vi* rasgar(se), rajar(se): *to rip sth open* abrir algo desgarrándolo **2** *vt* (*archivos de audio y vídeo*) ripear `PHR V` **rip sb off** (*coloq*) timar a algn ◆ **rip sth off/out; rip sth out of sth** arrancar algo (*de algo*) ◆ **rip sth up** hacer algo pedazos
▶ *n* desgarrón

ripe /raɪp/ *adj* (**riper, -est**) **1** (*fruta, queso*) maduro **2** ~ (**for sth**) listo (*para algo*): *The time is ripe for his return.* Ha llegado la hora de que regrese.

ripen /ˈraɪpən/ *vt, vi* madurar

rip-off *n* (*coloq*) timo, robo

ripple /ˈrɪpl/ *nombre, verbo*
▶ *n* **1** onda, rizo **2** a ~ **of sth** un murmullo de algo
▶ *vt, vi* ondular(se)

rise ᴏ̶ᴡ /raɪz/ *nombre, verbo*
▶ *n* **1** ~ (**in sth**) (*cantidad*) subida, aumento (*de algo*) **2** aumento (*de sueldo*) **3** [*sing*] subida, ascenso **4** cuesta `LOC` **give rise to sth** (*formal*) dar lugar a algo
▶ *vi* (*pt* **rose** /rəʊz/, *pp* **risen** /ˈrɪzn/) **1** subir **2** (*formal*) (*persona, viento*) levantarse ❶ En este contexto la expresión más normal es **get up**. **3** (*sol, luna*) salir **4** ascender (*en rango*) **5** (*voz*) alzarse **6** ~ (**up**) (**against sb/sth**) (*formal*) sublevarse (contra algn/algo) **7** (*río*) nacer **8** (*nivel de un río*) crecer

rising /ˈraɪzɪŋ/ *nombre, adjetivo*
▶ *n* (*Pol*) levantamiento
▶ *adj* **1** creciente **2** (*sol*) naciente

risk ᴏ̶ᴡ /rɪsk/ *nombre, verbo*
▶ *n* ~ (**of sth/that...**) riesgo (de algo/de que...) `LOC` **at risk** en peligro ◆ **run the risk (of doing sth)** correr el riesgo/peligro (de hacer algo) ◆ **take a risk; take risks** arriesgarse
▶ *vt* **1** arriesgar(se) **2** ~ **doing sth** exponerse, arriesgarse a hacer algo `LOC` **risk life and limb; risk your neck** jugarse el pellejo

risky /ˈrɪski/ *adj* (**riskier, -iest**) arriesgado

rite /raɪt/ *n* rito

ritual /ˈrɪtʃuəl/ *nombre, adjetivo*
▶ *n* ritual, rito
▶ *adj* ritual

rival ᴏ̶ᴡ /ˈraɪvl/ *adjetivo, nombre, verbo*
▶ *adj, n* ~ (**to sb/sth**) (**for sth**) rival (de algn/algo) (para/en algo)
▶ *vt* (**-ll-**, *USA tb* **-l-**) ~ **sb/sth (for/in sth)** rivalizar con algn/algo (en algo) **rivalry** *n* (*pl* **rivalries**) rivalidad

river ᴏ̶ᴡ /ˈrɪvə(r)/ *n* río: *river bank* orilla (del río) ◊ *river transport* transporte fluvial ➔ *Ver nota en* RÍO

riverside /ˈrɪvəsaɪd/ *n* ribera (del río)

rivet /ˈrɪvɪt/ *nombre, verbo*
▶ *n* remache
▶ *vt* **1** *to be riveted by sth* estar fascinado por algo **2** (*clavo*) remachar **riveting** *adj* fascinante

road ᴏ̶ᴡ /rəʊd/ *n* **1** (*entre ciudades*) carretera: *across/over the road* al otro lado de la carretera ◊ *road sign/accident* señal/accidente de tráfico ◊ *road safety* seguridad vial *Ver tb* RING ROAD **2** (*abrev* **Rd**) (*en ciudades*) calle

🔎 En inglés, **road**, **street**, **avenue**, etc. se escriben con mayúscula cuando van precedidos por el nombre de la calle: *Banbury Road* la calle Banbury. ➔ *Ver nota en* CALLE

`LOC` **by road** por carretera ◆ **on the road 1** de viaje **2** (*Mús, Teat*) de gira ◆ **on the road to sth** camino de algo

roadblock /ˈrəʊdblɒk/ *n* control (policial)

road map *n* **1** mapa de carreteras **2** (*fig*) hoja de ruta

road rage *n* violencia al volante

roadside /ˈrəʊdsaɪd/ *n* [*sing*] borde de la carretera: *roadside cafe* bar de carretera

roadway /ˈrəʊdweɪ/ *n* calzada

roadworks /ˈrəʊdwɜːks/ *n* [*pl*] obras (*en carretera*)

roam /rəʊm/ **1** *vt* vagar por, recorrer **2** *vi* vagar

roaming /ˈrəʊmɪŋ/ *n* (*móvil*) itinerancia, roaming: *roaming charges* cargos por itinerancia

roar /rɔː(r)/ *verbo, nombre*
▶ **1** *vi* (*león, etc.*) rugir **2** *vi* gritar: *to roar with laughter* reírse a carcajadas **3** *vt* decir a gritos
▶ *n* **1** (*león, etc.*) rugido **2** estruendo: *roars of laughter* carcajadas **roaring** *adj* `LOC` **do a roaring trade (in sth)** (*coloq*) hacer un negocio redondo (en algo)

roast /rəʊst/ *verbo, adjetivo, nombre*
▶ **1** *vt, vi* (*carne, patatas, etc.*) asar(se) **2** *vt, vi* (*café, etc.*) tostar(se) **3** *vi* (*coloq*) asarse (*de calor*)
▶ *adj, n* asado: *roast beef* rosbif

rob o⃘⃫ /rɒb/ *vt* (**-bb-**) ~ **sb/sth (of sth)** robar (algo) a algn/algo

🔎 Los verbos **rob**, **steal** y **burgle** significan *robar*. **Rob** se utiliza con complementos de persona o lugar: *He robbed me (of all my money).* Me robó (todo mi dinero). **Steal** se usa cuando mencionamos el objeto robado (de un lugar o a una persona): *He stole all my money (from me).* Me robó todo mi dinero. **Burgle** (**burglarize** en Estados Unidos) se refiere a robos en casas particulares o tiendas, normalmente cuando los dueños están fuera: *The house has been burgled.* Han robado en la casa.

robber *n* **1** ladrón, -ona **2** atracador, -ora ⊃ *Ver nota en* THIEF **robbery** *n* (*pl* **robberies**) **1** robo **2** (*violento*) atraco ⊃ *Ver nota en* THEFT

robe /rəʊb/ *n* **1** (*ceremonial*) manto **2** albornoz

robin /ˈrɒbɪn/ *n* petirrojo

robot /ˈrəʊbɒt/ *n* robot

robust /rəʊˈbʌst/ *adj* robusto, enérgico

rock o⃘⃫ /rɒk/ *nombre, verbo*
▸ *n* **1** roca **2** (*USA*) piedra **3** peñón **4** (*tb* ˈrock music) (música) rock **LOC on the rocks 1** en crisis **2** (*bebida*) con hielo
▸ **1** *vt, vi* mecer(se) **2** *vt* (*niño*) acunar **3** *vt, vi* estremecer(se), sacudir(se)

,rock ˈbottom *nombre, adjetivo*
▸ *n* (*coloq*) el punto más bajo: *The marriage had reached rock bottom.* El matrimonio había tocado fondo.
▸ *adj* **rock-bottom** (*coloq*) *rock-bottom prices* precios por los suelos

ˈrock climbing *n* escalada (*en roca*)

rocket /ˈrɒkɪt/ *nombre, verbo*
▸ *n* **1** cohete **2** rúcula **LOC it's not rocket science** (*coloq*) no hace falta ser ingeniero; no es tan difícil
▸ *vi* aumentar muy rápidamente

ˈrocking chair *n* mecedora

rocky /ˈrɒki/ *adj* (**rockier, -iest**) **1** rocoso **2** (*situación*) inestable

rod /rɒd/ *n* **1** barra **2** caña de pescar

rode *pt de* RIDE

rodent /ˈrəʊdnt/ *n* roedor

rodeo /ˈrəʊdiəʊ, rəʊˈdeɪəʊ/ *n* (*pl* **rodeos**) rodeo (*con caballos, etc.*)

roe /rəʊ/ *n* hueva (*de pescado*)

ROFL (*tb* ROTFL) *abrev de* **roll/rolling on the floor laughing** (*coloq*) (*esp en mensajes, etc.*) me parto de risa ⊃ *Ver nota en* TEXTSPEAK

rogue /rəʊg/ *n* **1** (*hum*) pícaro, -a **2** (*antic*) sinvergüenza

role o⃘⃫ /rəʊl/ *n* papel: *role model* modelo a imitar/seguir

ˈrole-play *n* juego de rol

roll o⃘⃫ /rəʊl/ *nombre, verbo*
▸ *n* **1** rollo: *toilet roll* rollo de papel higiénico **2** carrete (*de fotos*) **3** (*tb* ˌbread ˈroll) panecillo **4** (*con relleno*) bocadillo **5** balanceo **6** registro, lista: *the electoral roll* el censo electoral *Ver tb* SAUSAGE ROLL
▸ **1** *vt, vi* (hacer) rodar **2** *vt, vi* dar vueltas (a) **3** *vt, vi* ~ (**sth**) (**up**) enrollar algo, enrollarse **4** *vt, vi* ~ (**sb/sth/yourself**) (**up**) envolver a algn/algo, envolverse **5** *vt* (*cigarrillo*) liar **6** *vt* (*masa*) estirar con un rodillo **7** *vt, vi* balancear(se) **LOC be rolling in it/money** (*coloq*) estar forrado *Ver tb* BALL **PHRV roll in** (*coloq*) llegar en grandes cantidades, llover ◆ **roll sth out** extender algo ◆ **roll over** darse la vuelta ◆ **roll up** (*coloq*) presentarse

roller /ˈrəʊlə(r)/ *n* **1** rodillo **2** rulo

Rollerblade ᴿ /ˈrəʊləbleɪd/ *nombre, verbo*
▸ *n* patín (de ruedas) en línea
▸ *vi* **Rollerblade** patinar (*con patines en línea*)

ˈroller coaster *n* montaña rusa

ˈroller hockey *n* hockey sobre patines

ˈroller skate *nombre, verbo*
▸ *n* patín de ruedas
▸ *vi* patinar sobre ruedas

ˈroller skating *n* patinaje sobre ruedas

rolling /ˈrəʊlɪŋ/ *adj* (*paisaje*) ondulante

ˈrolling pin *n* rodillo (*de cocina*)

ˈroll-out *n* (*Econ*) lanzamiento, implementación

romance /ˈrəʊmæns; *GB tb* rəʊˈmæns/ *n* **1** amor, amorío: *a holiday romance* una aventura de vacaciones **2** romanticismo: *the romance of foreign lands* el romanticismo de las tierras lejanas **3** novela de amor

romantic o⃘⃫ /rəʊˈmæntɪk/ *adj* romántico

romp /rɒmp/ *vi* ~ (**about/around**) retozar, corretear

roof o⃘⃫ /ruːf/ *n* **1** tejado **2** (*coche, etc.*) techo **roofing** *n* [*incontable*] techumbre

ˈroof rack *n* baca

rooftop /ˈruːftɒp/ *n* **1** azotea **2** tejado

rook /rʊk/ *n* **1** grajo **2** (*Ajedrez*) torre

room o⃘⃫ /ruːm, rʊm/ *n* **1** habitación, cuarto, sala *Ver tb* CHANGING ROOM, DINING ROOM, DRAWING ROOM, DRESSING ROOM, LIVING ROOM, SITTING ROOM, TEA ROOM **2** espacio: *room to breathe* espacio para respirar ◇ *Is there room for me?* ¿Hay sitio para mí? ◇ *It takes up a lot of room.* Ocupa mucho. **3** *There's no room for doubt.* No cabe duda. ◇ *There's room for improvement.* Podría mejorarse.

roommate /'ruːmmeɪt, 'rʊm-/ n **1** compañero, -a de cuarto **2** (USA) compañero, -a de piso

'**room service** n servicio de habitaciones

'**room temperature** n temperatura ambiente

roomy /'ruːmi, 'rʊmi/ adj (**roomier**, **-iest**) espacioso

roost /ruːst/ nombre, verbo
▶ n percha (para aves)
▶ vi posarse para dormir

rooster /'ruːstə(r)/ n (esp USA) gallo

root 0̶ₘ /ruːt/ nombre, verbo
▶ n **1** raíz **2** causa fundamental: *the root cause of the problem* la causa fundamental del problema Ver tb GRASS ROOTS, SQUARE ROOT **LOC** put down roots echar raíces
▶ vi **1** echar raíces **2** ~ about/around (for sth) hurgar (en algo) (buscando algo) **PHR V** root for sb/sth (coloq) animar a algn/algo ◆ root sth out **1** erradicar algo **2** encontrar algo

rope 0̶ₘ /rəʊp/ nombre, verbo
▶ n cuerda: *rope ladder* escala de cuerda ⊃ Ver dibujo en CUERDA **LOC** show sb/know/learn the ropes (coloq) enseñarle a algn/conocer/aprender el oficio
▶ v **PHR V** rope sb in; rope sb into sth (coloq) enganchar a algn (para hacer algo) ◆ rope sth off acordonar algo

rosary /'rəʊzəri/ n (pl **rosaries**) rosario (oración y cuentas)

rose /rəʊz/ n rosa: *rose bush* rosal Ver tb RISE

rosé /'rəʊzeɪ; USA rəʊ'zeɪ/ n (vino) rosado

rosemary /'rəʊzməri; USA -meri/ n romero

rosette /rəʊ'zet/ n escarapela

rosy /'rəʊzi/ adj (**rosier**, **-iest**) **1** sonrosado **2** (futuro, imagen, etc.) prometedor

rot /rɒt/ vt, vi (**-tt-**) pudrir(se)

rota /'rəʊtə/ n (pl **rotas**) lista (de turnos)

rotary /'rəʊtəri/ n (pl **rotaries**) (USA) rotonda

rotate /rəʊ'teɪt; USA 'rəʊteɪt/ vt, vi **1** (hacer) girar **2** alternar(se), turnar(se) **rotation** n rotación **LOC** in rotation por turno(s)

rotten /'rɒtn/ adj **1** podrido **2** (coloq) malísimo **3** corrompido

rough 0̶ₘ /rʌf/ adjetivo, nombre, verbo, adverbio
▶ adj (**rougher**, **-est**) **1** (superficie) áspero, basto **2** (cálculo) aproximado **3** (comportamiento) violento **4** (tratamiento) desconsiderado **5** (mar) picado **6** (tiempo) tempestuoso **7** malo: *I feel a bit rough.* No me encuentro bien. **LOC** be rough (on sb) ser duro (con algn)
▶ n **LOC** in rough en sucio
▶ vt **LOC** rough it (coloq) vivir sin comodidades

▶ adv (**rougher**, **-est**) duro

roughly 0̶ₘ /'rʌfli/ adv **1** aproximadamente **2** violentamente

roulette /ruː'let/ n ruleta

round 0̶ₘ /raʊnd/ adverbio, preposición, adjetivo, nombre, verbo
❶ Para los usos de **round** en PHRASAL VERBS ver las entradas de los verbos correspondientes, p. ej. **come round** en COME.
▶ adv *all year round* durante todo el año ◇ *a shorter way round* un camino más corto ◇ *round the clock* las 24 horas ◇ *round at María's* en casa de María Ver tb AROUND **LOC** round about **1** de alrededor: *the houses round about* las casas de alrededor **2** (aproximadamente) alrededor de: *round about an hour* alrededor de una hora
▶ prep **1** alrededor de: *She wrapped the towel round her waist.* Se enrolló la toalla alrededor de la cintura. **2** a la vuelta de: *just round the corner* a la vuelta de la esquina **3** por: *to show sb round the house* enseñarle a algn la casa Ver tb AROUND
▶ adj (**rounder**, **-est**) redondo
▶ n **1** ronda: *a round of talks* una ronda de conversaciones **2** (Dep) vuelta, ronda **3** (Boxeo) asalto **4** recorrido (del cartero, etc.) **5** visitas (del médico) **6** ronda (de bebidas): *It's my round.* Esta ronda la pago yo. **7** *a round of applause* una salva de aplausos **8** tiro, ráfaga
▶ vt doblar (una esquina) **PHR V** round sth off (with sth) terminar algo (con algo) ◆ round sb/sth up reunir, juntar a algn/algo ◆ round sth up/down redondear algo (por lo alto/bajo) (cifra, etc.)

roundabout /'raʊndəbaʊt/ nombre, adjetivo
▶ n **1** rotonda **2** tiovivo
▶ adj indirecto: *in a roundabout way* de forma indirecta/dando un rodeo

round-the-'clock (USA around-the-clock) adj 24 horas: *round-the-clock nursing care* atención médica 24 horas

round 'trip nombre, adjetivo
▶ n ida y vuelta
▶ adj round-trip (USA) *a round-trip ticket* un billete de ida y vuelta

rouse /raʊz/ vt **1** (formal) despertar **2** incitar: *to rouse yourself to do sth* animarse a hacer algo **rousing** adj **1** (aplauso) caluroso **2** (discurso) enardecedor

rout /raʊt/ nombre, verbo
▶ n [sing] derrota aplastante
▶ vt derrotar de forma aplastante

route 0̶ₘ /ruːt; USA raʊt/ n ruta

router /'ruːtə(r); USA tb 'raʊtər/ n (Informát) router

routine 0̶ₘ /ruːˈtiːn/ *nombre, adjetivo*
▸ *n* rutina
▸ *adj* de rutina, rutinario **routinely** *adv* de forma rutinaria, rutinariamente

row¹ 0̶ₘ /rəʊ/ *nombre, verbo*
▸ *n* **1** fila, hilera: *front row* primera fila **2** *to go for a row* salir a remar **LOC** **in a row** uno tras otro: *four days in a row* cuatro días seguidos
▸ *vt, vi* remar, navegar a remo: *She rowed the boat to the bank.* Remó hacia la orilla. ◇ *to row across the lake* cruzar el lago a remo ◇ *Will you row me across the river?* ¿Me llevas al otro lado del río (en barca)?

row² 0̶ₘ /raʊ/ *nombre, verbo*
▸ *n* (*esp GB, coloq*) **1** ~ (**about/over sth**) pelea, riña (por algo): *to have a row* pelearse **Ð** *Comparar con* ARGUMENT, DISCUSSION **2** ruido **3** jaleo
▸ *vi* (*GB, coloq*) pelearse

rowdy /ˈraʊdi/ *adj* (**rowdier, -iest**) **1** (*persona*) ruidoso, pendenciero **2** (*reunión*) alborotado

row house /ˈrəʊ haʊs/ *n* (*USA*) casa adosada (*que forma parte de una hilera*)

rowing /ˈrəʊɪŋ/ *n* remo (*deporte*)

ˈrowing boat (*USA* **rowboat** /ˈrəʊbəʊt/) *n* barca de remos

royal 0̶ₘ /ˈrɔɪəl/ *adj* real

royalty /ˈrɔɪəlti/ *n* **1** [*incontable*] realeza **2** (*pl* **royalties**) [*gen pl*] derechos de autor

RPG /ˌɑː piː ˈdʒiː/ *n* (*abrev de* **role-playing game**) juego de rol

rub 0̶ₘ /rʌb/ *verbo, nombre*
▸ (**-bb-**) **1** *vt* restregar, frotar: *to rub your hands together* frotarse las manos **2** *vt* friccionar **3** *vi* ~ (**on/against sth**) rozar (contra algo) **PHR V** **rub off (on/onto sb)** pegársele (a algn) ◆ **rub sth out** borrar algo
▸ *n* [*gen sing*] *to give sth a rub* frotar algo

rubber 0̶ₘ /ˈrʌbə(r)/ *n* **1** goma, caucho: *rubber stamp* sello de goma **2** goma (*de borrar*)

ˌrubber ˈband *n* goma (elástica)

rubbish 0̶ₘ /ˈrʌbɪʃ/ *n* [*incontable*] (*esp GB*) **1** basura: *rubbish dump/tip* vertedero **2** (*coloq*) porquería: *The film was rubbish.* La película era un bodrio. **3** (*coloq*) tonterías

rubble /ˈrʌbl/ *n* [*incontable*] escombros

ruby /ˈruːbi/ *n* (*pl* **rubies**) rubí

rucksack /ˈrʌksæk/ *n* mochila **Ð** *Ver dibujo en* BAG

rudder /ˈrʌdə(r)/ *n* timón

rude 0̶ₘ /ruːd/ *adj* (**ruder, -est**) **1** ~ (**to sb**) grosero, maleducado (con algn): *It's rude to interrupt.* Es de mala educación interrumpir. **2** indecente **3** (*chiste, etc.*) verde **rudeness** *n* falta de educación

rudimentary /ˌruːdɪˈmentri/ *adj* (*formal*) rudimentario

ruffle /ˈrʌfl/ *vt* **1** (*pelo*) alborotar **2** (*plumas*) encrespar **3** perturbar, desconcertar

rug /rʌg/ *n* **1** alfombra **2** manta (*de viaje, etc.*)

rugby /ˈrʌgbi/ *n* rugby

rugged /ˈrʌgɪd/ *adj* **1** (*terreno*) escabroso, accidentado **2** (*montaña*) escarpado **3** (*hombre*) de facciones marcadas **4** (*ropa, etc.*) fuerte

ruin 0̶ₘ /ˈruːɪn/ *verbo, nombre*
▸ *vt* arruinar, destruir, estropear
▸ *n* (*lit y fig*) ruina

rule 0̶ₘ /ruːl/ *nombre, verbo*
▸ *n* **1** regla, norma **2** costumbre: *as a (general) rule* en general/por regla general **3** gobierno, dominio **4** (*gobierno*) mandato **5** (*de monarca*) reinado
▸ **1** *vt, vi* ~ **sb/sth**; ~ (**over sb/sth**) (*Pol*) gobernar (a algn/algo) **2** *vt* dominar, regir **3** *vt, vi* ~ (**sth/on sth**) (*Jur*) fallar (en algo); decidir (sobre algo) **4** *vt* (*línea*) trazar **PHR V** **rule sb/sth out** descartar, excluir a algn/algo

ruler 0̶ₘ /ˈruːlə(r)/ *n* **1** gobernante **2** (*instrumento*) regla

ruling /ˈruːlɪŋ/ *nombre, adjetivo*
▸ *n* ~ (**on sth**) fallo (en algo)
▸ *adj* **1** imperante **2** (*Pol*) en el poder

rum /rʌm/ *n* ron

rumble /ˈrʌmbl/ *verbo, nombre*
▸ *vi* **1** retumbar, hacer un ruido sordo **2** (*estómago*) sonar
▸ *n* estruendo, ruido sordo

rummage /ˈrʌmɪdʒ/ *vi* **1** ~ **about/around** revolver, rebuscar **2** ~ **among/in/through sth** (**for sth**) revolver, hurgar (en) algo (en busca de algo)

rumour 0̶ₘ (*USA* **rumor**) /ˈruːmə(r)/ *n* rumor: *Rumour has it that…* Hay rumores de que…

rump /rʌmp/ *n* **1** grupa, ancas **2** (*tb* ˌrump ˈsteak) (filete de) cadera, churrasco

run 0̶ₘ /rʌn/ *verbo, nombre*
▸ (**-nn-**) (*pt* **ran** /ræn/, *pp* **run**) **1** *vt, vi* correr: *I ran ten kilometres.* He corrido diez kilómetros. ◇ *She ran the marathon.* Participó en el maratón. **2** *vt, vi* recorrer: *She ran her eye around the room.* Recorrió la habitación con la mirada. ◇ *A shiver ran down her spine.* Un escalofrío le recorrió la espalda. ◇ *to run your eyes over sth* echar un vistazo a algo ◇ *to run your fingers through sb's hair* pasar los dedos por el pelo de algn ◇ *The tears ran down her cheeks.* Las lágrimas le resbalaban por las mejillas. **3** *vt, vi* (*máquina, sistema, organización*) (hacer) funcionar: *Everything is running smoothly.* Todo marcha sobre ruedas. ◇ *Run the engine for a*

iː see	i happy	ɪ sit	e ten	æ hat	ɑː arm	ɒ got	ɔː saw	ʊ put

few minutes before you start. Ten el motor en marcha unos minutos antes de arrancar. **4** *vt* (*negocio, etc.*) administrar, dirigir **5** *vt* (*servicio, curso, etc.*) organizar, ofrecer **6** *vi* (*autobús, tren, etc.*) circular: *The buses run every hour.* Hay un autobús cada hora. ◊ *The train is running an hour late.* El tren lleva una hora de retraso. **7** *vt* (*vehículo*) mantener: *I can't afford to run a car.* No me puedo permitir mantener un coche. **8** *vt* (*coloq*) llevar (*en coche*): *Can I run you to the station?* ¿Te llevo a la estación? **9** *vi* extenderse: *The cable runs the length of the wall.* El cable recorre todo el largo de la pared. ◊ *A fence runs round the field.* Una valla circunda el prado. **10** *vi* ~ (**for…**) (*Teat*) representarse (durante…) **11** *vt*: *to run the tap* abrir el grifo ◊ *to run a bath* preparar un baño **12** *vi* (*nariz*) gotear **13** *vi* (*tinte*) desteñir **14** *vt* (*Informát*) ejecutar **15** *vt* (*Period*) publicar **16** *vi* ~ (**for sth**) (*Pol*) presentarse como candidato (a algo) **LOC** **run for it** echar a correr **❶** Para otras expresiones con **run**, véanse las entradas del sustantivo, adjetivo, etc., p. ej. **run dry** en DRY.

PHRV **run about/around** corretear
run across sb/sth toparse con algn/algo
run after sb (*coloq*) andar/ir detrás de algn (*para mantener relaciones*) ◆ **run after sb/sth** perseguir a algn/algo
run at sth estar en algo: *Inflation is running at 5%.* La inflación alcanza el 5%.
run away (from sb/sth) salir corriendo; escaparse (de algn/algo)
run sb/sth down 1 atropellar a algn/algo **2** criticar a algn/algo
run into sb toparse con algn ◆ **run into sth 1** encontrarse con algo (*por casualidad*) **2** (*tb* **run sth into sth**) chocar (algo) contra algo
run off huir ◆ **run off with sth** (*robar*) llevarse algo
run out 1 acabarse, agotarse **2** caducar, vencer ◆ **run out (of sth)** quedarse sin algo: *We've run out of sugar.* Se nos ha acabado el azúcar.
run sb/sth over atropellar a algn/algo

▸ *n* **1** carrera: *to go for a run* salir a correr ◊ *to break into a run* echar a correr **2** paseo (*en coche, etc.*) **3** período: *a run of bad luck* una temporada de mala suerte **4** (*Cine, Teat*) temporada **LOC** **be on the run** haberse fugado/estar huido de la justicia ◆ **make a run for it** intentar escapar *Ver tb* LONG

runaway /ˈrʌnəweɪ/ *adjetivo, nombre*
▸ *adj* **1** fugitivo **2** fuera de control **3** (*caballo*) desbocado **4** *runaway inflation* inflación galopante ◊ *a runaway success* un éxito aplastante
▸ *n* fugitivo, -a

run-ˈdown *adj* **1** (*edificio, barrio*) en un estado de abandono **2** (*persona*) bajo de defensas

rung /rʌŋ/ *n* peldaño *Ver tb* RING²

runner ⚫ /ˈrʌnə(r)/ *n* corredor, -ora

runner-ˈup *n* (*pl* **runners-up**) subcampeón, -ona

running ⚫ /ˈrʌnɪŋ/ *nombre, adjetivo*
▸ *n* **1** footing: *running shoes* zapatillas para hacer footing ◊ *to go running* ir a correr **2** gestión (*de empresa*) **3** funcionamiento **LOC** **be in/out of the running (for sth)** (*coloq*) tener/no tener posibilidades (de conseguir algo)
▸ *adj* **1** consecutivo: *four days running* cuatro días seguidos **2** (*agua*) corriente: *to leave the tap running* dejar el grifo abierto **3** continuo **LOC** *Ver* ORDER

runny /ˈrʌni/ *adj* (**runnier, -iest**) **1** *to have a runny nose* moquear **2** líquido

run-up *n* ~ (**to sth**) período previo (a algo)

runway /ˈrʌnweɪ/ *n* **1** pista (*de aterrizaje*) **2** (*USA*) pasarela (*de desfile*)

rupture /ˈrʌptʃə(r)/ *nombre, verbo*
▸ *n* ruptura
▸ *vt, vi* (*Med*) desgarrar(se)

rural ⚫ /ˈrʊərəl/ *adj* rural

rush ⚫ /rʌʃ/ *verbo, nombre*
▸ **1** *vi* ir con prisa, apresurarse: *They rushed out of school.* Salieron corriendo del colegio. ◊ *They rushed to help her.* Se apresuraron a ayudarla. **2** *vt* llevar deprisa: *He was rushed to hospital.* Le llevaron al hospital con la mayor urgencia. **3** *vi* ~ (**into sth/doing sth**) precipitarse (a hacer algo), actuar precipitadamente **4** *vt* ~ **sb** (**into sth/doing sth**) meterle prisa a algn (para que haga algo): *Don't rush me!* ¡No me metas prisa! **LOC** **be rushed off your feet** estar agobiado de trabajo
▸ *n* **1** (*sing*) precipitación: *There was a rush to the exit.* La gente se precipitó hacia la salida. **2** prisa: *I'm in a terrible rush.* Tengo muchísima prisa. ◊ *There's no rush.* No corre prisa. ◊ *the rush hour* la hora punta *Ver tb* SUGAR RUSH

rushed /rʌʃt/ *adj* precipitado, con prisas

rust /rʌst/ *nombre, verbo*
▸ *n* óxido
▸ *vt, vi* oxidar(se)

rustic /ˈrʌstɪk/ *adj* rústico

rustle /ˈrʌsl/ *verbo, nombre*
▸ *vt, vi* (hacer) crujir, (hacer) susurrar **PHRV** **rustle sth up (for sb)** (*coloq*) improvisar algo; conseguir algo (a algn)
▸ *n* crujido, susurro

rusty /ˈrʌsti/ *adj* (**rustier, -iest**) **1** oxidado **2** (*coloq*): *My French is a bit rusty.* Estoy un poco falto de práctica en francés.

rut /rʌt/ n rodada **LOC** be (stuck) in a rut estar estancado

ruthless /ˈruːθləs/ adj despiadado, implacable **ruthlessly** adv despiadado **ruthlessness** n crueldad, implacabilidad

Ss

S, s /es/ n (pl **Ss, S's, s's**) S, s ⊃ Ver nota en A, A
the Sabbath /ðə ˈsæbəθ/ n **1** (de los cristianos) domingo **2** (de los judíos) sábado
sabotage /ˈsæbətɑːʒ/ nombre, verbo
▶ n sabotaje
▶ vt sabotear
saccharin /ˈsækərɪn/ n sacarina
sachet /ˈsæʃeɪ; USA sæˈʃeɪ/ n bolsita, sobrecito
sack ∘ /sæk/ nombre, verbo
▶ n **1** costal, saco **2 the sack** [sing] (GB, coloq): to give sb the sack despedir a algn ◊ to get the sack ser despedido
▶ vt (esp GB, coloq) despedir
sacrament /ˈsækrəmənt/ n sacramento
sacrifice /ˈsækrɪfaɪs/ nombre, verbo
▶ n sacrificio: to make sacrifices hacer sacrificios/sacrificarse
▶ vt ~ sth (for sb/sth) sacrificar algo (por algn/algo)
sacrilege /ˈsækrəlɪdʒ/ n sacrilegio
sad ∘ /sæd/ adj (**sadder, -est**) **1** ~ (about sth) triste (por algo) **2** (situación) lamentable **3** (coloq): 'She spends all weekend playing computer games.' 'That's so sad!' —Se pasa todo el fin de semana con los videojuegos. —¡Es de pena! ◊ He's so sad wearing shirts like that! ¡Da pena con esas camisas que lleva! **sadden** /ˈsædn/ vt (formal) entristecer
saddle /ˈsædl/ nombre, verbo
▶ n **1** (para caballo) silla **2** (para bicicleta o moto) sillín
▶ vt ensillar **PHR V** saddle sb/yourself with sth cargar a algn, cargarse con algo
sadism /ˈseɪdɪzəm/ n sadismo **sadist** n sádico, -a
sadly ∘ /ˈsædli/ adv **1** lamentablemente, desafortunadamente **2** tristemente, con tristeza
sadness ∘ /ˈsædnəs/ n tristeza, melancolía
safari /səˈfɑːri/ n (pl **safaris**) safari
saˈfari park n parque safari
safe ∘ /seɪf/ adjetivo, nombre
▶ adj (**safer, -est**) **1** ~ (from sb/sth) a salvo (de algn/algo) **2** seguro: Your secret is safe with me. Tu secreto está seguro conmigo. **3** ileso **4** (conduc-

tor) prudente **5** (GB, coloq) bien: I like him, he's safe. Me cae bien, es buena persona. **6** (GB, coloq) vale: 'You want some?' 'Yeah, safe.' —¿Quieres? —Sí, vale. **LOC** be on the safe side no correr riesgos ◆ play (it) safe ser precavido, no correr riesgos ◆ safe and sound sano y salvo Ver tb BETTER
▶ n caja fuerte
safeguard /ˈseɪfgɑːd/ verbo, nombre
▶ vt, vi ~ (sth) (against sth) proteger algo (de algo)
▶ n ~ (against sth) salvaguarda, protección (contra algo)
safely ∘ /ˈseɪfli/ adv **1** sin novedad, sin ningún percance **2** tranquilamente, sin peligro: safely locked away guardado bajo llave en un lugar seguro
safety ∘ /ˈseɪfti/ n seguridad
ˈsafety belt n cinturón de seguridad
ˈsafety net n **1** (red de) protección **2** (en circo) red de seguridad
ˈsafety pin n imperdible ⊃ Ver dibujo en PIN
saffron /ˈsæfrən/ n azafrán
sag /sæg/ vi (**-gg-**) **1** (cama, sofá) hundirse **2** (madera) combarse, doblarse
Sagittarius /ˌsædʒɪˈteəriəs/ n sagitario ⊃ Ver ejemplos en ACUARIO
said pt, pp de SAY
sail ∘ /seɪl/ verbo, nombre
▶ **1** vi navegar: to go sailing navegar a vela ◊ to sail around the world dar la vuelta al mundo en barco **2** vt pilotar (un barco) **3** vi salir: The ship sails for the island at noon. El barco zarpa hacia la isla a las doce del mediodía. **4** vi (objeto) volar **PHR V** sail through (sth) hacer algo sin dificultad: She sailed through her exams. Aprobó los exámenes como si nada.
▶ n **1** vela **2** (molino) aspa **LOC** set sail (from/for…) (formal) zarpar (desde/rumbo a…)
sailboard /ˈseɪlbɔːd/ n tabla de windsurf
sailing ∘ /ˈseɪlɪŋ/ n **1** vela: to go sailing navegar a vela ◊ sailing club club náutico **2** There are three sailings a day. Hay tres salidas diarias.

---

aʊ now   ɔɪ join   ɪə near   eə hair   ʊə pure   tʃ chin   dʒ June   v van   θ thin

'sailing boat (USA **sailboat** /'seɪlbəʊt/) n velero

sailor ☞ /'seɪlə(r)/ n marinero, -a

saint /seɪnt, snt/ n (abrev St) san; santo, -a: *Saint Bernard/Teresa* San Bernardo/Santa Teresa

sake /seɪk/ n **LOC** **for God's, goodness', Heaven's, etc. sake** por (el amor de) Dios ◆ **for the sake of sb/sth; for sb's/sth's sake** por algn/algo, por el bien de algn/algo

salad ☞ /'sæləd/ n ensalada: *salad bowl* ensaladera

salary ☞ /'sæləri/ n (pl **salaries**) salario, sueldo (mensual) ➔ Comparar con WAGE

sale ☞ /seɪl/ n **1** venta: *sales department/representative* servicio/representante de ventas **2** rebajas: *to hold/have a sale* tener rebajas **3** subasta **LOC** **for sale** en venta: *House for sale.* Se vende casa. ◆ **on sale** a la venta

'sales clerk n (USA) dependiente, -a

salesman /'seɪlzmən/ n (pl **-men** /-mən/) dependiente, vendedor ➔ Ver nota en POLICÍA

salesperson /'seɪlzpɜːsn/ n (pl **salespeople**) dependiente, -a; vendedor, -ora

saleswoman /'seɪlzwʊmən/ n (pl **-women** /-wɪmɪn/) dependienta, vendedora ➔ Ver nota en POLICÍA

saliva /sə'laɪvə/ n saliva

salmon /'sæmən/ n (pl **salmon**) salmón

salon /'sælɒn; USA sə'lɒn/ n salón (de belleza)

saloon /sə'luːn/ n (tb sa'loon car) n automóvil de cuatro/cinco puertas

salsa /'sælsə; USA 'sɑːl-/ n **1** (Mús, baile) salsa **2** (Cocina) salsa mexicana

salt ☞ /sɔːlt; GB tb sɒlt/ n sal **LOC** Ver PINCH

'salt cellar n salero

salted /'sɔːltɪd; GB tb 'sɒl-/ adj salado

saltwater /'sɔːltwɔːtə(r); GB tb 'sɒlt-/ adj de agua salada

salty ☞ /'sɔːlti; GB tb 'sɒl-/ adj (**saltier, -iest**) salado

salutary /'sæljətri; USA -teri/ adj saludable

salute /sə'luːt/ verbo, nombre
▸ vt, vi saludar (a un militar) ➔ Comparar con GREET
▸ n **1** saludo **2** salva

salvage /'sælvɪdʒ/ nombre, verbo
▸ n salvamento
▸ vt recuperar

salvation /sæl'veɪʃn/ n salvación

same ☞ /seɪm/ adjetivo, pronombre, adverbio
▸ adj mismo, igual: *the same thing* lo mismo ◇ *I left that same day.* Salí ese mismo día. **❶** A veces se usa para dar énfasis a la oración: *the very same man* el mismísimo hombre. **LOC** **at**

the same time 1 a la vez **2** no obstante, sin embargo ◆ **be in the same boat** estar en el mismo barco
▸ pron **the same (as sb/sth)** el mismo, la misma, etc. (que algn/algo): *I think the same as you.* Pienso igual que tú. ◇ *They're both the same.* Son los dos iguales. **LOC** **all/just the same** de todos modos ◆ **be all the same to sb** dar lo mismo a algn: *It's all the same to me.* Me da igual. ◆ **same here** (coloq) lo mismo digo ◆ **(the) same to you** (coloq) igualmente
▸ adv **the same** de la misma manera, igual: *to treat everyone the same* tratar a todos de la misma manera

'same-sex adj [solo antes de sustantivo] (entre personas) del mismo sexo

samey /'seɪmi/ adj (GB, coloq, pey) repetitivo

sample ☞ /'sɑːmpl; USA 'sæm-/ nombre, verbo
▸ n muestra
▸ vt probar **sampling** n [incontable] (Mús) muestreo, sampling

sanatorium /ˌsænə'tɔːriəm/ n (pl **sanatoriums, sanatoria** /-riə/) sanatorio

sanction /'sæŋkʃn/ nombre, verbo
▸ n **1** sanción: *to impose/lift sanctions* aplicar/levantar sanciones **2** (formal) aprobación
▸ vt (formal) conceder el permiso para

sanctuary /'sæŋktʃuəri; USA -tʃueri/ n (pl **sanctuaries**) **1** santuario **2** asilo: *The rebels took sanctuary in the church.* Los rebeldes se refugiaron en la iglesia.

sand ☞ /sænd/ nombre, verbo
▸ n arena
▸ vt lijar

sandal /'sændl/ n sandalia

sandcastle /'sændkɑːsl; USA -kæsl/ n castillo de arena

'sand dune n duna

sandpaper /'sændpeɪpə(r)/ n papel de lija

sandwich /'sænwɪtʃ, -wɪdʒ/ nombre, verbo
▸ n bocadillo, sándwich
▸ v **PHR V** **sandwich sb/sth between sb/sth** apretujar a algn/algo entre algn/algo

sandy /'sændi/ adj (**sandier, -iest**) arenoso

sane /seɪn/ adj (**saner, -est**) **1** cuerdo **2** sensato

sang pt de SING

sanitarium /ˌsænə'teəriəm/ (USA) = SANATORIUM

sanitary /'sænətri; USA -teri/ adj higiénico

'sanitary towel (USA **'sanitary napkin**) n compresa

sanitation /ˌsænɪ'teɪʃn/ n saneamiento, sanidad

sanity /'sænəti/ n **1** cordura **2** sensatez

sank *pt de* SINK

Santa Claus /ˈsæntə klɔːz/ (*tb* Santa) *n* Papá Noel

sap /sæp/ *nombre, verbo*
▶ *n* savia
▶ *vt* (**-pp-**) (*energía, confianza*) minar

sappy /ˈsæpi/ *adj* (**sappier, -iest**) (*USA, coloq*) sensiblero

sarcasm /ˈsɑːkæzəm/ *n* sarcasmo **sarcastic** /sɑːˈkæstɪk/ *adj* sarcástico

sardine /ˌsɑːˈdiːn/ *n* sardina

sari /ˈsɑːri/ *n* (*pl* **saris**) sari

sarong /səˈrɒŋ; *USA* səˈrɔːŋ/ *n* pareo

sash /sæʃ/ *n* fajín, faja

sassy /ˈsæsi/ *adj* (**sassier, -iest**) (*esp USA, coloq*) **1** (*pey*) descarado **2** moderno y desenfadado

SAT /ˌes eɪ ˈtiː/ *n* (*abrev de* **Scholastic Aptitude Test**) prueba para acceder a una universidad en los Estados Unidos: *to take the SAT* presentarse al SAT

sat *pt, pp de* SIT

satchel /ˈsætʃəl/ *n* cartera (*de colegio*)

satellite /ˈsætəlaɪt/ *n* satélite: *satellite television* televisión por satélite

satellite dish *n* antena parabólica

satin /ˈsætɪn; *USA* -tn/ *n* raso

satire /ˈsætaɪə(r)/ *n* sátira **satirical** /səˈtɪrɪkl/ *adj* satírico

satisfaction /ˌsætɪsˈfækʃn/ *n* satisfacción

satisfactory /ˌsætɪsˈfæktəri/ *adj* satisfactorio

satisfied /ˈsætɪsfaɪd/ *adj* ~ **(with sb/sth)** satisfecho (con algn/algo)

satisfy /ˈsætɪsfaɪ/ *vt* (*pt, pp* **-fied**) **1** satisfacer **2** (*condiciones, etc.*) cumplir con **3** ~ **sb (of sth)**; ~ **sb (that…)** convencer a algn (de algo/de que…)

satisfying /ˈsætɪsfaɪɪŋ/ *adj* que satisface, gratificante: *a satisfying meal* una comida que te deja satisfecho

satnav /ˈsætnæv/ (*tb* **sat nav**) (*abrev de* **satellite navigation**) *n* GPS

satsuma /sætˈsuːmə/ *n* mandarina

saturate /ˈsætʃəreɪt/ *vt* **1** empapar **2** ~ **sth (with sth)** saturar algo (de algo): *The market is saturated.* El mercado está saturado. **saturation** *n* saturación

Saturday /ˈsætədeɪ, -di/ *n* (*abrev* **Sat.**) sábado ⟳ *Ver ejemplos en* MONDAY

Saturn /ˈsætɜːn; *GB tb* -tən/ *n* Saturno

sauce /sɔːs/ *n* salsa

saucepan /ˈsɔːspən; *USA* -pæn/ *n* cazo, cacerola ⟳ *Ver dibujo en* POT

saucer /ˈsɔːsə(r)/ *n* platillo *Ver tb* FLYING SAUCER ⟳ *Ver dibujo en* CUP

---

sauna /ˈsɔːnə, ˈsaʊnə/ *n* sauna

saunter /ˈsɔːntə(r)/ *vi* pasearse: *He sauntered over to the bar.* Fue hacia la barra con mucha tranquilidad.

sausage /ˈsɒsɪdʒ; *USA* ˈsɔːsɪdʒ/ *n* salchicha, embutido

sausage roll *n* hojaldre relleno de salchicha

savage /ˈsævɪdʒ/ *adjetivo, verbo*
▶ *adj* **1** salvaje **2** (*animal*) enfurecido **3** (*ataque, régimen*) brutal: *savage budget cuts* cortes terribles en el presupuesto
▶ *vt* atacar con ferocidad **savagery** *n* salvajismo

savannah /səˈvænə/ *n* sabana

save /seɪv/ *verbo, nombre*
▶ **1** *vt* ~ **sb (from sth)** salvar a algn (de algo) **2** *vt, vi* ~ **(sth) (up) (for sth)** ahorrar (algo) (para algo) **3** *vt* (*Informát*) guardar **4** *vt* ~ **(sb) sth/doing sth** evitar (a algn) algo/hacer algo: *That will save us a lot of trouble.* Eso nos evitará muchos problemas. **5** *vt* (*Dep*) parar **LOC save (sb's) face** guardar las apariencias
▶ *n* parada (*de balón*)

saver /ˈseɪvə(r)/ *n* ahorrador, -ora *Ver tb* SCREEN SAVER

saving /ˈseɪvɪŋ/ *n* ahorro: *to make a saving of $5* ahorrar cinco dólares

saviour (*USA* **savior**) /ˈseɪvjə(r)/ *n* salvador, -ora

savour (*tb esp USA* **savor**) /ˈseɪvə(r)/ *vt* saborear

savoury (*USA* **savory**) /ˈseɪvəri/ *adj* **1** salado **2** sabroso

savvy /ˈsævi/ *adj* (**savvier, -iest**) (*coloq*) espabilado

saw /sɔː/ *nombre, verbo*
▶ *n* sierra
▶ *vt, vi* (*pt* **sawed**, *pp* **sawn** /sɔːn/, *USA tb* **sawed**) serrar **PHR V saw sth down** talar algo con una sierra ◆ **saw sth off (sth)** cortar algo (de algo) (con una sierra): *a sawn-off shotgun* una escopeta de cañones recortados ◆ **saw sth up (into sth)** serrar algo (en algo) (*en trozos*) *Ver tb* SEE

sawdust /ˈsɔːdʌst/ *n* serrín

sawmill /ˈsɔːmɪl/ *n* aserradero

saxophone /ˈsæksəfəʊn/ *n* saxofón

saxophonist /sækˈsɒfənɪst; *USA* ˈsæksəfəʊnɪst/ *n* saxofonista

say /seɪ/ *verbo, nombre*
▶ *vt* (*3ª pers sing* **says** /sez/, *pt, pp* **said** /sed/) **1** ~ **sth (to sb)** decir algo (a algn): *to say yes* decir que sí

🔎 **Say** suele utilizarse cuando se mencionan las palabras textuales o para introducir una oración en estilo indirecto precedida por **that**: *'I'll leave at nine', he said.* —Me marcho a las nueve, dijo. ◇ *He said that he would*

---

i: see   i happy   ɪ sit   e ten   æ hat   ɑː arm   ɒ got   ɔː saw   ʊ put

saying 702

leave at nine. Dijo que se marcharía a las nueve. **Tell** se utiliza para introducir una oración en estilo indirecto y tiene que ir seguido de un sustantivo, un pronombre o un nombre propio: *He told me that he would leave at nine.* Me dijo que se marcharía a las nueve. **tell**: *I told them to hurry up.* Les dije que se dieran prisa. ◊ *She's always telling me what I ought to do.* Siempre me está diciendo lo que tengo que hacer.

2 digamos, pongamos (que): *Let's take any writer, say Dickens…* Pongamos por caso cualquier escritor, digamos Dickens… ◊ *Say there are 30 in a class…* Pongamos que hay 30 en una clase… **3** *The map says the hotel is on the right.* El plano dice que el hotel está a la derecha. ◊ *What time does it say on that clock?* ¿Qué hora tiene ese reloj? `LOC` **it goes without saying that…** ni que decir tiene que… ◆ **that is to say** es decir *Ver tb* DARE, FAREWELL, LET, NEEDLESS, SORRY
▸ *n* ~ **(in sth)** voz y voto (en algo): *to have a say/no say in the matter* tener voz y voto/no tener ni voz ni voto ◊ *to have the final say* tener la última palabra `LOC` **have your say** (*coloq*) expresar su opinión

saying /ˈseɪɪŋ/ *n* dicho, refrán

scab /skæb/ *n* costra

scaffolding /ˈskæfəldɪŋ/ *n* [*incontable*] andamiaje, andamio

scald /skɔːld/ *verbo, nombre*
▸ *vt* escaldar
▸ *n* quemadura (*por agua hirviendo*)

scalding /ˈskɔːldɪŋ/ *adj* hirviendo

scale ⚡ /skeɪl/ *nombre, verbo*
▸ *n* **1** escala: *on a large/grand scale* a gran escala ◊ *a large-scale map* un mapa a gran escala ◊ *scale model* maqueta **2** alcance, magnitud **3 scales** [*pl*] balanza, báscula **4** escama `LOC` **to scale** a escala
▸ *vt* (*formal*) escalar, trepar

scallion /ˈskæliən/ *n* (USA) cebolleta

scallop /ˈskɒləp/ *USA* ˈskæləp/ *n* vieira

scalp /skælp/ *n* cuero cabelludo

scalpel /ˈskælpəl/ *n* bisturí

scam /skæm/ *n* (*coloq*) estafa, chanchullo

scamper /ˈskæmpə(r)/ *vi* corretear

scampi /ˈskæmpi/ *n* [*pl*] gambas fritas rebozadas

scan /skæn/ *verbo, nombre*
▸ *vt* (**-nn-**) **1** escudriñar, examinar **2** echar un vistazo a **3** (*Informát*) escanear **4** (*Med*) explorar con un escáner
▸ *n* escáner, ecografía

scandal /ˈskændl/ *n* **1** escándalo **2** chisme **3 a scandal** [*sing*] una vergüenza **scandalize, -ise** *vt* escandalizar **scandalous** *adj* escandaloso

scanner /ˈskænə(r)/ *n* escáner (*aparato*)

scant /skænt/ *adj* [*solo antes de sustantivo*] escaso

scantily /ˈskæntəli/ *adv* escasamente: *scantily dressed* ligero de ropa

scanty /ˈskænti/ *adj* escaso

scapegoat /ˈskeɪpɡəʊt/ *n* chivo expiatorio: *She was made a scapegoat for what happened.* Cargó con las culpas de lo que pasó.

scapula /ˈskæpjʊlə/ *n* (*pl* **scapulae** /-liː/, **scapulas**) (*Anat*) omóplato

scar /skɑː(r)/ *nombre, verbo*
▸ *n* cicatriz
▸ *vt* (**-rr-**) dejar una cicatriz en

scarce /skeəs/ *adj* (**scarcer, -est**) escaso: *Food was scarce.* La comida escaseaba.

scarcely /ˈskeəsli/ *adv* **1** apenas: *There were scarcely a hundred people present.* Apenas había un centenar de personas. **2** *You can scarcely expect me to believe that.* ¿Y esperas que me crea eso?

scarcity /ˈskeəsəti/ *n* (*pl* **scarcities**) escasez

scare ⚡ /skeə(r)/ *verbo, nombre*
▸ *vt* asustar `PHRV` **scare sb away/off** espantar a algn
▸ *n* susto: *bomb scare* amenaza de bomba

scarecrow /ˈskeəkrəʊ/ *n* espantapájaros

scared ⚡ /skeəd/ *adj* asustado: *to be scared* tener miedo ◊ *She's scared of the dark.* Le da miedo la oscuridad. `LOC` *Ver* STIFF, WIT

scaredy-cat /ˈskeədi kæt/ *n* (*coloq*) miedica

scarf /skɑːf/ *n* (*pl* **scarfs, scarves** /skɑːvz/) **1** bufanda **2** pañuelo

scarlet /ˈskɑːlət/ *adj, n* escarlata

scary /ˈskeəri/ *adj* (**scarier, -iest**) (*coloq*) espeluznante, que da miedo

scathing /ˈskeɪðɪŋ/ *adj* **1** feroz: *a scathing attack on the government* un feroz ataque contra el gobierno **2** (*crítica*) mordaz

scatter /ˈskætə(r)/ **1** *vt* esparcir **2** *vt, vi* dispersar(se)

scatterbrain /ˈskætəbreɪn/ *n* (*coloq*) cabeza de chorlito; despistado, -a

scattered /ˈskætəd/ *adj* esparcido, disperso: *scattered showers* chubascos aislados

scavenge /ˈskævɪndʒ/ *vi* **1** rebuscar (*en la basura*) **2** buscar carroña **scavenger** *n* **1** persona/

animal que rebusca en las basuras **2** animal/ ave de carroña

scenario /sə'nɑːriəʊ; USA sə'nær-/ n (pl **scenarios**) marco hipotético, perspectiva

scene ⊶ /siːn/ n **1** escenario, lugar: *the scene of the crime* el lugar del crimen **2** escena: *a scene in the film* una escena de la película ◊ *a change of scene* un cambio de aires **3** the scene [sing] [coloq] el mundillo: *the music scene* la movida musical **4** escándalo: *to make a scene* montar un escándalo `LOC` behind the scenes (lit y fig) entre bastidores ◆ set the scene (for sth) **1** preparar el terreno (para algo) **2** describir el escenario (para algo)

scenery /'siːnəri/ n [incontable] **1** paisaje

🔎 La palabra **scenery** tiene un fuerte matiz positivo; tiende a usarse con adjetivos como *beautiful, spectacular, stunning,* etc., fundamentalmente para describir paisajes naturales. Por otro lado, **landscape** suele referirse a paisajes creados por el hombre: *an urban/industrial landscape* un paisaje urbano/industrial ◊ *Trees and hedges are typical features of the British landscape.* Los árboles y los setos son elementos típicos del paisaje británico.

2 (Teat) decorado

scenic /'siːnɪk/ adj pintoresco, panorámico

scent /sent/ n **1** olor (agradable) ➔ *Ver nota en* SMELL **2** rastro, pista **3** perfume **scented** adj perfumado

sceptic (USA skeptic) /'skeptɪk/ n escéptico, -a **sceptical** (USA skeptical) adj ~ (about/of sth) escéptico (acerca de algo) **scepticism** (USA skepticism) n escepticismo

schedule ⊶ /'ʃedjuːl; USA 'skedʒuːl/ nombre, verbo
▸ n **1** programa: *to be two months ahead of/behind schedule* llevar dos meses de adelanto/retraso con respecto al calendario previsto ◊ *to arrive on schedule* llegar a la hora prevista **2** (USA) horario
▸ vt programar: *scheduled flights* vuelos regulares

scheme ⊶ /skiːm/ nombre, verbo
▸ n **1** plan, proyecto: *savings/pension scheme* plan de ahorro/de pensiones ◊ *training scheme* programa de formación **2** conspiración **3** *colour scheme* combinación de colores
▸ vi (pey) conspirar

schizophrenia /ˌskɪtsə'friːniə/ n esquizofrenia **schizophrenic** /ˌskɪtsə'frenɪk/ adj, n esquizofrénico, -a

schlep /ʃlep/ verbo, nombre
▸ (-pp-) (coloq) **1** vi arrastrarse (hacer algo que da pereza) **2** vt cargar con, arrastrar
▸ n [sing] viaje lento y difícil

scholar /'skɒlə(r)/ n **1** erudito, -a **2** becario, -a **scholarship** n **1** beca **2** erudición

school ⊶ /skuːl/ n **1** colegio, escuela: *school age/uniform* edad/uniforme escolar ➔ *Ver nota en* ESCUELA

🔎 Utilizamos las palabras **school, university, church** y **hospital** sin artículo cuando alguien va al colegio o universidad como alumno o profesor, a la iglesia para rezar, o al hospital como paciente: *She's gone into hospital.* La han ingresado en el hospital. ◊ *I enjoyed being at school.* Me gustaba ir al colegio. ◊ *We go to church every Sunday.* Vamos a misa todos los domingos. Usamos el artículo cuando nos referimos a estos sitios por algún otro motivo: *I have to go to the school to talk to John's teacher.* Tengo que ir a la escuela a hablar con el profesor de John. ◊ *She works at the hospital.* Trabaja en el hospital.

2 clases: *School begins at nine o'clock.* Las clases empiezan a las nueve. **3** (USA, coloq) universidad **4** facultad: *law school* facultad de derecho **5** (Arte, Liter) escuela `LOC` school of thought escuela de pensamiento

school bag n mochila (del colegio)
schoolboy /'skuːlbɔɪ/ n colegial
schoolchild /'skuːltʃaɪld/ n (pl **schoolchildren**) colegial, -ala
schooldays /'skuːldeɪz/ n [pl] años de colegio: *They've been friends since their schooldays.* Han sido amigos desde que iban al colegio.
schoolgirl /'skuːlɡɜːl/ n colegiala
schooling /'skuːlɪŋ/ n educación, estudios
school-leaver n chico, -a que acaba de terminar la escuela
schoolteacher /'skuːltiːtʃə(r)/ n profesor, -ora
schoolwork /'skuːlwɜːk/ n [incontable] trabajo escolar
science ⊶ /'saɪəns/ n ciencia(s)
science fiction n ciencia ficción
scientific ⊶ /ˌsaɪən'tɪfɪk/ adj científico
scientifically /ˌsaɪən'tɪfɪkli/ adv científicamente
scientist ⊶ /'saɪəntɪst/ n científico, -a
sci-fi /'saɪ faɪ/ n (coloq) ciencia ficción

S

scissors 🔊 /ˈsɪzəz/ n [pl] tijeras: *a pair of scissors* unas tijeras ➔ *Ver nota en* TIJERA

scoff /skɒf/ vi ~ **(at sb/sth)** mofarse (de algn/algo)

scold /skəʊld/ vt ~ **sb (for sth)** (*formal*) regañar a algn (por algo)

scoop /skuːp/ *nombre, verbo*
▸ n **1** pala: *ice-cream scoop* cuchara para servir el helado **2** cucharada: *a scoop of ice cream* una bola de helado **3** (*Period*) primicia
▸ vt **1** ~ **sth (up/out)** cavar, sacar algo **2** ~ **sb/sth (up)** recoger a algn/algo ❶ Este verbo describe una acción realizada con una pala, con una cuchara o con la mano.

scooter /ˈskuːtə(r)/ n **1** scooter, Vespa® **2** patinete

scope /skəʊp/ n **1** ~ **(for sth/to do sth)** potencial (para algo/para hacer algo) **2** ámbito, alcance: *within/beyond the scope of this dictionary* dentro/más allá del ámbito de este diccionario

scorch /skɔːtʃ/ vt, vi chamuscar(se), quemar(se) **scorching** adj abrasador

score 🔊 /skɔː(r)/ *nombre, verbo*
▸ n **1** tanteo: *to keep the score* llevar la cuenta de los tantos ◇ *The final score was 4-3.* El resultado final fue de 4-3. ◇ *What's the score?* ¿Cómo van? **2** (*Educ*) puntuación **3** (*Mús*) partitura **4** scores [*pl*] montones **5** (*pl* score) veintena **LOC** on that/this score en ese/este sentido
▸ **1** vt, vi (*Dep*) marcar, anotar **2** vt (*Educ*) sacar

scoreboard /ˈskɔːbɔːd/ n marcador

scorer /ˈskɔːrə(r)/ n jugador, -ora que marca un tanto: *the team's top scorer* el mejor goleador del equipo

scorn /skɔːn/ *nombre, verbo*
▸ n ~ **(for sb/sth)** desdén (por algn/algo)
▸ vt desdeñar **scornful** adj desdeñoso

Scorpio /ˈskɔːpiəʊ/ n escorpio ➔ *Ver ejemplos en* ACUARIO

scorpion /ˈskɔːpiən/ n escorpión

Scotch /skɒtʃ/ n whisky escocés

Scotch tape® (*in USA*) celo, cinta adhesiva

Scottish /ˈskɒtɪʃ/ adj escocés

scour /ˈskaʊə(r)/ vt **1** ~ **sth (for sb/sth)** registrar, recorrer algo (en busca de algn/algo) **2** fregar

scourge /skɜːdʒ/ n (*formal*) azote

scout /skaʊt/ n **1** (*tb* Scout, Boy Scout) scout **2** (*Mil*) explorador, -ora

scowl /skaʊl/ *verbo, nombre*
▸ vi mirar con el ceño fruncido
▸ n ceño fruncido

scrabble /ˈskræbl/ vi ~ **around/about (for sth)** escarbar (en busca de algo)

scramble /ˈskræmbl/ *verbo, nombre*
▸ vi **1** trepar: *He scrambled to his feet and ran off.* Se puso en pie como pudo y echó a correr. **2** ~ **(for sth)** pelearse (por algo)
▸ n [*sing*] **1** subida dificultosa **2** ~ **(for sth)** barullo (por algo)

scrambled eggs n [*pl*] huevos revueltos

scrap /skræp/ *nombre, verbo*
▸ n **1** trozo: *a scrap of paper* un trozo de papel **2** [*sing*] (*pequeña cantidad*) pizca **3** scraps [*pl*] sobras (*de comida*) **4** [*incontable*] chatarra: *scrap paper* papel borrador **5** (*coloq*) pelea
▸ (**-pp-**) **1** vt descartar, desechar **2** vi (*coloq*) pelearse

scrapbook /ˈskræpbʊk/ n álbum de recortes

scrape /skreɪp/ *verbo, nombre*
▸ **1** vt raspar: *I scraped my knee.* Me hice un arañazo en la rodilla. **2** vi ~ **(against sth)** rozar (contra algo) **PHR V** scrape sth away/off; scrape sth off (sth) quitar algo (de algo); limpiar algo (*raspando*) ◆ scrape in; scrape into sth conseguir algo por los pelos: *She just scraped into university.* Entró en la universidad por los pelos. ◆ scrape through (sth) aprobar (algo) por los pelos ◆ scrape sth together/up reunir algo a duras penas
▸ n raspadura

scratch 🔊 /skrætʃ/ *verbo, nombre*
▸ **1** vt, vi rascar(se) **2** vt, vi arañar(se) **3** vt rayar **PHR V** scratch sth away/off quitar algo (*raspando*)
▸ n **1** rasguño, arañazo **2** [*sing*]: *The dog gave itself a good scratch.* El perro se rascó de lo lindo. **LOC** (be/come) up to scratch (estar/llegar) a la altura ◆ (start sth) from scratch (empezar algo) desde cero

scratch card n tarjeta rasca-rasca

scrawl /skrɔːl/ *verbo, nombre*
▸ **1** vt garabatear **2** vi hacer garabatos
▸ n garabato

scream 🔊 /skriːm/ *verbo, nombre*
▸ **1** vi chillar: *to scream with excitement* gritar de emoción **2** vt gritar
▸ n **1** chillido, grito: *a scream of pain* un grito de dolor **2** [*sing*] (*coloq*) algn/algo divertidísimo

screech /skriːtʃ/ *verbo, nombre*
▸ vi chillar, chirriar
▸ n chillido, chirrido

screen 🔊 /skriːn/ n **1** pantalla: *flat-screen TV* televisor de pantalla plana *Ver tb* TOUCH SCREEN **2** mampara **3** biombo

screen saver n salvapantallas

screenshot /ˈskriːnʃɒt/ n (*Informát*) captura de pantalla

screw 🔊 /skruː/ *nombre, verbo*
▸ n tornillo

| ð **then** | s **so** | z **zoo** | ʃ **she** | ʒ **vision** | h **how** | ŋ **sing** | j **yes** | w **wet** |

▶ vt **1** atornillar, fijar con tornillos **2** enroscar **3** (argot) engañar, estafar **PHR V** **screw sth up** **1** (papel) hacer una bola con algo **2** (cara) torcer algo **3** (argot) (planes, situación, etc.) fastidiar algo

screwdriver /ˈskruːdraɪvə(r)/ n destornillador

scribble /ˈskrɪbl/ verbo, nombre
▶ **1** vt garabatear **2** vi hacer garabatos
▶ n garabatos

script /skrɪpt/ n **1** guion **2** letra **3** escritura

scripture /ˈskrɪptʃə(r)/ (tb the Scriptures) n las Sagradas Escrituras

scriptwriter /ˈskrɪptraɪtə(r)/ n guionista

scroll /skrəʊl/ nombre, verbo
▶ n **1** pergamino **2** rollo de papel
▶ vi ~ **down/up** (Informát) desplazarse hacia abajo/arriba (por un documento)

ˈ**scroll bar** n (Informát) barra de desplazamiento

Scrooge /skruːdʒ/ n (coloq, pey) tacaño, -a

scrounge /skraʊndʒ/ vt, vi ~ **(sth) (off/from sb)** (coloq) gorronear (algo) (a algn): Can I scrounge 50p off you? ¿Te puedo gorronear 50 peniques? **scrounger** n gorrón, -ona: welfare scroungers parásitos de la asistencia social

scrub /skrʌb/ verbo, nombre
▶ vt (-bb-) fregar, restregar
▶ n **1** [sing]: Give your nails a good scrub. Cepíllate bien las uñas. **2** [incontable] matorrales

scruff /skrʌf/ n **LOC** **by the scruff of the neck** por el cogote

scruffy /ˈskrʌfi/ adj (**scruffier, -iest**) (coloq) desaliñado

scrum /skrʌm/ n melé

scruples /ˈskruːplz/ n [pl] escrúpulos

scrupulous /ˈskruːpjələs/ adj escrupuloso **scrupulously** adv escrupulosamente: scrupulously clean impecable

scrutinize, -ise /ˈskruːtənaɪz/ vt **1** examinar **2** inspeccionar

scrutiny /ˈskruːtəni/ n (formal) **1** examen **2** (Pol) escrutinio

scuba-diver /ˈskuːbə daɪvə(r)/ n submarinista

scuba-diving /ˈskuːbə daɪvɪŋ/ n submarinismo

scuff /skʌf/ vt hacer rayones en

scuffle /ˈskʌfl/ n **1** enfrentamiento **2** forcejeo

sculptor /ˈskʌlptə(r)/ n escultor, -ora

sculpture /ˈskʌlptʃə(r)/ n escultura

scum /skʌm/ n **1** espuma (de suciedad) **2** (coloq) escoria

scurry /ˈskʌri/; USA ˈskɜːri/ vi (pt, pp **scurried**) ir apresuradamente: She scurried around tidying up. Iba corriendo de un lado para otro ordenando cosas.

scuttle /ˈskʌtl/ vi She scuttled back to her car. Volvió a su coche a toda prisa. ◊ to scuttle away/off escabullirse

scuzzy /ˈskʌzi/ adj (esp USA, coloq) mugriento, asqueroso

scythe /saɪð/ n guadaña

SD card /ˌes ˈdiː kɑːd/ n (abrev de secure digital card) tarjeta SD

SDHC card /ˌes diː eɪtʃ ˈsiː kɑːd/ n (abrev de secure digital high capacity card) tarjeta SDHC

sea 0➡ /siː/ n **1** mar: sea creatures animales marinos ◊ sea air/breeze brisa marina ◊ sea port puerto marítimo ➜ Ver nota en MAR **2** seas [pl] mar: heavy/rough seas mar gruesa **3** [sing] ~ **of sth** mar de algo: a sea of people una multitud de gente **LOC** **at sea 1** en el mar **2** en medio de un mar de dudas

seafood /ˈsiːfuːd/ n [incontable] marisco

seafront /ˈsiːfrʌnt/ n **the seafront** [sing] paseo marítimo: a seafront café un café frente al mar

seagull /ˈsiːɡʌl/ n gaviota

seal 0➡ /siːl/ nombre, verbo
▶ n **1** foca **2** sello
▶ vt **1** sellar **2** (sobre) cerrar **PHR V** **seal sth off** acordonar algo

ˈ**sea level** n nivel del mar

seam /siːm/ n **1** costura **2** filón

search 0➡ /sɜːtʃ/ nombre, verbo
▶ n **1** ~ **(for sb/sth)** búsqueda (de algn/algo) **2** (policial) registro
▶ **1** vi ~ **(for sth/sb)** buscar (algo/a algn) **2** vt ~ **sth for sth** buscar algo en algo: to search the Internet for information buscar información en internet **3** vt ~ **sb/sth (for sth)** registrar a algn/algo (en busca de algo): They searched the house for drugs. Registraron la casa en busca de drogas. **searchable** adj (base de datos) que permite realizar búsquedas: The data is searchable by country. Es posible buscar los datos por países.

ˈ**search engine** n (Informát) buscador

searching /ˈsɜːtʃɪŋ/ adj penetrante

searchlight /ˈsɜːtʃlaɪt/ n reflector (foco)

seashell /ˈsiːʃel/ n concha marina

seashore /ˈsiːʃɔː(r)/ n orilla del mar

seasick /ˈsiːsɪk/ adj mareado

seaside /ˈsiːsaɪd/ n [sing] **1** playa **2** costa

season 0➡ /ˈsiːzn/ verbo, nombre
▶ vt condimentar

▸ n **1** estación **2** temporada: *season ticket* abono (de temporada) `LOC` **in season** de temporada: *Strawberries aren't in season.* No es temporada de fresas. **seasonal** adj **1** propio de la estación **2** (*trabajo*) de temporada **seasoned** adj **1** (*persona*) con mucha experiencia **2** (*comida*) condimentado **seasoning** n condimento

seat 0̶ₐ /siːt/ *nombre, verbo*
▸ n **1** (*vehículo*) asiento, plaza **2** (*parque*) banco **3** (*teatro*) butaca **4** (*avión*) plaza **5** (*Pol*) escaño **6** (*Pol*) circunscripción electoral *Ver tb* BACK SEAT `LOC` *Ver* DRIVE
▸ vt tener cabida para: *The stadium can seat 5 000 people.* El estadio tiene cabida para 5000 personas.

'seat belt n cinturón de seguridad

seating /'siːtɪŋ/ n [*incontable*] asientos

seaweed /'siːwiːd/ n [*incontable*] alga

secluded /sɪ'kluːdɪd/ adj (*lugar*) apartado **seclusion** n **1** aislamiento **2** soledad

second 0̶ₐ /'sekənd/ (*abrev* 2nd) adjetivo, adverbio, pronombre, nombre, verbo
▸ adj segundo `LOC` **second thoughts** *We had second thoughts.* Lo reconsideramos. ◇ *On second thoughts…* Pensándolo bien… *Ver tb* LAST
▸ adv, pron segundo: *He came/finished second.* Llegó en segundo lugar. ◇ *He's the second tallest in the class.* Es el segundo más alto de la clase. ➲ *Ver ejemplos en* **next/second to last** *en* LAST
▸ n **1 the second** el (día) dos **2** (*tb* ˌsecond ˈgear) segunda **3** (*tiempo*) segundo: *the second hand* el segundero *Ver tb* SPLIT SECOND
▸ vt secundar

secondary 0̶ₐ /'sekəndri; *USA* -deri/ adj secundario

'secondary school n escuela de secundaria, instituto: *She's at secondary school.* Está en secundaria. ➲ *Ver notas en* ESCUELA, ESO

ˌsecond ˈbest adj **1** segundo mejor **2** inferior

ˌsecond ˈclass *nombre, adverbio, adjetivo*
▸ n **1** segunda (clase) **2** servicio de correo ordinario ➲ *Ver nota en* STAMP ➲ *Comparar con* FIRST CLASS
▸ adv **1** de/en segunda (clase): *to travel second class* viajar en segunda **2** por correo ordinario: *to send sth second class* mandar algo por correo ordinario
▸ adj **second-class 1** de segunda clase/categoría **2** (*billete*) de segunda (clase) **3** *a second-class stamp* un sello de correo ordinario

ˌsecond-ˈhand adj, adv de segunda mano

secondly /'sekəndli/ adv en segundo lugar

ˌsecond-ˈrate adj de segunda fila

secrecy /'siːkrəsi/ n [*incontable*] **1** secretismo **2** confidencialidad

secret 0̶ₐ /'siːkrət/ adj, n secreto: *secret agent* agente secreto

secretarial /ˌsekrə'teəriəl/ adj **1** (*personal*) administrativo **2** (*trabajo*) de secretario, -a

secretary 0̶ₐ /'sekrətri; *USA* -teri/ n (*pl* **secretaries**) **1** secretario, -a **2** (*Pol*) ministro, -a ➲ *Ver nota en* MINISTRO; *Ver tb* HOME SECRETARY

ˌSecretary of ˈState n **1** (*GB*) ministro, -a ➲ *Ver nota en* MINISTRO **2** (*USA*) ministro, -a de Asuntos Exteriores

secrete /sɪ'kriːt/ vt **1** segregar **2** (*formal*) ocultar **secretion** n secreción

secretive /'siːkrətɪv/ adj reservado

secretly 0̶ₐ /'siːkrətli/ adv en secreto

sect /sekt/ n secta

sectarian /sek'teəriən/ adj sectario

section 0̶ₐ /'sekʃn/ n **1** sección, parte *Ver tb* CROSS SECTION **2** (*carretera*) tramo **3** (*sociedad*) sector **4** (*ley, código*) artículo

sector 0̶ₐ /'sektə(r)/ n sector *Ver tb* THIRD SECTOR

secular /'sekjələ(r)/ adj laico

secure 0̶ₐ /sɪ'kjʊə(r)/ *verbo, adjetivo*
▸ vt (*formal*) **1** (*acuerdo, contrato, etc.*) conseguir **2** fijar, asegurar **3** ~ **sth (against sth)** proteger algo (contra algo)
▸ adj **1** seguro, bien sujeto **2** (*prisión*) de alta seguridad **securely** adv firmemente

security 0̶ₐ /sɪ'kjʊərəti/ n (*pl* **securities**) **1** seguridad: *security guard* guardia jurado **2** (*préstamo*) fianza

sedan /sɪ'dæn/ n (*USA*) coche de cuatro o cinco puertas

sedate /sɪ'deɪt/ *adjetivo, verbo*
▸ adj serio
▸ vt sedar **sedation** n sedación: *to be under sedation* estar bajo los efectos de calmantes **sedative** /'sedətɪv/ adj, n sedante

sedentary /'sedntri; *USA* -teri/ adj sedentario

sediment /'sedɪmənt/ n sedimento

seduce /sɪ'djuːs; *USA* sɪ'duːs/ vt seducir **seduction** /sɪ'dʌkʃn/ n seducción **seductive** adj seductor

see 0̶ₐ /siː/ (*pt* **saw** /sɔː/, *pp* **seen** /siːn/) **1** vt, vi ver: *to go and see a film* ir a ver una película ◇ *She'll never see again.* No volverá a ver nunca. ◇ *See page 158.* Véase la página 158. ◇ *Go and see if the postman's been.* Ve a ver si ha llegado el correo. ◇ *Let's see.* Vamos a ver. ➲ *Ver nota en* VER **2** vt: *I'm seeing Sue tonight.* He quedado con Sue esta noche. **3** vt salir con: *He's seeing Alice.* Sale con Alice. ◇ *Are you seeing anyone?*

¿Tienes novio? **4** vt, vi comprender **5** vt encargarse: *I'll see that it's done.* Ya me encargaré de que se haga. **6** vt acompañar: *He saw her to the door.* La acompañó hasta la puerta. **LOC** seeing that... en vista de que... ◆ see you (around/later) (coloq) hasta luego: *See you tomorrow!* ¡Hasta mañana! ◆ you see (coloq) ¿ves? ❶ Para otras expresiones con see, véanse las entradas del sustantivo, adjetivo, etc., p. ej. make sb see reason en REASON. **PHR V** see about (doing) sth encargarse de (hacer) algo ◆ see sb off (ir a) despedir a algn ◆ see through sb/sth calar a algn/algo ◆ see to sth ocuparse de algo: *We'll have to get that door seen to.* Tendremos que llamar a alguien para que arregle esta puerta.

seed /siːd/ *nombre, verbo*
▶ *n* **1** semilla, simiente, pepita ⊃ Ver nota en PEPITA **2** (Tenis, etc.) cabeza de serie
▶ *vt* (Tenis, etc.) clasificar como cabeza de serie

seedy /ˈsiːdi/ *adj* (**seedier, -iest**) sórdido, cutre

seek /siːk/ (*pt, pp* **sought** /sɔːt/) (formal) **1** vt, vi buscar **2** vi ~ to do sth intentar hacer algo **PHR V** seek sb/sth out buscar a algn/algo (con empeño)

seem /siːm/ *vi* parecer: *It seems that...* Parece que... ❶ No se usa en tiempos continuos.
seemingly *adv* aparentemente

seen *pp de* SEE

seep /siːp/ *vi* filtrarse

seesaw /ˈsiːsɔː/ *n* sube y baja, balancín

seething /ˈsiːðɪŋ/ *adj* ~ (with sth) abarrotado (de algo)

see-through *adj* transparente

segment /ˈseɡmənt/ *n* **1** segmento **2** sección **3** gajo (de naranja, etc.)

segregate /ˈseɡrɪɡeɪt/ *vt* ~ sb/sth (from sb/sth) segregar a algn/algo (de algn/algo)

seize /siːz/ *vt* **1** coger: *to seize hold of sth* agarrar algo ◊ *We were seized by panic.* El pánico se apoderó de nosotros. **2** (personas, edificios) capturar **3** (armas, drogas, etc.) incautarse de **4** (bienes) embargar **5** (control) hacerse con **6** (oportunidad, etc.) aprovechar: *to seize the initiative* tomar la iniciativa **PHR V** seize on/upon sth aprovechar (que te puede beneficiar) ◆ seize up agarrotarse, atascarse

seizure /ˈsiːʒə(r)/ *n* **1** (de contrabando, etc.) incautación **2** captura **3** (Med) ataque

seldom /ˈseldəm/ *adv* rara vez: *We seldom go out.* Rara vez salimos. ⊃ Ver nota en ALWAYS

select /sɪˈlekt/ *verbo, adjetivo*
▶ *vt* ~ sb/sth (as/for sth) seleccionar, escoger a algn/algo (como/para algo)
▶ *adj* [solo antes de sustantivo] selecto

selection /sɪˈlekʃn/ *n* **1** selección, elección **2** surtido

selective /sɪˈlektɪv/ *adj* ~ (about/in sth) selectivo (en cuanto a algo)

self /self/ *n* (*pl* **selves** /selvz/) ser: *She's her old self again.* Vuelve a ser la misma de siempre.

self-as'sessment *n* (Educ) autoevaluación

self-as'sured *adj* seguro de sí mismo

self-a'ware *adj* consciente (de uno mismo)

self-'catering *adj* (alojamiento) con cocina

self-'centred (USA self-centered) *adj* egocéntrico

self-'confidence *n* confianza (en sí mismo)

self-'confident *adj* seguro de sí mismo

self-'conscious *adj* inseguro

self-con'tained *adj* (piso) con su propia entrada, baño y cocina

self-con'trol *n* autocontrol

self-de'fence (USA self-defense) *n* defensa propia

self-de,termi'nation *n* autodeterminación

self-em'ployed *adj* (trabajador) autónomo

self-e'steem *n* autoestima

self-'help *adj, n* (de) autoayuda

selfie /ˈselfi/ *n* (coloq) selfi, autofoto: *selfie stick* palo selfi

self-im'provement *n* superación personal

self-'interest *n* interés propio

selfish /ˈselfɪʃ/ *adj* egoísta

self-'pity *n* autocompasión

self-'portrait *n* autorretrato

self-raising 'flour *n* harina con levadura

self-re'spect *n* dignidad

self-'righteous *adj* (pey) (persona) que se cree moralmente superior

self-'satisfied *adj* excesivamente satisfecho de sí mismo

self-'service *adj* de autoservicio

self-suf'ficient *adj* autosuficiente

self-'taught *adj* autodidacta

sell /sel/ (*pp* **sold** /səʊld/) **1** vt ~ sb/sth; ~ sth (to sb) vender algo (a algn) ⊃ Ver nota en GIVE **2** vi ~ (at/for sth) venderse (a algo) **PHR V** sell sth off vender algo a bajo precio ◆ sell out (of sth); be sold out (of sth) agotar todas las existencias (de algo)

sell-by date *n* fecha límite de venta

seller /ˈselə(r)/ *n* vendedor, -ora

selling /ˈselɪŋ/ *n* [incontable] venta

Sellotape® /ˈseləteɪp/ *nombre, verbo*
▸ *n* celo, cinta adhesiva
▸ *vt* **sellotape** pegar con cinta adhesiva

sell-out *n* (*Mús, Teat, etc.*) lleno, éxito de taquilla

selves *pl de* SELF

semester /sɪˈmestə(r)/ *n* semestre (*esp en universidad*)

semi /ˈsemi/ *n* (*pl* **semis**) **1** (*GB, coloq*) adosado ➔ *Ver nota en* CASA **2** *Ver* SEMI-FINAL

semicircle /ˈsemɪsɜːkl/ *n* **1** semicírculo **2** semicircunferencia **semicircular** /ˌsemiˈsɜːkjələ(r)/ *adj* semicircular

semicolon /ˌsemiˈkəʊlən; *USA* ˈsemikəʊlən/ *n* punto y coma ➔ *Ver pág 395*

semi-detached *adj* (semi)adosado: *a semi-detached house* un adosado ➔ *Ver nota en* CASA

semi-final (*tb* semi) *adj* semifinal **semi-finalist** *n* semifinalista

seminar /ˈsemɪnɑː(r)/ *n* seminario (*clase*)

semi-skimmed *adj* semidesnatado

senate 0➔ (*tb* Senate) /ˈsenət/ *n* [*v sing o pl*] **1** (*Pol*) senado ➔ *Ver nota en* CONGRESS **2** (*universidad*) junta de gobierno

senator 0➔ (*tb* Senator) /ˈsenətə(r)/ *n* (*abrev* Sen.) senador, -ora

send 0➔ /send/ *vt* (*pt, pp* **sent** /sent/) **1** ~ sb sth; ~ sth (to sb) enviar, mandar algo (a algn): *She was sent to bed without any supper.* La mandaron a la cama sin cenar. ➔ *Ver nota en* GIVE **2** hacer (que): *to send sb to sleep* dormir a algn ◇ *The story sent shivers down my spine.* La historia me dio escalofríos. ➔ *Ver* LOVE **LOC** *Ver* **PHR V** send for sb llamar a algn; mandar buscar a algn ◆ send (off) for sth pedir, encargar algo (*por correo*) ◆ send sb in enviar a algn (*esp tropas, policía, etc.*) ◆ send sth in/off enviar algo (*por correo*) ◆ send sb off (*Dep*) expulsar a algn ◆ send sth out **1** (*invitaciones, etc.*) enviar algo **2** (*rayos, etc.*) emitir algo ◆ send sb/sth up (*GB, coloq*) parodiar a algn/algo

sender /ˈsendə(r)/ *n* remitente

senile /ˈsiːnaɪl/ *adj* senil **senility** /səˈnɪləti/ *n* senilidad

senior 0➔ /ˈsiːniə(r)/ *adjetivo, nombre*
▸ *adj* **1** superior: *senior partner* socio mayoritario **2** (*abrev* Snr, Sr) padre: *John Brown, Senior* John Brown, padre
▸ *n* mayor: *She is two years my senior.* Me lleva dos años.

senior citizen (*tb esp USA* senior) *n* ciudadano, -a de la tercera edad

senior high school (*tb* ˌsenior ˈhigh) *n* (*USA*) instituto donde se imparten los últimos tres o cuatro años de enseñanza secundaria

seniority /ˌsiːniˈɒrəti; *USA* -ˈɔːr-/ *n* antigüedad (*rango, años, etc.*)

sensation /senˈseɪʃn/ *n* sensación

sensational /senˈseɪʃənl/ *adj* **1** sensacional **2** (*pey*) sensacionalista **sensationalist** *adj* sensacionalista

sense 0➔ /sens/ *nombre, verbo*
▸ *n* **1** sentido: *sense of smell/touch/taste* olfato/tacto/gusto ◇ *a sense of humour* sentido del humor **2** sensación: *It gives him a sense of security.* Le hace sentirse seguro. **3** juicio, sensatez: *to come to your senses* recobrar el juicio ◇ *to make sb see sense* hacer que algn entre en razón ◇ *to have the good sense to do sth* ser lo suficientemente sensato como para hacer algo **LOC** in a sense en cierto sentido ◆ make sense tener sentido ◆ make sense of sth entender algo ◆ see sense entrar en razón
▸ *vt* **1** sentir, ser consciente de **2** (*máquina*) detectar

senseless /ˈsensləs/ *adj* **1** (*pey*) sin sentido: *It is senseless to go on.* No tiene sentido seguir. **2** inconsciente **3** insensato

sensibility /ˌsensəˈbɪləti/ *n* sensibilidad

sensible 0➔ /ˈsensəbl/ *adj* **1** sensato, prudente **❶** La palabra española *sensible* se traduce por **sensitive**. **2** (*decisión*) acertado **sensibly** *adv* **1** (*comportarse*) con prudencia **2** (*vestirse*) adecuadamente

sensitive 0➔ /ˈsensətɪv/ *adj* **1** sensible: *She's very sensitive to criticism.* Es muy susceptible a las críticas. **❶** La palabra inglesa **sensible** se traduce por *sensato*. **2** (*asunto, piel*) delicado: *sensitive documents* documentos confidenciales **sensitively** *adv* con sensibilidad **sensitivity** /ˌsensəˈtɪvəti/ *n* **1** sensibilidad **2** susceptibilidad **3** (*asunto, piel*) delicadeza

sensory /ˈsensəri/ *adj* sensorial

sensual /ˈsenʃuəl/ *adj* sensual **sensuality** /ˌsenʃuˈæləti/ *n* sensualidad

sensuous /ˈsenʃuəs/ *adj* sensual

sent *pt, pp de* SEND

sentence 0➔ /ˈsentəns/ *nombre, verbo*
▸ *n* **1** (*Gram*) frase, oración **2** sentencia, pena: *a life sentence* cadena perpetua *Ver tb* COMMUNITY SENTENCE
▸ *vt* ~ sb (to sth) sentenciar, condenar a algn (a algo)

sentiment /ˈsentɪmənt/ *n* **1** (*formal*) sentimiento **2** [*incontable*] sentimentalismo **sentimental** /ˌsentɪˈmentl/ *adj* **1** sentimental **2** sensiblero

S

sentimentality /ˌsentɪmenˈtæləti/ n (pey) sentimentalismo, sensiblería

sentry /ˈsentri/ n (pl **sentries**) centinela

separate ⊶ verbo, adjetivo
▶ /ˈsepəreɪt/ **1** vt, vi separar(se) **2** vt dividir: We separated the children into three groups. Dividimos a los niños en tres grupos.
▶ /ˈseprət/ adj **1** separado **2** distinto: It happened on three separate occasions. Ocurrió en tres ocasiones distintas.

separately ⊶ /ˈseprətli/ adv por separado, aparte

separation ⊶ /ˌsepəˈreɪʃn/ n separación

September ⊶ /sepˈtembə(r)/ n (abrev Sept.) septiembre ⊃ Ver ejemplos en JANUARY

sequel /ˈsiːkwəl/ n **1** (película, libro, etc.) continuación **2** secuela

sequence /ˈsiːkwəns/ n sucesión, serie

serene /səˈriːn/ adj sereno

serf /sɜːf/ n siervo (de la gleba)

sergeant /ˈsɑːdʒənt/ n sargento

serial /ˈsɪəriəl/ n serie: serial number número de serie ◊ a radio serial un serial radiofónico

series ⊶ /ˈsɪəriːz/ n (pl **series**) **1** serie, sucesión **2** (Radio, TV) serie: a television series una serie de televisión

🔍 En inglés utilizamos la palabra **series** para referirnos a las series que tratan una historia diferente en cada episodio, y **serial** para referirnos a una sola historia dividida en capítulos.

serious ⊶ /ˈsɪəriəs/ adj **1** (enfermedad, error) grave **2** serio: Is he serious (about it)? ¿Lo dice en serio? ◊ to be serious about sb ir en serio con algn

seriously ⊶ /ˈsɪəriəsli/ adv **1** seriamente **2** (herido) gravemente **3** (hablando) en serio **4** (coloq) He's seriously rich. Es súper rico.

seriousness /ˈsɪəriəsnəs/ n **1** seriedad **2** gravedad

sermon /ˈsɜːmən/ n sermón

servant ⊶ /ˈsɜːvənt/ n criado, -a Ver tb CIVIL SERVANT

serve ⊶ /sɜːv/ verbo, nombre
▶ **1** vt ~ sb sth; ~ sth (to sb) servir algo (a algn) ⊃ Ver nota en GIVE **2** vt (cliente) atender **3** vt, vi servir: This will serve as an example to us all. Esto nos servirá a todos de ejemplo. ◊ It served to make us more careful. Nos enseñó a ser más cuidadosos. **4** vi ~ (in/on/with sth) servir (en algo): He served with the eighth squadron. Sirvió en el octavo escuadrón. **5** vt (condena) cumplir **6** vt, vi (Tenis, etc.) sacar **LOC** it serves sb right (for

doing sth) It serves him right (for being so selfish). Le está bien empleado (por ser tan egoísta). Ver tb FIRST **PHR V** **serve sth out 1** (condena, contrato, etc.) cumplir, hacer algo **2** (comida, etc.) servir algo ◆ **serve sth up** servir algo
▶ n (Tenis, etc.) saque: Whose serve is it? ¿A quién le toca sacar?

server /ˈsɜːvə(r)/ n **1** (Informát) servidor **2** (Tenis, etc.) jugador, -ora que tiene el saque **3** [gen pl] (Cocina) cubierto de servir: salad servers cubiertos de servir la ensalada

service ⊶ /ˈsɜːvɪs/ nombre, verbo
▶ n **1** servicio: 10% extra for service un 10% de recargo por servicio ◊ on active service en servicio activo Ver tb ROOM SERVICE **2** revisión (de coche) **3** (Relig) oficio **4** services [v sing o pl] (tb ˈservice area) (en autopista) área de servicio **5** (deporte de raqueta) saque, servicio
▶ vt (coche) hacer la revisión a

ˈservice charge n servicio: There's a 15% service charge. Se cobra un 15% de servicio.

ˈservice industry n (pl **service industries**) (Econ) sector servicios

serviceman /ˈsɜːvɪsmən/ n (pl **-men** /-mən/) militar

ˈservice station n **1** gasolinera **2** estación de servicio

servicewoman /ˈsɜːvɪswʊmən/ n (pl **-women** /-wɪmɪn/) militar

serviette /ˌsɜːviˈet/ n servilleta

session ⊶ /ˈseʃn/ n sesión

set ⊶ /set/ verbo, nombre, adjetivo
▶ (-tt-) (pt, pp **set**) **1** vt poner, colocar: He set a bowl of soup in front of me. Me puso un plato de sopa delante. **2** vt (cambio de estado): They set the prisoners free. Pusieron en libertad a los prisioneros. ◊ It set me thinking. Me dio que pensar. **3** vt (Cine, libro, etc.): The film is set in Austria. La película se desarrolla en Austria. **4** vt (preparar) poner: to set the table poner la mesa ◊ I've set the alarm clock for seven. He puesto el despertador para las siete. ◊ I've set the TV to record the match. He programado el televisor para grabar el partido. **5** vt establecer, fijar: She's set a new world record. Ha establecido un nuevo récord mundial. ◊ They haven't set a date for their wedding yet. Todavía no han fijado la fecha de la boda. ◊ Can we set a limit to the cost of the trip? ¿Podemos fijar un límite para el coste del viaje? **6** vt (mandar) poner: We've been set a lot of homework today. Hoy nos han puesto un montón de deberes. **7** vt (flan, gelatina) cuajar **8** vi (cemento, etc.) endurecerse **9** vt (pelo) marcar **10** vt (hueso roto) escayolar

11 *vi* (*sol*) ponerse `LOC` Para expresiones con **set**, véanse las entradas del sustantivo, adjetivo, etc., p. ej. **set light to sth** en LIGHT. `PHR V` **set about (doing) sth** ponerse a hacer algo ♦ **set sth aside 1** apartar, reservar algo **2** dejar algo a un lado ♦ **set sth/sb back** retrasar algo/a algn ♦ **set off/out** salir, partir: *to set off on a journey* salir de viaje ◊ *to set out from London for Australia* salir de Londres para Australia ♦ **set sth off 1** hacer explotar algo **2** (*alarma*) hacer que salte algo **3** ocasionar algo ♦ **set out to do sth** proponerse hacer algo ♦ **set sth up 1** (*barricadas, etc.*) levantar, poner algo **2** montar algo **3** establecer, crear algo **4** (*reunión, etc.*) organizar algo *Ver tb* SET-UP

▶ *n* **1** juego, lote: *a set of saucepans* una batería de cocina **2** círculo (*de personas*) **3** (*TV, Radio*) aparato **4** (*Teat*) decorado **5** (*Cine*) plató **6** (*Tenis, Voleibol*) set **7** (*Mat*) conjunto

▶ *adj* **1** situado **2** determinado **3** ~ **for sth/to do sth** preparado para algo/para hacer algo `LOC` *Ver* MARK

setback /ˈsetbæk/ *n* contrariedad: *to suffer a setback* sufrir un revés

ˌset ˈbook (*tb* ˌset ˈtext) *n* (*Educ*) lectura obligatoria

ˈset square *n* escuadra (*regla*)

settee /seˈtiː/ *n* sofá

setting /ˈsetɪŋ/ *n* **1** marco **2** ambientación **3** (*tb* settings [*pl*]) (*Informát, etc.*) configuración, ajustes **4** montura

settle /ˈsetl/ **1** *vt* (*disputa*) resolver **2** *vt* acordar **3** *vi* establecerse, quedarse a vivir **4** *vi* ~ **(on sth)** posarse (en algo) **5** *vt* (*deuda*) pagar **6** *vi* ~ **(up) (with sb)** liquidar las cuentas (con algn) **7** *vt* (*estómago*) asentar **8** *vi* (*sedimento*) depositarse `PHR V` **settle down 1** (*tb* settle back) acomodarse **2** asentarse, echar raíces: *to marry and settle down* casarse y sentar la cabeza **3** calmarse ♦ **settle for sth** aceptar algo; conformarse con algo ♦ **settle in; settle into sth** adaptarse (a algo) ♦ **settle on sth** decidirse por algo **settled** *adj* estable

settlement /ˈsetlmənt/ *n* **1** acuerdo **2** poblado **3** colonización

settler /ˈsetlə(r)/ *n* poblador, -ora

ˈset-up *n* organización, sistema

seven ⊶ /ˈsevn/ *adj, pron, n* siete **Ɔ** *Ver ejemplos en* FIVE

seventeen ⊶ /ˌsevnˈtiːn/ *adj, pron, n* diecisiete **Ɔ** *Ver ejemplos en* FIVE **seventeenth 1** *adj, adv, pron* decimoséptimo **2** *n* diecisieteava parte, diecisieteavo **Ɔ** *Ver ejemplos en* FIFTH

seventh ⊶ /ˈsevnθ/ **1** *adj, adv, pron* séptimo **2** *n* séptima parte, séptimo **Ɔ** *Ver ejemplos en* FIFTH

seventieth /ˈsevntiəθ/ **1** *adj, adv, pron* septuagésimo **2** *n* setentava parte, setentavo **Ɔ** *Ver ejemplos en* FIFTH

seventy ⊶ /ˈsevnti/ *adj, pron, n* setenta **Ɔ** *Ver ejemplos en* FIFTY, FIVE

sever /ˈsevə(r)/ *vt* (*formal*) **1** ~ **sth (from sth)** cortar algo (de algo) **2** (*relaciones*) romper

several ⊶ /ˈsevrəl/ *adj, pron* varios, -as

severe ⊶ /sɪˈvɪə(r)/ *adj* (**severer, -est**) **1** (*rostro, castigo*) severo **2** (*tormenta, helada, dolor, golpe*) fuerte **3** (*problema, consecuencia*) serio

sew ⊶ /səʊ/ *vt, vi* (*pt* **sewed**, *pp* **sewn** /səʊn/, **sewed**) coser `PHR V` **sew sth up 1** coser algo: *to sew up a hole* zurcir un agujero **2** (*coloq*) arreglar algo

sewage /ˈsuːɪdʒ/ *n* [*incontable*] aguas residuales

sewer /ˈsuːə(r)/ *n* alcantarilla, cloaca

sewing ⊶ /ˈsəʊɪŋ/ *n* [*incontable*] costura: *sewing machine* máquina de coser

sewn *pp de* SEW

sex ⊶ /seks/ *nombre, verbo*

▶ *n* sexo: *to have sex* tener relaciones sexuales ◊ *sex life* vida sexual

▶ *v* `PHR V` **sex sth up** (*coloq*) darle emoción a algo

sexism /ˈseksɪzəm/ *n* sexismo **sexist** *adj, n* sexista

sext /sekst/ *nombre, verbo*

▶ *n* mensaje con contenido sexual (*enviado por móvil*)

▶ *vt, vi* enviar mensajes y fotos con contenido sexual (a)

sexual ⊶ /ˈsekʃuəl/ *adj* sexual: *sexual intercourse* relaciones sexuales/coito **sexuality** /ˌsekʃuˈæləti/ *n* sexualidad

sexy /ˈseksi/ *adj* (**sexier, -iest**) **1** (*persona, ropa*) sexy **2** (*libro, película*) erótico **3** (*coloq*) fascinante, interesante

shabby /ˈʃæbi/ *adj* (**shabbier, -iest**) **1** (*ropa*) raído **2** (*objetos*) en mal estado **3** (*persona*) desharrapado **4** (*comportamiento*) mezquino

shack /ʃæk/ *n* choza

shade ⊶ /ʃeɪd/ *nombre, verbo*

▶ *n* **1** sombra **Ɔ** *Ver dibujo en* SOMBRA **2** pantalla (*de lámpara*) **3** (*USA*) persiana **4** (*color*) tono **5** (*significado*) matiz

▶ *vt* dar sombra a

shadow ⊶ /ˈʃædəʊ/ *nombre, verbo, adjetivo*

▶ *n* **1** sombra **Ɔ** *Ver dibujo en* SOMBRA **2** (*tb* shadows [*pl*]) tinieblas

▶ *vt* seguir y vigilar secretamente

▶ *adj* (*Pol*) de la oposición

🔎 En Gran Bretaña, el partido de la oposición (**the Opposition**) forma un equipo que se llama el **shadow cabinet**, cuyos miembros se ocupan de seguir la labor de los ministros del gobierno.

shadowy /ˈʃædəui/ adj (lugar, asunto, etc.) oscuro

shady /ˈʃeɪdi/ adj (**shadier, -iest**) **1** sombreado **2** (coloq) sospechoso, turbio

shaft /ʃɑːft; USA ʃæft/ n **1** pozo: the lift shaft el hueco del ascensor **2** mango (largo) **3** eje **4** ~ (of sth) (luz) rayo (de algo)

shaggy /ˈʃægi/ adj (**shaggier, -iest**) peludo: shaggy eyebrows cejas pobladas ◇ shaggy hair pelo desgreñado

shake ☞ /ʃeɪk/ verbo, nombre
▶ (pt **shook** /ʃʊk/, pp **shaken** /ˈʃeɪkən/) **1** vt sacudir, agitar **2** vi temblar **3** vt ~ **sb (up)** perturbar a algn **LOC** shake sb's hand; shake hands (with sb); shake sb by the hand dar la mano a algn ◆ shake your head negar con la cabeza **PHR V** shake sb off deshacerse de algn ◆ shake sth up **1** agitar algo **2** reorganizar algo totalmente
▶ n **1** [gen sing] sacudida: Give the bottle a good shake. Agita bien la botella. ◇ She replied with a shake of the head. Dijo que no con un movimiento de cabeza. **2** Ver MILKSHAKE **shaky** adj (**shakier, -iest**) **1** tembloroso **2** poco firme

shale gas /ˌʃeɪl ˈɡæs/ n gas de lutita

shall ☞ /ʃəl, ʃæl/ v modal (contracción 'll, neg **shall not, shan't** /ʃɑːnt; USA ʃænt/)

🔎 Shall es un verbo modal al que sigue un infinitivo sin to y las oraciones interrogativas y negativas se construyen sin el auxiliar do.

1 (esp GB) (para formar el futuro): As we shall see… Como veremos… ◇ I shall tell her tomorrow. Se lo diré mañana.

🔎 Shall y will se usan para formar el futuro en inglés. Shall se utiliza con la primera persona del singular y del plural, I y we, y will con las demás personas. Sin embargo, en inglés hablado will (o 'll) tiende a utilizarse con todos los pronombres.

2 (oferta, petición): Shall we pick you up? ¿Te vamos a buscar? **3** (formal) (voluntad, determinación): He shall be given a fair trial. Tendrá un juicio justo. ◇ I shan't go. No iré. ❶ En este sentido, shall es más formal que will, especialmente cuando se usa con pronombres que no sean I y we.

shallow ☞ /ˈʃæləʊ/ adj (**shallower, -est**) **1** (agua) poco profundo **2** (pey) (persona) superficial

shambles /ˈʃæmblz/ n [sing] (coloq) desastre: to be (in) a shambles estar hecho un desastre

shame ☞ /ʃeɪm/ nombre, verbo
▶ n **1** vergüenza **2** deshonra **3 a shame** [sing] (una) lástima: What a shame! ¡Qué lástima! **LOC** put sb/sth to shame dejar a algn/algo a la altura del betún Ver tb CRYING
▶ vt (formal) **1** avergonzar **2** deshonrar

shameful /ˈʃeɪmfl/ adj vergonzoso

shameless /ˈʃeɪmləs/ adj descarado, sinvergüenza

shampoo /ʃæmˈpuː/ nombre, verbo
▶ n (pl **shampoos**) champú
▶ vt (pt, pp **shampooed**, part pres **shampooing**) lavar (con champú)

shamrock /ˈʃæmrɒk/ n trébol (símbolo nacional de Irlanda)

shandy /ˈʃændi/ n (pl **shandies**) cerveza con gaseosa, clara

shan't (abrev de shall not) Ver SHALL

shanty town /ˈʃænti taʊn/ n barrio de chabolas

shape ☞ /ʃeɪp/ nombre, verbo
▶ n **1** forma, bulto **2** figura **LOC** give shape to sth (formal) plasmar algo ◆ in any shape or form (coloq) de cualquier tipo ◆ in shape en forma ◆ out of shape **1** deformado **2** en baja forma ◆ take shape ir cobrando forma
▶ vt **1** ~ sth (into sth) dar forma (de algo) a algo **2** forjar **shapeless** adj amorfo

share ☞ /ʃeə(r)/ verbo, nombre
▶ **1** vt, vi ~ (sth) (with sb) compartir (algo) (con algn) **2** vt ~ sth (out) (among/between sb) repartir algo (entre algn)
▶ n **1** ~ (of/in sth) parte (de/en algo) **2** (Fin) acción **LOC** Ver FAIR

shareholder /ˈʃeəhəʊldə(r)/ n accionista

sharia /ʃəˈriːə/ n sharía (ley islámica)

shark /ʃɑːk/ n tiburón Ver tb LOAN SHARK **LOC** Ver JUMP

sharp ☞ /ʃɑːp/ adjetivo, adverbio, nombre
▶ adj (**sharper, -est**) **1** (cuchillo, etc.) afilado **2** (cambio) pronunciado **3** nítido **4** (sonido, dolor, mente) agudo **5** (vista) de lince **6** (críticas, viento) cortante **7** (helada) fuerte **8** (curva) cerrado **9** (sabor) ácido **10** (color) acre **11** (Mús) sostenido
▶ adv en punto: at two o'clock sharp a las dos en punto
▶ n (Mús) sostenido

sharpen /'ʃɑ:pən/ *vt* afilar **sharpener** *n Ver* PEN-CIL SHARPENER

shatter /'ʃætə(r)/ **1** *vt*, *vi* hacer(se) añicos **2** *vt* destruir **shattered** *adj* **1** trastornado **2** (*GB*, *coloq*) hecho polvo **shattering** *adj* demoledor

shave ☛ /ʃeɪv/ *vt*, *vi* afeitar(se) **LOC** *Ver* CLOSE²

shaver /'ʃeɪvə(r)/ *n* maquinilla eléctrica (*de afeitar*)

shawl /ʃɔ:l/ *n* chal, toquilla

she ☛ /ʃi:/ *pronombre*, *nombre*
▸ *pron* ella: *She didn't come.* No vino. **❶** El pronombre personal no puede omitirse en inglés. ⊃ *Comparar con* HER (3)
▸ *n* hembra: *Is it a he or a she?* ¿Es macho o hembra?

shear /ʃɪə(r)/ *vt* (*pt* **sheared**, *pp* **shorn** /ʃɔ:n/, **sheared**) **1** (*oveja*) esquilar **2** cortar

shears /ʃɪəz/ *n* [*pl*] podadera ⊃ *Ver nota en* PAIR

sheath /ʃi:θ/ *n* (*pl* **sheaths** /ʃi:ðz/) vaina, estuche

shed /ʃed/ *nombre*, *verbo*
▸ *n* cobertizo
▸ *vt* (**-dd-**) (*pt*, *pp* **shed**) **1** deshacerse de **2** (*hojas*) perder **3** (*la piel*) mudar **4** ~ **sth (on sb/sth)** (*luz*) arrojar, difundir algo (sobre algn/algo) **5** (*formal*) (*sangre, lágrimas*) derramar

she'd /ʃi:d/ **1** (*abrev de* **she had**) *Ver* HAVE **2** (*abrev de* **she would**) *Ver* WOULD

sheep ☛ /ʃi:p/ *n* (*pl* **sheep**) oveja *Ver tb* EWE, RAM ⊃ *Ver nota en* CARNE

sheepish /'ʃi:pɪʃ/ *adj* tímido, avergonzado

sheer /ʃɪə(r)/ *adj* **1** (*uso enfático*) puro, absoluto: *The concert was sheer delight.* El concierto fue una pura delicia. ◇ *The area is under threat from the sheer number of visitors.* El área se ve amenazada debido al enorme numero de visitantes. **2** (*casi vertical*) escarpado **3** (*tela*) diáfano

sheet ☛ /ʃi:t/ *n* **1** (*de cama*) sábana **2** (*de papel*) hoja **3** (*de vidrio, metal*) lámina

sheikh /ʃeɪk, ʃi:k/ *n* jeque

shelf ☛ /ʃelf/ *n* (*pl* **shelves** /ʃelvz/) estante, balda

shell ☛ /ʃel/ *nombre*, *verbo*
▸ *n* **1** (*de un molusco*) concha **2** (*huevo, nuez*) cáscara ⊃ *Ver nota en* PEEL **3** (*tortuga, crustáceo, insecto*) caparazón **4** obús **5** (*barco*) casco **6** (*edificio*) armazón
▸ *vt* **1** bombardear **2** pelar, quitar la cáscara de

she'll /ʃi:l/ (*abrev de* **she will**) *Ver* WILL

shellfish /'ʃelfɪʃ/ *n* (*pl* **shellfish**) **1** (*Zool*) crustáceo **2** (*como alimento*) marisco

shelter ☛ /'ʃeltə(r)/ *nombre*, *verbo*
▸ *n* **1** ~ **(from sth)** (*protección*) abrigo, resguardo (contra algo): *to take shelter* refugiarse **2** (*lugar*) refugio: *bus shelter* marquesina de autobús
▸ *vt* **1** ~ **sb/sth (from sb/sth)** resguardar, proteger a algn/algo (de algn/algo) **2** *vi* ~ **(from sth)** refugiarse, ponerse al abrigo (de algo) **sheltered** *adj* **1** (*lugar*) abrigado **2** (*vida*) protegido

shelve /ʃelv/ *vt* archivar

shelves *pl de* SHELF

shelving /'ʃelvɪŋ/ *n* [*incontable*] estanterías

shepherd /'ʃepəd/ *n* pastor, -ora *Ver tb* GERMAN SHEPHERD

sheriff /'ʃerɪf/ *n* sheriff

sherry /'ʃeri/ *n* (*pl* **sherries**) jerez

she's /ʃi:z/ **1** (*abrev de* **she is**) *Ver* BE **2** (*abrev de* **she has**) *Ver* HAVE

shied *pt*, *pp de* SHY

shield /ʃi:ld/ *nombre*, *verbo*
▸ *n* escudo
▸ *vt* ~ **sb/sth (from sb/sth)** proteger a algn/algo (de algn/algo)

shift ☛ /ʃɪft/ *verbo*, *nombre*
▸ *vt*, *vi* mover(se), cambiar de sitio: *Help me shift the sofa.* Ayúdame a cambiar el sofá de sitio. ◇ *She shifted uneasily in her seat.* Se movió inquieta en su asiento.
▸ *n* **1** cambio: *a shift in public opinion* un cambio en la opinión pública **2** (*trabajo*) turno **3** (*tb* 'shift key*) (*Informát*) tecla de las mayúsculas

shifty /'ʃɪfti/ *adj* (*coloq*) sospechoso

shiitake (*tb* shitake) /ʃɪ'tɑ:ki, ʃi:'-/ (*tb* ˌshiitake 'mushroom) *n* seta shiitake

Shiite (*tb* Shi'ite) /'ʃi:aɪt/ *adj*, *n* (*Relig*) chiíta

shimmer /'ʃɪmə(r)/ *vi* **1** (*agua, seda*) brillar **2** (*luz*) titilar **3** (*luz en agua*) rielar

shin /ʃɪn/ *n* **1** espinilla **2** (*tb* 'shin bone) tibia

shine ☛ /ʃaɪn/ *verbo*, *nombre*
▸ (*pt*, *pp* **shone** /ʃɒn; *USA* ʃəʊn/) **1** *vi* brillar: *His face shone with excitement.* Su cara irradiaba entusiasmo. **2** *vt* (*linterna, etc.*) dirigir **3** *vi*: *She's always shone at languages.* Siempre se le han dado muy bien los idiomas.
▸ *n* [*sing*] brillo

shingle /'ʃɪŋgl/ *n* [*incontable*] guijarros

shiny ☛ /'ʃaɪni/ *adj* (**shinier**, **-iest**) brillante, reluciente

ship ☛ /ʃɪp/ *nombre*, *verbo*
▸ *n* barco, buque: *The captain went on board ship.* El capitán subió al barco. ◇ *a merchant ship* un buque mercante ⊃ *Ver nota en* BOAT
▸ *vt* (**-pp-**) enviar (*esp por vía marítima*)

| ð **then** | s **so** | z **zoo** | ʃ **she** | ʒ **vision** | h **how** | ŋ **sing** | j **yes** | w **wet** |

shipbuilding /ˈʃɪpbɪldɪŋ/ n construcción de barcos

shipment /ˈʃɪpmənt/ n **1** [incontable] embarque, transporte (marítimo) **2** cargamento

shipping /ˈʃɪpɪŋ/ n [incontable] **1** embarcaciones, buques: shipping lane/route vía/ruta de navegación **2** envío, portes

shipwreck /ˈʃɪprek/ nombre, verbo
▸ n naufragio
▸ vt be shipwrecked naufragar

shipyard /ˈʃɪpjɑːd/ n astillero

shirt ☞ /ʃɜːt/ n **1** camisa **2** (Dep) camiseta

shiver /ˈʃɪvə(r)/ verbo, nombre
▸ vi **1** ~ (with sth) temblar (de algo) **2** estremecerse
▸ n escalofrío

shoal /ʃəʊl/ n banco (de peces)

shock ☞ /ʃɒk/ nombre, verbo
▸ n **1** susto, conmoción **2** [incontable] (Med) shock **3** (tb electric shock) descarga eléctrica
▸ **1** vt conmover, impresionar **2** vt, vi escandalizar

shock absorber n amortiguador

shocked ☞ /ʃɒkt/ adj **1** conmocionado **2** ~ (by/at sth) escandalizado (por algo)

shocking ☞ /ˈʃɒkɪŋ/ adj **1** (comportamiento) escandaloso **2** (noticia, crimen, etc.) espantoso **3** (coloq) horrible, malísimo

shoddy /ˈʃɒdi/ adj (shoddier, -iest) **1** (producto) de baja calidad **2** (trabajo) chapucero

shoe ☞ /ʃuː/ nombre, verbo
▸ n zapato: What size shoe do you take? ¿Qué número de zapato usas? ◊ shoe shop zapatería ◊ shoe polish betún ➭ Ver nota en PAIR
▸ vt (pt, pp shod /ʃɒd/) (caballo) herrar

shoelace /ˈʃuːleɪs/ n cordón de zapato

shoestring /ˈʃuːstrɪŋ/ n LOC on a shoestring (coloq) con escasos medios

shone pt, pp de SHINE

shook pt de SHAKE

shoot ☞ /ʃuːt/ verbo, nombre
▸ (pt, pp shot /ʃɒt/) **1** vt, vi ~ (sth) (at sb/sth) disparar (algo) (a algn/algo) **2** vt fusilar **3** vi ~ along, past, out, etc. ir, pasar, salir, etc., volando **4** vt (mirada) lanzar **5** vt (película) rodar **6** vi (Dep) chutar PHR V **shoot sb down** matar a algn (a tiros) ◆ **shoot sth down** derribar algo (a tiros) ◆ **shoot up 1** (planta, niño) crecer rápidamente **2** (precios) dispararse **3** (argot) (droga) chutarse
▸ n brote

shooter /ˈʃuːtə(r)/ n **1** (a menudo en compuestos) tirador, -ora **2** (coloq) arma de fuego **3** (tb shooter game) videojuego de disparos

shooting ☞ /ˈʃuːtɪŋ/ n **1** tiroteo **2** asesinato **3** caza **4** tiro (al blanco) **5** (Cine) rodaje

shop ☞ /ʃɒp/ nombre, verbo
▸ n **1** tienda: clothes shop tienda de ropa ◊ I'm going to the shops. Voy a ir a comprar/de tiendas. ◊ shop window escaparate **2** Ver WORKSHOP LOC Ver TALK
▸ vi (-pp-) ir de compras, hacer compras: to shop for sth buscar algo (en las tiendas) PHR V **shop around (for sth)** mirar (algo) en varios sitios (comparando precios, etc.)

shopaholic /ˌʃɒpəˈhɒlɪk; USA -ˈhɔːlɪk/ n (coloq) adicto, -a a las compras

shop assistant n dependiente, -a

shopkeeper /ˈʃɒpkiːpə(r)/ n comerciante; tendero, -a

shoplifter /ˈʃɒplɪftə(r)/ n ladrón, -ona ➭ Ver nota en THIEF

shoplifting /ˈʃɒplɪftɪŋ/ n [incontable] hurto (en una tienda): She was charged with shoplifting. La acusaron de haberse llevado cosas sin pagar en una tienda.

shopper /ˈʃɒpə(r)/ n comprador, -ora

shopping ☞ /ˈʃɒpɪŋ/ n [incontable] compra(s): to do the shopping hacer la compra ◊ She's gone shopping. Ha salido de compras. ◊ shopping bag/trolley bolsa/carrito de la compra ◊ shopping list lista de la compra Ver tb WINDOW-SHOPPING

shopping centre (USA **shopping center**) (tb esp USA **shopping mall**) n centro comercial

shore /ʃɔː(r)/ n **1** costa: to go on shore desembarcar **2** orilla (de mar, lago): on the shore(s) of Loch Ness a orillas del Lago Ness ➭ Comparar con BANK

shorn pp de SHEAR

short ☞ /ʃɔːt/ adjetivo, adverbio, nombre
▸ adj (**shorter**, **-est**) **1** (tiempo, distancia, pelo, vestido) corto: I was only there for a short while. Solo estuve allí un rato. ◊ a short time ago hace poco **2** (persona) bajo **3** ~ (of sth) escaso (de algo): Water is short. Hay escasez de agua. ◊ I'm a bit short of time just now. En este momento ando un poco justo de tiempo. ◊ I'm $5 short. Me faltan cinco dólares. **4** ~ for sth: Ben is short for Benjamin. Ben es el diminutivo de Benjamin. LOC Ver BREATH, SUPPLY, TEMPER, TERM
▸ adv LOC Ver CUT, FALL
▸ n **1** copa, vaso pequeño (de whisky, coñac, etc.) **2** (Cine) corto Ver tb SHORTS LOC **for short** para abreviar: He's called Ben for short. Lo llamamos Ben para abreviar. ◆ **in short** resumiendo

shortage /ˈʃɔːtɪdʒ/ n escasez

shortbread /ˈʃɔːtbred/ n galleta hecha con mantequilla

short ˈcircuit (coloq short) n cortocircuito

short-ˈcircuit (coloq short) **1** vi tener un cortocircuito **2** vt causar un cortocircuito en

shortcoming /ˈʃɔːtkʌmɪŋ/ n deficiencia

shortcut /ˈʃɔːtkʌt/ n atajo: He took a shortcut through the park. Atajó por el parque.

shorten /ˈʃɔːtn/ vt, vi acortar(se)

shorthand /ˈʃɔːthænd/ n taquigrafía

shortlist /ˈʃɔːtlɪst/ n lista final de candidatos

short-ˈlived adj efímero

shortly ⊶ /ˈʃɔːtli/ adv **1** poco: shortly afterwards poco después **2** dentro de poco

shorts /ʃɔːts/ n [pl] **1** pantalón corto **2** (USA) calzoncillos ⊅ Ver nota en PAIR

short-ˈsighted adj **1** miope **2** con poca visión de futuro

short-ˈstaffed adj falto de personal

short-ˈtempered adj de mal genio

short-ˈterm adj a corto plazo

shot ⊶ /ʃɒt/ n **1** ~ (at sb/sth) disparo (a algn/algo) **2** (coloq) intento: to have a shot at (doing) sth intentarlo con algo/intentar hacer algo **3** (Tenis, Golf) golpe **4** (Fútbol, Baloncesto) tiro **5** (Fot) foto **6** (Med) inyección, dosis **7** (de licor) chupito **LOC** Ver BIG
▸ adj [nunca antes de sustantivo] (coloq) hecho polvo Ver tb SHOOT

shotgun /ˈʃɒtɡʌn/ n escopeta

the ˈshot put n [sing] (Dep) lanzamiento de peso

should ⊶ /ʃəd, ʃʊd/ v modal (neg **should not**, **shouldn't** /ˈʃʊdnt/)

🔎 **Should** es un verbo modal al que sigue un infinitivo sin **to** y las oraciones interrogativas y negativas se construyen sin el auxiliar **do**.

1 (sugerencias y consejos) deber: You shouldn't drink and drive. No deberías conducir si has bebido. ⊅ Comparar con MUST **2** (probabilidad) deber de: They should be there by now. Ya deben de haber llegado. **3** How should I know? ¿Y yo qué sé?

shoulder ⊶ /ˈʃəʊldə(r)/ nombre, verbo
▸ n **1** hombro: shoulder bag bolso para llevar colgado del hombro ◇ shoulder strap tirante **2** (USA) arcén Ver tb HARD SHOULDER **LOC** Ver CHIP
▸ vt (responsabilidad, culpa) cargar con

ˈshoulder blade n omoplato

shout ⊶ /ʃaʊt/ verbo, nombre
▸ vt, vi ~ (sth) (out) (at/to sb) gritar (algo) (a algn)

🔎 Cuando utilizamos **shout** con **at sb** tiene el sentido de "reñir", pero cuando lo utilizamos con **to sb** tiene el sentido de "decir a gritos": Don't shout at him, he's only little. No le grites, que es muy pequeño. ◇ She shouted the number out to me from the car. Me gritó el número desde el coche.

PHR V **shout sb down** hacer callar a algn a gritos
▸ n grito **LOC** **give sb a shout** (coloq) avisar a algn

shove /ʃʌv/ verbo, nombre
▸ **1** vt, vi empujar **2** vt (coloq) meter
▸ n [gen sing] empujón

shovel /ˈʃʌvl/ nombre, verbo
▸ n pala
▸ vt (-ll-, USA -l-) (re)mover con una pala

show ⊶ /ʃəʊ/ verbo, nombre
▸ (pt **showed**, pp **shown** /ʃəʊn/) **1** vt mostrar, enseñar **2** vt demostrar **3** vi verse, notarse **4** vt (película) proyectar **5** vt (Arte) exponer **LOC** Ver ROPE
PHR V **show off (to sb)** (coloq, pey) fardar, presumir (delante de algn) ◆ **show sb/sth off** presumir de algn/algo, lucir a algn/algo ◆ **show sth off** resaltar algo ◆ **show up 1** (coloq) presentarse **2** verse ◆ **show sb up** (GB, coloq) avergonzar a algn ◆ **show sth up** (hacer) resaltar algo, poner algo de manifiesto
▸ n **1** espectáculo, función: TV show programa de televisión Ver tb REALITY TV **2** exposición, feria **3** demostración, alarde: a show of force una demostración de fuerza ◇ to make a show of sth hacer alarde de algo **LOC** for show **1** (comportamiento) para impresionar **2** (artículo de exposición) de adorno ◆ on show expuesto

ˈshow business (coloq showbiz /ˈʃəʊbɪz/) n el mundo del espectáculo

showcase /ˈʃəʊkeɪs/ nombre, verbo
▸ n ~ (for sb/sth) escaparate (para algn/algo)
▸ vt exhibir, mostrar

showdown /ˈʃəʊdaʊn/ n enfrentamiento decisivo

shower ⊶ /ˈʃaʊə(r)/ nombre, verbo
▸ n **1** ducha: to take/have a shower ducharse **2** chubasco **3** ~ (of sth) lluvia (de algo) Ver tb BABY SHOWER
▸ vi **1** ducharse **2** ~ (down) (on sb/sth) llover (sobre algn/algo) **PHR V** **shower sb with sth 1** rociar a algn de/con algo **2** (regalos, etc.) colmar a algn de algo **showery** adj lluvioso: a showery day un día de chubascos

showing /ˈʃəʊɪŋ/ n **1** (Cine) función **2** actuación

showjumping /ˈʃəʊdʒʌmpɪŋ/ n salto de obstáculos (hípica)

shown pp de SHOW

show-off n (coloq, pey) chulo, -a

showroom /'ʃəʊruːm, -rʊm/ n sala de exposición/muestras

shrank pt de SHRINK

shrapnel /'ʃræpnəl/ n metralla

shred /ʃred/ verbo, nombre
▸ vt (**-dd-**) hacer tiras
▸ n **1** (de tela) jirón **2** (de papel, verduras) tira **3** ~ **of sth** (fig) pizca de algo

shrewd /ʃruːd/ adj (**shrewder, -est**) **1** (persona) astuto, perspicaz **2** (decisión) inteligente, acertado **shrewdness** n astucia

shriek /ʃriːk/ verbo, nombre
▸ **1** vi ~ (**with sth**) gritar, chillar (de algo): to shriek with laughter reírse a carcajadas **2** vt ~ **sth** (**at sb**) gritar algo (a algn)
▸ n chillido

shrill /ʃrɪl/ adj (**shriller, -est**) **1** agudo, chillón **2** (protesta, etc.) estridente

shrimp /ʃrɪmp/ n **1** camarón **2** (USA) gamba

shrine /ʃraɪn/ n **1** santuario **2** sepulcro

shrink /ʃrɪŋk/ vt, vi (pt **shrank** /ʃræŋk/, **shrunk** /ʃrʌŋk/, pp **shrunk**) encoger(se), reducir(se) **PHR V** shrink from sth/doing sth acobardarse ante algo; no atreverse a hacer algo

shrivel /'ʃrɪvl/ vt, vi (**-ll-**, USA **-l-**) ~ (**sth**) (**up**) **1** secar algo, secarse **2** arrugar algo, arrugarse

shroud /ʃraʊd/ nombre, verbo
▸ n **1** sudario **2** ~ (**of sth**) (formal) manto, velo (de algo)
▸ vt ~ **sth in sth** envolver algo en algo: shrouded in secrecy rodeado del mayor secreto

Shrove Tuesday /ˌʃrəʊv 'tjuːzdeɪ, -di; USA 'tuːz-/ n martes de Carnaval ⊃ Ver nota en MARTES

shrub /ʃrʌb/ n arbusto (en jardín, parque)

shrug /ʃrʌg/ verbo, nombre
▸ vt, vi (**-gg-**) ~ (**your shoulders**) encogerse de hombros **PHR V** shrug sth off no dar importancia a algo
▸ n encogimiento de hombros

shrunk pt, pp de SHRINK

shudder /'ʃʌdə(r)/ verbo, nombre
▸ vi **1** ~ (**with/at sth**) estremecerse (de/ante algo) **2** dar sacudidas
▸ n **1** estremecimiento, escalofrío **2** sacudida

shuffle /'ʃʌfl/ **1** vi ~ (**along**) caminar arrastrando los pies **2** vt ~ **your feet** arrastrar/andar arrastrando los pies **3** vt, vi (Naipes) barajar

shun /ʃʌn/ vt (**-nn-**) evitar, rehuir

shush /ʃʊʃ/ interj ¡silencio!, ¡chis!

shut ⊸ /ʃʌt/ verbo, adjetivo
▸ vt, vi (**-tt-**) (pt, pp **shut**) cerrar(se) **PHR V** shut sb/ sth away encerrar a algn/algo ◆ shut (sth) down cerrar (algo) ◆ shut sth in sth pillar(se) algo con algo ◆ shut sth off **1** (motor, máquina) apagar algo **2** (suministro) cortar algo ◆ shut sb/sth off from sth aislar a algn/algo de algo ◆ shut yourself off (from sth) aislarse (de algo) ◆ shut sb/sth out (of sth) **1** no dejar que algn/algo entre (en algo) **2** excluir a algn/algo (de algo) ◆ shut up (coloq) callarse ◆ shut sb up (coloq) hacer que algn se calle ◆ shut sth up cerrar algo ◆ shut sb/sth up (in sth) encerrar a algn/algo (en algo)
▸ adj [nunca antes de sustantivo] cerrado: The door was shut. La puerta estaba cerrada.

shutter /'ʃʌtə(r)/ n **1** contraventana **2** (Fot) obturador

shuttle /'ʃʌtl/ n **1** lanzadera **2** puente (aéreo): shuttle service servicio de enlace **3** (tb 'space shuttle) transbordador espacial

shy ⊸ /ʃaɪ/ adjetivo, verbo
▸ adj (**shyer, -est**) tímido, cortado: The band has never been shy of publicity. Al grupo nunca le ha asustado la publicidad.
▸ v (pt, pp **shied** /ʃaɪd/) **PHR V** shy away from sth rehuir algo (por timidez o miedo)

shyness /'ʃaɪnəs/ n timidez

sibling /'sɪblɪŋ/ n (formal) hermano, -a ❶ Las palabras más normales para hermano y hermana son **brother** y **sister**.

sick ⊸ /sɪk/ adjetivo, nombre
▸ adj **1** enfermo: to be off sick estar de baja (por enfermedad) ⊃ Ver nota en ENFERMO **2** mareado: to feel sick tener ganas de vomitar **3** ~ **of sb/sth** (coloq) harto de algn/algo: to be sick to death/ sick and tired of (doing) sth estar harto de (hacer) algo **4** (coloq) morboso: a sick joke un chiste de mal gusto **5** (argot) alucinante: I love that song. It's sick! Me encanta esa canción, ¡es alucinante! **LOC** be sick vomitar ◆ make sb sick poner enfermo, repugnar a algn
▸ n [incontable] (GB, coloq) vómito **sicken** vt dar asco a **sickening** adj **1** repugnante **2** (coloq) (persona, comportamiento) exasperante

sickly /'sɪkli/ adj (**sicklier, -iest**) **1** enfermizo **2** (sabor, olor) empalagoso

sickness /'sɪknəs/ n **1** enfermedad **2** náuseas

side ⊸ /saɪd/ nombre, verbo
▸ n **1** lado: to sit at/by sb's side sentarse al lado de algn ◇ to put/leave sth on one side dejar algo a un lado **2** cara: on the other side of the card en la otra cara de la tarjeta **3** (de persona, casa, etc.) costado, lateral: a side door una puerta lateral **4** (de animal) flanco **5** (de montaña) ladera **6** (de

S

lago, río) orilla **7** parte, bando: *to change sides* pasarse al otro bando ◇ *to be on our side* ser de los nuestros ◇ *Whose side are you on?* ¿De qué lado estás tú? **8** aspecto: *the different sides of a question* los distintos aspectos de un tema **9** (*Dep*) equipo **LOC** *get on the right/wrong side of sb* caer bien/mal a algn ♦ *on/from all sides*; *on/ from every side* por/de todos lados, por/de todas partes ♦ *side by side* uno al lado del otro: *We're using both systems side by side.* Estamos usando los dos sistemas en paralelo. ♦ *take sides* tomar partido *Ver tb* LOOK, SAFE

▶ *v* **PHR V** *side with sb (against sb)* ponerse de parte de algn (en contra de algn)

sidebar /ˈsaɪdbɑː(r)/ *n* (*Informát*) menú lateral

sideboard /ˈsaɪdbɔːd/ *n* **1** aparador **2** sideboards (*tb* sideburns /ˈsaɪdbɜːnz/) [*pl*] patillas (*de barba*)

side dish (*tb* **side order**) (*USA, coloq* side) *n* plato como acompañamiento/guarnición

side effect *n* efecto secundario

side street *n* bocacalle, callejuela

sidetrack /ˈsaɪdtræk/ *vt* desviar

sidewalk /ˈsaɪdwɔːk/ *n* (*USA*) acera

sideways **0—** /ˈsaɪdweɪz/ *adv, adj* **1** de/hacia un lado **2** (*mirada*) de reojo

siege /siːdʒ/ *n* **1** sitio **2** cerco policial

sieve /sɪv/ *nombre, verbo*

▶ *n* (*USA tb* sifter /ˈsɪftə(r)/) tamiz

▶ *vt* tamizar

sift /sɪft/ **1** *vt* tamizar **2** *vt, vi* ~ (through) sth examinar algo cuidadosamente

sigh /saɪ/ *verbo, nombre*

▶ *vi* suspirar

▶ *n* suspiro

sight **0—** /saɪt/ *n* **1** vista: *to have poor sight* tener mala vista **2** the sights [*pl*] los lugares de interés **LOC** *at/on sight* en el acto ♦ *catch sight of sb/sth* vislumbrar a algn/algo ♦ *in sight* a la vista ♦ *lose sight of sb/sth* perder a algn/algo de vista: *We must not lose sight of the fact that…* Debemos tener presente el hecho de que… ♦ *out of sight, out of mind* (*refrán*) ojos que no ven, corazón que no siente *Ver tb* PRETTY

sighting /ˈsaɪtɪŋ/ *n* avistamiento: *the first sighting of Mars* la primera vez que se vio Marte

sightseeing /ˈsaɪtsiːɪŋ/ *n* turismo: *to go sightseeing* visitar los lugares de interés turístico

sign **0—** /saɪn/ *nombre, verbo*

▶ *n* **1** signo: *sign language* lenguaje de signos ◇ *the signs of the zodiac* los signos del zodiaco **2** ~ (of sth) señal, indicio (de algo): *a good/bad sign* una buena/mala señal ◇ *There are signs that…* Hay indicios de que… **3** (*tráfico*) señal, letrero **4** señal: *to give sb a sign to do sth* hacerle una señal a algn para que haga algo **5** ~ (of sth) (*Med*) síntoma (de algo)

▶ *vt, vi* firmar **PHR V** *sign on/up (for sth)* **1** matricularse (en algo) **2** hacerse socio (de algo) ♦ *sign sb on/up* **1** contratar a algn **2** (*Dep*) fichar a algn

signal **0—** /ˈsɪɡnəl/ *nombre, verbo*

▶ *n* señal *Ver tb* TURN SIGNAL

▶ *(-ll-, USA -l-)* **1** *vt, vi* señalar, hacer señas: *to signal (to) sb to do sth* hacer señas a algn para que haga algo **2** *vt* (*acontecimiento, cambio*) señalar, marcar **3** *vt* mostrar: *to signal your discontent* dar muestras de descontento

signature **0—** /ˈsɪɡnətʃə(r)/ *n* firma

significance /sɪɡˈnɪfɪkəns/ *n* **1** importancia: *a decision of major significance* una decisión muy importante **2** significado

significant **0—** /sɪɡˈnɪfɪkənt/ *adj* significativo

signify /ˈsɪɡnɪfaɪ/ *vt* (*pt, pp* -fied) (*formal*) **1** significar **2** indicar

signing /ˈsaɪnɪŋ/ *n* (*Dep*) fichaje

signpost /ˈsaɪnpəʊst/ *n* poste indicador

silence **0—** /ˈsaɪləns/ *nombre, interjección, verbo*

▶ *n, interj* silencio

▶ *vt* acallar

silencer /ˈsaɪlənsə(r)/ *n* (*de coche*) silenciador

silent **0—** /ˈsaɪlənt/ *adj* **1** silencioso **2** callado **3** (*letra, película*) mudo

silhouette /ˌsɪluˈet/ *nombre, verbo*

▶ *n* silueta

▶ *vt* be silhouetted (against sth) perfilarse (contra/sobre algo)

silk **0—** /sɪlk/ *n* seda **silky** *adj* sedoso

sill /sɪl/ *n* alféizar

silly **0—** /ˈsɪli/ *adj* (sillier, -iest) **1** tonto: *That was a very silly thing to say.* Vaya tontería que has dicho. ◇ *Ver nota en* TONTO **2** ridículo: *to feel/look silly* sentirse/parecer ridículo

silver **0—** /ˈsɪlvə(r)/ *nombre, adjetivo*

▶ *n* **1** plata: *silver paper* papel de plata ◇ *silver-plated* con un baño de plata **2** [*incontable*] monedas plateadas **3** [*incontable*] (objetos de) plata **LOC** *Ver* WEDDING

▶ *adj* **1** de plata **2** (*color*) plateado

silverware /ˈsɪlvəweə(r)/ *n* [*incontable*] **1** (objetos de) plata **2** (*USA*) cubiertos

silvery /ˈsɪlvəri/ *adj* plateado

SIM card /ˈsɪm kɑːd/ *n* tarjeta SIM

similar **0—** /ˈsɪmələ(r)/ *adj* ~ (to sb/sth) parecido (a algn/algo): *They are similar in character.* Tienen un carácter parecido. ◇ *to be similar to sth* parecerse a algo

---

| ð then | s so | z zoo | ʃ she | ʒ vision | h how | ŋ sing | j yes | w wet |

similarity /ˌsɪməˈlærəti/ n (pl **similarities**) similitud, semejanza

similarly 0🔑 /ˈsɪmələli/ adv **1** de forma parecida **2** del mismo modo, igualmente

simile /ˈsɪməli/ n símil

simmer /ˈsɪmə(r)/ vt, vi hervir a fuego lento

simple 0🔑 /ˈsɪmpl/ adj (**simpler, -est**) **1** sencillo, simple **2** fácil **3** (uso enfático) puro, simple: *It's a simple matter of principles.* Es sencillamente una cuestión de principios. **4** (poco inteligente) simple

simplicity /sɪmˈplɪsəti/ n sencillez

simplify /ˈsɪmplɪfaɪ/ vt (pt, pp **-fied**) simplificar

simplistic /sɪmˈplɪstɪk/ adj simplista

simply 0🔑 /ˈsɪmpli/ adv **1** tan solo **2** sencillamente, simplemente **3** de manera sencilla, modestamente

simulate /ˈsɪmjuleɪt/ vt simular **simulation** n **1** simulacro: *a computer simulation* un simulacro en ordenador **2** simulación

simultaneous /ˌsɪmlˈteɪniəs/ USA ˌsaɪml-/ adj ~ (with sth) simultáneo (a algo) **simultaneously** adv simultáneamente

sin /sɪn/ nombre, verbo
▸ n pecado
▸ vi (**-nn-**) pecar

since 0🔑 /sɪns/ preposición, conjunción, adverbio
▸ prep desde que: *It was the first time they'd won since 2000.* Era la primera vez que ganaban desde 2000.

🔎 Tanto **since** como **from** se traducen por "desde" y se usan para especificar el punto de partida de la acción del verbo. **Since** se usa cuando la acción se extiende en el tiempo hasta el momento presente: *She has been here since three.* Lleva aquí desde las tres. **From** se usa cuando la acción ya ha terminado o no ha empezado todavía: *I was there from three until four.* Estuve allí desde las tres hasta las cuatro. ◇ *I'll be there from three.* Estaré allí a partir de las tres. ➲ *Ver nota en* FOR

▸ conj **1** (desde) que: *How long is it since we visited your mother?* ¿Cuánto hace que no vamos a ver a tu madre? **2** puesto que
▸ adv desde entonces: *We haven't heard from him since.* Desde entonces no hemos sabido nada de él.

sincere 0🔑 /sɪnˈsɪə(r)/ adj sincero

sincerely 0🔑 /sɪnˈsɪəli/ adv sinceramente **LOC** Ver YOURS

sincerity /sɪnˈserəti/ n sinceridad

sinful /ˈsɪnfl/ adj **1** pecador **2** pecaminoso

---

sing 0🔑 /sɪŋ/ vt, vi (pt **sang** /sæŋ/, pp **sung** /sʌŋ/) ~ (sth) (for/to sb) cantar (algo) (a algn)

singer 0🔑 /ˈsɪŋə(r)/ n cantante

singing 0🔑 /ˈsɪŋɪŋ/ n [incontable] canto, cantar

single 0🔑 /ˈsɪŋɡl/ adjetivo, nombre, verbo
▸ adj **1** solo, único: *a single-sex school* una escuela para niños/niñas ◇ *every single day* cada día **2** soltero **3** (cama, habitación) individual **LOC** Ver GLANCE
▸ n **1** (tb **single 'ticket**) billete de ida **2** (Mús) sencillo, single **3 singles** [pl] personas sin pareja **4 singles** [incontable] (Dep) individuales
▸ v **PHR V** single sb/sth out (for/as sth) elegir a algn/algo (para algo)

single-'handed (tb single-handedly) adv sin ayuda

single-'minded adj decidido, resuelto

single 'parent n padre/madre que cría a su(s) hijo(s) sin pareja: *a single-parent family* una familia monoparental

singular /ˈsɪŋɡjələ(r)/ nombre, adjetivo
▸ n (Gram) singular: *in the singular* en singular
▸ adj **1** (Gram) singular **2** (formal) extraordinario, singular

sinister /ˈsɪnɪstə(r)/ adj siniestro

sink 0🔑 /sɪŋk/ verbo, nombre
▸ (pt **sank** /sæŋk/, pp **sunk** /sʌŋk/) **1** vt, vi hundir(se) **2** vi bajar **3** vi (sol) ocultarse **4** vt (coloq) (planes) echar a perder **LOC** be sunk in sth estar sumido en algo Ver tb HEART **PHR V** sink in ser asimilado: *It hasn't sunk in yet that…* Todavía no me he hecho a la idea de que… **2** (líquido) ser absorbido ♦ sink into sth (líquido) penetrar (en) algo **2** (fig) sumirse, hundirse en algo ♦ sink sth into sth clavar algo en algo (dientes, puñal)
▸ n **1** fregadero **2** (esp USA) lavabo

sinus /ˈsaɪnəs/ n (pl **sinuses**) seno (de hueso)

sip /sɪp/ verbo, nombre
▸ vt, vi (**-pp-**) beber a sorbos
▸ n sorbo

sir 0🔑 /sɜː(r)/ n **1** señor: *Yes, sir.* Sí, señor. **2 Dear Sir** (en cartas) Muy señor mío ➲ *Ver nota en* ATENTAMENTE **3 Sir** /sɜː(r), sə(r)/: *Sir Paul McCartney*

siren /ˈsaɪrən/ n sirena (de policía, etc.)

sister 0🔑 /ˈsɪstə(r)/ n **1** hermana **2 Sister** enfermera jefe **3 Sister** (Relig) hermana **4** *sister ship* barco gemelo ◇ *sister organization* organización hermana

sister-in-law n (pl **sisters-in-law**) cuñada

sit 0🔑 /sɪt/ (**-tt-**) (pt, pp **sat** /sæt/) **1** vi sentarse, estar sentado **2** vt ~ sb (down) (hacer) sentar a algn **3** vi (objeto) estar **4** vi ~ in/on sth tomar parte

S

---

en algo: *She sat on a number of committees.* Tomaba parte en varios comités. **5** *vi* ~ **for sth** (*diputado*) representar a algo **6** *vi* (*parlamento*) permanecer en sesión **7** *vi* (*comité, etc.*) reunirse **8** *vt* (*examen*) presentarse a PHR V **sit about/ around** estar sentado (*sin hacer nada*): *to sit around doing nothing* pasarse el día sin hacer nada ◆ **sit back** ponerse cómodo ◆ **sit (yourself) down** sentarse ◆ **sit for sb/sth** posar para algn/ algo ◆ **sit through sth** aguantar algo (*hasta el final*) ◆ **sit up 1** incorporarse **2** quedarse levantado

sitcom /ˈsɪtkɒm/ (*formal* ˌsituation ˈcomedy) *n* (*TV*) serie humorística, comedia de situación

site 0→ /saɪt/ *n* **1** emplazamiento, obra: *building site* solar en construcción **2** (*de suceso*) lugar **3** (*de arqueología*) yacimiento **4** sitio (web)

sitting /ˈsɪtɪŋ/ *n* **1** sesión **2** (*para comer*) tanda

sitting room *n* cuarto de estar, salón

situated /ˈsɪtʃueɪtɪd/ *adj* situado, ubicado

situation 0→ /ˌsɪtʃuˈeɪʃn/ *n* situación LOC *Ver* WIN

sit-up *n* (ejercicio) abdominal

six 0→ /sɪks/ *adj, pron, n* seis ➲ *Ver ejemplos en* FIVE

six-pack *n* **1** embalaje con seis unidades (*latas o botellas*) **2** (*coloq*) músculos del abdomen pronunciados

sixteen 0→ /ˌsɪksˈtiːn/ *adj, pron, n* dieciséis ➲ *Ver ejemplos en* FIVE **sixteenth 1** *adj, adv, pron* decimosexto **2** *n* dieciseisava parte, dieciseisavo ➲ *Ver ejemplos en* FIFTH

sixth 0→ /sɪksθ/ **1** *adj, adv, pron* sexto **2** *n* sexta parte, sexto ➲ *Ver ejemplos en* FIFTH

sixth form *n* (*GB*) bachillerato: *sixth-form college* instituto de bachillerato ➲ *Ver nota en* A LEVEL

sixtieth /ˈsɪkstiəθ/ **1** *adj, adv, pron* sexagésimo **2** *n* sesentava parte, sesentavo ➲ *Ver ejemplos en* FIFTH

sixty 0→ /ˈsɪksti/ *adj, pron, n* sesenta ➲ *Ver ejemplos en* FIFTY, FIVE

size 0→ /saɪz/ *nombre, verbo*
▶ *n* **1** tamaño **2** (*ropa, calzado*) talla, número: *I take size five.* Calzo un 38.
▶ *v* PHR V **size sb/sth up** (*coloq*) calibrar a algn/algo: *She sized him up immediately.* Lo caló enseguida. **sizeable** (*tb* sizable) *adj* considerable

size zero *n* talla cero

skate /skeɪt/ *verbo, nombre*
▶ *vi* patinar: *to go skating* ir a patinar
▶ *n* patín *Ver tb* ICE SKATE, ROLLER SKATE

skateboard /ˈskeɪtbɔːd/ *n* monopatín **skateboarder** *n* skateboarder; patinador, -ora **skateboarding** *n* skate, montar en monopatín

skatepark /ˈskeɪtpɑːk/ *n* pista de monopatín

skater /ˈskeɪtə(r)/ *n* **1** patinador, -ora **2** skateboarder

skating /ˈskeɪtɪŋ/ *n* patinaje: *figure/speed skating* patinaje artístico/de velocidad *Ver tb* ICE SKATING, ROLLER SKATING

skating rink *n* pista de patinaje

skeletal /ˈskelətl/ *adj* óseo, esquelético

skeleton /ˈskelɪtn/ *n* **1** esqueleto **2** *skeleton staff/service* personal/servicio mínimo

skeptic, skeptical, skepticism (*USA*) = SCEPTC, SCEPTICAL, SCEPTICISM

sketch /sketʃ/ *nombre, verbo*
▶ *n* **1** bosquejo **2** (*Teat*) sketch
▶ *vt, vi* bosquejar, hacer bosquejos (de) **sketchy** *adj* (**sketchier**, **-iest**) incompleto, superficial

ski /skiː/ *nombre, verbo*
▶ *n* (*pl* **skis**) esquí: *ski jacket* plumífero ◇ *ski pass* forfait
▶ *vi* (*pt, pp* **skied**, *part pres* **skiing**) esquiar: *to go skiing* ir a esquiar

skid /skɪd/ *verbo, nombre*
▶ *vi* (**-dd-**) **1** (*coche*) derrapar **2** (*persona*) resbalar
▶ *n* derrape

skier /ˈskiːə(r)/ *n* esquiador, -ora

skies *pl de* SKY

skiing /ˈskiːɪŋ/ *n* esquí

ski-jumping *n* salto de esquí

skilful 0→ (*USA* skillful) /ˈskɪlfl/ *adj* **1** (*pintor, jugador*) diestro **2** ~ (**in/at sth/doing sth**) hábil (para algo/para hacer algo)

ski lift *n* telesquí

skill 0→ /skɪl/ *n* **1** ~ (**in/at sth/doing sth**) habilidad (para algo/para hacer algo) **2** destreza

skilled 0→ /skɪld/ *adj* ~ (**at/in sth/doing sth**) hábil (para algo/para hacer algo); experto (en algo/en hacer algo): *skilled work/worker* trabajo/trabajador especializado

skim /skɪm/ (**-mm-**) **1** *vt* descremar, espumar **2** *vt* pasar casi rozando **3** *vt, vi* ~ (**through/over**) **sth** leer algo por encima **skimmed** *adj* desnatado, descremado

skin 0→ /skɪn/ *nombre, verbo*
▶ *n* **1** (*de animal, persona*) piel **2** (*de fruta, embutidos*) piel, cáscara ➲ *Ver nota en* PEEL **3** (*de leche*) nata **4** (*para móvil, tableta, etc.*) funda LOC **by the skin of your teeth** (*coloq*) por un pelo
▶ *vt* (**-nn-**) despellejar

skin-diving *n* buceo (de superficie)

skinhead /ˈskɪnhed/ *n* cabeza rapada (*persona*)

skinny /ˈskɪni/ *adj* (**skinnier**, **-iest**) (*coloq, gen pey*) flaco ➲ *Ver nota en* DELGADO

skint /skɪnt/ *adj* (*GB, coloq*) pelado (*sin dinero*)

skip /skɪp/ *verbo, nombre*
▸ (**-pp-**) **1** *vi* brincar **2** *vi* saltar a la comba: *skipping rope* comba **3** *vt* (*clase, página, comida*) saltarse
▸ *n* **1** brinco **2** contenedor (*para escombros*)

skipper /ˈskɪpə(r)/ *n* capitán, -ana (*de barco o equipo deportivo*)

skirmish /ˈskɜːmɪʃ/ *n* escaramuza

skirt ⊶ /skɜːt/ *nombre, verbo*
▸ *n* falda
▸ *vt, vi* ~ (**around/round**) **sth 1** bordear algo **2** (*tema*) esquivar algo

ˈ**skirting board** *n* rodapié

skive /skaɪv/ *vt, vi* ~ (**off**) (**sth**) (*GB, coloq*) escaquearse (de algo): *to skive off a class* saltarse una clase

skull /skʌl/ *n* calavera, cráneo

sky ⊶ /skaɪ/ *n* (*pl* **skies**) cielo

skydiving /ˈskaɪdaɪvɪŋ/ *n* paracaidismo deportivo

sky-ˈhigh *adj, adv* por las nubes

skylight /ˈskaɪlaɪt/ *n* claraboya

skyline /ˈskaɪlaɪn/ *n* línea del horizonte (*esp en una ciudad*)

Skype® /skaɪp/ *nombre, verbo*
▸ *n* Skype®
▸ *vt, vi* ~ (**sb**) hablar (con algn) por Skype

skyscraper /ˈskaɪskreɪpə(r)/ *n* rascacielos

sky surfing *n* surf aéreo

slab /slæb/ *n* **1** (*piedra*) losa **2** (*hormigón*) bloque **3** (*chocolate*) tableta

slack /slæk/ *adj* (**slacker, -est**) **1** flojo **2** (*persona*) descuidado

slacken /ˈslækən/ *vt, vi* aflojar

slain *pp de* SLAY

slalom /ˈslɑːləm/ *n* eslalon

slam /slæm/ (**-mm-**) **1** *vt, vi* ~ (**sth**) (**to/shut**) cerrar algo, cerrarse de golpe **2** *vt* arrojar, tirar (*de golpe*) **3** *vt*: *to slam your brakes on* frenar de golpe **4** *vt* criticar duramente

slam dunk /ˈslæm dʌŋk/ *n* (*Baloncesto*) mate

slander /ˈslɑːndə(r); *USA* ˈslæn-/ *nombre, verbo*
▸ *n* calumnia
▸ *vt* calumniar

slang /slæŋ/ *n* argot, lenguaje coloquial

slant /slɑːnt; *USA* slænt/ *verbo, nombre*
▸ **1** *vt, vi* inclinar(se), ladear(se) **2** *vt* (*gen pey*) presentar de forma subjetiva
▸ *n* **1** inclinación **2** ~ (**on sth**) (*perspectiva*) sesgo (en algo)

slap /slæp/ *verbo, nombre, adverbio*
▸ *vt* (**-pp-**) **1** (*cara*) abofetear **2** (*espalda*) dar palmadas en **3** arrojar, tirar, dejar caer (con un golpe)
▸ *n* **1** (*cara*) bofetada **2** (*espalda*) palmada
▸ *adv* (*coloq*) de lleno: *slap in the middle* justo en medio

slapdash /ˈslæpdæʃ/ *adj* chapucero, descuidado

slash /slæʃ/ *verbo, nombre*
▸ *vt* **1** cortar, rajar **2** destrozar a navajazos (*cuadro, etc.*) **3** (*precios*) rebajar
▸ *n* **1** navajazo, cuchillada **2** tajo, corte **3** (*tb* ˈ**forward slash**) (*Informát*) barra inclinada/oblicua ➲ *Comparar con* BACKSLASH ➲ *Ver pág 395*

slate /sleɪt/ *n* **1** pizarra **2** teja (de pizarra)

slaughter /ˈslɔːtə(r)/ *nombre, verbo*
▸ *n* **1** (*animales*) matanza **2** (*personas*) masacre
▸ *vt* **1** sacrificar (*en matadero*) **2** masacrar **3** (*coloq*) (*esp Dep*) dar una paliza a

slave /sleɪv/ *nombre, verbo*
▸ *n* ~ (**of/to sth**) esclavo, -a (de algo): *the slave trade* el comercio de esclavos
▸ *vi* ~ (**away**) (**at sth**) matarse a trabajar (en algo)

slavery /ˈsleɪvəri/ *n* esclavitud

slay /sleɪ/ *vt* (*pt* **slew** /sluː/, *pp* **slain** /sleɪn/) (*antic o USA*) matar (*violentamente*)

sleazy /ˈsliːzi/ *adj* (**sleazier, -iest**) (*coloq*) sórdido

sleb /sleb/ *n* (*coloq*) celebridad; famoso, -a

sledge /sledʒ/ (*tb esp USA* **sled** /sled/) *n* trineo

sleek /sliːk/ *adj* (**sleeker, -est**) lustroso

sleep ⊶ /sliːp/ *verbo, nombre*
▸ (*pt, pp* **slept** /slept/) **1** *vi* dormir: *sleeping pill* somnífero **2** *vt* albergar, tener camas para
  PHR V **sleep in** levantarse tarde ◆ **sleep sth off** dormir para recuperarse de algo: *to sleep it off* dormir la mona ◆ **sleep on sth** (*coloq*) consultar algo con la almohada ◆ **sleep through sth** no despertarse con algo ◆ **sleep with sb** acostarse con algn
▸ *n* **1** [*incontable*] sueño **2** [*sing*]: *to have a good sleep* dormir bien **3** [*incontable*] (*coloq*) legañas
  LOC **go to sleep** (*persona, parte del cuerpo*) dormirse *Ver tb* WINK

sleeper /ˈsliːpə(r)/ *n* **1** durmiente: *to be a heavy/light sleeper* tener el sueño pesado/ligero **2** (*tb* ˈ**sleeping car**) tren con coches-cama **3** coche-cama

ˈ**sleeping bag** *n* saco de dormir

sleepless /ˈsliːpləs/ *adj* en vela

sleepover /ˈsliːpəʊvə(r)/ *n* fiesta de pijamas

sleepwalker /ˈsliːpwɔːkə(r)/ *n* sonámbulo, -a

S

| aʊ **now** | ɔɪ **join** | ɪə **near** | eə **hair** | ʊə **pure** | tʃ **chin** | dʒ **June** | v **van** | θ **thin** |

sleepy /'sli:pi/ adj (**sleepier**, **-iest**) **1** somnoliento: to be/feel sleepy tener sueño **2** (lugar) tranquilo

sleet /sli:t/ n aguanieve

sleeve 🔒 /sli:v/ n **1** manga **2** funda: sleeve notes carátula **LOC** have/keep sth up your sleeve tener algo guardado en la manga **sleeveless** adj sin mangas

sleigh /sleɪ/ n trineo (tirado por animales)

slender /'slendə(r)/ adj (**slenderer**, **-est**) **1** (persona) esbelto **2** delgado **3** escaso

slept pt, pp de SLEEP

slew pt de SLAY

slice 🔒 /slaɪs/ nombre, verbo
▶ n **1** (pan) rebanada **2** (fruta) rodaja **3** (jamón) loncha **4** (carne) tajada **5** (coloq) parte: a large slice of the market una gran parte del mercado
▶ **1** vt ~ sth (up) cortar algo (en rebanadas, lonchas, etc.) **2** vi ~ through/into sth cortar algo limpiamente

slick /slɪk/ adjetivo, nombre
▶ adj (**slicker**, **-est**) **1** (gen pey) hábil: a slick advertising campaign una campaña de publicidad ingeniosa **2** (gen pey) (persona) con mucha labia **3** (representación) impecable
▶ n (tb oil slick) mancha de petróleo

slide 🔒 /slaɪd/ verbo, nombre
▶ (pt, pp **slid** /slɪd/) **1** vi deslizarse, resbalar **2** vt deslizar, correr
▶ n **1** caída: to be on the slide estar en declive **2** [sing] resbalón, deslizamiento **3** tobogán **4** diapositiva: slide show/projector proyección/proyector de diapositivas **5** (microscopio) portaobjetos **6** Ver HAIRSLIDE

slider /'slaɪdə(r)/ n control deslizante

sliding '**door** n puerta corredera

slight 🔒 /slaɪt/ adj (**slighter**, **-est**) **1** ligero, leve, pequeño: without the slightest difficulty sin la menor dificultad **2** (persona) delgado, frágil **LOC** not in the slightest en absoluto

slightly 🔒 /'slaɪtli/ adv ligeramente: He's slightly better. Está un poco mejor.

slim /slɪm/ adjetivo, verbo
▶ adj (**slimmer**, **-est**) **1** (persona) delgado ⊃ Ver nota en DELGADO **2** (posibilidades) escaso **3** (esperanza) ligero
▶ vi (**-mm-**) adelgazar

slime /slaɪm/ n **1** cieno **2** baba **slimy** adj (**slimier**, **-iest**) baboso, viscoso

sling /slɪŋ/ verbo, nombre
▶ vt (pt, pp **slung** /slʌŋ/) **1** (coloq) lanzar, tirar **2** colgar
▶ n cabestrillo

slingshot /'slɪŋʃɒt/ n (USA) tirachinas

slink /slɪŋk/ vi (pt, pp **slunk** /slʌŋk/) deslizarse (sigilosamente): to slink away largarse furtivamente

slip 🔒 /slɪp/ verbo, nombre
▶ (**-pp-**) **1** vt, vi resbalar, deslizar(se) **2** vi ~ from/out of/through sth escurrirse de/entre algo **3** vt poner, deslizar (sin que se note) **LOC** slip your mind It slipped my mind. Se me fue de la cabeza. Ver tb LET **PHRV** slip away **1** escabullirse **2** escapársele a algn: She knew that time was slipping away. Sabía que el tiempo se le acababa poco a poco. ◆ slip sth on/off ponerse/quitarse algo ◆ slip out **1** salir un momento **2** It just slipped out. Se me escapó. ◆ slip up (coloq) equivocarse, colarse
▶ n **1** error, desliz **2** trozo de papel **3** resbalón **4** (ropa) combinación **LOC** a slip of the tongue un lapsus ◆ give sb the slip (coloq) dar esquinazo a algn

slipper /'slɪpə(r)/ n zapatilla (de andar por casa)

slippery /'slɪpəri/ adj **1** (suelo) resbaladizo **2** (coloq) (persona) escurridizo

slit /slɪt/ nombre, verbo
▶ n **1** ranura **2** (en una falda) raja **3** corte **4** rendija, abertura
▶ vt (**-tt-**) (pt, pp **slit**) cortar: to slit sb's throat degollar a algn **LOC** slit sth open abrir algo con un cuchillo

slither /'slɪðə(r)/ vi **1** deslizarse **2** resbalar, patinar

sliver /'slɪvə(r)/ n **1** astilla **2** esquirla **3** rodaja fina

slob /slɒb/ n (coloq, pey) **1** vago, -a **2** guarro, -a

slog /slɒg/ vi (**-gg-**) (coloq) **1** ~ (away) (at sth); ~ (through sth) trabajar sin descanso (haciendo algo/con algo) **2** caminar trabajosamente

slogan /'sləʊgən/ n eslogan

slop /slɒp/ (**-pp-**) **1** vt, vi derramar(se) **2** vt echar

slope 🔒 /sləʊp/ nombre, verbo
▶ n **1** pendiente, cuesta **2** (de esquí) pista
▶ vi inclinarse, tener una pendiente

sloppy /'slɒpi/ adj (**sloppier**, **-iest**) **1** descuidado, chapucero **2** desaliñado **3** (coloq) sensiblero

slot /slɒt/ nombre, verbo
▶ n **1** ranura Ver tb MAIL SLOT **2** puesto: a ten-minute slot on TV un espacio de diez minutos en televisión
▶ (**-tt-**) **1** vt ~ sth in; ~ sth into sth introducir, meter algo (en algo) **2** vi ~ (in/together) encajar **PHRV** slot sb/sth in hacer un hueco a algn/algo

'**slot machine** n máquina tragaperras

| ð then | s so | z zoo | ʃ she | ʒ vision | h how | ŋ sing | j yes | w wet |

slow 0📻 /sləʊ/ *adjetivo, verbo, adverbio*
▶ *adj* (**slower**, **-est**) **1** lento: *We're making slow progress.* Vamos avanzando lentamente. **2** torpe: *He's a bit slow.* Le cuesta entender las cosas. **3** (*negocio*) flojo: *Business is rather slow.* El negocio anda bastante flojo. **4** (*reloj*) atrasado: *That clock is five minutes slow.* Ese reloj va cinco minutos atrasado. **LOC** **be slow to do sth/(in) doing sth** tardar en hacer algo ◆ **in slow motion** a/en cámara lenta *Ver tb* UPTAKE
▶ **1** *vt* ~ **sth** (**down/up**) reducir la velocidad de algo: *to slow up the development of research* frenar el desarrollo de la investigación **2** *vi* ~ (**down/up**) reducir la velocidad, ir más despacio: *Production has slowed (up/down).* El ritmo de la producción ha disminuido.
▶ *adv* (**slower**, **-est**) despacio

slowdown /'sləʊdaʊn/ *n* (*USA*) huelga de celo
slowly 0📻 /'sləʊli/ *adv* **1** despacio **2** poco a poco
sludge /slʌdʒ/ *n* [*incontable*] **1** fango **2** residuos
slug /slʌɡ/ *n* babosa
sluggish /'slʌɡɪʃ/ *adj* **1** lento **2** aletargado **3** (*economía, etc.*) flojo
slum /slʌm/ *n* **1** barrio bajo **2** (*fig*) pocilga
slump /slʌmp/ *verbo, nombre*
▶ *vi* **1** (*Econ*) caer en picado **2** ~ (**down**) desplomarse
▶ *n* depresión, bajón
slung *pt, pp de* SLING
slunk *pt, pp de* SLINK
slur /slɜː(r)/ *verbo, nombre*
▶ *vt* (**-rr-**) articular mal
▶ *n* calumnia
slush /slʌʃ/ *n* nieve derretida y sucia
sly /slaɪ/ *adj* **1** (*pey*) astuto **2** (*mirada*) furtivo
smack /smæk/ *verbo, nombre*
▶ *vt* dar un cachete a **PHRV** **smack of sth** (*comentario, etc.*) oler a algo
▶ *n* bofetada, azote
small 0📻 /smɔːl/ *adj* (**smaller**, **-est**) **1** pequeño: *a small number of people* unas pocas personas ◇ *small change* calderilla ◇ *in the small hours* de madrugada ◇ *small ads* anuncios por palabras ◇ *to make small talk* hablar de cosas sin importancia

🔎 **Small** suele utilizarse como lo opuesto de **big** o **large** y puede ser modificado por adverbios: *Our house is smaller than yours.* Nuestra casa es más pequeña que la vuestra. ◇ *I have a fairly small income.* Tengo unos ingresos bastante modestos. **Little** no suele ir acompañado por adverbios y a menudo va detrás de otro adjetivo: *He's a*

---

horrid little man. Es un hombre horrible. ◇ *What a lovely little house!* ¡Qué casita tan encantadora!

2 (*letra*) minúscula **LOC** **it's a small world** (*refrán*) el mundo es un pañuelo ◆ **look/feel small** parecer/sentirse poca cosa ◆ **the small print** la letra pequeña (*en un contrato*)
smallpox /'smɔːlpɒks/ *n* viruela
small-'scale *adj* a pequeña escala
small talk *n* [*incontable*] conversación trivial (*con la que se trata de ser agradable*)
smart 0📻 /smɑːt/ *adjetivo, verbo*
▶ *adj* (**smarter**, **-est**) **1** elegante **2** listo, astuto **3** (*tarjeta, arma, etc.*) inteligente
▶ *vi* escocer
smart card *n* tarjeta inteligente
smarten /'smɑːtn/ *v* **PHRV** **smarten** (**sb/ yourself**) **up** arreglar a algn/algo, arreglarse ◆ **smarten sth up** lavarle la cara a algo
smartphone /'smɑːtfəʊn/ *n* teléfono inteligente ⊃ *Ver dibujo en* ORDENADOR
smartwatch /'smɑːtwɒtʃ/ *n* reloj inteligente
smash 0📻 /smæʃ/ *verbo, nombre*
▶ **1** *vt* romper, destrozar **2** *vi* hacerse trizas **3** *vt, vi* ~ (**sth**) **against, into, through, etc. sth** estrellar algo, estrellarse contra algo **PHRV** **smash sth up** destrozar algo
▶ *n* **1** (*sing*) estrépito **2** accidente de tráfico **3** (*tb* ˌsmash ˈhit*) (*coloq*) exitazo
smashing /'smæʃɪŋ/ *adj* (*GB, coloq, antic*) estupendo
smear /smɪə(r)/ *vt* **1** ~ **sth on/over sth**; ~ **sth with sth** untar algo en/de algo **2** ~ **sth with sth** manchar algo de algo
smell 0📻 /smel/ *verbo, nombre*
▶ (*pt, pp* **smelt** /smelt/, **smelled**) ⊃ *Ver nota en* DREAM **1** *vi* ~ (**of sth**) oler (a algo): *It smells of fish.* Huele a pescado. ◇ *What does it smell like?* ¿A qué huele? **2** *vt* oler: *Smell this rose!* ¡Huele esta rosa!

🔎 Es muy normal el uso del verbo **smell** con **can** o **could**: *I can smell something burning.* Huele a quemado. ◇ *I could smell gas.* Olía a gas.

3 *vt, vi* olfatear **LOC** *Ver* WAKE
▶ *n* **1** olor: *a smell of gas* un olor a gas

🔎 **Smell** es la palabra general. Para olores agradables, se pueden utilizar **aroma**, **fragrance**, **perfume** o **scent**. Todas estas palabras suelen usarse en contextos más formales, al igual que **odour**, que implica a menudo un olor desagradable. Si se trata de olores repulsivos, se dice **stink** o **stench**.

2 (*tb* ˌsense of ˈsmell) olfato: *My sense of smell isn't very good.* No tengo muy buen (sentido del) olfato.

smelly /ˈsmeli/ *adj* (**smellier**, **-iest**) (*coloq*) que huele mal: *It's smelly in here.* Huele mal aquí.

smile 0̈ /smaɪl/ *verbo, nombre*
▶ *vi* sonreír
▶ *n* sonrisa: *to give sb a smile* sonreírle a algn **LOC** **bring a smile to sb's face** hacer sonreír a algn

smiley /ˈsmaɪli/ *n* (*pl* **smileys**) emoticono, carita sonriente

smirk /smɜːk/ *verbo, nombre*
▶ *vi* sonreír con sorna o satisfacción
▶ *n* sonrisa socarrona

smock /smɒk/ *n* **1** (*de mujer*) blusón **2** (*de pintor*) guardapolvos

smog /smɒg/ *n* neblina producida por la contaminación, smog

smoke 0̈ /sməʊk/ *nombre, verbo*
▶ *n* **1** humo **2** (*coloq*): *to have a smoke* fumarse un cigarrillo
▶ **1** *vt, vi* fumar: *to smoke a pipe* fumar en pipa **2** *vi* echar humo **3** *vt* ahumar: *smoked salmon* salmón ahumado **smoker** *n* fumador, -ora

smoking 0̈ /ˈsməʊkɪŋ/ *n* (el) fumar: *'No Smoking'* "Prohibido fumar"

smoky /ˈsməʊki/ *adj* (**smokier**, **-iest**) **1** (*habitación*) lleno de humo **2** (*fuego*) humeante **3** (*sabor, color, etc.*) ahumado

smolder (*USA*) = SMOULDER

smooth 0̈ /smuːð/ *adjetivo, verbo*
▶ *adj* (**smoother**, **-est**) **1** liso **2** suave: *to have smooth skin* tener la piel suave **3** (*carretera*) llano **4** (*salsa, etc.*) sin grumos **5** (*viaje, período*) sin problemas: *to ensure the smooth running of the business* asegurarse de que el negocio va sobre ruedas **6** (*gen pey*) (*persona*) zalamero
▶ *vt* alisar **PHR V** **smooth sth over** (*problemas, diferencias*) resolver, allanar algo

smoothie /ˈsmuːði/ *n* **1** batido de zumo, fruta y sorbete **2** (*coloq*) individuo poco fiable con mucha labia, buenos modales y bien vestido

smoothly 0̈ /ˈsmuːðli/ *adv* *to go smoothly* ir sobre ruedas

smother /ˈsmʌðə(r)/ *vt* **1** (*persona*) asfixiar **2** ~ **sth/sb with/in sth** cubrir algo/a algn de algo **3** (*risa, protestas*) reprimir **4** (*llamas*) sofocar

smoulder (*USA* smolder) /ˈsməʊldə(r)/ *vi* consumirse, arder (*sin llama*)

smudge /smʌdʒ/ *nombre, verbo*
▶ *n* borrón, manchón
▶ *vt, vi* emborronar(se)

smug /smʌg/ *adj* (*pey*) engreído

smuggle /ˈsmʌgl/ *vt* **1** ~ **sth/sb in/out** meter/sacar algo/a algn clandestinamente **2** ~ **sth/sb across, through, etc. (sth)** pasar de contrabando algo/a algn (por algo) **smuggler** *n* contrabandista **smuggling** *n* contrabando

snack /snæk/ *nombre, verbo*
▶ *n* tentempié: *to have a snack* picar algo
▶ *vi* ~ **(on sth)** picar (algo)

ˈsnack bar *n* cafetería

snag /snæg/ *n* (*coloq*) pega, problema

snail /sneɪl/ *n* caracol

snake 0̈ /sneɪk/ *nombre, verbo*
▶ *n* serpiente, culebra
▶ *vi* serpentear (*carretera, etc.*)

ˌsnakes and ˈladders *n* [*incontable*] juego parecido al de la oca que utiliza serpientes y escaleras para avanzar o retroceder en las casillas

snap /snæp/ *verbo, nombre, adjetivo*
▶ (**-pp-**) **1** *vt, vi* romper(se) en dos **2** *vt, vi* chasquear: *to snap open/closed* abrirse/cerrarse con un clic **3** *vi* ~ **(at sb)** hablar, contestar con brusquedad (a algn)
▶ *n* **1** (*ruido seco*) chasquido **2** (*tb* snapshot /ˈsnæpʃɒt/) foto
▶ *adj* [*solo antes de sustantivo*] repentino (*decisión*)

snare /sneə(r)/ *nombre, verbo*
▶ *n* cepo
▶ *vt* atrapar

snarl /snɑːl/ *verbo, nombre*
▶ *vi* gruñir
▶ *n* gruñido

snatch /snætʃ/ *verbo, nombre*
▶ *vt* **1** arrebatar, arrancar: *She snatched the letter from me/out of my hand.* Me arrebató la carta de las manos. ◇ *I tried to snatch an hour's sleep.* Intenté sacar una hora de sueño. **2** robar de un tirón **3** raptar **4** (*oportunidad*) aprovechar **PHR V** **snatch at sth 1** (*objeto*) intentar agarrar/coger algo **2** (*oportunidad*) aprovechar algo
▶ *n* **1** (*conversación, canción*) fragmento **2** *to make a snatch at sth* intentar arrebatar algo

sneak /sniːk/ *verbo, nombre*
▶ **1** *vi* ~ **in, out, away, etc.** entrar, salir, marcharse, etc. a hurtadillas **2** *vi* ~ **into, out of, past, etc. sth** entrar en, salir de, pasar por delante de algo a hurtadillas **3** *vt*: *to sneak a look at sb/sth* mirar a algn/algo a hurtadillas ◇ *I managed to sneak a note to him.* Logré pasarle una nota a escondidas.

▶ n (GB, coloq) soplón, -ona

sneaker /ˈsniːkə(r)/ n (USA) zapatilla de deporte

sneer /snɪə(r)/ verbo, nombre
▶ vi ~ (at sb/sth) reírse con desprecio (de algn/algo)
▶ n **1** sonrisa sarcástica **2** comentario desdeñoso

sneeze /sniːz/ verbo, nombre
▶ vi estornudar
▶ n estornudo

sniff /snɪf/ verbo, nombre
▶ **1** vi sorber **2** vi husmear **3** vt oler **4** vt inhalar **5** vt (pegamento) esnifar **6** vi gimotear
▶ n inhalación

snigger /ˈsnɪɡə(r)/ (tb esp USA snicker /ˈsnɪkə(r)/) verbo, nombre
▶ vi ~ (at sb/sth) reírse (con sarcasmo) (de algn/algo) ➲ Ver nota en REÍR
▶ n risita sofocada

snip /snɪp/ vt (-pp-) cortar con tijeras PHR V **snip sth off** recortar algo

sniper /ˈsnaɪpə(r)/ n francotirador, -ora

snob /snɒb/ n esnob **snobbery** n esnobismo **snobbish** adj esnob

snog /snɒɡ/ vt, vi (-gg-) (GB, coloq) enrollarse (con), besuquear(se)

snooker /ˈsnuːkə(r)/ n billar (con 22 bolas) ➲ Ver nota en BILLAR

snoop /snuːp/ verbo, nombre
▶ vi ~ (around/round sth) (coloq) fisgonear (en/por algo)
▶ n [sing] have a snoop around reconocer el terreno ◊ have a snoop around sth fisgonear en/por algo

snooty /ˈsnuːti/ adj (pey) altanero

snooze /snuːz/ verbo, nombre
▶ vi (coloq) dormitar
▶ n [sing] sueñecito, cabezadita

snore /snɔː(r)/ verbo, nombre
▶ vi roncar
▶ n ronquido

snorkel /ˈsnɔːkl/ n tubo de bucear **snorkelling** (USA snorkeling) n buceo con tubo

snort /snɔːt/ verbo, nombre
▶ vi **1** (animal) bufar **2** (persona) bufar, gruñir **3** (cocaína, etc.) esnifar
▶ n bufido

snout /snaʊt/ n hocico

snow 0̱ₘ /snəʊ/ nombre, verbo
▶ n nieve
▶ vi nevar LOC **be snowed in/up** estar aislado por la nieve ◆ **be snowed under (with sth)** estar inun-

dado (de algo): I was snowed under with work. Estaba inundado de trabajo.

snowball /ˈsnəʊbɔːl/ nombre, verbo
▶ n bola de nieve
▶ vi multiplicarse (rápidamente)

snowboard /ˈsnəʊbɔːd/ n tabla de snowboard **snowboarder** n snowboarder **snowboarding** n snowboard, snow: to go snowboarding hacer snowboard

snowdrift /ˈsnəʊdrɪft/ n montón de nieve (formado por una ventisca)

snowdrop /ˈsnəʊdrɒp/ n campanilla de invierno (flor)

snowfall /ˈsnəʊfɔːl/ n nevada

snowflake /ˈsnəʊfleɪk/ n copo de nieve

snowman /ˈsnəʊmæn/ n (pl **-men** /-men/) muñeco de nieve

snowmobile /ˈsnəʊməbiːl/; USA -məʊbiːl/ n moto de nieve

snowplough (USA snowplow) /ˈsnəʊplaʊ/ n (máquina) quitanieves

snowshoe /ˈsnəʊʃuː/ n raqueta de nieve

snowy /ˈsnəʊi/ adj **1** cubierto de nieve **2** (día, etc.) de nieve

snub /snʌb/ verbo, nombre
▶ vt (-bb-) hacerle un desaire a
▶ n desaire

snug /snʌɡ/ adj cómodo y acogedor: I spent the afternoon snug and warm in bed. Pasé la tarde arrebujado y calentito en la cama.

snuggle /ˈsnʌɡl/ vi ~ (up to sb/sth) acurrucarse (junto a algn/algo)

so 0̱ₘ /səʊ/ adverbio, conjunción
▶ adv **1** tan: Don't be so silly! ¡No seas tan bobo! ◊ It's so cold! ¡Qué frío hace! ◊ I'm so sorry! ¡Cuánto lo siento! **2** así: So it seems. Así parece. ◊ Hold out your hand, (like) so. Extiende la mano, así. ◊ The table is about so big. La mesa es más o menos así de grande. ◊ If so, … Si es así, … **3** I believe/think so. Creo que sí. ◊ I expect/hope so. Espero que sí. **4** (para expresar acuerdo): 'I'm hungry.' 'So am I.' —Tengo hambre. —Yo también. **❶** En este caso el pronombre o sustantivo va detrás del verbo. **5** (expresando sorpresa): 'Philip's gone home.' 'So he has.' —Philip se ha ido a casa. —Anda, es verdad. **6** (uso enfático): He's as clever as his brother, maybe more so. Es tan listo como su hermano, puede que incluso más. ◊ She has complained, and rightly so. Se ha quejado, y con mucha razón. LOC **and so on (and so forth)** etcétera ◆ **is that so?** no me digas ◆ **so as to do sth** para hacer algo: We got up early so as to get

there first. Nos levantamos temprano para llegar los primeros. ♦ **so many** tantos ♦ **so much** tanto

▸ *conj* **1** así que: *The shops were closed so I didn't get any milk.* Las tiendas estaban cerradas, así que no he comprado leche. **2** *so* **(that...)** para que...: *She whispered to me so no one else would hear.* Me lo susurró para que nadie más lo oyera. **3** entonces: *So why did you do it?* ¿Y entonces, por qué lo hiciste? **LOC** **so?;** **so what?** (*coloq*) ¿y qué?

soak /səʊk/ **1** *vt* empapar **2** *vi* estar en/a remojo **3** *vt* remojar **LOC** **be/get soaked (through)** estar empapado/empaparse **PHR V** **soak into/ through sth; soak in** penetrar (en algo) ♦ **soak sth up 1** (*líquido*) absorber algo **2** empaparse de algo (*del ambiente, etc.*) **soaked** (*tb* soaking, soaking 'wet*) *adj* empapado

so-and-so *n* (*pl* **so-and-sos**) (*coloq*) **1** fulano: *Mr So-and-so* don fulano de tal **2** hijo, -a de su madre

soap /səʊp/ *n* jabón: *soap dish* jabonera ◇ *soap powder* detergente

soap opera (*coloq* soap) *n* telenovela

soapy /'səʊpi/ *adj* jabonoso

soar /sɔː(r)/ *vi* **1** (*precios, temperaturas, etc.*) dispararse **2** (*avión*) remontarse **3** (*ave*) planear

sob /sɒb/ *verbo, nombre*
▸ *vi* (**-bb-**) sollozar
▸ *n* sollozo **sobbing** *n* [*incontable*] sollozos

sober /'səʊbə(r)/ *adjetivo, verbo*
▸ *adj* **1** sobrio **2** serio
▸ *v* **PHR V** **sober up** despejarse, quitarse la borrachera

so-called *adj* llamado

soccer /'sɒkə(r)/ *n* fútbol

sociable /'səʊʃəbl/ *adj* sociable, abierto

social /'səʊʃl/ *adj* social

social gaming *n* [*incontable*] juego online a través de las redes sociales

socialism /'səʊʃəlɪzəm/ *n* socialismo **socialist** *adj, n* socialista

socialize, -ise /'səʊʃəlaɪz/ *vi* ~ **(with sb)** alternar (con algn): *He doesn't socialize much.* No sale mucho.

social media *n* [*incontable, pl*] medios sociales: *Social media is/are changing the way people communicate.* Los medios sociales están cambiando la manera de comunicarse las personas.

social security *n* seguridad social

social services *n* [*pl*] servicios sociales

social work *n* trabajo social **social worker** *n* asistente, -a social

society /sə'saɪəti/ *n* (*pl* **societies**) **1** sociedad: *high/polite society* alta/buena sociedad **2** asociación *Ver tb* BUILDING SOCIETY **3** (*formal*) compañía

sociological /ˌsəʊsiə'lɒdʒɪkl/ *adj* sociológico

sociologist /ˌsəʊsi'ɒlədʒɪst/ *n* sociólogo, -a

sociology /ˌsəʊsi'ɒlədʒi/ *n* sociología

sock /sɒk/ *n* calcetín ➔ *Ver nota en* PAIR **LOC** *Ver* PULL

socket /'sɒkɪt/ *n* **1** enchufe (*en la pared*) ➔ *Ver dibujo en* ENCHUFE **2** (*tb* **light socket**) portalámparas **3** toma (*de televisor, etc.*) **4** (*ojo*) cuenca

soda /'səʊdə/ *n* **1** (*tb* **soda water**) soda **2** (*USA*) gaseosa

sodden /'sɒdn/ *adj* empapado

sodium /'səʊdiəm/ *n* sodio

sodium bicarbonate *n Ver* BICARBONATE OF SODA

sofa /'səʊfə/ *n* sofá

soft /sɒft; *USA* sɔːft/ *adj* (**softer, -est**) **1** blando: *the soft option* la opción fácil **2** (*piel, color, luz, sonido*) suave **3** (*brisa*) ligero **4** (*voz*) bajo **LOC** **have a soft spot for sb/sth** (*coloq*) tener debilidad por algn/algo

softball /'sɒftbɔːl; *USA* 'sɔːft-/ *n* sófbol (*juego parecido al béisbol*)

soft drink *n* refresco

soften /'sɒfn; *USA* 'sɔːfn/ **1** *vt, vi* ablandar(se) **2** *vt, vi* suavizar(se) **3** *vt* (*efecto, impacto*) atenuar **softener** (*tb* **fabric softener**) *n* suavizante

softly /'sɒftli; *USA* 'sɔːft-/ *adv* suavemente

soft skills *n* [*pl*] habilidades interpersonales

soft-spoken (*tb* softly-spoken) *adj* de voz suave

software /'sɒftweə(r); *USA* 'sɔːft-/ *n* [*incontable*] software

soggy /'sɒgi/ *adj* (**soggier, -iest**) **1** empapado **2** (*pastel, pan, etc.*) revenido

soil /sɔɪl/ *nombre, verbo*
▸ *n* tierra
▸ *vt* (*formal*) **1** ensuciar **2** (*reputación*) manchar

solace /'sɒləs/ *n* (*formal*) consuelo

solar /'səʊlə(r)/ *adj* solar: *solar system* sistema solar ◇ *solar-powered gadgets* aparatos que funcionan con energía solar

sold *pt, pp de* SELL

soldier /'səʊldʒə(r)/ *n* soldado

sole /səʊl/ *adjetivo, nombre*
▸ *adj* [*solo antes de sustantivo*] **1** único: *her sole interest* su único interés **2** exclusivo
▸ *n* **1** (*pie*) planta **2** suela **3** (*pl* **sole**) lenguado

solemn /'sɒləm/ *adj* **1** *(aspecto, gesto)* serio, grave **2** *(acontecimiento, promesa)* solemne **solemnity** /sə'lemnəti/ *n* solemnidad

solicitor /sə'lɪsɪtə(r)/ *n* **1** abogado, -a **2** notario, -a ⊃ *Ver nota en* ABOGADO

solid ⊶ /'sɒlɪd/ *adjetivo, nombre*
▸ *adj* **1** sólido **2** compacto, macizo **3** *(coloq)* seguido: *I slept for ten hours solid.* Dormí diez horas seguidas.
▸ *n* **1** *(Geom)* sólido **2 solids** *[pl]* alimentos sólidos

solidarity /ˌsɒlɪ'dærəti/ *n* solidaridad

solidify /sə'lɪdɪfaɪ/ *vi (pt, pp* **-fied***)* solidificarse

solidity /sə'lɪdəti/ *n* solidez

solidly /'sɒlɪdli/ *adv* **1** sólidamente **2** sin interrupción

solitaire /ˌsɒlɪ'teə(r)/; *USA* 'sɒləteər/ *n (USA) (cartas)* solitario

solitary /'sɒlətri/; *USA* -teri/ *adj* **1** solitario: *to lead a solitary life* llevar una vida retirada **2** *(lugar)* apartado **3** solo

solitary con'finement *n* incomunicación: *to be in solitary confinement* estar incomunicado

solitude /'sɒlɪtjuːd/; *USA* -lətuːd/ *n* soledad

solo /'səʊləʊ/ *adjetivo, adverbio, nombre*
▸ *adj, adv* en solitario
▸ *n (pl* **solos***)* solo **soloist** *n* solista

solstice /'sɒlstɪs/ *n* solsticio

soluble /'sɒljəbl/ *adj* soluble

solution ⊶ /sə'luːʃn/ *n* ~ **(to sth)** solución (a algo)

solve ⊶ /sɒlv/ *vt* resolver

solvent /'sɒlvənt/ *nombre, adjetivo*
▸ *n* disolvente
▸ *adj* solvente

sombre *(USA* somber*)* /'sɒmbə(r)/ *adj* **1** *(color)* oscuro **2** sombrío **3** *(humor)* melancólico

some ⊶ /səm, sʌm/ *adj, pron* **1** algo de: *There's some ice in the fridge.* Hay hielo en la nevera. ◇ *Would you like some?* ¿Quieres un poco? **2** unos (cuantos), unas (cuantas); algunos, -as: *Do you want some crisps?* ¿Quieres patatas fritas?

🔎 **¿Some o any?** Ambos se utilizan con sustantivos incontables o en plural y muchas veces no se traducen en español. Normalmente, **some** se usa en las oraciones afirmativas y **any** en las interrogativas y negativas: *I've got some money.* Tengo (algo de) dinero. ◇ *Have you got any children?* ¿Tienes hijos? ◇ *I don't want any sweets.* No quiero caramelos.

Sin embargo, **some** se puede usar en oraciones interrogativas cuando se espera una respuesta afirmativa, por ejemplo, para ofrecer o pedir algo: *Would you like some coffee?* ¿Quieres café? ◇ *Can I have some bread, please?* ¿Me puede traer un poco de pan? Cuando **any** se usa en oraciones afirmativas significa "cualquiera": *Any parent would have worried.* Cualquier padre se habría preocupado. ⊃ *Ver ejemplos en* ANY ⊃ *Ver nota en* UN

some day *(tb* someday*) adv* algún día

somehow ⊶ /'sʌmhaʊ/ *adv* **1** de alguna manera: *Somehow we had got completely lost.* De alguna manera nos habíamos perdido completamente. **2** por alguna razón: *I somehow get the feeling that I've been here before.* No sé por qué, me da la impresión de que ya he estado aquí.

someone ⊶ /'sʌmwʌn/ *(tb* somebody /'sʌmbədi/) *pron* alguien: *someone else* otra persona ❶ La diferencia entre **someone** y **anyone**, o entre **somebody** y **anybody**, es la misma que hay entre **some** y **any**. ⊃ *Ver nota en* SOME **LOC** *Ver* OTHER

someplace /'sʌmpleɪs/ *adv, pron (USA) Ver* SOMEWHERE

somersault /'sʌməsɔːlt/ *n* **1** voltereta: *to do a forward/backward somersault* dar una voltereta hacia delante/hacia atrás **2** *(de acróbata)* salto mortal **3** *(de coche)* vuelta de campana

something ⊶ /'sʌmθɪŋ/ *pron* algo: *something else* otra cosa ◇ *something to eat* algo de comer ❶ La diferencia entre **something** y **anything** es la misma que hay entre **some** y **any**. ⊃ *Ver nota en* SOME **LOC** *Ver* OTHER

sometime /'sʌmtaɪm/ *(tb* some time*) adv* **1** en algún momento: *Can I see you sometime today?* ¿Podemos hablar hoy en algún momento? **2** algún/un día: *sometime or other* un día de estos

sometimes ⊶ /'sʌmtaɪmz/ *adv* **1** a veces **2** de vez en cuando ⊃ *Ver nota en* ALWAYS

somewhat ⊶ /'sʌmwɒt/; *USA* -wʌt/ *adv* **1** algo, un tanto: *I have a somewhat different question.* Tengo una pregunta un tanto distinta. **2** bastante: *We missed the bus, which was somewhat unfortunate.* Perdimos el autobús, lo que fue bastante mala suerte.

somewhere ⊶ /'sʌmweə(r)/ *(USA tb* someplace*) adv* a/en/por algún sitio/lugar: *I've seen your glasses somewhere downstairs.* He visto tus gafas en algún sitio abajo. ◇ *somewhere else* en algún otro lugar ◇ *to have somewhere to go* tener algún lugar adonde ir **LOC** *Ver*

S

OTHER ❶ La diferencia entre **somewhere** y **anywhere** es la misma que hay entre **some** y **any**. ➔ *Ver nota en* SOME

son ०-ॠ /sʌn/ *n* hijo LOC *Ver* FATHER

song ०-ॠ /sɒŋ; *USA* sɔːŋ/ *n* **1** canción **2** canto

songwriter /ˈsɒŋraɪtə(r); *USA* ˈsɔːŋ-/ *n* autor, -ora (de canciones)

ˈ**son-in-law** *n* (*pl* **sons-in-law**) yerno

soon ०-ॠ /suːn/ *adv* (**sooner, -est**) pronto, dentro de poco LOC **as soon as** en cuanto, tan pronto como: *as soon as possible* en cuanto sea posible ◆ (**just**) **as soon do sth (as do sth)** *I'd (just) as soon stay at home as go for a walk.* Lo mismo me da quedarme en casa que ir a dar un paseo. ◆ **no sooner... than...** nada más... que...: *No sooner had she said it than she burst into tears.* Nada más decirlo se echó a llorar. ◆ **sooner or later** tarde o temprano ◆ **the sooner the better** cuanto antes mejor

soot /sʊt/ *n* hollín

soothe /suːð/ *vt* **1** (*persona, etc.*) calmar **2** (*dolor, etc.*) aliviar

sophisticated /səˈfɪstɪkeɪtɪd/ *adj* sofisticado **sophistication** *n* sofisticación

soppy /ˈsɒpi/ *adj* (**soppier, -iest**) (*coloq*) sensiblero

sorbet /ˈsɔːbeɪ; *USA* ˈsɔːrbət/ *n* sorbete

sordid /ˈsɔːdɪd/ *adj* **1** sórdido **2** (*comportamiento*) vil

sore ०-ॠ /sɔː(r)/ *adjetivo, nombre*
▸ *adj* dolorido: *to have a sore throat* tener dolor de garganta ◇ *I've got sore eyes.* Me duelen los ojos. LOC **a sore point** un asunto delicado
▸ *n* llaga

sorely /ˈsɔːli/ *adv She will be sorely missed.* Se la echará de menos enormemente. ◇ *I was sorely tempted to do it.* Tuve grandes tentaciones de hacerlo.

sorrow /ˈsɒrəʊ/ *n* pesar, pena: *to my great sorrow* con gran pesar mío

sorry ०-ॠ /ˈsɒri/ *adjetivo, interjección*
▸ *adj* **1** *I'm sorry I'm late.* Siento llegar tarde. ◇ *I'm so sorry!* ¡Lo siento mucho! **2** ~ (**for/about sth**): *He's very sorry for what he's done.* Está muy arrepentido por lo que ha hecho. ◇ *You'll be sorry!* ¡Te arrepentirás!

🔎 **¿Sorry for o sorry about?** Cuando **sorry** se usa para pedir perdón se puede decir **be sorry for sth/doing sth** o **be sorry about sth/doing sth**: *I'm sorry for waking you up last night.* Siento haberte despertado anoche. ◇ *We're sorry about the mess.* Perdonad el desorden. Cuando quieres expresar que

sientes lo que le ha pasado a otra persona, dices **sorry about sth/sb**: *I'm sorry about your car/your sister.* Siento lo de tu coche/tu hermana.

3 (*estado*) lastimoso LOC **be/feel sorry for sb** compadecer a algn; sentir lástima de algn: *I feel very sorry for his sister.* Su hermana me da mucha pena. ◇ *Stop feeling sorry for yourself!* ¡Deja de compadecerte a ti mismo! ◆ **say you are sorry** disculparse *Ver tb* BETTER
▸ *interj* **1** (*para disculparse*) perdón ➔ *Ver nota en* EXCUSE **2 sorry?** ¿cómo dice?, ¿qué has dicho?

🔎 **Apologizing**
Pedir disculpas
● *I'm sorry.* Disculpa.
● *I do apologize.* Te pido disculpas.
● *I'm terribly sorry.* Lo siento de verdad.
● *That's all right.* No pasa nada.
● *No problem.* No hay problema.

sort ०-ॠ /sɔːt/ *nombre, verbo*
▸ *n* **1** tipo: *They sell all sorts of gifts.* Venden toda clase de regalos. **2** (*coloq*) persona: *He's not a bad sort really.* No es mala persona. LOC **a sort of sth** *It's a sort of autobiography.* Es una especie de autobiografía. ◆ **sort of** (*coloq*) *I feel sort of uneasy.* Me siento como inquieto. *Ver tb* NOTHING
▸ *vt* **1** ~ **sth (into sth)** clasificar algo (en algo) **2** (*esp GB, coloq*) arreglar: *I'm really busy. Can you sort it?* Estoy muy ocupada. ¿Lo puedes solucionar tú? PHR V **sort sth out 1** organizar, ordenar algo **2** arreglar, solucionar algo ◆ **sort through sth** revisar, ordenar algo **sorted** *adj* [*nunca antes de sustantivo*] (*GB, coloq*) arreglado, listo: *Let's get it sorted.* Vamos a arreglarlo.

ˌ**so-ˈso** *adj, adv* (*coloq*) así así

sought *pt, pp de* SEEK

ˈ**sought after** *adj* codiciado

soul ०-ॠ /səʊl/ *n* alma: *There wasn't a soul to be seen.* No se veía un alma. ◇ *Poor soul!* ¡El pobre! LOC *Ver* BODY

sound ०-ॠ /saʊnd/ *nombre, verbo, adjetivo, adverbio*
▸ *n* **1** sonido: *sound effects* efectos sonoros ◇ *sound waves* ondas acústicas **2** ruido: *I could hear the sound of voices.* Oía ruido de voces. ◇ *She opened the door without a sound.* Abrió la puerta sin hacer ruido. **3 the sound** [*sing*] el volumen: *Can you turn the sound up/down?* ¿Puedes subir/bajar el volumen?
▸ **1** *vi* parecer: *She sounded very surprised.* Parecía muy sorprendida. ◇ *He sounds a very nice person from his letter.* A juzgar por su carta, parece una persona muy agradable. ◇ *It sounds as if we've arrived.* Parece que hemos

llegado. **2** *vi* sonar: *Your voice sounds a bit odd.* Tu voz suena un poco rara. **3** *vt* (*alarma*) dar **4** *vt* (*trompeta, etc.*) tocar **5** *vt* pronunciar: *You don't sound the 'h'.* No se pronuncia la "h". PHR V **sound sb out (about/on sth)** tantear a algn (sobre algo)

▶ *adj* (**sounder, -est**) **1** (*consejo, decisión, etc.*) bueno: *a sound beating* una buena paliza **2** (*estructura, formación*) sólido **3** (*salud*) sano LOC **of sound mind** en plenas facultades mentales *Ver tb* SAFE

▶ *adv* LOC **sound asleep** profundamente dormido

sound bite *n* frase efectista (*tomada normalmente de un discurso político*)

soundproof /ˈsaʊndpruːf/ *adjetivo, verbo*
▶ *adj* insonorizado
▶ *vt* insonorizar

soundtrack /ˈsaʊndtræk/ *n* banda sonora

soup 0̄ /suːp/ *n* sopa, caldo, puré: *soup spoon* cuchara sopera

sour 0̄ /ˈsaʊə(r)/ *adj* **1** (*sabor, cara*) agrio **2** (*leche*) cortado LOC **go/turn sour** agriarse, echarse a perder

source 0̄ /sɔːs/ *nombre, verbo*
▶ *n* **1** fuente: *They didn't reveal their sources.* No revelaron sus fuentes. ◇ *a source of income* una fuente de ingresos *Ver tb* OPEN-SOURCE **2** nacimiento (*de río*)
▶ *vt* ~ **sth (from…)** (*Econ*) obtener algo (de…)

south 0̄ /saʊθ/ *nombre, adjetivo, adverbio*
▶ *n* (*tb* South) (*abrev* S) sur: *Brighton is in the south of England.* Brighton está en el sur de Inglaterra.
▶ *adj* (del) sur: *south winds* vientos del sur
▶ *adv* al sur: *The house faces south.* La casa está orientada al sur.

southbound /ˈsaʊθbaʊnd/ *adj* en/con dirección sur

south-ˈeast *nombre, adjetivo, adverbio*
▶ *n* (*abrev* SE) sureste
▶ *adj* (del) sureste
▶ *adv* hacia el sureste ,south-ˈeastern *adj* (del) sureste

southern 0̄ (*tb* Southern) /ˈsʌðən/ *adj* del sur, meridional: *southern Italy* el sur de Italia **southerner** *n* sureño, -a

southwards /ˈsaʊθwədz/ (*tb* southward) *adv* hacia el sur

south-ˈwest *nombre, adjetivo, adverbio*
▶ *n* (*abrev* SW) suroeste
▶ *adj* (del) suroeste
▶ *adv* hacia el suroeste ,south-ˈwestern *adj* (del) suroeste

souvenir /ˌsuːvəˈnɪə(r); *USA tb* ˈsuːvənɪər/ *n* recuerdo (*objeto*)

sovereign /ˈsɒvrɪn/ *adj, n* soberano, -a **sovereignty** *n* soberanía

sow¹ /səʊ/ *vt* (*pt* **sowed**, *pp* **sown** /səʊn/, **sowed**) sembrar

sow² /saʊ/ *n* cerda ➲ *Ver nota en* CERDO

soya /ˈsɔɪə/ (*USA* soy /sɔɪ/) *n* soja: *soya bean* semilla de soja

spa /spɑː/ *n* **1** balneario **2** (*tb* ˈhealth spa) spa

space 0̄ /speɪs/ *nombre, verbo*
▶ *n* **1** (*cabida*) sitio, espacio: *Leave some space for the dogs.* Deja sitio para los perros. ◇ *There's no space for my suitcase.* No queda espacio para mi maleta. **2** espacio: *space flight/station* vuelo/estación espacial ◇ *space travel* viajes espaciales **3** (*período*) espacio: *in a short space of time* en un breve espacio de tiempo LOC **look/gaze/stare into space** mirar al vacío *Ver tb* WASTE
▶ *vt* ~ **sth (out)** espaciar algo

space bar *n* (*Informát*) barra espaciadora ➲ *Ver dibujo en* ORDENADOR

spacecraft /ˈspeɪskrɑːft; *USA* -kræft/ *n* (*pl* **spacecraft**) (*tb* spaceship /ˈspeɪsʃɪp/) nave espacial

spaceman /ˈspeɪsmæn/ *n* (*pl* **-men** /-men/) astronauta

spacesuit /ˈspeɪssuːt/ *n* traje espacial

spacewoman /ˈspeɪswʊmən/ *n* (*pl* **-women** /-wɪmɪn/) astronauta

spacious /ˈspeɪʃəs/ *adj* espacioso, amplio

spade /speɪd/ *n* **1** pala **2** spades [*pl*] (*Naipes*) picas ➲ *Ver nota en* BARAJA

spaghetti /spəˈgeti/ *n* [*incontable*] espagueti(s)

spam /spæm/ *n* (*Informát*) spam, correo basura (*por internet*) **spammer** *n* (*coloq*) persona que envía correo basura

span /spæn/ *nombre, verbo*
▶ *n* **1** (*de tiempo*) lapso, duración: *time span/span of time* lapso de tiempo **2** (*de un puente*) luz
▶ *vt* (**-nn-**) **1** abarcar **2** (*puente*) cruzar

Spanglish /ˈspæŋglɪʃ/ *n* forma de hablar que fusiona el español y el inglés

spank /spæŋk/ *vt* dar una zurra a, dar un(os) azote(s) a

spanner /ˈspænə(r)/ *n* llave (de tuercas): *adjustable spanner* llave inglesa

spare 0̄ /speə(r)/ *adjetivo, nombre, verbo*
▶ *adj* **1** sobrante, de sobra: *There are no spare seats.* No quedan asientos. ◇ *the spare room* la habitación de invitados **2** de repuesto, de reserva: *a spare tyre/part* una rueda/pieza de repuesto **3** (*tiempo*) libre, de ocio
▶ *n* (pieza de) repuesto

S

| aʊ now | ɔɪ join | ɪə near | eə hair | ʊə pure | tʃ chin | dʒ June | v van | θ thin |

▶ vt **1** ~ sth **(for sb/sth)** (tiempo, dinero, etc.) tener algo (para algn/algo) **2** ~ sb **(from)** sth ahorrarle algo a algn: *Spare me the gory details.* Ahórrame los detalles desagradables. **3** (formal) perdonar (la vida a) **4** escatimar: *No expense was spared.* No repararon en gastos. LOC **to spare** de sobra: *with two minutes to spare* faltando dos minutos

sparing /'speərɪŋ/ adj ~ **(with sth)** parco (en algo); mesurado (cuando se trata de algo)

spark /spɑːk/ nombre, verbo
▶ n chispa
▶ vt ~ sth **(off)** provocar algo

sparkle /'spɑːkl/ verbo, nombre
▶ vi centellear
▶ n centelleo

sparkler /'spɑːklə(r)/ n bengala

sparkling /'spɑːklɪŋ/ adj **1** (coloq sparkly) centelleante **2** (bebida) con gas **3** (vino) espumoso

'**spark plug** n bujía

sparrow /'spærəʊ/ n gorrión

sparse /spɑːs/ adj (**sparser**) **1** escaso, esparcido **2** (población) disperso **3** (pelo) ralo

spartan /'spɑːtn/ adj espartano

spasm /'spæzəm/ n espasmo

spat pt, pp de SPIT

spate /speɪt/ n racha, ola

spatial /'speɪʃl/ adj (formal) espacial: *spatial awareness* sentido del espacio

spatter /'spætə(r)/ vt ~ sb/sth **(with sth)**; ~ sth **(on/over sb)** rociar algo (sobre algn/algo); salpicar a algn/algo (de algo)

spatula /'spætʃələ/ n (Cocina) espátula

speak ☞ /spiːk/ (pt **spoke** /spəʊk/, pp **spoken** /'spəʊkən/) **1** vi ~ **(to sb) (about sth/sb)** hablar (con algn) (de algo/algn): *Can I speak to you a minute, please?* ¿Puedo hablar contigo un minuto, por favor? ➔ Ver nota en HABLAR **2** vt decir, hablar: *to speak the truth* decir la verdad ◊ *Do you speak French?* ¿Hablas francés? **3** vi pronunciar un discurso LOC **be on speaking terms (with sb)**; **be speaking (to sb)** tener buenas relaciones (con algn): *They're not speaking (to each other) after last night.* Después de lo de anoche no se hablan. ◆ **generally, broadly, etc. speaking** en términos generales ◆ **so to speak** por así decirlo ◆ **speak for itself/themselves** hablar por sí solo(s): *The statistics speak for themselves.* Las estadísticas hablan por sí solas. ◆ **speak your mind** hablar sin rodeos ☞ Ver tb STRICTLY PHR V **speak for sb** hablar en nombre de/por algn ◆ **speak out (against sth)** hablar cla-

ro (contra algo); denunciar algo ◆ **speak up** hablar (más) alto

speaker ☞ /'spiːkə(r)/ n **1** (en público) orador, -ora; conferenciante **2** hablante: *Spanish speakers* los hispanohablantes Ver tb NATIVE SPEAKER **3** altavoz

spear /spɪə(r)/ n **1** lanza **2** (para pesca) arpón

special ☞ /'speʃl/ adjetivo, nombre
▶ adj **1** especial: *special effects* efectos especiales **2** particular: *nothing special* nada en particular **3** (reunión, edición, pago) extraordinario
▶ n **1** (programa, plato, etc.) especial **2** (esp USA, coloq) oferta especial

specialist ☞ /'speʃəlɪst/ n especialista

speciality /ˌspeʃiˈæləti/ n (pl **specialities**) (tb esp USA specialty /'speʃəlti/) especialidad

specialization, -isation /ˌspeʃəlaɪˈzeɪʃn; USA -ləˈ-/ n especialización

specialize, -ise /'speʃəlaɪz/ vi ~ **(in sth)** especializarse (en algo) **specialized, -ised** adj especializado

specially ☞ /'speʃəli/ adv **1** especialmente, expresamente

🔎 Aunque **specially** y **especially** tienen significados similares, se usan de forma distinta. **Specially** se usa fundamentalmente con participios y **especially** como conector entre frases: *specially designed for schools* diseñado especialmente para los colegios ◊ *He likes dogs, especially poodles.* Le encantan los perros, sobre todo los caniches.

2 (esp GB, coloq) particularmente, sobre todo

species /'spiːʃiːz/ n (pl **species**) especie

specific ☞ /spəˈsɪfɪk/ adj específico, preciso, concreto

specifically ☞ /spəˈsɪfɪkli/ adv concretamente, específicamente

specification /ˌspesɪfɪˈkeɪʃn/ n **1** especificación **2** (gen pl) detalles, plan detallado

specify /'spesɪfaɪ/ vt (pt, pp -**fied**) especificar, precisar

specimen /'spesɪmən/ n espécimen, ejemplar, muestra

speck /spek/ n **1** (de suciedad) manchita **2** (de polvo) mota **3** *a speck on the horizon* un punto en el horizonte

spectacle /'spektəkl/ n espectáculo

spectacles /'spektəklz/ n [pl] (formal) (esp GB, coloq **specs**) gafas ❶ La palabra más normal es **glasses**. ➔ Ver nota en PAIR

spectacular /spekˈtækjələ(r)/ adj espectacular

| ð then | s so | z zoo | ʃ she | ʒ vision | h how | ŋ sing | j yes | w wet |

spectator /spek'teɪtə(r); *USA* 'spekteɪtər/ *n* espectador, -ora: *spectator sports* deportes de espectadores

spectre (*USA* specter) /'spektə(r)/ *n* (*lit y fig*) espectro, fantasma: *the spectre of another war* el fantasma de una nueva guerra

spectrum /'spektrəm/ *n* (*pl* **spectra** /-trə/) espectro: *a broad spectrum of opinions* un amplio abanico de opiniones

speculate /'spekjuleɪt/ *vi* ~ **(about/on sth)** especular (sobre/acerca de algo) **speculation** *n* ~ **(about/over sth)** especulación (sobre algo)

speculative /'spekjələtɪv; *USA tb* -leɪtɪv/ *adj* especulativo

speculator /'spekjuleɪtə(r)/ *n* especulador, -ora

sped *pt, pp de* SPEED

speech ⊶ /spi:tʃ/ *n* **1** discurso: *to make/deliver/give a speech* pronunciar un discurso **2** habla: *to lose the power of speech* perder el habla ◇ *speech therapy* logopedia ◇ *freedom of speech* libertad de expresión **3** lenguaje: *children's speech* el lenguaje de los niños **4** (*Teat*) parlamento

speechless /'spi:tʃləs/ *adj* sin habla, mudo: *She was speechless with rage* Se quedó muda de la rabia.

speed ⊶ /spi:d/ *nombre, verbo*
▸ *n* velocidad, rapidez **LOC** **at speed** a toda velocidad *Ver tb* FULL, PICK
▸ (*pt, pp* **speeded**) ❶ En el sentido 1, también se usa la forma **sped** /sped/para el pasado simple y el participio pasado. **1** *vi* ir a toda velocidad **2** *vt* (*formal*) acelerar **3** *vi* exceder el límite de velocidad **PHRV** **speed (sth) up** acelerar (algo): *If you don't speed up we'll never finish.* Si no te das más prisa no vamos a terminar nunca.

speedboat /'spi:dbəʊt/ *n* lancha rápida

speed dating *n* [*incontable*] citas rápidas (*en busca de pareja*), speed dating

speed hump (*USA tb* 'speed bump) *n* badén, guardia tumbado (*en carretera*)

speedily /'spi:dəli/ *adv* rápidamente

speeding /'spi:dɪŋ/ *n* [*incontable*] exceso de velocidad: *I was fined for speeding.* Me pusieron una multa por exceso de velocidad.

speedometer /spi:'dɒmɪtə(r)/ *n* velocímetro

speedy /'spi:di/ *adj* (**speedier**, **-iest**) pronto, rápido: *a speedy recovery* una pronta recuperación

spell ⊶ /spel/ *verbo, nombre*
▸ (*pt, pp* **spelt** /spelt/, **spelled**) ⭢ *Ver nota en* DREAM **1** *vt, vi* deletrear, escribir **2** *vt* ~ **sth (for sb/sth)** suponer, significar algo (para algn/algo)

PHRV **spell sth out 1** explicar algo claramente **2** deletrear algo
▸ *n* **1** temporada, racha **2** turno **3** hechizo, embrujo **LOC** *Ver* CAST

spellchecker /'speltʃekə(r)/ (*tb* 'spell check) *n* corrector ortográfico

spelling ⊶ /'spelɪŋ/ *n* ortografía

spend ⊶ /spend/ *verbo, nombre*
▸ *vt* (*pt, pp* **spent** /spent/) **1** ~ **sth (on sth)** gastar algo (en algo) **2** (*tiempo libre, etc.*) pasar **3** ~ **sth on sth** dedicar algo a algo
▸ *n* [*sing*] (*coloq*) gasto **spending** *n* [*incontable*]: gasto: *public spending* el gasto público **spendy** *adj* (**spendier**, **-iest**) (*coloq*) caro

sperm /spɜ:m/ *n* (*pl* **sperm**, **sperms**) esperma

SPF /ˌes pi: 'ef/ *abrev de* sun protection factor índice de protección solar

sphere /sfɪə(r)/ *n* esfera

sphinx /sfɪŋks/ (*tb* the Sphinx) *n* esfinge

spice ⊶ /spaɪs/ *nombre, verbo*
▸ *n* **1** especia(s) **2** (*fig*) interés: *to add spice to a situation* añadir interés a una situación **3** (*droga*) spice, K2 (*marihuana sintética*)
▸ *vt* ~ **sth (up)** sazonar, dar más sabor a algo: *He exaggerated the details to spice up the story.* Exageró los detalles para hacer más interesante la historia.

spicy ⊶ /'spaɪsi/ *adj* (**spicier**, **-iest**) **1** condimentado, picante **2** (*fig*) picante, interesante

spider ⊶ /'spaɪdə(r)/ *n* araña: *spider's web* telaraña

spied *pt, pp de* SPY

spies *pl de* SPY

spike /spaɪk/ *n* **1** púa, pincho **2** punta

spiky /'spaɪki/ *adj* con púas, puntiagudo: *spiky hair* pelo de punta

spill /spɪl/ *verbo, nombre*
▸ *vt, vi* (*pt, pp* **spilt** /spɪlt/, **spilled**) ⭢ *Ver nota en* DREAM derramar(se), verter(se): *He spilled juice on his shirt.* Se le cayó el zumo en la camisa. ⭢ *Ver nota en* DROP **LOC** *Ver* CRY **PHRV** **spill over** rebosar, desbordarse
▸ *n* (*formal* spillage /'spɪlɪdʒ/) **1** derramamiento **2** derrame

spin ⊶ /spɪn/ *verbo, nombre*
▸ (**-nn-**) (*pt, pp* **spun** /spʌn/) **1** *vi* ~ **(round/around)** dar vueltas, girar **2** *vt* ~ **sth (round/around)** (hacer) girar algo; dar vueltas a algo **3** *vt* hilar **4** *vt, vi* (*araña*) tejer **5** *vt, vi* (*lavadora*) centrifugar **PHRV** **spin sth out** alargar, prolongar algo
▸ *n* **1** vuelta, giro **2** (*coloq*) paseo en coche/moto: *to go for a spin* dar una vuelta **3** (*pelota*) efecto **4** (*coloq*) (*Pol, etc.*) interpretación de forma con-

veniente: *Politicians put their own spin on the economic situation.* Los políticos interpretan a su antojo la situación económica.

spinach /'spɪnɪtʃ, -nɪdʒ/ n [*incontable*] espinaca(s)

spinal /'spaɪnl/ adj espinal: *spinal column* columna vertebral

spin doctor n consejero, -a político, -a que presenta la información de forma que favorezca al gobierno

spine /spaɪn/ n **1** (*Anat*) columna vertebral **2** (*Bot*) espina **3** (*Zool*) púa **4** (*de un libro*) lomo

spinster /'spɪnstə(r)/ n soltera, solterona ❶ Esta palabra es un poco anticuada y puede ser despectiva. Actualmente no se utilizaría para referirse a una mujer no casada.

spiral /'spaɪrəl/ nombre, adjetivo, verbo
▶ n espiral
▶ adj (en) espiral, helicoidal: *spiral staircase* escalera de caracol
▶ vi (-ll-, USA tb -l-) **1** subir/bajar en espiral **2** (*precios, etc.*) dispararse

spire /'spaɪə(r)/ n aguja, chapitel

spirit ⊶ /'spɪrɪt/ n **1** espíritu, alma: *community spirit* espíritu de comunidad **2** spirits [*pl*] estado de ánimo, humor: *in high/low spirits* de muy buen humor/bajo de ánimo **3** brío, ánimo **4** temple **5** fantasma **6** spirits [*pl*] licores **spirited** adj animoso, brioso

spiritual ⊶ /'spɪrɪtʃuəl/ adj espiritual

spit /spɪt/ verbo, nombre
▶ (-tt-) (pt, pp **spat** /spæt/, tb esp USA **spit**) **1** vt, vi escupir **2** vt (*insulto, etc.*) soltar **3** vi (*fuego, etc.*) chisporrotear PHRV **spit sth out** escupir algo
▶ n **1** saliva, esputo **2** punta, lengua (*de tierra*) **3** (*para asar*) espetón, asador

spite ⊶ /spaɪt/ nombre, verbo
▶ n despecho, resentimiento: *out of/from spite* por despecho LOC **in spite of sth** a pesar de algo
▶ vt molestar, fastidiar **spiteful** adj malévolo, rencoroso

splash /splæʃ/ verbo, nombre
▶ **1** vi chapotear **2** vt ~ sb/sth (with sth); ~ sth on/over sb/sth salpicar a algn/algo (de algo): *to splash water on your face* echarse agua a la cara PHRV **splash out (on sth)** (GB, coloq) darse el gustazo (de algo/de comprar algo); permitirse el lujo (de comprar algo)
▶ n **1** chapoteo **2** salpicadura (*de salsa, pintura, etc.*) **3** (*de color*) mancha

splatter /'splætə(r)/ vt salpicar

splendid /'splendɪd/ adj espléndido, magnífico

splendour (USA splendor) /'splendə(r)/ n esplendor

spliff /splɪf/ n (GB, argot) porro

splint /splɪnt/ n tablilla

splinter /'splɪntə(r)/ nombre, verbo
▶ n astilla, esquirla
▶ vt, vi **1** astillar(se) **2** dividir(se)

split ⊶ /splɪt/ verbo, nombre, adjetivo
▶ (-tt-) (pt, pp **split**) **1** vt, vi partir(se): *to split (sth) in two* partir algo/partirse en dos **2** vt, vi dividir(se) **3** vt repartir **4** vi ~ (open) henderse, rajarse, abrirse PHRV **split up (with sb)** separarse (de algn); romper (con algn)
▶ n **1** división, ruptura **2** abertura, hendidura **3** the splits [*pl*]: *to do the splits* hacer el spagat
▶ adj partido, dividido

split second n instante, fracción de segundo

splutter /'splʌtə(r)/ verbo, nombre
▶ **1** vt, vi farfullar, balbucear **2** vi (*fuego, etc.*) chisporrotear
▶ n chisporroteo

spoil ⊶ /spɔɪl/ (pt, pp **spoilt** /spɔɪlt/, **spoiled**) ⊃ *Ver nota en* DREAM **1** vt, vi estropear(se), arruinar(se), echar(se) a perder **2** vt (*niño*) mimar, malcriar

spoilsport /'spɔɪlspɔːt/ n (coloq) aguafiestas

spoilt /spɔɪlt/ adj mimado Ver tb SPOIL

spoke /spəʊk/ n radio (*de una rueda*) Ver tb SPEAK

spoken ⊶ /'spəʊkən/ adj hablado, oral Ver tb SPEAK

spokesman /'spəʊksmən/ n (pl **-men** /-mən/) portavoz ❶ Es preferible usar la forma **spokesperson**, que se refiere tanto a un hombre como a una mujer.

spokesperson /'spəʊkspɜːsn/ n (pl **spokespersons, spokespeople**) portavoz

spokeswoman /'spəʊkswʊmən/ n (pl **-women** /-wɪmɪn/) portavoz ⊃ *Ver nota en* SPOKESMAN

sponge /spʌndʒ/ nombre, verbo
▶ n **1** esponja **2** (tb 'sponge cake) bizcocho
▶ **1** vt ~ sb/sth (down) limpiar a algn/algo con una esponja **2** vi ~ (off/on sb) (coloq, pey) gorronear, vivir a costa de algn

sponge bag n neceser

sponger /'spʌndʒə(r)/ n (coloq, pey) gorrón, -ona

sponsor /'spɒnsə(r)/ nombre, verbo
▶ n patrocinador, -ora
▶ vt patrocinar **sponsorship** n patrocinio

spontaneity /ˌspɒntə'neɪəti/ n espontaneidad

spontaneous /spɒn'teɪniəs/ adj espontáneo

S

spooky /ˈspuːki/ adj (**spookier**, **-iest**) (coloq) **1** de aspecto embrujado, espeluznante **2** misterioso

spool /spuːl/ n (esp USA) bobina, carretel

spoon 0➡ /spuːn/ nombre, verbo
▶ n **1** cuchara: serving spoon cuchara de servir **2** (tb spoonful) cucharada
▶ vt sacar con una cuchara: She spooned the mixture out of the bowl. Sacó la mezcla del cuenco con una cuchara.

sporadic /spəˈrædɪk/ adj esporádico

spore /spɔː(r)/ n (Bot) espora

sport 0➡ /spɔːt/ n (USA **sports** [pl]) deporte: I'm not interested in sport. No me interesa el deporte. ◇ sports field campo de deportes ◇ sport facilities instalaciones deportivas ◇ sports hall pabellón de deportes Ver tb BLOOD SPORTS **LOC** be a (good) sport (coloq) ser buen chico/buena chica **sporting** adj deportivo

ˈ**sports car** n coche deportivo

ˈ**sports centre** (USA ˈsports center) n polideportivo

ˈ**sports drink** n bebida isotónica

sportsman /ˈspɔːtsmən/ n (pl **-men** /-mən/) deportista ➔ Ver nota en POLICÍA **sportsmanlike** adj deportivo; que muestra un buen espíritu deportivo **sportsmanship** n deportividad

sportsperson /ˈspɔːtspɜːsn/ n (pl **-persons**, **-people**) deportista ➔ Ver nota en POLICÍA

sportswoman /ˈspɔːtswʊmən/ n (pl **-women** /-wɪmɪn/) deportista ➔ Ver nota en POLICÍA

sporty /ˈspɔːti/ adj (**sportier**, **-iest**) (coloq) **1** deportista **2** (ropa, coche) deportivo

spot 0➡ /spɒt/ nombre, verbo
▶ n **1** (diseño) lunar: a blue skirt with red spots una falda azul con lunares rojos **2** (en animales, etc.) mancha **3** (Med) grano **4** lugar Ver tb BLIND SPOT, HOT SPOT **5** a ~ of sth (GB, coloq): Would you like a spot of lunch? ¿Quieres comer un poco? ◇ You seem to be having a spot of bother. Parece que tienes problemas. **6** (TV, etc.) espacio **7** (coloq) foco **LOC** Ver SOFT
▶ vt (**-tt-**) divisar: He finally spotted a shirt he liked. Por fin encontró una camisa que le gustó. ◇ Nobody spotted the mistake. Nadie notó el error.

spotless /ˈspɒtləs/ adj **1** (casa) inmaculado **2** (reputación) intachable

spotlight /ˈspɒtlaɪt/ n **1** foco **2** the spotlight [sing]: to be in the spotlight ser el centro de atención

spotted /ˈspɒtɪd/ adj **1** (ropa) con lunares **2** (animal) con manchas Ver tb SPOT

spotty /ˈspɒti/ adj (**spottier**, **-iest**) con muchos granos

spouse /spaʊs, spaʊz/ n (Jur) cónyuge

spout /spaʊt/ nombre, verbo
▶ n **1** (de tetera) pitorro **2** (de canalón) caño
▶ **1** vi ~ (out/up) (from sth) salir a chorros, brotar (de algo) **2** vt ~ **sth (out/up)** echar algo a chorros **3** vi ~ (**off/on**) (about sth) (coloq, pey) hablar sin parar, dar la paliza (con algo) **4** vt (coloq, gen pey) recitar

sprain /spreɪn/ verbo, nombre
▶ vt torcer: to sprain your ankle torcerse el tobillo
▶ n torcedura, esguince

sprang pt de SPRING

sprawl /sprɔːl/ vi **1** tumbarse, repantigarse **2** (ciudad, etc.) extenderse (desordenadamente)

spray 0➡ /spreɪ/ nombre, verbo
▶ n **1** espuma (del mar) **2** (para el pelo, etc.) spray **3** (envase) pulverizador, spray **4** rociada
▶ **1** vt ~ **sth on/onto/over sb/sth**; ~ **sb/sth with sth** rociar a algn/algo con/de algo **2** vi ~ (**over, across, etc. sb/sth**) salpicar (a algn/algo)

ˈ**spray tan** n bronceado con spray

spread 0➡ /spred/ verbo, nombre
▶ (pt, pp **spread**) **1** vt ~ **sth (out) (on/over sth)** extender, desplegar algo (en/sobre/por algo) **2** vt cubrir: to spread a cloth on the table cubrir la mesa con un mantel **3** vt, vi extender(se), propagar(se) **4** vt, vi (noticia) divulgar(se), difundir(se) **5** vt, vi untar(se) **6** vt ~ **sth (out) (over sth)** distribuir algo (a lo largo de algo)
▶ n **1** (de infección, fuego) propagación **2** (de información) difusión **3** (de crimen, armas, etc.) proliferación **4** abanico (de opciones, etc.) **5** paté, queso, etc. para untar **6** extensión **7** (alas) envergadura

spreadsheet /ˈspredʃiːt/ n hoja de cálculo

spree /spriː/ n to go on a spending spree salir a gastar dinero

spring 0➡ /sprɪŋ/ nombre, verbo
▶ n **1** primavera **2** resorte **3** (colchón, sillón) muelle **4** manantial **5** salto
▶ (pt **sprang** /spræŋ/, pp **sprung** /sprʌŋ/) **1** vi saltar **2** vt ~ **sth (on sb)** (sorpresa) soltar algo (a algn): to spring a surprise on sb coger a algn por sorpresa **3** vi brotar: Tears sprang to his eyes. Se le llenaron los ojos de lágrimas. **LOC** spring into action/life ponerse en acción/cobrar vida Ver tb MIND **PHR V** spring from sth (formal) ser producto de algo

springboard /ˈsprɪŋbɔːd/ n (lit y fig) trampolín

ˌ**spring ˈclean** n limpieza general

aʊ now	ɔɪ join	ɪə near	eə hair	ʊə pure	tʃ chin	dʒ June	v van	θ thin

spring-'clean *vt, vi* hacer limpieza general (en…)

spring 'onion *n* cebolleta

springtime /'sprɪŋtaɪm/ *n* primavera

sprinkle /'sprɪŋkl/ *vt* **1** ~ sth (on/onto/over sth) rociar algo (sobre algo) **2** ~ sth (with sth) rociar, espolvorear algo (con algo); salpicar algo (de algo) **sprinkling** *n* ~ (of sb/sth) unos cuantos, un poquito (de algo)

sprint /sprɪnt/ *verbo, nombre*
▸ *vi* **1** correr a toda velocidad **2** (*Dep*) esprintar
▸ *n* **1** carrera de velocidad **2** esprint

sprinter /'sprɪntə(r)/ *n* velocista

sprog /sprɒg/ *n* (*GB, coloq, hum*) mocoso, -a; retoño

sprout /spraʊt/ *verbo, nombre*
▸ **1** *vi* ~ (up) brotar, aparecer **2** *vt* echar (*flores, brotes, etc.*)
▸ *n* **1** Ver BRUSSELS SPROUT **2** brote

sprung *pp de* SPRING

spun *pt, pp de* SPIN

spur /spɜː(r)/ *nombre, verbo*
▸ *n* **1** espuela **2** ~ (to sth) acicate (para algo) **LOC** on the spur of the moment impulsivamente
▸ *vt* (**-rr-**) ~ sb/sth (on) incitar a algn; alentar a algn/algo

spurn /spɜːn/ *vt* rechazar

spurt /spɜːt/ *verbo, nombre*
▸ *vi* ~ (out) (from sth) salir a chorros (de algo)
▸ *n* **1** chorro **2** arranque (*de energía, velocidad, etc.*)

sputter /'spʌtə(r)/ *vi* chisporrotear

spy /spaɪ/ *nombre, verbo*
▸ *n* (*pl* **spies**) espía: *spy thrillers* novelas de espionaje
▸ *vi* (*pt, pp* **spied**) ~ (on sb/sth) espiar (a algn/algo)

spyware /'spaɪweə(r)/ *n* [*incontable*] (*Informát*) programa(s) espía

squabble /'skwɒbl/ *verbo, nombre*
▸ *vi* ~ (with sb) (about/over sth) reñir (con algn) (por algo)
▸ *n* riña

squad /skwɒd/ *n* [*v sing o pl*] **1** (*policía*) brigada: *the drugs squad* la brigada antidroga **2** (*Mil*) escuadrón **3** (*Dep*) plantilla

squadron /'skwɒdrən/ *n* [*v sing o pl*] escuadrón

squalid /'skwɒlɪd/ *adj* sórdido

squalor /'skwɒlə(r)/ *n* miseria

squander /'skwɒndə(r)/ *vt* **1** (*dinero*) derrochar **2** (*tiempo, energía*) malgastar **3** (*oportunidad*) desperdiciar

square ⦿ /skweə(r)/ *adjetivo, nombre, verbo*
▸ *adj* cuadrado: *one square metre* un metro cuadrado **LOC** a square meal una comida en condiciones ◆ be (all) square (with sb) **1** quedar en paz (con algn) **2** (*Dep*) estar empatado (con algn) *Ver tb* FAIR
▸ *n* **1** (*forma*) cuadrado **2** (*abrev* Sq.) plaza **3** (*en un tablero*) casilla *Ver tb* SET SQUARE **LOC** go back to square one volver a empezar (desde cero)
▸ *v* **PHR V** square up (with sb) arreglar (las) cuentas (con algn)

squarely /'skweəli/ *adv* directamente

square 'root *n* raíz cuadrada

squash /skwɒʃ/ *verbo, nombre*
▸ *vt, vi* **1** aplastar(se): *It was squashed flat.* Estaba aplastado. **2** ~ (sb/sth) (up) into, against, etc. sb/sth apretar a algn/algo, apretarse (en, contra, etc. algn/algo): *I was squashed up against the wall.* Estaba aplastada contra la pared.
▸ *n* **1** (*Dep*) squash **2** refresco (de frutas edulcorado para diluir) **3** [*sing*] (*coloq*): *What a squash!* ¡Qué apretujones!

squat /skwɒt/ *verbo, adjetivo, nombre*
▸ (**-tt-**) **1** *vi* ~ (down) (*persona*) ponerse en cuclillas **2** *vi* ~ (down) (*animal*) agazaparse **3** *vt, vi* ocupar (un lugar) (*sin permiso o derecho*)
▸ *adj* achatado, rechoncho
▸ *n* edificio ocupado ilegalmente

squatter /'skwɒtə(r)/ *n* okupa

squawk /skwɔːk/ *verbo, nombre*
▸ *vi* graznar, chillar
▸ *n* graznido, chillido

squeak /skwiːk/ *verbo, nombre*
▸ *vi* **1** (*animal, etc.*) chillar **2** (*bisagra, etc.*) chirriar
▸ *n* **1** (*animal, etc.*) chillido **2** (*bisagra, etc.*) chirrido

squeaky /'skwiːki/ *adj* **1** (*voz*) chillón **2** (*bisagra, etc.*) que chirría

squeal /skwiːl/ *verbo, nombre*
▸ *vt, vi* chillar
▸ *n* alarido, chillido

squeamish /'skwiːmɪʃ/ *adj* **1** delicado, remilgado **2** impresionable (*a la vista de sangre, etc.*)

squeeze ⦿ /skwiːz/ *verbo, nombre*
▸ **1** *vt* apretar **2** *vt* exprimir, estrujar **3** *vt, vi* ~ (sb/sth) into, past, through, etc. (sth): *to squeeze through a gap in the hedge* pasar con dificultad por un hueco en el seto ◇ *Can you squeeze past/by?* ¿Puedes pasar? ◇ *Can you squeeze anything else into that case?* ¿Puedes meter algo más en esa maleta?
▸ *n* **1** apretón **2** *a squeeze of lemon* un chorrito de limón **3** [*sing*] apretura **4** [*gen sing*] restricciones (*en salarios, empleo, etc.*)

squid /skwɪd/ *n* (*pl* **squid**, **squids**) calamar

squint /skwɪnt/ *verbo, nombre*
▸ *vi* ~ (at/through sth) mirar (algo/a través de algo) con los ojos entreabiertos **2** bizquear
▸ *n* estrabismo

ð **then**	s **so**	z **zoo**	ʃ **she**	ʒ **vision**	h **how**	ŋ **sing**	j **yes**	w **wet**

squirm /skwɜːm/ *vi* **1** retorcerse **2** abochornarse

squirrel /ˈskwɪrəl/; *USA* ˈskwɜːrəl/ *n* ardilla

squirt /skwɜːt/ *verbo, nombre*
▸ **1** *vt* echar un chorro de: *I squirted water onto the flames.* Eché un chorro de agua en las llamas. **2** *vt* ~ **sb/sth (with sth)** lanzar un chorro (de algo) a algn/algo **3** *vt* ~ **(out of/from sth)** salir a chorros (de algo)
▸ *n* chorro

squishy /ˈskwɪʃi/ *adj (coloq)* blandito

stab /stæb/ *verbo, nombre*
▸ *vt* (-**bb**-) **1** apuñalar **2** pinchar
▸ *n* puñalada ⓁⓄⒸ **have a stab at (doing) sth** *(coloq)* intentar (hacer) algo

stabbing /ˈstæbɪŋ/ *nombre, adjetivo*
▸ *n* apuñalamiento
▸ *adj (dolor)* punzante

stability /stəˈbɪləti/ *n* estabilidad

stabilize, -ise /ˈsteɪbəlaɪz/ *vt, vi* estabilizar(se)

stable ⚮ /ˈsteɪbl/ *adjetivo, nombre*
▸ *adj* **1** estable **2** equilibrado
▸ *n* **1** establo **2** cuadra

stack /stæk/ *nombre, verbo*
▸ *n* **1** pila *(de libros, platos, etc.)* **2** ~ **of sth** *(esp GB, coloq)* montón de algo
▸ *vt* ~ **sth (up)** apilar, amontonar algo

stadium /ˈsteɪdiəm/ *n* (*pl* **stadiums**, **stadia** /-diə/) estadio

staff ⚮ /stɑːf/; *USA* stæf/ *nombre, verbo*
▸ *n* [*v sing o pl*] personal, plantilla: *The staff are all working long hours.* Todo el personal está trabajando hasta tarde. ◇ *teaching staff* cuerpo docente ➲ *Ver nota en* JURADO
▸ *vt* equipar de personal

staffroom /ˈstɑːfruːm, -rʊm/; *USA* ˈstæf-/ *n* sala de profesores

stag /stæg/ *n* ciervo ➲ *Ver nota en* CIERVO

stage ⚮ /steɪdʒ/ *nombre, verbo*
▸ *n* **1** etapa, fase: *at this stage* en este momento/a estas alturas ◇ *to do sth in stages* hacer algo por etapas **2** escenario **3 the stage** [*sing*] el teatro *(profesión)*: *to go on the stage* hacerse actor/actriz ⓁⓄⒸ **stage by stage** paso por paso
▸ *vt* **1** poner en escena **2** organizar

stagger /ˈstægə(r)/ *verbo, nombre*
▸ **1** *vi* andar tambaleándose: *He staggered back home/to his feet.* Volvió a su casa/Se puso en pie tambaleándose. ➲ *Ver nota en* ANDAR **2** *vt* dejar atónito **3** *vt (viaje, salida, etc.)* escalonar
▸ *n* tambaleo

staggering /ˈstægərɪŋ/ *adj* asombroso

stagnant /ˈstægnənt/ *adj* estancado

stagnate /stægˈneɪt/; *USA* ˈstægneɪt/ *vi* estancarse **stagnation** *n* estancamiento

ˈ**stag night** (*tb* ˈstag party) *n* despedida de soltero ➲ *Comparar con* HEN PARTY

stain /steɪn/ *verbo, nombre*
▸ **1** *vt, vi* manchar(se) **2** *vt* teñir
▸ *n* **1** mancha **2** tinte *(para la madera)*

ˌ**stained ˈglass** *n* [*incontable*] cristal de colores: *stained glass windows* vidrieras

stainless steel /ˌsteɪnləs ˈstiːl/ *n* acero inoxidable

stair ⚮ /steə(r)/ *n* **1 stairs** [*pl*] escalera *(en el interior de un edificio)*: *to go up/down the stairs* subir/bajar las escaleras ➲ *Ver nota en* ESCALERA **2** peldaño

staircase /ˈsteəkeɪs/ *n* escalera *(en el interior de un edificio)* ➲ *Ver nota en* ESCALERA ➲ *Comparar con* LADDER

stairway /ˈsteəweɪ/ *n* escalera *(esp exterior)* ➲ *Ver nota en* ESCALERA

stake /steɪk/ *nombre, verbo*
▸ *n* **1** estaca **2 the stake** [*sing*] la hoguera **3** *(inversión)* participación **4** [*gen pl*] apuesta ⓁⓄⒸ **at stake** en juego: *His reputation is at stake.* Está en juego su reputación.
▸ *vt* **1** ~ **sth (on sth)** apostar algo (a algo) **2** apuntalar ⓁⓄⒸ **stake (out) a/your claim (to sth)** reclamar un derecho (sobre algo)

stale /steɪl/ *adj* **1** *(pan, pastel, etc.)* duro, seco **2** *(aire, olor, queso)* rancio **3** *(ideas, noticias)* viejo **4** *(persona)* anquilosado

stalemate /ˈsteɪlmeɪt/ *n* **1** *(en negociaciones, etc.)* punto muerto **2** *(Ajedrez)* tablas

stalk /stɔːk/ *nombre, verbo*
▸ *n* **1** tallo **2** *(de fruta)* rabo
▸ **1** *vt* *(a una persona o un animal)* acechar, acosar **2** *vi* ~ **(away/off/out)** irse muy ofendido/indignado

stalker /ˈstɔːkə(r)/ *n* acosador, -ora *(obsesionado por otra persona)*

stall /stɔːl/ *nombre, verbo*
▸ *n* **1** *(en mercado)* puesto **2** *(en feria)* barraca **3** *(en establo)* casilla **4 stalls** [*pl*] *(Teat)* platea
▸ **1** *vt, vi* *(coche, motor)* calar(se) **2** *vi* buscar evasivas

stallion /ˈstæliən/ *n* semental *(caballo)*

stalwart /ˈstɔːlwət/ *adj, n* incondicional

stamen /ˈsteɪmən/ *n (Bot)* estambre

stamina /ˈstæminə/ *n* resistencia

stammer /ˈstæmə(r)/ *verbo, nombre*
▸ *vi* tartamudear
▸ *n* tartamudeo

stamp ⚮ /stæmp/ *nombre, verbo*
▸ *n* **1** *(de correos)* sello: *stamp collecting* filatelia

S

🔎 En el Reino Unido existen dos tipos de sellos: **first class** y **second class**. Los sellos de primera clase valen un poco más, pero las cartas llegan antes.

2 (*de goma*) sello **3** (*fiscal*) timbre **4** (*para metal*) cuño **5** (*con el pie*) patada
▸ **1** *vt, vi* patear, dar patadas (a): *He stamped (his feet) on the ground to keep warm.* Dio patadas en el suelo para mantenerse en calor. **2** *vi* (*baile*) zapatear **3** *vt* (*moneda, papel de cartas, etc.*) estampar **4** *vt* (*pasaporte*) sellar **5** *vt* (*carta*) poner sello a PHRV **stamp sth out** erradicar algo; acabar con algo

stampede /stæmˈpiːd/ *nombre, verbo*
▸ *n* estampida, desbandada
▸ *vi* desbandarse

stance /stæns; *GB tb* stɑːns/ *n* **1** ~ (**on sth**) postura, actitud (hacia algo) **2** postura

stand 0-ⱼ /stænd/ *verbo, nombre*
▸ (*pt, pp* **stood** /stʊd/) **1** *vi* estar de pie, mantenerse de pie: *Stand still.* Estate quieto. **2** *vi* ~ (**up**) ponerse de pie, levantarse **3** *vt* poner, colocar **4** *vi* encontrarse: *A house once stood here.* Antes había una casa aquí. **5** *vi* permanecer, estar: *as things stand* tal como están las cosas **6** *vt* medir, tener una altura de **7** *vi* (*oferta, etc.*) seguir en pie **8** *vt* aguantar, soportar ❶ Se usa sobre todo en frases negativas e interrogativas: *I can't stand him.* No lo aguanto. **9** *vi* ~ (**for/as sth**) (*Pol*) presentarse (como candidato) (a algo) LOC **it/that stands to reason** es lógico ◆ **stand a chance (of sth)** tener posibilidades (de algo) ◆ **stand fast/firm** mantenerse firme *Ver tb* AWE, LEG, TRIAL PHRV **stand around** quedarse ahí (sin hacer nada) ◆ **stand by sb** apoyar a algn ◆ **stand for sth 1** significar, representar algo **2** propugnar algo **3** tolerar algo ❶ En este sentido se usa en frases negativas e interrogativas. ◆ **stand in (for sb)** sustituir (a algn) ◆ **stand out 1** (*ser mejor*) destacarse **2** resaltar ◆ **stand round** = STAND AROUND ◆ **stand sb up** (*coloq*) dejar plantado a algn ◆ **stand up for sb/sth** defender a algn/algo ◆ **stand up to sb** hacer frente a algn
▸ *n* **1** ~ (**on sth**) postura, actitud (respecto a algo): *to take a stand on sth* adoptar una postura sobre algo **2** puesto, quiosco **3** (*a menudo en compuestos*) pie, soporte: *bicycle stand* soporte de bici ◇ *music stand* atril **4** (*Dep*) tribuna **5** (*Jur*) estrado LOC **make a stand (against sb/sth)** oponer resistencia (a algn/algo)

standard 0-ⱼ /ˈstændəd/ *nombre, adjetivo*
▸ *n* nivel LOC **be up to/below standard** (no) ser del nivel requerido

▸ *adj* estándar, normal

standardize, -ise /ˈstændədaɪz/ *vt* estandarizar

standard of ˈliving *n* nivel de vida

standby /ˈstændbaɪ/ *nombre, adjetivo*
▸ *n* (*pl* **standbys**) **1** (*cosa*) recurso, repuesto **2** (*persona*) reserva LOC **on standby 1** en lista de espera **2** preparado para partir, ayudar, etc.
▸ *adj* [*solo antes de sustantivo*] *standby ticket* billete en lista de espera

stand-in *n* **1** sustituto, -a; suplente **2** (*Cine*) doble

standing /ˈstændɪŋ/ *adjetivo, nombre*
▸ *adj* permanente
▸ *n* **1** prestigio **2** *of long standing* duradero

standing ˈorder *n* domiciliación bancaria

standout /ˈstændaʊt/ *adj, n* (*coloq*) (algn o algo) que destaca: *the standout track on this album* la pista más destacada de este álbum

standpoint /ˈstændpɔɪnt/ *n* punto de vista

standstill /ˈstændstɪl/ *n* [*sing*] *to be at/come to a standstill* estar paralizado/paralizarse

stank *pt de* STINK

staple /ˈsteɪpl/ *adjetivo, nombre, verbo*
▸ *adj* principal
▸ *n* **1** grapa **2** alimento básico
▸ *vt* grapar **stapler** *n* grapadora

star 0-ⱼ /stɑː(r)/ *nombre, verbo*
▸ *n* **1** estrella: *film star* estrella de cine **2** (*coloq*) cielo: *Thanks for helping me — you're a star!* Gracias por ayudarme, ¡eres un cielo! **3** stars [*pl*] horóscopo: *to read your stars* leer el horóscopo
▸ *vi* (**-rr-**) ~ (**in sth**) protagonizar algo: *a starring role* un papel protagonista

starboard /ˈstɑːbəd/ *n* estribor

starch /stɑːtʃ/ *n* **1** almidón **2** fécula **starched** *adj* almidonado

stardom /ˈstɑːdəm/ *n* estrellato

stare 0-ⱼ /steə(r)/ *vi* ~ (**at sb/sth**) mirar fijamente (a algn/algo) ⟿ *Ver nota en* MIRAR

starfish /ˈstɑːfɪʃ/ *n* (*pl* **starfish**) estrella de mar

stark /stɑːk/ *adj* (**starker, -est**) **1** desolador **2** crudo **3** (*contraste*) manifiesto

stark ˈnaked *adj* en cueros

starry /ˈstɑːri/ *adj* estrellado

the ˌStars and ˈStripes *n* [*sing*] bandera de Estados Unidos

🔎 La bandera de Estados Unidos está formada por barras y estrellas. Las 13 barras representan los 13 estados originales de la Unión y las 50 estrellas los estados que ahora la componen.

ˈ**star sign** *n* signo (del zodiaco): *What star sign are you?* ¿De qué signo del zodiaco eres?

start 🔑 /stɑːt/ *verbo, nombre*

▸ **1** *vt, vi* ~ **(doing/to do sth)** empezar (a hacer algo)

> Aunque en principio **start** y **begin** pueden ir seguidos de un verbo en infinitivo o de una forma en **-ing**, cuando están en un tiempo continuo solo pueden ir seguidos de infinitivo: *It started raining/to rain.* Empezó a llover. ◇ *It's starting to rain.* Está empezando a llover.

2 *vt, vi* (*coche, motor*) arrancar **3** *vt* (*rumor*) iniciar **4** *vt* (*incendio*) provocar LOC **to start (off) with** para empezar *Ver tb* BALL PHR V **start off** ponerse en marcha ◆ **start off (doing/by doing sth)** empezar (haciendo algo) ◆ **start out** empezar: *She started out on her legal career in 1993.* Empezó su carrera jurídica en 1993. ◇ *I started out to write a short story, but it developed into a novel.* Empecé con la idea de escribir un relato corto, pero acabó siendo una novela. ◆ **start (sth) up 1** (*motor*) arrancar (algo), poner algo en marcha **2** (*negocio*) empezar (algo), montar algo

▸ *n* **1** principio **2 the start** [*sing*] la salida *Ver tb* FLYING START, HEAD START LOC **for a start** (*coloq*) para empezar ◆ **get off to a good, bad, etc. start** tener un buen, mal, etc. comienzo *Ver tb* FALSE

starter /ˈstɑːtə(r)/ *n* **1** primer plato **2** participante (*en carrera*) **3** motor de arranque

ˈ**starting point** *n* punto de partida

startle /ˈstɑːtl/ *vt* sobresaltar **startling** *adj* asombroso

ˈ**start-up** *adjetivo, nombre*

▸ *adj* [*solo antes de sustantivo*] (*Com*) inicial: *start-up costs* costes iniciales

▸ *n* empresa emergente

starvation /stɑːˈveɪʃn/ *n* hambre ➲ *Ver nota en* HAMBRE

starve /stɑːv/ **1** *vi* pasar hambre: *to starve (to death)* morir de hambre **2** *vt* matar de hambre; hacer pasar hambre LOC **be starving** (*coloq*) morirse de hambre PHR V **starve sb/sth of sth** privar a algn/algo de algo

stash /stæʃ/ *verbo, nombre*

▸ *vt* ~ **sth (away)** (*coloq*) esconder algo

▸ *n* (*coloq*) alijo

stat /stæt/ *n* (*coloq*) estadística

state 🔑 /steɪt/ *nombre, adjetivo, verbo*

▸ *n* **1** estado: *to be in a fit state to drive* estar en condiciones para conducir **2** (*tb* **State**) (*Pol*) estado **3 the States** [*pl*] (*coloq*) los Estados Unidos LOC **state of affairs** situación ◆ **state of mind** estado mental *Ver tb* REPAIR

▸ *adj* estatal, público: *state school* escuela pública ◇ *a state visit* una visita oficial ➲ *Ver nota en* ESCUELA

▸ *vt* **1** manifestar, afirmar: *State your name.* Haga constar su nombre. **2** establecer: *within the stated limits* en los límites establecidos

stately /ˈsteɪtli/ *adj* majestuoso: *stately home* casa señorial

statement 🔑 /ˈsteɪtmənt/ *n* **1** declaración: *to issue a statement* presentar un informe **2** (*tb* ˈ**bank statement**) extracto de cuenta

ˌ**state of the** ˈ**art** *adj* de última generación, con tecnología punta

statesman /ˈsteɪtsmən/ *n* (*pl* **-men** /-mən/) estadista

static /ˈstætɪk/ *adjetivo, nombre*

▸ *adj* estático

▸ *n* [*incontable*] **1** (*Radio, TV*) interferencias **2** (*tb* ˌ**static e**ˌ**lec**ˈ**tricity**) electricidad estática

station 🔑 /ˈsteɪʃn/ *nombre, verbo*

▸ *n* **1** estación: *(railway/train) station* estación (de ferrocarril) **2** *power station* central eléctrica ◇ *police station* comisaría *Ver tb* FILLING STATION, FIRE STATION, PETROL STATION, SERVICE STATION **3** (*Radio, TV*) emisora

▸ *vt* destinar

stationary /ˈsteɪʃənri; *USA* -ʃəneri/ *adj* parado

stationer /ˈsteɪʃənə(r)/ *n* **1** dueño, -a de una papelería **2 stationer's** papelería ➲ *Ver nota en* CARNICERÍA **stationery** /ˈsteɪʃənri; *USA* -ʃəneri/ *n* material de escritorio

ˈ**station wagon** *n* (*USA*) (coche) ranchera

statistic /stəˈtɪstɪk/ *n* [*gen pl*] estadística **statistics** *n* [*incontable*] estadística (*ciencia*)

statue 🔑 /ˈstætʃuː/ *n* estatua

stature /ˈstætʃə(r)/ *n* (*formal*) **1** estatus **2** (*tamaño*) estatura

status 🔑 /ˈsteɪtəs; *USA tb* ˈstætəs/ *n* categoría, posición: *social status* posición social ◇ *marital status* estado civil ◇ *status symbol* símbolo de condición social ◇ *to update your Facebook status* actualizar tu estado en Facebook

statute /ˈstætʃuːt/ *n* estatuto: *statute book* código **statutory** /ˈstætʃətri; *USA* -tɔːri/ *adj* estatutario

staunch /stɔːntʃ/ *adj* (**stauncher**, **-est**) incondicional

stave /steɪv/ *v* PHR V **stave sth off** evitar algo

stay 🔑 /steɪ/ *verbo, nombre*

▸ *vi* quedarse: *to stay (at) home* quedarse en casa ◇ *What hotel are you staying at?* ¿En qué hotel te alojas? ◇ *to stay sober* permanecer sobrio ◇ *I don't know why they stay together.* No sé por

S

qué siguen juntos. **LOC** *Ver* CLEAR, COOL
PHR V **stay away (from sb/sth)** no acercarse (a algn/algo); permanecer alejado (de algn/algo) ◆ **stay behind** quedarse (*cuando los demás se han ido*) ◆ **stay in** quedarse en casa ◆ **stay on** quedarse ◆ **stay out** no volver a casa (*por la noche*) ◆ **stay up** quedarse levantado: *to stay up late* acostarse tarde
▸ *n* estancia

steady o⊷ /'stedi/ *adjetivo, verbo*
▸ *adj* (**steadier, -iest**) **1** constante, regular, continuo: *a steady boyfriend* un novio formal ◇ *a steady job/income* un empleo/sueldo fijo **2** firme: *to hold sth steady* sujetar algo con firmeza
▸ (*pt, pp* **-died**) **1** *vt* ~ **yourself** recuperar el equilibrio **2** *vi* estabilizarse

steak /steɪk/ *n* filete

steal o⊷ /stiːl/ *verbo, nombre*
▸ *v* (*pt* **stole** /stəʊl/, *pp* **stolen** /'stəʊlən/) **1** *vt, vi* ~ (**sth**) (**from sb/sth**) robar (algo) (a algn/algo) ⊃ *Ver nota en* ROB **2** *vi* ~ **in, out, away, etc.**: *He stole into the room.* Entró en la habitación a hurtadillas. ◇ *They stole away.* Salieron furtivamente. ◇ *to steal up on sb* acercarse a algn sin hacer ruido
▸ *n* **LOC** **be a steal** (*esp USA, coloq*) ser una ganga

stealth /stelθ/ *n* sigilo: *by stealth* a hurtadillas
stealthy *adj* sigiloso

steam o⊷ /stiːm/ *nombre, verbo*
▸ *n* vapor: *steam engine* máquina/motor de vapor **LOC** **run out of steam** (*coloq*) perder el ímpetu *Ver tb* LET
▸ **1** *vi* echar vapor: *steaming hot coffee* café caliente humeante **2** *vt* cocinar al vapor **LOC** **be/get (all) steamed up (about/over sth)** (*coloq*) sulfurarse (por algo) **PHR V** **steam up** empañarse

steamer /'stiːmə(r)/ *n* **1** barco/buque de vapor **2** vaporera ⊃ *Ver dibujo en* POT

steamroller /'stiːmrəʊlə(r)/ *n* apisonadora

steel o⊷ /stiːl/ *nombre, verbo*
▸ *n* acero: *steel band* banda de percusión (metálica) caribeña *Ver tb* STAINLESS STEEL
▸ *vt* ~ **yourself (for/against sth)** armarse de valor (para algo); endurecerse (para resistir algo)

steelworks /'stiːlwɜːks/ *n* (*pl* **steelworks**) [*v sing o pl*] acerería

steep o⊷ /stiːp/ *adj* (**steeper, -est**) **1** empinado: *a steep hill* una montaña escarpada **2** (*ascenso, descenso*) abrupto, brusco **3** (*coloq*) (*precio, etc.*) excesivo

steeple /'stiːpl/ *n* (*Arquit*) torre con aguja

steeply o⊷ /'stiːpli/ *adv* con mucha pendiente: *The plane was climbing steeply.* El avión as-

cendía vertiginosamente. ◇ *Share prices fell steeply.* Las acciones bajaron en picado.

steer o⊷ /stɪə(r)/ **1** *vt, vi* conducir, navegar: *to steer north* seguir rumbo norte ◇ *to steer by the stars* guiarse por las estrellas **2** *vt* llevar: *He steered the discussion away from the subject.* Llevó la conversación hacia otro tema. **LOC** *Ver* CLEAR

steering /'stɪərɪŋ/ *n* dirección (*de un vehículo*)
steering wheel *n* volante

stem /stem/ *nombre, verbo*
▸ *n* tallo ⊃ *Ver dibujo en* CUP
▸ *vt* (**-mm-**) contener **PHR V** **stem from sth** ser producto de algo

stem cell *n* célula madre

stench /stentʃ/ *n* [*sing*] hedor ⊃ *Ver nota en* SMELL

step o⊷ /step/ *nombre, verbo*
▸ *n* **1** paso **2** escalón, peldaño **3** steps [*pl*] escaleras ⊃ *Ver nota en* ESCALERA **LOC** **be in/out of step (with sb/sth) 1** (no) seguirle el paso (a algn/algo) **2** estar de acuerdo/en desacuerdo (con algn/algo) ◆ **mind/watch your step** (*fig*) tener cuidado ◆ **step by step** paso a paso ◆ **take steps to do sth** tomar medidas para hacer algo
▸ *vi* (**-pp-**) dar un paso, andar: *to step over sth* pasar por encima de algo **PHR V** **step aside/down** renunciar ◆ **step in** intervenir ◆ **step on/in sth** pisar algo ◆ **step sth up** aumentar, intensificar algo

stepbrother /'stepbrʌðə(r)/ *n* hermanastro ⊃ *Ver nota en* HERMANASTRO

stepchild /'steptʃaɪld/ *n* (*pl* **stepchildren** /-tʃɪldrən/) hijastro, -a

stepdaughter /'stepdɔːtə(r)/ *n* hijastra

stepfather /'stepfɑːðə(r)/ *n* padrastro

stepladder /'steplædə(r)/ *n* escalera de mano

stepmother /'stepmʌðə(r)/ *n* madrastra

step-parent *n* padrastro, madrastra

stepsister /'stepsɪstə(r)/ *n* hermanastra ⊃ *Ver nota en* HERMANASTRO

stepson /'stepsʌn/ *n* hijastro

stereo /'steriəʊ/ *n* (*pl* **stereos**) estéreo

stereotype /'steriətaɪp/ *n* estereotipo

stereotypical /ˌsteriə'tɪpɪkl/ *adj* estereotípico

sterile /'steraɪl/, *USA* -rəl/ *adj* estéril **sterility** /stə'rɪləti/ *n* esterilidad **sterilize, -ise** /'sterəlaɪz/ *vt* esterilizar

sterling /'stɜːlɪŋ/ *nombre, adjetivo*
▸ *n* libra esterlina
▸ *adj* **1** (*plata*) de ley **2** (*formal*) excelente

stern /stɜːn/ *adjetivo, nombre*
▸ *adj* (**sterner, -est**) severo, duro
▸ *n* (*Náut*) popa

steroid /'sterɔɪd, 'stɪərɔɪd/ *n* esteroide

stew /stjuː; USA stuː/ nombre, verbo
▶ n guiso, estofado
▶ vt, vi cocer, guisar

steward /ˈstjuːəd; USA ˈstuːərd/ n auxiliar de vuelo

stewardess /ˌstjuːəˈdes, ˈstjuːədes; USA ˈstuːərdəs/ n (antic) auxiliar de vuelo

stick ⊶ /stɪk/ verbo, nombre
▶ (pt, pp **stuck** /stʌk/) **1** vt hincar, clavar: to stick a needle in your finger clavarse una aguja en el dedo ◊ to stick your fork into a potato pinchar una patata con el tenedor **2** vt, vi pegar(se): Jam sticks to your fingers. La mermelada se te pega a los dedos. **3** vt (coloq) poner: He stuck the pen behind his ear. Se puso el bolígrafo detrás de la oreja. **4** vt quedar atascado **5** vt (GB, coloq) aguantar ❶ Se usa sobre todo en frases negativas e interrogativas: I can't stick it any longer. No aguanto más.
PHR V **stick around** (coloq) quedarse (en o cerca de un sitio)
stick at sth seguir trabajando; persistir en algo
stick by sb apoyar a algn
stick out 1 sobresalir: His ears stick out. Tiene las orejas de soplillo. **2** notarse, verse bien ♦ **stick it/sth out** (coloq) aguantar algo ♦ **stick sth out 1** (lengua, mano) sacar algo **2** (cabeza) asomar algo
stick to sth atenerse a algo
stick together (coloq) mantenerse unidos
stick up sobresalir ♦ **stick up for sb/sth** dar la cara por algn/algo ♦ **stick up for yourself** hacerse valer
▶ n **1** palo, vara **2** bastón **3** barra: a stick of celery un tallo de apio ◊ a stick of dynamite un cartucho de dinamita Ver tb MEMORY STICK

sticker /ˈstɪkə(r)/ n pegatina

sticky ⊶ /ˈstɪki/ adj (**stickier**, **-iest**) **1** pegajoso **2** (coloq) (tiempo) bochornoso **3** (coloq) (situación) difícil

sties pl de STY

stiff ⊶ /stɪf/ adjetivo, adverbio
▶ adj (**stiffer**, **-est**) **1** rígido, duro **2** agarrotado: I'm really stiff after that walk. Tengo unas agujetas terribles después de la caminata. ◊ to have a stiff neck tener tortícolis **3** (sólido) espeso **4** difícil, duro **5** (persona) tieso **6** (brisa, bebida alcohólica) fuerte
▶ adv (coloq) **LOC** be bored, scared, etc. stiff estar aburrido como una ostra, muerto de miedo, etc.

stiffen /ˈstɪfn/ vi ponerse rígido/tieso

stifle /ˈstaɪfl/ vt, vi ahogar(se) **2** vt (ideas) suprimir **3** vt (rebelión, bostezo) contener **stifling** adj sofocante

stigma /ˈstɪɡmə/ n estigma

still ⊶ /stɪl/ adverbio, adjetivo
▶ adv **1** todavía, aún

🔍 ¿**Still** o **yet**? **Still** se usa en frases afirmativas e interrogativas y siempre va detrás de los verbos auxiliares o modales y delante de los demás verbos: He still talks about her. Todavía habla de ella. ◊ Are you still here? ¿Todavía estás aquí? **Yet** se usa en frases negativas y siempre va al final de la oración: Aren't they here yet? ¿Aún no han llegado? ◊ He hasn't done it yet. No lo ha hecho todavía. Sin embargo, **still** se puede usar con frases negativas cuando queremos darle énfasis a la oración. En este caso siempre se coloca delante del verbo, aunque sea auxiliar o modal: He still hasn't done it. Aún no lo ha hecho. ◊ He still can't do it. Todavía no sabe hacerlo.

2 aun así, sin embargo, no obstante: Still, it didn't turn out badly. De todos modos, no salió del todo mal.
▶ adj **1** quieto, inmóvil: Stand still! ¡Estate quieto! **2** (agua, aire) tranquilo, en calma **3** (bebida) sin gas

still ¹ **life** n (pl **still lifes**) bodegón

stillness /ˈstɪlnəs/ n calma, quietud

stilt /stɪlt/ n **1** pilote **2** zanco

stilted /ˈstɪltɪd/ adj poco natural, forzado

stimulant /ˈstɪmjələnt/ n estimulante

stimulate /ˈstɪmjuleɪt/ vt estimular **stimulating** adj **1** interesante **2** estimulante

stimulus /ˈstɪmjələs/ n (pl **stimuli** /-laɪ/) estímulo, incentivo

sting ⊶ /stɪŋ/ verbo, nombre
▶ (pt, pp **stung** /stʌŋ/) **1** vt, vi picar **2** vi escocer **3** vt (fig) herir
▶ n **1** aguijón **2** (herida) picadura **3** (dolor) picor, escozor

stingy /ˈstɪndʒi/ adj (coloq) tacaño

stink /stɪŋk/ verbo, nombre
▶ vi (pt **stank** /stæŋk/, **stunk** /stʌŋk/, pp **stunk**) **1** ~ (of sth) (coloq) apestar (a algo) **2** 'What do you think of the idea?' 'I think it stinks.' —¿Qué te parece la idea? —Me parece de pena.
PHR V **stink sth out** apestar algo
▶ n (coloq) peste, hedor ➔ Ver nota en SMELL **stinking** adj **1** (coloq stinky) hediondo **2** (GB, coloq) maldito

stint /stɪnt/ n período (en un trabajo, etc.): a training stint in Lanzarote un período de aprendizaje en Lanzarote

stipulate /ˈstɪpjuleɪt/ vt (formal) estipular

S

stir ⊶ /stɜː(r)/ *verbo, nombre*
▸ (**-rr-**) **1** *vt* remover **2** *vt, vi* mover(se) **3** *vt* (*imaginación, etc.*) despertar PHR V **stir sth up 1** (*emociones*) despertar algo **2** (*problemas, polémica*) provocar algo
▸ *n* **1** [*sing*] alboroto **2** *to give sth a stir* remover algo

stir-fry *verbo, nombre*
▸ *vt* (*pt, pp* **stir-fried**) rehogar
▸ *n* plato oriental que se hace rehogando los ingredientes

stirring /ˈstɜːrɪŋ/ *adj* emocionante

stirrup /ˈstɪrəp/ *n* estribo

stitch /stɪtʃ/ *nombre, verbo*
▸ *n* **1** (*Costura*) puntada **2** (*Med, tejido*) punto **3** flato: *I got a stitch.* Me dio el flato. LOC **in stitches** (*coloq*) muerto de risa
▸ *vt, vi* coser **stitching** *n* [*incontable*] costura

stock ⊶ /stɒk/ *nombre, verbo, adjetivo*
▸ *n* **1** existencias: *in/out of stock* en existencia/agotado **2** ~ (**of sth**) surtido, reserva (de algo) **3** [*incontable*] (*de empresa*) capital social **4** [*gen pl*] (*Fin*) valor **5** *Ver* LIVESTOCK **6** (*Cocina*) caldo LOC **take stock (of sth)** hacer balance (de algo)
▸ *vt* tener (existencias de) PHR V **stock up (on/with sth)** abastecerse (de algo)
▸ *adj* [*solo antes de sustantivo*] (*pey*) gastado, manido (*frase, etc.*)

stockbroker /ˈstɒkbrəʊkə(r)/ (*tb* broker) *n* corredor, -ora de bolsa

stock exchange (*tb* ˈstock market) *n* bolsa

stocking /ˈstɒkɪŋ/ *n* media

stocktaking /ˈstɒkteɪkɪŋ/ *n* inventario (*acción*)

stocky /ˈstɒki/ *adj* (**stockier, -iest**) bajo y fornido

stodgy /ˈstɒdʒi/ *adj* (*coloq, pey*) pesado (*comida, literatura*)

stoke /stəʊk/ *vt* ~ **sth (up) (with sth)** alimentar algo (con algo)

stole, stolen *pt, pp de* STEAL

stolid /ˈstɒlɪd/ *adj* (*gen pey*) impasible

stoma /ˈstəʊmə/ *n* (*pl* **stomas, stomata** /-tə/) (*Biol, Bot*) estoma

stomach ⊶ /ˈstʌmək/ *nombre, verbo*
▸ *n* **1** estómago **2** vientre LOC **have no stomach for sth** no tener ganas de algo
▸ *vt* aguantar ❶ Se usa sobre todo en frases negativas e interrogativas: *I can't stomach violent films.* No soporto las películas violentas.

stomach ache *n* dolor de estómago

stone ⊶ /stəʊn/ *nombre, verbo*
▸ *n* **1** piedra: *the Stone Age* la Edad de Piedra **2** hueso (*de fruta*) **3** (*pl* **stone**) (*abrev* st) unidad de peso equivalente a 14 libras o 6,356 kg ⊃ *Ver pág 804* LOC *Ver* KILL
▸ *vt* apedrear

stone ˈcold *adj* frío: *The soup was stone cold.* La sopa estaba completamente fría.

stoned /stəʊnd/ *adj* (*coloq*) colocado (*con hachís, etc.*)

stony /ˈstəʊni/ *adj* (**stonier, -iest**) **1** pedregoso, cubierto de piedras **2** (*mirada*) frío **3** (*silencio*) sepulcral

stood *pt, pp de* STAND

stool /stuːl/ *n* banqueta, taburete

stoop /stuːp/ *vi, verbo, nombre*
▸ *vi* ~ (**down**) agacharse, inclinarse LOC **stoop so low (as to do sth)** (*formal*) llegar tan bajo (como para hacer algo)
▸ *n to walk with/have a stoop* andar encorvado

stop ⊶ /stɒp/ *verbo, nombre*
▸ (**-pp-**) **1** *vt, vi* parar(se), detener(se) **2** *vt* ~ **sth/doing sth** dejar algo/de hacer algo: *Stop it!* ¡Basta ya!

🔎 *Stop doing sth* significa "dejar de hacer algo", pero *stop to do sth* quiere decir "parar para hacer algo": *Stop doing that!* ¡Deja de hacer eso! ◊ *We stopped to take some pictures.* Paramos para sacar unas fotos.

3 *vt* ~ **sb/sth (from) doing sth** impedir que algn/algo haga algo: *to stop yourself doing sth* hacer un esfuerzo por no hacer algo **4** *vt* (*proceso*) interrumpir **5** *vt* (*injusticia, etc.*) acabar con, poner fin a **6** *vt* cancelar **7** *vi* (*GB, coloq*) quedarse **8** *vt* (*pago*) suspender LOC **stop short of (doing) sth** no llegar a (hacer) algo *Ver tb* BUCK PHR V **stop off (at/in…)** parar (en…) ◆ **stop over (at/in…)** hacer escala, parar, pasar la noche (en…) *Ver tb* STOPOVER
▸ *n* **1** parada, alto: *to come to a stop* detenerse/parar(se) **2** (*autobús, tren*) parada *Ver tb* FULL STOP

stopgap /ˈstɒpgæp/ *n* recurso provisional

stopover /ˈstɒpəʊvə(r)/ *n* escala (*en un viaje*)

stoppage /ˈstɒpɪdʒ/ *n* **1** paro (*acción laboral*) **2** (*Dep*): *stoppage time* tiempo de descuento

stopper /ˈstɒpə(r)/ *n* tapón

stopwatch /ˈstɒpwɒtʃ/ *n* cronómetro

storage /ˈstɔːrɪdʒ/ *n* **1** almacenamiento: *storage space* sitio para guardar cosas **2** depósito, almacén

store ⊶ /stɔː(r)/ *nombre, verbo*
▸ *n* **1** (*tb* deˈpartment store) (grandes) almacenes *Ver tb* CHAIN STORE **2** (*USA*) tienda ❶ En Gran Bretaña un **store** es un gran almacén, pero en Estados Unidos puede ser cualquier tipo de tienda. **3** provisión, reserva **4** **stores** [*pl*] sumi-

nistros **LOC** be in store for sb aguardarle a algn (*sorpresa, etc.*) ◆ have sth in store for sb tener algo reservado a algn (*sorpresa, etc.*)

▶ *vt* ~ **sth (away/up)** almacenar, guardar, acumular algo

storekeeper /ˈstɔːkiːpə(r)/ *n* (*USA*) comerciante; tendero, -a

storeroom /ˈstɔːruːm, -rʊm/ *n* despensa, almacén

storey (*USA* story) /ˈstɔːri/ *n* (*pl* **storeys**) piso

stork /stɔːk/ *n* cigüeña

storm ⊶ /stɔːm/ *nombre, verbo*

▶ *n* tormenta, temporal: *a storm of criticism* fuertes críticas

▶ **1** *vt* (*edificio*) asaltar, atacar **2** *vi* ~ **in/off/out** entrar/irse/salir furioso **stormy** *adj* (**stormier, -iest**) **1** tormentoso **2** (*debate*) acalorado **3** (*relación*) turbulento

story ⊶ /ˈstɔːri/ *n* (*pl* **stories**) **1** cuento **2** historia **3** (*Period*) noticia **4** (*USA*) = STOREY

stout /staʊt/ *adj* (**stouter, -est**) **1** gordo **2** fuerte, resistente

stove ⊶ /stəʊv/ *n* **1** estufa **2** cocina

stovetop /ˈstəʊvtɒp/ *n* (*USA*) placa (*de la cocina*)

stow /stəʊ/ *vt* ~ **sth (away)** guardar algo

stowaway /ˈstəʊəweɪ/ *n* polizón, -ona

straddle /ˈstrædl/ *vt* poner una pierna a cada lado de

straggle /ˈstrægl/ *vi* **1** (*planta*) desparramarse **2** (*persona*) rezagarse **straggler** *n* rezagado, -a **straggly** *adj* desordenado, desaliñado

straight ⊶ /streɪt/ *adverbio, adjetivo*

▶ *adv* (**straighter, -est**) **1** en línea recta: *Look straight ahead.* Mira recto. **2** (*irse*) directamente **3** (*sentarse*) derecho **4** (*pensar, hablar*) claramente **LOC** straight away (*tb* straightaway /ˌstreɪtəˈweɪ/) inmediatamente ◆ straight off/out (*coloq*) sin vacilar ◆ straight on todo derecho

▶ *adj* (**straighter, -est**) **1** recto: *straight hair* pelo liso **2** derecho, tieso **3** en orden **4** (*honesto*) franco **5** (*USA*) (*bebida*) solo **6** (*coloq*) heterosexual **LOC** get sth straight dejar algo claro ◆ keep a straight face no reírse *Ver tb* RECORD

straighten /ˈstreɪtn/ **1** *vi* ~ **(out)** volverse recto **2** *vt* ~ **sth (out)** enderezar algo **3** *vt, vi* ~ **(sth) (up)** poner algo derecho; enderezarse: *Straighten your back.* Ponga la espalda derecha. **4** *vt* (*corbata, falda*) arreglar *Ver tb* HAIR STRAIGHTENERS **PHR V** straighten sth out ordenar, arreglar algo

straightforward /ˌstreɪtˈfɔːwəd/ *adj* **1** (*proceso, solución*) sencillo **2** (*personalidad*) honrado **3** (*respuesta, etc.*) franco

strain ⊶ /streɪn/ *nombre, verbo*

▶ *n* **1** tensión, presión: *Their relationship is showing signs of strain.* Su relación da muestras de tensión. **2** torcedura **3** *eye strain* vista cansada

▶ **1** *vi* esforzarse **2** *vt* (*músculo, espalda*) torcer **3** *vt* (*vista, voz, corazón*) forzar **4** *vt* (*oído*) aguzar **5** *vt* (*infraestructura, etc.*) ejercer demasiada presión sobre **6** *vt* (*paciencia*) poner a prueba **7** *vt* (*relaciones*) crear tensiones en **8** *vt* ~ **sth (off)** colar algo **strained** *adj* **1** tenso **2** preocupado **3** (*risa, tono de voz*) forzado

strainer /ˈstreɪnə(r)/ *n* colador

strait /streɪt/ *n* **1** (*tb* straits [*pl*]) estrecho: *the Straits of Gibraltar* el Estrecho de Gibraltar **2** straits [*pl*]: *in dire/desperate straits* en una situación desesperada

straitjacket /ˈstreɪtdʒækɪt/ *n* camisa de fuerza

strand /strænd/ *n* **1** hebra, hilo **2** mechón

stranded /ˈstrændɪd/ *adj* abandonado: *to be left stranded* quedarse colgado

strange ⊶ /streɪndʒ/ *adj* (**stranger, -est**) **1** raro, extraño: *I find it strange that…* Me extraña que… **2** desconocido

strangely ⊶ /ˈstreɪndʒli/ *adv* extrañamente: *Strangely enough,…* Por extraño que parezca,…

stranger ⊶ /ˈstreɪndʒə(r)/ *n* **1** desconocido, -a **2** forastero, -a

strangle /ˈstræŋgl/ *vt* estrangular

strap /stræp/ *nombre, verbo*

▶ *n* **1** correa, tira ➔ *Ver dibujo en* BAG, RELOJ **2** (*de un vestido*) tirante

▶ *vt* (**-pp-**) **1** sujetar, atar (*con correas*): *Are you strapped in?* ¿Llevas puesto el cinturón de seguridad? **2** ~ **sth (up)** (*Med*) vendar algo

strategic /strəˈtiːdʒɪk/ *adj* estratégico

strategy ⊶ /ˈstrætədʒi/ *n* (*pl* **strategies**) estrategia

straw /strɔː/ *n* **1** paja: *a straw hat* un sombrero de paja **2** (*para beber*) pajita **LOC** the last/final straw la gota que colma el vaso

strawberry /ˈstrɔːbəri; *USA* -beri/ *n* (*pl* **strawberries**) fresa: *strawberries and cream* fresas con nata

stray /streɪ/ *verbo, adjetivo*

▶ *vi* **1** extraviarse **2** ~ **from sth** apartarse de algo

▶ *adj* [*solo antes de sustantivo*] **1** extraviado: *a stray dog* un perro callejero **2** aislado: *a stray bullet* una bala perdida

S

| aʊ now | ɔɪ join | ɪə near | eə hair | ʊə pure | tʃ chin | dʒ June | v van | θ thin |

streak /striːk/ *nombre, verbo*
▶ n **1** veta **2** (*de carácter*) rasgo, vena **3** racha: *to be on a winning/losing streak* tener una racha de suerte/mala suerte
▶ **1** vt ~ **sth (with sth)** rayar, vetear algo (de algo) **2** vi correr como un rayo

stream ⊶ /striːm/ *nombre, verbo*
▶ n **1** arroyo, riachuelo **2** (*de líquido, palabras*) torrente **3** (*de gente*) oleada **4** (*de coches*) caravana
▶ **1** vi (*agua, sangre*) manar **2** vi (*lágrimas*) correr **3** vi (*luz*) entrar/salir a raudales **4** vi (*personas, coches*) entrar/salir/pasar a millares **5** vt (*Internet*) descargar en continuo

streamer /ˈstriːmə(r)/ *n* serpentina

streaming /ˈstriːmɪŋ/ *n* [*incontable*] **1** (*Internet*) descarga en continuo **2** (*GB*) (*Educ*) división de alumnos por niveles

streamline /ˈstriːmlaɪn/ *vt* **1** aerodinamizar **2** (*proceso, organización*) racionalizar

street ⊶ /striːt/ *n* (*abrev* St) calle: *the High Street* la calle Mayor *Ver tb* SIDE STREET ➔ *Ver notas en* CALLE, ROAD LOC **be streets ahead (of sb/sth)** (*GB, coloq*) llevar mucha ventaja (a algn/algo) ◆ **(right) up your street** (*coloq*) *This job seems right up your street.* Este trabajo te va que ni pintado. *Ver tb* MAN

streetcar /ˈstriːtkɑː(r)/ *n* (*USA*) tranvía

streetwise /ˈstriːtwaɪz/ *adj* (*coloq*) espabilado, astuto

strength ⊶ /streŋθ/ *n* **1** fuerza **2** (*material*) resistencia **3** (*luz, emoción*) intensidad **4** punto fuerte LOC **on the strength of sth** en virtud de algo; fundándose en algo **strengthen** /ˈstreŋθn/ *vt, vi* reforzar(se), fortalecer(se)

strenuous /ˈstrenjuəs/ *adj* **1** vigoroso **2** agotador

stress ⊶ /stres/ *nombre, verbo*
▶ n **1** tensión (nerviosa), estrés **2** ~ **(on sth)** énfasis (en algo) **3** (*Ling, Mús*) acento
▶ **1** vt, vi ~ **(sb) (out)** estresar a algn, estresarse **2** vt subrayar

stressed ⊶ /strest/ (*coloq* ˌstressed ˈout*) *adj* [*nunca antes de sustantivo*] estresado

stressful /ˈstresfl/ *adj* estresante

stretch ⊶ /stretʃ/ *verbo, nombre*
▶ **1** vt, vi estirar(se), alargar(se) **2** vi desperezarse **3** vi (*terreno, etc.*) extenderse **4** vt (*persona*) exigir el máximo esfuerzo a LOC **stretch your legs** (*coloq*) estirar las piernas (*ir a pasear*) PHR V **stretch (yourself) out** tenderse, estirarse
▶ n **1** ~ **(of sth)** (*terreno*) trecho (de algo) **2** (*tiempo*) intervalo, período **3** estiramiento: *to have a stretch* estirarse **4** elasticidad LOC **at a stretch** sin interrupción, seguidos *Ver tb* FULL

stretcher /ˈstretʃə(r)/ *n* camilla

stretchy /ˈstretʃi/ *adj* (**stretchier, -iest**) elástico

strewn /struːn/ *adj* **1** ~ **on, over, etc. sth** desparramado por algo **2** ~ **with sth** cubierto de algo

stricken /ˈstrɪkən/ *adj* ~ **(with sth)** (*formal*) afligido (por algo): *drought-stricken areas* zonas afectadas por la sequía

strict ⊶ /strɪkt/ *adj* (**stricter, -est**) **1** estricto, preciso **2** severo LOC **in strictest confidence** en la más absoluta confianza

strictly ⊶ /ˈstrɪktli/ *adv* **1** severamente **2** estrictamente: *strictly prohibited* terminantemente prohibido LOC **strictly speaking** en rigor

stride /straɪd/ *verbo, nombre*
▶ vi (*pt* **strode** /strəʊd/) **1** andar a grandes zancadas ➔ *Ver nota en* ANDAR **2** ~ **up to sb/sth** acercarse resueltamente a algn/algo
▶ n **1** zancada **2** (*modo de andar*) paso LOC **get into your stride** cogerle el tranquillo de/a algo ◆ **take sth in your stride** tomarse algo con calma

strident /ˈstraɪdnt/ *adj* estridente

strife /straɪf/ *n* [*incontable*] (*formal*) lucha, conflicto

strike ⊶ /straɪk/ *verbo, nombre*
▶ (*pt, pp* **struck** /strʌk/) **1** vt (*formal*) golpear, pegar **2** vt (*formal*) (*coche, etc.*) atropellar **3** vt (*formal*) chocar contra **4** vi atacar **5** vt: *It strikes me that…* Se me ocurre que… **6** vt impresionar, llamar la atención a: *I was struck by the similarity between them.* Me impresionó lo parecidos que eran. **7** vi declararse en huelga **8** vt (*cerilla*) encender **9** vt, vi (*reloj*) dar (la hora) **10** vt (*oro, etc.*) hallar LOC *Ver* HOME PHR V **strike back (at/against sb/sth)** devolver el golpe; contraatacar (a algn/algo) ◆ **strike up (sth)** empezar a tocar (algo) ◆ **strike up sth (with sb)** entablar algo (con algn)
▶ n **1** huelga: *to go on strike* declararse en huelga **2** (*Mil*) ataque

striker /ˈstraɪkə(r)/ *n* **1** huelguista **2** (*Fútbol*) delantero, -a

striking ⊶ /ˈstraɪkɪŋ/ *adj* llamativo, impresionante

string ⊶ /strɪŋ/ *nombre, verbo*
▶ n **1** cuerda, cordel: *I need some string to tie up this parcel.* Necesito una cuerda para atar este paquete. ➔ *Ver dibujo en* CUERDA **2** (*de perlas, etc.*) sarta **3** (*de personas, coches*) hilera **4** (*de éxitos, excusas, cartas, etc.*) serie LOC **(with) no strings attached** sin condiciones *Ver tb* PULL
▶ vt (*pt, pp* **strung** /strʌŋ/) ~ **sth (up)** colgar algo (con cuerda, etc.) PHR V **string sth out** alargar algo ◆ **string sth together** hilar algo (*para formar frases*)

stringent /ˈstrɪndʒənt/ *adj* (*formal*) riguroso

strip ⊶ /strɪp/ *verbo, nombre*
- ▸ (**-pp-**) **1** *vi* ~ (**off**) desnudarse **2** *vt* ~ **sth (off)** (*ropa, papel, pintura, etc.*) quitar algo **3** *vt* ~ **sb/sth of sth** despojar a algn/algo de algo; quitarle algo a algn **4** *vt* ~ **sth (down)** (*máquina*) desmantelar algo
- ▸ *n* **1** (*de papel, metal, etc.*) tira **2** (*de tierra, agua, etc.*) franja **3** (*Dep*) equipación

stripe ⊶ /straɪp/ *n* raya, franja

striped ⊶ /straɪpt/ (*GB, coloq* **stripy** /ˈstraɪpi/) *adj* de rayas

strive /straɪv/ *vi* (*pt* **strove** /strəʊv/, *pp* **striven** /ˈstrɪvn/) ~ (**for sth/to do sth**) (*formal*) esforzarse (por alcanzar/por hacer algo)

strode *pt de* STRIDE

stroke ⊶ /strəʊk/ *nombre, verbo*
- ▸ *n* **1** golpe: *a stroke of luck* un golpe de suerte **2** (*Natación*) brazada, estilo **3** caricia **4** trazo (*de lapicero, etc.*) **5** campanada **6** (*Med*) ictus, derrame cerebral **LOC** **at a/one stroke** de un golpe ♦ **not do a stroke (of work)** no dar ni golpe
- ▸ *vt* acariciar

stroll /strəʊl/ *verbo, nombre*
- ▸ *vi* pasearse (*de manera relajada*) ⮕ *Ver nota en* ANDAR
- ▸ *n* paseo: *to go for/take a stroll* dar un paseo

stroller /ˈstrəʊlə(r)/ *n* (*USA*) silla de paseo

strong ⊶ /strɒŋ/ *USA* strɔ:ŋ/ *adj* (**stronger** /ˈstrɒŋɡə(r)/ *USA* ˈstrɔ:ŋ-/, **strongest** /-ɡɪst/) **1** fuerte **2** (*oponente, creencia*) firme **3** (*candidato, posibilidad*) bueno **4** (*pruebas, argumento*) de peso **5** (*relación*) sólido **LOC** **be going strong** (*coloq*) estar muy fuerte ♦ **be strong at sth** tener aptitud para algo ♦ **be your/sb's strong point/suit** ser el fuerte de uno/algn

strong-minded *adj* decidido

stroppy /ˈstrɒpi/ *adj* (**stroppier**, **-iest**) (*GB, coloq*) borde

strove *pt de* STRIVE

struck *pt, pp de* STRIKE

structure ⊶ /ˈstrʌktʃə(r)/ *nombre, verbo*
- ▸ *n* **1** estructura **2** construcción
- ▸ *vt* estructurar

struggle ⊶ /ˈstrʌɡl/ *verbo, nombre*
- ▸ *vi* **1** ~ (**for sth**) luchar (por algo) **2** ~ (**against/with sb/sth**) forcejear (con algn/algo)
- ▸ *n* **1** lucha **2** esfuerzo

strung *pt, pp de* STRING

strut /strʌt/ *vi* (**-tt-**) ~ (**about/along**) pavonearse

stub /stʌb/ *vt* ~ **your toe (against/on sth)** golpearse el dedo del pie (contra/con algo) **PHR V** **stub sth out** (*cigarrillo*) apagar algo

stubble /ˈstʌbl/ *n* **1** rastrojo **2** barba (incipiente)

stubborn /ˈstʌbən/ *adj* **1** (*gen pey*) terco **2** (*mancha, tos*) rebelde

stuck /stʌk/ *adj* **1** atascado, atrapado: *The bus got stuck in the mud.* El autobús se quedó atascado en el barro. ◊ *The lift got stuck between floors six and seven.* El ascensor se quedó atascado entre los pisos seis y siete. ◊ *I'm stuck on the first question.* Estoy atascado en la primera pregunta. ◊ *I hate being stuck at home all day.* No aguanto quedarme en casa todo el día. **2** ~ (**for sth**): *He's never stuck for something to say.* Siempre tiene algo que decir. **3** (*coloq*): *to be/get stuck with sth/sb* tener que cargar con algo/tener que aguantar a algn *Ver tb* STICK **LOC** *Ver* RUT

stuck-up *adj* (*coloq, pey*) engreído

stud /stʌd/ *n* **1** (*de piercing*) pendiente (pequeño) **2** tachuela **3** (*de bota de fútbol*) taco **4** caballo semental: *stud farm* criadero de caballos *Ver tb* PRESS STUD

student ⊶ /ˈstjuːdnt/ *USA* ˈstuː-/ *n* **1** estudiante (*de universidad*) **2** alumno, -a ⮕ *Ver nota en* ALUMNO

studied /ˈstʌdid/ *adj* deliberado *Ver tb* STUDY

studio ⊶ /ˈstjuːdiəʊ/ *USA* ˈstuː-/ *n* (*pl* **studios**) **1** (*Cine, TV, apartamento*) estudio **2** taller (*de artista, etc.*)

studious /ˈstjuːdiəs/ *USA* ˈstuː-/ *adj* estudioso

study ⊶ /ˈstʌdi/ *nombre, verbo*
- ▸ *n* (*pl* **studies**) **1** estudio **2** (*habitación*) despacho
- ▸ *vt, vi* (*pt, pp* **studied**) estudiar: *to study for a degree* estudiar una carrera

stuff ⊶ /stʌf/ *nombre, verbo*
- ▸ *n* [*incontable*] (*coloq*) **1** sustancia, material **2** cosas
- ▸ *vt* **1** ~ **sth (with sth)** rellenar algo (con algo) **2** ~ **sth in**; ~ **sth into, under, etc. sth** meter algo a la fuerza (en, debajo de, etc. algo) **3** ~ **yourself (with sth)** atiborrarse (de algo) **4** (*animal*) disecar **LOC** **get stuffed!** (*GB, coloq*) ¡vete a hacer puñetas! **stuffing** *n* relleno

stuffy /ˈstʌfi/ *adj* (**stuffier**, **-iest**) **1** (*ambiente*) cargado **2** (*coloq*) (*persona*) estirado

stumble /ˈstʌmbl/ *vi* **1** ~ (**over/on sth**) dar un traspié (con algo) **2** ir dando tropezones **3** ~ (**over/through sth**) atrancarse (en algo) **PHR V** **stumble across/on/upon sb/sth** encontrarse con algn/algo (*por casualidad*)

stumbling block *n* obstáculo

stump /stʌmp/ *n* **1** (*de árbol*) tocón **2** (*de extremidad*) muñón

stun /stʌn/ *vt* (**-nn-**) **1** dejar sin sentido **2** asombrar **stunned** *adj* asombrado, estupefacto

stung *pt, pp de* STING

---

stunk *pt, pp de* STINK

stunning /ˈstʌnɪŋ/ *adj* alucinante, impresionante

stunt /stʌnt/ *nombre, verbo*
▶ *n* **1** acrobacia: *He does all his own stunts.* Hace todas las escenas peligrosas él mismo. **2** truco: *publicity stunt* truco publicitario
▶ *vt* frenar el crecimiento de

stuntman /ˈstʌntmæn/ *n* (*pl* **-men** /-men/) doble (*en escenas peligrosas de películas*)

stuntwoman /ˈstʌntwʊmən/ *n* (*pl* **-women** /-wɪmɪn/) doble (*en escenas peligrosas de películas*)

stupendous /stjuːˈpendəs; *USA* stuːˈ-/ *adj* formidable

stupid ○⚡ /ˈstjuːpɪd; *USA* ˈstuː-/ *adj* (**stupider**, **-est**) tonto, estúpido ❶ También se utilizan las formas **more stupid** y **the most stupid**. ➷ *Ver nota en* TONTO **stupidity** /stjuːˈpɪdəti; *USA* stuːˈ-/ *n* (*pl* **stupidities**) estupidez

stupor /ˈstjuːpə(r); *USA* ˈstuː-/ *n* [*sing*] estupor: *in a drunken stupor* en un estado de estupor causado por la bebida

sturdy /ˈstɜːdi/ *adj* (**sturdier**, **-iest**) **1** (*zapatos, constitución*) fuerte **2** (*mesa, etc.*) sólido **3** (*persona, planta*) robusto

stutter /ˈstʌtə(r)/ *verbo, nombre*
▶ *vi* tartamudear
▶ *n* tartamudeo

sty /staɪ/ *n* (*pl* **sties**) **1** *Ver* PIGSTY **2** (*tb* stye) orzuelo

style ○⚡ /staɪl/ *n* **1** estilo **2** modo **3** distinción **4** modelo: *the latest style* la última moda

stylish /ˈstaɪlɪʃ/ *adj* de mucho estilo

stylist /ˈstaɪlɪst/ *n* estilista

Styrofoam® /ˈstaɪrəfəʊm/ *n* (*USA*) poliestireno

suave /swɑːv/ *adj* sofisticado y con encanto (*esp algn que manipula a otros*)

sub /sʌb/ *n* (*coloq*) **1** *Ver* SUBMARINE **2** (*Dep*) suplente

subarctic /ˌsʌbˈɑːktɪk/ *adj* (*Geog*) subártico

subconscious /ˌsʌbˈkɒnʃəs/ *adj, n* subconsciente **subconsciously** *adv* subconscientemente

subculture /ˈsʌbkʌltʃə(r)/ *n* subcultura

subdivide /ˌsʌbdɪvaɪd, ˌsʌbdɪˈvaɪd/ *vt, vi* ~ (**into sth**) subdividir algo, subdividirse (en algo)

subdue /səbˈdjuː; *USA* -ˈduː/ *vt* someter **subdued** *adj* **1** (*persona*) abatido **2** (*luz, colores*) suave **3** (*sonido*) (en tono) apagado

subheading /ˌsʌbˈhedɪŋ/ *n* subtítulo (*de capítulo*)

subject ○⚡ *nombre, adjetivo, verbo*
▶ *n* /ˈsʌbdʒɪkt, -dʒekt/ **1** tema **2** asignatura **3** sujeto (*persona*) **4** (*Gram*) sujeto **5** súbdito, -a
▶ *adj* /ˈsʌbdʒɪkt, -dʒekt/ ~ **to sth** (*formal*) sujeto a algo
▶ *vt* /səbˈdʒekt/ PHR V **subject sb/sth to sth** someter, exponer a algn/algo a algo

subjective /səbˈdʒektɪv/ *adj* subjetivo

subject matter *n* [*incontable*] tema

subjunctive /səbˈdʒʌŋktɪv/ *n* subjuntivo

sublime /səˈblaɪm/ *adj* sublime

submarine /ˌsʌbməˈriːn, ˈsʌbməriːn/ *nombre, adjetivo*
▶ *n* **1** submarino **2** (*tb* ˌsubmarine ˈsandwich*) bocadillo
▶ *adj* submarino

submerge /səbˈmɜːdʒ/ **1** *vi* sumergirse **2** *vt* sumergir, inundar

submission /səbˈmɪʃn/ *n* **1** sumisión **2** (*documento, decisión*) presentación

submissive /səbˈmɪsɪv/ *adj* sumiso

submit /səbˈmɪt/ (**-tt-**) **1** *vt* ~ **sth (to sb/sth)** presentar algo (a algn/algo): *Applications must be submitted by 31 May.* El plazo de entrega de solicitudes termina el 31 de mayo. **2** *vi* ~ (**to sb/sth**) someterse, rendirse (a algn/algo)

subordinate *adjetivo, nombre, verbo*
▶ *adj, n* /səˈbɔːdɪnət/ subordinado, -a
▶ *vt* /səˈbɔːdɪneɪt/ ~ **sb/sth (to sb/sth)** subordinar a algn/algo (a algn/algo)

subscribe /səbˈskraɪb/ *vi* ~ (**to sth**) suscribirse (a algo) PHR V **subscribe to sth** (*formal*) ser partidario de algo (*opinión, etc.*) **subscriber** *n* **1** suscriptor, -ora **2** abonado, -a **subscription** /səbˈskrɪpʃn/ *n* **1** suscripción: *to take out/buy a subscription for sth* abonarse a algo **2** cuota

subsequent /ˈsʌbsɪkwənt/ *adj* (*formal*) posterior **subsequently** *adv* (*formal*) posteriormente, más tarde

subside /səbˈsaɪd/ *vi* **1** (*emoción*) calmarse **2** (*viento, lluvia*) amainar **3** (*agua*) bajar **4** (*edificio*) hundirse **subsidence** /səbˈsaɪdns, ˈsʌbsɪdns/ *n* hundimiento

subsidiary /səbˈsɪdiəri; *USA* -dieri/ *adjetivo, nombre*
▶ *adj* **1** secundario, subsidiario **2** (*asignatura*) complementario
▶ *n* (*pl* **subsidiaries**) (*Econ*) filial

subsidize, -ise /ˈsʌbsɪdaɪz/ *vt* subvencionar

subsidy /ˈsʌbsədi/ *n* (*pl* **subsidies**) subvención

subsist /səbˈsɪst/ *vi* ~ (**on sth**) subsistir (a base de algo) **subsistence** *n* subsistencia

substance ○⚡ /ˈsʌbstəns/ *n* **1** sustancia **2** base (*de rumor, acusación*) **3** esencia

substantial ⁰⚲ /səbˈstænʃl/ adj **1** considerable, importante **2** (formal) (construcción) sólido

substantially ⁰⚲ /səbˈstænʃəli/ adv **1** considerablemente **2** (formal) esencialmente

substitute ⁰⚲ /ˈsʌbstɪtjuːt; USA -tuːt/ nombre, verbo
▶ n **1** ~ (for sb) sustituto, -a (de algn) **2** ~ (for sth) sucedáneo (de algo) **3** (Dep) suplente
▶ **1** vt ~ A (for B)/(B with/by A) sustituir B (por A): Substitute honey for sugar/sugar with honey. Sustitúyase el azúcar por miel. **2** vi ~ for sb/sth sustituir a algn/algo

subtitle /ˈsʌbtaɪtl/ nombre, verbo
▶ n subtítulo: a Polish film with English subtitles una película polaca en versión original subtitulada en inglés
▶ vt subtitular

subtle /ˈsʌtl/ adj (**subtler, -est**) **1** sutil **2** (sabor) delicado **3** (olor, color) suave **4** (persona) agudo, perspicaz **subtlety** n (pl **subtleties**) sutileza

subtract /səbˈtrækt/ vt, vi ~ (sth) (from sth) restar (algo) (de algo) **subtraction** n resta

suburb /ˈsʌbɜːb/ n barrio residencial de las afueras: the suburbs las afueras **suburban** /səˈbɜːbən/ adj suburbano: suburban trains trenes de cercanías

subversive /səbˈvɜːsɪv/ adj subversivo

subway /ˈsʌbweɪ/ n **1** paso subterráneo **2** (USA) metro

succeed ⁰⚲ /səkˈsiːd/ **1** vi ~ in doing sth lograr hacer algo **2** vi tener éxito, triunfar **3** vt suceder: Who succeeded Clinton as President? ¿Quién sucedió a Clinton en la presidencia? **4** vi ~ to sth heredar algo: to succeed to the throne subir al trono

success ⁰⚲ /səkˈses/ n éxito: to be a success tener éxito ◊ Hard work is the key to success. El trabajo es la clave del éxito.

successful ⁰⚲ /səkˈsesfl/ adj exitoso: a successful writer un escritor de éxito ◊ the successful candidate el candidato elegido ◊ to be successful in doing sth lograr hacer algo con éxito

succession /səkˈseʃn/ n **1** serie **2** sucesión
LOC in succession three times in quick succession tres veces seguidas

successor /səkˈsesə(r)/ n ~ (to sb/sth) sucesor, -ora (de algn/a algo)

succulent /ˈsʌkjələnt/ adj suculento

succumb /səˈkʌm/ vi ~ (to sth) sucumbir (a algo)

such ⁰⚲ /sʌtʃ/ adj, pron **1** semejante, tal: Whatever gave you such an idea? ¿Cómo se te ocurrió semejante idea? ◊ I did no such thing! ¡Yo no hice tal cosa! ◊ There's no such thing as ghosts. Los fantasmas no existen. **2** (uso enfático) tan, tanto: I'm in such a hurry. Tengo muchísima prisa. ◊ We had such a wonderful time. Lo pasamos de maravilla.

🔎 **Such** se usa con adjetivos que acompañan a un sustantivo y **so** con adjetivos solos. Compárense los siguientes ejemplos: The food was so good. ◊ We had such good food. ◊ You are so intelligent. ◊ You are such an intelligent person.

LOC as such como tal: It's not a promotion as such. No es un ascenso en el sentido estricto. ◆ in such a way that… de tal manera que… ◆ such as por ejemplo

suck ⁰⚲ /sʌk/ **1** vt, vi chupar, sorber **2** vt (máquina) succionar, aspirar **3** vi (argot) ser una porquería: This music sucks. Esta música es una porquería. **sucker** n **1** (coloq) primo, -a; bobo, -a **2** be a ~ for sb/sth no poder resistirse a algn/algo

suckle /ˈsʌkl/ vt amamantar

sudden ⁰⚲ /ˈsʌdn/ adj súbito, repentino
LOC all of a sudden de pronto

suddenly ⁰⚲ /ˈsʌdənli/ adv de pronto

suds /sʌdz/ n [pl] espuma

sue /suː/ vt, vi ~ (sb) (for sth) demandar (a algn) (por algo)

suede /sweɪd/ n ante

suffer ⁰⚲ /ˈsʌfə(r)/ **1** vi ~ (from sth) padecer (de algo) **2** vt (dolor, derrota) sufrir **3** vi ser perjudicado

suffering ⁰⚲ /ˈsʌfərɪŋ/ n sufrimiento

sufficient ⁰⚲ /səˈfɪʃnt/ adj ~ (for sth/sb) suficiente (para algo/algn)

suffix /ˈsʌfɪks/ n sufijo

suffocate /ˈsʌfəkeɪt/ **1** vt, vi asfixiar(se) **2** vi ahogarse **suffocating** adj sofocante **suffocation** n asfixia

suffragette /ˌsʌfrəˈdʒet/ n sufragista

sugar ⁰⚲ /ˈʃʊgə(r)/ n azúcar: sugar bowl azucarero

sugar beet n remolacha azucarera

sugar cane n caña de azúcar

sugar rush n subidón de azúcar

suggest ⁰⚲ /səˈdʒest; USA tb səɡˈ-/ vt **1** proponer, sugerir: I suggest you go to the doctor. Te aconsejo que vayas al médico. **2** indicar **3** insinuar

🔍 **Making suggestions**
Hacer una sugerencia
● *How about going out for a walk at the weekend?* ¿Y si vamos a dar un paseo este fin de semana?
● *What do you think of the idea of eating out tonight?* ¿Qué te parece que comamos fuera esta noche?
● *Shall we ask Jo to come along?* ¿Le decimos a Jo que se venga?

suggestion 0🔊 /sə'dʒestʃən/ *USA tb* səg'-/ *n* **1** sugerencia **2** indicio **3** insinuación

suggestive /sə'dʒestɪv/ *USA tb* səg'-/ *adj* **1** ~ **(of sth)** indicativo (de algo) **2** insinuante

suicidal /ˌsuːɪ'saɪdl/ *adj* **1** a punto de suicidarse **2** suicida

suicide /'suːɪsaɪd/ *n* **1** suicidio: *suicide bomber* terrorista suicida ◇ *to commit suicide* suicidarse **2** (*formal*) suicida

suit 0🔊 /suːt/ *nombre, verbo*
▸ *n* **1** traje: *a two/three-piece suit* un traje de dos/tres piezas ◇ *diving suit* traje de buceo *Ver tb* BOILER SUIT **2** (*Naipes*) palo ➔ *Ver nota en* BARAJA **LOC** *Ver* STRONG
▸ *vt* **1** convenir **2** quedar bien a, favorecer **3** sentar bien a **LOC** **suit yourself** (*coloq*) ¡tú mismo!, ¡haz lo que quieras!

suitability /ˌsuːtə'bɪləti/ *n* aptitud

suitable 0🔊 /'suːtəbl/ *adj* ~ **(for sth/sb)** **1** adecuado (para algo/algn) **2** conveniente (para algo/algn) **suitably** /-bli/ *adv* debidamente

suitcase 0🔊 /'suːtkeɪs/ *n* maleta ➔ *Ver dibujo en* BAG

suite /swiːt/ *n* **1** (*hotel*) suite **2** juego: *a three-piece suite* un tresillo

suited 0🔊 /'suːtɪd/ *adj* ~ **(to/for sb/sth)** adecuado (para algn/algo): *He and his wife are well suited (to each other).* Él y su esposa están hechos el uno para el otro.

sulk /sʌlk/ *vi* (*pey*) enfurruñarse, estar enfurruñado **sulky** *adj* (*pey*) enfurruñado

sullen /'sʌlən/ *adj* (*pey*) hosco

sulphur (*tb esp USA* sulfur) /'sʌlfə(r)/ *n* azufre

sultan /'sʌltən/ *n* sultán

sultana /sʌl'tɑːnə/ *USA* -'tænə/ *n* pasa sultana ➔ *Comparar con* CURRANT, RAISIN

sultry /'sʌltri/ *adj* **1** bochornoso (*tiempo*) **2** sensual

sum 0🔊 /sʌm/ *nombre, verbo*
▸ *n* **1** cantidad, importe: *the sum of 200 euros* la cantidad de 200 euros *Ver tb* LUMP SUM **2** suma: *He's good at sums.* Se le da bien el cálculo.

▸ *v* (**-mm-**) **PHR V** **sum (sth) up** resumir (algo): *To sum up…* En resumen… ◆ **sum sb/sth up** hacerse una idea de algn/algo; definir a algn/algo: *Totally lazy — that sums him up.* Un vago total, con eso se le define.

summarize, -ise /'sʌməraɪz/ *vt, vi* resumir

summary 0🔊 /'sʌməri/ *n* (*pl* **summaries**) resumen

summer 0🔊 /'sʌmə(r)/ (*tb* summertime /'sʌmətaɪm/) *n* verano: *a summer's day* un día de verano ◇ *summer weather* tiempo veraniego **summery** *adj* veraniego

summit /'sʌmɪt/ *n* cumbre (*montaña, reunión, etc.*): *summit conference/meeting* cumbre

summon /'sʌmən/ *vt* **1** (*formal*) convocar, llamar: *to summon help* pedir ayuda **2** ~ **sth (up)** (*valor, etc.*) hacer acopio de algo, armarse de algo: *I couldn't summon (up) the energy.* No encontré la energía. **PHR V** **summon sth up** evocar algo

summons /'sʌmənz/ *n* (*pl* **summonses** /-mənzɪz/) (*Jur*) citación

sumo /'suːməʊ/ (*tb* ˌsumo 'wrestling) *n* sumo

sun 0🔊 /sʌn/ *nombre, verbo*
▸ *n* sol: *The sun was shining.* Brillaba el sol.
▸ *vt* (**-nn-**) ~ **yourself** sentarse/tumbarse al sol

sunbathe /'sʌnbeɪð/ *vi* tomar el sol

sunbeam /'sʌnbiːm/ *n* rayo de sol

sunbed /'sʌnbed/ *n* tumbona

sunblock /'sʌnblɒk/ *n* filtro solar

sunburn /'sʌnbɜːn/ *n* [*incontable*] quemadura de sol: *to get sunburn* quemarse **sunburned** (*tb* sunburnt) *adj* quemado por el sol

suncream /'sʌnkriːm/ *n* crema solar

sundae /'sʌndeɪ, -di/ *n* copa de helado

Sunday 0🔊 /'sʌndeɪ, -di/ *n* (*abrev* Sun.) domingo ➔ *Ver ejemplos en* MONDAY

sunflower /'sʌnflaʊə(r)/ *n* girasol

sung *pp de* SING

sunglasses /'sʌnglɑːsɪz/ *USA* -glæsɪz/ *n* [*pl*] gafas de sol: *a pair of sunglasses* unas gafas de sol ➔ *Ver nota en* PAIR

'sun hat *n* pamela

sunk *pp de* SINK

sunken /'sʌŋkən/ *adj* hundido

sunlight /'sʌnlaɪt/ *n* luz solar, luz del sol

sunlit /'sʌnlɪt/ *adj* iluminado por el sol

sunlounger /'sʌnlaʊndʒə(r)/ *n* tumbona

Sunni /'sʊni, 'sæni/ *adj, n* (*Relig*) sunita

sunny /'sʌni/ *adj* (**sunnier**, **-iest**) **1** soleado: *It's sunny today.* Hoy hace sol. **2** (*personalidad*) alegre

sunrise /'sʌnraɪz/ *n* salida del sol

ð **then**	s **so**	z **zoo**	ʃ **she**	ʒ **vision**	h **how**	ŋ **sing**	j **yes**	w **wet**

sunroof /ˈsʌnruːf/ n (pl **sunroofs**) techo corredizo/solar

sunscreen /ˈsʌnskriːn/ n filtro solar

sunset /ˈsʌnset/ n puesta del sol

sunshade /ˈsʌnʃeɪd/ n sombrilla

sunshine /ˈsʌnʃaɪn/ n sol: *Let's sit in the sunshine.* Sentémonos al sol.

sunstroke /ˈsʌnstrəʊk/ n [incontable] insolación

suntan /ˈsʌntæn/ n bronceado: *suntan lotion* bronceador **suntanned** adj bronceado, moreno

super /ˈsuːpə(r)/ adjetivo, adverbio
▸ adj (coloq) estupendo
▸ adv (coloq) súper: *He's been super understanding.* Ha sido súper comprensivo.

superb /suːˈpɜːb/ adj magnífico **superbly** adv de maravilla: *a superbly situated house* una casa en un sitio magnífico

the ˈSuper Bowl n la final del campeonato anual de fútbol americano

superficial /ˌsuːpəˈfɪʃl/ adj superficial **superficiality** /ˌsuːpəˌfɪʃiˈæləti/ n superficialidad **superficially** /ˌsuːpəˈfɪʃəli/ adv superficialmente, aparentemente

superfluous /suːˈpɜːfluəs/ adj superfluo, innecesario: *to be superfluous* estar de más

superfood n /ˈsuːpəfuːd/ superalimento (utilizado en la prevención de enfermedades)

supergroup /ˈsuːpəɡruːp/ n (Mús) supergrupo (esp formado por artistas de éxito ya reconocido)

superhero /ˈsuːpəhɪərəʊ/ n (pl **superheroes**) superhéroe

superhuman /ˌsuːpəˈhjuːmən/ adj sobrehumano

superimpose /ˌsuːpərɪmˈpəʊz/ vt ~ sth (on/onto sth) superponer algo (en algo)

superintendent /ˌsuːpərɪnˈtendənt/ n **1** encargado, -a; superintendente **2** comisario, -a (de policía)

superior 0̄ /suːˈpɪəriə(r)/ adjetivo, nombre
▸ adj **1** ~ (to sb/sth) superior (a algn/algo) **2** (persona, actitud) soberbio
▸ n superior: *Mother Superior* la Madre Superiora **superiority** /suːˌpɪəriˈɒrəti/; USA -ˈɔːr-/ n ~ (in sth); ~ (to/over sth/sb) superioridad (en algo); superioridad (sobre algo/algn)

superlative /suːˈpɜːlətɪv/ adj, n superlativo

supermarket 0̄ /ˈsuːpəmɑːkɪt/ n supermercado

supermodel /ˈsuːpəmɒdl/ n supermodelo

supernatural /ˌsuːpəˈnætʃrəl/ adj, n sobrenatural

superpower /ˈsuːpəpaʊə(r)/ n superpotencia

supersede /ˌsuːpəˈsiːd/ vt reemplazar, desbancar

superstar /ˈsuːpəstɑː(r)/ n estrella: *Hollywood superstars* las superestrellas de Hollywood

superstition /ˌsuːpəˈstɪʃn/ n superstición **superstitious** adj supersticioso

superstore /ˈsuːpəstɔː(r)/ n gran superficie

supervise /ˈsuːpəvaɪz/ vt supervisar **supervision** /ˌsuːpəˈvɪʒn/ n supervisión **supervisor** /ˈsuːpəvaɪzə(r)/ n supervisor, -ora

supper /ˈsʌpə(r)/ n cena: *to have supper* cenar ⊃ Ver nota en DINNER

supple /ˈsʌpl/ adj flexible

supplement nombre, verbo
▸ n /ˈsʌplɪmənt/ **1** suplemento, complemento: *the Sunday supplements* los suplementos dominicales **2** (de libro) apéndice
▸ vt /ˈsʌplɪment/ ~ sth (with sth) complementar algo (con algo)

supplementary /ˌsʌplɪˈmentri/ adj adicional, suplementario

supplier /səˈplaɪə(r)/ n proveedor, -ora

supply 0̄ /səˈplaɪ/ nombre, verbo
▸ n (pl **supplies**) **1** suministro **2 supplies** [pl] víveres, provisiones **3 supplies** [pl] reservas, existencias **LOC** be in short/plentiful supply escasear/abundar ◆ supply and demand la oferta y la demanda
▸ vt (pt, pp **-plied**) **1** ~ sb (with sth) proveer a algn (de algo) **2** ~ sth (to sb) suministrar, facilitar algo (a algn)

supˈply teacher n profesor, -ora suplente

support 0̄ /səˈpɔːt/ verbo, nombre
▸ vt **1** (causa) apoyar, respaldar: *a supporting role* un papel secundario **2** (persona) mantener **3** (peso) sostener, soportar **4** (Dep) seguir: *Which team do you support?* ¿De qué equipo eres?
▸ n **1** ~ (for sb/sth) apoyo (a algn/algo) **2** soporte

supporter 0̄ /səˈpɔːtə(r)/ n **1** (Pol) partidario, -a **2** (Dep) hincha **3** (de teoría) seguidor, -ora

supportive /səˈpɔːtɪv/ adj que ayuda: *to be supportive of sb* apoyar a algn

suppose 0̄ /səˈpəʊz/ vt **1** suponer, imaginarse: *I suppose so.* Imagino que sí. **2** (sugerencia): *Suppose we change the subject?* ¿Qué te parece si cambiamos de tema? **LOC** be supposed to be/do sth *You were supposed to be here an hour ago.* Tendrías que haber llegado hace una hora. ◇ *You're supposed to buy a ticket, but not many people do.* Se supone que deberías comprar un billete, pero muy poca gente lo hace. **supposed** adj supuesto **supposedly** /səˈpəʊzɪdli/ adv supuestamente **supposing** conj ~ (that) si, en el caso de que

suppress /sə'pres/ vt **1** (gen pey) (rebelión, etc.) reprimir **2** (información) ocultar **3** (sentimiento) contener, reprimir **4** (bostezo) ahogar

supremacy /su:'preməsi/ n ~ (over sb/sth) supremacía (sobre algn/algo)

supreme /su:'pri:m/ adj supremo, sumo

surcharge /'sɜ:tʃɑ:dʒ/ n recargo

sure 0— /ʃʊə(r); GB tb ʃɔ:(r)/ adjetivo, adverbio
▸ adj (**surer, -est**) **1** seguro, cierto: He's sure to be elected/of being elected. Es seguro que será elegido. **2** estable, firme [LOC] **be sure to do sth** no dejar de hacer algo: Be sure to give your family my regards. No te olvides de saludar a tu familia de mi parte. ◆ **for sure** (coloq) con seguridad ◆ **make sure (of sth/that…)** asegurarse (de algo/de que…) ◆ **sure of yourself** seguro de ti mismo
▸ adv (esp USA, coloq) **1** claro **2** seguro: I sure won't do that again! ¡Seguro que no lo vuelvo a hacer! [LOC] **sure enough** efectivamente

surely 0— /'ʃʊəli; GB tb 'ʃɔ:li/ adv ciertamente, sin duda

🔎 **¿Surely o certainly?**

Surely se utiliza cuando estás casi seguro de lo que dices y esperas que los demás estén de acuerdo contigo: Surely he won't mind? Seguro que no le importa, ¿verdad? ◇ Surely we should do something about it? Deberíamos hacer algo, digo yo. En frases negativas **surely** expresa sorpresa: Surely you can't agree? ¿No estarás de acuerdo, no?

Certainly significa normalmente "con toda certeza" y se utiliza para expresar que crees firmemente en algo o para poner énfasis en que algo es cierto: I'll certainly remember this trip! ¡Sin duda recordaré este viaje!

surf /sɜ:f/ nombre, verbo
▸ n **1** oleaje, olas **2** espuma (de las olas)
▸ **1** vt, vi hacer surf (en): to go surfing hacer surf **2** vt ~ **the Net/Internet** navegar en/por la red/internet ➲ Ver nota en ORDENADOR

surface 0— /'sɜ:fɪs/ nombre, verbo
▸ n **1** superficie: a surface wound una herida superficial **2** cara (de prisma)
▸ **1** vi salir a la superficie **2** vi aparecer **3** vi (coloq) levantarse (de la cama) **4** vt ~ **sth (with sth)** recubrir algo (con algo)

surfboard /'sɜ:fbɔ:d/ n tabla de surf

surfer /'sɜ:fə(r)/ n surfista

surfing /'sɜ:fɪŋ/ n surf Ver tb SKY SURFING

surge /sɜ:dʒ/ verbo, nombre
▸ vi moverse con ímpetu: They surged into the stadium. Entraron en tropel en el estadio.

▸ n ~ **(of sth)** oleada (de algo)

surgeon /'sɜ:dʒən/ n cirujano, -a: brain/veterinary surgeon neurocirujano/veterinario

surgery /'sɜ:dʒəri/ n (pl **surgeries**) **1** [incontable] cirugía: brain surgery neurocirugía ◇ to undergo surgery someterse a una operación quirúrgica **2** consulta (de un médico): surgery hours horas de consulta **surgical** adj quirúrgico

surly /'sɜ:li/ adj (**surlier, -iest**) arisco

surmount /sə'maʊnt/ vt (formal) superar

surname 0— /'sɜ:neɪm/ n apellido

🔎 En los países de habla inglesa solo se tiene un apellido, que normalmente es el del padre. Se le llama **surname**, **family name** o **last name**. Hay gente que tiene apellidos compuestos, unidos por un guión, tales como Bonham-Carter. Estos nombres se llaman **double-barrelled names**.

surpass /sə'pɑ:s; USA sər'pæs/ vt (formal) superar

surplus /'sɜ:pləs; USA 'sɜ:rplʌs/ nombre, adjetivo
▸ n (pl **surpluses**) excedente
▸ adj sobrante

surprise /sə'praɪz/ nombre, verbo
▸ n sorpresa [LOC] **take sb/sth by surprise** coger a algn/algo por sorpresa
▸ vt **1** sorprender: I wouldn't be surprised if it rained. No me extrañaría que lloviera. **2** coger por sorpresa a

surprised 0— /sə'praɪzd/ adj ~ **(at/by sb/sth)** sorprendido (con algn/por algo): I'm not surprised! ¡No me extraña!

surprising 0— /sə'praɪzɪŋ/ adj sorprendente **surprisingly** adv sorprendentemente

surrealism /sə'ri:əlɪzəm/ n surrealismo **surrealist** adj, n surrealista

surrender /sə'rendə(r)/ verbo, nombre
▸ **1** vi ~ **(to sb)** rendirse (a algn) **2** vt ~ **sb/sth (to sb)** (formal) entregar a algn/algo (a algn)
▸ n **1** rendición **2** entrega

surreptitious /ˌsʌrəp'tɪʃəs; USA ˌsɜ:r-/ adj subrepticio, furtivo

surrogate /'sʌrəgət; USA 'sɜ:r-/ n sustituto, -a: surrogate mother madre de alquiler

surround 0— /sə'raʊnd/ vt ~ **sb/sth (with sb/sth)** rodear a algn/algo (de algn/algo)

surrounding 0— /sə'raʊndɪŋ/ adj circundante: the surrounding countryside el campo de los alrededores

surroundings 0— /sə'raʊndɪŋz/ n [pl] alrededores, entorno

S

sur'round sound n (*Mús, Cine, etc.*) sonido envolvente

surveillance /sɜːˈveɪləns/ n vigilancia: *to keep sb under surveillance* mantener a algn bajo vigilancia

survey ⊶ *nombre, verbo*
▸ n /ˈsɜːveɪ/ **1** encuesta **2** tasación (*de una casa, etc.*) **3** estudio
▸ vt /səˈveɪ/ **1** contemplar **2** hacer un estudio de **3** (*terreno*) hacer un reconocimiento de **4** (*edificio*) hacer una inspección de **5** encuestar **surveyor** /səˈveɪə(r)/ n tasador, -ora (de la propiedad)

survival /səˈvaɪvl/ n supervivencia

survive ⊶ /səˈvaɪv/ **1** vt, vi sobrevivir (a) **2** vi ~ **(on sth)** subsistir (a base de algo) **survivor** n superviviente

susceptible /səˈseptəbl/ adj **1** ~ **to sth:** *He's very susceptible to flattery.* Se le convence fácilmente con halagos. **2** ~ **to sth** (*Med*) propenso a algo **3** susceptible

suspect ⊶ *verbo, nombre, adjetivo*
▸ vt /səˈspekt/ **1** sospechar **2** (*motivo, etc.*) recelar de **3** ~ **sb (of sth/doing sth)** sospechar de algn; sospechar que algn ha hecho algo
▸ n, adj /ˈsʌspekt/ sospechoso, -a

suspend /səˈspend/ vt **1** ~ **sth (from sth)** colgar algo (de algo): *to suspend sth from the ceiling* colgar algo del techo ❶ La palabra más normal es **hang**. **2** suspender: *suspended sentence* pena que no se cumple a menos que se cometa otro crimen

suspender /səˈspendə(r)/ n **1** [*gen pl*] (*GB*) liga **2 suspenders** [*pl*] (*USA*) tirantes

suspense /səˈspens/ n suspense, tensión

suspension /səˈspenʃn/ n suspensión: *suspension bridge* puente colgante

suspicion ⊶ /səˈspɪʃn/ n sospecha, recelo: *He was arrested on suspicion of murder.* Fue arrestado bajo sospecha de homicidio.

suspicious ⊶ /səˈspɪʃəs/ adj **1** ~ **(about/of sb/ sth)** receloso (de algn/algo): *They're suspicious of foreigners.* Recelan de los extranjeros. **2** sospechoso: *He died in suspicious circumstances.* Murió en circunstancias sospechosas.

sustain /səˈsteɪn/ vt **1** mantener: *People have a limited capacity to sustain interest in politics.* La gente tiene una capacidad limitada para mantenerse interesada en la política. **2** sostener: *It is difficult to sustain this argument.* Es difícil sostener este argumento. ◇ *sustained economic growth* crecimiento económico sostenido **3** (*formal*) (*lesión, pérdida, etc.*) sufrir

sustainability /səˌsteɪnəˈbɪləti/ n sostenibilidad

sustainable /səˈsteɪnəbl/ adj sostenible

SUV /ˌes juː ˈviː/ *abrev de* sport utility vehicle (coche) todoterreno

swagger /ˈswæɡə(r)/ vi pavonearse

swallow ⊶ /ˈswɒləʊ/ *verbo, nombre*
▸ **1** vt, vi tragar **2** vt (*tolerar, creer*) tragarse [LOC] **be/ get swallowed up by sth** ser tragado por algo: *Most of my salary gets swallowed up by the rent.* La mayor parte de mi salario se me va en pagar el alquiler.
▸ n **1** golondrina **2** trago

swam pt de SWIM

swamp /swɒmp/ *nombre, verbo*
▸ n pantano
▸ vt ~ **sb/sth (with sth)** inundar a algn/algo (de algo)

swan /swɒn/ n cisne

swanky /ˈswæŋki/ adj (**swankier**, **-iest**) (*esp GB, coloq*) de lujo, elegante: *a swanky restaurant* un restaurante pijo

swap (*tb* swop) /swɒp/ vt, vi (**-pp-**) ~ **sth (with sb);** ~ **sth for sth** (inter)cambiar algo (con algn); (inter)cambiar algo por algo: *to swap sth round* cambiar algo de lugar [LOC] *Ver* PLACE

swarm /swɔːm/ *nombre, verbo*
▸ n **1** (*abejas*) enjambre **2** (*moscas*) nube **3** (*gente*) multitud: *swarms of people* un mar de gente
▸ vi ~ **(in/out);** ~ **(into/out of sth)** entrar (en algo)/ salir (de algo) en manadas: *crowds swarming in the streets* multitudes que pululan por las calles [PHR V] **swarm with sb/sth** estar plagado de algn/algo

swat /swɒt/ vt (**-tt-**) aplastar (*esp un insecto*)

sway /sweɪ/ *verbo, nombre*
▸ **1** vt, vi balancear(se), mecer(se) **2** vi tambalearse **3** vt influir en: *He's easily swayed.* Se deja influir fácilmente.
▸ n **1** balanceo **2** (*formal*) dominio

swear ⊶ /sweə(r)/ (*pt* **swore** /swɔː(r)/, *pp* **sworn** /swɔːn/) **1** vi decir tacos: *You swear a lot.* Dices muchos tacos. **2** vi ~ **at sb/sth** insultar a algn/algo **3** vt, vi jurar: *to swear to tell the truth* jurar decir la verdad [PHR V] **swear by sb/ sth 1** jurar por algn/algo **2** tener una fe ciega en algn/algo ◆ **swear sb in** tomar juramento a algn

'swear word n taco, palabrota

sweat ⊶ /swet/ *nombre, verbo*
▸ n sudor
▸ vi sudar [LOC] **sweat it out** (*coloq*) esperar (impaciente) (*a que algo pase*): *Don't tell him yet. Let him sweat it out for a bit.* No se lo digas aún. Déjale que sufra un poco esperando.

sweater ⊶ /ˈswetə(r)/ n jersey

sweatpants /ˈswetpænts/ n [*pl*] pantalón de chándal

---

aʊ **now**   ɔɪ **join**   ɪə **near**   eə **hair**   ʊə **pure**   tʃ **chin**   dʒ **June**   v **van**   θ **thin**

sweatshirt /'swetʃɜːt/ n sudadera

sweatsuit /'swetsuːt/ (tb sweats [pl]) n (USA) chándal

sweaty /'sweti/ adj (**sweatier, -iest**) sudoroso, que hace sudar

swede /swiːd/ n nabo sueco

sweep 0̶ /swiːp/ verbo, nombre
▶ (pt, pp **swept** /swept/) **1** vt, vi barrer **2** vt arrastrar **3** vi: She swept out of the room. Salió de la habitación con paso majestuoso. **4** vt, vi ~ (**through, over, across, etc.**) sth recorrer algo; extenderse por algo **5** vt (chimenea) deshollinar **LOC sweep sb off their feet** arrebatarle el corazón a algn **PHR V sweep sth away** erradicar algo; acabar con algo ♦ **sweep sth up** barrer algo
▶ n **1** barrido **2** movimiento; gesto (amplio) **3** extensión, alcance

sweeping /'swiːpɪŋ/ adj **1** (cambio) radical **2** (pey) (afirmación) tajante **3** (pey) (generalización) excesivo

sweet 0̶ /swiːt/ adjetivo, nombre
▶ adj (**sweeter, -est**) **1** dulce **2** (olor) fragante **3** (sonido) melodioso **4** lindo, mono **5** (carácter) encantador **LOC have a sweet tooth** (coloq) ser muy goloso
▶ n **1** caramelo, golosina **2** postre **3** (coloq) (tratamiento) cariño

sweetcorn /'swiːtkɔːn/ n maíz dulce Ɔ Comparar con MAIZE

sweeten /'swiːtn/ vt **1** endulzar, poner azúcar a **2** ~ sb (up) (coloq) ablandar a algn

sweetener /'swiːtnə(r)/ n edulcorante

sweetheart /'swiːthɑːt/ n **1** (tratamiento) cariño **2** (antic) novio, -a

sweetness /'swiːtnəs/ n dulzura

sweet 'pea n guisante de olor

sweet po'tato n (pl **sweet potatoes**) batata

swell 0̶ /swel/ vt, vi (pt **swelled**, pp **swollen** /'swəʊlən/, **swelled**) ~ (up) hinchar(se)

swelling 0̶ /'swelɪŋ/ n hinchazón

swept pt, pp de SWEEP

swerve /swɜːv/ vi virar bruscamente, dar un viraje brusco: The car swerved to avoid the child. El coche viró bruscamente para esquivar al niño.

swift /swɪft/ adj (**swifter, -est**) rápido: a swift reaction una pronta reacción

swill /swɪl/ vt ~ sth (out/down) enjuagar algo

swim 0̶ /swɪm/ verbo, nombre
▶ (-mm-) (pt **swam** /swæm/, pp **swum** /swʌm/) **1** vt, vi nadar: to swim breaststroke nadar a braza ♦ to swim the Channel atravesar el Canal a nado

♦ **to go swimming** ir a bañarse **2** vi (cabeza) dar vueltas (cuando uno se marea)
▶ n baño: to go for a swim ir a bañarse

swimmer /'swɪmə(r)/ n nadador, -ora

swimming 0̶ /'swɪmɪŋ/ n natación

swimming costume (tb swimsuit /'swɪmsuːt/) n bañador (esp de mujer)

swimming pool 0̶ n piscina

swimming trunks (USA tb **swim trunks**) n [pl] bañador (de hombre): a pair of swimming trunks un bañador Ɔ Ver nota en PAIR

swindle /'swɪndl/ verbo, nombre
▶ vt ~ sb (out of sth) estafarle (algo) a algn; timar a algn
▶ n estafa **swindler** n estafador, -ora

swing 0̶ /swɪŋ/ verbo, nombre
▶ (pt, pp **swung** /swʌŋ/) **1** vt, vi balancear(se) **2** vi oscilar **3** vt, vi columpiar(se) **4** vi ~ open/shut (puerta) abrirse/cerrarse **5** vt, vi (hacer) girar: to swing (a)round girar en redondo **6** vt, vi ~ (sth) (at sb) (intentar) golpear (a algn) (con algo) **7** vi ~ (from sth) (to sth) (de opiniones, etc.) pasar (de algo) (a algo)
▶ n **1** balanceo **2** cambio: mood swings cambios bruscos de humor **3** columpio **LOC get in/into the swing (of sth)** (coloq) cogerle el tranquillo (a algo) Ver tb FULL

swipe /swaɪp/ vt, vi ~ (at) sb/sth (intentar) golpear a algn/algo **2** vt (coloq) birlar **3** vt pasar (una tarjeta por un lector electrónico): swipe card tarjeta de banda magnética **4** vt, vi ~ (sth) (on/across sth) (pantalla táctil) deslizar algo, deslizar el dedo (en/por algo): Swipe across the screen to unlock it. Desliza el dedo por la pantalla para desbloquearla.

swirl /swɜːl/ vt, vi arremolinar(se): Flakes of snow swirled in the cold wind. Los copos de nieve se arremolinaban en el frío viento.

switch 0̶ /swɪtʃ/ nombre, verbo
▶ n **1** interruptor **2** cambio: a switch to Labour un cambio en favor de los laboristas
▶ vt, vi **1** ~ (sth) (from sth) (to sth) cambiar (algo) (de algo) (a algo) **2** ~ sth (over/around); ~ (sth) (with sth) intercambiar, cambiar (algo) (con algn) **PHR V switch off** (coloq) desconectar (la mente) ♦ **switch (sth) off** apagar algo, apagarse ♦ **switch (sth) on** encender algo, encenderse Ver tb SWITCHED ON

switchboard /'swɪtʃbɔːd/ n centralita

switched 'on adj ~ (to sth) en la onda; al corriente (de algo) Ver tb **switch (sth) on**

swivel /'swɪvl/ vt, vi (-ll-, USA -l-) ~ (sth) (a)round hacer girar algo, girarse: swivel chair silla giratoria

swollen 0̶ pp de SWELL

| ð **then** | s **so** | z **zoo** | ʃ **she** | ʒ **vision** | h **how** | ŋ **sing** | j **yes** | w **wet** |

swoop /swuːp/ *verbo, nombre*
▸ *vi* ~ **(down) (on sb/sth)** descender en picado (sobre algn/algo)
▸ *n* redada: *Police made a dawn swoop.* La policía hizo una redada al amanecer.

swop = SWAP

sword /sɔːd/ *n* espada

swore, sworn *pt, pp de* SWEAR

swot /swɒt/ *nombre, verbo*
▸ *n* (*GB, coloq*) empollón, -ona
▸ *vt, vi* ~ **(up) (for/on sth)**; ~ **sth up** (*GB, coloq*) empollar (para algo); empollarse algo

swum *pp de* SWIM

swung *pt, pp de* SWING

syllable /ˈsɪləbl/ *n* sílaba

syllabus /ˈsɪləbəs/ *n* (*pl* **syllabuses, syllabi** /-baɪ/) programa/plan (de estudios): *Does the syllabus cover modern literature?* ¿Cubre el temario la literatura moderna?

symbol ⊶ /ˈsɪmbl/ *n* **1** ~ **(of/for sth)** símbolo (de algo) **2** (*Mat*) signo **symbolic** /sɪmˈbɒlɪk/ *adj* simbólico **symbolism** /ˈsɪmbəlɪzəm/ *n* simbolismo **symbolize, -ise** /ˈsɪmbəlaɪz/ *vt* simbolizar

symmetrical /sɪˈmetrɪkl/ *adj* simétrico

symmetry /ˈsɪmətri/ *n* simetría

sympathetic ⊶ /ˌsɪmpəˈθetɪk/ *adj* **1** ~ **(to/towards sb)** comprensivo, compasivo (con algn): *She was very sympathetic when I told her I could not sit the exam.* Fue muy comprensiva cuando le dije que no podía presentarme al examen. ❶ Para decir "simpático" en inglés se usa **nice** o **friendly**. **2** ~ **(to/towards sb/sth)** con buena disposición (hacia algn/algo): *lawyers sympathetic to the peace movement* abogados que apoyan el movimiento pacifista

sympathize, -ise /ˈsɪmpəθaɪz/ *vi* **1** ~ **(with sb/sth)** empatizar (con algn/algo); compadecerse de algn/algo **2** ~ **with sb/sth** estar de acuerdo con algn/algo

sympathy ⊶ /ˈsɪmpəθi/ *n* (*pl* **sympathies**) **1** ~ **(for/towards sb)** compasión (por/hacia algn) **2** condolencia

🔎 **Showing sympathy**
Mostrar simpatía o compasión
● *I'm sorry you're not well. I hope you feel better soon.* Siento que no estés bien. Espero que te mejores pronto.
● *That's bad luck.* Qué mala suerte.
● *How awful for you.* Qué mala suerte.

symphony /ˈsɪmfəni/ *n* (*pl* **symphonies**) sinfonía: *symphony orchestra* orquesta sinfónica

symptom /ˈsɪmptəm/ *n* síntoma: *The riots are a symptom of a deeper problem.* Los disturbios son un síntoma de problemas más profundos.

synaesthesia (*tb* **synesthesia**) /ˌsɪnəsˈθiːziə; *USA* -ˈθiːʒə/ *n* (*Biol*) sinestesia

synagogue /ˈsɪnəgɒg/ *n* sinagoga

synchronize, -ise /ˈsɪŋkrənaɪz/ *vt, vi* ~ **(sth) (with sth)** sincronizar (algo) (con algo)

syndicate /ˈsɪndɪkət/ *n* sindicato (*de empresas*)

syndrome /ˈsɪndrəʊm/ *n* síndrome

synonym /ˈsɪnənɪm/ *n* sinónimo **synonymous** /sɪˈnɒnɪməs/ *adj* ~ **(with sth)** sinónimo (de algo)

syntax /ˈsɪntæks/ *n* sintaxis

synthesizer, -iser /ˈsɪnθəsaɪzə(r)/ *n* sintetizador

synthetic /sɪnˈθetɪk/ *adj* **1** sintético **2** artificial

syringe /sɪˈrɪndʒ/ *n* jeringa

syrup /ˈsɪrəp/ *n* **1** almíbar **2** jarabe (*para la tos, etc.*)

system ⊶ /ˈsɪstəm/ *n* **1** sistema: *the metric/solar system* el sistema métrico/solar **2** método: *a new system for assessing tax* un nuevo método de calcular los impuestos **LOC** **get sth out of your system** (*coloq*) desahogarse (de algo) **systematic** /ˌsɪstəˈmætɪk/ *adj* **1** sistemático **2** metódico

Tt

T, t /tiː/ *n* (*pl* **Ts, T's, t's**) T, t ➲ *Ver nota en* A, A

ta /tɑː/ *interj* (*GB, coloq*) ¡gracias!

tab /tæb/ *n* **1** (*USA*) anilla (*de lata*) **2** (*Informát*) pestaña **3** cuenta

table ⊶ /ˈteɪbl/ *n* **1** mesa: *bedside/coffee table* mesilla de noche/mesita de café ◇ *to lay/set the table* poner la mesa *Ver tb* DRESSING TABLE **2** tabla: *table of contents* índice de materias **LOC** *Ver* LAY

tablecloth /ˈteɪblklɒθ; *USA* -klɔːθ/ *n* mantel

table ˈfootball *n* futbolín

tablespoon /ˈteɪblspuːn/ *n* **1** cuchara (grande) **2** (*tb* **tablespoonful** /ˈteɪblspuːnfʊl/) (*abrev* **tbsp**) cucharada

---

| iː see | i happy | ɪ sit | e ten | æ hat | ɑː arm | ɒ got | ɔː saw | ʊ put |

tablet

tablet ⚪ /ˈtæblət/ *n* **1** pastilla **2** (*Informát*) tableta ⊃ *Ver dibujo en* ORDENADOR

ˈtable tennis *n* tenis de mesa, ping-pong®

tabloid /ˈtæblɔɪd/ *n* tabloide: *the tabloid press* la prensa sensacionalista ⊃ *Ver nota en* BROAD-SHEET

taboo /təˈbuː/ *adj*, *n* (*pl* **taboos**) tabú: *a taboo subject* un tema tabú

tack /tæk/ *nombre*, *verbo*
▸ *n* **1** plan de acción: *to change tack/take a different tack* cambiar de plan **2** tachuela
▸ *vt* clavar (con tachuelas) **PHR V** **tack sth on**; **tack sth onto sth** (*coloq*) añadir algo (a algo)

tackle ⚪ /ˈtækl/ *verbo*, *nombre*
▸ **1** *vt* hacer frente a, abordar: *to tackle a problem* abordar un problema **2** *vt* ~ **sb** (**about sth**) abordar a algn (sobre algo) **3** *vt*, *vi* (*Fútbol*) hacer una entrada (a) **4** *vt*, *vi* (*Rugby*) placar (a)
▸ *n* **1** (*Fútbol*) entrada **2** (*Rugby*) placaje **3** [*incontable*] equipo, avíos: *fishing tackle* equipo de pescar

tacky /ˈtæki/ *adj* **1** (*coloq*) hortera **2** (*sustancia*) pegajoso

tact /tækt/ *n* tacto

tactful /ˈtæktfl/ *adj* diplomático, discreto

tactic /ˈtæktɪk/ *n* [*gen pl*] táctica

tactical /ˈtæktɪkl/ *adj* **1** táctico **2** estratégico: *a tactical decision* una decisión estratégica

tactless /ˈtæktləs/ *adj* indiscreto, poco diplomático: *It was tactless of you to ask him his age.* Fue una indiscreción por tu parte preguntarle su edad.

tadpole /ˈtædpəʊl/ *n* renacuajo

tae kwon do /ˌtaɪ ˌkwɒn ˈdəʊ/ *n* taekwondo

tag /tæg/ *nombre*, *verbo*
▸ *n* **1** etiqueta *Ver tb* PRICE TAG ⊃ *Ver dibujo en* ETIQUETA **2** (*Informát*) marca, comando **3** (*grafitero*) firma *Ver tb* QUESTION TAG
▸ *vt* (**-gg-**) **1** etiquetar **2** (*grafitero*) firmar **PHR V** **tag along** (**behind/with sb**) seguir a algn, pegarse (a algn)

ˈtag cloud *n* (*Internet*) nube de etiquetas

tail ⚪ /teɪl/ *nombre*, *verbo*
▸ *n* **1** rabo, cola **2** tails [*pl*] frac **LOC** *Ver* HEAD
▸ *vt* perseguir **PHR V** **tail away/off 1** ir disminuyendo **2** (*ruido, etc.*) irse apagando

tailback /ˈteɪlbæk/ *n* caravana (*de coches*)

tailor /ˈteɪlə(r)/ *nombre*, *verbo*
▸ *n* sastre, -a
▸ *vt* ~ **sth to/for sb/sth** adaptar algo para/a algn/algo

ˌtailor-ˈmade *adj* **1** a la medida de sus necesidades **2** (*ropa*) a medida

tailpipe /ˈteɪlpaɪp/ *n* (*esp USA*) tubo de escape

---

taint /teɪnt/ *vt* (*formal*) **1** contaminar **2** (*reputación*) manchar

take

bring the newspaper

fetch the newspaper

take the newspaper

take ⚪ /teɪk/ *vt* (*pt* **took** /tʊk/, *pp* **taken** /ˈteɪkən/) **1** ~ **sb/sth** (**with you**) llevarse a algn/algo: *Take the dog with you.* Llévate el perro. **2** ~ **sb sth**; ~ **sth** (**to sb**) llevar algo (a algn) ⊃ *Ver nota en* GIVE **3** coger: *to take sb's hand/take sb by the hand* coger a algn de la mano ◊ *to take the bus* coger el autobús **4** tomar: *She took it as a compliment.* Se lo tomó como un cumplido. ◊ *to take a decision* tomar una decisión ◊ *to take a photo* sacar una foto (*sin permiso*) llevarse **6** ~ **sth from/out of sth** sacar algo de algo **7** ~ **sth** (**from sb**) quitar algo (a algn) **8** aceptar:

Do you take credit cards? ¿Aceptan tarjetas de crédito? **9** (*tolerar*) soportar **10** (*comprar*) llevarse **11** (*tiempo*) tardar: *It takes an hour to get there.* Se tarda una hora en llegar. ◊ *It won't take long.* No lleva mucho tiempo. **12** (*cualidad*) necesitarse, hacer falta: *It takes courage to speak out.* Se necesita coraje para decir lo que uno piensa. **13** (*talla*) usar: *What size shoes do you take?* ¿Qué número calzas? **14** (*foto*) hacer **15** (*examen*) presentarse a LOC take it (that…) suponer (que…) ◆ **take some doing; take a lot of doing** (*coloq*) no ser fácil ❶ Para otras expresiones con **take**, véanse las entradas del sustantivo, adjetivo, etc., p. ej. **take place** en PLACE.

PHR V **take after sb** parecerse; salir a algn (*de la familia*)

take sth apart desmontar algo

take sth away 1 (*dolor, sensación*) quitar algo **2** llevarse algo (*para comerlo fuera del restaurante*)

take sth back 1 devolver algo (*a una tienda o biblioteca*) **2** retirar algo (*que se ha dicho*)

take sth down 1 desmontar algo **2** bajar algo **3** anotar algo

take sb in 1 acoger a algn (*en casa*) **2** engañar a algn ◆ **take sth in 1** entender, asimilar algo **2** (*ropa*) estrechar algo

take off 1 despegar **2** (*coloq*) irse rápidamente **3** (*producto, carrera, idea*) tener éxito ◆ **take sb off** imitar a algn ◆ **take sth off 1** (*prenda, gafas*) quitarse algo **2** *to take the day/a year off* tomarse el día libre/un año de excedencia

take sb on contratar a algn ◆ **take sth on** aceptar algo (*trabajo*)

take sb out (for/to sth) invitar a algn (a algo): *to take sb out to/for dinner* invitar a algn a cenar ◊ *I'm taking him out tonight.* Voy a salir con él esta noche. ◆ **take sth out 1** sacar, extraer algo **2** (*USA*) llevarse algo (*para comerlo fuera del restaurante*) ◆ **take it/sth out on sb** pagar algo con algn; tomarla con algn

take over from sb sustituir a algn (como algo) ◆ **take sth over 1** (*empresa*) adquirir algo **2** hacerse cargo de algo

take to sb tomarle cariño a algn: *I took to his parents immediately.* Sus padres me cayeron bien inmediatamente. ◆ **take to sth** cogerle gusto a (hacer) algo, aficionarse a (hacer) algo

take sth up 1 empezar a practicar/hacer algo (*como hobby*) **2** (*ropa*) acortar algo ◆ **take up sth** ocupar algo (*espacio, tiempo*) ◆ **take sb up on sth 1** discutirle algo a algn **2** (*coloq*) (*oferta*) aceptar algo de algn ◆ **take sth up with sb** plantear algo a algn

takeaway /ˈteɪkəweɪ/ (*USA* **takeout** /ˈteɪkaʊt/) *n* **1** restaurante que vende comida para llevar

2 comida para llevar: *We ordered a takeaway.* Encargamos comida para llevar.

take-off *n* (*pl* **take-offs**) despegue

takeover /ˈteɪkəʊvə(r)/ *n* **1** (*empresa*) adquisición: *takeover bid* oferta pública de adquisición **2** (*Mil*) toma de poder

takings /ˈteɪkɪŋz/ *n* [*pl*] recaudación

talcum powder /ˈtælkəm paʊdə(r)/ (*coloq* **talc** /tælk/) *n* polvos de talco

tale /teɪl/ *n* **1** cuento, historia **2** chisme

talent /ˈtælənt/ *n* ~ (**for sth**) talento (para algo): *talent contest/show* concurso de talentos **talented** *adj* talentoso, de talento

talk ⊶ /tɔːk/ *verbo, nombre*

▸ **1** *vi* ~ (**to/with sb**) (**about sb/sth**) hablar (con algn) (de algn/algo) ⮕ *Ver nota en* HABLAR **2** *vt* hablar de: *to talk business* hablar de negocios ◊ *to talk sense/rubbish* hablar con sentido/decir tonterías **3** *vi* cotillear LOC **talk shop** (*gen pey*) hablar del trabajo ◆ **talk your way out of (doing) sth** librarse de (hacer) algo a base de labia

PHR V **talk down to sb** hablar a algn como si fuera tonto ◆ **talk sb into/out of (doing) sth** convencer a algn para que haga/no haga algo ◆ **talk sth over/through** discutir algo; hablar de algo

▸ *n* **1** conversación, charla: *to have a talk with sb* tener una conversación con algn ◊ *talk show* programa de entrevistas *Ver tb* SMALL TALK **2** talks [*pl*] negociaciones

talkative /ˈtɔːkətɪv/ *adj* hablador, charlatán

talking-to *n* [*sing*] (*coloq*) bronca

talk time *n* tiempo que se puede hablar por un móvil sin que se le acabe la batería o el saldo

tall ⊶ /tɔːl/ *adj* (**taller, -est**) alto: *How tall are you?* ¿Cuánto mides? ◊ *Tom is six feet tall.* Tom mide 1.80. ◊ *a tall tree/building* un árbol/edificio alto ⮕ *Ver nota en* ALTO

tambourine /ˌtæmbəˈriːn/ *n* pandereta

tame /teɪm/ *adjetivo, verbo*

▸ *adj* (**tamer, -est**) **1** domesticado **2** manso **3** (*coloq*) (*fiesta, libro, etc.*) insulso

▸ *vt* domar

tamper /ˈtæmpə(r)/ *v* PHR V **tamper with sth** manipular, amañar algo

tampon /ˈtæmpɒn/ *n* tampón

tan /tæn/ *verbo, nombre*

▸ *vt, vi* (**-nn-**) broncear(se)

▸ *n* **1** bronceado: *to get a tan* broncearse **2** color canela

tangent /ˈtændʒənt/ *n* tangente LOC **fly/go off at a tangent** (*coloq*) salirse por la tangente

tangerine /ˌtændʒəˈriːn; USA ˈtændʒəriːn/ n
1 mandarina **2** color naranja oscuro

tangle /ˈtæŋgl/ nombre, verbo
▶ n **1** enredo **2** lío: to get into a tangle hacerse un lío
▶ vt, vi ~ (sth) (up) enredar algo, enredarse
tangled adj enredado

tank 0̶ /tæŋk/ n **1** depósito: petrol tank depósito de gasolina **2** pecera **3** (Mil) tanque Ver tb
THINK TANK

tanker /ˈtæŋkə(r)/ n **1** petrolero **2** camión cisterna

tanned /tænd/ adj bronceado, moreno

tantalize, -ise /ˈtæntəlaɪz/ vt tentar, atormentar **tantalizing, -ising** adj tentador

tantrum /ˈtæntrəm/ n rabieta: Peter threw/had a tantrum. Peter se cogió una rabieta.

tap 0̶ /tæp/ verbo, nombre
▶ (-pp-) **1** vt ~ sb/sth (on/with sth) dar golpecitos a algn/algo (en/con algo): to tap sb on the shoulder dar una palmadita a algn en la espalda **2** vi ~ (at/on sth) dar golpecitos (en algo) **3** vt, vi ~ (into) sth explotar algo **4** vt (teléfono) intervenir
▶ n **1** grifo: to turn the tap on/off abrir/cerrar el grifo **2** golpecito

tape 0̶ /teɪp/ nombre, verbo
▶ n cinta: sticky tape cinta adhesiva ◇ to have sth on tape tener algo grabado Ver tb RED TAPE
▶ vt **1** grabar **2** ~ sth (up) atar algo con una cinta
tape measure (tb tape, measuring tape) n cinta métrica, metro
tape recorder n grabadora, casete

tapestry /ˈtæpəstri/ n (pl **tapestries**) tapiz

tapir /ˈteɪpə(r)/ n tapir

tar /tɑː(r)/ n alquitrán, brea

tarantula /təˈræntʃələ/ n tarántula

target 0̶ /ˈtɑːgɪt/ nombre, verbo
▶ n **1** objetivo: I'm not going to meet my weekly target. No voy a cumplir mi objetivo semanal. **2** blanco, objetivo: military targets objetivos militares
▶ vt **1** ~ sth at sb/sth dirigir algo a algn/algo **2** dirigirse a: We're targeting young drivers. Nos estamos dirigiendo a los conductores jóvenes.

tariff /ˈtærɪf/ n **1** arancel **2** tarifa

Tarmac® /ˈtɑːmæk/ nombre, verbo
▶ n **1** asfalto **2** the tarmac la pista (de un aeropuerto)
▶ vt **tarmac** asfaltar

tarnish /ˈtɑːnɪʃ/ **1** vt, vi deslucir(se) **2** vt (reputación, etc.) empañar

tart /tɑːt/ n **1** tarta ⊃ Ver nota en pág 657 **2** (GB, coloq, pey) golfa

tartan /ˈtɑːtn/ n tartán, tela de cuadros escoceses

Taser® /ˈteɪzə(r)/ nombre, verbo
▶ n pistola eléctrica
▶ **Taser** (tb tase /teɪz/) vt disparar a (con pistola eléctrica)

task 0̶ /tɑːsk; USA tæsk/ n tarea

taste 0̶ /teɪst/ nombre, verbo
▶ n **1** sabor **2** gusto **3** ~ (of sth) (comida, bebida) poquito (de algo) **4** [sing] ~ (of sth) muestra (de algo): her first taste of life in the city su primera experiencia de la vida en la ciudad **5** ~ (for/in sth) gusto (por algo): to have good/poor taste tener/no tener gusto
▶ **1** vi ~ (of sth) saber (a algo) **2** vt notar el sabor de ❶ Es muy normal el uso del verbo **taste** con **can** o **could**: I can't taste anything. No sabe a nada. **3** vt probar **4** vt (vino, etc.) catar **5** vt (fig) experimentar, conocer

tasteful /ˈteɪstfl/ adj de buen gusto

tasteless /ˈteɪstləs/ adj **1** insípido, soso **2** de mal gusto

tasty /ˈteɪsti/ adj (**tastier, -iest**) sabroso, rico

tat /tæt/ n LOC Ver TIT

tattered /ˈtætəd/ adj hecho jirones

tatters /ˈtætəz/ n [pl] harapos LOC in tatters hecho jirones

tattoo /təˈtuː; USA tæˈ-/ nombre, verbo
▶ n (pl **tattoos**) tatuaje
▶ vt tatuar

tatty /ˈtæti/ adj (coloq) en mal estado

taught pt, pp de TEACH

taunt /tɔːnt/ verbo, nombre
▶ vt mofarse de
▶ n burla

Taurus /ˈtɔːrəs/ n tauro ⊃ Ver ejemplos en ACUARIO

taut /tɔːt/ adj tirante, tenso

tavern /ˈtævən/ n (antic) taberna

tax 0̶ /tæks/ nombre, verbo
▶ n impuesto: tax return declaración de la renta
▶ vt **1** (artículos) gravar con un impuesto **2** (personas) imponer contribuciones a **3** (recursos) exigir demasiado a **4** (paciencia, etc.) poner a prueba, abusar de **taxable** adj imponible **taxation** n [incontable] (recaudación/pago de) impuestos

tax-free adj libre de impuestos

tax haven n paraíso fiscal

taxi 0̶ /ˈtæksi/ nombre, verbo
▶ n (tb taxicab /ˈtæksikæb/) taxi: taxi driver taxista ◇ taxi rank/stand parada de taxis
▶ vi (pt, pp **taxied**, part pres **taxiing**) rodar (avión)

taxing /ˈtæksɪŋ/ adj **1** agotador **2** (problema) muy difícil

---

| ð then | s so | z zoo | ʃ she | ʒ vision | h how | ŋ sing | j yes | w wet |

taxpayer /'tækspeɪə(r)/ n contribuyente

TBC /ˌti: bi: 'si:/ abrev de to be confirmed (evento) por confirmar

tea ⚬ /ti:/ n **1** té **2** merienda **3** cena ⊃ Ver nota en DINNER **LOC** Ver CUP

teabag /'ti:bæg/ n bolsita de té

teach ⚬ /ti:tʃ/ (pt, pp **taught** /tɔ:t/) **1** vt enseñar: *Tom is teaching us how to use the program.* Tom nos está enseñando a usar el programa. **2** vt, vi dar clases (de)

teacher ⚬ /'ti:tʃə(r)/ n profesor, -ora: *English teacher* profesor de inglés ◇ *teacher training* magisterio

teaching ⚬ /'ti:tʃɪŋ/ n enseñanza: *teaching materials* materiales didácticos ◇ *a teaching career* una carrera docente

teacup /'ti:kʌp/ n taza para té

teakettle /'ti:ketl/ n hervidor ⊃ Ver dibujo en KETTLE

team ⚬ /ti:m/ nombre, verbo
▶ n [v sing o pl] equipo ⊃ Ver nota en JURADO
▶ v **PHR V** **team up (with sb)** asociarse, juntarse (con algn)

teammate /'ti:mmeɪt/ n compañero, -a (de equipo)

teamwork /'ti:mwɜ:k/ n [incontable] trabajo en equipo

teapot /'ti:pɒt/ n tetera

tear¹ ⚬ /teə(r)/ verbo, nombre
▶ (pt **tore** /tɔ:(r)/, pp **torn** /tɔ:n/) **1** vt, vi rasgar(se) **2** vi ~ along, past, etc. ir, pasar, etc. a toda velocidad **LOC** **be torn (between A and B)** no poder decidirse (entre A y B) **PHR V** **tear sb/yourself away (from sth)** separar a algn, separarse (de algo) ◆ **tear sth down** derribar algo ◆ **tear sth out** arrancar algo ◆ **tear sth up** romper algo en pedazos
▶ n desgarrón **LOC** Ver WEAR

tear² ⚬ /tɪə(r)/ n lágrima: *He was in tears.* Estaba llorando. **LOC** **bring tears to sb's eyes** hacer llorar a algn **tearful** adj lloroso

'tea room (tb 'tea shop) n salón de té

tease /ti:z/ vt tomarle el pelo a, atormentar

teaspoon /'ti:spu:n/ n **1** cucharilla **2** (tb teaspoonful /'ti:spu:nfʊl/) (abrev tsp) cucharadita

teatime /'ti:taɪm/ n hora del té

'tea towel n trapo de cocina

techie (tb techy) /'teki/ n (pl **techies**) (coloq) profesional o entusiasta de la tecnología

technical ⚬ /'teknɪkl/ adj **1** técnico **2** según la ley: *a technical point* una cuestión de forma

'technical college (coloq tech /tek/) n (GB) instituto superior de formación profesional

technicality /ˌteknɪ'kæləti/ n **1** technicalities [pl] detalles técnicos, tecnicismos **2** formalismo

technically /'teknɪkli/ adv **1** estrictamente **2** técnicamente, en términos técnicos

technician /tek'nɪʃn/ n técnico, -a

technique ⚬ /tek'ni:k/ n técnica

technological /ˌteknə'lɒdʒɪkl/ adj tecnológico

technology ⚬ /tek'nɒlədʒi/ n (pl **technologies**) tecnología

tectonic /tek'tɒnɪk/ adj (Geol) tectónico

teddy bear /'tedi beə(r)/ (tb teddy) n osito de peluche

tedious /'ti:diəs/ adj tedioso

tedium /'ti:diəm/ n (formal) tedio

teem /ti:m/ v **PHR V** **teem with sth/sb** estar a rebosar de algo/algn (personas o animales)

teenage /'ti:neɪdʒ/ (coloq teen /ti:n/) adj de adolescentes **teenager** (coloq teen) n adolescente; quinceañero, -a

teens /ti:nz/ n [pl] adolescencia, edad entre los 13 y los 19 años: *He's in his teens.* Es un adolescente.

tee shirt = T-SHIRT

teeth pl de TOOTH

teethe /ti:ð/ vi echar los dientes **LOC** **teething problems/troubles** (negocio, sistema, etc.) problemas iniciales

telecommunications /ˌtelikəˌmju:nɪ'keɪʃnz/ (coloq telecoms /'telikɒmz/) n [pl] telecomunicaciones

teleconference /'telikɒnfərəns/ n videoconferencia

telemarketing /'telimɑ:kɪtɪŋ/ (tb telesales /'teliseɪlz/) n telemarketing

telepathy /tə'lepəθi/ n telepatía

telephone ⚬ /'telɪfəʊn/ n, v Ver PHONE

telescope /'telɪskəʊp/ n telescopio

televise /'telɪvaɪz/ vt televisar

television ⚬ /'telɪvɪʒn/ n (abrev TV) **1** televisión: *to watch television* ver la televisión **2** (tb 'television set) televisor

🔑 En Gran Bretaña hay cadenas de televisión estatales (de la **BBC**) que no tienen publicidad y que se financian mediante el pago de una licencia (**TV licence**) por parte de los usuarios. También hay canales privados como **ITV** y **Channel 5** donde sí hay publicidad. Por otro lado existe la televisión digital (**digital TV**), y la televisión vía satélite (**satellite TV**) y la televisión por cable (**cable TV**).

T

i: see   i happy   ɪ sit   e ten   æ hat   ɑ: arm   ɒ got   ɔ: saw   ʊ put

teleworker /'teliwɜːkə(r)/ n teletrabajador, -ora

teleworking /'teliwɜːkɪŋ/ n teletrabajo

tell ☞ /tel/ (pt, pp **told** /təʊld/) **1** vt ~ sb (sth); ~ sth to sb decirle algo a algn: *Did you tell him?* ¿Se lo dijiste? ◊ *to tell the truth* decir la verdad

🔎 En estilo indirecto **tell** va generalmente seguido de un objeto directo de persona: *Tell him to wait.* Dile que espere. ◊ *She told him to hurry up.* Le dijo que se diera prisa. ➔ *Ver notas en* GIVE, ORDER, SAY

2 vt, vi contar: *Tell me all about it.* Cuéntamelo todo. ◊ *Promise you won't tell.* Promete que no lo contarás. **3** vt, vi saber: *It's hard to tell.* Es difícil de saber. ◊ *You can tell she's French.* Salta a la vista que es francesa. **4** vt ~ **A from B**; ~ **A and B apart** distinguir A de B [LOC] **I told you (so)** (coloq) ya te lo dije ◆ **tell the time** (USA **tell time**) decir la hora ◆ **there's no telling** es imposible saberlo ◆ **you never can tell** nunca se sabe ◆ **you're telling me!** (coloq) ¡me lo vas a decir a mí! [PHR V] **tell sth off (for sth/doing sth)** (coloq) regañar a algn (por algo/por hacer algo) ◆ **tell on sb** (coloq) chivarse (de algn)

telling /'telɪŋ/ adj revelador, significativo

telling-'off n (pl **tellings-off**) (GB, coloq) (tb esp USA **talking-to**) bronca

telly /'teli/ n (pl **tellies**) (GB, coloq) tele

temp /temp/ nombre, verbo
▸ n trabajador, -ora temporal
▸ vi (coloq) trabajar con un contrato eventual

temper /'tempə(r)/ nombre, verbo
▸ n humor, genio: *in a (bad/foul) temper* de mal genio ◊ *to get into a temper* ponerse de mal genio [LOC] **have a quick/short temper** tener mucho genio ◆ **lose/keep your temper** perder/no perder los estribos
▸ vt ~ **sth (with sth)** (formal) templar algo (con algo)

temperament /'temprəmənt/ n temperamento

temperamental /ˌtemprə'mentl/ adj temperamental

temperate /'tempərət/ adj (clima, región) templado

temperature ☞ /'temprətʃə(r); USA tb -tʃʊər/ n temperatura Ver tb ROOM TEMPERATURE [LOC] **have/run a temperature** tener fiebre

tempestuous /tem'pestʃuəs/ adj (formal) tempestuoso

template /'templeɪt; USA -plət/ n plantilla

temple /'templ/ n **1** (Relig) templo **2** (Anat) sien

tempo /'tempəʊ/ n (pl **tempos**) **1** (Mús) tiempo ❶ En este sentido, se utiliza la forma plural **tempi** /-piː/. **2** (de vida, etc.) ritmo

temporarily ☞ /'temprərəli; USA ˌtempə-'rerəli/ adv temporalmente

temporary ☞ /'temprəri; USA -pəreri/ adj temporal, provisional

tempt /tempt/ vt tentar **temptation** n tentación **tempting** adj tentador

ten ☞ /ten/ adj, pron, n diez ➔ *Ver ejemplos en* FIVE

tenacious /tə'neɪʃəs/ adj (formal) tenaz

tenacity /tə'næsəti/ n (formal) tenacidad

tenancy /'tenənsi/ n (pl **tenancies**) arrendamiento

tenant /'tenənt/ n inquilino, -a

tend ☞ /tend/ **1** vi ~ **to do sth** tender, tener tendencia a hacer algo **2** vt, vi ~ **(to) sb/sth** cuidar a algn/algo; ocuparse de algn/algo

tendency ☞ /'tendənsi/ n (pl **tendencies**) tendencia, propensión

tender /'tendə(r)/ adj (**tenderer, -est**) **1** (mirada, palabras, etc.) cariñoso **2** (carne, planta) tierno **3** (herida) dolorido **tenderly** adv tiernamente, con ternura **tenderness** n ternura

tendon /'tendən/ n tendón

tenement /'tenəmənt/ n *a tenement block/ house* bloque de pisos

tenner /'tenə(r)/ n (GB, coloq) (billete de) diez libras

tennis /'tenɪs/ n tenis

tenor /'tenə(r)/ n tenor

tenpin bowling /ˌtenpɪn 'bəʊlɪŋ/ n [incontable] (juego de) bolos

tense /tens/ adjetivo, nombre
▸ adj (**tenser, -est**) tenso
▸ n (Gram) tiempo: *in the past tense* en tiempo pasado

tension ☞ /'tenʃn/ n tensión, tirantez

tent ☞ /tent/ n **1** tienda (de campaña) **2** (de circo, etc.) carpa

tentacle /'tentəkl/ n tentáculo

tentative /'tentətɪv/ adj **1** provisional **2** cauteloso

tenth ☞ /tenθ/ **1** adj, adv, pron décimo **2** n décima parte, décimo ➔ *Ver ejemplos en* FIFTH

tenuous /'tenjuəs/ adj tenue

tenure /'tenjə(r)/ n **1** (de un cargo) ejercicio: *security of tenure* derecho de permanencia **2** (de tierra o propiedad) tenencia

tepid /'tepɪd/ adj tibio

terabyte /'terəbaɪt/ n (abrev **TB**) (Informát) terabyte

term ☞ /tɜːm/ *nombre, verbo*
▸ *n* **1** expresión, término **2** trimestre, cuatrimestre, semestre: *the autumn/spring/summer term* el primer/segundo/tercer trimestre **3** período, plazo: *term of office* mandato (de un gobierno) ◊ *the long-term risks* los riesgos a largo plazo *Ver tb* TERMS **LOC** *in the long/short term* a largo/corto plazo
▸ *vt* (*formal*) calificar de

terminal /ˈtɜːmɪnl/ *adj, n* terminal

terminate /ˈtɜːmɪneɪt/ (*formal*) **1** *vt* (*contrato*) rescindir **2** *vt* (*acuerdo, relación*) poner fin a **3** *vi* (*tren, etc.*) terminar

terminology /ˌtɜːmɪˈnɒlədʒi/ *n* (*pl* **terminologies**) terminología

terminus /ˈtɜːmɪnəs/ *n* (*pl* **termini** /-naɪ/) (*estación*) terminal

terms /tɜːmz/ *n* [*pl*] **1** condiciones **2** términos **LOC** *be on good, bad, etc. terms (with sb)* tener buenas, malas, etc. relaciones con algn ◆ *come to terms with sth* aceptar algo *Ver tb* EQUAL, FAMILIAR, SPEAK

tern /tɜːn/ *n* golondrina de mar

terrace /ˈterəs/ *n* **1** hilera de casas adosadas **2** (*de casa, restaurante*) terraza **3** **terraces** [*pl*] (*Dep*) gradas

terraced house *n* casa adosada (*que forma parte de una hilera*) ➔ *Ver nota en* CASA

terrain /təˈreɪn/ *n* terreno

terrestrial /təˈrestriəl/ *adj* terrestre

terrible ☞ /ˈterəbl/ *adj* **1** (*accidente, heridas, etc.*) terrible **2** fatal: *to feel/look terrible* sentirse fatal/tener muy mal aspecto **3** (*coloq*) espantoso, terrible **4** (*uso enfático*) tremendo, verdadero: *What a terrible mistake!* ¡Qué tremendo error! ◊ *It's a terrible shame.* Es una verdadera lástima.

terribly ☞ /ˈterəbli/ *adv* terriblemente: *I'm terribly sorry.* Lo siento muchísimo

terrific /təˈrɪfɪk/ *adj* **1** (*coloq*) fabuloso: *The food was terrific value.* La comida era baratísima. **2** tremendo

terrified /ˈterɪfaɪd/ *adj* aterrorizado: *She's terrified of flying.* Le aterra volar. **LOC** *Ver* WIT

terrify /ˈterɪfaɪ/ *vt* (*pt, pp* **-fied**) aterrorizar **terrifying** *adj* aterrador, espantoso

territorial /ˌterəˈtɔːriəl/ *adj* territorial

territory /ˈterətri; USA -tɔːri/ *n* (*pl* **territories**) territorio

terror /ˈterə(r)/ *n* terror: *to scream with terror* gritar de terror

terrorism /ˈterərɪzəm/ *n* terrorismo **terrorist** *n* terrorista

terrorize, -ise /ˈterəraɪz/ *vt* aterrorizar

terse /tɜːs/ *adj* lacónico: *a terse reply* una respuesta seca

test ☞ /test/ *nombre, verbo*
▸ *n* **1** (*Educ*) test, examen: *I'll give you a test on Monday.* Os haré una prueba el lunes. **2** análisis, prueba: *blood/AIDS test* análisis de sangre/prueba del sida
▸ *vt* **1** ~ **sb (on sth)** (*Educ*) examinar a algn (de algo) **2** ~ **sb (for sth)** (*Med*) hacerle un análisis/una prueba a algn (de algo): *The doctor tested him for hepatitis.* El médico le hizo un análisis para ver si tenía hepatitis. **3** ~ **sth for sth** someter algo a pruebas de algo **4** probar, poner a prueba

testament /ˈtestəmənt/ *n* (*formal*) **1** ~ **(to sth)** testimonio (de algo) **2** testamento

testicle /ˈtestɪkl/ *n* testículo

testify /ˈtestɪfaɪ/ *vt, vi* (*pt, pp* **-fied**) declarar

testimony /ˈtestɪməni; USA -məʊni/ *n* (*pl* **testimonies**) testimonio

test tube *n* tubo de ensayo

tether /ˈteðə(r)/ *verbo, nombre*
▸ *vt* (*animal*) atar
▸ *n* cuerda, atadura **LOC** *Ver* END

text ☞ /tekst/ *nombre, verbo*
▸ *n* **1** texto *Ver tb* SET BOOK **2** *Ver* TEXT MESSAGE
▸ *vt, vi* (*tb* **text-message**) mandar un mensaje (de texto) (a)

textbook /ˈtekstbʊk/ *n* libro de texto

textile /ˈtekstaɪl/ *n* textil

text message *nombre, verbo*
▸ *n* (*tb* **text**) mensaje de texto, SMS
▸ *vt, vi* *Ver* TEXT **text-messaging** *n* mensajería de texto, SMS

textspeak /ˈtekstspiːk/ *n* [*incontable*] (*coloq*) lenguaje utilizado en los mensajes de texto

🔎 Con el auge de los mensajes de texto y la comunicación por internet, se ha popularizado en el inglés escrito el fenómeno de abreviar expresiones utilizando las iniciales de cada palabra, por ejemplo **asap** (= as soon as possible), **BRB** (= be right back), **LOL** (= laugh out loud), **OMG** (= oh my God), etc. Estas abreviaturas son conocidas como **textspeak**, y su uso es muy común en los mensajes escritos. No es habitual utilizar estas expresiones en la comunicación oral.

texture /ˈtekstʃə(r)/ *n* textura

than ☞ /ðən/ *prep, conj* **1** (*después de comparativo*) que: *faster than ever* más rápido que nunca ◊ *better than he thought* mejor de lo que había pensado **2** (*con tiempo y distancia*) de: *more than*

thank ०━ /θæŋk/ vt ~ sb (for sth/doing sth) dar las gracias a algn (por algo/por hacer algo); agradecer algo a algn **LOC** thank you gracias つ *Ver nota en* PLEASE

ℐ Thanking somebody for something
Agradecer algo a alguien
● *Thank you very much.* Muchas gracias.
● *I'm very grateful.* Te lo agradezco mucho.
● *I do appreciate your help.* Aprecio mucho tu ayuda.
● *That's all right.* No te preocupes.
● *Don't mention it.* No hay de qué.
● *No problem.* No hay problema.

thankful /'θæŋkfl/ adj agradecido **thankfully** /-fəli/ adv afortunadamente

thanks ०━ /θæŋks/ interjección, nombre
▶ interj gracias: *Thanks for coming!* ¡Gracias por venir! つ *Ver nota en* PLEASE
▶ n gracias, agradecimiento: *to say thanks to sb* dar las gracias a algn **LOC** *Ver* VOTE

Thanksgiving /ˌθæŋks'gɪvɪŋ/ n (tb ˌThanks-'giving Day) Día de Acción de Gracias

ℐ Thanksgiving se celebra en Estados Unidos el cuarto jueves de noviembre. La comida tradicional consiste en pavo asado (**turkey**) y tarta de calabaza (**pumpkin pie**).

that ०━ adjetivo, pronombre, conjunción, adverbio
▶ adj /ðæt/ (pl **those** /ðəʊz/) ese, aquel つ *Comparar con* THIS
▶ pron (pl **those** /ðəʊz/) **1** /ðæt/ ese, esa, esos, esas; aquel, -la, aquellos, -las **2** /ðət, ðæt/ (sujeto) que: *The letter that came is from him.* La carta que ha llegado es de él. **3** /ðət, ðæt/ (complemento) que: *These are the books (that) I bought.* Estos son los libros que compré. ◇ *the job (that) I applied for* el trabajo que solicité つ *Ver nota en* QUE¹ **4** /ðət, ðæt/ (con expresiones temporales) en que: *the year that he died* el año en que murió **LOC** **that is (to say)** es decir ◆ **that's right; that's it** eso es
▶ conj /ðət, ðæt/ que: *I told him that he should wait.* Le dije que esperase.
▶ adv /ðæt/ tan: *It's that long.* Es así de largo. ◇ *that much worse* tanto peor

thatch /θætʃ/ nombre, verbo
▶ n paja (para tejados)
▶ vt poner un tejado de paja a **thatched** adj con tejado de paja

thaw /θɔː/ verbo, nombre
▶ vt, vi deshelar(se)

▶ n deshielo

the ०━ /ðə/ art el, la; los, las ❶ Delante de una vocal se pronuncia /ði/o, si se quiere dar énfasis, /iː/. **LOC** the more/less… the more/less… cuanto más/menos… más/menos…

theatre ०━ (USA theater) /'θɪətə(r); USA 'θiːətər/ n **1** teatro **2** (USA) Ver MOVIE THEATER; Ver tb LECTURE THEATRE, OPERATING THEATRE

theatrical /θi'ætrɪkl/ adj teatral, de teatro

theft /θeft/ n robo Ver tb IDENTITY THEFT

ℐ Theft es el término que se utiliza para los robos que se realizan sin testigos y sin recurrir a la violencia: *car/cattle thefts* robos de coches/ganado. **Robbery** se refiere a los robos llevados a cabo por medio de la violencia o con amenazas: *armed/bank robbery* robo a mano armada/de un banco, mientras **burglary** se usa para los robos en casas o tiendas cuando los dueños están ausentes. つ *Ver notas en* ROB, THIEF

their ०━ /ðeə(r)/ adj su (de ellos): *What colour is their cat?* ¿De qué color es su gato? つ *Ver notas en* MY, THEY

theirs ०━ /ðeəz/ pron suyo, -a, -os, -as (de ellos): *a friend of theirs* un amigo suyo ◇ *Our flat is not as big as theirs.* Nuestro piso no es tan grande como el suyo.

them ०━ /ðəm, ðem/ pron **1** (como objeto directo) los, las: *I saw them yesterday.* Los vi ayer. **2** (como objeto indirecto) les: *Tell them to wait.* Diles que esperen. **3** (después de preposición o del verbo *be*) ellos/ellas: *Go with them.* Ve con ellos. ◇ *They took it with them.* Lo llevaron consigo. ◇ *Was it them at the door?* ¿Eran ellos los que han llamado? つ *Ver nota en* THEY

theme ०━ /θiːm/ n tema **themed** adj (evento, lugar, etc.) temático

theme park n parque temático

themselves ०━ /ðəm'selvz/ pron **1** (uso reflexivo) se: *They enjoyed themselves a lot.* Se lo pasaron muy bien. **2** (después de preposición) sí (mismos, -as): *They were talking about themselves.* Hablaban de sí mismos. **3** (uso enfático) ellos, -as mismos, -as: *Did they paint the house themselves?* ¿Pintaron la casa ellos mismos? **LOC** (all) by themselves (completamente) solos

then ०━ /ðen/ adv **1** entonces: *until then* hasta entonces ◇ *from then on* desde entonces **2** en aquella época: *Life was harder then.* La vida era más dura en aquella época. **3** luego, después: *the soup and then the chicken* la sopa y luego el pollo **4** (así que) en ese caso, pues: *You're not coming, then?* ¿Así que no vienes?

theological /ˌθiːə'lɒdʒɪkl/ adj teológico

| ð **then** | s **so** | z **zoo** | ʃ **she** | ʒ **vision** | h **how** | ŋ **sing** | j **yes** | w **wet** |

theology /θiˈɒlədʒi/ n teología

theoretical /ˌθɪəˈretɪkl; USA ˌθiːəˈretɪkl/ adj teórico

theory ⚍ /ˈθɪəri; USA tb ˈθiːəri/ n (pl **theories**) teoría: *in theory* en teoría

therapeutic /ˌθerəˈpjuːtɪk/ adj terapéutico

therapist /ˈθerəpɪst/ n terapeuta

therapy /ˈθerəpi/ n (pl **therapies**) terapia Ver tb RETAIL THERAPY

there ⚍ /ðeə(r)/ adv ahí, allí, allá: *My car is there, in front of the pub.* Mi coche está allí, delante del bar.
● **there + be** haber: *There's someone at the door.* Hay alguien en la puerta. ◊ *How many are there?* ¿Cuántos hay? ◊ *There'll be twelve guests at the party.* Habrá doce invitados en la fiesta. ◊ *There was a terrible accident yesterday.* Hubo un accidente horrible ayer. ◊ *There has been very little rain recently.* Ha llovido muy poco últimamente. ➔ Ver nota en HABER
● **there + v modal + be** *There must be no mistakes.* No puede haber ningún error. ◊ *There might be rain later.* Podría haber chubascos más tarde. ◊ *There shouldn't be any problems.* No creo que haya ningún problema. ◊ *How can there be that many?* ¿Cómo es posible que haya tantos?

🔑 **There** se usa también con **seem** y **appear**: *There seem/appear to be two ways of looking at this problem.* Parece que hay dos formas de enfocar este problema.

LOC **there and then** en el acto, allí mismo Ver tb HERE

thereafter /ˌðeərˈɑːftə(r); USA -ˈæf-/ adv (formal) a partir de entonces

thereby /ˌðeəˈbaɪ/ adv (formal) **1** por eso/ello **2** de este modo

therefore ⚍ /ˈðeəfɔː(r)/ adv por (lo) tanto, por consiguiente

thermal /ˈθɜːml/ adj **1** térmico **2** (fuente) termal

thermometer /θəˈmɒmɪtə(r)/ n termómetro

Thermos ® /ˈθɜːməs/ (tb ˈThermos flask) n termo

thermostat /ˈθɜːməstæt/ n termostato

these pl de THIS

thesis /ˈθiːsɪs/ n (pl **theses** /-siːz/) tesis

they ⚍ /ðeɪ/ pron ellos/ellas: *They didn't like it.* No les gustó. ❶ El pronombre personal no se puede omitir en inglés. ➔ Comparar con THEM

🔑 **They**, **their** y **them** también se utilizan para hacer referencia a una sola persona cuando no se sabe o no se especifica el sexo: *If one of Tim's friends calls, tell them he's not feel-*

ing well. Si llama algún amigo de Tim, dile que no se encuentra bien.

they'd /ðeɪd/ **1** (abrev de they had) Ver HAVE **2** (abrev de they would) Ver WOULD

they'll /ðeɪl/ (abrev de they will) Ver WILL

they're /ðeə(r); USA ðər/ (abrev de they are) Ver BE

they've /ðeɪv/ (abrev de they have) Ver HAVE

thick ⚍ /θɪk/ adjetivo, nombre, adverbio
▸ adj (**thicker**, **-est**) **1** grueso: *The ice was six inches thick.* El hielo tenía quince centímetros de grosor. **2** espeso: *This sauce is too thick.* Esta salsa está demasiado espesa. **3** (barba) poblado **4** ~ **with sb/sth** lleno de algn/algo **5** (GB, coloq) (persona) burro **6** (acento) marcado
▸ n **LOC** **in the thick of sth** en medio de algo ◆ **through thick and thin** contra viento y marea
▸ adv (**thicker**, **-est**) grueso: *Don't spread the butter too thick.* No te pongas demasiada mantequilla. **thicken** vt, vi espesar(se)

thickly ⚍ /ˈθɪkli/ adv **1** *Apply the paint thickly.* Pon una capa gruesa de pintura. **2** (poblado) densamente

thickness ⚍ /ˈθɪknəs/ n espesor, grosor

thick-ˈskinned adj (persona) insensible

thief ⚍ /θiːf/ n (pl **thieves** /θiːvz/) ladrón, -ona

🔑 **Thief** es el término general que se utiliza para designar a un ladrón que roba cosas, generalmente sin que nadie lo vea y sin recurrir a la violencia. **Robber** se aplica a la persona que roba bancos, tiendas, etc., a menudo mediante la violencia o con amenazas. **Burglar** se utiliza para los ladrones que roban en una casa o una tienda cuando no hay nadie y **shoplifter** es la persona que se lleva cosas de una tienda sin pagarlas. ➔ Ver notas en ROB, THEFT

thigh /θaɪ/ n muslo

thimble /ˈθɪmbl/ n dedal

thin ⚍ /θɪn/ adjetivo, adverbio, verbo
▸ adj (**thinner**, **-est**) **1** fino, delgado **2** (persona, brazo) delgado, flaco ➔ Ver nota en DELGADO **3** (cabello) ralo **4** (sopa, pintura, etc.) poco espeso, aguado **LOC** **(be) thin on the ground** (ser) escaso ◆ **disappear, vanish, etc. into thin air** desaparecer como por arte de magia Ver tb THICK
▸ adv (**thinner**, **-est**) fino
▸ (**-nn-**) **1** vt (pintura, salsa, etc.) diluir **2** vi ~ (**out**) hacerse menos denso: *The clouds thinned and the moon shone through.* Las nubes aclararon y brilló la luna.

thing ⚍ /θɪŋ/ n **1** cosa: *What's that thing on the table?* ¿Qué es eso que hay en la mesa? ◊

the main thing lo más importante ◇ *the first thing* lo primero ◇ *Forget the whole thing.* Olvídate del asunto. ◇ *to take things seriously* tomárselo todo en serio ◇ *The way things are going...* Tal como está la situación... **2 things** [*pl*] cosas: *You can put your things in that drawer.* Puedes poner tus cosas en ese cajón. **3 a thing** [*sing*]: *I can't see a thing.* No veo nada. **4 the thing** [*sing*]: *Just the thing for tired business people.* Justo lo que necesitan las personas de negocios cansadas. **5** *Poor (little) thing!* ¡Pobrecito! LOC **be a good thing (that)...** menos mal (que)...: *It was a good thing that we were on time.* Menos mal que llegamos a tiempo. ◆ **do your own thing** (*coloq*) ir a tu aire ◆ **for one thing** para empezar ◆ **the thing is...** (*coloq*) la cosa es que... *Ver tb* CUT, EASY, FIRST, LAST, OVERDO, PROPORTION, WORSE

thingummy /ˈθɪŋəmi/ n (tb **thingy** /ˈθɪŋi/) (pl **thingummies/thingies**) (*coloq*)

🔎 Se utilizan **thingummy** y **thingy** para referirse a objetos o personas cuyos nombres no recordamos: *one of those thingummies for keeping papers together* uno de aquellos chismes para sujetar los papeles ◇ *Is thingummy going? Do you know who I mean?* ¿Va a estar (el fulano) ese? ¿Sabes a quién me refiero?

think ⬥ /θɪŋk/ *verbo, nombre*

▶ (pt, pp **thought** /θɔːt/) **1** vt, vi pensar: *What are you thinking (about)?* ¿En qué estás pensando? ◇ *Who'd have thought it?* ¿Quién lo hubiera pensado? ◇ *The job took longer than we thought.* El trabajo nos llevó más de lo que pensábamos. ◇ *Just think!* ¡Imagínate! **2** vt creer: *I think so/I don't think so.* Creo que sí/ no. ◇ *What do you think (of her)?* ¿Qué opinas (de ella)? ◇ *It would be nice, don't you think?* Estaría bien, ¿no te parece? ◇ *I think this is the house.* Me parece que la casa es esta. **3** vi reflexionar LOC **I should think so!** ¡faltaría más! ◆ **not think twice (about sth)** no pensarse dos veces (algo) ◆ **think out of/outside the box** salirse de la forma de pensar convencional ◆ **think the world, highly, a lot, etc. of sb** tener a algn en alta estima *Ver tb* GREAT PHRV **think about/of sb/sth 1** pensar (en) algn/algo: *I'll think about it.* Lo pensaré. **2** tener a algn/algo en cuenta ◆ **think of sth/sb 1** pensar en algo/ algn **2** ocurrírsele algo a algn: *Who thought of that idea?* ¿A quién se le ocurrió esa idea? **3** acordarse de algo/algn ◆ **think of sb/sth as sb/ sth** considerar a algn/algo como algn/algo ◆ **think sth out** pensarse algo bien: *a well thought*

out plan un plan bien pensado ◆ **think sth over/ through** reflexionar sobre algo; pensarse (bien) algo ◆ **think sth up** (*coloq*) inventar, idear algo

▶ n [sing] LOC **have a think (about sth)** (*coloq*) pensárselo; pensarse algo

thinker /ˈθɪŋkə(r)/ n pensador, -ora

thinking ⬥ /ˈθɪŋkɪŋ/ *nombre, adjetivo*

▶ n [incontable] **1** *to do some quick/hard thinking* pensar con rapidez/reflexionar seriamente ◇ *Quick thinking!* ¡Bien pensado! **2** forma de pensar: *What's your thinking on this?* ¿Qué piensas de esto? ◇ *the thinking behind the new law* lo que se pretende con la nueva ley *Ver tb* WISHFUL THINKING

▶ adj [solo antes de sustantivo] racional, inteligente

think tank n grupo de expertos (*esp para aconsejar a los gobiernos*)

thinly /ˈθɪnli/ adv fino

third ⬥ /θɜːd/ (abrev **3rd**) adjetivo, adverbio, pronombre, nombre

▶ adj, adv, pron tercero

▶ n **1** tercio, tercera parte **2 the third** el (día) tres **3** (tb **third** *gear*) tercera ⊃ *Ver ejemplos en* FIFTH
thirdly adv en tercer lugar (*en una enumeración*)

third party n (*Jur*) tercera persona

the third sector n [sing] (*Econ*) el tercer sector (*organizaciones sin ánimo de lucro*)

the Third World n el Tercer Mundo

thirst /θɜːst/ n ~ (**for sth**) sed (de algo)

thirsty ⬥ /ˈθɜːsti/ adj (**thirstier, -iest**) sediento: *to be thirsty* tener sed

thirteen ⬥ /ˌθɜːˈtiːn/ adj, pron, n trece ⊃ *Ver ejemplos en* FIVE

thirteenth ⬥ /ˌθɜːˈtiːnθ/ **1** adj, adv, pron decimotercero **2** n treceava parte, treceavo ⊃ *Ver ejemplos en* FIFTH

thirtieth ⬥ /ˈθɜːtiəθ/ **1** adj, adv, pron trigésimo **2** n treintava parte, treintavo ⊃ *Ver ejemplos en* FIFTH

thirty ⬥ /ˈθɜːti/ adj, adv, pron, n treinta ⊃ *Ver ejemplos en* FIFTY, FIVE

this ⬥ /ðɪs/ adjetivo, pronombre, adverbio

▶ adj (pl **these** /ðiːz/) este: *I don't like this colour.* No me gusta este color. ◇ *This one suits me.* Este me favorece. ◇ *These shoes are more comfortable than those.* Estos zapatos son más cómodos que esos. ⊃ *Comparar con* THAT

▶ pron (pl **these** /ðiːz/) **1** este, -a; estos, -as: *This is John's father.* Este es el padre de John. ◇ *I prefer these.* Prefiero estos. **2** esto: *Listen to this...* Escucha esto...

▶ adv *this high* así de alto ◇ *this far* tan lejos

thistle /ˈθɪsl/ n cardo (*planta silvestre*)

thong /θɒŋ; USA θɔːŋ/ n **1** tanga **2** (USA) chancla

thorax /ˈθɔːræks/ n (pl **thoraxes**, **thoraces** /-rəsiːz/) (Anat) tórax

thorn /θɔːn/ n espina (de rosal, etc.) **thorny** adj (**thornier**, **-iest**) (lit y fig) espinoso

thorough ⊶ /ˈθʌrə; USA ˈθɜːrəʊ/ adj **1** (investigación, conocimiento) a fondo, exhaustivo **2** (persona) meticuloso

thoroughly ⊶ /ˈθʌrəli; USA ˈθɜːr-/ adv **1** enormemente **2** a conciencia

those pl de THAT

though ⊶ /ðəʊ/ conjunción, adverbio
▶ conj aunque, pero ➔ Ver nota en AUNQUE
▶ adv de todas formas

thought ⊶ /θɔːt/ n **1** ~ (of doing sth) idea (de hacer algo) **2** pensamiento: deep/lost in thought perdido en sus propios pensamientos Ver tb THINK **LOC** Ver FOOD, SCHOOL, SECOND, TRAIN **thoughtful** adj **1** pensativo **2** atento: It was very thoughtful of you. Fue todo un detalle por tu parte. **thoughtless** adj desconsiderado

thought-provoking adj que hace reflexionar

thousand ⊶ /ˈθaʊznd/ adj, pron, n mil ➔ Ver notas en MIL, MILLION ➔ Ver ejemplos en FIVE

thousandth ⊶ /ˈθaʊznθ/ **1** adj, pron milésimo **2** n milésima parte ➔ Ver ejemplos en FIFTH

thrash /θræʃ/ vt (lit y fig) dar una paliza a

thrashing /ˈθræʃɪŋ/ n (lit y fig) paliza

thread ⊶ /θred/ nombre, verbo
▶ n **1** hilo: a needle and thread aguja e hilo **2** (Internet) hilo de discusión
▶ **1** vt enhebrar **2** vt (cuerda, cable, etc.) pasar **3** vt (perlas, cuentas, etc.) ensartar **4** vt, vi ~ (your way) through, between, etc. sth abrirse paso a través de, entre, etc. algo

threat ⊶ /θret/ n ~ (to sb/sth) amenaza (para algn/algo)

threaten ⊶ /ˈθretn/ vt **1** ~ sb (with sth) amenazar a algn (con algo) **2** ~ to do sth amenazar con hacer algo

threatening ⊶ /ˈθretnɪŋ/ adj amenazador

three ⊶ /θriː/ adj, pron, n tres ➔ Ver ejemplos en FIVE

three-dimensional (tb 3-D /ˌθriː ˈdiː/) adj tridimensional

threshold /ˈθreʃhəʊld/ n umbral

threw pt de THROW

thrifty /ˈθrɪfti/ adj ahorrador

thrill /θrɪl/ nombre, verbo
▶ n **1** emoción: What a thrill! ¡Que emoción! **2** escalofrío
▶ vt emocionar, entusiasmar **thrilled** adj entusiasmado, emocionado **thriller** n obra de sus-

pense (película, novela, etc.) **thrilling** adj emocionante

thrive /θraɪv/ vi ~ (on sth) prosperar, crecerse (con algo) **thriving** adj próspero, floreciente

throat ⊶ /θrəʊt/ n garganta: to have a sore throat tener dolor de garganta

throb /θrɒb/ verbo, nombre
▶ vi (-bb-) ~ (with sth) vibrar, palpitar (de algo)
▶ n (tb throbbing) [sing] vibración, palpitación

throne /θrəʊn/ n trono

through ⊶ /θruː/ preposición, adverbio, adjetivo
❶ Para los usos de **through** en PHRASAL VERBS ver las entradas de los verbos correspondientes, p. ej. **break through sth** en BREAK.
▶ prep **1** a través de, por: She made her way through the traffic. Se abrió paso a través del tráfico. ◇ to breathe through your nose respirar por la nariz **2** durante, a lo largo de: We worked right through the night. Trabajamos durante toda la noche. ◇ I'm halfway through the book. Ya voy por la mitad del libro. **3** por (culpa de): through carelessness por descuido **4** por (medio de): I got the job through Tim. Conseguí el trabajo por mediación de Tim. **5** (USA) (coloq thru) hasta… (inclusive): Tuesday through Friday de martes a viernes
▶ adv **1** de un lado a otro: Can you get through? ¿Puedes pasar al otro lado? **2** de principio a fin: I've read the poem through once. Me he leído el poema entero una vez. ◇ all night through toda la noche
▶ adj [solo antes de sustantivo] directo: a through train un tren directo ◇ No through road Callejón sin salida

throughout ⊶ /θruːˈaʊt/ preposición, adverbio
▶ prep por todo, durante todo: throughout his life toda su vida
▶ adv **1** por todas partes **2** todo el tiempo

throw ⊶ /θrəʊ/ verbo, nombre
▶ vt (pt **threw** /θruː/, pp **thrown** /θrəʊn/) **1** ~ sb sth; ~ sth (to sb) tirar, echar algo (a algn): Throw the ball to Mary. Tírale la pelota a Mary. ➔ Ver nota en GIVE **2** ~ sth (at sb/sth) tirar, lanzar algo (a algn/algo)

🔎 **Throw sth at sth/sb** indica que se tiene la intención de darle al objeto o a hacerle daño a la persona: Don't throw stones at the cat. No le tires piedras al gato.

3 (con adverbio) echar: He threw back his head. Echó la cabeza atrás. ◇ She threw up her hands in horror. Levantó los brazos horrorizada. **4** dejar (de cierta forma): We were thrown into confusion by the news. La noticia nos dejó

T

confusos. ◊ *to be thrown out of work* quedarse sin trabajo **5** (*coloq*) desconcertar **6** (*luz, sombra*) proyectar **7** (*caballo, etc.*) derribar **LOC** Para expresiones con **throw**, véanse las entradas del sustantivo, adjetivo, etc., p. ej. **throw a wobbly** en **WOBBLY**. **PHRV** **throw sth about/around** desparramar algo, tirar algo por todas partes (*papeles, etc.*) ♦ **throw sth away 1** tirar algo (*a la basura*) **2** desaprovechar algo ♦ **throw sb out** echar, expulsar a algn ♦ **throw sth out 1** tirar algo (*a la basura*) **2** (*propuesta, etc.*) rechazar algo ♦ **throw (sth) up** vomitar (algo)

▶ *n* **1** lanzamiento **2** (*Baloncesto, etc.*) tiro **3** (*dados*) tirada: *It's your throw.* Te toca a ti (tirar). **4** cubrecama, cubresofá

throwaway /ˈθrəʊəweɪ/ *adj* **1** *a throwaway remark* un comentario como de pasada **2** de usar y tirar: *throwaway cups* vasos de usar y tirar

throw-in *n* (*Dep*) saque de banda

thru (*USA, coloq*) = **THROUGH** *prep* (5)

thrust /θrʌst/ *verbo, nombre*

▶ (*pt, pp* **thrust**) **1** *vt* meter, clavar, hundir **2** *vt, vi*: *to thrust your way through the crowd* abrirse paso entre la multitud ◊ *She thrust past him angrily.* Pasó por su lado apartándolo de un empujón. **3** *vt, vi* ~ **sth at sb**; ~ **at sb (with sth)** atacar a algn (con algo) **PHRV** **thrust sth/sb on/upon sb** obligar a algn a aceptar algo/a algn; imponer algo a algn

▶ *n* **1** [*sing*] ~ **(of sth)** idea fundamental (de algo) **2** empujón **3** puñalada, estocada

thud /θʌd/ *nombre, verbo*

▶ *n* ruido (sordo), golpe (sordo)

▶ *vi* (**-dd-**) **1** hacer un ruido sordo, caer con un ruido sordo: *to thud against/into sth* golpear/chocar contra algo con un ruido sordo **2** (*corazón*) latir fuertemente

thug /θʌg/ *n* **1** bestia, bruto **2** (*criminal*) matón

thumb /θʌm/ *nombre, verbo*

▶ *n* pulgar (*de la mano*) **LOC** **be all (fingers and) thumbs** ser un manazas ♦ **be under sb's thumb** estar dominado por algn ♦ **thumbs up/down** *The proposal got the thumbs up/down.* La propuesta fue aprobada/rechazada. ◊ *to give the thumbs up/down to sth* aprobar/rechazar algo *Ver tb* **TWIDDLE**

▶ *vt, vi to thumb a lift/ride* hacer dedo **PHRV** **thumb through sth** hojear algo

thumbtack /ˈθʌmtæk/ *n* (*USA*) chincheta ➔ *Ver dibujo en* **PIN**

thump /θʌmp/ *verbo, nombre*

▶ **1** *vt* golpear, dar un golpe a **2** *vi* (*corazón*) latir con fuerza

▶ *n* **1** ruido sordo **2** (*GB, coloq*) puñetazo, porrazo

thunder /ˈθʌndə(r)/ *nombre, verbo*

▶ *n* [*incontable*] trueno: *a clap/roll of thunder* un trueno

▶ *vi* **1** tronar **2** retumbar

thunderstorm /ˈθʌndəstɔːm/ *n* tormenta

thundery /ˈθʌndəri/ *adj* tormentoso: *It's thundery.* Está tronando.

Thursday /ˈθɜːzdeɪ, -di/ *n* (*abrev* **Thur.**, **Thurs.**) jueves ➔ *Ver ejemplos en* **MONDAY**

thus /ðʌs/ *adv* (*formal*) **1** así, de esta manera **2** (*por esta razón*) por (lo) tanto

thwart /θwɔːt/ *vt* frustrar, impedir

thyme /taɪm/ *n* tomillo

tibia /ˈtɪbiə/ *n* (*pl* **tibiae** /-biiː/) (*Anat*) tibia

tick

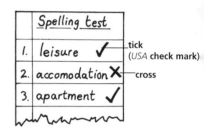

tick /tɪk/ *verbo, nombre*

▶ **1** *vi* (*reloj, etc.*) hacer tictac **2** *vt* marcar con una señal (de visto) **PHRV** **tick away/by** pasar (*tiempo*) ♦ **tick sb/sth off** tachar a algn/algo de una lista ♦ **tick over 1** estar en marcha, funcionar a ralentí **2** (*negocio, etc.*) ir tirando: *Just keep things ticking over while I'm away.* Ocúpate de que las cosas sigan en marcha mientras estoy fuera.

▶ *n* **1** (*marca*) señal (de visto) **2** (*de reloj, etc.*) tictac **3** garrapata

ticker /ˈtɪkə(r)/ (*tb* ˈ**news ticker**) *n* mensaje con las últimas noticias que se desliza por la pantalla de televisión o el monitor

ticket /ˈtɪkɪt/ *n* **1** (*tren, etc.*) billete **2** (*Teat, Cine*) entrada: *ticket office* taquilla **3** resguardo **4** (*lotería*) cupón **5** tique **6** etiqueta **7** multa (*de tráfico*) *Ver tb* **DREAM TICKET**

tickle /ˈtɪkl/ *verbo, nombre*

▶ *vt, vi* hacer cosquillas (a)

▶ *n* [*gen sing*] cosquilleo, picor

ticklish /ˈtɪklɪʃ/ *adj* que tiene cosquillas: *to be ticklish* tener cosquillas

tic-tac-toe /ˌtɪk tæk ˈtəʊ/ *n* (*USA*) tres en raya

tidal /ˈtaɪdl/ adj de (la) marea

tidal wave n maremoto

tide /taɪd/ n **1** marea: *The tide is coming in/going out.* La marea está subiendo/bajando. ◊ *high/low tide* marea alta/baja **2** corriente (de opinión)

tidy ⊶ /ˈtaɪdi/ adjetivo, verbo
▸ adj (**tidier**, **-iest**) **1** ordenado, arreglado **2** (apariencia) pulcro, aseado
▸ vt, vi (pt, pp **tidied**) ~ (**sth**) (**up**) arreglar algo; ordenar (algo) PHRV **tidy sth away** poner algo en su sitio

tie ⊶ /taɪ/ verbo, nombre
▸ (pt, pp **tied**, part pres **tying**) **1** vt, vi atar(se) **2** vt (corbata, etc.) anudar **3** vt, vi (Dep) empatar PHRV **tie sb/yourself down (to sth)** atar a algn, hacer que algn se comprometa, comprometerse (a algo): *Having young children really ties you down.* Tener niños pequeños ata muchísimo. ◆ **tie sth to sth** relacionar algo con algo ◆ **tie sb/sth up** atar a algn/algo
▸ n **1** corbata Ver tb BOW TIE **2** tira de alambre o plástico (para cerrar bolsas, etc.) **3** [gen pl] lazo: *family ties* lazos familiares **4** (Dep) empate

tier /tɪə(r)/ n grada, fila, piso

tiger /ˈtaɪɡə(r)/ n tigre

tight ⊶ /taɪt/ adjetivo, adverbio
▸ adj (**tighter**, **-est**) **1** apretado, justo, estrecho: *These shoes are too tight.* Estos zapatos me aprietan. ◊ *to keep a tight hold/grip on sth* mantener algo fuertemente agarrado **2** tirante **3** (control) riguroso **4** (curva) cerrado
▸ adv (**tighter**, **-est**) bien, fuertemente: *Hold tight!* ¡Agárrense bien!

tighten /ˈtaɪtn/ vt, vi ~ (**sth**) (**up**) apretar algo, apretarse **2** vt ~ **sth** (**up**) (control, legislación) hacer algo más riguroso

tight-fitting adj (ropa, etc.) muy ajustado

tightly ⊶ /ˈtaɪtli/ adv bien, fuertemente, rigurosamente

tightrope /ˈtaɪtrəʊp/ n cuerda floja

tights /taɪts/ n [pl] **1** medias, pantis **2** (para ballet, etc.) leotardos ➜ Ver nota en PAIR

tigress /ˈtaɪɡrəs/ n tigresa

tile /taɪl/ nombre, verbo
▸ n **1** azulejo **2** baldosa **3** teja
▸ vt **1** alicatar **2** embaldosar **3** tejar

till ⊶ /tɪl/ conjunción, preposición, nombre
▸ conj, prep hasta (que)
▸ n caja (registradora): *Please pay at the till.* Pague en caja, por favor.

tilt /tɪlt/ verbo, nombre
▸ vt, vi inclinar(se), ladear(se)
▸ n inclinación, ladeo

timber /ˈtɪmbə(r)/ n **1** [incontable] árboles (maderos) **2** [incontable] madera **3** madero, viga

time ⊶ /taɪm/ nombre, verbo
▸ n **1** tiempo: *You've been a long time!* ¡Has tardado mucho! **2** hora: *What time is it?/What's the time?* ¿Qué hora es? ◊ *It's time we were going/time for us to go.* Es hora de que nos vayamos. ◊ *by the time we reached home* para cuando llegamos a casa ◊ *at the present time* actualmente **3** tiempo, época: *for a time* durante algún tiempo ◊ *at one time* en cierta época ◊ *(by) this time next year* para estas fechas el año que viene **4** vez, ocasión: *last time* la última vez ◊ *every time* cada vez ◊ *for the first time* por primera vez **5** (Mús) compás Ver tb BIG TIME LOC **ahead of/behind time** adelantado/retrasado ◆ **all the time** todo el tiempo ◆ **(and) about time (too)** ya era hora ◆ **at all times** en todo momento ◆ **at a time** a la vez: *one at a time* de uno en uno ◆ **at the time** en aquel momento ◆ **at times** a veces ◆ **for the time being** por el momento, de momento ◆ **from time to time** de vez en cuando ◆ **have a good time** pasarlo en grande ◆ **have the time of your life** pasarlo bomba ◆ **in a week's, month's, etc. time** dentro de una semana, un mes, etc. ◆ **in good time** temprano, con tiempo ◆ **in time** con el tiempo ◆ **in time (for sth/to do sth)** a tiempo (para algo/para hacer algo) ◆ **on time** a la hora, puntual ➜ Ver nota en PUNTUAL ◆ **take your time (over sth/to do sth/doing sth)** tomarse el tiempo necesario (para (hacer) algo) ◆ **time after time; time and (time) again** una y otra vez Ver tb BIDE, FORTH, HARD, KILL, MARK, MATTER, NICK, ONCE, PRESS, SAME, TELL
▸ vt **1** programar, prever **2** to time sth well/badly escoger un momento oportuno/inoportuno para (hacer) algo **3** medir el tiempo de, cronometrar PHRV **time out** (conexión de internet) expirar Ver tb TIMEOUT

time-consuming adj que lleva mucho tiempo

time lag n retraso

timeline /ˈtaɪmlaɪn/ n cronología

timely /ˈtaɪmli/ adj oportuno

time off n tiempo libre

timeout /ˈtaɪmaʊt/ n **1** (Informát) desconexión por tiempo **2** (USA) (Dep) tiempo muerto

timer /ˈtaɪmə(r)/ n reloj automático

times /taɪmz/ prep (coloq) multiplicado por: *Three times four is twelve.* Cuatro por tres son doce.

time-saving adj (aparato, etc.) que ahorra tiempo

timetable ⊶ /ˈtaɪmteɪbl/ n horario

timid /'tɪmɪd/ *adj* tímido, apocado

timing /'taɪmɪŋ/ *n* **1** momento escogido, coordinación: *the timing of the election* la fecha escogida para las elecciones ◇ *Your timing is perfect!* ¡Has elegido el momento perfecto! **2** cronometraje

tin ⊶ /tɪn/ *n* **1** estaño **2** lata ⊃ *Ver nota en* LATA ⊃ *Ver dibujo en* CONTAINER

tinfoil /'tɪnfɔɪl/ *n* papel de aluminio ❶ También se llama **aluminium foil**.

tinge /tɪndʒ/ *verbo, nombre*
▶ *vt* ~ **sth (with sth)** (*lit y fig*) teñir algo (de algo)
▶ *n* tinte, matiz

tingle /'tɪŋgl/ *vi* **1** hormiguear **2** ~ **with sth** estremecerse de algo (*emoción*)

tinker /'tɪŋkə(r)/ *vi* ~ **(with sth)** juguetear (con algo); hacer pequeños ajustes (a algo)

tinned /tɪnd/ *adj* en lata, de lata

'tin opener *n* abrelatas

tinsel /'tɪnsl/ *n* espumillón

tint /tɪnt/ *n* **1** matiz **2** tinte (*para pelo*) **tinted** *adj* **1** (*pelo*) teñido **2** (*cristal*) ahumado

tiny ⊶ /'taɪni/ *adj* (**tinier**, **-iest**) diminuto, minúsculo

tip ⊶ /tɪp/ *nombre, verbo*
▶ *n* **1** punta **2** ~ **(on/for sth)** consejo (sobre/para algo) **3** propina **4** vertedero
▶ (**-pp-**) **1** *vt, vi* inclinar(se) **2** *vt* tirar, verter **3** *vt, vi* dar (una) propina **4** *vt* ~ **sb/sth (as/for sth)** pronosticar a algn/algo (como/para algo): *She is already being tipped as a future president.* Ya se habla de ella como futuro presidente. PHR V **tip sb off (about sth)** (*coloq*) dar el soplo a algn (de algo) ◆ **tip (sth) over/up** volcar algo, volcarse

tipsy /'tɪpsi/ *adj* achispado, alegre

tiptoe /'tɪptəʊ/ *nombre, verbo*
▶ *n* LOC **on tiptoe** de puntillas
▶ *vi* **to tiptoe in/out** entrar/salir de puntillas

tire ⊶ /'taɪə(r)/ *verbo, nombre*
▶ *vt, vi* cansar(se) PHR V **tire of sth/sb** cansarse de algo/algn ◆ **tire sb/yourself out** agotar a algn, agotarse
▶ *n* (*USA*) = TYRE

tired ⊶ /'taɪəd/ *adj* **1** cansado ⊃ *Ver nota en* BORING **2** ~ **of sb/sth/doing sth** harto de algn/algo/de hacer algo: *to get tired of sb/sth* cansarse de algn/algo **3** (*tema, excusa, etc.*) trillado, demasiado oído LOC **tired out** agotado **tiredness** *n* cansancio

tireless /'taɪələs/ *adj* incansable

tiresome /'taɪəsəm/ *adj* **1** (*tarea*) fastidioso **2** (*persona*) pesado

tiring ⊶ /'taɪərɪŋ/ *adj* cansado: *a long and tiring journey* un viaje largo y cansado ⊃ *Ver nota en* BORING

tissue /'tɪʃuː; *GB tb* 'tɪsjuː/ *n* **1** (*Biol, Bot*) tejido **2** pañuelo de papel **3** (*tb* 'tissue paper') papel de seda

tit /tɪt/ *n* **1** (*argot*) teta **2** (*pájaro*) herrerillo LOC **tit for tat** ojo por ojo, diente por diente

title ⊶ /'taɪtl/ *n* **1** título: *title page* portada ◇ *title role* papel principal **2** título nobiliario **3** tratamiento **4** ~ **(to sth)** (*Jur*) derecho (a algo): *title deed* título de propiedad

titter /'tɪtə(r)/ *verbo, nombre*
▶ *vi* reírse disimuladamente ⊃ *Ver nota en* REÍR
▶ *n* risita

TLC /ˌtiː el 'siː/ *n* (*abrev de* tender loving care) [*incontable*] (*coloq*) cariño, mimos

to ⊶ /tə, tu/ *prep*
❶ Para los usos de **to** en PHRASAL VERBS ver las entradas de los verbos correspondientes, p. ej. **add up to sth** en ADD. **1** (*dirección*) a: *to go to the beach* ir a la playa ◇ *the road to London* la carretera de Londres **2** hacia: *Move to the left.* Muévete hacia la izquierda. **3** hasta: *faithful to the end/last* leal hasta el final **4** (*duración*): *It lasts two to three hours.* Dura entre dos y tres horas. **5** (*tiempo*) menos: *ten to one* la una menos diez **6** (*con objeto indirecto*) a: *He gave it to Bob.* Se lo dio a Bob. **7** de: *the key to the door* la llave de la puerta **8** (*comparación*) a: *I prefer cycling to climbing.* Prefiero hacer ciclismo que alpinismo. **9** (*proporción*) por: *How many kilometres does it do to the litre?* ¿Cuántos kilómetros hace por litro? **10** (*propósito*): *to go to sb's aid* ir en ayuda de algn **11** para: *to my surprise* para mi sorpresa **12** (*opinión*) a, para: *It looks red to me.* A mí me parece rojo. LOC **to and fro** de un lado a otro

🔎 La partícula **to** se utiliza para formar el infinitivo en inglés: *to go* ir ◇ *to eat* comer ◇ *I came to see you.* Vine para/a verte. ◇ *He didn't know what to do.* No sabía qué hacer. ◇ *It's for you to decide.* Tienes que decidirlo tú.

toad /təʊd/ *n* sapo

toadstool /'təʊdstuːl/ *n* seta no comestible

toast /təʊst/ *nombre, verbo*
▶ *n* **1** [*incontable*] tostadas: *a slice/piece of toast* una tostada ◇ *toast and jam* tostadas con mermelada ◇ *Would you like some toast?* ¿Quieres tostadas? **2** brindis: *to drink a toast to sb* brindar por algn
▶ *vt* **1** tostar **2** brindar por **toaster** *n* tostadora

tobacco /təˈbækəʊ/ n (pl **tobaccos**) tabaco
tobacconist n **1** estanquero, -a **2** tobacconist's
estanco ➔ Ver notas en CARNICERÍA, ESTANCO

toboggan /təˈbɒɡən/ n trineo (para deslizarse por cuestas)

today 0̶ₘ /təˈdeɪ/ adv, n **1** hoy **2** hoy (en) día: Today's mobile phones are very powerful. Los móviles de hoy en día son muy potentes. **LOC** Ver WEEK

toddler /ˈtɒdlə(r)/ n niño, -a que acaba de aprender a andar

to-ˈdo list n lista de cosas que hacer

toe 0̶ₘ /təʊ/ nombre, verbo
▸ n **1** dedo (del pie): big toe dedo gordo (del pie) ➔ Comparar con FINGER **2** (de calcetín) punta **3** (de zapato) puntera **LOC** keep sb on their toes mantener alerta a algn
▸ vt (pt, pp **toed**, part pres **toeing**) **LOC** toe the line conformarse

toenail /ˈtəʊneɪl/ n uña del pie

toffee /ˈtɒfi/ n caramelo: toffee apple manzana acaramelada

together 0̶ₘ /təˈɡeðə(r)/ adv
❶ Para los usos de **together** en PHRASAL VERBS ver las entradas de los verbos correspondientes, p. ej. **pull yourself together** en PULL. **1** juntos: Can we have lunch together? ¿Podemos comer juntos? ◇ Get all the ingredients together before you start cooking. Prepare todos los ingredientes antes de empezar a cocinar. ◇ to glue two boards together pegar dos tablas **2** a la vez: Don't all talk together. No habléis todos a la vez. **LOC** together with junto con, además de Ver tb ACT **togetherness** n unidad, armonía

toggle /ˈtɒɡl/ nombre, verbo
▸ n **1** (botón) muletilla **2** (tb ˈtoggle switch) (Informát) tecla de conmutación
▸ vt, vi (Informát, ventanas, programas) alternar: This key toggles various views of the data. Esta tecla permite pasar de una forma de visualizar los datos a otra.

toil /tɔɪl/ verbo, nombre
▸ vi (formal) trabajar duramente
▸ n (formal) trabajo duro, esfuerzo

toilet 0̶ₘ /ˈtɔɪlət/ n **1** váter, retrete: toilet paper papel higiénico **2** (en casa) aseo **3** (público) aseos, servicios

🔎 En inglés británico se usa **toilet** o **loo** (coloq) para referirse al aseo de las casas particulares (**lavatory** y **WC** han caído en desuso). **The Gents**, **the Ladies**, **the toilets**, **the cloakroom** y **public conveniences** se usan si hablamos de los servicios en lugares públicos.

En inglés norteamericano se suele decir **bathroom**, y también **restroom** o **women's room/men's room** en edificios públicos.

ˈ**toilet bag** (USA ˈtoiletry bag) n neceser

toiletries /ˈtɔɪlətriz/ n [pl] productos de tocador

token /ˈtəʊkən/ nombre, adjetivo
▸ n **1** ficha **2** vale **3** señal, muestra
▸ adj [solo antes de sustantivo] simbólico (pago, muestra, etc.)

told pt, pp de TELL

tolerance /ˈtɒlərəns/ n tolerancia

tolerant /ˈtɒlərənt/ adj ~ (of/towards sb/sth) tolerante (con algn/algo)

tolerate /ˈtɒləreɪt/ vt tolerar

toll /təʊl/ n **1** peaje: toll road carretera/autopista de peaje **2** número de víctimas **LOC** take a heavy toll/take its toll (on sb/sth) causar grandes pérdidas (en algo); afectar gravemente a algn/algo

tomato 0̶ₘ /təˈmɑːtəʊ; USA təˈmeɪtəʊ/ n (pl **tomatoes**) tomate

tomb /tuːm/ n tumba

tombstone /ˈtuːmstəʊn/ n lápida

tomcat /ˈtɒmkæt/ (tb tom /tɒm/) n gato (macho) ➔ Ver nota en GATO

tomorrow 0̶ₘ /təˈmɒrəʊ/ adv, n mañana: See you tomorrow. Hasta mañana. ◇ tomorrow morning mañana por la mañana **LOC** Ver DAY, WEEK

ton 0̶ₘ /tʌn/ n **1** (pl **tons**, **ton**) 2.240 libras o 1.016 kg ➔ Comparar con TONNE ➔ Ver pág 804 **2** [pl] **tons (of sth)** (coloq) montones (de algo)

tone 0̶ₘ /təʊn/ nombre, verbo
▸ n **1** tono: Don't speak to me in that tone of voice. No me hables en ese tono. **2** tonalidad **3** (de teléfono) señal (de llamada)
▸ v **PHR V** tone sth down suavizar (el tono de) algo (para que resulte menos ofensivo)

tongs /tɒŋz/ n [pl] tenazas: a pair of tongs unas tenazas ➔ Ver nota en PAIR

tongue 0̶ₘ /tʌŋ/ n **1** lengua: to put/stick your tongue out sacar la lengua **2** (formal) idioma, lengua: mother tongue lengua materna **LOC** (with) tongue in cheek irónicamente Ver tb SLIP

ˈ**tongue-twister** n trabalenguas

tonic /ˈtɒnɪk/ n **1** (tb ˈtonic water) (agua) tónica **2** (lit y fig) tónico

tonight 0̶ₘ /təˈnaɪt/ adv, n esta noche: What's on TV tonight? ¿Qué ponen esta noche en la tele?

T

tonne 0️⃣ /tʌn/ n (pl **tonnes**, **tonne**) tonelada (métrica) つ *Comparar con* TON

tonsil /'tɒnsl/ n amígdala **tonsillitis** /ˌtɒnsə-'laɪtɪs/ n [incontable] amigdalitis, anginas

too 0️⃣ /tuː/ adv **1** demasiado: *It's too cold outside.* Hace demasiado frío en la calle. **2** también: *I've been to Paris too.* Yo también he estado en París. つ *Ver nota en* TAMBIÉN **3** para colmo, encima: *Her purse was stolen. And on her birthday too.* Le robaron el monedero, y encima en su cumpleaños. **4** muy: *I'm not too sure.* No estoy muy segura. 🔒 **too many** demasiados ◆ **too much** demasiado

took pt de TAKE

tool 0️⃣ /tuːl/ n **1** herramienta **2** (fig) instrumento

toolbar /'tuːlbɑː(r)/ n (Informát) barra de herramientas

toolbox /'tuːlbɒks/ n caja de herramientas

toolkit /'tuːlkɪt/ n juego de herramientas

tooth 0️⃣ /tuːθ/ n (pl **teeth** /tiːθ/) diente, muela: *to have a tooth out* sacarse una muela ◊ *false teeth* dentadura postiza 🔒 *Ver* FIGHT, GRIT, SKIN, SWEET

toothache /'tuːθeɪk/ n dolor de muelas

toothbrush /'tuːθbrʌʃ/ n cepillo de dientes つ *Ver dibujo en* BRUSH

toothpaste /'tuːθpeɪst/ n pasta de dientes

toothpick /'tuːθpɪk/ n palillo (de dientes)

top 0️⃣ /tɒp/ nombre, adjetivo, verbo
▶ n **1** lo más alto, la parte de arriba: *the top of the page* la cabecera de la página **2** (de colina, fig) cumbre **3** (de una lista) cabeza **4** tapa, tapón **5** (de bolígrafo) capucha **6** blusa, camiseta, etc. 🔒 **at the top of your voice** a voz en grito ◆ **be on top (of sth)** (fig) dominar (algo) ◆ **off the top of your head** (coloq) sin pensarlo ◆ **on top** encima ◆ **on top of sth** además de algo: *And on top of all that…* Y para colmo… ◆ **on top of sth/sb** (posición) sobre algo/algn ◆ **over the top** (abrev OTT /ˌəʊ tiː-'tiː/) (coloq) exagerado: *That joke was a bit over the top.* Ese chiste se pasó un poco.
▶ adj **1** de arriba, último, superior: *the top shelf* la estantería de arriba ◊ *a top-floor flat* un piso en la última planta **2** mejor, primero, más importante: *the top jobs* los mejores empleos ◊ *a top British scientist* un científico británico de primera fila ◊ *top quality* calidad suprema **3** máximo: *at top speed* a la velocidad máxima
▶ vt (**-pp-**) **1** superar **2** ser primero en: *The band topped the charts with their first single.* El grupo encabezó las listas de éxito con su primer sencillo. **3** ~ **sth (with sth)** rematar algo (con algo): *ice cream topped with chocolate sauce* he-

lado con crema de chocolate por encima 🔒 **to top it all** (coloq) para colmo, y encima PHR V **top sth up 1** (re)llenar algo **2** (móvil) ponerle saldo a algo

ˌtop ˈhat (coloq topper /'tɒpə(r)/) n chistera

topic 0️⃣ /'tɒpɪk/ n tema 🔒 **off topic** que no viene al caso ◆ **on topic** relevante

topical /'tɒpɪkl/ adj actual

topless /'tɒpləs/ adj, adv topless

topping /'tɒpɪŋ/ n cobertura (en comida): *What's your favourite pizza topping?* ¿Cuál es tu ingrediente favorito en las pizzas?

topple /'tɒpl/ **1** vt ~ **sth (over)** hacer caer algo **2** vi ~ **(over)** caerse **3** vt (gobierno, etc.) derribar

ˌtop ˈsecret adj de alto secreto

torch /tɔːtʃ/ n **1** linterna **2** antorcha

tore, torn pt, pp de TEAR¹

torment nombre, verbo
▶ n /'tɔːment/ (formal) tormento
▶ vt /tɔː'ment/ **1** (formal) atormentar **2** fastidiar

tornado /tɔː'neɪdəʊ/ n (pl **tornadoes**, **tornados**) tornado

torpedo /tɔː'piːdəʊ/ nombre, verbo
▶ n (pl **torpedoes**) torpedo
▶ vt (pt, pp **torpedoed**, part pres **torpedoing**) torpedear

tortoise /'tɔːtəs/ n tortuga (de tierra) つ *Comparar con* TURTLE

torture /'tɔːtʃə(r)/ nombre, verbo
▶ n **1** tortura **2** [incontable] (coloq) suplicio
▶ vt **1** torturar **2** (fig) atormentar **torturer** n torturador, -ora

Tory /'tɔːri/ adj, n (pl **Tories**) (GB, coloq) conservador, -ora: *the Tory Party* el Partido Conservador

toss /tɒs; USA tɔːs/ verbo, nombre
▶ **1** vt tirar, echar (descuidadamente o sin fuerza) **2** vt (la cabeza) sacudir **3** vi agitarse: *to toss and turn* dar vueltas (en la cama) **4** vt (ensalada, pasta) revolver **5** vt (tortita, etc.) dar la vuelta a (en el aire) **6** vt, vi (moneda): *Let's toss a coin.* Échemoslo a cara o cruz. ◊ *to toss (sb) for sth* jugarse algo con algn a cara o cruz ◊ *to toss (up) for sth* jugarse algo a cara o cruz
▶ n **1** (de una moneda) lanzamiento: *to win/lose the toss* ganar/perder al echar la moneda al aire **2** (de la cabeza) sacudida

total 0️⃣ /'təʊtl/ adjetivo, nombre, verbo
▶ adj, n total
▶ vt (**-ll-**, USA **-l-**) **1** ascender a **2** sumar

totally 0️⃣ /'təʊtəli/ adv totalmente

totter /'tɒtə(r)/ vi **1** titubear **2** tambalearse

touch ⌐ /tʌtʃ/ *verbo, nombre*
▶ **1** *vt, vi* tocar(se) **2** *vt* rozar **3** *vt* (*gen en frases negativas*) probar: *You've hardly touched your steak.* Apenas has probado el filete. **4** *vt* conmover **5** *vt* (*gen en frases negativas*) igualar **LOC** **touch base (with sb)** (*coloq*) hablar (con algn) de nuevo ◆ **touch wood** toca madera **PHR V** **touch down** aterrizar ◆ **touch on/upon sth** hablar de pasada de algo ◆ **touch sth up** retocar algo
▶ *n* **1** toque: *to put the finishing touches to sth* dar el toque final a algo **2** (*tb* ˌsense of ˈtouch) tacto: *soft to the touch* suave al tacto **3** [*sing*] toque: *her personal touch* su toque personal ◊ *He hasn't lost his touch.* No ha perdido sus facultades. **4** ~ (**of sth**) pizca, poco (de algo): *I've got a touch of flu.* Tengo un poco de gripe. ◊ *a touch more garlic* una pizca más de ajo ◊ *It's a touch colder today.* Hoy hace algo más de fresco. **LOC** **be in/out of touch (with sb)** estar en/fuera de contacto (con algn) ◆ **be in/out of touch (with sth)** estar/no estar al corriente (de algo) ◆ **get/keep in touch with sb** ponerse/mantenerse en contacto con algn

touched /tʌtʃt/ *adj* conmovido

touching /ˈtʌtʃɪŋ/ *adj* conmovedor

touchpad /ˈtʌtʃpæd/ (*tb* **trackpad**) *n* (*Informát*) touchpad, almohadilla táctil

ˈ**touch screen** *n* pantalla táctil

touchy /ˈtʌtʃi/ *adj* (**touchier, -iest**) **1** ~ (**about sth**) (*persona*) susceptible (respecto a algo) **2** (*situación, tema, etc.*) delicado

tough ⌐ /tʌf/ *adj* (**tougher, -est**) **1** duro **2** (*decisión, etc.*) difícil: *to have a tough time* pasarlo muy mal **3** (*medida*) severo **4** fuerte, sólido **5** (*carne*) duro **6** ~ (**on sb**) (*coloq*) duro (para algn): *Tough (luck)!* ¡Mala suerte! **LOC** (**as**) **tough as nails/old boots** (*coloq*) (*persona*) fuerte como un roble ◆ **be/get tough (with sb)** ponerse duro (con algn) *Ver tb* GOING **toughen** *vt, vi* ~ (**sth**) (**up**) endurecer algo algo, endurecerse **toughness** *n* **1** dureza, resistencia **2** firmeza

tour ⌐ /tʊə(r); *GB tb* tɔːr/ *nombre, verbo*
▶ *n* **1** visita: *guided tour* visita guiada ◊ *tour guide* guía turístico **2** excursión: *a cycling/walking tour* una ruta a pie/en bicicleta ➔ *Ver nota en* VIAJE **3** gira: *to be on tour/go on tour in Spain* estar de gira/hacer una gira por España *Ver tb* PACKAGE TOUR
▶ **1** *vt* recorrer **2** *vi* viajar **3** *vt, vi* (*cantantes, etc.*) realizar una gira (por)

tourism /ˈtʊərɪzəm; *GB tb* ˈtɔːr-/ *n* turismo

tourist ⌐ /ˈtʊərɪst; *GB tb* ˈtɔːrɪst/ *n* turista: *tourist attraction* lugar de interés turístico ◊ *the tourist industry* la industria turística **touristy** *adj* (*coloq, pey*) turístico

tournament /ˈtʊənəmənt, ˈtɜːn-; *GB tb* ˈtɔːn-/ *n* torneo

tow /təʊ/ *verbo, nombre*
▶ *vt* remolcar **PHR V** **tow sth away** llevarse algo a remolque; llevarse algo la grúa
▶ *n* [*sing*] remolque **LOC** **in tow** (*coloq*) *He had his family in tow.* Llevaba a la familia a cuestas.

towards ⌐ /təˈwɔːdz; *USA* tɔːrdz/ (*tb esp USA* **toward**) *prep* **1** (*dirección, tiempo*) hacia: *towards the end of the film* casi al final de la película **2** con, respecto a: *to be friendly towards sb* ser amable con algn **3** (*propósito*) para: *to put money towards sth* poner dinero para algo

towel ⌐ /ˈtaʊəl/ *n* toalla *Ver tb* SANITARY TOWEL, TEA TOWEL

tower ⌐ /ˈtaʊə(r)/ *nombre, verbo*
▶ *n* torre
▶ *v* **PHR V** **tower over/above sb/sth 1** elevarse por encima de algn/algo **2** (*ser mejor*) destacar sobre algn/algo **towering** *adj* **1** (*montaña, etc.*) altísimo, imponente **2** (*talento, etc.*) destacado

ˈ**tower block** *n* bloque alto de pisos

town ⌐ /taʊn/ *n* **1** ciudad (*de tamaño medio*) ➔ *Ver nota en* CIUDAD **2** centro: *to go into town* ir al centro **LOC** **go to town (on sth)** (*coloq*) tirar la casa por la ventana (en algo) ◆ (**out**) **on the town** (*coloq*) de juerga

ˌ**town** ˈ**hall** *n* ayuntamiento (*edificio*)

ˌ**town** ˈ**planner** *n* urbanista

ˌ**town** ˈ**planning** *n* urbanismo

toxic /ˈtɒksɪk/ *adj* tóxico: *toxic waste* residuos tóxicos

toxin /ˈtɒksɪn/ *n* toxina

toy ⌐ /tɔɪ/ *nombre, verbo*
▶ *n* juguete: *a toy car* un coche de juguete
▶ *v* **PHR V** **toy with sth 1** contemplar algo: *to toy with the idea of doing sth* considerar la idea de hacer algo **2** juguetear con algo

trace ⌐ /treɪs/ *verbo, nombre*
▶ *vt* **1** ~ **sb/sth (to sth)** localizar a algn/algo (en algo) **2** seguir la pista de **3** averiguar el origen de: *It can traced back to the Middle Ages.* Se remonta a la Edad Media. **4** ~ **sth (out)** delinear, trazar algo **5** calcar
▶ *n* rastro, huella: *to disappear without trace* desaparecer sin dejar rastro ◊ *She speaks without a trace of an Irish accent.* Habla sin ningún deje irlandés.

trachea /trəˈkiːə; *USA* ˈtreɪkiə/ *n* (*pl* **tracheas, tracheae** /trəˈkiːiː; *USA* ˈtreɪkiːiː/) (*Anat*) tráquea

track ⌐ /træk/ *nombre, verbo*
▶ *n* **1** camino, senda **2** [*gen pl*] huella (*de animal, rueda, etc.*) **3** (*Ferrocarril*) vía **4** (*Dep*) pista, circuito

5 tema (*musical*) **LOC** **keep/lose track of sb/sth** seguir/perder la pista de algn/algo: *to lose track of time* perder la noción del tiempo ◆ **make tracks** (*coloq*) marcharse ◆ **on the right/wrong track** por buen/mal camino *Ver tb* BEAT

▸ *vt* seguir la pista/las huellas de **PHR V** **track sb/sth down** localizar a algn/algo

track and field *n* (*USA*) atletismo

trackpad /ˈtrækpæd/ *n Ver* TOUCHPAD

track record *n* historial (*de un profesional o una empresa*)

tracksuit /ˈtræksuːt/ *n* chándal: *tracksuit bottoms* pantalón de chándal

tractor /ˈtræktə(r)/ *n* tractor

trade **O=** /treɪd/ *nombre, verbo*

▸ *n* **1** comercio **2** industria: *the tourist trade* la industria turística **3** oficio: *He's a carpenter by trade.* Es carpintero de oficio. ➲ *Ver nota en* WORK **LOC** *Ver* PLY, ROAR, TRICK

▸ **1** *vi* comerciar **2** *vt* ~ **sth for sth** cambiar algo por algo **PHR V** **trade sth in (for sth)** entregar algo como parte del pago (de algo)

trademark /ˈtreɪdmɑːk/ *n* marca registrada

trader /ˈtreɪdə(r)/ *n* comerciante

tradesman /ˈtreɪdzmən/ *n* (*pl* **-men** /-mən/) **1** proveedor, -ora: *tradesmen's entrance* entrada de servicio **2** comerciante

trade union *n* sindicato

trading **O=** /ˈtreɪdɪŋ/ *n* [*incontable*] comercio *Ver tb* CARBON TRADING

tradition **O=** /trəˈdɪʃn/ *n* tradición

traditional **O=** /trəˈdɪʃənl/ *adj* tradicional **traditionally** *adv* tradicionalmente

traffic **O=** /ˈtræfɪk/ *nombre, verbo*

▸ *n* tráfico: *traffic warden* guardia de tráfico

▸ *vi* (*pt, pp* **trafficked**, *part pres* **trafficking**) ~ **(in sth)** traficar (con algo)

traffic circle *n* (*USA*) rotonda

traffic jam *n* atasco

trafficker /ˈtræfɪkə(r)/ *n* traficante

trafficking /ˈtræfɪkɪŋ/ *n* tráfico: *human/drug trafficking* tráfico humano/de drogas

traffic light *n* (*tb* **traffic lights** [*pl*]) semáforo: *I was late because all the traffic lights were on red.* Llegué tarde porque me tocaron todos los semáforos en rojo.

tragedy /ˈtrædʒədi/ *n* (*pl* **tragedies**) tragedia

tragic /ˈtrædʒɪk/ *adj* trágico

trail /treɪl/ *nombre, verbo*

▸ *n* **1** reguero (*de sangre, etc.*) **2** estela (*de humo*) **3** rastro (*de un animal*): *to be on sb's trail* seguirle la pista a algn **4** senda

▸ **1** *vt, vi* arrastrar: *I trailed my hand in the water.* Dejé deslizar mi mano por el agua. **2** *vi* caminar despacio **3** *vi* perder: *trailing by two goals to three* perdiendo por dos goles a tres

trail bike (*tb* **dirt bike**) *n* moto todoterreno **trail biking** *n* montar en moto todoterreno

trailer /ˈtreɪlə(r)/ *n* **1** remolque **2** (*USA*) caravana **3** (*Cine*) tráiler

train **O=** /treɪn/ *nombre, verbo*

▸ *n* **1** tren: *by train* en tren **2** sucesión, serie **LOC** **a train of thought** un hilo de pensamiento

▸ **1** *vi* estudiar, formarse: *She trained to be a lawyer.* Estudió para abogada. ◇ *to train as a nurse* estudiar enfermería **2** *vt* formar, preparar **3** *vt* adiestrar **4** *vt, vi* (*Dep*) entrenar(se), preparar(se) **trainee** /ˌtreɪˈniː/ *n* aprendiz, -iza

trainer /ˈtreɪnə(r)/ *n* **1** zapatilla de deporte **2** (*de atletas*) entrenador, -ora **3** (*de animales*) preparador, -ora; domador, -ora

training **O=** /ˈtreɪnɪŋ/ *n* [*incontable*] **1** formación, preparación **2** (*Dep*) entrenamiento: *weight training* entrenamiento con pesas **3** (*Mil*) instrucción

train wreck *n* (*coloq*) (*fig*) desastre

trait /treɪt/ *n* rasgo (*de personalidad*)

traitor /ˈtreɪtə(r)/ *n* traidor, -ora

tram /træm/ *n* tranvía

tramp /træmp/ *nombre, verbo*

▸ *n* vagabundo, -a

▸ **1** *vi* andar pesadamente **2** *vt* patear

trample /ˈtræmpl/ *vt, vi* ~ **sb/sth (down)**; ~ **on/over sb/sth** pisotear a algn/algo

trampoline /ˈtræmpəliːn/ *n* cama elástica

tranquillize, -ise (*USA* **tranquilize**) /ˈtræŋkwəlaɪz/ *vt* tranquilizar (*sobre todo con sedantes*) **tranquillizer, -iser** (*USA* **tranquilizer**) *n* tranquilizante: *She's on tranquillizers.* Toma tranquilizantes.

transaction /trænˈzækʃn/ *n* operación (*financiera*)

trans fat /ˌtrænz ˈfæt/ *n* [*gen pl*] grasa trans

transfer **O=** *verbo, nombre*

▸ /trænsˈfɜː(r)/ (**-rr-**) **1** *vt, vi* trasladar(se) **2** *vt* (*dinero, propiedad, poder*) transferir **3** *vt, vi* (*Dep*) traspasar(se) **4** *vi* ~ **(from…) (to…)** hacer transbordo (de…) (a…)

▸ *n* /ˈtrænsfɜː(r)/ **1** transferencia, traspaso, traslado **2** (*Dep*) traspaso **3** transbordo **4** calcomanía

transform **O=** /trænsˈfɔːm/ *vt* ~ **sth/sb (from sth) (into sth)** transformar algo/a algn (de algo) (en algo) **transformation** /ˌtrænsfəˈmeɪʃn/ *n* transformación

transformer /trænsˈfɔːmə(r)/ n (Electrón) transformador

transfusion /trænsˈfjuːʒn/ (tb ˈblood transfusion) n transfusión

transgender /trænzˈdʒendə(r), trænsˈ-/ adj transgénero

transgenic /ˌtrænzˈdʒenɪk, ˌtrænsˈ-/ adj (Biol) transgénico

translate 0🔊 /trænsˈleɪt, trænzˈ-/ vt, vi ~ (sth) (from sth) (into sth) traducir algo, traducirse (de algo) (a algo): to translate sth from French into Dutch traducir algo del francés al holandés ◊ It translates as 'Swiss roll'. Se traduce como "Swiss roll". ➔Ver nota en INTERPRET

translation 0🔊 /trænsˈleɪʃn, trænzˈ-/ n traducción: translation into/from Spanish traducción al/del español ◊ to do a translation hacer una traducción **LOC** in translation Cervantes in translation Cervantes traducido

translator /trænsˈleɪtə(r), trænzˈ-/ n traductor, -ora ➔Comparar con INTERPRETER

translucent /trænsˈluːsnt, trænzˈ-/ adj (formal) translúcido

transmit /trænsˈmɪt, trænzˈ-/ vt (-tt-) transmitir **transmitter** n (Electrón) transmisor

transparent 0🔊 /trænsˈpærənt/ adj 1 transparente 2 (mentira, etc.) evidente

transpiration /ˌtrænspɪˈreɪʃn/ n (Biol) transpiración

transplant verbo, nombre
▸ vt /trænsˈplɑːnt, trænzˈ-; USA -ˈplænt/ (Bot, Med) trasplantar
▸ n /ˈtrænsplɑːnt, ˈtrænz-; USA -plænt/ trasplante: a heart transplant un trasplante de corazón

transport 0🔊 nombre, verbo
▸ n /ˈtrænspɔːt/ (tb esp USA transportation /ˌtrænspɔːˈteɪʃn/) transporte
▸ vt /trænˈspɔːt/ transportar, llevar

transvestite /trænzˈvestaɪt, trænsˈ-/ n travesti

trap 0🔊 /træp/ nombre, verbo
▸ n trampa: to lay/set a trap poner una trampa
▸ vt (-pp-) 1 atrapar, aprisionar 2 ~ sb (into sth/doing sth) tenderle una trampa a algn (para que haga algo)

trapdoor /ˈtræpdɔː(r)/ n trampilla

trapeze /trəˈpiːz; USA træˈ-/ n trapecio: trapeze artist trapecista

trash /træʃ/ n [incontable] 1 basura: trash can cubo de la basura ◊ It's trash. No vale para nada. ➔ Ver dibujo en BIN

🔎 En inglés británico se usa **rubbish** para basura, **dustbin** para cubo de la basura y **trash** solo se usa en sentido figurado.

2 (USA, coloq) gentuza **trashy** adj (coloq) malo, de mala calidad

trauma /ˈtrɔːmə; USA ˈtraʊmə/ n trauma **traumatic** /trɔːˈmætɪk; USA traʊˈ-/ adj traumático

travel 0🔊 /ˈtrævl/ verbo, nombre
▸ (-ll-, USA -l-) 1 vi viajar: to travel by car/bus viajar/ir en coche/autobús 2 vt recorrer
▸ n 1 [incontable] los viajes, viajar: travel bag bolsa de viaje 2 travels [pl]: to be on your travels estar de viaje ◊ Did you see John on your travels? ¿Viste a John en alguno de tus viajes? ➔Ver nota en VIAJE

travel agency n (pl travel agencies) (tb ˈtravel agent's) agencia de viajes

travel agent n agente de viajes

traveller 0🔊 (USA traveler) /ˈtrævələ(r)/ n viajero, -a

tray /treɪ/ n bandeja

treacherous /ˈtretʃərəs/ adj traicionero, pérfido

treachery /ˈtretʃəri/ n (pl treacheries) 1 traición, perfidia ➔Comparar con TREASON 2 [incontable] falsedad

tread /tred/ (pt trod /trɒd/, pp trodden /ˈtrɒdn/, trod) 1 vi ~ (on/in sth) pisar (algo) 2 vt ~ sth (in/down) aplastar algo **LOC** tread carefully andar con pies de plomo

treason /ˈtriːzn/ n alta traición ❶ Treason se refiere a un acto de traición hacia el propio país. ➔Comparar con TREACHERY

treasure /ˈtreʒə(r)/ nombre, verbo
▸ n tesoro
▸ vt apreciar muchísimo, guardar como un tesoro: her most treasured possession su posesión más preciada

treasurer /ˈtreʒərə(r)/ n tesorero, -a

the Treasury /ðə ˈtreʒəri/ n [v sing o pl] Ministerio de Economía y Hacienda

treat 0🔊 /triːt/ verbo, nombre
▸ vt 1 tratar: to treat sth as a joke tomar algo a broma 2 ~ sb (to sth) invitar a algn (a algo): Let me treat you. Déjame invitarte. 3 ~ yourself (to sth) darse el lujo (de algo) **LOC** treat sb like dirt (coloq) tratar a algn como a un perro
▸ n 1 regalo, capricho: to give yourself a treat darse un capricho ◊ as a special treat como recompensa especial ◊ I got you a little treat. Te he comprado una cosita. 2 placer, gusto: It's a real treat to be here. Es un verdadero placer estar aquí. **LOC** a treat (GB, coloq) a las mil maravillas: His idea worked a treat. Su idea funcionó a las mil maravillas. Ver tb TRICK

treatable /ˈtriːtəbl/ adj (enfermedad, etc.) curable

treatment ⊶ /ˈtriːtmənt/ *n* **1** tratamiento **2** trato

treaty /ˈtriːti/ *n* (*pl* **treaties**) tratado

treble /ˈtrebl/ *nombre, verbo, adjetivo*
▶ *n* **1** [*incontable*] (*Mús*) agudos **2** (*Mús*) tiple **3** [*sing*] triple
▶ *vt, vi* triplicar(se)
▶ *adj* atiplado: *treble clef* clave de sol

tree ⊶ /triː/ *n* árbol

tree house *n* cabaña construida en un árbol, esp para juegos infantiles

trek /trek/ *nombre, verbo*
▶ *n* caminata
▶ *vi* (**-kk-**) **1** (*coloq*) caminar (*penosamente*) **2 go trekking** hacer senderismo (*esp en la montaña*)

tremble /ˈtrembl/ *vi* ~ **(with sth)** temblar (de algo)

trembling /ˈtremblɪŋ/ *adjetivo, nombre*
▶ *adj* tembloroso
▶ *n* (*tb* tremble) temblor

tremendous /trəˈmendəs/ *adj* **1** enorme: *a tremendous number* una gran cantidad **2** estupendo **tremendously** *adv* enormemente

tremor /ˈtremə(r)/ *n* **1** temblor (de tierra) **2** estremecimiento (*del cuerpo*)

trench /trentʃ/ *n* **1** zanja **2** (*Mil*) trinchera

trend ⊶ /trend/ *nombre, verbo*
▶ *n* tendencia **LOC** **set a/the trend** marcar la tónica
▶ *vi* estar de actualidad: *What's trending right now?* ¿Cuál es el tema de actualidad ahora?

trendy /ˈtrendi/ *adj* (**trendier, -iest**) (*coloq*) **1** (*persona*) moderno **2** (*ropa*) de moda

trespass /ˈtrespəs/ *vi* ~ **(on sth)** entrar sin derecho (en algo): *No trespassing* Prohibido el paso **trespasser** *n* intruso, -a

trial ⊶ /ˈtraɪəl/ *n* **1** juicio, proceso **2** prueba: *a trial period* un período de prueba ◇ *to take sth on trial* llevarse algo a prueba **3** (*Dep*) preselección **LOC** **be/go on trial/stand trial (for sth)** ser procesado (por algo) ◆ **trial and error** *She learnt to type by trial and error.* Aprendió a escribir a máquina a base de cometer errores.

triangle ⊶ /ˈtraɪæŋɡl/ *n* triángulo **triangular** /traɪˈæŋɡjələ(r)/ *adj* triangular

triathlon /traɪˈæθlən/ *n* triatlón

tribal /ˈtraɪbl/ *adj* tribal, de tribu

tribe /traɪb/ *n* tribu

tributary /ˈtrɪbjətri; *USA* -teri/ *n* (*pl* **tributaries**) afluente

tribute /ˈtrɪbjuːt/ *n* **1** homenaje: *tribute band* banda tributo **2** ~ **to sth/sb**: *That is a tribute to his skill.* Eso acredita su habilidad.

triceps /ˈtraɪseps/ *n* (*pl* **triceps**) (*Anat*) tríceps

trick ⊶ /trɪk/ *nombre, verbo*
▶ *n* **1** engaño, broma, trampa: *to play a trick on sb* gastarle una broma a algn ◇ *a trick question* una pregunta con trampa ◇ *His memory played tricks on him.* La memoria le jugaba malas pasadas. ◇ *a dirty trick* una mala pasada *Ver tb* CONFIDENCE TRICK **2** truco: *The trick is to wait.* El truco está en esperar. ◇ *magic/card tricks* trucos de magia/con cartas ◇ *conjuring tricks* juegos de manos ◇ *a trick of the light* un efecto de la luz **LOC** **do the trick** (*coloq*) ser lo que hace falta ◆ **every trick in the book** todos los trucos: *I tried every trick in the book.* Lo intenté todo. ◆ **the tricks of the trade** los trucos del oficio ◆ **trick or treat** truco o trato ⊃ *Ver nota en* HALLOWEEN; *Ver tb* MISS
▶ *vt* ~ **sb (into sth/doing sth)** engañar a algn (para que haga algo): *You've been tricked.* Te han embaucado. **PHRV** **trick sb out of sth** estafar algo a algn **trickery** *n* [*incontable*] engaños

trickle /ˈtrɪkl/ *verbo, nombre*
▶ *vi* salir en un chorro fino, gotear
▶ *n* **1** hilo: *a trickle of blood* un hilo de sangre **2** ~ **(of sth)** (*fig*) goteo (de algo)

tricky /ˈtrɪki/ *adj* (**trickier, -iest**) complicado, difícil

tricycle /ˈtraɪsɪkl/ *n* triciclo

tried *pt, pp de* TRY

tries *pl de* TRY

trifle /ˈtraɪfl/ *nombre, verbo*
▶ *n* **1 a trifle** [*sing*] (*formal o hum*) algo: *a trifle short* un poquito corto **2** nadería, bagatela **3** postre hecho a base de capas de bizcocho, fruta, crema y nata
▶ *v* **PHRV** **trifle with sb/sth** (*formal*) jugar con algn/algo

trigger /ˈtrɪɡə(r)/ *nombre, verbo*
▶ *n* gatillo, disparador
▶ *vt* **1** ~ **sth (off)** provocar, desencadenar algo **2** (*alarma, etc.*) accionar

trillion /ˈtrɪljən/ *adj, n* billón ⊃ *Comparar con* BILLION

trim /trɪm/ *adjetivo, verbo, nombre*
▶ *adj* **1** esbelto **2** bien cuidado, aseado
▶ *vt* (**-mm-**) **1** recortar **2** ~ **sth (off sth)** quitar algo (a algo) **3** ~ **sth (with sth)** (*vestido, etc.*) adornar algo (con algo)
▶ *n* **1** corte: *to have a trim* cortarse el pelo un poco **2** adorno **trimming** *n* **1 trimmings** [*pl*] (*comida*) guarnición **2** adorno

trio /ˈtriːəʊ/ *n* (*pl* **trios**) trío

trip ⊶ /trɪp/ *nombre, verbo*
▶ *n* viaje, excursión: *to go on a trip* hacer un viaje ◇ *a business trip* un viaje de negocios ◇ *a*

coach trip una excursión en autocar *Ver tb* DAY TRIP, ROUND TRIP ➲ *Ver nota en* VIAJE

▸ (**-pp-**) **1** ~ **(over/up)** tropezar: *She tripped (up) on a stone.* Tropezó con una piedra. **2** *vt* ~ **sb (up)** poner la zancadilla a algn PHR V **trip (sb) up** (*fig*) meter la pata; hacer que algn meta la pata

triple /ˈtrɪpl/ *adjetivo, verbo*

▸ *adj* triple: *at triple the speed* al triple de velocidad

▸ *vt, vi* triplicar(se)

triplet /ˈtrɪplət/ *n* trillizo, -a

triumph /ˈtraɪʌmf/ *nombre, verbo*

▸ *n* triunfo, éxito: *to return home in triumph* regresar a casa triunfalmente ◇ *a shout of triumph* un grito de júbilo

▸ *vi* ~ **(over sb/sth)** triunfar (sobre algn/algo) **triumphant** /traɪˈʌmfənt/ *adj* **1** triunfante **2** jubiloso **triumphantly** *adv* triunfalmente, jubilosamente

trivial /ˈtrɪviəl/ *adj* trivial, insignificante **triviality** /ˌtrɪviˈæləti/ *n* (*pl* **trivialities**) trivialidad

trod, trodden *pt, pp de* TREAD

troll /trəʊl/ *GB tb* trɒl/ *nombre, verbo*

▸ *n* **1** (*monstruo*) trol **2** (*Internet*) persona que escribe) mensaje provocador

▸ *vt, vi* trolear: *His comments are just trolling for a reaction.* Sus comentarios solo pretenden provocar una reacción.

trolley /ˈtrɒli/ *n* (*pl* **trolleys**) **1** (*GB*) carrito: *shopping trolley* carrito de la compra **2** (*USA*) tranvía

trombone /trɒmˈbəʊn/ *n* trombón

troop /truːp/ *nombre, verbo*

▸ *n* **1** troops [*pl*] tropas, soldados **2** tropel, manada

▸ *vi* ~ **in, out, etc.** entrar, salir, etc. en tropel

trophy /ˈtrəʊfi/ *n* (*pl* **trophies**) trofeo

tropic /ˈtrɒpɪk/ *n* **1** trópico **2 the tropics** [*pl*] el trópico

tropical ☞ /ˈtrɒpɪkl/ *adj* tropical

trot /trɒt/ *verbo, nombre*

▸ *vi* (**-tt-**) trotar, ir al trote

▸ *n* [*sing*] trote LOC **on the trot** (*GB, coloq*) seguidos

trouble ☞ /ˈtrʌbl/ *nombre, verbo*

▸ *n* **1** [*incontable*] problemas: *The trouble is (that)* … Lo malo es que… ◇ *What's the trouble?* ¿Qué pasa? **2** problema, apuro: *money troubles* dificultades económicas **3** [*incontable*] molestia, esfuerzo: *It's no trouble.* No es molestia. ◇ *It's not worth the trouble.* No vale la pena. **4** [*incontable*] (*Med*) dolencia: *back trouble* problemas de espalda **5** [*incontable*] disturbios, conflicto LOC **be in trouble** tener problemas, estar en un apuro: *If I don't get home by ten, I'll be in trouble.* Si no llego a casa a las diez,

me la cargo. ◆ **get into trouble** meterse en un lío: *He got into trouble with the police.* Tuvo problemas con la policía. ◆ **go to a lot of trouble (to do sth); take trouble (to do sth/doing sth)** tomarse muchas molestias (por hacer algo) *Ver tb* ASK, TEETHE

▸ *vt* **1** preocupar: *What's troubling you?* ¿Qué es lo que te preocupa? **2** molestar: *Don't trouble yourself.* No te molestes. **troubled** *adj* **1** (*expresión, voz, persona*) preocupado, afligido **2** (*período, relación, etc.*) turbulento, conflictivo **3** (*vida*) accidentado

trouble-ˈfree *adj* **1** sin problemas **2** (*viaje*) sin incidencias

troublemaker /ˈtrʌblmeɪkə(r)/ *n* agitador, -ora; alborotador, -ora

troubleshoot /ˈtrʌblʃuːt/ *vt, vi* identificar y resolver problemas (en) **troubleshooter** *n* persona que identifica y resuelve problemas dentro de una organización

troublesome /ˈtrʌblsəm/ *adj* molesto

trough /trɒf/ *USA* trɔːf/ *n* **1** abrevadero, comedero **2** (*Meteorología*) depresión **3** punto bajo (*en economía, negocio*)

trousers ☞ /ˈtraʊzəz/ *n* [*pl*] pantalones: *a pair of trousers* un pantalón ➲ *Ver nota en* PANTALÓN **trouser** *adj* trouser leg/pocket pierna/bolsillo del pantalón

trout /traʊt/ *n* (*pl* **trout**) trucha

truancy /ˈtruːənsi/ *n* [*incontable*] absentismo escolar

truant /ˈtruːənt/ *n* (*Educ*) alumno, -a que hace novillos LOC **play truant** (*antic*) hacer novillos

truce /truːs/ *n* tregua

truck ☞ /trʌk/ *n* **1** (*esp USA*) camión **2** (*GB*) (*Ferrocarril*) vagón (*de mercancías o animales*)

true ☞ /truː/ *adj* (**truer, -est**) **1** cierto, verdad: *It's too good to be true.* Es demasiado bueno para ser verdad. **2** verdadero, auténtico: *the true value of the house* el valor real de la casa **3** fiel: *to be true to your word/principles* cumplir lo prometido/ser fiel a sus principios **4** (*historia*) verídico LOC **come true** hacerse realidad ◆ **true to life** realista

truly ☞ /ˈtruːli/ *adv* verdaderamente, realmente LOC *Ver* WELL, YOURS

trump /trʌmp/ *n* (*Naipes*) triunfo: *Hearts are trumps.* Pintan corazones.

ˈtrump card *n* **1** *Ver* TRUMP **2** (*fig*) mejor baza

trumpet /ˈtrʌmpɪt/ *n* trompeta **trumpeter** *n* trompetista

| i: see | i happy | ɪ sit | e ten | æ hat | ɑː arm | ɒ got | ɔː saw | ʊ put |

trundle /ˈtrʌndl/ **1** vi rodar **2** vt arrastrar **3** vt empujar **❶** En los tres sentidos, **trundle** tiene connotaciones de lentitud y ruido.

trunk /trʌŋk/ n **1** (Anat, Bot) tronco **2** (USA) (coche) maletero **3** (elefante) trompa **4** trunks [pl] bañador (de hombre) **5** baúl

trust o→ /trʌst/ nombre, verbo
▸ n **1** ~ (in sb/sth) confianza (en algn/algo) **2** responsabilidad: As a teacher you are in a position of trust. Como profesor, estás en una posición de responsabilidad. **3** fideicomiso **4** fundación (con fines sociales o culturales)
▸ vt **1** confiar en **2** fiarse de PHR V **trust to sth** confiar en algo ◆ **trust sb with sth** confiar algo a algn **trusted** adj de confianza

trustee /trʌˈstiː/ n **1** fideicomisario, -a **2** administrador, -ora

trusting /ˈtrʌstɪŋ/ adj confiado

trustworthy /ˈtrʌstwɜːði/ adj digno de confianza

truth o→ /truːθ/ n (pl **truths** /truːðz/) verdad LOC Ver ECONOMICAL, MOMENT **truthful** adj sincero: to be truthful decir la verdad

try o→ /traɪ/ verbo, nombre
▸ (pt, pp **tried**) **1** vi intentar, tratar: to try hard to do sth esforzarse por hacer algo

🔎 **Try to + infinitivo** significa hacer un esfuerzo por hacer algo, es decir, intentar hacer algo: You should try to eat more fruit. Deberías hacer un esfuerzo por comer más fruta. En uso coloquial, **try to** se puede sustituir por **try and**: I'll try and finish it. Intentaré terminarlo.
En cambio, **try doing sth** significa hacer algo para ver si te ayuda con algo (a adelgazar, a mejorar tu salud, etc.): If you want to lose weight, you should try eating more fruit. Si quieres perder peso, deberías intentar comer más fruta.

2 vt probar: Can I try the soup? ¿Puedo probar la sopa? **3** vt ~ **sb (for sth)** (Jur) procesar, juzgar a algn (por algo) **4** vt (Jur) ver: The case was tried before a jury. El caso fue visto por un jurado. LOC **try sb's patience** hacer perder la paciencia a algn Ver tb BEST PHR V **try sth on** probarse algo (ropa, etc.)
▸ n (pl **tries**) **1** I'll give it a try/have a try at it. Lo intentaré. **2** (rugby) ensayo

trying /ˈtraɪɪŋ/ adj difícil

T-shirt (tb **tee shirt**) n camiseta

tsunami /tsuːˈnɑːmi/ n tsunami

TTYL abrev de **talk to you later** (esp en mensajes, etc.) luego hablamos ➔ Ver nota en TEXTSPEAK

tub /tʌb/ n **1** tina, barreño **2** (para flores) tiesto grande **3** tarrina **4** bañera

tuba /ˈtjuːbə; USA ˈtuː-/ n (Mús) tuba

tube o→ /tjuːb; USA tuːb/ n **1** ~ **(of sth)** tubo (de algo) Ver tb TEST TUBE ➔ Ver dibujo en CONTAINER **2** (tb **The Tube**®) [sing] metro (de Londres): by tube en metro

tuberculosis /tjuːˌbɜːkjuˈləʊsɪs; USA tuːˌbɜːrkjə-/ n (abrev TB) [incontable] tuberculosis

tuck /tʌk/ vt **1** ~ **sth into, under, etc. sth** meter algo en, debajo de, etc. algo **2** ~ **sth in** (re)meter algo (camisa, sábana) **3** ~ **sth round sb/sth** arropar a algn/algo con algo **4** to tuck sth round you arroparse con algo PHR V **be tucked away** (pueblo, edificio) estar escondido ◆ **tuck in; tuck into sth** ponerse a comer; atacar (algo) ◆ **tuck sb in/up** arropar a algn (en la cama)

Tuesday o→ /ˈtjuːzdeɪ, -di; USA ˈtuːz-/ n (abrev Tue., Tues.) martes ➔ Ver ejemplos en MONDAY

tuft /tʌft/ n **1** (pelo) mechón **2** (plumas) penacho **3** (hierba) matojo

tug /tʌg/ verbo, nombre
▸ (-gg-) **1** vt, vi ~ **(at/on) sth** tirar (con fuerza) (de algo): She tugged at her mother's coat. Le dio un tirón al abrigo de su madre. ◇ He tugged his hat down over his ears. Se caló el gorro hasta las orejas. **2** vt arrastrar
▸ n **1** (tb **tugboat**) /ˈtʌgbəʊt/ remolcador **2** tirón

tuition /tjuˈɪʃn; USA tuˈ-/ n (formal) instrucción, clases: private tuition clases particulares ◇ tuition fees matrícula

tulip /ˈtjuːlɪp; USA ˈtuː-/ n tulipán

tumble /ˈtʌmbl/ verbo, nombre
▸ vi ~ **(down)** caer(se), desplomarse
▸ n caída

tumble dryer (tb **tumble drier**) n secadora

tumbler /ˈtʌmblə(r)/ n vaso

tummy /ˈtʌmi/ n (pl **tummies**) (coloq) barriga: tummy ache dolor de barriga

tumour (USA **tumor**) /ˈtjuːmə(r); USA ˈtuː-/ n tumor

tuna /ˈtjuːnə; USA ˈtuː-/ (tb **tuna fish**) n atún, bonito

tune o→ /tjuːn; USA tuːn/ nombre, verbo
▸ n melodía LOC **be in/out of tune (with sb/sth)** estar de acuerdo/en desacuerdo (con algn/algo) ◆ **in/out of tune** afinado/desafinado Ver tb CHANGE
▸ vt **1** (instrumento) afinar **2** (motor) poner a punto PHR V **tune in (to sth)** sintonizar (algo) ◆ **tune**

(sth) up afinar (algo) (*instrumento*) **tuneful** *adj* melodioso

tunic /'tjuːnɪk; *USA* 'tuː-/ *n* túnica

tunnel ⚬ /'tʌnl/ *nombre, verbo*
▸ *n* túnel: *the Channel Tunnel* el eurotúnel
▸ (**-ll-**, *USA tb* **-l-**) **1** *vi* ~ (**into/through/under sth**) abrir un túnel (en/a través de/debajo de algo) **2** *vt, vi* excavar

turban /'tɜːbən/ *n* turbante

turbulence /'tɜːbjələns/ *n* [*incontable*] turbulencia **turbulent** *adj* **1** turbulento **2** alborotado

turf /tɜːf/ *nombre, verbo*
▸ *n* [*incontable*] césped
▸ *vt* poner césped a algn **PHR V** **turf sb out (of sth)** (*GB, coloq*) echar a algn (de algo)

turkey /'tɜːki/ *n* (*pl* **turkeys**) pavo

turmoil /'tɜːmɔɪl/ *n* alboroto

turn ⚬ /tɜːn/ *verbo, nombre*
▸ **1** *vi* girar, dar vueltas **2** *vt* hacer girar, dar (la) vuelta a **3** *vt, vi* volver(se): *She turned her back on Simon and walked off.* Le dio la espalda a Simon y se marchó. **4** *vt, vi* girar, torcer: *to turn left* torcer a la izquierda **5** *vt* (*esquina*) doblar **6** *vt, vi* (*atención*) dirigir(se): *His thoughts turned to his wife.* Sus pensamientos se concentraron en su esposa. **7** *vt* (*página*) pasar **8** *vi* ponerse, volverse: *to turn white/red* ponerse blanco/rojo **9** *vt, vi* ~ (**sb/sth**) (**from A**) **into B** convertir a algn/algo, convertirse (de A) en B **10** *vt*: *to turn 40* cumplir los 40 **LOC** Para expresiones con **turn**, véanse las entradas del sustantivo, adjetivo, etc., p. ej. **turn a blind eye** en BLIND.
PHR V **turn around** dar(se) la vuelta ♦ **turn sb/sth around** dar la vuelta a algn/algo
turn away (from sb/sth) apartarse (de algn/algo) ♦ **turn sb away (from sth)** no dejar a entrar a algn (en algo)
turn back volverse atrás ♦ **turn sb back** hacer volverse a algn
turn sb/sth down no aceptar a algn/algo ♦ **turn sth down** bajar algo (*volumen, temperatura, etc.*)
turn off (sth) salirse de algo (*camino*) ♦ **turn sb off 1** dejar frío a algn **2** quitarle las ganas a algn; repeler a algn *Ver tb* TURN-OFF ♦ **turn sth off 1** apagar algo **2** (*grifo*) cerrar algo
turn sb on (*coloq*) excitar a algn ♦ **turn sth on 1** encender algo **2** (*grifo*) abrir algo
turn out 1 asistir, presentarse **2** resultar, salir ♦ **turn sb out (of/from sth)** echar a algn (de algo) ♦ **turn sth out** apagar algo (*luz*)
turn (sth) over darle la vuelta a algo, darse la vuelta
turn sb/sth round = TURN SB/STH AROUND
turn to sb/sth recurrir a algn/algo

turn up aparecer ♦ **turn sth up** subir algo (*volumen, temperatura, etc.*)
▸ *n* **1** vuelta **2** giro, vuelta: *to take a wrong turn* coger un camino equivocado **3** curva **4** (*cabeza*) movimiento **5** turno, vez: *It's your turn.* Te toca a ti. **6** (*circunstancias*) cambio: *to take a turn for the better/worse* empezar a mejorar/empeorar **LOC** **a turn of phrase** un giro ♦ **do sb a good turn** hacer un favor a algn ♦ **in turn** sucesivamente, uno tras otro ♦ **take turns (at/in sth/to do sth)** turnarse (para/en algo/para hacer algo)

turning /'tɜːnɪŋ/ *n* bocacalle, cruce

'turning point *n* momento crítico, punto decisivo

turnip /'tɜːnɪp/ *n* nabo

'turn-off *n* **1** *Ver* TURNING **2** (*coloq*) cosa o persona que no interesa o repele a algn

turnout /'tɜːnaʊt/ *n* **1** asistencia, concurrencia **2** (*Pol*) número de votantes

turnover /'tɜːnəʊvə(r)/ *n* **1** (*negocio*) facturación **2** [*sing*] (*personal, mercancías*) movimiento

'turn signal *n* (*USA*) intermitente (*de un coche*)

turntable /'tɜːnteɪbl/ *n* plato (*tocadiscos*)

turpentine /'tɜːpəntaɪn/ (*coloq* turps /tɜːps/) *n* aguarrás

turquoise /'tɜːkwɔɪz/ *n* **1** turquesa **2** color turquesa

turret /'tʌrət; *USA* 'tɜːrət/ *n* torreón, torre

turtle /'tɜːtl/ *n* **1** (*USA tb* 'sea turtle) tortuga (*marina*) **2** (*USA, coloq*) tortuga (*de tierra*) ⊃ *Comparar con* TORTOISE

turtleneck /'tɜːtlnek/ *n* **1** jersey de cuello alto **2** (*USA*) cuello alto (*jersey*)

tusk /tʌsk/ *n* colmillo

tutor /'tjuːtə(r); *USA* 'tuː-/ *n* **1** profesor, -ora particular **2** (*universidad*) profesor, -ora

🔎 En muchas universidades de Gran Bretaña, cada estudiante tiene un **tutor** (un profesor encargado de supervisar su trabajo), y asiste a **tutorials** (clases individuales o en un pequeño grupo con el **tutor**).

tutorial /tjuː'tɔːriəl; *USA* tuː'-/ *n* clase individual o en un pequeño grupo ⊃ *Ver nota en* TUTOR

tuxedo /tʌk'siːdəʊ/ *n* (*pl* **tuxedos**) (*coloq* tux /tʌks/) (*USA*) esmoquin

TV ⚬ /ˌtiː 'viː/ *n* tele: *What's on TV?* ¿Qué hay en la tele? ⊃ *Ver nota en* TELEVISION

twang /twæŋ/ *n* (*voz*) gangueo

tweet /twiːt/ (*tb* twitter) *nombre, verbo*
▸ *n* **1** pío pío **2** (*a través de Twitter®*) tuit
▸ *vi* **1** piar, gorjear **2** tuitear **tweetable** *adj* apto para enviar por Twitter

---

tweezers /ˈtwiːzəz/ n [pl] pinzas (de depilar) ➜ Ver nota en PAIR

twelfth ⚡ /twelfθ/ **1** adj, adv, pron duodécimo **2** n doceava parte, doceavo ➜ Ver ejemplos en FIFTH

twelve ⚡ /twelv/ adj, pron, n doce ➜ Ver ejemplos en FIVE

twentieth ⚡ /ˈtwentiəθ/ **1** adj, adv, pron vigésimo **2** n veinteava parte, veinteavo ➜ Ver ejemplos en FIFTH

twenty ⚡ /ˈtwenti/ adj, pron, n veinte ➜ Ver ejemplos en FIFTY, FIVE

twerk /twɜːk/ vi (coloq) bailar moviendo las caderas de forma exagerada

twice ⚡ /twaɪs/ adv dos veces: twice as much/many el doble **LOC** Ver ONCE

twiddle /ˈtwɪdl/ vt, vi ~ (with) sth jugar con algo; (hacer) girar algo **LOC** twiddle your thumbs estar de brazos cruzados

twig /twɪɡ/ n ramita

twilight /ˈtwaɪlaɪt/ n crepúsculo

twin ⚡ /twɪn/ n **1** gemelo, -a; mellizo, -a **2** (de un par) gemelo, pareja, doble: twin(-bedded) room habitación de dos camas

twinge /twɪndʒ/ n **1** punzada (de dolor, etc.) **2** sentimiento: a twinge of guilt un remordimiento

twinkle /ˈtwɪŋkl/ vi **1** centellear, destellar **2** (ojos) brillar

twirl /twɜːl/ **1** vt, vi ~ (sb/sth) (around/round) (hacer) girar (a algn/algo); dar vueltas (a algn/algo) **2** vt retorcer

twist ⚡ /twɪst/ verbo, nombre
▸ **1** vt, vi torcer(se), retorcer(se) **2** vt, vi enrollar(se), enroscar(se) **3** vi (camino, río) serpentear **4** vt (palabras, etc.) tergiversar
▸ n **1** torsión, torcedura: She gave the lid a twist and it came off. Le dio una vuelta a la tapa y la quitó. **2** (cambio) giro **3** (camino, río) recodo, curva **4** (limón, papel) pedacito

twit /twɪt/ n (coloq) tonto, -a

twitch /twɪtʃ/ verbo, nombre
▸ vt, vi **1** crispar(se), moverse (nerviosamente) **2** dar un tirón (a)
▸ n **1** movimiento repentino **2** tic **3** tirón

twitter /ˈtwɪtə(r)/ n, vi Ver TWEET

Twitterati /ˌtwɪtəˈrɑːtiː/ n [pl] (coloq) usuarios asiduos de Twitter®

two ⚡ /tuː/ adj, pron, n dos ➜ Ver ejemplos en FIVE **LOC** put two and two together atar cabos Ver tb KILL, MIND, ONE

two-ˈfaced adj (coloq) falso

two-ˈway adj **1** (proceso) doble: two-way traffic tráfico de doble sentido **2** (comunicación) recíproco

tycoon /taɪˈkuːn/ n magnate

tying part pres de TIE

type ⚡ /taɪp/ nombre, verbo
▸ n **1** tipo, clase: all types of jobs todo tipo de trabajos **2** [sing] (coloq) tipo: He's not my type (of person). No es mi tipo. ◇ She's not the artistic type. No tiene temperamento artístico.
▸ vt, vi ~ (sth) (out/up) teclear (algo), escribir (algo) (en el ordenador/a máquina)

typescript /ˈtaɪpskrɪpt/ n texto mecanografiado

typewriter /ˈtaɪpraɪtə(r)/ n máquina de escribir

typhoid /ˈtaɪfɔɪd/ n fiebre tifoidea

typhoon /taɪˈfuːn/ n tifón

typical ⚡ /ˈtɪpɪkl/ adj típico, característico

typically ⚡ /ˈtɪpɪkli/ adv **1** por regla general **2** típicamente

typify /ˈtɪpɪfaɪ/ vt (pt, pp **-fied**) tipificar, ser ejemplo de

typing /ˈtaɪpɪŋ/ n mecanografía

typist /ˈtaɪpɪst/ n mecanógrafo, -a

tyrannical /tɪˈrænɪkl/ adj tirano

tyranny /ˈtɪrəni/ n tiranía

tyrant /ˈtaɪrənt/ n tirano, -a

tyre ⚡ (USA tire) /ˈtaɪə(r)/ n neumático **LOC** Ver KICK

Uu

U, u /juː/ n (pl **Us**, **U's**, **u's**) U, u ➜ Ver nota en A, A

ubiquitous /juːˈbɪkwɪtəs/ adj (formal) ubicuo

UFO (tb ufo) /ˌjuː ef ˈəʊ, ˈjuːfəʊ/ n (pl **UFOs/ufos**) ovni

ugh /ɜː, ʊx/ interj ¡uf!, ¡puf!

ugly ⚡ /ˈʌɡli/ adj (**uglier, -iest**) **1** feo **2** siniestro, peligroso

UK (tb U.K.) /ˌjuː ˈkeɪ/ abrev de United Kingdom Reino Unido

ulcer /ˈʌlsə(r)/ n úlcera

ulna /ˈʌlnə/ n (pl **ulnae** /-niː/) (Anat) cúbito

ultimate ☞ /ˈʌltɪmət/ adj **1** último, final **2** mayor **3** fundamental

ultimately ☞ /ˈʌltɪmətli/ adv **1** al final, finalmente **2** en última instancia, fundamentalmente

ultimatum /ˌʌltɪˈmeɪtəm/ n (pl **ultimatums**, **ultimata** /-tə/) ultimátum

ultra- /ˈʌltrə/ pref ultra-: *ultra-modern* ultramoderno ◊ *ultra-fit* en plena forma

ultralight /ˈʌltrəlaɪt/ n (USA) ultraligero

umbrella ☞ /ʌmˈbrelə/ n paraguas

umpire /ˈʌmpaɪə(r)/ n árbitro, -a ⊃ *Ver nota en* ÁRBITRO

umpteen /ˌʌmpˈtiːn/ adj, pron (coloq) innumerables **umpteenth** adj (coloq) enésimo

UN /ˌjuːˈen/ abrev de United Nations ONU

unable ☞ /ʌnˈeɪbl/ adj [nunca antes de sustantivo] ~ **to do sth** incapaz de hacer algo: *Let me know if you're unable to come.* Dime si no puedes venir.

unacceptable ☞ /ˌʌnəkˈseptəbl/ adj inaceptable

unaccustomed /ˌʌnəˈkʌstəmd/ adj (formal) **1** be ~ **to sth/doing sth** no estar acostumbrado a algo/a hacer algo **2** desacostumbrado, insólito

unadventurous /ˌʌnədˈventʃərəs/ adj poco atrevido

unaffected /ˌʌnəˈfektɪd/ adj **1** ~ **(by sth)** no afectado (por algo) **2** sin afectación

unafraid /ˌʌnəˈfreɪd/ adj [nunca antes de sustantivo] (formal) sin miedo

unambiguous /ˌʌnæmˈbɪɡjuəs/ adj inequívoco

unanimous /juˈnænɪməs/ adj unánime

unarmed /ˌʌnˈɑːmd/ adj desarmado, sin armas

unattended /ˌʌnəˈtendɪd/ adj (formal) desatendido

unattractive /ˌʌnəˈtræktɪv/ adj poco atractivo

unavailable /ˌʌnəˈveɪləbl/ adj no disponible

unavoidable /ˌʌnəˈvɔɪdəbl/ adj inevitable

unaware /ˌʌnəˈweə(r)/ adj [nunca antes de sustantivo] no consciente: *He was unaware that…* Ignoraba que…

unbalanced /ˌʌnˈbælənst/ adj (persona) desequilibrado, trastornado

unbearable /ʌnˈbeərəbl/ adj insoportable

unbeatable /ʌnˈbiːtəbl/ adj invencible, inmejorable

unbeaten /ʌnˈbiːtn/ adj (Dep) invicto, nunca superado/batido

unbelievable /ˌʌnbɪˈliːvəbl/ adj increíble

unbiased (tb unbiassed) /ʌnˈbaɪəst/ adj imparcial

unblock /ˌʌnˈblɒk/ vt **1** desatascar **2** (móvil) desbloquear

unbroken /ʌnˈbrəʊkən/ adj **1** ininterrumpido **2** intacto **3** (récord) imbatido

uncanny /ʌnˈkæni/ adj **1** misterioso, extraño **2** asombroso

uncertain ☞ /ʌnˈsɜːtn/ adj **1** inseguro, dudoso, indeciso **2** incierto: *It is uncertain whether…* No se sabe si… **3** variable **uncertainty** n (pl **uncertainties**) incertidumbre, duda

unchanged /ʌnˈtʃeɪndʒd/ adj igual, sin alteración

uncheck /ˌʌnˈtʃek/ vt (casilla electrónica) quitar la marca de, deseleccionar

uncle ☞ /ˈʌŋkl/ n tío: *Uncle Joe* el tío Joe

unclear /ˌʌnˈklɪə(r)/ adj **1** poco/nada claro **2** be ~ **about sth** tener dudas sobre algo

uncomfortable ☞ /ʌnˈkʌmftəbl, -fət-/ adj incómodo **uncomfortably** /-bli/ adv incómodamente: *The exams are getting uncomfortably close.* Los exámenes se están acercando de manera preocupante.

uncommon /ʌnˈkɒmən/ adj poco común, insólito

uncompromising /ʌnˈkɒmprəmaɪzɪŋ/ adj inflexible, firme

unconcerned /ˌʌnkənˈsɜːnd/ adj **1** ~ **(about/by/with sth)** indiferente (a algo) **2** despreocupado

unconditional /ˌʌnkənˈdɪʃənl/ adj incondicional

unconscious ☞ /ʌnˈkɒnʃəs/ adjetivo, nombre
▸ adj **1** inconsciente **2** be ~ **of sth** no darse cuenta de algo
▸ n the unconscious [sing] el inconsciente

uncontrollable /ˌʌnkənˈtrəʊləbl/ adj incontrolable, que no se puede controlar

unconventional /ˌʌnkənˈvenʃənl/ adj poco convencional

unconvincing /ˌʌnkənˈvɪnsɪŋ/ adj poco convincente

uncool /ˌʌnˈkuːl/ adj (coloq) **1** poco enrollado: *Smoking is uncool.* Fumar no está de moda. **2** anticuado: *He's so uncool.* No está en la onda.

uncountable /ʌnˈkaʊntəbl/ adj (Gram) incontable

uncouth /ʌnˈkuːθ/ adj grosero

uncover /ʌnˈkʌvə(r)/ vt destapar, descubrir

U

undecided /ˌʌndɪˈsaɪdɪd/ adj **1** ~ (about sb/sth) indeciso (sobre algn/algo) **2** pendiente, sin resolver

undeniable /ˌʌndɪˈnaɪəbl/ adj innegable, indiscutible **undeniably** /-blì/ adv indudablemente

under 0━ /ˈʌndə(r)/ prep **1** debajo de: *It was under the bed.* Estaba debajo de la cama. **2** (edad) menor de **3** (cantidad) menos de **4** (gobierno, mando, etc.) bajo **5** (Jur) según (una ley, etc.) **6** *under construction* en construcción

under- /ˈʌndə(r)/ pref **1** (edad) menor de: *the under-fives/under-18s* los menores de cinco/dieciocho años ◊ *the under-21 team* el equipo de menores de veintiún años **2** insuficientemente: *Women are under-represented in the group.* Las mujeres tienen una representación demasiado pequeña en el grupo. ◊ *under-used* infrautilizado

underage /ˈʌndəreɪdʒ/ adj [solo antes de sustantivo] menor de edad: *underage drinking* el consumo de alcohol en menores (de edad)

undercharge /ˌʌndəˈtʃɑːdʒ/ vt, vi ~ (sb) (for sth) cobrar de menos (a algn) (por algo)

underclothes /ˈʌndəkləʊðz/ n [pl] (formal) ropa interior

undercook /ˌʌndəˈkʊk/ vt no cocinar lo suficiente **undercooked** adj poco cocido

undercover /ˌʌndəˈkʌvə(r)/ adj **1** (policía) de paisano, secreto **2** (operación) secreto, clandestino

underdeveloped /ˌʌndədɪˈveləpt/ adj subdesarrollado **underdevelopment** n subdesarrollo

underdog /ˈʌndədɒg/ USA -dɔːg/ n (Dep, Sociol) el/la más débil: *the underdogs of society* los desamparados de la sociedad

underestimate /ˌʌndərˈestɪmeɪt/ vt subestimar, infravalorar

undergo /ˌʌndəˈgəʊ/ vt (pt **underwent** /-ˈwent/, pp **undergone** /-ˈgɒn/) **1** experimentar, sufrir **2** (prueba) pasar **3** (tratamiento, cirugía) someterse a

undergraduate /ˌʌndəˈgrædʒuət/ n estudiante de carrera universitaria

underground 0━ adjetivo, adverbio, nombre
▸ adj /ˌʌndəˈgraʊnd/ **1** subterráneo **2** (fig) clandestino
▸ adv /ˌʌndəˈgraʊnd/ **1** bajo tierra **2** (fig) en la clandestinidad
▸ n /ˈʌndəgraʊnd/ **1** (tb the ˈUnderground) metro **2** [v sing o pl] movimiento clandestino

undergrowth /ˈʌndəgrəʊθ/ n maleza

underlie /ˌʌndəˈlaɪ/ vt (pt **underlay** /-ˈleɪ/, pp **underlain** /-ˈleɪn/, part pres **underlying**) (formal) (fig) estar detrás de

underline /ˌʌndəˈlaɪn/ vt (lit y fig) subrayar

undermine /ˌʌndəˈmaɪn/ vt minar

underneath 0━ /ˌʌndəˈniːθ/ preposición, adverbio, nombre
▸ prep debajo de
▸ adv (por) debajo
▸ n the underneath [sing] la parte inferior

undernourished /ˌʌndəˈnʌrɪʃt/; USA -ˈnɜːrɪʃt/ adj desnutrido

underpants /ˈʌndəpænts/ n [pl] calzoncillos: *a pair of underpants* unos calzoncillos ➲ Ver nota en PAIR

underpass /ˈʌndəpɑːs; USA -pæs/ n paso subterráneo

underpay /ˌʌndəˈpeɪ/ vt (pt, pp **underpaid**) pagar poco

underpriced /ˌʌndəˈpraɪst/ adj con precio demasiado bajo

underprivileged /ˌʌndəˈprɪvəlɪdʒd/ adj desheredado, marginado

underscore verbo, nombre
▸ vt /ˌʌndəˈskɔː(r)/ (esp USA) subrayar
▸ n /ˈʌndəskɔː(r)/ (Informát) guion bajo

undersea /ˈʌndəsiː/ adj [solo antes de sustantivo] submarino

undershirt /ˈʌndəʃɜːt/ n (USA) camiseta (ropa interior)

underside /ˈʌndəsaɪd/ n parte de abajo, costado inferior

understand 0━ /ˌʌndəˈstænd/ (pt, pp **understood** /-ˈstʊd/) **1** vt, vi entender: *I don't understand why he came.* No me explico por qué vino. **2** vt (saber manejar) entender de **3** vt (formal) tener entendido **understandable** adj comprensible **understandably** adv naturalmente

understanding 0━ /ˌʌndəˈstændɪŋ/ nombre, adjetivo
▸ n **1** conocimiento **2** acuerdo (informal) **3** entendimiento, comprensión **4** ~ (of sth) interpretación (de algo)
▸ adj comprensivo

understate /ˌʌndəˈsteɪt/ vt **1** subestimar **2** restar importancia a **understated** adj (estilo, color, etc.) discreto y elegante

understatement /ˈʌndəsteɪtmənt/ n *To say they are disappointed would be an understatement.* Decir que están desilusionados sería quedarse corto.

understood pt, pp de UNDERSTAND

understorey (USA **understory**) /ˈʌndəstɔːri/ n (pl **understories**) sotobosque (esp en una selva)

undertake /ˌʌndəˈteɪk/ vt (pt **undertook** /-ˈtʊk/, pp **undertaken** /-ˈteɪkən/) (formal) **1** emprender **2** ~ **to do sth** comprometerse a hacer algo

undertaker /ˈʌndəteɪkə(r)/ n **1** agente funerario, -a **2 undertaker's** funeraria ➔ Ver nota en CARNICERÍA

undertaking /ˌʌndəˈteɪkɪŋ/ n **1** (Econ, tarea) empresa **2** (formal) compromiso, obligación

underwater 0̃ /ˌʌndəˈwɔːtə(r)/ adjetivo, adverbio
▸ adj submarino
▸ adv bajo el agua

underwear 0̃ /ˈʌndəweə(r)/ n ropa interior

underweight /ˌʌndəˈweɪt/ adj de peso más bajo del normal

underwent pt de UNDERGO

underworld /ˈʌndəwɜːld/ n **1** submundo **2 the underworld** el averno

undesirable /ˌʌndɪˈzaɪərəbl/ adj, n indeseable

undid pt de UNDO

undiscovered /ˌʌndɪsˈkʌvəd/ adj desconocido, sin/por descubrir

undisputed /ˌʌndɪˈspjuːtɪd/ adj incuestionable, indiscutible

undisturbed /ˌʌndɪˈstɜːbd/ adj **1** (cosa) sin tocar **2** (persona) tranquilo

undo 0̃ /ʌnˈduː/ vt (pt **undid** /ʌnˈdɪd/, pp **undone** /ʌnˈdʌn/) **1** deshacer **2** desabrochar **3** desatar **4** (envoltura) quitar **5** anular: to undo the damage reparar el daño **undone** adj desabrochado, desatado: to come undone desabrocharse/desatarse **2** sin acabar

undoubtedly /ʌnˈdaʊtɪdli/ adv indudablemente

undress /ʌnˈdres/ vt, vi desnudar(se) ❶ Es más normal decir **get undressed**. **undressed** adj desnudo

undue /ˌʌnˈdjuː; USA -ˈduː/ adj [solo antes de sustantivo] (formal) excesivo **unduly** adv (formal) excesivamente

unearth /ʌnˈɜːθ/ vt desenterrar, sacar a la luz

unease /ʌnˈiːz/ n malestar

uneasy /ʌnˈiːzi/ adj **1** ~ **(about sth)** inquieto, intranquilo (por algo): She felt uneasy about the idea. La idea le inquietaba. **2** (relación, alianza, paz) precario **3** (silencio) incómodo

uneducated /ʌnˈedʒukeɪtɪd/ adj inculto, sin educación

unemotional /ˌʌnɪˈməʊʃənl/ adj impasible, insensible

unemployed 0̃ /ˌʌnɪmˈplɔɪd/ adjetivo, nombre
▸ adj desempleado, en paro
▸ n **the unemployed** [pl] los parados

unemployment 0̃ /ˌʌnɪmˈplɔɪmənt/ n desempleo, paro

unequal /ʌnˈiːkwəl/ adj **1** desigual **2** (formal): to feel unequal to sth no sentirse a la altura de algo

unethical /ʌnˈeθɪkl/ adj poco ético

uneven /ʌnˈiːvn/ adj **1** desigual **2** (pulso) irregular **3** (suelo) desnivelado

uneventful /ˌʌnɪˈventfl/ adj sin incidentes, tranquilo

unexpected 0̃ /ˌʌnɪkˈspektɪd/ adj inesperado, imprevisto

unexplained /ˌʌnɪkˈspleɪnd/ adj inexplicado

unfair 0̃ /ˌʌnˈfeə(r)/ adj **1** ~ **(on/to sb)** injusto (con/para algn) **2** (competencia) desleal **3** (despido) improcedente **unfairly** adv injustamente

unfaithful /ʌnˈfeɪθfl/ adj infiel

unfamiliar /ˌʌnfəˈmɪliə(r)/ adj **1** poco familiar **2** (persona, cara) desconocido **3** ~ **with sth** poco familiarizado con algo

unfashionable /ʌnˈfæʃnəbl/ adj pasado de moda

unfasten /ʌnˈfɑːsn; USA ʌnˈfæsn/ vt **1** desabrochar, desatar **2** abrir **3** soltar

unfavourable (USA unfavorable) /ʌnˈfeɪvərəbl/ adj **1** poco propicio **2** adverso, desfavorable

unfinished /ʌnˈfɪnɪʃt/ adj sin terminar: unfinished business asuntos pendientes

unfit /ʌnˈfɪt/ adj **1** ~ **(for sth/to do sth)** inadecuado, no apto (para algo/hacer algo); incapaz (de hacer algo) **2** poco en forma

unfold /ʌnˈfəʊld/ **1** vt extender, desplegar **2** vt, vi (acontecimientos, etc.) revelar(se)

unfollow /ˌʌnˈfɒləʊ/ vt (en medios sociales) dejar de seguir a

unforeseen /ˌʌnfɔːˈsiːn/ adj imprevisto

unforgettable /ˌʌnfəˈgetəbl/ adj inolvidable

unforgivable /ˌʌnfəˈgɪvəbl/ adj imperdonable

unfortunate 0̃ /ʌnˈfɔːtʃənət/ adj **1** desafortunado: It is unfortunate (that)… Es de lamentar que… **2** (accidente) desgraciado **3** (comentario) inoportuno

unfortunately 0̃ /ʌnˈfɔːtʃənətli/ adv por desgracia

unfriend /ˌʌnˈfrend/ (tb **defriend**) vt (coloq) quitar de la lista de amigos a

unfriendly 0̃ /ʌnˈfrendli/ adj ~ **(to/towards sb)** antipático (con algn)

ungrateful /ʌnˈgreɪtfl/ adj **1** desagradecido **2** ~ **(to sb)** ingrato (con algn)

U

---

aʊ now   ɔɪ join   ɪə near   eə hair   ʊə pure   tʃ chin   dʒ June   v van   θ thin

unhappiness /ʌnˈhæpinəs/ n infelicidad

unhappy ⚬ₘ /ʌnˈhæpi/ adj (**unhappier, -iest**) **1** infeliz, desgraciado, triste **2** ~ (**about/at/with sth**) preocupado, descontento (por algo): *I'm unhappy about her travelling on her own.* Me preocupa que viaje sola. ◇ *I was unhappy with the hotel.* No estaba contento con el hotel.

unharmed /ʌnˈhɑːmd/ adj ileso

unhealthy /ʌnˈhelθi/ adj **1** enfermizo **2** insalubre: *an unhealthy diet* una dieta perjudicial para la salud **3** (*interés*) morboso

unheard-of /ʌnˈhɜːd əv/ adj insólito

unhelpful /ʌnˈhelpfl/ adj **1** (*respuesta, medidas*) poco útil **2** (*persona*) poco servicial

unhurt /ʌnˈhɜːt/ adj ileso

unicellular /ˌjuːnɪˈseljələ(r)/ adj (*Biol*) unicelular

uniform ⚬ₘ /ˈjuːnɪfɔːm/ n, adj uniforme **LOC in uniform** de uniforme

unify /ˈjuːnɪfaɪ/ vt (pt, pp **-fied**) unificar

unimportant ⚬ₘ /ˌʌnɪmˈpɔːtnt/ adj sin importancia, insignificante

uninhabited /ˌʌnɪnˈhæbɪtɪd/ adj inhabitado, deshabitado

uninhibited /ˌʌnɪnˈhɪbɪtɪd/ adj desinhibido

uninstall /ˌʌnɪnˈstɔːl/ vt (*Informát*) desinstalar

unintentional /ˌʌnɪnˈtenʃənl/ adj involuntario, no intencional

unintentionally /ˌʌnɪnˈtenʃənəli/ adv sin querer

uninterested /ʌnˈɪntrəstɪd, -trestɪd/ adj ~ (**in sb/sth**) indiferente (a algn/algo); no interesado (en algn/algo)

union ⚬ₘ /ˈjuːniən/ n **1** *Ver* TRADE UNION **2** unión

the ˌUnion ˈJack n bandera del Reino Unido

⌕ La bandera del Reino Unido está formada por elementos de las banderas de Inglaterra, Escocia e Irlanda del Norte (p. ej. la cruz roja procede de la bandera inglesa, y el fondo azul de la escocesa).

unique ⚬ₘ /juˈniːk/ adj **1** único **2** (*poco común*) excepcional, extraordinario **3** ~ **to sb/sth** exclusivo de algn/algo

unison /ˈjuːnɪsn/ n **LOC in unison (with sb/sth)** al unísono (con algn/algo)

unit ⚬ₘ /ˈjuːnɪt/ n **1** unidad **2** (*de mobiliario*) módulo: *kitchen unit* mueble de cocina

unite ⚬ₘ /juˈnaɪt/ **1** vi ~ (**in sth/in doing sth**) unirse (en algo/para hacer algo) **2** vt unir

unity /ˈjuːnəti/ n unidad, armonía

universal /ˌjuːnɪˈvɜːsl/ adj universal, general **universally** /ˌjuːnɪˈvɜːsəli/ adv universalmente, mundialmente

universe ⚬ₘ /ˈjuːnɪvɜːs/ n universo

university ⚬ₘ /ˌjuːnɪˈvɜːsəti/ n (pl **universities**) universidad: *to go to university* ir a la universidad ➔ *Ver nota en* SCHOOL

unjust /ˌʌnˈdʒʌst/ adj injusto

unkempt /ˌʌnˈkempt/ adj **1** desaliñado, descuidado **2** (*pelo*) despeinado

unkind ⚬ₘ /ˌʌnˈkaɪnd/ adj **1** (*persona*) poco amable, cruel **2** (*comentario*) cruel

unknown /ˌʌnˈnəʊn/ adj ~ (**to sb**) desconocido (para algn)

unlawful /ʌnˈlɔːfl/ adj (*formal*) ilegal

unleaded /ˌʌnˈledɪd/ adj sin plomo

unleash /ʌnˈliːʃ/ vt ~ **sth (on/upon sb/sth)** desatar, desencadenar algo (contra algn/algo)

unless ⚬ₘ /ənˈles/ conj a menos que, a no ser que, si no

unlike ⚬ₘ /ˌʌnˈlaɪk/ preposición, adjetivo, verbo
▸ prep **1** distinto de **2** a diferencia de **3** no típico de: *It's unlike him to be late.* Es muy raro en él llegar tarde.
▸ adj [nunca antes de sustantivo] (*formal*) distinto
▸ vt (*coloq*) (*Internet*) ponerle un "no me gusta" a (*página web, comentario, etc.*)

unlikely ⚬ₘ /ʌnˈlaɪkli/ adj (**unlikelier, -iest**) **1** poco probable, improbable: *The project seemed unlikely to succeed.* Parecía poco probable que el proyecto fuese a tener éxito. **2** (*cuento, excusa, etc.*) inverosímil

unlimited /ʌnˈlɪmɪtɪd/ adj ilimitado, sin límite

unload ⚬ₘ /ˌʌnˈləʊd/ vt, vi descargar

unlock /ˌʌnˈlɒk/ **1** vt, vi abrir(se) (*con llave*) **2** vt (*móvil*) liberar

unlucky ⚬ₘ /ʌnˈlʌki/ adj (**unluckier, -iest**) **1** desgraciado, desafortunado: *to be unlucky* tener mala suerte **2** aciago

unmarried /ˌʌnˈmærid/ adj soltero

unmistakable /ˌʌnmɪˈsteɪkəbl/ adj inconfundible, inequívoco

unmoved /ˌʌnˈmuːvd/ adj impasible

unnatural /ʌnˈnætʃrəl/ adj **1** antinatural, anormal **2** contra natura **3** afectado, poco natural

unnecessary ⚬ₘ /ʌnˈnesəsəri; USA -seri/ adj **1** innecesario **2** (*comentario*) gratuito

unnoticed /ˌʌnˈnəʊtɪst/ adj desapercibido, inadvertido

unobtrusive /ˌʌnəbˈtruːsɪv/ adj (*formal*) discreto

unofficial /ˌʌnəˈfɪʃl/ adj no oficial, extraoficial

unorthodox /ʌnˈɔːθədɒks/ adj poco ortodoxo

unpack /ˌʌnˈpæk/ **1** vt desempaquetar, desembalar **2** vi deshacer las maletas **3** vt (maleta) deshacer

unpaid /ˌʌnˈpeɪd/ adj **1** no pagado **2** (persona, trabajo) no retribuido

unpleasant ⚬ /ʌnˈpleznt/ adj **1** desagradable **2** (persona) antipático

unplug /ˌʌnˈplʌg/ vt (-gg-) desenchufar, desconectar

unpopular /ʌnˈpɒpjələ(r)/ adj impopular: *She's very unpopular at work.* No cae nada bien en el trabajo.

unprecedented /ʌnˈpresɪdentɪd/ adj sin precedentes

unpredictable /ˌʌnprɪˈdɪktəbl/ adj imprevisible

unqualified /ˌʌnˈkwɒlɪfaɪd/ adj **1** sin título, no cualificado **2** ~ to do sth no cualificado para hacer algo **3** (éxito) rotundo **4** (apoyo) incondicional

unravel /ʌnˈrævl/ vt, vi (-ll-, USA -l-) (lit y fig) desenmarañar(se), desenredar(se)

unreal /ˌʌnˈrɪəl/ USA -ˈriːəl/ adj irreal, ilusorio

unrealistic /ˌʌnrɪəˈlɪstɪk/ USA -riːəˈlɪstɪk/ adj poco realista

unreasonable ⚬ /ʌnˈriːznəbl/ adj **1** irrazonable, poco razonable **2** excesivo

unreliable /ˌʌnrɪˈlaɪəbl/ adj **1** poco fiable **2** (persona) poco serio, informal

unrest /ʌnˈrest/ n [incontable] **1** malestar **2** (Pol) disturbios

unroll /ʌnˈrəʊl/ vt, vi desenrollar(se)

unruly /ʌnˈruːli/ adj **1** revoltoso, indisciplinado **2** (comportamiento, pelo) rebelde

unsafe /ʌnˈseɪf/ adj peligroso

unsatisfactory /ˌʌnˌsætɪsˈfæktəri/ adj insatisfactorio, inaceptable

unsavoury (USA unsavory) /ʌnˈseɪvəri/ adj desagradable, indeseable

unscathed /ʌnˈskeɪðd/ adj **1** ileso **2** (fig) incólume

unscrew /ˌʌnˈskruː/ vt, vi **1** (tapa, etc.) desenroscar(se) **2** (tornillo, etc.) desatornillar(se)

unscrupulous /ʌnˈskruːpjələs/ adj sin escrúpulos, poco escrupuloso

unseen /ˌʌnˈsiːn/ adj invisible, inadvertido, no visto

unsettle /ˌʌnˈsetl/ vt perturbar, inquietar **unsettled** adj **1** (situación) inestable **2** (cambiable) variable, incierto **3** (persona) incómodo **4** (asunto) pendiente **unsettling** adj perturbador, inquietante

unshaven /ˌʌnˈʃeɪvn/ adj sin afeitar

unsightly /ʌnˈsaɪtli/ adj antiestético, feo

unskilled /ˌʌnˈskɪld/ adj **1** (trabajador) no cualificado **2** (trabajo) no especializado

unsolved /ˌʌnˈsɒlvd/ adj sin resolver

unspoiled /ˌʌnˈspɔɪld/ (tb unspoilt /ˌʌnˈspɔɪlt/) adj intacto, sin estropear

unspoken /ˌʌnˈspəʊkən/ adj (formal) tácito, no expresado

unstable /ʌnˈsteɪbl/ adj inestable

unsteady ⚬ /ʌnˈstedi/ adj **1** inseguro, vacilante **2** (mano, voz) tembloroso

unstuck /ˌʌnˈstʌk/ adj despegado **LOC** come unstuck **1** despegarse **2** (GB, coloq) fracasar

unsubscribe /ˌʌnsəbˈskraɪb/ vi darse de baja (de una lista de internet, etc.)

unsuccessful ⚬ /ˌʌnsəkˈsesfl/ adj infructuoso, fracasado: *to be unsuccessful in doing sth* no lograr hacer algo **unsuccessfully** /-fəli/ adv sin éxito

unsuitable /ʌnˈsuːtəbl/ adj **1** no apto, inapropiado **2** (momento) inoportuno

unsure /ˌʌnˈʃʊə(r); GB tb -ˈʃɔː(r)/ adj **1** be ~ (about/of sth) no estar seguro (de algo) **2** ~ (of yourself) inseguro (de sí mismo)

unsuspecting /ˌʌnsəˈspektɪŋ/ adj confiado

unsympathetic /ˌʌnˌsɪmpəˈθetɪk/ adj **1** poco comprensivo **2** antipático, poco agradable

untangle /ˌʌnˈtæŋgl/ vt desenredar

unthinkable /ʌnˈθɪŋkəbl/ adj impensable, inconcebible

untidy ⚬ /ʌnˈtaɪdi/ adj (untidier, -iest) **1** desordenado **2** (apariencia) desaliñado, descuidado **3** (pelo) despeinado

untie /ʌnˈtaɪ/ vt (pt, pp untied, part pres untying) desatar

until ⚬ /ənˈtɪl/ conjunción, preposición
▸ conj (coloq till) hasta que
▸ prep (coloq till) hasta: *until recently* hasta hace poco ➲ Ver nota en HASTA

untouched /ʌnˈtʌtʃt/ adj **1** ~ (by sth) no afectado (por algo) **2** (comida) sin probar **3** intacto, sin tocar

untrue /ʌnˈtruː/ adj falso

unused adj **1** /ˌʌnˈjuːzd/ sin usar **2** /ʌnˈjuːst/ ~ to sth no acostumbrado a algo

unusual ⚬ /ʌnˈjuːʒuəl, -ʒəl/ adj **1** inusual, poco corriente **2** (extraño) raro **3** distintivo

unusually ⚬ /ʌnˈjuːʒuəli, -ʒəli/ adv inusitadamente, extraordinariamente: *unusually talented* de un talento poco común

U

unveil /ˌʌnˈveɪl/ vt **1** (estatua, etc.) descubrir **2** (plan, producto, etc.) revelar

unwanted /ˌʌnˈwɒntɪd/ adj no deseado: *to feel unwanted* sentirse rechazado ◇ *an unwanted pregnancy* un embarazo no deseado

unwarranted /ʌnˈwɒrəntɪd; USA ʌnˈwɔːr-/ adj (formal) injustificado

unwelcome /ʌnˈwelkəm/ adj inoportuno, molesto: *to make you feel unwelcome* hacer a algn sentirse incómodo

unwell /ʌnˈwel/ adj indispuesto

unwilling ०━ /ʌnˈwɪlɪŋ/ adj no dispuesto, reacio **unwillingness** n *his unwillingness to do it* el hecho de que no quiera hacerlo

unwind /ʌnˈwaɪnd/ (pt, pp **unwound** /-ˈwaʊnd/) **1** vt, vi desenrollar(se) **2** vi relajarse

unwise /ˌʌnˈwaɪz/ adj imprudente

unwittingly /ʌnˈwɪtɪŋli/ adv inconscientemente

unwrap /ʌnˈræp/ vt (-**pp**-) desenvolver

unzip /ˌʌnˈzɪp/ vt (-**pp**-) **1** bajar la cremallera de **2** (*Informát*) descomprimir

up ०━ /ʌp/ adverbio, preposición, nombre
❶ Para los usos de **up** en PHRASAL VERBS ver las entradas de los verbos correspondientes, p. ej. **go up** en GO.
▸ adv **1** más alto, más arriba: *Pull your socks up.* Súbete los calcetines. **2** ~ (**to sb/sth**): *He came up (to me).* Se (me) acercó. **3** en su sitio, colocado: *Are the curtains up yet?* ¿Están colocadas ya las cortinas? **4** en trozos: *to tear sth up* romper algo en pedazos **5** (*terminado*): *Your time is up.* Se te acabó el tiempo. **6** levantado: *Is he up yet?* ¿Está levantado ya? **7** (*firmemente*): *to lock sth up* guardar/encerrar algo bajo llave **8** (*coloq*): *What's up (with you)?* ¿Qué (te) pasa? LOC **be up to sb** depender de algn, ser decisión de algn: *It's up to you.* Tú decides. ◆ **not be up to much** no valer mucho ◆ **up and down** de arriba a abajo: *to jump up and down* dar saltos ◇ *'How are things?' 'A bit up and down.'* —¿Qué tal van las cosas? —Con algunos altibajos. ◆ **up to sth 1** hasta algo: *up to now* hasta ahora **2** a la altura de algo, capaz de algo: *I don't feel up to it.* No me siento capaz de hacerlo. **3** (*coloq*): *What are you up to?* ¿Qué estás haciendo? ◇ *He's up to no good.* Está tramando algo.
▸ prep arriba: *further up the road* calle arriba LOC **up and down sth** de un lado a otro de algo
▸ n LOC **ups and downs** altibajos

up-and-ˈcoming adj [solo antes de sustantivo] prometedor

upbeat /ˈʌpbiːt/ adj (coloq) optimista

upbringing /ˈʌpbrɪŋɪŋ/ n crianza, educación (en la familia)

upcoming /ˈʌpkʌmɪŋ/ adj [solo antes de sustantivo] (esp USA) próximo: *the upcoming election* las próximas elecciones

upcycle /ˈʌpsaɪkl/ vt (artículo usado) transformar (en algo de más valor)

update verbo, nombre
▸ vt /ʌpˈdeɪt/ **1** actualizar **2** ~ **sb** (**on sth**) poner a algn al día (de algo)
▸ n /ˈʌpdeɪt/ **1** actualización **2** ~ (**on sth**) información actualizada (sobre algo)

upgrade verbo, nombre
▸ vt /ˌʌpˈgreɪd; USA tb ˈʌpgreɪd/ **1** actualizar, mejorar **2** (persona) ascender
▸ n /ˈʌpgreɪd/ actualización

upheaval /ʌpˈhiːvl/ n **1** trastorno (emocional) **2** cambio importante (en un sistema) **3** [incontable] (Pol) agitación

uphill /ˌʌpˈhɪl/ adj, adv cuesta arriba: *It was an uphill struggle.* Fue duro.

uphold /ʌpˈhəʊld/ vt (pt, pp **upheld** /ʌpˈheld/) **1** (ley, derechos) defender **2** (tradición, decisión, etc.) mantener

upholstered /ʌpˈhəʊlstəd/ adj tapizado **upholstery** n [incontable] tapicería

upkeep /ˈʌpkiːp/ n mantenimiento

uplifting /ˌʌpˈlɪftɪŋ/ adj edificante

upload /ˌʌpˈləʊd/ vt (Informát) subir

upmarket /ˌʌpˈmɑːkɪt/ adj de categoría, de (primera) calidad

upon ०━ /əˈpɒn/ prep (formal) Ver ON

upper ०━ /ˈʌpə(r)/ adj **1** superior, de arriba: *upper case* mayúsculas ◇ *the upper limit* el tope **2** alto: *the upper class* la clase alta ➲ Ver ejemplos en LOW LOC **gain, get, have, etc. the upper hand** conseguir, tener, etc. ventaja

uppermost /ˈʌpəməʊst/ adj (formal) más alto (posición) LOC **be uppermost in sb's mind** ser lo que más preocupa a algn

upright /ˈʌpraɪt/ adjetivo, adverbio
▸ adj **1** (posición) vertical, derecho **2** (persona) recto, honrado
▸ adv derecho, en posición vertical

uprising /ˈʌpraɪzɪŋ/ n rebelión

uproar /ˈʌprɔː(r)/ n [incontable] tumulto, alboroto

uproot /ˌʌpˈruːt/ vt **1** arrancar (con las raíces) **2** ~ **yourself/sb** desarraigarse/desarraigar a algn

upscale /ˌʌpˈskeɪl/ adj (USA) Ver UPMARKET

upset ०━ verbo, adjetivo, nombre
▸ vt /ʌpˈset/ (pt, pp **upset**) **1** disgustar, afectar **2** (plan, etc.) trastornar **3** *Shellfish often upset*

my stomach. El marisco me suele sentar mal.
4 *(recipiente)* volcar, derramar

▸ *adj* /ˌʌpˈset/ **❶** Se pronuncia /ˈʌpset/ delante de un sustantivo. **1** molesto, disgustado: *to get upset about sth* disgustarse por algo **2** *(estómago)* revuelto

▸ *n* /ˈʌpset/ **1** trastorno, disgusto **2** *(Med)* malestar: *I had a stomach upset.* Estaba mal del estómago. **upsetting** /ʌpˈsetɪŋ/ *adj* molesto, preocupante, triste

the upshot /ðiˈʌpʃɒt/ *n* [*sing*] ~ **(of sth)** el resultado final (de algo)

ˌupside ˈdown ⊶ *adv, adj* al revés, cabeza abajo ➔ *Ver dibujo en* REVÉS **LOC turn sth upside down 1** *(objeto)* poner algo boca abajo **2** *(casa, habitación)* poner algo patas arriba

upstairs ⊶ /ˌʌpˈsteəz/ *adverbio, adjetivo, nombre*

▸ *adv* (en el piso de) arriba: *She ran upstairs.* Corrió escaleras arriba.

▸ *adj* en el/del piso de arriba

▸ *n* [*sing*] piso de arriba

upstream /ˌʌpˈstriːm/ *adv* río arriba: *to sail upstream* navegar a contracorriente

upsurge /ˈʌpsɜːdʒ/ *n* ~ **(in/of sth)** *(formal)* **1** aumento (de algo) **2** oleada (de algo) *(enfado, interés, etc.)*

uptake /ˈʌpteɪk/ *n* **LOC be quick/slow on the uptake** *(coloq)* coger las cosas al vuelo/ser duro de mollera

ˌup to ˈdate *adj* **1** a la última: *the most up-to-date equipment* el equipo más avanzado **2** al día, actualizado: *up-to-date methods* los métodos más actuales ➔ *Ver nota en* WELL BEHAVED **LOC be/keep/bring sb up to date** estar/mantenerse/poner a algn al día ◆ **bring sth up to date** actualizar algo ➔ *Comparar con* OUT OF DATE

ˌup-to-the-ˈminute *adj* **1** de última hora **2** del momento

upturn /ˈʌptɜːn/ *n* ~ **(in sth)** mejora, aumento (en algo)

upturned /ˌʌpˈtɜːnd/ *adj* **1** *(nariz)* respingón **2** *(cajón, etc.)* boca abajo

upward ⊶ /ˈʌpwəd/ *adj* hacia arriba: *an upward trend* una tendencia al alza

upwards ⊶ /ˈʌpwədz/ *(tb esp USA upward) adv* **1** hacia arriba **2** ~ **of sth** *(seguido de un número)* más de algo

uranium /juˈreɪniəm/ *n* uranio

Uranus /ˈjʊərənəs, jʊˈreɪnəs/ *n* Urano

urban ⊶ /ˈɜːbən/ *adj* urbano

urge ⊶ /ɜːdʒ/ *verbo, nombre*

▸ *vt* ~ **sb (to do sth)** animar, instar a algn (a hacer algo) **PHR V urge sb on** animar a algn

▸ *n* deseo, impulso

urgency /ˈɜːdʒənsi/ *n* apremio, urgencia

urgent ⊶ /ˈɜːdʒənt/ *adj* **1** urgente: *to be in urgent need of sth* necesitar algo urgentemente **2** apremiante

urinal /ˈjʊərɪnl; *GB tb* jʊəˈraɪnl/ *n* urinario

urinate /ˈjʊərɪneɪt/ *vi* *(formal)* orinar

urine /ˈjʊərɪn; *GB tb* -raɪn/ *n* orina

URL /ˌjuː ɑːr ˈel/ *abrev de* **uniform resource locator** URL, localizador uniforme de recursos

urn /ɜːn/ *n* urna *(para cenizas)*

US *(tb* U.S.*)* /ˌjuː ˈes/ *(tb* USA/U.S.A. /ˌjuː es ˈeɪ/) *abrev de* **United States (of America)** EE. UU.

us ⊶ /əs, ʌs/ *pron* **1** *(como objeto)* nos: *She gave us the job.* Nos dio el trabajo. ◇ *He ignored us.* No nos hizo caso. **2** *(después de preposición y del verbo* be*)* nosotros, -as: *behind us* detrás de nosotros ◇ *both of us* nosotros dos ◇ *It's us.* Somos nosotros. ➔ *Comparar con* WE

usage /ˈjuːsɪdʒ, ˈjuːzɪdʒ/ *n* uso

USB /ˌjuː es ˈbiː/ *abrev de* **universal serial bus** *(Informát)* USB: *USB port/drive/port* lápiz de memoria/puerto USB

use ⊶ *verbo, nombre*

▸ *vt* /juːz/ *(pt, pp* **used** /juːzd/) **1** utilizar, usar, hacer uso de **2** consumir, gastar **3** *(pey)* utilizar, aprovecharse de *(una persona)* **PHR V use sth up** agotar algo, usar algo *(hasta que se acabe)*

▸ *n* /juːs/ uso: *for your own use* para uso personal ◇ *a machine with many uses* una máquina con múltiples usos ◇ *to find a use for sth* encontrarle alguna utilidad a algo **LOC be no use 1** no servir de nada **2** ser (un) inútil ◆ **be of use** *(formal)* servir ◆ **have the use of sth** poder usar algo ◆ **in use** en uso ◆ **make use of sth** aprovechar algo ◆ **what's the use (of doing sth)?** ¿de qué sirve (hacer algo)?: *What's the use?* ¿Para qué?

used¹ ⊶ /juːst/ *adj* ~ **to (doing) sth** acostumbrado a (hacer) algo: *to get used to sth/doing sth* acostumbrarse a algo/hacer algo

used² /juːzd/ *adj* usado, de segunda mano

used to ⊶ /ˈjuːst tə, tu/ *v modal*

🔎 **Used to + infinitivo** se utiliza para describir hábitos y situaciones del pasado que ya no se dan en la actualidad: *I used to live in London.* Antes vivía en Londres. Las oraciones interrogativas o negativas se forman generalmente con **did**: *He didn't use to be fat.* Antes no estaba gordo. ◇ *You used to go to the gym every day, didn't you?* Solías ir al gimnasio todos los días, ¿no?

useful ⚡ /ˈjuːsfl/ *adj* útil, provechoso **useful-ness** *n* utilidad
useless ⚡ /ˈjuːsləs/ *adj* **1** inútil, inservible **2** ~ **(at sth/doing sth)** (*coloq*) inepto (para algo/para hacer algo)
user ⚡ /ˈjuːzə(r)/ *n* usuario, -a
user-ˈfriendly *adj* fácil de usar
username /ˈjuːzəneɪm/ *n* (*Informát*) nombre de usuario
usher /ˈʌʃə(r)/ *n* acomodador
usherette /ˌʌʃəˈret/ *n* acomodadora
usual ⚡ /ˈjuːʒuəl, -ʒəl/ *adj* acostumbrado, habitual, usual: *later/more than usual* más tarde de lo normal/más que de costumbre ◊ *the usual* lo de siempre ▣ **as usual** como siempre
usually ⚡ /ˈjuːʒuəli, ˈjuːʒəli/ *adv* normalmente ➔ *Ver nota en* ALWAYS

utensil /juːˈtensl/ *n* [*gen pl*] utensilio
utility /juːˈtɪləti/ *n* (*pl* **utilities**) **1** [*gen pl*]: *the public utilities* las compañías públicas de suministro **2** [*incontable*] (*formal*) utilidad
utmost /ˈʌtməʊst/ *adjetivo, nombre*
▸ *adj* [*solo antes de sustantivo*] mayor: *with the utmost care* con sumo cuidado
▸ *n* [*sing*] ▣ **do your utmost (to do sth)** esforzarse al máximo (por hacer algo)
utopia (*tb* Utopia) /juːˈtəʊpiə/ *n* utopía
utter /ˈʌtə(r)/ *verbo, adjetivo*
▸ *vt* (*formal*) pronunciar, proferir
▸ *adj* [*solo antes de sustantivo*] total, absoluto **utterly** *adv* totalmente, absolutamente
ˈU-turn *n* **1** (*tráfico*) cambio de sentido **2** (*coloq*) (*Pol, etc.*) cambio radical: *to do a U-turn* dar un giro de 180 grados
UVA /ˌjuː viː ˈeɪ/ *n* UVA
UVB /ˌjuː viː ˈbiː/ *n* UVB

V v

V, v /viː/ *n* (*pl* **Vs, V's, v's**) V, v ➔ *Ver nota en* A, A
vacancy /ˈveɪkənsi/ *n* (*pl* **vacancies**) **1** vacante **2** habitación libre
vacant /ˈveɪkənt/ *adj* **1** vacante **2** (*mirada*) vacío **vacantly** *adv* distraídamente
vacate /vəˈkeɪt, veɪ-; *USA tb* ˈveɪkeɪt/ *vt* (*formal*) **1** (*casa, habitación*) desocupar **2** (*asiento, puesto*) dejar libre
vacation ⚡ /vəˈkeɪʃn, veɪ-/ *n* vacaciones

🔎 En Gran Bretaña **vacation** se usa sobre todo para las vacaciones de las universidades y los tribunales de justicia. En el resto de los casos, **holiday** es la palabra más normal. En Estados Unidos **vacation** tiene un uso más generalizado.

vacationer *n* (*USA*) veraneante, turista
vaccinate /ˈvæksɪneɪt/ *vt* vacunar **vaccination** *n* **1** vacunación **2** vacuna
vaccine /ˈvæksiːn; *USA* vækˈsiːn/ *n* vacuna
vacuum /ˈvækjuəm/ *nombre, verbo*
▸ *n* vacío: *vacuum-packed* envasado al vacío ▣ **in a vacuum** aislado (*de otras personas, acontecimientos*)
▸ *vt, vi* pasar la aspiradora (a/por)
ˈvacuum cleaner *n* aspiradora
vagina /vəˈdʒaɪnə/ *n* vagina

vague /veɪɡ/ *adj* (**vaguer, -est**) **1** vago **2** (*persona*) indeciso **3** (*gesto, expresión*) distraído **vaguely** *adv* **1** vagamente: *It looks vaguely familiar.* Me resulta vagamente familiar. **2** ligeramente **3** distraídamente
vain /veɪn/ *adj* **1** vano, inútil **2** (*pey*) vanidoso ▣ **in vain** en vano
valentine /ˈvæləntaɪn/ (*tb* ˈvalentine card) *n* tarjeta de San Valentín
ˈValentine's Day *n* Día de San Valentín ➔ *Ver nota en* DÍA
valiant /ˈvæliənt/ *adj* (*formal*) valeroso
valid ⚡ /ˈvælɪd/ *adj* válido **validity** /vəˈlɪdəti/ *n* validez
valley ⚡ /ˈvæli/ *n* (*pl* **valleys**) valle
valuable ⚡ /ˈvæljuəbl/ *adjetivo, nombre*
▸ *adj* valioso ➔ *Comparar con* INVALUABLE
▸ *n* **valuables** [*pl*] objetos de valor
valuation /ˌvæljuˈeɪʃn/ *n* tasación
value ⚡ /ˈvæljuː/ *nombre, verbo*
▸ *n* **1** valor *Ver tb* FACE VALUE **2** values [*pl*] (*moral*) valores ▣ **be good, etc. value** estar muy bien de precio
▸ *vt* **1** ~ sb/sth (as sth) valorar, apreciar a algn/algo (como algo) **2** ~ sth (at sth) valorar algo (en algo)
valve /vælv/ *n* válvula: *safety valve* válvula de seguridad
vampire /ˈvæmpaɪə(r)/ *n* vampiro

van 0̶ /væn/ n furgoneta

vandal /'vændl/ n vándalo, -a; gamberro, -a **vandalism** n vandalismo **vandalize, -ise** vt destrozar (*intencionadamente*)

the vanguard /ðə 'væŋɡɑːd/ n [sing] la vanguardia

vanilla /və'nɪlə/ nombre, adjetivo
▸ n vainilla
▸ adj **1** vainilla **2** (coloq) normal y corriente: *This is only the vanilla version of the software.* Esta es solo la versión básica del software.

vanish /'vænɪʃ/ vi desaparecer, esfumarse: *vanishing point* punto de fuga

vanity /'vænəti/ n vanidad

vantage point /'vɑːntɪdʒ pɔɪnt; USA 'væn-/ n posición estratégica

vape /veɪp/ vt, vi fumar (cigarrillos electrónicos)

vapour (USA vapor) /'veɪpə(r)/ n vapor

variable /'veəriəbl; USA tb 'vær-/ adj, n variable

variance /'veəriəns; USA tb 'vær-/ n **LOC** at **variance (with sb/sth)** (formal) en desacuerdo (con algn/algo)

variant /'veəriənt; USA tb 'vær-/ n variante

variation 0̶ /ˌveəri'eɪʃn/ n ~ (**in/of/on sth**) variación, variante (en/de algo)

varied 0̶ /'veərid; USA tb 'værid/ adj variado
Ver tb VARY

variety 0̶ /və'raɪəti/ n (pl **varieties**) variedad: *a variety of subjects* varios temas ◇ *variety show* espectáculo de variedades

various 0̶ /'veəriəs; USA tb 'vær-/ adj varios, diversos

varnish /'vɑːnɪʃ/ nombre, verbo
▸ n barniz: *nail varnish* esmalte de uñas
▸ vt barnizar

vary 0̶ /'veəri; USA tb 'væri/ vt, vi (pt, pp **varied**) variar **varying** adj variable: *in varying amounts* en diversas cantidades

vase /vɑːz; USA veɪs, veɪz/ n jarrón, florero

vast 0̶ /vɑːst; USA væst/ adj vasto, enorme: *the vast majority* la inmensa mayoría **vastly** adv considerablemente

VAT /ˌviː eɪ 'tiː, væt/ n (abrev de **value added tax**) IVA

vat /væt/ n tinaja

vault /vɔːlt/ nombre, verbo
▸ n **1** (tb 'bank vault) cámara acorazada **2** cripta **3** bóveda **4** salto *Ver tb* POLE VAULT
▸ vt, vi ~ (**over**) (**sth**) saltar (algo) (*apoyándose en las manos o con pértiga*)

VDU /ˌviː diː 'juː/ n (abrev de **visual display unit**) monitor (*de ordenador*)

veal /viːl/ n ternera ➋ *Ver nota en* CARNE

veer /vɪə(r)/ vi **1** virar, desviarse: *to veer off course* salirse del rumbo **2** (*viento*) cambiar (de dirección)

veg /vedʒ/ nombre, verbo
▸ n (pl **veg**) (GB, coloq) verdura(s)
▸ v (**-gg-**) **PHR V** veg out (coloq) no hacer nada, vegetar

vegan /'viːɡən/ adj, n vegano, -a (*vegetariano que no come huevos ni productos lácteos*)

vegetable 0̶ /'vedʒtəbl/ n **1** verdura, hortaliza: *vegetable oil* aceite vegetal **2** (*persona*) vegetal

vegetarian /ˌvedʒə'teəriən/ (coloq **veggie** /'vedʒi/) adj, n vegetariano, -a

vegetation /ˌvedʒə'teɪʃn/ n vegetación

vehement /'viːəmənt/ adj vehemente, apasionado

vehicle 0̶ /'viːəkl; USA tb 'viːhɪkl/ n **1** vehículo **2** ~ (**for sth**) (fig) vehículo, medio (de/para algo)

veil /veɪl/ nombre, verbo
▸ n **1** velo **2** (*de monja*) toca
▸ vt **1** cubrir con un velo **2** (formal) (fig) velar, disimular, encubrir **veiled** adj (*amenaza, etc.*) velado: *veiled in secrecy* rodeado de secreto

vein /veɪn/ n **1** vena **2** (Geol) veta **3** [sing] tono, estilo

Velcro® /'velkrəʊ/ n velcro®

velocity /və'lɒsəti/ n (pl **velocities**) velocidad ℹ **Velocity** se emplea en contextos científicos o formales, mientras que **speed** es la palabra más normal.

velvet /'velvɪt/ n terciopelo

vending machine /'vendɪŋ məʃiːn/ n máquina expendedora

vendor /'vendə(r)/ n vendedor, -ora

veneer /və'nɪə(r)/ n **1** (*de madera, plástico*) chapa **2** [sing] ~ (**of sth**) (formal) (fig) barniz (de algo)

vengeance /'vendʒəns/ n (formal) venganza: *to take vengeance on sb* vengarse de algn **LOC** with a vengeance (coloq) de verdad, con ganas

venison /'venɪsn, -nɪzn/ n (carne de) venado

venom /'venəm/ n **1** veneno **2** (formal) (fig) veneno, odio

venomous /'venəməs/ adj (lit y fig) venenoso

vent /vent/ nombre, verbo
▸ n respiradero: *air vent* rejilla de ventilación **LOC** give (full) vent to sth (formal) dar rienda suelta a algo
▸ vt ~ sth (on sb) (formal) descargar algo (en algn)

ventilate /'ventɪleɪt/ vt ventilar **ventilation** n ventilación **ventilator** n **1** rejilla de ventilación **2** (Med) respirador

ventricle /'ventrɪkl/ n (Anat) ventrículo

V

ventriloquist /ven'trɪləkwɪst/ n ventrílocuo, -a

venture ⚬ₘ /'ventʃə(r)/ nombre, verbo
▸ n proyecto, empresa Ver tb JOINT VENTURE
▸ **1** vi aventurarse: They rarely ventured into the
city. Rara vez se aventuraban a ir a la ciudad.
2 vt (formal) (opinión, etc.) aventurar

venue /'venjuː/ n **1** lugar (de reunión) **2** sede (de
un evento) **3** local (para música, etc.) **4** campo (para
un partido, etc.)

Venus /'viːnəs/ n Venus

verb /vɜːb/ n verbo

verbal /'vɜːbl/ adj verbal **verbally** adv verbalmente

verdict /'vɜːdɪkt/ n veredicto

verge /vɜːdʒ/ nombre, verbo
▸ n borde de hierba (en camino, etc.) LOC **on the
verge of (doing) sth** al borde de algo; a punto
de hacer algo
▸ v PHRV **verge on sth** rayar en algo

verification /ˌverɪfɪ'keɪʃn/ n **1** verificación,
comprobación **2** (sospechas, teorías) confirmación

verify /'verɪfaɪ/ vt (pt, pp **-fied**) **1** verificar, comprobar **2** (sospechas, teorías) confirmar

veritable /'verɪtəbl/ adj (formal) verdadero

versatile /'vɜːsətaɪl; USA 'vɜːrsətl/ adj versátil,
polifacético

verse /vɜːs/ n **1** poesía **2** estrofa

versed /vɜːst/ adj ~ **in sth** versado en algo

version ⚬ₘ /'vɜːʒn; GB tb 'vɜːʃn/ n versión

versus /'vɜːsəs/ prep (abrev v, vs) (Dep) contra

vertebra /'vɜːtɪbrə/ n (pl **-brae** /-breɪ, -briː/)
vértebra **vertebrate** /'vɜːtɪbrət/ adj, n vertebrado

vertical ⚬ₘ /'vɜːtɪkl/ adj, n vertical

vertigo /'vɜːtɪɡəʊ/ n [incontable] vértigo

verve /vɜːv/ n brío, entusiasmo

very ⚬ₘ /'veri/ adverbio, adjetivo
▸ adv **1** muy: I'm very sorry. Lo siento mucho. ◇
not very much no mucho **2** the very best lo mejor posible ◇ at the very latest como muy tarde
◇ your very own pony un poni solo para ti
3 mismo: the very next day justo al día siguiente
▸ adj **1** mismo: at that very moment en ese mismísimo momento ◇ You're the very man I
need. Eres precisamente el hombre que necesito. **2** at the very end/beginning justo al final/
principio **3** the very idea/thought of... la simple idea de.../solo pensar en... LOC Ver EYE,
FIRST

vessel /'vesl/ n **1** (formal) buque, barco **2** (formal)
vasija **3** (Anat) vaso

vest /vest/ n **1** camiseta (ropa interior) **2** chaleco

vested interest n to have a vested interest in
sth tener intereses creados en algo

vestige /'vestɪdʒ/ n (formal) vestigio

vet /vet/ nombre, verbo
▸ n (USA tb **veterinarian** /ˌvetərɪ'neəriən/) (GB,
formal **veterinary surgeon**) veterinario, -a
▸ vt (-tt-) investigar

veteran /'vetərən/ n **1** veterano, -a **2** (USA, coloq
vet) excombatiente

Veterans Day n Día de los Caídos ⊃ Ver nota en
REMEMBRANCE SUNDAY

veterinary science /ˌvetnri 'saɪəns,
ˌvetrənəri; USA ˌvetərəneri/ n veterinaria

veto /'viːtəʊ/ nombre, verbo
▸ n (pl **vetoes**) veto
▸ vt (pt, pp **vetoed**, part pres **vetoing**) vetar

via ⚬ₘ /'vaɪə, 'viːə/ prep por, vía: via Paris vía
París

viable /'vaɪəbl/ adj viable

vibes /vaɪbz/ n [pl] (tb **vibe** [sing]) (coloq) vibracio-
nes: good/bad vibes buen/mal rollo

vibrant /'vaɪbrənt/ adj vibrante

vibrate /vaɪ'breɪt; USA gen 'vaɪbreɪt/ vt, vi (hacer) vibrar **vibration** n vibración

vicar /'vɪkə(r)/ n sacerdote anglicano, sacerdotisa anglicana ⊃ Ver nota en PRIEST **vicarage**
/'vɪkərɪdʒ/ n casa del párroco

vice /vaɪs/ n **1** delincuencia: the vice squad la
brigada anti-vicio **2** vicio **3** (USA **vise**) tornillo
de sujeción de banco (de carpintero)

vice-president n (abrev VP) vicepresidente, -a

vice versa /ˌvaɪs 'vɜːsə, ˌvaɪsi 'vɜːsə/ adv viceversa

the vicinity /ðə və'sɪnəti/ n [sing] las inmedia-
ciones, los alrededores

vicious /'vɪʃəs/ adj **1** malicioso, cruel **2** (perro,
etc.) fiero **3** (ataque, golpe) con saña LOC **a vicious
circle** un círculo vicioso

victim ⚬ₘ /'vɪktɪm/ n víctima LOC Ver FALL **vic-
timize, -ise** vt acosar, tratar injustamente: to be
victimized ser víctima de una persecución

victor /'vɪktə(r)/ n (formal) vencedor, -ora **victorious** /vɪk'tɔːriəs/ adj **1** ~ **(in sth)** victorioso
(en algo) **2** (equipo) vencedor **3** be ~ **(over sb/
sth)** triunfar (sobre algn/algo)

victory ⚬ₘ /'vɪktəri/ n (pl **victories**) victoria,
triunfo

video ⚬ₘ /'vɪdiəʊ/ nombre, verbo
▸ n (pl **videos**) **1** vídeo: video game videojuego ◇
video camera videocámara **2** videoclip
3 (reproductor de) vídeo **4** (cinta de) vídeo
▸ vt (pt, pp **videoed**, part pres **videoing**) grabar (en
vídeo)

videoconferencing /'vɪdiəʊkɒnfərənsɪŋ/ n
[incontable] videoconferencias

videophone /'vɪdiəʊfəʊn/ n videoteléfono

---

view /vjuː/ *nombre, verbo*

▶ *n* **1** ~ **(about/on sth)** opinión, parecer (sobre algo): *in my view* en mi opinión **2** (*modo de entender*) criterio, concepto **3** vista, panorama **4** (*imagen*) visión **5** (*tb viewing*) sesión: *We had a private view of the film.* Vimos la película en una sesión privada. **LOC in view of sth** (*formal*) en vista de algo ◆ **with a view to (doing) sth** (*formal*) con miras a (hacer) algo *Ver tb* POINT

▶ *vt* **1** ~ **sth/sb (as sth)** ver, considerar algo/a algn (como algo) **2** mirar, ver **3** (*Informát*) visualizar **viewer** *n* **1** telespectador, -ora **2** espectador, -ora

viewpoint /ˈvjuːpɔɪnt/ *n* punto de vista

vigil /ˈvɪdʒɪl/ *n* vela, vigilia

vigilant /ˈvɪdʒɪlənt/ *adj* (*formal*) vigilante, alerta

vigorous /ˈvɪɡərəs/ *adj* vigoroso, enérgico

vile /vaɪl/ *adj* (**viler, -est**) repugnante, asqueroso

villa /ˈvɪlə/ *n* chalet, casa de campo

village /ˈvɪlɪdʒ/ *n* **1** pueblo **2** (*pequeño*) aldea

> 🔎 En Estados Unidos se utiliza la palabra **village** en referencia a pueblos de carácter más tradicional de otros países.

villager *n* habitante (*de un pueblo*)

villain /ˈvɪlən/ *n* **1** (*Cine, Teat, etc.*) malo, -a **2** (*GB, coloq*) delincuente

vindicate /ˈvɪndɪkeɪt/ *vt* (*formal*) **1** justificar **2** rehabilitar

vindictive /vɪnˈdɪktɪv/ *adj* vengativo

vine /vaɪn/ *n* **1** vid, parra **2** enredadera

vinegar /ˈvɪnɪɡə(r)/ *n* vinagre

vineyard /ˈvɪnjəd/ *n* viña, viñedo

vintage /ˈvɪntɪdʒ/ *nombre, adjetivo*

▶ *n* **1** cosecha **2** vendimia

▶ *adj* **1** (*vino*) añejo **2** clásico: *a vintage year for the movies* un excelente año para el cine

vinyl /ˈvaɪnl/ *n* vinilo

violate /ˈvaɪəleɪt/ *vt* (*formal*) **1** violar (*ley, normas*) **❶ Violate** casi nunca se usa en sentido sexual. En ese sentido, utilizamos **rape**. **2** (*intimidad*) invadir

violence /ˈvaɪələns/ *n* **1** violencia **2** (*emociones*) intensidad, violencia

violent /ˈvaɪələnt/ *adj* **1** violento **2** (*emociones*) intenso, violento

violet /ˈvaɪələt/ *n* (*flor, color*) violeta

violin /ˌvaɪəˈlɪn/ *n* violín **violinist** *n* violinista

VIP /ˌviː aɪ ˈpiː/ *n* (*abrev de* **very important person**) VIP

viral /ˈvaɪrəl/ *adj* vírico, viral: *The video went viral within a few hours.* El vídeo se hizo viral en cuestión de horas.

viral marketing *n* mercadotecnia viral

virgin /ˈvɜːdʒɪn/ *adj, n* virgen **virginity** /vəˈdʒɪnəti/ *n* virginidad

Virgo /ˈvɜːɡəʊ/ *n* virgo **➲** *Ver ejemplos en* ACUARIO

virile /ˈvɪraɪl; *USA* -rəl/ *adj* viril

virtual /ˈvɜːtʃuəl/ *adj* virtual: *virtual reality* realidad virtual

virtually /ˈvɜːtʃuəli/ *adv* virtualmente, prácticamente

virtue /ˈvɜːtʃuː/ *n* **1** virtud **2** ventaja **LOC by virtue of sth** (*formal*) en virtud de algo **virtuous** *adj* virtuoso

virus /ˈvaɪrəs/ *n* (*pl* **viruses**) (*Biol, Informát*) virus

visa /ˈviːzə/ *n* visado

vis-à-vis /ˌviːz ɑː ˈviː/ *prep* **1** con relación a **2** en comparación con

viscous /ˈvɪskəs/ *adj* viscoso

vise (*USA*) = VICE

visibility /ˌvɪzəˈbɪləti/ *n* visibilidad

visible /ˈvɪzəbl/ *adj* **1** visible **2** evidente **visibly** /-bli/ *adv* visiblemente, notablemente

vision /ˈvɪʒn/ *n* **1** vista **2** (*previsión, alucinación*) visión

visit /ˈvɪzɪt/ *verbo, nombre*

▶ **1** *vt, vi* visitar **2** *vt* (*país*) ir a **3** *vt* (*persona*) ir a ver a

▶ *n* visita: *to pay sb a visit* visitar a algn **visiting** *adj* visitante (*equipo, profesor*): *visiting hours* horas de visita

visitor /ˈvɪzɪtə(r)/ *n* **1** visitante, visita **2** turista

visor /ˈvaɪzə(r)/ *n* visera

vista /ˈvɪstə/ *n* (*formal*) **1** vista, panorámica **2** (*fig*) perspectiva

visual /ˈvɪʒuəl/ *adj* visual **visualize, -ise** *vt* **1** ~ **(yourself)** imaginar(se), ver(se) **2** prever

vital /ˈvaɪtl/ *adj* ~ **(for/to sb/sth)** vital, imprescindible (para algn/algo): *vital statistics* medidas femeninas

vitality /vaɪˈtæləti/ *n* vitalidad

vitally /ˈvaɪtəli/ *adv vitally important* de vital importancia

vitamin /ˈvɪtəmɪn; *USA* ˈvaɪt-/ *n* vitamina

vitreous /ˈvɪtriəs/ *adj* vítreo

vivacious /vɪˈveɪʃəs; *USA tb* vaɪˈ-/ *adj* animado (*esp mujer*)

vivid /ˈvɪvɪd/ *adj* vivo (*colores, imaginación, etc.*) **vividly** *adv* vivamente

vixen /ˈvɪksn/ *n* zorra (*animal*) **➲** *Ver nota en* ZORRO

vlog /vlɒɡ/ *n* videoblog **vlogger** *n* videobloguero, -a **vlogging** *n* [*incontable*] publicar en un vlog

aʊ now	ɔɪ join	ɪə near	eə hair	ʊə pure	tʃ chin	dʒ June	v van	θ thin

'V-neck n (jersey de) cuello de pico **'V-necked** adj con cuello de pico

vocabulary ⟋ /vəˈkæbjələri; USA -leri/ n (pl **vocabularies**) vocabulario

vocal /ˈvəʊkl/ adjetivo, nombre

▶ adj **1** vocal: *vocal cords* cuerdas vocales **2** (al protestar, etc.) que se hace oír: *a group of very vocal supporters* un grupo de seguidores muy ruidosos

▶ n [gen pl] *to be on vocals* ser el cantante/cantar ◊ *backing vocals* coros

vocalist /ˈvəʊkəlɪst/ n vocalista

vocation /vəʊˈkeɪʃn/ n ~ **(for sth)** vocación (de algo) **vocational** adj profesional: *vocational training* formación profesional

vociferous /vəˈsɪfərəs; USA vəʊˈ-/ adj (formal) vociferante

vodka /ˈvɒdkə/ n vodka

vogue /vəʊɡ/ n ~ **(for sth)** moda (de algo) **LOC** in vogue en boga

voice ⟋ /vɔɪs/ nombre, verbo

▶ n voz: *to raise/lower your voice* levantar/bajar la voz ◊ *to have no voice in the matter* no tener voz en el asunto **LOC** make your voice heard expresar tu opinión *Ver tb* TOP

▶ vt expresar

voicemail /ˈvɔɪsmeɪl/ n buzón de voz

'voice-over n voz en off

void /vɔɪd/ nombre, adjetivo

▶ n (formal) vacío

▶ adj **1** ~ **of sth** (formal) carente de algo **2** (Jur) anulado: *to make sth void* anular algo **LOC** *Ver* NULL

volatile /ˈvɒlətaɪl; USA -tl/ adj **1** (gen pey) (persona) voluble **2** (situación) inestable

volcanic /vɒlˈkænɪk/ adj volcánico

volcano /vɒlˈkeɪnəʊ/ n (pl **volcanoes**) volcán

volition /vəˈlɪʃn; USA tb vəʊˈ-/ n **LOC** of your, etc. **own volition** (formal) por voluntad propia

volley /ˈvɒli/ n (pl **volleys**) **1** (Dep) volea **2** (piedras, balas, insultos) lluvia

volleyball /ˈvɒlibɔːl/ n voleibol

volt /vəʊlt/ n voltio **voltage** /ˈvəʊltɪdʒ/ n voltaje: *high voltage* alta tensión

volume ⟋ /ˈvɒljuːm; USA tb -jəm/ n **1** volumen **2** (libro) volumen, tomo

voluminous /vəˈluːmɪnəs/ adj (formal) **1** (ropa) amplio **2** (escrito) copioso

voluntary /ˈvɒləntri; USA -teri/ adj voluntario

volunteer /ˌvɒlənˈtɪə(r)/ nombre, verbo

▶ n voluntario, -a

▶ **1** vi ~ **(for sth/to do sth)** ofrecerse (voluntario) (para algo); ofrecerse (a hacer algo) **2** vt ofrecer (información, sugerencia)

voluntourism /ˌvɒlənˈtʊərɪzəm; GB tb -ˈtɔːr-/ n turismo solidario

vomit /ˈvɒmɪt/ verbo, nombre

▶ vt, vi vomitar ❶ La expresión más normal es **be sick**.

▶ n vómito **vomiting** n [incontable] vómitos

voracious /vəˈreɪʃəs/ adj (formal) voraz, insaciable

vote ⟋ /vəʊt/ nombre, verbo

▶ n **1** ~ **(for/against sb/sth)** voto (a favor de/en contra de algn/algo) **2** votación: *to take a vote on sth/put sth to the vote* someter algo a votación **3** the vote [sing] el derecho al voto **LOC** vote of confidence/no confidence voto de confianza/censura ◆ vote of thanks palabras de agradecimiento

▶ **1** vt, vi votar: *to vote for/against sb/sth* votar a favor/en contra de algn/algo ◊ *She was voted best actor.* Fue elegida la mejor actriz. **2** aprobar por votación: *The directors voted themselves a pay increase.* La directiva se aprobó un aumento de sueldo. **3** vt ~ **(that...)** proponer que... **voter** n votante **voting** n [incontable] votación

vouch /vaʊtʃ/ v **PHR V** vouch for sb (formal) responder por algn ◆ vouch for sth (formal) responder de algo

voucher /ˈvaʊtʃə(r)/ n vale, cupón *Ver tb* GIFT VOUCHER

vow /vaʊ/ nombre, verbo

▶ n voto, promesa solemne

▶ vt jurar

vowel /ˈvaʊəl/ n vocal

voyage /ˈvɔɪɪdʒ/ n viaje ⟳ *Ver nota en* VIAJE

VPN /ˌviː piː ˈen/ n (abrev de virtual private network) (Internet) VPN, red privada virtual

vulgar /ˈvʌlɡə(r)/ adj **1** vulgar **2** (chiste, etc.) grosero

vulnerable /ˈvʌlnərəbl/ adj vulnerable

vulture /ˈvʌltʃə(r)/ n buitre

W w

W, w /ˈdʌbljuː/ n (pl **Ws**, **W's**, **w's**) W, w ⊃ Ver nota en A, A

wacky /ˈwæki/ adj (**wackier, -iest**) (coloq) chalado

wade /weɪd/ **1** vi caminar con dificultad por agua, barro, etc. **2** vt (riachuelo) vadear **3** vi (USA) mojarse los pies **PHRV** **wade through sth** (fig) leerse algo (pesado o aburrido)

wafer /ˈweɪfə(r)/ n barquillo

waffle /ˈwɒfl/ nombre, verbo
▸ n **1** gofre **2** [incontable] (GB, coloq) (al hablar) palabrería **3** [incontable] (GB, coloq) (en ensayos, explicaciones) paja
▸ vi (GB, coloq) **1** ~ (on) (about sth) meter rollo (sobre algo) **2** (en ensayos, discursos) meter paja

wag /wæg/ (**-gg-**) **1** vt, vi (cola) menear(se) **2** vt mover (de un lado a otro)

wage 0🔒 /weɪdʒ/ nombre, verbo
▸ n [gen pl] sueldo (semanal) ⊃ Comparar con SALARY
▸ vt **LOC** **wage (a) war/a battle (against/on sb/sth)** librar (una) batalla (contra algn/algo)

waggly /ˈwægli/ adj (coloq) the dog with the waggly tail el perro que mueve el rabo

wagon /ˈwægən/ n **1** (Ferrocarril) vagón **2** (tb waggon) carromato Ver tb STATION WAGON

wail /weɪl/ verbo, nombre
▸ vi **1** gemir **2** (sirena) ulular
▸ n **1** gemido **2** (sirena) (el) ulular

waist 0🔒 /weɪst/ n cintura

waistband /ˈweɪstbænd/ n cinturilla

waistcoat /ˈweɪskəʊt; USA gen ˈweskət/ n chaleco

waistline /ˈweɪstlaɪn/ n cintura, talle

wait 0🔒 /weɪt/ verbo, nombre
▸ vi **1** ~ (for sb/sth) esperar (a algn/algo): Wait a minute... Un momento... ◊ I can't wait to... Tengo muchas ganas de... ⊃ Ver nota en ESPERAR **2** vt (turno) esperar **LOC** **keep sb waiting** hacer esperar a algn **PHRV** **wait behind** quedarse (para hablar con algn) ♦ **wait on sb** servir a algn (en restaurante, etc.) ♦ **wait up (for sb)** esperar levantado (a algn)
▸ n espera: We had a three-hour wait for the bus. Nos tocó esperar el autobús tres horas.

waiter 0🔒 /ˈweɪtə(r)/ n camarero

waiting list n lista de espera

waiting room n sala de espera

waitress /ˈweɪtrəs/ n camarera

waive /weɪv/ vt **1** (pago, derecho) renunciar a **2** (norma) pasar por alto

wake 0🔒 /weɪk/ verbo, nombre
▸ vt, vi (pt **woke** /wəʊk/, pp **woken** /ˈwəʊkən/) **1** ~ (sb) (up) despertar a algn, despertarse ⊃ Ver nota en AWAKE **2** ~ (sb) up despabilar a algn, despabilarse **LOC** **wake up and smell the coffee** (coloq) ¡abre los ojos (a la realidad)! **PHRV** **wake up to sth** darse cuenta de algo
▸ n **1** velatorio **2** (Náut) estela **LOC** **in the wake of sb/sth** después de algn/algo

wakeboarding /ˈweɪkbɔːdɪŋ/ n (hacer) wakeboard (esquí acuático sobre tabla)

wake-up call n **1** servicio de despertador (en un hotel) **2** (fig) toque de atención

walk 0🔒 /wɔːk/ verbo, nombre
▸ **1** vi andar **2** vt pasear: to walk the dog pasear el perro **3** vt acompañar: I'll walk you home. Te acompañaré a casa. **4** vt recorrer (a pie) **PHRV** **walk away/off** irse, marcharse ♦ **walk away with sth** (coloq) llevarse algo, ganar algo fácilmente (premio, etc.) ♦ **walk into sth/sb** tropezar(se) contra algo/con algn ♦ **walk out (of sth)** largarse (de algo) ♦ **walk out (on sth/sb)** (coloq) dejar, abandonar a algn/algo ♦ **walk (all) over sb** (coloq) tratar a patadas a algn
▸ n **1** paseo, caminata: to go for a walk (ir a) dar un paseo ◊ It's a ten-minute walk. Está a diez minutos andando. **2** [sing] andar **LOC** **a walk of life** people of /from all walks of life gente de todos los tipos/todas las profesiones **walker** n **1** paseante **2** excursionista

walking 0🔒 /ˈwɔːkɪŋ/ n [incontable] (el) andar: walking shoes zapatos para caminar

walking stick n bastón

walkout /ˈwɔːkaʊt/ n huelga (espontánea)

walkover /ˈwɔːkəʊvə(r)/ n victoria fácil

wall 0🔒 /wɔːl/ n **1** muro, pared **2** (ciudad) muralla **3** (Fútbol) barrera **LOC** Ver BACK **walled** adj **1** amurallado **2** tapiado

wallet 0🔒 /ˈwɒlɪt/ n cartera (para dinero)

wallpaper /ˈwɔːlpeɪpə(r)/ n **1** papel pintado **2** (Informát) fondo de escritorio

walnut /ˈwɔːlnʌt/ n **1** nuez **2** (árbol, madera) nogal

waltz /wɔːls, wɔːlts/ nombre, verbo
▸ n vals
▸ vi bailar el vals

WAN /wæn/ n (abrev de wide area network) (Informát) WAN (red de área amplia) ⊃ Comparar con LAN

wand /wɒnd/ n vara: magic wand varita mágica

wander 0🔒 /ˈwɒndə(r)/ **1** vi deambular

🔍 A menudo **wander** va seguido de **around**, **about** u otras preposiciones o adverbios. En estos casos, hay que traducirlo por distintos verbos en español, y tiene el significado de distraídamente, sin propósito: *to wander in* entrar distraídamente ◇ *She wandered across the road.* Cruzó la calle distraídamente.

2 *vi* ~ **away/off** alejarse **3** *vt* (*calles, etc.*) vagar por **4** *vi* (*pensamientos*) divagar **5** *vi*: *His gaze wandered around the room.* Paseó la mirada por la habitación.

wane /weɪn/ *verbo, nombre*
▶ *vi* menguar, disminuir (*poder, entusiasmo*)
▶ *n* 𝐋𝐎𝐂 **be on the wane** menguar, disminuir

wanna /ˈwɒnə/ (*coloq*) **1** (*abrev de* want to) *Ver* WANT **2** (*abrev de* want a) *Ver* WANT ❶ Esta forma no se considera gramaticalmente correcta.

want ☞ /wɒnt/ *verbo, nombre*
▶ **1** *vt, vi* querer: *I want some cheese.* Quiero queso. ◇ *Do you want to go?* ¿Quieres ir?

🔍 La expresión **would like** también significa "querer". Es más cortés que **want** y se utiliza sobre todo para ofrecer algo o para invitar a alguien: *Would you like to come to dinner?* ¿Quieres venir a cenar? ◇ *Would you like something to eat?* ¿Quieres comer algo?

2 *vt* (*coloq*) necesitar: *It wants fixing.* Hay que arreglarlo. **3** *vt* buscar, necesitar: *You're wanted upstairs/on the phone.* Te buscan arriba./Te llaman por teléfono.
▶ *n* (*formal*) **1** (*gen pl*) necesidad, deseo **2** ~ **of sth** falta de algo: *for want of sth* por falta de algo ◇ *not for want of trying* no por no intentarlo **wanted** *adj* buscado (*por la policía*) **wanting** *adj* ~ (**in sth**) (*formal*) falto (de algo)

WAP /wæp/ *abrev de* **wireless application protocol** WAP, protocolo de aplicaciones inalámbricas

war ☞ /wɔː(r)/ *n* **1** guerra: *at war* en guerra ◇ *war films* cine bélico **2** conflicto **3** ~ (**against/on sb/sth**) lucha (contra algn/algo) 𝐋𝐎𝐂 *Ver* WAGE

warcraft /ˈwɔːkrɑːft; *USA* -kræft/ *n* [*incontable*] arte de la guerra

ward /wɔːd/ *nombre, verbo*
▶ *n* sala (*de hospital*)
▶ *v* 𝐏𝐇𝐑 𝐕 **ward sb/sth off** protegerse de algn/algo

warden /ˈwɔːdn/ *n* guardia, guarda

wardrobe /ˈwɔːdrəʊb/ *n* **1** armario (*para ropa*) **2** vestuario

warehouse /ˈweəhaʊs/ *n* almacén

wares /weəz/ *n* [*pl*] (*antic*) mercancías

warfare /ˈwɔːfeə(r)/ *n* guerra

warhead /ˈwɔːhed/ *n* cabeza (*de misil*)

warlike /ˈwɔːlaɪk/ *adj* (*formal*) belicoso, bélico

warm ☞ /wɔːm/ *adjetivo, verbo*
▶ *adj* (**warmer, -est**) **1** (*clima*) templado, cálido: *It's warm today.* Hace calor hoy. ⊃ *Ver nota en* CALIENTE **2** (*cosa*) caliente **3** (*persona*): *to be/get warm* tener calor/calentarse **4** (*ropa*) de abrigo, abrigado: *This sweater's really warm.* Este jersey abriga mucho. **5** (*sonrisa, mirada*) cálido **6** (*bienvenida*) caluroso
▶ *vt, vi* ~ (**sb/sth/yourself**) (**up**) calentar a algn/algo, calentarse 𝐏𝐇𝐑 𝐕 **warm up 1** (*Dep*) hacer ejercicios de calentamiento, prepararse **2** (*motor*) calentarse ◆ **warm sth up** recalentar algo (*comida*)

warm-ˈblooded *adj* de sangre caliente ⊃ *Comparar con* HOT-BLOODED

warm-ˈhearted *adj* afectuoso

warming /ˈwɔːmɪŋ/ *n* calentamiento: *global warming* el calentamiento global

warmly /ˈwɔːmli/ *adv* **1** calurosamente **2** *warmly dressed* vestido con ropa de abrigo **3** (*dar las gracias*) efusivamente

warmth ☞ /wɔːmθ/ *n* **1** calor **2** simpatía, cordialidad

warm-up *n* calentamiento

warn ☞ /wɔːn/ **1** *vt* ~ **sb** (**about/of sth**) advertir a algn (de algo); prevenir a algn (contra algo): *They warned us about/of the strike.* Nos advirtieron de la huelga. ◇ *He warned me about the neighbours.* Me previno contra los vecinos. **2** *vt* ~ **sb that…** advertir a algn que…: *I warned them that it would be expensive.* Les advertí que sería caro. **3** *vt, vi* ~ (**sb**) **against doing sth**; ~ **sb** (**not**) **to do sth** prevenir a algn contra algo, advertir a algn que no haga algo: *He warned (us) against going into the forest.* Nos advirtió que no fuésemos al bosque.

🔍 **Warning people of danger**
Alertar de un peligro
● *Look out! There's a car coming.* ¡Cuidado, que viene un coche!
● *Be careful. It can be quite dangerous on that path.* Ten cuidado. Ese camino puede ser peligroso.
● *Watch out. That's not a very safe place at night.* Ve con cuidado. Ese sitio no es muy seguro de noche.
● *Make sure you keep hold of your bag.* Asegúrate de llevar el bolso cerca.
● *I wouldn't do that if I were you.* Yo de ti no haría eso.

warning ☞ /ˈwɔːnɪŋ/ *n* aviso, advertencia

warp /wɔːp/ vt, vi combar(se) **warped** adj (pey) (mente) retorcido

warrant /ˈwɒrənt; USA ˈwɔːrənt/ nombre, verbo
▸ n (Jur) orden: *search warrant* orden de registro
▸ vt (formal) justificar

warranty /ˈwɒrənti; USA ˈwɔːr-/ n (pl **warranties**) garantía

warren /ˈwɒrən; USA ˈwɔːrən/ n **1** conejera **2** (fig) laberinto

warrior /ˈwɒriə(r); USA ˈwɔːr-/ n guerrero, -a

warship /ˈwɔːʃɪp/ n buque de guerra

wart /wɔːt/ n verruga

wartime /ˈwɔːtaɪm/ n (tiempo de) guerra

wary /ˈweəri/ adj (comp **warier**) cauto: *to be wary of sb/sth* desconfiar de algn/algo

was /wəz; wɒz; USA wʌz/ pt de BE

wash ⟡ /wɒʃ/ verbo, nombre
▸ **1** vt, vi lavar(se): *to wash yourself* lavarse **2** vt llevar, arrastrar: *to be washed overboard* ser arrastrado por la borda por las olas **3** vi: *Water washed over the deck.* El agua bañaba la cubierta. **PHR V wash sb/sth away** arrastrar, llevarse a algn/algo ◆ **wash (sth) off/out** quitarse, quitar algo (lavando) ◆ **wash sth out** lavar algo ◆ **wash up 1** (GB) fregar (los platos) **2** (USA) lavarse (las manos y la cara) ◆ **wash sth up 1** (GB) (platos) fregar algo **2** (mar) llevar algo a la playa
▸ n **1** lavado: *to have a wash* lavarse **2** [sing] colada: *I'll do a wash tomorrow.* Mañana haré una colada. ◇ *All my shirts are in the wash.* Todas mis camisas se están lavando. **3 the wash** [sing] (Náut) la estela **washable** adj lavable

washbasin /ˈwɒʃbeɪsn/ n lavabo

washcloth /ˈwɒʃklɒθ; USA -klɔːθ/ n (USA) toalla de cara

washing ⟡ /ˈwɒʃɪŋ/ n **1** lavado **2** ropa sucia **3** colada

washing machine n lavadora

washing powder n detergente (de lavadora)

washing-up n platos (para fregar): *to do the washing-up* fregar los platos ◇ *washing-up liquid* (detergente) lavavajillas

washroom /ˈwɒʃruːm, -rʊm/ n (USA) aseos ➲ Ver nota en TOILET

wasn't /ˈwɒznt; USA ˈwʌznt/ (abrev de was not) Ver BE

wasp /wɒsp/ n avispa

waste ⟡ /weɪst/ verbo, nombre, adjetivo
▸ vt **1** malgastar, derrochar **2** (tiempo, ocasión) perder **3** (no usar) desperdiciar, desaprovechar **LOC waste your breath** perder el tiempo **PHR V waste away** consumirse

▸ n **1** pérdida, desperdicio **2** (acción) derroche, despilfarro: *What a waste of money!* ¡Vaya forma de tirar el dinero! **3** [incontable] desechos, basura: *nuclear waste* residuos nucleares **LOC a waste of space** (coloq) un inútil: *He's a complete waste of space.* No sirve absolutamente para nada. ◆ **go/run to waste** echarse a perder, desperdiciarse
▸ adj **1** baldío (terreno) **2** *waste material/products* desechos **wasted** adj **1** inútil (viaje, esfuerzo) **2** (argot) colocado, borracho **wasteful** adj **1** derrochador **2** (método, proceso) antieconómico

wasteland /ˈweɪstlænd/ n tierra baldía

waste-paper basket (USA wastebasket) /ˈweɪstbɑːskɪt; USA -bæskɪt/ n papelera ➲ Ver dibujo en BIN

wastewater /ˈweɪstwɔːtə(r)/ n [incontable] aguas residuales

watch ⟡ /wɒtʃ/ verbo, nombre
▸ **1** vt, vi observar, mirar ➲ Ver nota en MIRAR **2** vt (TV, Dep) ver **3** vt, vi (espiar) vigilar, observar **4** vt (coloq) tener cuidado con; fijarse en: *Watch your language.* No digas palabrotas. **LOC watch it** (coloq) ¡cuidado!, ¡ojo! Ver tb STEP **PHR V watch for sb/sth** estar atento a algo (esperando a que llegue algn o pase algo): *She stood by the window, watching for the postman.* Esperó atenta al lado de la ventana a que viniese el cartero. ◆ **watch out** (coloq) tener cuidado: *Watch out!* ¡Cuidado! ➲ Ver nota en WARN ◆ **watch out for sb/sth** tener cuidado con algn/algo; estar atento a algo: *Watch out for that hole.* Cuidado con ese agujero. ◆ **watch over sb/sth** (formal) cuidar, vigilar a algn/algo
▸ n **1** reloj (de pulsera) ➲ Ver dibujo en RELOJ **2** vigilancia: *to keep (a close) watch over sth* vigilar (atentamente) algo **3** (turno de) guardia **LOC** Ver CLOSE²

watchdog /ˈwɒtʃdɒg; USA -dɔːg/ n organismo de vigilancia

watchful /ˈwɒtʃfl/ adj vigilante, alerta

watchtower /ˈwɒtʃtaʊə(r)/ n atalaya

water ⟡ /ˈwɔːtə(r)/ nombre, verbo
▸ n agua: *water sports* deportes acuáticos ◇ *water park* parque acuático ◇ *water bottle* cantimplora **LOC under water 1** bajo el agua, debajo del agua **2** inundado Ver tb FISH
▸ **1** vt (planta) regar **2** vi (ojos) llorar **3** vi (boca) hacerse agua **PHR V water sth down 1** diluir algo con agua **2** (críticas, normativa) suavizar algo

watercolour (USA watercolor) /ˈwɔːtəkʌlə(r)/ n acuarela

water cooler n dispensador de agua fría

watercress /ˈwɔːtəkres/ n [incontable] berros
waterfall /ˈwɔːtəfɔːl/ n cascada, catarata
water feature n fuente (ornamental)
watering can n regadera
water lily n (pl **water lilies**) nenúfar
watermelon /ˈwɔːtəmelən/ n sandía
water park (tb aqua park) n parque acuático
water pistol n pistola de agua
water polo n waterpolo
waterproof /ˈwɔːtəpruːf/ adj, n impermeable
water-resistant adj sumergible, resistente al agua
watershed /ˈwɔːtəʃed/ n momento decisivo/crítico
waterskiing /ˈwɔːtəskiːɪŋ/ n esquí acuático
water slide n (piscina) tobogán acuático
watertight /ˈwɔːtətaɪt/ adj **1** (recipiente) hermético **2** (compartimento, barco) estanco **3** (argumento, etc.) irrebatible
waterway /ˈwɔːtəweɪ/ n vía fluvial, canal
watery /ˈwɔːtəri/ adj **1** (pey) aguado **2** (color) pálido **3** (ojos) lloroso
watt /wɒt/ n vatio
wave ०━ /weɪv/ nombre, verbo
▸ n **1** ola Ver tb TIDAL WAVE **2** (fig) oleada **3** seña (con la mano) **4** (Fís, pelo) onda
▸ **1** vi ~ (at/to sb) hacer señas con la mano (a algn) **2** vt ~ sth (about/around) agitar algo, agitarse **3** vi (bandera) ondear **4** vt, vi (pelo, etc.) ondular(se) **LOC** **wave goodbye (to sb)** decir adios (a algn) con la mano **PHR V** **wave sth aside** rechazar algo (protesta)
wavelength /ˈweɪvleŋθ/ n longitud de onda
waver /ˈweɪvə(r)/ vi **1** flaquear **2** (voz) temblar **3** vacilar
wavy /ˈweɪvi/ adj **1** ondulado **2** ondulante
wax /wæks/ nombre, verbo
▸ n cera
▸ vt to wax your legs/have your legs waxed depilarse las piernas (con cera)
way ०━ /weɪ/ nombre, adverbio
▸ n **1** forma, manera: Do it your own way! ¡Hazlo como quieras! **2** ~ (from… to…) camino (de… a…): to ask/tell sb the way preguntarle/indicarle a algn por dónde se va a un sitio ◇ to find your way around orientarse ◇ across/over the way enfrente/al otro lado de la calle ◇ a long way (away) lejos Ɔ Ver nota en FAR **3** dirección, lado: 'Which way?' 'That way.' —¿Por dónde? —Por ahí. **4** paso: Get out of my way! ¡Quítate de en medio! **5** Way (en nombres) vía **6** ways [pl] costumbres **LOC** be in the/sb's way estorbar (a algn): He was standing in

my way. Estaba en mi camino. ◆ by the way por cierto ◆ divide, split, etc. sth two, three, etc. ways dividir algo entre dos, tres, etc. ◆ get/have your own way salirse con la suya ◆ give way (to sb/sth) **1** ceder (ante algn/algo) **2** ceder el paso (a algn/algo) ◆ give way to sth entregarse a algo; dejarse dominar por algo ◆ go out of your way (to do sth) tomarse la molestia (de hacer algo) ◆ lose your way perderse ◆ make way (for sb/sth) dejar paso (a algn/algo) ◆ make your way (to/towards sth) irse (a/hacia algo) ◆ no way! (coloq) ¡ni hablar! ◆ one way or another como sea ◆ on your/the/its way en (el) camino: I'm on the/my way. Ya voy. ◆ the other way (a)round al revés ◆ under way en marcha ◆ way of life estilo de vida ◆ ways and means medios Ver tb BAR, DOWNHILL, FEEL, FIGHT, FIND, HARD, HARM, LEAD[1], MEND, PAVE, TALK
▸ adv muy: way ahead muy por delante **LOC** way back hace mucho tiempo: way back in the fifties allá por los años cincuenta
way out n salida
WC /ˌdʌbljuː ˈsiː/ n (antic) aseos Ɔ Ver nota en TOILET
we ०━ /wiː/ pron nosotros: Why don't we go? ¿Por qué no vamos? **ⓘ** El pronombre personal no se puede omitir en inglés. Ɔ Comparar con US
weak ०━ /wiːk/ adj (weaker, -est) **1** débil **2** (Med) delicado **3** ~ (at/in/on sth) flojo (en algo) **4** (bebida) flojo **weaken** vt, vi debilitar(se)
weakness ०━ /ˈwiːknəs/ n **1** debilidad **2** flaqueza
wealth ०━ /welθ/ n **1** [incontable] riqueza **2** [sing] ~ of sth abundancia de algo **wealthy** adj (wealthier, -iest) rico
weapon ०━ /ˈwepən/ n arma
wear ०━ /weə(r)/ verbo, nombre
▸ (pt wore /wɔː(r)/, pp worn /wɔːn/) **1** vt (ropa, gafas, etc.) llevar (puesto) **2** vt (expresión) tener **3** vt, vi desgastar(se) **4** vt (agujero, etc.) hacer **5** vi ~ (well) durar **PHR V** wear (sth) away/down/out desgastar algo, desgastarse ◆ wear sb down agotar a algn ◆ wear sth down minar algo ◆ wear off desaparecer (novedad, secuelas) ◆ wear yourself/sb out agotarse, agotar a algn

🔎 ¿Wear o carry? Wear se utiliza para referirse a ropa, calzado y complementos, y también a perfumes y gafas: Do you have to wear a suit at work? ¿Tienes que llevar traje para ir a trabajar? ◇ What perfume are you wearing? ¿Qué perfume llevas? ◇ He doesn't wear glasses. No lleva gafas. Utilizamos carry cuando nos referimos a objetos que llevamos con nosotros, especialmente en las manos o en los brazos: She wasn't

W

wearing her raincoat, she was carrying it over her arm. No llevaba puesta la gabardina, la tenía en el brazo.

▸ *n* [*incontable*] **1** ropa: *ladies' wear* ropa de señora **2** uso **3** desgaste `LOC` **wear and tear** desgaste por el uso

wearable /ˈweərəbl/ *adj* ponible: *wearable technology* tecnología ponible

weary /ˈwɪəri/ *adj* (**wearier, -iest**) **1** agotado **2** ~ **of sth** (*formal*) hastiado de algo

weather 0̶ /ˈweðə(r)/ *nombre, verbo*
▸ *n* tiempo: *What's the weather like?* ¿Qué tiempo hace? `LOC` **under the weather** (*coloq*) pachucho
▸ **1** *vt, vi* desgastar(se) (*por acción del sol, viento, etc.*): *a weathered face* una cara curtida por el sol y el viento **2** *vt* superar (*crisis*)

weathergirl /ˈweðəɡɜːl/ *n* (*coloq*) mujer del tiempo

weatherman /ˈweðəmæn/ *n* (*pl* **-men** /-men/) (*coloq*) hombre del tiempo

weave /wiːv/ (*pt* **wove** /wəʊv/, *pp* **woven** /ˈwəʊvn/) **1** *vt, vi* tejer **2** *vt* ~ **sth into sth** (*historia, etc.*) incluir algo en algo **3** *vi* (*pt, pp* **weaved**) serpentear

web 0̶ /web/ *n* **1** telaraña **2** red (*de contactos, intriga, etc.*) **3** sarta (*de engaños*) **4** (*tb* the Web) [*sing*] la web: *web page* página web

webcam /ˈwebkæm/ *n* cámara web

webcast /ˈwebkɑːst/ *USA* -kæst/ *n* retransmisión en directo a través de internet

webhead /ˈwebhed/ *n* (*coloq*) persona que usa mucho internet

web hosting *n* (*Internet*) alojamiento web

webinar /ˈwebɪnɑː(r)/ *n* seminario virtual

weblog /ˈweblɒɡ/ *n Ver* BLOG

webmaster /ˈwebmɑːstə(r)/; *USA* -mæstər/ *n* (*Informát*) administrador, -ora de páginas web

website 0̶ /ˈwebsaɪt/ *n* sitio web

we'd /wiːd, wid/ **1** (*abrev de* we had) *Ver* HAVE **2** (*abrev de* we would) *Ver* WOULD

wedding 0̶ /ˈwedɪŋ/ *n* boda: *wedding ring/ cake* alianza/pastel de bodas ➲ *Ver nota en* BODA `LOC` **golden/silver wedding** bodas de oro/plata

wedge /wedʒ/ *nombre, verbo*
▸ *n* **1** cuña: *wedge heels* tacones de cuña **2** (*queso, pastel*) pedazo (grande) **3** (*limón*) gajo
▸ *vt* **1** *to wedge itself/get wedged* atascarse **2** (*esp personas*) apretujar **3** ~ **sth open/shut** mantener algo abierto/cerrado con una cuña

Wednesday 0̶ /ˈwenzdeɪ, -di/ *n* (*abrev* Wed.) miércoles ➲ *Ver ejemplos en* MONDAY

wee /wiː/ *adj* (*coloq*) **1** (*esp Escocia*) pequeñito **2** poquito: *a wee bit* un poquitín

weed /wiːd/ *nombre, verbo*
▸ *n* **1** mala hierba **2** [*incontable*] (*en agua*) algas **3** (*GB, coloq*) enclenque **4** (*GB, coloq, pey*) persona sin carácter: *He's a weed.* No tiene carácter. **5** (*argot*) maría, marihuana
▸ *vt* escardar `PHR V` **weed sth/sb out** eliminar algo/a algn

weedkiller /ˈwiːdkɪlə(r)/ *n* herbicida

week 0̶ /wiːk/ *n* semana: *35-hour week* semana laboral de 35 horas `LOC` **a week on/next/ this Monday; Monday week** el lunes que viene no, el siguiente ◆ **a week today/tomorrow** de hoy/mañana en ocho días

weekday /ˈwiːkdeɪ/ *n* día laborable

weekend 0̶ /ˌwiːkˈend; *USA* ˈwiːkend/ *n* fin de semana

🔎 En Gran Bretaña se dice **at the weekend**, pero en los Estados Unidos se dice **on the weekend**: *Let's meet up at/on the weekend.* A ver si quedamos este fin de semana.

weekly 0̶ /ˈwiːkli/ *adjetivo, adverbio, nombre*
▸ *adj* semanal
▸ *adv* semanalmente
▸ *n* (*pl* **weeklies**) semanario

weep /wiːp/ *vi* (*pt, pp* **wept** /wept/) (*formal*) llorar: *She wept for joy.* Lloró de alegría. ◇ *to weep over sb's death* llorar la muerte de algn **weeping** *n* llanto

weigh 0̶ /weɪ/ **1** *vt, vi* pesar **2** *vt* ~ **sth (up)** sopesar algo **3** *vi* ~ **(against sb/sth)** influir (en contra de algn/algo) `LOC` *Ver* ANCHOR `PHR V` **weigh sb down** abrumar, agobiar a algn ◆ **weigh sb/sth down** *to be weighed down with luggage* ir muy cargado de equipaje

weight 0̶ /weɪt/ *nombre, verbo*
▸ *n* **1** peso: *by weight* al peso **2** pesa `LOC` **lose/put on weight** (*persona*) adelgazar/engordar *Ver tb* CARRY, PULL
▸ *vt* **1** poner peso o pesas en **2** ~ **sth (down) (with sth)** sujetar algo (con algo)

weightless /ˈweɪtləs/ *adj* ingrávido **weightlessness** *n* ingravidez

weightlifting /ˈweɪtlɪftɪŋ/ *n* levantamiento de pesas, halterofilia

weighty /ˈweɪti/ *adj* (**weightier, -iest**) (*formal*) **1** de peso, importante **2** pesado

weir /wɪə(r)/ *n* presa (*en la corriente de un río*)

weird /wɪəd/ *adjetivo, verbo*
▸ *adj* (**weirder, -est**) raro
▸ *v* `PHR V` **weird sb out** (*coloq*) resultarle extraño a algn

W

| iː see | i happy | ɪ sit | e ten | æ hat | ɑː arm | ɒ got | ɔː saw | ʊ put |

weirdo /ˈwɪədəʊ/ n (pl **weirdos**) (coloq, pey) bicho raro

welcome ⊶ /ˈwelkəm/ verbo, adjetivo, nombre
▸ vt **1** dar la bienvenida a, recibir **2** acoger **3** agradecer
▸ adj **1** agradable **2** bienvenido ⎕LOC⎕ be welcome to sth/to do sth You're welcome to use my car. Mi coche está a tu disposición. ◊ You're welcome to stay. Estás invitado a quedarte. ♦ you're welcome de nada
▸ n bienvenida, acogida **welcoming** adj acogedor

weld /weld/ vt soldar

welfare /ˈwelfeə(r)/ n **1** bienestar **2** asistencia: the Welfare State el Estado del bienestar **3** (esp USA) seguridad social

well ⊶ /wel/ adverbio, adjetivo, interjección, nombre, verbo
▸ adv (comp **better** /ˈbetə(r)/, superl **best** /best/) **1** bien: a well-dressed woman una mujer bien vestida ⮕ Ver nota en WELL BEHAVED (después de can, could, may, might): I can well believe it. Lo creo totalmente. ◊ I can't very well leave. No puedo irme sin más. ◊ You may well be right. Probablemente tengas razón. ⎕LOC⎕ as well también ⮕ Ver nota en TAMBIÉN ♦ as well as además de ♦ be doing well (paciente) recuperarse ♦ do well progresar ♦ may/might (just) as well do sth We may/might as well go home. Podríamos irnos a casa perfectamente. ♦ well and truly (coloq) completamente Ver tb JUST, MEAN, PRETTY
▸ adj (comp **better** /ˈbetə(r)/, superl **best** /best/) bien: to be well estar bien ◊ to get well reponerse
▸ interj **1** (asombro) vaya: Well, look who's here! ¡Vaya, vaya! Mira quién está aquí. **2** (resignación) bueno: Oh well, that's that then. Bueno, qué le vamos a hacer. **3** (interrogación) ¿y entonces? **4** (duda) pues: Well, I don't know… Pues, no sé…
▸ n pozo
▸ vi ~ (up) brotar

we'll /wiːl, wɪl/ **1** (abrev de we shall) Ver SHALL **2** (abrev de we will) Ver WILL

well be'haved adj bien educado

> 🔎 Los adjetivos formados por **well** más otra palabra suelen escribirse con las dos palabras separadas cuando se usan detrás del verbo: They are always well behaved. Siempre se portan bien, y con guión cuando van seguidos de un sustantivo: well-behaved children niños bien educados. Lo mismo sucede con **out of date** y **up to date**, y otros adjetivos como **second best**.

well-being n bienestar

well 'built adj **1** (persona) robusto **2** (edificio, máquina) sólido ⮕ Ver nota en WELL BEHAVED

well con'nected adj (formal) (persona) bien relacionado ⮕ Ver nota en WELL BEHAVED

well 'done adj (filete, etc.) bien hecho ⮕ Ver nota en WELL BEHAVED

well 'earned adj merecido ⮕ Ver nota en WELL BEHAVED

well 'educated adj culto, instruido ⮕ Ver nota en WELL BEHAVED

wellington /ˈwelɪŋtən/ (tb ˌwellington 'boot) n bota de goma, katiuska

well 'kept adj **1** cuidado, bien conservado **2** (secreto) bien guardado ⮕ Ver nota en WELL BEHAVED

well 'known ⊶ adj muy conocido, famoso: It's a well-known fact that… Es sabido que… ⮕ Ver nota en WELL BEHAVED

well 'meaning adj bienintencionado ⮕ Ver nota en WELL BEHAVED

wellness /ˈwelnəs/ n bienestar

well 'off adj acomodado, rico ⮕ Ver nota en WELL BEHAVED

well 'paid adj **1** (trabajo) bien pagado **2** (persona) con un buen sueldo ⮕ Ver nota en WELL BEHAVED

well-to-'do adj acomodado, rico

welly /ˈweli/ n (pl **wellies**) (GB, coloq) bota de goma, katiuska

Welsh /welʃ/ adj, n galés

went pt de GO

wept pt, pp de WEEP

were /wə(r), wɜː(r)/ pt de BE

we're /wɪə(r)/ (abrev de we are) Ver BE

weren't /wɜːnt/ (abrev de were not) Ver BE

werewolf /ˈweəwʊlf/ n (pl **werewolves** /-wʊlvz/) hombre lobo

west ⊶ /west/ nombre, adjetivo, adverbio
▸ n (tb West) (abrev W) **1** oeste: I live in the west of Scotland. Vivo en el oeste de Escocia. **2 the West** (el) Occidente, los países occidentales
▸ adj (del) oeste, occidental: west winds vientos del oeste
▸ adv al oeste: to travel west viajar hacia el oeste

westbound /ˈwestbaʊnd/ adj en/con dirección oeste

western ⊶ /ˈwestən/ adjetivo, nombre
▸ adj (tb Western) (del) oeste, occidental
▸ n novela o película del oeste **westerner** n occidental

westwards /ˈwestwədz/ (tb westward) adv hacia el oeste

W

wet ⊶ /wet/ *adjetivo, verbo, nombre*
▸ *adj* (**wetter**, **-est**) **1** mojado: *to get wet* mojarse **2** húmedo: *in wet places* en lugares húmedos **3** (*tiempo*) lluvioso **4** (*pintura, etc.*) fresco **5** (*GB, coloq, pey*) (*persona*) parado, blandengue
▸ *vt* (*pt, pp* **wet**, **wetted**) mojar, humedecer **LOC** **wet the/your bed** hacerse pis en la cama ♦ **wet yourself** hacerse pis
▸ *n* **1** **the wet** [*sing*] la lluvia: *Come in out of the wet.* Entra y resguárdate de la lluvia. **2** humedad

ˌwet ˈblanket *n* (*coloq, pey*) aguafiestas

wetsuit /ˈwetsuːt/ *n* traje de neopreno

we've /wiːv/ (*abrev de* we have) *Ver* BE

whack /wæk/ *verbo, nombre*
▸ *vt* (*coloq*) dar un buen golpe a
▸ *n* (*coloq*) porrazo

whale /weɪl/ *n* ballena *Ver tb* KILLER WHALE

wharf /wɔːf/ *n* (*pl* **wharves** /wɔːvz/, **wharfs**) muelle

what ⊶ /wɒt; *USA tb* wʌt/ *pronombre, adjetivo, interjección*
▸ *pron* **1** qué: *What did you say?* ¿Qué has dicho? ◇ *What's her phone number?* ¿Cuál es su número de teléfono? ◇ *What's your name?* ¿Cómo te llamas?

🔎 ¿**What** o **which**? **Which** se refiere a uno o más miembros de un grupo limitado: *Which is your car, this one or that one?* ¿Cuál es tu coche, este o aquel? **What** se usa cuando el grupo no es tan limitado: *What are your favourite books?* ¿Cuáles son tus libros preferidos?

2 lo que, qué: *I know what you're thinking.* Sé lo que estás pensando. ◇ *And what if...?* ¿Y (qué pasa) si...?: *What if it rains?* ¿Y si llueve?
▸ *adj* **1** qué: *What a pity!* ¡Qué pena! ◇ *What colour is it?* ¿De qué color es? **2** *what money I have* (todo) el dinero que tenga
▸ *interj* (*coloq*) **1** what? ¿qué?, ¿cómo? **2** what! ¡cómo!

whatever ⊶ /wɒtˈevə(r); *USA tb* wət-/ *adjetivo, pronombre, adverbio*
▸ *adj* cualquier: *I'll be in whatever time you come.* Estaré a cualquier hora que vengas.
▸ *pron* **1** (todo) lo que: *Give whatever you can.* Dé lo que pueda. **2** *whatever happens* pase lo que pase **3** qué (demonios): *What can it be?* ¿Qué demonios puede ser? **4** (*coloq, irón*) da lo mismo: *'What would you like to do today?'* *'Whatever.'* — ¿Qué te gustaría hacer hoy? — Me da igual. **LOC** **or whatever** (*coloq*) o el/la/lo que sea: *...basketball, swimming or whatever.* ...baloncesto, natación o lo que sea.

▸ *adv* (*tb* whatsoever /ˌwɒtsəʊˈevə(r); *USA* ˌwʌt-/) en absoluto: *nothing whatever* nada en absoluto

wheat /wiːt/ *n* trigo

wheel ⊶ /wiːl/ *nombre, verbo*
▸ *n* **1** rueda **2** volante *Ver tb* BIG WHEEL
▸ **1** *vt* (*bicicleta, etc.*) empujar **2** *vt* (*persona*) llevar (*en silla de ruedas, camilla, etc.*) **3** *vi* (*pájaro*) revolotear **4** *vi* ~ (**round/around**) darse la vuelta

wheelbarrow /ˈwiːlbærəʊ/ *n* carretilla (*de mano*)

wheelchair /ˈwiːltʃeə(r)/ *n* silla de ruedas

ˈwheelie bin *n* contenedor (*de basura con ruedas*) ⮕ *Ver dibujo en* BIN

wheeze /wiːz/ *vi* respirar con dificultad, resollar

when ⊶ /wen/ *adverbio, conjunción*
▸ *adv* **1** cuándo: *When did he die?* ¿Cuándo murió? ◇ *I don't know when she arrived.* No sé cuándo llegó. **2** (en) que, en (el/la/los/las) que: *There are times when...* Hay veces en que...
▸ *conj* cuando: *It was raining when I arrived.* Llovía cuando llegué. ◇ *I'll call you when I'm ready.* Te llamaré cuando esté lista.

whenever ⊶ /wenˈevə(r)/ *conjunción, adverbio*
▸ *conj* **1** cuando: *Come whenever you like.* Ven cuando quieras. **2** (*todas las veces que*) cada vez que: *It happened whenever we went on holiday.* Ocurría cada vez que nos íbamos de vacaciones.
▸ *adv* (*en preguntas*) cuándo (demonios)

where ⊶ /weə(r)/ *adverbio, conjunción*
▸ *adv* **1** dónde: *Where are you going?* ¿Adónde vas? ◇ *I don't know where it is.* No sé dónde está. **2** donde: *the town where I was born* el pueblo en que nací
▸ *conj* donde: *Stay where you are.* Quédate donde estás.

whereabouts *nombre, adverbio*
▸ *n* /ˈweərəbaʊts/ [*v sing o pl*] paradero
▸ *adv* /ˌweərəˈbaʊts/ dónde

whereas ⊶ /ˌweərˈæz/ *conj* mientras que

whereby /weəˈbaɪ/ *adv* (*formal*) según/por el/la/lo cual

whereupon /ˌweərəˈpɒn/ *conj* (*formal*) tras lo cual

wherever ⊶ /weərˈevə(r)/ *conjunción, adverbio*
▸ *conj* dondequiera que: *wherever you like* donde quieras
▸ *adv* dónde (demonios)

whet /wet/ *vt* (**-tt-**) **LOC** **whet sb's appetite** abrir el apetito a algn

W

---

whether 792

whether ௦━ /'weðə(r)/ *conj* si: *I'm not sure whether to resign or stay on.* No sé si dimitir o continuar. ◇ *It depends on whether the letter arrives on time.* Depende de si la carta llega a tiempo. LOC **whether or not** *whether or not it rains/whether it rains or not* tanto si llueve como si no

which ௦━ /wɪtʃ/ *pronombre, adjetivo*
▸ *pron* **1** cuál: *Which is your favourite?* ¿Cuál es tu preferido? ➲ *Ver nota en* WHAT **2** (*sujeto, complemento*) que: *the book which is on the table* el libro que está sobre la mesa ◇ *the article (which) I read yesterday* el artículo que leí ayer ➲ *Ver nota en* QUE¹ **3** (*después de preposición*) el/la/lo cual: *her work, about which I know nothing...* su trabajo, del cual no sé nada... ◇ *in which case* en cuyo caso ◇ *the bag in which I put it* la bolsa en la que lo puse ❶ Este uso es muy formal. Lo más normal es poner la preposición al final: *the bag which I put it in,* o bien omitir la palabra **which**: *the bag I put it in.*
▸ *adj* qué: *Which book did you take?* ¿Qué libro te has llevado? ◇ *Do you know which one is yours?* ¿Sabes cuál es el tuyo? ➲ *Ver nota en* WHAT

whichever /wɪtʃ'evə(r)/ *adjetivo, pronombre*
▸ *adj* cualquiera: *It's the same, whichever route you take.* No importa la ruta que elijas.
▸ *pron* el/la que: *whichever you like* el que quieras

whiff /wɪf/ *n* ~ **(of sth)** olor, tufo (a algo)

while ௦━ /waɪl/ *conjunción, nombre, verbo*
▸ *conj* (*formal* **whilst** /waɪlst/) **1** (*tiempo*) mientras **2** (*contraste*) mientras (que): *I drink coffee while she prefers tea.* Yo tomo café, mientras que ella prefiere té. **3** aunque: *While I admit that...* Aunque admito que... LOC **while you're, I'm, etc. at it** ya que estás, vas, etc.
▸ *n* [*sing*] tiempo, rato: *for a while* durante un rato LOC *Ver* ONCE, WORTH
▸ *v* PHR V **while sth away** pasar algo (*tiempo*): *to while the morning away* pasar la mañana

whim /wɪm/ *n* capricho, antojo

whimper /'wɪmpə(r)/ *verbo, nombre*
▸ *vi* lloriquear
▸ *n* lloriqueo

whine /waɪn/ *verbo, nombre*
▸ *vi* **1** gemir **2** gimotear **3** (*coloq* **whinge** /wɪndʒ/) ~ **about sb/sth** quejarse de algn/algo
▸ *n* gemido, gimoteo **whiny** *adj* (*pey*) **1** quejoso **2** quejica

whip /wɪp/ *nombre, verbo*
▸ *n* **1** azote, látigo **2** (*Pol*) diputado, -a responsable de la disciplina de su grupo parlamentario

▸ *vt* (**-pp-**) **1** azotar **2** ~ **sth (up)** (*Cocina*) batir algo: *whipped cream* nata montada PHR V **whip sth up 1** (*apoyo, resistencia*) fomentar algo **2** (*protestas, entusiasmo*) provocar algo **3** (*comida*) preparar algo rápidamente

whir (*tb esp USA* **whirr**) /wɜː(r)/ *verbo, nombre*
▸ *vi* zumbar
▸ *n* zumbido

whirl /wɜːl/ *verbo, nombre*
▸ **1** *vt, vi* (hacer) girar **2** *vi* (*hojas*) arremolinarse **3** *vi* (*cabeza*) dar vueltas
▸ *n* [*sing*] **1** giro **2** remolino: *a whirl of dust* un remolino de polvo

whirlpool /'wɜːlpuːl/ *n* remolino

whirlwind /'wɜːlwɪnd/ *nombre, adjetivo*
▸ *n* torbellino
▸ *adj* [*solo antes de sustantivo*] relámpago: *a whirlwind tour* un viaje relámpago

whisk /wɪsk/ *verbo, nombre*
▸ *vt* **1** (*Cocina*) batir **2** ~ **sb/sth away, off, etc.** llevarse a algn/algo a toda prisa
▸ *n* (*Cocina*) batidor, batidora (eléctrica)

whiskers /'wɪskəz/ *n* [*pl*] (*de animal*) bigotes

whisky (*USA o Irl* **whiskey**) /'wɪski/ *n* (*pl* **whiskies**) whisky, güisqui

whisper ௦━ /'wɪspə(r)/ *verbo, nombre*
▸ **1** *vi* cuchichear **2** *vt* decir en voz baja **3** *vi* (*formal*) susurrar
▸ *n* **1** cuchicheo **2** (*formal*) susurro

whistle ௦━ /'wɪsl/ *nombre, verbo*
▸ *n* **1** silbato, pito **2** silbido, pitido
▸ *vt, vi* silbar, pitar

white ௦━ /waɪt/ *adjetivo, nombre*
▸ *adj* (**whiter, -est**) **1** blanco: *white coffee* café con leche **2** ~ **(with sth)** pálido (de algo)
▸ *n* **1** blanco **2** (*persona*) blanco, -a **3** clara (*de huevo*)

whiteboard /'waɪtbɔːd/ *n* pizarra blanca

white-'collar *adj* de oficina: *white-collar workers* oficinistas ➲ *Comparar con* BLUE-COLLAR

white 'elephant *n* artículo que ya no sirve para nada, aunque pudo haber costado mucho dinero

white-'knuckle ride *n* vuelta en una atracción de feria que te deja pasmado

whiteness /'waɪtnəs/ *n* blancura

White 'Paper *n* libro blanco (*de gobierno*)

whitewash /'waɪtwɒʃ/ *nombre, verbo*
▸ *n* lechada de cal, jalbegue
▸ *vt* **1** encalar, blanquear **2** (*errores, reputación*) encubrir

Whitsun /'wɪtsn/ (*tb* Whit 'Sunday) *n* (domingo de) Pentecostés

| ð then | s so | z zoo | ʃ she | ʒ vision | h how | ŋ sing | j yes | w wet |

whizz-kid (*USA tb* whiz-kid) /ˈwɪz kɪd/ *n* (*coloq*) prodigio

whizzy /ˈwɪzi/ *adj* (*coloq*) (*tecnología, etc.*) innovador: *a whizzy piece of software* lo último en tecnología de software

who ⚬⟲ /huː/ *pron* **1** quién, quiénes: *Who are they?* ¿Quiénes son? ◊ *Who did you meet?* ¿A quién te encontraste? ◊ *Who is it?* ¿Quién es? ◊ *They wanted to know who had rung.* Querían saber quién había llamado. **2** (*sujeto*) que: *people who drink tea* la gente que toma té ◊ *the man who wanted to meet you* el hombre que quería conocerte ◊ *all those who want to go* todos los que quieran ir **3** (*complemento*) que: *I bumped into a woman (who) I knew.* Me topé con una mujer a la que conocía. ◊ *the man (who) I had spoken to* el hombre con el que había hablado ➔ *Ver notas en* WHOM, QUE¹

whoever ⚬⟲ /huːˈevə(r)/ *pron* **1** quien: *Whoever gets the job…* Quien consiga el puesto de trabajo… **2** quienquiera que

whole ⚬⟲ /həʊl/ *adjetivo, nombre*

▸ *adj* **1** entero: *a whole bottle* una botella entera **2** todo: *to forget the whole thing* olvidar todo el asunto

▸ *n* todo, conjunto: *the whole of August* todo agosto [LOC] **as a whole 1** completo, como un todo **2** en general ◆ **on the whole** en general

wholefood /ˈhəʊlfuːd/ *n* [*incontable*] (*tb* wholefoods [*pl*]) alimentos integrales

wholehearted /ˌhəʊlˈhɑːtɪd/ *adj* incondicional **wholeheartedly** *adv* sin reservas

wholemeal /ˈhəʊlmiːl/ (*tb* wholewheat /ˈhəʊlwiːt/) *adj* integral: *wholemeal bread* pan integral

wholesale /ˈhəʊlseɪl/ *adjetivo, adverbio*

▸ *adj* **1** al por mayor **2** total: *wholesale destruction* destrucción total

▸ *adv* al por mayor **wholesaler** *n* mayorista

wholesome /ˈhəʊlsəm/ *adj* sano, saludable

wholly /ˈhəʊlli/ *adv* (*formal*) totalmente

whom ⚬⟲ /huːm/ *pron* (*formal*) a quién: *Whom did you meet there?* ¿Con quién te encontraste allí? ◊ *To whom did you give the money?* ¿A quién le diste el dinero? ◊ *the person to whom this letter was addressed* la persona a quien iba dirigida esta carta ◊ *the investors, some of whom bought shares* los inversores, algunos de los cuales compraron acciones

🔎 La palabra **whom** es muy formal. Lo más normal es decir: *Who did you meet there?* ◊ *Who did you give the money to?* ◊ *the person this letter was addressed to.*

whoops /wʊps/ *interj Ver* OOPS

whose ⚬⟲ /huːz/ *adjetivo, pronombre*

▸ *adj* **1** de quién: *Whose house is that?* ¿De quién es esa casa? **2** cuyo, -a, -os, -as: *the people whose house we stayed in* las personas en cuya casa estuvimos

▸ *pron* de quién: *I wonder whose it is.* Me pregunto de quién es.

why ⚬⟲ /waɪ/ *adv* por qué: *Why was she so late?* ¿Por qué llegó tan tarde? ◊ *Can you tell me the reason why you are so unhappy?* ¿Me puedes decir por qué eres tan desgraciado? [LOC] **why not** por qué no: *Why not go to the cinema?* ¿Por qué no vamos al cine?

wick /wɪk/ *n* mecha (*de una vela*)

wicked /ˈwɪkɪd/ *adj* (**wickeder, -est**) **1** malvado **2** malicioso **3** (*argot*) genial **wickedness** *n* maldad

wicker /ˈwɪkə(r)/ *n* mimbre

wicket /ˈwɪkɪt/ *n* (*en críquet*) **1** palos **2** terreno entre los dos palos

wide ⚬⟲ /waɪd/ *adjetivo, adverbio*

▸ *adj* (**wider, -est**) **1** ancho: *How wide is it?* ¿Cuánto mide de ancho? ◊ *It's two metres wide.* Tiene dos metros de ancho. ➔ *Ver nota en* BROAD **2** amplio: *a wide range of possibilities* una amplia gama de posibilidades **3** extenso

▸ *adv* muy: *wide awake* completamente despierto [LOC] **wide open 1** abierto de par en par **2** (*competición, etc.*) sin favoritos *Ver tb* FAR

widely ⚬⟲ /ˈwaɪdli/ *adv* extensamente, mucho: *widely used* muy utilizado

widen /ˈwaɪdn/ *vt, vi* ensanchar(se), ampliar(se)

wide-ranging *adj* de gran alcance, muy diverso (*investigación, debate, etc.*)

widescreen /ˈwaɪdskriːn/ *n* pantalla panorámica

widespread /ˈwaɪdspred/ *adj* general, extendido

widget /ˈwɪdʒɪt/ *n* **1** (*coloq*) chisme **2** (*Informát*) widget

widow /ˈwɪdəʊ/ *n* viuda **widowed** *adj* viudo

widower /ˈwɪdəʊə(r)/ *n* viudo

width ⚬⟲ /wɪdθ, wɪtθ/ *n* anchura, ancho

wield /wiːld/ *vt* **1** (*poder*) ejercer **2** (*arma, etc.*) empuñar, blandir

wife ⚬⟲ /waɪf/ *n* (*pl* **wives** /waɪvz/) mujer, esposa

Wi-Fiⁿ /ˈwaɪ faɪ/ *n* wifi

wig /wɪg/ *n* peluca

wiggle /ˈwɪgl/ *vt, vi* (*coloq*) menear(se)

wiki /ˈwɪki/ *n* wiki (*sitio web editado por los usuarios*)

W

wild ⚡ /waɪld/ *adjetivo, nombre*
▶ *adj* (**wilder**, **-est**) **1** salvaje **2** (*planta*) silvestre **3** (*paisaje*) agreste **4** desenfrenado: *The crowd went wild.* La multitud se volvió loca. ◇ *We had a wild time.* Lo pasamos de miedo. **5** (*enojado*) furioso **6** ~ **about sb/sth** (*coloq*) loco por algn/algo **7** (*tiempo*) tempestuoso
▶ *n* **1 the wild** [*sing*]: *in the wild* en estado salvaje **2 the wilds** [*pl*] (las) tierras remotas

wilderness /ˈwɪldənəs/ *n* **1** tierra no cultivada, tierra virgen **2** (*fig*) selva

wildlife /ˈwaɪldlaɪf/ *n* fauna

wildly ⚡ /ˈwaɪldli/ *adv* **1** como loco, violentamente **2** sumamente

wilful (*USA tb* willful) /ˈwɪlfl/ *adj* (*pey*) **1** (*acto*) voluntario, intencionado **2** (*delito*) premeditado **3** (*persona*) testarudo **wilfully** (*USA tb* willfully) /-fəli/ *adv* (*pey*) deliberadamente

will ⚡ /wɪl/ *verbo, nombre*
▶ *v modal* (*contracción* **'ll**, *neg* **will not**, **won't** /wəʊnt/)

🔎 **Will** es un verbo modal al que sigue un infinitivo sin **to** y las oraciones interrogativas y negativas se construyen sin el auxiliar **do**.

1 (*para formar el futuro*): *He'll come, won't he?* Vendrá, ¿verdad? ◇ *I hope it won't rain.* Espero que no llueva. ◇ *That'll be the postman.* Será el cartero. ◇ *You'll do as you're told.* Harás lo que te manden. ➔ *Ver nota en* SHALL **2** (*voluntad, determinación*): *She won't go.* No quiere ir. ◇ *Will the car start?* ¿El coche arranca o no arranca? **3** (*oferta, petición*): *Will you stay for tea?* ¿Quieres quedarte a tomar té? ◇ *Will you help me?* ¿Puedes ayudarme? ◇ *Won't you sit down?* ¿No quieres sentarte? **4** (*regla general*): *Oil will float on water.* El aceite flota en el agua.
▶ *vt* desear: *to will sth to happen* desear que ocurra algo ◇ *to will sb to do sth* desear que algn haga algo
▶ *n* **1** voluntad **2** [*sing*] deseo **3** testamento **LOC** **at will** libremente *Ver tb* FREE

willing ⚡ /ˈwɪlɪŋ/ *adj* **1** ~ **(to do sth)** dispuesto (a hacer algo) **2** complaciente, bien dispuesto **3** (*apoyo, etc.*) espontáneo

willingly ⚡ /ˈwɪlɪŋli/ *adv* voluntariamente, de buena gana

willingness ⚡ /ˈwɪlɪŋnəs/ *n* **1** buena voluntad **2** ~ **(to do sth)** buena disposición (para hacer algo)

willow /ˈwɪləʊ/ (*tb* ˈwillow tree) *n* sauce

willpower /ˈwɪlpaʊə(r)/ *n* fuerza de voluntad

wilt /wɪlt/ *vi* **1** marchitarse **2** (*coloq*) (*persona*) decaer

wimp /wɪmp/ *n* (*coloq, pey*) **1** (*en personalidad*) pelele **2** (*físicamente*) enclenque **wimpish** *adj* (*coloq, pey*) soso, blandengue

win ⚡ /wɪn/ *verbo, nombre*
▶ (**-nn-**) (*pt, pp* **won** /wʌn/) **1** *vi* ganar **2** *vt* ganar, llevarse **3** *vt* (*victoria*) conseguir **4** *vt* (*apoyo, amigos*) ganarse, granjearse **LOC** **a win-win situation** una situación en la que todos salen ganando **PHRV** **win sb (a)round/over (to sth)** convencer a algn (para que haga algo) ◆ **win sth/sb back** recuperar algo/a algn
▶ *n* victoria

wince /wɪns/ *vi* **1** hacer una mueca de dolor **2** hacer un gesto de disgusto

wind¹ ⚡ /wɪnd/ *n* **1** viento **2** [*incontable*] gases **3** aliento, resuello **LOC** **get wind of sth** (*coloq*) enterarse de algo *Ver tb* CAUTION

wind² ⚡ /waɪnd/ (*pt, pp* **wound** /waʊnd/) **1** *vi* serpentear **2** *vt* ~ **sth round, onto, etc. sth** enrollar algo alrededor de, en, etc. algo **3** *vt* ~ **sth (up)** dar cuerda a algo **PHRV** **wind down** (*persona*) relajarse ◆ **wind sb up** (*GB, coloq*) **1** provocar, poner nervioso a algn **2** tomar el pelo a algn ◆ **wind (sth) up** terminar (algo), concluir (algo) ◆ **wind sth up** liquidar algo (*negocio*)

wind chill /ˈwɪnd tʃɪl/ *n the wind-chill factor* la sensación térmica (por efecto del frío y del viento)

windfall /ˈwɪndfɔːl/ *n* **1** caído del cielo (*dinero*) **2** fruta caída (del árbol)

wind farm /ˈwɪnd fɑːm/ *n* parque eólico

winding /ˈwaɪndɪŋ/ *adj* tortuoso, serpenteante

windmill /ˈwɪndmɪl/ *n* molino de viento

window ⚡ /ˈwɪndəʊ/ *n* **1** ventana **2** (*coche, taquilla*) ventanilla **3** (*tb* windowpane /ˈwɪndəʊpeɪn/) cristal, luna **4** escaparate, vitrina

window box *n* jardinera (*para flores*)

window-shopping *n to go window-shopping* ir de escaparates

windowsill /ˈwɪndəʊsɪl/ (*tb* ˈwindow ledge) *n* alféizar

windscreen /ˈwɪndskriːn/ (*USA* windshield /ˈwɪndʃiːld/) *n* parabrisas

windscreen wiper (*USA* ˈwindshield wiper) *n* limpiaparabrisas

windsurfer /ˈwɪndsɜːfə(r)/ *n* **1** tabla de windsurf **2** windsurfista

windsurfing /ˈwɪndsɜːfɪŋ/ *n* windsurf

wind turbine /ˈwɪnd tɜːbaɪn/ *n* turbina eólica

windy /ˈwɪndi/ *adj* (**windier**, **-iest**) **1** ventoso: *It's windy today.* Hoy hace viento. **2** (*lugar*) expuesto al viento

wine ⊶ /waɪn/ n vino: *wine glass* copa (para vino) ◊ *wine tasting* cata (de vino)

winery /'waɪnəri/ n (pl **wineries**) (*esp USA*) bodega (*de elaborar vino*)

wing ⊶ /wɪŋ/ n **1** ala: *the right/left wing of the party* el ala derecha/izquierda del partido **2** (*de vehículo*) aleta **3** (*Dep*) banda **4 the wings** [pl] los bastidores

winger /'wɪŋə(r)/ n (*Dep*) extremo, ala

wink /wɪŋk/ verbo, nombre
▸ **1** vi ~ **(at sb)** guiñar el ojo (a algn) **2** vi (*luz*) parpadear, titilar
▸ n guiño **LOC** not get/have a wink of sleep; not sleep a wink no pegar ojo

winner ⊶ /'wɪnə(r)/ n ganador, -ora

winning ⊶ /'wɪnɪŋ/ adj **1** ganador **2** premiado **3** cautivador, encantador **winnings** n [pl] ganancias

winter ⊶ /'wɪntə(r)/ nombre, verbo
▸ n (tb wintertime /'wɪntətaɪm/) invierno: *winter sports* deportes de invierno
▸ vi invernar, pasar el invierno **wintry** /'wɪntri/ adj invernal

wipe /waɪp/ verbo, nombre
▸ vt **1** ~ **sth (from/off sth)**; ~ **sth (away/off/up)** limpiar, secar algo (de algo) **2** ~ **sth (from/off sth)** (*eliminar*) borrar algo (de algo) **PHRV wipe sth out 1** destruir algo **2** (*enfermedad, crimen*) erradicar algo **3** (*especie*) extinguir algo **4** (*beneficios*) reducir algo a la nada
▸ n **1** pasada (*con un trapo*): *to give sth a wipe* pasarle un trapo a algo **2** toallita

wiper /'waɪpə(r)/ n Ver WINDSCREEN WIPER

wire /'waɪə(r)/ nombre, verbo
▸ n **1** alambre Ver tb BARBED WIRE **2** (*Electrón*) cable
▸ vt **1** ~ **sth (up)** hacer la instalación eléctrica de algo **2** ~ **sth (up) to sth** conectar algo a algo **3** ~ **sb sth**; ~ **sth to sb** poner un giro a algn

wired /'waɪəd/ adj **1** (*Informát*) conectado a un sistema de ordenadores **2** (*coloq*) (*persona*) tenso **3** (*esp USA, coloq*) colocado, borracho

wireless /'waɪələs/ adj inalámbrico

wiring /'waɪərɪŋ/ n [incontable] **1** instalación eléctrica **2** cables

wisdom /'wɪzdəm/ n **1** sabiduría: *wisdom tooth* muela del juicio **2** prudencia, cordura **LOC** Ver CONVENTIONAL

wise ⊶ /waɪz/ adjetivo, verbo
▸ adj (**wiser, -est**) **1** sabio **2** acertado, prudente **LOC** be none the wiser; not be any the wiser seguir sin entender nada
▸ v **PHRV** wise up (to something) (*coloq*) abrir los ojos (a algo)

wish ⊶ /wɪʃ/ verbo, nombre
▸ **1** vt (*algo poco probable*): *I wish he'd go away.* ¡Ojalá se fuera! ◊ *She wished she had gone.*
Se arrepintió de no haber ido. **❷** Se considera más correcto el uso de **were**, y no **was**, con **I, he** o **she** después de **wish**: *I wish I were rich!* ¡Ojalá fuera rico! **2** vt (*formal*) querer **3** vi ~ **for sth** desear algo **4** vt ~ **sb sth** desear algo a algn **5** vi pedir un deseo
▸ n **1** ~ **(for sth/to do sth)** deseo (de algo/de hacer algo): *to make a wish* pedir un deseo ◊ *against my wishes* contra mi voluntad **2 wishes** [pl]: *Best wishes, Ann.* Saludos, Ann. ◊ *Best wishes on your birthday.* Nuestros mejores deseos en tu cumpleaños. ◊ *Give her my best wishes.* Dale muchos recuerdos (de mi parte).

wishful thinking /ˌwɪʃfl 'θɪŋkɪŋ/ n [incontable] *It's wishful thinking on my part.* Me estoy haciendo ilusiones.

wish list n (*coloq*) lista de deseos

wistful /'wɪstfl/ adj triste, melancólico

wit /wɪt/ n **1** ingenio **2** persona ingeniosa **3 wits** [pl] inteligencia, juicio **LOC** be frightened/scared/terrified out of your wits estar muerto de miedo

witch /wɪtʃ/ n bruja, hechicera: *witch doctor* hechicero

witchcraft /'wɪtʃkrɑːft; *USA* -kræft/ n [incontable] brujería

witch-hunt n (*lit y fig*) caza de brujas

with ⊶ /wɪð, wɪθ/ prep
❶ Para los usos de **with** en PHRASAL VERBS ver las entradas de los verbos correspondientes, p. ej. **bear with sb** en BEAR. **1** con: *I'll be with you in a minute.* Un minuto y estoy contigo. ◊ *He's with the BBC.* Trabaja en la BBC. **2** (*descripciones*) de, con: *the man with the scar* el hombre de la cicatriz ◊ *a house with a garden* una casa con jardín **3** de: *Fill the glass with water.* Llena el vaso de agua. **4** (*apoyo y conformidad*) (de acuerdo) con **5** (*a causa de*) de: *to tremble with fear* temblar de miedo **LOC** be with sb (*coloq*) seguir lo que algn dice: *I'm not with you.* No te sigo. ♦ with it (*coloq*) **1** al día **2** de moda **3** *He's not with it today.* Hoy no está muy centrado.

withdraw ⊶ /wɪð'drɔː, wɪθ'-/ (pt **withdrew** /-'druː/, pp **withdrawn** /-'drɔːn/) **1** vt, vi retirar(se) **2** vt (*dinero*) sacar **3** vt (*formal*) (*palabras*) retractarse de

withdrawal /wɪð'drɔːəl, wɪθ'-/ n **1** retirada **2** (*Med*): *withdrawal symptoms* síndrome de abstinencia

withdrawn /wɪð'drɔːn, wɪθ'-/ adj introvertido

wither /'wɪðə(r)/ vt, vi marchitar(se), secar(se) **withered** adj marchito

withhold /wɪð'həʊld, wɪθ'-/ vt (pt, pp **withheld** /-'held/) (*formal*) **1** retener **2** (*información*) ocultar **3** (*consentimiento*) negar

within ⚡ /wɪˈðɪn/ *preposición, adverbio*
▸ *prep* **1** *(tiempo)* en el plazo de: *within a month of having left* al mes de haberse marchado **2** *(distancia)* a menos de **3** al alcance de: *It's within walking distance.* Se puede ir andando. **4** *(formal)* dentro de
▸ *adv* *(formal)* dentro

without ⚡ /wɪˈðaʊt/ *prep* sin: *without saying goodbye* sin despedirse ◇ *without him/his knowing* sin que él supiera nada ◇ *to do without sth* prescindir de algo

withstand /wɪðˈstænd, wɪθˈ-/ *vt (pt, pp* **withstood** /-ˈstʊd/) *(formal)* resistir a

witness ⚡ /ˈwɪtnəs/ *nombre, verbo*
▸ *n* ~ **(to sth)** testigo (de algo)
▸ *vt* **1** presenciar **2** ser testigo de

ˈwitness box *(USA* **ˈwitness stand**) *n* estrado

witty /ˈwɪti/ *adj* (**wittier, -iest**) chistoso, ingenioso

wives *pl de* WIFE

wizard /ˈwɪzəd/ *n* mago, hechicero

WLAN /ˌdʌbljuː ˈlæn/ *n* *(abrev de* **wireless local area network**) *(Informát)* WLAN *(red inalámbrica de área local)*

wobble /ˈwɒbl/ **1** *vi (silla, etc.)* cojear **2** *vi (persona)* tambalearse **3** *vi (gelatina)* temblar **4** *vt* mover

wobbly /ˈwɒbli/ *adjetivo, nombre*
▸ *adj (coloq)* **1** cojo **2** que se tambalea **3** *a wobbly tooth* un diente que se mueve
▸ *n* **LOC** **throw a wobbly** *(GB, coloq)* cogerse una pataleta

woe /wəʊ/ *n (antic o hum)* desgracia **LOC** **woe betide sb** pobre de algn: *Woe betide me if I forget!* ¡Pobre de mí si se me olvida!

wok /wɒk/ *n* sartén china ⊃ *Ver dibujo en* POT

woke, woken *pt, pp de* WAKE

wolf /wʊlf/ *nombre, verbo*
▸ *n (pl* **wolves** /wʊlvz/) lobo
▸ *vt* ~ **sth (down)** zampar(se) algo

woman ⚡ /ˈwʊmən/ *n (pl* **women** /ˈwɪmɪn/) mujer

womb /wuːm/ *n* matriz, útero

won *pt, pp de* WIN

wonder ⚡ /ˈwʌndə(r)/ *verbo, nombre*
▸ **1** *vt, vi* preguntarse: *I wonder if/whether he's coming.* Me pregunto si va a venir. ◇ *It makes you wonder.* Te da que pensar. **2** *vi* ~ **(at sth)** admirarse (de algo)
▸ *n* **1** asombro **2** maravilla **LOC** **it's a wonder (that)…** es un milagro (que…) ◆ **no wonder (that)…** no es de extrañar (que…) *Ver tb* WORK

wonderful ⚡ /ˈwʌndəfl/ *adj* maravilloso, estupendo

won't *(abrev de* **will not**) *Ver* WILL

wood ⚡ /wʊd/ *n* **1** madera **2** leña **3** *(tb* woods *[pl]*) bosque: *We went to the woods.* Fuimos al bosque. ⊃ *Ver nota en* FOREST **LOC** *Ver* KNOCK, TOUCH **wooded** *adj* arbolado

wooden ⚡ /ˈwʊdn/ *adj* de madera

woodland /ˈwʊdlənd/ *n* bosque

woodpecker /ˈwʊdpekə(r)/ *n* pájaro carpintero

woodwind /ˈwʊdwɪnd/ *n* *[v sing o pl]* instrumentos de viento *(de madera)*

woodwork /ˈwʊdwɜːk/ *n* carpintería

woof /wʊf/ *interj* ¡guau!

wool ⚡ /wʊl/ *n* lana *Ver tb* COTTON WOOL **woollen** *(USA* **woolen**) *adj* de lana **woolly** *(USA* **wooly**) *adj* **1** lanudo **2** *(coloq)* de lana

woozy /ˈwuːzi/ *adj (coloq)* grogui

word ⚡ /wɜːd/ *nombre, verbo*
▸ *n* **1** palabra **2** **words** *[pl]* letra *(de una canción)* **LOC** **give sb your word (that…)** dar su palabra a algn (de que…) ◆ **have a word (with sb) (about sth)** hablar (con algn) (de algo) ◆ **in other words** en otras palabras, es decir ◆ **keep/break your word** cumplir/faltar a su palabra ◆ **put in a (good) word for sb** recomendar a algn; interceder por algn ◆ **take sb's word for it (that…)** creer a algn (cuando dice que…) ◆ **without a word** sin decir palabra ◆ **words to that effect** *He told me to get out, or words to that effect.* Me dijo que me fuera, o algo parecido. *Ver tb* BREATHE, EAT, LAST, MINCE, PLAY
▸ *vt* expresar, redactar **wording** *n* términos, texto

ˈword processing *n* tratamiento de textos

ˈword processor *n* procesador de textos

wore *pt de* WEAR

work ⚡ /wɜːk/ *verbo, nombre*
▸ **1** *vi* ~ **(at/on sth)** trabajar (en algo): *to work as a lawyer* trabajar de abogado ◇ *to work on the assumption that…* basarse en la suposición de que… **2** *vi* ~ **(for sth)** esforzarse (por algo) **3** *vi (Mec)* funcionar **4** *vt (máquina, etc.)* manejar **5** *vi* surtir efecto: *It will never work.* No será factible. **6** *vt (tierra)* trabajar **7** *vt (mina, etc.)* explotar **8** *vt (persona)* hacer trabajar **LOC** **work free/loose** soltar(se), aflojar(se) ◆ **work like a charm** tener un efecto mágico ◆ **work miracles/wonders** hacer milagros ◆ **work your fingers to the bone** matarse trabajando **PHR V** **work out 1** hacer ejercicio **2** salir (bien), resultar ◆ **work sth out 1** calcular algo **2** solucionar algo **3** planear, idear algo ◆ **work sb/yourself up 1** poner nervioso a algn, ponerse nervioso: *She had worked herself up into a rage.* Se había puesto hecha una furia. **2** entusiasmar a algn, entusiasmarse: *I can't get worked up about…* ¿Por qué estás tan enfadado? **2** entusiasmar a algn, entusiasmarse: *I can't get worked up*

W

about cars. No me puedo entusiasmar con los coches. ◆ **work sth up** generar algo: *to work up an appetite* abrir el apetito

▸ *n* **1** [*incontable*] trabajo: *to leave work* salir del trabajo ◊ *work experience* experiencia laboral/profesional *Ver tb* SOCIAL WORK

🔎 Las palabras **work** y **job** se diferencian en que **work** es incontable y **job** es contable: *I've found work/a new job at the hospital.* He encontrado un trabajo en el hospital. **Employment** es más formal que **work** y **job**, y se utiliza para referirse a la condición de los que tienen empleo: *Many elderly people are in part-time employment.* Muchas personas mayores tienen trabajos a tiempo parcial. **Occupation** es el término que se utiliza en los impresos oficiales: *Occupation: student* Profesión: estudiante. **Profession** se utiliza para referirse a los trabajos que requieren una carrera universitaria: *the medical profession* la profesión médica. **Trade** se usa para designar los oficios que requieren una formación especial: *He's a carpenter by trade.* Es carpintero de oficio.

2 obra: *the complete works of Shakespeare* las obras completas de Shakespeare ◊ *a piece of work* una obra/un trabajo ◊ *Is this your own work?* ¿Lo has hecho tú sola? **3 works** [*pl*] obras: *Danger! Works Ahead.* ¡Peligro! Obras. ❶ La palabra más normal es **roadworks**. ᴸᴼᶜ **at work 1** (*influencias*) en juego **2** trabajando: *He is still at work on the painting.* Sigue trabajando en el cuadro. ◆ **get (down) to/set to work (on sth)** ponerse a trabajar (en algo) *Ver tb* STROKE

workable /ˈwɜːkəbl/ *adj* práctico, factible

workaholic /ˌwɜːkəˈhɒlɪk/ *n* (*coloq*) adicto, -a al trabajo

🔎 **Workaholic** es un derivado humorístico que resulta de la combinación de la palabra **work** y el sufijo **-holic**, que es la desinencia de **alcoholic**. Hay otras palabras nuevas que se han inventado con ese sufijo como **chocoholic** (persona adicta al chocolate) y **shopaholic** (persona adicta a las compras).

workbook /ˈwɜːkbʊk/ *n* cuaderno de ejercicios

worker ☞ /ˈwɜːkə(r)/ *n* **1** trabajador, -ora: *farm/office worker* campesino/oficinista *Ver tb* KEY WORKER **2** obrero, -a

work experience *n* [*incontable*] **1** experiencia laboral **2** (empleo en contrato de) prácticas

workfare /ˈwɜːkfeə(r)/ *n* [*incontable*] sistema en el que los desempleados cobran una prestación a cambio de trabajo

workflow /ˈwɜːkfləʊ/ *n* (flujo de) trabajo

workforce /ˈwɜːkfɔːs/ *n* [*v sing o pl*] mano de obra

workhouse /ˈwɜːkhaʊs/ *n* (*Hist*) asilo de pobres

working ☞ /ˈwɜːkɪŋ/ *adjetivo, nombre*
▸ *adj* **1** activo **2** de trabajo **3** laboral, laborable **4** que funciona **5** (*conocimiento*) básico ᴸᴼᶜ *Ver* ORDER

▸ *n* [*gen pl*] ~ **(of sth)** funcionamiento (de algo)

working class *nombre, adjetivo*
▸ *n* (*tb* working classes [*pl*]) clase obrera
▸ *adj* **working-class** de clase obrera

workload /ˈwɜːkləʊd/ *n* cantidad de trabajo

workman /ˈwɜːkmən/ *n* (*pl* **-men** /-mən/) obrero **workmanship** *n* [*incontable*] **1** (*de persona*) arte **2** (*de producto*) fabricación

workmate /ˈwɜːkmeɪt/ *n* compañero, -a de trabajo

workout /ˈwɜːkaʊt/ *n* sesión de ejercicio físico

workplace /ˈwɜːkpleɪs/ *n* lugar de trabajo

worksheet /ˈwɜːkʃiːt/ *n* hoja de ejercicios

workshop /ˈwɜːkʃɒp/ *n* taller

workspace /ˈwɜːkspeɪs/ *n* lugar de trabajo

workstation /ˈwɜːksteɪʃn/ *n* estación de trabajo

worktop /ˈwɜːktɒp/ *n* encimera

world ☞ /wɜːld/ *n* mundo: *all over the world/ the world over* por el mundo entero ◊ *world-famous* famoso en el mundo entero ◊ *the world population* la población mundial ◊ *world record* récord mundial ◊ *world history* historia universal ᴸᴼᶜ *Ver* SMALL

world-class *adj* de primera (clase)

worldly /ˈwɜːldli/ *adj* (*formal*) **1** mundano **2** (*bienes*) terrenal **3** (*persona*) de/con (mucho) mundo

worldwide *adjetivo, adverbio*
▸ *adj* /ˈwɜːldwaɪd/ mundial, universal
▸ *adv* /ˌwɜːldˈwaɪd/ por todo el mundo

the World Wide Web *n* (*abrev* WWW) (*tb* the Web) la red mundial, la web

worm /wɜːm/ *n* **1** gusano ➷ *Ver dibujo en* GUSANO **2** lombriz ᴸᴼᶜ *Ver* EARLY

worn *pp de* WEAR

worn out *adj* **1** gastado **2** (*persona*) agotado

worried ☞ /ˈwʌrid; *USA* ˈwɜːrid/ *adj* **1** ~ **(about sb/sth)** preocupado (por algn/algo) **2 be**

W

~ **that**…: *I'm worried that he might get lost.* Me preocupa que se pueda perder.

worry 0📻 /ˈwʌri; *USA* ˈwɜːri/ *verbo, nombre*

▸ (*pt, pp* **worried**) **1** *vt*, *vi* ~ (**sb/yourself**) (**about/over sb/sth**) preocupar a algn, preocuparse (por algn/algo) **2** *vt* molestar

▸ *n* (*pl* **worries**) **1** [*incontable*] preocupación, intranquilidad **2** problema: *financial worries* problemas económicos **LOC** **no worries** (*coloq*) **1** no hay problema **2** no importa

worrying 0📻 /ˈwʌriɪŋ; *USA* ˈwɜːr-/ *adj* preocupante, inquietante

worse 0📻 /wɜːs/ *adjetivo, adverbio, nombre*

▸ *adj* (*comp de* **bad**) ~ (**than sth/doing sth**) peor (que algo/hacer algo): *to make sth worse/get worse* agravar algo/empeorar *Ver tb* BAD, WORST **LOC** **to make matters/things worse** para colmo (de desgracias)

▸ *adv* (*comp de* **badly**) peor: *She speaks German even worse than I do.* Habla alemán incluso peor que yo.

▸ *n* lo peor: *to take a turn for the worse* empeorar **worsen** *vt, vi* empeorar, agravar(se)

worship 0📻 /ˈwɜːʃɪp/ *nombre, verbo*

▸ *n* (*Relig*) culto **2** veneración

▸ (**-pp-**, *USA tb* **-p-**) **1** *vt* (*Relig*) rendir culto a, adorar **2** *vi*: *We worship at St Mary's Church.* Asistimos a la iglesia de St Mary. **3** *vt* (*hermano, amigo, etc.*) adorar **worshipper** (*USA tb* **worshiper**) *n* devoto, -a

worst 0📻 /wɜːst/ *adjetivo, adverbio, nombre*

▸ *adj* (*superl de* **bad**) peor: *My worst fears were confirmed.* Pasó lo que más me temía. *Ver tb* BAD, WORSE

▸ *adv* (*superl de* **badly**) peor: *the worst hit areas* las áreas más afectadas

▸ *n* **the worst** [*sing*] lo peor **LOC** **at (the) worst**; **if the worst comes to the worst** en el peor de los casos

worth 0📻 /wɜːθ/ *adjetivo, nombre*

▸ *adj* **1** con un valor de, que vale: *It's worth five million.* Vale cinco millones. **2** que vale la pena: *It's worth reading.* Vale la pena leerlo. **LOC** **be worth it** merecer la pena ◆ **be worth your while** valer/merecer la pena

▸ *n* **1** (*en dinero*): *200 euros worth of books* 200 euros en libros **2** (*en tiempo*): *two weeks' worth of supplies* suministros para dos semanas **3** valor **LOC** *Ver* MONEY **worthless** *adj* **1** sin valor **2** (*persona*) despreciable

worthwhile /ˌwɜːθˈwaɪl/ *adj* que vale la pena: *to be worthwhile doing/to do sth* valer la pena hacer algo

worthy /ˈwɜːði/ *adj* (**worthier**, **-iest**) **1** ~ (**of sb/sth**) (*formal*) digno (de algn/algo) **2** (*formal*) (*campeón, ganador*) merecido **3** (*causa*) noble

would 0📻 /wəd, wʊd/ *v modal* (*contracción* **'d**, *neg* **would not**, **wouldn't** /ˈwʊdnt/)

🔎 **Would** es un verbo modal, por lo que le sigue un infinitivo sin **to** y las oraciones interrogativas y negativas se construyen sin el auxiliar **do**.

1 (*condicional*): *Would you do it if I paid you?* ¿Lo harías si te pagara? ◇ *He said he would come at five.* Dijo que vendría a las cinco. **2** (*propósito*): *I left a note so (that) they'd call us.* Dejé una nota para que nos llamaran. **3** (*voluntad*): *He wouldn't shake my hand.* No quiso darme la mano. **4** (*oferta, petición*): *Would you like a drink?* ¿Quieres tomar algo? ◇ *Would you come this way?* ¿Quiere venir por aquí?

wouldn't (*abrev de* **would not**) *Ver* WOULD

wound¹ 0📻 /wuːnd/ *nombre, verbo*

▸ *n* herida

▸ *vt* herir: *He was wounded in the back during the war.* Recibió una herida en la espalda durante la guerra. ◇ *the wounded* los heridos ➲ *Ver nota en* HERIDA

wound² 0📻 /waʊnd/ *pt, pp de* WIND²

wove, woven *pt, pp de* WEAVE

wow /waʊ/ *interj* (*coloq*) ¡guau! **LOC** **a/the wow factor** (*coloq*) un/el factor que cautiva o sorprende

wrangle /ˈræŋɡl/ *nombre, verbo*

▸ *n* ~ (**over sth**) disputa (sobre algo)

▸ *vi* ~ (**over/about sth**) discutir (sobre algo)

wrap 0📻 /ræp/ *verbo, nombre*

▸ *vt* (**-pp-**) **1** ~ **sb/sth** (**up**) envolver a algn/algo **2** ~ **sth** (**a)round sth/sb** liar algo alrededor de algo/algn **LOC** **be wrapped up in sb/sth** estar entregado/dedicado a algn/algo; estar absorto en algo **PHRV** **wrap (sb/yourself) up** abrigar a algn, abrigarse ◆ **wrap sth up** (*coloq*) concluir algo

▸ *n* **1** chal **2** tortilla mexicana rellena *Ver tb* GIFT WRAP, PLASTIC WRAP **wrapper** *n* envoltorio

wrapping 0📻 /ˈræpɪŋ/ *n* [*incontable*] envoltorio

wrapping paper *n* papel de envolver

wrath /rɒθ; *USA* ræθ/ *n* (*antic o formal*) ira

wreak /riːk/ *vt* **LOC** *Ver* HAVOC

wreath /riːθ/ *n* (*pl* **wreaths** /riːðz/) corona (*de flores, de Navidad*)

wreck /rek/ *nombre, verbo*

▸ *n* **1** restos de un naufragio, vehículo siniestrado, etc. **2** (*coloq*) (*persona, casa, relación*) ruina: *He was a nervous wreck.* Era un manojo de nervios. **3** (*coloq*) (*coche*) cacharro *Ver tb* TRAIN WRECK

▸ *vt* destrozar, echar abajo **wreckage** /ˈrekɪdʒ/ *n* [*incontable*] restos (*de accidente, etc.*) **wrecked** *adj* **1** destrozado **2** (*GB, argot*) borracho

W

wrench /rentʃ/ *verbo, nombre*
▸ *vt* **1** ~ **sth off (sth)**; ~ **sth from/out of sth** arrancar, sacar algo (de algo) *(de un tirón)* **2** *(tobillo, etc.)* torcer
▸ *n* **1** *(esp USA)* llave de tuercas, llave inglesa **2** *[sing] (fig)* golpe *(emocional)* **3** tirón
wrestle /'resl/ *vi (Dep, fig)* luchar **wrestler** *n* luchador, -ora **wrestling** *n* lucha libre
wretch /retʃ/ *n* desgraciado, -a; miserable
wretched /'retʃɪd/ *adj* **1** desgraciado, miserable **2** *(coloq)* maldito: *I hate this wretched car!* ¡Odio este maldito coche!
wriggle /'rɪgl/ *vt, vi* **1** ~ **(sth) (about)** mover algo, moverse **2** retorcer(se): *to wriggle free* conseguir soltarse
wring /rɪŋ/ *vt (pt, pp* **wrung** /rʌŋ/) **1** ~ **sth (out)** retorcer, exprimir algo **2** ~ **sth (out)** *(trapo)* escurrir algo **LOC** **wring sb's neck** *(coloq) (fig)* retorcerle el pescuezo a algn **PHR V** **wring sth from/out of sb** arrancarle algo a algn
wrinkle /'rɪŋkl/ *nombre, verbo*
▸ *n* arruga
▸ **1** *vt, vi* arrugar(se) **2** *vt (ceño, nariz)* fruncir
wrist 0️⃣ /rɪst/ *n* muñeca
wristband /'rɪstbænd/ *n* muñequera
writ /rɪt/ *n* mandamiento judicial
write 0️⃣ /raɪt/ *vt, vi (pt* **wrote** /rəʊt/, *pp* **written** /'rɪtn/) escribir

🔎 En inglés británico, "escribirle a algn" se dice 'write **to** sb': *I'm writing to you to ask for your help.* Le escribo para pedirle ayuda.
◇ *Write to me when you get there.* Escríbeme cuando llegues. "Escribir una carta a algn" se puede decir 'write a letter to sb' o 'write sb a letter'. En inglés americano se dice 'write sb'.

PHR V **write away/off (to sb/sth) (for sth)** escribir (a algn/algo) (pidiendo algo) ◆ **write back (to sb)** contestar (a algn) *(por escrito)* ◆ **write sth down** anotar algo ◆ **write sth off 1** *(deuda)* anular algo, cancelar algo como incobrable **2** destrozar algo totalmente *(esp vehículo)* ◆ **write sb/sth off (as sth)** descartar a algn/algo; considerar a algn/algo como algo ◆ **write sth out** escribir algo (en limpio) ◆ **write sth up** redactar algo
write-off *n* **1** *(vehículo): The car was a write-off.* Al coche lo declararon siniestro total. **2** *[sing] (coloq)* desastre
writer 0️⃣ /'raɪtə(r)/ *n* escritor, -ora
writhe /raɪð/ *vi* retorcerse: *to writhe in agony* retorcerse de dolor
writing 0️⃣ /'raɪtɪŋ/ *n* **1** escribir, escritura **2** escrito **3** **writings** *[pl]* obras **4** letra **5** estilo de redacción **LOC** **in writing** por escrito
writing paper *n* papel de cartas
written 0️⃣ /'rɪtn/ *adj* por escrito *Ver tb* WRITE
wrong 0️⃣ /rɒŋ/; *USA* rɔːŋ/ *adjetivo, adverbio, nombre*
▸ *adj* **1** equivocado, incorrecto, falso: *to be wrong* estar equivocado/equivocarse **2** *What's wrong (with you)?* ¿Qué (te) pasa? **3** inoportuno, equivocado: *the wrong way up/round* cabeza abajo/al revés **4** malo, injusto: *It is wrong to…* No está bien… ◇ *He was wrong to say that.* Hizo mal en decir aquello. **LOC** *Ver* SIDE, TRACK
▸ *adv* mal, equivocadamente, incorrectamente **LOC** **get sb wrong** *(coloq)* malinterpretar a algn ◆ **get sth wrong** *(coloq)* equivocarse en algo ◆ **go wrong 1** equivocarse **2** *(máquina)* estropearse **3** salir/ir mal
▸ *n* **1** *[incontable]* mal **2** *(formal)* injusticia **LOC** **be in the wrong** estar equivocado **wrongful** *adj (Jur)* injusto, ilegal
wrongly 0️⃣ /'rɒŋli/; *USA* 'rɔːŋ-/ *adv* equivocadamente, incorrectamente
wrote *pt de* WRITE
wrought iron /ˌrɔːt 'aɪən/ *n* hierro forjado
wrung *pt, pp de* WRING
wuss /wʊs/ *n (argot)* cobarde, gallina

X x

X, x /eks/ *n (pl* **Xs, X's, x's)** X, x ➲ *Ver nota en* A, A
xenophobia /ˌzenə'fəʊbiə/ *n* xenofobia **xenophobic** *adj* xenófobo
X factor *n [sing]* factor X *(cualidad difícil de definir pero imprescindible para el éxito)*
Xmas /'krɪsməs, 'eks-/ *n (coloq)* Navidad
X-ray *nombre, verbo*
▸ *n* **1** *[gen pl]* rayo X **2** radiografía
▸ *vt* hacer una radiografía de
xylophone /'zaɪləfəʊn/ *n* xilófono

Y y

Y, y /waɪ/ n (pl **Ys**, **Y's**, **y's**) Y, y ⊃ Ver nota en A, A

yacht /jɒt/ n yate **yachting** n (navegación a) vela

Yank /jæŋk/ (tb **Yankee** /ˈjæŋki/) n (GB, coloq, gen pey) yanqui

yank /jæŋk/ (coloq) **1** vt, vi dar un tirón brusco (a) **2** vt ~ sth off/out arrancar/quitar algo de un tirón

yard /jɑːd/ n **1** (GB) patio **2** (USA) jardín **3** (abrev yd) yarda (0,9144 m) ⊃ Ver pág 804

yardstick /ˈjɑːdstɪk/ n criterio

yarn /jɑːn/ n **1** [incontable] hilo **2** (coloq) cuento

yarn bombing n [incontable] (coloq) bombardeo de hilo (decoraciones callejeras con lana)

yawn /jɔːn/ verbo, nombre
▸ vi bostezar
▸ n bostezo **yawning** adj (abismo) enorme

yeah /jeə/ interj (coloq) sí

year /jɪə(r)/ n **1** año: for years durante/desde hace muchos años **2** (Educ) curso **3** a two-year-old (child) un niño de dos años ◇ I am ten (years old). Tengo diez años. ❶ Cuando expresamos la edad en años, podemos omitir years old. ⊃ Ver nota en OLD

yearly /ˈjɪəli/ adjetivo, adverbio
▸ adj anual
▸ adv anualmente, cada año

yearn /jɜːn/ vi (formal) **1** ~ (for sth/sb) suspirar (por algo/algn) **2** ~ (to do sth) anhelar (hacer algo) **yearning** n (formal) **1** ~ (for sth/sb) anhelo (de algo); añoranza (de algn) **2** ~ (to do sth) ansia (por/de hacer algo)

yeast /jiːst/ n levadura

yell /jel/ verbo, nombre
▸ vt, vi ~ (out) (sth) (at sb/sth) gritar (algo) (a algn/algo)
▸ n grito, alarido

yellow /ˈjeləʊ/ adj, n amarillo

yelp /jelp/ vi **1** (animal) aullar **2** (persona) gritar

yep /jep/ interj (coloq) sí

yes /jes/ interj, n (pl **yesses**, **yeses** /ˈjesɪz/) sí

yesterday /ˈjestədeɪ, -di/ adv, n ayer: yesterday morning ayer por la mañana **LOC** Ver DAY

yet /jet/ adverbio, conjunción
▸ adv **1** (en frases negativas) todavía, aún: not yet todavía no ◇ They haven't phoned yet. Todavía no han llamado. ⊃ Ver nota en STILL **2** (en frases interrogativas) ya

🔎 ¿**Yet** o **already**? Cuando **yet** se traduce por "ya", solo se usa en frases interrogativas y siempre va al final de la oración: Have you finished it yet? ¿Lo has terminado ya? **Already** se usa en frases afirmativas e interrogativas y normalmente va detrás de los verbos auxiliares o modales y delante de los demás verbos: He already knew her. Ya la conocía. ◇ Have you finished already? ¿Has terminado ya? Cuando **already** indica sorpresa de que una acción se haya realizado antes de lo esperado se puede poner al final de la frase: He has found a job already! ¡Ya ha encontrado trabajo! ◇ Is it there already? That was quick! ¡Ya está allí! ¡Qué rapidez! ⊃ Ver ejemplos en ALREADY

3 (después de superlativo): her best novel yet su mejor novela hasta la fecha **4** (antes de comparativo) incluso: yet more work aún más trabajo **LOC** as yet hasta ahora ◆ yet again otra vez más
▸ conj pero, aun así: It's incredible yet true. Es increíble pero cierto.

yew /juː/ (tb **yew tree**) n tejo (árbol)

yield /jiːld/ verbo, nombre
▸ **1** vt producir, dar **2** vt (Fin) rendir **3** vi ~ (to sth/sb) rendirse (a algo/algn); ceder (ante algo/algn) ❶ La expresión más normal es give in. **4** vi ~ (to sb/sth) (USA, Irl) ceder el paso (a algo/algn)
▸ n **1** producción **2** (Agric) cosecha **3** (Fin) rendimiento **yielding** adj (formal) **1** flexible **2** sumiso

yoga /ˈjəʊgə/ n yoga

yogurt (tb **yoghurt**) /ˈjɒgət/; USA ˈjəʊgərt/ n yogur

yoke /jəʊk/ n yugo

yolk /jəʊk/ n yema

you /juː/ pron **1** (como sujeto) tú; usted, -es; vosotros, -as: You said that... Dijiste que... ❶ El pronombre personal no se puede omitir en inglés. **2** (en frases impersonales): You can't smoke in here. No se puede fumar aquí. ❶ En las frases impersonales se puede usar one con el mismo significado que you, pero es mucho más formal. **3** (como objeto directo) te; le, lo, la; os; los, las **4** (como objeto indirecto) te; le; os; les: I told you to wait. Te dije que esperaras. **5** (después de preposición) ti; usted, -es; vosotros, -as: Can I go with you? ¿Puedo ir contigo?

you'd /juːd/ **1** (abrev de you had) Ver HAVE **2** (abrev de you would) Ver WOULD

you'll /juːl/ (abrev de you will) Ver WILL

young ⟋ /jʌŋ/ *adjetivo, nombre*
▶ *adj* (**younger** /ˈjʌŋgə(r)/, **youngest** /ˈjʌŋgɪst/) joven: *young people* los jóvenes ◇ *He's two years younger than me.* Tiene dos años menos que yo.
▶ *n* [*pl*] **1 the young** los jóvenes **2** (*de animales*) crías

youngster /ˈjʌŋstə(r)/ *n* joven

your ⟋ /jə(r)/; *GB tb* jɔː(r); *USA tb* jʊər/ *adj* tu, vuestro: *to break your arm* romperse el brazo ◇ *Your room is ready.* Su habitación está lista. ➲ *Ver nota en* MY

you're /jʊə(r)/; *GB tb* jɔː(r); *USA* jər/ (*abrev de* you are) *Ver* BE

yours ⟋ /jɔːz; *USA tb* jərz, jʊərz/ *pron* tuyo, -a, -os, -as; vuestro, -a, -os, -as; suyo, -a, -os, -as: *Is she a friend of yours?* ¿Es amiga tuya/vuestra/suya? ◇ *Where is yours?* ¿Dónde está el tuyo/vuestro/suyo? **LOC** **Yours faithfully/sincerely** (*USA* **Yours Truly**) Le saluda atentamente ➲ *Ver nota en* ATENTAMENTE

yourself ⟋ /jɔːˈself, jəˈ-/ *pron* (*pl* **yourselves** /-ˈselvz/) **1** (*uso reflexivo*) te, se, os: *Enjoy your-selves!* ¡Pasadlo bien! **2** (*uso enfático*) tú mismo, -a; vosotros mismos, vosotras mismas **3** (*después de preposición*) ti (mismo): *proud of yourself* orgulloso de ti mismo **LOC** **(all) by yourself/yourselves** (completamente) solo(s) ◆ **be yourself** ser natural: *Just be yourself.* Simplemente sé tú mismo.

youth ⟋ /juːθ/ *n* **1** juventud: *In my youth…* Cuando yo era joven… ◇ *youth club/hostel* club para jóvenes/albergue juvenil **2** (*pl* **youths** /juːðz/) (*gen pey*) joven **youthful** *adj* juvenil

you've /juːv/ (*abrev de* you have) *Ver* HAVE

Yo Yo® (*tb* yo-yo) /ˈjəʊ jəʊ/ *n* (*pl* **Yo Yos**, **yo-yos**) yoyó

yuk (*tb* yuck) /jʌk/ *interj* (*coloq*) ¡qué asco!, ¡puaj! **yukky** (*tb* yucky) *adj* (*coloq*) asqueroso

yum /jʌm/ (*tb* ˌyum-ˈyum) *interj* (*coloq*) ¡qué rico!; ñam, ñam **yummy** *adj* (*coloq*) riquísimo (*comida*)

Zz

Z, z /zed; *USA* ziː/ *n* (*pl* **Zs**, **Z's**, **z's**) Z, z ➲ *Ver nota en* A, A

zap /zæp/ (-**pp**-) (*coloq*) **1** *vt* exterminar **2** *vi* hacer zapping

zeal /ziːl/ *n* (*formal*) entusiasmo, fervor **zealous** /ˈzeləs/ *adj* (*formal*) entusiasta

zebra /ˈzebrə, ˈziːbrə/ *n* cebra

zebra ˈcrossing *n* paso de cebra

zenith /ˈzenɪθ/ *n* cenit

zero ⟋ /ˈzɪərəʊ/ *adj, pron, n* (*pl* **zeros**) cero

zest /zest/ *n* ~ (**for sth**) entusiasmo, pasión (por algo)

zigzag /ˈzɪgzæg/ *nombre, adjetivo, verbo*
▶ *n* zigzag
▶ *adj* en zigzag
▶ *vi* (-**gg**-) zigzaguear

zinc /zɪŋk/ *n* cinc, zinc

zip /zɪp/ *nombre, verbo*
▶ *n* (*USA tb* zipper) cremallera
▶ (-**pp**-) **1** *vt* ~ **sth** (**up**) cerrar la cremallera de algo **2** *vi* ~ (**up**) cerrarse con cremallera **3** *vt* (*Informát*) comprimir

ˈzip code (*tb* ˈZIP code) *n* (*USA*) código postal

ˈzip line (*tb* ˈzip wire) *n* tirolina

zit /zɪt/ *n* (*coloq*) grano, espinilla

zodiac /ˈzəʊdiæk/ *n* zodiaco

zombie /ˈzɒmbi/ *n* (*coloq*) zombi

zone ⟋ /zəʊn/ *n* zona: *time zone* zona horaria

zonked /zɒŋkt/ *adj* ~ (**out**) (*argot*) (*por alcohol, drogas*) hecho polvo

zoo /zuː/ *n* (*pl* **zoos**) zoo, parque zoológico

zoologist /zuˈɒlədʒɪst, zəʊˈ-/ *n* zoólogo, -a

zoology /zuˈɒlədʒi, zəʊˈ-/ *n* zoología

zoom /zuːm/ *vi* ir muy deprisa: *to zoom past* pasar zumbando **PHR V** **zoom in (on sb/sth)** enfocar (a algn/algo) (*con un zoom*) ◆ **zoom out** reducir/alejar la imagen

ˈzoom lens (*tb* zoom) *n* zoom

zorbing /ˈzɔːbɪŋ/ *n* lanzarse colina abajo dentro de un balón de plástico transparente

zucchini /zuˈkiːni/ *n* (*pl* **zucchini**, **zucchinis**) (*USA*) calabacín

EXPRESIONES NUMÉRICAS

Números

	Cardinales		Ordinales
1	one	1st	first
2	two	2nd	second
3	three	3rd	third
4	four	4th	fourth
5	five	5th	fifth
6	six	6th	sixth
7	seven	7th	seventh
8	eight	8th	eighth
9	nine	9th	ninth
10	ten	10th	tenth
11	eleven	11th	eleventh
12	twelve	12th	twelfth
13	thirteen	13th	thirteenth
14	fourteen	14th	fourteenth
15	fifteen	15th	fifteenth
16	sixteen	16th	sixteenth
17	seventeen	17th	seventeenth
18	eighteen	18th	eighteenth
19	nineteen	19th	nineteenth
20	twenty	20th	twentieth
21	twenty-one	21st	twenty-first
22	twenty-two	22nd	twenty-second
30	thirty	30th	thirtieth
40	forty	40th	fortieth
50	fifty	50th	fiftieth
60	sixty	60th	sixtieth
70	seventy	70th	seventieth
80	eighty	80th	eightieth
90	ninety	90th	ninetieth
100	a/one hundred	100th	hundredth
101	a/one hundred and one	101st	hundred and first
200	two hundred	200th	two hundredth
1 000	a/one thousand	1 000th	thousandth
10 000	ten thousand	10 000th	ten thousandth
100 000	a/one hundred thousand	100 000th	hundred thousandth
1 000 000	a/one million	1 000 000th	millionth

Ejemplos

528	*five hundred and twenty-eight*
2 976	*two thousand, nine hundred and seventy-six*
50 439	*fifty thousand, four hundred and thirty-nine*
2 250 321	*two million, two hundred and fifty thousand, three hundred and twenty-one*

❶ En inglés se utiliza un espacio o una coma (y NO un punto) para marcar el millar, por ejemplo *25 000* o *25,000*.

En cuanto a números como 100, 1000, 1 000 000, etc., se pueden decir de dos maneras, **one hundred** o **a hundred**, **one thousand** o **a thousand**, etc.

0 (cero) se dice **nought, zero, nothing**, o **o** /əʊ/ dependiendo de las expresiones.

Expresiones matemáticas

+	plus	3^2	three squared
−	minus	5^3	five cubed
x	times o multiplied by	6^{10}	six to the power of ten
÷	divided by		
=	equals		
%	per cent		

Ejemplos

6+9 = 15 *Six **plus** nine equals / is fifteen.*
5×6 = 30 *Five **times** six equals thirty. / Five **multiplied by** six is thirty.*
10−5 = 5 *Ten **minus** five equals five. / Ten **take away** five is five.*
40÷5 = 8 *Forty **divided by** five equals eight / is eight.*

Decimales

0.1	(nought) point one	(zero) point one (*USA*)
0.25	(nought) point two five	(zero) point two five (*USA*)
1.75	one point seven five	

❶ En inglés se utiliza un punto (y NO una coma) para marcar los decimales.

Quebrados

$\frac{1}{2}$	a half	$\frac{1}{10}$	a/one tenth
$\frac{1}{3}$	a/one third	$\frac{1}{16}$	a/one sixteenth
$\frac{1}{4}$	a quarter	$1\frac{1}{4}$	one and a half
$\frac{2}{5}$	two fifths	$2\frac{3}{8}$	two and three eighths
$\frac{1}{8}$	an/one eighth		

Ejemplos

one eighth of the cake
two thirds of the population

Cuando una fracción acompaña a un número entero, se unen con la conjunción **and**:
   $2\frac{1}{4}$ *two **and** a quarter*

Porcentajes

35%	thirty-five per cent	**73%**	seventy-three per cent
60%	sixty per cent		

Cuando los porcentajes se utilizan con un sustantivo incontable o singular, el verbo va normalmente en singular:
   *25% of the information on this website **comes** from government sources.*
   *60% of the area **is** flooded.*

Si el sustantivo es singular pero representa a un grupo de gente, el verbo puede ir en singular o en plural:
   *75% of the class **has/have** passed.*

Si el sustantivo es contable y plural, el verbo va en plural:
   *80% of students **agree**.*

Peso

	Sistema imperial	Sistema métrico decimal
	1 ounce (oz)	= 28.35 grams (g)
16 ounces	= **1 pound** (lb)	= 0.454 kilogram (kg)
14 pounds	= **1 stone** (st)	= 6.356 kilograms
	1 ton	= 1.016 tonnes

Ejemplos

The baby weighed 7 lb 4oz (seven pounds four ounces).
For this recipe you need 500g (five hundred grams) of flour.

Capacidad

	Sistema imperial	Sistema métrico decimal
	1 pint	= 0.568 litre (l)
	1 quart	= 1.136 litres
8 pints	= **1 gallon** (gal.)	= 4.546 litres

Ejemplos

I bought three pints of milk.
The petrol tank holds 40 litres.

❶ En Estados Unidos, un **pint** equivale a 0,4731 litros.

Longitud

	Sistema imperial	Sistema métrico decimal
	1 inch (in.)	= 25.4 millimetres (mm)
12 inches	= **1 foot** (ft)	= 30.48 centimetres (cm)
3 feet	= **1 yard** (yd)	= 0.914 metre (m)
1 760 yards	= **1 mile**	= 1.609 kilometres (km)

Ejemplos

Height: 5 ft 9 in. (five foot nine / five feet nine).
The hotel is 30 yds (thirty yards) from the beach.
The car was doing 50 mph (fifty miles per hour).
The room is 11' × 9'6" (eleven foot by nine foot six / eleven feet by nine feet six).

❶ Cuando no hace falta ser tan exacto, la gente utiliza expresiones como **several inches** (un palmo), **an inch** (dos dedos), etc.

Superficie

	Sistema imperial	Sistema métrico decimal
	1 square inch (sq in.)	= 6.452 square centimetres
144 square inches	= **1 square foot** (sq ft)	= 929.03 square centimetres
9 square feet	= **1 square yard** (sq yd)	= 0.836 square metre
4,840 square yards	= **1 acre**	= 0.405 hectare
640 acres	= **1 square mile**	= 2.59 square kilometres / 259 hectares

Ejemplos

They have a 200-acre farm.
The fire destroyed 40 square miles of woodland.

805

Las fechas

Cómo escribirlas	Cómo decirlas
15/4/14 (USA 14/5/14)	April the fifteenth, two thousand and fourteen
15(th) April 2014	The fifteenth of April, two thousand and fourteen
April 15(th) 2014	(USA April fifteenth)

Ejemplos

Her birthday is on April 9th (April the ninth / the ninth of April).
The new store opened in 2017 (twenty seventeen).
The baby was born on 18 April 1998 (the eighteenth of April / April the eighteenth nineteen ninety-eight).
We're planning to go there in 2020 (twenty twenty).
I'll be thirty in 2036 (twenty thirty-six)!

Moneda

Reino Unido	Valor de moneda/billete		Nombre de moneda/billete
1p	a penny	(one p)	a penny
2p	two pence	(two p)	a two-pence piece
5p	five pence	(five p)	a five-pence piece
10p	ten pence	(ten p)	a ten-pence piece
20p	twenty pence	(twenty p)	a twenty-pence piece
50p	fifty pence	(fifty p)	a fifty-pence piece
£1	a pound		a pound (coin)
£2	two pounds		a two-pound coin
£5	five pounds		a five-pound note
£10	ten pounds		a ten-pound note
£20	twenty pounds		a twenty-pound note
£50	fifty pounds		a fifty-pound note

Ejemplos

£5.75: five pounds seventy-five   *The apples are 95p a pound.*
25p: twenty-five pence   *We pay £700 a month in rent.*

❶ Las expresiones que aparecen entre paréntesis son más coloquiales. Recuerda que *one p*, *two p*, etc. se pronuncian /wʌn piː/, /tuː piː/, etc.

EE UU	Valor de moneda/billete	Nombre de moneda/billete
1¢	a cent	a penny
5¢	five cents	a nickel
10¢	ten cents	a dime
25¢	twenty-five cents	a quarter
$1	a dollar	a dollar bill/coin
$5	five dollars (five bucks)	a five-dollar bill
$10	ten dollars (ten bucks)	a ten-dollar bill
$20	twenty dollars (twenty bucks)	a twenty-dollar bill
$50	fifty dollars (fifty bucks)	a fifty-dollar bill
$100	a hundred dollars (a hundred bucks)	a hundred-dollar bill

❶ **Buck** es una forma más coloquial de decir **dollar**: *It cost fifty bucks.*

La hora

- La forma de expresar la hora varía según el nivel de formalidad, o si se trata de inglés británico o americano:

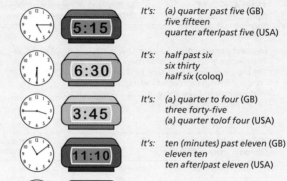

It's: (a) quarter past five (GB)
five fifteen
quarter after/past five (USA)

It's: half past six
six thirty
half six (coloq)

It's: (a) quarter to four (GB)
three forty-five
(a) quarter to/of four (USA)

It's: ten (minutes) past eleven (GB)
eleven ten
ten after/past eleven (USA)

It's: twenty (minutes) to twelve (GB)
eleven forty
twenty to/of twelve (USA)

- La palabra **minutes** se puede omitir después de 5, 10, 20 y 25. Casi siempre se utiliza después de los demás números:

> It's five past two.
> PERO It's eleven minutes past five.

- El "reloj de 24 horas" (**the 24-hour clock**) se utiliza sobre todo en horarios de trenes y autobuses o en avisos.

- Para distinguir entre las horas de la mañana y las de la tarde utilizamos *in the morning, in the afternoon* o *in the evening*:

> **6:00** six o'clock in the morning
> **15:30** half past three in the afternoon
> **22:00** ten o'clock in the evening

- Se utiliza **a.m./p.m.** en un lenguaje más formal.

> Office hours are 9 a.m. to 4.30 p.m.
>
> ⮌ Ver tb nota en P.M.

Los números de teléfono

- Para decir los números de teléfono se lee cada número por separado:

> **369240** three six nine two four o (se pronuncia /əʊ/)
> **258446** two five eight double four six
> **01865 556767** o one eight six five double five six seven six seven

- Cuando se trata de una empresa con centralita, las extensiones telefónicas aparecen escritas entre paréntesis:

> **(x3545)** extension three five four five

ABREVIATURAS Y SÍMBOLOS

abrev	abreviatura	nm	sustantivo masculino
adj	adjetivo	nmf	sustantivo masculino y femenino
adv	adverbio	nm-nf	sustantivo que varía en masculino y femenino
Aeronáut	Aeronáutica		
Agric	Agricultura	nm o nf	género dudoso: sustantivo masculino o femenino
algn	alguien		
Anat	Anatomía	n pr	nombre propio
antic	anticuado	Náut	término náutico
Arquit	Arquitectura	neg	negativo
art def	artículo definido	part	participio
art indef	artículo indefinido	Period	Periodismo
Astrol	Astrología	pey	término peyorativo
Astron	Astronomía	pl	plural
Biol	Biología	Pol	Política
Bot	Botánica	pp	participio pasado
Can	inglés de Canadá	pref	prefijo
coloq	registro coloquial	prep	preposición
conj	conjunción	pron	pronombre
Dep	Deportes	pt	pasado (pretérito)
Econ	Economía	Quím	Química
Educ	Educación	Relig	Religión
Electrón	Electrónica	sb	somebody
esp	especialmente	sing	singular
fem	femenino	Sociol	Sociología
fig	sentido figurado	sth	something
Fil	Filosofía	suf	sufijo
Fin	Finanzas	tb	también
Fís	Física	Teat	Teatro
Fot	Fotografía	TV	Televisión
frec	frecuentemente	USA	inglés americano
GB	inglés británico	v	verbo
gen	en general	v aux	verbo auxiliar
Geog	Geografía	v imp	verbo impersonal
Geol	Geología	v modal	verbo modal
Geom	Geometría	v sing	verbo en singular
Gram	Gramática	v sing o pl	verbo en singular o en plural
Hist	Historia	vi	verbo intransitivo
hum	término humorístico	vp	verbo pronominal
Informát	Informática	vt	verbo transitivo
+ ing	seguido de verbo en forma -ing	Zool	Zoología
interj	interjección	LOC	locuciones y expresiones
Irl	inglés de Irlanda	PHR V	sección de phrasal verbs
Jur	término jurídico	0⃗	información sobre las palabras de uso más frecuente
Ling	Lingüística		
lit	sentido literal	®	marca registrada
Liter	Literatura	▶	cambio de partes de la oración
masc	masculino	❶	introduce una nota breve
Mat	Matemáticas	⟳	remite a otra página donde hay información relacionada con la entrada
Mec	Mecánica		
Med	Medicina		
Mil	término militar		
Mús	Música		
n	sustantivo		
nf	sustantivo femenino		

VERBOS IRREGULARES

Infinitivo	Pretérito	Participio	Infinitivo	Pretérito	Participio
arise	arose	arisen	fling	flung	flung
awake	awoke	awoken	fly	flew	flown
babysit	babysat	babysat	forbid	forbade	forbidden
be	was/were	been	forecast	forecast,	forecast,
bear	bore	borne		forecasted	forecasted
beat	beat	beaten	forget	forgot	forgotten
become	became	become	forgive	forgave	forgiven
begin	began	begun	freeze	froze	frozen
bend	bent	bent	get	got	got, *USA*
bet	bet	bet			gotten
bid	bid	bid	give	gave	given
bind	bound	bound	go	went	gone
bite	bit	bitten	grind	ground	ground
bleed	bled	bled	grow	grew	grown
blow	blew	blown	hang	hung, hanged	hung, hanged
break	broke	broken	have	had	had
breed	bred	bred	hear	heard	heard
bring	brought	brought	hide	hid	hidden
broadcast	broadcast	broadcast	hit	hit	hit
build	built	built	hold	held	held
burn	burnt,	burnt,	hurt	hurt	hurt
	burned*	burned*	keep	kept	kept
burst	burst	burst	kneel	knelt, *USA tb*	knelt, *USA tb*
bust	bust, busted	bust, busted		kneeled	kneeled
buy	bought	bought	know	knew	known
cast	cast	cast	lay	laid	laid
catch	caught	caught	lead¹	led	led
choose	chose	chosen	lean	leaned, leant*	leaned, leant*
cling	clung	clung	leap	leapt, leaped*	leapt, leaped*
come	came	come	learn	learnt,	learnt,
cost	cost, costed	cost, costed		learned*	learned*
creep	crept	crept	leave	left	left
cut	cut	cut	lend	lent	lent
deal	dealt	dealt	let	let	let
dig	dug	dug	lie¹	lay	lain
dive	dived,	dived	light	lit, lighted	lit, lighted
	USA tb dove		lose	lost	lost
do	did	done	make	made	made
draw	drew	drawn	mean	meant	meant
dream	dreamt,	dreamt,	meet	met	met
	dreamed	dreamed	mislay	mislaid	mislaid
drink	drank	drunk	mislead	misled	misled
drive	drove	driven	misread	misread	misread
dwell	dwelt,	dwelt,	mistake	mistook	mistaken
	dwelled*	dwelled*	misunderstand	misunderstood	misunderstood
eat	ate	eaten	mow	mowed	mown, mowed
fall	fell	fallen	offset	offset	offset
feed	fed	fed	outdo	outdid	outdone
feel	felt	felt	overcome	overcame	overcome
fight	fought	fought	overdo	overdid	overdone
find	found	found	override	overrode	overridden
fit	fitted, *USA tb* fit	fit	overtake	overtook	overtaken
flee	fled	fled	overthrow	overthrew	overthrown

Infinitivo	Pretérito	Participio	Infinitivo	Pretérito	Participio
pay	paid	paid	**spill**	spilt, spilled*	spilt, spilled*
plead	pleaded, USA tb pled	pleaded, USA tb pled	**spin**	spun	spun
			spit	spat, tb esp USA spit	spat, tb esp USA spit
prove	proved	proved, tb esp USA proven	**split**	split	split
put	put	put	**spoil**	spoilt, spoiled*	spoilt, spoiled*
quit	quit, quitted	quit, quitted			
read	read	read	**spread**	spread	spread
redo	redid	redone	**spring**	sprang	sprung
retake	retook	retaken	**stand**	stood	stood
rewind	rewound	rewound	**steal**	stole	stolen
rid	rid	rid	**stick**	stuck	stuck
ride	rode	ridden	**sting**	stung	stung
ring[2]	rang	rung	**stink**	stank, stunk	stunk
rise	rose	risen	**stride**	strode	____
run	ran	run	**strike**	struck	struck
saw	sawed	sawn, USA tb sawed	**string**	strung	strung
			strive	strove	striven
say	said	said	**swear**	swore	sworn
see	saw	seen	**sweep**	swept	swept
seek	sought	sought	**swell**	swelled	swollen, swelled
sell	sold	sold			
send	sent	sent	**swim**	swam	swum
set	set	set	**swing**	swung	swung
sew	sewed	sewed, sewn	**take**	took	taken
shake	shook	shaken	**teach**	taught	taught
shear	sheared	shorn, sheared	**tear**[1]	tore	torn
			tell	told	told
shed	shed	shed	**think**	thought	thought
shine	shone	shone	**throw**	threw	thrown
shoe	shod	shod	**tread**	trod	trodden, trod
shoot	shot	shot	**undergo**	underwent	undergone
show	showed	shown	**understand**	understood	understood
shrink	shrank, shrunk	shrunk	**undertake**	undertook	undertaken
shut	shut	shut	**undo**	undid	undone
sing	sang	sung	**unwind**	unwound	unwound
sink	sank	sunk	**uphold**	upheld	upheld
sit	sat	sat	**upset**	upset	upset
slay	slew	slain	**wake**	woke	woken
sleep	slept	slept	**wear**	wore	worn
slide	slid	slid	**weave**	wove, weaved	woven, weaved
sling	slung	slung			
slit	slit	slit	**weep**	wept	wept
smell	smelt, smelled*	smelt, smelled*	**wet**	wet, wetted	wet, wetted
			win	won	won
sow[1]	sowed	sown, sowed	**wind**[2]	wound	wound
speak	spoke	spoken	**withdraw**	withdrew	withdrawn
speed	sped, speeded	sped, speeded	**withstand**	withstood	withstood
			wring	wrung	wrung
spell	spelt, spelled*	spelt, spelled*	**write**	wrote	written
spend	spent	spent	* Ver nota en DREAM		